DICTIONNAIRE
D'ORTHOGRAPHE

Du même auteur :

La Secrétaire (épuisé)
Le Savoir-Écrire (Solar)
Toute l'Histoire (Perrin)
L'Orthographe maîtrisée (Marabout)
Les Pièges du français actuel (Marabout)

Le succès remporté depuis 1980 par cet ouvrage, qui fut publié dans ses premières éditions sous le titre « T.O.P. » (Toute l'orthographe pratique), nous imposait de le compléter par un vocabulaire plus étendu et des aperçus nouveaux.

Le présent ouvrage reprend le texte du *Dictionnaire d'orthographe et d'expression écrite* (édition reliée publiée dans la collection « Les Usuels » des Dictionnaires Le Robert), en l'allégeant toutefois de certains tableaux.

A.J.

DICTIONNAIRE D'ORTHOGRAPHE

ANDRÉ JOUETTE

LES USUELS DU ROBERT

POCHE

DICTIONNAIRES LE ROBERT
27, RUE DE LA GLACIÈRE 75013 PARIS

Édition : CHRISTINE EHM, MURIEL CHARLOT
Correction : PIERRE BANCEL, CHRISTINE EHM, RÉGINE FERRANDIS,
ANNE-MARIE LENTAIGNE, NADINE NOËL-LEFORT,
BRIGITTE ORCEL
Maquette : GONZAGUE RAYNAUD
Couverture : CAUMON

Tous droits de reproduction, de traduction et d'adaptation réservés pour tous pays.
© 1995, Dictionnaires LE ROBERT
27, rue de la Glacière, 75013 PARIS.

Tous droits réservés pour le Canada.
© 1995, DICOROBERT Inc., Montréal, Canada.

ISBN 2-85036-384-7

« Toute représentation ou reproduction, intégrale ou partielle, faite sans le consentement de l'auteur ou de ses ayants droit ou ayants cause, est illicite » (loi du 11 mars 1957, alinéa premier de l'article 40). Cette représentation ou reproduction par quelque procédé que ce soit, constituerait une contrefaçon sanctionnée par les articles 425 et suivants du Code pénal. La loi du 11 mars 1957 n'autorise, aux termes des alinéas 2 et 3 de l'article 41, que les copies ou reproductions strictement réservées à l'usage privé du copiste et non destinées à une utilisation collective, d'une part, et, d'autre part, que les analyses et les courtes citations dans un but d'exemple et d'illustration.

Photocomposition : AUBIN IMPRIMEUR – Ligugé
Achevé d'imprimer en Mai 1997
Dépôt légal : Mai 1997
Imprimé en France

> L'orthographe est la propreté du style.
> Sainte-Beuve
>
> L'orthographe est la politesse de la langue.
> Jean Guéhenno

Introduction

La sûreté de notre langage et la clarté de nos communications dépendent en grande partie du bon usage de l'orthographe. Ce **Dictionnaire d'orthographe** a pour ambition d'éclairer et de résoudre toutes les difficultés qui peuvent se présenter dans ce domaine.

Ces difficultés sont de tous ordres : accords, problèmes de genre, de nombre, de majuscules, de traits d'union, etc. Les pièges sont nombreux dans la langue et la grammaire françaises. L'aventure est au coin de la moindre missive. C'est pourquoi notre objectif est de mettre sous la main des « usagers » du français un recours aussi complet que possible.

Entièrement neuf dans sa conception, cet ouvrage répond aux véritables besoins de l'homme d'aujourd'hui. Pratique, facilement consultable, actuel, il mérite une bonne place parmi les ouvrages de référence fondamentaux de votre bibliothèque.

Ce dictionnaire fournit, en plus de la résolution des cas d'orthographe délicate :

- un guide grammatical orthographique;
- la conjugaison de tous les verbes français;
- un traité de ponctuation;
- un traité complet de l'accord du participe passé;
- toutes les prononciations délicates;
- un répertoire complet des homonymes du français;
- un aide-mémoire de correction;
- un recueil riche d'exemples, de locutions et d'expressions;
- les mots étrangers employés en France, dans leur orthographe d'origine, avec les équivalents français;
- des curiosités orthographiques diverses (dictée de Mérimée, palindromes, sigles et acronymes, décrets sur la langue et les tolérances, etc.).

Nous recommandons l'emploi de cet ouvrage aux secrétaires, dactylos, journalistes, gens de lettres, chefs d'entreprise, rédacteurs, imprimeurs, correspondanciers, correcteurs, préparateurs de copie, professeurs et, bien entendu, aux étudiants, lycéens, collégiens et candidats aux examens professionnels.

Il aidera chacun à déjouer les écueils qui encombrent le chemin de l'écriture.

Indications pratiques

LES MOTS

Nous avons fondé ce dictionnaire sur un vocabulaire étendu, celui de notre époque, allant jusqu'à une certaine technicité, ne méprisant pas le lexique populaire et accueillant les termes étrangers employés dans certaines professions. Cet ouvrage est plus complet que les dictionnaires usuels : ceux-ci ne comptent que 55 000 mots environ, alors que celui-là comporte 69 912 entrées, dont 3 324 concernent des locutions ou mots étrangers signalés par un astérisque.

Quand deux mots de sens différents ont la même orthographe, ils ne sont l'objet que d'une seule entrée, puisqu'il ne peut y avoir de doute quant à l'écriture ; ainsi de : *caillette* (personne bavarde) et *caillette* (partie de l'estomac des ruminants), *fumisterie*, *desservir*, etc. Mais ils sont distingués s'ils diffèrent par le genre *(voile, greffe...)*.

Bien qu'il ne soit pas possible, dans un tel ouvrage, de citer les noms propres, nous fournissons ceux qu'il est utile de connaître parce qu'ils sont le plus souvent porteurs de fautes à propos de géographie, d'histoire, de noms de famille, et de marques commerciales.

Les homonymes et les paronymes sont brièvement expliqués pour qu'il n'y ait pas de confusion d'emploi.

Accord des mots. Les pluriels réguliers (par adjonction d'un *s*) ne sont pas signalés. Mais tous les autres le sont (mots composés, finales en -*ou*, -*ail*, -*um*, etc.).

LES LOCUTIONS

Il nous a semblé inutile d'alourdir ce volume en « engrangeant » les expressions connues et logiques du genre *des rideaux de tulle* (taillés dans du tulle), *une paire de souliers* (un seul ne ferait pas une paire), notre dessein étant de présenter les expressions et tournures qui ne sont pas, ou qu'on ne trouve que malaisément dans les dictionnaires, ce que les linguistes appellent les « syntagmes négligés ». Car un dictionnaire fournit les mots isolés, mais l'assemblage de termes formant une locution peut poser un problème d'écriture. C'est pour le résoudre que nous avons réuni ici nombre de locutions. Ainsi, à qui cherche le pluriel de *cas limite*, la réponse est au mot CAS ; à qui hésite entre *anti-européen* et *antieuropéen*, la réponse est à ANTI-.

A la recherche d'une expression, si elle n'est pas trouvée au premier nom, il faut aller au second. Par exemple, on ne trouve pas « placement en reports » à PLACEMENT, mais à REPORT.

En général, nous donnons la locution au singulier.

Mise au pluriel des locutions

1° Dans une locution formée de deux mots juxtaposés *(pigeon voyageur)*, les deux mots prennent la marque du pluriel *(des pigeons voyageurs)*, à moins d'une indication spéciale.

2° Dans une locution nominale formée d'un nom relié à son complément par une préposition *(terre à porcelaine)*, seul le premier mot change au pluriel *(des terres à porcelaine)*, sauf indication spéciale.

Quand un élément est entre parenthèses, c'est que les deux formes, avec ou sans cet élément, sont admises et se trouvent chez de bons auteurs.

LES VERBES

Dans cet ouvrage, les verbes irréguliers ont un numéro qui renvoie aux verbes types (tableaux placés à la fin de l'ouvrage). Ainsi, au verbe *allonger* est la référence **Conjug. 3**, ce qui signifie que le verbe *allonger* a la même conjugaison que le modèle qui porte le n° 3 *(manger)*.

Si le verbe n'a pas de numéro de référence, c'est qu'il s'agit d'un verbe régulier dont le modèle est le verbe *chanter* (n° 1 des tableaux).

Chaque verbe est noté *V. t.* (transitif), *V. int.* (intransitif) ou *V. pr.* (essentiellement pronominal). Rappelons que la plupart des verbes transitifs peuvent être employés à la forme pronominale.

MOTS NOUVEAUX

Il est impossible qu'un dictionnaire embrasse tous les mots de la langue française qui, comme une plante, fournit continuellement de nouvelles feuilles, de nouvelles fleurs. Or, on a parfois à écrire quelques-uns de ces mots nouveaux que découvertes et techniques nous apportent quotidiennement. Mais cette prolifération n'est qu'apparente. La plupart des néologismes se fondent sur la juxtaposition de mots connus ou sur l'utilisation de préfixes et de suffixes connus. On sera aidé ici dans cette recherche d'écriture en consultant l'article PRÉFIXE ou le préfixe concerné.

TERMES ÉTRANGERS

Ce dictionnaire contient les locutions et mots étrangers qui sont courants en France, les plus nombreux étant latins ou anglo-américains. Ils sont signalés par l'astérisque qui les précède.

Ceux pour lesquels la langue n'est pas mentionnée sont **anglo-américains**. Ce sont les plus nombreux.

Employés dans une phrase française, ils doivent toujours être placés entre guillemets, ou mis en italique dans le cas de l'imprimé. Parmi eux se trouvent les termes techniques étrangers visés par des décrets récents, assez utilisés dans certains secteurs d'activité et dont on peut avoir besoin de connaître l'orthographe. Afin de pouvoir, dans la mesure du possible, se libérer de ces intrus, nous fournissons chaque fois au moins un équivalent français. Ces équivalents n'ont pas valeur de traduction littérale, mais expriment la signification prise en France.

INDICATIONS PRATIQUES   VIII

LE CORPS DE L'OUVRAGE ET LES ANNEXES

Pour résoudre tous les problèmes d'orthographe, on trouve dans cet ouvrage :

a) des mots étudiés pour leur seule orthographe (morphologie, variation, emploi dans un groupe, accord);

b) de petits articles comparatifs dans lesquels des mots qui peuvent faire hésiter sont mis en parallèle, expliqués, éclairés par des exemples (*ni/n'y; plus tôt/plutôt; pourquoi/pour quoi; quelque/quel que; c'est/s'est;* etc.);

c) des mots considérés aussi pour leur contenu sémantique. Le commentaire est alors précédé d'un carré noir ■. S'il s'agit de mots recouvrant des questions générales d'orthographe, ils sont composés en majuscules italiques et renvoient explicitement à un tableau d'annexe où le sujet est traité dans tout son développement (par exemple : ACCENTS, PARTICIPE PASSÉ, SIGLES). La liste de ces tableaux figure au début des annexes p. 849.

Alain disait que « la discipline orthographique va plus loin qu'on ne croit » *(Propos sur l'éducation)*. En effet, un simple recueil de mots ne fait pas toute l'orthographe. Les commentaires et les tableaux dont on vient de parler permettront au lecteur de maîtriser les cas généraux et l'orthographe dite grammaticale.

PRONONCIATION

Nous précisons, entre crochets, les prononciations qui présentent des difficultés par rapport aux règles habituelles; ces prononciations s'appliquent au mot tout entier, ou à la partie du mot qui suscite une hésitation.

Nous avons renoncé à l'alphabet phonétique international, si commode, mais malheureusement encore trop peu connu du grand public. On voudra bien nous en excuser, l'essentiel étant d'être compris. Certains bons dictionnaires, comme le Dictionnaire général (v. 1900), avaient dû recourir aux lettres de l'alphabet en un temps où rien de mieux n'existait. Nous avons donc tenté d'informer le lecteur par des équivalences graphiques moins satisfaisantes mais plus faciles, en nous aidant de l'apostrophe et du tiret.

On rappellera au passage que *ph* en français se prononce toujours comme un *f*. Les mots étrangers précédés de * n'ont pas de notation de prononciation car nous considérons que la norme n'en est pas fixée et que ceux-ci, en grande majorité anglo-américains, laisseront la place à des créations françaises.

S'agissant la plupart du temps de difficultés qui ne touchent pas ces lettres, nous avons employé un seul *a* et un seul *o*, et nous n'avons pas signalé les géminées qui sont aujourd'hui moins pertinentes qu'autrefois.

La règle selon laquelle les mots en *-isme* se prononcent avec [s] (et non [z] sur le modèle anglo-américain) est aujourd'hui mal respectée; c'est pourquoi à chaque mot ainsi formé nous avons rappelé la règle : *terrorisme* [-is-]

PRONONCIATION

[i] comme dans *il, hyperbole, polyester*

[y] comme dans *yaourt, lien, corbeille, payer*
Rem. Si nécessaire, le [i] voyelle est isolé par un tiret, le [y] final prend l'apostrophe

[e] comme dans *petit, de*
Rem. Tous les *e* qui peuvent tomber à l'intérieur d'un mot sont notés [e] — le *e* final n'est jamais noté

[eu] comme dans *fleur, bœuf, cœur; club*

[eû] comme dans *deux, bœufs, queue*

[ou] comme dans *sou, poule, éblouir*

[w] comme dans *oui, wallon, whisky, loi, point, équateur, iguane*

[u] comme dans *vu, utile*

[u] devant voyelle, comme dans *lui, huit, tuer, équilatéral, aiguille*
Rem. Si le *u* est suivi d'une autre voyelle, il en est séparé par un tiret

[u-] comme dans *duo, nuée, gruau, fluor* (2 syllabes)

[é] comme dans *blé, assez, chanter*

[è] comme dans *frère, genêt, sonnet, faire, naître, elle, fillette, espoir, ver*
Rem. Pour les mots en *-ayer, -oyer*, on a séparé la première voyelle pour plus de clarté : *payer* [pé-yé]

[an] comme dans *plan, ambigu, entre, emporter, emmener; faon*
Rem. On a noté *an', am', em'* dans les autres cas : *islam* [islam']

[on] comme dans *filon, donc, ombre; punch, jungle*
Rem. *on', om'* dans les autres cas : *slalom, maximum*

[in] comme dans *brin, impossible, pain, rein, pentagone, minus habens*
Rem. *in', im'* dans les autres cas : *gin, intérim*

[un] comme dans *brun, un*

[k] comme dans *cas, quart, kaki, chiromancie, bec, action, axe* [aks']

[ch] comme dans *chou, roche, chirurgie, short, chnaps*

[tch] comme dans *chorizo, sandwich, ciao*

[g] comme dans *gant, gui, fugue, goulag, exact* [-gz-]

[gh] devant *i* et *e*, comme dans *ghetto, gilde, girl*

[g'] devant un *n* prononcé, comme dans *agnostique, gnome*

[in'g] comme dans *parking*

[gn] comme dans *poignée, tigne, gnon*

[ny] comme dans *nier, fanion*

[j] comme dans *jeu, jonc, givre, geai, partage*

[dj] comme dans *gin, badge, jazz, djebel*

[s] comme dans *sol, russe, bonus, cil, puce, poinçon, nation, osciller, slalom*
Rem. De nombreux mots commençant par *s* et munis d'un préfixe ne doublent pas le *s* : *résection, resaler, désexualiser*. On a noté [-se-], [-sa-] dans ce cas, comme pour les mots en *-isme* notés [-is-]

[ts] comme dans *tsar, tsigane, kibboutz*

[z] comme dans *zéro, ruse, asile, désir, gaz, jazz, exact* [-gz-]

[dz] comme dans *pizza*

[rh] comme dans *jota, khamsin, achtung*
Rem. Ce son aspiré, inconnu en français, est rendu par une sorte de *r*

[-] Le tiret entre les syllabes n'est utilisé qu'en cas de difficulté pour distinguer les voyelles des semi-consonnes [y], [w] et [u]

ABRÉVIATIONS EMPLOYÉES

abrév.	abréviation	inv.	invariable
abs.	emploi absolu	ital.	italien
Acad.	Académie française	lat.	latin
adj.	adjectif, adjective	loc.	locution
adv.	adverbe, adverbiale	loc. f.	locution nominale féminine
agr.	agriculture		
all.	allemand	loc. m.	locution nominale masculine
angl.	anglo-américain		
art.	article	m.	masculin
astron.	astronomie	méd.	médecine
aud.	audiovisuel, télévision	météor.	météorologie
auxil.	auxiliaire	N., n.	nom
card.	cardinal	nucl.	ingénierie nucléaire
cin.	cinéma	numér.	numéral
compl.	complément	ord.	ordinal
condit.	conditionnel	partic.	participe
conj.	conjonction, conjonctive	pers.	personne
Conjug.	Conjugaison	pétr.	industries pétrolières
coordin.	coordination	pl.	pluriel
déf.	défense nationale, aviation	poss.	possessif
		pr.	pronominal
dém.	démonstratif	prép.	préposition, prépositive
dir.	direct	prés.	présent
écon.	économie, finances, commerce	pron.	pronom
		pub.	publicité
électron.	électronique	qualif.	qualificatif
esp.	espagnol	rel.	relatif
exclam.	exclamatif, exclamation	sing.	singulier
f.	féminin	spat.	techniques spatiales
fr.	français	spécialt	spécialement
génét.	génie génétique	spect.	spectacle
gr.	groupe	subj.	subjonctif
HOM.	homophones	subordin.	subordination
imparf.	imparfait	suiv.	suivant
impers.	impersonnel	t.	transitif
ind.	indirect	techn.	technologie
indéf.	indéfini	télécom.	télécommunications
indic.	indicatif	tour.	tourisme
inf.	informatique	transp.	transports
infin.	infinitif	trav. pub.	travaux publics
int.	intransitif	urb.	urbanisme, logement, bâtiment
interj.	interjection, interjective		
interrog.	interrogatif	V., v.	verbe
		→	voir, se reporter à

CONVENTIONS

- **L'astérisque** * signale une locution ou un terme étrangers.

- Les dispositions suivantes indiquent que deux écritures sont possibles :
  en tout/tous sens : en tout sens, en tous sens
  sans précaution(s) : sans précaution, sans précautions

- En cas de division d'un mot en fin de ligne, deux dispositions sont employées pour éviter les ambiguïtés :
a) une coupure dans un mot ordinairement soudé (*portefeuille*, par exemple) est indiquée normalement :
.......*porte-*
feuille
b) une coupure coïncidant avec la présence d'un trait d'union (pour *porte-couteau*, par exemple) est indiquée :
.......*porte-*
-couteau
À l'article TRAIT D'UNION A, 4°, on trouvera expliquée cette dernière disposition © JOUETTE.

A

a n. m. inv. ♦ **a** : symbole de l'*are* et du préfixe *atto*-. **A** : symbole de l'*ampère*. **Å** : symbole de l'*angström*. ♦ HOM. *à* (prép.), *a, as* (v. avoir), *ah! ha!* (interj.), *Aa* (rivière).

a/à Il faut distinguer : 1° **a** (3ᵉ personne du présent de l'indicatif du verbe *avoir*) qui peut être remplacé par *avait*. *Elle a chaud* (elle avait chaud). 2° **à** (prép.). *Il va à l'atelier. Il a à boire*. La préposition latine ou italienne n'a pas l'accent (*a priori, a giorno*). ♦ Dans l'expression « à la », on sous-entend « à la manière (de) » : *des poulets à la périgourdine ; des attelages à la d'Aumont*.

a- Préfixe qui se soude à la racine (*amoral, apolitique*). Devient *an-* devant une voyelle (*anaérobie, anurie*). Si ce préfixe est suivi d'un mot en *s*, celui-ci conserve la prononciation [s] (*asepsie, asocial, asymétrique*).

***ab absurdo** (lat.) = par l'absurde.
abaca n. m.
abacule n. m.
abaissable adj.
abaissant, e adj.
abaisse n. f. ♦ HOM. → abbesse.
abaisse-langue n. m. inv.
abaissement n. m.
abaisser v. t.
abaisseur n. et adj. m.
abajoue n. f.
abandon n. m. *Ils sont à l'abandon*.
abandonnataire n. et adj.
abandonner v. t. et int.
abandonnique adj.
abaque n. m.
abasie n. f.

abasourdir [-zour-] v. t. du 2ᵉ gr. Conjug. 24.
abasourdissant, e adj.
abasourdissement n. m.
abat n. m. ♦ HOM. → abats.
abatage → abattage.
abatant → abattant.
abâtardi, e adj.
abâtardir v. t. du 2ᵉ gr. Conjug. 24.
abâtardissement n. m.
abatée → abattée.
abatis n. m. ♦ HOM. → abattis.
abat-jour n. m. inv.
abats n. m. pl. (morceaux de boucherie). ♦ HOM. *une pluie d'abat* (abondante).
abat-son(s) n. m. *Des abat-son(s)*.
abattable adj.
abattage n. m. Autrefois : *abatage*.
abattant n. m. Autrefois : *abatant*.
abattée n. f. Autrefois : *abatée*.
abattement n. m.
abatteur n. m.
abattis n. m. (bois abattu ; partie de volaille). ♦ HOM. *abatis* (terrain canadien).
abattoir n. m.
abattre v. t. Conjug. 32. Tous les dérivés de ce verbe s'écrivent avec deux *t* (Acad. 1932), sauf le mot canadien *abatis* et, naturellement, *abat* et *abats*.
abattu, e adj.
abattures n. f. pl.
abat-vent n. m. inv.
abat-voix n. m. inv.
abbasside adj.
abbatial, ale, aux [-syal', -syo] adj.
abbatiale n. f.

ABBAYE

abbaye [abé-i] n. f.
abbé n. m. (religieux). ♦ HOM. *abée* (canal).
abbesse n. f. (d'un couvent). ♦ HOM. *abaisse* (pâte amincie); il *abaisse* (v. abaisser).
abbevilli*en*, *enne* adj. *Le paléolithique abbevillien.* ♦ N. *Une Abbevillienne.*
a b c *C'est l'a b c du métier.*
abcéder v. int. *J'abcède, nous abcédons, j'abcéderai(s).* Conjug. 10.
abcès n. m.
abdicataire adj. et n.
abdication n. f.
abdiquer v. t. et int.
abdomen [-mèn] n. m.
abdomin*al*, *ale*, *aux* adj. et n. m. Rare au sing.
abducteur adj. et n. m.
abduction n. f. (éloignement d'un membre de l'axe médian du corps). ♦ Ne pas confondre avec *adduction* (retour vers cet axe; amenée des eaux).
abécédaire n. m.
abée n. f. ♦ HOM. → abbé.
abeille n. f. *Un nid d'abeilles.* → nid--d'abeilles.
abéli*en*, *enne* adj.
aber [abèr'] n. m.
***aberdeen-angus** n. et adj. inv. (bovin écossais).
aberrance n. f.
aberrant, *e* adj.
aberration n. f.
abêtir v. t. du 2ᵉ gr. Conjug. 24.
abêtissant, *e* adj.
abêtissement n. m.
***ab hoc et ab hac** (lat.) = à tort et à travers.
abhorrer v. t. (avoir en horreur).
abiétacée ou **abiétinée** n. f. (conifère).
abiétin, *e* adj. (relatif au sapin).
abime n. m. (gouffre). ♦ HOM. *abyme* (œuvre dans une œuvre, image dans une image).
abimer v. t.
***ab intestat** (lat.) = sans testament.
abiogenèse n. f.
abiotique adj.
***ab irato** (lat.) = sous la colère.
abject, *e* [abjèkt'] adj.
abjectement adv.
abjection n. f.
abjuration n. f.
abjurer v. t. et int. (renoncer à une religion). ♦ Ne pas confondre avec *adjurer* (supplier).

ablactation n. f.
ablastine n. f.
ablater v. t. et pr.
ablat*if*, *ive* adj. et n. m.
***ablating cone** = cône d'ablation, cône érodable (spat.).
ablation n. f. *Des cônes d'ablation; des chambres d'ablation.* → -ectomie.
ablatir v. t. du 2ᵉ gr. Conjug. 24.
ablativement adv.
able n. m.
ablégat [-ga] n. m.
ableret ou **ablier** n. m.
ablette n. f.
ablier → ableret.
ablution n. f.
ablutiomanie [-syo-] n. f.
***A.B.M.** (*antiballistic missile system) sigle m. = défense antimissile.
abnégation n. f.
aboi n. m. *Être aux abois.*
aboiement n. m.
abolir v. t. du 2ᵉ gr. Conjug. 24.
abolition n. f.
abolitionnisme [-is-] n. m.
abolitionniste adj. et n.
abominable adj.
abominablement adv.
abomination n. f.
abominer v. t.
abondamment adv.
abondance n. f. *Corne d'abondance. Ils parlent d'abondance. On les a récoltés en abondance. Abondance de biens.*
abondanciste adj. et n.
abondant, *e* adj.
abondement n. m.
abonder v. int.
à bon escient loc. adv.
abonné, *e* adj. et n.
abonner v. t. et pr.
abonnir v. t. du 2ᵉ gr. Conjug. 24.
abonnissement n. m.
abord n. m. (approche). *D'abord, dès l'abord, au premier abord, de prime abord, tout d'abord. Ils se sont arrêtés aux abords de la ville.* ♦ HOM. il *abhorre* (v.).
abordable adj.
abordage n. m.
aborder v. t. et int.
aborigène adj. et n.
abort*if*, *ive* adj.
abot [abo] n. m.

abouchement n. m.
aboucher v. t.
abouler v. t.
aboulie n. f.
aboulique adj. et n.
about n. m. (extrémité d'une pièce). ♦ HOM. être *à bout*.
aboutement n. m.
abouter v. t.
abouti, e adj.
aboutir v. t. ind. et int. du 2ᵉ gr. Conjug. 24.
aboutissant n. m. Rare au sing. *Les tenants et les aboutissants.*
aboutissement n. m.
*****above the line** = coût média (pub.).
*****ab ovo** (lat.) = dès l'origine.
aboyer v. int. *Il aboiera*. Conjug. 6.
aboy*eur, euse* adj. et n.
abracadabrant, e adj.
abraser v. t.
abras*if, ive* adj. et n. m.
abrasimètre n. m.
abrasion n. f. *Des plates-formes d'abrasion.*
à bras-le-corps loc. adv.
abréact*if, ive* adj.
abréaction n. f.
abréagir v. int. du 2ᵉ gr. Conjug. 24.
abrégé, e adj. et n. m.
abrègement n. m.
abréger v. t. *J'abrège, nous abrégeons, j'abrégerai(s)*. Conjug. 20.
abreuvement n. m.
abreuver v. t. *Abreuver d'injures.*
abreuvoir n. m.
abréviat*if, ive* adj.
ABRÉVIATION n. f. → tableau en annexe p. 850.
abréviativement adv.
abri n. m.
Abribus n. m. déposé.
abricot n. m. et adj. inv.
abricoté, e adj.
abricotier n. m.
abri-sous-roche n. m. *Des abris-sous-roche.*
abrité, e adj.
abriter v. t.
abrivent n. m.
abrogat*if, ive* adj.
abrogation n. f.
abrogatoire adj.
abrogeable adj.

abroger v. t. *Nous abrogeons*. Conjug. 3.
abroutissement n. m. (dégâts faits à la forêt par les animaux).
abrupt, e adj. et n. m.
abruptement adv.
abruption n. f.
abruti, e adj. et n.
abrutir v. t. du 2ᵉ gr. Conjug. 24.
abrutissant, e adj.
abrutissement n. m.
*****A.B.S.** (*anti-block system) = antiblocage.
abscisse n. f.
abscons, e adj.
absence n. f.
absent, e adj. et n.
absentéisme [-is-] n. m.
absentéiste adj. et n.
absenter (s') v. pr. *Elle s'est absentée.*
absid*al, ale, aux* adj.
abside n. f. (chœur d'une église). ♦ Ne pas confondre avec *apside* (sur l'orbite d'une planète).
absidi*al, ale, aux* adj.
absidiole n. f.
absinthe n. f.
absinthisme [-is-] n. m.
absolu, e adj. et n. m.
absoluité n. f.
absolument adv.
absolution n. f.
absolutisme [-is-] n. m.
absolutiste adj. et n.
absolutoire adj.
absorbable adj.
absorbance n. f.
absorbant, e adj. et n. m.
absorbé, e adj.
absorber, v. t.
absorbeur n. m.
absorbeur-neutraliseur n. m. *Des absorbeurs-neutraliseurs.*
absorption n. f. (action d'absorber). ♦ Ne pas confondre avec *adsorption* (pénétration d'un gaz ou d'un liquide dans un solide).
absorptivité n. f.
absoudre v. t. Conjug. 25.
absoute n. f.
abstème adj. et n.
abstenir (s') v. pr. Conjug. 76. *Elle s'est abstenue. Ils s'en sont abstenus.*
abstention n. f.

ABSTENTIONNISME

abstentionnisme [-is-] n. m.
abstentionniste adj. et n.
abstergent, e adj. et n. m.
abstinence n. f.
abstinent, e adj. et n.
*****abstract** n. m. = résumé.
abstract n. m.
abstracteur n. m.
abstract*if, ive* adj.
abstraction n. f.
abstractionnisme [-is-] n. m.
abstractisant, e adj.
abstractiser v. t.
abstraire v. t. Conjug. 77.
abstrait, e adj. et n. m.
abstraitement adv.
abstrus, e adj.
absurde adj. et n. m.
absurdement adv.
absurdité n. f.
abus n. m.
abuser v. t. et int.
abus*if, ive* adj.
abusivement adv.
abusus [-us'] n. m.
abyme n. m. ♦ HOM. → abîme.
abyss*al, ale, aux* adj.
abysse n. m.
abyssin, e adj. *Les montagnes abyssines.*
 ♦ N. *Un Abyssin* (habitant de l'Abyssinie) ;
 un abyssin (chat).
abzyme n. f.
acabit [-bi] n. m.
acacia n. m.
académic*ien, enne* n.
académie n. f. Ne prend la majuscule que
 pour désigner une académie nationale,
 unique. L'Institut de France se compose
 de cinq classes : *l'Académie française,
 l'Académie des inscriptions et belles-
 lettres, l'Académie des sciences, l'Académie des beaux-arts et l'Académie des
 sciences morales et politiques.* On écrira
 aussi : *l'Académie de médecine, l'Académie royale de Belgique.* ♦ Pour les autres,
 on écrit : *l'académie de Paris, l'académie
 Goncourt, l'académie Rabelais, l'académie de billard.*
académique adj. *L'inspection académique ; les Palmes académiques.*
académiquement adv.
académisable adj.
académisme [-is-] n. m.
acadien, enne adj. *Le parler acadien.* ♦ N.
 Un Acadien (d'Acadie). ♦ HOM. *akkadien*
 (du pays d'Akkad, en Mésopotamie).

acajou n. m. *Des acajous.* ♦ Adj. inv.
acalculie n. f.
acalèphe n. m.
acalorique adj.
acanthacée n. f.
acanthe n. f.
acanthocéphale n. m.
acanthesthésie n. f.
acanthoptérygien n. m.
*****a cappella** ou **a capella** (ital.) = en
 chœur, sans accompagnement.
acariâtre adj.
acaricide adj. et n. m.
acarien n. m.
acariose n. f.
acarus [-rus'] n. m.
acathexis n. f.
acaule adj.
accablant, e adj.
accablement n. m.
accabler v. t.
accalmie n. f.
accaparant, e adj.
accaparement n. m.
accaparer v. t.
accapar*eur, euse* n.
accastillage n. m.
accastiller v. t.
accédant, e n. et adj.
accéder v. t. ind. et int. *J'accède, nous
 accédons, j'accéderai(s).* Conjug. 10.
*****accelerando** (ital.) = en pressant.
accélér*ateur, trice* adj. et n. m.
accélération n. f.
*****acceleration build-up** = montée en
 accélération (spat.).
accéléré n. m.
accélérer v. t. et int. *J'accèlre, nous accé-
 lérons, j'accélérerai(s).* Conjug. 10.
accélérine n. f.
accélérographe n. m.
ACCENT n. m. → tableau en annexe p. 853.
accenteur n. m.
accentuation n. f.
accentu*el, elle* adj.
accentuer v. t. Conjug. 18.
acceptabilité n. f.
acceptable adj.
*****acceptance flight** = vol de réception
 (transp.).
acceptant, e adj. et n.
acceptation n. f. (fait d'accepter). ♦ Ne
 pas confondre avec *acception* (sens d'un
 mot ; préférence).

accepter v. t.
accepteur, euse n.
acception n. f. → acceptation. ♦ Homographes hétérophones : des *acceptions* [-syon]; nous *acceptions* [-tyon] (v. accepter).
accès n. m.
accessibilité n. f.
accessible adj.
accession n. f.
accessit [-sit'] n. m.
accessoire adj. et n. m.
accessoirement adv.
accessoiriser v. t.
accessoiriste n.
accident n. m.
accidenté, e adj. et n.
accidentéisme [-is-] n. m.
accidentel, elle adj.
accidentellement adv.
accidenter v. t.
accidentologie n. f.
accise [ak-siz'] n. f. Souvent employé au pluriel. *Des droits d'accises.*
accisien n. m.
acclamation n. f.
acclamer v. t.
acclimatable adj.
acclimatation n. f.
acclimatement n. m.
acclimater v. t.
accointances n. f. pl.
accointer (s') v. pr. *Elle s'est accointée avec cet homme.*
accolade n. f.
■ Une accolade tracée à la main doit être bien symétrique. Elle doit aussi être employée dans le bon sens, c'est-à-dire la pointe centrale vers l'indication unique et générale (l'hyperonyme), l'autre côté vers l'énumération (les hyponymes):

$$\text{ongulés} \begin{cases} \text{ruminants} \begin{cases} chameau \\ cerf \\ girafe \\ bœuf \\ chèvre \\ gazelle \end{cases} \\ porcins \end{cases}$$

Les accolades servent aussi en mathématiques, à l'instar des crochets et des parenthèses.
accolage n. m.
accolement n. m.
accoler v. t.

accommodant, e adj.
accommodat [-da] n. m.
accommodateur, trice adj.
accommodation n. f.
accommodement n. m.
accommoder v. t. et int.
accompagnateur, trice n.
accompagnement n. m.
accompagner v. t.
accompli, e adj. et n. m.
accomplir v. t. du 2ᵉ gr. Conjug. 24.
accomplissement n. m.
accon → acon.
acconage → aconage.
acconier → aconier.
ACCORD n. m. (entente). *Ils sont d'accord* (loc. adv.). ♦ HOM. *accore* (étai; adj.), *acore* (plante), *accort* (gracieux, complaisant).
♦ *Accord* (des mots); → tableaux en annexe : ADJECTIFS p. 859, COULEURS p. 884, PARTICIPE PASSÉ p. 917, VERBES p. 956.
accordable adj.
accordage n. m.
accordailles n. f. pl.
accord-cadre n. m. *Des accords-cadres.*
accordé, e n. et adj.
accordement n. m.
accordéon n. m.
accordéoniste n.
accorder v. t.
accordeur, euse n.
accordoir n. m.
accore adj. *Une côte accore.* ♦ N. f. *Les accores étayent le navire.* ♦ HOM. → accord.
accort, e adj. Rare au masc. ♦ HOM. → accord.
accostable adj.
accostage n. m.
accoster v. t.
accot [ako] n. m.
accotement n. m.
accoter v. t.
accotoir n. m.
accouchée n. f.
accouchement n. m.
accoucher v. t.
accoucheur, euse n.
accoudement n. m.
accouder (s') v. pr. *Elle s'est accoudée.*
accoudoir n. m.
accouer v. t. Conjug. 19.
accouple n. f.

ACCOUPLEMENT

accouplement n. m.
accoupler v. t. et pr. *Ils se sont accouplés.*
accourcir v. t. du 2ᵉ gr. Conjug. 24.
accourcissement n. m.
accourir v. int. Conjug. 40.
accoutrement n. m.
accoutrer v. t. et pr. *Elle s'est accoutrée.*
accoutumance n. f.
accoutumé, e adj. et n. f. *Comme à l'accoutumée.*
accoutumer v. t.
accouvage n. m.
accouver (s') v. pr.
accouveur, euse n.
accréditation n. f.
accréditement n. m.
accréditer v. t.
accréditeur, trice n. et adj.
accréditif, ive adj. et n. m.
accrescent, e adj.
accrété, e adj.
accrétion n. f.
*accretion = accrétion (astron., météo.).
accro n. et adj. inv. en genre (passionné; soumis à la drogue). *Elles sont accros.* ♦ HOM. → accroc.
accroc [-kro] n. m. (déchirure). ♦ HOM. *accro* (apocope pour *accroché*, dépendant).
accrochage n. m.
accroche n. f.
accroche-balai n. m. *Des accroche-balai(s).*
accroche-cœur n. m. *Des accroche-cœur(s).*
accroche-plat n. m. *Des accroche-plat(s).*
accrocher v. t.
accrocheur, euse adj. et n.
accroire v. t. Ne s'emploie qu'à l'infinitif après le v. *faire.*
accroires n. f. pl.
accroissement n. m.
accroître v. t. Conjug. 26.
accroupir (s') v. pr. du 2ᵉ gr. *Elle s'est accroupie.* Conjug. 24.
accroupissement n. m.
accru n. m. ♦ HOM. *accrue* (de terrain).
accrue n. f. ♦ HOM. → accru.
accu n. m. (accumulateur). *Des accus.* ♦ HOM. *acul* (fond).
accueil [akeuy'] n. m. ♦ HOM. il *accueille* (v.).
accueillant, e [akeu-yan, -yant'] adj.
accueillir [akeu-yir'] v. t. Conjug. 44.

acculée n. f.
acculer v. t.
acculturation n. f.
acculturer v. t.
accumulateur n. m.
accumulation n. f.
accumuler v. t.
accusable adj.
accusateur, trice n. et adj.
accusatif n. m.
accusation n. f.
accusatoire adj.
accusé, e n. *Des accusés de réception.*
accuser v. t.
*ace n. m. = service gagnant; as (sport); trou en un (golf).
acellulaire adj.
acéphale adj. et n.
acéracée n. f.
acerbe adj.
acerbité n. f.
acéré, e adj.
acérer v. t. Conjug. 10.
acescence n. f.
acescent, e adj.
acétabule n. f.
acétal n. m. *Des acétals.*
acétaldéhyde n. m.
acétamide n. m.
acétate n. m.
acéteux, euse adj.
acétification n. f.
acétifier v. t. Conjug. 17.
acétimètre ou acétomètre n. m.
acétique adj. (acide). ♦ HOM. *ascétique* (pieux, austère).
acétobacter [-tèr'] n. m.
acétocellulose n. f.
acétomètre → acétimètre.
acétone n. f.
acétonémie n. f.
acétonémique adj.
acétonurie n. f.
acétylcellulose n. f.
acétylcholine [-ko-] n. f.
acétylcoenzyme a n. f.
acétyle n. m.
acétylène n. m.
acétylénique adj.
acétylsalicylique adj.
acétylure n. m.
achaine → akène.
achalandage n. m.

ACOQUINEMENT

achalandé, e adj. (qui a beaucoup de chalands, de clients).
achalander v. t.
achalasie [aka-] n. f.
achaler v. t.
achards n. m. pl.
acharisme [-charis-] n. m.
acharné, e adj.
acharnement n. m.
acharner (s') v. pr. *Elle s'est acharnée.*
achat n. m.
ache n. f. ♦ HOM. → hache.
acheb n. m.
achéen, enne [aké-in, -èn'] adj. et n.
achéménide [-ké-] adj. (relatif aux Achéménides).
acheminement n. m.
acheminer v. t. *Elle s'est acheminée.*
achetable adj.
acheter v. t. *J'achète, nous achetons, j'achèterai(s).* Conjug. 12. *Elles achètent français, italien* (adv. inv.).
acheteur, euse n.
acheuléen, enne [acheulé-in, -lé-èn'] adj. *Un silex acheuléen.* ♦ N. *Une Acheuléenne* (de Saint-Acheul).
achevé, e adj. et n. m. *Un achevé d'imprimer.*
achèvement n. m.
achever v. t. *J'achève, nous achevons, j'achèverai(s).* Conjug. 15.
*****achievements** = résultats, réussites, réalisations.
achigan n. m.
achillée [-ki-] n. f.
acholie [-ko-] n. f.
achondroplasie [-kon-] n. f.
achoppement n. m.
achopper v. int.
*****Achoura** (arabe) n. f. = fête musulmane du jeûne expiatoire.
achromat [akroma] n. m.
achromaticité [-kro-] n. f.
achromatique [-kro-] adj.
achromatiser [-kro-] v. t.
achromatisme [-kromatis-] n. m.
achromatopsie [-kro-] n. f.
achrome [-kro-] adj.
achromie [-kro-] n. f.
achronique [-kro-] adj.
achylie n. f.
aciculaire adj.
acidalie n. f.
acide n. m. et adj.
acidifiable adj.
acidifiant, e adj.
acidification n. f.
acidifier v. t. Conjug. 17.
acidimètre n. m.
acidimétrie n. f.
acidiphile adj.
acidité n. f.
acido-alcalimétrie n. f. *Des acido-alcalimétries.*
acido-alcalinité n. f. *Des acido-alcalinités.*
acido-basique adj. *Des stabilités acido-basiques.*
acidocétose n. f.
acidophile adj.
acidose n. f.
acidosique adj.
acidulé, e adj.
aciduler v. t.
acier n. m. *Des aciers au creuset.* ♦ Adj. inv. *Des yeux acier.* ♦ HOM. il *assied* (v. asseoir).
aciérage n. m.
aciération n. f.
aciéré, e adj.
aciérer v. t. *Il acière, il aciérait, il aciérera (it).* Conjug. 10.
aciérie n. f.
aciériste n.
acinésie → akinésie.
acineuse adj. f.
acinus [-nus'] n. m. *Des acini.*
*****acknowledgement** = aperçu (déf.).
aclinique adj.
acmé n. f. (point culminant).
acméisme [-is-] n. m.
acné n. f. (maladie de la peau).
acnéique adj. et n.
acœlomate [asé-] n. m.
acolytat [-ta] n. m.
acolyte n. m.
acompte n. m.
acon ou **accon** n. m.
aconage ou **acconage** n. m.
aconier ou **acconier** n. m.
aconit [-nit'] n. m.
aconitine n. f.
*****a contrario** (lat.) = par la raison des contraires.
à contrecœur loc. adv.
à contretemps loc. adv.
acoquinement n. m.

ACOQUINER (S')

acoquiner (s') v. pr. *Elle s'est acoquinée.*
acore n. m. ♦ HOM. → accord.
à-côté n. m. *Des à-côtés.* La loc. adv. n'a pas de trait d'union. *Mets-toi à côté.*
acotylédone adj. et n.
acoumètre n. m.
à-coup n. m. *Des à-coups. Par à-coup(s); sans à-coup(s). À coups de sabre, à coups de pied.* → coup.
acouphène n. m.
acousmie n. f.
acousticien, enne n.
acoustique n. f. et adj.
acqua-toffana [akwa-] n. f. Ne s'emploie qu'au sing.
acquéreur n. m.
acquérir v. t. Conjug. 27.
acquêt [akè] n. m. *Une communauté réduite aux acquêts.* ♦ HOM. → haquet.
acquiescement n. m.
acquiescer v. t. ind. ou int. Conjug. 2.
acquis, e adj. et n. m. → acquit.
acquisitif, ive adj.
acquisition n. f.
*****acquisition** = acquisition angulaire, acquisition en fréquence, en distance, en phase (spat.).
acquit [aki] n. m. Distinguer : 1° **acquis** (du v. acquérir). *Ils ont acquis un appartement. L'acquis d'un élève. Bien mal acquis.* 2° **acquit** (indique que l'on est quitte). *Pour acquit ; par acquit de conscience ; par manière d'acquit.*
acquit-à-caution [aki-a-] n. m. *Des acquits-à-caution.*
acquittable adj.
acquitté, e n.
acquittement n. m.
acquitter v. t.
acra ou **acrat** n. m. (beignet créole). ♦ HOM. *Accra* (capitale du Ghana).
acre n. f. ♦ HOM. → âcre.
âcre adj. (qui irrite le goût ou l'odorat). → âpre. ♦ HOM. *acre* (surface).
âcrement adv.
âcreté n. f.
acridien n. m.
acridine n. f.
Acrilan n. m. déposé inv.
acrimonie n. f.
acrimonieusement adv.
acrimonieux, euse adj.
acrobate n.
acrobatie [-si] n. f.
acrobatique adj.

acrocéphale adj.
acrocéphalie n. f.
acrocyanose n. f.
acrodynie n. f.
acroléine n. f.
acromégalie n. f.
acromial, ale, aux adj.
acromion n. m.
acronyme n. m.
■ L'acronyme est une abréviation faite de l'extrémité (souvent le début) de plusieurs mots désignant une firme, une raison sociale... Ainsi, pour éviter une homonymie avec la *C.G.T.* (*Confédération générale du travail*, ou *Compagnie générale transatlantique*), en adoptant le même sigle, une *Compagnie générale des travaux publics* pourra opter pour l'acronyme *Cogétra*. Si une *Fédération des sociétés françaises de catch* craignait que l'abréviation *F.S.F.C.* fût difficile à prononcer ou à retenir, elle pourrait préférer l'acronyme *Fésofraca*. Courant dans les entreprises, l'acronyme est aussi employé à l'étranger. *Benelux* est l'acronyme de *Belgique-Nederland--Luxembourg*. Le mot *kolkhoz* est un acronyme issu de *kollektivnoïe khoziaïstvo* (économie collective). La *Gestapo* était la *Geheime Staatspolizei. Eurovision* est un acronyme pour *Télévision européenne.*
On appelle aussi *acronyme* le sigle prononcé comme un mot ordinaire (*ONU, sicav*).
acronymie n. f.
acrophobie n. f.
acropole n. f. *Une acropole.* Spécialt : *l'Acropole* (celle d'Athènes).
acrosome n. m.
acrostiche n. m.
acrotère n. m.
acrylique adj. et n. m.
acrylonitrile n. m.
actant n. m.
acte n. m. *Ils ont pris acte. L'acte IV de la pièce. Les Actes des Apôtres* (livre de la Bible).
actée n. f.
actéon n. m.
acteur, trice n.
A.C.T.H. (*adrenocorticotrophic hormone) = hormone corticotrope ou adrénocorticotrophique ; corticotrophine.
actif, ive adj. et n.
actine n. f.

*acting out = passage à l'acte.
actinie n. f.
actinide n. m. (élément radioactif).
actinidia n. m. (plante à kiwis).
actinique adj.
actinisme [-is-] n. m.
actinite n. f.
actinium [-nyom'] n. m. *Des actiniums.*
actinologie n. f.
actinomètre n. m.
actinométrie n. f.
actinomycète n. m.
actinomycose n. f.
actinoptérygien n. m.
actinote n. f.
actinothérapie n. f.
actino-uranium [-nyom'] n. m. *Des actino-uraniums.*
action n. f. *Action de grâces; unité d'action; homme d'action; société par actions. Le journal « L'Action française ». Des actions au porteur.* ♦ HOM. → axion.
actionnable adj.
actionnaire n.
actionnariat n. m.
actionnement n. m.
actionner v. t.
actionneur n. m.
*action research = recherche-action.
activa*teur*, *trice* adj. et n. m.
activation n. f.
active n. f.
activé, *e* adj.
*active air defense = défense aérienne active.
*active heat insulation = isolation thermique dynamique (urb.).
activement adv.
activer v. t.
*active sensor = capteur actif (spat.).
activeur n. m.
activisme [-is-] n. m.
activiste n. et adj.
activité n. f.
actuaire n.
actualisation n. f.
actualiser v. t.
actualité n. f. *Les actualités cinématographiques.*
actuariat [-rya] n. m.
actuari*el*, *elle* adj.
*actuator = vérin.
actu*el*, *elle* adj.
actuellement adv.

acuité [akuité] n. f.
acul [aku] n. m. ♦ HOM. → accu.
aculéate n. m.
acuminé, *e* adj.
acupunc*teur*, *trice* ou **acupuncteur, trice** [-ponk-] adj. et n.
acuponcture ou **acupuncture** [-ponk-] n. f.
acutangle adj.
acyclique adj.
Acyclovir n. m. déposé inv.
acylation n. f.
acyle n. m.
acyltransférase n. f.
ada n. m. (langage informatique).
A.D.A. → adénosine.
A.D.A.C. ou **ADAC** sigle m. Avion à décollage et atterrissage courts.
adacport n. m.
adage n. m.
adagio n. m. *Des adagios.*
*adagio (ital.) adv. = lentement.
adamantin, *e* adj.
adami*en*, *enne* n.
adamique adj.
adamisme [-is-] n. m.
adamite n.
adaptabilité n. f.
adaptable adj.
adapta*teur*, *trice* n.
adaptat*if*, *ive* adj.
adaptation n. f.
*adaptator = adaptateur (génét.).
adapter v. t.
*ad augusta per angusta (lat.) = à des résultats grandioses par des voies étroites.
A.D.A.V. ou **ADAV** sigle m. Avion à décollage et atterrissage verticaux.
addax n. m.
addenda [adin-] n. m. inv.
*addiction n. f. = toxicomanie, assuétude.
Addison (maladie bronzée d') loc. f.
addit*if*, *ive* adj. et n. m.
addition n. f. *Des réacteurs d'addition.*
addition*nel*, *elle* adj. et n. m.
additionner v. t.
additionneur n. m.
additivé, *e* adj.
*add-on = additionnel (inf.).
*address = adresse; informatique scolaire.
adducteur adj. et n. m.
adduction n. f. → abduction.

ADÉNINE

adénine n. f. (base azotée).
adénite n. f. (inflammation).
adénocarcinome n. m.
adénogramme n. m.
adénoide adj.
adénoïdectomie n. f.
adénomateux, *euse* adj.
adénome n. m.
adénopathie n. f.
adénosine n. f. *Adénosine triphosphate* ou *A.T.P.; adénosine monophosphate* ou *A.M.P.-cyclique; adénosine déaminase* ou *A.D.A.*
adénovirus n. m.
adent n. m.
adepte n.
adéquat, *ate* [-kwa, -kwat'] adj.
adéquatement adv.
adéquation n. f.
adermine n. f.
adextré, *e* adj.
adhérence n. f. (pour les choses).
adhérent, *e* n. et adj. ♦ L'homographe qu'on trouve dans « ils *adhèrent* » n'a pas le même accent. ♦ HOM. *adhérant* (partic. prés.).
adhérer v. t. *J'adhère, nous adhérons, j'adhérerai(s).* Conjug. 10. Un homme *adhérant* à une mutuelle est un *adhérent* de cette mutuelle.
adhésif, *ive* adj. et n. m.
adhésion n. f. (pour les personnes).
adhésivité n. f.
*****ad hoc** (lat.) = approprié.
*****ad hominem** (lat.) = contre la personne.
*****ad honores** (lat.) = pour l'honneur.
adiabatique adj.
adiabatisme [-is-] n. m.
adiante ou **adiantum** [-tom'] n. m. *Des adiantums.*
adiathermique adj.
adieu interj. *Adieu! Il lui dit adieu.* ♦ N. m. *Sans adieu; des adieux.* On écrit : *à Dieu va!* ou *à Dieu vat!*
adimensionné, *e* adj.
adipeux, *euse* adj.
adipique adj.
adipocyte n. m.
adipolyse n. f.
adipopexie n. f.
adipose n. f.
adiposité n. f.
adiposo-génital, *ale, aux* adj. *Des troubles adiposo-génitaux.*

Adiprène n. m. déposé inv.
adipsie n. f.
adiré, *e* adj.
adirer v. t. Ne s'emploie plus qu'à l'infinitif et au participe passé *(adiré, e).*
adjacent, *e* adj.
ADJECTIF, IVE n. m. et adj. → tableau en annexe : *Qualificatifs* p. 859, *Déterminatifs* p. 865.
adjectival, *ale, aux* adj.
adjectivation n. f.
adjectivement adv.
adjectiver ou **adjectiviser** v. t.
adjectivite n. f.
adjoindre v. t. Conjug. 53.
adjoint, *e* adj. et n.
adjonction n. f. (addition). ♦ Ne pas confondre avec *injonction* (ordre).
adjudant, *e* n.
adjudant-chef n. m. *Des adjudants-chefs.*
adjudicataire n.
adjudicateur, *trice* n.
adjudicatif, *ive* adj.
adjudication n. f.
adjuger v. t. *Il adjugea.* Conjug. 3. *La sculpture fut adjugée à la salle des ventes. L'équipe s'est adjugé la victoire. Ils se sont adjugé la meilleure part.*
adjuration n. f.
adjurer v. t. → abjurer.
adjuvant, *e* adj. et n. m.
*****ad libitum** (lat.) = à volonté.
*****ad litem** (lat.) = pour le procès.
*****ad litteram** (lat.) = à la lettre.
*****ad majorem dei gloriam** (lat.) = pour la plus grande gloire de Dieu.
*****ad maximum** (lat.) = au maximum.
admettre v. t. Conjug. 56. → admirer.
adminicule n. m.
*****ad minimum** (lat.) = au minimum.
administrateur, *trice* n.
administratif, *ive* adj.
administration n. f. *L'administration de la commune, des douanes, des postes et téléphones* (pour éviter une équivoque, on écrira : *l'administration des Postes), d'un sacrement. Les conseils, les officiers d'administration.* Ce mot prend une capitale quand il désigne l'ensemble des services publics ou des services administratifs mal définis. *Les tracasseries de l'Administration; voyager aux frais de l'Administration. L'École nationale d'Administration (É.N.A.). L'École*

d'Administration de la marine. Le code de l'Administration communale. L'Institut technique des Administrations publiques.
administrativement adv.
administré, e adj. et n.
administrer v. t.
admirable adj.
admirablement adv.
admira*teur, trice* n.
admirat*if, ive* adj.
admiration n. f.
admirativement adv.
admirer v. t. ♦ Il y a homographie à la 3ᵉ pers. du pl. pour les verbes **admirer** au prés. de l'indic. et **admettre** au passé simple (elles *admirent* ces tableaux; certains savants n'*admirent* jamais les théories d'Einstein).
admissibilité n. f.
admissible adj. et n.
admission n. f. *Des soupapes d'admission.*
admittance n. f.
admixtion [-miksyon] n. f.
admonestation n. f.
admonester v. t.
admonition n. f.
A.D.N. sigle m. Acide désoxyribonucléique.
adné, e adj.
*****ad nutum** (lat.) = à son gré, au gré de.
*****adobe** (esp.) ou *****adobe brick** (angl.) = pisé, torchis (urb.).
adolescence n. f.
adolescent, e adj. et n. En apocope : *un ado, des ados* [ado].
adonc, adonques ou **adoncques** adv. (alors).
adonis n. m. (beau jeune homme; renonculacée; papillon). ♦ HOM. *Adonis* (divinité mythologique).
adonner (s') v. pr. *Elle s'est adonnée.*
adoptabilité n. f.
adoptable adj.
adoptant, e adj. et n.
adopté, e adj. et n.
adopter v. t.
adoptianisme [-syanis-] n. m.
adopt*if, ive* adj.
adoption n. f. ♦ Homographes hétérophones : des *adoptions* [-syon]; nous *adoptions* [-tyon] (v. adopter).
adorable adj.
adorablement adv.
adora*teur, trice* n.

adoration n. f.
adorer v. t.
adorné, e adj.
adorner v. t.
ados [ado] n. m. (talus de terre). → adolescent.
adossé, e adj.
adossement n. m.
adosser v. t.
adoubement n. m.
adouber v. t.
adouci, e adj.
adoucir v. t. du 2ᵉ gr. Conjug. 24.
adoucissage n. m.
adoucissant, e adj. et n. m.
adoucissement n. m.
adoucisseur n. m.
adoué, e adj.
*****A.D.P.** (*automatic data processing) = traitement automatique des données (inf.).
*****ad patres** (lat.) = vers les ancêtres.
adragante adj. f.
*****ad referendum** (lat.) = à condition d'en référer.
*****ad rem** (lat.) = catégoriquement.
adrénaline n. f.
adrénergique adj.
adrénoleucodystrophie n. f.
adressage n. m.
adresse n. f. *Un carnet d'adresses; des tours d'adresse. L'adresse des 221.*
adresser v. t. *Il nous a adressé la lettre que lui avait adressée le préfet. Ils se sont adressés au notaire.*
adressier n. m.
adret [adrè] n. m.
adriatique n. f. *L'Adriatique* (mer). ♦ Adj. *La côte adriatique.*
adroit, e adj. *Maladroit* s'écrit en un mot.
à-droite n. m. inv. *Faire un à-droite. Aller à droite.*
adroitement adv.
adscrit, e adj.
adsorbant, e adj. et n. m.
adsorber v. t.
adsorption n. f. → absorption.
adstrat [-tra] n. m.
adulaire n. f.
adula*teur, trice* adj. et n.
adulation n. f.
aduler v. t.
adulte adj. et n.

ADULTÉRATION

adultération n. f.
adultère adj. et n. (personnes). ♦ N. m. (acte).
adultérer v. t. *Il adultère, il adultérait, il adultérera(it)*. Conjug. 10.
adultérin, e adj. et n.
adultisme [is-] n. m.
*ad unguem (lat.) = parfaitement.
*ad unum (lat.) = jusqu'au dernier.
*ad usum delphini (lat.) = à l'usage du Dauphin.
*ad valorem (lat.) = d'après la valeur.
*advanced lay-out = maquette (aud.).
advection n. f.
advenir v. int. Conjug. 76. *Quoi qu'il advienne. Fais ce que dois, advienne que pourra.* Les temps composés se font avec *être*. Ne s'emploie qu'aux 3es pers. et à l'infinitif. Ce verbe a pris la place de l'ancien verbe *avenir* (*une décision considérée comme nulle et non avenue*). On peut dire : *Les aventures qui sont advenues*, mais on préférera : *Les aventures qui sont survenues*.
adventice adj.
adventif, ive adj.
adventiste n. et adj.
ADVERBE n. m. →tableau en annexe p. 871.
adverbial, ale, aux adj.
adverbialement adv.
adversaire n.
adversatif, ive adj.
adverse adj.
*adverse selection = antisélection (écon.).
adversité n. f.
*advertising man = publicitaire.
*advisory committee = comité de restructuration (écon.).
*ad vitam aeternam (lat.) = pour la vie éternelle.
adynamie n. f.
æ [é] Lettre double, nommée « a-e liés ». Ne se trouve que dans des mots latins. Pour l'écrire à la main, tracer un *x* sans lever le stylo ou le crayon. On peut séparer les deux éléments : *le caecum, un lapsus linguae*. Certains mots, en se francisant, remplacent *æ* par *é* : *du cæsium/du césium*.
aède n. m.
ægagropile ou **égagropile** n. m.
ægipan ou **égipan** n. m.
ægosome ou **égosome** [égo-] n. m.
ægyrine [éji-] n. f.

A.E.L.E. sigle f. Association européenne de libre-échange.
æpyornis ou **épyornis** [-nis'] n. m.
aequo animo (lat.) loc. adv. = avec constance.
aérage n. m.
aérateur n. m.
aération n. f.
aéraulique n. f.
aéré, e adj.
aérer v. t. *J'aère, nous aérons, j'aérerai(s)*. Conjug. 10.
aéricole adj.
aérien, enne adj. et n. m.
aérifère adj.
aériforme adj.
aérium [-ryom'] n. m. *Des aériums*.
aéro-/aréo-
1° **aéro-** vient de *air*. *Une aérogare, un aéroplane*. *L'aéromètre mesure la densité de l'air*.
2° **aréo-**. Le tribunal grec de l'*Aréopage* était ainsi nommé parce qu'il siégeait sur la colline *Arès*. *Un aréopage, une aréole. L'aréomètre mesure la densité d'un liquide*.
aérobic n. m.
aérobie adj. et n. m.
aérobiologie n. f.
aérobiose n. f.
aérocâble n. m.
aéro-club ou **aéroclub** n. m. *Des aéro-clubs*.
aérocolie n. f.
aérocondenseur n. m.
aérodistorsion n. f.
aérodrome n. m.
aéroduc n. m.
aérodynamicien, enne n.
*aerodynamic matching = adaptation aérodynamique (déf.).
aérodynamique adj. et n. f.
aérodynamiquement adv.
aérodynamisme [-is-] n. m.
aérodyne n. m.
*aeroelastic distortion = aérodistorsion.
aéroélasticité n. f.
*aero-elasticity = aéroélasticité (déf.).
aéro-électronique n. f. *Des poussées aéro-électroniques*.
aérofrein n. m.
aérogare n. f.
aérogastrie n. f.
aérogel n. m.

aérogène adj.
aérogénéra*teur*, *trice* n. et adj.
aéroglisseur n. m.
aérogramme n. m.
aérographe n. m.
aérogravimétrie n. f.
aérolithe ou **aérolite** n. m.
aérologie n. f.
aérologique adj.
*aerology = aérologie (spat.).
aéromagnétisme [-is-] n. m.
aéromètre n. m. (pour la densité de l'air).
 ♦ Ne pas confondre avec *aréomètre*.
aérométrie n. f.
aérométrique adj.
aéromobile adj.
aéromobilité n. f.
aéromodélisme [-is-] n. m.
aéromoteur n. m.
aéronaute n.
aéronautique adj. et n. f.
aéronava*l*, *ale*, *als* adj.
aéronavale n. f.
aéronef n. m.
aéronomie n. f.
aéronomique adj.
*aeronomy = aéronomie (spat.).
aéropathie n. f.
aérophagie n. f.
aérophagique adj.
aéroplage n. m.
aéroplane n. m.
aéroport n. m.
aéroporté, *e* adj.
aéroportuaire adj.
aéroposta*l*, *ale*, *aux* adj. ♦ HOM. l'*Aéropostale* (pour : la Compagnie générale aéropostale), où s'illustra Mermoz.
aéroréfrigérant n. m.
aéroscope n. m.
aérosol [-sol'] n. m.
aérosondage [-son-] n. m.
aérospatia*l*, *ale*, *aux* [-syal'] adj. et n. f. → astronautique.
aérostat [-sta] n. m.
aérostation n. f.
aérostatique adj. et n. f.
aérosti*er*, *ère* n.
aérosurface [-sur-] n. f.
aérotechnique adj. et n. f.
aéroterrestre adj.
aérothérapie n. f.
aérotherme n. m.

aérothermique adj.
aérothermodynamique n. f.
Aérotrain n. m. déposé inv.
aérotransportable adj.
aérotransporté, *e* adj.
aérozine n. f.
æschne [èskn'] n. f.
æthusa, **æthuse** ou **éthuse** n. f.
aétite n. f.
af-/aff- Il est bon de se souvenir que les mots courants commençant par *aff-*, *eff-*, *off-*, *diff-*, prennent deux *f* sauf *afin*, *Afrique*, *africain*, *éfaufiler*. (Les autres exceptions concernent des mots rares comme *aficionado*, *éfendi*, *éfourceau*, *oflag*, *difluoré*...)
A.F.A.T. ou **AFAT** sigle f. Auxiliaire féminine de l'armée de terre.
affabilité n. f.
affable adj.
affablement adv.
affabula*teur*, *trice* n.
affabulation n. f. (arrangement de faits). → fabulation.
affabuler v. int.
affacturage n. m.
affadir v. t. du 2ᵉ gr. Conjug. 24.
affadissant, *e* adj.
affadissement n. m.
affaibli, *e* adj.
affaiblir v. t. du 2ᵉ gr. Conjug. 24. *Ils se sont affaiblis.*
affaiblissement n. m.
affaiblisseur n. m.
affaire n. f. Distinguer *à faire* et *affaire* :
1° *J'ai une visite à faire. Qu'ai-je à faire de tout cela ? Je n'en ai rien à faire. Avoir fort à faire. Elle a fort à faire. J'ai à faire avec Untel* (quelque chose à faire).
2° *J'ai affaire avec Untel* (une affaire à débattre). *Vous aurez affaire à moi. Avoir affaire à forte partie. Se tirer d'affaire; être hors d'affaire; faire affaire; une affaire d'État; l'affaire Dreyfus* (abs. : *l'Affaire*). *Agent, chargé, chiffre, déjeuner, homme d'affaires; être en affaires; dur en affaires; toutes affaires cessantes; des affaires en souffrance. Le ministère des Affaires étrangères.*
affairé, *e* adj. et n.
affairement n. m.
affairer (s') v. pr. *Elle s'est affairée.*
affairisme [-is-] n. m.
affairiste n.
affaissement n. m.
affaisser v. t. et pr.

AFFAITAGE

affaitage ou **affaitement** n. m.
affalement n. m.
affaler v. t.
affamé, e adj. et n.
affamer v. t.
affam*eur*, *euse* n. et adj.
afféager v. t. *Il afféageait.* Conjug. 3.
affect n. m.
affectation n. f.
affecté, e adj.
affecter v. t.
affect*if*, *ive* adj.
affection n. f. ♦ Homographes hétérophones : des *affections* [-syon] ; nous *affections* [-tyon] (v. affecter).
affectionné, e adj. et n.
affectionner v. t.
affectivité n. f.
affectueusement adv.
affectu*eux*, *euse* adj.
affenage n. m.
afférent, e adj. → efférent.
affermage n. m.
affermer v. t.
affermir v. t. du 2ᵉ gr. Conjug. 24.
affermissement n. m.
affété, e adj.
affèterie n. f. Ancienne orthographe : *afféterie*.
affettuoso (ital.) = affectueux.
affichage n. m.
affiche n. f.
afficher v. t.
afficheur n. f.
afficheur n. m.
affichiste n.
affidavit [-vit'] n. m.
affidé, e adj. et n.
affilage n. m.
affilé, e adj.
affilée (d') loc. adv. *Deux heures d'affilée.*
affiler v. t. (aiguiser). ♦ Ne pas confondre avec *effiler* (défaire fil à fil ; diminuer l'épaisseur), *s'affilier* (adhérer) ou *affiner* (rendre plus fin).
affiliation n. f.
affilié, e adj. et n.
affilier v. t. Conjug. 17. ♦ V. pr. *Elle s'est affiliée.* → affiler.
affiloir n. m.
affinage n. m.
affine ou **affin, e** adj. *Un repère affine.*
affinement n. m.
affiner v. t. → affiler.

affinerie n. f.
affin*eur*, *euse* n.
affinitaire adj.
affinité n. f.
affinoir n. m.
affiquet n. m.
affirmat*if*, *ive* adj.
affirmation n. f.
affirmative n. f.
affirmativement adv.
affirmer v. t. *Ils se sont affirmés.*
affix*al*, *ale*, *aux* adj.
affixe n. m. (en grammaire, désigne préfixe et suffixe). ♦ N. f. (en mathématiques, nombre qui détermine une position).
affixé, e adj.
affleurage n. m.
affleurement n. m.
affleurer v. t. (se trouver de niveau avec la surface). ♦ Ne pas confondre avec *effleurer* (toucher à peine).
afflict*if*, *ive* adj.
affliction n. f.
affligé, e adj. et n.
affligeant, e adj.
affliger v. t. *Elle s'affligeait.* Conjug. 3.
afflouer v. t. Conjug. 19.
affluence n. f.
affluent [-an] n. m. ♦ HOM. *affluant* (partic. prés. du v. affluer). ♦ Homographe hétérophone : ils *affluent* [-flu] (v. affluer).
affluent, e adj.
affluer v. int. Conjug. 18.
afflux [-flu] n. m.
affolant, e adj.
affolé, e adj. et n.
affolement n. m.
affoler v. t.
afforestage n. m.
affouage n. m.
affouagé, e n.
affouager v. t. *Il affouagea.* Conjug. 3.
affouagiste n.
affouillement n. m.
affouiller v. t.
affouragement n. m.
affourager v. t. *Il affourageait.* Conjug. 3. L'Académie écrit aussi AFFOURRAGER.
affourcher v. t.
affranchi, e adj. et n.
affranchir v. t. du 2ᵉ gr. Conjug. 24.
affranchissable adj.
affranchissement n. m.
affranchiss*eur*, *euse* n.

affres n. f. pl.
affrètement n. m.
affréter v. t. *J'affrète, nous affrétons, j'affréterai(s)*. Conjug. 10.
affréteur, euse n. et adj.
affreusement adv.
affreux, euse adj. et n.
affriander v. t.
affriolant, e adj.
affrioler v. t.
affriquée n. et adj. f.
affront n. m.
affronté, e adj.
affrontement n. m.
affronter v. t.
affruiter v. t. et int.
affublement n. m.
affubler v. t.
affusion n. f.
affût n. m.
affûtage n. m.
affûter v. t.
affûteur, euse n.
affûtiau n. m. *Des affûtiaux*.
afghan, e adj. *Un chien afghan.* ♦ N. *Une Afghane*.
afghani n. m.
afibrinogénémie n. f.
*****aficionado** (esp.) n. m. = amateur de corridas.
afin de loc. prép.
afin que loc. conj.
aflatoxine n. f.
*****afloat support** = soutien logistique à la mer (déf.).
AFNOR [afnor'] sigle f. Association française de normalisation.
afocal, ale, aux adj.
à-fonds n. m. pl.
*****a fortiori** (lat.) = à plus forte raison. → a priori.
A.F.P. sigle f. Agence France Presse. Ce sigle est également celui de la molécule *alpha-fœto-protéine*.
africain, e adj. *Un rite africain.* ♦ N. *Des Africaines*.
africanisation n. f.
africaniser v. t.
africanisme [-is-] n. m.
africaniste n.
africanistique n. f.
africanité n. f.
africanophone adj. et n.
africanophonie n. f.

afrikaans [-kan's'] n. m.
afrikaner ou **afrikaander** [-kandèr'] n. inv. en genre. *Une Afrikaner.* ♦ Adj. *Des chapeaux afrikaners*.
Afrique n. f. *Afrique du Nord; Afrique centrale; Afrique noire; Afrique du Sud*.
afro adj. inv. *Une coiffure afro*.
afro-américain, e adj. *Musique afro-américaine.* ♦ N. *Des Afro-Américains*.
afro-asiatique adj. *Les délégations afro-asiatiques.* ♦ N. *Un Afro-Asiatique*.
afro-brésilien, enne adj. *Une origine afro-brésilienne.* ♦ N. *Des Afro-Brésiliens*.
afro-cubain, e adj. *Une mélopée afro-cubaine.* ♦ N. *Des Afro-Cubains*.
*****afterburner** = postcombustion, réchauffe.
*****after-shave** n. m. = lotion après-rasage. *Des after-shaves*.
A.F.U. sigle f. Association foncière urbaine.
aga → agha.
agaçant, e adj.
agace ou **agasse** n. f.
agacement n. m.
agace-pissette n. f. *Des agace-pissettes*.
agacer v. t. *Il agaçait*. Conjug. 2.
agacerie n. f.
agalactie ou **agalaxie** n. f.
agame adj.
agamète n. m.
agami n. m. (oiseau). ♦ HOM. *agamie*.
agamidé n. m.
agamie n. f. (reproduction asexuée). ♦ HOM. → *agami*.
agammaglobulinémie n. f.
agape n. f.
agar-agar n. m. *Des agars-agars*. L'Académie dit : *des agar-agars*.
agaric n. m.
agaricacée n. f.
agasse → *agace*.
agassin n. m.
agate n. f. (roche). ♦ Adj. inv. ♦ HOM. *Agathe* (prénom).
agatisé, e adj.
à-gauche n. m. inv. *Faire un à-gauche. Aller à gauche*.
agave ou **agavé** n. m.
age n. m. ♦ HOM. → *âge*.
âge n. m. (durée). *L'âge du bronze.* ♦ HOM. *age* (armature de charrue).
âgé, e adj.
agence n. f. *Une agence de bassin, de presse, de publicité, de renseignements, de voyages*.

AGENCEMENT

agencement n. m.
agencer v. t. *Il agençait*. Conjug. 2.
agencier n. m.
*****agency fee** = commission de gestion (écon.).
agenda [-jin-] n. m. *Des agendas*.
*****agenda** = ordre du jour, programme.
agénésie n. f.
agenouillement n. m.
agenouiller (s') v. pr. *Elle s'est agenouillée*.
agenouilloir n. m.
agent, e n. *Un agent de change, d'affaires, de police, de renseignements. Agent double ; agent immobilier ; agent voyer*.
ageratum [-tom'] ou **agérate** n. m. *Des ageratums*.
*****aggiornamento** (ital.) n. m. = modernisation, réforme, révision, mise à jour, actualisation.
agglomérant n. m.
agglomérat [-ra] n. m.
agglomération n. f.
aggloméré, e adj. et n. m.
agglomérer v. t. *J'agglomère, nous agglomérons, j'agglomérerai(s)*. Conjug. 10.
agglutinant, e adj. et n. m.
agglutination n. f.
agglutiner v. t.
agglutinine n. f.
agglutinogène n. m.
aggravant, e adj.
aggravation n. f.
aggravée n. f.
aggraver v. t.
agha ou **aga** n. m.
agile adj.
agilement adv.
agilité n. f.
agio n. m. *Des agios*.
*****a giorno** [adjorno] (ital.) = brillant comme le jour. Quelquefois écrit À GIORNO.
agiotage n. m.
agioter v. int.
agioteur, euse n.
agir v. int. du 2e gr. Conjug. 24. ♦ V. pr. impers. *Il s'agit de savoir s'il est venu*.
âgisme [-is-] n. m.
agissant, e adj.
agissements n. m. pl.
agitateur, trice n.
agitation n. f.
*****agitato** (ital.) = vif, agité.
agité, e adj.
agiter v. t.
agit-prop n. f. inv.
aglobulie n. f.
aglossa n. m. *Des aglossas*.
aglycone n. f.
aglyphe adj.
agnat, e [ag'na] n. et adj.
agnathe [ag'nat'] n. m.
agnation [ag'nasyon] n. f.
agneau n. m. *Des agneaux. L'Agneau de Dieu* (le Christ).
agnel ou **aignel** n. m.
agnelage ou **agnèlement** n. m.
agnelée n. f.
agneler v. int. *Elle agnelle, elle agnelait, elle agnellera(it)*. Conjug. 13.
agnelet n. m.
agnelin n. m.
agneline adj. et n. f.
agnelle n. f.
agnosie [ag'nozi] n. f.
agnosique [ag'-] adj. et n. (pathologie).
agnosticisme [ag'no-is-] n. m.
agnostique [ag'-] adj. et n. (philosophie).
agnus-castus [ag'nuskastus'] n. m.
agnus-dei [ag'nusdéi] n. m. inv. *Les agnus-dei furent bénits pendant le chant de l'Agnus Dei*.
agogique adj. et n. f.
agonie n. f.
agonir v. t. du 2e gr. Ne se rencontre plus guère qu'à l'infinitif, aux temps composés et au participe passé. *Il l'a agoni d'injures*. ♦ Ne pas confondre avec *agoniser*.
agonisant, e adj. et n.
agoniser v. int. *Le vieillard agonise. Il a agonisé*. → agonir.
agoniste adj.
agonistique adj.
agora n. f. Spécialt : *l'Agora* (celle d'Athènes).
agoraphobie n. f.
agouti n. m.
agrafage n. m.
agrafe n. f.
agrafer v. t.
agrafeur, euse n.
agrainage n. m.
agrainer v. t.
agraire adj.
agrammatical, ale, aux adj.
agrammaticalité n. f.

agrammatisme [-is-] n. m.
agrandir v. t. du 2ᵉ gr. Conjug. 24.
agrandissement n. m.
agrandisseur n. m.
agranulocytose n. f.
agraphie n. f.
*****agrarian** = agraire.
agrarien, enne adj. et n.
agréable adj. et n. m.
agréablement adv.
agréage n. m.
agréé, e n. et adj.
agréer v. t. *J'agrée, nous agréons, j'agréerai(s)*. Conjug. 16.
agrégat [-ga] n. m.
agrégatif, ive adj. et n.
agrégation n. f. En apocope : *agreg*.
agrégé, e n. et adj.
agrégeable adj.
agréger v. t. *Il agrégeait*. Conjug. 20.
agrément n. m.
agrémenter v. t.
agrès n. m. Le singulier est rare.
agressant, e adj.
agressé, e adj.
agresser v. t.
agresseur adj. et n. m.
agressif, ive adj.
agression n. f.
*****agressive** = entreprenant, actif.
agressivement adv.
agressivité n. f.
agreste adj.
agricole adj.
agriculteur, trice n.
*****agricultural economics** = économie agricole.
agriculture n. f.
agriffer (s') v. pr. *La chatte s'est agriffée*.
agrile n. m.
agrion n. m.
agriote n. m.
agripaume n. f.
agrippement n. m.
agripper v. t.
agro- Pour l'écriture de mots nouveaux commençant par ce préfixe *(agropharmacie, agro-industriel)* → tableau PRÉFIXES C, p. 942.
agroalimentaire adj.
agrobiologie n. f.
agrochimie n. f.
agro-industrie n. f.
agro-industriel, elle adj. *Des centres agro-industriels*.
agrologie n. f.
agrologisticien, enne adj. et n.
agronome n. *Un ingénieur agronome*.
agronomie n. f.
agronomique adj.
agropastoral, ale, aux adj.
agrostis ou **agrostide** n. f. (herbe).
agrotis [-tis'] n. m. (papillon).
agroville n. f.
agrume n. m.
agrumiculture n. f.
aguardiente [agwardyant'] n. f.
aguerrir v. t. du 2ᵉ gr. Conjug. 24.
aguerrissement n. m.
aguets n. m. pl.
agueusie n. f.
agui n. m. *Des nœuds d'agui*.
aguichage n. m.
aguichant, e a.
aguiche n. f.
aguicher v. t.
aguicheur, euse adj. et n.
ah! Interj. ♦ HOM. → a. ♦ **Ponctuation** après *ah/ha* :

1° *Ah! vous me faites mal! Ah! la belle fusée! Ah! que vous êtes cruel! Ah bah! Ah mais! Ah çà! Ah! je voulais vous dire... Ah! liberté, que de crimes...! Des oh! et des ah!*

2° *Ha! vous voilà! Ha, ha, ha! que c'est plaisant! Des ho! et des ha! Il poussa un grand ha! de surprise. Ha! enfin le voilà parti!*

ahaggar n. m. (langue berbère des Touaregs).
ahan n. m.
ahaner v. int.
ahuri, e adj. et n.
ahurir v. t. du 2ᵉ gr. Conjug. 24.
ahurissant, e adj.
ahurissement n. m.

ai/aie, aies, ait Distinguer :

1° **ai** : verbe *avoir* au présent de l'indicatif *(j'ai deux enfants)*; auxiliaire d'un verbe au passé composé *(j'ai reçu un ami)*. Indique un fait certain.

2° **aie, aies, ait** (selon la personne) : verbe *avoir* au présent du subjonctif *(il faut*

que tu aies ce livre); auxiliaire d'un verbe au passé de l'impératif (aie fini pour demain), au passé du subjonctif (pourvu qu'il ait rendu son devoir). Indique une chose incertaine.
HOM. → haie.

aï n. m. ♦ HOM. → haï.

aiche, èche ou **esche** n. f.

aicher, écher ou **escher** v. t.

aide n. m. (homme qui aide). *Un aide de camp; des aides de camp.* ♦ N. m. pl. (anciens impôts). *La Cour des aides.* ♦ N. f. (secours, assistance; femme qui aide). *L'aide judiciaire; l'aide sociale.* ♦ Ce mot, désignant une personne, est suivi d'un trait d'union (*aide-chimiste, aide-électricien,* etc.) ou non (*aide familiale, aide maternelle,* etc.). Les deux mots du nom composé, avec ou sans trait d'union, prennent la marque du pluriel (*des aides-radioélectriciens, des aides-soignantes, des aides familiales*). Les mots *aide-mémoire* et *aide-radio* ne désignent pas des personnes (voir plus bas).

aideau n. m. *Des aideaux.*

aide-comptable, aide-anesthésiste, aide-cuisinier, aide-conducteur, aide-dermatologiste, aide-maçon, aide-orthoptiste, etc. → aide. *Des aides-comptables.*

*****aided recall test** = test de mémorisation assistée (pub.).

*****aïd el-kébir** ou *****aïd el-adha** (arabe) = Grande Fête musulmane ou Fête du sacrifice du mouton.

*****aïd el-seghir** ou *****aïd el-fitr** (arabe) = Petite Fête musulmane ou Fête de la fin du jeûne.

aide-mémoire n. m. inv. Ici, le mot *aide* est un verbe.

aider v. t.

aide-radio n. f. inv. Ici, le mot *aide* est un verbe.

aide-soignant, e n. *Des aides-soignant(e)s.*

aïe! interj. ♦ HOM. → ail.

aïe! aïe! aïe! loc. interj.

aïeul, e [ayeul'] n. Ce nom a deux pluriels : *les aïeuls/ aïeules* (les grands-parents), *les aïeux* (les ancêtres).

aigle n. m. (aigle mâle; lutrin en forme d'aigle; format de papier; esprit supérieur). *Cet homme est un aigle.* ♦ N. f. (aigle femelle; emblème; armoirie; enseigne). *Les aigles romaines.*
On mettra la majuscule pour une décoration (*l'Aigle blanc de Pologne*) ou pour un surnom. *L'Aigle de Meaux* (Bossuet); *l'Aigle à Sainte-Hélène* (Napoléon Iᵉʳ).

aiglefin → églefin.

aiglette n. f. (en héraldique).

aiglon, onne n.

aignel → agnel.

aigre adj. et n. m.

aigre-doux, -douce adj. Pl. : *aigres-doux, aigres-douces.*

aigrefin n. m.

aigrelet, ette adj.

aigrement adv.

aigremoine n. f.

aigrette n. f.

aigretté, e adj.

aigreur n. f.

aigri, e adj. et n.

aigrin n. m.

aigrir v. t. et int. du 2ᵉ gr. Conjug. 24.

aigrissement n. m.

aigu, ë [égu] adj. *Un cri aigu, une voix aiguë, des angles aigus, des crises aiguës* [égu]. ♦ N. m. *Des aigus.*

aiguade [-ga-] n. f.

aiguage [-ga-] n. m.

aiguail [-gail] n. m. *Des aiguails.*

aigue-marine [èg-] n. f. *Des aigues-marines.*

aiguerie [èg-] n. f.

aiguière [éghyèr'] n. f.

aiguillage [éghuiyaj'] n. m.

aiguillat [éghuiya] n. m.

aiguille [éghuiy'] n. f.

aiguillée [éghuiyé] n. f.

aiguiller [éghuiyé] v. t.

aiguilletage [éghuiyetaj'] n. m.

aiguilleté, e [éghuiyeté] adj.

aiguilleter [éghuiyeté] v. t.

aiguillette [éghuiyèt'] n. f.

aiguilleur, euse [éghuiyeur, -euz'] n.

aiguillier [éghuiyé] n. m. (étui à aiguilles).

aiguillon [éghuiyon] n. m.

aiguillonnement [éghuiyon'man] n. m.

aiguillonner [éghuiyon'é] v. t.

aiguillot [éghuiyo] n. m.

aiguisable adj. → aiguiser.

aiguisage n. m. → aiguiser.

aiguisement n. m. → aiguiser.

aiguiser v. t. Devrait, ainsi que tous les mots de la même famille, se prononcer comme *aiguille*, en faisant entendre le *u*, mais se prononce de plus en plus comme *Guy*.

aiguiseur, euse n. → aiguiser.
aiguisoir n. m. → aiguiser.
aïkido n. m. → art.
aïkidoka n.
ail n. m. (plante). ♦ Pl. : *des aulx* (un peu désuet) ou *des ails* (doit toujours être employé en botanique). ♦ HOM. *qu'il aille* (v. aller), *aïe!* (interj.), *haïe!* (cri des conducteurs de troupeaux pour les faire avancer); → au.
ailante n. m.
aile n. f. ♦ HOM. → elle.
ailé, e adj. (qui a des ailes). ♦ HOM. *héler* (appeler).
aile-de-pigeon n. f. (saut). *Des ailes-de-pigeon.*
aileron n. m.
ailette n. f.
ailier n. m.
aillade [a-yad'] n. f.
ailler [a-yé] v. t.
ailleurs adv.
ailloli → aïoli.
aimable adj.
aimablement adv.
aimant, e adj. et n. m.
aimantation n. f.
aimanter v. t.
aimer v. t. *Les spectacles que nous avons aimés; ceux que nous aurions aimé voir.*
-aindre (verbes en) → -eindre/-aindre.
aine n. f. (pli du ventre; baguette à harengs). ♦ HOM. *haine* (aversion), *Aisne* (rivière), lettre *N*.
aîné, e adj. et n. (le plus âgé). *Rosny aîné et Rosny jeune.* Ce mot prend une majuscule quand il devient un surnom : *Cochin l'Aîné.* ♦ HOM. *henné* (plante tinctoriale).
aînesse n. f.
aïnou n. et adj. inv. en genre. *Des enfants aïnous.*
A.I.N.S. sigle m. Anti-inflammatoire non stéroïdien.
ainsi adv. *Ainsi soit-il.* La locution conjonctive *ainsi que* est de subordination (*Il nage ainsi que ferait un chien*) ou de coordination (*La jacinthe ainsi que le glaïeul sont des plantes à bulbe*). Dans l'exemple qui suit, on veillera à la présence de virgules : *La jacinthe, ainsi que le glaïeul, est une plante à bulbe.* → tableau VERBES XVII, C, 5°, p. 986.
aïoli ou **ailloli** [a-yoli] n. m.
air n. m. (gaz; manière; musique). ♦ *Air France, Air Inter...* (sans trait d'union). *Missiles air-air, air-sol, sol-air.* ♦ → avoir l'air. ♦ HOM. *ère* (époque), *aire* (surface), *aire* (nid), *erre* (vitesse acquise d'un bateau), *hère* (jeune cerf), *haire* (chemise rude), *erres* (traces de gibier), *ers* (légumineuse), *R* (lettre).
airain n. m.
*airbag n. m. = sac gonflable, coussin gonflable.
*Air Bike n. m. déposé inv.
*airborne and spaceborne remote sensing = télédétection aérospatiale (spat.).
*airborne remote sensing = télédétection aérienne (spat.).
*airborne time = temps de vol réel.
*airbreathing motor = moteur aérobie (spat.).
Airbus n. m. déposé.
*aircraft integrated data system (A.I.D.S.) = enregistreur de maintenance (déf.).
*air data computer = centrale aérodynamique (déf.).
aire n. f. *Des aires d'influence.* ♦ HOM. → air.
airedale ou **airedale-terrier** n. m.
airée n. f. ♦ HOM. → errer.
airelle n. f.
airer v. i. ♦ HOM. → errer.
*air ferry = bac aérien.
*airliner = avion de ligne.
*air lock = bouchon de vapeur.
*air miss = quasi-collision (déf.).
*air print = copie d'antenne (aud.).
*air shot = toile (golf).
*air-supported structure = structure gonflable (urb.).
airure n. f.
*airway = voies aériennes (méd.).
ais n. m. ♦ HOM. → haie.
aisance n. f. *Cabinets, fosse, lieux d'aisances.*
aise n. f. et adj.
aisé, e adj. *Malaisé* s'écrit en un mot.
aisément adv.
aïssaoua n. et adj. inv. en genre. *Les Aïssaouas sont marocains, alors que les Haoussas sont d'Afrique noire.*
aisseau n. m. *Des aisseaux.*
aisselle n. f.
aisy n. m. *Des aisys.*
aîtres → êtres.
aixois, e adj. *Une boutique aixoise.* ♦ N. *Un Aixois* (d'Aix-en-Provence ou d'Aix-les-Bains).

ajaccien, enne adj. *Un chant ajaccien.* ♦ N. *Des Ajacciennes* (d'Ajaccio).
ajiste n. et adj.
ajointer v. t.
ajonc [-jon] n. m.
ajour n. m.
ajouré, e adj.
ajourer v. t.
ajourné, e n. et adj.
ajournement n. m.
ajourner v. t.
ajout [ajou] n. m.
ajoute n. f.
ajouté n. m.
ajouter v. t.
ajustage n. m.
ajusté, e adj.
ajustement n. m.
ajuster v. t.
ajusteur, euse n.
ajut [aju] n. m.
ajutage n. m.
akataphasie n. f.
akatathisie ou **akathisie** n. f.
akène ou **achaine** [-kèn'] n. m.
akinésie ou **acinésie** n. f.
akkadien, enne adj. *L'Assyrie akkadienne.* ♦ N. *Ils parlaient l'akkadien. Les Akkadiens.* ♦ HOM. → acadien.
akvavit → aquavit.
al Symbole de l'*année de lumière*.
alabandite ou **alabandine** n. f. (sulfure de manganèse). ♦ Adj. inv. *Du minerai alabandine.*
alabastre ou **alabastron** n. m.
alabastrite n. f.
alacrité n. f.
alaire adj.
alaise, alèse ou **alèze** n. f. (drap imperméable). ♦ HOM. il *alèse* une pièce (v.).
alaisé, e → alésé.
alambic [-bik'] n. m.
alambiqué, e adj.
alambiquer v. t.
alandier n. m.
alangui, e adj.
alanguir v. t. du 2ᵉ gr. Conjug. 24.
alanguissement n. m.
alanine n. f.
alantol n. m.
alaouite adj.
*****alarm** = alarme; alerte. ♦ En anglais, les deux termes se disent par le même mot. En français, nous devons nettement distinguer : *Avant que l'alarme fût donnée, la police était en état d'alerte.*
alarmant, e adj.
alarme n. f.
alarmer v. t.
alarmisme [-is-] n. m.
alarmiste n. et adj.
alastrim [-trim'] n. m.
*****a latere** (lat.) = de l'entourage.
alaterne n. m.
albanais, e adj. *Une communauté albanaise.* ♦ N. *Écrire l'albanais. Les Albanais.*
albâtre n. m.
albatros [-os'] n. m.
*****albatross** = albatros, moins-trois (golf).
albédo n. m.
Albène n. m. déposé inv.
alberge n. f.
albergier n. m.
albigeois, e adj. *Une maison albigeoise.* ♦ N. *Un Albigeois* (habitant d'Albi). *Les cathares furent surnommés les albigeois.*
albinisme [-is-] n. m.
albinos [-os'] n. et adj. inv.
albite n. f.
albraque n. f.
albuginé, e adj. et n. f.
albugo n. m.
albula n. m.
album [-bom'] n. m. *Des albums.*
albumen [-mèn'] n. m. *Des albumens.*
albumine n. f.
albuminé, e adj.
albumineux, euse adj.
albuminoïde adj. et n. m.
albuminurie n. f.
albuminurique adj. et n.
albumose n. f.
A.L.C. sigle m. Acide linoléique conjugué.
alcade n. m.
alcaïque adj.
alcalescence n. f.
alcalescent, e adj.
alcali n. m.
alcalifiant, e adj.
alcalimètre n. m.
alcalimétrie n. f.
alcalin, e adj. et n. m.
alcalinisation n. f.
alcaliniser v. t.
alcalinité n. f.
alcalino-terreux, euse adj. *Des terres alcalino-terreuses.* ♦ N. m. inv.

alcaloïde n. m.
alcalose n. f.
alcane n. m.
alcaptonurie n. f.
alcarazas n. m.
alcazar n. m. *Les alcazars de Tolède, de Ségovie.* Spécialt : *l'Alcazar* (celui de Séville).
alcène n. m.
alchémille [alkémiy'] n. f.
alchimie n. f.
alchimique adj.
alchimiste n.
alcool [alkol'] n. m.
alcoolat [-kola] n. m.
alcoolature [-kola-] n. f.
alcoolé [-kolé] n. m.
alcoolémie [-kolémi] n. f.
alcoolier, ère [-kolyé, -kolyèr'] n.
alcoolification [-koli-] n. f.
alcoolique [-ko-] adj. et n.
alcoolisable [-ko-] adj.
alcoolisation [-ko-] n. f.
alcoolisé, e [-ko-] adj.
alcooliser [-ko-] v. t.
alcoolisme [-kolis-] n. m.
alcoologie [-ko-] n. f.
alcoolomane [-ko-] adj. et n.
alcoolomanie ou **alcoomanie** [-ko-] n. f.
alcoomètre [-ko-] n. m.
alcoométrie [-ko-] n. f.
Alcootest [-ko-] n. m. déposé inv.
Alcoran → Coran.
alcôve n. f.
alcoylant [-ko-i-] ou **alkylant** n. m.
alcoylation [-ko-i-] n. f.
alcoyle [-ko-il'] ou **alkyle** n. m.
alcoyler [alko-i-] v. t.
alcyne n. m.
alcyon n. m.
alcyonnaire n. m.
*****A.L.D.** sigle f. : adrénoleucodystrophie.
aldanite n. f.
aldéhyde n. m.
aldéhydique adj.
*****al dente** (ital.) = à cœur ferme.
*****alderman** n. m. = magistrat municipal. *Des aldermen.*
aldimine n. f.
aldin, e adj.
aldol n. m.
aldose n. m.
aldostérone n. f.

ale [èl'] n. f. ♦ HOM. → elle.
*****alea jacta est** (lat.) = le sort en est jeté.
aléa n. m. *Des aléas.*
aléatoire adj.
aléatoirement adv.
*****alem** (arabe) n. m. = ouléma. (En arabe, le mot *alem* est le sing. de *oulema*.)
alémanique adj. *Les dialectes alémaniques.* ♦ N. *En Alsace, on parle le bas alémanique. Les Alémaniques.*
à l'encan loc. adv. *Des meubles vendus à l'encan.*
alêne n. f. ♦ HOM. → haleine.
alénois adj. m. *Le cresson alénois.*
alentir (s') v. pr. du 2ᵉ gr. Conjug. 24. *La vogue s'en était alentie.*
alentour n. m. *Les bois d'alentour. Visitez les alentours.* ♦ Adv. *Une église avec le cimetière alentour.* ♦ On ne trouve l'orthographe *à l'entour* que dans un style précieux ou recherché : *À l'entour, les Arabes causaient* (A. Gide). → entour.
aléoutien, enne [-sy-in, -sy-èn'] adj. et n.
aléoute n. m. et adj. (langue des îles Aléoutiennes).
aleph [-èf'] n. m. *La fonction aleph.*
alépine n. f.
alérion n. m.
alerte n. f. *Une fausse alerte.* ♦ Interj. *Alerte!* ♦ Adj. *Ils sont alertes.*
alertement adv.
alerter v. t.
alésage n. m.
alèse → alaise.
alésé, alézé ou **Alaisé, e** adj.
aléser v. t. *J'alèse, nous alésons, j'aléserai (s).* Conjug. 10.
aléseur, euse n.
alésoir n. m.
aléthique adj.
aleurite n. f.
aleurode n. m. (puceron).
aleurone n. f.
alevin n. m. (jeune poisson). ♦ Ne pas confondre avec l'adj. *alvin.*
alevinage n. m.
aleviner v. t.
alevinier, ère n.
alexandra n. m.
alexandrin, e adj. *L'art alexandrin.* ♦ N. *Ce vers de Baudelaire est un alexandrin. Les Alexandrines* (habitants d'Alexandrie).
alexandrinisme [-is-] n. m.
alexandrite n. f.

ALEXIE

alexie n. f.
alexine n. f.
alezan, e adj. et n.
alèze → alaise.
alézé → alésé.
alfa n. m. (plante). ♦ HOM. *alpha* (lettre grecque).
alfange n. f.
alfatier, ère adj. et n.
Alfénide n. m. déposé inv.
algacé, e adj.
alg*al*, *ale*, *aux* adj.
algarade n. f.
algazelle n. f.
algèbre n. f. *L'algèbre de Boole.*
algébrique adj.
algébriquement adv.
algébriste n.
algérianité n. f.
algérien, enne adj. *Le bled algérien.* ♦ N. *Une Algérienne* (d'Algérie).
algérois, e adj. *Les ruelles algéroises.* ♦ N. *Les Algérois* (d'Alger).
algicide adj. et n. m.
algide adj.
algidité n. f.
algie n. f.
alginate n. m.
algine n. f.
alginique adj.
algique adj.
algoculture n. f. → algue.
algohallucinose n. f.
algol n. m.
algolagnie n. f.
algologie n. f.
algonki*en*, *enne* ou **algonqui*en*, *enne*** adj. et n. *L'algonkien précède le cambrien.*
algonkin ou **algon*quin*, *quine*** n. m. *Les Algonquins parlaient l'algonquin.* ♦ Adj. *Une tribu algonquine.*
algorithme n. m.
*algorithmics = algorithmique (inf.).
algorithmique adj.
algothérapie n. f.
algotron n. m.
alguazil [-gwa-] n. m.
algue n. f. Algues cultivées : *Chondrus crispus, undaria* (ou *wakamé*), *porphyra, nori, laminaria, Fucus ascophyllum.*
*alias (lat.) = autrement dit. *Henri Beyle, alias Stendhal.*
alibi n. m. *Des alibis.*

aliboron n. m.
aliboufier n. m.
alicante n. m. *L'alicante* (cépage ou vin). *La ville d'Alicante.* ♦ HOM. *aliquante* (qui n'est pas un diviseur).
alicyclique adj.
alidade n. f.
aliénabilité n. f.
aliénable adj.
aliénant, e adj.
aliénataire n. et adj.
aliéna*teur*, *trice* n.
aliénation n. f.
aliéné, e adj. et n.
aliéner v. t. *J'aliène, nous aliénons, j'aliénerai(s).* Conjug. 10.
aliéniste n.
alifère adj.
aliforme adj.
alignement n. m.
aligner v. t.
aligoté n. m.
aliment n. m.
alimentaire adj.
alimenta*teur*, *trice* adj.
alimentation n. f.
alimenter v. t.
alinéa n. m.
■ L'habitude d'aller à la ligne date du XVIIe siècle. Aller à la ligne, c'est commencer un nouveau paragraphe ou alinéa. Il y a trois manières de commencer un paragraphe (figurées ci-dessous) :

1° *en alinéa*, quand la première ligne est en retrait par rapport aux suivantes (c'est la manière la plus courante) ;

2° *au fer*, quand la première ligne n'est pas renfoncée et n'a pas de blanc au début (cette manière n'est à employer qu'en laissant du blanc entre les paragraphes qui, sans cela, seraient mal distingués) ;

3° *en sommaire*, quand la première ligne déborde les lignes suivantes (ce qui est un peu gênant pour la dactylo et ne se fait jamais dans l'écriture manuscrite).

alinéaire adj.
à l'instar de loc. prép.
alios [-os'] n. m.
aliphatique adj.
aliquante [-kant'] adj. f. ♦ HOM. → alicante.
aliquote [-kot'] adj. et n. f.

alise ou **alize** n. f.
alisier ou **alizier** n. m.
alisma ou **alisme** n. m.
alismacée n. f.
Alitame n. m. déposé inv.
alitement n. m.
aliter v. t.
alittéraire adj.
alittérature n. f.
alizari n. m.
alizarine n. f.
alize → alise.
alizé adj. m. et n. m.
alizier → alisier.
alkékenge n. m.
alkermès n. m.
alkylant → alcoylant.
alkyle → alcoyle.
alkylmercure n. m.
allache n. f.
allaitement n. m. (par le lait). ♦ HOM. *halètement* (du v. haleter).
allaiter v. t.
allant, e adj. et n. m.
allantoïde n. f.
allantoïdien n. et adj. m.
allatif n. m.
alléchant, e adj.
allèchement n. m.
allécher v. t. *Il allèche, il alléchait, il alléchera(it)*. Conjug. 10.
allé, e adj. poétique. *Les jours en allés.*
allée n. f. *Des allées et venues.* ♦ HOM. → aller.
allégation n. f.
allège n. f.
allégé, e adj.
allégeance n. f.
allègement n. m. Ancienne orthographe : *allégement*.
alléger v. t. *J'allège, nous allégeons, j'allégerai(s)*. Conjug. 20.
allégorie n. f.
allégorique adj.
allégoriquement adv.
allégoriser v. t.
allégoriste n.
*****allegramente** (ital.) = allègrement.
allègre adj.
allègrement adv. Ancienne orthographe : *allégrement*.
allégresse n. f.
*****allegretto** (ital.) = gaiement, assez vif.

allégretto n. m. *Des allégrettos.*
***** **allegro** (ital.) = très vivement et gaiement.
allégro n. m. *Des allégros.*
alléguer v. t. *J'allègue, nous alléguons, j'alléguerai(s)*. Conjug. 10. *En alléguant que.*
allèle ou **allélomorphe** adj. et n. m.
allélique adj.
allélomorphe adj.
alléluia n. m. *Des alléluias.*
Allemagne n. f. Allemagne de l'Ouest ou République fédérale d'Allemagne (R.F.A.). Allemagne de l'Est ou République démocratique allemande (R.D.A.).
ALLEMAND, E adj. *Une ville allemande.*
♦ N. *Parler l'allemand. On ne danse plus l'allemande. Les Allemands.* → tableau en annexe : *Langues étrangères et langues anciennes* p. 892.
allène n. m. ♦ HOM. → haleine.
aller v. int. Conjug. 22. Ce verbe prend un *s* euphonique, suivi d'un trait d'union, à la 2ᵉ personne du singulier de l'impératif devant *y* si ce mot est complément du verbe : *va, vas-y*. Quelquefois, deux écritures sont possibles : *Voici le jardin, vas-y jouer. Voici le jardin, va y jouer.* Dans le premier cas, *y* s'applique à *aller* (Va dans ce jardin pour y jouer); dans le second cas, *y* s'applique à *jouer* (Va jouer dans ce jardin). Entre les deux, la nuance est faible.
Va en bateau. Allons nous promener. Allons-nous partir? À la va-vite. → va.
♦ **S'en aller.** Conjug. 23. *Je m'en vais.* Bien placer *en* devant l'auxiliaire dans les temps composés. *Je m'en suis allé; nous nous en sommes allés; elles s'en sont allées*. Impératif : *va-t'en, allons-nous-en, allez-vous-en.* → y 3ᵉ. ♦ N. m. *Un aller, des allers; des retours. Un billet, un trajet, un voyage (d')aller; des billets... (d')aller; des tickets (de) retour. Un aller-retour, des allers-retours; un aller et retour, des allers et retours; un billet (d') aller et retour, des billets (d')aller et retour; un billet (d')aller-retour, des billets (d')aller-retour. Au pis aller; un pis-aller* (inv.). ♦ HOM. *allée* (sentier), *haler* (tirer), *hâler* (brunir), *des allées et venues.*
allergène n. m.
allergide n. f.
allergie n. f.
allergique adj.
allergisant, e adj.

ALLERGOLOGIE

allergologie n. f.
allergologue ou **allergologiste** n.
aller-retour n. m. → aller.
alleu n. m. *Des alleux*. → franc-alleu.
alleutier, ère n.
alliacé, e adj.
alliage n. m.
alliaire n. f.
alliance n. f.
allié, e adj. et n. (associé). ♦ HOM. *allier* (verbe), *hallier* (buisson), *Allier* (rivière), vous *alliez* (v. aller).
allier v. t. Conjug. 17. ♦ HOM. → allié.
alligator n. m.
allingue n. f.
allitératif, ive adj.
allitération n. f.
allô! interj. ♦ HOM. *halo* (lueur).
allocataire n. → allocutaire.
allocation n. f.
*****allocation** = attribution (et non *allocation*).
allocentrisme [-is-] n. m.
allochtone adj. et n.
allocutaire n. (celui ou celle à qui s'adresse le locuteur). ♦ Ne pas confondre avec *allocataire* (qui reçoit une allocation).
allocution n. f.
allodial, ale, aux adj.
alloesthésie n. f.
allogamie n. f.
allogène adj. et n. (contraire de *indigène*, *autochtone*). ♦ HOM. *halogène* (lampe; élément chimique).
allogreffe n. f.
allo-immunisation n. f. *Des allo-immunisations*.
allomorphe adj.
allonge n. f.
allongé, e adj.
allongement n. m.
allonger v. t. *Elle allongea*. Conjug. 3.
allopathe n. et adj.
allopathie n. f.
allopathique adj.
allophone adj. et n.
allopurinol n. m.
allosome n. m.
*****allosteric factor** = effecteur allostérique (agr.).
allostérie n. f.
allostérique adj.
allotir v. t. du 2ᵉ gr. Conjug. 24.

allotissement n. m.
*****allotment** = contingent (tour.).
allotropie n. f.
allotropique adj.
allouer v. t. Conjug. 19.
*****allowable load** = charge offerte (déf.).
*****all right** = tout va bien.
alluchon n. m.
allumage n. m.
allumé, e adj.
allume-cigare(s) n. m. *Des allume-cigares*.
allume-feu n. m. inv.
allume-gaz n. m. inv.
allumer v. t.
allumette n. f.
allumettier, ère n.
allumeur, euse n.
allumoir n. m.
allure n. f.
alluré, e adj.
allusif, ive adj.
allusion n. f.
allusivement adv.
alluvial, ale, aux adj.
alluvion n. f.
alluvionnaire adj.
alluvionnement n. m.
alluvionner v. int.
allyle n. m.
allylique adj.
almageste n. m.
*****alma mater** (lat.) = mère nourricière.
almanach [-na] n. m.
almandin ou **almandine** n. m. ou f. (minéral alumino-ferreux rougeâtre).
almasilium [-lyom'] n. m. *Des almasiliums*.
almée n. f.
almélec n. m.
almicantarat [-ra] n. m.
aloès [-ès'] n. m.
aloétique adj.
alogique adj.
aloi n. m. *Des marchandises de bon aloi*.
alopécie n. f.
alors adv. *Jusqu'alors* (loc. adv.); *alors que* (loc. conj.).
alose n. f.
alouate n. m.
alouette n. f.
alourdir v. t. du 2ᵉ gr. Conjug. 24.
alourdissement n. m.
aloyau [alwa-yo] n. m. *Des aloyaux*.

alpaga n. m.
alpage n. m.
alpaguer v. t.
Alpax n. m. déposé (alliage).
alpe n. f.
alpenstock n. m.
alpestre adj.
alpha n. m. → tableau LANGUES ÉTRANGÈRES ET LANGUES ANCIENNES p. 897. *Des rayons alpha* ou *des rayons α. L'alpha et l'oméga* (le commencement et la fin d'une chose). ♦ HOM. → alfa.
ALPHABET n. m. → tableau en annexe p. 876.
alphabète n. et adj.
alphabétique adj.
alphabétiquement adv.
alphabétisation n. f.
alphabétisé, e adj. et n.
alphabétiser v. t.
alphabétis*eur, euse* n.
alphabétisme [-is-] n. m.
alpha-bloquant, e adj. et n. m. *Des alpha-bloquants.*
alphachymotrypsine [-chimo-] n. f.
alphanumérique adj.
Alphapage n. m. déposé inv.
alphathérapie n. f.
alphatron n. m.
Alphonsines [-si-] adj. f. pl. *Les tables Alphonsines.*
alpin, e adj.
alpinisme [-is-] n. m.
alpiniste n.
alpiste n. m.
alquifoux [-kifou] n. m.
alsace n. m. (vin). ♦ N. f. *L'Alsace* (région).
alsacien, enne adj. *Un plat alsacien.* ♦ N. *Parler l'alsacien. Une Alsacienne.*
Alsaver n. m. déposé inv.
altaïque adj.
altérabilité n. f.
altérable adj.
altéragène n. m. et adj.
altérant, e adj.
altération n. f.
altercation n. f.
altéré, e adj.
*alter ego (lat.) = autre moi-même.
altérer v. t. *Il altère, il altérait, il altérera (it)*. Conjug. 10.
altérité n. f.
alternance n. f.
alternant, e adj. *Une politique alternante.*
alternat [-na] n. m.

alternateur n. m.
alternat*if, ive* adj.
*alternating = matelas alternant (méd.).
alternative n. f.
*alternative = autre solution, possibilité différente. ♦ En anglais, l'alternative s'applique à un terme, alors qu'en français l'alternative est un choix entre deux solutions ou deux possibilités.
alternativement adv.
alterne adj.
alterné, e adj.
alterner v. t. et int.
altesse n. f. → majesté.
althæa [-téa] ou althée n. f.
alticole adj.
alti*er, ère* adj.
altimètre n. m.
altimétrie n. f.
altimétrique adj.
altiport n. m.
altise n. f.
altiste n.
altisurface [-sur-] n. f.
altitude n. f.
alto n. m. *Des altos.*
altocumulus n. m.
alto-séquanais, e [-sékwa-] n. et adj. *Un Alto-Séquanais* (habitant des Hauts-de-Seine). *Une firme alto-séquanaise.*
altostratus n. m.
altruisme [-is-] n. m.
altruiste adj. et n.
Altuglas n. m. déposé.
aluchromie [-kro-] n. f.
aluchromiste [-kro-] n.
alucite n. f.
aluette n. f.
aluminage n. m. (se rapporte à l'alumine).
aluminate n. m.
alumine n. f.
aluminer v. t.
aluminerie n. f.
alumin*eux, euse* adj.
aluminiage n. m. (se rapporte à l'aluminium).
aluminier n. m.
aluminisation n. f.
aluminium [-niom'] n. m. *Des aluminiums.* ♦ Adj. inv.
aluminosilicate [-si-] n. m.
aluminothermie n. f.
aluminure n. f.
alumiphane n. f.

ALUMNAT

alumnat [-na] n. m.
alun n. m. ♦ HOM. *Alain* (prénom).
alunage n. m.
aluner v. t. (se rapporte à l'alun).
alunifère adj.
alunir v. int. du 2ᵉ gr. Conjug. 24. (se rapporte à la Lune).
alunissage n. m.
alunite n. f.
alvéolaire adj.
alvéole n. m. en bonne règle ; mais, sous la pression de l'usage, on admet le féminin.
alvéolé, e adj.
alvéolite n. f.
alvin, e, adj. (qui se rapporte au bas--ventre). → alevin.
alysse n. f. ou **alysson** n. m. (plante). ♦ HOM. *Alice* (prénom).
alyssum [-som'] n. m. *Des alyssums.*
alyte n. m.
Alzheimer (maladie d') [alzaïmèr'] loc. f.
am Symbole de l'*atmosphère*.
*****A.M.** (*ante meridiem) (lat.) = avant midi.
*****amabile** (ital.) = aimable, avec douceur.
amabilité n. f.
amadou n. m. *Des amadous.* ♦ Adj. inv. ♦ HOM. il *amadoue* (v.).
amadouement n. m.
amadouer v. t. Conjug. 19.
amadouvier n. m.
amagnétique adj.
amaigri, e adj.
amaigrir v. t. du 2ᵉ gr. Conjug. 24.
amaigrissant, e adj.
amaigrissement n. m.
amalgamation n. f.
amalgame n. m.
amalgamer v. t.
aman [aman'] n. m. (pardon). ♦ Ne pas confondre avec *amman* (magistrat européen) ou *imam* (religieux musulman). ♦ HOM. *Amman* (capitale de la Jordanie).
amandaie n. f.
amande n. f. (graine). *Pâte d'amandes.* ♦ Adj. inv. ♦ HOM. *amende* (peine), il *amende* (v.).
amandier n. m.
amandine n. f.
amanite n. f.
amant, e n. (qui aime). ♦ HOM. *amman* (magistrat).
amarantacée n. f.
amarante n. f. et adj. inv.

amareyeur, euse n.
amaril, e adj.
amarinage n. m.
amariner v. t.
amarnien, enne adj. et n. (d'Amarna).
amarrage n. m.
amarre n. f.
amarrer v. t.
amaryllidacée n. f.
amaryllis n. f.
amas n. m.
amasser v. t.
amassette n. f.
amasseur, euse n.
amateur adj. et n. *Une musicienne amateur. Cette dame est un amateur de porcelaines.*
amateurisme [-is-] n. m.
amathie n. f.
amatir v. t. du 2ᵉ gr. Conjug. 24.
amaurose n. f.
*****a maxima** (lat.) *Un appel* a maxima *est destiné à alléger la peine.*
*****amazigh** n. et adj. inv. en genre. *La langue amazigh.*
amazone n. f.
amazonien, enne adj. et n. (de l'Amazone).
amazonite n. f.
ambages n. f. pl. *Une déclaration sans ambages.*
ambassade n. f. *L'ambassade de France.*
ambassadeur, drice n. *Consulter un ambassadeur. En suscription :* à Monsieur l'Ambassadeur.
ambiance n. f.
ambiancer v. int. Conjug. 2.
ambiant, e adj.
ambidextre adj. et n.
ambidrome n. m.
ambiguïté [anbighuité] n. f. *Sans ambiguïté.*
ambigument adv.
ambiologie n. f.
ambiophonie n. f.
ambisexué, e [-sèk-] adj.
ambitieusement adv.
ambitieux, euse [-syeû] adj. et n.
ambition n. f. *Une ambition sans bornes ; être dévoré d'ambition ; il n'a pas d'ambitions littéraires.*
ambitionner v. t.
ambitus [-us'] n. m.
ambivalence n. f.

ambivalent, e adj.
amble n. m.
ambler v. int.
ambleur, euse n.
amblyope adj. et n.
amblyopie n. f.
amblyoscope n. m.
amblyrhynque [-rink'] n. m.
amblystome n. m.
ambon n. m.
ambre n. m. et adj. inv.
ambré, e adj.
ambréine n. f.
ambrer v. t.
ambrette n. f.
ambroisie n. f.
ambrosiaque adj.
ambrosien, enne adj.
ambulacraire adj.
ambulacre n. m.
ambulance n. f.
ambulancier, ère n.
ambulant, e adj. et n.
ambulatoire adj.
ambulophone n. m.
âme n. f. *Je n'ai vu âme qui vive. Dévoué corps et âme; dévoués corps et âmes. Ils chantent avec âme, sans âme. Avoir charge d'âmes. En mon âme et conscience; en leur âme et conscience.*
amélanchier [-chyé] n. m.
améliorable adj.
améliorant, e adj.
amélioration n. f.
améliorer v. t.
*****amen** [-mèn'] (hébreu) n. m. inv. = ainsi soit-il. ♦ HOM. il *amène* (v.), il est *amène* (adj.).
aménageable adj.
aménagement n. m.
aménager v. t. *Il aménageait.* Conjug. 3.
aménageur n. m.
aménagiste n.
amendable adj.
amende n. f. *Ils ont fait amende honorable.* ♦ HOM. → amande.
amendement n. m.
amender v. t.
amène adj. ♦ HOM. → amen.
amenée n. f.
amener v. t. *J'amène, nous amenons, j'amènerai(s).* Conjug. 15.
aménité n. f.
*****amenities** = attraits, agréments.

aménorrhée n. f.
amensal, ale, aux adj.
amensalisme [-is-] n. m.
amentale n. f.
amentifère n. m.
amenuisement n. m.
amenuiser v. t.
amer, ère adj. et n. m.
amérasien, enne n. et adj.
amèrement adv.
américain, e adj. *Des films américains. Le homard à l'américaine* (à la manière américaine). ♦ N. *Il parle l'américain, et non le pur anglais. Ces femmes sont des Américaines. Les Latino-Américains. Une américaine* (course).
américanisation n. f.
américaniser v. t.
américanisme [-is-] n. m.
américaniste adj. et n.
américium [-syom'] n. m. *Des américiums.*
amérindien, enne adj. *Des tribus amérindiennes.* ♦ N. *Aztèques, Guaranis et Iroquois sont des Amérindiens.*
Amérique n. f. *Amérique du Nord; Amérique centrale; Amérique du Sud; Amérique latine.*
amérisant, e n. m. et adj.
amériser v. t.
amerrir v. int. du 2ᵉ gr. Conjug. 24.
amerrissage n. m.
amertume n. f.
améthyste n. f. et adj. inv.
amétrope adj. et n.
amétropie n. f.
ameublement n. m.
ameublir v. t. du 2ᵉ gr. Conjug. 24.
ameublissement n. m.
ameutement n. m.
ameuter v. t.
amharique [ama-] n. m.
ami, e n. et adj. (qui a de l'amitié). ♦ HOM. *amict* (linge), *ammi* (plante).
amiable adj. *À l'amiable* (loc. adv.).
amiante n. m.
amiante-ciment n. m. *Des amiantes-ciments.*
amibe n. f. → amine.
amibiase n. f.
amibien, enne adj. et n.
amiboïde adj.
amical, ale, aux adj.
amicale n. f.
amicalement adv.

À MI-CHEMIN

à mi-chemin loc. adv.
amict [ami] n. m. ♦ HOM. → ami.
amide n. m. → amine.
amidification n. f.
amidon n. m.
amidonnage n. m.
amidonner v. t.
amidonnerie n. f.
amidonnier, ère adj. et n.
amidopyrine n. f.
amiénois, e adj. et n. (d'Amiens).
amimie n. f.
amimique adj. et n.
amincir v. t. du 2ᵉ gr. Conjug. 24.
amincissant, e adj. et n. m.
amincissement n. m.
amine n. f. (composé de l'ammoniac avec radicaux hydrocarbonés). ♦ Ne pas confondre avec *amide* (composé de l'ammoniac avec radicaux acides) ou *amibe* (protozoaire parasite).
aminé, e adj.
aminoacide n. m. LEXIQUE : alanine, arginine, asparagine, cystéine, glutamine, glycine, histidine, isoleucine, lysine, méthionine, phénylamine, proline, sérine, thréonine, tryptophane, tyrosine, valine.
aminogène n. m.
aminogéné, e adj.
aminolyse n. f.
aminophylline n. f.
aminoplaste n. m.
aminoside n. m.
aminothiazole n. m.
aminoxyde n. m.
amiral, e n. et adj. *Des amiraux.*
amirauté n. f. Pas de majuscule, sauf pour désigner celle de Londres.
amitié n. f. *Mille amitiés.*
amitieux, euse adj.
amitose n. f.
amman [-man] n. m. (magistrat européen). ♦ Homographe hétérophone : *Amman* [-man'] ville. ♦ Ne pas confondre avec *aman* (pardon) ou *imam* (religieux musulman). ♦ HOM. → amant.
ammi n. m. ♦ HOM. → ami.
ammocète n. f.
ammonal n. m. *Des ammonals.*
ammoniac n. m. L'*ammoniac* est un gaz, alors que l'*ammoniaque*, ou alcali volatil, est un liquide.
ammoniac, aque adj. *Du sel ammoniac.*
ammoniacal, ale, aux adj. *Des odeurs ammoniacales.*
ammoniaque n. f. → ammoniac.
ammoniaqué, e adj.
ammoniolyse n. f.
ammoniotélique adj.
ammonisation ou **ammonification** n. f.
ammonite n. f.
ammonium [-nyom'] n. m. *Des ammoniums.*
ammoniurie n. f.
ammophile n. f.
amnésie n. f.
amnésique adj. et n.
amnicole adj.
amniocentèse [-sintèz'] n. f.
amniographe n. m.
amniographie n. f.
amniorrhée n. f.
amnios [-os'] n. m.
amnioscopie n. f.
amniote n. m.
amniotique adj.
amnistiable adj.
amnistiant, e adj.
amnistie n. f.
amnistié, e adj. et n.
amnistier v. t. Conjug. 17.
amocher v. t.
amodiataire n.
amodiateur, trice n.
amodiation n. f.
amodier v. t. Conjug. 17.
amoindrir v. t. du 2ᵉ gr. Conjug. 24.
amoindrissement n. m.
amok n. m.
amollir v. t. du 2ᵉ gr. Conjug. 24.
amollissant, e adj.
amollissement n. m.
amome n. m.
amonceler v. t. *J'amoncelle.* Conjug. 13.
amoncellement n. m.
amont n. m.
amontillado [-ti-ya-] n. m.
amoral, ale, aux adj.
amoralisme [-is-] n. m.
amoralité n. f.
amorçage n. m.
amorce n. f.
amorcer v. t. *J'amorçais.* Conjug. 2.
amorçoir n. m.
amordancer v. t. *J'amordançais.* Conjug. 2.
***amoroso** (ital.) = tendrement.
amorphe adj.

amorphognosie [-g'nozi] n. f.
amorti, e n. et adj.
amortir v. t. du 2ᵉ gr. Conjug. 24.
amortissable adj.
amortissement n. m.
amortisseur n. m.
amouillante adj. f. et n. f.
amour n. m. *Un Amour* (dieu grec ou sa représentation); *un amour* (personne aimée); *un amour* (sentiment), au singulier seulement, *un grand amour*. ♦ N. f. pl. (pour le sentiment exclusivement). *De folles amours.* « *Notre amour est le plus beau entre les plus belles.* » (P.-J. Toulet). ♦ HOM. le fleuve *Amour*.
amouracher (s') v. pr. *Elle s'en est amourachée.*
amour-en-cage n. m. (plante). *Des amours-en-cage.*
amourette n. f. *Du bois d'amourette.*
amoureusement adv.
amoureux, euse adj. et n.
amour-propre n. m. *Des amours-propres.*
amovibilité n. f.
amovible n. f.
A.M.P. sigle f. Adénosine monophosphate.
ampélidacée n. f.
ampélographie n. f.
ampélologie n. f.
ampélopsis [-is'] n. m.
ampérage n. m.
ampère n. m. (unité de mesure: *3 ampères* ou *3 A*). ♦ HOM. le savant *Ampère.*
ampère-heure n. m. *3 ampères-heures* ou *3 Ah.*
ampèremètre n. m.
ampère-tour n. m. *3 ampères-tours* ou *3 At; l'ampère-tour par mètre (At/m).*
ampérien, enne adj.
*****Ampex** n. m. déposé = magnétoscope.
ampexer v. t.
amphétamine n. f.
amphétaminique adj.
amphiarthrose [-troz'] n. f.
amphibie adj. et n.
amphibien n. m.
amphibiose n. f.
amphibole n. f.
amphibolite n. f.
amphibologie n. f.
amphibologique adj.
amphictyon [-tyon] n. m.
amphictyonie [-tyo-] n. f.
amphictyonique [-tyo-] adj.
amphigouri n. m. *Des amphigouris.*
amphigourique adj.
amphimixie n. f.
amphineure n. m.
amphioxus [-ksus'] n. m.
amphiphile adj.
amphipode n. m.
amphiptère n. m.
amphisbène [-fis-] n. m.
amphithéâtre n. m. En apocope : *amphi.*
amphitryon n. m. ♦ HOM. *Amphitryon* (de la mythologie).
amphocholérétique [-ko-] adj.
ampholyte n. m.
amphore n. f.
amphotère adj.
ample adj.
amplectif, ive adj.
amplement adv.
ampleur n. f.
ampli n. m. *Des amplis.*
ampliateur, trice n.
ampliatif, ive adj.
ampliation n. f.
amplifiable adj.
*****amplifiable plasmid** = plasmide amplifiable (génét.).
amplifiant, e adj.
amplificateur, trice adj. et n.
amplification n. f.
*****amplified sequence** = séquence amplifiée (génét.).
amplifier v. t. Conjug. 17.
Amplithermic n. m. déposé inv.
amplitude n. f.
*****amplitude modulation** (A.M.) = modulation d'amplitude (M.A.).
ampli-syntoniseur n. m. *Des amplis-syntoniseurs.*
ampli-tuner n. m. *Des amplis-tuners.*
*****ampli-tuner** = ampli-syntoniseur (aud.).
ampliviseur n. m.
ampoule n. f.
ampoulé, e adj.
amputation n. f.
amputé, e n. et adj.
amputer v. t.
amuïr (s') v. pr. du 2ᵉ gr. Conjug. 24. Ce verbe conserve toujours le tréma. *Cette lettre s'est amuïe.*
amuïssement n. m.
amulette n. f.
amure n. f.

amurer v. t.
amusant, e adj.
amuse-bouche n. m. *Des amuse--bouches.* → *zakouski.
amuse-gueule n. m. *Des amuse-gueules.*
amusement n. m.
amuser v. t.
amusette n. f.
amus*eur*, *euse* n.
amusie n. f.
amygdale [ami(g)dal'] n. f.
amygdalectomie n. f.
amygdalien adj.
amygdaline n. f.
amygdalite n. f.
amygdaloïde adj.
amylacé, e adj.
amylase n. f.
amyle n. m.
amylène n. m.
amylique adj.
amylobacter [-tèr'] n. m.
amyloïde adj.
amylose n. f.
amyotrophie n. f.
amyotrophique adj.
an n. m. *Le jour de l'an; le premier de l'an; le nouvel an; l'an II; l'an mille; l'an de grâce; la guerre de Cent Ans.* L'expression « an de grâce » ne doit se dire que pour les années postérieures à l'an 1000 (on craignit la fin du monde à cette date et chaque année venant en plus était un don, une grâce de Dieu). → date. ♦ HOM. **en** (prép.; pron.), **han** (cri sourd), **Han** (dynastie chinoise), grottes de **Han** (Belgique).
ana n. m. inv. (recueil de pensées, d'anecdotes). Ce suffixe pluriel neutre latin s'emploie seul (un recueil d'*ana*) ou avec un nom d'auteur : *des Voltairiana* sont un recueil de citations ou de récits concernant Voltaire. On dira de même : *des Baudelairiana* (de Baudelaire), *des Bolaeana* (de Boileau).
anabaptisme [-batis-] n. m.
anabaptiste [-batist'] n. et adj.
anabas [-bas'] n. m.
anabiose n. f.
anableps [-èps'] n. m.
anabolisant, e adj. et n.
anabolisé, e adj.
anabolisme [-is-] n. m.
anabolite n. m.
anacarde n. m.
anacardiacée n. f.
anacardier n. m.
anachorète [-ko-] n. m.
anachorétique [-ko-] adj.
anachorétisme [-korétis-] n. m.
anachronique [-kro-] adj.
anachronisme [-kronis-] n. m.
anaclinal, ale, aux adj.
anaclitique adj.
anacoluthe n. f. L'anacoluthe est une désorganisation dans la syntaxe de la phrase : *Mon père, sa voiture, les essuie--glaces ils sont déglingués.*
anaconda n. m.
anacréontique adj.
Anacroisés n. m. pl. déposé.
anacrouse ou **anacruse** n. f.
anacyclique n. m. et adj. Comme le palindrome (voir ce mot), l'anacyclique est un divertissement sur l'écriture des mots. L'anacyclique peut se lire dans les deux sens, mais en offrant des significations différentes :

port / trop
repas / saper
trace / écart
ressac / casser
éviter / rétive
animal / lamina
édicule / élucidé

Les expressions anacycliques sont plus difficiles à élaborer :
Tu as écrit Roma / Amortir ce saut

anadrome adj.
anaérobie adj. et n. m.
anaérobiose n. f.
anaglyphe [-glif'] n. m.
anaglyptique adj. et n. f.
anagnoste [anag'nost'] n. m.
anagogie n. f.
anagogique adj.
anagrammatique adj.
anagramme n. f. Le mot *sortie* a pour anagrammes : *orties, rôties, siroté, sorité, toiser* et *tories.*
anal, ale, aux adj. ♦ HOM. → annales; anneau.
analecta ou **analectes** n. m. pl.
analeptique adj. et n. m.
analgésie n. f.
analgésique adj. et n. m.
analité n. f. ♦ HOM. → annalité.
anallergique adj.
anallergisant, e adj. et n. m.
analogie n. f.

analogique adj.
analogiquement adv.
analogon n. m.
analogue adj.
*__analogue signal__ = signal analogique (télécom.).
*__analogue switching__ = commutation analogique (télécom.).
*__analogue-to-digital converter__ (A.D.C.) = convertisseur analogique-numérique (C.A.N.) (électron.).
*__analogue transmission__ = transmission analogique (télécom.).
analphabète adj. et n.
analphabétisation n. f.
analphabétisme [-tis-] n. m.
analycité ou **analyticité** n. f.
analysable adj.
analysant, e n.
analyse n. f. *Analyse logique d'une phrase.*
analysé, e n. et adj.
analyser v. t.
analyseur, euse** n.
*__analyst__ = analyste, commentateur, observateur (journaliste ou diplomate).
♦ En français, l'analyste est un spécialiste d'analyse financière, informatique ou mathématique, ou un psychanalyste.
analyste n. ♦ HOM. → annaliste.
analyste-programmeur, euse** n. *Des analystes-programmeurs, euses.*
analyticité → analycité.
analytique adj.
analytiquement adv.
anamnèse n. f.
anamorphe adj.
anamorphose n. f.
ananas [na ou nas'] n. m.
ananeraie n. f.
anapeste n. m.
anaphase n. f.
*__anaphase lagging__ = chromosome traînard (méd.).
anaphore n. f.
anaphrodisiaque adj.
anaphrodisie n. f.
anaphylactique adj.
anaphylaxie n. f.
anaplasie n. f.
anaplastie n. f.
anar n. m.
anarchie n. f.
anarchique adj.
anarchiquement adv.
anarchisant, e adj. et n.
anarchisme [-is-] n. m.
anarchiste adj. et n.
anarcho-syndicalisme [anarko-is-] n. m.
anarcho-syndicaliste [anarko-] n. et adj.
anarthrie n. f.
anasarque n. f.
anastatique adj.
anastigmatique, anastigmat ou **anastigmate** adj.
anastigmatisme [-is-] n. m.
anastomose n. f.
anastomoser v. t. et pr. *Ils se sont anastomosés.*
anastrophe n. f.
anatexie n. f.
anathématisation n. f.
anathématiser v. t.
anathème n. m. et adj.
anatidé n. m.
anatife n. m.
anatocisme [-is-] n. m.
anatomie n. f.
anatomique adj.
anatomiquement adv.
anatomiser v. t.
anatomiste n.
anatomopathologie n. f.
anatomoclinique adj.
anatopisme [-is-] n. m.
anatoxine n. f.
anatrope adj.
anavenin n. m.
ancestral, ale, aux adj.
ancêtre n.
anche n. f. ♦ HOM. → hanche.
anchois n. m.
anchoyade ou **anchoïade** [-cho-yad'] n. f.
ancien, enne adj. et n. *L'Ancien Testament* (de la Bible). *L'Ancien Régime* (d'avant 1789). *L'Ancien Monde* (opposé au *Nouveau Monde*). *La querelle des Anciens et des Modernes. Caton l'Ancien. Le Conseil des Anciens* (sous le Directoire).
anciennement adv.
ancienneté n. f.
ancillaire [-silèr'] adj.
ancolie n. f.
ancrage n. m.
ancre n. f. ♦ HOM. → encre.
ancrer v. t. ♦ HOM. → encrer.
andain n. m. ♦ HOM. → andin.

ANDALOU

andal*ou*, *ouse* adj. *Une mélopée andalouse.* ♦ N. *Ce sont des Andalous.*
*****andante** (ital.) = modérément.
andante n. m. *Des andantes.*
*****andantino** (ital.) = plus vif que « andante ».
andantino n. m. *Des andantinos.*
andésite n. f.
andin, *e* adj. (des Andes) → ondin. ♦ HOM. *andain* (herbe fauchée sur le sol).
andorran, *e* adj. et n. (d'Andorre).
andouille n. f.
andouiller n. m.
andouillette n. f.
-andre (verbes en) → -endre/-andre.
andrène n. m.
andrexigène adj. et n. m.
andrinople n. f. et adj. inv.
androcée n. m.
androcéphale adj.
androcratie n. f.
androgène adj. et n. m.
androgenèse ou **androgénie** n. f.
androgyne adj. et n. m.
androgynie n. f.
androïde n. m.
andrologie n. f.
andrologue n.
andropause n. f.
androphobe adj. et n.
androphobie n. f.
âne n. m. *Route en dos d'âne. Les dos--d'âne* (inv.) *de la route. Le conte de Peau-d'Âne. Le pont aux ânes. Transport à dos d'âne. Le tussilage ou pas-d'âne.* ♦ HOM. *Anne* (prénom).
anéantir v. t. du 2ᵉ gr. Conjug. 24.
anéantissement n. m.
anecdote n. f.
anecdotier, *ère* n.
anecdotique adj.
anecdotiser v. int.
anéchoïde [-ko-] adj.
ânée n. f. ♦ HOM. → année.
anéjaculation n. f.
anel n. m.
anélasticité n. f.
anélastique adj.
anémiant, *e* adj.
anémie n. f.
anémié, *e* adj.
anémier v. t. Conjug. 17.
anémique adj. et n.
anémographe n. m.

anémomètre n. m.
anémone n. f.
anémophile adj.
anémophilie n. m.
anencéphale adj. et n.
anencéphalie n. f.
anépigraphe adj.
anérection n. f.
-aner/-anner Des verbes de cette terminaison, *banner, canner, empanner, enrubanner, tanner, vanner* ont deux *n*. Les autres, plus nombreux (*ahaner, rubaner...*), n'ont qu'un *n*.
anergie n. f.
anergisant, *e* adj. et n. m.
ânerie n. f.
anéroïde adj.
anérotisme [-is-] n. m.
anérythropsie n. f.
ânesse n. f.
anesthésiant, *e* adj. et n. m.
anesthésie n. f.
anesthésier v. t. Conjug. 17.
anesthésiologie n. f.
anesthésiologiste n.
anesthésique adj. et n.
anesthésiste n.
aneth [-nèt'] n. m.
anéthol n. m.
aneuploïde adj.
aneurine n. f.
anévrismal ou **anévrysmal, *ale, aux*** adj.
anévrisme ou **anévrysme** [-is-] n. m.
anfractuosité n. f.
angarie n. f.
ange n. m. *Cette fillette est un ange. L'ange des ténèbres.*
angéiologie → angiologie.
angéite ou **angiite** n. f.
*****angel echo** = écho-mirage (spat.).
angélique n. f. et adj.
angéliquement adv.
angélisme [-is-] n. m.
angelot n. m.
angélus [-lus'] n. m. *La cloche sonne l'angélus pour la prière de l'Angelus.*
angevin, *e* adj. *La douceur angevine.* ♦ N. *Un Angevin.*
angiectasie n. f.
angiite → angéite.
angine n. f.
angin*eux*, *euse* adj.
angiocardiographie n. f.

angiocholite [-ko-] n. f.
angiographie n. f.
angiologie n. f. L'écriture *angéiologie* est abandonnée.
angiologue n.
angiomatose n. f.
angiome n. m.
angioneurotique adj.
angioplastie n. f.
angiosperme n. f.
angiotensine n. f.
angkorien, enne adj. (d'Angkor).
ANGLAIS, E adj. *Une valse anglaise.* ♦ N. *Écrire l'anglais. Elle se coiffe avec des anglaises. L'Anglais Smith.* ♦ → tableau en annexe : *Langues étrangères et langues anciennes* p. 892.
anglaiser v. t.
angle n. m.
*****angledozer** = bouteur biais (trav. pub.).
*****angle of incidence** = angle d'incidence (spat.).
*****angle of tilt** = angle d'inclinaison (spat.).
anglet n. m. → onglet.
anglican, e adj. et n.
anglicanisme [-is-] n. m.
anglicisant, e n.
angliciser v. t.
anglicisme [-is-] n. m.
angliciste n.
anglo-américain, e adj. *Des tournures anglo-américaines.*
anglo-arabe adj. et n. m. Pl. : *anglo--arabes.*
anglomane adj. et n.
anglomaniaque n.
anglomanie n. f.
anglo-normand, e adj. et n. Pl. : *anglo--normands.*
anglophile adj. et n.
anglophilie n. f.
anglophobe adj. et n.
anglophobie n. f.
anglophone adj. et n.
anglo-saxon, onne adj. *Les habitudes anglo-saxonnes.* ♦ N. *Des Anglo-Saxons. L'anglo-saxon est l'ancienne langue anglaise.*
angoissant, e adj.
angoisse n. f.
angoissé, e adj.
angoisser v. t.
angolais, e adj. et n. (de l'Angola).
angon n. m.

angor n. m.
angora adj. et n. inv. en genre. *Une chatte angora; des chats angoras; des chattes angoras; une angora.*
angoreux, euse adj.
angrois ou **engrois** n. m. → hongrois.
angström ou **angstroem** [-treum'] n. m. (unité de mesure : *3 angströms* ou *3 Å*). *L'atome d'aluminium a un diamètre de 3 Å.*
anguiforme adj.
anguille [anghiy'] n. f.
anguillère [-ghiyèr'] n. f.
anguillidé [-ghili-] n. m.
anguilliforme [-ghili-] adj.
anguillule [-ghilu-] n. f.
anguillulose [-ghilu-] n. f.
angulaire adj.
angularité n. f.
anguleux, euse adj.
angusticlave n. m.
angustifolié, e adj.
angustura ou **angusture** n. f. *Le vomiquier fournit la fausse angusture.*
anharmonique adj.
anhédonie n. f.
anhélation n. f.
anhéler v. int. *J'anhèle, nous anhélons, j'anhèlerai(s).* Conjug. 10.
anhépatie n. f.
anhidrose ou **anidrose** n. f.
anhistorique adj.
anhydre adj.
anhydride n. m.
anhydrite n. f.
anhydrobiose n. f.
anhydrome n. f.
anicroche n. f. *Sans anicroche(s).*
anidrose → anhidrose.
ânier, ère n.
anilide n. m.
aniline n. f.
anilisme [-is-] n. m.
animadversion n. f.
animal, ale, aux adj. *Le noir animal. La pathologie animale.* ♦ N. m. *La Société protectrice des animaux.*
animalcule n. m.
animalerie n. f.
animalier, ère adj. et n.
animaliser v. t.
animalité n. f.
animateur, trice n.
animation n. f.

ANIMATO

*animato (ital.) = animé, vif.
animé, e adj.
animelles n. f. pl.
animer v. t.
animisme [-is-] n. m.
animiste adj. et n.
Animographe n. m. déposé inv.
animosité n. f.
anion n. m.
anionique adj.
anis [ani] n. m. ♦ HOM. *Annie* (prénom).
anisé, e adj.
anisakiase n. f. (maladie).
anisakis n. m. (ver).
aniser v. t.
anisette n. f.
*anisoelastic drift = dérive anisoélastique des gyroscopes (spat.).
anisoélastique adj.
anisogamie n. f.
anisotrope adj.
anisotropie n. f.
anisotropique adj.
anjou n. m. (vin d'Anjou). *Des anjous.*
ankylose n. f.
ankylosé, e adj.
ankyloser v. t.
ankylostome n. m.
ankylostomiase n. f.
ankyrine n. f.
annal, ale, aux adj. ♦ HOM. → annales.
annales n. f. pl. (histoire). ♦ HOM. *anal* (de l'anus), *annal* (d'une année).
annaliste n. m. (auteur d'annales). ♦ HOM. *analyste* (spécialiste d'analyse mathématique, financière ou psychologique).
annalité n. f. ♦ HOM. *analité* (érotisme anal).
annamite adj. *Les troupes annamites.* ♦ N. *Un Annamite.*
annate n. f.
*annealing = annelage (génét.).
anneau n. m. *Des anneaux.* → olympique. ♦ HOM. *anaux* (de l'anus).
année n. f. *D'année en année ; l'année sainte, les années vingt ; dans les années 60. L'an deux mille suit l'année mil neuf cent quatre-vingt-dix-neuf.* → date ; mil. ♦ HOM. *ânée* (chargement d'un âne).
année de lumière loc. f. Souvent abrégée en *année-lumière*. Symbole : *al*. *Des années de lumière.*
année-lumière n. f. *Des années-lumière.* → année de lumière.

anneigir v. int. du 2ᵉ gr. Conjug. 24.
annelage n. m.
annelé, e adj.
anneler v. t. *Il annelle.* Conjug. 13.
annelet n. m.
annélide n. m.
-anner (verbes en) → -aner/-anner.
annexe n. f. et adj.
annexer v. t.
annexion n. f.
annexionnisme [-is-] n. m.
annexionniste adj. et n.
annexite n. f.
annihilation n. f.
annihiler v. t.
anniversaire adj. et n. m.
annonce n. f.
annoncer v. t. *Il annonçait.* Conjug. 2.
annonceur, euse n.
annonciateur, trice adj. et n. m.
annonciation n. f. *L'annonciation de l'ange Gabriel est célébrée par la fête de l'Annonciation* (25 mars).
annoncier, ère n.
annone n. f. ♦ HOM. → anone.
annotateur, trice n.
annotation n. f.
annoter v. t.
*announcer = annonceur, euse (sport).
annuaire n. m.
annualisation n. f.
annualiser v. t.
annualité n. f.
annuel, elle adj. et n. m.
annuellement adv.
annuité n. f.
annulabilité n. f.
annulable adj.
annulaire adj. et n. m.
annulatif, ive adj.
annulation n. f.
annuler v. t.
anobli, e adj. et n.
anoblir v. t. du 2ᵉ gr. Conjug. 24. (conférer un titre de noblesse). ♦ Ne pas confondre avec *ennoblir* (donner une noblesse morale).
anoblissement n. m.
anode n. f.
anodin, e adj.
anodique adj.
anodisation n. f.
anodiser v. t.

anodonte n. m.
anodontie [-si] n. f.
anomal, ale, aux adj.
anomala n. m. *Des anomalas.*
anomalie n. f.
anomalon n. m.
anomie n. f.
anomique adj.
anomoure n. m.
ânon n. m.
anona n. f. *Des anonas.*
anonacée n. f.
anone n. f. (arbre). ♦ HOM. *annone* (administration et impôt romains), il *ânonne* (v.).
ânonnement n. m.
ânonner v. t. et int.
anonymat [-ma] n. m.
anonyme adj. et n. *Des sociétés anonymes.*
anonymement adv.
anonymographe n.
anophèle n. m.
anorak n. m.
anordir v. int. du 2ᵉ gr. Conjug. 24.
anorexie n. f.
anorexigène adj. et n. m.
anorexique adj. et n.
anorganique adj.
anormal, ale, aux adj. et n.
anormalement adv.
anormalité n. f.
anorthosite n. m.
anosmie n. f.
anosognosie [-zog'nozi] n. f.
anoure n. m.
*****a novo** (lat.) = de nouveau.
anovulation n. f.
anovulatoire adj.
anoxémie n. f.
anoxie n. f.
A.N.P.E. sigle f. Agence nationale pour l'emploi.
*****Anschluss** (all.) = jonction, rattachement, annexion.
anse n. f. (partie d'une tasse, d'un panier... servant à les saisir). ♦ HOM. *hanse* (association de marchands).
ansé, e adj.
ansériforme n. m.
ansérine n. f. (plante). ♦ Adj. f. *Une peau ansérine* (qui a l'apparence de la peau d'oie plumée).
ansériné n. m. (oiseau de la famille de l'oie).

ansodiaphorie n. f.
anspect [-pèk'] n. m. (levier). *Des barres d'anspect.*
anspessade n. m.
antagonique adj.
antagonisme [-is-] n. m.
antagoniste adj. et n.
antalgie n. f.
antalgique adj. et n. m.
antan n. m. *Les neiges d'antan.* ♦ HOM. il *entend* (v.).
antanaclase n. f.
antapex n. m.
antarctique adj. *Les régions antarctiques.* ♦ N. m. *L'Antarctique est un continent.*
ante n. f. ♦ HOM. → ente.
antebois ou **antibois** n. m.
antécambrien, enne adj. et n. m.
antécédemment [-daman] adv.
antécédence n. f.
antécédent, e adj. et n. m.
Antéchrist n. m.
antédiluvien, enne adj.
antéfixe n. f.
antéhypophyse n. f.
antéislamique adj. *L'Arabie antéislamique.*
*****ante litteram** (lat.) = avant la lettre.
antémémoire n. f.
*****ante meridiem** (lat.) = avant midi. Abrév. : *a.m.*
*****ante mortem** (lat.) = avant la mort.
antenais, e adj. et n.
anténatal, ale, als adj.
*****antenna lobe** = lobe d'antenne (spat.).
*****antenna pattern** = diagramme de gain d'antenne (spat.).
antenne n. f.
antenniste n.
antépénultième adj. et n. f.
antéposer v. t.
antéposition n. f.
antéprédicatif, ive adj.
antérieur, e adj. et n. m.
antérieurement adv.
antériorité n. f.
antérograde adj.
Antésite n. f. déposé inv.
antéversion n. f.
anthémis n. f.
anthère n. f. (de l'étamine). ♦ HOM. on *enterre* (v.).
anthéridie n. f.
anthérozoïde n. m.

ANTHÈSE

anthèse n. f.
anthocéros [-os'] n. m.
anthogène adj.
anthologie n. f.
anthonome n. m.
anthozoaire n. m.
anthracène n. m.
anthracite n. m. et adj. inv.
anthracit*eux*, *euse* adj.
anthracnose n. f.
anthracose n. f.
anthraquinone n. f.
anthrax n. m.
anthrène n. m.
anthropi*en*, *enne* adj. et n.
anthropique adj.
anthropobiologie n. f.
anthropocentrique adj.
anthropocentrisme [-is-] n. m.
anthropogenèse ou **anthropogénie** n. f.
anthropoïde adj. et n.
anthropologie n. f.
anthropologique adj.
anthropologue ou **anthropologiste** n.
anthropométrie n. f.
anthropométrique adj.
anthropomorphe adj.
anthropomorphique adj.
anthropomorphisme [-is-] n. m.
anthropomorphiste n. et adj.
anthroponymie n. f.
anthropophage adj. et n.
anthropophagie n. f.
anthropophile adj.
anthropopithèque n. m.
anthroposophie n. f.
anthropotechnique n. f. et adj.
anthropozoïque adj.
anthume adj. (serait, selon Alphonse Allais, le contraire de « posthume »).
anthurium [-yom'] n. m. *Des anthuriums.*
anthyllis ou **anthyllide** n. f.
anti- Préfixe soudé à ce qui suit *(antichar, antialcoolique)*, sauf devant *i, on, y (anti--infectieux)*, devant un nom propre *(Anti-Atlas, Anti-Taurus, anti-de Gaulle, l'Anti-Lucrèce, l'Anti-Machiavel)* ou un nom composé *(anti-sous-marin).* Faire un relevé de tous les mots construits avec *anti-* est quasi impossible. Citons, pour en montrer la diversité : *antibeatnik, antiérotique, antinuisances, antisolaire, Anti-France, antipièce, antiportrait, antithéâtre, antitranspirant, antitout...* Les mots nouveaux commençant par *anti-* (dont la création peut révéler une certaine paresse de langage) ne sont quelquefois que de pseudo-adjectifs : en formulant « mesures antifroid », on entend toujours : *des mesures contre le froid.* C'est pourquoi il ne saurait y avoir, dans ce cas, accord avec le nom qui précède.

antiabolitionniste adj. et n.
antiacnéique adj. et n. m.
antiadhés*if*, *ive* adj.
antiaéri*en*, *enne* adj.
anti-âge adj. inv.
antialcoolique adj.
antialcoolisme [-is-] n. m.
antialdostérone n. f.
antiallemand adj. et n.
antiallergique adj. et n. m.
antiamaril, e adj.
antiaméricain, e adj. et n.
antiaméricanisme [-is-] n. m.
antiamibi*en*, *enne* adj. et n. m.
antiangoreux n. m.
antiasthmatique [-asma-] adj. et n. m.
antiatome n. m.
antiatomique adj.
antiautoritaire adj.
antibactéri*en*, *enne* adj. et n. m.
antibaryon n. m.
antibiogramme n. m.
antibiothérapie n. f.
antibiotique n. m. et adj.
antiblocage adj.
antibois ou **antebois** n. m.
antibourgeois, e adj.
antibrouillage n. m.
antibrouillard adj. inv. et n. m.
antibruit adj. inv.
antibuée adj. inv.
anticabreur adj. m.
anticalcaire adj.
anticalcique adj. et n. m.
anticancér*eux*, *euse* adj.
anticapitaliste adj.
anticasseurs adj. inv.
anticathode n. f.
anticellulite adj. inv.
antichambre n. f.
antichar adj. *Des mines antichars.*
antichoc adj. inv. en genre.
anticholérique [-ko-] adj.
anticholinergique [-ko-] adj. et n. m.
antichrèse [-krèz'] n. f.

anticipation n. f.
anticipatoire adj.
anticipé, e adj. *Remerciements anticipés.*
anticiper v. t.
anticlérical, ale, aux adj. et n.
anticléricalisme [-is-] n. m.
anticlinal, ale, aux adj. et n. m.
anticoagulant, e adj. et n. m.
anticoccidien, enne adj.
anticodon n. m.
anticolonialisme [-is-] n. m.
anticolonialiste adj. et n.
anticommunisme [-is-] n. m.
anticommuniste adj. et n.
anticommutatif, ive adj.
anticonceptionnel, elle adj.
anticoncurrentiel, elle adj.
anticonformisme [-is-] n. m.
anticonformiste adj. et n.
anticonjoncturel, elle adj.
anticonstitutionnel, elle adj.
anticonstitutionnellement adv.
anticorps n. m.
anticorpuscule n. m.
anticorrosion adj. inv.
anticryptogamique adj.
anticyclique adj.
anticyclonal, ale, aux adj.
anticyclone n. m.
anticyclonique adj.
antidate n. f.
antidater v. t.
antidéflagrant, e adj.
antidémocratique adj.
antidéplacement n. m.
antidépresseur adj. m. et n. m.
antidépressif, ive adj. et n. m.
antidérapant, e adj.
antidétonant n. m.
antideuton ou **antideutéron** n. m.
antidiarrhéique n. m. et adj.
antidiphtérique [-difté-] adj.
antidiurétique adj. et n. m.
antidopage adj. inv.
antidoping adj. inv. et n. m.
antidote n. m.
antidouleur adj. inv.
antidrogue adj. inv.
antidumping adj. inv.
antiéblouissant, e adj.
antiéblouissement n. m.
antiéconomique adj.

antiémétique adj. et n. m.
antiémétisant, e adj. et n. m.
antiengin [anti-an-] adj.
antienne [antyèn'] n. f.
antienzyme n. f.
antiépileptique adj. et n. m.
antiesclavagiste adj. et n.
antiétatique adj.
antifading n. m. et adj. inv.
antifascisme [-chis-] n. m.
antifasciste [-chis-] adj. et n.
antiféministe adj. et n.
antiferment n. m.
antiferromagnétique adj.
antiferromagnétisme [-is-] n. m.
antifibrinolytique adj. et n. m.
antifiscal, ale, aux adj.
antifongique adj.
antiforme adj. et n. f.
antifrançais, e adj. et n.
antifriction n. m. et adj. inv.
antifumée n. m. et adj. inv.
anti-g adj. inv. *Des combinaisons anti-g.*
antigang adj. inv.
antigaulliste adj. et n.
antigel n. m. et adj. inv. *Des produits antigel.*
antigélif n. m.
antigène n. m.
antigénicité n. f.
antigénique adj. et n. m.
antigivrant, e adj. et n. m.
antiglaucomateux, euse adj. et n. m.
antigouvernemental, ale, aux adj.
antigravitation n. f.
antigravitationnel, elle adj.
antigrève adj. inv.
antigrippal, ale, aux n. m. et adj.
antigrippe adj. *Vaccin(s) antigrippe* (pour une immunisation contre la grippe commune) ou *antigrippes* (contre plusieurs variétés de cette maladie).
antiguérilla n. f. et adj. inv. en genre.
antihalo n. m. et adj. inv.
antihausse adj. inv.
antihelminthique adj. et n. m.
antihémorroïdaire adj. et n. m.
antihermitien, enne [-sy-in, -sy'èn'] adj.
antihistaminique n. m.
antihormone n. f. et adj.
antihoule adj. inv.
antihumaniste adj. et n.
antihygiénique adj.

ANTIHYPERTENSEUR

antihypertenseur n. m.
anti-impérialisme [-is-] n. m. *Des anti-impérialismes.*
anti-impérialiste adj. et n. Pl. : *anti-impérialistes.*
anti-infectieux, euse adj. Pl. : *anti-infectieux, euses.*
anti-inflammatoire adj. et n. m. *Des anti-inflammatoires.*
anti-inflationniste adj. *Des mesures anti-inflationnistes.*
antijeu n. m.
antilacet adj. inv.
antileishmanien, enne adj. et n. m.
antileucémique adj.
antileucotriène n. m.
antilithiasique adj. et n. m.
antillais, e adj. *Une danse antillaise.* ♦ N. *Des Antillais.*
antillanisme [-is-] n. m.
antillanité n. f.
antilogarithme n. m.
antilogie n. f.
antilope n. f.
antimaçonnique adj.
antimatière n. f.
antiménopause adj. inv.
antiméridien n. m.
antimétabolite n. m.
antimigraineux, euse adj.
antimilitarisme [-is-] n. m.
antimilitariste adj. et n.
antimissile adj. et n. m.
antimite n. m. et adj.
antimitotique adj. et n. m.
antimoine n. m.
antimonarchique adj.
antimonarchiste adj. et n.
antimoniate n. m.
antimonié, e adj.
antimoniure n. m.
anti-monte-lait n. m. inv.
antimycosique adj. et n. m.
antinataliste adj.
antinational, ale, aux adj.
antinaturel, elle adj.
antinaupathique adj. et n. m.
antinazi, e adj. et n.
antinazisme [-zis-] n. m.
antineutrino n. m.
antineutron n. m.
antinévralgique adj. et n.
antinomie n. f. (contradiction entre deux principes philosophiques, deux textes).

♦ Ne pas confondre avec *antonymie* (caractère de deux mots opposés : *lourd* et *léger* sont en antonymie, ce sont des contraires, des antonymes).

antinomique adj.
antinoyau n. m. *Des antinoyaux.*
antinucléaire adj. et n.
anti-oncogène n. m. *Des anti-oncogènes.*
Antiope sigle f. déposé Acquisition numérique et télévisualisation d'images organisées en pages d'écriture.
antioxydant n. m.
antipaludéen, enne [-dé-in, -dé-èn'] adj. et n. m.
antipape n. m.
antiparallèle adj.
antiparasitage n. m.
antiparasite adj. et n. m.
antiparasiter v. t.
antiparlementaire adj. et n.
antiparlementarisme [-is-] n. m.
antiparti adj. inv.
antiparticule n. f.
antipathie n. f.
antipathique adj.
antipatinage n. m. et adj. inv.
antipatriotique adj.
antipatriotisme [-is-] n. m.
antipelliculaire adj.
antipéristaltique adj.
antipersonnel adj. inv.
antiphlogistique adj.
antiphonaire n. m.
antiphrase n. f.
antipode n. m.
antipodisme [-is-] n. m.
antipodiste n.
antipoétique adj.
antipoison adj. inv.
antipoliomyélitique adj.
antipollurique adj. et n. m.
antipollution adj. inv.
antiprotectionniste adj. et n.
antiproton n. m.
antiprurigineux, euse adj. et n. m.
antipsychiatre adj. et n.
antipsychiatrie n. f.
antipsychiatrique adj.
antipsychotique [-ko-] adj. et n. m.
antiputride adj.
antipyrétique adj.
antipyrine n. f.
antiquaille n. f.

antiquaire n.
antique adj. *Un vase antique.* ♦ N. m. (ce qui provient des Anciens). *Un dessin d'après l'antique.* ♦ N. f. (sculpture antique). *Ce musée a de belles antiques.*
antiquisant, e adj.
antiquité n. f. Pas de majuscule (*un commerce d'antiquités, dans la plus haute antiquité, de toute antiquité*), sauf pour désigner une des grandes époques de l'Histoire, avec le *Moyen Âge* et les *Temps modernes. Les philosophes de l'Antiquité. L'Antiquité grecque. Le musée des Antiquités nationales; la direction des Antiquités* (administration).
antirabique adj. et n. m.
antirachitique adj.
antiracisme [-is-] n. m.
antiraciste adj. et n.
antiradar adj. inv. en genre.
antiradiation adj. inv.
antirationnel, elle adj.
antirecul adj. inv.
antireflet adj. inv. en genre.
antiréflexif, ive adj.
antiréglementaire adj.
antirejet adj. inv.
antireligieux, euse adj.
antirépublicain, e adj. et n.
antirhésus adj. inv.
antirides adj. et n. m.
antiripage n. m.
antiroi n. m.
antiroman n. m.
antirouille n. m. et adj. inv.
antiroulis adj. inv.
antirrhinum [-nom'] n. m. *Des antirrhinums.*
antisalissure [-sa-] adj.
antisatellite [-sa-] adj. inv.
antiscientifique adj.
antiscorbutique adj.
antiséborrhéique [-sé-] adj. et n. m.
antisèche [-sèch'] n. m. ou f.
antiségrégationniste [-sé-] adj. et n.
antisélection n. f.
antisémite [-sé-] adj. et n.
antisémitique [-sé-] adj.
antisémitisme [-sé-is-] n. m.
antisens [-sans'] adj. inv.
*****antisense RNA** = ARN antisens (génét.).
*****antisense strand** = brin antisens (génét.).
antisepsie [-sèp-] n. f.

antiseptique [-sèp-] adj. et n. m.
antisérum [-sé-] n. m.
antisida [-si-] adj. inv.
antisismique [-sis-] adj.
*****antiskating** = antiripage (aud.).
*****anti-skid** = système antipatinage (déf.).
antisociable [-so-] adj.
antisocial, ale, aux [-so-] adj.
anti-sous-marin, e adj.
antisoviétique [-so-] adj.
antisoviétisme [-so-is-] n. m.
antispasmodique adj. et n. m.
antisportif, ive adj.
antistat [-sta] adj. inv.
antistatique adj. et n.
antistreptolysine n. f.
antistrophe n. f.
antisudoral, ale, aux [-su-] adj.
antisymétrique [-si-] adj.
antisyndical, ale, aux [-sin-] adj.
antisyphilitique [-si-] adj.
antitabac adj. inv.
*****antitank helicopter** = hélicoptère antichar (déf.).
antiterminaison n. f.
*****antitermination factor** = facteur d'antiterminaison (génét.).
antiterroriste adj.
antitétanique adj.
antithermique adj.
antithèse n. f.
antithétique adj.
antithrombine n. f.
antithyroïdien, enne adj.
antitout adj. inv.
antitoxine n. f.
antitoxique adj.
antitrappe n. f. et adj.
antitrust [-treust'] adj. inv.
antitrypsine n. f.
antituberculeux, euse adj.
antitussif, ive adj. et n. m.
antiulcéreux, euse adj. et n. m.
antiunitaire adj.
antivariolique adj.
antivénéneux, euse adj.
antivénérien, enne adj.
antivenimeux, euse adj.
antiverrue n. m.
antiviral, ale, aux adj. et n. m.
antivirus [-us'] n. m.
antivol n. m. et adj. inv.
antoinisme [-is-] n. m.

antonomase n. f. → tableaux MAJUSCULES B, 7°, p. 903 et PLURIEL VI, C, 3°, p. 938.

antonyme n. m. (contraire). ♦ Ne pas confondre avec *autonyme* (énonciation d'un mot par lui-même).

antonymie n. f. → antinomie.

antre n. m. ♦ HOM. → entre.

Antron n. m. déposé inv.

antrustion [-tyon] n. m.

anurie n. f.

anus [-nus'] n. m.

anuscopie n. f.

ANVAR sigle f. Agence nationale pour la valorisation de la recherche.

Anvers [-vér' ou -vèrs'] (ville).

anversois adj. et n. (d'Anvers).

anxiété n. f.

anxieusement adv.

anxi*eux*, *euse* adj. et n.

anxiogène adj.

anxiolytique adj. et n. m.

A.O.C. sigle f. Appellation d'origine contrôlée.

aoriste n. m.

aorte n. f.

aortique adj.

aortite n. f.

aorto-coronaire adj. *Des affections aorto-coronaires.*

août [ou] n. m. S'écrit sans majuscule. *La mi-août* [mi-ou]. ♦ HOM. → ou.

aoûtage [a-ou-] n. m.

aoûtat [a-outa] n. m.

août*é*, *e* [a-ou-] adj.

aoûtement [a-ou-] n. m.

aoûti*en*, *enne* [a-ousyin, -syèn'] n.

apache n. m. (malfaiteur). *Ces apaches ont cambriolé la banque.* ♦ N. (Indien du Texas). *Les Apaches, une Apache.* ♦ Adj. *Un wigwam apache.*

apadâna n. f.

apagogie n. f.

apagogique adj.

apais*ant*, *e* adj.

apaisement n. m.

apaiser v. t.

apanage n. m.

apanager v. t. *Il apanagea.* Conjug. 3.

apanagiste adj. et n.

apareunie n. f.

*****a pari** (lat.) = par analogie.

aparté n. m.

*****apartheid** [-tèd'] (afrikaans) n. m. = ségrégation.

*****apastron** = apoastre (astron.).

apathie n. f.

apathique adj.

apathiquement adv.

apatite n. f.

apatride adj. et n.

apatridie n. f.

apax → hapax.

apepsie n. f.

aperception n. f.

apercevable adj.

apercevoir v. t. Conjug. 28. *Ils s'en sont aperçus. Ils se sont aperçus de leur erreur.*

aperçu n. m.

apériodique adj.

apériteur n. m.

apéritif*, *ive* adj. et n. m.

*****aperto libro** (lat.) = à livre ouvert.

aperture n. f.

*****aperture** = baie (urb.).

apesanteur n. f.

apétale adj. et n. f.

à-peu-près n. m. inv. *C'est un à-peu-près.* La loc. adv. n'a pas de traits d'union. *Le gilet est à peu près neuf.*

apeuré, e adj.

apeurer v. t.

apex n. m.

aphake adj.

aphasie n. f.

aphasiologie n. f.

aphasique adj. et n.

aphélandra n. m.

aphélie n. m.

aphérèse n. f. Exemples d'aphérèses : *le pitaine, la cipale* (pour : le capitaine, la piscine municipale).

aphicide adj. et n. m.

aphidien ou **aphidilé** n. m.

aphone adj.

aphonie n. f.

aphorisme n. m.

aphrodisiaque adj. et n. m.

aphte n. m.

apht*eux*, *euse* adj.

aphylle adj.

aphyt*al*, *ale*, *aux* adj.

api n. m. *Des apis ; une pomme d'api, des pommes d'api.*

A.P.I. sigle f. Association phonétique internationale. → tableau PRONONCIATION, p. 945.

à-pic n. m. *Les à-pics de la masse rocheuse.* La loc. adj. *(une falaise à pic)* et la loc. adv. *(les ravins descendent à pic)* n'ont pas le trait d'union.
apical, **ale**, **aux** adj.
apicole adj.
apiculteur, **trice** n.
apiculture n. f.
apidé n. m.
apiéceur, **euse** n.
apifuge adj.
apiol n. m.
apion n. m.
apiquage n. m.
apiquer v. t.
apithérapie n. f.
apitoiement n. m.
apitoyer v. t. Conjug. 6.
apivore adj. et n.
A.P.L. sigle f. Aide personnalisée au logement.
***A.P.L.** (*a programming language) = langage pour ordinateur.
aplacentaire [-sin-] adj. et n. m.
aplanat [-na] n. m. et adj. m.
aplanétique adj.
aplanétisme [-is-] n. m.
aplanir v. t. du 2ᵉ gr. Conjug. 24.
aplanissement n. m.
aplasie n. f.
aplasique adj.
aplat n. m. (teinte unie). ◆ HOM. *à-plat* (qualité d'une feuille bien plane).
à-plat n. m. *Un à-plat, des à-plats.* ◆ HOM. → aplat. ◆ La locution adverbiale n'a pas le trait d'union. *Posez ceci à plat.*
aplati, **e** adj.
aplatir v. t. du 2ᵉ gr. Conjug. 24.
aplatissage n. m.
aplatissement n. m.
aplatisseur n. m.
aplatissoir n. m. (marteau). ◆ HOM. *aplatissoire* (machine).
aplatissoire n. f. ◆ HOM. → aplatissoir.
aplite n. f.
aplomb n. m. *Il a de l'aplomb. Les aplombs d'un cheval. Posez-les bien d'aplomb* (loc. adv.).
aplomber v. t. et pr. *Ils se sont aplombés.*
apnée n. f.
apoastre n. m.
apocalypse n. f. *Une apocalypse. L'Apocalypse de saint Jean. La tenture, la bête de l'Apocalypse.*

apocalyptique adj.
apocope n. f.
apocryphe [-krif'] adj. *Un testament apocryphe.* ◆ N. m. pl. *Les Apocryphes de la Bible.*
apocynacée n. f.
apode adj. et n. m.
apodictique adj.
apodose n. f.
apoenzyme n. f.
apogamie n. m.
apogée n. m.
apolitique adj. et n.
apolitisme [-is-] n. m.
apollinien, **enne** adj.
apollon n. m. (bel homme). ◆ HOM. *Apollon* (dieu grec).
apologétique adj. et n. f.
apologie n. f.
apologique adj.
apologiste n.
apologue n. m.
apomixie n. f.
apomorphe adj.
apomorphine n. f.
aponévrose n. f.
aponévrotique adj.
apophatique adj.
apophonie n. f.
apophtegme [apoftègm'] n. m.
apophysaire adj.
apophyse n. f. *L'apophyse zygomatique; l'apophyse styloïde.*
apoplectique adj. et n.
apoplexie n. f.
apoprotéine n. f.
aporétique adj.
aporie n. f.
aposélène n. m.
aposiopèse n. f.
apostasie n. f.
apostasier v. t. et int. Conjug. 17.
apostat, **e** [-ta, -tat'] adj. et n. *L'empereur Julien l'Apostat.*
aposter v. t.
***a posteriori** (lat.) = après coup. ◆ Loc. adj. inv. *Des jugements « a posteriori ».* ◆ Loc. adv. *Vous en jugez ainsi a posteriori.* → a priori.
apostériorité n. f.
apostille n. f.
apostiller v. t.
apostolat [-la] n. m.
apostolicité n. f.

apostolique adj.
apostoliquement adv.
APOSTROPHE n. f. (interpellation). ♦ N. f. (signe orthographique) → tableau en annexe p. 877.
apostropher v. t.
apothécie n. f.
apothème n. m.
apothéose n. f.
apothicaire n. m.
apôtre n. m. *Une âme d'apôtre; un bon apôtre. L'apôtre de l'Allemagne* (saint Boniface), *de l'Angleterre* (le moine Augustin), *des Indes* (saint François Xavier), *de l'Irlande* (saint Patrick), *des Gaules* (saint Denis). *Le symbole des Apôtres* (le Credo). *Les Actes des Apôtres* (livre de la Bible, mystère théâtral, journal révolutionnaire). ♦ *Les douze apôtres* (abs. : *les Douze*) *sont* : les deux fils de Jean : Pierre (dont le nom réel est Simon) et André ; les deux fils de Zébédée : Jacques le Majeur et Jean l'Évangéliste ; Jude (dit Thaddée) ; Jacques le Juste, ou le Mineur ; Barthélemy (dont le nom réel est Nathanaël) ; Philippe ; Matthieu ; Simon le Cananéen, ou le Zélé ; Thomas (appelé Didyme) ; Judas (dit Iscariote), trésorier du groupe, remplacé ensuite par Mathias.
appairage n. m.
appairer v. t.
appalachien, enne adj.
apparaître v. int. Conjug. 62.
apparat [-ra] n. m.
***apparatchik** (russe) n. m. = personnage du régime, de l'état-major du parti.
apparaux n. m. pl.
appareil n. m. *Appareil moteur. Appareil d'appui, de construction, de levage, de traction, de transport. Appareil à douche. Des appareils photo, radio, télé.*
appareillable adj.
appareillage n. m.
appareillement n. m.
appareiller v. t. et int. (tailler des pierres ; placer une prothèse ; se préparer à quitter le mouillage). ♦ Ne pas confondre avec *apparier* (assortir par paire ou couple).
appareilleur n. m.
apparemment [-raman] adv.
apparence n. f.
apparent, e adj.
apparenté, e adj.
apparentement n. m.
apparenter (s') v. pr. *Elle s'est apparentée.*
appariement n. m.
apparier v. t. Conjug. 17. → appareiller.
appariteur n. m.
apparition n. f.
apparoir v. int. Ne s'emploie qu'à l'infinitif et, d'une manière impersonnelle, à l'indicatif présent : *il appert*.
appartement n. m. *Hôtel vendu par appartements. Charges par appartement.*
appartenance n. f.
appartenir v. t. Conjug. 76.
appas n. m. pl. (attraits). *Les appas d'une femme, de la fortune.* ♦ HOM. *appât* (amorce).
***appassionato** (ital.) adv. = avec passion. ♦ Adj. *Une sonatine « appassionata ».*
appât n. m. *Les appâts du pêcheur ; l'appât du gain.* ♦ HOM. → appas.
appâter v. t.
appauvrir v. t. du 2ᵉ gr. Conjug. 24.
appauvrissement n. m.
appeau n. m. *Des appeaux.*
appel n. m.
■ *L'appel de note.* Quand on doit annexer une note à un texte principal, cette note se place en bas de page ou à la fin de l'exposé. Cette note est annoncée dans le texte par un chiffre ou une lettre entre parenthèses (1) (a), ou un chiffre supérieur[1], ou un astérisque supérieur*, ces derniers avec ou sans parenthèses. Naturellement, un seul type d'appel de note sera employé tout au long d'un ouvrage. L'appel de note est toujours placé avant la ponctuation : *Les rappels de salaires (1), primes et bonifications seront versés à la fin du mois (2).*
appelant, e adj. et n.
appelé, e n. m. et adj.
appeleur n. m.
appeler v. t. *Il appelle.* Conjug. 13.
appellation n. f.
appendice [-pin-] n. m.
appendicectomie [-pin-] n. f.
appendicite [-pin-] n. f.
appendiculaire [-pin-] adj.
appendre v. t. Conjug. 67.
appentis [-panti] n. m.
appenzell [apèn'zèl'] n. m.
appert (il) → apparoir.
appertisation n. f.
appertiser v. t.

appesantir v. t. du 2ᵉ gr. Conjug. 24.
appesantissement n. m.
appétence n. f.
appétibilité n. f.
appétissant, e adj.
appétit n. m.
appétitif, ive adj. et n. m.
applaudimètre n. m.
applaudir v. t. du 2ᵉ gr. Conjug. 24.
applaudissement n. m.
applaudisseur, euse n.
applicabilité n. f.
applicable adj.
applicage n. m.
applicateur adj. m. et n. m.
application n. f.
*****application oriented computer** (A.O.C.) = microcontrôleur.
applique n. f.
appliqué, e adj.
appliquer v. t.
appoggiature [-djya-] n. f.
appoint n. m.
appointage n. m.
appointements n. m. pl.
appointer v. t.
appondre v. t. Conjug. 67.
appontage n. m.
appontement n. m.
apponter v. int.
apponteur n. m.
apport n. m.
apporter v. t.
apporteur n. m.
apposable adj.
apposer v. t.
apposition n. f.

■ A. – Le **nom en apposition** est placé près d'un autre nom, ou d'un pronom, qu'il éclaire et précise. Désignant le même être ou la même chose, c'est une sorte d'attribut sans le lien du verbe. On trouve l'apposition :

1° isolée par la ponctuation. *On entendit le lion, terreur des forêts. Eux, les voleurs, furent condamnés.* Électricien, *il trouva tout de suite la cause de la panne* ;

2° avoisinant le nom : *Maître Cornille* ;

3° reliée au nom par un *de* explétif. *La ville de Biarritz. La saison d'été.*

L'apposition est le terme le plus général, celui qui qualifie, et qu'on pourrait sup-primer sans nuire gravement au sens. Une apposition placée entre deux noms peut faire naître une équivoque, malgré une bonne ponctuation. *En s'entretenant avec le jardinier, mon père, le général déclara...* : avec cette ponctuation, la phrase dit que le jardinier est mon père (apposition). *En s'entretenant avec le jardinier, mon père, le général, déclara...* : ainsi ponctuée, la phrase dit que mon père est le général (apposition). Mais une telle construction étant peu claire, il vaut mieux la modifier.

B. – L'**adjectif en apposition** s'applique sans lien au nom ; il est isolé le plus souvent dans l'écriture par la virgule. *L'enfant, affolé, ne savait où aller. Elle reposait, heureuse.*

appréciabilité n. f.
appréciable adj.
appréciateur n. m.
appréciatif, ive adj.
appréciation n. f.
apprécier v. t. Conjug. 17.
appréhender v. t.
appréhensif, ive adj.
appréhension n. f.
apprenant, e n.
apprendre v. t. Conjug. 66.
apprenti, e n.
apprentissage n. m.
apprêt n. m. ♦ HOM. → après.
apprêtage n. m.
apprêté, e adj.
apprêter v. t.
apprêteur, euse n.
apprivoisement n. m.
apprivoiser v. t.
apprivoiseur, euse n.
*****approach** = point de vue, manière de voir, abord de la question. En médecine : voie d'accès, approche.
approbateur, trice adj. et n.
approbatif, ive adj.
approbation n. f.
approbativement adv.
approbativité n. f.
approchable adj.
approchant, e adj.
approche n. f.
approché, e adj.
approcher v. t. et int.
approfondi, e adj.
approfondir v. t. du 2ᵉ gr. Conjug. 24.
approfondissement n. m.

appropriable adj.
appropriation n. f.
approprié, e adj.
approprier v. t. Conjug. 17. *Ils se sont approprié ces livres. Les serviteurs se sont appropriés aux maîtres.*
approuvable adj.
approuvé, e partic. passé. *Cette correction a été approuvée par l'auteur. Approuvée par vous, cette idée sera acceptée.* ♦ Prép. inv. qui précède le nom. *Approuvé les décisions ci-dessus.*
approuver v. t.
approvisionnement n. m.
approvisionner v. t.
approvisionneur, euse n.
approximatif, ive adj.
approximation n. f.
approximativement adv.
appui n. m. ♦ HOM. *il appuie* (v.).
appui-bras n. m. inv. ou **appuie-bras** n. m. *Des appuis-bras.*
appuie-livre n. m. inv. ou **appui-livre**, n. m. *Des appuis-livre.*
appuie-main n. m. inv. ou **appui-main**, n. m. *Des appuis-main.*
appuie-nuque n. m. inv. ou **appui-nuque**, n. m. *Des appuis-nuque.*
appuie-tête n. m. inv. ou **appui-tête**, n. m. *Des appuis-tête.*
appuyé, e adj.
appuyer v. t. et int. Conjug. 7.
apragmatique adj. et n.
apragmatisme [-is-] n. m.
apraxie n. f.
apraxique adj. et n.
âpre adj. (rude, rugueux, violent). → âcre.
âprement adv.
après prép. *Après coup; après quoi; après tout.* S'emploie, suivi d'un trait d'union, comme préfixe *(après-match, après-vacances...)*. → après que. ♦ HOM. *apprêt* (préparatif).
après-coup n. m. *Des après-coups.*
après-demain loc. adv.
après-dîner n. m. *Des après-dîners.*
après-gaullisme [-is-] n. m. sing.
après-guerre n. m. ou f. *Des après-guerres.*
après-midi n. m. inv. Le féminin d'autrefois est encore employé. ♦ Il ne faut pas de trait d'union s'il ne s'agit pas du nom composé. *Venez après midi.*
après que conj. de subordin. Doit toujours être suivie de l'indicatif. *Après que tu es venu* (passé composé). *Après qu'il fut parti* (passé antérieur). Ce que cette locution introduit étant certain, écoulé, ce serait une erreur de mettre le subjonctif en écrivant « que tu sois », « qu'il fût ».
après-rasage n. m. *Des après-rasage(s).* ♦ Adj. inv. *Des lotions après-rasage.*
après-shampooing n. m. et adj. *Des après-shampooings.*
après-ski n. m. *Des après-ski(s).*
après-soleil n. m. *Des après-soleil(s).*
après-souper n. m. *Des après-soupers.*
après-vente adj. inv. *Des services après-vente.*
âpreté n. f.
***a priori** (lat.) = avant expérience. ♦ Loc. adj. inv. *Des jugements « a priori ».* ♦ N. inv. *Des « a priori ».* ♦ Loc. adv. *Vous ne devez pas a priori le repousser.* → tableau LANGUES ÉTRANGÈRES ET LANGUES ANCIENNES C, p. 899.
apriorique ou **aprioritique** adj.
apriorisme [-is-] n. m.
aprioriste adj. et n.
apriorité n. f.
apron n. m.
***apron conveyor** = sauterelle (urb.).
à-propos n. m. *Répondre avec à-propos. Manquer d'à-propos.* ♦ Loc. adv. Sans trait d'union. *À propos, avez-vous des nouvelles?* ♦ Loc. prép. *À propos de bottes.*
aprosexie [-sèksi] n. f.
apsara ou **apsaras** n. f.
apside n. f. → abside.
apte adj.
aptère adj.
aptérygote n. m.
aptéryx n. m. (oiseau).
aptitude n. f.
***A.P.U.D.** (*amine precurser uptake and decarboxylation) = cellule endocrine sécrétant des hormones polypeptidiques.
apurement n. m.
apurer v. t. → épurer.
apyre adj.
apyrétique adj.
apyrexie n. f.
apyrogène adj.
aquacole [akwa-] ou **aquicole** [akui-] adj.
aquaculteur, trice [akwa-] ou **aquiculteur, trice** [akui-] n.
aquaculture [akwa-] ou **aquiculture** [akui-] n. f.
aquafortiste [akwa-] n.

aquamanile [akwa-] n. m.
aquanaute [akwa-] n.
aquaphalt [akwafalt'] n. m.
aquaplanage [akwa-] n. m.
aquaplane [akwa-] n. m.
*****aquaplaning** n. m. = aquaplanage, glissade sur l'eau.
aquarelle [akwa-] n. f.
aquarelliste [akwa-] n.
aquarésistant, e [akwa-] adj.
aquariophile [akwa-] n.
aquariophilie [akwa-] n. f.
aquarium [akwaryom'] n. m. *Des aquariums.*
aquatel [akwa-] n. m.
aquaterrarium [akwatérariom'] n. m. *Des aquaterrariums.*
aquatinte [akwa-] n. f.
aquatintiste [akwa-] n.
aquatique [akwa-] adj.
aquatubulaire [akwa-] adj.
aquavit [akwa-] ou **akvavit** n. m.
aqueduc n. m. *L'aqueduc de Fallope.*
aqueduc-larron n. m. *Des aqueducs-larrons.*
aqu*eux, euse* [akeû, akeûz'] adj.
à quia → quia.
aquicole → aquacole.
aquiculteur → aquaculteur.
aquiculture → aquaculture.
*****aquifer** = aquifère (agr.).
aquifère [akui-] adj.
aquilin [-ki-] adj. m.
aquilon [-ki-] n. m.
aquitain, e adj. *La côte aquitaine.* ♦ N. f. *L'Aquitaine.*
aquitanien, enne [-ki-] n. m. et adj. (ère géologique).
aquosité [-ko-] n. f.
A.R. sigle m. Accusé de réception.
ara n. m. *Des aras.* ♦ HOM. → haras.
ARABE adj. *La civilisation arabe. En écrivant 452, nous employons des chiffres arabes (que les Arabes nomment chiffres indiens). La Ligue arabe; la République arabe unie.* ♦ N. *Parler l'arabe. C'est une Arabe.* ♦ Sur les mots arabes employés en français → tableau en annexe : *Langues étrangères et langues anciennes* p. 892.
arabesque n. f.
arabica n. m.
Arabie *L'Arabie Saoudite; l'Arabie Heureuse; l'Arabie Pétrée.* Selon l'accent local, le nom du roi *'Abd al-'Aziz ibn Sa'ūd* a été entendu *Saoud* ou *Séoud*, d'où les deux graphies *Arabie Saoudite* et *Arabie Séoudite*, la voyelle brève qui suit le *s* étant différemment émise ou traduite.
arabinosique adj.
arabique adj.
arabisant, e n. et adj.
arabisation n. f.
arabiser v. t.
arabisme [-is-] n. m.
arabité n. f.
arabe adj.
arabodollar n. m.
arabo-islamique adj. *Des mouvements arabo-islamiques.*
arabophone adj. et n.
arac ou **arack** → arak.
aracari n. m.
aracée n. f.
arachide n. f.
arachnéen, enne [arakné-in, né-èn'] adj.
arachnide [arak-] n. m.
arachnoïde [arak-] n. f.
arachnoïdien, enne [arak-] adj.
aragonais, e adj. *Un contrebandier aragonais.* ♦ N. *Une belle Aragonaise. L'aragonaise est la jota* (danse).
aragonite n. f.
araignée n. f.
araire n. m.
arak, arac ou **arack** n. m.
Araldite n. f. déposé inv.
aralia n. m.
araliacée n. f.
araméen, enne [-mé-in, mé-èn'] adj. *Le nomadisme araméen.* ♦ N. *L'araméen est une langue sémitique. Les Araméens.*
aramide adj.
aramon n. m.
arandisite n. f.
aranéide n. f.
arantèle n. f.
arasement n. m.
araser v. t.
aratoire adj.
araucaria n. m. *Des araucarias.*
arbalète n. f.
arbalétrier n. m.
arbalétrière n. f.
arbitrable adj.
arbitrage n. m.
arbitragiste n. m.
arbitraire adj. *Des mesures arbitraires.* ♦ N. m. *Ce chef fit régner l'arbitraire.*
arbitrairement adv.

arbitral, ale, aux adj.
arbitralement adv.
arbitre n. m. *Le libre arbitre.*
arbitrer v. t.
arboré, e adj.
arborer v. t.
arborescence n. f.
arborescent, e adj.
arboretum [-tom'] n. m. *Des arboreta ou des arboretums.*
arboricole adj.
arboriculteur, trice n.
arboriculture n. f.
arborisation n. f.
arborisé, e adj.
arbouse n. f.
arbousier n. m.
arbovirose n. f.
arbovirus n. m.
arbre n. m. *Des arbres en espalier; arbre à cames; arbre de la liberté; arbre de couche; arbre à cardan; arbre de transmission; des troncs d'arbres; un arbre moteur, des arbres moteurs.* ♦ → forêt.
arbrisseau n. m. *Des arbrisseaux.*
arbuste n. m.
arbustif, ive adj.
arc n. m. *Un arc de triomphe; l'arc de triomphe de l'Étoile* (abs.: *l'Arc de triomphe*); *le Prix de l'Arc de triomphe* (course). → tableau PRONONCIATION C, p. 943.
arcade n. f.
arcadien, enne adj. et n.
arcane n. m. (secret). ♦ HOM. *arcanne* (craie rouge).
arcanne n. f. ♦ HOM. → arcane.
arcanson n. m.
arcature n. f.
arc-boutant n. m. *Des arcs-boutants.*
arc-boutement n. m. *Des arcs-boutements.*
arc-bouter v. t.
arc-doubleau n. m. *Des arcs-doubleaux.*
arceau n. m. *Des arceaux.*
arc-en-ciel n. m. *Des arcs-en-ciel.*
Arc-et-Senans [arksnán] n. (salines).
archaïque [-ka-] adj.
archaïsant, e [-ka-] adj. et n.
archaïsme [-ka-is-] n. m.
archal n. m. sing. *Des fils d'archal.*
archange [-kan-] n. m. *Les trois archanges sont:* Gabriel, Michel et Raphaël.
archangélique [-kan-] adj.

archanthropien [-kan-] n. m.
arche n. f. *L'arche de Noé; l'arche d'alliance des Hébreux; la Grande Arche de la Défense.*
archée n. f.
archéen, enne [-ké-in, -ké-èn'] adj. et n. m.
archégone [-ké-] n. m.
archelle n. f.
archéobactérie [-ké-] n. f.
archéologie [-ké-] n. f.
archéologique [-ké-] adj.
archéologue [-ké-] n.
archéomagnétisme [-ké-is-] n. m.
archéoptéryx [-ké-] n. m.
archer, ère n. (tireur à l'arc). ♦ HOM. *archet* (de violon); *archère* (ouverture dans une muraille).
archère → archière.
archerie n. f.
archet n. m. ♦ HOM. → archer.
archèterie n. f.
archetier, ère n.
archétypal, ale, aux [-ké-] adj.
archétype [-ké-] n. m.
archétypique [-ké-] adj.
archevêché n. m.
archevêque n. m.
archi- Dans la formation des mots nouveaux, ce préfixe est soudé au mot qui suit *(archifaux)*, sauf si ce mot commence par une voyelle *(archi-autoritaire).*
archiatre [-kya-] n. m.
archichambellan n. m.
archichancelier n. m.
archichlamydée [-chikla-] n. f.
archiconfrérie n. f.
archicube n.
archidiaconat [-na] n. m.
archidiaconé n. m.
archidiacre n. m.
archidiocésain, e adj.
-archie, -cratie Ces suffixes, du grec *arkhein* (commander) et *krateia* (puissance), désignent aux mains de qui est le pouvoir, le gouvernement: *anarchie* (sans chef), *monarchie* (un souverain), *oligarchie* (un petit nombre)...; *bureaucratie* (fonctionnaires), *ploutocratie* (classes riches), *technocratie* (experts), etc.
archidiocèse n. m.
archiduc n. m.
archiduché n. m.
archiduchesse n. f.

archiépiscopal, ale, aux [arki- ou archi-] adj.
archiépiscopat [arki- ou archi-] n. m.
archière ou **archère** n. f. (ouverture en meurtrière). ♦ HOM. → archer.
archimandritat [-ta] n. m.
archimandrite n. m.
archimédien, enne adj.
archimillionnaire adj. et n.
archine n. f.
archipel n. m.
archiphonème n. m.
archipresbytéral, ale, aux adj.
archiprêtre n. m.
archiptère n. m.
architecte n.
architectonie n. f.
architectonique adj. et n. f.
architectural, ale, aux adj.
*****architectural advice** = conseil architectural (urb.).
*****architectural assistance** = assistance architecturale (urb.).
*****architectural by-law** = ordonnance architecturale (urb.).
*****architectural design** = création architecturale (urb.).
*****architectural firm** = agence d'architecture (urb.).
*****architectural office** = agence d'architecture (urb.).
*****architectural regulation** = ordonnance architecturale (urb.).
architecture n. f.
architecturer v. t.
architrave n. f.
architravée n. f. et adj. f.
architrésorier n. m.
archivage n. m.
archiver v. t.
archives n. f. pl. *Les archives du tribunal. Les Archives nationales* (administration).
archiveur, euse n.
archiviste n.
archiviste-paléographe n. *Des archivistes-paléographes.*
archivistique n. f.
archivolte n. f.
archontat [-konta] n. m.
archonte [-kont'] n. m.
arçon n. m. *Vider les arçons; des pistolets d'arçon; cheval-arçons ou cheval--d'arçons* (n. m. inv.).
arçonner v. t.

arc-rampant n. m. *Des arcs-rampants.*
arctique adj. *Les régions arctiques. L'océan Arctique; l'océan Glacial arctique; l'archipel Arctique.* ♦ N. m. *Les explorateurs de l'Arctique.*
arcure n. f.
ardéchois, e adj. et n.
ardéidé n. m.
ardéiforme adj.
ardemment [-daman] adv.
ardennais, e [-denè, -nèz'] adj. et n.
ardent, e adj. (qui brûle). *La Chambre ardente.* ♦ N. *Le bal des Ardents; le mal des ardents.* ♦ HOM. *hardant* (partic. présent du v. harder : attacher les chiens à la harde).
ardeur n. f.
ardillon n. m.
*****arditi** (ital.) n. m. pl. = corps francs.
*****ardito** (ital.) = avec ardeur.
ardoise n. f. et adj. inv. *Des pantalons ardoise.*
ardoisé, e adj.
ardoisier, ère adj. et n.
ardu, e adj.
are n. m. (unité de mesure : *3 ares* ou *3 a*). ♦ HOM. *art* (d'un artiste), *arrhes* (gage), *hart* (lien ou corde).
*****area** = zone, aire.
*****area command** = commandement de zone (déf.).
aréage n. m.
arec ou **aréquier** n. m.
aréflexie n. f.
aréique adj.
aréisme [-is-] n. m.
areligieux, euse adj.
arénacé, e adj.
arénavirus [-us'] n. m.
arène n. f.
arénicole adj. et n. f.
arénisation n. f.
arénophile adj.
aréo- → aéro-/aréo-.
aréographie n. f.
aréolaire adj.
aréole n. f.
aréomètre n. m. (pour la densité des liquides). *L'aréomètre Baumé.* ♦ Ne pas confondre avec *aéromètre.*
aréométrie n. f.
aréopage n. m. Spécialt : *l'Aréopage d'Athènes.*
aréostyle n. m.

aréquier → arec.

arête n. f. (de cube, de poisson). ♦ HOM. *arrête* (v.).

arêtier n. m.

arêtière n. f. et adj. f.

areu! interj.

argan n. m. *Des noix d'argan.*

arganier n. m.

argas [-as'] n. m.

argent n. m. et adj. inv. *Des cheveux argent.*

argentage n. m.

argentan ou **argenton** n. m. (alliage). ♦ HOM. *Argentan* (ville de l'Orne); *Argenton-sur-Creuse* (ville de l'Indre); *argentant, argentons* (v.).

argenté, e adj.

argenter v. t.

argenterie n. f.

argenteur, euse n.

argentier n. m. *Le grand argentier* (ministre des Finances).

argentifère adj.

argentimétrie n. f.

argentin, e adj. *Un son argentin; des tangos argentins.* ♦ N. *La république Argentine; l'Argentine; les Argentins.*

argentique adj.

argentite n. f.

argenton → argentan.

argenture n. f.

argien, enne adj. et n.

argilacé, e adj.

argile n. f.

argileux, euse adj.

argilothérapie n. f.

arginine n. f.

argon n. m.

argonaute n. m. (mollusque). ♦ HOM. *Les Argonautes* (héros mythologiques).

argonide n. m.

argot n. m. → *loucherbem; verlan.*

argotier n. m.

argotique adj.

argotisme [-is-] n. m.

argotiste n.

argoulet n. m.

argousier n. m.

argousin [-zin] n. m.

arguer v. t. Il existe deux verbes *arguer*. L'un [argh-é] qui signifie *étirer du métal*, a une conjugaison régulière. Conjug. 4. L'autre est noté ci-après.

arguer ou **argüer** v. t. dir. et ind. (tirer argument). Ce verbe, qu'il soit employé à la 1re ou la 2e forme, comporte un *u* qui se prononce toujours [arghué]. Si l'on choisit la 1re forme *(arguer)*, traditionnelle, il faut veiller à placer un tréma sur le *e* muet ou le *i* qui suivent le *u* afin que celui-ci soit toujours entendu:
Indic. prés.: *j'arguë, tu arguës, il arguë, nous arguons, vous arguez, ils arguënt.* Imparf.: *j'arguais, tu arguais, il arguait, nous arguïons, vous arguïez, ils arguaient.* Futur: *j'arguërai.* Passé composé: *j'ai arguë.*
Si l'on choisit la 2e forme *(argüer)*, la conjugaison est régulière, le *u* ayant toujours un tréma. Conjug. 4.

argument n. m. *Être à court d'arguments; tirer argument de.*

argumentaire n. m.

argumentant, e n.

argumentateur, trice n.

argumentatif, ive adj.

argumentation n. f.

argumenter v. int.

argus [-gus'] n. m. *L'Argus de l'automobile* (périodique); *un véhicule coté à l'Argus.* ♦ HOM. dans la mythologie, *Argus* était un prince qui avait cent yeux.

argutie [-si] n. f.

argyraspide n. m.

argyrisme [-is-] n. m.

argyronète n. f.

argyrose n. f.

aria n. m. (souci). *Avoir bien des arias.* ♦ N. f. (air musical). *Une aria de Bach.*

arianisme [-is-] n. m.

ariary n. m. (monnaie). *Des ariarys.*

ariboflavinose n. f.

aride adj.

aridité n. f.

ariégeois, e adj. et n.

arien, enne [aryin, -yèn'] n. et adj. ♦ HOM. → *aryen.*

ariette n. f.

arille n. m.

arillé, e adj.

arioso n. m. *Des ariosos.*

ariser ou **arriser** v. int.

aristarque n. m.

aristo n. inv. en genre.

aristocrate n. et adj.

aristocratie [-si] n. f.

aristocratique adj.

aristocratiquement adv.

aristocratisme [-is-] n. m.

aristoloche n. f.

aristotélicien, enne adj. et n.
aristotélique adj.
aristotélisme [-is-] n. m.
arithméticien, enne n.
*****arithmetic logic unit** (A.L.U.) = unité arithmétique logique (U.A.L.) (électron.).
arithmétique n. f. et adj.
arithmétiquement adv.
arithmologie n. f.
arithmomancie n. f.
arithmomanie n. f.
arithmomètre n. m.
arkose n. f.
arlequin n. m. (bouffon qui imite *Arlequin*, personnage de la comédie italienne).
arlequinade n. f.
arlésien, enne adj. *Une coiffe arlésienne.* ♦ N. *Un Arlésien.*
armada n. f. *Des armadas. L'Invincible Armada.*
armagnac n. m. (eau-de-vie d'*Armagnac*).
armailli n. m.
armateur n. m.
armatoles n. m. pl.
armature n. f.
arme n. f. Ce mot est au pluriel dans les expressions : *un commandant, un fait, un héraut, un maître, un maniement, un port d'armes; une fraternité, une hache, une place, une prise, une salle, une suspension, une veillée d'armes. Des armes à feu; des armes de jet; être en armes. Portez armes! Passer l'arme à gauche.*
armé, e adj. et n. m. ♦ HOM. → armée.
armée n. f. *L'armée française; un corps d'armée; un groupe d'armées; général d'armée; commandant d'armées. La IIe armée; l'armée de terre.* Dans l'armée : *infanterie, artillerie, aviation, train, génie, intendance. Les services de l'intendance, l'intendance militaire, l'intendant général* (de même pour les autres armes ou services). *Le musée de l'Armée; l'armée rouge* (ou *l'armée Rouge*); *l'Armée du Salut; la Grande Armée.* ♦ HOM. *armé* (adj.; position d'une arme), *armer* (v.), *armet* (casque).
armeline n. f.
armement n. m.
arménien, enne adj. *Les traditions arméniennes.* ♦ N. *Cet Arménien parle l'arménien.* → arminien.
armer v. t. ♦ HOM. → armée.
armet n. m. ♦ HOM. → armée.
armeuse n. f.

armillaire [-milèr'] adj. et n. m.
armille n. f.
arminianisme [-is-] n. m.
arminien n. m. (de la secte d'Arminius). ♦ Ne pas confondre avec *arménien* (d'Arménie).
armistice n. m.
armoire n. f.
armoiries n. f. pl.
armoise n. f.
armon n. m.
armorial, ale, aux adj. et n. m.
armoricain, e adj. *Le Massif armoricain.* ♦ N. *Cet homme est un Armoricain.*
armorier v. t. Conjug. 17.
armure n. f.
armurerie n. f.
armurier, ère n.
A.R.N. sigle m. Acide ribonucléique.
arnaque n. f.
arnaquer v. t.
arnaqueur n. m.
Arnel n. m. déposé inv.
arnica n. m. ou f.
arobe → arrobe.
aroïdée ou **aroïdacée** n. f.
arol, arole ou **Arolle** n. m.
aromachologie [-ko-] n. f.
aromate n. m.
aromathérapie n. f.
aromaticien, enne n.
aromaticité n. f.
aromatique adj. et n. m.
aromatisant, e adj. et n. m.
aromatisation n. f.
aromatiser v. t.
arôme n. m. (parfum). ♦ HOM. *arum* (plante).
aronde n. f. *Des assemblages à queue d'aronde. Une queue-d'aronde.*
arpège n. m.
arpéger v. int. *J'arpège, nous arpégeons, j'arpége-rai(s).* Conjug. 20.
arpent n. m.
arpentage n. m.
arpenter v. t.
arpenteur, euse n. et adj.
arpète ou **arpette** n.
arqué, e adj.
arquebusade n. f.
arquebuse n. f.
arquebusier n. m.
arquer v. t. et int.

ARRACHAGE

arrachage n. m.
arraché n. m. *Des victoires à l'arraché.*
arrache-bottes n. m. inv.
arrache-clou n. m. *Des arrache-clous.*
arrachement n. m.
arrache-moyeu n. m. *Des arrache-moyeux.*
arrache-pied (d') loc. adv.
arracher v. t.
arrache-racine(s) n. m. *Des arrache-racines.*
arrach*eur*, *euse* n.
arrachis n. m.
arrachoir n. m.
arraisonnement n. m.
arraisonner v. t.
arrangeable adj.
arrangeant, e adj.
arrangement n. m.
arranger v. t. *Il arrangeait.* Conjug. 3.
*****arranger** = arrangeur (écon.).
arrang*eur*, *euse* n.
*****array** = réseau (électron.).
*****array processor** = processeur vectoriel (inf.).
ARRCO sigle f. Association des régimes de retraite complémentaires.
arrenter v. t.
arrérager v. int. et pr. *Les factures se sont arrérages.*
arrérages n. m. pl.
arrestation n. f.
*****arrester hook** = crosse d'arrêt (déf.).
arrêt n. m. *Un temps d'arrêt; mandat d'arrêt; maison d'arrêt; être aux arrêts; tomber en arrêt; chien d'arrêt; arrêts par intermittence; une saisie-arrêt.* ♦ HOM. haret (chat sauvage).
arrêté, e adj. et n. m.
arrête-bœuf n. m. inv.
arrêter v. t. et int.
arrêtiste n.
arrêtoir n. m.
arrhes [ar] n. f. pl. ♦ HOM. → art.
arriération n. f.
arrière préfixe inv. suivi d'un trait d'union. *Dans son arrière-boutique, la fleuriste cultivait des arrière-pensées* (R. Fallet). ♦ N. variable. *L'arrière du train; protéger ses arrières; les arrières d'une équipe sportive; des arrières gauche; des arrières droit.* ♦ Adv. *Aller en arrière.* ♦ Adj. inv. *Des roues arrière, des feux arrière.* Abrév. : AR (les freins AR).
arriéré, e adj. et n. m.

arrière-ban n. m. *Des arrière-bans.* → ban.
arrière-bec n. m. *Des arrière-becs.*
arrière-bouche n. f. *Des arrière-bouches.*
arrière-boutique n. f. *Des arrière-boutiques.*
arrière-centre n. m. *Des arrières-centres.*
arrière-cerveau n. m. *Des arrière-cerveaux.*
arrière-chœur [-keur'] n. m. *Des arrière-chœurs.*
arrière-corps n. m. inv.
arrière-cour n. f. *Des arrière-cours.*
arrière-cousin, e n. *Des arrière-cousins; des arrière-cousines.*
arrière-cuisine n. f. *Des arrière-cuisines.*
arrière-faix n. m. inv.
arrière-fleur n. f. *Des arrière-fleurs.*
arrière-fond n. m. *Des arrière-fonds.*
arrière-garde n. f. *Des arrière-gardes.*
arrière-gorge n. f. *Des arrière-gorges.*
arrière-goût n. m. *Des arrière-goûts.*
arrière-grand-mère n. f. *Des arrière-grand(s)-mères.*
arrière-grand-oncle n. m. *Des arrière-grands-oncles.*
arrière-grand-père n. m. *Des arrière-grands-pères.*
arrière-grands-parents n. m. pl.
arrière-grand-tante n. f. *Des arrière-grand(s)-tantes.*
arrière-main n. f. *Des arrière-mains.*
arrière-neveu n. m. *Des arrière-neveux.*
arrière-nièce n. f. *Des arrière-nièces.*
arrière-pays n. m. inv.
arrière-pensée n. f. *Des arrière-pensées.*
arrière-petit-cousin n. m. *Des arrière-petits-cousins.*
arrière-petite-cousine n. f. *Des arrière-petites-cousines.*
arrière-petite-fille n. f. *Des arrière-petites-filles.*
arrière-petit-fils n. m. *Des arrière-petits-fils.*
arrière-petit-neveu n. m. *Des arrière-petits-neveux.*
arrière-petite-nièce n. f. *Des arrière-petites-nièces.*
arrière-petits-enfants n. m. pl.
arrière-plan n. m. *Des arrière-plans.*
arrière-point n. m. *Des arrière-points.*
arrière-port n. m. *Des arrière-ports.*
arriérer v. t. *J'arriére, nous arriérons, j'arriérerai(s).* Conjug. 10.
arrière-saison n. f. *Des arrière-saisons.*

arrière-salle n. f. *Des arrière-salles.*
arrière-scène n. f. *Des arrière-scènes.*
arrière-train n. m. *Des arrière-trains.*
arrière-vassal n. m. *Des arrière-vassaux.*
arrière-voussure n. f. *Des arrière-voussures.*
arrimage n. m.
arrimer v. t.
arrimeur n. m.
ariser → ariser
arrivage n. m.
arrivant, e n.
arrivé, e n. f. et adj.
arriver v. int. *Les malheurs qui vous sont arrivés.*
arrivisme [-is-] n. m.
arriviste n.
arrobe ou **arobe** n. f.
arroche n. f.
arrogamment adv.
arrogance n. f.
arrogant, e adj. et n.
arroger (s') v. pr. *Elle s'arrogea.* Conjug. 3. Accord du partic. passé → tableau PARTICIPE PASSÉ IV, A, 3°, p. 927.
arroi n. m. *Ils arrivent en grand arroi.*
arrondi, e adj. et n. m.
arrondir v. t. du 2ᵉ gr. Conjug. 24.
arrondissage n. m.
arrondissement n. m.
arrondisseur n. m.
arrondissure n. f.
arrosable adj.
arrosage n. m.
arrosé, e adj.
arrosement n. m.
arroser v. t.
arroseur, euse adj. et n.
arrosoir n. m.
arrow-root [arorout'] n. m. *Des arrow-roots.*
arroyo [aro-yo] n. m. *Des arroyos.*
ars [ars'] n. m.
arsenal n. m. *Des arsenaux.*
arséniate n. m.
arsenic n. m.
arsenical, ale, aux adj.
arsénié, e adj.
arsénieux, euse adj.
arsénique adj.
arsénite n. f.
arséniure n. m.
arsin n. m.

arsine n. f.
*****arsis** [-is'] (grec) n. f. = levé.
arsonvalisation (d') n. f. → darsonvalisation.
arsouille n. et adj.
art n. m. *Le musée d'Art moderne; l'Académie des beaux-arts; une école des beaux-arts; l'École des beaux-arts* (celle de Paris). Pour cette dernière, abs. : *les Beaux-Arts. L'École des arts décoratifs* (abs. : *Les Arts-Déco*). *Des arts d'agrément; le Salon des arts ménagers; le pont des Arts; l'ordre des Arts et Lettres. Des œuvres d'art. Des objets d'art.* ♦ *Les sept arts principaux sont* : la peinture, la sculpture, l'architecture, la musique, la poésie, la danse et le cinéma. ♦ HOM. → are.
artefact [artéfakt'] ou **artéfact** n. m.
artel n. m. *Des artels.*
artère n. f.
*****arterial drainage** = assainissement agricole.
artériectomie n. f.
artériel, elle adj.
artériographie n. f.
artériolaire adj.
artériole n. f.
artériopathie n. f.
artérioscléreux, euse adj.
artériosclérose n. f. (durcissement des artères). ♦ Ne pas confondre avec *athérosclérose* (durcissement et dégénérescence interne des artères).
artériotomie n. f.
artérioveineux, euse adj.
artérite n. f. (inflammation d'une artère). ♦ Ne pas confondre avec *arthrite* (inflammation d'une articulation).
artéritique adj. et n.
artésien, enne adj. *Un puits artésien.* ♦ N. *Une Artésienne venue tout droit de l'Artois.*
arthralgie n. f.
arthrite n. f. → artérite.
arthritique adj. et n.
arthritisme [-is-] n. m.
arthrodèse n. f.
arthrodie n. f.
arthrographie n. f.
arthrogrypose n. f.
arthropathie n. f.
arthrophyte n. f.
arthroplastie n. f.
arthropode n. m.

arthroscopie n. f.
arthrose n. f.
arthrosique adj.
artichaut n. m. *Des artichauts.*
artichautière n. f.
article n. m. *Des articles de foi; des articles de papeterie. Des articles de journal/de journaux* (selon le sens).
articulaire adj.
articulateur n. m.
articulation n. f.
articulatoire adj.
articulé, e adj. et n. m.
articuler v. t.
articulet n. m.
artifice n. m. *Un feu d'artifice, des feux d'artifice. Il use d'artifices pour séduire.*
artificialité n. f.
artificiel, elle adj.
artificiellement adv.
artificier n. m.
artificieusement adv.
artificieux, euse adj.
artillerie n. f.
artilleur n. m.
artimon n. m.
artiodactyle n. m.
artiozoaire n. m.
artisan, e n. *Un artisan taxi.*
artisanal, ale, aux adj.
artisanalement adv.
artisanat n. m.
artiste n.
artistement adv.
artistique adj.
artistiquement adv.
artocarpus, artocarpe ou **artocarpier** n. m.
artothèque n. f.
arts et métiers loc. m. *Une école d'arts et métiers. L'École des arts et métiers* (celle de Paris); pour cette dernière, abs.: *les Arts et Métiers. Le Conservatoire national des arts et métiers. Un Gadz'arts.*
*****artwork** = document (aud.).
arum [-rom'] n. m. *Des arums.* ♦ HOM. → arôme.
aruspice → haruspice.
aryen, enne adj. *Une ethnie aryenne.* ♦ N. *Les premiers Aryens peuplaient l'Inde.* ♦ HOM. *arien* (partisan de l'arianisme).
arylamine n. f.
aryle n. m.

aryténoïde n. m. et adj.
arythmie n. f.
arythmique adj.
as [as'] n. m. (champion; carte à jouer). ♦ HOM. *asse* (résine). ♦ Homographe hétérophone : *tu as* [a] *de la chance* (v. avoir).
asa Sigle de **American standard association*. Système de mesure de sensibilités photographiques.
asa-fœtida ou **assa-fœtida** [-fé-] n. f. inv. Nommée aussi *ase* (ou *asse*) *fétide*.
asana n. f.
asbeste n. f.
asbestose n. f.
ascaride ou **ascaris** [-is'] n. m. (ver parasite de l'homme). ♦ Ne pas confondre avec *askari* (celui qui accompagne une caravane en Afrique orientale).
ascaridé n. m.
ascaridiose n. f.
ascarite n. f.
ascendance n. f.
ascendant, e adj. et n.
*****ascending node** = nœud ascendant (spat.).
ascenseur n. m.
ascenseur-descenseur n. m. *Des ascenseurs-descenseurs.*
ascension n. f. *Une ascension en montagne. La fête religieuse de l'Ascension.*
ascensionnel, elle adj.
ascensionner v. t.
ascensionniste n.
ascèse n. f.
ascète n. (qui mène une vie austère). ♦ HOM. *assette* (outil de couvreur).
ascétique adj. ♦ HOM. → acétique.
ascétisme [-is-] n. m.
ascidie n. f.
ascite n. f.
ascitique adj.
asclépiadacée n. f.
asclépiade adj. *Un vers asclépiade.* ♦ N. m. *Un asclépiade* (vers grec); *le poète Asclépiade.* ♦ N. f. *Une asclépiade* (plante).
asclépias n. m. ou **asclépiade** n. f.
ascomycète n. m.
ascorbique adj.
ascospore n. f.
asdic n. m.
ase ou **asse** n. f. (autre nom de l'asa-fœtida). ♦ HOM. → hase; as.
A.S.E. sigle f. Agence spatiale européenne.
aselle n. m.

asémantique [asé-] adj.
asepsie [asèp-] n. f.
aseptique [asèp-] adj.
aseptisation [asèp-] n. f.
aseptisé, e [asèp-] adj.
aseptiser [asèp-] v. t.
aseptiseur [asèp-] n. m.
asexué, e [asèk-] adj.
ashkénaze [ach-] adj. et n. (juif d'Europe centrale). En hébreu : *ashkenazi* (pl. : *ashkenazim*). → séfarade.
ashram [achram'] n. m.
asiadollar n. m.
asiago n. m.
asialie n. f.
asiate adj. *Une apparence asiate.* ♦ N. *Un Asiate.*
asiatique adj. *Des fruits asiatiques.* ♦ N. *Une Asiatique.*
***ASIC** (*application specific integrated circuit) = circuit intégré spécifique. → *usic.
Asie n. f. *Asie centrale ; Asie du Sud-Est ; Asie Mineure.*
asiento [azyèn'-] n. m.
asilaire adj.
asile n. m.
asinien, enne [azi-] adj.
askari n. m. → ascaride.
***asking price** = prix demandé (écon.).
asocial, ale, aux [aso-] adj.
asocialité [aso-] n. f.
asomatognosie [aso-g'nozi] n. f.
asparagine n. f.
asparagus [-gus'] n. m. inv.
aspartame ou **aspartam** [-am'] n. m.
aspartique adj.
aspe ou **asple** n. m.
aspect [-pè] n. m.
asperge n. f.
asperger v. t. *Il aspergeait.* Conjug. 3.
aspergès [-ès'] n. m.
aspergille ou **aspergillus** [-us'] n. m.
aspergilline n. f.
aspergillose n. f.
aspergillus → aspergille.
aspérité n. f.
aspermatisme [-is-] n. m.
asperme adj.
aspermie n. f.
asperseur n. m.
aspersion n. f.
aspersoir n. m.
asphaltage n. m.

asphalte n. m.
asphalter v. t.
asphaltier n. m.
asphaltite n. m.
asphérique adj. et n. m.
asphodèle n. m.
asphyxiant, e [-fiksyan] adj.
asphyxie [-fiksi] n. f.
asphyxié, e [-fiksyé] adj. et n.
asphyxier [-fiksyé] v. t. Conjug. 17.
aspic n. m.
aspidistra n. m. *Des aspidistras.*
aspirail n. m. *Des aspiraux.*
aspirant, e adj. et n.
aspirateur n. m.
aspiration n. f.
■ *Aspiration du* h : en français, les lettres initiales *h* et *y* peuvent être aspirées. La dénomination « *h* aspiré » n'est pas heureuse, car il s'agit en réalité d'un « h de retenue ». Cette particularité interdit la liaison (*un hareng* ne doit jamais se dire « un naran ») et interdit l'élision (on ne doit jamais dire ou écrire « l'hareng »). Voir à la lettre H pour les mots les plus fréquemment fautifs dans ce domaine. Dans le présent ouvrage, les mots avec *h* aspiré sont précédés de la barre oblique, à leur ordre alphabétique. → hiatus, y et tableau ÉLISION, p. 888.
aspiratoire adj.
aspiré, e adj. et n.
aspirer v. t.
aspirine n. f. Nom commun en France, mais déposé dans certains autres pays.
aspiro-batteur n. m. *Des aspiro-batteurs.*
asple → aspe.
asplénium [-nyom'] n. m. *Des aspléniums.*
aspre n. m. (monnaie turque). ♦ N. f. (colline, dans le Roussillon).
Aspro n. m. déposé inv.
asque n. m.
assa-fœtida → asa-fœtida.
assagir v. t. du 2ᵉ gr. Conjug. 24.
assagissement n. m.
***assai** (ital.) adv. = très.
assaillant, e adj. et n.
assaillir v. t. Conjug. 29.
assainir v. t. du 2ᵉ gr. Conjug. 24.
assainissement n. m.
assainisseur n. m.
assaisonnement n. m.
assaisonner v. t.
assamais adj. et n. (de l'Assam).
assarmenter v. t. → assermenter.

ASSASSIN

assassin, e n. m. et adj.
assassinat [-na] n. m.
assassiner v. t.
assaut n. m. (attaque). *Ils font assaut d'esprit.* ♦ HOM. *asseau* (marteau).
assavoir v. t. N'est usité que dans la locution *faire assavoir*.
asse → ase.
asseau n. m. ou **assette** n. f. *Des asseaux.* ♦ HOM. → assaut.
assèchement n. m.
assécher v. t. *J'assèche, nous asséchons, j'assécherai(s).* Conjug. 10.
ASSEDIC sigle f. Association pour l'emploi dans l'industrie et le commerce.
assemblage n. m.
assemblé n. m.
assemblée n. f. *Il y avait une large assemblée. L'assemblée générale des actionnaires.*
assemblées civiles : colloque, forum, séminaire, symposium.
assemblées ecclésiastiques : concile, conclave, consistoire, synode.
assemblées gouvernementales.
1° *Françaises actuelles* : l'Assemblée nationale, le Sénat ou Haute Assemblée, le Conseil constitutionnel, le Conseil d'État, la Cour des comptes, le Conseil économique et social.
2° *Françaises anciennes* : les états généraux, l'Assemblée constituante (abs. : la Constituante), l'Assemblée législative (abs. : la Législative), la Convention, le Conseil des Anciens, le Conseil des Cinq-Cents, le Tribunat, le Corps législatif, la Chambre des pairs, la Chambre des députés, la Chambre des représentants, le Conseil de l'Union française, le Congrès, le Conseil de la République, l'Assemblée de l'Union française, le Parlement.
3° *Étrangères* : Aréopage (Grèce antique), Assemblée populaire nationale (Chine), Bundestag et Bundesrat (Allemagne), Chambre des représentants et Sénat formant le Congrès, Cour suprême (États-Unis), Chambre des communes et Chambre des lords (Grande-Bretagne), Chambre du peuple (Inde), Congrès du peuple (Libye), Conseil des États et Conseil national (Suisse), Choura (Égypte), Cortes (Espagne), Diète (Finlande, Pologne), Douma (Russie), États généraux (Pays-Bas), Knesset (Israël), Majlis (Iran), Riksdag (Suède), Soviet suprême (U.R.S.S.), Storting (Norvège); Congrès, Parlement et Chambre des représentants (en divers États).
assembler v. t.
assembleur, euse n.
*****assembly** = assemblage, montage (électron.).
*****assembly building** = hall d'assemblage (spat.).
assener ou **asséner** v. t. S'il est employé à la 1re forme, traditionnelle, ce verbe n'a pas d'accent à l'infinitif. L'accent apparaît dans la conjugaison devant un *e* muet (*j'assène, nous assenons, ils assènent, j'assènerai, je lui ai asséné*). Conjug. 15.
Si, sous la pression de l'usage, il est employé à la 2e forme (*asséner*), il se conjugue comme *céder*, le *é* devenant *è* devant une syllabe muette finale. Conjug. 10.
assentiment n. m.
asseoir v. t. Conjug. 30 a et b.
assermentation n. f.
assermenté, e adj. et n.
assermenter v. t. (faire prêter serment). ♦ Ne pas confondre avec *assarmenter* (enlever les sarments de vigne).
assertif, ive adj.
assertion [-syon] n. f.
assertorique adj.
asservir v. t. du 2e gr. Conjug. 24.
asservissant, e adj.
asservissement n. m.
asservisseur n. m. et adj.
assesseur n. m.
assessorat [-ra] n. m.
*****assets** = actifs (écon.).
*****assets and liabilities management** (A.L.M.) = gestion actif-passif (G.A.P.).
assette n. f. ♦ HOM. → ascète.
assez adv.
assibilation n. f.
assidu, e adj.
assiduité n. f.
assidûment adv.
assiégé, e adj. et n.
assiégeant, e adj. et n.
assiéger v. t. *J'assiège, nous assiégeons, j'assiégerai(s).* Conjug. 20.
assiette n. f.
assiettée n. f.
assignable adj.
assignat [-gna] n. m.
assignation n. f.
assigner v. t. *Les buts que nous nous sommes assignés.*
*****assignment** = transfert (écon.).

assimilable adj.
assimila*teur*, *trice* adj.
assimilation n. f.
assimilationniste adj. et n.
assimilé, *e* n.
assimiler v. t.
assis, *e* adj. ♦ N. f. *La cour d'assises.*
assistanat [-na] n. m.
assistance n. f. *L'Assistance publique.*
assistant, *e* adj. et n.
assisté, *e* adj. et n.
assister v. int. et t.
associat*if*, *ive* adj.
association n. f. *Une association; l'Association des anciens élèves de l'E.C.A.* (raison sociale). *Des associations à but non lucratif.*
associationnisme [-is-] n. m.
associationniste adj. et n.
associativité n. f.
associé, *e* adj. et n.
associer v. t. Conjug. 17.
assoiffé, *e* adj.
assoiffer v. t.
assolement n. m.
assoler v. t.
assombrir v. t. du 2ᵉ gr. Conjug. 24.
assombrissement n. m.
assommant, *e* adj.
assommer v. t.
assomm*eur*, *euse* n.
assommoir n. m.
assomption [-syon] n. f. *La fête de l'Assomption. Cet artiste a peint une assomption.*
assomptionniste n. m. et adj. → religieux.
assonance n. f.
assonancé, *e* adj.
assonant, *e* adj.
assoner v. int.
assorti, *e* adj. *Des hors-d'œuvre assortis.*
assortiment n. m.
assortir v. t. du 2ᵉ gr. Conjug. 24.
assoupi, *e* adj.
assoupir v. t. du 2ᵉ gr. Conjug. 24.
assoupissement n. m.
assouplir v. t. du 2ᵉ gr. Conjug. 24.
assouplissant, *e* adj.
assouplissement n. m.
assourdir v. t. du 2ᵉ gr. Conjug. 24.
assourdissant, *e* adj.
assourdissement n. m.

assouvir v. t. du 2ᵉ gr. Conjug. 24.
assouvissement n. m.
assuétude n. f.
assujetti, *e* n.
assujettir v. t. du 2ᵉ gr. Conjug. 24.
assujettissant, *e* adj.
assujettissement n. m.
assumer v. t.
assurable adj.
assurage n. m.
assurance n. f. *Une assurance vie, des assurances vie; une compagnie d'assurances; une société de réassurance; une assurance multirisque; une assurance tous risques; une société d'assurance mutuelle; la coassurance. Les assurances sociales. Des assurances maladie, frontière, crédit, prospection, vieillesse.*
assurance-crédit n. f. *Des assurances--crédits.*
assuré, *e* adj. et n.
assurément adj.
assurer v. t., int. et pr. *Elle s'est assurée de la véracité de cette nouvelle. Ils se sont assurés que tous étaient partis.* Cas où le complément d'objet direct est placé après le participe passé : *Elle s'est assuré des ressources. Elles se sont mutuellement assuré qu'elles ne se nuiraient pas.* → tableau PARTICIPE PASSÉ IV, E, p. 928.
assur*eur*, *euse* n.
assureur-conseil, assureuse-conseil n. *Des assureurs-conseils, des assureuses-conseils.*
assyrien, enne adj. *L'art assyrien.* ♦ N. *Les Assyriens.*
assyriologie n. f.
assyriologue n. m.
astable adj. et n. m.
astasie n. f.
astate n. m.
astatique adj.
astéisme [-is-] n. m.
asténopie n. f.
aster [-tèr] n. m.
astéréognosie [-g'nozi] n. f.
astéride n. m.
astérie n. f. (étoile de mer).
astérisme [-is-] n. m.
astérisque n. m.
■ L'astérisque est un signe en forme d'étoile. Il peut se placer :
1° en appel de note, seul ou entre parenthèses. Dans ce cas, il ne faut pas dépasser trois appels (*) (**) (***) par page ;

ASTÉROÏDE

2° en remplacement de lettres d'un nom propre pour préserver l'anonymat, comme on le fait avec des points. *Il rencontra M. X****;

3° seul ou en triangle au milieu d'une ligne pour séparer deux parties d'un texte. Dans cet emploi, les astérisques ne doivent jamais être en bas de page.

astéroïde n. m.
asthénie [asté-] n. f.
asthénique [asté-] adj. et n.
asthénosphère [asténosfèr'] n. f.
asthénozoospermie n. f.
asthmatique [asma-] adj. et n.
asthme [asm'] n. m.
asti n. m. *Une bouteille d'asti provenant de la région d'Asti. Des astis muscats.*
asticot [-ko] n. m.
asticoter v. t.
astigmate adj. et n.
astigmatisme [-is-] n. m.
astilbe n. f.
astiquage n. m.
astiquer v. t.
astragale n. m.
astrakan n. m. ♦ HOM. *Astrakhan* (ville russe).
astral, ale, aux adj.
astre n. m.
astreignant, e adj.
astreindre v. t. Conjug. 31. *Elle s'est astreinte.*
astreinte n. f.
astringence n. f.
astringent, e adj. et n.
***astrionics** = électronique spatiale.
astrobiologie n. f.
astroblème n. m.
astrofilmographie n. f.
astrographe n. m.
astrolabe n. m.
astrolâtrie n. f.
astrologie n. f.
astrologique adj.
astrologue n.
astrométrie n. f.
astrométrique adj.
astrométriste n.
***astronaut** = astronaute.
astronaute n. Nom donné aux États-Unis à un voyageur de l'espace. Il est appelé *cosmonaute* en Russie et *spationaute* en France.
astronauticien, enne n. et adj.

***astronautics** = astronautique, spationautique.
astronautique n. f.
LEXIQUE : fusée, sonde, satellite artificiel, navette, cabine, station orbitale, vaisseau cosmique. Programmes Mercury, Gemini, Apollo, Skylab (É.-U.); Voskhod, Soyouz, Saliout (U.R.S.S.). Titan, Saturn, Scout, Delta, Ariane, Progress, Diamant, Spoutnik, Vostok, Mir, Cosmos, Explorer, Vanguard, Pioneer, Discoverer, SPOT, TDF 1, Intelsat, Telstar, Venera, Vega, Mariner, Zond, Spacelab, Voyager. Navettes Challenger, Columbia, Discovery, Atlantis, Hermès.

astronef n. m.
astronome n.
astronomie n. f.
astronomique adj.
astronomiquement adv.
astrophotographie n. f.
astrophysicien, enne n.
astrophysique n. f.
astroport n. m.
astrosonde [-sond'] n. f.
astuce n. f.
astucieusement adv.
astucieux, euse adj.
asymbolie n. f.
asymétrie n. f.
asymétrique adj.
asymptote n. f.
asymptotique adj.
asynchrone [-kron'] adj.
asynchronisme [-kronis-] n. m.
asyndète n. f.
asynergie n. f.
asystolie n. f.
ataca → atoca.
ataraxie n. f.
ataraxique adj.
atavique adj.
atavisme [-is-] n. m.
ataxie n. f. *L'ataxie locomotrice. L'ataxie de Friedreich.*
ataxique adj. et n.
atchoum! interj.
atèle n. m. (singe). ♦ HOM. → attelle.
atélectasie n. f.
atelier n. m. *Des ateliers de production. Les ateliers nationaux* (1848).
atellanes n. f. pl.
atémi n. m.
***a tempera** (lat.) = à la détrempe. *Peindre a tempera.*

*a tempo (ital.) = en mesure.
atemporel, elle adj.
atérien, enne n. m. et adj.
atermoiement n. m.
atermoyer v. int. Conjug. 6.
athanée n. m.
athanor n. m.
athée adj. et n. ♦ HOM. → hâter.
athéisme [-is-] n. m.
athématique adj.
athénée n. m.
athénien, enne adj. *Les temples athéniens*. ♦ N. *Une Athénienne* (d'Athènes).
athermane adj.
*athermanous = athermane.
athermique adj.
athéromateux, euse adj.
athérome n. m.
athérosclérose n. f. → artériosclérose.
athétose n. f.
athétosique adj.
athlète n.
athlétique adj.
athlétisme [-is-] n. m.
*at home = chez soi.
athrepsie [atrɛpsi] n. f.
athymhormie ou **athymie** n. f.
atlante n. m.
atlanthrope n. m.
atlantique n. *L'Atlantique. Le traité (ou pacte) de l'Atlantique Nord.* ♦ Adj. *L'océan Atlantique. Le Pacte atlantique. Les rivages atlantiques.*
atlantisme [-is-] n. m.
atlantiste n. et adj.
atlantosaure n. m.
atlas n. m. (recueil de cartes). ♦ HOM. *Atlas* (divinité mythologique; chaîne de montagnes).
A.T.M. (asynchrone transfer mode) = mode de transfert asynchrone.
atman n. m.
atmosphère n. f. *Une pression de 6 atmosphères* ou *6 am.*
atmosphérique adj.
atoca ou **ataca** n. m.
atocatière n. f.
atoll n. m.
atome n. m.
atome-gramme n. m. *Des atomes-grammes.*
atomicien, enne adj. et n.
atomicité n. f.
atomicron n. m.

atomique adj. *Physique atomique* → particule.
atomisation n. f.
atomisé, e adj. et n.
atomiser v. t.
atomiseur n. m.
atomisme [-is-] n. m.
atomiste n. et adj.
atomistique adj. et n. f.
atonal, ale, aux adj.
atonalité n. f.
atone adj.
atonie n. f.
atonique adj.
atours n. m. pl. *De beaux atours*. Le singulier ne subsiste que dans l'expression *dame d'atour*.
atout n. m.
atoxique adj.
A.T.P. sigle f. Adénosine triphosphate.
atrabilaire adj. et n.
atrabile n. f.
-âtre, -iatre Ne pas confondre ces deux suffixes :
-âtre vient du suffixe péjoratif latin *-aster* : bellâtre, saumâtre, verdâtre...
-iatre vient du grec *iatros* (médecin) : pédiatre, psychiatre, phoniatre...
âtre n. m.
atrésie n. f.
atriau n. m. *Des atriaux.*
âtrier n. m.
atrium [atri-yom'] n. m. *Des atriums.*
atroce adj.
atrocement adv.
atrocité n. f.
atrophie n. f.
atrophié, e adj.
atrophier v. t. et pr. Conjug. 17.
atropine n. f.
attabler (s') v. pr. *Ils se sont attablés.*
attachant, e adj.
attache n. f. *Des ports d'attache.*
attaché, e n. *Des attachés d'ambassade; des attachées de presse.*
*attaché-case [-kɛz'] n. m. = mallette, valisette, porte-documents. *Des attachés-cases.*
attachement n. m.
*attachment = attache (méd.).
attacher v. t. et int. *Elle s'est attachée à.*
attagène n. m.
attaquable adj.
attaquant, e adj. et n.

ATTAQUE

attaque n. f. *Ils sont d'attaque.*
attaquer v. t. *Ils se sont attaqués à.*
attardé, e adj. et n.
attarder (s') v. pr. *Elles se sont attardées.*
atteignable adj.
atteindre v. t. Conjug. 31.
atteint, e adj.
atteinte n. f.
attelage n. m.
atteler v. t. *J'attelle, nous attelons, j'attellerai(s).* Conjug. 13.
attelle n. f. (pièce de bois). ♦ HOM. il *attelle* (v.), *atèle* (singe).
attelloire n. f.
attenant, e adj.
attendre v. t. Conjug. 67. *Ils s'étaient attendus (à ce) que tu viennes.* → attendu. ♦ HOM. *attend(s)* et *hâtant* (v. hâter).
attendrir v. t. du 2ᵉ gr. Conjug. 24.
attendrissant, e adj.
attendrissement n. m.
attendrisseur n. m.
attendu partic. passé. *Nous t'avons attendu. Attendue depuis longtemps, notre cousine arrive enfin.* ♦ Prép. précédant le nom (étant donné). *Attendu ces raisons, je me rends à votre demande.* ♦ N. m. *Les attendus d'une requête.* ♦ Élément de loc. conj. *Elle ne suit plus ce régime, attendu qu'elle est guérie.*
attenir v. int. Conjug. 76.
attentat [-ta] n. m.
attentatoire adj.
attente n. f.
attenter v. t. ind.
attentif, ive adj.
attention n. f. *Ils prêtent attention.* ♦ Interj. *Attention!* ♦ Homographes hétérophones : des *attentions* [-syon]; nous *attentions* [-tyon] (v. attenter).
attentionné, e adj.
attentisme [-is-] n. m.
attentiste adj. et n.
attentivement adv.
atténuant, e adj.
atténuateur n. m.
atténuation n. f.
*atténuation = affaiblissement, atténuation (télécom.).
*atténuateur = atténuateur (génét.).
atténué, e adj.
atténuer v. t. Conjug. 18.
atterrage n. m.
atterrant, e adj.
atterrer v. t.
atterrir v. int. du 2ᵉ gr. Conjug. 24.
atterrissage n. m.
atterrissement n. m.
attestation n. f.
attesté, e adj.
attester v. t.
*at the money = à parité (écon.).
*attic = mansarde.
atticisme [-is-] n. m.
attiédir v. t. du 2ᵉ gr. Conjug. 24.
attiédissement n. m.
attifement n. m.
attifer v. t. (parer). ♦ HOM. *attifet* (bonnet).
attifet n. m. ♦ HOM. → attifer.
attiger v. int. *Il attigeait.* Conjug. 3.
attique adj. et n. m.
attirable adj.
attirail n. m. *Des attirails.*
attirance n. f.
attirant, e adj.
attire-essaim n. m. *Des attire-essaims.*
attirer v. t.
attisement n. m.
attiser v. t.
attisoir n. m.
attitré, e adj.
attitrer v. t.
attitude n. f.
*attitude = orientation (spat.).
*attitude control = régulation d'orientation, stabilisation, pilotage, commande d'orientation (spat.).
*attitude control system = chaîne de pilotage (spat.).
*attitude control unit = centrale d'orientation (spat.).
atto- Préfixe qui divise par 10^{18} (un trillion). Symbole : *a*. → hecto-, micro-.
attomètre n. m.
attorney n. m. *L'attorney général.*
attouchement n. m.
attracteur, trice adj. et n.
attractif, ive adj.
attraction n. f.
*attractive = attirant, séduisant, attrayant.
attraire v. int. N'est usité qu'à l'infinitif.
attrait n. m.
attrapage ou **attrapade** n. f.
attrape n. f.
attrape-couillon n. m. *Des attrape-couillons.*
attrape-mouche(s) n. m. *Des attrape-mouches.*

attrape-nigaud n. m. *Des attrape-nigauds.*
attraper v. t.
attrape-tout n. m. inv. et adj. inv.
attrayant, e adj.
attrempage n. m.
attremper v. t.
attribuable adj.
attribuer v. t. Conjug. 18.
attribut n. m. ♦ HOM. il *attribue* (v.).
attributaire n.
attribut*if, ive* adj.
attribution n. f.
attristant, e adj.
attrister v. t.
attrition [-syon] n. f.
attroupement n. m.
attrouper v. t. et pr. *Ils se sont attroupés.*
atypique adj.
au, aux art. contractés *Au-dedans; au travers.* ♦ HOM. *ô, ho! oh!* (interj.), les *os* du squelette, *aulx* (ou ails), *haut* (adj.), *eau* (liquide), (lettre) *O*.
aubade n. f.
aubain n. m. ♦ HOM. → aubin.
aubaine n. f.
aube n. f.
aubépine n. f.
aubère adj. et n. (à poils blancs et alezans). *Des juments aubères.* ♦ HOM. *haubert* (cotte de mailles).
auberge n. f.
aubergine n. f. et adj. inv.
aubergiste n.
aubette n. f.
aubier n. m. ♦ HOM. → obier.
aubin n. m. (allure d'un cheval). ♦ HOM. *aubain* (non naturalisé).
aubois, e n. et adj.
auburn [-beurn'] adj. inv. *Des chevelures auburn.*
auburnien adj. m.
aubusson n. m. (tapis fabriqué à Aubusson).
*****auctioneer** = directeur de la vente.
aucuba n. m. *Des aucubas.*
aucun, e adj. indéf. *Aucune faute ne fut relevée.* ♦ Pron. indéf. *Aucun n'a répondu.* ♦ Ne se met au pluriel que pour accompagner un nom sans singulier. *Aucunes funérailles ne furent plus simples.* Ou avec un nom qu'on veut au pluriel. *Des moyens, il n'en a aucuns.*
aucunement adv.

audace n. f.
audacieusement adv.
audaci*eux, euse* adj.
au-deçà de loc. prép.
au-dedans adv. *Au-dedans de* (loc. prép.).
au-dehors adv. *Au-dehors de* (loc. prép.).
au-delà adv. *Au-delà de* (loc. prép.).
au-dessous adv. *Au-dessous de* (loc. prép.).
au-dessus adv. *Au-dessus de* (loc. prép.).
au-devant adv. *Au-devant de* (loc. prép.).
audibilité n. f.
audible adj.
audience n. f.
*****audience program** = émission publique (aud.).
*****audience show** = émission publique (aud.).
*****audiencia** (esp.) = cour de justice royale.
audiencier adj. m.
Audimat n. m. déposé inv.
audimètre n. m.
audimétrie n. f.
audimutité n. f.
audio- → tableau PRÉFIXES C, p. 942. *Un audiodisque.*
audioconférence n. f.
*****audio-digital** = audionumérique.
audiodisque n. m.
audiofréquence n. f.
*****audiofrequency** = audiofréquence, fréquence radio (télécom.).
audiogramme n. m.
audiologie n. f.
audiomètre n. m.
audiométrie n. f.
audiométriste n.
audionumérique adj.
audio-or*al, ale, aux* adj. *Des méthodes audio-orales.*
audiophile n.
audiophone n.
audiophonologie n. f.
audioprothésiste n.
audiotex n. m.
audiotypiste n.
*****audio-video-split** = désynchronisation ponctuelle (aud.).
audiovisualiser v. t.
audiovisualiste n.
audiovisualité n. f.
audiovisu*el, elle* adj. et n. m.
audit [-di] adj. dém. *Il se rendra audit lieu.* → dit.
audit [-dit'] n. m. (vérification de comptabilité ; vérificateur).

AUDITEUR

audi**teur, trice** n.
*****audit-flash** = contrôle rapide. *Des audit--flashes.*
audi**tif, ive** adj.
audition n. f.
auditionner v. t. et int.
auditoire n. m.
*****auditor** = vérificateur.
auditorat [-ra] ou **auditoriat** n. m.
auditorium [-ryom'] n. m. *Des auditoriums.*
audois, e adj. et n. (de l'Aude).
audomarois, e adj. et n. (de Saint-Omer).
audonien, enne** adj. et n. (de Saint-Ouen).
au fur et à mesure loc. adv.
auge n. f.
augée n. f.
auger v. t. Conjug. 3.
augeron, onne** adj. *Du cidre augeron.* ♦ N. *Une Augeronne* (du pays d'Auge).
auget n. m.
augite n. f.
augment n. m.
augmentable adj.
augmentatif, ive** adj. et n. m.
augmentation n. f.
augmenter v. t. et int.
augural, ale, aux** adj.
augure n. m. *De bon augure; de mauvais augure. Consulter les augures.*
augurer v. t.
auguste adj. *L'auguste cérémonie.* ♦ N. M. *Les augustes du cirque; Auguste* (prénom).
augustin, e n. *Le couvent des augustines.* → religieux.
augustinien, enne** adj. et n. *Un érudit augustinien.*
augustinisme [-is-] n. m.
aujourd'hui adv.
aula n. f.
aulique adj.
aulnaie → aunaie.
aulne ou **aune** n. m. (arbre). ♦ HOM. *aune* (unité de mesure).
auloffée ou **aulofée** n. f.
aulx n. m. pl. → ail.
aumône n. f.
aumônerie n. f.
aumônier, ère** n. *Le grand aumônier de France.*
aumusse n. f.
aunage n. m.

aunaie ou **aulnaie** n. f. ♦ HOM. → aunée.
aune n. m. (arbre) → aulne. ♦ N. f. (ancienne unité de mesure).
aunée n. f. (plante). ♦ HOM. *aunaie* (plantation d'aunes).
auparavant adv.
auprès adv. *Il y a un jardin auprès.*
auprès de loc. prép.
auquel, auxquels, auxquelles adj. rel. *Auquel terrain il s'est intéressé.* ♦ Pron. rel. *Les routes auxquelles nous pensons.* ♦ Pron. interrog. *Les curieux? Auxquels songez-vous?*
aura n. f. *Des auras de gloire.*
aurantiacée n. f.
auréliacé n. m.
aurélie n. f. ♦ HOM. *Aurélie* (prénom).
auréole n. f.
auréoler v. t.
auréomycine n. f.
au revoir interj. *Au revoir!* ♦ N. inv. *Des au revoir.*
auriculaire adj. et n. m.
*****auricular standstill** = arrêt auriculaire (méd.).
auricule n. f.
auriculé, e adj.
auriculothérapie n. f.
aurifère adj.
aurification n. f.
aurifier v. t. Conjug. 17. ♦ HOM. → horrifier.
aurige n. m.
aurignacien, enne** [-gna-] adj. et n. m.
aurique adj.
aurochs [-rok'] n. m.
auroral, ale, aux** adj.
aurore n. f. et adj. inv.
auscitain, e adj. et n. (d'Auch).
auscultation n. f. (écoute des bruits). ♦ Ne pas confondre avec *occultation* (action de cacher) ou *osculation* (contact entre courbes).
auscultatoire adj.
ausculter v. t.
auspice n. m. Employé surtout au pluriel. *Être né sous d'heureux auspices.* ♦ HOM. → hospice.
aussi adv. *Prends-le aussi.* ♦ *Aussi bien que* (loc. conj.) → tableau VERBES XVII, C, 5°, p. 986.
aussière ou **haussière** n. f.
aussitôt adv. (immédiatement). *Aussitôt après votre départ.* ♦ *Aussitôt que* (loc. conj.). *Aussitôt que son départ fut annoncé.* ♦ Ne pas confondre avec l'expression *aussi tôt* (contraire de *aussi tard*). *Jamais il n'arriva aussi tôt.*

austénite n. f.
austénitique adj.
austère adj.
austèrement adv.
austérité n. f.
austral, ale, aux ou **als** adj.
australanthropien n. m.
australien, enne adj. et n. (d'Australie).
australopithèque n. m.
austronésien, enne adj. et n. m.
autan n. m. ♦ HOM. → autant.
autant adv. *Ils sont capables d'en faire autant.* ♦ Adj. indéf. *Je n'avais jamais vu autant de chameaux.* ♦ Pron. indéf. *Autant en emporte le vent. C'est autant de fait. Autant que faire se peut.* On écrira : *Autant pour moi* (la même chose, la même quantité pour moi), mais : *Au temps pour moi!* (je me suis trompé) → temps. ♦ Pour le participe passé après « autant » → tableau PARTICIPE PASSÉ III, F, 3°, p. 922. *Autant de parties il a jouées, autant il en a perdu(es).* ♦ HOM. autan (vent), ôtant (v.).
autarcie n. f.
autarcique adj.
autel n. m. ♦ HOM. → hôtel.
auteur n. m. (créateur). *Les droits d'auteur.* ♦ HOM. hauteur (élévation).
*****authentication** = authentification.
authenticité n. f.
authentification n. f.
authentifier v. t. Conjug. 17.
authentique adj.
authentiquement adv.
authentiquer v. t.
autisme [-is-] n. m.
autiste n.
autistique adj.
auto n. f. *Une course d'autos.*
auto- Cet élément a deux sens :

a) « **De soi-même** ». Dans ce cas, il se soude au mot qui suit *(autoportrait)*, sauf si ce mot commence par *i* ou *u (auto--induction)*. Accolé à de nombreux noms ou adjectifs, il n'a pas de limite d'emploi. Cependant, l'adjoindre à un verbe pronominal ne fait que créer un pléonasme *(s'autodiscipliner,* c'est *se discipliner).*

b) « **De l'automobile** ». On observe là aussi une prolifération de néologismes.
autoaccusateur, trice adj. et n.
autoaccusation n. f.
autoadhésif, ive adj.
autoalarme n. m.

autoallumage n. m.
autoamnistie n. f.
autoamnistier (s') v. pr. Conjug. 17.
autoamorçage n. m.
autoamplifiable adj.
autoanalyse n. f.
autoberge n. f.
autobiographie n. f.
autobiographique adj.
autobloquant, e adj. et n.m.
autobloqueur n. m.
autobronzant, e adj. et n. m.
autobus n. m.
autocabrage n. m.
autocanon n. m.
autocar n. m.
autocaravane ou **auto-caravane** n. f. *Des autos-caravanes.*
autocaravanier, ère n. et adj.
autocariste n.
autocassable adj.
autocastration n. f.
autocatalyse n. f.
autocensure n. f.
autocensurer (s') v. pr.
*****autocenter** = centre-auto (pl. *des centres-autos*).
autocentré, e adj.
autocéphale adj.
autochenille n. f.
autochrome [-krom'] adj.
autochromie [-kro-] n. f.
autochtone [-okton'] adj. et n.
autocinétique adj.
autoclave n. m. et adj.
autocoat [-kot'] n. m. *Des autocoats.*
autocodeur, euse adj. et n. m.
autocollant, e adj. et n. m.
autocommutateur n. m.
autocomplémentaire adj.
autoconduction n. f.
autoconsommation n. f.
autoconstruction n. f.
autocontraint, e adj. et n. f.
autocontrôle n. m.
autocopiant, e adj.
autocopie n. f.
autocorrecteur, trice adj. et n.
autocorrectif, ive adj.
autocorrection n. f.
autocouchette, autocouchettes ou **autos-couchettes** adj.
autocrate n.

AUTOCRATIE

autocratie [-si] n. f.
autocratique adj.
autocritique n. et adj.
autocuiseur n. m.
autodafé n. m.
autodécerner (s') v. pr. *Les décorations qu'ils se sont autodécernées.*
autodécharge n. f.
autodécrassage n. m.
autodécrassant, e adj.
autodéfense n. f.
autodérision n. f.
autodestruc*teur*, *trice* adj.
autodestruction n. f.
autodétermination n. f.
autodéterminer (s') v. pr. *Elles se sont autodéterminées.*
autodétruire (s') v. pr. *Elle s'est autodétruite.*
autodictée n. f.
autodidacte adj. et n.
autodirec*teur*, *trice* adj. et n. m.
autodiscipline n. f.
autodrome n. m.
auto-école n. f. *Des auto-écoles* (établissements); *des autos-écoles* (véhicules).
autoeffacement n. m.
autoéléva*teur*, *trice* adj.
auto-entretien n. m. *Des auto-entretiens.*
autoérotique adj.
autoérotisme [-is-] n. m.
autoexcita*teur*, *trice* adj.
autoextinguible adj.
autofécondation n. f.
autofinancement n. m.
autofinancer v. t. et pr. *Il s'autofinançait.* Conjug. 2.
autoflagellation n. f.
autofocus [-kus'] adj. et n. m.
autofreinage n. m.
autogame adj.
autogamie n. f.
autogène adj.
*****autogenous regulation** = régulation autogène, autorégulation (génét.).
autogéré, e adj.
autogérer (s') v. pr. *Ils s'autogèrent, ils s'autogéraient, ils s'autogéreront.* Conjug. 10. *Cette entreprise s'est autogérée.*
autogestion [-jèstyon] n. f.
autogestionnaire [-jèstyo-] adj.
autogire n. m.
autoglorification n. f.

autogramme n. m.
autographe adj. et n. m.
autographie n. f.
autographier v. t. Conjug. 17.
autographique adj.
autogreffe n. f.
autoguidage n. m.
autoguidé, e adj.
auto-immun, e adj. *Des maladies auto-immunes.*
auto-immunisation n. f. *Des auto-immunisations.*
auto-immunitaire adj. *Des processus auto-immunitaires.*
auto-immunité n. f. *Des auto-immunités.*
auto-imposition n. f. *Des auto-impositions.*
auto-inductance n. f. *Des auto-inductances.*
auto-induction n. f. *Des auto-inductions.*
auto-infection n. f. *Des auto-infections.*
auto-intoxication n. f. *Des auto-intoxications.*
autojustification n. f.
autolavable adj.
autolicenciement n. m.
autolimitation n. f.
autologique adj.
autolubrifiant, e adj.
autolysat [-za] n. m.
autolyse n. f.
auto-maison n. f. *Des autos-maisons.*
automarché n. m.
automassage n. m.
automate n. m.
*****automatic data processing** = traitement automatique des données (inf.).
automatici*en*, *enne* n.
automaticité n. f.
*****automation** = automatisation.
automatique adj. et n.
automatiquement adv.
automatisation n. f.
automatiser v. t.
automatisme [-is-] n. m.
automédication n. f.
automédon n. m.
automitrailleuse n. f.
automn*al*, *ale*, *aux* adj.
automne n. m.
automobile n. f. et adj. *Des coureurs automobiles.*
automobilisme [-is-] n. m.
automobiliste n.

automobilistique n. f.
automorphisme [-is-] n. m.
automo*teur*, *trice* adj. et n.
automouvant, *e* adj.
automutilation n. f.
autoneige n. f.
autonettoyant, *e* adj.
autonome adj.
autonomie n. f.
autonomisation n. f.
autonomisme [-is-] n. m.
autonomiste n. et adj.
autonyme n. m. et adj. (mot considéré en tant que signe). Dans « Chameau est un mot de deux syllabes », *chameau* est un autonyme → antonyme.
autonymie n. f.
autopalpation n. f.
*****auto pilot** = bloc de pilotage (spat.).
autoplastie n. f.
autopolaire adj.
autopompe n. f.
autoport n. m.
autoportant, *e* adj.
autoport*eur*, *euse* adj.
autoportrait n. m.
autoproclamer (s') v. pr.
autopropulsé, *e* adj.
autopropulseur adj. et n. m.
autopropulsion n. f.
autoprotection n. f.
autopsie n. f.
autopsier v. t. Conjug. 17.
autopunit*if*, *ive* adj.
autopunition n. f.
autoradio n. m. ou f. *Des autoradios.*
autoradiogramme n. m.
autoradiographie n. f.
autorail n. m. *Des autorails.*
autoréférence n. f.
autoréglable adj.
autoréglage n. m.
autorégula*teur*, *trice* adj.
autorégulation n. f.
autorégulé, *e* adj.
autoréparable adj.
autoreverse adj. inv.
autorisation n. f.
autorisé, *e* adj. *Une sortie autorisée.* ♦ Partic. passé. *L'Administration a autorisé ces permissions.* ♦ Prép. inv. devant le nom. *Autorisé cette dérogation.*
autoriser v. t. *Elle s'est autorisée à faire cela.* → permettre.

autoritaire adj. et n.
autoritairement adv.
autoritarisme [-is-] n. m.
autorité n. f. *Ces textes font autorité. Ils agissent d'autorité.*
autoroute n. f.
autorouti*er*, *ère* adj.
auto sacramental n. m. *Des autos sacramentales.*
autosatisfaction [-sa-] n. f.
autos-couchettes → autocouchette.
autoscooter [-skouter'] n. m.
autosexable [-sèk-] adj.
autosilo [-si-] n. m. *Des autosilos.*
autosome n. m.
autosomique adj.
auto-stop n. m. *Des auto-stops.*
auto-stopp*eur*, *euse* n. *Des auto-stoppeurs.*
autostrade n. f.
autosubsistance [-sub-] n. f.
autosuffisance [-su-] n. f.
autosuffisant, *e* [-su-] adj.
autosuggestion [-sugjèstyon] n. f.
autotampon adj. inv. en genre. *Des manèges autotampons.*
autotamponneuse n. f. et adj. f.
autotensiomètre n. m.
autotomie n. f.
autotopoagnosie [-g'nozi] n. f.
autotracté, *e* adj.
autotransférable adj.
*****autotransferable plasmid** = plasmide conjugatif, plasmide autotransférable (génét.).
autotransformateur n. m.
autotransfusion n. f.
autotrempant, *e* adj.
autotrophe adj.
autotrophie n. f.
autotrops n. m.
autour n. m. *L'autour plane.* ♦ Adv. *Le jardin est autour.* ♦ *Autour de* (loc. prép.). *Les enfants tournent autour de l'arbre. Elle a autour de quarante ans.* ♦ Ne pas confondre avec la locution *au tour de. Maintenant, c'est au tour de Pierre-Yves de lancer la balle.*
autovaccin n. m.
*****auto-winder** = auto-armeur (aud.).
autre adj. qualif. *Ses desseins étaient autres. Les fournisseurs autres que le laitier passaient assez tard dans la rue. La concierge, autre qu'on nous l'avait décrite, était assez renfrognée.* ♦ Adj.

indéf. *J'attendrai une autre occasion. D'autre part; entre autres choses; autres temps, autres mœurs.* ♦ Pron. indéf. *Cet autre a profité de l'occasion. Parler de choses et d'autres. Il n'en fait pas d'autres. Vous en verrez bien d'autres; à d'autres! De temps à autre.* ♦ Élément des loc.: *l'autre, les autres, autre chose* → l'un, l'autre; autre chose; autrefois; autre part.

autre chose pron. indéf. neutre (s'accordant donc au masc. sing.) quand il signifie « quelque chose » ou « une chose quelconque ». *J'ai appris autre chose d'ennuyeux. Finalement il acheta autre chose de cher.* ♦ Gr. nom. f. quand il est précédé d'un article. *L'autre chose est à signaler. Voici une autre chose, mais elle est plus chère.*

autrefois adv. (au temps passé). *Autrefois, les voitures à chevaux sillonnaient les routes. Les usages d'autrefois.* ♦ Ne pas confondre avec l'expression *autre fois* qui signifie « nouvelle fois ». *Il doit revenir une autre fois.*

autrement adv. *Elle ne pouvait pas faire autrement.* Ce mot invariable est employé aussi comme adjectif indéfini (bien plus): *Il a eu autrement d'ennuis*; comme conjonction de subordination (sans quoi): *Il faut partir, autrement vous auriez des ennuis.*

autre part loc. adv. (ailleurs). *Si elle ne trouve pas là, elle ira autre part.*
D'autre part loc. adv. (en outre). *D'autre part, les plombiers sont venus.*

autrichien, enne adj. *L'hospitalité autrichienne.* ♦ N. *Les Autrichiens furent leurs alliés.*

autruche n. f.
autruchon n. m.
autrui pron. indéf. inv. *Les biens d'autrui.*
autunite n. f.
auvent n. m.
auvergnat, e adj. *Un fromage auvergnat.* ♦ N. *Elle parle l'auvergnat. L'Auvergnat Pompidou.*
aux → au.
auxdits, auxdites adj. dém. *La somme sera restituée auxdits plaignants.* → dit.
Auxerre [osèr'] (ville).
auxiliaire adj. et n. *Des auxiliaires de justice. Une auxiliaire médicale. Verbes auxiliaires* → tableau VERBES VII, p. 958.
auxiliairement adv.
auxiliariat [-ria] n. m.
*****auxiliary power unit** (A.P.U.) = générateur auxiliaire de bord (déf.).

auxiliateur, trice adj. et n.
auxine n. f.
auxotrophe n. m.
auxquels, auxquelles → auquel.
avachi, e adj.
avachir (s') v. pr. du 2ᵉ gr. Conjug. 24. *Elle s'est avachie.*
avachissement n. m.
aval n. m. Si ce nom est le contraire de *amont*, il n'a pas de pluriel. *L'aval des fleuves.* Dans le sens de *garantie sur un effet de commerce*, son pluriel est *avals*. *J'ai reçu les avals des deux héritiers.*
avalaison n. f.
avalanche n. f.
avalancheux, euse adj.
avalant, e adj.
avalé, e adj.
avaler v. t.
avaleur, euse n.
avaliser v. t. → valider.
avaliseur adj. et n. m.
à-valoir n. m. inv. (somme à imputer sur une créance). *Vous retiendrez les à-valoir.* On écrira sans trait d'union ce qui n'est pas un nom. *Cette somme est à valoir sur un prochain achat.* ♦ HOM. *avaloir(e)* (harnais).
avaloir n. m. ou **avaloire** n. f. ♦ HOM. → à-valoir.
avance n. f. *En avance; d'avance; par avance.*
avancé, e adj. et n. f.
avancement n. m.
avancer v. t. et int. *Il avançait.* Conjug. 2.
avançon n. m. (allonge de ligne de pêche; planchette). ♦ HOM. nous *avançons* (v.).
avanie n. f.
avant prép. *Il s'est levé avant le jour. Trois siècles avant J.-C.* S'emploie, suivi d'un trait d'union, comme préfixe *(avant-courrier, avant-stage...)*. ♦ Adv. *La fête se termina très avant dans la nuit.* ♦ N. *Cette équipe a des avants excellents. Des avants-centres; des avants première ligne. Aller de l'avant.* ♦ Adj. inv. *Les roues avant. Des tractions avant* (dispositifs ou voitures); abrév.: *AV (les freins AV).* ♦ HOM. *avent* (période précédant Noël), *havant* (du v. *haver*: abattre des roches).
avant que. Cette locution doit être suivie du subjonctif. *Il est parti avant que ses bagages fussent prêts.*
avantage n. m. *Ils en tirent avantage. À cet accord, je ne vois pas d'avantage.*
avantager v. t. *Il avantagea.* Conjug. 3.

avantageusement adv.
avantag*eux, euse* adj.
avant-bassin n. m. *Des avant-bassins.*
avant-bec n. m. *Des avant-becs.*
avant-bras n. m. inv.
avant-cale n. f. *Des avant-cales.*
avant-centre n. m. *Des avants-centres.*
avant-clou n. m. *Des avant-clous.*
avant-contrat n. m. *Des avant-contrats.*
avant-corps n. m. inv.
avant-cour n. m. *Des avant-cours.*
avant-coureur adj. m. *Des signes avant--coureurs.*
avant-creuset n. m. *Des avant-creusets.*
avant-dernier*, ère* adj. et n. *Des avant--derniers, des avant-dernières.*
avant-garde n. f. *Des avant-gardes. Être à l'avant-garde. Avoir des idées d'avant--garde.*
avant-gardisme [-is-] n. m. *Des avant--gardismes.*
avant-gardiste adj. et n. Pl. : *avant-gar-distes.*
avant-goût n. m. *Des avant-goûts.*
avant-guerre n. m. ou f. *Des avant--guerres.* ♦ Loc. adv. *Avant guerre, nous ignorions cela.*
avant-hier adv.
avant-main n. m. *Des avant-mains.*
avant-midi n. m. ou f. inv. ♦ Loc. adv. *Venez avant midi.*
avant-mont n. m. *Des avant-monts.*
avant-pays n. m. inv.
avant-plan n. m. *Des avant-plans.*
avant-port n. m. *Des avant-ports.*
avant-poste n. m. *Des avant-postes.*
avant-première n. f. *Des avant-pre-mières.*
avant-projet n. m. *Des avant-projets.*
avant-propos n. m. inv.
avant-scène n. f. *Des avant-scènes.*
avant-toit n. m. *Des avant-toits.*
avant-train n. m. *Des avant-trains.*
avant-trou n. m. *Des avant-trous.*
avant-veille n. f. *Des avant-veilles.*
avare adj. et n.
avarice n. f.
avaricieux*, euse* adj. et n.
avarie n. f.
avarier v. t. Conjug. 17.
avatar n. m. (transformation). ♦ Ne pas confondre avec *mésaventure.*
à vau-l'eau loc. adv.
avé n. m. Le mot français *avé* désigne les grains d'un chapelet. *En général, les paters sont plus gros que les avés.* Écrit sans accent et avec une majuscule, le mot latin invariable *Ave* (ou *Ave Maria*) désigne la prière. *Elle avait dit trois Pater et dix Ave.*

avec Ne jamais prononcer : avèque. ♦ Prép. Cette préposition est en général suivie du singulier *(avec colère, difficulté, effort, emphase, grâce, ménagement, passion, raison, regret, soin...),* sauf si le nom ne peut s'employer qu'au pluriel *(avec frais coûteux, avec sévices...)* ou si le pluriel est intentionnel *(Dites-le-lui avec ménagements).* ♦ On distinguera : *Le jongleur, avec son frère, prépare un numéro étonnant. Le jongleur avec son frère préparent un numéro étonnant.* Dans la seconde phrase, sans virgules, le mot *avec* a la valeur de la conjonction *et.* ♦ Pseudo-adverbe. *Ne mangez pas votre pain sec, prenez du beurre avec.*

aveindre v. t. Conjug. 31.
aveline n. f.
avelinier n. m.
aven [avèn'] n. m. *Des avens.*
avenant*, e* adj. et n. m. *Elle a de beaux yeux et des cheveux à l'avenant.*
avènement n. m.
avenir n. m. Dans le sens de « sommation d'avoué », ce mot peut s'écrire aussi *à venir,* mais alors reste invariable. *Signifier des avenirs/des à venir.*
avent n. m. ♦ HOM. → avant.
aventer v. t.
aventure n. f. *Par aventure; d'aventure. Ils cherchent aventure.*
aventuré, e adj.
aventurer v. t. *Ils se sont aventurés.*
aventureusement adv.
aventur*eux, euse* adj.
aventurier*, ère* n.
aventurine n. f.
aventurisme [-is-] n. m.
aventuriste adj. et n.
avenu*, e* adj. *Ces contrats sont nuls et non avenus.* ♦ HOM. → avenue.
avenue n. f. (grande voie). ♦ HOM. *avenu(e)* (adj.)
avéré, e adj.
avérer (s') v. pr. *Il s'avère, il s'avérait, il s'avérera(it).* Conjug. 10. *Ces chemins se sont avérés sans issue.* ♦ Ce verbe venant du latin *verus* (vrai), il faut éviter les tournures *la nouvelle s'avère vraie* (ce qui est un pléonasme) ou *la nouvelle s'avère fausse* (ce qui est contradictoire) : dans ces cas, employer plutôt le verbe *se révéler.*

averroïsme [-is-] n. m. (doctrine d'Averroès).
avers n. m.
averse n. f.
aversif, ive adj.
aversion n. f. *Elles les ont pris en aversion.*
averti, e adj.
avertir v. t. du 2ᵉ gr. Conjug. 24.
avertissement n. m.
avertisseur, euse n. m. et adj.
avestique n. m.
avette n. f. (abeille).
aveu n. m. *Des aveux. Des individus sans aveu. Il passa aux aveux.*
aveuglant, e adj.
aveugle adj. et n. *Un essai en double aveugle.*
aveuglement n. m.
aveuglément adv.
aveugle-né, e adj. et n. *Des aveugles-nés; des fillettes aveugles-nées.*
aveugler v. t.
aveuglette (à l') loc. adv.
aveulir v. t. du 2ᵉ gr. Conjug. 24.
aveulissement n. m.
aveyronnais, e adj. et n.
aviaire adj.
aviateur, trice n.
aviation n. f. *Des aviations de bombardement, de chasse, de reconnaissance, de transport.*
avicole adj.
aviculteur, trice n.
aviculture n. f.
avide adj.
avidement adv.
avidité n. f.
avien, enne adj.
avifaune n. f.
avifuge adj.
avilir v. t. du 2ᵉ gr. Conjug. 24.
avilissant, e adj.
avilissement n. m.
aviné, e adj.
aviner v. t.
avion n. m. *Des avions de chasse, de combat, de reconnaissance.* ♦ HOM. nous *avions* (v.).
avion-cargo n. m. *Des avions-cargos.*
avion-citerne n. m. *Des avions-citernes.*
avion-école n. m. *Des avions-écoles.*
*****avionics** = électronique aérospatiale.
avionique n. f.
avionner v. t.
avionnerie n. f.
avionnette n. f.
avionneur n. m.
avion-suicide n. m. *Des avions-suicides.*
aviron n. m.
avis [avi] n. m.
avisé, e adj. *Malavisé s'écrit en un mot.*
aviser v. t. *Elle s'était avisée de.*
aviso n. m.
avitaillement n. m.
avitailler v. t.
avitailleur n. et adj. m.
avitaminose n. f.
avivage n. m.
avivé adj. m. et n. m.
avivement n. m.
aviver v. t.
avocaillon n. m.
avocasserie n. f.
avocassier, ère adj. et n.
avocat, e n. *Un avocat commis; un avocat général; un avocat-conseil, des avocats-conseils. L'ordre des avocats.* ♦ N. m. *Cueillir des avocats sur l'arbre.* ♦ Adj. inv. *Une toile vert avocat.*
avocatier n. m.
avocette n. f.
avodiré n. m.
Avogadro (nombre d') loc. m.
avoine n. f. *De la folle avoine.*
avoir v. t. Conjugaison → tableau VERBES VII, p. 960. *Il eut* (il a eu) *chaud. Il n'eut* (ils n'eurent) *pas plus tôt fini que l'orage éclata. Lequel eût* (aurait) *voulu cela ? D'ailleurs, il n'eût* (il n'aurait, ils n'eussent) *pas osé. Eussé-je. Du courage, aies-en !* ♦ V. impers. *Il y avait une fois...* ♦ N. m. *C'est tout son avoir. Des avoirs fiscaux.* → avoir l'air.

Accord du participe passé employé avec l'auxiliaire avoir → tableau PARTICIPE PASSÉ III, E, p. 920. *Les conversations qu'il a eues avec elle. Cette lettre, dès que je l'ai eue, j'y ai répondu. Cette lettre, dès que je l'ai eu écrite, je l'ai regrettée. Les sommes que j'ai eu à verser. Les fossés que nous avons eu à franchir étaient moins inquiétants que les soucis que nous avons eus.* Il est un cas où il ne faut pas confondre l'auxiliaire avec le verbe de sens plein :

Son mérite est d'avoir bâti seul cette maison. Ici, *avoir* est verbe auxiliaire, *bâti* est participe passé; il ne peut s'accorder avec *maison,* complément d'objet direct placé après.

Son tourment, c'est d'avoir gravées en son cœur les images du supplice. Ici, *avoir* a le sens de : garder, conserver, posséder ; *gravées* est un participe adjectif qui qualifie *images* et qu'on pourrait remplacer par un autre adjectif : intactes, vivantes...

*avoirdupois n. m. Système de mesure de masse anglo-saxon. Le *pound avoirdupois* vaut 453,592 g → troy-weight.

avoir l'air L'adjectif qui suit cette locution verbale a deux accords *(Elle a l'air méchant. Elle a l'air méchant)*, selon que l'on veut appliquer l'adjectif au sujet ou à *air* :
a) Le plus souvent l'adjectif s'accorde avec le sujet. *Elles ont l'air joyeuses. Ces murailles ont l'air solides. Cette dame a l'air âgée* (par toute sa personne).
b) Quelquefois, si le mot *air* ne veut désigner que le visage, la physionomie, on fait l'adjectif invariable. *Les candidates ont l'air inquiet.*
On laisse également l'adjectif invariable si *air* a un complément. *Elles ont l'air souriant des fillettes heureuses.* Ou dans des expressions comme : *elle a un air discret ; elle a mauvais air ; elle a un faux air d'enquêteuse.*
→ tableau PARTICIPE PASSÉ III, D, 2°, p. 920.

avoisinant, e adj.
avoisiner v. t.
avortement n. m.
avorter v. int.
avorteur, euse n.
avorton n. m.
avouable adj.
avoué n. m. *Des avoués d'office ; des avoués plaidants.*
avouer v. t. Conjug. 19.
avoyer v. t. Conjug. 6. *Des pinces à avoyer.*
avril n. m. S'écrit sans majuscule. *Des poissons d'avril.*
avulsion n. f.
avunculaire [avon-] adj.
avunculat [avonkula] n. m.
*AWACS sigle m. (*airborne warning and control system) = avion équipé pour la surveillance par radar.
awalé ou **walé** [-wa-] n. m.
axe n. m. *Des axes de révolution, de symétrie. Les puissances de l'Axe* (axe Rome-Berlin).
axel n. m.
axène ou **axénique** adj.
axénisation n. f.
axer v. t.
axérophtol [aksèroftol'] n. m.

axial, ale, aux adj.
axile adj.
axillaire [-il-] adj.
axiologie n. f.
axiologique adj.
axiomatique adj. et n. f.
axiomatisation n. f.
axiomatiser v. t.
axiome n. m.
axion n. m. (particule). ♦ HOM. *Axion* (fils de Phégée ; fils de Priam ; marque commerciale déposée) ; *action* (ce que l'on fait).
axis [aksis'] n. m.
axisymétrique [aksisi-] adj.
axolotl n. m. *Des axolotls.*
axone n. m.
axonge n. f.
axonométrie n. f.
axonométrique adj.
ay [a-i] n. m. L'*ay* est le vin de la région d'*Ay* [a-yi], en Champagne. ♦ HOM. → haï.
ayant cause n. m. *Des ayants cause.*
ayant compte n. m. *Des ayants compte.*
ayant droit n. m. *Des ayants droit.*
ayatollah n. m.
aye-aye [a-yay'] n. m. *Des ayes-ayes.*
aymara n. m. et adj. inv. en genre.
*ayuntamiento (esp.) n. m. = conseil municipal.
azalée n. f. *Une belle azalée.* ♦ Adj. inv.
azéotrope n. m.
azéotropique adj.
azerbaïdjanais, e ou **azéri, e** adj. et n.
azerole n. f.
azerolier n. m.
azerty adj. inv.
azilien, enne adj.
azimut n. m. *Une défense tous azimuts.*
azimutal, ale, aux adj.
azimuté, e adj.
azoïque adj.
azonal, ale, aux adj.
azoospermie n. f.
azotate n. m.
azote n. m.
azoté, e adj.
azotémie n. f.
azotémique adj.
azoteux, euse adj.
azothydrique adj.
azothymidine ou **azidothymidine** n. f.
azotique adj.

azotite n. m.
azotobacter [-tèr'] n. m.
azotomètre n. m.
azoture n. m.
azoturie n. f.
azotyle n. m.
A.Z.T. sigle m. Azothymidine.
aztèque adj. *Des monuments aztèques.* ♦ N. *Les Aztèques.*
azulejo [azoulèrho] n. m. *Des azulejos.*
azur n. m. *Des bleus d'azur; des pierres d'azur. Des azurs limpides. La Côte d'Azur.* ♦ Adj. inv. *Une robe azur; des bleus azur.*
azurage n. m.
azurant n. m.
azuré, e adj.
azuréen, enne [-ré-in, -ré-èn'] adj.
azurer v. t.
azurescent, e adj.
azureur n. m.
azurite n. f.
azygos [-gos'] n. f. et adj. inv.
azyme adj. *Des pains azymes.* ♦ N. m. *La fête des Azymes.*

B

b n. m. inv. ♦ b : symbole du *barn*. ♦ B : symbole du *bore* et du *bel*.

B.A. sigle f. Bonne action.

b.a.ba loc. m. inv. *Il ignorait le B.A.BA du métier.*

baba n. m. *Des babas au rhum.* ♦ Adj. inv. en genre. *Elle est restée baba. Ils sont babas.*

baba cool (hindi et anglais) n. *Des babas cool.* ♦ Adj. inv.

babélien, enne adj.

babélisme [-is-] n. m.

babeurre n. m.

babil n. m.

babillage n. m.

babillard, e adj. et n. ♦ N. f. *J'ai reçu sa babillarde* (lettre).

babiller v. int.

babine n. f.

Babinski (signe de) loc. m.

babiole n. f.

babiroussa n. m.

babisme [-is-] n. m.

bâbord n. m.

bâbordais n. m.

babouche n. f.

babouche n. f.

*****babouchka** (russe) n. f. = vieille femme.

babouin n. m.

babouvisme [-is-] n. m.

*****baby** n. m. = bébé. *Des babies.*

baby-bœuf n. m. *Des babys-bœufs.*

*****baby-boom** n. m. = augmentation, excès de naissances.

Baby-foot n. m. déposé inv.

babylonien, enne adj. *Les jardins babyloniens.* ♦ N. *Nabuchodonosor était un Babylonien.*

*****baby-sitter** n. = garde d'enfant. *Des baby-sitters.*

*****baby-sitting** n. m. = surveillance d'enfant par baby-sitter. *Des baby-sittings.*

*****baby-test** n. = test des jeunes enfants.

bac n. m. *Passer le bac* (baccalauréat). *Des bacs à glace* (casiers).

bacante → bacchante.

baccalauréat [-réa] n. m.

baccara n. m. (jeu de cartes). ♦ HOM. *baccarat* (cristal).

baccarat n. m. *Un service en baccarat. La ville de Baccarat. De beaux baccarats.* ♦ HOM. → baccara.

bacchanal [-ka-] n. m. *Des bacchanals.*

bacchanale [-ka-] n. f. *La soirée s'est terminée en bacchanale. Les fêtes antiques en l'honneur de Bacchus étaient les Bacchanales.*

bacchante [-kant'] n. f. (prêtresse de Bacchus).

bacchante [-kant'] ou **bacante** n. f. (moustache).

baccifère [-ksi-] adj.

bacciforme [-ksi-] adj.

bachagha ou **bachaga** n. m.

bâchage n. m.

bâche n. f.

bâchée n. f.

bachelier, ère n.

bâcher v. t.

bachi-bouzouk n. m. *Des bachi-bouzouks.*

bachique adj.

bachot n. m.

bachotage n. m.

bachoter v. int.
bachotte n. f.
bacillaire [-silèr'] adj. et n.
bacille [-sil'] n. m. *Bacille de Chantemesse et Widal* (dysenterie), *d'Eberth* (typhoïde), *de Koch* (tuberculose); *bacille virgule de Koch* (choléra); *bacille de Löffler* (diphtérie), *de Ricketts* (typhus), *de Yersin* (peste).
bacillémie [-silé-] n. f.
bacilliforme [-sili-] adj.
bacillose [-siloz'] n. f.
bacillurie [-silu-] n. f.
*****back beam** = faisceau inverse (télécom., transp.).
*****back cross** = rétrocroisement (méd.).
*****back-end** = unité de fabrication finale, unité finale (électron.).
bäckeofe n. m. Quelquefois écrit BAECKEOFE.
*****back filler** = remblayeuse (urb.).
backgammon n. m.
*****background** = d'arrière-plan (d'un évènement); expérience, passé, carrière (d'une personne); arrière-plan (inf.).
*****backhoe loader** = chargeuse-pelleteuse.
*****back mutation** = réversion (agr.); réversion vraie (génét.).
*****back office** = post-marché (écon.).
*****back-officer** = opérateur sur le marché des capitaux.
*****backscatter, backscattering** = rétrodiffusion (nucl.).
*****backspin** = rétro (golf).
*****backswing** = montée, prise d'élan (golf).
*****back tee** = départ arrière (golf).
*****back-to-back** = crédit adossé (écon.).
*****back up** = de secours (inf.).
*****back-up line** = ligne de substitution, crédit de sécurité confirmé (écon.).
*****back-up service** = service d'appoint (mer).
*****back value** = valeur rétroactive (écon.).
bâclage n. m.
bâcle n. f.
bâcler v. t.
bâcleur, euse n.
bacon [békeun'] n. m.
baconien, enne adj.
bactéricide adj.
bactéridie n. f.
bactérie n. f. → bacille.
bactériémie n. f.
bactérien, enne adj.

bactériochlorophylle n. f.
bactériocine n. f.
bactériologie n. f.
bactériologique adj.
bactériologiste n.
bactériométrie n. f.
bactériophage n. m.
bactériostatique adj. et n. m.
bactériurie n. f.
bactofugation n. f.
bactrioles n. f. pl.
bacul [-ku] n. m.
bacula n. m.
badaboum! interj.
badamier n. m.
badaud, e n. et adj. (curieux). ♦ Ne pas confondre avec *bedeau* (employé d'église).
badauder v. int.
badauderie n. f.
badegoulien, enne n. m. et adj.
baderne n. f.
*****badge** n. m. = insigne, macaron; identité codée (inf.).
badger v. t. Conjug. 3.
badiane n. f.
badigeon n. m.
badigeonnage n. m.
badigeonner v. t.
badigeonneur, euse n.
badigoinces n. f. pl.
badin, e adj. et n.
badinage n. m.
badiner v. int.
badinerie n. f.
bad-lands [-lands'] n. f. pl.
badminton [-min'ton'] n. m.
badois, e adj. *La capitale badoise fut Baden-Baden.* ♦ N. *Les Badois.* ♦ HOM. eau de *Badoit.*
badour adj. inv.
baeckeofe → bäckeofe.
baffe n. f.
*****baffle** = enceinte acoustique.
bafouer v. t. Conjug. 19.
bafouillage n. m.
bafouille n. f.
bafouiller v. int.
bafouilleur, euse n.
bafouillis [-fou-yi] n. m.
bâfrée n. f.
bâfrer v. t. et int.
bâfreur, euse n.

bagad [-gad'] n. m. *Le bagad de Lann-Bihoué.*

bagage n. m. (de voyageur). *Partir avec armes et bagages.* ♦ HOM. *baguage* (action de baguer).

Bagagerie n. f. déposé inv.

bagagiste n. m.

bagarre n. f.

bagarrer v. int.

bagarr*eur, euse* adj. et n.

bagasse n. f. ♦ Interj. *Bagasse!*

bagatelle n. f. ♦ HOM. le château de *Bagatelle.*

bagnard n. m.

bagne n. m.

bagnole n. f.

bagou ou **bagout** n. m. *Des bagous.*

baguage n. m. ♦ HOM. → bagage.

bague n. f.

bagu*é, e* adj.

baguel n. m.

baguenaude n. f.

baguenauder v. int.

baguenaudier n. m.

baguer v. t. *Nous baguons.* Conjug. 4.

baguette n. f. *Des baguettes de fusil, de tambour.*

baguettisant, e n.

baguier n. m.

baguio n. m. (typhon).

bah! interj. ♦ HOM. → bas.

bahaï ou **béhaï** adj. et n.

bahaïsme ou **béhaïsme** [-is-] n. m.

bahreïni, e adj. et n. (de Bahreïn).

baht n. m. (monnaie). ♦ HOM. → batte.

bahut n. m.

bahutage n. m.

bai, e adj. ♦ HOM. → baie.

baie n. f. (petit golfe; fruit; ouverture). ♦ HOM. *bai* (brun à crins noirs), *bey* (de Tunis), bouche *bée*, lettre *B*.

baignade n. f.

baigner v. t. (plonger dans un liquide). ♦ HOM. *beignet* (pâte frite).

baign*eur, euse* n.

baignoire n. f.

bail [bay'] n. m. (contrat). *Un bail emphytéotique. Des baux.* ♦ HOM. il *baille* (v. bailler : donner), il *bâille* (la bouche ouverte), il *baye* aux corneilles (v. bayer : regarder), la *baille* (baquet ; l'École navale). ♦ HOM. de *baux* → beau.

baile [ba-yl'] n. m.

baille n. f. ♦ HOM. → bail.

bâillement n. m.

bailler v. t. *Vous me la baillez belle. Ils me l'ont baillé belle.* ♦ HOM. → bâiller.

bâiller v. int. (ouvrir la bouche). ♦ HOM. *bailler* (donner), *bayer* (regarder niaisement).

baill*eur, eresse* n. *Un bailleur de fonds. Adressez-vous à la bailleresse.* ♦ HOM. → bâilleur.

bâill*eur, euse* n. (qui bâille souvent). ♦ HOM. *bailleur* (qui donne à bail).

bailli [ba-yi] n. m.

bailliage [ba-yaj'] n. m.

baillive ou **baillie** [ba-yi] n. f.

bâillon n. m. (bandeau sur la bouche). ♦ HOM. nous *bâillons* (v. bâiller), nous *bayons* (v. bayer), nous *baillons* (v. bailler). → bâiller.

bâillonnement n. m.

bâillonner v. t.

bain n. m. *Salle de bains; établissement de bains; garçon de bains. Un peignoir de bain; une sortie-de-bain. Un chauffe-bain. Bain de boue, d'électrolyse, de foule, de mousse, de pieds, de soleil, de vapeur, de sels. L'ordre du Bain.*

bain-marie n. m. *Des bains-marie.*

baïonnette n. f.

baïram, bayram ou **beïram** n. m.

baisable adj.

baise n. f.

baise-en-ville n. m. inv.

baisemain n. m.

baisement n. m.

baiser v. t. ♦ n. m.

bais*eur, euse* n.

baisodrome n. m.

baisoter v. t.

baisse n. f.

baisser v. t.

baissier, ère n. et adj. m.

baisure n. f.

bajocien, enne n. m. et adj.

bajoue n. f.

bajoyer n. m.

*****bakchich** (persan) n. m. = pourboire, pot-de-vin.

Bakélite n. f. déposé inv.

baklava n. m.

bakufu [-koufou] n. m.

bal n. m. (pour danser). *Des bals.* ♦ HOM. *balle* (pour jouer, de cartouche), *balle* ou *bale* (enveloppe du grain), *Bâle* (ville).

Balacron n. m. déposé inv.

balade n. f. (promenade). ♦ HOM. *ballade* (poème).

BALADER

balader v. t. et pr. *Elles se sont baladées.*
balad*eur*, *euse* adj. et n.
baladin n. m. → palatin.
baladisque n. m.
balafon n. m.
balafre n. f.
balafré, e adj. et n. *Henri de Guise fut surnommé « le Balafré ».*
balafrer v. t.
balai n. m. (ustensile de ménage). ♦ HOM. *ballet* (composition dansée), il *balaie* (v.), *balais* (couleur), *baller* (osciller).
balai-brosse n. m. *Des balais-brosses.*
balais adj. inv. *Un rubis balais, des pierres balais.* ♦ HOM. → balai.
balaise → balèze.
balalaïka n. f.
balan n. m. ♦ HOM. → ballant.
balance n. f. *Mettre en balance. Né sous le signe de la Balance.* → zodiaque.
balancé, e adj.
balancelle n. f.
balancement n. m.
balancer v. t. *Il balançait.* Conjug. 2.
balancier n. m.
balancine n. f.
balançoire n. f.
balane n. f.
balanite n. f.
balanoglosse n. m.
balata n. m.
Balatum [-tom'] n. m. déposé inv.
balayage [-lè-yaj'] n. m.
balayer [-lè-yé] v. t. Conjug. 8.
balayette [-lè-yèt'] n. f.
balay*eur*, *euse* [-lè-yeur'] adj. et n.
balayures [-lè-yur'] n. f. pl.
balboa n. m. (monnaie). ♦ HOM. *Balboa* (conquistador).
balbutiant, e adj.
balbutiement [-si-] n. m.
balbutier [-syé] v. int. et t. Conjug. 17.
balbuzard n. m.
balcon n. m.
balconnet n. m.
balconnière n. f.
baldaquin n. m. → palanquin.
bale → balle.
baleinage n. m.
baleine n. f. *Des baleines de parapluie.*
baleiné, e adj.
baleineau n. m. *Des baleineaux.*
baleinier n. m.

baleinière n. f.
***balek!** (arabe) = attention!
balénoptère n. m.
balès → balèze.
balestron n. m.
balèvre n. f.
balèze, balaise ou **balès, e** adj. et n.
Balint (groupe) loc. m.
balisage n. m.
balise n. f.
baliser v. t.
balis*eur*, *euse* n.
balisier n. m.
baliste n. f. (machine de guerre romaine). ♦ N. m. (poisson à chair vénéneuse).
balistici*en*, *enne* n.
balistique adj. et n. f.
balistite n. f.
balivage n. m.
baliveau n. m. *Des baliveaux.*
baliverne n. f.
balkanique adj.
balkanisation n. f.
balkaniser v. t.
-ball *Football, basket-ball, volley-ball, base-ball,* mots anglais, se prononcent [bol']. *Handball,* mot allemand, se prononce [bal'].
ballade n. f. *Les Odes et Ballades de Victor Hugo.* ♦ HOM. → balade.
ballant, e n m. (mouvement d'oscillation). ♦ Adj. *Aller les bras ballants.* ♦ HOM. être sur le *balan* (indécis).
ballast n. m.
ballastage n. m.
ballaster v. t.
ballastière n. f.
balle n. f. *Des jeux de balle; les enfants de la balle. Prête-moi cent balles.* ♦ HOM. → bal.
balle ou **bale** n. f. (enveloppe du grain). ♦ HOM. → bal.
baller v. int. ♦ HOM. → balai.
ballerine n. f.
ballet n. m. *Des ballets de cour; un ballet à entrées; des corps de ballet; des maîtres de ballet. Les ballets roses; un ballet-spectacle; les Ballets russes de Diaghilev.* ♦ HOM. → balai.
ballettomane n.
ballet-pantomime n. m. *Des ballets-pantomimes.*
ballet-spectacle n. m. *Des ballets-spectacles.*
ballon n. m. *Un ballon dirigeable. Des ballons d'essai. Des pneus ballon.*

ballonné, e adj.
ballonnement n. m.
ballonner v. t.
ballonnet n. m.
ballon-satellite n. m. *Des ballons-satellites.*
ballon-sonde n. m. *Des ballons-sondes.*
***balloon** n. m. = ballon phylactère de bande dessinée.
ballot n. m. et adj. inv. *Elles sont ballot.*
ballote n. f. (plante). ♦ HOM. → ballotte.
ballotin → ballottin.
ballottade n. f.
ballottage n. m.
ballotte n. f. (petite balle servant autrefois à voter). ♦ HOM. *ballote* (plante à fleurs mauves).
ballottement n. m.
ballotter v. t. et int.
ballottin ou **ballotin** n. m.
ballottine n. f.
***ball-trap** n. m. = lanceur de disques d'argile; tir au plateau. *Des ball-traps.* → *skeet.
balluchon ou **baluchon** n. m.
ballute n. m.
balnéaire adj.
balnéation n. f.
balnéothérapie n. f.
bâlois, e adj. et n. (de Bâle).
balosse n. f.
balourd, e adj. et n.
balourdise n. f.
baloutchi n. m.
balsa [balza] n. m.
balsamier [balza-] ou **baumier** n. m.
balsamine [balza-] n. f.
balsamique [balza-] adj. et n. m.
balte adj. *Les pays baltes.* ♦ N. *Les Lettons sont des Baltes.*
balthazar ou **balthasar** n. m. (bouteille). ♦ HOM. *Le roi Balthazar.*
baltique adj. *Le bouclier baltique. La mer Baltique.* ♦ N. *La Baltique est peu profonde.*
baluchithérium [-ryom'] n. m. *Des baluchithériums.*
baluchon → balluchon.
balustrade n. f.
balustre n. m. *Des compas à balustre.*
balzacien, enne adj.
balzan, e adj. et n. f.
bambara n. m. et adj. inv. en genre. *Les populations bambaras.*

bambin, e n.
bambochade n. f.
bambochard, e adj. et n.
bamboche n. f.
bambocher v. int.
bamboch*eur, euse* adj. et n.
bambou n. m. *Des bambous.*
bamboula n. f.
bambouseraie n. f.
ban n. m. *Le ban et l'arrière-ban; rupture de ban; les bans du mariage; au ban de la société; un triple ban; fermez le ban!*
♦ HOM. → banc.
ban*al, ale, aux* adj. (à l'usage de tous). *Les moulins banaux.* Voir l'article suivant.
ban*al, ale, als* adj. (sans originalité). *La plupart des tableaux étaient banals, insignifiants.* Voir l'article précédent.
banalement adv.
banalisation n. f.
banaliser v. t.
banalité n. f.
banana split n. m. inv.
banane n. f. et adj. inv.
bananeraie n. f.
bananier, ère n. m. et adj.
banat [-na] n. m.
banban adj. inv. et n. inv. en genre.
banc n. m. *Un char à bancs; le banc d'œuvre; un banc-titre. Banc d'épreuve, d'essai, d'infamie, de poissons, de sable.*
♦ HOM. *ban* (ensemble des vassaux; proclamation; applaudissements).
bancable ou **banquable** adj.
bancaire adj.
banc*al, ale, als* adj. et n. *Des fauteuils bancals.* ♦ N. m. (sabre). *Des bancals à lame courte.*
bancarisation n. f.
bancarisé, e adj.
banchage n. m.
banche n. f.
bancher v. t.
banco n. m. *Un banco de mille francs. Ils ont fait banco.* ♦ Adv. *Je vous joue cinquante francs banco.*
bancoulier n. m.
bancroche adj. et n.
banc-titre n. m. *Des bancs-titres.*
banda n. f.
bandage n. m.
bandagiste n.
bandana n. m.
bande n. f. *Des bandes dessinées, d'enregistrement, de toile. Ils font bande à part.*

BANDÉ

bandé, e adj.
bande-annonce n. f. *Des bandes-annonces.*
bandeau n. m. *Des bandeaux.*
bandelette n. f.
bande-mère n. f. *Des bandes-mères.*
bande-orchestre n. f. *Des bandes-orchestre.*
bande-ourlet n. f. *Des bandes-ourlets.*
bander v. t. et int.
*****bandera** (esp.) n. f. = compagnie d'infanterie.
banderille n. f.
*****banderillero** (esp.) n. m. = poseur de banderilles.
banderole n. f.
banderoleuse n. f.
bande-son n. f. *Des bandes-son.*
bande-vidéo n. f. *Des bandes-vidéo.*
bandière n. f.
*****banding** = cerclage (méd.).
bandit n. m. *Un bandit de grand chemin; bandit d'honneur; contrée infestée de bandits.*
banditisme [-is-] n. m.
bandonéon n. m.
bandothèque n. f.
bandoulière n. f. *Des musettes en bandoulière.*
bang n. m. *Des doubles bangs. Le big bang* (explosion originelle de l'Univers). ♦ Interj. *Bang!*
bangladais, e ou **bangladeshi** adj. et n.
banian n. m. *Des figuiers banians.*
banjo n. m.
banjoïste n.
*****bank-note** = billet de banque. *Des bank-notes.*
banlieue n. f.
banlieusard, e n. et adj.
banlon n. m.
banne n. f.
banneret n. m.
banneton n. m.
bannette n. f.
banni, e adj. et n.
bannière n. f.
bannir v. t. du 2ᵉ gr. Conjug. 24.
bannissable adj.
bannissement n. m.
banon n. m.
banquable → bancable.
banque n. f. *Banque d'affaires, de crédit, de dépôt(s), de données, d'émission, d'organes. La Banque de France.*

banquer v. int.
banqueroute n. f. *Ils ont fait banqueroute.*
banqueroutier, ère n.
banquet n. m.
banqueter v. int. *Il banquette.* Conjug. 14.
banqueteur, euse n.
banquette n. f. *Des banquettes de tir.*
banquier, ère n.
banquise n. f.
banquiste n. m.
bantou, e n. et adj.
bantoustan n. m.
banvin n. m.
banyuls n. m. (vin de la région de Banyuls).
baobab n. m.
baptême [batèm'] n. m. *Des noms de baptême; le baptême de la ligne.*
baptisé, e [bati-] n.
baptiser [bati-] v. t.
baptismal, ale, aux [batis-] adj.
baptisme [batis-] n. m.
baptistaire [batistèr'] adj. et n. m. ♦ HOM. → baptistère.
baptiste [batist'] n. ♦ HOM. → batiste.
baptistère [batistèr'] n. m. (chapelle du baptême). ♦ HOM. *baptistaire* (qui prouve le baptême).
baquet n. m.
baqueter v. t. *Il baquette.* Conjug. 14.
baquetures n. f. pl.
bar n. m. (poisson; débit de boissons; unité de mesure : *3 bars* ou *3 bar*). ♦ HOM. *barre* (tige), il *barre* (v.), jeu de *barres*, *bard* (civière), *Bar* (ville).
baragouin n. m.
baragouinage n. m.
baragouiner v. t. et int.
baragouineur, euse n.
*****baraka** (arabe) n. f. = chance, faveur divine.
baraquage n. m.
baraque n. f.
baraqué, e adj.
baraquement n. m.
baraquer v. int.
baraterie n. f.
barathromètre n. m.
baratin n. m.
baratiner v. int. et t.
baratineur, euse adj. et n.
barattage n. m.
baratte n. f.

baratter v. t.
barbacane n. f.
barbant, e adj.
barbaque n. f.
barbare adj. et n. *Des façons barbares.* ♦ HOM. *l'invasion des Barbares.*
barbaresque adj. *Les incursions barbaresques.* ♦ N. *Prisonnier des Barbaresques.*
barbarie n. f. *Un acte de barbarie.* ♦ HOM. *l'ancienne Barbarie était l'Afrique du Nord.*
barbarisme [-is-] n. m.
barbe n. f. *Des poils de barbe; les barbes d'épi. Quelle barbe!* ♦ N. m. (cheval nord-africain). ♦ Interj. *La barbe!*
barbeau n. m. *Des barbeaux.*
barbecue [barbekyou] n. m.
barbe-de-capucin n. f. (chicorée sauvage). *Des barbes-de-capucin.*
barbelé, e adj. et n. m. *Un réseau de barbelés.*
barbelote n. f.
barbelure n. f.
barber v. t.
barbet, ette n. et adj. *Des tourelles barbettes.*
barbiche n. f.
barbichette n. f.
barbichu, e adj. et n.
barbier n. m.
barbifiant, e adj.
barbifier v. t. Conjug. 17.
barbille n. f.
barbillon n. m.
barbital n. m. *Des barbitals.*
barbiturique adj. et n. m.
barbiturisme [-is-] n. m.
barbituromanie n. f.
barbon n. m.
barbotage n. m.
barbote ou **barbotte** n. f. (poisson). ♦ HOM. *il barbote* (v.).
barboter v. int., et t. en argot.
barboteur, euse n.
barbotière n. f.
barbotin n. m.
barbotine n. f.
barbotte → barbote.
barbouillage n. m.
barbouille n. f.
barbouiller v. t.
barbouilleur, euse n.
barbouillis n. m.

barbouze n. f.
barbouzerie n. f.
barbu, e adj. et n. (qui a de la barbe). ♦ HOM. *barbue* (poisson).
barbue n. f. ♦ HOM. → barbu.
barbule n. f.
barcarolle n. f.
barcasse n. f.
bard [bar'] n. m. ♦ HOM. → bar.
barda n. m.
bardage n. m.
bardane n. f.
barde n. m. (poète). ♦ N. f. (tranche de lard; armure de cheval).
bardé, e adj.
bardeau n. m. *Des bardeaux.* ♦ HOM. → bardot.
barder v. t. et int.
bardis n. m. (cloison dans une cale). ♦ HOM. *bardit* (chant de guerre).
bardit n. m. ♦ HOM. → bardis.
bardolino n. m.
bardot ou **bardeau** n. m. (hybride du cheval et de l'ânesse). ♦ HOM. *bardeau* (planchette), Brigitte *Bardot*, le palais du *Bardo* (Tunisie).
*****bareboat charter-party** = affrètement « coque nue » (écon.).
*****barefoot** = ski nautique à pieds nus.
barème n. m. (table de comptes inventée par *Barrême*).
baresthésie [-rèstézi] n. f.
baréter v. int. *Il barète, il barétait, il barétera(it).* Conjug. 12.
*****bargaining** = marchandage (tour.).
barge n. f.
*****barge carrier** = porte-barges (mer).
barguigner v. int.
barigoule n. f.
baril [bari ou baril'] n. m.
barillet n. m.
barine n. m.
bariolage n. m.
bariolé, e adj.
barioler v. t.
bariolure n. f.
barjo ou **barjot** n. et adj. inv. en genre. *Elle est barjo.*
*****barka** (arabe) adv. et interj. = assez.
barkhane n. f.
barlong, ongue [-lon, -long'] adj.
barlotière n. f.
barmaid n. f. *Des barmaids.*
barman [barman'] n. m. Pl. angl. : *barmen*; pl. fr. : *barmans.*

bar-mitsva n. f. inv.
barn n. m. (unité de mesure : *3 barns* ou *3 b*).
barnabite n. m.
barnache → bernacle.
barnum [-nom'] n. m. *Des barnums.* ♦ HOM. le cirque *Barnum.*
barographe n. m.
baromètre n. m.
barométrie n. f.
barométrique adj.
bar*on*, *onne* n.
baronet ou **baronnet** n. m.
baronnage n. m.
baronnie n. f.
*****baropacer** = régulateur de pression (méd.).
baroque adj. et n. m.
baroquisant, *e* adj.
baroquisme [-kis-] n. m.
baroscope n. m.
barotraumatisme [-is-] n. m.
baroud [-roud'] n. m.
baroud*eur*, *euse* n. et adj.
barouf ou **baroufle** n. m.
barque n. f.
barquette n. f.
barquetteuse n. f.
barracuda n. m.
barrage n. m. *Des barrages de police ; des barrages roulants* (déf.) ; *ils font barrage ; des tirs de barrage ; des matchs de barrage.*
barrage-coupole n. m. *Des barrages-coupoles.*
barrage-poids n. m. *Des barrages-poids.*
barrage-voûte n. m. *Des barrages-voûtes.*
barragiste n.
barranco n. m.
barre n. f. *De l'or en barre ; barre d'appui ; jeu de barres ; avoir barre(s) sur quelqu'un ; des coups de barre ; les barres parallèles.* ♦ HOM. → bar.

■ *La barre oblique.* Ce signe, appelé aussi *barre transversale* ou *barre de fraction,* s'emploie :

1° dans l'écriture de certaines unités de mesure pour remplacer les prépositions *par* ou *à. Vitesse de 65 km/h ; consommation d'huile : 20g/kWh ;*

2° à la place d'un trait d'union dans certains cas. *Les douze premières dynasties égyptiennes (– 3200/– 1785). L'avion suit une route nord-est/sud-ouest. L'alternance veille/repos. Des marchandises légères et/ou périssables. Journal daté du 25/26-9-1982. La ligne de l'autobus Saint-Lazare/Maisons-Alfort ;*

3° pour l'écriture des fractions d'une manière facile et peu encombrante à la machine à écrire : 3/4. Mais on emploiera la manière classique dans les calculs, en veillant bien à aligner tout selon un axe horizontal.

$$\frac{3}{4} \times \frac{1}{2} = \frac{3}{8}$$

4° pour abréger : *Aux instituteurs/trices du département.*

5° en abréviation : *n/réf.* (pour : *notre référence*). Son emploi dans les symboles d'unités de mesure simples est à rejeter (exemple de faute : *une épaisseur de 4 m/m*).

barré, *e* adj.
barreau n. m. (petite barre). *Des barreaux.* ♦ HOM. *barrot* (poutre de navire).
barrel n. m. (unité de mesure américaine : *3 barrels* ou *3 bbl*).
barrement n. m.
*****barren grounds** = toundra canadienne.
barrer v. t.
barre-route n. m. *Des barre-routes.*
barrette n. f.
barr*eur*, *euse* n.
barricade n. f.
barricader v. t.
barrière n. f.
barrique n. f.
barrir v. int. du 2ᵉ gr. Conjug. 24.
barrissement ou **barrit** n. m.
barrot n. m. ♦ HOM. → barreau.
barrure n. f.
bartavelle n. f.
*****barter** = troc (écon.).
*****bartering** = échange télévisuel.
bartholinite n. f.
barycentre n. m.
*****barycentre** = centre de masse (spat.).
barye n. f. (unité de mesure : *3 baryes*).
barymétrie n. f.
baryon n. m.
baryonique adj.
barysphère n. f.
baryte n. f.
barytine ou **barytite** n. f.
baryton n. m. *Ces bugles sont des barytons. Ces chanteurs sont des barytons*

Martin (à voix élevée). ♦ Adj. inv. en genre. *Des mots barytons.*
baryum [-ryom'] n. m. *Des baryums.*
barzoï [-zoy'] n. m. *Des barzoïs.*
bas, basse adj. *Le plafond est très bas. Chapeau bas; à voix basse; faire main basse; en bas relief; marchandise à bas prix; basse lisse; des métiers de basse lisse.* On met la majuscule lorsque le mot entre dans la désignation d'une unité territoriale : *Bas-Rhin, Basses-Pyrénées* (département et ex-département), *Basse-Égypte* (ancien royaume), *le Bas-Empire, Basse-Terre* (ville), *Basse-Normandie* (région économique). On met la minuscule pour la désignation d'une région naturelle : *visiter la basse Égypte; naviguer sur la basse Seine.* Langues : *le bas allemand, le bas breton, le bas latin.* ♦ N. *Des bas de soie; des bas de ligne.* ♦ Adv. *Parlez bas! Elle vole bas. Il faut jeter bas cette masure. En bas; à bas; là-bas; ici-bas; à bas le tyran! Bas les armes!* ♦ Adv. employé adjectivement, inv. *Elle est très bas.* ♦ HOM. *bât* (selle), *bah!* (interj.), *il bat* (v. battre), île de *Batz.*
basal, ale, aux adj. et n. f.
basalte n. m.
basaltique adj.
basane n. f. et adj. inv.
basané, e adj.
basaner v. t.
bas-bleu n. m. *Des bas-bleus.*
bascophone n. et adj.
bas-côté n. m. *Des bas-côtés.*
basculage n. m.
basculant, e adj.
bascule n. f.
basculement n. m.
basculer v. int. et t.
basculeur n. m.
bas de casse n. m. inv. On met le trait d'union pour désigner l'objet qui porte le caractère. *Ce que vous tenez est un bas-de-casse en cuivre.* Pas de trait d'union pour désigner l'empreinte du caractère. *Un texte en bas de casse. Composez en bas de casse.* Abrév. : *b.d.c.* ♦ Adj. inv. *Du romain bas de casse.* → tableaux ALPHABET, p. 876 ; CORRECTION, p. 878 ; MINUSCULES, p. 907.
bas-de-chausses n. m. pl.
base n. f. *Une base d'opérations; base de départ; base de feux.*
*base = culots d'ergols (spat.).
base-ball [bèzbol'] n. m.
Basedow (maladie de) loc. f.

*base (lending) rate = taux de base (écon.).
*base line = signature (pub.).
baselle n. f.
*base pair = paire de bases (agr.).
baser v. t.
*base station = station de base (télécom.).
bas-fond n. m. *Des bas-fonds.*
basic n. m. ♦ HOM. → basique.
*basic (**beginners' all purpose symbolic instruction code*) n. m. (langage d'ordinateur).
basicité n. f.
*basic module = module de base (urb.).
baside n. f.
basidiomycète n. m.
basidiospore n. f.
basilaire adj.
basileus [-leûs'] n. m.
basilic n. m. ♦ HOM. → basilique.
basilical, ale, aux adj.
basilique n. f. (édifice). ♦ HOM. *basilic* (lézard ; plante).
basin n. m.
basiphile adj.
basique adj. (se rapportant à une base). ♦ HOM. *basic* (langage informatique).
basisme [-zis-] n. m.
basiste adj.
bas-jointé, e adj. *Des juments bas-jointées.*
basket [-kèt'] n. f. (chaussure).
basket-ball [-bol'] ou **basket** n. m. (jeu).
basketteur, euse n.
bas-mât n. m. *Des bas-mâts.*
basocellulaire adj.
basoche n. f.
basochien, enne adj. et n.
basophile adj.
bas-parleur n. m. *Des bas-parleurs.*
basquais, e adj. *Un porc de race basquaise; poulet (à la) basquaise.* ♦ N. *Une Basquaise.* ♦ HOM. → basquet.
basque n. *Une basque de vêtement. Des tambours de basque. Un Basque. Parler le basque.* ♦ Adj. *Le Pays basque; des coutumes basques; une danse basque.* → pelote.
Les sept provinces basques sont : Basse-Navarre, Labourd, Soule (en France) ; Alava, Biscaye, Guipuzcoa et Navarre (en Espagne).
basquet [-kè] n. m. (emballage emboîtable). ♦ HOM. *basquais* (du Pays basque).

BASQUINE

basquine n. f.
bas-relief n. m. *Des bas-reliefs. Une sculpture en bas relief.*
*****bass** = grave (aud.).
basse n. f. *Des basses de viole.* → bas.
basse-cour n. f. *Des basses-cours.*
basse-courier, ère n. *Des basse-couriers.*
basse-danse n. f. *Des basses-danses.*
basse-fosse n. f. *Des basses-fosses.*
basse-lisse ou **basse-lice** n. f. *Des basses-lisses; des basses-lices.* S'écrit aussi sans trait d'union.
basse-lissier, ère n. *Des basse-lissiers.* On écrit aussi BASSE-LICIER, ÈRE. *Des basse-licières.*
bassement adv.
bassesse n. f.
basset n. m.
basse-taille n. f. *Des basses-tailles.*
bassette n. f.
bassin n. m. *Bassin d'effondrement, de réception; bassin à flot. Le Bassin parisien; le Bassin aquitain. Le bassin d'Aquitaine, le bassin de la Loire.*
bassinage n. m.
bassinant, e adj.
bassine n. f.
bassiner v. t.
bassinet n. m.
bassinoire n. f.
bassiste n.
basson n. m.
bassoniste n.
*****basta!** (ital.) interj. = assez, cela suffit!
bastaing [-tin] → basting.
bastaque n. f.
baste n. m. (as de trèfle). ♦ N. f. (récipient). ♦ Interj. *Baste!*
baster v. int.
basterne n. f.
bastiais, e adj. et n. (de Bastia).
bastide n. f.
bastidon n. m.
bastille n. f. *Quelques soldats logeaient dans une bastille.* ♦ HOM. *la prise de la Bastille; la place de la Bastille.*
bastillé, e adj.
bastin n. m. (cordage).
basting [-tin] ou **bastaing** n. m. (madrier).
bastingage n. m.
bastion n. m.
bastionné, e adj.
bastionner v. t.

baston n. m. ou f.
bastonnade n. f.
bastonner (se) v. pr.
bastos [-tos'] n. f.
bastringue n. m.
bas-ventre n. m. *Des bas-ventres.*
*****bat** = palette de cricket ou de base-ball.
bât n. m. *Là où le bât blesse.* ♦ HOM. → bas.
bataclan n. m.
batail n. m. (en héraldique). *Des batails.*
bataille n. f. *Des armées rangées en bataille. La bataille des Dunes.*
batailler v. int.
batailleur, euse adj. et n.
bataillon n. m. *Des chefs de bataillon. Le bataillon d'infanterie légère d'Afrique (ou Bat' d'Af').*
bâtard, e adj. et n.
batardeau n. m. *Des batardeaux.*
bâtardise n. f.
batave adj. et n. *La République batave.*
batavia n. f. ♦ HOM. *Djakarta fut autrefois Batavia.*
batavique adj.
batayole [-ta-yol'] n. f.
*****batch** = lot (pétr.).
*****batch processing** = traitement par lots (inf.).
bâté, e adj. *Un âne bâté.*
bateau n. m. *Un pont de bateaux; des bateaux à hélice, à vapeur, à voiles.*
bateau-bœuf n. m. *Des bateaux-bœufs* [-beuf'].
bateau-canon n. m. *Des bateaux-canons.*
bateau-citerne n. m. *Des bateaux-citernes.*
bateau-feu n. m. *Des bateaux-feux.*
bateau-lavoir n. m. *Des bateaux-lavoirs.*
bateau-mouche n. m. *Des bateaux-mouches.*
bateau-phare n. m. *Des bateaux-phares.*
bateau-pilote n. m. *Des bateaux-pilotes.*
bateau-pompe n. m. *Des bateaux-pompes.*
bateau-porte n. m. *Des bateaux-portes.*
batée n. f.
batelage n. m.
batelée n. f.
bateler v. int. Conjug. 13.
batelet n. m.
bateleur, euse n.
batelier, ère n.
batellerie n. f.
bâter v. t.

bat-flanc n. m. inv.
bath adj. inv. en genre. *Elles sont baths.*
♦ HOM. → batte.
batholite n. m.
bathophobie n. f.
bathy*al, ale, aux* adj.
bathymètre n. m.
bathymétrie n. f.
bathymétrique adj.
bathypélagique adj.
bathyscaphe [-skaf'] n. m.
bathysphère [-sfèr'] n. f.
bâti, e adj. → malbâti. ♦ N. m. (assemblage, support). ♦ HOM. il *bâtit* (v. bâtir), il *battit* (v. battre).
batifolage n. m.
batifoler v. int.
batifole*ur, euse* n.
batik n. m.
batillage n. m.
bâtiment n. m.
bâtir v. t. du 2ᵉ gr. Conjug. 24. *Ils se sont bâti des châteaux.*
bâtissable adj.
bâtisse n. f. (bâtiment). ♦ HOM. que je *bâtisse* (v. bâtir); que je *battisse* (v. battre).
bâtisse*ur, euse* n.
batiste n. f. (toile fine). ♦ HOM. *baptiste* (adepte du baptisme), *Baptiste* (prénom).
bat-l'eau n. m. inv.
bâton n. m. *Des coups de bâton; à bâtons rompus; une vie de bâton de chaise; des retours de bâton.* ♦ HOM. *Baton Rouge* (capitale de la Louisiane).
bâtonnat [-na] n. m.
bâtonner v. t.
bâtonnet n. m.
bâtonnier n. m.
batoude n. f.
batracien n. m.
battade n. f.
battage n. m.
battant, e adj. et n. *Mener une affaire tambour battant.*
batte n. f. (outil; battoir du jeu de paume, de cricket ou de base-ball; action de battre). ♦ HOM. *bath* (adj.), *baht* (monnaie de Thaïlande).
battée n. f.
battellement n. m.
battement n. m.
batterie n. f.
batteur n. m.

batteur-broyeur n. m. *Des batteurs--broyeurs.*
batteuse n. f.
battitures n. f. pl.
*****battle-dress** n. m. inv. = tenue de combat, blouson militaire.
battoir n. m.
battre v. t. Conjug. 32. *La fête bat son plein; les fêtes battent leur plein. Ils se sont battus en diable. Ils nous ont battu froid* (ils ont battu froid à nous). *Ils nous ont battus.* ♦ Les mots de la famille de *battre* ont deux *t* sauf : *bataille, batailler, batailleur, bataillon; combat, combatif, combativité; courbatu, courbature, courbaturé, courbaturer;* et aussi *débat.*
battu, e adj. et n. f.
batture n. f.
bau n. m. (poutre de navire). *Des baux.* ♦ HOM. → beau.
baud [bo] n. m. (unité de mesure : *3 bauds*). ♦ HOM. → beau.
baudelairie*n, enne* adj.
baudet n. m.
baudouiner v. int.
baudrier n. m.
baudroie n. f.
baudruche n. f.
bauge n. f.
bauger v. int. Conjug. 3.
bauhinia ou **bauhinie** n. f.
baume n. m. (résine, médicament). ♦ N. f. (grotte provençale). ♦ HOM. *bôme* (sorte de vergue).
baumé n. m. ♦ HOM. le chimiste *Baumé*, des degrés *Baumé.*
baumier → balsamier.
bauquière n. f.
baux → bail; bau.
bauxite n. f.
bavard, e adj. et n.
bavardage n. m.
bavarder v. int.
bavarois, e adj. *Un château bavarois.* ♦ N. *Servir un délicieux bavarois; une bavaroise au rhum; un poisson à la bavaroise. Le Bavarois Louis II.*
bavasser v. int.
bave n. f.
baver v. int et t. *Il bavait des injures.*
bavette n. f.
baveur ou **bav**e*ux, euse* adj. et n.
bavocher v. int.
bavochure n. f.
bavoir n. m.

bavolet n. m.
bavure n. f. *Une exécution sans bavures.*
bayadère [ba-ya-] n. f. (danseuse). ♦ Adj. *Des jupes bayadères.*
bayer [ba-yé] v. int. Conjug. 8 b. *Il baye aux corneilles.* Ce verbe conserve l'y dans la conjugaison. ♦ HOM. → bâiller.
bayou n. m. *Des bayous.*
bayram → baïram.
bazar n. m.
bazarette n. f.
bazarder v. t.
bazenne n. f. *Des bazinnen* (vendeuses de poisson à Dunkerque). ♦ HOM. le maréchal *Bazaine*.
*****bazooka** [-zouka] (amér.) n. m. = lance-roquettes antichar.
*****B.B.C.** (*British Broadcasting Corporation) sigle f.
B.C.B.G. sigle adj. Bon chic bon genre. *Une apparence B.C.B.G.* ♦ N. *Une B.C.B.G.*
B.C.G. sigle m. Vaccin bilié Calmette-Guérin.
B.D. sigle f. Bande dessinée.
bdellovibrio n. m.
*****beacon** = phare (techn., déf.) ; balise (spat.).
beagle [bigl'] n. m.
béance n. f.
béant, e adj.
*****bearer service** = service support (télécom.).
*****bearish market** = marché baissier (écon.).
*****bear market** = marché baissier (écon.).
béarnais, e adj. *Une sauce béarnaise.* ♦ N. *Le Béarnais* (Henri IV).
*****beat** = temps fort. *Beat music ; beat generation.*
béat, e adj.
béatement adv.
béatification n. f.
béatifier v. t. Conjug. 17.
béatifique adj.
*****beating** = battade (méd.).
béatitude n. f. *Sa Béatitude le patriarche d'Antioche.*
*****Beatles (les)** loc. m. (groupe musical comprenant Ringo Starr, John Lennon, Paul McCartney et George Harrison).
*****beatnik** [bitnik'] n. = révolté, antisocial.
beau ou **bel, belle** adj. *De beaux yeux.* Beau devient bel devant une voyelle ou un h muet. *Un bel esprit ; le bel homme.* Bel ne se met pas au pl. *De beaux oiseaux. Il y a beau temps ; avoir beau jeu ; au beau milieu ; l'échapper belle ; la bailler belle ; de plus belle. La Belle Époque.* ♦ N. *Faire le beau. En dire de belles. Le goût du beau. Il faut jouer la belle. La Belle au bois dormant.* ♦ Adv. et loc. inv. *Ce cheval porte beau ; ils portent beau ; avoir beau faire ; il ferait beau voir ; bel et bien ; bel et bon ; de plus belle ; tout beau !* ♦ HOM. **bau** (poutre soutenant le pont d'un navire), **baud** (unité), **baux** (pl. de bail), **pied bot**.
beauceron, onne adj. *Les moissons beauceronnes.* ♦ N. *Un rude Beauceron.*
beaucoup adv. *On a beaucoup pleuré.* ♦ Adj. indéf. *Beaucoup de spectateurs protestèrent.* ♦ Pron. indéf. *Beaucoup sont partis.* ♦ À distinguer du groupe nominal *beau coup*. *Quel beau coup de fusil !*
beauf n. m. (apocope de *beau-frère*).
beau-fils n. m. *Des beaux-fils.*
beaufort n. m. (fromage).
Beaufort (échelle de) loc. f.
beau-frère n. m. *Des beaux-frères.*
beaujolais n. m. *Une bouteille de beaujolais ; un médiocre beaujolais. C'est un vin du Beaujolais.*
beau-père n. m. *Des beaux-pères.*
beau-petit-fils n. m. *Des beaux-petits-fils.*
beaupré n. m.
beauté n. f. *Ils ont fini en beauté ; la beauté du diable. Agnès Sorel fut surnommée Dame de Beauté.*
*****beauty-case** n. m. = nécessaire de toilette. *Des beauty-cases.*
beaux-arts n. m. pl. → art.
beaux-enfants n. m. pl.
beaux-parents n. m. pl.
bébé n. m.
bébé-éprouvette n. m. *Des bébés-éprouvette.*
bébête n. f. et adj.
*****be-bop** ou **bop** = style de jazz.
bec n. m. *Bec et ongles. Des prises de bec ; un blanc-bec. Avoir bon bec.*
bécane n. f.
bécard n. m. ♦ HOM. → bécarre.
bécarre n. m. (signe musical). ♦ Adj. inv. *Un si bécarre.* ♦ HOM. *bécard* (vieux saumon).
bécasse n. f.
bécasseau n. m. *Des bécasseaux.*
bécassine n. f. ♦ HOM. les aventures de *Bécassine.*
*****because** = parce que.
bec-croisé n. m. (oiseau). *Des becs-croisés.*

bec-d'âne → bédane.

bec-de-cane n. m. (poignée de porte). *Des becs-de-cane.*

bec-de-corail n. m. (oiseau). *Des becs-de-corail.*

bec-de-corbeau n. m. (outil). *Des becs-de-corbeau.*

bec-de-corbin n. m. (ciseau). *Des becs-de-corbin.*

bec-de-cygne n. m. (outil). *Des becs-de-cygne.*

bec-de-faucon n. m. (marteau). *Des becs-de-faucon.*

bec-de-grue n. m. (géranium). *Des becs-de-grue.*

bec-de-lièvre n. m. (difformité). *Des becs-de-lièvre.*

bec-de-perroquet n. m. *Des becs-de-perroquet.*

becfigue ou **bec-de-figue** n. m. (oiseau). *Des becs-de-figue.*

bec-fin n. m. (passereau). *Des becs-fins.*

bêchage n. m.

béchamel n. f. *Une béchamel; une sauce Béchamel; une sauce à la Béchamel.*

bêche n. f. *Une bêche de crosse.*

bêche-de-mer n. m. → bichlamar. ♦ N. f. (holothurie).

bêcher v. t.

bêch*eur, euse* n.

bêcheveter v. t. *Il bêchevette.* Conjug. 14.

béchique adj.

bêchoir n. m.

bécot n. m.

bécoter v. t.

becquée ou **béquée** n. f.

becquerel n. m. (unité de mesure : *3 becquerels* ou *3 Bq*). ♦ HOM. Henri *Becquerel.*

becquet ou **béquet** n. m.

becquetage n. m.

becquetance ou **bectance** n. f.

becqueter ou **béqueter** v. t. *Il becquette* ou *il béquette.* Conjug. 14. Quelquefois écrit *becter* (conjug. 1). ♦ Ne pas confondre avec *bégueter* (pousser un cri, pour la chèvre).

bedaine n. f.

bédane n. m. (ciseau à bois). S'écrivait autrefois *bec-d'âne (des becs-d'âne).*

bedeau n. m. *Des bedeaux.* → badaud.

bédé n. f. *Des bédés. Des B.D.* (abrév. de *bande dessinée).*

bédégar n. m.

bédéphile n.

bédéthèque n. f.

bedon n. m.

bedonnant, e adj.

bedonner v. int.

bédouin, e adj. *Le nomadisme bédouin.* ♦ N. *Les Bédouins.* ♦ HOM. *Bédoin* (commune du Vaucluse).

bée adj. f. *Ils restent bouche bée.* ♦ HOM. → baie.

béer v. int. *Il bée, nous béons, il béera(it).* Conjug. 16. Ce verbe s'emploie à l'infinitif, à l'indicatif présent, imparfait et futur, au conditionnel présent, au participe présent *(béant)* et passé (sous la seule forme féminine *bée).*

beffroi n. m.

bégaiement n. m.

bégard n. m.

bégayant, e adj.

bégayer v. int. Conjug. 8.

bégay*eur, euse* n. et adj.

bégonia n. m. *Des bégonias.*

bégu, uë [bégu] adj. *Un cheval bégu, une jument béguë, des chevaux bégus, des juments béguës* [bégu]. ♦ N. *Un bégu.*

bègue [bèg'] adj. et n. *Il est bègue.*

béguètement n. m.

bégueter v. int. *Elle béguète.* Conjug. 12. → becqueter.

bégueule n. f. et adj.

bégueulerie n. f.

bégueulisme [-is-] n. m.

béguin n. m.

béguinage n. m.

béguine n. f.

bégum [-gom'] n. f. *Des bégums.*

béhaï → bahaï.

béhaïsme → bahaïsme.

béhaviorisme [-is-] n. m.

béhavioriste adj. et n.

*****behaviour therapy** = thérapie par le comportement.

beige adj. → tableau COULEURS A, D, p. 884. ♦ N. m. *Des beiges diversement teintés.*

beigeasse ou **beigeâtre** adj.

beigne n. f.

beignerie n. f.

beignet n. m. ♦ HOM. → baigner.

beïram → baïram.

béjaune n. m.

béké n. et adj. inv. en genre.

bel adj. → beau. ♦ N. m. (unité de mesure : *3 bels* ou *3 B*). ♦ HOM. Graham *Bell,* il *bêle* (v.), *belle* (adj.).

bélandre n. f.

bêlant, e adj.

BEL CANTO

*bel canto (ital.) n. m. = chant de virtuose.
bêlement n. m.
bélemnite n. f.
bêler v. int.
belette n. f.
belga n. m.
belge adj. *Du chocolat belge.* ♦ N. *Une Belge d'Anvers.*
belgeoisant, e adj. et n.
belgicisme [-is-] n. m.
bélier n. m. *Né sous le signe du Bélier* → zodiaque.
bélière n. f.
bélinogramme n. m.
bélinographe n. m.
bélitre n. m.
belladone n. f.
bellâtre adj. et n. m.
belle → beau. ♦ HOM. → bel.
belle-dame n. f. (plante ; papillon). *Des belles-dames.*
belle-de-jour n. f. (liseron). *Des belles-de-jour.*
belle-de-nuit n. f. (plante). *Des belles-de-nuit. Les prostituées nocturnes sont parfois appelées belles de nuit.*
belle-doche n. f. *Des belles-doches.*
belle-famille n. f. *Des belles-familles.*
belle-fille n. f. *Des belles-filles.*
belle lurette (depuis) loc. adv. *Il y a belle lurette.*
belle-maman n. f. *Des belles-mamans.*
bellement adv.
belle-mère n. f. *Des belles-mères.*
belle-petite-fille n. f. *Des belles-petites-filles.*
belles-lettres n. f. pl.
belle-sœur n. f. *Des belles-sœurs.*
bellicisme [-is-] n. m.
belliciste adj. et n.
bellicosité n. f.
bellifontain, e adj. *La forêt bellifontaine.* ♦ N. *Un Bellifontain* (de Fontainebleau).
belligène adj.
belligérance n. f. *Ils sont en état de belligérance.*
belligérant, e adj. et n.
belliqueux, euse adj.
bellot, otte adj. et n.
belluaire n. m.
*belly landing = atterrissage sur le ventre (déf.).
belon n. f. *Prenez six belons.* ♦ HOM. l'embouchure du *Belon.*

belote n. f.
beloter v. int.
bélouga → béluga.
*below the line = coût promotion (pub.).
*belt conveyor = bande transporteuse (urb.).
béluga ou bélouga n. m. *Des bélugas.*
belvédère n. m.
bémol n. m. *Placez des bémols. Le double bémol.* ♦ Adj. inv. *Des si bémol.*
bémolisé, e adj.
bémoliser v. t.
ben [bin] adv. Dit pour « bien ». *Eh ben, oui !*
*ben (arabe) = fils de. *Mohammed ben Youssef.* Adopté quelquefois comme nom : *Ben Bella.* Le pl. est *beni. Le massif des Beni Snassen.* ♦ HOM. → benne.
*Ben (angl.) : diminutif de *Benjamin. Ben Jonson* (auteur anglais), *Big Ben* (cloche de Londres). ♦ HOM. → benne.
bénard, e n. et adj.
*benchmark = test de performance (inf.).
*benchmark method = méthode de référence.
*bench tester = vérificateur de prototype, testeur de prototype (électron.).
*ben-day = fond décalqué ; grisé. *Des ben-days.*
*bene (lat.) = bien. *Nota bene* (N.B.) = remarquez bien.
bénédicité n. m.
bénédictin, e n. *Travail de bénédictin.* → religieux. ♦ HOM. *Bénédictine* (liqueur, n. f. déposé inv.)
bénédiction n. f.
bénéfice n. m. *Sous bénéfice d'inventaire ; participation aux bénéfices ; au bénéfice de ; représentation à bénéfice.* En apocope : *bénéf.*
bénéficiaire adj. et n.
bénéficier n. m. ♦ V. t. ind. Conjug. 17.
bénéfique adj.
bénéluxien, enne adj. et n.
benêt adj. et n. m.
bénévolat [-la] n. m.
bénévole adj.
bénévolement adv.
bengalais, e [bin-] adj. et n.
bengali [bin-] adj. *Une enfant bengali, une fillette bengali* (inv. en genre). ♦ N. *Parler le bengali. Les Bengalis* (inv. en genre). *Cet oiseau est un bengali.*
beni → ben.
bénignement adv.
bénignité n. f.

bénin, igne adj. *Accident bénin; affection bénigne.*
bénincase n. f.
béninois, e adj. et n.
Bénioff (plan de) loc. m.
béni-oui-oui n. inv.
bénir v. t. du 2ᵉ gr. Conjug. 24. Ce verbe a deux participes passés : *béni, bénit*. Le premier, conjugué avec l'auxiliaire *avoir*, se construit avec la préposition *de*. *J'ai béni le hasard. L'officiant a béni la foule.* Le second, qui n'est plus guère qu'un adjectif et ne s'emploie que lorsqu'il s'agit d'une bénédiction rituelle, se construit avec la préposition *par*. *Eau bénite; pain bénit. Le drapeau bénit par l'évêque n'a pas été béni du ciel : il fut vaincu.*
béniss*eur*, *euse* n.
bénit, e adj. *C'est pain bénit.* → bénir.
bénitier n. m.
benjamin, e [bin-] n. *Le benjamin de la famille.* ♦ HOM. Benjamin (prénom).
benji n. m.
benjoin [bin-] n. m.
benne n. f. (caisson tracté). ♦ HOM. **ben** (arabe : fils de); **Ben** (angl. : abrév. de Benjamin).
benoit, e adj. *Une mine benoîte.* ♦ N. f. (plante). ♦ HOM. Benoît (prénom), Pierre Benoit (écrivain).
benoîtement adv.
benthique [bin-] adj.
benthos [bintos'] n. m.
benthosaure [bin-] n. m.
bentonite [bin-] n. f.
benzédrine [bin-] n. f.
benzène [bin-] n. m.
benzénique [bin-] adj.
benzénisme → benzolisme.
benzidine [bin-] n. f.
benzine [bin-] n. f.
benzoate [bin-] n. m.
benzodiarone [bin-] n. f.
benzodiazépine [bin-] n. f.
benzoïque [bin-] adj.
benzol [bin-] n. m.
benzolisme ou **benzénisme** [bin-is-] n. m.
benzonaphtol [bin-] n. m.
benzopyrène [bin-] n. m.
benzoyle [binzo-il'] n. m.
benzyle [bin-] n. m.
benzylène [bin-] n. m.
benzylique [bin-] adj.
béotien, enne [-syen, -syèn'] adj. *Des mœurs béotiennes.* ♦ N. *Cet homme est un béotien. La Béotie était peuplée de Béotiens.*
béotisme [-is-] n. m.
béquée → becquée.
béquet → becquet.
béqueter → becqueter.
béquillard, e adj. et n.
béquille n. f.
béquiller v. int. et t.
ber [bèr'] n. m.
berbère adj. *Des tribus berbères.* ♦ N. *Les Berbères parlent le berbère.*
berbéridacée n. f.
berbéris [-is'] n. m.
berbérophone n. et adj.
bercail n. m. *Ils rentrent au bercail.* Ce mot ne s'emploie qu'au singulier.
berçante n. f.
berce n. f.
berceau n. m. *Des voûtes en berceau. Des berceaux.*
bercelonnette n. f.
bercement n. m.
bercer v. t. *Il berçait.* Conjug. 2.
berc*eur*, *euse* adj. et n.
béret n. m.
bergamasque adj. *Un berger bergamasque. La Suite bergamasque de Debussy. Les Alpes Bergamasques.* ♦ N. f. *La bergamasque ne se danse plus.*
bergamote n. f.
bergamotier n. m.
berge n. f.
berg*er*, *ère* n.
bergerie n. f.
bergeronnette n. f.
berginisation n. f.
bergsonisme [-is-] n. m.
béribéri n. m.
berk ou **beurk** adj. *C'est berk* (inv.). ♦ Interj. *Berk!*
berkélium [-lyom'] n. m. *Des berkéliums.*
berline n. f.
berlingot n. m.
berlinois, e adj. et n.
berlue n. f.
berme n. f.
bermuda n. m.
bermudien, enne adj. et n.
bernacle, bernache ou **barnache** n. f.
bernardin, e n.
bernard-l'ermite n. m. inv.
berne n. f.
berné, e adj. et n.

berner v. t.
bern*eur*, *euse* adj. et n.
bernique ou **bernicle** n. f. (coquillage).
bernique! interj.
bernois, *e* adj. *L'ours bernois.* ♦ N. *Une Bernoise.*
berquinade n. f.
berrich*on*, *onne* adj. *Une danse berrichonne.* ♦ N. *Les Berrichons.*
berruy*er*, *ère* adj. et n. (de Bourges).
bersaglier n. m.
berthe n. f. (pièce de vêtement). ♦ HOM. *Berthe* (prénom).
berthon n. m.
bertillonnage n. m.
béryl n. m.
bérylliose n. f.
béryllium [-lyom'] n. m. *Des bérylliums.*
berzingue (à tout, à toute) loc. adv.
besace n. f. (sac double). ♦ HOM. *besas* (deux as aux dés).
besacier n. m.
besaiguë → bisaiguë.
besant n. m.
besas n. m. → beset.
*****bésef** ou **bézef** (arabe) = beaucoup.
beset [bezè] ou **besas** [bezas'] n. m. ♦ HOM. → besace.
bésicles n. f. pl. Ancienne orthographe : *besicles.*
bésigue n. m.
besogne n. f.
besogner v. int.
besogn*eux*, *euse* adj. et n.
besoin n. m. *S'il en est besoin. Au besoin, exigez-le.*
bessemer [bèsmèr'] n. m. (convertisseur). ♦ HOM. sir Henry *Bessemer.*
*****bessif** (arabe) = d'autorité, sur-le-champ et forcé, par la force.
bess*on*, *onne* n.
bestiaire n. m.
besti*al*, *ale*, *aux* adj.
bestialement adv.
bestialité n. f.
bestiaux n. m. pl. Employé rarement au singulier : *Sale bestiau!*
bestiole n. f.
*****best of** n. m. = le meilleur de, sélection, anthologie, florilège.
*****best-seller** n. m. = succès de vente, gros tirage.
bêta, asse adj. *Ils sont bêtas.* ♦ N. *Une bêtasse.* ♦ N. m. *La lettre bêta; les rayons bêta* ou *rayons* β . ♦ → tableau LANGUES ÉTRANGÈRES ET LANGUES ANCIENNES, *grec*, p. 897.

bêtabloquant, *e* adj. et n. m.
bêta-endorphine n. f. *Des bêta-endorphines.*
bêtaglobuline n. f.
bétail n. m. Ce mot n'a pas de pluriel.
bétaillère n. f.
bêtalactoglobuline n. f.
bêtaméthasone n. f.
bêtasse → bêta.
bêtasynchrotron n. m.
bêtathérapie n. f.
bêtatron n. m.
bête n. f. *Bête de compagnie, de somme, de trait. Une bête à bon Dieu. C'est ma bête noire.* ♦ Adj. *Elles ont l'air bête.* ♦ HOM. **bette** (plante ; bateau).
bétel n. m.
bêtement adv.
bêtifiant, *e* adj.
bêtifier v. int. Conjug. 17.
bêtise n. f.
bêtiser v. int.
bêtisier n. m.
bétoine n. f. (plante). ♦ Ne pas confondre avec *bétoire* (aven normand).
bétoire n. f. → bétoine.
béton n. m.
bétonnage n. m.
bétonné, *e* adj.
bétonner v. t.
bétonneur n. m. (ouvrier).
bétonnière n. f. (machine).
bette ou **blette** n. f. ♦ HOM. → bête.
betterave n. f.
betteravi*er*, *ère* adj. et n.
*****betting** = cote des paris (courses).
bétulacée ou **bétulinée** n. f.
bétyle n. m.
beuglant, *e* n.
beuglement n. m.
beugler v. int. et t.
beur n. m. (arabe, en verlan).
beurette n. f. N'est employé que pour les jeunes filles.
beurk → berk.
beurre n. m. *Des beurres demi-sel ; du beurre de homard ; du beurre d'écrevisses ; au beurre noir. Des petits-beurre. Ils font leur beurre.*
beurré, *e* n.
beurrer v. t.
beurrerie n. f.
beurrier n. m.
beuverie n. f.

bévatron n. m.
bévue n. f.
bey n. m. ♦ HOM. → baie.
beylical, **ale, aux** adj.
beylicat [-ka] n. m.
beylisme [bélis-] n. m.
*****bézef** → *bésef.
bézoard n. m.
bhoutanais, **e** adj. et n. (du Bhoutan).
bi-, bis- Les mots nouveaux formés sur ce préfixe (qui indique un doublement) sont soudés : *biembryonné, bicentenaire*. Si le second élément commence par *s*, on conserve la prononciation [s] : *bisegmentation*. Des mots de cette sorte nous ne mentionnons que les plus employés.
biacide [bi-a-] adj. et n. m.
biacuminé, **e** [bi-a-] adj.
biais, e adj. *Une rallonge biaise.* ♦ N. m. *Tailler en biais; aborder de biais.*
biaisé, e adj.
biaiser v. int. et t.
biarrot, e adj. et n. (de Biarritz).
*****bias** ou **biasing** = polarisation (aud.).
biathlon [bi-atlon] n. m.
biaural → binaural.
biauriculaire → binauriculaire.
biaxe adj.
bibasique adj.
bibelot n. m.
bibeloteur, **euse** n.
Bibendum [-bindom'] n. m. déposé inv.
biberon n. m.
biberonner v. int.
bibi n. m.
bibine n. f.
bible n. f. *La Bible comprend l'Ancien et le Nouveau Testament. Il vécut selon la Bible.* La majuscule ne se met que dans le sens de « Écriture sainte ». *Il avait plusieurs bibles sur un rayon. Acheter une bible reliée. Les œuvres de Montaigne sont sa bible. Du papier bible, des papiers bible.*
Une citation de la Bible se note par l'indication abrégée du livre, du chapitre et du verset. *« La voix de l'Éternel est puissante »* (Ps., XXIX, 4). *« Tâche de venir avant l'hiver »* (II Tim., IV, 21). → prophète.
biblio- → tableau PRÉFIXES C, p. 942.
bibliobus [-bus'] n. m.
bibliocar n. m.
bibliographe n.
bibliographie n. f.

bibliographique adj.
bibliologie n. f.
bibliomanie n. f.
bibliophile n.
bibliophilie n. f.
bibliophilique adj.
bibliopoche n. m.
bibliothécaire n.
bibliothéconomie n. f.
bibliothèque n. f. *Une bibliothèque de gare. La bibliothèque municipale. La bibliothèque Mazarine. La Bibliothèque nationale* (abs. : *la Nationale*).
bibliovisuel, **elle** adj.
biblique adj.
bibliquement adv.
bibliste n.
Bic n. m. déposé inv. *Achetez-moi trois Bic.*
B.I.C. sigle m. pl. Bénéfices industriels et commerciaux.
bicaméral, ale, aux adj.
bicamérisme ou **bicaméralisme** [-is-] n. m.
bicapsulaire adj.
bicarbonate n. m.
bicarbonaté, e adj.
bicarburation n. f.
bicarré, e adj.
bicentenaire n. m. et adj.
bicéphale adj.
biceps [-èps'] adj. et n. m. *Des muscles biceps. Avoir du biceps.*
biche n. f. et adj. inv.
bicher v. int.
bichette n. f.
bichlamar, bichelamar ou **bêche-de--mer** n. m.
bichlorure [-klo-] n. m.
bichof, bischof ou **bishop** n. m.
bichon, **onne** n.
bichonnage n. m.
bichonner v. t.
bichromate [-kro-] n. m.
bichromaté, e [-kro-] adj.
bichromie [-kro-] n. f.
bicipital, **ale, aux** adj.
Bickford [-ford'] n. m. déposé inv. *Du cordeau Bickford.*
bicolore adj.
biconcave adj.
biconvexe adj.
bicoque n. f.
bicorne n. m.
bicorps adj. inv. et n. m.

bicot n. m.
bicouche n. f.
bicourant adj. inv.
bicross n. m.
biculturalisme [-is-] n. m.
biculturel, elle adj.
bicuspide adj.
bicycle n. m. *Le grand bi.*
bicyclette n. f.
bicylindre n. m.
bidasse n. m.
*****bid bond** = caution d'adjudication (écon.).
bide n. m.
bident n. m.
bidet n. m.
bidimensionnel, elle adj.
bidirectionnel, elle adj.
bidoche n. f.
bidon n. m. *Un bidon militaire. C'est du bidon.* ◆ Adj. inv. en genre. *Des attentats bidons; des sociétés bidons.*
bidonnage n. m.
bidonnant, e adj.
bidonner v. int. et pr. *Ce journal bidonne* (fournit de fausses nouvelles). *Ils se sont bidonnés.*
bidonville n. m.
bidonvillisation n. f.
bidouillage n. m.
bidouille n. f.
bidouiller v. t.
bidouilleur, euse n.
*****bid price** = prix offert (écon.).
bidule n. m.
bief n. m. *Les biefs d'amont et d'aval.*
bielle n. f. *Des bielles d'accouplement. Des systèmes bielle-manivelle.*
biellette n. f.
biélorusse adj. et n. (de Biélorussie).
B.I.E.M. sigle m. Bureau international d'enregistrement mécanique.
bien n. m. *Périr corps et biens; des gens de bien; en tout bien tout honneur; une séparation de biens; renoncer aux biens de ce monde; bien mal acquis.* ◆ Adv. *Il est bien venu* (il est venu comme prévu et sans incident); à distinguer de : *Il est le bienvenu* (il est accueilli avec plaisir). *Être bien heureux de s'en tirer ainsi* (s'estimer satisfait); à distinguer de : *Il est bienheureux* (il jouit d'un grand bonheur, de la béatitude), *un bienheureux* (personnage béatifié par l'Église). *Bel et bien* (inv.). ◆ Adj. inv. *Des gens bien.* ◆ Élément de loc. *Si bien que; tant bien que mal; eh bien!; être du dernier bien; il faut bien.*
bien-aimé, e adj. et n. *Des bien-aimés, des bien-aimées.*
bien-aller n. m. sing.
bien-dire n. m. inv.
bien-disant, e n. et adj. *Des bien-disantes.*
biénergie [bi-é-] n. f.
bien-être n. m. inv.
bien-faire n. m. inv.
bienfaisance [-fe-] n. f. *Des œuvres de bienfaisance.*
bienfaisant, e [-fe-] adj.
bienfait n. m.
bienfaiteur, trice adj. et n.
bien-fondé n. m. *Des bien-fondés.*
bien-fonds n. m. *Des biens-fonds.*
bienheureux, euse adj. et n. → bien.
bien-jugé n. m. *Des bien-jugés.*
bien-manger n. m. inv.
biennal, ale, aux adj. et n. f.
biennie n. f. (période de deux ans).
bien-pensant, e n. et adj. *Des milieux bien-pensants.*
bienséance [-sé-] n. f.
bienséant, e [-sé-] adj.
bientôt adv. (rapidement). *Je crois qu'il arrivera bientôt. Bientôt, le ciel se leva.* ◆ *À bientôt!* (loc. interj.). ◆ Ne pas confondre avec l'expression adverbiale *bien tôt* (contraire de *bien tard*). *Vous vous êtes levé bien tôt aujourd'hui.*
bienveillamment adv.
bienveillance n. f.
bienveillant, e adj.
bienvenir v. int. N'est usité qu'à l'infin. *Pour se faire bienvenir.*
bienvenu, e adj. et n. *Vous êtes le bienvenu; souhaiter la bienvenue; soyez les bienvenus.* On écrit en deux mots quand il est possible de supprimer « bien ». *Oui, ils sont bien venus, mais je n'étais pas là.* → bien. ◆ HOM. Fulgence *Bienvenüe* (constructeur du métro parisien : d'où la station « Montparnasse-Bienvenüe »).
bien-vivre n. m. inv.
bière n. f.
biergol [bi-è-] n. m.
Biermer (maladie de) loc. f.
bierstub [bir-] n. f. (débit de bière alsacien).
bièvre n. m. (canard). ◆ HOM. la *Bièvre* (rivière).
biface n. m.

biffage ou **biffement** n. m.
biffe n. f.
biffer v. t.
biffeton n. m.
biffin n. m.
biffure n. f.
bifide adj.
bifidus [-dus'] n. m.
bifilaire adj.
biflèche adj. inv.
biflecnodal, aux adj. m.
bifocal, ale, aux adj.
bifrons adj. m. et n. m. (qui a deux fronts). *Janus bifrons.*
bifteck n. m. (en angl. : *beefsteak*). *Un steak ; du romsteck* (ou *rumsteck*).
bifurcation n. f.
bifurquer v. int.
bigame adj. et n.
bigamie n. f.
bigarade n. f.
bigaradier n. m.
bigarré, e adj.
bigarreau n. m. *Des bigarreaux.*
bigarrer v. t.
bigarrure n. f.
*****big bag** = grand sac.
*****big band** loc. m. = grand orchestre de jazz.
big bang ou **big-bang** n. m. (explosion originelle de l'Univers).
*****big close up** = très gros plan (aud.).
Bige sigle m. Billet individuel de groupe étudiant. ♦ Adj. inv. *Des billets Bige.*
bigle adj. et n.
bigler v. int. et t.
bigleux, euse adj. et n.
bignole n. f.
bignonia n. m. ou **bignone** n. f. *Des bignonias.*
bignoniacée n. f.
bigophone n. m.
bigor n. m. (soldat). ♦ HOM. *Bigorre* (région de Tarbes).
bigorne n. f.
bigorneau n. m. *Des bigorneaux.*
bigorner v. t.
bigot, e adj. et n.
bigoterie n. f.
bigotisme [-is-] n. m.
bigouden [-din] n. m. (coiffe). ♦ N. f. (femme portant cette coiffe). *Une bigouden* [-dèn']. ♦ Adj. *Le pays bigouden.*
bigoudi n. m.

bigourdan, e adj. et n. (de la Bigorre).
bigre! interj.
bigrement adv.
bigrille n. f. et adj.
biguanide [-gwa-] n. m.
bigue n. f.
biguine [bighin'] n. f.
bihebdomadaire adj.
bihoreau n. m. *Des bihoreaux.*
bijectif, ive adj.
bijection n. f.
bijou n. m. *Des bijoux.*
bijouterie n. f.
bijoutier, ère n.
bijumeaux adj. m. pl.
Bikini n. m. déposé inv. *Il y a des Bikini en vitrine.* ♦ HOM. l'îlot de *Bikini* (Pacifique).
bikiniser v. t.
bilabial, ale, aux adj. et n. f.
bilabié, e adj.
bilame n. m.
bilan n. m. *Des bilans de santé.*
bilatéral, ale, aux adj.
bilatéralement adv.
bilatéralité n. f.
bilboquet n. m.
bile n. f.
biler (se) v. pr. *Elle s'est bilée.*
bileux, euse adj.
bilharzie ou **bilharzia** n. f.
bilharziose n. f.
biliaire adj. *La vésicule biliaire.*
bilié, e adj.
bilieux, euse adj. et n.
biligenèse n. f.
bilinéaire adj.
bilingue adj. et n.
bilinguisme [-linghuis-] n. m.
bilirubine n. f.
biliverdine n. f.
*****bill** = projet de loi.
billage n. m.
billard n. m.
bille [biy'] n. f. *Des stylos à bille ; roulement à billes ; palier à billes ; butée à billes ; jeu de billes.*
billebaude (à la) [biy'-] loc. adv.
billet n. m. *Billet de logement ; billet à ordre.*
billeté, e adj.
billette n. f.
billetterie n. f.
billettique n. f.

billettiste n.
billevesée [bil-] n. f.
billion [bi-lyon] n. m. Le billion vaut 10^{12} ou 1 000 000 000 000. Il est représenté par le préfixe *téra-* (T). C'était l'ancien nom du milliard. ♦ Ne pas le confondre avec *billon* (monnaie ; labour). ♦ → tableau NOMBRES, IV, p. 911.
billionième n. m.
billon [biyon] n. m. → billion.
billonnage [biyo-] n. m.
billot [biyo] n. m.
bilobé, e adj.
biloc*al*, *ale*, *aux* adj.
biloculaire adj.
biloquer v. t.
bimane adj. et n.
bimbeloterie n. f.
bimbelot*ier*, *ère* n.
bimensu*el*, *elle* adj.
bimestre n. m.
bimestr*iel*, *elle* adj.
Bimétal n. m. déposé inv.
bimétallique adj.
bimétallisme [-is-] n. m.
bimétalliste adj. et n.
bimillénaire n. m.
bimoteur adj. et n. m.
binage n. m.
binaire adj.
binard ou **binart** n. m.
*****binary character** = élément binaire (télécom.).
*****binary chemical munition** = munition chimique binaire (déf.).
*****binary digit** = élément binaire (télécom.).
*****binary image** = image binaire (spat.).
bination*al*, *ale*, *aux* adj. et n.
binationalité n. f.
binaur*al*, *ale*, *aux* ou **biaur*al*, *ale*, *aux*** [bi-ô-] adj. *Une audition binaurale.*
binauriculaire ou **biauriculaire** [bi-ô-] adj.
biner v. t. *Il bine le jardin.* ♦ V. int. *Ce matin, le prêtre a biné* (a dit deux fois la messe).
Binet-Simon (test ou échelle de) loc.
binette n. f.
bin*eur*, *euse* n.
bineutron n. m.
*****bingo** [bin'go] n. m. = jeu de hasard américain.
biniou n. m. *Des binious.*

binoclard, e adj. et n.
binocle n. m.
binoculaire adj.
binôme n. m.
binomi*al*, *ale*, *aux* adj.
binomin*al*, *ale*, *aux* adj.
binon n. m.
bintje n. f.
bin's ou **binz** [bin's'] n. m.
bio- → tableau PRÉFIXES C, p. 942.
bioacoustique n. f.
bioastronome n.
bioastronomie n. f.
*****bioavailability** = biodisponibilité (méd.).
biobibliographie n. f.
biocapteur n. m.
biocarburant n. m.
biocatalyseur n. m.
biocénose ou **biocœnose** n. f.
biochimie n. f.
biochimique adj.
biochimiste n.
biochron [-kron] n. m.
biocide n. m.
bioclimat n. m.
bioclimatique adj.
bioclimatologie n. f.
biocœnose → biocénose.
biocompatible adj.
bioconversion n. f.
biocosmétologie n. f.
biocosmétologue n.
biodégradabilité n. f.
biodégradable adj.
biodégradation n. f.
biodétecteur n. m.
biodisponibilité n. f.
bioélectricité n. f.
bioélectronique n. f.
bioélément n. m.
bioénergétique adj.
bioénergie n. f.
bioéthique n. f.
biofeedback [-fidbak'] n. m.
biogaz n. m.
biogène adj.
biogenèse n. f.
biogénie n. f.
biogéographie n. f.
biogramme n. m.
biographe n.
biographie n. f.
biographique adj.

bio-industrie n. f. *Des bio-industries.*
*****biological defence** = défense biologique (déf.).
*****biological shield** ou **biological shielding** = bouclier biologique (nucl.).
biologie n. f.
biologique adj.
biologiser v. t.
biologisme [-is-] n. m.
biologiste n.
bioluminescence n. f.
biomagnétisme [-is-] n. m.
biomasse n. f.
biomatériau n. m. *Des biomatériaux.*
biome n. m.
biomécanicien, enne n.
biomécanique n. f.
biomédical, ale, aux adj.
*****biomedical engineering** = génie biomédical.
*****biomedical reactor** = réacteur de radiobiologie (nucl.).
biométéorologie n. f.
biométrie n. f.
biomorphique adj.
biomorphisme [-is-] n. m.
bionique n. f. et adj.
biopharmacie n. f.
biophysicien, enne n.
biophysique n. f.
biopsie n. f.
biorythme n. m.
biosciences n. f. pl.
bioside [-zid'] n. m.
biospéléologie n. f.
biosphère n. f.
biostasie n. f.
biosynthèse n. f.
biote n. m.
biotechnologie ou **biotechnique** n. f.
biothérapie n. f.
biotine n. f.
biotique adj.
biotite n. f.
biotope n. m.
biotype n. m.
biotypologie n. f.
bioverre n. m.
bioxyde n. m.
bip ou **bip-bip** n. m. *Des bips; des bips-bips.*
bipale adj.
biparti, e ou **bipartite** adj. *Des ministères bipartites.*
bipartisan, e adj.
bipartisme [-is-] n. m.
bipartite → biparti.
bipartition n. f.
bipasse n. m. Ce mot est un calque de l'anglais *****by-pass.*
bipasser v. t.
bip-bip → bip.
bipède adj. et n.
bipédie n. f.
bipenne n. f. (hache à deux tranchants).
bipenne ou **bipenné, e** adj. (qui a deux ailes).
biphasé, e adj.
bipied n. m.
biplace adj. et n.
biplan n. m.
bipoint n. m.
bipolaire adj.
bipolarisation n. f.
bipolarisé, e adj.
bipolarisme [-is-] n. m.
bipolarité n. f.
bipoutre adj.
biprocesseur n. m. et adj. m.
*****biprocessor** = biprocesseur (inf.).
*****bipropellant** = diergol, biergol (spat.).
biquadratique adj.
bique n. f.
biquet, ette n.
biquinaire adj.
biquotidien, enne adj.
birapport n. m.
birbe n. m.
B.I.R.D. sigle f. Banque internationale pour la reconstruction et le développement, dite « Banque mondiale ». Ce sigle, orthographié *Bird*, est quelquefois prononcé à l'anglaise [beurd'].
*****birdie** = oiselet; moins-un (golf).
biréacteur adj. et n. m.
biréfringence n. f.
biréfringent, e adj.
birème n. f.
biribi n. m.
birman, e adj. *Les montagnes birmanes.*
♦ N. *Le birman* (langue). *Un Birman* (de Birmanie).
birotor n. m. et adj.
biroute n. f.
birr n. m. (monnaie éthiopienne). ♦ HOM. *Byrrh* (apéritif).
*****birth control** = régulation des naissances.

BIS

bis, e [bi, biz'] adj. *Du pain bis; de la toile bise.* → bis, adv.; tableau COULEURS A, p. 884.

bis [bis'] adv. (deuxième fois). *Il loge au numéro 23 bis.* ♦ N. m. *Des bis ont salué l'artiste.* ♦ Interj. *Bis!* ♦ Homographe hétérophone : *bis* [bi] (adj.). ♦ HOM. → bisse.

bisaïeul, e n. *Des bisaïeuls, des bisaïeules.*

bisaiguë ou **besaiguë** [-ègu] n. f.

bisannuel, elle adj.

bisbille n. f. *Ils sont en bisbille.*

bisbrouille n. f.

biscaïen, enne ou **biscayen, enne** [-ka-yin, -yèn'] adj. *Un paysan biscaïen.* ♦ N. *Il parlait le biscaïen. C'est une Biscaïenne* (de la Biscaye). ♦ N. m. (fusil; projectile). ♦ N. f. (embarcation).

bischof → bichof.

biscôme n. m.

biscornu, e adj.

biscoteau n. m. *Des biscoteaux.*

biscotin n. m.

biscotte n. f.

biscotterie n. f.

biscuit n. m. *Des statuettes de biscuit. Des paquets de biscuits.*

biscuiter v. t.

biscuiterie n. f.

biscuitier, ère n.

bise n. f.

biseau n. m. *Des biseaux.*

biseautage n. m.

biseauter v. t.

biser v. t. (donner une bise, un baiser). ♦ V. int. (devenir gris, en parlant d'une céréale). ♦ HOM. → biset.

bisérial, ale, aux [-sé-] adj.

biset n. m. (pigeon sauvage). ♦ HOM. il *bisait* (v.), *bizet* (mouton d'Auvergne).

bisexualité [-sè-] n. f.

bisexué, e [-sè-] adj.

bisexuel, elle [-sè-] adj. et n.

bishop → bichof.

bismuth n. m.

bismuthé, e adj.

bismuthine n. f.

bisoc [-sok'] n. m. *Des charrues bisocs.*

bison, onne n.

bisontin, e adj. *L'horlogerie bisontine.* ♦ N. *Un Bisontin* (de Besançon).

bisou ou **bizou** n. m. *Des bisous.*

bisque n. f. *Bisque d'écrevisses, de crevettes, de crabes. Bisque de homard. Il a pris la bisque.* ♦ Interj. *Bisque!*

bisquer v. int.

bissac n. m.

bisse n. m. (canal en Suisse). ♦ N. f. (guivre en héraldique). ♦ HOM. *bis* (adv.), il *bisse* (v.).

bissecteur, trice adj.

bissection n. f.

bissectrice n. f.

bissel n. m. *Les bissels de la locomotive.* ♦ HOM. des balais *Bissell* (n. m. déposé inv.).

bisser v. t.

bissexte n. m.

bissextil, e adj. *Un mois bissextil; une année bissextile.*

bistable adj.

bistorte n. f.

bistouille ou **bistrouille** n. f.

bistouri n. m. *Des bistouris électriques.*

bistournage n. m.

bistourner v. t.

bistre n. m. *Complétez votre lavis par des bistres.* ♦ Adj. inv. *Des peintures bistre.*

bistré, e adj. *Des papiers bistrés.*

bistrer v. t.

bistrot ou **bistro** n. m.

bistrotier, ère n.

bistrouille → bistouille.

bisulfate [-sul-] n. m.

bisulfite [-sul-] n. m.

bisulfure [-sul-] n. m.

bit [bit'] n. m. (unité d'information). ♦ HOM. → bitte.

B.I.T. sigle m. Bureau international du travail.

bite → bitte.

bitension n. f.

biterrois, e adj. *Une cave biterroise.* ♦ N. *Un Biterrois* (de Béziers).

***bit map screen** = écran pixel, écran pixélisé (inf.).

bitonal, ale, aux ou **als** adj.

bitoniau n. m. *Des bitoniaux.*

bitard n. m.

bitos [-tos'] n. m.

bitte n. f. (borne pour enrouler les amarres d'un navire). ♦ HOM. *bitte* ou *bite* (pénis), *bit* (unité d'information).

bitte ou **bite** n. f. ♦ HOM. → bitte.

bitter [-tèr'] n. m.

biture n. f.

biturer (se) → biturer (se).

bitumage n. m.

bitume n. m. et adj. inv. (couleur).

bitumer v. t.

bitumeux, euse adj.

bitumineux, euse adj.
biturbine adj.
biture ou **bitture** n. f.
biturer (se) ou **bitturer (se)** v. pr.
biunivoque [bi-u-] adj.
bivalence n. f.
bivalent, e adj.
bivalve adj. et n. m.
biveau n. m. *Des biveaux.*
bivitellin, e adj.
bivouac n. m. ♦ HOM. il bivouaque (v.).
bivouaquer v. int.
biwa [-wa] n. m. (luth japonais).
bizarre adj.
bizarrement adv.
bizarrerie n. f.
bizarroïde adj.
bizet n. m. ♦ HOM. → biset.
bizou → bisou.
bizut ou **bizuth** n. m.
bizutage n. m.
bizuter v. t.
bla-bla ou **bla-bla-bla** n. m. inv.
Black n. (personne de race noire).
black-bass n. m. inv.
black-bottom n. m. *Des black-bottoms.*
blackboulage n. m.
blackbouler v. t.
black-jack n. m. *Des black-jacks.*
***black knight** = chevalier noir (écon.).
***black or white knights** = chevaliers noirs ou blancs (écon.).
***black-out** n. m. = secret, mystère, silence, occultation, obscurité (en général); extinction, disparition des signaux, silence radio, occultation (télécom., déf.).
black-rot [-rot'] n. m. *Des black-rots.*
blafard, e adj.
blaff n. m.
blague n. f.
blaguer v. int. et t. *Nous blaguons.* Conjug. 4.
blagueur, euse adj. et n.
blair n. m.
blaireau n. m. *Des blaireaux.*
blairer v. t.
blaisois → blésois.
blâmable adj.
blâme n. m.
blâmer v. t.
blanc, blanche adj. *Un mal blanc; ils sont tout blancs; le mont Blanc* (sommet); *le massif du Mont-Blanc. Les Pères blancs. Une sauce blanche.* ♦ N. *Exposition de blanc; un blanc* (espace blanc); *une blanche* (note de musique); *un Blanc, une Blanche* (personnes de race blanche); *du blanc de céruse, de poulet, d'Espagne, de champignon, etc. Des blancs d'œufs. Du blanc de blanc(s). Les Blancs et les Bleus* (guerre de Vendée). *Le Blanc* (ville de l'Indre). ♦ Élément de loc. inv. *En blanc; au blanc; à blanc. Saigner à blanc; des tirs à blanc; des cuissons au blanc; des chèques en blanc.*
blanc-bec n. m. *Des blancs-becs.*
blanc-étoc ou **blanc-estoc** n. m. *Des blancs-étocs; des blancs-estocs.* ♦ *Couper des arbres à blanc-étoc* (loc. inv.).
blanchaille n. f.
blanchâtre adj.
blanche → blanc.
blanchet n. m.
blancheur n. f.
blanchiment n. m.
blanchir v. t. du 2ᵉ gr. Conjug. 24. *Blanchir des choux.* ♦ V. int. *Sous l'insulte, il a blanchi. Blanchir sous le harnois.*
blanchissage n. m.
blanchissant, e adj.
blanchissement n. m.
blanchisserie n. f.
blanchisseur, euse n.
blanchon n. m.
blanc-manger n. m. *Des blancs-mangers.*
blanc-seing [-sin] n. m. *Des blancs-seings.*
blanc-manteau n. m. *Des blancs-manteaux.*
blandice n. f. Employé surtout au pl.
***blanket** = couverture, couverture fertile (nucl.).
blanquette n. f. *Une blanquette de veau arrosée de blanquette de Limoux.*
blanquisme [-is-] n. m.
blaps [-aps'] n. m.
blase ou **blaze** n. m.
blasé, e adj. et n.
blasement n. m.
blaser v. t.
blason n. m.
blasonner v. t.
blasphémateur, trice n. et adj.
blasphématoire adj.
blasphème n. m.
blasphémer v. t. et int. *Il blasphème, il blasphémait, il blasphémera(it).* Conjug. 10.
***blast injury** = lésion par souffle (méd.).

BLASTOCYSTE

blastocyste n. m.
blastoderme n. m.
blastogenèse n. f.
blastomère n. m.
blastomycète n. m.
blastomycose n. f.
blastopore n. m.
blastula n. f. *Des blastulas.*
blatérer v. int. *Il blatère, il blatérait, il blatérera(it).* Conjug. 10.
blatir v. int. du 2ᵉ gr. Conjug. 24.
blatte n. f.
blattidé n. m.
blaze → blase.
blazer [-zèr' ou -zeur'] n. m.
blé n. m. *Du blé en sacs; des sacs de blé; des blés en épi; des champs de blé; du blé en herbe.*
bled [-èd'] n. m.
blédard n. m.
blême adj.
blêmir v. int. du 2ᵉ gr. Conjug. 24.
blêmissement n. m.
blende [blind'] n. f. (minerai). ♦ HOM. une *blinde* (poutre), il *blinde* (v.).
blennie n. f.
blennorragie n. f.
blennorragique adj.
blennorrhée n. f.
blépharite n. f.
blépharospasme n. m.
blèsement n. m. → blésité.
bléser v. int. et t. *Il blèse, il blésait, il blésera(it).* Conjug. 10.
blésité n. f. ou **blèsement** n. m.
blésois, e ou **blaisois, e** adj. *Une spécialité blésoise.* ♦ N. *Le Blésois* (ancien comté; région); *un Blésois* (de Blois).
blessant, e adj.
blessé, e adj. et n.
blesser v. t.
blessure n. f.
blet, blette adj.
blette n. f. → bette
blettir v. int. du 2ᵉ gr. Conjug. 24.
blettissement n. m. ou **blettissure** n. f.
bleu, e adj. *Le ciel bleu; la zone bleue; des rubans bleus. Choisissez un papier peint parmi les bleus clairs.* ♦ Adj. inv. *Des tissus bleu foncé.* ♦ N. *Des bleus de travail; du bleu d'Auvergne; une truite au bleu. Il s'est fait un bleu au front.* ♦ → tableau COULEURS, p. 884.
LEXIQUE : aigue-marine, azulejo, azur, azuréen, azurescent, barbeau, bleuâtre, bleuissant, céruléen, ciel, cobalt, cyan, cyanite, guède, horizon, inde, indigo, lapis-lazuli, lavande, marine, myosotis, Nattier, outremer, pastel, pervenche, pétrole, de Prusse, roi, saphir, smalt, turquin, turquoise.
bleuâtre adj.
bleuet [bleû-è] ou **bluet** [blu-è] n. m.
bleueterie [-eû-ètri] n. f.
bleuetière [-eû-èt-] n. f.
bleuir v. t. et int. du 2ᵉ gr. Conjug. 24.
bleuissage n. m.
bleuissant, e adj.
bleuissement n. m.
bleusaille n. m. *C'est un bleusaille.* ♦ N. f. *La bleusaille* (l'ensemble des bleus).
bleuté, e adj.
bleuter v. t.
bliaud ou **bliaut** n. m.
blindage n. m.
blinde n. f. ♦ HOM. → blende.
blindé, e adj. et n. m.
blinder v. t.
*****blind loop** = anse borgne (méd.).
*****blind test** = test aveugle, épreuve à l'insu (méd.).
blini n. m.
*****blinker** = clignotant, clignoteur.
blinquer v. int.
*****blister** = blistère, emballage plastique.
blistère n. m.
*****blister pack** = emballage transparent, emballage coque.
*****blitz** n. f. = bombardement aérien.
*****Blitzkrieg** (all.) = guerre éclair (n. f.).
blizzard n. m.
bloc n. m. *Un bloc monétaire (bloc dollar, bloc sterling...). Un bloc opératoire. Le bloc soviétique.* ♦ *En bloc; à bloc* (loc. adv.). ♦ HOM. il *bloque* (v.).
blocage n. m.
blocaille n. f.
blocaux n. m. pl. *De l'argile à blocaux.*
bloc-cuisine n. m. *Des blocs-cuisines.*
bloc-cuisson n. m. *Des blocs-cuissons.*
bloc-cylindres n. m. *Des blocs-cylindres.*
bloc-diagramme n. m. *Des blocs-diagrammes.*
bloc-eau n. m. *Des blocs-eau.*
*****block** = contre (n. m., sport); bloc (méd.).
*****blockhaus** (all.) n. m. = fortin.
*****blockhouse** = abri fortifié (urb.); poste de lancement (spat.).
*****block plan** = plan d'épannelage (urb.).

*blockpnee = blocpnée (méd.).

*block time = temps de vol cale à cale (transp.).

bloc-mémoire n. m. *Des blocs-mémoire.*

bloc-moteur n. m. *Des blocs-moteurs.*

bloc-notes n. m. *Des blocs-notes.*

blocpnée n. f.

bloc-sièges n. m. inv.

bloc-système ou bloc n. m. *Des blocs--systèmes.*

blocus n. m.

blond, *e* adj. et n. → tableau COULEURS A, C, p. 884.

blondasse adj.

blondel n. m.

blondeur n. f.

blondin, *e* adj. et n.

blondin*et, ette* adj. et n.

blondir v. int. du 2ᵉ gr. Conjug. 24.

*blood agent = hémotoxique (déf.).

bloody mary n. m. inv.

*bloom = barre d'acier (métallurgie); efflorescence (mer).

bloomer [bloumeur'] n. m.

bloquer v. t.

blottir (se) v. pr. du 2ᵉ gr. Conjug. 24. *Elle s'est blottie.*

blousant, *e* adj.

blouse n. f. → blousse.

blouser v. t.

blouson n. m.

blouson-noir n. m. (qui commet des méfaits). *Des blousons-noirs.* On écrira sans trait d'union : *Ils portent des blousons noirs.*

blousse n. f. (déchets de laine). ♦ Ne pas confondre avec *blouse* (vêtement).

*blow-in-door = entrée d'air auxiliaire (déf.).

*blow out = éruption (pétr.).

*blow out preventer = obturateur (pétr.).

*blue chip = valeur de premier ordre (écon.).

blue-jean [bloudjin'] ou blue-jeans [-djin's'] n. m. *Des blue-jeans.*

blues [blouz'] n. m. (fox-trot lent; mélancolie, cafard).

bluet → bleuet.

bluette n. f.

bluff [bleuf'] n. m. *Des bluffs.*

bluffer [bleu'] v. t. et int.

bluff*eur, euse* [bleu'] adj. et n.

*blunt ends = extrémités franches (génét.).

blurg n. m.

*blush n. m. = fard à joues.

blutage n. m.

bluter v. t.

bluterie n. f.

blutoir n. m.

b.m.t.n. Sigle m. (Bon à moyen terme négociable).

boa n. m.

*boat people = exilé de la mer, réfugié. Cette locution est invariable.

bob n. m. (chapeau; bobsleigh). *Des bobs.*

bobard n. m.

bobèche n. f.

bobéchon n. m.

bob*et, ette* adj.

bobeur n. m.

bobinage n. m.

bobinard n. m.

bobine n. f. *Bobine d'allumage, d'induction, de Ruhmkorff.*

bobineau → bobinot.

bobiner v. t.

bobinette n. f. *La bobinette cherra.*

bobin*eur, euse* n.

bobin*ier, ère* n.

bobinoir n. m.

bobinot ou bobineau n. m. *Des bobineaux.*

bobo n. m.

bobonne n. f.

bobsleigh n. m. En apocope : *bob*.

bobtail n. m. *Des bobtails.*

bocage n. m.

bocag*er, ère* adj.

bocal n. m. *Des bocaux.*

bocane n. f.

bocard n. m.

bocardage n. m.

bocarder v. t.

boche adj. *Une attaque boche.* ♦ N. *Les Boches.*

bochiman n. et adj. inv. en genre. *Des huttes bochimans.*

bock n. m.

bodhisattva n. m.

*body n. m. = justaucorps, maillot collant, léotard.

*body-building n. m. = musculation esthétique, culture physique, culturisme, mise en forme. *Des body-buildings.*

*body pull = maillot collant.

boësse n. f.

boette, boëte, bouette ou boitte [bwèt' ou bwat'] n. f. (appât pour la pêche). ♦ HOM. → boîte.

bœuf [beuf'] n. m. *Des bœufs* [beû]. *Un joug de bœufs.* ♦ Adj. inv. *Des effets bœuf.*

bof! interj.

bog n. m.

bogage n. m.

boghead [boghèd'] n. m.

boghei, boguet [boghè] ou **buggy** [beughi] n. m.

bogie n. m. Quelquefois écrit BOGGIE par erreur.

bogomile n. m.

Bogomolets (sérum de) loc. m.

bogue n. f.

boguer v. t. et int.

boguet → boghei.

bohème adj. *Une vie bohème.* ♦ N. *Des bohèmes menant une vie de bohème. La bohème.* ♦ HOM. *Bohême* (en République tchèque). *Du cristal de Bohême.*

bohémien, enne n. *Un bohémien* (nomade); *un Bohémien* (habitant de la Bohême). → gitan. ♦ Adj. *Des mœurs bohémiennes.*

boïar → boyard.

*****boiling water reactor** (B.W.R.) = réacteur à eau bouillante (nucl.).

boille [boy'] ou **bouille** [bouy'] n. f. (bidon à lait).

boire v. t. Conjug. 33. → tableau PARTICIPE PASSÉ III, F, 10°, p. 924. ♦ N. m. *Le boire et le manger.*

bois n. m. *Bois de lit; bois de Panama; les bois du cerf; du bois en grume; du bois de charpente; faire flèche de tout bois; au fond des bois; les bois de justice; bois en billes; un bois de chênes; du bois de chêne; gravure sur bois de fil; sur bois debout* (ou de bout). *Le bois de Boulogne* (abs.: *le Bois*). *Les bois* (instruments de musique). ♦ HOM. *il boit* (v. boire).

boisage n. m.

boisé, e adj.

boisement n. m.

boiser v. t.

boiserie n. f.

boiseur n. m.

boisseau n. m. *Des boisseaux.*

boisselée n. f.

boisselier n. m.

boissellerie n. f.

boisserie n. f.

boisson n. f. *Un débit de boissons; être pris de boisson. Des quarts Perrier; des Pernod grenadine; trois Suze; des cafés crème; des vermouths citron; des espressos. Dans ce Coca* (nom déposé), *il n'y a pas de coca* (substance tirée d'une plante). → eau.

bois un n. m. inv.

boîte n. f. *Boîte d'essieu, de nuit, de vitesses. Boîte à malice; boîte à fumée; boîte aux lettres. Ils les mettent en boîte. Des boîtes de conserve* (pour la même sorte de conserve); *des boîtes de conserves* (pour différentes conserves). *Boîte de Goldberg-Hogness, de Pribnow, Tata, homéotique.* ♦ HOM. *il boite* (v. boiter), *une boitte* (appât).

boitement n. m.

boiter v. int.

boiterie n. f.

boiteux, euse adj. et n.

boitier n. m.

boitillement n. m.

boitiller v. int.

boiton n. m.

boit-sans-soif n. inv.

boitte → boette.

bol n. m. *Le bol alimentaire. La course du Bol d'or.*

bolchevique ou **bolchevik** adj. et n. *Les bolcheviks s'opposèrent aux mencheviks.*

bolchevisme [-is-] n. m.

bolcheviste adj. et n.

boldo n. m.

bolduc n. m.

bolée n. f.

boléro n. m.

bolet n. m. *Le bolet Satan.*

bolide n. m.

bolier ou **boulier** n. m. (filet de pêche).

bolivar n. m. (monnaie; chapeau). ♦ HOM. *le général Bolivar.*

boliviano n. m.

bolivien, enne adj. *Les mines d'étain boliviennes.* ♦ N. *Les Boliviens.*

bollandiste n.

bollard n. m.

bolomètre n. m.

bolonais adj. et n. (de Bologne).

bombacée n. f.

bombage n. m.

bombagiste n. m.

bombance n. f. *Ils ont fait bombance.*

bombarde n. f.

bombardement n. m.

bombarder v. t.

bombardier n. m.

bombardon n. m.

bombax n. m.

bombe n. f. *La bombe atomique (bombe A), bombe bactériologique*

(bombe B), bombe chimique (bombe C), bombe au cobalt, bombe à hydrogène (bombe H), bombe à neutrons (bombe N), bombe gamma ou à retardement (bombe γ), bombe à particules.
bombé, e adj.
bombement n. m.
bomber v. t. et int.
bombe*ur, euse* n.
bombinette n. f.
***bombing** = bombardement.
***bombing area** = zone de bombardement.
bombonne → bonbonne.
bombyx n. m.
bôme n. f. ♦ HOM. → baume.
bômé, e adj.
bon, bonne [bon] devant une consonne (*du bon pain*) ou un *h* aspiré (*un bon haricot*); [bon'] devant une voyelle (*un bon apôtre*). ♦ Adj. *Avoir bonne mine. Des filles bon chic bon genre. Une cravate B.C.B.G. Ils semblent bons. Les voilà bons derniers. Il n'est bon bec que de Paris.* ♦ N. *Des bons de réquisition, du Trésor. Les bons et les méchants. Un bon à rien, des bons à rien.* ♦ Adv. *Les gâteaux sentent bon.* ♦ Élément de loc. inv. *C'est bon marché. À quoi bon? À bon entendeur, salut! Faire bonne mesure. Pour de bon; pour tout de bon; bel et bon; à bon escient; à bon droit; de bon aloi; faire bon poids; à la bonne franquette; à la bonne heure. Bon an, mal an. Bon gré, mal gré. Bon pied, bon œil. À bon chat, bon rat.* ♦ Interj. *Ah bon!* ♦ → bon-bec; bon marché; bonne. ♦ HOM. *bond* (saut).
bonace n. f. ♦ HOM. → bonasse.
***bona fide** (lat.) = de bonne foi.
bonamia n. f.
bonapartisme [-is-] n. m.
bonapartiste adj. et n.
bonasse adj. (bon et naïf). ♦ HOM. *bonace* (calme sur la mer).
bonasserie n. f.
bon-bec n. m. (personne bavarde et qui sait se défendre). *Des bons-becs. Les mots sont séparés dans avoir bon bec.*
Bonbel n. m. déposé inv.
bonbon n. m.
bonbonne ou **bombonne** n. f.
bonbonnière n. f.
bon-chrétien n. m. *Un panier de bons--chrétiens (poires). Cet homme est un bon chrétien.*
bond n. m. *Saisir la balle au bond; faire faux bond; aller par bonds.* ♦ HOM. → bon.

bondage n. m.
bonde n. f.
bondé, e adj.
bondelle n. f.
bondérisation n. f.
bondérisé, e adj.
bondieuserie n. f.
***bonding** = soudage, collage, métallisation.
bondir v. int. du 2ᵉ gr. Conjug. 24.
bondissement n. m.
bondon n. m.
bondrée n. f.
bonellie n. f.
bon enfant adj. inv. *Des airs bon enfant.*
***bone seeking** = ostéotrope (nucl.).
bongo n. m.
bonheur n. m. *Ils portent bonheur. Un porte-bonheur.* ♦ HOM. *se lever de bonne heure.*
bonheur-du-jour n. m. *Des bonheurs-du--jour.*
bonhomie n. f.
bonhomme [bon'om'] n. m. *Des bons--hommes* [bonzom']. *Le bonhomme est là, avec sa bonne femme. Ils vont leur petit bonhomme de chemin.* ♦ Adj. *Un air bonhomme; des airs bonhommes.*
boni n. m. *Des bonis.*
boniche → bonniche.
bonichon n. m.
boniface n. et adj. ♦ HOM. *Boniface* (prénom).
bonification n. f.
bonifier v. t. Conjug. 17.
boniment n. m.
bonimenter v. int.
bonimente*ur, euse* n.
bonir v. t. du 2ᵉ gr. Conjug. 24.
bonisseur n. m.
bonite n. f.
bonjour n. m. *Des bonjours chaleureux.* ♦ Interj. *Bonjour!*
bon marché adj. inv. *Des vêtements bon marché.*
bonnard, e adj.
bonne n. f. *Des bonnes à tout faire.* ♦ Adj. → bon. ♦ HOM. *Bonn* (ville allemande), *Beaune* (ville française), *Bône* (ancien nom de la ville algérienne d'Annaba).
bonne franquette (à la) loc. adv. *Recevoir des amis à la bonne franquette.*
bonne-maman n. f. *Des bonnes-mamans.*
bonnement adv.
bonnet n. m. *Des bonnets à poil; des bonnets de nuit. C'est bonnet blanc et blanc*

BONNET-DE-PRÊTRE

bonnet. Des bonnets d'âne. Le bonnet phrygien.
bonnet-de-prêtre n. m. *Des bonnets-de-prêtre.*
bonneteau n. m. *Des bonneteaux.*
bonneterie [bon'tri] n. f.
bonneteur n. m.
bonnetier, ère n.
bonnette n. f.
bonniche ou **boniche** n. f.
bon-papa n. m. *Des bons-papas.*
bonsaï [bon'zay'] n. m. (arbre miniature en pot). *Des bonsaïs.* L'Acad. écrit BONZAÏ.
bonsoir n. m. *Des bonsoirs affectueux.* ♦ Interj. *Bonsoir!*
bonté n. f.
bonus [bonus'] n. m. Ne pas confondre avec *Bonux* (marque déposée). *La règle du bonus-malus.*
bon vivant n. m. *Des bons vivants.*
bonze, esse n.
bonzerie n. f.
***booby-trap** = piège (déf.).
boogie-woogie [boughi-] n. m. *Des boogie-woogies.*
***booking note** = note de réservation de fret (mer).
***bookmaker** [boukmèkeur'] n. m. = preneur de paris.
booléen, enne [boulé-in, -lé-èn'] adj.
boolien, enne [bou-] adj.
boom [boum'] ou **boum** n. m. *Des booms d'étudiants.* ♦ HOM. → boum.
***boom** n. m. = hausse soudaine, prospérité rapide, essor, envolée. Ce mot peut être remplacé par *boum* (n. m.).
***boomer** n. m. = haut-parleur de graves; boumeur (aud.).
boomerang [boum'rang'] n. m.
***boost** n. m. (abrév. de *boost pressure).
***booster** n. m. (abrév. de *booster control). = propulseur auxiliaire, pousseur (spat.); suramplificateur (aud.).
***booster coil** = bobine de démarrage, survolteur.
***booster control** = servocommande.
***booster pump** = pompe de suralimentation, pompe de gavage (déf.).
***booster rod** = barre de dopage (nucl.).
***booster pressure** = pression d'admission.
***bootlegger** = contrebandier d'alcool.
***boots** n. m. pl. = bottillons, bottes fourrées.
***bootstrap** = amorce.

***bootstrap system** = système auto-entretien (déf.).
bop → *be-bop.
boqueteau n. m. *Des boqueteaux.*
bora n. f.
borain → borin.
borane n. m.
borassus [-sus'] ou **borasse** n. m.
borate n. m.
boraté, e adj.
borax n. m.
borborygme n. m.
borchtch ou **bortsch** [bortch'] n. m. (soupe).
bord n. m. *À pleins bords; des vaisseaux de haut bord; bord à bord; chapeau à large bord.* ♦ HOM. **bore** (élément chimique), **bort** (tissu de laine; diamant impur).
bordage n. m.
borde ou **borderie** n. f. (petite ferme). ♦ HOM. il *borde* (v.).
bordé, e n. m.
bordeaux n. m. *Un vieux bordeaux.* ♦ Adj. inv. *Une tunique bordeaux.* ♦ HOM. la ville de *Bordeaux*; l'écrivain Henry Bordeaux.
bordée n. f. *Une bordée d'injures.*
bordel n. m.
bordelais, e adj. *Le vignoble bordelais.* ♦ N. *Les Bordelais* (de Bordeaux); *une bordelaise* (tonneau; bouteille).
bordélique adj.
borde-plats n. m. inv.
border v. t.
bordereau n. m. *Des bordereaux.*
borderie → borde.
***border line case** = cas limite (méd.).
Bordet-Wassermann (réaction de) loc. f. Abrégé en *B.W. Un B.W.* (n. m.).
bordier, ère adj.
bordigue ou **bourdigue** n. f.
bordj n. m. (fortin).
bordure n. f. *En bordure des terrains.*
bore n. m. ♦ HOM. → bord.
boréal, ale, aux ou **als** adj. *L'hémisphère boréal.*
borée n. m.
borgne adj. et n.
borie n. f.
borin, e ou **borain, e** adj. *De la houille borine.* ♦ N. *Une Boraine* (du Borinage).
borique adj.
boriqué, e adj.
bornage n. m.

borne n. f. *Une borne frontière; une borne-fontaine; borne témoin; borne-repère. Une ambition sans bornes, qui n'a point de bornes, qui ne connaît pas de bornes. Les bornes milliaires.*

borné, e adj.

borne-fontaine n. f. *Des bornes-fontaines.*

borner v. t.

borne-repère n. f. *Des bornes-repères.*

bornoyer v. t. Conjug. 6.

boroneutrothérapie n. f.

borosilicate [-si-] n. m.

borosilicaté, e [-si-] adj.

borough [boro] n. m.

borraginacée ou **borraginée** n. f.

borréliose n. f.

borsalino n. m.

bort [bor'] n. m. ♦ HOM. → bord.

bortsch → borchtch.

boruration n. f.

borure n. m.

bosco n. m. (marin maître de manœuvre).

bosc*ot*, *otte* n. et adj. (bossu).

boscovo n. m.

boskoop [boskop'] n. f. (variété de pomme dite aussi « belle de Boskoop »).

bosniaque ou **bosni*en*, *enne*** adj. *L'agriculture bosniaque.* ♦ N. *Les Bosniaques* (de Bosnie).

boson n. m.

bosquet n. m.

***boss** n. m. = patron. ♦ HOM. → bosse.

bossage n. m.

bossa-nova n. f. *Des bossas-novas.*

bosse n. f. *La bosse du dromadaire. Ne rêver que plaies et bosses. Bosse à aiguillettes; nœud de bosse.* ♦ HOM. *boss (patron), *Beauce* (région).

bosselage n. m.

bosseler v. t. *Il bosselle.* Conjug. 13.

bossellement n. m.

bosselure n. f.

bosser v. t. et int.

bossette n. f.

boss*eur*, *euse* n. et adj.

bossoir n. m.

bossu, e n. et adj.

bossuer v. t. Conjug. 18. ♦ HOM. l'évêque *Bossuet*.

boston n. m.

bostonner v. int.

bostryche n. m.

bot, e [bo, bot'] adj. *Un pied bot, une main bote. Celui qui a un pied bot est appelé un pied-bot.* ♦ HOM. → beau.

botanique n. f. et adj.

botaniste n.

bothriocéphale [-triyoséfal'] n. m.

botrytis [-tis'] n. m.

botswanais, e adj. et n. (du Botswana).

botte n. f. *Des bottes de foin; à propos de bottes; ils sont à leur botte.*

bottelage n. m.

botteler v. t. *Il bottelle.* Conjug. 13.

bottel*eur*, *euse* adj. et n.

botter v. t.

bott*eur*, *euse* n.

bottier n. m.

bottillon n. m.

Bottin n. m. déposé inv. *Consultez les Bottin.*

bottine n. f.

***bottom** = culots d'ergols (spat.).

***bottomside sounding** = sondage en contrebas (spat.).

botulique adj.

botulisme [-is-] n. m.

boubou n. m. *Des boubous.*

boubouler v. int.

bouc n. m.

boucan n. m.

boucanage n. m.

boucaner v. t.

boucanier n. m.

boucau n. m. *Des boucaux.* ♦ HOM. → boucaut.

boucaud ou **boucot** n. m. ♦ HOM. → boucaut.

boucaut n. m. (tonneau pour le tabac). ♦ HOM. *boucau* (entrée d'un port), *boucaud* ou *boucot* (crevette grise).

bouchage n. m.

bouchain n. m.

boucharde n. f.

boucharder v. t.

bouche n. f. *Bouche de canon, de chaleur, d'égout, d'incendie. Des bouches à feu; des ondes de bouche. Officiers de bouche; tuyaux à bouche.*

bouché, e adj.

bouche-à-bouche n. m. inv.

bouche-bouteille(s) n. m. *Des bouche-bouteilles.*

bouchée n. f. ♦ HOM. → boucher, v.

bouche-pores n. m. inv.

boucher v. t. (fermer). ♦ HOM. *bouchée* (contenu de la bouche), *boucher* (nom de métier).

bouch*er*, *ère* n. ♦ HOM. → boucher (v.).

boucherie n. f.
bouche-trou n. m. *Des bouche-trous.*
boucholeur → boucshoteur.
bouchon n. m.
bouchon-jaugeur n. m. *Des bouchons-jaugeurs.*
bouchonnage n. m.
bouchonné, e adj. *Ces vins sont bouchonnés.*
bouchonner v. t. et int.
bouchonnier n. m.
bouchon-verseur n. m. *Des bouchons-verseurs.*
bouchot n. m.
bouchoteur ou **boucholeur** n. m.
bouclage n. m.
boucle n. f. *Des boucles d'oreilles.*
bouclé, e adj.
bouclement n. m.
boucler v. t. et int.
bouclette n. f.
bouclier n. m. *Une levée de boucliers.*
boucot → boucaud.
bouddha n. m. Un *bouddha* est un personnage de la religion bouddhique qui a atteint la connaissance parfaite. Il y a eu de nombreux bouddhas. Le plus célèbre (celui qu'on appelle *le Bouddha*) est Gautama ou Çakyamouni. Une statue représentant *le Bouddha* est *un bouddha.*
bouddhique adj.
bouddhisme [-is-] n. m.
bouddhiste adj. et n.
bouder v. int. et t.
bouderie n. f.
boud*eur*, *euse* adj. et n.
boudin n. m. *Des ressorts à boudin. En eau de boudin.*
boudinage n. m.
boudiné, e adj.
boudiner v. t.
boudineuse n. f.
boudoir n. m.
boue n. f. (terre mouillée). ♦ HOM. *bout* (extrémité), le lait *bout* (v. bouillir).
bouée n. f.
bouette → boette.
boueur → éboueur.
bou*eux*, *euse* adj. *Une rue boueuse.* ♦ N. m. → éboueur.
bouffant, e adj. et n. m.
bouffarde n. f.
bouffe adj. *Un opéra bouffe, des opéras bouffes.*
bouffe ou **bouffetance** n. f.
bouffée n. f.
bouffer v. int. et t.
bouffetance → bouffe.
bouffette n. f.
bouff*eur*, *euse* adj. et n.
bouffi, e adj.
bouffir v. t. et int. du 2ᵉ gr. Conjug. 24. *Ils sont bouffis d'orgueil.*
bouffissage n. m.
bouffissure n. f.
bouff*on*, *onne* adj. et n. m.
bouffonnement adv.
bouffonner v. int.
bouffonnerie n. f.
bougainvillée n. f. Cette plante est quelquefois nommée BOUGAINVILLIER (n. m.).
bouge n. m.
bougé n. m.
bougeoir n. m.
bougeotte n. f.
bouger v. int. et t. *Elle bougea.* Conjug. 3.
bougie n. f. ♦ HOM. *Bougie* (ancien nom de la ville algérienne de Bejaia).
bougnat [-gna] n. m.
bougnoule [-gnoul'] n.
boug*on*, *onne* adj. et n.
bougonnement n. m.
bougonner v. int.
bougonn*eur*, *euse* adj.
bougran n. m.
boug*re*, *esse* n.
bougrement adv.
boui-boui n. m. *Des bouis-bouis.*
bouif n. m.
bouillabaisse [bouyabès'] n. f.
bouillant, e adj.
bouillasse n. f.
Bouillaud (maladie de) loc. f.
bouille n. f. (hotte; figure) → boille. ♦ HOM. qu'il *bouille* (v. bouillir).
bouilleur n. m. *Des bouilleurs de cru.*
bouilli, e adj. et n.
bouillir v. int. Conjug. 34. *Ils bouillent de rage; il faut que le lait bouille; l'eau bouillira bientôt; elle bout; elle est bouillie. Café bouilli, café flétri.*
bouillissage n. m.
bouilloire n. f.
bouillon n. m. *Bouillir à gros bouillons. Un bouillon d'onze heures.* ♦ N. m. pl. *Les bouillons d'un journal.*
bouillon-blanc n. m. (plante). *Des bouillons-blancs.*

bouillonnant, e adj.
bouillonné n. m.
bouillonnement n. m.
bouillonner v. int. et t.
bouillotte n. f.
bouillotter v. int. L'Acad. écrit aussi BOUIL-LOTER.
boukha n. f.
boulaie n. f.
boulange n. f.
boulanger, ère n.
boulanger v. int. et t. *Il boulangeait.* Conjug. 3.
boulangerie n. f.
boulangisme [-is-] n. m.
boulangiste n. et adj.
boulbène n. f.
boulder [-dèr] n. m.
bouldozeur n. m.
boule n. f. *Faire boule de neige; des boules de neige* (les *boules-de-neige* sont les fleurs de la viorne); *jeu de boules; se mettre en boule; érosion en boule.* ♦ HOM. des meubles *Boulle*, l'école *Boulle*, un *boulle* (meuble imité de ceux de l'ébéniste *Boulle*)
boulé n. f. ♦ HOM. → boulet.
bouleau n. m. (arbre). *Des bouleaux.* ♦ HOM. *boulot* (travail; pain; adj.).
boule-de-neige n. f. *Des boules-de-neige.* → boule.
bouledogue [-dog'] n. m.
bouler v. int. ♦ HOM. → boulet.
boulet n. m. *Des boulets de canon. Tirer à boulets rouges. Des boulets de charbon.* ♦ HOM. la *boulê* (sénat d'une cité grecque), *bouler* (v.).
bouletage n. m.
bouleté, e adj.
boulette n. f.
boulevard n. m. Abrév. : *bd. Le théâtre de Boulevard.*
boulevardier, ère n. et adj.
bouleversant, e adj.
bouleversement n. m.
bouleverser v. t.
boulier n. m. (pour compter). → bolier.
boulimie n. f.
boulimique adj. et n.
boulin n. m.
bouline n. f.
boulingrin n. m.
boulinier, ère adj. et n.
boulisme [-is-] n. m.

bouliste n.
boulle n. m. ♦ HOM. → boule.
boulochage n. m.
boulocher v. int.
boulodrome n. m.
bouloir n. m.
boulomane n.
boulon n. m.
boulonnage n. m.
boulonnais, e adj. *Un cheval boulonnais.* ♦ *Le Boulonnais* (région); *un Boulonnais* (de Boulogne). ♦ HOM. *boulonner* (v.).
boulonner v. t. et int. ♦ HOM. → boulonnais.
boulonnerie n. f.
boulot, otte adj. ♦ HOM. → bouleau.
boulot n. m. ♦ HOM. → bouleau.
boulotter v. t.
boum n. m. (équivalent de **boom* : poussée brusque). ♦ N. f. (équivalent de *boom* : partie de plaisir). ♦ Interj. *Boum!*
boumer v. int. Ne s'emploie qu'à la 3ᵉ pers. du sing. *Ça boume* (tout va bien).
boumeur n. m.
*bound water = eau liée (agr.).
bouquet n. m. *L'art japonais du bouquet est l'ikebana.*
bouqueté, e adj.
bouquetière n. f.
bouquetin n. m.
bouquin n. m.
bouquiner v. int.
bouquinerie n. f.
bouquineur, euse n.
bouquiniste n.
bourbe n. f.
bourbeux, euse adj.
bourbier n. m.
bourbillon n. m.
bourbon n. m. (whisky américain). ♦ HOM. *Bourbon* (nom de famille), l'île *Bourbon* (ancien nom de la Réunion).
bourbonien, enne adj. *Un nez bourbonien.*
bourbonnais, e adj. *Une poule bourbonnaise.* ♦ N. *Le Bourbonnais* (province); *un Bourbonnais* (de Bourbon ou de Bourbonne).
bourbouille n. f.
bourdaine n. f.
bourdalou n. m. (vase de nuit). *Des bourdalous.* ♦ HOM. le prédicateur *Bourdaloue.*
bourde n. f.
bourdigue → bordigue.

bourdon n. m. *Un faux bourdon.*
bourdonnant, e adj.
bourdonnement n. m.
bourdonner v. int. et t. ♦ HOM. le gouverneur *La Bourdonnais.*
bourdonn*eur*, *euse* adj. et n.
bourg [bour'] n. m. (agglomération). ♦ HOM. *bourre* (de cartouche), il *bourre* (v.).
bourgade n. f.
bourgeois, e n. *Tu as l'air d'un bourgeois. Le groupe les Bourgeois de Calais est un chef-d'œuvre de Rodin.* Ces bourgeois étaient : Eustache de Saint-Pierre ; Jean d'Aire (son cousin) ; les frères Jacques et Pierre de Wissant ; Andrieus d'Andres ; Jean de Fiennes. ♦ Adj. *La cuisine bourgeoise.* ♦ Les habitants de Bourg-en-Bresse sont appelés *Bourgeois* ou *Burgiens*.
bourgeoisement adv.
bourgeoisi*al*, *ale*, *aux* adj.
bourgeoisie n. f.
bourgeon n. f.
bourgeonnement n. m.
bourgeonner v. int.
bourgeron n. m.
bourgmestre [bourg'mèstr'] n. m.
bourgogne n. m. *Un grand verre de bourgogne* (vin). ♦ HOM. la *Bourgogne* (région).
bourgueil n. m. (vin de la région de Bourgueil).
bourguignon, onne adj. *Il est fier d'être bourguignon.* ♦ N. *Un Bourguignon* (de Bourgogne) ; *goûtez ce bourguignon* (bœuf en sauce).
bourguignotte n. f. (casque).
bourlinguer v. int.
bourlingu*eur*, *euse* adj. et n.
bourrache n. f.
bourrade n. f.
bourrage n. m. *Des bourrages de crâne.*
bourrant, e adj.
bourrasque n. f.
bourrat*if*, *ive* adj.
bourre n. f. ♦ HOM. → *bourg*.
bourré, e adj. ♦ HOM. → *bourrée*.
bourreau n. m. *Des bourreaux.*
bourrée n. f. (fagot ; danse). ♦ HOM. *bourré* (comble ; ivre), *bourrer* (remplir).
bourrelé, e adj. *Bourrelé de remords.*
bourrèlement n. m.
bourreler v. t. *Il bourrelle.* Conjug. 13.
bourrelet n. m.
bourrelier n. m.
bourrellerie [-rèlri] n. f.
bourrer v. t. *Il le bourre de coups.* ♦ HOM. → *bourrée*.
bourrette n. f.
bourriche n. f. (cageot).
bourrichon n. m.
bourricot n. m.
bourride n. f. (bouillabaisse).
bourrin n. m.
bourrir v. int. du 2ᵉ gr. Conjug. 24.
bourrique n. f.
bourriquet n. m.
bourroir n. m.
bourru, e adj. et n.
bourse n. f. *Une bourse d'études, de voyage ; sans bourse délier ; faire bourse commune. La Bourse du travail. La Bourse des valeurs* (abs. : *la Bourse*, ou *palais Brongniart*). *Jouer à la Bourse ; coté en Bourse.* → *indice*.
bourse-à-pasteur n. f. *Des bourses-à-pasteur.*
boursette n. f. (mâche).
boursicotage n. m.
boursicoter v. int.
boursicoti*er*, *ère* ou **boursicot*eur*, *euse*** n.
boursi*er*, *ère* adj. *La tendance boursière.* ♦ N. *C'est un boursier.*
Boursin n. m. déposé inv.
boursouflé, e adj.
boursouflement ou **boursouflage** n. m.
boursoufler v. t.
boursouflure n. f.
bouscueil [bouskeuy'] n. m.
bousculade n. f.
bousculer v. t.
bouse n. f.
bouseux n. m.
bousier n. m.
bousillage [-ziyaj'] n. m.
bousiller [-ziyé] v. int. et t.
bousill*eur*, *euse* [-ziyeur'] n.
bousin n. m.
bousingot n. m.
boussole n. f.
boustifaille n. f.
boustrophédon n. m.
bout n. m. *Au bout du compte ; à bout portant ; à tout bout de champ ; bout à bout ; d'un bout à l'autre ; jusqu'au bout ; de bout en bout ; à bout de forces ; des bouts d'essai ; une patience à bout ; économies de bouts de chandelles ; par quel bout le prendre ; gravure sur bois de bout* (ou *bois debout*). ♦ HOM. → *boue*.

boutade n. f.
boutargue → poutargue.
bout de chou n. m. *Des bouts de chou.*
bout-dehors n. m. Ancienne orthographe : *boute-hors. Des bouts-dehors.*
bout-de-pied n. m. (siège). *Des bouts-de-pied.*
bout-de-table n. m. (flambeau). *Des bouts-de-table.*
boute-en-train n. m. inv.
boutefas n. m.
boutefeu n. m. *Des boutefeux.*
boute-hors → bout-dehors.
bouteille n. f. *La mise en bouteilles. Un casier à bouteilles. Un porte-bouteilles. Un panier à bouteille(s). Une bouteille Thermos. Une bouteille de Leyde.*
bouteiller ou **boutillier** n. m.
bouteillerie n. f.
bouteillon n. m.
bouter v. t.
bouterolle n. f.
bouteroue n. f.
boute-selle n. m. inv.
bouteur n. m. *Un bouteur biais, un bouteur à pneus.*
boutillier → bouteiller.
boutique n. f.
boutiquier, *ère* n.
boutisse n. f.
boutoir n. m. *Des coups de boutoir.*
bouton n. m. *Des boutons de manchettes; des boutons de rose(s). Des boutons de porte.*
bouton-d'argent n. m. (fleur). *Des boutons-d'argent.*
bouton-d'or n. m. (fleur). *Des boutons-d'or.*
boutonnage n. m.
boutonné, *e* adj.
boutonner v. t. et int.
boutonneux, *euse* adj.
boutonnier, *ère* n.
bouton-pression n. m. ou **pression** n. f. *Des boutons-pressions.*
boutre n. m.
bout-rimé n. m. *Des bouts-rimés.*
bouturage n. m.
bouture n. f.
bouturer v. t. et int.
bouverie n. f.
bouvet n. m.
bouveté, *e* adj.
bouveter v. t. *Il bouvette.* Conjug. 14.

bouveteuse n. f.
bouvier, *ère* n.
bouvillon n. m.
bouvreuil n. m.
bouvril n. m.
bouzou n. et adj. inv. en genre. *Des bouzous.*
bouzouki ou **buzuki** n. m.
bovarysme [-is-] n. m.
bovidé n. m.
bovin, *e* adj. et n. m. → registre.
boviné n. m.
bowette [bovèt'] n. f.
*****bowling** n. m. = jeu de quilles mécanique.
*****bowstring** = poutre parabolique (urb.).
*****bowser** = avitailleur (spat.).
*****bow-window** n. m. = fenêtre en encorbellement, logette en saillie, oriel (bât.). *Des bow-windows.*
*****box** = boîte; compartiment, stalle (urb.); caisse de criée, cantonnement (mer).
box n. m. Pl. angl. : *boxes*; pl. fr. : *box*. ♦ HOM. → boxe.
box-calf n. m. *Des box-calfs.*
boxe n. f. (sport). → poids. ♦ HOM. *box* (compartiment).
boxer v. int. et t.
boxer [boksèr'] n. m. (chien). ♦ HOM. la révolte des *Boxers* chinois.
boxer-short n. m. *Des boxer-shorts.*
boxeur, *euse* n.
*****box-office** n. m. = cote du succès. *Des box-offices.*
boxon n. m.
boy [boy'] n. m. *Des boys.*
boyard [bo-yar'] ou **boïar** n. m.
boyau [bwa-yo] n. m. *Des boyaux.*
boyauderie [bwa-yodri] n. f.
boyaudier, *ère* [bwa-yo-] adj. et n.
boyauter (se) [bwa-yoté] v. pr.
*****boycott** (irlandais) n. m. = mise en quarantaine.
boycottage [boy'ko-] n. m.
boycotter [boy'ko-] v. t.
boycotteur, *euse* [boy'ko-] adj. et n.
*****boy-scout** n. m. = garçon éclaireur. *Des boy-scouts.*
B.P.F. sigle. Bon pour francs.
Bq Symbole du *becquerel.*
brabançon, *onne* adj. *Un canal brabançon.* ♦ N. *Les Brabançons* (du Brabant). *La Brabançonne est l'hymne national belge.*

brabant n. m. (charrue). ♦ HOM. la province du *Brabant*.
bracelet n. m.
bracelet-montre n. m. *Des bracelets--montres.*
brachial, ale, aux [-kyal', -kyo] adj.
brachialgie [-kyalji] n. f.
brachiation [-kyasyon] n. f.
brachiocéphalique [-kyo-] adj.
brachiopode [-kyo-] n. m.
brachycéphale [-ki-] adj. et n.
brachycère [-ki-] n. m.
brachydactyle [-ki-] adj. et n.
brachygraphie [-ki-] n. f.
brachygraphique [-ki-] adj.
brachylogie [-ki-] n. f.
brachyoure [-kyour'] n. m.
brachystochrone [-kistokron'] n. f.
braconnage n. m.
braconner v. int.
braconnier, ère n.
bractéal, ale, aux adj.
bractée n. f.
bractéole n. f.
bradage n. m.
Bradel n. m. déposé inv. *Des reliures Bradel; des reliures à la Bradel.*
brader v. t.
braderie n. f.
bradeur, euse n.
bradycardie n. f.
bradykinésie n. f.
bradykinine n. f.
bradype n. m.
bradypsychie n. f.
brague n. f.
braguette n. f.
brahmane n. m.
brahmanique adj.
brahmanisme [-is-] n. m.
brahmi n. f.
brahmine n. f.
brai n. m. (résidu de distillation). ♦ HOM. *braie(s)* (fortification; pantalon), il *brait* (v. braire).
braie n. f. (ouvrage de fortification). ♦ N. f. pl. *Les braies des Gaulois.* ♦ HOM. → brai.
braillard, e adj. et n.
braille n. m. (écriture). ♦ HOM. *Louis Braille.*
braillement n. m.
brailler [bra-yé] v. t. et int.
brailleur, euse adj. et n.

braiment n. m.
*****brain drain** = drainage des cerveaux. *Des brain drains.*
*****brain-storming** n. m. = invention collective, remue-méninges, confrontation d'idées, conférence choc. *Des brain-stormings.*
*****brain-trust** n. m. = groupe, équipe de réflexion, de recherche, de travail, direction, état-major, équipe de spécialistes. *Des brain-trusts.*
braire v. int. Ne s'emploie qu'à la 3ᵉ pers. Indic. prés. : *il brait, ils braient.* Imparf. : *il brayait, ils brayaient.* Pas de passé simple. Futur : *il braira, ils brairont.* Condit. prés. : *il brairait, ils brairaient.* Pas d'impératif. Subj. prés. : *qu'il braie, qu'ils braient.* Pas d'imparf. Partic. : *brayant; brait* (ne sert que dans les temps composés).
braisage n. m.
braise n. f.
braiser v. t.
braisette n. f.
braisière n. f.
brame n. f. (lingot de métal).
brame ou **bramement** n. m. (cri du cerf ou du daim).
bramer v. int.
bran ou **bren** n. m.
brancard n. m.
brancarder v. t.
brancardier, ère n.
branchage n. m.
branche n. f. (d'arbre). ♦ Ne pas confondre avec *bronche* (conduit pulmonaire).
branché, e adj.
branchement n. m.
brancher v. t.
branchette n. f.
branchial, ale, aux adj.
branchies n. f. pl.
branchiopode [-kyo-] n. m.
branchu, e adj.
brandade n. f.
*****brand benefit acceptance** = bénéfice publicitaire (pub.).
brande n. f.
brandebourg [-bour'] n. m. ♦ HOM. *Brandebourg* (ville); État).
brandebourgeois, e adj. *Les concertos brandebourgeois.* ♦ N. *Un Brandebourgeois* (du ou de Brandebourg).
brandevin n. m.

brandevinier n. m.
brandiller v. t. et int.
brandir v. t. du 2ᵉ gr. Conjug. 24.
*****brand name recall** = mémomarque (pub.).
*****brand strategy** = stratégie de marque.
brandon n. m.
brandy n. m. Pl. angl. : *brandies* ; pl. fr. : *brandys*.
branlant, e adj.
branle n. m.
branle-bas n. m. inv. *Des branle-bas de combat.*
branlée n. f.
branlement n. m.
branler v. t. et int.
branlette n. f.
branl*eur*, *euse* n. et adj.
branque n. m. et adj.
Branquignol n. m. déposé, inv. en genre.
brante n. f.
braquage n. m.
braque adj. et n.
braquemart n. m.
braquement n. m.
braquer v. t. et int. (orienter). ♦ HOM. *braquet* (développement).
braqu*eur*, *euse* n.
braquet n. m. ♦ HOM. → braquer.
bras n. m. *En bras de chemise ; à bras raccourci(s) ; à pleins bras ; bras dessus(,) bras dessous ; à bras-le-corps ; à tour de bras ; couper bras et jambes ; être au bras de quelqu'un ; à bras tendu ; à bras ouverts ; un bras d'honneur. Un fier-à-bras.*
brasage n. m.
braser v. t.
brasero [brazéro] n. m. *Des braseros.*
brasier n. m.
brasiller v. int.
bras-le-corps (à) loc. adv.
brasque n. f.
brassage n. m.
brassard n. m.
brasse n. f.
brassée n. f. (contenu des bras). ♦ HOM. *brasser* (v.).
brasser v. t. ♦ HOM. → brassée.
brasserie n. f.
brass*eur*, *euse* n. *Un brasseur d'affaires.*
brassicole adj.
brassière n. f.
brassin n. m.

brasure n. f.
bravache n. m. et adj.
bravade n. f.
brave adj. et n. m.
bravement adv.
braver v. t.
*****bravissimo!** (ital.) interj. = superlatif de *bravo.*
bravo n. m. *Des bravos redoublés.* ♦ Interj. *Bravo!*
bravoure n. f.
brayer [brè-yé] n. m. *Des brayers de cuir.*
*****breadboard** = maquette (électron.).
break [brèk'] n. m. (véhicule).
*****break** = cassure, rupture, arrêt, trouée, suspension, brèche (sport) ; dégagement (déf.) ; pause.
*****break bulk** = marchandises non unitisées (mer).
*****breakdown** = dépression nerveuse.
*****breaker** = disjoncteur, interrupteur, rupteur, sectionneur.
*****breakfast** = petit déjeuner.
bréant → bruant.
brebis n. f.
brèche n. f. *Battre en brèche.*
brèche-dent adj. et n. *Des brèche-dents.*
bréchet n. m.
bredouillage, bredouillement ou **bredouillis** n. m.
bredouillant, e adj.
bredouille adj.
bredouillement → bredouillage.
bredouiller v. int. et t.
bredouill*eur*, *euse* adj. et n.
bredouillis → bredouillage.
*****breeder** = surrégénérateur, surconvertisseur (nucl.).
bref, brève adj. *Son discours fut bref.* ♦ N. *Diderot fut excommunié par un bref du pape. Pépin le Bref* (surnom). ♦ Adv. *Il était gêné d'être là, bref, il s'en alla.*
bregma [brègma] n. m. *Des bregmas.*
bregmatique adj.
Breguet [bréghè] n. *L'école Breguet ; des avions Breguet.*
bréhaigne adj.
breitschwanz [brètchvants'] n. m.
brelan n. m.
brêler v. t.
breloque n. f.
brème n. f. (poisson ; carte). ♦ HOM. *Brême* (ville).
*****Bremsstrahlung** (all.) n. m. = rayonnement de freinage (nucl.).

bren → bran.
brésil → brésillet.
brésilianité n. f.
brésili*en, enne* adj. *La forêt brésilienne.*
♦ N. *Un Brésilien.*
brésiller v. t., int. ou pr. ♦ HOM. → brésillet.
brésillet ou **brésil** n. m. (arbre). ♦ HOM. *brésiller* (teindre ou tomber en poussière); *Brésil* (État).
bress*an, e* adj. *Une poule bressane.* ♦ N. *Un Bressan* (de la Bresse).
brestois, e adj. et n.
bretailler v. int.
bretèche ou **bretesse** n. f.
bretelle n. f.
bretesse → bretèche.
bretessé, e adj.
bret*on, onne* adj. *Une coiffe bretonne.*
♦ N. *Les Bretons. Il parle le breton.*
bretonnant, e adj.
brette n. f.
bretter ou **bretteler** v. t. *Il brettelle.* Conjug. 13.
bretteur n. m.
bretzel n. m. ou f. *Des bretzels.*
breuvage n. m.
brève n. f. et adj. f. *Une voix brève.*
brevet n. m. *Le brevet élémentaire (B.E.); le brevet d'études du premier cycle (B.E.P.C.). Des brevets d'invention; des actes en brevet; le brevet de chef de section; le brevet sportif populaire.*
brevetable adj.
breveté, e adj. et n. *Un breveté d'état-major.*
breveter v. t. *Il brevette.* Conjug. 14.
bréviaire n. m.
bréviligne adj. et n.
brévité n. f.
B.R.G.M. sigle m. Bureau de recherches géologiques et minières.
briard, e adj. *La plaine briarde.* ♦ N. *Les Briards* (de la Brie). *Un briard* (chien).
bribe n. f. *La musique arrivait par bribes.*
bric-à-brac n. m. inv.
bricelet n. m.
bric et de broc (de) loc. adv.
brick n. m. ♦ HOM. → brique.
bricolage n. m.
bricole n. f.
bricoler v. int. et t.
bricol*eur, euse* n.
bride n. f. *Courir à toute bride, à bride abattue; tourner bride.*

bridé, e adj.
brider v. t.
bridge n. m.
*****bridge** = pont.
*****bridge financing** = crédit relais (écon.).
bridger v. int. *Nous bridgeons.* Conjug. 3.
*****bridge-router** = pont-routeur.
bridg*eur, euse* n.
bridon n. m.
brie n. m. *Un brie* (fromage). ♦ HOM. la *Brie* (région), un *bris* de clôture (fracture).
brié adj. m. *Du pain brié.*
briefer [brifé] v. t. ♦ HOM. → briffer.
*****briefing** n. m. = réunion concertée, réunion d'information; rapport; compte rendu, instructions, topo, bref.
brièvement adv.
brièveté n. f.
briffer v. int. et t. (manger). ♦ HOM. *briefer* (renseigner, mettre au courant).
brigade n. f. *Brigade de chars; brigade de gendarmerie.*
brigadier n. m.
brigadier-chef n. m. *Des brigadiers-chefs.*
brigand, e n. ♦ HOM. *briguant* (v. briguer).
brigandage n. m.
brigander v. int.
brigandine n. f. (cotte de mailles). ♦ Ne pas confondre avec *brigantine* (voile).
brigantin n. m.
brigantine n. f. → brigandine.
*****brightening** = surbrillance (inf.).
brightique [bra-y'tik] adj. et n.
brigue n. f. *Vous l'avez eu par brigue.*
briguer v. t. *Nous briguons.* Conjug. 4.
*****brik** (arabe) = beignet à l'œuf. ♦ HOM. → brique.
*****brilliant universel** (B.U.) = brillant universel (écon.).
brillamment adv.
brillance n. f.
brillant, e adj.
brillantage n. m.
brillanté, e adj. et n. m.
brillanter v. t.
brillanteur n. m.
brillantine n. f.
brillantiner v. t.
brillat-savarin n. m. inv.
briller v. int.
brimade n. f.
brimbalement n. m.
brimbaler, bringuebaler ou **brinquebaler** v. t. et int.

brimbelle n. f.
brimborion n. m.
brimer v. t.
brin n. m. (morceau). ♦ HOM. *brun* (couleur).
brindezingue adj. et n.
brindille n. f.
brinell n. m. (machine). ♦ HOM. le métallurgiste J.A. *Brinell*.
bringé, e adj.
bringeure [-jur'] n. f.
bringue n. f.
bringuebalant ou **brinquebalant, e** adj.
bringuebalement ou **brinquebalement** n. m.
bringuebaler → brimbaler.
bringuer v. int. et pr. Conjug. 4.
brinquebaler → brimbaler.
brio n. m.
brioche n. f.
brioché, e adj.
briocherie n. f.
briochin, e adj. *Les marins briochins.* ♦ N. *Une Briochine* (de Saint-Brieuc).
brion n. m.
brique n. f. *Un mur de brique. Ton de brique.* ♦ Adj. inv. *Des visages brique.* ♦ HOM. *brick* (navire), *de bric et de broc, il brique* (v. briquer), *brik* (beignet tunisien).
briquer v. t. ♦ HOM. → briquet.
briquet n. m. (appareil ; sabre ; chien). ♦ HOM. *briquer* (astiquer).
briquetage n. m.
briqueter v. t. *Il briquette.* Conjug. 14.
briqueterie [briktri] n. f.
briqueteur n. m.
briquetier n. m.
briquette n. f.
bris [bri] n. m. ♦ HOM. → brie.
brisance n. f.
brisant n. m.
brisant, e adj.
briscard ou **brisquard** n. m.
brise n. f. (vent). ♦ HOM. *il brise* (v. briser), *brize* (plante).
brisé, e adj. et n. m. ♦ HOM. → briser.
brise-béton n. m. inv.
brise-bise n. m. inv.
brise-copeaux n. m. inv.
brisées n. f. pl. ♦ HOM. → briser.
brise-fer n. inv.
brise-glace n. m. inv.

brise-jet n. m. inv.
brise-lames n. m. inv.
brisement n. m.
brise-mottes n. m. inv.
briser v. t. et int. (mettre en pièces). ♦ HOM. *brisé* (adj. ; pas de danse), *aller sur les brisées de quelqu'un*, *des brisées* (branches cassées).
brise-roche n. m. *Des brise-roches.*
brise-soleil n. m. inv.
brise-tout n. inv.
briseur, euse n. *Des briseurs de grève.*
brise-vent n. m. inv.
brise-vue n. m. *Des brise-vues.*
brisis [-zi] n. m.
briska n. m.
brisquard → briscard.
brisque n. f.
bristol n. m. (carton satiné). ♦ HOM. *Bristol* (ville anglaise).
brisure n. f.
britannique adj. *Le drapeau britannique.* ♦ HOM. les *Britanniques* (habitants de la Grande-Bretagne ou des îles Britanniques).
brittonique adj. *Les peuples brittoniques.* ♦ N. *Un Brittonique ; le brittonique* (langue).
brize n. f. ♦ HOM. → brise.
*****broadcasting** = télédiffusion (télécom.).
*****broadcasting right** = droit d'antenne (aud.).
*****broadcast videography** = vidéographie diffusée (télécom.).
broc [bro] n. m.
brocante n. f.
brocanter v. int.
brocanteur, euse n.
brocard n. m. ♦ HOM. → brocart.
brocarder v. t.
brocart n. m. (étoffe). ♦ HOM. *brocard* (raillerie ; jeune chevreuil).
brocatelle n. f.
broccio [brotchyo] n. m. *Des broccios.*
brochage n. m.
brochant, e adj.
broche n. f.
broché n. m. ♦ HOM. → brocher.
brocher v. t. (un livre ; une étoffe). ♦ HOM. *broché* (étoffe ; tissage), *brochet* (poisson).
brochet n. m. ♦ HOM. → brocher.
brocheton n. m.
brochette n. f.
brocheur, euse adj. et n.

brochoir n. m.
brochure n. f.
brocoli n. m. *Des brocolis.*
brodequin n. m.
broder v. t.
broderie n. f.
brod*eur, euse* n.
Broglie (de) [debreuy'] n.
broie n. f. (outil). ♦ HOM. il *broie* (v. broyer).
broiement n. m.
*****broker** = maison de courtage (écon.); courtier (inf.).
bromate n. m.
brome n. m.
bromé, *e* adj.
broméliacée n. f.
bromhydrique adj.
bromique adj.
bromisme [-is-] n. m.
bromocriptine n. f.
bromoforme n. m.
bromure n. m.
*****bronca** (esp.) = huée.
bronche n. f. → branche.
bronchectasie ou **bronchiectasie** n. f.
broncher v. int.
bronchioles n. f. pl.
bronchique adj.
bronchite n. f.
bronchit*eux, euse* adj. et n.
bronchitique adj. et n.
bronchodilata*teur, trice* [bronko-] adj. et n. m.
broncho-pneumonie ou **broncho-pneumopathie** [bronko-] n. f. *Des broncho-pneumonies, des broncho-pneumopathies.*
bronchorrhée [bronkoré] n. f.
bronchoscope [bronko-] n. m.
bronchoscopie [bronko-] n. f.
brontosaure n. m.
bronzage n. m.
bronzant, *e* n. m. et adj.
bronze n. m. *De beaux bronzes.* ♦ Adj. inv. *Des laques bronze.*
bronzé, *e* adj.
bronzer v. t. et int.
bronzette n. f.
bronz*eur, euse* n.
bronzi*er, ère* n.
*****brook** = fossé de steeple-chase (sport).
broquelin n. m.
broquette n. f.
broquille n. f.
brossage n. m.
brosse n. f. *Une brosse à dents, à cheveux, à reluire. Des cheveux en brosse.*
brosser v. t.
brosserie n. f.
bross*eur, euse* n.
brossi*er, ère* n.
*****brother** = frère. Les Marx Brothers étaient : Groucho Julius (moustache), Harpo Arthur (blond frisé), Chico Leonard et Zeppo qui quitta le groupe en 1935.
brou n. m. (enveloppe verte des noix). *Des brous.* ♦ Adj. inv. *Des teintures brou de noix.* ♦ HOM. mal de *brout.*
brouelle n. f. (étoffe grossière).
brouet n. m.
brouettage n. m.
brouette n. f.
brouettée n. f. ♦ HOM. → brouetter.
brouetter v. t. ♦ HOM. *brouettée* (contenu).
brouhaha n. m. *Des brouhahas.*
brouillage n. m.
brouillamini n. m. *Des brouillaminis.*
brouillard n. m.
brouillasse n. f.
brouillasser v. int. et impers.
brouille n. f.
brouillement n. m.
brouiller v. t.
brouillerie n. f.
brouilleur n. m.
brouill*on, onne* adj. et n.
brouillonner v. t.
brouilly n. m. (vin).
broum! interj.
broussaille n. f. *Cheveux en broussaille; pays couvert de broussailles.*
broussaill*eux, euse* adj.
broussard n. m.
brousse n. f.
broussin n. m.
brout [brou] n. m. ♦ HOM. → brou.
broutage ou **broutement** n. m.
broutard ou **broutart** n. m.
broutement → broutage.
brouter v. t. et int.
*****b-router** = pont-routeur.
broutille n. f.
brownien, *enne* [bronyin, -yèn'] adj.
browning [bron'in'g] n. m. *Des brownings.* ♦ HOM. l'inventeur J.M. *Browning.*
*****brown sugar** = héroïne grise (drogue).

*browsing = survol (inf.).
broyage n. m.
broyat [brwa-ya] n. m.
broyer v. t. Conjug. 6.
broyeur, euse adj. et n.
brrr! interj.
bru n. f.
bruant ou bréant n. m.
brucella n. f. inv.
brucelles n. f. pl. (pinces). ♦ HOM. *Bruxelles* (capitale de la Belgique).
brucellose n. f.
bruche n. m.
brucine n. f. (alcaloïde).
brucite n. f. (oxyde).
brugnon n. m.
brugnonier n. m.
bruine n. f.
bruiner v. impers.
bruineux, euse adj.
bruir v. t. du 2ᵉ gr. Conjug. 24. ♦ HOM. → bruire.
bruire v. int. N'est usité qu'aux formes suivantes : Infin. Indic. prés. : *il bruit, ils bruissent*. Imparf. : *il bruissait, ils bruissaient*. Subj. prés. : *qu'il bruisse, qu'ils bruissent*. Partic. prés. : *bruissant*. ♦ HOM. *bruir* (mouiller à la vapeur).
bruissage n. m.
bruissant, e adj.
bruissement n. m.
bruisser v. int. De création récente, employé surtout dans les formes défectives du verbe *bruire*.
bruit n. m. *Annoncer à grand bruit; faire grand bruit; sans bruit; bruit de fond; il n'est bruit que de; un faux bruit*. ♦ HOM. il *bruit* (v. bruire et bruir).
bruitage n. m.
bruiter v. int.
bruiteur, euse n.
brûlage n. m.
brûlant, e adj.
brûlé, e adj. et n. m.
brûle-gueule n. m. inv.
brûlement n. m.
brûle-parfum(s) n. m. *Des brûle-parfums*.
brûle-pourpoint (à) loc. adv.
brûler v. t. et int. *Elle s'est brûlé le doigt. Elle s'est brûlée au doigt*.
brûlerie n. f.
brûleur, euse n.
brûlis n. m.

brûloir n. m.
brûlot n. m.
brûlure n. f.
brumaire n. m. sing. *Le 18 brumaire an VIII*. → date.
brumasse n. f.
brumasser v. impers.
brume n. f.
brumée n. f. (mot-valise désignant le mélange de *brume* et de *fumée*).
brumer v. impers.
brumeux, euse adj.
brumisateur n. m.
brumisation n. f.
brumiser v. t.
brumiseur n. m.
brumissage n. m.
brun, e adj. *Des rubans bruns; des chevelures brunes*. ♦ Adj. inv. *Des tissus brun clair*. ♦ N. *Ces bruns sont chatoyants*. → tableau COULEURS, p. 884. ♦ HOM. → brin. LEXIQUE : bai, basané, bistre, bronze, brunâtre, brunissant, café au lait, chamois, châtain, chocolat, fauve, feuille-morte, hâlé, hyacinthe, marron, noisette, ombre, puce, rouille, roussâtre, roux, saur, sardoine, sépia, Sienne, tabac, terre d'ombre, terreux, Van Dyck.
brunante n. f.
brunâtre adj.
*brunch n. m. Mot-valise anglais, de *breakfast (petit déjeuner) et *lunch (déjeuner) pour désigner le repas du milieu de la matinée. Pl. angl. : *brunches*; pl. fr. : *brunchs*. Équivalents : grand déjeuner, petit midi.
brune n. f.
brunet, ette n. et adj.
bruni, e adj. et n. m.
brunir v. t. et int. du 2ᵉ gr. Conjug. 24.
brunissage n. m.
brunissement n. m.
brunisseur, euse n.
brunissoir n. m.
brunissure n. f.
brunoise n. f.
*Brushing [breuchin'g] n. m. déposé inv. = coiffure à la brosse et au séchoir.
brusque adj.
brusquement adv.
brusquer v. t.
brusquerie n. f.
brut, e adj. *La matière brute; le poids brut; à l'état brut; des traitements bruts*. ♦ Adv. *Ces caisses pèsent brut cinquante kilos*.

BRUTAL

L'affaire produit brut deux cent mille francs. ♦ N. *On traite le brut dans cette usine. C'est une brute.*
brutal, ale, aux adj. et n.
brutalement adv.
brutaliser v. t.
brutalisme [-is-] n. m.
brutalité n. f.
brute n. f.
brution [-syon] n. m. et adj. m.
Bruxelles [brusèl'] (ville). ♦ HOM. → bruxelles.
bruxellois, e [brusèlwa, -lwaz'] adj. *Une maison bruxelloise.* ♦ N. *Les Bruxellois* (de Bruxelles).
bruxisme [-is-] n. m.
bruxomanie n. f.
bruyamment [bruiyaman] adv.
bruyant, e [bruiyan, -yant'] adj.
bruyère [bruiyèr'] n. f. *Balai de bruyère; coq de bruyère; terre de bruyère.* ♦ Adj. inv. *Des teintes bruyère.*
bryologie [briyo-] n. f.
bryone [briyon'] n. f.
bryophyte [briyo-] n. f.
bryozoaire [briyo-] n. m.
*B.S.E. (*bovine spongiform encephalopathy) = encéphalite spongiforme bovine.
*bstela (marocain) = pastilla.
B.T.P. sigle m. pl. Bâtiment et travaux publics.
B.T.S. sigle m. Brevet de technicien supérieur.
*BTU (*british thermal unit) = unité anglaise de mesure calorique.
buanderie n. f.
buandier, ère n.
bubale n. m.
bubon n. m.
bubonique adj.
buccal, ale, aux [bukal', -ko] adj.
buccin [buksin] n. m.
buccinateur [buksi-] n. m.
bucco-dentaire adj. *Des affections bucco-dentaires.*
bucco-génital, ale, aux adj. *Des pratiques bucco-génitales.*
bûche n. f.
bûcher n. m. *Jeanne sur le bûcher.* ♦ V. t. et int. *Ils bûchent dur.*
bûcheron, onne n.
bûcheronnage n. m.
bûchette n. f.
bûcheur, euse n.

*bucking = cabrade (méd.).
bucolique adj. et n. f.
bucrane n. m. (ornement architectural). ♦ Ne pas confondre avec *bugrane* (plante).
buddleia n. m.
budget n. m.
budgétaire adj.
budgéter v. t. Conjug. 10.
budgétisation n. f.
budgétiser v. t.
budgétivore adj. et n.
budo [boudo] n. m.
buée n. f.
*buffalo neck = cou de buffle (méd.).
*buffer = mémoire tampon (inf.).
*buffer circuit = circuit tampon (électron.).
buffet n. m.
buffetier, ère [buftyé, -tyèr'] n.
*buffeting = tremblement.
bufflage n. m.
buffle n. m.
buffler v. t.
bufflesse → bufflonne.
buffleterie [-fle-ou -flè-] n. f.
bufflon ou **buffletin** n. m.
bufflonne ou **bufflesse** n. f.
*bug n. m. = bogue, défaut de conception, erreur (inf.).
*bugging = bogage, introduction de bogues.
buggy → boghei.
bugle n. m. (instrument à vent). ♦ N. f. (plante).
buglosse n. f.
bugne n. f.
bugrane n. f. → bucrane.
*building n. m. = immeuble élevé, gratte-ciel, tour, bâtiment.
*building plans = plans (urb.).
*built-in self test = test intégré (électron.).
buire n. f.
buis n. m. *Le buis bénit du jour des Rameaux.*
buisson n. m. *Un buisson d'écrevisses.*
buisson-ardent n. m. (arbuste). *Des buissons-ardents.* Pas de trait d'union pour *le buisson ardent de Moïse.*
buissonnant, e adj.
buissonneux, euse adj.
buissonnier, ère adj.
Buitoni n. m. déposé inv.

bulb [beulb'] n. m.
bulbaire adj.
bulbe n. m.
bulbeux, euse adj.
bulbiculture n. f.
bulbille n. f.
bulb-keel [beulbkil'] n. m. *Des bulb-keels.*
bulgare adj. *Un pope bulgare.* ♦ N. *Écrit en bulgare. Une Bulgare.*
bulge n. m.
Bulgomme n. m. déposé inv.
*****bulk carrier** = vraquier (transp., mer).
*****bulk eraser** = effaceur total (aud.).
bull [bul'] n. m. (pour *bulldozer).
bullage n. m.
bullaire n. m.
bulldog [bouldog'] n. m.
*****bulldozer** = bouteur, boutoir, bouldozeur, bull.
bulle n. f. *Des bulles de savon. Bulle d'impétigo, d'excommunication.* ♦ N. m. *Une rame de bulle* (papier). ♦ Adj. m. inv. *Des papiers bulle.*
bullé, e adj.
buller v. int.
*****bullet** = remboursement *in fine* (écon.).
bulletin n. m.
bulletin-réponse n. m. *Des bulletins-réponse.*
bulleux, euse adj.
*****bull-finch** = haie sur talus dans le steeple-chase. *Des bull-finches.*
*****bullish market** = marché haussier (écon.).
*****bull market** = marché haussier (écon.).
bull-terrier n. m. *Des bull-terriers.*
bulot n. m.
Bülow [bulo] n.
*****bump contact** = plot de contact, plot (électron.).
Buna n. m. déposé inv.
*****Bundesrat**, *****Bundestag** (all.) = assemblées législatives allemandes.
bungalow [bungalo] n. m. *Des bungalows.*
*****bungy** = saut à l'élastique.
*****bungy-jumper** = sauteur à l'élastique.
*****bunker** (all.) n. m. = casemate; fortin.
*****bunker** = ensable, fosse de sable (golf).
*****bunker oils** ou **bunkers** = soutes (pétr.).
bunraku (n. m.).
Bunsen (bec) loc. m déposée inv.
buphtalmie n. f.
bupreste n. m.
buraliste n.

bure n. f. (étoffe ou vêtement). ♦ N. m. (puits de mine).
bureau n. m. *Des bureaux. Un bureau d'études. Bureau de l'enregistrement, de placement, de poste, de tabac. Un bureau paysager; un bureau Restauration, des fournitures de bureau. Le Bureau international des poids et mesures; le Bureau international du travail; le bureau Veritas; le Bureau des longitudes; le 2ᵉ Bureau.*
bureaucrate n.
bureaucratie [-krasi] n. f.
bureaucratique adj.
bureaucratisation n. f.
bureaucratiser v. t.
bureaucratisme n. m.
bureauticien, enne n.
bureautique n. f.
burelé, e adj.
burelle ou **burèle** n. f.
burette n. f.
burgau [-go] ou **burgo** n. m. *Des burgaux.*
burgaudine n. f.
burger [beurgheur'] n. m.
Burgien, enne → bourgeois.
burgo → burgau.
burgrave n. m.
burgraviat [-vya] n. m.
*****burial-mound** = tertre funéraire amérindien.
burin n. m.
burinage n. m.
buriné, e adj.
buriner v. t. et int.
burineur, euse n.
buriniste n.
burkinabé adj. et n. inv. en genre ou **burkinais**, e adj. et n.
burlat [-la] n. f.
burlesque adj. et n. m.
burlesquement adv.
burlingue n. m.
*****burn in** = déverminage (électron., spat.).
*****burning** = combustion (spat.). → *specific.
*****burning cost** = taux de flambage (écon.).
burnous [-nou ou -nous'] n. m.
*****burnout** ou **burn out** = arrêt par épuisement (spat.); caléfaction, crise d'ébullition (nucl.).
*****burn up** = arrêt par épuisement (spat.).
*****burn up fraction** = taux de combustion, taux d'épuisement (nucl.).

buron n. m.
*****burrowing** = calfeutrement.
*****burst** [burst'] n. m. = salve (de chambre d'ionisation), salve de neutrons, bouffée (de neutrons) (nucl.).
bus [bus'] n. m. ♦ HOM. que je *busse* (v. boire). ♦ Homographe hétérophone : je *bus* [bu] (v. boire).
*****bus** = canal (et non *bus*), en inf.
busard n. m.
busc n. m.
buse n. f.
buser v. t.
bush [bouch'] n. m.
bushido [bouchi-] n. m.
*****business** [biznès'] n. m. = travail, affaire.
*****business is business** = les affaires sont les affaires.
*****businessman** n. m. = homme d'affaires. *Des businessmen.*
*****business school** = école de commerce.
*****business to business** = interentreprise.
*****bus mailing** = multipostage (écon.).
busqué, e adj.
busquer v. t.
busserole n. f.
buste n. m.
bustier n. m.
but [but' ou bu] n. m. *De but en blanc.* Dans les sports d'équipe, bien que ce mot soit souvent employé au pluriel *(devant les buts adverses)*, on écrit : gardien de but, tir au but, coup de pied au but, ligne de but. ♦ HOM. → butte. ♦ Homographe hétérophone : il *but* [bu] (v. boire).
butadiène n. m.
Butagaz n. m. déposé inv.
butane n. m.
butanier n. m.
buté, e adj. ♦ HOM. → butter.
butée n. f. ♦ HOM. → butter.
butène → butylène.
buter v. int. et t. *Buter contre une pierre; buter sur un problème. L'entêté se bute.* ♦ HOM. → butter.
buteur n. m. (celui qui marque des buts).
♦ HOM. *butteur* (charrue pour butter la terre).
butin n. m.
butinage n. m.
butiner v. int. et t.
butineur, euse adj. et n.
butir v. int. du 2ᵉ gr. Conjug. 24.
butoir n. m. (arrêt, cale). *Le butoir du train; des butoirs de porte.* ♦ HOM. *buttoir* (charrue pour butter la terre).

butome n. m.
butor n. m.
buttage n. m.
butte n. f. (élévation de terre). *Une butte témoin, des buttes témoins ; des buttes de tir. Être en butte aux moqueries.* ♦ HOM. toucher au *but*, il se *bute* (v.), une *butte* de terre, il *butte* les pommes de terre (v.).
butter v. t. (amasser de la terre). ♦ HOM. *buter* (appuyer; se heurter), *buté* (entêté), une *butée* sur une machine à écrire.
butteur ou **buttoir** n. m. ♦ HOM. → buteur; butoir.
butyle n. m.
butylène ou **butène** n. m.
butylique adj. (du butane). ♦ Ne pas confondre avec *butyrique* (du beurre).
butyrate n. m.
butyreux, euse adj.
butyrine n. f.
butyrique adj. (du beurre). → butylique.
butyromètre n. m.
butyrophénone n. f.
buvable adj.
buvant n. m.
buvard adj. et n. m.
buvée n. f.
buvetier, ère n.
buvette n. f.
buveur, euse n. et adj.
buvoter v. int.
buxacée [buksasé] n. f.
*****buy back** = rachat de production (écon.).
*****buzz** = bourdonnement (transp.).
*****buzzer** = vibreur sonore.
buzuki = bouzouki.
B.V.P. sigle m. Bureau de vérification de la publicité.
*****B.W.R.** (*****boiling water reactor**) = réacteur à eau pressurisée (nucl.).
*****by-catch** = prises accessoires (mer).
*****bye-bye** ou **bye** (de l'anglais *****good bye**) = au revoir, adieu.
byline n. f.
*****by night** = de nuit.
*****by-pass** = dérivation (techn., bât.); évitement (pétr.); pontage, dérivation, anastomose, court-circuit (méd.).
*****by-pass engine** = réacteur à double flux.
*****by-pass ratio** = taux de dilution.
*****by-pass zone** = rocade (urb.).
byssinose n. f.

byssus [-sus'] n. m.
byte [ba-it'] n. m. (autre nom de l'octet).
byzantin, e adj. *Une discussion byzantine; l'Empire byzantin.* ♦ N. *Un Byzantin* (de Byzance); *la Byzantine* (collection de textes sur Byzance) *de Paris, de Bonn.*

byzantinisme [-is-] n. m.
byzantiniste n.
byzantinologie n. f.
byzantinologue n.

C

C n. m. inv. ♦ **c** : symbole du *centime* et du préfixe *centi-*. ♦ **C** : symbole du *coulomb* et du *carbone*; *cent* en chiffre romain.
♦ **°C** : symbole du *degré Celsius*.

c', ç' Élision de *ce*, pronom démonstratif, devant une voyelle. La cédille se met devant *a, o, u. C'est nouveau. Ç'a été un grand malheur. C'eût été trop beau* (conditionnel car on pourrait dire : *Ç'aurait été*). *Et n'allez pas croire que ç'ait été toujours pour dire du bien de vous* (Diderot). *C'en est (sera) fini de cette histoire.* → cédille.

ça/çà 1° **Ça** est l'abréviation contractée de *cela*, pronom démonstratif, et, comme lui, n'a pas d'accent. *Je vous assure que ça me gêne. Rends-moi ça. Ça dépend. Ça va mieux. Ah, ça, alors! Il ne manquait plus que ça. Pas de ça ici. Comme ci, comme ça.*

2° **Çà** est adverbe exclamatif ou adverbe de lieu. *Viens çà que je t'examine. Çà, messieurs, il faut que l'on trinque. Çà et là. Ah çà, où allez-vous? Or çà! Deçà delà.*

La cédille se met même à une majuscule manuscrite. ♦ HOM. → sa.

ça n. m. sing. (en psychanalyse).

C.A. sigle m. Chiffre d'affaires.

*****CAAT Box** ou **CAAT sequence** = boîte CAAT, séquence CAAT (génét.).

caatinga n. f.

cab n. m.

cabale n. f. (menée concertée et secrète, intrigue). ♦ HOM. *Cabale* ou *Kabbale* (interprétation juive de l'Ancien Testament).

cabaler v. int.

cabaliste n.
cabalistique adj.
caban n. m.
cabane n. f.
cabanement n. m.
cabaner v. t.
cabanon n. m.
cabaret n. m.
cabaretier, ère n.
cabas [-ba] n. m.
cabasset n. m.
cabèche n. f.
cabécou n. m. (fromage). *Des cabécous.*
cabernet n. m.
cabestan n. m.
cabiai [-byè] n. m.
cabillaud [-bi-yo] n. m. (morue fraîche, églefin). ♦ HOM. *cabillot* (instrument de marine).
cabillot n. m. ♦ HOM. → cabillaud.
*****cabin-cruiser** n. m. = yacht de croisière. *Des cabin-cruisers.*
cabine n. f.
cabinet n. m. *Cabinet de toilette, de cire, de lecture. Cabinet d'affaires, d'aisances. Le cabinet des Médailles, des Estampes* (sections de la Bibliothèque nationale). *Le chef, le conseil, le directeur de cabinet.*
♦ N. m. pl. *Aller aux cabinets.*
câblage n. m.
câble n. m. *Un câble hertzien.*
câblé, e adj.
câbleau ou **câblot** n. m. *Des câbleaux.*
*****cableman** n. m. = câbliste (cin.).
câbler v. t.
câblerie n. f.

CÂBLEUR

câb**leur, euse** n.
câb**lier, ère** n.
câb**liste** n.
câblodistrib**uteur, trice** adj. et n.
câblodistribution n. f.
câblogramme n. m.
câblo-opérateur n. m. *Des câblo-opérateurs.*
câblot → câbleau.
cabochard, e adj. et n.
caboche n. f.
cabochon n. m.
cabosse n. f.
cabosser v. t.
cabot n. m.
cabotage n. m.
caboter v. int.
caboteur adj. et n. m.
cabotin, e n.
cabotinage n. m.
cabotiner v. int.
caboulot n. m.
cabrade n. f. (mouvement d'un anesthésié).
cabrage n. m. (action de se cabrer).
cabrer v. t. *Ils se sont cabrés.*
cabrette n. f.
cabri n. m.
cabriole n. f.
cabrioler v. int. Ne pas confondre avec *cambrioler.*
cabriolet n. m.
cab-signal n. m. *Des cab-signaux.*
cabus [-bu] adj. m. *Un chou cabus, des choux cabus.*
C.A.C. 40 loc. m. déposée. → indice.
caca n. m.
cacaber v. int.
cacahouète ou cacahuète n. f.
cacao n. m.
cacaoté, e adj.
cacaoui n. m.
cacaoyer [-o-yé] ou cacaotier n. m. (produit le cacao). → cocaïer.
cacaoyère [-o-yèr'] ou cacaotière n. f.
cacarder v. int.
cacatoès [-ès'] n. m. → cacatois.
cacatois n. m. (voile). ♦ Ne pas confondre avec *cacatoès* (oiseau).
cachalot n. m.
cache n. m. (papier découpé employé par les photographes ou les architectes). ♦ N. f. (cachette).
cache-brassière n. m. *Des cache-brassière(s).*

cache-cœur n. m. *Des cache-cœurs.*
cache-col n. m. *Des cache-col(s).*
cache-corset n. m. *Des cache-corset(s).*
cachectique adj. et n.
cache-entrée n. m. *Des cache-entrée(s).*
cache-flamme n. m. *Des cache-flamme(s).*
*cache memory = antémémoire (inf.).
cachemire ou cashmere [-mir'] n. m. (tissu). ♦ HOM. le *Cachemire* (région de l'Inde).
cache-misère n. m. inv.
cache-nez n. m. inv.
cache-plaque n. m. *Des cache-plaques.*
cache-pot n. m. *Des cache-pot(s).*
cache-poussière n. m. inv.
cache-prise n. m. *Des cache-prise(s).*
cacher v. t.
cache-radiateur n. m. *Des cache-radiateur(s).*
cachère → kasher.
cache-sexe n. m. *Des cache-sexe(s).*
*cache storage = antémémoire (inf.).
cachet n. m. ♦ HOM. je *cachais* (v.).
cachetage n. m.
cache-tampon n. m. *Des cache-tampon(s).*
cacheter v. t. *Il cachette.* Conjug. 14.
cacheti**er, ère** n.
cacheton n. m.
cachetonner v. int.
cachette n. f.
cachexie [-èksi] n. f.
cachot n. m.
cachotterie n. f.
cachotti**er, ère** adj. et n.
cachou n. m. (substance brune). *Des cachous.* ♦ Adj. inv. *Des laines cachou.* ♦ Ne pas confondre avec *cajou* (fruit de l'anacardier).
cachucha [katchoutcha] n. f.
cacique n. m.
cacochyme adj. et n.
cacodylate n. m.
cacodyle n. m.
cacographe n.
cacographie n. f. La *cacographie* est une écriture défectueuse de la langue. C'est donc le contraire de l'*orthographe*, art et manière d'écrire correctement.
cacolalie n. f.
cacolet n. m.
cacologie n. f.
cacophonie n. f.

cacophonique adj.
cacosmie n. f.
cactacée ou **cactée** n. f.
cactus [-tus'] ou **cactier** n. m.
cadastral, ale, aux adj.
cadastre n. m.
cadastrer v. t.
cadavéreux, euse adj.
cadavérique adj.
cadavre n. m.
*****caddie** = cadet, cadette (golf).
caddie ou **caddy** n. m. (porteur des clubs d'un joueur de golf). *Des caddies.* ♦ HOM. *cadi* (juge religieux musulman), *Caddie* (chariot de magasin).
Caddie n. m. déposé inv. (chariot de magasin libre-service). *Elles poussaient leurs Caddie.* ♦ HOM. → caddie.
cade n. m. *De l'huile de cade.*
cadeau n. m. *Des cadeaux. Des papiers cadeau.*
cadenas [-na] n. m.
cadenasser v. t.
cadence n. f.
cadencé, e adj.
cadencer v. int. et t. *Il cadençait.* Conjug. 2.
cadène n. f.
cadenette n. f.
cadet, ette adj. et n.
cadi n. m. ♦ HOM. → caddie.
cadjin → cajun.
cadmiage n. m.
cadmie n. f.
cadmié, e adj.
cadmier v. t.
cadmium [-myom'] n. m. *Des cadmiums.* ♦ Adj. inv.
cadogan → catogan.
cador n. m.
cadrage n. m.
cadran n. m. (surface graduée avec aiguille indicatrice). *La construction des cadrans solaires est la gnomonique.* ♦ HOM. *quadrant* (quart de circonférence).
cadranier n. m.
cadrat [-dra] n. m.
cadratin n. m.
cadrature n. f. (assemblage de pièces d'horlogerie). ♦ Ne pas confondre avec *quadrature* [kwa-] (position en angle droit ; réduction à un carré).
cadre n. m. *Le Cadre noir de Saumur.*
cadrer v. int. et t.

cadreur, euse n.
caduc, uque adj.
caducifolié, e adj.
caducité n. f.
caduque n. f.
cadurcien, enne adj. *Un ouvrier cadurcien.* ♦ N. *Un Cadurcien* (de Cahors).
cæcal, ale, aux [sé-] adj.
cæcum [sékom'] n. m. *Des cæcums.*
cælostat → cœlostat.
caennais, e [kanè, -nèz'] adj. et n. (de Caen [kan]).
cæsium → césium.
CAF ou **caf** sigle inv. à valeur adj., adv. ou prép. Coût-assurance-fret. *Une vente caf; au prix de 12 000 francs CAF Rouen.* → *C.I.F.
cafard, e adj. et n.
cafardage n. m.
cafarder v. t. et int.
cafardeur, euse n. et adj.
cafardeux, euse adj.
café n. m. *Un café crème, des cafés crème ; des garçons de café ; un café moka ; café--concert* ou *caf'conc' ; café chantant ; café-théâtre. C'est fort de café. Le café est bouilli. Couleur café au lait. Des cafés au lait.* ♦ Adj. inv. *Une vache café au lait. Des robes café. Cafés italiens :* espresso (des espressi), cappuccino, lungo, ristretto, macchiatto, corretto.
café-concert n. m. *Des cafés-concerts. Des caf'conc'.*
caféier n. m.
caféière n. f. → cafetière.
caféine n. f.
caféisme [-is-] n. m.
café-restaurant n. m. *Des cafés-restaurants.*
cafetan ou **caftan** n. m.
*****cafeteria** (ital.) n. f. = bar, café, cafétérie. Francisé en *cafétéria.*
cafétéria ou **cafétérie** n. f.
café-théâtre n. m. *Des cafés-théâtres.*
cafetier n. m.
cafetière n. f. (personne ou appareil). ♦ Ne pas confondre avec *caféière* (plantation de caféiers).
cafouillage n. m.
cafouiller v. int.
cafouilleur, euse adj. et n.
cafouilleux, euse adj. et n.
cafouillis n. m.
cafre adj. *Des tribus cafres.* ♦ N. *Les Cafres sont les Xhosas.*

caftan → cafetan.
cafter v. t. et int.
cafteur, euse n.
cage n. f.
-cage/-quage 1° Finissent par **-cage** : *applicage, bocage, blocage, cage, marécage, masticage, pacage, parcage, picage* (de volailles), *placage, saccage.*

2° Finissent par **-quage** : *braquage, briquage, calquage, claquage, craquage, démarquage, dépiquage, encaustiquage, laquage, marquage, matraquage, piquage, remorquage, repiquage.*

3° Finissent de deux manières : *plasticage/plastiquage, trucage/truquage.*

Les néologismes ayant cette terminaison devraient s'écrire *-cage* quand la racine se termine par *-c* et *-quage* quand elle se termine par *-que*, ce qui permettrait par exemple de distinguer le *plasticage* (pose du plastic explosif) du *plastiquage* (application d'une matière plastique).

cagée n. f.
cageot n. m. ou **cagette** n. f.
caget, cajet n. m. ou **cagerotte** n. f. (petite natte pour égoutter les fromages).
cagibi n. m.
cagna n. f.
cagnard n. m.
cagne ou **khâgne** n. f.
cagneux, euse adj. et n. Dans le sens donné par l'argot scolaire (élève préparant la section « lettres » de l'École normale supérieure), on écrit aussi KHÂGNEUX, EUSE.
cagnotte n. f.
cagot, e adj. et n.
cagoterie n. f.
cagou n. m. *Des cagous.*
cagouille n. f.
cagoulard n. m.
cagoule n. f. (capuchon). Spécialt : *la Cagoule* (organisation secrète des années 30).
cahier [ka-yé] n. m. *Un cahier de bailliage, de brouillon(s), des charges, de dictées, de doléances, d'histoire, de textes; des cahiers (à) spirale. Les Cahiers de la Quinzaine; les Cahiers du Sud* (revues littéraires). ♦ HOM. du lait *caillé* (coagulé), *cailler* (v.).
cahin-caha adv.
cahot n. m. (secousse). ♦ HOM. *chaos* (désordre).

cahotant, e adj.
cahotement n. m.
cahoter v. int. et t.
cahoteux, euse adj.
cahute n. f.
*****caïd** (arabe) n. m. = chef, magistrat.
*****caïda** (arabe) n. f. ♦ HOM. → caïdat.
caïdal, ale, aux adj. *Une tente caïdale.*
caïdat n. m. (fonction de caïd). ♦ HOM. *caïda* (tradition chez les Arabes).
caïeu ou **cayeu** n. m. *Des caïeux; des cayeux.*
caillage → caillement.
caillasse n. f.
caille n. f. (oiseau). ♦ HOM. le lait se *caille* (coagule).
caillé, e et adj. m. ♦ HOM. → cahier.
caillebotis [-ti] n. m.
caillebotte n. f.
caillebotter v. t.
caille-lait n. m. inv.
caillement ou **caillage** n. m.
cailler v. t. et int. ♦ HOM. → cahier.
cailletage n. m.
cailleteau n. m. *Des cailleteaux.*
cailleter v. int. *Il caillette.* Conjug. 14.
caillette n. f.
caillot n. m.
caillou n. m. *Des cailloux.*
cailloutage n. m.
caillouter v. t.
caillouteux, euse adj.
cailloutis [-ti] n. m.
caïman n. m.
caïmite n. f.
caïmitier n. m.
caïque n. m.
cairn [kèrn'] n. m.
cairote adj. *Une mosquée cairote.* ♦ N. *Les Cairotes* (habitants du Caire).
caisse n. f. *La Caisse des dépôts et consignations; la Caisse des écoles; les caisses de la Sécurité sociale.*
caisse-outre n. f. *Des caisses-outres.*
caisserie n. f.
caissette n. f.
caissier, ère n.
caisson n. m.
caitya [ka-itya] n. m.
cajeput [-put'] ou **cajeputier** n. m.
cajet → caget.
cajoler v. t. et int.
cajolerie n. f.

cajol*eur, euse* adj. et n.

cajou n. m. *Des noix de cajou. Des cajous.* → cachou.

Cajun [kadjin] n. *Les Cajuns de la Louisiane parlent le français.* ♦ Adj. inv. *La culture cajun.* ♦ Quelquefois écrit CADJIN; *la musique cadjine, les usages cadjins.*

cake [kèk'] n. m.

*****cake-walk** n. m. = danse syncopée. *Des cake-walks.*

çaktisme [saktism'] n. m.

cal Symbole de la *calorie.*

cal n. m. *Des cals.* ♦ HOM. → cale.

calabrais, *e* adj. *Un bandit calabrais.* ♦ N. *Une Calabraise parlant le calabrais.*

caladium [-dyom'] ou **caladion** n. m. *Des caladiums.*

calage n. m.

calaisi*en, enne* adj. et n. (de Calais).

calaison n. f.

calamar → calmar.

calambac ou **calambour** n. m. ♦ HOM. → calembour.

calame n. m.

calaminage n. m.

calamine n. f. (silicate; dépôt résiduel).

calaminer (se) v. pr. *Elle s'est calaminée.*

calamistré, *e* adj.

calamite n. f. (arbre fossile).

calamité n. f.

calamit*eux, euse* adj.

calancher v. int.

calandrage n. m.

calandre n. f.

calandrer v. t.

calandr*eur, euse* n.

calanque n. f.

calao n. m.

calathéa n. m.

calbombe ou **calebombe** n. f.

calcaire adj. et n. m.

calcanéum [-néom'] n. m. *Des calcanéums.*

calcar*eux, euse* adj.

calcarone n. m.

calcédoine n. f. (pierre de bijouterie). ♦ HOM. *Chalcédoine* (ancienne ville d'Asie Mineure).

calcémie n. f.

calcéolaire n. f.

calcicole adj.

calciférol n. m.

calcification n. f.

calcifié, *e* adj.

calcifuge adj.

calcin n. m.

calcination n. f.

calciner v. t.

calciothermie n. f.

calciphobe adj.

calcique adj.

calcite n. f.

calcitonine n. f.

calcium [-syom'] n. m. *Des calciums.*

calciurie n. f.

calcschiste [kalkchist'] n. m.

calcul n. m. *Ils agissent par calcul.*

calculabilité n. f.

calculable adj.

calcula*teur, trice* adj. et n.

calculer v. t.

calculette n. f.

calcul*eux, euse* adj.

caldarium [-ryom'] n. m. *Des caldariums.*

caldeira [-déra] n. f.

caldoche n. *Un Caldoche.* ♦ Adj. *Un quartier caldoche.*

cale n. f. (morceau de bois ou de métal; fond de navire; bassin). ♦ HOM. *cal* (peau épaisse), il *cale* (v.).

calé, *e* adj. ♦ HOM. → kalé.

calebasse n. f.

calebassier n. m.

calebombe → calbombe.

calèche n. f.

caleçon n. m. S'emploie indifféremment au sing. (plus courant) ou au pl. *Ils sont en caleçon(s) de bain.*

caleçonnade n. f.

calédoni*en, enne* adj. *Le plissement calédonien.* ♦ N. *Les Calédoniens habitaient l'Écosse.* Se servir de ce terme pour les habitants de la Nouvelle-Calédonie est une erreur; ce sont des *Néo-Calédoniens.*

cale-étalon n. f. *Des cales-étalons.*

caléfaction n. f.

calembour n. m. (jeu de mots sur une homonymie). ♦ HOM. *calambour* (bois d'aloès).

calembredaine n. f.

calendaire adj.

calendes n. f. pl. *Renvoyer aux calendes grecques.*

calendo n. m.

calendrier n. m. → jour; mois; siècle.

cale-pied n. m. *Des cale-pieds.*

calepin n. m.
cale-porte n. m. *Des cale-portes.*
caler v. t. et int. ♦ HOM. → kalé.
caleter → calter.
calf n. m. Aphérèse de *box-calf.*
calfat [-fa] n. et adj. m.
calfatage n. m.
calfater v. t.
calfeutrage ou **calfeutrement** n. m.
calfeutrer v. t.
calibrage n. m.
*__calibration__ = calibrage, étalonnage (spat.).
calibre n. m.
calibrer v. t.
calibreur, euse n.
calice n. m.
caliche n. m.
calicot n. m.
calicule n. m. *Le calicule du fraisier.*
calier n. m.
califat ou **khalifat** [-fa] n. m.
calife ou **khalife** n. m.
californien, enne adj. *Le soleil californien.* ♦ N. *Une Californienne de Los Angeles.*
californium [-nyom'] n. m. *Des californiums.*
califourchon (à) loc. adv. *Ils sont à califourchon.*
câlin, e adj. et n.
câliner v. t.
câlinerie n. f.
caliorne n. f.
calisson n. m.
calla n. m. (plante des marais). ♦ HOM. il *cala* (v. caler).
calleux, euse adj.
*__call-girl__ [kolgheurl'] n. f. = prostituée appelée par téléphone. *Des call-girls.*
calligramme n. m.
calligraphe n.
calligraphie n. f.
calligraphier v. int. et t. Conjug. 17.
calligraphique adj.
callipyge adj.
*__call option__ = option d'achat (écon.).
callosité n. f.
calmage n. m.
calmant, e adj.n. m.
calmar ou **calamar** n. m.
calme adj. et n. m. *Ils conservent leur calme.*
calmement adv.

calmer v. t.
calmir v. int. du 2ᵉ gr. Conjug. 24.
calmoduline n. f.
calo n. m. ♦ HOM. → calot.
caloduc n. m.
calomel n. m.
calomniateur, trice n.
calomnie n. f.
calomnier v. t. Conjug. 17.
calomnieusement adv.
calomnieux, euse adj.
caloporteur, euse n. et adj.
calorescence n. f.
calorie n. f. (unité de mesure : *3 calories* ou *3 cal*).
calorifère adj. et n. m.
calorification n. f.
calorifique adj.
calorifuge adj. et n.
calorifugeage n. m.
calorifuger v. t. *Nous calorifugeons.* Conjug. 3.
calorimètre n. m.
calorimétrie n. f.
calorimétrique adj.
caloriporteur, euse n. et adj.
calorique adj.
calorisation n. f.
calot n. m. (coiffure). ♦ HOM. *calo* (argot espagnol).
calotin n. m.
calotte n. f.
calotter v. t.
caloyer, ère [-lo-yé, -yèr'] n.
calquage n. m.
calque n. m.
calquer v. t.
calter ou **caleter** v. int. et pr. *Il se calte. Ils se sont caltés. L'écriture caleter* [kalté] ne s'emploie qu'à l'infinitif.
calumet n. m.
calvados [-dos'] n. m. (eau-de-vie du Calvados). En apocope : *calva.*
calvadosien, enne n. et adj. (du Calvados).
calvaire n. m. *Cette attente était pour elle un calvaire. Les calvaires bretons.* ♦ HOM. La colline du *Calvaire* (en araméen *Golgotha*) près de Jérusalem ; le *Calvaire* du Christ. Les filles du *Calvaire* (religieuses).
calvairienne n. f. (religieuse).
calville [-vil'] n. f.
calvinisme [-is-] n. m.

calviniste n. et adj.
calvitie [-visi] n. f.
calypso n. m. (danse). ♦ HOM. la nymphe *Calypso* (mythologie).
camaïeu n. m. *Des camaïeus/camaïeux. Peints en camaïeu.*
camail n. m. *Des camails.*
camaldule n.
camarade n.
camaraderie n. f.
camard, e adj. et n. (au nez écrasé). *La camarde* (la mort); ne pas confondre avec la *Camargue* (région du delta du Rhône).
camarguais, e adj. *Les chevaux camarguais.* ♦ N. *Une Camarguaise.*
*****camarilla** (esp.) n. f. = coterie, groupe de courtisans.
cambiaire adj.
cambial, ale, aux adj.
cambiste n. et adj.
cambium [-byom'] n. m. *Des cambiums.*
cambodgien, enne adj. *Un temple cambodgien.* ♦ N. *Parler le cambodgien; une Cambodgienne.*
cambouis [-bwi] n. m.
cambrage ou **cambrement** n. m.
cambré, e adj.
cambrer v. t.
cambrésien, enne adj. et n. (de Cambrai ou du Cambrésis).
cambreur n. m.
cambrien, enne adj. et n. m. (de Cambria, pays de Galles).
cambriolage n. m.
cambrioler v. t. → cabrioler.
cambrioleur, euse n.
cambrousse ou **cambrouse** n. f.
cambrure n. f.
cambuse n. f.
cambusier n. m.
*****camcorder** → *camrecorder.
came n. f.
camé, e n. → camée.
camée n. m. (pierre dure gravée). ♦ Ne pas confondre avec *une camée*, terme populaire pour désigner celle qui se drogue.
caméléon n. m.
caméléonesque adj.
camélia n. m. *Des camélias.* L'orthographe latine est, pour les botanistes, CAMELLIA.
camélidé n. m.
cameline ou **caméline** n. f.

camelle n. f. (tas de sel près du marais salant). ♦ Ne pas confondre avec *chamelle* (femelle du chameau). ♦ HOM. *Camel* (marque déposée de cigarettes).
camelot n. m.
camelote n. f.
camembert n. m. *Les camemberts furent imaginés à Camembert par Marie Harel.*
camer (se) v. pr.
caméra n. f.
*****cameraman** n. m. = cadreur, opérateur de prises de vues. *Des cameramen.*
camérier n. m.
camériste n. f.
camerlingat [-ga] n. m.
camerlingue n. m.
camerounais, e adj. *Une case camerounaise.* ♦ N. *Un Camerounais.*
Caméscope n. m. déposé inv.
camion n. m.
camion-citerne n. m. *Des camions-citernes.*
camionnage n. m.
camionner v. t.
camionnette n. f.
camionneur n. m.
camisard n. m.
camisole n. f.
camomille n. f.
*****Camorra** (ital.) n. f. = Mafia napolitaine.
camouflage n. m.
camoufler v. t.
camouflet n. m.
camp n. m. *Ils sont en camp volant.* ♦ HOM. *quand* (adv.; conj.), *kan* (caravansérail), *quant* à (prép.), *khan* (prince oriental), *Caen* (ville).
campagnard, e adj. et n.
campagne n. f. *Se mettre en campagne; la campagne de Russie; des campagnes de publicité; une campagne double.*
campagnol n. m.
campanaire adj.
campane n. f.
campanien, enne adj. *Les moissons campaniennes.* ♦ N. *Parler le campanien. Un Campanien* (de Campanie).
campaniforme adj.
campanile n. m.
campanilisme [-is-] n. m.
campanulacée n. f.
campanule n. f.
campé, e adj.
campêche n. m. (bois). ♦ HOM. *Campêche* (ville du Mexique).

campement n. m.
camper v. int. et t.
campeur, **euse** n.
camphre [kanfr'] n. m.
camphré, e [kanfré] adj.
camphrier [kanfri-é] n. m.
campignien, enne adj. *Un silex campignien.* ♦ N. *Une Campignienne de Campigny.*
camping [kanpin'g] n. m.
*****camping-car** n. m. = auto-caravane. *Des camping-cars.*
Camping-gaz n. m. déposé inv.
campo ou **campos** [-po] n. m. *Ils ont campo.*
campus [-pus'] n. m.
camp-volant n. m. *Des camps-volants.*
campylobacter [-tèr'] n. m.
*****camrecorder** ou **camcorder** = Caméscope (aud.).
camus, e [-mu, -muz] adj.
canada n. m. *Cet arbre est un canada. Des pommes canada.* ♦ N. f. (la pomme). *Il mange une canada. Deux kilos de canada(s).* ♦ HOM. *Le Canada francophone.*
Canadair n. m. déposé inv.
canadianisme [-is-] n. m.
canadien, enne adj. *La forêt canadienne.* ♦ N. *Un Canadien. Porter une canadienne (veste); naviguer sur une canadienne (canot); épouser une Canadienne.*
canaille n. f. et adj.
canaillerie n. f.
canal n. m. *Des canaux. Des canaux de dérivation, de fuite, d'amenée; des canaux latéraux.* ♦ HOM. → canot.
LEXIQUE ANATOMIQUE : canal artériel, carotidien, cholédoque, chylifère, crural, cystique, fémoral, galactophore, hépatique, inguinal, lymphatique, maxillaire, osseux, rachidien, radiculaire, sacré, thoracique, vertébral ; canaux de Havers, de Santorini, de Sténon, de Warton, de Wirsung.
canalaire adj.
canalicule n. m.
canalisable adj.
canalisation n. f.
canaliser v. t.
cananéen, enne [-é-in, -é-èn'] adj. *Un sanctuaire cananéen.* ♦ N. *La langue hébraïque a ses racines dans le cananéen. La Cananéenne du Nouveau Testament.* ♦ L'ancienne orthographe est chananéen, enne.

canapé n. m.
canapé-lit n. m. *Des canapés-lits.*
canaque ou **kanak, e** adj. *Une maison canaque.* ♦ N. *Une Canaque (ou Kanake).*
canar n. m. ♦ HOM. → canard.
canara n. m.
canard n. m. (oiseau dont la femelle est la cane). ♦ HOM. un *canar* d'aérage (une buse d'aérage).
canardeau n. m. *Des canardeaux.*
canarder v. t.
canardière n. f.
canari n. m. et adj. inv.
canasson n. m.
canasta n. f.
cancale n. f. (huître de la région de Cancale).
cancan n. m. *Des cancans. Le french cancan.*
cancaner v. int.
cancanier, ère adj. et n.
cancel n. m.
cancer [-sèr'] n. m. *Des cancers du sein. Née sous le signe du Cancer.* → zodiaque.
cancéreux, euse adj.
cancérigène adj.
cancérisation n. f.
cancérisé, e adj.
cancériser (se) v. pr.
cancérogène ou **cancérigène** adj. et n. m.
cancérogenèse n. f.
cancérogénicité n. f.
cancérologie n. f.
cancérologique adj.
cancérologue n.
cancérophobie n. f.
cancha n. f.
canche n. f.
cancoillotte [-ko-yot'] n. f.
cancre n. m.
cancrelat [-la] n. m.
cancroïde n. m.
candace n. f.
candela [-déla] n. f. (unité de mesure : 3 candelas ou 3 cd). *Une candela par mètre carré (1 cd/m^2).*
candélabre n. m.
candeur n. f.
candi adj. m. *Des sucres candis.*
candida n. m. *Des candidas.* ♦ HOM. → candidat.
candidat, e [-da, -dat'] n. *Trois candidats postulent cet emploi.* ♦ HOM. *candida* (levure).

candidature n. f.
candide adj. *Une âme candide.* ♦ HOM. *Candide* (prénom).
candidement adv.
candidose n. f.
candir v. t. du 2ᵉ gr. Conjug. 24.
candisation n. f.
candomblé n. m.
*****candy** = bonbon. *Des candies.*
cane n. f. ♦ HOM. → canne.
canéficier n. m. → cassie.
canepetière n. f.
canéphore n. f.
caner v. int. (fuir devant le danger). ♦ HOM. → canner.
caner ou **canner** v. int. (mourir). ♦ HOM. → canner.
canetage ou **cannetage** n. m.
canetière ou **cannetière** n. f.
caneton n. m.
canette n. f. (petite cane).
canette ou **cannette** n. f. (petite bouteille).
canevas [-va] n. m.
canezou n. m. *Des canezous.*
cange n. f.
cangue n. f. (supplice du carcan; ce carcan). ♦ Ne pas confondre avec *gangue* (enveloppe impure).
caniche n. m.
caniculaire adj.
canicule n. f.
canidé n. m.
canier n. m.
canif n. m.
canin, e adj. et n. f.
caninette n. f.
canisse → cannisse.
canissier → cannissier.
*****canister** = absorbeur (méd.).
canitie [-si] n. f.
caniveau n. m. *Des caniveaux.*
canna n. m. (plante, autre nom du balisier). *Des cannas.* ♦ HOM. *Les noces de Cana* (Bible), il *cana* (v. caner), il *canna* (v. canner).
cannabinacée n. f.
cannabique adj.
cannabis [-bis] n. m.
cannabisme [-is-] n. m.
cannage n. m.
cannaie n. f.
canne n. f. (roseau; bâton). *Des cannes à pêche, à sucre, à épée. Une canne blanche* (la canne de l'aveugle; l'aveugle). ♦ HOM. *cane* (femelle du canard), il *canne* (v.), il *cane* (v.), une *canne* (récipient normand d'autrefois), la ville de *Cannes.*
canné, e adj. *Une chaise cannée.*
canne-béquille n. f. *Des cannes-béquilles.*
canneberge n. f.
canne-épée n. f. *Des cannes-épées.*
cannelé, e adj.
canneler v. t. Conjug. 13.
cannelier n. m.
cannelle n. f. (robinet; écorce). ♦ Adj. inv. *Des manteaux cannelle.*
cannelloni [-néloni] n. m. *Des cannellonis.*
cannelure n. f.
canner v. t. (garnir de jonc ou de rotin). ♦ HOM. *canner* (mourir), *caner* (avoir peur, céder).
cannetage → canetage.
cannetière → canetière.
cannetille n. f.
cannette → canette.
canneur, euse n.
canneux, euse adj.
cannibale adj. et n.
cannibalesque adj.
cannibalique adj.
cannibalisation n. f.
cannibaliser v. t.
cannibalisme [-is-] n. m.
cannier, ère n.
cannisse ou **canisse** n. f.
cannissier ou **canissier, ère** n.
canoë [-noé] n. m.
canoéisme [-is-] n. m.
canoéiste n.
canoë-kayak n. m. *Des canoës-kayaks. Des épreuves de canoë-kayak.*
canon n. m. *Canons de siège; canon à électrons; les canons d'autel; le droit canon; le canon de Vitruve.*
cañon ou **canyon** [kanyɔn] n. m. *Les cañons du Colorado.*
canonial, ale, aux adj.
canonicat [-ka] n. m.
canonicité n. f.
canonique adj.
canoniquement adv.
canonisable adj.
canonisation n. f.
canoniser v. t.
canoniste n. m.

canonnade n. f.
canonnage n. m.
canonner v. t.
canonnier n. m.
canonnière n. f.
canope n. m.
canopée n. f.
*canopy n. m. = verrière.
canot [-no] n. m. (embarcation). ♦ HOM. canaux (pl. de canal).
canotage n. m.
canoter v. int.
canoteur, euse n.
canotier n. m.
*cant = pruderie affectée.
cantabile n. m.
*cantabile (ital.) = chantant.
cantal n. m. (fromage). Des cantals. ♦ HOM. la région du Cantal.
cantalien, enne adj. et n. (du Cantal).
cantalou, e adj. et n. (du Cantal).
cantaloup [-lou] n. m.
cantate n. f.
cantatille n. f.
cantatrice n. f.
*canter n. m. = galop d'essai d'un cheval.
canthare n. m.
cantharide n. f.
cantharidine n. f.
cantilène n. f.
cantilever [-vèr'] n. m. Des cantilevers. ♦ Adj. inv. Des ponts cantilever.
cantilien, enne adj. Le musée Condé est cantilien. ♦ N. Une Cantilienne (de Chantilly ou de Canteleu).
cantine n. f.
cantiner v. int.
cantinier, ère n.
cantique n. m. (chant d'église). Le Cantique des cantiques. ♦ HOM. quantique (relatif aux quanta).
canton n. m. (subdivision administrative). ♦ HOM. la ville de Canton, en Chine; le quanton (notion de théorie quantique).
cantonade n. f.
cantonais, e adj. et n. (de Canton).
cantonal, ale, aux adj. et n. f. (élection).
cantonnement n. m.
cantonner v. t. et int.
cantonnier n. m.
cantonnière n. f.
cantor n. m.
cantre n. m.
canulant, e adj.

canular n. m.
canularesque adj.
canule n. f.
canuler v. int.
canut, canuse [-nu, -nuz'] n.
canyon → cañon.
*canzone (ital.) n. f. = chanson à plusieurs voix; poème lyrique. Des canzoni.
*canzonetta (ital.) n. f. = chansonnette. Des canzonettas.
C.A.O. sigle f. Conception assistée par ordinateur.
caodaïsme [-is-] n. m.
*caoua (arabe) n. m. = café. ♦ HOM. → kawa.
caouanne n. f.
caoudeyre n. f.
caoutchouc [-tchou] n. m. Du caoutchouc vulcanisé. Du caoutchouc Mousse (n. déposé).
caoutchoutage n. m.
caoutchouter v. t.
caoutchouteux, euse adj.
cap n. m. De pied en cap; mettre le cap à l'ouest; le cap Vert, le cap Bon, le cap Gris-Nez, le cap de Bonne-Espérance, le cap Horn. → tempête. Un cheval cap de maure/more. Les îles du Cap-Vert; Le Cap (ville); aller au Cap; passer par Le Cap. ♦ HOM. cape (vêtement), la ville du Cap.
*cap = coiffe (agr.); coiffe, chapeau (génét.).
C.A.P. sigle m. Certificat d'aptitude professionnelle, certificat d'aptitude pédagogique.
capable adj.
capacimètre n. m.
capacitaire n. Ce clerc est un capacitaire. ♦ Adj. Le suffrage capacitaire.
capacitance n. f.
capacitation n. f.
capacité n. f.
*capacity factor = taux de charge (nucl.).
caparaçon n. m. Ce nom vient de cape (manteau).
caparaçonner v. t.
cape n. f. Rire sous cape; des romans de cape et d'épée. Mettre un navire à la cape. ♦ HOM. → cap.
capéer ou capeyer v. int. Il capée, il capéait, il capéera(it). Conjug. 16 (ou 9).
capelage n. m.
capelan n. m.

capeler v. t. *Il capelle.* Conjug. 13.
capelet n. m.
capeline n. f.
*****capella (a)** → *a capella.
caper v. t.
C.A.P.E.S. [capès'] sigle m. Certificat d'aptitude au professorat de l'enseignement du second degré.
capésien, enne [-zyin, -zyèn'] n. (qui a le C.A.P.E.S.).
C.A.P.E.T. [capèt'] sigle m. Certificat d'aptitude au professorat de l'enseignement technique.
capétien, enne [-syin, -syèn'] n. *Hugues Capet fut le premier des Capétiens.* ♦ Adj. *La dynastie capétienne.*
capétien, enne [-tyin, -tyèn'] n. (qui a le C.A.P.E.T.).
capeyer → capéer.
capharnaüm [-aom'] n. m. *Des capharnaüms.* ♦ HOM. *Capharnaüm* (ville de Galilée).
cap-hornier n. m. *Des cap-horniers.*
capillaire [-pilèr'] adj. et n. m.
capillarite [-pila-] n. f.
capillarité [-pila-] n. f.
*****capillary fringe** = frange capillaire (agr.).
*****capillary moisture** = eau capillaire (agr.).
capilliculteur, trice [-pili-] n.
capilliculture [-pili-] n. f.
capilotade n. f.
*****cap (interest rate)** = taux plafond (écon.).
capiston n. m.
capitaine n. m. *Des capitaines de corvette, de frégate, de vaisseau; des capitaines au long cours.*
capitainerie n. f.
capital, ale, aux adj. *La peine capitale; un point capital; des péchés capitaux.* ♦ N. m. *Société au capital de. Le capital et le travail. Capitaux engagés.* ♦ N. f. *Canberra est la capitale de l'Australie. Mettez ce titre en capitales.* ♦ →état et tableaux ALPHABET p. 876, CORRECTION p. 878 sqq., MAJUSCULES p. 903 sqq.
capitalisable adj.
capitalisation n. f.
capitaliser v. t.
capitalisme [-is-] n. m.
capitaliste n. et adj.
capitalistique adj.
capital-risque n. m. *Des capitaux-risques.*

capitan n. m. ♦ HOM. *Capitan* (personnage de la comédie italienne).
capitanat n. m.
capitation n. f. (impôt).
capité, e adj.
capiteux, euse adj.
capitole n. m. (édifice). *Le Capitole de Rome* (colline); *le Capitole de Toulouse.*
capitolin, e adj. *Jupiter Capitolin; le mont Capitolin.*
capiton n. m.
capitonnage n. m.
capitonner v. t.
capitoul n. m.
capitulaire adj. *Une assemblée capitulaire.* ♦ N. m. (ordonnance d'un roi mérovingien ou carolingien).
capitulard n. m.
capitulation n. f. (reddition, abandon). ♦ N. f. pl. (anciennes conventions turques).
capitule n. m.
capituler v. int.
capo → kapo.
capon, onne adj. et n.
caponnière n. f.
caporal n. m. *Des caporaux. Il fume du caporal. Le Petit Caporal* (Napoléon Ier).
caporal-chef n. m. *Des caporaux-chefs.*
caporaliser v. t.
caporalisme [-is-] n. m.
capot n. m. *Des capots de moteur.* ♦ Adj. inv. *Ils sont capot.* ♦ HOM. → kapo.
capotage n. m.
capote n. f.
capoter v. int. et t.
cappa ou **cappa magna** n. f. inv.
cappadocien, enne adj. *L'école cappadocienne.* ♦ N. *Un Cappadocien* (de la Cappadoce).
*****cappella (a)** → *a capella.
cappuccino [kapoutchino] n. m. *Des cappuccinos.*
câpre n. f.
capricant, e adj.
*****capriccio** (ital.) n. m. = caprice.
*****capriccioso** (ital.) adj. = capricieux.
caprice n. m. *Céder aux caprices de la mode, d'un enfant.*
capricieusement adv.
capricieux, euse adj.
capricorne n. m. *Né sous le signe du Capricorne.* → zodiaque.
câprier n. m.

caprification n. f.
caprifoliacée n. f.
caprin, e adj.
capriné n. m.
caprique adj.
caproïque adj.
caprolactame n. m.
capron n. m.
capronier ou **capronnier** n. m.
caprylique adj.
capsage n. m.
capselle n. f.
capside n. f.
capsien n. m.
capsulage n. m.
capsulaire adj.
capsule n. f.
capsule-congé n. f. *Des capsules-congés.*
capsuler v. t.
capsulerie n. f.
capsuleur n. m.
captable adj.
captage n. m. *Captage d'une source, d'une émission radio.*
captal n. m. *Des captals.*
captateur, trice n.
captation n. f. (action de se faire donner frauduleusement). *Captation d'héritage.*
captativité n. f.
captatoire adj.
capter v. t.
capte-suies n. m. inv.
capteur n. m.
captieusement [-syeu-] adv.
captieux, euse [kapsyeû, -eûz'] adj.
captif, ive adj. et n.
captivant, e adj.
captiver v. t.
captivité n. f.
capture n. f. *Capture du criminel; capture électronique.*
capturer v. t.
capuce n. m.
capuche n. f.
capuchon n. m.
capuchonné, e adj.
capucin, e n. m. (religieux; singe; lièvre). ♦ N. f. (religieuse; fleur; lucarne de toit). → capucine; religieux.
capucinade n. f.
capucine n. f. (plante). ♦ Adj. inv. *Des rubans capucine.*
capulet n. m.

capverdien, enne adj. et n. (du Cap-Vert).
caque n. f.
caquelon n. m.
caquer v. t.
caquet n. m. *Rabattre le caquet.*
caquetage ou **caquètement** n. m.
caquetant, e adj.
caqueter v. int. *Il caquette.* Conjug. 14.
caqueteuse ou **caquetoire** n. f.
car n. m. *Un car de touristes.* ♦ Conj. *Tu remonteras le réveille-matin, car nous partons tôt.* ♦ HOM. *quart* (1/4), *carre* (bord du ski; épaisseur d'une planche; entaille dans le tronc du pin), *il se carre* (v.).
carabe n. m.
carabidé n. m.
carabin n. m.
carabine n. f.
carabiné, e adj.
carabinier n. m.
carabistouille n. f.
caracal n. m. *Des caracals.*
caraco n. m.
caracole n. f.
caracoler v. int.
caracouler v. int.
caractère n. m. *Ils ont bon caractère. Des caractères d'imprimerie. Des caractères numérisés; des caractères magnétiques.* → tableaux ALPHABET p. 876 et CORRECTION p. 879.
Classification des caractères d'imprimerie :
a) romain, italique, écriture ;
b) *classification Thibaudeau* : elzévir, didot, antique, égyptienne ;
c) *classification Vox* : humane, garalde, réale, didone, mécane, linéale, incise, scripte, manuaire, fracture, non latine.
caractériel, elle adj. et n.
caractérisation n. f.
caractérisé, e adj.
caractériser v. t.
caractéristique adj. et n. f.
caractérologie n. f.
caractérologique adj.
caracul → karakul.
carafe n. f. *Ils sont restés en carafe.*
carafon n. m.
caraïbe adj. *Le chou caraïbe.* ♦ N. *Les Caraïbes peuplent les Petites Antilles. Les îles Caraïbes; la mer des Caraïbes.*
caraïte → karaïte.
***caramba!** (esp.) interj. = Sapristi ! Diable !

Carambar n. m. déposé inv.
carambolage n. m.
carambole n. f.
caramboler v. int. et t.
carambouillage n. m.
carambouille n. f.
carambouilleur, euse n.
caramel n. m. et adj. inv.
caramélé, e adj.
caramélisation n. f.
caramélisé, e adj.
caraméliser v. t. et int.
carapace n. f.
carapater (se) v. pr. *Elles se sont carapatées.*
caraque n. f. (navire).
carasse n. f. (colis de tabac).
carassin n. m.
carat n. m. Le *carat métrique* (ou *carat poids*) vaut 0,20 g et sert pour peser diamants, pierres précieuses et perles fines. Le *carat* (ou *carat titre*) indique une proportion; il vaut 1/24 de la masse totale d'un alliage d'or. Une *bague en or 18 carats* n'a donc que les trois quarts de son poids en or fin.
carate n. m. (maladie).
caravagesque ou **caravagiste** adj. et n.
caravagisme [-is-] n. m.
caravanage n. m.
caravane n. f.
caravaneur, euse n.
caravanier, ère n. et adj.
*****caravaning** n. m. = camping automobile, caravanage.
caravansérail n. m. *Des caravansérails.*
caravelle n. f. (navire). *Les trois caravelles de Christophe Colomb furent*: Santa Maria (naufragée), Pinta et Niña. ♦ HOM. les avions *Caravelle* (n. déposé inv.).
carbamate n. m.
carbamique adj.
carbet n. m.
carbhémoglobine → carbohémoglobine.
carbochimie n. f.
carbochimique adj.
carbogène n. m.
carboglace n. f.
carbohémoglobine ou **carbhémoglobine** n. f.
carbonade ou **carbonnade** n. f.
carbonado n. m. (diamant industriel). *Des carbonados.*
carbonarisme [-is-] n. m.

*****carbonaro** (ital.) n. m. = membre d'une société secrète. *Des carbonari.*
carbonatation n. f.
carbonaté, e adj.
carbonater v. t.
carbone n. m. *Des papiers carbone; le carbone 14.*
carboné, e adj.
carbonifère adj. et n. m.
carbonique adj.
carbonisage n. m.
carbonisation n. f.
carboniser v. t.
carbonitruration n. f.
carbonitrurer v. t.
carbonnade → carbonade.
carbonyle n. m.
carbonylé, e adj.
Carborundum [-rondom'] n. m. déposé inv.
carboxyhémoglobine n. f.
carboxylase n. f.
carboxyle n. m.
carboxylique adj.
carburant n. et adj. m.
carburateur, trice adj. et n. m.
carburation n. f.
carbure n. m.
carburé, e adj.
carburéacteur n. m.
carburer v. t. et int.
carburol n. m.
carcailler ou **courcailler** v. int.
carcajou n. m. *Des carcajous.*
carcan n. m.
carcasse n. f.
carcel n. m. (lampe inventée par l'horloger Carcel).
carcéral, ale, aux adj.
carcinogène adj. et n. m.
carcinogenèse n. f.
carcinoïde adj.
carcinologie n. f.
carcinomateux, euse adj.
carcinome n. m.
cardage n. m.
cardamine n. f. (plante d'Europe, appelée aussi *cressonnette*).
cardamome n. f. (plante du Sud-Est asiatique).
cardan n. m. *Il y a deux cardans le long de cet arbre moteur.* ♦ HOM. Le savant Jérôme Cardan. *Suspension à la Cardan; joint de Cardan.*
carde n. f.

CARDÉ

cardé n. m.
carder v. t.
cardère n. f.
cardeur, euse n.
cardia n. m. *Des cardias.*
cardial, ale, aux adj.
cardialgie n. f.
cardiaque adj. et n.
cardiatomie n. f. → cardiotomie.
cardigan n. m.
cardinal, ale, aux n. m. *Le cardinal de Richelieu* (abs. : *le Cardinal*), *le cardinal Mazarin. Un cardinal-évêque; un cardinal-prêtre; un cardinal-diacre; un cardinal-vicaire. Un cardinal « in-petto »; un cardinal noir. Le cardinal doyen du Sacré Collège des cardinaux; le cardinal camerlingue; Son Éminence le cardinal. Points cardinaux.* ♦ Adj. *Nombres cardinaux* → tableau ADJECTIFS II, C, p. 866.
cardinalat [-la] n. m.
cardinalice adj.
cardio- Ce préfixe se soude à ce qui suit *(cardiographie, cardiosclérose).* Si le mot est relatif au cœur et à un autre organe, on met le trait d'union *(cardio-vasculaire, cardio-rénal).*
*****cardio funk** = aérobic soutenu sollicitant les bras (sport).
cardiogramme n. m.
cardiographe n. m.
cardiographie n. f.
cardioide adj.
cardiologie n. f.
cardiologique adj.
cardiologue n.
cardiomégalie n. f.
cardionecteur, euse adj.
cardiopathie n. f.
cardio-pulmonaire adj. *Des affections cardio-pulmonaires.*
cardio-rénal, ale, aux adj. *Des troubles cardio-rénaux.*
cardio-respiratoire adj. *Des ennuis cardio-respiratoires.*
cardiothyréose n. f.
cardiotomie n. f. (incision du cœur). ♦ Ne pas confondre avec *cardiatomie* (incision du cardia).
cardiotonique n. m.
cardio-vasculaire adj. *Des maladies cardio-vasculaires.*
cardite n. f.
cardon n. m.
carême n. m. *Faire carême; la mi-carême; une face de carême. Arriver comme mars en carême* (nécessairement); *arriver comme marée en carême* (à point).
carême-prenant n. m. *Des carêmes-prenants.*
carénage n. m.
carence n. f.
carencer v. t. *Il carençait.* Conjug. 2.
carène n. f. *Centre de carène.*
caréner v. t. *Je carène, nous carénons, je carénerai(s).* Conjug. 10.
carentiel, elle adj.
*****care of** loc. (abrév. : *c/o*) = aux bons soins de.
caressant, e adj.
caresse n. f.
caresser v. t.
caret n. m. *Des fils de caret.* ♦ HOM. → carré.
carex n. m.
*****car-ferry** n. m. = navire transbordeur, traversier. *Des car-ferries.*
cargaison n. f.
cargneule n. f.
cargo n. m.
cargue n. f.
carguer v. t. *Nous carguons.* Conjug. 4.
cari → curry.
cariacou n. m. *Des cariacous.*
cariant, e adj.
cariatide → caryatide.
caribou n. m. *Des caribous.*
caricatural, ale, aux adj.
caricature n. f.
caricaturer v. t.
caricaturiste n.
carie n. f. (altération des dents, du blé).
♦ HOM. *cari, cary* ou *carry* (épice).
carié, e adj.
carier v. t. Conjug. 17. ♦ HOM. → carrier.
carieux, euse adj.
carillon [-riyon] n. m.
carillonné, e adj.
carillonnement n. m.
carillonner v. int. et t.
carillonneur, euse n.
carinate n.
carioca adj. et n. inv. en genre. (de Rio de Janeiro).
cariogène adj.
cariologie n. f.
cariste n.
caritatif, ive adj.
carlin n. m. (chien).
carline n. f. (chardon).

carlingue n. f.
carlinguier n. m.
carlisme [-is-] n. m.
carliste n. et adj.
carmagnole n. f. (veste; danse). *Bonaparte interdit le chant de la Carmagnole.*
carme n. m. *Les carmes déchaux* (ou *déchaussés*). → religieux.
carmeline n. f. et adj. f.
carmélite n. f. → religieux. ♦ Adj. inv. *Des bures carmélite.*
carmin n. m. et adj. inv. *Des lèvres carmin.*
carminatif, ive adj.
carminé, e adj.
carnage n. m.
carnassier, ère adj., n. m. et n. f.
carnation n. f. et adj. inv.
carnau → carneau.
carnaval n. m. *Le carnaval de Nice, de Rio. Des carnavals. Sa Majesté Carnaval.*
carnavalesque adj.
carne n. f.
carné, e adj.
carneau ou **carnau** n. m. *Des carneaux; des carnaux.*
carnèle n. f.
carnet n. m. *Carnet d'attachements, de bord, de chèques, de commandes, d'échantillons, d'échéances, de notes. Carnet à souche(s).*
carnier n. m.
carnification ou **carnisation** n. f.
carnivore adj. et n.
carnosine n. f.
carnotset ou **carnotzet** [-notsé] n. m.
carocha ou **caroche** n. f.
carogne n. f.
carole n. f. (danse; chant). ♦ HOM. *Carol, Carole* (prénoms).
carolin, e adj.
carolingien, enne adj. *La dynastie carolingienne.* ♦ N. *Carloman était un Carolingien.*
carolus n. m. (monnaie). ♦ HOM. *Carolus Magnus* (nom latin de Charlemagne).
caronade n. f.
caroncule n. f.
carotène n. m.
caroténoïde n. m. et adj.
carotide n. f. → parotide.
carotidien, enne adj.
carottage n. m.
carotte n. f. et adj. inv. *Des cheveux carotte.*

carotter v. t.
carotteur, euse n. et adj.
carottier, ère n. et adj.
caroube ou **carouge** n. f.
caroubier n. m.
carouge → caroube.
caroxyle n. m. (arbre).
carpaccio [-tchyo] n. m.
carpatique adj. *L'arc carpatique* (autre nom des Carpates). *Karpates* et *karpatique* sont d'anciennes orthographes.
carpe n. m. (les os du poignet). ♦ N. f. (poisson d'eau douce). *Des sauts de carpe.*
carpé, e adj.
carpeau n. m. *Des carpeaux.*
*****carpe diem** (lat.) loc. = jouis du moment présent.
carpelle n. m.
*****carpetbagger** = nordiste installé dans le sud des Etats-Unis.
carpette n. f.
carpettier, ère n.
carpiculteur, trice n.
carpiculture n. f.
carpien, enne adj.
carpillon n. m.
carpocapse n. f.
carpogone n. f.
*****car pool** = covoiturage (transp.).
carpophile n. m. ♦ HOM. → carpophylle.
carpophore n. m.
carpophylle n. m. (carpelle de plante). ♦ HOM. *carpophile* (insecte).
carquois n. m.
carragénine n. f.
carragheen [-ghé-in] n. m. (algue).
carraghénane n. m.
carrare n. m. (marbre blanc de *Carrare*).
carre n. f. ♦ HOM. → car.
carré, e adj. *Ils sont carrés en affaires. Trois décamètres carrés. Cet homme est une tête carrée.* ♦ N. m. *Le carré de l'hypoténuse; un carré d'as; le carré du transept; le carré d'un nombre.* ♦ HOM. *se carrer* (v.), un *caret* (dévidoir; tortue), une *carrée* (chambre).
carreau n. m. *Tissu à carreaux; se tenir, se garder à carreau, mise au carreau. Le carreau des Halles; le carreau du Temple. Des carreaux.*
carrée n. f. ♦ HOM. → carré.
carré-éponge n. m. *Des carrés-éponges.*
carrefour n. m.
carrelage n. m.
carreler v. t. *Il carrelle.* Conjug. 13.

carrelet n. m.
carreleur n. m.
carrément adv.
carrer v. t. ♦ HOM. → carré.
carrick n. m.
carrier n. m. (ouvrier d'une carrière).
♦ HOM. carier (provoquer une carie).
*carrier drain = collecteur (agr.).
carrière n. f. Ils font carrière; donner carrière; la carrière diplomatique (abs.: la Carrière).
*carrier haulage = acheminement par le transporteur maritime (mer).
carriérisme [-is-] n. m.
carriériste n.
carriole n. f.
carrossable adj.
carrossage n. m.
carrosse n. m.
carrosser v. t.
carrosserie n. f.
carrossier n. m.
carrousel [-zèl'] n. m.
carroyage [-rwa-yaj'] n. m.
carroyer [-rwa-yé] v. t. Conjug. 6.
carrure n. f.
carry → curry.
*carry-back = report arrière (écon.).
*cart = voiturette (golf).
cartable n. m.
carte n. f. Une carte de boutons; des cartes de visite. Donner carte blanche; jouer cartes sur table. Château, tour de cartes. Carte grattage. La carte du Tendre. ♦ → échelle. ♦ HOM. quarte (intervalle musical; garde d'escrime; série de quatre cartes à jouer; mesure de capacité).
Les douze personnages du jeu de cartes sont dans l'ordre roi-dame-valet: (cœur) Charles, Judith, Lahire; (pique) David, Pallas, Hogier; (carreau) César, Rachel, Hector; (trèfle) Alexandre, Argine, Lancelot.
cartel n. m.
carte-lettre n. f. Des cartes-lettres.
cartellisation n. f.
cartelliser v. t.
carter [-tèr] n. m. Des carters de moteur.
♦ HOM. le Président Carter.
carte-réponse n. f. Des cartes-réponse(s).
Carterie n. f. déposé inv.
cartésianisme [-is-] n. m.
cartésien, enne adj. et n.
carte-vue n. f. Des cartes-vues.

carthaginois, e adj. Les mercenaires carthaginois. ♦ N. Le Carthaginois Hannibal.
carthame n. m. et adj. inv.
cartier n. m. ♦ HOM. → quartier.
cartilage n. m.
cartilagineux, euse adj.
cartisane n. f.
cartogramme n. m.
cartographe n.
cartographie n. f.
cartographier v. t. Conjug. 17.
cartographique adj.
cartomancie n. f.
cartomancien, enne n.
carton n. m. Carton à chapeau, à dessins; carton bristol; carton-pâte; carton-bois; carton-pierre; carton-paille; carton-cuir.
carton-bois n. m. Des cartons-bois.
carton-cuir n. m. Des cartons-cuirs.
carton-feutre n. m. Des cartons-feutres.
cartonnage n. m.
cartonné, e adj.
cartonner v. t.
cartonnerie n. f.
cartonneux, euse adj.
cartonnier, ère n.
carton-paille n. m. Des cartons-pailles.
carton-pâte n. m. Des cartons-pâtes.
carton-pierre n. m. Des cartons-pierres.
*cartoon n. m. = dessin pour un film de dessins animés.
cartooniste [kartou-] n.
cartophile ou cartophiliste n.
cartophilie n. f.
cartothécaire n.
cartothèque n. f.
cartouche n. m. (ornement devant recevoir une inscription). ♦ N. f. (emballage de petits objets groupés; charge d'une arme à feu).
cartoucherie n. f.
cartouchière n. f.
*cartridge n. m. = bande image et son (aud.).
cartulaire n. m.
carva n. m.
carvi n. m. Des carvis.
cary → curry.
caryatide ou cariatide n. f.
caryocinèse n. f.
caryodiérèse n. f.
caryogamie n. f.
caryologie n. f.

caryolytique adj. et n. m.
caryophyllacée ou **caryophyllée** n. f.
caryopse n. m.
caryotype n. m.
cas n. m. *En tout cas; dans tous les cas; en pareil cas; dans ce cas-là; faire grand cas de; des cas de conscience; en ce cas; au cas où. Un cas limite, des cas limites; des cas témoins; des cas tests; des cas types.*
casable adj. (qu'il est possible de placer, de caser). ♦ Ne pas confondre avec *cassable* (fragile, qui peut casser).
casanier, ère adj. et n.
casaque n. f.
casaquin n. m.
casbah n. f. Spécialt : *la Casbah* (celle d'Alger).
cascade n. f. *Une cascade d'applaudissements.*
cascader v. int.
cascadeur, euse n.
cascara n. f.
cascatelle n. f.
case n. f.
caséation → caséification.
*****case bay** = travée (urb.).
caséeux, euse adj.
*****case (history)** = cas, observation, dossier (méd.).
caséification ou **caséation** n. f.
caséifier v. t. Conjug. 17.
caséinate n. m.
caséine n. f.
casemate n. f.
casemater v. t.
caser v. t.
caseret n. m.
caserette n. f.
caserne n. f.
casernement n. m.
caserner v. t.
casernier n. m.
casette ou **cazette** n. f.
*****case work, case story, case study** = étude de cas, étude sur dossier.
caseyeur n. m.
*****cash** adv. = comptant. *Ils ont payé cash.*
*****cash and carry** = payer-prendre, comptant sans livraison, payez-emportez (écon.).
*****cash-back** = achat en retour.
*****cash crop** = culture de rente (agr.).
casher → kasher.

*****cash flow** = liquidités, produit disponible, marge brute d'autofinancement (M.B.A.).
*****cash management** = gestion de trésorerie (écon.).
cashmere → cachemire.
casier n. m. *Un casier à homards; des casiers judiciaires.*
casimir n. m. (étoffe). ♦ HOM. *Casimir* (prénom).
casin n. m. (coup spécial au billard).
*****casing** n. m. = cuvelage, tubage extérieur.
casino n. m. *Des casinos.* ♦ HOM. des magasins *Casino* (n. m. déposé inv.).
casoar n. m.
casque n. m. *Des casques antichocs. Les Casques d'Acier* (association allemande); *les « casques bleus »* (de l'O.N.U.).
casqué, e adj.
casquer v. t. et int.
casquette n. f.
casquettier, ère n.
casqueur, euse n.
cassable adj. → casable.
cassage n. m.
Cassandre n. f. *Ils jouent les Cassandres.*
cassant, e adj.
cassate n. f.
cassation n. f. *Se pourvoir en cassation; la Cour de cassation.*
cassave n. f.
casse n. f. (action de briser; pulpe de cassie; boîte de caractères d'imprimerie; cuiller de verrier; maladie du vin). ♦ N. m. (cambriolage).
cassé, e adj.
casseau n. m. *Des casseaux.*
casse-cœur n. m. (séducteur, lovelace). *Des casse-cœurs.*
casse-cou n. m. inv.
casse-croûte n. m. inv.
casse-cul adj. inv. et n. inv.
casse-dalle n. m. inv.
casse-graine n. m. inv.
casse-gueule adj. inv. et n. inv.
cassement n. m.
casse-noisettes n. m. inv.
casse-noix n. m. inv.
casse-pattes n. m. inv.
casse-pieds n. m. inv.
casse-pierre(s) n. m. *Des casse-pierre(s).*
casse-pipe(s) n. m. *Des casse-pipe(s).*
casser v. t. et int.

casserole n. f.
casserolée n. f.
casse-tête n. m. inv.
cassetin n. m.
cassette n. f.
cassettothèque n. f.
cass*eur, euse* n.
casse-vitesse n. m. inv.
cassie n. f. ou cassier n. m. (arbre, appelé aussi CANÉFICIER). ♦ HOM. *cassis* (défaut de la route), *Cassis* (localité des Bouches-du-Rhône).
cassine n. f.
cassis [kasis'] n. m. (arbuste, fruit ou liqueur). ♦ Adj. inv.
cassis [kasi] n. m. (creux ou bosse sur une route). ♦ HOM. → cassie.
cassitérite n. f.
cassolette n. f.
casson n. m.
cassonade n. f.
cassoulet [-lè] n. m.
cassure n. f.
*cast → *casting.
castagne n. f.
castagner v. t. ou int.
castagnettes n. f. pl.
caste n. f.
castel n. m.
castelet n. m.
castillan, e adj. *Les dynasties castillanes.* ♦ N. *Les Espagnols parlent le castillan. Un Castillan.*
castine n. f.
*casting ou cast n. m. = distribution artistique, attribution des rôles (aud., cin.), choix d'acteurs (spect.).
*casting director = régisseur de distribution (aud.).
castor n. m. et adj. inv.
castorette n. f.
castoréum [-réom'] n. m. *Des castoréums.*
castramétation n. f.
castrat [-tra] n. m.
castra*teur, trice* adj.
castration [-syon] n. f.
castrer v. t.
Castries (de) [de kastr'] n.
castrisme [-is-] n. m.
castriste adj. et n.
castrum [-trom'] n. m. Pl. fr. : *castrums*; pl. lat. : *castra.*
casuarina n. m.
casu*el, elle* n. m. et adj.

casuiste n. m.
casuistique n. f.
casula n. f.
*casus belli (lat.) loc. m. inv. = cas de guerre.
C.A.T. sigle m. Centre d'aide par le travail.
catabatique adj.
catabolique adj.
catabolisme [-is-] n. m.
catabolite n. m.
catachrèse [-krèz'] n. f.
cataclysm*al, ale, aux* adj.
cataclysme [-is-] n. m.
cataclysmique adj.
catacombe n. f. *Les catacombes romaines; les catacombes de Paris* (abs. : *les Catacombes*).
catadioptre n. m.
catadioptrique adj.
catafalque n. m.
catagenèse n. f.
cataire ou chataire n. f. (plante). → chatière.
catalan, e adj. *Un couteau catalan.* ♦ N. *Une Catalane. Ils parlent le catalan. Le catalan* (bateau) *a trois quilles.*
catalase n. f.
catalectique adj. (se rapportant à un certain vers grec). ♦ Ne pas confondre avec *cataleptique* (en catalepsie).
catalepsie n. f.
cataleptique adj. et n. → catalectique.
catalogage n. m.
catalogne n. f. (étoffe). ♦ HOM. la *Catalogne* est au nord-est de l'Espagne.
catalogue n. m.
cataloguer v. t. Conjug. 4.
catalpa n. m. *Des catalpas.*
catalyse n. f.
catalyser v. t.
catalyseur n. m.
catalytique adj.
catamaran [-ran] n. m.
cataphorèse n. f.
Cataphote n. m. déposé inv.
cataplasme [-as-] n. m.
cataplectique adj.
cataplexie n. f.
catapultage n. m.
catapulte n. f.
catapulter v. t.
cataracte n. f. → catarrhe.
catarhinien n. m.
catarrh*al, ale, aux* adj.

catarrhe n. m. (inflammation des muqueuses). ♦ Ne pas confondre avec *cataracte* (maladie de l'œil; chute d'eau). ♦ HOM. *cathare* (d'une secte hérétique du Moyen Âge; albigeois).

catarrh*eux*, *euse* adj. et n.

catastrophe n. f. *Ils sont sortis en catastrophe.*

catastropher v. t.

catastrophique adj.

catastrophisme [-is-] n. m.

catastrophiste adj.

catathymie n. f.

catatonie n. f.

catatonique adj. et n.

*****cat-boat** n. m. = voilier à un mât. *Des cat-boats.*

catch n. m.

catcher v. int.

catch*eur*, *euse* n.

*****catching** = accroche (pub.).

*****catch system** = captage (agr.).

*****cat cracker** = craqueur catalytique (pétr.).

*****cat cracking** = craquage catalytique (pétr.).

catéchèse n. f.

catéchétique adj.

catéchine n. f.

catéchisation n. f.

catéchiser v. t.

catéchisme [-chis-] n. m.

catéchiste n.

catéchistique adj.

catécholamine [-téko-] n. f.

catéchuménat [-kuména] n. m.

catéchumène [-ku-] n.

catégorème n. m.

catégoricité n. f.

catégorie n. f. *Les dix catégories d'Aristote sont :* action, lieu, manière d'être, passion, qualité, quantité, relation, situation, substance, temps.

catégori*el*, *elle* adj.

catégorique adj.

catégoriquement adv.

catégorisation n. f.

catégoriser v. t.

catelle n. f.

caténaire adj. *Une installation caténaire.* ♦ N. f. *De grandes caténaires.*

caténane n. f.

*****caterer** = traiteur.

catergol n. m.

*****catering** = ravitaillement.

*****caterpillar** n. m. = chenille (techn.).

catgut [-gut'] n. m.

cathare n. et adj. ♦ HOM. → catarrhe.

catharisme [-is-] n. m.

catharsis [-sis'] n. f.

cathartique adj.

cathédr*al*, *ale*, *aux* adj. *Le chanoine cathédral.*

cathédrale n. f. et adj. inv. *Des verres cathédrale.*

cathèdre n. f.

cathepsine n. f.

catherinette n. f.

cathéter [-tèr'] n. m.

cathétérisme [-is-] n. m.

cathétomètre n. m.

cathode n. f.

cathodique adj.

catholicisme [-is-] n. m.

catholicité n. f.

catholicos [-kos'] n. m.

catholique adj. et n.

catholiquement adv.

cati n. m.

catilinaire n. f. *Contre Catilina, le consul Cicéron écrivit* les Catilinaires.

catimini (en) loc. adv.

catin n. f.

cation [-tyon] n. m.

cationique [-tyo-] adj.

catir v. t. du 2ᵉ gr. Conjug. 24.

catissage n. m.

catissoir n. m.

catoblépas [-pas'] n. m.

catogan ou **cadogan** n. m.

catoptrique n. f.

cattleya n. m. *Des cattleyas.* L'Acad. écrit aussi CATLEYA.

caucasi*en*, *enne* ou **caucasique** adj. *Une broderie caucasienne.* ♦ N. *Un Caucasien.*

cauchemar n. m.

cauchemarder v. int.

cauchemardesque ou **cauchemard*eux*, *euse*** adj.

cauch*ois*, *e* adj. *Un pigeon cauchois.* ♦ N. *Une Cauchoise* (du pays de Caux).

caud*al*, *ale*, *aux* adj.

caudataire n. m.

caud*é*, *e* adj.

caudebec n. m. (chapeau).

*****caudillo** (esp.) n. m. = chef militaire. Spécialt : *le Caudillo*, pour le général Franco à partir de 1936.

Caudines adj. f. pl. *Les fourches Caudines.*
caudrette n. f.
caulescent, e adj.
caulinaire adj.
cauri ou **cauris** [-ris'] n. m.
causal, ale adj. Sans pl. masculin.
causalgie n. f.
causalisme [-is-] n. m.
causalité n. f.
causant, e adj.
causatif, ive adj.
cause n. f. *Sans cause; en tout état de cause; être en cause; faire cause commune; agir en connaissance de cause; prendre fait et cause; à cause de. Avoir gain de cause. Pour la bonne cause.*
causer v. t. et int.
causerie n. f.
causette n. f.
causeur, euse adj. et n.
causse n. m. (plateau calcaire entaillé de cañons). *Les Grands Causses* (région au sud du Massif central); *le Causse noir; moutons des Causses.* ♦ N. f. (terre calcaire, marne, dans le Midi)
caussenard, e adj. et n. (des Causses).
causticité n. f.
caustique adj. et n.
cautèle n. f.
cauteleusement adv.
cauteleux, euse adj.
cautère n. m.
cautérisation n. f.
cautériser v. t.
caution n. f. *Sujet à caution; une affirmation sujette à caution. Société de caution mutuelle.*
cautionnement n. m.
cautionner v. t.
cavaillon n. m. (melon; terre non labourée entre les pieds de vigne). ♦ HOM. le rocher de *Cavaillon.*
cavalcade n. f.
cavalcader v. int.
cavalcadour adj. m. et n. m. *L'écuyer cavalcadour.*
cavale n. f.
cavaler v. int. et t. (en argot).
cavalerie n. f. *La cavalerie de saint Georges. Des traites de cavalerie.*
cavaleur, euse n.
cavalier, ère n. et adj.
cavalièrement adv.
cavatine n. f.

cave n. f. *Une bonne cave. Des rats de cave.* ♦ N. m. (naïf, en argot). *C'est un vrai cave.* ♦ Adj. *La veine cave. Il a les joues caves.*
caveau n. m. *Des caveaux.*
*__cave canem__ (lat.) loc. = prenez garde au chien.
cavecé, e adj.
caveçon n. m.
cavée n. f.
caver v. t. et int.
caverne n. f.
caverneux, euse adj.
cavernicole adj. et n. m.
cavet n. m.
caviar n. m.
caviardage n. m.
caviarder v. t.
cavicorne n. m.
caviste n.
cavitaire adj.
cavitation n. f.
cavité n. f.
cavitron n. m.
cayeu → caïeu.
*__cayolar__ n. m. (cabane basque).
cazette → casette.
*__C.B.__ → *citizen's band.
C.C.P. sigle m. Compte chèques postaux.
cd Symbole de la *candela.*
*__C.D.__ (*compact disc) = disque compact. → *compact disc.
C.D.I. sigle m. Centre de documentation et d'information.
*__C.D.I.__ (*compact disc interactive) = disque compact interactif.
*__C.D.ROM__ (*compact disc read only memory) = disque optique numérique ou disque optique compact (D.O.C.).
*__C.D.V.__ (*compact disc video) = disque compact vidéo.
ce adj. dém. *Prends ce plateau.* ♦ Pron. dém. *Ce n'est pas la même chose. Ce que tu es assommant!* ♦ → cependant et tableau ADJECTIFS II, B, p. 866. ♦ HOM. → se.

■ *Ce/Se* 1° **Ce** est démonstratif. *Admirez ce sapin* (adj.). *J'aime ce que tu fais* (pron.). Le mot *ce* se trouve souvent devant un nom, un pronom relatif ou le verbe *être* employé seul. *C'est lamentable. Ce fut ce que nous redoutions.*

2° **Se** est pronom personnel. *Il se trompe* (il trompe lui-même). Le mot *se* se trouve devant un autre verbe qu'*être.* *Il se cassa la jambe. Il s'est brisé* (v. pr. *se briser* au passé composé) *le métacarpe.*

L'un et l'autre (*ce* et *se*) peuvent être élidés (*c'* et *s'*).

Voisinage des deux mots. *Il voulut se faire beau et, pour ce faire, il acheta un costume. C'était magnifique; il s'était surpassé.*
→ c', ç' et tableau VERBES XVII, C, 7°, p. 986.

C.E.A. sigle m. Commissariat à l'énergie atomique.

céans adv. *Le maître de céans.* ♦ HOM. → séant.

cébidé n. m.

cébiste n. → cibiste.

cébrion n. m.

cebuano n. m.

C.E.C.A. sigle f. Communauté européenne du charbon et de l'acier.

ceci pron. dém. *Vous lui direz ceci.* Pour distinguer *ceci* de *cela* → -ci et -là.

cécidie n. f. (excroissance).

cécidomyie n. f.

cécilie n. f. (batracien).

cécité n. f.

cécogramme n. m.

cécographie n. f.

C.E.C.O.S. sigle m. Centre d'étude et de conservation du sperme.

C.E.D. sigle f. Communauté européenne de défense.

cédant, e adj. et n.

céder v. t. et int. *Je cède, nous cédons, je céderai(s).* Conjug. 10. *Les gonds ont cédé. Elle ne lui cède en rien.*

cédétiste adj. et n.

Cedex [sé-] sigle m. Courrier d'entreprise à distribution exceptionnelle.

cédi n. m. (monnaie du Ghana).

cédille n. f.

■ La lettre *c* a le son sifflant de *se* devant *e, i, y* (*cela, cirage, Cythère*) et le son dur de *ke* devant *a, o, u* (*carafe, colle, curé*). Pour la faire siffler devant *a, o, u* on lui ajoute le petit signe appelé *cédille* : ç. Ce signe a été emprunté à l'espagnol par l'imprimeur Geoffroy Tory en 1532. *François le soupçonne. Ç'aurait pu être fatal. Il était douteux qu'il perçût ce bruit* (subj. : on pourrait dire *qu'il perçoive*). *Avant que je reçusse ce colis.* Autres exemples d'emploi : *les Açores, agaçant, ah ça! ça va, commerçant, curaçao, déçu, façade, gerçure, maçon, il perçait, soupçon; ç'a été une surprise. Ç'ont été des soifs* (A. Gide).

On ne met jamais la cédille devant *e* ou *i* : *ceci, Francis, en remerciant, comme ci comme ça.* La cédille ne doit pas être oubliée sous une majuscule, même manuscrite.
→ c', ç'; ça/çà.

cédraie n. f.

cédrat [-dra] n. m.

cédratier n. m.

cèdre n. m.

cedrela n. m.

cédrière n. f.

cedro n. m.

cédulaire adj.

cédule n. f.

C.E.E. sigle f. Communauté économique européenne (Marché commun).

C.E.E.A. sigle f. Communauté européenne de l'énergie atomique, dite Euratom.

Cegep [séjèp'] sigle m. Collège d'enseignement général et professionnel.

cégépien, enne n.

cégésimal, ale, aux adj.

cégétiste adj. et n.

C.E.I. sigle f. Communauté des États indépendants.

ceindre v. t. Conjug. 31.

ceint, e adj. *Un héros ceint de lauriers.* ♦ HOM. → sain.

ceintrage n. m. ♦ HOM. → cintrage.

ceinturage n. m.

ceinture n. f. *Des ceintures de sécurité; des douleurs en ceinture. Les chemins de fer de petite ceinture et de grande ceinture* (abs. : *la Petite Ceinture, la Grande Ceinture*).

ceinture-cartouchière n. f. *Des ceintures-cartouchières.*

ceinturer v. t.

ceinturon n. m.

cela pron. dém. *Cela ne se fait pas. Cela dit.* Pour la distinction entre *ceci* et *cela* → -ci et -là.

céladon n. m. et adj. inv.

célastracée n. f.

Célamine n. f. déposé inv.

célébrant n. m.

célébration n. f.

célèbre adj.

célébrer v. t. *Je célèbre, nous célébrons, je célébrerai(s).* Conjug. 10.

*****celebret** [sélébrèt'] (lat.) n. m. = attestation du droit à célébration. *Des celebrets.*

célébrité n. f.

celer [selé] v. t. *Il cèle.* Conjug. 11.

cèleri ou **céleri** n. m. (légume). ♦ HOM. *sellerie* (pour les selles et harnais).

célérifère n. m.
célérité n. f.
célesta n. m. *Des célestas.* → cœlostat. ♦ HOM. *Sélestat* (ville).
céleste adj. *La sphère céleste. Le Père céleste. Le Céleste Empire.*
célestin n. m. (religieux). ♦ HOM. le père *Célestin* (prénom).
célibat [-ba] n. m.
célibataire adj. et n.
*****cell** = cellule.
cella n. f. *Des cellas.*
*****cell array** → *gate array.
*****cell based circuit, cell based, standard cell** = circuit intégré précaractérisé, précaractérisé.
*****cell colony** = colonie cellulaire (génét.).
celle pron. dém. *Nous préférons celle que tu as faite. Celle-ci; celle-là; celles; celles-ci; celles-là.* ♦ HOM. → *selle.*
cellérier [sélé-] n. m.
*****cell fusion** = fusion cellulaire (agr.).
cellier n. m. (local). ♦ HOM. *sellier* (artisan).
*****cell library** = bibliothèque de cellules (électron.).
Cellophane n. f. déposé inv.
cello-texte n. m. *Des cello-textes.* Souvent abrégé : *un cello, des cellos.*
*****cells** n. pl. = Celluloïd (cin.).
*****cell sorter** = trieur de cellules, élutriateur (génét.).
cellulaire adj.
cellular n. m.
*****cellular system** = système cellulaire (télécom.).
cellulase n. f.
cellule n. f. *Une cellule mère; des cellules mères. Une cellule photo-électrique. Les cellules de Langhans* (dans l'épithélium).
cellulite n. f.
cellulitique adj.
Celluloïd n. m. déposé inv.
cellulose n. f.
cellulosique adj.
celte ou **celtique** adj. *Les peuples celtes/celtiques. La langue celte/celtique.* ♦ N. *Le celte/celtique se divise en plusieurs dialectes encore vivants. Les Celtes envahirent jusqu'à l'Asie Mineure.*
celtisant, e adj. et n.
celtium [-tyom] n. m. *Des celtiums.*
celui pron. dém. *Choisis celui que tu voudras. Celui-ci; celui-là.*
cément n. m.
cémentation n. f.

cémenter v. t. (chauffer un métal). ♦ Ne pas confondre avec *cimenter.*
cémenteux, euse adj.
cémentite n. f.
cénacle n. m.
cendal [sin-] n. m. (étoffe de soie).
Cendrars (Blaise) [-drar'] n.
cendre n. f. S'emploie au sing. ou au pl. pour les restes d'une combustion. *Cendre(s) de bois; couvert de cendre(s); réduire en cendres.* ♦ Se met toujours au pl. pour désigner les restes des défunts. *Ses cendres reposent là. Le retour des cendres de Napoléon. Le mercredi des Cendres. Couleur cendre* (inv.). ♦ HOM. *sandre* (poisson).
cendré, e adj. *Une lumière cendrée. Des cheveux gris cendré.*
cendrée n. f.
cendrer v. t.
cendreux, euse adj.
cendrier n. m.
cendrillon n. f. ♦ HOM. Charles Perrault conta l'histoire de *Cendrillon.*
cène n. f. ♦ HOM. → *scène.*
cenelle n. f.
cenellier n. m.
cénesthésie ou **cœnesthésie** [sé-] n. f.
cénesthésique adj.
cénestopathie n. f.
cénobite n. m.
cénobitique adj.
cénobitisme [-is-] n. m.
cénotaphe n. m.
cénozoïque n. m. et adj.
cens [sans'] n. m. ♦ HOM. → *sens.*
censé, e adj. ♦ HOM. → *sensé.*
censément adv. ♦ HOM. → *sensément.*
censeur n. m. (magistrat romain; chargé de la censure; chargé de la discipline dans un lycée). ♦ HOM. *senseur* (capteur, système de commande électronique).
censier, ère adj. et n.
censitaire n. m. et adj.
censive n. f.
censorat [-ra] n. m.
censorial, ale, aux adj.
censuel, elle adj. ♦ HOM. → *sensuel.*
censurable adj.
censure n. f. *Des motions de censure.*
censurer v. t.
cent A. — **Adjectif numéral cardinal.** Ce mot prend un *s* quand il est multiplié par un nombre qui le précède et n'est pas immédiatement suivi d'un autre

adjectif numéral. *Deux cents; deux cent dix; cent francs; quatre cents francs; quatre cent douze francs; tous les cent kilomètres; mille deux cents; deux mille cent; cent vingt francs, mille cent égale onze cents; sept cent mille francs* (mille est adj. numéral); *sept cents milliers/millions/milliards... de francs* (millier, million, milliard... sont des noms). *Trois cents millions trois cent mille francs.*

B. — Adjectif numéral ordinal. Dans ce cas, *cent* est employé pour *centième*, il est invariable. *Page deux cent; l'an quinze cent; l'année mille huit cent. L'année mil neuf cent quatre-vingt.*

C. — Pronom numéral ou nom. Les règles d'accord sont les mêmes que pour l'adjectif numéral cardinal. Pronom : *Les cent ont été fournis* (il s'agit de livres). *Les deux cents ont été livrées* (il s'agit de bouteilles). *Les trois cent quinze sont bien là.* Nom : *Un cent d'assiettes. Des mille et des cents.*
→ tableaux ADJECTIFS II, C, p. 866, et NOMBRES p. 909 sqq.
Les Cent-Jours; le Conseil des Cinq-Cents; la guerre de Cent Ans; des cent-gardes. Tant pour cent → pourcentage. HOM. → sang.

*cent [sèn't] n. m. (monnaie). *Des cents* [sèn's].

centaine n. f. *Groupez-les par centaines.*

centaure n. m.

centaurée n. f.

*centavo (esp.) [sèn'-] n. m. (monnaie). *Des centavos* [sèn'tavos'].

centenaire adj. et n.

centenier n. m.

centenn*al, ale, aux* [san-té-] adj.

*centerbody nozzle = tuyère à noyau central.

centésim*al ale, aux* adj.

*centesimo (lat.) adv. (abrév. : *100°*) = centièmement.

*centesimo (ital.) n. m. = centième de lire. *Des centesimi.*

cent-garde n. m. *Un cent-garde, des cent-gardes.*

centi- Préfixe qui divise par 100. Symbole : c → milli-.

centiare n. m. (unité de mesure : *3 centiares* ou *3 ca*).

centième adj. numér. ord. *La centième partie.* ♦ N. *Des centièmes de seconde.*

centigrade n. m. (unité de mesure : *3 centigrades* ou *3 cgr*). Ce mot était autrefois employé comme adjectif *(des thermomètres centigrades; un degré centigrade)*; cet emploi irrégulier est remplacé par *degré Celsius, thermomètre Celsius.*

centigramme n. m. (unité de mesure : *3 centigrammes* ou *3 cg*).

centilage n. m.

centile n. m.

centilitre n. m. (unité de mesure : *3 centilitres* ou *3 cl*).

centime n. m. (unité de mesure : *3 centimes* ou *3 c*). *Des centimes additionnels; des centimes le franc.*

centimètre n. m. (unité de mesure : *3 centimètres* ou *3 cm*). *Des centimètres cubes/carrés.*

centimétrique adj.

centon n. m. → patchwork. ♦ HOM. → santon.

centrafricain, *e* adj. et n.

centrage n. m.

centr*al, ale, aux* adj. *L'École centrale* (abs. : *Centrale*).

central n. m. *Des centraux téléphoniques.*

centrale n. f. *Il sort de Centrale* (de l'École centrale); *il sort de centrale* (d'une prison centrale); *il sort de la centrale* (électrique, nucléaire, d'achats, etc.). *Des centrales thermiques.*

centralien, enne n.

centralisateur, trice adj.

centralisation n. f.

centraliser v. t.

centralisme [-is-] n. m.

centraliste n.

centraméricain, *e* → centre-américain.

centration n. f.

centre n. m. Pas de majuscule pour indiquer le lieu géométrique, la direction. *Le centre du disque; au centre du débat.* ♦ Une majuscule pour désigner la région. *Il est originaire d'une petite ville du Centre.* Cependant, si le mot est suivi de la préposition *de*, on ne met pas la majuscule. *Le centre de l'Australie est désertique.* ♦ *Des centres commerciaux; des centres de tri postal; des centres de gestion. Le Centre des tribus centre-asiatiques. Le Centre des hautes études; le Centre national de la recherche scientifique (C.N.R.S.). Le canal du Centre. La République centrafricaine. Des députés du centre, du centre droit.*

centré, *e* adj.

centre-américain, *e* ou centraméricain, *e* adj. *Les républiques centre-amé-*

ricaines. ♦ N. *Un Centraméricain; des Centre-Américains.*

centre-auto n. m. *Des centres-autos.*
centrer v. t.
centreur n. m.
centre-ville n. m. *Des centres-ville.*
centrifugat [-ga] n. m.
centrifugation n. f.
centrifuge adj.
centrifuger v. t. Conjug. 3.
centrifug*eur, euse* n. et adj.
centriole n. m.
centripète adj.
centrisme [-is-] n. m.
centriste adj. et n.
centromère n. m.
centrosome n. m.
centrosphère n. f.
cent-suisse n. m. *Un cent-suisse, des cent-suisses.*
centumvir [-tom'vir'] n. m. *Des centumvirs.*
centumvirat [-tom'vira] n. m.
centuple adj. et n. m. *Ils seront rendus au centuple.*
centupler v. t.
centurie n. f.
centurion n. m.
cénure ou **cœnure** [sé-] n. m.
cénurose ou **cœnurose** [sé-] n. f.
cep [sèp'] n. m. (pied de vigne). ♦ HOM. *cèpe* (champignon), *sep* (pièce tenant le soc de la charrue).
cépage n. m.
cèpe n. m. ♦ HOM. → cep.
cépée n. f.
cependant conj. *Il pleuvait, cependant il sortit comme d'habitude. Cependant qu'on mettait la table, il alluma la radio.* ♦ Il est des cas où l'on écrit *ce pendant* en deux mots : *ce pendant* (n. m.) *d'oreille; le locataire devra laisser visiter son appartement de 14 à 16 heures et ce pendant le mois qui précède son départ.*
céphalée ou **céphalalgie** n. f.
céphalique adj.
céphalocordé n. m.
céphalopode n. m.
céphalo-rachidi*en, enne* adj. *Des liquides céphalo-rachidiens.*
céphalosporine n. f.
céphalothorax n. m.
céphéide n. f.
cérambycidé n. m.
cérambyx n. m.

cérame n. m. et adj. *Des grès cérames.*
céramique n. f. et adj. *L'industrie céramique.*
céramiste adj. et n.
céramographie n. f.
céraste n. m.
cérat [-ra] n. m.
céraunie n. f.
cerbère n. m. ♦ HOM. *Héraklès enchaîna Cerbère; le cap Cerbère.*
cercaire n. f.
cerce n. f. ♦ HOM. → cers.
cerceau n. m. *Des cerceaux.*
cerclage n. m.
cercle n. m.
cercler v. t.
cercopithèque n. m.
cercueil [-keuy'] n. m.
cerdan, *e* ou **cerdagnol, *e*** adj. et n. (de Cerdagne).
céréale n. f.
céréaliculture n. f.
céréali*en, enne* adj. n. et adj.
céréali*er, ère* n. et adj.
cérébell*eux, euse* adj.
cérébr*al, ale, aux* adj.
cérébralité n. f.
cérébroside n. m.
cérébro-spin*al, ale, aux* adj. *Des troubles cérébro-spinaux.*
cérémoniaire n. m.
cérémonial n. m. *Des cérémonials.*
cérémonie n. f. *Ce sera sans cérémonie. Le maître de cérémonies.*
cérémonieusement adv.
cérémoni*eux, euse* adj.
cerf [sèr'] n. m. ♦ HOM. → serre.
cerfeuil n. m.
cerf-volant [sèrvo-] n. m. *Des cerfs-volants.*
cerf-voliste n. *Des cerfs-volistes.*
cérifère adj.
cerisaie n. f.
cerise n. f. *Un panier de cerises.* ♦ Adj. inv. *Des laines cerise.*
LEXIQUE : anglaise, bigarreau, burlat, cœur-de-pigeon, esperen, griotte, guigne, hortense, jaboulay, marasque, marmotte, merise, montmorency, moreau, napoléon, noire d'Écully, reverchon, sainte-lucie.
cerisette n. f.
cerisier n. m.
cérite n. f. (silicate de cérium). ♦ HOM. *cérithe* (mollusque).

cérithe n. m. ♦ HOM. → cérite.

cérium [-ryom'] n. m. *Des cériums.*

cermet n. m. Mot-valise issu de *céramique* et *métal*.

C.E.R.N. [sèrn'] sigle m. Conseil européen pour la recherche nucléaire.

cerne n. m.

cerné, e adj.

cerneau n. m. *Des cerneaux.*

cerner v. t.

cernure n. f.

céroplastique n. f.

cers [sèrs'] n. m. (vent languedocien). ♦ HOM. cerce (calibre de construction).

certain, e adj. qualif. *Des promesses certaines. Nous en sommes certains.* ♦ Adj. indéf., avant le nom. *Certaines promesses. Certain savant a affirmé récemment.* ♦ Pron. indéf. *Certains ont osé dire cela.* ♦ N. m. *Cette Bourse a fourni le certain à Wall Street.*

certainement adv.

certes adv.

certificat n. m. *Le certificat d'études primaires (C.E.P.); le certificat d'études supérieures; le certificat d'aptitude professionnelle (C.A.P.); le certificat d'aptitude pédagogique; le certificat de capacité; un certificat de maladie; un certificat de bonne vie et mœurs, de résidence, de vie, de complaisance, d'origine, de propriété, d'imposition; un certificat interarmes. Un faux certificat.*

certificateur n. m. et adj.

certification n. f.

certifié, e partic. passé. *Il a certifié avoir envoyé ce colis.* ♦ Adj. *Ces copies doivent être certifiées par un magistrat.* ♦ Prép. inv., devant le nom. *Certifié exactes ces déclarations.* ♦ N. *Ce professeur est un certifié, étant titulaire du certificat d'aptitude à l'enseignement secondaire (C.A.P.E.S.).*

certifier v. t. Conjug. 17.

certitude n. f.

céruléen, enne [-lé-in, -lé-èn'] adj.

céruléum ou **cœruléum** [sé-léom'] n. m.

cérumen [-mèn'] n. m.

cérumineux, euse adj.

céruse n. f.

cérusé, e adj.

cérusite n. f.

cervaison n. f.

cerveau n. m. *Des cerveaux.*

cervelas [-la] n. m.

cervelet n. m.

cervelle n. f. *Des étourdis sans cervelle.*

cervical, ale, aux adj.

cervicalgie n. f.

cervicite n. f.

cervidé n. m.

cervoise n. f.

cervoisier n. m.

ces adj. dém. *Décrochez ces rideaux.* → tableau ADJECTIFS II, B, p. 866. ♦ HOM. *ses* (adj. poss.), *il sait* (v. savoir), une *saie* (vêtement, brosse), lettre *C*.

■ *Ces/ses* 1° On écrit **ces** (adj. démonstratif) quand il faudrait *ce* ou *cette* au singulier. *Ces nuages nous inquiètent.*

2° On écrit **ses** (adj. possessif) quand il faudrait *son* ou *sa* au singulier. *Il essuie ses mains.*

C.E.S. sigle m. Collège d'enseignement secondaire.

césalpiniacée n. f.

césar n. m. (titre impérial; cépage; récompense cinématographique française). *Ce film a obtenu trois césars.* ♦ HOM. Jules *César*.

césarien, enne adj. et n. f.

césariser v. t.

césarisme [-is-] n. m.

césium ou **cæsium** [sézyom'] n. m. *Des césiums.*

cespiteux, euse adj.

cessant, e adj. *Faites-le toutes affaires cessantes.*

cessation n. f. *Un certificat de cessation de paiement; en état de cessation de paiements.*

cesse n. f. *Il n'eut de cesse que. Sans cesse* (loc. adv.).

cesser v. t. et int.

cessez-le-feu n. m. inv.

cessibilité n. f.

cessible adj.

cession n. f. ♦ HOM. → session.

cession-bail n. f. *Des cessions-bails.*

cessionnaire n.

c'est/s'est 1° **C'est** est démonstratif (*c'* y signifie *cela*). *C'est bientôt le printemps.*

2° **S'est** est un élément de verbe pronominal (on pourrait le remplacer avec son sujet par *je me suis*). *L'homme s'est fourvoyé.*

Les mêmes remarques peuvent être faites pour les autres temps (*c'était/s'était; ce fut/se fut...*).

→ tableau VERBES XVII, C, 7°, p. 987.

c'est-à-dire loc. adv. *Les incunables, c'est-à-dire les ouvrages antérieurs au*

XVIᵉ siècle. ♦ Élément de la loc. conj. *c'est-à-dire que*. *Je te récompenserai, c'est-à-dire que tu auras un vélo.* ♦ Il peut arriver que cette expression ait une autre valeur (sans traits d'union). *Je pense que c'est à dire devant le tribunal* (cette chose est à dire).

cesta punta n. f. *Ils jouent à cesta punta.* → pelote.

ceste n. m. *Des cestes romains.*

cestode n. m.

césure n. f.

C.E.T. sigle m. Collège d'enseignement technique.

cet, cette adj. dém. *Cet orme; cette forêt.* ♦ → tableau ADJECTIFS II, B, p. 866. ♦ HOM. *sept* (chiffre), *Sète* (ville), *Seth* (fils d'Adam et Ève), *set* (de table, de tennis).

cétacé n. m. (mammifère marin). ♦ HOM. *sétacé* (qui ressemble à une soie de porc). LEXIQUE : baleine, cachalot, béluga, jubarte, marsouin, narval, orque (épaulard), rorqual. Sont aussi mammifères marins les siréniens (dugong, lamantin).

c'était/s'était → c'est/s'est.

cétane n. m.

céteau n. m. *Des céteaux.*

cétérac ou **cétérach** [-rak'] n. m. *Des cétérachs.*

cétogène adj.

cétoine n. f.

cétone n. f. *L'acétone est une cétone.*

cétonémie n. f.

cétonique adj.

cétonurie n. f.

cétose n. m. (ose à fonction cétone). ♦ N. f. (excès de corps cétoniques dans le sang).

cette → cet.

ceux pron. dém. *Ceux qui vivent, ce sont ceux qui luttent* (V. Hugo). *Ceux-ci; ceux-là. Vous êtes de ceux qui ont approuvé le gouvernement.*

cévenol, e adj. *L'élevage cévenol.* ♦ N. *Un Cévenol* (des Cévennes).

ceylanais, e adj. et n. (de Ceylan). L'habitant de cette île est maintenant un *Sri Lankais*.

cf. → *confer.

C.F.A. sigle f. Communauté financière africaine.

C.F.A.C. sigle f. Coopération financière en Afrique centrale.

C.F.C. sigle m. Chlorofluorocarbone.

C.F.C.E. sigle m. Centre français du commerce extérieur.

C.F.P. sigle f. Communauté financière du Pacifique.

C.G.C. sigle f. Confédération générale des cadres.

C.G.S. sigle m. Ancien système de mesures ayant pour bases le centimètre, le gramme et la seconde.

C.G.T. sigle f. Confédération générale du travail. Compagnie générale transatlantique.

ch Symbole du *cheval-vapeur*.

ch- Ne pas oublier qu'un mot commençant par le son *ch-* peut s'écrire aussi *sch-* ou *sh-* comme *schiste*, surtout s'il est d'origine étrangère : *schupo, Schleswig, shérif...*

La plupart des mots commençant par *ch-* ont la prononciation française de *chambre, chat.* Ceux qui se prononcent *k* sont notés.

chabanais n. m.

chabichou n. m. *Des chabichous.*

chabler v. t.

chablis n. m. (vin de la région de Chablis; arbre renversé par une tempête).

chablon n. m.

chabot n. m.

chabraque ou **schabraque** n. f.

chabrot ou **chabrol** n. m. *Ils font chabrot.*

chacal n. m. *Des chacals.*

cha-cha-cha n. m. inv.

chacharia n. m. (chanteur de points, à la pelote).

chachlik n. m.

chaconne ou **chacone** n. f.

chacun, e pron. indéf. *Ils vont, chacun de son côté.* L'usage a fini par admettre : *Ils vont chacun de leur côté;* mais le singulier (*son* au lieu de *leur*) est plus correct, comme le montre la tournure : *Ils vont, chacun partant de son côté.* Quelle que soit la version, le mot *côté* ne peut être qu'au singulier. *Ils sont, chacun en ce qui le concerne, fort occupés. Chacun d'eux. Ces melons coûtent douze francs chacun. Chacun a les distractions qui lui conviennent.*

*****chadburn** n. m. = appareil transmetteur sur un navire.

chadouf n. m.

chænichtys [kéniktis'] n. m. (poisson).

*****chaff** = paillette (déf.).

chafiisme [-is-] n. m.

chafouin, e adj.

chagrin, e adj. *Il montre une mine chagrine.* ♦ N. m. *Sa mère a du chagrin. Des livres reliés de peau de chagrin.*

chagrinant, e adj.
chagriné, e adj.
chagriner v. t.
chah, schah ou **shah** n. m. (titre du souverain d'Iran). ♦ HOM. → chat.
chahut [-u] n. m.
chahuter v. t. et int.
chahuteur, euse adj. et n.
chai n. m. L'Acad. écrit aussi CHAIS. ♦ HOM. → chez.
chaînage n. m.
chaîne n. f. Une chaîne d'arpenteur, de fabrication, de montage, de sûreté, d'usinage. Une chaîne d'étangs, de montagnes, de sols. Des chaînes sans fin ; réaction en chaîne ; chaîne en gerbe ; banc à chaîne ; chaîne Vaucanson ; 1re, 2e et 3e chaînes de télévision. Des chaînes hi-fi → haute-fidélité. ♦ HOM. chêne (arbre).
chaîné, e adj.
chaîner v. t.
chaînetier, ère n.
chaînette n. f.
chaîneur, euse n.
chaînier n. m.
chaîniste n.
chaînon n. m.
chaintre n. m. ou f.
chair n. f. De la chair à pâté. La chair est faible. En chair et en os. Couleur chair. Ni chair ni poisson. ♦ Adj. inv. Des bas chair. ♦ HOM. cher, chère (adj.), chaire (tribune), faire bonne chère (bien manger), le Cher (rivière), cheire (coulée volcanique).
chaire n. f. Une chaire de sociologie. La chaire de saint Pierre. ♦ HOM. → chair.
chaise n. f. Des chaises de poste ; une chaise à porteurs ; des chaises longues ; une vie de bâton de chaise.
chaisier, ère n.
chaland, e n. La boutique est pleine de chalands. ♦ N. m. Des chalands de débarquement.
chalandage n. m.
chaland-citerne n. m. Des chalands-citernes.
chalander v. int.
chalandise n. f.
chalaze n. f.
chalazion n. m.
chalcographie [kal-] n. f.
chalcographique [kal-] adj.
chalcolithique [kal-] adj.

chalcopyrite [kal-] n. f.
chalcosine ou **chalcosite** [kal-] n. f.
chaldéen, enne [kaldé-in, -dé-èn'] adj. L'art chaldéen. ♦ N. Les Chaldéens.
châle n. m. Des châles de soie ; des cols châles.
chalémie n. f.
chalet n. m.
chaleur n. f. Il l'a défendu avec chaleur.
chaleureusement adv.
chaleureux, euse adj.
châlit n. m.
challenge n. m. Le décret du 18 février 1988 recommandait comme substituts de *challenge et *challenger les mots chalenge et chalengeur, selon l'orthographe de l'ancien français.
***challenge** n. m. = défi, épreuve, challenge.
***challenger** n. m. = prétendant au titre, challengeur.
challenger v. t. Il challengeait. Conjug. 3.
challengeur, euse n.
chaloir v. int. Ne s'emploie qu'impersonnellement et ne se dit guère que dans les expressions du genre : Il ne m'en chaut ; peu me chaut (je ne m'en soucie guère).
Châlons-sur-Marne (ville).
Chalon-sur-Saône (ville).
chaloupe n. f.
chaloupé, e adj.
chalouper v. int.
chalumeau n. m. Des chalumeaux oxyacétyléniques.
chalut [-u] n. m.
chalutage n. m.
chalutier n. m.
chamade n. f.
chamærops → chamérops.
chamaille ou **chamaillerie** n. f.
chamailler (se) v. pr. Elles se sont chamaillées.
chamailleur, euse n.
chaman n. m.
chamanisme [-is-] n. m.
chamarrer v. t.
chamarrure n. f.
chambard n. m.
chambardement n. m.
chambarder v. t.
chambellan n. m. Le grand chambellan.
chambertin n. m. (vin fourni par le village de Gevrey-Chambertin).

chamboulement n. m.
chambouler v. t.
chambranle n. m. *Un chambranle étroit.*
chambray n. m.
chambre n. f. *La Chambre des députés* (abs. : *la Chambre*); *la Chambre des communes* ou *Chambre basse; la Chambre des requêtes; la Chambre des lords* ou *Chambre haute; la Chambre des représentants; la Chambre introuvable; la Chambre ardente* (xvi⁰ siècle). *La chambre de Charpak.*
La chambre de commerce, d'agriculture, des métiers; la chambre criminelle. Une chambre d'amis; travailler en chambre; chambre de coupure; des chambres d'hôtel. → assemblée.
chambrée n. f.
chambrer v. t.
chambrette n. f.
chambrier n. m.
chambrière n. f.
chameau n. m. *Des chameaux.*
chamelier n. m.
chamelle n. f. → camelle.
chamelon n. m.
chamérops ou **chamærops** n. m.
chamito-sémitique [ka-] adj. et n. m. *Des langues chamito-sémitiques.*
chamois n. m. et adj. inv.
chamoisage n. m.
chamoiser v. t.
chamoiserie n. f.
chamois*eur, euse* n.
chamoisine n. f.
chamoniard, e adj. *Les pistes chamoniardes.* ♦ N. *Un Chamoniard* (de Chamonix-Mont-Blanc [-moni]).
chamotte n. f.
champ n. m. *Un champ d'action, de bataille, de blé, d'exercice, d'expérience, de gravitation, d'honneur, de manœuvre, de tir. Un champ de betteraves, de courses, de mines, de vecteurs. Donner libre champ; des effets de champ; profondeur de champ; en champ clos; à travers champs; à tout bout de champ. Répandre de l'engrais sur le champ* (sur le terrain); *sur-le-champ* (aussitôt). *Le Champ-de-Mars, les Champs-Élysées* (à Paris); *les champs Élysées* (mythologie). *Un contrechamp* (prise de vues). *Les champs Catalauniques.* ♦ HOM. *chant* (mélodie), *une brique posée de chant* (sur sa face étroite), *le château de Champs*(-sur-Marne).

champagne n. m. *Du champagne brut, sec, demi-sec. Des flûtes de champagne; des champagnes de la côte des blancs. Le vrai champagne est du vin de Champagne.* ♦ Adj. inv. *Des rubans champagne.* ♦ N. f. (type de paysage). *La champagne mancelle. C'est la champagne* (ou *Champagne*) *de Saintonge qui produit la fine champagne (des fines champagne). Cette région se divise en Petite Champagne et Grande Champagne. Une champagne* (en héraldique).
champagnisation n. f.
champagniser v. t.
champart [-par] n. m.
champenois, e adj. *Un vignoble champenois.* ♦ N. *Une Champenoise d'Épernay. Une champenoise* (bouteille).
champêtre adj. *Un garde champêtre, des gardes champêtres.*
champi ou **cham*pis*, *pisse*** n. et adj.
champignon n. m. *Le champignon de couche* ou *champignon de Paris est l'Agaricus bisporus. Des champignons de couche. Une ville-champignon.*
champignonner v. int.
champignonnière n. f.
champignonniste n.
champion, onne n. *Un champion de boxe.* ♦ Adj. *Les équipes championnes.* Inv. en genre dans le sens populaire. *C'est champion. Une boom champion.*
championnat n. m. → tableau ORTHOGRAPHE, p. 915.
champis → champi.
champlevé, e [chanl-] adj. et n. m.
champlever [chanl-] v. t. Conjug. 15.
chamsin ou **khamsin** [rham'sin]' n. m.
chanané*en, enne* [kanané-in, -né-èn'] adj. et n. → cananéen.
chançard, e n. et adj.
chance n. f.
chancel n. m.
chancelant, e adj.
chanceler v. int. *Il chancelle.* Conjug. 13.
chancelier n. m. *Le chancelier de la Légion d'honneur.*
chancelière n. f.
chancellerie n. f. *La grande chancellerie.*
chanc*eux, euse* adj. *Malchanceux s'écrit en un mot.*
chanci n. m.
chancir v. int. du 2⁰ gr. Conjug. 24.
chancissure n. f.
chancre n. m. *Un chancre induré.*
chancrelle n. f.

chandail n. m. *Des chandails.*
chandeleur n. f. *La fête de la Chandeleur.*
chandelier n. m.
chandelle n. f. *Des économies de bouts de chandelles.*
chanfrein n. m.
chanfreinage n. m.
chanfreiner v. t.
change n. m. *Des agents de change; des lettres de change.*
changeable adj.
changeant, e adj.
changement n. m. *Un changement de vitesse.*
changer v. t. et int. *Nous changeons.* Conjug. 3. *Les couleurs ont changé. Les couleurs sont changées.*
*****change request** = requête formulée par le client (transp.).
chang*eur, euse* n.
chanlate ou **chanlatte** n. f.
*****channel** = canal de fréquence, voie (techn., télécom.). ♦ HOM. la couturière Coco Chanel.
chanoine, nesse n.
chanson n f. *Des chansons de geste. Chansons que tout cela!*
chansonner v. t.
chansonnette n. f.
chansonni*er, ère* n.
chant n. m. *Des chants épiques. Poser un madrier de chant (sur une face étroite).* ♦ HOM. → champ.
chantage n. m.
chantant, e adj.
chanteau n. m. *Des chanteaux.*
chantefable n. f.
chantepleure n. f.
chanter v. int. et t. → tableaux VERBES VIII, p. 964 et PARTICIPE PASSÉ III, F, 10°, p. 924.
chanterelle n. f.
chant*eur, euse* n. *Des chanteurs de charme, de rythme. Un maître chanteur, des maîtres chanteurs.*
chantier n. m.
chantignole ou **chantignolle** n. f.
Chantilly (ville). *Des bottes Chantilly; une barrière Chantilly. Une porcelaine de Chantilly est un chantilly; la dentelle de Chantilly est du chantilly; la crème Chantilly est de la chantilly. Une glace à la chantilly.*
chantoir n. m.
chantonnement n. m.
chantonner v. t. et int.

chantoung → shantung.
chantournage ou **chantournement** n. m.
chantourner v. t.
chantre n. m. *L'herbe aux chantres.*
chanvre n. m. *Le chanvre de Manille.*
chanvri*er, ère* adj. et n.
chaos [ka-o] n. m. Spécial : *Avant la création du monde était le Chaos.* ♦ HOM. → cahot.
chaotique [ka-] adj.
*****chaouch** (arabe) n. m. = serviteur, garçon de bureau.
chaource n. m.
chapardage n. m.
chaparder v. t.
chapard*eur, euse* n.
chaparral n. m. *Des chaparrals.*
chape n. f. *Une chape de pneu.* ♦ HOM. *schappe* (bourre de soie).
chapé, e adj.
chapeau n. m. *Des chapeaux.* → coiffure.
chapeau-cloche n. m. *Des chapeaux-cloches.*
chapeautage n. m.
chapeauté, e adj.
chapeauter v. t.
chapelain n. m.
chapelet n. m. *Un chapelet d'injures, d'oignons. Une pompe à chapelet.*
chapeli*er, ère* n.
chapelle n. f. *Un maître de chapelle; le droit de chapelle; la chapelle du roi* (corps des ecclésiastiques); *la chapelle Sixtine; la Chapelle expiatoire; la Sainte--Chapelle.* Commune de *La Chapelle-en--Vercors* (Drôme).
chapellenie n. f.
chapellerie n. f.
chapelure n. f.
chaperon n. m. *La grand-mère servait de chaperon. Il lui lut* le Petit Chaperon rouge (conte).
chaperonner v. t.
chapiteau n. m. *Des chapiteaux.*
chapitr*al, ale, aux* adj.
chapitre n. m. → alinéa.
chapitrer v. t.
chapka n. f. → chapska.
chaplinesque adj.
chapon n. m.
chaponnage n. m.
chaponner v. t.
chapska ou **schapska** n. m. (coiffure militaire polonaise). ♦ Ne pas confondre avec *chapka* (bonnet de fourrure).

CHAPTALISATION

chaptalisation n. f.
chaptaliser v. t.
chaque adj. indéf. inv. Ce mot doit toujours être suivi d'un nom au sing. *Un livre dont chaque page était annotée.*
char n. m. *Un char à bancs; une course de chars; des chars d'assaut.* ♦ Les mots de la famille de *char* prennent deux *r*, sauf : *antichar, autocar, car, cariste, char, chariot* et *side-car.*
char ou **charre** n. m. (blague).
charabia n. m. *Des charabias.*
*characterization = caractérisation.
charade n. f.
charadriidé [ka-] n. m.
charadriiforme [ka-] n. m.
charale n. f. ou **charophyte** [ka-] n. m.
charançon n. m.
charançonné, e adj.
charbon n. m. *Du charbon de terre. Le charbon à tumeurs* (maladie).
charbonnage n. m. *Les Charbonnages de France* (raison sociale).
charbonner v. t.
charbonnerie n. f.
charbonnette n. f.
charbonneux, euse adj.
charbonnier, ère n. et adj.
charcutage n. m.
charcuter v. t.
charcuterie n. f.
charcutier, ère n.
chardon n. m. *Le chardon à foulon.*
chardonay ou **chardonnay** n. m.
chardonneret n. m.
charentais, e adj. *Le cognac charentais.* ♦ N. *Une Charentaise* (personne originaire des Charentes); *des charentaises* (pantoufles).
charge n. f. *Charges de famille; occuper de hautes charges; une charge limite, des charges limites; charge de rupture; charges sociales; une femme de charge; un témoin à charge; à charge de revanche.*
*charge = responsabilité, dans l'expression *to be in charge of*, qu'il ne faut pas traduire « être en charge de », mais plutôt : *être responsable de; être chargé de.*
chargé, e n. *Un chargé d'affaires; un chargé de mission.* ♦ Adj. *Un dessin trop chargé.*
chargement n. m. *Travailler au chargement des wagons.*
charger v. t. *Nous chargeons.* Conjug. 3.

chargeur n. m.
chargeuse n. f.
chargeuse-pelleteuse n. f. *Des chargeuses-pelleteuses.*
*charia (arabe) n. f. = loi islamique.
chariot [-ryo] n. m.
chariotage n. m.
charioter v. t.
charismatique [ka-] adj.
charisme [karis-] n. m.
charitable adj.
charitablement adv.
charité n. f. *Des sœurs de charité. Les filles de la Charité* (congrégation).
charivari n. m.
charlatan n. m.
charlatanerie n. f.
charlatanesque adj.
charlatanisme n. m. ou **charlatanerie** n. f.
charlemagne (faire) loc. verbale. *L'empereur Charlemagne.*
Charles Quint n. m.
charleston n. m. (danse). *La ville de Charleston.*
charlot n. m. *Ces jeunes sont des charlots* (des plaisantins); *le charlot* (le bourreau sous la Révolution). *Charlie Chaplin interpréta le personnage de Charlot.*
charlotte n. f. (chapeau; entremets; perle). ♦ HOM. *Charlotte* (prénom).
charmant, e adj. *Ce prince est charmant.* Spécialt : *le Prince Charmant* (personnage de contes).
charme n. m.
charmer v. t.
charmeur, euse n. f. et adj. *Un charmeur de serpents.*
charmille n. f.
charnel, elle adj.
charnellement adv.
charnier n. m.
charnière n. f.
charnu, e adj.
charognard n. m.
charogne n. f.
charolais, e adj. et n.
charophyte → charale.
charpagne n. f.
charpentage n. m.
charpente n. f. *Des bois de charpente.*
charpenté, e adj.
charpenter v. t.
charpenterie n. f.

charpentier n. m.
charpie n. f. *Mettre en charpie.*
charre n. m. → char.
charrée n. f.
charretée n. f.
charretier, ère n. et adj.
charreton ou **charretin** n. m.
charrette n. f.
charretterie n. f.
charriable adj.
charriage n. m.
charrié, e adj.
charrier v. t. et int. Conjug. 17.
charroi n. m.
charron n. m.
charronnage n. m.
charronnerie n. f.
charroyer v. t. Conjug. 6.
charroyeur n. m.
charruage n. m.
charrue n. f.
charruer v. int. Conjug. 18.
charte n. f. *Une charte de commune, de franchise. La charte de l'Atlantique. L'École nationale des chartes* (abs.: *les Chartes*). *La Charte constitutionnelle* (de 1814); *la Charte* (de 1830); *la Grande Charte* (de 1215). ♦ Ancienne orthographe: *chartre.*
charte-partie n. f. *Des chartes-parties.*
*****charter** v. t. = vol à la demande, vol affrété, vol nolisé.
chartériser v. t.
*****charter (to)** = affréter, fréter, noliser (tour.).
chartisme [-is-] n. m.
chartiste n.
chartrain, aine adj. *Le pèlerinage chartrain.* ♦ N. *Une Chartraine* (de Chartres).
chartre n. f. → charte.
chartreuse n. f. (couvent). ♦ HOM. *Chartreuse* (n. f. déposé inv., liqueur du couvent de la Grande-*Chartreuse*).
chartreux, euse n. (religieux). → religieux.
chartrier n. m.
chas [cha] n. m. *Le chas de l'aiguille.* ♦ HOM. → chat.
chasement n. m.
chassage n. m.
chassant, e adj.
chasse n. f. *Chasse aux abus; des chasses à courre: des chasses d'eau; des permis de chasse; les aviations de chasse; être en chasse.* ♦ HOM. *châsse* (reliquaire; monture), *châsses* (yeux), *il chasse* (v.).

châsse n. f. *Paré comme une châsse.* ♦ N. m. (œil, en argot). ♦ HOM. → chasse.
chassé n. m.
chasse-clou n. m. *Des chasse-clous.*
chassé-croisé n. m. *Des chassés-croisés.*
chasséen, enne [-é-in, -é-èn'] n. et adj.
chasse-goupille n. m. *Des chasse-goupilles.*
chasselas [-la] n. m. (raisin d'abord cultivé au village de *Chasselas*).
chasse-marée n. m. inv.
chasse-mouches n. m. inv.
chasse-neige n. m. inv.
chasse-noyaux n. m. inv.
chasse-pierres n. m. inv.
chasse-pointe n. m. *Des chasse-pointes.*
chassepot n. m.
chasser v. t. *Bon chien chasse de race.*
chasseresse n. f. et adj. f.
chasse-roue n. m. *Des chasse-roues.*
chasseur, euse n. *Les chasseurs alpins; les chasseurs d'Afrique. Un chasseur de cerveaux, d'images, de matière grise, de primes, de têtes. Un chasseur bombardier. Un navire chasseur de sous-marins; un avion chasseur de chars. Un chasseur d'interception. Les chasseurs à pied. Cette dame est une bonne chasseuse.*
chasseur-cueilleur n. m. *Des chasseurs--cueilleurs.*
chassie n. f. (liquide venant des yeux). ♦ HOM. *châssis* (cadre).
chassieux, euse adj.
châssis n. m. ♦ HOM. → chassie.
châssis-presse n. m. *Des châssis-presses.*
châssis-support n. m. *Des châssis-supports.*
chassoir n. m.
chaste adj. et n.
chastement adv.
chasteté n. f. *Des vœux de chasteté.*
chasuble n. f. *Une robe(-)chasuble.*
chasublerie n. f.
chat, chatte n. *Un chat de gouttière(s); un chat angora; chat en poche; jouer à chat perché; donner sa langue au(x) chat(s). Le conte du Chat botté.* ♦ HOM. *chas* (trou d'aiguille), *chah, schah* ou *shah* (d'Iran).
châtaigne n. f. et adj. inv. *Des vernis châtaigne.* → châtain.
châtaigner v. int.
châtaigneraie n. f.
châtaignier n. m.
châtain, e adj. *Des cheveux châtains, châtain clair; une chevelure châtaine.*

→ tableau COULEURS A, D, p. 884. ♦ N. m. *Ces teintures offraient tous les châtains.* ♦ Ne pas confondre avec *châtaigne* (fruit du châtaignier).

chataire → cataire.

château n. m. *Des châteaux. Château de cartes; château d'eau; château en Espagne; la vie de château. Un château fort, des châteaux forts.*

Chateaubriand/Châteaubriant 1° *Chateaubriand*: auteur des *Mémoires d'outre-tombe.* 2° *Châteaubriant*: auteur de *la Brière*; ville de Loire-Atlantique. ♦ S'agissant du plat de viande, le mot s'écrit des deux manières, sans majuscule.

châtelain, e n.

châtelet n. m. (petit château fort). *Le théâtre du Châtelet.*

châtellenie n. f.

châtelperronien, enne n. et adj.

chat-huant n. m. *Des chats-huants.* La lettre *h* de *huant* est aspirée, au sing. et au pl.

châtier v. t. Conjug. 17.

chatière n. f. (ouverture). ♦ Ne pas confondre avec *chataire* (plante).

châtiment n. m.

chatiron n. m.

chatironner v. t.

chatoiement n. m.

chaton n. m.

chatonner v. int.

chatouille n. f.

chatouillement n. m.

chatouiller v. t.

chatouilleux, euse adj.

chatouillis n. m.

chatoyant, e adj.

chatoyer v. int. Conjug. 6.

châtrer v. t.

châtron n. m.

chatte → chat.

chattemite n. f.

chatter v. int.

chatterie n. f.

chatterton [-ton'] n. m.

chat-tigre n. m. *Des chats-tigres.*

chaud, e adj. *Une voix chaude; pleurer à chaudes larmes; elle n'est pas chaude pour partir; elle n'a rien eu de plus chaud que de.* ♦ Adv. *Manger chaud; tenir chaud; coûter chaud.* ♦ N. m. *Le chaud et le froid; cela ne lui fait ni chaud ni froid; ils ont été opérés à chaud; un chaud et froid, des chauds et froids.* ♦ N. f. (chauffage vif). ♦ HOM. *chaux* (calcium), peu m'en *chaut* (v. chaloir), *cheau* (petit du chien ou du renard).

chaudeau n. m. *Des chaudeaux.*

chaudement adv.

chaude-pisse n. f. *Des chaudes-pisses.*

chaud-froid n. m. *Des chauds-froids de gibier.*

chaudière n. f.

chaudron n. m. et adj. inv. *Une robe chaudron.*

chaudronnée n. f.

chaudronnerie n. f.

chaudronnier, ère n.

chauffage n. m.

chauffagiste n. m.

chauffant, e adj.

chauffard n. m.

chauffe n. f. *Des chambres de chauffe.*

chauffe-assiette(s) n. m. *Des chauffe-assiettes.*

chauffe-bain n. m. *Des chauffe-bains.*

chauffe-biberon n. m. *Des chauffe-biberons.*

chauffe-eau n. m. inv.

chauffe-lit n. m. *Des chauffe-lits.*

chauffe-mains n. m. inv.

chauffe-pieds n. m. inv.

chauffe-plat n. m. *Des chauffe-plats.*

chauffer v. t. et int.

chaufferette n. f.

chaufferie n. f.

chauffeur, euse n. *Des chauffeurs de taxi.*

chaufour n. m.

chaufournier n. m.

chaulage n. m.

chauler v. t.

chauleuse n. f.

chaumage n. m. (récolte du chaume). ♦ HOM. *chômage.*

chaulmoogra [-mogra] n. m.

chaumard n. m.

chaume n. m. ♦ HOM. il *chaume* (v.), il *chôme* (v.).

chaumer v. t. et int. (arracher le chaume). ♦ HOM. *chômer* (être sans travail).

chaumière n. f.

chaumine n. f.

chaussant, e adj.

chausse n. f.

chaussé, e adj.

chaussée n. f.

chausse-pied n. m. *Des chausse-pieds.*

chausser v. t.

chausses n. f. pl. *Des hauts-de-chausses, des bas-de-chausses.*

chausse-trape ou **chausse-trappe** n. f. *Des chausse-trap(p)es.*

chaussette n. f.

chaussetterie n. f.

chausseur n. m.

chausson n. m. *Des chaussons de pointe; des chaussons aux pommes.*

chaussure n. f. *Trouver chaussure à son pied.*

chaut → chaloir.

chauve adj. et n. *Un mont chauve.*

chauve-souris n. f. *Des chauves-souris.*

chauvin, e adj. et n.

chauvinisme [-is-] n. m.

chauvir v. int. Conjug. 61. N'est employé qu'à l'infinitif et au présent de l'indicatif. *Au bruit, les chevaux chauvent des oreilles.*

chaux n. f. *Eau de chaux; lait de chaux.* ♦ HOM. → chaud.

chavirement ou **chavirage** n. m.

chavirer v. int. et t.

*****cheap** adj. = bon marché.

cheau n. m. *Des cheaux.* ♦ HOM. → chaud.

chebec, chébec ou **chebek** n. m.

chèche n. m.

chéchia n. f. *Des chéchias.*

*****check-list** n. f. = liste de vérification, liste de contrôles. *Des check-lists.*

*****check out** = contrôle (spat.).

*****check out system** = équipement de contrôle (spat.).

*****check point** = point de vérification, point de contrôle.

*****check-up** n. m. inv. = examen de santé, bilan de santé.

cheddar n. m.

cheddite n. f.

*****cheese-burger** n. m. = sandwich au fromage. *Des cheese-burgers.*

chef n. m. *Agir de son propre chef. Des chefs d'accusation, d'atelier, de bataillon, de bureau, de chantier, de bord, de char, de district, d'entreprise, d'équipe, d'État, d'état-major, de famille, de file, de gare, de gouvernement, d'hôtel, d'orchestre, de rang, de rayon, de section, de service, de train. Des chefs d'escadron* (artillerie, train, gendarmerie); *des chefs d'escadrons* (cavalerie, blindés). *Commandant en chef; adjudant-chef; maréchal des logis-chef; sergent-chef; caporal-chef. Elle est mon chef; c'est elle le chef; une cheftaine scoute. Des rédacteurs en chef; un médecin chef. Un chef limonadier, chef correcteur, chef mécanicien, chef opérateur, chef bibliothécaire.* → épigone.

chef-d'œuvre n. m. *Des chefs-d'œuvre.*

chefferie n. f.

chef-garde n. m. *Des chefs-gardes.*

chef-lieu n. m. *Des chefs-lieux.*

cheftaine n. f.

cheikh, cheik ou **scheik** [chèk' ou chirh'] n. m. (chef arabe).

chéilite [ké-i-] n. f.

chéiloplastie [ké-i-] n. f.

cheire [-èr'] n. f. ♦ HOM. → chair.

chéiroptère → chiroptère.

chélate [ké-] n. m.

chélateur [ké-] n. m.

chélation [ké-] n. f.

chelem ou **schelem** [chlèm'] n. m. *Le petit chelem. Réussir trois grands chelems.*

chéleutoptère [ké-] n. m.

chélicérate [ké-] n. m.

chélicère [ké-] n. m.

chélidoine [ké-] n. f.

chelléen, enne [-é-in, é-èn'] adj. *Un vestige chelléen.* ♦ N. *Le chelléen.*

chéloïde [ké-] n. f. et adj.

chélonien [ké-] n. m.

chemin n. m. *Ligne de chemin de fer; l'administration des chemins de fer; chemin de halage, de ronde, de roulement, de traverse. Voleur de grand(s) chemin(s); à mi-chemin; chemin faisant* (inv.); *par voies et par chemins; chemin de Damas; chemin de (la) croix; le chemin des Dames* (Aisne).

chemineau n. m. *Des chemineaux.* ♦ HOM. → cheminot.

cheminée n. f. *Une cheminée de pierre; une cheminée d'équilibre.*

cheminement n. m.

cheminer v. int.

cheminot n. m. (employé des chemins de fer). ♦ HOM. cheminau (vagabond).

chemisage n. m.

chemise n. f. *L'organisation des Chemises brunes, des Chemises noires, des Chemises rouges.*

chemiser v. t.

chemiserie n. f.

chemisette n. f.

chemisier, ère n.

*****chemonuclear reactor** = réacteur de radiochimie.

CHÉMOCEPTEUR

chémocept*eur*, *trice* ou **chémorécept*eur*, *trice*** [ké-] adj. et n.
chemosis [ké-] n. f.
chênaie n. f.
chenal n. m. *Des chenaux.*
chenapan n. m.
chêne n. m. *Chêne chevelu, gié, kermès, occidental, pédonculé, pubescent, rouge, rouvre, tauzin, vert, zéen. L'yeuse est le chêne vert. Un chêne-liège.* ♦ Adj. inv. *Des meubles chêne.* ♦ HOM. → chaîne.
chêneau n. m. (jeune chêne). *Des chêneaux.*
chéneau n. m. (conduit d'eaux de pluie). *Des chéneaux.*
chêne-liège n. m. *Des chênes-lièges.*
chenet n. m.
chènevière n. f. ♦ HOM. *Chennevières-sur-Marne* (ville).
chènevis [-vi] n. m.
chènevotte n. f.
chènevotter v. int.
chenil [-ni ou -nil'] n. m.
chenille n. f. *Une auto à chenilles.*
chenillé, e adj.
chenillette n. f.
chenilose n. f.
Chenonceaux (agglomération). ♦ *Chenonceau* désigne le château.
chénopode [ké-] n. m.
chénopodiacée [ké-] n. f.
chenu, e adj.
chenument adv.
cheptel n. m.
chéquable adj.
chèque n. m. *Des chèques à ordre, au porteur. Des chèques sans provision; des chèques de voyage; des chèques en blanc.* → titre-restaurant.
chèque-cadeau n. m. *Des chèques-cadeaux.*
Chèque-Déjeuner n. m. déposé inv.
chèque-fleurs n. m. *Des chèques-fleurs.*
chèque-photo n. m. *Des chèques-photos.*
Chèque-Repas n. m. déposé inv.
Chèque-Restaurant n. m. déposé inv.
chèque-vacances n. m. *Des chèques-vacances.*
chèque-voyage n. m. *Des chèques-voyages.*
chéquier n. m.
cher, chère adj. *Ils sont chers; cher ami : chère amie; chers parents; chères cousines.* ♦ Adv. *Ils coûtent cher; ils ne valent pas cher; ils vont payer cher.* ♦ HOM. → chair.

chercher v. t.
cherch*eur*, *euse* n. et adj. *Des têtes chercheuses.*
chère n. f. *Aimer la bonne chère.* ♦ HOM. → chair.
chèrement adv.
*****chergui** (marocain) n. m. = vent chaud d'est.
chéri, e adj. et n. (aimé). ♦ HOM. *cherry* (eau-de-vie de cerise), *sherry* (vin de Xérès).
chérif n. m. ♦ HOM. → shérif.
chérif*ien*, *enne* adj.
chérir v. t. du 2ᵉ gr. Conjug. 24.
chermès [kèr-] n. m. ♦ HOM. → kermesse.
chérot adj. inv. en genre. *Elles sont chérot, ces fleurs.*
cherry n. m. ♦ HOM. → chéri.
cherté n. f.
chérubin n. m.
chervis [-vi] n. m.
*****chest** n. m. = coffre (déf.).
chester [-tèr'] n. m.
chét*if*, *ive* adj.
chétivement adv.
chétiveté ou **chétivité** n. f.
chevaine → chevesne.
cheval n. m. *Un cheval de course, de bataille; un cheval à bascule. Un cheval-vapeur* (voir ce mot). *Des chevaux de frise; des remèdes de cheval; des crins de cheval; des fièvres de cheval; des fers à cheval. Ils sont à cheval. Des queues de cheval; des queues de chevaux sauvages. Le cheval de Troie.* ♦ *Les trois chevaux célèbres* : Pégase (dompté par Bellérophon), Bucéphale (*cheval d'Alexandre*), Rossinante (*cheval de don Quichotte*). → pur-sang; registre.
cheval-d'arçons ou **cheval-arçons** n. m. inv. *Des cheval-arçons.*
chevalement n. m.
chevaler v. t. ♦ HOM. → chevalet.
chevaleresque adj.
chevaleresquement adv.
chevalerie n. f.
chevalet n. m. (support). ♦ HOM. *chevaler* (étayer).
cheval*ier*, *ère* n. *Le chevalier d'Assas; les chevaliers de Malte, de Rhodes. Les chevaliers Teutoniques; les chevaliers de la Table ronde. Un chevalier de la Légion d'honneur; le Chevalier sans peur et sans reproche. Des chevaliers d'industrie. L'ombre chevalier.*

chevalin, e adj.
cheval-vapeur ou **cheval** n. m. (unité de mesure : *3 chevaux-vapeur* ou *3 ch*). Pour le cheval-vapeur fiscal, le symbole est *CV (3 CV). Des chevaux-vapeur.*
chevauchant, e adj.
chevauchée n. f.
chevauchement n. m.
chevaucher v. int. et t.
chevaucheur n. m.
chevau-léger n. m. *Des chevau-légers.*
chevêche n. f.
chevelu, e adj.
chevelure n. f.
chevesne [-vèn'], **chevenne** ou **chevaine** n. m.
chevet n. m.
chevêtre n. m.
cheveu n. m. *Des cheveux. Fendre un cheveu en quatre; couper les cheveux en quatre; cheveux en broussaille, en brosse; saisir l'occasion par les cheveux; des cheveux d'ange. Se prendre aux cheveux. Avoir mal aux cheveux.*
cheveu-de-Vénus n. m. (plante). *Des cheveux-de-Vénus.*
chevillard n. m.
cheville n. f.
cheviller v. t. *Il a l'âme chevillée au corps.*
chevillette n. f.
chevilleuse n. f.
chevillier n. m.
cheviotte n. f.
chèvre n. f. (animal). ♦ N. m. (fromage).
chevreau n. m. *Des chevreaux.*
chèvrefeuille n. m.
chèvre-pied(s) adj. et n. m. *Des chèvre-pieds.*
chevreter ou **chevretter** v. int. *Il chevrette.* Conjug. 14.
chevrette n. f.
chevreuil n. m.
chevrier, ère n. (qui garde les chèvres). ♦ N. m. (variété de haricots).
chevrillard n. m.
chevron n. m.
chevronné, e adj.
chevronner v. t.
chevrotain n. m.
chevrotant, e adj.
chevrotement n. m.
chevroter v. int.
chevrotin n. m.
chevrotine n. f.

*chewing-gum n. m. = gomme à mâcher, mâchouillon. *Des chewing-gums.*
chez prép. *Habiter chez son oncle.* ♦ Ce mot a engendré des substantifs invariables : *chez-moi, chez-toi, chez-soi, chez-nous, chez-vous, chez-eux, chez-elle, chez-elles. Chacun son chez-soi. Elle a enfin son chez-elle.* Il faut distinguer : *préférer son chez-soi et chacun rentre chez soi; on est bien chez vous et j'aime votre chez-vous.* ♦ HOM. **chai** (où l'on conserve le vin).
chiadé, e adj.
chiader v. t.
chiadeur, euse n. et adj.
chialer v. int.
chialeur, euse n. et adj.
chiant, e adj.
chianti [kyan-] n. m. *Des chiantis.*
chiard n. m.
chiasma [kyas-] n. m. *Des chiasmas.*
chiasmatique [kyas-] adj.
chiasme [kyas-] n. m.
chiasse n. f.
chiatique adj.
chibouque n. f. ou **chibouk** n. m.
chibre n. m.
chic n. m. *Il a le chic. Dessiner de chic.* ♦ Adj. inv. *Des gens chic; des filles chic.* ♦ Interj. *Chic! Chic alors! Oh! chic!* ♦ HOM. **chique** (morceau de tabac; enflure de la joue), il **chique** (v.).
chicanage n. m.
chicane n. f.
chicaner v. int. et t.
chicanerie n. f.
chicaneur, euse adj. et n.
chicanier, ère adj. et n.
chicano [tchi-] n. et adj. inv. en genre.
chicaya n. f. (querelle, dispute).
chiche adj. *Ils sont chiches de compliments.* ♦ Interj. *Chiche! Eh bien, chiche!* ♦ Adj. inv. *Des pois chiches.*
chiche-kebab n. m. *Des chiches-kebabs.*
chichement adv.
chichi n. m. *Faire des chichis.*
chichiteux, euse adj.
chicle [tchi-] n. m.
chicon n. m.
chicorée n. f.
chicot n. m.
chicote ou **chicotte** n. f.
chicoter v. int.
chicotin n. m. *Amer comme chicotin.*
chié, e adj. et n. f.

CHIEF ARCHITECT

*chief architect = maître d'œuvre (urb.).
chien, chienne n. *Le chien de Jean de Nivelle; un métier, un temps de chien; entre chien et loup; s'entendre comme chien(s) et chat(s); se regarder en chiens de faïence; en chien de fusil* (inv.); *des chiens de chasse; donner sa langue au(x) chien(s); pas bon à jeter aux chiens; saint Roch et son chien. Les constellations du Grand Chien et du Petit Chien.*
chien-assis n. m. (lucarne). *Des chiens-assis.*
chiendent n. m.
chienlit [chyanli] n. m. (masque). ♦ N. f. (mascarade, désordre).
chien-loup n. m. *Des chiens-loups.*
chienner v. int.
chiennerie n. f.
chier v. t. Conjug. 17.
chierie n. f.
chi*eur, euse* n.
chiffe n. f.
chiffon n. m. *Chiffon de papier; du papier chiffon. Parler chiffons.*
chiffonnade n. f.
chiffonnage ou chiffonnement n. m.
chiffonne n. f.
chiffonné, e adj.
chiffonner v. t.
chiffonni*er, ère* n.
chiffrable adj.
chiffrage n. m.
chiffre n. m. *Le chiffre d'affaires; en chiffre rond. Le service du chiffre* (aux ministères de la Défense nationale, des Affaires étrangères et de l'Intérieur) ou, abs. : *le Chiffre.* → tableaux ADJECTIFS II, C, p. 866 et NOMBRES p. 909 sqq. ♦ *Les chiffres romains.* → tableau en annexe p. 877.
chiffré, e adj.
chiffrement n. m.
chiffrer v. int. et t.
chiffre-taxe n. m. *Des chiffres-taxes.*
chiffr*eur, euse* n.
chiffrier-balance ou chiffrier n. m. *Des chiffriers-balances.*
chigner v. int.
chignole n. f.
chignon n. m.
chihuahua n. m.
chiisme ou chi'isme [-is-] n. m.
chiite ou chi'ite adj. et n.
*chile (esp.) n. m. = piment.
chili*en, enne* adj. *Les mines chiliennes.* ♦ N. *Un Chilien de Valparaiso.*

chilom ou shilom n. m.
*chi lo sa? (ital.) = qui le sait?
chimère n. f. *Se repaître de chimères.*
*chimeric DNA = ADN chimère (génét.).
*chimeric gene = gène chimère, gène hybride (génét.).
chimérique adj.
chimériquement adv.
chimie n. f. (science). → formule. ♦ HOM. shimmy (mouvement oscillatoire; danse).
chimiluminescence n. f.
chimioprophylaxie n. f.
chimiorécepteur n. m.
chimiorésistance n. f.
chimiorésistant, e adj.
chimiosynthèse [-sin-] n. f.
chimiotactisme [-is-] n. m.
chimiothérapie n. f.
chimiothérapique adj.
chimique adj.
chimiquement adv.
chimisme [-is-] n. m.
chimiurgie n. f.
chimpanzé n. m.
chinage n. m.
chinchard n. m.
chinchilla [-chila] n. m.
chine n. m. *Un chine est un papier de Chine ou une porcelaine de Chine.* ♦ N. f. (brocante; moquerie).
chiné, e adj.
chiner v. t.
chinetoque n.
chin*eur, euse* n.
chinois, e adj. *Un vase chinois. Ne soyons pas chinois.* ♦ N. *Une Chinoise. Parler le chinois. Pour lui, c'est du chinois.* ♦ L'adj. *chinois* devient *sino-* en association. *Les conflits sino-japonais.* ♦ → tableau en annexe : LANGUES ÉTRANGÈRES ET LANGUES ANCIENNES, p. 895.
chinoiser v. int.
chinoiserie n. f.
chinook [-nouk'] n. m.
chintz [chin'ts] n. m.
chinure n. f.
chionis [kyonis'] n. m.
chiot n. m. (jeune chien).
chiotte n. f. (argotique).
chiourme n. f.
*chip n. m. = puce, microplaquette, pastille (électron.).
chiper v. t.

chip*eur, euse* adj. et n.
chipie n. f.
chipiron n. m.
chipolata n. f. *Des chipolatas.*
*chip on board (process) ou **COB** = pastillage (électron.).
chipotage n. m.
chipoter v. t. *Ils se sont chipotés.*
chipot*eur, euse* adj. et n.
chippendale n. m. et adj. inv.
chippeway n. et adj. inv. en genre.
chips [-ips'] n. f.
*chips = copeaux, croustilles.
chique n. f. ♦ HOM. → chic.
chiqué n. m.
chiquement adv.
chiquenaude n. f.
chiquer v. int. et t.
chiqu*eur, euse* n.
chiragre [ki-] n. f.
chiralité [ki-] n. f.
chirographaire [ki-] adj.
chirographie [ki-] n. f.
chiromancie [ki-] n. f.
chiromanci*en, enne* [ki-] n.
chironome [ki-] n. m.
chiroprac*teur, trice* [ki-] n.
chiropractie ou chiropraxie [ki-] n. f.
*chiropractor = chiropracteur, chiropraticien.
chiropratici*en, enne* [ki-] n.
chiropratique [ki-] n. f.
chiropraxie → chiropractie.
chiroptère [ki-] ou **chéiroptère** [ké-i-] n. m.
chiroubles n. m.
chirurgic*al, ale, aux* adj.
chirurgie n. f.
chirurgi*en, enne* n.
chirurgien-dentiste, chirurgienne-
-dentiste n. *Des chirurgiens-dentistes.*
chistera n. m. *Le grand chistera. Des chisteras.*
chitine [ki-] n. f.
chitin*eux, euse* [ki-] adj.
chiton [ki-] n. m.
chiure n. f.
*chi va piano, va sano (ital.) loc. = qui va doucement va sûrement.
chlamyde [kla-] n. f. (manteau).
chlamydia [kla-] n. f. (bactérie). *Des chlamydiae.*
chlamydomonas [kla-nas'] n. f. (algue).
chleuh, *e* ou **schleu, *e*** n. et adj. *Des Chleuhs; une tente chleuhe.*

chlinguer ou **schlinguer** v. int. Conjug. 4.
chloasma [klo-] n. m.
chlorage [klo-] n. m.
chloral [klo-] n. m. *Des chlorals.*
chloramphénicol [klo-] n. m.
chlorate [klo-] n. m.
chloration [klo-] n. f.
chlore [klor'] n. m. ♦ HOM. → clore.
chloré, *e* [klo-] adj.
chlorelle [klo-] n. f.
chlorer [klo-] v. t.
chloreux [klo-] adj. m.
chlorhydrate [klo-] n. m.
chlorhydrique [klo-] adj.
chloride n. m.
chlorique [klo-] adj.
chlorite [klo-] n. m.
chlorofibre [klo-] n. f.
chlorofluorocarbone (C.F.C.) [klo-] n. m.
chloroforme [klo-] n. m.
chloroformer [klo-] v. t.
chlorométrie [klo-] n. f.
chlorophycée [klo-] n. f.
chlorophylle [klo-] n. f.
chlorophylli*en, enne* [klo-] adj.
chloropicrine [klo-] n. f.
chloroplaste [klo-] n. m.
*chloroplastic DNA = ADN chloroplastique (agr.).
chloroplastique [klo-] adj.
chloroquine [klorokin'] n. f.
chlorose [klo-] n. f.
chlorotique [klo-] adj. et n. f.
chlorpromazine [klo-] n. f.
chlorure [klo-] n. m.
chloruré, *e* [klo-] adj.
chlorurer [klo-] v. t.
chnoque → schnock.
chnouf → schnouff.
choane [ko-] n. m.
choc n. m. *Choc en retour; état de choc; traitement de choc; unité de choc.* ♦ Adj. inv. en genre. *Un livre choc; des prix chocs; une question choc; des formules chocs.* ♦ HOM. elle nous *choque* (v.).
chochotte n. f.
chocolat [-la] n. m. *Des chocolats au lait.* ♦ Adj. inv. *Cette jupe n'est pas brune, mais chocolat. Après cette aventure, elles sont restées chocolat.*
chocolaté, *e* adj.
chocolaterie n. f.
chocolati*er, ère* n. et adj.
chocottes n. f. pl.

CHOÉPHORE
150

choéphore [ko-é-] n.
chœur [keur'] n. m. *Chanter en chœur, des enfants de chœur.* ♦ HOM. → cœur.
choir v. int. N'est plus connu qu'à l'infinitif, au présent de l'indicatif *(il choit)*, au passé simple *(il chut)*, au futur *(la bobinette cherra)*, au participe passé *(chu)* et aux temps composés, avec l'auxiliaire *être*.
choisi, e adj.
choisir v. t. du 2ᵉ gr. Conjug. 24.
choix n. m. *Un choix de cadeaux.* ♦ HOM. il *choit* (v. choir), que je *choie* (v. choyer).
*__choke__ = enrichisseur, étrangleur (transp.).
*__choke-bore__ ou __choke__ n. m. = étranglement du canon.
cholagogue [ko-] adj. et n. m.
cholalique [ko-] adj. → cholique.
cholécystectomie [ko-] n. f.
cholécystite [ko-] n. f.
cholécystographie [ko-] n. f.
cholécystostomie [ko-] n. f.
cholédoque [ko-] adj. m.
cholémie [ko-] n. f.
choléra [ko-] n. m. *Le choléra nostras.*
cholérétique [ko-] adj. et n. m.
cholériforme [ko-] adj.
cholérine [ko-] n. f.
cholérique [ko-] adj. et n. (qui a le choléra). ♦ HOM. *colérique* (enclin à la colère).
cholestérique [ko-] adj.
cholestérol [ko-] n. m.
cholestérolémie [ko-] n. f.
cholestryl [ko-] n. m.
choliambe [ko-] n. m. → choriambe.
choline [ko-] n. f. ♦ HOM. → colline.
cholinergique [ko-] adj.
cholinestérase [ko-] n. f.
cholique [ko-] adj. *L'acide cholique est aussi nommé acide cholalique.* ♦ HOM. *colique* (douleur abdominale).
cholurie [ko-] n. f.
chômable adj.
chômage n. m. *Des assistances chômage; des assurances chômage.* ♦ HOM. → chaumage.
chômé, e adj.
chômer v. int. et t. ♦ HOM. → chaumer.
chômeur, euse n.
chondre [kon-] n. m.
chondrichtyen [kondriktyin] n. m.
chondriome [kon-] n. m.
chondriosome [kon-] n. m.

chondrite [kon-] n. f.
chondroblaste [kon-] n. m.
chondrocalcinose [kon-] n. f.
chondrodysplasie [kon-] n. f.
chondrodystrophie [kon-] n. f.
chondromatose [kon-] n. f.
chondrome [kon-] n. m.
chondrosarcome [kon-sar-] n. m.
chondrostéen [kondrosté-in] n. m.
chope n. f.
choper v. t. ♦ HOM. → chopper.
chopin n. m. (en argot). ♦ HOM. Frédéric *Chopin.*
chopine n. f.
chopper v. int. (heurter quelque chose, faire un faux pas). ♦ HOM. *choper* (prendre).
*__chopper__ n. m. = moto sophistiquée.
*__chop suey__ (chinois) = légumes et viandes en lamelles.
choquant, e adj.
choquer v. t.
choral, ale, aux [ko-] adj. *Des chants choraux.* ♦ HOM. → chorale.
choral [ko-] n. m. *Un choral de Bach. Des chorals.* ♦ HOM. → chorale.
chorale [ko-] n. f. (groupe de chanteurs). *Une chorale enfantine.* ♦ HOM. *choral* (chant religieux), *choral* (adj.), *corral* (enclos du bétail).
chorde → corde.
chordé → cordé.
chorédrame [ko-] n. m.
chorée [ko-] n. f. (maladie nerveuse). *La chorée de Huntington.* ♦ HOM. la *Corée* du Sud, la *Corée* du Nord.
chorège [ko-] n. m.
chorégie [ko-] n. f. *Les Chorégies d'Orange.*
chorégraphe [ko-] n.
chorégraphie [ko-] n. f.
chorégraphier [ko-] v. t. Conjug. 17.
chorégraphique [ko-] adj.
choréique [ko-] adj. et n.
choréologie [ko-] n. f.
choreute [ko-] n. m.
chorévêque [ko-] n. m.
choriambe [ko-] n. m. (pied de quatre syllabes en poésie gréco-latine). ♦ Ne pas confondre avec *choliambe* (vers trimètre).
chorio-épithéliome [ko-] n. m.
chorioméningite [ko-] n. f.
chorion [ko-] n. m.
chorionique [ko-] adj.

choriste [ko-] n.
chorizo [tcho-] n. m. *Des chorizos.*
choroïde [ko-] n. f.
choroïdien, enne [ko-] adj.
choroïdite [ko-] n. f.
chorologie [ko-] n. f.
chorten [chortèn'] n. m.
chorus [korus'] n. m. *Faire chorus.*
chose n. f. *De jolies choses; une leçon de choses; un état de choses; avant toute chose; toutes choses égales; ce n'est pas chose facile; au fond des choses.* ♦ N. m. (l'objet, la personne dont on ne sait pas le nom, ou dont on veut taire le nom). *Prends le chose. As-tu vu Chose?* ♦ Adj. qualif. *Ils sont restés tout choses.* ♦ *Autre chose, grand-chose, peu de chose, quelque chose* sont pronoms indéfinis. Voir ces groupes à leur ordre alphabétique.
chosification n. f.
chosifier v. t. Conjug. 17.
chott n. m.
chou n. m. *Des choux. Chou cabus; faire chou blanc; bête comme chou; des feuilles de chou; la soupe aux choux; pâte à choux; chou de Bruxelles.*
chou, choute n. (terme affectueux). *Mes petites choutes; mes choux.* ♦ Adj. inv. *Ta robe est vraiment chou.*
chouan n. m.
chouannerie n. f.
*****chouari** (arabe) = panier double en sparterie pour bête de somme.
choucage ou **chouquage** n. m.
choucas [-ka] n. m.
chouchen [-chèn'] n. m.
chouchou, te n. *Tes chouchous; ses chouchoutes.*
chouchoutage n. m.
chouchouter v. t.
chou-colza n. m. *Des choux-colzas.*
choucroute n. f.
chouette n. f. *La chouette était l'oiseau d'Athéna.* ♦ Adj. *Le patron est chouette.* ♦ Interj. *Chouette!*
chouettement adv.
chou-fleur n. m. *Des choux-fleurs.*
*****chouïa** ou **chouia** (arabe) adv. = un peu.
*****choukara** (arabe) n. f. = sacoche.
chouleur n. m.
chou-navet n. m. *Des choux-navets.*
choupette n. f.
chouquage → choucage.
chouquette n. f.
chou-rave n. m. *Des choux-raves.*

chouraver v. t.
chouriner v. t. → suriner.
chourineur n. m.
chow-chow [chocho] n. m. *Des chows-chows.*
choyer [chwa-yé] v. t. Conjug. 6.
chrématistique [kré-] n. f.
chrême [krè-] n. m. *Le saint chrême.* ♦ HOM. → crème.
chrémeau [kré-] n. m. *Des chrémeaux.*
chrestomathie [krèstomasi ou -ti] n. f.
chrétien, enne [krét-] adj. et n. *Les chrétiens; les chrétiens-démocrates.*
chrétien-démocrate, chrétienne-démocrate adj. et n. *Des chrétiens-démocrates.*
chrétiennement [krét-] adv.
chrétienté [krét-] n. f.
*****Chris-Craft** n. m. déposé inv. = canot automobile.
chrisme [krism'] n. m.
christ n. m. (objet représentant le Christ). *Des christs de bois peint.* ♦ *Le Christ; Jésus-Christ; 70 av. J.-C.; le Comte de Monte-Cristo* (roman).
christiania n. m. *Des christianias.*
christianisation n. f.
christianiser v. t.
christianisme [-is-] n. m.
christique [kri-] adj.
*****Christmas** = Noël.
christologie [kri-] n. f.
chromage [kro-] n. m.
chromate [kro-] n. m.
chromatide [kro-] n. f.
chromatine [kro-] n. f.
chromatique [kro-] adj.
chromatisme [kro-is-] n. m.
chromatogramme [kro-] n. m.
chromatographe [kro-] n. m.
chromatographie [kro-] n. f.
chromatophore [kro-] n. m.
chromatopsie [kro-] n. f.
chrome [krom'] n. m.
chromé, e [kro-] adj.
chromer [kro-] v. t.
chromeur, euse [kro-] n.
chromeux, euse [kro-] adj.
chrominance [kro-] n. f.
chromique [kro-] adj.
chromisation [kro-] n. f.
chromiser [kro-] v. t.
chromiste [kro-] n.
chromite [kro-] n. f.

CHROMO

chromo [kromo] n. f. Apocope de *chromolithographie*. ♦ N. m. (image quelconque, souvent de mauvais goût).
chromodynamique [kro-] n. f.
chromogène [kro-] adj.
chromolithographie [kro-] n. f.
chromoprotéine [kro-] n. f.
chromosome [kro-] n. m. *Les chromosomes X et Y.*
chromosomique [kro-] adj.
chromosphère [kro-] n. f.
chromothérapie [kro-] n. f.
chromotypographie ou **chromotypie** [kro-] n. f.
chronaxie [kro-] n. f.
chroniciser (se) [kro-] v. pr. *Cette maladie s'est chronicisée.*
chronicité [kro-] n. f.
chronique [kro-] n. f. et adj.
chroniquement [kro-] adv.
chroniqu*eur, euse* [kro-] n.
chrono- [kro-] → tableau PRÉFIXES C, p. 942.
chrono [kro-] adj. inv. *Il a fait du 150 chrono.*
chronobiologie [kro-] n. f.
chronogramme [kro-] n. m.
chronographe [kro-] n. m.
chronographie [kro-] n. f.
chronologie [kro-] n. f.
chronologique [kro-] adj.
chronologiquement [kro-] adv.
chronométrage [kro-] n. m.
chronomètre [kro-] n. m. Abrév. : *chrono. De beaux chronos.*
chronométrer [kro-] v. t. *Je chronomètre, nous chronométrons, je chronométrerai (s).* Conjug. 10.
chronométr*eur, euse* [kro-] n.
chronométrie [kro-] n. f.
chronométrique [kro-] adj.
chronophotographie [kro-] n. f.
chronophysiologie [kro-] n. f.
chronophysiologiste [kro-] n.
chronorupteur [kro-] n. m.
chronoséquenti*el, elle* [kro-sé-] adj.
chronotachygraphe [kro-ki-] n. m.
chronothérapeutique [kro-] n. f.
chronothérapie [kro-] n. f.
chrysalide [kri-] n. f.
chrysanthème [kri-] n. m. *Un beau chrysanthème.*
chryséléphantin, e [kri-] adj.
chrysobéryl [kri-] n. m.
chrysocale ou **chrysocalque** [kri-] n. m.
chrysocolle [kri-] n. f.
chrysolite ou **chrysolithe** [kri-] n. f.
chrysomèle [kri-] n. f.
chrysomélidé [kri-] n. m.
chrysope [kri-] n. f.
chrysophycée ou **chrysomonadale** [kri-] n. f.
chrysoprase [kri-] n. f.
C.H.S. sigle m. Centre hospitalier spécialisé.
ch'timi n. et adj. *Des ch'timis.*
chtoni*en, enne* ou **chthoni***en, enne* [kto-] adj.
chtouille n. f.
C.H.U. sigle m. Centre hospitalo-universitaire.
chucheter v. int. *Il chuchette.* Conjug. 14.
chuchotement n. m.
chuchoter v. int. et t.
chuchoterie n. f.
chuchot*eur, euse* adj. et n.
chuchotis [-ti] n. m.
*****chuffing** n. m. = halètement (spat.).
*****chugging** n. m. = ronflement (spat.), chouquage (nucl.).
chuintant, e adj. et n. f.
chuintement n. m.
chuinter v. int.
churinga n. m.
churrigueresque adj.
chut! interj. ♦ HOM. → *chute.*
chute n. f. *Des points de chute; la chute des reins.* ♦ HOM. il *chute* (v.), *chut!* (interj.).
chuter v. int. et t.
chuteur n. m.
chutney [cheutnè] n. m.
chva ou **schwa** n. m. (voyelle muette). Dans le mot *mesure,* le premier *e* est quelquefois un chva.
chyle n. m. → *chyme.*
chylifère adj.
chylomicron n. m.
chyme n. m. (contenu de l'estomac). ♦ Ne pas confondre avec *chyle* (contenu de l'intestin grêle).
chymotrypsine n. f.
chypre n. m. (vin).
chypriote → *cypriote.*
Ci Symbole du *curie.*
ci-, cé- {Mots commençant par} → *si-. ci-.*
ci 1° Adv. Mis pour « ici » : *celle-ci ; ce livre-ci ; ces porte-cartes-ci ; ci-après ; ci-contre ; ci-derrière ; ci-dessous ; ci-dessus ;*

ci-devant; ci-présent. Ci-gît; ci-gisent. Ci--devant. Ci... 25 F; de-ci(,) de-là; par-ci(,) par-là. Les loc. *ci-annexé, ci-annoncé, ci--approuvé, ci-épinglé, ci-inclus, ci-joint,* placées devant le nom, en début ou en corps de phrase, ont valeur adverbiale et sont invariables. *Ci-joint la documentation. Vous trouverez ci-annexé les tarifs.* ♦ → tableau PARTICIPE PASSÉ III, B, p. 918.

2° Pron. dém. Mis pour « ceci » : *Comme ci(,) comme ça.* HOM. → si.

-**ci/là** Tout ce qui est dit pour ces deux particules est valable pour : *ceci/cela; voici/voilà; ce... -ci/ce... -là; celui-ci/ celui-là;* etc.

A. – On emploie -**ci** pour :

1° ce qui va être dit. *Retenez ceci : Il faut fermer les portes!*

2° ce qui est proche. *Voici ma maison et, plus loin, voilà mon jardin.*

B. – On emploie -**là** pour :

1° ce qui est dit. *Cela dit, il est parti;*

2° ce qui est éloigné. *De Rubens ou de Fragonard, je préfère celui-ci* (F.) à *celui-là* (R.). *Celui-là* désigne Rubens qui est plus éloigné dans l'écriture de la phrase.

***C.I.A.** sigle f. *Central Intelligence Agency.

ci-annexé adj. *Vous trouverez notre quittance ci-annexée.* ♦ Adv., précédant le nom. *Ci-annexé notre quittance.* → ci 1°.

***ciao** [tcha-o] (ital.) = au revoir, adieu. Quelquefois écrit TCHAO.

ci-après adv.

cibiche n. f.

cibiste n. (de l'anglais *C.B.). Équivalent français : CÉBISTE.

ciblage n. m.

cible n. f.

cibler v. t.

ciboire n. m.

ciborium [-ryom'] n. m. *Des ciboriums.*

ciboule n. f.

ciboulette n. f.

ciboulot n. m.

cicadidé n. m.

cicatrice n. f.

cicatriciel, elle adj.

cicatricule n. f.

cicatrisable adj.

cicatrisant, e adj. et n. m.

cicatrisation n. f.

cicatriser v. t.

cicéro n. m. *Des cicéros.*

cicérone n. m. *Des cicérones.*

cicéronien, enne adj.

cicindèle n. f.

ciclosporine ou **cyclosporine** n. f.

ciconiidé n. m.

ci-contre adv.

C.I.C.R. sigle m. Comité international de la Croix-Rouge.

cicutine n. f.

ci-derrière adv.

ci-dessous, ci-dessus adv.

ci-devant adv. (précédemment). *Cet outil servait ci-devant au jardin.* ♦ Adj. inv. *La ci-devant marquise.* ♦ N. inv. *On arrêtait les ci-devant.*

Cidex sigle m. Courrier individuel à distribution exceptionnelle.

cidre n. m.

cidrerie n. f.

-**ciel/-tiel** Se terminent par -**ciel** : *artificiel, cicatriciel, circonstanciel, didacticiel, indiciel, logiciel, matriciel, officiel, préjudiciel, progiciel, révérenciel, superficiel, sacrificiel, tendanciel.*

Les autres adjectifs sur cette rime se terminent par -**tiel** : *pestilentiel, substantiel,* etc.

ciel n. m. *Au nom du ciel; à ciel ouvert; au septième ciel; remuer ciel et terre; bleu ciel. Un fils du Ciel* (un Chinois sous l'Ancien Régime); *le Fils du Ciel* (empereur de Chine). ♦ Ce mot a deux pl. : *cieux* (espace des astres, paradis); *ciels* (de lit, de tableaux peints, et pour la météorologie). ♦ Adj. inv. *Des tentures ciel.* ♦ Interj. *Ciel! Juste ciel! Ô cieux! Plût au ciel!*

cierge n. m.

***C.I.F.** (*cost-insurance-freight) = CAF (coût-assurance-fret).

cigale n. f.

cigalière n. f.

cigare n. m.

cigarette n. f.

cigarière n. f.

cigarillo n. m. *Des cigarillos.*

ci-gît présentatif. (ici repose). Il s'agit du verbe *gésir.* Pl. : *ci-gisent.*

cigogne n. f.

cigogneau n. m. *Des cigogneaux.*

ciguë [sigu] n. f. *Des ciguës.*

ci-inclus adj. *Gardez la facture ci-incluse.* ♦ Adv., précédant le nom. *Ci-inclus notre facture.* → ci 1°.

ci-joint adj. *Vous classerez la copie ci-jointe.* ♦ Adv., précédant le nom. *Ci-joint les copies demandées.* → ci 1°.

cil n. m. (poil de la paupière). ♦ HOM. *sil* (argile colorée), *scille* (plante liliacée).

ciliaire adj.

ciliature n. f.

cilice n. m. ♦ HOM. → *silice*.

cilié, e adj. et n. m.

cillement n. m.

ciller [si-yé] v. t. et int. ♦ HOM. → *siller*.

cimaise ou **cymaise** n. f.

cime n. f. (sommet). ♦ HOM. *cyme* (inflorescence).

ciment n. m. *Bâti à chaux et à ciment. Du ciment Portland.*

cimentation n. f.

cimenter v. t. (garnir de ciment). → *cémenter*.

cimenterie n. f.

cimentier n. m.

cimeterre n. m.

cimetière n. m.

cimicaire n. f.

cimier n. m.

cinabre n. m. et adj. inv.

cinchonine [-ko-] n. f.

cincle n. m.

cindynicien, enne n.

cindynique n. f.

ciné- Du grec *kinêo* (mouvoir), est issu l'élément *ciné-* indiquant le mouvement : *cinémomètre, cinétique...* et *cinématographe*, qui, par son apocope *ciné*, a engendré à son tour d'autres mots : *cinéphile, cinéroman...*

ciné n. m.

cinéaste n.

ciné-club n. m. *Des ciné-clubs.*

cinéflash n. m. *Des cinéflashes.*

cinégraphie n. f.

cinégraphique adj.

cinéhologramme n. m.

cinéma n. m.

cinémanie n. f.

Cinémascope n. m. déposé inv.

cinémathécaire n.

cinémathèque n. f.

cinématique n. f.

cinématographe n. m.

cinématographiable adj.

cinématographie n. f.

cinématographier v. t. Conjug. 17.

cinématographique adj.

cinématographiquement adv.

cinéma-vérité n. m. *Des cinémas-vérités.*

cinémitrailleuse n. f.

cinémographe n. m.

cinémomètre n. m.

ciné-parc n. m. *Des ciné-parcs.*

cinéphile n. (qui aime le cinéma). ♦ Ne pas confondre avec *cynophile* (qui aime les chiens).

cinéraire adj. et n. f.

Cinérama n. m. déposé inv.

ciné-reporter [-tèr] n. *Des ciné-reporters.*

cinérite n. f.

cinéroman n. m.

cinéscénique adj.

cinèse n. f.

ciné-shop n. m. *Des ciné-shops.*

cinesthésie → *kinesthésie*.

cinesthésique → *kinesthésique*.

cinéthéodolite n. m.

cinétique adj.

ciné-tir ou **cinétir** n. m. *Des ciné-tirs.*

cinétisme [-is-] n. m.

cinghalais, e adj. et n.

cinglant, e adj.

cinglé, e adj.

cingler v. int. et t.

cinnamique adj.

cinnamome n. m.

cinoche n. m.

cinoque → *sinoque*.

cinq La finale ne se prononce pas devant une consonne ou un *h* aspiré. *Les cinq francs* [sin]; *les cinq arbres* [sink']. Exception → *cinq sec*. ♦ Adj. numér. card. *Le tournoi des Cinq Nations. Le Conseil des Cinq-Cents. Cinq-Mars. En cinq sec. Il gagna en cinq sets* (au tennis). ♦ N. m. inv. *Il écrit mal ses cinq.* ♦ HOM. → *sain*; *scinque*.

cinq à sept loc. m. inv. *Venez quand vous voulez à mes cinq à sept.*

cinq sec (en) [sinksèk'] loc. adv. (rapidement).

cinquantaine n. f.

cinquante adj. numér. card. et n. m. inv. *Les cinquante palmiers. Cinquante et un.*

cinquantenaire adj. et n.

cinquantième adj. numér. ord., n. et pron. → *cinquième*.

cinquième adj. numér. ord. *La cinquième roue d'un char.* Abrév. : 5e. ♦ Pron. numér. *Son fils n'arriva que le cinquième.* ♦ N. *La cadette est en cinquième.* ♦ N. fractionnaire. *Il eut les trois cinquièmes de l'héritage.* ♦ Tous ces emplois se retrouvent pour les mots du même type (*sixième, septième*, etc.).

cinquièmement adv.
cintrage n. m. (opération pour donner une courbure). ♦ HOM. *ceintrage* (ensemble de cordages ceinturant un navire).
cintre n. m.
cintré, e adj.
cintrer v. t.
cintreuse n. f.
C.I.O. sigle m. Comité international olympique.
cipaye [sipaj'] n. m. *Des cipayes.*
cipolin n. m.
cippe n. m. (stèle funéraire).
cipre n. m. (arbre).
ci-présent, e adj. *Les témoins ci-présents.* ♦ Adv. *Comparurent ci-présent les complices.*
ciprière n. f. (marécage de Louisiane où poussent les cipres). ♦ HOM. *cyprière* (plantation de cyprès).
cirage n. m.
circadien, enne adj. (au rythme quotidien).
circaète n. m.
circassien, enne adj. et n. (de Circassie).
circée n. f. (plante). ♦ HOM. *Circé* (magicienne mythologique).
circoncire v. t. Se conjugue comme CONFIRE (conjug. 38), mais le participe passé est *circoncis*.
circoncis, e adj. et n. m.
circoncision n. f. *Le 1ᵉʳ janvier est la fête de la Circoncision.*
circonférence n. f.
circonflexe adj. → tableau ACCENTS D, e, p. 855.
circonlocution n. f.
circonscriptible adj.
circonscription n. f. *Une circonscription d'action régionale.*
circonscrire v. t. Conjug. 49. → circonvenir.
circonspect, e adj.
circonspection n. f.
circonstance n. f. *Avec circonstances atténuantes. Des mesures, des paroles de circonstance. Un concours de circonstances.*
circonstancié, e adj.
circonstanciel, elle adj.
circonstant, e adj.
circonvallation n. f.
circonvenir v. t. Conjug. 76. (chercher à tromper). ♦ Ne pas confondre avec *circonscrire* (enfermer dans des limites).

circonvoisin, e, adj.
circonvolution n. f.
circuit n. m.
*****circuit breaker** = disjoncteur (déf.).
*****circuit switching** = commutation de circuits (télécom.).
circulaire adj. et n. f. ♦ HOM. ils *circulèrent* (v.).
circulairement adv.
circulant, e adj.
*****circular DNA** = ADN circulaire (génét.).
circulariser v. t.
circularité n. f.
*****circular orbit** = orbite circulaire.
circulation n. f. *Les droits de circulation.*
circulatoire adj.
circuler v. int.
circum- [-kom'] Dans la formation des mots nouveaux, ce préfixe se soude à ce qui suit : *révolution circumterrestre d'un vaisseau cosmique ; engin circumlunaire.*
circumambulation [-kom'an-] n. f.
circumduction [-kom'-] n. f.
circumlunaire [-kom'-] adj.
circumnavigation [-kom'-] n. f.
circumpolaire [-kom'-] adj.
circumstellaire [-kom'-] adj.
circumterrestre [-kom'-] adj.
cire n. f. (matière sécrétée par les abeilles). *Une fonte à cire perdue. Des figures de cire* (objet en cire). *Les cires du musée Tussaud. Grévin est un musée de cire(s). Cire à cacheter.* ♦ (membrane de bec d'oiseau). ♦ HOM. *sire* (seigneur), il *cire* (v.), *cirre* ou *cirrhe* (vrille de plante).
ciré, e adj. et n. m.
cirer v. t.
cireur, euse n.
cireux, euse adj.
cirier, ère adj. et n.
ciron n. m. (animalcule). ♦ HOM. nous *cirons* (v.), nous *scierons* (v.).
cirque n. m.
cirre ou **cirrhe** n. m. ♦ HOM. → cire.
cirrhose n. f.
cirrhotique adj. et n.
cirripède n. m.
cirrocumulus n. m.
cirronimbus n. m.
cirrostratus n. m.
cirrus n. m.
cirse n. m. (chardon).
cis- Préfixe signifiant *en deçà*, utilisé dans les dénominations géographiques, qui fournit des adjectifs et des noms : *cisju-*

CISAILLAGE

ran (en deçà du Jura), *cisleithan* (en deçà de la Leitha, affluent du Danube), *cismontain* (en deçà des monts), *cispadan* (en deçà du Pô), *cisrhénan* (en deçà du Rhin), etc. Ce préfixe se soude à ce qui suit. Le mot, naturellement entendu de celui qui l'a créé, peut prêter à équivoque : la *Gaule cisalpine*, qui était en deçà des Alpes pour Rome, était transalpine pour les Gaulois. → contrôle ; trans-.

cisaillage n. m.
cisaille n. f.
cisaillement n. m.
cisailler v. t.
cisalpin, e adj. *La Gaule cisalpine* (abs. : *la Cisalpine*) ; *la République cisalpine*. ♦ N. *Les Cisalpins*.
*****cis control** = contrôle en cis (génét.). → contrôle.
ciseau n. m. *Des ciseaux*.
cisèlement ou **ciselage** n. m.
ciseler v. t. *Il cisèle.* Conjug. 11.
ciselet n. m.
ciseleur, euse n.
ciselure n. f.
cisjordanien, enne adj. *Une paysanne cisjordanienne.* ♦ N. *Un Cisjordanien*.
cisjuran, e adj.
C.I.S.L. sigle f. Confédération internationale des syndicats libres.
cisoires n. f. pl.
ciste n. m. (arbrisseau). ♦ N. f. (corbeille ; sépulture).
cistercien, enne adj. *L'architecture cistercienne.* ♦ N. *Les Cisterciens* (de l'ordre de Cîteaux). → religieux.
cistre n. m. ♦ HOM. → sistre.
cistron n. m.
cistude n. f.
citadelle n. f.
citadin, e n.
citateur, trice n.
citation n. f. → bible ; coran ; scène et tableau GUILLEMETS, 1°, p. 889.
cité n. f. *La cité universitaire ; le droit de cité ; la cité Trévise ; une cité-jardin. État de la cité du Vatican ; la Cité interdite* (Pékin) ; *la Cité de Londres* (City of London) ; *l'île de la Cité* (Paris). ♦ HOM. *citer* (v.).
cité-dortoir n. f. *Des cités-dortoirs*.
cité-jardin n. f. *Des cités-jardins*.
citer v. t. ♦ HOM. → cité.
citérieur, e adj.
citerne n. f.

citerneau n. m. *Des citerneaux*.
cithare n. f. (instrument de musique européen). ♦ HOM. *sitar* (instrument de musique indien).
citharède n.
cithariste n. et adj.
*****citius, altius, fortius** (lat.) = plus vite, plus haut, plus fort (devise olympique).
*****citizen's band** (*C.B.) = bande de fréquence banalisée, de fréquences publiques, canaux banalisés (C.B.).
citoyen, enne [sitwa-yin, -twa-yèn'] n. *Tout citoyen est censé connaître la loi.*
citoyenneté n. f.
citrate n. m.
citrin, e adj. et n. f.
citrique adj.
citroëniste n. et adj.
Citroën n. f. déposé inv.
citron n. m. et adj. inv. *Une robe citron.*
citronnade n. f.
citronné, e adj.
citronnelle n. f.
citronnier n. m.
citrouille n. f.
citrus [-us'] n. m.
*****city terminal** = terminal (transp.).
civadière n. f.
çivaïsme → sivaïsme.
çivaïte → sivaïte.
cive n. f.
civelle n. f.
civet n. m.
civette n. f.
civière n. f.
civil, e adj. *Un mariage civil ; le code civil.* ♦ N. m. *Le civil et le criminel* (en justice) ; *cette affaire sera portée au civil. Être habillé en civil* (pour un militaire).
*****civil building** = bâtiment civil (urb.).
civilement adv.
civilisable adj.
civilisateur, trice adj. et n.
civilisation n. f.
civilisé, e adj. et n.
civiliser v. t.
civiliste n.
civilité n. f.
civique adj.
civisme [-is-] n. m.
clabaud n. m. (chien de chasse). ♦ HOM. *clabot* (dispositif mécanique).
clabaudage n. m.
clabauder v. int. → clapoter.

clabauderie n. f.
clabaud*eur*, *euse* n.
clabot ou **crabot** [-bo] n. m. ♦ HOM. → clabaud.
clabotage ou **crabotage** n. m.
claboter v. int. → clapoter.
claboter ou **craboter** v. t. → clapoter.
clac! interj. ♦ HOM. → claque.
clactoni*en*, *enne* n. m. et adj.
clade n. m.
cladisme [-is-] n. m.
cladistique n. f.
cladocère n. m.
cladode n. m.
cladogramme n. m.
clafoutis [-ti] n. m.
claie n. f. ♦ HOM. → clé.
claim [klèm'] n. m.
clair, *e* adj. *Une voix claire.* ♦ Adv. *Elles voient clair; ils sèment clair.* ♦ N. m. *Le clair de lune; les ombres et les clairs; sabre au clair; tirer une affaire au clair.* ♦ HOM. clerc (lettré), Claire (prénom), claire (bassin).
clairance n. f.
claire n. f. ♦ HOM. → clair.
clairement adv.
clairet, *ette* adj. et n.
claire-voie n. f. *Des barrières à claire-voie. Des claires-voies.*
clairière n. f.
clair-obscur n. m. *Des clairs-obscurs.*
clairon n. m.
claironnant, *e* adj.
claironner v. int. et t.
clairplanté, *e* adj.
clairsemé, *e* adj.
clairvoyance n. f.
clairvoyant, *e* adj.
clam [-am'] n. m.
clameau n. m. *Des clameaux.*
clamecer → clamser.
clamer v. t.
clameur n. f.
clamp [-amp'] n. m.
clamper v. t.
clampin n. m.
clamser ou **clamecer** v. int. Pour la seconde écriture, voir conjug. 2. *Il clameçait.*
clan n. m.
clandé n. m.
clandestin, *e* adj.
clandestinement adv.

clandestinité n. f.
clanique adj.
clanisme [-is-] n. m.
clap n. m.
clapet n. m. (soupape). ♦ HOM. *clapper* (faire entendre un bruit sec avec la langue).
clapier n. m.
clapir v. int. du 2ᵉ gr. Conjug. 24.
*****clapman** n. m. = claqueur.
clapot n. m.
clapotement ou **clapotage** n. m.
clapoter v. int. (faire entendre un clapotement). ♦ Ne pas confondre avec *claboter* (rendre deux pièces mécaniques solidaires; en argot : mourir), ou *clabauder* (aboyer).
clapot*eux*, *euse* adj.
clapotis [-ti] n. m.
clappement n. m.
clapper v. int. ♦ HOM. → clapet.
*****clapping** = claquade (méd.).
claquade n. f.
claquage n. m.
claquant, *e* adj.
claque n. m. (chapeau haut de forme pliant; chaussure canadienne; en argot : bordel). ♦ N. f. (coup avec le plat de la main; groupe de spectateurs payés pour applaudir; partie d'un soulier). *Une tête à claques.* ♦ HOM. *il claque* (v.), *clac!* (interj.), *ses cliques et ses claques.*
claquement n. m.
claquemurer v. t.
claquer v. int. et t.
claquet n. m.
claqueter v. int. *Il claquette.* Conjug. 14.
claquette n. f. *Une danse à claquettes.*
claqueur n. m.
claquoir n. m.
clarain n. m.
claret n. m.
clarias [-as'] n. m.
clarifiant n. m.
clarifica*teur*, *trice* adj.
clarification n. f.
clarifier v. t. Conjug. 17.
clarine n. f.
clarinette n. f.
clarinettiste n.
clarisse n. f. (religieuse). ♦ HOM. *Clarisse* (prénom).
clarté n. f.
*****clash** n. m. = conflit, désaccord violent, choc d'opinions.

classable adj.
classe n. f. *Collaboration de classes, lutte de classes; des appartements de classe; une classe pilote, des classes pilotes. Voyager en deuxième classe, en seconde classe. Pour ce voyage, prenez des seconde classe* (inv.). *Ces soldats sont des première classe* (inv.). ♦ Adj. inv. ou adv. *Ces jeunes filles sont très classe.* ♦ *Les quatre classes de Kant sont* : modalité, qualité, quantité, relation.
classement n. m.
classer v. t.
classeur n. m.
classicisme [-is-] n. m. *Le classicisme et le romantisme.*
classificateur, trice n.
classification n. f. *Classification de Linné* (plantes), *de Mendeleïev* (éléments); *décimale de Dewey.*
classificatoire adj.
classifier v. t. Conjug. 17.
classique adj. *Un coup classique.* ♦ N. m. *Les classiques grecs.*
classiquement adv.
clastique adj.
clastomanie n. f.
clatir v. int. du 2ᵉ gr. Conjug. 24.
claudicant, e adj.
claudication n. f.
claudiquer v. int.
clause n. f. *Clause compromissoire; clause à ordre; clause de style.* ♦ HOM. **close** (fermée).
***claustra** (lat.) n. m. = claustre. *Des claustras.*
claustral, ale, aux adj.
claustration n. f.
claustre n. m.
claustrer v. t.
claustromanie n. f.
claustrophobe adj. et n.
claustrophobie n. f.
clausule n. f.
clavaire n. f.
claveau n. m. *Des claveaux.*
clavecin n. m.
claveciniste n.
clavelé, e adj.
clavelée n. f.
claveleux, euse adj.
claver v. t.
clavetage n. m.
claveter v. t. *Il clavette.* Conjug. 14.
clavette n. f.
clavicorde n. m.
claviculaire adj.
clavicule n. f.
clavier n. m.
claviste n.
clayère [klè-yèr'] n. f.
clayette [klè-yèt'] n. f.
claymore n. f.
clayon [klè-yon] n. m.
clayonnage [klè-yo-] n. m.
clayonner [klè-yo-] v. t.
clé ou **clef** n. f. Les deux orthographes sont courantes et admises; mais en apposition on écrira plutôt : *une industrie clé, des postes clés. Mettre sous clef; la clé de voûte; un jeu de clefs; la clé des champs; les clefs du paradis; des fausses clés; clé de sol; les clefs de saint Pierre; clef anglaise; clé à molette; clé à douille, à crémaillère, à pipe, à fourche; clé en tube. Réalisation clés en main. Ils sont sous clé; un livre à clef. Un mot-clef. Des clés minute.* ♦ HOM. **claie** (treillage).
***clean** adj. = propre, net.
***clean-list** = propre (aud.).
***clean room** = salle blanche, salle propre (électron.).
***clean-up** = nettoyage aérodynamique (déf.).
***clear air turbulence** = turbulence en air limpide.
***clearance** = clairance (transp., mer); autorisation (déf.).
***clearing** = compensation.
***clearing house** = chambre de compensation (écon.).
***clearing-switch** = opération triangulaire (écon.).
clébard n. m.
clebs [klèps'] n. m.
clédar n. m.
clef → **clé.**
clématite n. f.
clémence n. f.
Clemenceau [klé-] n.
clément, e adj.
clémentine n. f. et adj. inv. *Des rubans clémentine.*
clémentinier n. m.
clenche n. f. → **éclanche.**
clephte → **klephte.**
clepsydre n. f.
cleptomane → **kleptomane.**
cleptomanie → **kleptomanie.**
clerc [klèr'] n. m. ♦ HOM. → **clair.**

clergé n. m. → ecclésiastique.
clergeon n. m.
clergie n. f.
*****clergyman** n. m. = ministre protestant. *Des clergymen.*
cléric*al*, *ale*, *aux* adj.
cléricalisme [-is-] n. m.
cléricature n. f.
clermontois, *e* adj. et n. m. (de Clermont ou de Clermont-Ferrand).
clérouque n. m.
clic! interj. *Clic! clac!* ♦ HOM. → clique.
clichage n. m.
cliché n. m.
clicher v. t.
clicherie n. f.
clich*eur*, *euse* n. et adj.
click ou **clic** n. m. ♦ HOM. → clique.
client, *e* n.
*****client** = maître d'ouvrage (urb.).
clientèle n. f.
clientélisme [-is-] n. m.
clientéliste adj.
clignement n. m.
cligner v. int. et t.
clignotant, *e* adj. et n. m.
clignotement n. m.
clignoter v. int.
clignoteur n. m.
climat n. m.
*****climate-adapted architecture** = architecture climatique (urb.).
climatère n. m.
climatérique adj. et n. f. → climatique.
climatique adj. (relatif au climat). ♦ Ne pas confondre avec *climatérique* (relatif aux périodes critiques de la vie).
climatisation n. f.
climatisé, *e* adj.
climatiser v. t.
climatiseur n. m.
climatisme [-is-] n. m.
climatologie n. f.
climatologique adj.
climatologue n.
climatopathologie n. f.
climatothérapie n. f.
climax n. m.
clin n. m. *Un clin d'œil, des clins d'œil ; en un clin d'œil. Une construction à clin* (marine).
clindamycine n. f.
clinfoc n. m.
clinicat [-ka] n. m.

clinici*en*, *enne* n.
clinique adj. *Des signes cliniques.* ♦ N. f. *Chef de clinique.*
cliniquement adv.
*****clinker** n. m. = ciment non broyé.
clinomanie n. f.
clinomètre n. m.
clinorhombique adj.
clinquant, *e* adj. et n. m. *Des bijoux de clinquant.*
clip n. m.
*****clip** n. m. = agrafe (bât.); bande vidéo promotionnelle, bande promo (aud.).
clipot n. m.
clipper n. m.
clique n. f. (groupe de personnes; musique militaire). ♦ HOM. *clic!* (interj.), *click* (bruit de la bouche), *cliques* (sabots).
cliquer v. int.
cliques n. m. pl. *Prendre ses cliques et ses claques.*
cliquet n. m.
cliquetant, *e* adj.
cliquètement ou **cliquettement** n. m.
cliqueter v. int. *Il cliquette.* Conjug. 14.
cliquetis [-ti] n. m. *Un cliquetis de casseroles.*
cliquette n. f.
cliquettement → cliquètement.
clisse n. f.
clisser v. t.
clitocybe n. m.
clitocybine n. f.
clitoridectomie n. f.
clitoridi*en*, *enne* adj.
clitoris [-ris'] n. m.
clivable adj.
clivage n. m. *Des plans de clivage.*
cliver v. t.
cloac*al*, *ale*, *aux* adj.
cloaque n. m.
clochard, *e* n.
clochardisation n. f.
clochardiser v. t.
cloche n. f. *Une cloche à plongeur. D'autres sons de cloche. Une courbe en cloche. Un chapeau-cloche, des chapeaux-cloches.* ♦ Adj. *Des jupes cloches.*
cloche-pied (à) loc. adv. *Ils vont à cloche-pied.*
clocher n. m. *Des querelles de clocher.*
clocher v. int.

clocher-arcades n. m. *Des clochers--arcades.*
clocheton n. m.
clodo n.
clofibrate n. m.
*****clogging** = colmatage (agr.).
cloison n. f.
cloisonnage ou **cloisonnement** n. m.
cloisonné, e adj.
cloisonnement → cloisonnage.
cloisonner v. t.
cloître n. m.
cloîtré, e adj.
cloîtrer v. t.
clomifène n. m.
clonage n. m.
clone n. m.
cloner v. t.
clonie n. f.
*****cloning** = clonage (génét.).
clonique adj.
clonus n. m.
clope n. m.
clopin-clopant loc. adv. *Ils vont clopin--clopant.*
clopiner v. int.
clopinettes n. f. pl.
cloporte n. m.
cloque n. f.
cloqué, e adj.
cloquer v. int. et t.
clore v. t. Conjug. 35. ♦ HOM. *chlore* (corps simple).
clos, e n. m. et adj. *En vase clos.*
closeau n. m. *Des closeaux.*
*****close-combat** n. m. = corps à corps.
closerie n. f.
*****close up** loc. m. = plan serré, gros plan, plan rapproché (ciné., télé.).
clostridies [-di] n. f. pl.
clôture n. f. *Des séances de clôture.*
clôturer v. t.
clou n. m. *Des clous de girofle. Mettre au clou. Clous à chaussures; clous de tapissier; clous à tête homme.* ♦ Interj. *Des clous!* ♦ HOM. *il cloue* (v.), *cloup* (dépression dans le Quercy).
clouage n. m.
clouer v. t. Conjug. 19.
cloueur, euse n.
cloup [klou] n. m. ♦ HOM. → *clou.*
cloutage n. m.
cloutard n. m.
clouté, e adj.

clouter v. t.
clouterie n. f.
cloutier, ère n.
clovisse n. f. (mollusque). ♦ HOM. le roi *Clovis.*
clown [kloun'] n. m. *Des clowns.*
clownerie [kloun'ri] n. f.
clownesque [klou-] adj.
clownesse [klou-] n. f.
cloyère [klo- ou klwa-yèr'] n. f.
club [kleub'] n. m. *Des clubs de golf* (cannes). *Un club d'investissements; le club des Jacobins; le Jockey-Club* (abs. : *le Jockey); le Rotary-Club; le Touring Club de France; l'Automobile-Club de France; le Racing-Club; le Club alpin* (société, cercle).
*****clubbing** n. m. = hippocratisme (méd.).
*****club-house** = maison de club; pavillon, chalet, foyer du club. *Des club-houses.*
clubiste n.
*****club loan** = crédit à barème réduit (écon.).
clunisien, enne adj.
clupéidé n. m.
cluse n. f.
*****cluster** = en barillet, en grappe, en faisceau (déf.).
*****clutter** = fouillis d'échos (spat.).
*****clutterlock** = verrouillage sur le fouillis (spat.).
clystère n. m.
C.N.A.M. sigle m. Conservatoire national des arts et métiers.
C.N.C.E. sigle m. Centre national du commerce extérieur.
C.N.C.L. sigle f. Commission nationale de la communication et des libertés.
cnémide [kné-] n. f.
C.N.E.S. sigle m. Centre national d'études spatiales.
C.N.E.T. sigle m. Centre national d'études des télécommunications.
C.N.E.X.O. sigle m. Centre national d'exploitation des océans.
cnidaire [kni-] n. m.
cnidocyste [kni-] n. m.
C.N.I.T. sigle m. Centre national des nouvelles industries et technologies.
C.N.P.F. sigle m. Conseil national du patronat français.
C.N.R.S. sigle m. Centre national de la recherche scientifique.
C.N.U.C.E.D. sigle f. Conférence des Nations unies pour le commerce et le développement.

co- Dans la formation de mots nouveaux, ce préfixe se soude au mot qui suit (*cogérer*). Si ce mot commence par un *i*, celui-ci prend alors un tréma (*coïntéressé*). Devant un *u*, on intercale la lettre *n* (*conurbation*).

co-, con-, clo-, cro-, cri- Certains mots commençant par ces syllabes s'écrivent *cho-, quo-, chon-, chlo-, chro-, chri-, chry-*.

*****c/o** → *care of.

coaccusé, e n.

coacervat [-va] n. m.

*****coach** n. m. = voiture à deux portes et sièges avant pliants ; entraîneur, équipe d'entraînement. *Des coaches.*

coacquéreur n. m.

coadaptateur, trice n.

coadjuteur, trice n.

coadministrateur, trice n.

coagulabilité n. f.

coagulable adj.

coagulant, e adj. et n. m.

coagulateur, trice adj.

coagulation n. f.

coaguler v. t.

coagulum [-lom'] n. m. *Des coagulums.*

coalescence n. f.

coalescent, e adj.

coalescer v. t. *Il coalesçait.* Conjug. 2.

coalisé, e adj. et n.

coaliser v. t.

coalition n. f.

coaltar [koltar'] n. m.

coaptation n. f. (emboîtement de deux organes). ♦ Ne pas confondre avec *cooptation* (recrutement de nouveaux membres d'une assemblée par elle-même).

coapteur n. m.

coarctation n. f.

coarticulation n. f.

coassement n. m.

coasser v. int. (crier, pour la grenouille). ♦ Ne pas confondre avec *croasser* (crier, pour le corbeau).

coassocié, e n.

coassurance n. f.

*****coasting flight** = phase balistique (déf.).

coati n. m.

coauteur n. m.

coaxial, ale, aux adj. et n. m. *Des coaxiaux.*

cob n. m. (cheval de demi-sang pour la selle et le trait). ♦ HOM. → kob.

*****cob** = torchis (urb.).

C.O.B. sigle f. Commission des opérations de Bourse.

cobæa → cobéa.

cobalamine n. f.

cobalt n. m. *Bombe au cobalt. Le cobalt 60.*

cobaltine ou **cobaltite** n. f.

cobaltothérapie ou **cobalthérapie** n. f.

cobaye [-bay'] n. m.

cobéa, cobæa ou **cobée** n. m. (liane).

cobelligérant, e adj. et n. m.

*****cobol** (*common business oriented language) n. m. = langage pour ordinateur.

cobra n. m.

coca n. f. (substance). ♦ N. m. (arbuste). → cocaïer.

Coca-Cola n. m. déposé inv.

cocagne n. f. *Le mât de cocagne ; un pays de cocagne.*

cocaïer n. m. (autre nom de l'arbuste qui produit la coca). ♦ Ne pas confondre avec *cacaoyer* (qui produit le cacao).

cocaïne n. f.

cocaïnisation n. f.

cocaïnisme [-is-] n. m.

cocaïnomane n.

cocaïnomanie n. f.

cocarcinogène adj. et n. m.

cocarde n. f.

cocardier, ère adj. et n.

cocasse adj.

cocasserie n. f.

coccidé [koksi] n. m.

coccidie [koksi-] n. f.

coccidiose [koksi-] n. f.

coccine [koksi-] n. f. et adj. inv.

coccinelle [koksi-] n. f.

coccolithe ou **cocolithe** n. f.

coccolithophore n. f.

coccus [-us'] n. m.

coccygien, enne [koksi-] adj.

coccyx [koksis'] n. m.

cochage n. m.

coche n. m. (véhicule, bateau). ♦ N. f. (encoche ; truie).

cochenillage n. m.

cochenille n. f.

cocher n. m. (conducteur de voiture). ♦ HOM. *cocher* (faire une marque), *côcher* (couvrir la femelle, pour un oiseau), *cochet* (jeune coq).

cocher v. t. ♦ HOM. → cocher.

côcher v. t. ♦ HOM. → cocher.

COCHÈRE

cochère adj. f. *Des portes cochères.*
cochet n. m. ♦ HOM. → cocher.
cochevis [-vi] n. m.
cochléaire [koklé-] adj.
cochléaria [koklé-] n. m. *Des cochléarias.*
cochlée [koklé] n. f.
cochon n. m. *Cochon de lait ; cochon d'Inde ; amis comme cochons.* ♦ HOM. nous *cochons* (v. cocher), l'évêque *Cauchon*.
coch*on*, *onne* adj.
cochonnaille n. f.
cochonnée n. f.
cochonner v. t. et int.
cochonnerie n. f.
cochonnet n. m.
cochylis ou **conchylis** [-kilis'] n. f.
cocker [-kèr'] n. m.
cockney n. et adj. inv.
*****cockpit** n. m. = habitacle, poste de pilotage.
cocktail [-tèl'] n. m. *Des cocktails Molotov.*
coco n. m. *Des noix de coco. Un drôle de coco ; des drôles de cocos.* ♦ N. f. (cocaïne).
cocoler v. t.
cocon n. m.
coconisation n. f.
cocontractant, *e* n.
Cocoon [-koun'] n. m. déposé inv.
cocooning [kokounin'g] n. m.
cocorico ou **coquerico** n. m.
cocoter → cocotter.
cocoteraie n. f.
cocotier n. m.
cocotte n. f.
Cocotte-Minute n. f. déposé inv.
cocotter ou **cocoter** v. int.
cocourant n. m.
cocréancier, *ère* n.
coction [-syon] n. f.
cocu, *e* n. et adj.
cocuage ou **cocufiage** n. m.
cocufier v. t. Conjug. 17.
cocuisson n. f.
cocuit, *e* adj. et n. m.
cocyclique adj.
coda n. f. (fin d'une pièce musicale). ♦ HOM. il *coda* (v. coder).
codage n. m. *Le codage DX.*
codant, *e* adj.
code n. m. *Le code postal. Le code civil, maritime, pénal, etc. Les codes ; acheter un code. Les phares code* (ou *les codes*). *Rouler en codes. Le Code Napoléon. Le code de l'Administration communale. Communiquer grâce à un code.*
codé, *e* adj.
code-barres n. m. *Des codes-barres.*
codébit*eur*, *trice* n.
codécision n. f.
*****code element** = codet (inf.).
codéfend*eur*, *deresse* n. (terme de jurisprudence).
codéine n. f.
codemand*eur*, *deresse* n. et adj.
coder v. t.
C.O.D.E.R. sigle f. Commission de développement économique régional.
codet n. m.
codéten*teur*, *trice* n.
codétenu, *e* n.
cod*eur*, *euse* n.
codex n. m.
codicillaire [-silèr'] adj.
codicille [-sil'] n. m.
codifica*teur*, *trice* adj. et n.
codification n. f.
codifier v. t. Conjug. 17.
*****coding sequence** = séquence codante (génét.).
*****coding strand** = brin sens (génét.).
*****coding unit** = codon (agr.).
codirec*teur*, *trice* adj. et n.
codirection n. f.
codominance n. f.
codon n. m.
codonataire adj. et n. (qui reçoit).
codona*teur*, *trice* adj. et n. (qui donne).
coéchangiste n. et adj.
coéditer v. t.
coédi*teur*, *trice* n. et adj.
coédition n. f.
coéducation n. f.
coefficient [koé-] n. m.
cœlacanthe [sé-] n. m.
cœlentéré [sé-] n. m.
cœliaque [sé-] adj.
coéligible adj.
cœliochirurgie n. f.
cœlioscopie [sé-] n. f.
cœlomate [sé-] n. m.
cœlome [sé-] n. m.
cœlomique [sé-] adj.
cœlostat ou **cælostat** [sélosta] n. m. (appareil d'astronomie). ♦ Ne pas confondre avec *célesta* (instrument de musique).

coemption [ko-anpsyon] n. f.
cœnesthésie → cénesthésie.
coentreprise [ko-an-] n. f.
cœnure → cénure.
cœnurose → cénurose.
coenzyme [ko-an-] n. f.
coépouse n. f.
coéquation n. f.
coéquipier, **ère** n.
coercibilité n. f.
coercible adj.
coercitif, **ive** adj.
coercition [-syon] n. f.
cœruléum → céruléum.
coéternel, **elle** adj.
cœur [keur'] n. m. *Faire le joli cœur; un homme de cœur; aller au cœur de; prendre à cœur; fromage fait à cœur. De bon cœur; à cœur joie; à cœur ouvert; de grand cœur; de tout cœur; cœur à cœur; par cœur; as de cœur. Faire contre mauvaise fortune bon cœur.* ♦ *Agir à contre-cœur; un haut-le-cœur; un sans-cœur.* ♦ HOM. *chœur* (de chanteurs; d'église), Jacques Cœur, Richard Cœur de Lion.
cœur-de-bœuf n. m. *Des cœurs-de-bœuf. Chou(x) cœur-de-bœuf.*
cœur-de-pigeon n. m. *Des cœurs-de-pigeon. Des cerises cœur-de-pigeon.*
cœur-poumon n. m. *Des cœurs-poumons artificiels.*
coexistence n. f.
coexister v. int.
coextensif, **ive** adj.
cofacteur n. m.
*****cofferdam** = batardeau (urb.).
coffin n. m.
coffrage n. m.
coffre n. m.
coffre-fort n. m. *Des coffres-forts.*
coffrer v. t.
coffret n. m.
coffreur n. m.
cofinancement n. m.
cofinancer v. t. Conjug. 2.
*****cofired** = cocuit, cofritté (électron.).
*****cofiring** = cocuisson, cofrittage (électron.).
cofondateur, **trice** n.
cofrittage n. m.
cofritté, **e** adj. et n. m.
cogérance n. f.
cogérant, **e** n.
cogérer v. t. *Je cogère, nous cogérons, je cogérerai(s).* Conjug. 10.

cogestion [kojèstyon] n. f.
cogitation n. f.
cogiter v. int. et t.
cogito n. m. inv.
*****cogito, ergo sum** (lat.) loc. = je pense, donc je suis.
cognac [-gnak'] n. m. *De bons cognacs. Des eaux-de-vie de Cognac.* ♦ HOM. le prix *Cognacq.*
cognassier [kogna-] n. m.
cognat [kog'na] n. m.
cognation [kog'nasyon] n. f.
cogne n. m.
cognée n. f. ♦ HOM. → *cogner.*
cognement n. m.
cogner v. t. et int. (frapper). ♦ HOM. une *cognée* (hache).
cogneur, **euse** n.
cogniticien, **enne** [kog'-] n.
cognitif, **ive** [kog'-] adj.
cognition [kog'nisyon] n. f.
cohabitation n. f.
cohabiter v. int.
cohérence n. f.
cohérent, **e** adj.
cohéreur n. m.
cohériter v. int.
cohéritier, **ère** n.
cohésif, **ive** adj.
cohésion n. f.
*****cohesive ends** = extrémités cohésives, bouts collants, extrémités collantes (génét.).
cohorte n. f.
cohue n. f.
coi, **coite** adj. *Ils se tiennent cois.* ♦ HOM. → *quoi.*
coiffage n. m.
coiffant, **e** adj.
coiffe n. f.
coiffé, **e** adj.
coiffer v. t.
coiffeur, **euse** n.
coiffure n. f.
coin n. m. (encoignure; outil). *Regarder en coin. Venez au coin du feu. Œuvre marquée au coin du génie.* ♦ HOM. *coing* (fruit).
coinbox = Publiphone.
coinçage n. m.
coincé, **e** adj.
coincement n. m.
coincer v. t. *Il coinçait.* Conjug. 2.
coincher v. int.

coïncidence [ko-in-] n. f.
coïncident, e [ko-in-dan] adj. *Des angles coïncidents.* ♦ HOM. *coïncidant* (partic. prés.). ♦ Homographe hétérophone : ils *coïncident* [-sid'] (v. coïncider).
coïncider [ko-in-] v. int.
coin-coin n. m. inv. *Des coin-coin. Ils font coin coin!*
coïnculpé, e [ko-in-] n.
coïndivisaire [ko-in-] n.
coing [kwin] n. m. ♦ HOM. → coin.
cointégrat [ko-in-gra] n. m.
*****cointegrate** = coïntégrat (génét.).
*****cointegrate resolution** = résolution d'un coïntégrat (génét.).
*****coin telephone set** = Publiphone.
coir n. m.
coït [ko-it'] n. m.
coite → coi.
coïter v. int.
coke n. m. (combustible issu de la houille). ♦ N. f. (cocaïne). ♦ HOM. → coq.
cokéfaction n. f.
cokéfiable adj.
cokéfiant, e adj.
cokéfier v. t. Conjug. 17.
cokerie n. f. ♦ HOM. → coquerie.
*****coking** n. m. = cokéfaction du pétrole.
col n. m. *Un faux col; un col blanc* (employé de bureau). *Des cols pyrénéens.* ♦ HOM. **colle** (matière adhésive), il *colle* (v.).
cola ou **kola** n. m. *Des noix de cola.*
colature n. f.
colback n. m.
colbertisme [-is-] n. m.
col-bleu n. m. (marin). *Des cols-bleus.*
colchicacée n. f.
colchicine n. f.
colchique n. m. *Des colchiques violets.*
colcotar n. m.
colcrete [-krèt'] n. et adj. m.
cold-cream [-krim'] n. m. *Des cold-creams.*
col-de-cygne n. m. (conduit à double courbe). *Des cols-de-cygne.*
*****cold pressor test** = épreuve au froid (méd.).
colée n. f. ♦ HOM. → collet.
colégataire n.
coléoptère n. m.
coléoptile n. m.
colère n. f.
coléreux, euse adj. et n.
colérique adj. et n. ♦ HOM. › cholérique.

coléus [-us'] n. m.
colibacille [-basil'] n. m.
colibacillose [-siloz'] n. f.
colibri n. m.
colicine n. f.
colicitant, e n. et adj.
colifichet n. m.
coliforme adj.
colimaçon n. m.
colin n. m.
colinéaire adj.
colinéarité n. f.
colineau → colinot.
colinette n. f.
colin-maillard n. m. *Des colin-maillards.*
colinot ou **colineau** n. m. *Des colineaux.*
colin-tampon n. m. sing.
colique n. f. *Colique hépatique; colique de miserere; colique de plomb; colique néphrétique.* → colite. ♦ HOM. → cholique.
colis n. m.
colisage n. m.
colistier, ère n.
colistine n. f.
colite n. f. (inflammation du côlon). ♦ Ne pas confondre avec *colique* (douleur abdominale).
colitigant, e adj.
coll- On remarquera que la plupart des mots commençant par *coll-* (*collectivité, collision,* etc.) se prononcent comme s'il n'y avait qu'un *l.* Sauf quelquefois pour *collatéral, collègue, colloque, colluvion.*
collabo n. *D'anciens collabos.*
collaborateur, trice n.
collaboration n. f.
collaborationniste adj. et n.
collaborer v. t. ind. ou int.
collage n. m.
collagène n. m.
collagénose n. f.
collant, e adj., n. m. et n. f.
collapse n. m.
collapsothérapie n. f.
collapsus [-us'] n. m.
Collargol n. m. déposé inv.
collatéral, ale, aux adj. et n.
*****collateral security** = nantissement de titre (écon.).
collateur n. m.
collation n. f.
collationnement n. m.
collationner v. t.
collationnure n. f.

colle n. f. *De la colle de pâte.* ♦ HOM. → col. Familles de colles : acrylique, amylacée, cellulosique, cyanocrylate, époxyde, hydrosoluble, néoprène, polychloroprène, polystyrène, urée-formol, vinylique.

collectage n. m.

collecte n. f.

collecter v. t.

collecteur n. m. *Un égout collecteur; un collecteur d'ondes.*

collectif, ive adj.

collectif n. m. En grammaire, on appelle *collectif* un mot qui désigne un ensemble d'éléments. Le collectif est en général suivi d'un compl. Ainsi : *amas, assemblée, brassée, cartel, cohue, comité, convoi, cortège, douzaine, équipe, foule, groupe, horde, légion, lot, masse, nuée, peuple, phalange, poignée, quantité, ramassis, ribambelle, série, tas, tribu, troupeau,* etc. Pour l'accord après le compl. d'un collectif → tableau PARTICIPE PASSÉ III, F, 7°, p. 923.

collection n. f. ♦ Homographes hétérophones : des *collections* [-syon]; nous *collections* [-tyon] (v. collecter).

collectionner v. t.

collectionneur, euse n.

collectionnisme [-is-] n. m.

collectivement adv.

collectivisation n. f.

collectiviser v. t.

collectivisme [-is-] n. m.

collectiviste adj. et n.

collectivité n. f. *Les deux collectivités territoriales françaises sont :* Mayotte, Saint-Pierre-et-Miquelon.

collège n. m. *Le collège Stanislas; le Collège de France. Des collèges d'enseignement général. Le Sacré Collège* (abs. : *le Collège*). *Un collège de gérance.*

collégial, ale, aux adj. et n. f. *Une collégiale.*

collégialement adv.

collégialité n. f.

collégien, enne adj. et n.

collègue [kol-lèg'] n.

collembole n. m.

collenchyme n. m.

coller v. t. ♦ HOM. → collet.

collerette n. f.

collet n. m. (col; pèlerine; nœud coulant; bord). ♦ HOM. *coller* (v.), *colley* (chien), *colée* (coup sur la nuque lors de l'adoubement).

colleter (se) v. pr. *Ils se collettent.* Conjug. 14.

colleteur n. m.

colletin n. m.

colleur, euse n.

colley [kolé] n. m. ♦ HOM. → collet.

collier n. m. *Un collier de coquillages, de dents, de diamants, de perles, de pierres fines. Des colliers d'argent, de chien, de fer, de force, d'or. Des coups de collier; tirer à plein collier; un faux collier; chevaux francs du collier; un collier à douche. Le grand collier de la Légion d'honneur. L'affaire du Collier.*

colliger v. t. *Nous colligeons.* Conjug. 3.

collimateur n. m.

collimation n. f.

collinaire adj.

colline n. f. (hauteur de terrain). *Les sept collines de Rome sont :* Aventin, Capitole, Celius, Esquilin, Palatin, Quirinal, Viminal. ♦ HOM. *choline* (corps azoté).

collision n. f. (choc). ♦ Ne pas confondre avec *collusion* (entente secrète).

collisionneur n. m.

colloblaste n. m.

collocation n. f.

collodion n. m.

colloïdal, ale, aux adj.

colloïde n. m.

colloïdothérapie n. f.

collophane n. f. (phosphate de calcium). ♦ HOM. → colophane.

colloque n. m.

colloquer v. t.

collure n. f.

collusion n. f. → collision.

collusoire adj.

collutoire n. m.

colluvial, ale, aux adj.

colluvion n. f.

collybie n. f.

collyre n. m.

colmatage n. m.

colmater v. t.

colobe n. m.

colocase n. f.

colocataire n.

colocation n. f.

cologarithme n. m.

colombage n. m.

colombe n. f.

colombidé n. m.

colombien, enne adj. et n. (de Colombie).

colombier n. m.
colombin, e adj. *Des étoffes colombines.* ♦ N. f. (fiente d'oiseaux). ♦ N. m. (oiseau proche du pigeon).
colombite n. f.
colombium ou **columbium** [-lonbyom'] n. m. *Des columbiums.*
colombo n. m.
colombophile adj. et n.
colombophilie n. f.
colon n. m. (habitant d'une colonie; défricheur; colonel). ♦ HOM. *côlon* (partie du gros intestin), nous *collons* (v.), Christophe *Colomb*.
côlon n. m. ♦ HOM. → colon.
colonage n. f. *Le colonage partiaire* (métayage fondé sur le partage des fruits).
colonat [-na] n. m.
colonel n. m. *Le colonel général* (sous l'Ancien Régime).
colonelle n. f. et adj. f. *La compagnie colonelle.*
colonial, ale, aux adj. *Des denrées coloniales.* ♦ N. m. *Un colonial* (habitant d'une colonie). ♦ N. f. *La coloniale* (infanterie et artillerie de marine).
colonialisme [-is-] n. m.
colonialiste adj. et n.
colonie n. f. *Des colonies de peuplement. Une colonie d'abeilles. Une colonie de vacances. Une ex-colonie.*
colonisable adj.
colonisateur, trice adj. et n.
colonisation [-syon] n. f.
colonisé, e adj.
coloniser v. t.
colonnade n. f.
colonne n. f. *La colonne Trajane; la colonne Vendôme* (abs.: *la Colonne*); *la colonne de Juillet; la colonne de Marc Aurèle. Une colonne à plateaux; la réunion de colonne. Colonnes du Bernin, de Buren.*
colonnette n. f.
colonoscopie n. f.
*****colony hybridization** = hybridation sur colonie (génét.).
*****colony lift** = transfert de colonies (génét.).
colopathe n.
colopathie n. f.
colophane n. f. (résine jaune). ♦ HOM. *collophane* (phosphate de calcium).
coloproctologie n. f.
coloquinte [-kint'] n. f.

colorant, e adj. et n. m.
coloration n. f.
coloratur adj. inv.
colorature n. f.
coloré, e adj.
colorectal, ale, aux adj.
colorer v. t.
coloriage n. m.
colorier v. t. Conjug. 17.
colorimètre n. m.
colorimétrie n. f.
coloris [-ri] n. m.
colorisation n. f.
*****colorised** adj. = colorié.
coloriser v. t. (calque de l'anglais). *Colorier* est préférable.
coloriste n.
coloscope n. m.
coloscopie n. f.
colossal, ale, aux adj.
colossalement adv.
colosse n. m. *Le colosse de Rhodes.*
colostomie n. f.
colostrum [-trom'] n. f. *Des colostrums.*
coloti, e adj. et n.
colotissement n. m.
*****colo(u)r composite** = composition colorée (spat.).
*****colour display** = affichage en couleur (spat.).
*****coloured man** = homme de couleur.
colpocèle n. f.
colportage n. m.
colporter v. t.
colporteur, euse n.
colposcopie n. f.
colt n. m.
coltin n. m.
coltinage n. m.
coltiner v. t.
coltineur n. m.
colubridé n. m.
columbarium [-lonbaryom'] n. m. *Des columbariums.*
columbium → colombium.
columelle n. f.
colvert ou **col-vert** n. m. *Des cols-verts.*
colymbiforme n. m.
colza n. m.
colzatier, ère n.
coma n. m. (état morbide). ♦ HOM. *comma* (petit intervalle musical).
comandant n. m. ♦ HOM. → commandant.

comandataire n. → commanditaire.
comat*eux,* **euse** adj. et n.
combat n. m.
combat*if, ive* adj.
combativité n. f.
combattant, *e* adj. et n.
combattre v. t. et int. Conjug. 32.
combe n. f.
combien adv. interrog. *Combien les vendez-vous? Combien de personnes avez-vous invitées?* ♦ Adv. exclam. *Combien il m'a paru vieux! Combien ne sont pas revenus!* ♦ Élément d'interj. *Il est pauvre, ô combien!* ♦ N. m. inv. *Il passe tous les combien? Le combien sommes-nous?*
combientième adj. et n.
combinable adj.
combinaison n. f.
combinard, *e* n. et adj.
combinat [-na] n. m.
combinateur n. m.
combinatoire adj.
*****combinazione** (ital.) n. f. = combinaison.
combine n. f.
combiné, *e* adj. *Des opérations combinées.* ♦ N. m. *Un combiné téléphonique.*
combiner v. t.
combisme [-is-] n. m.
comblanchien n. m.
comble n. m. *Au comble de la joie; de fond en comble.* ♦ Adj. *Ils ont fait salle comble.*
comblement n. m.
combler v. t.
combo [kom'bo] n. m.
comburant, *e* adj. et n. m.
combustibilité n. f.
combustible adj. et n. m.
combustion [-bustyon] n. f. *Des moteurs à combustion interne.*
*****combustion chamber** = chambre de combustion (spat.).
*****combustion instability** = instabilité de combustion (spat.).
*****come-back** n. m. inv. = retour, rentrée.
comédie n. f. *Une comédie de Molière. La Comédie-Française; la Comédie-Caumartin (théâtre); la Comédie-Italienne* (troupe du XVIIe s.). *La commedia dell'arte.*
comédie-ballet n. f. *Des comédies-ballets.*
comédi*en, enne* adj. et n. *Les comédiens-français* (acteurs actuels de la Comédie-Française); *les Comédiens-Français* (troupe du XVIIIe s.).

comédon n. m.
comestibilité n. f.
comestible adj. *Des denrées comestibles.* ♦ N. m. pl. *Un commerce de comestibles.*
cométaire adj.
comète n. f. *La comète de Halley, de Kohoutek.*
cométique n. m. (traîneau).
*****comfort letter** = lettre de confort (écon.).
comice n. m. (assemblée; variété de poire). *Un comice agricole. Les comices de centuries.*
comici*al, ale, aux* adj. ♦ HOM. → comitial.
*****comics** n. m. pl. = bandes dessinées.
*****coming***man, woman* n. = espoir (sport). Anglicismes créés par les Français. *Des comingmen; des comingwomen.*
comique adj. et n. m.
comiquement adv.
comitadji n. m. *Des comitadjis.*
comitat [-ta] n. m.
comité n. m. *Un comité de lecture; comité électoral; comité technique paritaire; des comités d'entreprise; les comités révolutionnaires; le Comité de salut public.*
comiti*al, ale, aux* [-syal] adj. (relatif à l'épilepsie). ♦ HOM. *comicial* (relatif aux comices).
comitialité n. f.
comma n. m. ♦ HOM. → coma.
command [-man] n. m. ♦ HOM. → comment.
commandant n. m. (chef militaire). ♦ HOM. *comandant* (celui qui, avec d'autres, donne un mandat).
*****command-car** = véhicule de commandement.
commande n. f. (demande; marchandises livrées; pièce d'une machine). *Des sourires de commande. Tenir les leviers de commande.* ♦ HOM. *commende* (usufruit d'une abbaye).
commandement n. m.
commander v. t.
commanderie n. f.
commandeur n. m. *Un commandeur de Malte; commandeur de la Légion d'honneur; le commandeur des croyants. La statue du Commandeur* (du *Dom Juan* de Molière).
commanditaire n. et adj. (bailleur de fonds). ♦ Ne pas confondre avec *comandataire* (qui reçoit un mandat) et *commendataire* (celui auquel le pape a accordé le bénéfice d'une abbaye).
commandite n. f.

commandité, e n.
commanditer v. t.
commando n. m.
comme adv. *Comme ils sont beaux! Voilà comme il s'est conduit avec moi* (emploi vieilli). ♦ Conj. *Le gel comme la grêle sont redoutés du vigneron* (*comme* a presque la valeur de *et*). *Le gel, comme la grêle, est redouté du vigneron* (les virgules mettent « comme la grêle » à l'écart, ce qui justifie l'accord du verbe avec le seul mot *gel*). ♦ → tableau VERBES XVII, C, 5°, p. 986. *Comme tu partais, elle arriva. Ils sont comme morts.*
*****commedia dell'arte** (ital.) loc. f. = comédie italienne de fantaisie.
commémoraison n. f. (mention de la fête d'un saint). ♦ Ne pas confondre avec *commémoration* (cérémonie du souvenir).
commémoratif, ive adj.
commémoration n. f. → commémoraison.
commémorer v. t.
commençant, e adj. et n.
commencement n. m.
commencer v. t. et int. *Il commençait.* Conjug. 2.
commendataire adj. et n. → commanditaire. ♦ HOM. → comandataire.
commende n. f. ♦ HOM. → commande.
commensal, ale, aux n. et adj.
commensalisme [-is-] n. m.
commensurabilité n. f.
commensurable adj.
comment? adv. interrog. *Comment faites-vous? Dites-moi comment cela est arrivé.* ♦ Interj. *Comment! Il a osé? Et comment!* ♦ N. m. inv. *Le pourquoi et le comment.* ♦ HOM. un *command* (personne pour laquelle on achète).
commentaire n. m.
commentateur, trice n.
commenter v. t.
commérage n. m.
commerçant, e adj. et n.
commerce n. m.
commercer v. int. *Il commerçait.* Conjug. 2.
commercial, ale, aux adj.
commerciale n. f.
commercialement adv.
commercialisable adj.
commercialisation n. f.
commercialiser v. t.
commercialité n. f.

*****commercial paper** = billet de trésorerie (écon.).
commère n. f.
commérer v. int. *Il commère, il commérait, il commérera(it).* Conjug. 10.
commettage n. m.
commettant n. m.
commettre v. t. Conjug. 56. *L'erreur qu'il a commise.*
commination n. f.
comminatoire adj.
comminutif, ive adj.
commis, e n. *Un commis voyageur. Les grands commis de l'État.*
commisération n. f.
commissaire n. m. *Commissaire de police; commissaire de la marine, de l'air. Un commissaire aux comptes.*
commissaire-priseur n. m. *Des commissaires-priseurs.*
commissariat n. m. *Le commissariat de police; les Commissariats de la marine, de l'air.*
commission n. f.
commissionnaire n. *Un commissionnaire en douane.*
commissionnement n. m.
commissionner v. t.
commissoire adj.
commissural, ale, aux adj.
commissure n. f.
commissurotomie n. f.
*****commitment fee** = commission d'engagement (écon.).
commodat [-da] n. m.
commode adj. *Malcommode s'écrit en un mot.* ♦ N. f.
commodément adv.
commodité n. f.
Commodo n. m. déposé inv. (commutateur pour auto).
*****commodo et incommodo** (lat.) loc. = avantages et désagréments. *Une enquête de « commodo et incommodo ».*
commodore n. m.
*****common carrier** = transporteur (mer).
*****Commonwealth** n. m. = Communauté.
commotion [-syon] n. f.
commotionner v. t.
commuabilité n. f.
commuable adj.
commuer v. t. Conjug. 18.
commun, e adj. *Le sens commun; à frais communs; faire cause commune; des lieux communs.* ♦ N. m. *Le commun des*

mortels; avoir des choses en commun. Loger dans les communs.

communal, ale, aux adj. et n. f.

communaliser v. t.

communard, e n.

communautaire adj.

communautarisation n. f.

communauté n. f. *Une communauté urbaine. Les Douze de la Communauté économique européenne* (le Marché commun); *la Communauté européenne du charbon et de l'acier; la Communauté européenne de défense; la Communauté européenne de l'énergie atomique* (l'Euratom). *La communauté réduite aux acquêts.*

communaux n. m. pl.

commune n. f. *Une commune populaire. La Chambre des communes. La Commune de Paris* (1871).

communément adv.

communiant, e n.

communicabilité n. f.

communicable adj.

communicant, e adj. *Des vases communicants.* ♦ HOM. *communiquant* (partic. prés. du v. communiquer).

communicateur, trice adj.

communicatif, ive adj.

communication n. f.

communicationnel, elle adj.

communicologie n. f.

communicologue n.

communier v. int. Conjug. 17.

communion n. f. *Être en communion d'idées.*

communiqué n. m.

communiquer v. t. et int.

communisant, e adj. et n.

communisme [-is-] n. m.

communiste adj. et n.

commutable adj.

commutateur n. m.

commutatif, ive adj.

commutation [-syon] n. f.

commutativité n. f.

commutatrice n. f.

commuté, e adj.

commuter v. t.

*commuter = navetteur, euse; avion de transport régional.

*commuter airline = compagnie de transport régional.

commuteur, euse n.

comorien, enne adj. et n. (des îles Comores).

comourants n. m. pl.

compacité n. f. (état de ce qui est compact). ♦ Ne pas confondre avec *compascuité* (droit de pacage).

compact, e adj. *Une foule compacte. Un disque compact. Des skis compacts.* ♦ N. m. *Un compact* (disque compact; disque audionumérique; appareil photo; ski).

compactage n. m.

***Compact Disc** ou **Compact Disk** n. m. déposé inv. = disque compact, disque audionumérique. Abrév. : *CD.* → *C.D.I.

***Compact Disc Video** (*CDV) = vidéodisque compact.

compacter v. t.

compacteur n. m.

compaction n. f.

compagne n. f. *Il choisit cette femme pour compagne.*

compagnie n. f. *En joyeuse compagnie. Une compagnie de commandement, de commerce, de discipline, de navigation, d'ordonnance; une compagnie d'assurances, de mitrailleuses, de voltigeurs; une compagnie républicaine de sécurité (C.R.S.). Des personnes de bonne compagnie. Les Grandes Compagnies du Moyen Âge. La compagnie de Jésus* (abs. : *la Compagnie*). *L'illustre Compagnie* (l'Académie française). *Une porcelaine de la Compagnie des Indes. Dupont et C*^{ie}.

compagnon n. m. *Un compagnon d'études, de misère.*

compagnonnage n. m.

comparabilité n. f.

comparable adj.

comparaison n. f. *Par comparaison; en comparaison de; des degrés de comparaison.* → de, et tableau SUPERLATIF B, p. 947.

comparaître v. int. Conjug. 62. ♦ HOM. il *comparaît* (prés. de l'indic. du v. comparaître), il *comparait* (imparf. de l'indic. du v. comparer).

comparant, e adj. et n.

comparateur n. m.

comparatif, ive adj. et n. m. *Des comparatifs d'infériorité, d'égalité, de supériorité.*

comparatisme [-is-] n. m.

comparatiste n.

comparativement adv.

comparé, e adj.

comparer v. t.
comparoir v. int. Ce verbe n'est plus employé qu'en jurisprudence, à l'infinitif et au participe présent. *Assigner à comparoir; les plaignants comparant devant nous.* Le verbe *comparaître* prend la place des autres temps.
comparse n.
compartiment n. m.
compartimentage n. m.
compartimentation n. f.
compartimenter v. t.
comparution n. f.
compas [-pa] n. m. *Un compas à pointes sèches. Un compas d'épaisseur, de réduction; un compas à balustre, à rondelles, à verge; un compas quart-de-cercle.*
compascuité n. f. → compacité.
compas-étalon n. m. *Des compas-étalons.*
compassé, e adj.
compassement n. m.
compasser v. t.
compassion n. f.
compassionnel, elle adj.
compatibilité n. f.
*compatibility = compatibilité (génét.).
compatible adj. et n.
compatir v. t. ind. du 2ᵉ gr. Conjug. 24.
compatissant, e adj.
compatriote n.
compendieusement adv.
compendieux, euse adj.
compendium [-pindyom'] n. m. *Des compendiums.*
compensable adj.
compensateur, trice adj.
*compensating balance = dépôt de compensation (écon.).
compensation n. f. *Chambre de compensation; loi de compensation.*
compensatoire adj.
compensé, e adj.
compenser v. t.
compérage n. m.
compère n. m.
compère-loriot n. m. *Des compères-loriots.*
compétemment [-taman] adv.
compétence n. f.
compétent, e adj.
compétiteur, trice n.
compétitif, ive adj.
compétition n. f.
compétitivité n. f.
compilable adj.
*compilable cell = cellule compilable.
compilateur, trice n.
compilation n. f.
compiler v. t.
compisser v. t.
complainte n. f.
*complaints n. m. pl. = symptômes (méd.).
complaire v. t. ind. Conjug. 63. *Elle s'est complu dans sa tristesse.*
complaisamment adv.
complaisance n. f.
complaisant, e adj.
complant n. m. *Des baux à complant.*
complanter v. t.
complément n. m.
complémentaire adj.
complémentarité n. f.
*complementary DNA = ADN complémentaire (génét.).
complémentation n. f.
complet, ète adj. *C'est complet! Au complet; au grand complet (loc. adv.).* ♦ N. m. *Un complet sur mesures. Un complet veston, un complet jaquette. Des complets veston.*
complétage n. m.
complètement adv. *Il a complètement fini.* ♦ N. m. *Cette louche sera le complètement du service de table. Des tests de complètement.*
compléter v. t. *Je complète, nous complétons, je compléterai(s).* Conjug. 10.
complétif, ive adj.
complétion n. f.
complétude n. f.
complexe adj. *Un nombre complexe.* ♦ N. m. *Un complexe sidérurgique.*
complexé, e adj. et n.
complexer v. t.
complexification n. f.
complexifier v. t. Conjug. 17.
complexion n. f.
complexité n. f.
complication n. f.
complice adj. et n.
complicité n. f.
complies n. f. pl.
compliment n. m.

complimenter v. t.
compliment*eur*, *euse* adj. et n.
compliqué, *e* adj.
compliquer v. t.
complot n. m.
comploter v. t. et int.
complot*eur*, *euse* n.
compluvium [-vyom'] n. m. *Des compluviums.*
compograv*eur*, *euse* n.
componction n. f.
componé, *e* adj.
*****component** = composant (urb.).
comporte n. f.
comportement n. m.
comportement*al*, *ale*, *aux* adj.
comportementalisme [-is-] n. m.
comportementaliste adj. et n.
comporter v. t.
composant, *e* adj., n. m. et n. f.
composé, *e* adj. *Des noms composés* (tire-bouchon, chef de gare). → tableau PLURIEL DES NOMS COMPOSÉS, p. 936. *Des temps composés.* → tableau VERBES, p. 958. ♦ N. m. *Un composé grammatical* (antigel), *chimique.* ♦ N. f. *Le pissenlit est une composée.*
composer v. t. et int.
compos*eur*, *euse* n.
composite adj. et n. m.
*****composite colour image** = image en couleur composée (spat.).
composi*teur*, *trice* n.
composition n. f. *Loi de composition interne.*
compost [-post'] n. m.
compostage n. m.
composter v. t.
composteur n. m.
compote n. f. *Le boxeur avait la tête en compote.* ♦ Avec les mots **compote, confiture, marmelade, pâte**, le complément est presque toujours au pluriel (il faut plusieurs fruits pour les préparer) : *Compote d'abricots, de cerises, de fraises, de groseilles, de pêches, de poires, de pommes, de prunes, de tomates... Pâte d'amandes, de fruits.* Mais on écrit *compote de melon.*
compotier n. m.
compound adj. inv. *Des machines compound.*
*****compound helicopter** = combiné (transp.).
*****comprador** (portugais) = acheteur; celui qui s'est enrichi dans le commerce avec les étrangers. Pl. fr. : *compradors*; pl. portugais : *compradores.* ♦ Adj. *Une bourgeoisie compradore.*
compréhensibilité n. f.
compréhensible adj.
compréhens*if*, *ive* adj.
compréhension n. f.
*****comprehensive development area map** = plan d'occupation des sols (urb.).
*****comprehensive development zone map** = plan d'occupation de zone (urb.).
*****comprehensive insurance** = assurance multirisque.
comprendre v. t. Conjug. 66. Le participe passé *compris* (elle nous a compris) peut devenir adjectif *(des leçons bien comprises).* Les groupes *non compris, y compris* s'accordent quand ils suivent le nom *(la maison non comprise)* et sont invariables quand ils précèdent le nom *(y compris la maison).* Suivi d'une préposition, le participe passé s'accorde : *Non comprises par vous, ces règles sont à revoir.*
comprenette n. f.
compresse n. f.
compresser v. t.
compresseur adj. m. *Un rouleau compresseur.* ♦ N. m. *Un compresseur frigorifique.*
compressibilité n. f.
compressible adj.
compress*if*, *ive* adj.
compression n. f.
comprimable adj.
comprimé, *e* adj. et n. m. et n. f.
comprimer v. t.
compris, *e* → comprendre.
compromettant, *e* adj.
compromettre v. t. Conjug. 56.
compromis, *e* adj. *Un individu compromis.* ♦ N. m. *Un compromis de vente.*
compromission n. f.
compromissoire adj.
comptabilisation [konta-] n. f.
comptabiliser [konta-] v. t.
comptabilité [konta-] n. f. *Comptabilité à/en partie double; comptabilité matières; comptabilité deniers. Les trois éléments de la comptabilité sont* : le journal, le grand-livre et la balance.
comptable [konta-] adj. *Un officier comptable; des pièces comptables; des machines comptables.* ♦ N. *Un comptable agréé; un expert-comptable.*
comptage [kontaj'] n. m. (action de compter). ♦ HOM. *contage* (ce qui amène la contagion).

comptant [kontan] adj. *Prendre pour argent comptant.* ♦ N. m. *Achats au comptant.* ♦ Adv. *Ils ont payé comptant.* ♦ HOM. → content.

compte [kont'] n. m. *Un compte de dépôt; un compte de profits et pertes. Des comptes d'épargne; des comptes de dépôt à vue. Un compte d'apothicaire. De la monnaie de compte. Un livre de comptes. Elles se sont rendu compte; à bon compte; tout compte fait; un compte courant postal (C.C.P.). Un compte rond. Avoir quelque chose en compte. Être loin de/du compte. Être de compte à demi. En ligne de compte. Des relevés de compte. Compte tenu de. Une reddition de comptes. La Cour des comptes. En fin de compte. Un compte rendu* (ou *compte-rendu*). *Un laissé-pour-compte* (ou *laissé pour compte*). ♦ HOM. *conte* (histoire); *je compte* (v.); *je conte* (v.); *comte* (titre), Auguste *Comte.*

compte chèques ou **compte-chèques** n. m. *Des comptes(-)chèques.*

compte-fils [-fil'] n. m. inv.

compte-gouttes n. m. inv. *Il les donne au compte-gouttes.*

compte-minutes n. m. inv.

compte-pas n. m. inv.

compte-pose n. m. *Des compte-poses.*

compter [konté] v. t. *Compter sur soi; à compter de demain. Cela ne compte pas.* ♦ HOM. *conter* (narrer); *comté* (domaine).

compte rendu ou **compte-rendu** n. m. *Des comptes(-)rendus.*

compte-tours n. m. inv.

compteur [konteur'] n. m. *Un compteur divisionnaire; un compteur Geiger; un compteur à scintillations; un compteur de vitesse.* ♦ HOM. *conteur* (celui qui raconte).

comptine [kontin] n. f.

comptoir [kontwar'] n. m.

compulser v. t.

compuls*if, ive* adj.

compulsion n. f.

compulsionn*el, elle* adj.

compulsivement adv.

compulsoire n. m.

comput [-ut'] n. m.

computation n. f.

*****computer** n. m. = calculatrice, ordinateur.

*****computer graphics** = infographie (spat.).

*****computer(ized) map** = carte infographique (spat.).

comtadin, e adj. et n. (d'un comtat).

comt*al, ale, aux* adj. *Une couronne comtale.*

comtat n. m. *Le comtat d'Avignon. Le Comtat Venaissin, dit le Comtat.*

comte n. m. ♦ HOM. → compte.

comté n. m. (domaine du comte; territoire; fromage de la Franche-Comté). ♦ HOM. → compter.

comtesse n. f.

comtois, e adj. *Une vache comtoise.* ♦ N. *Un Comtois* (habitant de la Franche-Comté); *une comtoise* (horloge).

con, conne n. et adj.

*****con** (ital.) prép. = avec. *Con brio* (avec éclat); *con fuoco* (avec feu); *con moto* (avec mouvement); *con sforza* (avec force); *con anima* (avec âme).

conard, e ou **connard, e** adj. et n.

conasse ou **connasse** n. f.

conat*if, ive* adj.

conation n. f.

concassage n. m.

concasser v. t.

concasse*ur, euse* adj. et n. m.

*****concatemer** = concatémère (génét.).

concatémère n. m.

concaténation n. f. (enchaînement). *Exemple de concaténation : arbre à pain, pain de sucre, sucre en poudre, poudre à canon...*

concave adj. *Un verre concave* (creux). ♦ Ne pas confondre avec *convexe* (bombé).

concavité n. f.

concéder v. t. *Je concède, nous concédons, je concéderai(s).* Conjug. 10.

concélébration n. f.

concélébrer v. t. Conjug. 10.

concentrateur n. m.

concentration n. f. *Des camps de concentration.*

concentrationnaire adj.

concentré, e adj. *Du lait concentré.* ♦ N. m. *Un concentré de tomates.*

concentrer v. t.

concentrique adj.

concentriquement adv.

concept [-sèpt'] n. m.

conceptacle n. m.

concept*eur, trice* n.

conception n. f. *Selon toute conception; le dogme de la conception immaculée de Marie; l'Immaculée Conception; les bénédictines de l'Immaculée-Conception.*

conceptisme [-is-] n. m.
conceptualisation n. f.
conceptualiser v. t.
conceptualisme [-is-] n. m.
conceptu*el*, *elle* adj.
concernant prép.
concerné, *e* adj.
concerner v. t.
concert [-sèr'] n. m. *Un concert de louanges. Agir de concert* (en entente, après s'être concertés) : ne pas confondre avec l'expression « aller de conserve » (naviguer ensemble, en conservant le même cap).
concertant, *e* adj. et n.
concertation n. f.
concerté, *e* adj.
concerter v. t. *Ils se sont concertés.*
concertina n. m. (accordéon).
concertino n. m. (petit concerto ; groupe de solistes). *Des concertinos.*
concertiste n.
concerto n. m. *Des concertos. Un concerto grosso, des concertos grossos.*
concess*if*, *ive* adj.
concession n. f.
*****concessional terms** = conditions privilégiées (écon.).
concessionnaire adj. et n.
*****concetti** (ital.) n. m. pl. = traits d'esprit. Ne s'emploie pas au sing.
concevable adj.
concevoir v. t. et int. Conjug. 28. Se prononce comme il est écrit, et non « conz'voir » à la manière des snobs.
conchier v. t. Conjug. 17.
conchoïd*al*, *ale*, *aux* [-ko-i-] adj.
conchoïde [-ko-i-] n. f.
conchylicul*teur*, *trice* [konki-] n.
conchyliculture [-kili-] n. f.
conchyli*en*, *enne* [-ki-] adj.
conchyliologie [konki-] n. f.
conchyliologiste [konki-] n.
conchylis → cochylis.
concierge n.
conciergerie n. f. Spécialt : *la Conciergerie* (partie du Palais de justice de Paris).
concile n. m. *Un concile œcuménique ; le concile de Nicée ; le concile de Vatican II.*
conciliable adj.
conciliabule n. m.
conciliaire adj.
conciliant, *e* adj.
concilia*teur*, *trice* n.
conciliation n. f.
conciliatoire adj.
concilier v. t. Conjug. 17.
concis, *e* adj.
concision n. f.
concitoy*en*, *enne* n.
concitoyenneté n. f.
conclave n. m.
conclaviste n. m.
concluant, *e* adj.
conclure v. t. et int. Conjug. 36.
conclus*if*, *ive* adj.
conclusion n. f.
concocter v. t.
concombre n. m.
concomitamment adv.
concomitance n. f.
concomitant, *e* adj.
concordance n. f. *Concordance de phases, de témoignages.* ♦ *Concordance des temps.*
concordant, *e* adj.
concordat n. m. *Les papes signèrent de nombreux concordats.* Abs. : *le Concordat* (celui de 1801).
concordataire adj.
concorde n. f. *La concorde entre les citoyens.* Avec une majuscule : *la Concorde* (déesse romaine), *la place de la Concorde, l'avion « Concorde ».*
concorder v. int.
concourant, *e* adj.
concourir v. t. ind. et int. Conjug. 40.
concouriste n.
concours n. m. *Un concours de circonstances.* ♦ HOM. il *concourt* (v. concourir).
concr*et*, *ète* adj. et n. m.
concrètement adv.
concréter v. t. *Il concrète, nous concrétons, il concrétera(it).* Conjug. 10.
concrétion [-syon] n. f.
concrétisation n. f.
concrétiser v. t.
concubin, *e* adj. et n.
concubinage n. m.
concupiscence n. f.
concupiscent, *e* adj.
concurremment [-raman] adv.
concurrence n. f. *Régime de libre concurrence ; jusqu'à concurrence de.*
concurrencer v. t. *Il concurrençait.* Conjug. 2.
concurrent, *e* adj. et n.

concurrentiel, elle adj.
concussion n. f.
concussionnaire adj. et n.
condamnable [-dana-] adj.
condamnation [-danasyon] n. f.
condamnatoire [-dana-] adj.
condamné, e [-dané] n. et adj.
condamner [-dané] v. t.
condé n. m. (policier, en argot). ♦ HOM. le Grand *Condé*.
condensable adj.
condensateur n. m.
condensation n. f.
condensé, e adj. et n. m.
condenser v. t.
condenseur n. m.
condescendance n. f.
condescendant, e adj.
condescendre v. t. ind. Conjug. 67.
condiment n. m.
condisciple n.
condit n. m.
condition n. f. *Une reddition sans conditions. Des personnes de condition; un achat sous condition; des marchandises à condition. Mettre en condition.* ♦ *À condition de* (loc. prép.), *à condition que* (loc. conj.).
***conditional mutation** = mutation conditionnelle (génét.).
conditionné, e adj.
conditionnel, elle adj. *Un stimulus conditionnel.* ♦ N. m. *Le conditionnel.*
conditionnellement adv.
conditionnement n. m.
conditionner v. t.
conditionneur, euse n. et adj.
condoléances n. f. pl.
condom [-dom'] n. m.
condominium [-nyom'] n. m. *Des condominiums.*
condor n. m.
***condottiere** (ital.) n. m. = chef de mercenaires. *Des condottieri.*
conductance n. f.
conducteur, trice n. et adj.
conductibilité n. f.
conductible adj.
conduction n. f.
conductivité n. f.
conduire v. t. Conjug. 37. ♦ V. pr. *Elle s'est mal conduite.*
conduit n. m.

conduite n. f.
condyle n. m.
condylien, enne adj.
condylome n. m.
cône n. m. *Un cône d'ombre; cône de révolution; cône de déjections. Embrayage à cônes. Un cône de pin. Ce coquillage est un cône.* ♦ HOM. *conne* (f. de *con*).
confabulation n. f.
confection n. f.
confectionner v. t.
confectionneur, euse n.
confédéral, ale, aux adj.
confédération n. f. Une *confédération* étant une association de peuples, d'États ou d'associations, le mot est souvent employé au sens d'État *(la Confédération helvétique)* ou sert de raison sociale *(la Confédération générale du travail)*; dans ces cas, il s'écrit avec une majuscule. *La Confédération du Rhin* (1806-1813); *la Confédération germanique* (1815-1866); *la Confédération française des travailleurs chrétiens (C.F.T.C.).*
confédéré, e adj. et n. *Les confédérés* (sudistes) *et les fédéraux* (nordistes) *de la guerre de Sécession.*
confédérer v. t. *Il confédère, nous confédérons, il confédérera(it).* Conjug. 10.
***confer** (lat.) v. = comparez. S'écrit le plus souvent en abrégé : *cf.* ou *conf.*
conférence n. f. *Une salle de conférences; entrer en conférence; maître de conférences; la Conférence des poids et mesures. Des conférences de presse, de stage. Les conférences de Bretton Woods, d'Anfa, de Bandoeng, de Cherchell, de Spa, de Téhéran, de Yalta.*
conférencier, ère n.
conférer v. t. et int. *Je confère, nous conférerons, je conférerai(s).* Conjug. 10.
conferve n. f. (algue).
confesse n. f.
confesser v. t.
confesseur n. m.
confession n. f.
confessionnal n. m. *Des confessionnaux.*
confessionnalisme [-is-] n. m.
confessionnel, elle adj.
confessoire adj.
confetti n. m. *Des confettis.*
confiance n. f.
confiant, e adj.
confidemment [-daman] adv.
confidence n. f. *En confidence.*
***confidence** = confiance.

confident, e n.
confidentialité n. f.
confidentiel, elle adj.
confidentiellement adv.
confier v. t. Conjug. 17. ♦ HOM. → confire.
configuration n. f.
configurer v. t.
confiné, e adj.
*confined water = nappe captive (agr.).
confinement n. m.
confiner v. t. ind.
confins n. m. pl.
confire v. t. Conjug. 38. ♦ Le singulier du présent de l'indicatif et de l'impératif, le futur de l'indicatif et le présent du conditionnel sont homophones pour les verbes **confire** *(confis, confirais...)* et **confier** *(confie, confierais...)*.
confirmand, e n. ♦ HOM. *confirmant* (partic. prés. du v. confirmer).
confirmatif, ive adj.
confirmation n. f.
confirmer v. t.
*confirming = confirmation de commande (écon.).
confisage n. m.
confiscable adj.
confiscant, e adj. et n. m.
confiscation n. f.
confiscatoire adj.
confiserie n. f.
confiseur, euse n.
confisquer v. t.
confit, e adj. *Des fruits confits. Elle est confite en dévotion.* ♦ N. m. *Du confit d'oie.*
confiteor [-té-] n. m. inv.
confiture n. f. Le mot *confiture* s'emploie indifféremment au sing. et au pl. *Un pot de confiture(s); des confitures de coings. Omelette aux confitures.* → compote; gelée.
confiturerie n. f.
confiturier, ière n.
conflagration n. f.
conflictuel, elle adj.
conflit n. m. *Un conflit d'intérêts.*
confluence n. f.
confluent, e adj. et n. m. *Le confluent de la Seine et de l'Oise.* ♦ HOM. *confluant* (partic. prés. du v. confluer). ♦ Homographe hétérophone : ils *confluent* [-flu-] (v. confluer).
confluer v. int. Conjug. 18.
confondant, e adj.

confondre v. t. Conjug. 67. ♦ V. pr. *Ils se sont confondus.*
conformateur n. m.
conformation n. f.
conforme adj.
conformé, e adj.
conformément adv.
conformer v. t.
conformisme [-is-] n. m.
conformiste adj. et n.
conformité n. f.
confort n. m.
confortable adj.
confortablement adv.
confortement n. m.
conforter v. t.
confortique n. f.
confraternel, elle adj.
confraternité n. f.
confrère n. m.
confrérie n. f.
confrontation n. f.
confronter v. t.
confucéen, enne [-sé-in, -sé-èn'] adj. et n.
confucianisme [-is-] n. m. → confusionnisme.
confucianiste adj. et n.
confus, e adj.
confusément adv.
confusion n. f.
confusionnel, elle adj.
confusionnisme [-is-] n. m. (qui entretient la confusion). ♦ Ne pas confondre avec *confucianisme* (doctrine de Confucius).
conga n. f. (danse; tambour haut).
congaï ou **congaye** [-gay'] n. f. *Des congaïs* [-gay'].
conge n. m.
congé n. m. *Un congé pour convenances personnelles. Des congés formation. Ils ont pris congé.*
congéable adj.
congédiable adj.
congédiement n. m.
congédier v. t. Conjug. 17.
congelable adj.
congélateur n. m.
congélation n. f.
congelé, e n. m. et adj.
congeler v. t. *Il congèle.* Conjug. 11.
congénère adj. et n.
congénital, ale, aux adj.
congénitalement adv.
congère n. f.

congest*if, ive* adj.
congestion [-jèstyon] n. f.
congestionner [-jèstyo-] v. t.
conglobation n. f.
conglomérat [-ra] n. m.
conglomération n. f.
conglomérer v. t. *Je conglomère, nous conglomérons, je conglomérerai(s)*. Conjug. 10.
conglutinant, *e* adj.
conglutinat*if, ive* adj.
conglutination n. f.
conglutiner v. t.
congolais, *e* adj. *Un bois congolais.* ♦ N. *Un Congolais* (habitant du Congo).
congratulations n. f. pl.
congratuler v. t.
congre n. m.
congréer v. t. *Je congrée, nous congréons, je congréerai(s)*. Conjug. 16.
congréganiste adj. et n.
congrégation n. f. Spécialt : *la Congrégation* (association religieuse sous la Restauration).
congrégationalisme [-is-] n. m.
congrégationaliste adj. et n.
congrès [-grè] n. m. *Le congrès de Vienne.*
congressiste n.
congru, *e* adj. *La portion congrue.*
congruence n. f.
congruent, *e* adj.
congrûment adv.
conicine n. f.
conicité n. f.
conidie n. f.
conifère n. m.
conique adj.
conirostre adj.
conjectural, *ale, aux* adj.
conjecturalement adv.
conjecture n. f. (hypothèse, supposition). ♦ Ne pas confondre avec *conjoncture* (concours de circonstances).
conjecturer v. t.
conjoint, *e* adj. et n.
conjointement adv.
conjoncteur n. m.
conjoncteur-disjoncteur n. m. *Des conjoncteurs-disjoncteurs.*
conjonct*if, ive* adj.
conjonction n. f.
conjonctival, *ale, aux* adj.
conjonctive n. f.

conjonctivite n. f.
conjoncture n. f. → conjecture.
conjonctur*el, elle* adj.
conjoncturiste n.
conjugable adj.
conjugaison n. f. → tableau VERBES, p. 956 sqq.
conjugal, *ale, aux* adj.
conjugalement adv.
conjugateur n. m.
conjugat*if, ive* adj.
*conjugation = conjugaison (génét.).
conjugué, *e* adj. et n.
conjuguer v. t. *Nous conjuguons.* Conjug. 4.
conjugués n. m. pl. *Des conjugués harmoniques.*
conjungo [-jongo] n. m. *Des conjungos.*
conjurateur n. m.
conjuration n. f.
conjuré, *e* adj. et n.
conjurer v. t.
connaissable adj.
connaissance n. f. *Faire connaissance; perdre connaissance; prendre connaissance; en pays de connaissance.*
connaissement n. m.
connaissement-chef n. m. *Des connaissements-chefs.*
connaiss*eur, euse* adj. et n.
connaître v. t. Conjug. 62. *Elle s'est bien connue en hiéroglyphes.* ♦ V. t. ind. (en juridiction). *Les tribunaux en ont connu.*
connard → conard.
connasse → conasse.
conneau n. m. *Des conneaux.*
connectable adj.
connecter v. t.
connecteur n. m.
connectici*en, enne* n.
connectif n. m.
*connection = rapport, liaison, connexion, relation, raccord, filière.
connectique n. f.
connectivite n. f.
connement adv.
connerie n. f.
connétable n. m.
connétablie n. f.
connexe adj.
connexion n. f.
connexionnisme [-is-] n. m.
connexité n. f.
connivence n. f.
connivent, *e* adj.

connotat*if*, *ive* adj.
connotation n. f.
connoter v. t.
connu, *e* adj. et n. m.
conoïde adj. et n. m.
conopée n. m.
conque n. f.
conquérant, *e* adj. et n. *Alexandre fut un grand conquérant. Guillaume le Conquérant* (surnom).
conquérir v. t. Conjug. 27.
conquêt [-kè] n. m. (bien obtenu).
conquête n. f.
conquis, *e* adj.
*****conquistador** (esp.) n. m. = aventurier conquérant. *Des conquistadores* ou *des conquistadors*.
consacrant n. et adj. m.
consacré, *e* adj.
consacrer v. t.
consanguin, *e* [-anghin, -anghin'] adj.
consanguinité [-ghui-] n. f.
consciemment [-sya-] adv.
conscience n. f. *Travaux faits avec conscience; être sans conscience; prendre conscience de. Ils ont bonne conscience; des affaires de conscience; par acquit de conscience. Des objecteurs de conscience.*
consciencieusement adv.
consciencieux, *euse* adj.
conscient, *e* adj.
conscientisation n. f.
conscientiser v. t.
conscription n. f.
conscrit n. m.
consécrateur n. m.
consécration n. f.
consécut*if*, *ive* adj.
consécution n. f.
consécutivement adv.
conseil n. m. *Être de bon conseil; prendre conseil. Le conseil municipal; le conseil général; le conseil de guerre; le conseil de révision; le conseil de l'ordre des médecins. Le Conseil des ministres; le Conseil des Anciens* (sous le Directoire); *le Conseil des Cinq-Cents; le Conseil d'État; le Conseil de sécurité; le Conseil économique et social; le Conseil supérieur de la guerre; le Conseil constitutionnel; le Conseil de l'Europe. Un avocat-conseil, un coiffeur-conseil, un vendeur-conseil*, etc. *Des ingénieurs-conseils, des esthéticiennes-conseils.*
♦ HOM. il me *conseille* (v.).

conseillable adj.
conseiller v. t.
conseill*er*, *ère* n.
conseill*eur*, *euse* n.
consensu*el*, *elle* adj.
*****consensus** (lat.) [-sinsus'] n. m. = accord, consentement.
*****consensus omnium** (lat.) loc. m. = consentement universel.
*****consensus sequence** = séquence consensus (génét.).
consentant, *e* adj.
consentement n. m.
consentir v. t. Conjug. 55.
conséquemment [-ka-] adv.
conséquence n. f.
conséquent, *e* adj. *Par conséquent* (loc. adv.). ♦ N. m. (en mathématiques).
conserva*teur*, *trice* adj. et n.
conservation n. f.
conservatisme [-is-] n. m.
conservatoire adj. et n. m.
conserve n. f. Le complément de ce mot se met au singulier lorsque la matière, l'animal sont détaillés : *conserves de viande, de gibier, de poisson, de bœuf, de saumon, de thon, de homard, de lait...* On met le complément au pluriel quand les choses ne sont pas détaillées : *conserves de champignons, de fruits, de légumes, de haricots, de petits pois, de crevettes, d'escargots... Des boîtes de conserve; des conserves en boîte.*
conserve (de) loc. adv. *Les navires vont de conserve.* → concert.
conservé, *e* adj.
conserver v. t.
conserverie n. f.
conserveur n. m.
considérable adj.
considérablement adv.
considérant n. m. *Les considérants ou les attendus d'une décision judiciaire.*
considération n. f. *Sans considération de personne.*
considéré, *e* partic. passé. *Après avoir considéré la situation.* ♦ Adj. qualif. *Cette dame était fort considérée dans la région.* ♦ Prép., précédant le nom. *Considéré les éléments d'information, nous estimons que...*
considérer v. t. *Je considère, nous considérons, je considérerai(s).* Conjug. 10.
consignataire n. (dépositaire de valeurs consignées). ♦ Ne pas confondre avec *cosignataire* (qui signe avec d'autres).

consignation n. f.
consigne n. f.
consigner v. t.
*****consilium fraudis** (lat.) loc. m. = fraude, ou intention de fraude, envers un créancier.
consistance n. f.
consistant, e adj.
consister v. int.
consistoire n. m.
consistorial, ale, aux adj.
consœur n. f.
consol n. m. ♦ HOM. → console.
consolable adj.
consolant, e adj.
consolateur, trice adj. et n.
consolation n. f.
console n. f. (support; partie d'ordinateur). ♦ HOM. *consol* (procédé de navigation radio-électrique), il *console* (v.).
*****console** = pupitre.
consoler v. t.
consolidation n. f.
*****consolidation** = groupage (transp.).
consolidé, e adj.
consolider v. t.
consommable adj.
consommateur, trice adj. et n.
consommation n. f. *Une société de consommation.*
consommatoire adj.
consommé n. m.
consommer v. t. et int. (faire usage, employer). ♦ Ne pas confondre avec *consumer* (détruire).
consomptible adj. (que l'usage détruit).
consomptif, ive adj. (qui fait maigrir).
consomption n. f.
consonance n. f.
consonant, e adj.
consonantique adj.
consonantisme [-is-] n. m.
consonne n. f. Les lettres consonnes sont, en français: *b, c, d, f, g, h, j, k, l, m, n, p, q, r, s, t, v, w, x, z*. Dans certains cas, *y* devient semi-consonne *(Yann).* → tableaux ALPHABET, p. 876 et PRONONCIATION, p. 943 sqq.
consort [-sor] adj. m. *Le prince consort.* ♦ N. m. pl. *Un tel et consorts.*
consortage n. m.
consortial, ale, aux [-syal', -syo] adj.
consortium [-syom'] n. m. *Des consortiums.*
consoude n. f.

conspirateur, trice n.
conspiration n. f.
conspirer v. t.
conspuer v. t. Conjug. 18.
constable n. m.
constamment adv.
constance n. f. *Il cherche avec constance.* ♦ HOM. *Constance* (prénom), le lac de *Constance*.
constant, e adj.
constantan n. m.
constante n. f. *La constante de Planck, de Boltzmann, de Hubble, d'Avogadro, de Faraday.*
constantinien, enne adj.
*****constant speed** = à vitesse constante.
constat [-ta] n. m.
constatable adj.
constatation n. f.
constater v. t.
constellation n. f. Les noms de constellation s'écrivent avec des majuscules. *La Grande Ourse; la Petite Ourse; la constellation du Capricorne, du Cocher, du Verseau; la Croix du Sud; Orion, Andromède.*
constellé, e adj.
consteller v. t.
conster v. impers. Ne s'emploie qu'en jurisprudence, à la 3ᵉ pers. du sing. de l'indicatif, présent et imparfait, et à l'infinitif.
consternant, e adj.
consternation n. f.
consterner v. t.
constipant, e adj.
constipation n. f.
constipé, e adj.
constiper v. t.
constituant, e adj. *L'Assemblée constituante* (abs.: *la Constituante*). *Un constituant* (celui qui participe à l'élaboration de la Constitution).
constitué, e adj.
constituer v. t. Conjug. 18. *Ils se sont constitués prisonniers.*
constitutif, ive adj.
constitution n. f. *Faible de constitution; une constitution d'avoué; la constitution du gouvernement* (formation du ministère); *constitution de partie civile.* Lorsqu'il s'agit de la loi fondamentale qui règle le gouvernement d'un État, ce mot s'écrit avec une majuscule. *Une Constitution républicaine. La France a eu plusieurs Constitutions. La Charte*

était une *Constitution. La Constitution de l'an VIII.*
constitutionnaliser v. t.
constitutionnalisme [-is-] n. m.
constitutionnaliste n. et adj.
constitutionnalité n. f.
constitutionn*el, elle* adj. *Le Conseil constitutionnel.*
constitutionnellement adv.
*****constitutive gene** = gène constitutif (génét.).
*****constitutive mutation** = mutation constitutive (génét.).
constricteur adj. m. et n. m. *Un muscle constricteur.*
constrict*if, ive* adj.
constriction n. f.
constrictive n. f.
constrictor n. m. *Le boa constrictor.*
constringent, *e* adj.
construc*teur, trice* adj. et n.
constructibilité n. f.
constructible adj.
construct*if, ive* adj.
construction n. f.
constructivisme [-is-] n. m.
constructiviste adj. et n.
construire v. t. Conjug. 37.
consubstantialité [-stansya-] n. f.
consubstantiation [-syasyon] n. f.
consubstanti*el, elle* [-stansyèl'] adj.
consul n. m. *Aller voir le consul.* En suscription : *à Monsieur le Consul. Le Premier consul* (Bonaparte).
consulaire adj.
consulat [-la] n. m. *Le consulat de France à Rome.* Spécialt : *le Consulat de 1799 avait à sa tête trois consuls.*
consultable adj.
consultant, *e* adj. et n.
*****consultant** = conseiller, conseil (et non *consultant*).
consultat*if, ive* adj. *Ils ont voix consultative. L'Assemblée consultative* (abs. : *la Consultative*).
consultation n. f.
consulte n. f.
consulter v. t. et int.
consulteur adj. et n. m.
consumable adj.
consumer v. t. *Les semaines qu'elle a consumées dans le chagrin.* → consommer.
consumérisme [-is-] n. m.

consumériste adj. et n.
*****consumption of home products** = autoconsommation.
contact n. m. *Des prises de contact. Lignes, lentilles, verres de contact.*
contacter v. t.
contacteur n. m.
contactologie n. f.
contactologue ou **contactologiste** n.
*****contact party** = équipe mobile de réparation (déf.).
contage n. m. ♦ HOM. → comptage.
contagi*eux, euse* adj. et n.
contagion n. f.
contagionner v. t.
contagiosité n. f.
*****container** n. m. = conteneur (transp.), gaine (déf.).
*****containerization** = conteneurisation (transp.).
*****containerize (to)** = conteneuriser (transp.).
*****containment** = confinement, enceinte de confinement (nucl.).
*****containment building** ou **containment system** = enceinte de confinement (nucl.).
contaminant n. m.
contamina*teur, trice* adj. et n.
contamination n. f.
contaminer v. t.
conte n. m. *Un conte de fées; des contes à dormir debout. Les Contes drolatiques de Balzac.* ♦ HOM. → compte.
contempla*teur, trice* n.
contemplat*if, ive* adj. et n.
contemplation n. f.
contemplativement adv.
contempler v. t.
contemporain, *e* adj. et n.
contemporanéité n. f.
contemp*teur, trice* n.
contenance n. f. *Ils ont perdu contenance.*
contenant n. m.
conteneur n. m.
conteneurisable adj.
conteneurisation n. f.
conteneuriser v. t.
contenir v. t. Conjug. 76.
content, *e* adj. *Il est content de son sort.* ♦ N. m. *Elle en a eu son content.* ♦ Homographe hétérophone : ils *content* [kont'] une histoire (v. conter). ♦ HOM. *comptant* (du v. compter), *contant* (du v. conter).
*****content** = sommaire, table des matières.

contentement n. m.
contenter v. t. *Ils se sont contentés de cela.*
contentieux, euse [-syeû-] adj. et n. m.
contentif, ive adj.
contention n. f. *Des moyens de contention.* ♦ Homographes hétérophones : des *contentions* [-syon] ; nous *contentions* [-tyon] (v. contenter).
*****content meter** (angl.) = teneurmètre (nucl.).
contenu n. m.
conter v. t. *Conter fleurette.* ♦ HOM. → compter.
contestable adj.
contestant, e n.
contestataire adj. et n.
contestateur, trice adj.
contestation n. f.
conteste (sans) loc. adv.
contester v. t.
conteur, euse n. ♦ HOM. → compteur.
contexte n. m.
contextuel, elle adj.
contexture n. f.
contigu, ë [-tigu] adj. *Un couloir contigu, une pièce contiguë, des champs contigus, des chambres contiguës* [-tigu].
contiguïté [-ghuité] n. f.
continence n. f.
continent, e adj.
continent n. m. *L'Ancien Continent ; le Nouveau Continent. Le continent australien ; la dérive des continents.*
continental, ale, aux adj.
continentalité n. f.
contingence n. f.
contingent, e adj.
contingentaire adj.
contingent, e adj.
contingentement n. m.
contingenter v. t.
continu, e adj. et n. m.
continuateur, trice n.
continuation n. f.
continuel, elle adj.
continuellement adv.
continuer v. t. et int. Conjug. 18.
continuité n. f.
continûment adv.
continuo n. m.
*****continuous gene** = gène continu (génét.).
continuum [-nu-om'] n. m. *Le continuum espace-temps. Des continuums.*

contondant, e adj.
contorsion n. f.
contorsionner (se) v. pr. *Elle s'est contorsionnée.*
contorsionniste n.
contour n. m. *Un contour d'oreille ; des contours d'oreille.*
contourné, e adj.
contournement n. m.
contourner v. t.
contra n. m. *Des contras* [-as'] *au Nicaragua.*
contraceptif, ive adj. et n. m.
contraception n. f.
contractant, e adj. et n.
contracte adj.
contracté, e adj.
contracter v. t.
contractile adj.
contractilité n. f.
contraction n. f. → agglutination. ♦ Homographes hétérophones : des *contractions* [-syon] ; nous *contractions* [-tyon] (v. contracter).
contractualisation n. f.
contractualiser v. t.
contractuel, elle adj. et n.
contractuellement adv.
contracture n. f.
contracturer v. t.
contradicteur n. m.
contradiction n. f.
contradictoire adj.
contradictoirement adv.
contragestif, ive adj. et n. m.
contraignable adj.
contraignant, e adj.
contraindre v. t. Conjug. 41. *On les avait contraints de partir.*
contraint, e adj.
contrainte n. f.
contraire adj. *Ils vont en sens contraire.* ♦ N. m. *C'est le contraire.* ♦ *Au contraire* (loc. adv.). *Au contraire de* (loc. prép.).
contrairement adv.
contralto n. m. *Des contraltos.*
contrapuntique [-pon-], **contrapontique** ou **contrepointique** adj.
contrapuntiste [-pon-], **contrapontiste** ou **contrepointiste** n.
contrariant, e adj.
contrarié, e adj.
contrarier v. t. Conjug. 17.

contrariété n. f.
*****contrario (a)** → *a contrario.
contrarotat*if, ive* adj.
contrastant, *e* adj.
contraste n. m.
contrasté, *e* adj.
*****contrast enhancement** = accentuation de contraste (spat.).
contraster v. t. et int.
contrast*if, ive* adj.
contrat n. m. *Un contrat d'assurance. Contrat sous seing privé. Un contrat synallagmatique. Des contrats de mariage, de travail.*
contravention n. f.
contravis n. m.
contre prép. *Ils luttent contre l'envahisseur.* ♦ Adv. *Ils sont contre* (emploi absolu de la prép.). ♦ N. m. *Un contre, des contres* (en sport, au bridge). *Le pour et le contre. Lors du vote, il y eut des pour et des contre* (inv. dans ce cas). ♦ *Ci-contre, tout contre, là contre, par contre* (loc. adv.).

■ Le préfixe *contre* peut se trouver :

a) suivi d'un trait d'union *(contre-attaque, contre-courant, contre-pied, contre-voie...)*;

b) soudé au mot suivant *(contrecoup, contresens, contretemps, contrevérité...)*.

L'élision du *e* est faite pour : *contralto, contravis, contrescarpe, contrordre.* Jamais ce *e* n'est remplacé par une apostrophe.

Certains mots composés techniques commençant par *contre-* ne sont pas dans les dictionnaires; on les écrira avec trait d'union *(contre-bord, contre-charge, contre-mouler...)* en se souvenant que *contre*, dans ces formations, ne peut varier au pluriel.

Ce préfixe fournit des locutions adverbiales : *à contrecœur, sans contredit, en contrebas, à contre-courant, à contre-jour, à contre-pied, à contretemps.*

contre-acculturation n. f. *Des contre-acculturations.*
contre-alizé adj. et n. m. *Des contre-alizés.*
contre-allée n. f. *Des contre-allées.*
contre-amiral n. m. *Des contre-amiraux.* → grade.
contre-appel n. m. *Des contre-appels.*
contre-arc n. m. *Des contre-arcs.*
contre-assurance n. f. *Des contre-assurances.*

contre-attaque n. f. *Des contre-attaques.*
contre-attaquer v. t.
contrebalancer v. t. *Il contrebalança.* Conjug. 2.
contrebande n. f.
contrebandi*er, ère* adj. et n.
contrebas (en) loc. adv.
contrebasse n. f.
contrebassiste n.
contrebasson n. m.
contrebatterie n. f.
contrebattre v. t. Conjug. 32.
contre-bord n. m. *Des contre-bords. Naviguer à contre-bord.*
contre-boutant n. m. *Des contre-boutants.*
contre-braquer v. t. et int.
contrebutement n. m.
contrebuter v. t.
contrecarrer v. t.
contrechamp n. m. (cin.).
contre-chant n. m. *Des contre-chants.*
contre-châssis ou **contrechâssis** n. m. inv.
contrechoc ou **contre-choc** n. m. *Des contre-chocs.*
contreclef n. f.
contrecœur n. m. *Un contrecœur de cheminée. Elle y va à contrecœur.*
contrecollé, *e* adj.
contrecoup n. m.
contre-courant n. m. *Des contre-courants. Aller à contre-courant.*
contre-courbe n. f. *Des contre-courbes.*
contre-coussinet n. m. *Des contre-coussinets.*
contre-culture n. f. *Des contre-cultures.*
contredanse n. f.
contre-dénonciation n. f. *Des contre-dénonciations.*
contre-digue n. f. *Des contre-digues.*
contredire v. t. Se conjugue comme DIRE (conjug. 47), sauf à la 2ᵉ pers. du pl. du prés. de l'indicatif et de l'impératif : *vous contredisez; contredisez.*
contredisant, *e* adj.
contredit (sans) loc. adv.
contrée n. f.
contre-écrou n. m. *Des contre-écrous.*
contre-électromotrice adj. f. *Des forces contre-électromotrices.*
contre-emploi n. m. *Des contre-emplois.*
contre-empreinte n. f. *Des contre-empreintes.*

contre-enquête n. f. *Des contre-enquêtes.*
contre-épaulette n. f. *Des contre-épaulettes.*
contre-épreuve n. f. *Des contre-épreuves.*
contre-espalier n. m. *Des contre-espaliers.*
contre-espionnage n. m. *Des contre-espionnages.*
contre-espionner v. t.
contre-essai n. m. *Des contre-essais.*
contre-exemple n. m. *Des contre-exemples.*
contre-expert n. m. *Des contre-experts.*
contre-expertise n. f. *Des contre-expertises.*
contre-extension n. f. *Des contre-extensions.*
contrefaçon n. f.
contrefacteur n. m.
contrefaire v. t. Conjug. 51.
contrefait, e adj.
contre-fenêtre n. f. *Des contre-fenêtres.*
contre-fer n. m. *Des contre-fers.*
contre-feu n. m. *Des contre-feux.*
contrefiche n. f. (étai, soutien).
contreficher (se) v. pr. *Ils s'en contrefichent. Ils s'en étaient contrefichés.*
contre-fil n. m. *Des contre-fils. Vous cousez à contre-fil.*
contre-filet n. m. *Des contre-filets.*
contrefision n. f.
contrefort n. m.
contrefoutre (se) v. pr. Se conjugue comme FOUTRE. *Ils s'en étaient contrefoutus.*
contre-fugue n. f. *Des contre-fugues.*
contre-gouvernement n. m. *Des contre-gouvernements.*
contre-guérilla n. f. *Des contre-guérillas.*
contre-haut n. m. *Des contre-hauts. Placer un tableau en contre-haut.*
contre-hermine n. f. *Des contre-hermines.*
contre-indication n. f. *Des contre-indications.*
contre-indiqué, e adj. *Des remèdes contre-indiqués.*
contre-indiquer v. t.
contre-interrogatoire n. m. *Des contre-interrogatoires.*
contre-investissement n. m. *Des contre-investissements.*
contre-jour n. m. *Des contre-jours. Photographier à contre-jour.*
contre-la-montre n. m. inv.
contre-lettre n. f. *Des contre-lettres.*
contremaître, tresse n.
contremander v. t.
contre-manifestant, e n. *Des contre-manifestants.*
contre-manifestation n. f. *Des contre-manifestations.*
contre-manifester v. int.
contremarche n. f.
contremarque n. f.
contremarquer v. t.
contre-mesure n. f. *Des contre-mesures.*
contre-mi n. m. inv.
contre-mine n. f. *Des contre-mines.*
contre-miner v. t.
contre-mur n. m. *Des contre-murs.*
contre-offensive n. f. *Des contre-offensives.*
contreparement n. m.
contrepartie n. f.
contrepartiste n.
contre-pas n. m. inv.
contre-passation n. f. *Des contre-passations.*
contre-passer v. t.
contre-pente n. f. *Des contre-pentes.*
contre-performance n. f. *Des contre-performances.*
contrepet [-pè] n. m.
contrepèterie n. f.
contre-pied n. m. *Des contre-pieds. Ils les ont pris à contre-pied.*
contreplacage n. m.
contreplaqué n. m.
contreplaquer v. t.
contre-plongée n. f. *Des contre-plongées.*
contrepoids n. m.
contre-poil n. m. *Des contre-poils. Prendre à contre-poil.*
contrepoint n. m.
contre-pointe n. f. *Des contre-pointes.*
contrepointique → contrapuntique.
contrepointiste → contrapuntiste.
contrepoison n. m.
contre-porte n. f. *Des contre-portes.*
contre-pouvoir n. m. *Des contre-pouvoirs.*
contre-préparation n. f. *Des contre-préparations.*
contre-prestation n. f. *Des contre-prestations.*
contre-productif, ive adj. *Des innovations contre-productives.*
contre-projet ou **contreprojet** n. m. *Des contre-projets.*

contre-propagande n. f. *Des contre-propagandes.*

contre-proposition n. f. *Des contre-propositions.*

contre-publicité n. f. *Des contre-publicités.*

contrer v. t. et int.

contre-rail n. m. *Des contre-rails.*

contre-ré n. m. inv.

contre-réaction n. f. *Des contre-réactions.*

Contre-Réforme n. f. (ensemble des mesures qui suivirent la Réforme protestante au XVIe siècle).

contre-révolution n. f. *Des contre-révolutions.*

contre-révolutionnaire adj. et n. *Des contre-révolutionnaires.*

contrescarpe n. f.

contreseing [-sin] n. m.

contresens [-sans] n. m.

contresignataire adj. et n.

contresigner v. t.

contre-société n. f. *Des contre-sociétés.*

contre-sujet n. m. *Des contre-sujets.*

contre-taille n. f. *Des contre-tailles.*

contretemps n. m. *Ils ont agi à contretemps.*

contre-ténor n. m. *Des contre-ténors.*

contre-terrorisme [-is-] n. m. *Des contre-terrorismes.*

contre-terroriste adj. et n. *Des contre-terroristes.*

contre-timbre n. m. *Des contre-timbres.*

contre-tirer v. t.

contre-torpilleur n. m. *Des contre-torpilleurs.*

contre-transfert [-fèr'] n. m. *Des contre-transferts.*

contretype n. m.

contretyper v. t.

contre-ut n. m. inv.

contre-vair n. m. *Des contre-vairs.*

contre-valeur n. f. *Des contre-valeurs.*

contrevallation n. f.

contre-vapeur n. f. inv.

contrevenant, e n.

contrevenir v. t. ind. Conjug. 76.

contrevent n. m.

contreventement n. m.

contreventer v. t.

contrevérité n. f. *Ce sont des contrevérités.*

contre-visite n. f. *Des contre-visites.*

contre-voie n. f. *Des contre-voies.*

contribuable adj. et n.

contribuer v. t. Conjug. 18.

contributeur, trice n. et adj.

contributif, ive adj.

contribution n. f. *Mettre à contribution. Payer la contribution foncière.* On met une majuscule pour désigner une administration. *Le contrôleur des Contributions directes.*

contrister v. t.

contrit, e adj. *Elle est toute contrite.*

contrition n. f.

*****control** = régulation, commande (spat.).

*****control (to)** = piloter, maîtriser (et non *contrôler*).

contrôlabilité n. f.

contrôlable adj.

controlatéral, ale, aux adj.

*****control centre** = centre de direction (spat.).

*****control configured vehicle** = commande automatique généralisée (déf.).

contrôle n. m. *Contrôle continu des connaissances; région de contrôle; carte de contrôle. Le Contrôle général des armées* (administration). *Contrôle en cis et contrôle en trans* (génét.). → inspecteur.

contrôler v. t.

contrôleur, euse n. → inspecteur.

*****control point** = point de canevas (spat.).

*****controlled architectural ensemble** = ensemble architectural ordonnancé (urb.).

*****controlled mosaic** = photoplan (spat.).

contrôlographie n. f.

*****control rod** = barre de commande, grappe de commande (nucl.).

*****control track** = piste d'asservissement (aud.).

contrordre n. m.

controuvé, e adj. (qui est inventé). ♦ Ne pas confondre avec *controversé* (contesté) ou *contredit*.

controversable adj.

controverse n. f.

controversé, e adj. → controuvé.

controverser v. t. et int.

controversiste n.

contumace n. f. (faute). *La contumace est souvent un aveu.* ♦ Adj. *Un accusé contumace.* ♦ N. (personne). *Un/une contumace.* On dit aussi : *Un/une contumax.*

contumax n. → contumace.
contus, e adj.
contus*if, ive* adj.
contusion n. f.
contusionner v. t.
conurbation n. f.
convaincant, e adj. *Un argument convaincant.* ♦ HOM. *convainquant* (partic. prés. du v. convaincre). *En convainquant le jury par son exposé.*
convaincre v. t. Conjug. 78.
convaincu, e adj. et n.
convalescence n. f.
convalescent, e adj. et n.
convecteur n. m.
convect*if, ive* adj.
convection ou **convexion** n. f.
convenable adj.
convenablement adv.
convenance n. f. *Elle l'a fait par convenance. Un mariage de convenance. Respecter les convenances.*
convenant n. m. *Un bail à convenant.*
*****convenience store** = bazarette (écon.).
convenir v. t. Conjug. 76. Ce verbe, selon le sens, change d'auxiliaire et de préposition :
a) être approprié ou satisfaisant : auxil. *avoir*, prép. à. *Un cadre clair aurait convenu à cette gravure. Cette cravate ne lui a pas convenu.*
b) tomber d'accord, faire l'aveu : auxil. *être*, prép. *de*. *Nous sommes convenus de nous revoir. Le rendez-vous dont nous étions convenus. Elle est convenue de son erreur.*
S'emploie aussi comme verbe impersonnel. *Que convient-il de faire dans ce cas ?* ♦ V. pr. *Ils se sont convenu.*
Homographes hétérophones : cela *convient* [-vyin] ; ils nous *convient* [-vi] (v. convier).
convent [-van] n. m.
convention n. f. *Une convention collective ; établir une convention ; un langage de convention. La convention républicaine ou démocrate* (É.-U.) ; *la Convention* (assemblée révolutionnaire) ; *la Convention internationale de Berne, de Yaoundé, de Lomé, d'Abalavac, de Montreux.*
*****convention** = congrès.
*****conventional** = classique, traditionnel, courant, usuel.
conventionnalisme [-is-] n. m.
conventionné, e adj.
conventionn*el, elle* adj. *Des propos conventionnels.* ♦ N. *Les conventionnels* (membres de la Convention).

conventionnellement adv.
conventionnement n. m.
conventionner v. t.
conventualité n. f.
conventu*el, elle* adj. (relatif à un couvent).
convenu, e adj. → convenir.
convergence n. f. *Une ligne de convergence.*
convergent, e adj. *Une lentille convergente.* ♦ Homographe hétérophone : ils *convergent* [-vèrj'] (v. converger). ♦ HOM. *convergeant* (partic. prés. du v. converger). *En convergeant.*
converger v. int. *Ils convergeaient.* Conjug. 3.
convers, e [-vèr', -vèrs'] adj.
conversation n. f. Pour la disposition par écrit d'une conversation → tiret A et tableau GUILLEMETS, 3°, 4°, 5°, 6°, p. 889.
*****conversational** = dialogue (inf.).
*****conversational mode** = mode dialogué (inf.).
conversationn*el, elle* adj.
converser v. int.
conversion n. f.
*****converter** n. m. = convertisseur, onduleur.
converti, e adj. et n.
convertibilité n. f.
convertible adj. et n. m.
convertir v. t. du 2ᵉ gr. Conjug. 24.
convertissable adj.
convertissage n. m.
convertissement n. m.
convertisseur n. m.
convexe adj. → concave.
convexion → convection.
convexité n. f.
convict [-ikt'] n. m.
conviction n. f.
convier v. t. Conjug. 17.
convive n.
convivi*al, ale, aux* adj.
convivialiser v. t.
convivialiste n.
convivialité n. f.
convocable adj.
convocation n. f.
convoi n. m. ♦ HOM. il *convoie* (v. convoyer).
convoiement n. m.
convoiter v. t.
convoit*eur, euse* adj. et n.

convoitise n. f.
convoler v. int.
convoluté, e adj.
convolution n. f.
convolvulacée n. f.
convolvulus [-us'] n. m.
convoquer v. t.
convoyage n. m.
convoyer v. t. Conjug. 6.
convoyeur, euse adj. et n.
convulser v. t.
convulsif, ive adj.
convulsion n. f.
convulsionnaire adj. et n.
convulsionner v. t.
convulsivant, e adj.
convulsivement adv.
convulsivothérapie n. f.
coobligé, e n. et adj.
cooccupant, e n.
cooccurrence n. f.
cookie [kouki] n. m.
*****cool** adj. inv. = calme, détendu, flegmatique, décontracté, insensible, apaisé, froid.
*****coolant** = fluide caloporteur, réfrigérant (nucl.).
coolie [kou-] n. m.
coopérant, e n.
coopérateur, trice n.
coopératif, ive adj.
coopération n. f.
coopératisme [-is-] n. m.
coopérative n. f.
coopérer v. t. ind. *Je coopère, nous coopérons, je coopérerai(s)*. Conjug. 10.
cooptation n. f. → coaptation.
coopté, e n. et adj.
coopter v. t.
coordinateur, trice n. et adj.
coordination n. f.
coordinence n. f.
coordonnant, e adj. et n. m.
coordonnateur, trice adj. et n.
coordonné, e adj. *Des propositions coordonnées.* ♦ N. f. *Des coordonnées cartésiennes. Laissez vos coordonnées.* ♦ N. m. pl. (éléments assortis en décoration ou habillement).
copahu n. m.
copaïer ou **copayer** n. m.
copain, copine n.
copal n. m. *Des copals.*
coparental, ale, aux adj.

coparentalité n. f.
copartage n. m.
copartageant, e adj. et n.
copartager v. t. *Ils copartageaient.* Conjug. 3.
coparticipant, e adj. et n.
coparticipation n. f.
copaternité n. f.
copayer → copaïer.
copeau n. m. *Des copeaux.*
copépode n. m.
copermuter v. t.
copernicien, enne adj.
copiage n. m.
copie n. f. *Être en mal de copie.*
copier v. t. Conjug. 17.
copieur, euse n.
copieusement adv.
copieux, euse adj.
copilote n.
copinage n. m.
copine n. f.
copiner v. int.
copinerie n. f.
copiste n.
coplanaire adj.
copocléphiliste n. et adj.
copolymère n. m.
copolymérisation n. f.
coposséder v. t.
copossession n. f.
coppa n. f. ♦ HOM. → koppa.
coprah ou **copra** n. m.
coprésidence n. f.
coprésident, e n.
coprin n. m. (champignon).
coprocesseur n. m.
coproculture n. f.
coproducteur, trice n.
coproduction n. f.
coproduire v. t. Conjug. 37.
coproduit, e n. m. et adj.
coprolalie n. f.
coprolithe n. m.
coprologie n. f.
coprophage adj. et n.
coprophagie n. f.
coprophile adj. et n.
coprophilie n. f.
copropriétaire n.
copropriété n. f.
coprostérol n. m.
cops [kops'] n. m. (petite bobine).

copsage n. m.

copte adj. *Un monastère copte.* ♦ N. *Le copte* (idiome) *n'est plus qu'une langue liturgique. Un copte* (qui professe la religion copte). *Un Copte* (habitant de l'ancienne Égypte; actuellement: descendant des anciens Égyptiens).

copulatif, ive adj.

copulation n. f.

copule n. f. et adj.

copuler v. int.

copurchic adj. inv.

*****copy platform** = base de campagne (aud.).

*****copyright** [-ray't'] n. m. = droit d'exploitation. *Des copyrights.*

*****copy testing** = test d'évaluation (aud.).

coq n. m. *Des coqs. Du coq au vin; un coq de bruyère; un coq en pâte; combat de coqs; coq de roche* (oiseau et couleur); *des rubans coq de roche* (inv.); *passer du coq à l'âne; faire un coq-à-l'âne. Le maître coq* (cuisinier). *Poids coq* → poids.
♦ HOM. *coke* (charbon), *coque* (coquille, carcasse, cocon, coquillage), bacille de *Koch*, l'écrivain Paul de *Kock*.

coq-à-l'âne n. m. inv. → coq.

coq-héron n. m. *Des coqs-hérons.*

coquard ou **coquart** n. m.

coque n. f. *Des œufs à la coque.* ♦ HOM. → coq.

coquebin n. m.

coquecigrue n. f.

coquelet n. m. (jeune coq).

coqueleux, euse n.

coquelicot n. m. et adj. inv. *Des robes coquelicot.*

coqueliner v. int.

coquelle n. f.

coquelon n. m.

coqueluche n. f.

coquelucheux, euse adj. et n.

coquemar n. m.

coquerelle n. f.

coqueret n. m. (plante).

coquerico → cocorico.

coquerie n. f. (cuisine des matelots). ♦ HOM. *cokerie* (usine à coke).

coqueriquer v. int.

coqueron n. m.

coquet, ette adj. et n.

coquetel n. m.

coqueter v. int. *Il coquette.* Conjug. 14.

coquetier n. m.

coquetière n. f.

coquettement adv.

coquetterie n. f.

coquillage n. m.

coquillard n. m. (gueux, au Moyen Âge; œil, en argot). *Il s'en tamponne le coquillard.* ♦ HOM. *coquillart* (calcaire à coquilles).

coquillart n. m. ♦ HOM. → coquillard.

coquille n. f. *Des coquilles Saint-Jacques; des coquilles de perle* (nacre). ♦ N. m. (format de papier).

coquiller v. int.

coquillette n. f.

coquillier, ère adj.

coquin, e n. et adj.

coquinerie n. f.

cor n. m. (durillon; instrument de musique; ramification du bois des cerfs). *Un cerf dix cors* (ou *un dix-cors*); *cor d'harmonie; cor anglais; le cor de Roland; à cor et à cri* (loc. adv.) ♦ HOM. *corps* (matière).

coraciadiforme ou **coraciiforme** n. m.

coracoïde adj. et n. f.

corah n. m. (foulard de soie).

corail n. m. *Des coraux.* ♦ Adj. inv. *Une soie corail; des serpents corail.*

corailler v. int.

corailleur, euse [-a-yeur', -a-yeûz'] adj. et n.

coralliaire n. m.

corallien, enne adj.

corallifère adj.

coralligène adj.

corallin, e adj. *Des joues corallines.* ♦ N. f. (algue rouge). ♦ Ne pas confondre avec *cornaline* (agate rouge).

*****coram populo** (lat.) loc. adv. = en public.

Coran (autrefois : Alcoran) n. m. (la lecture sacrée). Pour une citation du Coran, on doit indiquer la sourate (chapitre) et le verset. « *Au voleur, vous couperez les mains* » (*sourate de la Table, 42*) ou (V, 42). S'agissant des ouvrages de librairie, on écrira : *des corans reliés.*

coranique adj.

corbeau n. m. *Des corbeaux.*

corbeillage n. m.

corbeille n. f. *Corbeille à courrier, à ouvrage, à papier; corbeille de fleurs, de fruits, de mariage, de mariée, de noces, de poisson(s); la corbeille de la Bourse* (abs. : *la Corbeille*). *Des cellules à corbeille.*

corbeille-d'argent n. f. *Des corbeilles-d'argent.*

corbières n. m. (vin).
corbillard n. m.
corbillat n. m. (jeune corbeau).
corbillon n. m.
corbin n. m. *Un instrument en bec de corbin. Un bec-de-corbin* (ciseau spécial).
corbiner v. int.
corbleu! interj.
cordage n. m.
corde n. f. *Une échelle de corde; corde à nœuds; des gens de sac et de corde; un instrument à cordes.* ♦ HOM. la commune de Cordes (Tarn).
corde ou **chorde** [kord'] n. f. (embryon de colonne vertébrale).
cordé, e adj. et n.
cordé ou **chordé** [kor-] n. m.
cordeau n. m. *Des cordeaux. Du cordeau Bickford. Des allées tirées au cordeau.*
cordée n. f.
cordeler v. t. *Il cordelle.* Conjug. 13.
cordelette n. f.
cordelier n. m. *Le club des Cordeliers* (sous la Révolution).
cordelière n. f.
corder v. t.
corderie n. f.
cordial, ale, aux adj. et n. m.
cordialement adv.
cordialité n. f.
cordier n. m.
cordiérite n. f.
cordiforme adj.
cordillère n. f. *La cordillère des Andes; la cordillère Bétique.*
cordon n. m.
cordite n. f.
*****cordless telephone** = téléphone sans cordon.
cordoba n. m. (monnaie). ♦ HOM. la ville de Cordoba (Cordoue).
cordon n. m. *Cordon de troupes; cordon de police; le grand cordon de la Légion d'honneur.*
cordon-bleu n. m. *Des cordons-bleus.*
cordonner v. t.
cordonnerie n. f.
cordonnet n. m.
cordonnier, ère n.
cordouan, e adj. et n. (de Cordoue). ♦ N. m. (cuir).
*****core** = noyau (nucl.); cœur, centre-ville (urb.).
corê → korê.

coréalisateur, trice n.
Corector n. m. déposé inv. (avec un *r*, hélas!).
coréen, enne [-ré-in, -ré-èn'] adj. *Le riz coréen.* ♦ N. *Le coréen est monosyllabique. Une Coréenne de Séoul.*
corégone n. m.
coreligionnaire n.
coréopsis [-is] n. m.
corépresseur n. m.
*****corepressor** = corépresseur (génét.).
coresponsabilité n. f.
coresponsable adj. et n.
coriace adj.
coriandre n. f.
coricide n. m.
corindon n. m.
corinthien, enne adj. *Une colonne corinthienne.* ♦ N. *Un Corinthien* (originaire de Corinthe). *Le corinthien* (ordre d'architecture).
corme n. f.
cormier n. m. → cornier.
cormophyte n. m.
cormoran n. m.
cornac n. m.
cornacée n. f.
cornage n. m.
cornaline n. f. → corallin.
cornaquer v. t.
cornard n. m.
corne n. f. *Bête à cornes; peigne de corne. Une corne d'abondance. La Corne d'Or* (baie turque du Bosphore).
corné, e adj.
*****corned-beef** n. m. = bœuf en conserve. *Des corned-beefs.*
cornée n. f.
cornéen, enne [-né-in, -né-èn'] adj. et n. f.
corneille n. f.
cornélien, enne adj.
cornement n. m.
cornemuse n. f.
cornemuseur ou **cornemuseux** n. m.
corner v. int. et t.
*****corner** n. m. = coin, angle. En sport, le mot *corner* [-nèr'] désigne la faute commise et le coup franc accordé à l'adversaire. *Sortie en corner* est à remplacer par *sortie d'angle; tir de corner* par *tir d'angle, coup de coin, jet de coin.*
cornet n. m. *Un cornet de dragées; un cornet à pistons.*
cornette n. m. (porte-étendard; sous-lieutenant de cavalerie sous l'Ancien

CORNETTISTE

Régime). ♦ N. f. (coiffure de religieuse; étendard de cavalerie; pavillon de marine; femme trompée).
cornettiste n. m.
*****corn flakes** n. m. pl. = pétales de maïs, flocons de maïs.
corniaud n. m.
corniche n. f.
cornichon n. m.
corniculé, e adj.
cornier n. m. (arbre portant une marque, au coin d'une coupe). ♦ Ne pas confondre avec *cormier* (autre nom du sorbier).
cornier, ère adj. et n. f.
cornillon n. m.
cornique adj. *La lande cornique.* ♦ N. m. *Le cornique* (langue parlée en Cornouailles).
corniste adj. et n.
Cornouaille n. f. (région de Bretagne). ♦ HOM. le duché de *Cornouailles* (en Grande-Bretagne).
cornouille n. f.
cornouiller n. m.
*****corn-picker** = récolteur de maïs. *Des corn-pickers.*
*****corn-sheller** = cueilleur et égreneur de maïs.
cornu, e adj. *Des idées cornues; un animal cornu.* ♦ N. f. *Une cornue de distillation.*
corollaire n. m.
corolle n. f.
coron n. m.
coronaire adj.
coronal, ale, aux adj.
coronarien, enne adj.
coronarite n. f.
coronarographie n. f.
coronaropathie n. f.
coronelle n. f. (serpent).
coroner [-neur] n. m.
coronille n. f. (plante).
coronographe n. m.
corossol n. m. (fruit).
corozo n. m. (ivoire végétal).
corporal n. m. *Des corporaux.*
*****corporate advertising** = publicité institutionnelle.
*****corporate banking** = banque d'entreprise.
corporatif, ive adj.
corporation n. f.
corporatisme [-is-] n. m.

corporatiste n. et adj.
corporel, elle adj.
corporellement adv.
corps n. m. *Un corps à corps; à corps perdu; à bras le corps; à son/leur corps défendant; perdu corps et biens; à mi--corps; se donner corps et âme; sain(s) de corps et d'esprit. Un corps d'armée, de ballet, de bâtiment, de cavalerie, de garde, de métier, de troupes. Les corps francs; le corps des sapeurs-pompiers; un corps mort; les grands corps de l'État; le corps diplomatique. Le Corps législatif* (sous le Consulat). *Un haut-le-corps* (inv.). ♦ HOM. → cor.
corpsard [korsar'] n. m.
corps-mort n. m. *Des corps-morts.*
corpulence n. f.
corpulent, e adj.
corpus [-us] n. m.
corpusculaire adj.
corpuscule n. m. *Les corpuscules de Paccini.*
corral n. m. *Des corrals.* ♦ HOM. → chorale.
corrasion n. f.
correct, e adj.
*****corrected data** = donnée corrigée (spat.).
correctement adv.
correcteur, trice adj. et n. → corrigeur.
correctif, ive adj. et n. m.
*****corrective action** = palliatif (et non *action corrective*).
CORRECTION n. f. ♦ *Correction de textes imprimés.* → tableau en annexe p. 878.
correctionnalisation n. f.
correctionnaliser v. t.
correctionnel, elle adj. *Le tribunal correctionnel.* ♦ N. f. *Passer en correctionnelle.*
*****corrector** (esp.) n. m. = correcteur. ♦ HOM. → corector.
*****corregidor** (esp.) n. m. = officier de justice. *Des corregidores.*
corrélat [-la] n. m.
corrélateur n. m.
corrélatif, ive adj.
corrélation n. f.
corrélationnel, elle adj.
corrélativement adv.
corrélé, e adj.
corréler v. t. *Il corrèle.* Conjug. 10.
correspondance n. f. *Carnet de correspondance. Être en parfaite correspon-*

dance d'idées. Un échange de correspondances.
correspondancier, **ère** n.
correspondant, e adj. et n.
correspondre v. int. et t. ind. Conjug. 67.
corrézien, **enne** adj. et n. (de la Corrèze).
*****corrida** (esp.) n. f. = course de taureaux.
corridor n. m.
*****corridor** = couloir (urb.).
corrigé, e adj. et n. m.
corrigeable adj.
corriger v. t. *Nous corrigeons.* Conjug. 3.
corrigeur, **euse** n. Le *corrigeur* est celui qui exécute, à l'imprimerie, les corrections indiquées par le *correcteur* sur les épreuves.
corrigible adj.
corroboration n. f.
corroborer v. t.
corrodant, e adj. et n. m.
corroder v. t.
corroi n. m.
corroierie n. f.
corrompre v. t. *L'alcool corrompt le goût.* Conjug. 70.
corrompu, e, adj. et n.
corrosif, **ive** adj. et n. m.
corrosion n. f.
corroyage [korwayaj'] n. m.
corroyer [korwayé] v. t. Conjug. 6.
corroyère [korwayèr'] n. f.
corroyeur [korwayeur'] n. m.
corrupteur, **trice** adj. et n.
corruptibilité n. f.
corruptible adj.
corruption n. f.
corsage n. m.
corsaire n. m.
corse adj. *Un fromage corse.* ♦ N. *Le corse est un dialecte italien. Une Corse.*
corsé, e adj.
corselet n. m.
corser v. t.
corset n. m.
corseter v. t. *Elle corsète.* Conjug. 12.
corsetier, **ère** adj. et n.
corso n. m. *Des corsos fleuris.*
cortège n. m.
*****Cortes** [-tès'] (esp.) n. f. pl. = assemblée législative. ♦ HOM. Hernán *Cortés* (en français *Fernand Cortez*).
cortex n. m.
Corti (organe de) loc. m.
cortical, **ale, aux** adj. et n. f.
corticoïde ou **corticostéroïde** adj. et n. m.
corticostéroïdien, **enne** adj.
corticostérone n. f.
corticostimuline n. f.
corticosurrénal, **ale, aux** [-sur-] adj. et n. f.
corticothérapie n. f.
cortinaire n. m.
cortine n. f.
cortisol n. m. (hydrocortisone).
cortisone n. f.
cortisonique adj.
*****cortison like** = à effet cortisonique, de type cortisonique.
corton n. m. (vin récolté à Aloxe-Corton, en Bourgogne).
coruscant, e adj.
corvéable adj.
corvée n. f.
corvette n. f.
corvicide n. m.
corvidé n. m.
corybante n. m.
corymbe n. m.
coryphée n. m.
coryza n. m.
C.O.S. sigle m. Coefficient d'occupation des sols.
*****Cosa nostra** (ital.) loc. f. → mafia.
cosaque n. m. S'il s'agit de militaires de l'armée russe ou soviétique, pas de majuscule. *Un régiment de cosaques. Il se conduit comme un cosaque.* Majuscule s'il s'agit de la population des steppes de la Russie méridionale. *Les Cosaques du Don.* ♦ Adj. *Un cavalier cosaque.*
cosécante [-sé-] n. f. Symbole : *coséc.*
cosignataire [-si-] n. et adj. → consignataire.
cosigner [-si-] v. t.
cosinus [-sinus'] n. m. Symbole : *cos.*
cosmète n. m.
*****cosmetic correction** = retouchage esthétique (spat.).
*****cosmetic removal of scan-line noise** = délignage esthétique (spat.).
cosmétique adj. et n. m.
cosmétologie n. f.
cosmétologue n.
*****cosmic velocity** = vitesse cosmique (spat.).

*cosmid = cosmide (génét.).
cosmide n. m. (plasmide).
cosmique adj.
cosmodrome n. m.
cosmogonie n. f.
cosmogonique adj.
cosmographe n.
cosmographie n. f.
cosmographique adj.
cosmologie n. f.
cosmologique adj.
cosmologiste n.
cosmonaute n. → astronaute.
cosmonef n. m.
cosmopolite adj. et n.
cosmopolitisme [-is-] n. m.
cosmos [-mos'] n. m.
cossard, e adj. et n.
cosse n. f.
cosser v. int.
cossette n. f.
*COS site = site COS (génét.).
cossu, e adj.
cossus [-sus'] n. m. (papillon).
costal, ale, aux adj. (relatif aux côtes).
♦ HOM. → costaud.
*cost and freight (C.F.) = coût et fret (C. et F.).
costard n. m.
costaricien, enne ou costaricain, aine adj. et n. (du Costa Rica).
costaud adj. et n. inv. en genre. *Elle est costaud.* ♦ HOM. *costaux* (pl. de costal).
costière n. f.
costume n. m. *Un costume sur mesure.*
costumé, e adj.
costumer v. t.
costumier, ère n.
*cosy n. m. = couvre-théière. *Des cosies.*
*cosy-corner ou cosy n. m. (meuble). *Des cosys, des cosies, des cosy-corners.*
Cot n. m. (acronyme de Concentration totale d'ADN + temps). *Courbe de Cot,* ou *Cot.* ♦ HOM. → côte.
cotable adj.
cotangente n. f. Symbole : *cotg.*
cotation n. f.
*Cot curve = courbe de Cot, Cot (génét.).
cote n. f. *Avoir la cote; la cote d'amour; mesurer une cote; la cote 304; les cotes d'un procès; la cote mobilière; cote de la Bourse; cote des voitures d'occasion; avoir une bonne cote; des valeurs hors cote. Une cote mal taillée.* ♦ HOM. → côte.

coté, e adj. *Un croquis coté; un jeune homme bien coté; coté en Bourse; coté à l'Argus.* ♦ HOM. → côté.
côte n. f. *Monter la côte; être à la côte; côtes de melon; du velours à côtes; côte à côte; fausses côtes; ce bateau va à la côte; des plates côtes ou du plat de côtes. La Côte-d'Ivoire; la Côte-d'Or.* ♦ Pour les noms des côtes françaises, le mot *Côte* prend une majuscule ainsi que son complément. Si le mot *Côte* est suivi d'un adjectif, ce dernier s'écrit avec une minuscule. Ce sont :

Côte d'Opale (Le Touquet).
Côte d'Albâtre (Étretat).
Côte fleurie (Deauville).
Côte de Nacre (Cherbourg).
Côte d'Émeraude (Granville, Saint--Malo).
Côte de Granit rose (Perros-Guirec).
Côte des Légendes (Douarnenez).
Côte d'Amour (La Baule).
Côte de Jade (Les Sables-d'Olonne).
Côte d'Argent ou de Beauté (Royan).
Côte des Landes (Cap-Ferret).
Côte basque (Biarritz).
Côte vermeille (Canet).
Côte d'Améthyste (Saintes-Maries-de--la-Mer).
Côte des Calanques (Sanary).
Côte des Maures (Saint-Tropez).
Côte de l'Esterel (Saint-Raphaël).
Côte d'Azur (Nice).

♦ HOM. *cote* (mesure ; valeur ; altitude), *cotte* (vêtement), *Cot* (courbe d'assoc. de plusieurs ADN), une *quote*-part.
côté n. m. *Du côté de, à côté de; de tout côté/de tous côtés; au côté de/aux côtés de; l'épée au côté; chacun de son côté; chacun de leur côté; ils marchent de côté; des points de côté; de côté et d'autre.* → à-côté. ♦ HOM. un croquis *coté* (mesuré), *coter* (v.).
coteau n. m. *Des coteaux.*
côtelé, e adj.
côtelette n. f.
coter v. t. ♦ HOM. → côté.
coterie n. f.
côtes-du-rhône n. m. inv. (vin).
coteur n. m.
cothurne n. m.
cotice n. f.
cotidal, ale, aux adj.
côtier, ère adj.
cotignac n. m.
cotillon n. m.
cotinga n. m.

cotingidé n. m.
cotir v. t. du 2ᵉ gr. Conjug. 24.
cotisant, e adj. et n.
cotisation n. f.
cotiser v. int. et pr. *Ils se sont cotisés.*
côtoiement n. m.
coton n. m. *Du velours de coton.* ♦ Adj. inv. *Une thèse vraiment coton.*
cotonéaster [-tèr] n. m.
cotonnade n. f.
cotonner (se) v. pr. *Cette jupe s'est cotonnée.*
cotonnerie n. f.
cotonn*eux, euse* adj.
cotonn*ier, ère* adj. et n. m.
coton-poudre n. m. *Des cotons-poudres.*
Coton-Tige n. m. déposé inv.
côtoyer [-twa-yé] v. t. Conjug. 6.
cotre n. m.
cotret n. m.
cottage n. m.
cotte n. f. *Cotte d'armes; cotte de mailles.* ♦ HOM. → côte.
cotutelle n. f.
cotut*eur, trice* n.
cotyle n. m.
cotylédon n. m.
cotylédoné, e adj.
cotyloïde adj.
cou n. m. *Des cous. Tordre le cou; sauter au cou; se jeter au cou. Le cou-de-pied.* ♦ HOM. **coup** (choc), **coût** (prix), elle **coud** (v. coudre).
couac n. m.
couard, e adj. et n.
couardise n. f.
couchage n. m.
couchailler [-cha-yé] v. int.
couchant, e adj. et n. m.
couche n. f. *Couche de poussière; couche de fruits; femme en couches; relever de couches; suite de couches; couche limite; une fausse couche.* ♦ HOM. **couche**-toi là (v. se coucher).
couché, e adj.
couche-culotte n. f. *Des couches-culottes.*
coucher v. t. et int.
coucher n. m. *C'est l'heure du coucher.*
coucherie n. f.
couche-tard n. inv.
couche-tôt n. inv.
couchette n. f.
couch*eur, euse* n.

couchis [-chi] n. m.
couchitique adj. et n. m.
couchoir n. m.
couci-couça loc. adv.
coucou n. m. (oiseau; fleur). *Des coucous.* ♦ Interj. *Coucou!*
coucouer v. int. Conjug. 19.
coucouler v. int.
coucoumelle n. f. → coulemelle.
coude n. m. *Au coude à coude; coudes au corps.*
coudé, e adj. et n. f.
cou-de-pied n. m. *Des cous-de-pied.*
couder v. t.
coudière n. f.
coudoiement n. m.
coudoyer v. t. Conjug. 6.
coudraie n. f.
coudre v. t. Conjug. 39. ♦ *Cousu de fil blanc; des travaux cousus main.*
coudrier n. m.
Coué (méthode) loc. f.
couenne [kwan'] n. f.
couenn*eux, euse* [kwa-] adj.
couette n. f. (drap édredon; soutien d'un bateau en construction; mèche de cheveux).
couffa ou **kouffa** n. m. (bateau).
couffin n. m.
coufique ou **kufique** adj. et n. m.
cougouar ou **couguar** n. m.
couic! interj.
couillard n. m.
couille n. f.
couillon n. m.
couillonnade n. f.
couillonner v. t.
couillonnerie n. f.
couinement n. m.
couiner v. int.
coulabilité n. f.
coulage n. m.
coulant, e adj. et n. m.
coule n. f. *Il est à la coule.*
coulé n. m.
coulée n. f. *Des trous de coulée; des coulées de lave.*
coulemelle n. f. *Coulemelle et coucoumelle sont les noms de deux champignons différents.*
couler v. int. et t.
COULEUR n. f. *Des personnages hauts en couleur; des gens de couleur; des étoffes de couleur; film en couleurs; des murs*

couleur de pierre ; la télévision couleur ; photo en couleurs ; la télé couleur, des télés couleur ; sous couleur de ; des crayons de couleur verts ; des chapeaux de couleur verte. Une description pleine de couleur. ♦ *Les sept couleurs du spectre solaire sont :* rouge, orangé, jaune, vert, bleu, indigo, violet. ♦ → tableau COULEURS en annexe p. 884.

couleuvre n. f.
couleuvreau n. m. *Des couleuvreaux.*
couleuvrine n. f.
couleuvrinier n. m.
coulicou n. m. *Des coulicous.*
coulis [-li] n. m. *Du coulis de ciment, de homard ; du coulis de crabes, de crevettes, d'écrevisses, de tomates.* ♦ Adj. *Un vent coulis.*
coulissant, e adj.
coulisse n. f. *Porte à coulisse ; regards en coulisse.*
coulissé, e adj.
coulisseau n. m. *Des coulisseaux.*
coulissement n. m.
coulisser v. t. et int.
coulissier n. m.
couloir n. m. (passage). ♦ HOM. une *couloire* (filtre pour le lait).
couloire n. f. ♦ HOM. → couloir.
coulomb n. m. (unité de mesure : *3 coulombs à 3 C*).
coulommiers [-myé] n. m. (fromage de la région de *Coulommiers*).
coulpe n. f. *Ils battent leur coulpe.*
***coulter track** = saignée de drainage (agr.).
coulure n. f.
coumarine n. f.
coumarou n. m. *Des coumarous.*
***count-down** = compte à rebours (spat.).
***countertrade** = contre-achat (écon.).
***country music** = style musical des folklores anglo-saxons.
coup n. m. Au singulier : *un coup d'archet, de balai, de bambou, de barre, de bec, de bélier, de Bourse, de chance, de chapeau, de chien, de coude, de crayon, d'éclat, d'épaule, d'épingle, d'essai, d'État, de feu, de force, de foudre, de fouet, de grâce, de griffe, de grisou, de Jarnac, de langue, de main, de mer, d'œil, de patte, de pied, de poing, de pompe, de pouce, de sang, de soleil, de tam-tam, de tête, de théâtre, de Trafalgar, de vent, de vieux ; au coup par coup.*
Au pluriel : *un coup/des coups de ciseaux, de dés, de reins.*
Au singulier ou au pluriel : selon le cas : *un coup de dent(s), des coups de dents ; un coup de canon, de fusil, de sabre ; des coups de canon(s), de fusil(s), de sabre(s).* C'est le contexte qui détermine le nombre du complément de coup.
Tout à coup ; tout d'un coup ; coup sur coup ; après coup ; à coup sûr ; en coup de vent ; à petits coups ; sans coup férir ; à coups redoublés ; sur le coup de midi ; à coups de ; à tout coup/à tous coups ; monter le coup ; un monteur de coups ; se monter le coup ; cela vaut le coup ; en trois coups de cuillère à pot ; en venir aux coups ; les quatre cents coups ; être aux cent coups. La pêche au coup ; un coup monté ; un coup-de-poing américain ; le contrecoup.
HOM. → cou.

coupable adj. et n.
coupage n. m.
coupailler v. t.
coupant, e adj. et n. m.
coup-de-poing n. m. (arme en silex ou en fer). *Des coups-de-poing.*
coupe n. f. *En coupe réglée ; une fausse coupe ; coupe sombre et coupe claire ; des coupes de champagne.*
coupé, e adj. *Les arbres sont coupés.* ♦ N. m. (voiture). ♦ N. f. (ouverture dans le flanc d'un navire). *Une échelle de coupée.* ♦ HOM. *couper* (v.).
coupe-chou(x) n. m. *Des coupe-choux.*
coupe-cigare(s) n. m. *Des coupe-cigares.*
coupe-circuit n. m. *Des coupe-circuit(s).*
coupe-coupe n. m. inv.
coupée → coupé.
coupe-faim n. m. inv.
coupe-feu n. m. inv.
coupe-file n. m. *Des coupe-files.*
coupe-gorge n. m. inv.
coupe-jambon n. m. inv.
coupe-jarret n. m. *Des coupe-jarrets.*
coupe-légumes n. m. inv.
coupellation n. f.
coupelle n. f.
coupeller v. t. Ce verbe conserve les deux *l* au long de sa conjugaison.
coupe-ongles n. m. inv.
coupe-papier n. m. *Des coupe-papier(s).*
coupe-pâte n. m. inv.
couper v. t. *Couper à travers champs. Ne pas y couper. Ils ont coupé court.* ♦ V. pr. *Elle s'est coupée dans ses déclarations. Ils se sont coupé les ongles.* ♦ HOM. → coupé.

coupe-racine(s) n. m. *Des coupe-racines.*
couper-coller n. m. *Des coupers-collers.*
couperet n. m.
couperose n. f.
couperosé, e adj.
coup*eur*, *euse* n.
coupe-vent n. m. et adj. inv.
couplage n. m.
couple n. m. (deux êtres unis ; système de deux forces ; travail d'un moteur). *Un couple de pigeons = mâle + femelle. Le couple moteur ; le maître couple.* ♦ N. f. (une paire ; lien de chiens). *Une couple de pigeons = deux pigeons.*
couplé n. m. *Jouer le couplé gagnant ou le couplé placé au P.M.U.*
coupler v. t. (assembler).
couplet n. m. *Qui peut chanter les sept couplets de la Marseillaise?*
coupleur n. m.
*****coupling** = couplage (déf.).
coupoir n. m.
coupole n. f. *La coupole de la chapelle des Invalides.* Spécialt : *la Coupole* (pour désigner l'Académie française).
coupon n. m.
*****couponing** = couponnage (pub.).
couponnage n. m.
coupon-réponse n. m. *Des coupons--réponse.*
coupure n. f. *Des coupures de courant ; des coupures de journaux. Coupures dans un texte* → tableau PONCTUATIONS FORTES V, p. 940. ♦ *Coupure de mots* → tableau en annexe p. 885.
couque n. f.
cour n. f. *La cour du roi* (abs. : *la Cour*) ; *en cour de Rome ; être bien en cour ; faire sa cour. La cour d'assises ; en cour martiale ; la cour d'appel. Prêter serment devant la cour. Messieurs, la cour. La cour des Miracles ; la cour des Adieux* (à Fontainebleau) ; *la cour Carrée* (du Louvre). *La Cour des comptes ; la Cour de cassation ; la Cour internationale de La Haye ; la Cour des aides ; la Haute Cour de justice.* ♦ HOM. *cours* (cheminement ; leçon ; avenue ; prix), *il court* (v. courir), *c'est court* (adj.), *court* de tennis, *chasse à courre.*
courage n. m.
courageusement adv.
courag*eux*, *euse* adj.
courailler v. int.
couramment adv.
courant, e adj. *Ces choses-là sont courantes ; des chiens courants ; un compte courant. Les 7 et 8 courant* (du mois courant, en cours). *Des prix courants* (des prix habituels), *des prix-courants* (des tarifs). ♦ N. m. *Des courants d'air ; être au courant ; un courant d'affaires, de marées, d'opinion ; un courant porteur ; tenir au courant ; à contre-courant.* ♦ Partic. prés. *Les bruits vont courant.* ♦ N. f. *La courante ne se danse plus.*
courant-jet n. m. *Des courants-jets.*
courantomètre n. m.
courbaril n. m.
courbatu, e adj.
courbature n. f.
courbaturé, e adj.
courbaturer v. t.
courbe adj. *Des lignes courbes.* ♦ N. f. *La courbe de Cot.*
courbement n. m.
courber v. t.
courbette n. f.
courbure n. f.
courcailler → carcailler.
courcaillet n. m.
courçon → courson.
courée n. f.
courette n. f.
cour*eur*, *euse* n. *Un coureur de bals, de filles.*
courge n. f.
courgette n. f.
courir Conjug. 40. ♦ V. t. *Les cerfs que les chasseurs ont courus. Quels dangers avez-vous courus ? Les risques qu'ils ont courus.* ♦ V. int. *Les quelques kilomètres que nous avons couru. Les deux heures qu'ils ont couru.* ♦ → tableau PARTICIPE PASSÉ III, F, 10°, p. 924.
courlis [-li] ou **courlieu** n. m. *Des courlieux.*
couronne n. f. *La couronne de Hollande* (abs. : *les fonctionnaires de la Couronne*) ; *ordre de la Couronne ; les diamants de la couronne* (sertis sur la couronne), *les diamants de la Couronne* (appartenant à l'État monarchique). *Une couronne d'épines, de laurier, de roses, de sondage. Greffe en couronne. Ni fleurs ni couronnes.* ♦ N. m. et adj. inv. *Des papiers couronne.*
couronné, e adj.
couronnement n. m.
couronner v. t. *Couronner de laurier, de fleurs.*
couros → kouros.
courre v. t. Ne s'emploie, en terme de vénerie, qu'à l'infinitif. *Des chasses à*

COURRERIES

courre. Ils vont courre le cerf. Sonner le laisser-courre. ♦ HOM. → cour.

courreries n. f. pl.

courrier n. m. (correspondance; homme chargé de messages; moyen de transport). *L'affaire du courrier de Lyon. Long-courrier, moyen-courrier, court-courrier.* ♦ HOM. P.-L. Courier (écrivain).

courriériste n.

courroie n. f.

courroucer v. t. *Elle se courrouçait.* Conjug. 2.

courroux n. m.

cours n. m. *Des cours d'eau; suivre un cours; avoir cours; les affaires vont leur cours; donner libre cours; capitaine au long cours; cours de la Bourse; acheter au cours du jour. Le cours de l'Intendance* (promenade); *le cours Mirabeau; le Cours-la-Reine* (à Paris). *La boutique « Au cours des Halles ».* ♦ HOM. → cour.

course n. f. *Voiture de course; garçon de course; cheval de course; au pas de course. Une écurie de courses; champ de courses; aller en courses. Course de fond, de haies, d'obstacles, de relais. Course par étapes. Une course d'automobiles, une course automobile. Des courses de plat, de trot. La Targa Florio.*

course-croisière n. f. *Des courses-croisières.*

course-poursuite n. f. *Des courses-poursuites.*

courser v. t.

*****courseware** = didacticiel (inf.).

coursier, ère n.

coursive n. f.

courson ou **courçon** n. m.

coursonne n. f.

court, e adj. *Des prêts à court terme; un court(-)métrage, des courts(-)métrages.* ♦ Adv. *Des cheveux coupés court. Le mot court est invariable dans les loc. : tourner court, rester court, prendre de court, à court, tout court, être à court de, couper court, demeurer court. Elles sont restées court.* ♦ N. m. *Un court [kour' ou kort'] de tennis.* ♦ HOM. → cour.

courtage n. m.

courtaud, e adj. et n.

courtauder v. t.

court-bouillon n. m. *Des courts-bouillons.*

court-circuit n. m. *Des courts-circuits.*

court-circuitage n. m. *Des courts-circuitages.*

court-circuiter v. t.

Courtelle n. f. déposé inv.

court-courrier n. m. *Des court-courriers.*

courtepointe n. f.

courtier, ère n.

courtil [-ti] n. m. (petit jardin).

courtilière n. f.

courtille n. f. (enclos).

courtine n. f. (mur de fortification; rideau de lit).

courtisan, e n.

courtisanerie n. f.

courtiser v. t.

court-jointé adj. *Des chevaux court-jointés.*

court-jus n. m. *Des courts-jus.*

court-métrage ou **court métrage** n. m. *Des courts(-)métrages.*

court-monté, e adj. *Des juments court-montées.*

court-moyen-courrier n. m. *Des court-moyen-courriers.*

courtois, e adj.

courtoisement adv.

courtoisie n. f. *Pluriel de courtoisie* → tableau PARTICIPE PASSÉ III, D, 1°, p. 920.

court-vêtu, e adj. *Des demoiselles court-vêtues.*

couru, e adj.

couscous [kouskous'] n. m.

couscoussier n. m.

cousette n. f.

couseuse n. f.

cousin, e n.

cousinage n. m.

cousiner v. int.

coussin n. m.

coussinet n. m.

cousu, e adj. *Ils sont cousus d'or. Des articles cousus main.* ♦ N. *C'est du cousu main.*

coût [kou] n. m. *Le coût de production.* ♦ HOM. → cou.

coûtant adj. m. *Des articles vendus à prix coûtant.*

couteau n. m. *Des couteaux. Des pommes à couteau. Être à couteaux tirés. Des couteaux à cran d'arrêt. Un laguiole, un Opinel, un Pradel.*

couteau-poignard n. m. *Des couteaux-poignards.*

couteau-scie n. m. *Des couteaux-scies.*

coutelas [-la] n. m.

coutelier, ère n.

coutellerie n. f.

coûter v. int. et t. *Coûte que coûte.* ♦ → tableau PARTICIPE PASSÉ III, F, 10°, p. 924.

coûteusement adv.
coûteux, euse adj.
coutil [-ti] n. m.
coutre n. m.
coutume n. f. *Ils font ainsi de coutume.*
coutumier, ère adj. *Elle est coutumière du fait. Le droit coutumier.* ♦ N. m. *Le coutumier de Champagne.*
couture n. f. *Maison de couture; battre à plate couture; des coutures sellier; des coutures main; la haute couture; la couture création; un travail sans couture.*
couturé, e adj.
couturier, ère n. *La répétition des couturières.* ♦ Adj. *Le muscle couturier.*
couvade n. f.
couvain n. m.
couvaison n. f.
couvée n. f.
couvent [-van] n. m. (maison religieuse). ♦ HOM. *couvant* (partic. prés. du v. couver). ♦ Homographe hétérophone : *les poules couvent* [kouv'] (v. couver).
couventine n. f.
couver v. t. et int.
couvercle n. m.
couvert, e adj. *Parler à mots couverts; ils sont couverts de honte.* ♦ N. m. *Le vivre et le couvert* (l'abri); *service à couvert; sous (le) couvert de; ils sont à couvert.* ♦ N. f. *Cette faïence n'a pas eu sa couverte.*
couverture n. f. *Des couvertures de livre.*
couvet n. m. (chaufferette).
couveuse n. f. et adj. f.
couvi adj. m.
couvoir n. m.
couvrant, e adj.
couvre-chef n. m. *Des couvre-chefs.*
couvre-feu n. m. *Des couvre-feux.*
couvre-joint n. m. *Des couvre-joints.*
couvre-lit n. m. *Des couvre-lits.*
couvre-livre n. m. *Des couvre-livres.*
couvrement n. m.
couvre-nuque n. m. *Des couvre-nuques.*
couvre-objet n. m. *Des couvre-objets.*
couvre-pied(s) n. m. *Des couvre-pieds.*
couvre-plat n. m. *Des couvre-plats.*
couvreur, euse n.
couvrir v. t. Conjug. 61.
couvrure n. f.
covalence n. f.
covalent, e adj.
covariance n. f.

covariant, e adj.
covelline n. f.
***covenant** = association de défense; obligation (écon.).
covendeur, euse n.
***coverage** = couverture (spat.).
***covered market** = halle (urb.).
***covered passageway** = passage couvert (urb.).
***cover-girl** n. f. = fille de couverture. *Des cover-girls.*
covoiturage n. m.
covolume n. m.
***cow-boy** n. m. = gardien de bétail. *Des cow-boys.*
cowper [kopœr'] n. m.
***cow-pox** n. m. inv. = vaccine.
coxal, ale, aux adj.
coxalgie n. f.
coxalgique adj. et n.
coxarthrose n. f.
coyau [ko-yo] n. m. *Des coyaux.*
coyote [ko-yot'] n. m.
C.Q.F.D. loc. Ce qu'il fallait démontrer.
crabe n. m.
crabier n. m.
crabot → clabot.
crabotage → clabotage.
craboter → claboter.
crabron n. m. (insecte).
crac ! interj. ♦ HOM. → crack.
crachat [-cha] n. m.
craché, e adj.
crachement n. m.
cracher v. t. et int.
cracheur, euse adj. et n.
crachin n. m.
crachiner v. impers.
crachoir n. m.
crachotant, e adj.
crachotement n. m.
crachoter v. int.
crachouiller v. int.
crack n. m. = (as, champion). ♦ HOM. *crac !* (interj.), il *craque* (v.), *krak* (château fort des croisés), *krach* (débâcle financière), *crack (cocaïne), une *craque* (mensonge).
***crack** n. m. = coup de fouet; drogue à base de cocaïne à fumer. ♦ HOM. → crack.
cracker [-keur'] n. m. (petit biscuit salé).
***cracking** = craquage (pétr.).
***cracking plant** = craqueur (pétr.).
cracovienne n. f. *La cracovienne se dansa au XIXᵉ siècle. Une Cracovienne* (habitante de Cracovie).

cracra adj. inv.
cradingue, crado ou **cradot** adj. inv. en genre.
craie n. f. *Des bâtons de craie.* ♦ HOM. *crêt* (sommet jurassien), il *crée* (v.).
crailler [kra-yé] v. t.
craindre v. t. Conjug. 41. *Les conséquences que vous avez craintes. Ils se sont craints.*
crainte n. f. *De crainte qu'on ne les voie.*
craintif, *ive* adj. et n.
craintivement adv.
crambe ou **crambé** n. m.
cramcram [kram'kram'] n. m.
cramer v. t. et int.
cramine n. f. (froid).
cramique n. m. (pain).
cramoisi, *e* adj. *Une soie cramoisie.*
♦ N. m. *Le cramoisi est une teinture.*
♦ → tableau COULEURS A, p. 884.
crampe n. f.
crampillon n. m.
*****cramp (iron)** = clameau (déf.).
crampon n. m.
cramponnement n. m.
cramponner v. t.
cran n. m. *Ils sont à cran.*
crâne n. m. et adj.
crânement adv.
crâner v. int.
crânerie n. f.
crâneur, *euse* adj. et n.
craniectomie n. f.
crânien, *enne* adj.
craniologie n. f.
craniopharyngiome n. m.
craniosténose n. f.
cranter v. t.
Craon [kran] (ville).
crapahutage n. m.
crapahuter v. int.
crapaud n. m.
crapaud-buffle n. m. *Des crapauds--buffles.*
crapaudière n. f.
crapaudine n. f.
crapauduc n. m.
crapette n. f.
crapoter v. int.
crapoteux, *euse* adj.
crapouillot n. m.
craps [-aps'] n. m.
crapule n. f.
crapulerie n. f.
crapuleusement adv.
crapuleux, *euse* adj.
craquage n. m.
craquant, *e* adj.
craque n. f. ♦ HOM. → *crack*.
craquée n. f.
craquelage n. m.
craquelé, *e* adj.
craquèlement ou **craquellement** n. m.
craqueler v. t. *Il craquelle.* Conjug. 13.
craquelin n. m.
craquelure n. f.
craquement n. m.
craquer v. int. et t. *Les allumettes qu'il a craquées.*
craqueter v. int. *Il craquette.* Conjug. 14.
craquettement ou **craquètement** n. m.
craqueur n. m.
crase n. f.
*****crash** n. m. = fracas, scandale, atterrissage train rentré, chute, écrasement. (Le verbe « se crasher » n'est pas français : à remplacer par « s'écraser ».)
*****crash recorder** = enregistreur d'accident (transp.).
*****crash test** = essai de choc.
*****crashworthiness** = résistance à l'écrasement (déf.).
craspec adj. inv.
crassane n. f. *Des poires passe-crassane.*
crassat n. m.
crasse n. f. *Les crasses du haut fourneau.*
♦ Adj. f. *Une ignorance crasse.*
crasseux, *euse* adj.
crassicaule adj.
crassier n. m.
crassilingue adj.
crassula n. f. *Des crassulas.*
crassulacée n. f.
craste n. f.
cratægus [-tégus'] n. m.
cratère n. m.
craterelle n. f.
cratériforme adj.
cratérisé, *e* adj.
-cratie → -archie.
craton n. m.
cratophanie n. f.
cravache n. f.
cravacher v. t.
cravate n. f.
cravater v. t. et int.
cravaterie n. f.
crave n. m.

craw-craw ou **crow-crow** [krokro] n. m. inv.

crawl [krol'] n. m.

crawlé, e [krolé] adj.

crawler [krolé] v. int.

crawleur, euse [kro-] n.

*****crawling peg (system)** = (parité à) crémaillère (écon.).

crayeux, euse adj.

crayon n. m.

crayon-feutre n. m. *Des crayons-feutres.*

crayonnage n. m.

crayonné n. m.

crayonner v. t. et int.

crayonneur, euse n.

créance n. f. *Des lettres de créance.*

créance-née n. f. *Des créances-nées.*

créancier, ère n.

créateur, trice n. et adj. Spécialt : *le Créateur* (Dieu).

créatif, ive adj. et n.

créatine n. f.

créatinine n. f.

création n. f. En religion, pour la création du monde : *la Création.*

créationnisme [-is-] n. m.

créationniste adj. et n.

créatique n. f.

créativité n. f.

créature n. f.

crécelle n. f.

crécerelle n. f. (oiseau).

crèche n. f.

crécher v. int.

crédence n. f.

crédibiliser v. t.

crédibilité n. f. → crédulité.

crédible adj.

crédirentier, ère n. et adj.

crédit n. m. *Des cartes de crédit; crédit à court terme, à moyen terme, à long terme; crédit de campagne. Le crédit municipal; lettre de crédit; ouverture de crédit; faire crédit; mettre à crédit; acheter à crédit; des crédits d'engagement, de paiement, d'avance. Un crédit relais. Le Crédit foncier de France, le Crédit agricole* (raisons sociales). Exceptionnellement, par tradition, on met la majuscule à l'adjectif pour *le Crédit Lyonnais.*

crédit-bail n. m. *Des crédits-bails.*

*****credit crunch** = resserrement de crédit (écon.).

créditer v. t.

créditeur, trice n. et adj.

credo n. m. inv. En lat., le premier mot du symbole des Apôtres est : *Credo* (je crois); dans ce sens propre, s'écrit avec une majuscule. *Les fidèles récitaient le Credo.* Au sens figuré, s'écrit avec une minuscule. *Ce manifeste était leur credo politique.*

crédule adj.

crédulement adv.

crédulité n. f. (facilité à croire). ♦ Ne pas confondre avec *crédibilité* (ce qui rend croyable).

*****creed** n. m. = téléscripteur, téléimprimeur.

créer v. t. *Je crée, nous créons, je créerai (s).* Conjug. 16.

crémage n. m.

crémaillère n. f.

crémant adj. et n. m. *Un champagne crémant.*

crémation n. f.

crématiste adj. et n.

crématoire adj.

crématorium [-ryom'] n. m. *Des crématoriums.*

crème n. f. *Une crème glacée; de la crème fraîche.* ♦ HOM. *chrême* (huile consacrée).

crémer v. int. *Il crème, il crémait, il crémera(it).* Conjug. 10.

crèmerie ou **crémerie** n. f.

crémeux, euse adj.

crémier, ère n.

crémone n. f.

crénage n. m.

créneau n. m. *Des créneaux.*

crénelage n. m.

crénelé, e adj.

créneler v. t. *Il crénelle.* Conjug. 13.

crénelure n. f.

créner v. t. *Je crène, nous crénons, je crénerai(s).* Conjug. 10.

crénologie n. f.

crénom ! interj.

crénothérapie n. f.

créodonte n. m.

créole adj. et n. *Cette créole parle le créole.* → outre-mer.

créolisation n. f.

créoliser v. t. et pr.

créolisme [-is-] n. m.

créolophone adj. et n.

créosol n. m.

créosotage n. m.

créosote n. f.

créosoter v. t.

crêpage n. m.
crêpe n. m. (tissu ondulé; voile noir; caoutchouc brut). *Du crêpe Georgette, du crêpe marocain, du crêpe schappe, du crêpe Annam.* ♦ N. f. (galette mince). *Les crêpes de la Chandeleur.*
crêpé, e adj. *Une chevelure crêpée.*
crêpelé, e adj.
crêpelu, e adj.
crêpelure n. f.
crêper v. t.
crêperie n. f.
crépi, e adj. et n. m. *Une muraille crépie.*
crépide n. f. (chaussure; mur de quai).
crêpier, ère n.
crépine n. f.
crépinette n. f.
crépins n. m. pl.
crépir v. t. du 2ᵉ gr. Conjug. 24.
crépissage n. m.
crépissure n. f.
crépitation n. f.
crépitement n. m.
crépiter v. int.
crépon n. m.
crépu, e adj. *Des cheveux crépus.*
crépure n. f.
crépusculaire adj.
crépuscule n. m.
crescendo [-chèndo] n. m. *Des crescendos.*
*****crescendo** (ital.) adv. = en croissant.
crésol n. m.
cresson [krè-] n. m. *Du cresson de fontaine, du cresson alénois.*
cressonnette n. f.
cressonnière n. f.
crésus [-zus'] n. m. (qui est riche comme l'était *Crésus,* roi de Lydie).
Crésyl [-zil'] n. m. déposé inv. → grésil.
crêt n. m. ♦ HOM. → craie.
crétacé, e adj. et n. m.
crête n. f. *Ligne de crête; crête de coq.* ♦ HOM. *Crète* (île grecque).
crêté, e adj.
crête-de-coq n. f. (plante; maladie). *Des crêtes-de-coq.*
crêteler v. int. *Elle crêtelle.* Conjug. 13.
crételle n. f. (plante).
crétin, e n.
crétinerie n. f.
crétinisant, e adj.
crétinisation n. f.
crétiniser v. t.
crétinisme [-is-] n. m.

crétois, e adj. *Un palais crétois.* ♦ N. *Une Crétoise* (femme de Crète). *Le crétois était un dialecte grec.*
cretonne n. f.
creusement ou **creusage** n. m.
creuser v. t.
creuset n. m.
creusois, e adj. et n. (de la Creuse).
creusure n. f.
Creutzfeld-Jakob (maladie de) loc. f.
creux, euse adj. *Chemin creux; avoir le nez creux; un compteur heures creuses.* ♦ N. m. *Un petit creux; le creux des vagues.* ♦ Adv. *Ces barriques sonnent creux.*
crevaison n. f.
crevant, e adj.
crevard n. m.
crevasse n. f.
crevasser v. t. et int.
crève n. f.
crevé n. m.
crève-cœur n. m. inv.
crève-la-faim n. inv.
crever v. t. et int. *Il crève, nous crevons, il crèvera(it).* Conjug. 15.
crevette n. f.
crevettier n. m.
crève-vessie n. m. *Des crève-vessie(s).*
crevoter v. int.
crevure n. f.
*****crew** = équipage (transp., déf.).
cri n. m. *Des cris de détresse, de douleur, de guerre, de joie; à cor et à cri; à grands cris; pousser les hauts cris; des toilettes dernier cri.* ♦ HOM. *il crie* (v.), *un cric* (outil).
criaillement [kri-ay'man] n. m.
criailler [kri-a-yé] v. int.
criaillerie [kri-ay'ri] n. f.
criailleur, euse [kri-ay'eur', eûz'] adj. et n.
criant, e adj.
criard, e adj. et n.
*****crib** n. m. = séchoir à maïs.
criblage n. m.
crible n. m. *Le crible d'Ératosthène.*
cribler v. t.
cribleur n. m.
criblure n. f.
cric! interj. *Cric crac!* ♦ HOM. → crique.
cric [kri ou krik'] n. m. ♦ HOM. → cri; crique.
cricket [-kèt'] n. m.
cricoïde adj.
cricri n. m. *Des cricris.*

criée n. f.
crier v. int. et t. *Crier famine, misère, vengeance.* Conjug. 17.
crieur, euse n.
crime n. m.
criminalisation n. f.
criminaliser v. t.
criminaliste n.
criminalistique adj. et n. f.
criminalité n. f.
criminel, elle adj. et n.
criminellement adv.
criminogène adj.
criminologie n. f.
criminologiste ou **criminologue** n.
crin n. m. *Un matelas de crin; à tous crins.* ♦ HOM. il **craint** (v. craindre).
crincrin n. m.
crinière n. f.
crinoïde n. m.
crinoline n. f.
criocère n. m.
crique n. f. (petite baie). ♦ HOM. **cric!** (interj.), un **cric** de voiture (outil).
criquet n. m. *Le criquet pèlerin.*
crise n. f. *Une crise d'appendicite, de cystite, d'épilepsie, de goutte, de paludisme; une crise de nerfs, de rhumatismes.*
crispant, e adj.
crispation n. f.
crisper v. t.
crispin n. m. *Des gants à crispin.*
criss ou **kriss** n. m. (poignard malais). ♦ HOM. il **crisse** (v.).
crissement n. m.
crisser v. int.
cristal n. m. *Des cristaux. Du cristal de Baccarat, de roche. De l'eau de cristaux. Les cristaux liquides peuvent être nématiques, smectiques ou cholestériques.*
cristallerie n. f.
cristallin, e adj. et n. m.
cristallinien, enne adj.
cristallisable adj.
cristallisant, e adj.
cristallisation n. f.
cristallisé, e adj.
cristalliser v. t. et int.
cristallisoir n. m.
cristallite n. f.
cristallochimie n. f.
cristallochimique adj.
cristallogenèse n. f.
cristallographe n.
cristallographie n. f.
cristallographique adj.
cristalloïde adj.
cristallomancie n. f.
cristallophyllien, enne adj.
criste-marine n. f. *Des cristes-marines.* L'Acad. écrit aussi CHRISTE-MARINE.
cristobalite n. f.
cristophine n. f.
critère n. m.
critérium [-ryom'] n. m. *Des critériums.*
crithme ou **crithmum** [-mom'] n. m. *Des crithmums.*
criticailler v. t.
*****critical flow depth** = tirant d'eau critique (agr.).
*****critical heat flux** = densité de flux thermique critique, flux critique (nucl.).
*****critical heat flux ratio** = rapport de flux thermique critique (nucl.).
*****criticality** = criticité (nucl.).
*****critical velocity** = vitesse critique.
criticisme [-is-] n. m.
criticiste adj. et n.
criticité n. f.
critiquable adj.
critique adj. *Une période critique; des éditions critiques.* ♦ N. m. (celui qui porte un jugement). *Un critique impitoyable.* ♦ N. f. (art de juger une œuvre; blâme; ensemble des critiques; celle qui porte un jugement). *La critique est aisée.*
critiquer v. t.
critiqueur, euse n.
croassement n. m.
croasser v. int. → coasser.
croate adj. *Les revendications croates.* ♦ N. *Un/une Croate* (de Croatie). *Parler le croate.*
croc [kro] n. m. (crochet). ♦ HOM. **crot** (pot à résine de pin).
croc-en-jambe [krokan-] n. m. *Des crocs-en-jambe* [krokan-].
croche n. f.
croche-patte n. m. *Des croche-pattes.*
croche-pied n. m. *Des croche-pieds.*
crocher v. t.
crochet n. m. *Elle fait des couvertures au crochet. Un crochet radiophonique. Vivre aux crochets d'un autre.*
crochetable adj.
crochetage n. m.
crocheter v. t. *Il crochète.* Conjug. 12.
crocheteur n. m. *Un crocheteur de serrures.*

crochon n. m.
crochu, e adj.
croco n. m.
crocodile n. m.
crocodilien n. m. *Les crocodiliens sont :* l'alligator, le caïman, le crocodile, le gavial.
crocus [-kus'] n. m.
crohot n. m.
croire v. t. et int. Conjug. 42. *Croire à la parole donnée ; croire en Dieu.*
Accord du participe passé. ♦ V. t. *Ces témoins, je les ai crus. Voici les lettres que j'ai crues* (j'avais confiance en ce qu'elles disaient). *Elle a cru qu'elle était perdue.* ♦ V. int. *Elle est plus âgée que je ne l'aurais cru. Voici les lettres que j'ai cru venir de toi* (j'ai cru qu'elles venaient de toi). ♦ V. pr. *Ils se sont cru libres* (ils ne se sont pas crus, ils ont cru qu'ils étaient libres). *Ils se sont cru à l'abri du danger.*
♦ Quelquefois, deux accords sont possibles. *Elle s'est cru(e) forte, trompée, indépendante, obligée, autorisée, fondée, forcée, tenue...* → tableau PARTICIPE PASSÉ IV, F, a, p. 929.
croisade n. f. *La troisième croisade.*
croisé, e adj. *Des feux croisés. Ils sont de sangs croisés.* ♦ N. m. *L'armée des croisés devant Jérusalem. Le croisé d'un tissu.* ♦ N. f. *À la croisée des chemins. Les vitres de la croisée.*
croisement n. m.
croiser v. t. et int. *Il (se) croise les bras.*
croisette n. f. ♦ HOM. cap de la *Croisette*, promenade de la *Croisette*.
croiseur n. m.
croisière n. f. *Des vitesses de croisière.*
croisiériste n.
croisillon n. m.
croissance n. f. *Des taux de croissance ; la croissance zéro.*
croissant, e adj. *Des grandeurs croissantes.* ♦ N. m. *Le croissant de l'Islam.* ♦ Partic. prés. *Les difficultés vont croissant.*
Croissanterie n. f. déposé inv.
croît n. m. (augmentation). *Le croît d'un troupeau.* ♦ HOM. → croix.
croître v. int. Conjug. 43. Sauf pour les participes *crue, crus* et *crues*, l'accent circonflexe distingue ce verbe des formes homophones du verbe *croire*.
croix n. f. *La croix de guerre ; la croix d'honneur ; la croix gammée ; la croix latine ; la croix de Lorraine ; la croix de Saint-André en X ; la croix de Saint-Antoine ou tau ; la croix de la Libération ; la croix du Combattant ; la croix de Malte ; la grand-croix de.* On met la majuscule pour désigner l'authentique instrument du supplice de Jésus-Christ (*Rubens a peint une magnifique descente de Croix*), mais non sa figuration (*Le prêtre prit la croix sur l'autel*). *La sainte Croix ; le chemin de croix. La Croix-Rouge ; la Croix du Sud ; les Croix-de-Feu ; la Croix-Rousse ; le journal « La Croix ».* → décoration. ♦ HOM. je *crois* (v. croire), il *croît* (v. croître), le *croît* (accroissement).

crolle n. f.
crollé, e adj.
Cromalin n. m. déposé inv.
cromlech [-lèk'] n. m.
cromorne n. m.
*****crooner** n. m. = chanteur murmurant, chanteur de charme.
croquant, e adj. et n. m.
croque-au-sel (à la) loc. adv.
croque-haché [-kaché] n. m. (proposé pour **hamburger*). *Des croque-hachés.*
croque-madame n. m. inv.
croquembouche n. m.
croque-mitaine n. m. *Des croque-mitaines.*
croque-monsieur n. m. inv.
croque-mort n. m. *Des croque-morts.*
croquenot n. m.
croque-note n. m. *Des croque-notes.*
croquer v. t. et int. *Belle à croquer.*
croquet n. m.
croquette n. f.
croqueur, euse adj. et n.
croquignole n. f.
croquignolet, ette adj.
croquis [-ki] n. m.
croskill n. m.
crosne [kron'] n. m.
*****cross-country** ou **cross** n. m. = course à pied en terrain varié. *Des cross-countries.*
*****cross couponing** = couponnage croisé (écon.).
*****cross currency swap** = crédit croisé (écon.).
*****cross default** = défaut croisé (écon.).
*****cross default clause** = clause de défaillance envers les tiers (écon.).
crosse n. f.
crossé adj.
crosser v. t.
crossette n. f.

*cross fading = fondu enchaîné (cin.).
*cross finger = (greffe) à doigts croisés (méd.).
*crossing over = enjambement (méd.).
*crossman = coureur de cross-country. *Des crossmen.*
*cross matching = épreuve croisée (méd.).
crossoptérygien n. m.
*cross polarization data = donnée en polarisations croisées (spat.).
*cross section = section efficace (nucl.).
*cross-servicing = aide mutuelle, soutien logistique mutuel (déf.).
*cross-talk = intermodulation (spat.).
crot [kro] n. m. ♦ HOM. → croc.
crotale n. m.
croton n. m.
crotte n. f. *Couvert de crotte; une crotte de chocolat.* ♦ Interj. *Crotte!*
crotté, e adj.
crotter v. int. et t.
crottin n. m.
croulant, e adj. et n.
croule n. f.
crouler v. int.
croup [-oup'] n. m.
croupade n. f.
croupe n. f. *Ils montaient en croupe.*
croupetons (à) loc. adv.
croupi, e adj.
croupier n. m.
croupière n. f.
croupion n. m.
croupir v. int. du 2ᵉ gr. Conjug. 24.
croupissant, e adj.
croupissement n. m.
croupon n. m.
crousille n. f.
croustade n. f.
croustillant, e adj.
croustiller v. int.
croustilles n. f. pl.
croustilleux, euse adj.
croûte n. f.
croûter v. int.
croûteux, euse adj.
croûton n. m.
crow-crow → craw-craw.
*crowding = rétraction (méd.).
*crown block = moule fixe (pétr.).
*crown-glass ou crown n. m. inv. = verre d'optique.
croyable adj.
croyance n. f. *Cela passe toute croyance.*
croyant, e adj. *Elles sont croyantes.* ♦ N. *Les croyants et les incroyants.* ♦ Partic. prés. *Il ferma, croyant bien faire.*
C.R.S. sigle f. Compagnie républicaine de sécurité. ♦ N.m. *Un C.R.S.* (policier membre d'une C.R.S.).
cru, e adj. *De la viande crue; des couleurs crues.* ♦ N. m. (terroir). *Des vins d'un bon cru. Ce sont de bons crus. Toute cette histoire est de son cru. Toute cette histoire est de son cru; monter un cheval à cru* (loc. adv.). ♦ HOM. il l'a *cru* (v. croire), il a *crû* (v. croître), une rivière en *crue*.
cruauté n. f.
cruche n. f.
cruchon n. m.
crucial, ale, aux adj.
crucifère adj. et n. f.
crucifèracée n. f.
crucifié, e adj.
crucifiement n. m.
crucifier v. t. Conjug. 17.
crucifix [-fi] n. m.
crucifixion n. f.
cruciforme adj.
cruciverbiste n.
crude ammoniac loc. m. *Des crudes ammoniacs.*
crudité n. f.
crue n. f. *La crue d'un cours d'eau.* ♦ HOM. → cru.
cruel, elle adj.
cruellement adv.
cruenté, e adj.
*cruise missile = missile de croisière (déf.).
*cruiser n. m. = petit yacht de croisière.
crûment adv.
cruor n. m.
crural, ale, aux adj.
*crusher n. m. = manomètre à écrasement.
*crush injury = lésion par écrasement (méd.).
crustacé n. m.
cruzado [krou-] n. m. (ancienne monnaie du Brésil).
cruzeiro [krouzéy-ro] n. m. (unité monétaire du Brésil).
Crylor n. m. déposé inv.
cryo- Préfixe issu du grec *kruos* (froid). S'énonce en deux syllabes [kri-yo].
cryoalternateur n. m.
cryobiologie n. f.

cryochirurgie n. f.
cryoclastie n. f.
cryoconduc*teur, trice* adj.
cryoconservation n. f.
cryodessiccation n. f.
cryogène adj.
cryogénie n. f.
cryogénique adj.
cryogénisation n. f.
cryolite ou cryolithe n. f.
cryologie n. f.
cryologue n.
cryoluminescence n. f.
cryométrie n. f.
cryophysique n. f.
cryoprécipité n. m.
cryoprotec*teur, trice* adj.
cryoscopie n. f.
cryostat n. m.
cryotechnique n. f.
cryotempérature n. f.
cryothérapie n. f.
cryotron n. m.
cryoturbation n. f.
cryptage n. m.
crypte n. f.
crypter v. t.
cryptique adj.
crypto- → tableau PRÉFIXES C, p. 942. *Un cryptocapitalisme; des cryptocommunistes.*
cryptobiose n. f.
cryptocommuniste adj. et n.
cryptogame adj. et n. m. → cryptogramme.
cryptogamie n. f.
cryptogamique adj.
cryptogénétique adj.
cryptogramme n. m. (message secret). ♦ Ne pas confondre avec *cryptogame* (embranchement végétal).
cryptographe n. m.
cryptographie n. f.
cryptographier v. t. Conjug. 17.
cryptographique adj.
cryptomeria n. m. *Des cryptomerias.*
cryptophyte adj. et n. f.
cryptorchidie [-kidi] n. f.
cryptotélégraphie n. f.
cryptotélégraphique adj.
C.S.A. sigle m. Conseil supérieur de l'audiovisuel.
csardas ou czardas n. f.
cténaire n. m.

cténophore n. m.
C.U. sigle m. Code de l'urbanisme.
cuadro [kwa-] n. m.
cubage n. m.
cubain, e adj. *La population cubaine.* ♦ N. *Les Cubains.*
cubature n. f.
cube n. m. *Jeu de cubes. Des mètres cubes (m^3).*
cubèbe n. m.
cuber v. t.
cubicité n. f.
cubilot n. m.
cubique adj.
cubisme [-is-] n. m.
cubiste adj. et n.
*cubitainer n. m. = cubiteneur, caisse-outre.
cubit*al, ale, aux* adj.
cubiteneur n. m.
cubitière n. f.
cubitus [-tus] n. m.
cuboïde adj. et n. m.
cucaracha [koukaratcha] n. f.
cucu adj. inv. en genre. *Elles sont cucus.*
cuculle n. f.
cucurbitacée n. f.
cucurbitain ou cucurbitin n. m.
cucurbite n. f.
cucuterie n. f.
cueillage n. m.
cueillaison n. f.
cueillette [keuyèt'] n. f.
cueill*eur, euse* [keuyeur', -yeûz'] n.
cueillir [keuyir'] v. t. Conjug. 44. *Que de roses elle a cueillies!*
cueilloir [keuywar'] n. m.
*cuesta (esp.) n. f. = côte.
*cueva (esp.) n. f. = cave; cabaret en sous-sol.
cui-cui n. m. inv.
cuillère ou cuiller [kuiyèr'] n. f. *En deux coups de cuillère à pot.*
cuillerée n. f.
cuilleron n. m.
cuir n. m. *Entre cuir et chair.* ♦ HOM. cuire (v.).
cuirasse n. f.
cuirassé, e adj. et n. m. → cuirassier.
cuirassement n. m.
cuirasser v. t.
cuirassier n. m. (soldat). ♦ Ne pas confondre avec le *cuirassé* (navire).
cuire v. t. Conjug. 37. *Il va vous en cuire. Un dur à cuire, des durs à cuire.* ♦ HOM. → cuir.

cuisant, e adj.
cuiseur n. m.
cuisine n. f. *Des batteries de cuisine; des livres de cuisine; des cuisines roulantes.*
cuisiné, e adj.
cuisiner v. int. et t.
cuisinette n. f.
cuisinier, ère n.
cuisiniste n.
cuissage n. m.
cuissard n. m.
cuissardes n. f. pl.
cuisse n. f. *Se croire sorti de la cuisse de Jupiter.*
cuisseau n. m. *Des cuisseaux. Un cuisseau de veau* (le mot *cuisseau* ne s'emploie guère que pour cet animal). ♦ HOM. *cuissot* (pour le gibier de vénerie).
cuisse-madame n. f. *Des cuisses-madame.*
cuissettes n. f. pl.
cuisson n. f.
cuissot n. m. *Un cuissot de chevreuil, de cerf, de sanglier...* ♦ HOM. → cuisseau.
cuistot, e n.
cuistre n. m.
cuistrerie n. f.
cuit, e adj. *C'est du tout cuit.* ♦ N. f. *La cuite d'un sirop. Prendre une cuite.*
cuitée n. f.
cuiter (se) v. pr. *Ils se sont cuités.*
cuivrage n. m.
cuivre n. m. *Figures gravées sur cuivre; des minerais de cuivre. Une fanfare avec ses cuivres.* ♦ Adj. inv. *Des cheveux cuivre.*
cuivré, e adj.
cuivrer v. t.
cuivrerie n. f.
cuivreux, euse adj.
cuivrique adj.
cul [ku] n. m. *Ils font cul sec. Des faux culs.*
culard, e n.
culasse n. f.
cul-bénit [kubéni] n. *Des culs-bénits.*
cul-blanc [ku-] n. m. (oiseau). *Des culs-blancs.*
culbutage n. m.
culbute n. f.
culbutement n. m.
culbuter v. t. et int.
culbuteur n. m. *Un moteur deux cylindres (à) culbuteurs.*

cul-de-basse-fosse [ku-] n. m. *Des culs-de-basse-fosse.*
cul-de-bouteille [ku-] adj. inv. *Des manteaux cul-de-bouteille.* ♦ N. m. pl. *Des culs-de-bouteille* (verres cassés fixés sur un mur).
cul-de-four [ku-] n. m. (voûte). *Des culs-de-four.*
cul-de-jatte [ku-] n. (personne sans jambes). *Des culs-de-jatte.*
cul-de-lampe [ku-] n. m. (ornement). *Des culs-de-lampe.*
cul-de-porc [ku-] n. m. *Des culs-de-porc.*
cul-de-poule [ku-] n. m. (bassine; renflement; moue). *Des culs-de-poule.* Précédé de « en », il s'agit de la loc. adj., sans traits d'union. *Un arrière de navire en cul de poule.*
cul-de-sac [ku-] n. m. (impasse). *Des culs-de-sac.*
cul-doré [ku-] n. m. (bombyx). *Des culs-dorés.*
culdoscopie n. f.
culée n. f.
culer v. int.
culeron n. m.
culex n. m. (moustique).
culière n. f.
culinaire adj.
culinographe n.
culminant, e adj.
culmination n. f.
culminer v. int.
cul-nu [ku-] n. m. (gueux). *Des culs-nus.*
culot n. m. *Des culots de centrifugation.*
culottage n. m.
culotte n. f. S'emploie indifféremment au sing. ou au pl. *Photographié en culotte(s) courte(s). Des culottes de peau* (vieux militaires).
culotté, e adj.
culotter v. t.
culottier, ère n.
culpabilisant, e adj.
culpabilisation n. f.
culpabiliser v. t.
culpabilité n. f.
culte n. m. *Cultes de latrie* (à Dieu), *d'hyperdulie* (à la Vierge), *de dulie* (aux anges et aux saints).
cultéranisme → cultisme.
cul-terreux [ku-] n. m. *Des culs-terreux.*
cultisme ou **cultéranisme** [-is-] n. m.
cultivable adj.
cultivar n. m.

cultiva*teur, trice* adj. et n.
cultiv*é, e* adj.
cultiver v. t.
cultu*el, elle* adj. → culturel.
cultur*al, ale, aux* adj. → culturel.
culturalisation n. f.
culturaliser v. t.
culturalisme [-is-] n. m.
culturaliste n.
culturalité n. f.
culture n. f. *Culture de masse; des bouillons de culture; le ministère de la Culture.*
cultur*el, elle* adj. (de la culture intellectuelle). ♦ Ne pas confondre avec *cultural* (de l'agriculture) ou *cultuel* (du culte).
culturellement adv.
culturisme [-is-] n. m.
culturiste n. et adj.
culturologie n. f.
cumin n. m.
cumul n. m.
cumulable adj.
cumular*d, e* n.
cumulateur n. m.
cumulat*if, ive* adj.
cumulativement adv.
cumuler v. t. et int.
cumulet n. m.
cumulo-dôme n. m. *Des cumulo-dômes.*
cumulonimbus [-bus'] n. m.
cumulostratus [-tus'] n. m.
cumulo-volcan n. m. *Des cumulo-volcans.*
cumulus [-lus'] n. m.
cunéiforme adj. *Une écriture cunéiforme.* ♦ N. m. *Les cunéiformes du tarse.*
cunette n. f.
cuniculiculture ou cuniculture n. f.
cunnilinctus ou cunnilingus [-us'] n. m.
*cup = cupule (méd.).
cupide adj.
cupidement adv.
cupidité n. f.
cupressacée n. f.
cupressus [-sus'] n. m.
cuprifère adj.
cuprique adj.
cuprite n. f.
cuproalliage n. m.
cuproaluminium [-nyom'] n. m.
cuproammoniaque n. f.
cuproammoniac*al, ale, aux* adj.

cupronickel n. m.
cupule n. f.
cupulifère n. f.
cupuliforme adj.
curabilité n. f.
curable adj.
curaçao [-raso] n. m.
curage n. m.
curaillon ou cureton n. m.
curare n. m.
curarisan*t, e* adj.
curarisation n. f.
curatelle n. f.
curat*eur, trice* n.
curat*if, ive* adj.
curculionidé n. m.
curcuma n. m.
cure n. f. *Des établissements de cure. N'en ayez cure. Ils n'ont eu cure.*
curé n. m. (prêtre). ♦ HOM. la *curée* (lutte pour un partage), *curer* (v.).
cure-dent(s) n. m. *Des cure-dents.*
curée n. f. ♦ HOM. → curé.
cure-ongle(s) n. m. *Des cure-ongles.*
cure-oreille n. m. *Des cure-oreilles.*
cure-pipe(s) n. m. *Des cure-pipes.*
curer v. t. ♦ HOM. → curé.
curetage ou curettage n. m.
cureter v. t. *Il curette.* Conjug. 14.
cureton → curaillon.
curette n. f.
cur*eur, euse* n.
curi*al, ale, aux* adj.
curie n. f. *La curie romaine.* ♦ N. m. (unité de mesure : 3 *curies* ou 3 *Ci*). ♦ HOM. Pierre et Marie *Curie,* le point de *Curie* (température), *curry* (condiment).
curiethérapie n. f.
curieusement adv.
curi*eux, euse* adj. et n.
curion n. m.
curiosité n. f. *Un amateur de curiosités.*
curiste n.
curium [-ryom'] n. m. *Des curiums.*
*curling n. m. = palet sur glace.
*currency linked = option de monnaies (écon.).
*currency swap = échange de devises dues (écon.).
*currentmeter = courantomètre (déf.).
*curriculum vitæ (lat.) loc. m. inv. = carrière de la vie, notice personnelle professionnelle. Souvent abrégé en CURRICULUM *(des curriculums)* [-lom'] ou C.V.

curry, cari, cary ou **carry** n. m. ♦ HOM. → curie; carie.
curseur n. m.
cursif, ive adj. et n. f.
*****cursus** (lat.) n. m. = carrière professionnelle.
curule adj.
curviligne adj.
curvimètre n. m.
cuscutacée n. f.
cuscute n. f.
Cushing (syndrome de) loc. m.
cuspide n. f.
custode n. f.
custom [-tom'] n. m.
*****customer** = client (télécom.).
*****customisation** = adaptation à l'usager, particularisation.
*****cut** = sec, couper sec, montage serré (télé., cin., radio).
cutané, e adj.
*****cut-back** n. m. = bitume routier liquide.
cuti n. f.
cuticule n. f.
cutine n. f.
cuti-réaction n. f. *Des cuti-réactions.*
*****cut-off** = point de coupure (électron.), extinction par commande (spat.).
*****cut off date** = date butoir (écon.).
*****cut off procedures** = procédures de séparation des exercices (écon.).
*****cutter** n. m. = coupeur, trancheur, coupoir, tranchet.
*****cut-through clause** = clause de délégation de réassurance (écon.).
cuvage ou **cuvaison** n. f.
cuve n. f.
cuveau n. m. *Des cuveaux.*
cuvée n. f. (contenu d'une cuve). ♦ HOM. *cuver* (mettre en cuve).
cuvelage n. m.
cuveler v. t. *Il cuvelle.* Conjug. 13.
cuvellement n. m.
cuver v. int. et t. ♦ HOM. → cuvée.
cuvette n. f.
cuvier n. m.
CV sigle m. Unité de puissance fiscale pour un moteur en chevaux-vapeur *(un cheval-vapeur)*.
C.V. sigle m. Curriculum vitæ.
Cx n. m. Coefficient de traînée.
cyan n. m. et adj. inv.
cyanamide n. m. ou f.
cyanhydrique adj.

cyanite n. f.
cyanoacrylate n. m.
cyanobactérie n. f.
cyanogène n. m.
cyanophycée ou **cyanophyte** n. f.
cyanose n. f.
cyanoser v. t.
cyanuration n. f.
cyanure n. m.
cybernation n. f.
cybernéticien, enne n.
cybernétique n. f. et adj.
cybernétiser v. t.
*****cybrid** = cybride (génét.).
cybride n. m.
cycadale n. f.
cycas [-kas'] n. m.
cyclable adj.
cycladique adj.
cyclamate n. m.
cyclamen [-mèn'] n. m. et adj. inv.
cyclane n. m.
cycle n. m. (série de phénomènes; véhicule). *Cycle de Juglar, de Kitchin, de Kuznets.* ♦ HOM. *sicle* (poids ou monnaie chez les Hébreux).
cyclecar n. m.
*****cyclic AMP** = adénosine monophosphate cyclique (agr.).
cyclique adj.
cycliquement adv.
cyclisation n. f.
cycliser v. t.
cyclisme [-si-] n. m.
cycliste adj. et n.
cyclo n. m.
cyclo-cross n. m. inv.
cyclofluoromètre n. m.
cyclohexane n. m.
cycloïdal, ale, aux adj.
cycloïde n. f.
cyclomoteur n. m.
cyclomotoriste n.
cyclonage n. m.
cyclonal, ale, aux adj.
cyclone n. m.
cyclonique adj.
cyclope n. m. (crustacé). ♦ HOM. le géant *Cyclope* (mythologie).
cyclopéen, enne [-pé-in, -pé-èn'] adj.
cyclopentane [-pin-] n. m.
cyclo-pousse n. m. inv.
cyclopropane n. m.

cyclorameur n. m.
cyclosporine → ciclosporine.
cyclostome n. m.
cyclothyme n.
cyclothymie n. f.
cyclothymique adj. et n.
cyclotourisme [-is-] n. m.
cyclotouriste n.
cyclotron n. m.
cygne n. m. *En col de cygne.* ♦ HOM. → signe.
cylindrage n. m.
cylindraxe n. m.
cylindre n. m. *Bureau à cylindre; cylindre de révolution; cylindre à prières.*
cylindrée n. f.
cylindrer v. t.
cylindre-sceau n. m. *Des cylindres--sceaux.*
cylindr*eur, euse* n.
cylindrique adj.
cylindroïde adj.
cymaise → cimaise.
cymbalaire n. f.
cymbale n. f. (plateau de métal). ♦ Ne pas confondre avec *timbale* (tambour demi--sphérique).
cymbali*er, ère* n.
cymbaliste n.
cymbalum ou **czimbalum** [sin-lom'] n. m. *Des cymbalums.*
cyme n. f. ♦ HOM. → cime.
cynégétique adj. et n. f.
cynipidé n. m.
cynique adj. et n.
cyniquement adv.
cynisme [-is-] n. m.
cynocéphale n. m.
cynodrome n. m.
cynoglosse n. f.
cynophile adj. → cinéphile.
cynorhodon ou **cynorrhodon** n. m.
cyon [syon] n. m. ♦ HOM. → scion.
cypéracée n. f.
cypho-scoliose n. f. *Des cypho-scolioses.*
cyphose n. f.
cyphotique adj. et n.
cyprès [-prè] n. m. *Le cipre est le cyprès chauve de Louisiane.*
cyprière n. f. ♦ HOM. → ciprière.
cyprin, *e* n.
cyprinidé n. m.
cypriote ou **chypriote** adj. *Les fouilles cypriotes.* ♦ N. *Le cypriote* (ancien dialecte grec). *Un Cypriote* (habitant de Chypre).
cypris [-is'] n. m.
cyrénaïque adj. *L'école cyrénaïque.* ♦ N. *Un Cyrénaïque* (habitant de l'ancienne Cyrène). *La Cyrénaïque* (province de Libye).
cyrillique adj. → russe.
cystectomie n. f.
cystéine n. f. (acide aminé).
cysticerque n. m.
cystine n. f. (réunion de deux molécules de cystéine).
cystinurie n. f.
cystique adj.
cystite n. f. (inflammation de la vessie).
cystocèle n. f.
cystographie n. f.
cystoïde adj.
cystoscope n. m.
cystoscopie n. f.
cystostomie n. f. → cystotomie.
cystotomie n. f. (incision de la vessie). ♦ Ne pas confondre avec *cystostomie* (abouchement de la vessie à la peau).
cytaphérèse n. f.
cytise n. m. (arbuste).
cytobactériologique adj.
cytobiologie n. f.
cytochrome [-krom'] n. m.
cytodiagnostic n. m.
cytogénétici*en, enne* n.
cytogénétique n. f.
cytokine n. f.
cytologie n. f.
cytologique adj.
cytologiste n.
cytolyse n. f.
cytolytique adj. et n.
cytomégalovirus [-rus'] n. m.
cytopathogène adj.
cytoplasme n. m.
cytoplasmique adj.
cytosine n. f.
cytosol n. m.
cytosquelette n. m.
cytostatique adj. et n. m.
cytotoxique adj.
czar → tsar.
czardas → csardas.
czimbalum → cymbalum.

D

d n. m. inv. ♦ **d** : symbole du préfixe *déci-*. ♦ **D** : symbole du *deutérium*; *cinq cents* en chiffres romains.

d' Élision de la préposition *de* devant une voyelle ou un *h* muet. *Il n'y a pas d'erreur.* → de.

D 2-mac paquet loc. m. Mac = multiplexage analogique des composants avec envoi par rafale ou paquet.

-da Particule qui n'est employée que dans *oui-da!*

dab ou **dabe** n. m. (père).

daba n. f.

dabéma n. m.

daboia n. m.

d'abord loc. adv.

*****da capo** (ital.) = reprendre au début.

d'accord loc. adv.

dace adj. *Les mines daces.* ♦ N. *La Dacie était le pays des Daces.*

dacélo n. m.

dacique adj.

dacite n. f.

dacquois, e adj. et n. (de Dax).

Dacron n. m. déposé inv.

dacryadénite, dacryo-adénite ou **dacryodénite** n. f. *Des dacryo-adénites.*

dacryocystite n. f.

dactyle n. m.

dactylique adj.

dactylo ou **dactylographe** n.

dactylogramme n. m.

dactylographie n. f. Les conseils donnés à l'article ÉCRITURE sont valables en dactylographie. Pour un bon emploi de la machine, il est bon de fabriquer un gabarit sur une feuille de format courant pour savoir, avant de commencer une lettre, une liste ou un tableau, combien on peut faire tenir de caractères dans une ligne, et combien de lignes (avec les interlignages différents de la machine) dans la hauteur de page. Si la machine ne possède pas le chiffre 1, il faut employer la lettre l minuscule et garder le I majuscule pour les chiffres romains. Si une frappe est mauvaise, on ne place pas le bon signe sur le mauvais; rien de tel que cette superposition pour plonger le lecteur dans l'embarras, surtout s'il s'agit d'un chiffre. Il vaut mieux effacer ou même rayer par la barre oblique et donner le bon signe après.

Ces conseils, qui valent pour la machine à écrire mécanique, deviennent inutiles pour le traitement de texte informatique.

dactylographier v. t. Conjug. 17.

dactylographique adj.

dactylologie n. f.

dactyloscopie n. f.

dactyphone n. m. → dictaphone.

dada n. m. (cheval; marotte; mouvement artistique). ♦ Adj. inv. *Le mouvement dada; une exposition dada.*

dadais [-dè] n. m.

dadaïsme [-is-] n. m.

dadaïste adj. et n.

dague n. f.

daguer v. t. Conjug. 4.

daguerréotype n. m.

daguerréotypie n. f.

daguet n. m.

dahabieh [-byè] n. f.

dahir n. m.

dahlia n. m. *Des dahlias.*
dahoméen, enne [-mé-in, -mé-èn'] adj. *Le café dahoméen.* ♦ N. *Une Dahoméenne de Porto-Novo.*
dahu n. m.
daigner v. t.
daim [din] n. m.
daimyo ou **daïmio** n. m.
daine n. f.
***daiquiri** (amér.) n. m. = punch au rhum blanc.
daïra n. f.
dais n. m. ♦ HOM. → dé.
dakin n. m. Souvent appelé *solution* ou *liqueur de Dakin.*
dalaï-lama n. m. *Des dalaï-lamas.*
daleau → dalot.
dalée n. f. (légumineuse). ♦ HOM. *dallé* (couvert de dalles), *daller* (v.).
dallage n. m.
dalle n. f.
dalle (que) ou **dal (que)** loc. adv.
daller v. t. ♦ HOM. → dalée.
dalleur n. m.
dalmate adj. *La côte dalmate.* ♦ N. *Une Dalmate* (de Dalmatie); *parler le dalmate.*
dalmatien n. m. (chien).
dalmatique n. f. (vêtement).
dalot ou **daleau** n. m. *Des daleaux.*
daltonien, enne adj. et n.
daltonisme [-is-] n. m. → diatonisme.
dam [dan] n. m. ♦ HOM. → dans.
damage n. m.
damalisque n. m.
daman n. m.
damas n. m. (étoffe; acier; prune). *La ville de Damas.*
damasquinage n. m.
damasquiner v. t.
damasquineur n. m.
damassé, e adj. et n. m.
damasser v. t.
damassure n. f.
dame n. f. *Des dames de compagnie, de charité; compartiment de dames; jeu de dames; aller à dame; coiffeur (pour) dames; Notre-Dame* (voir ce mot); *la Dame à la licorne; la Dame aux camélias; la Dame de chez Maxim* (comédie inspirée du restaurant *Maxim's*). ♦ Interj. *Dame!*
dame-d'onze-heures n. f. *Des dames-d'onze-heures.*
dame-jeanne n. f. *Des dames-jeannes.*

damer v. t.
dameur, euse adj. et n.
damier n. m.
damnable [dana-] adj.
damnation [danasyon] n. f.
damné, e [dané] adj. et n.
damner [dané] v. t.
damoiseau n. m. *Des damoiseaux.*
damoiselle n. f.
***damper** n. m. = amortisseur.
dan [dan'] n. m. (degré au judo). ♦ HOM. il se *damne* (v.).
danaïde n. f. (papillon). *Le tonneau des Danaïdes.*
dancing [dansin'g] n. m. En anglais: *dance-hall.*
dandin n. m.
dandinement n. m.
dandiner (se) v. pr. *Ils se sont dandinés.*
dandinette n. f. *Ils pêchent à la dandinette.*
dandy n. m. *Des dandys.*
dandysme [-is-] n. m.
danger n. m.
dangereusement adv.
dangereux, euse adj.
dangerosité n. f.
danois, e adj. *Les îles danoises. Il est danois.* ♦ N. *Un Danois* (habitant du Danemark); *un danois* (chien); *le danois* (langue).
dans prép. *Il est dans la gêne.* ♦ HOM. *dent* (de la mâchoire), *dam* (préjudice).
dansable adj.
dansant, e adj.
danse n. f. *Musique de danse; professeur de danse; danse de Saint-Guy; la Danse macabre* (œuvre dont c'est le thème). ♦ HOM. *dense* (pesant, serré), il *danse* (v.).
danser v. int. et t. → tableau PARTICIPE PASSÉ III, F, 10°, p. 924.
danseur, euse n.
dansoter ou **dansotter** v. int.
dantesque adj.
danubien, enne adj.
dao → tao.
D.A.P. sigle m. = distributeur automatique de produits.
daphné n. m. (arbrisseau). ♦ HOM. la nymphe *Daphné* (mythologie).
daphnie n. f. (crustacé). ♦ Ne pas confondre avec *Daphnis* et Chloé.
***D.A.R.** (*day after recall*) = test du lendemain ou T.D.L. (aud.).
daraise n. f.

darbouka ou **derbouka** n. f.
darbysme [-is-] n. m.
darbyste adj. et n.
darce → darse.
*****Darcy's velocity** = vitesse de filtration (agr.).
dard [dar] n. m.
darder v. t.
dardillon n. m.
dare-dare loc. adv.
dari n. m.
dariole n. f.
darique n. f.
darne n. f. *Une darne de saumon.* ♦ Adj. *Ils sont darnes.*
darse ou **darce** n. f.
darshan [-chan] n. m.
dartois n. m.
dartre n. f.
dartreux, euse adj.
dartrose n. f.
darwinien, enne [-wi-] adj.
darwinisme [-wi-is-] n. m.
darwiniste [-wi-] adj. et n.
*****Dasein** (all.) n. m. = existence de l'homme, selon Heidegger.
D.A.S.S. sigle f. Direction de l'action sanitaire et sociale.
dasyure n. m.
*****data** = donnée (inf.).
*****data acquisition** = saisie (et non « acquisition de données »).
*****data bank** = banque de données (inf.).
*****data base** = base de données (inf.).
*****data base management system** (D.B.M.S.) = système de gestion de base de données, ou S.G.B.D. (inf.).
datable adj.
*****data channel** = canal de transmission de données (spat.).
datage n. m.
dataire n. m.
*****data processing** = traitement de données.
D.A.T.A.R. sigle f. Délégation à l'aménagement du territoire et à l'action régionale.
*****data sheet** = exemplier (n. m.).
datation n. f.
*****datcha** (russe) n. f. = maison de campagne, résidence secondaire.
date n. f. *Le 4 octobre; le 12 prairial an VI; le 14 juillet 1789; coup d'État du 18 brumaire, du 2 décembre 1851.* Majuscule pour désigner, par la date, l'évènement ou sa commémoration. *La fête nationale du 14 Juillet; fêter le 14 Juillet. Le 18 Brumaire; le Dix-Huit Brumaire; le 2 Décembre; le Deux Décembre; la journée du 10 Août; les Trois Glorieuses; rue du 11-Novembre. L'appel du 18 Juin a été lancé le soir du 18 juin 1940. De longue date; prendre date; premier en date. Les 15 et 16 mai prochain(s).* Le dernier mot pouvant s'appliquer au mois (sing.) ou aux dates (pl.), il est préférable d'écrire : *Les 15 et 16 mai* ou *les 15 et 16 mai de l'an prochain.* → jour, mille et tableaux ABRÉVIATIONS B, 5°, p. 851; TEXTES IMPORTANTS, p. 948. ♦ HOM. *datte* (fruit).
dater v. t. et int.
daterie n. f.
dateur, euse adj. et n.
datif, ive adj. *Un tuteur datif.* ♦ N. m. *Le datif latin.*
dation [-syon] n. f.
datographe n. m.
datte n. f. ♦ HOM. → date.
dattier n. m.
datura n. m.
daube n. f.
dauber v. t. et int.
daubeur, euse n. et adj.
daubière n. f.
d'Aumont (à la) loc. adj. ou adv. *Attelage à la d'Aumont.*
dauphin [-fin] n. m. (mammifère marin; prince héritier). *Le dauphin d'Auvergne; le Dauphin de France; le Grand Dauphin* (fils de Louis XIV). *La constellation du Dauphin.*
dauphine n. f. *Des pommes dauphine. Celle qu'épousait le dauphin prenait le titre de dauphine. La place Dauphine.*
dauphinelle n. f.
dauphinois, e adj. *Le gratin dauphinois.* ♦ N. *Un Dauphinois.*
daurade ou **dorade** n. f.
davantage adv. *Il refusa d'en dire davantage.* ♦ Adj. indéf. *Prenez davantage de beurre.* ♦ Pron. indéf. *Davantage seraient venus s'ils l'avaient su.* Ce mot est toujours invariable, quel que soit son emploi. Ne pas le confondre avec la loc. *d'avantage. À titre d'avantage en nature, vous serez logé. Y a-t-il beaucoup d'avantages à vous fournir si loin?* En général, *davantage* peut être remplacé par « plus ». *Je n'en veux pas davantage. Il a quarante ans; elle en a davantage. Il n'y a guère d'avantage(s)* (d'intérêt, de profit) *à choisir ce métier.*

d'avec loc. prép. *Elle s'est séparée d'avec Jean.*
davidien, enne adj. et n.
davier n. m.
day after recall → D.A.R.
dazibao (chinois) n. m. = affiche manuscrite.
D.C.A. sigle f. Défense contre les aéronefs.
D.C.C. (*digital compact cassette*) = cassette numérique.
D.D.A.S.S. sigle f. Direction départementale de l'action sanitaire et sociale.
D.D.C. sigle f. Didéoxycytidine.
D.D.E. sigle f. Direction départementale de l'équipement.
D.D.I. sigle f. Didéoxyinosine.
D.D.T. sigle m. Dichloro-diphényl-trichloréthane.
de, d'
■ 1° **Particule onomastique.** *Alfred de Musset; le duc d'Orléans*; → particule et tableaux MINUSCULES A, 7°, p. 907; TRAIT D'UNION A, 7°, p. 953. ♦ **Prép.** *Il avait hâte de sortir; une paire d'amis.* ♦ **Art. indéf.**, mis pour « des ». *On avait disposé de nombreuses assiettes sur les murs. Il n'a pas de filles* (contraire de : *Il a des filles*). *Elle a beaucoup d'enfants.* ♦ **Art. partitif.** *Donnez-moi de vos bonbons.* ♦ **Mot explétif.** *La ville de Paris. Quoi de plus laid?* La préposition fournit les locutions (sans trait d'union) : *de dedans, de dehors, de derrière, de dessous, de dessus, de devant.* ♦ Les mots **de** et **que** peuvent être élidés devant un nom propre comme devant un nom commun. *Une comédie d'André Roussin. Je n'ai vu qu'Arthur.* L'usage est indécis devant les noms propres commençant par H : *un discours d'/de Hitler; la mère d'/de Henri IV; la vedette qu'/que Hollywood nous envoie.* On écrira toujours *de* ou *que* devant une initiale isolée : *des textes de A. Gide ou de H. Troyat.* → un et tableau ÉLISION B, p. 888.

2° **De** introduisant un complément de comparaison :

a) Lorsqu'il y a similitude, le complément sera au singulier. *Des mots de même sens, des hommes de même origine; cette cuve et ce fût sont de contenance semblable; deux matériaux de densité comparable; des objets de même poids, de surface équivalente* (analogue, égale, identique, pareille, similaire...).

b) Lorsqu'il y a différenciation, bien que le pluriel soit plus logique, le complément peut se mettre au singulier. *Des mots de sens contraire(s); des choses de couleur(s) différente(s); des rotations de sens inverse(s); deux courants d'intensité(s) différente(s).* Naturellement, le pluriel s'impose lorsque le singulier changerait le sens. *Deux personnes de goûts différents.*

c) Lorsqu'il y a une idée de variété, lorsqu'il y a plus de deux choses comparées, on met le pluriel. *Des navires de divers tonnages; des tissus de couleurs variées; des courants de différentes intensités. Tous ces témoignages furent présentés de manières différentes.*

3° **De** après un grand nombre ou une fraction. *Un million de personnes. Un quart de tour.* ♦ Locutions adverbiales en *de-* → tableau ADVERBES D, p. 873.

dé n. m. (à jouer, à coudre). ♦ HOM. *des* (art.), *dès* (prép.), *dey* d'Alger, *dais* d'un trône, lettre *D*.

dé- Préfixe d'emploi facile (comme *re-*) qui est soudé à tant de mots qu'on ne saurait les citer tous (certains étant d'un usage restreint ou passager). La formation de néologismes sur ce préfixe est aisée. On utilise **dé-** devant une consonne ou un *h* aspiré (*dénatter, déharnachement*) et **dés-** devant une voyelle ou un *h* muet (*désannexer, désétamage, déshonnête*). Un radical en *s-* placé après *dé-* maintient parfois le son [s] : *désectoriser*.

dead heat = à égalité, ex aequo (sport).
deadline = butoir, date limite (écon.).
deal = coup de Bourse (écon.).
dealer = revendeur de drogue ; revendeur.
dealmaker = marieur d'entreprises (écon.).
déambulateur n. m.
déambulation n. f.
déambulatoire n. m.
déambuler v. int.
de auditu (lat.) loc. adv. = par ouï-dire.
deb n. f. *Des debs.*
débâcher v. t.
débâcle n. f.
débâcler v. int.
débagouler v. int. et t.
débâillonner v. t.
déballage n. m.
déballastage n. m.
déballer v. t.
déball*eur*, *euse* n.
déballonner (se) v. pr. *Ils se sont déballonnés.*
débalourder v. t.

débanaliser v. t.
débandade n. f.
débander v. t. et int.
débaptiser [-bati-] v. t.
débarbouillage n. m.
débarbouiller v. t.
débarbouillette n. f.
débarcadère n. m.
débardage n. m.
débarder v. t.
débardeur n. m.
débarqué, e adj. et n.
débarquement n. m.
débarquer v. t. et int.
débarras [-ra] n. m.
débarrasser v. t.
débarrer v. t.
débat [-ba] n. m. *Le Journal des débats* (abs. : les *Débats*).
debater = orateur, débatteur.
débâter v. t.
débâtir v. t. du 2ᵉ gr. Conjug. 24.
débattement n. m.
débatteur n. m.
débattre v. t. Conjug. 32. *La question qu'ils ont débattue.*
débattue n. f.
débauchage n. m.
débauche n. f.
débauché, e adj. et n.
débaucher v. t.
débaucheur, euse n.
débecter, débecqueter ou **débequeter** v. t. La première forme a une conjugaison régulière. Les deux autres formes se conjuguent sur le modèle de JETER (conjug. 14), mais en conservant la prononciation de la première forme.
débenzolage [-bin-] n. m.
débenzoler [-bin-] v. t.
débet [-bè] n. m.
débile adj. et n.
débilement adv.
débilisation n. f.
débilitant, e adj.
débilité n. f.
débiliter v. t.
débillarder v. t.
débinage n. m.
débine n. f.
débiner v. t. et pr. *Elle s'est débinée.*
débineur, euse n.
débirentier, ère n.
débit [-bi] n. m. *Débit de tabac, de boissons.*

débitable adj.
débitage n. m.
débitant, e n.
débiter v. t.
débiteur, euse n. La *débiteuse* est celle qui conduit un client à la caisse d'un magasin.
débiteur, trice n. et adj. La *débitrice* est celle qui doit; c'est le contraire de la *créancière*.
débitmètre [-bimè-] n. m.
déblai n. m. ♦ HOM. il *déblaie* (v.).
déblaiement n. m.
déblatérer v. t. ind. *Je déblatère, nous déblatérons, je déblatérerai(s).* Conjug. 10.
déblayage n. m.
déblayer v. t. et int. Conjug. 8.
déblocage n. m.
débloquement n. m. (cessation du blocus).
débloquer v. t. et int.
débobiner v. t.
débogage n. m.
déboguer v. t. Conjug. 4.
débogueur n. m.
déboire n. m. Souvent employé au pluriel.
déboisage n. m.
déboisement n. m.
déboiser v. t.
déboitement n. m.
déboiter v. t. et int.
débonder v. t.
débonnaire adj.
débonnairement adv.
débonnaireté n. f.
débord n. m.
débordant, e adj.
débordement n. m.
déborder v. int. et t.
débosseler v. t. *Il débosselle.* Conjug. 13.
débotté ou **débotter** n. m. *Surprendre quelqu'un au débotté.*
débotter v. t.
débouchage n. m.
débouchement n. m.
déboucher v. t. et int.
déboucheur n. m.
débouchoir n. m.
déboucler v. t.
débouillir v. t. Conjug. 34.
débouillissage n. m.
déboulé n. m. *Nous les surprîmes au déboulé.*

DÉBOULER

débouler v. int. et t.

déboulonnage ou **déboulonnement** n. m.

déboulonner v. t.

débouquement n. m.

débouquer v. int.

débourbage n. m.

débourber v. t.

débourbeur n. m.

débourrage n. m.

débourrement n. m.

débourrer v. t.

débours n. m.

déboursement n. m.

débourser v. t.

déboussolage n. m.

déboussolé, e adj.

déboussoler v. t.

debout adv. *Ils restent debout.* Ce mot est toujours invariable. Si l'on est tenté de le faire accorder, c'est parce qu'on le met souvent au voisinage d'adjectifs qualificatifs ou qu'on l'accole à un nom. *Ils étaient debout ou couchés. 20 voyageurs debout.* Places assises, places debout (ce qui est une erreur d'expression : ce sont les voyageurs qui sont debout ou assis). Une *place debout* est, en vérité, une place à occuper debout. *Graver sur bois debout* (ou *de bout*). ♦ Interj. *Debout!*

débouté n. m.

déboutement n. m.

débouter v. t.

déboutonnage n. m.

déboutonner v. t.

débraguetter v. t.

débraillé, e adj. et n.

débrailler (se) v. pr. *Ils s'étaient débraillés.*

débranchement n. m.

débrancher v. t.

débrasage n. m.

débraser v. t.

débrayage [-brè-ya-] n. m.

débrayer [-brè-yé] v. t. et int. Conjug. 8.

débridé, e adj.

débridement n. m.

débrider v. t.

*****debriefing** = critique (déf.).

débris n. m.

débrochage n. m.

débrocher v. t.

débronzer v. int.

débrouillage ou **débrouillement** n. m.

débrouillard, e adj. et n.

débrouillardise ou **débrouille** n. f.

débrouiller v. t.

débroussaillage ou **débroussaillement** n. m.

débroussailler v. t.

débroussailleuse n. f.

débrousser v. t.

*****debt equity swap** = conversion de créances bancaires ; échanges de créances contre actifs (écon.).

*****debt swap** = échange de créances (écon.).

débucher v. int. et t.

débuché ou **débucher** n. m.

débudgétisation n. f.

débudgétiser v. t.

*****debug (to)** = déboguer (inf.).

*****debugger** = débogueur (inf.).

*****debugging** = débogage (inf.).

débureaucratiser v. t.

débusquement n. m.

débusquer v. t.

début n. m.

débutaniseur n. m.

débutant, e adj. et n.

débuter v. int. *Il a fait débuter la séance. La soirée débutera par un exposé.* ♦ V. t. (exclusivement au jeu de boules). *Il a débuté le cochonnet.*

déca n. m. (café décaféiné).

déca- Préfixe qui multiplie par 10. Symbole : *da.* Ce préfixe, normalement soudé au mot qui suit (*décalitre, décaampère*), est suivi d'un trait d'union devant *i* ou *u.* Il en est de même pour *exa-, giga-, peta-, téra-.*

deçà adv. *En deçà ; par-deçà ; deçà(,) delà.*

décabosser v. t.

décabriste → décembriste.

décachetage n. m.

décacheter v. t. *Il décachette.* Conjug. 14.

décadaire adj.

décade n. f. (période de 10 jours). ♦ Ne pas confondre avec *décennie* (période de 10 ans). Cependant, en anglais, **decade* = 10 ans.

décadenasser v. t.

décadence n. f. *Les artistes de la décadence* (Bas-Empire romain).

décadent, e adj. et n.

décadi n. m. → jour.

décadrage n. m.

décadrer v. t.

décaèdre n. m.

décaféiné, e adj. et n. m.
décaféiner v. t.
décagénaire n. et adj.
décagonal, ale, aux adj.
décagone n. m.
décagramme n. m. (mesure : *3 décagrammes* ou *3 dag*).
décaissement n. m.
décaisser v. t.
décalage n. m.
décalaminage n. m.
décalaminer v. t.
décalcifiant, e adj.
décalcification n. f.
décalcifier v. t. Conjug. 17.
décalcomanie n. f.
décalé, e adj.
décaler v. t.
décalitre n. m. (mesure : *3 décalitres* ou *3 dal* ou *3 daL*).
décalogue n. m.
décalotter v. int.
décalquage ou **décalque** n. m.
décalquer v. t.
décalvant, e adj.
décamètre n. m. (mesure : *3 décamètres* ou *3 dam*).
décamétrique adj.
décamper v. int.
décan n. m.
décanal, ale, aux adj.
décanat [-na] n. m.
décaniller v. int.
décantage n. m.
décantation n. f.
décanter v. t.
décanteur, euse n.
décapage n. m.
décapant, e adj. et n. m.
décapeler v. t. *Il décapelle.* Conjug. 13.
décaper v. t.
décapeur, euse n.
décapitaliser v. t.
décapitation n. f.
décapité, e adj. et n.
décapiter v. t.
décapode n. m. (qui a dix pieds).
décapole n. f. (groupe de dix villes).
décapotable adj. et n.
décapoter v. t.
décapsulage n. m.
décapsulation n. f.
décapsuler v. t.
décapsuleur n. m.
décapuchonner v. t.
décarbonater v. t.
décarboxylase n. f.
décarboxylation n. f.
décarburant, e adj.
décarburation n. f.
décarburer v. t.
décarcasser (se) v. pr. *Elle s'est décarcassée.*
décarcération n. f.
décarreler v. t. *Il décarrelle.* Conjug. 13.
décarrer v. int. et t.
décartellisation n. f.
décastère n. m. (mesure : *3 décastères* ou *3 dast*). → dicastère.
décasyllabe [-si-] adj. et n. m.
décasyllabique [-si-] adj.
décathlon [-katlon] n. m.
décathlonien [-katlo-] n. m.
décati, e adj.
décatir v. t. du 2ᵉ gr. Conjug. 24.
décatissage n. m.
décatisseur, euse n.
décauser v. int.
decauville n. m.
décavaillonnage [-va-yo-] n. m.
décavaillonner [-va-yo-] v. t.
décavaillonneuse [-va-yo-] n. f.
décavé, e adj. et n.
décaver v. t.
Decca n. m. déposé inv.
décéder v. int. *Il décède, il décédait, il décédera(it).* Conjug. 10.
décelable adj.
déceler v. t. *Il décèle.* Conjug. 11. (trouver ce qui était caché). ♦ Ne pas confondre avec **desceller** (enlever le sceau) ou **desseller** (ôter la selle).
décélération n. f.
décéléré n. m.
décélérer v. int. *Je décélère, nous décélérons, je décélérerai(s).* Conjug. 10.
décembre n. m. S'écrit sans majuscule.
décembriste ou **décabriste** n. m. (conspirateur russe de 1825).
décemment [-saman] adv.
décemvir [-sèm-] n. m.
décemvirat [-sèmvira] n. m.
décence n. f.
décennal, ale, aux [-sé-] adj.
décennie n. f. → décade.
décent, e adj. (réservé, de bonnes mœurs). ♦ HOM. il *descend* (v.). → descente.

décentrage n. m.
décentralisa*teur, trice* adj.
décentralisation n. f.
décentraliser v. t.
décentrement n. m.
décentrer v. t.
déception n. f.
décercler v. t.
décérébration n. f.
décérébrer v. t. *Je décérèbre, nous décérébrons, je décérébrerai(s)*. Conjug. 10.
décerner v. t.
décervelage n. m.
décerveler v. t. *Je décervelle*. Conjug. 13.
décès [-sè] n. m.
décevant, *e* adj.
décevoir v. t. Conjug. 28.
déchaîné, *e* adj.
déchaînement n. m.
déchaîner v. t.
déchant n. m.
déchanter v. int.
déchaperonner v. t.
décharge n. f. *Tuyau de décharge; courant de décharge; témoin à décharge*.
déchargement n. m.
déchargeoir n. m.
décharger v. t. et int. *Nous déchargeons*. Conjug. 3.
déchargeur n. m.
décharné, *e* adj.
décharner v. t.
déchaumage n. m.
déchaumer v. t.
déchaumeuse n. f.
déchaussage ou **déchaussement** n. m.
déchaussé, *e* adj.
déchausser v. t.
déchausseuse n. f.
déchaux adj. m. *Un carme déchaux*.
dèche n. f.
déchéance n. f.
déchet [-chè] n. m.
déchetterie n. f.
déchevelé, *e* adj.
déchiffonner v. t.
déchiffrable adj.
déchiffrage n. m.
déchiffrement n. m.
déchiffrer v. t.
déchiffr*eur, euse* n.
déchiquetage n. m.
déchiqueté, *e* adj.

déchiqueter v. t. *Il déchiquette*. Conjug. 14.
déchiqueteur n. m.
déchiqueture n. f.
déchirant, *e* adj.
déchirement n. m.
déchirer v. t.
déchirure n. f.
déchlorurer [-klo-] v. t.
déchoir v. int. Conjug. 45.
déchoquage n. m.
déchouquer v. t.
déchristianisation [dékris-] n. f.
déchristianiser [dékris-] v. t.
déchu, *e* adj.
déci- Préfixe qui divise par 10. Symbole : *d*. → milli-.
décibel n. m. (mesure : *3 décibels* ou *3 dB*).
décidabilité n. f.
décidable adj.
décidé, *e* adj.
de-ci, de-là loc. adv. Avec ou sans virgule.
décidément adv.
décider v. t. et int. *Ils se sont décidés à le faire. Les aménagements que tu as décidés. Les aménagements que tu as décidé de faire*.
décid*eur, euse* n. et adj.
décidu, *e* adj.
déciduale adj. f. *La membrane déciduale*.
♦ N. f. *La déciduale*.
*****decies** (lat.) adv. = la dixième fois.
décigrade n. m. (mesure : *3 décigrades* ou *3 dgr*).
décigramme n. m. (mesure : *3 décigrammes* ou *3 dg*).
décilage n. m.
décile n. m.
décilitre n. m. (mesure : *3 décilitres* ou *3 dl*).
décillion [désilyon] n. m. → tableau NOMBRES IV, p. 912.
décim*al, ale, aux* adj. et n. f.
décimalisation n. f.
décimaliser v. t.
décimalité n. f.
décimateur n. m.
décimation n. f.
décime n.
décimer v. t. (faire périr le dixième). *Exterminer* ou *détruire* sont souvent préférables.
décimètre n. m. (mesure : *3 décimètres* ou *3 dm*).
décimétrique adj.

*decimo (lat.) adv. (plus souvent écrit : *10°*)
= dixièmement.
décintrage ou décintrement n. m.
décintrer v. t.
déc*isif, ive* adj.
décision n. f.
décisionn*el, elle* adj.
*decision speed = vitesse de décision (déf.).
décisoire adj.
décistère n. m. (mesure : *3 décistères* ou *3 dst*).
décitex n. m. (mesure : *3 décitex* ou *3 dtex*).
déclamateur adj. et n. m.
déclamation n. f.
déclamatoire adj.
déclamer v. t. et int.
déclarant, *e* adj. et n.
déclarat*if, ive* adj.
déclaration n. f. *Des déclarations de faillite, de guerre, de naissance.*
déclaratoire adj.
déclarer v. t.
déclassé, *e* adj. et n.
déclassement n. m.
déclasser v. t.
déclassifier v. t. Conjug. 17.
déclaveter v. t. *Il déclavette.* Conjug. 14.
déclenche n. f.
déclenchement n. m.
déclencher v. t.
déclencheur n. m.
déclergification n. f.
déclergifier v. t. Conjug. 17.
déclic n. m.
déclin n. m.
déclinable adj.
déclinaison n. f.
déclinant, *e* adj.
déclinatoire n. m.
décliner v. int. et t.
déclinquer v. t. → déglinguer.
décliquetage n. m.
décliqueter v. t. *Il décliquette.* Conjug. 14.
déclive adj.
déclivité n. f.
décloisonnement n. m.
décloisonner v. t.
déclore v. t. Conjug. 35.
déclouer v. t. Conjug. 19.
décochage n. m.
décochement n. m.

décocher v. t.
décocheur n. m.
décocté n. m.
décoction n. f.
décodage n. m.
décoder v. t.
*decoder = décodeur (aud.).
décod*eur, euse* n.
décoffrage n. m.
décoffrer v. t.
décohabitation n. f.
décoiffement n. m.
décoiffer v. t.
décoinçage ou décoincement n. m.
décoincer v. t. *Nous décoinçons.* Conjug. 2.
décolérer v. int. *Je décolère, nous décolérons, je décolérerai(s).* Conjug. 10.
décollage n. m.
décollation n. f.
décollectiviser v. t.
décollement n. m.
décoller v. t. et int.
décolletage n. m.
décolleté, *e* adj. et n. m.
décolleter v. t. *Il décollette.* Conjug. 14.
décollet*eur, euse* n.
décolleuse n. f.
décolmatage n. m.
décolonisation n. f.
décoloniser v. t.
décolorant, *e* adj. et n. m.
décoloration n. f.
décolorer v. t.
décombres n. m. pl.
décommander v. t.
*de commodo et incommodo (lat.) = de l'avantage et des inconvénients. *Une enquête de commodo et incommodo.*
décompensation n. f.
décompensé, *e* adj.
décomplexer v. t.
décomposable adj.
décomposé, *e* adj.
décomposer v. t.
décomposeur n. m.
décomposition n. f.
décompresser v. int.
décompresseur n. m.
décompression n. f.
décomprimer v. t.
décompte n. m.
décompter v. t. et int.

déconcentration n. f.
déconcentrer v. t.
déconcertant, e adj.
déconcerter v. t.
déconditionnement n. m.
déconditionner v. t.
déconfessionnalisation n. f.
déconfessionnaliser v. t.
déconfire v. t. Conjug. 38.
déconfit, e adj.
déconfiture n. f.
décongélation n. f.
décongeler v. t. *Il décongèle.* Conjug. 11.
décongestion [-jèstyon] n. f.
décongestionnement [-jèstyo-] n. m.
décongestionner [-jèstyo-] v. t.
déconnage n. m.
déconnecter v. t.
*****deconnection** = déconnexion.
déconner v. int.
déconneur, euse n.
déconnexion n. f.
déconseiller v. t.
déconsidération n. f.
déconsidérer v. t. *Je déconsidère, nous déconsidérons, je déconsidérerai(s).* Conjug. 10.
déconsigne n. f.
déconsigner v. t.
déconstruction n. f.
déconstruire v. t. Conjug. 37.
décontamination n. f.
décontaminer v. t.
décontamineur, euse n.
décontenancer v. t. *Nous décontenançons.* Conjug. 2.
décontractant, e adj. et n. m.
décontracté, e adj.
décontracter v. t.
décontraction n. f.
déconventionner v. t.
déconvenue n. f.
décor n. m. ♦ HOM. il *décore* (v.).
décorateur, trice n.
décoratif, ive adj.
décoration n. f. Écrire avec une capitale : *la Légion d'honneur, les Palmes académiques, le Mérite agricole (civique, maritime, militaire), l'ordre de la Libération, la croix de la Valeur militaire, la médaille des Évadés, de la Famille française, de la France libre, de la Résistance, du Travail.* Pas de capitale pour : *croix, médaille, chevalier, officier, commandeur, grand officier, grand--croix, collier, plaque, ordre; croix de guerre; médaille militaire, de sauvetage.* → croix.
décorder (se) v. pr. *Deux alpinistes se sont décordés.*
décoré, e adj.
décorer v. t.
décorner v. t.
décorticage n. m.
décortication n. f.
décortiqué, e adj.
décortiquer v. t.
décorum [-rom'] n. m. *Des décorums.*
décote n. f.
découcher v. int.
découdre v. t. et int. Conjug. 39.
découler v. int.
découpage n. m.
découpe n. f.
découpé, e adj.
découper v. t.
découpeur, euse n.
découplage n. m.
découplé, e adj.
découpler v. t. → décupler.
découpoir n. m.
découpure n. f.
décourageant, e adj.
découragement n. m.
décourager v. t. *Nous décourageons.* Conjug. 3.
découronnement n. m.
découronner v. t.
décours n. m.
décousu, e adj.
décousure n. f.
découvert, e adj.
découvert n. m. *Ils sont à découvert.*
découverte n. f.
découverture n. f.
découvreur, euse n.
découvrir v. t. et int. Conjug. 61.
décrassage ou **décrassement** n. m.
décrasser v. t.
décrédibiliser v. t.
décréditer v. t. ancien, remplacé souvent par *discréditer.*
décrément n. m.
décrépage n. m.
décrêper v. t.
décrépi, e adj. (qui a perdu son crépi). *La muraille est décrépie.* ♦ HOM. *décrépit* (affaibli par l'âge).

décrépir v. t. du 2ᵉ gr. Conjug. 24.
décrépissage n. m.
décrépit, e adj. *La pauvre vieille est décrépite. Ces arbres sont décrépits.*
♦ HOM. → décrépi.
décrépiter v. t.
décrépitude n. f.
*****decrescendo** (ital.) adv. = en diminuant progressivement. Ce mot est aussi employé comme n. m. inv. *Un morceau plein de « decrescendo ».*
décret n. m. → tableau TEXTES, p. 948.
décrétale n. f.
décréter v. t. *Je décrète, nous décrétons, je décréterai(s).* Conjug. 12.
décret-loi n. m. *Des décrets-lois.*
décreusage n. m.
décreuser v. t.
décri n. m. (perte de réputation). ♦ HOM. il *décrit,* (v. décrire), il *décrie* (v. décrier).
décrier v. t. Conjug. 17.
décriminalisation n. f.
décriminaliser v. t.
décrire v. t. Conjug. 49.
décrispation n. f.
décrisper v. t.
décrochage ou **décrochement** n. m.
décrocher v. t. et int.
décrocheur, euse n.
décrochez-moi-ça n. m. inv. *Boutique « Au décrochez-moi-ça ».* S'il s'agit d'un ordre, on ne mettra qu'un trait d'union. *Ce tableau est laid, décrochez-moi ça !*
décroisement n. m.
décroiser v. t.
décroissance n. f.
décroissant, e adj.
décroissement n. m.
décroît n. m.
décroître v. int. Conjug. 26.
décrottage n. m.
décrotter v. t.
décrotteur n. m.
décrottoir n. m.
décruage n. m.
décrue n. f.
décruer v. t. Conjug. 18.
décrusage n. m.
décruser v. t.
décryptage n. m.
décryptement n. m.
décrypter v. t.
déçu, e adj.
décubitus [-tus'] n. m.

décuivrer v. t.
*****de cujus** (lat.) n. m. = défunt.
déculasser v. t.
déculottée n. f.
déculotter v. t.
déculpabilisation n. f.
déculpabiliser v. t.
déculturation n. f.
décuple adj. et n. m.
décuplement n. m.
décupler v. t. et int. (multiplier par 10).
♦ Ne pas confondre avec *découpler* (séparer).
décuplet n. m.
décurie n. f.
décurion n. m.
décurrent, e adj.
décuscuteuse n. f.
décussé, e adj.
décuvage n. m.
décuvaison n. f.
décuver v. t.
dédaignable adj.
dédaigner v. t.
dédaigneusement adv.
dédaigneux, euse adj.
dédain n. m.
dédale n. m. Le nom *dédale* vient du nom du sculpteur crétois *Dédale,* qui aurait construit le Labyrinthe.
dedans adv. *Vous déposerez le journal dedans.* ♦ Prép. vieillie. *Je l'ai vu dedans le tiroir.* ♦ N. *Le dedans est moisi.* ♦ Élément de loc. *En dedans ; de dedans ; du dedans ; au-dedans ; là-dedans ; par-dedans ; au-dedans de.*
dédicace n. f.
dédicacer v. t. *Nous dédicaçons.* Conjug. 2.
dédicataire n.
*****dedicated** = spécialisé (et non *dédié*).
dédicatoire adj.
dédié, e adj.
dédier v. t. Conjug. 17. ♦ Il y a homophonie au singulier du présent de l'indicatif pour les verbes **dédier** *(je dédie, tu dédies, il dédie)* et **se dédire** *(je me dédis, tu te dédis, il se dédit),* ainsi qu'au présent de l'impératif *(dédie, dédis-toi).*
dédifférenciation n. f.
dédifférencier (se) v. pr. Conjug. 17.
dédire (se) v. pr. Se conjugue comme DIRE (conjug. 47), sauf à la 2ᵉ personne du pluriel du présent de l'indicatif et de l'impératif : *vous vous dédisez ; dédisez-vous. Elle s'est dédite.* → dédier.

dédit [-di] n. m.
dédite n. f.
dédommagement n. m.
dédommager v. t. *Nous dédommageons.* Conjug. 3.
dédorage n. m.
dédorer v. t.
dédorure n. f.
dédouanage n. m.
dédouanement n. m.
dédouaner v. t.
dédoublage n. m.
dédoublement n. m.
dédoubler v. t.
dédramatisation n. f.
dédramatiser v. t.
déductibilité n. f.
déductible adj.
déductif, ive adj.
déduction n. f.
déductivement adv.
déduire v. t. Conjug. 37.
déduit n. m.
*****deep space** = espace lointain (spat.).
*****deep stall** = superdécrochage (déf.).
*****deep tank** = caisse profonde (mer).
déesse n. f. Majuscule pour désigner ces déesses mythologiques : *les Érinyes* ou *Furies, les Gorgones, les Grâces, les Muses, les Parques.* Voir ces mots.
dééthaniseur n. m.
*****de facto** (lat.) loc. adv. = de fait.
défaillance n. f.
défaillant, e adj. et n.
défaillir v. int. Conjug. 29. Autrefois, ce verbe se conjuguait, comme *faillir*, selon la conjugaison 50 b. *Leur âge défaudra* (Boileau).
défaire v. t. Conjug. 51. ♦ HOM. il *déferre* (v. déferrer), il *défère* (v. déférer). → défier.
défait, e adj.
défaite n. f. ♦ HOM. vous *défaites* (v.).
défaitisme [-is-] n. m.
défaitiste n. et adj.
défalcation n. f.
défalquer v. t.
défanant n. m.
défatigant, e adj.
défatiguer v. t. Conjug. 4.
défaufiler v. t.
défausse n. f.
défausser v. t.
défaut n. m. *Mettre en défaut; ils firent défaut; condamnés par défaut.*

défaut-congé n. m. *Des défauts-congés.*
défavélisation n. f.
défavéliser v. t.
défaveur n. f.
défavorable adj.
défavorablement adv.
défavoriser v. t.
défécation n. f.
*****defect** = orifice, communication, perte de substance, défaut, lacune (méd.).
***DÉFECTIF, IVE** adj. ♦ *Verbes défectifs.* → tableau en annexe p. 886.
défection n. f.
*****defective phage** = phage défectif (génét.).
*****defective prophage** = prophage défectif (génét.).
*****defective virus** = virus défectif (génét.).
défectueusement adv.
défectueux, euse adj.
défectuosité n. f.
*****defence shipping authority** = autorité des transports maritimes (déf.).
défendable adj.
défendeur, eresse n. (personne contre laquelle est intentée une action en justice). ♦ Ne pas confondre avec *défenseur* (celui qui défend).
défendre v. t. Conjug. 67. *À son corps défendant; à leurs corps défendant. Elle s'est défendue contre la maladie* (elle a défendu elle contre...). *Elle s'est défendue de prendre parti, d'être indifférente, d'être malade, de participer* (elle a défendu à elle de...). *Ils s'en sont défendus.*
défends → défens.
défenestration n. f.
défenestrer v. t.
défens ou **défends** n. m.
défense n. f. *Défense en hérisson; la parole est à la défense; le droit de légitime défense; signifier défenses et arrêt; le ministre de la Défense nationale; le rond-point de la Défense* (à Puteaux); *le gouvernement de la Défense nationale* (1870-1871).
défenseur n. m. → défendeur.
défensif, ive adj. et n. f.
défensivement adv.
déféquer v. t. *Je défèque, nous déféquons, je déféquerai(s).* Conjug. 10.
déférence n. f.
déférent, e adj. (respectueux). ♦ N. m. (marque d'un graveur). Dans ce sens, on dit aussi *le différent.* ♦ HOM. *déférant* (par-

tic. prés. du v. déférer), *déferrant* (partic. prés. du v. déferrer).
déférer v. t. *Je défère, nous déférons, je déférerai(s)*. Conjug. 10. (traduire en justice; céder). ♦ HOM. *deferrer* (ôter le fer).
déferlage n. m.
déferlant, e adj. et n. f.
déferlement n. m.
déferler v. t. et int.
déferrage ou **déferrement** n. m.
***deferred interest** = intérêts moratoriés (écon.).
déferrer v. t. ♦ HOM. → déférer.
déferrure n. f.
défervescence n. f.
défet [-fè] n. m.
défeuillaison n. f.
défeuiller v. t.
défeutrage n. m.
défeutrer v. t.
défi n. m. ♦ HOM. il *défie* (v. défier), il *défit* (v. défaire).
défiance n. f.
défiant, e adj.
défibrage n. m.
défibrer v. t.
défibreur, euse adj. et n.
défibrillateur n. m.
défibrillation n. f.
déficeler v. t. *Il déficelle*. Conjug. 13.
déficience n. f.
***deficiency** = délétion (agr.)
***deficiency payment** = paiement différentiel (écon.), paiement compensatoire (agr.)
déficient, e adj.
déficit [-sit'] n. m. *Des déficits*.
déficitaire adj.
défier v. t. Conjug. 17. ♦ V. pr. *Elle s'était défiée de lui.*. Il y a homophonie pour le singulier du présent de l'indicatif du verbe **défier** *(je défie, tu défies, il défie)* et le passé simple du verbe **défaire** *(je défis, tu défis, il défit)*.
défieur, euse n.
défiger v. t. Conjug. 3.
défiguration n. f.
défigurer v. t.
défilage n. m.
défilé n. m.
défilé, e adj.
défilement n. m.
défiler v. t. et int.
défileuse n. f.

défini, e adj.
définir v. t. du 2ᵉ gr. Conjug. 24.
définissable adj.
définissant n. m.
***definitely** adv. = catégoriquement, certainement, assurément. (En français, l'adverbe *définitivement* signifie : pour toujours, qui ne change plus, sur lequel on ne revient pas.)
définiteur n. m.
définit*if, ive* adj. *En définitive*.
définition n. f.
définitionn*el, elle* adj.
définitivement adv.
définitoire adj.
défiscaliser v. t.
déflagrant, e adj.
déflagrateur n. m.
déflagration n. f.
déflagrer v. int.
déflation n. f.
déflationniste adj.
défléchir v. t. Conjug. 24.
déflecteur n. m.
défleurir v. int. et t. du 2ᵉ gr. Conjug. 24.
déflexion n. f.
défloraison n. f. (perte des fleurs).
défloration n. f. (perte de la virginité).
déflorer v. t.
défluent n. m.
défluviation n. f.
défoliant n. et adj. m.
défoliation n. f.
défolier v. t. Conjug. 17.
défonçage ou **défoncement** n. m.
défonce n. f.
défoncement → défonçage.
défoncé n. m.
défoncer v. t. *Nous défonçons*. Conjug. 2.
défonceuse n. f.
déforcer v. t. *Nous déforçons*. Conjug. 2.
déforestation n. f.
déformable adj.
déformant, e adj.
déformation n. f.
déformer v. t.
défoulant, e adj.
défoulement n. m.
défouler (se) v. pr. *Ils se sont défoulés*.
défouloir n. m.
défournage ou **défournement** n. m.
défourner v. t.
défraîchir v. t. du 2ᵉ gr. Conjug. 24.

défraiement n. m.
défranchi, e adj.
défrayer [-frè-yé] v. t. Conjug. 8.
défrichage ou défrichement n. m.
défriche n. f.
défricher v. t.
défricheur, euse n.
défriper v. t.
défrisage n. m.
défrisement n. m.
défriser v. t.
défroisser v. t.
défroncer v. t. *Nous défronçons.* Conjug. 2.
défroque n. f.
défroqué, e adj. et n.
défroquer v. int.
défruiter v. t.
défunt, e adj. et n.
dégagé, e adj. et n. m.
dégagement n. m.
dégager v. t. et int. *Nous dégageons.* Conjug. 3.
dégaine n. f.
dégainer v. t.
déganter (se) v. pr. *Elle s'est dégantée.*
dégarnir v. t. du 2ᵉ gr. Conjug. 24.
dégarnissage n. m.
dégasolinage → dégazolinage.
dégasoliner → dégazoliner.
dégât [-ga] n. m.
dégauchir v. t. du 2ᵉ gr. Conjug. 24.
dégauchissage ou dégauchissement n. m.
dégauchisseuse n. f.
dégazage n. m.
dégazer v. t.
dégazolinage ou dégasolinage n. m.
dégazoliner ou dégasoliner v. t.
dégazonnage ou dégazonnement n. m.
dégazonner v. t.
dégel n. m.
dégelée n. f.
dégèlement n. m.
dégeler v. t. *Il dégèle.* Conjug. 11.
dégénératif, ive adj.
dégénération n. f.
dégénéré, e n.
dégénérer v. int. *Je dégénère, nous dégénérons, je dégénérerais(s).* Conjug. 10.
dégénérescence n. f.
dégermer v. t.
dégingandé, e [-jin-] adj.

dégingandement [-jin-] n. m.
dégivrage n. m.
dégivrer v. t.
dégivreur n. m.
déglaçage ou déglacement n. m.
déglacer v. t. *Nous déglaçons.* Conjug. 2.
déglaciation n. f.
déglingue n. f.
déglinguer v. t. (désarticuler). ♦ Ne pas confondre avec *déclinquer* (supprimer un bordage à clins d'une embarcation).
dégluer v. t. Conjug. 18.
déglutination n. f.
déglutir v. t. du 2ᵉ gr. Conjug. 24.
déglutition n. f.
dégobillage n. m.
dégobiller v. t. et int.
dégoiser v. t. et int.
dégommage n. m.
dégommer v. t.
dégonder v. t.
dégonflé, e adj. et n.
dégonflage ou dégonflement n. m.
dégonflard, e n. et adj.
dégonfler v. t.
dégorgement n. m.
dégorgeoir n. m.
dégorger v. t. et int. *Nous dégorgeons.* Conjug. 3.
dégoter ou dégotter v. t. et int.
dégoudronner v. t.
dégoulinade n. f.
dégoulinement n. m.
dégouliner v. int.
dégoupiller v. t.
dégourdi, e adj. et n.
dégourdir v. t. du 2ᵉ gr. Conjug. 24.
dégourdissement n. m.
dégoût n. m.
dégoûtamment adv.
dégoûtant, e adj. et n.
dégoûtation n. f.
dégoûté, e adj. et n.
dégoûter v. t. (ôter le goût, causer de l'aversion). ♦ HOM. *dégoutter* (tomber goutte à goutte).
dégoutter v. int. ♦ HOM. → *dégoûter.*
dégrad n. m.
dégradant, e adj.
dégradateur n. m.
dégradation n. f.
dégradé, e adj. et n. m.
dégrader v. t.

dégradeur n. m.
dégrafer v. t.
dégrafeur n. m.
dégraissage n. m.
dégraissant n. m.
dégraisser v. t.
dégraisseur, euse n.
dégras n. m.
dégravoiement n. m.
dégravoyer [-vwa-yé] v. t. Conjug. 6.
degré n. m. *Enseignement du second degré ; au suprême degré ; par degrés. Degré Celsius* (°C), *degré Réaumur* (°R), *degré Fahrenheit* (°F), *degré Baumé* (°B), *degré alcoométrique centésimal* ou *degré Gay-Lussac* (°GL). Dans l'indication des degrés Celsius ou autres, on doit séparer le nombre du symbole (7 °C).
dégréement n. m.
dégréer v. t. *Je dégrée, nous dégréons, je dégréerai(s).* Conjug. 16.
dégressif, ive adj.
dégressivité n. f.
dégrèvement n. m.
dégrever v. t. *Je dégrève, nous dégrevons, je dégrèverai(s).* Conjug. 15.
dégriffé, e adj. et n. m. *Elle achète du dégriffé.*
dégriffer v. t.
dégrillage n. m.
dégringolade n. f.
dégringoler v. int. et t.
dégrippant n. m.
dégripper v. t.
dégrisement n. m.
dégriser v. t.
dégrosser v. t.
dégrossir v. t. du 2ᵉ gr. Conjug. 24.
dégrossissage ou **dégrossissement** n. m.
dégrouiller (se) v. pr. *Ils se sont dégrouillés.*
dégroupement n. m.
dégrouper v. t.
déguenillé, e adj. et n.
déguerpir v. int. du 2ᵉ gr. Conjug. 24.
déguerpissement n. m.
dégueulasse adj.
dégueulasser v. t.
dégueulasserie n. f.
dégueuler v. t.
dégueulis [-li] n. m.
déguiller v. t.

déguisé, e adj. et n.
déguisement n. m.
déguiser v. t.
dégurgiter v. t.
dégusta*teur*, *trice* n.
dégustation n. f.
déguster v. t.
déhaler v. t.
déhanché, e adj. et n.
déhanchement n. m.
déhancher (se) v. pr. *Elle s'était déhanchée.*
déharnacher v. t.
déhiérarchiser v. t.
déhiscence n. f.
déhiscent, e adj.
dehors adv. *Vous le mettrez dehors. Au-dehors ; de dehors ; en dehors ; du dehors ; là-dehors ; par-dehors.* ♦ N. *Des dehors trompeurs.* ♦ *En dehors de* (loc. prép.).
déhotter v. int. et t.
déhouiller v. t.
déhoupper v. t.
déhoussable adj.
déicide adj. et n.
déictique adj. et n.
déification n. f.
déifier v. t. Conjug. 17.
déisme [-is-] n. m.
déiste adj. et n.
déité n. f.
déjà adv. *Je les ai déjà vus.*
déjanter v. t. et int.
déjauger v. int. Conjug. 3.
déjaunir v. t. du 2ᵉ gr. Conjug. 24.
déjà-vu n. m. sing. *Ça, c'est du déjà-vu.*
déjection n. f. *Des cônes de déjection.*
déjeté, e adj.
déjeter v. t. *Il déjette.* Conjug. 14.
déjeuner v. int. et t.
déjeuner n. m. *Un déjeuner de soleil. Ils nous ont invités à prendre le petit déjeuner.* → titre-restaurant.
déjointer v. t.
déjouer v. t. Conjug. 19.
déjucher v. int. et t.
déjuger v. t. et pr. Conjug. 3.
*****de jure** (lat.) loc. adj. et adv. = de droit.
*****del.** → delineavit.
delà prép. *Au-delà ; par-delà ; au-delà de ; deçà delà* (avec ou sans virgule). *Partir dans l'au-delà.* On écrit en deux mots : *De-ci, de-là* (avec ou sans virgule). *De là vient leur mésentente. De là, on peut voir la mer.*

délabré, e adj.
délabrement n. m.
délabrer v. t.
délacer v. t. Conjug. 2. *Il délaçait ses souliers.* ♦ HOM. *délasser* (reposer).
délai n. m. *Partir sans délai; des délais d'appel; les délais préfix.*
délai-congé n. m. *Des délais-congés.*
délainage n. m.
délainer v. t.
délaissé, e adj. et n.
délaissement n. m.
délaisser v. t.
délaitage ou **délaitement** n. m.
délaiter v. t.
délaiteuse n. f.
délaminage n. m.
délardement n. m.
délarder v. t.
délassant, e adj.
délassement n. m.
délasser v. t. *Elle s'est délassée de ses fatigues.* ♦ HOM. → *délacer.*
délateur, trice n.
délation n. f. (dénonciation). ♦ Ne pas confondre avec *délétion* (perte d'une partie du matériel génétique).
délavage n. m.
délavé, e adj.
délaver v. t.
délayage [-lè-yaj'] n. m.
delayed rate settlement (D.R.S.) = accord à taux différé (A.T.D.).
délayer [-lè-yé] v. t. Conjug. 8.
*****delay ground distance** = distance proximale au sol (spat.).
*****delay ground range** = distance proximale au sol (spat.).
Delco n. m. déposé inv.
deleatur n. m. inv. → tableau CORRECTION, p. 878.
délébile adj.
délectable adj.
délectation n. f.
délecter (se) v. pr. *Elle s'est délectée.*
délégant n. m. ♦ HOM. *déléguant* (partic. prés. du v. *déléguer*).
délégataire n.
délégateur, trice n.
délégation n. f.
délégitimer v. t.
délégué, e n. et adj.
déléguer v. t. *Je délègue, nous déléguons, je déléguerai(s).* Conjug. 10.
délestage n. m.

délester v. t.
délesteur n. m.
*****delete (to)** = supprimer.
délétion n. f. → *délation.*
déliaque adj. et n.
délibérant, e adj.
*****deliberate crossing** = franchissement préparé (déf.).
délibératif, ive adj.
délibération n. f.
délibératoire adj.
délibéré, e adj. *De propos délibéré.* ♦ N. *Des affaires mises en délibéré.*
délibérément adv.
délibérer v. int. *Il délibère, nous délibérons, il délibérera(it).* Conjug. 10.
délicat, e adj. et n.
délicatement adv.
délicatesse n. f. *Traiter avec délicatesse.*
délice n. m. sing. *Un pur délice.* ♦ N. f. pl. *Mes chères délices.* Mais on écrit toujours : *Un de mes plus grands délices était...*
délicieusement adv.
délicieux, euse adj.
délictuel, elle adj.
délictueux, euse adj.
délié, e adj. et n. m.
déliement n. m.
délien, enne adj.
délier v. t. Conjug. 17.
délignage n. m.
déligneuse n. f.
délimitation n. f.
délimiter v. t.
délimiteur n. m.
délinéament n. m.
délinéarisé, e adj.
*****delineavit** (lat.) v. = a dessiné. Souvent abrégé en *del.*
délinéer v. t. *Je délinée, nous délinéons, je délinéerai(s).* Conjug. 16.
délinquance n. f.
délinquant, e adj.
déliquescence n. f.
déliquescent, e adj.
délirant, e adj.
délire n. m.
délirer v. int.
delirium tremens [déliriom'trémins'] n. m. *Des deliriums tremens.*
délissage n. m.
délisser v. t.
délit [-li] n. m. (infraction; veine de l'ardoise). ♦ HOM. je *délie* (v.), *Delhi* (ville).

délitage n. m.
délitement n. m.
déliter v. t.
délitescence n. f.
délitescent, e adj.
délivrance n. f.
délivre n. m.
délivrer v. t.
délivreur n. m.
délocalisation n. f.
délocaliser v. t.
déloger v. int. et t. *Nous délogeons.* Conjug. 3.
délot n. m.
déloyal, ale, aux [-lwa-yal'] adj.
déloyalement [-lwa-yal-] adv.
déloyauté [-lwa-yo-] n. f.
delphinarium [-ryom'] n. m. *Des delphinariums.*
delphinidé n. m.
delphinium [-nyom'] n. m. *Des delphiniums.*
delphinologie n. f.
delta n. m. *Les deltas des fleuves.* ♦ Adj. inv. *Des ailes delta.* ♦ N. m. inv. *La lettre delta.* → tableau LANGUES ÉTRANGÈRES, p. 897.
deltaïque adj.
Deltaplane n. m. déposé inv.
deltiste n.
deltoïde adj. et n. m.
deltoïdien, enne adj.
déluge n. m. *Un déluge d'injures.* Majuscule pour celui de la Bible. *Noé survécut au Déluge.*
déluré, e adj.
délurer (se) v. pr. *Ils se sont délurés.*
délustrage n. m.
délustrer v. t.
délutage n. m.
déluter v. t.
démagnétisation n. f.
démagnétiser v. t.
démagogie n. f.
démagogique adj.
démagogue adj. et n.
démaigrir v. t. du 2ᵉ gr. Conjug. 24.
démaigrissement n. m.
démaillage n. m.
démailler v. t.
démailloter v. t.
demain adv. *Nous irons demain.* ♦ N. m. *Demain est jour férié.* Comme *hier*, ce nom est rarement employé au pluriel. *Si ces hiers allaient manger nos beaux demains* (P. Verlaine). L'accord de ces deux noms est une exception à la règle qui veut que les adverbes employés substantivement soient invariables.

démanché n. m. *Les violonistes utilisent le démanché.*
démanchement n. m.
démancher v. t. et int.
demande n. f.
demander v. t. *Elle leur a demandé l'heure. Les robes que j'ai demandées. Les robes que j'ai demandé de raccourcir.* ♦ V. pr. *Nous nous sommes demandé s'ils étaient rentrés.*
demandeur, euse n. (terme général pour désigner celui qui sollicite). *Des demandeurs d'emploi.*
demandeur, eresse n. (terme de jurisprudence pour désigner celui qui intente un procès). *La demanderesse a été déboutée.*
démangeaison n. f.
démanger v. int. *La langue lui démangeait.* Conjug. 3.
démantèlement n. m.
démanteler v. t. *Il démantèle.* Conjug. 11.
démantibuler v. t.
démaoïsation n. f.
démaquillage n. m.
démaquillant, e adj. et n. m.
démaquiller v. t.
démarcage ou **démarquage**.
démarcatif, ive adj.
démarcation n. f. (limitation).
démarchage n. m.
démarche n. f.
démarcher v. t.
démarcheur, euse n.
démarier v. t. Conjug. 17.
démarquage ou **démarcage** n. m.
démarque n. f.
démarquer v. t. et int.
démarqueur, euse n.
démarrage n. m.
démarrer v. t. (en marine, exclusivement). *Démarrer un bateau, c'est détacher ses amarres.* ♦ V. int. *La voiture démarre. Les camions, ils les ont fait démarrer. Le présentateur a fait démarrer l'émission.*
démarreur n. m.
démasclage n. m.
démascler v. t.
démasquer v. t.
démastiquer v. t.

démâtage n. m.
démâter v. t. et int.
dématérialisation n. f.
dématérialiser v. t.
démazouter v. t.
d'emblée loc. adv.
dème n. m.
déméchage n. m.
démédicalisation n. f.
démédicaliser v. t.
démêlage ou **démêlement** n. m.
démêlant, e adj. et n. m.
démêlé n. m.
démêler v. t.
démêloir n. m.
démêlure n. f.
démembrement n. m.
démembrer v. t.
déménagement n. m.
déménager v. t. et int. *Nous déménageons.* Conjug. 3.
déménag*eur, euse* n.
démence n. f.
démener (se) v. pr. *Il se démène, nous nous démenons, il se démènera(it).* Conjug. 15. *Elle s'est démenée.*
dément, e adj. et n.
démenti n. m.
démentiel, elle adj.
démentir v. t. Conjug. 55.
démerdard adj. et n.
démerder (se) v. pr. *Ils se sont démerdés.*
démérite n. m.
démériter v. int.
démesure n. f.
démesuré, e adj.
démesurément adv.
démettre v. t. Conjug. 56.
démeubler v. t.
demeurant (au) loc. adv.
demeure n. f. *Ils s'installent à demeure. Des mises en demeure. Il y a péril en la demeure* (si les choses demeurent en l'état).
demeuré, e adj. et n.
demeurer v. int. *En demeurer là.*
demi, e adj. (près d'un nom) :
1° Placé après le nom, s'accorde en genre seulement. *Trois heures et demie; deux kilos et demi; midi et demi; minuit et demi.*

2° Placé devant le nom, s'écrit avec trait d'union et devient invariable (le nom seul peut varier). *Une demi-bouteille; trois demi-litres; à demi-mot; un demi-million; des demi-pensionnaires; une demi-obscurité. Prendre un demi-litre de lait* (dans cette sorte de phrase, ne pas écrire la fraction 1/2 qui ne peut que suivre un nombre en chiffres). → tableau ADJECTIFS II, C, 5°, p. 868.

N. Lorsqu'il est employé seul. *Quatre demis; la pendule sonne les demies; vous sortirez à la demie; des demis de bière; des demies de champagne.* Pour les sports d'équipe, on écrit sans trait d'union : *un demi centre, un demi aile, un demi de mêlée, un demi d'ouverture;* au pluriel, seul le mot *demi* prend un *s* : *des demis centre, des demis droit, des demis gauche, des demis d'ouverture.*

Adv. Avec trait d'union devant un adjectif. *Un corps demi-nu; des fillettes demi-nues.* La locution adverbiale « à demi » n'a pas de trait d'union. *Femme à demi folle; planche à demi pourrie; des maisons à demi ruinées. Faire les choses à demi.*

demiard n. m.
demi-bas n. m. inv.
demi-botte n. f. *Des demi-bottes.*
demi-bouteille n. f. *Des demi-bouteilles.*
demi-brigade n. f. *Des demi-brigades.*
demi-canton n. m. *Des demi-cantons.*
demi-cercle n. m. *Des demi-cercles.*
demi-circulaire adj. *Des canaux demi-circulaires.*
demi-clef n. f. *Des demi-clefs.*
demi-colonne n. f. *Des demi-colonnes.*
demi-deuil n. m. *Des demi-deuils.*
demi-dieu n. m. *Des demi-dieux.*
demi-douzaine n. f. *Des demi-douzaines.*
demi-droite n. f. *Des demi-droites.*
demie n. f. *Ne m'envoyez que des demies de bourgogne.*
demi-échec n. m. *Des demi-échecs.*
démieller v. t.
demi-entier, ère n. et adj. *Des demi-entiers.*
demi-espace n. m. *Des demi-espaces.*
demi-figure n. f. *Des demi-figures.*
demi-fin, e adj. *Des parures demi-fines.*
♦ N. m. sing.
demi-finale n. f. *Des demi-finales.*
demi-fond n. m. sing.
demi-frère n. m. *Des demi-frères.*
demi-gros n. m. inv.
demi-heure n. f. *Des demi-heures.*
demi-jour n. m. inv.

demi-journée n. f. *Des demi-journées.*
démilitarisation n. f.
démilitariser v. t.
demi-litre n. m. *Des demi-litres.*
demi-longueur n. f. *Des demi-longueurs.*
demi-lune n. f. *Des demi-lunes.*
demi-mal n. m. *Des demi-maux.*
demi-mesure n. f. *Des demi-mesures.*
demi-mondaine n. f. *Des demi-mondaines.*
demi-monde n. m. sing.
demi-mort, e adj. *Ils sont demi-morts.*
demi-mot (à) loc. adv.
déminage n. m.
déminer v. t.
déminéralisation n. f.
déminéraliser v. t.
démineur n. m.
demi-pause n. f. *Des demi-pauses.* (en musique). ♦ HOM. *demi-pose* (en photo).
demi-peau n. m. (reliure). *Des demi-peaux.* De même, on peut parler de *demi-chagrin* ou *demi-maroquin.*
demi-pension n. f. *Des demi-pensions.*
demi-pensionnaire n. *Des demi-pensionnaires.*
demi-pièce n. f. *Des demi-pièces.*
demi-pique n. f. *Des demi-piques.*
demi-pirouette n. f. *Des demi-pirouettes.*
demi-place n. f. *Des demi-places.*
demi-plan n. m. *Des demi-plans.*
demi-pointe n. f. *Des demi-pointes.*
demi-portion n. f. *Des demi-portions.*
demi-pose n. f. *Des demi-poses.* ♦ HOM. → demi-pause.
demi-position n. f. *Des demi-positions.*
demi-produit n. m. *Des demi-produits.*
demi-quart n. m. *Des demi-quarts.*
demi-queue n. m. *Des demi-queues.* ♦ Adj. *Des pianos demi-queue(s).*
demi-relief n. m. *Des demi-reliefs.*
demi-reliure n. f. *Des demi-reliures.*
demi-ronde n. f. *Des demi-rondes.*
demi-saison n. f. *Des demi-saisons.*
demi-sang n. m. inv.
demi-sel adj. inv. et n. m. inv.
demi-siècle n. m. *Des demi-siècles.*
demi-sœur n. f. *Des demi-sœurs.*
demi-solde n. f. (solde réduite). *Des demi-soldes.* ♦ N. m. inv. (ancien officier de l'Empire). *Des demi-solde.*
demi-sommeil n. m. *Des demi-sommeils.*
demi-soupir n. m. *Des demi-soupirs.*
démission n. f.

démissionnaire adj. et n.
démissionner v. int.
demi-succès n. m. inv.
demi-tarif n. m. *Des demi-tarifs.*
demi-teinte n. f. *Des demi-teintes.*
demi-tendineux adj. m. inv. et n. m. inv.
demi-tige n. f. *Des demi-tiges.*
demi-ton n. m. *Des demi-tons.*
demi-tonneau n. m. *Des demi-tonneaux.*
demi-tour n. m. *Des demi-tours.*
démiurge n. m.
démiurgie n. f.
démiurgique adj.
demi-varlope n. f. *Des demi-varlopes.*
demi-vie n. f. *Des demi-vies.*
demi-vierge n. f. *Des demi-vierges.*
demi-voix (à) loc. adv.
demi-volée n. f. *Des demi-volées.*
demi-volte n. f. *Des demi-voltes.*
démixtion [-miksyon] n. f.
démobilisable adj.
démobilisa*teur, trice* adj.
démobilisation n. f.
démobiliser v. t.
démocrate adj. et n. → parti.
démocrate-chréti*en, enne* adj. et n.
démocratie [-si] n. f. *La démocratie chrétienne.*
démocratique adj.
démocratiquement adv.
démocratisation n. f.
démocratiser v. t.
démodé, e adj.
démoder (se) v. pr. *Elle s'est démodée.*
demodex [-dèks'] n. m.
démodulateur n. m.
démodulation n. f.
démoduler v. t.
démographe adj. et n.
démographie n. f.
démographique adj.
demoiselle n. f. *Des demoiselles de compagnie, d'honneur.*
démolir v. t. du 2ᵉ gr. Conjug. 24.
démolissage n. m.
démoliss*eur, euse* n.
démolition n. f.
démon n. m.
démone n. f.
démonétisation n. f.
démonétiser v. t.
démoniaque adj. et n.

démonisme [-is-] n. m.
démonologie n. f.
démonstrateur, trice n.
démonstratif, ive adj. → tableau ADJECTIFS II, B, p. 866.
démonstration n. f.
démonstrativement adv.
démontable adj.
démontage n. m.
démonté, e adj.
démonte-pneu n. m. *Des démonte-pneus.*
démonter v. t.
démonteur, euse n.
démontrabilité n. f.
démontrable adj.
démontrer v. t.
démoralisant, e adj.
démoralisateur, trice adj. et n.
démoralisation n. f.
démoraliser v. t.
démordre v. t. ind. Conjug. 67.
démotique adj. et n. m.
démotivant, e adj.
démotivation n. f.
démotivé, e adj.
démotiver v. t.
démoucheter v. t. *Il démouchette.* Conjug. 14.
démoulage n. m.
démouler v. t.
démouleur, euse n.
démoustication n. f.
démoustiquer v. t.
démultiplexage n. m.
démultiplicateur n. m.
démultiplication n. f.
démultiplier v. t. et int. Conjug. 17.
démunir v. t. du 2ᵉ gr. Conjug. 24.
démuseler v. t. *Il démuselle.* Conjug. 13.
démutisation n. f.
démutiser v. t.
démyéliniser v. t.
démystifiant, e adj.
démystificateur, trice adj. et n.
démystification n. f.
démystifier v. t. Conjug. 17. (détromper, faire cesser une mystification). ♦ Ne pas confondre avec *démythifier* (ôter la valeur de mythe).
démythification n. f.
démythifier v. t. Conjug. 17. → démystifier.
dénantir v. t. du 2ᵉ gr. Conjug. 24.

dénasalisation n. f.
dénasaliser v. t.
dénatalité n. f.
dénationalisation n. f.
dénationaliser v. t.
dénatter v. t.
dénaturalisation n. f.
dénaturaliser v. t.
dénaturant, e adj.
dénaturation n. f.
dénaturé, e adj.
dénaturer v. t.
dénazification n. f.
dénazifier v. t. Conjug. 17.
dendrite [din- ou dan-] n. f.
dendritique [din- ou dan-] adj.
dendrochronologie n. f.
dendrologie n. f.
dénébulateur adj. et n. m.
dénébulation ou **dénébulisation** n. f.
dénébuler ou **dénébuliser** v. t.
dénégation n. f.
déneigement n. m.
déneiger v. t. *Nous déneigeons.* Conjug. 3.
déneigeuse n. f.
dénervation n. f.
dengue [ding'] n. f. (maladie). ♦ HOM. un *dingue* (fou).
déni n. m. *Des dénis de justice.*
déniaiser v. t.
dénicher v. t. et int.
dénicheur, euse n.
dénicotinisation n. f.
dénicotiniser v. t.
dénicotiniseur n. m.
denier n. m. *Le denier de Saint-Pierre; le denier à Dieu; le denier de l'Église. Des bas de quinze deniers.*
dénier v. t. Conjug. 17.
dénigrement n. m.
dénigrer v. t.
dénigreur, euse n.
denim [-nim'] n. m. (toile de blue-jean).
dénitratation n. f.
dénitrer v. t.
dénitrification n. f.
dénitrifier v. t. Conjug. 17.
dénivelé, e adj. et n.
déniveler v. t. *Il dénivelle.* Conjug. 13.
dénivellation n. f.
dénivellement n. m.
dénombrable adj.
dénombrement n. m.

dénombrer v. t.
dénominateur n. m. → tableau NOMBRES III, C, p. 911.
dénominatif, ive n. et adj. m.
dénomination n. f.
dénommé, e n. et adj.
dénommer v. t.
dénoncer v. t. *Nous dénonçons.* Conjug. 2.
dénonciateur, trice n. et adj.
dénonciation n. f. *Une dénonciation de saisie.*
dénotatif, ive adj.
dénotation n. f.
dénoter v. t.
dénouement n. m.
dénouer v. t. Conjug. 19.
dénoyage n. m.
dénoyautage n. m.
dénoyauter v. t.
dénoyauteur n. m.
dénoyer v. t. Conjug. 6.
denrée n. f.
dense adj. ♦ HOM. → danse.
densément adv.
densification n. f.
densifier v. t. Conjug. 17.
densimètre n. m.
densimétrie n. f.
densimétrique adj.
densité n. f.
densitomètre n. m.
dent n. f. *Des dents de lait, de sagesse. Mordre à belles dents. Un coup de dent. Un feu, un grincement, un mal, une rage de dents. Le mors aux dents. Courbe en dents de scie.* ♦ HOM. → dans.
dentaire adj.
dental, ale, aux adj.
dentale n. f. (consonne prononcée avec la langue contre les dents : d, t). ♦ N. m. (mollusque).
dent-de-chien n. f. (plante ; ciseau). *Des dents-de-chien.*
dent-de-lion n. f. (pissenlit). *Des dents-de-lion.*
dent-de-scie n. f. (ornement). *Des dents-de-scie.*
denté, e adj. et n. f.
dentelaire n. f. (plante).
dentelé, e adj. et n. m.
denteler v. t. *Je dentelle.* Conjug. 13.
dentelle n. f. *La dentelle de Malines, du Puy, de Venise, d'Alençon... La valenciennes, le chantilly, la malines. Dentelle au crochet, au torchon, à l'aiguille, aux fuseaux, de filet. La guerre en dentelle.*

dentellier, ère adj. et n.
dentelure n. f.
denticule n. m.
denticulé, e adj.
dentier n. m.
dentifrice n. m. et adj.
dentine n. f.
*****denting** = constriction (nucl.).
dentirostre n. m.
dentiste n. *Un chirurgien-dentiste.*
dentisterie n. f.
dentition n. f.
denture n. f.
dénucléarisation n. f.
dénucléariser v. t.
dénudation n. f.
dénuder v. t.
dénué, e adj.
dénuement n. m.
dénuer (se) v. pr. *Elle s'est dénuée de tout.* Conjug. 18.
dénutri, e adj. et n.
dénutrition n. f.
*****deodorant** = désodorisant.
*****Deo gratias** (lat.) loc. = rendons grâce à Dieu.
déontique adj.
déontologie n. f.
déontologique adj.
dépaillage n. m.
dépailler v. t.
dépalisser v. t.
dépannage n. m.
dépanner v. t.
dépanneur, euse adj. et n.
dépaquetage n. m.
dépaqueter v. t. *Il dépaquette.* Conjug. 14.
déparaffinage n. m.
déparasiter v. t.
dépareillé, e n. m.
dépareiller v. t. (séparer des choses pareilles). *Cette série de livres a été dépareillée.* ♦ Ne pas confondre avec *déparier* (d'une paire, enlever une chose).
déparer v. t.
déparier ou **désapparier** v. t. Conjug. 17. *On a déparié ces gants.* → dépareiller.
déparler v. int.
départ n. m. (démarrage ; commencement ; séparation). ♦ HOM. il *dépare* (v. déparer), il ne se *départ* pas de sa dignité (v. départir).

départage n. m.
départager v. t. *Nous départageons.* Conjug. 3.
département n. m.
départemental, ale, aux adj.
départementalisation n. f.
départementaliser v. t.
départeur, euse n.
départir v. t. du 3ᵉ gr. Se conjugue comme PARTIR (conjug. 55). *Jamais il ne se départ de son calme, elle ne se départait de sa tristesse. Ils ne se sont pas départis de leur rigueur.*
départiteur n. m. et adj. m.
***departure from nucleate boiling** (D.N.B.) = crise d'ébullition (nucl.).
***departure from nucleate boiling ratio** (D.N.B.R.) = rapport de flux thermique critique (nucl.).
dépassant n. m.
dépassé, e adj.
dépassement n. m.
dépasser v. t.
dépassionner v. t.
dépatouiller (se) v. pr. *Ils se sont dépatouillés.*
dépatrier v. t. Conjug. 17.
dépavage n. m.
dépaver v. t.
dépaysant, e [-pè-izan] adj.
dépaysement [-pè-izman] n. m.
dépayser [-pè-izé] v. t.
dépeçage n. m.
dépècement n. m.
dépecer v. t. Indic. prés. : *je dépèce, n. dépeçons, v. dépecez, ils dépècent.* Imparf. : *je dépeçais, n. dépecions.* Passé simple : *je dépeçai, n. dépeçâmes, ils dépecèrent.* Futur : *je dépècerai, n. dépècerons.* Condit. : *je dépècerais, n. dépècerions.* Impératif : *dépèce, dépeçons, dépecez.* Subj. prés. : *que je dépèce, que n. dépecions.* Imparf. : *que je dépeçasse, qu'il dépeçât.* Partic. : *dépeçant, dépecé.*
dépeceur, euse n.
dépêche n. f. → télégramme.
dépêcher v. t.
dépeigner v. t.
dépeindre v. t. Conjug. 31.
dépenaillé, e adj.
dépénalisation n. f.
dépénaliser v. t.
dépendance n. f.
dépendant, e adj.
***dependent earth station** = station terrienne dépendante.
dépendeur, euse n.
dépendre v. t. Conjug. 67. *Dépend-elle* [dépantèl'] *de lui ?*
dépens n. m. pl. (frais). *Condamné aux dépens.* ♦ HOM. *Il dépend de vous* (v.).
dépense n. f.
dépenser v. t. *Ces rentes, quand elle les a eues; quand elle les a eu dépensées.*
dépensier, ère adj. et n.
déperdition n. f.
dépérir v. int. du 2ᵉ gr. Conjug. 24.
dépérissement n. m.
déperlant, e adj.
dépersonnalisation n. f.
dépersonnaliser v. t.
dépêtrer v. t. *Ils se sont dépêtrés.*
dépeuplement n. m.
dépeupler v. t.
déphasage n. m.
déphasant, e adj.
déphasé, e adj.
déphaser v. t.
déphaseur n. m.
déphosphater v. t.
déphosphoration n. f.
déphosphorer v. t.
déphosphorylation n. f.
dépiauter v. t.
dépiauteuse n. f.
dépicage → dépiquage.
dépigeonnage n. m.
dépigeonnisation n. f.
dépigmentant, e adj.
dépigmentation n. f.
dépilage n. m.
dépilation n. f.
dépilatoire adj. et n. m.
dépiler v. t.
dépiquage ou **dépicage** n. m.
dépiquer v. t.
dépistage n. m.
dépister v. t.
dépit n. m. *En dépit de.*
dépiter v. t.
déplacé, e adj.
déplacement n. m.
déplacer v. t. *Nous déplaçons.* Conjug. 2.
déplafonnement n. m.
déplafonner v. t.
déplaire v. t. ind. Conjug. 63. *Ne vous en déplaise.* ♦ V. pr. *Elles se sont déplu. Ils s'y sont déplu.*

DÉPRÉCIATION

déplaisamment adv.
déplaisance n. f.
déplaisant, e adj.
déplaisir n. m.
déplanification n. f.
déplanifier v. t. Conjug. 17.
*****de plano** (lat.) loc. adv. = sans difficulté, sur-le-champ.
déplantage n. m.
déplantation n. f.
déplanter v. t.
déplantoir n. m.
déplâtrage n. m.
déplâtrer v. t.
déplétion n. f.
*****depletion sensor** = canne de niveau, jauge des ergols (spat.).
dépliage ou **dépliement** n. m.
dépliant, e adj. et n. m.
déplier v. t. Conjug. 17.
déplissage n. m.
déplisser v. t.
déploiement n. m. *Un déploiement de forces.*
déplombage n. m.
déplomber v. t.
déplorable adj.
déplorablement adv.
déploration n. f.
déplorer v. t.
déployer [-plwa-yé] v. t. Conjug. 6. *Ils riaient à gorge déployée.*
déplumer (se) v. pr. *Ils s'étaient déplumés.*
dépoétiser v. t.
dépointer v. t.
dépoitraillé, e adj.
dépolarisant n. m.
dépolarisation n. f.
dépolariser v. t.
dépoli, e adj. *Des verres dépolis.*
dépolir v. t. du 2ᵉ gr. Conjug. 24.
dépolissage ou **dépolissement** n. m.
dépolitisation n. f.
dépolitiser v. t.
dépolluant, e adj. et n. m.
dépolluer v. t. Conjug. 18.
dépollueur, euse** adj. et n. m.
dépollution n. f.
dépolymérisation n. f.
dépolymériser v. t.
déponent, e adj.
dépopulation n. f.

déport [-por] n. m.
déportance n. f.
déportation n. f.
déporté, e n.
déportement n. m.
déporter v. t.
déporteur n. m.
déposant, e adj. et n.
dépose n. f.
déposé, e adj.
déposer v. t. et int.
*****deposit** = déposite, dépôt de garantie (écon.).
dépositaire n.
déposite n. m.
déposition n. f.
déposséder v. t. *Je dépossède, nous dépossédons, je déposséderai(s).* Conjug. 10.
dépossession n. f.
dépôt n. m. *Des dépôts de bilan; des mandats de dépôt; une banque de dépôt(s); des dépôts à terme.*
dépotage ou **dépotement** n. m.
dépoter v. t.
dépotoir n. m.
dépôt-vente n. m. *Des dépôts-ventes.*
dépouillage n. m.
dépouille n. f.
dépouillement n. m.
dépouiller v. t. *Dépouiller toute honte.*
dépourvoir v. t. ind. Ne s'emploie qu'à l'infinitif, au passé simple *(il se dépourvut de tout)*, au participe passé *(dépourvu)*, aux temps composés *(ils se sont dépourvus de leurs économies)* et comme participe adjectif.
dépourvu, e adj. *Son discours est dépourvu de bon sens.* ♦ *Ils sont pris au dépourvu* (loc. adv.).
dépoussiérage n. m.
dépoussiérer v. t. *Je dépoussière, nous dépoussiérons, je dépoussiérerai(s).* Conjug. 10.
dépoussiéreur n. m.
dépravant, e adj.
dépravation n. f. → dépréciation.
dépravé, e adj. et n.
dépraver v. t.
déprécation n. f. → dépréciation.
dépréciateur, trice adj. et n.
dépréciatif, ive** adj.
dépréciation n. f. (diminution de prix). ♦ Ne pas confondre avec *déprédation*

(dommage aux biens d'autrui), *dépravation* (corruption) ou *déprécation* (prière).
déprécier v. t. Conjug. 17.
déprédateur, trice adj. et n.
déprédation n. f. → dépréciation.
déprendre (se) v. pr. Conjug. 66. *Elle s'est déprise de lui.*
dépressif, ive adj.
dépression n. f.
*****depression angle** = angle de dépression (spat.).
dépressionnaire adj.
dépressurisation n. f.
dépressuriser v. t.
déprimant, e adj.
déprime n. f.
déprimé, e adj.
déprimer v. t.
déprise n. f.
dépriser v. t.
*****De profundis** (lat.) loc. = Des profondeurs (chant funèbre). *Un « De profundis »* (inv.).
déprogrammation n. f.
déprogrammer v. t.
dépropaniseur n. m.
déprotéger v. t. Conjug. 20.
dépucelage n. m.
dépuceler v. t. *Il dépucelle.* Conjug. 13.
depuis prép. *Le village a changé depuis la guerre.* ♦ Adv. *Depuis, je tremble pour eux.* ♦ *Depuis que vous êtes venus* (loc. conj.).
dépulper v. t.
dépuratif, ive adj. et n. m.
dépuration n. f.
dépurer v. t.
députation n. f.
député, e n. *J'ai vu monsieur le député.*
députer v. t.
déqualification n. f.
déqualifié, e adj.
déqualifier v. t. Conjug. 17.
déquiller v. t.
der [dèr'] n. (apocope de *dernier* ou *dernière*). *La der des ders.*
déracinable adj.
déraciné, e adj. et n.
déracinement n. m.
déraciner v. t.
dérader v. int.
dérager v. int. *Nous dérageons.* Conjug. 3.
déraidir v. t.
déraillement n. m.

dérailler v. int.
dérailleur n. m.
déraison n. f.
déraisonnable adj.
déraisonnablement adv.
déraisonnement n. m.
déraisonner v. int.
déramer v. int. et t.
dérangé, e adj.
dérangeant, e adj.
dérangement n. m.
déranger v. t. *Nous dérangeons.* Conjug. 3.
dérapage n. m.
déraper v. int.
dérapeur n. m.
dérasement n. m.
déraser v. t.
dératé, e n.
dérater v. t.
dératisation n. f.
dératiser v. t.
dérayage ou **drayage** [-é-yaj'] n. m.
dérayer ou **drayer** [-é-yé] v. t. Conjug. 8.
dérayure [-é-yur'] n. f.
derbouka → darbouka.
derby n. m. *Des derbys.*
derche n. m.
déréalisant, e adj.
déréalisation n. f.
déréaliser v. t.
derechef adv.
déréel, elle adj.
dérèglement n. m.
déréglementation n. f.
déréglementer v. t.
dérégler v. t. *Je dérègle, nous déréglons, je déréglerai(s).* Conjug. 10.
dérégulation n. f.
déréguler v. t.
déréistique adj.
déréliction n. f.
dérépression n. f.
déresponsabilisation n. f.
déresponsabiliser v. t.
déridage n. m.
dérider v. t.
dérision n. f.
dérisoire adj.
dérisoirement adv.
dérivabilité n. f.
dérivable adj.
dérivatif, ive adj. *Un suffixe dérivatif.*
♦ N. m. *Ce fut un dérivatif à ses soucis.*

dérivation n. f.

dérive n. f. *Être en dérive ; la dérive Doppler.*

dérivé, e adj. *Des courants électriques dérivés.* ♦ N. m. *Le mot flotteur est un dérivé de flot. Un sel est un dérivé d'un acide.* ♦ N. f. *La dérivée d'une fonction* (en mathématiques).

dériver v. int. et t.

dériveter v. t. *Je dérivette.* Conjug. 14.

dériveur n. m.

dermatite → dermite.

dermatoglyphe n. m.

dermatologie n. f.

dermatologiste ou **dermatologue** n.

dermatomyosite n. f.

dermatophytie n. f.

dermatoptique adj.

dermatose n. f.

derme n. m.

dermeste n. m.

dermique adj.

dermite ou **dermatite** n. f.

dermocorticoïde n. m.

dermographie n. f.

dermographisme [-is-] n. m.

dermopharmacie n. f.

dernier, ère adj. *Les tout derniers jours. Le jugement dernier* (abs. : *le Jugement*). Ce mot est invariable dans les locutions : *en dernier ressort, en dernier lieu, au dernier degré, être du dernier bien.* ♦ N. *Le dernier en date.*

dernièrement adv.

dernier-né, dernière-née n. *Les derniers-nés, les dernières-nées.*

derny n. m. *Des dernys.*

dérobade n. f.

dérobé, e adj. *Une porte dérobée.*

dérobée (à la) loc. adv. *Agir à la dérobée.*

dérobement n. m.

dérober v. t. et int.

dérobeur, euse adj. et n.

dérochage n. m.

dérochement n. m.

dérocher v. t. et int.

déroctage n. m.

déroder v. t.

dérogation n. f.

dérogatoire adj.

dérogeance n. f.

déroger v. t. ind. *Nous dérogeons.* Conjug. 3.

dérougir v. t. et int. du 2ᵉ gr. Conjug. 24.

dérouillée n. f.

dérouiller v. t. et int.

déroulage n. m.

déroulement n. m.

dérouler v. t. *Les évènements qui se sont déroulés.*

dérouleur n. m.

dérouleuse n. f.

déroutage n. m.

déroutant, e adj.

déroute n. f.

déroutement n. m.

dérouter v. t.

*****derrick** n. m. = tour de forage. *Des derricks.*

derrière prép. *Se placer derrière la tribune.* ♦ Adv. *Elle marche derrière.* ♦ Élément de loc. adv. *De derrière ; du derrière ; là-derrière ; par-derrière ; ci-derrière ; sens devant derrière.* ♦ N. *Le derrière du tableau.*

derviche n. m.

des art. déf. contracté, placé devant le complément du nom, du pronom, de l'adjectif ou le complément d'objet indirect (pl. de *du* ou de *de la*). *La peur des coups. Il claquait des dents.* ♦ Art. indéf., placé devant le complément d'objet direct ou le sujet (pl. de *un, une* ; signifie « plusieurs »). *Dans le pré, elle cueillait des fleurs.* ♦ Art. partitif, placé devant le complément d'objet direct ou le sujet, désigne une partie. *Prenez des bonbons.* ♦ Particule onomastique. *Le chevalier Des Grieux.* ♦ HOM. → dé.

dès prép. *Dès le lever du soleil. Dès que ; dès lors ; dès lors que.* ♦ HOM. → dé.

dés- → dé-.

désabonnement n. m.

désabonner v. t.

désabusé, e adj. et n.

désabusement n. m.

désabuser v. t.

désaccentuation n. f.

désaccentuer v. t. Conjug. 18.

désaccord n. m.

désaccorder v. t.

désaccoupler v. t.

désaccoutumance n. f.

désaccoutumer v. t.

désacidification n. f.

désacidifier v. t. Conjug. 17.

désacralisation [-sa-] n. f.

désacraliser [-sa-] v. t.

désactivation n. f.

désactiver v. t.
désadaptation n. f.
désadapté, e adj.
désadapter v. t.
désaérage n. m.
désaération n. f.
désaérer v. t. *Je désaère, nous désaérons, je désaérerai(s).* Conjug. 10.
désaffectation n. f. → désaffection.
désaffecter v. t.
désaffection n. f. (perte de l'affection). ♦ Ne pas confondre avec *désaffectation* (changement de destination). ♦ Homographes hétérophones : des *désaffections* [-syon] ; nous *désaffections* [-tyon] (v. désaffecter).
désaffectionner (se) v. pr. *Elle s'est désaffectionnée.*
désafférentation n. f.
désaffilier v. t. Conjug. 17.
désagréable adj.
désagréablement adv.
désagrégation n. f.
désagréger v. t. *Je désagrège, nous désagrégeons, je désagrégerai(s).* Conjug. 20.
désagrément n. m.
désaimantation n. f.
désaimanter v. t.
désaisonnaliser → dessaisonnaliser.
Desaix [-sè] n.
désajuster v. t.
désaliénation n. f.
désaliéner v. t. *Je désaliène, nous désaliénons, je désaliénerai(s).* Conjug. 10.
désalignement n. m.
désaligner v. t.
désalinisateur [-sa] n. m.
désalinisation [-sa] n. f.
désaliniser [-sa] v. t.
désalpe n. f.
désalper v. int.
désaltérant, e adj.
désaltérer v. t. *Je désaltère, nous désaltérons, je désaltérerai(s).* Conjug. 10.
désambiguïsation n. f.
désambiguïser v. t.
désamidonner v. t.
désaminase n. f.
désamination n. f.
désaminer v. t.
désamorçage n. m.
désamorcer v. t. *Nous désamorçons.* Conjug. 2.
désamour n. m.

désapparier → déparier.
désappointé, e adj.
désappointement n. m.
désappointer v. t.
désapprendre v. t. Conjug. 66.
désapproba*teur*, *trice* adj. et n.
désapprobation n. f.
désapprouver v. t.
désapprovisionnement n. m.
désapprovisionner v. t.
désarçonner v. t.
désargenté, e adj.
désargenter v. t.
désarmant, e adj.
désarmé, e adj.
désarmement n. m.
désarmer v. t. et int.
désarrimage n. m.
désarrimer v. t.
désarroi n. m.
désarticulation n. f.
désarticuler v. t.
désassembler v. t.
désassimilation n. f.
désassimiler v. t.
désassorti, e adj.
désassortiment n. m.
désassortir v. t. du 2ᵉ gr. Conjug. 24.
désastre n. m.
désastreusement adv.
désast*reux*, *euse* adj.
désatellisation [dé-sa-] n. f.
désatelliser [dé-sa-] v. t.
désatomiser v. t.
désavantage n. m.
désavantager v. t. *Nous désavantageons.* Conjug. 3.
désavantageusement adv.
désavantag*eux*, *euse* adj.
désaveu n. m. *Des désaveux.*
désavouer v. t. Conjug. 19.
désaxé, e adj.
désaxer v. t.
descellement n. m.
desceller v. t. (briser le sceau ou le scellement). → déceler. ♦ HOM. *desseller* (enlever la selle).
descendance n. f.
descendant, e adj. et n.
descenderie n. f.
descend*eur*, *euse* n.
*****descending node** = nœud descendant (spat.).

descendre v. int. et t. Conjug. 67. → tableau PARTICIPE PASSÉ III, F, 10°, p. 924.
descenseur n. m.
descente n. f. (pente). ♦ HOM. *décente* (fém. de *décent*).
déscolarisation n. f.
déscolariser v. t.
*****descramble (to)** = désembrouiller (télécom.).
*****descrambler** = désembrouilleur (télécom.).
*****descramblingage** = désembrouillage (télécom.).
descript*eur*, *trice* n.
descriptible adj.
descript*if*, *ive* adj. et n. m.
description n. f.
desdits, desdites adj. dém. *Au sujet desdites terres, il sera procédé...* → dit.
déséchouer v. t. Conjug. 19.
désectorisation [-sèk-] n. f.
désectoriser [-sèk-] v. t.
déségrégation [-sé-] n. f.
désembourber v. t.
désembourgeoiser v. t.
désembouteiller v. t.
désembrouillage n. m.
désembrouiller v. t.
désembrouilleur n. m.
désembuage n. m.
désembuer v. t. Conjug. 18.
désemparé, *e* adj.
désemparer v. int.
désemplir v. int. du 2ᵉ gr. Conjug. 24.
désencadrement n. m.
désencadrer v. t.
désenchainer v. t.
désenchantement n. m.
désenchanter v. t.
désenclavement n. m.
désenclaver v. t.
désencollage n. m.
désencombrement n. m.
désencombrer v. t.
désencrasser v. t.
désendettement n. m.
désendetter (se) v. pr. *Elle s'est désendettée.*
désenflammer v. t.
désenfler v. t. et int.
désenfumage n. m.
désenfumer v. t.
désengagement n. m.
désengager v. t. *Nous désengageons.* Conjug. 3.

désengluer v. t. Conjug. 18.
désengorger v. t. *Nous désengorgeons.* Conjug. 3.
désengrener v. t. *Je désengrène, nous désengrenons, je désengrènerai(s).* Conjug. 15.
désenivrer [dézan-ni-] v. t.
désenlacer v. t. *Nous désenlaçons.* Conjug. 2.
désenlaidir v. t. et int. du 2ᵉ gr. Conjug. 24.
désenneiger v. t. *Nous désenneigeons.* Conjug. 3.
désennuyer v. t. Conjug. 7.
désenrayer v. t. Conjug. 8.
désensablement n. m.
désensabler v. t.
désensibilisateur [-san-] n. m.
désensibilisation [-san-] n. f.
désensibiliser v. t.
désensimage n. m.
désensimer v. t.
désensorceler v. t. *Il désensorcelle.* Conjug. 13.
désentoilage n. m.
désentoiler v. t.
désentortiller v. t.
désentraver v. t.
désenvaser v. t.
désenvelopper v. t.
désenvenimer v. t.
désenverguer → déverguer.
désenvoûtement n. m.
désenvoûter v. t.
désenvoût*eur*, *euse* n. et adj.
désépaissir v. t. du 2ᵉ gr. Conjug. 24.
désépargne n. f.
déséquilibre n. m.
déséquilibré, *e* adj. et n.
déséquilibrer v. t.
déséquiper v. t.
désert, *e* n. m. et adj.
déserter v. t. et int.
désert*eur*, *euse* n. et adj.
désertification n. f.
désertisation n. f.
désertifier v. t. et pr. Conjug. 17.
désertion n. f. ♦ Homographes hétérophones : des *désertions* [-syon]; nous *désertions* [-tyon] (v. déserter).
désertique adj.
désescalade n. f.
*****desesperado** (esp.) n. m. = désespéré. Ce mot est quelquefois contracté en *DESPERADO.

désespéramment adv. (de façon désespérante).
désespérance n. f.
désespérant, e adj.
désespéré, e adj. et n.
désespérément adv. (de manière désespérée).
désespérer v. int. et t. *Je désespère, nous désespérons, je désespérerai(s)*. Conjug. 10.
désespoir n. m.
désétablissement n. m.
désétatisation n. f.
désétatiser v. t.
désexcitation n. f.
désexciter v. t.
désexualiser [dé-sèksua-] v. t.
déshabillage n. m.
déshabillé n. m.
déshabiller v. t.
déshabilloir n. m.
déshabituer v. t. Conjug. 18.
désherbage n. m.
désherbant, e adj. et n. m.
désherber v. t.
déshérence n. f. *Biens tombés en déshérence*.
déshérité, e n.
déshéritement n. m.
déshériter v. t.
déshonnête adj.
déshonnêtement adv.
déshonnêteté n. f.
déshonneur n. m.
déshonorant, e adj.
déshonorer v. t.
déshuilage n. m.
déshuiler v. t.
déshuileur n. m.
déshumanisant, e adj.
déshumanisation n. f.
déshumaniser v. t.
déshumidificateur n. m.
déshumidification n. f.
déshumidifier v. t. Conjug. 17.
déshydratant, e adj.
déshydratation n. f.
déshydrater v. t.
déshydrocyclisation n. f.
déshydrogénation n. f.
déshydrogéner v. t. *Je déshydrogène, nous déshydrogénons, je déshydrogénerai(s)*. Conjug. 10.
désidéologiser v. t.

désidérabilité n. f.
desiderata n. m. pl. S'emploie généralement au pluriel, mais le singulier (*desideratum*, en latin) est possible.
*****design** n. m. = conception, création, stylique, esthétique industrielle, stylisme. *Le style « design »*.
désignatif, ive adj.
désignation n. f.
*****design basis** = dimensionnement (nucl.).
*****design basis accident** (D.B.A.) = accident de dimensionnement (nucl.).
*****designer** n. m. = stylicien, styliste, créateur, graphiste.
désigner v. t.
*****design rule checking** (DRC) = vérification des règles de dessin ou VRD (électron.).
désilage [-si-] n. m.
désiler [-si-] v. t.
désiliciage [-si-] n. m.
désillusion n. f.
désillusionné, e adj.
désillusionnement n. m.
désillusionner v. t.
désincarcération n. f.
désincarcérer v. t. Conjug. 10.
désincarnation n. f.
désincarné, e adj.
désincarner (se) v. pr. *Elle s'est désincarnée*.
désincorporer v. t.
désincrustant, e adj.
désincrustation n. f.
désincruster v. t.
désindexation n. f.
désindexer v. t.
désindustrialisation n. f.
désindustrialiser v. t.
désinence n. f.
désinentiel, elle adj.
désinfectant, e adj.
désinfecter v. t.
désinfecteur adj. m. et n. m.
désinfection n. f. ♦ Homographes hétérophones : des *désinfections* [-syon]; nous *désinfections* [-tyon] (v. désinfecter).
désinflation n. f.
désinformateur, trice n. et adj.
désinformation n. f.
désinformer v. t.
désinhiber v. t.
désinhibition n. f.

désinsectisation n. f.
désinsectiser v. t.
désinsertion n. f.
désintégration n. f.
désintégrer v. t. *Je désintègre, nous désintégrons, je désintégrerai(s).* Conjug. 10.
désintéressé, e adj.
désintéressement n. m.
désintéresser v. t.
désintérêt n. m.
désintermédiation n. f.
désintoxication n. f.
désintoxiquer v. t.
désinvestir v. t. du 2ᵉ gr. Conjug. 24.
désinvestissement n. m.
désinviter v. t.
désinvolte adj.
désinvolture n. f.
désir n. m. ♦ HOM. il *désire* (v.).
désirable adj.
désirer v. t. → souhaiter.
désir*eux*, *euse* adj.
désistement n. m.
désister (se) v. pr. *Elle s'est désistée.*
*****desk** = bureau, bureau de dépêches, salle de rédaction.
*****desk research** = recherche documentaire.
*****desktop computer** = ordinateur de table.
*****desktop publishing** = édition personnelle, microédition, éditique, édition électronique, publication assistée par ordinateur (P.A.O.).
*****desktop video** = vidéotique.
dès l'abord loc. adv.
desman [-man] n. m. *Des desmans.*
desmodromique adj.
desmolase n. f.
desmosome n. m.
desmotropie n. f.
désobéir v. t. ind. du 2ᵉ gr. Conjug. 24.
désobéissance n. f.
désobéissant, e adj.
désobligeamment adv.
désobligeance n. f.
désobligeant, e adj.
désobliger v. t. *Nous désobligeons.* Conjug. 3.
désobstruction n. f.
désobstruer v. t. Conjug. 18.
désoccupé, e adj.

désocialisation [-so-] n. f.
désocialiser [-so-] v. t.
désodé, e [-so-] adj.
désodorisant, e adj. et n. m.
désodoriser v. t.
désodoriseur n. m.
désœuvré, e adj. et n.
désœuvrement n. m.
désolant, e adj.
désolation n. f.
désolé, e adj.
désoler v. t.
désolidariser (se) [-so-] v. pr. *Elle s'est désolidarisée de lui.*
désoperculer v. t.
désopilant, e adj.
désopiler v. t.
désordonné, e adj.
désordre n. m.
désorganisa*teur*, *trice* adj. et n.
désorganisation n. f.
désorganiser v. t.
désorientation n. f.
désorienté, e adj.
désorienter v. t.
désormais adv.
désorption [-so-] n. f.
désossement n. m.
désosser v. t.
désoxydant, e adj. et n. m.
désoxydation n. f.
désoxyder v. t.
désoxygénation n. f.
désoxygéner v. t. Conjug. 10.
désoxyribonucléase n. f.
désoxyribonucléique adj. *L'acide désoxyribonucléique est souvent nommé A.D.N.*
désoxyribose n. m.
*****desperado** → *desesperado.
despotat [-ta] n. m.
despote n.
despotique adj.
despotiquement adv.
despotisme [-is-] n. m.
despotocratie [-si] n. f.
desquamation [dèskwa-] n. f.
desquamer [dèskwa-] v. t.
desquels, desquelles → duquel.
dessablage n. m.
dessablement n. m.
dessaisonnaliser ou **désaisonnaliser** [-sè-] v. t.

dessaler v. t. et int.
dessaleur n. m.
dessalinisation n. f.
dessalure n. f.
dessangler v. t.
dessaouler → dessoûler.
desséchant, e adj.
dessèchement n. m.
dessécher v. t. *Je dessèche, nous desséchons, je dessécherai(s).* Conjug. 10.
dessein n. m. *Ils le font à dessein.* ♦ HOM. → dessin.
desseller v. t. → déceler. ♦ HOM. → desceller.
desserrage n. m.
desserre n. f. ♦ HOM. → dessert.
desserrement n. m.
desserrer v. t.
dessert n. m. (fin de repas). ♦ HOM. il *dessert* (v. desservir), il *desserre* (v. desserrer), dur à la *desserre* (avare).
desserte n. f.
dessertir v. t. du 2ᵉ gr. Conjug. 24.
dessertissage n. m.
desservant n. m.
desservir v. t. Conjug. 72.
desséveage n. m.
dessiccateur n. m.
dessiccatif, ive adj. et n. m.
dessiccation n. f.
dessiller [dési-yé] v. t. *Dessiller les yeux de quelqu'un.*
dessin n. m. *Planche à dessin; carton à dessins. Cours de dessin. Dessin à main levée.* ♦ HOM. *dessein* (projet).
dessinateur, trice n.
dessinateur-cartographe n. *Une dessinatrice-cartographe; des dessinateurs-cartographes.*
dessiné, e adj.
dessiner v. t.
dessolement n. m.
dessoler v. t.
dessouder v. t.
dessoudure n. f.
dessoûler v. t. et int. Ancienne orthographe : *dessaouler*. L'Acad. écrit DESSOULER dans son dictionnaire.
dessous adv. *Mettez-le dessous.* ♦ Élément de loc. adv. *En dessous, de dessous, du dessous; au-dessous, ci-dessous, là-dessous, par-dessous; sens dessus dessous.* ♦ N. *Le dessous du meuble; les dessous d'une affaire.*
dessous-de-bouteille n. m. inv. (disque de protection).

dessous-de-bras n. m. inv. (garniture).
dessous-de-plat n. m. inv. (support).
dessous-de-table n. m. inv. (somme d'argent).
dessuintage n. m.
dessuinter v. t.
dessus adv. *Vous pouvez marcher dessus.* ♦ Élément de loc. adv. *En dessus, de dessus, du dessus; au-dessus, ci-dessus, là-dessus, par-dessus; sens dessus dessous; bras dessus bras dessous.* ♦ N. *Un dessus de cheminée; avoir le dessus.* ♦ Prép. *J'ai trois vaisseaux dessus la mer jolie.*
dessus-de-lit n. m. inv. (couvre-lit).
dessus-de-porte n. m. inv. (panneau décoré).
déstabilisant, e adj.
déstabilisateur, trice adj.
déstabilisation n. f.
déstabiliser v. t.
déstalinisation n. f.
déstaliniser v. t.
destin n. m. *Subir la loi du destin.* Dans le sens mythologique, s'écrit avec une majuscule. *Les dieux eux-mêmes étaient soumis au Destin.*
destinataire n.
destinateur n. m.
destination n. f.
destinée n. f.
destiner v. t.
destituable adj.
destituer v. t. Conjug. 18.
destitution n. f.
déstockage n. m.
déstocker v. t.
destrier n. m.
***destriping** = délignage (spat.).
destroyer n. m.
destructeur, trice adj. et n.
destructible adj.
destructif, ive adj.
destruction n. f.
destructivité n. f.
destructuration n. f.
destructurer v. t.
désuet, ète [-suè, -suèt'] adj. *Des habitudes désuètes.*
désuétude [-su-] n. f.
désulfiter [-sul-] v. t.
désulfuration [-sul-] n. f.
désulfurer [-sul-] v. t.
désuni, e adj.
désunion n. f.

désunir v. t. du 2ᵉ gr. Conjug. 24.
désurchauffe [-sur-] n. f.
désurchauffer [-sur-] v. t.
désurchauffeur [-sur-] n. m.
désurgeler [-sur-] v. t. *Il désurgèle.* Conjug. 11.
désutilité n. f.
désynchronisation [-sin-] n. f.
désynchroniser [-sin-] v. t.
désyndicalisation [-sin-] n. f.
détachable adj.
détachage n. m.
détachant, e adj. et n. m.
détaché, e adj.
détachement n. m.
détacher v. t.
détacheur n. m.
détail n. m. *Se perdre en détails inutiles; commerce de détail; vendre au détail; exposer l'affaire en détail; officier de détails; revue de détail. Des détails.* ♦ HOM. il *détaille* (v. détailler).
détaillant, e adj. et n.
détaillé, e adj.
détailler v. t.
détaler v. int.
détalonnage n. m.
détalonner v. t.
détartrage n. m.
détartrant, e adj. et n. m.
détartrer v. t.
détartreur n. m.
détaxation n. f.
détaxe n. f.
détaxer v. t.
détectabilité n. f.
*****detectability** = détectabilité (spat.).
détectable adj.
détecter v. t.
détec*teur, trice* adj. et n. m.
détection n. f.
détective n.
*****detector** = détecteur (spat.).
déteindre v. t. et int. Conjug. 31.
dételage n. m.
dételer v. t. et int. *Il dételle.* Conjug. 13.
détendeur n. m. (qui détend).
détendre v. t. Conjug. 67.
détendu, e adj.
détenir v. t. Conjug. 76.
détente n. f. *Ils ont besoin de détente.* → gâchette.
déten*teur, trice* adj. et n. (qui détient).

détention n. f. *Dix ans de détention.*
détenu, e adj. et n.
détergence n. f.
détergent, e [-jan] adj. et n. m. ♦ Homographe hétérophone : ils *détergent* [détèrj'] (v. déterger). ♦ HOM. *déterge ant* (partic. prés. du v. déterger).
déterger v. t. Conjug. 3.
détérioration n. f.
détériorer v. t.
déterminable adj.
déterminant, e adj. et n. m.
détermina*tif, ive* adj. et n. m. → tableau ADJECTIFS II, p. 865.
détermination n. f. Le complément du nom (ou du pronom) est quelquefois nommé *complément de détermination* ou *complément déterminatif.*
déterminé, e adj.
déterminer v. t.
déterminisme [-is-] n. m.
déterministe adj. et n.
déterrage n. m.
déterré, e n.
déterrement n. m.
*****deterrence** = dissuasion (déf.).
*****deterrent** = agent de dissuasion.
déterrer v. t.
déterr*eur, euse* n.
déter*sif, ive* adj. et n. m.
détersion n. f.
détestable adj.
détestablement adv.
détestation n. f.
détester v. t. *Ils se sont détestés.*
déthéiné, e adj. et n. m.
détiré n. m.
détirer v. t.
détireuse n. f.
détonant, e adj. (qui explose).
détonateur n. m.
détonation n. f.
détoner v. int. (exploser). ♦ HOM. *détonner* (changer de ton; choquer).
détonique n. f.
détonner v. int. *Ce chanteur détonne.* ♦ HOM. → détoner.
détordre v. t. Conjug. 67.
détors, e adj.
détorsion n. f.
détortiller v. t.
détour n. m. *Expliquez-vous sans détour. Au détour du chemin.*

détourage n. m.
détouré n. m.
détourer v. t.
détourné, e adj.
détournement n. m.
détourner v. t.
détourneur, euse n.
détoxication n. f.
détoxification n. f.
détoxifier v. t. Conjug. 17.
détoxiquer v. t.
détracter v. t.
détracteur, trice adj. et n.
détraction n. f.
détraqué, e adj. et n.
détraquement n. m.
détraquer v. t.
détrempe n. f.
détremper v. t.
détresse n. f. *Des signaux de détresse. Navires en détresse.*
détriment n. m. *Au détriment de.*
détritique adj.
détritivore adj. et n. m.
détritus [-tu ou -tys] n. m.
détroit n. m. ♦ HOM. la ville de *Detroit* (É.-U.).
détromper v. t.
détrôner v. t.
détroquage n. m.
détroquer v. t.
détrousser v. t.
détrousseur n. m.
détruire v. t. Conjug. 37.
dette n. f. *Des dettes criardes. La dette publique est représentée par le total des emprunts à rembourser. Le grand(-)livre de la Dette publique.*
détumescence n. f.
*****deuce** = égalité (sport).
D.E.U.G. [dœg] sigle m. Diplôme d'études universitaires générales.
deuil n. m. *Des deuils.*
*****deus ex machina** [-kina] (lat.) loc. m. = dieu providentiel dénouant l'affaire.
D.E.U.S.T. sigle m. Diplôme d'études universitaires scientifiques et techniques.
deutérium [-ryom'] n. m. *Des deutériums.*
deutérocanonique adj.
deutérostomien n. m.
deuton ou **deutéron** n. m.
*****deutsche Mark** (all.) n. m. inv. (monnaie : 200 *deutsche Mark* ou 200 *DM*). → mark.
deux adj. numér. *Deux francs ou 2 F; le canal des Deux-Mers; le royaume des Deux-Siciles; la guerre des Deux-Roses.* ♦ N. ou pron. *Ce deux est mal écrit. Il habite au 2. Des deux; à elles deux* (mais on écrira : *l'un d'eux*). → date.
deux-deux n. m. inv. (mesure musicale).
deux-huit n. m. inv. (mesure musicale).
deuxième [-zyèm'] adj. Abrév. : 2e. *La deuxième partie.* ♦ Pron. ou n. numér. *Vous êtes le deuxième.* ♦ En bonne règle, le mot *deuxième* suppose qu'il y en a plus de deux. *Il est le deuxième de l'étape du jour.* Alors que le mot *second* désigne le dernier. *La Seconde Guerre mondiale.* Mais cette nuance est bien négligée.
deuxièmement [-zyè-] adv.
deuxio ou **deuzio** → tableau ADVERBES K, 2°, b, p. 875.
deux-mâts n. m. inv. (voilier).
deux-pièces n. m. (vêtement). *Un deux pièces* (sans trait d'union) est un appartement.
deux-points n. m. inv. (caractère d'imprimerie qui imprime les deux points). *Rangez ce deux-points dans la casse.*

■ Ce signe de ponctuation est employé depuis le XVIe siècle. Si l'on tape à la machine, il doit être précédé d'un blanc.

A. Les deux-points annoncent des paroles, une énumération, une citation. *Elle cria : « Venez par ici ! » Tout nous intéressait : livres, gravures, faïences.* Après deux-points, il est possible de mettre, selon le sens, une majuscule ou une minuscule.

B. Les deux-points annoncent quelquefois une explication, une justification (par cause, conséquence ou confirmation). *Ne l'excitez pas : il mord. Le cœur se mit à battre : le chirurgien esquissa un sourire. Il faut vous rendre à l'évidence : il ne reviendra pas.* Dans ce cas, ce signe a la valeur de *car, donc, en effet.*

C. Hormis le cas d'une citation, on doit éviter de mettre deux fois les deux--points dans une phrase.

En mathématiques, les deux-points sont le signe de la division.

deux-ponts n. m. inv. (avion).
deux-quatre n. m. inv. (mesure musicale).
deux-roues n. m. inv. (véhicule).
deux-seize n. m. inv. (mesure musicale).
deux-temps n. m. inv. (mesure musicale; moteur à deux temps). *En musique, le deux-temps est la mesure à deux temps. Mélange deux-temps* (spécial pour moteur deux-temps).

deuzio → deuxio.
devadasi [dé-] n. f.
dévaler v. t. et int.
dévaliser v. t.
dévaliseur, euse n.
dévaloir n. m.
dévalorisant, e adj.
dévalorisation n. f. (diminution de la valeur d'une chose). *On assistait à la dévalorisation de son talent.* ♦ Ne pas confondre avec *dévaluation* (opération technique gouvernementale qui modifie le taux de change d'une monnaie).
dévaloriser v. t.
dévaluation n. f. *En août 1969, le franc a subi une dévaluation de 12,5 %.* → dévalorisation.
dévaluer v. t. Conjug. 18.
devanagari n. f. et adj. inv.
devancement n. m.
devancer v. t. *Nous devançons.* Conjug. 2.
devancier, ère n.
devant adv. *Marchez devant.* ♦ Prép. *Elle était devant lui.* ♦ Élément de loc. adv. *De devant; au-devant, ci-devant, là-devant, par-devant; sens devant derrière.* ♦ Élément de loc. prép. *Acte dressé par-devant notaire. Aller au-devant de quelqu'un.* ♦ N. m. *Le devant est trompeur. Prendre les devants.*
devantier n. m. (tablier).
devanture n. f.
dévastateur, trice adj. et n.
dévastation n. f.
dévaster v. t.
déveine n. f.
*****develop (to)** = développer (transp.).
*****development** = conception, mise au point (et non « développement »).
développable adj.
développante n. f.
développateur n. m.
développé n. m.
développée n. f.
développement n. m. *Des pays en voie de développement.*
développer v. t.
développeur n. m.
devenir v. int. Conjug. 76. Les temps composés se font avec *être*. *Que sont nos amours devenues?* ♦ N. m. *Le devenir d'une société.*
déverbal n. m. *Des déverbaux.*
déverbatif, ive adj. et n. m.
déverglacer v. t. Conjug. 2.

dévergondage n. m.
dévergondé, e adj. et n.
dévergonder (se) v. pr. *Ils se sont dévergondés.*
déverguer ou **désenverguer** v. t. *Nous déverguons.* Conjug. 4.
déverminage n. m.
déverminer v. t.
dévernir v. t. du 2ᵉ gr. Conjug. 24.
dévernissage n. m.
déverrouillage n. m.
déverrouiller v. t.
devers prép. *Il vint devers moi* (emploi vieilli). *Par-devers vous.* ♦ N. *Le devers d'un navire* (évasement de la coque); *le devers d'une auto* (carrossage).
dévers n. m. *Le dévers d'une route* (relèvement d'un côté).
déversement n. m.
déverser v. t.
déversoir n. m.
dévêtir v. t. Conjug. 80.
déviance n. f.
déviant, e n. et adj.
déviateur, trice adj. et n. m.
déviation n. f.
déviationnisme [-is-] n. m.
déviationniste adj. et n.
dévidage n. m.
dévider v. t.
dévideur, euse n.
dévidoir n. m.
dévier v. int. et t. Conjug. 17.
devin, ineresse n. *Un devin, une devineresse.* ♦ HOM. *Il devint* (v. devenir).
devinable adj.
deviner v. t.
devinette n. f.
devineur, euse n.
devirer v. t.
dévirginiser v. t.
dévirilisation n. f.
déviriliser v. t.
devis [-vi] n. m.
dévisager v. t. *Nous dévisageons.* Conjug. 3.
devise n. f. *Un trafic de devises. Sa devise était : « Agis ».*
deviser v. int.
devise-titre n. f. *Des devises-titres.*
dévissage n. m.
dévissé n. m.
dévisser v. t. et int.
*****de visu** (lat.) loc. adv. = par la vue.

dévitalisation n. f.
dévitaliser v. t.
dévitaminé, e adj.
dévitrification n. f.
dévitrifier v. t. Conjug. 17.
dévoiement n. m.
dévoilement n. m.
dévoiler v. t.
devoir v. t. Conjug. 46. *Les sommes qu'elle a dues. Les injures qu'elle a dû subir. Deux morts dues à l'imprudence* (écrire *dus* serait une faute : ce ne sont pas les individus, mais les morts de ces individus qui sont dues à l'imprudence).
devoir n. m. *Se mettre en devoir de. Derniers devoirs envers quelqu'un.*
dévoisé, e adj.
dévoltage n. m.
dévolter v. t.
dévolteur n. m.
dévolu, e adj. et n. m.
dévolutif, ive adj.
dévolution n. f.
devon n. m.
dévonien, enne adj. et n. m.
dévorant, e adj.
dévorateur, trice adj.
dévorer v. t.
dévoreur, euse n.
dévot, e adj. et n.
dévotement adv.
dévotion n. f.
dévotionnel, elle adj.
dévoué, e adj.
dévouement n. m.
dévouer (se) v. pr. *Elles se sont dévouées.* Conjug. 19.
dévoyé, e adj. et n.
dévoyer [-vwa-yé] v. t. Conjug. 6.
déwatté, e [-wa-] adj.
dextérité n. f.
dextralité n. f.
dextre n. f. et adj.
dextrine n. f.
dextrocardie n. f.
dextrochère n. m.
dextrogyre adj.
dextromoramide n. m.
dextrorse adj. inv. ou adv. (dans le sens des aiguilles d'une montre). *Des écoulements dextrorse.* ♦ Ne pas confondre avec *dextrose* (glucose).
*dextrorsum (lat.) adj. inv. ou adv. = dextrorse. Ce sens est aussi nommé *rétrograde*. Le contraire est **senestrorsum*.

dextrose n. m. → dextrorse.
dey n. m. ♦ HOM. → dé.
dézinguer v. t. *Nous dézinguons.* Conjug. 4.
dharma n. m.
di- Ce préfixe se soude à ce qui suit *(diméthylamine, dioxyde, diplozoaire)*.
dia! interj.
diabète n. m.
diabétique adj. et n.
diabétogène adj.
diabétologie n. f.
diabétologue n.
diable n. m. *Le diable ; les diables bleus. Ne craindre ni Dieu ni diable. L'île du Diable. Avoir le diable au corps. Le Diable au corps* (roman). ♦ Élément de loc. *En diable ; au diable vauvert ; à tous les diables ; de tous les diables ; envoyer au diable ; à la diable.* ♦ Adj. *Ils sont diables.* ♦ Interj. *Diable ! Au diable !*
LEXIQUE : Ange du mal, Asmodée, Astaroth, Azazel, Béhémot, Bélial, Belzébuth, le démon, le diable, incube, Lilith, Lucifer, le Malin, le Maudit, Mammon, Méphistophélès, le Prince des ténèbres, Satan, succube.
diablement adv.
diablerie n. f.
diablesse n. f.
diablotin n. m.
diabolique adj.
diaboliquement adv.
diaboliser v. t.
diabolo n. m.
diacétylmorphine ou **diamorphine** n. f.
diachromie [-kro-] n. f. (procédé de teinture). ♦ Ne pas confondre avec *diachronie* (évolution de la langue dans le temps ; contraire de *synchronie*).
diachronie [-kro-] n. f. → diachromie.
diachronique [-kro-] adj.
diachylon [dyakilon] ou **diachylum** [dyakilom'] n. m. *Des diachylums.*
diacide [di-asid] n. m.
diaclase [dyaklaz'] n. f.
diacode adj.
diaconal, ale, aux adj. (relatif au diacre).
diaconat [-na] n. m.
diaconesse n. f.
diacoustique n. f.
diacre n. m.
diacritique adj.
diadème n. m.
diadoque n. m.

diagenèse n. f.
diagnose [-ag'noz'] n. f.
diagnostic [-g'no-] n. m. *Des diagnostics sûrs.* ♦ HOM. un examen *diagnostique* (adj.), il *diagnostique* (v.).
diagnostique [-g'no-] adj. ♦ HOM. → diagnostic.
diagnostiquer [-g'no-] v. t.
diagométrie n. f.
diagonal, ale, aux adj. et n. f. *Ils traversent en diagonale.*
diagonalement adv.
diagramme n. m. (courbe d'évolution, schéma graphique). *Diagramme de Feynman.* ♦ Ne pas confondre avec *diaphragme* (muscle du tronc; ouverture d'appareil photo).
diagraphe n. m. (instrument).
diagraphie n. f.
diagraphiste adj. et n.
dialcool [di-alkol'] n. m.
dialectal, ale, aux adj.
dialectalisme [-is-] n. m.
dialecte n. m.
dialecticien, enne n.
dialectique adj. et n. f.
dialectiquement adv.
dialectisant, e adj. et n.
dialectiser v. t.
dialectologie n. f.
dialectologue n.
dialectophone adj. et n.
dialogique adj.
diallèle n. m.
dialogisme [-is-] n. m.
dialogue n. m. Pour l'écriture des dialogues → tiret A et tableau GUILLEMETS 3°, 4°, 5°, 6°, p. 889.
dialogué n. m.
dialoguer v. int. et t. *Nous dialoguons.* Conjug. 4.
dialoguiste n.
dialypétale adj. et n. f.
dialyse n. f.
dialysé, e adj. et n.
dialyser v. t.
dialyseur n. m.
diamagnétique adj.
diamagnétisme [-is-] n. m.
diamant n. m. *Les diamants de la Couronne* (joyaux de la dotation du souverain). Les diamants célèbres portent un nom propre (*Régent, Orloff, Koh-i-Noor*, etc.).
diamantaire n.

diamanté, e adj.
diamanter v. t.
diamantifère adj.
diamantin, e adj.
diamétral, ale, aux adj.
diamétralement adv.
diamètre n. m.
diamide [di-a-] n. m. → amine.
diamine [di-a-] n. f. → amine.
diaminophénol ou **diamidophénol** [di-a-] n. m.
diamorphine → diacétylmorphine.
diane n. f. (batterie de tambour ou sonnerie de clairon). ♦ HOM. la déesse *Diane*.
diantre! interj.
diapason n. m.
diapause n. f.
diapédèse n. f.
diaphane adj.
diaphanéité n. f.
diaphanoscopie n. f.
diaphonie n. f.
diaphorèse n. f.
diaphorétique adj. et n. m.
diaphragmatique adj.
diaphragme n. m. → diagramme.
diaphragmer v. t.
diaphyse n. f.
diapir n. m.
diaporama n. m.
diapositive n. f.
diapré, e adj.
diaprer v. t.
diaprure n. f.
diariste n.
diarrhée n. f.
diarrhéique adj.
diarthrose [di-a-] n. f.
diascope n. m.
diascopie n. f.
*****diaspora** (grec) n. f. = dispersion.
diastase n. f.
diastasique adj.
diastole n. f.
diastolique adj.
diathèque n. f.
diathermane adj.
diatherme ou **diathermique** adj.
diathermie n. f.
diathèse n. f.
diatomée n. f.
diatomique [di-a-] adj. (dont la molécule a deux atomes).

diatomite n. f.
diatonique adj. (qui procède par tons et demi-tons).
diatoniquement adv.
diatonisme [-is-] n. m. (système relevant de la gamme diatonique). ♦ Ne pas confondre avec *daltonisme* (anomalie dans la vision des couleurs).
diatribe n. f.
diaule n. f.
diazépam n. m.
diazocopie n. f.
diazoïque adj.
dibasique adj.
dibenzacridine n. f.
dicarbonylé, e adj. et n. m.
dicaryon n. m.
dicaryotique adj.
dicastère n. m. (tribunal pontifical ; subdivision suisse). ♦ Ne pas confondre avec le *décastère* (dix stères de bois).
dicentra n. f.
dicétone n. f.
dichogame [-ko-] adj.
dichotome [-ko-] adj.
dichotomie [-ko-] n. f.
dichotomique [-ko-] adj.
dichroïque [-kro-i-] adj.
dichroïsme [-kro-is-] n. m.
dichromatique [-kro-] adj.
dichromie [-kro-] n. f.
dicline adj.
dico n. m.
dicotylédone n. f. et adj.
dicoumarol n. m.
dicrote adj.
dictame n. m.
Dictaphone n. m. déposé inv. (nom d'un magnétophone). ♦ Ne pas confondre avec *dactyphone* (appareil téléphonique à touches et à mémoire).
dictateur n. m.
dictatorial, ale, aux adj.
dictatorialement adv.
dictature n. f.
DICTÉE n. f. ♦ *Dictée dite « de Mérimée »*. → tableau en annexe p. 887.
dicter v. t.
diction n. f. ♦ Homographes hétérophones : de bonnes *dictions* [-syon] ; nous *dictions* [-tyon] (v. dicter).
dictionnaire n. m.
dictionnairique adj.
dictionnariste n.

dicton n. m.
dictyoptère n. m.
didacthèque n. f.
didacticiel n. m.
didacticien, enne n.
didactique adj. et n. f.
didactiquement adv.
didactisme [-is-] n. m.
didactyle adj.
didascalie n. f.
didéoxycytidine n. f.
didéoxyinosine n. f.
didone n. f.
Didonosine n. f. déposé inv.
diduction n. f.
didyme n. m.
*****die** = puce, plaquette, pastille (électron.).
*****die bond** ou **Die bonding** = fixage de puce, report de puce (électron.).
*****die bonder** = microsoudeuse de puces (électron.).
dièdre n. m. et adj.
dieffenbachia [-kya] n. m.
diélectrique [di-é-] adj. et n. m.
diencéphale [di-an-] n. m.
diencéphalique [di-an-] adj.
diène n. m.
diénique adj.
diérèse n. f.
diergol [di-èrgol'] n. m.
dièse n. m. *N'oubliez pas les dièses. Un double dièse.* ♦ Adj. inv. *Des fa dièse.*
diesel [dyé-] n. m. *Il répare des diesels. Un moteur Diesel* (du nom de l'inventeur). *Un semi-diesel. L'indice Diesel. Des camions diesels ou des camions Diesel.*
diesel-électrique [dyé-] adj. et n. m. *Des diesels-électriques.*
diésélification n. f.
diésélisation n. f.
diéséliser v. t.
diéséliste n.
diéser v. t. *Je dièse, nous diésons, je diéserai(s).* Conjug. 10.
*****Dies irae** (lat.) = jour de colère (chant mortuaire chrétien).
Diester [di-èstèr] n. m. déposé (ester d'huile de colza).
diète n. f. (régime alimentaire ; assemblée). Spécialt : *la Diète germanique.*
diététicien, enne n.
diététique adj. et n. f.
diéthylénique [di-éti-] adj.
diéthylstilbœtrol [di-étilstilbétrol'] n. m.

diétothérapie n. f.

dieu n. m. Pas de majuscule pour les dieux de la mythologie. *Jurer ses grands dieux; les dieux de l'Antiquité; Mars était le dieu de la Guerre et des Agriculteurs; les demi-dieux; beau comme un dieu; les dieux du stade; dans le secret des dieux.*

Majuscule pour le dieu des religions monothéistes. *Le bon Dieu; le Dieu des armées; plût à Dieu; ni Dieu ni diable; l'homme-Dieu; grâce(s) à Dieu; à Dieu va!; à Dieu vat! Un prie-Dieu; un sans--Dieu; la Fête-Dieu; un hôtel-Dieu.*

Interj. *Dieu! qu'il fait chaud! Bon Dieu! Mon Dieu! Grand Dieu! Juste Dieu! Dieu merci! Dieu vous entende! Dieu vous garde! Dieu vous bénisse! Dieu soit béni! Dieu soit loué! Tonnerre de Dieu! Sacré bon Dieu! Plût à Dieu! Vingt dieux! Grands dieux!*

diff- → af-/aff-.

diffa n. f.

diffamant, e adj.

diffama*teur, trice* adj. et n.

diffamation n. f.

diffamatoire adj.

diffamé, e adj.

diffamer v. t.

différé, e adj. et n. m. *Émissions transmises en différé.*

différemment [-raman] adv.

différence n. f.

***difference vegetation index** (D.V.I.) = indice différentiel de végétation (spat.).

différencia*teur, trice* adj. (qui fait la différence). ♦ Ne pas confondre avec *différentiateur* (dispositif cybernétique).

différenciation n. f. (pour faire la différence). ♦ Ne pas confondre avec *différentiation* (opération mathématique).

différencié, e adj.

différencier v. t. Conjug. 17. → différentier.

différend n. m. ♦ HOM. → différent.

différent, e adj. qualif. *Cette maison est différente de l'autre. De différents côtés.* → de 2°. ♦ Adj. indéf., placé avant le nom et toujours au pluriel. *Différentes personnes sont venues.* ♦ N. (marque d'un graveur). *Voyez le différent sur cette médaille.* → déférent. ♦ HOM. *différant* (partic. prés. du v. différer), un *différend* (désaccord). L'homographe qu'on trouve dans « ils différent » n'a pas le même accent.

différentiable [-syabl'] adj. (mathématiques).

***differential absorption laser** (D.I.A.L.) = laser d'absorption différentielle (L.A.D.) (spat.).

différentiateur [-sya-] n. m. → différenciateur.

différentiation [-syasyon] n. f. → différenciation.

différenti*el, elle* [-syèl'] adj. et n.

différentier [-syé] v. t. Conjug. 17. (calculer une différentielle en mathématiques). ♦ Ne pas confondre avec *différencier* (marquer la différence).

différer v. t. et int. *Je diffère, nous différons, je différerai(s).* Conjug. 10.

difficile adj.

difficilement adv.

difficulté n. f. Ce nom est invariable dans les expressions : *peu de difficulté à cela; pardonner avec difficulté; avoir quelque chose sans difficulté; être en difficulté.*

difficultu*eux, euse* adj.

diffluence n. f.

diffluent, e adj.

diffluer v. int. Conjug. 18.

difforme adj.

difformité n. f.

diffracter v. t.

diffraction n. f.

diffus, e adj.

diffusant, e adj.

diffusément adv.

diffuser v. t.

diffuseur n. m.

diffusible adj.

diffusion n. f.

diffusionnisme [-is-] n. m.

diffusionniste adj. et n.

diffusité n. f.

digamma n. m.

digastrique adj.

digérer v. t. *Je digère, nous digérons, je digérerai(s).* Conjug. 10.

***digest** = résumé, condensé.

digeste adj. et n. m.

digesteur n. m.

digestibilité n. f.

digestible adj.

digest*if, ive* adj. et n. m.

digestion [-jès-tyon] n. f.

digicode n. m.

***digit** = chiffre, caractère.

digit*al, ale, aux* adj. et n. f. (relatif aux doigts).

***digital** = numérique.

*digital image analysis = analyse d'image numérique (spat.).
*digital image processing = traitement d'image numérique (spat.).
digitaline n. f.
digitalisation n. f.
digitaliser v. t.
digitaliseur n. m.
*digital signal = signal numérique (télécom.).
*digital switching = commutation numérique (télécom.).
*digital transmission = transmission numérique (télécom.).
digité, e adj.
digitiforme adj.
digitigrade adj. et n. m.
*digitize (to) = numériser (inf.).
digitoplastie n. f.
digitopuncture [-ponk-] n. f.
digitoxine n. f.
diglossie n. f.
digne adj.
dignement adv.
dignitaire n. m.
dignité n. f. *Se comporter avec dignité.*
digon n. m.
digramme n. m.
digraphie n. f.
digresser v. int.
digression n. f.
digue n. f.
diholoside n. m.
dijonnais, e adj. *Cet homme est dijonnais.*
♦ N. *Un Dijonnais* (personne); *le Dijonnais* (nom d'un train).
*diktat (all.) n. m. = exigence absolue.
dilacération n. f.
dilacérer v. t. *Je dilacère, nous dilacérons, je dilacérerai(s).* Conjug. 10.
dilapidateur, trice adj. et n.
dilapidation n. f.
dilapider v. t.
dilatabilité n. f.
dilatable adj.
dilatance n. f.
dilatant, e adj.
dilatateur, trice adj. et n. m.
dilatation n. f.
dilater v. t.
dilatoire adj.
dilatomètre n. m.
dilection [-syon] n. f.
dilemme [-lèm'] n. m.

dilettante n.
dilettantisme [-is-] n. m.
diligemment [-aman] adv.
diligence n. f. *Faites-le avec diligence.*
diligent, e adj.
diligenter v. t.
diluant, e adj. et n. m.
diluer v. t. Conjug. 18.
dilution n. f.
diluvial, ale, aux adj.
diluvien, enne adj.
diluvium [-vyom'] n. m. *Des diluviums.*
dimanche n. m. *Les beaux dimanches.*
dîme n. f.
dimension n. f. *Objets de petite(s) dimension(s), de grande(s) dimension(s); des timbres de dimension; une équation de dimensions.*
dimensionnel, elle adj.
dimensionnement n. m.
dimensionner v. t.
dimère adj. et n. m.
diméthylnitrosamine n. f.
diminué, e adj. et n.
*diminuendo (ital.) adv. = en affaiblissant graduellement.
diminuer v. t. et int. Conjug. 18.
diminutif adj. et n. m.
diminution n. f.
dimissoire n. m.
dimorphe adj.
dimorphisme [-is-] n. m.
*DIN (all.) sigle inv. (*Deutsche Industrienorm*) Référence de diverses mesures.
*dinamitero (esp.) n. m. = dynamiteur.
dinanderie n. f.
dinandier, ère n.
dinar n. m.
dinatoire adj.
dinde n. f.
dindon n. m.
dindonneau n. m. *Des dindonneaux.*
dindonner v. t.
dîner v. int. ♦ N. m.
dînette n. f.
dîneur, euse n.
ding! interj.
Dingbats n. m. déposé inv.
*dinghy n. m. = canot pneumatique.
dingo n. m. et adj. inv.
dingue adj. et n. ♦ HOM. → dengue.
dinguer v. int. Conjug. 4. *Il l'envoie dinguer.* S'emploie surtout à l'infinitif.

dinguerie n. f.

*****dining-car** = voiture-restaurant.

dinitrotoluène n. m.

dinoflagellé n. m.

dinophysidé n. m.

dinornis [-nis'] n. m.

dinosaure ou **dinosaurien** n. m.

dinothérium [-ryom'] n. m. *Des dinothériums.*

diocésain, e adj.

diocèse n. m.

diode n. f. et adj.

diode-laser n. m. *Des diodes-lasers.*

dioïque adj.

diol n. m.

dioléfine n. f.

dionée n. f.

dionysiaque [-zyak'] adj.

dionysien, enne adj. *La basilique dionysienne.* ♦ N. *Les Dionysiens* (de Saint--Denis).

dionysies n. f. pl.

dioptre n. m.

dioptrie n. f.

dioptrique n. f. et adj.

diorama n. m.

diorite n. f.

dioscoréacée n. f.

dioula n. m.

Dioxine n. f. déposé inv. (dérivé chloré du phénol).

dioxyde n. m. (oxyde avec deux atomes d'oxygène).

dipétale adj.

diphasé, e adj.

diphénol n. m.

diphényle n. m.

diphonie n. f.

diphosphonate n. m.

diphtérie n. f.

diphtérique adj.

diphtongaison n. f.

diphtongue n. f.

diphtonguer v. t. Conjug. 4.

diplégie n. f.

diploblastique adj.

diplocoque n. m.

diplodocus [-kus'] n. m.

diploïde adj.

diplomate n. et adj.

diplomatie [-si] n. f.

diplomatique adj. et n. f.

diplomatiquement adv.

diplôme n. m.

diplômé, e adj. et n.

diplômer v. t.

diplopie n. f.

diplopode n. m.

dipneumone ou **dipneumoné, e** adj.

dipneuste n. m.

dipode adj.

dipolaire adj.

dipôle n. m.

diproton n. m.

dipsacacée ou **dipsacée** n. f.

dipsomane n.

dipsomanie n. f.

diptère adj. et n. m.

diptyque n. m. → distique.

dipyre n. m.

dire v. t. Conjug. 47. *Dire et redire*, à la 2ᵉ personne du pluriel du présent de l'indicatif et de l'impératif, font : *vous dites, vous redites; dites, redites.* Mais les autres verbes de cette famille ne suivent pas ce modèle : *vous médisez, vous maudissez, contredisez-le!* ♦ *Il a beau dire; à vrai dire; qu'est-ce à dire? Sans mot dire; quoi qu'on dise; le qu'en-dira--t-on* (inv.); *un bien-disant, des bien--disants; des soi-disant marchands.* ♦ V. t. *Cela dit. La vérité qu'il a dite. De la manière qu'il a dit.* ♦ V. pr. *Elles se sont dit des secrets. Les vérités qu'ils se sont dites.* → c'est-à-dire; dit et tableau PARTICIPE PASSÉ III, F, 10°, p. 924.

dire n. m. *N'écoutez pas ses dires; à dire d'expert; le bien-dire; Aux dires de la voisine, il est malade.*

direct, e adj. *Succession en ligne directe.* ♦ N. *Des directs du gauche; des émissions en direct; montez dans le direct* (train).

*****direct access** = accès direct (inf.).

directement adv.

directeur, trice n. *Des directeurs de conscience; le président-directeur général (P.-D.G.); les cinq Directeurs du gouvernement du Directoire. Le directeur de la comptabilité publique; la directrice d'école.* ♦ Adj. *Un plan directeur; le comité directeur; des idées directrices.*

directif, ive adj.

direction n. f. *En direction de; la direction repère; direction à crémaillère; la Direction des douanes, des chemins de fer. Il a obtenu la direction de l'affaire.*

directionnel, elle adj.
directive n. f.
directivisme [-is-] n. m.
directivité n. f.
direct lift control = commande directe de portance (déf.).
direct mail = message publiposté (pub.).
direct metal mastering (D.M.M.) = gravure directe sur métal, ou G.D.M. (aud.).
directoire n. m. *Le directoire commercial de la société. Le Directoire* (1795-1799); *le style Directoire; un directoire départemental.*
directorat n. m.
direct orbit = orbite directe (spat.).
directorial, ale, aux adj.
directory = répertoire (inf.).
direct repeat = séquences répétées directes (génét.).
directrice → directeur.
direct side force control = commande latérale directe (déf.).
direct writing = écriture directe (électron.).
diremption n. f.
dirham [-ram'] n. m.
dirigeable n. m.
dirigeant, e adj. et n.
diriger v. t. *Nous dirigeons.* Conjug. 3.
dirigisme [-is-] n. m.
dirigiste n. et adj.
dirimant, e adj.
dis- Voir aussi les mots commençant par **dys-**.
disaccharide [-sa-] n. m.
disamare [-sa-] n. f.
discal, ale, aux adj.
discale n. f.
discernable adj.
discernement n. m.
discerner v. t.
disciple n.
disciplinable adj.
disciplinaire adj. et n. m.
disciplinairement adv.
discipline n. f.
discipliné, e adj.
discipliner v. t.
disc-jockey ou *disk-jockey* = animateur musical, présentateur de disques (radio). *Des disc-jockeys.*
Discman (nom déposé) = baladisque.
disco n. m. et adj. inv.

disco- → tableau PRÉFIXES C, p. 942.
discobole n. m.
discobus [-bus'] n. m.
discoglosse n. f.
discographie n. f.
discographique adj.
discoide ou **discoidal, ale, aux** adj.
discomobile n. m.
discompte n. m.
discompter v. t.
discompteur n. m.
discomycète n. m.
discontinu, e adj.
discontinuation n. f.
discontinuer v. t. Conjug. 18.
discontinuité n. f.
discontinuous gene = gène discontinu, gène fragmenté (génét.).
disconvenance n. f.
disconvenir v. t. ind. Conjug. 76. Souvent avec une négation. Les temps composés se font avec *être*.
discopathie n. f.
discophile n.
discophilie n. f.
discopostage n. m.
discord [-kor'] adj. m. *Des pianos discords.*
discordance n. f.
discordant, e adj.
discorde n. f.
discorder v. int.
discothécaire n.
discothèque n. f.
discount n. m. = ristourne, rabais, remise, déport, discompte.
discount (to) = escompter (écon.).
discounter = soldeur, discompteur.
discount-house = magasin minimarge.
discoureur, euse n.
discourir v. int. Conjug. 40.
discours n. m. *Se perdre en discours superflus.* ♦ HOM. il **discourt** (v. discourir).
discourtois, e adj.
discourtoisement adv.
discourtoisie n. f.
Discovision n. f. déposé inv.
discrédit [-di] n. m.
discréditation n. f.
discréditer v. t.
discret, ète adj. *Une amie discrète.*
discrètement adv.
discrétion [-syon] n. f. *Manger à discrétion.*

discrétionnaire [-syo-] adj.
discrétoire n. m.
discriminant, e adj. et n. m.
discriminateur n. m.
discrimination n. f.
discriminatoire adj.
discriminer v. t.
disculpation n. f.
disculper v. t.
discurs*if, ive* adj.
discussion n. f.
discutable adj.
discutailler v. int.
discutaill*eur, euse* n. et adj.
discuté, e adj.
discuter v. t. et int.
discut*eur, euse* adj. et n.
disert, e [dizèr', -zèrt'] adj.
disertement [-zèr-] adv.
disette n. f.
disett*eux, euse* adj. et n.
dis*eur, euse* n. *Des diseuses de bonne aventure.*
disgrâce n. f. *Tomber en disgrâce; pour comble de disgrâce.*
disgracié, e adj. et n.
disgracier v. t. Conjug. 18.
disgraci*eux, euse* adj.
disharmonie → dysharmonie.
disjoindre v. t. Conjug. 53.
disjoint, e adj.
disjoncter v. int.
disjoncteur n. m.
disjonct*if, ive* adj. et n. m.
disjonction n. f. (séparation). ◆ Homographes hétérophones : des *disjonctions* [-syon]; nous *disjonctions* [-tyon] (v. disjoncter).
*****diskette** = disquette (inf.).
*****disketting** = discopostage (écon.).
*****disk-jockey** → *disc-jockey.
dislocation n. f.
disloquer v. t.
*****dismantling** = démantèlement d'une installation nucléaire.
disparaître v. int. Conjug. 62.
disparate n. f. ou m. adj. *La disparate d'un assemblage.*
disparation n. f. (différence d'images rétiniennes).
disparité n. f.
disparition n. f. (fait de disparaître). *Des espèces en voie de disparition.*
disparu, e adj. et n.

*****dispatch (to)** = expédier, répartir, distribuer, réguler.
*****dispatcher** = largueur (déf.); régulateur, répartiteur.
*****dispatching** = largage (déf.); distribution, répartition, régulation, orientation, ventilation.
*****dispatch money** = prime de célérité (mer).
dispendieusement adv.
dispendi*eux, euse* adj.
dispensable adj.
dispensaire n. m.
dispensa*teur, trice* n. et adj.
dispense n. f. *Des dispenses d'âge.*
dispenser v. t.
dispersal n. m. *Des dispersals.*
dispersant, e adj. et n. m.
dispersé, e adj.
dispersement n. m.
disperser v. t.
*****disperse the fog (to)** = dénébuler.
dispers*if, ive* adj.
dispersion n. f.
*****display** = visualisation, visuel, affichage, console de visualisation.
*****display (to)** = visualiser, afficher.
*****display device** = visuel (inf.).
*****display paging** = radiomessagerie unilatérale (télécom.).
*****display unit** = visuel (spat.).
disponibilité n. f. *Des mises en disponibilité. Des disponibilités* (fonds disponibles).
disponible adj. et n. m.
dispose, e [-po, -poz'] adj.
disposant, e n.
disposé, e adj.
disposer v. t. et int.
dispositif n. m.
disposition n. f. *Être en bonne disposition* (en bon état de santé); *être en bonnes dispositions* (à l'égard de quelqu'un).
disproportion n. f.
disproportionné, e adj.
disputailler v. int.
dispute n. f.
disputer v. int. et t. *Elle s'est disputée avec lui.*
disquaire n.
disqualification n. f.
disqualifier v. t. Conjug. 17.
disque n. m. *Embrayage à disques; frein à disque; mémoire à disques; disque mère;*

disque père; disque compact; disque optique compact; disque vidéo; disque audionumérique. → média.
disquette n. f.
Disraeli [-a-é-] n. m.
disrupt*if*, *ive* adj.
disruption n. f.
dissection n. f.
dissemblable adj.
dissemblance n. f.
dissémination n. f.
disséminer v. t.
dissension n. f.
dissentiment n. m.
disséquer v. t. *Je dissèque, nous disséquons, je disséquerai(s).* Conjug. 10.
dissertation n. f.
disserter v. int. et t. ind.
dissidence n. f.
dissident, *e* adj. et n.
dissimilation n. f. (terme de linguistique).
dissimilitude n. f.
dissimula*teur*, *trice* n. et adj.
dissimulation n. f. (action de cacher).
dissimulé, *e* adj.
dissimuler v. t.
dissipa*teur*, *trice* n.
dissipat*if*, *ive* adj.
dissipation n. f.
dissipé, *e* adj.
dissiper v. t.
dissociabilité n. f.
dissociable adj.
dissociation n. f.
dissocier v. t. Conjug. 17.
dissolu, *e* adj. (corrompu, débauché). ♦ Ne pas confondre avec le participe passé *dissous* (supprimé ; mélangé à l'eau).
dissolubilité n. f.
dissoluble adj.
dissolument adv.
dissolut*if*, *ive* adj.
dissolution n. f.
dissolvant, *e* adj. et n. m.
dissonance n. f.
dissonant, *e* adj.
dissoner v. int.
dissoudre v. t. Conjug. 25. Le participe passé est *dissous/dissoute.* → dissolu.
dissuader v. t.
dissuas*if*, *ive* adj.
dissuasion n. f.
dissyllabe n. m. et adj.
dissyllabique adj.
dissymétrie n. f.
dissymétrique adj.
dist*al*, *ale*, *aux* adj.
distance n. f. *Tenez-vous à distance. Considérer les évènements à distance.*
distancement n. m.
distancer v. t. *Nous distançons.* Conjug. 2.
distance-temps n. f. *Des distances-temps.*
distanciation n. f.
distancier v. t. et pr. Conjug. 17.
distant, *e* adj.
distendre v. t. Conjug. 67.
distension n. f.
disthène n. m.
distillat [-la] n. m.
distilla*teur*, *trice* n.
distillation n. f.
distiller v. t.
distillerie n. f.
distinct, *e* [-tin ou -tinkt', -tinkt'] adj.
distinctement adv.
distinct*if*, *ive* adj.
distinction n. f.
distinguable adj.
distingué, *e* adj.
distinguer v. t. *Nous distinguons.* Conjug. 4.
distinguo [-go] n. m. *Des distinguos.*
distique n. m. (groupe de deux vers). ♦ Ne pas confondre avec *diptyque* (œuvre, souvent picturale, en deux parties) ou *dytique* (insecte).
distomatose n. f.
distome n. m.
distordre v. t. Conjug. 67.
distors, *e* [-tor', -tors'] adj.
distorsion n. f.
distract*if*, *ive* adj.
distraction n. f.
distraire v. t. Conjug. 77.
distrait, *e* adj. et n.
distraitement adv.
distrayant, *e* adj.
distribuable adj.
distribué, *e* adj.
distribuer v. t. Conjug. 18.
distributaire adj. et n.
distribu*teur*, *trice* n. *Un distributeur de boisson(s), de billets.*
distribut*if*, *ive* adj.
distribution n. f.
distributionnalisme [-is-] n. m.

distributionnel, elle adj.
distributivité n. f.
districal, ale, aux adj.
district n. m.
*****disturbed orbit** = orbite perturbée (spat.).
distyle adj. (qui a deux colonnes). ♦ HOM. il *distille* (v.).
disulfirame [-sul-] n. m.
*****ditcher** = trancheuse.
*****ditching** = amerrissage forcé.
dithiocarbamate n. m.
dithyrambe n. m.
dithyrambique adj.
dito adj. ou adv. inv. (dit, de même, déjà dit, comme ci-dessus). Plus souvent abrégé en : *d°*. ♦ N. inv.*Des dito*.
dit, e adj. *Le jour dit, il était là. Jacopo Robusti, dit « il Tintoretto »* (en français, *le Tintoret*). ♦ N. m. Emploi vieilli. *Les dits mémorables de Socrate.* ♦ Forme verbale. *J'ai dit ; si le cœur vous en dit ; les paroles que vous avez dites.* A engendré les noms composés : *un on-dit, un lieu-dit*. ♦ Les composés suivants, surtout employés dans la langue judiciaire et notariale, et qu'on ne trouve pas toujours dans les dictionnaires, agglomèrent les éléments :

Adjectifs démonstratifs
ledit, ladite, lesdits, lesdites ;
audit, à ladite, auxdits, auxdites ;
dudit, de ladite, desdits, desdites ;

Adjectifs ou noms
susdit, susdite, susdits, susdites.

diurèse n. f.
diurétique adj. et n. m.
diurnal n. m. *Des diurnaux.*
diurne adj.
diva n. f. *Des divas.*
divagant, e adj. ♦ HOM. *divaguant* (partic. prés.).
divaga*teur, trice* adj. et n.
divagation n. f.
divaguer v. int. *Nous divaguons.* Conjug. 4.
divalent, e adj.
divan n. m. *Des divans confortables. Le divan ottoman* (conseil royal).
divan-lit n. m. *Des divans-lits.*
dive adj. f. *La dive bouteille.*
divergence n. f.
divergent, e [-jan, -jant'] adj. *Des rayons divergents. Une opinion divergente.* ♦ Homographe hétérophone : ils *divergent* [-vèrj'], (v. diverger). ♦ HOM. *divergeant* (partic. prés. du v. diverger).
diverger v. int. *Nous divergeons.* Conjug. 3.
divers, e [-vèr', -vèrs'] adj. qualif. *Des avis divers.* ♦ Adj. indéf., placé avant le nom. *Diverses opinions.*
diversement adv.
diverses n. f. pl.
diversification n. f.
diversifier v. t. Conjug. 17.
diversiforme adj.
diversion n. f.
*****diversion system** = captage (agr.).
diversité n. f.
diverticule n. m. *Le diverticule de Meckel.*
diverticulose n. f.
divertimento [-mèn'to] n. m. *Des divertimentos.*
divertir v. t. du 2ᵉ gr. Conjug. 24.
divertissant, e adj.
divertissement n. m.
divette n. f.
dividende n. m.
divin, e adj. Le masculin se prononce comme le féminin devant une voyelle : *le divin Auguste* (qui fut mis au rang des dieux). ♦ N. m. *Le sens du divin.*
divina*teur, trice* adj. et n.
divination n. f.
divinatoire adj.
divinement adv.
divinisation n. f.
diviniser v. t.
divinité n. f.
divis, e adj.
diviser v. t. *16 divisé par 2 égale 8.*
diviseur n. et adj. m. *Le plus grand commun diviseur.*
divisibilité n. f.
divisible adj.
division n. f. *Division des mots en fin de ligne* → tableau COUPURE, p. 885.
divisionnaire adj. et n.
divisionnisme [-is-] n. m.
divisionniste n. et adj.
divorce n. m.
divorcé, e n. et adj.
divorcer v. int. *Nous divorçons.* Conjug. 2.
divortialité [-sya-] n. f.
divot n. m.
divulga*teur, trice* n.
divulgation n. f.

divulguer v. t. *Nous divulguons.* Conjug. 4.

divulsion n. f.

dix L'adjectif se prononce [di] devant une consonne ou un *h* aspiré *(dix professeurs)*, [diz'] devant une voyelle ou un *h* muet *(dix élèves)*, [dis'] devant un signe de ponctuation *(Vous m'en donnerez dix, s'il vous plaît).* ♦ Adj. numér. *Les dix premiers. Le tout pour dix francs. Charles X. La retraite des Dix Mille.* ♦ N. m. [dis'] *Le dix de trèfle. Un 10 mal écrit. Le Conseil des Dix.* → date.

dix-cors n. m. *Un dix-cors est un cerf dix cors.*

dix-huit adj. numér. *Un golf à dix-huit trous. Page dix-huit.* ♦ N. *Nous sommes le 18.* ♦ Le *t* final ne se prononce pas devant une consonne ou un *h* aspiré.

dix-huitième adj., n. et pron. → cinquième.

dix-huitièmement adv.

dixieland ou **dixie** n. m.

dixième adj., n. et pron. → cinquième.

dixièmement adv.

*****dixit** (lat.) v. = a dit.

dix-neuf adj. numér. *Il reste dix-neuf pommes. La page dix-neuf.* ♦ N. *Venez le dix-neuf du mois. Habiter au 19.*

dix-neuvième adj., n. et pron. → cinquième.

dix-neuvièmement adv.

dix-sept adj. numér. *Dix-sept personnes. Le tome dix-sept.* ♦ N. *Le 17 est un jeudi.*

dix-septième adj., n. et pron. → cinquième.

dix-septièmement adv.

dizain n. m.

dizaine n. f.

dizainier ou **dizenier** n. m.

dizygote adj.

djaïn → jaïn.

djaïnisme → jaïnisme.

djaïniste → jaïniste.

*****djama'a** → *djema'a.

*****djebel** (arabe) n. m. = montagne. *Le djebel Toubkal.*

*****djebilet** (arabe) = colline.

*****djellaba** (arabe) n. f. = manteau à capuchon. *Une djellaba blanche.*

*****djema'a** ou *****djama'a** (arabe) n. f. inv. = assemblée, réunion.

djiboutien, enne n. et adj.

*****djihad** → *jihad.

djinn [-in'] n. m. (génie). ♦ HOM. *gin* (alcool de grain), *jean* (pantalon).

*****D loop** = boucle D (génét.).

*****D.M.M.** → *direct metal mastering.

*****DNA polymerase** = polymérase ADN (génét.).

*****DNA repair** = réparation de l'ADN (génét.).

*****DNA synthetizer** = synthétiseur d'ADN (génét.).

*****DNA virus** = virus à ADN (agr.).

d° → dito.

do n. m. inv. *Une mélodie en do majeur.* ♦ HOM. → dos.

doberman [-man'] n. m. *Des dobermans* [-man'].

D.O.C. sigle m. Disque optique compact (inf.).

docétisme [-is-] n. m.

docile adj.

docilement adv.

docilité n. f.

docimasie n. f.

docimastique adj. et n. f.

docimologie n. f.

docimologique adj.

docimologue n.

dock n. m.

docker [-kèr' ou -keur'] n. m.

*****docking** = amarrage, accostage (spat.).

*****dock-wall** = bajoyer (urb.).

docte adj. et n.

doctement adv.

docteur n. m. Abrév. : *Dr* ou *D*. *Le Dr Un tel ; les Drs X et Y ; docteur de la Loi ; docteur de l'Église ; docteur « honoris causa » ; docteur ès sciences, ès lettres, en théologie. Cette femme est docteur en pharmacie. Un ingénieur-docteur.*

docteur-vétérinaire n. m. *Des docteurs-vétérinaires. Une doctoresse-vétérinaire, des doctoresses-vétérinaires.*

doctoral, ale, aux adj.

doctoralement adv.

doctorat [-ra] n. m. *Doctorat en droit, en science politique, ès sciences économiques.*

doctoresse n. f. (femme possédant le doctorat en médecine).

doctrinaire adj. et n.

doctrinal, ale, aux adj.

doctrine n. f.

*****doctus cum libro** (lat.) = savant avec le livre.

*****docudrama** = docudrame (aud.).

docudrame n. m.

document n. m.

documentaire adj. et n. m.

documentaliste n. (qui travaille sur des documents).
documentariste n. et adj. (relatif aux films documentaires).
documentation n. f.
documenté, e adj.
documenter v. t.
*****document facsimile telegraphy** = télécopie contrastée (télécom.).
dodécaèdre n. m.
dodécagonal, ale, aux** adj.
dodécagone n. m.
dodécaphonique adj.
dodécaphonisme [-is-] n. m.
dodécaphoniste adj. et n.
dodécastyle adj.
dodécasyllabe n. m.
dodelinement n. m.
dodeliner v. t. et int.
Dodge n. m. déposé inv.
dodine n. f.
dodo n. m. *Ils font dodo dans leurs dodos*.
dodu, e adj.
dogaresse n. f.
dog-cart n. m. *Des dog-carts*.
doge n. m. *Le palais des Doges*.
dogger [-gheur'] n. m.
*****dog leg** = chien de fusil (golf).
dogmatique adj. et n.
dogmatiquement adv.
dogmatiser v. int.
dogmatisme [-is-] n. m.
dogmatiste adj. et n.
dogme n. m.
*****dog (timber)** = clameau (déf.).
dogue n. m.
doguin, e n.
doigt [dwa] n. m. *Au doigt et à l'œil; l'aurore aux doigts de rose; la pêche au doigt; un faux doigt*. ♦ HOM. je *dois* (v. devoir), le *doit* (terme de comptabilité).
doigt-de-gant n. m. (tubulure). *Des doigts-de-gant*.
doigté [dwaté] n. m.
doigter [dwaté] v. t. et int.
doigtier [dwatyé] n. m.
doit [dwa] n. m. *Le doit et avoir* (passif et actif). *Des doit et avoir* (inv.). ♦ HOM. → doigt.
dojo n. m.
dol n. m. (manœuvre frauduleuse pour tromper). ♦ HOM. *Dole* (ville du Jura), la *Dôle* (sommet suisse).
Dolby n. m. déposé inv. *Le procédé Dolby*.

*****dolce** (ital.) adv. = avec douceur.
*****dolce vita** (ital.) loc. f. = vie facile, vie libertine.
*****dolcissimo** (ital.) adv. = de façon très douce.
doldrums [-dreums'] n. m. pl.
dôle n. m. (vin du Jura suisse).
doléance n. f. Employé souvent au pluriel.
doleau n. m. *Des doleaux*.
dolemment [-aman] adv.
dolence n. f.
dolent, e adj.
doler v. t.
dolic ou **dolique** n. m.
dolichocéphale [-ko-] adj. et n.
dolichocôlon [-koko-] n. m.
doline n. f.
dolique → dolic.
dollar n. m. (unité monétaire : *3 dollars* ou *3 $*). *Un dollar vaut cent cents* [sèn's']. *La zone dollar; les eurodollars; les arabo-dollars; les pétrodollars*.
*****dollar gap** = pénurie de dollars (écon.).
*****dolly** = diabolo (transp.).
dolman [-man] n. m. (veste). *Des dolmans*.
dolmen [-mèn'] n. m. (pierre dressée). *Des dolmens* [-mèn'].
doloire n. f.
dolomie n. f. (roche calcaire).
dolomite n. f. (cristal de dolomie). ♦ HOM. les *Dolomites* (massif alpin italien).
dolomitique adj.
dolorisme [-is-] n. m.
doloriste adj. et n.
dolosif, ive adj.
*****dolphin** = duc-d'Albe (urb.).
dom [don] n. m. S'écrit sans majuscule dans le corps d'une phrase. Ce titre se met devant le nom de certains religieux (bénédictins, chartreux, feuillants) et devant le prénom des membres de la famille royale portugaise (dans ce dernier cas, le féminin est *dona*). *Le moine dom Pérignon. Le roi dom Miguel*. Voir les emplois du mot « don » à ce mot. Naguère les deux titres étaient confondus; c'est pourquoi on écrit traditionnellement *Dom Juan* pour la pièce de Molière. ♦ HOM. → dont.

D.O.M. sigle m. Département d'outre-mer.
domaine n. m. *Le domaine royal; le domaine public. Le domaine de l'État* (abs. : *le Domaine*); *L'Administration des domaines* (abs : *les Domaines*).

domanial, ale, aux adj.
domanialité n. f.
Dombes n. f. sing. *Les étangs de la Dombes.*
dôme n. m.
domesticable adj.
domestication n. f.
domesticité n. f.
domestique adj. *Les soucis domestiques.* ♦ N. *Un/une domestique.*
domestiquer v. t.
domicile n. m. *Livrés à domicile.*
domiciliaire adj.
domiciliataire n. m.
domiciliation n. f.
domicilier v. t. Conjug. 17.
dominance n. f.
dominant, e adj. et n. f.
dominateur, trice adj. et n.
domination n. f.
dominer v. int. et t.
dominicain, e adj. *Une monnaie dominicaine.* Spécialement : *la république Dominicaine.* ♦ N. *Un dominicain* (de l'ordre de Saint-Dominique), *un Dominicain* (habitant de la république Dominicaine). → religieux.
dominical, ale, aux adj.
dominion n. m.
dominique n. f. (repos de fin de semaine). ♦ HOM. *Dominique* (prénom ; île des Petites Antilles).
domino n. m. *Jouer aux dominos.*
dominoterie n. f.
domisme [-is-] n. m.
dommage n. m. *C'est dommage. Dommages et intérêts* ou *dommages-intérêts.*
dommageable adj.
dommages-intérêts n. m. pl.
domoticien, enne n.
domotique n. f. et adj.
domptable [dontabl'] adj.
domptage [dontaj'] n. m.
dompter [donté] v. t.
dompteur, euse [donteur'] n.
dompte-venin [donte-] n. m. inv.
don n. m. *Des dons en nature. En don de joyeux avènement. Le don des affaires. Un don en espèces.* ♦ Titre de courtoisie d'origine espagnole, s'écrivant sans majuscule dans le corps d'une phrase. Ne se met que devant un prénom espagnol (féminin : *doña*) ou italien (féminin : *donna*). *Le prince don Carlos. Le curé don Camillo.* Le nom « don Juan » est devenu synonyme de séducteur. *Un don Juan* (ou *un don juan*), *des don Juan(s)* (ou *des don juans*). → dom. ♦ *En théologie, les sept dons du Saint-Esprit sont :* la sagesse, l'intelligence, le conseil, la force, la science, la piété et la crainte de Dieu. ♦ HOM. → dont.
D.O.N. sigle m. Disque optique numérique.
*****doña** [-gna] (esp.) n. f. *Il aperçut doña Carmen.* Se place devant un prénom.
donacie n. f.
donataire n. (qui reçoit une donation). ♦ Ne pas confondre avec *donateur* (qui fait une donation).
donateur, trice n. → donataire.
donation n. f.
donation-partage n. f. *Des donations-partages.*
donatisme [-is-] n. m.
donatiste n. et adj.
donax n. m.
donc conj. de coordin. *Sa densité est 0,92 ; donc, il flotte sur l'eau.* ♦ Adv. *Mais redresse-toi donc!*
dondaine n. f.
dondon n. f.
dông n. m. (monnaie vietnamienne).
donjon n. m.
don juan n. m. → don.
donjuanesque adj.
donjuanisme [-is-] n. m.
donnant, e adj.
donne n. f. *Une fausse donne ; une maldonne.*
donné, e n. et adj.
donnée-image n. f. *Des données-images.*
donnée-satellite n. f. *Des données-satellite.*
donner v. t. et int. *Ne savoir où donner de la tête ; s'en donner à cœur joie.* La locution conjonctive *étant donné que* et la locution prépositionnelle *étant donné* (placée en avant) sont invariables. *Étant donné les circonstances.* Mais on écrira : *les cartes étant données.* → tableau PARTICIPE PASSÉ III, B, 1°, p. 918. *Les ciseaux que j'ai donnés à repasser. Elle nous a donné raison.* ♦ V. pr. *Elle s'est donné la mort. La mort qu'elle s'est donnée. Ils se sont donnés l'un à l'autre. Ils se sont donné des cadeaux. Elles s'en sont donné à cœur joie. Ils s'y sont donné libre cours.*
donneur, euse n.
*****do not disturb** = ne pas déranger.
don Quichotte n. m. (qui eut pour compagnon Sancho Pança). *Jouer les don Quichotte(s).*

donquichottisme [-is-] n. m.

dont pron. rel. *Le garage dont je repeins la porte. Celui dont vous faites grand cas. C'est ce dont je me souviens.* ♦ HOM. *don* (cadeau ; titre), *dom* (titre), *Don* (fleuve).

donzelle n. f.

dopage n. m.

dopamine n. f.

dopaminergique adj.

dopant, e adj. et n. m.

dope n. m. (produit industriel). ♦ N. f. (drogue).

*****dope (to)** = doper (sport).

doper v. t.

*****dope-sheet** = fiche de tournage (cin.).

dopeur n. m.

*****doping** = n. m. = dopage (action) ; dopant, excitant, stimulant (produit).

Doppler (effet) [doplèr'] loc. m.

dorade → daurade.

dorage n. m.

doré, e adj. *La jeunesse dorée.* ♦ N. m. *Il faut restaurer les dorés de ce tableau.* ♦ N. f. (poisson de mer aussi nommé saint-pierre).

dorénavant adv.

dorer v. t. ♦ Il y a homophonie au singulier du présent de l'indicatif et de l'impératif pour les verbes *dorer (je dore, tu dores, il dore ; dore)* et *dormir (je dors, tu dors, il dort ; dors).*

d'ores et déjà loc. adv.

doreur, euse adj. et n.

dorien, enne adj. *Le mode dorien.* ♦ N. *Un Dorien* (de l'antique Dorie) ; *le dorien* (dialecte ancien).

dorique adj.

doris [-ris'] n. m. (bateau). ♦ N. f. (mollusque).

dorlotement n. m.

dorloter v. t.

dormance n. f.

dormant, e adj. et n. m.

*****dormer** = lucarne (urb.).

dormeur, euse adj. et n.

dormir v. int. Conjug. 48. *Pendant les deux heures qu'elle a dormi* → tableau PARTICIPE PASSÉ III, F, 10°, p. 924. ♦ HOM. → dorer.

dormitif, ive adj.

dormition n. f. *La dormition de la Vierge.*

dorsal, ale, aux adj. et n. f.

dorsalgie n. f.

dorso-lombaire adj. *Des douleurs dorso-lombaires.*

dortoir n. m.

dorure n. f.

doryphore n. m.

dos [do] n. m. *Ils ont bon dos ; se mettre quelqu'un à dos.* ♦ HOM. *do* (note de musique).

dosable adj.

dos-à-dos n. m. inv. (siège). Pas de traits d'union pour *être/renvoyer dos à dos.*

dosage n. m.

dos-bleu n. m. (oiseau). *Des dos-bleus.*

dos-d'âne n. m. inv. *Les dos-d'âne de la route. Une route en dos d'âne.*

dose n. f.

doser v. t.

doseur n. m.

dosimètre n. m.

dosimétrie n. f.

dossard n. m.

dosse n. f.

dosseret n. m.

dossier n. m.

dossière n. f.

dossiste n.

dot [-ot'] n. f.

dotal, ale, aux adj.

dotalité n. f.

dotation [-tasyon] n. f.

doter v. t.

douaire n. m.

douairière n. f.

douane n. f. En angl. : *customs* ; en all. : *Zoll* ; en ital. : *dogana* ; en esp. : *aduana*.

douanier, ère adj. et n.

*****douar** (arabe) n. m. = groupe de tentes.

doublage n. m.

doublant, e adj.

double adj. *Ils ont une double vie ; ils jouent double jeu ; à double sens ; un agent double ; mettre les bouchées doubles. Un double mètre* (instrument de mesure). Invariable dans les locutions : *à double tour, faire double emploi, faire coup double.* Ce mot forme des noms composés avec trait d'union : *double-croche, double-crème, double-toit* (camping), *double-mètre* (homme très grand) ; ces noms composés prennent la marque du pluriel aux deux mots *(des doubles-croches).* Pour les dominos *(double-blanc, double-as, double-deux, double-trois, double-quatre, double-cinq, double-six),* le pluriel ne se marque qu'au premier mot. ♦ N. *Payer le double ; les doubles d'une lettre. Un double messieurs ; un double dames ; un double mixte, des doubles mixtes.* ♦ Adv. *Ils* *voient double.* ♦ *Fournir toutes les pièces en double* (loc. adv.).

doublé n. m. *Des bijoux en doublé. À la chasse, il a réussi trois doublés.*

doublé ou **doubler** n. m. (manœuvre de manège).

doubleau n. m. et adj. m. *Des doubleaux.*

***double blind test** = épreuve à double insu (méd.).

double-commande n. f. (dispositif à bord d'un avion). *Des doubles-commandes.*

double-crème n. m. et adj. *Des doubles--crèmes.*

double-croche n. f. *Des doubles-croches.*

*double eagle** = albatros, moins-trois (golf).

double-étoffe n. f. *Des doubles-étoffes.*

double-fond n. m. *Des doubles-fonds.*

doublement n. m. *Le doublement d'une amende.* ♦ Adv. *Remercier doublement.*

*double minute chromosome** = chromosome minuscule double (génét.).

doubler v. t. et int.

*double stack** ou *double stacking** = empilage.

*double stack (to)** = empiler.

doublet n. m.

doublette n. f.

doubl*eur*, *euse* n.

doublier n. m.

doublis n. m.

doublon n. m.

doublonner v. int.

doublure n. f.

douçain → doucin.

douce → doux.

douces-amères n. f. *Des douces-amères.* → doux.

douceâtre adv.

doucement adv.

doucereusement adv.

doucer*eux*, *euse* adj.

douc*et*, *ette* adj. et n. f.

doucettement adv.

douceur n. f. *Avec douceur; en douceur.*

douche n. f.

doucher v. t.

douchette n. f.

douch*eur*, *euse* n.

douchière n. f.

doucin ou **douçain** n. m.

doucine n. f.

doucir v. t. du 2ᵉ gr. Conjug. 24.

doucissage n. m.

doudou n. f. *Des doudous.*

doudoune n. f.

dou*é*, *e* adj.

douelle n. f.

douer v. t. Conjug. 19. ♦ HOM. la ville de *Douai.*

douille n. f.

douiller v. int.

douill*et*, *ette* adj. et n. f.

douillettement adv.

douleur n. f. *Une douleur aiguë; opération sans douleur; accouchement sans douleur; hurler de douleur.*

douloureusement adv.

doulour*eux*, *euse* adj. et n. f.

doum n. m.

douma n. f.

doupion n. m.

dourine n. f.

douro n. m. *Des douros.*

doute n. m. *Mettre en doute; sans doute; sans aucun doute; révoquer en doute.*

douter v. t. et t. ind. *Elle s'est doutée de quelque chose; elle s'est doutée que cela irait mal.*

dout*eur*, *euse* adj. et n. (qui doute).

douteusement adv.

dout*eux*, *euse* adj. (qui fait douter).

douvain n. m.

douve n. f.

douvelle n. f.

doux, douce adj. *Des poissons d'eau douce; graver en taille douce (la taille--douce); du fer doux.* ♦ Adv. *Se la couler douce; partir en douce; tout doux; filer doux.* ♦ HOM. *Doubs* (rivière; département).

doux-amer, douce-amère adj. *Des propos doux-amers; des remarques douces--amères.*

douzain n. m.

douzaine n. f.

douze adj. numér. *Les douze mois. Page douze.* ♦ N. *Il habite au 12.* ♦ N. m. inv. (en imprimerie, autre nom du *cicéro*: *5 douze* ou *5 dz*).

douze-huit n. m. inv. (mesure musicale).

douzième adj., n. et pron. → cinquième.

douzièmement adv.

***Dow Jones** n. m. (indice boursier). → indice.

***downpayment** = acompte (écon.).

***down range station** = station aval.

***downsize (to)** = micromiser (inf.).

***downsizing** = micromisation (inf.).

DRÉPANOCYTOSE

*downswing = descente, lancer (golf).
doxologie n. f.
doyen, enne [dwa-yin, -yèn'] n.
doyenné [dwa-yéné] n. m. (dignité; circonscription). ♦ N. f. (poire).
doyenneté [dwa-yé-] n. f.
dracena ou dracæna [-séna] n. m.
drache n. f.
dracher v. impers. (pleuvoir fortement).
drachme [drakm'] n. f.
draconculose n. f.
draconien, enne adj.
dracontium [-tyom'] n. m.
*draft agreement = projet de convention (écon.).
drag n. m.
*drag → *stylus drag.
dragage n. m.
dragée n. f.
dragéifier v. t. Conjug. 17.
drageoir n. m.
drageon n. m.
drageonnage ou drageonnement n. m.
drageonner v. int.
*dragline = drague à godets racleurs.
dragon n. m. Un régiment de dragons. Un dragon de vertu.
dragonnade n. f. Employé surtout au pluriel.
dragonne n. f.
dragonnier n. m.
dragster n. m.
drague n. f.
draguer v. t. Nous draguons. Conjug. 4.
dragueur, euse n.
draille n. f.
drain n. m.
drainage n. m.
*drainage design rainfall = pluie de projet (agr.).
*drainage design rate = débit de projet (agr.).
*drainage efficiency = coefficient de restitution (agr.).
*drainage hydrograph = épisode de drainage (agr.).
*drainage pore space = porosité de drainage (agr.).
drainage-taupe n. m. Des drainages-taupes.
*drainage trench = tranchée de drainage (agr.).
draine → drenne.
drainer v. t.

draineur, euse n.
draisienne n. f.
draisine n. f.
drakkar n. m.
Dralon n. m. déposé inv.
dramatique adj. et n. f.
dramatiquement adv.
dramatisant, e adj.
dramatisation n. f.
dramatiser v. t.
*dramatized documentary = docudrame (aud.).
dramaturge n.
dramaturgie n. f.
drame n. m.
drap [dra] n. m. Être dans de beaux draps.
drapé n. m.
drapeau n. m. Des drapeaux en berne; hélice mise en drapeau. Un porte-drapeau. Au drapeau! Des drapeaux bleu, blanc, rouge.
drapement n. m.
draper v. t.
draperie n. f.
drap-housse n. m. Des draps-housses.
drapier, ère adj. et n.
drastique adj. et n. m.
drave n. f.
draver v. t.
draveur, euse n.
dravidien, enne adj.
*drawback = rembours, remboursement des droits de douane (écon.).
*drawdown = rabattement, tarissement (agr.); tirage (écon.).
*drawing office = agence de l'architecte (urb.).
*draw-poker = poker français.
drayage → dérayage.
drayer → dérayer.
drayoir [drèywar'] n. m.
drayoire [drèywar'] n. f.
D.R.E. sigle f. Direction régionale de l'équipement.
*dreadlock = natte rasta.
*dreadnought = cuirassé.
drêche n. f. (résidu de l'orge).
drège ou dreige n. f. (filet).
drelin, drelin! interj. La sonnette faisait drelin drelin! (avec ou sans virgule).
drenne ou draine n. f.
drenser ou drensiter v. int.
drépanocyte n. m.
drépanocytose n. f.

drépanornis [-nis'] n. m.
dressage n. m.
dresse-bordure n. m. *Des dresse-bordures.*
dresser v. t.
dresseur, euse n.
*****dressing-room** ou **dressing** = vestiaire, garde-robe.
dressoir n. m.
drève n. f.
dreyfusard, e n. et adj. (partisan de Dreyfus).
dribble ou **drible** n. m.
dribbler ou **dribler** v. int. et t.
dribbleur ou **dribleur, euse** n.
*****dribbling** = dribble (sport.).
*****dried** = ressuyé (agr.).
*****drift** = dérive; dépôt de glacier.
drifter [-teur'] n. m. (bateau harenguier).
drill n. m. (singe). ♦ HOM. une *drille* (porte-foret), un joyeux *drille*.
*****drill** (angl. et all.) n. m. = entraînement intensif.
*****drill biopsy** = biopsie par forage (méd.).
*****drill collar** = tige maîtresse (pétr.).
drille n. f. (outil à forer). ♦ HOM. → drill.
drille n. m. ♦ HOM. → drill.
driller v. t.
*****drill pip** = tige de forage (pétr.).
dring! interj.
dringuelle n. f.
*****drink** n. m. = boisson; verre, pot.
*****drip** = goutte-à-goutte (méd.).
*****drip feeding** = alimentation par goutte-à-goutte (méd.).
*****dripping** n. m. = égouttement.
drisse n. f.
*****drive** n. m. = coup droit (tennis); coup long (golf).
*****drive-in** n. m. = ciné-parc; ciné de plein air; service pour automobilistes.
*****drive (to)** = barrer, conduire, gouverner, mener, diriger, maîtriser.
driver v. t.
driver [-veur'] n. m. (conducteur de trot attelé; pilote; gestionnaire de périphérique (inf.); bois un, masse (golf).
*****driving range** = terrain d'entraînement (golf).
drogman [-man'] n. m. *Des drogmans.*
drogue n. f.
drogue-partie n. f. *Des drogue-parties.*
droguer v. t. et int. *Nous droguons.* Conjug. 4.

droguerie n. f.
droguet n. m.
droguiste n.
droit n. m. *De plein droit; à bon droit; le droit des gens; les droits de la défense; des droits d'auteur, de douane, d'octroi; condamné de droit commun* (mais: *un droit-commun*); *dans le droit fil* (mais: *un droit-fil*); *s'adresser à qui de droit; ils ont droit à; tous droits réservés; la faculté de droit; le droit international; la Déclaration des droits de l'homme. Le droit canon.*
droit, e adj. *En droite ligne. Elle marche droite. Un ailier droit, des ailiers droit.* ♦ Adv. *Elle marche droit. Ils vont droit au but.* ♦ N. m. *Cet angle vaut un droit ou 90°.* ♦ N. f. *Marchez à droite. Des droites parallèles. Cet homme n'est pas de droite, mais d'extrême droite.*
droit-commun n. m. inv. (détenu, e).
droitement adv.
droit-fil adj. et n. m. *Des droits-fils.*
droitier, ère adj. et n.
droitisme [-is-] n. m.
droitiste n. et adj.
droiture n. f.
drolatique adj.
drôle adj. *Ils sont tout drôles.* ♦ N. m. *Un mauvais drôle.*
drôlement adv.
drôlerie n. f.
drôlesse n. f.
dromadaire n. m.
drome n. f. (ensemble des espars d'un voilier).
drômois, e n. et adj. (de la Drôme).
dromomanie n. f.
dromon n. m.
dromos [-os'] n. m.
drone n. m. (petit avion télécommandé de reconnaissance).
dronte n. m.
*****drooped nose** = bec basculant (déf.).
*****drooping leading edge** = bec basculant (déf.).
drop → drop-goal.
droper ou **dropper** v. t. et int.
drop-goal [-gol'] ou **drop** [-op'] n. m. (coup de pied en demi-volée). *Des drop-goals.*
*****drop-out** = perte de niveau (aud.), décrocheur.
droppage n. m.
dropper → droper.
*****dropping** = largage (déf.).

*dropping zone** ou **drop zone** = zone de largage, zone de poser, zone de saut (déf.).

drosera [-zé-] n. m. *Des droseras.*

drosophile n. f.

drosse n. f.

drosser v. t.

dru, e adj. *Vos semis sont trop drus.* ♦ Adv. *Ils sèment dru.* ♦ On peut écrire facultativement : *Les coups tombèrent dru(s).*

*drugstore** n. m. = magasin multiple.

druide, esse n.

druidique adj.

druidisme [-is-] n. m.

drûment adv.

drumlin [dreum'lin'] n. m.

*drummer** n. m. = batteur (d'un orchestre de jazz ou de rock).

*drums** n. m. pl. = batterie d'orchestre (jazz ou rock).

drupacé, e adj.

drupe n. f.

druze adj. *Un guerrier druze.* ♦ N. *Un Druze, une Druze ; le djebel Druze.*

dry [dray] n. m. inv. (apéritif sec). ♦ Adj. inv. *Des champagnes dry.*

dryade n. f. → dyade.

*dry-farming** n. m. = culture sur sol semi-aride. *Des dry-farmings.*

*drying** = ressuyage (agr.).

*dryout** = assèchement (nucl.).

*dry standpipe** = colonne sèche (urb.).

D.S.T. sigle f. Direction de la surveillance du territoire.

D.T.S. sigle m. Droits de tirages spéciaux (écon.).

du particule onomastique. *Joachim du Bellay. Le chimiste Du Pont de Nemours.* → tableaux MINUSCULES A, 9°, p. 908 et TRAIT D'UNION A, 7°, p. 953. ♦ Art. déf. contracté. Mis pour « de le ». *La douceur du foyer. Il revient du Japon.* ♦ Art. partitif. *Ajoutez-y du safran.* ♦ HOM. dû (v. devoir), le dû (ce qu'on doit).

dû n. m. *Réclamer son dû.* ♦ Partic. passé du v. devoir : *dû, dus ; due, dues. Les sommes dues.* ♦ HOM. → du.

dual, ale, aux adj.

dualisation n. f.

dualisme [-is-] n. m.

dualiste adj. et n.

dualité n. f.

dubitatif, ive adj.

dubitation n. f.

dubitativement adv.

duc n. m. *Le duc d'Enghien. Monseigneur le duc d'Orléans.* Majuscule pour un surnom : *Le Duc de fer* (Wellington). Pas de trait d'union pour les hiboux nommés *grand duc, moyen duc, petit duc.* Un trait d'union pour le prince qui a le titre de *grand-duc.*

ducal, ale, aux adj.

ducasse n. f.

ducat [-ka] n. m.

ducaton n. m.

duc-d'Albe n. m. *Des ducs-d'Albe.*

*duce** [doutché] (ital.) n. m. = chef. *Mussolini se surnomma « il Duce »* (le Chef).

duché n. m.

duché-pairie n. m. *Des duchés-pairies.*

duchesse n. f. *La duchesse d'Angoulême.*

ducroire n. m.

*ducted fan** = soufflante canalisée, soufflante carénée (transp.).

*ducted propeller** = hélice carénée.

ductie n. f.

ductile adj.

ductilité n. f.

ductus n. m. (caractéristiques d'un tracé).

dudgeon [dudjon] n. m.

dudgeonner v. t.

dudit, de ladite, desdits, desdites adj. dém. *Au sujet desdits terrains.* → dit.

duègne n. f.

duel n. m.

duel, elle adj. (relatif à la dualité).

duelliste n.

duettiste n.

*duetto** (ital.) n. m. = petit duo. *Des duetti.*

duffel-coat ou **duffle-coat** n. m. *Des duffel-coats.*

dugazon n. f.

dugong [-gon] n. m.

duit [dui] n. m.

duite n. f.

dulcicole ou **dulçaquicole** adj.

dulcification n. f.

dulcifier v. t. Conjug. 17.

dulcinée n. f. (allusion à *Dulcinée*, personnage de « Don Quichotte »).

dulcite n. f.

dulie n. f.

dum-dum [doum'doum'] adj. inv. *Des balles dum-dum.*

dûment adv.

*dump (to)** = clicher (inf.).

*dumper** n. m. = tombereau, motobasculeur (urb.).

*dumping** n. m. = vente au-dessous du cours (écon.).

***dumping syndrom** = syndrome de chasse (méd.).
dundee [deun'di] ou **dundée** n. m.
dune n. f.
dunette n. f.
duo n. m. *Des duos.*
duodécennal, ale, aux adj. (sur une période de 12 ans).
duodécimain, e adj. (relatif à la religion musulmane chiite).
duodécimal, ale, aux adj. (relatif au nombre 12 en général).
*derivation**duodecimo** (lat.) adv. (plus souvent écrit *12º*) = douzièmement.
duodénal, ale, aux adj.
duodénite n. f.
duodénum [-nom'] n. m. *Des duodénums.*
duodi n. m. → jour.
*derivation**duoplay** = enregistrement fractionné.
duopole n. m.
dupe adj. et n. f.
*derivation**dupe** = internégatif (aud.).
duper v. t.
duperie n. f.
dupeur, euse n.
*derivation**duplex** (lat.) adj. = double.
duplex n. m. (dispositif télégraphique ; appartement à deux niveaux).
duplexage n. m.
*derivation**duplex burner** = brûleur à double débit.
duplexer v. t.
duplicata n. m. (copie). *Des duplicatas.*
duplicate [-kèt'] n. m. (tournoi).
duplicateur n. m.
duplication n. f.
duplicité n. f.
dupliquer v. t.
duquel, de laquelle, desquels, desquelles adj. rel. *Duquel litige il ressort que.* ♦ Pron. rel. *Les amis sans le secours desquels il était perdu. Une entreprise du succès de laquelle je me félicite.* ♦ Pron. interrog. *Duquel voulez-vous ?*
dur, e adj. *Des meubles de bois dur ; des personnes au cœur dur.* ♦ Adv. *Ils travaillent dur.* ♦ N. *C'est un dur ; construction en dur ; coucher sur la dure.* ♦ *Vivre à la dure* (loc. adv.).
durabilité n. f.
durable adj.
durablement adv.
durain n. m.
dural, ale, aux adj.
*derivation**dura lex, sed lex** (lat.) loc. = la loi est dure, mais c'est la loi.

Duralumin n. m. déposé inv.
duramen [-mèn'] n. m.
durant prép. *Il parla durant une heure.* Placé après le nom, le mot est un participe présent. *Il refusa toute sa vie durant.* N'étant jamais employé comme adjectif verbal, ce mot est invariable.
durat*if, ive* adj. et n. m.
durcir v. t. et int. du 2ᵉ gr. Conjug. 24.
durcissement n. m.
durcisseur n. m.
dure n. f. *Elle en a vu de dures.* → dur.
durée n. f. → tableau NOMBRES V, p. 912.
durement adv.
dure-mère n. f. *Des dures-mères.*
durer v. int.
dureté n. f.
Durham [-am'] n. m. et adj. inv. *Des bœufs Durham.*
durillon n. m.
durio ou **durian** n. m. (fruit).
Durit n. f. déposé inv. *Des tuyaux en Durit. La Durit est percée.*
*derivation**duty free** adj. et adv. = hors taxes.
*derivation**duty free shop** = boutique hors taxe, boutique franche.
duumvir [du-om'-] n. m.
duumvirat [du-om'vira] n. m.
duvet n. m.
duveter (se) v. pr. *Ils se duvettent.* Conjug. 14. *Les poussins se sont duvetés.*
duvet*eux, euse* adj.
duvetine n. f.
dyade n. f. (association de deux notions).
♦ Ne pas confondre avec *dryade* (nymphe des bois dans la mythologie).
dyadique adj.
dyarchie n. f.
*derivation**dyke** = muraille volcanique.
*derivation**dynamic architecture** = architecture évolutive (urb.).
*derivation**dynamic heat insulation** = isolation thermique dynamique (urb.).
*derivation**dynamic thermal insulation** = isolation thermique dynamique (urb.).
dynamique adj. et n. f.
dynamiquement adv.
dynamisant, e adj.
dynamisation n. f.
dynamiser v. t.
dynamisme [-is-] n. m.
dynamiste n.
dynamitage n. m.
dynamite n. f.

dynamiter v. t.
dynamiterie n. f.
dynamit_eur, euse_ n.
dynamo n. f.
dynamoélectrique adj.
dynamogène ou **dynamogénique** adj.
dynamographe n. m.
dynamométamorphisme [-is-] n. m.
dynamomètre n. m.
dynamométrie n. f.
dynamométrique adj.
dynaste n. m.
dynasteur n. m.
dynastie n. f.
dynastique adj.
dyne n. f. (unité de mesure : *3 dynes* ou *3 dyn*). ◆ HOM. il *dîne* (v. dîner).
Dynel n. m. déposé inv. (tissu).
dysacousie [diza-] n. f.
dysarthrie [diza-] n. f.
dysbarisme [-is-] n. m.
dysbasie n. f.
dysboulie n. f.
dyscalculie n. f.
dyschondroplasie [-kon-] n. f.
dyschromatopsie [-kro-] n. f.
dyschromie [-kro-] n. f.
dyscinésie → dyskinésie.
dyscrasie n. f.
dyscrasique adj.
dysembryome [dizan-] n. m.
dysembryoplasie [dizan-] n. f.
dysenterie [disan-] n. f.
dysentérique [disan-] adj.
dysesthésie [disès-] n. f.
dysfonction n. f.
dysfonctionnement n. m.
dysgénésie n. f.
dysgénie n. f.
dysgénique ou **dysgénésique** adj.
dysgraphie n. f.
dysgraphique adj.
dysharmonie ou **disharmonie** [diza-] n. f.
dysidrose ou **dyshidrose** [dizi-] n. f.

dyskératose n. f.
dyskinésie ou **dyscinésie** n. f.
dyslalie n. f.
dyslexie n. f.
dyslexique adj. et n.
dyslogie n. f.
dysmature adj.
dysmélie n. f.
dysmélodie n. f.
dysménorrhée n. f.
dysmnésie n. f.
dysmorphie ou **dysmorphose** n. f.
dysorexie [dizo-] n. f.
dysorthographie [dizo-] n. f.
dysorthographique [dizo-] adj.
dysosmie [dizo-] n. f.
dyspareunie n. f.
dyspepsie n. f.
dyspepsique ou **dyspeptique** adj. et n.
dysphagie n. f.
dysphasie n. f.
dysphonie n. f.
dysplasie n. f.
dyspnée n. f.
dyspnéique adj. et n.
dyspraxie n. f.
dysprosium [-zyom'] n. m. *Des dyspro-siums.*
dyssocial, ale, aux adj.
dyssystolie n. f.
dystasie n. f.
dysthymie n. f.
dystocie n. f.
dystocique adj.
dystomie n. f. (trouble de la prononciation).
dystonie n. f. (trouble musculaire).
dystopographie n. f.
dystopographique adj.
dystrophie n. f.
dystrophique adj.
dysurie [dizu-] n. f.
dysurique [dizu-] adj. et n.
dytique n. m. → distique.
dzéta → zêta.

E

e n. m. inv. ♦ **e** : symbole de l'*électron*. ♦ **E** : symbole du préfixe *exa-* et de *Est*.

*__eagle__ = aigle, moins-deux (golf).

E.A.O. sigle m. Enseignement assisté par ordinateur.

*__early gene__ = gène précoce (génét.).

*__earthquakeproof__ ou __earthquake proof construction__ = construction parasismique (urb.).

*__earthquake-resistant construction__ = construction parasismique (urb.).

*__earth shine__ = lumière cendrée, reflet de clair de Terre (spat.).

*__earth station__ = station terrienne (spat.).

*__earth synchronous satellite__ = satellite géosynchrone.

eau n. f. *Une ville d'eaux; des jets d'eau; eaux usées; eau de chaux; des eaux de pluie; eau lourde; eau oxygénée; laver à grande eau; une voie d'eau; pêcher en eau trouble; des cours d'eau; eau de rose; eau de Cologne, de Javel, de Seltz, de Vichy, de Vittel, de Contrexéville...* Pour les eaux à boire, à l'instar des vins : *un verre de vichy, d'évian, de vittel... Eau de fleur(s) d'oranger. Basses eaux; eaux mères; faire eau. Morte-eau; vive-eau; à vau-l'eau. Le Service des eaux et forêts* (abs. : *les Eaux et Forêts*). ♦ HOM. → *au*.

eau-de-vie n. f. *Des eaux-de-vie. Eau-de-vie de fruits, de marc, de pomme de terre, de prune, de grain.*

eau-forte n. f. (acide; estampe). *Des eaux-fortes. Graver à l'eau-forte.*

eaux-vannes n. f. pl.

EB sigle m. inv. Élément binaire, ou bit (inf.).

ébahir v. t. du 2ᵉ gr. Conjug. 24. *Ils se sont ébahis.*

ébahissement n. m.

ébarbage ou **ébarbement** n. m.

ébarber v. t.

ébarbeur, euse n.

ébarboir ou **ébardoir** n. m.

ébarbure n. f.

ébats n. m. pl.

ébattre (s') v. pr. Conjug. 32. *Elle s'est ébattue.*

ébaubi, e adj.

ébaubir (s') v. pr. du 2ᵉ gr. Conjug. 24. *Elle s'est ébaubie.*

ébauchage n. m.

ébauche n. f.

ébaucher v. t.

ébaucheur, euse n.

ébauchoir n. m.

ébauchon n. m.

ébaudir (s') v. pr. du 2ᵉ gr. Conjug. 24. *Elle s'est ébaudie.*

ébavurer v. t.

ébénacée n. f.

ébène n. f. et adj. inv.

ébénier n. m.

ébéniste n.

ébénisterie n. f.

éberlué, e adj.

éberluer v. t. Conjug. 18.

ébionite n. et adj.

ébiseler v. t. *J'ébiselle.* Conjug. 13.

éblouir v. t. du 2ᵉ gr. Conjug. 24.

éblouissant, e adj.

éblouissement n. m.

ébonite n. f.

éborgnage n. m.

éborgnement n. m.

éborgner v. t.
éboueur, boueur ou **boueux** n. m.
ébouillantage n. m.
ébouillanter v. t.
éboulement n. m.
ébouler v. t. *La falaise s'est éboulée.*
éboulis [-li] n. m.
ébourgeonnage n. m.
ébourgeonnement n. m.
ébourgeonner v. t.
ébouriffage n. m.
ébouriffant, e adj.
ébouriffé, e adj.
ébouriffer v. t.
ébourrer v. t.
ébouter v. t.
ébranchage ou **ébranchement** n. m.
ébrancher v. t.
ébranchoir n. m.
ébranlement n. m.
ébranler v. t.
ébrasement n. m.
ébraser v. t.
ébrasure n. f.
ébrèchement n. m.
ébrécher v. t. *Il ébrèche, nous ébréchons, j'ébrécherai(s).* Conjug. 10.
ébréchure n. f.
ébriété n. f.
ébrieux, euse adj.
ébroïcien, enne adj. *La cathédrale ébroïcienne.* ♦ N. *Un Ébroïcien (d'Évreux).*
ébrouement n. m.
ébrouer (s') v. pr. Conjug. 19. *Elle s'est ébrouée.*
ébruitement n. m.
ébruiter v. t.
E.B.S. sigle f. Encéphalopathie bovine spongiforme.
ébulliomètre n. m.
ébulliométrie n. f.
ébullioscope n. m.
ébullioscopie n. f.
ébullition n. f.
éburné, e adj.
éburnéen, enne [-né-in, -né-èn'] adj.
écacher v. t.
écaillage n. m.
écaille n. f. *Des écailles d'huîtres. Des peignes d'écaille.*
écaillé, e adj.
écailler v. t.
écailler, ère [éka-yé, éka-yèr] n. (personne qui écaille).

écailleur [éka-yeur] n. m. (outil).
écailleux, euse [éka-yeû, -yeûz] n. (qui a des écailles).
écaillure [éka-yur] n. f.
écale n. f.
écaler v. t.
écalure n. f.
écang [ékan] n. m.
écangue n. f.
écanguer v. t. *Nous écanguons.* Conjug. 4.
écarlate n. f. *Des manteaux taillés dans des écarlates.* ♦ Adj. *Des visages écarlates.* ♦ → tableau COULEURS, p. 884.
écarquiller [-ki-yé] v. t.
écart [ékar] n. m. *Un écart type, des écarts types. Le grand écart. Ils restent à l'écart. Se tenir à l'écart de.*
écarté, e adj. et n. m.
écartelé, e adj. et n. m.
écartèlement n. m.
écarteler v. t. *Il écartèle.* Conjug. 11.
écartement n. m.
écarter v. t.
écarteur n. m.
ecballium [-lyom] n. m. *Des ecballiums.*
*****ecce homo** (lat.) loc. = voici l'homme.
eccéité n. f.
*****eccentric orbit** = orbite excentrique (spat.).
ecchymose [éki-] n. f.
ecclésia n. f.
ecclésial, ale, aux adj.
ecclésiastique adj. et n. m.
LEXIQUE 1. *Christianisme* : abbé, archevêque, archiabbé, archidiacre, archimandrite, archiprêtre, aumônier, cardinal, chanoine, chapelain, clerc, coadjuteur, curé, desservant, diacre, doyen, ecclésiastique, évêque, frère, légat, ministre du culte, missionnaire, moine, nonce, pasteur, patriarche, père, pléban, pontife, pope, prélat, prêtre, prieur, primat, recteur, religieux, révérend, séminariste, sous-diacre, supérieur, vicaire. 2. *Judaïsme* : lévite, rabbin. 3. *Islam* : ayatollah, imam, mollah, muezzin, mufti. 4. *Asie* : bonze, brahmane, derviche, fakir, gourou, lama, talapoin. 5. *Antiquité* : aruspice, augure, barde, druide, hiérophante, mage.
ecclésiologie n. f.
ecdysone n. f.
écervelé, e adj. et n.
échafaud n. m.
échafaudage n. m.
échafauder v. int. et t.

échalas [-la] n. m.
échalasser v. t.
échalier n. m. → échelier.
échalote n. f.
échancré, e adj.
échancrer v. t.
échancrure n. f.
échange n. m. *Un échange de politesses. Vous les lui donnerez en échange.*
échangeable adj.
échanger v. t. *Nous échangeons.* Conjug. 3.
échangeur n. m. *Échangeur de chaleur; échangeur d'ions.*
échangisme [-is-] n. m.
échangiste n.
échanson n. m.
échansonnerie n. f.
échantignole ou **échantignolle** n. f.
échantillon n. m.
échantillonnage n. m.
échantillonner v. t.
échantillonn*eur, euse* n.
échappatoire n. f.
échappé, e n. *Les coureurs ont fait une échappée.* ♦ Adj. *Des prisonniers échappés. Une parole échappée.*
échappement n. m.
échapper v. int. et t. ind. *Cette erreur lui a échappé. Ils l'ont échappé belle. Ils se sont échappés. Elle s'en est échappée.* → tableau VERBES XII, E, 1°, p. 978.
écharde n. f. (corps dur entré dans la chair). ♦ Ne pas confondre avec *écharpe* (bande d'étoffe).
échardonnage n. m.
échardonner v. t.
écharnage ou **écharnement** n. m. *L'écharnement des peaux.*
écharner v. t.
écharn*eur, euse* n.
écharnoir n. m.
écharnure n. f.
écharpe n. f. *Des bras en écharpe. Une auto prise en écharpe.* → écharde.
écharper v. t.
échars, e [-ar, -ars] adj.
écharse n. f.
échasse n. f.
échassier n. m.
échauboulure n. f.
échaudage n. m.
échaudé, e adj. et n. m.
échaudement n. m.

échauder v. t.
échaudoir n. m.
échaudure n. f.
échauffant, e adj.
échauffé n. m.
échauffement n. m.
échauffer v. t.
échauffourée n. f.
échauguette n. f.
èche → aiche.
échéance n. f. *Ils sont à échéance.*
échéancier n. m.
échéant, e adj.
échec n. m. *Faire échec à; tenir en échec.*
échecs n. m. pl. *Une partie d'échecs; un jeu d'échecs; être échec et mat; la pièce d'échec* (celle qui met en échec).
échelage n. m.
échelette n. f. Quelquefois nommée ÉCHELOTTE.
échelier n. m. (échelle à un montant). ♦ Ne pas confondre avec *échalier* (clôture; échelle).
échelle n. f. *Une échelle de corde. Échelle de Beaufort, de Richter; l'échelle mobile; faire la courte échelle; une échelle à poissons; des échelles à coulisse. Les Échelles du Levant* (ports en Méditerranée). Pour les échelles de cartes, on écrit : *une carte au 1/50 000*; on ne doit pas écrire : *au 1/50 000e.*
échelon n. m.
échelonnement n. m.
échelonner v. t.
échelotte → échelette.
échenillage n. m.
écheniller v. t.
échenilloir n. m.
écher → aicher.
écheveau n. m. *Des écheveaux.*
échevelé, e adj.
écheveler v. t. Conjug. 13. *Le vent qui échevelle sa coiffure.*
echeveria [échévé-] n. f.
échevette n. f.
échevin n. m.
échevinage n. m.
échevin*al, ale, aux* adj.
échevinat [-na] n. m.
échidné [éki-] n. m. (hérisson à bac d'Australie).
échiffre n. f.
échine n. f.
échiner (s') v. pr. *Ils se sont échinés.*

ÉCHINIDE

échinide [éki-] n. m. (oursin).
échinocactus [éki-nokaktus'] n. m.
échinococcose [éki-nokokoz] n. f.
échinocoque [éki-] n. m.
échinoderme [éki-] n. m.
échiqué*en, enne* [-ké-in, -ké-èn'] adj.
échiqueté, e adj.
échiquier n. m. *Des arbres en échiquier. Le chancelier de l'Échiquier* (ministre britannique des Finances).
échiurien [éki-] n. m. (ver marin).
écho [éko] n. m. (bruit répété). *Elle s'est fait l'écho de racontars. L'écho Doppler.* ♦ HOM. *écot* (tronc d'arbre; cotisation).
échocardiogramme [éko-] n. m.
échocardiographie [éko-] n. f.
échodiagnostic [éko- -g'no-] n. m.
*echo distortion = distorsion d'écho (spat.).
échoencéphalogramme [éko-] n. m.
écho-fantôme [éko-] n. m. *Des échos-fantômes.*
échographie [éko-] n. f. (imagerie médicale par ultrasons). ♦ HOM. *écographie* (étude de l'évolution de l'environnement d'un groupe humain).
échographier [éko-] v. t.
échographique [éko-] adj.
échoir v. int. et t. ind. Se conjugue avec l'auxiliaire *être*. N'est employé qu'à la 3ᵉ pers. et aux temps suivants. Indic. prés.: *il échoit* ou *il échet, ils échoient.* Imparf.: *il échéait, ils échéaient.* Passé simple: *il échut, ils échurent.* Futur: *il échoira, ils échoiront* ou *il écherra, ils écherront.* Condit. prés.: *il échoirait, ils échoiraient* ou *il écherrait, ils écherraient.* Subj. prés.: *qu'il échoie, qu'ils échoient.* Imparf.: *qu'il échût, qu'ils échussent.* Partic.: *échéant; échu.* → échu.
écholalie [éko-] n. f.
écholocation ou **écholocalisation** [éko-] n. f.
échomensuration [éko-] n. f.
échomimie [éko-] n. f.
écho-mirage [éko-] n. m. *Des échos-mirages.*
échoppage n. m.
échoppe n. f.
échopper v. t.
échosondage [éko-son-] n. m.
échosondeur [éko-son-] n. m.
échoti*er, ère* [éko-] n.
échotomographie [éko-] n. f.
échouage n. m.

échouement n. m.
échouer v. int. et t. Conjug. 19.
échu, e adj. *Payer à terme échu.*
écidie n. f.
écimage n. m.
écimer v. t.
éclaboussement n. m.
éclabousser v. t.
éclaboussure n. f.
éclair n. m. *Un éclair de génie; une guerre éclair, des guerres éclairs. Des éclairs au chocolat.* ♦ HOM. une *éclaire* (plante), fermeture *Éclair, il éclaire* (v.).
Éclair. n. m. déposé inv. *Des fermetures Éclair.*
éclairage n. m.
éclairagisme [-is-] n. m.
éclairagiste n. et adj.
éclairant, e adj.
éclaircie n. f.
éclaircir v. t. du 2ᵉ gr. Conjug. 24.
éclaircissage n. m.
éclaircissement n. m.
éclaire n. f. ♦ HOM. → éclair.
éclairé, e adj.
éclairement n. m.
éclairer v. t. *La route que les phares ont éclairée.* ♦ V. pr. *Les visages se sont éclairés.* ♦ V. impers. *Lors d'un orage, il éclaire dans le ciel.*
éclaireur, euse n.
éclampsie n. f.
éclamptique adj. et n. f.
éclanche n. f. (épaule de mouton). ♦ Ne pas confondre avec *clenche* (fermeture de porte).
éclat n. m. *Ce scandale fit beaucoup d'éclat; rire aux éclats; voler en éclats; des actions d'éclat.*
éclatant, e adj.
éclaté, e adj.
éclatement n. m.
éclater v. int.
éclateur n. m.
éclectique adj. et n.
éclectisme [-is-] n. m.
éclimètre n. m.
éclipse n. f. *Un phare à éclipses; des éclipses de Lune, de Soleil.*
éclipser v. t.
écliptique n. m.
éclissage n. m.
éclisse n. f.
éclisser v. t.

éclogite n. f.
éclopé, e adj. et n.
éclore v. int. Se conjugue comme CLORE (conjug. 35), mais possède l'indicatif présent en entier : *j'éclos, tu éclos, il éclot* (selon l'Acad.) ou *il éclôt* (selon l'usage), *nous éclosons, vous éclosez, ils éclosent.*
écloserie n. f.
éclosion n. f.
éclusage n. m.
écluse n. f.
éclusée n. f.
écluser v. t.
éclusier, ère adj. et n.
ecmnésie n. f.
éco- → tableau PRÉFIXES C, p. 942.
écoagriculture n. f.
écobuage n. m.
écobuer v. t. Conjug. 18.
écocide n. m.
écoconseiller, ère n.
écodéveloppement n. m.
écœurant, e adj.
écœurement n. m.
écœurer v. t.
écogénique adj.
écographie n. f. ♦ HOM. → échographie.
écoinçon n. m.
écolage n. m.
écolâtre n. m.
école n. f. *Ils sont à bonne école. Ce groupe de peintres a fait école. Des maîtres d'école; l'école buissonnière. L'école normale de Melun; l'école Boulle; l'école Breguet; l'École polytechnique* (abs. : *Polytechnique*); *L'École centrale* (abs. : *Centrale*); *l'École nationale des chartes* (abs. : *les Chartes*); *l'École normale supérieure* (abs. : *Normale sup*); *l'École libre des sciences politiques* (abs. : *Sciences po*); *l'École de l'Air; l'École de guerre; une école d'arts et métiers; l'École des arts et métiers* (celle de Paris); *l'École des langues orientales* (abs. : *les Langues orientales, les Langues O* [langzo]). En peinture : *l'école de Paris, de Fontainebleau, de David, de Barbizon. De la haute école.* ♦ → tableau MAJUSCULES C, 1°, p. 905. Noms composés : *avion-école, voiture-école, bateau-école, navire-école, croiseur-école,* etc. Les deux mots prennent la marque du pluriel (*des bateaux-écoles*). Mais pour *auto-école*, il faut distinguer : *des auto-écoles* (établissements), *des autos-écoles* (véhicules).

écolier, ère n.
écolinguistique [-ghui-] n. f.
écolo n. et adj.
écologie n. f.
écologique adj.
écologiquement adv.
écologisme [-is-] n. m.
écologiste n. et adj.
écologue n.
écomusée n. m.
éconduire v. t. Conjug. 37.
économat [-ma] n. m.
économe adj. et n.
économètre n.
économétricien, enne n.
économétrie n. f.
économétrique adj.
économie n. f. *Une société d'économie mixte.*
économique adj.
économiquement adv.
économiser v. t.
économiseur n. m.
économisme [-is-] n. m.
économiste n.
écope n. f.
écoper v. t. et int.
écoperche n. f.
écophase n. f.
écoquiller v. t.
écorçage n. m.
écorce n. f.
écorcer v. t. *Nous écorçons.* Conjug. 2.
écorceur, euse n.
écorchage n. m.
écorché, e adj. et n. m.
écorchement n. m.
écorcher v. t.
écorcheur, euse n.
écorchure n. f.
écore n. f.
écornage n. m.
écorner v. t.
écornifler v. t.
écornifleur, euse n.
écornure n. f.
écossais, e adj. *Une bière écossaise.* ♦ N. *Un Écossais. Une jupe taillée dans un écossais de laine.*
écosser v. t.
écosseur, euse n.
écosystème [-sis-] n. m.
écot n. m. ♦ HOM. → écho.

ÉCOTÉ

écoté, e adj.
écotone n. m.
écotoxicité n. f.
écotoxicologie n. f.
écotoxique adj.
écotype n. m.
écoulage n. m.
écoulé, e adj. *Les jours écoulés.*
écoulement n. m.
écouler v. t. *L'eau s'est écoulée.*
écoumène ou **œkoumène** n. m.
écourgeon → escourgeon.
écourter v. t.
écoutable adj.
écoutant n. m.
écoute n. f. *Des postes d'écoute; être aux écoutes. Une heure de grande écoute. Une table d'écoute.*
écouter v. t. *Ils s'écoutent parler.*
écoutes n. f. pl. (oreilles de sanglier).
écoute-s'il-pleut n. m. inv. (moulin à eau).
écouteur n. m.
écoutille n. f.
écouvillon n. m.
écouvillonner v. t.
E.C.P. sigle f. École centrale de Paris.
écrabouillage ou **écrabouillement** n. m.
écrabouiller v. t.
écran n. m. *Écran de verdure, de fumée. Le petit écran.*
écrasant, e adj.
écrasement n. m.
écraser v. t.
écraseur, euse n. et adj.
écrémage n. m.
écrémer v. t. *J'écrème, nous écrémons, j'écrémerai(s).* Conjug. 10.
écrémeuse n. f.
écrémoire n. f.
écrêtage n. m.
écrêtement n. m.
écrêter v. t.
écrevisse n. f. et adj. inv.
écrier (s') v. pr. Conjug. 17. *Elle s'est écriée.* → écrire.
écrin n. m.
écrire v. t. Conjug. 49. *La lettre qu'il a écrite. Elles se sont écrit.* ♦ Le singulier du présent de l'indicatif et de l'impératif, le futur de l'indicatif et le présent du conditionnel sont homophones pour les verbes **s'écrier** *(il s'écrie, s'écrierait...)* et **s'écrire** *(ce nom s'écrit, s'écrirait...).*

écrit, e adj. et n. m.
écriteau n. m.
écritoire n. f.
écriture n. f. Une écriture lisible est une politesse envers le correspondant. Une missive sera toujours disposée avec goût et clarté. Les marges blanches ne sont pas du papier perdu. Avant d'écrire, le brouillon qui permet d'ordonner, de mettre en forme, est souvent nécessaire. → correspondance; dactylographie. ♦ En parlant de la Bible : *l'Écriture, les Écritures, l'Écriture sainte, la Sainte Écriture, les Saintes Écritures.* ♦ Écriture des nombres → tableaux CHIFFRES, p. 877 et NOMBRES, p. 909 sqq.
écrivailler v. int.
écrivailleur, euse n.
écrivaillon n. m.
écrivain n. m. Le féminin ÉCRIVAINE est quelquefois osé.
écrivasser v. int.
écrivassier, ère n.
écrou n. m. *Des écrous. Des levées d'écrou.* ♦ HOM. il *écroue* (v. écrouer).
écrouelles n. f. pl.
écrouer v. t. Conjug. 19.
écrouir v. t. du 2ᵉ gr. Conjug. 24.
écrouissage n. m.
écroulement n. m.
écrouler (s') v. pr. *Elle s'est écroulée.*
écroûtage ou **écroûtement** n. m.
écroûter v. t.
écroûteuse n. f.
écru, e adj.
ecstasy n. m. (drogue).
ectasie n. f. (anévrisme).
ecthyma [èkti-] n. m. *Des ecthymas.*
ectinite n. f.
ectoblaste n. m.
ectoblastique adj.
ectoderme n. m.
ectodermique adj.
-ectomie Suffixe fém. marquant la résection, l'ablation chirurgicale d'un organe, en entier ou en partie :
amygdalectomie (amygdales)
appendicectomie (appendice iléo-cæcal)
artériectomie (segment d'artère)
cholécystectomie (vésicule biliaire)
gastrectomie (estomac)
iridectomie (iris de l'œil)
laminectomie (lame vertébrale)
laryngectomie (larynx)
lobectomie (lobe pulmonaire ou cérébral)

mammectomie ou *mastectomie* (sein)
néphrectomie (rein)
ovariectomie (ovaire)
pneumonectomie ou *pneumectomie* (poumon)
prostatectomie (prostate)
splénectomie (rate)
sympathectomie (nerf du système sympathique)
tarsectomie (os du tarse)
thyroïdectomie (corps thyroïde)
Ne pas confondre avec le suffixe *-tomie* qui désigne une ouverture, une incision : artériotomie, cholécystostomie, laryngotomie, lobotomie, trachéotomie, etc.

ectoparasite adj. et n. m.
ectopie n. f.
ectopique adj.
ectoplasme [-plas-] n. m.
ectoprocte n. m.
ectrodactylie n. f.
ectropion n. m.
ectype n. f.
écu n. m. (monnaie française, en argent, créée par Saint Louis). *Le manant ne possédait que trois écus. L'avare cache ses écus.* ♦ Symbole de l'unité de compte européenne, c'est le sigle de « European currency unit ». S'écrit *écu* (avec accent et marque du pluriel) ou *ECU* (sans accent, inv.). *Une subvention de 50 000 ECU ; la pièce de 10 écus.*
écubier n. m.
écueil [ékeuy'] n. m.
écuelle n. f.
écuellée n. f.
écuisser v. t.
éculé, e adj.
éculer v. t.
écumage n. m.
écumant, e adj.
écume n. f.
écumer v. t. et int.
écumeur n. m.
écumeux, euse adj.
écumoire n. f.
écurage n. m.
écurer v. t.
écureuil n. m.
écureur, euse n.
écurie n. f.
écusson n. m.
écussonnage n. m.
écussonner v. t.
écussonnoir n. m.

écuyer, ère [ékui-yé, -yèr] n. *Le grand écuyer ; des bottes à l'écuyère.*
eczéma [ègzé-] n. m.
eczémateux, euse [ègzé-] adj. et n.
édam [-dam'] n. m. *Ces édams n'ont pas été faits en Hollande à Édam.*
édaphique adj.
edelweiss [édèlvès'] n. m.
edelzwicker n. m. (vin d'Alsace).
éden [-dèn'] n. m. *Votre jardin est un éden.* Spécialt : *l'Éden d'Adam et Ève* (le paradis terrestre).
édénique adj.
édenté, e adj. et n. m.
édenter v. t.
E.D.F. sigle f. Électricité de France.
E.D.H.E.C. sigle f. École des hautes études commerciales.
***E.D.I.** (*electronic data interchange) = échange de données informatiques.
édicter v. t.
édicule n. m.
***EDIFACT** (*electronic data interchange for administration, commerce and transport) = normes internationales pour les échanges de données informatisées.
édifiant, e adj.
édificateur, trice n. et adj.
édification n. f.
édifice n. m.
édifier v. t. Conjug. 17.
édile n. m.
édilitaire adj.
édilité n. f.
édit n. m. *La révocation de l'édit de Nantes.*
***edit (to)** = mettre en forme (et non *éditer*).
éditage n. m.
éditer v. t.
éditeur, trice n. et adj.
***editing** = transposition, transfert (aud.).
édition n. f. ♦ Homographes hétérophones : des *éditions* [-syon] ; nous *éditions* [-tyon] (v. éditer).
éditique n. f.
***editor** = éditeur (inf.).
éditorial, ale, aux adj.
éditorial n. m. *Des éditoriaux.*
éditorialiste n.
édredon n. m.
éducable adj.
éducateur, trice n. et adj.

ÉDUCATIF

éducat*if, ive* adj.
éducation n. f. *Le ministère de l'Éducation nationale.*
*****educational software, educational teachware, educational courseware** = didacticiel.
éducationn*el, elle* adj.
édulcorant, *e* adj. et n. m.
édulcoration n. f.
édulcorer v. t.
éduquer v. t.
éfaufiler v. t.
éfendi ou **effendi** n. m.
eff- → af-/aff-.
effaçable adj.
effacé, *e* adj.
effacement n. m.
effacer v. t. Conjug. 2. *Nous effaçons une inscription sur le tableau.* (On n'efface pas le tableau, on l'essuie.)
effaceur n. m.
effaçure n. f.
effaner v. t.
effaneuse n. f.
effanure n. f.
effarant, *e* adj.
effaré, *e* adj.
effarement n. m.
effarer v. t.
effarouchement n. m.
effaroucher v. t.
effarvatte n. f.
effec*teur, trice* adj. et n.
effect*if, ive* adj. et n. m.
*****effective** = efficace (agr.).
*****effective infiltration** = infiltration efficace (agr.).
*****effective infiltration coefficient** = coefficient d'infiltration efficace (agr.)
effectivement adv.
effectivité n. f.
effectuer v. t. Conjug. 18.
effémin*é*, *e* adj.
efféminer v. t.
effendi → éfendi.
efférent, *e* adj. (qui emporte). ♦ Ne pas confondre avec *afférent* (qui apporte).
effervescence n. f.
effervescent, *e* adj.
effet n. m. *En effet; à cet effet. Des effets de commerce, de complaisance. Pas d'effet sans cause. L'effet Compton, Doppler, Fizeau, Giffen, Larsen, Raman.*
effeuillage n. m.
effeuillaison n. f.
effeuillement n. m.
effeuiller v. t.
effeuilleuse n. f.
efficace adj.
efficacement adv.
efficacité n. f.
efficience n. f.
efficient, *e* adj.
*****efficient** = efficace (et non *efficient*).
effigie n. f.
effilage n. m.
effilé, *e* adj.
effilement n. m.
effiler v. t. → affiler.
effil*eur, euse* n.
effilochage n. m.
effiloche n. f.
effilochement n. m.
effilocher v. t.
effiloch*eur, euse* n.
effilochure ou **effilure** n. f.
efflanqué, *e* adj.
efflanquer v. t.
effleurage n. m.
effleurement n. m.
effleurer v. t. → affleurer.
effleurir v. du 2ᵉ gr. Conjug. 24.
effloraison n. f.
efflorescence n. f.
efflorescent, *e* adj.
effluence n. f.
effluent, *e* adj. et n. m.
effluve n. m. *Des effluves odorants.*
effondré, *e* adj.
effondrement n. m.
effondrer v. t.
effondrilles n. f. pl.
efforcer (s') v. pr. *Nous nous efforçons.* Conjug. 2. *Elle s'est efforcée.*
effort n. m. *Faire effort; un effort de mémoire.* ♦ HOM. *éphore* (magistrat de Sparte).
effract*if, ive* adj.
effraction n. f. (forcement d'une fermeture). ♦ Ne pas confondre avec *infraction* (violation d'une loi).
effraie n. f. (oiseau). ♦ HOM. il *effraie* (v. effrayer).
effrangement n. m.
effranger v. t. *Nous effrangeons.* Conjug. 3.
effrayant, *e* [éfrè-yan, -yant'] adj.
effrayer [éfrè-yé] v. t. Conjug. 8.

effréné, e adj.
effritement n. m.
effriter v. t.
effroi n. m.
effronté, e adj. et n.
effrontément adv.
effronterie n. f.
effroyable [éfrwa-yabl] adj.
effroyablement [éfrwa-ya-] adv.
effusif, ive adj.
effusion n. f.
éfourceau n. m. *Des éfourceaux.*
éfrit [-it'] n. m.
égagropile → ægagropile.
égaiement ou **égayement** n. m.
égailler (s') [séga-yé] v. pr. *Les moineaux se sont égaillés.* → égayer.
égal, ale, aux adj. *Des triangles égaux. Un chœur à voix égales.* ♦ N. *Il n'a pas d'égal. Elles sont sans nos égales.* Spécialt : *les partisans de Babeuf se nommaient les Égaux.* ♦ La loc. prépositive **à l'égal de** est invariable. ♦ L'expression **sans égal** peut se mettre au masc. sing., au fém. sing. ou pl., mais ne se met pas au masc. pl. *Un bonheur sans égal; une joie sans égale; des parures sans égales; des bijoux sans égal; un sourire et une élégance sans égal(e).* ♦ La loc. **n'avoir d'égal que**, toujours au sing., s'accorde en genre avec l'un ou l'autre des termes qu'elle met en rapport ou reste neutre, au choix. *Son courage n'a d'égal que son talent. Son courage n'a d'égal(e) que sa gentillesse. Sa fierté n'a d'égal(e) que sa jeunesse.* ♦ La loc. **d'égal à égal** reste invariable. *Elles ont traité avec eux d'égal à égal.* → égaler.
égalable adj.
également adv.
égaler v. t. *Nos athlètes n'égalent pas les leurs. 48 divisé par 3 égale 16* (le sujet du verbe est l'expression globale « 48 divisé par 3 »). De même on écrira : *sept fois trois égale vingt et un.* Mais on peut écrire : *trois francs et quatre francs égalent sept francs.*
égalisage n. m.
égalisateur, trice adj.
égalisation n. f.
égaliser v. t.
égaliseur n. m.
égalitaire adj. et n.
égalitarisme [-is] n. m.
égalité n. f.
égard n. m. *Avoir égard à.* ♦ Élément de loc. adv. *À cet égard, à tous égards, à tous les égards.* ♦ Élément de loc. prép. *À l'égard de, sans égard pour, eu égard à. Eu égard à vos situations.* ♦ HOM. il *égare* (v. égarer).
égaré, e adj.
égarement n. m.
égarer v. t.
égayant, e [éghè-yan, -yant'] adj.
égayement → égaiement.
égayer [éghè-yé] v. t. Conjug. 8. (rendre gai). ♦ Ne pas confondre avec *s'égailler* (se disperser).
égéen, enne [éjé-in, -èn'] adj. *La civilisation égéenne.*
égérie n. f. (allusion à la nymphe *Égérie* du roi Numa).
égermer v. t.
égide n. f.
égipan → ægipan.
églantier n. m.
églantine n. f. et adj. inv.
églefin ou **aiglefin** n. m.
église n. f. S'écrit avec une majuscule pour désigner l'institution, avec une minuscule pour désigner l'édifice. *L'Église catholique. l'Église protestante, l'Église chrétienne, l'Église anglicane, l'Église orthodoxe; les biens de l'Église; les commandements de l'Église; l'Église catholique, apostolique et romaine; un homme d'Église; des gens d'Église. Une église romane; une vieille église; un pilier d'église; l'église Sainte-Thérèse. Se marier à l'église; se marier devant l'Église.*
église-halle n. f. *Des églises-halles.*
églogue n. f.
*ego (lat.) n. m. inv. = moi.
égocentrique adj. et n.
égocentrisme [-is-] n. m.
égocentriste adj.
égoïne n. f. *Des scies égoïnes.*
égoïsme [-is-] n. m.
égoïste adj. et n.
égoïstement adv.
égorgement n. m.
égorger v. t. *Nous égorgeons.* Conjug. 3.
égorgeur, euse n.
égosiller (s') v. pr. *Elle s'est égosillée.*
égotisme [-is-] n. m.
égotiste adj. et n.
égout n. m. Mot de la famille de *goutte* (d'eau), sans accent. *Ils déversent tout à l'égout. On installe le tout-à-l'égout.*
égoutier n. m.

égouttage n. m.
égouttement n. m.
égoutter v. t.
égouttis [-ti] n. m.
égouttoir n. m.
égoutture n. f.
égrainage → égrenage.
égrainer → égrener.
égrappage n. m.
égrapper v. t.
égrappoir n. m.
égratigner v. t.
égratign*eur*, *euse* adj.
égratignure n. f.
égravillonner v. t.
égrenage ou **égrainage** n. m.
égrener ou **égrainer** v. t. *J'égrène, nous égrenons, j'égrènerai(s)*. Conjug. 15.
égren*eur*, *euse* n.
égrenoir n. m.
égression n. f.
égrillard, *e* adj. et n.
égrisage n. m.
égrisée n. f.
égriser v. t.
égrotant, *e* adj.
égrugeage n. m.
égrugeoir n. m.
égruger v. t. *Nous égrugeons*. Conjug. 3.
égueulé, *e* adj.
égueuler v. t.
égypti*en*, *enne* [-syin, -syèn'] adj. *Une momie égyptienne.* ♦ N. *Les Égyptiens* (habitants de l'Égypte). *Une égyptienne* (lettre d'imprimerie).
égyptologie n. f.
égyptologue n.
eh! interj. ♦ HOM. → haie. ♦ Ponctuation après *eh/hé* :

1° *Eh! que c'est beau! Eh! que voilà une belle chose! Eh! là-bas! Eh quoi! Eh bien! Eh! attendez! Eh là! arrêtez! Eh oui! Eh! que voulez-vous? Eh, eh! Eh bien, voilà ce qu'il faut faire. Eh bien, oui, je l'avoue. Eh bien, où allez-vous?*

2° *Hé! bonjour l'ami! Hé! l'ami! Hé, hé! il a raison. Hé! là-bas, approchez! Hé oui! Hé non!* (marquant l'hésitation).

éhonté, *e* adj.
eicosapentaenoïque [é-icozapinta-é-] adj. *L'acide eicosapentaenoïque est l'acide E.P.A.*
eider [èdèr'] n. m.

eidétique [éy'dé-] adj.
eidétisme [éy'dé-] n. m.
-eindre/-aindre Les verbes en *-eindre* comportent un *e*, sauf : *craindre, plaindre, contraindre.*
einsteinium [ènstènyom'] n. m. *Des einsteiniums.*
éjaculateur adj. m.
éjaculation n. f.
éjaculatoire adj.
éjaculer v. t.
éjarrer v. t.
éject → éjet.
éjectable adj.
éjecter v. t.
éjecteur n. m.
éjection n. f. ♦ Homographes hétérophones : des *éjections* [-syon] ; nous *éjections* [-tyon] (v. éjecter).
*****éjector** = éjecteur (spat.).
éjet ou **éject** n. m.
éjointer v. t.
éjouir (s') v. pr. du 2ᵉ gr. Conjug. 24.
*****ejusdem farinæ** (lat.) = de la même farine.
Ektachrome [-krom'] n. déposé inv.
élaboration n. f.
élaboré, *e* adj.
élaborer v. t.
elæis ou **éléis** [élé-is'] n. m.
élagage n. m.
élaguer v. t. *Nous élaguons.* Conjug. 4.
élagueur n. m.
élamite n. m. (langue). ♦ Adj.
élan n. m. (mouvement ; cervidé des pays froids). ♦ HOM. *éland* (bovidé africain), *hélant* (v. héler).
élancé, *e* adj.
élancement n. m.
élancer v. int. et pr. Conjug. 2. *Elle s'est élancée. Nous nous élançons.*
élanc*eur*, *euse* n.
éland n. m. ♦ HOM. → élan.
élaphe n. m. *Le cerf élaphe.*
élapidé n. m.
élargir v. t. du 2ᵉ gr. Conjug. 24.
élargissement n. m.
élargisseur n. m.
élasmobranche n. m.
élasticimétrie n. f.
élasticité n. f.
élastine n. f.
élastique adj. et n. m.
élastomère n. m.

élastomérisé, e adj.
élatère n. f.
élatéridé n. m.
élavé, e adj.
elbeuf n. m. (drap de laine fabriqué à *Elbeuf*).
elbot n. m.
eldorado n. m. (allusion au pays fabuleux d'Amérique du Sud — *el Dorado* ou *Eldorado* — qui aurait regorgé d'or).
éléate ou **éléatique** adj. *Des théories éléates.* ♦ N. *Les Éléates* (philosophes de l'école d'Élée).
élec*teur, trice* n. et adj. *La liste des électeurs. Le prince électeur; l'Électeur de Bavière; le Grand Électeur* (Frédéric--Guillaume). *Le Grand électeur* (dans la Constitution de Sieyès).
électif, ive adj.
élection n. f. *Une terre d'élection* (choisie, appréciée). *Un dimanche d'élections* (où des élections ont lieu). Sous l'Ancien Régime, il existait des *pays d'états* et des *pays d'élections.*
électivement adv.
électivité n. f.
électoral, ale, aux adj.
électoralisme [-is-] n. m.
électoraliste adj.
électorat [-ra] n. m.
électret n. m.
*****electrical bonding** loc. m. = métallisation.
*****electrical rule checking** = vérification des règles de conception (électron.).
électricien, enne n. et adj.
électricité n. f. *L'Électricité de France (E.D.F.).*
électrification n. f.
électrifié, e adj.
électrifier v. t. Conjug. 17.
électrique adj.
électriquement adv.
électrisable adj.
électrisant, e adj.
électrisation n. f.
électriser v. t.
électro- Ce préfixe se soude au mot qui suit (*électromécanicien*), sauf si ce mot commence par *i, o* ou *u* (*électro--osmose*).
électroacoustique adj. et n. f.
électroaffinité n. f.
électroaimant n. m.
électrobiogenèse n. f.

électrobiologie n. f.
électrocapillarité [-pila-] n. f.
électrocardiogramme n. m.
électrocardiographe n. m.
électrocardiographie n. f.
électrocautère n. m.
électrochimie n. f.
électrochimique adj.
électrochoc n. m. *Des électrochocs.*
électrocinèse n. f.
électrocinétique n. f.
électrocoagulation n. f.
électrocopie n. f.
électrocuter v. t.
électrocution n. f.
électrode n. f.
électrodéposition n. f.
électrodermal, ale, aux adj.
électrodiagnostic [-g'no-] n. m.
électrodialyse n. f.
électrodomestique adj. et n. m.
électrodynamique n. f. et adj.
électrodynamomètre n. m.
électroencéphalogramme n. m.
électroencéphalographie n. f.
électroérosion n. f.
électrofaible adj.
électroformage n. m.
électrogène adj.
électrolipophorèse n. f.
électrolocation ou **électrolocalisation** n. f.
électrologie n. f.
électroluminescence n. f.
électroluminescent, e adj.
électrolysable adj.
électrolyse n. f.
électrolyser v. t.
électrolyseur n. m.
électrolyte n. m.
électrolytique adj.
*****electromagnetic compatibility** = compatibilité électromagnétique (déf.).
*****electromagnetic disturbance** = perturbation électromagnétique (télécom.).
*****electromagnetic vulnerability** = vulnérabilité électromagnétique (déf.).
électromagnétique adj.
électromagnétisme [-is-] n. m.
électromécanicien, enne n.
électromécanique adj. et n. f.
électroménager, ère adj. et n. m.
électroménagiste n.

électrométallurgie n. f.
électrométallurgiste n. m. et adj.
électromètre n. m.
électrométrie n. f.
électromo*teur, trice* adj. et n. m.
électromyogramme n. m.
électromyographie n. f.
électron n. m.
électronéga*tif, ive* adj.
*electronic computer aided design (ECAD) = C.A.O. électronique.
*electronic directory = annuaire électronique (télécom.).
électroni*cien, enne* n.
*electronic mail = messagerie électronique.
*electronic news gathering = journalisme électronique (aud.).
*electronic publishing = éditique, publication assistée par ordinateur (P.A.O).
*electronic warfare = guerre électronique (déf.).
électronique adj. et n. f.
électroniquement adv.
électronisation n. f.
électroniser v. t.
électronogramme n. m.
électronographie n. f.
électronothérapie n. f.
*electron therapy = électronothérapie.
électronucléaire adj. et n. m.
électronvolt n. m. (unité de mesure : 3 *électronvolts* ou 3 *eV*).
électro-osmose n. f. *Des électro-osmoses.*
électrophile adj.
électrophone n. m.
électrophorèse n. f.
électrophorétique adj.
électrophysiologie n. f.
électroplaque n. f.
électropneumatique adj.
électroponcture ou électropuncture [-ponk-] n. f.
électroporation n. f.
électropor*tatif, ive* adj.
électroposi*tif, ive* adj.
électropuncture → électroponcture.
électroradiologie n. f.
électroradiologiste n.
électroradiologue n.
électrorétinogramme n. m.
électroscope n. m.
électrostatique adj. et n. f.

électrostriction n. f.
électrotechni*cien, enne* n.
électrotechnique adj. et n. f.
électrothérapie n. f.
électrothermie n. f.
électrothermique adj.
électrotropisme [-is-] n. m.
électrovalence n. f.
électrovalent, *e* adj.
électrovalve n. f.
électrovanne n. f.
électrum [-trom'] n. m. *Des électrums.*
électuaire n. m.
élégamment adv.
élégance n. f.
élégant, *e* adj. et n.
élégiaque adj.
élégie n. f.
élégir v. t. du 2ᵉ gr. Conjug. 24.
éléis → elæis.
élément n. m. *Selon Empédocle, les quatre éléments étaient : l'eau, l'air, la terre et le feu.*
élémentaire adj.
éléphant, *e* n.
éléphanteau n. m. *Des éléphanteaux.*
éléphantesque adj.
éléphantiasique adj. et n.
éléphantiasis [-zis'] n. m.
éléphantin, *e* adj.
éleuthérocoque n. m.
élevage n. m.
éléva*teur, trice* adj. et n. m.
élévation n. f.
élévatoire adj.
élève n. Pas de trait d'union entre ce mot et le nom qui le suit immédiatement : *un élève officier, un élève maître, un élève ingénieur, un élève professeur, un élève gradé.*
élevé, *e* adj.
élever v. t. *J'élève, nous élevons, j'élèverai (s).* Conjug. 15.
élev*eur, euse* n.
élevon n. m.
*elevon (contraction de « elevator-aileron ») = élevon.
elfe n. m.
élider v. t.
élier v. t. Conjug. 17.
éligibilité n. f.
éligible adj. et n.
élimer v. t.

éliminateur, trice adj.
élimination n. f.
éliminatoire adj. et n. f.
éliminer v. t.
élinde n. f. (bras articulé).
élingue n. f. (câble).
élinguer v. t. *Nous élinguons.* Conjug. 4.
élinvar n. m.
élire v. t. Conjug. 54. *Ils ont élu domicile.*
Élisabeth (prénom français). En angl. : *Elizabeth. La reine Élisabeth Ire.*
élisabéthain, e adj.
élisant, e adj. et n.
ÉLISION n. f. → tableau en annexe p. 888.
élitaire adj.
élite n. f. *Des troupes d'élite.*
élitisme [-is-] n. m.
élitiste adj.
élixir n. m.
elle pron. pers. f. *Pendant qu'il parle, elle écoute. Elles s'en vont. Lui ou elle.* ♦ HOM. *aile* d'oiseau, il *hèle* (v. héler), *ale* (bière anglaise), lettre *L*.
ellébore → hellébore.
ellipse n. f.
ellipsographe n. m.
ellipsoïdal, ale, aux adj.
ellipsoïde n. m.
elliptique adj.
elliptiquement adv.
élocution n. f.
élodée ou **hélodée** n. f.
éloge n. m.
élogieusement adv.
élogieux, euse adj.
éloigné, e adj.
éloignement n. m.
éloigner v. t.
élongation n. f.
élonger v. t. *Nous élongeons.* Conjug. 3.
éloquemment [-aman] adv.
éloquence n. f.
éloquent, e adj.
élu, e n. et adj. *Le royaume des élus.*
élucidation n. f.
élucider v. t. → éluder.
élucubration n. f.
élucubrer v. t.
éluder v. t. (éviter avec adresse). ♦ Ne pas confondre avec *élucider* (éclaircir, expliquer).
éluer v. t. Conjug. 18.
élusif, ive adj.

élution n. f.
élutriateur n. m.
éluvial, ale, aux adj.
éluviation n. f.
éluvion n. f.
élysée n. m. *Ce séjour est un élysée. Les Champs Élysées de la mythologie. L'avenue des Champs-Élysées à Paris ; le palais de l'Élysée.*
élyséen, enne [-zé-in, -zé-èn'] adj.
élytre n. m.
elzévir n. m. (livre ou caractère nous venant des *Elzévir*, imprimeurs hollandais).
elzévirien, enne adj.
émaciation n. f.
émaciement n. m.
émacié, e adj.
émacier (s') v. pr. Conjug. 15. *Elle s'est émaciée.*
émail n. m. *Des émaux.* L'ancien pluriel *émails*, quelquefois employé pour les peintures ou l'émail des dents, n'est plus en usage. ♦ HOM. il *émaille* (v.).
émaillage n. m.
émailler v. t.
émaillerie n. f.
émailleur, euse n.
émaillure n. f.
émanation n. f.
émanché n. m.
émancipateur, trice adj.
émancipation n. f.
émancipé, e adj.
émanciper v. t.
émaner v. int.
émargement n. m.
émarger v. t. *Nous émargeons.* Conjug. 3.
émasculation n. f.
émasculer v. t.
émaux → émail.
embâcle n. m.
embalconner v. t.
emballage n. m.
emballagiste n.
emballant, e adj.
emballement n. m.
emballer v. t.
emballeur, euse n.
embarbouiller v. t.
embarcadère n. m.
embarcation n. f.
embardée n. f.
embargo n. m. *Des embargos.*

embarqué, *e* adj.
embarquement n. m.
embarquer v. t. → embraquer.
embarras [-ra] n. m.
embarrassant, *e* adj.
embarrassé, *e* adj.
embarrasser v. t.
embarrer v. int. et pr. *Ces chevaux se sont embarrés.*
embarrure n. f.
embase n. f.
embasement n. m.
embastillement n. m.
embastiller v. t.
embâtage n. m. (charge d'un bât).
embattage n. m. (cerclage d'une roue).
embattre v. t. Conjug. 32.
embauchage n. m.
embauche n. f.
embaucher v. t.
embauch*eur, euse* n.
embauchoir n. m.
embaumement n. m.
embaumer v. t. et int.
embaumeur n. m.
embecquer v. t.
embéguiner v. t.
embellie n. f.
embellir v. t. du 2ᵉ gr. Conjug. 24.
embellissement n. m.
emberlificoter v. t.
emberlificot*eur, euse* adj. et n.
embêtant, *e* adj.
embêtement n. m.
embêter v. t.
embiellage n. m.
emblavage n. m.
emblave n. f.
emblaver v. t.
emblavure n. f.
emblée (d') loc. adv. *Ils les ont trouvés d'emblée.*
emblématique adj.
emblème n. m.
embobeliner v. t.
embobiner v. t.
emboîtable adj.
emboîtage n. m.
emboîtement n. m.
emboîter v. t.
emboîture n. f.
embole ou embolus [-lus'] n. m.
embolie n. f.

embolisme [-is-] n. m.
embolismique adj.
embolus → embole.
embonpoint n. m.
embossage n. m.
embosser v. t.
embossure n. f.
embouage n. m.
embouche n. f.
embouché, *e* adj.
emboucher v. t.
emboucheur n. m.
embouchoir n. m.
embouchure n. f.
embouer v. int. Conjug. 19.
emboulé, *e* adj. *Des cornes emboulées.*
embouler v. t.
embouquement n. m.
embouquer v. int. et t.
embourber v. t.
embourgeoisement n. m.
embourgeoiser (s') v. pr. *Ils se sont embourgeoisés.*
embourrer v. t.
embourrure n. f.
embout [-bou] n. m.
embouteillage n. m.
embouteiller v. t.
emboutir v. t. du 2ᵉ gr. Conjug. 24.
emboutissage n. m.
emboutiss*eur, euse* n.
emboutissoir n. m.
embranchement n. m.
embrancher v. t.
embraquer v. t. (raidir un cordage). ♦ Ne pas confondre avec *embarquer* (faire monter à bord d'un navire ou dans un véhicule).
embrasement n. m.
embraser v. t. (illuminer, enflammer). ♦ Ne pas confondre avec *embrasser* (prendre dans ses bras).
embrassade n. f.
embrassant, *e* adj.
embrasse n. f.
embrassé, *e* adj. et n.
embrassement n. m.
embrasser v. t. → embraser.
embrass*eur, euse* adj. et n.
embrasure n. f.
embrayage [-brè-yaj] n. m. *Un embrayage à friction, à disques, à courroie, à griffes, à satellites.*
embrayer [-brè-yé] v. t. Conjug. 8.

embrayeur [-brè-yeur] n. m.
embrener v. t. Conjug. 15.
embrèvement n. m.
embrever v. t. *J'embrève, nous embrevons, j'embrèverai(s)*. Conjug. 15.
embrigadement n. m.
embrigader v. t.
embringuer v. t. *Nous embringuons*. Conjug. 4.
embrocation n. f.
embrochement n. m.
embrocher v. t.
embroncher v. t.
embrouillage n. m.
embrouillamini n. m. *Des embrouillaminis.*
embrouille n. f. *Un sac d'embrouilles.*
embrouillement n. m.
embrouiller v. t.
embrouill*eur, euse* n. et adj.
embroussaillé, *e* adj.
embruiné, *e* adj.
embrumer v. t.
embrun n. m.
embryogenèse ou **embryogénie** n. f.
embryologie n. f.
embryologique adj.
embryologiste ou **embryologue** n.
embryon n. m.
embryonnaire adj.
embryopathie n. f.
embryoscopie n. f.
embryotome n. m.
embryotomie n. f.
embu, *e* adj. et n. m.
embûche n. f.
embûcher v. t.
embuer v. t. Conjug. 18.
embuscade n. f.
embusqué, *e* n. et adj.
embusquer v. t.
embuvage n. m.
éméché, *e* adj.
émécher v. t. *Il emèche, il émèchera(it)*. Conjug. 10. *Ils sont éméchés.*
émender v. t. (réformer, redresser). ♦ Ne pas confondre avec *émonder* (couper ce qui est inutile).
émeraude n. f. et adj. inv.
émergé, *e* adj.
émergement n. m.
émergence n. f.
*****emergency** = danger, secours, urgence, détresse.
*****emergency shutdown** = arrêt d'urgence.
émergent, *e* [-jan] adj. ♦ HOM. *émergeant* (partic. prés. du v. émerger). ♦ Homographe hétérophone : ils *émergent* [-mèrj] (v. émerger).
émerger v. int. *Nous émergeons*. Conjug. 3.
émeri n. m. *Papier d'émeri* ou *papier-émeri.*
émerillon n. m.
émerillonné, *e* adj.
émeriser v. t.
éméritat [-ta] n. m.
émérite adj.
émersion n. f. (action d'émerger, de réapparaître). ♦ Ne pas confondre avec *immersion* (plongée dans un liquide ; disparition d'un astre).
émerveillement n. m.
émerveiller v. t.
émétine n. f.
émétique adj. et n. m.
émet*teur, trice* n. et adj.
émetteur-récepteur n. m. *Des émetteurs-récepteurs.*
émettre v. t. et int. Conjug. 56.
émeu ou **émou** n. m. *Des émeus ; des émous.* ♦ HOM. il *émeut* (v. émouvoir).
émeute n. f.
émeutier, *ère* n.
émier v. t. Conjug. 17.
émiettement n. m.
émietter v. t.
émietteur n. m.
émigrant, *e* n.
émigration n. f.
émigré, *e* n. et adj.
émigrer v. int. (quitter son pays). → immigrer.
émilien, enne adj. *L'école émilienne de peinture* (de l'Émilie). ♦ HOM. *Émilien ; Émilienne* (prénoms).
émincé n. m.
émincer v. t. *Nous éminçons*. Conjug. 2.
éminceur n. m.
éminemment [-naman] adv.
éminence n. f. (élévation de terrain). Quand ce mot sert de titre à des personnages, comme les cardinaux, on l'écrit avec une majuscule. *Il était accompagné de Son Éminence.* Abrév. : *S. Em.* Le P. Joseph du Tremblay, conseiller de Richelieu, fut nommé l'*Éminence grise* du Cardinal. On désigne ainsi, mais sans

ÉMINENT

la capitale, tout conseiller qui reste dans l'ombre.
éminent, e adj. ♦ Ne pas confondre avec *imminent* (proche) ou *immanent* (contenu dans la nature d'un être).
éminentissime adj. S'écrit avec une majuscule quand il s'applique au légat du pape.
émir n. m.
émirat [-ra] n. m. *La Fédération des Émirats arabes unis groupe* : Abou Dhabi, Doubaï, Chardjah, Foudjaïzah, Adjman, Oum al-Qaïwaïn, Ras al-Khaïmah.
émirati, e adj.
émissaire adj. et n. m.
émiss*if, ive* adj.
émission n. f.
émissole n. f.
emm- Suivi d'une voyelle, ce préfixe se prononce [an-m'] sauf pour *emmenthal*.
emmagasinage ou **emmagasinement** n. m.
emmagasiner v. t.
emmailler (s') v. pr. *Elle s'est emmaillée.*
emmaillotement n. m.
emmailloter v. t.
emmanchement n. m.
emmancher v. t.
emmanchure n. f.
emmarchement n. m.
emmêlement n. m.
emmêler v. t.
emménagement n. m.
emménager v. t. et int. *Nous emménageons.* Conjug. 3.
emménagogue adj. et n. m.
emmener v. t. *J'emmène, nous emmenons, j'emmènerai(s).* Conjug. 15.
emmenotter v. t.
emmenthal ou **emmental** [ènm-] n. m. (fromage fabriqué dans la vallée de l'Emme, en Suisse). *Des emmenthals.*
emmerdant, e adj.
emmerde n. f.
emmerdement n. m.
emmerder v. t.
emmerd*eur, euse* n. et adj.
emmétrer v. t. *J'emmètre, nous emmétrons, j'emmétrerai(s).* Conjug. 10.
emmétrope adj. et n.
emmétropie n. f.
emmieller v. t.
emmitoufler v. t.
emmotté, e adj.
emmouscailler v. t.

emmurer v. t.
émoi n. m. *Ils sont tous en émoi.*
émollient, e adj. et n. m.
émolument n. m. → revenus.
émonction n. f.
émonctoire n. m.
émondage ou **émondement** n. m.
émonder v. t. → émender.
émondes n. f. pl.
émondeur n. m.
émondoir n. m.
émorfilage n. m.
émorfiler v. t.
émot*if, ive* adj.
émotion n. f.
émotionnable adj.
émotionnant, e adj.
émotionn*el, elle* adj.
émotionner v. t.
émotivité n. f.
émottage ou **émottement** n. m.
émotter v. t.
émott*eur, euse* n.
émou → émeu.
émoucher v. t.
émouchet n. m.
émouchette n. f.
émouchoir n. m.
émoudre v. t. Conjug. 57. Peu usité, sauf au participe passé *(émoulu).*
émoulage n. m.
émouleur n. m.
émoulu, e adj.
émousser v. t.
émoustillant, e adj.
émoustiller v. t.
émouvant, e adj.
émouvoir v. t. Se conjugue comme MOUVOIR (conjug. 59), mais le participe passé ne prend pas d'accent : *ému.*
empaillage n. m.
empaillé, e adj.
empaillement n. m.
empailler v. t.
empaill*eur, euse* n.
empalement n. m.
empaler v. t.
empalmage n. m.
empalmer v. t.
empan n. m.
empanacher v. t.
empannage n. m.
empanner v. t.

empapilloter v. t.

empaquetage n. m.

empaqueter v. t. *J'empaquette.* Conjug. 14.

empaqueteur, euse n.

emparer (s') v. pr. *Elle s'en est emparée. Ils se sont emparés de la voleuse.*

empâté, e adj. (épais, gras). ♦ HOM. *empâter* (engraisser, couvrir de pâte), *empatter* (maintenir avec des pattes).

empâtement n. m. (engraissement). ♦ HOM. *empattement* (base; distance entre les essieux).

empâter v. t. ♦ HOM. → empâté.

empathie n. f.

empathique adj.

empattement n. m. ♦ HOM. → empâtement.

empatter v. t. ♦ HOM. → empâté.

empaumer v. t.

empaumure n. f.

empêché, e adj.

empêchement n. m.

empêcher v. t.

empêcheur, euse n. *Un empêcheur de danser en rond.*

empeigne n. f. (dessus d'une chaussure).

empennage n. m.

empenne n. f. (plume de flèche).

empenné, e adj.

empenneler v. t. *Il empennelle.* Conjug. 13.

empenner v. t.

empereur n. m. *L'empereur Napoléon Ier; Napoléon III fut empereur; l'Empereur* (Napoléon Ier). → majesté.

emperler v. t.

empesage n. m.

empesé, e adj.

empeser v. t. *J'empèse, nous empesons, j'empèserai(s).* Conjug. 15.

empester v. t. et int.

empêtré, e adj.

empêtrer v. t.

emphase n. f.

emphatique adv.

emphatiquement adv.

emphysémateux, euse [-fizé-] adj.

emphysème n. m.

emphytéose n. f.

emphytéote n.

emphytéotique adj.

empiècement n. m.

empiéger v. t. *J'empiège, nous empiégeons, j'empiégerai(s).* Conjug. 20. *Ils se sont empiégés dans les racines.*

empierrement n. m.

empierrer v. t.

empiètement n. m. Ancienne orthographe : *empiétement.*

empiéter v. int. *J'empiète, nous empiétons, j'empiéterai(s).* Conjug. 10.

empiffrer (s') v. pr. *Ils se sont empiffrés.*

empilable adj.

empilage n. m.

empile n. f.

empilement n. m.

empiler v. t.

empileur, euse n.

empire n. m. *Sous l'empire de l'alcool; un vaste empire colonial; l'Empire* (sous Napoléon Ier); *le premier Empire; le second Empire; le Bas-Empire; le Saint Empire romain germanique. L'empire des ténèbres.* ♦ Le mot a une majuscule quand il est suivi d'un adjectif indiquant l'État. *L'Empire russe; l'Empire byzantin; l'Empire romain; l'Empire britannique; l'Empire inca; l'Empire français; l'Empire centrafricain; le Céleste Empire.* ♦ Le mot a une minuscule quand il a un complément. *L'empire d'Occident; l'empire des Indes; l'empire d'Orient; l'empire du Milieu; l'empire d'Autriche; l'empire du Soleil-Levant; l'empire de Charlemagne; l'empire de Charles Quint.* ♦ *Le style Empire; un lit Empire.* → style.

empirer v. t. et int.

empiriocriticisme [-is-] n. m.

empirique adj.

empiriquement adv.

empirisme [-is-] n. m.

empiriste n.

emplacement n. m.

emplafonner v. t.

emplanture n. f.

emplâtre n. m.

emplette n. f.

emplir v. t. Conjug. 24.

emplissage n. m.

emploi n. m. *Le plein emploi; faire double emploi; des offres d'emploi; des demandes d'emploi.* ♦ HOM. il *emploie* (v. employer).

employable adj.

employé, e n.

employer v. t. Conjug. 6.

employeur, euse n.

emplumer v. t.

empoche n. f.

empocher v. t.
empoignade n. f.
empoigne n. f.
empoigner v. t.
empointure n. f.
empois n. m. (pour empeser).
empoise n. f. (pièce d'un laminoir).
empoisonnant, e adj.
empoisonnement n. m.
empoisonner v. t.
empoisonn*eur, euse* adj. et n.
empoisser v. t.
empoissonnement n. m.
empoissonner v. t.
emporétique adj. (qui filtre).
*****emporium** (lat.) n. m. = comptoir commercial à l'étranger. *Des emporia.*
emport n. m. *Des capacités d'emport.*
emporté, e adj.
emportement n. m.
emporte-pièce n. m. *Des emporte-pièce(s).*
emporter v. t.
emposieu n. m. *Des emposieus.*
empotage ou **empotement** n. m.
empoté, e adj. et n.
empoter v. t.
empourprer v. t.
empoussièrement n. m.
empoussiérer v. t. (marque, impression). *J'empoussière, nous empoussiérons, j'empoussiérerai(s).* Conjug. 10.
empreindre v. t. Conjug. 31.
empreinte n. f. (marque, impression). ♦ HOM. il *emprunte* (v. emprunter).
empressé, e adj. et n.
empressement n. m.
empresser (s') v. pr. *Elle s'est empressée.*
emprésurer [-zu-] v. t.
emprise n. f.
emprisonnement n. m.
emprisonner v. t.
emprunt n. m. *Des noms d'emprunt. Emprunt à lot; emprunt à prime.* ♦ HOM. *empreint* (partic. passé du v. empreindre).
emprunté, e adj.
emprunter v. t.
emprunt*eur, euse* n.
empuantir v. t. du 2ᵉ gr. Conjug. 24.
empuantissement n. m.
empuse n. f.
empyème n. m.
empyrée n. m.

empyreumatique adj.
empyreume n. m.
ému, e adj.
émulateur n. m.
émulation n. f.
émule n.
émuler v. t.
émulseur n. m.
émuls*if, ive* adj.
émulsifiable adj.
émulsifiant, e adj.
émulsifier v. t. Conjug. 17.
émulsine n. f.
émulsion n. f.
émulsionnable adj.
émulsionnant, e adj.
émulsionner v. t.

en

1° Du latin *inde* :
Pron. pers. (de cela). *J'aime le fromage et en redemande. Voulez-vous m'en acheter? Cet homme? Il s'en méfie. Courtier en mercerie; couvreur en ardoise.* Ce pronom est relié par un trait d'union à l'impératif qui le précède. *Soyez-en remercié. Ceci est dangereux : crois-en ton père. C'en sera fini.*
Adv. de lieu (de là). *Va-t'en! Il s'en va. De Corse? Mais il en revient. Je n'en peux plus. Il en impose.*

2° Du latin *in* :
Prép. (dans). *Aller en Italie. Se mettre en colère. Minerai riche en manganèse. Vous le verrez en passant. Être en conférence, en discussion, en extase, en guenilles, en haillons, en lambeaux, en larmes, en pantoufles, en pleurs, en pourparlers, en prière, en rang d'oignons, en uniforme, en vacances. Pêcher en eau trouble. Des messieurs en habit et des dames en robe du soir. Être en relation avec; se confondre en excuses, en remerciements, en politesses; couper en tranches; mettre en morceaux; se mettre en rapport; se marier en secondes noces; se perdre en conjectures, en hypothèses, en suppositions; tomber en ruine; denrées en vrac; marchandises en rayon; militaires en civil; mise en pages; nombre en chiffres, en lettres; or en barre; poivre en grains.* Cette préposition n'est pas précédée d'un trait d'union après l'impératif. *Crois en Dieu.*

3° Loc. diverses. *En avant; en bas; en deçà; en dedans; en dehors; en dessous; en dessus; en fait; en foi de quoi; en haut; en lieu et place; en lieu sûr; en mauvaise part; en partie; en tant que; en temps et lieu; en tout. En en envoyant à tous, vous ne mécontenterez personne.*

4° Pour la place de « en » dans la conjugaison des verbes comme *s'en aller, s'en retourner, s'en venir, s'en sortir, s'en échapper, s'en souvenir...* → aller.

En, complément, après le verbe → tableau TRAIT D'UNION A, 10°, p. 954.

En devant un participe passé → tableau PARTICIPE PASSÉ III, F, 3°, p. 922.

HOM. → an.

E.N.A. [éna] sigle f. École nationale d'administration.

énallage n. f.

en aller (s') v. pr. *Je m'en suis allé. Elle s'en est allée. Ils s'en sont allés. Nous nous en sommes allés. Allons-nous-en.* Conjug. 23.

enamourer (s') [san-na-] ou **s'énamourer** v. pr. *Elle s'était énamourée de lui.*

énanthème n. m.

énantiomère n. m.

énantiomorphe adj.

énantiotrope adj.

énarchie n. f.

énarque n.

énarthrose n. f.

en-avant n. m. inv. *Faire un en-avant.* Pas de trait d'union pour la locution adverbiale. *Il marchait en avant.*

en-but n. m. inv. *Il siffla des fautes dans les en-but.* ♦ HOM. *être en butte aux sarcasmes.*

encabanage n. m.

encabaner v. t.

encablure n. f.

encadré n. m.

encadrement n. m.

encadrer v. t.

encadr*eur, euse* n.

encagement n. m.

encager v. t. *Nous encageons.* Conjug. 3.

encagoulé, *e* adj.

encagouler v. t.

encaissable adj.

encaissage n. m.

encaissant, *e* adj.

encaisse n. f.

encaissé, *e* adj.

encaissement n. m.

encaisser v. t.

encaiss*eur, euse* n.

encalminé, *e* adj.

encan n. m. *Des ventes à l'encan.*

encanaillement n. m.

encanailler (s') v. pr. *Ils s'étaient encanaillés.*

encapsidation n. f.

encapsulation n. f.

encapsuler v. t.

encapuchonner v. t.

encaquement n. m.

encaquer v. t.

encarpe n. f.

encarrasser v. t.

encart [-kar] n. m.

encartage n. m.

encarter v. t.

encarteuse n. f.

encartonner v. t.

encartouché, *e* adj.

encartoucher v. t.

en-cas ou **encas** n. m. inv.

encaserner v. t.

encasteler (s') v. pr. *Le cheval s'encastèle, il s'encastelait, il s'encastèlera(it). Elle s'est encastelée.* Conjug. 11.

encastelure n. f.

encastrable adj.

encastrement n. m.

encastrer v. t.

encaustiquage n. m.

encaustique n. f.

encaustiquer v. t.

encavage ou **encavement** n. m.

encaver v. t.

enceindre v. t. Conjug. 31.

enceinte n. f. et adj. f.

enceinter v. t.

encelluler v. t.

encens [-san] n. m.

encensement n. m.

encenser v. t. et int.

encens*eur, euse* n.

encensoir n. m.

encépagement n. m.

encéphale n. m.

encéphaline → enképhaline.

encéphalique adj.

encéphalite n. f.

encéphalogramme n. m.

encéphalographie n. f.

encéphalomyélite n. f.

encéphalopathie n. f.

encerclement n. m.

encercler v. t.

enchaîné n. m.

enchaînement n. m.

ENCHAÎNER

enchaîner v. t.

enchanté, e adj.

enchanteler v. t. Conjug. 13.

enchantement n. m.

enchanter v. t.

enchant*eur, eresse* adj. et n.

enchâssement n. m.

enchâsser v. t.

enchâssure n. f.

enchatonnement n. m.

enchatonner v. t.

enchausser v. t.

enchemisage n. m.

enchemiser v. t.

enchère n. f. *Vente aux enchères. Folle enchère.*

enchérir v. int. du 2ᵉ gr. Conjug. 24.

enchérissement n. m.

enchériss*eur, euse* n.

enchevalement n. m.

enchevaucher v. t.

enchevauchure n. f.

enchevêtrement n. m.

enchevêtrer v. t.

enchevêtrure n. f.

enchifrené, e adj.

enchifrènement n. m.

enclave n. f.

enclavement n. m.

enclaver v. t.

enclenche n. f.

enclenchement n. m.

enclencher v. t.

enclin, e adj.

encliquetage n. m.

encliqueter v. t. *J'encliquette, nous encliquetons, j'encliquetterai(s).* Conjug. 14.

enclise n. f.

enclitique adj. et n.

encloisonné, e adj.

enclore v. t. Se conjugue comme CLORE (conjug. 35), mais possède le présent de l'indicatif en entier : *J'enclos, tu enclos, il enclot* (selon l'Acad.) ou *il enclôt* (selon l'usage), *nous enclosons, vous enclosez, ils enclosent.*

enclos n. m.

enclosure n. f.

enclouage n. m.

enclouer v. t. Conjug. 19.

enclouure [-klou-ur] n. f. → -ure.

enclume n. f.

enclumette n. f.

encoche n. f.

encochement ou encochage n. m.

encocher v. t.

encoconné, e adj.

encodage n. m.

encoder v. t.

encodeur n.

encoffrer v. t.

encoignure [-kognur] n. f.

encollage n. m.

encoller v. t.

encoll*eur, euse* adj. et n.

encolure n. f.

encombrant, e adj.

encombre n. m. *Sans encombre* (loc. adv.).

encombré, e adj.

encombrement n. m.

encombrer v. t.

encomiastique adj.

*encomienda (esp.) = territoire du conquistador.

encontre de (à l') loc. prép. *Ces choses vont à l'encontre de mes principes.*

encoprésie n. f.

encor adv. Mis pour *encore*, mais en poésie seulement, lorsqu'il est besoin d'une syllabe masculine à la rime.

encorbellement n. m.

encorder (s') v. pr. *Ils se sont encordés.*

encore adv. *Mais encore.* → encor. ♦ A engendré la locution conjonctive *encore que.* ♦ Interj. *Encore !*

encorné, e adj.

encorner v. t.

encornet n. m.

encornure n. f.

encoubler (s') v. pr. *Elle s'est encoublée dans les herbes.*

encourageant, e adj.

encouragement n. m.

encourager v. t. *Nous encourageons.* Conjug. 3.

encourir v. t. Conjug. 40. → encours.

encours ou en-cours n. m. (effet escompté avant échéance ; marchandise en cours d'emploi). *L'encours d'un emprunt.* ♦ HOM. il *encourt* (v. encourir).

encrage n. m.

encrassement n. m.

encrasser v. t.

encre n. f. *De l'encre de Chine.* ♦ HOM. *ancre* (de navire), il *ancre.*

encrer v. t. (mettre de l'encre). ♦ HOM. *ancrer* (jeter l'ancre).

encreur, euse adj. et n. m.
encrier n. m.
encrine n. f.
encrivore adj. et n. m.
encroué, e adj.
encroûté, e adj.
encroûtement n. m.
encroûter v. t.
enculé n. m.
enculer v. t.
encuvage n. m.
encuver v. t.
encyclique n. f. Une encyclique se désigne par les premiers mots de son texte et sa date. *L'encyclique « Populorum progressio »* (1967).
encyclopédie n. f. On met la majuscule quand on cite le titre d'un ouvrage. *L'Encyclopédie de Diderot.*
encyclopédique adj.
encyclopédisme [-is-] n. m.
encyclopédiste n. m.
endauber v. t.
endéans prép. *Ce territoire doit être libéré endéans les quarante-huit heures.*
en deçà loc. adv.
en-dehors n. m. (terme de danse). *Faites un en-dehors.* Les locutions adverbiale *en dehors* et prépositionnelle *en dehors de* n'ont pas le trait d'union.
endémicité n. f.
endémie n. f.
endémique adj.
endémisme [-is-] n. m.
endenté, e adj.
endentement n. m.
endenter v. t.
endettement n. m.
endetter v. t.
endeuiller v. t.
endêver v. int. Ne s'emploie plus qu'à l'infinitif.
endiablé, e adj.
endiabler v. int.
endiamanté, e adj.
endiguement ou **endigage** n. m.
endiguer v. t. *Nous endiguons.* Conjug. 4.
endimanché, e adj.
endimancher (s') v. pr. *Ils se sont endimanchés.*
endive n. f.
endivisionner v. t.
endoblaste ou **endoderme** n. m.
endoblastique ou **endodermique** adj.

endocarde n. m.
endocardite n. f.
endocarpe n. m.
endocrânien, enne adj.
endocrine adj.
endocrinien, enne adj.
endocrinologie n. f.
endocrinologue ou **endocrinologiste** n.
endocrinopathie n. f.
endoctrinement n. m.
endoctriner v. t.
endoderme → endoblaste.
endodermique → endoblastique.
endodontie [-si] n. f.
endogame adj. et n.
endogamie n. f.
endogé, e adj.
endogène adj.
endolorir v. t. du 2ᵉ gr. Conjug. 24.
endolorissement n. m.
endomètre n. m.
endométriome n. m.
endométriose n. f.
endométrite n. f.
endommagement n. m.
endommager v. t. *Nous endommageons.* Conjug. 3.
endomorphine → endorphine.
endomorphisme [-is-] n. m.
endonucléase n. f.
endoparasite adj. et n. m.
endophasie n. f.
endoplasme n. m.
endoplasmique adj.
endoréique adj.
endoréisme [-is-] n. m.
endormant, e adj.
endormeur, euse n.
endormi, e adj. et n.
endormir v. t. Conjug. 48. *Ils se sont endormis.*
endormissement n. m.
endorphine ou **endomorphine** n. f.
endos → endossement.
endoscope n. m.
endoscopie n. f.
endoscopique adj.
endosmomètre n. m.
endosmose n. f.
endosperme n. m.
endossable adj.
endossataire n.

endosse n. f. (responsabilité).
endossement ou **endos** [-do] n. m.
endosser v. t.
endosseur n. m.
endothélial, **ale**, **aux** adj.
endothélium [-lyom'] n. m. *Des endothéliums.*
endothermique adj.
endotoxine n. f.
en douce loc. adv.
-endre/-andre (Verbes en) Les verbes finissant par *-endre* ont un *e*, sauf *épandre* et *répandre*.
endrailler v. t.
endroit n. m. *Mettez ceci à l'endroit. Il eut des compliments à l'endroit de ses employés.*
enduction n. f.
enduire v. t. (couvrir). Conjug. 37. ♦ Ne pas confondre avec *induire* (pousser à).
enduiseur n. m.
enduit n. m.
endurable adj.
endurance n. f.
endurant, *e* adj.
endurci, *e* adj.
endurcir v. t. du 2ᵉ gr. Conjug. 24.
endurcissement n. m.
endurer v. t.
enduro n. m.
*****end user** = utilisateur (et non *utilisateur final*).
endymion n. m. (plante). ♦ HOM. *Endymion* (personnage mythologique).
en effet loc. adv.
énéma n. m.
énéolithique adj. et n. m.
énergéticien, **enne** n.
énergétique adj. et n. f.
énergétiquement adv.
énergie n. f..
énergique adj.
énergiquement adv.
énergisant, *e* adj.
énergivore adj.
énergumène n.
*****energy availability factor** = taux de disponibilité en énergie (nucl.).
énervant, *e* adj.
énervation n. f.
énervé, *e* adj. et n.
énervement n. m.
énerver v. t.
enfaiteau n. m. *Des enfaîteaux.*

enfaîtement n. m.
enfaîter v. t.
enfance n. f.
enfant n. Quoique plus souvent employé au masculin, ce nom peut être mis au féminin quand il s'agit d'une fillette. *Une douce enfant. Son enfant était belle. Des petits-enfants* (il y a parenté); *des petits enfants* (il n'y a pas de parenté). *Il n'y a plus d'enfants; un jeu d'enfants; journal pour enfants; vêtements d'enfants; des enfants de chœur; des arrière-petits--enfants; des vendeuses bon enfant* (inv. dans ce cas); *l'Enfant Jésus, l'Enfant Dieu, l'Enfant Roi* (il s'agit de Jésus enfant); *l'enfant roi* (en général).
enfantement n. m.
enfanter v. t.
enfantillage n. m.
enfantin, *e* adj.
enfarger v. t. *Nous enfargeons.* Conjug. 3.
enfariné, *e* adj.
enfariner v. t.
enfer n. m. *Les tourments éternels de l'enfer. Un feu d'enfer; un jeu d'enfer. Les Enfers* (séjour des âmes, dans la mythologie).
enfermé, *e* adj.
enfermement n. m.
enfermer v. t.
enferrer v. t.
enfeu n. m. (niche funéraire). *Des enfeus.*
enfichable adj.
enficher v. t.
enfieller v. t.
enfièvrement n. m.
enfiévrer v. t. *J'enfièvre, nous enfièvrons, j'enfiévrerai(s).* Conjug. 10.
enfilade n. f.
enfilage n. m.
enfile-aiguille n. m. *Des enfile-aiguilles.*
enfiler v. t.
enfileur, **euse** n.
enfin adv. *Il l'admet enfin.* ♦ Conj. de coordin., pour clore un raisonnement. *Elle est dissimulée, chafouine, enfin je ne l'aime pas.* ♦ Peut s'écrire en deux mots (quand il y a un complément). *En fin de phrase, mettez un point.*
enflammé, *e* adj.
enflammer v. t.
enflé, *e* adj. et n.
enfléchure n. f.
enfler v. t. et int.
enfleurage n. m.

enfleurer v. t.
enflure n. f.
enfoiré, e n.
enfoncé, e adj.
enfoncement n. m.
enfoncer v. t. et int. *Nous enfonçons.* Conjug. 2.
enfonc*eur, euse* n.
enfonçure n. f.
*****enforceable architecture** = architecture obligatoire (urb.).
enformer v. t.
enfouir v. t. du 2ᵉ gr. Conjug. 24.
enfouissement n. m.
enfouisseur n. m.
enfourchement n. m.
enfourcher v. t.
enfourchure n. f.
enfournage ou **enfournement** n. m.
enfourner v. t.
enfreindre v. t. Conjug. 31.
enfui, e adj. *Les jours enfuis.*
enfuir (s') v. pr. Conjug. 52. *Elle s'est enfuie.*
enfumage n. m.
enfumer v. t.
enfûtage n. m.
enfutailler v. t.
enfûter v. t.
*****E.N.G.** (*electronic news gathering) = journalisme électronique ou *jet* [jèt'].
engagé, e adj. et n.
engageant, e adj.
engagement, e adj.
engager v. t. *Nous engageons.* Conjug. 3.
engainant, e adj.
engainer v. t.
engamer v. int.
engane n. f.
engazonnement n. m.
engazonner v. t.
engeance n. f.
engelure n. f.
engendrement n. m.
engendrer v. t.
engerbage n. m.
engerber v. t.
engin n. m.
*****engine** = propulseur.
*****engine body** = corps de propulseur.
*****engineering** = ingénierie, génie industriel, organisation, étude technique.
*****engineering and design department** = bureau d'études techniques (urb.).

*****english spoken** = on parle anglais.
englober v. t.
engloutir v. t. du 2ᵉ gr. Conjug. 24.
engloutissement n. m.
engluement ou **engluage** n. m.
engluer v. t. Conjug. 18.
engobage n. m.
engobe n. m.
engober v. t.
engommage n. m.
engommer v. t.
engoncement n. m.
engoncer v. t. *Nous engonçons.* Conjug. 2.
engorgement n. m.
engorger v. t. *Nous engorgeons.* Conjug. 3.
engouement n. m.
engouer (s') v. pr. Conjug. 19. *Ils se sont engoués de cette actrice.*
engouffrement n. m.
engouffrer v. t.
engoulevent n. m.
engourdir v. t. du 2ᵉ gr. Conjug. 24.
engourdissement n. m.
engrain n. m.
engrais n. m.
engraissement ou **engraissage** n. m.
engraisser v. t. et int.
engraisseur n. m.
engramme n. m.
engrangement n. m.
engranger v. t. *Nous engrangeons.* Conjug. 3.
engraver v. t.
engravure n. f.
engrêlé, e adj.
engrêlure n. f.
engrenage n. m.
engrènement n. m.
engrener v. t. et int. *J'engrène, nous engrenons, j'engrènerai(s).* Conjug. 15.
engren*eur, euse* n.
engrenure n. f.
engrillager v. t. Conjug. 3.
engrois → angrois.
engrosser v. t.
engrumeler (s') v. pr. Conjug. 13. *La pâte s'engrumelle. Elle s'est engrumelée.*
engueulade n. f.
engueuler v. t.
enguichure n. f.
enguirlander v. t.
*****enhancer** = amplificateur (génét.).

enhardir [an-ar-] v. t. du 2ᵉ gr. Conjug. 24.
enharmonie [an-nar-] n. f.
enharmonique [an-nar-] adj.
enharnacher [an-ar-] v. t.
enherber [an-nèrbé] v. t.
énième ou **n-ième** adj. et n.
énigmatique adj.
énigmatiquement adv.
énigme n. f.
enivrant, e [an-ni-] adj.
enivrement [an-ni-] n. m.
enivrer [an-ni-] v. t.
enjambée n. f.
enjambement n. m.
enjamber v. t.
enjambeur, euse n. et adj.
enjaveler v. t. *J'enjavelle, nous enjavelons, j'enjavellerai(s)*. Conjug. 13.
enjeu n. m. *Des enjeux*.
enjoindre v. t. Conjug. 53.
enjôlement n. m.
enjôler v. t.
enjôleur, euse n. et adj.
enjolivement n. m.
enjoliver v. t.
enjoliveur, euse n.
enjolivure n. f.
enjoué, e adj.
enjouement n. m.
enjuguer v. t. *Nous enjuguons*. Conjug. 4.
enjuponner v. t.
enképhaline ou **encéphaline** n. f.
enkysté, e adj.
enkystement n. m.
enkyster (s') v. pr. *La tumeur s'est enkystée*.
enlacement n. m.
enlacer v. t. *Nous enlaçons*. Conjug. 2.
enlaçure n. f.
enlaidir v. t. et int. du 2ᵉ gr. Conjug. 24.
enlaidissement n. m.
enlevage n. m.
enlevé, e adj.
enlèvement n. m.
enlever v. t. *J'enlève, nous enlevons, j'enlèverai(s)*. Conjug. 15.
enlevure n. f.
enliasser v. t.
enliasseuse n. f.
enlier v. t. Conjug. 17.
enligner v. t.
enlisement n. m.
enliser (s') v. pr. *Elle s'est enlisée*.

enluminer v. t.
enlumineur, euse n.
enluminure n. f.
ennéade [èné-] n. f.
ennéagonal, ale, aux [èné-] adj.
ennéagone [èné-] n. m. et adj. (polygone à 9 côtés).
enneigé, e [an-né-] adj.
enneigement [an-né-] n. m.
enneiger [an-né-] v. t. *Il enneigeait*. Conjug. 3.
ennemi, e [é-ne-] n. et adj.
ennoblir [an-no-] v. t. du 2ᵉ gr. Conjug. 24. → anoblir.
ennoblissement [an-no-] n. m.
ennoyage [an-nwa-] n. m.
ennuager (s') [an-nu-] v. pr. Conjug. 3. *Le ciel s'ennuageait. Ils se sont ennuagés*.
ennui [an-nui] n. m. ♦ HOM. il *s'ennuie* (v.).
ennuyant, e [an-nui-yan] adj.
ennuyer [an-nui-yé] v. t. Conjug. 7. *Elle s'est ennuyée de lui*.
ennuyeusement [an-nui-yeû-] adv.
ennuyeux, euse [an-nui-yeû, -yeûz] adj.
énonçable adj.
énoncé n. m.
énoncer v. t. *Nous énonçons*. Conjug. 2.
énonciateur, trice n.
énonciatif, ive adj.
énonciation n. f. *Énonciation des nombres* → tableaux NOMBRES I, IV, p. 909 sqq.
énophtalmie n. f.
enorgueillir [an-nor-] v. t. du 2ᵉ gr. Conjug. 24.
énorme adj.
énormément adv.
énormité n. f.
énostose n. f.
énouer v. t. Conjug. 19.
en prendre (s') v. pr. Conjug. 66. → en aller.
enquérir (s') v. pr. Conjug. 27. *Elle s'est enquise de l'horaire*.
enquerre v. t. N'est employé qu'en héraldique. *Des armes à enquerre*. Ne se conjugue pas.
enquête n. f.
enquêté, e n.
enquêter v. int.
enquêteur, teuse ou **trice** n.
enquiquinant, e [-kiki-] adj.
enquiquinement [-kiki-] n. m.
enquiquiner v. t.
enquiquineur, euse n.

enracinement n. m.
enraciner v. t.
enragé, e adj.
enrageant, e adj.
enrager v. int. *Nous enrageons.* Conjug. 3.
enraiement ou enrayement n. m.
enrayage n. m.
enrayer v. t. Conjug. 8.
enrayoir n. m.
enrayure n. f.
enrégimentement n. m.
enrégimenter v. t.
enregistrable adj.
enregistrement n. m. *L'Administration de l'enregistrement* (abs. : *l'Enregistrement*). *Aller au bureau de l'Enregistrement.*
enregistrer v. t.
enregistreur, euse adj. et n.
enrêner v. t.
enrésinement n. m.
enrésiner v. t.
en retourner (s') v. pr. → en aller.
en revenir (s') v. pr. Conjug. 76. *Elle s'en est revenue.* → en aller.
enrhumer v. t.
enrichi, e adj.
enrichir v. t. du 2ᵉ gr. Conjug. 24.
enrichissant, e adj.
enrichissement n. m.
enrobage ou enrobement n. m.
enrobé, e adj. et n. m.
enrober v. t.
enrobeuse n. f.
enrochement n. m.
enrocher v. t.
enrôlé, e adj.
enrôlement n. m.
enrôler v. t.
enrôleur, euse n.
enrouement n. m.
enrouer v. t. Conjug. 19.
enrouiller v. t.
enroulable adj.
enroulement n. m.
enrouler v. t.
enrouleur, euse adj. et n. m.
enrouloir n. m.
enrubanner v. t.
ensable n. m.
ensablement n. m.
ensabler v. t.
ensachage n. m.

ensacher v. t.
ensacheur, euse n.
ensaisinement n. m.
ensaisiner v. t.
E.N.S.A.M. sigle f. École nationale supérieure d'arts et métiers.
ensanglanter v. t.
*ense et aratro (lat.) loc. = par l'épée et par la charrue.
enseignant, e adj. et n.
enseigne n. f. (marque sur une façade; drapeau). *À telle enseigne que* ou *à telles enseignes que.* ♦ N. m. (officier). *Des enseignes de vaisseau.* ♦ HOM. qu'il *enceigne* (v. enceindre), il *enseigne* (v. enseigner).
enseigné, e n.
enseignement n. m.
enseigner v. t.
ensellé, e adj.
ensellement n. m.
ensellure n. f.
ensemble adv. *Ils sont ensemble et sortent toujours ensemble.* ♦ N. m. *La théorie des ensembles. Un ensemble de jersey bleu marine. Des mouvements d'ensemble.*
ensemblier n. m.
ensembliste adj.
ensemencement n. m.
ensemencer v. t. *Nous ensemençons.* Conjug. 2.
enserrer v. t.
enseuillement n. m.
ensevelir v. t. du 2ᵉ gr. Conjug. 24.
ensevelissement n. m.
ensiforme adj.
ensilage n. m.
ensiler v. t.
ensileuse n. f.
ensimage n. m.
en-soi n. m. inv.
ensoleillé, e adj.
ensoleillement n. m.
ensoleiller v. t.
ensommeillé, e adj.
ensorcelant, e adj.
ensorceler v. t. *Il ensorcelle.* Conjug. 13.
ensorceleur, euse adj. et n.
ensorcellement n. m.
ensoufrer v. t.
ensouilleuse n. f.
ensouple n. f.
ensoutaner v. t.

enstase n. f.
ensuite adv.
ensuivre (s') v. pr. Conjug. 73. Ne s'emploie qu'à la 3ᵉ personne : *il s'ensuit, les malheurs qui s'ensuivirent*. On ne détache pas *en* de *suivre* dans l'emploi de ce verbe. *Ce qui s'ensuivra. Ce qui s'est ensuivi* (plus correct que : *ce qui s'en est suivi*). *La catastrophe qui s'est ensuivie.*
ensuqué, e adj.
entablement n. m.
entabler v. t.
entablure n. f.
entacher v. t.
entaillage n. m.
entaille n. f.
entailler v. t.
entailloir n. m.
entame n. f.
entamer v. t.
entartrage n. m.
entartrer v. t.
entassement n. m.
entasser v. t.
ente n. f. (greffe ; manche de pinceau). *Des prunes d'ente*. ♦ HOM. une *ante* (pilier), il *hante* (v. hanter).
enté, e adj.
entéléchie n. f.
entelle n. f.
entendement n. m.
entendeur n. m. *À bon entendeur salut.*
entendre v. t. Conjug. 67. *Ils se sont entendus à la décourager. Les choristes qu'elle a entendus* (en train de) *chanter. Les injures qu'ils ont entendu proférer* (par quelqu'un). *La Callas, je l'ai entendue chanter. La Marseillaise, je l'ai entendu chanter.* → entendu et tableau PARTICIPE PASSÉ III, F, 1°, p. 921.
entendu, e adj. *La cause est entendue. Il le fera, c'est entendu.* ♦ Partic. passé. *Vous a-t-il bien entendu ?* ♦ Prép. *Entendu les parties en présence.* ♦ N. *Faire l'entendu.* ♦ *Bien entendu* (loc. adv.). *Comme de bien entendu.* ♦ Distinguer : *il a mal entendu* (v.), *un zèle mal entendu* (adj.), *c'est un malentendu* (n.).
enténébrer v. t. *Il enténèbre, nous enténébrons, il enténébrera(it).* Conjug. 10.
en tenir (s') v. pr. Conjug. 76. *Elle s'en est tenue à cette version.* → en aller.
entente n. f. *Des mots à double entente.*
enter v. t. (greffer ; ajuster bout à bout). ♦ HOM. *hanter* (obséder ; fréquenter), *Antée* (géant mythologique).

*enter (to) = faire entrer (et non *entrer*, transitif).
entéralgie n. f.
entérinement n. m.
entériner v. t.
entérique adj.
entérite n. f.
entérobactérie n. f.
entérocolite n. f.
entérocoque n. m.
entérokinase n. f.
entéropathie n. f.
entéropneuste n. m.
entéro-rénal, ale, aux adj. *Des syndromes entéro-rénaux.*
entérovaccin [-vaksin] n. m.
entérovirus n. m.
enterrage n. m.
enterrement n. m.
enterrer v. t.
entêtant, e adj.
en-tête n. m. *Des en-têtes de lettre(s) gravés.* ♦ La locution adverbiale s'écrit sans trait d'union. *Ils marchent en tête de colonne. Qu'avez-vous en tête ?* ♦ HOM. cette odeur *entête* (v. entêter).
entêté, e adj. et n.
entêtement n. m.
entêter v. t. *Pourquoi t'entêtes-tu ?*
enthalpie n. f.
enthousiasmant, e adj.
enthousiasme [-as-] n. m. *Il a de l'enthousiasme.*
enthousiasmer v. t.
enthousiaste adj. et n. *Il est enthousiaste.*
enthymème n. m.
entichement n. m.
entiché, e adj.
enticher (s') v. pr. *Elle s'en est entichée.*
entier, ère adj. *Une entière liberté. Un cheval entier. L'assistance tout entière.* ♦ N. m. *Vérifiez-le dans son entier.* ♦ *Elle l'a parcouru en entier* (loc. adv.).
entièrement adv.
entièreté n. f.
entité n. f.
entoilage n. m.
entoiler v. t.
entoir n. m.
entôlage n. m.
entôler v. t.
entôleur, euse n.
entolome n. m.

entomologie n. f.
entomologique adj.
entomologiste n.
entomophage adj.
entomophile adj.
entomostracé n. m.
entonnage ou **entonnement** n. m.
entonnaison n. f.
entonner v. t.
entonnoir n. m.
entoptique adj.
entorse n. f.
entortillage n. m.
entortillement n. m.
entortiller v. t.
entour (à l') loc. adv. *On l'a vu à l'entour.* ♦ Loc. prép. *Il rôde à l'entour de la ville.* → alentour. Le nom masc. *entour* est d'un emploi archaïque. *Il connaît tous les entours du village.*
entourage n. m.
entourer v. t.
entourloupe n. f.
entourloupette n. f.
entournure n. f.
entraccorder (s') v. pr.
entraccuser (s') v. pr.
entracte n. m.
entradmirer (s') v. pr.
entraide n. f.
entraider (s') v. pr. *Ils se sont entraidés.*
entrailles n. f. pl.
entr'aimer (s') ou **s'entraimer** v. pr.
entrain n. m. *Manifester de l'entrain.* La locution prépositionnelle s'écrit en deux mots. *Il est en train de courir.*
entraînable adj.
entraînant, e adj.
entraînement n. m.
entraîner v. t.
entraîneur, euse n.
entrait n. m. (pièce d'une charpente). ♦ HOM. elle *entrait* (v. entrer).
*****entrance** = entrée.
entrant, e n. et adj. *Les entrants et les sortants.*
entr'apercevoir (s') ou **s'entrapercevoir** v. pr. Conjug. 28.
entr'apparaître ou **entrapparaître** v. int. Conjug. 62.
entr'appeler (s') ou **s'entrappeler** v. pr. Conjug. 13.
entrave n. f.
entraver v. t.

entr'avertir (s') ou **s'entravertir** v. pr. Conjug. 24.
entraxe n. m.
entre prép. *Entre chien et loup; entre parenthèses; entre guillemets; entre crochets.* ♦ Le préfixe *entre* (entr-, entr') a servi à former de nombreux mots. Depuis 1932 (Acad.), nous écrivons : *entracte, entrouvrir, entraide, entraider*. Aucune règle ne peut se dégager dans l'écriture des mots commençant par *entre*. Ce préfixe est suivi d'un trait d'union (le plus employé des composés étant *entre-temps*), ou est soudé (*entrecôte, entregent, entresol*, etc.). Il ne prend d'apostrophe que pour les verbes *s'entr'aimer, s'entr'appeler, s'entr'avertir, s'entr'égorger, s'entr'apercevoir*.

Autrement, il n'y a pas d'élision devant une voyelle : *entre amis, entre eux, entre autres*.

Les verbes commençant par *entre-* ou *s'entre-* se conjuguent comme les verbes dont ils sont issus.

HOM. il *entre* (v.), un *antre* (caverne).
entrebâillement n. m.
entrebâiller v. t.
entrebâilleur n. m.
entre-bande ou **entrebande** n. f. *Des entre-bandes.*
entrebattre (s') v. pr. Conjug. 32.
entrechat n. m.
entrechoquement n. m.
entrechoquer v. t.
entrecolonne ou **entrecolonnement** n. m.
entrecôte n. f.
entrecoupé, e adj.
entrecouper v. t.
entre-craindre (s') ou **s'entrecraindre** v. pr. Conjug. 41.
entrecroisement n. m.
entrecroiser v. t.
entrecuisse n. m.
entre-déchirer (s') ou **s'entredéchirer** v. pr.
entre-détruire (s') ou **s'entredétruire** v. pr. Conjug. 37.
entre-deux ou **entredeux** n. m. inv.
entre-deux-guerres n. m. ou f. inv.
entre-dévorement n. m. *Des entre-dévorements.*
entre-dévorer (s') ou **s'entredévorer** v. pr.
entre-donner (s') ou **s'entredonner** v. pr.

entrée n. f. *Les droits d'entrée; à double entrée; avoir ses entrées; servir une entrée; d'entrée de jeu; entrée en matière; une entrée en fonction(s).*

entrée/sortie n. f. (inf.). *Des entrées/sorties.*

entrefaite n. f. *Sur ces entrefaites.*

entrefenêtre n. m.

entrefer n. m.

entrefilet n. m.

entre-frapper (s') v. pr.

entregent n. m. *Avoir de l'entregent.*

entr'égorger (s') ou **s'entrégorger** v. pr. Conjug. 3.

entre-haïr (s') v. pr. → tableau VERBES XIX, C, 2ᵉ, p. 970. *Ils se sont entre-haïs.*

entre-heurter (s') v. pr.

entrejambe n. m. *Des entrejambes.*

entrelacement n. m.

entrelacer v. t. Conjug. 2.

entrelacs [-la] n. m.

entrelardé, e adj.

entrelarder v. t.

entre-ligne n. m. *Des entre-lignes.*

entre-louer (s') v. pr. Conjug. 19.

entre-manger (s') v. pr. Conjug. 3.

entremêlement n. m.

entremêler v. t.

entremets [-mè] n. m.

entremetteur, euse n.

entremettre (s') v. pr. Conjug. 56. *Elle s'est entremise.*

entremise n. f.

entrenerf ou **entre-nerf** n. m. *Des entre-nerfs* [-nèr].

entrenœud ou **entre-nœud** n. m. *Des entre-nœuds.*

entre-nuire (s') ou **s'entrenuire** v. pr. Conjug. 37, mais le participe passé est *entre-nui* (ou *entrenui*). *Ils se sont entre-nui* (ou *entrenui*). ♦ → tableau PARTICIPE PASSÉ IV, A, 4ᵉ, p. 927.

entrepont n. m.

entreposage n. m.

entreposer v. t.

entreposeur n. m.

entrepositaire n. et adj.

entrepôt n. m.

entreprenant, e adj.

entreprendre v. t. Conjug. 66. *Les tâches que nous avons entreprises.*

entrepreneur, euse n. *Un entrepreneur de bâtiment(s), de transports, de maçonnerie, de charpente, de travaux publics.*

entrepreneurial, ale, aux adj.

entreprise n. f. *Une entreprise de services; la libre entreprise. Une entreprise de bâtiment(s), de transports, de maçonnerie, de charpente, de travaux publics.*

entre-promettre (s') ou **s'entrepromettre** v. pr. Conjug. 56.

entrer v. int. et t.

entre-rail ou **entrerail** n. m. *Des entre-rails.*

entre-regarder (s') ou **s'entreregarder** v. pr.

entre-secourir (s') ou **s'entresecourir** [-se-] v. pr. Conjug. 40.

entresol [-sol'] n. m.

entresolé, e [-solé] adj.

entre-soutenir (s') ou **s'entresoutenir** [-sou-] v. pr. Conjug. 76.

entre-suivre (s') ou **s'entresuivre** [-sui-] v. pr. Conjug. 73.

entretaille n. f.

entretailler (s') v. pr. *Ils se sont entretaillés.*

entretaillure n. f.

entre-temps ou **entretemps** adv. *Il arriva entre-temps.*

entreteneur, euse n.

entretenir v. t. Conjug. 76. *Ils se sont entretenus de l'affaire.*

entretenu, e adj.

entretien n. m. *Solliciter un entretien.* ♦ HOM. il entretient (v. entretenir).

entre-tisser v. t.

entretoile n. f.

entretoise n. f.

entretoisement n. m.

entretoiser v. t.

entre-tuer (s') ou **s'entretuer** v. pr. Conjug. 18. *Ils se sont entre-tués* (ou *entretués*).

entrevoie ou **entre-voie** n. f. *Des entrevoies.*

entrevoir v. t. Conjug. 82.

entrevous n. m. (espace entre solives ou montants verticaux).

entrevoûter v. t.

entrevue n. f.

entrisme [-is-] n. m.

entriste adj. et n.

entrobliger (s') v. pr. *Ils se sont entrobligés.* Conjug. 3.

entropie n. f.

entropion n. m.

entroque n. m. *Du calcaire à entroques.*

entrouvert, e adj.
entrouverture n. f.
entrouvrir v. t. et pr. Conjug. 61.
*****entry** = entrée.
*****entryway** = entrée (urb.).
entuber v. t.
enturbanné, e adj.
enture n. f.
énucléation n. f.
énucléer v. t. *J'énuclée, nous énucléons, j'énucléerai(s)*. Conjug. 16.
énumérabilité n. f.
énumérable adj.
énumératif, ive adj.
énumération n. f.
énumérer v. t. *J'énumère, nous énumérons, j'énumérerai(s)*. Conjug. 10.
énuquer (s') v. pr.
énurésie n. f.
énurétique adj. et n.
envahir v. t. du 2ᵉ gr. Conjug. 24.
envahissant, e adj.
envahissement n. m.
envahisseur, euse n. et adj.
envasement n. m.
envaser v. t.
*****envelope** = enrobage (agr.).
enveloppage n. m.
enveloppant, e adj.
enveloppe n. f.
enveloppé, e adj. et n. m.
enveloppement n. m.
envelopper v. t.
enveloppeuse n. f.
envenimation n. f.
envenimé, e adj.
envenimement n. m.
envenimer v. t.
en venir (s') v. pr. Conjug. 76. → en aller.
enverger v. t. *Nous envergeons*. Conjug. 3.
envergure → enverjure.
enverguer v. t. *Nous enverguons*. Conjug. 4.
envergure n. f. (largeur, ampleur). *Des manœuvres d'envergure*.
enverjure ou **envergeure** [-jur'] n. f. (croisement des fils d'un tissu).
envers prép. *Les devoirs envers les parents. Envers et contre tous.* ♦ N. m. *L'envers d'une feuille.* ♦ *Il avait mis le gilet à l'envers* (loc. adv.).
envi (à l') loc. adv. (à qui mieux mieux). *Ils le flattaient à l'envi. Elles pérorent à l'envi.* ♦ HOM. → envie.

enviable adj.
envider v. t.
envie n. f. *Il a envie de ce jeu; avoir grande envie de; faire envie. Je préfère la gourmandise à l'envie.* ♦ HOM. ces braves gens travaillent à l'*envi* (stimulés par l'émulation), elle vous *envie* (v. envier).
envier v. t. Conjug. 17.
envieusement adv.
envieux, euse adj.
enviné, e adj.
environ adv. *Il était environ trois heures. Ils étaient environ trois mille personnes.* ♦ Prép. vieillie. *Environ ma vingtième année.* ♦ N. m. pl. *Nous avons visité les environs.* ♦ *Aux environs de* (loc. prép.).
environnant, e adj.
environnement n. m.
environnemental, ale, aux adj.
environnementaliste n.
environner v. t.
envisageable adj.
envisager v. t. *Nous envisageons.* Conjug. 3. → souhaiter.
envoi n. m. *Des coups d'envoi. Un envoi en possession.* ♦ HOM. il *envoie* (v. envoyer).
envoiler (s') v. pr. *Cette plaque s'est envoilée.*
envoilure n. f.
envol n. m.
envolée n. f.
envoler (s') v. pr. *Ils se sont envolés.*
envoûtant, e adj.
envoûtement n. m.
envoûter v. t.
envoûteur, euse n.
envoyé, e n.
envoyer v. t. Conjug. 5. *Vous devez l'envoyer (se) coucher. Les personnes qu'il a envoyé chercher* (loc. verbale inséparable). *Les enfants que le maître a envoyés chercher leurs cartables* (ellipse : afin qu'ils cherchassent leurs cartables). *Ils se sont envoyé tout le travail.*
envoyeur, euse n. *Un envoyeur d'appels.*
enzootie n. f.
enzootique adj.
enzymatique adj.
enzyme n. f. ou m.
enzymologie n. f.
enzymopathie n. f.
éocène n. m. et adj. → éogène.
éogène n. m. et adj. L'*éogène* est la période de l'ère tertiaire qui comprend l'*éocène* et l'*oligocène*.

éolien, enne adj. *Le dialecte éolien.* ♦ N. *Un Éolien* (de l'Éolie). ♦ N. f. *Il a de l'électricité grâce à une éolienne.*

éolipile ou **éolipyle** n. m.

éolithe n. m.

éon n. m. (notion spirituelle chez les gnostiques). ♦ HOM. l'équivoque chevalier d'*Éon.*

éonisme [-is-] n. m.

éosine n. f.

éosinophile adj. et n. m.

éosinophilie n. f.

épacte n. f.

épagneul, e n. et adj.

épair n. m.

épais, sse adj. *Un brouillard épais.* ♦ Adv. *Vous coupez trop épais.*

épaisseur n. f.

épaissir v. t. et int. du 2ᵉ gr. Conjug. 24.

épaississant, e adj.

épaississement n. m.

épaississeur n. m.

épamprage ou **épamprement** n. m.

épamprer v. t.

épanchement n. m.

épancher v. t. (confier ses sentiments). *Ils se sont épanchés.* ♦ Ne pas confondre avec *étancher* (arrêter un écoulement, une envie).

épandage n. m.

épandeur, euse n.

épandre v. t. Conjug. 67.

épannelage n. m.

épanneler v. t. *Il épanelle.* Conjug. 13.

épanner v. t.

épanorthose n. f.

épanoui, e adj.

épanouir v. t. du 2ᵉ gr. Conjug. 24.

épanouissant, e adj.

épanouissement n. m.

épar ou **épart** n. m. ♦ HOM. → épars.

éparchie n. f.

épargnant, e adj. et n.

épargne n. f. *Des Caisses d'épargne ; la Caisse d'épargne et de prévoyance ; la Caisse nationale d'épargne ; bassin d'épargne ; gravure d'épargne ; poire d'épargne.*

épargne-crédit n. f. *Des épargnes-crédits.*

épargne-logement n. f. *Des épargnes-logements.*

épargner v. t.

éparpillement n. m.

éparpiller v. t.

éparque n. m.

épars, e adj. (épandu en désordre). ♦ HOM. *épar* ou *épart* (barre de fermeture d'une porte).

épart → épar.

éparvin ou **épervin** n. m.

épatamment adv.

épatant, e adj.

épate n. f.

épaté, e adj.

épatement n. m.

épater v. t.

épateur, euse n. et adj.

épaufrer v. t.

épaufrure n. f.

épaulard n. m.

épaule n. f. *Un coup d'épaule.*

épaulé, e adj. et n.

épaulé-jeté n. m. *Des épaulés-jetés.*

épaulement n. m.

épauler v. t. et int.

épaulette n. f.

épaulière n. f.

épave n. f.

épaviste n.

épeautre n. m.

épectase n. f.

épée n. f. *Des coups d'épée dans l'eau. Épées célèbres :* Joyeuse (Charlemagne), Durandal (Roland), Closamont ou Hauteclaire (Olivier), Excalibur (roi Arthur).

épeiche [-pè-] n. f.

épeichette [-pè-] n. f.

épeire [-pèr] n. f.

épeirogénique → épirogénique.

épéisme [-is-] n. m.

épéiste n.

épeler v. t. *Il épelle.* Conjug. 13.

épellation n. f.

ependyme n. m.

épenthèse n. f.

épenthétique adj.

épépiner v. t.

éperdu, e adj.

éperdument adv.

éperlan n. m.

éperon n. m.

éperonné, e adj.

éperonner v. t.

épervier n. m. (oiseau).

épervière n. f. (plante).

épervin → éparvin.

épeuré, e adj.
épeurer v. t.
éphèbe n. m.
éphébie n. f.
éphédra n. m.
éphédrine n. f.
éphélide n. f.
éphémère adj.
éphéméride n. f.
éphod [-fod'] n. m.
éphorat [-fora] n. m.
éphore n. m. ♦ HOM. → effort.
éphorie n. f.
épi n. m. *Du blé en épis. Un stationnement en épi.*
épiage n. m.
épiaire n. m.
épiaison n. f.
épiauter v. t.
épiauteuse n. f.
épicanthus [-tus'] n. m.
épicarpe n. m.
épice n. f.
épicé, e adj.
épicéa n. m.
épicène adj.
épicentre n. m.
épicer v. t. Conjug. 2. (mettre des épices). *Nous épiçons.* ♦ HOM. *épisser* (assembler deux câbles).
épicerie n. f.
épichérème [-ké-] n. m.
épicier, ère n.
épiclèse n. f.
épicondyle n. m.
épicondylite n. f.
épicontinental, ale, aux adj.
épicrânien, enne adj.
épicurien, enne adj.
épicurisme [-is-] n. m.
épicycle n. m.
épicycloïdal, ale, aux adj.
épicycloïde n. f.
épidémicité n. f.
épidémie n. f.
épidémiologie n. f.
épidémiologique adj.
épidémiologiste n.
épidémique adj.
épiderme n. m.
épidermique adj.
épidermomycose n. f.
épidermose n. f.
épidiascope n. m.
épidictique adj. et n.
épididyme n. m.
épididymite n. f.
épidote n. f.
épidural, ale, aux adj.
épier v. t. et int. Conjug. 17.
épierrage ou épierrement n. m.
épierrer v. t.
épierreur, euse n.
épieu n. m. *Des épieux.*
épieur, euse n.
épifaune n. f.
épigastre n. m.
épigastrique adj.
épigé, e adj.
épigenèse n. f.
épigénie n. f.
épiglotte n. f.
épigone n. m. ♦ HOM. les *Épigones*, fils des Sept Chefs qui périrent devant Thèbes.
épigrammatique adj.
épigrammatiste n.
épigramme n. f. (genre littéraire). ♦ N. m. (morceau de boucherie).
épigraphe n. f. (inscription; citation).
épigraphie n. f.
épigraphique adj.
épigraphiste n.
épigyne adj. et n. f.
épikératoplastie n. f.
épilateur n. m.
épilation n. f.
épilatoire adj.
épilepsie n. f.
épileptiforme adj.
épileptique adj.
épileptoïde adj.
épiler v. t.
épileur, euse n.
épilimnion n. m.
épillet n. m.
épilobe n. m.
épilogue n. m.
épiloguer v. int. *Nous épiloguons.* Conjug. 4.
épimaque n. m.
épinaie n. f.
épinard n. m. et adj. inv.
épinçage n. m.
épinceler v. t. *Il épincelle.* Conjug. 13.
épincer v. t. *Nous épinçons.* Conjug. 2.
épinceter v. t. *Il épincette.* Conjug. 14.

épine n. f.
épiner v. t.
épinette n. f.
épineurien, enne adj.
épin*eux*, *euse* adj. et n.
épine-vinette n. f. *Des épines-vinettes.*
épinglage n. m.
épingle n. f. *Une épingle à cheveux; des épingles de cravate; monter en épingle; des coups d'épingle(s).*
épinglé, e adj.
épingler v. t.
épinglette n. f.
épinglier, ère n.
épinier n. m.
épinière adj. f. *La moelle épinière.*
épinoche n. f.
épinochette n. f.
épipaléolithique adj. et n. m.
épipélagique adj.
épiphane adj.
épiphanie n. f. (apparition). ♦ HOM. l'*Épiphanie* est le jour des Rois (6 janvier).
épiphénomène n. m. (phénomène secondaire).
épiphénoménisme [-is-] n. m.
épiphénoméniste adj. et n.
épiphonème n. m. (exclamation finale).
épiphrase n. f.
épiphylle adj. et n. m.
épiphyse n. f. (d'un os).
épiphysite n. f.
épiphyte adj. (d'un végétal).
épiphytie n. f.
épiploon [-plo-on] n. m.
épique adj.
épirogenèse n. f.
épirogénique ou **épeirogénique** [épè-] adj.
épirote adj. et n. (de l'Épire).
épisclérite n. f.
épiscopal, ale, aux adj.
épiscopalien, enne adj.
épiscopalisme [-is-] n. m.
épiscopat [-pa] n. m.
épiscope n. m.
épisiotomie n. f.
épisode n. m.
épisodique adj.
épisodiquement adv.
épisome n. m.
épisomique adj.
épispadias n. m.

épissage n. m.
épisser v. t. ♦ HOM. → épicer.
épissoir n. m.
épissoire n. f.
épissure n. f.
épistasie n. f. (action de deux gènes).
épistate n. m.
épistaxis [-taksis'] n. f. (saignement de nez).
épistémê n. f. Mot grec, quelquefois francisé en ÉPISTÈME (n. m.).
épistémologie n. f.
épistémologique adj.
épistémologiste ou **épistémologue** n.
épistolaire adj.
épistolier, ère n. et adj.
épistyle n. m.
épitaphe n. f. (inscription sur un tombeau).
épitaxie n. f. (orientation de cristaux).
épite n. f.
épithalame n. m.
épithélial, ale, aux adj.
épithélialisation n. f.
épithélioma n. m. *Des épithéliomas.*
épithélioneurien n. m.
épithélium [-lyom'] n. m. *Des épithéliums.*
épithème n. m.
épithète n. f. et adj.

■ Un adjectif est dit *épithète du nom* quand il qualifie ce nom sans l'intermédiaire du verbe. *Du tapage **nocturne**. Une **curieuse** affaire. Lui **seul** pourra le faire* (*seul* est épithète du pronom *lui*). Quelquefois, un *de* explétif se glisse entre l'épithète et le nom : *un **drôle** de mariage; cet **imbécile** de portier.*
♦ → tableau ADJECTIFS I, A, 1°, p. 859.

Le nom peut aussi être épithète d'un autre nom; il s'apparente alors à l'adjectif qualificatif. *Une histoire **farce**; des ailes **delta**; une tarte **maison**; des événements **clés**.* ♦ → tableau ADJECTIFS I, A, 7°, p. 864.

épithétisme [-is-] n. m.
épitoge n. f.
épitomé n. m.
épitre n. f. Spécialt : *les Épîtres des Apôtres.*
épitrope n. f.
épizootie [-zo-o-] n. f.
épizootique [-zo-o-] adj.
éploré, e adj.
éployer v. t. Conjug. 6.
épluchage n. m.

épluche-légumes n. m. inv.
éplucher v. t.
épluchette n. f.
éplucheur, euse n. et adj.
épluchure n. f.
épode n. f.
époi n. m.
épointage ou **épointement** n. m.
épointer v. t.
époisses n. m. (fromage).
éponge n. f. *Des pêcheurs d'éponges. Une serviette-éponge; du tissu-éponge.*
épongeage n. m.
éponger v. t. *Il épongeait.* Conjug. 3.
éponte n. f.
épontille n. f.
éponymie n. f.
épopée n. f.
époque n. f. *Ils feront époque. La Belle Époque* (début du xxe siècle).
épouillage n. m.
épouiller v. t.
époumoner (s') v. pr. *Elle s'est époumonée à crier.*
épousailles n. f. pl.
épouse → époux.
épousée n. f.
épouser v. t. *Ils se sont épousés.*
épouseur, euse n.
époussetage n. m.
épousseter v. t. *Il époussette.* Conjug. 14.
époustouflant, e adj.
époustoufler v. t.
époutier v. t. Conjug. 17.
épouvantable adj.
épouvantablement adv.
épouvantail n. m. *Des épouvantails.*
épouvante n. f.
épouvanter v. t.
époux, épouse n.
époxy adj. inv.
époxyde n. m.
époxydique adj.
épreindre v. t. Conjug. 31.
épreinte n. f. Employé surtout au pluriel.
éprendre (s') v. pr. Conjug. 66. *Elle s'est éprise de lui.*
épreuve n. f. *Une épreuve de force; à toute épreuve.*
épreuve-minute n. f. *Des épreuves-minute.*
épris, e adj.
éprouvant, e adj.

éprouvé, e adj.
éprouver v. t.
éprouvette n. f.
epsilon [èpsilon'] n. m. → tableau LANGUES ÉTRANGÈRES ET LANGUES ANCIENNES, p. 897.
epsomite n. f.
épucer v. t. *Il épuçait.* Conjug. 2.
épuisable adj.
épuisant, e adj.
épuisé, e adj.
épuisement n. m.
épuiser v. t.
épuisette n. f.
épulide, épulie ou **épulis** [-is'] n. f. (tumeur).
épulon n. m.
épulpeur n. m.
épurateur n. m. et adj. m.
épuratif, ive adj.
épuration n. f.
épuratoire adj.
épure n. f.
épurement n. m.
épurer v. t. (rendre pur). ♦ Ne pas confondre avec *apurer* (vérifier).
épurge n. f.
*****e pur si muove** (ital.) loc. = et pourtant elle tourne.
épyornis → æpyornis.
équaliseur [-kwa-] n. m.
*****equalizer** = égaliseur (aud.).
équanimité [-kwa-] n. f.
équarrir [-ka-] v. t. du 2e gr. Conjug. 24.
équarrissage [-ka-] n. m.
équarrissement [-ka-] n. m.
équarrisseur [-ka-] n. m.
équarrissoir [-ka-] n. m.
équateur [-kwa-] n. m. *La ligne de l'équateur; l'État de l'Équateur.*
équation [-kwa-] n. f. *Équation de Maxwell, de Schrödinger; l'équation bicarrée; une équation de dimensions.*
équato-guinéen, enne [ékwatoghiné-in, -né-èn'] adj. *La monnaie équato-guinéenne.* ♦ N. *Un Équato-Guinéen* (de Guinée équatoriale).
équatorial, ale, aux [-kwa-] adj. et n. m. → équatorien.
*****equatorial orbit** = orbite équatoriale.
équatorien, enne [-kwa-] adj. *La sierra équatorienne.* ♦ N. *Un Équatorien* (de la république de l'Équateur). ♦ Ne pas confondre avec l'adjectif *équatorial* (qui se rapporte à l'équateur).
équerrage [-ké-] n. m.

équerre [ékèr] n. f.
équerrer [-ké-] v. t.
équestre [ékèstr] adj.
équeutage [-keû-] n. m.
équeuter [-keû-] v. t.
équiangle [-kui-] adj.
équidé [-kui- ou -ki-] n. m.
équidensité [-kui-] n. f.
équidistance [-kui-] n. f.
équidistant, e [-kui-] adj.
équifractionné, e [-kui-] adj.
équilatéral, ale, aux [-kui-] adj.
équilatère [-kui-] adj.
équilénine [-kui-] n. f.
équilibrage [-ki-] n. m.
équilibrant, e [-ki-] adj.
équilibration [-ki-] n. f.
équilibre [-ki-] n. m.
équilibré, e [-ki-] adj.
équilibrer [-ki-] v. t.
équilibreur [-ki-] n. m.
équilibriste [-ki-] n.
équille [ékiy'] n. f.
équimolaire [-kui-] adj.
équimoléculaire [-kui-] adj.
équimultiple [-kui-] adj. et n. m.
équimuscle [-kui-] n. m.
équin, e [-kin, -kin'] adj.
équinisme [-kinis-] n. m.
équinoxe [-ki-] n. m.
équinoxial, ale, aux [-ki-] adj.
équipage [-ki-] n. m.
équipartition [-ki-] n. f.
équipe [-ki-] n. f. *Ils ont l'esprit d'équipe.*
équipé, e [-ki-] adj. et n. f. *Une voiture tout équipée.*
équipement [-ki-] n. m. *Le plan d'équipement; la taxe d'équipement. Le ministère de l'Équipement et du Logement.*
équipementier [-ki-] n. m.
équiper [-ki-] v. t.
équipier, ère [-ki-] n.
équipollé ou **équipolé** [-kui-] adj. m.
équipollence [-kui-] n. f.
équipollent, e [-kui-] adj.
équipotence [-kui-] n. f.
équipotent [-kui-] adj. m.
équipotentiel, elle [-kui-] adj.
équiprobable [-kui-] adj.
équisétale [-kui-sé-] n. f.
équisétinée [-kui-sé-] n. f.
équitable [-ki-] adj.
équitablement [-ki-] adv.
équitant, e [-ki-] adj.
équitation [-ki-] n. f.
équité [-ki-] n. f.
équivalence [-ki-] n. f.
équivalent, e [-ki-] adj. *Des quantités équivalentes.* ♦ N. m. *Un joule est l'équivalent de 0,238 9 calorie.* ♦ HOM. *équivalant* (partic. prés. du v. équivaloir). *Un joule équivalant à 0,238 9 calories.* ♦ Homographe hétérophone : ils *équivalent* [-val'] (v. équivaloir).
équivaloir [-ki-] v. t. Conjug. 79.
équivoque [-ki-] adj. et n. f.
er- (Verbes en) → tableau VERBES VIII, p. 962 sqq.
érable n. m.
érablière n. f.
éradication n. f.
éradiquer v. t.
éraflement n. m.
érafler v. t.
éraflure n. f.
éraillé, e [éra-yé] adj.
éraillement [éray'man] n. m.
érailler [éra-yé] v. t.
éraillure [éra-yur] n. f.
E.R.A.P. sigle f. Entreprise de recherches et d'activités pétrolières.
*****erasable programmable logic device** (EPLD) = circuit logique programmable effaçable (électron.).
*****erasure** ou *****erasing** = effacement (aud.).
erbine n. f.
erbium [-byom'] n. m. *Des erbiums.*
erbue → herbue.
ère n. f. ♦ HOM. → air.
érecteur, trice adj.
érectile adj.
érectilité n. f.
érection n. f.
éreintage n. m.
éreintant, e adj.
éreintement n. m.
éreinter v. t.
éreinteur, euse adj. et n.
érémiste n.
érémitique adj.
érémitisme [-is-] n. m.
érepsine n. f.
érésipèle → érysipèle.
éréthisme [-is-] n. m.
éreutophobie ou **érythrophobie** n. f.
erg n. m. (désert de sable; unité de mesure : *3 ergs* ou *3 erg*). ♦ Ne pas confondre avec *reg* (désert rocheux).

ergastoplasme [-plas-] n. m.
ergastule n. m.
ergatif n. m.
*****ergo** (lat.) = donc, à cause de.
ergographe n. m.
ergol n. m.
ergolier n. m.
ergologie n. f.
ergomètre n. m.
ergométrie n. f.
ergométrique adj.
ergonome n.
ergonomie n. f.
ergonomique adj.
ergonomiquement adv.
ergonomiste n.
ergostérol n. m.
ergot [-go] n. m.
ergotage n. m.
ergotamine n. f.
ergoté, e adj.
ergoter v. int.
ergoterie n. f.
ergot*eur*, *euse* adj. et n.
ergothérapeute n.
ergothérapie n. f.
ergotine n. f.
ergotisme [-is-] n. m.
éricacée n. f.
-erie Suffixe féminin très commode et fréquemment employé pour désigner un commerce ou une activité. Ainsi sont nées : *bagagerie, billetterie, chaussetterie, cravaterie, déchetterie, fringuerie, friperie, métallerie, retoucherie, solderie,* etc.
→ -eterie/-etterie.
ériger v. t. *Nous érigeons.* Conjug. 3.
érigéron n. m.
érigne ou **érine** n. f.
éristale n. f. (mouche). ♦ HOM. Pépin d'*Héristal*, maire d'Austrasie.
éristique adj. et n. f.
erminette → herminette.
ermitage n. m. *Se retirer dans un ermitage. Le musée de l'Ermitage.* L'écriture ancienne *(hermitage)* ne se trouve plus que pour des lieux-dits, des villages et pour certains vins de la vallée du Rhône.
ermite n. m.
érodable adj.
éroder v. t.
érogène ou **érotogène** adj.
éros [-ros] n. m. (notion psychanalytique). ♦ HOM. *Éros*, dieu grec de l'Amour.

érosif, ive adj.
érosion n. f.
érostratisme [-is-] n. m.
érotique adj.
érotiquement adv.
érotisation n. f.
érotiser v. t.
érotisme [-is-] n. m.
érotogène → érogène.
érotologie n. f.
érotologique adj.
érotologue n. et adj.
érotomane n. et adj.
érotomaniaque n. et adj.
érotomanie n. f.
erpétologie ou **herpétologie** n. f.
erpétologique ou **herpétologique** adj.
erpétologiste ou **herpétologiste** n.
errance n. f.
errant, e adj. → errer.
*****errare humanum est** (lat.) loc. = l'erreur est humaine.
errata → erratum.
erratique adj.
erratum [-tom'] n. m. *Des errata.*
erre n. f. ♦ HOM. → air.
errements n. m. pl. (manières d'agir habituelles).
errer v. int. (aller sans but). *Cette fillette, nous l'avons trouvée errant* (ou *errante).* ♦ HOM. *airée* (quantité de gerbes à battre sur l'aire), *airer* (pour un oiseau de proie, faire son nid, son aire).
erres n. f. pl. ♦ HOM. → air.
erreur n. f. *Sauf erreur ou omission; erreur de date, de calcul; induire en erreur; erreur n'est pas compte.*
erroné, e adj.
ers [èr'] n. m. ♦ HOM. → air.
*****ersatz** (all.) n. m. = succédané, pis-aller.
erse n. f. (anneau de cordage). ♦ Adj. *La littérature erse; un rite erse.* ♦ N. m. *Les anciens Écossais parlaient l'erse.* ♦ HOM. une *herse* (outil agricole).
erseau n. m. *Des erseaux.*
érubescence n. f.
érubescent, e adj.
éruciforme adj.
érucique adj.
éructation n. f.
éructer v. int. et t.
érudit, e [-di, -dit'] adj. et n.
érudition n. f.
érugineux, euse adj.

ÉRUPTIF

érupt*if*, *ive* adj.
éruption [-syon] n. f. (émission de laves, gaz ou pierres; apparition d'une dent ou d'une anomalie cutanée). ♦ Ne pas confondre avec *irruption* (entrée soudaine).
érysipélat*eux*, *euse* adj.
érysipèle ou **érésipèle** n. m.
érythémat*eux*, *euse* adj.
érythème n. m.
érythrasma [-as-] n. m.
érythré*en*, *enne* [-é-in, -é-èn'] adj. et n. (d'Érythrée).
érythrine n. f.
érythroblaste n. m.
érythroblastose n. f.
érythrocytaire adj.
érythrocyte n. m.
érythrodermie n. f.
érythromycine n. f.
érythrophobie → éreutophobie.
érythropoïèse n. f.
érythropoïétine n. f.
érythrose n. f.
érythrosine n. f.
ès prép. Contraction de « en les ». Doit donc être suivi du pluriel, sans trait d'union. *Licencié ès lettres; docteur ès sciences; spécialiste ès combines; il agissait ès qualités.* Se trouve quelquefois dans un nom de lieu (*Riom-ès-Montagnes*). Pour le singulier, on doit mettre « en » : *docteur en théologie.*
E.S.A. (*European space agency) sigle f. Agence spatiale européenne (A.S.E.).
esbaudir (s') v. pr. Conjug. 24. *Elle s'est esbaudie.*
esbigner (s') v. pr. *Ils se sont esbignés.*
esbroufe n. f.
esbroufer v. t.
esbrouf*eur*, *euse* n.
E.S.C. sigle f. École supérieure de commerce.
escabeau n. m. *Des escabeaux.*
escabèche n. f.
escabelle n. f.
escadre n. f.
escadrille n. f.
escadron n. m. *Un chef d'escadrons* (dans la cavalerie et les blindés); *un chef d'escadron* (dans les autres armes).
escadronner v. int.
escagasser v. t.
escalade n. f.
escalader v. t.

Escalateur n. m. déposé inv.
***Escalator** n. m. déposé inv. = escalier mécanique.
escale n. f.
escalier n. m.
escalope n. f.
escaloper v. t.
escamotable adj.
escamotage n. m.
escamoter v. t.
escamot*eur*, *euse* n.
escampette n. f.
escapade n. f.
escape n. f.
***escape clause** = clause de sauvegarde (écon.).
***escape velocity** = vitesse de libération (astron., spat.).
escarbille n. f.
escarbot [-bo] n. m. (coléoptère).
escarboucle n. f.
escarcelle n. f.
escargot [-go] n. m. (mollusque).
escargotière n. f.
escarmouche n. f.
escarole n. f. → scarole.
escarotique adj. et n. m.
escarpe n. f. (talus de fossé autour d'un fort). ♦ N. m. (bandit).
escarp*é*, *e* adj.
escarpement n. m.
escarpin n. m.
escarpolette n. f.
escarre n. f. (pièce en équerre, dans l'héraldique). S'écrit aussi ESQUARRE. ♦ N. f. (croûte sur une plaie). S'écrit aussi ESCHARE.
escarrification n. f.
escarrifier v. t. Conjug. 17.
eschare [èskar] n. f. → escarre.
eschatologie [èska-] n. f. → scatologie.
eschatologique [èska-] adj.
esche → aiche.
escher → aicher.
***Escherichia coli** (lat.) = colibacille d'expériences.
eschscholtzia [èch-kol-] n. m.
escient [è-syan] n. m. *Il agit à son escient, à bon escient.*
esclaffer (s') v. pr. *Elle s'est esclaffée.*
esclandre n. m.
esclavage n. m.
esclavagisme [-is-] n. m.
esclavagiste n. m. et adj.

esclave adj. et n.

esclavon, onne adj. *Le dialecte esclavon.* ♦ N. *L'esclavon était parlé en Esclavonie ou Slavonie.*

escobar n. m. (nom donné à certains individus dont le comportement rappelle celui du jésuite Antonio *Escobar*).

escoffier v. t. Conjug. 17.

escogriffe n. m.

escomptable [èskontabl] adj.

escompte [èskont] n. m.

escompter [èskonté] v. t.

escompteur, euse [èskonteur, -teûz] adj. et n.

escopette n. f.

escorte n. f.

escorter v. t.

escorteur n. m.

escot [-ko] n. m. (étoffe de laine). ♦ HOM. *Escaut* (fleuve).

escouade n. f.

escourgeon ou **écourgeon** n. m.

escrime n. f.

escrimer (s') v. pr. *Ils se sont escrimés.*

escrimeur, euse n.

escroc [-kro] n. m.

escroquer v. t.

escroquerie n. f.

escudo [-kou-] n. m. *Des escudos.*

esculape n. m. ♦ HOM. *Esculape* (dieu de la médecine).

esculine [-ku-] n. f.

ésérine n. f.

esgourde n. f.

eskimo → esquimau.

eskuara [ès-kwa-], **euscara, euskara** [eûs-] ou **Euskera** [eûské-] n. m. (la langue basque). → pelote.

eskuarien, euscarien, euskarien ou **euskerien, enne** n. et adj. (basque).

ésotérique adj.

ésotérisme [-is-] n. m.

espace n. m. (étendue). *Espace de Hilbert, de Fock. La notion d'espace-temps.* Ce nom a fourni les deux adjectifs *spacieux* et *spatial*. → astronautique. ♦ N. f. (en imprimerie seulement : blanc qui sépare les mots).

espacement n. m.

espacer v. t. *Nous espaçons.* Conjug. 2.

espace-temps n. m. Ne s'emploie qu'au singulier.

espaceur n. m.

*****espada** (esp.) = épée.

espadon n. m.

espadrille n. f.

espagnir (s') v. pr. du 2ᵉ gr. Conjug. 24.

espagnol, e adj. *Ribera et Zurbaran étaient espagnols.* ♦ N. *Un pauvre Espagnol. L'inscription est en espagnol.* ♦ → tableau en annexe : *Langues étrangères et langues anciennes* p. 896.

espagnolette n. f.

espalier n. m.

espar n. m.

esparcet [-sè] n. m.

esparcette n. f.

espargoute ou **spargoute** n. f.

espèce n. f. *Cet homme est une espèce de fou. De toute espèce; de toutes les espèces; de diverses espèces. Payer en espèces.*

espérance n. f.

espérantiste adj. et n.

espéranto n. m. (langue conventionnelle internationale). *L'adoption de l'espéranto faciliterait les échanges.* ♦ Adj. inv. *Une grammaire espéranto.*

espérer v. t. *J'espère, nous espérons, j'espérerai(s).* Conjug. 10.

esperluette → perluète.

espiègle adj. et n.

espièglerie n. f.

espingole n. f.

espion, onne n. et adj. *Un navire espion; un avion espion; un espion double; des satellites espions.*

espionnage n. m.

espionner v. t.

espionnite n. f.

esplanade n. f.

espoir n. m. *Être sans espoir.*

esponton n. m.

*****espressivo** (ital.) adj. ou adv. = avec expression.

*****espresso** (ital.) n. m. = café exprès. *Des espressos.*

esprit n. m. *Un esprit fort; esprit de corps; l'Esprit saint; le Saint-Esprit; des mots, des traits d'esprit.* → don.

esprit-de-bois n. m. *Des esprits-de-bois.*

esprit-de-sel n. m. *Des esprits-de-sel.*

esprit-de-vin n. m. *Des esprits-de-vin.*

*****Esq.** → *esquire.

esquarre → escarre.

esquichage n. m.

esquiche n. f.

esquicher v. t.

esquif n. m.

esquille n. f.

esquimau, aude ou **eskimo** adj. *Une tribu esquimaude.* ♦ N. *Ils parlent l'esquimau. Un Esquimau, des Esquimaux.* La forme « eskimo » est invariable en genre. *Cette femme est une Eskimo* (ou *Esquimaude*). *Un esquimau* (vêtement pour bébé); *un Esquimau* (crème glacée, n. déposé inv.). → Inuit.

esquimautage n. m.

esquintant, e adj.

esquinter v. t.

*****esquire** n. m. = titre honorifique employé pour un « gentleman » qui n'est ni de la noblesse ni du clergé. Se place, en abrégé, après le nom de famille : *John Chapman, Esq.*

esquisse n. f.

esquisser v. t.

esquive n. f.

esquiver v. t.

essai n. m. *Des pilotes d'essai; des bancs d'essai; des coups d'essai; un tube à essais; un centre d'essais.* ♦ HOM. il *essaie* (v. essayer).

essaim n. m.

essaimage n. m.

essaimer v. int.

essangeage n. m.

essanger v. t. *Nous essangeons.* Conjug. 3.

essanvage n. m.

essart [-ar'] n. m.

essartage ou **essartement** n. m.

essarter v. t.

essayage n. m.

essayer v. t. Conjug. 8.

essay*eur*, *euse* n.

essayiste n.

esse n. f. (crochet en forme de S).

E.S.S.E.C. sigle f. École supérieure des sciences économiques et commerciales.

essence n. f. *Par essence; d'essence divine. De l'essence de lavande, de rose (s), de térébenthine. La quintessence.*

essencerie n. f.

essenci*er, ère* n.

essén*ien, enne* adj. *Des textes esséniens.* ♦ N. *Les Esséniens.*

essentialisme [-is-] n. m.

essentialiste n.

essenti*el, elle* adj. *Une condition essentielle.* ♦ N. m. *C'est l'essentiel.*

essentiellement adv.

esseulé, e adj.

essieu n. m. *Des essieux.*

esson*nien, enne* adj. et n. (de l'Essonne).

essor n. m. (élan, progrès). ♦ HOM. il *essore* (v.).

essorage n. m.

essorer v. t.

essoreuse n. f.

essorillement n. m.

essoriller v. t.

essouchement n. m.

essoucher v. t.

essoufflement n. m.

essouffler v. t.

essuie n. m.

essuie-glace n. m. *Des essuie-glaces.*

essuie-mains n. m. inv.

essuie-meubles n. m. inv.

essuie-phare n. m. *Des essuie-phares.*

essuie-pieds n. m. inv.

essuie-plume n. m. *Des essuie-plumes.*

essuie-verre(s) n. m. *Des essuie-verres.*

essuie-tout n. m. inv. et adj. inv. *Des papiers essuie-tout.*

essuyage n. m.

essuyer v. t. Conjug. 7.

essuy*eur*, *euse* n.

est/et En cas d'hésitation, on écrit *est* quand on peut remplacer le mot par « était ». *Le cochon est gras et rose.*

est [èst] n. m. *Les pays de l'Est; l'Est européen; la question est-allemande.* ♦ Homographe hétérophone : il *est* [è] (v. être).

*****establishment** n. m. = système en place, groupe au pouvoir, classe dirigeante.

estacade n. f. (barrage).

estafette n. f.

estafier n. m.

estafilade n. f.

estagnon n. m.

est-allemand, e adj. *Les villes est-allemandes.*

estaminet n. m.

estampage n. m.

estampe n. f. (gravure). ♦ Ne pas confondre avec *estompe* (instrument pour étaler une teinte sur un dessin).

estamper v. t. → estomper.

estamp*eur*, *euse* n.

estampie n. f. (chanson; danse).

estampillage n. m.

estampille n. f. (marque qui authentifie).

estampiller v. t.

*estancia (esp.) = grande ferme.
estarie n. f. → starie.
est-ce que loc. interrog.
este → estonien.
ester v. int. Ne s'emploie qu'à l'infinitif. ♦ Homographe hétérophone : *ester* [-tèr] (n. m.).
ester [-tèr] n. m. *Des esters*. → éther-sel.
estérase n. f.
estérification n. f.
estérifier v. t. Conjug. 17.
esterlin n. m.
esthésie n. f.
esthésiogène adj.
esthésiomètre n. m.
esthésiométrique adj.
esthète n.
esthéticien, enne n.
esthétique adj. et n. f.
esthétiquement adv.
esthétisant, e adj.
esthétiser v. int.
esthétisation n. f.
esthétisme [-is-] n. m.
estimable adj.
estimateur n. m.
estimatif, ive adj.
estimation n. f.
estimatoire adj.
estime n. f.
estimer v. t. *Estime le prix de la réparation* (impératif). *Estimes-tu qu'elle a raison ?* (indicatif).
estivage n. m.
estival, ale, aux adj.
estivant, e n.
estivation n. f.
estive n. f.
estiver v. t.
est-nord-est n. m. Abrév. : *E.-N.-E.*.
estoc n. m. *Frapper d'estoc et de taille*.
estocade n. f. (coup mortel).
estomac [-ma] n. m.
estomaquer v. t.
estompage ou **estompement** n. m.
estompe n. f. → estampe.
estomper v. t. (étaler les traits de crayon avec une estompe ; couvrir d'une ombre légère, adoucir). ♦ Ne pas confondre avec *estamper* (imprimer à l'aide d'une matrice ; découper ; soutirer de l'argent).
estonien, enne ou **este** adj. *La côte estonienne*. ♦ N. *Un Estonien* (d'Estonie). *Il parle l'estonien.* ♦ Ancienne orthographe : *Esthonie, esthonien*. ♦ HOM. *Este* (ville italienne).
estoppel n. m.
estoquer v. t.
estouffade ou **étouffade** n. f.
estourbir v. t. du 2ᵉ gr. Conjug. 24.
estrade n. f.
estradiot n. m. → stradiot.
estragon n. m.
estramaçon n. m.
estran n. m.
estrapade n. f.
estrapader v. t.
estrapasser v. t.
estrogène → œstrogène.
estrope n. f.
estropié, e adj. et n.
estropier v. t. Conjug. 17.
est-sud-est n. m. Abrév. : *E.-S.-E.*.
estuaire n. m.
estuarien, enne adj.
estudiantin, e adj.
esturgeon n. m.
ésule n. f. (plante).
et conj. ♦ HOM. → haie. ♦ Dans un groupe uni par « et » :
1° le nom ne se met au pluriel quand le second terme n'est pas déterminé par un article ou un adjectif. *Les 2ᵉ et 3ᵉ photos. À la 2ᵉ et 3ᵉ photos. Mes 2ᵉ et 3ᵉ photos.*
2° le nom se met au singulier quand le second terme est déterminé. *La 2ᵉ et la 3ᵉ photo. De la 2ᵉ et de la 3ᵉ photo. À la 2ᵉ et la 3ᵉ photo. Ma 2ᵉ et ma 3ᵉ photo.* → est/et ; et/ou ; perluète.
êta n. m. → tableau LANGUES ÉTRANGÈRES, p. 897. ♦ HOM. *état, État*.
étable n. f.
établer v. t.
établi, e adj. *Il est établi à Paris.* ♦ N. m. *L'établi de l'ébéniste.* ♦ HOM. il *établit* (v. établir).
établir v. t. du 2ᵉ gr. Conjug. 24.
établissement n. m. Orthographe du nom d'un établissement → raison sociale et tableaux MAJUSCULES B, 8°, p. 904 ; TRAIT D'UNION A, 7°, p. 953.
étage n. m. *Des gens de bas étage. Au 3ᵉ étage.*
étagement n. m.
étager v. t. *Nous étageons*. Conjug. 3.
étagère n. f.
étai n. m. ♦ HOM. → été.
étaiement, étayement [étèman] ou **étayage** [éte-yaj] n. m.
étain n. m. (métal). ♦ HOM. il *éteint* (v. éteindre).

ÉTAL

étal n. m. *Des étaux* ou *des étals.* ♦ HOM. il *étale* (v. étaler), *étale* (qui ne monte ni ne descend).

étalage n. m. *Ils font étalage de leurs relations.*

étalager v. t. *Nous étalageons.* Conjug. 3.

étalagiste n.

étale adj. *Une mer étale.* ♦ N. *L'océan est à l'étale.* ♦ HOM. → étal.

étalement n. m.

étaler v. t.

étaleuse n. f.

étalier, ère adj. et n.

étalinguer v. t. *Nous étalinguons.* Conjug. 4.

étalingure n. f.

étalon n. m. *Un cheval étalon; l'étalon-or; le mètre étalon; une unité-étalon; une cale-étalon; un métal-étalon.*

étalonnage ou **étalonnement** n. m.

étalonner v. t.

étalon-or n. m. *Des étalons-or.*

étamage n. m.

étambot [-bo] n. m.

étambrai n. m.

étamer v. t.

étameur, euse n.

étamine n. f.

étampage n. m.

étampe n. f.

étamper v. t.

étamperche ou **étemperche** n. f.

étampeur, euse n.

étampure n. f.

étamure n. f.

étanche adj.

étanchéification n. f.

étanchéité n. f.

étanchement n. m.

étancher v. t. → épancher.

étançon n. m.

étançonnement n. m.

étançonner v. t.

étang n. m. (petit lac). ♦ HOM. il *étend* (v. étendre), *étant* (v. être).

étant n. m. (terme philosophique).

étant donné partic. prés., voix passive. *Les dimensions étant données, il faut...* ♦ Loc. prép., précédant le nom. *Étant donné les notes obtenues, nous...* ♦ Loc. conj. *Étant donné que, étant donné que.*

étape n. f. *Une course à étapes; une course par étapes; faire étape; une ville-étape.*

étarquer v. t.

étasunien → étatsunien.

état n. m. *En bon, en mauvais état; un état d'âme; en tout état de cause; l'état des lieux; hors d'état; état de guerre, état des routes; un état de choses; satisfait de son état; un devoir d'état; faire état de. L'état civil; les états de Bretagne; les états généraux de 1789; le tiers état; message sur l'état de l'Union* (États-Unis). ♦ Ce mot prend une majuscule quand il désigne une nation organisée. *L'État français; un coup d'État; une affaire d'État; le chef de l'État; la raison d'État; des chefs d'État; un conseiller d'État; secret d'État; sous-secrétaire d'État. Les États-Unis. Les États-Généraux* (région des Pays-Bas au XVIe siècle). ♦ *Le président de la République a opposé la raison d'État, estimant que c'était là son devoir d'état* (devoir lié à sa position). ♦ HOM. → êta.

étatique adj.

étatisation n. f.

étatiser v. t.

étatisme [-is-] n. m.

étatiste adj. et n.

état-major n. m. *L'état-major d'un parti; l'état-major de l'Armée; l'état-major de l'armée de l'Air; l'état-major général de la Défense nationale; le grand état-major; le service de l'état-major.*

États-Unis d'Amérique n. m. pl. Abréviations : U.S.A. (pour : *United States of America*); E.-U. (pour : *États-Unis*). Les États-Unis comprennent 50 États et le district fédéral que constitue la capitale Washington.

étatsunien, états-unien ou **étasunien, enne** adj. *La politique étatsunienne.* ♦ N. *Les Étatsuniens; les États-Uniens.*

étau n. m. *Des étaux.*

étau-limeur n. m. *Des étaux-limeurs.*

étayage → étaiement.

étayement → étaiement.

étayer [étéyé] v. t. Conjug. 8b. Ce verbe ne se soumet pas à la conjugaison 8a, à cause du risque de confusion avec le verbe être. *Ces accores étayent le navire.*

etc. → et cætera.

et cætera ou **et cetera** [ètsétéra] loc. adv. Plus souvent écrite **etc.**, la prononciation restant la même. Ces mots latins signifient : *et le reste.* Des «et cætera». Le terme *etc.* ne doit pas être redoublé; il ne doit pas être suivi de points de suspension (leur rôle est le même). On ne le rejette jamais au début d'une ligne. Remplaçant une suite d'éléments analogues, « etc. » ne doit se mettre qu'après au moins deux exemples cités. *Les arbres à feuilles caduques, tels le tilleul, le hêtre, le chêne, etc., y poussaient bien.* Cette locution latine étant neutre ne devrait s'appliquer qu'aux choses; des puristes préfèrent « et la suite » lorsqu'il s'agit de personnes. *Certains impressionnistes, Monet, Sisley, et la suite, étaient ses amis.*

*etching = gravure (électron.).

été n. m. (saison). ♦ HOM. il *était*, il a *été* (v. être), *étai* (soutien de construction; cordage), il *étaie* (v. étayer).

éteign*eur, euse* n.

éteignoir n. m.

éteindre v. t. Conjug. 31.

éteint, *e* adj. ♦ HOM. → étain.

étemperche → étamperche.

étendage n. m.

étendard n. m.

étendoir n. m.

étendre v. t. Conjug. 67.

étendu, *e* adj.

étendue n. f.

-eterie/-etterie Finissent avec deux *t* [-ètri] : *billetterie, coquetterie, lunetterie, moquetterie, robinetterie, tabletterie.* ♦ Les autres n'ont qu'un *t* [-etri] : *bonneterie, briqueterie* (fabrique de briques), *marqueterie, pelleterie,* etc. ♦ Un mot nouveau créé avec ce suffixe prendra deux *t* s'il est issu d'un nom en *-ette* ou en *-et* : *briquetterie* (fabrique de briquettes ou de briquets), *charretterie, chaussetterie, gadgetterie...*

étern*el, elle* adj. *La Ville éternelle* (Rome); *le Père éternel, l'Éternel* (Dieu).

éternellement adv.

éterniser v. t.

éternité n. f. *De toute éternité.*

éternuement n. m.

éternuer v. int. Conjug. 18.

étésien adj. m.

étêtage ou étêtement n. m.

étêter v. t.

éteuf n. m.

éteule n. f.

éthanal n. m. (aldéhyde). *Des éthanals.*

éthane n. m.

éthanoïque adj.

éthanol n. m. (alcool).

éther [-tèr'] n. m.

éthéré, *e* adj.

éthérification n. f.

éthérifier v. t. Conjug. 17.

éthérisation n. f.

éthériser v. t.

éthérisme [-is-] n. m.

éthéromane n. et adj.

éthéromanie n. f.

éther-oxyde n. m. *Des éthers-oxydes.*

éther-sel n. m. (ancien nom de l'ester). *Des éthers-sels.*

éthionamide n. m.

éthiopi*en, enne* adj. *Le climat éthiopien.* ♦ N. *Une Éthiopienne.*

éthiopique adj.

éthique adj. et n. f. ♦ HOM. → étique.

ethmoïd*al, ale, aux* adj.

ethmoïde adj. et n. m.

ethnarchie n. f.

ethnarque n. m.

ethniciser v. t.

ethnicité n. f.

ethnie n. f. → nationalité.

ethnique adj.

ethno- → tableau PRÉFIXES C, p. 942.

ethnobiologie n. f.

ethnocentrique adj.

ethnocentrisme [-is-] n. m.

ethnocide n. m.

ethnographe n.

ethnographie n. f.

ethnographique adj.

ethnohistoire n. f.

ethnolinguistique [-ghui-] n. f.

ethnologie n. f.

ethnologique adj.

ethnologue n.

ethnomusicologie n. f.

ethnonyme n. m.

ethnopsychiatre [-kya-] n.

ethnopsychiatrie [-kya-] n. f.

ethnopsychologie [-ko-] n. f.

éthogramme n. m.

éthologie n. f.

éthologique adj.

éthologiste n. et adj.

éthologue n.

éthopée n. f.

ethos [étos'] n. m.

éthuse → æthusa.

éthylamine n. f.

éthylbenzène n. m.

éthyle n. m.

éthylène n. m.

éthylénique adj.
éthylique adj.
éthylisme [-is-] n. m.
éthylomètre ou **éthylotest** n. m.
éthylsuccinate n. m.
éthylsulfurique adj.
étiage n. m.
étier n. m.
étincelage n. m.
étincelant, e adj.
étinceler v. int. *Il étincelle.* Conjug. 13.
étincelle n. f.
étincellement n. m.
étiolement n. m.
étioler [-tio-] v. t.
étiologie n. f.
étiologique adj.
étiopathe n.
étiopathie n. f.
étique adj. (maigre). ♦ HOM. *éthique* (science de la morale).
étiquetage n. m.
étiqueter v. t. *Il étiquette.* Conjug. 14.
étiqueteur, euse n.
étiquette n. f.
étirable adj.
étirage n. m.
étiré n. m.
étirement n. m.
étirer v. t.
étireur, euse n.
étisie → hectisie.
étoc n. m.
étoffe n. f.
étoffé, e adj.
étoffer v. t.
étoile n. f. *L'étoile de mer; à la belle étoile; l'étoile Polaire* (abs. : *la Polaire*); *l'étoile rouge* (soviétique); *un cognac « trois étoiles »; la place de l'Étoile; arc de triomphe de l'Étoile.* → constellation.
étoilé, e adj.
étoile-d'argent n. f. *Des étoiles-d'argent.*
étoilement n. m.
étoiler v. t.
étole n. f.
étolien, enne adj. *Une inscription étolienne. La ligue Étolienne.* ♦ N. *Les Étoliens* (d'Étolie).
étonnamment adv.
étonnant, e adj.
étonnement n. m.
étonner v. t. *Elle s'est étonnée que tu partes.*

et/ou loc. conj. exprimant l'addition ou le choix. *Il ne vendait que des jouets mécaniques et/ou électroniques.*
étouffade → estouffade.
étouffage n. m.
étouffant, e adj.
étouffé, e adj. *Des bruits étouffés.* ♦ N. f. (sauce exotique). *Cuisson à l'étouffée.*
étouffement n. m.
étouffer v. t. et int.
étouffeur, euse n.
étouffoir n. m.
étoupe n. f.
étouper v. t.
étoupille n. f.
étoupiller v. t.
étourderie n. f.
étourdi, e adj. et n.
étourdiment adv.
étourdir v. t. du 2ᵉ gr. Conjug. 24.
étourdissant, e adj.
étourdissement n. m.
étourneau n. m. *Des étourneaux.*
étrange adj.
étrangement adv.
étranger, ère adj. *Un corps étranger.* ♦ N. *Une étrangère.* ♦ Pour les noms étrangers employés en France → Mac et tableaux LANGUES ÉTRANGÈRES, p. 892 sqq.; PLURIEL V, p. 937; PRONONCIATION E, p. 944; TRAIT D'UNION D, p. 955. ♦ Pour les noms étrangers employés adjectivement → tableau ADJECTIFS I, A, 7ᵉ, p. 864.
étrangeté n. f.
étranglé, e adj.
étranglement n. m.
étrangler v. t.
étrangleur, euse n.
étrangloir n. m.
étrave n. f.
être v. int. → tableau VERBES VII, p. 958 sqq. Le participe passé de ce verbe est invariable. *Cela étant. N'est-ce pas? Il fut (a été) désigné, ils furent désignés; si grand qu'il fût* (soit), *si grandes qu'elles fussent. Est-ce que...? Fût-ce, fussé-je; s'il en fût; si j'étais de vous; que nous soyons; il n'en est rien; c'est-à-dire; soit!; n'eût été; ne fût-ce que; si tant est qu'il y ait; être en butte à; être en train de. Le bien-être; le mieux-être; le non-être.* ♦ N. *Les êtres vivants. L'Être suprême* (Dieu). ♦ HOM. les *êtres* (disposition d'une maison), le *hêtre* (arbre).
étrécir v. t. du 2ᵉ gr. Conjug. 24.
étreindre v. t. Conjug. 31.

étreinte n. f.
être-là n. m. inv. (terme de philosophie).
étrenne n. f. *Avoir étrenne de quelque chose.*
étrenner v. t.
êtres n. m. pl. Ancienne orthographe : *aîtres.* ♦ HOM. → être.
étrésillon [-zi-] n. m.
étrésillonnement [-zi-] v. t.
étrésillonner [-zi-] v. t.
étrier n. m.
étrille n. f.
étriller v. t.
étripage n. m.
étriper v. t.
étriqué, e adj.
étriquer v. t.
étrive n. f.
étrivière n. f.
étroit, e adj. *Des couloirs étroits.* ♦ Adv. *Ces souliers chaussent étroit.* ♦ *Être à l'étroit* (loc. adv.).
étroitement adv.
étroitesse n. f. *Une étroitesse de vues.*
étrognage n. m.
étron n. m.
étronçonner v. t.
étrusque adj. *Un vase étrusque.* ♦ N. *Les Étrusques* (d'Étrurie); *ils parlaient l'étrusque.*
étude n. f. *Une bourse d'études; salle d'étude; bureau d'études; maître d'étude; journée d'étude; certificat d'études.*
étudiant, e n. et adj.
étudié, e adj.
étudier v. t. et int. Conjug. 17.
étui n. m. *Un étui à lunettes; des étuis de cartouches.*
étuvage ou **étuvement** n. m.
étuve n. f.
étuvée n. f. *À l'étuvée* (loc. adv.).
étuvement → étuvage.
étuver v. t.
étuveur, euse n.
étymologie n. f.
étymologique adj.
étymologiquement adv.
étymologiste n.
étymon n. m.
eubactérie n. f.
eubage n. m.
eucalyptol n. m.
eucalyptus [-us'] n. m.

eucaride n. m.
eucaryote adj. et n. m.
eucharistie [-ka-] n. f.
eucharistique [-ka-] adj.
euclidien, enne adj.
eucologe n. m.
eudémis [-mis'] n. m.
eudémonique adj.
eudémonisme [-is-] n. m.
eudémoniste n.
eudiomètre n. m.
eudiométrie n. f.
eudiométrique adj.
eudiste n. m. → religieux.
eugénate n. m.
eugénique adj. et n. f.
eugénisme [-is-] n. m.
eugéniste n.
eugénol n. m.
euglène n. f.
euh! interj. ♦ HOM. → eux.
-euil Le son *euil* s'écrit ainsi après une consonne autre que *c* ou *g* (*fauteuil, seuil, endeuiller, effeuillage*). Après la lettre *c* ou *g*, on intervertit les lettres *e* et *u* (*euil/ueil*) sans que la prononciation en soit affectée (*accueil, cueillir, orgueil, cercueil, Bourgueil*).
eumène n. m.
eumycète n. m.
eunecte n. m.
eunuque n. m.
eupareunie n. f.
eupatoire n. f.
eupeptique adj. et n. m.
euphausiacé n. m.
euphémique adj.
euphémisme [-is-] n. m.
euphomanie n. f.
euphonie n. f.
euphonique adj.
euphoniquement adv.
euphorbe n. f.
euphorbiacée n. f.
euphorie n. f.
euphorique adj.
euphorisant, e adj. et n. m.
euphorisation n. f.
euphoriser v. t.
euphotique adj.
euphraise [-frè-] n. m.
euphuisme [-fuis-] n. m.
euplectelle n. f.

eupraxique adj.
eurafricain, e adj. et n.
eurasiatique adj. et n.
eurasien, enne adj. et n.
*****eurêka!** (grec) interj. = j'ai trouvé !
euristique → heuristique.
euro- Ce préfixe se soude à l'élément auquel on l'associe si ce dernier commence par une consonne *(eurodevise, euromonnaie...)* ; il s'écrit avec un trait d'union s'il est suivi d'une voyelle *(euro-émission, euro-obligation...)*, à moins que l'on ne fasse l'économie de cette voyelle *(eurafricain)*.

S'il s'agit de l'adjectif *européen* réduit et associé à un autre adjectif relatif à un État ou un groupe d'États, il faut le trait d'union *(les relations euro-chinoises)*.

eurobanque n. f.
eurocapitalisme [-is-] n. m.
eurocentrisme [-is-] n. m.
eurochèque n. m.
eurocommunisme [-is-] n. m.
eurocommuniste. n.
eurocrate n.
eurocrédit n. m.
*****eurocurrencies** = eurodevises (écon.).
eurodevise n. f.
eurodollar n. m.
eurodroite n. f.
euro-émission n. f.
eurofranc n. m.
eurogauche n. f.
eurogroupe n. m.
eurolangue n. f.
euromarché n. m. *L'euromarché de l'emploi*. Ce mot devient un nom propre déposé invariable pour les magasins *Euromarché*.
eurométropole n. f.
euromissile n. m.
euromonnaie n. f.
euro-obligation n. f.
europarlementaire n. et adj.
Europe n. f.
européanisation n. f.
européaniser v. t.
européanisme [-is-] n. m.
européen, enne adj.
européisation n. f.
européiser v. t.
européisme [-is-] n. m.
européocentrisme [-is-] n. m.
europeux, euse adj.

europine n. f.
europique adj.
europium [-pyom'] n. m. *Des europiums*.
europoide adj.
Eurosignal [-si-] n. m. déposé inv.
eurosterling adj. inv.
eurostratégie n. f.
eurostratégique adj.
euroterrorisme [-is-] n. m.
Eurovision n. f. déposé inv.
euryhalin, e adj.
euryhalinité n. f.
eurytherme adj.
eurythermie n. f.
eurythmie n. f.
eurythmique adj.
euscara, euskara ou **euskera** → eskuara.
euscarien, euskarien ou **euskerien, enne** → eskuarien.
eustache n. m. (couteau). ♦ HOM. *Eustache* (prénom).
eustatique adj.
eustatisme [-is-] n. m.
eut/eût Distinguer :

1° **eut** : verbe *avoir* à la 3ᵉ personne du singulier du passé simple *(il eut les doigts gelés dans la tourmente)* ; auxiliaire d'un verbe au passé antérieur *(il se reposa quand il eut fini ; après qu'elle eut terminé ses études, elle travailla avec un architecte)*.

2° **eût** : auxiliaire *avoir* à la 3ᵉ personne du singulier du 2ᵉ passé du conditionnel *(il eût gagné la course s'il avait été plus tenace)* [ce *eût* peut être remplacé par *aurait*] ; ou du plus-que-parfait du subjonctif *(il aurait fallu qu'elle eût fini son travail)* [ce *eût* peut être remplacé par *ait*] ; transposée dans le présent, la phrase devient : *il faut qu'elle ait fini son travail*.

HOM. → hue.

eutectique adj.
eutexie n. f.
euthanasie n. f.
euthanasique adj.
euthérien n. m.
eutocie n. f.
eutocique adj.
eutrophication n. f. (enrichissement artificiel de l'eau).
eutrophisation n. f. (enrichissement naturel de l'eau).
eutychien, enne adj. et n.
eux pron. pers. *Chez eux ; eux-mêmes ; eux autres*. ♦ HOM. des *œufs* de cane, *euh!* (interj.), *Eu* (en Normandie).

évacuant, e adj.
évacuateur, trice adj. et n. m.
évacuation n. f.
évacué, e n. et adj.
évacuer v. t. Conjug. 18.
évadé, e n. et adj.
évader (s') v. pr. *Elle s'est évadée.*
évagination n. f.
évaluable adj.
évaluateur n. m.
évaluatif, ive adj.
évaluation n. f.
évaluer v. t. Conjug. 18.
évanescence n. f.
évanescent, e adj.
évangéliaire n. m.
évangélique adj.
évangéliquement adv.
évangélisateur, trice adj. et n.
évangélisation n. f.
évangéliser v. t.
évangélisme [-is-] n. m.
évangéliste n. m. *Les quatre évangélistes* (et leurs symboles) *sont :* saint Matthieu (jeune homme), saint Marc (lion), saint Luc (taureau) et saint Jean (aigle).
évangile n. m. Avec une majuscule pour l'ensemble des textes de l'Écriture sainte : *l'Évangile selon saint Luc; les quatre Évangiles; parole d'Évangile; ministre de l'Évangile* (pasteur protestant). Autrement, une minuscule : *Il lut l'évangile du jour; le côté de l'évangile.* Mein Kampf était l'évangile de Hitler.
évanouir (s') v. pr. du 2ᵉ gr. Conjug. 24. *Ils se sont évanouis.*
évanouissement n. m.
évaporable adj.
évaporat [-ra] n. m.
évaporateur n. m.
évaporation n. f.
évaporatoire adj.
évaporé, e adj. et n.
évaporer v. t. *Ils se sont évaporés.*
évaporite n. f.
évapotranspiration n. f.
évasé, e adj.
évasement n. m.
évaser v. t.
évasif, ive adj.
évasion n. f.
évasivement adv.
évasure n. f.
évêché n. m. *Les trois évêchés de Lorraine* (Metz, Toul et Verdun) *formèrent le territoire dit des Trois-Évêchés.*

évection n. f.
éveil n. m. *Se tenir en éveil; les disciplines d'éveil.* ♦ HOM. il s'*éveille* (v.).
éveillé, e adj.
éveiller v. t.
éveilleur, euse n.
éveinage n. m.
évènement ou **événement** n. m. La première écriture, analogue à celle d'*avènement*, est conforme à la prononciation courante du mot; la seconde est l'écriture traditionnelle.
évènementiel, ou **événementiel, elle** adj.
*****even keel** = sans différence, en assiette nulle (mer).
évent [évan] n. m.
*****event** = évènement.
éventail n. m. *Des éventails.*
éventailliste n.
éventaire n. m.
éventé, e adj.
éventer v. t.
*****event of default** = cas de défaillance, déchéance du terme (écon.).
éventration n. f.
éventrer v. t.
éventreur n. m. *Jack l'Éventreur.*
éventualité n. f.
éventuel, elle adj.
éventuellement adv.
évêque n. m.
évergète adj.
éversion n. f.
évertuer (s') v. pr. Conjug. 18. *Elle s'est évertuée.*
évhémérisme [-is-] n. m.
éviction n. f.
évidage n. m.
évidement n. m.
évidemment [-aman] adv.
évidence n. f. *De toute évidence.*
évident, e adj. *Une vérité évidente.* ♦ Homographe hétérophone : ils *évident* [-vid] (v. évider).
évider v. t.
évidoir n. m.
évidure n. f.
évier n. m.
évincement n. m.
évincer v. t. *Nous évinçons.* Conjug. 2.
éviscération [-vi-sé-] n. f.
éviscérer [-vi-sé-] v. t. Conjug. 10.
évitable adj.

évitage n. m.
évitement n. m.
éviter v. t. et int.
évocable adj.
évoca*teur, trice* adj.
évocation n. f.
évocatoire adj.
évoé! ou évohé! interj.
évolué, *e* adj. et n.
évoluer v. int. Conjug. 18.
évolut*if, ive* adj.
évolution n. f.
*evolution architecture = architecture évolutive (urb.).
évolutionnisme [-is-] n. m.
évolutionniste n. et adj.
*evolutive architecture = architecture évolutive (urb.).
évolutivité n. f.
évoquer v. t. (faire apparaître, rappeler). ♦ Ne pas confondre avec *invoquer* (appeler à son aide).
*E.V.R. (*electronic video recorder) = lecteur de vidéocassettes (aud.).
évulsion n. f.
evzone [èv-] n. m.
ex- Ce préfixe, s'il marque l'état antérieur, est suivi d'un trait d'union. *Son ex-mari; une ex-colonie; l'ex-Congo belge.*

S'il signifie « hors de », il se soude au mot qui suit : *expatrier, exportation.*

Les seuls verbes en *exh-* sont : *exhaler, exhausser, exhéréder, exhiber, exhorter, exhumer.* Les autres n'ont pas la lettre *h* (*exorbiter, exubérant, exulter...*).

Les verbes commençant par *exc-* sont : *excéder, exceller, excentrer, excepter, exciper, exciser, exciter.*

exa- Préfixe qui multiplie par 10^{18}. Symbole : *E*. → déca-.
*ex abrupto (lat.) adv. = brusquement.
exacerbation n. f.
exacerber v. t.
exact, *e* adj.
exactement adv.
exacteur n. m.
exaction n. f.
exactitude n. f.
*ex aequo ou *ex aequo (lat.) loc. adv. = à égalité. *Ils arrivent « ex aequo ».* ♦ N. inv. *Il y a trois « ex aequo ».*
exagéra*teur, trice* n.
exagération n. f.
exagéré, *e* adj.
exagérément adv.
exagérer v. t. *J'exagère, nous exagérons, j'exagérerai(s).* Conjug. 10.
exaltant, *e* adj.
exaltation n. f. Spécialt : *l'Exaltation de la sainte Croix.*
exalté, *e* adj. et n.
exalter v. t. (louer, vanter, élever). ♦ Ne pas confondre avec *exhaler* (émettre, répandre) ou *exulter* (éprouver une joie vive).
examen [égzamin] n. m. *Se présenter à un examen; des examens de conscience; après (mûr) examen.*
examina*teur, trice* n.
examiné, *e* partic. passé. *Ils ont examiné la voiture.* ♦ Adj. *Les billets examinés étaient faux.* ♦ Prép., précédant le nom. *Examiné les comptes en question.*
examiner v. t.
*ex ante (lat.) = d'avant, en prévision (écon.).
exanthémat*eux, euse* adj.
exanthématique adj.
exanthème n. m.
exarchat [-ka] n. m.
exarque n. m.
exaspérant, *e* adj.
exaspération n. f.
exaspéré, *e* adj.
exaspérer v. t. *J'exaspère, nous exaspérons, j'exaspérerai(s).* Conjug. 10.
exaucement n. m.
exaucer v. t. (satisfaire). Conjug. 2. *Des vœux exaucés.* ♦ HOM. *exhausser* (surélever), un *exocet* (poisson volant), un *Exocet* (n. déposé d'un missile).
*ex cathedra (lat.) loc. = du haut de la chaire.
excava*teur, trice* n.
excavation n. f.
excaver v. t.
excédant, *e* adj. *Des bavardages excédants.* ♦ HOM. → excédent.
excédent n. m. *Un excédent de bagages.* ♦ HOM. *excédant* (partic. prés. et adj.). ♦ L'homographe qu'on trouve dans « ils excèdent » n'a pas le même accent.
excédentaire adj.
excéder v. t. *J'excède, nous excédons, j'excéderai(s).* Conjug. 10.
excellemment [-laman] adv.
excellence n. f. *L'excellence de cette préparation. Je demande à Votre Excellence.* → majesté.
excellent, *e* adj. *Un entremets excellent.* ♦ HOM. *excellant* (partic. prés.). ♦ Homo-

graphe hétérophone : ils *excellent* [-sèl] (v. exceller).

excellentissime adj.

exceller v. int.

excentration n. f.

excentré, e adj.

excentrer v. t.

excentricité n. f.

excentrique adj. et n. m.

excentriquement adv.

excepté, e partic. passé. *Il en a excepté les orphelins.* ♦ Adj. *Les femmes en furent exceptées.* ♦ Prép., précédant le nom. *Excepté les enfants.*

excepter v. t.

exception n. f. *Des lois, des mesures, des tribunaux d'exception; ils font exception; des clauses d'exception; par exception.*
♦ Homographes hétérophones : des *exceptions* [-syon]; nous *exceptions* [-tyon] (v. excepter).

exceptionnel, elle adj.

exceptionnellement adv.

excès n. m. *Des excès de pouvoir.*

excessif, ive adj.

excessivement adv.

*excess of loss = excédent de sinistre (écon.).

*excess water = excès d'eau (agr.).

exciper v. t. ind.

excipient n. m.

excise n. f.

exciser v. t.

excision n. f.

excitabilité n. f.

excitable adj.

excitant, e adj. et n. m.

excita*teur, trice* adj. et n.

excitation n. f.

excitatrice n. f.

excité, e adj. et n.

exciter v. t.

exciton n. m.

exclama*tif, ive* adj. → tableau ADJECTIFS II, F, p. 870.

exclamation n. f.

■ *L'exclamation directe* peut être traduite par un mot, un morceau de phrase ou une phrase entière; elle se termine par un point d'exclamation.
  Admirable! Taisez-vous!
  Comme ils ont l'air de s'aimer!

Le *discours indirect* peut contenir une exclamation sans se servir du point d'exclamation.

  Je vous demande de vous taire.
  Voyez comme il vous regarde.
  Il sait que ce projet m'a enthousiasmé.

♦ → tableau PONCTUATIONS FORTES II, p. 939. Pour le participe passé exclamatif → tableau PARTICIPE PASSÉ III, D, 3°, p. 920.

exclamer (s') v. pr. *Elle s'est exclamée.*

exclu, e adj. et n.

exclure v. t. Conjug. 36. *Il a été exclu; elle est exclue.*

exclusif, ive adj.

exclusion n. f.

exclusive n. f.

exclusivement adv.

exclusivisme [-is-] n. m.

exclusivité n. f.

*ex commodo (lat.) = à loisir.

excommunication n. f.

excommunié, e adj. et n.

excommunier v. t. Conjug. 17.

excoriation n. f.

excorier v. t. Conjug. 17.

excrément n. m.

excrémenteux, euse adj.

excrémentiel, elle adj.

excréter v. t. *J'excrète, nous excrétons, j'excréterai(s).* Conjug. 10.

excré*teur, trice* adj.

excrétion n. f. ♦ Homographes hétérophones : des *excrétions* [-syon]; nous *excrétions* [-tyon] (v. excréter).

excrétoire adj.

excroissance n. f.

excursion n. f.

excursionner v. int.

excursionniste n.

excusabilité n. f.

excusable adj.

excuse n. f.

excuser v. t.

exeat [ègzéat'] n. m. inv.

exécrable [èg'zé-] adj.

exécrablement adv.

exécration n. f.

exécrer v. t. *J'exècre, nous exécrons, j'exécrerai(s).* Conjug. 10.

exécutable adj.

exécutant, e n.

exécuter v. t.

exécu*teur, trice* n.

exécutif, ive adj. et n. m.

exécution n. f. *Une exécution capitale.*
♦ Homographes hétérophones : des *exécutions* [-syon]; nous *exécutions* [-tyon] (v. exécuter).

*execution detail = détail d'exécution (urb.).
*execution drawing = plan d'exécution (urb.).
*execution plan = plan d'exécution (urb.).
exécutoire adj. et n. m.
exécutoirement adv.
exèdre n. f.
exégèse n. f.
exégète n.
exégétique adj.
exemplaire adj. et n. m.
exemplairement adv.
exemplarité n. f.
exemplat*if, ive* adj.
exemple n. m. *C'est un exemple à suivre. Il faut faire des exemples. Les locutions sans exemple, par exemple sont invariables.* ♦ Interj. *Par exemple!*
exemplier n. m.
exemplification n. f.
exemplifier v. t. Conjug. 17.
*exempli gratia (lat.) = par exemple.
exempt, *e* [ègzan, -zant'] adj. et n. m.
exempté, *e* [ègzanté] adj. et n.
exempter [ègzanté] v. t.
exemption [ègzan-psyon] n. f. *Une exemption d'impôts.* ♦ Homographes hétérophones : des *exemptions* [-syon] ; nous *exemptions* [-tyon] (v. exempter).
exequatur [ègzékwatur'] n. m. inv.
exerçant, *e* adj.
exercé, *e* adj.
exercer v. t. *Nous exerçons.* Conjug. 2.
exercice n. m. *Entrer en exercice.*
exerciseur [-zeur] n. m.
exérèse n. f.
exergie n. f.
exergue n. m.
exfiltration n. f.
exfiltrer v. t.
exfoliant, *e* adj. et n. m.
exfoliation n. f.
exfolier v. t. Conjug. 17.
exhalaison n. f. (odeur).
exhalation n. f. (action d'exhaler).
exhaler v. t. → exalter.
exhaure n. f.
exhaussement n. m.
exhausser v. t. ♦ HOM. → exaucer.
exhausteur n. m.
exhaust*if, ive* adj.
exhaustion [-tyon] n. f.

exhaustivement adv.
exhaustivité n. f.
exhérédation n. f.
exhéréder v. t. *J'exhérède, nous exhérédons, j'exhéréderai(s).* Conjug. 10.
exhiber v. t.
exhibition n. f.
*exhibition = spectacle, exposition, présentation, démonstration.
exhibitionnisme [-is-] n. m.
exhibitionniste n.
exhilarant, *e* adj.
exhortation n. f.
exhorter v. t.
exhumation n. f.
exhumer v. t.
exigeant, *e* adj.
exigence n. f.
exiger v. t. *Nous exigeons.* Conjug. 3.
exigibilité n. f.
exigible adj.
exigu, *ë* [-igu] adj. *Un logement exigu, une pièce exiguë, des appartements exigus, des chambres exiguës* [-igu].
exiguïté [-ghui-] n. f.
exil n. m.
exilé, *e* adj. et n.
exiler v. t.
exinscrit, *e* adj.
existant, *e* adj.
existence n. f.
existentialisme [-syalis-] n. m.
existentialiste [-sya-] adj. et n.
existentiel, elle [-syèl'] adj.
existentiellement [-syèl-] adv.
exister v. int.
*exit (lat.) v. = il sort.
ex-libris n. m.
*ex nihilo (lat.) loc. adv. = à partir de rien.
exobiologie n. f.
exocet [-sè] n. m. ♦ HOM. → exaucer.
exocrine adj.
exode n. m. (migration). ♦ Ne pas confondre avec *exorde* (début d'un discours).
exogame adj. et n.
exogamie n. f.
exogamique adj.
exogène adj.
exon [ègzon] n. m.
exonder (s') v. pr.
exonération n. f.
exonérer v. t. *J'exonère, nous exonérons, j'exonérerai(s).* Conjug. 10.

exonucléase n. f.
exonyme n. m. et adj.
exophtalmie [-ftal-] n. f.
exophtalmique [-ftal-] adj.
exorbitant, e adj. (qui sort de l'orbite).
exorbité, e adj.
exorcisation n. f.
exorciser v. t.
exorcisme [-is-] n. m.
exorciste n.
exorde n. m. → exode.
exoréique adj.
exoréisme [-is-] n. m.
exoscopie n. f.
exosmose n. f.
exosphère n. f.
exosquelette n. m.
exostose n. f.
exotérique adj.
exothermique adj.
exotique adj.
exotisme [-is-] n. m.
exotoxine n. f.
expandeur n. m.
expansé, e adj.
expansibilité n. f.
expansible adj.
expansif, ive adj.
expansion n. f.
expansionnisme [-is-] n. m.
expansionniste adj. et n.
expansivité n. f.
expatriation n. f.
expatrié, e adj. et n.
expatrier v. t. Conjug. 17.
expectant, e adj.
expectative n. f.
*****expectative** = attente d'une chose précise.
expectorant, e adj. et n. m.
expectoration n. f.
expectorer v. t.
expédient [-dyan] n. m. *Il vit d'expédients.* ♦ Adj. *Il est plus expédient d'agir ainsi.* ♦ HOM. *expédiant* (partic. prés. du v. expédier). ♦ Homographe hétérophone : ils *expédient* [-di] (v. expédier).
expédier v. t. Conjug. 17.
expéditeur, trice adj. et n.
expéditif, ive adj.
expédition n. f.
expéditionnaire n. et adj.
expéditivement adv.

expérience n. f. *Ils le savent par expérience.*
expérimental, ale, aux adj.
expérimentalement adv.
expérimentateur, trice adj. et n.
expérimentation n. f.
expérimenté, e adj.
expérimenter v. t.
expert, e adj. et n. m. *Une géomètre expert; un expert maritime; un capitaine expert; un expert juré; un expert-comptable; à dire d'expert(s).*
expert-comptable n. m. *Des experts-comptables.*
expertement adv.
expertise n. f.
expertiser v. t.
*****expert system** = système expert (inf.).
expiable adj.
expiateur, trice adj.
expiation n. f.
expiatoire adj.
expier v. t. Conjug. 17.
expirant, e adj.
expirateur adj. m. et n. m.
expiration n. f.
expiratoire adj.
expirer v. t. et int.
explant n. m.
explétif, ive adj. et n. m.
explétion [-syon] n. f.
explicable adj.
explicatif, ive adj.
explication n. f.
explicitation n. f.
explicite adj.
explicitement adv.
expliciter v. t.
expliquer v. t.
exploit n. m.
exploitabilité n. f.
exploitable adj.
exploitant, e n.
exploitation n. f.
exploité, e adj. et n.
exploiter v. t. et int.
exploiteur, euse n.
explorateur, trice n. et adj.
exploration n. f.
exploratoire adj.
explorer v. t.
exploser v. int.
exploseur n. m.

explosibilité n. f.
explosible adj.
explos*if, ive* adj. et n. m.
explosimètre n. m.
explosion n. f.
expolition n. f.
expomarché n. m.
exponenti*el, elle* adj.
exponentiellement adv.
exportable adj.
exporta*teur, trice* adj. et n.
exportation n. f.
exporter v. t.
exposant, e n. On appelle *exposant* le petit chiffre supérieur qui indique la puissance d'un nombre (3 dans l'exemple ci-dessous) : 25^3 (qui se lit « 25 puissance 3 » et vaut $25 \times 25 \times 25 = 15\,625$).
Un exposant peut être négatif : 10^{-4} (« 10 puissance moins 4 »).
$$10^{-4} = \frac{1}{10^4} = \frac{1}{10\,000}$$
→ puissance.
exposé n. m.
exposer v. t.
exposition n. f. *Une exposition de peinture, de blanc, de marchandises, de faïences.* S'il s'agit d'une exposition internationale ou universelle, on met une majuscule. *L'Exposition universelle de 1900.*
*****ex post** (lat.) = d'après, après exécution.
expovente n. f.
exprès, expresse [-prè, -près'] adj. (net, formel). *Un ordre exprès; une défense expresse. Comme par un fait exprès.* ♦ N. inv. [-près'] *Un exprès* (personne chargée d'un message ; le message lui-même) ; *un colis exprès ; une lettre exprès.* ♦ Adv. [-prè] *Il vient exprès ; elle le fait exprès.*
→ espresso ; express.
express adj. et n. *Un train express ; la voie express ; un express va passer.*
expressément adv.
express*if, ive* adj.
expression n. f.
expressionnisme [-is-] n. m.
expressionniste adj. et n.
*****expression vector** = vecteur d'expression (génét.).
expressivement adv.
expressivité n. f.
exprimable adj.
exprimage n. m.
exprimer v. t.

*****ex professo** (lat.) = ouvertement.
expromission n. f.
expropriant, e adj. et n.
expropria*teur, trice* adj. et n.
expropriation n. f.
exproprié, e adj. et n.
exproprier v. t. Conjug. 17.
expulsé, e adj. et n.
expulser v. t.
expuls*if, ive* adj.
expulsion n. f.
expurgation n. f.
expurgatoire adj.
expurger v. t. *Nous expurgeons.* Conjug. 3.
*****ex quay... duties on buyers' account** = à quai, non dédouané (écon.).
* **ex quay... duty paid** = à quai, dédouané (écon.).
exquis, e adj.
exquisément adv.
exquisité n. f.
exsangue [èksang'] adj.
exsanguination [èksanghi-nasyon] n. f.
exsanguino-transfusion [èksanghi-no-] n. f. *Des exsanguino-transfusions.*
*****ex ship** = à bord (écon.).
exstrophie n. f.
exsudat [èksuda] n. m.
exsudation n. f.
exsuder v. int.
extase n. f.
extasié, e adj.
extasier (s') v. pr. Conjug. 17. *Elle s'est extasiée.*
extatique adj.
extemporané, e adj.
extemporanément adv.
*****ex tempore** (lat.) = en improvisant.
extendeur n. m.
*****extended range reflection** = écho à surdistance (spat.).
extenseur adj. m. et n. m.
extensibilité n. f.
extensible adj.
extens*if, ive* adj.
extensification n. f.
extension n. f.
extensionalité n. f.
extensionn*el, elle* adj.
*****extenso (in)** → *****in extenso**.
extensomètre n. m.
exténuant, e adj.

exténuation n. f.
exténuer v. t. Conjug. 18.
extérieur, e adj. et n. m.
extérieurement adv.
extériorisation n. f.
extérioriser v. t.
extériorité n. f.
exterminateur, trice adj. et n.
extermination n. f.
exterminer v. t.
externat [-na] n. m.
externe adj. et n.
extérocepteur n. m.
extéroceptif, ive adj.
extéroceptivité n. f.
exterritorialité n. f.
extincteur, trice adj. et n. m.
extinctif, ive adj.
extinction n. f.
extinguible adj.
extirpable adj.
extirpateur n. m.
extirpation n. f.
extirper v. t.
extorquer v. t.
extorqueur, euse n.
extorsion n. f.
extra adj. inv. *Des vins extra; une qualité extra.* ♦ Adv. *Ils sont extra-chers.* ♦ N. inv. *Le maître d'hôtel fait des extra; on a engagé des extra.*

■ *Extra-* Le latin *extra* a pris deux sens dans notre langue :

1° **en dehors** *(extra-capsulaire, extra-cardiaque, extra-cellulaire, extra-constitutionnel, extra-crânien, extra-galactique, extra-judiciaire, extra-légal, extra-libérien, extra-organique, extra-parlementaire, extra-périosté, extra-professionnel, extra-statutaire...)*;

2° **super, très** *(extra-bruyant, extra-craintif, extra-doux, extra-dur, extra-fin, extra-fort, extra-lourd, extra-sévère, extra-volatil...).*

Écriture. Lorsque le second élément commence par une consonne, on peut, au choix, le souder au préfixe *extra* ou placer un trait d'union : *extrafin* ou *extra-fin*. S'il est écrit avec un trait d'union, *extra* reste invariable au pluriel puisque c'est un préfixe : *des extra-forts.*

Lorsque le second élément commence par une des voyelles *a, i, u* ou par un *s*, il faut employer le trait d'union : *extra-axillaire, extra-utérin, extra-souple...*

extrabudgétaire adj.
extracapsulaire adj.
***extrachromosomal gene** = gène extrachromosomique (génét.).
extrachromosomique adj.
extraconjugal, ale, aux adj.
extracorporel, elle adj.
extra-courant n. m. *Des extra-courants.*
extracteur n. m.
extractible adj.
extractif, ive adj.
extraction n. f.
extrader v. t.
extradition n. f.
extrados n. m.
extra-dry adj. inv. *Des champagnes extra-dry.* ♦ N. inv. *Des extra-dry.*
extrafin ou **extra-fin, e** adj. *Des soieries extra-fines.*
extrafort ou **extra-fort, e** adj. *Des alcools extra-forts.* ♦ N. m. *Aux ourlets, mettez des extra-forts.*
extragalactique adj.
extragénique adj.
extrahospitalier, ère adj.
extraire v. t. Conjug. 77. *Les pierres qu'il en a extraites.*
extrait n. m. *Des extraits de naissance.*
extrajudiciaire adj.
extrajudiciairement adv.
extralégal ou **extra-légal, ale, aux** adj. *Des mesures extra-légales.*
extralucide ou **extra-lucide** adj. et n. *Des voyantes extra-lucides.*
***extra-muros** (lat.) = hors les murs.
extranéité n. f.
extrant n. m.
extraordinaire adj.
extraordinairement adv.
extraparlementaire ou **extra-parlementaire** adj. *Des activités extra-parlementaires.*
extrapatrimonial, ale, aux adj.
extrapolable adj.
extrapolation n. f.
extrapoler v. t. et int.
extrapyramidal, ale, aux adj.
extrascolaire adj.
extrasensible [-san-] ou **extra-sensible** adj. *Des effets extra-sensibles.*
extrasensoriel, elle [-san-] adj.
extrastatutaire adj.
extrasystole [-sis-] ou **extra-systole** n. f. *Des extra-systoles.*

extraterrestre ou **extra-terrestre** adj. et n. *Des extra-terrestres.*
extraterritorial ou **extra-territorial, ale, aux** adj. *Des actions extra-territoriales.*
extraterritorialité ou **extra-territorialité** n. f. *Des extra-territorialités.*
extra-utérin, e adj.
extravagance n. f.
extravagant, e adj. ♦ HOM. *extravaguant* (partic. prés. du v. extravaguer).
extravaguer v. int. *Nous extravaguons.* Conjug. 4.
extravaser (s') v. pr. *Ces humeurs se sont extravasées.*
extravéhiculaire adj.
extraversion n. f.
extraverti, e adj.
extrémal, ale, aux adj.
extrême adj. *L'extrême droite ; l'extrême gauche.* ♦ N. m. *Il passe d'un extrême à l'autre. Les extrêmes.* ♦ *Ils exagèrent à l'extrême. In extremis.*
extrêmement adv.
extrême-onction n. f. *Des extrêmes-onctions.*
extrême-oriental, ale, aux adj. *Des habitudes extrême-orientales.* ♦ N. *Des Extrême-Orientaux arrivant d'Extrême-Orient.*
*****extremis (in)** → *in extremis.
extrémisme [-is-] n. m.
extrémiste adj. et n.
extrémité n. f. *Ils sont malades à toute extrémité.*

extremum [-om'] n. m. *Des extrema* ou *des extremums.*
extrinsèque adj.
extrinsèquement adv.
extrorse adj.
extroverti, e adj.
extrudé, e adj.
extruder v. t. et int.
extrudeuse n. f.
extrusif, ive adj.
extrusion n. f.
exubérance n. f.
exubérant, e adj.
exulcération n. f.
exulcérer v. t. *J'exulcère, nous exulcérons, j'exulcérerai(s).* Conjug. 10.
exultation n. f.
exulter v. int. → exalter.
exurbanisation n. f.
ex-U.R.S.S. n. f.
exutoire n. m.
exuvie n. f.
*****ex vivo** (lat.) = hors de l'organisme. ♦ Loc. adj. ou adv. *En vue des transplantations, ces reins ont été traités ex vivo.*
ex-voto n. m. inv.
*****ex-works** = départ usine (écon.).
eyalet [é-yalèt'] n. m.
*****eye-liner** n. m. = fard pour souligner les paupières, ligneur ; on a proposé fardyeux.
eyra [èra] n. m.

F

f n. m. inv. ♦ **f**: symbole du préfixe *femto*-. ♦ **F**: symbole du *farad*, du *fluor*, du *franc*. ♦ **°F**: symbole du *degré Fahrenheit*.

fa n. m. inv. *La clé de fa; un fa dièse.* ♦ HOM. → *fat*.

fabacée n. f.

fabagelle n. f.

fable n. f.

fabliau n. m. *Des fabliaux.*

fablier n. m.

fabricant, e n. ♦ HOM. *fabriquant* (partic. prés. du v. fabriquer).

fabricateur, trice n.

fabrication n. f.

fabricien n. m.

fabrique n. f. *Le conseil de fabrique; vendu au prix de fabrique; des prix de fabrique(s); marque de fabrique.*

fabriquer v. t.

fabulateur, trice adj. et n.

fabulation n. f. (récit inventé) → affabulation.

fabuler v. t. et int.

fabuleusement adv.

fabuleux, euse adj.

fabuliste n.

fac n. f. (apocope de *faculté*).

façade n. f.

***façade animation** = animation de façade (urb.).

face n. f. *Regarder en face; ils sont face à face; être en face de; des portraits de face; faire face. Des volte-face.* ♦ HOM. *que je fasse* (v. faire), *une fasce* (terme d'héraldique).

face-à-face n. m. inv. *Des face-à-face télévisés.*

face-à-main n. m. *Des faces-à-main.*

facétie [-sési] n. f.

facétieusement [-sésyeû-] adv.

facétieux, euse [-sésyeû, -syeûz'] adj. et n.

facette n. f.

facetter v. t.

fâché, e adj.

fâcher v. t.

fâcherie n. f.

fâcheusement adv.

fâcheux, euse adj. et n.

facho n. et adj. (abréviation pour *fasciste*).

facial, ale, aux adj.

faciès [-syès'] n. m.

facile adj.

facilement adv.

facilitation n. f.

facilité n. f.

faciliter v. t.

***facing** = frontal (écon.).

facob n. m. (acronyme de *traité facultatif obligatoire*).

façon n. f. *De toute façon; de toutes les façons; sans façon(s); en aucune façon; de façon que; de telle façon que; de façon à; de quelque façon que ce soit; travailler à façon; des travaux à façon; des coutures façon sellier. Une malfaçon.*

faconde n. f.

façonnage ou **façonnement** n. m.

façonné, e adj. et n. m.

façonner v. t.

façonneur, euse n.

façonnier, ère n. et adj.

fac-sim [-im'] n. m. *Des fac-sims* [-im']

***facsimile** = télécopie (télécom.).

fac-similé n. m. *Des fac-similés.*
*****facsimile equipment** = télécopieur.
factage n. m.
facteur, trice n. *Un facteur premier; le facteur Rhésus; un facteur d'orgues, de pianos.*
factice adj.
facticement adv.
facticité n. f.
factieux, euse [faksyeû, -eûz'] adj. et n.
faction [-syon] n. f. *Ils sont de faction.*
factionnaire [-syo-] n. m.
factitif, ive adj. et n. m.
factorerie n. f.
factoriel, elle adj. et n. f. *La factorielle est désignée par le signe! Exemple : 3! = 1 × 2 × 3 = 6.*
*****factoring** n. m. = recouvrement de créances, affacturage, factorage.
factorisation n. f.
factoriser v. t.
*****factory outlet** = magasin d'usine.
*****factory outlet center** = centre de magasins d'usine.
factotum [-totom'] n. m. *Des factotums.*
factuel, elle adj.
factum [-tom'] n. m. *Des factums.*
facturation n. f.
facture n. f. *Un prix de facture; une facture « pro forma ».*
facture-congé n. f. *Des factures-congés.*
facturer v. t.
facturette n. f.
facturier, ère n.
facule n. f.
facultatif, ive adj.
facultativement adv.
faculté n. f. *Jouir de ses facultés; la faculté de droit, la faculté de médecine, la faculté des lettres, la faculté des sciences; entrer en faculté. Selon l'avis de la Faculté (l'avis des médecins).*
fada n. m. et adj. inv. en genre.
fadaise n. f.
fadasse adj.
fade adj.
fadé, e adj.
*****fade in** = fondu, ouverture en fondu (cin., télé.).
fadement adv.
*****fade out** = fondu, fermeture en fondu, fondu au noir (ciné.).
*****fader** = équilibreur (aud.).
fadeur n. f.

*****fading** n. m. = évanouissement, fondu.
→ *cross fading.
fado n. m.
*****faena** (esp.) n. f. = passe de muleta.
fafiot n. m.
fagacée n. f.
fagale n. f.
*****F agent, F element, F episome, F factor** ou **F plasmid** = facteur F, épisome, facteur de fertilité (génét.).
fagne n. f.
fagot n. m.
fagotage n. m.
fagoter v. t.
fagotier, ère n.
fagotin n. m.
fagoue n. f.
Fahrenheit n. *Des degrés Fahrenheit (l'eau bout à 212 °F).*
faiblard, e adj.
faible adj. *C'est son point faible.* ♦ N. *Cette fillette est une faible.* ♦ N. m. *Il défend les faibles; il a un faible pour vous; des faibles d'esprit.*
faiblement adv.
faiblesse n. f.
faiblir v. int. du 2ᵉ gr. Conjug. 24.
faiblissant, e adj.
faïençage n. m.
faïence [fa-yan-] n. f.
faïencé, e [fa-yan-] adj.
faïencerie [fa-yan-] n. f.
faïencier, ère [fa-yan-] n.
faignant → feignant.
faille n. f.
faillé, e adj.
failler (se) v. pr. *Ces roches se sont faillées.*
failli, e adj. et n.
faillibilité n. f.
faillible adj.
faillir v. int. et t. ind. Conjug. 50 a. *Il ne faillirait pas.* Autrefois, ce verbe se conformait à la conjugaison 50 b *(Sa foi ne faudrait point).* N'est guère employé qu'à l'infinitif et aux temps composés.
faillite n. f.
*****fail safe** = à sûreté intégrée.
*****failure** = défaillance.
faim n. f. *Ils ont faim de richesses.* ♦ HOM.
→ fin.
faine n. f.
fainéant, e adj. et n.
fainéanter v. t.

fainéantise n. f.

faire v. t. et int. Conjug. 51. Ce verbe et tous ses composés (*refaire, défaire, satisfaire*, etc.) font *-faites* à la 2ᵉ personne du pluriel du présent de l'indicatif et de l'impératif. *Vous contrefaites; défaites-le.* Devant une syllabe sonore (ou masculine), *fai-* se prononce [fe] : *vous faisiez, bienfaisance, malfaisant.* ♦ *Faire savoir; faire long feu; tant qu'à faire; il faut s'y faire; avoir fort à faire; ils n'ont pas l'air de s'en faire; on n'a rien à faire; on n'en a rien à faire. C'en est fait de. Tout compte fait. Ce faisant. On les a laissés faire. Deux et deux font quatre. Quatre multiplié par vingt fait quatre-vingts.* ♦ n. m. *Le faire de ce peintre.* ♦ HOM. → *fer*.

Accord du participe passé :

1° Le verbe étant transitif direct, il y a accord pour :
Ses devoirs, il les a faits.
Les erreurs qu'elle a faites.
Celle que l'adversité a faite grande.
La méthode qu'ils ont faite leur.

Il n'y a pas d'accord pour :
Ils ont fait fausse route.
Ils ont fait leurs ces méthodes.
Des erreurs, ils en ont fait.

2° Le verbe étant pronominal, il y a accord pour :
Elle s'est faite infirmière.
Ils se sont faits les garants de l'entreprise.

Il n'y a pas d'accord pour :
Elle s'est fait sa robe.
Les dissensions qui se sont fait jour.
Ils se sont fait un devoir de venir.
Elle ne s'en est pas fait pour autant.

3° Le participe passé *fait* placé devant un infinitif est invariable car l'action est toujours subie : *Les desserts qu'elle a fait préparer. Elle a fait venir un spécialiste. La robe qu'elle s'est fait faire. Elle s'est fait conduire à la gare. On les a fait chercher. Elle s'est fait entendre. La réaction ne s'est pas fait attendre* (la liaison entre les deux derniers mots peut induire en erreur).

→ *affaire*, *malfaire* et tableau PARTICIPE PASSÉ VI, F, a, c, p. 929.

Se faire fort :

1° On laisse invariable l'adjectif *fort* de cette locution dans le sens de *s'engager à. Elle se fait fort de réussir.*

2° On fait accorder *fort* dans le sens de *tirer sa force de. Elle se fait forte des voix obtenues.*

faire-part n. m. inv. *Des faire-part.* Pas de trait d'union si l'expression est employée en complément. *Une lettre de faire part, des billets de faire part.*

faire-valoir n. m. inv.

*****fairing** = coiffe (spat.).

*****fair play** = franc-jeu. ♦ Adj. = loyal.

fair-play n. m. inv. et adj. inv. *Ils sont fair-play.*

fairway [fèrwè] n. m.

faisabilité [fe-] n. f.

faisable [fe-] adj.

faisan, e [fe-] n. *Les faisans criaillent.* ♦ Adj. f. *Une poule faisane.* ♦ HOM. *faisant* (v. *faire*).

faisandage [fe-] n. m.

faisandeau [fe-] n. m. *Des faisandeaux.*

faisander [fe-] v. t.

faisanderie [fe-] n. f.

faisandier [fe-] n. m.

faisane → *faisan*.

faisceau n. m. *Une colonne en faisceau; un faisceau hertzien. Faisceau de tir; faisceau de voies ferrées. Des faisceaux.*

faiseur, euse [fe-] n.

faisselle n. f.

fait, faite [fè, fèt] adj. *Ces fromages sont trop faits. Des idées toutes faites. On était faits comme des rats. C'est du tout fait.* ♦ N. m. [fè] *Un fait divers; rubrique de faits divers; tout à fait; en fait; en fait de; pris sur le fait; par le fait; les hauts faits; le fait accompli; des voies de fait; prendre fait et cause; mettre au fait.* ♦ HOM. je *fais* (v. *faire*), un *faix* (fardeau), la *fée* (d'un conte).

faîtage n. m.

fait-divers ou **fait divers** n. m. *Des faits-divers; des faits divers.*

fait-diversier n. m. *Des faits-diversiers.*

faîte n. m. *La ligne de faîte.* ♦ HOM. → *fête*.

faiteau n. m. *Des faîteaux.*

faîtière n. f. et adj. f.

fait-tout n. m. inv. ou **faitout** n. m. *Des faitouts.*

faix [fè] n. m. *Ployer sous le faix.* ♦ HOM. → *fait*.

fakir n. m.

fakirisme [-is-] n. m.

falaise n. f.

falarique n. f.

falbala n. m. *Une robe à falbalas.*

falciforme adj. (en forme de faux).

falconidé n. m.

falconiforme n. m. (rapace).

faldistoire n. m.

falerne n. m.

fallacieusement adv.
fallacieux, euse adj.
Fallières (Armand) Président de la République française (1906-1913). ♦ HOM. la Phosphatine *Falières* (marque déposée).
falloir v. impers. Indic. prés. : *il faut.* Imparf. : *il fallait.* Passé simple : *il fallut.* Futur : *il faudra.* Condit. prés. : *il faudrait.* Subj. prés. : *qu'il faille.* Imparf. : *qu'il fallût.* Partic. passé : *fallu* (inv.). ♦ *Tant s'en faut. Des personnes comme il faut. Il s'en faut de beaucoup. Il s'en est fallu de peu. Il faut faire cela,* mais *il vaut mieux le faire* (v. valoir). *Il faudrait qu'il fût à l'heure* (tour littéraire), *qu'il soit à l'heure* (tour habituel).
*****fall out** = retombées (radioactives).
falot, e adj. et n. m.
falourde n. f.
falsafa n. f.
*****false colour** = fausse couleur (spat.).
falsifiabilité n. f.
falsifiable adj.
falsificateur, trice n.
falsification n. f.
falsifier v. t. Conjug. 17.
faluche n. f.
falun n. m.
faluner v. t.
falunière n. f.
falzar n. m.
famas n. m. (fusil) Sigle de *fusil d'assaut de la manufacture d'armes de Saint-Étienne.*
famé, e adj. On écrit *mal famé* ou *malfamé.*
famélique adj.
fameusement adv.
fameux, euse adj.
familial, ale, aux adj. et n. f.
familialisme [-is-] n. m.
familiarisation n. f.
familiariser v. t. et pr.
familiarité n. f.
familier, ère adj. et n. m.
familièrement adv.
familistère n. m. ♦ HOM. Les épiceries *Familistère.*
famille n. f. *Une famille de mots, de courbes, de surfaces; d'Espagnols, de Noirs. Des abandons, des airs, des biens, des cercles, des chefs, des conseils, des fils, des noms, des pères, des soutiens, des vies de famille. La Sainte Famille. Les deux cents familles. Le pacte de Famille* (1761). *La médaille de la Famille française. Le Haut Comité de la famille et de la population.* ♦ *Noms de famille* → prénom et tableau PLURIEL VI, p. 938.
*****family farm** = exploitation familiale (agr.).
famine n. f.
fan [fan'] n. (de l'angl. *fanatic*). *Les fans* [fan'] *applaudissaient.* ♦ HOM. → fane.
*****fan** n. m. = soufflante, ventilateur.
fana adj. et n. (du français *fanatique*). *Une fana de l'écologie.*
fanage n. m.
fanaison n. f.
fanal n. m. *Des fanaux.*
fanatique adj. et n.
fanatiquement adv.
fanatisation n. f.
fanatiser v. t.
fanatisme [-is-] n. m.
fanchon n. f.
fan-club [fan'kleub'] n. m. *Des fans-clubs* [fan'kleub'].
fandango n. m. *Des fandangos.*
fane n. f. (feuille sèche ou coupée). ♦ HOM. Les *fans* d'une vedette.
*****fan engine** = réacteur à double flux.
faner v. t. (flétrir). ♦ HOM. la biche va *faonner* (mettre bas).
faneur, euse n.
fanfare n. f.
fanfaron, onne adj. et n.
fanfaronnade n. f.
fanfaronner v. int.
fanfreluche n. f.
fange n. f.
fangeux, euse adj.
fangothérapie n. f.
fanion n. m.
*****fan jet** = réacteur à double flux.
fanon n. m.
fantaisie n. f. *Des bijoux, des pains de fantaisie.*
fantaisiste adj. et n.
fantasia n. f.
fantasmagorie n. f.
fantasmagorique adj.
fantasmatique adj.
fantasme [-as-] n. m. On distinguait, il y a peu, le *phantasme* (illusion d'optique) du *fantasme* (hallucination de l'esprit) : *les phantasmes d'un mirage; les fantasmes de l'ivresse.* Mais les sens et les orthographes sont souvent confondus.

fantasmer v. t. et int.
fantasque adj.
fantassin n. m.
fantastique adj.
fantastiquement adv.
fantoche n. m. et adj.
fantomatique adj.
fantôme n. m. et adj.
fanton ou **fenton** n. m.
fanum [-nom'] n. m. *Des fana.*
fanure n. f.
fanzine n. m.
*****F.A.O.** (*Food and Agriculture Organization) = Organisation pour l'alimentation et l'agriculture (O.A.A.).
faon [fan] n. m. (petit de la biche, de la daine, de la chevrette). ♦ HOM. il *fend* (v. fendre).
faonner [fané] v. int. ♦ HOM. → faner.
faquin n. m.
far n. m. ♦ HOM. → fard.
F.A.R. sigle f. Force d'action rapide.
farad n. m. (unité de mesure : *3 farads* ou *3 F*).
faraday n. m. (quantité d'électricité égale à 96 490 coulombs). ♦ HOM. le physicien *Faraday.*
faradique adj.
faradisation n. f.
faramin*eux*, **euse** adj. Ancienne orthographe : *pharamineux.*
farandole n. f.
farandoler v. int.
faraud, *e* adj. et n. ♦ HOM. → faro.
farce n. f. et adj. inv.
farc*eur*, **euse** n.
farci, *e* adj.
farcin n. m.
farcir v. t. du 2ᵉ gr. Conjug. 24.
fard [far'] n. m. *Parler sans fard; piquer un fard.* ♦ HOM. *phare* (projecteur), *far* (pâtisserie bretonne).
fardage n. m.
farde n. f.
fardeau n. m. *Des fardeaux.*
fardeler v. t. Je *fardèle.* Conjug. 11.
farder v. t.
fardier n. m.
fardoches n. f. pl.
fardyeux n. m.
faré n. m.
farfadet n. m.
farfelu, *e* adj. et n.
farfouiller v. t. et int.

fargues n. f. pl.
faribole n. f.
farigoule ou **farigoulette** n. f.
farinacé, *e* adj.
farinage n. m.
farine n. f.
fariner v. t.
farin*eux*, **euse** adj. et n. m.
fario adj. inv. *Des truites fario.*
farlouche ou **ferlouche** n. f.
farlouse n. f.
*****farm** = exploitation agricole.
*****farmer** = agriculteur, exploitant agricole.
*****farming** = agriculture.
*****farm manager** = chef d'exploitation (agr.).
*****farm out** loc. m. = amodiation, cession d'intérêt.
*****farm structures** = structures agricoles.
*****farniente** (ital.) n. m. = oisiveté douce.
faro n. m. (bière belge). ♦ HOM. *faraud* (fanfaron).
farouch n. m. (trèfle rouge).
farouche adj.
farouchement adv.
farrago n. m.
*****far range** = portée distale (spat.).
farsi n. m.
fart [fart'] n. m. *Des skis enduits de fart.*
fartage n. m.
farter v. t.
*****F.A.S.** (*free along side ship) = franco long de bord ou F.L.B. (écon.).
fasce n. f. ♦ HOM. → face.
fascé, *e* adj. (en héraldique, divisé en un nombre pair de parties). ♦ Ne pas confondre avec *fascié* (en biologie, marqué de bandes).
fascia [fasya] n. m. *Des fascias.*
fasciation [fasyasyon] n. f.
fascicule n. m.
fasciculé, *e* adj.
fascié, *e* [-syé] adj. → fascé.
fascinage [fasi-] n. m.
fascinant, *e* adj.
fascin*ateur*, **trice** adj. et n.
fascination n. f.
fascine n. f.
fasciner v. t.
fascisant, *e* [fachi-] adj.
fascisation [fachi-] n. f.
fasciser [fachi-] v. t.
fascisme [fachis-] n. m.

fasciste [fachi-] adj. et n.
faseyer v. int. Conjug. 9. *La voile faseye.*
***fasi** [fasi] (marocain) n. et adj. = de Fès.
faste n. m. et adj. *Les fastes romains.*
***fast-food** n. m. = prêt-à-manger, restauration rapide, restau-pouce, plat minute, restaurapide. *Des fast-foods.*
LEXIQUE : broiler, bun, grill, hamburger, hot dog, ketchup, kricks, milk shake, pickles, post mix, rack, sandwich, slush, snack, soda, soft ice, sundae, toast, wrap.
***fast forward** = avance rapide (aud.).
fastidieusement adv.
fastidieux, euse adj.
fastigié, e adj.
***fast neutron reactor** ou * **Fast reactor** = réacteur à neutrons rapides ou R.N.R. (nucl.).
***fast neutrons** = neutrons rapides (nucl.).
***fast rewind** = retour rapide (aud.).
fastueusement adv.
fastueux, euse adj.
fat [fa] n. m. et adj. m. *Des fats* [fa]. ♦ HOM. *fa* (note de musique).
fatal, ale, als adj. *Des coups fatals.*
fatalement adv.
fatalisme [-is-] n. m.
fataliste adj. et n.
fatalité n. f.
fatidique adj.
fatigabilité n. f.
fatigable adj.
fatigant, e adj. ♦ HOM. *fatiguant* (partic. prés. du v. fatiguer).
fatigue n. f.
fatigué, e adj.
fatiguer v. t. Conjug. 4. *Il se fatiguait.*
fatma n. f.
fatras [-tra] n. m.
fatrasie n. f.
fatuité n. f.
fatum [-tom'] n. m. *Des fatums.*
***fatwa** (arabe) n. f. = décret religieux.
fau n. m. *Des faux.* ♦ HOM. → faux.
faubert ou **fauber** n. m.
faubourg n. m. Abrév. : fg. *Le faubourg Saint-Antoine ; la rue du Faubourg-Saint-Antoine (du Fg-St-Antoine).*
faubourien, enne adj. et n.
faucard n. m.
faucarder v. t.
fauchage n. m.
fauchaison n. f.
fauchard n. m.
fauche n. f.
fauché, e adj. et n. f.
faucher v. t.
fauchet n. m.
fauchette n. f.
faucheur, euse n.
faucheux n. m.
fauchon n. m.
faucille n. f.
faucillon n. m.
faucon n. m.
fauconneau n. m. *Des fauconneaux.*
fauconnerie n. f.
fauconnier n. m.
faucre n. m.
faufil n. m.
faufilage n. m.
faufiler v. t. et pr. *Ils se sont faufilés dans la foule.*
faufilure n. f.
***fault** = panne.
***fault tolerance** = tolérance aux pannes.
***fault tolerant** = tolérant aux pannes.
faune, faunesse n. (dieux champêtres).
faune n. f. (ensemble des animaux).
faunesque adj. (relatif aux faunes).
faunique adj. (de la faune).
faunistique n. f.
faussaire n.
fausse → faux.
faussé, e adj. ♦ HOM. → fossé.
faussement adv.
fausser v. t. *Ils ont faussé compagnie à leurs amis.* ♦ HOM. → fossé.
fausse-route n. f. *Des fausses-routes.*
fausset n. m. ♦ HOM. → fossé.
fausseté n. f.
faute n. f. Invariable dans les expressions : *faute de ; sans faute* (à coup sûr) ; *faire faute* (manquer) ; *ne pas se faire faute de* (ne pas manquer de).
fauter v. int.
fauteuil n. m.
fauteur, trice n. *Un fauteur de désordre(s) ; un fauteur de troubles.*
fautif, ive adj. et n.
fautivement adv.
fauve adj. et n. → tableau COULEURS D, p. 884. *Derain et Vlaminck furent des fauves.*
fauverie n. f.
fauvette n. f.
fauvisme [-is-] n. m.
faux, fausse adj. *De faux cils ; une voix fausse. Des mots commençant par faux,*

seuls ont un trait d'union ceux qui sont l'objet d'une entrée ci-après. On écrira donc : *faux bond, faux col, faux derche, faux témoignage.* etc. On n'écrit pas *le faux fils,* mais *le faufil.* ♦ N. m. *Cette signature est un faux. Un faux en écriture.* ♦ Adv. *Elle chante faux.* ♦ HOM. il *faut* (v. falloir), une *faux* (outil), un *fau* (variété de hêtre), le cœur me *faut* (v. faillir).

faux n. f. *La faux de la Mort* (personnage). ♦ HOM. → faux.

faux-bord n. m. *Des faux-bords.*

faux-bourdon n. m. (terme musical). *Des faux-bourdons.* Le *faux bourdon* (sans trait d'union) est le mâle de l'abeille.

faux-filet n. m. (autre nom du contre-filet). *Des faux-filets.*

faux-fuyant n. m. *Des faux-fuyants.*

faux-jeton n. m. (personne hypocrite). *Des faux-jetons.* Un *faux jeton* (sans trait d'union) est un jeton qui est faux.

faux-marcher n. m. (terme de vénerie). *Des faux-marchers.*

faux-monnayeur n. m. *Des faux-monnayeurs.*

faux-pont n. m. *Des faux-ponts.*

faux-quartier n. m. (affection du sabot du cheval). *Des faux-quartiers.*

faux-semblant n. m. *Des faux-semblants.*

faux-sens n. m. inv.

*****favela** (portugais) n. f. = bidonville, quartier misérable. *Des favelas.*

faverole → féverole.

faveur n. f. *En faveur de; à la faveur de.*

favisme [-is-] n. m.

favorable adj.

favorablement adv.

favori, ite adj. et n.

favoriser v. t.

favoritisme [-is-] n. m.

favus [-vus'] n. m.

fax n. m. (abrév. de *Téléfax*).

*****fax (to)** = télécopier.

faxer v. t.

fayard n. m.

fayot n. m.

fayoter v. int.

*****fazenda** (portugais) n. f. = grande propriété. *Des fazendas.*

F.C.P. sigle m. Fonds communs de placement.

féal, ale, aux adj.

*****feature extraction** = extraction automatique d'une catégorie de silhouettes (spat.).

*****feature pattern** = motif physionomique (spat.).

*****features** = varia, miscellanées.

fébricule n. f.

fébrifuge adj. et n. m.

fébrile adj.

fébrilement adv.

fébrilité n. f.

fécal, ale, aux adj.

fécalome n. m.

fèces n. f. pl. ♦ HOM. → fesse.

fécial → fétial.

fécond, e adj.

fécondabilité n. f.

fécondable adj.

fécondant, e adj.

fécondateur, trice adj. et n.

fécondation n. f.

féconder v. t.

fécondité n. f.

fécule n. f.

féculence n. f.

féculent, e adj. et n. m.

féculer v. t.

féculerie n. f.

féculier, ère adj.

*****fedayin** (arabe) n. m. *Des fedayin* [-in'] ou *des fedayine.*

fédéral, ale, aux adj. et n. m. → confédéré.

fédéralisation n. f.

fédéraliser v. t.

fédéralisme [-is-] n. m.

fédéraliste adj. et n.

fédérateur, trice adj. et n.

fédératif, ive adj.

fédération n. f. → raison sociale. *La fête de la Fédération* (1790).

fédéraux n. m. pl. (soldats du Nord dans la guerre de Sécession).

fédéré, e adj. et n. m. *Le mur des Fédérés* (au Père-Lachaise).

fédérer v. t. *Je fédère, nous fédérons, je fédérerai(s).* Conjug. 10.

fée n. f. *Un conte de fées; des doigts de fée; la pierre aux fées; la fée Carabosse.* ♦ HOM. → fait.

*****feed-back** n. m. inv. = rétroaction, rétrocontrôle.

*****feeder** n. m. = ligne d'alimentation, canalisation, coaxial (n. m.), conduite.

*****feeder ship** = navire collecteur.

*****feeding** n. m. = alimentation (méd.).

*****feed system** = circuit d'alimentation.

*feeling n. m. = sensibilité, émotion.

féerie [féri] n. f. (spectacle merveilleux). Ce mot n'a qu'un accent. ♦ HOM. férie (jour férié chez les Romains; jour de la semaine, hors le samedi, pour les catholiques).

féerique [férik'] adj. (qui est merveilleux). ♦ HOM. ferrique (pour un composé du fer).

*fees = commissions (écon.).

feignant ou faignant, e adj. et n. ♦ HOM. feignant (partic. prés. du v. feindre).

feijao n. m. (haricot noir du Brésil). ♦ Ne pas confondre avec feijoa (arbuste exotique aux fruits sucrés).

feijoa n. m. → feijao.

feindre v. t. et int. Conjug. 31.

feinte n. f.

feinter v. int. et t.

feinteur, euse n.

feintise n. f.

feld-maréchal n. m. Des feld-maréchaux.

feldspath n. m. Des feldspaths.

feldspathique adj.

feldspathoïde n. m.

*feldwebel (all.) n. m. = adjudant.

fêle ou felle n. f. (canne pour souffler le verre). ♦ HOM. il fêle une vitre (v. fêler).

fêlé, e adj.

fêler v. t.

felfel n. m.

félibre n. m.

félibrige n. m.

félicitation n. f.

félicité n. f. ♦ HOM. Félicité (prénom).

féliciter v. t.

félidé n. m.

félin, e adj. et n. m.

félinité n. f.

félir v. int. du 2ᵉ gr. Conjug. 24.

fellagha ou fellaga n. m.

fellah n. m. Pl. égyptien : fellahin; pl. fr. : fellahs.

fellation n. f.

felle → fêle.

félon, onne adj. et n.

félonie n. f.

felouque n. f.

fêlure n. f.

femelle n. f. et adj. → animal.

fémelot n. m.

féminin, e adj. et n. m. Féminin des adjectifs qualificatifs → tableau ADJECTIFS I, A, 2ᵒ, p. 859.

féminisant, e adj.

féminisation n. f.

féminiser v. t.

féminisme [-is-] n. m.

féministe n. et adj.

féminité n. f.

féminitude n. f.

F.E.M.I.S. sigle f. Fondation européenne des métiers de l'image et du son (anciennement : I.D.H.E.C.).

femme [fam'] n. f. Une maîtresse femme; une femme de chambre, de ménage; une femme de lettres; une femme poète; une femme professeur. Une sage-femme; une femme sage. Des remèdes de bonne femme. ♦ Les six femmes d'Henri VIII d'Angleterre furent : Catherine d'Aragon (répudiée), Anne Boleyn (décapitée), Jeanne Seymour (morte après un an de mariage), Anne de Clèves (répudiée), Catherine Howard (décapitée), Catherine Parr (qui vit mourir le roi).

femmelette [fam'lèt'] n. f.

femme-objet n. f. Des femmes-objets.

fémoral, ale, aux adj.

fémoro-cutané, e adj. Des névralgies fémoro-cutanées.

femto- [fèm'-] Préfixe qui divise par 10^{15}. Symbole : f. → hecto-; micro-.

femtomètre n. m.

fémur n. m.

fenaison n. f.

*fence = cloison de décrochage.

fendage n. m.

fendant adj. m. et n. m. (coup d'épée; variété de chasselas).

fendard ou fendart n. m.

fendeur n. m.

fendillé, e adj.

fendillement n. m.

fendiller v. t.

fendoir n. m.

fendre v. t. Conjug. 67. Fendre l'âme. Geler à pierre fendre.

fenestrage ou fenêtrage n. m.

fenestration n. f.

fenestré, e adj.

fenestron n. m.

fenêtrage → fenestrage.

fenêtre n. f.

fenêtrer v. t.

fenian, e adj.

fenil [-ni ou -nil'] n. m.

fennec [fénèk'] n. m.

fenouil [fenouy'] n. m.
fenouillet n. m.
fenouillette n. f.
fente n. f.
fenton → fanton.
fenugrec n. m.
féod*al, ale, aux* adj. et n. m.
féodalement adv.
féodalisation n. f.
féodalisme [-is-] n. m.
féodalité n. f.
F.E.O.G.A. sigle m. Fonds européen d'orientation et de garantie agricole.
fer [fèr] n. m. *L'âge du fer; du fer doux; des fers à cheval; des fers de lance; un fer à friser, à onduler, à repasser, à souder; un fer en H, en L, en I, en T, en U. Du fer battu; une discipline de fer; des coups de fer; des fils de fer. Un marin mis aux fers. Les quatre fers en l'air. La Croix de fer.* ♦ HOM. *faire* (v.), il *ferre* (v. ferrer).
féra n. f.
fer-à-cheval n. m. (plante; chauve-souris). *Des fers-à-cheval. Le fer destiné au cheval n'a pas ces traits d'union.*
féralies n. f. pl.
fer-blanc n. m.
ferblanterie n. f.
ferblantier n. m.
***feria** (espagnol) n. f. = fête.
féri*al, ale, aux* adj.
férie n. f. ♦ HOM. → féerie.
féri*é, e* adj.
féringien → féroïen.
férir v. t. Ne s'emploie qu'à l'infinitif *(sans coup férir)* et au participe passé *(féru).*
ferler v. t.
ferlouche → farlouche.
fermage n. m.
fermail n. m. *Des fermaux.*
ferm*ant, e* adj.
ferme adj. *La terre ferme. Il est ferme dans ses paroles.* ♦ Adv. *Il parle ferme. Elles marchandent ferme.* ♦ N. f. *Une ferme modèle; une ferme pilote; une ferme-école. Un bail à ferme; prendre des propriétés à ferme. Le charpentier assemble des fermes.*
ferm*é, e* adj.
fermement adv.
ferment n. m. (agent de fermentation). *Des ferments de discorde.* ♦ Homographe hétérophone : ils *ferment* [fèrm'] (v. fermer).
fermentable adj.
fermentat*if, ive* adj.
fermentation n. f.
ferment*é, e* adj.
fermenter v. int.
fermentescible adj.
fermenteur n. m.
ferme-porte n. m. *Des ferme-portes.*
fermer v. t.
fermeté n. f.
fermette n. f.
fermeture n. f.
fermi n. m. (unité de mesure : *3 fermis* ou *3 fm*). ♦ HOM. le savant Enrico *Fermi*.
ferm*ier, ère* n. *Un fermier général.* ♦ Adj. *Des poulets fermiers; une société fermière.*
fermion n. m.
fermium [-myom'] n. m. *Des fermiums.*
fermoir n. m.
féroce adj.
férocement adv.
férocité n. f.
Ferodo n. m. déposé inv.
féroïen ou **féringi*en, enne*** n. et adj. (des îles Féroé).
ferrade n. f.
ferrage n. m.
ferraillage n. m.
ferraille n. f.
ferraillement n. m.
ferrailler v. int.
ferrailleur n. m.
ferrallitique adj.
ferrate n. m.
ferratier ou **ferretier** n. m.
ferr*é, e* adj. *Des voies ferrées. Ils sont ferrés sur la question.* ♦ HOM. le Grand *Ferré* (XIVᵉ siècle).
ferrédoxine n. f.
ferrement n. m.
ferrer v. t.
ferret n. m.
ferretier → ferratier.
ferreur n. m.
ferr*eux, euse* adj.
ferricyanure n. m.
ferrière n. f.
ferrimagnétisme [-is-] n. m.
ferrique adj. *Du chlorure ferrique.* ♦ HOM. → féerique.
ferrite n. m. (céramique). ♦ N. f. (minerai de fer).
ferro n. m. (épreuve d'un cliché). → tableau PRÉFIXES C, p. 942.

ferroalliage n. m.
ferrocérium [-ryom'] n. m. *Des ferrocériums.*
ferrochrome n. m.
ferrociment n. m.
ferrocyanure n. m.
ferroélectricité n. f.
ferroélectrique adj.
ferromagnétique adj.
ferromagnétisme [-is-] n. m.
ferromanganèse n. m.
ferromolybdène n. m.
ferronickel n. m.
ferronnerie n. f.
ferronnier, ère adj. et n.
ferroprotéine n. f.
ferroprussiate n. m.
ferrosmectique adj.
ferroutage n. m.
ferrouter v. t.
ferroutier, ère adj. et n. m.
ferroviaire adj.
ferrugineux, euse adj.
ferrure n. f.
*****ferry-boat** n. m. = navire transbordeur, traversier, transbordeur. *Des ferry-boats.*
ferté n. f.
fertile adj.
Fertiligène n. m. déposé inv.
fertilisable adj.
fertilisant, e adj.
fertilisation n. f.
fertiliser v. t.
fertilité n. f.
féru, e adj.
férule n. f.
fervemment [-vaman] adv.
fervent, e adj.
ferveur n. f.
fesse n. f. (partie du postérieur). ♦ HOM. *fèces* (matières fécales).
fessée n. f.
fesse-mathieu n. m. *Des fesse-mathieux.*
fesser v. t.
fessier, ère adj. et n. m.
fessu, e adj.
festif, ive adj.
festin n. m.
festival n. m. *Des festivals.*
festivalier, ère n.
festivité n. f.
fest-noz n. m. (fête bretonne). *Des festou- -noz* ou *des fest-noz.*

festoiement n. m.
feston n. m.
festonnement n. m.
festonner v. t.
festoyer v. int. Conjug. 6.
feta n. f. (fromage grec).
fétard, e n.
fête n. f. *Des airs de fête. On leur fit fête. Être à pareille fête. Un trouble-fête.*
♦ → date ; ♦ HOM. le *faîte* (sommet), vous *faites* (v. faire), il *fête* (v. fêter), c'est chose *faite* (adj.).
Fête-Dieu n. f. inv.
fêter v. t.
fétial ou **fécial** adj. n. m. *Des fétiaux ; des féciaux.*
fétiche n. m.
féticheur n. m.
fétichiser v. t.
fétichisme [-is-] n. m.
fétichiste adj. et n.
fétide adj.
fétidité n. f.
fétu n. m. *Des fétus de paille.*
fétuque n. f.
feu 1° Du latin *focus* ; avec le pluriel en *x*. N. *Les feux d'artifice, de Bengale, de camp, de cheminée, de croisement, d'enfer, de joie, de mouillage, de paille, de position, du rasoir, de route, de signalisation. Des armes à feu ; des coups de feu ; des bouches à feu ; feu à éclats ; feu grégeois ; à feu et à sang ; la main au feu ; sans feu ni lieu ; les feux Saint-Elme ; la Terre de Feu ; un bateau-feu ; halte au feu!* ♦ Adj. inv. *Des robes feu.* ♦ Interj. *L'adjudant cria : Feu!* 2° Du latin *fatum* ; avec le pluriel en *s*. ♦ Adj. S'emploie exclusivement pour quelqu'un que l'on a connu vivant. *La feue reine. Feu la reine.* Pour son accord → tableau ADJECTIFS I, A, 3°, C, p. 861.
feudataire n.
feudiste n.
feuil n. m. (mince pellicule, film).
feuillage n. m. Pour un feuillage vrai : *un écran de feuillage ; un arc fait de feuillage.* Pour la représentation imprimée : *un tissu à grands feuillages.*
feuillaison n. f.
feuillant, antine n. → religieux. Pendant la Révolution, il y eut le *club des Feuillants.*
feuillard n. m.
feuille n. f. *Des feuilles de chou, de route, de déplacement.*
feuillée n. f.

feuille-morte adj. inv. *Des tons feuille--morte*. Pas de trait d'union s'il s'agit réellement de feuilles tombées d'un arbre. *Il ramasse les feuilles mortes*.
feuiller v. int.
feuilleret n. m.
feuillet n. m.
feuilletage n. m.
feuilleté, e adj. et n. m.
feuilleter v. t. *Il feuillette*. Conjug. 14.
feuilletis [-ti] n. m.
feuilleton n. m. *Un roman-feuilleton*.
feuilletonesque adj.
feuilletoniste n.
feuillette n. f.
feuillu, e adj.
feuillure n. f.
feulement n. m.
feuler v. int.
feutrage n. m.
feutre n. m.
feutré, e adj.
feutrer v. t. et int.
feutrine n. f.
fève n. f.
féverole ou **faverole** n. f.
févier n. m.
février n. m. S'écrit sans majuscule.
fez [fèz'] n. m. (coiffure). ♦ HOM. *Fès* ou *Fez* (ville marocaine).
*****F.F.A.** (*free from alongside*) = sous palan.
fg Symbole de la *frigorie*.
fi! interj. *Fi! monsieur, cela ne se fait pas. Fi donc! dit-elle. Ils font fi de nos conseils.* ♦ HOM. il *fit* bien (v. faire), ne t'y *fie* pas (v. se fier).
fiabiliser v. t.
fiabiliste adj. et n.
fiabilité n. f.
fiable adj.
fiacre n. m.
fiançailles n. f. pl.
fiancé, e n.
fiancer v. t. et pr. *Nous nous fiançons*. Conjug. 2.
fiasco n. m. *Des fiascos*.
fiasque n. f.
*****fiat** (lat.) = que cela soit fait. S'emploie en français comme n. m. inv. ♦ HOM. *Fiat* (firme italienne).
*****fiat lux** (lat.) = que la lumière soit.
*****fiberlike material** = matériau fibreux (urb.).

fibranne n. f.
Fibravyl n. m. déposé inv. (tissu).
fibre n. f. *Des fibres de verre*.
fibreux, euse adj.
fibrillaire [-brilèr'] adj.
fibrillation [-brila-] n. f.
fibrille [-briy'] n. f.
fibrillé [-briyé] n. m.
fibrine n. f.
fibrineux, euse adj.
fibrinogène n. m.
fibrinolyse n. f.
fibrinolytique adj. et n. m.
fibroblaste n. m.
Fibrociment n. m. déposé inv.
fibroïne n. f.
fibromateux, euse adj.
fibromatose n. f.
fibrome n. m.
fibromyome n. m.
fibroscope n. m.
fibroscopie n. f.
fibrose n. f.
fibule n. f.
fic n. m.
ficaire n. f.
ficelage n. m.
ficelé, e adj.
ficeler v. t. *Je ficelle*. Conjug. 13.
ficelle n. f. *Une broderie de ficelle*. ♦ Adj. *Ces gamines sont ficelles*.
ficellerie n. f.
fichage n. m.
fichant, e adj.
fiche n. f. *Des fiches de consolation*.
ficher v. t. Il y a deux verbes *ficher*. Le premier (inscrire sur une fiche, planter par la pointe) a une conjugaison très régulière du 1er groupe. Le second (dans le sens argotique de *mettre, jeter*) a un infinitif parlé curieux : *fiche* (*Il faut le fiche dehors*). Sa conjugaison est celle du 1er groupe, sauf pour le participe passé : *fichu* (au sens de *mis, perdu* ou *capable*).
fichet n. m.
fichier n. m.
fichiste n.
fichoir n. m.
fichtre! interj. *Fichtre! je ne m'en serais pas douté*.
fichtrement adv.
fichu, e adj. *Un fichu caractère*. ♦ Partic. passé. *Il n'a rien fichu*. ♦ N. m. *Un fichu de laine*.

fichûment adv.
fictif, ive adj.
fiction n. f. (fable, création de l'imagination). ♦ HOM. nous *fixions* (v. fixer).
fictionnel, elle adj.
fictivement adv.
ficus [-us'] n. m.
fidéicommis [-mi] n. m.
fidéicommissaire adj.
fidéisme [-is-] n. m.
fidéiste adj. et n.
fidéjusseur n. m.
fidèle adj. et n.
fidèlement adv.
fidélisation n. f.
fidéliser v. t.
fidélité n. f. *Des enregistrements de haute-fidélité.* → haute.
F.I.D.E.S. sigle m. Fonds d'investissement pour le développement économique et social.
fidjien, enne adj. et n. (des îles Fidji).
fiduciaire adj. et n. m.
fiduciairement adv.
fiducie n. f.
fief [fièf'] n. m.
fieffé, e adj.
fieffer v. t.
fiel n. m.
*field drain = drain (agr.).
*field drainage = drainage agricole.
*field programmable gate array = prédiffusé programmable (électron.).
*field work = travail de terrain (pub.).
fielleux, euse adj.
fiente n. f.
fienter v. int.
fier, fière [fyèr'] adj. et n. ♦ Homographe hétérophone : ne pas s'y *fier* [fyé].
fier (se) v. pr. Conjug. 17. *Elle s'était fiée à lui.* ♦ Il y a homophonie pour le singulier du présent de l'indicatif du verbe **se fier** *(je me fie, tu te fies, il se fie)* et le passé simple du verbe **faire** *(je fis, tu fis, il fit).*
fier-à-bras [fyèr'-] n. m. *Des fier(s)-à-bras.*
fièrement adv.
fiérot, e adj. et n.
fierté n. f.
*fiesta (esp.) n. f. = fête, partie de plaisir.
fieu n. m. (fils). *Des fieux.*
fièvre n. f.
fiévreusement adv.
fiévreux, euse adj.
fifille n. f.

fifre n. m.
fifrelin n. m.
*fifty-fifty = par moitié, moitié-moitié. Cette locution adverbiale est aussi employée comme nom masculin pour désigner un yacht naviguant à la voile et au moteur. *Des fifty-fifties.*
figaro n. m. (allusion au personnage de *Figaro* dans les pièces de Beaumarchais). *Le journal* Le Figaro.
figé, e adj.
figement n. m.
figer v. t. *Il figeait.* Conjug. 3.
fignolage n. m.
fignoler v. t. ou int.
fignoleur, euse n. et adj.
figue n. f. *La figue caque; la figue de Barbarie. Des accueils mi-figue, mi-raisin.*
figuerie n. f.
figuier n. m. *Un figuier de Barbarie.*
figuline n. f.
figurant, e n.
figuratif, ive adj. et n.
figuration n. f.
figure n. f. *Ils nous ont fait bonne figure.* Invariable également dans les expressions : *prendre figure, faire figure de.* ♦ *Figures de grammaire.*
figuré, e adj. et n. m.
figurément adv.
figurer v. t. et int. *Elle s'était figuré que.*
figurine n. f.
figurisme [-is-] n. m.
figuriste n.
fil n. m. *De fil en aiguille; au fil de l'eau; au fil de l'épée; un fil à plomb, des fils à plomb; un fil de fer, des fils de fer; le droit-fil; cousu de fil blanc; des fils de la Vierge; séparer fil à fil. Un tissu fil-à-fil.* ♦ HOM. une *file* (rangée), il *file* (v.).
filable adj.
fil-à-fil n. m. inv. *Un fil-à-fil; des complets fil-à-fil.*
filage n. m.
filaire adj. *Un appareil filaire.* ♦ N. f. (ver parasite).
filament n. m.
filamenteux, euse adj.
filandière n. f. et adj. f.
filandre n. f.
filandreux, euse adj.
filant, e adj.
filanzane n. m.
filao n. m.
filarien, enne adj. et n.

filariose n. f.
filasse n. f. et adj. inv. *Des cheveux filasse.*
filateur n. m.
filature n. f.
fildefériste n.
file n. f. *En file indienne; des chefs de file.* ♦ HOM. → fil.
filé n. m. ♦ HOM. → filet.
filer v. t. et int. *Ce navire file 12 nœuds. Ils filent doux.* ♦ HOM. → filet.
filet n. m. *Des coups de filet; des filets à poissons; des filets de poisson; du faux-filet; du contre-filet.* ♦ HOM. *filé* (fil de tissage), *filer* (v.).
filetage n. m.
fileté n. m.
fileter v. t. *Il filète.* Conjug. 12.
fileur, euse n.
filial, ale, aux adj.
filiale n. f.
filialement adv.
filialisation n. f. (création de filiales).
filialiser v. t.
filiation n. f. (lien familial).
filibeg → philibeg.
filicale n. f.
filicinée n. f.
filière n. f. *La filière uranium naturel-graphite-gaz carbonique.*
filiforage n. m.
filiforme adj.
filigrane n. m. *En filigrane* (inv.).
filigraner v. t.
filin n. m.
*****filing in** = remplissage (génét.).
filipendule n. f.
fillasse [fi-yas'] n. f.
fille n. f. *Une fille mère, des filles mères; des filles de salle.*
*****filler** = fines (n. f. pl.), roches broyées (bât.).
fillér n. m. (monnaie hongroise).
fillérisé, e adj.
fillette n. f.
filleul, e n.
*****fill-in** = interlude (aud.).
film n. m. *Des films de cape et d'épée.*
filmage n. m.
*****film boiling** = caléfaction (nucl.).
*****film cooling** = refroidissement par film fluide, refroidissement pelliculaire.
filmer v. t.
filmique adj.
film-livre n. m. *Des films-livres.*

filmogène adj. (qui forme un feuil).
filmographie n. f.
filmologie n. f.
filmothèque n. f.
filoche n. f.
filocher v. int.
filoguidé, e adj.
filoir n. m.
filon n. m.
filonien, enne adj.
filoselle [-zèl'] n. f.
filou, te n. *Des filous.*
filoutage n. m.
filouter v. t. et int.
filouterie n. f.
fils [fis'] n. m. *De père en fils; les fils à papa; le beau-fils. Dupont et fils. Cochin le Fils* (surnom). *Les Fils de Charles Dupont* (raison sociale). *Le Fils de l'homme* (Jésus-Christ). ♦ HOM. *que je fisse* (v. faire). ♦ Homographe hétérophone : les *fils* [fil'] emmêlés.
*****filtered image** = image filtrée (spat.).
*****filter hybridization** = hybridation sur filtre (génét.).
*****filtering** = filtrage numérique (spat.).
filtrable adj.
filtrage n. m.
filtrant, e adj.
filtrat [-tra] n. m.
filtration n. f.
filtre n. m. (appareil pour purifier, intercepter). *Un café filtre, des cafés filtres.* ♦ HOM. *philtre* (breuvage propre à stimuler une passion).
filtre-presse n. m. *Des filtres-presses.*
filtrer v. t. et int.
fin n. f. *Le mot de la fin; mener à bonne fin; en fin de compte; sans fin; une fin de non-recevoir; des mobiliers fin de siècle; aux fins de; à toutes fins utiles; arriver à ses fins.* ♦ HOM. *fin* (adj.), *avoir faim* (n. f.), *il feint* (v. feindre).
fin, fine adj. *Des filaments très fins; la fine fleur; jouer au plus fin; le fin fond; le fin mot; des fines herbes.* ♦ Adv. *Elle est fin prête. Ils sont fin soûls.* ♦ Adv. ou adj. *Ils sont coupés fin(s).* ♦ N. m. *Cette couturière est spécialisée dans le fin; du demi-fin.* ♦ HOM. → fin.
finage n. m.
final, ale, als ou **Aux** adj. *Le point final, la partie finale, les objectifs finals.* ♦ N. m. (fin d'une œuvre musicale importante). *Un finale, des finales* ou *un final, des finals.* ♦ N. f. (dernière lettre d'un mot;

dernière épreuve sportive jouée par élimination; note tonique d'un morceau de musique). *Ils sont parvenus en finale. Les initiales et les finales.*

finalement adv.
finalisation n. f.
finaliser v. t.
finalisme [-is-] n. m.
finaliste n. et adj.
finalité n. f.
*****finalize (to)** = terminer, achever (et non *finaliser*).
*****final sprint** = emballage (sport).
finançable adj.
finance n. f. *La loi de finances; des gens de finance; moyennant finance; la haute finance; finances publiques; finances locales; le ministre des Finances; le surintendant des Finances.*
financement n. m.
financer v. int. et t. *Il finançait.* Conjug. 2.
*****financial futures** = contrat à terme d'instrument financier, ou CATIF (écon.).
*****financial futures market** = marché à terme d'instruments financiers, ou MATIF (écon.).
*****financial lease** = bail financier (transp.).
financiariser v. t.
financi*er*, *ère* adj. et n. *Des vol-au-vent financière.*
financièrement adv.
finasser v. int.
finasserie n. f.
finass*eur*, *euse* n.
finassi*er*, *ère* n.
finaud, *e* adj. et n.
finauderie n. f.
fine n. f. *Une fine champagne provient de la Petite ou de la Grande Champagne* (Charente). ♦ N. pl. (houille menue; matériau à grains fins). *Les fines.* ♦ HOM. *fine* (fém. de fin).
*****fine control rod** = barre de pilotage (nucl.).
fine de claire n. f. *Des fines de claire.*
finement adv.
finerie n. f.
fines → fine.
finesse n. f.
finette n. f.
*****finger** n. m. = jetée.
fini, *e* adj. *Un travail fini; des coquins finis.* ♦ N. m. *Le fini de ce bibelot. Le fini et l'infini.*
finir v. t. et int. du 2ᵉ gr. → tableau VERBES IX, p. 969. *Il veut en finir.* → tableau PARTICIPE PASSÉ III, D, 3°, p. 920.

*****finish** n. m. = dernier effort, emballage. ♦ *Au finish* [-nich'] loc. adv. = à l'usure, à l'endurance, à l'arraché.
*****finisher** = finisseur.
finissage n. m.
finissant, *e* adj.
finiss*eur*, *euse* n.
finissure n. f.
finistéri*en*, *enne* adj. et n.
finition n. f.
finitisme [-is-] n. m.
finitude n. f.
finlandais, *e* adj. *La forêt finlandaise.* ♦ N. *Les Finlandais* (de Finlande).
finlandisation n. f.
finlandiser v. t.
Finn n. m. déposé inv. (voilier).
finnois, *e* adj. *La toundra finnoise.* ♦ N. *Les Finnois* (de Russie et de Finlande) *parlent le finnois.*
finno-ougri*en*, *enne* adj. et n. m. *Le finno-ougrien est un groupe linguistique.*
fiole n. f.
fion n. m. *Le coup de fion.*
fioriture n. f. *Il écrit sans fioritures.*
fioul n. m. *Du fioul domestique.* → *****fuel-oil.
*****firing window** = créneau de lancement (spat.).
firmament n. m.
firman n. m.
firme n. f. → raison sociale et tableau MAJUSCULES B, 8°, p. 904.
*****firmware** = microprogramme (inf.).
*****first floor** = rez-de-chaussée (urb.).
*****first in, first out**, ou **Fifo** = premier entré, premier sorti, ou PEPS (écon.).
fisc n. m.
fiscal, *ale*, *aux* adj.
fiscalement adv.
fiscalisation n. f.
fiscaliser v. t.
fiscaliste n.
fiscalité n. f.
*****fish-eye** n. m. = objectif grand angle. *Des fish-eyes.*
*****fish farming** = pisciculture.
*****fissa** (arabe) = vite.
fissible adj.
fissile adj.
fission n. f. *La fission nucléaire.* ♦ HOM. que nous *fissions* (v. faire).
fissionner v. t. et int.
fissiparité n. f.

fissuration n. f.
fissure n. f.
fissurer v. t.
fiston n. m. (fils).
fistot [-sto] n. m. (en première année de l'École navale).
fistulaire adj.
fistule n. f.
fistuleux, euse adj.
fistuline n. f.
*****fitness** = remise en forme (sport).
*****fittings** = raccorderie (pétr.).
F.I.V. sigle f. Fécondation *in vitro*.
*****five-o'clock** n. m. inv. = thé de cinq heures.
FIVETE [-vèt'] sigle f. Fécondation *in vitro* et transplantation d'embryon.
*****fix** = réparation, modification, point fixe.
fixage n. m.
fixa*teur, trice* adj. et n. m.
fixa*tif, ive* adj. et n. m.
fixation n. f.
fixe adj. *Des prix fixes.* ♦ N. m. *Il touche un fixe et une commission.* ♦ Interj. *Fixe!*
fixé, e adj. et n. m.
fixe-chaussette n. m. *Des fixe-chaussettes.*
fixement adv.
fixe-nappe n. m. *Des fixe-nappes.*
fixer v. t.
fix*eur, euse* n.
*****fixing** n. m. = cours arrêté, cotation de l'or en barre, fixage (écon.).
fixisme [-is-] n. m.
fixiste adj. et n.
fixité n. f.
fjeld [fyèld'] n. m.
fjord [fyord'] n. m. *Les fjords norvégiens.*
*****fkih** (arabe) = lettré, professeur.
fla n. m. inv. *Les ra et les fla sur le tambour.*
flabellum [-lom'] n. m. *Des flabella.*
flac! interj. (pour imiter un bruit). ♦ HOM. *flaque* d'eau.
flaccidité [flaksi-] n. f.
flache n. f. (endroit écorcé sur un tronc; inégalité d'un pavage). ♦ HOM. *flash* (éclair).
flacherie n. f.
flach*eux, euse* adj.
flacon n. m.
flaconnage n. m.
flaconnier n. m.
fla-fla n. m. *Des fla-flas.*
flagada adj. inv.

flagellaire adj.
flagellant n. m.
flagellateur n. m.
flagellation n. f.
flagelle n. m.
flagellé, e adj. et n. m.
flageller v. t.
flagellum [-lom'] n. m. *Des flagella.*
flageolant, e adj.
flageoler v. int.
flageolet n. m.
flagorner v. t.
flagornerie n. f.
flagorn*eur, euse* n. et adj.
flagrance n. f.
flagrant, e adj.
*****flagstone level** = rez-de-dalle (urb.).
flair n. m.
flairer v. t.
flair*eur, euse* n. et adj.
flamand, e adj. *Les provinces flamandes.* ♦ N. *Une Flamande* (de Flandre). *Ils parlent le flamand.* ♦ HOM. un *flamant* (oiseau).
flamant n. m. ♦ HOM. → flamand.
flambage n. m.
flambant, e adj. *De la houille flambante.* ♦ Adv. *Des manteaux flambant neufs.*
flambard ou **flambart** n. m.
flambe n. f. (épée).
flambeau n. m. *Des flambeaux. Le flambeau de la liberté. Une retraite aux flambeaux.*
flambée n. f.
flambement n. m.
flamber v. t. et int.
flamberge n. f.
flamb*eur, euse* n.
flamboiement n. m.
flamboyance n. f.
flamboyant, e adj. et n. m. *Le flamboyant est le poinsettia.*
flamboyer v. int. *Il flamboiera.* Conjug. 6.
flamenc*o, ca* [-mèn'-] n. m. (musique). *Le flamenco.* ♦ N. f. (danse). *Danser la flamenca.* ♦ Adj. *Un rythme flamenco; une romance flamenca.*
flamiche n. f.
flamine n. m.
flamingant, e adj. et n.
flamingantisme [-is-] n. m.
flamme n. f. *Jeter feu et flammes; tout feu tout flammes; discours plein de flamme; une maison en flammes; descendre en flammes.*

FLAMMÉ

flammé, e adj.
flammèche n. f.
flammeküeche n. f. (tarte flambée alsacienne).
*****Flammenwerfer** (all.) = lance-flamme.
flammerole n. f.
flan n. m. (pâtisserie; disque de métal; empreinte d'une page de journal; plaisanterie). *C'est du flan!* ♦ HOM. *flanc* (côté du corps ou d'une chose).
flanc n. m. *À flanc de coteau; être sur le flanc; tirer au flanc.* ♦ HOM. → flan.
flanc-garde n. f. *Des flancs-gardes.*
flancher v. int.
flanchet n. m.
flanconade n. f.
flandricisme [-is-] n. m.
flandrin n. m.
flâne n. f.
flanelle n. f.
flâner v. int.
flânerie n. f.
flâneur, euse n.
flanquement n. m.
flanquer v. t.
flapi, e adj.
flaque n. f. ♦ HOM. → flac.
*****flare** n. m. = fusée éclairante, fusée de signalisation (déf.); épanoui (n. m.; techn.).
*****flare-out** = arrondi, n. m.
*****flash** n. m. = éclair, nouvelle éclair. *Des flashes.* ♦ HOM. → flache.
flashage n. m.
flashant, e adj.
*****flash-back** n. m. = retour en arrière, rétrospective (cin.). *Des flash-backs.*
flasher v. t. ind. *Il flasha sur sa vedette.*
*****flash-to-bang time** = intervalle éclair--son (déf.).
flasque adj. *Des joues flasques.* ♦ N. m. (partie plate latérale d'une machine, d'une roue). ♦ N. f. (flacon plat).
flat [fla] adj. m. *Des vers à soie flats.* ♦ N. m. [flat] (petit studio).
*****flat fee** = commission immédiate (écon.).
*****flat-four** = quadricylindre à plat.
flatter v. t. *Elle s'est flattée de réussir.*
flatterie n. f.
flatteur, euse adj. et n.
flatteusement adv.
*****flat-twin** = bicylindre à plat.
flatulence n. f.
flatulent, e adj.
flatuosité n. f.
flavescent, e adj.
flaveur n. f.
flavine n. f.
fléau n. m. *Des fléaux. Un fléau d'armes.*
fléchage n. m.
flèche n. f. *Être en flèche* (inv.); *chevaux attelés en flèche; faire flèche de tout bois.*
fléché, e adj.
flécher v. t. *Je flèche, nous fléchons, je flécherai(s).* Conjug. 10.
fléchette n. f.
fléchir v. t. et int. du 2ᵉ gr. Conjug. 24.
fléchissement n. m.
fléchisseur adj. et n. m.
flegmatique adj. et n.
flegmatiquement adv.
flegmatisant n. m.
flegme n. m.
flegmon → phlegmon.
flein n. m.
flémingite n. f.
flemmard, e adj.
flemmarder v. int.
flemmardise n. f.
flemme [flèm'] n. f.
fléole ou **phléole** n. f.
flet [flè] n. m.
flétan n. m.
flétrir v. t. du 2ᵉ gr. Conjug. 24.
flétrissure n. f.
flette n. f.
*****flettner** = compensateur.
fleur n. f. *Fleur de lis; à fleur de peau; à fleur de terre; des fleurs en grappe; un pot de fleurs; un vase à fleurs; une étoffe à fleurs; eau de fleur(s) d'oranger; des boutons à fleur; ils sont fleur bleue.* L'expression « en fleur » est au singulier pour désigner les fleurs de même espèce. *Des cerisiers en fleur; aubépines en fleur; un arbre en fleur.* On emploie le pluriel s'il y a plusieurs sortes de fleurs. *Une prairie en fleurs. Des arbres en fleur(s).*
fleurage n. m.
fleurdelisé, e adj.
fleurer v. int. *Ces gâteaux fleurent bon.*
fleuret n. m.
fleureter v. int. *Il fleurette.* Conjug. 14.
fleurette n. f. *Ils lui contaient fleurette.*
fleurettiste n.
fleuri, e adj.
fleurir v. t. et int. du 2ᵉ gr. Conjug. 24. Ce verbe a deux imparfaits (*il fleurissait, il*

florissait) et deux participes présents (*fleurissant, florissant*). La deuxième forme ne s'emploie qu'au sens figuré (prospérer). *Les pommiers fleurissaient. L'entreprise florissait.*

fleuriste adj. et n.
fleuristerie n. f.
fleuron n. m.
fleuronné, e adj.
fleuve n. m. *Le fleuve Jaune; un roman-fleuve; un débat-fleuve; un discours-fleuve.*
flexibiliser v. t.
flexibilité n. f.
***flexibility** = flexibilité (urb.).
flexible adj.
flexion [flèksyon] n. f.
flexionnel, elle adj.
flexographie n. f.
flexueux, euse adj.
flexuosité n. f.
flexure n. f.
flibuste n. f.
flibuster v. int. et t.
flibustier n. m.
flic n. m.
flicage n. m.
flicaille n. f.
flicard n. m.
flic-flac n. m. *Le flic-flac de ses pas.* Mais l'onomatopée s'écrit sans trait d'union. *Ses souliers font flic flac.*
***flight log** = journal de bord.
***flight recorder** = enregistreur de vol.
***flight simulator** = simulateur de vol.
flingot n. m.
flingue n. m.
flinguer v. t. *Il flinguait.* Conjug. 4.
flingueur, euse n. et adj.
***flint** ou ***flint-glass** n. m. = verre d'optique. *Des flint-glasses.*
flip n. m.
flipot n. m.
flippant, e adj.
flipper v. int.
***flipper** n. m. = billard électrique.
fliquer v. t.
flirt [fleurt'] n. m.
flirter [fleur'-] v. int.
flirteur, euse [fleur'-] adj. et n.
***float** = flottant, (n. m.; écon.).
floc! interj.
flocage n. m.
floche n. m. et adj. *Des quintes floches.*

***flock-book** n. m. = registre des moutons.
flocon n. m.
floconner v. int.
floconneux, euse adj.
floculant n. m.
floculation n. f.
floculer v. int.
flonflon n. m. *Des flonflons.*
flood [fleud'] adj. inv. *Des lampes flood.*
***floor (interest rate)** = taux plancher (écon.).
***floor opening** = trémie (urb.).
***floorplan** = plan de masse.
flop n. m. (une opération d'ordinateur). *Cet ordinateur réalise 16 mégaflops par seconde* (16 milliards d'opérations).
***flop** n. m. = échec.
flopée n. f.
***floppy disk** = disquette (inf.).
floqué, e adj.
floquer v. t.
floraison n. f.
floral, ale, aux adj.
floralies n. f. pl.
flore n. f. *La flore d'une région. La déesse Flore.*
floréal n. m. sing.
florence n. f. *Des crins de florence.* ♦ HOM. *Florence* (prénom ; ville).
florentin, e adj. *Un musée florentin.* ♦ N. *Les Florentins* (de Florence).
florès [-rès'] n. m. *Ils ont fait florès.*
floribondité n. f.
floricole adj.
floriculture n. f.
floridée n. f.
florifère adj.
florilège n. m.
florin n. m.
florissant, e adj. → fleurir.
floristique adj.
flot n. m. *Les bateaux sont à flot; l'eau coule à flots; des flots d'harmonie, de fumée, de lumière, de pétrole; un flot de dentelles, d'injures, de promeneurs, de rubans. Un bassin à flot.*
flottabilité n. f.
flottable adj.
flottage n. m.
flottaison n. f.
flottant, e adj. et n. m.
flottard n. m.
flottation n. f.
flotte n. f. *La flotte française.*

flottement n. m.
flotter v. int.
flotteur n. m.
flottille n. f.
flou, e adj. *Des contours flous; une pensée floue.* ♦ Adv. *Sans ses lunettes, elle voit flou.* ♦ N. m. *Elle coud le flou. Une photo, une histoire avec des flous.*
flouer v. t. Conjug. 19.
*****flouse, flouze** ou **flouss** (arabe) n. m. = argent.
flouve n. f.
*****flow chart** = schéma dynamique, ordinogramme (écon.).
*****flow depth** = tirant d'eau (mer).
fluage n. m.
fluatation n. f.
fluate n. m.
fluctuant, e adj.
fluctuation n. f.
*****fluctuat nec mergitur** (lat.) = il est ballotté mais ne sombre pas.
fluctuer v. int. Conjug. 18.
*****flue** = carneau (spat.).
fluence n. f.
fluent, e adj.
fluer v. int. Conjug. 18.
flu*et, ette* adj.
fluide adj. et n. m.
fluidifiant, e adj. et n. m.
fluidification n. f.
fluidifier v. t. Conjug. 17.
fluidique adj. et n. f.
fluidisation n. f.
fluidiser v. t.
fluidité n. f.
fluographie n. f.
fluor n. m.
fluoration n. f.
fluoré, e adj.
fluorescéine [-résé-] n. f.
fluorescéinique adj.
fluorescence n. f.
fluorescent, e adj.
fluorhydrique adj.
fluorine ou **fluorite** n. f.
fluorisation n. f.
fluorocarbone n. m.
fluorodétecteur n. m.
fluorographie n. f.
fluorose n. f.
fluorure n. m.
fluotournage n. m.

*****flush** n. m. = floche (au poker); bouffée congestive (méd.).
flustre n. f.
flûte n. f. *Une flûte de Pan.* ♦ Interj. *Flûte!*
flûté, e adj.
flûteau n. m. *Des flûteaux.*
flûter v. int.
flûtiau n. m. *Des flûtiaux.*
flûtiste n.
*****flutter** = flottement (aviation).
fluvi*al, ale, aux* adj.
fluviarum [-rom'] n. m. *Des fluviara.*
fluviatile adj.
fluvio-glaciaire adj. *Des cônes fluvio-glaciaires.*
fluviographe ou **fluviomètre** n. m.
fluviométrique adj.
flux [flu] n. m. *Un flux de paroles, de sang.*
fluxion n. f.
fluxmètre [flumètr'] n. m.
*****fly-by-wire** = commande de vol électrique (déf.).
flysch [flich'] n. m. *Des flyschs.*
fm Symbole du *fermi.*
F.M. sigle m. Fusil-mitrailleur.
*****F.M.** (*frequency modulation) = modulation de fréquence.
F.M.E. sigle m. Fonds de modernisation et d'équipement.
F.M.I. sigle m. Fonds monétaire international.
F.N.S.E.A. sigle f. Fédération nationale des syndicats d'exploitants agricoles.
*****foam material** = matériau alvéolaire (urb.).
*****F.O.B.** ou **FOB** adj. inv. (*free on board) = franco à bord. *Des ventes fob. Je ne pourrais vous vendre ces matériaux que fob.*
foc n. m. *Le foc d'artimon* (voile). ♦ HOM. → *phoque.*
foc*al, ale, aux* adj. et n. f.
focalisation n. f.
focaliser v. t.
focomètre n. m.
fœhn ou **föhn** [feûn'] n. m.
foëne, foène ou **fouëne** [fwèn'] n. f.
fœt*al, ale, aux* [fé-] adj.
fœticide [fé-] adj. et n.
fœtologie [fé-] n. f.
fœto-matern*el, elle* [fé-] adj. *Des troubles fœto-maternels.*
fœtopathie [fé-] n. f.
fœtoscopie [fé-] n. f.

fœtus [fétus'] n. m.

fofolle n. f. et adj. f.

*****fog dispersal** = dénébulation.

*****fog dispersal device** = dénébulateur.

*****foggara** (arabe) n. f. = galerie souterraine d'irrigation (dite *khottara* au Maroc).

föhn → fœhn.

foi n. f. *Être de bonne foi, de mauvaise foi. Ces textes font foi; ni foi ni loi; témoins dignes de foi; avoir foi en l'avenir; homme de peu de foi; la foi du charbonnier; faire foi; en foi de quoi; la foi en Dieu.* ♦ HOM. → *fois.*

foie n. m. *Pâté de foie gras; ils ont mal au foie; avoir les foies.* ♦ HOM. → *fois.*

foie-de-bœuf n. m. (champignon). *Des foies-de-bœuf.*

*****foil** = aile, patin de glissade. → *hydrofoil.

foin n. m. *Des meules de foin; faire du foin.*
♦ Interj. *Foin de tous ces hâbleurs!*

foirade n. f.

foirail n. m. *Des foirails.*

foiral n. m. *Des foirals.*

foire n. f. *La foire du Trône, la foire de Lyon. La Foire de Paris.*

foirer v. int.

foireux, euse n. et adj.

foirolle n. f.

fois n. f. *Trois fois. Il était une fois. Pas plus de dix à la fois. Une fois pour toutes.*
→ multiplication. ♦ HOM. foi (croyance, fidélité), foie (organe des vertébrés), Foix (ville).

foison n. f.

foisonnant, e adj.

foisonnement n. m.

foisonner v. int.

fol → fou.

folasse adj. f. et n. f.

folâtre adj.

folâtrer v. int.

folâtrerie n. f.

*****folder** = dépliant (tourisme); porte-annonces (aud.).

*****folder-test** = test de porte-annonces (aud., pub.).

*****folding** = pliant (photo).

foliacé, e adj.

foliaire adj.

foliation n. f.

folichon, onne adj.

folichonner v. int.

folie n. f. *Un accès de folie; aimer avec folie. Le prince fit édifier là une folie. Les Folies-Bergère.* → phobie.

folié, e adj.

folio n. m. (feuille; numéro de page). *Des folios.* ♦ HOM. le *foliot* des vieilles horloges (balancier).

foliole n. f.

foliot n. m. ♦ HOM. → folio.

foliotage n. m.

folioter v. t.

folioteur n. m.

folique adj. *L'acide folique des épinards.*

folk n. m. et adj. (abrév. de *folksong*). *Des musiciens folks.*

folklo adj. inv. en genre (abrév. de *folklorique*). *Des chansons folklos.*

folklore n. m.

folklorique adj.

folkloriser v. t.

folkloriste n.

*****folk song** = chant américain.

folle adj. et n. → fou. ♦ N. f. (filet de pêche).

follement adv.

follet, ette adj. *Des feux follets; des poils follets.*

folliculaire adj.

follicule n. m.

folliculine n. f.

folliculite n. f.

*****follow through** = traversée (golf).

*****follow up study** = suivi, suites, surveillance.

fomentateur, trice n.

fomentation n. f.

fomenter v. t.

fomenteur, euse n.

fonçage n. m.

fonçaille n. f.

foncé, e adj.

foncer v. t. et int. *Nous fonçons.* Conjug. 2.

fonceur, euse adj. et n.

foncier, ère adj. et n. m.

foncièrement adv.

foncteur n. m.

fonction n. f. *Faire fonction de; entrer en fonctions; en fonction de. Les pensions sont fonction des salaires. Logement, voiture de fonction(s); la fonction publique; secrétariat d'État à la Fonction publique.*
♦ *Fonctions grammaticales des mots*
→ apposition, épithète.

fonctionnaire n. m.

fonctionnaliser v. t.

fonctionnalisme [-is-] n. m.

fonctionnaliste adj. et n.

fonctionnalité n. f.
fonctionnariat n. m.
fonctionnarisation n. f.
fonctionnariser v. t.
fonctionnarisme [-is-] n. m.
fonctionn*el, elle* adj.
fonctionnellement adv.
fonctionnement n. m.
fonctionner v. int.
fond n. m. *De fond en comble; à fond de cale; ouvriers du fond; bruit de fond; un fond de tiroir, de culotte, de teint, de vérité, d'artichaut; le fond d'un procès; le fond du tableau; le fond du problème; faire fond sur; le fond de la pensée; du fond du cœur; course de fond; toile de fond; ouvrage de fond; au fond des choses; la forme et le fond; le fond de la population; ski de fond; ligne de fond; articles de fond; un double fond; le fond de l'air. Un haut-fond, un bas-fond.* ♦ HOM. fonds (propriété; argent), ils *font* (v. faire), le beurre *fond* (v. fondre), les *fonts* baptismaux (bassin).
fondament*al, ale, aux* adj.
fondamentalement adv.
fondamentalisme [-is-] n. m.
fondamentaliste adj. et n.
fond*ant, e* adj. et n. m.
fond*ateur, trice* n.
fondation n. f.
fond*é, e* adj. *Une suspicion fondée. Ils sont fondés à dire cela.* ♦ N. *Un fondé de pouvoir.*
fondement n. m. *Des bruits sans fondement.*
fonder v. t. Dans l'écriture du futur de l'indicatif et du présent du conditionnel de ce verbe, ne pas oublier le e (*il fonderait sa politique sur*); cet oubli en ferait le verbe fondre (*il fondrait*).
fonderie n. f.
fond*eur, euse* n.
fondis → fontis.
fondoir n. m.
***fondouk** (arabe) n. m. = entrepôt de marchandises, halte de repos.
fondre v. t. Conjug. 67. *Pleurer à se fondre les yeux. L'aigle fond sur sa proie.* → fonder.
fondrière n. f.
fondrilles n. f. pl.
fonds n. m. *Un fonds de commerce; cultiver son fonds; à fonds perdu(s); il a un bon fonds; un fonds d'honnêteté; un fonds culturel; l'épicier cède son fonds;*

un fonds de librairie; bailleur de fonds; appel de fonds; c'est le fonds qui manque le moins; un fonds de connaissances; retirer des fonds; être en fonds; fonds publics; fonds de réserve, d'amortissement, de roulement; mise de fonds; fonds secrets. Le Fonds national d'amélioration de l'habitat; les biens-fonds; le fond(s) et le tréfonds. Fonds monétaire international (F.M.I.). Fonds européen de coopération monétaire (F.E.C.M.). ♦ HOM. → fond.

fond*u, e* adj. et n. m. *Un fondu enchaîné; une fondue bourguignonne.*
fongibilité n. f.
fongible adj.
fongicide adj. et n. m.
fongiforme adj.
fongique adj.
fongoïde adj. *Un mycosis fongoïde.*
fongosité n. f.
fong*ueux, euse* adj.
fongus [-gus'] n. m.
fonio n. m.
fontaine n. f. *Une fontaine de Jouvence. La fontaine de Vaucluse. Jean de La Fontaine.*
fontainebleau n. m. (fromage). *Des fontainebleaux.*
fontainier n. m.
fontanelle n. f.
fontange n. f. (coiffure). ♦ HOM. Mlle de *Fontanges* (maîtresse de Louis XIV).
fontanili n. m. pl.
fonte n. f.
Fontevrault-l'Abbaye Ce bourg de Maine-et-Loire a modifié son nom en FONTEVRAUD.
fontine n. f.
fontis [-ti] ou **fondis** [-di] n. m.
fonts [fon] n. m. pl. (du lat. *fons*, fontaine). *Les fonts baptismaux.* ♦ HOM. → fond.
***food industries** = industrie alimentaire.
foot [fout'] n. m. (abrév. de *football*).
football [fout'bol'] n. m.
football*eur, euse* [fout'bo-] n.
footing [foutin'g] n. m. (marche ou trot). En angl. : *walking.
***foot-strap** = sangle cale-pied. *Des foot-straps* (sport).
for n. m. (tribunal). *En mon for intérieur.* ♦ HOM. → fort.
forage n. m.
for*ain, e* adj. et n.
foramin*é, e* adj.

foraminifère n. m.
forban n. m.
forçage n. m.
forçat n. m. (condamné). ♦ HOM. il *força* (v.).
force n. f. *Des coups, des lignes, des maisons, des tours, des travailleurs, des travaux de force; un concours de forces; à toute force; ils sont en force; des cas de force majeure; à bout de forces; à force (s) égale(s); de vive force; faire force de rames; force de frappe. Les Forces françaises de l'intérieur (F.F.I.); les Forces françaises libres (F.F.L.).* ♦ Adj. indéf. inv. *Il y eut force coups de pied, force démonstrations.* ♦ Pron. indéf. *Force étaient venus à cette assemblée.*
forcé, e adj.
*****forced landing** = atterrissage forcé (déf.).
forcement n. m.
forcément adv.
forcené, e adj. et n.
forceps [-sèps'] n. m.
forcer v. t. et int. *Nous forçons.* Conjug. 2.
forcerie n. f.
forces n. f. pl. (ciseaux à tondre les moutons).
*****forcing** n. m. = forçage, surmenage, pression, attaque soutenue. Il est possible de remplacer « faire le forcing » par : *attaquer à outrance, accélérer le rythme, appuyer, pousser, harceler, intensifier, se donner à fond, se défoncer.*
forcipressure n. f.
forcir v. int. du 2ᵉ gr. Conjug. 24.
forclore v. t. Ne s'emploie qu'à l'infinitif et au participe passé *(forclos).*
forclos, e adj.
forclusion n. f.
forer v. t.
forestage n. m.
foresterie n. f.
forestier, ère adj. et n. m.
foret n. m. ♦ HOM. → forêt.
forêt n. f. *Une forêt de chênes; une forêt d'acacias et d'Albizzia lebbeck; la forêt vierge; l'administration des eaux et forêts* (abs. : *les Eaux et Forêts*). *La Forêt-Noire.* ♦ HOM. *forer* (v.), un *foret* (mèche d'acier pour percer).
foretage → fortage.
forêt-galerie n. f. *Des forêts-galeries.*
forêt-noire n. f. (gâteau). *Des forêts-noires.*
foreur, euse n. et adj.

*****for ever** = pour toujours.
forfaire v. t. ind. Ne s'emploie qu'à l'infinitif, au singulier du présent de l'indicatif *(je forfais, tu forfais, il forfait)*, au participe passé *(forfait)* et aux temps composés.
forfait n. m. *Ils ont déclaré forfait. Des remboursements au forfait.*
forfaitaire adj.
*****forfaiting** = affacturage à forfait.
forfaitiste n. et adj.
forfaiture n. f.
forfanterie n. f.
forficule n. f.
forge n. f.
forgé, e adj.
forgeable adj.
forgeage n. m.
forger v. t. *Nous forgeons.* Conjug. 3.
forgeron n. m.
forgeur, euse n. et adj. *Un forgeur de nouvelles.*
forint [-rin't'] n. m. (monnaie hongroise).
forjeter v. t. *Il forjette.* Conjug. 14.
forlancer v. t. *Nous forlançons.* Conjug. 2.
forlane n. f.
forligner v. int.
forlonger v. t. *Nous forlongeons.* Conjug. 3.
FORMA sigle m. Fonds d'orientation et de régularisation des marchés agricoles.
formabilité n. f.
formable adj.
formage n. m.
formaldéhyde n. m.
formalisation n. f.
formalisé, e adj.
formaliser v. t. et pr. *Elle s'est formalisée.*
formalisme [-is-] n. m.
formaliste adj. et n.
formalité n. f. *Il a écrit par pure formalité. Sans plus de formalités.*
formant n. m.
formariage n. m.
format n. m. (ensemble de dimensions). ♦ HOM. il *forma* (v.).
formatage n. m.
formater v. t.
formateur, trice n.
formatif, ive adj.
format-image n. m. *Des formats-images.*
*****formating** = formatage.
formation n. f.
forme n. f. *Annulé pour vice de forme; prendre forme; être en forme; y mettre*

les formes. Les locutions suivantes sont invariables : *en bonne forme, en forme, en bonne et due forme, pour la forme, en forme de*.

formé, e adj.

***formed-wire** = suspension des quatre côtés (matelas à ressorts).

form*el, elle* adj.

formellement adv.

formène n. m.

former v. t.

formeret n. et adj. m.

formiate n. m.

Formica n. m. déposé inv.

formicant, e adj.

formid adj. inv.

formidable adj.

formidablement adv.

formique adj.

formol n. m.

formoler v. t.

formosan, e adj. et n. (de Formose).

formulable adj.

formulaire n. m.

formulation n. f.

formule n. f. *Les formules de Fitzgerald-Lorentz, de Pogson*.

formuler v. t.

formyle n. m.

fornica*teur, trice* n.

fornication n. f.

forniquer v. int.

fors [for] prép. *Tout est perdu, fors* (excepté) *l'honneur.* ♦ HOM. → fort.

forsythia [-sisya] n. m. *Des forsythias*.

fort, e [for, fort] adj. *Elle est forte ; un château fort.* ♦ N. m. *Au plus fort de l'hiver ; un fort des Halles ; le fort de Douaumont.* ♦ Adv. *Elles chantent fort ; elle est fort gentille.* ♦ *Un coffre-fort ; des eaux-fortes ; prêter main-forte.* ♦ HOM. il *fore* (v. forer), *for* (tribunal), *fors* (excepté).

fortage ou **foretage** n. m.

***forte** (ital.) adv. = en renforçant. *Jouez ce passage forte* [-té]. ♦ N. m. inv. *Dans ce morceau, appuyez les forte*.

fortement adv.

***forte-piano** (ital.) adv. et n. m. inv. = d'abord « forte », puis « piano ».

forteresse n. f.

fortiche adj.

fortifiant, e adj. et n. m.

fortification n. f.

fortifier v. t. Conjug. 17.

fortifs [-tif] n. m. pl. (les fortifications du Paris d'autrefois).

fortin n. m.

***fortiori (a)** → *a fortiori.

***fortissimo** (ital.) adv. = très fort. ♦ N. m. inv. *Des fortissimo*.

fortitude n. f.

fortrait, e adj.

fortran n. m. (acronyme de *formula translator, langage pour ordinateur).

fortuit, e [-tui, -tuit'] adj.

fortuitement adv.

fortune n. f. *Ils font fortune ; des installations de fortune ; des revers de fortune. La Fortune* (divinité mythologique).

fortuné, e adj.

forum [-rom'] n. m. *Les forums sur la jeunesse et l'emploi* (pl. fr.). *Les « fori » romains* (pl. ital.).

forure n. f.

***forward market** = marché à terme (écon.).

***forward swap** = échange à terme (écon.).

***fosbury flop** ou **Fosbury** n. m. = saut en hauteur avec franchissement dorsal. *Des fosbury flops*.

fosse n. f. *Les fosses nasales ; une fosse marine ; fosse d'aisances ; fosse d'orchestre.* ♦ HOM. *fausse* (fém. de faux), il *fausse* (v.).

fossé n. m. (creux ; ce qui sépare). ♦ HOM. *faussé* (déformé), *fausset* (cheville ; voix de tête), *fausser* (v.).

fossette n. f.

fossile n. m. et adj.

fossilifère adj.

fossilisation n. f.

fossiliser v. t.

fossoir n. m.

fossoyer v. t. et int. *Il fossoie*. Conjug. 6.

fossoy*eur, euse* n.

fou ou **fol, folle** adj. *Le fou rire, des fous rires ; amoureux fou ; une folle passion.* Devant une voyelle ou un *h* muet, l'adjectif masculin *fou* devient *fol*. *Un fol espoir. Bien fol est qui s'y fie. Fol* n'a pas de pluriel ; on écrira : *un fol attachement, des attachements fous.* ♦ N. *Un fou furieux. Elles étaient comme folles. Un garde-fou. Le fou de Bassan* (oiseau) ; *le fou* (arbre africain) ; *le fou du roi ; le fou du jeu d'échecs.* Tous ces noms ont pour pluriel *fous.* ♦ *Des mots de la famille*, on écrit avec un *l* : *affolement, affoler, folâtre, folie, raffoler;* avec deux *l* : *folle, follement, feu follet.*

fouace → fougasse.
fouacier, ère n.
fouage n. m.
fouaille n. f.
fouailler v. t.
foucade n. f.
fouchtra! interj.
foudre n. m. (grand tonneau; faisceau de dards en zigzags; grand capitaine). *Un foudre de guerre; un foudre d'éloquence; le foudre de Jupiter; un wagon-foudre.* ♦ N. f. (décharge électrique aérienne; au fig. : excommunication). *Les foudres de l'Église.*
foudroiement n. m.
foudroyage n. m.
foudroyant, e adj.
foudroyer v. t. Conjug. 6.
fouée n. f.
fouëne → foëne.
fouet n. m. *Tir de plein fouet; à coups de fouet.*
fouettard adj. m. *Le père Fouettard.*
fouetté, e adj. et n. m.
fouettement n. m.
fouette-queue n. m. (lézard). *Des fouette-queues.*
fouetter v. t.
foufou, fofolle adj. et n. *Des foufous.*
fougasse n. f. (explosif enterré).
fougasse ou **fouace** n. f. (galette salée).
fouger v. int. *Il fougeait.* Conjug. 3.
fougeraie n. f.
fougère n. f.
fougerole n. f.
fougue n. f.
fougueusement adv.
fougu*eux*, *euse* adj.
fouille n. f.
fouiller v. t. et int.
fouill*eur*, *euse* n.
fouillis [-yi] n. m.
fouinard, e adj. et n.
fouine n. f.
fouiner v. int.
fouin*eur*, *euse* adj. et n.
fouir v. t. Conjug. 24.
fouissage n. m.
fouiss*eur*, *euse* adj. et n.
foulage n. m.
foulant, e adj.
foulard n. m.
foule n. f. *Ils viennent en foule.*
foulée n. f.
fouler v. t.
foulerie n. f.
foul*eur*, *euse* n.
fouloir n. m.
foulon n. m. *De la terre à foulon.*
foulonner v. t.
foulonnier adj. et n. m.
foulque n. f.
foultitude n. f.
foulure n. f.
four n. m. *Four à chaux, à ciment, à sole; four Martin. Four à micro-ondes; four à catalyse, à pyrolyse. Des petits-fours* (gâteaux). ♦ HOM. une *fourre* (enveloppe), il *fourre* (v.).
fourbe adj. et n.
fourberie n. f.
fourbi n. m.
fourbir v. t. du 2ᵉ gr. Conjug. 24.
fourbissage n. m.
fourbu, e adj.
fourbure n. f.
fourche n. f. *Les fourches patibulaires* (gibet). *Les fourches Caudines* (conditions humiliantes); *les Fourches Caudines* (défilé étroit près de Caudium, en Italie).
fourchée n. f. (ce qu'on prend avec la fourche).
fourcher v. int.
fourchet n. m.
fourchetée n. f. (ce qu'on prend avec la fourchette).
fourchette n. f.
fourchon n. m.
fourchu, e adj.
fourgon n. m. ♦ HOM. nous *fourguons* (v. fourguer).
fourgonner v. int.
fourgonnette n. f.
fourgon-pompe n. m. *Des fourgons-pompes.*
fourgue n. m.
fourguer v. t. *Nous fourguons.* Conjug. 4.
fouriérisme [-is-] n. m.
fouriériste n. et adj.
fourme n. f.
fourmi n. f.
fourmilier n. m.
fourmilière n. f.
fourmilion ou **fourmi-lion** n. m. *Des fourmis-lions.*

FOURMILLEMENT

fourmillement n. m.
fourmiller v. int.
fournaise n. f.
fourneau n. m. *Un haut-fourneau, des hauts-fourneaux.*
fournée n. f.
fourni, e adj.
fournier, ère n.
fournil [-ni] n. m.
fourniment n. m.
fournir v. t. du 2ᵉ gr. Conjug. 24.
fournissement n. m.
fournisseur, euse n.
fourniture n. f.
fourrage n. m.
fourrager v. int. *Il fourrageait.* Conjug. 3.
fourrager, ère adj. *Des pois fourragers.* ♦ N. f. *Ces zouaves portaient la fourragère.*
fourrageur n. m.
fourre n. f. (enveloppe d'oreiller, de livre). ♦ HOM. → four.
fourré, e adj. et n. m. *Un coup fourré.*
fourreau n. m. *Des fourreaux.*
fourrer v. t.
fourre-tout n. m. inv.
fourreur n. m.
fourrier n. m. *Un sergent fourrier.* ♦ HOM. Charles *Fourier*, créateur du fouriérisme.
fourrière n. f.
fourrure n. f. *Un manteau de fourrure. Des manteaux de fourrure. Un chasseur de fourrures.*
fourvoiement n. m.
fourvoyer v. t. Conjug. 6. *Cette directive nous a fourvoyés. Elle s'est fourvoyée.*
foutaise n. f.
foutoir n. m.
foutou n. m. *Des foutous.*
foutral, ale, aux adj.
foutraque adj.
foutre v. t. Indic. prés. : *je fous, nous foutons.* Imparf. : *je foutais.* Passé simple : *je foutis.* Futur : *je foutrai.* Impératif : *fous, foutons, foutez.* Subj. prés. : *que je foute.* Imparf. : *que je foutisse.* Partic. : *foutant ; foutu. Ça la fout mal. Ils se sont foutus de lui.* ♦ N. m. et interj.
foutrement adv.
foutriquet n. m.
foutu, e adj.
fovéa n. f.
fovéole n. f.
fox n. m. (abrév. de *fox-terrier*).

foxé, e adj.
fox-hound [-awn'd'] n. m. *Des fox-hounds.*
fox-terrier n. m. *Des fox-terriers.*
fox-trot [-ot'] n. m. inv.
foyard n. m.
foyer [fwa-yé] n. m.
foyer-soleil n. m. *Des foyers-soleil.*
F.P.A. sigle f. Formation professionnelle des adultes.
frac n. m.
fracas [-ka] n. m.
fracassant, e adj.
fracassement n. m.
fracasser v. t.
fractal, ale, als adj.
fraction n. f. → barre oblique. *Écriture des fractions en lettres* → tableau NOMBRES III, C, p. 911.
***fractional orbit bombard system** = bombe orbitale (déf.).
fractionnaire adj.
fractionné, e adj.
fractionnel, elle adj.
fractionnement n. m.
fractionner v. t.
fractionnisme [-is-] n. m.
fractionniste adj. et n.
fractocumulus n. m. inv.
fractonimbus n. m. inv.
fractostratus n. m. inv.
fracturation n. f.
fracture n. f.
fracturer v. t.
fragile adj.
fragilisation n. f.
fragiliser v. t.
fragilité n. f.
fragment n. m.
fragmentaire adj.
fragmentairement adv.
fragmentation n. f.
***fragmentation charge** = munition à fragmentation (déf.).
fragmenter v. t.
fragon n. m.
fragrance n. f.
fragrant, e adj.
frai n. m. ♦ HOM. → frais.
fraîche n. f. *Il est sorti à la fraîche.* → frais.
fraîchement adv.
fraîcheur n. f.
fraîchin n. m.
fraîchir v. int. du 2ᵉ gr. Conjug. 24.
frairie n. f.

frais, fraîche adj. *Du poisson frais; de la crème fraîche; un vent bon frais, grand frais.* ♦ Adv. *Elle boit frais; une fleur fraîche éclose, des fleurs fraîches écloses.* ♦ N. f. *Sortir à la fraîche.* ♦ N. m. *Prendre le frais. La boisson au frais.* ♦ N. m. pl. *Des frais de déplacement, de mission, de représentation; à frais partagés, à grands frais, à moindres frais; cela n'occasionnera aucuns frais; des faux frais.* ♦ HOM. *fret* (cargaison; prix du transport), *frai* (œufs de poisson ou de batracien; période de reproduction; allègement d'une pièce de monnaie usée), il *fraie* (v. frayer).

fraisage n. m.

fraise n. f. et adj. inv.

fraiser v. t. (usiner, évaser un trou).

fraiser ou **fraser** v. t. (écraser la pâte). ♦ HOM. → phraser.

fraiseraie n. f.

fraiseur n. m.

fraiseur-outilleur n. m. *Des fraiseurs-outilleurs.*

fraiseuse n. f.

fraisier n. m.

fraisière n. f.

fraisiériste n.

fraisil [-zi] n. m.

fraisure n. f. (évasement d'un trou). ♦ Ne pas confondre avec *fressure* (viscères d'un animal de boucherie).

framboise n. f. et adj. inv.

framboiser v. t.

framboisier n. m.

*frame = cadre, schéma (inf.).

framée n. f.

*frameshift mutation = décalage, mutation, déphasage du cadre de lecture, mutation déphasante (génét.).

franc adj. *Il est franc, elle est franche; sous trois jours francs; des coups francs; ils jouent franc-jeu.* L'adjectif *franc* se lie par un trait d'union dans les mots composés : *franc-tireur, franc-parler* (exception : *frai archer*), et prend un *s* au pluriel *(des francs-bords).* **Franc de port** : placée devant le nom, cette locution reste invariable. *Nous avons reçu franc de port les trois colis.* Elle s'accorde si elle vient après. *Recevoir une caisse franche de port.* Il est plus simple d'employer l'expression invariable *franco de port* ou *franco.* ♦ *Un guerrier franc; une femme franque.* ♦ Adv. *À parler franc.* ♦ N. *Les Francs, les Franques* (conquérants de la Gaule).

■ Le franc. *Le franc-or; des francs-papiers; la zone franc.* Désignant unité monétaire, le mot *franc* s'écrit sans majuscule dans une phrase. *Le jouet coûtait vingt-trois francs cinquante.* Ce mot s'abrège par la lettre capitale F sans point. *Il les vend 318 F la douzaine.* Ce symbole est légalement obligatoire depuis le 1er janvier 1960. Les autres manières d'abréger *(fr., Frs...)* sont irrégulières.

À l'instar du dollar des É.-U. ($) et de la livre sterling (£), le franc a été doté d'un symbole par le ministre de l'Économie et des Finances le 16 octobre 1987. C'est le F doublement barré, une fois pour franc, la seconde fois pour français : ₣

Bien qu'il soit logique, ce symbole n'est guère utilisé (comme l'austral d'Argentine : ₳) parce qu'il n'existe pas sur le clavier des machines à écrire ou à composer. Dans les relations internationales, on continue à employer *FF* pour le franc français, *FB* pour le franc belge, *FBU* pour le franc du Burundi, *FD* pour le franc de Djibouti, *FG* pour le franc guinéen, *FL* pour le franc luxembourgeois, *FMG* pour le franc de Madagascar, *FRU* pour le franc du Rwanda, *FS* pour le franc suisse, *FCFA* pour le franc de la Communauté financière africaine et *FCFP* pour le franc de la Communauté financière du Pacifique.

Le symbole international préconisé par l'Association française de normalisation AFNOR et l'*International organization for standardization* ISO est : *FRF.*

français, e adj. *Cet homme est français; un produit français; elle est française.* ♦ Adv. *Il parle français; achetez français.* ♦ N. *Un Italien et deux Français ont péri. Apollinaire fut naturalisé Français en 1916. Cette allure, le maintien nous le faisaient croire Français. Il parle le français. Élève bon en français; habit à la française; le Français moyen. La Comédie-Française ou Théâtre-Français* (abs. *le Français).* ♦ → tableaux MAJUSCULES C, 4°, p. 905 et TEXTES, p. 948.

franc-alleu [frankalø] n. m. *Des francs-alleux* [-kaleø].

franc-bord n. m. *Des francs-bords.*

franc-bourgeois n. m. *Des francs-bourgeois.*

franc-comtois, e adj. *Un fromage franc-comtois; une recette franc-comtoise.* ♦ N. *Les Francs-Comtois, les Franc-Comtoises* (de Franche-Comté).

FRANCE

France → côte.
franc-fief n. m. *Des francs-fiefs.*
franche → franc.
franchement adv.
franchir v. t. du 2ᵉ gr. Conjug. 24.
franchisage n. m.
franchise n. f.
franchisé, e n. et adj.
franchiser v. t.
franchiseur n. m.
*****franchising** = franchisage, franchise.
franchissable adj.
franchissement n. m.
franchouillard, e adj. et n.
francien n. m. (dialecte qui engendre le français).
francilien, enne n. et adj. *Un Francilien* (d'Ile-de-France); *la région francilienne.*
francique n. m.
francisation n. f.
franciscain, e n. et adj. → religieux.
franciser v. t.
francisque n. f.
franciste n.
francité n. f.
francium [-syom] n. m. *Des franciums.*
franc-jeu n. m. *Des francs-jeux. Ils jouent franc-jeu.*
franc-juge n. m. *Des francs-juges.*
franc-maçon, onne n. *Des francs-maçons; des franc-maçonnes.*
franc-maçonnerie n. f. *Des franc-maçonneries.*
franc-maçonnique adj. *Les rites franc-maçonniques.*
franco adv. *Des bagages expédiés franco. Franco de port. Franco de bord* → f.o.b. *Ils y vont franco.*
franco- Élément invariable utilisé en association. *L'alliance franco-anglaise; les traités franco-italiens.*
franco-canadien, enne adj. *Les relations franco-canadiennes.* ♦ N. m. (le français parlé au Canada).
franco-français, e adj. *Des plaisanteries franco-françaises.*
francolin n. m.
francophile adj. et n.
francophilie n. f.
francophobe adj. et n.
francophobie n. f.
francophone adj. et n.
francophonie n. f.
francophonisation n. f.

francophoniser v. t.
franco-provençal, ale, aux adj. et n. (dialecte intermédiaire entre langue d'oïl et langue d'oc).
franc-or n. m. *Des francs-or.*
Franco-Russe (entremets) n. m. déposé inv.
franc-papier n. m. *Des francs-papier.*
franc-parler n. m. *Des francs-parlers.*
franc-quartier n. m. *Des francs-quartiers.*
franc-tireur n. m. *Des francs-tireurs.*
frange n. f. *Des franges d'interférence; une frange de cheveux.*
frangeant, e adj.
franger v. t. *Il frangeait.* Conjug. 3.
frangin, e n.
frangipane n. f.
frangipanier n. m.
franglais, e n. m. et adj.
franglaisant, e adj.
franglicisme [-is-] n. m.
franque → franc.
franquette n. f. *Ils nous ont reçus à la bonne franquette.*
franquisme [-is-] n. m.
franquiste adj. et n.
fransquillon n. m.
fransquillonner v. int.
frappage n. m.
frappant, e adj.
frappe n. f.
frappé, e adj. et n. m. (en musique).
frappement n. m.
frapper v. t. et int.
frappeur, euse adj. et n.
fraser → fraiser.
frasil [-zi] n. m.
frasque n. f.
frater [-tèr'] n. m.
fraternalisme [-is-] n. m.
fraternel, elle adj.
fraternellement adv.
fraternisation n. f.
fraterniser v. int.
fraternité n. f.
fratricide n. et adj.
fratrie n. f. (ensemble des enfants d'une famille). ♦ HOM. *phratrie* (subdivision de la tribu dans la Grèce antique, groupement de familles ou de clans).
fraudatoire adj.
fraude n. f.
frauder v. t. et int.
fraudeur, euse adj. et n.

frauduleusement adv.
frauduleux, euse adj.
*****Fraunhofer line discriminator** (F.L.D.) = fluorodétecteur en raies de Fraunhofer (spat.).
fraxinelle n. f.
frayage n. m.
frayée n. f.
frayement n. m.
frayer v. t. et int. Conjug. 8.
frayère n. f.
frayeur [frè-yeur'] n. f.
*****freak** n. m. = monstre, marginal.
fredaine n. f.
fredonnement n. m.
fredonner v. t. et int.
*****free along side ship** (F.A.S.) = franco long de bord (F.L.B.).
*****free in and out** (F.I.O.) = bord à bord (écon.).
*****free jazz** n. m. = jazz libre, improvisation.
*****free lance** n. m. = pigiste, journaliste indépendant; son travail.
*****free-martin** n. m. = génisse jumelle stérile (génét.). *Des free-martins.*
*****free on board** (F.O.B.) = franco à bord (écon.).
*****free on rail** (F.O.R.) = franco wagon (écon.).
*****free on truck** (F.O.T.) = franco camion (écon.).
*****freephone service** = service libre appel.
*****free rider** = passager clandestin (écon.).
*****free-shop** n. m. = boutique franche. *Des free-shops.*
freesia [fré-] n. m. (plante ornementale).
*****free style** n. m. = exercices libres (sport).
*****freeware** = logiciel public.
*****free water** n. m. = eau libre (agr.).
*****freezer** n. m. = congélateur, conservateur.
frégatage n. m.
frégate n. f. *Des capitaines de frégate.*
frégater v. t.
frégaton n. m.
*****freight container** = conteneur de transport.
frein n. m. *Des coups de frein; frein de bouche, à corde, à disque, d'écrou, à étages, à lame, à mâchoires, à ouïes, à ruban, à sabot, à tambour, à tenailles. Un frein d'essais. Une colère sans frein; une voiture sans freins. Le frein moteur. Un serre-frein(s).* ♦ Anomalies : *effréné, réfréner.*

freinage n. m.
freiner v. t. ou int.
freinte n. f.
frelatage n. m.
frelaté, e adj.
frelater v. t.
frêle adj.
frelon n. m.
freluquet n. m.
frémir v. int. du 2ᵉ gr. Conjug. 24.
frémissant, e adj.
frémissement n. m.
frênaie n. f.
frénateur, trice adj.
french cancan [frèn'ch-] n. m. *Des french cancans.*
frêne n. m. (arbre). ♦ Adj. inv. *Des teintes frêne.* ♦ HOM. il *freine* (v.).
frénésie n. f.
frénétique adj. et n.
frénétiquement adv.
Freon [fré-on] n. m. déposé inv. (gaz).
fréquemment [-aman] adv.
fréquence n. f.
fréquencemètre n. m.
*****frequency channel** = canal de fréquences (télécom.).
*****frequency modulation** (F.M.) = modulation de fréquence (M.F.).
*****frequency tracking** = poursuite en fréquence (spat.).
fréquent, e adj.
fréquentable adj.
fréquentatif, ive adj. et n. m.
fréquentation n. f.
fréquenter v. t.
fréquentiel, elle adj.
frère n. m. *Un faux frère; un demi-frère; les frères de la côte; frère trois-points (F∴); frère d'armes.* Pour les religieux : *le frère Jérôme; mon très cher frère; le T.C.F. Gabriel.* Une majuscule pour désigner l'ensemble d'une congrégation. *Les Frères des écoles chrétiennes. Les Frères musulmans.* ♦ Adj. *Des partis frères.*
frérot n. m.
*****fresh money** = crédit additionnel (écon.).
fresque n. f.
fresquiste n.
fressure n. f. → fraisure.
fret [frè] n. m. ♦ HOM. → frais.
fréter v. t. *Je frète, nous frétons, je fréterai (s).* Conjug. 10. *Fréter un navire, un auto-*

FRÉTEUR

car. ♦ HOM. *fretter* (garnir d'un cercle de métal).
fréteur n. m.
frétillant, e adj.
frétillement n. m.
frétiller v. int.
fretin n. m.
frettage n. m.
frette n. f.
fretter v. t. ♦ HOM. → fréter.
freudien, enne adj.
freudisme [-is-] n. m.
freudo-marxisme [-is-] n. m.
freux n. m.
friabilité n. f.
friable adj.
friand, e adj. et n. m.
friandise n. f.
fribourg n. m. (fromage).
fric n. m.
fricadelle n. f.
fricandeau n. m. *Des fricandeaux.*
fricasse n. m.
fricassée n. f.
fricasser v. t.
fricatif, ive adj. et n. f.
fric-frac n. m. inv.
friche n. f. *Des terres en friche.*
frichti n. m. *Des frichtis.*
fricot n. m.
fricotage n. m.
fricoter v. int. et t.
fricoteur, euse n.
friction [-syon] n. f.
frictionnel, elle adj.
frictionner v. t.
Fridolin, e n.
Frigidaire n. m. déposé inv.
frigidarium [-ryom'] n. m. *Des frigidaria.*
frigide adj.
frigidité n. f.
frigo n. m.
frigorie n. f. (unité de mesure : *3 frigories* ou *3 fg*).
frigorifié, e adj.
frigorifier v. t. Conjug. 17.
frigorifique adj. et n. m.
frigorigène adj. et n. m.
frigoriste n. et adj.
frileusement adv.
frileux, euse adj.
frilosité n. f.
frimaire n. m. sing.

frimas [-ma] n. m.
frime n. f.
frimer v. int.
frimeur, euse adj. et n.
frimousse n. f.
fringale n. f.
fringant, e adj. et n. ♦ HOM. *fringuant* (partic. prés. du v. fringuer).
fringillidé [-jili-] n. m.
fringoter v. int.
fringue n. f. Employé surtout au pluriel.
fringuer v. t. *Il se fringuait.* Conjug. 4.
fringuerie n. f.
fripe n. f. Employé surtout au pluriel.
friper v. t.
friperie n. f.
fripier, ère n.
fripon, onne adj. et n.
friponnerie n. f.
fripouille n. f.
fripouillerie n. f.
friqué, e adj.
friquet n. m.
frire v. t. et int. N'est usité qu'aux formes suivantes : Indic. prés. : *je fris, tu fris, il frit.* Futur : *je frirai* (en entier). Condit. prés. : *je frirais* (en entier). Impératif : *fris.* Partic. passé : *frit.* Et aux temps composés. On supplée aux autres temps par le détour du verbe faire : *je fis frire.*
frisage n. m.
frisant, e adj.
***Frisbee** n. m. déposé inv. = disque planant, soucoupe à lancer.
frise n. f. *Des chevaux de frise.*
frisé, e adj. et n. *Des chicorées frisées.*
friselée → frisolée.
friselis [-li] n. m.
friser v. t. et int.
frisette n. f. (lame de parquet).
frisette n. f. ou **frisottis** [-ti] n. m. (boucle de cheveux).
frisolée ou **friselée** n. f. (maladie).
frison, onne adj. *Des poules frisonnes. L'archipel Frison.* ♦ N. *Les Frisons* (habitants de la Frise); *le frison* (dialecte; copeau); *une frisonne* (vache).
frisottant, e adj.
frisotté, e adj.
frisotter v. t. et int.
frisottis → frisette.
frisquet, ette adj.
frisson n. m.
frissonnant, e adj.

frissonnement n. m.
frissonner v. int.
frisure n. f.
frite n. f. *Des pommes de terre frites* (adj.) ou *des frites* (n.). ♦ HOM. *fritte* (mélange de sable et de soude pour faire le verre).
friterie n. f.
friteuse n. f.
fritillaire [-tilɛr] n. f.
friton n. m.
frittage n. m.
fritte n. f. ♦ HOM. → frite.
fritter v. t. (techn.).
friture n. f.
Fritz n. m.
frivole adj.
frivolement adv.
frivolité n. f.
froc n. m.
frocard n. m.
frœbélien, enne adj. et n.
froid, e adj. *Des repas froids. Un animal à sang froid* (mais : *il a du sang-froid, de la maîtrise*). *Préparation à servir froide.* ♦ Adv. *Vous buvez trop froid. C'est à servir froid. Les locutions à froid, battre froid sont invariables.* ♦ N. *Le froid continue. Cela a jeté un froid.*
froidement adv.
froideur n. f.
froidure n. f.
froissable adj.
froissement n. m.
froisser v. t.
froissure n. f.
frôlement n. m.
frôler v. t.
frôleur, euse adj. et n.
fromage n. m. *Du fromage de Brie, de Gruyère, de Hollande, de Munster, de Pouligny... Si le mot « fromage » n'est pas employé, on a des noms communs sans majuscule : du/ un brie, cendré, chester, gorgonzola, gouda, gruyère, hollande, langres, munster, pouligny, reblochon, roquefort, saint-nectaire...* ♦ *Les noms simples prennent la marque du pluriel : des bries, des cantals, des emmenthals, des fribourgs, des hollandes, des munsters, des olivets, des parmesans...* ♦ *Les noms composés sont invariables : des brillat-savarin, des caccio cavale, des pont-l'évêque, des saint-nectaire, des saint-paulin, des vic-en-bigorre...* ♦ *Le lieu qui complète le nom de certains fromages est naturellement invariable : des bries de Melun.*

fromagé, e adj.
fromageon n. m.
fromager, ère adj. et n.
fromagerie n. f.
fromegi ou **frometon** n. m.
froment n. m.
fromental, ale, aux adj.
fromental n. m. *Des fromentaux.*
frometon → fromegi.
fronce n. f.
froncement n. m.
froncer v. t. *Il fronçait.* Conjug. 2.
froncis [-si] n. m.
frondaison n. f.
fronde n. f. *Une fronde d'enfant ; une fronde de fougère ; la Fronde* (soulèvement contre Mazarin).
fronder v. t.
frondeur, euse n.
frondule n. m.
front n. m. *Ils ont fait front ; le front de mer ; boulevard du Front-de-Mer ; le Front populaire* (de 1936). ♦ *De front* (loc. adv. inv.).
frontail n. m. *Des frontaux.* → fronteau.
frontal, ale, aux adj.
frontal n. m. *Des frontaux.* → fronteau.
frontalier, ère adj. et n.
frontalité n. f.
fronteau n. m. (bandeau sur le front des religieuses). *Des fronteaux.* ♦ Ne pas confondre avec *frontail* (harnais au front du cheval) et *frontal* (os du front).
*****front-end (line)** = unité de fabrication initiale, unité initiale (électron.).
frontière n. f.
frontignan n. m. (vin de la région de Frontignan).
*****fronting** = façade (écon.).
frontispice n. m.
*****front office** = salle des marchés (écon.).
fronton n. m.
frottage n. m.
frottant, e adj.
frottée n. f.
frottement n. m.
frotter v. t. et int.
frotteur, euse n.
frottis [-ti] n. m.
frottoir n. m.
frouer v. int. *Il frouera.* Conjug. 19.
froufrou ou **frou-frou** n. m. *Des frous-frous.*
froufroutant, e adj.

froufroutement n. m.
froufrouter v. int.
froussard, e adj. et n.
frousse n. f.
fructidor n. m. sing.
fructifère adj.
fructification n. f.
fructifier v. int. Conjug. 17.
fructo-oligosaccharide n. m.
fructose n. m.
fructueusement adv.
fructueux, euse adj.
fructus [-tus'] n. m.
frugal, ale, aux adj.
frugalement adv.
frugalité n. f.
frugivore adj. et n.
fruit n. m. *Une corbeille de fruits; de la compote de fruits; des fruits à noyau; un fruit à pépins; des arbres à fruit; il travaille avec fruit; des fruits de mer; eau--de-vie de fruits; macédoine de fruits.*
fruité, e adj.
fruiterie n. f.
fruitier, ère adj. et n.
frumentaire adj.
frusques n. f. pl.
fruste adj. (sans culture, grossier). *Ce mot n'a qu'un r.* ♦ Ne pas confondre avec *frustrer* (priver, tromper).
frustrant, e adj.
frustration n. f.
frustratoire adj.
frustré, e adj.
frustrer v. t. *On le frustre des fruits de sa victoire.* → fruste.
frustescent, e adj.
F.S.M. sigle f. Fédération syndicale mondiale.
*****F.T.A.M.** (*file transfer access and management) = norme internationale de transfert de fichiers.
fucale n. f.
fuchsia [fuksya ou fychya] n. m. *Des fuchsias.* ♦ Adj. inv. *Des rubans fuchsia.*
fuchsien, enne [fuksyin, -syèn'] adj.
fuchsine [fuks'-] n. f. (matière colorante rouge). ♦ Ne pas confondre avec la *fuscine* (pigment noir de la rétine).
fucus [-us'] n. m.
fuégien, enne adj. *Une île fuégienne.* ♦ N. *Les Fuégiens* (de la Terre de Feu) *ont été exterminés.*
*****fueling vehicle** = avitailleur (spat.).
*****fuel man** = ergolier.

*****fuel-oil** ou **fuel** = mazout, fioul. *Des fuel--oils.*
*****fuel reprocessing** ou **reprocessing** = retraitement (du combustible).
fuero [fwéro] n. m.
fugace adj.
fugacité n. f.
fugitif, ive adj. et n.
fugitivement adv.
fugue n. f.
fugué, e adj.
fuguer v. int. *Il fuguait.* Conjug. 4.
fugueur, euse adj. et n.
*****führer** (all.) n. m. = chef, conducteur. *En 1934, Adolphe Hitler prit le titre de Führer.*
fuie n. f. (petit colombier).
fuir v. t. et int. Conjug. 52. *Les dangers qu'il a fuis.* Bien que ce verbe soit quelquefois transitif direct (*fuir le danger, fuir une personne*), on ne l'emploie pas comme participe-adjectif; on ne dira pas « les dangers fuis ».
fuite n. f. *Des délits de fuite; des points de fuite.*
fulgurance n. f.
fulgurant, e adj.
fulguration n. f.
fulgurer v. int.
fuligineux, euse adj.
fuligule n. m.
*****full** n. m. = plein, main pleine (au poker).
*****full ace** = super-as (sport).
*****full-contact** n. m. = boxe américaine.
*****full custom circuit** = circuit intégré à la demande (électron.).
fullérène n. m.
*****full text** = en texte intégral (inf.).
*****full time** = transmission 4 × 4, embrayage sur AV et AR (transp.); plein temps (méd.).
*****full-time farmer** = agriculteur à temps complet.
fulmicoton n. m.
fulminant, e adj.
fulminate n. m.
fulmination n. f.
fulminer v. int. et t.
fulminique adj.
fumable adj.
fumage n. m.
fumagine n. f.
fumaison n. f.
fumant, e adj.

FUSILIER

fumariacée n. f.
fumé n. m. ♦ HOM. → fumée.
fume-cigare n. m. inv.
fume-cigarette n. m. inv.
fumée n. f. *Un écran de fumée. Tout part en fumée. Les fumées de l'ivresssse.* ♦ HOM. *fumer* (v.), le *fumet* (odeur), un *fumé* (épreuve de cliché photographique).
fumer v. int. et t. ♦ HOM. → fumée.
fumerie n. f.
fumerolle n. f.
fumeron n. m.
fumet n. m. ♦ HOM. → fumée.
fumeterre n. f.
fum*eur*, *euse* n.
fum*eux*, *euse* adj.
fumier n. m.
fumigateur n. m.
fumigation n. f.
fumigatoire adj.
fumigène adj. et n. m.
fumiger v. t. Conjug. 3.
fumiste n. et adj.
fumisterie n. f.
fumivore adj. et n. m.
fumoir n. m.
fumure n. f.
*****fun** → *funboard.
funambule n.
funambulesque adj.
*****funboard** ou *fun n. m. = planche à voile de vitesse, planche volante.
*****fundamentals** = bases (écon.).
fundus [fondus'] n. m.
funèbre adj.
funérailles n. f. pl.
funéraire adj.
funérarium [-yom'] n. m. *Des funérariums.*
funeste adj.
funestement adv.
funiculaire n. m. et adj.
funicule n. m.
funin n. m.
funk [feun'k'] n. m. inv. et adj. inv.
funky [feun'ki] n. m. inv. et adj. inv.
*****funky** = poltron.
fur n. m. N'est plus employé que dans la loc. adv. *au fur et à mesure.*
furanne n. m. Anciennes orthographes : *furfurane* ou *furane.*
furannique adj.
furax adj. inv.
furet n. m.
furetage n. m.
fureter v. int. *Il furète.* Conjug. 12.
furet*eur*, *euse* n. et adj.
fureur n. f. Sont invariables les locutions : *à la fureur, faire fureur, en fureur, de fureur.*
furfuracé, *e* adj.
furfural n. m. *Des furfurals.*
*****furia francese** (ital.) loc. f. = la furie française.
furibard, *e* adj.
furibond, *e* adj.
furie n. f. *Les trois Furies de la mythologie romaine (*Érinyes *en Grèce) sont :* Mégère, Alecto et Tisiphone.
furieusement adv.
furi*eux*, *euse* adj.
*****furioso** (ital.) = violent, furieux *(allegro furioso).* Ce mot est aussi employé comme adverbe (avec fureur). *Ce passage doit être exécuté furioso.*
furole n. f.
furoncle n. m.
furoncul*eux*, *euse* adj.
furonculose n. f.
furosémide n. m.
furt*if*, *ive* adj.
furtivement adv.
furtivité n. f.
fusain n. m.
fusainiste ou **fusiniste** n.
fusant, *e* adj. et n. m.
fusariose n. f.
fuscine n. f. → fuchsine.
fuseau n. m. *Jambes en fuseau; dentelle aux fuseaux.*
fusée n. f. *Une fusée à poudre; une fusée moteur; une fusée de proximité, de signalisation.* → astronautique.
fusée-détonateur n. f. *Des fusées-détonateurs.*
fusée-sonde n. f. *Des fusées-sondes.*
fusel n. m.
fuselage n. m.
fuselé, *e* adj.
fuseler v. t. *Il fuselle.* Conjug. 13.
fuser v. int.
fusette n. f.
fusibilité n. f.
fusible adj. et n. m.
fusiforme adj.
fusil [-zi] n. m. *Des coups de fusil. Changer son fusil d'épaule. Un fusil sous-marin.*
fusilier [fuzilyé] n. m. *Un fusilier marin.*

fusillade n. f.
fusiller [fuziyé] v. t.
fusilleur n. m.
fusil-mitrailleur n. m. Des fusils-mitrailleurs.
fusiniste → fusainiste.
fusiomètre n. m.
fusion n. f. *Des points de fusion.*
fusionnel, elle adj.
fusionnement n. m.
fusionner v. t. et int.
fuso-spirillaire adj. *Des associations fuso-spirillaires.*
fustanelle n. f.
fustet [-tè] n. m.
fustibale n. f.
fustigation n. f.
fustiger v. t. *Nous fustigeons.* Conjug. 3.
fût n. m. (tonneau; tronc d'arbre; support d'un canon; colonne). ♦ HOM. il *fut*, qu'il *fût* (v. être).
fut/fût Distinguer :

1° **fut** : verbe *être* à la 3ᵉ personne du singulier du passé simple (*il fut blessé dans la collision*); auxiliaire d'un verbe au passé antérieur (*lorsqu'il fut sorti de sa tanière; après qu'elle fut allée chez le boulanger*).

2° **fût** : auxiliaire *être* à la 3ᵉ personne du singulier du 2ᵉ passé du conditionnel (*il fût arrivé en tête si sa chaussure n'avait pas cédé*) [ce *fût* peut être remplacé par *serait*]; ou de l'imparfait du subjonctif (*il aurait fallu qu'elle fût mieux placée*) [ce *fût* peut être remplacé par *soit* : transposée dans le présent, la phrase devient : *il faut qu'elle soit mieux placée*].

futaie n. f. (forêt de grands arbres).
futaille n. f. (tonneau).
futaine n. f.
futé, e adj. et n. f.
futile adj.
futilement adv.
futilité n. f.
futon n. m.
futur, e adj. *Les temps futurs.* ♦ N. *Il nous présenta sa future.* ♦ N. m. *L'inquiétude du futur. Le futur et le futur antérieur de l'indicatif.* → tableau VERBES, p. 956 sqq.
*****future** = avenir.
*****future rate agreement** (F.R.A.) = accord de taux futur ou A.T.F. (écon.).
*****futures market** = marché de contrats à terme (écon.).
*****futures option** = option sur contrats à terme (écon.).
futurible n. m.
futurisme [-is-] n. m.
futuriste n. et adj.
futurologie n. f.
futurologique adj.
futurologue n.
fuyant, e adj. et n. m.
fuyard, e [fuiyar', -yard'] adj. et n.

G

g n. m. inv. ♦ **g:** symbole du *gramme*. ♦ **G:** symbole du *gauss* et du préfixe *giga-*.
gaba n. m.
gabardine n. f.
gabare ou **gabarre** n. f.
gabariage n. m.
gabarier ou **gabarrier** n. m.
gabarler v. t. Conjug. 17.
gabarit [-ri] n. m.
gabarre → gabare.
gabbro n. m.
gabegie n. f.
gabelle n. f.
gabelou n. m. *Des gabelous.*
gabie n. f.
gabier n. m.
gabion n. m.
gabionnage n. m.
gabionner v. t.
gâble ou **gable** n. m.
gabonais, e adj. *La République gabonaise.* ♦ N. *Un Gabonais* (du Gabon).
gâchage n. m.
gâche n. f.
gâcher v. t.
gâchette n. f. *On appuie sur la détente qui actionne la gâchette.*
gâcheur, euse adj. et n.
gâchis [-chi] n. m.
gâchoir n. m.
gade → gadidé.
*****gadget** n. m. = truc, bidule, objet pratique. *Des gadgets.*
gadgétiser v. t.
gadgetterie n. f.
gadidé ou **gade** n. m.

gadin n. m.
gadjo n. inv. en genre (qui n'est pas gitan). *Des gadjé.*
gadolinium [-nyom'] n. m. *Des gadoliniums.*
gadoue n. f.
gadouille n. f.
Gadz'arts n. (élève ou diplômé de l'École nationale supérieure des arts et métiers). → Quat'zarts.
gaélique adj. *Un dialecte gaélique; la ligue Gaélique.* ♦ N. *Le gaélique irlandais.*
gaffe n. f. *Ils font gaffe.*
gaffer v. t. et int.
gaffeur, euse n. et adj.
gag n. m.
gaga adj. et n. inv. en genre.
gagaku [-kou] n. m. inv.
gage n. m. *Payer un gage; prêter sur gage (s); prêteur sur gages; être aux gages de; tueur à gages; mettre en gage; domestique à gages.*
gagé, e adj.
gager v. t. *Il gageait.* Conjug. 3.
gagerie n. f. *Une saisie-gagerie.*
gageur, euse n.
gageure [-jur] n. f. → -ure.
*****gagman** n. m. = créateur de gags. *Des gagmen.*
gagnable adj.
gagnage n. m.
gagnant, e adj. et n.
gagne-pain n. m. inv.
gagne-petit n. m. inv.
gagner v. t. et int.
gagnerie n. f.

GAGNEUR

gagneur, euse n.
gaguesque adj.
gai, e adj. *Un gai luron; une chanson gaie.* ♦ HOM. *guet* (surveillance), *gué* (de rivière), hareng *guai* (sans œufs ni laitance).
gaïac n. m.
gaïacol n. m.
gaiement adv. → gaieté.
gaieté n. f. *De gaieté de cœur.* ♦ Orthographe correcte depuis 1932 (Acad.). Auparavant, on écrivait concurremment *gaîté* (et *gaîment*). Ces graphies sont abandonnées, mais à Paris il y a toujours la *rue de la Gaîté*, le *métro Gaîté*, le *théâtre de la Gaîté-Montparnasse*. ♦ HOM. *guetter* (v.).
gaillard, e adj. et n.
gaillardement adv.
gaillardie n. f.
gaillardise n. f.
gaillet n. m.
gailleterie [-etri] n. f.
gailletin n. m.
gaillette n. f.
gain n. m. *Ils ont eu gain de cause.*
gainage n. m.
gaine n. f.
gaine-culotte n. f. *Des gaines-culottes.*
gainer v. t.
gainerie n. f.
gainier, ère n.
gaize n. f.
gal n. m. (unité de mesure : *3 gals* ou *3 Gal*). ♦ HOM. → gale.
gala n. m.
galactique adj.
galactogène adj. et n. m.
galactomètre n. m.
galactophore adj.
galactose n. m.
galactothérapie n. f.
galago n. m.
Galalithe n. f. déposé inv.
galamment adv.
galandage n. m.
galant, e adj. *Des propos galants; un galant homme.* ♦ N. m. *C'est un vert galant; le Vert-Galant* (Henri IV).
galanterie n. f.
galantin n. m.
galantine n. f.
galapiat [-pya] n. m.

galate adj. et n.
galaxie n. f. *L'Univers contient des centaines de milliers de galaxies.* Spécialt : *la Galaxie* (celle dans laquelle nous sommes).
galbanum [-nom'] n. m. *Des galbanums.*
galbe n. m.
galbé, e adj.
galber v. t.
gale n. f. (affection de la peau; personne médisante). ♦ HOM. *gal* (unité de mesure), la noix de *galle* (sur les feuilles de chêne), le pays de *Galles*.
galéasse ou **galéace** n. f.
galéjade n. f.
galéjer v. int. *Je galèje, nous galéjons, je galéjerai(s).* Conjug. 10.
galène n. f.
galénique adj.
galénisme [-is-] n. m.
galéopithèque n. m.
galère n. f. *Une vie de galère.*
galérer v. int. *Je galère, nous galérons, je galérerai(s).* Conjug. 10.
galerie n. f. *Une galerie d'art, de mine, de peinture, de siège, de tableaux, de termites. Fauteuils de première galerie; donnez-moi trois seconde galerie. Les galeries du Louvre, du Palais-Royal. Pour étonner la galerie. La galerie des machines à l'Exposition universelle de 1889; la Grande Galerie du Louvre; la galerie des Glaces à Versailles; le magasin « Aux Galeries Lafayette ».*
galérien n. m.
galeriste n.
galerne n. f.
galéruque n. f.
galet n. m. *Un galet porteur; un transporteur à galets.*
galetage n. m.
galetas [-ta] n. m.
galeter v. t. *Je galette.* Conjug. 14.
galette n. f. *La galette des Rois.*
galetteux, euse adj.
galeux, euse adj. et n. ♦ HOM. → galleux.
galgal n. m. *Des galgals.*
galhauban n. m.
galibot n. m. (jeune mineur).
galicien, enne adj. *L'agriculture galicienne.* ♦ N. *Un Galicien* (de Galice ou de Galicie); *le galicien* (lin; dialecte de Galice; biscuit).
galiléen, enne [-é-in, -é-èn'] adj. *Nazareth est un bourg galiléen.* ♦ N. *Les Galiléens* (de la Galilée); *le Galiléen* (Jésus-Christ).

galimafrée n. f.
galimatias [-tya] n. m.
galinette n. f.
galion n. m.
galiote n. f.
galipette n. f.
galipot [-po] n. m. (mastic).
galipoter v. t.
galle n. f. (excroissance de végétal). ♦ HOM. → gale.
gallec → gallo.
gallérie n. f. (insecte).
galleux, euse adj. (du gallium). ♦ HOM. *galeux* (qui a la gale).
*****galley** = office (déf.).
gallican, e adj. *L'Église gallicane* (de France). ♦ N. *Un gallican.*
gallicanisme [-is-] n. m.
gallicisme [-is-] n. m.
gallicole adj.
Gallieni n.
galliforme n. m.
gallinacé, e adj. et n. m.
gallique adj.
gallium [-lyom'] n. m. *Des galliums.*
gallo, gallot ou **gallec** adj. et n. (de Bretagne non bretonnante). *Le pays gallo.*
gallodrome n. m.
gallois, e adj. *Une équipe galloise.* ♦ N. *Les Gallois* (du pays de Galles); *le gallois* (idiome celtique).
gallon n. m. ♦ HOM. → galon.
gallo-romain, e adj. *La période gallo-romaine.* ♦ N. *Les Gallo-Romains* (habitants de la Gaule romaine).
gallo-roman, e adj. et n. m. *Des gallo-romans* (dialectes).
gallot → gallo.
*****Gallup** (amér.) n. m. déposé inv. = sondage d'opinion.
galoche n. f.
galon n. m. (ruban épais). *Il prend du galon.* ♦ HOM. *gallon* (mesure de capacité).
galonner v. t.
galonnier, ère n.
galop [-lo] n. m.
galopade n. f.
galopant, e adj. *La phtisie galopante.*
galope n. f.
galoper v. int. et t.
galopeur, euse adj. et n.
galopin, e n.

galoubet n. m.
galuchat [-cha] n. m.
galurin n. m.
galvanique adj.
galvanisation n. f.
galvaniser v. t.
galvanisme [-is-] n. m.
galvano n. m. *Des galvanos.*
galvanocautère n. m.
galvanomètre n. m.
galvanoplastie n. f.
galvanoplastique adj.
galvanotype n. m.
galvanotypie n. f.
galvaudage n. m.
galvauder v. t.
galvaudeux, euse n.
gamay n. m.
gamba n. f.
gambade n. f.
gambader v. int.
gambe n. f. *Une viole de gambe.*
gamberge n. f.
gamberger v. t. et int. *Il gambergeait.* Conjug. 3.
gambette n. f.
gambien, enne adj. et n. (de Gambie).
gambille n. f.
gambiller v. int.
gambit [-bi] n. m.
gambusie n. f.
gamelan n. m.
gamelle n. f.
gamète n. m.
gamétocyte n. m.
gamétogenèse n. f.
gamétophyte n. m.
gamin, e n.
gaminer v. int.
gaminerie n. f.
gamma n. m. *Les rayons gamma.* ♦ → tableau LANGUES ÉTRANGÈRES, p. 897.
gamma-caméra n. f. *Des gamma-caméras.*
gamma-globuline n. f. *Des gamma-globulines.*
gammagraphie n. f.
gammare n. m.
gammathérapie n. f.
gamme n. f.
gammé, e adj. *La croix gammée.*
gamopétale adj. et n. f.
gamophobie n. f.
gamosépale adj.

GAN

gan [gan'] n. m. (dialecte chinois).
ganache n. f.
***ganaderia** (esp.) n. f. = élevage de taureaux pour la corrida.
gandin n. m.
gandoura n. f.
gang n. m.
ganga n. f.
gangétique adj.
ganglion n. m.
ganglionnaire adj.
ganglioplégique adj. et n. m.
gangrène n. f.
gangrené, e adj.
gangrener v. t. *Il gangrène, il gangrenait, il gangrènera(it).* Conjug. 15.
gangreneux, euse adj.
gangster [-tèr] n. m.
gangstérisme [-is-] n. m.
gangue n. f. → cangue.
gangué, e adj.
ganoïde adj. et n. m.
ganse n. f.
gansé, e adj.
ganser v. t.
gansette n. f.
gant n. m. *Des gants de toilette.* ♦ HOM. la ville de *Gand.*
gantelée ou **ganteline** n. f.
gantelet n. m.
ganter v. t. et int.
ganterie n. f.
gantier, ère n. et adj.
gantois, e adj. *Il est gantois.* N. *Un Gantois* (de Gand).
***gap** n. m. = écart (écon.), brèche (agr.), espace vide (génét.), discontinuité, interruption, trou, solution de continuité.
G.A.P. sigle f. Gestion actif-passif (écon.).
gaperon n. m.
gapette n. f.
garage n. m.
garagiste n.
garagiste-motoriste n. *Des garagistes-motoristes.*
garalde n. f.
garançage n. m.
garance n. f. et adj. inv.
garancer v. t. *Il garançait.* Conjug. 2.
garanceur n. m.
garancière n. f.
garant, e n. et adj.
garanti n. m.
garantie n. f. *Clauses de garantie; être sous garantie; contrat de garantie; sans garantie du gouvernement (S.G.D.G.).*

garantique n. f.
garantir v. t. du 2ᵉ gr. Conjug. 24.
garbure n. f. (soupe béarnaise).
garce n. f.
garcette n. f.
garçon n. m. *Un garçon coiffeur; un garçon épicier; des garçons de café; la vie de garçon.*
garçonne n. f.
garçonnet n. m.
garçonnier, ère adj. et n. f.
garde n. m. (homme qui a la garde de quelque chose). ♦ N. f. (surveillance, protection; femme qui garde un malade). *Des gardes à vue.* ♦ Dans les noms composés, ce mot est un nom (avec *s* au pluriel) quand il désigne un gardien, une personne : *des gardes forestiers, des gardes-voie(s).* Autrement, c'est un verbe invariable : *des garde-boue.* ♦ Suivi d'un nom, le mot *garde* a un trait d'union *(garde-magasin).* Suivi d'un adjectif, il n'a pas de trait d'union *(garde champêtre, garde forestier, garde maritime),* sauf dans le vieux nom composé *garde-française* (soldat de l'Ancien Régime). *Un garde républicain, des gardes républicains* (hommes). ♦ *Garde à vous! Être au garde-à-vous; le garde des Sceaux* (ministre de la Justice); *la garde nationale; la garde républicaine; la garde impériale* (abs. : *la Garde); corps de garde; avant-garde; arrière-garde; flanc-garde; une sauvegarde.*
gardé, e adj.
garde-à-vous n. m. inv.
garde-barrière n. *Des gardes-barrière(s).*
garde-bœuf n. m. *Des gardes-bœuf(s).*
garde-boue n. m. inv.
garde-but n. *Des gardes-but(s).*
garde-chasse n. m. *Des gardes-chasse(s).*
garde-chiourme n. m. *Des gardes-chiourme(s).*
garde-corps n. m. inv.
garde-côte(s) n. m. *Des gardes-côtes* (personnes); *des garde-côtes* (bateaux).
garde-feu n. m. *Des garde-feu(x).*
garde-fou n. m. *Des garde-fous.*
garde-française n. m. *Des gardes-françaises.*
garde-frein n. m. *Des gardes-frein(s).*
garde-magasin n. m. *Des gardes-magasin(s).*
garde-maison n. *Des gardes-maisons.*
garde-malade n. *Des gardes-malade(s).*
garde-manège n. m. *Des gardes-manège(s).*

garde-manger n. m. inv.
garde-marine n. m. *Des gardes-marine.*
garde-meuble(s) n. m. *Des garde--meubles. Le Garde-Meuble national.*
garde-mites n. m. *Des gardes-mites.*
Gardénal n. m. déposé inv.
*****garden center** loc. m. = jardinerie, centre de jardinage.
gardénia n. m. *Des gardénias.*
*****garden level** = rez-de-jardin (urb.).
*****garden-party** n. f. = réception dans un jardin. *Des garden-parties.*
garde-pêche n. m. *Des gardes-pêche* (personnes); *des garde-pêche* (bateaux).
garde-place n. m. *Des garde-place(s).*
garde-port n. m. *Des gardes-port(s).*
garder v. t. *Gardez-vous de lui. Ils se sont bien gardés de faire cela.*
garde-rats n. m. inv.
garderie n. f.
garde-rivière n. m. *Des gardes-rivière(s).*
garde-robe n. f. *Des garde-robes.*
garde-temps n. m. inv.
gardeur, euse n.
garde-voie n. m. *Des garde-voie(s).*
garde-vue n. m. inv. (visière).
gardian n. m.
gardien, enne n. *Un gardien de la paix; des gardiens de but.* ♦ Adj. *Un ange gardien.*
gardiennage n. m.
gardiennat n. m.
Gardisette n. f. déposé inv.
gardois, e adj. et n. (du Gard).
gardon n. m.
gare n. f. *Gare aérienne; gare routière; gare maritime.* ♦ HOM. *gare!* (interj.), il se *gare* (v.), le *Gard* (rivière).
gare ! interj. ♦ HOM. → gare.
garenne n. f. (terrain inculte à lapins). *Une vaste garenne.* ♦ N. m. (lapin sauvage). *De petits garennes ont creusé des jouettes.*
garer v. t.
gargantua n. m. *Des gargantuas* (allusion à *Gargantua*, héros de Rabelais).
gargantuesque adj.
gargariser (se) v. pr. *Elle s'est gargarisée.*
gargarisme [-is-] n. m.
gargote n. f.
gargotier, ère n.
gargouillade n. f.
gargouille n. f.

gargouillement n. m.
gargouiller v. int.
gargouillis [-yi] n. m.
gargoulette n. f.
gargousse n. f.
gari n. m.
garibaldien, enne n.
*****garimpeiro** (brésilien) n. m. = chercheur, prospecteur d'or ou de diamants.
garnement n. m.
garni, e adj. et n. m.
garniérite n. f.
garnir v. t. du 2ᵉ gr. Conjug. 24.
garnison n. f.
garnissage n. m.
garniture n. f.
garonnais, e adj. et n. (de la Garonne).
garou n. m. *Des garous.*
garrigue n. f.
garrot [-ro] n. m.
garrottage n. m.
garrotte n. f.
garrotter v. t.
garruler v. int.
gars [ga] n. m.
gascon, onne adj. *Elle est gasconne; un accent gascon.* ♦ N. *Les Gascons* (de Gascogne); *le gascon* (dialecte); *un gascon* (homme habile et fanfaron).
gasconnade n. f.
gasconner v. int.
gasconnisme [-is-] n. m.
gasoil ou **gazole** n. m.
*****gas-oil** n. m. = gasoil, gazole.
gaspacho [-patcho] n. m.
gaspillage n. m.
gaspiller v. t.
gaspilleur, euse adj. et n.
gastéromycète → gastromycète.
gastéropode → gastropode.
gastralgie n. f.
gastralgique adj.
gastrectomie n. f.
gastrine n. f.
gastrique adj.
gastrite n. f.
gastro-entérite n. f. *Des gastro-entérites.*
gastro-entérologie n. f. *Des gastro-entérologies.*
gastro-entérologue n. *Des gastro-entérologues.*
gastro-intestinal, ale, aux adj. *Des troubles gastro-intestinaux.*
gastrolithe n. m.

GASTROMYCÈTE

gastromycète ou **gastéromycète** n. m.
gastronome n.
gastronomie n. f.
gastronomique adj.
gastropode ou **gastéropode** n. m.
gastroscope n. m.
gastroscopie n. f.
gastrotechnie [-tèkni] n. f.
gastrotomie n. f.
gastrula n. f. *Des gastrulas.*
gastrulation n. f.
gat [-gat'] n. m. (escalier vers la mer). ♦ HOM. *gât* (ancien marais salant ; larve du cossus), il *gâte* (v.), *Gat* (ancienne ville de Palestine), *gatte* d'un bateau, *ghat* (escalier du Gange).
gât [-gat'] n. m. ♦ HOM. → gat.
*****gate array, cell array** = circuit intégré prédiffusé, prédiffusé, réseau de portes (électron.).
gâteau n. m. *Des gâteaux. Avoir part au gâteau. Le gâteau des Rois* (pour le jour des Rois). ♦ Adj. *Des papas gâteaux.*
gâte-bois n. m. inv.
gâter v. t. ♦ HOM. → gatter.
gâterie n. f.
gâte-sauce n. m. *Des gâte-sauce(s).*
gâteux, euse adj. et n.
*****gateway** = passerelle, point d'accès.
gâtifier v. int. *Il gâtifiera.* Conjug. 17.
gâtine n. f.
gâtion [-tyon] n. m.
gâtisme [-is-] n. m.
*****G.A.T.T.** (*General Agreement on Tariffs and Trade*) = accord général sur les tarifs douaniers et le commerce.
gatte n. f. (pour recueillir des écoulements sur un bateau). ♦ HOM. → gat.
gatter v. t. (faire l'école buissonnière, en Suisse). ♦ HOM. *gâter* (avarier ; combler de cadeaux).
gattilier n. m.
gauche adj. *Des manières gauches. Un ailier gauche, des ailiers gauche* (inv.). *Ce panneau est gauche.* ♦ N. m. *Un direct du gauche. Le gauche de ce panneau.* ♦ N. f. *Il vote pour la gauche ou l'extrême gauche. Tenir sa gauche. Elles vont à gauche.*
gauchement adv.
gaucher, ère adj. et n.
gaucherie n. f.
gauchir v. int. ou t. du 2ᵉ gr. Conjug. 24.
gauchisant, e adj. et n.
gauchisme [-is-] n. m.
gauchissement n. m.
gauchiste adj. et n.
gaucho n. m. *Des gauchos.*
gaude n. f.
*****gaudeamus** (lat.) v. = réjouissons-nous.
gaudriole n. f.
gaufrage n. m.
gaufre n. f.
gaufrer v. t.
gaufrerie n. f.
gaufrette n. f.
gaufreur, euse n.
gaufrier n. m.
gaufrier-toasteur [-tos'-] n. m. *Des gaufriers-toasteurs.*
gaufroir n. m.
gaufrure n. f.
gauiller v. int.
gaulage n. m.
gaule n. f. (long bâton). ♦ HOM. *Gaule* (territoire peuplé de Gaulois, partagé par les Romains en *Gaule cisalpine* et *Gaule transalpine*), un *goal* (gardien de but), il *gaule* les noix (v.), le général de *Gaulle*.
*****gauleiter** (all.) n. m. = chef de district.
gauler v. t.
gaulis [-li] n. m.
Gaulle (de) n. → tableau MINUSCULES A, 9°, p. 908.
gaullien, enne adj.
gaullisme [-is-] n. m.
gaulliste adj. et n.
gaulois, e adj. *Un guerrier gaulois ; une histoire gauloise.* ♦ N. *Les Gaulois portaient des braies ; le gaulois* (langue celte) ; *une gauloise* (cigarette).
gauloisement adv.
gauloiserie n. f.
gaultheria n. m. ou **gaulthérie** n. f. *Des gaultherias.*
gaupe n. f.
gaur n. m.
gauss n. m. (unité de mesure : *3 gauss* ou *3 G*).
gausser (se) v. pr. *Ils se sont gaussés de lui.*
gavage n. m.
gave n. m.
gaver v. t.
gaveur, euse n.
gavial n. m. (crocodile de l'Inde). *Des gavials.*
gavotte n. f.
gavroche n. m. et adj. (allusion à *Gavroche*, personnage des *Misérables* de V. Hugo). *Des gavroches.*

gay (amér.) ou **gai** adj. et n. = homosexuel.

gayal n. m. (bœuf d'Asie). *Des gayals.*

gaz n. m. *Roulez à pleins gaz; gaz exhilarant; des gaz de combat. Le Gaz de France (G.D.F.).* ♦ HOM. de la *gaze* (tissu léger).

gazage n. m.

gaze n. f. ♦ HOM. → gaz.

gazé, e adj. et n.

gazéification n. f.

gazéifier v. t. Conjug. 17.

gazéiforme adj.

gazelle n. f. et adj. inv.

gazer v. t. et int.

gazetier n. m.

gazette n. f.

gazeux, euse adj.

gazier, ère adj. et n. m.

gazinière n. f.

gazoduc n. m.

gazogène n. m.

gazole → gasoil.

gazoline n. f.

gazomètre n. m.

gazométrie n. f.

gazon n. m.

gazonnage n. m.

gazonnant, e adj.

gazonnée n. f.

gazonnement n. m.

gazonner v. t.

gazouillant, e adj.

gazouillement n. m.

gazouiller v. int.

gazouilleur, euse adj.

gazouillis [-yi] n. m.

G.D.F. sigle m. Gaz de France.

geai n. m. *Des geais au plumage multicolore.* ♦ HOM. → jet.

géant, e n. et adj. *Ils vont à pas de géant.*

géaster [-tèr] n. m.

gecko n. m.

géhenne [jé-èn'] n. f.

geignard, e adj. et n.

geignement n. m.

geindre v. int. Conjug. 31. *Le blessé geint doucement.* ♦ HOM. *gindre* ou *geindre* (ouvrier boulanger).

geindre n. m. → gindre.

geisha [gèycha] n. f.

gel n. m.

gélatine n. f.

gélatiné, e adj.

gélatineux, euse adj.

gélatiniforme adj.

gélatino-bromure n. m. *Des gélatino-bromures.*

gélatino-chlorure [-klo-] n. m. *Des gélatino-chlorures.*

gelé, e adj.

gelée n. f. *La gelée blanche. Un poulet en gelée.*

■ *Gelée, jus, liqueur, sirop.* Avec ces mots, le complément est en général au singulier : *gelée de pomme, de coing; jus d'orange, de citron; sirop de citron.* Certains peuvent être mis au pluriel : *gelée de groseille(s); liqueur de framboise(s); sirop de fraise(s). Une gelée de fruits. Des sirops pur fruit.* → compote.

geler v. t. et int. *Il gèle.* Conjug. 11.

gél*if*, *ive* adj.

gélifiant n. m.

gélification n. f.

gélifier v. t. Conjug. 17.

gélifraction n. f.

geline n. f. (poule). ♦ Ne pas confondre avec *géline* (composé organique de la gélatine).

géline n. f. → geline.

gelinotte ou **gélinotte** n. f.

gélivation n. f.

gélivité n. f.

gélivure n. f.

gélose n. f.

gélule n. f.

gelure n. f.

gém*eau*, *elle* n. *Un gémeau, une gémelle. Des gémeaux. Sous le signe des Gémeaux.* → zodiaque. ♦ HOM. des *gemmaux* (vitraux sans plomb, à verres collés).

gémellaire adj.

gémellipare adj.

gémelliparité n. f.

gémellité n. f.

gémellologie n. f.

gémination n. f.

géminé, e adj. et n. f.

géminer v. t.

gémir v. int. du 2ᵉ gr. Conjug. 24.

gémissant, e adj.

gémissement n. m.

gémisseur, euse n.

gemmage n. m.

gemmail n. m. *Des gemmaux.* ♦ HOM. → gémeau.

gemmation n. f.

gemme [jèm'] n. f.
gemmé, e adj.
gemmer v. t.
gemmeur n. et adj. m.
gemmifère adj.
gemmiparité n. f.
gemmologie n. f.
gemmologique adj.
gemmologiste n.
gemmothérapie n. f.
gemmule n. f.
gémonies n. f. pl. *Vouer quelqu'un aux gémonies.*
gênant, e adj.
gencive n. f.
gendarme n. m.
gendarmer (se) v. pr. *Ils se sont gendarmés.*
gendarmerie n. f. *La gendarmerie mobile; la gendarmerie de l'air.*
gendre n. m.
gène n. m. ♦ HOM. → gêne.
gêne n. f. *Il nous interrompit sans gêne. Un sans-gêne* (inv.). *Il est sans(-)gêne. Faire preuve de sans-gêne.* ♦ HOM. gène (élément de chromosome), Gênes (ville).
gêné, e adj.
généalogie n. f.
généalogique adj.
généalogiste n.
*****gene amplification** = amplification de gène (génét.).
*****gene bank** = génothèque, banque de gènes (génét.).
*****gene cluster** = batterie de gènes, gènes en batterie.
*****gene construct** = gène chimère, gène hybride.
*****gene disruption** = disruption génique.
*****gene distance** = distance génique.
*****gene expression** = expression génétique.
*****gene family** = famille de gènes, famille multigénique.
*****gene frequency** = fréquence génique (agr.).
*****gene fusion** = fusion génique.
*****gene library** = génothèque, banque de gènes.
*****gene mapping** = cartographie de gènes.
génépi ou **genépi** n. m.
gêner v. t. *Ils ne se sont pas gênés.*
génér*al, ale, aux* adj. *Dans l'intérêt général; des inspecteurs généraux; un directeur général; les états généraux; le président-directeur général; le trésorier-payeur général.* ♦ *En général* (loc. adv.). ♦ N. f. *Le soir de la générale* (de la répétition générale); *le tambour bat la générale, le clairon sonne la générale; madame la générale.* ♦ N. m. *Des généraux. Un général de brigade, de division, de corps d'armée, d'armée. Le général des galères. Le général des Jésuites. La « General Electric »* (firme). *Le Mécano de la General* (film). ♦ *Les trois généraux qui suivirent Napoléon à Sainte-Hélène furent :* Bertrand, Montholon et Gourgaud.
généralat [-la] n. m.
*****general cargo** = marchandises diverses (mer).
*****general cargo ship** = cargo de marchandises diverses.
générale → général.
généralement adv.
*****Generalife** (esp.) n. m. = palais à Grenade.
généralisable adj.
généralisant, e adj.
générali*sateur, trice* adj.
généralisation n. f.
généraliser v. t.
généralissime n. m.
généraliste n. et adj.
généralité n. f.
*****generate (to)** = engendrer, produire.
génér*ateur, trice* adj. et n.
génér*atif, ive* adj.
génération n. f.
génération*nel, elle* adj.
génératrice n. f.
*****gene rearrangement** = réarrangement génétique.
générer v. t. *Il génère, il générait, il générera(it).* Conjug. 10. Trop souvent employé pour *créer, enfanter, produire, provoquer, engendrer, déterminer, entraîner, occasionner* ou *causer.*
généreusement adv.
génér*eux, euse* adj.
générique adj. et n. m.
générosité n. f.
genèse n. f. Employé seul ou à la fin d'un mot, n'a pas d'accent sur le premier *e* (*morphogenèse, parthénogenèse*). L'accent intervient si cet élément est modifié (*génésiologie, parthénogénétique*).
génésiaque adj.

génésique adj.

genet n. m. ♦ HOM. → genêt.

genêt n. m. (arbrisseau). ♦ HOM. *genet* (petit cheval espagnol), *jeunet* (adj.), *jeûner* (v.).

*****gene tagging** = étiquetage génétique.

*****gene therapy** = thérapie génique.

généthliaque adj.

*****genetic competence** = compétence génétique.

*****genetic diagnosis** = diagnostic génétique.

*****genetic engineering** = génie génétique, ingénierie génétique.

*****genetic footprint** = empreinte génétique, trace.

généticien, enne n.

*****genetic map** = carte génétique.

*****genetic marker** = gène marqueur, marqueur génétique.

*****genetic recombination** = recombinaison génétique, recombinaison factorielle.

*****genetic transformation** = transformation génétique.

genêtière n. f.

génétique adj. et n. f.

génétiquement adv.

génétisme [-is-] n. m.

génétiste n.

*****gene transfer** = transfert de gènes.

genette n. f. (animal). ♦ HOM. *jeunette* (adj.).

gêneur, euse n.

genevois, e adj. *Un pasteur genevois.* ♦ N. *Un Genevois, une Genevoise* (de Genève).

genévrier n. m.

génial, ale, aux adj.

génialement adv.

génialité n. f.

géniculé, e adj.

génie n. m. *Son mauvais génie; un lieutenant du génie; le génie civil; le génie maritime.* ♦ HOM. → jenny.

genièvre n. m.

génique adj.

génisse n. f.

génital, ale, aux adj.

géniteur, trice adj. et n.

génitif n. m.

génito-urinaire adj. *Des organes génito-urinaires.*

*****gen-lock** = verrouilleur de synchronisation (aud.).

génocide n. m.

génois, e adj. *Le commerce génois.* ♦ N. *Les Génois* (de Gênes); *une génoise* (gâteau; rangée de tuiles).

génome n. m.

génomique adj.

génomutation n. f.

génothèque n. f.

génotype n. m.

genou n. m. *Des genoux. Il est à genoux; se jeter aux genoux de quelqu'un; mettre genou en terre.*

genouillé, e adj.

genouillère n. f.

génovéfain n. m.

genre n. m. *Des peintres de genre; en tout genre; de tout genre; tous les genres; avoir mauvais genre. C'est des personnes bon chic bon genre. Elle est du genre méticuleux. Genre grammatical.*

gens n. f. *La gens* [jins'] *romaine; la gens Fabia.* Pl.: *gentes.* ♦ N. m. ou f. pl. *Des gens d'affaires, d'Église, de finance, de lettres, de maison, de mer, de métier, de qualité, de service.* ♦ L'adjectif placé après le nom *gens* se met au masculin. *Des gens bons. Les gens sont heureux. Tous les gens sensés sont restés.* L'adjectif placé immédiatement avant ce nom se met au féminin. *De bonnes gens. Certaines gens. Quelles gens?* Mais: *Heureux ces gens-là!* (*ces* est intercalé). On fait exception lorsque *gens* a un complément indiquant l'état. *Certains gens de loi. Quels honnêtes gens!* (l'adjectif *quels* n'est pas voisin de *gens*). *Ces petites gens sont mesquins. Toutes les vieilles gens sont sorties* (orthographe de tradition). L'adjectif et le pronom qui ne précèdent *gens* que par inversion se mettent au masculin. *Instruits par l'expérience, les vieilles gens sont soupçonneux* (Acad.). ♦ HOM. *gent* (race), *Jean* (prénom), *jan* (table de trictrac).

gent n. f. *La gent moutonnière; la gent trotte-menu.* ♦ HOM. → gens.

gent, e adj. archaïque. *Une gente dame.* ♦ HOM. → jante.

gentamicine n. f.

gentiane [-syan'] n. f.

gentil, tille [-ti, -tiy'] n. m. (étranger, païen). *La conversion des gentils.* ♦ Adj. *Un mot gentil; elle est gentille.*

gentilé n. m. (nom des habitants d'un lieu). Pour *Danemark, Vendée, Bordeaux,* les gentilés sont respectivement

Danois, Vendéen, Bordelais. Le même mot, mais sans majuscule, sert aussi d'adjectif : *la monarchie danoise, le climat vendéen, l'agglomération bordelaise.* ♦ Pour désigner les habitants d'un pays lointain, on se sert quelquefois du terme local : *un Koweïti, des Burkinabés...* Mais il est aussi correct de franciser ces termes : *un Koweïtien, des Burkinabais...*

gentilhomme [-ti-yom'] n. m. *Des gentilshommes* [-tizom'].

gentilhommerie [-ti-yo-mri] n. f.

gentilhommière [-ti-yo-myèr'] n. f.

gentilité n. f.

gentillesse n. f.

gentill*et*, *ette* adj.

gentiment adv.

*****gentleman** n. m. = homme de bonne compagnie. *Des gentlemen.*

*****gentleman-farmer** n. m. = propriétaire foncier exploitant. *Des gentlemen-farmers.*

*****gentleman-rider** n. m. = cavalier ; jockey amateur. *Des gentlemen-riders.*

*****gentlemen's agreement** loc. m. = convention d'honneur.

*****gentry** n. f. = haute bourgeoisie non titrée.

génuflexion n. f.

géo- → tableau PRÉFIXES C, p. 942.

géobiologue n.

géocentrique adj.

géocentrisme [-is-] n. m.

géochimie n. f.

géochimique adj.

géochronologie n. f.

géocodage n. m.

géocodé, e adj.

*****geocode (to)** = géocoder (spat.).

*****geocoded data** = donnée géocodée (spat.).

*****geocoded image** = image géocodée (spat.).

géocoder v. t.

*****geocoding** = géocodage (spat.).

géode n. f.

géodésie n. f.

géodésique adj. et n. f.

géodynamique n. f.

géographe n.

géographie n. f. Pour les noms employés en géographie → tableaux MINUSCULES A, 6°, p. 907 ; PLURIEL VI, B, p. 938 et TRAIT D'UNION D, p. 955.

géographique adj.

géographiquement adv.

géoïde n. m.

geôle [jol] n. f.

geôl*ier*, *ère* [jo-] n.

géologie n. f.

géologique adj.

géologiquement adv.

géologue n.

géomagnétique adj.

géomagnétisme [-is-] n. m.

géomancie n. f.

géométr*al*, *ale*, *aux* adj. et n. m.

géomètre n.

géométridé n. m.

géométrie n. f. *Géométrie cotée ; géométrie non euclidienne.*

géométrique adj.

géométriquement adv.

géomorphologie n. f.

géomorphologique adj.

géophage adj. et n.

géophagie n. f.

géophile n. m.

géophone n. m.

géophysic*ien*, *enne* n.

géophysique n. f.

géopolitique n. f.

géoponie n. f.

géoponique adj.

Georges (prénom fr.) *Georges Brassens.* En anglais : *George. Le roi George V.*

Géorgie (République caucasienne). ♦ HOM. *Georgie* ou *Géorgie* (État des États-Unis).

géorgi*en*, *enne* adj. *Le pétrole géorgien.* ♦ N. *Un Géorgien de Tbilissi ; le géorgien* (langue caucasienne).

géorgique adj. (qui évoque la vie rurale).

*****geostationary satellite** = satellite géostationnaire.

géostationnaire adj.

géostatistique n. f.

géostratégie n. f.

géostratégique adj.

géostrophique adj.

géosynchrone [-kron'] adj.

géosynclinal n. m. *Des géosynclinaux.*

géotechnique [-tèk-] adj.

géotectonique n. f.

géotextile n. m.

géothermie n. f.

géothermique adj.

géothermomètre n. m.

géothermométrie n. f.
géothermométrique adj.
géotropisme [-is-] n. m.
géotrupe n. m.
géotype n. m.
géphyrien n. m.
gérable adj.
gérance n. f.
géraniacée n. f.
géraniol n. m.
géranium [-nyom'] n. m. *Du géranium rosat. Des géraniums.* ♦ Adj. inv. *Une robe géranium.*
géranium-lierre n. m. *Des géraniums-lierres.*
gérant, e n.
gerbage n. m.
gerbe n. f. *Gerbe de roses; du blé en gerbes.*
gerbée n. f.
gerber v. t. et int.
gerbera n. m.
gerbeur, euse n.
gerbier n. m. *Le mont Gerbier-de-Jonc.*
gerbière n. f.
gerbille n. f.
gerboise n. f.
gerce n. f.
gercement n. m.
gercer v. t. et int. *Il gerçait.* Conjug. 2.
gerçure n. f.
géré n. m.
gérer v. t. *Je gère, nous gérons, je gérerai(s).* Conjug. 10.
gérescence n. f.
gerfaut n. m.
gériatre n.
gériatrie n. f.
gériatrique adj.
gérité n. f.
germain, e adj. *Des cousins germains; des cousines issues de germains. Les guerriers germains.* ♦ N. *Les Germains* (de Germanie).
germandrée n. f.
germanicité n. f.
germanique adj. *Une invasion germanique.* ♦ N. *Le germanique* (groupe de langues).
germanisant, e adj. et n.
germanisation n. f.
germaniser v. t.
germanisme [-is-] n. m.
germaniste n.

germanité n. f.
germanium [-nyom'] n. m. *Des germaniums.*
germanophile adj.
germanophilie n. f.
germanophobe adj.
germanophobie n. f.
germanophone adj. et n.
germe n. m.
germé, e adj.
germen [-mèn] n. m. ♦ HOM. *Germaine* (prénom).
germer v. int.
*****germ free** = axénique (méd.).
germicide adj.
germin*al, ale, aux* adj.
germinal n. m. sing.
germina*teur, trice* adj.
germina*tif, ive* adj.
germination n. f.
germinicide adj. et n. m.
germoir n. m.
germon n. m.
géromé n. m. (fromage de Gérardmer).
gérondif n. m.

■ En français, on nomme *gérondif* le groupe constitué du participe présent précédé de la préposition *en*. Le gérondif complète un autre verbe en exprimant une circonstance ; il est invariable : *En mangeant, il me déclara... On s'instruit en lisant.* Le mot *en* est quelquefois sous-entendu. *Il s'en allait, chantant à tue-tête. Chemin faisant* (en faisant le chemin). *Espérant une réponse rapide, je vous prie... Ce faisant* (en faisant cela), *vous l'eussiez sauvé.*

Le gérondif doit avoir le même sujet que le verbe qu'il complète pour éviter l'amphibologie. *Il le trouva en cherchant.* Ce serait une faute d'écrire : *Il fut découvert en cherchant.* Il n'en était pas de même autrefois; il nous en est resté : *La fortune vient en dormant; l'appétit vient en mangeant.*

géronte n. m.
géronticide n. et adj.
gérontisme [-is-] n. m.
gérontocratie n. f.
gérontologie n. f.
gérontologique adj.
gérontologue n.
gérontophile n.
gérontophilie n. f.
gérontoxon n. m.

gerris n. m.
Gers [jèr'] n. m. (rivière, département).
gerseau n. m. (cordage). *Des gerseaux.*
gersois, e adj. et n. (du Gers).
gerzeau n. m. (plante). *Des gerzeaux.*
gésier n. m.
gésine n. f.
gésir v. int. N'est usité qu'aux formes suivantes : Indic. prés. : *je gis, tu gis, il gît (ci-gît, là gît), nous gisons, vous gisez, ils gisent (ci-gisent).* Imparf. : *je gisais* (en entier). Partic. prés. : *gisant.*
gesse n. f.
*****Gestalt** (all.) n. f. = structure.
gestaltisme [ghèchtaltis-] n. m.
gestaltiste [ghèchtal'-] adj. et n.
gestalt-thérapie [ghèchtalt'-] n. f.
gestant, e adj.
*****Gestapo** (all.) n. f. = police de sûreté du Reich.
gestation n. f.
geste n. m. *Un geste méprisant; de grands gestes de la main.* ♦ N. f. (au sens moyenâgeux d'exploit). *Les chansons de geste. La geste de Roland. Faits et gestes.*
gesticulant, e adj.
gesticulation n. f.
gesticuler v. int.
gestion [jèstyon] n. f. Comme dans tous les mots de cette terminaison *(autogestion, congestion, digestion, suggestion...),* on doit entendre le *t* à la prononciation. *Une gestion actif-passif* (G.A.P.).
gestionnaire [jèstyo-] adj. et n.
gestique n. f.
gestualité n. f.
gestuel, elle adj.
getter [ghèteur'] n. m.
GeV [jèv'] Symbole du *gigaélectronvolt.* 3 GeV = 3 milliards d'électronvolts.
gewurztraminer [ghèvurts-] n. m.
gexé n. m. (ponçage patiné).
geyser [jézèr'] n. m.
ghanéen, enne [ga-né-in, -èn'] adj. *Le cacao ghanéen.* ♦ N. *Les Ghanéens* (du Ghana).
ghat n. m. (escalier vers le Gange). ♦ HOM. → *gat.*
ghetto [ghèto] n. m.
ghettoïsation [ghèto-] n. f.
ghilde → *guilde.*
Ghiplen n. m. déposé inv. (plastique).
Ghislaine [ghilèn] (prénom).
*****ghost echo** = écho-fantôme (spat.).
*****ghost writer** = nègre d'écrivain.

*****G.I.** sigle m. inv. (*government issue) = fourniture du gouvernement. Surnom donné aux soldats américains.
giaour n. m.
gibbérelline n. f.
gibbérellique adj.
gibbeux, euse adj.
gibbon n. m.
gibbosité n. f.
gibecière n. f.
gibelet n. m.
gibelin, e n. et adj. *La querelle des guelfes et des gibelins. La fraction gibeline.*
gibelotte n. f.
giberne n. f.
gibet n. m.
gibier n. m. *Gibier à plume, à poil, d'eau, de potence.*
giboulée n. f.
giboyeux, euse [-bwa-yeû, -yeûz] adj.
gibus [-bus'] n. m.
G.I.C. sigle m. Grand invalide civil.
giclée n. f.
giclement n. m.
gicler v. int.
gicleur n. m.
G.I.E. sigle m. Groupement d'intérêt économique.
Gien (ville du Loiret). ♦ HOM. *Giens* (presqu'île du Var).
gifle n. f.
gifler v. t.
*****gift** = don, cadeau.
G.I.G. sigle m. Grand invalide de guerre.
giga- Préfixe qui multiplie par 10^9 (un milliard). Symbole : *G.* → *déca-.*
gigaélectronvolt n. m. (unité de mesure : 1 GeV = 1 milliard ou 10^9 eV).
gigannée n. f. (un milliard d'années).
gigantesque adj.
gigantisme [-is-] n. m.
gigantomachie n. f.
gigas [-gas'] n. f.
gigogne n. f. *La mère Gigogne* (personnage de théâtre). ♦ Adj. *Des meubles gigognes.*
gigolette n. f.
gigolo n. m.
gigot n. m. *Des manches à gigot.*
gigoté, e adj.
gigotement n. m.
gigoter v. int.
gigue n. f.
G.I.H. sigle f. (*growth inhibiting hormone) = hormone de croissance.

gilde → guilde.
gilet n. m.
giletier, ère n.
gille n. m. (personnage burlesque). ♦ HOM. *Gilles* (prénom).
Gillette n. m. déposé inv.
gimblette n. f.
*****gimmick** n. m. = truc astucieux; gadget publicitaire.
gin [djin'] n. m. ♦ HOM. → djinn.
gindre ou **geindre** n. m. ♦ HOM. → geindre.
gin-fizz [djin'-] n. m.
gingembre n. m.
gingival, ale, aux adj.
gingivite n. f.
ginguet, ginglard ou **ginglet** n. m. (vin aigre).
ginkgo [jinko] n. m.
gin-rummy ou **gin-rami** [djin'-] n. m.
ginseng [jin'sang'] n. m.
giobertite n. f.
*****giorno (a)** → *a giorno.
giottesque adj. (qui se rapporte à Giotto).
*****gipsy** n. = bohémien. *Des gipsies*. → gitan.
girafe n. f.
girafeau ou **girafon** n. m.
girandole n. f.
girasol [-sol'] n. m.
giration n. f.
giratoire adj. et n. m.
giraumon ou **giraumont** n. m.
giraviation n. f.
giravion n. m.
girelle n. f.
girie n. f.
*****girl** n. f. = danseuse de music-hall. *Des girls* [gheurls'].
girodyne n. m.
girofle n. m. *Des clous de girofle.*
giroflée n. f.
giroflier n. m.
girolle n. f.
giron n. m. (creux du corps assis). ♦ HOM. *girond* (bien fait).
girond, e adj. *Une fille gironde.* ♦ HOM. → giron. *Gironde* (cours d'eau, département).
girondin, e adj. *Le vignoble girondin.* ♦ N. *Une Girondine* (de la Gironde). *Les Girondins* (parti politique sous la Révolution).
gironné adj. et n. m.
girouette n. f.

gisant, e adj. *Il est gisant sur le sol.* ♦ N. m. *Les gisants de la basilique de Saint-Denis.*
giselle n. f. (mousseline). ♦ HOM. *Gisèle* (prénom), *Giselle* (ballet).
gisement n. m.
gît → gésir.
gitan, e n. *Un gitan, une gitane* (nomades). *Une Gitane* ou *une gitane* (cigarette). ♦ Adj. *Des mœurs gitanes.*
LEXIQUE : bohémien, camp-volant, gipsy, gitan, gitano, kalé, manouche, nomade, rom, romani, romanichel, tsigane, zingaro.
*****gitano, na** (esp.) = gitan, e.
gîte n. m. (refuge; masse de minerai; morceau de bœuf). *Des gîtes d'étape. Des gîtes à la noix.* ♦ N. f. (inclinaison du navire). *Le steamer donnait de la gîte.*
giter v. int.
gitologie n. f.
giton n. m.
*****giveaway** = cadeau publicitaire.
givrage n. m.
givrant, e adj.
givre n. m.
givré, e adj.
givrer v. t. et int.
givreux, euse adj.
givrure n. f.
glabelle n. f.
glabre adj.
glaçage n. m.
glaçant, e adj.
glace n. f.
glacé, e adj. *Des feuilles glacées de givre.* ♦ Adv. *Ils boivent glacé.*
glacer v. t. *Il glaçait.* Conjug. 2.
glacerie n. f.
glaceur, euse n.
glaceux, euse adj.
glaciaire adj. *La période glaciaire; l'ère glaciaire.* ♦ HOM. une *glacière* (où l'on met de la glace pour conserver).
glacial, ale, als ou **aux** adj. *Des accueils glacials/glaciaux.*
glacialement adv.
glaciation n. f.
glaciel, elle adj. (de glaces flottantes).
glacier n. m.
glacière n. f. ♦ HOM. → glaciaire.
glaciologie n. f.
glaciologique adj.
glaciologue n.
glacis [-si] n. m.

GLAÇON

glaçon n. m.
glaçure n. f.
gladiateur n. m.
glagolitique adj. et n. m.
glaïeul n. m. *Des glaïeuls.*
glaire n. f.
glairer v. t.
glaireux, **euse** adj.
glairure n. f.
glaise n. f. et adj. f.
glaiser v. t.
glaiseux, **euse** adj. et n.
glaisière n. f.
glaive n. m.
***glamour** n. m. = beauté de vedette.
glamoureux, **euse** adj.
***glamour stock** = valeur vedette (écon.).
glanage n. m.
gland n. m.
glandage n. m.
glande n. f. *Glandes de Bartholin; glandes sébacées, lacrymales, sudoripares.*
glandée n. f.
glander v. int.
glandeur, **euse** n.
glandouiller v. int.
glandulaire adj.
glanduleux, **euse** adj.
glane n. f.
glanement n. m.
glaner v. t.
glaneur, **euse** n.
glanure n. f.
glapir v. int. du 2ᵉ gr. Conjug. 24.
glapissant, e adj.
glapissement n. m.
glaréole n. f.
glas [gla] n. m.
***glasnost** (russe) n. f. = transparence.
***glass** n. m. = verre à boire.
glatir v. int. du 2ᵉ gr. Conjug. 24.
glaucome n. m.
glauconie ou **glauconite** n. f.
glauque adj. → tableau COULEURS A, p. 884.
glaviot n. m.
glaviotter v. int.
glèbe n. f.
gléchome [-kom] ou **glécome** n. m.
gleditschia n. m.
glène n. f. (cavité osseuse; cordage).
gléner v. t. *Je glène, nous glénons, je glénerai(s).* Conjug. 10.
glénoïdal, ale, aux adj.

glénoïde adj.
glial, ale, aux adj.
***glide path** ou **Glide slope** = radioalignement de descente.
glie n. f.
glioblastome n. m.
gliome n. m.
glischroïde [-skro-id] adj. et n.
glischroïdie [-skro-idi] n. f.
glissade n. f.
glissage n. m.
glissance n. f.
***glissando** (ital.) n. m. et adv. = en glissant.
glissant, e adj.
glisse n. f.
glissement n. m.
glisser v. int. et t.
glisseur, **euse** adj. et n.
glissière n. f. *Des glissières de sécurité.*
glissoir n. m.
glissoire n. f.
global, ale, aux adj.
***global banking** = banque universelle.
***global custody** = conservation internationale (écon.).
globalement adv.
globalisant, e adj.
globalisateur, trice adj.
globalisation n. f.
globaliser v. t.
globalisme [-is-] n. m.
globalité n. f.
***global positioning system** (G.P.S.) = localisation par satellite.
globe n. m.
***globe-trotter** n. = grand voyageur. *Des globe-trotters.*
globicéphale n. m.
globigérine n. f.
globine n. f.
globique adj.
globulaire adj.
globule n. m. *Les globules rouges du sang sont les hématies ou érythrocytes; les globules blancs sont les leucocytes.*
globuleux, **euse** adj.
globulin n. m.
globuline n. f.
***glockenspiel** (all.) n. m. = carillon.
gloire n. f. *Ils se font gloire de cela.*
glome n. m.
gloméris [-is'] n. m.
glomérule n. m.

gloméulonéphrite n. f.

gloria n. m. Invariable dans le sens religieux. *Chanter le Gloria; chanter des gloria.* Mot variable lorsqu'il s'agit de la boisson. *Boire des glorias.*

gloriette n. f.

glorieusement adv.

glorieux, euse adj. *Une glorieuse victoire.*
♦ N. *Ils font les glorieux. Les journées des 27, 28 et 29 juillet 1830 sont les trois Glorieuses.*

glorificateur, trice n. et adj.

glorification n. f.

glorifier v. t. Conjug. 17.

gloriole n. f.

glose n. f.

gloser v. int.

glossaire n. m.

glossateur n. m.

glossine n. f.

glossite n. f.

glossodynie n. f.

glossolalie n. f.

glosso-pharyngien, enne adj. *Les nerfs glosso-pharyngiens.*

glossotomie n. f.

glottal, ale, aux adj.

glotte n. f.

glottique adj.

glottorer v. int.

glouglou n. m. *Des glouglous.*

glouglouter v. int.

gloussant, e adj.

gloussement n. m.

glousser v. int.

glouteron n. m.

glouton, onne adj. et n.

gloutonnement adv.

gloutonnerie n. f.

gloxinia n. m.

glu n. f.

gluant, e adj.

gluau n. m. *Des gluaux.*

glucagon n. m.

glucide n. m.

glucidique adj.

glucine n. f.

glucinium [-nyom'] n. m. *Des gluciniums.*

glucocorticoïde n. m.

glucomètre n. m.

gluconéogenèse n. f.

gluconique adj.

glucose n. m.

glucosé, e adj.

glucoserie n. f.

glucoside n. m.

glui n. m.

gluino n. m.

glume n. f.

glumelle n. f.

glumellule n. f.

glumiflore n. f.

gluon n. m.

glutamate n. m.

glutamine n. f.

glutamique adj.

glutathion n. m.

gluten [-tèn'] n. m.

glutineux, euse adj.

glycémie n. f.

glycéride n. m.

glycérie n. f.

glycérine n. f.

glycériner v. t.

glycérique adj.

glycérol n. m.

glycérolé n. m.

glycérophosphate [-fosfat] n. m.

glycérophtalique [-fta-] adj.

glycine n. f.

glycocolle n. m.

glycogène n. m.

glycogenèse n. f.

glycogénie n. f.

glycogénique adj.

glycogénogenèse n. f.

glycogénose n. f.

glycol n. m.

glycolique adj.

glycolyse n. f.

glycoprotéine n. f.

glycorégulation n. f.

glycosurie [-zu-] n. f.

glycosurique [-zu-] adj.

glyphe n. m.

glyptique n. f.

glyptodon ou **glyptodonte** n. m.

glyptographie n. f.

glyptologie n. f.

glyptothèque n. f.

*G.M.T. (*Greenwich mean time) = temps moyen de Greenwich.

gnangnan n. *Ce sont des gnangnans.*
♦ Adj. inv. *Ils sont gnangnan.*

gneiss [g'nès'] n. m.

gneisseux, euse adj.

gneissique adj.

gnète [g'nèt'] n. f.
gnetum [g'nétom'] n. m. *Des gnetums.*
G.N.L. sigle m. Gaz naturel liquéfié.
gnocchi [gnoki] n. m. *Des gnocchis.*
gnognote ou gnognotte n. f.
gnole, gniole, gnôle, gnaule ou niaule n. f.
gnome [g'nom'] n. m.
gnomique [g'no-] adj.
gnomon [g'no-] n. m.
gnomonique [g'no-] adj. et n. f.
gnon n. m.
gnose [g'no-] n. f.
gnoséologie [g'no-] n. f.
gnosie [g'no-] n. f.
gnosticisme [g'no- -sis-] n. m.
gnostique [g'nos-] n. et adj.
gnou [g'nou] n. m. *Des gnous.*
gnouf n. m.
go n. m. sing. *Des jeux de go.*
*go = va, allez.
go (tout de) loc. adv. *Ils chantèrent tout de go.*
goal [gol'] n. m. Employé en France pour désigner le gardien de but, le garde-but.
 ♦ HOM. → gaule.
*goal = but, objectif.
*goal-average n. m. = meilleur quotient, meilleure différence. *Des goal-averages.*
*goal-keeper = gardien de but (sport).
*go-around = remise de gaz (déf.).
gobelet n. m.
gobeleterie n. f.
gobeletier, ère n.
gobelin n. m. *Ce tapis est un gobelin provenant de la manufacture des Gobelins.*
gobelotter v. int.
gobe-mouches n. m. inv.
gober v. t.
goberger (se) v. pr. *Il se gobergeait.* Conjug. 3. *Ils se sont gobergés.*
*go-between = intermédiaire.
gobeur, euse n.
gobie n. m. (poisson).
godage n. m.
godailler v. int.
godasse n. f.
godelureau n. m. *Des godelureaux.*
godemiché n. m.
goder v. int.
godet n. m.
godiche adj. et n.
godichon, onne adj. et n.
godille n. f.

godiller v. int.
godilleur, euse n.
godillot [-di-yo] n. m.
godiveau n. m. *Des godiveaux.*
godron n. m.
godronnage n. m.
godronner v. t.
*God save the King (the Queen) = Dieu sauve le roi (la reine).
goéland [-lan] n. m.
goélette n. f.
goémon n. m.
goémonier n. m.
goétie [-si] n. f.
goglu n. m.
gogo n. m.
gogo (à) loc. adv. *Ils ont tout à gogo.*
goguenard, e adj.
goguenardise n. f.
goguenots ou gogues n. m. pl.
goguette n. f. *Ils sont en goguette.*
goï, goïm → goy.
goinfre adj. et n.
goinfrer (se) v. pr. *Ils se sont goinfrés.*
goinfrerie n. f.
goitre n. m.
goitreux, euse adj. et n.
*gold bullion standard = étalon-or lingot (écon.).
golden [-dèn'] n. f. (pomme).
*golden boy = jeune agent de change de talent. *Des golden boys.*
*gold exchange standard = étalon de change-or (écon.).
golem [-èm'] n. m.
golf n. m. ♦ HOM. → golfe.
golfe n. m. (partie de la mer qui avance dans les terres). *Le golfe de Gascogne; le golfe Persique ou Arabique; la guerre du Golfe.* ♦ HOM. *golf* (sport).
golfeur, euse n.
golfique adj. (qui concerne le golf).
Golgi (appareil de) loc. m.
golmote ou golmotte n. f.
gomarisme [-is-] n. m.
gomariste adj. et n.
gombo n. m.
Goménol n. m. déposé inv.
goménolé, e adj.
Gomina n. f. déposé inv.
gominé, e adj.
gominer (se) v. pr. *Ils se sont gominés.*
gommage n. m.
gomme n. f. *De la gomme adragante.*

gommé, e adj.
gomme-gutte n. f. *Des gommes-guttes.*
gomme-laque n. f. *Des gommes-laques.*
gommer v. t.
gomme-résine n. f. *Des gommes-résines.*
gommette n. f.
gomm*eux*, *euse* adj. et n.
gommier n. m.
gommifère adj.
gommose n. f.
gommure n. f.
gon n. m. (unité de mesure, syn. de *grade* : 3 gons ou 3 gon). ♦ HOM. *gond* (pivot de porte).
gonade n. f.
gonadique adj.
gonadostimuline n. f.
gonadotrope adj.
gonadotrophine n. f.
gonadotrophique adj.
gond n. m. *Il sort de ses gonds.* ♦ HOM. → gon.
gondolage n. m.
gondolant, e adj.
gondole n. f.
gondolement n. m.
gondoler v. t., int. et pr. *Elle s'est gondolée.*
gondoli*er*, *ère* n.
gone n. m. *Les gones de Lyon.*
gonelle ou **gonnelle** n. f.
gonfalon ou **gonfanon** n. m.
gonfalonier ou **gonfanonier** n. m.
gonflable adj.
gonflage n. m.
gonflant, e adj.
gonfle n. f.
gonflé, e adj.
gonflement n. m.
gonfler v. t.
gonflette n. f.
gonfleur n. m.
gong [gong'] n. m.
gongorisme [-is-] n. m.
goniomètre n. m.
goniométrie n. f.
goniométrique adj.
gonnelle → gonelle.
gonochorique [-ko-] adj.
gonochorisme [-koris-] n. m.
gonococcie [-koksi] n. f.
gonocoque n. m.
gonocytaire adj.
gonocyte n. m.

gonophore n. m.
gonozoïde n. m.
gonze n. m.
gonzesse n. f.
***goodwill** = fonds commercial ; écart d'acquisition ; survaleur (écon.).
gopak → hopak.
gopura n. m. inv.
gord [gor] n. m.
gordien adj. m. *Trancher le nœud gordien.*
goret n. m.
Goretex n. m. déposé inv.
gorfou n. m. (oiseau). *Des gorfous.*
gorge n. f.
gorge-de-pigeon adj. inv.
gorgée n. f.
gorger v. t. *Il se gorgeait. Elle s'est gorgée.* Conjug. 3.
gorgerin n. m.
gorget n. m.
gorgonaire n. m.
gorgone n. f. (animal cœlentéré). ♦ HOM. les *Gorgones*, monstres mythologiques (Méduse, Sthéno et Euryale).
gorgonzola n. m. *Des gorgonzolas.*
gorille n. m.
gosette n. f.
***go-show** (faux angl.) adj. et n. = imprévu, e. (transp.).
gosier n. m.
***gospel song** = chant religieux.
***Gosplan** (russe) n. m. = Comité de planification.
gosse n.
goth ou **got** adj. *Le peuple goth attaqua l'Empire romain.* ♦ N. *Les Goths se divisèrent en Wisigoths et Ostrogoths.*
gotha n. m. (ensemble de personnalités dignes de figurer dans l'*Almanach de Gotha*). *Tout le gotha du cinéma était là.*
gothique adj. *L'art gothique.* ♦ N. m. *Le gothique s'est épanoui au XIIe siècle.* ♦ N. f. *Il savait écrire la gothique.* ♦ HOM. *gotique* (langue germanique).
gotique n. m. ♦ HOM. → gothique.
goton n. f.
***Gott mit uns** (all.) loc. = Dieu soit avec nous.
gouachage n. m.
gouache n. f.
gouaché, e adj.
gouacher v. t.
gouaille n. f.
gouailler v. t. et int.

gouaillerie n. f.
gouailleur, euse adj. et n.
goualante n. f.
goualeuse n. f.
gouape n. f.
gouda n. m.
goudron n. m.
goudronnage n. m.
goudronner v. t.
goudronneur, euse n.
goudronneux, euse adj.
gouet [gwè] n. m.
gouffre n. m.
gouge n. f.
gouger v. t. Conjug. 3.
gougère n. f.
gougnafier n. m.
gouille n. f.
gouine n. f.
goujat [-ja] n. m.
goujaterie n. f.
goujon n. m.
goujonner v. t.
goujonnette n. f.
goujonnière adj. f. et n. f.
goulache ou goulasch n. m.
goulafre adj. et n.
goulag n. m.
goulasch → goulache.
goule n. f.
goulée n. f.
Goulesch (à la) loc. adv. *Donner les cartes à la Goulesch.*
goulet n. m. *Des goulets d'étranglement.*
goulette n. f.
gouleyant, e adj.
goulot n. m.
goulotte n. f.
goulu, e adj. et n.
goulûment adv.
goum n. m.
goumier n. m.
goupil n. m.
goupillage n. m.
goupille n. f.
goupiller v. t.
goupillon n. m.
gour n. m. pl. *Les gour du Sahara.*
goura n. m.
gourami n. m.
gourance ou gourante n. f.
gourbet n. m.
gourbi n. m.

gourd, e adj. *Le doigts gourds.* ♦ N. f. *Une gourde.*
gourdin n. m.
gouren [-rin] n. m.
gourer (se) v. pr. *Elle s'est gourée.*
gourgandine n. f.
gourmade n. f.
gourmand, e adj. et n.
gourmander v. t.
gourmandise n. f.
gourme n. f.
gourmé, e adj.
gourmet n. m.
gourmette n. f.
gournable n. f.
gourou ou guru [gourou] n. m. *Des gourous.*
goussaut adj. m. et n. m.
gousse n. f.
gousset n. m.
goût n. m. *Une affaire de goût; avoir bon goût; similitude, divergence de goûts; être au goût de quelqu'un. Dégoût, ragoût.*
goûter v. t. *Venez goûter ce vin.* ♦ N. m. *Le goûter des enfants.* ♦ HOM. goutter (laisser tomber des gouttes).
goûteur, euse n.
goûteux, euse adj.
goutte n. f. *Suer à grosses gouttes; la gouttière goutte dans l'égout; on n'y voit goutte. Le quartier de la Goutte-d'Or. Ce vieillard a des accès de goutte.* ♦ HOM. il goûte (v.).
goutte-à-goutte n. m. inv. (perfusion; appareil à perfusion). La locution adverbiale n'a pas de traits d'union. *Du goutte-à-goutte, le liquide coulait goutte à goutte.*
gouttelette n. f.
goutter v. int. *Le parapluie gouttait.* ♦ HOM. → goûter.
gouttereau adj. m. *Des murs gouttereaux.*
goutteux, euse adj. et n.
gouttière n. f. *Une tôle-gouttière.*
gouvernable adj.
gouvernail n. m. *Des gouvernails.*
gouvernance n. f. (administration).
gouvernant, e adj. et n.
gouverne n. f.
gouvernement n. m.
gouvernemental, ale, aux adj. et n. m.
gouverner v. t.
gouvernés n. m. pl.
gouverneur n. m.

goy ou **goï** n. et adj. *Des goyim, des goïm.*
goyave n. f.
goyavier n. m.
G.P.L. sigle m. Gaz de pétrole liquéfié.
gr Symbole du *grade.*
G.R. sigle f. Grande randonnée.
grabat [-ba] n. m.
grabataire adj. et n.
grabatisation n. f.
*****graben** (all.) n. m. = fossé tectonique.
grabuge n. m.
grâce n. f. *Le coup de grâce ; rentrer en grâce ; de bonne grâce ; une grâce d'état ; crier grâce ; avoir mauvaise grâce ; trouver grâce ; demander grâce ; faire grâce ; droit de grâce ; recours en grâce ; délai de grâce ; l'an de grâce* → *an. Action de grâces ; grâces vous soient rendues ; la commission des grâces ; la prière des grâces. Le jeu de grâces. Rendre grâce(s).* ♦ Interj. *Grâce ! Grâce au ciel !* ♦ *De grâce* (loc. adv.). ♦ *Grâce et disgrâce sont les seuls mots de la famille qui portent un accent ; on écrira donc : gracier, disgracieux, etc.* ♦ *Les trois Grâces de la mythologie grecque étaient :* Aglaé, Thalie, Euphrosine (filles de Zeus, on les appelle aussi les Charites). ♦ HOM. *grasse* (adj.), *Grasse* (ville). Le prénom anglais *Grace* se prononce [grès'].
*****grace period** = période de franchise (écon.).
gracier v. t. Conjug. 17.
gracieusement adv.
gracieuseté n. f.
gracieux, euse adj.
gracile adj.
gracilité n. f.
gracioso adv. De l'italien *grazioso.*
gradateur n. m.
gradation n. f. (montée ou descente progressive). ♦ Ne pas confondre avec *graduation* (division en degrés ou en une autre unité).
grade n. m. (unité de mesure des angles : *3 grades* ou *3 gr* ; échelon dans une hiérarchie). *Un avancement de grade ; les insignes de grade ; ils montent en grade.*
gradé, e adj. et n. m. *Des gradés d'infanterie.*
*****grader** n. m. = niveleuse.
gradient [-dyan] n. m.
*****gradient image** = image-gradient (spat.).
gradin n. m.
gradualisme [-is-] n. m.

gradualité n. f.
graduat [-dua] n. m.
graduateur n. m.
graduation n. f. → *gradation.*
gradué, e adj. *Une échelle graduée.* ♦ N. *Un gradué de l'Université.*
graduel, elle adj. et n. m.
graduellement adv.
graduer v. t. Conjug. 18.
gradueur, euse n. et adj.
gradus [-dus'] n. m.
graffiter v. t. ♦ HOM. *graphiter* (enduire de graphite).
graffiteur, euse n.
graffiti n. m. Pl. ital. : *graffiti* ; pl. fr. : *graffitis.*
grafigner v. t.
graillement n. m.
grailler v. int.
graillon n. m.
graillonner v. int.
grain n. m. *Des grains de raisin ; veiller au grain ; des poulets de grain ; des haricots en grains. Le grain d'orge du fusil ; broder des grains-d'orge. Coudre du gros-grain. Des grains de beauté.*
*****grain** = bloc de poudre (spat.).
grainage ou **grenage** n. m.
grain-d'orge n. m. (outil, broderie, tissu, moulure, etc.). *Des grains-d'orge.*
graine n. f. *Ils montent en graine.*
grainer v. int. et t.
graineterie n. f.
grainetier, ère n. et adj.
graineur, euse n.
grainier, ère n.
graissage n. m.
graisse n. f. *De la graisse d'armes ; une graisse consistante. La graisse des vins.* ♦ HOM. il *graisse* (v.), la *Grèce* (État).
graisser v. t. et int.
graisseur, euse adj. et n.
graisseux, euse adj.
gram [gram'] n. m. Connu aussi sous le nom de « coloration de Gram ». ♦ HOM. → *gramme.*
gramen [-mèn'] n. m.
graminacée n. f.
graminée n. f.
grammage n. m.
grammaire n. f.
grammairien, enne n.
grammatical, ale, aux adj.
grammaticalement adv.

grammaticalisation n. f.
grammaticalisé, e adj.
grammaticaliser v. t.
grammaticalité n. f.
gramme n. m. (unité de mesure : *3 grammes* ou *3 g*). ♦ HOM. *gram* (colorant).
gramme-force n. m. *Des grammes-force.*
gramme-poids n. m. *Des grammes-poids.*
Gramophone n. m. déposé inv.
grana n. m.
grand, e adj. Dans les noms composés, ce mot prend un *s* au masculin pluriel (*des arrière-grands-pères*). Au féminin, on doit l'écrire sans apostrophe (ce qui était une erreur, corrigée par l'Acad. en 1932) et sans *e*; il n'est qu'une exception, pour la solennité : *grande-duchesse.* ♦ *À grand bruit; à grands coups; en grand danger; en grand équipage; en grande majorité; de grand matin; en grand nombre; en grande partie; à grands pas; à grand-peine; en grande pompe; en grande quantité; à grand renfort. Ils ont grand air. Avoir grand-faim, grand-peur* est plus correct que *avoir très faim, très peur.* ♦ *Un grand-bi; la grand-croix de l'ordre de; grand duc* (oiseau), *grand-duc* (prince); *un grand ensemble; un grand flandrin; la Grande Guerre; le Grand-livre* (en comptabilité), *le grand(-)livre de la Dette publique; le grand maître de l'Université; le grand maître de la Légion d'honneur; le Grand Maître de la Grande Loge* (franc-maçonnerie); *la mère-grand; le Grand Nord; un grand officier; le Grand Palais; le grand prêtre; le Grand Prix* (hippisme); *le grand quartier général* (G.Q.G.); *le grand siècle; il est grand temps; le grand vizir.* ♦ *Pierre le Grand; le Grand Turc; le Grand Mogol; les Grands Lacs* (américains); *la Grande Mademoiselle* (Mlle de Montpensier); *Le Grand Meaulnes* (roman). ♦ N. *C'est un grand; les grands de ce monde; les Grands* (grandes puissances); *un grand d'Espagne.* ♦ Adv. *Vous avez vu grand. Ils ont fait les choses en grand. Une porte grande ouverte; des fenêtres grandes ouvertes; des logis grands ouverts.* → tableau ADVERBES O, p. 875. ♦ *Grands nombres* → tableau NOMBRES IV, p. 911.
grand-angle n. m. (objectif). *Des grands-angles.*
grand-angulaire n. m. *Des grands-angulaires.*
grand-bi n. m. *Des grands-bis* [-bi].
grand-chambre n. f. (assemblée parlementaire). *Des grand-chambres.*

grand-chose pron. indéf. neutre. *Il ne vaut pas grand-chose. Tous ces individus, ce n'est pas grand-chose de bon.* Ne pas confondre ce pronom avec le groupe nominal « grande chose » précédé de l'article. *C'est une grande chose que d'avoir émis ces idées. Un/une pas-grand-chose* (inv.).
grand-croix n. f. (dignité). *Des grands-croix.* ♦ N. (personne) *Un/une grand-croix; des grands-croix.*
grand-duc n. m. (prince). *Des grands-ducs.*
grand-ducal, ale, aux adj.
grand-duché n. m. *Des grands-duchés.*
grande-duchesse n. f. *Des grandes-duchesses.*
grandelet, ette adj.
grandement adv.
grandesse n. f.
grandet, ette adj.
grandeur n. f. *Une grandeur d'âme. Que Votre Grandeur daigne.* → majesté.
grand-garde n. f. *Des grand-gardes.*
grand-guignolesque adj. *Des situations grand-guignolesques.*
grandiloquence n. f.
grandiloquent adj.
grandiose adj.
grandir v. int. et t. du 2e gr. Conjug. 24.
grandissant, e adj.
grandissement n. m.
grandissime adj.
grand-livre n. m. *Des grands-livres.*
grand-maman n. f. *Des grand(s)-mamans.*
Grand Marnier n. m. déposé inv.
grand-mère n. f. *Des grand(s)-mères.*
grand-messe n. f. *Des grand(s)-messes.*
grand-oncle n. m. *Des grands-oncles.*
grand-papa n. m. *Des grands-papas.*
grand-peine (à) loc. adv.
grand-père n. m. *Des grands-pères.*
grands-parents n. m. pl.
grand-tante n. f. *Des grand(s)-tantes.*
grand-voile n. f. *Des grand(s)-voiles.*
grange n. f.
grangée n. f.
granit ou **granite** n. m.
granitaire adj.
granité, e adj. et n. m.
graniter v. t.
graniteux, euse adj.
granitique adj.

granito n. m.
granitoïde adj.
granivore adj. et n.
granny-smith [gra-ni-smis'] n. f. inv. (pomme).
granulaire adj.
granulat [-la] n. m.
granulation n. f.
granule n. m.
granulé, e adj. et n. m.
granuler v. t.
granul*eux, euse* adj.
granulie n. f.
granulite n. f.
granulocyte n. m.
granulome n. m.
granulométrie n. f.
granulométrique adj.
*****grape-fruit** n. m. = pamplemousse. *Des grape-fruits.*
graphe n. m.
graphème n. m.
graphémologie n. f.
grapheur n. m.
graphie n. f.
graphiose n. f.
graphique adj. et n. m.
graphiquement adv.
graphisme [-fis-] n. m.
graphiste n.
graphitage n. m.
graphite n. m.
graphiter v. t. ♦ HOM. → graffiter.
graphit*eux, euse* adj.
graphitique adj.
graphitisation n. f.
graphologie n. f.
graphologique adj.
graphologue n. et adj.
graphomanie n. f.
graphomètre n. m.
graphorrhée n. f.
graphothérapie n. f.
grappa n. f.
grappe n. f. *Des fleurs en grappe; grappe de raisin(s); ils tombaient par grappes; vin de grappe; du cassis à grappes.*
grappillage n. m.
grappiller v. int. et t.
grappill*eur, euse* n. et adj.
grappillon n. m.
grappin n. m.
graptolite n. m.

gras, grasse adj. *Un corps gras; la grasse matinée.* ♦ N. *Le gras du jambon; du riz au gras.* ♦ Adv. *Elles mangent gras; parler gras.* ♦ HOM. le fusil *Gras.*
gras-double n. m. *Des gras-doubles.*
*****grasping reflex** = réflexe d'agrippement (méd.).
grassement adv.
grasserie n. f.
grasset n. m.
grasseyant, e adj.
grasseyement n. m.
grasseyer v. int. Conjug. 9.
grassouill*et, ette* adj.
grateron → gratteron.
graticulation n. f.
graticuler v. t.
gratifiant, e adj.
gratification n. f.
gratifier v. t. Conjug. 17.
gratin n. m. *Du gratin d'écrevisses; un gratin de chou-fleur; une sole au gratin; du gratin dauphinois.*
gratiné, e adj. et n. f.
gratiner v. t.
gratiole [-syol] n. f.
gratis [-tis'] adv. lat. Ne peut s'appliquer qu'à un verbe. *Vous entrerez gratis.* → gratuit.
gratitude n. f.
grattage n. m.
gratte n. f.
gratte-ciel n. m. inv.
gratte-cul n. m. inv.
gratte-dos n. m. inv.
grattelle n. f.
grattement n. m.
gratte-papier n. m. inv.
gratte-pieds n. m. inv.
gratter v. t. et int.
gratteron ou **grateron** n. m.
gratt*eur, euse* n.
grattoir n. m.
grattonner v. int.
grattons n. m. pl.
grattouiller v. t.
grattouillis n. m.
grature n. f.
gratuit, e adj. Ne peut s'appliquer qu'à un nom. *Des places gratuites. Le spectacle est gratuit.* → gratis.
gratuité n. f.
gratuitement adv.
grau n. m. *Des graux.* ♦ HOM. → gros.

gravatier n. m.
gravats [-va] n. m. pl.
grave adj. *Ils ont le visage grave. Une grave maladie.* ♦ Adv. *Ils chantent grave.* ♦ N. *Les graves et les aigus.* ♦ HOM. du *graves* (vin).
*****grave** (ital.) adv. = lentement (degré 44 du métronome).
gravelée n. f.
graveleux, euse adj.
gravelle n. f.
gravelure n. f.
gravement adv.
graver v. t.
graves n. f. pl. (terrains caillouteux). ♦ N. m. (vin produit dans la région bordelaise des Graves). ♦ HOM. → grave.
gravettien n. m.
graveur, euse n.
gravicélération n. f.
gravide adj.
gravidéviation n. f.
gravidique adj.
gravidité n. f.
gravier n. m.
gravière n. f.
gravifique adj.
gravillon n. m.
gravillonnage n. m.
gravillonner v. t.
gravillonneuse n. f.
gravimètre n. m.
gravimétrie n. f.
gravimétrique adj.
gravir v. t. du 2ᵉ gr. Conjug. 24.
gravisphère n. f.
gravissime adj.
gravitant, e adj.
gravitation n. f.
gravitationnel, elle adj.
gravité n. f.
graviter v. int.
graviton n. m.
gravitropisme [-is-] n. m.
gravois n. m. pl.
gravure n. f.
gray n. m. (unité de mesure : *3 grays* ou *3 Gy*). ♦ HOM. → gré.
*****grazioso** (ital.) adv. = doux et gracieux.
gré n. m. *Savoir gré. Je vous saurai(s) gré de. Contre le gré de quelqu'un. Agir à son gré, de mon/ton/son/leur plein gré.* Toujours invariable dans les loc. adv. : *de gré à gré ; bon gré(,) mal gré* (à ne pas confondre avec la prép. *malgré*). ♦ HOM. *grès* (roche ; céramique), il *grée* (v. gréer), *gray* (unité de mesure), *Gray* (ville).

grèbe n. m.
grébiche, grébige ou **gribiche** n. f. (numéro d'ordre d'un manuscrit chez l'imprimeur ; garniture métallique d'un objet en cuir ou en tissu). Voir d'autres sens de *gribiche* à ce mot.
Grec, grecque adj. *Un temple grec ; une statue grecque.* ♦ N. *Les Grecs* (de la Grèce) ; *c'est une Grecque. Une grecque* (ornement ; scie de relieur ; coiffe). *Le grec* (langue). → tableau *Langues étrangères et langues anciennes* p. 897.
gréciser v. t.
grécité n. f.
gréco-bouddhique adj. *Les arts gréco-bouddhiques.*
gréco-latin, e adj. *Des études gréco-latines.*
gréco-romain, e adj. *La lutte gréco-romaine ; les siècles gréco-romains.*
grecque → grec.
grecquer v. t.
gredin, e n.
gredinerie n. f.
gréement n. m.
*****green** n. m. = pelouse, gazon ras.
*****green fee** = droit de jeu (golf).
*****greenhouse effect** = effet de serre (urb.).
*****greenness vegetation index** ou **Greenness index** = indice de verdure (spat.).
*****greenskeeper** ou **greenkeeper** = intendant de terrain (golf).
gréer v. t. *Je grée, nous gréons, je gréerai(s).* Conjug. 16.
gréeur n. m.
greffage n. m.
greffe n. m. (annexe du tribunal). ♦ N. f. (opération de transfert sur un végétal, un animal ou une personne). *Greffe en fente, en écusson ; des greffes en couronne.*
greffé, e adj. et n.
greffer v. t.
greffeur, euse n.
greffier, ère n.
greffoir n. m.
greffon n. m.
grégaire adj.
grégarine n. f.
*****gregario** (ital.) = simple soldat. *Des gregarii.*

grégarisation n. f.
grégarisme [-is-] n. m.
grège adj. *Des soies grèges.* ♦ N. m. *Un grège pâle.*
grégeois adj. m.
grégorien, enne adj.
grègues n. f. pl.
grêle adj. *Une voix grêle.* ♦ N. f. *Une grêle de coups.*
grêlé, e adj.
grêler v. impers. et t.
grêleux, euse adj.
grêlifuge adj.
grelin n. m.
grêlon [grè-] n. m.
grelot [-lo] n. m.
grelottant, e adj.
grelottement n. m.
grelotter v. int.
greluche n. f.
greluchon n. m.
grémial n. m. *Des grémiaux.*
grémil n. m.
grémille n. f.
grenache n. m.
grenadage n. m.
grenade n. f.
grenader v. t.
grenadeur n. m.
grenadier n. m.
grenadière n. f.
grenadille n. f.
grenadin, e adj. *Les jardins grenadins* (de Grenade). ♦ N. *Un Grenadin* (homme de Grenade); *un grenadin* (œillet; pinson; viande); *de la grenadine* (sirop).
grenage → grainage.
grenaillage n. m.
grenaille n. f.
grenailler v. t.
grenaison n. f.
grenat [-na] n. m. et adj. inv.
grené, e adj.
greneler v. t. *Je grenelle.* Conjug. 13.
grener v. int. et t. *Je grène, nous grenons, je grènerai(s).* Conjug. 15.
grènetis [-ti] n. m.
greneur, euse n.
grenier n. m.
grenoblois, e adj. et n.
grenouillage n. m.
grenouille n. f.
grenouiller v. int.

grenouillère n. f.
grenouillette n. f.
grenu, e adj. et n. m.
grenure n. f.
grès n. m. ♦ HOM. → gré.
grésage n. m.
gréser v. t. *Je grèse, nous grésons, je gréserai(s).* Conjug. 10.
gréseux, euse adj.
grésière n. f.
grésil [-zil' ou -zi] n. m. (petit grêlon blanc et dur). ♦ Ne pas confondre avec *Crésyl* (nom déposé d'un désinfectant).
grésillement n. m.
grésiller v. impers. et int.
grésoir n. m.
gressin n. m.
greubons n. m. pl.
grève n. f. *Une grève tournante; une grève surprise. La place de Grève.*
grève-bouchon n. f. *Des grèves-bouchons.*
grever v. t. *Je grève, nous grevons, je grèverai(s).* Conjug. 15.
gréviste adj. et n.
*****grey market** = marché gris, marché avant cotation (écon.).
gribiche n. f. (femme acariâtre). ♦ Adj. *La sauce gribiche.* → grébiche.
gribouillage n. m.
gribouille n. m.
gribouiller v. int. et t.
gribouilleur, euse n.
gribouillis n. m.
grièche adj.
grief [gri-yèf'] n. m.
grièvement adv.
griffade n. f.
griffe n. f.
griffé, e adj. ♦ HOM. → gryphée.
griffer v. t.
griffeur, euse n.
griffon n. m.
griffonnage n. m.
griffonner v. t.
griffonneur, euse n.
griffu, e adj.
griffure n. f.
grifton → griveton.
grignard, e adj.
grigne n. f.
grigner v. int.
grignon n. m.
grignotage n. m.

grignotement n. m.
grignoter v. t.
grignot*eur*, *euse* adj. et n.
grignotis [-ti] n. m.
grigou n. m. *Des grigous.*
gri-gri ou **grigri** n. m. *Des gris-gris; des grigris.*
gril [gril' ou gri, mais pas griy'] n. m.
*****grill** → grill-room.
grillade n. f.
grillage n. m.
grillager v. t. *Nous grillageons.* Conjug. 3.
grillageur n. m.
grillardin n. m.
grille [griy'] n. f.
grillé, *e* adj.
grille-écran n. f. *Des grilles-écrans.*
grille-pain n. m. inv.
griller v. t. et int.
grillerie n. f.
grille-tout-pain n. m. inv.
grilloir n. m.
grillon n. m.
*****grill-room** ou **grill** n. m. = salle de restaurant, rôtisserie, grillerie. *Des grill--rooms.*
grimaçant, *e* adj.
grimace n. f.
grimacer v. int. et t. Conjug. 2.
grimac*ier*, *ère* adj. et n.
grimage n. m.
grimaud n. m.
grime n. m.
grimer v. t.
grimoire n. m.
grimpant, *e* adj.
grimpe n. f.
grimpée n. f.
grimper v. int. et t. ♦ N. m. *Des grimpers de corde.*
grimpereau n. m. *Des grimpereaux.*
grimpette n. f.
grimp*eur*, *euse* n. et adj.
grimpion n. m.
grinçant, *e* adj.
grincement n. m.
grincer v. int. *Il grinçait.* Conjug. 2.
grinch*eux*, *euse* adj. et n.
gringalet, ette n. m.
gringe ou **grinche** adj.
*****gring*o*, *ga*** (esp.) n. = étranger, ère, autre que mexicain.
gringotter v. int.

gringue n. m.
griot [gri-yo] n. m.
griotte n. f.
griottier n. m.
*****grip** n. m. = prise des mains sur un club de golf ou une raquette de tennis; endroit de cette prise.
grippage n. m.
gripp*al*, *ale*, *aux* adj.
grippe n. f. *Prendre en grippe.*
grippé, *e* adj. et n.
grippement n. m.
grippeminaud n. m.
gripper v. int.
grippe-sou n. m. *Des grippe-sou(s).*
gris, *e* adj. *De l'onguent gris; du vin gris; des étoffes grises. Cet homme est gris.* ♦ Adj. inv. *Gris souris; gris fumé; gris argent; gris perle. Des rubans gris foncé. Couleurs gris-de-perle, gris-de-lin.* ♦ N. *Un beau gris.* ♦ → tableau COULEURS, p. 884.
LEXIQUE : acier, anthracite, ardoise, argenté, fer, grisâtre, grisonnant, livide, perle, plombé, pommelé, rouan, rubican, sépia, souris.
grisaille n. f.
grisailler v. t. et int.
grisant, *e* adj.
grisard n. m.
grisâtre adj.
grisbi n. m.
grisé, *e* n. m. et adj.
griséofulvine n. f.
griser v. t.
griserie n. f.
griset n. m.
grisette n. f.
grisoller v. int.
gris*on*, *onne* adj. et n.
grisonnant, *e* adj.
grisonnement n. m.
grisonner v. int.
Grisons (viande des) loc. f.
grisotte n. f.
grisou n. m. *Des grisous.*
grisoumètre n. m.
grisout*eux*, *euse* adj.
*****grit spreader** = gravillonneuse (urb.).
grive n. f.
grivelé, *e* adj.
griveler v. t. et int. *Il grivelle.* Conjug. 13.
grivèlerie n. f. (action de consommer sans payer).
griveton ou **grifton** n. m.

grivois, e adj.
grivoiserie n. f. (propos ou geste licencieux).
grizzli ou **grizzly** n. m.
grœnendael [greûn'eun'dal'] n. m.
Groenland [greûn'lan'd'] par les naturels du pays, mais souvent [gro-èn'land'] en France. n. m.
groenlandais, e (voir ci-dessus) adj. *Un chien groenlandais.* ♦ N. *Une Groenlandaise* (du Groenland).
grog n. m.
*__groggy__ adj. inv. = sonné, étourdi, assommé, sans conscience. *Ils sont groggy.*
grognard n. m.
grognasse n. f.
grognasser v. int.
grogne n. f.
grognement n. m.
grogner v. int.
grognerie n. f.
grogneur, euse adj. et n.
grognon, onne adj. et n.
grognonner v. int.
groie n. f. *Des terres de groie.*
groin n. m.
groisil [-zil'] n. m.
grole ou **grolle** n. f.
grommeler v. t. et int. *Il grommelle.* Conjug. 13.
grommellement n. m.
grondant, e adj.
grondement n. m.
gronder v. int. et t.
gronderie n. f.
grondeur, euse adj. et n.
grondin n. m.
*__groom__ n. m. = jeune domestique en livrée.
gros, grosse adj. *Ils jouent gros jeu; le gros Louis.* ♦ N. *Louis le Gros. Le gros de l'armée. Commerce de gros. En gros.* ♦ Adv. *Ils jouent gros.* ♦ HOM. *grau* (chenal marin), le baron *Gros.*
gros-bec n. m. (oiseau). *Des gros-becs.*
groschen n. m. (monnaie autrichienne).
groseille n. f. *Des groseilles à maquereau; de la confiture de groseilles; un sirop de groseille(s).* ♦ Adj. inv. *Des rubans groseille.*
groseillier n. m. *Un groseillier à grappes.*
gros-grain n. m. *Des gros-grains.*
Gros-Jean adj. inv. *Ils se sont retrouvés Gros-Jean comme devant.*

gros-plant n. m. *Des gros-plants.*
gros-porteur n. m. *Des gros-porteurs.*
grosse n. f.
grosserie n. f.
grossesse n. f. *Une grossesse extra-utérine.*
grosseur n. f.
grossier, ère adj.
grossièrement adv.
grossièreté n. f.
grossir v. t. et int. du 2e gr. Conjug. 24.
grossissant, e adj.
grossissement n. m.
grossiste n.
grossium [-syom'] n. m. *Des grossiums.*
*__grosso modo__ (lat.) loc. adv. = sommairement, en gros.
grossoyer [-swa-yé] v. t. *Il grossoiera.* Conjug. 6.
grotesque adj. et n.
grotte n. f.
grouillant, e adj.
grouillement n. m.
grouiller v. int.
grouillot n. m.
grouiner v. int.
*__ground control point__ = point d'appui (spat.).
*__ground element, groundel__ ou **ground patch area** = tachèle, tache élémentaire (spat.).
*__ground floor__ = rez-de-chaussée (urb.).
*__ground following__ = suivi du terrain (déf.).
*__ground handling__ = service d'escale (transp.).
*__ground handling agent__ = société de service d'escale (transp.).
*__ground patch area__ → *__ground element__.
*__ground range__ = distance-temps au sol (spat.).
*__ground range image__ = image dystopographique (spat.).
*__ground resolution__ = limite de résolution au sol (spat.).
*__ground station__ = station au sol (spat.).
*__ground track__ = trace, trajectoire au sol (spat.).
*__ground truth__ = réalité de terrain (spat.).
*__ground water__ = nappe (agr.).
*__ground zero__ = point zéro (déf.).
group n. m. (sac postal cacheté). *Des groups.* ♦ HOM. un *groupe* de mots.
groupage n. m.

GROUPAL

groupal, ale, aux adj.
groupe n. m. *Un groupe d'armées, de combat, de mitrailleuses, de mots, de personnes. Un groupe franc. La médecine de groupe. Le groupe des Cinq* (musiciens russes). *Le groupe des Six* (musiciens français). *Un intergroupe.* Groupes de verbes → tableau VERBES II, VIII, IX, X, p. 957 sqq. ♦ HOM. → group.
groupe-capteur n. m. *Des groupes-capteurs.*
groupement n. m.
grouper v. t.
groupie n. f.
groupiste n.
*groupman** n. m. = groupiste.
groupuscule n. m.
*groupware** = logiciel de groupe, synergiciel.
grouse n. f.
*growth inhibiting hormone** (G.I.H.) = hormone inhibitive de croissance.
gruau n. m. (grain de céréale sans enveloppe). *Des gruaux. Des pains de gruau.*
gruau ou **gruon** n. m. (petit de la grue). *Des gruaux. Des gruons.*
grue n. f.
gruerie n. f.
grugeoir n. m.
gruger v. t. *Il grugeait* Conjug. 3.
grume n. f.
grumeau n. m. *Des grumeaux.*
grumeler (se) v. pr. *La pâte se grumelle.* Conjug. 13.
grumeleux, euse adj.
grumelure n. f.
grumier n. m.
*Grunstein-Hogness procedure** = hybridation sur colonie (génét., agr.).
gruon → gruau.
*gruppetto** (ital.) n. m. = groupe de notes rapides. *Des gruppetti.*
grutage n. m.
gruter v. t.
grutier n. m.
gruyère [gru-yèr] n. m. *Des fromages de Gruyère; des gruyères.*
gryphée n. f. (mollusque ressemblant à l'huître). ♦ HOM. *griffé* (égratigné).
guadeloupéen, enne [gwa- -é-in, -èn'] adj. et n.
guai ou **guais** [ghè] adj. m. ♦ HOM. → gai.
guanaco [gwa-] n. m.
guanine [gwa-] n. f.
guano [gwa-] n. m.

guaracha [gwaratcha] n. f.
guarani [gwa-] n. m. (dialecte indien; monnaie du Paraguay). *Les Guaranis* (Indiens).
*guard space** = vide sanitaire (urb.).
guatémaltèque [gwa-] adj. *Un volcan guatémaltèque.* ♦ N. *Les Guatémaltèques* (du Guatemala).
gubernatorial, ale, aux adj.
gué n. m. *Passer à gué.* ♦ Interj. *La bonne aventure, ô gué!* ♦ HOM. → gai.
guéable adj.
guèbre n. et adj.
guède n. f.
guéer v. t. *Je guée.* Conjug. 16.
guéguerre n. f.
guelfe n. m. *Un guelfe partisan du pape.* ♦ Adj. *Un prince guelfe.*
guelte n. f.
guenille n. f.
guenon n. f.
guépard n. m.
guêpe n. f.
guêpier n. m.
guêpière n. f.
guère adv. Autrefois: *guères.* S'emploie précédé de *ne. On n'a guère de temps.* ♦ HOM. → guerre.
guéret n. m. (terre labourée). ♦ HOM. *Guéret* (ville).
guéridon n. m.
guérilla n. f.
guérillero n. m.
guérir v. t. et int. du 2ᵉ gr. Conjug. 24.
guérison n. f.
guérissable adj.
guérisseur, euse n.
guérite n. f.
guerre n. f. *Une guerre de positions; une guerre de mouvement; la guerre presse-bouton; guerre d'escarmouches; une guerre éclair, des guerres éclairs; guerre de partisans; être en guerre; c'est de bonne guerre; de guerre lasse; la guerre sainte; la guerre en dentelle; la croix de guerre; l'Ecole supérieure de guerre; le conseil de guerre; le ministère de la Guerre.* ♦ *Les loc. adv.* avant guerre, après guerre, entre les deux guerres *ont fourni les noms suivants qui peuvent être masculins ou féminins: l'avant-guerre, l'après-guerre, l'entre-deux-guerres. Cela coûtait moins cher avant guerre. L'avant-guerre fut heureux/heureuse parce que nous avions vingt ans.* ♦ *Les guerres médiques; les guerres*

puniques; la guerre de Cent Ans; la guerre des Deux-Roses; les guerres de Religion; la guerre de Trente Ans; la guerre de Sécession; la guerre de 70; la Grande Guerre; la Première Guerre mondiale; la guerre de 1939-1945; la Seconde Guerre mondiale; la dernière guerre mondiale; la dernière guerre; les deux guerres mondiales. ♦ HOM. *guère* (peu).
guerrier, ère adj. et n.
guerroyer v. int. Conjug. 6.
*****guest-house** = pension de famille.
guet [ghè] n. m. *Faire le guet; les soldats du guet; le guet à vue.* ♦ HOM. → *gai.*
guet-apens [ghètapan]. n. m. *Des guets-apens* [ghètapan].
guète → guette.
guêtre n. f.
guêtrer v. t.
guêtron n. m.
guette ou **guète** n. f. (demi-croix de Saint-André). ♦ HOM. il *guette* (v.).
guetter v. t. ♦ HOM. → *gaieté.*
guetteur n. m.
gueulante n. f.
gueulard, e n. et adj.
gueule n. f.
gueule-de-loup n. f. (plante). *Des gueules-de-loup.*
gueuler v. int. et t.
gueules n. m. (en héraldique).
gueuleton n. m.
gueuletonner v. int.
gueusaille n. f.
gueuse n. f.
gueuse-lambic ou **gueuze-lambic** n. f. *Des gueuses-lambics.*
gueuser v. int.
gueuserie n. f.
gueux, euse n.
guèze n. m.
gugusse n. m.
gui n. m. (plante; sorte de vergue). ♦ HOM. *Guy* (prénom).
guibolle ou **guibole** n. f.
guibre n. f.
guiche n. f.
guichet n. m.
guichetier, ère n.
guidage n. m.
guidance n. f.
guide n. m. (personne ou livre donnant des conseils; appareil). *Un guide d'ondes* (électron.). ♦ N. f. (lanière). *Mener la vie à grandes guides.*

guide-âne n. m. *Des guide-ânes.*
guideau n. m. *Des guideaux.*
*****guided bomb** = bombe guidée (déf.).
guide-fil n. m. *Des guide-fil(s).*
guider v. t.
guiderope n. m.
guidon n. m.
guignard, e adj.
guigne n. f. (cerise; malchance). ♦ N. m. (oiseau).
guigner v. int. et t.
guignette n. f.
guignier n. m. (cerisier).
guignol n. m. *Faire le guignol. Le personnage de Guignol.*
guignolet n. m.
guignon n. m. (malchance). ♦ Ne pas confondre avec *quignon* (de pain).
guilde, ghilde ou **gilde** [ghi-] n. f.
guili-guili n. m. inv.
guillaume n. m. (rabot). ♦ HOM. *Guillaume* (prénom).
guilledou n. m. *Des guilledous.*
GUILLEMET n. m. → tableau en annexe p. 889.
guillemeter v. t. *Il guillemette.* Conjug. 14.
guillemite n. m.
guillemot n. m.
guilleret, ette adj.
guillochage n. m.
guilloche n. f.
guillocher v. t.
guillocheur n. m.
guillochis [-chi] n. m.
guillochure n. f.
guillon [ghi-yon] n. m.
guillotine n. f.
guillotiné, e adj. et n.
guillotinement n. m.
guillotiner v. t.
guillotineur, euse n.
guimauve n. f.
guimbarde n. f.
guimpe n. f.
guincher v. int. et t.
guindage n. m.
guindaille n. f.
guindant, e n. m.
guinde n. f.
guindé, e adj.
guindeau n. m. *Des guindeaux.*
guinder v. t.
guinderesse n. f.

guinée n. f. (monnaie anglaise). ♦ HOM. la *Guinée* (ex-Guinée française), la *Guinée--Bissau* (ex-Guinée portugaise), la *Guinée équatoriale* (ex-Guinée espagnole).
guinéen, enne adj. *Il est guinéen.* ♦ N. *Une Guinéenne* (de Guinée).
guingan n. m. (toile de coton venant du Bengale). ♦ HOM. *Guingamp* (ville des Côtes-d'Armor).
guingois (de) loc. adv. ou adj.
guinguette n. f.
guipage n. m.
guiper v. t.
guipoir n. m.
guipon n. m.
guipure n. f.
guirlande n. f.
guisarme n. f.
guise [ghiz] n. f. *À sa guise; à leur guise; en guise de.* ♦ HOM. *Guise* (commune), le duc de *Guise* (quelquefois prononcé [guiz]).
guitare n. f.
guitariste n.
guitoune n. f.
guivre n. f.
guivré, e adj.
gujarati n. m. (langue parlée au Gujerat).
gulden [-dèn'] n. m. (monnaie hollandaise).
gummifère adj.
gunitage n. m.
gunite n. f.
guniter v. t.
günz [gun'z'] n. m.
guppy [gupi] n. m.
gurdwara [gurdwara] n. m.
guru → gourou.
gus ou **gusse** n. m.
gustatif, ive adj.
gustation n. f.
gutta-percha [-pèrka] n. f. *Des guttas-perchas.*
guttifère ou **guttiféralé** n. f.
guttural, ale, aux adj. et n. f.
guyanais, e adj. et n.
guyot n. m. (volcan sous-marin). ♦ N. f. (poire).
guzla n. f.
gy Symbole du *gray*.
gymkhana [jim'ka-na] n. m.

gymnase [jim'naz] n. m.
gymnasial, ale, aux [jim'-] adj.
gymnaste [jim'-] n.
gymnastique [jim'-] n. f.
gymnique [jim'-] adj.
gymnoblaste [jim'-] adj. et n. f.
gymnocarpe [jim'-] adj.
gymnophobie [jim'-] n. f.
gymnosophiste [jim'- -so-] n. m.
gymnosperme [jim'-] n. f.
gymnote [jim'-] n. m.
gym-tonic [jim'-] n. f.
gynandrie n. f.
gynandromorphisme [-is-] n. m.
gynécée n. m.
gynécocratie ou **gynécratie** [-si-] n. f.
gynécologie n. f.
gynécologique adj.
gynécologue ou **gynécologiste** n.
gynécomastie n. f.
gynérium [-ryom'] n. m. *Des gynériums.*
gynogenèse n. f.
gynophore n. m.
gynostème n. m.
gypaète n. m.
gypsage n. m.
gypse n. m. (pierre à plâtre). ♦ HOM. *Gibbs* (marque déposée).
gypseux, euse adj.
gypsomètre n. m.
gypsophile n. f.
gyrase n. f.
gyrin n. m.
gyrocompas n. m.
gyrolaser [-zèr'] n. m.
gyromagnétique adj.
gyromètre n. m.
gyromitre n. m.
gyrophare n. m.
gyropilote n. m.
gyroscope n. m.
gyroscopique adj.
gyrostat [-sta] n. m.

H

h n. m. inv. ♦ **h:** symbole de l'*heure* et du préfixe *hecto-*. ♦ **H:** symbole de l'*hydrogène* et du *henry*.
/ha! interj. Pour la ponctuation → ah/ha. ♦ N. m. inv. *Des ha de surprise.* ♦ HOM. → a.
/habanera [-néra] n. f. *On dansait la habanera.*
***habeas corpus** (lat.) loc. m. = liberté de son corps.
habile adj. *Ils sont très habiles.* L'adjectif *malhabile* s'écrit en un mot.
habilement adv.
habileté n. f. (adresse, dextérité). ♦ Ne pas confondre avec *habilité* (aptitude légale).
habilitation n. f.
habilité n. f. → habileté.
habiliter v. t.
habillable adj.
habillage n. m.
habill*é*, *e* adj.
habillement n. m.
habiller v. t.
habill*eur*, *euse* n.
habit n. m. *Des messieurs en habit.*
habitabilité n. f.
habitable adj.
habitacle n. m.
habitant, *e* n. → gentilé.
habitat [-ta] n. m.
habitation n. f.
habit*é*, *e* adj.
habiter v. t. et int.
habituation n. f.
habitude n. f. *Ils le font par habitude.*
habitué, *e* n.

habitu*el*, *elle* adj.
habituellement adv.
habituer v. t. Conjug. 18.
***habitus** (lat.) n. m. = aspect physique d'un malade.
/hâblerie n. f.
/hâbl*eur*, *euse* adj. et n. *Le hâbleur.*
/hachage n. m.
/hache n. f. *Une hache d'armes; des haches d'abordage.* ♦ HOM. il *hache* (v.), *ache* (plante), lettre *H*.
/hach*é*, *e* adj.
/hache-légumes n. m. inv.
/hachement n. m.
/hache-paille n. m. inv.
/hacher v. t.
/hachereau n. m. *Des hachereaux.*
/hachette n. f. Beauvais fut libéré de Charles le Téméraire par Jeanne *Hachette* en 1472.
/hacheur n. m.
/hache-viande n. m. inv.
/hachis [-chi] n. m.
/hachisch → /haschisch.
/hachoir n. m.
/hachure n. f.
/hachurer v. t.
***hacienda** (esp.) n. f. = grande ferme sud-américaine.
***hack** = piratage informatique.
***hacker** = détourneur, falsificateur d'informations par ordinateur, pirate informatique, chevaucheur, fraudeur informatique.
***hacking** = fraude par ordinateur.
/had*al*, *ale*, *aux* adj.

La barre oblique devant un mot signale un *h* aspiré

/haddock n. m. (églefin).
*/hadith (arabe) n. m. pl. = ensemble des traditions islamiques.
*/hadj ou */hadjdj n. m. = pèlerinage à La Mecque.
*/hadji ou */hadjdji n. m. = musulman qui a fait le pèlerinage de La Mecque.
/hadron n. m.
/hadronique adj.
/hafnium [-nyom'] n. m. Des hafniums.
/hagard, e adj.
/haggis [aghis'] n. m.
hagiographe n. m.
hagiographie n. f.
hagiographique adj.
hagiothérapie n. f. (recours aux saints guérisseurs).
/hahnium [-nyom'] n. m. Des hahniums.
/haï, e [a-i] adj. (détesté). ♦ HOM. aï (singe), ay (vin).
/haïdouk ou /heiduque [éduk'] n. m.
/haie n. f. Une course de haies. ♦ HOM. ai (v. avoir), est (v. être), ais (planche), il hait (v. haïr), et (conj.), eh!, hé! (interj.).
/haïe! [ay'] interj. ♦ HOM. → ail.
/haïk n. m.
/haïkaï n. m.
/haïku [-kou] n. m.
/haillon [a-yon] n. m. (vêtement en lambeaux). ♦ HOM. hayon (fermeture avant ou arrière d'un véhicule).
/haillonneux, euse [a-yo-] adj.
/haine n. f. Un regard plein de haine. ♦ HOM. → aine.
/haineusement adv.
/haineux, euse adj.
/hainuyer, ère ou /hennuyer, ère [ènuyé, -yèr] adj. et n. (du Hainaut).
/haïr v. t. Ils se sont haïs. ♦ → tableau VERBES IX, C, 2ᵉ, p. 970.
*haircut = marge de sécurité (écon.).
/haire n. f. ♦ HOM. → air.
*/hairpin loop = boucle, structure en épingle à cheveux (génét.).
/haïssable adj.
haïtien, enne [-syin, -syèn'] adj. La littérature haïtienne est de langue française. ♦ N. Les Haïtiens (d'Haïti).
/hakka n. m.
/halage n. m. (action de haler un bateau). ♦ HOM. hallage (droit de vendre à la halle).

*/halal (arabe) adj. inv. = se dit de la viande abattue selon le rite musulman.
/halbi n. m. (boisson à base de pommes et poires fermentées). ♦ HOM. Albi (ville).
/halbran n. m.
/halbrené, e adj.
/hâle n. m. ♦ HOM. → halle.
/hâlé, e adj.
/halecret [-krè] n. m.
haleine n. f. Le mot se met au singulier dans les expressions : en haleine, à perdre haleine, de longue haleine, d'une haleine, à perte d'haleine, reprendre haleine. ♦ HOM. alêne (poinçon de cordonnier), allène (hydrocarbure).
/halener v. t. Je halène, nous halenons, je halènerai(s). Conjug. 15.
/haler v. t. (tirer). ♦ HOM. → aller.
/hâler v. t. (brunir la peau). ♦ HOM. → aller.
/haletant, e adj.
/halètement n. m. ♦ HOM. → allaitement.
/haleter v. int. Il halète. Conjug. 12.
/haleur n. m.
*/half-life → *radioactive.
*/half-track n. m. = semi-chenillé.
*/half-value layer ou */half-value thickness = couche, épaisseur, de demi-atténuation (nucl., déf.).
/halicte n. m.
halieute n. m.
halieutique adj. et n. f.
haliotide n. f.
haliotis [-tij] n. m.
haliple n. m.
halite n. f.
halitueux, euse adj.
/hall [ol'] n. m.
/hallage n. m. ♦ HOM. → halage.
hallali n. m. Le cor sonne l'hallali.
/halle n. f. (place du marché). ♦ HOM. il hale (v. haler), le soleil hâle (v. hâler), le hâle (brunissement).
/hallebarde n. f.
/hallebardier n. m.
/hallier n. m. ♦ HOM. → allié.
/Halloween [alowin'] n. f. (fête nordique).
/hallstattien, enne [-tyin, -tyèn'] adj. (de la période de Hallstatt).
hallucinant, e adj.
hallucination n. f.

La barre oblique devant un mot signale un *h* aspiré

hallucinatoire adj.
halluciné, e adj. et n.
halluciner v. t.
hallucinogène adj. et n. m.
hallucinose n. f.
/**hallus** ou /**hallux valgus** n. m.
/**halo** n. m. ♦ HOM. → allô.
haloforme n. m.
halogénation n. f.
halogène adj. et n. m. (lampe utilisant un élément halogène : chlore, fluor, brome, iode ou astate). ♦ HOM. → allogène.
halogéné, e adj.
halogénure n. m.
halographie n. f.
/**hâloir** n. m.
/**halopéridol** n. m.
halophyte ou **halophile** adj. et n. f.
halothane n. m.
/**halte** n. f. *Ils font halte.* ♦ Interj. *Halte! Halte-là!*
/**halte-garderie** n. f. *Des haltes-garderies.*
haltère n. m. *L'haltère est lourd.* ♦ HOM. le sel *altère* (v. altérer).
haltérophile adj. et n.
haltérophilie n. f.
/**halva** n. m.
/**hamac** [amak'] n. m.
/**hamada** n. f.
hamadryade n. f.
hamadryas [-driyas'] n. m.
hamamélis [-lis'] n. m.
*/**hamburger** n. m. = viande hachée, sandwich de bifteck haché.
/**hameau** n. m. *Des hameaux.*
hameçon n. m.
hameçonné, e adj.
hamitique adj.
*/**hammam** (arabe) n. m. = bain, établissement de bains.
*/**hammer-grab** = trépan-benne.
*/**hammerless** n. m. inv. = fusil de chasse à percussion centrale.
/**hampe** n. f.
/**hamster** n. m.
/**han** n. m. inv. *Dans son effort, il poussait des han.* ♦ HOM. → an.
/**han** adj. inv. *La dynastie han.* ♦ N. m. inv. *Les Han régnaient en Chine au moment du Christ.* ♦ HOM. les grottes de *Han* (Belgique).
/**hanafisme** [-is-] n. m.
/**hanafite** n. et adj.

/**hanap** [-ap'] n. m.
/**hanbalisme** [-is-] n. m.
/**hanche** n. f. (jonction de la cuisse avec le tronc). ♦ HOM. *anche* (languette d'instrument à vent).
/**hanchement** n. m.
/**hancher** v. t. et pr. *Elle s'était hanchée devant lui.*
/**handball** [and'bal'] n. m.
/**handballeur, euse** n.
*/**hand-held telephone** = téléphone portatif.
/**handicap** n. m. *Le handicap d'un infirme.*
/**handicapant, e** adj.
/**handicapé, e** adj. et n. *Il faut reclasser ce handicapé. Des handicapés* [-dé-an-].
/**handicaper** v. t.
/**handicapeur** n. m. et adj.
*/**handisport** adj. inv. en genre.
*/**handling** = service d'escale (déf.).
*/**hand-off** = transfert (télécom.).
*/**hand-out** = exemplier (n. m.).
*/**hand-over** = transfert intercellulaire (télécom.).
/**hangar** n. m.
/**hanneton** n. m.
/**hannetonnage** n. m.
/**hannetonner** v. int.
/**Hanoukka** n. f. (fête juive de la Dédicace ou des Lumières).
/**hanovrien, enne** [-vri-yin, -vri-yèn'] adj. et n.
/**hansart** n. m.
/**hanse** n. f. ♦ HOM. → anse.
/**hanséatique** adj.
/**Hansen (bacille de)** loc. m.
/**hanté, e** adj.
/**hanter** v. t. *Dis-moi qui tu hantes, je te dirai qui tu es.* ♦ HOM. → enter.
/**hantise** n. f.
/**haoussa** n. et adj. → aïssaoua.
/**hapalidé** n. m.
hapax ou **apax** n. m.
/**hapchot** n. m.
haplobiontique n. et adj.
haploïde adj.
haplologie n. f.
haplonte n. m.
haplotomique adj.
/**happe** n. f. (agrafe de bâtiment). ♦ HOM. il *happe* (v.).
/**happement** n. m.
*/**happening** n. m. = évènement; spectacle avec participation du public.

/**happer** v. t. (saisir brusquement).
*/**happy end** n. m. = fin heureuse.
*/**happy few** n. m. pl. = proches, petit cercle d'initiés.
/**haptène** n. m.
haptique adj.
haptonomie n. f.
/**haquebute** n. f.
/**haquenée** n. f.
/**haquet** n. m. (charrette pour les tonneaux). ♦ HOM. *acquêt* (acquisition).
/**hara-kiri** n. m. *Des hara-kiris* [-ri]. Ce mot, considéré comme vulgaire au Japon, y est remplacé par *seppuku* [sépoukou].
/**harangue** n. f.
/**haranguer** v. t. *Nous haranguons.* Conjug. 4. ♦ HOM. *haranguet* (hareng sprat).
/**harangueur, euse** n.
/**haras** [-ra] n. m. (élevage de chevaux). ♦ HOM. *ara* (perroquet).
/**harassant, e** adj.
/**harasse** n. f. (caisse à vaisselle). ♦ HOM. il se *harasse* (v. harasser).
/**harassement** n. m.
/**harasser** v. t.
/**haratin** ou /**haratine** → hartani.
/**harcelant, e** adj.
/**harcèlement** n. m.
/**harceler** v. t. *Il harcèle.* Conjug. 11.
/**harceleur, euse** adj. et n.
*/**hard** adj. = dur, difficile à supporter, cru.
*/**hard copy** = épreuve, fac-sim, tirage (spat., inf.).
*/**hardcore** n. m. = noyau (écon.). ♦ Adj. inv. = à acte effectif.
*/**hard discount** = maxidiscompte.
*/**hard discounter** = maxidiscompteur.
/**harde** n. f. *Une harde de chiens.* ♦ N. f. pl. *Un paquet de hardes* (vieux vêtements).
*/**hardened** = durci (déf.).
*/**harder** v. t.
/**hardi, e** adj. *Un hardi marin.* ♦ Interj. *Hardi !*
/**hardiesse** n. f.
/**hardiment** adv.
*/**hard-rock** n. m. = rock violent.
*/**hard-top** n. m. = berline, décapotable.
*/**hardware** n. m. = matériel, quincaille.

/**harem** [-rèm'] n. m.
/**hareng** [-ran] n. m. *Des filets de hareng(s).* LEXIQUE : bouffi, craquelot, kipper, buckling, gendarme, bismarck, rollmops, saur, sauret, guai.
/**harengaison** n. f.
/**harengère** n. f.
/**harenguet** n. m. ♦ HOM. → haranguer.
/**harenguier** n. m.
/**harenguier** n. m.
/**haret** adj. ♦ HOM. → arrêt.
/**harfang** [-fan] n. m.
/**hargne** n. f.
/**hargneusement** adv.
/**hargneux, euse** adj.
/**haricot** [-ko] n. m. *Des haricots à écosser, à filets, à rames ; des haricots beurre, mange-tout, princesse. Des tables haricot(s). Courir sur le haricot. Des haricots de mouton.*
/**haridelle** n. f.
/**harissa** n. f.
/**harka** n. f. (troupe).
/**harki** n. m. (soldat supplétif). adj. m. Au féminin : *harka. La communauté harka.*
/**harle** n. m.
harmattan n. m.
harmonica n. m.
harmoniciste n.
harmonie n. f.
harmonieusement adv.
harmonieux, euse adj.
harmonique adj. et n. m.
harmoniquement adv.
harmonisation n. f.
harmoniser v. t.
harmonisme [-is-] n. m.
harmoniste n.
harmonium [-nyom'] n. m. *Des harmoniums.*
/**harnachement** n. m.
/**harnacher** v. t.
/**harnais** n. m. *Un harnais de cheval, de parachutiste. Un harnais d'engrenages.*
/**harnois** n. m. (armure de fer). *Il a blanchi sous le harnois.*
/**haro** n. m. *Ils criaient haro sur lui.* ♦ Interj. *Haro !*
harpagon n. m. (homme avare). ♦ HOM. *Harpagon* (personnage de Molière).
harpagophytum [-fitom'] n. m. *Des harpagophytums.*

La barre oblique devant un mot signale un *h* aspiré

/harpail n. m. *Des harpails.*
/harpaille n. f.
/harpe n. f.
/harpie n. f. S'il s'agit des trois monstres de la mythologie grecque, on écrit *les Harpies.*
/harpiste n.
/harpon n. m.
/harponnage n. m.
/harponnement n. m.
/harponner v. t.
/harponneur n. m.
/hart [ar] n. f. ♦ HOM. → are.
/hartani n. inv. en genre. (esclave mauritanien). *Des haratin* [-tin'].
haruspice ou aruspice n. m.
/hasard [-zar] n. m. *Des jeux de hasard.* Invariable dans les loc. *au hasard, par hasard, à tout hasard* (sans liaison).
/hasardé, e adj.
/hasarder v. t.
/hasardeux, euse adj.
/hasardisation n. f.
*/has been n. inv. = acteur fini, gloire passée.
/hasch [ach'] n. m. (abrév. de *haschisch*).
/haschisch, /haschich ou /hachisch n. m.
/hase n. f. (femelle du lièvre). ♦ HOM. *ase* (diastase).
/hassidim n. m. pl.
/hassidique adj.
/hassidisme [-is-] n. m.
hast n. m. *Des armes d'hast.*
/hastaire n. m.
/hasté, e adj.
*/hasty crossing = franchissement dans la foulée (déf.).
*/hatchback = bicorps.
/hâte n. f. *En hâte; à la hâte.*
/hâtelet n. m.
/hâtelle ou /hâtelette n. f.
/hâter v. t. (presser). ♦ HOM. *athée* (qui nie la divinité).
/hâtereau n. m. *Des hâtereaux.*
/hâtier n. m.
/hâtif, ive adj.
/hâtiveau n. m. *Des hâtiveaux.*
/hâtivement adv.
*/hat trick = coup de trois, coup du chapeau, triplé (sport).
/hauban n. m.
/haubanage n. m.
/haubaner v. t.

/haubert [-bèr] n. m. ♦ HOM. → aubère.
/hausse n. f.
/hausse-col n. m. *Des hausse-cols.*
/haussement n. m. *Un haussement d'épaules.*
/hausser v. t. et int.
/haussier n. m. et adj. m.
/haussière → aussière.
/haut, haute adj. *La haute Antiquité; la haute autorité; la haute bourgeoisie; haut en couleur; haute couture; objets de haute(s) époque(s); les hauts faits; la haute-fidélité (H.F.); la hi-fi; chapeau haut de forme* → haut-de-forme; *un haut-fourneau; courant de haute fréquence; en haut lieu; un haut lieu; de haute lutte; le haut mal; à marée haute; les hautes parties contractantes; locomotive haut le pied* → haut-le-pied; *sculptures en haut relief* → haut-relief; *haute trahison; à voix haute. La Haute Assemblée* (le Conseil de la République, le Sénat); *la Haute Cour; l'École des hautes études.* ♦ Ce mot s'écrit avec une majuscule lorsqu'il entre dans la désignation d'une unité administrative : *Haute-Loire, Hautes-Alpes* (départements); *Haute-Normandie* (région économique); *Haute-Égypte, Haute-Volta* (anciens États). Lorsqu'il s'agit d'une région naturelle ou d'une langue, on met une minuscule : *la haute Moselle; voyager en haute Égypte; parler le haut allemand.* Cependant, par tradition, on écrit : *les Hauts de Meuse, les Hautes Plaines ou Hauts Plateaux* (Algérie). ♦ N. *Des hauts et des bas; dix mètres de haut; le haut du pavé; le prendre de haut; traiter de haut; tomber de son haut. Le Très-Haut* (Dieu). *Les Hauts de Hurle-Vent* (roman). ♦ Adv. *Parlez plus haut. Ils sont haut perchés. Elle porte haut la tête. Une statue haut juchée. Pendus haut et court. Tenir haut la corde. Haut les mains! Haut les cœurs!* → haut-le-cœur. ♦ Élément de loc. adv. *En haut, au haut; du haut; de haut; là-haut.*
♦ HOM. → au.
/hautain, e adj. *Un regard hautain.* ♦ HOM. *hautin* ou *hautain* (vigne haute), *Autun* (ville).
/hautbois [obwa] n. m.
/hautboïste [obo-ist'] n.
/haut-commissaire n. m. *Des hauts-commissaires.*
/haut-commissariat n. m.
/haut-de-chausse(s) n. m. *Des hauts-de-chausse(s).*

HAUT-DE-FORME

/**haut-de-forme** n. m. *Des hauts-de-forme.* ♦ Adj. (sans traits d'union). *Un chapeau haut de forme, des chapeaux hauts de forme.*

/**haut de gamme** Loc. m. *Des hauts de gamme.* ♦ Loc. adj. inv. *Des voitures haut de gamme.*

/**haute** adj. → haut. ♦ N. f. *Des gens de la haute.* ♦ HOM. *hôte* (celui qui reçoit ou est reçu), *il ôte* (v. ôter), *une hotte* (panier).

/**haute-contre** n. f. (voix). ♦ N. m. (chanteur). *Des hautes-contre.*

/**haute-fidélité** n. f. *Des haute-fidélités.*

/**haute-lisse** ou /**haute-lice** n. f. *Des hautes-lisses; des hautes-lices.* S'écrit aussi sans trait d'union.

/**haute-lissier, ère** ou /**haute-licier, ère** n. *Des haute-lissiers; des haute-lissières. Des haute-liciers; des haute-licières.*

/**hautement** adv.

/**haute-pièce** n. f. *Des hautes-pièces.*

/**Hautesse** n. f. *Sa Hautesse le sultan de Turquie.*

/**haute-tige** n. f. *Des hautes-tiges.*

/**hauteur** n. f. *Des hauteurs limites.* ♦ HOM. → auteur.

/**haut-fond** n. m. *Des hauts-fonds.*

/**haut-fourneau** n. m. *Des hauts-fourneaux.*

/**hautin** ou /**hautain** n. m. ♦ HOM. → hautain.

/**haut-le-cœur** n. m. inv. *Il a des haut-le-cœur.*

/**haut-le-corps** n. m. inv.

/**haut-le-pied** n. (homme sans rôle fixe dans une équipe). *Des hauts-le-pied.* ♦ Adj. inv. (sans traits d'union). *Des locomotives haut le pied.*

/**haut-parleur** n. m. *Des haut-parleurs.*

/**haut-relief** n. m. *Des hauts-reliefs.* La loc. *en haut relief* n'a pas les traits d'union. *Des décorations en haut relief.*

/**hauturier, ère** adj.

/**havage** n. m.

/**havanais, e** adj. *Une église havanaise.* ♦ N. *Les Havanais* (de La Havane); *un havanais* (chien); *la havanaise* ou *la habanera* (danse).

/**havane** n. m. *Fumer des havanes.* ♦ Adj. inv. *Des toiles havane.* ♦ HOM. la ville de *La Havane.*

/**hâve** adj. *Le teint hâve.* ♦ HOM. *il have* (v. haver).

/**haveneau** ou /**havenet** n. m. *Des haveneaux.*

/**haver** v. t. et int.

/**Havers (canaux de)** loc. m.

/**haversien, enne** adj.

/**haveur, euse** n.

/**havir** v. t. du 2ᵉ gr. Conjug. 24.

/**havrais, e** adj. et n.

/**havre** n. m. *Un havre de calme.* ♦ HOM. la ville du *Havre* (passer par Le Havre; venir du Havre; aller au Havre).

/**havresac** n. m.

/**havrit** [avri] n. m.

/**Hawaii** [away] n. f. pl. *Les îles Hawaii.*

/**hawaiien** ou **hawaïen, enne** [awa-yin, -yèn'] adj. *Un volcan hawaiien.* ♦ N. *Les Hawaiiens* (des îles Hawaii).

/**hayon** [a-yon] n. m. ♦ HOM. → haillon.

H.C.H. sigle m. Hexachlorocyclohexane.

/**hé!** interj. → interjection c. Pour la ponctuation → eh/hé. ♦ HOM. → haie.

*/**head** = tête (golf).

*/**headline** = titre (pub.).

*/**head-up display** = collimateur de pilotage.

*/**hearing** = audition publique (urb.).

*/**heat bridge** = pont thermique (urb.).

*/**heat insulation** = isolation thermique (urb.).

*/**heat pump** = pompe à chaleur (urb.).

*/**heat screen** = écran thermique (spat.).

*/**heat shield** = bouclier thermique.

*/**heat storage** = stockage thermique (urb.).

*/**heat transfer fluid** = fluide caloporteur (urb.).

/**heaume** n. m. ♦ HOM. → homme.

/**heaumier** n. m.

héautoscopie n. f.

*/**heavy jet** = gros porteur (transp.).

hebdo n. m.

hebdomadaire adj. et n. m.

hebdomadairement adv.

hebdomadier, ère n.

hébéphrène n. et adj.

hébéphrénie n. f.

hébéphrénique adj. et n.

héberge n. f.

La barre oblique devant un mot signale un *h* aspiré

hébergement n. m.
héberger v. t. Conjug. 3.
hébertisme [-is-] n. m.
hébertiste n. et adj.
hébété, e adj. et n.
hébétement n. m.
hébéter v. t. *Il hébète, il hébétait, il hébétera(it)*. Conjug. 10.
hébétude n. f.
héboïdophrénie n. f.
hébraïque adj.
hébraïsant, e n. et adj.
hébraïser v. t.
hébraïsme [-is-] n. m.
hébraïste n. et adj.
hébreu adj. m. *Un texte hébreu, des manuscrits hébreux.* ♦ Le féminin de cet adjectif est *hébraïque*. *Une tradition hébraïque, des complaintes hébraïques.* ♦ N. m. *L'hébreu* (langue). *Pour lui, c'est de l'hébreu. Un Hébreu, des Hébreux* (peuple d'Abraham). Ce nom n'a pas de féminin; il est remplacé par les mots *Israélite* ou *Juive.* ♦ De l'hébreu, nous avons des termes religieux (*séraphin, sabbat, alléluia,* etc.) qui sont francisés. Le mot *amen* est invariable. Pour le mot *goy,* nous appliquons le pluriel hébreu *goyim*.
H.E.C. sigle f. Hautes études commerciales.
hécatombe n. f.
hectare n. m. (unité de mesure : *3 hectares* ou *3 ha*).
hectique adj.
hectisie ou **étisie** n. f.
hecto- Préfixe qui multiplie par 100. Symbole : *h*. Ce préfixe est en général soudé à ce qui suit (*hectoampère, hectohertz*); devient *hect-* devant un *o* (*hectohm*); serait suivi d'un trait d'union devant *i* ou *u*. Il en est de même pour *atto, femto-, kilo-, nano-, pico-*.
hectogramme n. m. (unité de mesure : *3 hectogrammes* ou *3 hg*).
hectolitre n. m. (unité de mesure : *3 hectolitres* ou *3 hl*).
hectomètre n. m. (unité de mesure : *3 hectomètres* ou *3 hm*).
hectométrique adj.
hectopascal n. m. (unité de mesure : *3 hectopascals* ou *3 hPa*).
hectopièze n. f. (unité de mesure : *3 hectopièzes* ou *3 hpz*).
hectowatt [-wat'] n. m. (unité de mesure : *3 hectowatts* ou *3 hW*).

hédéracée n. f.
*/**hedger** = opérateur en couverture (écon.).
*/**hedging** = couverture à terme (écon.).
***hedjab** → *hidjab.
hédonisme [-is-] n. m.
hédoniste adj. et n.
hédonistique adj.
hégélianisme [-is-] n. m. (doctrine de Hegel [égheul']).
hégélien, enne n. et adj.
hégémonie n. f.
hégémonique adj.
hégémonisme [-is-] n. m.
hégire n. f.
hégirien, enne adj.
/**heiduque** → /haïdouk.
*/**heimatlos** (all.) n. = apatride.
/**Heimatlosat** [-za] n. m.
/**hein!** interj. ♦ HOM. → un.
/**hélas!** [-as'] interj.
hélépole n. f.
/**héler** v. t. *Je hèle, nous hélons, je hèlerai (s)*. Conjug. 10. ♦ HOM. → ailé.
hélianthe n. m.
hélianthème n. m.
hélianthine n. f.
héliaque adj.
héliaste n. m.
hélicase n. f.
hélice n. f.
héliciculteur, trice n.
héliciculture n. f.
hélicoïdal, ale, aux adj.
hélicoïde adj. et n. m.
hélicon n. m.
hélicoptère n. m.
hélicoptériste n.
héligare n. f.
hélio n. f.
héliocentrique adj.
héliocentrisme [-is-] n. m.
héliodore n. m.
héliogéothermie n. f.
héliographe n. m.
héliographie n. f.
héliograveur, euse n.
héliogravure n. f.
héliomarin, e adj.
hélion n. m.
héliosphère n. f.
héliostat [-sta] n. m.
héliosynchrone [-kron'] adj.

héliothérapie n. f.
héliotrope n. m.
héliotropine n. f.
héliport n. m.
héliportage n. m.
héliporté, e adj.
hélistation n. f.
*****helistop** = hélistation.
hélisurface n. f.
hélitransporté, e adj.
hélitransporter v. t.
hélitreuillage n. m.
hélitreuiller v. t.
hélium [-lyom'] n. m. *Des héliums.*
hélix n. m.
helladique adj.
hellébore ou **ellébore** n. m.
hellène adj. *La communauté hellène.* ♦ N. *Les Hellènes* (habitants de l'Hellade ou Grèce ancienne). ♦ HOM. *Hélène* (prénom).
hellénique adj.
hellénisant, e n.
hellénisation n. f.
helléniser v. t.
hellénisme [-is-] n. m.
helléniste n.
hellénistique adj.
hellénomanie n. f.
hellénophone n. et adj.
hellequin n. m.
/**hello!** interj.
helminthe n. m.
helminthiase n. f.
helminthique adj.
hélobiale n. f.
hélodée → élodée.
héloderme n. m.
helper n. m.
*****helper cell** = cellule assistante (génét.).
*****helper virus** = virus assistant (génét.).
helvelle n. f.
helvète adj. et n. (de Suisse).
helvétique adj. *La République helvétique; la Confédération helvétique.*
helvétisme [-is-] n. m.
/**hem!** interj.
hémagglutinine n. f.
hémarthrose n. f.

hématémèse n. f.
hématie [-si] n. f. (globule rouge).
hématine n. f. (pigment).
hématique adj.
hématite n. f. (oxyde ferrique).
hématobie n. m.
hématocèle n. f.
hématocolpos [-pos'] n. m.
hématocrite n. m.
hématologie n. f.
hématologique adj.
hématologiste ou **hématologue** n.
hématome n. m.
hématomyélie n. f.
hématophobie n. f.
hématopoïèse n. f.
hématopoïétique adj.
hématosarcome n. m.
hématose n. f.
hématothérapie n. f.
hématozoaire n. m.
hématurie n. f.
hème n. m. (élément de l'hémoglobine). ♦ HOM. il *aime* (v.).
héméralopie n. f.
hémérocalle n. f.
hémérologue n. (spécialiste de calendriers).
hémialgie n. f.
hémianopsie n. f.
hémicellulose n. f.
hémicordé n. m.
hémicrânie n. f.
hémicycle n. m.
hémicylindrique adj.
hémièdre adj.
hémiédrie n. f.
hémiédrique adj.
hémigrammus [-mus'] n. m.
hémine n. f.
héminée n. f.
hémiole n. f.
hémione n. m.
hémioxyde n. m.
hémiplégie n. f.
hémiplégique adj.
hémiptère n. m.
hémiptéroïde n. m.
hémisomatectomie n. f.

La barre oblique devant un mot signale un *h* aspiré

hémisphère n. m. *L'hémisphère Nord; l'hémisphère septentrional ou boréal. L'hémisphère Sud; l'hémisphère méridional ou austral.*
hémisphérique adj.
hémistiche n. m.
hémithorax n. m.
hémitropie n. f.
hémoccult n. m. déposé.
hémochromatose [-kro-] n. f.
hémocompatible adj.
hémoculture n. f.
hémocyanine n. f.
hémodialyse n. f.
hémodynamique n. f.
hémogénie n. f.
hémogénique adj. et n.
hémoglobine n. f.
hémoglobinopathie n. f.
hémoglobinose n. f.
hémoglobinurie n. f.
hémogramme n. m.
hémolymphe n. f.
hémolyse n. f.
hémolysine n. f.
hémolytique adj.
hémopathie n. f.
hémophile adj. et n.
hémophilie n. f.
hémopoïèse n. f.
hémoprotéine n. f.
hémoptysie n. f.
hémoptysique adj.
hémorragie n. f.
hémorragique adj.
hémorroïdaire adj. et n.
hémorroïdal, ale, aux adj.
hémorroïde n. f.
hémostase n. f.
hémostatique adj. et n. m. (qui arrête le sang). ♦ Ne pas confondre avec *homéostatique* (qui équilibre les constantes physiologiques).
hémothorax n. m.
hémotoxique n. m. et adj.
hendécagone [indé-] adj. et n. m. (polygone à 11 côtés).
hendécasyllabe [indé-] adj. et n. m.
hendiadys, hendiadis [èn'-diadis'] ou **hendiadyin** [èn'dia-din'] n. m.
/**henné** n. m. ♦ HOM. → aîné.
/**hennin** [énin] n. m.
/**hennir** [énir'] v. int. du 2ᵉ gr. Conjug. 24.
/**hennissement** [éni-] n. m.

/**hennuyer** → /hainuyer.
/**henry** n. m. (unité de mesure : 3 *henrys* ou 3 *H*).
/**hep!** interj.
héparine n. f.
hépatalgie n. f.
hépatique adj.
hépatisation n. f.
hépatisme [-is-] n. m.
hépatite n. f. *L'hépatite virale; l'hépatite A; l'hépatite B; l'hépatite virale non-A non-B.*
hépatocèle n. f.
hépatocellulaire adj.
hépatocyte n. m.
hépatologie n. f.
hépatomégalie n. f.
hépatonéphrite n. f.
hépatopancréas [-as'] n. m.
hépatoptôse n. f.
hepatotrope n. m.
heptacorde n. m.
heptaèdre n. m.
heptaédrique adj.
heptagonal, ale, aux adj.
heptagone n. m.
heptamètre adj.
heptane n. m.
heptarchie n. f.
heptasyllabe adj. et n. m.
heptathlon n. m.
heptathlonienne n. f.
héraldique adj. et n. f.
héraldiste n.
héraultais, e [érotè, -èz'] adj. et n. (de l'Hérault).
/**héraut** n. m. *Le héraut d'armes.* ♦ HOM. → héros.
herbacé, e adj.
herbage n. m.
herbagement n. m.
herbager, ère n.
herbager v. t. *Nous herbageons.* Conjug. 3.
herbe n. f. *Des médecins en herbe.*
herbe-aux-chats n. f. *Des herbes-aux-chats.*
herberie n. f.
herbette n. f.
herbeux, euse adj.
herbicide adj. et n. m.
herbier n. m.
herbivore adj. et n. m.
herborisation n. f.

herboriser v. int.
herboriste n.
herboristerie n. f.
herbu, e adj. et n. f.
herbue ou **erbue** n. f. (terre).
/**herchage** ou **herschage** n. m.
/**hercher** ou **herscher** v. int.
/**hercheur** ou **herscheur** n. m.
hercule n. m. (homme fort). *Des hercules de foire.* ♦ HOM. *Hercule*, dieu romain. ♦ *Les douze travaux d'Hercule étaient :* tuer le lion de Némée, tuer l'hydre de Lerne, s'emparer de la biche de Cérynie, capturer le sanglier d'Érymanthe, abattre les oiseaux du lac Stymphale, nettoyer les écuries d'Augias, capturer le taureau crétois de Minos, tuer Diomède, s'emparer de la ceinture de l'amazone Hippolyte, tuer Géryon, cueillir les pommes d'or du jardin des Hespérides, enchaîner Cerbère.
herculéen, enne [-lé-in, -lé-èn'] adj.
hercynien, enne adj.
*/**herd-book** n. m. = registre des bovins ou des porcins. *Des herd-books.*
/**hère** n. m. ♦ HOM. → air.
/**Heredia** n. m.
héréditaire adj.
héréditairement adv.
hérédité n. f.
/**hereford** [èrford'] adj. et n.
hérésiarque n. m.
hérésie n. f.
héréticité n. f.
hérétique adj. et n.
/**hérissé, e** adj.
/**hérissement** n. m.
/**hérisser** v. t.
/**hérisson** n. m. *Des défenses en hérisson.*
/**hérissonne** adj. f.
héritabilité n. f.
héritage n. m.
hériter v. int. et t. *Les terres qu'il avait héritées. Les terres dont il avait hérité.*
héritier, ère n.
hermaphrodisme [-is-] n. m.
hermaphrodite adj. et n.
herméneutique adj. et n. f.
hermès [-mès'] n. m. *Un buste en hermès* (allusion au dieu *Hermès* ou Mercure).

herméticité n. f.
hermétique adj.
hermétiquement adv.
hermétisme [-is-] n. m.
hermétiste n.
hermine n. f.
herminette ou **erminette** n. f. (hachette).
hermitage → ermitage.
/**herniaire** adj.
/**hernie** n. f. *La hernie crurale, discale, épigastrique ou de la ligne blanche, étranglée, hiatale ou diaphragmatique, inguinale, lombaire, obturatrice, ombilicale.*
/**hernié, e** adj.
/**hernieux, euse** adj. et n.
héroïcité n. f.
héroï-comique adj. *Des poèmes héroï--comiques.*
héroïde n. f.
héroïne n. f. (femme ; drogue). → héros.
héroïnomane n.
héroïnomanie n. f.
héroïque adj.
héroïquement adv.
héroïsme [-is-] n. m.
/**héron** n. m.
/**héronneau** n. m. *Des héronneaux.*
/**héronnière** n. f.
/**héros** n. m. *Le héros.* Le féminin est *héroïne* (avec *h* muet). ♦ HOM. *héraut* (porteur de messages), *Hérault* (fleuve).
herpe n. f.
herpès [-ès'] n. m.
herpétique adj.
herpétisme [-is-] n. m.
herpétologie → erpétologie.
herpétologique → erpétologique.
herpétologiste → erpétologiste.
/**hersage** n. m.
/**herschage** → /herchage.
/**herscher** → /hercher.
/**herscheur** → /hercheur.
/**herse** n. f. ♦ HOM. → erse.
/**herser** v. t.
/**herseur, euse** n.
/**hertz** n. m. (unité de mesure : *3 hertz* ou *3 Hz*).
/**hertzien, enne** adj.
hésitant, e adj.
hésitation n. f.

La barre oblique devant un mot signale un *h* aspiré

hésiter v. int.
/**hessois, e** adj. et n. (de la Hesse).
hésychasme [-kas-] n. m.
hétaïre n. f.
hétairie ou **hétérie** n. f.
hétaïrisme [-is-] n. m.
hétéro- Préfixe toujours soudé à l'élément qui suit *(hétérostatique, hétérodiastase)*. Devant une voyelle, ce préfixe devient **hétér-** *(hétéralien)*.
hétéro n. et adj. inv.
hétérocentrique adj.
hétérocerque adj.
hétérochromie n. f.
hétérochromosome n. m.
hétéroclite adj.
hétérocycle n. m.
hétérocyclique adj.
hétérodoxe adj. et n.
hétérodoxie n. f.
hétéroduplex n. m.
hétérodyne n. f. et adj.
hétérogamétique adj.
hétérogamie n. f.
hétérogène adj.
hétérogénéité n. f.
hétérogenèse n. f.
*****heterogenous nuclear RNA** ou **hn RNA** = ARN nucléaire de grande taille, ARN nucléaire hétérogène (génét.).
hétérographe adj. et n. *Des mots hétérographes* (d'écritures différentes). → tableau HOMONYMES, p. 890.
hétérogreffe n. f.
hétérologique adj.
hétérologue adj.
hétérométabole adj.
hétéromorphe adj.
hétéromorphie n. f.
hétéromorphisme [-is-] n. m.
hétéronome adj.
hétéronomie n. f.
hétéronyme adj.
hétérophile adj. et n.
hétérophone adj. et n. *Des mots hétérophones* (de prononciations différentes). → tableau HOMONYMES, p. 890.
hétéroplastie n. f.
hétéroplastique adj.
hétéroprotéine n. f.
hétéroptère n. m.
hétérosexualité n. f.
hétérosexuel, elle adj.

hétéroside n. m.
hétérosis [-zis] n. f.
hétérosphère n. f.
hétérotherme adj. et n.
hétérotrophe adj.
hétérozygote adj. et n. m.
hetman [ɛtman] n. m. *Des hetmans*.
/**hêtraie** n. f.
/**hêtre** n. m. ♦ HOM. → être.
/**heu!** interj.
heur n. m. *Il eut l'heur de plaire. Heur et malheur d'un banquier.* ♦ HOM. → heure.
heure n. f. *Se lever de bonne heure; à six heures tapant/sonnant (ou tapantes/sonnantes); à toute heure. Trois heures et demie. Tout à l'heure; à cette heure-ci; une heure indue; l'heure T.U.; les heures d'ouverture. Quelle heure est-ce? Les Très Riches Heures du duc de Berry. Des kilowattheures; des ampères-heures; 130 km/h; 130 kilomètres à l'heure; 130 kilomètres-heure. Deux heures et quart; midi précis; 3 heures sonnent; vers 1 heure; sur les 2 heures. Les Vingt-Quatre Heures du Mans.* ♦ On doit écrire les heures d'horloge en chiffres *(il est 7 h 20)* et les heures de temps en lettres *(le voyage dura trois heures quarante).* ♦ HOM. *heur* (bonne fortune), *heurt* (choc), *Eure* (rivière).
heureusement adv.
heureux, euse adj.
*****heuristics** = heuristique (inf.).
heuristique ou **euristique** adj. et n. f.
/**heurt** [ɶr'] n. m. ♦ HOM. → heure.
/**heurté, e** adj.
/**heurter** v. t. et int.
/**heurtoir** n. m.
hévéa n. m.
hexa- Ce préfixe se soude toujours à l'élément qui suit *(hexamètre, hexaphénol)*. Devant une voyelle, il devient **hex-** *(hexène)*.
hexachlorocyclohexane ou **H.C.H.** n. m.
hexachlorophène [-klorofèn'] n. m.
hexachlorure [-klo-] n. m.
hexacoralliaire n. m.
hexacorde n. m.
hexadécimal, ale, aux adj.
hexaèdre n. m.
hexaédrique adj.
hexafluorure n. m.
hexagonal, ale, aux adj.
hexagone n. m.
hexamètre adj. et n. m.

hexamidine n. f.
hexane n. m.
hexapode adj. et n. m.
hexastyle adj.
hexogène n. m.
hexose n. m.
/**hezbollah** n. m. (parti de Dieu). Pl. arabe : *hezbollahi* ; pl. fr. : *hezbollahs*. ♦ Adj. inv.
H.F. sigle f. Haute-fidélité ; haute fréquence.
*****H.G.H.** (*human growth hormone*) = hormone humaine de croissance.
/**hi!** ou /**hi, hi!**, /**hi!, hi, hi!** interj.
hiatal, ale, aux** adj.
hiatus n. m. *Un hiatus* [un-njatus']. En général, la fluidité du français évite l'hiatus, choc de deux voyelles. Si l'on ne peut pas l'éviter dans un mot *(aorte, ahuri)*, on s'efforce de l'éviter entre les mots : *Il va à Reims* peut être remplacé par *Il part pour Reims*. Si l'on dit *le palissandre*, on ne dit pas *le acajou*, mais *l'acajou*. L'*h* aspiré crée un hiatus : *les haricots, un handicapé, du hareng*. En anatomie, on connaît *l'hiatus diaphragmatique, l'hiatus de Fallope, l'hiatus de Winslow*. → lettres euphoniques.
hibernal, ale, aux** adj.
hibernant, e adj.
hibernation n. f.
hiberner v. int. → hiverner.
hibiscus [-kus'] n. m.
/**hibou** n. m. *Des hiboux.*
/**hic** n. m. inv. *Voilà le hic !*
*****hic et nunc** (lat.) = ici et tout de suite.
/**hickory** n. m. *Des hickorys.*
hidalgo n. m. *Des hidalgos.*
/**hideur** n. f.
/**hideusement** adv.
/**hide**ux, euse** adj.
*****hidjab** ou *****hedjab** (arabe) = voile de musulmane algérienne.
hidrosadénite n. f.
/**hie** n. f.
hièble ou **yèble** n. f.
hiémal, ale, aux** adj.
/**hiement** n. m.
hier adv. *Il est venu hier.* ♦ N. m. *Hier était jour férié.* → demain. ♦ HOM. *Hyères* (ville et îles du Var), *Yerres* (ville de l'Essonne).

/**hiérarchie** n. f.
/**hiérarchique** adj.
/**hiérarchiquement** adv.
/**hiérarchisation** n. f.
/**hiérarchiser** v. t.
/**hiérarque** n. m.
hiératique adj.
hiératiquement adv.
hiératisme [-is-] n. m.
/**hiérodule** n. m.
hiérogamie n. f.
/**hiéroglyphe** [-glif'] n. m.
/**hiéroglyphique** adj.
/**hiérogrammate** ou **hiérogrammatiste** n. m.
hiéronymite n. m.
hiérophante [-fant'] n. m.
*/**hi-fi** n. f. (abrév. de *****high-fidelity*) = haute-fidélité. ♦ Adj. inv. *Des ensembles hi-fi.*
/**hifiste** n.
/**higgsino** n. m.
*****high cube** = conteneur hors cotes (ou hors normes).
*****high frequency image** = image de haute fréquence (spat.).
*****highlander** n. m. = montagnard ou soldat écossais.
*****high life** = grande vie.
*****high lift device** = hypersustentateur (déf.).
*****highlighting** = marquage (inf.).
*****highly eccentric orbit** = orbite très excentrique.
*****highly repeated sequence** = séquence hautement répétée (génét.).
*****high-pass image** = image filtrée passe-haut (spat.).
*****high resolution in the visible** = haute résolution dans le visible ou H.R.V. (spat.).
*****high standing** = haut de gamme.
*****high-tech** n. inv. et adj. inv. = de haute technicité.
higoumène n. m.
/**hi-han** interj. et n. m. inv. *Des hi-han.*
/**hilaire** adj. (se rapportant au hile d'un organe). ♦ HOM. *Hilaire* (prénom).
hilarant, e adj.
hilare adj.
hilarité n. f.

La barre oblique devant un mot signale un *h* aspiré

/**hile** n. m. ♦ HOM. → il.
hiloire n. f.
hilote → ilote.
hilotisme → ilotisme.
himalayen, enne [-la-yin, -la-yèn'] adj.
himation [-tyon] n. m.
hinayana adj. inv. → mahayana.
/**hindi** [in'di] n. m. et adj. inv.
hindou, e adj. et n. *Des Hindous* (adeptes de l'hindouisme). → indien.
hindouisme [-is-] n. m.
hindouiste adj.
hindoustani n. m.
*****hinterland** n. m. = arrière-pays.
/**hip!** interj. *Hip, hip, hip hourra!*
hipparchie n. f.
hipparion n. m.
hipparque n. m.
hippeus [-pé-us'] n. m.
hippiatre n. m.
hippiatrie n. f.
hippiatrique n. f. et adj.
hippie ou **hippy** n. *Des hippies.* ♦ Adj. *La mode hippie.*
hippique adj.
hippisme [-is-] n. m.
hippo-/hypo- → hypo-/hippo-.
hippocampe n. m.
hippocastanacée n. f.
hippocras n. m.
hippocratique adj.
hippocratisme [-is-] n. m.
hippodrome n. m.
hippogriffe n. m.
hippologie n. f.
hippologique adj.
hippomobile adj.
hippophaé n. m.
hippophage adj. et n.
hippophagie n. f.
hippophagique adj.
hippopotame n. m.
hippopotamesque adj.
hippotechnie [-tèkni] n. f.
hippurique adj.
hippy → hippie.
hircin, e adj.
hirondeau n. m. *Des hirondeaux.*
hirondelle n. f.
hirsute adj.
hirsutisme [-is-] n. m.
hirudine n. f.
hirudinée n. f.

hispanique adj.
hispanisant, e n.
hispanisme [-is-] n. m.
hispaniste n. et adj.
hispanité n. f.
hispano-américain, e adj. *Les poètes hispano-américains.* ♦ N. *Un Hispano-Américain.*
hispano-arabe, hispano-mauresque ou **hispano-moresque** adj. *Des constructions hispano-mauresques en Andalousie.*
hispanophone adj. et n.
hispide adj.
/**hissage** n. m.
/**hisser** v. t.
/**hissien, enne** adj.
histamine n. f.
histaminique adj.
histidine n. f.
histiocytaire adj.
histiocyte n. m.
histochimie n. f.
histocompatibilité n. f.
histocompatible adj.
histogenèse n. f.
histogramme n. m.
histoire n. f. *Une histoire de fou; une histoire de revenants; l'histoire de la France. Prête-moi ton Histoire de France. Ils sont venus, histoire de bavarder. Une personne à histoires; un peintre d'histoire; l'Histoire jugera. Une vie sans histoire. Ne faites pas d'histoires.* ♦ *Périodes de l'histoire :* Antiquité, Moyen Âge, Temps modernes, Période contemporaine.
histologie n. f.
histologique adj.
histolyse n. f.
histone n. f.
histoplasmose n. f.
histopronostique adj.
historicisme [-is-] n. m.
historiciste adj. et n.
historicité n. f.
historié, e adj.
historien, enne n.
historier v. t. Conjug. 17.
historiette n. f.
historiographe n.
historiographie n. f.
historique adj.
historiquement adv.
historisant, e adj. et n.

historisme [-is-] n. m.
histrion n. m.
histrionique adj.
histrionisme [-is-] n. m.
*/**hit** n. m. = grand succès (cin., aud.); mise en train, essai (hippisme).
*/**hit-and-run** = action éclair (écon.).
hitlérien, enne adj. et n.
hitlérisme [-is-] n. m.
*/**hit-parade** n. m. = palmarès. *Des hit-parades.*
/**hittite** adj. *Le peuple hittite.* ♦ N. *Les Hittites d'Asie Mineure. Le hittite* (langue).
H.I.V. (*human immunodeficiency virus*) = virus d'immunodéficience humaine, virus du sida (HIV-1 et HIV-2).
hiver n. m.
hivernage n. m.
hivernal, ale, aux adj. et n. f.
hivernant, e adj. et n.
hiverner v. int. (passer l'hiver). ♦ Ne pas confondre avec *hiberner* (passer l'hiver dans une sorte de sommeil).
*/**H.L.A. (system)** sigle m. (*human leucocyte antigens*) = groupe d'antigènes.
H.L.M. sigle f. Habitation à loyer modéré. Souvent employé au masculin pour désigner l'immeuble.
/**ho!** interj. Pour la ponctuation → oh. ♦ N. m. inv. *Il pousse des ho! à chaque instant.* ♦ HOM. → au.
*/**hobby** n. m. = passe-temps; dada; violon d'Ingres. *Des hobbies*
/**hobereau** n. m. *Des hobereaux.*
/**hoca** n. m.
/**hocco** n. m.
/**hochement** n. m.
/**hochepot** [-po] n. m.
/**hochequeue** n. m.
/**hocher** v. t.
/**hochet** n. m.
/**hockey** [okɛ] n. m. ♦ HOM. → hoquet.
/**hockeyeur, euse** n.
/**Hodgkin (maladie de)** loc. f.
hodjatoleslam n. m.
hodographe n. m.
*/**Hogness box** = boîte, séquence de Hogness; de Goldberg-Hogness (génét.).
/**ho! hisse!** interj.
*/**Hohmann transfer** = transfert d'Hohmann (spat.).

hoir n. m.
hoirie n. f.
/**holà!** interj. ♦ N. m. inv. *Mettre le holà.*
*/**hold back** = élingue de retenue (déf.).
*/**holding** n. m. = société de portefeuille (écon.); attente (déf.).
*/**holding stack** = pile d'attente (déf.).
*/**hold-up** n. m. inv. = braquage, attaque à main armée. Dans le domaine nucléaire, le sens est : charge en œuvre.
*/**hole** = trou (golf).
*/**hole in one** = trou en un, as (golf).
/**hôler** v. int.
holisme [-is-] n. m.
holiste ou **holistique** adj.
/**hollandais, e** adj. *Une fermière hollandaise.* ♦ N. *Un Hollandais, une Hollandaise* (de Hollande). *Le hollandais* (dialecte néerlandais); *une hollandaise* (vache).
/**hollande** n. m. (fromage; papier). ♦ N. f. (pomme de terre; toile fine). ♦ HOM. *Hollande* (région des Pays-Bas).
/**hollywoodien, enne** adj.
holmium [-myom] n. m. *Des holmiums.*
holocauste n. m.
holocène adj. et n. m.
holocristallin, e adj.
hologramme n. m. (photo donnant l'illusion du relief).
holographe → olographe.
holographie n. f.
holographique adj.
holométabole adj.
holophrastique [-fras-] adj.
holoprotéine n. f.
holorime → olorime.
holoside n. m.
holostéen [-é-in] n. m.
holothurie n. f.
*/**holster** n. m. = fonte; étui de pistolet ou de revolver. ♦ Ne pas confondre avec *ulster* (pardessus large).
Holter (méthode de) loc. f.
/**homard** n. m. *Des homards thermidor; homard à l'américaine, à l'armoricaine.*
/**homarderie** n. f.
hombre n. m. (jeu de cartes). ♦ HOM. → ombre.
*/**home** n. m. = chez-soi. **At home* = à la maison. ♦ HOM. → homme.

La barre oblique devant un mot signale un *h* aspiré

*/**home banking** = banque à domicile.
*/**home care** = soins à domicile.
*/**home center** = maisonnerie (écon.).
/**homeland** n. m. (bantoustan d'Afrique du Sud).
homélie n. f.
homéo- → homo-.
***homeobox** = boîte homéotique, séquence homéotique (génét.).
homéomorphe adj.
homéomorphisme [-is-] n. m.
homéopathe n. et adj.
homéopathie n. f.
homéopathique adj.
homéoprotéine n. f.
homéostasie n. f.
homéostat [-sta] n. m.
homéostatique adj. → hémostatique.
homéotéleute n. f.
homéotherme adj. et n. m.
homéothermie n. f.
homéotique adj.
homérique adj.
***homesitter** = garde-maison.
*/**homespun** = fin tissu de laine.
*/**home-trainer** n. m. = entraîneur d'appartement. *Des home-trainers.*
homicide n. et adj.
homilétique n. f.
*/**homing** = radioralliement, ralliement.
*/**homing head** = autodirecteur (n. m.).
hominidé n. m.
hominien n. m.
hominisation n. f.
hominisé, e adj.
hominoïde n. m.
hommage n. m. *Faire hommage de quelque chose. Rendre hommage à quelqu'un.*
hommasse adj.
homme n. m. *Un homme d'affaires, d'argent, d'armes, de cheval, de couleur, de cour, d'Église, d'épée, d'esprit, d'État, de guerre, de journée, de lettres, de loi, de main, de mer, du monde, de paille, de parole, de qualité, de quart, de la rue, de tête. Un homme à femmes; un homme sans façon; un homme lige. L'Homme-Dieu, le Fils de l'homme* (Jésus-Christ). *Des habits d'homme; des hommes en habit. Des hommes de science.* ♦ HOM. *ohm* (unité de mesure), *heaume* (casque), *home* (mot anglais).
homme-grenouille n. m. *Des hommes-grenouilles.*

homme-orchestre n. m. *Des hommes-orchestres.*
homme-sandwich n. m. *Des hommes-sandwichs.*
***Homo** (lat.) n. m. = homme. Nom de genre donné à l'homme. Les anthropologues ont pu parler d'*Homo erectus* (homme qui se dresse), d'*Homo faber* (homme qui fabrique), d'*Homo habilis* (homme habile), d'*Homo duplex* (homme à double nature), d'*Homo sapiens* (homme qui réfléchit : espèce *homo* actuelle), d'*Homo islamicus* (homme de l'Islam), d'*Homo urbanis* (homme des villes), d'*Homo ludens* (homme qui joue), d'*Homo televidens* (obsédé du petit écran).
homo-, homéo-, homœo- *Ces préfixes sont soudés à l'élément qui suit* (homocréatine, homéopathie)*. Devant une voyelle, on place un trait d'union* (homoionique)*.* → tableau PRÉFIXES C, p. 942.
homo n. inv. en genre (abrév. de *homosexuel, elle*). *Ces femmes sont des homos.*
homobatrachotoxine [-trako-] n. f.
homocentre n. m.
homocentrique adj.
homocerque adj.
homochromie [-kromi] n. f.
homocinétique adj.
homocyclique adj.
homodonte adj.
homoduplex n. m.
homofocal, ale, aux adj.
homogamétique adj.
homogamie n. f.
homogène adj.
homogénéisateur, trice adj. et n. m.
homogénéisation n. f.
homogénéisé, e adj.
homogénéiser v. t.
homogénéité n. f.
homographe adj. et n. *Des mots homographes* (de même écriture). → tableau HOMONYMES, p. 890.
homographie n. f.
homographique adj.
homogreffe n. f.
homologation n. f.
homologie n. f.
homologue adj. et n.
homologuer v. t. *Nous homologuons.* Conjug. 4.
homomorphisme [-is-] n. m.
homoncule → homuncule.

HOMONYME adj. et n. → tableau en annexe p. 890.
homonymie n. f.
homonymique adj.
homophile n. et adj.
homophone adj. et n. m. *Des homophones* (mots de même prononciation). Dans cet ouvrage, les séries qui figurent sous l'abréviation HOM. sont celles de mots homophones ou quasi homophones (*lait, les, lé...*). → tableau HOMONYMES, p. 890.
homophonie n. f.
homophonique adj.
homopolymère n. m.
homopolymérique adj.
homoptère n. m.
homorythmique adj.
homosexualité n. f.
homosexuel, elle adj. et n.
homosphère n. f.
homothermie n. f.
homothétie [-téti ou -tési] n. f.
homothétique adj.
homozygote n. m.
homuncule [-mon-] ou **homoncule** n. m.
/honchets ou /jonchets.
/hondurien, enne adj. et n. (du Honduras).
/hongkongais, e adj. et n. (de Hongkong).
/hongre n. et adj. m.
/hongrer v. t.
/hongreur n. m. (qui châtre les chevaux).
/hongroierie n. f.
/hongrois, e adj. *Une danse hongroise.* ♦ N. *Un Hongrois* (de Hongrie). *Le hongrois* (langue). ♦ Ne pas confondre avec *angrois* ou *engrois* (coin de fer enfoncé dans un manche d'outil).
/hongroyage n. m.
/hongroyer v. t. Conjug. 6.
/hongroyeur n. m. (qui tanne le cuir).
/honing [-nin'g] n. m.
honnête adj. *Une honnête récompense.* L'adjectif *malhonnête* s'écrit en un mot.
honnêtement adv.
honnêteté n. f.
honneur n. m. *Les demoiselles d'honneur; être en honneur; faire honneur. Champ, cour, garde, parole, place, point, prix, salve, tour d'honneur. S'il plaît à Votre Honneur. Honneur aux braves; la Légion d'honneur. Les derniers honneurs; honneurs funèbres; honneurs de la guerre; les honneurs militaires.* ♦ Ce mot, avec *déshonneur*, a deux *n*. Les autres mots de la famille n'ont qu'un *n* (*honoraire, déshonorer*, etc.).
/honnir v. t. du 2ᵉ gr. Conjug. 24. *Honni soit qui mal y pense.*
honorabilité n. f.
honorable adj.
honorablement adv.
honoraire adj. *Un conseiller honoraire.* ♦ N. m. pl. *Les honoraires d'un médecin.*
honorariat [-rya] n. m.
honoré, e adj. et n. f.
honorer v. t.
honorifique adj.
*****/honoris causa** (lat.) = pour l'honneur, honoraire.
/honte n. f. *Avoir honte, faire honte; sans fausse honte; toute honte bue.*
/honteusement adv.
/honteux, euse adj.
*****hook operation** = transport sous élingue (déf.).
*****/hooligan** ou *****/houligan** (anglo-russe) n. m. = voyou, vandale.
/hop! interj. *Hop là!* ♦ HOM. *ope* (trou ménagé dans un mur).
/hopak ou **gopak** n. m. ♦ HOM. → *opaque.*
hôpital n. m. *Des hôpitaux.*
hoplite n. m.
/hoquet n. m. (contraction brusque du diaphragme avec bruit). *Le hoquet.* ♦ HOM. *hockey* (sport), *O.K. !* (interj.)
/hoqueter v. int. *Il hoquette.* Conjug. 14.
/hoqueton n. m.
horaire adj. *Le salaire horaire.* ♦ N. m. *Des horaires à la carte.*
/horde n. f.
hordéacé, e adj.
hordéine n. f.
/horion n. m. (coup violent). ♦ HOM. *Orion* (constellation).
horizon n. m.
horizontal, ale, aux adj. et n. f.
horizontalement adv.
horizontalité n. f.
horloge n. f. *Des horloges à quartz; une horloge atomique.* Ce mot était autrefois masculin; à Rouen, il y a encore « le Gros Horloge ».

La barre oblique devant un mot signale un *h* aspiré

HÔTEL

horlog*er, ère* n. et adj.
horlogerie n. f.
/hormis [-mi] prép.
hormon*al, ale, aux* adj.
hormone n. f.
hormonodépendant, *e* adj.
hormonologie n. f.
hormonothérapie n. f.
/hornblende [-blind] n. f.
horodaté, *e* adj.
horodater v. t.
horoda*teur, trice* adj. et n. m.
horographie n. f.
horokilométrique adj.
horoptère n. m.
horoscope n. m.
*horresco referens (lat.) loc. = je frémis d'horreur en le racontant.
horreur n. f.
horrible adj.
horriblement adv.
horrifier v. t. Conjug. 17. *Il vous horrifiait* (vous frappait d'horreur). ♦ HOM. *aurifier* (recouvrir d'or).
horrifique adj.
horripilant, *e* adj.
horripilateur adj. m.
horripilation n. f.
horripiler v. t.
/hors [or'] prép. *Être hors d'affaire, d'atteinte, de cause, de combat, de comparaison, de danger, de doute, d'haleine, de mesure, de portée, de prix, de proportion, de propos, d'usage. Hors de là, hors d'ici. Hors cadre; hors classe; hors concours; hors pair; hors rang; hors texte; des talents hors ligne; mesures hors tout; bâtiment mesurant vingt mètres hors d'œuvre; se mettre hors la loi; se placer hors jeu.* ♦ Le mot *hors* est suivi d'un trait d'union quand il sert à former un nom composé (*un hors-jeu, des hors-texte*). ♦ HOM. → *or*.
/horsain ou /horsin n. m.
/hors-bord n. m. inv. *Un canot hors-bord; un moteur hors-bord. Des hors-bord.*
/hors-champ ou /hors champ adj. inv.
/hors-concours n. inv. → hors.
/hors-cote n. m. inv. *Ce marché est un hors-cote* (écon.). → hors.
/hors-d'œuvre n. m. inv. *Des hors-d'œuvre variés.* → hors.
*/horse-guard n. m. = garde à cheval. *Des horse-guards.*
*/horse power n. m. inv. = cheval puissance (unité de mesure anglaise : *3 horse power* ou *3 HP*).

/horse-pox n. m. inv.
/horsey-horsey n. m. *Des horsey-horseys.*
/horsin → /horsain.
/hors-jeu n. m. inv. → hors.
/hors-la-loi n. m. inv. → hors.
/hors-piste(s) n. m. inv. → hors.
/hors-service adj. inv.
/hors-statut n. m. inv. *Ces salariés sont des hors-statut.* ♦ Adv. *Elle travaille hors statut* (sans trait d'union).
/horst n. m.
/hors-taxe(s) adj.
/hors-texte n. m. inv. → hors.
hors-tout adj. inv.
hortensia n. m.
horticole adj.
horticulteur n. m.
horticulture n. f.
hortillonnage n. m.
hosanna n. m. *Ils clament des hosannas. Le chant de l'Hosanna.*
hosannière adj. f.
hospice n. m. (maison d'assistance). ♦ HOM. *auspice* (présage, protection).
hospitali*er, ère* adj. et n. m.
hospitalisation n. f.
hospitaliser v. t.
hospitalisme [-is-] n. m.
hospitalité n. f.
hospitalo-universitaire adj. *Des centres hospitalo-universitaires (C.H.U.).*
hospodar n. m.
host → ost.
*host = ordinateur central.
*host cell = cellule hôte (génét.).
hosteau → hosto.
hostellerie n. f. → hôtellerie.
hostie n. f.
hostile adj.
hostilement adv.
hostilité n. f.
hosto, hosteau ou osto n. m. (hôpital).
hot [ot'] n. m. inv. et adj. inv. (mode expressif de jazz).
*hot = chaud.
*/hot dog n. m. = pain à la saucisse, saucipain. *Des hot dogs.*
hôte, hôtesse n. *Des hôtesses d'accueil.* ♦ HOM. → *ôte*.
hôtel n. m. *Un hôtel de ville, des hôtels de ville; l'hôtel de ville de Paris* (abs. : *l'Hôtel de Ville*) *place de l'Hôtel-de-Ville; l'hôtel des Monnaies; l'hôtel des Voyageurs; l'hôtel Drouot; l'hôtel de Rambouillet;*

HÔTEL-DIEU

l'hôtel des Invalides; l'hôtel Matignon. Un maître d'hôtel. ♦ HOM. *autel* (d'église).

hôtel-dieu n. m. *Des hôtels-Dieu; l'Hôtel-Dieu* (celui de Paris).

hôtelier, ère n. et adj.

hôtellerie n. f. L'archaïsme *hostellerie* est à la mode.

hôtel-restaurant n. m. *Des hôtels-restaurants.*

hôtesse n. f. *Des hôtesses de l'air.*

*****hot laboratory** = laboratoire chaud (nucl.).

*****hot line** = numéro d'urgence.

*****hot money** = capitaux fébriles, capitaux flottants (écon.). *Des hot moneys.*

/**hotte** n. f. ♦ HOM. → haute.

/**hottée** n. f. ♦ HOM. → hotter.

/**hottentot, e** adj. *La Vénus hottentote du musée de l'Homme.* ♦ N. *Les Hottentots* (peuple); *le hottentot* (langue).

/**hotter** v. t. (transporter dans une hotte). ♦ HOM. *ôter* (enlever), *hottée* (contenu d'une hotte).

/**hottereau** ou **hotterel** n. m. *Des hottereaux.*

/**hotu** n. m.

/**hou!** interj. ♦ HOM. → ou.

/**houache** ou /**houaiche** n. f.

/**houari** n. m.

/**houblon** n. m.

/**houblonnage** n. m.

/**houblonner** v. t.

/**houblonnier, ère** adj. et n. f.

/**houdan** n. f. (poule d'une race créée à *Houdan*).

/**houe** n. f. ♦ HOM. → ou.

/**houer** v. t. Conjug. 19.

/**houille** n. f. (charbon). ♦ HOM. *ouille!* (interj.).

/**houiller, ère** adj. et n. (relatif à la houille). ♦ HOM. *ouiller* (remplir un fût avec du même vin), une *ouillère* (espace entre les ceps).

/**houka** n. m.

/**houle** n. f.

/**houlette** n. f.

/**houleux, euse** adj.

*/**houligan** → */**hooligan**.

/**houlque** ou /**houque** n. f.

/**houp!** interj.

/**houppe** n. f. (touffe de soie, de laine ou de cheveux).

/**houppelande** n. f.

/**houpper** v. t.

/**houppette** n. f.

/**houppier** n. m.

/**houque** → /houlque.

/**hourd** [our] n. m.

/**hourdage** n. m.

/**hourder** v. t.

/**hourdis** [-di] n. m. (maçonnerie de remplissage). ♦ HOM. il a *ourdi* un tissu, une machination (du v. ourdir).

/**houri** n. f.

/**hourque** n. f.

/**hourra!** interj. (ancienne orthographe : *hurrah*). ♦ N. *Ils poussent des hourras.* ♦ HOM. un *oura* (conduit de fumée au fond du four).

/**hourvari** n. m.

/**housard** n. m. → /hussard.

/**houseau** n. m. *Des houseaux.*

*/**house-boat** ou */**houseboat** n. m. = bateau-maison, maison flottante, coche de plaisance, coche d'eau. *Des house-boats.*

*/**housekeeping** = télémaintenance (spat.).

*/**housekeeping gene** = gène domestique, gène de ménage, gène constitutif (génét.).

*/**house-organ** = journal intérieur, journal maison, journal d'entreprise. *Des house-organs.*

/**houspiller** v. t.

/**houspilleur, euse** n.

/**houssaie** n. f.

/**housse** n. f.

/**housser** v. t.

/**houssine** n. f.

/**houssiner** v. t.

/**houssoir** n. m.

/**houx** n. m. ♦ HOM. → ou.

*****hovercraft** n. m. = aéroglisseur, hydroglisseur.

hoverport [oeverpor] n. m.

/**hoyau** [o-yo] n. m. *Des hoyaux.*

*****H.P.** sigle m. (*horse power) = unité de mesure anglaise. Ne pas confondre avec *cheval-vapeur* (ch) ou *cheval fiscal* (CV).

*****H-party** = fumerie. *Des H-parties.*

H.S. sigle adj. Hors service. *Des uniformes H.S.*

La barre oblique devant un mot signale un *h* aspiré

hsing-i n. m.

H.T. sigle adj. ou adv. Hors taxes. *Des prix H.T.*

*****H.T.L.V.** sigle m. (*human T-cell leukemia virus) = virus L.A.V.

/**huard** ou /**huart** n. m.

*****/hub** = moyeu, pivot.

/**hublot** n. m.

*****/hub station** = station pivot (télécom.).

/**huche** n. f.

/**hucher** v. t.

/**huchet** n. m.

/**hue!** interj. ♦ HOM. il *eut* (v. avoir), lettre *U*.

/**huée** n. f.

/**huer** v. t. Conjug. 18. ♦ V. int. (crier, en parlant du chat-huant, de la chouette et du hibou).

*****/huerta** (esp.) n. f. = plaine irriguée.

hugolâtrie n. f.

/**huguenot, e** n. et adj.

/**huhau!** interj.

hui adv. (aujourd'hui). *D'hui à deux mois* (en jurisprudence). ♦ HOM. → huis.

huilage n. m.

huile n. f. *Huile d'amande(s) douce(s), d'arachide(s), de colza, de coprah, de foie de morue, de germe(s) de blé, de germe(s) de maïs, de grain(s) de coton, de lin, de maïs, de noix, de noix d'argan, d'œillette, d'olive, de palme, de palmiste, de paraffine, de pépins de raisin, de pétrole, de sésame, de soja, de table. Ils font tache d'huile. Une mer d'huile. Huile moteur; huile multigrade; huile de transformateur. Les saintes huiles.*

huiler v. t. *C'est pour l'huiler.*

huilerie n. f.

huil*eux, euse* adj.

huilier n. m.

/**huir** v. int. du 2ᵉ gr. Conjug. 24.

huis n. m. *Il ferma l'huis.* Dans la locution *huis clos,* la lettre *h* est aspirée. *Prononcer le huis clos. Juger à huis clos.* ♦ HOM. *hui* (aujourd'hui), *huit francs* (*huit* n'est hom. que devant une consonne).

/**huis clos** loc. m. → huis.

huisserie n. f.

huissi*er, ère* n. m. *Un huissier audiencier.*

/**huit** adj. numér. Se prononce [uit'] devant une voyelle ou en fin d'expression, et [ui] devant une consonne ou un h aspiré. *Les huit voitures; Charles VIII.* ♦ N. m. inv. [uit'] *Ces huit sont mal écrits.* ♦ HOM. → huis.

/**huitain** n. m.

/**huitaine** n. f. *Je vous donne rendez-vous à huitaine.*

/**huitantaine** n. f.

/**huitante** adj. numér. *Elle a huitante ans.* Ce mot, avec *octante,* est employé en Suisse pour *quatre-vingts.* → tableau ADJECTIFS II, C, 6ᵉ f, p. 869.

/**huitantième** adj.

/**huitième** adj. numér. ord. et n. → cinquième.

/**huitièmement** adv.

/**huître** n. f.

/**huit-reflets** n. m. inv.

/**huîtri***er, ère* adj. et n.

/**hulotte** n. f.

/**hululement** → ululement.

/**hululer** → ululer.

/**hum!** [eum'] interj.

*****/hum** = ronflement (aud.).

/**humage** n. m.

humain, e adj. et n. m.

humainement adv.

humane n. f.

human growth hormone (H.G.H.) = hormone humaine de croissance.

humanicide n. m. et adj.

humanisation n. f.

humaniser v. t.

humanisme [-is-] n. m.

humaniste n. et adj.

humanitaire adj.

humanitarisme [-is-] n. m.

humanité n. f. *Traiter avec humanité. Faire ses humanités.*

humanoïde adj. et n. m.

human T leucemia virus (H.T.L.V.) = virus de la leucémie.

humble adj.

humblement adv.

humectage n. m.

humecter v. t.

humecteur n. m.

/**humer** v. t.

huméral, ale, aux adj.

humérus [-rus] n. m.

humeur n. f.

humide adj. et n. m.

humidificateur n. m.

humidification n. f. (pour augmenter l'humidité).

humidifier v. t. Conjug. 17.

humidimètre n. m.

humidité n. f.

humification n. f. (pour transformer en humus).

humiliant, e adj.

humiliation n. f.
humilié, e adj.
humilier v. t. Conjug. 17.
humilité n. f.
humique adj.
humor*al*, *ale*, *aux* adj.
humorisme [-is-] n. m.
humoriste n. et adj.
humoristique adj.
humour n. m.
humus [-mus'] n. m.
/hune n. f. *Le mât de hune*. ♦ HOM. → *une*.
*****/hunger pain** = faim douloureuse (méd.).
/hunier n. m.
/hunnique adj. (relatif aux Huns). ♦ HOM. → *unique*.
*****/hunter** n. m. = cheval de chasse.
/huppe n. f. (plumes sur la tête d'un oiseau).
/huppé, e adj.
*****/hurdler** n. m. = sauteur d'obstacles, coureur de haies.
/hure n. f. (tête de certains animaux; mets préparé avec ces têtes). ♦ HOM. ils *eurent* (v. avoir), *ure* (aurochs).
hurlant, e adj.
/hurlement n. m.
/hurler v. int. et t.
/hurl*eur*, *euse* n. et adj.
hurluberlu n. m.
/hur*on*, *onne* adj. *Une tribu huronne. Le lac Huron.* ♦ N. *Les Hurons furent exterminés par les Iroquois. Le huron* (langue).
/huroni*en*, *enne* adj. *Le plissement huronien.*
/hurrah! → /hourra.
/hurricane n. m.
/hurtebiller v. int.
/husky [euski] n. m.
/hussard n. m. Ancien nom : *housard*.
/hussarde n. f. *Un assaut à la hussarde.*
/hussite n. m.
/hutinet n. m.
/hutte n. f. (abri rustique). ♦ HOM. *ut* (note de musique), vous *eûtes* (v. avoir).
hyacinthe n. f. (fleur; pierre). ♦ Adj. inv. *Des robes hyacinthe*. ♦ HOM. *Hyacinthe* (prénom).
hyades n. f. pl.

hyalin, e adj.
hyalite n. f.
hyaloïde adj.
hyaloplasme [-as-] n. m.
hybridation n. f.
*****hybrid DNA** = ADN hybride (génét.).
hybride adj. et n. m. *Animaux hybrides*.
hybrider v. t.
*****hybrid gene** = gène chimère, gène hybride (génét.).
hybridisme [-is-] n. m.
hybridité n. f.
*****hybridoma** = hybridome (génét.).
hybridome n. m.
*****hybrid propellant** = propergol hybride, lithergol.
*****hybrid selection** = sélection d'hybride (génét.).
hydarthrose n. f.
hydatide n. f.
hydatique adj.
hydne n. m.
hydracide n. m.
hydragogue adj. et n. m.
hydraire n. m.
hydramnios [-os'] n. m.
hydrant n. m.
hydrante n. f.
*****hydrant system** = oléoréseau.
hydrargie n. f.
hydrargyre n. m.
hydrargyrique adj.
hydrargyrisme [-is-] n. m.
hydratable adj.
hydratant, e adj.
hydratation n. f.
hydrate n. m.
hydrater v. t.
hydraule n. f.
*****hydraulic head** = charge hydraulique (agr.).
hydraulicien n. m.
hydraulique adj. et n. f.
hydravion n. m.
hydrazine n. f.
hydre n. f. *L'hydre de Lerne*.
hydrémie n. f.
hydrie n. f.
hydrique adj. Employé aussi comme suffixe *(chlorhydrique)*.

La barre oblique devant un mot signale un *h* aspiré

hydro- Sauf devant *i* et *u*, ce préfixe est soudé à l'élément qui suit *(hydrocortisone, hydroélectrique)*. Devant un *a*, il devient *hydr- (hydracide)*.
hydrobase n. f.
hydrocarbonate n. m.
hydrocarboné, e adj.
hydrocarbure n. m.
hydrocèle n. f.
hydrocéphale adj. et n.
hydrocéphalie n. f.
hydrocharidacée [-kari-] n. f.
hydrochloride [-klo-] n. m.
hydrochoc n. m.
hydroclasseur n. m.
hydrocombustible adj.
hydrocoralliaire n. m.
hydrocortisone n. f.
hydrocotyle n. f.
*****hydrocracker** = hydrocraqueur.
*****hydrocracking** = hydrocraquage.
hydrocraquage n. m.
hydrocraqueur n. m.
hydrocution n. f.
hydrodésalkylation n. f.
hydrodésulfuration n. f.
hydrodynamique n. f. et adj.
hydroélectricité n. f.
hydroélectrique adj.
hydrofilicale n. f.
*****hydrofoil** = hydroptère, aile (d'hydroptère), hydroplane, Naviplane, plan porteur.
hydrofugation n. f.
hydrofuge adj. et n.
hydrofuger v. t. *Nous hydrofugeons.* Conjug. 3.
hydrogel n. m.
hydrogénation n. f.
hydrogène n. m.
hydrogéné, e adj.
hydrogéner v. t. *J'hydrogène, nous hydrogénons, j'hydrogénerai(s).* Conjug. 10.
hydrogéologie n. f.
hydrogéologue n.
hydroglisseur n. m.
hydrogramme n. m.
*****hydrograph** = hydrogramme (agr.).
hydrographe n. et adj.
hydrographie n. f.
hydrographique adj.
hydrojet n. m.
hydrolase n. f.
hydrolat [-la] n. m.

hydrolicien, enne n.
hydrolienne n. f.
hydrolithe n. f.
hydrologie n. f.
hydrologique adj.
hydrologiste ou **hydrologue** n.
hydrolysable adj.
hydrolyse n. f.
hydrolyser v. t.
hydromécanique adj.
hydroméduse n. f.
hydromel n. m.
hydrométallurgie n. f.
hydromètre n. f.
hydrométrie n. f.
hydrométrique adj.
hydrominéral, ale, aux adj.
hydrominéralurgie n. f.
hydromorphe adj.
*****hydromorphic soil** = sol hydromorphe (agr.).
hydromorphie n. f.
hydronéphrose n. f.
hydropathe n. et adj.
hydropéricarde n. m.
hydrophile adj. et n. m.
hydrophobe adj. et n.
hydrophobie n. f.
hydrophone n. m.
hydropique adj. et n.
hydropisie n. f.
hydroplane n. m.
*****hydroplaning** = aquaplanage.
hydropneumatique adj.
hydroponie n. f.
hydroponique adj.
hydroptère n. m.
hydropulseur n. m.
hydroquinone n. f.
hydrorésistant, e adj.
hydrosilicate n. m.
hydrosol [-sol] n. m.
hydrosoluble adj.
*****hydrospeed** = luge à descendre les rapides.
hydrosphère n. f.
hydrostatique n. f. et adj.
hydrothérapie n. f.
hydrothérapique adj.
hydrothermal, ale, aux adj.
hydrothermie n. f.
hydrothorax n. m.
hydrotimétrie n. f.

hydrotonique adj.
hydrotraitement n. m.
hydroxyapatite n. m.
hydroxyde n. m.
hydroxylamine n. f.
hydroxyle n. m.
hydrozoaire n. m.
hydrure n. m.
hyène n. f. *L'hyène est carnassière.* Quelquefois employé avec *h* aspiré. ♦ HOM. *yen* (monnaie japonaise).
Hygiaphone n. m. déposé inv.
hygiène n. f.
hygiénique adj.
hygiéniquement adv.
hygiéniste n.
hygroma n. m.
hygromètre n. m.
hygrométricité n. f.
hygrométrie n. f.
hygrométrique adj.
hygrophile adj.
hygrophobe adj.
hygrophore n. m.
hygroscope n. m.
hygroscopie n. f.
hygroscopique adj.
hygrostat [-sta] n. m.
hylétique adj.
hymen [-mèn'] n. m.
hyménéal, ale, aux adj.
hyménée n. m.
hyménium [-nyom'] n. m. *Des hyméniums.*
hyménomycète n. m.
hyménoptère n. m.
hymnaire n. m.
hymne n. f. (chant catholique). *Les grandes orgues jouent une hymne majestueuse.* ♦ N. m. (chant non catholique). *Un hymne national ; un hymne protestant.*
hyoïde adj. et n. m.
hyoïdien, enne adj.
hypallage n. f.
hyper adj. inv.
hyper- Préfixe toujours soudé à l'élément qui suit (*hyperréalisme, hyperventilation*) ; a quelquefois des emplois outrés (*hyperinformé, hypermédiatisé, hypersexué, hyperexcitabilité...*). Se prononce toujours [ipèr']. → tableau PRÉFIXES A, p. 942.

hyperacousie n. f.
hyperactif, ive adj.
hyperandrisme [-is-] n. m.
hyperazotémie n. f.
hyperbande n. f.
hyperbare adj.
hyperbate n. f.
hyperbole n. f.
hyperbolique adj.
hyperboloïde n. m.
hyperboréen, enne [-ré-in, -ré-èn'] adj.
hypercalcémie n. f.
hypercapnie n. f.
hyperchlorhydrie n. f.
hypercholestérolémie [-kolès-] n. f.
hyperchromie [-kro-] n. f.
hypercomplexe adj.
hypercorrection n. f.
hyperdulie n. f.
hyperémie n. f.
hyperémotif, ive adj. et n.
hyperémotivité n. f.
hyperespace n. m.
hyperesthésie n. f.
hyperfin, e adj.
hyperfocal, ale, aux adj.
hyperfolliculinie n. f.
hyperfonctionnement n. m.
hyperfréquence n. f.
hyperfréquentiel, elle adj.
hypergenèse n. f.
hyperglycémiant, e adj.
hyperglycémie n. f.
hypergol n. m.
hypergolicité n. f.
hypergolique adj.
hypergonar n. m.
hypergynisme [-is-] n. m.
hyperhidrose n. f.
hypéricacée n. f.
hyperindustrialisé, e adj.
hyperkaliémie n. f.
hyperleucocytose n. f.
hyperlipémie n. f.
hyperlipidémie n. f.
hypermarché n. m.
hypermètre adj.
hypermétrope adj. et n.
hypermétropie n. f.

La barre oblique devant un mot signale un *h* aspiré

hypermimie n. f.
hypermnésie n. f.
hypernerv*eux, euse* adj. et n.
hypéron n. m.
hyperonyme n. m. L'hyperonyme (placé au-dessus) englobe les hyponymes (placés au-dessous). *Champignon* est l'hyperonyme de *cèpe, morille, girolle*, etc. (mots qui sont des hyponymes par rapport à *champignon*). → accolade.
hyperorexie n. f.
hyperphagie n. f.
hyperphagique adj. et n.
hyperplan n. m.
hyperplasie n. f.
hyperréalisme [-is-] n. m.
hyperréaliste adj. et n.
hypersécrétion n. f.
hypersensibilité n. f.
hypersensible adj. et n.
hypersomniaque adj. et n.
hypersomnie n. f.
hypersonique adj.
hyperspermie n. f.
hyperstatique adj.
hypersustentateur adj. m. et n. m.
hypersustentation n. f.
hypertélie n. f.
hypertélique adj.
hypertendu, *e* adj. et n.
hypertenseur adj. m.
hypertension n. f.
hyperthermie n. f.
hyperthymie n. f.
hyperthyroïdie n. f.
hypertonie n. f.
hypertonique adj.
hypertrempe n. f.
hypertrophie n. f.
hypertrophié, *e* adj.
hypertrophier v. t. Conjug. 17.
hypertrophique adj.
hypervitaminose n. f.
hyphe [if'] n. f. ♦ HOM. → if.
hypholome [ifo-] n. m.
hypnagogie n. f.
hypnagogique adj.
hypne n. f.
hypnogène adj. et n. m.
hypnoïde adj.
hypnologie n. f.
hypnopompique adj.
hypnose n. f.

hypnotique adj.
hypnotiser v. t.
hypnotis*eur, euse* n.
hypnotisme [-is-] n. m.
hypo-/hippo- 1° hypo- (du grec *hupo*) signifie : au-dessous de, inférieur à. ♦ Préfixe soudé à l'élément qui suit (*hyposulfite, hypoiodeux*). Devant un *u* ou un *i* suivis d'une consonne, on se servirait du trait d'union.

2° hippo- ou hipp- (du grec *hippos*) signifie : se rapportant au cheval ou à ce qui lui ressemble.
hypoacousie n. f.
hypoac*tif, ive* adj.
hypoallergique adj. et n. m.
hypoandrisme [-is-] n. m.
hypocalcémie n. f.
hypocalorique adj.
hypocauste n. m.
hypocentre n. m.
hypochloreux [-klo-] adj. m.
hypochlorhydrie [-klori-] n. f.
hypochlorite [-klo-] n. m.
hypocholestérolémiant, *e* adj. et n. m.
hypochrome [-krom'] adj.
hypocondre n. m.
hypocondriaque adj. et n.
hypocondrie n. f.
hypocoristique adj. et n. m.
hypocras [-kras'] n. m.
hypocrisie n. f.
hypocristallin, *e* adj.
hypocrite adj. et n.
hypocritement adv.
hypocycloïd*al, ale, aux* adj.
hypocycloïde n. f.
hypoderme n. m.
hypodermique adj.
hypodermose n. f.
hypoesthésie n. f.
hypogastre n. m.
hypogastrique adj.
hypogé, *e* adj.
hypogée n. f.
hypoglosse adj.
hypoglycémiant, *e* adj.
hypoglycémie n. f.
hypogyne adj.
hypoïde adj.
hypokaliémie n. f.
hypokhâgne n. f.
hypolimnion n. m.

hypolipémiant, e adj. et n. m.
hypolipémie ou **hypolipidémie** n. f.
hypomanie n. f.
hyponeurien n. m.
hyponomeute ou **yponomeute** n. m.
hyponyme n. m. → hyperonyme.
hypophosphite [-fosfit'] n. m.
hypophosphoreux [-fosfo-] adj. m.
hypophysaire [-fizèr'] adj.
hypophyse [-fiz'] n. f.
hypoplasie n. f.
hyposécrétion [-sé-] n. f.
hyposexué, e [-sè-] adj. et n.
hyposodé, e [-so-] adj.
hypospadias [-as'] n. m.
hypospermie n. f.
hypostase n. f.
hypostasier v. t. Conjug. 17.
hypostatique adj.
hyposthénie n. f.
hypostyle adj.
hyposulfite [-sul-] n. m.
hyposulfureux, euse [-sul-] adj.
hyposystolie [-sis-] n. f.
hypotaupe n. f.
hypotaxe n. f.
hypotendu, e adj.
hypotenseur adj. m. et n. m.
hypotensif, ive adj.
hypotension n. f.
hypoténuse n. f.
hypothalamique adj.
hypothalamus [-mus'] n. m.
hypothécable adj.

hypothécaire adj.
hypothécairement adv.
hypothénar adj. inv.
hypothèque n. f. (droit de garantie sur une propriété).
hypothéquer v. t. *J'hypothèque, nous hypothéquons, j'hypothéquerai(s)*. Conjug. 10.
hypothermie n. f.
hypothèse n. f. (supposition).
hypothético-déductif, ive adj. *Des pensées hypothético-déductives.*
hypothétique adj.
hypothétiquement adv.
hypothyroïdie n. f.
hypotonie n. m.
hypotonique adj.
hypotrophie n. f.
hypotrophique adj.
hypotypose n. f.
hypovitaminose n. f.
hypoxémie n. f.
hypoxie n. f.
hypsomètre n. m.
hypsométrie n. f.
hypsométrique adj.
hysope n. f.
hystérectomie n. f.
hystérésis [-zis'] n. f.
hystérie n. f.
hystériforme adj.
hystérique adj. et n.
hystérographie n. f.
hystéromètre n. m.
hystérosalpingographie n. f.
hystéroscopie n. f.

La barre oblique devant un mot signale un *h* aspiré

I

I n. m. inv. ♦ **I** : symbole de l'*iode*; *un* en chiffre romain. *Il faut lui mettre les points sur les i*. Le mot *indivisibilité* contient six fois la lettre *i*. En majuscule d'écriture ou capitale d'imprimerie, cette lettre s'écrit sans point ni accent circonflexe.

I.A.D. sigle f. Insémination artificielle avec donneur.

ïambe ou **iambe** [yanb] n. m.

ïambique ou **iambique** [yan-] adj.

iatrique adj.

ibérien, enne adj.

ibérique adj. *L'art ibérique; la péninsule Ibérique; la chaîne Ibérique.*

ibéris [-ris'] n. m.

ibériste n.

ibère adj. *La langue ibère.* ♦ N. *Les Ibères peuplaient la péninsule avant l'arrivée des Romains.*

*****ibidem** [-dèm'] (lat.) = au même endroit. Souvent abrégé en *ibid*. → idem.

ibis [-bis'] n. m.

*****ibn** (arabe) = fils. → tableau LANGUES ÉTRANGÈRES, p. 894.

*****I.B.N.R.** (*incurred but not reported losses) = sinistres inconnus (écon.).

iboga n. m.

*****I.B.O.R.** (*interbank offered rate) = taux interbancaire offert, ou T.I.O. (écon.). La lettre placée en préfixe permet de connaître la place d'origine, par exemple : LIBOR pour Londres, PIBOR pour Paris.

icaque n. f.

icaquier n. m.

icarien, enne adj. *Les jeux icariens*.

icaunais, e adj. et n. (de l'Yonne).

*****I.C.B.M.** (*intercontinental ballistic missile) = missile stratégique sol-sol d'une portée supérieure à 6 500 km.

iceberg n. m.

ice-boat [ay'sbot'] n. m. (voilier à patins). *Des ice-boats.*

*****ice-cream** n. m. = crème glacée. *Des ice-creams.*

*****icefield** n. m. = champ de glace.

icelui, icelle, iceux, icelles adj. dém. *Icelui manant sera fouetté.* ♦ Pron. dém. *L'huissier s'étant rendu dans la maison d'icelle.*

ichneumon [ik-] n. m.

ichor [ikor'] n. m.

ichthys [iktis'] n. m.

ichtyique [ikti-] adj.

ichtus [iktus'] n. m.

ichtyocolle [ikti-] n. f.

ichtyoïde [ik-] adj.

ichtyol [ik-] n. m.

ichtyologie [ik-] n. f.

ichtyologique [ik-] adj.

ichtyologiste [ik-] n.

ichtyophage [ik-] adj. et n.

ichtyornis [iktyornis'] n. m.

ichtyosaure [ik-] n. m.

ichtyose [ik-] n. f.

ichtyostéga [ik-] n. m.

ici adv. *Par ici ; d'ici là ; d'ici peu ; ici même ; ici-bas ; ici et là ; hors d'ici.* → ci ; -ci ; -ci et -là.

ici-bas adv.

-icion (Mots terminés par) → -ition.

icoglan n. m.

icone n. m. ou f. En sémiotique, l'icone est un signe qui ressemble à ce qu'il désigne (l'onomatopée, l'idéogramme routier

ICÔNE

sont des icones). ♦ HOM. *icône* (image religieuse).

icône n. f. (image religieuse; symbole informatique). *Les mots de la même famille n'ont pas l'accent circonflexe.* ♦ HOM. → icone.

iconicité n. f.
iconique adj.
iconocarte n. f.
iconoclasme [-as-] n. m.
iconoclaste n. et adj.
iconodule n. et adj.
iconographe n.
iconographie n. f.
iconographique adj.
iconolâtre n.
iconolâtrie n. f.
iconologie n. f.
iconologique adj.
iconomanie n. f.
iconoscope n. m.
iconostase n. f.
iconothèque n. f.
icosaèdre [-za-] n. m.
ictère n. m.
ictérique adj. et n.
ictus [-tus] n. m.
id. → idem.
Ida n. f. (prénom). ♦ HOM. monts *Hida* (Japon), mont *Ida* (en Crète; en Asie Mineure).
ide n. m. ♦ HOM. → ides.
idé*al*, *ale*, *als*/*aux* adj. et n. m. *Selon ses idéaux; selon ses idéals.*
idéalement adv.
idéalisa*teur*, *trice* adj. et n.
idéalisation n. f.
idéaliser v. t.
idéalisme [-is-] n. m.
idéaliste n. et adj.
idéalité n. f.
idéation n. f.
idée n. f. *Une idée fixe; communauté d'idées; des idées-forces; dans le même ordre d'idée(s); n'avoir pas idée de; changer d'idée; la largeur d'idées; idées politiques.*
idée-force n. f. *Des idées-forces.*
idé*el*, *elle* adj.
*****idem** [-dèm'] (lat.) = le même, la même. Souvent abrégé en *id.* ♦ Ne pas confondre avec *item* (de plus) ou *ibidem* (au même endroit). Employés comme noms, ces mots latins sont invariables. *Trop d'idem dans votre tableau.*

idempotent, e [-dèm-] adj.
identifiable adj.
identificateur n. m.
identification n. f.
identificatoire adj.
identifier v. t. Conjug. 17.
identifieur n. m.
identique adj.
identiquement adv.
identitaire adj.
identité n. f. *Des cartes d'identité. Le Service de l'identité judiciaire* (abs. : *l'Identité judiciaire*).
idéogramme n. m.
idéographie n. f.
idéographique adj.
idéologie n. f.
idéologique adj.
idéologisation n. f.
idéologue n.
idéomo*teur*, *trice* adj.
ides n. f. pl. (certains jours du calendrier romain). *Les ides de mars.* ♦ HOM. *ide* (poisson).
*****id est** (lat.) conj. (abrév. : *i.e.*) = c'est-à-dire.
I.D.H.E.C. sigle m. Institut des hautes études cinématographiques. → F.E.M.I.S.
idiolecte n. m.
idiomatique adj.
idiome n. m.
idiopathie n. f.
idiopathique adj.
idiosyncrasie n. f.
idiot, e adj. et n.
idiotement adv.
idiotie [-si] n. f. ≠ idiotisme.
idiotisme [-is-] n. m. (mot, tour particulier à une langue, à un idiome). *Les gallicismes sont les idiotismes du français.* ♦ Ne pas confondre avec *idiotie* (absence d'intelligence).
idiotype n. m.
idoine adj.
idolâtre adj. et n.
idolâtrer v. t.
idolâtrie n. f.
idolâtrique adj.
idole n. f.
idylle [idil] n. f.
idyllique [idilik] adj.
if n. m. (arbre; appareil rappelant cet arbre). ♦ HOM. *hyphe* (filament de champignon).

*if and when = clause de transparence (écon.).

-ifier/-ification Suffixes qui marquent une adaptation, une transformation : *solidifier, panifier, vitrifier...; falsification, édification...* → -iser/-isation.

Igame ou **igame** sigle m. Inspecteur général de l'administration en mission extraordinaire.

igamie n. f.

I.G.F. sigle m. Impôt sur les grandes fortunes.

igloo [iglou] ou **iglou** n. m. *Des igloos; des iglous.*

I.G.N. sigle m. Institut géographique national.

igname [ignam] n. f.

-ien/-iste C'est en accolant ces suffixes à des noms propres que se forgent beaucoup de noms et d'adjectifs. Avec le premier, on a connu *cornélien, hugolien, stendhalien, gaullien...* (À remarquer qu'une même finale en *-ac* a fourni *balzacien* et *chiraquien*).

Le suffixe *-iste* indique une certaine ferveur *(rousseauiste, calviniste, hébertiste, gaulliste...).* S'agissant d'hommes politiques, les néologismes s'oublient assez vite *(titiste, lumumbiste...);* certains ne vivent qu'une saison *(jospinien, mauroyiste, pompidolien, giscardien, lepéniste, rocardien...).*

Il est des noms propres qui, par leur configuration, se montrent rebelles à la dérivation : Lebrun, Poincaré, Bérégovoy...

Le système, poussé à ses extrêmes, frise le ridicule lorsqu'il n'y a plus de connivence entre l'auteur et son lecteur ou auditeur. Ainsi, des critiques ont parlé, s'agissant de Giraudoux et de Feydeau, du style *giralducien* et de la dramaturgie *feydelienne;* dans un autre domaine, le saxophoniste Archie Shepp a été reconnu comme étant de la tradition *ellingtonienne* et *parkérienne* (dans le style de Duke Ellington et de Charlie Parker). → -iser/-isation; -ité/-itude.

ignare adj.

igné, e [ig'né ou igné] adj.

ignifugation [ig'ni- ou igni-] n. f.

ignifuge [ig'ni- ou igni-] adj. et n. m.

ignifugeant, e [ig'ni- ou igni-] adj. et n. m.

ignifuger [ig'ni- ou igni-] v. t. *Nous ignifugeons.* Conjug. 3.

ignipuncture [ig'niponk- ou igniponk-] n. f.

ignition [ig'ni-syon ou igni-syon] n. f.

ignitron [ig'ni- ou igni-] n. m.

ignivome [ig'ni- ou igni-] adj.

ignoble adj.

ignoblement adv.

ignominie n. f.

ignominieusement adv.

ignominieux, euse adj.

ignorance n. f.

ignorant, e adj. et n.

ignorantin adj. et n. m.

ignoré, e adj.

ignorer v. t.

iguane [igwan'] n. m.

iguanodon [igwa-] n. m.

igue [ig] n. f.

I.H.S. Monogramme grec pour : *Jésus.* Traduction latine du sigle par : *Iesus hominum salvator* (Jésus sauveur des hommes).

IJ Quelques noms néerlandais s'écrivent avec deux majuscules au début : IJ, IJlst, IJmeer, IJmuiden, IJpolders, IJsbrechtum, IJssel, IJsselmeer, IJsselmonde, IJsselmuiden, IJsselsteijn, IJzendijke, IJzevoorde. *Le golfe de l'IJ.*

ikat [ikat'] n. m.

ikebana [iké-] n. m.

il- → in-.

il pron. pers. m. *Il chante; ils écoutent.*
◆ HOM. *île* (terre isolée), *hile* (point d'attache d'une graine, d'un organe), *l'Ill* (en Alsace), *l'Ille* (en Bretagne), *l'Isle* (en Périgord).

ilang-ilang [ilan-ilan] n. m. *Des ilangs-ilangs.* Ancienne orthographe : *ylang-ylang.*

île n. f. *L'île de Groix, l'île de Beauté* (surnom de la Corse); *les îles du Vent; les îles Sous-le-Vent; les îles Britanniques; les îles Anglo-Normandes; les Îles* (Antilles); *l'île de France* (ancien nom de l'île Maurice); *l'Ile-de-France* (province et région). *Une presqu'île.* On ne met pas d'accent sur la capitale I. ◆ Les communes de *L'Ile-Saint-Denis* (près de Paris), *L'Ile-Rousse* (en Corse), *L'Ile-Bouchaud* (près de Chinon), *L'Ile-aux-Moines* (dans le Morbihan, sur l'île aux Moines). ◆ *L'Isle-Adam* (Val-d'Oise); *Villiers de l'Isle-Adam; Rouget de Lisle; Leconte de Lisle.* ◆ HOM. → il.

iléal, ale, aux adj.

iléite n. f.

iléo-cæcal, ale, aux [-sékal'] adj. *Des valvules iléo-cæcales.*

ILÉON

iléon n. m.
iléus [-us] n. m.
iliaque adj.
ilien, enne adj. et n.
ilion n. m.
illégal, ale, aux adj.
illégalement adv.
illégalité n. f.
illégitime adj.
illégitimement adv.
illégitimité n. f.
illettré, e adj. et n.
illettrisme [-is-] n. m.
illicite adj.
illicitement adv.
*****illico** (lat.) adv. = immédiatement.
-illier (Mots terminés par) Les mots qui sont terminés par « illier » (avec un *l* avant et après les deux *l*) sont : *millier, joaillier, quincaillier, groseillier, médaillier, vanillier* et le *marguillier* de la dictée de Mérimée. Pour être complet, il faut ajouter les mots rares que sont : *coquillier, mancenillier, aiguillier, chevillier, éventaillier, quillier, sapotillier*.
illimité, e adj.
illisibilité n. f.
illisible adj.
illisiblement adv.
illite n. f.
illogique adj.
illogiquement adv.
illogisme [-is-] n. m.
illumination n. f.
*****illumination angle** = angle d'irradiation (spat.).
illuminé, e n. et adj.
illuminer v. t.
illuminisme [-is-] n. m.
illusion n. f. *Ils se font illusion. Ils se nourrissent d'illusions. Des illusions d'optique.*
illusionner v. t.
illusionnisme [-is-] n. m.
illusionniste n.
illusoire adj.
illusoirement adv.
illustrateur, trice n.
illustratif, ive adj.
illustration n. f.
illustre adj.
illustré, e adj. et n. m.
illustrer v. t.
illustrissime adj.
illutation n. f. (bain de boue).

illuvial, ale, aux adj.
illuviation n. f.
illuvium [-vyom'] n. m. *Des illuviums.*
illyrien, enne adj. *La côte illyrienne.* ♦ N. *Les Illyriens* (habitants de l'Illyrie); *l'illyrien* (langue).
ilménite n. f.
îlot n. m. *Des îlots insalubres. Des îlots de recouvrement. Les îlots de Langerhans* (dans le pancréas).
îlotage n. m.
ilote ou **hilote** n. m. (serf spartiate).
ilote n. m. (homme asservi à l'extrême).
îlotier n. m.
ilotisme ou **hilotisme** [-is-] n. m.
il y a présentatif. *Il y avait; il y eut; il y aura. Y a-t-il?*
im- → in-
image n. f. *Des images d'Épinal, de marque.*
imagé, e adj.
imageant, e adj.
*****image data** = donnée d'image (spat.).
*****image enhancement** = accentuation d'image (spat.).
*****image format** = format d'image, format-image (spat.).
image-gradient n. f. *Des images-gradients.*
*****image improvement** = amélioration d'image (spat.).
*****image line** = ligne de l'image, ligne-image (spat.).
*****image map** = iconocarte (spat.).
*****image preprocessing** = prétraitement d'image (spat.).
imager v. t. *Il imageait.* Conjug. 3.
image-radar n. f. *Des images-radar.*
image-ratio n. f. *Des images-ratios.*
*****image registration** = superposition d'images (spat.).
*****image restoration** = restauration d'image (spat.).
imagerie n. f.
*****imagery** = imagerie (spat.).
image-satellite n. f. *Des images-satellites.*
*****image segmentation** = segmentation d'image (spat.).
*****image size** = format de l'image (spat.).
imagette n. f.
imageur, euse n. et adj.
*****image zoning** = zonage, partition d'image (spat.).
imagier, ère n.

imaginable adj.
imaginaire adj. et n. m.
imagin*al, ale, aux* adj.
imagina*tif, ive* adj. et n.
imagination n. f.
imaginer v. t. *Les contes qu'ils ont imaginés. Ils se sont imaginés héritiers.* Cas où la subordonnée qui suit est complément d'objet direct : *Ils ont imaginé que tu viendrais. Elles se sont imaginé que tout irait bien.* → souhaiter et tableau PARTICIPE PASSÉ IV, B, p. 927.
*****imaging device** = imageur (spat.).
*****imaging spectrometry** = radiométrie spectrale imageante (spat.).
*****imaging system** = imageur (spat.).
imago n. m. (insecte complètement développé). ♦ N. f. (image que l'on se fait de soi-même).
imam [-mam'] n. m. (titre musulman). → aman.
imamat [-ma] n. m.
imbattable adj.
imbécile adj. et n.
imbécilement adv.
imbécillité [-silité] n. f.
imberbe adj.
imbiber v. t.
imbibition [-syon] n. f.
imbrication n. f.
imbriqu*é, e* adj.
imbriquer v. t.
imbroglio [-brolyo] n. m.
imbrûlable adj.
imbrûl*é, e* adj. et n. m.
imbu, e adj.
imbuvable adj.
I.M.C. sigle. Infirme moteur cérébral.
imidazole n. m.
imide n. m.
imipramine n. f.
imitable adj.
imita*teur, trice* adj. et n.
imita*tif, ive* adj.
imitation n. f. *Des bijoux en imitation.* Spécialt : *l'*Imitation de Jésus-Christ (ouvrage de piété).
imiter v. t.
immacul*é, e* adj. → conception.
immanence n. f.
imman*ent, e* adj. → éminent.
immanentisme [-is-] n. m.
immangeable [in-] adj.
immanquable [in-] adj.

immanquablement [in-] adv.
immarcescible [i-marsé-] adj.
immatérialisme [-is-] n. m.
immatérialiste adj. et n.
immatérialité n. f.
immatéri*el, elle* adj.
immatriculation n. f.
immatriculer v. t.
immaturation n. f.
immature adj.
immaturité n. f.
immédi*at, e* [-dya, -dyat] adj.
immédiatement adv.
immédiateté n. f.
immelmann [-man'] n. m.
immémori*al, ale, aux* adj.
immense adj.
immensément adv.
immensité n. f.
imméprévision n. f.
immerg*é, e* adj.
immerger v. t. *Elle immergeait.* Conjug. 3.
immérit*é, e* adj.
immers*if, ive* adj.
immersion n. f. → émersion.
immettable [inmé-] adj.
immeuble n. m. et adj.
immigrant, e adj. et n.
immigration n. f.
immigr*é, e* adj. et n.
immigrer v. int. (venir s'installer dans un pays) → émigrer.
imminence n. f.
immin*ent, e* adj. → éminent.
immiscer (s') v. pr. *Elle s'est immiscée.*
immixtion [-miksyon] n. f.
immobile adj.
immobili*er, ère* adj. et n. m.
immobilisation n. f.
immobiliser v. t.
immobilisme [-is-] n. m.
immobiliste adj. et n.
immobilité n. f.
immodér*é, e* adj.
immodérément adv.
immodeste adj.
immodestement adv.
immodestie n. f.
immolateur n. m.
immolation n. f.
immoler v. t.
immonde adj.
immondice n. f. Souvent employé au pluriel.

immoral, ale, aux adj.
immoralement adv.
immoralisme [-is-] n. m.
immoraliste n. et adj.
immoralité n. f.
immortalisation n. f.
immortaliser v. t.
immortalité n. f.
immortel, elle adj. *Des principes immortels.* ♦ N. m. *Un immortel* (un académicien). *Les Immortels* (dieux païens). ♦ N. f. (fleur).
immortellement adv.
immotivé, e adj.
immuabilité → immutabilité.
immuable adj.
immuablement adv.
immun, e adj.
immunisant, e adj.
immunisation n. f.
immuniser v. t.
immunitaire adj.
immunité n. f.
immunocompétence n. f.
immunocompétent, e adj.
immunodéficience n. f.
immunodéficit n. m.
immunodéficitaire adj.
immunodépresseur n. m. et adj. m.
immunodépressif, ive adj.
immunodépression n. f.
immunodéprimé, e adj. et n.
immunofluorescence n. f.
immunogène adj.
immunoglobuline n. f.
immunologie n. f.
immunologique adj.
immunologiste ou **immunologue** n.
immunoprive n. et adj.
immunoscintigraphie n. f.
immunostimulant, e adj. et n. m.
immunosuppresseur [-su-] n. m.
immunosuppressif, ive [-su-] adj.
immunotechnologie n. f.
immunothérapie n. f.
immunotolérant, e adj.
immunotransfusion n. f.
immunovirologie n. f.
immutabilité ou **immuabilité** n. f.
impact n. m.
impaction n. f.
impair, e adj. et n. m. ♦ HOM. → imper.
impala [im'-] n. m.
impalpable adj.
impaludation n. f.
impaludé, e adj. et n.
impanation n. f.
imparable adj.
impardonnable adj.
imparfait, e adj. et n. m.
imparfaitement adv.
imparidigité, e adj.
imparipenné, e adj.
imparisyllabique [-si-] adj. et n. m.
imparité n. f.
impartageable adj.
impartial, ale, aux adj.
impartialement adv.
impartialité n. f.
impartir v. t. du 2e gr. Conjug. 24.
impartition n. f.
impasse n. f.
impassibilité n. f.
impassible adj. (qui ne montre pas ses émotions). ♦ Ne pas confondre avec *impavide* (qui n'éprouve aucune peur).
impassiblement adv.
impatiemment [-sya-man] adv.
impatience n. f.
impatient, e adj. et n.
impatiens [-syans'] ou **impatiente** [-syant'] n. f. (plante).
impatientant, e adj.
impatienter v. t.
impatronisation n. f.
impatroniser (s') v. pr. *Ils se sont impatronisés.*
impavide adj. → impassible.
impayable adj.
impayé, e adj. et n. m.
*****impeachment** (amér.) = mise en accusation d'une personnalité.
impeccabilité n. f.
impeccable adj.
impeccablement adv.
impécunieux, euse adj.
impécuniosité n. f.
impédance n. f.
impedimenta [inpédiminta] n. m. pl.
impénétrabilité n. f.
impénétrable adj.
impénitence n. f.
impénitent, e adj.
impensable adj.
impense n. f. Souvent au pluriel.
imper [-pèr'] n. m. (vêtement imperméable). ♦ HOM. nombre *impair* (non divisible par deux; maladresse).

impératif, ive adj. et n. m.
impérativement adv.
impératrice n. f. *L'impératrice Marie-Louise.*
imperceptibilité n. f.
imperceptible adj.
imperceptiblement adv.
imperdable adj.
imperfectible adj.
imperfectif, ive adj.
imperfection n. f.
imperforation n. f.
imperforé, e adj.
impérial, ale, aux adj. et n. f.
impérialement adv.
impérialisme [-is-] n. m.
impérialiste n. et adj.
impériaux n. m. pl.
impérieusement adv.
impérieux, euse adj.
impérissable adj.
impéritie [-ri-si-] n. f.
*****imperium** (lat.) n. m. = pouvoir du chef d'État. *Des imperia.*
imperméabilisant, e adj. et n. m.
imperméabilisation n. f.
imperméabiliser v. t.
imperméabilité n. f.
imperméable adj. et n. m.
impersonnalité n. f.
impersonnel, elle adj. *Verbes impersonnels* → tableau VERBES XIII, p. 979.
impersonnellement adv.
impertinemment [-naman] adv.
impertinence n. f.
impertinent, e adj. et n.
imperturbabilité n. f.
imperturbable adj.
imperturbablement adv.
*****impervious layer** = plancher imperméable (agr.).
impesanteur n. f.
impétigineux, euse adj.
impétigo n. m.
impétrant, e n.
impétration n. f.
impétrer v. t. *J'impètre, nous impétrons, j'impétrerai(s).* Conjug. 10.
impétueusement adv.
impétueux, euse adj.
impétuosité n. f.
impie adj. et n.

impiété n. f.
impitoyable adj.
impitoyablement adv.
implacabilité n. f.
implacable adj.
implacablement adv.
implant n. m.
implantable adj.
implantation n. f.
implanter v. t.
implantologie n. f.
*****implement (to)** = implanter, implémenter (inf.).
*****implementation** = mise en œuvre (et non *implémentation*).
implémenter v. t.
implexe adj.
implicant n. m.
implication n. f.
implicite adj.
implicitement adv.
impliquer v. t.
implorant, e adj.
imploration n. f.
implorer v. t.
imploser v. int.
implosif, ive adj. et n. f.
implosion n. f.
*****implosion weapon** = arme à implosion (déf.).
impluvium [-vyom'] n. m. *Des impluviums.*
impolarisable adj.
impoli, e adj. et n.
impoliment adv.
impolitesse n. f.
impolitique adj.
impondérabilité n. f.
impondérable adj. et n. m.
impondéré, e adj.
impopulaire adj.
impopularité n. f.
import n. m.
importable adj.
importance n. f. *Ils furent tancés d'importance.*
important, e adj. et n. m.
importateur, trice adj. et n.
importation n. f.
importe Du verbe importer (trans. ind.) sont issues les locutions suivantes. ♦ Adj. indéf. *N'importe quel.* ♦ Pron. indéf. *N'importe qui; n'importe quoi; n'importe lequel.* ♦ Adv. *N'importe comment; n'importe quand; n'importe où; de*

n'importe quelle(s) façon(s); à n'importe quel prix. ♦ Interj. *Qu'importe! Que m'importe! Peu importe!*

importer v. t. ind. et int. (avoir de l'importance). Ne s'emploie qu'aux 3es personnes. *Qu'importe son avis! Que vous importent ses opinions? Seules importaient les critiques du voisin. Ce qu'il importe que tu fasses. Ce qu'il importe, c'est; voilà ce qui importe; voilà ce qu'il importe de faire. Peu importe(nt) les conséquences. Qu'importe(nt) les reproches! Que m'importe(nt) les reproches!* → importe. ♦ V. t. (introduire sur son territoire). *Nous importons du cacao. La viande qu'ils ont importée.*

import-export n. m. *Des imports-exports.*

importun, e adj. et n.

importunément adv.

importuner v. t.

importunité n. f.

imposable adj.

imposant, e adj.

imposé, e adj. et n.

*imposed architecture = architecture obligatoire (urb.).

imposer v. t. *Elle s'était imposé de sortir chaque jour. Bien que n'y étant pas conviée, elle s'est imposée à ce débat. Les mesures qui se sont imposées.*

imposeur n. m. et adj. m.

imposition n. f.

impossibilité n. f.

impossible adj. et n. m.

imposte n. f.

imposteur n. m.

imposture n. f.

impôt n. m.

impotence n. f.

impotent, e adj. et n.

impraticabilité n. f.

impraticable adj.

imprécateur, trice n.

imprécation n. f.

imprécatoire adj.

imprécis, e adj.

imprécision n. f.

imprédictibilité n. f.

imprédictible adj.

imprégnable adj.

imprégnation n. f.

imprégner v. t. *J'imprègne, nous imprégnons, j'imprégnerai(s).* Conjug. 10.

imprenable adj.

impréparation n. f.

imprésario n. m. *Des imprésarios.* Nous vient de l'italien *(un impresario, des impresarii).*

imprescriptibilité n. f.

imprescriptible adj.

impressif, ive adj.

impression n. f. *Faire bonne impression; des fautes d'impression; impressions de voyage.*

impressionnabilité n. f.

impressionnable adj.

impressionnant, e adj.

impressionner v. t.

impressionnisme [-is-] n. m.

impressionniste n. et adj.

imprévisibilité n. f.

imprévisible adj.

imprévision n. f.

imprévoyance n. f.

imprévoyant, e adj. et n.

imprévu, e adj. *Une visite imprévue.* ♦ N. m. *Il est arrivé un imprévu. Sauf imprévu; à l'imprévu; en cas d'imprévu; la part de l'imprévu.*

imprimabilité n. f.

imprimable adj.

imprimant, e adj. *Une forme imprimante.* ♦ N. f. *Une imprimante à laser, à jets d'encre.*

imprimatur n. m. inv. *L'évêque a donné les imprimatur.*

imprimé, e adj. *Cela est bien imprimé.* ♦ N. m. *Il reçoit beaucoup d'imprimés. Elle a acheté un imprimé à fleurs pour ses rideaux.*

imprimer v. t.

imprimerie n. f. Pour la préparation et la correction de textes destinés à l'imprimerie → caractère et tableau CORRECTION, p. 878 sqq.

imprimeur n. et adj. m.

improbabilité n. f.

improbable adj.

improbateur, trice adj.

improbation n. f.

improbité n. f.

improductif, ive adj.

improductivité n. f.

impromptu, e adj. S'accorde en genre et en nombre (règle récente et logique). *Des vers impromptus; une visite impromptue.* ♦ Adv. inv. *Ils durent se défendre impromptu.* ♦ *Elles arrivent à l'impromptu* (loc. adv.). ♦ N. m. *L'auteur de deux impromptus.*

imprononçable adj.

impropre adj.
improprement adv.
impropriété n. f.
improuvable adj.
improvisa*teur*, *trice* adj. et n.
improvisation n. f.
improviser v. t. et int.
improviste (à l') loc. adv.
imprudemment [-daman] adv.
imprudence n. f.
imprudent, *e* adj.
impubère adj.
impuberté n. f.
impubliable adj.
impudemment [-daman] adv.
impudence n. f.
impudent, *e* adj.
impudeur n. f.
impudicité n. f.
impudique adj.
impudiquement adv.
impuissance n. f.
impuissant, *e* adj. et n.
*****impulse goods** = vente ou marchandises de choc, achat réflexe.
impulser v. t.
impuls*if*, *ive* adj. et n.
impulsion n. f.
impulsionn*el*, *elle* adj.
impulsivement adv.
impulsivité n. f.
impunément adv.
impuni, *e* adj.
impunité n. f.
impur, *e* adj. et n. m.
impurement adv.
impureté n. f.
imputabilité n. f.
imputable adj.
imputation n. f.
imputer v. t.
imputrescibilité n. f.
imputrescible adj.
Imuthiol n. m. déposé inv.
*****in** adj. inv. = à la mode. *Elles sont « in »* [in']. *Une voix « in »* (cin., télé.) = une voix dans le champ.
in- Ce préfixe devient *im-* devant *m, b, p*; il devient *ir-* devant un *r* et *il-* devant un *l* (*immérité, irrégulière, illégal*). ♦ Il se soude à ce qui suit (*inhabituel, inouï, inondation*). Le cas échéant, le *n* du préfixe ne se fond pas avec le *n* du début du radical (*innombrable, innommable*).

♦ Les adjectifs et noms commençant par le préfixe latin *in-* (avec trait d'union) sont invariables. *Des ouvrages in-folio; des in-quarto.*
in/un → un/in.
I.N.A. sigle m. Institut national agronomique. Institut national de l'audiovisuel.
inabordable adj.
inabouti, *e* adj.
inabrité, *e* adj.
inabrogeable adj.
*****in abstracto** (lat.) = dans l'abstrait.
inaccentué, *e* adj.
inacceptable adj.
inacceptation n. f.
inaccessibilité n. f.
inaccessible adj.
inaccompli, *e* adj.
inaccomplissement n. m.
inaccordable adj.
inaccoutumé, *e* adj.
inachevée, *e* adj.
inachèvement n. m.
inact*if*, *ive* adj.
inactinique adj.
inaction n. f.
inactivation n. f.
inactiver v. t.
inactivité n. f.
inactualité n. f.
inactu*el*, *elle* adj.
inadaptable adj.
inadaptation n. f.
inadapté, *e* adj. et n.
inadéquat, *e* [-kwa, -kwat'] adj.
inadéquation [-kwa-syon] n. f.
inadmissibilité n. f.
inadmissible adj.
inadvertance n. f.
*****in æternum** (lat.) = pour toujours.
inaffecté, *e* adj.
inaffect*if*, *ive* adj.
inaffectivité n. f.
inaliénabilité n. f.
inaliénable adj.
inaliénation n. f.
inalliable adj.
inalpage n. m.
inalper (s') v. pr. *Les troupeaux se sont inalpés.*
inaltérabilité n. f.
inaltérable adj.
inaltéré, *e* adj.

INAMICAL

inamic*al, ale, aux* adj.
inamissible adj. (qui ne peut se perdre).
inamovibilité n. f.
inamovible adj.
inanalysable adj.
*****in anima vili** (lat.) = sur l'animal, sur un être vil.
inanimé, *e* adj.
inanité n. f. (état de ce qui est vain, inutile). ♦ Ne pas confondre avec *inanition* (privation de nourriture).
inanition n. f. → inanité.
inapaisable adj.
inapaisé, *e* adj.
inaperçu, *e* adj.
inapparent, *e* adj.
inappétence n. f.
inapplicable adj.
inapplication n. f.
inappliqué, *e* adj.
inappréciable adj.
inapprécié, *e* adj.
inapprivoisable adj.
inapprivoisé, *e* adj.
inapprochable adj.
inapproprié, *e* adj.
inapte adj. et n. (incapable).
inaptitude n. f.
inarrangeable adj.
inarticulé, *e* adj.
*****in articulo mortis** (lat.) = à l'article de la mort.
inassimilable adj.
inassimilé, *e* adj.
inassouvi, *e* adj.
inassouvissement n. m.
inattaquable adj.
inattendu, *e* adj.
inattent*if, ive* adj.
inattention n. f.
inaudible adj.
inaugur*al, ale, aux* adj.
inauguration n. f.
inaugurer v. t.
inauthenticité n. f.
inauthentique adj.
inavouable adj.
inavoué, *e* adj.
*****in-basket test** = épreuve du courrier.
*****in bonis** (lat.) = maître de ses biens.
in-bord [in'bɔr] adj. inv. *Des moteurs in--bord.* ♦ N. m. inv. *Des hors-bord et des in--bord.*

inca adj. *Un temple inca.* → tableau ADJECTIFS I, A, 8, p. 864. ♦ N. *Les Incas du Pérou; l'Inca* (nom du souverain).
incalculable adj.
incandescence n. f.
incandescent, *e* adj.
incantation n. f.
incantatoire adj.
incapable adj. et n.
incapacitant, *e* adj. et n. m.
incapacité n. f.
incarcération n. f.
incarcérer v. t. *J'incarcère, nous incarcérons, j'incarcérai(s).* Conjug. 10.
*****in-car information** = information embarquée.
incarnadin, *e* adj.
incarnat, *e* adj. → tableau COULEURS A, D, p. 884. Peut être employé comme nom.
incarnation n. f. *Le mystère de l'Incarnation* (du Christ).
incarné, *e* adj.
incarner v. t.
incartade n. f.
incasable adj.
incasique adj. *La civilisation incasique.*
incassable adj.
*****in cauda venenum** (lat.) = dans la queue, le venin.
incendiaire n. et adj.
incendie n. m.
incendié, *e* adj.
incendier v. t. Conjug. 17.
*****incentive** = stimulation, stimulant (écon.).
*****incentive, incentive-tour** ou **incentive-travel** = voyage de stimulation, voyage de motivation.
incération n. f. (addition de cire).
incertain, *e* adj. et n. m.
incertitude n. f.
incessamment adv.
incessant, *e* adj.
incessibilité n. f.
incessible adj.
inceste adj. et n. (pour les personnes). ♦ N. m. (pour l'acte).
incestu*eux, euse* adj. et n.
*****inch Allah!** (arabe) = si Dieu le veut!
inchangé, *e* adj.
inchauffable adj.
inchavirable adj.
inchiffrable adj.
inchoat*if, ive* [inko-] adj. et n. m.

incidemment [-daman] adv.
incidence n. f.
incident, e adj. et n. m.
incinération n. f.
incinérer v. t. *J'incinère, nous incinérons, j'incinérerai(s)*. Conjug. 10.
incipit [-pit'] n. m. inv.
incirconcis [-si] adj. et n. m.
incirconcision n. f.
incise n. et adj. f.
inciser v. t.
incis*if, ive* adj.
incision n. f.
incisive n. f.
incisure n. f.
incitant, e adj. et n. m.
incita*teur, trice* adj. et n.
incitat*if, ive* adj.
incitation n. f.
inciter v. t.
incivil, e adj.
incivique adj.
incivisme [-is-] n. m.
inclassable adj.
inclémence n. f.
inclément, e adj.
inclinable adj.
inclinaison n. f. (réservé au sens propre). *L'inclinaison d'un mur, de la tour de Pise. L'inclinaison magnétique.* → inclination.
inclination n. f. (penchant, tendance). *Éprouver de l'inclination pour quelqu'un. Un mariage d'inclination.* Ce mot désigne aussi le fait de pencher la tête ou le tronc pour marquer l'accord ou le respect. *Une inclination de la tête.* → inclinaison.
****inclination** = inclinaison d'une orbite (spat.).
incliner v. t. et int.
inclinomètre n. m.
incluant n. m.
inclure v. t. Se conjugue comme CONCLURE (conjug. 36), mais le participe passé est *inclus*. Peu usité, sauf au participe passé et aux temps composés. *Incluse; ci-inclus; y inclus.* → tableau PARTICIPE PASSÉ III, B, p. 918.
inclus, e adj.
inclus*if, ive* adj.
inclusion n. f.
****inclusive tour** = voyage à forfait.
inclusivement adv.
incoagulable adj.
incoercibilité [inkoèr-] n. f.

incoercible [inkoèr-] adj.
incognito [-gnito] adv. *Ils voyagent incognito.* ♦ N. m. *Il veut garder l'incognito. Des incognitos.*
incohérence n. f.
incohérent, e adj.
incollable adj. et n.
incolore adj.
incomber v. t. ind.
incombustibilité n. f.
incombustible adj.
****income parity** = parité des revenus.
incomestible adj.
****income-tax** = impôt sur le revenu.
incommensurabilité n. f.
incommensurable adj.
incommensurablement adv.
incommodant, e adj.
incommode adj.
incommoder v. t.
incommodité n. f.
incommunicabilité n. f.
incommunicable adj.
incommutabilité n. f.
incommutable adj.
incomparable adj.
incomparablement adv.
incompatibilité n. f. *Une incompatibilité d'humeur, de fonctions, de groupes sanguins.*
incompatible adj.
incompétemment [-taman] adv.
incompétence n. f.
incompétent, e adj.
incompl*et, ète* adj.
incomplètement adv.
incomplétude n. f.
incompréhensibilité n. f.
incompréhensible adj.
incompréhens*if, ive* adj.
incompréhension n. f.
incompressibilité n. f.
incompressible adj.
incompris, e adj. et n.
inconcevable adj.
inconcevablement adv.
inconciliable adj.
****in concreto** (ital.) = dans la réalité.
incondensable adj.
inconditionnalité n. f.
inconditionnel, elle adj. et n. m.
inconditionnel, elle adj. et n. m.
inconditionnellement adv.

inconduite n. f.
Inconel n. m. déposé inv.
inconfort n. m.
inconfortable adj.
inconfortablement adv.
incongelable adj.
incongru, e adj.
incongruité n. f.
incongrûment adv.
inconnaissable adj. et n.
inconnu, e adj. et n.
inconsciemment [-syaman] adv.
inconscience n. f.
inconscient, e adj. et n.
inconséquemment [-kaman] adv.
inconséquence n. f.
inconséquent, e adj.
inconsidéré, e adj.
inconsidérément adv.
inconsistance n. f.
inconsistant, e adj.
inconsolable adj.
inconsolé, e adj.
inconsommable adj.
inconstance n. f.
inconstant, e adj. et n.
inconstatable adj.
inconstitutionnalité n. f.
inconstitutionnel, elle adj.
inconstitutionnellement adv.
inconstructible adj.
incontestabilité n. f.
incontestable adj.
incontestablement adv.
incontesté, e adj.
incontinence n. f.
incontinent, e adj. *Une conduite incontinente; un enfant incontinent.* ♦ Adv. *Il le fit incontinent* (aussitôt).
incontournable adj.
incontrôlable adj.
incontrôlé, e adj.
inconvenance n. f.
inconvenant, e adj.
inconvénient n. m.
inconvertibilité n. f.
inconvertible adj.
incoordination n. f.
incorporable adj.
incorporation n. f.
incorporéité n. f.
incorporel, elle adj.
incorporer v. t.

incorrect, e adj.
incorrectement adv.
incorrection n. f.
incorrigibilité n. f.
incorrigible adj.
incorrigiblement adv.
incorruptibilité n. f.
incorruptible adj. et n.
incorruptiblement adv.
***incoterm** (international commercial term) = C.I.V. (condition internationale de vente).
incrédibilité n. f.
incrédule adj. et n.
incrédulité n. f.
incréé, e adj.
incrément n. m.
***increment** = incrément, pas (n. m.) de progression (inf.).
***increment (to)** = incrémenter (inf.).
***incremental** = incrémentiel (inf.).
incrémenter v. t.
incrémentiel, elle adj.
increvable adj.
incriminable adj.
incrimination n. f.
incriminer v. t.
incristallisable adj.
incrochetable adj.
incroyable adj. et n. m.
incroyablement adv.
incroyance n. f.
incroyant, e adj. et n.
incrustant, e adj.
incrustation n. f.
incruster v. t.
incubateur, trice adj. et n. m.
incubation n. f.
incube n. m. et adj. m.
incuber v. t.
incuit n. m.
inculcation n. f.
inculpable adj.
inculpation n. f.
inculpé, e n. et adj.
inculper v. t. (estimer coupable). ♦ Ne pas confondre avec *inculquer* (imprimer dans l'esprit).
inculquer v. t. → inculper.
inculte adj.
incultivable adj.
incultivé, e adj.
inculture n. f.

incunable adj. et n. m.
incurabilité n. f.
incurable adj. et n.
incurablement adv.
incurie n. f.
incuri*eux, euse* adj.
incuriosité n. f.
incursion n. f.
incurvation n. f.
incurver v. t.
incus, *e* adj. *Des monnaies incuses.*
indaguer v. int. *Il indaguait.* Conjug. 4.
indatable adj.
inde n. m. (couleur). ♦ Adj. inv. ♦ HOM. *Inde* (État).
indéboulonnable adj.
indébrouillable adj.
indécachetable adj.
indécemment [-saman] adv.
indécence n. f.
indécent, *e* adj.
indéchiffrable adj.
indéchirable adj.
indécidable adj.
indécis, *e* [-si, -siz] adj. et n.
indécision n. f.
indéclinable adj.
indécodable adj.
indécollable adj.
indécomposable adj.
indécrottable adj.
indéfectibilité n. f.
indéfectible adj.
indéfectiblement adv.
indéfendable adj.
indéfini, *e* adj. → tableau ADJECTIFS II, D, p. 869.
indéfiniment adv.
indéfinissable adj.
indéformabilité n. f.
indéformable adj.
indéfrichable adj.
indéfrisable n. f.
indéhiscence n. f.
indéhiscent, *e* adj.
indélébile adj.
indélébilité n. f.
indélibéré, *e* adj.
indélicat, *e* adj.
indélicatement adv.
indélicatesse n. f.
indémaillable adj.
indemne [indèm'n] adj.

indemnisable adj.
indemnisation n. f.
indemniser v. t.
indemnitaire n.
indemnité n. f. *Des indemnités de guerre, de résidence, de risque.*
indémodable adj.
indémontable adj.
indémontrable adj.
indène n. m.
indéniable adj.
indéniablement adv.
indénombrable adj.
indénouable adj.
indentation n. f.
indépassable adj.
indépendamment adv. Surtout employé sous la forme de la loc. prép. *indépendamment de.*
indépendance n. f. *Vous déciderez en toute indépendance. La guerre d'Indépendance américaine.* Le 4 juillet est pour les Américains des États-Unis l'« Independence Day ».
indépendant, *e* adj.
indépendantisme [-is-] n. m.
indépendantiste adj. et n.
indéracinable adj.
indéréglable adj.
indescriptible adj.
in deserto (lat.) = dans le désert.
indésirable adj. et n.
indestructibilité n. f.
indestructible adj.
indestructiblement adv.
indétectable adj.
indéterminable adj.
indétermination n. f.
indéterminé, *e* adj.
indéterminisme [-is-] n. m.
index [-èks] n. m. *Ils sont mis à l'index* (allusion à l'*Index* du Saint-Office, supprimé en 1966).
index = indice (spat.).
indexage n. m.
indexation n. f.
indexer v. t.
index*eur, euse* n.
indexiste n.
indianisme [-is-] n. m.
indianiste n.
indianologie n. f.
indic n. m.
indican n. m.

indicateur, trice adj. et n. m. *Un indicateur de chemins de fer, de direction, de fusion, de niveau, de pente, de police, de pression, de vitesse.*

indicatif, ive adj. et n. m. *Des indicatifs d'appel.*

indication n. f.

indice n. m. *L'indice d'octane.* ♦ *Principaux indices boursiers :* ANT, GBS (d'Amsterdam); BCI (de Milan); CAC 40 (de Paris); Commerzbank (de Düsseldorf); DAX (de Francfort); Dow Jones (de New York); Footsie (de Londres); FT (de Londres); Indice combiné (de Toronto); Indice global (de Sydney); Matif (de Paris); Nikkei (de Tokyo); OMF 50 (de Paris); SBS, SPI (de Zurich); Standard and Poors (de New York); Topix (de Tokyo).

indiciaire adj.

indicible adj.

indiciblement adv.

indiciel, elle adj.

indiction n. f.

indien, enne adj. *Le gouvernement indien.* ♦ N. *Une Indienne.* Autrefois, pour désigner les habitants de l'Inde, on écrivait : *les Hindous* (majuscule), pour les distinguer des *Indiens* d'Amérique (mal nommés par Christophe Colomb et les conquistadores). C'était une erreur : les *hindous* (minuscule) sont les adeptes de l'hindouisme ou brahmanisme. Les habitants de l'Inde sont les *Indiens.* Les indigènes d'Amérique sont les *Amérindiens* (pour eux, le mot *Indiens* continue cependant à être employé lorsqu'il n'y a pas de risque de confusion).

indiennage n. m.

indienne n. f. (toile de coton).

indifféremment [-raman] adv.

indifférence n. f.

indifférencié, e adj.

indifférent, e adj. L'homographe qu'on trouve dans « ils m'*indiffèrent* » n'a pas le même accent.

indifférentisme [-is-] n. m.

indifférer v. t. *Cela m'indiffère, m'indiffèrerait, m'indifférera(it).* Conjug. 10. (*être indifférent* est préférable).

indigénat [-na] n. m.

indigence n. f.

indigène adj. et n. → outre-mer.

indigénisme [-is-] n. m.

indigéniste n.

indigent, e adj. et n.

indigeste adj.

indigestible adj.

indigestion [-jèstyon] n. f.

indigète adj.

indignation n. f.

indigne adj.

indignement adv.

indigner v. t.

indignité n. f.

indigo n. m. et adj. inv.

indigotier n. m.

indigotine n. f.

indiqué, e adj.

indiquer v. t.

indirect, e adj.

indirectement adv.

indiscernable adj.

indisciplinable adj.

indiscipline n. f.

indiscipliné, e adj.

indiscret, ète adj. et n.

indiscrètement adv.

indiscrétion n. f.

indiscutable adj.

indiscutablement adv.

indiscuté, e adj.

indispensable adj.

indispensablement adv.

indisponibilité n. f.

indisponible adj.

indisposé, e adj.

indisposer v. t.

indisposition n. f.

indissociable adj.

indissolubilité n. f.

indissoluble adj.

indissolublement adv.

indistinct, e adj.

indistinctement adv.

indium [-dyom'] n. m. *Des indiums.*

individu n. m.

individualisation n. f.

individualisé, e adj.

individualiser v. t.

individualisme [-is-] n. m.

individualiste adj. et n.

individualité n. f.

individuation n. f.

individuel, elle adj. et n.

individuellement adv.

indivis, e [-vi, -viz] adj.

indivisaire n.

indivisément adv.

indivisibilité n. f.
indivisible adj.
indivision n. f.
in-dix-huit [in'-] adj. inv. *Des livres in-dix-huit.* ♦ N. m. inv. *Des in-dix-huit.* ♦ On écrit aussi *in-18*.
indo-aryen, enne adj.
indochinois, e adj. *Une rizière indochinoise.* ♦ N. *Les Indochinois.*
indocile adj. et n.
indocilité n. f.
indo-européen, enne adj. et n. m. (langue).
indole n. m.
indole-acétique adj. *Des acides indole-acétiques.*
indolemment [-laman] adv.
indolence n. f.
indolent, e adj.
indolore adj.
indométacine n. f.
indomptable adj.
indompté, e adj.
indonésien, enne adj. *Un temple indonésien.* ♦ N. *Une Indonésienne; l'indonésien* (langue).
*****indoor** adj. inv. = en salle.
indophénol n. m.
in-douze [in- ou in'-] adj. inv. *Des éditions in-douze.* ♦ N. m. inv. *Des in-douze.* ♦ On écrit aussi *in-12*.
indri n. m.
indu, e adj. *Des heures indues.* ♦ N. m. *Il faut rembourser l'indu.*
indubitable adj.
indubitablement adv.
inductance n. f.
inducteur, trice adj. et n. m.
inductible adj.
inductif, ive adj.
induction n. f. *Un moteur à induction.*
induire v. t. Conjug. 37. → enduire.
induit n. et adj. m.
indulgemment [-jaman] adv.
indulgence n. f.
indulgencier v. t. Conjug. 17.
indulgent, e adj.
induline n. f.
indult n. m.
indûment adv.
induration n. f.
induré, e adj.
indurer v. t.
indusie n. f.

*****industrial architecture** = architecture industrielle (urb.).
*****industrial building** = construction industrielle (urb.).
*****industrial carrier** = transporteur pour compte propre (mer).
*****industrial fishery** = pêche minotière (mer).
industrialisation n. f.
industrialiser v. t.
industrialisme [-is-] n. m.
industrie n. f.
industriel, elle adj. et n.
industriellement adv.
industrieux, euse adj.
induvie n. f.
-ine Les mots terminés par *-ine* n'ont qu'un *n*. *Il dessine la bobine.*
inébranlable adj.
inébranlablement adv.
inéchangeable adj.
inécouté, e adj.
inédit, e adj. et n. m.
inéducable adj.
ineffable adj.
ineffablement adv.
ineffaçable adj.
ineffaçablement adv.
inefficace adj.
inefficacement adv.
inefficacité n. f.
inégal, ale, aux adj.
inégalable adj.
inégalé, e adj.
inégalement adv.
inégalitaire adj.
inégalité n. f.
inélastique adj.
inélégamment adv.
inélégance n. f.
inélégant, e adj.
inéligibilité n. f.
inéligible adj.
inéluctabilité n. f.
inéluctable adj.
inéluctablement adv.
inémotivité n. f.
inemployable adj.
inemployé, e adj.
inénarrable adj.
inentamé, e adj.
inenvisageable adj.
inéprouvé, e adj.

INEPTE

inepte adj. (absurde).
ineptie [-psi] n. f.
inépuisable adj.
inépuisablement adv.
inépuisé, e adj.
inéquation [-kwa-syon] n. f.
inéquitable adj.
inerme adj.
inerte adj.
***inertial unit** (lat.) = centrale inertielle (spat.).
inertie [i-nèrsi] n. f.
inertiel, elle adj.
inescomptable adj.
inespéré, e adj.
inesthétique adj.
inestimable adj.
inétendu, e adj.
inévitable adj.
inévitablement adv.
inexact, e adj.
inexactement adv.
inexactitude n. f.
inexaucé, e adj.
inexcitabilité n. f.
inexcitable adj.
inexcusable adj.
inexécutable adj.
inexécuté, e adj.
inexécution n. f.
inexercé, e adj.
inexigibilité n. f.
inexigible adj.
inexistant, e adj.
inexistence n. f.
inexorabilité n. f.
inexorable adj.
inexorablement adv.
inexpérience n. f.
inexpérimenté, e adj.
inexpert, e adj.
inexpiable adj.
inexpié, e adj.
inexplicable adj.
inexplicablement adv.
inexpliqué, e adj.
inexploitable adj.
inexploité, e adj.
inexplorable adj.
inexploré, e adj.
inexplosible adj.
inexpressif, ive adj.
inexprimable adj.
inexprimé, e adj.

inexpugnable [-pug'nabl] adj.
inextensibilité n. f.
inextensible adj.
***in extenso** (lat.) loc. adv. = en entier, tout au long.
inextinguible [-ghibl'] adj.
inextirpable adj.
***in extremis** (lat.) loc. adv. = à la dernière limite.
inextricable adj.
inextricablement adv.
infaillibiliste n. et adj.
infaillibilité n. f.
infaillible adj.
infailliblement adv.
infaisabilité [-fe-] n. f.
infaisable [-fe-] adj.
infalsifiable adj.
infamant, e adj.
infâme adj.
infamie n. f.
infant, e n.
infanterie n. f.
infanticide n. m. (acte). ♦ N. (personne coupable).
infantile adj.
infantilisant, e adj.
infantilisation n. f.
infantiliser v. t.
infantilisme [-is-] n. m.
infarci, e adj.
infarctus [-tus'] n. m. Appellation due au fait que les artères sont *farcies* de graisses insolubles; cela n'a rien à voir avec une *fracture*.
infatigable adj.
infatigablement adv.
infatuation n. f.
infatué, e adj.
infatuer (s') v. pr. Conjug. 18.
infécond, e adj.
infécondité n. f.
infect, e adj.
infectant, e adj.
infecter v. t. → infester.
infectieux, euse [-syeû, -syeûz] adj.
infectiologie n. f.
infection n. f. ♦ Homographes hétérophones : des *infections* [-syon]; nous *infections* [-tyon] (v. infecter).
inféodation n. f.
inféodé, e adj.
inféoder v. t.
infère adj.

inférence n. f.
*****inference engine** = moteur d'inférence (inf.).
inférer v. t. *J'infère, nous inférons, j'inférerai(s).* Conjug. 10.
inférieur, e adj. et n.
inférieurement adv.
infériorisation n. f.
inférioriser v. t.
infériorité n. f.
infermentescible adj.
infernal**, ale, aux** adj.
inférovarié, e adj.
infertile adj.
infertilité n. f.
infestation n. f.
infester v. t. (ravager, envahir). *Les sauterelles infestent les champs. Les bandits infestaient cette région.* ♦ Ne pas confondre avec *infecter* (contaminer par des germes infectieux). *Cette plaie est infectée.*
infeutrable adj.
infibulation n. f.
infichu, e adj.
infidèle adj. et n.
infidèlement adv.
infidélité n. f.
infiltrat [-tra] n. m.
infiltration n. f.
*****infiltration rate** = vitesse d'infiltration (agr.).
infiltrer (s') v. pr. *Ils se sont infiltrés.*
infime adj.
*****in fine** (lat.) = à la fin.
infini, e adj. et n. m. → mathématique.
infiniment adv.
infinité n. f.
infinitésimal**, ale, aux** adj.
infinitif**, ive** adj. et n. m.
infinitude n. f.
*****in fiocchi** (ital.) = en tenue de cérémonie.
infirmatif**, ive** adj.
information n. f.
infirme adj. et n.
infirmer v. t. (démentir, déclarer nul).
infirmerie n. f.
infirmier**, ère** n. et adj.
infirmité n. f.
infixe n. m.
inflammabilité n. f.
inflammable adj.

inflammation n. f.
inflammatoire adj.
*****inflated structure** = structure gonflable (urb.).
inflation [-syon] n. f.
inflationniste [-syo-] adj.
infléchi, e adj.
infléchir v. t. du 2ᵉ gr. Conjug. 24.
infléchissement n. m.
inflexibilité n. f.
inflexible adj.
inflexiblement adv.
inflexion n. f.
infliger v. t. *Nous infligeons.* Conjug. 3.
inflorescence n. f.
influençable adj.
influence n. f.
influencer v. t. *Il influençait.* Conjug. 2.
influent, e [-fluan, -fluant'] adj. *Un personnage influent.* ♦ HOM. *influant* (partic. prés. du v. influer). ♦ Homographe hétérophone : ils *influent* [-flu] (v. influer).
influenza [-anza ou -inza] n. f. *Une forte influenza.*
influer v. int. Conjug. 18.
influx [-flu] n. m.
info n. m. *Il écoute les infos à la radio.*
infographie n. f.
infographique adj.
infographiste n.
in-folio [in'-] adj. inv. et n. inv.
infométrie n. f.
infondé, e adj.
*****in forma pauperum** (lat.) = pour les pauvres.
*****informal** = officieux, privé, sans cérémonie, amical.
informateur**, trice** n.
informaticien**, enne** n.
informatif**, ive** adj.
information n. f.
informationnel**, elle** adj.
informatique n. f. et adj. → langage.
informatiquement adv.
informatisable adj.
informatisation n. f.
informatiser v. t.
informe adj.
informé n. m. *Jusqu'à plus ample informé.*
informel**, elle** adj. et n.
informer v. t. et int.
informulé, e adj.
infortune n. f.
infortuné, e adj. et n.

infoutu, e adj.
***infra** (lat.) adv. = plus bas, ci-dessous.
infraction n. f. → effraction.
infradien, enne adj.
infraliminaire adj.
infranchissable adj.
infrarouge adj.
infrason [-son] n. m.
infrasonore [-so-] adj.
infrastructure n. f.
infravirus [-us'] n. m.
infréquentable adj.
infroissabilité n. f.
infroissable adj.
infructueusement adv.
infructueux, euse adj.
infule n. f.
infumable adj.
infundibuliforme [infon-] adj.
infundibulum [infondibulom'] n. m. *Des infundibulums.*
infus, e [-fu, -fuz] adj.
infuser v. t. et int.
Infusette n. f. déposé inv.
infusibilité n. f.
infusible adj.
infusion n. f.
infusoire n. m.
ingagnable adj.
ingambe [in-ganb] adj.
ingénier (s') v. pr. Conjug. 17. *Elle s'est ingéniée à les mettre d'accord.*
ingénierie n. f.
ingénieriste n.
ingénieur n. m. *Ingénieur en chef; ingénieur électricien; ingénieur hydrographe.* Seuls les trois composés qui suivent ont le trait d'union.
ingénieur-conseil n. m. *Des ingénieurs-conseils.*
ingénieur-docteur n. m. *Des ingénieurs-docteurs.*
ingénieur-maître n. m. *Des ingénieurs-maîtres.*
ingénieusement adv.
ingénieux, euse adj.
ingéniorat [-ra] n. m.
ingéniosité n. f.
ingénu, e adj. et n.
ingénuité n. f.
ingénument adv.
ingérable adj.
ingérence n. f.
ingérer v. t. *Il ingère, il ingérait, il ingérera (it).* Conjug. 10. *Ils se sont ingérés dans nos affaires.*

ingestion [-jèstyon] n. f.
***in globo** (lat.) = en masse, ensemble.
ingouvernable adj.
ingrat, e [-gra, -grat'] adj. et n.
ingratitude n. f.
ingrédient n. m.
ingresque adj.
ingrisme [-is-] n. m.
inguérissable adj.
inguinal, ale, aux [inghui-] adj.
ingurgitation n. f.
ingurgiter v. t.
inhabile adj.
inhabilement adv.
inhabileté n. f. → habileté.
inhabilité n. f.
inhabitable adj.
inhabité, e adj.
inhabituel, elle adj.
inhalateur, trice adj. et n. m.
inhalation n. f.
inhaler v. t.
inharmonie n. f.
inharmonieux, euse adj.
inharmonique adj.
inhérence n. f.
inhérent, e adj.
inhiber v. t.
inhibiteur, trice adj. et n. m.
inhibitif, ive adj.
inhibition n. f.
inhomogène adj.
inhospitalier, ère adj.
inhospitalièrement adv.
inhumain, e adj.
inhumainement adv.
inhumanité n. f.
inhumation n. f.
inhumer v. t.
inimaginable adj.
inimitable adj.
inimité, e adj.
inimitié [-tyé] n. f.
ininflammable adj.
inintelligemment [-jaman] adv.
inintelligence n. f.
inintelligent, e adj.
inintelligibilité n. f.
inintelligible adj.
inintelligiblement adv.
inintéressant, e adj.
inintérêt n. m.
ininterprétable adj.

ininterrompu, e adj.
inique adj.
iniquement adv.
iniquité [-ki-] n. f.
initial, ale, aux [-syal'] adj. et n. f.
*****initial dosage** = dose d'attaque (méd.).
initialement adv.
initialisation n. f.
initialiser v. t.
*****initiate (to)** = commencer, entreprendre, amorcer, prendre l'initiative, lancer.
initiateur, trice [-sya-] adj. et n.
initiation [-sya-syon] n. f.
*****initiation code** = code d'initiation (génét.).
initiatique [-sya-] adj.
initiative [-sya-] n. f.
initié, e [-syé] adj. et n. *Le délit d'initié.*
initier [-syé] v. t. Conjug. 17.
injectable adj.
injecté, e adj.
injecter v. t.
injecteur, trice adj. et n. m.
injectif, ive adj.
injection n. f. *Des moteurs à injection.*
♦ Homographes hétérophones : des *injections* [-syon] ; nous *injections* [-tyon] (v. injecter).
*****injector** = injecteur (spat.).
injoignable adj.
injonctif, ive adj.
injonction n. f. → adjonction.
injouable adj.
injure n. f.
injurier v. t. Conjug. 17.
injurieusement adv.
injurieux, euse adj.
injuste adj. et n. m. *Le juste et l'injuste.*
injustement adv.
injustice n. f.
injustifiable adj.
injustifié, e adj.
*****inland haulage** = acheminement intérieur (mer).
inlandsis [in'landsis'] n. m.
inlassable adj.
inlassablement adv.
*****inlay** = greffe encastrée (méd.).
*****in limine litis** (lat.) = dès le début de la procédure.
*****in loco** (lat.) = sur place, sur le lieu.
*****in manus** (lat.) = en mourant.
*****in memoriam** (lat.) = à la mémoire de.
*****in naturalibus** (lat.) = nu.

innavigable adj.
inné, e [in'né] adj.
innéisme [-is-] n. m.
innéiste n. et adj.
innéité n. f.
innervation n. f.
innerver v. t.
innocemment [-saman] adv.
innocence n. f.
innocent, e adj. et n. *La fête des Saints Innocents* (28 décembre).
innocenter v. t.
innocuité [i-nokuité] n. f.
innombrable adj.
innomé, e ou **innommé, e** adj.
innominé, e adj.
innommable adj.
innommé → innomé.
innovant, e adj.
innovateur, trice n. et adj.
innovation n. f.
innover v. int. et t.
inobservable adj.
inobservance n. f.
inobservation n. f.
inobservé, e adj.
inoccupation n. f.
inoccupé, e adj.
in-octavo [i-noktavo] adj. inv. *Des livres in--octavo.* ♦ N. m. inv. *Des in-octavo.* ♦ On écrit aussi *in-8°*.
inoculabilité n. f.
inoculable adj.
inoculation n. f.
inoculer v. t.
inoculum [-lom'] n. m. *Des inoculums.*
inocybe n. m.
inodore adj.
inoffensif, ive adj.
inondable adj.
inondation n. f.
inondé, e adj.
inonder v. t.
inopérable adj.
inopérant, e adj.
inopiné, e adj.
inopinément adv.
inopportun, e adj.
inopportunément adv.
inopportunité n. f.
inopposabilité n. f.
inopposable adj.
inorganicien, enne n.

inorganique adj.
inorganisable adj.
inorganisation n. f.
inorganisé, e adj. et n.
inoubliable adj.
inouï, e adj. *Des aventures inouïes.*
Inox n. m. déposé.
inoxydable adj.
in pace n. m. *Un « in pace »* (prière; inscription sur une tombe). ♦ *Un in-pace* (prison, cachot). Les deux sont invariables.
*****in partibus** (lat.) loc. adj. = nommé en pays lointain sans y résider; sans fonctions réelles.
*****in perpetuum** (lat.) = à perpétuité.
*****in petto** (ital.) loc. adv. = à part soi, intérieurement.
*****in-pile loop** = boucle en pile (nucl.).
*****inplacement** = replacement interne (écon.).
in-plano [in'-] adj. inv. *Des ouvrages in-plano.* ♦ N. m. inv. *Des in-plano.*
*****in poculis** → inter pocula.
*****input** n. m. = intrant (écon.).
inqualifiable adj.
inquart n. m. On dit aussi INQUARTATION ou QUARTATION (n. f.).
in-quarto [in'kwarto] adj. inv. *Des livres in-quarto.* ♦ N. m. inv. *Des in-quarto.* ♦ On écrit aussi *in-4°*.
inquiet, ète adj.
inquiétant, e adj.
inquiéter v. t. *Il s'inquiète, il s'inquiétait, il s'inquiétera(it).* Conjug. 10.
inquiétude n. f.
inquilin, e adj. et n. m.
inquilinisme [-is-] n. m.
inquisiteur, trice adj. et n. m. *Un inquisiteur.* Spécialt : *le Grand Inquisiteur* (chef de l'Inquisition).
inquisition n. f. *Cette inquisition est odieuse; l'inquisition fiscale.* Spécialt : *l'Inquisition* (tribunal de la papauté pour lutter contre l'hérésie). *L'Inquisition comprenait* : le tribunal du Saint-Office et la Sacrée Congrégation du Saint-Office.
inquisitoire adj.
inquisitorial, ale, aux adj.
I.N.R.A. sigle m. Institut national de la recherche agronomique.
inracontable adj.
inratable adj.
*****in re** (lat.) = réellement.

I.N.R.I. Sigle inscrit sur la Croix du Christ : *Iesus Nazarenus Rex Iudæorum* (Jésus Nazaréen roi des Juifs). Autrefois, I et J n'étaient pas distingués.
*****in sacris** (lat.) = dans l'état religieux.
*****in sæcula sæculorum** (lat.) = dans les siècles des siècles.
insaisissabilité n. f.
insaisissable adj.
insalifiable adj.
insalissable adj.
insalivation n. f.
insalubre adj.
insalubrité n. f.
insane adj.
insanité n. f.
insaponifiable adj.
insatiabilité [in-sa-sya-] n. f.
insatiable [in-sa-sya-] adj.
insatiablement [in-sa-sya-] adv.
insatisfaction n. f.
insatisfaisant, e adj.
insatisfait, e adj. et n.
insaturé, e adj.
inscriptible adj.
INSCRIPTION n. f. → raison sociale et tableau TEXTES (au 22 novembre 1799), p. 948.
inscrire v. t. Conjug. 49. *Elle s'est inscrite en faux.*
inscrit, e adj. et n.
inscrivant, e n.
insculper v. t.
insécabilité n. f.
insécable adj.
insectarium [-ryom'] n. m. *Des insectariums.*
insecte n. m.
insecticide adj. et n. m.
insectivore adj. et n. m.
insécurité n. f.
I.N.S.E.E. sigle m. Institut national de la statistique et des études économiques.
in-seize [in'- ou in-] adj. inv. *Des livres in-seize.* ♦ N. m. inv. *Des in-seize.* ♦ On écrit aussi *in-16.*
*****inselberg** (all.) n. m. = butte isolée. Pl. all. : *Inselberge;* pl. fr. : *inselbergs.*
inséminateur, trice adj. et n.
insémination n. f.
inséminer v. t.
insensé, e adj. et n.
insensibilisation n. f.

insensibiliser v. t.
insensibilité n. f.
insensible adj. et n.
insensiblement adv.
inséparable adj. et n.
inséparablement adv.
insérable adj.
insérat n. m. (synonyme de *insert* en génét.).
insérer v. t. *J'insère, nous insérons, j'insérerai(s)*. Conjug. 10.
I.N.S.E.R.M. sigle m. Institut national de la santé et de la recherche médicale.
insermenté adj. et n. m.
insert n. m. (aud., cin.).
*****insert** = insertion, insert, insérat (génét.).
insertion [-syon] n. f.
*****insertion mutagenesis** = mutagenèse par insertion (génét.).
*****insertion sequence** = séquence d'insertion (génét.).
*****insider** = travailleur en place, installé (écon.).
*****insider trading** = délit d'initié (écon.).
insidieusement adv.
insidieux, euse adj.
*****insight** = intuition, acquisition, progrès d'apprentissage.
insigne adj. *Une faveur insigne* ♦ N. m. *Les insignes de grade. Un bel insigne.*
insignifiance n. f.
insignifiant, e adj.
insincère adj.
insincérité n. f.
insinuant, e adj.
insinuation n. f.
insinuer v. t. Conjug. 18.
insipide adj.
insipidité n. f.
insistance n. f.
insistant, e adj.
insister v. int.
*****in situ** (lat.) loc. adv. = dans l'endroit même, en place.
*****in situ hybridization** = hybridation *in situ* (génét.).
insociabilité n. f.
insociable adj.
insoignable adj.
insolation n. f.
insolemment [-laman] adv.
insolence n. f.
insolent, e adj. et n.
insoler v. t.
insolite adj.
insolubiliser v. t.
insolubilité n. f.
insoluble adj.
insolvabilité n. f.
insolvable adj. et n.
insomniaque adj. et n.
insomnie n. f.
insomnieux, euse adj. et n.
insondable adj.
insonore adj.
insonorisation n. f.
insonoriser v. t.
insonorité n. f.
insortable adj.
insouciance n. f.
insouciant, e adj. et n.
insoucieusement adv.
insoucieux, euse adj.
insoumis, e adj. et n.
insoumission n. f.
insoupçonnable adj.
insoupçonné, e adj.
insoutenable adj.
inspecter v. t.
inspecteur, trice n. *L'inspecteur (inspectrice) d'académie, d'arme ou de service, d'armée, général(e) de l'armée, des Contributions directes, principal(e) des Douanes, de l'Enregistrement, départemental(e) de l'Éducation nationale, de l'enseignement primaire, général(e) de l'Éducation nationale, des écoles maternelles et classes enfantines, des Finances, de la garantie, des impôts, de l'infanterie, des lois sociales, de la navigation et du travail maritime, de police, des postes, aux revues, des Tabacs, du travail.*
inspection n. f. *L'inspection du travail; l'inspection générale des Finances.* ♦ Homographes hétérophones : des *inspections* [-syon]; nous *inspections* [-tyon] (v. inspecter).
inspectorat [-ra] n. m.
inspirant, e adj.
inspirateur, trice adj. et n.
inspiration n. f.
inspiratoire adj.
inspiré, e adj. et n.
inspirer v. t.
instabilité n. f.
instable adj.
installateur, trice n.
installation n. f.

installer v. t.
instamment adv.
instance n. f. *Céder aux instances de quelqu'un. Des tribunaux d'instance; le tribunal de grande instance.*
instant, e adj. *Une prière instante.* ♦ N. m. *Attendez quelques instants.* ♦ *Dans un instant; à chaque instant; à l'instant, dans l'instant; dès l'instant.*
instantané, e adj. et n. m.
instantanéité n. f.
instantanément adv.
instar de (à l') loc. prép.
*****instar omnium** (lat.). = comme tout le monde.
instaurateur, trice n.
instauration n. f.
instaurer v. t.
instigateur, trice n.
instigation n. f.
instiguer v. t. Conjug. 4.
instillation n. f.
instiller v. t.
instinct [-tin] n. m. *D'instinct; par instinct.*
instinctif, ive adj.
instinctivement adv.
instinctuel, elle adj.
instituer v. t. Conjug. 18.
institut [-tu] n. m. *L'Institut de France* (ensemble des Académies), abs. : *l'Institut; l'Institut Pasteur de Paris, de Lille, de Dakar; un institut de beauté; l'Institut catholique de Paris; un institut d'études politiques; l'Institut pédagogique national; l'Institut de développement industriel (I.D.I.); l'Institut national de la statistique et des études économiques (I.N.S.E.E.); l'Institut national de la santé et de la recherche médicale (I.N.S.E.R.M.).*
instituteur, trice n.
institution n. f.
institutionnalisation n. f.
institutionnaliser v. t.
institutionnalisme [-is-] n. m.
institutionnel, elle adj.
instructeur, trice n. et adj. *Un juge instructeur.*
instructif, ive adj.
instruction n. f. *Agir sur instructions; juge d'instruction; officier de l'Instruction publique; un recueil d'instructions; des centres d'instruction.*
instruire v. t. Conjug. 37.
instruit, e adj.

instrument n. m. *Un instrument à anche, à cordes, à embouchure, à membranes, à percussion, à pistons, à vent. Instruments de bord, de mort, de musique, de pêche, de ratification.*
instrumentaire adj.
instrumental, ale, aux adj. et n. m.
instrumentalisation n. f.
instrumentaliser v. t.
instrumentalisme [-is-] n. m.
instrumentation n. f.
instrumenter v. int.
instrumentiste n.
insu n. m. Employé dans la loc. prép. *à l'insu de.*
insubmersibilité n. f.
insubmersible adj.
insubordination n. f.
insubordonné, e adj.
*****in substance defeasance** = désendettement de fait (écon.).
insuccès n. m.
insuffisamment adv.
insuffisance n. f.
insuffisant, e adj.
insufflateur n. m.
insufflation n. f.
insuffler v. t.
insula n. f.
insulaire adj. et n.
insularité n. f.
*****insulating material** = isolant thermique (urb.).
*****insulating wall panel** = vêture isolante (urb.).
insulinase n. f.
insuline n. f.
insulinémie n. f.
insulinodépendance n. f.
insulinothérapie n. f.
insultant, e adj.
insulte n. f.
insulté, e adj. et n.
insulter v. t.
insulteur n. m.
insupportable adj.
insupportablement adv.
insupporter v. t. (*agacer, irriter* sont préférables).
insurgé, e adj. et n.
insurgent [-surjan] n. m. (soldat de la guerre d'Indépendance américaine). ♦ Homographe hétérophone : ils s'*insurgent* [-surj] (v. s'insurger).

insurger (s') v. pr. *Elle s'était insurgée.* Conjug. 3.
insurmontable adj.
insurpassable adj.
insurrection n. f.
insurrectionnel, elle adj.
intact, e adj.
intactile adj.
intaille n. f.
intailler v. t.
intangibilité n. f.
intangible adj.
intarissable adj.
intarissablement adv.
intégrable adj.
intégral, ale, aux adj. et n. f.
intégralement adv.
intégralité n. f. → intégrité.
intégrant, e adj.
*__integrated services__ = équipements intégrés (urb.).
*__integrated systems__ = équipements intégrés (urb.).
intégrateur adj. et n. m.
intégratif, ive adj.
intégration n. f.
*__Integrator__ = intégrateur (transp.).
intègre adj.
intégré, e adj.
intègrement adv.
intégrer v. t. Conjug. 10.
intégrisme [-is-] n. m.
intégriste adj. et n.
intégrité n. f. L'*intégralité* ne désigne que la totalité, la plénitude ; alors que l'*intégrité*, qui peut avoir le même sens, désigne aussi la probité absolue. *L'intégrité d'un fonctionnaire. L'intégrité (ou l'intégralité) de ses revenus.*
intégron n. m.
intellect [-télèkt'] n. m.
intellection n. f.
intellectualisation n. f.
intellectualiser v. t.
intellectualisme [-is-] n. m.
intellectualiste adj. et n.
intellectualité n. f.
intellectuel, elle adj. et n.
intellectuellement adv.
intelligemment [-jaman] adv.
intelligence n. f. *Vivre en bonne intelligence ; des signes d'intelligence ; condamné pour intelligences avec l'ennemi ; ils sont d'intelligence dans cette affaire. L'Intelligence Service.*

intelligent, e adj.
*__intelligentsia__ ou **Intelligentzia** (russe) n. f. = classe des intellectuels.
intelligibilité n. f.
intelligible adj.
intelligiblement adv.
Intelsat loc. f. (organisation internationale de télécommunications par satellites).
intempérance n. f.
intempérant, e adj.
intempérie n. f.
intempestif, ive adj.
intempestivement adv.
intemporalité n. f.
intemporel, elle adj.
intenable adj.
intendance n. f. *Les services de l'intendance.*
intendant, e n.
intense adj.
intensément adv.
intensif, ive adj.
intensification n. f.
intensifier v. t. Conjug. 17.
intensionnel, elle adj. ♦ HOM. → intentionnel.
intensité n. f.
*__intensive agriculture__ = agriculture intensive.
intensivement adv.
intenter v. t.
intention n. f. *Dans l'intention de ; à l'intention de.* ♦ Homographes hétérophones : *des intentions* [-syon] ; *nous intentions* [-tyon] (v. intenter).
intentionnalité n. f.
intentionné, e adj. *Malintentionné* s'écrit en un mot.
intentionnel, elle adj. (fait avec intention, délibérément). ♦ HOM. *intensionnel* (en logique, contraire de *extensionnel*).
intentionnellement adv.
inter- [-tèr'] n. m. (abrév. de *interurbain*). *Téléphoner par l'inter.* ♦ N. (abrév. de *intérieur* en sports d'équipe). *Un inter, des inters ; l'inter droit, l'inter gauche ; des inters gauche.*
inter- Ce préfixe se soude au mot qui suit (*interconfessionnel, interradius*). Se prononce toujours [intèr] même devant une voyelle (*l'espace interoculaire*).
interactif, ive [intèr-] adj.
interaction [intèr-] n. f.
interactionnel, elle adj.
*__interactive__ = dialogué (et non *interactif*).

*interactive videography = vidéographie interactive (télécom.).
interactivité n. f.
interafricain, e adj.
interagent adj. m.
interagir v. int. Conjug. 24.
interallemand adj.
interallié, e adj.
interaméricain, e adj.
interarabe adj.
interarmées adj.
interarmes adj.
interastral, ale, aux adj.
interattraction n. f.
interbancaire adj.
interbande adj.
intercalaire adj. et n.
intercalant, e adj.
*intercalating agent = agent intercalant (génét.).
intercalation n. f.
intercaler v. t.
intercéder v. int. *J'intercède, nous intercédons, j'intercéderai(s)*. Conjug. 10.
*intercell hand-off, *intercell handover ou *intercell transfer = transfert intercellulaire (télécom.).
intercellulaire adj.
intercepter v. t.
intercepteur n. m.
interception n. f. ♦ Homographes hétérophones : des *interceptions* [-syon] ; nous *interceptions* [-tyon] (v. intercepter).
intercesseur n. m.
intercession n. f. ♦ HOM. → intersession.
interchangeabilité n. f.
interchangeable adj.
intercirculation n. f.
interclasse n. m.
interclasser v. t.
interclasseuse n. f.
interclubs adj. et n. m. inv.
intercommunal, ale, aux adj.
intercommunalité n. f.
intercommunautaire adj.
intercommunion n. f.
intercompréhension n. f.
interconnectable adj.
interconnecter v. t.
interconnexion n. f.
intercontinental, ale, aux adj.
*intercooler = échangeur thermique intermédiaire.
intercostal, ale, aux adj.

intercotidal, ale, aux adj.
intercours n. m.
interculturel, elle adj.
intercurrent, e adj.
*interdealer-broker system (I.D.B.S.) = système interagent de marché, ou S.I.A.M. (écon.).
interdépartemental, ale, aux adj.
interdépendance n. f.
interdépendant, e adj.
interdétecteur, trice adj.
interdiction n. f. *Des interdictions de séjour; des tirs d'interdiction.*
interdigital, ale, aux adj.
interdire v. t. Se conjugue comme DIRE (conjug. 47), sauf à la 2ᵉ personne du pluriel du présent de l'indicatif et de l'impératif : *vous interdisez; interdisez. Ils se sont interdit de participer à cela.*
interdisciplinaire adj.
interdisciplinarité n. f.
interdit, e adj. et n.
*interentreprise n. f.
interentreprises adj.
intéressant, e adj. et n. *Il fait l'intéressant.*
intéressé, e adj. et n.
intéressement n. m.
intéresser v. t.
intérêt n. m. *Ils ont intérêt à ce que; des taux d'intérêt; des prêts à intérêt; ces bons portent intérêts à 7 %; prendre intérêt à; porter intérêt à quelqu'un; apprendre avec intérêt; des dommages-intérêts; des dommages et intérêts; d'intérêt public; des signes d'intérêt; livre plein d'intérêt; dénué d'intérêt; histoire sans intérêt; prêt sans intérêts.* → pourcentage.

Complément d'intérêt du verbe. Il existe un emploi de pronoms personnels *me, moi, nous, te, vous* dont le but est de relever l'intérêt du récit; intérêt porté par celui qui parle : *Goûtez-moi ce vin. Qu'on me l'apporte ici!* ou qu'on réclame de celui qui écoute : *Et finalement, on te l'a mis à la porte. Il vous lui fait un grand discours.* C'est cet emploi qui est nommé *complément d'intérêt du verbe.* Ce serait une erreur de dire que ces pronoms sont des mots explétifs : le relief de la phrase change si on les supprime.

*interest swap ou interest rate swap = échange de taux d'intérêt (écon.).
interethnique [-tèrèt-] adj.
interface n. f.

***interface** = interface, jonction (inf.).
interfécond, e adj.
interfécondité n. f.
interférence n. f.
*****interference** = brouillage (télécom.).
interférent, e adj. *Des rayons interférents.* ♦ HOM. *interférant* (partic. prés. du v. interférer).
interférentiel, elle adj.
interférer v. int. *Il interfère, il interférait, il interférera(it).* Conjug. 10.
interféromètre n. m.
interférométrie n. f.
interféron n. m.
interfluve n. m.
interfoliage n. m.
interfolier v. t. Conjug. 17.
interfrange n. m.
intergalactique adj.
*****intergenic mutation** ou *****intergenic suppression** = suppression extragénique, suppression intergénique (génét.).
intergénique adj.
interglaciaire adj.
intergouvernemental, ale, aux adj.
intergroupe n. m.
intérieur, e adj. et n. m. *Des femmes d'intérieur. Le ministère de l'Intérieur.* → inter.
intérieurement adv.
intérim n. m. *Ils sont employés par intérim.*
intérimaire n. et adj.
interindividuel, elle adj.
interindustriel, elle adj.
intériorisation n. f.
intérioriser v. t.
intériorité n. f.
interjectif, ive adj.
interjection n. f.
interjeter v. t. *Il interjette.* Conjug. 14.
interleukine n. f.
interlignage n. m.
interligne n. m. (espace entre deux lignes écrites ou imprimées). *Ménager de grands interlignes.* ♦ N. f. (en imprimerie, lame de métal placée entre les lignes de composition pour les espacer). *Ajoutez une interligne de trois points sous le titre.*
interligner v. t.
interlinéaire adj.
interlingual, ale, aux [-gwal'] adj.
interlock n. m.

interlocuteur, trice n.
interlocutoire adj. et n. m.
interlope adj.
interloquer v. t.
interlude n. m.
intermède n. m.
intermédiaire adj. et n.
*****intermediate missile** = missile (ou fusée) de moyenne portée.
intermédiation n. f.
intermédine n. f.
intermétallique adj.
intermezzo n. m. *Des intermezzos.*
interminable adj.
interminablement adv.
interministériel, elle adj.
intermission n. f.
intermittence n. f. *Par intermittence(s).*
intermittent, e adj.
intermodal, ale, aux adj.
intermodulation n. f.
intermoléculaire adj.
intermonde n. m.
intermusculaire adj.
*****internal audit** = vérification comptable interne.
internalisation n. f. (fait d'introduire des dépenses marginales dans les charges d'une entreprise).
internat [-na] n. m.
international, ale, aux adj. *Les relations internationales.* ♦ N. m. *Ce sont d'anciens internationaux de football.* ♦ N. f. (avec une majuscule). *La IVe Internationale fut fondée par Trotski. Ils chantaient* L'Internationale.
internationalisation n. f. (fait de rendre international).
internationaliser v. t.
internationalisme [-is-] n. m.
internationaliste n. et adj.
internationalité n. f.
interne adj. et n.
interné, e adj. et n.
internégatif n. m.
internement n. m.
interner v. t.
internonce n. m.
*****inter nos** (lat.) = entre nous.
interocéanique adj.
intéroceptif, ive adj.
intéroceptivité n. f.
interopérabilité n. f.
*****interoperability** = intéropérabilité (déf.).

interosseux, euse adj.
interpellateur, trice n.
interpellation n. f.
interpeller [-pèlé] v. t. Ce verbe conserve les deux *l* et la prononciation [-pè-] tout au long de la conjugaison. *J'interpellais, nous interpellons, il a interpellé.*
interpénétration n. f.
interpénétrer (s') v. pr. *Ils s'interpénètrent, ils s'interpénétraient, ils s'interpénétreront.* Conjug. 10. *Ils se sont interpénétrés.*
*****interpersonal messaging service** = messagerie interpersonnelle (télécom.).
interpersonnel, elle adj.
interphase n. f.
Interphone n. m. déposé inv.
interplanétaire adj.
*****inter pocula** ou **in poculis** (lat.) = sans sérieux, le verre en main.
interpolateur, trice n.
interpolation n. f.
interpoler v. t.
interposer v. t.
interpositif n. m.
interposition n. f.
interprétable adj.
interprétariat [-rya] n. m.
interprétateur, trice adj. et n.
interprétatif, ive adj.
interprétation n. f.
interprète n.
interpréter v. t. *J'interprète, nous interprétons, j'interpréterai(s).* Conjug. 10.
*****interpreter** = traducteur.
interpréteur n. m. (logiciel).
interprofession n. f.
interprofessionnel, elle adj.
interpsychologie n. f.
interquartile adj.
interracial, ale, aux [-tèr-ra-] adj.
interrégional, ale, aux [-tèr-ré-] adj.
interrègne [-tèr-rè-] n. m.
interrogant, e adj.
interrogateur, trice adj. et n.
interrogatif, ive adj. → tableau ADJECTIFS II, F, p. 870.
interrogation n. f. → tableau PONCTUATIONS FORTES, p. 940 et VERBES XV, p. 983.
interrogativement adv.
interrogatoire n. m.
interrogeable adj.
interroger v. t. *Nous interrogeons.* Conjug. 3.

interroi n. m.
interrompre v. t. Conjug. 70.
interrupteur, trice adj. et n.
interruption n. f.
intersaison n. f.
intersecté, e adj.
intersection n. f.
intersectoriel, elle adj.
intersegment n. m.
intersession n. f. (temps qui sépare deux sessions d'une assemblée). ♦ HOM. *intercession* (action d'intercéder en faveur de quelqu'un).
intersexualité n. f.
intersidéral, ale, aux adj.
intersigne n. m.
interspécifique adj.
interstellaire adj.
interstice n. m.
interstitiel, elle adj.
intersubjectif, ive adj.
intersubjectivité n. f.
intersymbole adj.
*****intersymbol interference** = brouillage intersymbole (télécom.).
intersyndical, ale, aux adj. et n. f.
intertextualité n. f.
intertextuel, elle adj.
intertidal, ale, aux adj.
intertitre n. m.
intertribal, ale, aux ou **als** adj.
intertrigo n. m.
intertropical, ale, aux adj.
interurbain, e adj. et n. m.
intervalle n. m. *Par intervalles.*
intervenant, e adj.
*****intervening dna sequence**, *****intervening nucleotide sequence** ou *****intervening sequence** = intron (génét.).
intervenir v. int. Conjug. 76.
intervention n. f. (action de s'interposer, d'intervenir). ♦ Ne pas confondre avec *interversion* (action de renverser l'ordre).
interventionnel, elle adj.
interventionnisme [-is-] n. m.
interventionniste n. et adj.
interversion n. f. → intervention.
intervertébral, ale, aux adj.
intervertir v. t. du 2ᵉ gr. Conjug. 24.
interview [intèrvyou] n. f. *Des interviews.*
*****interview** = entrevue, conversation, entretien.
interviewé, e [-vyouvé] adj. et n.

interviewer [-vyouvé] v. t. *Nous interviewons* [-vyouvon].
*****interviewer** = journaliste enquêteur.
interview*eur*, *euse* [-vyouveur', -veûz] n.
intervocalique adj.
intestat [-ta] adj. *Ils étaient intestats.* ♦ N. *Ce sont des intestats.* ♦ Adv. *Ils sont morts intestat.* → *ab intestat.
intestin, *e* adj. *Des querelles intestines.* ♦ N. m. *L'intestin comprend, dans l'ordre :* le duodénum, le jéjunum, l'iléon (pour l'intestin grêle); le cæcum, le côlon, le rectum (pour le gros intestin).
intestin*al*, *ale*, *aux* adj.
*****in the money** = dans le cours (écon.).
inti n. m. (monnaie du Pérou).
*****intifada** (arabe) n. f. = révolte.
intimation n. f.
intime adj. et n.
intim*é*, *e* adj. et n.
intimement adv.
intimer v. t.
intimidable adj.
intimidant, *e* adj.
intimida*teur*, *trice* adj.
intimidation n. f.
intimider v. t.
intimisme [-is-] n. m.
intimiste [-is-] adj. et n.
intimité n. f.
intitulé n. m.
intituler v. t.
intolérable adj.
intolérance n. f.
intolérant, *e* adj. et n.
intolérantisme [-is-] n. m.
intonat*if*, *ive* adj.
intonation n. f.
intouchable n. et adj.
intox n. f.
intoxicant, *e* adj. *Une vapeur intoxicante.* ♦ HOM. *intoxiquant* (partic. prés. du v. intoxiquer).
intoxication n. f.
intoxiqu*é*, *e* adj. et n.
intoxiquer v. t.
intra-artériel, *elle* adj.
intra-atomique adj. *Des énergies intra-atomiques.*
intracapsulaire adj.
intracardiaque adj.
*****intracell hand-off**, *****intracell handover** ou *****intracell transfer** = transfert intracellulaire (télécom.).

intracellulaire adj.
intracérébr*al*, *ale*, *aux* adj.
intracommunautaire adj.
intracrâni*en*, *enne* adj.
intradermique adj.
intradermo-réaction n. f. *Des intradermo-réactions.* Abrév. : *une intradermo, des intradermos.*
intrados [-do] n. m.
intraduisible adj.
*****intragenic suppression** = suppression intragénique (génét.).
intragénique adj.
intrahospitali*er*, *ère* adj.
intraire adj. *Des embryons intraires.*
intraitable adj.
intramoléculaire adj.
intramontagnard, *e* adj.
*****intra-muros** (lat.) loc. adj. ou adv. = dans l'intérieur de la ville.
intramusculaire adj.
intransigeance [-zi-] n. f.
intransigeant, *e* [-zi-] adj. et n.
intransit*if*, *ive* [-zi-] adj. *Verbes intransitifs* → tableau PARTICIPE PASSÉ III, F, 10°, p. 924.
intransitivement [zi-] adv.
intransitivité [-zi-] n. f.
intransmissibilité n. f.
intransmissible adj.
intransportable adj.
intrant n. m.
intranucléaire adj.
intraoculaire adj.
intrapreneur n. m.
intrarachidi*en*, *enne* adj.
intra-urbain, *e* adj. *Les relations intra-urbaines.*
intra-utérin, *e* adj. *Des douleurs intra-utérines.*
intravein*eux*, *euse* adj.
intraversable adj.
intrépide adj.
intrépidement adv.
intrépidité n. f.
intrication n. f.
intrigant, *e* adj. *Des femmes intrigantes.* ♦ N. *Un intrigant.* ♦ HOM. *intriguant* (partic. prés. du v. intriguer).
intrigue n. f.
intriguer v. t. et int. (manœuvrer; exciter la curiosité). *Il intriguait.* Conjug. 4.
intrinsèque adj.
intrinsèquement adv.
intriquer v. t. (rendre complexe; mêler).

introducteur, trice n.
introductif, ive adj.
introduction n. f.
introduire v. t. Conjug. 37.
introït n. m.
introjection n. f.
intromission n. f.
intron n. m.
intronisation n. f.
introniser v. t.
introrse adj.
introspectif, ive adj.
introspection n. f.
introuvable adj.
introversion n. f.
introverti, e adj.
intrus, e adj. et n.
intrusion n. f.
intubation n. f.
intubé, e adj.
intuber v. t.
intuitif, ive adj. et n.
intuition n. f.
intuitionnisme [-is-] n. m.
intuitivement adv.
*****intuitu personae** (lat.) loc. adv. = en considération de la personne.
intumescence n. f.
intumescent, e adj.
intussusception n. f.
Inuit [i-nuit'] n. inv. en genre. *Les Inuits sont les Esquimaux ou Eskimos. Une Inuit.* ♦ Adj. inv. *Des traditions inuit.*
inule n. f.
inuline n. f.
inusable adj.
inusité, e adj.
inusuel, elle adj.
*****in utero** (lat.) = dans l'utérus.
inutile adj.
inutilement adv.
inutilisable adj.
inutilisé, e adj.
inutilité n. f.
invagination n. f.
invaginer (s') v. pr.
invaincu, e adj.
invalidant, e adj.
invalidation n. f.
invalide adj. et n. *Les invalides de la marine. L'hôtel des Invalides, à Paris.*
invalider v. t.
invalidité n. f. *L'assurance invalidité.*

Invar n. m. déposé inv. *Du métal Invar.*
invariabilité n. f.
invariable adj.
invariablement adv.
invariance n. f.
invariant, e adj. et n. m. *La variable et l'invariant.*
invasif, ive adj. (méd.).
invasion n. f.
invective n. f. *Se répandre en invectives.*
invectiver v. int. et t.
invendable adj.
invendu, e adj. et n. m.
inventaire n. m.
inventer v. t.
inventeur, trice n.
inventif, ive adj.
invention n. f. *L'invention de la Sainte Croix* (découverte). ♦ Homographes hétérophones : *des inventions* [-syon] ; *nous inventions* [-tyon] (v. inventer).
inventivité n. f.
inventoriage n. m.
inventorier v. t. Conjug. 17.
inventorisation n. f.
invérifiable adj.
inversable adj.
inverse adj. et n. m.
inversement adv.
inverser v. t.
inverseur n. m.
inversible adj.
inversif, ive adj.
inversion n. f.
invertase n. f.
invertébré, e adj. et n. m.
*****inverted repeat** = séquences répétées inverses (génét.).
*****inverter** = convertisseur, onduleur.
inverti, e adj. et n. m.
invertine n. f.
invertir v. t. du 2ᵉ gr. Conjug. 24.
investigateur, trice n. et adj.
investigation n. f.
investiguer v. int. *Nous investiguons.* Conjug. 4.
investir v. t. du 2ᵉ gr. Conjug. 24.
investissement n. m. (action d'investir une place forte ; placement de fonds dans une entreprise). ♦ Ne pas confondre avec *investiture* (mise en possession d'un pouvoir).
investisseur, euse adj. et n. → zinzins.

investiture n. f. → investissement.
invétéré, e adj.
invétérer (s') v. pr. Conjug. 10. *Cette habitude s'est invétérée.*
invincibilité n. f.
invincible adj.
invinciblement adv.
in-vingt-quatre [in'-] adj. inv. *Des livres in-vingt-quatre.* ♦ N. m. inv. *Des in-vingt-quatre.* ♦ On écrit aussi *in-24.*
*****in vino veritas** (lat.) loc. = la vérité (est) dans le vin.
inviolabilité n. f.
inviolable adj.
inviolablement adv.
inviolé, e adj.
invisibilité n. f.
invisible adj.
invisiblement adv.
invitant, e adj.
invitation n. f.
invitatoire n. m.
invite n. f.
invité, e n. et adj.
inviter v. t.
invit*eur*, *euse* adj. et n.
*****in vitro** (lat.) loc. adv. = dans le verre, en expérience.
invivable adj.
*****in vivo** (lat.) loc. adv. = dans l'être vivant.
invoca*teur*, *trice* adj. et n.
invocation n. f.
invocatoire adj.
involontaire adj.
involontairement adv.
involucelle n. m.
involucre n. m.
involucré, e adj.
involuté, e adj.
involut*if*, *ive* adj.
involution n. f.
invoquer v. t. → évoquer.
invraisemblable adj.
invraisemblablement adv.
invraisemblance n. f.
invulnérabilité n. f.
invulnérable adj.
*****I/O** (*input/output) = E/S (entrées/sorties).
iodate n. m.
iode [yod] n. m. (corps volatil). ♦ HOM. *yod* (semi-consonne des sons *ia, ié, io...*).
iodé, e adj.
ioder v. t.

iodhydrique adj.
iodique adj.
iodisme [-is-] n. m.
iodler → jodler.
iodoforme n. m.
iodo-ioduré, e adj. *Des solutions iodo--iodurées.*
iodométrie n. f.
iodosulfure n. m.
ioduration n. f.
iodure n. m.
ioduré, e adj.
ion n. m.
ion-gramme n. m. *Des ions-grammes.*
-ional- / -ionnal- / -ionnel Le groupe *-ional-* s'écrit avec un *n* dans les mots engendrés par : extension, méridien, nation, obsidio, ratio, région, septentrion, tradition. *Nationalisation, méridional, obsidional, rationalité, régionaliste, traditionalisme,* etc.

Il faut deux *n* dans les autres dérivés (beaucoup étant de création récente). *Confessionnal, fonctionnaliser, sensationnalisme, constitutionnalité, professionnalism, institutionnalisation.*

Les mots en *-ionnel* ont toujours deux *n. Directionnel, opérationnel.*
→ -ionnisme / -ionniste.
ioni*en*, *enne* adj. *L'école ionienne; les îles Ioniennes.* ♦ N. *L'ionien* (dialecte grec); *les Ioniens* (de l'Ionie).
ionique adj. *Une dissociation ionique* (des ions). *Le style ionique* (de l'Ionie).
ionisant, e adj.
ionisation n. f.
ioniser v. t.
-ionnisme / -ionniste Les mots construits avec ces terminaisons ont deux *n* (*impressionnisme, perfectionniste*), sauf s'ils sont engendrés par *Sion* ou *union* (*sionisme, unioniste*).

ionisme [-is-] n. m.
ionogramme n. m.
ionone n. f.
ionoplastie n. f.
ionosphère n. f.
ionosphérique adj.
ionothérapie n. f.
iota n. m. *Le iota.* → tableau LANGUES ÉTRANGÈRES, p. 897. *Ne pas varier d'un iota* (pas de liaison entre ce mot et le précédent).
iotacisme [-is-] n. m.
iouler → jodler.
iourte → yourte.

ipé n. m. (bois).
ipécacuana [-kwa-na] n. m. Plus souvent nommé IPÉCA.
ipomée n. f.
ippon [ipon'] n. m.
ipséité n. f.
***ipso facto** (lat.) loc. = par le fait même.
ir- → in-.
-ir (Verbes en) Ces verbes sont du 2ᵉ groupe *(croupir, régir)* ou du 3ᵉ groupe *(asseoir, servir)*. Dans ce dictionnaire, l'indication en est donnée à chaque verbe avec sa conjugaison.
irakien, enne ou **iraqien, enne** adj. *Le pétrole irakien.* ♦ N. *L'irakien* (dialecte). *Un Irakien* (habitant de l'Iraq ou Irak).
iranien, enne adj. *Il est iranien.* ♦ N. *C'est un Iranien.* → perse.
irascibilité n. f.
irascible adj.
***I.R.B.M.** (*intermediate range ballistic missile) = missile stratégique sol-sol d'une portée de 2 400 à 6 500 km.
ire n. f.
-ire (Verbes en) → tableau VERBES XIX, p. 987.
irénique adj.
irénisme [-is-] n. m.
irénologie n. f. (science de la paix). Le contraire est la *polémologie* (science de la guerre).
iridacée n. f.
iridectomie n. f.
iridié, e adj. (de l'iridium).
iridien, enne adj. (de l'iris de l'œil).
iridium [-dyom] n. m. *Des iridiums.*
iridologie n. f.
iridologue n.
iridonésis [-zis'] n. m.
irien, enne adj.
iris [-is'] n. m.
irisable adj.
irisation n. f.
irisé, e adj.
iriser v. t.
***irish-coffee** n. m. = café-whisky chaud à la crème. *Des irish-coffees.*
irish-terrier [ay'richtèryé] n. m. *Des irish-terriers.*
iritis [-tis'] n. f.
irlandais, e adj. *Un cheval irlandais.* ♦ N. *L'irlandais* (langue); *une Irlandaise* (habitante de l'Irlande).
I.R.M. sigle f. Imagerie par résonance magnétique.
iroko n. m.

***iron** = fer (golf).
irone n. f.
ironie n. f.
ironique adj.
ironiquement adv.
ironiser v. int.
ironiste n.
iroquois, e adj. *Un mot d'origine iroquoise.* ♦ N. *Les Iroquois; l'iroquois* (famille de langues).
I.R.P.P. sigle m. Impôt sur le revenu des personnes physiques.
irrachetable adj.
irradiant, e adj.
irradiateur n. m.
irradiation n. f.
irradier v. t. et int. Conjug. 17.
irraisonnable adj.
irraisonné, e adj.
irrationalisme [-is-] n. m.
irrationaliste n. et adj.
irrationalité n. f.
irrationnel, elle adj.
irrattrapable adj.
irréalisable adj.
irréalisé, e adj.
irréalisme [-is-] n. m.
irréaliste adj. et n.
irréalité n. f.
irrecevabilité n. f.
irrecevable adj.
irréconciliable adj.
irrecouvrable adj.
irrécupérable adj.
irrécusable adj.
irrédentisme [-is-] n. m.
irrédentiste adj. et n.
irredondant, e adj.
irréductibilité n. f.
irréductible adj.
irréductiblement adv.
irréel, elle adj.
irréfléchi, e adj.
irréflexion n. f.
irréformable adj.
irréfragable adj.
irréfutabilité n. f.
irréfutable adj.
irréfutablement adv.
irréfuté, e adj.
irrégularité n. f.
irrégulier, ère adj. et n.
irrégulièrement adv.

irréligieusement adv.
irréligieux, euse adj.
irréligion n. f.
irréligiosité n. f.
irrémédiable adj.
irrémédiablement adv.
irrémissible adj.
irrémissiblement adv.
irremplaçable adj.
irréparable adj.
irréparablement adv.
irrépréhensible adj.
irrépressible adj.
irréprochable adj.
irréprochablement adv.
irrésistible adj.
irrésistiblement adv.
irrésolu, e adj.
irrésolument adv.
irrésolution [-zo-] n. f.
irrespect [-pè] n. m.
irrespectueusement adv.
irrespectueux, euse adj.
irrespirable adj.
irresponsabilité n. f.
irresponsable adj. et n.
irrétrécissabilité n. f.
irrétrécissable adj.
irrévéremment [-raman] adv.
irrévérence n. f.
irrévérencieusement adv.
irrévérencieux, euse adj.
irrévérent, e adj.
irréversibilité n. f.
irréversible adj.
irréversiblement adv.
irrévocabilité n. f.
irrévocable adj.
irrévocablement adv.
irrigable adj.
irrigateur n. m.
irrigation n. f.
irriguer v. t. *Il irriguait.* Conjug. 4.
irritabilité n. f.
irritable adj.
irritant, e adj. et n. m.
irritatif, ive adj.
irritation n. f.
irriter v. t.
irruption n. f. → éruption.
isabelle adj. inv. *Des chevaux isabelle.*
  ♦ N. m. *Des isabelles* (couleurs; chevaux).
  ♦ HOM. *Isabelle* (prénom).

isallobare n. f.
isard [-zar] n. m.
isatis [-tis'] n. m.
isba n. f.
*I.S.B.N. (*international standard book number) = numéro international d'identification d'un livre publié.
ischémie [iské-] n. f.
ischémique [iské-] adj.
ischiatique [iskya-] adj.
ischion [iskyon] n. m.
ischio-pubien, enne [iskyo-] adj. *Les régions ischio-pubiennes.*
isentropique adj.
-iser / -isation Ces suffixes marquent une adaptation, une transformation, une évolution imposées par les événements ou par une volonté politique : *arabiser, informatiser, algérianiser, naturaliser, masculiniser, germaniser, militariser, clochardiser...; marocanisation, colonisation, francisation, légalisation, démoralisation, soviétisation...* Ce sont des suffixes très fertiles, souvent inspirés de l'anglais. Certains de ces mots disparaissent lorsque la question s'éteint : *L'Irak veut iraquiser le Koweït. Certains pays résistent à la finlandisation.*
→ -ien/-iste; -ifier/-ification, -ité/-itude.
I.S.F. sigle m. Impôt de solidarité sur la fortune.
*is fecit qui prodest (lat.) loc. = celui-là l'a fait à qui c'était utile.
isiaque adj.
islam n. m. S'écrit avec une minuscule pour la religion. *Elle s'était convertie à l'islam* (ou *à l'islamisme*). S'écrit avec une majuscule pour désigner l'ensemble des pays qui pratiquent cette religion, c'est-à-dire le monde musulman. *Tout l'Islam s'est dressé. La religion de l'Islam.*
islamique adj.
islamisation n. f.
islamiser v. t.
islamisme [-is-] n. m.
islamiste adj. et n.
islamologie n. f.
islandais, e adj. *Un volcan islandais.* ♦ N. *L'islandais* (langue); *un Islandais* (d'Islande); *un islandais* (pêcheur qui va vers l'Islande).
ismaélien ou ismaïlien, enne n. et adj. (qui se rapporte à *Ismaïl*, imam du VIIIᵉ siècle).
ismaélisme [-is-] n. m.

ismaélite adj. et n. (qui se rapporte à *Ismaël*, fils d'Abraham).

ismaïlien → ismaélien.

-isme Le suffixe masculin *-isme* ne doit jamais être prononcé à l'anglaise avec un [z], mais avec le son [s], ce qui est rappelé aux mots en *-isme* par la notation [-is-].

iso- → tableau PRÉFIXES C, p. 942.

*__I.S.O.__ (*International Standards Organization) = Organisation internationale de standardisation. La sensibilité des émulsions photographiques est mesurée selon l'*échelle ISO*.

isobare adj. et n. f.
isobathe adj. et n. f.
isocarde n. m.
isocarène adj.
isocèle adj.
isochimène [-ki-] adj. et n. f.
isochore [-kor] adj.
isochromatique [-kro-] adj.
isochrone [-kro-] adj.
isochronique [-kro-] adj.
isochronisme [-kro-] n. m.
isoclinal, ale, aux** adj.
isocline adj. et n. f.
isodébit adj. inv.
isodome adj.
isodynamie n. f.
isodynamique adj.
isoédrique adj.
isoélectrique adj.
isoète n. m.
isogame adj.
isogamie n. f.
isoglosse n. f. et adj.
isoglucose n. m.
isogone adj.
isogreffe n. f.
isohyète adj. et n. f.
isohypse adj. et n. f.
isoïonique [izo-yo-] adj.
isolable adj.
isolant, e adj. et n. m.
isolat [-la] n. m.
isolateur, trice** adj. et n. m.
isolation n. f.
isolationnisme [-is-] n. m.
isolationniste n. et adj.
isolé, e adj. et n.
isolement n. m.
isolément adv.
isoler v. t.

isoleucine n. f.
isologue adj.
isoloir n. m.
isomérase n. f.
isomère adj. et n. m.
isomérie n. f.
isomérique adj.
isomérisation n. f.
isométrie n. f.
isométrique adj.
isomorphe adj.
isomorphisme [-is-] n. m.
isoniazide n. m.
isonomie n. f.
isooctane n. m.
isopache adj. et n. f.
isopet → ysopet.
isophase adj.
isopode n. m.
isoprène n. m.
isoptère n. m.
Isorel n. m. déposé inv.
isoschizomère [izoski-] n. m.
isoséiste [-séist] ou **isosiste** [-sist] adj. et n. f.
isospin n. m.
isostasie n. f.
isostatique adj.
isosyllabique [-si-] adj.
isothérapie n. f.
isotherme adj. et n. f.
isothermique adj.
isotonie n. f.
isotonique adj.
isotope n. m. (noyau atomique). ♦ Ne pas confondre avec l'adjectif *isotrope* (de mêmes propriétés physiques).
*__isotopic abundance__ = teneur isotopique, richesse isotopique (nucl.).
*__isotopic abundance by weight__ ou __isotopic weight abundance__ = teneur isotopique pondérale, richesse isotopique pondérale (nucl.).
isotopie n. f.
isotopique adj.
isotrétinoïne n. f.
isotron n. m.
isotrope adj. → isotope.
isotropie n. f.
ispaghul n. m.
Israël [is-] n. m. (État; prénom). *Les douze tribus d'Israël étaient :* Ruben, Siméon, Lévi, Juda, Dan, Nephtali, Gad, Aser, Issachar, Zabulon, Joseph, Benjamin.

israélien, enne [is-] adj. *Un village israélien.* ♦ N. *Les Israéliens* (d'Israël).

israélite [is-] adj. *Un rite israélite.* ♦ *Un israélite* (de religion juive); *un Israélite* (descendant de Jacob, personnage biblique). → hébreu; juif.

issant, e adj. (du partic. prés. du v. issir). ♦ HOM. *issant* (sortant), *hissant* (élevant).

-ission (Mots terminés par) → ition.

issir v. int. N'est plus employé qu'au participe : *issant, issu.*

I.S.S.N. (*international standard serial number) = numéro international d'identification d'une publication périodique.

issu, e adj.

*****issuance facility** = facilité d'émission garantie (écon.).

issue n. f. *Il n'y a pas d'issue; à l'issue de ce débat. Les issues* (restes de la mouture des céréales).

-iste → -ien.

isthme [ism] n. m. *L'isthme de Panama.*

isthmique [ismik] adj.

italianisant, e n.

italianiser v. t. et int.

italianisme [-is-] n. m.

italien, enne adj. *Elle est italienne.* ♦ N. *L'italien* (langue). *Des Italiens* (d'Italie). ♦ Écriture des mots italiens : → tableau *Langues étrangères et langues anciennes* p. 898.

italique adj. et n. m. En imprimerie, l'italique est un caractère légèrement incliné. Dans le présent ouvrage, les exemples sont en italique. → souligné et tableau CORRECTION, p. 878 sqq.

italophone n. et adj.

-ité/-itude Les noms de peuples ou d'ethnies engendrent des vocables en *-ité* ou en *-itude* pour en désigner le caractère spécifique : *francité, berbérité, grécité, latinité, aquosité, mexicanité, judaïté, gérité... et corsitude, négritude, judéitude...* → -ien/-iste ; -iser/-isation.

item [itèm'] n. m. (élément minimal d'un ensemble organisé). *Des items* [itèm'].

*****item** (lat.) adv. = de même, en outre, de plus. → idem.

*****ite, missa est** (lat.) = allez, la messe est dite.

itératif, ive adj. et n. m.

itération n. f.

*****iterative guidance** = guidage par itération (spat.).

itérativement adv.

itérer v. t. Conjug. 10.

ithos [itos'] n. m.

ithyphalle [-fa-] n. m.

ithyphallique [-fa-] adj.

itinéraire n. m.

itinérance n. f.

itinérant, e adj. et n.

-ition/-ission/-icion
  1° Se termine par *-icion* : *suspicion* ;
  2° se terminent par *-ission* : *fission, scission* et les mots finissant par *-mission* (*mission, compromission, démission...*);
  3° se terminent par *-ition* : tous les autres.

itisa n. m.

itol n. m.

itou adv.

-itre/-ître Avec la prononciation [itr] :
  1° se terminent par *-ître* : *bélître, épître, huître.*
  2° se terminent par *-itre* : tous les autres.

-itude → -ité.

iule n. m.

I.U.T. sigle m. Institut universitaire de technologie.

I.V.D. sigle f. Indemnité viagère de départ.

ive ou **ivette** n. f. (plante à fleurs jaunes). ♦ HOM. *Yvette* (prénom).

I.V.G. sigle f. Interruption volontaire de grossesse.

ivoire n. m. et adj. inv.

ivoirerie n. f.

ivoirien, enne adj. *Du café ivoirien.* ♦ N. *Un Ivoirien* (de la Côte-d'Ivoire).

ivoirier, ière n.

ivoirin, e adj. (qui se rapporte à l'ivoire).

ivoirisme [-is-] n. m.

ivraie n. f.

ivre adj. *Ils sont ivres morts.*

ivresse n. f.

ivrogne, esse n.

ivrognerie n. f.

iwan [iwan'] n. m.

ixer v. t.

ixia n. f. *Des ixias.*

ixième adj. numér. ord., aspiré, construit sur X. *Le ixième tournoi de tennis.*

ixode n. m.

*****izvestia** (russe) = informations.

J

j n. m. inv. ♦ **j**: symbole du *jour*. ♦ **J**: symbole du *joule*.
jabiru n. m.
jable n. m.
jabler v. t.
jabloir n. m.
jabloire n. f.
jaborandi n. m.
jabot n. m.
jaboter v. int.
jaboteur, euse n.
jacaranda n. m.
jacasse n. f.
jacassement n. m.
jacasser v. int.
jacasserie n. f.
jacassier, ère adj. et n.
jacasseur, euse adj. et n.
jacée n. f.
jacent, e adj.
jachère n. f.
jacinthe n. f.
jaciste adj. et n.
jack n. m. ♦ HOM. → jaque.
jacket [-kèt'] n. f. ♦ HOM. : → jaquette.
*****jackpot** n. m. = cagnotte, magot.
jaco → jacquot.
jacobée n. f.
jacobin, e n. → religieux. Le nom de *dominicain* remplaça celui de *jacobin*. Sous la Révolution, on nomma *jacobin* celui qui était membre du *club des Jacobins*. ♦ Adj. *Des opinions jacobines*.
jacobinisme [-is-] n. m.
jacobite n. et adj. (partisan de Jacques II Stuart ou de Jacques Baradaï).
jacobus [-bus'] n. m.
jaconas n. m.
jacot → jacquot.
jacquard n. m. (métier; tissu). *Du jacquard; un tricot Jacquard*.
jacquemart → jaquemart.
jacquerie n. f. *La grande jacquerie de 1358*.
Jacques n. m. (prénom). *La jacquerie fut une révolte des jacques* (paysans). *Faire le Jacques; Maître Jacques* (domestique d'Harpagon); *faire le maître Jacques* (le factotum). ♦ HOM. → jaque.
jacquet n. m. (jeu; écureuil). *Jouer au jacquet. Dès potron-jacquet*.
jacquier → jaquier.
jacquot, jacot ou **jaco** n. m. (perroquet).
jactance n. f.
jacter v. int.
jaculatoire adj.
Jacuzzi n. m. déposé inv. (bain bouillonnant).
jade n. m. et adj. inv.
jadéite n. f.
jadis [-dis'] adv.
jaguar [-gwar'] n. m.
jaillir v. int. du 2ᵉ gr. Conjug. 24.
jaillissant, e adj.
jaillissement n. m.
jaïn, e ou **djaïn, e** adj. et n.
jaïna adj. inv. et n. inv.
jaïnisme, djaïnisme ou **jinisme** [-is-] n. m.
jaïniste, djaïniste ou **jiniste** n. et adj.
jais [jè] n. m. *Noir comme jais; des cheveux de jais*. ♦ HOM. → jet.
jalap [-lap'] n. m.

jale n. f.
jalon n. m.
jalon-mire n. m. *Des jalons-mires.*
jalonnement n. m.
jalonner v. int. et t.
jalonne*ur, euse* n.
jalousement adv.
jalouser v. t.
jalousie n. f.
jalo*ux, ouse* adj. et n.
*****jam** = brouillage.
jamaïquain, e ou **jamaïcain, e** adj. et n. (de la Jamaïque).
jamais adv. *On n'a jamais vu cela; pour jamais; à jamais; au grand jamais.*
jambage n. m.
jambart n. m.
jambe n. f. *Le jeu de jambes; à toutes jambes; des ronds de jambe; jusqu'à mi-jambe; des jambes de force; couper bras et jambes; haut sur jambes; par-dessous la jambe. Un entrejambe.*
jambette n. f.
jambier n. et adj. m.
jambière n. f.
jambon n. m.
jambonneau n. m. *Des jambonneaux.*
jambonnette n. f.
jamboree [-ri] n. m.
jambosier n. m.
*****jammer** = brouilleur.
*****jamming** = brouillage.
*****jam-session** = jazz de groupe improvisant. *Des jam-sessions.*
jan n. m. ♦ HOM. → gens.
jangada n. f.
janissaire n. m.
janotisme [-is-] n. m. (effet d'une syntaxe défectueuse). Exemple : *Je voudrais du sirop pour mon frère qui est malade dans une petite bouteille.*
jansénisme [-is-] n. m.
janséniste adj. et n.
jante n. f. (cercle d'une roue). ♦ HOM. *gente* demoiselle (adj.).
janvier n. m. S'écrit sans majuscule.
japon n. m. (papier, porcelaine, etc., fabriqués au Japon). *De beaux japons.*
japonais, e adj. *Une estampe japonaise.* ♦ N. *Un Japonais* (du Japon); *le japonais* (langue). Devient *nippo-* en association. *Les relations nippo-coréennes.*
japonaiserie ou **japonerie** n. f.
japonisant, e n.
japoniser v. t. et int.

japonisme [-is-] n. m.
japoniste n.
japonologie n. f.
japonologue n.
jappement n. m.
japper v. int.
jappe*ur, euse* adj. et n.
jaque n. m. (vêtement du Moyen Âge couvrant le tronc; fruit du jaquier, arbre tropical). ♦ HOM. *jack* de téléphone (fiche de connexion); *jack* de bonneterie (pièce d'une machine à tisser); *Jacques* (prénom).
jaqueline n. f. (bouteille de grès). On dit aussi *un jaquelin.* ♦ HOM. *Jacqueline* (prénom).
jaquemart ou **jacquemart** n. m. (automate frappant une cloche). ♦ HOM. le musée *Jacquemart*-André.
jaquette n. f. (vêtement). ♦ HOM. *jacket* (revêtement de céramique).
jaquier ou **jacquier** n. m. (arbre).
jar ou **jars** n. m. (abrév. de *jargon*: en argot, désigne l'argot). ♦ HOM. → jarre.
jar ou **jard** n. m. (banc de sable dans la Loire). ♦ HOM. → jarre.
jarde n. f.
jardin n. m. *Un jardin d'enfants; le jardin des Tuileries; le jardin du Luxembourg; le jardin des Oliviers; le Jardin des Plantes* (de Paris); *le Jardin d'Acclimatation.*
jardinage n. m.
jardiner v. int. et t.
jardinerie n. f.
jardinet n. m.
jardine*ux, euse* adj.
jardinier, ère n. et adj.
jardiniste n.
jardon n. m.
jargauder v. int.
jargon n. m.
jargonaphasie n. f.
jargonner v. int.
jargonne*ur, euse* n.
jargonne*ux, euse* adj.
jarnicoton! interj.
jarosse ou **jarousse** n. f.
jarovisation n. f.
jarrah n. m.
jarre n. f. (grand vase). ♦ N. m. (poil grossier mélangé à certaines fourrures). ♦ HOM. *jars* (oie mâle), *jar* ou *jars* (argot), *jar* ou *jard* (banc de sable).
jarret n. m.

jarreté, e adj.
jarretelle n. f.
jarreter v. int. *Je jarrette.* Conjug. 14.
jarretière n. f. *L'ordre de la Jarretière.*
jars [jar] n. m. ♦ HOM. → jarre.
jas [ja] n. m.
jaser v. int.
jaseran n. m.
jaseur, euse n.
jasmin n. m.
jaspe n. m.
jasper v. t.
jaspiner v. int.
jaspure n. f.
jass → yass.
jataka n. m. inv.
jatte n. f.
jattée n. f.
jauge n. f. *Mettre en jauge.*
jaugeage n. m.
jauger v. t. et int.
jaugeur n. m.
jaumière n. f.
jaunâtre adj.
jaune adj. *Un foulard jaune. Jouer au nain jaune.* ♦ Adj. inv. *Un papier jaune foncé; des papiers jaune citron.* ♦ N. *Les jaunes de Van Gogh. Ajoutez du jaune. Des jaunes d'œufs. Un Jaune* (homme de race jaune); *un jaune* (briseur de grève).
♦ Adv. *Ils rient jaune.* → tableau COULEURS, p. 884.
LEXIQUE : banane, beige, bis, blond, bouton d'or, caca d'oie, café au lait, capucine, carthame, chamois, chrysobéryl, citrine, citron, cuivré, doré, fauve, feu, feuille-morte, flavescent, genêt, isabelle, jaunâtre, jaunissant, jonquille, kaki, marcassite, miel, mordoré, nankin, ocre, œil-de-chat, or, orange, paille, quercitrine, safran, saur, serin, souci, soufre, tanné, topaze.
jaunet, ette adj. et n. m.
jaunir v. t. et int. du 2ᵉ gr. Conjug. 24.
jaunissage n. m.
jaunissant, e adj.
jaunisse n. f.
jaunissement n. m.
java n. f. (danse). ♦ HOM. *l'île de Java.*
javanais, e adj. *Un temple javanais.* ♦ N. *Un Javanais* (habitant de Java); *le javanais* (langue de Java; sorte d'argot.).
javart [-var] n. m.
javeau n. m. *Des javeaux.*
Javel (eau de) loc. f. On dit aussi : *de la Javel.*

javelage n. m.
javelé, e adj.
javeler v. t. et int. *Je javelle.* Conjug. 13.
javeleur, euse n. et adj.
javeline n. f.
javelle n. f. (brassée de céréales; tas de sel). ♦ HOM. eau de *Javel*; il *javelle* (v. javeler).
javellisation n. f.
javelliser v. t.
javelot n. m.
jayet [ja-yè] n. m.
jazz [djaz'] n. m.
jazz-band [djazband'] n. m. *Des jazz-bands.*
jazzique ou **jazzistique** adj.
jazzman [djazman'] n. m. *Des jazzmans* ou *des jazzmen.*
***jazzy** adj. inv. = du jazz.
je pron. pers. *Je soussigné(e).* En inversion, le *e* ne se prononce pas : *Me trompé-je? Puis-je?*
***jean** [djin] ou **jeans** [djin's] n. m. (abrév. de *blue-jean*). ♦ HOM. → djinn. ♦ Homographe hétérophone : *Jean* [jan] (prénom).
Jean n. m. *Jean le Bon; Jean sans Terre; Jean de la Lune; Jean-Baptiste.* ♦ HOM. → gens. ♦ Homographe hétérophone → *jean.
jean-foutre n. m. inv.
jean-le-blanc n. m. inv. (oiseau).
jeannette n. f. (petite planche à repasser; croix de collier). ♦ HOM. *Jeannette* (prénom).
jéciste adj. et n.
jectisse ou **jetisse** adj. f.
Jeep [djip'] n. f. déposé inv.
jéjunal, ale, aux adj.
jéjuno-iléon n. m. *Des jéjuno-iléons.*
jéjunum [-nom'] n. m. *Des jéjunums.*
je-m'en-foutisme ou **je-m'en-fichisme** [-is-] n. m. *Des je-m'en-foutismes.*
je-m'en-foutiste ou **je-m'en-fichiste** n. et adj. *Des je-m'en-foutistes.*
je-ne-sais-quoi n. inv. (L'Acad. écrit ce nom sans trait d'union).
jennérien, enne adj.
***jenny** [jèni] n. f. (machine de filature). *Des jennys. La mule-jenny.* ♦ HOM. *Jenny* (prénom), *génie* (talent, intelligence; art des constructions).
jérémiade n. f.
jerez → xérès.
Jéricho n. (ville). *Les trompettes de Jéricho.* ♦ HOM. *Géricault* (peintre).
***jerk** [djèrk'] n. m. (danse).

JERK

***jerk** = suraccélération.
jéroboam n. m. (quadruple bouteille de champagne). ♦ HOM. *Jéroboam* (roi d'Israël).
jerrican, jerrycan [-kan'] ou **jerricane** n. m.
jersey [jèrzè] n. m. (tissu). *Des jerseys.* ♦ HOM. l'île de *Jersey*.
jersiais, e adj. *Le climat jersiais.* ♦ N. *Un Jersiais* (de Jersey).
jésuite n. m. et adj. → religieux.
jésuitique adj.
jésuitiquement adv.
jésuitisme n. m.
jésus n. m. (représentation du Christ; saucisson; format de papier). *Un jésus de bois peint.* ♦ Adj. inv. *Du papier jésus.* ♦ HOM. *Jésus* (le Christ).
jet [jè] n. m. *Des jets d'eau; des armes de jet; du premier jet.* ♦ HOM. *jais* (pierre noire), *geai* (oiseau); lettre G.
*****jet** n. m. = avion à réaction; propulseur (spat.).
jetable adj.
jetage n. m.
*****jet body** = corps de propulseur (spat.).
jeté n. m. *Des jetés de table; un jeté battu, des jetés battus; le grand jeté.*
jetée n. f.
jeter v. t. *Il jette.* Conjug. 14. *Jeter son dévolu sur. Ils se sont jetés dans les flammes. Ils se sont jeté des pierres.*
jeteur, euse n.
*****jet flap** = volet fluide (déf.).
*****jet fuel** = carburéacteur.
jetisse → jectisse.
jeton n. m. → faux-jeton.
*****jet-set** ou **jet-society** n. m. ou f. = personnalités riches habituées des voyages internationaux.
jet-ski n. m. *Des jet-skis.*
*****jet-stream** n. m. = courant-jet (météo). *Des jet-streams.*
*****jettatura** (ital.) n. f. = mauvais sort.
*****jetway** = passerelle.
jeu n. m. *Des jeux. Se piquer au jeu; mettre en jeu; jouer gros jeu; d'entrée de jeu; franc jeu; avoir beau jeu; des maisons de jeu, des salles de jeu* (casino, tripot); *des salles de jeux* (pour les enfants); *aire de jeux; ce qui est en jeu; le jeu à XIII; jeu de dupe(s); des jeux vidéo. Le serment, le musée du Jeu de paume. Un enjeu.* → ris.
♦ *Jeu d'adresse, de barres, de cartes, de dames, de dominos, d'échecs, d'enfant, d'esprit, de lumière, de mots, d'orgue,* *d'osselets, de scène, de société; jeu au point; jeu décisif. Les jeux Olympiques, Pythiques, Floraux* (abs. : *les Jeux*). L'écriture inverse, assez fréquente, est admissible : *les Jeux olympiques, pythiques, floraux.* → -ball; olympique.

jeudi n. m. *Le jeudi saint; la semaine des quatre jeudis.* → jour.
jeun (à) [ajun] loc. adv. *Ils sont à jeun.*
jeune adj. *Ils sont jeunes. Rosny jeune.* Le mot prend une majuscule quand il devient un surnom. *Pline le Jeune.* ♦ N. m. *Les jeunes.* ♦ Adv. *Elles s'habillent jeune.* ♦ HOM. *jeûne* (abstinence), *il jeûne* (v.).
jeûne n. m. ♦ HOM. → jeune.
jeunement adv. *Un cerf dix cors jeunement.*
jeûner v. int. ♦ HOM. → genêt.
jeunesse n. f.
jeunet, ette adj. ♦ HOM. → genêt.
jeune-turc, jeune-turque n. *En Turquie, les jeunes-turcs formèrent le comité Jeune-Turquie à la fin du XIXe siècle. Dans les partis politiques actuels, les jeunes-turcs sont partisans de réformes hardies.*
jeûneur, euse n.
jeunot, otte adj. et n.
*****jigger** n. m. = transformateur de couplage.
*****jihad** ou **djihad** (arabe) n. m. = guerre sainte. *Le jihad islamique.*
*****jingle** n. m. = indicatif musical, sonal (aud.).
jingxi [jin'ksi] n. m.
jinisme → jaïnisme.
jiniste → jaïniste.
jitterbug n. m.
jiu-jitsu n. m. *Des jiu-jitsus.*
jivaro n. et adj. inv. en genre.
*****jnoun** (arabe) = diablotin des légendes arabes.
J.O. sigle m. Journal officiel. ♦ Sigle m. pl. Jeux Olympiques.
joaillerie n. f.
joaillier, ère [joa-yé, -yèr'] adj. et n.
*****job** n. m. = emploi, situation, petit boulot.
jobard, e adj. et n.
jobarder v. t.
jobarderie ou **jobardise** n. f.
jobelin n. m.
jobiste n.
jocasse n. f.
jociste adj. et n.

JOUISSANCE

jockey n. m. *Des jockeys.* → joquette.
jocko adj. m. et n. m.
jocothérapie n. f.
jocrisse n. m. ♦ HOM. *Jocrisse* (personnage de théâtre).
jodhpurs [jodpur] n. m. pl.
jodler, iodler, iouler ou **yodler** v. int.
jogger [djogheur'] n. m. ou f. (chaussure).
jogger [djoghé] v. int.
jogg*eur*, *euse* [djogheur', -eûz] n. (personne).
*****jogging** n. m. = trot, course à pied; vêtement.
*****jog shuttle** = réglage de défilement (aud.).
johannique adj.
johannite n.
joice → jouasse.
joie n. f. *S'en donner à cœur joie; des filles de joie.*
joignable adj.
joindre v. t. et int. Conjug. 53.
*****joiner** = navire ralliant (déf.).
joint n. m. *Un joint de Cardan; un joint de marihuana.*
joint, *e* adj. *À pieds joints; ci-joint la quittance; les factures ci-jointes.*
*****joint and several** = conjoint et solidaire (écon.).
jointé, *e* adj. *Un cheval court-jointé, long-jointé.*
joint*if*, *ive* adj.
jointoiement n. m.
jointoyer v. t. Conjug. 6.
jointoyeur n. m.
jointure n. f.
*****joint-venture** n. m. = association avec partage de risques; coentreprise. *Des joint-ventures.*
jojo adj. inv. et n. m.
jojoba n. m.
joker [-kèr'] n. m.
joli, *e* adj. et n. m.
joliesse n. f.
joli*et*, *ette* adj.
joli-joli adj. *Elles ne sont pas joli-jolies.*
joliment adv.
jomon n. m.
jonc [jon] n. m. *Des cannes de jonc; du jonc d'Inde.*
joncacée n. f.
jonchaie, jonchère ou **joncheraie** n. f. ♦ HOM. → joncher.
jonchée n. f. ♦ HOM. → joncher.

joncher v. t. (répandre çà et là). ♦ HOM. une *jonchaie* (lieu où poussent des joncs), une *jonchée* (choses éparses sur le sol; petit fromage), des *jonchets* (bâtonnets pour un jeu).
joncheraie → jonchaie.
jonchère → jonchaie.
jonchets ou **honchets** n. m. pl. ♦ HOM. → joncher.
jonction n. f.
jongler v. int.
jonglerie n. f.
jongl*eur*, *euse* n.
jonkheer [jon'kèr'] n. m.
jonque n. f.
jonquille n. f. (fleur). ♦ Adj. inv. *Des rubans jonquille.* ♦ N. m. *Une pierre d'un beau jonquille.*
jontoiement n. m.
joquette n. f. (femme jockey).
joran n. m.
jordani*en*, *enne* adj. *Il est jordanien.* ♦ N. *Un Jordanien* (de Jordanie).
j'ordonne n. inv. *C'est une madame j'ordonne.*
joruri n. m.
joseph adj. et n. m. *Du papier joseph; des josephs pour filtrer le vinaigre.* ♦ HOM. *Joseph* (prénom), *Flavius Josèphe* (historien).
joséphisme [-is-] n. m.
jota [rhota] n. f.
jottereau n. m. *Des jottereaux.*
jouable adj.
jouailler v. int.
joual n. m. sing. et adv. *Ils parlent joual.*
jouasse ou **joice** adj.
joubarbe n. f. (plante).
joue n. f. *Mettre en joue. Des joues en feu. Les joues d'un fauteuil. En joue! Feu!* ♦ HOM. il *joue* (v.), le *joug* des bœufs (pièce de bois sur la tête).
jouée n. f.
jouer v. int. et t. Conjug. 19. *Elle s'était jouée de lui. Cette comédie s'est jouée longtemps. Les cartes qu'il a jouées. Les jeux auxquels il a joué.*
jouet n. m.
jouette n. f. et adj.
jou*eur*, *euse* n. et adj.
joufflu, *e* adj.
joug [jou] n. m. *Un joug de bœufs. Être sous le joug de quelqu'un.* ♦ HOM. → joue.
jouir v. t. ind. du 2ᵉ gr. Conjug. 24.
jouissance n. f.

JOUISSANT

jouissant, e adj.
jouisseur, euse n.
jouissif, ive adj.
joujou n. m. *Des joujoux.*
joujouthèque n. f.
joule n. m. (unité de mesure : *3 joules* ou *3 J*). *Le joule par kelvin.*
jour n. m. *Au jour le jour ; ils sont à jour ; au petit jour ; mettre à jour* (mettre en règle) ; *mettre au jour* (exhumer) ; *les vérités se font jour ; des officiers de jour ; travailler nuit et jour ; les tout premiers jours ; étaler au grand jour ; des draps à jours ; des registres à jour ; le jour J ; les Cent-Jours ; le jour des Morts ; le jour des Rois. Leurs secrets furent percés à jour. Le demi-jour ; un faux jour ; à contre-jour.*
♦ *Les dix jours du calendrier républicain étaient* : primidi, duodi, tridi, quartidi, quintidi, sextidi, septidi, octidi, nonidi, décadi. ♦ *Tous les lundis. Tous les lundi et mardi de chaque semaine. Tous les premiers vendredis du mois. Les samedis matin ; les dimanches soir.* → date ; fête.
jour-amende n. m. *Des jours-amendes.*
journade n. f.
journal n. m. *Des journaux. Lire le journal ; le Journal officiel* (abs. : *l'Officiel) ; le Journal des débats* (abs. : *les Débats) ; le cahier journal ; du papier journal ; le livre journal ; le « Journal des modes » est un journal de modes ; des journaux de bord ; des articles de journaux.*
journalier, ère adj. et n. m.
journalisme [-is-] n. m.
journaliste n.
journalistique adj.
journée n. f. *Des femmes de journée ; la journée continue ; la journée des Dupes* (10 novembre 1630).
journellement adv.
joute n. f.
jouter v. int.
jouteur, euse n.
jouvence n. f. (jeunesse, en vieux français). *La fontaine de Jouvence ; une eau de Jouvence.*
jouvenceau n. m. *Des jouvenceaux.*
jouvencelle n. f.
jouxte prép. (près de). *Ils allèrent jouxte la rivière* (archaïsme).
jouxter v. t. *Son jardin jouxte mon terrain.*
jovial, ale, als ou **aux** adj.
jovialement adv.
jovialité n. f.
jovien, enne adj. (de la planète Jupiter). → jupitérien.

joyau n. m. *Des joyaux.*
joyeusement adv.
joyeuseté n. f.
joyeux, euse adj. et n. m.
*****joystick** = manche à balai (inf.).
jubarte n. f. (baleine).
jubé n. m.
jubilaire adj. et n.
jubilant, e adj.
jubilation n. f.
jubilatoire adj.
jubilé n. m.
jubiler v. int.
juché, e adj. et n. f.
jucher v. int. et t.
juchoir n. m.
judaïcité n. f.
judaïque adj.
judaïser v. int.
judaïsme [-is-] n. m.
judaïté → judéité.
judas [-da] n. m. (petite ouverture ; traître).
♦ HOM. *Judas* Iscariote (l'apôtre qui trahit Jésus), le baiser de *Judas ; Juda* (fils de Jacob), la tribu de *Juda*, le royaume de *Juda.*
judéité ou **judaïté** n. f.
judelle n. f.
judéo-allemand, e adj. et n. m. *Des judéo-allemands.*
judéo-arabe adj. et n. *Des judéo-arabes.*
judéo-chrétien, enne adj. et n. *Des judéo-chrétiens.*
judéo-christianisme [-is-] n. m.
judéo-espagnol n. m. *Des judéo-espagnols* (langages).
judicature n. f.
judiciaire adj.
judiciairement adv.
judicieusement adv.
judicieux, euse adj.
judo n. m.
judogi n. m.
judoka n.
jugal, ale, aux adj.
juge n. *Des juges de paix ; des juges d'instruction ; juge suppléant ; juge rapporteur ; des juges de touche ; les juges à l'arrivée ; les juges aux allures* (courses de trot). *Les juges des Enfers* (Minos, Éaque, Rhadamante). *Être juge et partie.*
jugé n. m. *Ils tirent au jugé.*
jugeable adj.
juge-arbitre n. *Des juges-arbitres.*

juge-commissaire n. m. *Des juges-commissaires.*

jugement n. m. *Des jugements par défaut. Le Jugement dernier.*

jugeote n. f.

juger v. t. *Il jugeait.* Conjug. 3. *Cette réparation, je l'ai jugé nécessaire* (participe passé et attribut de l'objet sont indissociables).

jugeur, euse n.

juglandacée n. f.

jugulaire adj. et n. f.

juguler v. t.

juif, juive n. *Un juif* (de religion juive); *un Juif* (du peuple juif, de la race juive); *le Juif errant.* ♦ Adj. *La religion juive.* Devient *judéo-* en association. *Les relations judéo-arabes.*

juillet n. m. S'écrit normalement sans majuscule. *Prendre ses vacances en juillet; le 14 juillet 1789.* Majuscule pour un évènement marquant. *Fêter le 14 Juillet; rue du 14-Juillet; la monarchie de Juillet.*

juilletiste [juiyè-] n.

juin n. m. S'écrit sans majuscule.

juiverie n. f.

jujube n. m.

jujubier n. m.

*****juke-box** n. m. inv. = tourne-disque automatique.

julep [-lèp'] n. m.

jules n. m. ♦ HOM. *Jules* (prénom).

julien, enne adj. *Le calendrier julien, l'ère julienne.* ♦ HOM. *Julien* (prénom); *julienne* (plante; potage).

juliénas [-na] n. m.

julienne n. f.

*****jumbo** n. m. = chariot perforateur.

*****jumbo-jet** n. m. = gros-porteur, Boeing 747.

jumeau, jumelle adj. et n. *Des frères jumeaux; des jumelles.* ♦ HOM. → jumelles.

jumel adj. et n. *Du coton jumel, des cotons jumels.* ♦ HOM. → jumelles.

jumelage n. m.

jumelé, e adj.

jumeler v. t. *Il jumelle.* Conjug. 13.

jumelles n. f. pl. (double lorgnette). *Des jumelles à prismes.* S'emploie quelquefois au singulier. *Une jumelle marine à prismes. Il s'en alla, jumelle(s) en bandoulière.* ♦ HOM. *jumel* (variété de coton), *sœur jumelle, il jumelle* (v. jumeler).

jument n. f.

jumenté n. m.

*****jumper** = robe sans manches, robe chasuble.

*****jumping** n. m. = concours hippique, saut d'obstacles.

*****jumping gene** = transposon, élément instable, élément mobile, élément transposable, gène sauteur, gène mobile (génét.).

jungle [jongl] mais devenu [jungl] dans l'usage. n. f.

junior adj. m. Après un nom français, s'écrit : *M. Leroux junior*; après un nom anglais, s'écrit : *Mr. Smith Jr.* Pour distinguer le fils du père, lorsqu'ils portent le même prénom, on dira : *monsieur P. Dubois fils.* ♦ N. m. *C'est une épreuve pour juniors* (sport).

junior entreprise n. f. *Des junior entreprises.*

*****junk bond** = obligation pourrie, obligation à haut risque (écon.).

*****junker** (all.) n. m. = jeune noble; gentilhomme terrien.

*****junk feeler** = tâte-ferraille (n. m.).

*****junkie** ou **junky** (amér.) n. = toxicomane profond; héroïnomane.

junonien, enne adj.

junte n. f.

jupe n. f.

jupe-culotte n. f. *Des jupes-culottes.*

jupette n. f.

jupier, ère n.

jupitérien, enne adj. (du dieu Jupiter). → jovien.

jupon n. m.

juponné, e adj.

juponner v. t.

jurançon n. m. (vin de la région de *Jurançon*).

jurande n. f.

jurassien, enne adj. *Le relief jurassien.* ♦ N. *Une Jurassienne* (habitante du Jura).

jurassique n. *Le jurassique.* ♦ Adj. *La période jurassique.*

jurat [-ra] n. m.

juratoire adj.

juré, e adj. *Un expert juré; une ennemie jurée.* ♦ N. *Les jurés des assises.*

*****jure et facto** (lat.) loc. = de droit et de fait.

jurement n. m.

jurer v. t. et int.

jureur n. m.

juridiction n. f.

juridictionnel, elle adj.

juridique adj. En association: *une querelle juridico-diplomatique.*
juridiquement adv.
juridisme [-is-] n. m.
jurisconsulte n. m.
jurisprudence n. f.
jurisprudenti*el*, *elle* adj.
juriste n. m.
juron n. m.
jury n. m.
jus [ju] n. m. *Un jus d'herbes, de fruits, de viande.* → gelée.
jusant n. m.
jusée n. f.
jusqu'au-boutisme [-is-] n. m. *Des jusqu'au-boutismes.*
jusqu'au-boutiste n. *Des jusqu'au-boutistes.*
jusque prép. On élide le *e* devant une voyelle. *Il le soutint jusqu'à la fin; jusqu'aujourd'hui; jusqu'à aujourd'hui; jusqu'où; jusqu'alors; jusqu'à avant-hier; jusqu'à Amiens; jusqu'ici; jusqu'à près de vingt heures; jusqu'à mardi; jusqu'à tant que; jusqu'à ce qu'il eût; jusque-là; jusque sur; jusqu'à quand? Jusqu'à plus ample informé.* ♦ *Jusques* est une forme vieillie (sauf dans la loc. *jusques et y compris*) à laisser au langage affecté: *jusques à quand?*
jusquiame n. f.
jussieua n. m. ou **jussiée** n. f.
jussion n. f.
justaucorps n. m.
juste adj. *Des voix justes; ces vestes sont justes; en justes noces; le juste milieu* → milieu. *Juste ciel!* ♦ Adv. *Ils ont vu juste; il est six heures juste; elles comptent juste.* ♦ N. *Le sommeil du juste; les justes; au juste; au plus juste; comme de juste.*
juste-à-temps n. m. ou adj. *Des livraisons justes-à-temps.* ♦ Loc. adv. *Ils sont arrivés juste à temps.*
justement adv.
juste-milieu → milieu.
justesse n. f. *Ils gagnent de justesse.*
justice n. f. *Rendre justice; ils se sont fait justice; un repris de justice; le palais de justice* (abs.: *le palais*); *un déni de justice; le Palais de justice* (de Paris); *la justice de paix; le ministère/ministre de la Justice; les attributs de la Justice* (allégorie personnifiée); *des gens de justice; justice immanente. Thémis est la déesse de la Justice.*
justiciable adj. et n.
justicier adj. et n. m.
justifiable adj.
justifiant, *e* adj.
justifica*teur*, *trice* adj.
justificat*if*, *ive* adj. et n. m.
justification n. f.
justifier v. t. Conjug. 17.
*****just in time** = juste-à-temps (écon.).
jutage n. m.
jute n. m.
juter v. int.
jut*eux*, *euse* adj. et n. m.
juvénat [-na] n. m.
juvénile adj.
juvénilité n. f.
juxtalinéaire adj.
juxtapaginaire adj.
juxtaposable adj.
juxtaposé, *e* adj.
juxtaposer v. t.
juxtaposition n. f.

K

k n. m. inv. ♦ **k:** symbole du *kilo*. ♦ **K:** symbole du *kelvin* et du *potassium*.

ka → kaon.

Kabbale → cabale.

kabbaliste et **kabbalistique** sont quelquefois employés pour *cabaliste* et *cabalistique*.

kabig ou **kabic** n. m.

kabuki n. m.

kabyle adj. *Un douar kabyle*. ♦ N. *Les Kabyles* (de Kabylie).

kacha ou **kache** n. f.

kaddish n. m.

kaefferkopf n. m. (vin d'Alsace).

kafkaïen, enne adj.

Kahler (maladie de) loc. f.

kaïnite n. f.

*****kaiser** (all.) n. m. = empereur.

kakatoès n. m. Quelquefois employé pour *cacatoès*.

kakémono n. m.

kaki n. m. et adj. inv. *Des vestes kaki*.

kala-azar n. m. *Des kala-azars*.

kalachnikov n. m.

kalé n. et adj. (gitan). *Une roulotte kalée*. ♦ HOM. *caler* (maintenir par une cale); *il est calé* (savant).

kaléidoscope n. m.

kaléidoscopique adj.

kali n. m. (plante). ♦ HOM. *Kali* (déesse de la mort).

kalicytie n. f.

kaliémie n. f.

kalium [-lyom'] n. m. *Des kaliums*.

kalmouk, e n. et adj.

*****kamaboko** (japonais) = bâtonnet au crabe.

kamala n. m.

kami n. m.

kamichi n. m.

*****kamikaze** (japonais) n. m. = avion-suicide; pilote volontaire d'avion-suicide.

kammerspiel [kameurchpil'] n. m.

kamptozoaire n. m.

kan → khan.

kana n. m. inv.

kanak → canaque.

kandjar n. m.

kangourou n. m. *Des kangourous*. → marsupial.

*****kanoun** (arabe) n. m. = réchaud.

kantien, enne adj.

kantisme [-is-] n. m.

kaoliang [-lyan] n. m.

kaolin n. m.

kaolinisation n. f.

kaolinite n. f.

kaon ou **ka** n. m. (particule élémentaire).

kapo n. m. (détenu nommé chef d'équipe par les nazis). Quelquefois écrit CAPO. ♦ HOM. *capot* (partie protectrice), *capot* (qui n'a rien gagné).

kapok n. m. L'Acad. écrit aussi CAPOC et CAPOK.

kapokier n. m.

Kaposi (sarcome de) loc. m.

kappa n. m. inv. → grec.

karaïte, caraïte ou **qaraïte** adj. et n.

karacul ou **caracul** [-kul'] n. m.

karaoké n. m. (appareil musical).

karaté n. m.

karatéka n.

karbau ou **kérabau** n. m. *Des karbaux; des kérabaux*.

KARITÉ

karité n. m. (arbre).
karma ou **karman** [-an ou -an'] n. m. (principe religieux hindou). ♦ HOM. la méthode de *Karman* [-an'] (système d'avortement).
*****karman** = raccordement d'aile (déf.).
karpatique → carpatique.
karst n. m.
karstique adj.
kart n. m.
kartecross n. m.
karting n. m.
kascher, cachère ou **casher** adj. inv.
kassite adj.
kata n. m. *Des katas de judo*.
katchina n. m.
kathakali n. m.
kawa [kawa] ou **kava** n. m. (poivrier polynésien ; boisson enivrante tirée de cette plante). ♦ HOM. le *caoua* (café, en arabe et en argot).
kayak [ka-yak'] n. m.
kayakable adj.
kayakiste n.
kazakh, e adj. et n. (du Kazakhstan).
kebab n. m.
keepsake [kipsèk] n. m.
keffieh n. m. (coiffure palestinienne). → képhir.
kéfir → képhir.
kelvin [-vin'] n. m. (unité de mesure : *3 kelvins* ou *3 K*). Le kelvin s'est d'abord appelé « degré Kelvin » ; cette dénomination est abandonnée. ♦ HOM. lord *Kelvin* (physicien anglais).
kémalisme [-is-] n. m.
*****kémia** (arabe) = amuse-bouches. → zakouski.
kénavo! interj. bretonne. (au revoir!).
kendo [kèn'-] n. m.
*****kennedy round** = négociations Kennedy (écon.).
kénologisme [-is-] n. m.
kénotron n. m.
kentia [kèntya ou kinsya] n. m.
kentrophylle n. m.
kenyan, e [ké-] adj. et n. (du Kenya).
kenyapithèque n. m.
képhir ou **kéfir** n. m. (petit-lait fermenté caucasien). ♦ Ne pas confondre avec *keffieh* (coiffure des Bédouins).
képi n. m.
Kepler n. m.
*****keplerian orbit** = orbite képlérienne (spat.).

képlérien, enne adj.
kérabau → karbau.
kératine n. f. (substance).
kératinisation n. f.
kératinisé, e adj.
kératite n. f. (maladie).
kératocèle n. f.
kératocône n. m.
kératoglobe n. m.
kératolytique n. m. et adj.
kératomalacie n. f.
kératome n. m.
kératomycose n. f.
kératonyxis n. f.
kératophakie n. f.
kératoplastie n. f.
kératose n. f.
kératotome n. m.
kératotomie n. f.
kermès n. m. ♦ HOM. → kermesse.
kermesse n. f. (fête). ♦ HOM. *kermès* (cochenille ; chêne ; médicament), *chermès* (puceron).
kérogène n. m. (roche).
kérosène n. m. (pétrole).
kerria n. m. ou **kerrie** n. f.
ketch n. m.
*****ketchup** (anglo-hindi) n. m. = tomatine.
ketmie n. f.
Kevlar n. m. déposé inv.
*****key code** = clef de contrôle (écon.).
keynésianisme [-is-] n. m.
keynésien, enne adj.
*****keyword** = mot clé (inf.).
kF = kilofranc.
*****K.G.B.** (russe) sigle m. (*Komitet Gossoudarstvennoï Bezopasnosti) = Comité de sécurité de l'État.
khâgne → cagne.
khâgneux → cagneux.
khalifat → califat.
khalife → calife.
khalkha n. m.
khamsin → chamsin.
khan [kan] n. m. *Gengis khan*. ♦ HOM. → camp.
khan ou **kan** n. m. (caravansérail). ♦ HOM. → camp.
khanat [kana] n. m.
kharidjisme [-is-] n. m.
kharidjite adj. et n.
khat → qat.
khédival, ale, aux adj.

khédivial, ale, aux adj.
khédivat ou **khédiviat** n. m.
khédive n. m.
khi n. m. → tableau LANGUES ÉTRANGÈRES, p. 897.
khmer, khmère [kmèr'] adj. *L'art khmer.* ♦ N. *Les Khmers* (du Cambodge).
khoin ou **khoisan** n. m.
khôl → kohol.
***khottara** → *foggara.
kibboutz n. m. *Des kibboutzim* [-zim'].
kichenotte → quichenotte.
***kick** = tir (sport).
***kick-starter** ou **kick** = lanceur de moteur, démarreur de moto. *Des kick-starters.*
Kickers n. m. pl. déposé.
kid n. m. (fourrure). ♦ N. f. (casquette imitée de celle du *Kid*, gavroche de films de Charlot).
kidnapper v. t.
kidnappeur, euse n.
***kidnapping** n. m. = enlèvement, rapt. Le mot *kidnapping* ne concerne proprement qu'un enlèvement d'enfant. Le verbe *kidnapper*, le nom *kidnappeur*, calques de l'anglais, doivent être traduits par *enlever* et *ravisseur*.
kief [kièf] n. m. (sieste).
***kieselguhr** ou **kiesegur** (all.) = silice de diatomées.
kiesérite [ki-sé-] n. f.
kif n. m. (haschisch).
***kif-kif** (arabe) adj. inv. = la même chose.
kiki n. m. *Serrer le kiki.*
kilim n. m.
kilo- Préfixe qui multiplie par 1 000. Symbole : *k*. Ce préfixe sert pour plusieurs mesures, mais ne peut se dire ou s'écrire seul (n. m.) qu'avec le sens de *kilogramme*. L'abréviation légale reste *kg* (sans point) pour les nombres en chiffres. *30 kg ; un kilo ; trente kilos ; trente kilogrammes.* → hecto-.
kilobase n. f. Symbole : *kb. 1 kilobase équivaut à 1 000 paires de bases d'ADN, ou 1 000 bases d'ARN.*
kilobit n. m.
kilocalorie n. f.
kilocycle n. m. Remplacé par le *kilohertz.*
kilofranc ou **kF** adj. (mesure non officielle, mais pratique pour désigner 1 000 F).
kilogramme n. m. (mesure : *3 kilogrammes* ou *3 kg*).
kilogramme-force n. m. (ancienne mesure : *3 kilogrammes-force* ou *3 kgf*).

kilogramme-poids n. m. (ancienne mesure : *3 kilogrammes-poids* ou *3 kgp*).
kilogrammètre n. m. (ancienne mesure : *3 kilogrammètres* ou *3 kgm*).
kilohertz n. m. (mesure : *3 kilohertz* ou *3 kHz*).
kilojoule n. m. (mesure : *3 kilojoules* ou *3 kJ*).
kilométrage n. m.
kilomètre n. m. (mesure : *3 kilomètres* ou *3 km*). *Des kilomètres carrés ; des kilomètres cubes. 50 km par heure ; 50 km/h ; 50 km à l'heure.*
kilométrer v. t. *Il kilomètre, nous kilométrons, il kilométrera(it).* Conjug. 10.
kilométrique adj.
kilooctet [kilo-oktè] n. m. (mesure : *3 kilooctets* ou *3 ko*).
kilotonne n. f. (mesure : *3 kilotonnes* ou *3 kt*).
kilotonnique adj.
kilovolt n. m. (mesure : *3 kilovolts* ou *3 kV*).
kilowatt [-wat'] n. m. (mesure : *3 kilowatts* ou *3 kW*).
kilowattheure [-wateur] n. m. (mesure : *3 kilowatt-heures* ou *3 kWh*).
kilt n. m.
kimbanguisme [kim'-] n. m.
kimberlite n. f.
kimono n. m.
kinase n. f.
kinescope n. m.
kinésie n. f.
kinésique adj.
kinésithérapeute n.
kinésithérapie n. f.
kinesthésie ou **cinesthésie** n. f.
kinesthésique ou **cinesthésique** adj.
kinétoscope n. m.
king-charles [kin'gcharl] n. m. inv.
kinkajou n. m. *Des kinkajous.*
kinois, e adj. et n. (de Kinshasa).
***kiosk** = kiosque (urb.).
***kiosk service** = kiosque (télécom.).
kiosque n. m.
kiosquier, ère n.
kiosquiste n.
kip n. m. (monnaie du Laos).
kippa n. f. (calotte juive).
kipper [-peur'] n. m. (hareng).
Kippour → Yom Kippour.
kir n. m. *Du kir royal. Des kirs royaux.* ♦ HOM. l'abbé *Kir.*

kirghiz n. m.
kirsch n. m. *Des kirschs.*
*****kissing spine** = épines accolées (méd.).
*****kissing ulcer** = ulcère en miroir (méd.).
*****kiss landing** = atterrissage en douceur (transp.).
*****kit** n. m. = bricolage, montage, prêt-à-monter (aud., techn.); trousse à outils, lot de réparation, lot de rattrapage (déf.).
*****kitchenette** n. f. = cuisinette.
*****kitsch** ou **kitch** (all.) n. m. inv. et adj. inv. = d'un humour bizarre, de mauvais goût.
kiwi [kiwi] n. m. → actinidia.
kiwiculture n. f.
Klaxon [klakson'] n. m. déposé inv.
klaxonner v. int.
Kleenex [kli-nèks'] n. m. déposé inv.
klephte ou **clephte** [klèft] n. m.
kleptomane ou **cleptomane** n.
kleptomanie ou **cleptomanie** n. f.
Klinefelter (syndrome de) loc. m.
klippe n. f.
klystron n. m.
*****knack** = habileté.
*****kneeling** = baraquage (transp.).
knepfle n. f.
Knesset n. f.
*****knickerbockers** [nikeurbokeur'] ou **knickers** ou **knicker** = culottes serrées sous le genou, pantalon de golf.
*****knock-down** = envoyé à terre; au tapis (sport).
*****knock-out** = hors de combat, assommé. Abrév.: *K.-O.*
knout n. m.
*****know-how** = savoir-faire, recette.
*****knowledge base** = base de connaissances (inf.).
*****knuckle joint** = genouillère (pétr.).
ko n. m. (symbole de *kilooctet* ou *1 000 octets*).
K.-O. → *knock-out.
koala n. m.
kob ou **cob** n. m. (antilope).
kobold n. m.
Koch (bacille de) [kok] loc. m. ♦ HOM. → coq.
Kodak n. m. déposé inv.
kodiak n. m. (ours).
kohol ou **khôl** n. m.
koinè [ko-inè'] n. f.
kola → cola.
kolatier n. m.
kolinski n. m.

kolkhoz ou **kolkhoze** n. m.
kolkhozien, enne adj. et n.
*****kommandantur** n. f. = commandement militaire.
komsomol [kom'-] n. m.
kondo n. m.
Kondratiev (cycle de) loc. m.
*****konzern** (all.) n. m. = entente d'entreprises.
kopeck n. m.
koppa n. m. (ancienne lettre grecque). ♦ HOM. *coppa* (échine de porc roulée).
korê ou **corê** n. f. (statue grecque).
Koro (névrose de) loc. f.
korrigan, e n.
Korsakoff (syndrome de) loc. m.
*****koruna** (tchèque) n. f. = couronne (monnaie tchèque et slovaque). Pl. pour deux: *koruny*; pour trois et plus: *korun.*
kot n. m.
koto n. m.
kouan-houa n. m.
koubba n. f.
koudourrou n. m. *Des koudourrous.*
kouffa → couffa.
kouglof n. m. (gâteau). En Alsace: *kugelhopf.*
koulak n. m.
koulibiac n. m.
koumys ou **koumis** [-is'] n. m.
kouros ou **couros** [-os'] n. m.
koweitien, enne [kowètyin, -tyèn'] adj. et n. (du Koweit).
kraal n. m.
*****krach** (all.) n. m. = effondrement de la Bourse. ♦ HOM. → crack.
kraft n. m.
krak n. m. ♦ HOM. → crack.
kraken n. m.
kraurosis n. m.
*****kremlin** [krèmlin] ou **kreml** (russe) n. m. = centre fortifié d'une ville. Spécialt: *le Kremlin* [-lin] *de Moscou.*
kremlinologie n. f.
kremlinologue n.
kreuzer [kreutzèr'] n. m.
*****kricks** = pal chauffant.
krill [kril'] n. m.
kriss → criss.
*****krone** n. f. = couronne (monnaie scandinave). *Des kroner. 10 kroner* ou *10 KRD* (Danemark) ou *10 KRN* (Norvège) ou *10 KRS* (Suède).
*****kronprinz** (all.) n. m. = prince héritier.

kroumir n. m. (chausson). ♦ HOM. les *Kroumirs* (habitants de la Kroumirie).
krouomanie n. f.
krypton n. m. (gaz).
ksar n. m. *Des ksour.*
kss! kss! interj.
Kub n. m. déposé inv.
kufique → coufique.
kugelhopf → kouglof.
kummel n. m.
kumquat [kom'kwat'] n. m.
kung-fu [koun'gfou] n. m.
kurde adj. *Un tapis kurde.* ♦ N. *Un Kurde, une Kurde; le kurde* (langue).
kursaal n. m. *Des kursaals.*

kurtchatovium [-vyom'] n. m. *Des kurtchatoviums.*
kuru [kourou] n. m.
kwas ou **kvas** [kvas'] n. m.
Kwashiorkor (syndrome de) loc. m.
K-way [kawè] n. m. déposé inv. (veste imperméable).
kyat n. m.
kymrique [kim'-] n. m. et adj.
kyriale n. m.
kyrie n. m inv. (abrév. de *kyrie eleison*).
kyrielle n. f.
kyste n. m.
kystectomie n. f.
kystique adj.
kyudo n. m.

L

l : n. m. inv. ♦ **1** : symbole du *litre*. ♦ **L** : *cinquante* en chiffre romain.

l' art. déf. élidé. *L'acajou est un bois exotique.* ♦ Pron. pers. élidé. *Pauvre, il l'était* (mis pour *le*). *Ce qui l'a rendue furieuse* (mis pour *la*).

■ « *L'* » euphonique. Cette lettre, sans rôle grammatical, se place avant *on* et après *et, ou, où, que, quoi, si*. *D'où l'on vient. Si l'on voit cet homme.* Ne se place pas s'il y a après ces mots une lettre *l* trop proche. *Je me demande si on les retrouvera. Si menu qu'on ne le voyait pas. La tournure « comme l'on dit » est affectée et inutile.* → lettres euphoniques; on B.

la art. déf. f. sing. *La route.* ♦ Pron. pers. f. sing. *Tu la vois.* ♦ Particule onomastique. *Le duc de La Rochefoucauld.* → le. ♦ N. m. inv. *Un concerto en la mineur. Des la bémol.* ♦ HOM. **là** (adv.), **las** (fatigué), **lacs** (cordonnet, piège).

là adv. *Restons là; brisons là; touchez là; tope là; restons-en là; en arriver là; ils sont un peu là; assieds-toi là; l'honnêteté, tout est là; ils en sont là. Il est allé là où il ne le fallait pas. Êtes-vous là?* ♦ *Là-bas; là-haut; là-dessus; là-dessous; là-dedans; là-dehors; là-derrière. Celui-là; celle-là; ceux-là; celles-là. Ce dossier-là; ces trois-là; ces deux tableaux-là; ce sergent-chef-là; cet as de carreau-là. Jusque-là. En ce temps-là. À ce point-là?* ♦ L'endroit n'est pas précisé. *Posez ce paquet là.* L'endroit est précisé. *Posez ce paquet-là; posez ce paquet, là; posez là ce paquet; la chaise, mettez-la là. On ne va tout de même pas rester toute la journée là.* ♦ *Là contre; là même; par-delà; deçà delà; par-ci(,) par-là; de-ci(,) de-là; d'ici là; çà et là.* ♦ *De là au marché il y a trois cents mètres; à quelque temps de là; de là, nous devons conclure que... Passez par là; il faut en passer par là. Qu'entendez-vous par là? Par là même.* ♦ *Halte-là! Oh! là, là! Qui va là? Hé là! doucement. Là, là, console-toi. Est-ce là ce que vous aviez promis? Quelle voiture est-ce là? Sont-ce là nos gens? Quels arbres sont-ce là?* → -ci et -là. ♦ HOM. → la.

labadens [-dins'] n. m.

labanotation n. f.

labarum [-rom'] n. m. *Des labara.* → labdanum.

là-bas loc. adv. *De là-bas, par là-bas.*

labbe n. m.

labdanum ou **ladanum** [-nom'] n. m. (résine odorante). *Des labdanums.* ♦ Ne pas confondre avec *laudanum* (médicament opiacé) ou *labarum* (étendard).

*****label** n. m. = étiquette, marque, emblème, estampille. ♦ HOM. *labelle* (pétale d'orchidée).

labelle n. m. ♦ HOM. → label.

*****labelling** = marquage (génét.).

labelliser v. t.

*****la bess** (arabe) = ça va.

labeur n. m.

labferment n. m.

labiacée n. f.

labial, ale, aux adj.

labialiser v. t.

labié, e adj. et n. f.

labile adj.

labilité n. f.

labiodentale adj. et n. f.

labium [-byom'] n. m. *Des labiums.*
laborantin, e n.
laboratoire n. m.
laborieusement adv.
laborieux, euse adj.
labour n. m.
labourable adj.
labourage n. m.
labourer v. t.
laboureur n. m.
labrador n. m. (roche ; chien). ♦ HOM. le *Labrador* (péninsule canadienne), canard, courant, mer du *Labrador*.
labre n. m.
labri ou **labrit** n. m. (chien).
labyrinthe n. m. *Les labyrinthes de la procédure.* ♦ HOM. le *Labyrinthe* (demeure légendaire du Minotaure).
labyrinthique adj.
labyrinthite n. f.
labyrinthodonte n. m.
lac n. m. *Le lac Léman ; le lac Majeur. Les cinq Grands Lacs américains :* Supérieur, Michigan, Huron, Erié, Ontario. *Tomber dans le lac.* ♦ HOM. la *laque* (vernis), il *laque* (v.), un *lack* ou *lakh* de roupies (cent mille roupies).
laçage n. m.
laccase n. f.
laccolite n. f.
lacé n. m. ♦ HOM. → lacer.
lacédémonien, enne adj. *Un guerrier lacédémonien.* ♦ N. *Les Lacédémoniens* (de Lacédémone ou Sparte).
lacement n. m.
lacer v. t. Conjug. 2. *Il laçait ses souliers.* ♦ HOM. *lasser* (fatiguer), un *lacet* (cordon), un *lacé* (ornement de verre).
lacération n. f.
lacérer v. t. *Je lacère, nous lacérons, je lacérerai(s).* Conjug. 10.
lacerie ou **lasserie** n. f.
lacertilien n. m.
lacet n. m. *Prendre un lapin au lacet ; dentelle, route, tracés en lacet.* ♦ HOM. → lacer.
laceur, euse n.
lâchage n. m.
lâche adj. et n.
lâché, e adj.
lâchement adv.
lâcher v. t. et n. m.
lâcheté n. f.
lâcheur, euse n.
lacinié, e adj.

lacis [-si] n. m. (réseau, entrelacs). ♦ HOM. *lassis* (bourre de soie, tissu).
lack ou **lakh** n. m. ♦ HOM. → lac.
laconique adj.
laconiquement adv.
laconisme [-is-] n. m.
lacrima-christi ou **lacryma-christi** n. m. inv. (cépage, vin).
lacrymal, ale, aux adj.
lacrymogène adj.
lacrymo-nasal, ale, aux adj. *Les canaux lacrymo-nasaux.*
lacs [la] n. m. (nœud coulant, bande de traction). *Un lacs d'amour* (broderie faite de cordons entrelacés). ♦ HOM. → la. ♦ Homographe hétérophone : les *lacs* [lak] suisses.
lactaire n. m.
lactalbumine n. f.
lactame n. m.
lactarium [-ryom'] n. m. *Des lactariums.*
lactase n. f.
lactate n. m.
lactation n. f.
lacté, e adj. *Un régime lacté ; la Voie lactée.*
lactescence n. f.
lactescent, e adj.
lactifère adj.
lactique adj.
lactobacille n. m.
lactodensimètre n. m.
lactoflavine n. f.
lactomètre n. m.
lactone n. f. (ester cyclique).
lactoprotéine n. f.
lactose n. m. (sucre).
lactosérum [-sérom'] n. m. *Des lactosérums.*
lactotransferrine n. f.
lacunaire adj.
lacune n. f. (vide). *Des souvenirs avec des lacunes ; les lacunes de son éducation.* ♦ Ne pas confondre avec *lagune* (bassin d'eau de mer isolé).
lacuneux, euse adj.
lacustre adj.
lad n. m.
ladang n. m.
ladanum → labdanum.
là-dedans, là-dehors, là-derrière, là-dessous, là-dessus, là-devant loc. adv.
ladin n. m.

ladino n. m.
ladite → ledit.
ladre n. et adj. *Un porc ladre. C'est une vieille ladre.* ♦ N. m. *Les taches de ladre du cheval.*
ladrerie n. f.
lady [lédi] n. f. *Des ladies.* → tableau LANGUES ÉTRANGÈRES, p. 892.
Laennec n.
lagan n. m. (épave).
lagomorphe n. m.
lagon n. m. *Les lagons polynésiens.*
lagopède n. m.
lagophtalmie [-fta-] n. f.
lagotriche ou **lagothrix** n. m.
laguë n. m.
laguiole [la-yol] n. m. (fromage ; couteau).
laguis [-ghi] n. m.
lagunage n. m.
lagunaire adj.
lagune n. f. → lacune.
là-haut loc. adv.
lai [lè] n. m. (poème). ♦ HOM. → lait.
lai, e adj. et n. *Un frère lai, une sœur laie.* ♦ HOM. → lait.
laïc → laïque.
laïcat [-ka] n. m.
laîche n. f. (plante). ♦ HOM. il *lèche* (v.).
laïcisation n. f.
laïciser v. t.
laïcisme [-is-] n. m.
laïciste adj. et n.
laïcité n. f.
laid, e [lè, lèd] adj. ♦ HOM. → lait.
laidement adv.
laideron n. Ne s'emploie d'habitude que pour une personne du sexe féminin. *Un/une laideron. La forme laideronne est rare.*
laideur n. f.
laie n. f. (sanglier femelle). ♦ HOM. → lait.
laimarque n. f.
lainage n. m.
laine n. f.
lainé, e adj.
lainer v. t.
lainerie n. f.
laineur, euse n.
laineux, euse adj.
lainier, ère adj. et n.
laïque ou **laïc, ïque** adj. et n. *Un laïque, un laïc ; une laïque. L'école laïque. Ce prêtre a été réduit à l'état laïc/laïque.*
laird [lèrd'] n. m.
lais [lè] n. m. pl. ♦ HOM. → lait.

laisse n. f.
laissées n. f. pl. ♦ HOM. → laisser.
laissé-pour-compte n. *Une laissée-pour-compte. Des laissés-pour-compte.*
laisser v. t. L'accord du participe passé de ce verbe, assez délicat, justifie la parole de Bescherelle : « Les participes sont le sujet des méditations du vrai grammairien. » Que le verbe *laisser* soit ou ne soit pas pronominal, il faut toujours raisonner sur le rôle du complément d'objet direct : actif, il amène l'accord ; passif, il laisse le participe invariable.

a) L'infinitif traduit une action du complément d'objet direct. *Les livres que vous avez laissés tomber* (les livres ont fait l'action de tomber). *Le médecin l'a laissée mourir* (elle a fait l'action de mourir). *Je les ai laissés partir* (ils ont fait l'action de partir). *Les curieux, on les a laissés s'en aller* (s'égarer, courir...). *Ces brebis, vous les avez laissées sortir ? Elle s'est laissée mourir* (tomber, dépérir...).

b) L'infinitif ne traduit pas une action du complément d'objet direct, il montre sa passivité. *La maison qu'elle a laissé saccager* (la maison a subi le saccage). *Les meubles, je les ai laissé emporter. Les occasions que nous avons laissé perdre. On lui reproche les rapines qu'il a laissé exercer par ses soldats* (les rapines n'ont pas fait l'action). *Elle s'est laissé séduire* (dépouiller, enlever, inculper, frapper...). *Ils se sont laissé surprendre* (ce n'est pas eux qui surprenaient, ils furent surpris par quelqu'un). *Elle s'est laissé prendre au piège* (elle ne prenait pas, elle fut prise). *Elle s'est laissé aimer*, montre sa cousine Astarté (Musset, *Il faut qu'une porte soit ouverte ou fermée*).

c) Il peut y avoir doute : *Il les a laissés torturer* (si *les* désigne les tortionnaires). *Il les a laissé torturer* (si *les* désigne les victimes). *Les saucisses, je les ai laissées griller* (si l'on estime que ce sont les saucisses qui grillaient toutes seules). *Les saucisses, je les ai laissé griller* (si quelqu'un les grillait). → tableau PARTICIPE PASSÉ III, F, 1°, p. 921 ; IV, F, c, p. 929. ♦ HOM. des *laissées* (fiente du sanglier).

laisser-aller n. m. inv.
laisser-courre n. m. inv. ou **laissé-courre** n. m. *Des laissés-courre.*
laisser-faire n. m. inv.
laissez-passer n. m. inv.
lait [lè] n. m. *Des veaux de lait ; des frères de lait ; lait d'amande(s), de concombre,*

LAITAGE

de palme; du petit-lait; ils sont soupe au lait (inv.). ♦ HOM. laid (vilain), les (article; pronom), lai (poème; religieux servant), lé (largeur d'étoffe), lais (bords de mer), laie (femelle du sanglier; sentier), laye ou laie (hachette), lès, lez (près de).

laitage n. m.
laitance ou **laite** n. f.
laité, e adj.
laiterie n. f.
laiteron n. m.
laiteux, euse adj.
laitier, ère n. et adj.
laiton n. m.
laitonnage n. m.
laitonner v. t.
laitue n. f.
laïus [la-yus'] n. m.
laïusser [la-yu-] v. int.
laïusseur, euse [la-yu-] adj. et n.
laize [lèz] n. f. (largeur d'une étoffe entre ses lisières). On dit aussi *un lé*. ♦ HOM. il *lèse* (v.), crime de *lèse*-majesté.
lakh → lack.
lakiste n. et adj.
lala! interj. *Ah! lala! Oh! lala!*
lallation n. f.
lama n. m. (mammifère; religieux bouddhiste). *Le grand lama; le dalaï-lama.*
lamage n. m.
lamaïsme [-is-] n. m.
lamaïste n.
lamanage n. m.
lamaneur n. et adj. m.
lamantin n. m.
lamarckisme [-is-] n. m.
lamartinien, enne adj.
lamaserie n. f.
lambada n. f.
lambda n. m. inv. → tableau LANGUES ÉTRANGÈRES, p. 897.
lambdoïde adj.
lambeau n. m. *Des lambeaux.*
lambel n. m.
Lambert (projection) loc. f.
lambeth-walk [lam'bès'wok'] n. m. *Des lambeth-walks.*
lambi n. m.
lambic ou **lambick** n. m. (bière).
lambin, e adj. et n.
lambiner v. int.
lambliase n. f.
lambourde n. f. → lampourde.
lambrequin n. m.
lambris [-brî] n. m.

lambrissage n. m.
lambrisser v. t.
lambruche ou **lambrusque** n. f.
*****lambswool** ou **lamb-wool** = agneline.
lame n. f. *Des lames de fond. Cet homme est une fine lame.*
lamé, e adj. et n. m.
lamellaire adj.
lamelle n. f.
lamellé, e adj. et n. m.
lamellé-collé n. m. *Des lamellés-collés.*
lamelleux, euse adj.
lamellibranche n. m.
lamellicorne n. m.
lamelliforme adj.
lamellirostre adj. et n. m.
lamentable adj.
lamentablement adv.
lamentation n. f. *Le livre des Lamentations* (Bible). *Le Mur des lamentations* (à Jérusalem).
lamenter v. int. *Le crocodile lamente.* ♦ V. pr. *Elle s'est lamentée.*
*****lamento** (ital.) n. m. = complainte.
lamer v. t.
lamiacée n. f.
lamie n. f.
lamier n. m.
lamifié, e adj. et n. m.
laminage n. m.
laminaire adj. et n. f. (algue).
*****laminar flow** = écoulement laminaire (agr.).
laminectomie n. f.
laminer v. t.
lamineur n. et adj. m.
lamineux, euse adj.
laminoir n. m.
lampadaire n. m.
lampant, e adj.
lamparo n. m.
lampas [-pa ou -pas'] n. m.
lampassé, e adj.
lampe n. f. *Une lampe tempête, des lampes tempête. Une lampe éclair, des lampes éclairs. Une lampe témoin, des lampes témoins. Une lampe flood, des lampes flood.*
lampée n. f.
lampemètre n. m.
lamper v. t.
lampion n. m.
lampiste n. m.
lampisterie n. f.

lampourde n. f. (plante). ♦ Ne pas confondre avec *lambourde* (pièce de bois; rameau).
lamprillon n. m.
lamproie n. f.
lamprophyre n. m.
lampyre n. m.
*****L.A.N.** (*local area network*) = réseau local (inf.).
lançage n. m.
lance n. f. ♦ HOM. il *lance* (v.), *Lens* (ville).
lancé, e adj.
lance-bombe, lance-engin, lance-flamme, lance-fusée, lance-grenade, lance-missile, lance-pierre, lance-roquette, lance-torpille n. m. Ces noms, qu'on peut écrire avec ou sans *s* final au singulier (*un lance-missile, un lance-missiles*), ont toujours un *s* au pluriel (*des lance-missiles*).
lancée n. f.
lancement n. m.
lancéolé, e adj.
lancequiner v. int.
lancer v. t. *Il lançait*. Conjug. 2. ♦ N. m. *La pêche au lancer; des lancers de ballon, de poids, de javelot.*
lance-sable n. m. inv.
lancette n. f.
lanceur, euse n.
lancier n. m.
lancinant, e adj.
lancination ou **lancinement** n. m.
lanciner v. int.
lançon n. m.
*****Land** (all.) n. m. = pays, région. *Des Länder.*
landais, e adj. *Un résinier landais.* ♦ N. *Un Landais* (des Landes).
landammann [-man'] n. m.
*****land art** n. m. = art dans la nature.
landau n. m. *Des landaus.*
landaulet n. m.
lande n. f. ♦ HOM. *Landes* (département).
*****land drainage** = drainage agricole.
landerneau ou **landerneau** n. m. (petit cercle). *Le landerneau des chauffeurs de taxi. Des landernaux.* ♦ HOM. *Landerneau* (ville du Finistère).
landgrave n. m.
landgraviat [-vya] n. m.
landier n. m.
*****landing** = atterrissage (transp.).
*****landing zone** = zone de poser, zone de largage.

*****landmark** = point de repère (spat.).
landolphia [-fya] n. f.
*****landscape architecture** = architecture paysagère (urb.).
*****landscape office** = bureau paysager (urb.).
*****landsgemeinde** (all.) n. f. = assemblée des citoyens.
*****land station** = station terrestre (télécom.).
*****landsturm** (all.) n. m. = subdivision de réservistes âgés.
*****landtag** (all.) n. m. = assemblée d'État.
*****landwehr** (all.) n. f. = subdivision de jeunes réservistes.
laneret n. m.
langage n. m.
langagier, ère adj.
lange n. m.
langer v. t. *Elle langeait*. Conjug. 3.
langoureusement adv.
langoureux, euse adj.
langouste n. f.
langoustier n. m.
langoustine n. f.
langue n. f. *Prendre langue avec quelqu'un.*

■ *Langues vivantes*. Les langues les plus parlées dans le monde sont, dans l'ordre : le mandarin, l'anglais, l'hindi-urdu, l'espagnol, le russe, l'arabe, le portugais, le japonais, le bengali, l'allemand, le français, l'italien, le wu, le malais, le coréen.

Les langues européennes dont la prononciation s'est éloignée de l'écriture sont celles qui présentent le plus de difficultés orthographiques. Ce sont l'anglais, le français et le russe. → étranger. Langue française → tableau TEXTES, p. 948 sqq.

Langues artificielles. Le désir de rapprocher les hommes a fait naître des langues internationales (l'esperanto étant la plus répandue) : basic (anglais simplifié), esperanto, ido, interlingua, interlingue occidental, intersistemal, mondial, mundolingue, novial, vita latina (latin vivant), volapük, etc.

langué, e adj.
langue-d'agneau n. f. (plantain). *Des langues-d'agneau.*
langue-d'aspic n. f. (outil). *Des langues-d'aspic.*
langue-d'avocat n. f. (poisson). *Des langues-d'avocat.*
langue-de-bœuf n. f. (arme; champignon; ...). *Des langues-de-bœuf.*

langue-de-carpe n. f. (pioche). *Des langues-de-carpe.*
langue-de-carpette n. f. (burin). *Des langues-de-carpette.*
langue-de-chat n. f. (outil; biscuit). *Des langues-de-chat.*
langue-de-chien n. f. (plante). *Des langues-de-chien.*
langue-de-moineau n. f. (plante). *Des langues-de-moineau.*
langue-de-serpent n. f. (amulette). *Des langues-de-serpent.*
langue-de-vache n. f. (enclume). *Des langues-de-vache.*
languedocien, enne adj. et n.
languette n. f.
langueur n. f.
langueyer [-ghué-yé] v. t. Conjug. 9.
languide adj.
languier n. m.
languir v. int. du 2ᵉ gr. Conjug. 24.
languissamment adv.
languissant, e adj.
lanice adj.
lanier n. m.
lanière n. f.
lanigère ou lanifère adj.
laniste n. m.
lanlaire adv. *On l'envoya se faire lanlaire.*
lanoline n. f.
lansquenet n. m.
lantanier ou lantana n. m. → latanier.
lanterne n. f.
lanterneau n. m. *Des lanterneaux.*
lanterner v. int. et t.
lanternon n. m.
lanthane n. m.
lanthanide n. m.
lanturlu n. m.
lanugineux, euse adj.
lao n. m.
Laon [lan] (ville).
laotien, enne [-syin, -syèn'] adj. et n. *Une Laotienne* (du Laos).
lapalissade n. f. *Une lapalissade est une vérité de La Palice.*
laparoscopie n. f.
laparotomie n. f.
lapement n. m.
laper v. int. et t.
lapereau n. m. *Des lapereaux.*
lapiaz → lapié.
lapicide n. m.
lapidaire n. et adj.

lapidation n. f. (action de lapider).
lapider v. t.
lapidification n. f. (solidification d'une roche meuble).
lapidifier v. t. et pr. Conjug. 17.
lapié ou lapiaz [-pya] n. m.
lapilli [-pili] n. m. pl.
lapin, e n. → registre.
lapiner v. int.
lapinière n. f.
lapinisme [-is-] n. m.
lapis-lazuli ou lapis [-pis'] n. m. *Des lapis-lazulis.*
la plupart → plupart.
lapon, e adj. *Un pêcheur lapon.* ♦ N. *Le lapon* (langue); *un Lapon* (de Laponie).
*lapping n. m. = abrasage par une poudre.
laps [laps'] n. m. *Un laps de temps.*
lapsi n. m. pl.
lapsus n. m. inv.
*lapsus calami (lat.) loc. m. inv. = erreur d'écriture.
*lapsus linguæ (lat.) loc. m. inv. = erreur de langage.
*laptop computer = ordinateur portatif.
laptot n. m.
laquage n. m.
laquais [-kè] n. m. ♦ HOM. → laquer.
laque n. m. (objet laqué; vernis chinois d'origine, noir ou rouge). *On a vendu de beaux laques. Cette peinture imite le laque de Chine.* ♦ N. F. (vernis, peinture). *Un tube de laque carminée. Ce vernis contient de la laque. La gomme laque.* ♦ Adj. inv. ♦ HOM. → lac.
laqué, e adj.
laquelle → lequel.
laquer v. t. (couvrir de laque). ♦ HOM. *laquais* (valet).
laqueur, euse n.
laqueux, euse adj.
laraire n. m.
larbin n. m.
larcin n. m.
lard [lar'] n. m. (zone graisseuse chez le porc). *Ils sont gras à lard.* ♦ HOM. *lare* (dieu protecteur du foyer).
larder v. t.
lardoire n. f.
lardon n. m.
lardonner v. t.
lare n. m. *Les dieux lares.* ♦ HOM. → lard.
largable adj.
largage n. m.

large adj. *Des idées larges.* ♦ Adv. *Ils ont calculé large. Ils n'en mènent pas large. Des fenêtres large ouvertes.* ♦ N. m. *Prendre le large. Ils sont au large à cette table; être au large de la Corse.* ♦ Interj. *Au large!*

***large** = général, animé, approfondi, grand, complet (et non *large*).

largement adv.

largesse n. f. (libéralité). *Il bénéficia des largesses de son oncle.*

larget n. m.

largeur n. f. (étendue, ampleur; sens perpendiculaire à la longueur). *Une largeur d'esprit. La largeur de ses idées. Mesurer la largeur.*

***larghetto** (ital.) adv. = moins lent que « largo ».

larghetto n. m. *Des larghettos.*

***largo** (ital.) adv. = ample et large, très lent.

largo n. m. *Des largos. Le largo de cette symphonie.*

largue adj. *Un vent largue.* ♦ N. m. *Aller grand largue.*

larguer v. t. *Nous larguons.* Conjug. 4.

largueur n. m.

***lariat** = lasso (génét.).

lariforme n. m.

larigot n. m. *Boire à tire-larigot.*

larme n. f. *Des larmes de crocodile; pleurer à chaudes larmes; fondre en larmes; rire aux larmes; être en larmes; avoir la larme facile.*

larme-de-Job n. f. (plante). *Des larmes-de-Job.*

larmier n. m.

larmoiement n. m.

larmoyant, e adj.

larmoyer v. int. Conjug. 6.

larron n. m. *Le bon et le mauvais larron. S'entendre comme larrons en foire. Le larron d'un canal.*

Larsen (effet) ou **Larsen** [larsèn'] n. m.

larvaire adj.

larve n. f.

larvé, e adj.

larvicide adj. et n. m.

laryngale n. f.

laryngé, e adj.

laryngien, enne adj.

laryngectomie n. f.

laryngectomiser v. t.

laryngite n. f.

laryngologie n. f.

laryngologiste ou **laryngologue** n.

laryngoscope n. m.

laryngoscopie n. f.

laryngotomie n. f.

larynx n. m.

las! [las'] interj.

las, lasse [la, las'] adj. *De guerre lasse.* ♦ HOM. → la.

lasagne n. f.

lascar n. m.

lascif, ive adj.

lascivement adv.

lascivité n. f.

laser [-zèr'] n. m. (sigle de **light activation by stimulated emission of radiations* = création de lumière par stimulation des émissions). *Le laser à rubis. Des rayons laser. Des lasers* [-zèr'].

***laserdisc** = laserdisque, disque compact (aud.).

laserdisque n. m.

***laser fluorosensor** = fluorodétecteur à laser (spat.).

***laser radar** = lidar imageur.

lassant, e adj.

lasser v. t. *Elles se sont lassées de l'entendre.* ♦ HOM. → lacer.

lasserie → lacerie.

lassis [-si] n. m. ♦ HOM. → lacis.

lassitude n. f.

lasso n. m.

***last but not least** = le dernier mais non le moindre.

Lastex n. m. déposé. → latex.

lasthénie de Ferjol loc. f.

***last in, first out** ou **lifo** = dernier entré, premier sorti, ou DEPS (écon.).

lasting n. m.

lasure n. f.

latanier n. m. (palmier). ♦ Ne pas confondre avec *lantanier* (arbuste décoratif).

***late gene** = gène tardif (génét.).

latemment [-taman] adv.

latence n. f.

latent, e adj.

latéral, ale, aux adj.

***lateral drain** = drain (agr.).

latéralement adv.

latéralisation n. f. (évolution du cerveau).

latéralisé, e adj.

latéralité n. f.

***latere** → **a latere.

latérisation ou **latéritisation** n. f. (formation de latérite).

latérite n. f.
latéritique adj.
latéritisation → latérisation.
latex n. m. (sève de végétaux). ♦ Ne pas confondre avec *Lastex* (marque commerciale d'un filé élastique).
lathyrisme [-is-] n. m.
laticifère n. m. et adj.
laticlave n. m.
latifolié, e adj.
latifondiaire adj.
latifundiste [-fon-] n. m.
latifundium [-fondyom'] n. m. *Des latifundia.*
latin, e adj. *L'Amérique latine; le Quartier latin; une voile latine.* ♦ N. *Un Latin* (originaire du Latium; de culture latine); *le latin* (langue); *y perdre son latin.*
♦ → tableau *Langues étrangères et langues anciennes* p. 899.
latinisant, e adj. et n.
latinisation n. f.
latiniser v. t.
latinisme [-is-] n. m.
latiniste n.
latinité n. f. *La basse latinité.*
latino n. et adj. *Des latinos* [-nos'].
latino-américain, e adj. *L'art latino-américain.* ♦ N. *Les Latino-Américains* (de l'Amérique latine).
latitude n. f. *Laisser toute latitude à quelqu'un.* La latitude d'un lieu s'exprime en degrés, minutes et secondes d'angle; elle ne peut être que nord ou sud. *33° 7' 14" de latitude nord* (ou : *de lat. N.*).
latitudinaire adj. et n.
latomie n. f.
*****lato sensu** (lat.) loc. = au sens large.
latrie n. f.
latrines n. f. pl.
lattage n. m.
latte n. f.
latté n. m.
latter v. t.
lattis [-ti] n. m.
laudanisé, e adj.
laudanum [-nom'] n. m. *Des laudanums.*
→ labdanum.
lauda*teur*, *trice* n.
laudat*if*, *ive* adj.
laudes n. f. pl.
*****launcher** = table de lancement, lanceur (spat.).
*****launching base** = base de lancement.

*****launching complex** = ensemble de lancement (spat.).
*****launching rail** = tour de lancement (spat.).
*****launching ramp** = rampe de lancement (spat.).
*****launching window** = créneau de lancement (spat.).
*****launch pad** = aire de lancement (spat.).
*****launch vehicle** = lanceur (spat.).
lauracée n. f.
laure ou **lavra** n. f. (monastère). ♦ HOM. *Laure* (prénom).
lauré, e adj.
lauréat, e [-réa, -réat'] n. et adj.
lauréole n. f.
laurier n. m. *Une couronne de laurier; être couvert de lauriers.*
laurier-cerise n. m. *Des lauriers-cerises.*
laurier-rose n. m. *Des lauriers-roses.*
laurier-sauce n. m. *Des lauriers-sauce.*
laurier-tin n. m. *Des lauriers-tins.*
lause ou **lauze** n. f.
l'autre → l'un.
*****L.A.V.** (*lymphadenopathy associated virus*) = premier nom du V. I. H.
lavable adj.
lavabo n. m.
lavage n. m.
lavallière n. f. (cravate). ♦ Adj. inv. *Des maroquins lavallière.* ♦ HOM. Mlle de *La Vallière.*
lavande n. f. et adj. inv.
lavandière n. f.
lavandin n. m.
lavaret [-rè] n. m.
lavasse n. f.
*****lavatory** n. m. = toilettes publiques. *Des lavatories.*
lave n. f.
lavé, e adj.
lave-auto n. m. *Des lave-autos.*
lave-dos n. m. inv.
lave-glace n. m. *Des lave-glaces.*
lave-linge n. m. inv.
lave-mains n. m. inv.
lavement n. m.
lave-pont n. m. *Des lave-ponts.*
laver v. t. *Ils se sont lavés. Ils se sont lavé les mains.* → tableau VERBES XII, p. 977.
laverie n. f.
lave-tête n. m. inv.
lavette n. f.
lav*eur*, *euse* n.

lave-vaisselle n. m. inv.
lavis [-vi] n. m.
lavoir n. m.
lavra → laure.
lavure n. f.
*****lawn-tennis** = tennis.
lawrencium [loransyom'] n. m. *Des lawrenciums.*
laxat*if, ive* adj. et n. m.
laxisme [-is-] n. m.
laxiste n. et adj.
laxité n. f.
laye ou **laie** n. f. (hachette pour tailler la pierre). ♦ HOM. → lait.
layer [lé-yé] v. t. Conjug. 8.
layetier [lè-yetyé] n. m.
layette [lè-yèt] n. f.
layeur [lè-yeur] n. m.
layon [lè-yon] n. m.
*****lay-out** = composition d'un film (cin.), topologie (électron.).
*****layout versus schematic (lvs)** = logiciel de vérification de schéma (électron.).
lazaret [-rè] n. m.
lazariste n. m. → religieux.
lazulite n. f. (phosphate d'aluminium).
lazurite n. f. (lapis-lazuli).
*****lazzarone** (ital.) n. m. = Napolitain du bas peuple. *Des lazzaroni.*
*****lazzi** (ital.) n. m. = moquerie. *Des lazzis* (français); *des lazzi* (italien).
L-dopa n. f. (médicament).
*****Lb** = symbole du *pound* (livre de 453,592 g).
le, la, les art. déf. *Le violon.*
 ■ En géographie, ces mots prennent la majuscule s'ils font partie du nom de l'agglomération. *La Ciotat, La Havane; La Rochelle; Le Havre; Le Pirée; Les Islettes; Les Sables-d'Olonne; L'Isle-Adam; la ville de La Haye; passer par La Paz; revenir des Eyzies; originaire du Blanc.* Désignant un quartier, une région, ce sont de simples articles. *Visitez le Marais; les Batignolles; la Cité; la Gironde; les Gobelins; les Halles; les Landes; le Poitou; l'Isère.* ♦ → lès. Œuvres commençant par *le, la, les* → tableau TITRES D'ŒUVRES, p. 950.
Pron. pers. *Il les prend.* Les pronoms personnels *le, la, les* venant après un verbe à l'impératif lui sont liés par un trait d'union. *Ce colis, pèse-le; cette bouteille, prends-la; ces cigarettes, jetez-les.* Participe passé précédé du pronom *le* → tableau PARTICIPE PASSÉ III, F, 2°, p. 922.
Devant un nom propre de personne, *le* et *la* peuvent être simples articles, sans majuscule (*le Tintoret, la Voisin*) ou particule onomastique, avec majuscule (*La Varende, les frères Le Nain*). Devant le nom, le simple article se fond, au besoin, dans la contraction *au* ou *du* (*Se référer au Corrège; l'œuvre du Tintoret*), ce qui ne se fait pas avec la particule (*Se référer à Le Clézio; l'œuvre de Le Corbusier*) ou dans une série: *Ce train s'arrête à Nevers, Le Creusot, Mâcon.* ♦ → tableau MAJUSCULES B, 9°, p. 904.

lé n. m. → laize. ♦ HOM. → lait.
Leacryl n. m. déposé inv. (tissu).
*****leader** n. m. = guide, chef, dirigeant, meneur; éditorial de journal.
*****leader region, leader sequence** ou **leader** = séquence de tête (génét.).
*****leader navigator** = chef des navigateurs.
*****leader pilot** = chef des pilotes.
*****leadership** n. m. = primatie, primauté, prépondérance, hégémonie, domination, direction, commandement.
*****leads and lags** = termaillage (écon.).
*****leaky mutation** = mutation fuyante (génét.).
*****lease back** = cession-bail.
*****leased circuit** = liaison spécialisée (télécom.).
*****leasing** n. m. = crédit-bail (quand il y a une société financière intermédiaire entre le vendeur et l'acheteur); location-vente (quand il n'y a pas d'intermédiaire); location avec option d'achat (L.O.A.); location avec promesse de vente (L.P.V.).
*****leaver** = navire quittant (déf.).
lebel n. m.
*****Lebensraum** (all.) = espace vital.
lécanore n. f.
Le Cap → cap.
léchage n. m.
lèche n. f.
léché, e adj.
lèche-bottes n. inv.
lèche-cul n. *Des lèche-culs.*
lèchefrite n. f.
lèchement n. m.
lécher v. t. *Il lèche, nous léchons, je lécherai(s).* Conjug. 10.
lécherie n. f.
léch*eur, euse* n. et adj.
lèche-vitrine(s) n. *Des lèche-vitrines* (personnes). Le même nom, au masculin, désigne l'action.

lécithine n. f.
leçon n. f.
lec*teur*, *trice* n.
lectine n. f.
lectionnaire n. m.
lectisterne n. m.
lectorat [-ra] n. m.
lecture n. f. Lecture des nombres → tableau NOMBRES, I, p. 909.
lécythe n. m.
lède n. f. (dépression dans les dunes landaises). ♦ HOM. *laide* (adj.).
ledit, ladite, lesdits, lesdites adj. dém. *Ladite propriété sera vendue.* → dit.
lég*al*, *ale*, *aux* adj.
légalement adv.
légalisation n. f.
légaliser v. t.
légalisme [-is-] n. m.
légaliste n.
légalité n. f.
légat n. m. *Un légat « a latere »* (en mission spéciale).
légataire n.
légation n. f.
*****legato** (ital.) adv. = en liant les sons.
*****leg bag** = gaine de jambe.
lège adj.
légendaire adj.
légende n. f.
légender v. t.
lég*er*, *ère* adj. *Des propos légers. Poids léger* → poids. ♦ Adv. *Elle mange léger. Parler à la légère.*
légèrement adv.
légèreté n. f.
*****leggiero** (ital.) = léger.
*****leggings** ou **leggins** [lèghin's'] n. f. pl. = jambières.
leghorn n. m. *Des leghorns* ou *des poules Leghorn.*
légiférer v. int. *Je légifère, nous légiférons, je légiférerai(s).* Conjug. 10.
légion n. f. *Les légions romaines; la Légion étrangère* (abs. : *la Légion*); *la Légion d'honneur; le grand collier, le grand maître, la grand-croix, le grand chancelier de la Légion d'honneur; la Légion arabe; la Légion tricolore; la Légion polonaise; la Légion Condor; la Légion du mérite* (Legion of Merit). *Ils sont légion.*
légionellose n. f.
légionnaire n. m.
législa*teur*, *trice* adj. et n. m.

législat*if*, *ive* adj. *L'Assemblée législative* (abs. : *la Législative*); *le Corps législatif* (1852-1870).
législation n. f. (ensemble des lois; action de légiférer).
législativement adv.
législature n. f. (durée d'une assemblée législative).
légiste n. et adj.
légitimation n. f.
légitime adj. et n. f.
légitimé, e adj. et n.
légitimement adv.
légitimer v. t.
légitimiste adj. et n.
légitimité n. f.
Lego n. m. déposé inv.
legs [lè ou lèg'] n. m. ♦ HOM. il *lègue* (v.).
legsème n. m.
léguer v. t. *Nous léguons.* Conjug. 4.
légume n. m. *De bons légumes.* ♦ N. f. *Une grosse légume* (personnalité importante).
légumi*er*, *ère* adj. et n. m.
légumine n. f.
légumineuse n. f.
lei [lèy'] n. m. (pl. de *leu*, monnaie).
léiomyome n. m.
leishmania ou **leshmanie** [lèch-] n. f.
leishmaniose [lèch-] n. f.
*****leitmotiv** (all.) n. m. = motif conducteur. *Des leitmotive.*
lek n. m. (monnaie d'Albanie).
lemmatiser v. t.
lemme [lèm] n. m.
lemming n. m.
lemnacée n. f.
lemniscate n. f.
lempira n. m. (monnaie du Honduras).
lémur [lé-] n. m. (maki).
lémure n. m. (ombre d'un mort).
lémurien n. m.
lendemain n. m. *Du jour au lendemain.*
lendit n. m. *La foire du lendit.*
lénifiant, e adj.
lénifier v. t. Conjug. 17.
léninisme [-is-] n. m.
léniniste adj. et n.
lénit*if*, *ive* adj.
lent, e adj. *Un esprit lent; une progression lente. Il est lent à réagir, à se décider, à comprendre, à saisir, à revenir. Elle est lente pour se maquiller.* → long. ♦ HOM. *Laon* (ville); *lente* (œuf de pou).

lente n. f. ♦ HOM. → lent.
lentement adv.
lenteur n. f.
lenticelle n. f.
lenticulaire ou **lenticulé, e** adj.
lenticule n. f.
lentigine n. f.
lentigo [lin-] n. m.
lentille n. f. *Lentille cornéenne. Un plat de lentilles.*
lentillon n. m.
lentisque n. m.
lentivirus n. m.
***lento** (ital.) adv. = lentement, gravement.
Léon n. m. (région du Finistère; prénom français). ♦ Ne pas confondre avec *León* (région d'Espagne; ville d'Espagne, du Mexique et du Nicaragua).
léonais, e ou **léonard, e** adj. *Une production léonaise.* ♦ N. *Le léonais* (parler breton); *un Léonais/Léonard* (du pays de Léon, en Bretagne).
léonin, e adj. (propre au lion ou au poète Léon). *Un partage léonin; des rimes léonines.*
léontine n. f. (chaîne de montre de dame). ♦ HOM. *Léontine* (prénom).
léonure n. m.
léopard n. m.
léopardé, e adj.
léotard n. m.
L.E.P. sigle m. Lycée d'enseignement professionnel.
lépidodendron n. m.
lépidolite n. m.
lépidoptère n. m.
lépidosirène [-si-] n. m.
lépidostée n. m.
lépiote n. f.
lépisme [-is-] n. m.
lépisostée ou **lépidostée** n. m.
léporide n. m.
léporidé n. m.
lèpre n. f.
lépreux, euse adj. et n.
léprologie n. f.
lépromateux, euse adj.
léprome n. m.
léproserie n. f.
lepte n. m.
leptocéphale n. m.
leptolithique adj. et n. m.
leptoméninge n. f.
lepton n. m.

leptosome adj. et n. → pycnique.
leptospire n. m.
leptospirose n. f.
lepture n. m.
lequel, laquelle, lesquels, lesquelles adj. rel. *Lequel terrain fut revendiqué par un neveu.* ♦ Pron. rel. *Le bâton avec lequel il avait frappé.* ♦ Pron. interrog. *Lequel voulez-vous ?* ♦ Élément des loc. pron. indéf. *Dieu sait lequel, je ne sais lequel, n'importe lequel, on ne sait lequel.*
lerche adv.
lérot n. m.
les art. *Les bijoux.* ♦ Pron. *Ils les emportent. Il les emporte.* → le. ♦ HOM. → lait.

■ *Les, Lès, Lez* [lè] Ces trois petits mots entrent dans la composition des noms de lieux. Il faut respecter les graphies locales.

1° **les** (article) : *Montceau-les-Mines; Sermaize-les-Bains.*

2° **lès** (préposition signifiant : près de) : *Joué-lès-Tours; Saint-Rémy-lès-Chevreuse.*

3° **lez** (forme ancienne du précédent, de même sens) : *Plessis-lez-Tours; Saint-Hilaire-lez-Cambrai.*
HOM. → lait.

lesbianisme ou **lesbisme** [-is-] n. m.
lesbien, enne adj. et n. *Un Lesbien* (de Lesbos). *Une lesbienne* (homosexuelle).
lesdits, lesdites → ledit.
lèse- adj. f. sing. Toujours avec un trait d'union; ne peut être suivi que d'un nom féminin. *Des crimes de lèse-majesté, de lèse-humanité.* ♦ HOM. → laize.
lèse-majesté n. f.
léser v. t. *Je lèse, nous lésons, je léserai(s).* Conjug. 10.
lésinerie ou **lésine** n. f.
lésiner v. int.
lésineur, euse adj. et n.
lésion n. f.
lésionnaire adj.
lésionnel, elle adj.
lesquels, lesquelles → lequel.
lessivable adj.
lessivage n. m.
lessive n. f.
lessiver v. t.
lessiveuse n. f.
lessiviel, elle adj.
lessivier n. m.
lest n. m. *Des navires sur lest.* ♦ HOM. → leste.

lestage n. m.

leste adj. *Une fille leste; des propos lestes.* ◆ HOM. du *lest* (matière pesante).

lestement adv.

lester v. t.

*****let** = filet (sport). ◆ Adj. inv. *Des balles let.* ◆ HOM. → lette.

létal, ale, aux adj.

létalité n. f.

letchi → litchi.

*****lethal dose** = dose létale (déf.).

léthargie n. f.

léthargique adj.

lette n. m. (autre nom du letton, langue de Lettonie). ◆ HOM. *let* (se dit d'une balle qui touche le filet au tennis ou au ping-pong).

letton, onne adj. *Le rivage letton.* ◆ N. *Une Lettonne* (de Lettonie).

lettrage n. m.

lettre n. f. *Une lettre d'affaires, d'agrément, de change, de condoléances, de créance, de crédit, de félicitations, d'introduction, d'investiture, de forme, d'obéissance, de rappel, de recommandation, de remerciement* (pour congédier), *de remerciements* (pour remercier), *de service, de somme, de voiture. Du papier à lettres; lettre de faire part; en toutes lettres; les belles-lettres; lettre missive; lettre exprès; classe de lettres; docteur ès lettres; agrégé de lettres; la faculté des lettres; la Société des gens de lettres; homme, femme de lettres. Ces ordres sont restés lettre morte.* ◆ → caractère, voyelle et tableau ALPHABET, p. 876.

■ *Lettres euphoniques.* Il y a trois lettres (*l, s, t*) qui n'ont qu'un rôle euphonique en quelques occasions; elles sont alors placées entre deux sons voyelles pour éviter un hiatus ou un voisinage désagréable.

l' : *Sonnez et l'on vous ouvrira* (pour : *et on*).

Il faut que l'on dise (pour : *qu'on*).

s- (se soude au verbe qui précède) : *Donnes-en; vas-y* (pour : *donne-en, va-y*).

-t- : *Sera-t-il à l'heure?* (pour : *sera-il*).

→ « L' » euphonique, on B, « T » euphonique et les tableaux ÉLISION B, p. 888; TRAIT D'UNION A 9°, p. 954; VERBES XV, p. 983.

lettré, e adj. et n.

lettre-transfert n. f. *Des lettres-transferts.*

lettrine n. f.

lettrisme [-is-] n. m.

leu n. m. (archaïsme pour *loup*). *Aller à la queue leu leu.* ◆ N. m. (monnaie roumaine). *Un leu, des lei.*

leucanie n. f.

leucémie n. f.

leucémique adj. et n.

leucine n. f. (acide aminé).

leucite n. m. (élément de la cellule). ◆ N. f. (silicate).

leucocyte n. m.

leucocytose n. f.

leucodermie n. f.

leucodystrophie n. f.

leuco-encéphalite n. f. *Des leuco-encéphalites.*

leucome n. m.

leucopénie n. f.

leucoplasie n. f.

leucopoïèse n. f.

leucopoïétique adj.

leucorrhée n. f.

leucose n. f.

leucotomie n. f.

leucotriène n. m.

leude n. m.

leur adj. poss. S'accorde en genre et en nombre avec le nom qui suit. *Leur ballon; leurs chaussures. Les participants vinrent avec leur(s) femme(s)* : tour à éviter, le singulier et le pluriel prêtant à sourire; préférer : *Chaque participant vint avec sa femme.* Le pluriel *leurs*, devant le titre de certaines personnes, prend la majuscule de solennité. *Nous avons vu Leurs Majestés.* → majesté. ◆ Pron. pers. Placé devant un verbe, il est invariable. *Tu leur dis; elles leur parlent.* ◆ Pron. poss. *Cette maison est leur.* ◆ Élément de pron. poss. *(le leur, la leur, les leurs). La leur est plus belle; ils préfèrent les leurs.* ◆ N. m. pl. *Ils sont avec les leurs* (leurs parents, leurs alliés). ◆ HOM. un *leurre* (objet trompeur), il se *leurre* (v.).

leurre n. m. ◆ HOM. → leur.

leurrer v. t.

lev n. m. (monnaie bulgare). *Des leva.*

levage n. m.

levain n. m.

levalloisien, enne adj. et n. (de Levallois).

levant adj. m. *Au soleil levant; l'empire du Soleil-Levant.* ◆ N. m. *Exposé au levant; les pays du Levant; l'île du Levant; les Échelles du Levant.*

levantin, e adj. *Des usages levantins.* ◆ N. *Un Levantin* (des pays du Levant); *levantine* (tissu; dague).

levé, e adj. *Au pied levé; à main levée, voter par assis et levé.* ♦ N. m. *Un levé/ lever de plan; des levés/ levers de plans.* ♦ N. f. *Une levée de boucliers, de courrier, de galets, d'impôts, de jugement, d'option, de scellés, de siège, de terre, de titres, de troupes. Une levée en masse. Une levée d'écrou; des levées d'écrou.*

lève-glace n. m. *Des lève-glaces.*

*****level meter** = limnimètre (nucl.).

*****level sensor** = canne de niveau, jauge des ergols (spat.).

lève-malade n. m. *Des lève-malades.*

lever v. t. et int. *Je lève, nous levons, je leverai(s).* Conjug. 15. ♦ N. m. *Le lever de rideau, du roi, du soleil. Un lever de rideau* (petite pièce qui commence le spectacle). *Des levers.* → levé.

*****leverage lease** = bail à effet de levier (transp.).

*****leveraged leasing** = crédit-bail fiscal (écon.).

*****leveraged management buy out** (L.M.B.O.) = rachat d'entreprise par ses salariés, ou R.E.S. (écon.).

lève-tard n. inv.

lève-tôt n. inv.

lève-vitre n. m. *Des lève-vitres.*

levier n. m.

lévigation n. f.

léviger v. t. *Il lévigeait.* Conjug. 3.

lévirat [-ra] n. m.

lévirostre adj. et n. m.

lévitation n. f.

lévite n. m. (ministre du culte israélite). ♦ N. f. (long vêtement).

léviter v. int.

lévogyre adj.

levraut n. m.

lèvre n. f.

levrette n. f.

levretté, e adj.

levretter v. int.

lévrier n. m.

levron, onne n.

lévulose n. m.

levure n. f.

levurier n. m.

Lévy → tableau HOMONYMES A, 1°, p. 890.

Lewis [léwis'] n. m. déposé.

lexème n. m.

lexical, ale, aux adj.

lexicalisation n. f.

lexicalisé, e adj.

lexicaliser v. t.

lexicographe n.

lexicographie n. f.

lexicographique adj.

lexicologie n. f.

lexicologique adj.

lexicologue n.

Lexicon [-kon'] n. m. déposé inv.

lexie n. f.

lexigramme n. m.

lexique n. m.

lexis [léksis'] n. f.

lez [lè] prép. → les, lès, lez.

lézard n. m.

lézarde n. f.

lézarder v. int. et t.

li n. m. ♦ HOM. → lit.

liage n. m.

liais [lyè] n. m. (pierre). ♦ HOM. il *liait* (v.).

liaison n. f. *Des officiers de liaison.* ♦ *Les liaisons du français* → tableau en annexe p. 902.

liaisonner v. t.

liane n. f.

lianeux, euse adj.

liant, e adj. et n. m.

liard n. m.

liarder v. int.

lias [lyas'] n. m.

liasique adj.

liasse n. f.

libage n. m.

libanais, e adj. *Un chrétien libanais.* ♦ N. *Un Libanais* (du Liban).

libanisation n. f.

libation n. f.

libelle n. m. (petit écrit diffamatoire). ♦ Ne pas confondre avec *libellé* (rédaction d'un acte, d'une adresse).

libellé n. m. → libelle.

libeller v. t.

libelliste n.

libellocénophile n.

libellule n. f.

liber [-bèr'] n. m.

*****libera** (lat.) n. m. inv. = prière pour les morts commençant par *Libera me Domine. Des libera.* ♦ HOM. *Libera* (déesse de la mythologie romaine), il *libéra* (v.).

libérable adj.

libéral, ale, aux adj. et n.

libéralement adv.

libéralisation n. f.

libéraliser v. t.

libéralisme [-is-] n. m.
libéralité n. f.
libérateur, trice n. et adj.
libération n. f. *Libération d'énergie; vitesse de libération.* Spécialt : *la Libération* (à la fin de la Seconde Guerre mondiale); *l'ordre de la Libération.*
libératoire adj.
libéré, e adj. et n.
libérer v. t. *Je libère, nous libérons, je libérerai(s).* Conjug. 10.
libérien, enne adj. *Un port libérien* (du Liberia); *des vaisseaux libériens* (du liber). ♦ N. *Un Libérien* (du Liberia).
libériste adj. et n.
*****libero** [libéro] (ital.) n. = arrière-centre. *Des liberos.*
libéro-ligneux, euse adj. *Des faisceaux libéro-ligneux.*
*****libertador** (esp.) n. m. = libérateur. *Des libertadores* ou *des libertadors.*
libertaire n. et adj.
liberté n. f. *La liberté d'action, de conscience, d'esprit, de manœuvre, de pensée, de penser, de réunion. L'arbre de la liberté; liberté sur parole; animaux en liberté; en toute liberté; en pleine liberté. La médaille de la Liberté; la Liberté éclairant le monde.*
liberticide adj.
libertin, e adj. et n.
libertinage n. m.
Liberty n. m. déposé inv. (tissu).
liberty ship n. m. (cargo). *Des liberty ships.*
*****liberum veto** (lat.) loc. m. = droit de veto.
libidinal, ale, aux adj.
libidineux, euse adj.
libido n. f.
libouret n. m.
libraire n. *Un libraire commissionnaire.*
libraire-éditeur n. m. *Des libraires-éditeurs.*
libraire-imprimeur n. m. *Des libraires-imprimeurs.*
librairie n. f.
*****library** = bibliothèque (et non *librairie*).
libration n. f.
libre adj. *Un ballon libre. Avoir le champ libre. Le libre arbitre. Les vers libres d'un vers-libriste.*
libre-échange n. m. *Des libres-échanges.*
libre-échangisme [-is-] n. m. *Des libre-échangismes.*
libre-échangiste n. et adj. *Des libre-échangistes.*

librement adv.
libre-pensée n. f. *Des libres-pensées.*
libre-penseur n. m. *Des libres-penseurs.*
libre-service n. m. *Des libres-services.*
librettiste n.
*****libretto** (ital.) n. m. = livret. Pl. ital. : *libretti;* pl. fr. : *librettos.*
Libye n. f.
libyen, enne adj. *Le désert libyen.* ♦ N. *Les Libyens* (de Libye).
lice n. f. *Entrer en lice.* ♦ HOM. → *lisse.*
licence n. f. *Une licence en droit; licence ès lettres, ès sciences. Licence de débit de boissons.*
licenciable adj. et n.
licenciation n. f. (se rapporte à une licence de vente).
licencié, e adj. et n.
licenciement n. m.
licencier v. t. Conjug. 17.
licencieusement adv.
licencieux, euse adj.
lichen [likèn'] n. m.
licher v. t.
lichette n. f.
licier → *lissier.*
licitation n. f.
licite adj.
licitement adv.
liciter v. t.
licol → *licou.*
licorne n. f.
licou ou **licol** n. m. *Des licous.*
licteur n. m.
lidar n. m. (acronyme de *light detection and ranging*).
*****lidar bathymeter** = bathymètre à lidar (spat.).
lido n. m.
lie n. f. *Boire la coupe jusqu'à la lie.* ♦ HOM. → *lit.*
*****lied** [lid'] (all.) n. m. = poème chanté. *Des lieder* [lideur'].
lie-de-vin adj. inv.
liège n. m. (écorce du chêne-liège). ♦ HOM. *Liège* (ville).
liégé, e adj.
liégeois, e adj. *Les forts liégeois. Un café liégeois.* ♦ N. *Un Liégeois* (habitant de Liège).
liégeux, euse adj.
liement n. m.
lien n. m.
lier v. t. Conjug. 17. ♦ Il y a homophonie au singulier du présent de l'indicatif et de

l'impératif, au futur de l'indicatif et au présent du conditionnel pour les verbes **lier** *(lie, lierai...)* et **lire** *(lis, lirai...).*

lierne n. f.
lierre n. m.
liesse n. f.
lieu n. m. (poisson). *Des lieus.* ♦ HOM. → lieue.
lieu n. m. (endroit, localité). *Des lieux. En premier lieu, en second lieu, en dernier lieu; en lieu et place; au lieu et place de; en temps et lieu; en haut lieu; en tout lieu; en tous lieux; en lieu sûr. Un haut lieu; un lieu d'asile, de délices, de plaisir, de plaisance; des lieux d'aisances; unité de lieu. Ni feu ni lieu; avoir lieu de; tenir lieu de; donner lieu à; s'il y a lieu; ils auront lieu; au lieu de dormir; il y a tout lieu de penser; au lieu dit* (à l'endroit désigné, à l'endroit appelé); *un lieu-dit. Des noms de lieux. Le lieu saint, le saint lieu, les saints lieux* (l'église); *les Lieux saints* (de Palestine). ♦ HOM. → lieue.
lieu-dit ou **lieudit** n. m. *Des lieux-dits; des lieudits.*
lieue n. f. (ancienne unité de mesure de longueur de valeur variable). ♦ HOM. *lieu* (endroit, emplacement), *lieu* (poisson).
lieur, euse n.
lieutenance n. f.
lieutenant n. m. *Des lieutenants de louveterie, de police, de vaisseau. Un sous-lieutenant; un lieutenant civil; un lieutenant criminel; une femme lieutenant; le lieutenant général du royaume, des armées, des galères.*
lieutenant-colonel n. m. *Des lieutenants-colonels.*
lieutenante n. f. (femme d'un lieutenant magistrat). *Madame la lieutenante criminelle.*
lièvre n. m. *Lever un lièvre.*
*****life support equipment** = équipement de vie (spat.).
*****life support system** = équipement de vie (spat.).
*****life vest** = gilet de sauvetage.
*****lift** = ascenseur (urb.); balle brossée (tennis).
lifter v. t. (sport).
*****lifter** n. m. = garçon d'ascenseur, liftier.
liftier, ère n. (préposé à l'ascenseur).
*****lifting** = n. m. = lissage (esthétique); remodelage, restylage.
*****lift on-lift off** = levage (transp.).
ligament n. m. *Le ligament de Fallope.*
ligamentaire adj.
ligamenteux, euse adj.
ligand n. m.
ligase n. f.
*****ligate (to)** = ligaturer (génét.).
*****ligation** = ligature (génét.).
ligature n. f.
ligaturer v. t.
lige adj. *Des hommes liges.*
ligérien, enne adj. et n. (de la Loire).
*****light** = léger, allégé.
*****light-emitting diode** (L.E.D.) = diode électroluminescente (aud.).
*****light pen** = photostyle (inf.).
*****lighter carrier** = porte-barges (mer).
ligie n. f.
lignage n. m.
ligne n. f. *Une ligne de chemins de fer, de communication, de démarcation, de distribution, de faîte, de flottaison, de foi, de fond, de force, de loch, de mire, de métro; une ligne à haute tension; en ligne de compte; hors ligne; la ligne Maginot, Siegfried, monter en ligne; en ligne de bataille; un régiment de ligne; des pilotes de ligne; des avions de ligne; des bâtiments de ligne; une ligne de fortifications. Le passage de la ligne* (l'équateur); *le Père La Ligne célèbre le baptême de la ligne. Le prince de Ligne. Les première (deuxième, troisième) ligne* (au rugby).
lignée n. f.
ligne-image n. f. *Des lignes-images.*
ligner v. t.
lignerolle n. f.
ligneul n. m.
ligneur n. m.
ligneux, euse adj.
lignicole adj.
igniculture n. f.
lignification n. f.
lignifié, e adj.
lignifier (se) v. pr. *Ces tiges se sont lignifiées.* Conjug. 17.
lignine n. f. (substance du bois).
lignite n. m. (sorte de houille).
lignomètre n. m.
ligot n. m.
ligotage n. m.
ligoter v. t.
ligue n. f. *Une ligue défensive; la Sainte Ligue ou la Ligue* (XVIe s.); *la Ligue arabe; la ligue d'Augsbourg; la Ligue des droits de l'homme.*
liguer v. t. *Ils se liguaient.* Conjug. 4.
ligueur, euse n.

ligule n. f.
ligulé, e adj.
liguliflore n. f.
ligure n. m. (langue parlée par les Ligures).
ligurien, enne adj. *Le rivage ligurien.* ♦ N. *Le ligurien* (dialecte italien); *une Ligurienne* (habitante de la Ligurie).
*****-like** suffixe = à effet semblable.
*****like polarization data** = donnée en polarisations parallèles (spat.).
lilas [-la] n. m. et adj. inv.
liliacée n. f.
lilial, ale, aux adj.
liliiflore n. f.
lilliputien, enne [-syin, -syèn'] adj. et n.
lillois, e adj. et n. (de Lille).
limace n. f.
limaçon n. m.
limage n. m.
limaille n. f.
liman n. m.
limande n. f.
limbaire adj.
limbe n. m.
limbique adj.
limbochemin n. m.
limbosondage [-son-] n. m.
limbosondeur [-son-] n. m.
limbotrajet n. m.
*****limb path** = limbochemin, limbotrajet (spat.).
*****limb path absorption** = absorption sur limbochemin (spat.).
*****limb radiance inversion radiometer** (*LRIR) = radiomètre à inversion des mesures de la luminance du limbe (spat.).
*****limb sounder** = limbosondeur (spat.).
*****limb sounding** = limbosondage (spat.).
lime n. f. ♦ HOM. → limes.
limette n. f.
limer v. t.
limerick n. m.
limes n. m. (frontière fortifiée des Romains). ♦ HOM. une *lime* (outil pour abraser; agrume; mollusque), il *lime* (v.).
limeur, euse n. et adj.
limicole adj.
limier n. m.
liminaire adj. et n. m.
liminal, ale, aux adj.
limitable adj.
limitatif, ive adj.

limitation n. f.
limite n. f. *Une ambition sans limites; des limites d'âge; des calculs de résistance limite; des cas limites; des dates limites.*
limité, e adj.
limiter v. t.
limiteur n. m.
limitrophe adj.
limivore adj.
limnée n. f.
limnimètre n. m.
limnologie n. f.
limnologique adj.
limnologue n.
limogeage n. m.
limoger v. t. *Nous limogeons.* Conjug. 3.
limologie n. f.
limon n. m. (roche; citron; pièce de bois). ♦ HOM. nous *limons* (v.).
limonade n. f.
limonadier, ère n.
limonage n. m.
limonaire n. m. Était naguère nom déposé invariable : *des orgues Limonaire* (du nom de l'inventeur).
limonène n. m.
limoneux, euse adj.
limonier, ère adj. et n.
limonite n. f.
limoselle n. f.
limougeaud, e adj. et n. (de Limoges).
limousin, e adj. *Le paysage limousin.* ♦ N. *Le Limousin* (région); *un limousin* (ouvrier maçon). ♦ N. f. (voiture; manteau de laine).
limousinage n. m.
limousiner v. t.
limpide adj.
limpidité n. f.
limule n. m.
lin n. m. et adj. inv.
linacée n. f.
linaigrette n. f.
linaire n. f.
linceul n. m.
linçoir ou **linsoir** n. m.
lindane n. m.
linéaire adj.
linéairement adv.
linéal, ale, aux adj. et n. f.
linéament n. m.
linéarisation n. f.
linéarité n. f.
linéation n. f.

linéature n. f.
*****line center** = centre de ligne (spat.).
*****line hauler** = haleur de ligne (mer).
linéique adj.
*****line of nodes** = ligne de nœuds (spat.).
*****liner** = inhibiteur, isolant (spat.); avion de ligne, paquebot de grande ligne.
*****line scanning** = balayage en ligne.
linette n. f.
linga ou **lingam** n. m.
linge n. m.
ling*er*, *ère* adj. et n.
lingerie n. f.
lingot [-go] n. m. *Des lingots d'or.*
lingotière n. f.
lingua franca [lin'gwa-] n. f. inv.
lingu*al*, *ale*, *aux* [-gwal'] adj.
linguatule [-gwatul] n. f.
lingue n. f.
linguet n. m.
linguette n. f.
linguiste [linghuist] n.
linguisticien n. m.
linguistique [linghuis'-] n. f. et adj.
linguistiquement [linghuis'-] adv.
lini*er*, *ère* adj. et n. f.
liniment n. m.
linkage [lin'kaj] n. m.
*****linkage group** = groupe de liaison (génét.).
*****linker** = lieur, séquence de liaison (génét.).
*****links** n. m. pl. = parcours d'un golf.
*****link trainer** = simulateur de vol.
linné*en*, *enne* [-né-in, -né-èn'] adj. (relatif à Linné).
lino n. m.
linogravure n. f.
linoléine n. f.
linoléique adj.
linoléum n. m. *Des linoléums.*
linon n. m.
linotte n. f. *Des têtes de linotte.*
Linotype n. f. déposé inv.
linotypie n. f.
linotypiste n.
linsang n. m.
linsoir → linçoir.
linteau n. m. (pièce horizontale en haut d'une ouverture). *Des linteaux.* ♦ Ne pas confondre avec *liteau* (trait de couleur; baguette de bois; refuge du loup).
linter [-tèr'] n. m.
lion, lionne n. *Sous le signe du Lion.* → zodiaque. *Le « Lions international ».*

lionceau n. m. *Des lionceaux.*
liparis [-ris'] n. m.
lipase n. f.
lipide n. m.
lipidémie ou **lipémie** n. f.
lipidique adj.
lipidologue n.
lipochrome [-kro-] n. m.
lipogenèse n. f.
lipogramme n. m.
lipoide adj.
lipoïdique adj.
lipolyse n. f.
lipome n. m.
lipophile adj.
lipophobe adj.
lipoprotéine n. f.
liposarcome [-sar-] n. m.
liposculpture n. f.
liposoluble [-so-] adj.
liposome n. m.
liposuccion [-su-syon] n. f.
lipothymie n. f.
lipotrope adj.
lippe n. f.
lippée n. f.
lippu, *e* adj.
liquation [-kwa-syon] n. f.
liquéfacteur n. m.
liquéfaction [-ké-] n. f.
liquéfiable adj.
liquéfi*ant*, *e* adj.
liquéfier v. t. Conjug. 17.
liquette n. f.
liqueur n. f. *Des vins de liqueur. Des verres à liqueur; une cave, un service à liqueurs.* → gelée.
liquidable adj.
liquidambar n. m.
liquida*teur*, *trice* adj. et n.
liquidat*if*, *ive* adj.
liquidation n. f.
liquide n. m. *Le liquide pleural.* ♦ Adj. et n. f. *Une consonne liquide. De l'argent liquide.*
liquider v. t.
liquid*ien*, *enne* adj.
liquidité n. f.
*****liquid propellant** = propergol liquide.
liquor*eux*, *euse* adj.
liquoriste n.
lire n. f. ♦ HOM. → lire (v.).
lire v. t. Conjug. 54. ♦ HOM. *lire* (monnaie italienne), *lyre* (instrument de musique).

lirette n. f.
lis [lis'] n. m. *Des fleurs de lis; un teint de lis. Un étendard fleurdelisé.* L'ancienne orthographe *lys* est abandonnée, mais on la retrouve dans des noms des lieux et dans les titres suivants : *Le Lys dans la vallée* de Balzac; *Le Lys rouge* d'Anatole France. ♦ HOM. → lisse. ♦ Homographe hétérophone : je *lis* [li] (v. lire).
lisage n. m.
lisbonnais, e adj. et n. (de Lisbonne).
lise n. f. (sable mouvant). ♦ HOM. *Lise* (prénom).
lisérage n. m.
liseré ou **liséré** n. m.
liserer ou **lisérer** v. t. La 1re forme obéit à la conjug. 15, la seconde à la conjug. 10.
liseron n. m.
lisette n. f. (type de jeune femme). ♦ HOM. *Lisette* (diminutif féminin).
lis*eur*, *euse* adj. et n.
lisibilité n. f.
lisible adj.
lisiblement adv.
lisier n. m.
lisière n. f.
lisp sigle m. (langage informatique; de l'anglais **list processing*).
lissage n. m.
lisse adj. (sans aspérités, poli). ♦ N. f. (pièce de métier à tisser). Dans ce sens, s'écrit aussi LICE. *Métier de haute lisse/lice, métier de basse lisse/lice.* ♦ HOM. *lis* (fleur), je *lisse* (v.), *lice* (barrière, bordure, champ clos; femelle du chien de chasse; rambarde; membrure de navire; outil), *Lys* (rivière).
lissé n. m.
lisser v. t.
liss*eur*, *euse* n.
lissier ou **licier, ère** n. → basse-lissier; haute-lissier.
lissoir n. m.
*list (to) = lister (inf.).
listage n. m.
liste n. f.
listel ou **listeau** n. m. *Des listels; des listeaux.* ♦ HOM. *Listel* (vin).
lister v. t.
listera [-téra] n. m. (orchidée).
listeria [-térya] n. f. inv. (bacille).
listériose n. f.
*listing n. m. = liste, listage.
liston n. m.
lit n. m. *Des draps de lit; un lit à baldaquin; des lits de camp, de plume, de sangle; des lits gigognes; un lit de roses; une voiture-lit(s); un wagon-lit(s); un canapé-lit. Des frères de demi-lit; un lit de justice.* ♦ HOM. je *lis* (v.), je *lie* (v.), la *lie* (dépôt), un *li* (mesure chinoise).
litanie n. f.
lit-cage n. m. *Des lits-cages.*
litchi, letchi ou **lychee** [-tchi] n. m.
lit-divan n. m. *Des lits-divans.*
liteau n. m. *Des liteaux.* → linteau.
litée n. f.
liter v. t.
literie n. f.
litham ou **litsam** [-am'] n. m.
litharge n. f.
lithergol n. m.
lithiase n. f.
lithiasique adj.
lithine n. f.
lithiné, e adj. et n. m.
lithinifère adj.
lithium [-tyom'] n. m. *Des lithiums.*
litho n. f.
lithobie n. f.
lithodome n. m.
lithogène adj.
lithogenèse n. f.
lithographe n.
lithographie n. f.
lithographier v. t. Conjug. 17.
lithographique adj.
lithologie n. f.
lithologique adj.
lithopédion n. m.
lithophage adj. et n. m.
lithophanie n. f.
lithopone n. m.
lithosol [-sol] n. m.
lithosphère n. f.
lithosphérique adj.
lithothammium [-myom'] n. m.
lithothérapie n. f.
lithotriteur ou **lithotripteur** n. m.
lithotritie n. f.
lithotypographie n. f.
litière n. f.
litige n. m.
litig*ieux*, *euse* adj.
litispendance n. f.
litorne n. f.
litote n. f.
litre n. m. (unité de mesure : *3 litres* ou *3 l*).

litron n. m.

litsam → litham.

littéraire adj. et n. (de la littérature).

littérairement adv.

littéral, ale, aux adj. (à la lettre).

littéralement adv.

littéralité n. f. (pour ce qui est littéral).

littérarité n. f. (pour ce qui est littéraire).

littérateur n. m.

littérature n. f.

littoral, ale, aux adj. et n. m. *Des littoraux.*

littorine n. f.

lituanien, enne adj. *Une ville lituanienne.* ♦ N. *Les Lituaniens* (de Lituanie); *le lituanien* (langue). ♦ Ancienne orthographe : *Lithuanie, lithuanien.*

liturgie n. f. → assemblée; ecclésiastique; ordre; sacrement.

liturgique adj.

liturgiste n.

liure n. f.

livarde n. f.

livarot [-ro] n. m. (fromage fait à Livarot).

***live** adj. inv. et n. m. inv. = vivant, spectacle enregistré devant un public.

livèche n. f.

livedo [-vé-] n. m. ou f. *Des livedos.*

***livestock lease** = bail à cheptel (agr.).

livet n. m.

livide adj.

lividité n. f.

***living-room** ou **living** n. m. = salle de séjour. *Des living-rooms; des livings.*

livrable adj.

livraison n. f.

livre n. m. *Un livre d'adresses, d'heures; des livres de bibliothèque, d'église, d'or, de raison; un livre blanc; à livre ouvert; le livre IV d'un ouvrage; mettre des livres au pilon. Le grand-livre* (comptabilité); *le grand(-)livre de la Dette publique; le livre journal, des livres journaux; le Livre saint* (la Bible, le Coran). *Ils traduisaient à livre ouvert.* ♦ *Livre de poche* → poche. Format des livres : → tableau ABRÉVIATIONS B, 3°, p. 850.

livre n. f. *Ils ont dix mille livres de rente. Un cochon de 300 livres* (150 kg). *La livre sterling* (£) *est l'unité monétaire de la Grande-Bretagne. Plusieurs pays ont adopté la livre comme monnaie. Des livres sterling. Une livre tournois.*

livre-cassette n. m. *Des livres-cassettes.*

livrée n. f. ♦ HOM. → livrer.

livrer v. t. *Ils ont livré bataille.* ♦ HOM. une *livrée* (costume), un *livret* (petit livre).

livresque adj.

livret n. m. *Des livrets de famille.* ♦ HOM. → livrer.

livreur, euse n.

lixiviation n. f.

lixiviel, elle adj.

llanos [lyanos'] n. m. pl.

***Lloyd's** n. f. (nom déposé d'une compagnie d'assurances).

lm Symbole du *lumen.*

L.O.A. → *leasing.

***loader** = chargeuse (n. f.).

***load factor** = taux de charge (nucl.).

***loading** = chargement de propergol (spat.).

***loam** = pisé (urb.).

lob n. m. ♦ HOM. → lobe.

lobaire adj.

***lobby** n. m. = groupe de pression; vestibule (urb.). *Des lobbies.*

***lobby (to)** = influencer (écon.).

***lobbying** = influençage (écon.).

lobbysme [-is-] n. m.

***lobbyist** = influenceur (écon.). Le terme **lobbyman* n'existe pas en anglais.

lobbyiste n.

lobe n. m. (partie arrondie). *Les lobes du cerveau.* ♦ HOM. un *lob* (chandelle, au tennis).

lobé, e adj.

lobectomie n. f.

lobélie n. f. (plante).

lobéline n. f. (alcaloïde).

lober v. t.

lobite n. f. (lésion pulmonaire). ♦ N. m. (fossile).

lobotomie n. f.

lobotomiser v. t.

lobulaire ou **lobulé, e** adj.

lobule n. m.

lobuleux, euse adj.

local, ale, aux adj. et n. m.

***local area network** (L.A.N.) = réseau local d'entreprise (télécom.); réseau local (inf.).

***local custody** = conservation nationale (écon.).

localement adv.

localier, ère n.

localisable adj.

localisateur, trice adj.

localisation n. f.

localisé, e adj.
*****localised mutagenesis** = mutagenèse localisée (génét.).
localiser v. t.
localité n. f.
*****localizer** = radioalignement de piste.
locataire n.
loca*teur*, *trice* n.
loca*tif*, *ive* adj. et n. m.
location n. f.
*****location** = localisation.
location-accession n. f. *Des locations--accessions.*
location-gérance n. f. *Des locations--gérances.*
location-vente n. f. *Des locations-ventes.*
*****locator** = balise de ralliement.
*****loc. cit.** → *loco citato.
loch [lok'] n. m. *Le loch Ness. La ligne de loch.* ♦ HOM. → loque.
loche n. f.
locher v. t.
lochies n. f. pl.
Lockheed [lokid'] n. m. déposé inv.
lock-out [lokawt'] n. m. inv.
lock-outer [lokawté] v. t.
*****loco citato** (lat.) loc. = à l'endroit cité. En abrév. : *loc. cit.*
locomobile adj. et n. f.
locomo*teur*, *trice* adj.
locomo*tif*, *ive* adj.
locomotion n. f.
locomotive n. f.
locomotrice n. f.
locorégion*al*, *ale*, *aux* adj.
locotracteur n. m.
loculaire ou **locul*é*, *e*** adj.
locul*eux*, *euse* adj.
locus [-us'] n. m.
locuste n. m. (criquet migrateur). ♦ HOM. *Locuste* (empoisonneuse du temps de Néron).
locu*teur*, *trice* n.
locution n. f.
loden [-dèn'] n. m.
lodicule n. f.
lodier n. m.
lods [lo] n. m. pl. ♦ HOM. → lot.
lœss [leüs'] n. m.
lof n. m.
L.O.F. sigle f. Loi d'orientation foncière.
lofer v. int.
*****lofing-match** = manœuvre contrariante (yachting).

*****loft** n. m. = balle haute (sport) ; local converti en logement (urb.).
loganiacée n. f.
logarithme n. m. Le symbole de ce mot est *lg* pour un logarithme décimal, *ln* pour un logarithme népérien.
logarithmique adj.
*****log book** = journal de bord.
loge n. f.
logeable adj.
logement n. m.
loger v. int. et t. *Nous logeons.* Conjug. 3.
logette n. f.
log*eur*, *euse* n.
loggia [lodjya] n. f. *Des loggias.*
*****logging** = mesure des sondages (mer).
logiciel n. m.
logici*en*, *enne* n.
logicisme [-is-] n. m.
logique n. f. et adj.
logiquement adv.
logis [-ji] n. m.
logiste n.
logistici*en*, *enne* adj. et n.
logistique n. f. et adj.
logithèque n. f.
logo n. m.
logoclonie n. f.
logogramme n. m.
logographe n. m.
logographie n. f.
logogriphe n. m.
logomachie n. f.
logomachique adj.
logomètre n. m.
logopathie n. f.
logopédie n. f.
logophobie n. f.
logorrhée n. f.
logorrhéique adj.
logos [-gos'] n. m.
logotype n. m.
loi n. f. *Avoir force de loi ; faire loi ; ni foi ni loi ; des lois d'exception ; une loi de comptes ; la loi de finances ; une loi d'engagement, de programme ; une loi--programme ; un décret-loi ; une loi de reports de crédits ; la loi de Lynch. Des hommes, des projets de loi. Au nom de la loi.* S'agissant de la loi divine (quelle que soit la religion) : *les docteurs, les tables de la Loi ; vivre selon la Loi. Loi Grammont ; lois de Faraday, de Gresham, de Hubble, de Laplace-Gauss, d'Ohm, de*

Wiksell. ♦ *Lois concernant la langue française* → tableau TEXTES, p. 948.
loi-cadre n. f. *Des lois-cadres.*
loin adv. *Ils sont loin.* ♦ Élément de loc. adv. *Au loin; de loin; de loin en loin.*
lointain, e adj. et n. m.
loi-programme n. f. *Des lois-programmes.*
loir n. m. (rongeur). *Dormir comme un loir.* ♦ HOM. la *Loire* (fleuve), le *Loir* (rivière).
loisible adj.
loisir n. m. *Ils le font à loisir.*
lokoum → rahat-lokoum.
lollard, e n.
lolo n. m.
*****lo-lo** = levage (transp.).
lombago → lumbago.
lombaire adj.
lombalgie n. f.
lombard, e adj. *Architecture lombarde.* ♦ N. *Les Lombards* (de la Lombardie).
lombarthrose n. f.
lombes n. f. pl.
lombo-sacré, e adj. *Des douleurs lombo-sacrées.*
lombostat n. m.
lombric [-brik] n. m.
lombriculture n. f.
loméchuse [-kuz] n. f.
londonien, enne adj. *Le métro londonien; il est londonien.* ♦ N. *Un Londonien* (de Londres).
londrès [-drɛs] n. m.
long, longue adj. *Boire à longs traits; des scieurs de long; des prêts à long terme; navigation au long cours; capitaine au long cours. Un long métrage; un long-courrier. C'est long à venir, cette commande. Le feu est long à s'éteindre. Ils ne furent pas longs à réagir.* On peut écrire : *Il est long et elle est longue à s'habiller* (si l'on estime que cela dure trop longtemps) ou : *Il est lent et elle est lente à s'habiller* (si l'on veut faire remarquer la lenteur). → lent. ♦ Adv. *Ils en savent long. Elle s'habille long.* ♦ Loc. adv. *Tout du long; au long; à la longue; de long en large.*
*****long acting** = retard (méd.).
longane n. m.
longanimité n. f.
long-courrier adj. *Des avions long-courriers.* ♦ N. m. *Des long-courriers.*
*****long drink** n. m. = boisson alcoolisée étendue d'eau.
longe n. f.

longer v. t. *Il longeait.* Conjug. 3.
longeron n. m.
longévité n. f.
*****long form** = connaissance complet (mer).
longicorne adj. et n. m.
longiligne adj. et n.
longimétrie n. f.
longitude n. f. *La longitude d'un lieu s'exprime en degrés, minutes et secondes d'angle; elle ne peut être que est ou ouest. 18° 14′ 7″ de longitude est* (ou : *de long. E.*).
*****longitude drift** = dérive en longitude des satellites.
longitudinal, ale, aux adj.
longitudinalement adv.
long-jointé, e adj. *Des juments long-jointées.*
long-métrage ou **long métrage** n. m. *Des longs(-) métrages.*
longotte n. f.
long-pan n. m. (pièce de lit). *Des longs-pans.*
long rifle [lɔnrifl] n. m. inv. *Une carabine (de) 22 long rifle. Des 22 long rifle.*
longrine n. f.
longtemps adv. *Ils y restèrent longtemps. Il est très rare de trouver l'homonyme fait de l'adjectif et du nom. Le long temps de l'attente.*
*****long terminal repeat** (LTR) = longue répétition terminale (génét.).
*****long-term urban planning** = urbanisme prospectif.
longue n. f.
longuement adv.
longuet, ette adj. et n. m.
longueur n. f. *Des longueurs d'onde. Les choses traînent en longueur. À longueur de journée.*
longue-vue n. f. *Des longues-vues.*
looch [lok] n. m. ♦ HOM. → loque.
loofa → luffa.
*****look** n. m. = aspect, allure, ligne, style, image, personnalité.
*****look direction** = direction de visée (spat.).
*****look-through** = blanc (télécom.).
*****loop** = anneau, boucle; rocade (urb.).
*****looping** = boucle d'un avion dans le plan vertical.
lopette ou **lope** n. f.
lophophore n. m.
lopin n. m.

LOQUACE

loquace [-kas] adj.
loquacité [-ka-] n. f.
loque n. f. *Un vêtement en loques ; cet homme est une vraie loque.* ♦ HOM. *loch* (appareil marin ; lac écossais), *looch* (potion).
loquet n. m.
loqueteau n. m. *Des loqueteaux.*
loqueteux, *euse* adj.
loran n. m. (procédé de radionavigation). ♦ HOM. *Laurent* (prénom).
lord [lor] n. m. *La Chambre des lords. Le premier lord de l'Amirauté, de la mer.* ♦ → tableau LANGUES ÉTRANGÈRES B, p. 893.
lord-maire n. m. *Des lords-maires.*
lordose n. f.
lorette n. f. ♦ HOM. *Notre-Dame de Lorette.*
lorgner v. t.
lorgnette n. f.
lorgneur, *euse* n.
lorgnon n. m.
lori n. m.
loricaire n.
loriot n. m. *Un compère-loriot.*
loriquet n. m.
loris [-risʼ] n. m.
lorrain, e adj. *Il est lorrain.* ♦ N. *Les Lorrains* (de Lorraine). *Jeanne la Lorraine.*
lorry n. m. *Des lorries.*
lors adv. *Lors de leur voyage ; dès lors ; lors même que.* ♦ HOM. *lord* (titre anglais).
lorsque conj. Ce mot n'est élidé que devant *il, ils, elle, elles, on, en, un, une. Lorsqu'il fait beau. Lorsque arrivent les beaux jours.*
losange n. m.
losangé, e adj.
losangique adj.
***loser** = perdeur, perdant, raté.
***loss** = affaiblissement, atténuation (télécom.).
***loss carry back** = report en arrière de déficit (écon.).
***loss payee clause** = clause de délégation d'assurance (écon.).
lot [lo] n. m. *Gagner le gros lot.* ♦ HOM. les *lods et ventes* (redevances dues au seigneur).
lote → *lotte.*
loterie n. f.
loti, e adj. *Ils sont mal lotis.* ♦ HOM. *Pierre Loti* (écrivain).
lotier n. m.
lotion [-syon] n. f.
lotionner v. t.

lotir v. t. du 2ᵉ gr. Conjug. 24.
lotissement n. m.
lotisseur, *euse* adj. et n.
loto n. m. (jeu de société). *Le Loto national.*
lotois, e adj. et n. (du Lot).
lotta n. f.
lotte ou **lote** n. f. (poisson). ♦ HOM. *Loth* (personnage biblique).
lotus [-tus'] n. m.
louable adj.
louage n. m.
louange n. f.
louanger v. t. *Nous louangeons.* Conjug. 3.
louangeur, *euse* adj. et n.
loubard ou **loubar** n. m.
***loubia** (arabe) = haricot.
louche adj. et n. m. *Il y a du louche dans cette affaire.* ♦ N. f. *Une louche* (ustensile).
louchée n. f. (contenu d'une louche).
louchement n. m.
loucher v. int.
loucherbem [-chébèm'] n. m. *Le loucherbem est un argot (autrefois pratiqué par la corporation des bouchers) qui procède par codage, remplaçant la première consonne de chaque mot par l, pour la placer suivie de em [èm'] à la fin du mot. Exemples : Boucher = loucherbem. Raisin = laisinrem. Paquet = laquépem. Bifteck = lifteckbem. Rôti de veau = lotirem ledem leauvem.*
loucherie n. f.
louchet n. m. (bêche étroite).
loucheur, *euse* n. ♦ HOM. *la loi Loucheur.*
louchir v. t. Conjug. 24. *L'eau fait louchir l'alcool anisé.*
louchissement n. m.
louchon n. m.
***loudness** = contour (aud.).
louée n. f.
louer v. t. Conjug. 19. *Ils se sont loués de cette initiative.*
loueur, *euse* n. et adj.
loufiat n. m.
loufoque adj. et n.
loufoquerie n. f.
lougre n. m.
louis n. m. *Un louis d'or ; un demi-louis de 10 francs.* ♦ HOM. *Louis* (prénom). *Louis IX dit le roi Saint Louis ; Louis le Gros ; Louis Napoléon Bonaparte ; Louis-Philippe Iᵉʳ. Une chaise Louis XIII ; le lycée Louis-le-Grand.*

louise-bonne n. f. *Des louises-bonnes.*
louis-philippard, e adj.
louis-quatorzien, enne adj.
loukoum → rahat-lokoum.
loulou, te n. *Des loulous; des louloutes.*
louma n. m.
loup [lou] n. m. *Un froid de loup; entre chien et loup. Un jeune loup* (sens propre et sens figuré); *à pas de loup; un pays de loups; un loup de mer; un chien-loup; une tête-de-loup* (balai); *une gueule-de--loup* (muflier). ♦ HOM. il *loue* (v.), la *Loue* (rivière).
loupage n. m.
loup-cervier n. m. *Des loups-cerviers.*
loupe n. f.
loupé n. m.
louper v. t.
loup-garou n. m. *Des loups-garous.*
loupiot, e n.
lourd, e adj. *Une lourde tâche; de l'eau lourde. Un poids lourd* (camion), *des poids lourds. Poids lourd* (lutte, boxe) → poids. ♦ Adv. *Ils ne pèsent pas lourd.* ♦ N. m. *Des transports de lourd.* ♦ N. f. *Ferme la lourde.* ♦ HOM. la *loure* (instrument de musique; danse), il *loure* (v.); la ville de *Lourdes.*
lourdaud, e adj. et n.
lourdement adv.
lourder v. t.
lourdeur n. f.
lourdingue adj.
loure n. f. ♦ HOM. → lourd.
lourer v. t.
loustic n. m.
loutre n. f.
louve n. f.
louver v. t.
louvet, ette adj.
louveteau n. m. *Des louveteaux.*
louveter v. int. *Elle louvette.* Conjug. 14.
louveterie [louv'tri] n. f.
louvetier n. m.
louvoiement n. m.
louvoyage n. m.
louvoyer v. int. Conjug. 6.
lovelace n. m. (débauché). Allusion à *Lovelace*, personnage de « Clarisse Harlowe » par Richardson.
lover v. t.
***low frequency image** = image de basse fréquence (spat.).
***low impact** = aérobic avec contact au sol (sport).

***low-pass image** = image filtrée passe--bas (spat.).
***low-resolution infrared radiometer** (*LRIR) = radiomètre infrarouge à faible résolution (spat.).
***low storey** = entresol (urb.).
loxodromie n. f.
loxodromique adj.
loyal, ale, aux adj. et n. f. ♦ HOM. M. *Loyal* (personnage de cirque).
loyalement adv.
loyalisme [-is-] n. m.
loyaliste adj. et n.
loyauté n. f. ♦ HOM. les îles *Loyauté.*
loyer n. m.
lozérien, enne adj. et n. (de la Lozère).
L.P.V. → *leasing.
L.R. sigle f. Lettre recommandée.
L.S.D. sigle m. (de l'allemand *Lyserg Säure Diäthylamid). → lysergamide.
lubie n. f.
lubricité n. f.
lubrifiant, e adj. et n. m.
lubrification n. f.
lubrifier v. t. Conjug. 17.
lubrique adj.
lubriquement adv.
lucane n. m.
lucanien, enne adj. *Cet Italien est lucanien.* ♦ N. *Le lucanien* (dialecte de Lucanie); *un Lucanien.*
lucarne n. f.
lucernaire n. f. (méduse). ♦ N. m. (office du soir).
lucide adj.
lucidement adv.
lucidité n. f.
luciférase n. f.
luciférien, enne adj. et n. m.
lucifèrine n. f.
lucifuge adj.
lucilie n. f.
lucimètre n. m.
luciole n. f.
lucite n. f.
lucratif, ive adj.
lucrativement adv.
lucre n. m.
lucullus [-us'] n. m. (gourmet). Allusion à *Licinius Lucullus* dont les repas étaient somptueux.
luddisme [-is-] n. m. ♦ HOM. → ludisme.
luddite n. m.
ludème n. m.

ludiciel n. m.
ludion n. m.
ludique adj.
ludisme [-is-] n. m. (relatif aux jeux). ♦ HOM. *luddisme* (destruction des machines).
ludologue n.
ludopole n. f.
ludothécaire n.
ludothèque n. f.
Ludwig [loudvig'] n. m.
luétine n. f.
luette n. f.
lueur n. f.
luffa ou **loofa** [loufa] n. m.
luge n. f.
luger v. int. *Nous lugeons.* Conjug. 3.
lug*eur*, *euse* n.
lugubre adj.
lugubrement adv.
lui pron. pers. *Tu lui as dit.* ♦ HOM. il *luit* (v. luire).
luire v. int. Conjug. 37, mais le participe passé est *lui*; le passé simple de l'indicatif et l'imparfait du subjonctif ne sont pas employés.
luisance n. f.
luisant, *e* adj. *Un vers luisant.* ♦ N. m. *Le luisant du meuble.*
lulu n. m. (alouette). ♦ HOM. *Lulu* (diminutif de prénom).
lumachelle n. f.
lumbago [lon-] ou **lombago** n. m.
lumen [-mèn'] n. m. (unité de mesure : 3 *lumens* ou 3 *lm*).
lumiduc n. m.
lumière n. f. *Mettre en lumière. Le siècle des lumières; des habits de lumière.*
lumignon n. m.
luminaire n. m.
luminance n. f.
luminescence n. f.
luminescent, *e* adj.
lumineusement adv.
lumin*eux*, *euse* adj.
luminisme [-is-] n. m.
luministe n. et adj.
luminophore n. m.
luminosité n. f.
Lumitype n. f. déposé inv.
lump [lunp'] n. m. *Des œufs de lump.*
***Lumpenproletariat** (all.) n. m. = prolétariat misérable, sous-prolétariat.
***lump sum expenses** = frais forfaitaires (écon.).

l'un, l'une, l'autre pron. indéf. *L'une d'elles est blessée. On n'a pas vu l'autre.*
1° **L'un et l'autre** loc. adj. précédant un nom. Ce nom se met en général au singulier. *De l'un et l'autre parti. Sur l'une et l'autre face.* Le pluriel est plus rare, mais admis. *L'un et l'autre frères. L'un et l'autre costume était trop clair* ou *L'un et l'autre costumes étaient trop clairs.*
Avec *l'un ou l'autre*, il faut le singulier. *Dans l'une ou l'autre maison.* Avec *ni l'un ni l'autre*, le singulier est préférable. *Ni l'une ni l'autre sœur ne m'est sympathique.*
2° **L'un(,) l'autre** loc. pron. *Ils s'excluent l'un l'autre. Deux amis séparés l'un de l'autre. Des amis séparés les uns des autres. Ils ne viendront ni l'un ni l'autre.* Pour ces locutions commandant un verbe → tableau VERBES XVII, C, 4°, p. 986.
lunaire adj. *Mois lunaire.* ♦ N. f. (plante).
lunaison n. f.
lunatique adj. et n.
lunch n. m. (repas léger; repas froid à un buffet). Pl. angl. : *lunches*; pl. fr. : *lunchs.* ♦ HOM. ils *lynchent* (v.).
luncher v. int. (faire un lunch, un repas léger). ♦ HOM. *lyncher* (action d'un groupe condamnant et exécutant).
***lunch packet** = panier-repas.
lundi n. m. → jour.
lune n. f. Dans un texte traitant d'astronomie, on écrira : *la Lune* (comme : *la Terre, le Soleil*). Dans un texte courant, la minuscule est d'usage. *La lune se leva. Un beau clair de lune.*
luné, *e* adj.
lunetier, *ère* adj. et n.
lunette n. f. *Une lunette d'approche; une lunette d'étambot.* → lunettes.
lunetté, *e* [lu-nété] adj.
lunetterie [lu-nètri] n. f.
lunettes n. f. pl. *Des lunettes d'écaille; une paire de lunettes; un serpent à lunettes.*
luni-solaire adj. *Des années luni-solaires.*
lunule n. f.
lunure n. f. (défaut du bois).
lupanar n. m.
lupercales n. f. pl.
luperque n. m.
lupin n. m.
lupique adj. et n.
lupome n. m.
lupuline n. f. Appelée aussi LUPULIN (n. m.).
lupus [-us'] n. m.
lurette n. f. *Depuis belle lurette.*

Lurex n. m. déposé (fibre textile).
luron, onne n.
lusin ou **luzin** n. m.
lusitanien, enne ou **lusitain, e** adj. *Un navire lusitain.* ♦ N. *Un Lusitanien* (de Lusitanie, ancien nom du Portugal).
lusophone adj. et n.
lustrage n. m.
lustral, ale, aux adj.
lustration n. f.
lustre n. m.
lustré, e adj.
lustrer v. t.
lustrerie n. f.
lustrine n. f.
lut n. m. ♦ HOM. → luth.
lutéal, ale, aux adj.
lutécien, enne adj. et n. (de la ville de Lutèce).
lutéine n. f.
lutéinique adj.
luter v. t. ♦ HOM. → lutter.
lutétien ou **lutécien** n. m. (étage géologique).
lutétium [-syom'] n. m. *Des lutétiums.*
luth n. m. (ancien instrument de musique ; tortue marine). ♦ HOM. *lut* (ciment spécial), il *lutte* (v.), il *lute* (v.), la *lutte* (combat).
luthéranisme [-is-] n. m.
lutherie n. f.
luthérien, enne n. et adj.
luthier n. m.
luthiste n.
lutin, e adj. et n. m.
lutiner v. t.
lutrin n. m.
lutte n. f. ♦ HOM. → luth.
lutter v. int. (combattre). ♦ HOM. *luter* (boucher avec du lut).
lutteur, euse n.
lux n. m. (unité de mesure : *3 lux* ou *3 lx*). ♦ HOM. → luxe.
luxation n. f. (déplacement d'un os). ♦ Ne pas confondre avec *luxure* (pratique des plaisirs charnels).
luxe n. m. *Taxes de luxe. Un grand luxe de précautions. Un appartement (de) luxe, des appartements (de) luxe.* ♦ HOM. *lux* (unité de mesure).
luxembourgeois, e adj. et n. (du Luxembourg).
luxer v. t.
luxmètre n. m.
luxueusement adv.

luxueux, euse adj. (somptueux, fastueux). ♦ Ne pas confondre avec *luxurieux* (qui concerne les plaisirs de la chair) ou *luxuriant* (qui pousse en abondance). Attention : l'anglais dit *luxurious* pour *luxueux*.
luxure n. f. → luxation.
luxuriance n. f.
luxuriant, e adj. → luxueux.
luxurieux, euse adj. → luxueux.
luzerne n. f.
luzernière n. f.
luzin → lusin.
luzule n. f.
lx Symbole du *lux*.
lycanthrope adj. et n. m.
lycanthropie n. f.
lycaon [-ka-on] n. m.
lycée n. m.
lycéen, enne [-sé-in, -sé-èn'] n. et adj.
lycène n. m.
lycénidé n. m.
lychee → litchi.
lychnis [liknis'] n. m.
lycope n. m.
lycoperdon n. m.
lycopode n. m.
lycopodiale n. f.
lycose n. f.
Lycra n. m. déposé inv. (fibre de tissu).
lyddite n. f.
lydien, enne adj. *Crésus était lydien.* ♦ N. *Les Lydiens* (de la Lydie, en Asie Mineure).
lymphangiome [linfan-] n. m.
lymphangite [linfan-] n. f.
lymphatique [linfa-] adj. et n.
lymphatisme [linfatis-] n. m.
lymphe [linf] n. f.
lymphoblaste [linfo-] n. m.
lymphoblastique [linfo-] adj.
lymphocyte [linfo-] n. m. *Le lymphocyte TIL* (*tumor infiltrating lymphocytes).
lymphocytique [linfo-] adj.
lymphocytose [linfo-] n. f.
lymphogranulomatose [linfo-] n. f.
lymphographie [linfografi] n. f.
lymphoïde [linfo-id] adj.
lymphokine [linfo-] n. f.
lymphome [linfom] n. m. *Le lymphome de Burkitt.*
lymphopénie [linfo-] n. f.
lymphopoïèse [linfopo-yèz] n. f.
lymphoréticulose [linfo-] n. f.

lymphosarcome [linfo-sar-] n. m.
lynchage n. m.
lyncher v. t. ♦ HOM. → luncher.
lyncheur, euse n.
lynx n. m.
lyonnais, e adj. *Le guignol lyonnais. Le Crédit Lyonnais.* ♦ N. *Un Lyonnais* (de Lyon).
lyophile adj.
lyophilisat [-za] n. m.
lyophilisation n. f.
lyophilisé, e adj.
lyophiliser v. t.
lypémanie n. f. (mélancolie maladive).
lyre n. f. ♦ HOM. → lire (v.).
*lyrics = textes de liaison chantés.
lyrique adj. et n.
lyriquement adv.
lyrisme [-is-] n. m.
lys → lis.
lysat [-za] n. m.

lyse n. f.
lyser v. t.
lysergamide ou **lysergide** n. m. (synonyme de *L.S.D.*).
lysergique adj.
lysimaque n. f.
lysine n. f.
*lysis plaque = plaque de lyse, plage de lyse (génét.).
*lysogen ou lysogenic bacteria = bactérie lysogène (génét.).
lysogène adj. et n. m.
*lysogenicity = lysogénie (génét.).
*lysogenic phage = phage tempéré, phage lysogénique (génét.).
lysogénie n. f.
lysogénique adj.
lysosomal, ale, aux adj.
lysosome n. m.
lysozyme n. m.
lytique adj.

M

m n. m. inv. ♦ **m** : symbole du préfixe *milli-* et du *mètre*. ♦ **M** : symbole du préfixe *méga-*, du *maxwell*; mille en chiffre romain.

m devant *m, b, p.* On met un *m* devant *m, b, p,* sauf pour : *bonbon, bonbonne, bonbonnière, embonpoint, mainmise, mainmorte, néanmoins, perlimpinpin* et les verbes au passé simple en *-înmes (nous vînmes).*

m' Élision du pronom personnel *me* devant une voyelle ou un *h* muet. *Tu m'as vu.* ♦ Élision du pronom *moi* devant *en* ou *y. Donnez-m'en. Conduis-m'y.*

ma adj. poss. f. *Ma cravate.* ♦ HOM. *mât* de navire, un *mas* provençal.

M.A. sigle f. Modulation d'amplitude.

maboul, e adj. et n.

maboulisme [-is-] n. m.

Mac, Mc, M' Préfixe celtique (écossais et irlandais) sous trois formes, mais de même prononciation [mak'], qui signifie « fils de ». Il s'accole sans espace au nom : *MacDonald, MacArthur, McCormick, M'Clure*; ce qui place une capitale à l'intérieur du nom propre. On ne sépare qu'aux noms francisés : *Pierre Mac Orlan, Mac-Mahon, Mac Avoy.* ♦ HOM. l'avion vole à *Mach* 2, la *macque* pour écraser le chanvre, le *maque* ou *mac* (apocope de *maquereau* : souteneur).

macabre adj.

macache adv.

macadam [-dam'] n. m.

macadamia n. m.

macadamisage n. m.

macadamiser v. t.

macanéen, enne [-né-in, -né-èn'] adj. et n. (de Macao).

macaque n. m.

macareux n. m.

macaron n. m.

macaroni n. m. *Des macaronis.*

macaronique adj.

macassar n. m. *L'huile de Macassar, le bois de Macassar.*

MacBurney (point de) loc. m.

maccarthysme [-is-] n. m. Quelquefois écrit MACCARTHISME.

macchabée [maka-] n. m. (cadavre). ♦ HOM. *Maccabée* (nom de divers personnages juifs d'avant l'ère chrétienne), *les frères Maccabée* ou *les Sept Maccabées, le livre des Maccabées* (Bible).

macchiaioli n. m. pl.

macédoine n. f. (mélange). ♦ HOM. la *Macédoine* (État européen).

macédonien, enne adj. *Les conflits macédoniens.* ♦ N. *Les Macédoniens* (de Macédoine).

macérateur n. m.

macération n. f.

macérer v. t. et int. *Il macère, il macérait, il macérera(it).* Conjug. 10.

maceron n. m.

macfarlane n. m.

Mach [mak'] n. m. *Le physicien autrichien Mach. L'angle, le cône, la ligne de Mach. Le nombre de Mach,* qui est employé à propos des mobiles supersoniques, n'est pas une unité de vitesse; c'est le rapport, variable selon la température, entre la vitesse du mobile et celle du son. *Avion volant à Mach 2 par # 53 °C dans la stratosphère.* ♦ HOM. → *Mac.*

machaon [-ka-on] n. m.
mâche n. f. (plante). ♦ HOM. il *mâche* (v.).
mâche-bouchon(s) n. m. *Des mâche-bouchons*.
mâchefer n. m.
mâchement n. m.
mâcher v. t.
machette n. f.
mâcheur, euse n.
machiavel [makyavèl'] n. m. (antonomase par allusion à l'Italien *Machiavel* et à son œuvre).
machiavélique [makya-] adj.
machiavélisme [makyavélis-] n. m.
mâchicoulis [-li] n. m.
machin n. m. (objet quelconque). *Je vous rapporte votre machin*. ♦ N. propre. *J'ai aperçu Machinchouette et Machinchose dans la rue*.
machinal, ale, aux adj.
machinalement adv.
machinateur, trice n.
machination n. f.
machine n. f. *Ils font machine arrière; des machines à vapeur; une machine à sous*.
machine-frein n. f. *Des machines-freins*.
machine-outil n. f. *Des machines-outils*.
machiner v. t.
machinerie n. f.
machine-transfert n. f. *Des machines-transferts*.
machinisme [-is-] n. m.
machiniste n.
machisme [-tchis-] n. m.
machiste [matchist] n.
machmètre [mak-] n. m.
*****macho** [matcho] (esp.) n. m. = mâle. ♦ Adj. inv. en genre.
mâchoire n. f.
mâchon n. m.
mâchonnement n. m.
mâchonner v. t.
mâchouiller v. t.
mâchure n. f.
mâchurer v. t.
macis [ma-si] n. m.
mackintosh [makin'toch'] n. m.
maclage n. m.
macle n. f.
maclé, e adj.
macler v. t.
mâcon n. m. (vin de la région de *Mâcon*).
maçon, onne n. m. Sert aussi d'abréviation pour *franc-maçon*. ♦ Adj. *Une abeille maçonne*.

maçonnage n. m.
mâconnais, e adj. *Un cru mâconnais*. ♦ N. *Le Mâconnais* (région); *un Mâconnais* (de Mâcon).
maçonner v. t.
maçonnerie n. f. Sert aussi d'abréviation pour *franc-maçonnerie*.
maçonnique adj.
macque n. f. (outil pour écraser le chanvre ou le lin). Quelquefois écrit MAQUE. ♦ HOM. → Mac.
macramé n. m.
macre n. f.
macreuse n. f.
macro- → tableau PRÉFIXES, p. 942.
macro n. f. (en informatique, apocope de *macro-instruction*).
macrobiote n. et adj.
macrobiotique adj. et n. f.
macrocéphale adj.
macrocéphalie n. f.
macrocheire [-kèr] n. m.
macrocomposant n. m.
macrocosme [-kos-] n. m.
macrocosmique [-kos-] adj.
macrocyste n. m. Ancienne orthographe : *macrocystis* [-tis'].
macrocytaire adj.
macrocyte n. m.
macrocytique adj.
macrodécision n. f.
macroéconomie n. f.
macroéconomique adj.
macroévolution n. f.
macroglobuline n. f.
macroglobulinémie n. f.
macrographie n. f.
macrographique adj.
macro-instruction n. f.
macrolide n. f.
macromesure n. f.
macromoléculaire adj.
macromolécule n. f.
macroordinateur n. m.
macrophage n. et adj. *Des organismes macrophages*. ♦ N. m. (certains globules blancs).
macrophotographie n. f.
macropode n. m.
macropsie n. f.
macroscélide n. m.
macroscope n. m.
*****macroscopic velocity** = vitesse de filtration (agr.).

macroscopique adj.
macroséisme [-sé-is-] n. m.
macrosociologie [-so-] n. f.
macrosporange n. m.
macrospore n. f.
macrostructure n. f.
macroure n. m.
macula n. f.
maculage n. m.
maculaire adj.
maculation n. f.
maculature n. f.
macule n. f.
maculer v. t. et int.
macumba [-koum'ba] n. f.
madame n. f. Pas de majuscule dans un récit, sauf en abréviation. *Il était alors chez madame de Liancourt. J'ai vu madame votre mère.* On peut écrire : *C'était madame Bertrand* ou *C'était Mme Bertrand*. ♦ Majuscule dans une lettre : *Je vous prie, Madame, de bien vouloir...;* par déférence : *J'avertis Madame que...;* ou par tradition (pour les filles du roi et du dauphin, pour la femme de Monsieur, frère du roi) : *Madame Royale* (fille de Louis XVI); *Madame Mère* (mère de Napoléon Ier). ♦ L'abréviation est *Mme* ou *Mme* (*Mmes* ou *Mmes* pour *Mesdames*) et non *Me* (abrév. de *Maître*); elle ne s'emploie que devant un nom ou un titre : *Mme Valade; Mme Une telle; Mmes Pargny et Lecocq; Mme la directrice.* L'écriture en toutes lettres est plus polie; on écrira : *M. Dubois prie Madame Lenoir de...* ♦ *Des madames* (péjoratif et moqueur). Le pluriel est *mesdames*. → monsieur, prénom et tableau ABRÉVIATIONS B, 4°, p. 851.
madapolam [-lam'] n. m.
madécasse adj. et n. (ancien mot pour *malgache*).
*****made in** = fabriqué en.
madeleine n. f. (gâteau). ♦ HOM. *Madeleine* (prénom).
madelonnette n. f.
mademoiselle n. f. Pl. : *mesdemoiselles*. Mêmes remarques que pour MADAME. Ce titre (avec majuscule) était autrefois donné à la fille aînée du frère puîné du roi. *La Grande Mademoiselle* (la duchesse de Montpensier). Abrév. : *Mlle* ou *Mlle, Mlles* ou *Mlles*.
madère n. m. (vin de l'île de *Madère*).
madérisation n. f.
madérisé, e adj.

madériser (se) v. pr. *Ces vins se sont madérisés*.
madicole adj.
madison [-son'] n. m.
madone n. f. (représentation de la Vierge). *Les madones de Fra Angelico. Une figure de madone.* Majuscule s'il s'agit de la Vierge elle-même. *Prier la Madone.*
madourais n. m.
madrague n. f.
madras [-dras'] n. m. (étoffe). ♦ HOM. la ville de *Madras* (Inde).
madrasa [-sa] ou **médersa** n. f. Ancienne orthographe : *medersa*.
madré, e adj.
madréporaire n. m.
madrépore n. m.
madréporique adj.
madrier n. m.
madrigal n. m. *Des madrigaux*.
madrigaliste n.
madrilène adj. et n. (de Madrid).
madrure n. f.
maelström [malstreûm'] ou **malstrom** [-strom'] n. m.
maërl [maèrl'] ou **merl** n. m.
*****maestoso** (ital.) adv. = lentement, avec majesté.
maestria [maès-] n. f. *Des maestrias*.
maestro [maès-] n. m. *Des maestros*.
*****Mae West** loc. m. = gilet de sauvetage. *Des Mae West.*
mafé n. m.
mafflu, e adj. et n.
mafia n. f. Quelquefois écrit par erreur *maffia. Ces intrigants forment une mafia.* Ce mot a pour origine *la Mafia*, société secrète italienne dont les branches sont : l'Onorata Società (en Sicile), la N'dranghetta (en Calabre), la Camorra (à Naples), la Cosa nostra (aux États-Unis).
mafieux, euse adj. et n.
mafioso n. m. *Des mafiosi*.
magasin n. m.
magasinage n. m.
magasiner v. int.
magasinier, ère n.
magazine n. m.
magdalénien, enne adj. et n. m.
mage n. m. *Les Rois mages* (Melchior, Gaspard et Balthazar) apportèrent de l'or, de l'encens et de la myrrhe.
mage ou **maje** adj. m. (juge près le sénéchal).

magenta [-jin-] n. m. et adj. inv. (couleur). ♦ HOM. *Magenta* (ville italienne).

***Maghreb** ou **Moghreb** (arabe) n. m. = terre d'Occident (Afrique du Nord).

maghrébin ou **moghrébin, e** adj. *Les populations maghrébines.* ♦ N. *Un Maghrébin.* Les orthographes *maugrabin* et *maugrebin* sont abandonnées.

maghzen → makhzen.

magicien, enne n.

magie n. f.

magique adj.

magiquement adv.

magister [-tèr'] n. m. (maître). *Des magisters.*

magistère n. m. (produit d'alchimie; autorité; dignité).

magistral, ale, aux adj.

magistralement adv.

magistrat, e [-tra, -trat'] n.

magistrature n. f.

magma n. m.

magmatique adj.

magmatisme [-is-] n. m.

magnan n. m.

magnanarelle n. f.

magnanerie n. f.

magnanier, ère n.

magnanime adj.

magnanimement adv.

magnanimité n. f.

magnat [mag'na] n. m.

magner (se) ou **se manier** v. pr. *Elle s'est magnée.* Conjug. 17.

magnésie n. f.

magnésien, enne adj.

magnésifère adj.

magnésite n. f.

magnésium [-zyom'] n. m. *Des magnésiums.*

magnet [-gnèt'] n. m. (petit aimant publicitaire).

***magnetic disk** = disque magnétique.

***magnetic storage** = mémoire magnétique.

***magnetic tape** = bande magnétique.

magnétique adj.

magnétisable adj.

magnétisant, e adj.

magnétisation n. f.

magnétiser v. t.

magnétiseur, euse n.

magnétisme n. m.

magnétite n. f.

magnéto n. f.

magnétocassette n. f.

magnétochimie n. f.

magnétodynamique adj.

magnétoélectrique adj.

magnétohydrodynamique adj.

magnétomètre n. m.

magnétométrie n. f.

magnétomoteur, trice adj.

magnéton n. m. (unité de moment magnétique).

magnéto-optique n. f. *Des magnéto-optiques.*

magnétopause n. f.

magnétophone n. m.

magnétoscope n. m.

magnétoscoper v. t.

magnétosphère n. f.

magnétostatique n. f. et adj.

magnétostriction n. f.

magnétron n. m. (amplificateur de courant).

magnicide n. m.

magnificat [mag'nifikat'] n. m. inv.

magnificence n. f. (splendeur, éclat). → munificence.

magnifier v. t. Conjug. 17.

magnifique adj.

magnifiquement adv.

magnitude n. f.

magnolia ou **magnolier** n. m.

magnoliale n. f.

magnum [mag'nom'] n. m. *Des magnums.*

magot [-go] n. m.

magouillage n. m.

magouille n. f.

magouiller v. t. et int.

magouilleur, euse adj. et n.

magret n. m. *Des magrets de canard(s).*

magyar, e [maghyar] adj. *Le peuplement magyar.* ♦ N. *Les Magyars* (de Hongrie).

mahaleb n. m.

maharaja ou **maharadjah** n. m.

maharanée ou **maharani** n. f.

mahatma n. m. *Le mahatma Gandhi.*

mahayana adj. *Le bouddhisme mahayana et le bouddhisme hinayana.*

mahdi n. m.

mahdisme [-is-] n. m.

mahdiste adj. et n.

mah-jong ou **ma-jong** n. m. *Des mah-jongs; des ma-jongs.*

mahométan, e adj. et n.

mahométisme [-is-] n. m.
mahonia n. m.
mahonne n. f.
mahonner v. int.
mahratte n. m. → marathe.
mai n. m. S'écrit sans majuscule, sauf pour une date historique : *le 1ᵉʳ Mai, le 8 Mai*. ♦ HOM. *mes* (adj. poss.), *mais* (conj.), *maie* (huche à pain), un *mets* (plat préparé), il *met* (v. mettre), une *maye* (auge de pierre pour l'huile d'olive).
maïa [maya] n. m.
maiche n. f.
maie n. f. ♦ HOM. → mai.
maïeur ou **mayeur** [ma-yeur'] n. m.
maïeuticien, enne [ma-yeû-] n.
maïeutique [ma-yeû-] n. f.
maigre adj. et n.
maigrelet, ette adj. et n.
maigrement adv.
maigreur n. f.
maigrichon, onne adj. et n.
maigriot, otte adj. et n.
maigrir v. int. et t. du 2ᵉ gr. Conjug. 24.
maigritude n. f.
mail n. m. *Des mails*. ♦ HOM. → maille.
*****mail box** = boîte aux lettres.
*****mail-coach** = berline anglaise. *Des mail-coaches*.
*****mailer** = pli postal préclos.
*****mailing** n. m. = publipostage.
maillage n. m.
maille n. f. (boucle de fil). *Une cotte de mailles*. ♦ (petite monnaie). *N'avoir ni sou ni maille. Avoir maille à partir*. ♦ HOM. *mail* (petit maillet; promenade publique).
maillé, e adj.
maillechort n. m.
mailler v. t. et int.
maillet n. m.
mailleton n. m.
mailloche n. f.
maillon n. m.
maillot [ma-yo] n. m. *Des maillots de bain*.
maillotin n. m. (pressoir à olives). ♦ HOM. les *Maillotins* (révoltés parisiens en 1382).
maillure n. f.
main n. f. **Au singulier** : *attaque à main armée; avoir en main; ce livre est en main; faire main basse; bien en main; un coup de main; une main courante; prêter main forte; l'obtenir haut la main; un homme de main; de longue main; un exercice main à main; de main en main; de main de maître; marché en main; des poignées de main; de première main; un revers de main; une petite main, une première main* (couture); *un objet fait main; un sac à main; frein à main; préparé de longue main; avoir la situation en main*. ♦ **Au pluriel** : *un battement de mains; haut les mains; à toutes mains; être en bonnes mains; donner à pleines mains; être aux mains de l'ennemi*. ♦ **Divers** : *à pleine(s) main(s); preuve(s) en main; jeu de main(s); prendre en main(s); remettre en main(s) propre(s). Traiter sous main; traiter en sous-main; un sous-main. En un tour de main; en un tournemain. L'entreprise change de mains; l'ouvrier fatigué change de main. Un vote à main(s) levée(s); la mainlevée d'un séquestre; dessin, vote à main levée. Ne pas y aller de main morte; des frais de mainmorte. La main mise à plat sur la table; la mainmise sur une société. Le baisemain. Une main de Fatma*. ♦ HOM. *maint* (plus d'un), le *Main* (rivière allemande).
mainate n. m.
main-d'œuvre n. f. *Des mains-d'œuvre*.
*****main drain** = collecteur (agr.).
Maine n. m. *Le Maine* (ancienne province française); État actuel au N.-E. des États-Unis). ♦ N. f. *La Maine* (rivière).
main-forte n. f. *Donner, prêter main-forte. Des mains-fortes*. ♦ Mais on écrira : *Le marchand de gants déclara que ce client avait les mains fortes*.
*****mainframe** = ordinateur central.
mainlevée n. f. → main.
mainmise n. f. → main.
mainmortable adj.
mainmorte n. f. → main.
mains-libres adj. inv. *Un téléphone mains-libres*.
maint, e adj. indéf. *Mainte personne me l'a dit. Maintes personnes me l'ont dit. Maint(s) et maint(s); en mainte(s) occasion(s); à mainte(s) reprise(s); maintes et maintes fois*. ♦ Pron. *Maints ne revinrent pas*. ♦ HOM. → main.
maintenance n. f.
maintenant adv. *Maintenant vous allez voir...* ♦ Partic. prés. *En maintenant sa candidature...*
mainteneur, euse n.
maintenir v. t. Conjug. 76.
maintien n. m. ♦ HOM. il *se maintien* (v. maintenir).

MAÏOLIQUE

maïolique → majolique.

maïoral, ale, aux adj. Autre orthographe : MAYORAL, ALE, AUX.

maïorat ou **mayorat** [-ra] n. m.

maire n. m. ♦ HOM. → mer.

mairesse n. f. (femme du maire).

mairie n. f.

mais adv. *Il n'en peut mais.* ♦ Conj. *Il a des ailes mais ne vole pas.* ♦ HOM. → mai.

maïs [ma-is'] n. m.

maïserie [ma-isri] n. f.

maison n. f. *Maison d'arrêt, de chasse, de commerce, de correction, de dépôt, de force, de jeu, de justice, de retraite, de santé, de ville. Maison d'enfants. Maison de brique ; en brique(s) ; en/de pierre, terre, torchis. Maison en flammes, en parpaings, en/de roseaux.* ♦ *Être en maison ; des spécialités maison ; des gâteaux maison ; des gens de maison ; des filles de bonne maison ; maison mère. La maison du roi ; la maison militaire. La maison d'Autriche ; la Maison carrée* (Nîmes) ; *la Maison Blanche* (Washington) ; *Maison-Blanche, Maison-Carrée* (Algérie) ; *Maisons-Laffitte.* ♦ HOM. *méson* (particule de l'atome).

maisonnée n. f.

maisonnerie n. f.

maisonnette n. f.

*****maisonnette** = duplex (urb.).

maistrance ou **mestrance** n. f.

maître, maîtresse n. *Maître bottier, carrier, chanteur, coq, imprimeur, maçon, nageur, ouvrier, queux, tailleur. Maître d'œuvre ; des maîtres d'œuvre ; maître couple. Maître d'armes, de ballet, de chai, de chapelle, de conférences, de danse, d'école, d'équipage, d'étude(s), d'escrime, de forges, d'hôtel, d'internat, de musique, de recherches, des requêtes. Maître à penser.* ♦ *Maître-aspirant ; maître-assistant ; maître-autel ; maître auxiliaire, sous-maître. Un petit maître* (peintre de second ordre), *un petit-maître* (jeune élégant). *De main de maître ; parler en maître. Maître ès arts ; quartier-maître ; grand maître* → grand. ♦ *Une sauce maître-d'hôtel. Carte maîtresse ; pouvoir maîtresse ; maîtresse femme ; des pièces maîtresses ; un maître mot. Cette carte est maîtresse et c'est vous, madame, qui êtes maître. Mme Une telle, maître nageur sauveteur.* ♦ Titre donné aux peintres anonymes du Moyen Âge. *Le Maître de Flémalle.* Titre donné aux avocats et officiers ministériels uniquement (abrév. : *M*ᵉ, *M*ᵉˢ). *Maître Dupont ; nous consulterons maîtres Dupont et Durand ; maître Hélène Marchand.* En tête de lettre : *Madame et cher Maître.* ♦ HOM. *mètre* (unité de mesure), *mettre* (v.).

maître-à-danser n. m. (compas d'épaisseur). *Des maîtres-à-danser.*

maître-assistant, e n. *Des maîtres-assistants ; des maîtres-assistantes.*

maître-autel n. m. *Des maîtres-autels.*

maître-chien n. m. *Des maîtres-chiens.*

maître-cylindre n. m. *Des maîtres-cylindres.*

maître-penseur n. m. *Des maîtres-penseurs.*

maîtresse → maître.

maîtrisable adj.

maîtrise n. f. *Des personnels de maîtrise.*

maîtriser v. t.

Maïzena n. f. déposé inv.

maje → mage.

majesté n. f. Après les titres *Sa Majesté, Votre Majesté, Son Excellence, Votre Excellence, Son/Votre Éminence, Son/Votre Altesse, Sa/Votre Sainteté, Sa Grandeur, Sa Grâce,* etc., le nom qui suit est au masculin pour un homme *(Sa Majesté est le protecteur de...),* au féminin pour une femme *(Sa Majesté est la protectrice de...),* mais les adjectifs, les pronoms et les participes passés sont toujours au féminin. *Sa Majesté décidera si elle... Sa Majesté pourra-t-elle... Sa Majesté est garante de... Sa Majesté sera bien avisée de...* ♦ Si l'un de ces titres est accompagné d'un nom, c'est avec ce nom que les accords se font. *Sa Majesté le roi pourra-t-il...* ♦ *Sa Majesté Catholique* (Espagne) ; *Sa Très Gracieuse Majesté* (Grande-Bretagne) ; *Sa Majesté Très Chrétienne* (France) ; *Sa Majesté Sacrée* (Autriche). ♦ *La majesté d'une cérémonie ; des prix d'excellence ; l'Éminence grise ; la sainteté d'une vie.* ♦ Pluriel de majesté : *Nous, préfet de la Marne, sommes persuadé... et décidons...* → tableau PARTICIPE PASSÉ III, D, 1°, p. 920.

majestueusement adv.

majestueux, euse adj.

majeur, e n. et adj. *Des cas de force majeure. Le lac Majeur.*

majolique ou **maïolique** n. f.

ma-jong → mah-jong.

major n. m. *Le sergent-major ; l'adjudant-major ; le médecin-major ; l'infirmière-major ; l'état-major ; le pilote-major ; le* gardien-major; le tambour-major. Le major général (France); le général major (étranger).

*major = plus grand, plus important.
majoral n. m. *Des majoraux.*
majorant, e adj. et n. m.
majorat [-ra] n. m.
majoration n. f.
majordome n. m.
majorer v. t.
majorette n. f.
***major histocompatibility complex** = complexe majeur d'histocompatibilité (génét.).
majoritaire adj. et n.
majoritairement adv.
majorité n. f.
majorquin, e adj. *Des vacances majorquines.* ♦ N. *Les Majorquins* (de Majorque).
MAJUSCULE adj. et n. f. → tableau en annexe p. 903.
***make-up** n. m. = maquillage.
***makhzen** ou **Maghzen** (arabe) n. m. = gouvernement.
maki n. m. ♦ HOM. → maquis.
makila n. m.
makimono n. m.
mal n. m. *Des maux. Le haut mal; le mal de Pott; un mal blanc. Honni soit qui mal y pense. Sans songer à mal. Des maux de dents, de tête, de ventre.* ♦ Adj. *Bon gré, mal gré; bon an, mal an.* Cet adjectif se met au féminin. *Mourir de male mort.* ♦ Adv. *Cela tombe mal. Être mal en point* (ou *être mal-en-point*). Cet adverbe, à cause de la fréquence de son emploi, s'est associé à certains adjectifs, à certains noms, et ne s'en sépare plus (*maladroit, malavisé, malgracieux, malhabile, malintentionné,* etc.). *Il est malcommode de parler mal à des malentendants.* ♦ HOM. *malle* (coffre de voyage), *mâle* (du sexe masculin).

malabar n. et adj. inv. en genre. (grand, fort). ♦ HOM. la côte de *Malabar* (Inde).
malabre adj. inv.
malabsorption n. f.
malachite [-kit] n. f.
malacologie n. f.
malacoptérygien n. m.
malacostracé n. m.
malade adj. et n.
maladie n. f.
maladif, ive adj.
maladivement adv.
maladrerie n. f.
maladresse n. f.
maladroit, e adj. et n.
maladroitement adv.
malaga n. m. (raisin ou vin de la région de *Malaga*).
malagueña [-gwégna] n. f.
mal-aimé, e n. *Il est mal aimé, c'est un mal-aimé. Des mal-aimés, des mal-aimées.*
malaire adj. (de la joue).
malais, e adj. *Un poignard malais.* ♦ N. *Le malais* (langue); *une Malaise* (de Malaisie).
malaise n. m.
malaisé, e adj.
malaisément adv.
malandre n. f.
malandreux, euse adj.
malandrin n. m.
malappris, e adj. et n. *Un enfant malappris. C'est un malappris.* S'il s'agit du verbe, on écrira : *Il a mal appris sa leçon.*
malard n. m. (canard). Quelquefois écrit MALART.
malaria n. f.
malavisé, e adj. et n.
malaxage n. m.
malaxer v. t.
malaxeur n. m. et adj. m.
malayalam [-lam'] n. m.
malayo-polynésien, enne adj. et n. *Des langues malayo-polynésiennes.*
malbâti, e adj. et n. de personne. *Cet homme est malbâti, c'est un malbâti.* Mais on écrit : *L'immeuble est mal bâti.*
malbec n. m.
malchance n. f.
malchanceux, euse adj. et n.
malcommode adj.
maldonne n. f.
mâle adj. et n. *Une prise de courant mâle.* ♦ HOM. → mal.
malédiction n. f.
maléfice n. m.
maléfique adj.
malékisme [-is-] n. m. Quelquefois écrit MALIKISME.
malékite n. et adj.
malencontreusement adv.
malencontreux, euse adj.
mal-en-point loc. adj. inv. S'écrit aussi sans les traits d'union. *Ils sont mal(-)en(-)point.*

malentendant, e adj. et n.
malentendu n. m. *C'est un malentendu.* S'il s'agit du verbe ou de l'adjectif, on écrit : *J'ai mal entendu. Un zèle mal entendu* (mal compris).
mal-être n. m. inv.
malfaçon n. f.
malfaire v. int. N'est utilisé qu'à l'infinitif.
malfaisant, e [-fe-] adj.
malfaiteur n. m.
malfamé, e adj. S'écrit aussi en deux mots. *Un endroit malfamé/mal famé.*
malformation n. f.
malfrat n. m.
malgache adj. *Ils sont malgaches.* ♦ N. Ce sont des *Malgaches* (de Madagascar).
malgré prép. inv. La locution *malgré que* n'est correctement employée que devant « en avoir » *(malgré que nous en ayons).* Autrement, il faut la locution *bien que : Il continue de pédaler bien qu'il soit blessé.*
malhabile adj.
malhabilement adv.
malheur n. m. *Ils jouent de malheur; ils portent malheur. Par malheur* (inv.).
malheureusement adv.
malheureux, euse adj. et n.
malhonnête adj. et n.
malhonnêtement adv.
malhonnêteté n. f.
mali n. m. (belgicisme pour déficit). ♦ HOM. *Mali* (État).
malice n. f.
malicieusement adv.
malicieux, euse adj.
malien, enne adj. *L'élevage malien.* ♦ N. *Un Malien* (du Mali).
malignement adv.
malignité n. f.
malikisme → malékisme.
malin, maligne adj. et n. *C'est un malin. Le Malin* (le démon). *Une tumeur maligne.*
malines n. f. (dentelle provenant de Malines, en Belgique).
malingre adj. et n. m.
malinké n. m.
malinois, e adj. *Une rue malinoise.* ♦ N. *Les Malinois* (habitants de Malines); *un malinois* (chien de berger).
malintentionné, e adj.
malique adj.
malle n. f. ♦ HOM. → mal.
malléabilisation n. f.

malléabiliser v. t.
malléabilité n. f.
malléable adj.
malléolaire adj.
malléole n. f.
malle-poste n. f. *Des malles-poste.*
mallette n. f.
mal-logé, e n. de personne.
mallophage n. m.
malmener v. t. *Je malmène, nous malmenons, je malmènerai(s).* Conjug. 15.
malmignatte n. f.
malnutrition n. f.
malodorant, e adj.
malonique adj.
malotru, e n. et adj.
malouin, e adj. *Un marin malouin.* ♦ N. *Une Malouine* (de Saint-Malo). *Les Malouines* (nom français des îles Falkland).
maloya [malo-ya] n. f.
malpighie [-pighi] n. f. (plante). ♦ HOM. l'anatomiste italien *Malpighi.*
malpoli, e adj. et n.
malposition n. f.
malpropre adj. et n.
malproprement adv.
malpropreté n. f.
malsain, e adj.
malséance [mal-sé-] n. f.
malséant, e adj.
malsonnant, e adj.
malstrom → maelström.
malt n. m. *Des bières pur malt.*
maltage n. m.
maltais, e adj. *Un pêcheur maltais.* ♦ N. *Les Maltais* (de Malte); *une maltaise* (variété d'orange).
maltase n. f.
***malted milk** = boisson lactée au malt.
malter v. t.
malterie n. f.
malthusianisme [-tuzya-] n. m.
malthusien, enne [-tuzyin, -tuzyèn'] adj. et n.
maltose n. m.
maltôte n. f.
maltraitance n. f.
maltraitant, e adj.
maltraiter v. t.
malure n. m.
malus [-lus'] n. m.
malvacée n. f.
malveillance n. f.

malveillant, e adj. et n.

malvenu, e adj. *Vos reproches sont malvenus. Elle est malvenue à se plaindre.* Mais on écrit : *Cette année, les tomates sont mal venues* (ont mal poussé).

malversation n. f.

malvoisie n. f. ou m.

malvoyant, e adj. et n.

mamamouchi n. m.

maman n. f. *Belle-maman; grand--maman; bonne-maman* (grand-mère).

mamba n. m. (serpent).

mambo n. m. (danse).

mamelle n. f.

mamelon n. m.

mamelonné, e adj.

mamelouk ou **mameluk** n. m.

mamelu, e adj.

m'amie n. f. (autre forme de *ma mie*).

mamie n. f. (grand-mère). Quelquefois écrit à l'anglaise : MAMY ou MAMMY.

mamillaire [-milɛr] n. f. et adj.

mammaire adj.

mammalien, enne adj.

mammalogie n. f.

mammectomie ou **mastectomie** n. f.

mammifère n. m.

mammite n. f.

mammographie n. f.

mammoplastie n. f.

mammouth n. m.

mammy → mamie.

mamours [-our'] n. m. pl.

mam'selle ou **mam'zelle** [mam'zèl] n. f. sing.

mamy → mamie.

man [man] n. m. (ver blanc). ♦ HOM. il *ment* (v. mentir), *Man* (île anglaise; ville de Côte-d'Ivoire).

manade n. f.

manadier n. m.

management n. m.

*****management** n. m. = technique de direction, gestion d'une firme, managément.

*****management fee** = commission de chef de file (écon.).

manager v. t. Conjug. 3.

*****manager** n. m. = organisateur, administrateur, gérant, directeur d'une entreprise; gérant des intérêts d'un champion; manageur.

managérat [-ra] n. m.

manageur, euse n.

manant n. m.

manceau, elle adj. *La plaine mancelle.* ♦ N. *Un Manceau, des Manceaux* (du Mans); *une mancelle* (courroie).

mancenille n. f.

mancenillier n. m.

manche n. m. (partie d'un outil). *Un manche à gigot; des manches à balai; des manches de couteau(x).* ♦ N. f. (partie d'un vêtement; épisode d'un jeu; quête). *Un habit sans manches; des manches raglan; une manche d'ange, des manches d'anges; des manches tubes; des manches gigot. Une manche à air, à saletés, à vent.* ♦ HOM. la *Manche* (mer; département).

mancheron n. m.

manchette n. f.

manchon n. m.

manchot, e adj. et n. *Une femme manchote.* ♦ N. m. (oiseau des régions antarctiques).

manchou, e → mandchou.

mancie n. f. (divination). Plus souvent employé comme suffixe. *Cartomancie.*

mandala n. m.

mandale n. f.

mandant, e n.

mandarin n. m.

mandarinal, ale, aux adj.

mandarinat [-na] n. m.

mandarine n. f.

mandarinier n. m.

mandat [-da] n. m. *Un mandat d'amener, d'arrêt, de comparution, de dépôt.*

mandataire n.

mandat-carte n. m. *Des mandats-cartes.*

mandat-contributions n. m. *Des mandats-contributions.*

mandatement n. m.

mandater v. t.

mandat-lettre n. m. *Des mandats-lettres.*

mandat-poste n. m. *Des mandats-poste.*

mandature n. f. → tableau NOMBRES V, p. 912.

mandchou, e adj. et n. (de Mandchourie). *Des Mandchous.* Quelquefois écrit MANCHOU, E.

mandéen, enne [-dé-in, -dé-èn'] adj. et n.

mandéisme [-is-] n. m.

mandement n. m.

mander v. t.

mandibulaire adj.

mandibule n. f.

mandille n. f.

mandingue adj. et n.

mandole n. f. ♦ HOM. → mendole.
mandoline n. f.
mandoliniste n.
mandore n. f. (petit luth).
mandorle n. f. (décoration en amande).
mandragore n. f.
mandrill [-dril'] n. m.
mandrin n. m. ♦ HOM. *Mandrin* (bandit du XVIIIe s.).
mandrinage n. m.
mandriner v. t.
manducation n. f.
manécanterie n. f.
manécant*eur, euse* n.
manège n. m.
mânes n. m. pl. ♦ HOM. → manne.
maneton n. m.
manette n. f. (levier de commande). ♦ HOM. *mannette* (petit panier).
manganate n. m.
manganèse n. m.
mangan*eux, euse* adj.
Manganine n. f. déposé inv. (alliage).
manganique adj. m. (oxyde de manganèse).
manganite n. m. (sel du manganèse).
mangeable adj.
mangeaille n. f.
mange-disque n. m. *Des mange-disques.*
mange-mil n. m. inv. (oiseau).
mangeoire n. f.
mangeotter v. t. et int.
manger v. t. et int. *Nous mangeons.* Conjug. 3. *Ils en ont mangé trois.* ♦ N. m. *Le boire et le manger. Les mangers.*
mange-tout n. m. inv. et adj. inv. *Des haricots mange-tout.* ♦ Quelquefois écrit MANGETOUT. *Des mange-touts.*
mang*eur, euse* n.
mangeure [-jur] n. f. → -ure.
mangle n. f.
manglier n. m.
mangonneau n. m. *Des mangonneaux.*
mangoustan n. m.
mangoustanier n. m.
mangouste n. f.
mangrove n. f.
mangue n. f.
manguier n. m.
-mania Mot grec (folie) employé comme suffixe féminin pour désigner un engouement, un goût excessif, une toquade passagère pour une personne ou un objet et tout ce qui s'y rapporte. Ainsi, on a vu apparaître *Hugomania, Disneymania, ballettomania, rockmania, Gorbymania, pin'smania...*
maniabilité n. f.
maniable adj.
maniaco-dépress*if, ive* adj. et n. *Des psychoses maniaco-dépressives.*
maniaque adj. et n.
maniaquerie n. f.
maniché*en, enne* [-ké-in, -ké-èn'] adj. et n.
manichéisme [-ké-is-] n. m.
manichordion [-kor-] ou **manicorde** n. m.
manicle ou **manique** n. f.
manie n. f. Ce mot se rencontre en suffixe dans *bibliomanie, décalcomanie, anglomanie, monomanie* (idée fixe), *nymphomanie, démonomanie* (vision de démons), *métromanie* (versifier), *dipsomanie* (désir d'alcool), *érotomanie* (sexualité obsessionnelle), *kleptomanie* (dérober), *bruxomanie* (grincer des dents), *toxicomanie*, etc.
maniement n. m. *Du maniement d'armes.*
manier v. t. Conjug. 17. ♦ V. pr. → magner.
manière n. f. *De manière que; en quelque manière; par manière de; en manière de; de manière ou d'autre; de belle manière; de toute manière; trêve de manières.*
manié*ré, e* adj.
maniérisme [-is-] n. m.
maniériste adj. et n.
manieur n. m.
manif n. f. (abrév. de *manifestation*).
manifestant, *e* n.
manifestation n. f.
manifeste adj. et n. m.
manifestement adv.
manifester v. t. et int. *Des mécontentements se sont manifestés.*
manifold n. m.
*****manifold** = collecteur (pétr.).
manigance n. f.
manigancer v. t. *Il manigançait.* Conjug. 2.
maniguette n. f.
manille n. f. (jeu de cartes; anneau ouvert). ♦ N. m. (cigare; chapeau). ♦ HOM. *Manille* (ville des Philippines).
manill*eur, euse* n.
manillon n. m.
manioc n. m.
manip n. f. (abrév. de *manipulation*).
manipulable adj.

manipula*teur*, *trice* n.
manipulation n. f.
manipule n. m.
manipuler v. t.
manique → manicle.
manitou n. m. *Des manitous. Le grand manitou.*
manivelle n. f.
manne n. f. (nourriture miraculeuse; insecte; panier). ♦ HOM. les *mânes* (âmes des morts).
mannequin n. m.
mannequiner v. t.
mannette n. f. ♦ HOM. → manette.
mannite n. f.
mannitol n. m.
mannose n. m.
manocontact n. m.
manodétendeur n. m.
manœuvrabilité n. f.
manœuvrable adj.
manœuvre n. f. (action, exercice; filin de navire). *La liberté de manœuvre; une fausse manœuvre; le champ de manœuvres.* ♦ N. m. (ouvrier).
*****manœuvre limit** = limite de manœuvre (déf.).
*****manœuvre margin** = marge de manœuvre (déf.).
manœuvrer v. t. et int.
manœuvri*er*, *ère* n. → manouvrier.
manographe n. m.
manoir n. m.
manomètre n. m.
manométrie n. f.
manométrique adj.
manoque n. f.
manoscope n. m. (instrument indiquant les variations de pression atmosphérique). ♦ Ne pas confondre avec *monoscope* (générateur de signaux utilisé pour la mise au point des téléviseurs).
manostat n. m.
manouche n. *Un Manouche* → gitan. ♦ Adj. *Les traditions manouches.*
manouvrier n. m. (ouvrier sans spécialité). ♦ Ne pas confondre avec *manœuvrier* (celui qui a su se montrer habile devant les difficultés).
manquant, *e* adj. et n.
manque n. m. *Manque à gagner; en état de manque; manque d'argent.* ♦ N. f. *Un ouvrier à la manque.*
manqué, *e* adj. et n. et n.
manquement n. m.

manquer v. int. et t. *Elle l'a manqué belle.*
mansarde n. f. (disposition imaginée par François *Mansart*).
mansardé, *e* adj.
manse n. m. ♦ HOM. → mense.
mansion n. f.
*****man spricht deutsch** (all.) loc. = on parle allemand.
mansuétude n. f.
manta n. f. (poisson).
mante n. f. ♦ HOM. → menthe.
manteau n. m. *Des manteaux.*
mantelé, *e* adj.
mantelet n. m.
mantelure n. f.
mantille n. f.
mantique n. f.
mantisse n. f.
mantouan, *e* adj. *Un palais mantouan.* ♦ N. *Un Mantouan* (habitant de Mantoue).
mantra n. m.
manuaire adj.
manualité n. f.
manubrium [-briyom'] n. m. *Des manubriums.*
manucure n.
manucurer v. t.
manu*el*, *elle* adj. et n.
manuélin adj. m.
manuellement adv.
manufacturable adj.
manufacture n. f.
manufacturer v. t.
manufactur*ier*, *ère* n. et adj.
*****manu militari** (lat.) loc. adv. = par la force.
manumission n. f.
manuscriptologie n. f.
manuscrit, *e* adj. et n. m.
manutention [-tan-syon] n. f.
manutentionnaire [-tan-syo-] n.
manutentionner [-tan-syo-] v. t.
manuterge n. m.
manzanilla [-ni-ya] n.
maoïsme [-is-] n. m.
maoïste n. et adj.
maori, *e* adj. et n.
ma*ous*, *ousse* [-ous'] adj. *Il est maous.* Quelquefois écrit MAOUSS ou MAHOUS, SSE.
*****map** = mappe (inf.).
*****map (to)** = mapper (inf.).
M.A.P.A. sigle f. Maison d'accueil pour personnes âgées.

mappage n. m.
mappe n. f.
mappemonde n. f.
mapper v. t.
***mapping** = mappe (pub.).
maque n. m. (souteneur). Quelquefois écrit MAC. → macque. ♦ HOM. → Mac.
maquée adj. f. (en argot : qui a un maquereau, un souteneur). ♦ N. f. (fromage blanc).
maquer v. t.
maqueraison n. f.
maquereau n. m. (poisson ou souteneur). *Des maquereaux.*
maquerelle n. f.
maquette n. f.
maquetter v. t.
maquettisme [-is-] n. m.
maquettiste n.
maquignon, onne n.
maquignonnage n. m.
maquignonner v. t.
maquillage n. m.
maquiller v. t.
maquilleur, euse n.
maquis n. m. (végétation touffue ; lieu retiré). ♦ HOM. *maki* (animal).
maquisard n. m.
marabout [-bou] n. m.
maraboutage n. m.
marabouter v. t.
maraca n. f. *Une paire de maracas* [-kas'].
maraîchage n. m.
maraîcher, ère n. et adj.
maraîchin, e n. et adj.
marais n. m. *Un marais salant ; les marais Pontins ; le Marais poitevin, breton. Le Marais* (quartier de Paris ; groupe de la Convention). ♦ HOM. la *marée* (flux ; poisson frais) ; se *marrer* (rire).
marander v. int.
Marans (race de) loc. f. (poule).
maranta n. m. (plante). Nommée quelquefois MARANTE (n. f.).
marasme [-as-] n. m.
marasque n. f.
marasquin n. m.
marathe n. m. (langue). Quelquefois écrit MAHRATTE OU MARATHI.
marathon n. m. ♦ HOM. la bataille de *marathon* (490 avant J.-C.).
marathonien, enne n.
marâtre n. f.
maraud, e n.

maraudage n. m.
maraude n. f.
marauder v. int. et t.
maraudeur, euse n.
maravédis [-di] n. m.
marbre n. m. *Des cœurs de marbre.*
marbré, e adj.
marbrer v. t.
marbrerie n. f.
marbreur, euse n.
marbrier, ère adj. et n.
marbrure n. f.
marc [mar'] n. m. (résidu de fruits, de café ; alcool ; ancienne mesure de poids et de monnaie). *Être payé au marc le franc.* ♦ HOM. → *mare.*
marcaïne n. f.
marcaire n. m.
marcassin n. m.
***marcato** (ital.) = martelé (adj.).
marcescence n. f.
marcescent, e adj.
marchage n. m.
marchand, e n. et adj. *Un marchand de vin. Un marchand de vins fins. Marchand de biens, de canons, de charbon, d'habits, de journaux, de liqueurs, de sable, de sommeil, de soupe. Marchand forain. Un navire marchand ; le prix marchand ; charbon marchand ; rue marchande.* ♦ HOM. marchant (v. marcher).
marchandage n. m.
marchander v. t.
marchandeur, euse adj. et n.
marchandisage n. m.
marchandise n. f.
marchandiseur, euse n.
marchant, e adj. *L'aile marchante.* ♦ HOM. → marchand.
marchantia n. f.
marche n. f.
marché n. m. *Des articles (à) bon marché ; une étude de marché ; marché au comptant, à forfait, à prime, à terme. Faire bon marché de ; par-dessus le marché ; marché noir ; économie de marché ; à meilleur marché. Un marché de dupe(s) ; marché témoin ; marché-gare ; le marché aux puces* (abs. : *les Puces*) ; *le Marché commun. Marché en main.*
marchéage n. m.
marché-gare n. m. *Des marchés-gares.*
marchepied n. m.
marcher v. int.
marché-test n. m. *Des marchés-tests.*

marcheur, euse n.
marcionisme [-is-] n. m.
marconi adj. inv. et n. m. (gréement de voilier). ♦ HOM. le physicien italien *Marconi*.
marcophilie n. f.
marcottage n. m.
marcotte n. f.
marcotter v. t.
mardi n. m. *Le mardi gras*. → jour.
mare n. f. (petite étendue d'eau; flaque). ♦ HOM. *marc* (monnaie et poids anciens; résidu de fruits), il se *marre* (il rit), il en a *marre* (assez).
marécage n. m.
marécageux, euse adj.
maréchal n. m. *Un maréchal de France; maréchal des logis; maréchal des logis-chef; maréchal des logis-major; maréchal de camp; maréchal général. Un maréchal-ferrant. Des maréchaux.*
maréchalat [-la] n. m.
maréchale n. f. (femme d'un maréchal de France). *Mme la maréchale* (en suscription : *Madame la Maréchale*). ♦ Adj. f. *De la houille maréchale.*
maréchalerie n. f.
maréchal-ferrant ou **maréchal** n. m. *Des maréchaux-ferrants.*
maréchaussée n. f.
marée n. f. *Contre vents et marée; malgré vents et marée; à marée montante; marée de morte-eau (ou de quadrature), de vive-eau (ou de syzygie, ou de conjonction); courant, échelle, raz, renversement, train de marée. Arriver comme marée en carême.* ♦ HOM. → marais.
marégraphe n. m.
marelle n. f.
marémoteur, trice adj.
marengo [-rin-] n. m. (drap). ♦ Adj. inv. *Des rubans marengo.* ♦ *Du veau à la marengo.* ♦ HOM. la bataille de *Marengo*.
marennes n. f. (huître de la région de Marennes).
mareyage [-rè-yaj] n. m.
mareyeur, euse [-rè-yeur', -rè-yeûz] n.
marfil → morfil.
margaille n. f.
margarine n. f.
margauder → margoter.
margaux n. m. (vin de la région de Margaux).
margay n. m.

marge n. f. *Vivre en marge.*
margelle n. f.
marger v. t. *Nous margeons.* Conjug. 3.
margeur, euse n.
marginal, ale, aux adj. et n.
marginalement adv.
marginalisation n. f.
marginaliser v. t.
marginalisme [-is-] n. m.
marginalité n. f.
marginer v. t.
margis [-ji] n. m. (abrév. de *maréchal des logis*).
margoter v. int. S'écrit quelquefois MARGOTTER ou MARGAUDER.
margotin n. m.
margouillat n. m.
margouillis n. m.
margoulette n. f.
margoulin n. m.
margrave n.
margravine n. f.
margraviat [-vya] n. m.
marguerite n. f. (plante). ♦ HOM. *Marguerite* (prénom), *Margueritte* (général; écrivain), *Margueritttes* (ville du Gard).
marguillier n. m.
mari n. m. (homme marié). ♦ HOM. *Marie* (prénom f.), *marri* (fâché, confus), *Mari* (ancienne ville de Syrie).
mariable adj.
mariachi [-tchi] n. m.
mariage n. m. *Un mariage d'amour, de raison, de convenance, d'inclination, d'intérêt; mariage par procuration; né hors mariage; mariage consanguin, morganatique.*
marial, ale, als adj.
marianiste n. m. → religieux.
marié, e n. *Les nouveaux mariés.*
Marie-couche-toi-là n. f. inv.
marie-jeanne n. f. inv. (marihuana).
marie-louise n. f. (bordure d'encadrement). *Des maries-louises.*
marier v. t. Conjug. 17. ♦ V. pr. *Ils se sont mariés.*
marie-salope n. f. (drague). *Des maries-salopes.*
marieur, euse n.
marigot n. m.
marihuana [-wa-na] n. f. Quelquefois écrit MARIJUANA.
marimba n. m.
marin, e adj. et n. *Avoir le pied marin; des costumes à col marin; des fusiliers marins; des milles marins.* → marine.

marina n. f.
marinade n. f.
marinage n. m.
marine adj. et n. f. *Des lieues marines; des boues marines. La marine de guerre; la Marine nationale. Des costumes bleu marine; des robes marine.* ♦ N. m. *Un marine* (soldat de marine américain).
mariner v. t. et int.
maringouin n. m.
marinier, ère adj. et n. *Des moules marinière.*
marinisme [-is-] n. m.
marin-pêcheur n. m. *Des marins-pêcheurs.*
marin-pompier n. m. *Des marins-pompiers.*
mariol, e adj. et n. *Elles font les marioles. Quelquefois écrit* MARIOLE *ou* MARIOLLE.
mariologie n. f.
marionnette n. f.
marionnettiste n.
marisque n. f.
mariste n. m. → religieux.
marital, ale, aux adj.
maritalement adv.
maritime adj.
maritorne n. f.
marivaudage n. m.
marivauder v. int.
marjolaine n. f.
Mark ou **mark** n. m. Dit aussi DEUTSCHE MARK, c'est l'unité monétaire allemande : *3 Marks* ou *3 DM* (le mark finlandais est le *markka*). L'Allemagne eut le *Rentenmark* en 1923 et 1924, le *Reichsmark* de 1924 à 1948 et le *deutsche Mark* à partir de 1948. ♦ HOM. → marque.
*****marker** = marqueur, balise.
*****marker beacon** = radioborne.
*****marker gene** = gène marqueur (génét.).
*****marketing** n. m. = étude de marché, commercialisation; mercatique.
*****marketing mix** = marchéage (écon.).
*****market maker** = teneur de marché, décideur du marché (écon.).
*****market making** = tenue de marché (écon.).
*****marking** = tenue de contact serré, marquage (déf.).
markka n. m. (monnaie finlandaise). *Des markkaa.*
marli n. m. (bord d'une assiette). ♦ HOM. *Marly* (nom de localité).

marlin n. m.
marlou n. m. *Des marlous.*
marmaille n. f.
marmelade n. f. → compote.
marmenteau n. et adj. *Des marmenteaux.*
marmitage n. m.
marmite n. f.
marmitée n. f.
marmiter v. t.
marmiton n. m.
marmonnement n. m.
marmonner v. t.
marmoréen, enne [-ré-in, -ré-èn'] adj.
marmoriser v. t.
marmot n. m.
marmotte n. f.
marmottement n. m.
marmotter v. t.
marmotteur, euse n. et adj.
marmouset n. m.
marnage n. m.
marnais, e adj. et n. (de la Marne).
marne n. f. (terre argilo-calcaire). ♦ HOM. *Marne* (rivière, département).
marner v. t. et int.
marneur n. et adj. m.
marneux, euse adj.
marnière n. f.
marocain, e adj. *Le soleil marocain.* ♦ N. *Un Marocain* (habitant du Maroc). ♦ HOM. *maroquin* (cuir de chèvre; portefeuille ministériel).
maroilles n. m. (fromage de la région de *Maroilles*).
marollien n. m. (argot bruxellois).
maronite adj. et n.
maronner v. int.
maroquin n. m. ♦ HOM. → marocain.
maroquinage n. m.
maroquiner v. t.
maroquinerie n. f.
maroquinier, ère n. et adj.
marotique adj.
marotte n. f.
marouette n. f.
marouflage n. m.
maroufle n. m. (fripon). ♦ N. f. (colle).
maroufler v. t.
maroute n. f.
marquage n. m.
marquant, e adj.
marque n. f. *Des marques de fabrique.* ♦ → tableau PLURIEL VI, E, p. 938. ♦ HOM. *Mark* (unité monétaire allemande).

marqué, e adj.
marquer v. t. et int.
marqueter v. t. *Il marquette.* Conjug. 14.
marqueterie n. f.
marqueteur, euse n. et adj.
marqueur, euse n.
marquis, e n.
marquisat [-za] n. m.
Marquisette n. f. déposé inv.
marquoir n. m.
marraine n. f.
*****marrakchi, a** (marocain) n. et adj. = de Marrakech.
marrane n.
marrant, e adj.
marre adv. *Ils en ont marre.* ♦ HOM. → mare.
marrer (se) v. pr. *Elle s'est marrée.* ♦ HOM. → marais.
marri, e adj. ♦ HOM. → mari.
marron n. m. *Des marrons d'Inde.* ♦ Adj. inv. *Des manteaux marron.*
marron, onne adj. et n. *Des courtiers marrons; une esclave marronne.*
marronnier n. m.
marrure n. f.
mars n. m. Ce nom de mois s'écrit sans majuscule. ♦ HOM. *Mars,* dieu de la Guerre, le champ de *Mars* à Rome, le Champ-de-*Mars* à Paris.
marsala n. m. (vin doux de Marsala).
marsault n. m. (variété de saule). Quelquefois écrit MARSEAU. *Des marseaux.*
marseillais, e adj. *Ils sont marseillais.* ♦ N. *Un Marseillais* (de Marseille). *Chanter la Marseillaise.*
*****marshmallow** n. m. = pâte de guimauve.
marsouin n. m.
marsouinage n. m.
marsupial, ale, aux adj. et n. m.
LEXIQUE : bandicoot, kangourou, koala, opossum ou manicou, phalanger, polatouche ou tahuan, potorou, sarigue, wallaby, wombat.
martagon n. m.
marte → martre.
marteau n. m. *Des marteaux.* ♦ Adj. inv. en genre. *Ils sont marteaux; elles sont marteaux.*
marteau-pilon n. m. *Des marteaux-pilons.*
marteau-piolet n. m. *Des marteaux-piolets.*
marteau-piqueur n. m. *Des marteaux-piqueurs.*

martel n. m. *Ils se mettent martel en tête.*
martelage n. m.
martèlement n. m.
marteler v. t. *Il martèle.* Conjug. 11.
marteleur n. m.
martensite n. f.
martensitique adj.
martial, ale, aux adj. *La cour martiale.*
martialement adv.
martien, enne adj. et n.
martin-chasseur n. m. *Des martins-chasseurs.*
martinet n. m.
martingale n. f.
Martini n. m. déposé inv.
martiniquais, e adj. *Du rhum martiniquais.* ♦ N. *Un Martiniquais* (de la Martinique).
martinisme [-is-] n. m.
martin-pêcheur n. m. *Des martins-pêcheurs.*
martre n. f. (animal carnassier). Quelquefois nommé MARTE. ♦ HOM. *Marthe* (prénom).
martyr, e adj. et n. *Un martyr, une martyre.* ♦ N. m. *Souffrir le martyre. Cette séparation est un martyre.*
martyriser v. t.
martyrium [-ryom'] n. m. *Des martyria.*
martyrologe n. m.
*****M.A.R.V.** (*manoeuvrable re-entry vehicle*) = missile téléguidable à têtes multiples (déf.).
marxien, enne adj.
marxisant, e adj.
marxiser v. t.
marxisme [-is-] n. m.
marxisme-léninisme [-is-] n. m. *Des marxismes-léninismes.*
marxiste adj. et n.
marxiste-léniniste adj. et n. *Des marxistes-léninistes.*
marxologue n. m.
maryland n. m. (tabac produit dans le *Maryland*).
mas [ma ou mas'] n. m. (ferme provençale).
♦ HOM. → ma; masse.
mascara n. m. (vin de la région de Mascara; fard pour les yeux).
mascarade n. f.
mascaret n. m.
mascaron n. m.
*****mascon** n. m. = réplétion (astron.).
mascotte n. f.
masculin, e adj. et n. m.

masculinisant, e adj.
masculiniser v. t.
masculinité n. f.
maser [-zèr'] n. m. (sigle de **microwave amplification by stimulated emission of radiations* = création de micro-ondes hertziennes par stimulation des émissions).
maskinongé n. m.
*mask pattern generator = générateur de dessin de masques (électron.).
maso adj. inv. en genre et n. ♦ HOM. → *mazot*.
masochisme [-is-] n. m.
masochiste adj. et n.
masquage n. m.
masque n. m.
masqué, e adj.
masquer v. t.
massacrant, e adj.
massacre n. m.
massacrer v. t.
massacreur n. m.
massage n. m.
massaliote adj. et n.
masse n. f. *Une masse de pierres, d'armes, d'ombre, de verdure; faire masse; une sortie en masse; des plans de masse; rapport de masse; en grandes masses. Nombre de masse* (d'un élément chimique). ♦ HOM. *mas* (ferme provençale), il *masse* (v. masser).
massé n. m.
masselotte n. f.
massepain n. m.
masser v. t.
masséter [-tèr'] n. et adj. m.
masse-tige n. f. *Des masses-tiges.*
massette n. f.
masseur, euse n.
massicot [-ko] n. m.
massicoter v. t.
massier, ère n.
massif, ive adj. *Des votes massifs; des doses massives.* ♦ N. m. *Un massif de verdure, de fleurs, de ronces. Le massif du Mont-Blanc; le massif de l'Aubrac; le Massif central; le Massif armoricain.*
massification n. f.
massifier v. t. Conjug. 17.
massique adj.
massivement adv.
massivité n. f.
mass media [mas'mé-] n. m. pl. *Media* vient du latin par l'anglais. Remplacé par : *un média, des médias.*

massore n. f. Nommée aussi en hébreu MASSORAH (n. f.).
massorète n. m.
*mass storage = mémoire de masse (inf.).
*mass treatment = psychothérapie collective.
massue n. f.
mastaba n. m.
mastard n. m. et adj. m.
mastectomie → mammectomie.
*master n. m. = maître (le tournoi des « masters », c'est le tournoi des maîtres); souche (aud.).
*master builder = maître d'œuvre (urb.).
*master change (M.C.) = spécification de changement notifié.
mastère n. m. (diplôme français).
mastic n. m. et adj. inv. ♦ HOM. il *mastique* (v.).
masticage n. m.
masticateur, trice adj. et n. m.
mastication n. f.
masticatoire adj. et n. m.
mastiff n. m.
mastiquer v. t.
mastite n. f.
mastoc adj. inv. en genre.
mastodonte n. m.
mastoïde adj.
mastoïdien, enne adj.
mastoïdite n. f.
mastologie n. f.
mastologue n.
mastose n. f.
mastroquet n. m.
masturbation n. f.
masturber v. t.
m'as-tu-vu n. m. inv. *Des m'as-tu-vu.* Ne pas confondre avec la question : *M'as-tu vu sauter?*
masure n. f.
masurium n. m. *Des masuriums.*
mat [mat'] n. m. *Il cherche le mat* (aux échecs). ♦ Adj. inv. *Elles sont échec et mat. Elles sont mat.* ♦ HOM. → *mat.*
mat, e [mat'] adj. (sans éclat). *Un son mat; la peau mate.* ♦ HOM. *mat* (défaite aux échecs), il *mate* (v. mater), il *mâte* (v. mâter), la *matte* (métal en fusion), cours de *math.*
mât [ma] n. m. *Le grand mât; le mât d'amarrage, d'artimon, d'assemblage, de cacatois, de charge, de cocagne, de*

flèche, de hune, de misaine, de pavillon, de perroquet, de senau; un mât Fenoux; un mât à pible. ♦ HOM. → ma.
matabiche n. m.
matador n. m. (celui qui tue le taureau à la corrida). ♦ Ne pas confondre avec *matamore* (vantard, faux brave).
mataf n. m.
matage n. m.
matamore n. m. → matador.
matassins n. m. pl.
match n. m. Pl. angl. : *des matches*; pl. fr. : *des matchs aller, des matchs retour.*
*matched conics technique = méthode des sphères d'action d'influence (spat.).
matcher v. int. et t.
matchiche n. f.
*matching = concurrence, rivalité, rattachement (écon.).
*match-play = trou par trou, affrontement direct (golf).
maté n. m.
matefaim n. m.
matelas n. m.
matelassé, e adj.
matelasser v. t.
matelassier, ère n.
matelassure n. f.
matelot n. m.
matelotage n. m.
matelote n. f.
mater v. t. (marteler; faire mat aux échecs). *Il faut mater ce garnement.* ♦ HOM. *mâter* (placer les mâts).
mâter v. t. ♦ HOM. → mater.
mâtereau n. m. *Des mâtereaux.*
matérialisation n. f.
matérialisé, e adj.
matérialiser v. t.
matérialisme [-is-] n. m.
matérialiste n. et adj.
matérialité n. f.
matériau n. m. *Des matériaux.*
matériel, elle adj. et n.
matériellement adv.
maternage n. m.
maternel, elle adj. et n. f.
maternellement adv.
materner v. t.
maternisation n. f.
maternisé, e adj.
materniser v. t.
maternité n. f.

math [mat'] n. f. (abrév. de *mathématique*). Peut s'écrire aussi au pluriel, avec la même prononciation. *Le prof de math(s). Les classes de math élém., math sup. et math spé.* ♦ HOM. → mat.
mathémagie n. f.
mathématicien, enne n.
mathématique adj. et n. f. *Les classes de mathématiques supérieures, spéciales.*
mathématiquement adv.
mathématisation n. f.
mathématiser v. t.
matheux, euse n.
Mathieu n. m. (prénom). *Un fesse-mathieu. Saint Matthieu évangéliste.*
mathurin n. m. (religieux de l'ordre des Trinitaires). ♦ HOM. *Mathurin* (prénom).
mathusalem [-lèm'] n. m. (bouteille de 6 litres). ♦ HOM. vieux comme *Mathusalem* (patriarche de la Bible).
matière n. f. *Entrée en matière; il y a matière à; cela fournit matière à réflexion. La comptabilité matières.*
matiérisme [-is-] n. m.
matiériste n.
MATIF sigle m. Marché à terme d'instruments financiers. (Quelquefois traduit par : Marché à terme international de France.)
matin n. m. *Tous les matins; tous les lundis matin (au matin).* ♦ Adv. *Ils se lèvent matin; de grand matin; de bon matin.* ♦ HOM. *mâtin* (gros chien; taquin).
mâtin, e n. *Ah! le mâtin! Oh! la petite mâtine!* ♦ N. m. (gros chien de garde). *Le mâtin grognait.* ♦ Interj. *Mâtin!* ♦ HOM. → matin; matines.
matinal, ale, aux adj. *Ils sont matinaux.*
matinalement adv.
mâtiné, e adj. ♦ HOM. → matinée.
matinée n. f. (le matin). ♦ HOM. *mâtiné* (qui n'est pas de pure race), *mâtiner* (croiser).
mâtiner v. t. et int. *Mâtiner des chiens.* ♦ HOM. → matinée.
matines n. f. pl. (office du matin). ♦ HOM. *mâtine* (délurée).
matineux, euse adj.
*mating = conjugaison (génét.).
matinier, ère adj.
matir v. t. du 2ᵉ gr. Conjug. 24.
matité n. f.
matoir n. m.
matois, e adj. et n.
maton, onne n.
matorral n. m. *Des matorrals.*

matos [-tos'] n. m.
matou n. m. *Des matous.*
matraquage n. m.
matraque n. f.
matraquer v. t.
matraqueur, euse n. et adj.
matras [-tra] n. m.
matriarcal, ale, aux adj.
matriarcat [-ka] n. m.
matriarche n. f.
matriçage n. m.
matricaire n. f.
matrice n. f.
matricer v. t. *Il matriçait.* Conjug. 2.
matricide n. (la personne). ♦ N. m. (le crime).
matriciel, elle adj.
matriclan n. m.
matricule n. f. (registre). ♦ N. m. (numéro). ♦ Adj. *La liste matricule.*
matriculer v. t.
matrilignage n. m.
matrilinéaire adj.
matrilocal, ale, aux adj.
matrimonial, ale, aux adj.
matrimonialement adv.
matriochka n. f.
matrone n. f.
matronyme n. m.
matte n. f. ♦ HOM. → mat.
matthiole n. f.
maturation n. f.
mature adj. (se dit du poisson adulte). *Un brochet mature.*
mâture n. f. (ensemble des mâts et gréements d'un navire).
maturase n. f.
maturité n. f.
matutinal, ale, aux adj.
maubèche n. f.
maudire v. t. Se conjugue comme un verbe du 2ᵉ groupe (conjug. 24), sauf au participe passé : *maudit.*
maudit, e adj.
maugrabin, e Terme abandonné pour MOGHRÉBIN puis MAGHRÉBIN.
maugréer v. int. et t. ind. *Je maugrée, nous maugréons, je maugréerai(s).* Conjug. 16.
maul n. m. ♦ HOM. → mole.
maurandie n. f.
maure, mauresque Ancienne orthographe : *more, moresque (Ludovic le More).* ♦ Adj. *Un guerrier maure, une femme mauresque.* ♦ N. *Les Maures, une Mauresque.* La couleur *cap de maure* (robe de cheval). *Le massif des Maures et de l'Esterel (ou Estérel).* ♦ HOM. → mort.
Mauresque est un adjectif relatif aux choses et invariable en genre. *Style mauresque, arcades mauresques. Le style néo-mauresque.*
maurelle n. f.
mauricien, enne adj. et n. (de l'île Maurice).
mauriste n. m.
mauritanien, enne adj. *Un nomade mauritanien.* ♦ N. *Les Mauritaniens* (de Mauritanie).
mauser [mozèr] n. m.
mausolée n. m.
maussade adj.
maussadement adv.
maussaderie n. f.
Mauthausen (camp nazi).
mauvais, e adj. *De mauvais augure; de mauvaise mine; de mauvaise vie; en mauvaise compagnie; en mauvaise part. Elles sont mauvaises.* ♦ Adv. *Elles sentent mauvais; il fait mauvais.* ♦ N. *Le bon et le mauvais.* ♦ Invariable dans les expressions : *elles ont trouvé mauvais que; ils l'avaient mauvaise.*
mauvaiseté n. f.
mauve n. f. (plante). ♦ Adj. *Une robe mauve* → tableau COULEURS, p. 884. ♦ N. m. *Des mauves diversement teintés.*
mauvéine n. f.
mauviette n. f.
mauvis [-vi] n. m.
maux → mal. ♦ HOM. → mot.
maxi- Préfixe, opposé à *mini-*, employé par la publicité. Se place avec un trait d'union auprès du mot. *Des maxi-remises.* ♦ Adj. inv. *Des jupes maxi.*
maxicode adj. et n. m.
maxidiscompte n. m.
maxidiscompteur n. m.
maxillaire [maksilèr] n. m. et adj.
maxille n. f.
maxillipède n. m.
maxillo-facial, ale, aux adj. *Des interventions maxillo-faciales.*
maxima → maximum.
maximal, ale, aux adj. A pris la place de l'adjectif latin *maximum*. *Une croissance maximale.* → maximum.
maximalisation n. f.
maximaliser v. t.
maximaliste n.
maximant, e adj.

maxime n. f.
maximisation n. f.
maximiser v. t.
maximum [-mom'] n. m. Pl. lat.: *maxima*; pl. fr.: *maximums*. ♦ Adj. *Un prix maximum; une réduction maxima; des prix maxima; des réductions maxima* (lat.). La forme française *(un prix maximal; des rabais maximaux; des températures maximales)* est préférable. ♦ *Augmenter au maximum.*
*****maximum elevation figure** = indication d'élévation maximale (déf.).
*****maximum permissible dose** = dose admissible maximale (déf.).
Maxiton n. m. déposé inv.
maxwell [-wèl'] n. m. (unité de mesure: *3 maxwells* ou *3 M*). ♦ HOM. le physicien J. C. *Maxwell.*
maya [ma-ya] adj. inv. en genre. *La civilisation maya.* ♦ N. *Les Mayas.* ♦ N. f. *La maya* (notion bouddhique).
maye [mè] n. f. ♦ HOM. → mai.
mayen n. m.
mayennais, e adj. et n. (de la Mayenne).
mayeur → maïeur.
mayonnaise [ma-yo-] n. f.
mayoral, ale, aux adj. → maïoral.
mayorat → maïorat.
mazagran n. m. (café). ♦ HOM. *Mazagran* (en Algérie). ♦ Ne pas confondre avec *Mazagan* (ancien nom d'El-Jadida, au Maroc).
mazarinade n. f.
mazdéen, enne [-dé-in, -dé-èn'] adj.
mazdéisme [-is-] n. m.
mazéage n. m.
mazer v. t.
mazette n. f.
mazot n. m. (petite bâtisse en Suisse). ♦ HOM. il est *maso* (apocope de *masochiste*).
mazout [-out'] n. m.
mazouter v. int.
mazurka n. f.
M.B.A. sigle f. Marge brute d'autofinancement.
*****M.B.A.** (*master in business administration) = diplôme américain.
MC → Mac.
M.D. sigle m. Minidisque compact.
*****M 2 S** (*modular multispectral scanner) = scaneur multibande modulaire.
me pron. pers. *Il me parle. Il m'appelle.*
mea-culpa [méa-] n. m. inv. *Ils firent leur mea-culpa.*

méandre n. m. *De longs méandres.*
méandrine n. f.
*****mean lethal dose** = dose létale moyenne (déf.).
méat [méa] n. m.
méatoscopie n. f.
mec n. m.
mécane n. f.
mécanicien, enne n. et adj.
mécanicien-dentiste n. *Des mécaniciens-dentistes; des mécaniciennes-dentistes.*
mécanicisme [-is-] n. m.
mécanique n. f. et adj.
mécaniquement adv.
mécanisation n. f.
mécaniser v. t.
mécanisme [-is-] n. m.
mécaniste adj. et n.
mécano n. (ouvrier mécanicien). *Un/une mécano.* ♦ HOM. *Meccano* (jeu).
mécanographe n. et adj.
mécanographie n. f.
mécanographique adj.
mécanorécepteur n. m.
mécanothérapie n. f.
mécatronicien, enne n.
Meccano n. m. déposé inv. ♦ HOM. → mécano.
mécénat [-na] n. m.
mécène n. ♦ HOM. *Mécène*, conseiller d'Auguste.
méchage n. m.
méchamment adv.
méchanceté n. f.
méchant, e adj. et n.
mèche n. f.
mécher v. t. *Je mèche, nous méchons, je mécherai(s).* Conjug. 10.
mécheux, euse adj.
méchoui n. m.
mechta n. f.
Meckel (diverticule de) loc. m.
mécompte n. m.
méconduire (se) v. pr. Conjug. 37. *Elles se sont méconduites.*
méconduite n. f.
méconium [-nyom'] n. m. *Des méconiums.*
méconnaissable adj.
méconnaissance n. f.
méconnaître v. t. Conjug. 62.
méconnu, e adj. et n.
mécontent, e adj. et n.
mécontentement n. m.

mécontenter v. t.
mécoptère n. m.
mécréant, e n.
mécroire v. t. Ne s'emploie plus qu'à l'infinitif. Se conjuguait selon la conjug. 42.
médaille n. f. *La médaille Fields des mathématiciens.* → croix, décoration.
médaillé, e adj. et n.
médailler v. t.
médailleur, euse n.
médaillier [-da-yé] n. m.
médailliste n. et adj.
médaillon n. m.
*****medal play** = compétition de golf aux coups.
mède adj. *Un guerrier mède.* ♦ N. *Les Mèdes* (de Médie).
médecin n. m. *Un médecin consultant, généraliste, inspecteur, légiste, spécialiste, traitant. Un médecin-major; un médecin-capitaine (-colonel...); un médecin-conseil; un médecin aide-major; un médecin d'état civil. Une femme médecin.*
médecin-conseil n. m. *Des médecins-conseils.*
médecine n. f. *Médecine de groupe.*
médecine-ball [-bol'] n. m. *Des médecine-balls.* Quelquefois écrit à l'anglaise MEDICINE-BALL. *Des medicine-balls.*
médersa → madrasa.
média n. m. (moyen de diffusion de l'information). → mass media. ♦ HOM. *médiat* (qui est intermédiaire ou a besoin d'un intermédiaire).
médial, ale adj. Le masculin pluriel est inusité.
médialogie n. f.
médialogue n.
Médiamat n. m. déposé inv.
médian, e adj. et n. f.
médianoche n. m.
médiante n. f.
Médiapan n. m. déposé inv.
*****media-planner** = chargé de plan média.
*****media-planning** = plan des supports, programme des supports, plan média (pub.).
médiascope n. m.
médiascopie n. f.
médiastin n. m.
médiat, e [-dya, -dyat'] adj. ♦ HOM. → média.
médiateur, trice adj. et n.

médiathèque n. f.
médiation n. f.
médiatique adj. et n. f.
médiatisation n. f.
médiatiser v. t.
médiator n. m.
médiatrice n. f.
médibus [-bus] n. m.
médical, ale, aux adj.
médicalement adv.
médicalisation n. f.
médicalisé, e adj.
médicaliser v. t.
médicament n. m.
médicamenter v. t.
médicamenteux, euse adj.
médicastre n.
médication n. f.
médicinal, ale, aux adj.
*****medicine-ball** → médecine-ball.
médicinier n. m.
médico-chirurgical, ale, aux adj. *Des interventions médico-chirurgicales.*
médico-légal, ale, aux adj. *Des services médico-légaux.*
médico-pédagogique adj. *Des instituts médico-pédagogiques.*
médico-social, ale, aux adj. *Des dispensaires médico-sociaux.*
médico-sportif, ive adj. *Des installations médico-sportives.*
médiéval, ale, aux adj.
médiévisme [-is-] n. m.
médiéviste n.
*****médina** (arabe) n. f. = ville arabe.
médiocratie [-si] n. f.
médiocre adj. et n.
médiocrement adv.
médiocrité n. f.
médique adj.
médire v. t. ind. Se conjugue comme DIRE (conjug. 47), sauf à la 2e personne du pluriel du présent de l'indicatif et de l'impératif : *vous médisez; médisez.*
médisance n. f.
médisant, e adj.
médistancé, e adj.
méditatif, ive adj.
méditation n. f.
méditer v. t.
méditerranéen, enne [-né-in, -né-èn'] adj.
médium [-dyom'] n. m. *Des médiums.*
médiumnique [-dyom'nik] adj.
médiumnité [-dyom'ni-] n. f.

*medium term note (M.T.N.) = bon à moyen terme négociable ou B.M.T.N. (écon.).

médius [-us'] n. m.

*medley n. m. = mélange, pot-pourri.

médoc n. m. (vin du pays de *Médoc*).

médullaire adj.

médull*eux, euse* adj.

médullostimuline n. f.

médullosurrén*al, ale, aux* [-sur-] adj. et n. f.

méduse n. f.

méduser v. t.

meeting [mitin'g] n. m. *Des meetings*. À ne pas employer pour les réunions sportives.

méfait n. m.

méfiance n. f.

méfiant, *e* adj. et n.

méfier (se) v. pr. *Ils se sont méfiés de lui.* Conjug. 17.

méforme n. f.

mégabit n. m. (2 Mbit = 2 millions de bits).

mégacaryocyte n. m.

*megacell = mégacellule.

mégacellule n. f.

mégacéros [-ros'] n. m.

mégacôlon n. m.

mégacycle n. m. (notion abandonnée, remplacée par le *mégahertz*, qui vaut *un mégacycle par seconde*).

méga- Préfixe qui multiplie par 10^6 (un million). Symbole : *M* (exemple : *50 mégahertz* ou *50 MHz*). Quelquefois employé de manière plaisante : *des mégarisques*.

Pour l'écriture, ce préfixe se soude au mot qui suit si celui-ci commence par une consonne ou la voyelle *é (mégacycle, mégaélectronvolt)* ; il est suivi d'un trait d'union devant *i* ou *u (méga-uretère)* ; il devient *még-* devant *a* ou *o (mégohm)*.

mégahertz n. m. (unité de mesure : *3 mégahertz* ou *3 MHz*).

mégalérythème n. m.

mégalithe n. m.

mégalithique adj.

mégalithisme [-is-] n. m.

mégalo- → tableau PRÉFIXES C, p. 942.

mégalo adj. et n. (apocope de *mégalomane*). *Des mégalos* [-lo].

mégaloblaste n. m.

mégalocytaire adj.

mégalocyte n. m.

mégalomane adj. et n.

mégalomaniaque adj.

mégalomanie n. f.

mégalopole n. f. Sont quelquefois employés les équivalents MÉGALOPOLIS [-is'] ou MÉGAPOLE.

mégaloptère n. m. → mégaptère.

mégan n. m. (un million d'années).

mégaoctet n. m. (unité de mesure : *5 mégaoctets* ou *5 Mo*).

mégaparsec n. m.

mégaphone n. m.

mégapode n. m.

mégapole → mégalopole.

mégaptère n. m. (cétacé). ♦ Ne pas confondre avec *mégaloptère* (insecte).

mégarde (par) loc. adv.

mégaron n. m.

mégaserveur [-sèr-] adj. m. et n. m.

mégathérium [-ryom'] n. m. *Des mégathériums*.

mégatonne n. f.

mégatonnique adj.

mégawatt n. m. (unité de mesure : *3 mégawatts* ou *3 MW*).

mégère n. f.

mégie n. f.

mégir v. t. du 2ᵉ gr. Conjug. 24.

mégis [-ji] n. m. et adj. m.

mégisser v. t.

mégisserie n. f.

mégiss*ier, ère* n. et adj.

mégohm n. m. (unité de mesure : *3 mégohms* ou *3 M*Ω).

mégohmmètre [-gom'mètr] n. m. (appareil de mesure). ♦ HOM. *mégohm-mètre* (un million d'ohms-mètres).

mégot [-go] n. m.

mégotage n. m.

mégoter v. int.

mehalla [mé-] n. f.

méharée n. f.

méhari n. m. *Des méharis*. Le pluriel *méhara* est celui, non des Touaregs, mais des Arabes d'Afrique du Nord.

méhariste n. m.

meiji [mè-i-dji] n. m.

meilleur, *e* adj. et n. Après *le meilleur (la meilleure, les meilleurs, les meilleures)*, le mode du verbe est important. *Ce vin est le meilleur que j'aie bu* (subj. : de tous les vins bus dans ma vie). *De ces vins, c'est le meilleur que j'ai bu* (indic. : j'ai choisi le meilleur et l'ai bu). *C'est la meilleure méthode que vous puissiez appliquer*

MÉIOSE

(subj. : parmi les méthodes possibles).
♦ N. m. *Prendre le meilleur sur un concurrent. En ce moment, le brie est à son meilleur.*
méiose n. f.
méiotique adj.
meistre → mestre.
méjanage n. m.
méjuger (se) v. pr. *Ils se sont méjugés.* ♦ V. t. et t. ind. *Vous méjugez de son talent.* Conjug. 3.
*****meknassi, a** (marocain) n. et adj. = de Meknès.
*****mektoub** (arabe) = c'était écrit.
melæna [mélé-] n. m. S'écrit aussi MÉLÉNA.
mélamine n. f. (cyanamide polymérisé).
mélaminé, e adj. et n. m.
mélampyre n. m.
mélancolie n. f.
mélancolique adj. et n.
mélancoliquement adv.
mélanésien, enne adj. *Une langue mélanésienne.* ♦ N. *Les Mélanésiens* (de la Mélanésie).
mélange n. m. *Un bonheur sans mélange.*
mélangé, e adj.
mélanger v. t. *Il mélangeait.* Conjug. 3.
mélangeur, euse n.
mélanine n. f. (colorant de la peau).
mélanique adj.
mélanisme [-is-] n. m.
mélanocyte n. m.
mélanoderme adj. et n.
mélanodermie n. f.
mélanome n. m.
mélanose n. f.
mélasse n. f.
mélatonine n. f.
Melba adj. inv. *Des pêches Melba.*
melchior [-kyor'] n. m. (ancien nom du maillechort). ♦ HOM. *Melchior,* l'un des Rois mages.
melchite [-kit] → melkite.
meldois, e adj. et n. (de Meaux).
mêlé, e adj. *Un public mêlé.* ♦ N. f. *Une mêlée; des demis de mêlée.*
méléagrine n. f.
mêlé-cassis [-is-] n. m. *Des mêlés-cassis.* Quelquefois abrégé en *mêlé-cass.*
méléna → melæna.
mêler v. t. *Tout s'en mêle. Les fils de laine s'emmêlent.*
mêle-tout n. inv. de personne.
mélèze n. m.

melia [mé-] n. m.
méliacée n. f.
mélilot n. m.
méli-mélo n. m. *Des mélis-mélos.*
mélinite n. f.
méliortif, ive adj. et n. m.
mélioration n. f.
mélique adj.
mélisse n. f. *De l'eau de mélisse.*
mélitococcie [-ksi] n. f.
mélitte n. f. ♦ HOM. — mellite.
*****melkite** adj. et n. S'écrit aussi MELCHITE.
*****mellah** (arabe) n. m. = quartier juif en ville marocaine. → mollah.
mellifère adj.
mellification n. f.
mellifique adj.
melliflu, e adj.
mellite n. m. (médicament au miel). ♦ HOM. *mélitte* (plante).
mélo n. m. (apocope de *mélodrame*). *Des mélos.*
mélodica n. m.
mélodie n. f.
mélodieusement adv.
mélodieux, euse adj.
mélodique adj.
mélodiste n.
mélodramatique adj.
mélodrame n. m.
méloé n. m.
mélomane n. m. et adj.
mélomanie n. f.
melon n. m.
mélongène n. f. (ancien nom de l'aubergine). On disait aussi *mélongine.*
melonné, e adj.
melonnière n. f.
mélopée n. f.
mélophage n. m.
*****melting-pot** n. m. = creuset.
*****melting temperature** = température de fusion.
mélusine n. f. (feutre). ♦ HOM. la fée *Mélusine.*
membranaire adj.
membrane n. f.
membraneux, euse adj.
membre n. m. *Les États membres de la Communauté.*
membré, e adj.
membron n. m.
membru, e adj.
membrure n. f.

même adj. *Les mêmes machines. Les fruits mêmes de ses efforts. Ceux mêmes qui déclarent. Cette femme est la bonté et la générosité mêmes.* ♦ Pron. *Le même, la même, les mêmes. Il est resté le même.* ♦ Adv. *Les enfants, même accompagnés. Même les enfants étaient admis. Il leur arrive même de jeûner.* ♦ Adj. ou adv. *Les repas même(s) furent comptés.* ♦ *Moi-même, toi-même, soi-même, lui-même, elle-même, nous-mêmes, vous-mêmes, eux-mêmes, elles-mêmes.* On laisse *même* au singulier lorsque *nous* ou *vous* ne désigne qu'une personne. *Nous-même, dit le roi, pensons... Madame, je ne le dis qu'à vous-même.* ♦ *Alors même que; être à même de; ici même; à même; là même; par là même; pas même; quand même; quand bien même; tout de même; voire même; cela revient au même.*

De même → de, 2°. De même que qui vaut « et » (coordination) sera suivi d'un verbe au pluriel. *Le facteur de même que l'employé du gaz étaient venus ce matin-là.* Si cette locution vaut « de la même manière que » (subordination), elle sera suivie d'un verbe au singulier. *Le facteur, de même que le gazier avait opéré, est venu apporter une facture.* (Dans la dernière phrase, les virgules renforcent cette mise à l'écart.) → tableau VERBES XVII, C, 5°, p. 986.

mémé n. f.
mêmement adv.
mémento [méminto] n. m. *Des mémentos.*
mémère n. f.
mémo n. m.
mémoire n. f. (faculté du souvenir; élément de calculatrice; réputation laissée par un défunt). *De mémoire d'homme; en mémoire de; pour mémoire. Un aide-mémoire. In memoriam.* ♦ N. m. (recueil, exposé, facture). *En règlement de ce mémoire.* ♦ N. m. pl. (souvenirs écrits). *Il achève d'écrire ses mémoires; on les dit scandaleux. Avez-vous lu les Mémoires de Beaumarchais ?*
mémomarque n. f.
mémorable adj.
mémorablement adv.
mémorandum [-dom'] n. m. *Des mémorandums.*
mémoration n. f.
mémorial n. m. *Des mémoriaux.*
mémorialiste n.
mémoriel, elle adj.
mémorisable adj.
mémorisation n. f.
mémoriser v. t.
menaçant, e adj.
menace n. f.
menacé, e adj.
menacer v. t. *Nous menaçons.* Conjug. 2.
ménade n. f.
ménage n. m.
ménagement n. m. *Sans ménagement.*
ménager v. t. *Il ménageait.* Conjug. 3.
ménager, ère adj. et n. f.
ménagerie n. f.
ménagiste n. m.
menchevik [mèn'ché-] adj. et n. *Les bolcheviks s'opposèrent aux mencheviks.*
Mendeleïev (classification de) loc. f.
mendélévium [-vyom'] n. m. *Des mendéléviums.*
mendélien, enne [min-] adj.
mendélisme [min- -is-] n. m.
mendiant, e n. et adj.
mendicité n. f.
mendier v. t. et int. Conjug. 17.
mendigot, e n.
mendigoter v. t. et int.
mendole n. f. (poisson). ♦ HOM. *mandole* (grande mandoline).
mène n. f. (cuvier de savonnerie). ♦ HOM. il *mène* (v.).
meneau n. m. *Des meneaux.*
menée n. f.
*****meno** (ital.) = moins.
mener v. t. *Je mène, nous menons, je mènerai(s).* Conjug. 15.
ménestrel n. m.
ménétrier n. m.
meneur, euse n.
menhir [mé-nir'] n. m.
menin n. m.
menine n. f.
méninge n. f. *Les trois méninges sont :* la pie-mère, l'arachnoïde, la dure-mère.
méningé, e adj.
méningiome n. m.
méningite n. f.
méningitique adj.
méningocoque n. m.
méningo-encéphalite n. f. *Des méningo-encéphalites.*
méniscal, ale, aux adj.
méniscite n. f.
méniscographie n. f.
ménisque n. m.
mennonite [mé-] n.

ménologe n. m.
ménopause n. f.
ménopausée adj. f.
ménopausique adj.
*****menora** (hébreu) n. f. = chandelier sacré à sept branches.
ménorragie n. f.
ménotaxie n. f.
menotte n. f.
menotter v. t.
mense n. f. (revenu de religieux). ♦ HOM. *manse* (la maison et ses terres).
mensonge n. m.
mensonger, ère adj.
mensongèrement adv.
menstruation n. f.
menstru*el*, *elle* adj.
menstrues n. f. pl.
mensualisation n. f.
mensualiser v. t.
mensualité n. f.
mensu*el*, *elle* adj. et n.
mensuellement adv.
mensur [mèn'zour'] n. f.
mensuration n. f.
ment*al*, *ale*, *aux* adj.
mentalement adv.
mentalisation n. f.
mentaliser v. t.
mentalisme [-is-] n. m.
mentalité n. f.
menterie n. f.
ment*eur*, *euse* n. et adj.
menthe n. f. (plante). ♦ HOM. *mante* (manteau ; insecte), que je *mente* (v. mentir), *Mantes* (ville).
menthol [man- ou min-] n. m.
mentholé, *e* [man- ou min-] adj.
mention n. f. *Faire mention d'un incident.*
♦ Homographes hétérophones : des *mentions* [-syon] ; nous *mentions* [-tyon] (v. mentir).
mentionner v. t.
mentir v. int. Conjug. 55. ♦ V. pr. *Ils se sont menti.*
mentisme [-is-] n. m.
menton n. m. ♦ HOM. nous *mentons* (v. mentir), *Menton* (ville).
mentonnet n. m.
mentonn*ier*, *ère* adj. et n. f.
mentor [mintor'] n. m. ♦ HOM. *Mentor*, précepteur de Télémaque.
menu, *e* adj. *De la menue monnaie. L'intendant des Menus Plaisirs, l'hôtel des Menus-Plaisirs* (sous l'Ancien Régime). ♦ N. m. *Des menus de restaurant. Conter quelque chose par le menu.*
♦ Adv. *Il faut les hacher menu. La gent trotte-menu.*
menuet n. m.
menuise n. f.
menuiser v. int.
menuiserie n. f.
menuis*ier*, *ère* n.
ménure n. m.
menu-vair n. m. *Des menus-vairs.*
ményanthe n. m.
méphistophélique [méfistofé-] adj. *Un rire méphistophélique* (de Méphistophélès).
méphitique adj.
méphitisme [-is-] n. m.
méplat, *e* adj. et n. m.
méprendre (se) v. pr. Conjug. 66. Les temps composés se font avec *être*. *Elle s'est méprise sur ses intentions.*
mépris [-pri] n. m. *Ils partent au mépris du danger.*
méprisable adj.
méprisant, *e* adj.
méprise n. f.
mépriser v. t.
méprobamate n. m.
mer n. f. *La mer Méditerranée ; la mer du Nord ; la mer Blanche ; la mer Rouge ; la mer Morte ; les mers du Sud ; la mer de Glace. En haute mer. L'armée de mer. Des hommes de mer. La pleine mer.*
♦ HOM. la *mère* de l'enfant ; le *maire* du village, la *mère* goutte (adj.).
Meraklon n. m. déposé inv.
mercanti n. m.
mercantile adj.
mercantilisme [-is-] n. m.
mercantiliste adj. et n.
mercaphonie n. f.
mercaptan n. m.
mercaptopurine n. f.
mercatic*ien*, *enne* n.
mercatique n. f. *Mercatique après-vente* ou *M.A.V.* (écon.).
mercenaire adj. et n.
mercerie n. f.
mercerisage n. m.
merceriser v. t.
*****merchandiser** n. m. = marchandiseur (pub., écon.) ; présentoir (aud.).
*****merchandising** n. m. = marchandisage, commercialisation, techniques marchandes.

*merchant haulage = acheminement par le chargeur (mer).
merci n. m. *Cela vaut bien un merci. Mille et un mercis.* ♦ N. f. (miséricorde, grâce). *Être à la merci de quelqu'un. Des luttes sans merci. Je n'espère d'eux aucune merci.* ♦ Interj. *Dieu merci! Merci, monsieur.*
mercier, ère n. et adj.
mercredi n. m. *Le mercredi des Cendres.* → jour.
mercure n. m. Autrefois appelé le *vif-argent.* ♦ HOM. *Mercure* (dieu romain; planète).
mercurescéine n. f.
mercureux, euse adj.
mercuriale n. f.
mercuriel, elle adj.
mercurique adj.
Mercurochrome n. m. déposé inv.
merdaillon n. m.
merde n. f. ♦ Interj. *Merde alors!*
merdeux, euse adj. et n.
merdier n. m.
merdique adj.
merdoie n. f. et adj. inv.
merdoyer v. int. Conjug. 6.
mère n. f. *Cellule mère; eau mère; fille mère; idée mère; langue mère; maison mère; reine mère. La mère patrie; une mère nourrice; la mère de vinaigre; les père et mère. La fête des Mères; la mère Michel; la mère Agnès* (religieuse). *Une belle-mère; une grand-mère. La dure-mère; la pie-mère.* ♦ HOM. → mer.
mère adj. f. (pure). *La mère laine; la mère goutte.* ♦ HOM. → mer.
méreau n. m. *Des méreaux.*
mère-grand n. f. *Des mères-grand.*
mérengué [-rin-] n. f.
mérens n. m.
*merge (to) = fusionner (inf.).
merger [-jé] → murger.
merguez [-ghèz'] n. f.
mergule n. m.
méricarpe n. m.
méridien, enne adj. et n.
méridional, ale, aux adj. *La flore méridionale; les peuples méridionaux.* ♦ N. *C'est un Méridional.*
MÉRIMÉE (DICTÉE DE) → tableau en annexe, p. 887.
meringue n. f.
meringuer v. t. *Nous meringuons.* Conjug. 4.
mérinos [-nos'] n. m.

merise n. f.
merisier n. m.
mérisme [-is-] n. m.
méristématique adj.
méristème n. m.
méritant, e adj.
mérite n. m. Quand ce mot désigne une décoration, il s'écrit avec une majuscule. *La médaille du Mérite postal.*
mériter v. t.
mérithalle n. m.
méritocratie [-si] n. f.
méritoire adj.
merl → maërl.
merlan n. m.
merleau n. m. (petit merle). *Des merleaux.* Quelquefois écrit MERLOT. ♦ HOM. *merlot* (cépage).
merlette n. f.
merlin n. m. (marteau; hache). ♦ HOM. l'enchanteur *Merlin.*
merlon n. m.
merlot n. m. ♦ HOM. → merleau.
merlu n. m.
merluche n. f.
merluchon n. m.
mérostome n. m.
mérou n. m. *Des mérous.*
mérovingien, enne adj. *La dynastie mérovingienne.* ♦ N. *Un Mérovingien.*
merrain n. m.
mérule n. m. ou f.
merveille n. f. *Elles font merveille; ils vont à merveille; promettre monts et merveilles. Les Sept Merveilles du monde antique* sont, selon Philon de Byzance : les pyramides d'Égypte (seule merveille conservée), les jardins suspendus de Babylone (Irak), la statue de Zeus à Olympie (Grèce), le colosse de Rhodes (Grèce), le mausolée d'Halicarnasse (Turquie), le temple de Diane à Éphèse (Turquie), le phare d'Alexandrie (Égypte).
merveilleusement adv.
merveilleux, euse adj. et n.
mérycisme [-is-] n. m.
*merzlota (russe) n. f. → pergélisol.
mes adj. poss. *Mes soucis.* ♦ HOM. → mai.
*mesa (esp.) n. f. = table; plateau volcanique.
mésaise n. m.
mésalamine n. f.
mésalliance n. f.
mésallier v. t. Conjug. 17.

MÉSANGE

mésange n. f.
mésangette n. f.
mésappariement n. m.
mésaventure n. f.
mésaxonien adj. m. et n. m.
mescal ou **mezcal** n. m. (alcool mexicain). *Des mescals.*
mescaline [mèska-] n. f.
mesclun n. m.
mesdames → madame.
mesdemoiselles → mademoiselle.
mésembryanthème n. m.
mésencéphale n. m.
mésenchyme [-chim] n. m.
mésentente n. f.
mésentère n. m.
mésentérique adj.
mésestimation n. f.
mésestime n. f.
mésestimer v. t.
mésintelligence n. f.
mesmérien, enne adj.
mesmérisme [-is-] n. m.
méso- → tableau PRÉFIXES C, p. 942.
méso-américain, e adj. *Les civilisations méso-américaines.*
mésoblaste n. m.
mésoblastique adj.
mésocarpe n. m.
mésoderme n. m.
mésodermique adj.
mésoéconomie n. f.
mésolithique adj. et n. m.
mésomère adj.
mésomérie n. f.
mésomorphe adj.
méson n. m. ♦ HOM. → maison.
mésopause n. f.
mésophase n. f.
mésopotamien, enne adj. *Une tribu mésopotamienne.* ♦ N. *Les Mésopotamiens.*
mésosphère n. f.
mésothérapie n. f.
mésothérapique adj.
mésothorax n. m.
mésotrophine n. f.
mésozoïque adj. et n. m.
mesquin, e adj.
mesquinement adv.
mesquinerie n. f.
mess n. m. ♦ HOM. → messe.
message n. m.

***message handling** = messagerie électronique (inf.).
***message handling service** = messagerie interpersonnelle (télécom.).
messager, ère n.
messagerie n. f.
***message switching** = commutation de messages (télécom.).
messageur n. m.
messe n. f. (office religieux). *La messe de minuit; une messe basse.* ♦ HOM. *mess* (salle à manger des gradés), *Metz* (ville).
messéant, e adj.
messeigneurs → monseigneur.
***messenger interfering complementary RNA** (ou **MIC.RNA**) = ARN.MIC (génét.).
***messenger RNA** = ARN messager (génét.).
messeoir v. int. Se conjugue comme SEOIR (convenir). N'est plus usité qu'à l'infinitif, à la 3ᵉ personne du singulier des temps simples et au participe présent *(messéant). Il sied, il messied.*
messer [-sèr'] n. m. (vieille forme de *messire*).
messianique adj.
messianisme [-is-] n. m.
messidor n. m. sing.
messie n. m. *Un messie; un faux messie.* S'agissant du Christ pour les chrétiens, du rédempteur attendu pour les juifs, on écrit ce mot avec une majuscule. *Être attendu comme le Messie.*
messied (il) → messeoir.
messier n. m. (contrôleur des moissons sous l'Ancien Régime). ♦ HOM. il *messied* (il ne convient pas).
messieurs n. m. pl. (abrév. : MM.). → monsieur.
messin, e adj. *Une rue messine.* ♦ N. *Un Messin* (de Metz).
messire n. m.
***mesto** (ital.) adj. = plaintif.
mestrance → maistrance.
mestre n. m. *Le mestre de camp.* Autrefois écrit *meistre.*
mesurable adj.
mesurage n. m.
mesure n. f. *Des vêtements (faits) sur mesure; au fur et à mesure; agir avec mesure; des demi-mesures; chanter en mesure; être en mesure de; perdre toute mesure; outre mesure; hors de mesure. Des instruments de mesure; des unités*

de mesure(s). *Le Bureau international, le Comité international, la Conférence générale des poids et mesures. Des mesures de circonstance. Mesure conservatoire, disciplinaire.*

mesuré, e adj.
mesurément adv.
mesurer v. t. → tableau PARTICIPE PASSÉ III, F, 10°, p. 924.
mesureur n. m.
mésusage n. m.
mésuser v. t. ind.
méta- Ce préfixe se soude à l'élément qui suit *(métaarséniate, métacentre),* sauf si ce dernier commence par *i* ou *u.*
Méta n. m. déposé inv.
métabole adj. et n. m.
métabolique adj.
métaboliser v. t.
métabolisme [-is-] n. m.
métabolite n. m.
métacarpe n. m.
métacarpien, enne adj. et n. m.
métacentre n. m.
métacentrique adj.
métachlamydée [-kla-] n. f.
métachromatique [-kro-] adj.
métagalaxie n. f.
métairie n. f.
métal n. m. *Des métaux.*
métalangage n. m.
métalangue n. f.
métaldéhyde n. m.
métalepse n. f.
métal-étalon n. m. *Des métaux-étalons.*
métalinguistique [-ghui-] adj.
métallerie n. f.
métallier n. m.
métallifère adj.
métallique adj.
métallisation n. f.
métalliser v. t.
métalliseur adj. m.
métallo n. m.
métallochromie [-kro-] n. f.
métallogenèse n. f.
métallogénie n. f.
métallographie n. f.
métallographique adj.
métalloïde n. m.
métallophone n. m. et adj.
métalloplastique adj.
métalloprotéine n. f.
métallothérapie n. f.
métallurgie n. f.
métallurgique adj.
métallurgiste adj. et n.
métalogique n. f. et adj.
métamathématique n. f. et adj.
métamère n. m.
métamérie n. f.
métamérique adj.
métamérisé, e adj.
métamorphique adj.
métamorphiser v. t.
métamorphisme [-is-] n. m.
métamorphopsie [-fopsi] n. f.
métamorphosable adj.
métamorphose n. f.
métamorphoser v. t.
métamot n. m.
métamphétamine n. f.
métamyélocyte n. m.
métaphase n. f.
métaphore n. f.
métaphorique adj.
métaphoriquement adv.
métaphoriser v. int.
métaphosphorique adj.
métaphyse n. f.
métaphysicien, enne n.
métaphysique adj. et n. f.
métaphysiquement adv.
métaplasie n. f.
métapsychiatrie [-kya-] n. f.
métapsychique adj. et n. f.
métapsychologie [-ko-] n. f.
métastable adj.
métastase n. f.
métastaser v. t. et int.
métastatique adj.
métatarse n. m.
métatarsien, enne adj. et n. m.
métathéorie n. f.
métathérien n. m.
métathèse n. f.
métathorax [-aks'] n. m.
métayage [-tè-yaj] n. m.
métayer, ère [-tè-yé, -yèr] n.
métazoaire n. m.
méteil n. m. et adj. m.
métempsycose n. f.
météncéphale n. m.
météo n. f.
météore n. m.
météorique adj.

météorisation n. f.
météoriser v. t.
météorisme [-is-] n. m.
météorite n. f.
météoritique adj.
météorologie n. f.
météorologique adj.
météorologiste ou météorologue n.
métèque n. m.
méthacrylate n. m.
méthacrylique adj.
méthadone n. f.
méthanal n. m. *Des méthanals.*
méthane n. m.
méthanier n. m.
méthanisation n. f.
méthaniser v. t.
méthanoduc n. m.
méthanogène n. m.
méthanoïque adj.
méthanol n. m.
méthémoglobine n. f.
méthémoglobinémie n. f.
méthionine n. f.
méthode n. f. *Méthode de Holter.*
méthodique adj.
méthodiquement adv.
méthodisme [-is-] n. m.
méthodiste n.
méthodologie n. f.
méthodologique adj.
méthylation n. f.
méthyle n. m.
méthylène n. m.
méthylique adj.
méthylorange n. m.
metical n. m. (monnaie du Mozambique). *Des meticals.*
méticuleusement adv.
méticul*eux, euse* adj.
méticulosité n. f.
métier n. m. *Les gens de métier; la chambre des métiers; les corps de métiers; le métier Jacquard; faire métier de; avoir du métier; manquer de métier; point de sot métier; un métier à renvider.*
mét*is, isse* [-tis'] adj. et n.
métissage n. m.
métisser v. t.
métonien adj. m.
métonymie n. f.
métonymique adj.

métope n. f.
métrage n. m.
mètre n. m. (unité de mesure : *3 mètres* ou *3 m*). ♦ HOM. → maître.
métré n. m.
mètre étalon n. m. *Des mètres étalons.*
métrer v. t.
métreur n. et adj.
métric*ien, enne* n.
métrique adj. et n. f.
métrisation n. f.
métrite n. f.
métro n. m.
métrologie n. f.
métrologique adj.
métrologiste n.
métrologue n.
métronome n. m.
métronomique adj.
métropole n. f.
métropolit*ain, e* adj. et n. m.
métropolite n. m.
métrorragie n. f.
mets [mè] n. m. ♦ HOM. → mai.
mettable adj.
mett*eur, euse* n. → mise.
mettre v. t. Conjug. 56. *Elle s'est mis à dos la voisine; elle s'est mis en tête de sortir. Elles s'en sont mis plein les poches. Les chimères qu'elle s'est mises en tête. Elles se sont mises d'accord. Elle s'est mise bien avec eux. Elles se sont mises au bridge.* S'adressant à une femme : *Il vous a mise au courant.* → mise. *Mis à part* → tableau PARTICIPE PASSÉ III, B, 1°, p. 918. ♦ HOM. → maître.
Metz [mès] n. (ville).
meubl*ant, e* adj.
meuble n. m. et adj.
meubl*é, e* adj. et n. m.
meubler v. t.
meuf n. f. (femme, en verlan).
meuglement n. m.
meugler v. int.
meuh! interj.
meulage n. m.
meule n. f.
meuler v. t.
meulette n. f.
meuleuse n. f.
meuli*er, ère* adj. et n.
meulon n. m.
meunerie n. f.
meuni*er, ère* n.

meurette n. f.
meursault n. m. (vin de la région de *Meursault*).
meurt-de-faim n. inv.
meurtre n. m.
meurtrier, ère adj. et n.
meurtrir v. t. du 2ᵉ gr. Conjug. 24.
meurtrissure n. f.
meusien, enne adj. et n. (du département de la Meuse). → mosan.
meute n. f.
mévente n. f.
mexicain, e adj. *Ils sont mexicains.* ♦ N. *Des Mexicains* (du Mexique).
mézail n. m. *Des mézails.*
mezcal → mescal.
mézigue pron. pers. Mis pour *moi. Quelquefois écrit* MÉZIG.
mezzanine [mèdza-] n. f.
*****mezza voce** (ital.) loc. adv. = à mi-voix.
*****mezzo forte** (ital.) = pas très fort.
mezzo-soprano n. m. *Des mezzo-sopranos.*
mezzo-tinto n. m. inv. Quelquefois écrit MEZZOTINTO.
M.F. sigle f. Modulation de fréquence.
*****M.F.L.** (*maximum foreseeable loss) = sinistre maximum prévisible, ou S.M.P. (écon.).
mi n. m. inv. Une mélodie en *mi* bémol. ♦ HOM. → mi-.
mi- Préfixe qui se lie par un trait d'union au mot qui suit. *Ils sont mi-figue, mi-raisin; à mi-voix; une mi-temps; à mi-côte; à mi-chemin; à mi-hauteur; à mi-jambe(s), à mi-mollet(s), à mi-cuisse(s); la mi-carême; la mi-août; mi-fil, mi-coton.* Exception pour la tournure rare : *mi par jeu, mi pour l'instruire.*

Devant un adjectif ou un verbe, ce mot a une valeur adverbiale. *Mi-triste, mi-souriant; les yeux mi-clos.* L'expression « mi--parti » vient de l'ancien verbe *partir* (partager); elle s'accorde avec le nom qui précède. *Des manteaux mi-partis cuir, mi-partis fourrure; des robes mi-parties rouges, mi-parties blanches.*

Poids mi-moyen, poids mi-lourd → poids. ♦ HOM. *mie* de pain, ma *mie* (amie), je ne vois *mie* (presque rien), il *mit* (v. mettre), *mi* (note de musique), *mye* (mollusque).
M.I.A. → *P.A.M.
miam-miam [-am'] n. m. *Faire miam-miam.* ♦ Interj. *Miam! ça a l'air bon!*
miaou n. m. *Des miaous.*
miasmatique adj.

miasme [-as-] n. m.
miaulement n. m.
miauler v. int.
miauleur, euse adj. et n.
mi-bas n. m. inv.
mi-bois (à) loc. adv.
M.I.C. → *P.C.M.
mica n. m.
micacé, e adj.
mi-carême n. f. *Des mi-carêmes.*
micaschiste n. m.
micellaire adj.
micelle n. f.
miche n. f.
micheline n. f. (voiture de chemin de fer). ♦ HOM. *Micheline* (prénom).
mi-chemin (à) loc. adv.
micheton n. m.
michetonner v. int.
mi-clos, e adj.
micmac n. m. *Ses micmacs sont suspects.* ♦ HOM. *Les Indiens Micmacs du Canada.*
micocoulier n. m.
micoquien, enne n. m. et adj.
mi-corps (à) loc. adv.
mi-côte (à) loc. adv.
mi-course (à) loc. adv.
micro- Préfixe qui divise par 10⁶ (un million). Symbole : μ. L'écriture se soumet en général aux règles données au tableau PRÉFIXES, p. 942. La soudure est fréquente (*microampère, microptère*). On use du trait d'union devant *i, u, on* (*micro-onde, micro-injection, micro-instrument*). Devant un o, on peut mettre le trait d'union (*micro-organisme*) ou supprimer ce o avant la soudure (*microrganisme, microhm*).
micro n. m. (apocope de *microphone* ou de *micro-ordinateur*). ♦ N. f. (apocope de *micro-informatique*).
microalvéole n. f.
microampère n. m. (unité de mesure : *3 microampères* ou *3 μA*).
microampèremètre n. m.
microanalyse n. f.
microanalyseur n. m.
microbalance n. f.
microbe n. m.
microbicide adj. et n.
microbien, enne adj.
microbille n. f.
microbiologie n. f.
microbiologiste n.
microbus [-bus'] n. m.

microcalorimètre n. m.
microcalorimétrie n. f.
microcassette n. f.
microcéphale adj. et n.
microcéphalie n. f.
microchimie n. f.
microchirurgie n. f.
microcinéma n. m.
microcinématographie n. f.
microcircuit n. m.
microclimat n. m.
microcline n. f.
microcoagulation n. f.
*****microcomputer** = microordinateur.
microcontact n. m.
microcontrôleur n. m.
microcopie n. f.
microcoque n. m.
microcosme [-kos-] n. m.
microcosmique adj.
microcoupure n. f.
micro-cravate n. m. *Des micros-cravates.*
microcristal n. m. *Des microcristaux.*
microcurie n. f. (unité de mesure : *3 microcuries* ou *3 μCi*).
microdécision n. f.
microdissection n. f.
microéconomie n. f.
microéconomique adj.
microéditer v. t.
microédition n. f.
microélectrode n. f.
microélectronique n. f.
microéruption n. f.
microévolution n. f.
microfarad n. m. (unité de mesure : *3 microfarads* ou *3 μF*).
microfibre n. f.
microfiche n. f.
microfilm n. m.
microfilmer v. t.
microflore n. f.
microforme n. f.
microfractographie n. f.
microglie n. f.
microglossaire n. m.
microgramme n. m. (unité de mesure : *3 microgrammes* ou *3 μg*).
micrographie n. f.
micrographique adj.
microgravité n. f.
microgrenu, e adj.
microhm n. m. (unité de mesure : *3 microhms* ou *3 μΩ*).

micro-informatique n. f. *Des micro-informatiques.*
micro-injection n. f. *Des micro-injections.*
micro-instruction n. f. *Des micro-instructions.*
micro-intervalle n. m. *Des micro-intervalles.*
microlite n. m. (cristal qui n'est vu qu'au microscope).
microlithe n. m. (petit silex préhistorique).
microlithique adj. (relatif au microlithe).
microlitique adj. (relatif au microlite).
micromachine n. f.
micromanipulateur n. m.
micrométéorite n. f.
micrométéorologie n. f.
micromètre n. m. Le *micromètre μm*), mesure de longueur qui vaut le millionième du mètre ou le millième du millimètre, est plus souvent nommé *micron* (*μ*) parce que le mot *micromètre* désigne, depuis le XVIe siècle, un instrument de mesure.
micrométrie n. f.
micrométrique adj.
microminiaturisation n. f.
micromisation n. f.
micromiser v. t.
micromodule n. m.
micron n. m. (unité de mesure : *3 microns* ou *3 μ*). → micromètre.
micronésien, enne adj. et n. (de Micronésie).
micronisation n. f.
microniser v. t.
micronucléus [-us'] n. m.
micro-onde n. f. *Des micro-ondes* (pour désigner des ondes de 1 m à 1 mm).
micro-ondes n. m. inv. (abrév. de *four à micro-ondes*).
micro-ordinateur ou **microordinateur** n. m. *Des micro-ordinateurs.*
micro-organisme [-is-] n. m. *Des micro-organismes.* Quelquefois écrit MICROORGANISME ou MICRORGANISME.
micropaléontologie n. f.
microphage n. m.
microphone n. m. Souvent abrégé en *micro*.
microphonique adj.
microphotographie n. f.
microphotographique adj.
microphysique n. f.
micropilule n. f.

microplaquette n. f.
micropodiforme n. m.
micropore adj.
microprocesseur n. m.
*****microprocessing** = microtraitement.
microprogrammation n. f.
microprogramme n. m.
micropsie n. f.
micropyle n. m.
microrragie n. f.
microscope n. m.
microscopie n. f.
microscopique adj.
microséisme [-sé-ism'] n. m.
microserveur [-sèr-] adj. et n. m.
microsillon [-si-yon] n. m.
microsociologie [-so-] n. f.
microsociologique [-so-] adj.
microsonde [-sond] n. f.
microsoudeuse [-sou-] n. f.
microsporange n. m.
microspore n. f.
microstation n. f.
microstructure n. f.
microsupport [-su] n. m.
microtechnique n. f.
microtélématique n. f.
microthermie n. f.
microtome n. m.
microtracteur n. m.
microtraitement n. m.
microtraumatisme [-is-] n. m.
micro-trottoir n. m. (sondage dans la rue par microphone). *Des micros-trottoirs.*
microtubule n. m.
microviseur n. m.
microvoiture n. f.
*****microwave frequency** = hyperfréquence (télécom.).
*****microwave limb sounder** (MLS) = limbosondeur en hyperfréquence (spat.).
*****microwave pressure sounding** = sondage hyperfréquentiel de la pression (spat.).
*****microwaves** = micro-ondes (télécom.).
*****microwaves scanner** = scanneur en hyperfréquence (spat.).
miction [miksyon] n. f. (action d'uriner). → mixtion.
*****middle jazz** n. m. inv. = jazz intermédiaire entre le style Nouvelle-Orléans et le be-bop.
*****middle office** = suivi de marché (écon.).

*****Mideast** (abrév. de *****Middle East**) = Moyen-Orient.
midi n. m. *Il est midi et demi; midi sonné; midi sonne; midi sonnant; à midi précis; vers midi.* Après *midi*, les minutes s'écrivent en lettres. *Ne venez pas avant midi vingt. Les après-midi* (inv.). ♦ Indiquant la direction du sud, s'écrit avec une minuscule. *Une maison exposée au midi.* On met la majuscule pour indiquer la région *(Elle passe ses vacances dans le Midi)*, sauf si le mot est suivi de la préposition *de (le midi de la France). Le pic du Midi; l'aiguille du Midi.*
midinette n. f.
midrash [-drach'] n. m.
midship [midchip] n. m.
mie n. f. *La mie du pain. J'aime mieux ma mie* (pour : *m'amie, mon amie*). *On ne voit mie.* ♦ HOM. → mi.
miel n. m. et adj. inv. *Ils sont tout miel.*
miellat [-la] n. m.
miellé, e adj. et n. f.
mielleusement adv.
mielleux**, euse** adj.
miellure n. f.
mien, mienne adj. poss. *Un mien cousin.* ♦ Pron. poss. *Votre cause, je la fais mienne. Ce couteau est le mien.* ♦ N. *J'ai revu les miens* (mes proches). *Dans cette affaire, j'y ai mis du mien* (mes efforts). *Le mien et le tien.* On observe les mêmes emplois pour *tien, sien, notre/nôtre, votre/vôtre, leur.*
miette n. f.
mieux adv. *Il conduit mieux. De mieux en mieux; à qui mieux mieux; tant mieux; au mieux; faute de mieux. Le blessé est mieux qu'hier. On en a vu de/des mieux réussies.* L'usage a fait que « des mieux » a pris, contre l'avis des puristes, le sens de « très bien » : *Elle est des mieux faite.* Dans ce cas, l'adjectif s'accorde non avec *des*, mais avec le sujet. ♦ N. *Le médecin a observé un mieux. Vendre au mieux.*
mieux-disant, e n. et adj. *Des mieux--disants.*
mieux-être [myeûzètr] n. m. inv.
mieux-vivre n. m. inv.
mièvre adj.
mièvrement adv.
mièvrerie n. f.
mi-fer (à) loc. adv.
mi-figue(,) mi-raisin loc. adv. et adj. inv. *Des propos mi-figue mi-raisin.*
migmatite n. f.

mignard, e adj. et n. ♦ HOM. le peintre *Mignard*.
mignardement adv.
mignarder v. t.
mignardise n. f.
mignon, onne adj. et n.
mignonnement adv.
mignonnet, ette adj. et n. f.
mignoter v. t.
migraine n. f.
migraineux, euse adj. et n.
migrant, e n.
migrateur, trice adj. et n. m.
migration n. f.
*****migration** = transfert, évolution (et non *migration*).
migratoire adj.
migrer v. int.
mihrab n. m. (niche qui, dans la mosquée, indique la direction de La Mecque).
mi-jambe (à) loc. adv.
mijaurée n. f.
mijotage n. m.
mijoter v. t.
mijoteuse n. f.
mikado n. m.
mil adj. numér. Employé quelquefois à la place de *mille* pour les dates et millésimes postérieurs à Jésus-Christ. Ce mot étant singulier ne peut servir que jusqu'à *mil neuf cent quatre-vingt-dix-neuf*. ♦ N. m. (céréale; massue de gymnastique). *Des grains de mil.* ♦ HOM. → mille.
milady [milédi] n. f. *Des miladys.* Ce mot n'est pas anglais.
milage → millage.
milan n. m.
milanais, e adj. *Un ouvrier milanais.* ♦ N. *Un Milanais* (habitant de Milan). ♦ *À la milanaise* (loc. adv.). *Une timbale à la milanaise.*
milandre n. m.
mildiou n. m. *Des mildious.*
mildiousé, e adj.
mile [may'l] n. m. (mesure anglo-saxonne de longueur valant 1 609 m). *Des miles* [may'ls']. D'autres pays (Danemark, Norvège, Autriche, etc.) ont aussi une mesure linéaire nommée *mile*, de longueur variable. → mille.
*****miler** = spécialiste de petites distances.
*****milestone** = jalon.
Milhaud (Darius) [mi-yo] n.
miliaire adj. *Une fièvre miliaire.* ♦ N. f. (éruption cutanée). ♦ HOM. *milliaire* (qui marque les milles romains).

milice n. f. *Une armée de milice. La Milice* (créée par Darnand durant l'occupation allemande).
milicien, enne n.
milieu n. m. *Au milieu de; au beau milieu; en plein milieu. Des milieux. Le juste-milieu* (tendance politique sous Louis-Philippe); *choisir le juste milieu* (en général); *la politique du juste(-)milieu* (l'expression s'écrira avec ou sans trait d'union selon le sens qu'on lui prête). *Des justes(-)milieux. Il fréquente le milieu. L'empire du Milieu* (Chine).
militaire adj. et n. m. Devient *militaro-* en association.
militairement adv.
militance n. f.
militant, e adj. et n.
militantisme [-is-] n. m.
militarisation n. f.
militariser v. t.
militarisme [-is-] n. m.
militariste adj. et n.
militer v. int.
milk-bar n. m. *Des milk-bars.*
milk-shake [-chèk] n. m. *Des milk-shakes.*
millage ou **milage** [milaj] n. m.
millas, millasse → milliasse.
mille [mil] adj., pron. ou substantif numér. inv. Écrit 1 000 en chiffres. Autre écriture → mil. *Je vous le donne en mille. Il a obtenu vingt et un mille voix* (mais: *les vingt et une voix*). *Les trois mille litres; les trois mille; vos mille sont mal écrits; page deux mille; les mille sont bien là; quatre mille* ou *quatre milliers; des mille et des cents; les mille habitants. Cela vaut mille un francs. Les mille et un compliments* (on ajoute *et* quand il y a un article défini ou un adjectif déterminatif devant *mille*). *L'an mille; l'an deux mille. Les Mille et Une Nuits* (titre de livre); *la course des Mille Miles.* → tableaux ADJECTIFS II, C, 3°, 6°, p. 867 et NOMBRES, p. 909 sqq. ♦ N. m. (unité de longueur). *Le mille romain; le mille marin de 1 852 m; des milles marins.* Au Canada francophone, on écrit *un mille, des milles* pour désigner le *mile* anglo-saxon. ♦ HOM. *mil* (ou *millet*), *mil* (de gymnastique).
mille-feuille n. *Des mille-feuilles.* ♦ N. f. (plante nommée aussi *achillée*). ♦ N. m. (gâteau feuilleté).
millefiori [milé-] n. m. inv.
mille-fleurs n. f. inv. (tapisserie).
millénaire adj. et n. m. *L'Ancien Empire égyptien commença au IV⁰ millénaire*

avant notre ère. Le *IIIe millénaire de notre ère commence le 1er janvier 2001.*

millénarisme [-is-] n. m.

millénariste adj.

millenium [milényom'] n. m.

mille-pattes n. m. inv.

millepertuis n. m.

millépore n. m.

milleraies n. m. (tissu).

millerandage n. m.

millerandé, e adj.

millésime [milé- ou mil-lé-] n. m.

millésimé, e [milé- ou mil-lé-] adj.

millésimer [milé- ou mil-lé-] v. t.

millet [mi-yè] n. m. (plante).

milli- [mili] Préfixe qui divise par 1000. Symbole : *m*. Ce préfixe se soude à ce qui suit *(millimètre, milliampère)*, sauf au voisinage de *i, o, u*, où il faut un trait d'union. Il en va de même pour centi-, déci-.

milliaire [milyèr] adj. *Des bornes milliaires.* ♦ HOM. → miliaire.

milliampère [mili-an-] n. m. (unité de mesure : *3 milliampères* ou *3 mA*).

milliampèremètre [mili-an-] n. m.

milliard [milyar'] n. m. *Des milliards.* Le milliard vaut 10^9 ou 1 000 000 000. Il est représenté par le préfixe *giga-* (*G*). → tableau NOMBRES, p. 909.

milliardaire [milyar-] adj. et n.

milliardième [milyar-] n. m.

milliasse [milyas] ou **millasse** [miyas] n. f. (mets à base de farine de maïs). Quelquefois nommé MILLAS (n. m.). Le mot *milliasse* (n. f.) désignait autrefois une grande quantité.

millibar n. m. (unité de mesure : *3 millibars* ou *3 mbar*).

millième adj. et n.

millier n. m. Alors qu'on écrit *deux mille*, on doit écrire *deux milliers*. → million.

milligramme n. m. (unité de mesure : *3 milligrammes* ou *3 mg*).

millilitre n. m. (unité de mesure : *3 millilitres* ou *3 ml*).

millimètre n. m. (unité de mesure : *3 millimètres* ou *3 mm*). → nanométrie.

millimétré, e adj.

millimétrique adj.

millimicron n. m. Unité de mesure abandonnée (symbole : *m*μ), qui valait 1/1 000 de micromètre (ou micron). C'est le *nanomètre* (*nm*).

million [milyon] n. m. Le million vaut 10^6 ou 1 000 000. Il est représenté par le préfixe *méga-* (*M*). → tableau NOMBRES, p. 909. *Il est riche à millions. Deux millions de chaussures furent écoulées. Où sont entreposé(e)s deux millions trois cent mille pesetas. Voici les un million cinq cent mille francs. Voici le million et demi de francs.* → tableau ADJECTIFS II, C, 6e, p. 868. Ces précisions peuvent s'appliquer aux mots *millier* et *milliard*.

millionième [milyo-] adj. et n.

millionnaire [milyo-nèr] adj. et n.

millipore adj.

millithermie n. f. (unité de mesure : *3 millithermies* ou *3 mth*).

millivolt n. m. (unité de mesure : *3 millivolts* ou *3 mV*).

millivoltmètre n. m.

milord [milor'] n. m.

milouin n. m.

mi-lourd adj. m. et n. m. *Des mi-lourds.*

mil-reis ou **milreis** [milrèy's] n. m. inv.

mime n. m. (acteur). ♦ N. f. (actrice). ♦ La comédie jouée par gestes est *le* ou *la mime.*

mimer v. t. et int.

mimétique adj.

mimétisme [-is-] n. m.

mimétomanie n. f.

mimi n. m. et adj. inv.

mimique n. f. et adj.

mimodrame n. m.

mimographe n.

mimolette n. f.

mimologie n. f.

mimosa n. m.

mimosacée n. m.

mi-moyen adj. m. et n. m. *Des mi-moyens.*

min n. m. (dialecte chinois). ♦ Symbole de la *minute* de temps.

M.I.N. sigle m. Marché d'intérêt national.

minable adj. et n.

minablement adv.

minage n. m.

minahouet n. m.

minaret n. m.

minauder v. int.

minauderie n. f.

minaudier, ère adj. et n.

minbar [min'bar'] n. m. (chaire de mosquée).

mince adj.

minceur n. f.

mincir v. int. du 2e gr. Conjug. 24.

mine n. f. *Faire grise mine ; faire mine de ; ils ne paient pas de mine ; un puits de* *mine; des trous de mine; une galerie de mine. Mine de charbon, de plomb, d'or, de sel,* etc. *Mine de diamants. Un champ de mines. L'École des mines* (abs. : *les Mines); ingénieur des Mines. Une mine antichar, des mines antichars; une mine antipersonnel; des mines antipersonnel. Une mine de renseignements.*

miné, e adj.

*****minefield breaching** = ouverture d'un champ de mines (déf.).

miner v. t.

minerai n. m.

minér*al*, *ale*, *aux* adj. *Eau minérale.* ♦ N. m. *Des minéraux.*

minéralier n. m.

minéralier-pétrolier n. m. *Des minéraliers-pétroliers.*

minéralisa*teur*, *trice* adj. et n. m.

minéralisation n. f.

minéralisé, e adj.

minéraliser v. t.

*****mineralization index** = indice de minéralisation (spat.).

minéralogie n. f.

minéralogique adj.

minéralogiste n. m.

minéralurgie n. f.

minerval n. m. *Des minervals.*

minerve n. f. (appareil orthopédique pour maintenir le cou). ♦ HOM. une *Minerve* (n. déposé inv. de machine à imprimer), la déesse *Minerve* (de la mythologie).

minervois n. m. (vin de la région du *Minervois*).

minestrone n. m.

min*et*, *ette* n.

min*eur*, *e* n. et adj. *Un ouvrier mineur; un sapeur mineur; un maître mineur; un mineur-artificier; un mineur-perforateur. L'Asie Mineure; saint Jacques le Mineur.*

ming [min'g] n. *Les Ming* (dynastie chinoise). ♦ Adj. inv. en genre. *Des poteries mings.*

mini adj. inv. *Des jupes mini.* ♦ Le mot, employé comme préfixe, se soude au radical (*minivélo, minicar*), sauf devant une voyelle (*une mini-usine*), un *h* muet ou un nom propre (*Cette entreprise est une mini-Nestlé*).

miniature n. f. *Un psautier orné de miniatures. Un château en miniature.* ♦ Adj. *Des autos miniatures.*

miniaturé, e adj.

miniaturisation n. f.

miniaturiser v. t.

miniaturiste n.

minibus [-us'] n. m.

minicar n. m.

Minicassette n. f. déposé inv.

*****minicell** = minicellule (génét.).

minicellule n. f.

minichaîne n. f.

minichromosome [-kro-] n. m.

minidisque n. m.

min*ier*, *ère* adj. et n. f.

minigène n. m.

minigolf n. m.

mini-informatique n. f. *Des mini-informatiques.*

minijupe n. f.

minima → minimum.

*****minima (a)** (lat.) loc. adj. ou adv. = contre une trop petite peine. *Des appels « a minima ».*

minim*al*, *ale*, *aux* adj. A pris la place de l'adjectif latin *minimum. Une température minimale.* → minimum.

minimalisation n. f.

minimaliser v. t.

minimalisme [-is-] n. m.

minimaliste adj. et n.

minimarge n. f. (faible marge). ♦ N. m. (magasin à faible marge de bénéfices).

minime adj. et n.

minimesure n. f.

minimiser v. t.

minimum [-mom'] n. m. *Un minimum.* Pl. lat. : *minima;* pl. fr. : *minimums.* ♦ Adj. *Un âge minimum; une hauteur minima; des âges minima; des hauteurs minima* (lat.). La forme française (*un écart minimal, des écarts minimaux, des températures minimales*) est préférable. ♦ *Au minimum* (loc. adv.) *Réduire au minimum.*

mini-ordinateur n. m. *Des mini-ordinateurs.*

miniphage n. m.

minipilule n. f.

*****miniplasmid** = miniplasmide (génét.).

miniplasmide n. m.

minislip n. m.

ministère n. m. Dans la désignation du ministère, on met la majuscule seulement au mot principal et, le cas échéant, à l'adjectif qui le précède. *Le ministère de la Justice, de la Défense nationale, du Commerce et de l'Industrie, de l'Éducation nationale, de l'Intérieur, des Travaux publics, des Beaux-Arts.* Il en est de

même pour un secrétariat d'État. *Le secrétariat d'État aux Postes et Télécommunications. Le ministère public. Aller au ministère.*
ministériel, elle adj.
ministrable adj. et n.
ministre n. Pas de majuscule, sauf en suscription de lettre ou sur une enveloppe (*à Monsieur le Ministre*). *Le ministre de la Coopération, du Budget, du Commerce extérieur, de l'Environnement et du Cadre de vie* → ministère. Les règles d'écriture sont les mêmes pour un secrétaire d'État. *Le secrétaire d'État aux Anciens Combattants. Le Premier ministre.* (En Angleterre : *le Premier Ministre;* abs. : *le Premier*). *Des ministres sans portefeuille; le Conseil des ministres; un ministre d'État; madame le/la ministre. Du papier ministre; des bureaux ministres; le garde des Sceaux.*
Minitel n. m. déposé inv.
minitéliser v. t.
minitéliste n.
minium [-nyom'] n. m.
minivague n. f.
*****minivan** = monospace (transp.).
minnesänger [minezèn'gheur'] n. m.
minoen, enne [-no-in, -no-èn'] adj. et n. m.
minois n. m.
minorant adj. m. et n. m.
minoratif, ive adj.
minoration n. f.
minorer v. t.
minoritaire adj. et n.
minorité n. f.
minorquin, e adj. *Un paysage minorquin.* ♦ N. *Les Minorquins* (de Minorque).
minot n. m.
minoterie n. f.
minotier, ère n.
minou n. m. *Des minous.*
minque n. f.
minuit n. m. *Vers minuit; minuit et demi; minuit sonne; minuit est sonné; à minuit précis; à minuit sonnant.* Après ce mot, les minutes s'écrivent en lettres. *Ils partirent à minuit trente.*
minus → minus habens.
MINUSCULE n. f. et adj.   → tableau en annexe p. 907.
minus habens [mi-nu-sabins'] ou **minus** [-nus'] n. inv. *C'est une minus.*
minutage n. m.
minutaire adj.
minute n. f. (unité de mesure : *un angle de 10° 4'; il est 7 heures et 3 minutes* ou *7 h 3 min). Des minutes de notaire. Des serpents minute; des clés minute; des talons minute; des Cocotte-Minute.*
♦ Interj. *Minute!*
minuter v. t.
minuterie n. f.
minuteur n. m.
minutie [-si] n. f.
minutier [-tyé] n. m.
minutieusement [-syeû-] adv.
minutieux, euse [-syeû, -syeûz] adj.
miocène n. m. et adj.
mioche n.
mi-parti, e → mi-.
mi-partition n. f. *Des mi-partitions.*
miquelet n. m.
mir n. m. ♦ HOM. → mire.
mirabelle n. f.
mirabellier n. m.
mirabilis [-lis'] n. m.
miracidium [-dyom'] n. m. *Des miracidiums.*
miracle n. m. *Crier au miracle; par miracle. Des solutions miracles; des remèdes miracles.*
miraculé, e adj. et n.
miraculeusement adv.
miraculeux, euse adj.
mirador n. m. *Des miradors.*
mirage n. m.
miraud, e → miro.
mirbane n. f.
mire n. f. (signal fixe). *Des crans, des lignes, des points de mire.* ♦ HOM. ils *mirent* (v. mettre), il se *mire* (v. mirer), la *myrrhe* (résine odorante), un *mir* (communauté russe), *Mir* (marque déposée).
mire-œuf n. m. Quelquefois dit et écrit MIRE-ŒUFS. *Des mire-œufs.*
mirepoix adj. et n. f.
mirer v. t.
mirettes n. f. pl.
mireur, euse n.
mirifique adj.
mirifiquement adv.
mirliflore n. m. Quelquefois écrit MIRLIFLOR.
mirliton n. m. *Des vers de mirliton.*
mirmidon → myrmidon.
mirmillon [mirmi-yon] n. m.
miro adj. inv. *Elles sont miro.* Quelquefois écrit MIRAUD, E. *Elles sont miraudes.*
mirobolant, e adj. (merveilleux). ♦ HOM. *myrobolan* (divers fruits desséchés).

mirodrome n. m.
miroir n. m. *Un miroir à (aux) alouettes; un miroir d'eau; des œufs au miroir.*
miroitant, e adj.
miroité, e adj.
miroitement n. m.
miroiter v. int.
miroiterie n. f.
miroitier, ère n.
Miror n. m. déposé inv.
Miroton n. m. Quelquefois dit et écrit *mironton*, par erreur. *Du bœuf miroton.*
mironton, mirontaine (refrain de chansonnette).
***M.I.R.V.** (*multiple independently targeted re-entry vehicle*) = fusée à têtes multiples.
misaine n. f.
misandre adj. et n.
misandrie n. f.
misanthrope adj. et n.
misanthropie n. f.
misanthropique adj.
miscellanées n. f. pl.
miscibilité n. f.
miscible adj.
mise n. f. *Mise* est en général suivi d'un complément au singulier (*mise à pied, en œuvre, au point, en scène...*); il est toujours suivi du pluriel pour *mise en ondes, en plis*; et, selon les circonstances, on écrit *mise en bouteille(s), mise en boîte(s)*. L'expression « mise en boîte » pour « se moquer de » s'écrit au singulier. *Mise hors de cause; mise sous tension. La mise bas.* Dans les expressions qui précèdent, le verbe *mettre*, le nom *metteur* peuvent être imaginés à la place de *mise*. ♦ *Ce n'est pas de.* → mettre.
miser v. t.
misérabilisme [-is-] n. m.
misérabiliste n. et adj.
misérable adj. et n. *Les Misérables de Victor Hugo.*
misérablement adv.
misère n. f.
miserere n. m. inv. *Des coliques de miserere. Chanter le Miserere* (cantique). On trouve quelquefois ce mot francisé en MISÉRÉRÉ. *Des miséréerés.*
miséreux, euse adj. et n.
miséricorde n. f.
miséricordieusement adv.
miséricordieux, euse adj.

***mismatch** ou ***mispairing** = mésappariement (génét.).
misogyne adj. et n.
misogynie n. f.
misonéisme [-is-] n. m.
misonéiste adj. et n.
mispickel n. m.
***miss** n. f. → tableau LANGUES ÉTRANGÈRES, p. 892. ♦ HOM. que je *misse* (v. mettre).
missel n. m.
***missense mutation** = mutation faux-sens (génét.).
missi dominici n. m. pl.
missile n. m. *Des missiles air-air, air-sol,* etc.
missilier n. m.
mission n. f. ♦ HOM. que nous *missions* (v. mettre).
missionnaire adj. et n.
missive n. f. et adj.
mistelle n. f.
mistigri n. m.
miston, onne n.
mistoufle n. f.
mistral n. m. *Des mistrals.* ♦ HOM. le poète *Mistral.*
***mistress** n. f. Abrév.: *Mrs.*
mita n. f.
mitage n. m.
mitaine n. f.
mitan n. m.
mitard n. m.
mite n. f. (animal). ♦ HOM. vous *mîtes* (v. mettre), un *mythe* (chose fabuleuse), il se *mite* (v. se miter).
mité, e adj.
mi-temps n. f. *La mi-temps d'un match. Elles travaillent à mi-temps.* ♦ N. m. *Le mi-temps pédagogique. Des mi-temps.*
miter (se) v. pr. *Les tapis se sont mités.*
miteux, euse adj. et n.
mithriacisme ou **mithraïsme** n. m.
mithriaque adj.
mithridatisation n. f.
mithridatiser v. t.
mithridatisme [-is-] n. m.
mitigation n. f.
mitigé, e adj.
mitiger v. t. *Il mitigeait.* Conjug. 3.
mitigeur n. m.
mitochondrial, ale, aux [-kon-] adj.
mitochondrie [-kon-] n. f.
mitogène n. m. et adj.
mitonner v. t. et int.

mitose n. f. (division de cellule). → mycose.
mitotique adj.
mitoyen, enne [mitwa-yin, -yèn'] adj.
mitoyenneté [mitwa-yèn'té] n. f.
mitraillade n. f.
mitraillage n. m.
mitraille n. f.
mitrailler [mitra-yé] v. t.
mitraillette [mitra-yèt] n. f.
mitrailleur [mitra-yeur] n. m.
mitrailleuse [mitra-yeûz] n. f.
mitral, ale, aux adj.
mitre n. f.
mitré, e adj.
mitron n. m.
*Mitteleuropa (all.) n. f. = Europe centrale.
mitteleuropéen, enne adj.
mi-voix (à) loc. adv.
*mix (to) = monter, mélanger. Les mots *mixer (n. et v.), *mixage sont facilement remplacés par mélangeur, monteur; monter et montage ou montage sonore (aud.).
mixage n. m.
*mixed border = bordure variée.
*mixed farming = polyculture.
*mixed oxide fuel (M.O.X.) = combustible M.O.X. (nucl.).
mixer v. t.
*mixer n. m. = mélangeur, mixeur.
mixeur n. m.
mixité n. f.
mixoscopie n. f.
mixte adj.
mixtiligne adj.
mixtion [mikstyon] n. f. (mélange de drogues). → miction.
mixtionner [mikstyo-né] v. t.
mixture n. f.
M.J.C. sigle f. Maison des jeunes et de la culture.
mmm! onomatopée.
*M.M.P.I. sigle m. (*Minnesota multiphasic personality inventory) = test de personnalité.
mnémonique adj.
mnémotechnie [-tèk-] n. f.
mnémotechnique [-tèk-] n. f. et adj.
mnémothèque n. f.
mnésique adj.
Mo (symbole du *mégaoctet*).
moabite adj. et n. (du pays de *Moab*, en ancienne Palestine). ♦ Ne pas confondre avec *mozabite* (du *Mzab*, en Algérie).

mobile adj. et n. m. *Les mobiles de Calder.*
*mobile element = transposon, élément instable ou mobile ou transposable; gène sauteur ou mobile (génét.).
*mobile home ou *Mobil-home n. m. = auto-caravane; résidence mobile. *Des mobile homes; des mobil-homes.*
*mobile land station = station mobile terrestre (spat.).
*mobile service = service mobile (télécom.).
*mobile station = station mobile, radioterminal (télécom.).
*mobil-home → *mobile home.
mobilier, ère adj. et n. m.
mobilisable adj.
*mobilisable plasmid = plasmide mobilisable (génét.).
mobilisateur, trice adj.
mobilisation n. f.
mobiliser v. t.
mobilisme [-is-] n. m.
mobilité n. f.
Möbius (ruban de) [meûbyus'] loc. m.
moblot n. m.
Mobylette n. f. déposé inv.
mocassin n. m.
mochard, e adj.
moche adj.
mocheté n. f.
moco n. m.
modal, ale, aux adj.
modalité n. f.
mode n. f. (usage passager). *Création de modes; magasin de modes; marchand de modes; à la mode de Caen.* ♦ Adj. inv. *Des teintes mode; ces manteaux sont très mode; du bœuf mode, des bœufs* [beuf] *mode.* ♦ N. m. (forme, manière). *Le mode de gouvernement, de préparation, de transport; le mode mineur; le mode indicatif.* Pour les modes de la conjugaison → tableau *Verbes* IV, p. 957.
modelage n. m.
modèle n. m. *Des modèles réduits; une plaque-modèle. Une femme modèle* (qui exerce la profession de modèle). ♦ Adj. *Un échantillon modèle, des échantillons modèles. Une femme modèle* (qui est un modèle de femme). *Modèle de Bohr, de Sommerfeld.*
modelé n. m.
modeler v. t. *Il modèle.* Conjug. 11.
modeleur, euse n. et adj.
modélisation n. f.
modéliser v. t.

modélisme [-is-] n. m.
modéliste n. et adj.
modem [modèm'] n. m. (acronyme de *modulateur-démodulateur*).
modénature n. f.
modérantisme [-is-] n. m.
modérantiste adj. et n.
modérat*eur*, *trice* adj. et n.
modération n. f.
*****moderato** (ital.) adv. = d'un mouvement modéré.
modéré, e adj. et n.
modérément adv.
modérer v. t. *Je modère, nous modérons, je modérerai(s)*. Conjug. 10.
*****modern dance** n. f. = danse moderne. *Des modern dances*.
moderne adj. et n.
modernisa*teur*, *trice* adj. et n.
modernisation n. f.
moderniser v. t.
modernisme [-is-] n. m.
moderniste adj. et n.
modernité n. f.
*****modern style** n. m. inv. et adj. inv. = art nouveau.
modeste adj.
modestement adv.
modestie [-ti] n. f. Pluriel de modestie → tableau PARTICIPE PASSÉ III, D, 1° p. 920.
modicité n. f.
modifiable adj.
modifiant, e adj.
modifica*teur*, *trice* adj.
modificat*if*, *ive* adj. et n. m.
modification n. f.
*****modification** = modification d'un acide nucléique (génét.).
modifier v. t. Conjug. 17. *Les formes qui se sont modifiées*.
modillon n. m.
modique adj.
modiquement adv.
modiste n. et adj. f.
modulable adj.
modulaire adj.
modulant, e adj.
*****modular construction** = architecture modulaire (urb.).
*****modular design** = architecture modulante (urb.).
modula*teur*, *trice* adj. et n. m.
modulation n. f. *Modulation de fréquence* (M.F.).

module n. m.
*****module** = module d'architecture (urb.).
moduler v. t. et int.
modulo prép. *Une congruence modulo x*.
modulor n. m.
*****modus vivendi** [vindi] (lat.) loc. nominale inv. = manière de vivre, arrangement.
moelle [mwal] n. f.
moelleusement [mwaleu-] adv.
moelle*ux*, *euse* [mwaleu, -eûz] adj.
moellon [mwalon] n. m.
moellonage ou **moellonnage** [mwalo-] n. m.
moere [mwèr] n. f. Quelquefois écrit MOÈRE.
mœurs [meur' ou meurs'] n. f. pl. *Un certificat de bonne vie et mœurs. Un attentat aux mœurs. Une femme de mœurs légères.* ♦ HOM. il *meurt* (v. mourir).
mofette n. f.
moffler v. t.
*****moghazni** ou **mokhazni** (arabe) = garde officiel, cavalier d'escorte.
*****Moghreb** → *Maghreb.
moghrébin → maghrébin.
mohair [mo-èr'] n. m.
moho n. m.
moi pron. pers. *Donne-la-moi; avoir affaire à moi; à part moi; moi-même; c'est à moi. Le quant-à-moi; à moi! Lui et moi ferons cela. Lui ou moi ferons cela. Ni lui ni moi ne ferons cela.* ♦ N. m. inv. *Le moi est haïssable. On ne saurait avoir plusieurs moi.* ♦ HOM. *mois* de l'année, la *moye* (partie tendre dans une pierre).
moi n. et adj. inv. en genre.
moie → moye.
moignon n. m.
moindre adj.
moindrement adv.
moine n. m.
moineau n. m. *Des moineaux*.
moinerie n. f.
moinillon n. m.
moins adv. *Le moins; à moins; au moins; à tout le moins; du moins; de moins en moins; pour le moins; en moins; rien de moins; tout au moins; en moins de; rien moins que; rien de moins que. Moins d'un mois s'est écoulé; moins de deux mois se sont écoulés*.
moins-deux n. m.
moins-disant, e adj. et n. m. *Des moins-disants*.
moins-perçu n. m. *Des moins-perçus*.

moins-que-rien n. inv.
moins-trois n. m.
moins-un n. m. inv.
moins-value n. f. *Des moins-values.*
moirage n. m.
moire n. f.
moiré, e adj.
moirer v. t.
moireur n. m.
moirure n. f.
mois n. m. Pas de majuscule au nom des mois. *Le 18 avril; le 23 germinal an IX.* Si la date désigne un évènement historique marquant, le nom du mois a la majuscule. *Le 11 Novembre* (il s'agit de l'armistice de 1918 ou de sa commémoration); *il est né le 11 novembre 1970. Location au mois; à la mi-avril.* → date. ♦ *Les mois du calendrier républicain étaient :* vendémiaire, brumaire, frimaire; nivôse, pluviôse, ventôse; germinal, floréal, prairial; messidor, thermidor, fructidor. ♦ HOM. → moi.
moise n. f.
moïse n. m. (lit en corbeille). ♦ HOM. *Moïse* (personnage biblique).
moiser v. t.
moisi n. m.
moisir v. t. et int. du 2ᵉ gr. Conjug. 24.
moisissure n. f.
moissine n. f.
moisson n. f.
moissonnage n. m.
moissonner v. t.
moissonn*eur*, *euse* n.
moissonneuse-batteuse n. f. *Des moissonneuses-batteuses.*
moissonneuse-lieuse n. f. *Des moissonneuses-lieuses.*
*****moisture content profile** = profil hydrique (agr.).
moite adj.
moiteur n. f.
moitié n. f. *Partager par moitié, en deux moitiés; partager moitié-moitié; ils sont de moitié.* ♦ Adv. *Il est à moitié vide; à moitié chemin; à moitié prix. Il me reçut moitié poli, moitié pincé.*
moitié-moitié loc. adv.
moitir v. t. du 2ᵉ gr. Conjug. 24.
moka n. m.
*****mokaddem** (arabe) n. m. = chef de confrérie, de quartier.
*****mokhazni** → *moghazni.
mol adj. → mou. ♦ HOM. → môle.

molaire adj. et n. f. (relatif à la mole).
môlaire adj. (relatif à la môle).
molalité n. f.
molarité n. f.
molasse n. f. (grès calcaire). ♦ HOM. *mollasse* (apathique, flasque).
moldave adj. *Broderie moldave.* ♦ N. *Les Moldaves* (de Moldavie).
mole n. f. (unité de mesure : *3 moles* ou *3 mol*). ♦ HOM. → môle.
*****mole** = taupe, tunnelier (urb.).
môle n. m. (ancien socle rocheux; protection d'un port). ♦ N. f. (poisson-lune; dégénérescence d'un embryon). ♦ HOM. *mol* (adj. m.), *molle* (adj. f.), *mole* (quantité de matière), *maul* (mêlée au rugby).
moléculaire adj.
molécule n. f.
molécule-gramme n. f. *Des moles* ou *des molécules-grammes.*
*****mole drainage** = drainage-taupe (agr.).
molène n. f.
moleskine n. f.
molestation n. f.
molester v. t.
moletage n. m.
moleter v. t. *Il molette.* Conjug. 14.
molette n. f. (roulette striée ou dentée). ♦ HOM. *mollette* (peu cuite, molle), il *molette* (v. moleter).
moliéresque adj.
molinisme [-is-] n. m. (doctrine de Molina).
moliniste adj. et n.
molinosisme [-is-] n. m. (doctrine de Molinos).
molinosiste adj. et n.
mollah n. m. (religieux musulman). Quelquefois écrit MULLAH [moula]. ♦ Ne pas confondre avec *mellah* (quartier juif marocain).
mollard n. m.
mollasse adj. et n. ♦ HOM. → molasse.
mollasserie n. f.
mollass*on*, *onne* adj. et n.
molle → mou. ♦ HOM. → môle.
mollé n. m. ♦ HOM. → mollet.
mollement adv.
mollesse n. f.
mollet n. m. (saillie des muscles du bas de la jambe). ♦ HOM. *œuf mollet* (adj.), *mollé* (plante), Guy *Mollet* (homme politique).
moll*et*, *ette* adj. ♦ HOM. → mollet (n. m.), molette.
molletière n. f. et adj.
molleton n. m.

molletonné, e adj.
molletonner v. t.
molletonneux, euse adj.
mollir v. int. et t. du 2ᵉ gr. Conjug. 24.
mollo adv.
molluscum [-lus'kom'] n. m. *Des molluscums.*
mollusque n. m.
moloch [-lok'] n. m. (lézard australien). ♦ HOM. *Moloch* (ancienne divinité).
molosse n. m.
***molto** (ital.) adv. = beaucoup, très.
molure n. m.
molusson n. m.
moly n. m. (ail doré).
molybdène n. m.
molybdénite n. f.
molybdique adj.
môme n.
moment n. m. *En ce moment; au dernier moment; dès ce moment; au moment de; par moments; de moment(s) en moment(s); à tout moment/à tous moments. Des moments de défaillance.*
momentané, e adj.
momentanément adv.
momerie n. f. (affectation de sentiments religieux).
mômerie n. f. Souvent au pluriel. *Les mômeries sont des enfantillages.*
momie n. f.
momification n. f.
momifier v. t. Conjug. 17.
momordique n. f.
mon adj. poss. *Mon siège.* → tableau ADJECTIFS II, A, p. 865. ♦ HOM. *mont* (sommet).
monacal, ale, aux adj.
monachisme [-chis-] n. m.
monade n. f.
monadelphe [-dèlf] adj.
monadisme [-is-] n. m. (système philosophique).
monadologie n. f.
monandre adj.
monarchie n. f.
monarchien n. m.
monarchique adj.
monarchisme [-is-] n. m.
monarchiste adj. et n.
monarque n. m.
monastère n. m.
monastique adj.
monaural, ale, aux adj.
monazite n. f.

monbazillac n. m. (vin de *Monbazillac*).
monceau n. m. *Des monceaux.*
mondain, e adj. et n.
mondanité n. f.
monde n. m. *Les cinq parties du monde; le demi-monde; le petit monde. Le Nouveau Monde; l'Ancien Monde; les deux mondes. Monsieur Tout-le-monde. Le journal* Le Monde.
monder v. t.
mondial, ale, aux adj.
mondialement adv.
mondialisation n. f.
mondialiser v. t.
mondialisme [-is-] n. m.
mondialiste adj. et n.
mondovision n. f.
monégasque adj. *Il est monégasque.* ♦ N. *Un Monégasque* (de Monaco).
Monel n. m. déposé inv. (alliage).
monème n. m.
monère n. f.
monergol n. m.
monétaire adj.
monétarisation n. f.
monétarisme [-is-] n. m.
monétariste adj. et n.
monéticien, enne n.
Monétique n. f. déposé inv.
monétisation n. f.
monétiser v. t.
***money manager** = gérant de portefeuille (écon.).
mongol, e adj. *La plaine mongole.* ♦ N. *Des Mongols* (de Mongolie); *le mongol* (langue).
mongolien, enne adj. et n. (atteint de mongolisme).
mongolique adj. (qui appartient à la Mongolie).
mongolisme [-is-] n. m.
mongoloïde adj.
monial, ale, aux adj.
monilia n. m.
moniliose n. f.
monisme [-is-] n. m.
moniste adj. et n.
moniteur, trice n.
monition n. f.
monitoire adj. et n. m.
monitor n. m. (cuirassé; canon à eau).
***monitor** = moniteur (méd., aud.).
monitorage n. m.
monitorat n. m.

*monitoring = monitorage, surveillance.
môn-khmer, ère adj. et n. m.
monnaie n. f. *Des pièces de monnaie; monnaie d'appoint, de compte, de singe; fausse monnaie; un faux-monnayeur; papier-monnaie; menue monnaie; battre monnaie. L'hôtel des Monnaies* (Paris), abs. : *la Monnaie; le théâtre de la Monnaie* (Bruxelles). → franc; livre.
monnaie-du-pape n. f. (plante). *Des monnaies-du-pape.*
monnayable [-nè-yabl] adj.
monnayage [-nè-yaj] n. m.
monnayer [-nè-yé] v. t. Conjug. 8.
mono- Ce préfixe se soude au mot qui suit *(monoacide)*. Devant un *i*, on se sert du tréma *(monoïdéisme)* ou du trait d'union *(mono-iodé)*. Devant un *o*, devient mon- *(monoxyde)*. Devant un *u*, il faut le trait d'union *(mono-ulcéroïde)*.
monoacide adj.
monoamine n. f.
monoamine-oxydase n. f. *Des monoamines-oxydases.*
monoatomique adj.
monobase n. f.
monobasique adj.
monobloc n. m. et adj. *Des châssis monoblocs.*
monocâble n. m. et adj.
monocaméral, ale, aux adj.
monocaméralisme [-is-] n. m.
monocamérisme [-is-] n. m.
monochromateur [-kro-] n. m.
monochromatique [-kro-] adj.
monochrome [-kro-] adj.
monochromie [-kro-] n. f.
monocinétique adj.
*monocistronic RNA = ARN monocistronique (génét.).
monocistronique adj.
monocle n. m.
monoclinal, ale, aux adj. (en géologie).
monoclinique adj.
monoclonal, ale, aux adj. (en biologie).
*monoclonal antibody = anticorps monoclonal (génét.).
monocolore adj.
monocoque n. m. et adj.
monocorde adj. et n. m.
monocorps adj. inv. et n. m.
monocotylédone n. f.
monocratie n. f.
monocristal n. m.
monoculaire adj.
monoculture n. f.
monocycle n. m.
monocyclique adj.
monocylindre adj. et n. m.
monocylindrique adj.
monocyte n. m.
monodépartemental, ale, aux adj.
monodie n. f.
monodique adj.
monœcie [-né-si] n. f.
monoélectron n. m.
monogame adj.
monogamie n. f.
monogamique adj.
monogatari n. m.
monogénisme [-is-] n. m.
monoglotte adj. et n.
monogramme n. m. → nomogramme.
monographie n. f.
monographique adj.
monoï n. m. inv.
monoïdéisme [-idé-is-] n. m.
mono-instrument n. m. *Des mono-instruments.*
monoïque adj.
monokini n. m.
monolingue adj. et n.
monolinguisme [-ghuis-] n. m.
monolithe n. m. et adj.
monolithique adj.
monolithisme [-is-] n. m.
monologue n. m.
monologuer v. int.
monologueur, euse n.
monomane adj. et n.
monomaniaque adj. et n.
monomanie n. f.
monôme n. m.
monomère adj. et n.
monométallisme [-is-] n. m.
monométalliste adj. et n.
monomètre n. m.
monomode adj.
monomoteur adj. et n. m.
mononucléaire n. m. et adj.
mononucléose n. f.
monoparental, ale, aux adj.
monopartisme [-is-] n. m.
monophage adj.
monophagie n. f.
monophasé, e adj. et n. m.
monophonie n. f.

monophonique adj.
monophosphate n. m. et adj.
monophtalme [-ftalm] adj.
monophtalmie [-fta-] n. f.
monophysisme [-zis-] n. m.
monophysite adj. et n.
monoplace adj. et n.
monoplan adj. et n. m.
monoplégie n. f.
monopole n. m. (exclusivité). ♦ HOM. *monopôle* (pôle unique).
monopôle n. m. *Le monopôle magnétique.* ♦ HOM. → monopole.
monopoleur, euse adj. et n.
monopolisateur, trice n.
monopolisation n. f.
monopoliser v. t.
monopoliste adj. et n.
monopolistique adj.
Monopoly n. m. déposé inv.
monoprocesseur adj. m. et n. m.
monoprogrammation n. f.
*****monopropellant** = monergol.
monoponse n. m.
monoptère adj. et n.
monorail adj. et n. m. *Des monorails.*
monorchidie [-kidi] n. f.
monorime adj.
monosaccharide [-saka-] n. m.
monoscope n. m. → manoscope.
monosémie [-sé-] n. f.
monosémique [-sé-] adj.
monosépale [-sé-] adj.
monoski n. m.
monospace n. m.
monosperme adj.
monostable adj. et n.
monostyle adj. et n. m.
monosyllabe [-si-] n. m.
monosyllabique [-si-] adj.
monosyllabisme [-si- -is-] n. m.
monothéisme [-is-] n. m. (doctrine qui n'admet qu'un Dieu).
monothéiste adj. et n.
monothélisme [-is-] n. m. (hérésie du VIIe siècle).
monotone adj.
monotonie n. f.
monotrace adj.
monotrème n. m.
monotrope n. m.
monotype n. m. (estampe; bateau). ♦ HOM. *Monotype* (machine d'imprimerie, n. f. déposé inv.).

monovalent, e adj.
monoxyde n. m.
monoxyle adj.
monozygote adj. et n. m.
monseigneur n. m. Sans majuscule dans un récit; avec une majuscule dans une requête. Abrév.: *Mgr* ou *Mgr*. Le mot *messeigneurs* se dit, s'écrit (en s'adressant à eux), mais n'est jamais abrégé. On dit, on écrit (en parlant d'eux): *nosseigneurs*; abrév.: *NN. SS. les évêques de ... et de ... Des pinces-monseigneur.*
monsieur [me-syeû] n. m. *Des messieurs. Pas de majuscule dans un récit. Il discutait avec monsieur Desmet. Voilà un monsieur que je ne connais pas. Ces messieurs vont venir. Il fait déjà le monsieur.* ♦ Majuscule dans une lettre. *Veuillez dire à Monsieur le ministre; à Monsieur X, 8, rue...; Acceptez, Monsieur, mes...* Ou par déférence : *Puis-je demander à Monsieur.* Ou pour un titre d'œuvre. *Vous devriez lire «Monsieur des Lourdines».* Ou par tradition: *Monsieur le Prince* (pour désigner le chef de la maison de Bourbon-Condé); *Monsieur* (le premier frère du roi). ♦ L'abréviation traditionnelle, en français, est *M.* On peut écrire : *Nous avons vu monsieur Bellorget qui passait;* ou bien : *Nous avons vu M. Bellorget qui passait.* L'abréviation ne s'emploie que devant un nom ou un titre. *M. Duroc; M. l'inspecteur; M. Un tel.* On écrira : *M. Dubois prie Monsieur Lenoir de... MM. Boivin et Boileau.* ♦ Notre manière d'abréger a un défaut : la lettre capitale *M.* (avec point) risque d'être confondue avec l'initiale d'un prénom (Michel, Maurice, Marcel...). C'est l'une des raisons, avec l'influence de l'anglais et les contraintes de l'ordinateur, pour lesquelles on voit se répandre l'abréviation *Mr* (sans point) qui est plus claire et n'est guère critiquable. Il faut rejeter l'écriture anglaise *Mr.* (avec point) qui ne peut remplacer que le titre Mister. Parlant de Mathieu Brun et de Matthew Brown, nous pouvons écrire : *Mr M. Brun et Mr. M. Brown.* ♦ *Monsieur,* suivi du nom ou du titre, ne se dit que pour une personne vivante (alors que «madame» est toujours admis). *Madame Poincaré, la mère de Raymond Poincaré, était une amie de la famille.* «Messieurs dames» est incorrect; il convient de dire : *Mesdames et Messieurs. Bonjour mesdames, bonjour messieurs.* → madame, prénom et tableau ABRÉVIATIONS B, 4°, p. 851.

*monsignore (ital.) n. m. = monseigneur. *Des monsignori.* Quelquefois francisé en MONSIGNOR. *Des monsignors.*
monstera n. m.
monstrance n. f.
monstration n. f.
monstre n. m. et adj.
monstrillidé n. m.
monstrueusement adv.
monstrueux, euse adj.
monstruosité n. f.
mont n. m. *Promettre monts et merveilles; par monts et par vaux; les monts d'Auvergne; le mont Cenis; le mont Blanc* (abrév. : *le Mt Blanc*); *le massif du Mont-Blanc; le tunnel du Mont-Cenis; le Mont-Saint-Michel; le mont Dore; le massif du Mont-Dore ou les monts Dore; Le Mont-Dore* (commune du Puy-de-Dôme); *le mont des Oliviers; le mont-de-piété.* ♦ HOM. → mon.
montage n. m.
montagnard, e adj. et n. *Les montagnards du Dauphiné. Les Montagnards de la Convention* (parti de la Montagne).
montagne n. f. *Les montagnes Rocheuses; la montagne Pelée; la montagne Sainte-Geneviève; la Montagne Noire* (Bretagne). *Le parti de la Montagne* (à la Convention). *Les montagnes russes.*
montagneux, euse adj.
montaison n. f.
montalbanais, e adj. et n. (de Montauban).
montanisme [-is-] n. m.
montaniste n. et adj.
montant, e n. m. et adj.
montbéliarde n. f. et adj. f.
mont-blanc n. m. (gâteau). *Des monts-blancs.* → mont.
mont-de-piété n. m. *Des monts-de-piété.*
mont-d'or n. m. (fromage fait dans le Doubs). *Des monts-d'or.* ♦ HOM. *le mont Dore* → mont.
monte n. f.
*monte (ital.) n. m. = mont. *Monte-Carlo. L'île de Montecristo. Le Comte de Monte-Cristo* (roman).
monté, e adj.
monte-charge n. m. inv.
montée n. f.
monte-en-l'air n. m. inv.
monténégrin, e adj. *Un prince monténégrin.* ♦ N. *Un Monténégrin* (du Monténégro).

monte-pente n. m. *Des monte-pentes.*
monte-plats n. m. inv.
monter v. int. et t. *Monter à bord.* → tableau PARTICIPE PASSÉ III, F, 10°, p. 924.
monte-sacs n. m. inv. Quelquefois écrit MONTE-SAC. *Des monte-sacs.*
monteur, euse n.
montferrine n. f.
montgolfière n. f.
monticole adj.
monticule n. m.
mont-joie n. f. *Des monts-joie.*
montmartrois, e adj.
montmorency n. f. (cerise). ♦ HOM. *Montmorency* (famille; ville).
montmorillonite n. f.
montoir n. m.
montois, e adj. et n. (de Mont-de-Marsan).
Montpellier [-pèlyé] (ville).
montpelliérain, e adj. et n. (de Montpellier).
montrable adj.
montrachet [monrachè] n. m. (vin de la région de *Montrachet*).
montre n. f. *Une montre à répétition. Montre en main. Faire montre de.*
montréalais, e [monré-] adj. et n. (de Montréal).
montre-bracelet n. f. *Des montres-bracelets.*
montrer v. t. *Elle s'est montrée à la hauteur de l'affaire.*
montreur, euse n.
montueux, euse adj.
monture n. f.
monument n. m. *Un monument aux morts. Inventaire général des monuments.*
monumental, ale, aux adj.
monumentalité n. f.
moque n. f.
moquer v. t. *Elle était moquée de tous.* ♦ V. pr. *Ils se sont moqués d'elle.*
moquerie n. f.
moquette n. f.
moqueter v. t.
moquetterie n. f.
moqueur, euse adj. et n.
moracée n. f.
morailles n. f. pl.
moraillon n. m.
moraine n. f. ♦ HOM. → morène.
morainique adj.
moral, ale, aux adj. et n. *Le moral; la morale.*

moralement adv.
moralisant, e adj.
moralisateur, trice adj.
moralisation n. f.
moraliser v. t. et int.
moraliseur, euse n.
moralisme [-is-] n. m.
moraliste n. et adj.
moralité n. f.
morasse n. f.
moratoire adj. et n. m.
moratorié, e adj.
morave adj. *Les frères moraves.* ♦ N. *Les Moraves* (de Moravie).
morbide adj.
morbidesse n. f.
morbidité n. f.
morbier n. m.
morbihannais, e adj. et n. (du Morbihan).
morbilleux, euse [morbi-yeû, -yeûz] adj.
morbilliforme [morbi-yi-] adj.
morbleu! interj.
morbus [-bus] n. m. *Le choléra morbus.*
morceau n. m. *Des morceaux. Être fait de pièces et de morceaux.*
morcelable adj.
morceler v. t. *Il morcelle.* Conjug. 13.
morcellement n. m.
mordache n. f.
mordacité n. f.
mordançage n. m.
mordancer v. t. *Il mordançait.* Conjug. 2.
mordant, e adj. et n. m.
mordicant, e adj.
***mordicus** (lat.) adv. = avec ténacité, obstination.
mordieu! interj.
mordillage n. m.
mordillement n. m.
mordiller v. t.
mordoré, e adj.
mordorer v. t.
mordorure n. f.
mordre v. t. et int. Conjug. 67. *Elle s'en est mordu les doigts.*
mordu, e n. et adj.
more → maure.
moreau, elle adj. et n. *Des juments morelles.* ♦ N. f. (plante).
***more majorum** (lat.) loc. adv. = selon l'usage des ancêtres.
***morendo** (ital.) adv. = en s'éteignant.
morène n. f. (plante). ♦ HOM. *moraine* (roche apportée par un glacier).

moresque → maure.
morfal, ale, als n. (abrév. de *morfalou*). *Des morfals.*
morfalou, e n. *Des morfalous.*
morfil n. m. (barbe de métal; ivoire brut). Quelquefois nommé MARFIL quand il s'agit de l'ivoire.
morfler v. int.
morfondre (se) v. pr. Conjug. 67. *Elle s'est morfondue.*
morgagnien, enne adj.
morganatique adj.
morganatiquement adv.
morganite n. f.
morgeline n. f.
morgon n. m. (vin du Beaujolais).
morgue n. f.
morgué! interj. Quelquefois écrit MORGUENNE! ou MORGUIENNE!
morguer v. t.
moria n. f.
moribond, e adj. et n.
moricaud, e adj. et n.
morigéner v. t. *Je morigène, nous morigénons, je morigénerai(s).* Conjug. 10.
morille n. f.
morillon n. m. (canard).
morio n. m.
morion n. m. (casque; quartz).
morisque adj. et n.
mormon, e n. et adj.
mormonisme [-is-] n. m.
morne n. m. (petite montagne antillaise).
♦ N. f. (anneau d'une lance de joute).
♦ Adj. *Un morne silence.*
morné, e adj. (en héraldique, appliqué à la figuration d'animaux incomplets).
♦ HOM. *mort-né* (mort en naissant).
mornifle n. f.
morose adj.
morosité n. f.
morphe n. m.
morphème n. m.
morphine n. f.
morphinique adj.
morphinisme [-is-] n. m.
morphinomane adj. et n.
morphinomanie n. f.
morphisme [-is-] n. m.
morphogène adj.
morphogenèse n. f.
morphogramme n. m.
morphologie n. f.
morphologique adj.

morphologiquement adv.
morphopsychologie [-ko-] n. f.
morphosyntaxe [-sin-] n. f.
morpion n. m. *Jouer aux morpions.*
mors [mor] n. m. ♦ HOM. → mort.
morse n. m. (mammifère; système de télégraphie). ♦ HOM. l'inventeur S. *Morse.*
morsure n. f.
mort, e adj. *Une nature morte; un homme ivre mort; ils sont ivres morts; il est mort-né; à demi mort. Corps mort, poids mort, point mort, temps mort, tour mort. Une eau morte* (qui croupit); *morte-eau* (marée faible). ♦ N. *Un mort vivant. Sa femme fait le mort* (au jeu); *elle fait la morte* (fait semblant d'être morte). *Le jour des Morts; entre la vie et la mort; la Mort* (personnage symbolique). ♦ Interj. *À mort!* ♦ HOM. *mors* (de cheval; d'un étau; d'une reliure), il *mord* (v. mordre), *Maure* (d'Afrique).
mortadelle n. f.
mortaisage n. m.
mortaise n. f.
mortaiser v. t.
mortaiseuse n. f.
mortalité n. f.
mort-aux-rats n. f. inv.
mort-bois n. m. *Des morts-bois.*
morte-eau n. f. *Des mortes-eaux.*
mortel, elle adj. et n.
mortellement adv.
morte-saison n. f. *Des mortes-saisons.*
mort-gage n. m. *Des morts-gages.*
***mortgage** = hypothèque (écon.).
mortier n. m.
mortifère adj.
mortifiant, e adj.
mortification n. f.
mortifier v. t. Conjug. 17.
mortinatalité n. f.
mort-né, e adj. et n. *Un enfant mort-né; une fillette mort-née; des mort-nés; des mort-nées.* ♦ HOM. → morné.
mortuaire adj.
morue n. f. *Des habits en queue de morue.*
morula n. f.
morutier, ère n. m. et adj.
morvandeau, elle adj. *Un paysage morvandeau.* ♦ N. *Les Morvandeaux* (du Morvan); *le morvandeau* (dialecte); *la morvandelle* (danse). ♦ On dit aussi MORVANDIAU (adj. et n. m.).
morve n. f.
morveux, euse adj. et n.

***mos** [mos'] sigle m. (*metal oxide semi-conductor*) = transistor à effet de champ.
***mosaic** = mosaïque d'images.
***mosaic (to)** = mosaïquer (spat.).
***mosaicking** = mosaïquage (spat.).
mosaïde n. f.
mosaïquage n. m.
mosaïque n. f. et adj.
mosaïqué, e adj.
mosaïquer v. int.
mosaïqueur n. m. et adj. m.
mosaïsme [-is-] n. m.
mosaïste adj. et n.
mosan, e adj. (de la vallée de la Meuse). → meusien.
moscoutaire n. et adj.
moscovite adj. *L'hiver moscovite.* ♦ N. *Un Moscovite* (de Moscou).
mosellan, e adj. *Le bassin mosellan.* ♦ N. *Un Mosellan* (de la Moselle).
mosette ou **mozette** n. f.
mosquée n. f.
mossi n. et adj. inv. en genre.
mot n. m. *En peu de mots; un maître mot; à mots couverts; jeu de mots; à demi-mot; problème de mots croisés; un mots-croisiste; mot pour mot; mot à mot; sans mot dire; ne souffler mot; mot composé; se payer de mots; famille de mots; prendre au mot; au bas mot; ne dire mot; sans mot dire; des mots d'ordre, de passe.* ♦ HOM. *maux* (douleurs), *Meaux* (ville).
motard, e n.
mot-clé n. m. *Des mots-clés.* Quelquefois écrit MOT-CLEF. *Des mots-clefs.*
motel n. m.
motet n. m.
moteur, trice adj. et n. *Moteur à explosion, à réaction.*
moteur-fusée n. m. *Des moteurs-fusées.*
***mother ship** = navire-mère.
motif n. m.
motilité n. f.
motion [-syon] n. f.
motionner v. int.
motivant, e adj.
motivateur, trice adj.
motivation n. f.
motiver v. t.
moto n. f. *Une moto marine* (dite aussi : *jet-ski*). LEXIQUE : bascule, bidza, chopper, cross, dragster, enduro, gamelle, gymkhana, intégral, kick, side-car, Solex, tan-

MOTO- 516

sad, taquet, trail-bike, trial, twin-500, virolo.

moto- → tableau PRÉFIXES C p. 942.
motobasculeur n. m.
Motobécane n. f. déposé inv.
motobêche n. f.
motobineuse n. f.
motociste n. m.
motocross n. m.
motoculteur n. m.
motoculture n. f.
motocycle n. m.
motocyclette n. f.
motocyclisme [-is-] n. m.
motocycliste n.
motofaucheuse n. f.
motohoue n. f.
motonautique adj.
motonautisme [-is-] n. m.
motoneige n. f.
motoneigisme [-is-] n. m.
motoneigiste n.
motoneurone n. m.
motopaver [-veur'] n. m.
motopompe n. f.
*****motor** = propulseur (spat.).
*****motor body** = corps de propulseur (spat.).
*****motorgrader** n. m. = niveleuse automotrice.
*****motor-home** n. m. = auto-caravane. *Des motor-homes.*
motorisation n. f.
motorisé, e adj.
motoriser v. t.
motoriste n.
*****motorship** n. m. (abrév. : *m/s) = navire à moteur Diesel.
motoski n. f.
mototracteur n. m.
motrice n. et adj. f.
motricité n. f.
mots croisés n. m. pl. Quelquefois employé au singulier : *un mots croisés* (pour : un problème de mots croisés).
mots-croisiste n. *Des mots-croisistes.*
motte n. f.
motter (se) v. pr. *Les lièvres se sont mottés.*
motteux n. m.
*****motu proprio** (lat.) loc. adv. = spontanément, de son propre mouvement.
motu proprio n. m. et adj. inv. *Des actes « motu proprio ».*

motus! [-us'] interj.
mot-valise n. m. *Des mots-valises.*
mou ou **mol, molle** adj. *Un enfant mou, des enfants mous; une cire molle.* Devant une voyelle ou un *h* muet, l'adjectif masculin *mou* devient *mol. Un mol oreiller. Mol* n'a pas de pluriel. *Des oreillers mous.* ♦ N. *Il y a du mou dans la corde. Le mou de veau* (poumon), *des mous. Cette fille est une molle.* ♦ HOM. il *moud* (v. moudre), faire la *moue* (grimace), le *moût* (jus de raisin), *moult* (très).
mouchage n. m.
moucharabieh [-rabyé] n. m.
mouchard, e adj. et n.
mouchardage n. m.
moucharder v. t. et int.
mouche n. f. *Faire mouche; la mouche tsé-tsé; mouche à bœufs, à miel, à ordure; du papier tue-mouches; des bateaux-mouches; écriture en pattes de mouche. Poids mouche* → poids.
moucher v. t.
moucheron n. m.
moucheronner v. int.
mouche-scorpion n. f. *Des mouches-scorpions.*
moucheté, e adj.
moucheter v. t. *Il mouchette.* Conjug. 14.
mouchetis [-ti] n. m.
mouchette n. f. *Des mouchettes* (ciseaux).
moucheture n. f.
mouchoir n. m.
mouchure n. f.
mouclade n. f.
mouderrès [-rès'] n. m.
*****moudjahid** (arabe). *Des moudjahidin* [-din'] ou *des moudjahidine.*
moudre v. t. Indic. présent : *je mouds, il moud, nous moulons, ils moulent.* Imparf. : *je moulais.* Passé simple : *je moulus.* Futur : *je moudrai.* Impératif : *mouds, moulons.* Subj. présent : *que je moule, que nous moulions.* Imparf. : *que je moulusse, qu'il moulût.* Partic. : *moulant; moulu.* → mouler.
moue n. f. ♦ HOM. → mou.
mouette n. f.
moufeter → moufter.
moufette n. f. Quelquefois écrit MOUFFETTE.
moufle n. m. (récipient; four). ♦ N. f. (gros gant; assemblage de poulies pour un palan).
mouflet, ette n.

mouflon n. m.

moufter v. int. Quelquefois écrit MOUFETER. N'est employé qu'à l'infinitif, aux temps composés et dans des tournures négatives. *Il ne moufte pas.*

mouillabilité n. f.

mouillable adj.

mouillage n. m.

mouillance n. f.

mouillant, e adj.

mouille n. f.

mouillé, e adj.

mouillement n. m.

mouiller [mou-yé] v. t.

mouillère n. f.

mouillette n. f.

mouilleur n. m.

mouilloir n. m.

mouillure n. f.

mouise n. f.

moujik n. m.

moujingue n.

moukère ou **mouquère** n. f.

moulage n. m.

moulant, e adj.

moule n. m. (forme en creux). ♦ N. f. (mollusque, personne sans énergie). *Des moules au pilaf.*

moulé, e adj.

mouler v. t. Quelquefois homonyme, dans sa conjugaison, avec le verbe *moudre*.

mouleur n. m.

moulière n. f.

moulin n. m. *Moulin à café, à caillé, à eau, à épices, à foulon, à fromage, à huile, à légumes, à marée(s), à paroles, à poivre, à poudre, à prières, à sel, à vent. Des moulins banaux. Une bouteille de moulin-à-vent. Le Moulin-Rouge.*

moulinage n. m.

moulin-à-vent n. m. inv. (vin).

mouliner v. t.

moulinet n. m.

Moulinette n. f. déposé inv.

moulin*eur*, *euse* n.

moulin*ier*, *ère* n.

*****Mouloud** (arabe) n. m. = fête musulmane de la naissance du Prophète. Quelquefois écrit MULUD.

moult [mou ou moult'] adv. ancien. *La mariée est moult belle.* ♦ Adj. indéf. inv. *Il massacra moult gens.* ♦ Pron. indéf. inv. *Moult furent pris au piège.* ♦ HOM. → mou.

moulu, e adj.

moulurage n. m.

mouluration n. f.

moulure n. f.

moulurer v. t.

moulurière n. f.

moumoute n. f.

mouna n. f. (gâteau).

*****mound** = abrév. pour **burial-mound*.

mounda → munda.

*****mountain bike** = vélo tout terrain (V.T.T.).

*****mounting** = châssis-support.

mouquère → moukère.

mourant, e adj. et n.

mourine n. f.

mourir v. int. Les temps composés se font avec *être*. Conjug. 58.

mouroir n. m.

mouron n. m.

mourre n. f. (jeu).

*****mouse** = souris (inf.).

mousiner v. imp.

mousmé n. f.

mousquet n. m.

mousquetaire n. m. *Les trois mousquetaires d'Alexandre Dumas étaient :* Athos, Porthos, Aramis ; auxquels s'était joint le cadet de Gascogne d'Artagnan.

mousqueterie n. f.

mousqueton n. m.

moussage n. m.

moussaillon n. m.

moussaka n. f.

moussant, e adj.

mousse n. m. (jeune marin). ♦ N. f. (plante); écume). *Du caoutchouc Mousse* (ce dernier est déposé et inv.). ♦ Adj. (qui n'est pas tranchant ou aigu). *Une lame mousse.*

mousseau ou **moussot** adj. m. *Des pains mousseaux.*

mousseline n. f.

mousser v. int.

mousseron n. m.

mouss*eux*, *euse* adj. et n. m. (qui mousse).

moussoir n. m.

mousson n. f.

moussot → mousseau.

moussu, e adj. (couvert de mousse végétale).

moustache n. f. S'emploie indifféremment au singulier et au pluriel. *Il revint, moustache(s) coupée(s).*

moustachu, e adj. et n.

moustérien ou moustiérien, enne adj. et n. m.

moustier → moutier.

moustiquaire n. f.

moustique n. m.

moût [mou] n. m. ♦ HOM. → mou.

moutard n. m.

moutarde n. f. et adj. inv.

moutardier n. m.

moutier n. m. (monastère). Ancienne orthographe : *moustier*.

mouton n. m. → registre.

moutonné, e adj.

moutonnement n. m.

moutonner v. t. et int.

moutonnerie n. f.

moutonneux, euse adj.

moutonnier, ère adj. et n. m.

mouture n. f.

mouvance n. f.

mouvant, e adj.

mouvement n. m. *Mouvement de fonds, de terrain. Quantité de mouvement d'un point.*

mouvementé, e adj.

mouvementer v. t.

mouvoir v. t. Conjug. 59. *Il est mû par l'intérêt ; vous vous mouvez avec aisance ; cette pierre qu'ils ont mue.*

movingui n. m.

*moving sidewalk = trottoir roulant (urb.).

Moviola n. f. déposé inv.

moxa n. m.

moye ou moie [mwa] n. f. ♦ HOM. → moi.

moyé, e adj.

moyen, enne adj. et n. *Des moyens d'action, de corruption, de défense, d'existence, de subsistance, de transport ; un moyen terme ; au moyen de ; un Français moyen ; un moyen-courrier ; un moyen métrage, des moyens métrages. Cet élève a sa moyenne, mais manque de moyens. La moyenne de liste. Le moyen Mékong. Le Moyen-Orient ; le Moyen Âge ; le haut Moyen Âge ; le Moyen Âge allemand ; moyenâgeux ou médiéval. Poids moyen* (boxe, lutte) → poids.

moyenâgeux, euse adj. *Des habitudes moyenâgeuses.*

moyen-courrier n. et adj. m. *Des moyen-courriers.*

moyen-métrage ou moyen métrage n. m. *Des moyens(-)métrages.*

moyennant prép.

moyenne → moyen.

moyennement adv.

moyenner v. t. Tombé en désuétude ; n'est plus guère employé que dans la formule « *Il n'y a pas moyen de moyenner* ».

moyen-oriental, ale, aux adj. *Les querelles moyen-orientales.* ♦ N. *Les Moyen-Orientaux.*

moyette [mwa-yèt] n. f.

moyeu [mwa-yeû] n. m. *Des moyeux.*

mozabite ou mzabite adj. *Un épicier mozabite.* ♦ N. *Ce sont des Mozabites* (du Mzab) ; *elle parle le mozabite.* → moabite.

mozambicain, e adj. et n. (du Mozambique).

mozarabe adj. et n.

mozette → mosette.

mozzarella n. f. (fromage).

Mr → monsieur.

*M.R.B.M. (*medium range ballistic missile) = missile de portée moyenne, de 1 100 à 2 800 km.

*m/s (*motor ship) = navire à moteur Diesel.

M.S.B.S. sigle m. Mer-sol balistique stratégique.

*M.S.S. (*multispectral scanner) = scaneur multibande ou S.M. (spat.).

M.S.T. sigle f. Maladie sexuellement transmissible.

mu n. m. → muon et tableau LANGUES ÉTRANGÈRES, p. 897. ♦ HOM. → mue.

muance n. f.

mucilage n. m.

mucilagineux, euse adj.

mucine n. f.

mucolipidose n. f.

mucopolysaccharidose [-saka-] n. f.

mucor n. m.

mucoracée n. f.

mucosité n. f.

mucoviscidose [-vi-si-] n. f.

mucron n. m.

mucus [-kus'] n. m.

mudéjar, e [moudérhar] n. et adj.

mudra [mou-] n. f.

mue n. f. (changement de peau, de poils, de plumes, de voix ; cage à poussins). ♦ HOM. *mu* (lettre grecque ; particule élémentaire), *mû, mue, mus, mues* (v. mouvoir), *il mue* (v. muer).

muer v. int. Conjug. 18. ♦ Il y a homophonie pour le singulier du présent de l'indicatif du verbe **muer** (*je mue, tu mues, il mue*) et le singulier du passé

simple de l'indicatif du verbe **mouvoir** *(je mus, tu mus, il mut)*.
muesli [mus-li] n. m.
mu*et*, *ette* adj. et n.
muezzin [muèdzin'] n. m.
muffin [meufin'] n. m.
mufle n. m.
muflée n. f.
muflerie n. f.
muflier n. m.
mufti ou **muphti** [mufti] n. m.
muge ou **mulet** n. m. (poisson).
mugir v. int. du 2ᵉ gr. Conjug. 24.
mugissant, *e* adj.
mugissement n. m.
muguet n. m.
muid [mui] n. m.
mulard, *e* n. et adj.
mulassi*er*, *ère* adj.
mulâtre, *esse* n. *Un mulâtre; une mulâtresse.* ♦ Adj. inv. en genre. *Une domestique mulâtre.*
mule n. f.
mule-jenny [myouldjéni] n. f. *Des mule-jennys.*
mulet n. m. → muge.
muleta [moulé-] n. f.
muleti*er*, *ère* adj. et n.
mulette n. f.
mulhousi*en*, *enne* adj. et n. (de Mulhouse).
mullah → mollah.
Müller (canaux de) loc. m. pl.
mulon n. m.
mulot n. m.
mulotte n. f.
mulsion n. f.
multangulaire adj.
*****multa paucis** (lat.) = beaucoup de choses en peu de mots.
multi- Ce préfixe se soude au mot qui suit *(multigrade)*, sauf si celui-ci commence par *i, u* ou *y*. Bien que *multi-* signifie plusieurs, on a pris l'habitude d'écrire sans *s* la fin des mots formés sur ce préfixe : un *multimoteur* est un avion à plusieurs moteurs.
*****multi-agent munition** = munition à agents multiples (déf.).
multiarticulé, *e* [-ti-ar-] adj.
multibacillaire [-lèr] adj. et n.
*****multiband camera** = chambre multibande (spat.).
multibande n. f. et adj.

multibrin adj.
multicâble adj. et n. m.
multicapteur adj.
multicarte adj.
multicellulaire adj.
multicolore adj.
multiconduct*eur*, *trice* adj.
multiconfessionn*el*, *elle* adj.
multicopie n. f.
*****multicopy plasmid** = plasmide multicopie (génét.).
multicoque adj. et n. m.
multicouche adj.
multicritère n. m.
multicultur*el*, *elle* adj.
*****multicurrency** = multidevise (écon.).
multidate adj.
multidevise adj. et n. f.
multidiffusion n. f.
multidimensionn*el*, *elle* adj.
multidisciplinaire adj.
multiethnique [-ti-èt-] adj.
multifenêtre adj.
multifil n. m.
multifilaire adj.
multifonction adj.
multifonctionn*el*, *elle* adj.
multiforme adj.
*****multifunctional industrial building** = bâtiment industriel polyvalent (urb.).
multigarantie adj. et n. f.
multigénie n. f.
multigénique adj.
*****multigeny** = multigénie (génét.).
multigrade adj.
multilatér*al*, *ale*, *aux* adj.
*****multilevel marketing** (M.L.M) = vente par réseau coopté ou V.R.C. (écon.).
multilinéaire adj.
multilingue adj.
multilobé, *e* adj.
multiloculaire adj.
multimédia adj. inv. en genre.
multimédiatisation n. f.
multimètre n. m.
multimilliardaire [mi-lyar-] n. et adj.
multimillionnaire [-milyo-] n. et adj.
multimode adj.
multimoteur n. et adj. *Des machines multimoteurs.*
multination*al*, *ale*, *aux* adj. et n. f.
multinévrite n. f.
multinomi*al*, *ale*, *aux* adj.

multinorme adj.
multipare adj. et n. f.
multiparité n. f.
multipartisme [-is-] n. m.
multipistes adj. inv.
*****multiplay** ou **multiplay-back** = enregistrement fractionné.
multiple adj. et n. m.
*****multiple genes** = famille de gènes, famille multigénique (génét.).
*****multiple jokholding farmers** = pluriactivité des agriculteurs.
*****multiple path** = trajet multiple (spat.).
multiplet n. m.
multiplex adj. et n. m.
multiplexage n. m.
multiplexé, e adj.
multiplexeur n. m.
multipli n. m. (contreplaqué). ♦ Adj. inv. en genre.
multipliable adj.
multiplicande n. m.
multiplica*teur*, *trice* adj. et n. m.
multiplicat*if*, *ive* adj.
multiplication n. f. *Des tables de multiplication. Trois fois sept francs vingt s'écrit en chiffres 7,20 F × 3* (c'est le second facteur qui multiplie le premier et non l'inverse).
multiplicativement adv.
multiplicité n. f.
multiplier v. t. et int. Conjug. 17. *7 multiplié par 4 égale 28.*
multiplieur n. m.
multipoint adj. inv. en genre. *Un buffet multipoint.*
multipolaire adj.
multipostage n. m.
multiposte adj. et n. m.
multipostulation n. f.
multiprocesseur n. et adj. m.
*****multiprocessing** = multitraitement.
*****multiprocessor** = multiprocesseur (inf.).
multiproduction n. f.
multiprogrammable adj.
multiprogrammation n. f.
multiprogrammé, e adj.
*****multiprogramming** = multiprogrammation (inf.).
multipropriété n. f.
multirac*ial*, *ale*, *aux* adj.
multirécidiviste n.

multirisque adj. *Une assurance multirisque ; des assurances multirisques.*
multisalle [-sa-] adj. et n. m. ou f. Quelquefois écrit MULTISALLES.
multisatellite [-sa-] adj.
*****multisatellite image** = image multisatellite (spat.).
*****multisensor image** = image multicapteur (spat.).
multiservice adj.
multisite [multi-sit] adj.
*****multispectral photography** = photographie multibande (spat.).
*****multispectral scanner** = scaneur multibande (spat.).
multistandard adj. inv. en genre.
multitâche adj.
*****multitemporal image** = image multidate (spat.).
multitraitement n. m.
multitube adj.
multitubulaire adj.
multitude n. f.
multi-usage adj. *Un outil multi-usage ; des outils multi-usages.*
multivibrateur n. m.
multivoie n. f.
Mulud → Mouloud.
munda [moun'da] n. m. Quelquefois écrit MOUNDA.
*****mundial** (esp.) = mondial. Abs., en parlant d'un tournoi : *le Mundial.*
mungo [moun'-] n. m.
Munich [mu-nik] (ville ; en allemand : München).
munich*ois*, *e* [-nikwa, -kwaz] adj. *Un parc munichois.* ♦ N. *Un Munichois* (de Munich) ; *un munichois* (partisan des accords de Munich).
municip*al*, *ale*, *aux* adj.
municipalisation n. f.
municipaliser v. t.
municipalité n. f.
municipe n. m.
munificence n. f. (libéralité, générosité). → magnificence.
munificent, e adj.
munir v. t. du 2ᵉ gr. Conjug. 24.
munition n. f.
munitionnaire [-syo-] n. m.
munster [mun-stèr'] n. m. (fromage fait à *Munster*).
muntjac [meun'tjak] n. m.
muon ou **mu** n. m. ♦ HOM. → mue.
muphti → mufti.

muqueux, euse adj. et n. f. *Les muqueuses nasales.*

mur n. m. *Un mur en brique(s); un mur de brique; mur revêtu de brique; mur de pierre taillée; mur de granit, de parpaings, de pierres sèches. Le mur des Fédérés.* ♦ HOM. mûr (assez âgé, à point), mûre (fruit), il mure (v. murer).

mûr, e adj. *Des fruits mûrs; l'âge mûr; elle est mûre.* ♦ HOM. → mur.

murage n. m.
muraille n. f.
mural, ale, aux adj.
muralisme [-is-] n. m.
muraliste n.
mûre n. f. ♦ HOM. → mur.
mûrement adv.
murène n. f.
murénidé n. m.
murer v. t.
muret n. m.
muretin n. m.
murette n. f.
murex n. m.
murger ou **merger** [-jé] n. m. (alignement de pierres au bord d'un champ).
muriate n. m.
muriatique adj.
muridé n. m.
mûrier n. m.
mûrir v. int. et t. du 2ᵉ gr. Conjug. 24.
mûrissage n. m.
mûrissant, e adj.
mûrissement n. m.
mûrisserie n. f.
murmel n. m.
murmurant, e adj.
murmure n. m.
murmurer v. int. et t.
mûron n. m.
murrhin, e adj.
mur-rideau n. m. *Des murs-rideaux.*
musacée n. f.
musagète adj. m. *Apollon musagète.*
musaraigne n. f.
musard, e adj. et n.
musarder v. int.
musardise n. f.
musc n. m.
muscade n. f. et adj. *Des noix muscades. Passez muscade!*
muscadelle n. f. ou m. (cépage).
muscadet n. m.
muscadier n. m.
muscadin n. m. *Les muscadins de 1794.*
muscadine n. f.
muscardin n. m. (animal).
muscardine n. f. (maladie).
muscari n. m.
muscarine n. f. (alcaloïde).
muscat, e n. m. (raisin; vin). ♦ Adj. *La treille muscate; des alsaces muscats.*
muscidé n. m.
muscinée n. f.
muscle n. m.
musclé, e adj.
muscler v. t.
musculaire adj.
musculation n. f.
musculature n. f.
musculeux, euse adj.
musculo-membraneux, euse adj. *Des structures musculo-membraneuses.*

muse n. f. *Le poète et sa muse* (son inspiration). S'agissant des déesses mythologiques, le mot s'écrit avec une majuscule. *Invoquer les Muses. Les neuf Muses,* qui résidaient sur l'Hélicon, étaient : Clio (histoire), Euterpe (musique), Thalie (comédie), Melpomène (tragédie), Terpsichore (danse), Érato (élégie), Polymnie (poésie lyrique), Uranie (astronomie), Calliope (éloquence).

museau n. m. *Des museaux.*

musée n. m. Ce mot s'écrit avec une minuscule quand il est suivi d'un complément. *Le musée du Louvre; le musée des Arts décoratifs; le musée d'Art moderne; le musée de l'Homme; le musée des Transports.* Il s'écrit avec une majuscule quand il est suivi d'un adjectif. *Le Musée social; le Musée basque.* ♦ HOM. → muser.

museler v. t. *Il muselle.* Conjug. 13.
muselet n. m.
muselière n. f.
musellement n. m.
muséographie n. f.
muséologie n. f.
muser v. int. (perdre son temps). ♦ HOM. un *musée* (local avec collection d'objets).
muserolle n. f.
musette n. f. *Un bal musette; des bals musettes.*
muséum [-zéom'] n. m. *Des muséums. Le Muséum national d'histoire naturelle.*
musical, ale, aux adj. *Des intermèdes musicaux.* ♦ N. m. (film de comédie musicale). *Des musicals.*
musicalement adv.

musicalité n. f.
music-hall [muzikol] n. m. *Des music-halls.*
musicien, enne adj. et n.
musicographe n.
musicographie n. f.
musicographique adj.
musicologie n. f.
musicologique adj.
musicologue n.
musicothèque n. f.
musicothérapie n. f.
musique n. f. *Des chefs de musique. Des musiques de chambre.*
musiquer v. int.
musiquette n. f.
musoir n. m.
musqué, e adj.
musser v. t. (cacher).
mussif, ive adj.
mussipontain, e adj. *Les hauts fourneaux mussipontains.* ♦ N. *Des Mussipontains* (de Pont-à-Mousson).
mussitation n. f.
*****must** n. m. = obligation. En langage courant, le *must* est ce qu'il y a de mieux, qu'il est donc impératif d'avoir pour être à la mode. *Des musts* (n. m.).
mustang [-tang'] n. m.
mustélidé n. m.
musulman, e adj. et n.
mutabilité n. f.
mutable adj.
mutage n. m. (arrêt de fermentation alcoolique). ♦ Ne pas confondre avec *mutation* (changement de position).
mutagène adj. et n. m.
mutagenèse n. f.
*****mutagenesis** = mutagenèse dirigée (génét.).
*****mutagenic agent** = agent mutagène.
mutant, e adj. et n.
mutateur n. m.
mutation n. f. *Droits de mutation. Jeu de mutation* (orgue). → mutage.
mutationnisme [-is-] n. m.
mutationniste adj. et n.
*****mutatis mutandis** (lat.) = en faisant les changements nécessaires.
mutazilisme [-is-] n. m.
mutazilite n.
muter v. t.
mutilant, e adj.
mutilateur, trice n.
mutilation n. f.

mutilé, e n. et adj.
mutiler v. t.
mutin, e adj. et n.
mutiner (se) v. pr. *Ils se sont mutinés.*
mutinerie n. f.
*****muting** = silencieux (aud.).
mutique adj.
mutisme [-is-] n. m.
mutité n. f. *La surdi-mutité.*
mutualiser v. t.
mutualisme [-is-] n. m.
mutualiste adj. et n.
mutualité n. f.
mutuel, elle adj. *Société de secours mutuels; compagnie d'assurance mutuelle. Le Pari mutuel urbain* (P.M.U.). ♦ N. f. *Une mutuelle.*
mutuellement adv.
mutuellisme [-is-] n. m.
mutuelliste adj. et n.
mutule n. f.
myalgie n. f.
myasthénie n. f.
myatonie n. f.
mycélien, enne adj.
mycélium [-lyom] n. m. *Des mycéliums.*
mycénien, enne adj. *Une tablette mycénienne.* ♦ N. *les Mycéniens* (de Mycènes); *le mycénien* (langue).
mycétome n. m.
mycobactérie n. f.
mycoculture n. f.
mycoderme n. m.
mycologie n. f.
mycologique adj.
mycologue n.
mycoplasme n. m.
mycorhize n. f.
mycose n. f. (maladie de la peau). → mitose.
mycosique adj.
mycosis [-zis'] n. m.
*****mycotic** = bactérien.
mycotoxine n. f.
mydriase n. f.
mydriatique adj.
mye [mi] n. f. ♦ HOM. → mi.
myélencéphale n. m.
myéline n. f. (graisse).
myélinisé, e adj.
myélite n. f. (inflammation).
myéloblaste n. m.
myéloblastique adj.

myélocyte n. m.
myélodysplasique adj.
myélogramme n. m.
myélographie n. f.
myéloïde adj.
myélomatose n. f.
myélome n. m.
myéloplaxome n. m.
myéloprolifératif, ive adj.
mygale n. f.
myiase [mi-yaz] n. f.
mylonite n. f.
myocarde n. m. *L'infarctus du myocarde.*
myocardiopathie n. f.
myocardite n. f.
myocastor n. m.
myoclonique adj.
myoélectrique adj.
myofibrillaire [-bri-yèr] adj.
myofibrille [-bry'] n. f.
myoglobine n. f.
myogramme n. m.
myographe n. m.
myographie n. f.
myologie n. f.
myome n. m.
myomectomie n. f.
myopathe adj. et n.
myopathie n. f.
myopathique adj.
myope adj. et n.
myopie n. f.
myopotame n. m.
myorelaxant, e adj. et n. m.
myorelaxation n. f.
myosine n. f. (protéine).
myosis [-is'] n. m.
myosite n. f. (inflammation).
myosotis [-is'] n. m. et adj. inv.
myotonique adj.
myriade n. f.
myriapode n. m.
myriophylle n. f.
myrmécophile adj. et n.
myrmidon n. m. Quelquefois écrit MIRMIDON.
myrobolan n. m. ♦ HOM. → mirobolant.

myrosine n. f.
myroxyle n. m.
myroxylon n. m.
myrrhe n. f. (résine odorante d'Arabie).
 ♦ Ne pas confondre avec *myrte* (arbuste du maquis). ♦ HOM. → mire.
myrtacée n. f.
myrte n. m. → myrrhe.
myrtiforme adj.
myrtille n. f.
mysidacé n. m.
mystagogie n. f.
mystagogue n. m.
mystère n. m. *Faire mystère de ; parler avec mystère.*
mystérieusement adv.
mystérieux, euse adj.
mysticète n. m.
mysticisme [-is-] n. m.
mysticité n. f.
mystifiable adj.
mystificateur, trice n. et adj.
mystification n. f.
mystifier v. t. Conjug. 17. (tromper).
mystique adj. et n. (personne). ♦ N. f. (croyance).
mystiquement adv.
mythe n. m. ♦ HOM. → mite.
mythifier v. t. Conjug. 17. (donner un caractère de mythe).
mythique adj.
mythographe n. m.
mythologie n. f.
mythologique adj.
mythologisme [-is-] n. m.
mythologue n.
mythomane adj. et n.
mythomanie n. f.
mytiliculteur, trice n.
mytiliculture n. f.
mytilotoxine n. f.
myxine n. f.
myxœdémateux, euse [miksé-] adj.
myxœdème [miksé-] n. m.
myxoïde adj.
myxolydien, enne adj.
myxomatose n. f.
myxome n. m.
myxomycète n. m.
mzabite → mozabite.

N

n n. m. inv. ♦ **n** : symbole du préfixe *nano-*.
♦ **N** : symbole du *newton*, du *nord* et de l'*azote*.

n' Élision de l'adverbe *ne* devant une voyelle ou un *h* muet. *Tu n'auras rien. N'est-ce pas ?*

na! interj. *Tu ne le verras pas, na !*

nabab n. m.

nabatéen, enne [-té-in, -té-èn'] adj. et n.

nabi n. m.

nabla n. m. *L'opérateur nabla.*

nable n. m.

nabot, e n.

nabuchodonosor [-buko-] n. m. ♦ HOM. le roi de Babylone *Nabuchodonosor*.

nacarat n. m. et adj. inv.

nacelle n. f.

nacre n. f. et adj. inv.

nacré, e adj.

nacrer v. t.

nacrure n. f.

nadir n. m.

nævo-carcinome [né-] n. m. *Des nævo-carcinomes.*

nævus [névus'] n. m. *Des nævi.*

nafé n. m.

nagaïka ou **nahaïka** n. f.

nagari n. f. et adj.

nage n. f. *Ils sont en nage.*

nageoire n. f.

nager v. int. et t. *Il nageait.* Conjug. 3.

nageur, euse n.

naguère adv. *Jadis et naguère.* Ancienne orthographe : *naguères*.

nahaïka → nagaïka.

nahua adj. et n.

nahuatl n. m.

naïade [na-yad] n. f. (nymphe des eaux ; plante d'eau douce nommée aussi NAIAS).

naïf, naïve [na-if, na-iv] adj. et n.

nain, naine adj. et n.

naira [na-i-] n. m. (monnaie du Nigeria).

naissain n. m.

naissance n. f. *Des actes, des aveugles, des déclarations, des devoirs, des extraits de naissance.*

naissant, e adj.

naître v. int. Conjug. 60. Les temps composés se font avec *être*. → tableau VERBES X, B, 2°, 3°, p. 971.

naïvement adv.

naïveté n. f.

naja n. m.

namibien, enne adj. et n. (de Namibie).

nana n. f.

nanan n. m.

nanar n. m.

nancéien, enne [-é-yin, -yèn'] adj. et n. (de Nancy).

nandou n. m. *Des nandous.*

nanifier v. t. Conjug. 17.

naniser v. t.

nanisme [-is-] n. m.

nankin n. m. (tissu venant de Nankin). ♦ Adj. inv. (couleur jaune chamois).

nano- Préfixe qui divise par 10^9 (un milliard). Symbole : *n* → hecto-.

nanogramme n. m. (unité de mesure : *3 nanogrammes* ou *3 ng*).

nanomachine n. f.

nanomesure n. f.

nanomètre n. m.

nanométrie n. f.
nanométrique adj.
nanophase adj.
Nanoréseau n. m. déposé inv.
nanoseconde [-segon-] n. f. (unité de mesure : *3 nanosecondes* ou *3 ns*).
nanotechnologie n. f.
nansouk [nan-souk'] n. m. (tissu). Quelquefois écrit NANZOUK.
nantais, e adj. et n. (de Nantes).
nanti, e adj. et n.
nantir v. t. du 2ᵉ gr. Conjug. 24.
nantissement n. m.
nanzouk → nansouk.
naos [-os'] n. m.
napalm n. m.
napée n. f. (nymphe de la mythologie). ♦ HOM. *napper* (recouvrir d'une sauce ou d'une crème).
napel n. m.
naphta n. m.
naphtalène n. m.
naphtaline n. f.
naphtazoline n. f.
naphte n. m.
naphtol n. m.
naphtylamine n. f.
napoléon n. m. (pièce à l'effigie de Napoléon Iᵉʳ ou de Napoléon III).
napoléonien, enne adj.
napolitain, e adj. *Une tranche napolitaine.* ♦ N. *Une Napolitaine* (de Naples).
nappage n. m.
nappe n. f.
napper v. t. ♦ HOM. → napée.
napperon n. m.
narcéine n. f.
narcisse n. m. (plante ; homme amoureux de lui-même). ♦ HOM. *Narcisse* (prénom).
narcissique adj.
narcissisme [-is-] n. m.
narco-analgésique n. m. *Des narco--analgésiques.*
narco-analyse n. f. *Des narco-analyses.*
narcodollar n. m.
narcolepsie n. f.
narcoleptique adj.
narcomanie n. f.
narcose n. f.
*****narcotic** = stupéfiant.
narcotine n. f.
narcotique adj. et n. m.
narcotrafic n. m.

narcotrafiquant, e n.
nard [nar'] n. m. (plante ; parfum). ♦ HOM. il *narre* (v.).
nareux, euse adj. et n.
narghilé → narguilé.
narguer v. t. *Nous narguons.* Conjug. 4.
narguilé n. m. Écrit également NARGHILÉ ou NARGHILEH.
narine n. f.
narquois, e adj.
narquoisement adv.
narrateur, trice n.
narratif, ive adj.
narration n. f.
narratologie n. f.
narrer v. t.
narthex n. m.
narval n. m. *Des narvals.*
N.A.S.A. (*National Aeronautics and Space Administration) sigle f. = agence nationale (américaine) aéronautique et spatiale.
nasal, ale, aux adj. *Les fosses nasales ; des conduits nasaux.* ♦ N.m. (pièce du casque). ♦ N. f. (phonème). ♦ HOM. → naseau.
nasalisation n. f.
nasaliser v. t.
nasalité n. f.
nasard n. m.
nasarde n. f.
nase n. m. (le nez, en argot). Quelquefois écrit NAZE.
naseau n. m. (narine de gros animaux). *Des naseaux.* ♦ HOM. *nasaux* (pl. de nasal).
nasillard, e adj.
nasillement n. m.
nasiller v. int.
nasilleur, euse n.
nasique n. m.
nasitort [-tor'] n. m.
nasonnement n. m.
nasse n. f.
nastie n. f.
-nat/-nnat S'écrivent avec deux *n* : *bâtonnat, championnat, paysannat, pensionnat, quinquennat, septennat, triennat.* ♦ S'écrivent avec un *n* : tous les autres (*diaconat, patronat*, etc.).
natal, ale, als adj.
nataliste adj.
natalité n. f.
natation n. f.
natatoire adj.

natice n. f.

natif, native adj.

nation n. f. *La nation française; l'Organisation des Nations unies (O.N.U.); les Nations unies; la Société des nations (S.D.N.).* → état.

national, ale, aux adj. *Une route nationale; la Loterie nationale.* ♦ N. f. *La nationale 10.*

nationalisable adj.

nationalisation n. f.

nationaliser v. t. (transférer à la nation ce qui était entreprise privée).

nationalisme [-is-] n. m.

nationaliste adj. et n.

nationalité n. f. → état.

■ Écrire un mot indiquant la nationalité, l'origine, l'appartenance à un groupe ethnique fait obligation de savoir si ce mot est adjectif ou nom, l'adjectif n'ayant jamais de majuscule. ♦ Adj. *Cet homme est indonésien. Bien que Marconi soit italien. Les peuples centre-asiatiques. Ils sont uruguayens. Ce teint, ces traits nous le faisaient supposer indonésien.* Cependant, A. Gide a écrit : *Cette pâleur nous le faisait croire Espagnol.* Dans cette phrase, A. Gide (ou son correcteur) a entendu : *nous le faisait prendre pour un Espagnol. Le peintre Reynolds se révéla pleinement anglais par le choix de ses sujets. Le plus italien des deux est le petit. Un vin marocain.* ♦ N. Majuscule pour les personnes, qu'elles habitent un pays, une région ou une agglomération. *Les Danois; les Anglo-Saxons; les Orientaux; les Bordelais. Cet homme est un Indonésien. L'Italien Marconi.* Pas de majuscule pour désigner la langue. *Lire l'anglais; apprendre le français. La notice est en espagnol.* ♦ → français et tableau MAJUSCULES C, 4°, p. 905. Pour les mots plus rares (*kikouyou, hmong, thaï...*) → tableau ADJECTIFS I, A, 7°, p. 864.

national-socialisme [-is-] n. m.

national-socialiste adj. et n. *Des nationaux-socialistes; des théories nationales-socialistes.*

nationaux n. m. pl.

nativement adv.

nativisme [-is-] n. m.

nativiste adj. et n.

nativité n. f. *La nativité de Jésus-Christ* (abs. : *la Nativité*).

natrémie n. f.

natron ou **natrum** [-trom'] n. m. *Des natrums.*

nattage n. m.

natte n. f.

natter v. t.

nattier, ère n. (qui fait des tapis de natte).
♦ HOM. le peintre *Nattier*, du bleu *Nattier*.

naturalisation n. f.

naturalisé, e n. et adj.

naturaliser v. t. (donner une nationalité).

naturalisme [-is-] n. m.

naturaliste n. et adj.

naturation n. f.

nature n. f. *Des avantages en nature; la voix de la nature; payer en nature; l'état de nature. Une nature morte, des natures mortes. Contre nature; de toute nature.* ♦ Adj. inv. *Des portraits grandeur nature; elles sont nature; des cafés nature.* ♦ Adv. *Il peint trop nature.*

naturel, elle adj. et n. m. *Ils sont peints au naturel.*

naturellement adv.

naturisme [-is-] n. m.

naturiste adj. et n.

naturopathie n. f.

naturothérapie n. f.

naucore n. f.

naudinisme [-is-] n. m.

naufrage n. m.

naufragé, e adj. et n.

naufrager v. int. Conjug. 3.

naufrageur, euse n.

naumachie n. f.

naupathie n. f.

nauplius [-us'] n. m.

nauruan, e adj. et n. (de Nauru).

nauséabond, e adj.

nausée n. f.

nauséeux, euse adj.

Nautamine n. f. déposé inv.

nautile n. m.

nautique adj.

nautisme [-is-] n. m.

nautonier n. m. *Le nautonier des Enfers* (Charon).

navaja [navarha] n. f. (long couteau espagnol).

navajo [navarho] n. et adj. inv. en genre. (Indien d'Amérique du Nord). Quelquefois écrit NAVAHO.

naval, ale, als adj. *L'École navale* (abs. : *Navale*). *Des chantiers navals.*

navalisation n. f.
navarin n. m.
navarque n. m.
navarrais, e adj. *Un braque navarrais.* ♦ N. *Les Navarrais* (de Navarre); *le navarrais* (dialecte).
navel n. f.
navet n. m.
navette n. f. → astronautique.
navett*eur, euse* n.
*****navicert** n. m. = permis de naviguer.
naviculaire adj.
navicule n. f.
navigabilité n. f.
navigable adj.
navigant, e adj. et n. ♦ HOM. *naviguant* (partic. prés. du v.).
navigat*eur, trice* n. et adj.
navigation n. f.
naviguer v. int. *Nous naviguons.* Conjug. 4.
Naviplane n. m. déposé inv.
navire n. m. → bateau.
navire-citerne n. m. *Des navires-citernes.*
navire-hôpital n. m. *Des navires-hôpitaux.*
navire-jumeau n. m. *Des navires-jumeaux.*
navire-mère n. m. *Des navires-mères.*
navire-usine n. m. *Des navires-usines.*
navisphère [-sfèr] n. f.
navrance n. f.
navrant, e adj. et n. m. *Le navrant de l'affaire.*
navrement n. m.
navrer v. t.
nazaréen, enne [-ré-in, -ré-èn'] adj. *L'école nazaréenne.* ♦ N. *Les Nazaréens* (de Nazareth). *Le Nazaréen* (le Christ).
nazca adj. et n. inv. en genre.
naze → nase.
nazi, e adj. et n. *Les nazis; la doctrine nazie.*
nazisme [-zis-] n. m.
*****N.B.** (*nota bene*) (lat.) loc. = notez bien.
N.B.C. sigle adj. = nucléaire, bactériologique, chimique (déf.).
N.D.L.R. sigle f. Note de la rédaction.
N'Dranghetta n. f. → mafia.
ne adv. de négation. *Il ne cesse d'aboyer.* Cet adverbe s'emploie surtout avec les verbes *cesser, oser, pouvoir, savoir.* ♦ Élément de loc. adv. de négation ou de restriction. *Ils ne demandent rien. Elle ne porte que du noir.* Étant signe essentiel de la négation, ce mot ne doit pas être oublié après *on* ou *en. On avait faim. On n'avait pas faim. En n'en voulant pas. On en a assez. On n'en a rien à faire.* → on C et tableaux ADVERBES H, I, p. 874; VERBES XIV, p. 981.

■ « *Ne* » *explétif* : ce mot sans rôle grammatical subsiste par tradition alors que la logique demande sa disparition. On le trouve :

1° après les verbes exprimant la crainte, le doute, la négation : *appréhender, avoir peur, craindre, désespérer, douter, empêcher, éviter, garder, méconnaître, mettre en doute, nier, prendre garde, redouter, trembler;*

2° après les expressions : *avant que, sans que, de crainte que, de peur que, à moins que, il s'en faut que, peu s'en faut que...;*

3° après les locutions comparatives : *plus que, moins que, autre que, autrement que, meilleur que, mieux que, pire que...*

On redoute qu'il ne soit mort. Ils plus grands que je ne le pensais. Ce *ne* n'étant pas négation, il en résulte que la tournure « Je crains qu'il ne vienne » signifie le contraire de « Je crains qu'il ne vienne pas ». Alors que « Je n'ose » (où *n'* est négation) a le même sens que « Je n'ose pas ».

On peut souvent supprimer le *ne* explétif sans inconvénient. *Elle arrivera ce soir à moins qu'elle (ne) soit retenue.*

Ce « ne » devient même quelquefois un parasite à éliminer. Ce serait une faute de le mettre à la place de la barre oblique dans les phrases suivantes : *Pas de télévision avant que tu / aies fini tes devoirs. Les mêmes erreurs sont dénoncées sans qu'aucun remède / y soit apporté.*

né, née adj. *Elle est née à Sézanne. La comtesse de Ségur, née Rostopchine* (son nom de jeune fille). Ce mot se joint par un trait d'union à certains noms qu'il qualifie. *Un artiste-né; un mathématicien-né; un danseuse-née; un sous-off-né; des musiciens-nés. Un enfant mort-né, premier-né, dernier-né, nouveau-né, aveugle-né.* Pour *mort-né* et *nouveau-né*, le premier mot est invariable. *Des enfants mort-nés; des nouveau-nés; des filles nouveau-nées, mort-nées.* Dans les autres noms composés, les deux mots sont variables. *Les pre-*

miers-nés; les dernières-nées. ♦ HOM. → nez.
néandertalien, enne n. m. et adj.
néanmoins adv.
néant n. m.
néanthropien, enne n. m. et adj.
néantisation n. f.
néantiser v. t.
*****near collision** = quasi-collision (déf.).
*****nearly parabolic orbit** = orbite quasi parabolique (spat.).
*****near miss** = quasi-collision (déf.).
*****near range** = portée proximale (spat.).
néarthrose n. f.
nebka n. f.
nébuleuse n. f.
nébuleusement adv.
nébuleux, euse adj.
nébulisation n. f.
nébuliser v. t.
nébuliseur n. m.
nébulosité n. f.
nécessaire adj. et n. m.
nécessairement adv.
nécessitant, e adj.
nécessité n. f.
nécessiter v. t.
nécessiteux, euse adj. et n.
neck n. m.
*****nec plus ultra** (lat.) loc. = rien au-delà. S'emploie surtout comme nom masculin singulier au sens de « ce qu'il y a de mieux ».
nécrobie n. f.
nécrologe n. m.
nécrologie n. f.
nécrologique adj.
nécrologue n.
nécromancie n. f.
nécromancien, enne n.
nécromant n. m.
nécrophage adj. et n.
nécrophile adj.
nécrophilie n. f.
nécrophore n. m.
nécropole n. f.
nécropsie n. f.
nécrosant, e adj.
nécrose n. f.
nécroser v. t.
nécrotique adj.
nécrozoospermie n. f.
nectaire n. m. (glande de fleur).

nectar n. m.
nectarifère adj.
nectarine n. f.
necton n. m.
néerlandais, e adj. *Une ville néerlandaise.* ♦ N. *Les Néerlandais* (des Pays-Bas ou Néerlande); *le néerlandais* (langue).
néerlandophone n. et adj.
nef n. f.
néfaste adj.
nèfle n. f.
néflier n. m.
négateur, trice adj. et n.
négatif, ive adj. *Un résultat négatif.* ♦ N. m. *Le photographe range le négatif.* ♦ N. f. *Répondre par la négative.*
négation n. f. →ne, on C et tableaux ADVERBES I, p. 874; VERBES XIV, p. 981; XVI, p. 984.
négationniste adj. et n.
négativement adv.
*****negative split** = décéléré (sport).
négativisme [-is-] n. m.
négativité n. f.
négaton n. m.
négatoscope n. m.
négligé, e adj. et n. m.
négligeable adj.
négligemment [-jaman] adv.
négligence n. f.
négligent, e adj. et n. ♦ HOM. négligeant (partic. prés. du v.). ♦ Homographe hétérophone : ils *négligent*.
négliger v. t. *Il négligeait.* Conjug. 3.
négoce n. m.
négociabilité n. f.
négociable adj.
négociant, e n. *Un négociant en vins.*
négociateur, trice n.
négociation n. f.
négocier v. t. Conjug. 17.
négondo → negundo.
nègre, négresse n. *Un Nègre, une Négresse.* Naguère, le nom s'écrivait couramment sans majuscule *(les nègres de la plantation).* Le nom étant aujourd'hui jugé péjoratif, on l'abandonne pour le nom *Noir. Un Noir, une Noire.* Pour éviter des équivoques, on conserve ce mot comme adjectif et dans des expressions comme : *couleur tête-de-nègre; cet écrivain a un nègre; parler petit-nègre. Travailler comme un nègre.* ♦ Adj. inv. en genre. *Un village nègre; des musiques nègres.*
négrier adj. et n. m.

négrille n. m.
négrillon, onne n.
négritude n. f.
négro n. m.
négro-africain, e adj. *Les langues négro--africaines.* ♦ N. *Des Négro-Africains* (Noirs d'Afrique).
négro-américain, e adj. *Un rythme négro-américain.* ♦ N. *Une Négro-Américaine* (Noire d'Amérique).
négroïde adj. et n.
negro spiritual [négrospirituol'] n. m. *Des negro spirituals.*
néguentropie n. f.
negundo [négondo] n. m. Quelquefois écrit NÉGONDO.
négus [-gus'] n. m.
neige n. f. *Des classes de neige. Les neiges éternelles. Des œufs à la neige.*
neigeoter v. imp.
neiger v. imp. *Il neigeait.* Conjug. 3.
neigeux, euse adj. On emploie le radical savant nivo- en association : *des périodes nivo-pluvieuses.*
nelumbo [nélon-] n. m. (lotus). Quelquefois écrit NÉLOMBO.
nem n. m. (petit pâté vietnamien).
némale n. m.
némalion n. m.
némathelminthe n. m.
nématique adj.
nématocère n. m.
nématocyste n. m.
nématode n. m.
néméens [-mé-in] adj. m. pl. *Les jeux Néméens* (célébrés à Némée).
némerte n. f.
néné n. m.
nénette n. f. *La nénette savait ce qu'elle voulait.* ♦ N. f. déposé inv. *Il astiquait sa voiture avec une Nénette.*
nénies n. f. pl. (chants funèbres).
nenni [néni] adv. ancien, pour « non ».
nénuphar n. m.
néo- (du grec *neos* = nouveau) Dans les composés, ce préfixe se soude au mot qui suit *(néonazi)*, sauf si celui-ci commence par une voyelle ou un h muet *(néo-impressionnisme)*. Il est relié par un trait d'union dans les composés relatifs à un lieu commençant par *Nouveau-* ou *Nouvelle-* (*néo-zélandais*).
néoblaste n. m.
néo-calédonien, enne adj. *Un indigène néo-calédonien.* ♦ N. *Des Néo-Calédoniens* (de Nouvelle-Calédonie).

néocanal n. m. Des néocanaux.
néocapitalisme [-is-] n. m.
néocapitaliste n.
néoceltique adj.
**neochannel = néocanal (spat.).
néoclassicisme [-is-] n. m.
néoclassique adj.
néocolonialisme [-is-] n. m.
néocolonialiste n.
néocomien, enne n. m. et adj.
néocortex n. m.
néodarwinisme [-win'-is-] n. m.
néodyme n. m.
néoformation n. f.
néoformé, e adj.
néogène n. m. et adj.
néoglucogenèse n. f.
néogothique adj. et n.
néogrammairien, enne adj. et n.
néographe n. (partisan d'une nouvelle écriture).
néogrec, néogrecque adj.
néo-hébridais, e adj. *Un oiseau néo--hébridais.* ♦ N. *Une Néo-Hébridaise* (des Nouvelles-Hébrides).
néo-impressionnisme [-is-] n. m.
néo-impressionniste adj. et n. *Des néo--impressionnistes.*
néo-indien, enne adj.
néokantisme [-is-] n. m.
néolibéralisme [-is-] n. m.
néolithique n. m. et adj.
néolithisation n. f.
néolocal, ale, aux adj.
néologie n. f.
néologique adj.
néologisme [-is-] n. m.
néoménie n. f.
néomercantilisme [-is-] n. m.
néomortalité n. f.
néomycine n. f.
néon n. m.
néonatal, ale, als adj.
néonatalogie n. f.
néonazi, e adj. et n.
néonazisme [-is-] n. m.
néonyme n. m.
néophyte n.
néopilina n. m.
néoplasie n. f.
néoplasique adj.
néoplasme n. m.

néoplasticisme [-is-] n. m.
néoplatonicien, enne n. et adj.
néoplatonisme [-is-] n. m.
néopositivisme [-is-] n. m.
néopositiviste n. et adj.
Néoprène n. m. déposé inv.
néoprotectionnisme [-is-] n. m.
néoracisme [-is-] n. m.
néoréalisme [-is-] n. m.
néoréaliste adj. et n.
néorégional, ale, aux adj.
*****neo-regional architecture** = architecture néorégionale (urb.).
néoromantisme [-is-] n. m.
néotectonique n. f.
néotène n. m.
néoténie n. f.
néothomisme [-is-] n. m.
néottie n. f.
néovitalisme [-is-] n. m.
néo-zélandais, e adj. *Les exportations néo-zélandaises.* ♦ N. *Un Néo-Zélandais* (de la Nouvelle-Zélande).
néozoïque n. m. et adj.
népalais, e adj. *Un guide népalais.* ♦ N. *Un Népalais* (du Népal).
nèpe n. f.
népenthès [-pin-tès'] n. m.
néper [-pèr'] n. m. (rapport de deux puissances). ♦ HOM. le mathématicien *Neper* (ou Napier).
népérien, enne adj.
*****nepeta** (lat.) ou **népète** n. f. (plante).
néphélémétrie n. f.
néphéline n. f.
néphélion n. m.
néphrectomie n. f.
néphrétique adj.
néphridie n. f.
néphrite n. f. → névrite.
néphroblastome n. m.
néphrologie n. f.
néphrologue n.
néphron [-fron] n. m.
néphropathie n. f.
néphropexie [-fropèksi] n. f.
néphrose n. f. → névrose.
néphrotique adj.
népotisme [-is-] n. m.
neptunium [-nyom'] n. m. *Des neptuniums.*
néré n. m.
néréide n. f.
néréis [-is'] n. m.

nerf [nèr'] n. m. *Être à bout de nerfs; attaque, crise, paquet de nerfs; mal aux nerfs; guerre des nerfs; une viande pleine de nerfs; avoir ses nerfs; avoir du nerf; un nerf de bœuf; un faux nerf.*
néritique adj.
néroli n. m.
néronien, enne adj.
nerprun n. m.
nervation n. f.
nerveusement adv.
nerveux, euse adj.
nervi n. m.
nervin, e adj.
nervosisme [-is-] n. m.
nervosité n. f.
nervure n. f.
nervurer v. t.
Nescafé n. m. déposé inv.
n'est-ce pas? loc. adv. interrog.
Nestlé n. m. déposé inv.
nestorianisme [-is-] n. m.
nestorien, enne n. et adj.
net, nette adj. *Une cassure nette; des prix nets; des poids nets; somme nette d'impôts; en avoir le cœur net; clair et net; tout net.* ♦ N. *Mettez cela au net.* ♦ Adv. *Elles s'arrêtent net; ils doivent parler net; dix mille francs net; dix kilos net.*
*****net** = filet (sport).
*****netlist** = liste d'interconnexions (électron.).
netsuke [-ké] n. m.
nettement adv.
netteté n. f.
*****netting** = compensation monétaire de groupe ou CMG (écon.).
nettoiement n. m.
nettoyage n. m.
nettoyant n. m.
nettoyer v. t. Conjug. 6.
nettoyeur, euse n.
*****network** = réseau; réseau de télévision.
*****Netzsonde** (all.) n. m. = sondeur de filet (mer).
Neuchâtel (ville suisse). *Le lac de Neuchâtel.* ♦ Ne pas confondre avec *Neufchâtel-en-Bray* (Seine-Maritime).
neuchâteloise n. f. (horloge).
neuf adj. numér. *La preuve par neuf. Les 9 chaises. Page 9; Charles IX, Charles neuf.* ♦ N. *Le neuf de trèfle. Le Neuf Thermidor, le 9 Thermidor. L'Europe des Neuf.* ♦ Qu'il soit adjectif, pronom ou nom, ce mot est toujours invariable. ♦ HOM. un livre *neuf* (qui n'a pas servi).

neuf, neuve adj. *Portefeuille tout neuf; voitures neuves. Ils font peau neuve. Le Pont-Neuf* (Paris). ♦ Adv. *Des souliers flambant neuf.* Cette tournure permet aussi l'emploi de l'adjectif. *Des villas flambant neuf/neuves.* ♦ N. *Il vend du neuf et de l'occasion; réparer à neuf; vêtements remis à neuf; ils sont habillés de neuf.* ♦ HOM. → nœuf.

neufchâtel [neuchatèl'] n. m. (fromage de Neufchâtel-en-Bray). → Neuchâtel.

neuf-huit n. m. inv. (mesure musicale).

neume n. m.

neural, ale, aux adj.

neuralthérapie n. f.

neurasthénie n. f.

neurasthénique adj.

neurinome n. m.

neuro- → tableau PRÉFIXES C, p. 942.

neurobiochimie n. f.

neurobiochimique adj.

neurobiologie n. f.

neurobiologique adj.

neuroblaste n. m.

neurochimie n. f.

neurochimique adj.

neurochirurgical, ale, aux adj.

neurochirurgie n. f.

neurochirurgien, enne n.

neurodépresseur n. m.

neuroendocrinien, enne adj.

neuroendocrinologie n. f.

neuroépithéliome n. m.

neurofibromatose n. f.

neurohormone n. f.

neuroleptique adj. et n. m.

neurolinguistique n. f.

neurologie n. f.

neurologique adj.

neurologiste n.

neurologue n.

neuromédiateur n. m.

neuromimétique adj.

neuromusculaire adj.

neuronal, ale, aux adj.

neurone n. m.

neuronique adj.

neuropathie n. f.

neuropathologie n. f.

neuropeptide n. m. LEXIQUE : bêta endorphine, carnosine, leu-encéphaline, met--encéphaline, ocytocine, vasopressine.

neurophysiologie n. f.

neurophysiologique adj.

neuroplégique adj. et n. m.

neuropsychiatre n.

neuropsychiatrie n. f.

neuropsychologie n. f.

neuropsychologue n.

neuroradiologie n. f.

neurosciences n. f. pl.

neurosécrétion [-sé-] n. f.

neurosensoriel, elle adj.

neurothérapie n. f.

neurotomie → névrotomie.

neurotoxine n. f.

neurotoxique n. m. et adj.

neurotransmetteur n. m.

neurotransmission n. f.

neurotrope adj.

neurotropisme [-is-] n. m.

neurovégétatif, ive adj.

neurula n. f.

neutralisant, e adj.

neutralisation n. f.

neutraliser v. t.

neutraliseur n. m.

neutralisme [-is-] n. m.

neutraliste adj. et n.

neutralité n. f.

neutre adj. et n.
■ *Le genre neutre* passe presque inaperçu en français parce qu'il est assimilé au masculin singulier pour les accords. Il se manifeste par des termes variés. *On discute. Cela tiendra. Voilà qui est rassurant. Le plus solide serait le béton. C'est ce que tu dis. J'ai vu quelque chose de beau. J'y pense. Réaliser est difficile. Je le conçois. Personne* (pronom indéfini) *ne proteste.*

neutrino n. m.

neutrographie n. f.

neutron n. m.

*neutron burst = bouffée de neutrons, salve de neutrons (nucl.).

*neutron graphy = neutronographie (nucl.).

neutronique adj. et n. f.

neutronographie n. f.

neutronothérapie n. f.

*neutron radiography = neutronographie (nucl.).

*neutron therapy = neutronothérapie (nucl.).

neutropénie n. f.

neutrophile adj. et n.

neuvain n. m.

neuvaine n. f.

neuvième adj., n. ou pron. → cinquième.

neuvièmement adv.

*****ne varietur** (lat.) loc. adj. ou adv. = définitif, qui ne doit changer en rien. *Des éditions « ne varietur ». Authentifier « ne varietur » un contrat.*

névé n. m.

neveu n. m. *Des neveux.*

névralgie n. f.

névralgique adj.

névraxe n. m.

névrilème n. m.

névrite n. f. (lésion des nerfs). ♦ Ne pas confondre avec *néphrite* (maladie du rein ; sorte de jade).

névritique adj.

névrodermite n. f.

névroglie n. f.

névropathe adj. et n.

névropathie n. f.

névroptère n. m.

névrose n. f. (troubles nerveux). ♦ Ne pas confondre avec *néphrose* (affection du rein).

névrosé, e adj. et n.

névrotique adj.

névrotomie ou **neurotomie** n. f.

*****new** [nyou] adj. = nouveau, nouvelle. Cet adjectif est très employé dans les noms géographiques. Il s'écrit, dans les noms anglais, sans trait d'union. *New York* [nyou-york' ou nou-york'] ; *New Orleans ; New Hampshire ; New Delhi ; New Haven* (É.-U.), *Newhaven* (Angleterre). Mais les mots français qui en dérivent se conforment à nos habitudes. *Un New-Yorkais ; le métro new-yorkais ; La Nouvelle-Orléans.*

New Age n. m. (courant religieux).

*****new deal** = nouvelle donne.

*****new-look** n. m. et adj. = nouvel aspect, style nouveau. *Des new-looks.*

*****new money** = crédit de restructuration (écon.).

*****news** = informations.

*****newsletter** = lettre ou bulletin d'information(s).

*****newsmagazine** = magazine, hebdomadaire. Quelquefois abrégé en *****NEWS.

newton [nyouton'] n. m. (unité de mesure : *3 newtons* ou *3 N*). ♦ HOM. sir Isaac Newton.

newtonien, enne [nyouto-] adj.

newton-mètre [nyouton'm-] n. m. (unité de mesure : *3 newtons-mètres* ou *3 N.m*).

New York, new-yorkais, *e* → new.

nez [né] n. m. *Il leur riait au nez ; se trouver nez à nez.* ♦ HOM. il est *né* (v. naître).

ni adv. de négation ou conj. *Il revient sans fruits ni légumes. Il ne le voit ni ne l'entend. Ni chaud ni froid.* Une virgule précède le second « ni » quand deux ou plusieurs mots le séparent du premier. *Ni les vacances dans les Pyrénées, ni le voyage en Tunisie ne l'avaient dégagé de sa tristesse.* Ne pas confondre l'écriture de ce mot avec *n'y* (qui peut être remplacé par *ne*). *Nous n'y comprenons rien* (ne comprenons rien à cela). ♦ Accord de l'adjectif après *ni* → tableau ADJECTIFS I, A, 5°, a, p. 861. ♦ Accord du participe passé après *ni* → tableau PARTICIPE PASSÉ III, F, 9°, p. 924. ♦ Accord du verbe après *ni* → tableau VERBES XVII, C, 3°, p. 986. ♦ HOM. → nid.

niable adj.

niais, e adj. et n.

niaisement adv.

niaiser v. int.

niaiserie n. f.

niais*eux, euse* adj. et n.

niaouli n. m.

niaule → gnole.

nib adv. (en argot : rien).

nicaraguay*en, enne* [-gwayin, -yèn'] adj. et n. (du Nicaragua).

niche n. f.

nichée n. f.

nicher v. int et t.

nichet n. m. (œuf artificiel).

nichoir n. m.

nichon n. m.

Nichrome [-krom'] n. m. déposé inv.

*****nick** = coupure simple brin, coupure haplotonique, cassure d'un brin, césure (génét.).

nickel n. m. et adj. inv.

nickelage n. m.

nickeler v. t. *Il nickelle.* Conjug. 13.

nickélifère adj.

*****nick translation** = translation de brèche, de cassure, de césure, de coupure (génét.).

*****nick translation labelling** = marquage par translation de coupure (génét.).

nicodème n. m. (vieillard borné). ♦ HOM. *Nicodème* (prénom).

niçois, e adj. et n. (de Nice).

nicol n. m. (cristal de spath). ♦ HOM. *Nicole* (prénom).

Nicolaier (bacille de) loc. m.

nicolaïsme [-is-] n. m.
nicolaïte n. et adj.
Nicolas-Favre (maladie de) loc. f.
nicotine n. f.
nicotinique adj.
nicotinisme [-is-] n. m. Quelquefois nommé NICOTISME.
nictation n. f. Quelquefois nommée NICTITATION.
nictitant, e adj.
nid [ni] n. m. Ce mot a un complément au singulier pour les oiseaux (*un nid de mésange, de pie, d'hirondelle...*) et autrement un complément au pluriel (*un nid de brigands, d'épinoches, de guêpes, de mitrailleuses, de rats...*). Les noms composés commençant par *nid* (et désignant autre chose que des nids) ont des traits d'union : *nid-d'oiseau* (orchidée), *nid-de-pie* (retranchement, observatoire), *nid-de-pigeon* (excavation), etc. Pour ces noms, le pluriel se marque par un *s* au premier mot (*des nids-de-pie*). ♦ HOM. *ni* (conj.), il *nie* (v.).
nidation n. f.
nid-d'abeilles n. m. (broderie). *Des nids-d'abeilles*.
nid-de-pie n. m. *Des nids-de-pie*.
nid-de-poule n. m. *Des nids-de-poule*.
nidification n. f.
nidifier v. int. Conjug. 17.
niébé n. m.
nièce n. f.
niellage n. m.
nielle n. m. (ornement d'orfèvrerie). ♦ N. f. (maladie ; plante).
nieller v. t.
nielleur, euse n.
niellure n. f.
n-ième → énième.
nier v. t. Conjug. 17.
nietzschéen, enne [nitché-in, -èn'] adj. (qui se rapporte au philosophe Nietzsche).
nife n. m.
nigaud, e adj. et n.
nigauderie n. f.
nigelle n. f.
nigérian, e adj. *Une tribu nigériane.* ♦ N. *Un Nigérian* (du Nigeria).
nigérien, enne adj. *Une case nigérienne.* ♦ N. *Un Nigérien* (du Niger).
nigéro-congolais adj. *Des langues nigéro-congolaises*.
*****night-club** n. m. = cabaret, boîte de nuit. *Des night-clubs*.

nigritique adj.
nihilisme [-is-] n. m.
nihiliste adj. et n.
Nikkei (indice) loc. m. → indice.
nil n. m. (jet d'eau ; monnaie). ♦ Adj. inv. *Des tissus nil.* ♦ HOM. → nille.
nilgaut n. m.
nille n. f. (poignée libre d'une manivelle). ♦ HOM. *Nil* (fleuve), *nil* (jet d'eau ; monnaie), les *nilles* (articulations des doigts).
nilles n. f. pl. ♦ HOM. → nille.
nilomètre ou **niloscope** n. m.
nilotique adj.
nimbe n. m.
nimber v. t.
nimbostratus n. m. inv.
nimbus n. m.
nîmois, e adj. et n. (de Nîmes).
n'importe... → importe.
ninas n. m.
niobium [-byom'] n. m. *Des niobiums*.
niobotantalate n. m.
niolo n. m.
nipper v. t.
nippes n. f. pl. Rare au singulier.
nippon, one ou **onne** adj. *Le commerce nippon.* ♦ N. *Les Nippons* (les Japonais).
nippophobie n. f.
nique n. f.
niquer v. t. et int.
nirvana n. m.
*****nitchevo!** (russe) = qu'importe ! (exclamation de fatalité).
nitinol n. m. (alliage à mémoire).
nitouche n. f. *C'est une sainte-nitouche ; des saintes-nitouches.* ♦ Adj. *Un air sainte-nitouche*.
nitratation n. f.
nitrate n. m.
nitrate-fuel [-fyoul'] n. m. *Des nitrates-fuels*.
nitrater v. t.
nitration n. f.
nitre n. m.
nitré, e adj.
nitrer v. t.
nitreux, euse adj.
nitrière n. f.
nitrifiant, e adj.
nitrification n. f.
nitrifier v. t. Conjug. 17.
nitrile n. m.
nitrique adj.
nitrite n. m.

nitro- → tableau PRÉFIXES C, p. 942.
nitrobacter [-baktèr'] n. m.
nitrobactérie n. f.
nitrobenzène [-bin-] n. m.
nitrocellulose n. f.
nitrogénase n. f.
nitrogène n. m.
nitroglycérine n. f.
nitrosamine n. f.
nitrosation n. f.
nitrosé, e adj.
nitrosobactérie n. f.
nitrosomonas [-nas'] n. m.
nitrosyle n. m.
nitruration n. f.
nitrure n. m.
nitruré, e adj.
nitrurer v. t.
nitryle n. m.
nival, ale, aux adj. (de la neige).
nivéal, ale, aux adj. (qui vit dans la neige).
niveau n. m. *Des niveaux. Ils sont de niveau.* ♦ HOM. *nivaux* (adj.).
nivelage n. m.
niveler v. t. *Il nivelle.* Conjug. 13.
nivelette n. f.
niveleur, euse adj. et n. *Les niveleurs* (adversaires de Cromwell).
nivelle n. f.
nivellement n. m.
nivéole n. f.
nivernais, e adj. *Des bœufs nivernais.* ♦ N. *Une Nivernaise* (de Nevers ou du Nivernais); *le Nivernais* (région).
nivo-glaciaire adj. *Des déchets nivo-glaciaires.*
nivologie n. f.
nivologue n.
nivo-pluvial, ale, aux adj. *Des régimes nivo-pluviaux.*
nivôse n. m. sing.
nixe n. f.
nizam [-zam'] n. m.
nizeré n. m.
*****n-loop reactor** = réacteur à *n* boucles (nucl.).
nô n. m. (drame lyrique japonais).
Nobel (prix) loc. m. *Il y a cinq prix Nobel annuels :* physique, chimie, médecine-physiologie, littérature et paix.
nobélisable adj.
nobélium [-lyom'] n. m. *Des nobéliums.*
*****nobile** (ital.) adj. = noble.

nobiliaire adj. et n. m.
nobilissime adj. et n. m.
noblaillon → nobliau.
noble adj. et n.
noblement adv.
noblesse n. f. *La noblesse d'épée et la noblesse de robe.* → titre.
nobliau ou **noblaillon** n. m. *Des nobliaux.*
noce n. f. Ce mot se met au pluriel quand il s'agit du mariage. *Les habits de noces; en secondes noces; nuit de noces; voyage de noces; noces d'or; convoler en justes noces.* Il se met au singulier s'il s'agit de la fête, de l'ensemble des invités ou de débauche. *Repas de noce; la noce défile; des nuits de noce.*
noceur, euse n.
nocher n. m. *Le nocher des Enfers* (Charon).
nocif, ive adj.
nocivité n. f.
*****no comment** = sans commentaire.
*****no contest** = sans décision (sport).
noctambule adj. et n.
noctambulisme [-is-] n. m.
noctiluque n. f.
noctuelle n. f. (papillon).
noctuidé n. m.
noctule n. f. (chauve-souris).
nocturne adj. *Du tapage nocturne.* ♦ N. m. (office; tableau; morceau de musique). *Un nocturne de Chopin.* ♦ N. f. (manifestation de nuit). *Match en nocturne. La nocturne d'un magasin.*
nocuité n. f.
nodal, ale, aux adj. *Des points nodaux.*
*****nodes** = nœuds (spat.).
nodosité n. f.
nodulaire adj.
nodule n. m.
noduleux, euse adj.
Noé n. m. *L'arche de Noé. Les trois fils de Noé furent :* Sem, Cham et Japhet.
noël n. m. Ne s'écrit avec une minuscule que pour désigner un chant rituel. *Chanter de beaux noëls. Un arbre de Noël; le Père Noël. Nous avons eu un beau Noël.* Ce mot peut devenir féminin par ellipse. *Venez à la Noël* (à la fête de Noël).
noème n. m.
noèse n. f.
noétique adj.
nœud n. m. *Un nœud de ficelle. Ligne de nœuds; sac de nœuds. Ce bateau file 12 nœuds; nœuds de Keith et Flack.*

*no fault = hors faute (écon.).

noir, e adj. *Noir comme jais; noir de jais. La nuit est toute noire. La mer Noire; la Forêt-Noire; la Montagne Noire.* ♦ Adj. inv. *Une chevelure noir corbeau.* ♦ N. m. *Broyer du noir. Ce sont des noirs différents. Du noir de fumée.* ♦ N. f. *En musique, une ronde vaut quatre noires.* ♦ N. *Un Noir, une Noire* (personnes de race noire). ♦ Adv. *Ils peignent trop noir.* → tableau COULEURS, p. 884.

noirâtre adj.

noiraud, e adj. et n.

noirceur n. f.

noircir v. t. du 2ᵉ gr. Conjug. 24.

noircissement n. m.

noircisseur, euse n. et adj.

noircissure n. f.

noise n. f. *Il cherche des noises au voisin. Ils nous cherchent noise.*

noiseraie n. f.

*noise reducer = réducteur de bruit (aud.).

noisetier n. m.

noisette n. f. et adj. inv. *Des yeux noisette.*

noix n. f. *Des noix d'arec, d'argan, de coco, de cajou, de cola, de muscade. Des noix pâtissière; des noix de veau; écaler des noix; des casse-noix.* ♦ HOM. il se *noie* (v.).

*nolens, volens (lat.) loc. = ne voulant pas, voulant; bon gré, mal gré.

*noli me tangere (lat.) loc. = ne me touchez pas.

noli-me-tangere [-métanjéré] n. m. inv. (balsamine; lésion de la peau).

nolis [-li] n. m.

nolisé, e adj. *Un vol nolisé.* ♦ N. *Le charter est un nolisé.*

nolisement n. m.

noliser v. t.

nom n. m. *Appeler les choses par leur nom; des noms de personnes, de rivières, de villes...; des noms d'emprunt; nom patronymique ou nom de famille. Indiquez vos nom, prénom et qualité. Des crimes sans nom. Au nom de la loi.* ♦ HOM. *non* (négation).

nomade adj. et n.

nomadiser v. int.

nomadisme [-is-] n. m.

*no man's land n. m. = territoire sans propriétaire.

nombrable adj.

nombre n. m. *Le nombre de clients. Des réclamations sans nombre. Des envois en nombre; faire nombre; compter au nombre de ses amis. Le livre des Nombres* (du Pentateuque). *Le nombre d'or. Le nombre d'Avogadro. Nombre quantique.* ♦ Adj. indéf. *Nombre de moutons périrent. Depuis nombre d'années.* ♦ Pron. indéf. *Nombre ne revinrent pas.* ♦ → tableau en annexe p. 909. *Nombre grammatical* → tableau ADJECTIFS I, A, 3°, 5°, 7°, p. 860 sqq. et PLURIEL, p. 934 sqq.

nombrer v. t.

nombreux, euse adj.

nombril [-bri *ou* -bril] n. m.

nombrilisme [-is-] n. m.

nome n. m. (district grec). ♦ HOM. il se *nomme* (v.)

nomenclateur, trice adj. et n.

nomenclature n. f.

*nomenklatura (russe) n. f. = privilégiature, notables, classe dirigeante.

nominal, ale, aux adj.

nonimalement adv.

nominalisation n. f.

nominaliser v. t.

nominalisme [-is-] n. m.

nominaliste adj. et n.

nominatif, ive adj. et n. m.

nomination n. f.

nominativement adv.

*nominee = mandataire (écon.); sélectionné, choisi.

nominer v. t. (calque de l'anglais). *Sélectionner* est préférable.

nommable adj.

nommé, e adj.

nommément adv.

nommer v. t.

nomogramme n. m. (graphique chiffré). ♦ Ne pas confondre avec *monogramme* (initiales assemblées).

nomographie n. f.

nomologie n. f.

nomothète n. m.

non adv. *Il m'a dit : non. Non moins que; non pas que.* Élément préfixal, *non* peut s'associer avec trait d'union à un autre terme *(la non-intervention, une fin de non-recevoir, non-viable).* Cet emploi, largement utilisé, est sans limite *(un non-musulman, des non-nobles, les non-contagieux).* Les anciens mots *nonchalant, nonobstant, nonpareil* sont soudés.

→ tableau VERBES XVII, C, 5°, p. 986. *Non compris* → comprendre. ♦ N. m. inv. *Il y eut 37 oui et 23 non. Des non catégoriques.* ♦ HOM. *nom* (substantif).

■ **Non-** Dans les adjectifs et noms commençant par *non-*, cet élément est toujours invariable : *des non-belligérants, des nations non-belligérantes.* Les mots commençant par *non-* suivi d'une voyelle se prononcent [non'-] : *non--accompli* [non'akonpli].

non-accompli, e adj. et n. m.
non-activité n. f.
***non aedificandi** (lat.) = inconstructible. → zone.
nonagénaire adj. et n.
non-agression n. f.
non-aligné, e adj. et n.
non-alignement n. m.
***non altius tollendi** (lat.) → zone.
nonantaine n. f.
nonante adj. numér. → tableau ADJECTIFS II, C, 6°, f, p. 869.
nonantième adj. numér. ord. et n.
non-appartenance n. f.
non-assistance n. f.
non-belligérance n. f.
non-belligérant, e n. et adj.
nonce n. m.
nonchalamment adv.
nonchalance n. f.
nonchalant, e adj. et n.
nonchaloir n. m.
nonciature n. f.
***non coding sequence** = séquence non codante (génét.).
non-combattant, e adj. et n.
non-comparant, e n.
non-comparution n. f.
non-conciliation n. f.
non-concurrence n. f.
non-conformisme [-is-] n. m.
non-conformiste n. et adj.
non-conformité n. f.
non-contagieux, euse adj. et n.
non-contradiction n. f.
non-croyant, e adj. et n.
non-cumul n. m.
non-dénonciation n. f.
non-directif, ive adj.
non-directivisme [-is-] n. m.
non-directivité n. f.
non-discrimination n. f.
non-dit n. m.
non-droit n. m.

none n. f. ♦ HOM. → nonne.
non-engagé, e n. et adj.
non-engagement n. m.
nones [non'] n. f. pl. ♦ HOM. → nonne.
non-être n. m. inv.
non-euclidien, enne adj.
non-évènement ou **non-événement** n. m.
non-évènementiel, elle ou **non-événementiel, elle** adj.
non-exécution n. f.
non-existence n. f.
non-figuratif, ive n. et adj.
non-figuration n. f.
non-fumeur, euse n. et adj.
non-gage n. m.
non-gouvernemental, ale, aux adj.
nonidi n. m.
***nonies** (lat.) = neuvième fois.
nonillion [-nilyon] n. m. → tableau NOMBRES IV, p. 911.
non-ingérence n. f.
non-initié, e adj. et n.
non-inscrit, e adj. et n.
non-intervention n. f.
non-interventionniste n. et adj.
non-jouissance n. f.
non-lieu n. m.
non-linéaire adj.
***non liquet** (lat.) = cela n'est pas clair.
non-marchand, e adj.
non-métal n. m. *Des non-métaux.*
non-moi n. m. inv.
nonnat n. m.
nonne n. f. (religieuse). ♦ HOM. *none* (prière), les *nones* (cinquième ou septième jour du mois chez les Romains).
nonnette n. f.
***nono** (lat.) adv. (abrév. : 9°) = neuvièmement.
non-observation n. f. *Des non-observations.*
nonobstant, e adj. (n'empêchant pas). *Il démarra, les coups de sifflet nonobstants.* Cet emploi est ancien; on ne trouve plus guère ce mot que sous sa forme invariable. ♦ Adv. (néanmoins). *Entendant les coups de sifflet, il s'en alla nonobstant.* ♦ Prép. (sans égard pour, malgré). *Elle partit, nonobstant les coups de sifflet de l'agent.*
non-paiement n. m. *Des non-paiements.*
nonpareil, eille adj. *Des splendeurs nonpareilles.*
***non possumus** (lat.) loc. = nous ne pouvons. S'emploie aussi comme nom.

Opposer un « non possumus » (refus catégorique).
non-prolifération n. f. *Des non-proliférations.*
non-recevoir n. m. inv. *Des fins de non-recevoir.*
***non repetitive D.N.A.** = A.D.N. non répétitif (génét.).
non-représentation n. f.
non-résident n. m.
non-respect n. m.
non-retour n. m.
non-salarié, e n. et adj.
non-sens n. m. inv.
***nonsense mutation** = mutation non-sens (génét.).
***nonsense triplet** = codon non-sens, codon d'arrêt, codon de terminaison, triplet non-sens (génét.).
non-soi n. m. inv.
non-spécialiste adj. et n.
***non-stop** adj. inv. (sans escale, ininterrompu, continu, permanent). *Des spectacles non-stop.* ♦ Adv. (d'une traite, d'affilée, sans interruption, sans arrêt).
***non such index** (N.S.I.) = indice inaffecté (spat.).
non-tissé n. m. *Des non-tissés.* ♦ Adj. *Des structures non-tissées.*
***non troppo** (ital.) = pas trop, sans exagérer le mouvement. *Allegro non troppo.*
nonuple adj. et n. m.
nonupler v. t.
non-usage n. m.
non-valeur n. f.
non-viabilité n. f.
non-viable adj.
non-violence n. f.
non-violent, e n. et adj.
non-voyant, e n.
***non-wage labour costs** = coûts salariaux indirects (écon.).
noosphère n. f.
nopal n. m. *Des nopals.*
noradrénaline n. f.
noradrénergique adj.
noramidopyrine n. f.
nord n. m.
nord-africain, e [nora-] adj. *Ils sont nord-africains.* ♦ N. *Ce sont des Nord-Africains.*
nord-américain, e [nora-] adj. *Une tribu nord-américaine.* ♦ N. *Des Nord-Américains.*
nord-coréen, enne [-ré-in, ré-èn'] adj. *Les frontières nord-coréennes.* ♦ N. *Une Nord-Coréenne.*

nord-est [norèsť ou nordèsť] n. m.
nordestin, e adj.
nordet n. m. (vent). Quelquefois écrit NORDÉ.
nordicité n. f.
nordique adj. et n.
nordir v. int. du 2ᵉ gr. Conjug. 24.
nordiste n. et adj.
nord-nord-est n. m. Abrév. : *N.-N.-E.*
nord-nord-ouest n. m. Abrév. : *N.-N.-O.*
nord-ouest n. m.
nord-vietnamien, enne adj. *Des soldats nord-vietnamiens.* ♦ N. *Un Nord-Vietnamien.*
noria n. f.
normal, ale, aux adj. et n. f.
normalement adv.
normalien, enne n.
normalisateur, trice adj. et n.
normalisation n. f.
normalisé, e adj.
normaliser v. t.
normalité n. f.
***normalized difference vegetation index** (NDVI) = indice d'activité végétale normalisé (spat.).
normand, e adj. *Une ferme normande.* ♦ N. *Une réponse de Normand.*
normatif, ive adj.
normativité n. f.
norme n. f.
normé, e adj.
normographe n. m.
noroit ou **norois** [-rwa] n. m. (vent marin du nord-ouest). ♦ HOM. le *norrois* (ancienne langue scandinave).
norrois n. m. ♦ HOM. → noroît.
***Northern blotting** = transfert de Northern, technique de Northern, Northern (génét.).
norvégien, enne adj. *Les fjords norvégiens.* ♦ N. *Les Norvégiens* (de Norvège); *le norvégien* (langue); *une norvégienne* (bateau).
nos adj. poss. pl. *Ce sont nos affaires.*
No-Sag n. m. déposé inv.
***nose cone** = coiffe, pointe de fusée-sonde (spat.).
***nose in positioning** = positionnement avant (transp.).
nosémose n. f.
***nose out positioning** = positionnement arrière (transp.).

*no show = défection; défaillant (n.).
*no smoking = ne pas fumer.
nosocomial, ale, aux adj.
nosoconiose n. f.
nosographie n. f.
nosologie n. f.
nosophobie n. f.
nosseigneurs → monseigneur.
nostalgie n. f.
nostalgique adj.
nostoc n. m.
nostras [-tras'] adj. m. *Un choléra nostras.*
nota n. m. inv. *Des nota.* On dit aussi *des nota bene.*
*nota bene (lat.) loc. = notez bien. Abrév.: *N.B.*
notabilité n. f.
notable adj. (digne d'être noté). ♦ Ne pas confondre avec *notoire* (connu de tous, important). ♦ N. m. *Une assemblée de notables.*
notablement adv.
notaire n. m.
notairesse n. f.
notamment adv.
notarial, ale, aux adj.
notariat [-rya] n. m.
notarié, e adj.
notateur, trice n.
notation n. f.
*notch = entaille de bord d'attaque (déf.).
*notchback = tricorps (transp.).
note n. f. *Des notes de service. L'orateur parlait sans notes. Prenez tous note.* → appel de note. ♦ *Notes de musique.* Dans un texte en romain, le ton d'un morceau cité sera en italique (et inversement). La sonate en *fa. Ils jouèrent le concerto en* la *mineur.* Les noms de notes sont invariables. *N'oubliez pas les* fa *dièse.*
*notebook computer = ordinateur bloc-notes.
*notepad computer = ardoise électronique.
noter v. t.
nothofagus [-us'] n. m.
notice n. f.
notificatif, ive adj.
notification n. f.
notifier v. t. Conjug. 17.
notion n. f. ♦ Homographes hétérophones: des *notions* de chimie [-syon]; nous *notions* [-tyon] (v. noter).
notionnel, elle [no-syo-] adj.
notochorde [-kor-] n. f.

notoire adj. → notable.
notoirement adv.
notonecte n. f.
notoriété n. f.
notre adj. poss. *C'est notre rue.* → nôtre.
nôtre adj., pron. ou n. → mien. On écrit *notre* (sans accent) devant un nom *(notre fille, nos enfants).* Notre peut être remplacé par *mon/ma.* On écrit *nôtre* (avec accent) dans les autres cas. *Ceci est nôtre. C'est la nôtre. Les nôtres sont plus petits.*
Notre-Dame n. f. (la Vierge; l'église qui lui est consacrée). Abrév.: *N.-D. Notre-Dame de Bon-Secours, de la Miséricorde, des Sept-Douleurs, de Sion...; Notre-Dame auxiliatrice; Notre-Dame de Paris* (cathédrale et roman); *sanctuaire Notre-Dame-de-la-Garde; église Notre-Dame-des-Victoires; commune de Notre-Dame-de-Monts;* ordres de *Notre-Dame-de-Bourbon, de Notre-Dame-de-Guadalupe, de Notre-Dame-de-Mont-Carmel. Notre-Dame de Thermidor* (Mme Tallien).
Notre-Seigneur n. m. Les chrétiens disent *Notre-Seigneur* (abrév.: *N.-S.),* en parlant du Christ. Mais les serfs, parlant du noble, disaient: *C'est notre seigneur.*
notule n. f.
nouage n. m.
nouaison n. f.
nouba n. f.
noue n. f. ♦ HOM. → nous.
noué, e adj.
nouement n. m.
nouer v. t. Conjug. 19.
nouet n. m.
noueux, euse adj.
nougat [-ga] n. m.
nougatine n. f.
nouille n. f. → pâtes.
noulet n. m.
nouménal, ale, aux adj.
noumène n. m.
nounou n. f. *Des nounous.*
nounours [-ours'] n. m.
nourrain n. m.
nourri, e adj.
nourrice n. f. *Des enfants en nourrice.*
nourricerie n. f.
nourricier, ère adj.
nourrir v. t. du 2e gr. Conjug. 24.
nourrissage n. m.
nourrissant, e adj.
nourrisseur, euse n.

nourrisson n. m.

nourriture n. f.

nous pron. pers., pl. ou sing. Pour l'accord, attention au voisinage : *Nous verrons* (*nous* est sujet). *Ils nous verront ; ils nous feront du tort* (*nous* n'est pas le sujet). ♦ HOM. *noue* (terrain humide ; rigole ; angle rentrant), il *noue* (v.).

nouure [nou-ur] n. f. → -ure.

nouveau ou **nouvel**, **nouvelle** adj. *Un nouveau venu, des nouveaux venus. Nouveau* devient *nouvel* devant un nom commençant par une voyelle ou un *h* muet, même dans un cas de ce genre : *un nouvel et terrible accident ; un nouvel élève, de nouveaux élèves. La nouvelle lune ; le nouvel an ; le Nouveau Testament. Nouveau* est adverbe signifiant *nouvellement* dans : *un nouveau-né* (voir plus bas). C'est un adjectif dans : *nouveau venu, des nouveaux mariés, des nouveaux arrivants ; ce sont les nouvelles mariées.* ♦ Les noms géographiques commençant par *Nouveau* ou *Nouvelle* ont (sauf *Nouveau Monde*) un trait d'union. *Le Nouveau-Mexique ; la Nouvelle-Guinée ; la Nouvelle-Calédonie ; La Nouvelle-Orléans.* Les adjectifs correspondants se forment avec *néo-* (*néo-zélandais, néo-calédonien...*). → new. ♦ N. m. *Y a-t-il du nouveau ?* ♦ N. f. *Connaissez-vous la nouvelle ? Donner des nouvelles.* ♦ N. *Il y a deux nouveaux dans la classe ; la nouvelle est très timide.* ♦ Élément de loc. adv. *Étudiez cela à nouveau. Ils sont de nouveau malades.*

nouveau-né, e n. *Un nouveau-né, une nouveau-née ; des nouveau-nés, des nouveau-nées.* ♦ Adj. S'écrit de la même manière. *Des enfants nouveau-nés.*

nouveauté n. f.

nouvelle → nouveau.

nouvellement adv.

nouvelliste n.

nova n. f. *Des novae.*

nova*teur*, *trice* adj. et n.

novation n. f.

novatoire adj.

novelette n. f.

novélisation n. f.

novelle n. f.

novembre n. m. S'écrit normalement sans majuscule. *Sa fête est le 30 novembre.* Majuscule pour désigner l'armistice de 1918 ou sa commémoration. *Les troupes vont défiler pour le 11 Novembre.*

nover v. t.

novice n. et adj.

noviciat [-sya] n. m.

Novopan n. m. déposé inv.

novotique n. f.

noyade [nwa-yad] n. f.

noyale [nwa-yal] n. f. (toile à voile).

noyau [nwa-yo] n. m. *Des noyaux. Des fruits à noyau. Eau (ou crème) de noyau. Des noyaux de pêche(s) ; des noyaux de fonderie, de condensation.*

noyautage [nwa-yo-] n. m.

noyauter [nwa-yoté] v. t.

noyauteur [nwa-yoteur'] n. m.

noyé, e [nwa-yé] adj. et n. ♦ HOM. → noyer.

noyer [nwa-yé] v. t. Conjug. 6. ♦ HOM. → noyer.

noyer n. m. (arbre). *Des meubles en noyer.* ♦ Adj. inv. *Des teintures noyer.* ♦ HOM. *noyer* (v.), un *noyé*.

*****nozzle** = tuyère (spat.).

*****nozzle swivelling** = braquage de tuyère (spat.).

*****n-space indices** = espace indiciel, espace des indices (spat.).

nu n. m. → grec. ♦ HOM. → nu.

nu, e adj. *C'est visible à l'œil nu. Aller nu-tête, nu-pieds, nu-jambes. Aller pieds nus, tête nue, jambes nues. On les a vus à nu. Un va-nu-pieds* (inv.). ♦ N. m. *Il ne peint que des nus. Il faut couvrir le nu de ce mur.* ♦ HOM. *nu* (lettre grecque), *nue* (nuage).

nuage n. m. *Un ciel sans nuages. Un bonheur sans nuage. Nuage de poussière, de sauterelles.* Principaux types de nuages : cirrus, cumulus, nimbus, stratus, altocumulus, altostratus. *Hybrides* : cirrocumulus, cirronimbus, cirrostratus, cumulonimbus, cumulostratus, nimbostratus, stratocumulus.

nuag*eux*, *euse* adj.

nuaison n. f.

nuance n. f.

nuancer v. t. *Nous nuançons.* Conjug. 2.

nuancier n. m.

nubi*en*, *enne* adj. et n. (de Nubie).

nubile adj.

nubilité n. f.

nubuck n. m. (cuir poncé).

nuc*al*, *ale*, *aux* adj.

nucellaire adj.

nucelle n. m.

nucléaire adj. et n. m. *Physique nucléaire.*
*nuclear burn up ou *burn up = combustion (nucl.).
*nuclear fuel = combustible nucléaire.
nucléarisation n. f.
nucléariser v. t.
nucléariste n.
*nuclear reactor = réacteur nucléaire.
*nuclear steam supply system (N.S.S.S.) = chaudière nucléaire, chaufferie nucléaire embarquée.
*nuclear winter = hiver nucléaire (déf.).
nucléase n. f.
*nuclease footprinting = empreinte à la nucléase (génét.).
*nucleate boiling = ébullition nucléée.
nucléé, e adj.
*nucleic acid denaturation = dénaturation d'acide nucléique (génét.).
*nucleic acid hybridization = hybridation d'acide nucléique (génét.).
*nucleic probe = sonde nucléique (génét.).
nucléide n. m.
nucléique adj.
nucléocapside n. f.
nucléociate n. m.
nucléole n. m.
nucléon n. m.
nucléonique adj.
nucléophile adj. et n. m.
nucléoprotéide n. m.
nucléoprotéine n. f.
nucléoside n. m.
nucléosome n. m.
nucléosynthèse [-sin-] n. f.
nucléotide n. m.
*nucleus (lat.) = noyau; roche dure. *Le nucleus pulposus est au centre des disques intervertébraux.* Le mot est quelquefois francisé en NUCLÉUS [nukléus'].
nuclide n. m.
nudibranche n. m.
nudisme [-is-] n. m.
nudiste adj. et n.
nudité n. f.
nue n. f. *Porter aux nues.* ♦ HOM. → nu.
nué, e adj.
nuée n. f.
nuement → nûment.
nue-propriété n. f. *Des nues-propriétés.*
nuer v. t. Conjug. 18.
nuire v. t. ind. Conjug. 37, mais le participe passé est *nui.* ♦ V. pr. *Ils se sont nui.*

nuisance n. f.
nuisette n. f.
nuisibilité n. f.
nuisible adj.
nuisiblement adv.
nuit n. f. *Nuit et jour; de nuit.* ♦ HOM. il *nuit* (v. nuire), *Nuits* (ville).
nuitamment adv.
nuitard, e n.
nuitée n. f.
nuiteux, euse n.
nul, nulle adj. qualif., après un nom. *Cette gamine est nulle.* ♦ Adj. indéf., avant le nom. *Nul homme ne doit sortir.* ♦ Pron. indéf. *Nul ne me contredira. Nul n'est prophète en son pays.*
nullard, e adj. et n.
nullement adv.
nullipare n. f. et adj. f.
nullité n. f.
nûment ou **nuement** adv.
numéraire n. m. et adj.
numéral, ale, aux adj. → tableaux ADJECTIFS II, C, p. 866 et ADVERBES K, p. 874.
numérateur n. m. → tableau NOMBRES III, C, p. 911.
numération n. f. → tableau NOMBRES I, IV, p. 909 sqq.
*numeric ou *numerical = numérique (inf.).
numérique adj.
numériquement adv.
numérisation n. f.
numériser v. t.
numériseur n. m.
numéro n. m. En abrégé, s'écrit *n°* dans le corps d'une phrase et *N°* en début de phrase ou d'expression. S'il s'agit de plusieurs numéros, on écrit *n°s* ou *N°s*. *Je voudrais les circulaires n°s 17 et 18. Auriez-vous trois n° 2?* (trois aiguilles n° 2). On le voit quelquefois écrit, à l'imitation d'autres pays : *n.* ou *N.* suivi d'un nombre. Ne doit pas être abrégé s'il n'est pas suivi d'un chiffre *(un remarquable numéro de cirque)*; ne devrait pas l'être s'il est employé comme nom *(le numéro 5 est déchiré; il habite au numéro 43).*
numérologie n. f.
numérologue n.
numéroscope n. m.
numérotage n. m.
numérotation n. f.
numéroté, e adj.
numéroter v. t.
numéroteur n. m.

***numerus clausus** (lat.) loc. m. = nombre arrêté, limité.
numide adj. *La cavalerie numide.* ♦ N. *Les Numides* (Berbères de Numidie).
numismate n.
numismatique adj. et n. f.
nummulaire n. f.
nummulite n. f.
nummulitique adj. et n. m.
nunatak n. m.
nunchaku [noun'chakou] n. m. (arme).
nunuche adj.
nuoc-mâm n. m. inv.
nu-pieds n. m. inv. (chaussure).
nu-propriétaire n. et adj. *Une nue-propriétaire. Des nu(e)s-propriétaires.*
nuptial, ale, aux adj.
nuptialité n. f.
nuque n. f.
nuraghe [nouraghé] n. m. *Des nuraghi* ou *des nuraghes.*
nuragique adj.
nursage n. m.
nurse [neurs] n. f.
nurserie n. f.
***nursery** = pièce des enfants; nurserie; nourricerie. Pl. angl.: *nurseries*; pl. fr.: *nurserys.*

***nursing** = nursage, soins infirmiers, maternage (méd.).
nutation n. f.
nutricier, ère adj.
nutriment n. m.
nutritif, ive adj.
nutrition n. f. *La malnutrition.*
nutritionnel, elle adj.
nutritionniste n.
nyctaginacée n. f.
nyctalope adj. et n.
nyctalopie n. f.
nycthéméral, ale, aux adj.
nycthémère n. m.
nycturie n. f.
Nylon n. m. déposé inv.
nymphal, ale, aux adj.
nymphe n. f.
nymphéa n. m.
nymphéacée n. f.
nymphée n. m.
nymphette n. f.
nymphomane adj.; n. f.
nymphomanie n. f.
nymphose n. f.
nystagmologie n. f.
nystagmus [-us'] n. m.
nystatine n. f.

O

o n. m. inv. ♦ **O :** Symbole de l'*ouest* et de l'*oxygène*.

O' (irlandais) particule = fils de. *William O'Brien.*

Ô interj. S'emploie devant un nom (quelquefois précédé d'un adjectif) ou un pronom. *Ô temps! ô mœurs! Ô rage, ô désespoir! Ô cruel destin! Ô toi qui pars...! Ne vois-tu pas, ô malheureux, que tu risques ta tête?* S'emploie aussi dans l'expression adverbiale *ô combien. Elle était triste, ô combien! Pour arrêter cette scène ô combien bouleversante!* Cette interjection peut ne pas être suivie d'un point d'exclamation. *Souvenez-vous, ô victimes, de ce que furent leurs cruautés.* ♦ HOM. → au.

oaristys [oaristis'] n. f.

oasien, enne adj. et n.

oasis n. f. *Une verte oasis.*

obédience n. f.

obédiencier n. m.

obédientiel, elle adj.

obéir v. int. et t. du 2ᵉ gr. Conjug. 24.

obéissance n. f.

obéissant, e adj.

obel ou **obèle** n. m.

obélion n. m.

obélisque n. m. *Cet obélisque est monolithe.*

obérer v. t. *Il obère, nous obérons, il obérera(it).* Conjug. 10.

obèse adj. et n.

obésité n. f.

obi n. f. (ceinture).

obier n. m. (arbrisseau boule-de-neige). ♦ HOM. *aubier* (partie jeune du bois dans un arbre).

obit [-bit'] n. m. (service religieux).

obituaire adj. et n. m.

objectal, ale, aux adj.

objecter v. t.

objecteur n. m. *Des objecteurs de conscience.*

objectif, ive adj. et n. m.

object in space = objet spatial.

objection n. f. ♦ Homographes hétérophones : des *objections* [-syon]; nous *objections* [-tyon] (v. objecter).

objectivation n. f.

objectivement adv.

objectiver v. t.

objectivisme [-is-] n. m.

objectiviste adj. et n.

objectivité n. f.

object-oriented language = langage à objets (inf.).

object-oriented programming = programmation par objets (inf.).

objet n. m.

objurgation n. f.

oblat, e n. → religieux.

oblatif, ive adj.

oblation n. f.

oblativité n. f.

obligataire n.

obligation n. f.

obligations-rating = estimation des obligations qui ont le plus de chance.

obligatoire adj.

obligatoirement adv.

*obligatory architecture = architecture obligatoire (urb.).

obligé, e adj. et n.

obligeamment adv.

obligeance n. f.

obligeant, e adj.

obliger v. t. *Nous obligeons.* Conjug. 3. *Elle les a obligés à partir.*

oblique adj. *Une démarche oblique.* ♦ N. m. *Ce muscle est le grand oblique.* ♦ N. f. *Une oblique par rapport au plan.*

obliquement adv.

obliquer v. int.

obliquité [-kuité] n. f.

oblitéra*teur, trice* adj. et n.m.

oblitération n. f.

oblitérer v. t. *J'oblitère, nous oblitérons, j'oblitérerai(s).* Conjug. 10.

oblong, ongue [-blon, -ong] adj. *Une enveloppe oblongue.*

obnubilation n. f.

obnubilé, e adj.

obnubiler v. t.

obole n. f.

obombrer v. t.

obscène adj.

obscénité n. f.

obscur, e adj.

obscurantisme [-is-] n. m.

obscurantiste adj. et n.

obscurcir v. t. du 2ᵉ gr. Conjug. 24.

obscurcissement n. m.

obscurément adv.

obscurité n. f.

obsécration [obsé-] n. f.

obsédant, e adj.

obsédé, e adj. et n.

obséder v. t. *Il obsède, il obsédait, il obsédera(it).* Conjug. 10.

obsèques n. f. pl.

obséquieusement adv.

obséqui*eux, euse* adj.

obséquiosité n. f.

observable adj.

observance n. f.

observa*teur, trice* n.

observation n. f.

observationn*el, elle* adj.

observatoire n. m. *L'observatoire de Paris* (abs. : *l'Observatoire*); *l'observatoire de Meudon, du Mont-Wilson.*

observer v. t.

obsess*if, ive* adj.

obsession n. f.

obsessionn*el, elle* adj.

obsidienne n. f.

obsidion*al, ale, aux* adj.

obsolescence n. f.

obsolescent, e adj.

obsolète adj.

*obsolete industrial zone = friche industrielle (urb.).

obstacle n. m. *Une course d'obstacles; saut d'obstacles. Faire obstacle; un effet d'obstacle.*

obstétric*al, ale, aux* adj.

obstétrici*en, enne* n.

obstétrique n. f.

obstination n. f.

obstiné, e adj. et n.

obstinément adv.

obstiner (s') v. pr. *Elles se sont obstinées.*

obstruc*tif, ive* adj.

obstruction n. f.

obstructionnisme [-is-] n. m.

obstructionniste adj. et n.

obstruer v. t. Conjug. 18.

obtempérer v. t. ind. *Il obtempère, il obtempéra, il obtempérera(it).* Conjug. 10.

obtenir v. t. Conjug. 76.

obtention n. f.

obtura*teur, trice* adj. et n. m.

obturation n. f.

obturer v. t.

obtus, e [-tu, -tuz] adj.

obtusangle adj.

obtusion n. f.

obus [-bu] n. m.

obusier n. m.

obvenir v. int. Conjug. 76.

obvers, e n.

obvie adj.

obvier v. t. ind. Conjug. 17.

oc adv. *La langue d'oc.*

ocarina n. m.

occase n. f.

occasion n. f. *En toute occasion; des voitures d'occasion; le marché d'occasions.*

occasionnalisme [-is-] n. m.

occasionn*el, elle* adj.

occasionnellement adv.

occasionner v. t.

occident [oksidan] n. m. *L'empire d'Occident; l'Église d'Occident* (ou *Église romaine*). ♦ HOM. *oxydant* (v.).

occident*al, ale, aux* [oksi-] adj. *Les nations occidentales.* ♦ N. *Un Occidental* (d'un pays d'Occident).

occidentalisation [oksi-] n. f.
occidentaliser [oksi-] v. t.
occidentaliste [oksi-] n. et adj.
occipit*al*, *ale*, *aux* [oksi-] adj. et n. m.
occiput [oksiput'] n. m.
occire [oksir] v. t. Ne s'emploie plus qu'à l'infinitif, au participe passé *(occis, occise)* et aux temps composés.
occitan, e [oksi-] adj. et n. m.
occitanisme [oksi-] n. m.
occitaniste [oksi-] n. et adj.
occlure v. t. Conjug. 36, mais le participe passé est *occlus*.
occlus*if*, *ive* adj.
occlusion n. f.
occultant, e adj.
occultation n. f. → auscultation.
occulte adj.
occulter v. t.
occultisme [-is-] n. m.
occultiste adj. et n.
occupant, e adj. et n. *Des occupants de bonne foi.*
occupation n. f. *Les quatre années d'occupation allemande* (abs. : *pendant l'Occupation*); *être sans occupation; le plan d'occupation des sols* (P.O.S.).
occupationn*el*, *elle* adj.
occupé, e adj.
occuper v. t.
occurrence n. f.
occurrent, e adj.
O.C.D.E. sigle f. Organisation de coopération et de développement économiques.
océan n. m. *L'océan Atlantique* (abs. : *l'Océan*); *l'océan Arctique; l'océan Glacial arctique; l'océan Indien; l'océan Glacial antarctique; l'océan Pacifique. L'île Océan* (dans le Pacifique).
océanaute n.
océane adj. f. *Les étendues océanes. Le Havre, porte océane.*
océanide n. f.
océanien, enne adj. *Les étendues océaniennes.* ♦ N. *Un Océanien* (de l'Océanie).
océanique adj. (de l'océan en général).
océanographe n.
océanographie n. f.
océanographique adj.
océanologie n. f.
océanologique adj.
océanologue n.
ocelle n. m.
ocellé, e adj.

ocelot [oslo] n. m. ♦ HOM. *Oslo* (capitale de la Norvège).
ochratoxine [okra-] n. f.
ocre n. f. *Des ocres diversement teintées.* ♦ Adj. inv. *Des murs ocre.*
ocrer v. t.
ocr*eux*, *euse* adj.
octaèdre n. m. et adj.
octaédrique adj.
oct*al*, *ale*, *aux* adj.
octane n. m. *Des indices d'octane.*
octant [-tan] n. m.
octantaine n. f.
octante adj. numér. → tableau ADJECTIFS II, C, 6°, p. 869.
octantième adj.
octastyle adj.
octave n. f. ♦ HOM. *Octave* (prénom).
octavier v. int. Conjug. 17.
octavin n. m.
octet n. m. (ensemble de 8 éléments binaires ou bits). Les capacités des mémoires d'ordinateurs sont telles que l'on parle de *kilooctets (ko)* et de *mégaoctets (Mo)*.
octidi n. m.
*****octies** (lat.) adv. = huitième fois.
octillion [oktilyon] n. m. → tableau NOMBRES IV, p. 911.
octobre n. m. S'écrit sans majuscule.
octocoralliaire n. m.
octogénaire adj. et n.
octogon*al*, *ale*, *aux* adj.
octogone n. m. et adj.
octopode adj. et n. m.
octostyle adj.
octosyllabe [-si-] adj. et n. m.
octosyllabique [-si-] adj.
octroi n. m. ♦ HOM. *il octroie* (v.).
octroyer v. t. Conjug. 6.
octuor n. m.
octuple adj. et n. m.
octupler v. t.
oculaire adj. et n. m.
oculariste n.
oculi n. m.
oculiste n. et adj.
oculogyre adj.
oculomot*eur*, *trice* adj.
oculus [-lus'] n. m.
ocytocine n. f.
ocytocique adj. et n. m.
odalisque n. f.
ode n. f.
odelette n. f.

odéon n. m. *Athènes possédait un bel odéon. Le Théâtre national de l'Odéon à Paris* (abs. : *l'Odéon*).

odeur n. f.

odieusement adv.

odieux, **euse** adj.

odomètre n. m.

odonate n. m.

odontalgie n. f.

odontalgique adj.

odontocète n. m.

odontoïde adj.

odontologie n. f.

odontologiste n. m.

odontomètre n. m.

odontostomatologie n. f.

odorant, e adj.

odorat [-ra] n. m.

odoriférant, e adj.

odyssée n. f. *Sa vie fut une odyssée. C'est à Homère que nous devons l'Odyssée.*

œ Lettre double dont le nom est « o-e liés » (et non « e dans l'o »). On sépare en deux lettres dans l'écriture des mots latins, mais le français conserve cette lettre qui se prononce [é] (*œcuménique, œnologue, œsophage, fœtus, œdème*) ou [eu] (*œillet, œrsted, Kœnig*). La majuscule est double, même manuscrite (*Œdipe*). Les noms *coefficient, coexistence, incoercible, moelle, Goebbels, Goethe, Goering, Koestler* n'ont pas cette lettre double.

O.E.C.E. sigle f. Organisation européenne de coopération économique.

œcuménicité [éku-] n. f.

œcuménique [éku-] adj.

œcuménisme [éku-is-] n. m.

œcuméniste [éku-] adj. et n.

œdémateux, **euse** [édé-] adj.

œdème [édèm'] n. m. *L'œdème de Quincke.*

œdicnème [édik-] n. m.

œdipe [édip] n. m. *Le complexe d'Œdipe* ou *l'œdipe.*

œdipien, **enne** [é-] adj.

œdométrique [é-] adj.

œil n. m. *Des yeux. Être tout yeux, tout oreilles; des clins d'œil; au doigt et à l'œil; bon pied, bon œil; des coups d'œil; n'avoir d'yeux que pour; dessiller les yeux; faire de l'œil; peinture en trompe l'œil; un trompe-l'œil; du tape-à-l'œil. Ils entrent à l'œil; avoir l'œil sur quelqu'un; avoir les yeux sur son ouvrage. Entre quat'z-yeux.* ♦ Normalement, le pluriel est *yeux* (*les yeux du bouillon*), mais il est *œils* dans les noms composés avec traits d'union (*des œils-de-chat*) et dans le langage marin (*des œils*, pour désigner des boucles de cordage, des trous pour laisser passer l'eau, des directions du vent).

œil-de-bœuf n. m. (fenêtre ronde). *Des œils-de-bœuf. Le salon de l'Œil-de-Bœuf* (à Versailles).

œil-de-chat n. m. (pierre). *Des œils-de-chat.*

œil d'écrevisse loc. m. (terme de pharmacie). *Des yeux d'écrevisse.*

œil-de-dieu n. m. (plante). *Des œils-de-Dieu.*

œil-de-paon n. m. (marbre). *Des œils-de-paon.*

œil-de-perdrix n. m. (affection du pied; broderie). *Des œils-de-perdrix.* ♦ Adj. inv. *Un vin œil-de-perdrix* (blanc légèrement teinté de rouge).

œil-de-pie n. m. (trou dans une voile). *Des œils-de-pie.*

œil-de-serpent n. m. (gemme de bague). *Des œils-de-serpent.*

œil-de-tigre n. m. (quartz). *Des œils-de-tigre.*

œillade n. f.

œillard n. m.

œillère n. f.

œillet n. m. *Des œillets d'Inde.*

œilleton n. m.

œilletonnage n. m.

œilletonner v. t.

œillette n. f.

œkoumène [ék-] → écoumène.

œnanthe [é-] n. f.

œnanthique [énan-] adj.

œnilisme [é-ni-] n. m.

œnocyanine [éno-sya-] n. f.

œnoline [éno-] n. f.

œnolique [éno-] adj.

œnolisme [éno-] n. m.

œnologie [éno-] n. f.

œnologique [éno-] adj.

œnologue [éno-] n.

œnométrie [éno-] n. f.

œnométrique [éno-] adj.

œnothèque [éno-] n. f.

œnothéracée [éno-] → onagracée.

œnothère [éno-] n. m. Quelquefois écrit OENOTHERA.

œrsted [eurstèd'] n. m. (unité de mesure : *3 œrsteds* ou *3 Œ*).

œrstite [eur-] n. f.

œsophage [ézo-] n. m.
œsophagien, enne [ézo-] adj.
œsophagique [ézo-] adj.
œsophagite [ézo-] n. f.
œsophagoscope [ézofa-] n. m.
œstradiol [ès-] n. m.
œstral, ale, aux [ès-] adj.
œstre [ès-] n. m.
œstrogène [ès-] adj. et n. m. Quelquefois écrit ESTROGÈNE.
œstrone [ès-] n. f.
œstroprogestatif, ive [ès-] adj.
œstrus [èstrus] n. m.
œuf [euf] n. m. Des œufs [eû]. Des blancs d'œufs; des jaunes d'œufs; des œufs à la coque; des œufs mollets; des œufs en meurette. ♦ HOM. → eux.
œufrier n. m.
œuvé, e adj.
œuvre n. f. (travail, ouvrage). Un banc d'œuvre; des bancs d'œuvres; être en œuvre; faire œuvre de; mise/mettre en œuvre; les œuvres vives; exécuteur des hautes œuvres; le maître d'œuvre; des maîtres d'œuvre; un hors-d'œuvre (inv.); un chef-d'œuvre; la main-d'œuvre; œuvres de bienfaisance; œuvres pies; en sous-œuvre; à pied d'œuvre. Mesurer un bâtiment hors d'œuvre (loc. adj. inv.). ♦ N. m. (ensemble des ouvrages d'un artiste, d'un écrivain; terme de bâtiment et d'alchimie). L'œuvre gravé de Rembrandt. Les maçons ayant terminé le gros œuvre, d'autres corps de métiers vont entreprendre le second œuvre. L'alchimiste travaille au grand œuvre.
œuvrer v. int.
off- (Mots en) → af-/aff-.
*off = hors champ (des voix « off »); hors programme (pour un spectacle non prévu); parallèle, marginal. → *on/off.
offensant, e adj.
offense n. f.
offensé, e adj. et n.
offenser v. t.
offenseur n. m.
offensif, ive adj. et n. f.
offensivement adv.
offert, e adj.
offertoire n. m.
office adj. (tâche, fonction, assistance; cérémonie du culte; bureau). Les bons offices; matelots d'office; être commis d'office; un office religieux; désignés d'office; un office d'avoué. L'Office des changes; le Saint-Office; les Offices (palais de Florence). ♦ N. f. (partie réservée au service de la table). Une grande office près de la cuisine.
official n. m. Des officiaux.
officialisation n. f.
officialiser v. t.
officialité n. f.
officiant n. et adj. m.
officiel, elle adj. et n. m. (qui émane d'une autorité).
officiellement adv.
officier v. int. Conjug. 17.
officier n. m. Un officier marinier; un officier général; un officier supérieur; officier de l'état civil; officier d'ordonnance; officier de quart; grand officier de la Légion d'honneur; officier d'académie, de l'Instruction publique, du Mérite agricole; élève officier.
officière n. f. Ne s'emploie que dans les communautés religieuses et l'Armée du Salut.
officieusement adv.
officieux, euse adj. à titre privé.
officinal, ale, aux adj.
officine n. f.
*off-line = autonome, non connecté (inf.).
offrande n. f.
offrant n. et adj. m.
offre n. f. L'offre et la demande. Des offres d'emploi. Une offre publique d'achat (O.P.A.).
*off record = entre nous. → *off the record.
offreur, euse n.
offrir v. t. Conjug. 61. Elles ont offert des fleurs. La fleur qu'il a offerte. ♦ V. pr. Elles se sont offert des douceurs. La cravate que je me suis offerte.
*off-road = tout-terrain.
offset [-sèt] n. m. (procédé d'imprimerie). ♦ N. f. (machine). Invariable en apposition. Des gravures offset.
offsettiste n.
*off-shore = marin, en mer, au large. Quelquefois écrit OFFSHORE ou OFF SHORE. Des forages « off-shore ».
*off-shore (bank) = banque externe (écon.).
*off-shore place = place extraterritoriale (écon.).
*off-side = hors jeu (sport).
*off the record = hors enregistrement, à ne pas publier.
offusquer v. t.
oflag n. m.

ogham n. m.

oghamique adj.

ogival, ale, aux adj.

oh! interj. ♦ HOM. → au. ♦ Ponctuation après oh et ho :

1° *Oh! quel plaisir! Oh! que vous êtes cruel! Oh, oh! je ne m'attendais pas à ça! Oh! oui. Oh! là, là! Oh! lala! Oh! oh! et des ah! Oh! pitié!*

2° *Ho! là-bas! Ho! tu viens? Ho! pas possible! Des ho! et des ha! Holà! ho! Ho! du navire!*

ogive n. f. *Une croisée d'ogives. Une ogive nucléaire.*

ogre, ogresse n.

ohé! interj.

ohm n. m. (unité de mesure : *3 ohms* ou *3 Ω*). ♦ HOM. → homme.

ohmique adj.

ohmmètre n. m. (appareil de mesure).

ohm-mètre n. m. (unité de mesure : *3 ohms-mètres* ou *3 Ω*).

oïdie n. f.

oïdié, e adj.

oïdium [-dyom'] n. m. *Des oïdiums.*

oie n. f. *Jeu de l'oie; pas de l'oie. Les oies du Capitole.*

oignon [ognon] n. m. *En rang d'oignons; des vins pelure d'oignon.*

oignonade [o-gno-nad] n. f.

oignonage [ogno-] n. m.

oignonière [ogno-nyèr] n. f.

oïl adv. *La langue d'oïl.*

*oil bulk ore** (O.B.O.) = pétrolier-vraquier-minéralier (mer).

oille [oy] n. f.

*oil ore** (O.O.) = pétrolier-minéralier (mer).

oindre v. t. Conjug. 53.

oing [win] n. m. (graisse). ♦ HOM. *oint* (consacré), Saint-Ouen (ville).

oint, e adj. et n. *L'oint du Seigneur.* ♦ HOM. → oing.

oiseau n. m. *Des oiseaux. Des distances à vol d'oiseau. Des oiseaux de mauvais augure, de passage, de proie; le paradisier* (autrefois : *oiseau de paradis*); *l'Oiseau de Paradis* (constellation).

oiseau-lyre n. m. *Des oiseaux-lyres.*

oiseau-mouche n. m. *Des oiseaux-mouches.*

oiseau-tempête n. m. *Des oiseaux-tempête.*

oiseler v. t. et int. *Il oiselle.* Conjug. 13.

oiselet n. m.

oiseleur, euse n. (qui prend les oiseaux).

oiselier, ère n. (qui élève les oiseaux).

oiselle n. f.

oisellerie n. f.

oiseux, euse adj. (inutile).

oisif, ive adj. et n. (sans occupation).

oisillon n. m.

oisivement adv.

oisiveté n. f.

oison n. m.

O.I.T. sigle f. Organisation internationale du travail.

***O.K.** [oké] interj. = d'accord. ♦ Adj. *Tout est O.K.* ♦ HOM. → hoquet.

oka n. m. (fromage).

okapi n. m.

okoumé n. m.

olé! interj. Quelquefois écrit OLLÉ! → olé olé.

oléacée n. f.

oléagineux, euse adj. et n. m.

oléandomycine n. f.

oléastre n. m.

oléate n. m.

olécrane n. m.

oléfiant, e adj.

oléfine n. f.

oléicole adj.

oléiculteur, trice n.

oléiculture n. f.

oléifère adj.

oléifiant, e adj.

oléiforme adj.

oléine n. f.

oléique adj.

oléoduc n. m.

oléolat [-la] n. m.

olé olé adj. inv. *Ils sont olé olé.*

oléomètre n. m.

oléopneumatique adj.

oléoprise n. f.

oléoréseau n. m. *Des oléoréseaux.*

oléorésine n. f.

oléoserveur [-sèr-] n. m.

oléothérapie n. f.

oléum [-é-om'] n. m. *Des oléums.*

olfacométrie n. f.

olfactif, ive adj.

olfaction n. f.

oliban n. m. (encens).

olibrius [-us] n. m.

olifant [-fan] n. m. (cor). Quelquefois écrit OLIPHANT.

oligarchie n. f.
oligarchique adj.
oligarque n. m.
oligiste n. m. et adj.
oligocène n. m. et adj.
oligochète [-kèt] n. m.
oligoclase n. f.
oligodendroglie n. f.
oligoélément n. m.
oligomère n. m.
oligonucléotide n. m.
oligopeptide n. m.
oligophrène adj. et n.
oligophrénie n. f.
oligopole n. m.
oligopolistique adj.
oligopsone n. m.
oligosaccharide [-saka-] n. m.
oligosidérémie [-si-] n. f.
oligothérapie n. f.
oligozoospermie n. f.
oligurie n. f.
oligurique adj.
olim [-lim'] n. m. inv.
oliphant → olifant.
olivacé, e adj.
olivaie n. f.
olivaison n. f.
olivâtre adj.
olive n. f. et adj. inv.
oliveraie n. f.
olivet n. m. (fromage de la région d'*Olivet*).
olivétain, e n. et adj. (de la congrégation du Mont-Olivet). ♦ HOM. *olivétin* (du bourg d'Olivet).
olivette n. f.
olivier n. m. *Le mont des Oliviers*.
olivine n. f. et adj. inv.
ollaire adj.
ollé! → olé!
olographe adj. Quelquefois écrit HOLOGRAPHE. *Le testament olographe est entièrement de la main du testateur.*
olographique adj.
olorime ou **holorime** adj. Du grec *holos* : entier. Exemple de vers olorimes : *Gall, amant de la reine, alla, tour magnanime/Galamment de l'arène à la tour Magne à Nîmes* (Marc Monnier).
olympe n. m. (groupe de personnages importants délibérant ensemble). En poésie : le ciel. ♦ HOM. le mont *Olympe* (séjour des dieux); *Olympe* (prénom).
olympiade n. f. (espace de quatre ans). *Ce philosophe naquit dans la 3ᵉ année de la VIᵉ olympiade.*

olympien, enne adj. *Un regard olympien.* Spécialt : *Zeus olympien*.
olympique adj. *Les jeux Olympiques* (abs. : *les Jeux*); *les XXᵉˢ jeux Olympiques* (on peut aussi écrire « *Jeux olympiques* »); *des records olympiques*. *Les cinq anneaux olympiques sont* : bleu (Europe), jaune (Asie), noir (Afrique), rouge (Amérique) et vert (Océanie). → *citius.
olympisme [-is-] n. m.
omanais, e adj. et n. (du sultanat d'Oman).
ombellale n. f.
ombelle n. f.
ombellé, e adj.
ombellifère n. f.
ombelliforme adj.
ombellule n. f.
ombilic n. m.
ombilical, ale, aux adj.
ombiliqué adj.
omble n. m. (poisson). ♦ Ne pas confondre avec l'*ombre*, autre poisson.
ombrage n. m.
ombragé, e adj.
ombrager v. t. *Il ombrageait.* Conjug. 3.
ombrageux, euse adj. (qui a peur de son ombre, défiant). ♦ Ne pas confondre avec *ombreux* (qui donne de l'ombre).
ombre n. f. (interception de la lumière; terre brune). *Sous ombre de; ombre au flambeau; ombre au soleil; théâtre d'ombres. Terre d'ombre.* ♦ N. m. (poisson) → omble. ♦ HOM. *hombre* (jeu de cartes).
ombré, e adj. et n. f.
ombrelle n. f.
ombrer v. t.
ombre-radar n. f. *Des ombres-radar.*
ombrette n. f.
ombreux, euse adj. → ombrageux.
ombrien, enne adj. *Les peuples ombriens.* ♦ N. *Les Ombriens* (de l'Ombrie, en Italie); *l'ombrien* (dialecte).
ombrine n. f.
ombroscopie n. f.
***ombudsman** [om'budsman'] (suédois) n. m. = intercesseur, médiateur.
oméga n. m. → tableau LANGUES ÉTRANGÈRES, p. 897. *L'alpha et l'oméga.*
omelette n. f.
***omerta** (ital.) = loi du silence.
omettre v. t. Conjug. 56.
omicron n. m. → tableau LANGUES ÉTRANGÈRES, p. 897.
omis [-mi] n. m.

omission n. f.
ommatidie n. f.
omni- Préfixe qui se soude au mot qui suit à moins que ce dernier ne commence par une voyelle.
omnibus [-bus'] n. m. et adj. inv.
omnicolore adj.
omnidirectif, ive adj.
omnidirectionnel, elle adj.
omnipotence n. f.
omnipotent, e adj.
omnipraticien, enne adj. et n.
omniprésence n. f.
omniprésent, e adj.
omniscience n. f.
omniscient, e adj.
omnisports adj. inv. *Une association omnisports.*
omnium [-nyom'] n. m. *Des omniums.*
***omnium consensu** (lat.) loc. adv. = du consentement de tous.
omnivore adj. et n.
omophagie n. f.
omoplate n. f.
O.M.S. sigle f. Organisation mondiale de la santé.
***on** = sur → *on/off.
on pron. indéf.

■ A. — C'est le plus employé des pronoms indéfinis, quelquefois pour esquiver une précision. On pourrait l'assimiler à un pronom personnel. En principe, il commande des accords au masculin singulier *(on riait, il riait).* Mais il arrive que par familiarité un féminin ou un pluriel soient visés par le pronom *,on. Alors, on est heureuse d'être mère? On est tous égaux devant la loi. On a été bien accueillis.* Dans ce cas, l'adjectif, le participe passé s'accordent, mais le verbe reste au singulier. *On* sert aussi à éviter l'impératif. *On ne fume pas ici. On se calme!* → tableau PARTICIPE PASSÉ III, C, p. 919.

B. — Pour éviter l'hiatus ou le choc désagréable « qu'on », on glisse quelquefois un *l'* euphonique devant *on. Demandez et l'on vous servira. Dès que l'on est parti.* On ne le fait pas si la lettre *l* se trouve déjà après *on. Et on le rappelle. Dès qu'on lira.*

C. — Il ne faut jamais oublier que, si une négation avoisine *on,* la liaison risque de faire oublier *n' (on est sûr; on n'est jamais sûr).* La prononciation des deux premières syllabes est la même dans les deux expressions, mais l'écriture est différente. C'est la présence du deuxième élément de la négation *(jamais)* qui révèle la présence du premier *(n').*

D. — Ce mot a un homonyme : *ont* (du v. avoir). En cas de doute, il est possible de remplacer *on* par *l'homme,* de remplacer *ont* par *avaient. On paie les ouvriers qui ont travaillé. L'affaire dont on a parlé, dont on a parlé les journaux.*

onagracée ou **œnothéracée** [éno-] n. f.
onagre n. m. (plante; animal).
onanisme [-is-] n. m.
***on-board information** = information embarquée.
onc, onques ou **oncques** adv. (jamais).
once n. f. (unité de mesure; animal).
onchocercose [on-ko-] n. f.
oncial, ale, aux adj. et n. f.
oncle n. m.
oncogène adj. et n. m.
oncologie n. f.
oncologiste n.
oncologue n.
oncolyse n. f.
oncotique adj. Quelquefois écrit ONKOTIQUE.
oncques → onc.
onction [-syon] n. f.
onctueusement adv.
onctueux, euse adj.
onctuosité n. f.
ondansetron n. m.
ondatra n. m.
onde n. f. *Un train d'ondes; des longueurs d'onde; des ondes de choc; une onde pilote; les ondes Martenot.* Onde de Broglie, de Schrödinger.
ondé, e adj. et n. f.
ondemètre n. m.
ondin, e n. *Une ondine est une déesse des eaux.* ♦ Ne pas confondre avec *andin/andine* (de la cordillère des Andes).
ondinisme [-is-] n. m.
on-dit n. m. inv.
ondoiement n. m.
ondoyant, e adj.
ondoyer v. int. et t. Conjug. 6.
ondulant, e adj.
ondulation n. f.
ondulatoire adj.
ondulé, e adj.
onduler v. int. et t.
onduleur n. m.

onduleux, euse adj.

*****one box** = monocorps.

*****one-man show** n. m. = solo, spectacle solo, récital. *Des one-man shows.*

-oner/ -onner Les verbes finissant par *-onner* prennent deux *n*, sauf: *assoner, détoner* (exploser), *détrôner, dissoner, s'époumoner, prôner, ramoner, téléphoner, trôner. Le chanteur détonne* (change de ton).

onéreusement adv.

onéreux, euse adj.

*****one-shot** = coup sûr (commerce); coup unique (banque).

one-step [wan'stèp] n. m. *Des one-steps.*

*****one-woman show** n. m. = solo, récital. *Des one-woman shows.*

O.N.G. sigle f. Organisation non-gouvernementale.

ongle n. m. *Du vernis à ongles; bec et ongles; rubis sur l'ongle.*

onglé, e adj. et n. f.

onglet n. m. (bordure, entaille, portion). *Une boîte à onglets.* ♦ Ne pas confondre avec *anglet* (creux dans une maçonnerie).

onglette n. f.

onglier n. m.

onglon n. m.

onguent [ongan] n. m.

onguicule [onghui-] n. m.

onguiculé, e [onghui-] adj. et n. m.

onguiforme [onghui-] adj.

ongulé, e adj. et n. m.

onguligrade adj.

onguline n. f.

oniomanie n. f.

*****onion peeling method** = méthode de l'oignonage, oignonage (spat.).

onirique adj.

onirisme [-is-] n. m.

oniroïde adj.

onirologie n. f.

onirologue n.

oniromancie n. f.

oniromancien, enne adj. et n.

onirothérapie n. f.

onisciforme adj.

onkotique → oncotique.

*****onlay** = greffe apposée (méd.).

*****on line** = en ligne, connecté (inf.).

*****on line data service** = serveur (inf.).

*****on/off** = marche/arrêt; ouvert/fermé.

onomasiologie n. f.

onomastique n. f.

onomatopée n. f. On s'efforce de traduire par l'écriture les bruits de toute sorte, les cris d'animaux, et on le fait avec l'écriture la plus simple : *cocorico, crac, pan, patatras, pif, ronron*, etc. C'est là un domaine illimité de création. On peut remarquer que chaque langue a ses traductions : le canard français fait *coin-coin*; le canard allemand *gack-gack*, le canard catalan *mech-mech*. Les bandes dessinées sont prodigues d'onomatopées et tous les bruits y sont traduits par des mots inventés pour la circonstance : *bing! splatch! zroum! chfle! zim'zim'! rssss*, etc.

Il est des écritures d'onomatopées qui sont consacrées : *cahin-caha, coin-coin, teuf-teuf*, avec trait d'union; *coucou, glouglou, tic tac*, sans trait d'union. On écrira : *flic flac* ou *flic-flac, froufrou* ou *frou-frou, cot cot* ou *cot-cot*. On ne saurait, dans ce domaine spécial, imputer à faute une écriture avec ou sans trait d'union, soudée ou non. La seule règle est d'écrire le plus simplement possible, sans lettre superflue.

On peut rattacher aux onomatopées des mots qui obéissent à la même règle :

a) les noms hypocoristiques enfantins : *bobo, bonbon, caca, coco, dada, lolo, papa, pipi, tonton, toutou*, etc.;

b) les éléments utilisés dans des refrains simplets comme : *lonlère lonla, tra la la, tra déri déra, tontaine tonton, ran pa ta plan*, etc.

Les onomatopées ont fait naître des verbes spécialisés : *la vache meugle, le pigeon roucoule, les poules caquettent*, etc.

*****Onorata società** (ital.) = honorable société (la Mafia italienne).

onques → onc.

*****on shore** = continental, de terre ferme (contraire de *off shore).

*****on stream** = en service (pétr.).

ontique adj.

ontogenèse n. f.

ontogénétique adj.

ontogénie n. f.

ontologie n. f.

ontologique adj.

ontologiquement adv.

ontologisme [-is-] n. m.

O.N.U. [onu] sigle f. Organisation des Nations unies. En anglais : *U.N.O. (*United Nations Organization).

onusien, enne adj.
onychomycose [oniko-] n. f.
onychophage [-ko-] n. et adj.
onychophagie [-ko-] n. f.
onychophore [-ko-] n. m.
onychose [-koz] n. f.
onyx n. m.
onyxis [-is'] n. m.
onzain n. m. Pas d'élision ni de liaison devant ce mot. *Le onzain.*
onze adj. numér., pron. ou n., toujours inv. *Les onze assiettes. Page onze. Louis XI. 11 francs.* L'initiale est une lettre aspirée. *Le onze de l'équipe de France. Les onze* [lé-onz'] *sont partis. Il était près de onze heures et demie.* Exception : *un bouillon d'onze heures.*
onzième adj., n. ou pron. → cinquième. Le o initial est aspiré. *La onzième heure.*
onzièmement adv.
oocyte → ovocyte.
oogenèse n. f.
oogone n. f.
oolithe n. f. Quelquefois écrit OOLITE.
oolithique adj.
oosphère n. f.
oospore n. f.
oothèque n. f.
*op. → *opus.
O.P.A. [opéa] sigle f. Offre publique d'achat (écon.).
opacifiant, e adj.
opacification n. f.
opacifier v. t. Conjug. 17.
opacimétrie n. f.
opacité n. f.
opale n. f. et adj. inv.
opalescence n. f.
opalescent, e adj.
opalin, e adj. et n. f.
opalisation n. f.
opalisé, e adj.
opaliser v. t.
opaque adj. (que la lumière ne traverse pas). ♦ HOM. le *hopak* (danse ukrainienne).
*op'art = art optique.
*op. cit. (lat.) → *opere citato*; *opus citatum.*
ope n. m. ou f. ♦ HOM. → hop.
opéable adj. et n. f.
*open = ouvert, libre, découvert. *Billet « open »* = billet ouvert.
*open-cover = facob (abrégé de *traité facultatif obligatoire*; écon.).

*open door hospital = cure libre, hôpital ouvert (méd.).
openfield [opeun'fild'] n. m. Vient de l'anglais *open field (champ ouvert, sans enclos).
*open reading frame (ORF) = cadre ouvert de lecture (génét.).
*open ticket = billet ouvert (transp.).
O.P.E.P. sigle f. Organisation des pays exportateurs de pétrole.
opéra n. m. *Jouer des opéras; un opéra bouffe. Le théâtre de l'Opéra, ou l'Opéra, ou le palais Garnier. L'Opéra-Bastille. L'Opéra-Comique, ou salle Favart. L'Opéra de quat'sous* (pièce). ♦ Adj. inv. *Des rubans opéra.*
opéra-ballet n. m. *Des opéras-ballets.*
opérable adj.
opéra-comique n. m. *Des opéras-comiques. Le théâtre de l'Opéra-Comique.*
opérande n. m.
opérant, e adj.
opérateur, trice n.
*operating body = entité exploitante, exploitant (télécom.).
*operating fuel cycle = campagne de combustion en réacteur (nucl.).
*operating lease = bail d'exploitation (transp.).
*operating system = système d'exploitation (inf.).
opération n. f. *Des opérations de Bourse. Une salle d'opération. Un théâtre d'opérations. Par l'opération du Saint-Esprit.*
*operational control = contrôle opérationnel (déf.).
*operational urban planning = urbanisme opérationnel.
opérationnalité n. f.
opérationnel, elle adj.
opérationnisme [-is-] n. m.
opératique adj.
opératoire adj.
*operator = entité exploitante, exploitant (télécom., écon.); opérateur (génét.).
operculaire adj.
opercule n. m.
operculé, e adj.
opéré, e adj. et n.
*opere citato (lat.) loc. (abrév. : *op. cit.*) = dans l'ouvrage cité.
opérer v. t. *J'opère, nous opérons, j'opérerai(s).* Conjug. 10.
opérette n. f.
opéron n. m.

ophicléide n. m.
ophidien n. m.
ophioglosse n. m.
ophiographie n. f.
ophiolâtrie n. f.
ophiolite n. f.
ophiolitique adj.
ophiologie n. f.
ophite n. m.
ophiure n. f. ou **ophiuride** n. m. (animal marin). ♦ Ne pas confondre avec *oxyure* (ver parasite).
ophrys [ofris'] n. m.
ophtalmie n. f.
ophtalmique adj.
ophtalmoconiose n. f.
ophtalmologie n. f.
ophtalmologique adj.
ophtalmologiste n.
ophtalmologue n.
ophtalmomètre n. m.
ophtalmoplastie n. f.
ophtalmoplégie n. f.
ophtalmoscope n. m.
ophtalmoscopie n. f.
opiacé, *e* adj.
opiacer v. t. Conjug. 2.
opiat [-pya] n. m.
opilion n. m.
opimes adj. f. pl. *Des dépouilles opimes.*
Opinel n. m. déposé inv.
opiner v. int.
opiniâtre adj.
opiniâtrement adv.
opiniâtrer (s') v. pr. *Elle s'est opiniâtrée.*
opiniâtreté n. f.
opinion n. f. *Des délits d'opinion; des journaux d'opinion; affaire, liberté d'opinion; un partage d'opinions; des sondages d'opinion.*
*****opinion shopping** = chalandage d'opinion (écon.).
opioïde adj.
opiomane adj. et n.
opiomanie n. f.
opisthobranche n. m.
opisthodome n. m.
opisthotonos n. m.
opium [-pyom'] n. m. *Des opiums.*
opochimiothérapie n. f.
opopanax n. m.
opossum [-som'] n. m. *Des opossums.*
opothérapie n. f.

oppidum [-dom'] n. m. *L'oppidum de Bibracte. Des oppidums.* Pl. latin : *oppida.*
opportun, *e* adj.
opportunément adv.
opportunisme [-is-] n. m.
opportuniste adj. et n.
opportunité n. f. (qui survient à propos). Ce mot ne doit pas remplacer *occasion.*
*****opportunity** = occasion, possibilité (et non : *opportunité*).
opposabilité n. f.
opposable adj.
opposant, *e* adj. et n.
opposé, *e* adj. et n. m. *Être à l'opposé de.*
opposer v. t. *Ils s'y sont opposés.*
opposite n. m.
opposition n. f.
oppositionisme [-is-] n. m.
oppositionn*el, elle* adj.
oppressant, *e* adj.
oppressé, *e* adj.
oppresser v. t.
oppresseur n. m.
oppress*if, ive* adj.
oppression n. f.
opprimant, *e* adj.
opprimé, *e* adj. et n.
opprimer v. t.
opprobre n. m.
opsine n. f.
opsonine n. f.
optat*if, ive* adj. et n. m.
optation n. f.
opter v. int.
*****optical character recognition** = reconnaissance optique de caractères (inf.).
*****optical disk** = disque optique.
optic*ien, enne* n. et adj.
optim*al, ale, aux* adj.
optimalisation n. f.
optimaliser v. t.
*****optime** (lat.) = très bien.
optimisation n. f.
optimiser v. t.
optimisme [-is-] n. m.
optimiste adj. et n.
optimum [-mom'] n. m. Pl. fr. : *optimums.* Pl. lat. : *optima.* L'adjectif *optimum* est remplacé par *optimal.*
*****opting out** = option de sortie (écon.).
option n. f. ♦ Homographes hétérophones : des *options* [-syon]; nous *options* [-tyon] (v. opter).

optionnel, elle adj.

optique adj. *Des signalisations optiques.* ♦ N. f. *Des illusions d'optique.*

optoélectronicien, enne n.

optoélectronique n. f.

optomètre n. m.

optométrie n. f.

optométriste n.

*****optronics** = optoélectronique (déf.).

optronique n. f.

opulemment [-aman] adv.

opulence n. f.

opulent, e adj.

opuntia [oponsya] n. m.

*****opus** (lat.) = travail, ouvrage. Souvent employé pour désigner une œuvre musicale, et abrégé en *op. La symphonie en ré, op. 73, de Brahms.*

opus incertum [-tom'] n. m. (blocs irréguliers en maçonnerie). *Des opus incertums.*

*****opus citatum** (lat.) loc. (abrév. : *op. cit.*) = ouvrage cité.

opuscule n. m.

or n. m. *Des cœurs d'or; son pesant d'or; l'âge d'or; parler d'or; de l'or en barre; un livre d'or. Une réserve d'or; des millions or. Clause or, dollar or, étalon or, franc-or, réserve or, tranche or. Les ors d'une décoration. La Toison d'or; le Camp du Drap d'or; la Corne d'Or. Obturer avec de l'or* ou *aurifier.* ♦ Adj. inv. *Des tissus vieil or.* ♦ HOM. **or** (conj.), **hors** (excepté), **d'ores et déjà**.

or conj. ♦ HOM. → **or**.

oracle n. m.

orage n. m.

orageusement adv.

orageux, euse adj.

oraison n. f.

oral, orale, oraux adj. et n. m. *Les oraux de l'examen.*

oralement adv.

oraliser v. t.

oralité n. f.

oranais, e adj. et n. (d'Oran).

orange n. f. *De belles oranges.* ♦ N. m. *Un orange clair.* ♦ Adj. inv. *Des feux orange.*

orangé, e adj. *Des feux orangés.* ♦ N. m. (nom d'une couleur de l'arc-en-ciel). *Un bel orangé. Un orangé de six livres* (il s'agit d'un timbre-poste anglais). ♦ HOM. → **oranger**.

orangeade n. f.

orangeat n. m.

oranger n. m. (arbre). ♦ HOM. *orangé* (couleur).

orangeraie n. f.

orangerie n. f.

orangette n. f.

Orangina n. m. déposé inv.

orangiste n.

orang-outan [oran-outan] n. m. *Des orangs-outans.* Le dictionnaire de l'Acad. donne : ORANG-OUTANG.

orant, e n. (personne en prière). ♦ HOM. *Oran* (ville).

orateur, trice n.

oratoire adj. et n. m. Spécialt : *la Société* (congrégation) *de l'Oratoire.*

oratorien n. m. → religieux.

oratorio n. m.

orbe adj. *Un mur orbe.* ♦ N. m. *L'orbe d'une planète.* → orbite.

orbicole adj.

orbiculaire adj. (rond).

orbitaire adj. (de l'orbite de l'œil).

orbital, ale, aux adj. (d'une orbite). ♦ N. f.

*****orbital station** = station orbitale (spat.).

orbite n. f. *L'orbite oculaire. L'orbite d'une comète. Des mises sur orbite.* ♦ Ne pas confondre avec l'*orbe* (surface enfermée par l'orbite).

orbitèle adj. *Une araignée orbitèle.*

*****orbiter** = orbiteur (déf.).

orbiteur n. m.

*****orbit giving constant sunlight ratio** = orbite à ensoleillement constant (spat.).

orbitographie n. f.

orbitographique adj.

orcanette n. f. (plante). Quelquefois écrit ORCANÈTE.

orchestral, ale, aux [orkès-] adj.

orchestration [orkèstra-syon] n. f.

orchestre [orkèstr] n. m.

orchestrer [orkès-] v. t.

orchidacée [orki-] n. f.

orchidectomie [orki-] n. f.

orchidée [orki-] n. f.

orchis [orkis] n. m.

orchite [orkit] n. f.

ordalie n. f.

*****order** = ordre (urb.).

*****ordered architectural ensemble** = ensemble architectural ordonnancé (urb.).

ordinaire adj. et n. m.

ordinairement adv.

ordinal, ale, aux adj. et n. m. → tableaux ADJECTIFS II, C, p. 866; ADVERBES K, p. 874 et NOMBRES III, B, p. 911.

ordinand n. m. ♦ HOM. → ordinant.

ordinant n. m. (qui confère l'ordination).
♦ HOM. *ordinand* (qui se présente à l'ordination).

ordinateur n. m. → ordonnateur.

ordinaticien, enne n.

ordination n. f.

ordinogramme n. m.

ordo n. m.

ordonnance n. f. ou m. *Une/un ordonnance militaire*. Ce mot est féminin, mais le plus souvent employé au masculin quand on admet les deux genres. ♦ N. f. pour les autres sens de ce mot. *Des compagnies d'ordonnance; des officiers d'ordonnance. Des ordonnances de délégation, de non-lieu, de payement, de prise de corps, de police, de référé, de renvoi, de soit-communiqué.*

ordonnancement n. m.

ordonnancer v. t. *Nous ordonnançons.* Conjug. 2.

ordonnancier n. m.

ordonna*teur*, *trice* adj. et n. (qui ordonne, dispose). ♦ Ne pas confondre avec *ordinateur* (machine calculatrice).

ordonné, e adj. et n. f.

ordonner v. t.

ordovicien, enne adj. et n. m.

ordre n. m. *L'ordre de la Légion d'honneur; l'ordre Teutonique, de la Toison d'or, des Templiers, de la Libération; l'ordre du Saint-Esprit; l'ordre des médecins, des avocats, des architectes...* Pour tous ces ordres, lorsqu'il ne saurait y avoir de confusion, abs. : *l'Ordre. Le conseil de l'Ordre; le bâtonnier de l'Ordre. L'ordre des Dominicains; recevoir les ordres; le sacrement de l'ordre; l'ordre ionique; ordre de choses; ordre d'idée(s); mettre en ordre; des billets à ordre; un registre/carnet d'ordre(s); des mots d'ordre; des ordres de Bourse; sans ordre; des ordres de mission, de prières, de reversement, de route.* ♦ *Les ordres architecturaux anciens :* dorique, ionique, corinthien (Grèce); toscan, composite (Rome). ♦ *Les ordres catholiques :* portier, lecteur, exorciste, acolyte (ordres mineurs); sous-diaconat, diaconat, sacerdoce [prêtrise et épiscopat] (ordres majeurs). → religieux.

ordré, e adj.

ordure n. f.

ordurier, ère adj.

öre [eure] n. m. (monnaie scandinave). S'écrit, en danois : *Øre, øre*; en norvégien : *Øre, øre*; en suédois : *Öre, öre*.

oréade n. f.

orée n. f.

oreillard, e adj. et n. m.

oreille n. f. *Une boucle d'oreille, des boucles d'oreilles; écrou à oreilles; rebattre les oreilles; être tout yeux (et) tout oreilles; des pendants d'oreilles. Ventre affamé n'a point d'oreilles. Ils sont durs d'oreille.* Les noms composés formés sur ce mot par comparaison s'écrivent avec des traits d'union : *oreille-de-cochon* (chemin de fer), *oreille-d'ours* (plante), *oreille-de-Judas* (champignon), etc. Le pluriel ne se marque qu'au premier mot : *des oreilles-d'âne* (outil).

oreille-de-mer n. f. (haliotide). *Des oreilles-de-mer.*

oreille-de-souris n. f. (myosotis). *Des oreilles-de-souris.*

oreiller n. m.

oreillette [orè-yèt] n. f.

oreillon n. m. *Un oreillon d'abricot.* ♦ N. m. pl. (maladie, pattes d'une coiffure).

orémus [-mus'] n. m. inv.

oréopithèque n. m.

ores [or] adv. (présentement). Ne subsiste plus que dans la locution *d'ores et déjà.*
♦ HOM. → or.

orfèvre n.

orfèvrerie n. f.

orfraie n. f. *Pousser des cris d'orfraie.*

orfroi n. m.

organdi n. m.

organe n. m.

organeau n. m. *Des organeaux.*

organelle n. f.

organicien, enne adj. et n.

organicisme [-is-] n. m.

organiciste adj. et n.

organicité n. f.

organier n. m.

organigramme n. m.

organique adj.

organiquement adv.

organisable adj.

organisa*teur*, *trice* adj. et n.

organisateur-conseil n. m. *Des organisateurs-conseils.*

organisation n. f.

organisationnel, elle adj.

organisé, e adj.

ORGANISER

organiser v. t.
organiseur n. m.
organisme [-is-] n. m.
organiste n.
organite n. m.
organochloré, e adj.
organodynamique adj.
organogenèse n. f.
organoleptique adj.
organologie n. f.
organomagnésien, enne adj. et n. m.
organométallique adj. et n. m.
organophosphoré, e adj. et n. m.
organothérapie n. f.
organsin n. m.
organsinage n. m.
organsiner v. t.
orgasme [-as-] n. m.
orgasmique adj.
orgastique adj.
orge n. f. *Une belle orge.* N'est masculin que dans les expressions figées : *orge mondé, orge perlé. Des grains-d'orge* (broderie).
orgeat [-ja] n. m.
orgelet n. m.
orgiaque adj.
orgie n. f.
orgue n. m. ou f. *Un orgue de Barbarie; un orgue d'église; les orgues anciens* (ce masculin désigne plusieurs instruments). *Les belles orgues de cette église* (ce féminin ne désigne qu'un seul instrument). *Le grand orgue. Les grandes orgues* (emphase de tradition). *C'est un des plus beaux orgues que j'aie vus. Un jeu d'orgues; le clavier d'orgues; tuyau d'orgues; buffet d'orgue(s); souffleur d'orgue; des points d'orgue. Les orgues de Staline.*
orgueil [orgheuy'] n. m.
orgueilleusement adv.
orgueilleux, euse adj. et n.
oribus [-bus'] n. m.
orichalque n. m.
oriel n. m.
orient n. m. → direction. *Une perle d'un bel orient. L'empire d'Orient; l'Église d'Orient* (ou *Église grecque*); *le Moyen--Orient; le Proche-Orient; l'Extrême--Orient; la question d'Orient; le Grand Orient de France* (franc-maçonnerie).
orientable adj.
oriental, ale, aux adj. *Un luxe oriental.* ♦ N. *Des Orientaux; une préparation à l'orientale.*

orientalisme [-is-] n. m.
orientaliste n. et adj.
orientation n. f.
orienté, e adj.
*oriented = adapté à, conçu pour (et non : orienté).
orientement n. m.
orienter v. t.
orienteur, euse n.
orienteur-marqueur n. m. *Des orienteurs-marqueurs.*
orifice n. m.
oriflamme n. f.
origami n. m. (papier plié).
origan n. m. (marjolaine).
originaire adj.
originairement adv.
original, ale, aux adj. et n. (personnes).
♦ Adj. et n. m. (objets).
originalement adv.
originalité n. f.
origine n. f. *Des appellations d'origine; mots d'origine grecque; des origines de propriété; marchandises d'origine.*
originel, elle adj. (qui remonte à l'origine).
originellement adv.
orignal n. m. *Des orignaux.*
orillon n. m. (arrondi à l'angle d'un bastion).
orin n. m.
oripeau n. m. *Des oripeaux.*
oriya n. m.
O.R.L. sigle m. ou f. Oto-rhino-laryngologiste. ♦ Sigle f. Oto-rhino-laryngologie.
orle n. m.
orléanais, e adj. et n. (d'Orléans ou de l'Orléanais).
orléanisme [-is-] n. m. (parti de la maison d'Orléans).
orléaniste adj. et n. (partisan de l'orléanisme).
Orlon n. m. déposé inv.
ormaie n. f. (plantation d'ormes). ♦ HOM. *ormet* (mollusque).
orme n. m.
ormeau n. m. (orme jeune). *Des ormeaux.*
ormeau, ormet ou **ormier** n. m. (mollusque marin). *Des ormeaux.* ♦ HOM. → ormaie.
ormille n. f.
ormoie n. f. (autre nom de l'ormaie).
ornais, e adj. et n. (de l'Orne).
orne n. m. (frêne; petit fossé). ♦ HOM. *Orne* (rivière de Lorraine; fleuve normand, département), il *orne* (v.).

ornemaniste adj. et n.
ornement n. m. *Un peintre d'ornements; des arbustes d'ornement; du dessin d'ornement.*
ornemental, ale, aux adj.
ornementation n. f.
ornementer v. t.
orner v. t.
orniérage n. m.
ornière n. f.
ornithogale n. m.
ornithologie n. f.
ornithologique adj.
ornithologiste n.
ornithologue n.
ornithomancie n. f.
ornithorynque n. m.
ornithose n. f.
orobanche n. f.
orobe n. m.
orogenèse n. f.
orogénie n. f.
orogénique adj.
orographie n. f.
orographique adj.
oronge n. f. (champignon).
oropharynx n. m.
orpaillage n. m.
orpailleur, euse n.
orphelin, e n. et adj.
orphelinat [-na] n. m.
orphéon n. m.
orphéoniste n.
orphie n. f.
orphique adj.
orphisme n. m.
orphon n. m.
orpiment n. m.
orpin n. m.
orque n. f.
ORSEC ou **Orsec** (acronyme pour : *Organisation des secours*). *Appliquer le plan Orsec.*
orseille n. f. (lichen).
ort adv. *Peser ort* (avec l'emballage).
orteil n. m.
orthèse n. f. (appareillage correcteur). ♦ HOM. *Orthez* (ville des Pyrénées-Atlantiques).
orthésie n. f.
ortho- Ce préfixe se soude au mot qui suit *(orthoester, orthoarsénique).* Devant un *o*, devient **orth-** *(orthoptique).* Il faudrait un trait d'union devant un *i* suivi d'une consonne et devant un *u*.

orthocentre n. m.
orthochromatique [-kro-] adj.
orthodontie [-si] n. f.
orthodontiste n.
orthodoxe adj. et n.
orthodoxie n. f.
orthodromie n. f.
orthodromique adj.
orthoépie n. f.
orthogenèse n. f.
orthogénie n. f.
orthogénisme [-is-] n. m.
orthogonal, ale, aux adj.
orthogonalement adv.
orthogonalité n. f.
ORTHOGRAPHE n. f. *Des fautes d'orthographe; orthographe d'usage; orthographe de règle.* Le mot est formé de deux éléments grecs : *orthos*, droit, correct; *graphô*, j'écris. ♦ → tableau en annexe p. 914.
orthographie n. f.
orthographier v. t. Conjug. 17.
orthographique adj.
*****orthoimage** [-to-i-] (amér.) = ortho--image (spat.).
ortho-image n. f. *Des ortho-images.*
orthonormé, e adj.
orthonormer v. t.
orthonyxie n. f.
orthopédie n. f.
orthopédique adj.
orthopédiste adj. et n.
orthophonie n. f.
orthophoniste n.
*****orthophotograph** = orthophotographie.
orthophotographie n. f.
*****orthophotomosaic** = orthophotoplan.
orthophotoplan n. m.
orthoplastie n. f.
orthopnée n. f.
orthoptère n. m.
orthoptie n. f.
orthoptique n. f. et adj.
orthoptiste n.
orthorhombique adj.
orthoscopique adj.
orthose n. f.
orthostate n. m.
orthostatique adj.
orthosympathique [-sin-] adj.
orthotrope adj.
ortie n. f.

ORTIE-GRIÈCHE

ortie-grièche n. f. *Des orties-grièches.*
ortolan n. m.
orvale n. f.
orvet [-vè] n. m.
orviétan n. m.
oryctérope n. m.
oryx n. m.
os [os] n. m. *Des os* [o]. *Des os à moelle.*
♦ HOM. → au.
O.S. sigle m. Ouvrier spécialisé.
oscabrion n. m.
oscar n.m. (récompense cinématographique). *Il obtint deux oscars.* ♦ HOM. *Oscar* (prénom).
osciètre n. m. (variété de caviar).
oscillaire [o-silèr] n. f.
oscillant, e [o-silan, -lant] adj.
oscillateur [o-sila-] n. m.
oscillation [o-silasyon] n. f.
oscillatoire [o-sila-] adj.
osciller [o-silé] v. int.
oscillogramme [o-silo-] n. m.
oscillographe [o-silograf] n. m.
oscillomètre [o-silo-] n. m.
oscilloscope [o-silo-] n. m.
osculateur, trice adj.
osculation n. f. → auscultation.
osculatoire n. m.
oscule n. m.
ose n. m. (sucre non-hydrolysable). ♦ HOM. *il ose* (v.).
osé, e adj. *Une personne bien osée. Des histoires osées.*
oseille n. f.
oser v. t.
oseraie n. f.
*****O.S.I.** (*open systems interconnection) = interconnexion des systèmes ouverts.
oside n. m.
osier n. m.
osiériculture n. f.
osmanli, e adj. et n.
osmique adj.
osmium [-myom] n. m. *Des osmiums.*
osmomètre n. m.
osmonde n. f.
osmose n. f.
osmotique adj.
osque adj. et n. *Les Osques.*
ossature n. f.
osséine n. f.
osselet n. m.
ossements n. m. pl.

ossète n. et adj.
osseux, euse adj.
ossianique adj.
ossianisme [-is-] n. m.
ossification n. f.
ossifier v. t. Conjug. 17.
osso-buco [-bouko] n. m. inv.
ossu, e adj.
ossuaire n. m.
ost n. m. (service militaire médiéval). Ancienne orthographe : *host.*
ostéalgie n. f.
ostéichtyen [-iktyin] n. m.
ostéite n. f.
ostensible adj.
ostensiblement adv.
ostensif, ive adj.
ostension n. f. (exposition de reliques).
ostensoir n. m.
ostentation n. f. (affectation).
ostentatoire adj.
ostéoblaste n. m. (cellule qui élabore la substance osseuse).
ostéochondrodysplasie [-kon-] n. f.
ostéochondrose [-kon-] n. f.
ostéoclasie n. f.
ostéoclaste n. m. (cellule qui détruit la substance osseuse).
ostéocyte n. m.
ostéodensitométrie n. f.
ostéogène adj.
ostéogenèse n. f.
ostéogénie n. f.
ostéologie n. f.
ostéologique adj.
ostéolyse n. f.
ostéomalacie n. f.
ostéome n. m.
ostéomyélite n. f.
*****osteopath** = ostéopraticien.
ostéopathe n.
ostéopathie n. f.
ostéopétrose n. f.
ostéophyte n. m.
ostéoplastie n. f.
ostéoporose n. f.
ostéopraticien, enne n.
ostéosarcome [-sa-] n. m.
ostéosynthèse [-sin-] n. f.
ostéotomie n. f.
ostéotrope adj.
ostiak → ostyak.
*****ostinato** (ital.) = motif musical à répéter obstinément.

ostiole n. m.
osto → hosto.
*****Ostpolitik** (all.) = politique envers l'Est.
ostracé, e adj.
ostracisme [-is-] n. m.
ostracode n. m.
ostracon n. m.
ostréicole adj.
ostréicul*teur*, *trice* n.
ostréiculture n. f.
ostréidé n. m.
ostrogoth, e [-go, -got] adj. *Une invasion ostrogothe.* ♦ N. *Les Ostrogoths* (ancien peuple germanique). *Un drôle d'ostrogoth* (impoli ou bizarre). Quelquefois écrit OSTROGOT.
ostrogothique adj.
ostyak n. m. et adj. inv. en genre. Quelquefois écrit OSTIAK.
otage n.
otalgie n. f.
O.T.A.N. sigle f. Organisation du traité de l'Atlantique Nord.
otarie n. f.

-oter/-otter (Verbes finissant par)

1° S'écrivent avec deux *t* les verbes dérivés de mots ayant deux *t* :

botter	déculotter
calotter	déhotter
carotter	émotter
crotter	flotter
culotter	marcotter
débotter	menotter
décalotter	se motter
décrotter	reculotter

2° Parmi les autres (où se rangent les fréquentatifs), s'écrivent avec deux *t* :

ballotter	garrotter
bouillotter	glaviotter
boulotter	gobelotter
boycotter	grelotter
caillebotter	gringotter
chènevotter	mangeotter
dansotter	marmotter
emmenotter	poulotter
frisotter	roulotter
frotter	trotter

S'écrivent de deux manières :
cocoter/ cocotter
dansoter/ dansotter
dégoter/ dégotter
margoter/ margotter

S'écrivent avec un *t* : tous les autres verbes de cette rime, bien plus nombreux (environ 80) : dénoter, dorloter, emmailloter, suçoter, radoter...

ôter v. t. *Ôte-toi de là. Ils ont ôté leurs bottes. 11 ôté de 20 égale 9.* Placé en tête d'expression, ce participe passé prend une valeur prépositive et est invariable. *Ôté l'aile gauche, le bâtiment a du style.*
♦ HOM. → hotter.
otique adj.
otite n. f.
otocyon n. m.
otolithe n. f.
otologie n. f.
oto-rhino-laryngologie n. f. *Des oto-rhino-laryngologies.*
oto-rhino-laryngologiste n. *Des oto-rhino-laryngologistes.*
otorragie n. f.
otorrhée n. f.
otoscope n. m.
otospongiose n. f.
ottoman, e adj. *L'Empire ottoman.* ♦ N. *Les Ottomans* (les Turcs); *un ottoman* (tissu); *une ottomane* (sorte de canapé).
*****Otto-Motor** (all.) = moteur à étincelles (transp.).
ottonien, enne adj.
ou conj. de coordin. Ce *ou* sans accent peut être remplacé dans la phrase par « ou bien ». *Prends la pomme ou la poire.*
♦ Accord de l'adjectif après *ou* → tableau ADJECTIFS I, A, 5°, a, p. 861. ♦ Accord du participe passé après *ou* → tableau PARTICIPE PASSÉ III, F, 9°, p. 924. ♦ Accord du verbe après *ou* → tableau VERBES XVII, C, 3°, p. 986. ♦ HOM. *où* (pronom, adv.), *août* (mois), *houe* (outil), *houx* (arbuste), *hou!* (interj.).
O.U.A. sigle f. Organisation de l'unité africaine.
ouabaïne n. f.
ouah! interj.
ouaille n. f. Plus fréquemment employé au pluriel. *Le pasteur et ses ouailles.*
ouais! interj.
*****oualou** (arabe) = rien.
où pron. relat. avec un antécédent (dans lequel, pendant lequel, chez lequel). *Le village où j'ai vécu. C'était l'heure où il était seul. Il chercha un endroit où (il pût) dormir.* Forme quelquefois une locution pronominale relative : *d'où, là où, par où, partout où, du lieu où*, etc. *D'où il était, on distinguait le phare.*
♦ Adv. relat. sans antécédent. *Il allait où il voulait. Ils connaissaient bien le parcours, d'où leur audace.* ♦ Adv. interrog. *Où vais-je? Où vas-tu? Où va-t-il? On se demande où il est parti. Elle ne sait où aller.* ♦ Élément de loc. adv. *Dieu sait où,*

je ne sais où, on ne sait où. Il est parti je ne sais où. ♦ Élément de loc. conj. *où que, au cas où, au temps où... Où que vous soyez.* ♦ HOM. → ou.

ouananiche n. f.

ouaouaron n. m.

ouarine n. m.

ouate n. f. Devant ce mot et ses dérivés, l'élision est facultative. *Un paquet de ouate, un paquet d'ouate. L'ouate Thermogène* (marque déposée). ♦ HOM. *watt* (unité de mesure), l'Écossais *Watt*.

ouater v. t. → ouate.

ouaterie n. f. → ouate.

ouatine n. f. → ouate.

ouatiner v. t. → ouate.

oubli n. m. (perte du souvenir). ♦ HOM. une *oublie* (gâteau), il *oublie* (v.).

oubliable adj.

oublie n. f. ♦ HOM. → oubli.

oublier v. t. Conjug. 17.

oubliette n. f.

oublieux, euse adj.

ouche n. f.

oudler [-dleur'] n. m.

oued [wèd'] n. m. *Des oueds.*

ouest n. m. L'abréviation *O.* peut être remplacée par *W.* (de l'angl. *west*) si l'on craint une confusion de la lettre O avec le chiffre zéro. *Mettre le cap sur 42° W.*

ouest-allemand, e adj. *Les problèmes ouest-allemands.* ♦ N. *Une Ouest-Allemande* (ou *Allemande de l'Ouest*).

ouestir v. int. du 2ᵉ gr. Conjug. 24. *Le vent ouestit* (tourne à l'ouest).

ouest-nord-ouest n. m. Abrév. : *O.-N.-O.*

ouest-sud-ouest n. m. Abrév. : *O.-S.-O.*

ouf! interj.

ougandais, e adj. et n. (de l'Ouganda).

ougrien, enne adj. et n.

ouguiya [oughiya] n. m. (monnaie de Mauritanie).

oui adv. *Oui-da.* ♦ N. m. inv. *Des oui définitifs. 36 000 oui et un million de non. Le oui et le non.* On ne doit faire ni élision ni liaison devant *oui. Je crains que oui.* ♦ HOM. *ouïe* (sens), *ouïes* de poisson, j'ai *ouï* (v. ouïr).

ouiche! interj.

ouï-dire n. m. inv. *Savoir quelque chose par ouï-dire. Ne pas tenir compte des ouï-dire.* → ouïr.

ouïe [wi] n. f. *Avoir l'ouïe fine. Ils sont tout ouïe.* ♦ HOM. → oui. ♦ Homographe hétérophone : *ouïe!* [ouy'] (interj.).

ouïes n. f. pl. (ouvertures). *Les ouïes d'un violoncelle, d'un capot de moteur.* ♦ HOM. → oui.

ouïgour n. et adj. (langue et peuple d'Asie). Quelquefois écrit OUÏGHOUR.

ouillage [ou-yaj] n. m.

ouille! ou **ouie!** interj. ♦ HOM. → houille.

ouille, ouille, ouille! interj.

ouiller [ou-yé] v. t. (compléter le contenu du tonneau). ♦ HOM. → houiller.

ouillère [ou-yèr] n. f. Quelquefois écrit OUILLIÈRE ou OULLIÈRE. ♦ HOM. → houillère.

ouïr v. t. N'est employé qu'à l'infinitif, à l'impératif pluriel *(oyons, oyez),* au participe passé *(ouï)* et aux temps composés. *J'ai ouï dire* (a fourni le nom *un ouï-dire*). *Ouï les plaidoiries.* L'ancien participe présent *oyant* ne se retrouve plus que dans les noms masculins *oyant compte, oyant droit, oyant cause; des oyants compte, des oyants droit, des oyants cause.*

ouistiti n. m. L'élision est facultative devant ce mot. *Voici le ouistiti en question. L'ouistiti s'est caché.*

oukase n. m. → ukase.

ouléma n. m. → uléma.

oullière [oulyèr] → ouillère.

oulmière n. f. (plantation d'ormes).

oumiak n. m.

*****Oumma** (arabe) = communauté de croyants islamiques.

ouolof n. m. (langue africaine). Quelquefois écrit WOLOF.

oura n. m. (conduit de fumée). ♦ HOM. → hourra.

ouragan n. m.

ouraque n. m.

ouralien, enne adj.

ouralo-altaïque adj. *Les langues ouralo-altaïques.*

ouraque n. m.

ourdir v. t. du 2ᵉ gr. Conjug. 24.

ourdissage n. m.

ourdisseur, euse n.

ourdissoir n. m.

ourdou ou **urdu** [ourdou] n. m. *Des ourdous.*

ourébi n. m.

ourler v. t.

ourlet n. m. *Un faux ourlet.*

ourlien, enne adj.

ours, e [ours'] n. *Un ours blanc. La Grande Ourse, la Petite Ourse* (constellations).

oursin n. m.

ourson n. m.

oust! ou **ouste!** interj.
oustachi n. m. et adj.
*****out** = dehors, ancien, dépassé.
outarde n. f.
outardeau n. m. *Des outardeaux.*
*****outdoor** = à l'extérieur, en plein air.
outeau n. m. (aération dans un toit). *Des outeaux.*
*****outer packaging** = emballage extérieur (nucl.).
*****outer space** = espace extra-atmosphérique (spat.).
*****outflow yield** = coefficient de restitution (agr.).
outil [-ti] n. m.
outillage [-tiyaj] n. m.
outillé, e [-tiyé] adj.
outiller [-tiyé] v. t.
outilleur [-tiyœr'] n. m.
*****outlaw** = hors-la-loi, bandit.
*****outlet** = exutoire (agr.).
*****out of pocket expenses** = débours (écon.).
*****out of the money** = hors du cours (écon.).
*****outplacement** = replacement, conversion externe, réinsertion (écon.).
*****outplacer** = reclasseur.
*****output** = production, extrant.
outrage n. m.
outrageant, e adj.
outrager v. t. *Il outrageait.* Conjug. 3.
outrageusement adv.
outrageux, euse adj.
outrance n. f. *Tracasser à outrance.*
outrancier, ère adj.
outre n. f. (sac de cuir pour contenir un liquide). ♦ HOM. *outre* (prép.), il *outre* vos propos (v.).
outre adv. *Ils sont passés outre.* ♦ Prép. *Nous dûmes subir, outre le bombardement, un violent orage.* Emploi préfixal de cette préposition : *outre-Atlantique, outre-mer, outre-monts, outre-Quiévrain, outre-Rhin, outre-tombe... Les départements d'outre-mer* (la couleur *outremer*).
♦ Élément de loc. *Outre mesure, en outre, outre que... Vous serez nourri et en outre blanchi.* ♦ HOM. → outre.
outré, e adj.
outre-atlantique adv.
outrecuidance n. f.
outrecuidant, e adj.
outre-manche adv.
outremer n. m. (pierre bleue; couleur).
♦ Adj. inv. *Des jupes outremer.* → outre.

outre-mer n. f. *Il vient d'outre-mer. Les territoires d'outre-mer.* ♦ Adv. *Il tenta fortune outre-mer.* ♦ *Des populations d'outre-mer, on distingue les* indigènes (autochtones, aborigènes, naturels) et les *allogènes* (colons, immigrés, étrangers). Les Blancs des pays d'outre-mer sont les caldoches (Nouvelle-Calédonie), les créoles (Amérique), les pieds-noirs (Afrique du Nord), les zoreilles (Réunion). Les *sang-mêlé* sont dits métis, mulâtres, eurasiens, quarterons et octavons.
outrepassé, e adj.
outrepasser v. t.
outrer v. t.
outre-rhin adv.
outre-tombe adj. ou adv. inv.
*****outrigger** = bateau à armatures externes.
*****outsider** n. m. = non classé, toquard, à chances faibles (sport); travailleur en marge (écon.).
ouvala n. f.
ouvert, e adj. *Une fenêtre grande ouverte; des portes grandes ouvertes; à bras ouverts; à cœur ouvert; à livre ouvert.*
ouvertement adv.
ouverture n. f.
ouvrabilité n. f.
ouvrable adj.
ouvrage n. m. Cependant, la tournure populaire *de la belle ouvrage* est assez vivante. *Une table, une corbeille, un sac, une boîte à ouvrage; des ouvrages d'art; des ouvrages de dame(s). Unités d'équipages d'ouvrages* (dans les fortifications).
ouvragé, e adj.
ouvrager v. t. *Il ouvrageait.* Conjug. 3.
ouvraison n. f.
ouvrant, e adj.
ouvré, e adj.
ouvreau n. m. *Des ouvreaux.*
ouvre-boîte(s) n. m. *Des ouvre-boîtes.*
ouvre-bouteille(s) n. m. *Des ouvre-bouteilles.*
ouvre-gant(s) n. m. *Des ouvre-gants.*
ouvre-huître(s) n. m. *Des ouvre-huîtres.*
ouvrer v. int. et t.
ouvreur, euse n.
ouvrier, ère n. *Un maître ouvrier; ouvrier ébéniste; ouvrier maçon; ouvrier électricien; des ouvriers à façon; un prêtre-ouvrier.* ♦ Adj. *Cheville ouvrière; des revendications ouvrières.*
ouvriérisme [-is-] n. m.

ouvriériste adj. et n.
ouvrir v. t. et int. Conjug. 61.
ouvroir n. m.
ouzbek adj. *L'agriculture ouzbek.* ♦ N. *Les Ouzbeks* (de l'Ouzbékistan); *l'ouzbek* (dialecte). Quelquefois écrit UZBEK.
ouzo n. m.
ovaire n. m.
ovalaire adj.
ovalbumine n. f.
ovale adj. *Des ballons ovales.* ♦ N. m. *Tracer un ovale.*
ovalisation n. f.
ovaliser v. t.
ovaralgie n. f.
ovariectomie n. f.
ovarien, enne adj.
ovarite n. f.
ovation [-syon] n. f.
ovationner v. t.
ove n. m.
ové, e adj.
over arm stroke n. m. (nage).
*****overbooking** = surréservation, surlocation.
*****overdose** n. f. = surdose (méd.).
*****overdrive** = transmission automatique, boîte automatique.
*****overdue** = impayé, arriérés (écon.).
*****overfishing** = surpêche (mer).
*****overland flow** = écoulement de surface (agr.).
*****overlap** = débordement (aud.).
*****overlapping sequence** = séquence chevauchante (génét.).
*****overpack** = suremballage (nucl.).
*****overshoot** = débit de dose (déf.).
ovibos [-bos'] n. m.
ovidé n. m.
oviducte n. m.
ovin, e adj. et n. m.
oviné n. m.
ovipare adj. et n.
oviparité n. f.
ovipositeur n. m.
oviscapte n. m.
ovni [ovni] n. m. (sigle de : *objet volant non identifié*; en angl. **unidentified flying object* ou **UFO*).
ovocole adj.
ovoculteur, trice n.
ovoculture n. f.
ovocyte ou **oocyte** n. m.
ovogenèse n. f.
ovogénie n. f.
ovogonie n. f.
ovoïdal, ale, aux adj.
ovoïde adj.
Ovomaltine n. f. déposé inv.
ovotestis [-tis'] n. m.
ovotide n. m.
ovovivipare adj. et n.
ovoviviparité n. f.
ovulaire adj.
ovulation n. f.
ovulatoire adj.
ovule n. m.
ovuler v. int.
*****owner occupancy** = faire-valoir direct (agr.).
*****owner occupyer** = propriétaire exploitant (agr.).
*****ownership status** = mode de faire-valoir.
oxacide n. m. Nommé jadis *oxyacide*.
oxalate n. m.
oxalide n. f.
oxalique adj.
oxalis [-lis'] n. m.
oxalurique adj.
oxer [oksèr'] n. m.
oxford n. m. (toile).
oxhydrique adj. (composé d'oxygène et d'hydrogène).
oxhydryle n. m.
oxime n. f.
oxo adj. inv.
oxonium [-nyom'] n. m. *Des oxoniums.*
oxyacétylénique adj.
oxyacide → oxacide.
oxycarboné, e adj.
oxychlorure [-klo-] n. m.
oxycoupage n. m.
oxycoupeur adj. et n. m.
oxycrat [-kra] n. m.
oxydable adj.
oxydant, e adj. et n. m.
oxydase n. f.
oxydation n. f.
oxyde n. m.
oxydécoupage n. m.
oxyder v. t.
oxydique adj. (relatif à un oxyde).
oxydoréductase n. f.
oxydoréduction n. f.
oxygénase n. f.
oxygénation n. f.

oxygène n. m.
oxygéné, e adj.
oxygéner v. t. *J'oxygène, nous oxygénons, j'oxygénerai(s)*. Conjug. 10.
oxygénothérapie n. f.
oxyhémoglobine n. f.
oxylithe n. f.
oxymel n. m.
oxymétrie n. f.
oxymoron n. m.
oxysulfure [-sul-] n. m.
oxyton adj. m. et n. m.
oxyure n. m. → ophiure.
oxyurose n. f.
oyant → ouïr.
oyat [o-ya] n. m.
Ozalid n. m. déposé inv.
ozène n. m.
ozocérite ou **ozokérite** n. f.
ozonateur n. m.
ozonation n. f.
ozone n. m.
ozoné, e adj.
*****ozone distribution** = profil d'ozonité (spat.).
ozoner v. t.
ozoneur n. m.
ozonide n. m.
ozonisation n. f.
ozoniser v. t.
ozoniseur n. m.
ozonité n. f.
*****ozonity** = ozonité (spat.).
ozonométrie n. f.
ozonosphère n. f.
ozonothérapie n. f.

P

p n. m. inv. ♦ **p:** symbole du préfixe *pico-* et de *page*. ♦ **P:** symbole du préfixe *peta-*, du *poise*, du *phosphore* et de *père*.

Pa Symbole du *pascal*.

*****PABX** (*private branch exchange) = autocommutateur privé d'entreprise.

P.A.C.A. [paka] sigle f. Provence-Alpes-Côte d'Azur (région administrative).

pacage n. m. (pâturage). ♦ HOM. *pacquage* (mise en tonneau du poisson).

pacager v. t. et int. *Il pacageait*. Conjug. 3.

pacane n. f.

pacanier n. m.

*****pacemaker** = stimulateur, stimulateur cardiaque, défibrillateur cardiaque (méd.).

pacfung [-fon] n. m. Quelquefois écrit PACKFUNG.

pacha n. m.

pachalik n. m.

pachto ou **pachtou** n. m.

pachtoun ou **pashtoun** n. et adj. inv. en genre. *Les Pachtouns d'Afghanistan*.

pachyderme [-chi-] n. m.

pachydermie [-chi-] n. f.

pacifica*teur, trice* adj. et n.

pacification n. f.

pacifier v. t. Conjug. 17.

pacifique adj. *Un air pacifique. L'océan Pacifique* (abs. : *le Pacifique*).

pacifiquement adv.

pacifisme [-is-] n. m.

pacifiste n. et adj.

*****pack** n. m. = paquet, groupe des avants (sport); lot fardelé, emballage; blocs de glace flottante.

*****pack (to)** = condenser.

*****package** n. m. = programme-produit (inf.); forfait (tour.); colis; achat groupé (aud.); progiciel.

*****package deal** = convention multiple, accord lié.

*****packager** = sous-traitant pour l'édition d'un livre, réalisateur éditorial; packageur.

*****package reactor** = réacteur préfabriqué (nucl.).

packageur n. m.

*****packaging** n. m. = conditionnement, emballage, réalisation éditoriale (écon.); encapsidation (génét.).

*****packet** = paquet (télécom.).

*****packet switching** = commutation de paquets (télécom.).

packfung → pacfung.

*****pack-shot** = plan produit, plan-paquet (aud., pub.).

pacotille n. f.

pacquage n. m. ♦ HOM. → pacage.

pacquer v. t. ♦ HOM. → paquet.

pacson → paqson.

pacte n. m. *Le Pacte atlantique*.

pactiser v. int.

pactole n. m. (source de richesse). ♦ HOM. le *Pactole* (rivière de Lydie).

padan, e adj. et n. (relatif au Pô).

*****padding** = rembourrage (couture).

paddock n. m.

paddy n. m. *Du riz paddy*.

padichah n. m. Quelquefois écrit PADISCHAH ou PADICHA.

padine n. f.

padou n. m. (sorte de ruban). *Des padous*. On dit aussi de la PADOUE. ♦ HOM. *Padoue* (ville).

padouan, e n. et adj. (de Padoue).
pæan → péan.
*****paella** (esp.) n. f. = riz au safran avec viande et crustacés.
paf adj. inv. *Ils sont paf.* ♦ Interj. *Paf!*
P.A.F. sigle m. Programme d'action foncière. Paysage audiovisuel français.
*****P.A.F.** (*platelet activating factor*) = médiateur de l'allergie.
pagaie [paghè] n. f. (aviron).
pagaille n. f. (désordre). Quelquefois écrit PAGAYE OU PAGAÏE.
paganiser v. t.
paganisme [-is-] n. m.
pagaye → pagaille.
pagayer [paghèyé] v. int. Conjug. 8.
pagayeur, euse [paghèyeur', -yeûz] n.
page n. m. (jeune noble). *Effronté comme un page.* ♦ N. f. *Une page de livre; en belle page; metteur/mettre/mise en pages. Les pages douze, quatre-vingt et deux cent.*
page-écran n. f. *Des pages-écrans.*
pagel n. m. (poisson). Nommé aussi la PAGELLE.
pageot n. m. Quelquefois écrit PAJOT OU PAGE.
*****pager** = avertisseur de poche.
page-son n. f. *Des pages-son.*
Paget (maladie de) loc. f.
pagination n. f.
paginer v. t.
*****paging receiver** = radiomessageur.
*****paging service** = recherche de personne (télécom.).
pagne n. m.
pagnon n. m.
pagnot n. m.
pagnoter (se) v. pr.
pagode n. f. et adj. inv. *Des manches pagode.*
pagodon n. m.
pagre n. m.
pagure n. m.
pagus [-gus'] n. m. *Des pagi.*
pahlavi → pehlvi.
paidologie → pédologie.
paie [pè] ou **paye** [pèy] n. f. *Des bulletins, des feuilles, des jours, des livres de paie.* Les deux formes (*paie, paiement/paye, payement*) sont correctes, mais il semble que la seconde, avec y, soit un peu plus lourde. *Le non-paiement* (ne s'écrit pas avec y). ♦ HOM. → paix, peilles.
paiement ou **payement** [pèman] n. m. → paie.

païen, enne [pa-yin, -yèn'] adj. et n.
paierie n. f. ♦ HOM. → pairie.
paillage n. m.
paillard, e adj. et n.
paillardise n. f.
paillasse n. f. (matelas de paille). ♦ N. m. (clown).
paillasson n. m.
paillassonnage n. m.
paillassonner v. t.
paille n. f. *Des vins de paille; des hommes de paille.* ♦ Adj. inv. *Des robes paille.*
paillé [pa-yé] n. m. (fumier). ♦ HOM. *pailler* (garnir de paille), un *pailler* (cour ou grenier), *paillé* (qui a un défaut; couleur paille), un *paillet* (natte de marine; abri de jardin).
paillé, e adj. *Une fonte paillée.* ♦ HOM. → paillé.
paille-en-queue n. m. *Des pailles-en-queue.*
pailler n. m. ♦ HOM. → paillé.
pailler v. t. ♦ HOM. → paillé.
paillet n. m. ♦ HOM. → paillé.
pailletage n. m.
pailleté, e adj. et n. m.
pailleter v. t. *Il paillette.* Conjug. 14.
pailleteur n. m.
paillette n. f.
pailleux, euse adj.
paillis [-yi] n. m.
paillon [pa-yon] n. m.
paillot n. m.
paillote [pa-yot] n. f.
pain n. m. *Des pains bis, boulots, polka; des pains de campagne, d'épice, de fantaisie, de gruau, de mie, de poisson, de régime, de sucre, de viande; pain azyme; pain bénit; des miches de pain; pain de champignons, de perdreaux; arbre à pain.* ♦ HOM. il *peint* (v. peindre), un *pin* (arbre).
pair n. m. *Aller de pair; hors (de) pair; des travaux au pair; jeunes filles au pair; titres au pair. Jugé par ses pairs; les pairs de la Chambre haute; la Chambre des pairs.* ♦ Adj. *Nombre pair; fonction paire.*
♦ HOM. → père.
pairage n. m.
paire n. f. *Une paire de ciseaux; une paire d'amis.* ♦ HOM. → père.
pairement adv.
pairesse n. f.
pairie n. f. (dignité d'un pair; fief). ♦ HOM. *paierie* (bureau d'un trésorier-payeur).

pairle n. m. ♦ HOM. → perle.
paisible adj.
paisiblement adv.
paissance n. f.
paisseau n. m. *Des paisseaux.*
paître v. t. Se conjugue comme PARAÎTRE (conjug. 62), mais le passé simple, le subjonctif imparfait, le participe passé et les temps composés n'existent pas.
paix n. f. (tranquillité). ♦ HOM. la *paie* (n. f.), il *paie* (v. payer), il *paît* (v. paître), un *pet* (gaz).
pajot → pageot.
pakistanais, e adj. *L'État pakistanais.* ♦ N. *Un Pakistanais* (du Pakistan).
pal n. m. *Des pals. Le pal injecteur.* ♦ HOM. → pâle.
***P.A.L.** (*phase alternative line) = système de télévision de Bruch.
pala n. f. *La pala-ancha.*
palabre n. m. ou f.
palabrer v. int.
palace n. m.
paladin n. m. → palatin.
palafitte n. m.
palais n. m. *Le palais de la Découverte, de l'Élysée, de l'Unesco; le palais Pitti; le palais d'Été, d'Hiver; le palais des Doges, des Papes; le palais royal de Buckingham; le Palais-Royal* (à Paris); *le Palais-Bourbon; le Petit Palais, le Grand Palais* (à Paris), *le palais de justice* (abs. : *le palais*); *le Palais de justice* (de Paris). *Le palais Garnier* (l'Opéra); *le palais Brongniart* (la Bourse). ♦ HOM. *palet* (jeu), *palée* (rangée de pieux), *palé* (divisé, en héraldique).
palamisme [-is-] n. m.
palan n. m.
palanche n. f. (tige de bois).
palançon n. m.
palangre n. f. (corde).
palangrotte n. f.
palanque n. f. (mur).
palanquée n. f.
palanquer v. int.
palanquin n. m. (siège porté). ♦ Ne pas confondre avec *baldaquin* (dais de lit ou de statue).
palastre → palâtre.
palatal, ale, aux adj. et n. f. (relatif au palais de la bouche).
palatalisation n. f.
palatalisé, e adj.
palataliser v. t.

palatial, ale, aux [-syal'] adj. (relatif à un palais, bâtiment).
palatin, e adj. *Le comte palatin* (attaché au palais); *un château palatin* (du Palatinat); *la voûte palatine* (du palais de la bouche); *le mont Palatin* (à Rome); *les jeux Palatins* (dans l'ancienne Rome). ♦ N. *Le palatin* (chef de la justice dans l'ancienne Hongrie; gouverneur de province dans l'ancienne Pologne); *un Palatin* (habitant du Palatinat); *la Palatine*, ou *la Princesse Palatine* (Anne de Gonzague, qui avait épousé un comte palatin). ♦ Ne pas confondre avec *paladin* (seigneur de Charlemagne; chevalier errant) ou *baladin* (farceur, danseur).
palatinat [-na] n. m. (dignité; territoire). ♦ HOM. le *Palatinat* (province allemande), le Haut-*Palatinat*.
palâtre n. m. Ancienne orthographe : *palastre*.
pale n. f. *Les pales de l'hélice.* ♦ HOM. → pâle.
pale n. f. Quelquefois écrit PALLE. ♦ HOM. → pâle.
pâle adj. *Du jaune pâle.* ♦ HOM. *pale* (partie plate d'un objet), *pale* ou *pallo* (carré couvrant le calice d'église), *pal* (pieu pointu; supplice).
palé, e adj. ♦ HOM. → palais.
palée n. f. ♦ HOM. → palais.
palefrenier n. m.
palefroi n. m.
palémon n. m.
paléo- → tableau PRÉFIXES C, p. 942.
paléoasiatique adj.
paléobiologie n. f.
paléobotanique n. f.
paléocène n. m.
paléochrétien, enne adj.
paléoclimat n. m.
paléoclimatologie n. f.
paléoécologie n. f.
paléogène n. m.
paléogéographie n. f.
paléographe n. et adj.
paléographie n. f.
paléographique adj.
paléohistologie n. f.
paléolithique n. m. et adj.
paléomagnétisme [-is-] n. m.
paléontologie n. f.
paléontologique adj.
paléontologiste n. et adj.
paléontologue n.

paléopathologie n. f.
paléosibérien, enne adj.
paléosol [-sol'] n. m.
paléothérium [-ryom'] n. m. *Des paléothériums.*
paléozoïque n. m. et adj.
paléozoologie n. f.
paleron n. m.
palestinien, enne adj. *Un berger palestinien.* ♦ N. *Un Palestinien* (de Palestine).
palestre n. f.
palet n. m. ♦ HOM. → palais.
paleta [-lèta] n. f.
paletot n. m.
palette n. f.
palettisable adj.
palettisation n. f.
palettiser v. t.
palettiseur n. m.
palétuvier n. m.
pâleur n. f.
pali, e adj. et n. m. (langue de l'Inde). ♦ HOM. *pâli* (qui a perdu de la couleur), *palis* (élément de palissade).
pâli, e adj. *Des couleurs pâlies.* ♦ HOM. → pali.
palicare → pallikare.
pâlichon, onne adj.
palicinésie n. f.
palier n. m. (plate-forme). *Procéder par paliers. Un vol en palier* (aviation). ♦ HOM. *pallier* (remédier).
palière adj. f. *Une porte palière.*
palikare → pallikare.
palilalie n. f.
palimpseste n. m.
palindrome n. m. et adj. *Le palindrome est un divertissement orthographique fait d'un mot ou d'une phrase symétriques, qui pourraient se lire de droite à gauche comme de gauche à droite (avec des libertés quant à la séparation des mots). Ainsi le nom Laval. En voici quelques échantillons :*
ressasser
Léon Noël
Élu par cette crapule
Un drôle de lord nu
La mariée ira mal
L'âme sûre ruse mal
Ce satrape repart à sec
Car tel Ali il a le trac
Ésope reste ici et se repose
Engage le jeu que je le gagne
Et la marine va venir à Malte
« Oh ! cela te perd », répéta l'écho
On remarque que, comme pour les mots croisés, les accents sont négligés. La langue finnoise possède un beau palindrome : *saippuakauppias* (marchand de savon). ♦ → anacyclique.
*****palindrome sequence** = séquence palindromique, palindrome (génét.).
palindromique adj.
palingénésie n. f.
palingénésique adj.
palingnostique [-g'no-] n. f.
palinodie n. f.
pâlir v. int. et t. Conjug. 24.
palis [-li] n. m. ♦ HOM. → pali.
palissade n. f.
palissader v. t.
palissadique adj.
palissage n. m.
palissandre n. m.
pâlissant, e adj.
palisser v. t. (faire un espalier). ♦ HOM. il *pâlissait* (v. pâlir).
palisson n. m.
palissonner v. t.
palissonneur, euse n. et adj.
paliure n. m.
palladianisme [-is-] n. m.
palladien, enne adj.
palladium [-dyom'] n. m. *Des palladiums.*
palle → pale.
palléal, ale, aux adj.
*****palletizable** = palettisable (transp.).
*****palletization** = palettisation.
*****palletize (to)** = palettiser.
palliatif, ive adj. et n. m.
pallicare → pallikare.
pallidectomie n. f.
pallidum [-dom'] n. m. *Des pallidums.*
pallier v. t. Conjug. 17. *Pour pallier cette difficulté. Les inconvénients qu'il a palliés.* ♦ HOM. → palier.
pallikare n. m. (soldat grec). Le mot est aussi écrit PALIKARE, PALLICARE ou PALICARE.
pallium [-lyom'] n. m. *Des palliums.*
palmacée n. f.
palmaire adj.
palmarès n. m.
palmarium [-ryom'] n. m. *Des palmariums.*
palmas [-mas] n. f. pl.
palmatifide adj. Quelquefois écrit PALMIFIDE.
palmatilobé, e adj.
palmatiparti, tite adj.

palmatiséqué, e [-sé-] adj.
palmature n. f.
palme n. f. (rameau de palmier ou sa figuration; nageoire de caoutchouc). *La palme du martyre; croix de guerre avec palme; huile de palme.* ♦ N. m. (ancienne unité de mesure de longueur en Italie).
palmé, e adj.
palmer [-mèr'] n. m. → palmer.
palmer [-mé] v. t. (aplatir une tige métallique). ♦ Homographe hétérophone : un *palmer* [-mèr'] (instrument de mesure).
palmeraie n. f.
palmette n. f.
palmier n. m.
palmifide → palmatifide.
palmipède n. m.
palmiséqué, e [-sé-] adj.
palmiste n. m. *Le palmiste ou chou palmiste.* ♦ Adj. *Un ver, un rat palmiste* (vivant dans les palmiers). ♦ Ne pas confondre avec *psalmiste* (qui compose ou chante des psaumes).
palmite n. m.
palmitine n. f.
palmitique adj. m.
*****palmtop computer** = ordinateur de poche.
palmure n. f.
palois, e adj. *Le ciel palois.* ♦ N. *Une Paloise* (de Pau).
palombe n. f.
palonneau n. m. *Des palonneaux.*
palonnier n. m.
palot n. m. (bêche étroite). ♦ HOM. *pâlot* (un peu pâle).
pâlot, pâlotte adj. ♦ HOM. → palot.
palourde n. f.
palpable adj.
palpation n. f.
palpe n. m.
palpébral, ale, aux adj.
palper v. t.
palpeur n. m.
palpitant, e adj.
palpitation n. f.
palpiter v. int.
palplanche n. f.
palsambleu! interj.
paltoquet n. m.
palu n. m. (apocope de *paludisme*).
paluche n. f.
palud ou **palude** → palus.
paludarium [-ryom'] n. m. *Des paludariums.*

paludéen, enne [-dé-in, -dé-èn'] adj.
paludier, ère n.
paludine n. f.
paludique adj.
paludisme [-is-] n. m.
palus [-lu], **palud** [-lu] ou **palude** n. m.
palustre adj.
palynologie n. f.
palynologique adj.
*****P.A.M.** (*pulse amplitude modulation) = modulation d'impulsions en amplitude ou M.I.A. (télécom.).
pâmer (se) v. pr. *Elle s'est pâmée.*
pâmoison n. f.
pampa n. f.
pampero [pam'péro] n. m.
pamphlet [panflè] n. m.
pamphlétaire [panflé-] n.
pampille n. f.
pamplemousse n. m. ou f.
pamplemoussier n. m.
pampre n. m.
pan n. m. (surface; morceau). *Pan de mur, de vêtement; les pans d'un écrou; un pan coupé.* ♦ HOM. *pan!* (interj.), *paon* (oiseau), il *pend* (v. pendre), le dieu *Pan*.
pan! interj. ♦ HOM. → pan.
pan- Préfixe soudé au mot qui suit : *panaméricain, panhellénisme, panchinois.*
panace → panax.
panacée n. f.
panachage n. m.
panache n. m.
panaché, e adj.
panacher v. t.
panachure n. f.
panade n. f.
panafricain, e adj.
panafricanisme [-is-] n. m.
panaire adj.
panais [-nè] n. m. (plante). ♦ HOM. *paner* (couvrir de chapelure), un *panet* (pan de chemise), *paonner* (montrer de l'orgueil).
panama n. m. (chapeau). ♦ HOM. *Panamá* (ville; État). *Du bois de Panamá.*
panaméen, enne [-mé-in, -mé-èn'] adj. *Sous pavillon panaméen.* ♦ N. *Un Panaméen* (de Panamá). → panamien.
panaméricain, e adj.
panaméricanisme [-is-] n. m.
panamien, enne adj. et n. (équivalent de *panaméen*).
panarabisme [-is-] n. m.

panard, e adj. *Cette jument est panarde.* ♦ N. m. (pied).
panaris [-ri] n. m.
panatela ou **panatella** n. m.
panathénées n. f. pl.
panax n. m. (arbrisseau dont la racine fournit le ginseng). On dit aussi le PANACE.
pan-bagnat [-gna] n. m. *Des pans-bagnats.*
panca → panka.
pancartage n. m.
pancarte n. f.
pancetta n. f.
panchen-lama [pan'chèn'-] n. m. *Des panchen-lamas.*
panchromatique [-kro-] adj.
panclastite n. f.
pancrace n. m.
pancratiaste n. m.
pancréas [-as'] n. m.
pancréatectomie n. f.
pancréatique adj.
pancréatite n. f.
pancréatostimuline n. f.
panda n. m.
pandanus [-us'] n. m.
pandectes n. f. pl.
pandèmes n. f. pl.
pandémie n. f.
pandémonium [-nyom'] n. m. *Des pandémoniums.*
pandiculation n. f.
pandit [-dit'] n. m.
pandore n. m. (gendarme). ♦ HOM. *Pandore* (la première femme de la mythologie grecque).
pandour n. m.
pané, e adj.
panégyrique n. m.
panégyriste n.
*****panel** n. m. = groupe de travail, table ronde, commission; groupe témoin; panneau, liste, tableau.
*****panem et circenses** (lat.) loc. = du pain et des jeux.
paner v. t. ♦ HOM. → panais.
panerée n. f.
panet n. m. ♦ HOM. → panais.
paneterie n. f.
panetier n. m.
panetière n. f.
paneton n. m. (petit panier à pain). ♦ HOM. *panneton* (partie de la clé perpendiculaire à la tige et tournant dans la serrure).
paneuropéen, enne adj.
pangermanisme [-is-] n. m.
pangermaniste n. et adj.
pangolin n. m.
panhellénique [panélé-] adj.
panhellénisme n. m.
panic n. m. (céréale).
panicaut n. m.
panicule n. f. (épi en grappe). ♦ HOM. *panicule* (tissu sous-cutané).
paniculé, e adj.
panicum [-kom'] n. m. *Des panicums.*
panier n. m. *Un panier à salade; un panier de crabes; un panier de fruits.*
panière n. f.
panier-repas n. m. *Des paniers-repas.*
panifiable adj.
panification n. f.
panifier v. t. Conjug. 17.
paniquant, e adj.
paniquard, e adj. et n.
panique n. f. *Pas de panique!* ♦ Adj. *Des peurs paniques.*
paniquer v. int. *Pourquoi paniquer?* ♦ V. pr. *Elles se sont paniquées.*
panislamique adj.
panislamisme [-is-] n. m.
panjabi n. m.
panka n. m. Quelquefois écrit PANCA.
Pankow [pan'ko] (faubourg de Berlin).
panmixie [pan-miksi] n. f.
pannaire n. f.
panne n. f. (velours; arrêt accidentel; graisse; partie d'un marteau; pièce de bois). ♦ HOM. *paonne* (femelle du paon), il *pane* (met de la chapelure).
panné, e adj.
panneau n. m. *Des panneaux. Un panneau réclame, des panneaux réclames; panneau indicateur; des panneaux de signalisation. Un panonceau.* ♦ HOM. *paonneau* (petit paon).
panneau-son n. m. *Des panneaux-son.*
panneautage n. m.
panneauter v. int.
panneresse n. f.
panneton n. m. ♦ HOM. → paneton.
pannicule n. m. ♦ HOM. → panicule.
pannonien, enne adj. *Les territoires pannoniens. Le Bassin pannonien* (en Europe centrale). ♦ N. *Les Pannoniens* (de Pannonie).
panonceau n. m. *Des panonceaux.*

panophtalmie [-nof-] n. f.
panoplie n. f.
panoptique adj. et n. m.
panorama n. m.
panoramique adj. et n. m.
panorpe n. f.
panosse n. f.
panosser v. t.
panoufle n. f.
pansage n. m.
panse n. f. (poche de l'estomac d'un ruminant; partie arrondie). ♦ HOM. il *pense* (v. penser), il *panse* (v. panser).
pansement n. m.
pansémique adj.
panser v. t. (soigner; étriller; mettre un pansement). ♦ HOM. *penser* (réfléchir, raisonner), une *pensée* (réflexion, idée; fleur).
pans*eur*, *euse* n. et adj. ♦ HOM. → penseur.
panslave adj.
panslavisme [-is-] n. m.
panslaviste n. et adj.
pansu, *e* adj. et n.
pantagruélique adj. (digne de Pantagruel).
pantalon n. m. Employé surtout au singulier. Son emploi au pluriel est plus rare mais possible. *Un pantalon corsaire.* S'il s'agit d'un seul vêtement : *une paire de pantalons, des pantalons corsaire.* Pour plusieurs vêtements : *des paires de pantalons, des pantalons corsaires.*
pantalonnade n. f.
pante n. m. ♦ HOM. → pente.
pantelant, *e* adj.
panteler v. int. *Je pantelle.* Conjug. 13.
pantenne n. f. (filet à oiseaux). *Des vergues en pantenne* (obliques). Quelquefois écrit PANTÈNE. ♦ HOM. *Pantène* (n. m. déposé inv.).
panthéisme [-is-] n. m.
panthéiste adj. et n.
panthéon n. m. (temple; ensemble des dieux). *Les panthéons romains; le panthéon védique.* ♦ HOM. le *Panthéon* (édifice romain et parisien).
panthéonisation n. f.
panthère n. f. *La panthère d'Afrique est le léopard; la panthère d'Amérique est le jaguar.* ♦ Adj. inv. *Des amanites panthère.*
pantière n. f.
pantin n. m.
pantographe n. m.
pantoire n. f.

pantois, *e* adj. *Elle est restée pantoise.*
pantomètre n. m.
pantomime n. f.
pantophobie n. f.
pantothénique adj.
pantouflage n. m.
pantouflard, *e* adj. et n.
pantoufle n. f.
pantoufler v. int.
pantoum n. m.
*****pantry** = office (urb.).
panty n. m. *Des panties.*
panure n. f.
Panzani n. m. déposé inv.
*****panzer** (all.) n. m. = char.
*****panzerdivision** (all.) n. f. = division blindée.
P.A.O. sigle f. Publication assistée par ordinateur; microédition.
paon [pan] n. m. ♦ HOM. → pan.
paonne [pan'] n. f. ♦ HOM. → panne.
paonneau [pa-] n. m. *Des paonneaux.* ♦ HOM. → panneau.
paonner [pa-né] v. int. ♦ HOM. → panais.
papa n. m. *Un grand-papa; un papa gâteau; bon-papa.*
*****papabile** (ital.) = papable, qui peut être élu pape.
papable adj.
papaïne n. f.
pap*al*, *ale*, *aux* adj.
*****paparazzo** (ital.) n. m. = photographe traqueur indiscret. *Des paparazzi.*
papas [-as] n. m. (prêtre chez les chrétiens du Levant). ♦ Homographe hétérophone : *des papas* [papa] (des pères).
papauté n. f.
papaver [-vèr] n. m.
papavéracée n. f.
papavérine n. f.
papaye [papay'] n. f.
papayer [papa-yé] n. m.
pape n. m. *Le pape sur la « sedia gestatoria ». Le Très Saint Père; Sa Sainteté; notre Saint Père le pape. Sérieux comme un pape. Le palais des Papes à Avignon.*
papegai n. m.
papelard, *e* adj. et n.
papelardise n. f.
paperasse n. f.
paperasserie n. f.
paperassi*er*, *ère* n.
*****paper board** = tableau-papier.
papesse n. f.

papet n. m.
papeterie n. f.
papetier, ère adj. et n.
papi → papy.
papier n. m. Après *papier*, les mots suivants sont variables : *brouillard, buvard, couché, écolier, goudronné, journal, kraft, mâché, ministre, peint, pelure, sulfite, sulfurisé, vélin, vergé*; et les mots suivants sont invariables : *bible, cadeau, Canson, carbone, chiffon, cristal, goudron, Ingres, Japon, joseph, Ozalid, simili-Japon, tue-mouches*. ♦ *Des papiers d'aluminium, des papiers aluminium-plastique. Papier-calque, papier-cuir, papier-émeri, papier-filtre, papier-monnaie, papier-parchemin, papier-pierre, papier-tenture.* ♦ *Un japon, des japons. Papier à l'émeri; des papiers d'affaires; papier à lettres, à cigarette(s); papier de verre; papier d'emballage; papier à musique; papiers de bord. Moulin à papier. La cocotte en papier, la flèche en papier sont des origamis.*
papier-calque n. m. *Des papiers-calque.*
papier-émeri n. m. *Des papiers-émeri.*
papier-filtre n. m. *Des papiers-filtres.*
papier-monnaie n. m. *Des papiers-monnaies.*
papilionacé, e adj. et n. f.
papillaire [-pilèr] adj.
papille [-pil ou -piy'] n. f.
papilleux, euse [-yeû, -yeûz] adj.
papillome [-pilom'] n. m.
papillon [papiyon] n. m. et adj. *La brasse papillon; des nœuds papillons.*
papillonite [-piyo-] n. f.
papillonnage [-piyo-] n. m.
papillonnement [-piyo-] n. m.
papillonner [-piyo-] v. int.
papillonneur, euse [-piyo-] n.
papillotage [-piyo-] n. m.
papillotant, e [-piyo-] adj.
papillote [-piyot] n. f.
papillotement [-piyo-] n. m.
papilloter [-piyoté] v. int.
papion n. m.
papisme [-is-] n. m.
papiste n.
papivore adj. et n.
papotage n. m.
papoter v. int.
papou, e adj. et n. *Des Papous.*
papouille n. f.

paprika n. m.
papule n. f.
papuleux, euse adj.
papy ou **papi** n. m.
papyrologie n. f.
papyrologue n.
papyrus [-us'] n. m.
paqson n. m. Quelquefois écrit PACSON.
pâque n. f. *Faire ses pâques; N.-S. célébra la pâque; manger la pâque; la pâque russe, juive.* ♦ N. m. sing. pour désigner la fête de Pâques. *Pâques est tard cette année; quand Pâques sera venu; à Pâques prochain.* ♦ N. f. pl. Ce même mot quand s'y ajoute une épithète. *Pâques fleuries; Pâques pluvieuses; joyeuses Pâques.* ♦ HOM. *L'île de Pâques.*
paquebot [-bo] n. m.
pâquerette n. f.
Pâques → pâque.
paquet n. m. (colis; objets enveloppés). *Des paquets de mer.* ♦ HOM. *pacquer* (trier et mettre le poisson en baril).
paquetage n. m.
paquet-cadeau n. m. *Des paquets-cadeaux.*
paqueté, e adj.
paqueteur, euse n.
paquet-poste n. m. *Des paquets-poste.*
par prép. *Passez par le jardin. Par-ci, par-là* (avec ou sans virgule); *par-deçà; par-dedans; par-dehors; par-delà; par-derrière; par-dessous; par-dessus; par-devant; par-devers. Par ailleurs; par contre; par en bas; par en haut; par ici; par là; de par. Sortez par là. Il faut en passer par là. Par aventure, par conséquent, par inadvertance, par mégarde, par ordre alphabétique, par parenthèse. Vote par tête.* ♦ *Par* est suivi du pluriel dans les expressions : *par bonds, par crises, par endroits, par instants, par intervalles, par lambeaux, par moments, par monts et par vaux, par périodes, par places, par saccades, par sauts, par secousses, par voies et par chemins*; ou dans les tournures : *classer par chapitres, par grandeurs, par groupes, par matières, par séries...; tomber par flocons, par masses...; compter par dizaines, par douzaines, par milliers, par millions, par paires, par unités...* ♦ *Par* est suivi du singulier quand on pourrait le remplacer par *pour chaque* : *distribuer une bouteille par personne; gagner tant par an, par jour, par semaine; charges par appartement.* ♦ La préposi-

tion *par* est quelquefois remplacée par la barre oblique. *Ce pays pétrolier fournit à la France 200 000 barils/jour.* ♦ Élément de loc. adv. *Elle est par trop naïve.* ♦ Élément de loc. prép. *Il voyagea de par le monde. De par la loi, vous devez partir.* ♦ HOM. une *part* (portion), tu *pars* (v. partir), tu *pares* (v. parer), un *part* (nouveau-né, en droit), un *parr* (jeune saumon), le *par* (parcours) de golf.

par n. m. (parcours idéal de golf). ♦ HOM. → par.

para- Préfixe soudé au mot qui suit *(parafiscalité)*, sauf si ce mot commence par *a, i, u, y (para-uvéite).*

para n. m. (monnaie yougoslave ou turque; abrév. de *parachutiste). Des paras.*

parabase n. f.

parabellum [-lom'] n. m. *Des parabellums.*

parabiose n. f.

parabole n. f.

parabolique adj.

paraboliquement adv.

paraboloïde n. m.

paracentèse [-sin-] n. f.

paracétamol n. m.

parachèvement n. m.

parachever v. t. *Je parachève, nous parachevons, je parachèverai(s).* Conjug. 15.

parachimie n. f.

parachronisme [-kro-] n. m.

parachutage n. m.

parachute n. m.

parachuter v. t.

parachutisme [-is-] n. m.

parachutiste n. et adj.

paraclet [-klè] n. m.

paraclinique adj.

parade n. f. *Ils font parade de.*

parader v. int.

paradeur, euse n.

paradichlorobenzène [-klorobin-] n. m.

paradigmatique adj.

paradigme n. m.

paradis n. m.

paradisiaque adj.

paradisier n. m.

parados [-do] n. m.

paradoxal, ale, aux adj.

paradoxalement adv.

paradoxe n. m.

paradoxisme [-is-] n. m.

parafe, parafer, parafeur → paraphe, parapher, parapheur.

paraffinage n. m.

paraffine n. f.

paraffiner v. t.

parafiscal, ale, aux adj.

parafiscalité n. f.

parafoudre n. m.

parage n. m.

paragraphe n. m. Symbole : §. → alinéa.

paragrêle adj.

paraguayen, enne adj. et n. (du Paraguay).

paraison n. f.

paraître v. int. Conjug. 62. → tableau VERBES X, B, 2°, 3°, p. 971.

parakératose n. f.

parakinésie n. f.

paralactique adj. ♦ HOM. → parallactique.

paralangage n. m.

paralexie n. f.

paralipomènes n. m. pl.

paralipse n. f.

paralittéraire adj.

paralittérature n. f.

parallactique adj. (qui se rapporte à la parallaxe). ♦ HOM. *paralactique* (de l'acide lactique dextrogyre).

parallaxe n. f.

parallèle adj. *Une police parallèle.* ♦ N. f. (ligne qui suit la même direction qu'une autre; tranchée en retrait de la principale et parallèle à celle-ci). ♦ N. m. (section perpendiculaire à l'axe d'une surface de révolution; sur le globe, cercle parallèle à l'équateur; portrait littéraire comparé de deux personnages).

parallèlement adv.

parallélépipède n. m.

parallélépipédique adj.

paralléliser v. t.

parallélisme [-is-] n. m.

parallélogramme n. m.

*****parallel positioning** = positionnement parallèle (transp.).

paralogique adj.

paralogisme [-is-] n. m.

paralysant, e adj.

paralysé, e adj. et n.

paralyser v. t.

paralysie n. f.

paralytique adj. et n.

paramagnétique adj.

paramagnétisme [-is-] n. m.

paramécie n. f.

paramédic*al, ale, aux* adj.
paramètre n. m.
paramétrer v. t. Conjug. 10.
paramétrique adj.
paramidophénol n. m.
paramilitaire adj.
paramimie n. f.
paramnésie n. f.
paranéoplasique adj.
parangon n. m.
parangonnage n. m.
parangonner v. t.
paranoïa n. f.
paranoïaque adj. et n.
paranoïde adj.
paranorm*al, ale, aux* adj.
paranthrope n. m.
parapente n. m.
parapentiste n. et adj.
parapet n. m.
parapétroli*er, ère* adj.
parapharmacie n. f.
paraphasie n. f.
paraphe n. m. Quelquefois écrit PARAFE.
parapher v. t. Quelquefois écrit PARAFER.
paraphern*al, ale, aux* adj.
parapheur n. m. Quelquefois écrit PARAFEUR.
paraphimosis [-zis'] n. m.
paraphrase n. f. → périphrase.
paraphraser v. t.
paraphras*eur, euse* n.
paraphrastique adj.
paraphrène adj. et n.
paraphrénie n. f.
paraphrénique adj.
paraphyse n. f.
paraplégie n. f.
paraplégique adj. et n.
parapluie n. m.
parapode n. m.
parapsychique adj.
parapsychologie [-psiko-] n. f.
parapsychologique [-psiko-] adj.
parapsychologue [-psiko-] n.
parapubl*ic, ique* adj.
parascève n. f.
parascolaire adj. et n. m.
parasexualité [-sèksua-] n. f.
parasismique [-sis-] adj.
parasitaire adj.
parasite n. m.
parasiter v. t.

parasiticide adj. et n. m.
parasitisme [-is-] n. m.
parasitologie n. f.
parasitose n. f.
parasol [-sol'] n. m.
parastat*al, ale, aux* adj.
parasympathique [-sin-] adj. et n. m.
parasympatholytique [-sin-] adj.
parasympathomimétique [-sin-] adj.
parasynthétique [-sin-] adj. et n. m.
parataxe n. f.
parathormone n. f.
parathyrine n. f.
parathyroïde n. f. et adj.
parathyroïdi*en, enne* adj.
parathyrostimuline n. f.
paratonnerre n. m.
parâtre n. m.
paratyphique [-tifi-] adj. et n.
paratyphoïde [-tifo-] adj. et n. f.
paravalanche n. m.
paravent [-van] n. m.
parbleu! interj.
parc n. m. *Des parcs nationaux.* ♦ HOM. il *parque* (v.), les *Parques* (divinités).
parcage n. m.
parc-auto(s) n. m. *Des parcs-autos.*
parcellaire adj.
parcellarisation n. f.
parcellariser v. t.
parcelle n. f.
parcellisation n. f.
parcelliser v. t.
parce que loc. conj. *Je vais voir le dentiste parce que* (attendu que, vu que, pour la raison que) *je souffre trop.* Ne pas confondre avec le groupe *par ce que* (par la chose que). *Il fut révolté par ce qu'il voyait. Par ce que tu me dis, je comprends mieux la situation.* Comparer : *Il ne nous intéresse que parce qu'il nous rapporte* (emploi intransitif du verbe : il rapporte, il représente un rapport) ; *il ne nous intéresse que par ce qu'il nous rapporte* (emploi transitif du verbe : il rapporte *ce*) ; dans la seconde phrase, il faut marquer l'arrêt après *par*.

Parce que ne s'élide que devant : *à, il, ils, elle, elles, on, un, une. Parce que ainsi il ne peut plus bouger.*
parchemin n. m.
parchemin*é, e* adj.
parcheminer v. t.
parchemin*eux, euse* adj.
parcheminier n. m.

parcimonie n. f.
parcimonieusement adv.
parcimonieux, euse adj.
par-ci, par-là loc. adv. S'emploie avec ou sans virgule.
par cœur loc. adv.
parcmètre [parkmètr] ou **parcomètre** n. m.
parcotrain n. m.
parcourir v. t. Conjug. 40.
parcours n. m. ♦ HOM. il *parcourt* (v. parcourir).
par-deçà, par-delà, par-dedans, par-dehors, par-derrière, par-dessous, par-dessus, par-devant, par-devers loc. adv.
pardessus n. m. (vêtement).
pardi! pardieu! interj.
pardon n. m.
pardonnable adj.
pardonner v. t. *Ils nous ont pardonné. Elles furent pardonnées.* ♦ V. pr. *Ils se sont pardonné.*
paré, e adj.
paréage ou **pariage** n. m.
pare-à-faux n. m. inv.
pare-avalanches n. m. inv.
pare-balles n. m. inv.
pare-boue n. m. inv.
pare-brise n. m. inv.
pare-chocs n. m. inv.
pare-douche n. m. *Des pare-douches.*
pare-éclats n. m. inv.
pare-étincelles n. m. inv.
pare-étoupilles n. m. inv.
pare-feu n. m. inv.
pare-fumée n. m. inv.
parégorique adj.
pare-gras n. m. inv.
pareil, pareille adj. *Des robes pareilles.* L'emploi de ce mot comme adverbe est incorrect (« elles sont habillées pareil »; il faudrait « pareillement »). L'expression *sans pareil* peut varier en genre et en nombre. *Des teints sans pareils; des festivités sans pareilles.* Il arrive quelquefois qu'on laisse le neutre après un nom au pluriel. *Des spectacles sans pareil* (sans rien de pareil). ♦ N. f. *Rendre la pareille.*
pareillement adv.
parélie → parhélie.
parélique → parhélique.
parement n. m.
parementer v. t.
parementure n. f.

parenchymateux, euse adj.
parenchyme n. m.
pare-neige n. m. inv.
parent, e n. (de la même famille). ♦ HOM. *parant* (v. parer). ♦ Homographe hétérophone : ils *parent* [par'] (v. parer).
parental, ale, aux adj. (des parents).
parentales ou **parentalies** n. f. pl.
parenté n. f.
parentèle n. f.
parentéral, ale, aux adj. (terme médical).
PARENTHÈSE n. f. *Par parenthèse; entre parenthèses.* → tableau en annexe p. 916.
paréo n. m.
parer v. t. (orner). ♦ Le singulier de l'imparfait de l'indicatif du verbe **parer** *(je parais, tu parais, il parait)* et le singulier du présent de l'indicatif et de l'impératif du verbe **paraître** *(je parais, tu parais, il parait, parais)* sont homophones. D'autre part, il y a homophonie au singulier du présent de l'indicatif et de l'impératif pour les verbes **parer** *(je pare, tu pares, il pare; pare)* et **partir** *(je pars, tu pars, il part; pars).*
parère n. m.
parésie n. f.
pare-soleil n. m. inv.
paresse n. f. *Des paresses d'esprit.* ♦ HOM. qu'il *paraisse* (v. paraître).
paresser v. int. Des homonymies se rencontrent, dans la conjugaison, avec le verbe **paraître** *(nous paressons, nous paraissons...).*
paresseusement adv.
paresseux, euse adj. et n.
paresthésie [-rèstézi] n. f.
pareur, euse n.
parfaire v. t. Se conjugue comme FAIRE (conjug. 51), mais ne se rencontre guère qu'à l'infinitif, à l'indicatif présent, au participe passé et aux temps composés.
parfait, e adj. et n. m.
parfaitement adv.
parfilage n. m.
parfiler v. t.
parfois adv.
parfondre v. t. Conjug. 67.
parfum n. m. *Des parfums. Ils sont au parfum.*
parfumer v. t.
parfumerie n. f.
parfumeur, euse n. et adj.
pargasite [-zit] n. f.

parhélie n. m. Quelquefois écrit PARÉLIE.
parhélique adj. Quelquefois écrit PARÉLIQUE.
pari n. m. (gageure). *Le pari mutuel urbain (P.M.U.); le pari de Pascal.* ♦ HOM. je parie (v. parier), *Paris* (ville). N'est pas homophone *Pâris* [-is'], fils de Priam, qui fut à l'origine de la guerre de Troie.
paria n. m.
pariade n. f.
pariage → paréage.
parian n. m.
paridé n. m.
paridigitidé adj. et n. m.
parier v. t. Conjug. 17.
pariétaire n. f.
pariétal, ale, aux adj.
pariétodynamique adj.
pariétographie n. f.
parieur, euse n.
parigot, e n.
paripenne, e adj.
Paris n. m. *Le comte, la conférence, l'école, le siège, le traité, la ville de Paris; monsieur de Paris* (le bourreau). *Le grand Paris.* → HOM. → pari.
paris-brest n. m. inv. (gâteau).
parisette n. f.
parisianisme [-is-] n. m.
parisien, enne adj. *La région parisienne; le Bassin parisien; il est parisien.* ♦ N. *Un Parisien; rôti à la parisienne.*
parisis [-zi] adj. inv. *Une livre parisis.*
parisyllabique [-si-] adj. et n. m.
paritaire adj.
paritarisme [-is-] n. m.
parité n. f.
parjure n. m. et adj.
parjurer (se) v. pr. *Elle s'est parjurée.*
*****parka** (samoyède) n. m. ou f. = manteau court.
*****park and ride** = parc relais (transp.).
parkérisation n. f.
parking [-in'g] n. m. imité de l'anglais. (parc à voitures, parc-auto[s], parcage, aire de stationnement). Nommé **car park* en Grande-Bretagne et **parking lot* aux États-Unis.
*****parking orbit** = orbite d'attente (spat.).
Parkinson (maladie de) loc. f.
parkinsonien, enne adj. et n.
parlant, e adj.
parlé, e adj. et n. m.
parlement n. m. *Le parlement français* (abs.: *le Parlement*); *à Versailles a siégé le Parlement* (réunion des deux assemblées législatives); *le parlement de Paris, sous l'Ancien Régime* (abs.: *le Parlement*); *conseiller au parlement; le parlement de Toulouse. Le Parlement anglais; le Long Parlement.* → assemblée.
parlementaire adj. et n.
parlementarisme [-is-] n. m.
parlementer v. int.
parler v. int. et t. *Parler bas, ferme, haut* (ces trois mots sont adverbes invariables); *parler affaires, chiffons, mode, musique, politique; parler d'abondance, à bâtons rompus, à cœur ouvert, à tort et à travers; à proprement parler. Trop parler nuit.* ♦ N. m. *Le parler wallon.*
Accord du participe passé. V. t. *Les langues qu'il a parlées. Elle aurait parlé plusieurs langues.* ♦ V. int. *Les deux heures qu'ils ont parlé. C'était l'époque où les jumeaux ont parlé. Ces hommes m'ont parlé en chinois.* ♦ V. pr. *Ils se sont parlé* (se est complément d'objet indirect). → tableau PARTICIPE PASSÉ III, F, 10°, p. 924.
parleur, euse n.
parloir n. m.
parlote n. f. Quelquefois écrit PARLOTTE.
parme n. m. et adj. inv.
parmélie n. f.
parmenture n. f.
parmesan, e adj. *L'université parmesane.* ♦ N. *Un Parmesan* (de Parme); *du parmesan* (fromage).
parmi prép.
parnassien, enne adj. *Les nymphes parnassiennes* (du Parnasse). ♦ N. *Les parnassiens* (groupe de poètes du XIXe siècle).
parodie n. f.
parodier v. t. Conjug. 17.
parodique adj.
parodiste n. et adj.
parodontal, ale, aux adj.
parodonte n. m.
parodontie [-si] n. f.
parodontologie n. f.
parodontolyse n. f.
parodontopathie n. f.
parodontose n. f.
paroi n. f.
paroir n. m.
paroisse n. f.
paroissial, ale, aux adj.
paroissien, enne n. m. et adj.
parole n. f. *Des paroles d'honneur; être de parole; des gens de parole; se payer de paroles.*

Paroles rapportées → tiret A et tableau GUILLEMETS 3°, 4°, 5°, 6°, p. 889.
paroli n. m.
parolier, ère n.
paronomase n. f.
paronyme n. m.
paronymie n. f.
paronymique adj.
paronyque n. f.
paroptique adj.
paros [-ros'] n. m. (marbre provenant de *Paros*).
parosmie n. f.
parotide adj. et n. f. (glande salivaire en avant de l'oreille). ♦ Ne pas confondre avec *carotide* (artère allant du cœur à la tête).
parotidectomie n. f.
parotidien, enne adj.
parotidite n. f.
parotie [-ti] n. f. (oiseau).
parotique adj.
parousie n. f.
paroxysmal, ale, aux adj.
paroxysme [-ksis-] n. m.
paroxysmique adj.
paroxystique adj.
paroxyton adj. et n. m.
paroxytonique adj.
paroxytonisme [-is-] n. m.
parpaigne adj. f.
parpaillot, e [-pa-yo, -yot] n.
parpaing [-pin] n. m.
parpelette n. f.
parpine n. f.
parquement n. m.
parquer v. t.
Parques n. f. *Les trois Parques de la mythologie étaient* : Clotho, Lachésis et Atropos. ♦ HOM. → parc.
parquet n. m.
parquetage n. m.
parqueter v. t. *Il parquette*. Conjug. 14.
parqueterie n. f.
parqueteur, euse adj. et n. m.
parqueur, euse n.
parquier, ère n.
parr n. m. ♦ HOM. → par.
parrain n. m.
parrainage n. m.
parrainer v. t.
parraineur n. m.
parricide n. et adj.
parse → parsi.

parsec n. m. (unité de mesure de longueur astronomique; abrév. de *parallaxe-seconde* : 3 parsecs ou 3 pc).
parsemer v. t. *Je parsème, nous parsemons, je parsèmerai(s)*. Conjug. 15.
parsi, e ou **parse** n. et adj.
parsisme [-sis-] n. m.
part n. f. *De part en part; de part et d'autre; de tou- te(s) part(s); en bonne part; en mauvaise part; faire part de quelque chose; une lettre de faire part; un faire-part. Mis à part les deux affaires; les deux affaires mises à part. Une demi-part; une double part; d'autre part; quelque part; à part moi, à part soi; ils sont à part; à part cela, c'est vrai; des gens à part.* ♦ Loc. adj. inv. *Des citoyens à part entière.* ♦ N. m. (enfant nouveau-né). *Supposition, suppression de part* (termes de droit pénal). ♦ HOM. → par.
partage n. m.
partageable adj.
partageant, e n.
partager v. t. *Nous partageons*. Conjug. 3.
partageur, euse adj.
partageux, euse n. et adj.
partance n. f.
partant, e n. *Voici le nom des partants*. ♦ Conj. *Plus d'amour, partant plus de joie* (La Fontaine). ♦ (participe présent du verbe partir). *Partant en vacances*.
partenaire n.
partenarial, ale, aux adj.
partenariat n. m.
parterre n. m.
parthe adj. et n. m. (langue des Parthes). ♦ HOM. qu'il *parte* (v. partir).
parthénogenèse n. f.
parthénogénétique adj.
parti n. m. *Un parti pris, des partis pris; en prendre son parti; tirer parti de. Prendre parti pour quelque chose ou quelqu'un* (mais on écrira : *prendre quelqu'un à partie*). *L'esprit de parti. Partis politiques.* ♦ Adj. *Elle est un peu partie* (elle a un peu bu). ♦ Adj., de l'ancien verbe *partir* (partager) dont le féminin est *partie* ou *partite*. *Mi-parti* → mi-. ♦ HOM. → partie.
parti, e ou **parti, tite** adj. (de l'ancien v. *partir*, partager). *Mi-parti* → mi-. ♦ HOM. → partie.
partiaire [-syèr] adj.
partial, ale, aux [-syal', -syo] adj. (qui favorise un parti).
partialement [-sya-] adv.

partialité [-sya-] n. f.
particelle n. f.
participant, e adj. et n.
participatif, ive adj.
participation n. f. *Des sociétés de participation; participation aux bénéfices; des associations en participation; la politique de participation.*
PARTICIPE n. m. Ainsi nommé parce qu'il participe du verbe et de l'adjectif. ♦ Le participe passé → tableau en annexe : ACCORD p. 917, PRINCIPE p. 918, VERBES PERSONNELS NON PRONOMINAUX p. 918, VERBES PERSONNELS PRONOMINAUX p. 926, VERBES IMPERSONNELS p. 930, PARTICIPES PASSÉS INVARIABLES p. 930. ♦ Le participe présent → tableau en annexe p. 932.
participer v. t. ind.
participial, ale, aux adj.
particulaire adj.
particularisation n. f.
particulariser v. t.
particularisme [-is-] n. m.
particulariste n. et adj.
particularité n. f.
particule n. f. *Particules élémentaires.*

■ Particules onomastiques. Pour les particules françaises *(de, du, des, le, la)* → tableaux MAJUSCULES B, 9°, p. 904 ; MINUSCULES A, 9°, p. 908 et TRAIT D'UNION, p. 953.

Particules étrangères : a) Les particules *der, of, 's, t', von, y, zu* s'écrivent en minuscules, *Van der Meersch, Montgomery of Alamein, 's Gravenhage, le maréchal von Rundstedt, José Feliu y Codina.*

b) Les autres particules *(De, Di, Del, Auf, Mac, Fitz, Van, Ter...)* prennent la capitale. *Cecil B. De Mille* (Américain), *Charles De Coster* (Belge), *Vittorio De Sica* (Italien), *Luca Della Robbia, Jean Van Eyck, Sean O'Casey.* Les Américains écrivent : *DeMille, DeGaulle.*
Exception : *Ludwig van Beethoven.*
→ Mac et tableau LANGUES ÉTRANGÈRES p. 894.

particulier, ère adj. et n. Voir en particulier (inv.)
particulièrement adv.
partie n. f. *La plus grande partie de; en tout ou en partie; 500 parties par million (500 p. p. m.); constitution de partie civile; être partie dans un procès. Prendre quelqu'un à partie. On ne peut être juge et partie. Faire partie de* → parti. Le mot *partie* s'associe à d'autres mots pour former certains noms composés : *surprise-partie, choucroute-partie, saucisson-partie...* Le pluriel se marque à chaque mot *(des surprises-parties).* ♦ HOM. *parti* (groupement ; résolution), il *partit* (v. partir).

partiel, elle adj. (qui ne s'applique qu'à une partie).
partiellement adv.
partinium [-nyom'] n. m. *Des partiniums.*
partir v. Indic. prés. : *je pars, il part, nous partons.* Imparf. : *je partais.* Passé simple : *je partis.* Futur : *je partirai.* Impératif : *pars, partons.* Subj. prés. : *que je parte, que nous partions.* Imparf. : *que je partisse, qu'il partît.* Partic. : *partant; parti.* ♦ Le mot *partir* recouvre deux verbes différents : 1° (prendre le départ) v. int. Les temps composés se font avec *être. Ils sont partis pour Lyon.* 2° (partager) v. t. Ne s'emploie plus qu'à l'infinitif *(avoir maille à partir avec quelqu'un)* et dans un participe passé assez spécial *(un manteau mi-parti laine, mi-parti fourrure)* → mi-.

partisan, e adj. *Les passions partisanes.* ♦ N. *Une guerre de partisans.* Le féminin est rare. *C'est une partisane de la journée de travail continu.*
partita (ital.) n. f. = variation, pièce pour piano, suite de danses, etc. *Des partite.*
partiteur n. m.
partitif, ive adj. et n. m.
partition [-ti-syon] n. f.
partition (to) = segmenter, partager.
partitocratie n. f.
partnership = association, filiale (écon.).
parton n. m.
part-time = à temps partiel, à mi-temps.
part-time farm = exploitation à temps partiel.
part-time farmer = agriculteur à temps partiel.
partout adv.
partouzard, e n. et adj.
partouze n. f. Quelquefois écrit PARTOUSE.
partouzer v. int.
parturiente n. f.
parturition n. f.
parulie n. f.
parure n. f. (garniture). ♦ HOM. ils *parurent* (v. paraître).
parurerie n. f.
parurerie n. f.
parurier, ère n.
parution [-syon] n. f.
parvenir v. int. Conjug. 76. Les temps composés se font avec *être.*

parvenu, e n.
parvis [-vi] n. m.
pas n. m. *De ce pas; pas à pas; mettre au pas; un faux pas; aller à grands pas, à pas de géant; marcher à pas de loup; aller au pas, à pas comptés; aller bon pas. Un pas de clerc; salle des pas perdus; un pas redoublé; le pas (de) gymnastique. Il est sur le pas de la porte. Le pas de Calais* (détroit); *le Pas-de-Calais* (département). ♦ Élément de la loc. adv. *ne... pas. Il n'a pas froid.* N'est employé seul que dans des expressions isolées comme : *pas assez, pas beaucoup, pas seulement, pas trop.*

P.A.S. sigle m. (Acide) para-amino-salicylique.

pascal n. m. (unité de mesure : *3 pascals* ou *3 Pa*). ♦ N. m. sing. (langage informatique). ♦ HOM. *Pascal* (écrivain), *pascal* (adj.)

pascal, ale, aux ou **als** adj. *Des cierges pascaux/ pascals. L'agneau pascal.* ♦ HOM. → pascal.

pascalien, enne adj.

pascal-seconde n. m. (unité de mesure : *3 pascals- seconde* ou *3 Pa.s*)

pas-d'âne n. m. inv. (plante; garde d'épée).

*****pasdaran** (iranien) = gardien de la révolution.

pas-de-géant n. m. inv. (appareil de gymnastique).

pas-de-porte n. m. inv. (argent versé pour obtenir un droit).

*****paseo** (esp.) = défilé, promenade.

pas-grand-chose n. inv. (personne peu recommandable).

pashtoun → pachtoun.

*****Pasionaria** (esp.) n. f. = passionnée, enthousiaste.

paso doble [pa-sodobl] n. m. inv.

pasquin n. m.

pasquinade n. f.

passable adj.

passablement adv.

passacaille n. f.

passade n. f.

passage n. m. *Des lieux de passage; des oiseaux de passage; des passages à niveau.*

*****passage of lines** = passage de lignes (déf.).

passager, ère adj. et n.

passagèrement adv.

passant, e adj. et n. *Une rue passante.*

passation n. f.
passavant n. m.
passe n. f. *Des mots de passe; être en passe de réussir.*

passé, e adj. *Tapisserie aux couleurs passées; à midi/ minuit passé; à dix heures passées.* ♦ partic. passé. *Elle est passée par cette rue.* ♦ N. m. *Le passé de cet homme. Le passé antérieur.* ♦ Prép., précédant le nom. *Passé vingt-deux heures, il faut éteindre.*

■ *Le passé simple.* Il faut veiller à ne pas confondre le passé simple de l'indicatif avec l'imparfait du subjonctif pour la 3ᵉ personne du singulier. *Hier, il revint, mangea et but* (ce sont des faits certains : indicatif, passé simple). *Il aurait fallu qu'il revînt, mangeât et bût* (c'est un souhait : subjonctif, imparfait).

Pour les verbes du 1ᵉʳ groupe, la prononciation de « je chantai » est [chan-té], alors que l'imparfait « je chantais » se dit [chan-tè].

passe-bande adj. inv.
passe-bas adj. inv.
passe-boules n. m. inv.
passe-carreau n. m. *Des passe-carreaux.*
passe-crassane n. f. inv.
passe-droit n. m. *Des passe-droits.*
passée n. f.
passe-haut adj. inv.
passéisme [-is-] n. m.
passéiste adj. et n.
passe-lacet n. m. *Des passe-lacets.*
passement n. m.
passementer v. t.
passementerie n. f.
passementier, ère n.
passe-montagne n. m. *Des passe-montagnes.*

*****passenger conveyor** = trottoir roulant (urb.).

passe-partout n. m. et adj. inv. *Des passe-partout. Des lieux communs passe-partout.*

passe-passe n. m. inv.
passe-pied n. m. *Des passe-pieds.*
passe-plat n. m. *Des passe-plats.*
passepoil n. m.
passepoilé, e adj.
passeport n. m.
passer v. int. et t. *Ils se sont passés de voiture. Ils se sont passé leurs caprices. Passé deux heures, nous partirons. Pas-*

sés depuis deux heures, les coureurs ne seront pas rejoints. → tableau PARTICIPE PASSÉ III, F, 10°, p. 924.

passerage n. f.
passereau n. m. *Des passereaux.*
passerelle n. f.
passériforme n. m.
passerine n. f.
passerinette n. f.
passerose n. f.
passet n. m.
passe-temps n. m. inv.
passe-thé n. m. inv.
passe-tout-grain n. m. inv.
passette n. f.
passeur, euse n.
passe-velours n. m. inv.
passe-volant n. m. *Des passe-volants.*
passe-vue n. m. *Des passe-vues.*
passible adj.
passif, ive n. m. *Le passif de la société.*
♦ Adj. *Une attitude passive.*

■ *Les verbes passifs.* La voix passive du verbe est expliquée à VERBE XI p. 974 et, pour les verbes pronominaux, à VERBE XII, D, p. 977.

Seuls les verbes transitifs directs (sauf *avoir* et *pouvoir*) peuvent être mis à la voix passive, mais les trois verbes *obéir, désobéir, pardonner,* autrefois transitifs directs, ont gardé la propriété d'être employés à la voix passive. *Ils n'entendaient pas être désobéis.* La langue populaire se permet même la tournure : *Ils ont été eus.*

La voix passive se fait entendre au moyen de l'auxiliaire *être,* sauf dans le cas d'un verbe pronominal. Le complément d'agent du verbe à la voix passive n'est pas toujours énoncé. *Ce garçon est admis à l'examen. Les masques étaient faits de carton.*

Pour reconnaître un verbe à la voix passive, il ne faut pas se satisfaire du seul fait qu'il s'accompagne de l'auxiliaire *être,* car certains verbes se conjuguent à la voix active avec *être* (voir la liste à VERBE VII, B). Pour les distinguer, on peut s'en tenir au critère suivant : le participe passé du verbe passif peut être précédé de « ayant été ». *Il est élu. Il est venu.* (*Ayant été élu* est seul possible : c'est un verbe à la voix passive.) *L'avion, bien piloté, se sortit de ce mauvais pas. L'avion, parti à l'heure, ne devait pas tarder à arriver.* (*Ayant été piloté* peut, seul, être imaginé : c'est un participe passé passif.) Il y a accord du participe passé avec le sujet quelle que soit la voix du verbe.

passifloracée n. f.
passiflore n. f.
***passim** (lat.) adv. = çà et là, en plusieurs endroits.
***passing shot** n. m. = tir passant (sport). *Des passing-shots.*
passion n. f. S'écrit avec une minuscule dans le sens général. *Réprimer ses passions ; la passion du jeu ; juger sans passion. La passion du Christ* (abs. : *la Passion*). *La semaine de la Passion, le récit de la Passion, le dimanche de la Passion.* Majuscule aussi pour les noms figurés : *fleur de la Passion* (passiflore), *clou de la Passion* (héraldique). Minuscule pour les représentations picturales ou théâtrales. *Jouer une passion ; peindre une passion.*
passioniste n. m.
passionnaire n. m.
passionnant, e adj.
passionné, e adj. et n.
passionnel, elle adj.
passionnellement adv.
passionnément adv.
passionner v. t.
passivation n. f.
***passive air defence** = défense anti-aérienne passive (déf.).
***passive heat insulation** = isolation thermique statique (urb.).
passivement adv.
passiver v. t.
***passive solar system** = système solaire passif (urb.).
passivité n. f.
passoire n. f.
pastel n. m. et adj. inv.
pasteller v. t.
pastelliste n.
pastenague n. f.
pastèque n. f. et adj. inv.
pasteur n. m. *Un pasteur protestant.* Spécialt : *le Bon Pasteur* (Jésus-Christ).
♦ HOM. le savant Louis *Pasteur.*
pasteurella n. f.
pasteurellose n. f.
pasteurien, enne adj. On dit également PASTORIEN, ENNE.
pasteurisation n. f.
pasteuriser v. t.
pastichage n. m.

pastiche n. m.
pasticher v. t.
pasticheur, euse n.
pastilla [pastiya] n. f.
pastillage n. m.
pastille n. f.
pastilleur, euse n.
pastis [-tis'] n. m.
pastoral, ale, aux adj. et n. f.
pastorat [-ra] n. m.
pastorien = pasteurien.
pastoureau n. m. *Des pastoureaux.*
pastourelle n. f.
pat [pat'] adj. inv. et n. m. *Ils sont pat* (aux échecs). ♦ HOM. → pâte.
patache n. f.
patachon n. m.
patagium [-jyom'] n. m. *Des patagiums.*
patafioler v. t.
patagon, onne adj. *La côte patagonne.* ♦ N. *Les Patagons* (de Patagonie).
pataouète n. m. et adj. *Ils parlaient pataouète.*
pataphysique n. f.
patapouf n. m.
pataquès [-kès'] n. m. → tableau LIAISONS, p. 902.
pataras [-ra] n. m. (étai de navire).
patard n. m.
patarin n. m.
patas [-tas'] n. m. (singe).
patate n. f.
patati, patata loc. inv.
patatras! interj.
pataud, e n. et adj.
Pataugas [-gas'] n. m. déposé inv.
pataugeage n. m.
pataugeoire n. f.
patauger v. int. *Il pataugeait.* Conjug. 3.
pataugeur, euse n.
*****patch** = timbre, pièce (méd.).
patchouli n. m.
*****patchwork** n. m. = couture d'assemblage, tissu en mosaïque, centon. Le *centon* (ou *centron*) était, chez les Romains, une couverture ou un manteau faits de morceaux disparates assemblés.
pâte n. f. *De la pâte dentifrice; des pâtes alimentaires.* → compote. ♦ HOM. *patte* (membre), être *pat* (aux échecs).
pâté n. m. *Des pâtés de foie, de gibier, de lapin, de lièvre, de sable, de volaille; du pâté d'alouette(s); des pâtés en croûte, en terrine; des pâtés maison. Un pâté de maisons.* ♦ HOM. une *pâtée* (nourriture d'animal), une croix *pattée* (héraldique).

pâtée n. f. ♦ HOM. → pâté.
patelin, e adj. et n. m. (souple et enjôleur). *Un air patelin.* ♦ N. m. (petit village). ♦ HOM. la Farce de Maître *Pathelin* (comédie).
patelinage n. m.
pateliner v. t. et int.
patelinerie n. f.
patelle n. f. (plat romain; mollusque).
patellaire adj.
patène n. f. (soucoupe pour une hostie).
patenôtre n. f.
patent, e adj.
*****patent** = persistant (méd.).
patentable adj.
patentage n. m.
patente n. f.
patenté, e adj. et n.
patenter v. t.
pater [-tèr'] n. m. *Les paters du chapelet* (grains). Avec une majuscule, c'est le mot latin invariable qui désigne la prière. *Il marmonnait des Pater.* → avé. ♦ HOM. → patère.
patère n. f. (support mural). ♦ HOM. *Pater noster* (prière), *pater* (du chapelet).
*****pater familias** (lat.) n. m. = père de famille.
paternalisme [-is-] n. m.
paternaliste n. et adj.
paterne adj.
paternel, elle adj. et n. m.
paternellement adv.
paternité n. f.
pâteux, euse adj.
pathétique adj. et n. m.
pathétiquement adv.
pathétisme [-is-] n. m.
*****pathfinder** = orienteur-marqueur.
-pathie n. f. (souffrance animale). Du grec *pathos* (affection, souffrance) et *pathein* (sensation), ce radical est abondamment employé en préfixe (*pathogène, pathologie...*) et en suffixe : *adénopathie* (ganglions lymphatiques), *myopathie* (muscles), *néphropathie* (rein), *névropathie* (système nerveux), *ostéopathie* (os)...; *antipathie, sympathie, télépathie...*
pathogène adj.
pathogenèse n. f.
pathogénie n. f.
pathogénique adj.
pathognomonique adj.
pathologie n. f.
pathologique adj.

pathologiquement adv.
pathologiste n. et adj.
pathomane n. (amateur de maladies).
pathomimie n. f.
pathos [-tos'] n. m.
patibulaire adj.
patiemment [-syaman] adv.
patience [-syans] n. f. ♦ Interj. *Patience!*
patient, e adj. et n.
patienter v. int.
*****patient lifter** = lève-malade.
patin n. m. *Patins à roulettes; patins à glace.*
patinage n. m.
patine n. f.
patiner v. int. et t.
patinette n. f.
patineur, euse n.
patinoire n. f.
*****patio** (esp.) [patyo] n. m. = cour intérieure.
pâtir v. int. du 2ᵉ gr. Conjug. 24. → pâtisser.
pâtis [-ti] n. m.
pâtisser v. int. et t. Les verbes **pâtir** et **pâtisser** sont identiques à l'imparfait de l'indicatif *(je pâtissais...)*, au présent du subjonctif *(que je pâtisse...)* et au participe présent *(pâtissant)*.
pâtisserie n. f.
pâtissier, ère adj. et n.
pâtisson n. m.
patoche n. f.
patois, e adj. et n. m.
patoisant, e adj. et n.
patoiser v. int.
pâton n. m.
patouiller v. int.
patraque adj. et n. f.
pâtre n. m.
patriarcal, ale, aux adj.
patriarcalement adv.
patriarcat [-ka] n. m.
patriarche n. m.
patrice n. m. (dignité romaine). ♦ HOM. *Patrice* (prénom).
patricial, ale, aux adj.
patriciat [-sya] n. m. (dignité de patrice ou de patricien). ♦ HOM. *Patricia* (prénom).
patricien, enne n. et adj. Le *patricien* romain est noble ou issu d'une ancienne famille. ♦ Ne pas confondre avec *praticien* (qui possède la pratique d'un art).
patriclan n. m.
patrie n. f.

patrilignage n. m.
patrilinéaire adj.
patriloc*al*, *ale*, *aux* adj.
patrimoine n. m.
patrimoni*al*, *ale*, *aux* adj.
patriotard, e adj. et n.
patriote adj. et n.
patriotique adj.
patriotiquement adv.
patriotisme [-is-] n. m.
patristique adj. et n. f.
patrologie n. f.
patr*on*, *onne* n.
patronage n. m.
patron*al*, *ale*, *aux* adj.
patronat [-na] n. m. (autorité du patron; ensemble des employeurs). ♦ HOM. il *patronna* (v.).
patronner v. t.
patronnesse adj. f.
patronyme n. m.
patronymie n. f.
patronymique adj.
patrouille n. f.
patrouiller v. int.
patrouilleur n. m.
patte n. f. *Écriture en pattes de mouche; des coups de patte; montrer patte blanche; ne remuer ni pied ni patte; faire patte de velours. Pattes d'épaule. Pattes de lapin.* ♦ HOM. → pâte.
patté, e adj. ♦ HOM. → pâté.
patte-de-loup n. f. *Des pattes-de-loup.*
patte-d'oie n. f. (petites rides près de l'œil; carrefour de routes). *Des pattes-d'oie.*
patte-mâchoire n. f. *Des pattes-mâchoires.*
pattemouille n. f.
patte-nageoire n. f. *Des pattes-nageoires.*
*****pattern** = modèle, patron, configuration, structure, tableau; forme (inf.).
*****pattern matching** = appariement de formes (spat.); filtrage (inf.).
pattinsonage n. m.
pattu, e adj.
patuline n. f.
pâturable adj.
pâturage n. m.
pâture n. f. *La vaine pâture.*
pâturer v. int. et t.
pâturin n. m. (plante).
paturon n. m. (bas de la jambe du cheval).

pauchouse → pochouse.

paucibacillaire adj.

paulette n. f. (taxe de l'Ancien Régime). ♦ HOM. *Paulette* (prénom).

paulien, enne adj. (à propos d'une créance).

paulinien, enne n. et adj. (relatif à saint Paul).

paulinisme [-is-] n. m.

pauliste n. m.

paulownia [polo-nya] n. m.

paume n. f. *La paume de la main; le jeu de paume.* ♦ HOM. → pomme.

paumé, e adj. et n. ♦ HOM. → pommé.

paumelle n. f. ♦ HOM. → pommelle.

paumer v. t.

paumier n. m. (daim de cinq ans).

paumoyer v. t. Conjug. 6.

paumure n. f.

paupérisation n. f.

paupériser v. t.

paupérisme [-is-] n. m.

paupière n. f.

paupiette n. f.

pause n. f. (temps de repos). *Faire une pause vers dix heures; la pause-café, des pauses-café; pause entre deux rounds de boxe; une demi-pause* (silence en musique). ♦ HOM. → pose.

pause-café n. f. *Des pauses-café.*

pauser v. int. ♦ HOM. → poser.

pauvre adj. et n.

pauvrement adv.

pauvresse n. f.

pauvret, ette n.

pauvreté n. f.

pavage n. m. *Types de pavage : opus antiquum, opus incertum* (pierres irrégulières); *opus insertum, opus isodomum* (dalles égales); *opus quadratum* (carrés et rectangles); *opus reticulum* (losanges).

pavane n. f.

pavaner (se) v. pr. *Ils se sont pavanés.*

pavé n. m.

pavement n. m.

paver v. t.

paveur n. m.

pavie n. f. (variété de pêche). ♦ HOM. *Pavie* (ville).

pavillon n. m. *Des pavillons de complaisance.*

pavillonnaire [-viyo-] adj.

pavillonnerie [-viyo-] n. f.

pavimenteux, euse adj.

pavlovien, enne adj.

pavois n. m.

pavoisement n. m.

pavoiser v. t. et int.

pavot n. m.

payable adj.

payant, e adj. et n.

paye → paie.

payement → paiement.

payer [pè-yé] v. t. Conjug. 8. *Payer en espèces, en nature; se payer d'audace, de paroles, de mots.* ♦ V. pr. *Ils se sont payé une sortie.*

payer-prendre n. m. inv.

payeur, euse adj. et n.

**payload = charge utile (spat., déf.).

**payload telemetry mode = mode de transmission optique des données (spat.).

**pay per view = télévision à la carte, paiement à la consommation, payer pour voir (aud.).

**payphone set = Publiphone.

pays [pé-i] n. m. *Un pays de montagnes, de plaines, de savanes; un pays de chasse, de cocagne; en pays de connaissance; un pays sous-développé, en voie de développement. Le pays de Galles; le Pays de Loire* (région économique); *le pays d'Auge; le Pays basque.*

paysage [pé-i-zaj] n. m.

paysagé, e adj.

paysager, ère adj.

paysagiste n. et adj.

paysan, anne n. et adj.

paysannat [-zana] n. m.

paysannerie n. f.

payse [pé-iz] n. f.

pay television ou **pay-T.V. = télévision à accès conditionnel, télévision à péage.

P.A.Z. sigle m. Plan d'aménagement de zone.

pc Symbole du *parsec*.

**PC (*personal computer) = ordinateur individuel.

P.C. sigle m. Poste de commandement. Parti communiste.

PCB sigle m. Polychlorobiphényle.

Pcc sigle adv. Pour copie conforme.

**P.C.M. (*pulse code modulation) = modulation par impulsions et codage, ou MIC (télécom.).

**P.C.M. image (*pulse code modulation image) = image M.I.C. (modulation par impulsions et codage).

P.-D.G. sigle m. Président-directeur général.

péage n. m.

péager, **ère** n. et adj.

péagiste n.

*****peak flow** = débit de pointe (agr.).

*****peak shaving** = période de pointe de consommation.

péan n. m. Quelquefois écrit PÆAN.

*****peasant farm** = exploitation paysanne.

*****peasant farming** = agriculture paysanne.

peau n. f. *Des peaux de mouton(s); des peaux de bananes; faire peau neuve; des gants de peau; vêtu de peaux de bêtes; peau de balle; peau de zébi; une peau d'âne* (un diplôme); *Peau-d'Âne* (conte de Perrault). ♦ HOM. *pot* (vase), *Pau* (ville), *Pô* (fleuve).

peaucier n. et adj. m. ♦ HOM. → peaussier.

peau de soie n. f. (étoffe de soie épaisse, douce et satinée). ♦ Ne pas confondre avec *pout-de-soie* (étoffe de soie unie, sans lustre, à gros grain).

peaufiner v. t.

peau-rouge adj. et n. *Des Peaux-Rouges.*

peausserie n. f.

peaussier, **ère** n. et adj. (tanneur). ♦ HOM. *peaucier* (muscle).

pébrine n. f.

pébroc n. m. Quelquefois écrit PÉBROQUE.

pec adj. m. *Des harengs pecs.* ♦ HOM. → pecque.

pécaïre! interj.

pécan n. m. et adj. inv. (fruit du caryocar). *Des noix pécan.* ♦ HOM. *peccant* (mauvais), *pékan* (martre du Canada).

pécari n. m.

peccable adj.

peccadille n. f.

peccant, **e** adj. *Humeurs peccantes* (nuisibles, mauvaises). ♦ HOM. → pécan.

pechblende [pèch-blind] n. f.

pêche n. f. (fruit; action de pêcher; poisson pêché). *Des pêches Melba; des noyaux de pêche. La pêche à la truite; pêche au coup, au filet, au lancer, au vif, au lamparo, à la traîne.* ♦ HOM. il *pêche* du poisson, il *pèche* par omission.

péché n. m. (faute contre la morale ou la loi religieuse). *Les sept péchés capitaux sont :* l'orgueil, l'envie, l'avarice, la luxure, la gourmandise, la colère, la paresse. *À tout péché miséricorde.* ♦ HOM. *pêcher* (fauter), un *pêcher* (arbre), *pêcher* un poisson.

pécher v. int. (manquer à une règle). Conjug. 10. ♦ HOM. → péché.

pêcher n. m. (arbre fruitier). ♦ HOM. → péché.

pêcher v. t. *Pêcher en eau trouble.* ♦ HOM. → péché.

pechère → peuchère!

pêcherie n. f.

pêchette n. f.

pécheur, **eresse** n. (qui commet un péché).

pêcheur, **euse** n. et adj. (qui pratique la pêche).

Pechiney (firme).

pécloter v. int.

pécole n. f.

pécoptéris [-ris'] n. m.

pécore n. f.

pecorino [pé-] n. m. (fromage).

pecque n. f. (femme sotte et prétentieuse). ♦ HOM. hareng *pec* (fraîchement salé), *Le Pecq* (ville).

pecten [pèktèn'] n. m.

pectine n. f.

pectiné, **e** adj.

pectique adj.

pectoral, **ale**, **aux** adj. et n. m.

péculat [-la] n. m.

pécule n. m. (petit capital).

pécune n. f. (ressources).

pécuniaire adj. *Au point de vue pécuniaire; des ennuis pécuniaires.*

pécuniairement adv.

péd- le préfixe *péd-* a trois origines et trois sens :
a) du latin *pedis* (pied) : pédestre, pédicure;
b) du grec *pedon* (sol) : pédologie, pédogenèse;
c) du grec *paidos* (enfant) : pédiatre, pédagogue.

pédagogie n. f.

pédagogique adj.

pédagogiquement adv.

pédagogue n.

pédalage n. m.

pédale n. f.

pédaler v. int.

pédaleur, **euse** n.

pédalier n. m.

pédalo n. m.

*****pedal shaker** = vibreur de palonnier (déf.).

pédant, **e** n. et adj.

pédanterie n. f.

pédantesque adj.
pédantisme [-is-] n. m.
pédé n. m.
pédéraste n. m.
pédérastie [-ti] n. f.
pédérastique adj.
pédèse n. f.
pédestre adj.
pédestrement adv.
*****pedestrian thoroughfare** = rue piétonnière.
pédiatre n.
pédiatrie n. f.
pédiatrique adj.
*****pedibus** (lat.) adv. = à pied.
pédicellaire n. m.
pédicelle n. m.
pédicellé, e adj.
pédiculaire adj. et n. f.
pédicule n. m.
pédiculé, e adj.
pédiculicide n. et adj.
pédiculose n. f.
pédicure n.
pédicurie n. f.
pédieux, *euse* adj.
*****pedigree** n. m. = généalogie.
pédiluve n. m.
pédimane n. m.
pédiment n. m.
pédipalpe n. m.
pédiplaine n. f.
pédodontie [-si] n. f.
pédogenèse n. f.
pédologie n. f. (étude des sols, des terrains).
pédologie ou **paidologie** n. f. (étude de l'enfant).
pédologue n. (spécialiste de l'étude des sols).
pédomètre → podomètre.
pédonculaire adj.
pédoncule n. m.
pédonculé, e adj.
pédophile n. et adj.
pédophilie n. f.
pédopsychiatre [-kyatr] n.
pédopsychiatrie [-kya-] n. f.
pedum [pédom'] n. m. *Des pedums.*
pedzouille n.
*****peeling** n. m. = exfoliation, desquamation; rajeunissement de la peau.
*****peep-show** = cabine de voyeur.

pégase n. m. (poisson). ♦ HOM. *Pégase* (cheval ailé de la mythologie; constellation).
P.E.G.C. sigle m. Professeur d'enseignement général des collèges.
pegmatite n. f.
pègre n. f.
pehlvi ou **pahlavi** n. m.
peignage n. m.
peigne n. m. (instrument à dents). *Passer au peigne fin.* ♦ HOM. il *peigne* (v. peigner), qu'il *peigne* (v. peindre).
peigné, e adj. et n.
peigne-cul n. m. *Des peigne-culs.*
peigner v. t. ♦ Les verbes **peigner** et **peindre** sont identiques au pluriel du présent de l'indicatif *(nous peignons, vous peignez, ils peignent)*, à l'imparfait de l'indicatif *(je peignais, tu peignais, il peignait, nous peignions, vous peigniez, ils peignaient)*, au pluriel de l'impératif *(peignons, peignez)*, au présent du subjonctif *(que je peigne, que tu peignes, qu'il peigne, que nous peignions, que vous peigniez, qu'ils peignent)* et au participe présent *(peignant)*.
peigneur, euse adj. et n.
peignier, ère n. et adj.
peignoir n. m.
peignures n. f. pl.
peilles n. f. pl. (chiffons). ♦ HOM. paye (paiement).
peinard, e [pénar'] adj. *En père peinard.*
peindre v. t. Conjug. 31. → peigner.
peine n. f. *Des peines de droit commun; sans peine; à peine; sous peine de; à peine de; à grand-peine* ou *à grande peine; des hommes de peine; avoir peine à croire; toute peine mérite salaire.* ♦ HOM. il *peine* (v. peiner), une *penne* (plume; aileron de flèche; tête d'antenne marine), un *pêne* de serrure (verrou).
peiné, e adj.
peiner v. t. et int.
peintre n.
peintre-graveur, euse n. *Des peintres-graveuses.*
peinture n. f.
peinturer v. t.
peinturlurer v. t.
péjoratif, ive adj. et n. m.
péjoration n. f.
péjorativement adv.
pékan n. m. ♦ HOM. → pécan.
pékin n. m. (celui qui n'est pas militaire). Quelquefois écrit PÉQUIN. ♦ HOM. *Pékin* (ou Beijing, ville).

pékiné, e adj. et n. m.
pékinois, e adj. *Un temple pékinois.* ♦ N. *Les Pékinois* (habitants de Pékin); *le pékinois* (langue officielle de la Chine); *un pékinois* (petit chien).
pelade n. f.
pelage n. m.
pélagianisme [-is-] n. m.
pélagien, enne adj. et n. ♦ HOM. → pélasgien.
pélagique adj. ♦ HOM. → pélasgique.
pelagos [-os'] n. m.
pélamide ou **pélamyde** n. f.
pelard adj. m. *Du bois pelard.*
pélargonium [-nyom'] n. m. *Des pélargoniums.*
pélasgien, enne [-lajyin, -jyèn'] adj. (relatif aux Pélasges, peuple de la Grèce antique). ♦ HOM. *pélagien* (relatif au moine Pélage ou à sa doctrine).
pélasgique [-lajik] adj., équivalent de *pélasgien.* ♦ HOM. *pélagique* (relatif à la haute mer).
pelé, e adj. et n.
pélécaniforme n. m.
pélécypode n. m.
péléen, enne [-lé-in, -lé-èn'] adj.
pêle-mêle n. m. inv. et loc. adv.
peler v. t. et int. *Il pèle.* Conjug. 11.
pèlerin, e n. *Une pèlerine* (femme en pèlerinage; vêtement).
pèlerinage n. m.
péliade n. f.
pélican n. m.
pelisse n. f.
pellagre n. f.
pellagreux, euse adj. et n.
pelle n. f. (outil). ♦ HOM. *il pèle* (v. peler).
pelle-bêche n. f. *Des pelles-bêches.*
pelle-pioche n. f. *Des pelles-pioches.*
peller v. t. Employé pour *pelleter.*
pellet n. m.
pelletage n. m.
pelletée n. f.
pelleter [pèté] v. t. *Il pellette* [pèlt'], *nous pelletons* [pèlton]. Conjug. 14.
pelleterie n. f.
pelleteur, euse n.
pelletier, ère adj. et n.
pelletiérine n. f.
pelletisation n. f.
pelliculage n. m.
pelliculaire adj.
pellicule n. f.
pelliculé, e adj.
pelliculer v. t.
pelliculeux, euse adj.
pelliplaqué, e adj.
pellucide adj.
pélobate n. m.
pélodyte n. m.
péloponnésien, enne adj. *Une île péloponnésienne.* ♦ N. *Un Péloponnésien* (du Péloponnèse).
pelotage n. m.
pelotari n. m.
pelote n. f. *Des joueurs de pelote basque.*
peloter v. t.
peloteur, euse adj. et n.
peloton n. m.
pelotonnement n. m.
pelotonner v. t.
pelouse n. f.
pelta n. f. (bouclier grec). Quelquefois écrit PELTE.
peltaste n. m.
pelté, e adj.
peluche n. f.
peluché, e adj. Quelquefois écrit PLUCHÉ.
pelucher v. int. Quelquefois écrit PLUCHER.
pelucheux, euse adj. Quelquefois écrit PLUCHEUX.
pelure n. f. et adj. *Des papiers pelures.*
pélusiaque adj.
pelvien, enne adj.
pelvigraphie n. f.
pelvis [-vis'] n. m.
*****pemmican** n. m. = viande desséchée.
pemphigus [panfigus'] n. m.
pénal, ale, aux adj.
pénalement adv.
pénalisant, e adj.
pénalisation n. f.
pénaliser v. t.
pénaliste n.
pénalité n. f.
*****penalty** n. m. = pénalité, coup de pied de réparation, tir de 11 m, tir de réparation (sport). *Des *penaltys* (anglais). L'expression « épreuve de penaltys » (pl. français) est à remplacer par « tirs au but ».
pénate adj. *Un dieu pénate.* Le mot n'est plus employé que comme nom masculin au pluriel. *Regagner ses pénates.*
penaud, e adj.
*****pence** → *penny.
penchant n. m. *Un mauvais penchant.* ♦ HOM. *penchant* (v. pencher).

penché, e adj. *Cette muraille est penchée.* ♦ Adv. *Elle écrit penché.*

pencher v. t. et int.

pendable adj.

pendage n. m.

pendaison n. f.

pendant, e adj. *L'affaire était pendante.* ♦ Partic. prés. *La langue pendant hors de la bouche.* ♦ N. m. *Des pendants d'oreilles. Ce vase est le pendant de l'autre.* ♦ Prép., précédant le nom. *Pendant la nuit, il s'échappa.* ♦ Élément de la loc. conj. *pendant que.*

pendard, e n.

pendeloque n. f.

pendentif n. m.

penderie n. f.

pendiller v. int.

pendillon n. m.

pendoir n. m.

pendouiller v. int.

pendre v. t. et int. Conjug. 67. *Cela lui pend au nez.*

pendu, e adj. et n.

pendulaire adj.

pendule n. m. (corps oscillant suspendu à un fil). ♦ N. f. (horloge à balancier).

penduler v. int.

pendulette n. f.

pendulier, ère n.

pêne n. m. ♦ HOM. → peine.

pénéplaine n. f.

pénétrabilité n. f.

pénétrable adj.

pénétrance n. f.

pénétrant, e adj. et n. f.

pénétration n. f.

pénétré, e adj.

pénétrer v. t. et int. *Je pénètre, nous pénétrons, je pénétrerai(s).* Conjug. 10. *Ils se sont pénétrés de cette vérité.*

pénétromètre n. m.

pénibilité n. f.

pénible adj.

péniblement adv.

péniche n. f.

pénichette n. f.

pénicillé, e [-silé] adj.

pénicillinase [-sili-] n. f.

pénicilline [-silin'] n. f.

pénicillinorésistant, e [-sili-] adj.

pénicillium [-silyom'] n. m. *Des pénicilliums.*

pénien, enne adj.

pénil [-nil'] n. m.

péninsulaire adj.

péninsule n. f. *La péninsule Ibérique.*

pénis [-nis'] n. m.

pénitence n. f.

pénitencerie n. f. *La Sacrée Pénitencerie* (ancien tribunal du Saint-Siège).

pénitencier n. m.

pénitent, e adj. et n.

pénitentiaire adj. *Le personnel pénitentiaire.*

pénitentiaux adj. m. pl. *Les psaumes pénitentiaux.*

pénitentiel, elle adj. et n. m.

pennage n. m.

penne n. f. ♦ HOM. → peine.

penné, é adj.

penniforme adj.

pennon [pé-] n. m. → penon.

pennsylvanien, enne [pèn'-] adj. *La sidérurgie pennsylvanienne.* ♦ N. *Un Pennsylvanien* (de Pennsylvanie).

*****penny** n. m. (monnaie anglaise qui valait 1/240 de livre sterling jusqu'au 15 février 1971, et vaut depuis 1/100 de livre sterling). Ce mot a deux pluriels : *pence* quand il s'agit de la valeur, *pennies* quand il s'agit de plusieurs pièces de 1 penny.

pénologie n. f.

pénombre n. f.

penon n. m. (girouette légère indiquant la direction du vent). ♦ Ne pas confondre avec *pennon* (oriflamme de lance).

pensable adj.

pensant, e adj.

pense-bête n. m. *Des pense-bêtes.*

pensée n. f. ♦ HOM. → panser.

penser v. int. et t. *Pense à ton travail* (impératif). *Penses-tu réussir?* (indicatif). *Elle est plus cruelle que je ne l'avais pensé.* ♦ HOM. → panser.

penseur, euse n. (personne qui réfléchit). *Un libre penseur; une libre penseuse.* ♦ HOM. *panseur* (qui fait le pansement ou le pansage).

pensif, ive adj.

pension n. f. *Des pensions d'ancienneté de service.*

pensionnaire n.

pensionnat [-na] n. m.

pensionné, e adj. et n.

pensionner v. t.

pensivement adv.

pensum [pinsom'] n. m. *Des pensums.*

penta- [pinta] Ce préfixe se soude à ce qui suit *(pentaèdre)*. Devant *a, o, u,* il devient *pent- (pentarque)*.
pentacle [pin-] n. m.
pentacorde [pin-] n. m.
pentacrine [pin-] n. f.
pentadactyle [pin-] adj.
pentadécagone → pentédécagone.
pentaèdre [pin-] adj. et n. m.
pentagon*al, ale, aux* [pin-] adj.
pentagone [pin-] n. m. Spécialt : *le Pentagone* (de Washington).
pentamère [pin-] adj. et n. m.
pentamètre [pin-] n. m.
pentane [pin-] n. m.
pentanol [pin-] n. m.
pentapole [pin-] n. f.
pentarchie [pin-] n. f.
pentathlon [pintatlon] n. m.
pentatome [pin-] n. f.
pentatonique [pin-] adj.
pentavalent, e [pin-] adj.
pente n. f. (déclivité). *Une pente limite, des pentes limites. Des ruptures de pente ; des lignes de pente.* ♦ HOM. un *pante* (homme à exploiter, en argot).
pentécontore [pin-] n. f.
pentecôte n. f. (cinquantième jour). Spécialt : *la Pentecôte juive ; la Pentecôte chrétienne.*
pentecôtisme [-is-] n. m.
pentecôtiste n. et adj.
pentédécagone ou **pentadécagone** [pin-] n. m.
Penthièvre [pin-] (duché ; personnage).
penthiobarbital [pintyo-] n. m. *Des penthiobarbitals.*
Penthotal [pin-] n. m. déposé inv.
penthrite [pin-] n. f.
pentode ou **penthode** [pin-] n. f.
pentose [pin-] n. m.
pentu, e adj.
penture n. f.
penty [pèn'ti] n. m. *Des pentys.*
pénultième n. f. et adj.
pénurie n. f.
péon [pé-on'] n. m. *Des péones.*
*****people mover** = système de transfert (transp.).
péotte n. f.
*****pep** ou *****punch** n. m. = brio, dynamisme, élan, vigueur, vitalité, choc, influence, effet, énergie, rapidité, alacrité, force, entrain, pétulance, vivacité.

pépé n. m.
pépée n. f.
pépère n. m. et adj.
pépérin n. m.
pépettes n. f. pl. Quelquefois écrit PÉPÈTES.
pépie n. f.
pépiement n. m.
pépier v. int. Conjug. 17.
pépin n. m.
pépinière n. f.
pépiniériste n. et adj.
pépite n. f.
péplum [-plom'] n. m. *Des péplums.*
pépon ou **péponide** n. m.
*****peppermint** n. m. = liqueur de menthe.
Pepsi-Cola n. m. déposé inv.
pepsine n. f.
peptidase n. f.
peptide n. m.
peptique adj.
peptone n. f.
péquenot n. m. Quelquefois écrit PECNOT ou PÉQUENAUD, E.
péquin → pékin.
péquiste n. et adj.
peracide n. m.
péramèle n. m.
perborate n. m.
perçage n. m.
percale n. f.
percaline n. f.
perçant, e adj.
*****per capita** (lat.) loc. = par tête.
perce n. f. *Mettre des tonneaux en perce. Cet outil est une perce. Les perces* (trous) *d'une clarinette.* ♦ HOM. la *Perse* (ou Iran), il *perce* (v. percer), de la *perse* (toile), couleur *perse.*
percée n. f.
percement n. m.
perce-muraille n. f. *Des perce-murailles.*
perce-neige n. f. inv.
perce-oreille n. m. *Des perce-oreilles.*
perce-pierre n. f. *Des perce-pierres.*
percept n. m.
percepteur n. m.
perceptibilité n. f.
perceptible adj.
perceptiblement adv.
percept*if, ive* adj.
perception [-syon] n. f.
perceptu*el, elle* adj.
percer v. t. et int. *Il perçait.* Conjug. 2.

percerette n. f.
perceur, euse n. et adj.
percevable adj.
percevoir v. t. Conjug. 28.
perchage n. m.
perche n. f. (tige; poisson). ♦ HOM. le *perche* (région).
*****perched water** = nappe perchée (agr.).
perchée n. f.
percher v. t. et int.
percheron, onne adj. *La moisson percheronne.* ♦ N. *Les Percherons* (du Perche), *un percheron* (cheval).
percheur, euse adj.
perchis [-chi] n. m.
perchiste n.
perchlorate [-klo-] n. m.
perchlorique [-klo-] adj.
perchlorure [-klo-] n. m.
*****perchman** n. m. = perchiste.
perchoir n. m.
perciforme adj. et n. m.
perclus, e adj. *Une femme percluse de douleurs.*
percnoptère n. m.
perçoir n. m.
percolateur n. m.
percolation n. f.
percomorphe adj. et n. m.
percussion n. f. *Armes à percussion; instruments de percussion.*
percussionniste n.
percutané, e adj.
percutant, e adj.
percuter v. t.
percuteur n. m.
percuti-réaction n. f. *Des percuti-réactions.*
perdable adj.
perdant, e adj. et n.
perdeur, euse n.
perditance n. f.
perdition [-syon] n. f.
perdre v. t. et int. Conjug. 67. *Perdre pied. Il s'y perd.*
perdreau n. m. *Des perdreaux.*
perdrigon n. m.
perdrix n. f.
perdu, e adj. *À corps perdu; à vos moments perdus. La salle des pas perdus. C'est peine perdue.*
perdurable adj.
perdurer v. int.
père n. m. *De père en fils. Dupont père et fils. Cochin le Père* (surnom). *Le père Anselme* (religieux ou non); *le révérend père Jérôme. Le Père supérieur.* Abréviation pour les religieux uniquement : *le P. Christophe; les PP. jésuites; le R.P. Jérôme. Un père blanc; les Pères Blancs* (pour désigner la société cléricale en général) → religieux. *Le Saint-Père; Dieu le Père; le Père éternel. Réciter des Notre-Père* (inv.); *le cimetière du Père-Lachaise.* ♦ *Les quatre Pères de l'Église grecque* sont les saints Athanase (patriarche d'Alexandrie), Jean Chrysostome (patriarche de Constantinople), Basile (évêque de Césarée) et Grégoire (évêque de Nazianze). *Les quatre Pères de l'Église latine* sont les saints Ambroise (évêque de Milan), Augustin (évêque d'Hippone), Jérôme (prêtre) et Grégoire le Grand (pape). ♦ HOM. *paire* (deux), *pair* (titre; égal; divisible par deux), je *perds* (v. perdre), *pers* (couleur).
pérégrin n. m.
pérégrination n. f.
péremption [-anpsyon] n. f.
péremptoire adj.
péremptoirement adv.
pérennant, e adj.
pérenne adj.
pérennisation n. f.
pérenniser v. t.
pérennité n. f.
péréquation [-kwa-syon] n. f.
*****perestroïka** (russe) n. f. = restructuration économique, réorganisation.
*****per fas et nefas** (lat.) = par tous les moyens, permis ou non.
perfectibilité n. f.
perfectible adj.
perfectif, ive adj. et n. m.
perfection [-syon] n. f.
perfectionnement n. m.
perfectionner v. t.
perfectionnisme [-is-] n. m.
perfectionniste n.
perfecto n. m.
perfide adj. et n.
perfidement adv.
perfidie n. f.
perfolié, e adj.
perforage n. m.
perforant, e adj.
perforateur, trice adj. et n.
perforation n. f.
perforer v. t.
performance n. f.

performant, e adj.
performatif, ive adj. et n. m.
*****performer** = performeur (sport).
performeur, euse n.
perfo-vérif n. inv. en genre. *Des perfo--vérifs.*
perfringens [pèrfrinjins'] adj. m. et n. m.
perfuser v. t.
perfusion n. f.
pergélisol [-sol'] ou **permagel** n. m. (sous-sol constamment gelé). Désigné également sous les noms de : **merzlota* (russe), **permafrost* (angl.), **tjäle* [tyèle] (suédois).
pergola n. f.
péri- Ce préfixe se soude au mot qui suit *(périandrique, périnéphrite)*, sauf si ce mot commence par un *i (péri-informatique).*
périanthaire adj.
périanthe n. m.
périarthrite n. f.
périastre n. m.
*****periastron** n. m. = périastre (astron., spat.).
péribole n. m.
péricarde n. m. (qui entoure le cœur).
péricardique adj.
péricardite n. f.
péricarpe n. m. (qui entoure le noyau du fruit).
périchondre [-kon-] n. m.
péricliter v. int.
péricrâne n. m.
péricycle n. m.
péridinien n. m.
péridot [-do] n. m.
péridotite n. f.
péridural, ale, aux adj.
périgée n. m.
périglaciaire adj.
périgordien n. m. (du paléolithique).
périgourdin, e adj. *Les truffes périgourdines.* ♦ N. *Un Périgourdin* (du Périgord).
périgueux n. m. (pierre noire). ♦ HOM. *Périgueux* (ville).
périhélie n. m.
péri-informatique n. f. *Des péri-informatiques.*
péril n. m. *Il n'y a pas péril en la demeure ; se mettre en péril ; à vos risques et périls ; au péril de sa vie ; échapper au péril ; hors de péril ; s'exposer aux périls ; en péril de mort.*
périlleusement adv.

périlleux, euse adj.
périmé, e adj.
périmer (se) v. pr. *Ils se sont périmés.*
périmètre n. m.
périnatal, ale, als adj.
périnatalité n. f.
périnatalogie n. f.
*****perinde ac cadaver** (lat.) = comme un cadavre.
périnéal, ale, aux adj.
périnée n. m.
périnéorraphie n. f.
périnéphrite n. f.
périnucléaire adj.
période n. f. *Par périodes.* ♦ N. m. (degré maximal où une chose, une personne sont arrivées). *Le plus haut période de sa gloire.* Ce mot masculin n'est que d'un emploi littéraire.
période-ligne n. f. *Des périodes-ligne.*
périodicité n. f. → tableau NOMBRES VII, p. 913.
périodique adj. et n. m.
périodiquement adv.
périodisation n. f.
périoste n. m.
périostite n. f.
péripate n. m.
péripatéticien, enne adj. et n.
péripatétisme [-is-] n. m.
péripétie [-si] n. f.
périphérie n. f.
périphérique adj. et n. m.
périphlébite n. f.
périphrase n. f. (manière détournée de s'exprimer). ♦ Ne pas confondre avec *paraphrase* (explication très détaillée).
périphrastique [-fras-] adj.
périple n. m.
périptère n. m. et adj.
périr v. int. du 2ᵉ gr. Conjug. 24. Les temps composés se font avec l'auxiliaire *avoir*. *Ils ont péri en mer.*
périscolaire adj.
périscope n. m.
périscopique adj.
périsélène [-sé-] n. m.
périsperme n. m.
périssable adj.
périssodactyle n. m.
périssoire n. f.
périssologie n. f.
péristaltique adj.
péristaltisme [-is-] n. m.
péristome n. m.

péristyle n. m.
péritel n. m. et adj. inv. en genre.
péritéléphonie n. f.
péritélévision n. f.
périthèce n. m.
péritoine n. m.
péritonéal, ale, aux adj.
péritonite n. f.
pérityphlite [-flit] n. f.
périurbain, e [péri-ur-] adj.
périutérin, e [péri-uté-] adj.
*****per Jovem** (lat.) = par Jupiter.
perlant, e adj.
perle n. f. *Des perles de culture; des perles de verre.* ♦ Adj. inv. *Des rubans perle.* ♦ HOM. *pairle* (terme d'héraldique).
perlé, e adj.
perlèche n. f. Nommée aussi POURLÈCHE.
perler v. t. et int.
perliculture n. f.
perlier, ère adj.
perlimpinpin n. m.
perlingual, ale, aux [-gwal'] adj.
perlite n. f.
perlon n. m. (poisson; requin). ♦ HOM. *Perlon* (fibre textile; n. m. déposé inv.).
perlot [-lo] n. m.
perlouze ou **perlouse** n. f.
perluète n. f. (signe &, logotype qui remplace « et », surtout dans les raisons sociales des firmes industrielles et commerciales). Ce signe typographique est quelquefois nommé ESPERLUETTE.
*****permafrost** n. m. → pergélisol.
permagel → pergélisol.
Permalloy n. m. déposé inv.
permanence n. f. *Ils sont là en permanence.*
permanencier, ère n.
permanent, e adj. et n.
*****permanent virtual circuit** = circuit virtuel permanent (télécom.).
permanente, e adj.
permanentiste n.
permanganate n. m.
permanganique adj.
perméabilité n. f.
*****permeability** = conductivité hydraulique (agr.).
perméable adj.
perméase n. f.
permettre v. t. Conjug. 56. ♦ V. pr. *Elle s'est permis cette fantaisie. Elle s'est permis de répondre.* → autoriser. *Les libertés qu'elle s'est permises.*

permien, enne adj. et n. m.
permis [-mi] n. m. *Des permis de chasse.*
permissif, ive adj.
permission n. f.
permissionnaire n.
permissivité n. f. (fait d'être permissif).
permittivité n. f. (constante diélectrique).
permsélectif, ive adj.
permutabilité n. f.
permutable adj.
permutant, e n.
permutation n. f.
permuté, e adj.
permuter v. t. et int.
pernambouc n. m. (bois). ♦ HOM. l'État de *Pernambouc.*
pernicieusement adv.
pernicieux, euse adj.
Pernod [-no] n. m. déposé inv. *Commander des Pernod.* ♦ Adj. inv. (sans la majuscule). *Des reflets pernod.*
*****per obitum** (lat.) = par décès.
péroné n. m. (os).
péronier, ère adj. et n. m.
péronisme [-is-] n. m.
péroniste adj. et n.
péronnelle n. f.
péronosporacée ou **péronosporale** n. f.
péroraison n. f.
pérorer v. int.
péroreur, euse n.
*****per os** (lat.) = par la bouche.
pérot [-ro] n. m.
peroxydase [pè-] n. f.
peroxyde [pè-] n. m.
peroxyder [pè-] v. t.
peroxysome [pè-] n. m.
perpendiculaire adj. et n.
perpendiculairement adv.
perpète (à) loc. adv. Quelquefois écrit À PERPETTE.
perpétration n. f.
perpétrer v. t. *Je perpètre, nous perpétrons, je perpétrerai(s).* Conjug. 10. (commettre). ♦ Ne pas confondre avec *perpétuer* (faire durer longtemps).
perpette (à) → perpète.
perpétuation n. f.
perpétuel, elle adj.
perpétuellement adv.
perpétuer v. t. Conjug. 18. → perpétrer.
perpétuité n. f.

perpignanais, e adj. et n.
perplexe adj.
perplexité n. f.
perquisition [-kizi-syon] n. f.
perquisitionner [pèrki-] v. int.
perré n. m. (protection en pierres d'un talus). ♦ HOM. il *paierait* (v. payer).
Perrier (eau) n. m. déposé inv. ♦ HOM. le président Casimir-*Perier*, vous *paieriez* (v. payer).
perrière n. f.
perron n. m.
perroquet n. m.
perruche n. f.
perruque n. f.
perruquier, ère n.
pers, e adj. *Des yeux pers.* → tableau COULEURS I, A, p. 884. ♦ HOM. → *père*; *perce*.
persan, e adj. *Un chat persan; une broderie persane.* ♦ N. *Un Persan* (habitant de la Perse). → *perse*.
perse adj. *Un guerrier perse.* ♦ N. *Les Perses* (personnes); *le perse* (groupe de langues); *de la perse* (toile; cretonne). ♦ Parlant des habitants de la Perse, on dit pour la période antérieure à 750 : *un Perse, une Perse*. Après 750 (invasion arabe) : *un Persan, une Persane*. L'adjectif suit la même évolution. En 1935, le pays prend le nom d'*Iran* et depuis 1949 l'emploi des deux noms est autorisé, mais *Iran* est le plus usité. Pour les habitants, on dira : *un Iranien, une Iranienne*. L'adjectif est *iranien*. Cependant, par tradition, pour les objets d'art, on dit : *tapis persan, miniature persane*... ♦ HOM. → *perce*.
persécuté, e n. et adj.
persécuter v. t.
persécuteur, trice adj. et n.
persécution n. f. *Un délire de persécution.* ♦ Homographes hétérophones : des *persécutions* [-syon]; nous *persécutions* [-tyon] (v. persécuter).
perséides n. f. pl.
persel n. m.
persévérance n. f.
persévérant, e adj. et n.
persévération n. f.
persévérer v. int. *Je persévère, nous persévérons, je persévérerai(s).* Conjug. 10.
persicaire n. f.
persicot n. m.
persienne n. f.
persiflage n. m.
persifler v. t.

persifleur, euse adj. et n.
persil [-si] n. m.
persillade [-siyad] n. f.
persillé, e [-siyé] adj.
persillère [-siyèr] n. f.
persimmon n. m. (arbre).
persique adj. (se rapportant à la Perse d'avant l'invasion arabe). *Le golfe Persique.*
persistance [-sis-] n. f.
persistant, e [-sis-] adj.
persister [-sis-] v. int.
*****persona grata** (lat.) loc. = personne bienvenue.
*****personal call** = communication personnelle.
*****personal computer** = ordinateur individuel (inf.).
personale n. f.
*****personal locator beacon** = radiobalise individuelle de repérage (déf.).
*****persona non grata** (lat.) = personne indésirable.
personé, e adj. et n. f.
personnage n. m.
personnalisation n. f.
personnaliser v. t.
personnalisme [-is-] n. m.
personnalité n. f.
personne n. f. *Quelle personne distinguée! Ce sont d'importantes personnes. Ils s'y rendent en personne.* ♦ La personne dans les verbes → tableau VERBES III, p. 957; XVII, p. 985. ♦ Pron. indéf. Étant indéterminé, il est accordé au masculin singulier. *Personne n'est assez prudent. Nous n'avons vu personne. Personne d'autre ne viendra. Il n'y a personne de blessé.* Mais si le mot ne peut désigner qu'une femme, l'accord se fait au féminin. *Personne n'était plus belle que Cléopâtre* (Littré). Alors qu'une reine dira : *Personne n'est plus puissant que moi* (les rois étant englobés dans la comparaison).
personnel, elle adj. et n. m.
personnellement adv.
personne-ressource n. f. *Des personnes-ressources.*
personnification n. f.
personnifier v. t. Conjug. 17.
*****person-to-person call** = communication personnelle.
perspectif, ive adj. et n. f. *Des vues en perspective.*

perspicace adj.
perspicacité n. f.
perspiration n. f.
persuader v. t. *Les gens qu'elles ont persuadés. Elles se sont persuadées de leur bonne foi.* Devant une subordonnée par « que » : *Elle s'était persuadé qu'on n'oserait pas le faire* est réputé plus correct que *Elle s'était persuadée qu'on n'oserait pas le faire,* parce que, des deux compléments d'objet direct (la subordonnée ou s'), on considère que la subordonnée est primordiale. → tableau PARTICIPE PASSÉ IV, E, p. 928.
persuasif, ive adj.
persuasion n. f.
persuasivement adv.
persulfate n. m.
persulfure n. m.
perte n. f. *En perte de vitesse, à perte de vue; en pure perte; compte de profits et pertes; des pertes de connaissance.*
pertinemment [-naman] adv.
pertinence n. f.
pertinent, e adj.
pertuis n. m. *Le pertuis Breton.*
pertuisane n. f.
perturbateur, trice adj. et n.
perturbation n. f. *Un courant de perturbations* (météo).
perturber v. t.
pérugin, e adj. *Un édifice pérugin.* ♦ N. *Une Pérugine* (de Pérouse); *le Pérugin* (peintre).
péruvien, enne adj. *Une mine péruvienne.* ♦ N. *Les Péruviens* (du Pérou).
pervenche n. f. et adj. inv.
pervers, e adj.
perversement adv.
perversion n. f.
perversité n. f.
pervertir v. t. du 2ᵉ gr. Conjug. 24.
pervertissement n. m.
pervertisseur, euse adj. et n.
pervibrage n. m.
pervibrateur n. m.
pervibration n. f.
pervibrer v. t.
*****pervious** = perméable (agr.).
pesade n. f.
pesage n. m.
pesamment adv.
pesant, e adj. et n. m.
pesanteur n. f.
pèse-acide n. m. *Des pèse-acide(s).*
pèse-alcool n. m. inv.

pèse-bébé n. m. *Des pèse-bébé(s).*
pesée n. f.
pèse-esprit n. m. *Des pèse-esprit(s).*
pèse-lait n. m. inv.
pèse-lettre n. m. *Des pèse-lettre(s).*
pèse-liqueur n. m. *Des pèse-liqueur(s).*
pèse-moût n. m. *Des pèse-moût(s).*
pèse-personne n. m. *Des pèse-personne(s).*
peser v. t. *Je pèse, nous pesons, je pèserai(s).* Conjug. 15. → tableau PARTICIPE PASSÉ III, F, 10°, p. 924.
pèse-sel n. m. *Des pèse-sel(s).*
pèse-sirop n. m. *Des pèse-sirop(s).*
*****peseta** (pé-séta) (esp.) n. f. (unité monétaire). Abréviation espagnole : *Pta*; abréviation internationale : *PTA* (*3 pesetas* ou *3 PTA*).
pesette n. f.
peseur, euse n.
pèse-vin n. m. inv.
*****peshmerga** (kurde) = rebelle kurde.
*****peso** (pé-so) n. m. (unité monétaire).
peson n. m.
*****Pessah** (hébreu) = fête juive de la Pâque.
pessaire n. m.
pesse n. f. (plante aquatique).
pessimisme [-is-] n. m.
pessimiste adj. et n.
peste n. f.
pester v. int.
pesteux, euse adj.
pesticide adj. et n.
pestiféré, e adj. et n.
pestilence n. f.
pestilentiel, elle [-syèl] adj.
pet [pè] n. m. ♦ HOM. → paix.
peta- Préfixe qui multiplie par 10^{15}. Symbole : *P.* → déca-.
pétale n. m.
pétalisme [-is-] n. m.
pétaloïde adj.
pétanque n. f.
pétanqueur, euse n.
pétant, e adj. *À trois heures pétantes.* ♦ Partic. prés. *À trois heures pétant.*
pétaradant, e adj.
pétarade n. f.
pétarader v. int.
pétard [-tar'] n. m.
pétase n. m. (coiffure).
pétasse n. f. (peur).
pétaudière n. f.
pétauriste n. m.
pet-de-loup n. m. (homme ridicule). *Des pets-de-loup.*

PET-DE-NONNE

pet-de-nonne n. m. (beignet soufflé). *Des pets-de-nonne.*
pété, e adj.
pétéchial, ale, aux [-chyal'] adj.
pétéchie n. f.
pet-en-l'air [pètan-] n. m. inv. (veston court).
péter v. int. *Il pète, ils pétaient, il pétera(it).* Conjug. 10.
pète-sec n. et adj. inv.
péteur, euse n.
péteux, euse n.
*petfood = aliments pour animaux familiers.
pétillant, e adj.
pétillement n. m.
pétiller v. int.
pétiole [pé-syol] n. m.
pétiolé, e [pé-syolé] adj.
petiot [-tyo] adj. et n.
petit, e adj. *Des petits-fours; être aux petits soins; un petit-maître* (jeune élégant); *les petits maîtres* (peintres de second ordre); *des petits-enfants* (parenté); *des petits enfants* (sans parenté); *des arrière-petits-neveux; des petits-suisses* (fromages); *des petits Suisses* (enfants); *un tyran au petit pied. Le Petit Palais* (à Paris); *le Petit Trianon* (à Versailles); *Le Petit-Quevilly* (commune); *le Petit Caporal* (surnom de Napoléon Ier). ♦ N. *Cela fait peur aux petites; les infiniment petits; les tout-petits; Napoléon le Petit* (surnom de Napoléon III par V. Hugo). ♦ Adv. *Ils ont vu trop petit; petit à petit; en plus petit; des gagne-petit.*
petit-beurre n. m. (gâteau). *Des petits-beurre.*
petit-bois n. m. (armature de vitre). *Des petits-bois.*
petit-bourgeois, petite-bourgeoise n. (personne aux idées étroites). *Des petits-bourgeois; une petite-bourgeoise.* ♦ Adj. *Un comportement petit-bourgeois; des opinions petites-bourgeoises.*
petit déjeuner loc. m. *Des petits déjeuners.*
petit-déjeuner v. int. *Nous petit-déjeunons.*
petit-enfant n. m. *Des petits-enfants.* → petit.
petite-fille n. f. (postérité). *Des petites-filles.*
petitement adv.
petite-nièce n. f. (fille de neveu). *Des petites-nièces.*
petites-maisons n. f. pl. (hôpital psychiatrique). *Il a séjourné en petites-maisons.*
petitesse n. f.
petit-fils n. m. (descendant). *Des petits-fils.*
petit-four n. m. (pâtisserie). *Des petits-fours.*
petit-gris n. m. (écureuil; fourrure; escargot). *Des petits-gris.*
pétition [-syon] n. f.
pétitionnaire [-ti-syo-] n.
pétitionner [-ti-syo-] v. int.
petit-lait n. m. (liquide du lait caillé). *Des petits-laits.*
petit-maître n. (jeune élégant un peu prétentieux). *Une petite-maîtresse. Des petits-maîtres; des petites-maîtresses.* → petit.
petit-nègre n. m. *C'est du petit-nègre* (langage simplifié et incorrect). ♦ Adv. *Ils parlent petit-nègre.*
petit-neveu n. m. (fils de neveu). *Des petits-neveux.*
pétitoire n. m.
petit pois loc. m. *Des petits pois.*
petits-enfants n. m. pl. (descendants).
petit-suisse n. m. (fromage). *Il mange des petits-suisses.*
pétochard, e n.
pétoche n. f.
pétoire n. f.
peton n. m.
pétoncle n. m.
pétouiller v. int.
pétrarquisme [-is-] n. m.
pétré, e adj. *L'Arabie Pétrée.*
pétrel n. m.
pétreux, euse adj.
pétri, e adj.
pétrifiant, e adj.
pétrification n. f.
pétrifier v. t. Conjug. 17.
pétrin n. m.
pétrir v. t. du 2e gr. Conjug. 24.
pétrissage n. m.
pétrisseur, euse n. et adj.
pétro- Ce préfixe, relatif aux roches ou au pétrole, suit les règles indiquées au tableau PRÉFIXES C, p. 942.
pétrochimie n. f.
pétrochimique adj.
pétrochimiste n.
pétrodollar n. m.
pétrogale n. m.
pétrogenèse n. f.

pétroglyphe n. m.
pétrographe n.
pétrographie n. f.
pétrographique adj.
pétrole n. m. *Des équivalents pétrole* → tep. ♦ Adj. inv. *Des robes bleu pétrole.*
pétrolerie n. f.
pétrolette n. f.
pétrol*eur, euse* n.
pétrolier, *ère* adj. et n. m.
pétrolier-minéralier n. m. *Des pétroliers-minéraliers.*
pétrolifère adj.
pétroligène adj.
pétrologie n. f.
pétrophysique n. f. et adj.
pétulance n. f.
pétulant, *e* adj.
pétun n. m.
pétuner v. int.
pétunia n. m.
pétunsé [pétun-sé] n. m.
peu adv. *Il dort peu.* Cet adverbe entre dans beaucoup de locutions : *à peu de chose près, à peu près* (*un à-peu-près,* n. inv.), *avant peu, dans peu, depuis peu, en peu de mots, peu de chose, peu importe, peu ou prou, peu à peu, pour peu que, quelque peu, peu s'en faut, sous peu,* (*un*) *tant soit peu.* ♦ Pron. *Peu en réchappèrent. Se contenter de peu.* ♦ Adj. indéf. *Peu de personnes étaient là ; peu de monde était là* (accord avec le complément de *peu*). ♦ N. m. sing. *Il gaspille le peu qu'il a.* ♦ Accord du participe passé placé après « le peu » → tableau PARTICIPE PASSÉ III, F, 4°, p. 923. ♦ HOM. *peuh !* (interj.), *je peux* (v. pouvoir).

Peu de chose pron. indéf. neutre. *Peu de chose de bon dans tout cela. Tous ces articles, c'est peu de chose. À peu de chose près.* Ne pas confondre avec le même groupe précédé de l'article, qui est variable. *Le peu de choses que j'ai vues.* On peut voir un pronom ou un groupe nominal en écrivant : *Elle possède peu de chose(s).*

Peu ou prou loc. adv. *Elles souffrent toujours peu ou prou.* ♦ Pron. indéf. *Peu ou prou en seront victimes.*

peucédan n. m.
peuchère ! interj. Quelquefois écrit PÉCHÈRE !
peugeotiste n. et adj.
peuh ! interj. ♦ HOM. → peu.
peul, *e* ou **peuhl,** *e* n. et adj. *Les Peuls du Cameroun parlent le peul.*
peulven [-vèn'] n. m.
peuplade n. f. → nationalité.
peuple n. m. → nationalité.
peuplé, *e* adj.
peuplement n. m.
peupler v. t. et int.
peupleraie n. f.
peuplier n. m.
peur n. f. → phobie.
peureusement adv.
peur*eux, euse* adj. et n.
peut-être adv. (probablement). *Il viendra peut-être. Peut-être qu'il réussira.* Ne pas confondre avec l'expression « peut être », sans trait d'union. *Ce fromage peut être mangé avec du sucre. Il peut être venu* (au pluriel : *ils peuvent être venus* ; à l'imparfait : *il pouvait être venu*). Pour ce « peut être », on s'abstient en général de faire la liaison en parlant.
peyotl n. m.
pèze n. m.
pezize n. f.
*****pfennig** (all.) n. m. (monnaie). Pl. all. : *pfennige.*
pfut ! interj. Écrite également : PFF ! ou PFFT !
P.G.C.D. sigle m. Plus grand commun diviseur.
ph Symbole du *phot.*
PH [pé-ach'] sigle m. Potentiel hydrogène (acidité/basicité).
■ *Ph* En toute position, *ph* se prononce [f] : *phobie, atrophié, aleph.* Donc, tous les mots commençant par *ph-* ont la prononciation [f].
phacochère n. m.
phacomètre n. m.
phaéton n. m. (voiture ; oiseau). ♦ HOM. *Phaéton* (personnage de la mythologie).
phage n. m.
phagédénique adj.
phagédénisme [-is-] n. m.
*****phage plaque** = plage de lyse, plaque de lyse (génét.).
phagocytaire adj.
phagocyte n. m.
phagocyter v. t.
phagocytose n. f.
phako-émulsification n. f. *Des phako-émulsifications.*
phakolyse n. f.
phakophagie n. f.
phalange n. f.
phalanger [-jé] n. m.

phalangère n. f.
phalangette n. f.
phalangien, enne adj.
phalangine n. f.
phalangiste n.
phalanstère n. m.
phalanstérien, enne n. et adj.
phalarope n. m.
phalène n. f. (papillon).
phalère n. f. (papillon).
phallicisme [-is-] n. m.
phalline n. f.
phallique adj.
phallisme [-is-] n. m.
phallocentrique adj.
phallocentrisme [-is-] n. m.
phallocrate n. m.
phallocratie [-si] n. f.
phallocratique adj.
phalloïde adj.
phallophore n. m.
phallus [-lus'] n. m.
phanatron n. m.
phanère n. m.
phanérogame n.m. ou f. et adj.
phanie n. f. (intensité lumineuse). ♦ HOM. Fanny (prénom).
phantasme [-as-] n. m. → fantasme.
pharamineux → faramineux.
pharaon n. m.
pharaonien, enne adj.
pharaonique adj.
phare n. m. *Phare à éclairs, à éclats, à feu fixe, à halogène, à iode, de recul; des phares code; rouler en phares; gyrophare, rotophare.* ♦ HOM. → fard.
pharillon n. m.
pharisaïque adj.
pharisaïsme [-is-] n. m.
pharisien, enne n.
pharmaceutique adj.
pharmacie n. f.
pharmacien, enne n.
pharmacocinétique n. f.
pharmacodépendance n. f.
pharmacodynamie n. f.
pharmacodynamique adj.
pharmacologie n. f.
pharmacologique adj.
pharmacologiste n.
pharmacologue n.
pharmacomanie n. f.
pharmacopée n. f.

pharmacovigilance n. f.
pharyngal, ale, aux adj. et n. f.
pharyngé, e adj.
pharyngien, enne adj.
pharyngite n. f.
pharyngo-laryngite n. f. *Des pharyngo-laryngites.*
pharynx n. m.
phascolomidé n. m.
phase n. f.
*phase adapter = adaptateur de phase.
phasemètre n. m.
phasianidé n. m.
*phasing = rotophaseur (aud.).
phasme [fasm] n. m.
*phasmid = phasmide (génét.).
phasmide n. m.
phasmidé n. m.
phatique adj. *Le mot « allô! » remplit une fonction phatique de communication sans apport d'information.*
phelloderme n. m.
phellogène adj.
phénacétine n. f.
phénakistiscope n. m.
phénanthrène n. m.
phénate n. m.
phénicien, enne adj. *Un navire phénicien.* ♦ N. *Les Phéniciens* (de Phénicie); *le phénicien* (langue).
phénique adj.
phéniqué, e adj.
phénix n. m. (personne supérieure). ♦ HOM. *phœnix* ou *phénix* (palmier), *Phénix* (oiseau mythologique).
phénobarbital n. m. *Des phénobarbitals.*
phénocopie n. f.
phénocristal n. m. *Des phénocristaux.*
phénol n. m.
phénolate n. m.
phénolique adj.
phénologie n. f.
phénolphtaléine n. f.
phénoménal, ale, aux adj.
phénoménalement adv.
phénomène n. m.
phénoménisme [-is-] n. m.
phénoméniste n.
phénoménologie n. f.
phénoménologique adj.
phénoménologue n.
phénoplaste n. m.
phénothiazine n. f.
phénotype n. m.

phénotypique adj.
phénylalanine n. f.
phénylbutazone n. f.
phénylcétonurie n. f.
phényle n. m.
phényléthylamine n. f.
phénylique adj.
phénylpyruvique adj.
phéochromocytome [-kro-] n. m.
phéophycée [féofi-] n. f.
phéromone ou **phérormone** n. f.
phi [fi] n. m. → tableau LANGUES ÉTRANGÈRES, p. 897.
phile Cet élément, venu du grec « philos » (qui aime), est employé en préfixe (*philharmonique, philanthrope*), en suffixe (*germanophile, hydrophile*) et dans les noms propres (*Théophile, Philomène*). Les collectionneurs, pour se désigner, forgent leurs néologismes sur ce terme (*ludophile*), le renforçant quelquefois par *-iste* (partisan de): *sigillophiliste* (amateur de sceaux).
philanthe n. m.
philanthrope n.
philanthropie n. f.
philanthropique adj.
philatélie n. f.
philatélique adj.
philatéliste n.
philharmonie n. f.
philharmonique adj.
philibeg ou **filibeg** n. m.
Philippe (prénom).
philippin, e adj. *Un indigène philippin.* ♦ N. *Un Philippin* (des îles Philippines); *faire (une) philippine* (jeu).
philippique n. f. ♦ HOM. les *Philippiques* de Démosthène.
philistin, e adj. *La culture philistine.* ♦ N. *Les Philistins* (peuple de l'Antiquité); *le philistin* (langue); *un philistin* (personne d'esprit vulgaire).
philistinisme [-is-] n. m.
philodendron [-din-dron] n. m.
philologie n. f.
philologique adj.
philologiquement adv.
philologue n.
philomèle n. f. (rossignol). ♦ HOM. *Philomèle* (personnage mythologique). Ne pas confondre avec *Philomène* (prénom).
philoptère n. m.
philosophale adj. f.
philosophe n.
philosopher v. int.

philosophie n. f.
philosophique adj.
philosophiquement adv.
philotechnique adj.
philtre n. m. ♦ HOM. → filtre.
phimosis [-zis'] n. m.
phlébite [flé-] n. f.
phlébographie n. f.
phlébologie n. f.
phlébologue n.
phléborragie n. f.
phlébotome n. m.
phlébotomie n. f.
phlegmasie [flèg-] n. f.
phlegmon n. m. Quelquefois écrit FLEGMON.
phlegmoneux, euse adj.
phléole → fléole.
phloème n. m.
phlogistique [flo-] n. m.
phlox [floks'] n. m.
phlyctène [flik-] n. f.
phlycténulaire adj.
pH-mètre [pé-ach-] n. m. Des pH-mètres.
phobie n. f. (peur, angoisse, aversion mêlée de haine). ♦ Ne pas confondre avec *folie* ou *manie*.
phobique adj.
phocéen, enne [fo-sé-in, -èn'] adj. *Le port phocéen.* ♦ N. *Les Phocéens* (de Phocée ou Marseille).
phocidien, enne adj. *L'oracle phocidien.* ♦ N. *Les Phocidiens* (de Phocide, région grecque); *le phocidien* (dialecte).
phocomèle adj. et n.
phocomélie n. f.
phœnix ou **phénix** n. m. ♦ HOM. → phénix.
pholade n. f.
pholcodine n. f.
pholidote n. m.
pholiote n. f.
phona*teur, trice* adj.
phonation n. f.
phonatoire adj.
phone n. m.
-phone, -phonie Eléments se rapportant à l'usage d'une langue parlée. La *francophonie* est la collectivité des peuples *francophones* (qui parlent le français). De même ont été créés les termes *anglophone/anglophonie, arabophone, germanophone, hispanophone, lusophone, néerlandophone, russophone*, etc. Comme il y a des milliers de langues ou

dialectes parlés dans le monde, ces suffixes sont susceptibles d'un large emploi *(samoyédophone, tadjikophone...).*
**phone marketing = mercatique téléphonique, mercaphonie (écon.).
phonématique n. f.
phonème n. m.
phonémique adj.
phonéticien, enne n.
phonétique adj. et n. f. → tableau PRONONCIATION, p. 943.
phonétiquement adv.
phonétisme [-is-] n. m.
phoniatre n.
phoniatrie n. f.
phonie n. f.
**phoning = démarchage par téléphone.
phonique adj.
phono n. m.
phonocapteur, trice adj.
phonocardiographie n. f.
phonogénie n. f.
phonogénique adj.
phonogramme n. m.
phonographe n. m.
phonographique adj.
phonolite n. f. Quelquefois écrit PHONOLITHE.
phonolitique adj. Quelquefois écrit PHONOLITHIQUE.
phonologie n. f.
phonologique adj.
phonologue n.
phonométrie n. f.
phonon n. m.
phonothèque n. f.
phoque n. m. (mammifère marin). ♦ HOM. *foc* (voile triangulaire).
phormion n. m.
phormium [-myom'] n. m. *Des phormiums.*
phosgène [fos-] n. m.
phosphatage n. m.
phosphatase n. f.
phosphatation n. f.
phosphate n. m.
phosphaté, e adj.
phosphater v. t.
Phosphatine n. f. déposé inv.
phosphaturie n. f.
phosphène n. m.
phosphine n. f.
phosphite n. m.
phosphocalcique adj.
phosphoglycérique adj.

phospholipide n. m.
phosphoprotéine n. f.
phosphore [fosfor] n. m.
phosphoré, e adj.
phosphorer v. int.
phosphorescence [fosforé-] n. f.
phosphorescent, e adj.
phosphoreux, euse adj.
phosphorique adj.
phosphorisme [-is-] n. m.
phosphorite n. f.
phosphorylase n. f.
phosphorylation n. f.
phosphoryle n. m.
phosphure [fosfur] n. m.
phot [fot'] n. m. (unité de mesure : *3 phots* ou *3 ph*).
photo- → tableau PRÉFIXES C, p. 942. On doit mettre un trait d'union devant *i, o, u (photo-ionisation).*
photo n. f. (abrév. de *photographie*). *Un appareil photo, des appareils photo. Un roman-photo ; un chèque-photo. Des photos documents.*
photobiologie n. f.
photocalque n. m.
photocathode n. f.
photocellule n. f.
photochimie n. f.
photochimique adj.
photochromique [-kro-] adj.
photocoagulation n. f.
photocomposer v. t.
photocomposeur n. m.
photocomposeuse n. f.
photocompositeur n. m.
photocomposition n. f.
photoconducteur, trice adj.
photoconduction n. f.
photoconductivité n. f.
photocopie n. f.
photocopier v. t. Conjug. 17.
photocopieur, euse n. et adj.
photocopillage [-piyaj'] n. m.
photodégradabilité n. f.
photodégradable adj.
photodiode n. f.
photodissociation n. f.
photoélasticimétrie n. f.
photoélasticité n. f.
photoélectricité n. f.
photoélectrique adj.
photoémetteur, trice adj.

*photo-finish n. f. = photo d'arrivée. *Des photos-finish.*
*photofluorography = radiophotographie.
photogène adj.
photogenèse n. f.
photogénique adj.
photogéologie n. f.
photoglyptie n. f.
photogrammétrie n. f.
photographe n.
photographie n. f.
photographier v. t. Conjug. 17.
photographique adj.
photographiquement adv.
photograv*eur, euse* n.
photogravure n. f.
photo-interprétation n. f. *Des photo-interprétations.*
photo-ionisation n. f. *Des photo-ionisations.*
photolithographie n. f.
photologie n. f.
photoluminescence n. f.
photolyse n. f.
photomacrographie n. f.
*photomap = photocarte (spat.).
Photomaton n. m. déposé inv.
photomécanique adj.
photomètre n. m.
photométrie n. f.
photométrique adj.
photomicrographie n. f.
photomontage n. m.
photomosaïde n. f.
photomosaïque n. f.
photomultiplica*teur, trice* adj.
photon n. m.
photonique adj. et n. f.
photopériode n. f.
photopériodique adj.
photopériodisme [-is-] n. m.
photophobie n. f.
photophore n. m. et adj.
photophosphorylation n. f.
photopile n. f.
photoplan n. m.
photopolymère adj.
photorécepteur n. m.
photoreportage n. m.
photorésistant, *e* adj.
photo-robot n. f. *Des photos-robots.*
photo-roman n. m. *Des photos-romans.*

photo-satellite n. f. *Des photos-satellite.*
photosculpture n. f.
photosensibilisation [-san-] n. f.
photosensibilité [-san-] n. f.
photosensible [-san-] adj.
photosphère n. f.
photostat [-sta] n. m.
photostopp*eur, euse* n.
photostyle n. m.
photosynthèse [-sin-] n. f.
photosynthétique [-sin-] adj.
photosystème [-si-] n. m.
phototactisme [-is-] n. m.
phototaxie n. f.
phototélécopie n. f.
phototélégraphie n. f.
*phototelegraphy = phototélécopie, phototélégraphie.
photothèque n. f.
photothérapie n. f.
phototransistor n. m.
phototrophe adj.
phototropisme [-is-] n. m.
phototype n. m.
phototypie n. f.
photovoltaïque adj.
phragmite [frag-] n. m.
phrase n. f.
phrasé n. m.
phraséologie n. f.
phraséologique adj.
phraser v. int. (s'exprimer d'une manière affectée). ♦ HOM. *fraser* (briser une pâte à la main).
phras*eur, euse* n.
phratrie n. f. ♦ HOM. → fratrie.
*phreatic surface = surface d'une nappe (agr.).
phréatique adj.
phrénique adj.
phrénologie n. f.
phrénologique adj.
phrygane n. f.
phrygi*en, enne* adj. *Le bonnet phrygien.*
♦ N. *Un Phrygien* (de Phrygie).
phtaléine n. f.
phtalique adj.
phtiriase n. f.
phtirius [ftiryus'] n. m.
phtisie n. f.
phtisiologie n. f.
phtisiologue n.

phtisique adj. et n.
phycoérythrine n. f.
phycologie n. f.
phycomycète n. m.
phylactère n. m.
phylarque n. m.
phylétique adj.
phyllade n. m.
phyllie n. f.
phyllopode adj. (aux pattes aplaties).
phyllotaxie n. f.
phylloxéra n. m. Quelquefois écrit PHYLLOXERA.
phylloxéré, e adj.
phylloxérien, enne adj.
phylloxérique adj.
phylogenèse n. f.
phylogénétique adj.
phylogénie n. f.
phylogénique adj.
phylum [-lom'] n. m. Des phylums.
physalie n. f.
physalis [-lis'] n. m.
physe n. f.
physicalisme [-is-] n. m.
*physical map = carte de restriction, carte physique (génét.).
physicien, enne n.
physico-chimie n. f. Des physico-chimies.
physico-chimique adj. Des réactions physico-chimiques.
physico-mathématique adj. Des calculs physico-mathématiques.
physiocrate n. et adj.
physiocratie [-kra-si] n. f.
physiognomonie n. f.
physiognomonique adj.
physiognomoniste n.
physiologie n. f.
physiologique adj.
physiologiquement adv.
physiologiste adj. et n.
physionomie n. f.
physionomique adj.
physionomiste adj. et n.
physiopathologie n. f.
physiopathologique adj.
physiothérapie n. f.
physique adj. Culture physique. ♦ N. m. (aspect extérieur). Le physique et le moral. ♦ N. f. (science). La physique nucléaire.
physiquement adv.
physisorption [-sor-] n. f.

physostigma n. m.
physostigmine n. f.
physostome n. m.
phytéléphas [-fas'] n. m.
phytiatrie n. f.
phytobiologie n. f.
phytocide adj. et n. m.
phytoclimogramme n. m.
phytœstrogène n. m.
phytoflagellé n. m.
phytogéographie n. f.
phytohormone n. f.
phytomédicament n. m.
phytopathologie n. f.
phytophage adj.
phytopharmacie n. f.
phytophthora [fitoftora] n. m.
phytoplancton n. m.
phytopte n. m.
phytosanitaire [-sa-] adj.
phytosociologie [-so-] n. f.
phytothérapeute n.
phytothérapie n. f.
phytothérapique adj.
phytotron n. m.
phytozoaire n. m.
pi n. m. (rapport mathématique : π ≃ 3,1416). ♦ → tableau LANGUES ÉTRANGÈRES p. 897. pion. ♦ HOM. → pie.
piaculaire adj.
piaf n. m.
piaffant, e adj.
piaffement n. m.
piaffer v. t.
piaffeur, euse adj. et n.
piaillard, e adj. et n.
piaillement n. m.
piailler v. int.
piaillerie n. f.
piailleur, euse n.
pian n. m.
*pianissimo (ital.) adv. (symbole : pp) = très faiblement.
pianiste n.
pianistique adj.
piano n. m. Des pianos à queue.
*piano (ital.) adv. (symbole : p) = faiblement.
piano-bar n. m. Des pianos-bars.
pianoforte [-té] n. m. Des pianofortes [-té].
pianotage n. m.
pianoter v. int. et t.
piassava n. m.
piastre n. f.

piaule n. f.
piaulement n. m.
piauler v. int.
*****piazza** (ital.) n. f. = place, espace piétonnier.
*****piazzetta** (ital.) n. f. = placette (urb.).
P.I.B. sigle m. Produit intérieur brut.
pibale n. f.
pible (à) loc. adv.
pibrock n. m. (cornemuse).
pic n. m. (outil; oiseau; sommet). A fourni une locution adjective ou adverbiale : *des arrivées à pic; vous arrivez à pic.* → à-pic. ♦ HOM. *pique* (arme; parole blessante; carte à jouer), il *pique* (v. piquer).
P.I.C. sigle m. Prêt immobilier conventionné.
pica n. m. (appétit dépravé; mesure typographique). Invariable en apposition. *Des caractères pica.*
picador n. m. *Des picadors.*
picage n. m. ♦ HOM. → piquage.
picaillon n. m.
picard, e adj. *Un paysan picard.* ♦ N. *Un Picard* (de Picardie); *le picard* (dialecte).
picardan n. m.
picarel n. m.
picaresque adj.
picaro n. m.
piccolo n. m. ♦ HOM. → picolo.
pichenette n. f.
pichet n. m.
picholine [piko-] n. f.
pickles [pikeuls'] n. m. pl.
pickpocket [-pokèt'] n. m.
*****pick-up** n. m. inv. = lecteur de disques; tourne-disque (aud.); rapt (nucl.); ramasseuse-presse, ramasseuse-botteleuse (agr.).
pico- Préfixe qui divise par un billion ou 10^{12}. Symbole : *p*. → hecto-.
picofarad n. m. (unité de mesure : 1 pF = 10^{-12} F ou un billionième de farad).
picoler v. int.
picoleur, euse n.
picolo n. m. (vin). ♦ HOM. *piccolo* (petite flûte).
picomètre n. m.
picorer v. int. et t.
picot n. m.
picotage n. m.
picote n. f.
picoté, e adj.
picotement n. m.
picoter v. t.

picotin n. m.
picpoul n. m.
picrate n. m.
picridium [-dyom'] n. m. *Des picridiums.*
picrique adj.
pictogramme n. m.
pictographie n. f.
pictographique adj.
pictorialisme [-is-] n. m.
pictural, ale, aux adj.
picturalité n. f.
*****picture element** = pixel (techn.).
*****picture facsimile telegraphy** = télécopie nuancée (télécom.).
pic-vert ou **pivert** n. m. *Des pics-verts; des piverts.*
pidgin [pidjin'] n. m. (langue rudimentaire faite d'un mélange, souvent d'anglais et de chinois). ♦ Ne pas confondre avec *pinyin.*
pie n. f. (oiseau; personne bavarde). ♦ Adj. inv. *Des bœufs pie* (de deux couleurs). *Des chevaux pie noir.* ♦ Adj. *Des œuvres pies* (pieuses). ♦ HOM. *pi* (lettre grecque), *pis* (adv.), le *pis* de la vache, le pape *Pie* X, le méson *pi* (particule).
pièce n. f. *Des pièces d'eau, de monnaie, de rechange, de théâtre, de un franc; des pièces à l'appui, à conviction; mettre/tailler en pièces; travailler aux pièces; inventé de toutes pièces; juger sur pièces; pièce à pièce. Ces objets coûtent cent francs pièce. Il est fait de pièces et de morceaux. Un deux pièces, trois pièces, cinq pièces* (appartement); *un deux-pièces, trois-pièces* (costume).
piécette n. f.
pied n. m. Au singulier : *aller à pied; des doigts de pied; à pied sec; avoir pied; des coups de pied; être mis à pied; être sur pied; ils sont sur pied; des locomotives haut le pied, un haut-le-pied; lâcher pied; mettre sur pied; perdre pied; à pied d'œuvre; bon pied bon œil; au pied de la lettre; au pied levé; de pied en cap; de pied ferme; des portraits en pied; se promener à pied; ne savoir sur quel pied danser; des valets de pied; une récolte sur pied; voyager/venir à pied; au pied d'une échelle/falaise, d'un mur/escalier; mettre pied à terre, louer des pied-à-terre; pied à pied; haut sur pied; des marquis au petit pied; Achille au pied léger; Berthe au grand pied; huile de pied de bœuf; sauter à cloche-pied; ne pouvoir remuer ni pied ni patte; à pied, à cheval ou en voiture; une course à pied.*

Au pluriel : *aller pieds nus; nu-pieds; de la tête aux pieds; fouler aux pieds; se jeter aux pieds de quelqu'un; livrer pieds et poings liés; à pieds joints; avoir froid aux pieds; un bain de pieds; Hercule filant aux pieds d'Omphale.*

Divers : *un pied à coulisse; un pied de veau; des pieds de veau; un pied de nez; le cou-de-pied; le contre-pied; travailler d'arrache-pied; de plain-pied; il a un pied bot, il est pied-bot; des pieds de salade. Les trois Pieds Nickelés du dessinateur Forton étaient :* Filochard (borgne), Ribouldingue (barbu) et Croquignol (au long nez).

pied-à-terre [pyétatèr] n. m. inv. (logement).

pied-bot n. *C'est une pied-bot. Elle a le pied bot. Des pieds-bots* (personnes); *des pieds bots* (pieds contrefaits).

pied-d'alouette n. m. (plante). *Des pieds-d'alouette.*

pied-de-biche n. m. (objet manufacturé). *Des pieds-de-biche.*

pied-de-cheval n. m. (mollusque). *Des pieds-de-cheval.*

pied-de-coq n. m. inv. *Des pieds-de-coq.* ♦ Adj.

pied-de-lion n. m. (edelweiss). *Des pieds-de-lion.*

pied-de-loup n. m. (plante). *Des pieds-de-loup.*

pied-de-mouton n. m. (champignon; partie de compresseur). *Des pieds-de-mouton.*

pied-de-poule n. m. (tissu). *Des pieds-de-poule.* ♦ Adj. inv. *Des tissus pied-de-poule.*

pied-de-roi n. m. (instrument de mesure). *Des pieds-de-roi.*

pied-de-veau n. m. (arum). *Des pieds-de-veau.*

pied-d'oiseau n. m. (plante). *Des pieds-d'oiseau.*

pied-droit ou **piédroit** n. m. (terme de maçonnerie et de menuiserie). *Des pieds-droits; des piédroits.*

piédestal n. m. *Des piédestaux.*

pied-fort ou **piéfort** n. m. (pièce de monnaie). *Des pieds-forts; des piéforts.*

piedmont → piémont.

pied-noir n. (Européen originaire d'Afrique du Nord). *Des pieds-noirs.* ♦ Adj. *La foule pied-noire; l'exode pied-noir.* ♦ HOM. les *Pieds Noirs* (tribu indienne d'Amérique du Nord).

piédouche n. m.

pied-plat n. m. (personne vile). *Des pieds-plats.* Sans trait d'union : *il a les pieds plats.*

piédroit → pied-droit.

piéfort → pied-fort.

piège n. m. *Une question piège, des questions pièges. Piège à cons, à ions, à palette, à rat.*

piégeage n. m.

piéger v. t. *Je piège, nous piégeons, je piégerai(s).* Conjug. 20.

piégeur, euse n.

pie-grièche n. f. *Des pies-grièches.*

pie-mère n. f. (méninge). *Des pies-mères.*

piémont ou **piedmont** n. m. (plaine au pied de montagnes). ♦ HOM. le *Piémont* (Italie), le *Piedmont* (É.-U.).

piémontais, e adj. *Les cultures piémontaises.* ♦ N. *Une Piémontaise* (du Piémont); *piémontais* (dialecte; outil).

piéride n. f.

pierraille n. f.

pierre n. f. *Des tailleurs de pierre; des bâtiments en pierre de taille; mur de pierres sèches; l'âge de pierre; la pierre ponce; des pierres à feu, à fusil, à plâtre; une pierre d'achoppement, de taille, de touche; un lit de pierre(s); des carrières de pierre; des cœurs de pierre; geler à pierre fendre. Pierre qui roule n'amasse pas mousse. Un visage de pierre. Ne pas laisser pierre sur pierre.* ♦ HOM. *Pierre* (prénom).

pierrée n. f.

pierrefitte n. de localités dans 13 départements français. ♦ Ne pas confondre avec *Peyrefitte,* nom d'un écrivain et de deux localités de l'Aude.

pierrerie n. f.

pierrette n. f. (petite pierre). ♦ HOM. *Pierrette* (prénom).

pierreux, euse adj. et n. f.

pierrier n. m.

pierrot n. m. (oiseau; homme déguisé en *Pierrot*).

***pietà** (ital.) n. f. inv. = Vierge de pitié.

piétaille n. f.

piété n. f.

piètement n. m. Ancienne orthographe : *piétement.*

piéter v. int. *Il piète, il piétait, il piétera(it).* Conjug. 10.

piétin n. m.

piétinant, e adj.

piétinement n. m.

piétiner v. int. et t.
piétisme [-is-] n. m.
piétiste n. et adj.
piéton, onne n. et adj. *Cette femme est une piétonne.*
piétonnier, ère adj. *Une rue piétonnière.*
piétonnisation n. f.
piétonniser v. t.
piétrain n. m. et adj. m.
piètre adj.
piètrement adv.
pieu n. m. (piquet; lit). *Des pieux.* ♦ HOM. un homme *pieux* (qui a de la piété).
pieusement adv.
pieuter (se) v. pr. *Elle s'est pieutée.*
pieuvre n. f.
pieux, pieuse adj. ♦ HOM. → pieu.
pièze n. f. (unité de mesure : *3 pièzes* ou *3 pz*).
piézo-électricité ou piézoélectricité n. f. *Des piézo-électricités.*
piézo-électrique ou piézoélectrique adj. *Des quartz piézo-électriques.*
piézographe n. m.
piézomètre n. m.
piezometric head = hauteur piézométrique (agr.).
piezometric level = niveau piézométrique (agr.).
piézométrique adj.
pif n. m. (nez). ♦ Interj. *Pif!*
pifer ou piffer v. t.
pifferaro (ital.) n. m. = flûtiste, cornemuseur. *Des pifferari.*
pifomètre n. m.
pige n. f.
pigeon, onne n.
pigeonnant, e adj.
pigeonneau n. m. *Des pigeonneaux.*
pigeonner v. t.
pigeonnier n. m.
piger v. t. Conjug. 3.
piggy back = ferroutage, portage.
piggyback traffic = ferroutage (transp.).
pigiste adj. et n.
pigment n. m.
pigmentaire adj.
pigmentation n. f.
pigmenter v. t.
pignade ou pignada n. f.
pigne n. f.
pignocher v. int.
pignon n. m.

pignoratif, ive [pig'no-] adj.
pignouf n. m.
pilaf n. m. *Du riz pilaf.*
pilage n. m.
pilaire adj.
pilastre n. m.
pilchard n. m.
pile n. f. *Des piles Leclanché. Le côté pile.* ♦ Adv. *Vous tombez pile; ils s'arrêtèrent pile; à cinq heures pile.*
piler v. t.
pilet n. m.
pile-up = empilement (nucl.).
pileur, euse adj. et n.
pileux, euse adj.
pilier n. m.
pilifère adj.
piliforme adj.
pili-pili n. m. inv.
pilipino n. m.
pillage [piyaj] n. m.
pillard, e [piyar', -yard] adj. et n.
piller [piyé] v. t.
pilleur, euse [piyeur', -yeûz] adj. et n.
pillow-lava [pilo-] n. f.
pilocarpe n. m.
pilocarpine n. f.
pilon n. m. (outil pour broyer; jambe de bois). ♦ HOM. nous *pilons* (v. piler).
pilonnage n. m.
pilonner v. t.
pilori n. m.
pilo-sébacé, e adj. *Des infections pilo-sébacées.*
piloselle n. f.
pilosisme [-is-] n. m.
pilosité n. f.
pilot n. m. (pieu pour pilotis).
pilotage n. m.
pilote n. *Des pilotes de chasse, d'essai, de ligne.* ♦ Adj. *Une usine pilote, des usines pilotes; poisson pilote; magasin pilote; ferme pilote.*
piloter v. t.
pilotin n. m.
pilot induced oscillation (P.I.O.) = pompage piloté (déf.).
pilotis [-ti] n. m.
pilou n. m. *Des pilous.*
pilulaire n. m. et adj.
pilule n. f.
pilulier n. m.
pilum [-lom'] n. m. *Des pilums.*
pimbêche n. f.

pimbina n. m.
piment n. m.
pimenter v. t.
pimpant, e adj.
pimprenelle n. f.
pin n. m. (arbre). *Pin des Landes, pin Laricio, pin d'Alep, pin maritime, pin parasol, pin noir, pin sylvestre, pin Weymouth, pin cembro, pin d'Autriche, pin pignon, pin de Jeffrey.* ♦ HOM. → pain.
pinacée n. f.
pinacle n. m.
pinacomania n. f.
pinacothèque n. f.
pinaillage [-na-yaj] n. m.
pinailler [-na-yé] v. int.
pinaill*eur, euse* [-na-yeur', -yeûz] adj. et n.
pinard n. m.
pinardier n. m.
pinasse n. f.
pinastre n. m.
pinçage n. m.
pinçard, e adj. et n.
pince n. f.
pincé, e adj.
pinceau n. m. *Des pinceaux.*
pincée n. f.
pince-fesse n. m. *Des pince-fesses.*
pince-jupe n. m. *Des pince-jupes.*
pincelier n. m.
pince-maille n. m. *Des pince-mailles.*
pincement n. m.
pince-monseigneur n. f. *Des pinces-monseigneur.*
pince-nez n. m. inv.
pince-oreille n. m. *Des pince-oreilles.*
pincer v. t. *Nous pinçons.* Conjug. 2.
pince-sans-rire n. inv.
pincette n. f. Peut s'employer au singulier ou au pluriel (ce dernier est le plus fréquent).
pinc*eur, euse* adj. et n.
pinchard, e adj. et n.
pinçon n. m. ♦ HOM. → pinson.
pinçure n. f.
pindarique adj.
pine n. f. ♦ HOM. → pinne.
pinéal, ale, aux adj.
pineau n. m. (vin de liqueur). *Des pineaux.* ♦ HOM. *pinot* (cépage).
pinède, pineraie → pinière.
pinène n. m.
pingouin n. m. (oiseau des régions arctiques).

ping-pong [pin'gpon'g] n. m. Était naguère nom déposé invariable *(un Ping-Pong)*, maintenant dans le domaine public. *Des ping-pongs.*
pingre n. et adj.
pingrerie n. f.
pinguicula ou **pinguécula** n. f.
pinière, pinède ou **pineraie** n. f.
pinne n. f. (mollusque). ♦ HOM. *pine* (pénis).
pinnipède n. m.
pinnothère n. m.
pinnule n. f.
pinocytose n. f.
pinot n. m. ♦ HOM. → pineau.
*****pinpoint** = point identifié, position identifiée.
pin-pon! interj.
pin's [pin's'] n. m. (épinglette, affiquet). Mot bâtard où l'anglais **pin* (épingle) est affublé d'un 's aberrant, mais d'allure « british ».
pinscher [pin'chèr'] n. m. (chien).
pinson n. m. (oiseau). ♦ HOM. *pinçon* (marque sur la peau pincée), nous *pinçons* (v. pincer).
pin'sophiliste n. *Des pin'sophilistes.*
pintade n. f.
pintadeau n. m. *Des pintadeaux.*
pintadine n. f. (huître).
pinte n. f. (unité de mesure). ♦ HOM. *toile peinte.*
pinter v. int. et t.
*****pin-up** n. f. inv. = jolie fille.
*****pinxit** (lat.) v. = a peint.
pinyin [pin'yin'] n. m. (système de transcription du chinois en caractères romains). → tableau LANGUES ÉTRANGÈRES ET LANGUES ANCIENNES, p. 895.
piochage n. m.
pioche n. f.
piochement n. m.
piocher v. t.
pioch*eur, euse* adj. et n.
piochon n. m.
piolet n. m.
pion n. m. La particule élémentaire est aussi appelée *méson π* ou *pi (π).*
pioncer v. int. *Il pionçait.* Conjug. 2.
pionne n. f.
pionner v. int.
pionni*er, ère* n.
piorner v. int.
pioupiou n. m. *Des pioupious.*
pipa n. m.

pipe n. f. *De la terre de pipe.*
pipeau n. m. (flûte; piège à oiseaux). *Des pipeaux.* ♦ HOM. *pipo* (polytechnicien, en vieil argot).
pipée n. f.
***pipe layer** = pose-tubes (urb.).
pipelet, ette n.
pipeline ou ***pipe-line** n. m. *Des pipelines.* Selon la matière transportée : gazoduc (gaz), lactoduc (lait), méthanoduc (méthane), oléoduc (pétrole), stéréoduc (solides pulvérisés).
***pipeliner** = pipelinier.
pipelinier n. m.
piper v. t.
pipéracée n. f.
piperade n. f.
***piper-cub** n. m. = avion léger. *Des piper-cubs.*
piperie n. f.
pipérin n. m.
pipérine n. f.
pipéronal n. m. *Des pipéronals.*
pipette n. f.
pipeur, euse n.
pipi n. m.
pipier, ère adj. et n.
pipistrelle n. f.
pipit [-pit'] n. m. Quelquefois nommé PITPIT.
pipo n. m. ♦ HOM. → pipeau.
piquage n. m. (action de piquer; taille de pierres). ♦ HOM. *picage* (affection des volailles).
piquant, e adj. et n. m.
pique n. f. ♦ HOM. → pic.
piqué, e n. m. et adj. ♦ HOM. → piquer.
pique-assiette n. m. *Des pique-assiette(s).*
pique-bœuf n. m. *Des pique-bœufs* [-beû].
pique-feu n. m. *Des pique-feu(x).*
pique-fleur(s) n. m. *Des pique-fleurs.*
pique-fruit(s) n. m. *Des pique-fruits.*
pique-nique n. m. *Des pique-niques.* ♦ HOM. → pycnique.
pique-niquer v. int.
pique-niqueur, euse n. *Des pique-niqueuses.*
pique-note(s) n. m. *Des pique-notes.*
piquer v. t. et int. *Elle s'est piqué le doigt. Elle s'est piquée au doigt. Piquer un fard. Ils se piquent d'esprit. Piquer des deux.* ♦ HOM. un *piquet* (petit pieu; punition; groupe de personnes; jeu), un *piqué* (étoffe; pas de danse; descente rapide d'un avion), il n'est pas *piqué* des vers.
piquet n. m. ♦ HOM. → piquer.

piquetage n. m.
piqueter v. t. *Il piquette.* Conjug. 14.
piqueteur, euse n.
piquette n. f.
piqueur, euse adj. et n.
piqueux n. m.
piquier n. m.
piquoir n. m.
piqûre [-kur] n. f.
piranha [-rana] ou **piraya** [-ra-ya] n. m.
piratage n. m.
pirate n. m. *Des pirates de l'air.* ♦ Adj. *Des émissions pirates.*
pirater v. int. et t.
piraterie n. f.
piraya → piranha.
pire adj. (contraire de *meilleur*; signifie *plus mauvais*). *Ce costume est pire que l'autre. Je n'ai jamais vu pire situation. Un escroc de la pire espèce. Ces remèdes sont pires que le mal. Ils sont pires que des fauves. L'un est mauvais, l'autre pire.* Employé comme superlatif, il est précédé de *le. Elle eut le pire destin.* ♦ N. *Le pire a été évité. Pour le meilleur et pour le pire.* → pis.
piriforme adj.
pirogue n. f.
piroguier n. m.
***pirojki** (russe) n. m. pl. = petits pâtés. Le singulier (rare) est *pirojok*.
pirole n. f.
piroplasmose n. f.
pirouette n. f.
pirouettement n. m.
pirouetter v. int.
pis adv. (contraire de *mieux*; signifie *plus mal*). *De mal en pis; au pis aller* (un pis--aller); *qui pis est. Il m'en a dit pis que pendre. Il a fait pis que cela. Tant pis; de pis en pis.* ♦ Adj. inv. *Le malade est pis que jamais. Tromper est mal, trahir est pis. C'est bien pis. C'est encore pis qu'on ne l'avait prévu. Ce qu'il y a de pis.* ♦ N. *Le pis de l'affaire. Mettre les choses au pis. Le pis de tout. Le pis qu'on puisse faire.* ♦ Interj. *Tant pis!* → pire. ♦ HOM. → pie.
pis [pi] n. m. (mamelle). ♦ HOM. → pie.
pis-aller n. m. inv. → pis.
pisan, e adj. *La célèbre tour pisane.* ♦ N. *Un Pisan* (de Pise).
piscicole adj.
pisciculteur, trice n.
pisciculture n. f.
pisciforme adj. → pisiforme.

piscine n. f.
piscivore adj. et n.
pisé n. m.
pisiforme [-zi-] adj. (relatif à un os du carpe). ♦ N. m. ♦ Ne pas confondre avec *pisciforme* (qui a la forme d'un poisson).
pisolite n. f. Quelquefois écrit PISOLITHE.
pisolitique adj. Quelquefois écrit PISOLITHIQUE.
pissaladière n. f.
pissat n. m.
pisse n. f.
pisse-froid n. m. inv.
pissement n. m.
pissenlit n. m.
pisser v. t. et int.
pissette n. f.
pisseur, euse n.
pisseux, euse adj.
pisse-vinaigre n. m. inv.
pissoir n. m.
pissotière n. f.
pistache n. f. et adj. inv.
pistachier n. m.
pistage n. m.
pistard n. m.
piste n. f.
pister v. t.
pisteur n. m.
pistil n. m.
pistole n. f.
***pistoleiro** (portugais) ou **pistolero** (esp.) = tueur à gages, bandit.
pistolet n. m.
pistolet-mitrailleur n. m. *Des pistolets-mitrailleurs.*
pistoleur n. m.
piston n. m. *Un cornet à pistons; des fusils à piston.*
pistonner v. t.
pistou n. m. *Des pistous.*
***pit** = trémie (urb.).
pita n. m.
pitance n. f.
***pitch** = tangage, pas de vis (transp.).
***pitch control** = réglage de tonalité (aud.).
***pitch damper** = amortisseur de tangage.
pitchoun, e n.
pitchounet, ette n.
pitchpin n. m.
***pitch reversing** = inversion de pas.
***pitch-up** = autocabrage.

pite n. f.
piteusement adv.
piteux, euse adj.
pithécanthrope n. m.
pithiatique adj. et n.
pithiatisme [-is-] n. m.
pithiviers n. m. (gâteau).
pitié n. f. *Ils font pitié. La Vierge de pitié. Par pitié! L'hôpital de la Pitié-Salpêtrière.*
piton n. m. (clou en crochet; sommet élevé). ♦ HOM. *python* (serpent).
pitonnage n. m.
pitonner v. t. et int.
pitonneur, euse n.
pitoyable [-twa-yabl] adj.
pitoyablement [-twa-yabl] adv.
pitpit → pipit.
pitre n. m.
pitrerie n. f.
pitt-bull n. m. *Des pitt-bulls.*
pittoresque adj.
pittoresquement adv.
pittosporum [-rom'] n. m. *Des pittosporums.*
pituitaire adj.
pituite n. f.
pituiter v. int.
pityriasis [-zis'] n. m.
***più** (ital.) adv. = plus. *Più dolce.*
pive n. f.
pivert → pic-vert.
pivoine n. f.
pivot n. m.
pivotant, e adj.
pivotement n. m.
pivoter v. int.
pixel n. m.
***pixel** (picture element) = pixel, élément de teinte (tech.).
pixelisé, e adj.
pizza [pidza] n. f.
***pizzeria** (ital.) n. f. = restaurant à pizzas. *Des pizzerie.* (Francisé : *une pizzéria, des pizzérias.*)
***pizzicato** (ital.) n. m. = pincement de corde. *Des pizzicati.*
pK n. m. (constante de dissociation ionique).
PL Symbole du *poiseuille.*
placage n. m. ♦ HOM. → plaquage.
placard n. m.
placarder v. t.
place n. f. *Ils ne tiennent pas en place; faire place; remettre en place; en lieu et*

place de ; au lieu et place de ; en son lieu et place ; par places ; une place d'armes ; rendez-vous place d'Armes ; des voitures de place ; places assises, places debout (ces expressions courantes sont fautives, ce sont les voyageurs qui sont assis ou debout) ; la place Rouge (à Moscou).

***placebo** [pla-sébo] (du latin par l'anglais) n. m. = simulacre de médicament. *Des placebos* [-sé-bo].

placement n. m.

placenta [-sinta] n. m.

placentaire [-sin-] adj. et n. m.

placentation [-sin-] n. f.

placer v. t. *Il plaçait.* Conjug. 2.

***placer** [-sèr'] (esp.) n. m. = banc de sable, sédiment.

placet [-sè] n. m.

placette n. f.

plac*eur*, *euse* n.

placide adj.

placidement adv.

placidité n. f.

plac*ier*, *ère* n.

placoderme n. m.

Placoplâtre n. m. déposé inv.

plaçure n. f.

plafond n. m. *Jouer au bridge plafond ; des prix plafonds.*

plafonnage n. m.

plafonné, *e* adj.

plafonnement n. m.

plafonner v. t. et int.

plafonneur n. et adj. m.

plafonnier n. m.

plag*al*, *ale*, *aux* adj.

plage n. f.

plagiaire n.

plagiat [-jya] n. m.

plagier v. t. Conjug. 17.

plagioclase n. m.

plagiste n.

plaid [plè] n. m. (assemblée judiciaire ; décision de cette assemblée). ♦ HOM. → plaie.

plaid [plèd'] n. m. (couverture). ♦ HOM. il *plaide* (v. plaider).

plaidable adj.

plaidant, *e* adj.

plaider v. int. et t.

plaid*eur*, *euse* n.

plaidoirie n. f.

plaidoyer [-dwa-yé] n. m.

plaie n. f. *Ne rêver que plaies et bosses. Quelle plaie ! ♦ Les dix plaies d'Égypte* (de l'Ancien Testament) sont : L'eau du Nil changée en sang. Invasion de grenouilles sur tout le pays. Invasion de moustiques. Invasion de mouches. La peste fait périr les animaux. Les hommes sont couverts d'ulcères. Orages et grêle dévastent les champs. Les sauterelles dévorent les récoltes. Des ténèbres épaisses couvrent le pays. Les premiers-nés meurent dans les familles. ♦ HOM. il *plaît* (v. plaire), un *plaid* de justice.

plaignant, *e* adj. et n.

plain, *e* adj. (en héraldique : uni). ♦ HOM. → plein.

plain-chant n. m. *Des plains-chants.*

plaindre v. t. Conjug. 41. *Elle s'est plainte de lui. C'est elle que nous avons plainte.*

plaine n. f. (étendue plate). ♦ HOM. bouteille *pleine* (adj.).

plain-pied (de) loc. adv.

plainte n. f. (lamentation). ♦ HOM. *plinthe* (couvre-joint au pied d'un mur ou d'une colonne), elle s'est *plainte* (v. se plaindre).

plaint*if*, *ive* adj.

plaintivement adv.

plaire v. t. ind. Conjug. 63. *S'il vous plaît* (déplaît). *Plût au ciel ; à Dieu ne plaise.* ♦ V. pr. *Ils se sont plu. Elle s'est plu à mal faire.*

plaisamment adv.

plaisance n. f. *Des bateaux de plaisance.*

plaisanc*ier*, *ère* n.

plaisant, *e* adj. et n. m.

plaisanter v. int. et t.

plaisanterie n. f.

plaisantin n. m.

plaisir n. m. *Écouter avec plaisir ; ils se taquinent à plaisir ; renoncer aux plaisirs de ce monde.*

plan n. m. *Des plans de vol ; rester en plan ; laisser en plan ; des plans d'eau ; un plan coté ; un levé/lever de plan. Le plan de modernisation et d'équipement* (abs. : *le Plan, le VII*[e] *Plan*) ; *le Plan calcul ; le plan Marshall, Young, Dawes, Mansholt ; le plan Orsec* (organisation des secours), *Polmar* (pollution maritime). *Des plans d'épargne logement/populaire/retraite : P.E.L., P.E.P., P.E.R. Le plan d'épargne en actions : P.E.A.* ♦ HOM. *plant* (végétal), *plan* (adj.).

plan, *e* adj. ♦ HOM. → plan.

planage n. m.

planaire n. f.

planant, *e* adj.

plan-budget n. m. *Des plans-budgets.*

planche n. f. *Un labour en planches. Des planches à repasser. Une planche à roulettes. Jour de planches* (terme de marine).

planchéiage n. m.

planchéier v. t. Conjug. 17.

plancher n. m. *Un prix plancher, des prix planchers.*

plancher v. int.

planchette n. f.

planchiste n.

plançon ou **plantard** n. m.

plan-concave adj. *Des verres plan-concaves.*

plan-convexe adj. *Des verres plan-convexes.*

plancton n. m. *Phytoplancton et zooplancton.*

planctonique adj.

planctonivore adj.

planctophage adj.

plane n. f. (outil). ♦ HOM. surface *plane*.

planéité n. f.

planelle n. f.

planer v. t. (aplanir). ♦ V. int. (glisser dans l'air).

planétaire adj. et n. m.

planétairement adv.

planétarisation n. f.

planétarium [-ryom'] n. m. *Des planétariums.*

planète n. f. *Les planètes du système solaire sont, en partant du Soleil : Mercure, Vénus, la Terre, Mars, Jupiter, Saturne, Uranus, Neptune, Pluton.*

*****planetoid** = planétoïde (spat.).

planétoïde n. m.

planétologie n. f.

planétologue n.

planeur n. m.

planeuse n. f.

planèze n. f.

planifiable adj.

planificateur, trice adj. et n.

planification n. f.

planifier v. t. Conjug. 17.

planigramme n. m.

planimètre n. m.

planimétrie n. f.

planimétrique adj.

planipenne n. m.

planisme [-is-] n. m.

planisphère n. m. *Un grand planisphère.*

planiste adj. et n.

plan-masse n. m. *Des plans-masses.*

*****planning** n. m. = programme (de travail), emploi du temps, programmation, planification, planigramme, plan de travail, plan-budget, calendrier, plan.

*****planning scheme** = schéma directeur d'urbanisme.

planoir n. m.

planorbe n. f.

plan-plan adv.

planque n. f.

planqué, e n. et adj.

planquer v. t. *Ils se sont planqués.*

plan-relief n. m. *Des plans-reliefs.*

plansichter [-sichtèr] n. m.

plant n. m. ♦ HOM. → plan.

plantage n. m.

plantain n. m.

plantaire adj.

plantard → plançon.

plantation n. f. (action de planter; lieu planté). *Une plantation* porte en général un nom dérivé du nom de la plante qui y est cultivée : bananeraie (bananiers), chênaie (chênes), sapinière (sapins), etc. Les noms suivants sont un peu différents : cariçaie (carex), chènevière (chanvre), houssaie ou houssière (houx), oseraie (osier), oulmière (ormes), robineraie (acacias), roselière (roseaux), suberaie (chênes-lièges), tiliaçaie (tilleuls), yeuseraie (chênes verts).

plante n. f. → botanique. Pour les noms latins → tableau LANGUES ÉTRANGÈRES (latin D), p. 901.

planter v. t. *Ils se sont plantés.*

planteur, euse n.

plantigrade adj. et n. m.

plantoir n. m.

planton n. m. (militaire de liaison). ♦ HOM. nous *plantons* (v. planter).

plantule n. f.

plantureusement adv.

plantureux, euse adj.

plaquage n. m. (au rugby : action de faire tomber l'adversaire en le saisissant par les jambes ; action de quitter, d'abandonner une personne). ♦ HOM. *placage* (revêtement d'une feuille de beau bois sur un autre bois ; ajout disparate à une œuvre).

plaque n. f.

plaqué, e n. m. *Des plaqués or.* ♦ Adj. *Elle est plaquée.*

plaque-adresse n. f. *Des plaques-adresses.*

*****plaque hybridization** = hybridation sur plages (génét.).

***plaque lift** = transfert de plages (génét.).
plaquemine n. f.
plaqueminier n. m.
plaque-modèle n. f. *Des plaques-modèles.*
plaquer v. t.
plaquettaire adj.
plaquette n. f.
plaqueur n. m.
plasma n. m.
plasmaceutique n. f. et adj.
plasmaphérèse n. f.
plasmatique adj.
*****plasmid** = plasmide (génét.).
plasmide n. m. (élément de bactérie).
*****plasmid incompatibility** = incompatibilité plasmidique (génét.).
plasmidique adj.
plasmifier v. t. Conjug. 17.
plasmine n. f. (enzyme).
plasmique adj.
plasmocytaire adj.
plasmocyte n. m.
plasmocytome n. m.
plasmode n. m.
plasmodium [-dyom'] n. m. *Des plasmodiums.*
plasmolyse n. f.
plasmopara n. m.
plaste n. m.
plastic n. m. (explosif plastique). ♦ HOM. → plastique.
plasticage → plastiquage.
plasticien, enne n.
plasticité n. f.
plasticulture n. f.
plastie n. f.
plastifiant, e adj. et n. m.
plastification n. f.
plastifier v. t. Conjug. 17.
plastigel n. m.
plastiquage ou **plasticage** n. m. → -cage/ -quage.
plastique adj. *Les arts plastiques.* ♦ N. m. (chaque variété de matière plastique). *Un plastique résistant. Des sacs (en) plastique.* ♦ N. f. (les formes). *La plastique d'un corps féminin.* ♦ HOM. du *plastic* (explosif).
plastiquer v. t.
plastiqueur, euse n.
plastisol [-sol'] n. m.
plastron n. m.

plastronner v. int.
plasturgie n. f.
plasturgiste n.
plat, e n. m. *Des courses de plat; les plats d'une couverture de livre* → à-plat; *un plat de viande, de légumes, de poisson(s), de charcuterie(s); le plat de côtes* (mieux que *plates côtes* qui se dit aussi); *faire du plat; ils sont à plat; les pieds dans le plat.* ♦ Adj. *Un 5 000 mètres plat; à plate couture; à plat ventre; des plats plats.*
platane n. m.
plat-bord n. m. (bordage de navire). *Des plats-bords.*
plate n. f. (vaisselle d'argent; pièce d'armure; embarcation).
plateau n. m. *Des plateaux.*
plateau-repas n. m. *Des plateaux-repas.*
plate-bande n. f. *Des plates-bandes.*
platée n. f.
plate-forme n. f. *Des plates-formes.*
platelage n. m.
plate-longe n. f. *Des plates-longes.*
platement adv.
plateresque adj.
plateure n. f.
*****platform** = plate-forme, vecteur (spat.).
plathelminthe n. m.
platier n. m.
platière n. f.
platinage n. m.
platine n. m. (métal). ♦ Adj. inv. ♦ N. f. (partie plate d'un instrument; plaque portante). *Une platine de montre, d'électrophone, de serrure,* etc.
platiné, e adj.
platiner v. t.
platinifère adj.
platinite n. f.
platinoïde n. m.
platinotypie n. f.
platitude n. f.
platode n. m.
platonicien, enne adj. et n.
platonique adj.
platonisme [-is-] n. m.
plâtrage n. m.
plâtras n. m.
plâtre n. m. *Battre comme plâtre.*
plâtrer v. t.
plâtrerie n. f.
plâtreux, euse adj.
plâtrier, ère adj. et n.
platyrhinien n. m.

plausibilité n. f.
plausible adj.
*****play-back** n. m. inv. = contre-chant; présonorisation ou surjeu (son enregistré avant l'image); postsonorisation (son ajouté à l'image) [spect.]; rejeu (géophysique).
*****play-boy** n. m. = beau garçon; riche viveur. *Des play-boys.*
*****playground** = terrain de jeu.
*****play-off** = tour final, tournoi final, poule finale, départage (sport).
playon ou **pleyon** [plè-yon] n. m. (accessoire de faux pour les céréales).
pléban ou **plébain** n. m. (ancien chanoine).
plèbe n. f.
plébé*ien, enne* adj. et n.
plébiscitaire adj.
plébiscite n. m.
plébisciter v. t.
plécoptère n. m.
plectre n. m.
*****pledge** = gage (écon.).
pléiade n. f. (groupe de personnes). Spécialt : *la Pléiade* (société de poètes de la Renaissance). ♦ HOM. *les Pléiades* (filles d'Atlas; groupe d'étoiles de la constellation du Taureau).
plein, e adj. *Ils sont pleins de bonne volonté; à pleins bords; en plein vent; de plein droit; en plein champ; à pleine(s) main(s); des voûtes en plein cintre. Le plein(-)emploi; des terre-pleins.* ♦ N. *Faire le plein. La fête bat son plein; les fêtes battent leur plein.* ♦ Adj. indéf. inv. *Il y a (tout) plein de curieux.* ♦ Élément de loc. adv. *Il a tiré en plein dans la cible.* ♦ Élément de loc. prép. *Ils ont des billets plein les poches.* ♦ HOM. *il les plaint* (v. plaindre), *plain* (uni, égal), *de plain-pied, le plain-chant.*
pleinement adv.
plein(-)emploi [plèn an-] n. m. sing. *Une situation de plein emploi/de plein-emploi.*
plein-temps adj. inv. *Des médecins plein-temps.* ♦ N. m. *Des pleins-temps.*
plein-vent n. m. (arbre loin d'une clôture en écran). *Des pleins-vents.*
pléiotropie n. f.
pléiotropique adj.
pléistocène n. m.
plén*ier, ière* adj. *Une séance plénière.*
plénipotentiaire [-syèr] n. m. et adj.
plénitude n. f.

plénum [-nom'] n. m. *Des plénums.*
pléonasme [-as-] n. m.
pléonastique adj.
pléonastiquement adv.
plésiomorphe adj.
plésiosaure n. m.
pléthore n. f.
pléthorique adj.
pleur n. m.
pleurage n. m.
pleur*al, ale, aux* adj.
pleurant n. m.
pleurard, e n. et adj.
pleure-misère n. inv.
pleurer v. int. et t. *Pleurer à chaudes larmes; pleurer comme une Madeleine. Elles ont pleuré. Les larmes qu'il a pleurées.*
pleurésie n. f.
pleurétique adj. et n.
pleur*eur, euse* n. f.
pleurite n. f.
pleurnichard, e n. et adj.
pleurnichement n. m.
pleurnicher v. int.
pleurnicherie n. f.
pleurnich*eur, euse* adj. et n.
pleurodynie n. f.
pleuronecte n. m.
pleuronectidé n. m.
pleuropneumonie n. f.
pleurote n. m.
pleutre n. m.
pleutrerie n. f.
pleuvasser, pluviner ou **pleuvoter** v. impers.
pleuvoir v. impers. → tableau VERBES XIII, p. 980. *Il pleut à seaux, à torrents, à verse.*
plèvre n. f.
Plexiglas n. m. déposé inv.
plexus [plèksus'] n. m.
pleyon → playon.
pleyon ou **plion** n. m. (brin d'osier pour lier).
pli n. m. *Un faux pli; chemise, repassage à petits plis; mise en plis.* ♦ HOM. *il plie* (v. plier), *une plie* (poisson).
pliable adj.
pliage n. m.
pliant, e adj. et n. m.
plie n. f. ♦ HOM. → pli.
plié n. m.
pliement n. m.
plier v. t. et int. Conjug. 17. *Il plie mais ne rompt pas; ils plient bagage.*

plieur, euse n.
plinien, enne adj.
plinthe n. f. ♦ HOM. → plainte.
pliocène n. m.
plioir n. m.
plion → pleyon.
plique n. f.
plissage n. m.
plissé, e adj. *Une jupe plissée.* ♦ N. m. *Des plissés soleil.*
plissement n. m.
plisser v. t. et int.
plisseur, euse n.
plissure n. f.
pliure n. f. → livre.
ploc! interj.
plocéidé n. m.
ploiement n. m.
plomb [plon] n. m. *Des fils à plomb; des sommeils de plomb. Le soleil tombe à plomb. Ce meuble est d'aplomb.*
plombage n. m.
plombaginacée n. f.
plombagine n. f.
plombe n. f.
plombé, e adj. ♦ N. f. (charge de plomb d'une ligne; massue; fléau d'armes : dans ce dernier sens, on dit aussi une *plommée*).
plombémie n. f.
plomber v. t.
plomberie n. f.
plombeur n. m.
plombier n. m.
plombières n. f. (variété de crème glacée). ♦ HOM. *Plombières* (ville).
plombifère adj.
plombure n. f.
plommée → plombé.
plonge n. f.
plongeant, e adj.
plongée n. f.
plongement n. m.
plongeoir n. m.
plongeon n. m.
plonger v. t. et int. *Il plongeait.* Conjug. 3.
plongeur, euse adj. et n.
plot n. m.
*plot = tracé.
plouc n. m. Quelquefois écrit PLOUK. ♦ Adj. inv. en genre. *Elles sont ploucs.*
plouf! interj.
ploutocrate n.
ploutocratie n. f.
ploutocratique adj.
ployable [plwa-yabl] adj.
ployage [plwa-yaj] n. m.
ployer [plwa-yé] v. t. et int. Conjug. 6.
pluché → peluché.
plucher → pelucher.
pluches n. f. pl. *La corvée de pluches.*
plucheux → pelucheux.
*plug nozzle = tuyère à noyau central (spat.).
pluie n. f. *Des eaux de pluie. Une pluie de balles; une pluie de feu.*
plumage n. m.
plumail n. m. *Des plumails.*
plumaison n. f.
plumard ou **plume** n. m. (lit).
plumasserie n. f.
plumassier, ère n.
*plum-cake = cake.
plume n. f. *Lit de plume; matelas de plume; balai de plumes. Des plumes d'oiseau; de paon. Des gens de plume. Du gibier à plume. Poids plume* → poids.
♦ N. m. → plumard.
plumeau n. m. *Des plumeaux.*
plumer v. t.
plumet n. m.
plumeté, e adj. et n. m.
plumetis [-ti] n. m.
plumette n. f.
plumeur, euse n.
plumeux, euse adj.
plumier n. m.
plumitif n. m.
*plum-pudding → *pudding.
plumule n. f.
plupart (la) pron. indéf. Malgré son apparence, recouvre un pluriel. *La plupart étaient très habiles. La plupart furent contraints d'abandonner. La plupart des survivants l'avaient reconnu. Pour la plupart, cela devait arriver.* Cependant, devant un nom qui ne supporte pas le pluriel, cette locution est du singulier (emploi rare). *La plupart du temps est perdue. La plupart du syndicat désapprouve.*
plural, ale, aux adj.
pluraliser v. t.
pluralisme [-is-] n. m.
pluraliste adj.
pluralité n. f.
pluri- Ce préfixe se soude à l'élément qui suit *(plurinominal).* Il faut un trait d'union devant *i* ou *o (pluri-orientable).*

pluriactif, ive n. et adj.
pluriactivité n. f.
pluriannuel, elle adj.
pluricausal, ale adj. Le masculin pluriel est inusité.
pluricellulaire adj.
pluridimensionnalité n. f.
pluridimensionnel, elle adj.
pluridisciplinaire adj.
pluridisciplinarité n. f.
PLURIEL, ELLE adj. *Une terminaison plurielle.* ♦ N. m. *Employez le pluriel.* ♦ Pluriel → tableaux en annexe : ADJECTIFS p. 934, NOMS COMMUNS p. 934, MAJESTÉ p. 936, PLURIEL p. 936 sqq : *Dans le nom complété* p. 936, *Noms composés* p. 936, *Noms étrangers* p. 937, *Noms propres* p. 938.
plurilatéral, ale, aux adj.
plurilingue adj. et n.
plurilinguisme [-linghuis-] n. m.
pluripartisme [-is-] n. m.
pluripartiste n. et adj.
plurivalent, e adj.
plurivoque adj.
plus [pluz] devant une voyelle ou un *h* muet. *Plus on est, mieux cela vaut. Ils ne sont pas plus idiots que d'autres.* [plu] dans une tournure négative (*Je n'en veux plus*) et devant une consonne, à moins que ce ne soit l'indication d'un nombre. *Elle est plus jolie. Cela aura plus de goût.* [plus'] à la fin d'une phrase affirmative (*J'en voudrais plus*) et en cas d'addition. *Sept plus trois, plus onze. Le signe plus. Dix francs et plus.* ♦ Adv. *Sont-ils plus forts ?* Entre dans les locutions : *au plus, d'autant plus, qui plus est, tant et plus, sans plus, tout au plus, bien plus, en plus de, de plus en plus, ni plus ni moins, plus ou moins.* → plutôt. ♦ Adj. indéf. *Il demande plus de sel.* ♦ Pron. indéf. [plus'] *Ils réclament plus. Plus serait trop.* ♦ N. m. *Qui peut le plus peut le moins. La pratique de l'allemand est un plus.* ♦ HOM. il a **plu** (v. plaire), il a **plu** (v. pleuvoir); qu'ils **plussent** (v. plaire).

Plus d'un. Adj. indéf. *Plus d'un lièvre fut pris. Plus d'un mois s'écoula. Plus de deux mois s'écoulèrent.* ♦ Pron. indéf. *Plus d'un va s'en réjouir.*

Des plus. Art. partitif + adv. *J'en ai trouvé des plus beaux* (dans ce cas, la tournure « de plus beaux » est à préférer). *Un accueil des plus cordiaux.* ♦ Adv. (avec la valeur de *très*). *Un accueil des plus cordial.* → mieux.

plusieurs adj. indéf. *Il reçut plusieurs visites ce jour-là. Une personne plusieurs fois sollicitée.* ♦ Pron. indéf. *Plusieurs sont repartis déçus.*
plus-que-parfait [pluske-] n. m. *Des plus-que-parfaits.*
plus-value n. f. *Des plus-values.*
pluton n. m. (magma terrestre profond). ♦ HOM. *Pluton* (dieu des Enfers; planète).
plutonien, enne adj.
plutonigène adj.
plutonique adj.
plutonisme [-is-] n. m.
plutonium [-nyom'] n. m. *Des plutoniums.*
plutôt adv. On doit distinguer : 1° **Plutôt** (de préférence). *Prenez plutôt ce gâteau. Plutôt souffrir que mourir.* 2° **Plus tôt** (contraire de *plus tard*). *Vous auriez dû y aller plus tôt. Il n'eut pas plus tôt fermé la porte que le téléphone sonna.* ♦ *Plutôt* est, à l'origine, une agglutination de *plus tôt*. Littré disait même, en 1873, que cette distinction, quant à l'orthographe, entre ces deux adverbes était tout à fait « arbitraire et récente ». Mais notre époque les différencie nettement : à *plus tôt* s'attache une idée de temps, tandis que *plutôt* marque un choix.

pluvial, ale, aux adj.
pluvian n. m. (oiseau de la vallée du Nil).
pluvier n. m. (oiseau européen).
pluvieux, euse adj.
pluviner → pleuvasser.
pluviogramme n. m.
pluviomètre n. m.
pluviométrie n. f.
pluviométrique adj.
pluviôse n. m. sing.
pluviosité n. f.
***p.m.** (*post meridiem) (lat.) = après midi.
P.M.E. sigle m. Plan de modernisation et d'équipement. ♦ Sigle f. pl. Petites et moyennes entreprises.
P.M.I. sigle f. pl. Petites et moyennes industries.
P.M.U. sigle m. Pari mutuel urbain.
P.N.B. sigle m. Produit national brut.
pneu n. m. *Des pneus.*
pneu-citerne n. m. *Des pneus-citernes.*
pneumallergène n. m.
pneumatique adj. *Des marteaux pneumatiques.* ♦ N. m. *On répare le pneumatique* (pneu). ♦ N. f. science du mouvement des gaz.
pneumatophore n. m.
pneumo n. m. (abrév. de *pneumothorax*).

pneumococcie [-koksi] n. f.
pneumococcique adj.
pneumoconiose n. f.
pneumocoque n. m.
pneumocystose n. f.
pneumogastrique n. m. et adj.
pneumographie n. f.
pneumologie n. f.
pneumologue n.
pneumonectomie n. f.
pneumonie n. f.
pneumonique adj.
pneumopathie n. f.
pneumopéritoine n. m.
pneumo-phtisiologie n. f.
pneumo-phtisiologue n.
pneumothorax n. m.
P.o. sigle adv. ou adj. Par ordre.
pochade n. f.
pochard, e n. et adj.
poche n. f. *De l'argent de poche.* Pour désigner un livre au format de poche, on doit savoir s'il s'agit d'une quelconque des nombreuses collections dites « de poche » *(un livre de poche, des livres de poche)* ou s'il s'agit d'un livre de la collection « Livre de Poche », marque déposée par un éditeur français *(un Livre de Poche, des Livres de Poche).* ♦ N. m. *Un poche* (pour : un livre de poche).
poché, e adj. et n. f.
pocher v. t.
pochetée n. f.
pochette n. f.
pochette-surprise n. f. *Des pochettes-surprises.*
pocheuse n. f.
pochoir n. m.
pochoiriste n.
pochon n. m.
pochothèque n. f.
pochouse ou **pauchouse** n. f.
*****pocket computer** = ordinateur de poche.
*****pocket-radio** = récepteur de poche ; radio de poche.
*****poco** (ital.) = peu.
*****poco a poco** (ital.) adv. = peu à peu.
*****pod** = fuseau, nacelle.
podagre adj. et n. (rhumatisant). ♦ N. f. (maladie).
podaire n. f.
podestat [-ta] n. m.
podion [-yon'] n. m. *Des podia.*

podium [-yom'] n. m. *Des podiums.*
podolithe n. m.
podologie n. f.
podologue n. (qui soigne les pieds).
podomètre ou **pédomètre** n. m. (compteur de pas ou de distance). ♦ Ne pas confondre avec *potomètre* (appareil à mesurer la quantité d'eau absorbée par une plante).
podzol n. m.
podzolique adj.
podzolisation n. f.
pœcile [pé-sil] n. m.
pœcilotherme → poïkilotherme.
poêle [pwal] n. m. (draperie sur un cercueil ; fourneau). *Tenir les cordons du poêle.* ♦ N. f. (ustensile de cuisine). *Tenir la queue de la poêle.* ♦ HOM. → poil.
poêlée [pwalé] n. f.
poêler [pwalé] v. t.
poêlier [pwalié] n. m.
poêlon [pwalon] n. m.
poème n. m.
poésie n. f.
poète n. m. et adj. *Une femme poète.*
poétereau n. m. *Des poétereaux.*
poétesse n. f.
poétique adj. et n.
poétiquement adv.
poétisation n. f.
poétiser v. t.
pogne n. f.
pognon n. m.
pogonophore n. m.
pogrom [-om'] ou **pogrome** n. m. (émeute contre une communauté juive). ♦ Ne pas confondre avec *prodrome* (symptôme de maladie).
poids n. m. *Faire bon poids ; poids mort ; le service des poids et mesures* (abs. : *les Poids et Mesures*) ; *des poids lourds* (camions). ♦ Sport : *poids mouche, coq, plume, léger, superléger, welter* ou *mi-moyen, superwelter, moyen, mi-lourd, lourd.* Les trois premiers termes sont invariables. *Des poids mouche ; des boxeurs plume ; combat de deux poids coq.* Les autres sont variables. *Un poids léger, des poids légers ; des superwelters ; combat de deux poids mi-lourds ; des lutteurs poids moyens. La catégorie poids moyen ; la catégorie des poids moyens.* ♦ HOM. → pois.

poignant, e adj.
poignard n. m.

poignarder v. t.
poigne n. f.
poignée n. f. *Jeter l'argent à poignée(s), par poignées; des poignées de main; une poignée d'herbe, de sable, de bonbons, de cheveux, de fleurs.*
poignet n. m.
poïkilotherme ou **pœcilotherme** [pé-] adj. et n. m.
poil n. m. *Des gibiers à poil; fourrure à poil ras; à rebrousse-poil; à contre-poil.*
♦ HOM. *poêle* (voile; fourneau; ustensile).
poilant, e adj.
poil-de-carotte adj. inv.
poiler (se) v. pr. *Ils se sont poilés.*
poilu, e adj. et n. m.
poinçon n. m.
poinçonnage n. m.
poinçonnement n. m.
poinçonner v. t.
poinçonneur, euse n. et adj.
poindre v. int. Conjug. 53. *Le jour point, poignait, poindra; il a point.*
poing n. m. *Dormir à poings fermés. Être pieds et poings liés.* ♦ HOM. *point* à la ligne (n. m.); *point* de salut (adv.), le soleil *point* (v. poindre), *point* typographique.
poinsettia n. m.
point n. m. *Les points sur les i. Point final. Une partie en cent points. Ils sont au point, au plus haut point, mal en point. Des points d'appui, de chaînette, de contact, de côté, d'ébullition, d'intersection, de mire, d'orgue, de repère, de vue; être mal (-) en (-) point. En couture : des points devant, des points arrière. Des points sellier. Vainqueur aux points. À tout point de vue* ou *à tous points de vue; au point de vue (de l') infrastructure. Point typographique* (ou *point Didot*) → tableau CORRECTION, p. 878. ♦ *Point, point d'exclamation, d'interrogation, etc.* → tableau PONCTUATIONS FORTES, p. 939 sqq. ♦ *Les deux points* (signe de ponctuation) → deux-points. ♦ Élément de loc. inv. *À point, à point nommé, au dernier point, de point en point, en tout point, de tout point, sur le point de. Ils sont chargés au point (à tel point) que cela va céder. Cet hôtel est en tout point remarquable.*
♦ Adv. de négation. Employé rarement sans « ne ». *On n'en veut point. Point de crédits pour cette entreprise. Êtes-vous fatigué ? — Point du tout. Cet honneur, point n'en veux* (je n'en veux point). *Point trop n'en faut* (il n'en faut pas trop).
♦ HOM. → *poing*.

pointage n. m.
pointal n. m. (étai de bois). *Des pointaux.* ♦ HOM. des *pointeaux* (outils en fer).
point de vue loc. m. *Des points de vue.*
pointe n. f. *Des pointes de feu; aux heures de pointe; techniques de pointe; souliers à pointes.* On exécute une pointe-sèche (gravure) *avec une pointe sèche* (instrument). *Pointe-à-Pitre* (ville).
pointeau n. m. *Des pointeaux.* ♦ HOM. → pointal.
Pointel. n. m. déposé inv.
pointer [-tèr] n. m. (chien).
pointer [-té] v. t. *Ils se sont pointés à l'heure.* ♦ V. int. *Ils ont pointé à l'heure.*
***pointer** = pointeur (inf.).
pointe-sèche n. f. *Des pointes-sèches.* → pointe.
pointeur, euse n.
pointil → pontil.
pointillage n. m.
pointillé n. m.
pointiller v. int. et t.
pointilleux, euse adj.
pointillisme [-is-] n. m.
pointilliste adj. et n.
***point mutation** = mutation ponctuelle (génét.).
pointu, e adj. *Des crayons trop pointus.*
♦ Adv. *Comme elles chantent pointu!*
♦ N. m. (bateau).
pointure n. f.
point-virgule n. m. *Des points-virgules.* → tableau PONCTUATIONS FORTES VI, p. 941.
poire n. f. *Principales variétés :* curé, cuisse-madame, bergamotte, beurré Hardy, bon-chrétien, doyenné du comice, duchesse d'Angoulême, louise-bonne, passe-crassane, williams.
poiré n. m.
poireau n. m. *Des poireaux.*
poireauter v. int. Quelquefois écrit POIROTER.
poirée n. f.
poirier n. m.
pois n. m. (légume). *Des pois chiches.*
♦ HOM. la *poix* (résine), un *poids* (masse), *pouah!* (interj.).
poise n. m. (unité de mesure : *3 poises* ou *3 P*).
poiseuille n. m. (unité de mesure : *3 poiseuilles* ou *3 Pl*).
poison n. m.
poissard, e adj. et n. f.
poisse n. f.

poisser v. t.
poisseux, euse adj.
poisson n. m. *Des poissons rouges. Poisson pilote; poisson volant. Le frai de poisson. Finir en queue de poisson; faire une queue-de-poisson. Né sous le signe des Poissons* → zodiaque.
poisson-chat n. m. *Des poissons-chats.*
poisson-coffre n. m. *Des poissons-coffres.*
poisson-épée n. m. *Des poissons-épées.*
poisson-globe n. m. *Des poissons-globes.*
poisson-lune n. m. *Des poissons-lunes.*
poissonnerie n. f.
poissonneux, euse adj.
poissonnier, ère n.
poisson-perroquet n. m. *Des poissons-perroquets.*
poisson-scie n. m. *Des poissons-scies.*
poitevin, e adj. *Une église poitevine. Le Marais poitevin.* ♦ N. *Un Poitevin* (de Poitiers ou du Poitou); *le poitevin* (dialecte).
poitrail n. m. *Des poitrails.*
poitrinaire adj. et n.
poitrine n. f.
poivrade n. f.
poivre n. m.
poivré, e adj.
poivrer v. t.
poivrette n. f.
poivrier n. m.
poivrière n. f.
poivron n. m.
poivrot, e n.
poix n. f. ♦ HOM. → pois.
poker [-kèr'] n. m.
***poker dice** = poker d'as.
Polack ou **Polac** n. (Polonais). ♦ HOM. → polaque.
polacre n. f.
polaire adj. *Le cercle polaire.* ♦ N. f. *La polaire d'un point* (mathématiques). *La Polaire* (l'étoile Polaire).
polaque n. m. (cavalier polonais du XVIIIe siècle). ♦ HOM. *Polack* (Polonais).
polar n. m. (roman ou film policier). ♦ HOM. *polard.*
polard, e adj. et n. (celui qui est préoccupé par un sujet ou par ses études, qui est polarisé). ♦ HOM. *polar.*
polarimètre n. m.
polarimétrie n. f.
polarisation n. f.
polariscope n. m.
polarisé, e adj.

polariser v. t.
polariseur n. m. et adj. m.
polarité n. f.
***polar mutation** = mutation polaire, mutation à effet polaire (génét.).
polarographie n. f.
Polaroid [-ro-id'] n. m. déposé inv.
***polar orbit** = orbite polaire (spat.).
polatouche n. m.
polder [-dèr'] n. m. *Les polders du Zuiderzee.*
poldérisation n. f.
pôle n. m. *Le pôle sud, le pôle nord* (de l'aimant ou de la boussole), *le pôle Sud, le pôle Nord* (géographiques), abs. : *aller au Pôle.* ♦ HOM. *Paul, Pol* (prénoms).
polémarque n. m.
polémique n. f. et adj.
polémiquer v. int.
polémiste n.
polémologie n. f. → irénologie.
polémologue n.
polémoniacée n. f.
***polenta** (ital.) n. f. = bouillie de farine.
***pole position** n. f. = position de tête, position de pointe, première ligne (sport). *Des pole positions.*
poli, e adj. et n. m.
police n. f. *Le préfet de police; un commissaire de police; police secours; la salle de police; la police mondaine* (abs. : *la Mondaine*); *la police judiciaire* (abrév. : *la P. J.*); *la Sûreté nationale.* ♦ HOM. qu'il *polisse* (v. polir).
policé, e adj.
***policeman** n. m. = agent de police. *Des policemen.*
policer v. t.
polichinelle n. m. *Le secret de polichinelle. Cet homme n'est qu'un polichinelle. S'il s'agit du personnage du théâtre de marionnettes, son nom est Polichinelle.*
policier, ère adj. et n.
policlinique n. f. (clinique municipale). ♦ HOM. *polyclinique* (clinique regroupant des services variés).
policologie n. f.
poliment adv.
polio n. (abrév. de *poliomyélitique*).
poliomyélite n. f.
poliomyélitique adj. et n.
poliorcétique adj. et n.
polir v. t. du 2e gr. Conjug. 24.
***polish** n. m. = brillant.

polissable adj.
polissage n. m.
polisseur, euse n.
polissoir n. m.
polisson, onne n. et adj.
polissonner v. int.
polissonnerie n. f.
poliste n. m.
politesse n. f.
politicaillerie n. f.
politicard, e n. et adj.
politicien, enne n. et adj.
politicologie n. f.
politicologue n.
politique adj. *Les droits politiques.* ♦ N. m. *Mazarin fut un habile politique.* ♦ N. f. *La politique extérieure. Ils parlent politique.*
politique-fiction n. f. *Des politiques-fictions.*
politiquement adv.
politisation n. f.
politiser v. t.
politologie n. f.
politologue n.
Polivé n. déposé inv.
poljé [-lyé] n. m.
polka n. f. *Danser des polkas.* ♦ Adj. inv. *Des pains polka.*
pollakiurie n. f.
pollen [polèn'] n. m.
pollicitation n. f.
*polling = invitation à émettre (télécom.).
pollinie n. f.
pollinique adj.
pollinisateur, trice adj.
pollinisation n. f.
pollinose n. f.
polluant, e adj. et n. m.
polluer v. t. Conjug. 18.
pollueur, euse n.
pollution n. f.
Polmar n. m. *Le plan Polmar est destiné à lutter contre la pollution maritime.*
polo n. m.
polochon n. m.
polonais, e adj. *L'indépendance polonaise.* ♦ N. *Un Polonais* (de nationalité polonaise); *une polonaise* (composition musicale; danse; gâteau; costume); *le polonais* (langue; champignon).
polonium [-nyom'] n. m. *Des poloniums.*
poltron, onne adj. et n.
poltronnerie n. f.

poly- Ce préfixe se soude au mot qui suit. *Polyalcool, polyisobutylène, polystyrène, polyester.*
polyacide adj. et n. m.
polyacrylique adj.
polyaddition [-li-a-] n. f.
polyadénylation [-li-a-] n. f.
*polyadenylated end = séquence poly A, région poly A, queue poly A (génét.).
*polyadenylation sequence ou *polyadenylation signal = signal de polyadénylation, séquence de polyadénylation (génét.).
polyakène [-li-a-] n. m.
polyalcool [-li-al-] n. m.
polyamide [-li-a-] n. m.
polyamine [-li-a-] n. f.
polyandre adj.
polyandrie n. f.
polyarchie [-li-ar-] n. f.
*poly A region ou *poly A tail = séquence poly A, région poly A, queue poly A (génét.).
polyarthrite [-li-ar-] n. f.
polybutadiène n. m.
polycarpique adj.
polycentrique adj.
polycentrisme [-is-] n. m.
polychète [-kèt] n. f.
polychimiothérapie n. f.
polychlorobiphényle n. m. Souvent désigné par le sigle PCB.
polychlorure n. m.
polychroïsme [-kro-is-] n. m.
polychrome [-krom'] adj.
polychromie [-kro-] n. f.
*polycistronic messenger ou *polycistronic m RNA = ARN m polycistronique (génét.).
*polycistronic RNA = ARN polycistronique (génét.).
polycistronique adj.
polyclinique n. f. ♦ HOM. → policlinique.
polycondensat [-sa] n. m.
polycondensation n. f.
polycopie n. f.
polycopié, e adj. et n. m.
polycopier v. t. Conjug. 17.
polyculture n. f.
polycyclique adj.
polydactyle adj. et n.
polydactylie n. f.
polydesmus [-mus'] n. m.

polydipsie n. f.
polyèdre adj. *Des angles polyèdres.* ♦ N. m. *Un polyèdre convexe. Les polyèdres sont nommés* : tétraèdre (4 faces), pentaèdre (5), hexaèdre (6), heptaèdre (7), octaèdre (8), ennéaèdre (9), décaèdre (10), dodécaèdre (12), icosaèdre (20), hectaèdre (100), chiliaèdre (1 000).
polyédrique adj.
polyélectrolyte n. m.
polyembryonie n. f.
polyester [-tèr'] n. m.
polyéthylène n. m.
polygala ou **polygale** n. m.
polygalacée n. f.
polygame adj. et n.
polygamie n. f.
polygénique adj.
polygénisme [-is-] n. m.
polyglobulie n. f.
polyglotte adj. et n.
polygonacée n. f.
polygon*al*, *ale*, *aux* adj.
polygonation n. f.
polygone n. m. *Un polygone de tir. Un polygone convexe. Les polygones sont nommés* : triangle (3 côtés), quadrilatère (4), pentagone (5), hexagone (6), heptagone (7), octogone (8), ennéagone (9), décagone (10), hendécagone (11), dodécagone (12), pentadécagone (15), icosagone (20), hectagone (100), chiliagone (1 000).
polygonisation n. f.
polygraphe n.
polygraphie n. f.
polygynie n. f.
polyhandicapé, *e* adj. et n.
polyholoside n. m.
polyhydroxybutyrate n. m.
polyisoprène [poli-i-] n. m.
polykystique adj.
polykystose n. f.
*****polylinker** = lieur multisite (génét.).
polylobé, *e* adj.
polymaintenici*en*, *enne* n.
polymérase n. f. et adj.
*****polymerase chain reaction** (PCR) = amplification en chaîne par polymérase ou ACP (génét.).
polymère adj. et n. m.
polymérie n. f.
polymérique adj.
polymérisable adj.
polymérisation n. f.

polymériser v. t.
polyméthylméthacrylate n. m.
polymorphe adj.
polymorphisme [-is-] n. m.
polynési*en*, *enne* adj. *Un atoll polynésien.* ♦ N. *Les Polynésiens* (de Polynésie); *le polynésien* (groupe de langues).
polynévrite n. f.
polynôme n. m.
polynomi*al*, *ale*, *aux* adj.
polynucléaire adj. et n. m.
polynucléotide n. m.
*****polynucleotide kinase** = polynucléotide kinase (génét.).
polyol [poli-ol'] n. m.
polyoléfine n. f.
polyoside [poli-ozid] n. m.
polype n. m.
polypeptide n. m.
polypeptidique adj.
polyp*eux*, *euse* adj.
polyphasé, *e* adj.
polyphonie n. f.
polyphonique adj.
polyphoniste n.
polypier n. m.
polyplacophore n. m.
polyploïde adj. et n.
polyploïdie n. f.
polypnée n. f.
polypode n. m.
polypore n. m.
polypose n. f.
polypropylène n. m. Quelquefois nommé POLYPROPÈNE.
polyptère n. m.
polyptyque n. m.
polyradiculonévrite n. f.
polyribonucléotide n. m.
polyribosome ou **polysome** n. m.
polysaccharide [-saka-] n. m.
polysémie [-sé-] n. f.
polysémique [-sé-] adj.
polysoc [-sok'] adj.
polysome → polyribosome.
polystyle adj.
polystyrène n. m.
polysulfure [-sul-] n. m.
polysyllabe [-si-] adj. et n. m.
polysyllabique [-si-] adj.
polysynodie [-si-] n. f.
polysynthétique [-li-sin-] adj.
polytechnici*en*, *enne* n.

polytechnique adj. *L'École polytechnique* (abs. : *Polytechnique*). *Il sort de Polytechnique.*

polythéisme [-is-] n. m.

polythéiste adj. et n.

polythène n. m.

polytherme adj. et n. m.

polytonal, ale, aux adj.

polytonalité n. f.

polytransfusé, e adj. et n.

polytraumatisé, e adj. et n.

polytric n. m.

polytropique adj.

polyuréthane [-li-u-] n. m. Quelquefois écrit POLYURÉTHANNE.

polyurie [-li-u-] n. f.

polyurique [-li-u-] adj. et n.

polyvalence n. f.

polyvalent, e adj. et n.

polyvinyle n. m.

polyvinylique adj.

polyvitaminé, e adj.

polyzoospermie n. f.

pomélo n. m.

pomerium → pomœrium.

pomerol n. m. (vin).

pomiculteur, trice n.

pomiculture n. f.

pommade n. f.

pommader v. t.

pommard n. m. (vin du vignoble de *Pommard*).

pomme n. f. *Des pommes à cidre, à couteau; des pommes d'api, d'arrosoir, de pin; des pommes chips; des pommes de terre en robe de chambre; des pommes purée. Fécule de pommes de terre. La pomme d'Adam. Des pommes de discorde.* ♦ *Principales variétés de pommes :* belle de Boskoop, calville, capendu, cox orange, faros, fenouillet, golden, grannysmith, melrose, rambour, reine des reinettes, reinette du Canada, reinette grise, starking. ♦ HOM. *paume* (creux de la main).

pommé, e adj. (arrondi, achevé). *Des choux pommés.* ♦ HOM. *paumé* (désorienté), *paumer* (v.), *pommer* (v.).

pommeau n. m. *Des pommeaux.*

pomme-cannelle n. f. *Des pommes-cannelles.*

pomme de terre n. f. *Des pommes de terre bintje.*

pommelé, e adj.

pommeler (se) v. pr. *Il se pommelle.* Conjug. 13. *Les cieux se sont pommelés.*

pommelle n. f. (filtre d'une conduite de liquide). ♦ HOM. *paumelle* (charnière; gant de cuir; orge de montagne).

pommer v. int. (s'arrondir en durcissant). ♦ HOM. → pommé.

pommeraie n. f.

pommeté, e adj.

pommette n. f.

pommier n. m.

pomœrium ou **pomerium** [-méryom'] n. m. *Des pomœriums.*

pomologie n. f.

pomologique adj.

pomologiste n.

pomologue n.

pomoyer v. t. Conjug. 6.

pompadour n. m. (oiseau). ♦ HOM. la marquise de *Pompadour,* le style *Pompadour.*

pompage n. m.

pompe n. f. *Pompes funèbres; en grande pompe; une serrure à pompe; des pompes à incendie; coup de pompe; à toute pompe.*

pompéien, enne adj. *Les ruines pompéiennes.* ♦ N. *Un Pompéien* (habitant de Pompéi); *un pompéien* (partisan de Pompée).

pomper v. t.

pompette adj.

pompeur, euse n.

pompeusement adv.

pompeux, euse adj.

pompidolien, enne adj.

pompier n. m. *Un sapeur-pompier.* ♦ Adj. m. *Style pompier.*

pompiérisme [-is-] n. m.

pompile n. m.

pompiste n.

pompon n. m. et adj. inv. *Des roses pompon.*

pomponner v. t.

ponant n. m.

ponantais, e adj. et n.

ponçage n. m.

ponce n. f. *Des ponces.* ♦ Adj. *Des pierres ponces.*

ponceau n. m. *Des ponceaux.* ♦ Adj. inv. *Des soies ponceau.*

poncelet n. m. (ancienne unité de mesure).

poncer v. t. *Il ponçait.* Conjug. 2.

ponceur, euse n. et adj.

ponceux, euse adj.

poncho [pon-cho ou pon'tcho] n. m.

poncif n. m.
ponction n. f.
ponctionner v. t.
ponctualité n. f.
ponctuation n. f.

■ C'est par la ponctuation que la phrase ne s'essouffle pas et préserve sa clarté. Mal ponctuer, c'est ne pas sentir le rythme et les nuances de la phrase. Car la ponctuation, c'est aussi du style : elle est un élément indispensable de l'orthographe. Flaubert disait : « La plus belle femme du monde ne vaut pas une virgule mise à sa place. » Les signes de ponctuation sont :

le point	les parenthèses
la virgule	les crochets
le point-virgule	l'accolade
le point d'interrogation	le souligné
le point d'exclamation	les guillemets
les points de suspension	le tiret
les deux-points	la barre oblique

Pour les précisions sur leur emploi, se reporter à chacun de ces mots.

Il est une habitude scripturale défectueuse qui consiste à remplacer les parenthèses, accolades ou guillemets par ces signes bâtards < > qui n'existent pas.
→ signe.

ponctué, e adj.
ponctuel, elle adj.
ponctuellement adv.
ponctuer v. t. Conjug. 18.
poncturer v. t.
pondaison n. f. (époque de la ponte des œufs).
pondérable adj.
pondéral, ale, aux adj.
pondérateur, trice adj.
pondération n. f.
pondéré, e adj.
pondérer v. t. *Il pondère, il pondérait, il pondére-ra(it)*. Conjug. 10.
pondéreux, euse adj.
pondeur, euse adj. et n.
pondoir n. m.
pondre v. t. Conjug. 67.
ponette n. f.
poney n. m.
pongé n. m. (tissu). Quelquefois écrit PONGÉE (n. m.).
pongidé n. m.
pongiste n.
pont n. m. *Pont de bateaux; pont de pierre; pont transbordeur; un faux pont; un pont-canal; des pantalons à pont; le pont aux ânes; le pont des Arts; le pont Alexandre-III; le Pont-Neuf* (à Paris); *le(s) servi- ce(s) des Ponts et Chaussées; l'École des ponts et chaussées* (abs. : *les Ponts et Chaussées, les Ponts*); *le pont avant, le pont arrière, des ponts arrière; un deux-ponts* (avion). ♦ HOM. il *pond* (v. pondre).

pontage n. m.
pont-bascule n. m. *Des ponts-bascules*.
pont-canal n. m. *Des ponts-canaux*.
ponte n. f. (action de pondre). ♦ N. m. (celui qui joue contre le banquier; personnage considérable).
ponté, e adj. et n. f.
ponter v. int. (jouer contre le banquier). ♦ V. t. (établir un pont ou un pontage).
pontet n. m.
ponteuse n. f. (siège).
pontier n. m.
pontife n. m. *Le souverain pontife*.
pontifiant, e adj.
pontifical, ale, aux adj. et n. m.
pontificat [-ka] n. m.
pontifier v. int. Conjug. 17.
pontil ou **pontil** [-til'] n. m.
pont-l'évêque n. m. inv. (fromage de *Pont-l'Évêque*).
pont-levis n. m. *Des ponts-levis*.
ponton n. m.
ponton-grue n. m. *Des pontons-grues*.
pontonnier n. m.
*****pontoon bridge** = pont d'équipage (déf.).
pont-promenade n. m. *Des ponts-promenade(s)*.
pont-rail n. m. *Des ponts-rails*.
pont-route n. m. *Des ponts-routes*.
pont-routeur n. m. *Des ponts-routeurs*.
pontuseau n. m. *Des pontuseaux*.
*****pool** n. m. = groupe (de travail); atelier (de dactylos); équipe (de journalistes); communauté; poule; syndicat de prix ferme, tour de table (écon.).
*****pooster pump** = pompe de gavage, pompe de suralimentation.
pop adj. inv. et n. m. ou f. *De la musique pop. Ils aiment la/le pop. La pop-musique*.
pop'art [popart'] n. m. *Des pop'arts*. Souvent écrit POP ART.
*****pop-corn** n. m. inv. = maïs éclaté.
pope n. m.
popeline n. f.

poplité, e adj.
*****pop'music** = musique libre, pop--musique.
pop-musique n. f. *Des pop-musiques.*
po, po, po! interj.
popote n. f. et adj. inv.
popoter v. t. et int.
popotin n. m.
populace n. f.
populacier, ère adj.
populage n. m. (plante).
populaire adj.
populairement adv.
popularisation n. f.
populariser v. t.
popularité n. f.
population n. f. → *nationalité.*
populationniste adj. et n.
populéum [-léom'] n. m. *Des populéums.*
populeux, euse adj.
populicide n. et adj.
populiculture n. f.
populisme [-is-] n. m.
populiste adj. et n.
populo n. m.
poquer v. int.
poquet n. m.
poracé → *porracé.*
porc [por] n. m. (animal). ♦ HOM. *port* (abri pour bateaux; col pyrénéen; action de porter; aspect), *pore* (petit trou de la peau).
porcelaine n. f.
porcelainier, ère adj. et n.
porcelet n. m.
porc-épic [porképik'] n. m. *Des porcs-épics* [porké-].
porchaison n. f.
porche n. m.
porcher, ère n.
porcherie n. f.
porcin, e adj. et n. m.
pore n. m. ♦ HOM. → *porc.*
poreux, euse adj.
porion n. m.
porno adj. inv. et n. m.
pornographe adj. et n.
pornographie n. f.
pornographique adj.
porophore n. m.
porosité n. f.
porphyre n. m.
porphyrie n. f.

porphyrine n. f.
porphyrinique adj.
porphyrique adj.
porphyrogénète n. et adj.
porphyroïde adj.
*****porpoising** n. m. = marsouinage.
porque n. f.
porracé, e ou **poracé, e** adj.
porreau n. m. (nom patois du *poireau*). *Des porreaux.*
porrection n. f.
porridge n. m.
port n. m. ♦ HOM. → *porc.*
*****port** = entrée, point d'accès (et non *port*).
portabilité n. f.
portable adj.
*****portable** = transférable (et non *portable*).
*****portable computer** = ordinateur portable.
*****portable telephone** = téléphone portatif.
portage n. m.
portail n. m. *Des portails.*
portal, ale, aux adj.
portance n. f.
portant, e adj. *Tirer à bout portant.* ♦ N. m. *Des portants de théâtre.*
portatif, ive adj.
porte n. f. *Trouver porte close; aller de porte en porte; des portes à coulisse; la porte Saint-Martin, à Paris* (c'est une porte); *la Porte Maillot* (c'est un carrefour); *les Portes de Fer* (Danube; Algérie); *la Sublime Porte* (abs.: *la Porte*). ♦ Adj. *La veine porte.* ♦ Hormis le nom singulier *porte-à-porte* et les noms *porte--croisée*, *porte-fenêtre*, les mots composés commençant par *porte* sont dérivés du verbe *porter*; le mot *porte* y est donc invariable.
porté, e adj.
porté ou **porter** n. m.
porte-aéronefs n. m. inv.
porte-à-faux n. m. inv. *Un porte-à-faux* (dans une construction). *Être en porte-à--faux* (dans une situation ambiguë).
porte-affiche(s) n. m. *Des porte-affiches.*
porte-aigle n. m. inv.
porte-aiguille n. m. (appareil qui ne porte qu'une aiguille). *Le porte-aiguille de la machine à coudre. Des porte--aiguille(s).* S'il s'agit d'un objet groupant plusieurs aiguilles, comme celui de la couturière, on écrira *porte-aiguilles*, n. m. inv.

porte-allumettes n. m. inv.
porte-amarre n. m. *Des porte-amarre(s).*
porte-annonces n. m. inv.
porte-à-porte n. m. inv. (démarchage à domicile). *Elle fait du porte-à-porte.* Mais on écrira : *Ils habitent porte à porte.*
porte-autos n. m. inv.
porte-avions n. m. inv.
porte-bagages n. m. inv.
porte-balai n. m. *Des porte-balai(s).*
porte-bannière n. m. *Des porte-bannière(s).*
porte-barge n. m. *Des porte-barge(s).*
porte-bébé n. m. *Des porte-bébé(s).*
porte-billet(s) n. m. *Des porte-billets.*
porte-bonheur n. m. inv. (objet fétiche). *On dit que cela porte bonheur.*
porte-bouquet n. m. *Des porte-bouquet(s).*
porte-bouteille(s) n. m. *Des porte-bouteilles.*
porte-brancard n. m. *Des porte-brancard(s).*
porte-carte(s) n. m. *Des porte-cartes.*
porte-chéquier n. m. *Des porte-chéquier(s).*
porte-cigare(s) n. m. *Des porte-cigares.*
porte-cigarette(s) n. m. (il s'agit d'un étui, et non du fume-cigarette). *Des porte-cigarettes.*
porte-clés ou **porte-clefs** n. m. inv.
porte-conteneurs n. m. inv.
porte-copie n. m. *Des porte-copie(s).*
porte-coton n. m. *Des porte-coton(s).*
porte-couteau n. m. *Des porte-couteau(x).*
porte-crayon n. m. *Des porte-crayon(s).*
porte-croisée n. f. *Des portes-croisées.*
porte-croix n. m. inv.
porte-crosse n. m. *Des porte-crosse(s).*
porte-document(s) n. m. *Des porte-documents.*
porte-drapeau n. m. *Des porte-drapeau(x).*
portée n. f.
porte-épée n. m. *Des porte-épée(s).*
porte-étendard n. m. *Des porte-étendard(s).*
porte-étriers n. m. inv.
porte-étrivière n. m. *Des porte-étrivière(s).*
portefaix n. m.
porte-fanion n. m. *Des porte-fanion(s).*
porte-fenêtre n. f. *Des portes-fenêtres.*
portefeuille n. m. *Le portefeuille des Finances* (ministère).

porte-fort n. m. inv.
porte-glaive n. m. *Des porte-glaive(s).*
porte-greffe n. m. *Des porte-greffe(s).*
porte-hauban n. m. *Des porte-haubans.*
porte-hélicoptères n. m. inv.
porte-jarretelles n. m. inv.
porte-lame n. m. *Des porte-lame(s).*
portelone n. m.
porte-malheur n. m. inv. (objet ou être). *On dit que cela porte malheur.*
portemanteau n. m. *Des portemanteaux.*
portement n. m. *Le portement de Croix.*
porte-menu n. m. *Des porte-menu(s).*
portemine ou **porte-mine** n. m. *Des portemines; des porte-mine(s).*
porte-monnaie n. m. inv.
porte-montre n. m. *Des porte-montre(s).*
porte-mors ou **portemors** n. m. inv.
porte-objet n. m. *Des porte-objet(s).*
porte-outil n. m. *Des porte-outil(s).*
porte-papier n. m. *Des porte-papier(s).*
porte-paquet n. m. *Des porte-paquets.*
porte-parapluie(s) n. m. *Des porte-parapluies.*
porte-parole n. m. inv.
porte-plume n. m. *Des porte-plume(s).*
porte-queue n. m. *Des porte-queue(s).*
porter [-té] v. t. et int. *Ces chevrons portent à faux. Ils se sont portés vers elle. Elle s'est portée garante de lui. Elle s'est portée caution pour eux.*
porter [-tèr] n. m. (bière).
porte-revues n. m. inv.
porterie n. f.
porte-savon n. m. *Des porte-savon(s).*
porte-serviette(s) n. m. *Des porte-serviettes.*
porte-trait n. m. *Des porte-trait(s).*
porteur, euse n. *Des actions au porteur; un porteur de germes; un avion gros porteur.* ♦ Adj. *Une onde porteuse.*
porte-vent n. m. inv.
porte-voix n. m. inv.
portfolio n. m.
portier, ère n. et adj.
portillon n. m.
portion [-syon] n. f. (part, partie). ♦ Homographes hétérophones : *des portions de viande; nous portions* [-tyon] (v. porter).
portionnaire adj. et n.
portionneuse n. f.
portique n. m.
portland [pɔrtlan ou pɔrlan] n. m. (ciment ressemblant à la pierre grise de Portland).

porto n. m. (vin de la région de *Porto*).
portor n. m. (marbre).
portoricain, e adj. *Une coutume portoricaine.* ♦ N. *Un Portoricain* (de Porto Rico).
portrait n. m. *Un portrait en pied; un portrait charge.*
portraitiste n.
portrait-robot n. m. *Des portraits-robots.*
portraiturer v. t.
Port-Salut n. m. déposé inv.
portuaire adj.
portugais, e adj. *Un pêcheur portugais.* ♦ N. *Un Portugais* (du Portugal); *le portugais* (langue) → tableau LANGUES ÉTRANGÈRES ET LANGUES ANCIENNES p. 901. *Des portugaises* (huîtres). On emploie le radical *luso-* en association. *Les relations luso-brésiliennes.*
portulan n. m.
portune n. m. (crabe).
P.O.S. [pos'] sigle m. Plan d'occupation des sols (dit « Plan d'urbanisme »).
posable adj.
***posada** (esp.) n. f. = auberge.
pose n. f. (temps d'exposition; mise en place; attitude; affectation prétentieuse). *Le modèle prend la pose; photographier en demi-pose; dépose, pose et repose d'un moteur; pose d'une moquette; temps de pose* (photo). ♦ HOM. il *pose* (v. poser), une *pause* (repos), il *pause* (v. pauser).
posé, e adj. et n.
posé-décollé n. m. *Des posés-décollés.*
posément adv.
posemètre n. m.
poser v. t. et int. (placer, établir; faire une pose; attitude; être affecté). *La question qu'ils se sont posée.* ♦ HOM. *pauser* (faire une pause, se reposer un peu).
poser n. m. *Une zone de poser pour parachutistes.*
pose-tubes n. m. inv.
poseur, euse n. et adj.
posidonie n. f.
positif, ive adj. et n. m.
position n. f. *Des prises de position.*
***position effect** = effet de position (génét.).
positionnement n. m.
positionner v. t.
positionneur n. m.
positivement adv.
positivisme [-is-] n. m.

positiviste adj. et n.
positivité n. f.
positron ou **positon** n. m.
positronium ou **positonium** [-nyom'] n. m. *Des posit(r)oniums.*
posologie n. f.
possédant, e adj. et n.
possédé, e adj. et n.
posséder v. t. *Je possède, nous possédons, je posséderai(s).* Conjug. 10.
possesseur n. m. *Elle en est le possesseur.*
possessif, ive adj. et n. m. → tableau ADJECTIFS II, A, p. 865.
possession n. f.
possessionnel, elle adj.
possessivité n. f.
possessoire adj.
possibilité n. f.
possible adj. *Toutes les sottises possibles. Dans le meilleur des mondes possibles. Ces exploits paraissent possibles.* ♦ Adv. *Mangez le plus possible* (le plus d'aliments qu'il soit possible de manger). *Venez le plus tôt possible. Prenez-en le moins possible.* Après *le plus, le moins, le mieux, le meilleur,* le mot *possible* peut être invariable, même s'il en est séparé par un nom au pluriel. *Fais le moins d'erreurs possible* (on entend alors : Fais le moins d'erreurs possible qu'il te sera possible de faire). *Dans les meilleurs mondes possible.* Ces expressions peuvent être adjectifs indéfinis (*Le moins possible d'enfants sera admis*) ou pronoms indéfinis (*Le plus possible auront un jouet* : accord par syllepse). ♦ N. m. *Ils font leur possible. Dans toute la mesure du possible. Ils sont avares au possible.*
possiblement adv.
post- Ce préfixe se soude au mot qui suit (*postbiblique, postabdomen*), sauf pour une expression latine (*post-abortum, post-scriptum*). Attention : *Potsdam* (en Prusse).
postage n. m.
postal, ale, aux adj.
***post boost vehicle** = étage vernier (déf.).
postchèque n. m.
postclassique adj.
postcoital, ale, aux adj.
postcombustion n. f.
postcommunion n. f.
postcommunisme [-is-] n. m.
postcommuniste adj.
***post completion drawing** = plan de récolement (urb.).

postcongrès n. m.
*****postconvention tour** = postcongrès.
postcure n. f.
postdate n. f.
postdater v. t.
postdoctoral, ale, aux adj.
poste n. m. (emploi; lieu désigné). *Le poste d'équipage, de ravitaillement, de secours.* ♦ N. f. (bâtiment des P.T.T.; service postal). *Un bureau de poste; une chaise de poste; la poste aux armées; des trains-poste; des wagons-poste. Le ministère, le secrétariat d'État, l'administration des Postes et Télécommunications; les Postes, Télégraphes et Téléphones (P.T.T.).*
posté, e adj.
*****posted price** = prix affiché.
postenquête n. f.
postenregistré, e adj.
postenregistrement n. m.
postenregistrer v. t.
poster [-té] v. t.
*****poster** [-tèr'] n. m. = affiche non publicitaire.
postérieur, e adj. et n. m.
postérieurement adv.
*****posteriori** → *a posteriori.
postériorité n. f.
postérité n. f.
postes n. f. pl. (ornement décoratif).
postface n. f.
postglaciaire adj.
posthite n. f. (inflammation du prépuce). ♦ HOM. *Post-it* (papier adhésif).
posthume adj.
posthypophyse n. f.
postiche adj. et n. m.
postier, ère n.
postillon n. m.
postillonner v. int.
postimpressionnisme [-is-] n. m.
postimpressionniste adj. et n.
postindustriel, elle adj.
*****posting** = affichage.
Post-it n. m. déposé inv. ♦ HOM. → posthite.
postlude n. m.
postmarché n. m.
*****post meridiem** (lat.) = après midi. Abrév. : *p. m.*
postmoderne adj. et n.
postmodernisme [-is-] n. m.
*****post mortem** (lat.) = après la mort.
postnatal, ale, als adj.

postopératoire adj.
post-partum [-tom'] n. m. inv.
postposer v. t.
postposition n. f.
postprandial, ale, aux adj.
postprocesseur n. m.
postproduction n. f.
postromantique adj.
postscolaire adj.
post-scriptum [-tom'] n. m. inv. Abrév. : *P.-S.*
postsonorisation n. f.
postsynchronisation [-kro-] n. f.
postsynchroniser [-kro-] v. t.
posttension n. f.
posttest n. m.
*****post-testing** = postenquête; posttest (aud.).
posttransfusionnel, elle adj.
posttraumatique adj.
postulant, e n.
postulat [-la] n. m. *Le postulat d'Euclide.*
postuler v. t. *Les emplois qu'il a postulés.*
postural, ale, aux adj.
posture n. f.
pot n. m. *Des pots de crème, d'échappement, de géranium; des pots de/à confiture(s); un pot de/à fleurs; le pot aux roses; le pot au noir.* ♦ HOM. → peau.
potable adj.
potache n. m.
potage n. m. *Potage au vermicelle; potage aux pois. Pour tout potage.*
potager, ère adj. et n. m.
potamochère n. m.
potamologie n. f.
potamot [-mo] n. m.
potard n. m.
potasse n. f.
potasser v. t.
potassique adj.
potassium [-syom'] n. m. *Des potassiums.*
pot-au-feu n. m. inv. (mets).
pot-de-vin n. m. (cadeau). *Des pots-de-vin.*
pote n.
poteau n. m. *Des poteaux.*
potée n. f.
potelé, e adj.
potelet n. m.
potelle n. f.
potence n. f.
potencé, e adj.
potentat [-ta] n. m.

POTENTIAL

*potential = possible, virtuel.
potentialisation [-sya-] n. f.
potentialiser [-sya-] v. t.
potentialité [-sya-] n. f.
potenti*el, elle* [-syèl'] adj. et n. m. *La différence de potentiel.*
potentiellement [-syèl-] adv.
potentille n. f.
potentiomètre [-syo-] n. m.
potentiométrique [-syo-] adj.
poterie n. f.
poterne n. f.
potestat*if, ive* adj.
potiche n. f.
poti*er, ère* n.
potimarron n. m.
potin n. m.
potiner v. int.
potini*er, ère* adj. et n.
potion [-syon] n. f.
potiquet n. m.
potiron n. m.
potlatch n. m.
potomanie n. f.
potomètre n. m. → podomètre.
poto-poto n. m. inv.
potorou n. m. *Des potorous.*
pot-pourri n. m. (mélange). *Des pots-pourris.*
potron-jacquet n. m. Le pluriel est inusité.
potron-minet n. m. *Se lever dès potron-minet.* Le pluriel est inusité.
Pott (mal de) loc. m.
potto n. m.
pottok ou **pottock** n. m. (poney basque). *Des pottiok* ou *pottiock.*
pou n. m. (parasite). *Des poux.* ♦ HOM. le *pouls* (pulsation du sang), du *pout*-de-*soie* (taffetas), *pouh!* (interj.).
pouacre n. et adj.
pouah! interj. ♦ HOM. → pois.
poubelle n. f.
pouce n. m. (doigt de la main). ♦ Interj. *Pouce!* ♦ HOM. il *pousse* (v. pousser), la *pousse* (jeune branche; maladie).
pouce-pied n. m. (crustacé). *Des pouces-pieds.* ♦ HOM. *pousse-pied* (bateau léger).
poucettes n. f. pl. ♦ HOM. → poussette.
poucier n. m. ♦ HOM. → poussier.
pou-de-soie → pout-de-soie.
pouding [-din'g] n. m. (gâteau). → *pudding.
poudingue n. m. (roche d'agglomérat).

poudrage n. m.
poudre n. f. *Poudre de diamants, d'escampette, de perlimpinpin; du coton-poudre; le service des Poudres.*
poudrer v. t.
poudrerie n. f.
poudrette n. f.
poudr*eux, euse* adj. et n. f.
poudri*er, ère* n.
poudrin n. m.
poudroiement n. m.
poudroyer v. int. Conjug. 6.
pouf n. m. *Des poufs.* ♦ Interj. *Pouf!*
pouffer v. int.
pouffiasse ou **poufiasse** n. f.
pouh! interj.
pouillard n. m.
pouillé n. m.
pouillerie n. f.
pouilles n. f. pl. *Chanter pouilles.*
pouill*eux, euse* adj. et n.
pouillot n. m.
pouilly n. m. (vin de *Pouilly*-sur-Loire).
poujadisme [-is-] n. m.
poujadiste n. et adj.
poulailler n. m.
poulain n. m.
poulaine n. f.
poularde n. f.
poulbot n. m. (gamin comme en dessinait *Poulbot*).
poule n. f. (volaille; enjeu; groupe d'équipes sportives). *Des poules Leghorn.* ♦ HOM. *pool (groupement).
poulet n. m.
poulette n. f.
pouliche n. f.
poulie n. f.
pouliethérapie [-lité-] n. f.
pouliner v. int.
poulinière n. f. et adj. f.
pouliot n. m. (plante; treuil).
poul*ot, otte* n. (pour *poulet*).
poulotter v. t.
poulpe n. m. *Un grand poulpe.*
pouls [pou] n. m. ♦ HOM. → pou.
poult-de-soie → pout-de-soie.
poumon n. m. *Respirer à pleins poumons.*
*pound n. m.
poupard, *e* adj. et n. (petit enfant).
poupart n. m. (crabe).
poupe n. f.
poupée n. f. *Les poupées gigognes russes sont des matriochkas.*

poupin, e adj.
poupon n. m.
pouponnage n. m.
pouponner v. int.
pouponnière n. f.
pour prép. *Pour lors; pour peu que; nous sommes pour.* ♦ N. m. inv. *Le pour et le contre. Quels sont les pours?*
pourboire n. m. (gratification).
pourceau n. m. *Des pourceaux.*
pour-cent n. m. inv.
pourcentage n. m. *4 % (*ou *quatre pour cent; 4 pour cent; 4 p. 100; 4 p. cent). Les écritures entre parenthèses sont surtout utilisées pour les proportions, les textes non techniques, les statistiques. 3,7 p. cent; 7 ‰ (sept pour mille). 50 pour cent de la population n'achète(nt) pas de livres.* Pour le taux d'intérêt, on écrit *6 %; pour la rente, on écrit acheter du six pour cent.*
pourchas [-cha] n. m.
pourchasser v. t.
pourfend*eur*, *euse* n.
pourfendre v. t. Conjug. 67.
*****Pourim** (hébreu) = fête juive d'Esther.
pourlèche → perlèche.
pourlécher (se) v. pr. *Il se pourlèche, il se pourléchait, il se pourlécherai(it). Ils se sont pourléchés.* Conjug. 10.
pourparlers n. m. pl. Rare au singulier.
pourpier n. m.
pourpoint n. m.
pourpre n. f. (matière colorante; étoffe teinte avec la pourpre; dignité impériale ou cardinalice). ♦ N. m. (couleur; mollusque). *Le pourpre rétinien.* ♦ Adj. *Des robes pourpres.* → tableau COULEURS A, p. 884.
pourpré, e adj.
pourprin n. m.
pourquoi adv. *Pourquoi n'est-il pas venu? Dis-moi pourquoi il manque un billet. Elle l'a fait sans savoir pourquoi* (pour quelle raison). ♦ Élément de loc. conj. *C'est pourquoi je suis venu* (la raison pour laquelle). ♦ N. m. inv. *Connaître le pourquoi. Trop de pourquoi.* ♦ Ne pas confondre avec la locution en deux mots. *Tu es venu pour quoi faire?* (On pourrait dire: *pour faire quoi?*) *Il abandonna ce pour quoi il avait lutté. Elle préféra le célibat à un mariage pour quoi elle n'était pas faite.*
pourri, e adj. et n.
pourridié n. m.

pourrir v. int. et t. du 2ᵉ gr. Conjug. 24.
pourrissage n. m.
pourrissant, e adj.
pourrissement n. m.
pourrissoir n. m.
pourriture n. f.
pour-soi n. m. inv.
poursuite n. f.
poursuit*eur*, *euse* n.
poursuivant, e adj. et n.
poursuiv*eur*, *euse* n.
poursuivre v. t. Conjug. 73.
pourtant adv. *Ma femme est un peu fatiguée, venez pourtant.* ♦ Conj. *Pourtant on le sentait inquiet.* ♦ Ne pas confondre avec la locution en deux mots. *Il se faisait du souci pour tant de choses!* (pour un si grand nombre).
pourtour n. m.
pourvoi n. m. (recours contre une décision). ♦ HOM. *il y pourvoit* (v. pourvoir).
pourvoir v. t. Conjug. 64. *Ils se sont pourvus en cassation.*
pourvoy*eur*, *euse* n.
pourvu que loc. conj. *Pourvu qu'il y pense!*
poussage n. m.
poussah n. m. *De gros poussahs.*
pousse n. f. ♦ HOM. → pouce.
poussé, e adj.
pousse-au-crime n. m. inv.
pousse-café n. m. inv.
pousse-cailloux n. m. inv.
poussée n. f.
pousse-pied n. m. inv. (petit bateau). ♦ HOM. → pouce-pied.
pousse-pousse n. m. inv.
pousser v. t. et int.
pousse-toc n. m. *Des pousse-toc(s).*
poussette n. f. (voiture d'enfant; tricherie à un jeu ou un sport). ♦ HOM. *poucettes* (chaînette enserrant les pouces d'un prisonnier).
poussette-canne n. f. *Des poussettes-cannes.*
pousseur n. m.
poussier n. m. (poussière de charbon). ♦ HOM. *poucier* (étui de protection pour le pouce).
poussière n. f.
poussiér*eux*, *euse* adj.
poussiériser (se) v. pr. *La mousse s'est poussiérisée.*
pouss*if*, *ive* adj.
poussin n. m.
poussine n. f.

poussinière n. f.
poussivement adv.
poussoir n. m.
poutargue ou **boutargue** n. f.
pout-de-soie, pou-de-soie ou **poult-de-soie** [pou-] n. m. (taffetas à côtes). *Des pouts-, poux-, poults-de-soie.* → peau de soie.
poutrage n. m.
poutraison n. f.
poutre n. f.
poutrelle n. f.
poutser v. t.
pouture n. f.
pouvoir v. t. Conjug. 65. Dans les interrogations, on dit : *puis-je? Puisse-t-il, puissiez-vous réussir! Il se peut que* (le verbe pronominal *se pouvoir* est impersonnel). *Elle n'en peut mais. On ne peut mieux. Qu'y puis-je? Ils sont on ne peut plus économes.*
pouvoir n. m. *Les pleins pouvoirs; des abus de pouvoir; tomber au pouvoir de; excès de pouvoir; les pouvoirs publics; les pouvoirs d'achat. Un fondé de pouvoir(s). Durée du pouvoir* → tableau NOMBRES V, p. 912.
pouzzolane n. f.
****power-block** = poulie motrice (mer).
****power gain** = gain (télécom.).
****power module** ou **power unit** = bloc de puissance (spat.).
P.P. sigle m. pl. Pertes et profits.
P.P.C.M. sigle m. Plus petit commun multiple.
****P.P.M.** (*pulse position modulation) = modulation d'impulsions en position, ou M.I.P. (télécom.).
P.R. sigle adj. Poste restante.
****practice** = entraînement en salle.
praesidium ou **présidium** [prézidyom'] n. m. (présidence du Conseil du Soviet suprême en U.R.S.S.). *Des praesidiums.*
pragmatique adj. et n. f.
pragmatisme [-is-] n. m.
pragmatiste adj. et n.
pragois, e ou **praguois, e** adj. *Les ponts praguois.* ◆ N. *Une Pragoise* (de Prague).
praire n. f.
prairial n. m. sing.
prairie n. f.
prakrit [-ri] n. m.
pralin n. m.
pralinage n. m.
praline n. f. et adj. inv.
praliné n. m.

praliner v. t.
prame n. f.
prandial, ale, aux adj.
prao n. m.
praséodyme n. m.
praticabilité n. f.
praticable adj. et n. m.
praticien, enne n. → patricien.
pratiquant, e adj. et n.
pratique adj. et n. f.
pratiquement adv.
pratiquer v. t. et int.
****pravda** (russe) = vérité.
praxie n. f.
praxis [-sis'] n. f.
pré n. m. (prairie). ◆ HOM. *près* (prép.), *prêt* (disposé), *un prêt* (action de prêter; chose prêtée).
pré- Ce préfixe peut se souder à beaucoup de mots (*préconciliaire, préindustriel, prénaissance,* etc.). Dans les noms composés *pré-bois* et *pré-salé*, il ne s'agit pas de ce préfixe, mais du nom masculin *pré* (pâturage).
préaccentuation n. f.
préadamisme [-is-] n. m.
préadamite adj. et n.
préadaptation n. f.
préadolescent, e n.
préalable adj. et n. m. *Au préalable.*
préalablement adv.
préalpin, e adj.
préambule n. m.
préamplificateur n. m.
préannonce n. f.
préapprentissage n. m.
préau n. m. *Des préaux.*
préavis n. m.
préaviser v. t.
prébende n. f.
prébendé, e adj. et n.
prébendier n. m.
prébiotique adj.
pré-bois n. m. *Des prés-bois.*
précaire adj.
précairement adv.
précambrien, enne adj. et n.
précancéreux, euse adj.
précapsulaire adj.
précaractérisé, e adj. et n. m.
précarisation n. f.
précariser v. t.
précarité n. f.
précaution n. f. *Un excès de précautions. Des mesures de précaution. Agir avec précaution.*

précautionner (se) v. pr. *Ils se sont précautionnés.*
précautionneusement adv.
précautionneux, euse adj.
précédemment [-daman] adv.
précédence n. f.
précédent, e adj. *Le propriétaire précédent. Cela s'est produit le mois précédent.* ♦ N. m. *Cela créera un précédent ; un fait sans précédent.* ♦ HOM. *précédant* (partic. prés. du v. précéder). *Cela s'est produit dans le mois précédant la naissance* (qui précédait la naissance). ♦ Il n'y a pas similitude avec « ils précèdent » à cause du second accent.
précéder v. t. *Je précède, nous précédons, je précéderai(s).* Conjug. 10. *Les siècles qui m'ont précédé, qui nous ont précédés. Les pompiers qui avaient précédé la fanfare. Les pompiers qu'avait précédés la fanfare.*
préceinte n. f.
précellence n. f.
précepte n. m.
précepteur, trice n.
préceptoral, ale, aux adj.
préceptorat [-ra] n. m.
précession n. f.
préchambre n. f.
préchauffage n. m.
préchauffer v. t.
prêche n. m.
prêcher v. t. et int.
prêcheur, euse adj. et n.
prêchi-prêcha n. m. inv.
précieusement adv.
précieux, euse adj. et n.
préciosité n. f.
précipice n. m.
précipitamment adv.
précipitation n. f.
précipité, e adj. et n. m.
précipiter v. t. et int.
préciput [-pu] n. m.
préciputaire adj.
précis, e adj. *À une heure précise ; à six heures précises ; à trois heures et demie précises ; à midi précis ; à minuit précis.* ♦ N. m. *Un précis de droit criminel.*
précisément adv.
préciser v. t.
précision n. f.
précisionnisme [-is-] n. m.
précité, e adj.
préclassique adj.

précoce adj.
précocement adv.
précocité n. f.
précognition [-kog'ni-] n. f.
précolombien, enne adj.
précombustion n. f.
précompte n. m.
précompter v. t.
préconception n. f.
préconçu, e adj.
préconducteur n. m.
précongrès n. m.
préconisation n. f.
préconiser v. t.
préconscient, e adj. et n. m.
précontraint, e adj. et n. f.
*preconvention tour = précongrès.
précordial, ale, aux [-kor-dyal'] adj.
précordialgie [-kordi-alji] n. f.
précuit, e adj. et n. m.
précurseur adj. m. et n. m. Spécialt : *le Précurseur* (saint Jean-Baptiste).
*precursor RNA = ARN précurseur (génét.).
prédateur, trice adj. et n.
prédation n. f.
prédécesseur n. m.
prédécoupé, e adj. et n. m.
prédélinquant, e adj. et n.
prédelle n. f.
prédestination n. f.
prédestiné, e adj. et n.
prédestiner v. t.
prédétermination n. f.
prédéterminé, e adj.
prédéterminer v. t.
prédéterminisme [-is-] n. m.
prédicable adj.
prédicant n. m.
prédicat [-ka] n. m.
prédicateur, trice n.
prédicatif, ive adj.
prédication n. f. (action de prêcher).
prédictibilité n. f.
prédictible adj.
prédictif, ive adj.
prédiction n. f. (action de prédire).
prédiffusé, e adj. et n. m.
prédigéré, e adj.
prédilection n. f. (préférence).
prédiquer v. t.
prédire v. t. Se conjugue comme DIRE (conjug. 47), sauf à la 2ᵉ personne du plu-

PRÉDISPOSER

riel du présent de l'indicatif et de l'impératif : *vous prédisez ; prédisez.*
prédisposer v. t.
prédisposition n. f.
prédominance n. f. (en plus grande quantité).
prédominant, e adj.
prédominer v. int.
préélectoral, ale, aux adj.
préélémentaire adj.
préemballé, e adj.
prééminence n. f. (d'un rang supérieur en dignité).
prééminent, e adj.
préempter v. t.
préemption [-syon] n. f.
préencollé, e adj.
préenquête n. f.
préenregistré, e adj.
préenregistrement n. m.
préenregistrer v. t.
préétabli, e adj.
préétablir v. t.
préexcellence n. f.
préexistant, e adj.
préexistence n. f.
préexister v. int.
*****prefabricated construction** = construction industrialisée (urb.).
préfabrication n. f.
préfabriqué, e adj. et n. m.
préface n. f.
préfacer v. t. *Il préfaçait.* Conjug. 2.
préfacier, ère n.
préfectoral, ale, aux adj.
préfecture n. f. *La préfecture de l'Oise ; la préfecture de police ; la préfecture maritime.*
préférable adj.
préférablement adv.
préféré, e adj. et n.
préférence n. f.
préférentiel, elle adj.
préférentiellement adv.
préférer v. t. *Je préfère, nous préférons, je préfére- rai(s).* Conjug. 10.
préfet, préfète n. *Le préfet de région. Madame la préfète. Le préfet des Hauts-de-Seine.*
préfiguration n. f.
préfigurer v. t.
préfinancement n. m.
préfinancer v. t. *Il préfinançait.* Conjug. 2.

préfix, e adj. *Jour préfix ; somme préfixe.*
préfixal, ale, aux adj.
préfixation n. f.
PRÉFIXE n. m. →tableau en annexe p. 942.
préfixé, e adj.
préfixer v. t.
préfloraison n. f.
préfoliation ou **préfoliaison** n. f.
préformage n. m.
préformation n. f.
préformer v. t.
préfourrière n. f.
préfrontal, ale, aux adj.
prégénital, ale, aux adj.
préglaciaire adj.
prégnance [prég'nans] n. f.
prégnant, e [prég'nan] adj.
préhellénique adj.
préhenseur adj. m.
préhensile adj.
préhension n. f.
préhispanique adj.
préhistoire n. f.
préhistorien, enne n.
préhistorique adj.
préhominien n. m.
préindustriel, elle adj.
préinscription n. f.
préislamique adj.
préjudice n. m. *Au préjudice de ; sans préjudice de.*
préjudiciable adj.
préjudiciel, elle adj.
préjugé n. m.
préjuger v. t. *Il préjugeait.* Conjug. 3.
prélart [-lar'] n. m.
prélasser (se) v. pr. *Ils se sont prélassés.*
prélat [-la] n. m.
prélatin, e adj.
prélature n. f.
prélavage n. m.
prêle ou **prèle** n. f.
prélegs n. m.
prélèvement n. m.
prélever v. t. *Je prélève, nous prélevons, je prélève- rai(s).* Conjug. 15.
préliminaire adj. et n. m.
préliminairement adv.
prélogique adj.
prélude n. m.
préluder v. int. et t. ind.
prématuré, e adj. et n.

prématurément adv.
prématurité n. f.
prémédication n. f.
préméditation n. f.
préméditer v. t.
prémenstru*el, elle* adj.
prémessag*er, ère* adj.
***premessenger RNA** ou ***Pre-m RNA** = pré-ARN messager (génét.).
prémices n. f. pl. (premières productions).
♦ HOM. une *prémisse* (proposition du début d'un syllogisme).

prem*ier, ère* adj. Abrév. : *1ᵉʳ*, *1ʳᵉ*. *Le premier adjoint. La cause première. En première instance; le premier venu; en premières noces; les tout premiers arrivés; les nombres premiers. La Première Guerre mondiale. La Iʳᵉ République; la première République; le premier Empire; le Premier consul; le Premier ministre* (en Angleterre, abs. : *le Premier). Le 1ᵉʳ janvier; la 1ʳᵉ partie; le 1ᵉʳ Mai* (pour désigner la fête). Pour les souverains et les régimes, *Iᵉʳ* ou *Iʳᵉ* s'écrit avec un chiffre romain. *Charles Iᵉʳ; le Iᵉʳ Empire.* ♦ Pron. *Les premiers sont arrivés. Il habite au premier. Le premier en date.* ♦ N. *Un jeune premier, une jeune première. Elle est première chez ce couturier. C'est demain la première de sa pièce. Son fils est en première.*

premièrement adv.
premier-né adj. et n. *La première-née; les premiers-nés; les premières-nées. Une fille première-née.*
premier-Paris n. m. (article de journal). *Des premiers-Paris.*
prémilitaire adj.
prémisse n. f. ♦ HOM. → prémices.
***premium** = report (écon.).
***premium (grade)** = supercarburant.
prémolaire n. f.
prémonition n. f.
prémonitoire adj.
prémontré n. m. → religieux.
prémunir v. t. du 2ᵉ gr. Conjug. 24.
prenable adj.
pren*ant, e* adj.
prénat*al, ale, als* adj. *Des subsides prénatals.*
prendre v. t. et int. Conjug. 66. *Prendre connaissance, date, exemple, fait et cause, froid, langue, modèle, ombrage, part, parti, peur, place, position, possession, soin. Prendre les armes, le mors aux dents; prendre à cœur, au débotté/ débotter, au dépourvu, au mot, à partie, au pied levé, à pleines mains, au saut du lit, à témoin; prendre pour argent comptant; prendre en considération, en flagrant délit, en main; à tout prendre. Toutes les mesures qu'il a prises. Cette décision s'est prise trop vite. Dites-moi quelle place il a prise. Elles s'en sont prises au marchand. Elle fut prise à partie (à témoin, au dépourvu, au sérieux...). Elle déclara : Je ne sais ce qui m'a pris* (ce qui a pris à moi); *la colère m'a prise* (elle a pris moi). *Elle s'y est prise à deux fois.*

pren*eur, euse* n. et adj.
prénom n. m.
■ *Prénom et nom.*

A. – Sur un imprimé administratif, une fiche de classement, le nom figure souvent avant le prénom, pour la commodité des recherches. Mais quand on désigne quelqu'un, quand on lui écrit, quand son nom complet est inscrit sur une enseigne, une pierre tombale, un en-tête de lettre, ou quand on se présente, il faut énoncer d'abord le prénom *(pré-* veut dire *devant)* : ce n'est pas Colomb Christophe qui a découvert l'Amérique.

B. – Sait-on que l'usage d'écrire et de dire « Madame Jacques Dubois » (au lieu de « Madame Caroline Dubois ») date seulement des années 1920? On comprend que le nom de famille de deux époux soit unique, mais il est illogique que l'épouse abandonne aussi son prénom.

prénomm*é, e* adj. et n.
prénommer v. t.
prénotion n. f.
prénupti*al, ale, aux* adj.
préoblitér*é, e* adj. et n. m.
préoccup*ant, e* adj.
préoccupation n. f.
préoccup*é, e* adj.
préoccuper v. t. *Cette affaire nous a préoccupés.* ♦ V. pr. *Elle s'est préoccupée de sa carrière; elle s'en est préoccupée.*
préœdipien, enne [pré-é-] adj.
préolympique adj.
préopératoire adj.
préor*al, ale, aux* adj.
préouverture n. f.
***prepaid** = prépayé.
***prepaid open** = ouvert prépayé (tour.).
prépaiement n. m.
préparat*eur, trice* n.

préparatif n. m.

préparation n. f. *Préparation de copie pour un imprimeur* → tableau CORRECTION p. 878.

*****preparation building** = hall d'assemblage (spat.).

préparatoire adj. Classes préparatoires = *corniche* (Saint-Cyr), *khâgne* (École normale supérieure), *taupe* (mathématiques spéciales).

préparer v. t.

prépayé, e adj. et n. m.

prépayer v. t. Conjug. 8.

prépondérance n. f. (supériorité en importance).

prépondérant, e adj.

préposé, e n.

préposer v. t.

prépositif, ive adj.

préposition n. f.

prépositionnel, elle adj.

prépositivement adv.

*****pre-processed data** = donnée prétraitée (spat.).

préprogrammation n. f.

préprogrammé, e adj.

préprogrammer v. t.

prépsychose [-koz] n. f.

prépsychotique [-ko-] adj. et n.

prépuce n. m.

préraphaélisme [-is-] n. m.

préraphaélite adj. et n.

préréacteur n. m.

préréglage n. m.

prérégler v. t. Conjug. 10.

prérentrée n. f.

préretraite n. f.

préretraité, e adj. et n.

prérévolutionnaire adj.

prérogative n. f.

préroman, e adj.

préromantique adj.

préromantisme [-is-] n. m.

près adv. *Suivre de près; à cela près; de loin ou de près; se tenir près de; se tenir auprès; à beaucoup près; à quelque chose près; naviguer au plus près; à peu près* (un à-peu-près); *elle habite tout près; à dix kilos près; surveiller de près.*
♦ Prép. *Un expert près la cour d'appel.*
♦ Près de (loc. prép.). Cette locution signifie « sur le point de » ou « à côté de ». *Je suis près de partir. Elle n'est pas près de l'oublier. Tiens-toi près de lui.* → prêt.
♦ HOM. → pré.

présage n. m.

présager v. t. Conjug. 3.

présalaire [-sa-] n. m.

pré-salé n. m. (mouton). *Des prés-salés.*

présanctifié, e [pré-san-] adj.

presbyacousie n. f.

presbyophrénie [-fré-] n. f.

presbyte adj. et n.

presbytéral, ale, aux adj.

presbytère n. m.

presbytérianisme [-is-] n. m.

presbytérien, enne adj. et n.

presbytie [-bi-si] n. f.

prescience n. f.

prescient, e adj.

préscientifique adj.

préscolaire adj.

prescripteur n. m.

prescriptible adj.

prescription n. f.

prescrire v. t. Se conjugue comme ÉCRIRE (conjug. 49). *Les lois que s'étaient prescrites les Romains.* → proscrire.

préséance [-sé-] n. f.

présélecteur [-sé-] n. m.

présélection [-sé-] n. f.

présélectionner [-sé-] v. t.

présence n. f. *Ils ont fait acte de présence. Présence d'esprit. Des jetons de présence. En présence de.*

présénescence [-sé-] n. f.

présénile [-sé-] adj.

présent, e adj. et n.

présentable adj.

présentateur, trice n.

présentatif n. m.
■ *Les présentatifs* se placent en tête d'une phrase pour la mettre en valeur :

Alors	Et	Ma foi
C'est	Il est	Soit
Ci-gît	Il y a	Voici
Disons que	Lors	Voilà

Il est un pays où fleurit l'oranger. Et Jésus dit à ses disciples. Le présentatif *C'est* est souvent suivi de *qui* ou *que. C'est là que j'habite. Ce sont les voisins qui le lui ont dit.* → voici, voilà et tableau VERBES XVII, 7°, p. 987.

présentation n. f. *Des droits de présentation.* Spécialt : *les fêtes de la Présentation de l'Enfant Jésus au Temple, de la Présentation de la Vierge.*

présentement adv.

présenter v. t.

présentification n. f.
présentoir n. m.
présérie [-sé-] n. f.
préserva*teur, trice* adj.
préservat*if, ive* adj. et n. m.
préservation n. f.
*****preservation and rehabilitation area map** = carte de sauvegarde et de mise en valeur (urb.).
préserver v. t.
préside n. m.
présidence n. f. S'écrit sans majuscule quel qu'en soit le sens.
président, e n. *Le président de la République; le président du Conseil* (des ministres); *le président du Sénat; le président de l'Assemblée nationale* (pour ces personnages, abs. : *le Président). Le premier président de la Cour de cassation; le président-directeur général* (P.-D.G.); *la présidente-directrice générale; le président du club de pétanque.* Naturellement, pour honorer, dans une adresse, une missive : *M. le Président de...* Pour la femme du président : *madame la présidente* (abs. : *la Présidente*). Pour le président des États Unis : *le Président.* ♦ HOM. *président* (partic. prés. du v. présider). ♦ Homographe hétérophone : *ils président* [-zid] (v. présider).
présidentiable [-syabl] adj. et n.
présidentialisme [-sya-] n. m.
présidentie*l, elle* [-syèl] adj.
présidentielle n. f. *La présidentielle* est l'élection présidentielle. Également employé au pluriel : *les présidentielles* sont les élections présidentielles.
présider v. t.
présidia*l, ale, aux* adj. et n. m. *Des présidiaux.*
présidialité n. f.
présidium → præsidium.
présocratique [-so-] adj. et n.
présompt*if, ive* adj. (présumé).
présomption [-syon] n. f.
présomptueusement adv.
présomptu*eux, euse* adj. et n. (prétentieux).
présonorisation [-so-] n. f.
presque adv. Ne s'élide que devant le mot *île. La presqu'île de Gien. Presque à la même minute; presque en même temps.* ♦ Adj. inv. *Élu à la presque unanimité.*
presqu'île n. f. *Des presqu'îles.*
pressage n. m.
pressant, e adj.

*****press-book** n. m. = dossier de presse; recueil d'articles, de photos. *Des press-books.*
presse n. f. *Des presses à épreuves, à fourrage, à fromage, à panneaux, à percussion, à platine, à pulpes; une presse en retiration; des vins de presse. Des ouvrages sous presse.*
pressé, e adj.
presse-agrumes n. m. inv.
presse-bouton adj. inv.
presse-citron n. m. *Des presse-citron(s).*
pressée n. f.
presse-étoupe n. m. *Des presse-étoupe(s).*
presse-fruits n. m. inv.
pressentiment n. m.
pressentir v. t. Conjug. 55. → presser.
presse-papiers n. m. inv.
presse-purée n. m. inv.
presser v. t. et int. Homographes hétérophones : *ils pressent* [-ès], v. presser; *il pressent* [-èssan], v. pressentir.
presse-raquette n. m. *Des presse-raquette(s).*
press*eur, euse* adj.
presse-viande n. m. inv.
pressi*er, ère* n.
*****pressing** n. m. = pressage, repassage; pression (sport).
pression n. f.
pressionné, e adj.
pressoir n. m. *Un pressoir d'Hérophile.*
pressostat [-sta] n. m.
presspahn n. m.
pressurage n. m.
pressurer v. t.
pressureur n. m.
pressurisation n. f.
*****pressurisation** = mise en pression.
pressuriser v. t.
pressuriseur n. m.
*****pressurized water reactor** (P.W.R.) = réacteur à eau sous pression, ou R.E.P. (nucl.).
*****pressurizer** = pressuriseur (nucl.).
prestance n. f.
prestant n. m.
prestataire n.
prestation n. f.
preste adj.
prestement adv.
prester v. t.
prestesse n. f.

prestidigita*teur*, *trice* n.
prestidigitation n. f.
prestige n. m.
prestigi*eux*, *euse* adj.
*****prestissimo** (ital.) adv. = très vite.
*****presto** (ital.) adv. = vite.
préstratégique adj.
présumable adj.
présumé, *e* adj.
présumer v. t. *Ils ont présumé de leur talent.*
présupposé [-su-] n. m.
présupposer [-su-] v. t.
présupposition [-su-] n. f.
présure n. f.
présurer v. t. (mettre de la présure).
prêt, *e* adj. *Ils sont prêts pour le départ.* L'expression *prêt à* signifie « préparé à, disposé à ». *Tu es prêt à partir; prête à; prêts à; prêtes à. Se tenir prêt; ils sont fin* (adv.) *prêts.* → près. ◆ N. *Des prêts à long terme; des prêts d'honneur.* ◆ HOM. → pré.
prêt-à-coudre n. m. *Des prêts-à-coudre.*
prêt-à-manger n. m. *Des prêts-à-manger.*
prêt-à-monter n. m. *Des prêts-à-monter.*
prétantaine ou **prétentaine** n. f.
prêt-à-porter n. m. *Des prêts-à-porter.*
prêté n. m. *C'est un prêté rendu; des prêtés rendus. C'est un prêté pour un rendu.* → rendu.
prétendant, *e* n.
prétendre v. t. Conjug. 67.
prétendu, *e* adj.
prétendument adv.
prête-nom n. m. *Des prête-noms.*
pré-tension n. f. (béton coulé sur des aciers préalablement tendus). ◆ HOM. *prétention* (vanité).
pré-tensionneur n. m., adj. m.
prétentaine → prétantaine.
prétentieusement [-syeû-] adv.
prétenti*eux*, *euse* [-syeû] adj. et n.
prétention [-syon] n. f. ◆ HOM. → pré-tension.
prêter v. t. et int.
prétérit [-rit'] n. m.
prétériter v. t.
prétérition n. f.
prétermission n. f.
prétest n. m.
*****pre-testing** = prétest (aud.); préenquête.
préteur n. m. *Le préteur pérégrin.* ◆ HOM. → prêteur.

prêt*eur*, *euse* adj. et n. (qui prête). ◆ HOM. le *préteur* (magistrat romain).
prétexte n. m. (raison apparente ou prétendue). *Sous prétexte de.* ◆ N. f. et adj. (robe romaine de magistrat ou d'adolescent).
prétexter v. t.
pretintaille n. f.
*****pretium doloris** (lat.) loc. m. = indemnisation des souffrances, prix de la douleur.
prétoire n. m.
prétorial, *ale*, *aux* adj.
prétori*en*, *enne* adj.
prêtraille n. f.
prétraité, *e* adj.
prétraitement n. m.
prétranché, *e* adj.
prêtre n. m.
prêt-relais n. m. *Des prêts-relais.*
prêtre-ouvrier n. m. *Des prêtres-ouvriers.*
prêtresse n. f.
prétriage n. m.
prétrier v. t. Conjug. 17.
prêtrise n. f.
préture n. f.
preuve n. f. *Ils ont fait leurs preuves; ils font preuve de bonne volonté.*
preux, preuse adj. et n.
prévalence n. f.
prévaloir v. int. Se conjugue comme VALOIR (conjug. 79), sauf au subjonctif présent : *que je prévale, que nous prévalions. Elle s'est prévalue de son âge.*
prévarica*teur*, *trice* adj. et n.
prévarication n. f.
prévariquer v. int.
prévenance n. f. *Combler de prévenances.*
prévenant, *e* adj.
prévenir v. t. Conjug. 76.
préventif, *ive* adj.
prévention n. f.
préventivement adv.
préventologie n. f.
préventologue n.
préventorium [-ryom'] n. m. *Des préventoriums.*
prévenu, *e* n. et adj.
préverbe n. m.
prévisibilité n. f.
prévisible adj.
prévision n. f.
prévisionn*el*, *elle* adj.

prévisionniste n.

prévoir v. t. Se conjugue comme VOIR (conjug. 82), sauf au futur : *je prévoirai* ; et au condit. présent : *je prévoirais*. *Les négociations sont plus difficiles que prévu* (qu'il n'était prévu). *Les peines que j'avais prévues pour l'accusé. Les peines que j'avais prévu que vous éprouveriez.*

prévôt n. m.

prévôtal, ale, aux adj.

prévôté n. f.

prévoyance n. f.

prévoyant, e adj. et n.

priant n. m.

priapée n. f.

priapisme [-is-] n. m.

*****Pribnow box** = boîte de Pribnow (génét.).

*****price earning ratio** (P.E.R.) = coefficient de capitalisation des résultats (écon.).

*****price maker** = fixeur de prix (écon.).

*****pricer** = priseur (écon.).

*****price taker** = preneur de prix (écon.).

*****price (to)** = priser, estimer (écon.).

*****pricing** = prisée (écon.).

prie-dieu n. m. inv. (siège bas). ♦ N. f. inv. (mante).

prier v. t. Conjug. 17. ♦ Il y a homophonie pour le singulier du présent de l'indicatif du verbe **prier** (*je prie, tu pries, il prie*) et le singulier du passé simple du verbe **prendre** (*je pris, tu pris, il prit*).

prière n. f. *Un livre de prières ; être en prière ; des prières d'insérer.*

prieur, e n. et adj.

prieuré n. m.

*****prima donna** (ital.) n. f. = première chanteuse d'opéra. *Des prime donne.*

primage n. m.

primaire adj. et n.

primal, ale, aux adj.

primarité n. f.

*****primary dealer** = spécialiste en valeurs du Trésor (écon.).

primat [-ma] n. m.

primate n. m.

primatial, ale, aux [-syal'] adj.

primatie [-si] n. f.

primatologie n. f.

primature n. f.

primauté n. f.

prime n. f. *Ces articles font prime sur le marché.* ♦ Adj. *De prime abord.* ♦ *A'* se lit : *A prime.*

primé, e adj.

primer v. t.

*****primer** = amorce (génét.).

primerose n. f.

primesaut [-so] n. m.

primesautier, ère [-so-] adj.

*****prime time** = grande écoute, début de soirée (télév.).

primeur n. f. *De belles primeurs.*

primeuriste n.

primevère n. f.

primidi n. m.

primipare adj. f. et n. f.

primipilaire ou **primipile** n. m.

primitif, ive adj. et n.

primitivement adv.

primitivisme [-is-] n. m.

*****primo** (lat.) adv. (abrév. : *1°*) = premièrement. → tableau ADVERBES K, 2°, b, p. 875.

primogéniture n. f.

primo-infection n. f. *Des primo-infections.*

primordial, ale, aux adj.

primulacée n. f.

prince, princesse n. *Le prince charmant ; le prince consort ; le prince impérial ; le prince de Conti ; S.A. le prince de Monaco* (majuscule en cas de déférence) ; *le prince des ténèbres* (Satan) ; *le prince de Galles ; les princes de l'Église ; la princesse Palatine* (Louis Napoléon Bonaparte) ; *le prince-président ; le Prince Noir* (fils d'Edouard III d'Angleterre) ; *Monsieur le Prince* (Condé) ; *le prince électeur ; le prince-archevêque ; le parc des Princes ; du tissu prince-de-galles. Aux frais de la princesse* (de l'Administration). *Les îles des Princes ; les îles du Prince-Edouard.* ♦ Adj. f. inv. *Des haricots princesse ; des amandes princesse ; des dentelles princesse.*

prince-de-galles n. m. inv. et adj. inv. (tissu).

princeps [-sèps'] adj. inv. *Une édition princeps.*

princier, ère adj.

princièrement adv.

principal, ale, aux adj. et n. m. *Des principaux.*

principalat [-la] n. m. (fonction de principal de collège).

principalement adv.

principat [-pa] n. m. (dignité ou pouvoir du prince).

principauté n. f. *La principauté de Monaco.*

principe n. m. *Un accord de principe; par principe; en principe; une question de principe; être fidèle aux principes; des pétitions de principe; des réclamations de principe; sans règles ni principes. Le principe d'Archimède.*

printanier, ère adj.

printanisation n. f.

*****printed** = imprimé.

printemps n. m. *Les magasins Au Printemps.*

*****printing** = tirage (urb.); téléscripteur, téléimprimeur.

priodonte n. m.

prion n. m. (particule infectieuse à la source de maladies neurologiques; oiseau de l'Antarctique).

priorat [-ra] n. m.

*****priori** → *a priori.

prioritaire adj. et n.

prioritairement adv.

priorité n. f.

pris, e adj. *Elle est prise de fièvre.* ♦ N. f. *Une/des prise(s) d'air, d'armes, de commandement, de corps, de courant, d'eau, d'habit, à partie, de possession, de rang, de son, de tabac, de terre, de voile, de vue* (photo), *de vues* (cin.). ♦ HOM. → prix.

priscillianisme [-is-] n. m.

prisée n. f.

priser v. t.

priseur, euse n. *Un commissaire-priseur.*

prismatique adj.

prisme n. m.

prison n. f.

prisonnier, ère adj. et n.

Prisunic n. m. déposé inv.

privatdozent ou **privatdocent** [-vadosan] n. m.

*****private wire circuit** = liaison spécialisée (télécom.).

privatif, ive adj. et n. m.

privation n. f.

privatique n. f.

privatisable adj. et n. f.

privatisation n. f.

privatisée n. f.

privatiser v. t.

privatiste n.

privauté n. f.

privé, e adj. et n. m.

priver v. t.

privilège n. m.

privilégié, e adj. et n.

privilégier v. t. Conjug. 17.

prix n. m. *Ils sont vendus au prix de; à vil prix; à n'importe quel prix. Prix : 17 F* (ou : *dix-sept francs*); *3,50 F; des prix plafonds; des prix planchers; à prix fixe; des prix chocs. Des marchandises à tous prix* (à tous les prix); *la victoire à tout prix* (quel qu'en soit le prix). *Le Prix du Jockey-Club, le Grand Prix* (courses de chevaux). *Le grand prix de Rome, le prix Goncourt; la médaille Fields; les prix Nobel* → Nobel. ♦ HOM. il *prie* (v. prier), il *prit* (v. prendre), le voleur est *pris* (adj.).

prix-courant n. m. (tarif, catalogue). *Des prix-courants. Sans le trait d'union (des prix courants),* il s'agit des prix habituels.

prix-étalon n. m. *Des prix-étalons.*

prix-faiteur n. m. *Des prix-faiteurs.*

pro n. (abrév. de *professionnel*). *Des pros; une vraie pro.*

pro- Ce préfixe se soude au mot qui suit (*proallié, prosocialiste*), sauf si ce mot commence par *i, o* ou *u* (*pro-indochinois, pro-ottoman*) ou est le nom d'une personne (*pro-Staline*). *Des pro-américains, des prochinois, des pro-russes.*

proactif, ive adj.

proarthropode n. m.

probabilisable adj.

probabiliser v.t.

probabilisme [-is-] n. m.

probabiliste adj. et n.

probabilité n. f.

probable adj.

probablement adv.

probant, e adj.

probation n. f.

probationnaire n.

probatique adj.

probatoire adj.

probe adj.

*****probe** = fusée-sonde.

probité n. f.

problématique adj. et n. f.

problématiquement adv.

problème n. m.

proboscidien n. m.

procaïne n. f.

procaryote adj. et n.

procédé n. m. *Un ingénieur de procédé.*

procéder v. int. et t. ind. *Je procède, nous procédons, je procéderai(s).* Conjug. 10.

procédural, ale, aux adj.

procédure n. f.

procédurier, ère adj. et n.

procellariiforme n. m.
procès [-sè] n. m.
*****processed data** = donnée élaborée (spat.).
processeur n. m. et adj. m.
process*if*, *ive* adj.
*****processing** = maturation moléculaire (génét.).
procession n. f.
processionnaire adj. et n. f.
processionn*el*, *elle* adj.
processionnellement adv.
*****processing** = traitement, façonnage (pétr.).
*****processor** = processeur (inf.).
processus [-sè-sus'] n. m.
procès-verbal n. m. *Des procès-verbaux. Un procès-verbal de carence.*
prochain, *e* adj. et n. m. → date.
prochainement adv.
proche adj. *Les villages sont proches. Les proches parents.* ♦ N. *Vos proches s'inquiètent. De proche en proche. Le Proche-Orient.* ♦ Prép. *Cette maison est proche (de) l'église.*
proche-orient*al*, *ale*, *aux* adj. *Des richesses proche-orientales.* ♦ N. *Les Proche-Orientaux.*
prochinois, *e* adj. et n.
prochordé → procordé.
procidence n. f.
proclama*teur*, *trice* n.
proclamation n. f.
proclamer v. t.
proclitique adj. et n. m.
proclive adj.
proconsul n. m.
proconsulaire adj.
proconsulat [-la] n. m.
procordé, prochordé [-kor-] ou **protocordé** n. m.
procréa*teur*, *trice* adj. et n.
procréat*if*, *ive* adj.
procréation n. f.
procréatique n. f.
procréer v. t. *Il procrée, nous procréons, il pro- créera(it).* Conjug. 16.
proctalgie n. f.
proctite n. f.
proctologie n. f.
proctologue n.
procura*teur*, *trice* n.
procuratie [-si] n. f.
procuration n. f.

procure n. f.
procurer v. t.
procureur n. m. *Le procureur général; le procureur de la République.*
prodigalité n. f.
prodige n. m. et adj. (extraordinaire, difficile à expliquer). ♦ Ne pas confondre avec *prodigue* (qui dissipe les biens).
prodigieusement adv.
prodigi*eux*, *euse* adj.
prodigue adj. et n. *La parabole de l'enfant prodigue.* → prodige.
prodiguer v. t. *Nous prodiguons.* Conjug. 4.
*****pro domo (sua)** (lat.) = pour sa maison, pour sa propre cause.
prodrome n. m. → pogrom.
prodromique adj.
produc*teur*, *trice* adj. et n.
productibilité n. f.
productible adj.
product*if*, *ive* adj.
production n. f.
productique n. f.
productivisme [-is-] n. m.
productiviste adj.
productivité n. f.
produire v. t. Conjug. 37. *Les modifications qui se sont produites.*
produit n. m. *Produits d'un pays* → tableau MINUSCULES A, 3°, p. 907.
proèdre n. m.
proéminence n. f. (qui dépasse).
proéminent, *e* adj.
prof n. inv. en genre. *La prof, les profs.*
profana*teur*, *trice* adj. et n.
profanation n. f.
profane adj. et n.
profaner v. t.
profect*if*, *ive* adj.
proférer v. t. *Il profère, nous proférons, il profére- ra(it).* Conjug. 10.
profès, professe [-fè, -fès] adj. et n.
professer v. t.
professeur n. m.
profession n. f. *Ils font profession de; des professions de foi; des joueurs de profession.*
professionnalisation n. f.
professionnaliser v. t.
professionnalisme [-is-] n. m.
professionn*el*, *elle* adj. et n.
professionnellement adv.
professor*al*, *ale*, *aux* adj.

professorat [-ra] n. m.
profil n. m. *Des plans de profil; des profils d'équilibre.*
profilage n. m.
*****profile** = profil (urb.).
profilé, e adj. et n. m.
profiler v. t.
profilographe n. m.
profit [-fi] n. m. *Ils en ont tiré profit; mettre à profit; compte de profits et pertes; au profit de.*
profitabilité n. f.
profitable adj.
profitablement adv.
profitant, e adj.
profiter v. t. ind. et int. *Les biens dont ils ont profité. Ces séjours leur ont profité.*
profiterole n. f.
profit*eur, euse* n.
profond, e adj. *Des trous profonds.* ♦ Adv. *Creusez plus profond.* ♦ N. m. *Au plus profond de la conscience.* ♦ N. f. (argot). *Il chercha dans sa profonde* (sa poche).
profondément adv.
profondeur n. f.
*****pro forma** (lat.) loc. = pour la forme. *Une facture « pro forma ».*
profus, e adj.
profusion n. f.
progéniture n. f.
progénote n. m.
progestat*if, ive* adj. et n. m.
progestérone n. f.
progiciel n. m.
proglottis [-tis'] n. m.
prognathe [prog'nat] adj.
prognathisme [prog'nat] n. m.
*****program library** = programmathèque (inf.).
programmable adj.
*****programmable logic device** (PLD) ou *****programmable logic array** (PLA) = réseau logique programmable (électron.).
programma*teur, trice* n. → programmeur.
programmathèque n. f.
programmation n. f.
programmatique adj.
programme n. m.
programmé, e adj.
programme-canal n. m. *Des programmes-canaux.*
programme-produit n. m. *Des programmes-produits.*

programmer v. t.
programm*eur, euse* n. (personne qui prépare les programmes d'un ordinateur). ♦ Ne pas confondre avec *programmateur* (personne qui établit un programme de spectacle; appareil qui commande des opérations successives).
*****program trading** = courtage par ordinateur (écon.).
progrès [-grè] n. m.
progresser v. int.
progress*if, ive* adj.
progression n. f.
progressisme [-is-] n. m.
progressiste n. et adj.
progressivement adv.
progressivité n. f.
prohibé, e adj.
prohiber v. t.
prohibit*if, ive* adj.
prohibition n. f.
prohibitionnisme [-is-] n. m.
prohibitionniste adj. et n.
proie n. f. *Des oiseaux de proie.*
projecteur n. m.
project*if, ive* adj.
projectile n. m.
projection n. f. *Des plans de projection.*
projectionniste n.
*****project manager** = maître d'œuvre (urb.).
projet [-jè] n. m.
projeter v. t. *Il projette.* Conjug. 14.
projet*eur, euse* n.
prolactine n. f.
prolamine n. f.
prolan n. m.
prolapsus [-sus'] n. m.
prolégomènes n. m. pl.
prolepse [-lèps] n. f.
prolétaire n. et adj.
prolétariat n. m.
prolétari*en, enne* adj.
prolétarisation n. f.
prolétariser v. t.
prolifération n. f.
prolifère adj.
proliférer v. int. *Il prolifère, nous proliférons, il proliférerait).* Conjug. 10.
prolificité n. f.
prolifique adj.
proligère adj.
prolixe adj.
prolixement adv.

prolixité n. f.
prolo n. inv. en genre et adj. inv.
prolog n. m. (langage informatique).
prologiciel n. m.
prologue n. m. (début; ouverture).
prolongateur n. m.
prolongation n. f. (dans le temps).
prolonge n. f.
prolongé, e adj.
prolongement n. m. (dans l'espace et au sens figuré).
prolonger v. t. *Nous prolongeons.* Conjug. 3.
*****pro memoria** (lat.) = mémorandum.
promenade n. f.
promener v. t. *Il se promène, nous nous promenons, il se promènera(it).* Conjug. 15.
promeneur, euse n.
promenoir n. m.
promesse n. f.
prométhazine n. f.
prométhéen, enne adj.
prométhéum [-téom'] n. m. *Des prométhéums.*
prometteur, euse adj.
promettre v. t. Conjug. 56. *L'émission que nous vous avons promise. Elle s'est promis de voyager.*
promis, e adj. et n.
promiscue [-ku] adj. f.
promiscuité n. f.
promission n. f.
*****promissory note** = billet à ordre (écon.).
promo n. f.
promontoire n. m.
*****promoter** = promoteur (génét.).
promoteur, trice n.
promotion n. f.
promotionnel, elle adj.
promotionner v. t.
promouvoir v. t. N'est usité qu'aux temps suivants : Passé simple : *je promus.* Infin. Partic. : *promouvant; promu;* et aux temps composés.
prompt, e [pron, pront] adj.
*****prompt** = invite (inf.).
promptement [pronteman] adv.
prompteur [pronpteur'] n. m.
promptitude [pronti-] n. f.
promu, e adj.
promulgation n. f.
promulguer v. t. *Nous promulguons.* Conjug. 4.

promyélocytaire adj.
promyélocyte n. m.
pronaos [-os'] n. m.
pronateur, trice adj. et n. m.
pronation [-syon] n. f.
prône n. m.
prôner v. t.
prôneur, euse n.
pronom n. m.
pronominal, ale, aux adj. *Verbes pronominaux* → tableau VERBES XII, p. 977.
pronominalement adv.
pronomination n. f.
prononçable adj.
prononce n. m.
prononcé, e adj. et n. m.
prononcer v. t. et int. *Nous prononçons.* Conjug. 2. *Ils se sont prononcés.*
PRONONCIATION n. f. → tableau en annexe p. 943.
pronostic n. m. ♦ HOM. je *pronostique* (v.).
pronostique adj. ♦ HOM. → pronostic.
pronostiquer v. t.
pronostiqueur, euse n.
pronucléus [-us'] n. m.
*****pronunciamiento** (esp.) n. m. = prise de pouvoir, coup d'État.
pro-occidental, ale, aux adj. et n.
*****proof** = épreuve (écon.).
propadiène n. m.
propagande n. f.
propagandisme [-is-] n. m.
propagandiste adj. et n.
propagateur, trice adj. et n.
propagation n. f.
propager v. t. *Nous propageons.* Conjug. 3.
propagule n. f.
propane n. m.
propanier n. m.
proparoxyton adj. m. et n. m.
*****pro patria** (lat.) = pour la patrie.
propédeutique n. f.
propension n. f.
propergol n. m.
propfan n. m.
prophage [-faj] n. m.
propharmacien, enne n.
prophase n. f.
prophète, étesse n. *Un prophète de malheur; les prophètes de la Bible; un faux prophète; le Prophète* (Mahomet); *le Roi-*

PROPHÉTIE

-prophète (David). ♦ *Les quatre grands prophètes de la Bible sont :* Isaïe, Jérémie, Ézéchiel et Daniel. *Les douze petits prophètes sont :* Osée, Joël, Amos, Abdias, Jonas, Michée, Nahum, Habacuc, Sophonie, Aggée, Zacharie et Malachie. À ces derniers, on ajoute quelquefois le Second-Isaïe et le Trito-Isaïe.

prophétie [-si] n. f.
prophétique adj.
prophétiquement adv.
prophétiser v. t.
prophétisme n. m.
prophylactique adj.
prophylaxie n. f.
propice adj.
propitiation [-sya-syon] n. f.
propitiatoire [-syatwar] adj. et n. m.
propolis [-lis'] n. f.
proportion [-syon] n. f. *À proportion, en proportion de* (loc. inv.).
proportionnable adj.
proportionnalité n. f.
proportionné, e adj.
proportionnel, elle adj. et n. f.
proportionnellement adv.
proportionnément adv.
proportionner v. t.
propos [-po] n. m. *À propos de bottes. Hors de propos, mal à propos, à tout propos, de propos délibéré. L'esprit d'à-propos.*
proposable adj.
proposer v. t. *Les candidats qu'elle a proposés. Ils se sont proposés pour surveiller la maison. Elle s'est proposé de venir.* → tableau PARTICIPE PASSÉ IV, E, p. 928.
proposition n. f.
propositionnel, elle adj.
propranolol n. m.
propre adj. *En main(s) propre(s) ; l'amour-propre. Malpropre s'écrit en un mot.* ♦ N. *Les propres* (biens possédés en propre) ; *au propre et au figuré.*
propre-à-rien n. *Des propres-à-rien.*
proprement adv.
propret, ette adj.
propreté n. f.
propréteur n. m.
proprétur n. f.
propriétaire n.
*****proprietary system** = système exclusif (et non = système propriétaire) (inf.).
propriété n. f.

proprio n.
propriocepteur n. m.
proprioceptif, ive adj.
proprioception [-syon] n. f.
*****proprio motu** (lat.) loc. adv. = de son propre mouvement.
propulser v. t.
propulseur n. m.
propulsif, ive adj.
propulsion n. f.
propylée n. m.
propylène n. m.
prorata n. m. *Au prorata de* (loc. inv.).
prorogatif, ive adj.
prorogation n. f.
proroger v. t. *Nous prorogeons.* Conjug. 3.
prosaïque adj.
prosaïquement adv.
prosaïsme [-is-] n. m.
prosateur n. m.
proscenium [-sényom'] n. m. *Des prosceniums.*
proscripteur n. m.
proscription n. f.
proscrire v. t. Conjug. 49. (bannir, abolir). ♦ Ne pas confondre avec *prescrire* (ordonner, fixer).
proscrit, e n.
prose n. f.
prosecteur [-sèk-] n. m.
prosectorat [-sèktora] n. m.
prosélyte n. m.
prosélytisme [-is-] n. m.
prosimien [-si-] n. m.
prosobranche n. m.
prosodie n. f.
prosodique adj.
prosome n. m.
prosopopée n. f.
prospect n. m.
*****prospect** = acheteur éventuel (écon.) ; cible (pub.).
prospecter v. t.
prospecteur, trice adj. et n.
prospecteur-placier n. m. *Des prospecteurs-placiers.*
prospectif, ive adj. et n. f.
prospection n. f.
prospectiviste adj. et n.
prospectus [-tus'] n. m.
prospère adj. ♦ HOM. *Prosper* (prénom).
prospérer v. int. *Il prospère, nous prospérons, il prospérera(it).* Conjug. 10.

prospérité n. f.
prostacycline n. f.
prostaglandine n. f.
prostate n. f.
prostatectomie n. f.
prostatique adj. et n. m.
prostatite n. f.
prosternation n. f.
prosternement n. m.
prosterner (se) v. pr. *Elle s'est prosternée.* → prostré.
prosthèse n. f. (terme grammatical). Quelquefois écrit *prothèse.* → prothèse.
prosthétique adj.
prostitué, e n.
prostituer v. t. Conjug. 18.
prostitution [-syon] n. f.
prostration n. f.
prostré, e adj. (abattu, inerte). ♦ Ne pas confondre avec *prosterné* (courbé vers la terre).
prostyle n. m. et adj.
protactinium [-nyom'] n. m. *Des protactiniums.*
protagoniste n.
protamine n. f.
protandrie → protérandrie.
protase n. f.
prote n. m.
protéagineux, euse adj. et n. m.
protéase n. f.
protecteur, trice n. et adj. Spécialt : *Cromwell fut lord Protecteur d'Angleterre.*
protection n. f.
protectionnisme [-is-] n. m.
protectionniste adj. et n.
protectorat [-ra] n. m.
protée n. m. (batracien ; personnage multiple). ♦ HOM. *Protée* (dieu mythologique).
protégé, e n. et adj.
protège-bas n. m. inv.
protège-cahier n. m. *Des protège-cahiers.*
protège-dents n. m. inv.
protège-matelas n. m. inv.
protège-nez n. m. inv.
protéger v. t. *Je protège, nous protégeons, je protégerai(s).* Conjug. 20.
protège-slip n. m. *Des protège-slips.*
protège-tibia n. m. *Des protège-tibias.*
protéide n. m.
protéiforme adj.

*protein coat = sapside (agr.).
*protein design = remodelage (génét.).
protéine n. f.
protéinique adj.
protéinogramme n. m.
protéinurie n. f.
protéique adj.
protèle n. m.
protéolyse n. f.
protéolytique adj.
protérandrie ou **protandrie** n. f.
protérogynie n. f.
protérozoïque n. m. et adj.
protestable adj.
protestant, e n. et adj.
protestantisme [-is-] n. m.
protestataire adj. et n.
protestation n. f.
protester v. int. et t. ind. *Il proteste de son innocence.* ♦ V. t. *Il a protesté cette traite.*
protêt [-tè] n. m.
prothalle n. m.
prothèse n. f. (remplacement d'un organe). ♦ Ne pas confondre avec *prosthèse* (addition d'un élément non étymologique à un mot).
prothésiste n.
prothétique adj.
prothorax n. m.
protide n. m.
protidique adj.
protiste n. m.
proto- Préfixe soudé au mot qui suit, même si c'est un nom propre. *Ethnie protomalaise ; les Protoélamites.* Mais devant *i, o, u,* le trait d'union s'impose. *Les Proto-Indochinois.*
protocaryote n. m.
protococcale n. f.
protococcus [-kokus'] n. m.
*protocol = protocole (télécom.).
protocolaire adj.
protocole n. m.
protocordé → procordé.
protoétoile n. f.
protogalaxie n. f.
protogine n. f. (variété de granite).
protogyne adj. (dont le pistil mûrit tôt).
protogynie n. f.
protohistoire n. f.
protohistorien, enne n.
protohistorique adj.
protomé n. m.

protomère n. m.
proton n. m.
protonéma n. m.
protonique adj.
protonotaire n. m.
protonthérapie n. f.
proto-oncogène n. m.
protophyte n. m.
protoplanète n, f.
protoplasme ou protoplasma n. m. (terme de biologie).
protoplasmique adj.
protoplaste n. m. (terme de botanique).
*protoplast fusion = fusion des protoplastes.
protoptère n. m.
protostomien n. m.
protothérien n. m.
prototype n. m.
protoure n. m.
protoxyde n. m.
protozoaire n. m.
protractile adj.
protubérance n. f.
protubérant, e adj.
protubérantiel, elle adj.
protuteur, trice n.
prou adv. (beaucoup) → peu. ♦ HOM. → proue.
proudhonien, enne adj. et n.
proue n. f. (avant d'un navire). ♦ HOM. peu ou *prou*.
prouesse n. f.
prouvable adj.
prouver v. t.
provenance n. f.
provençal, ale, aux adj. *Les oliviers provençaux.* ♦ N. *C'est un Provençal* (de Provence) ; *le provençal* (langue) ; *une préparation à la provençale.*
provende n. f.
provenir v. int. Conjug. 76. Les temps composés se font avec *être*.
proverbe n. m.
proverbial, ale, aux adj.
proverbialement adv.
providence n. f. *Il fut sa providence ; la providence divine* (abs. : *la Providence*) ; *les filles de la Providence* (religieuses).
providentiel, elle adj.
providentiellement adv.
provignage n. m.
provignement n. m.
provigner v. t. et int.

provin n. m. (cep de vigne ; sillon pour marcotter). ♦ HOM. il *provint* (v. provenir), *Provins* (ville).
province n. f.
provincial, ale, aux adj. et n.
provincialat [-la] n. m.
provincialisme [-is-] n. m.
provirus [-us'] n. m.
proviseur n. m.
provision n. f. *Des provisions de bouche ; par provision ; lettres de provisions ; faire provision de ; des chèques sans provision.*
provisionnel, elle adj.
provisionner v. t.
provisoire adj.
provisoirement adv.
provisorat [-ra] n. m.
provitamine n. f.
provocant, e adj. *Un air provocant.* ♦ HOM. *provoquant* (partic. prés.).
provocateur, trice adj. et n.
provocation n. f.
provolone [-né] n. m.
provoquer v. t.
proxémique n. f.
proxène n. m.
proxénète n.
proxénétisme [-is-] n. m.
proximal, ale, aux adj.
proximité n. f. *Ils sont à proximité. Des fusées de proximité.*
proyer [prwa-yé] n. m.
pruche n. f.
prude adj. et n. f.
prudemment [-daman] adv.
prudence n. f.
prudent, e adj. et n.
pruderie n. f.
prud'homal, ale, aux adj.
prud'homie n. f.
prud'homme n. m. *En appeler au conseil de prud'hommes.*
prudhommerie n. f.
prudhommesque adj.
pruine n. f.
prune n. f. et adj. inv.
pruneau n. m. *Des pruneaux.*
prunelaie n. f. (plantation de pruniers).
prunelée n. f. (confiture de prunes).
prunelle n. f.
prunellier n. m.
prunier n. m.
prunus [-us'] n. m.
prurigineux, euse adj.

prurigo n. m.
prurit [-rit'] n. m.
prussiate n. m.
prussien, enne adj. *Un soldat prussien.* ♦ N. *Un Prussien* (de Prusse); *un exercice à la prussienne.*
prussik n. m. (nœud). Quelquefois nommé *nœud de Prussik.*
prussique adj.
prytane n. m.
prytanée n. m. Spécialt : *le Prytanée militaire de La Flèche.*
*****P.-S.** (lat.) Abrév. de **post-scriptum.*
psallette n. f.
psalliote n. f.
psalmiste n. m. → palmiste.
psalmodie n. f.
psalmodier v. t. et int. Conjug. 17.
psaltérion n. m.
psammite n. m.
psaume n. m.
psautier n. m.
pschent [pskènt'] n. m.
pschit! interj.
pseudarthrose n. f.
pseudo- Préfixe généralement suivi d'un trait d'union *(pseudo-grippe, pseudo-Louis XVII)* dans ses formations récentes. Il est soudé dans les formations anciennes *(pseudonyme, pseudo-morphose, pseudopode).*

pseudo-adverbe n. m. *Des pseudo-adverbes.*

■ La langue parlée énonce quelquefois des phrases inachevées, sans le complément attendu, mais néanmoins comprises. Appliqués au verbe antécédent, les mots de la fin sont des pseudo-adverbes :

C'est un outil fait pour.	Il faudra faire avec.
Il a voté contre.	Préviens au cas
C'est selon.	où.
	Tu feras comme si.

pseudogène n. m.
pseudo-gestante adj. f. *Des lapines pseudo-gestantes.*
pseudo-labour n. m. *Des pseudo-labours.*
pseudo-maladie n. f. *Des pseudo-maladies.*
pseudomembrane n. f.
Pseudomonas n. m. déposé. (bactérie).
pseudomorphe adj.
pseudomorphose n. f.
pseudo-névroptère n. m. *Des pseudo-névroptères.*

pseudonyme n. m. et adj.
pseudo-nymphe n. f. *Des pseudo-nymphes.*
pseudo-parasite n. m. *Des pseudo-parasites.*
pseudopériodique adj.
pseudophake n. f.
pseudopode n. m.
pseudoscience n. f.
pseudoséropositivité [-séro-] n. f.
pseudo-sphère n. f. *Des pseudo-sphères.*
pseudotumeur n. f.
psi n. m. inv. (lettre grecque). ♦ HOM. *psy* (abrév. de *psychanalyste, psychiatre, psychologue*).
psilocybe n. m.
psilocybine n. f.
psilopa n. m.
psitt! ou **pst!** interj.
psittacidé n. m.
psittacisme [-is-] n. m.
psittacose n. f.
psoas [-as] n. m.
psoque n. m.
psoralène n. m.
psoriasis [-zis] n. m.
pst! → psitt!
P.S.V. sigle m. Pilotage sans visibilité.
psy n. ♦ HOM. → psi.
psychalgie [-kal-] n. f.
psychanalyse [psika-] n. f.
psychanalyser [psika-] v. t.
psychanalyste [psika-] n.
psychanalytique [psika-] adj.
psychasthénie [psikas-] n. f.
psychasthénique [psikas-] adj. et n.
psyché n. f. (miroir). ♦ HOM. *Psyché* (personnage mythologique).
psychédélique [psiké-] adj.
psychédélisme [psiké-] n. m.
psychiatre [psikya-] n.
psychiatrie [psikya-] n. f.
psychiatrique [psikya-] adj.
psychiatrisation [psikya-] n. f.
psychiatrisé, e [psikya-] n. et adj.
psychiatriser [psikya-] v. t.
psychique [psichik] adj.
psychisme [psichism'] n. m.
psycho- « esprit ». Tous les mots qui contiennent cet élément se prononcent [-ko-]. → tableau PRÉFIXES C, p. 942.
psychoaffectif, ive adj.
psychoanaleptique n. m. et adj.
psychobiologie n. f.

psychochirurgie n. f.
psychocritique n. f.
psychodramatique adj.
psychodrame n. m.
psychodynamique adj.
psychodysleptique adj. et n. m.
psychogène adj.
psychogenèse n. f.
psychogénétique n. f.
psychogénique adj.
psychogériatrie n. f.
psychokinèse ou psychokinésie n. f.
psycholeptique adj. et n. m.
psycholinguiste n.
psycholinguistique n. f. et adj.
psychologie n. f.
psychologique adj.
psychologiquement adv.
psychologisme n. m.
psychologue n. et adj.
psychomécanique n. f.
psychométricien, enne n.
psychométrie n. f.
psychométrique adj.
psychomoteur, trice adj.
psychomotricien, enne n.
psychomotricité n. f.
psychopathe n.
psychopathie n. f.
psychopathologie n. f.
psychopédagogie n. f.
psychopédagogique adj.
psychopharmacologie n. f.
psychophysiologie n. f.
psychophysiologique adj.
psychophysique n. f.
psychoplasticité n. f.
psychopompe adj. et n.
psychoprophylactique adj.
psychorééducateur, trice n.
psychorigide adj. et n.
psychorigidité n. f.
psychose n. f. Mais on écrit *métempsycose*.
psychosémiologie [-sé-] n. f.
psychosensoriel, elle [-san-] adj.
psychosensorimoteur [-san-] adj. m.
psychosocial, ale, aux [-so-] adj.
psychosociologie [-so-] n. f.
psychosociologique [-so-] adj.
psychosociologue [-so-] n.
psychosomatique [-so-] adj.
psychosystématique [-sis-] n. f.

psychotechnicien, enne [-kotèk-] n.
psychotechnique [-kotèk-] n. f.
psychothérapeute n.
psychothérapie n. f.
psychothérapique ou psychothérapeutique adj.
psychotique adj. et n.
psychotonique adj. et n. m.
psychotronique adj.
psychotrope adj. et n.
psychromètre [-kro-] n. m.
psychrométrie [-kro-] n. f.
psychrométrique [-kro-] adj.
psychrophile [-kro-] adj. et n. m.
psylle [psil] n. m.
psyllium [-lyom'] n. m. *Des psylliums.*
P.T.E. sigle m. pl. Postes, télécommunications et espace.
ptéranodon n. m.
ptéridophore n. m.
ptéridophyte n. m.
ptéridospermée n. f.
ptérobranche n. m.
ptérodactyle n. m.
ptéropode n. m.
ptérosaurien [-so-] n. m.
ptérygion n. m.
ptérygoïde adj. et n. f.
ptérygoïdien adj. m. et n. m.
ptérygote n. m.
ptérygotus [-tus'] n. m.
ptolémaïque adj.
ptomaïne n. f.
ptôse n. f.
ptôsis [-is'] n. m.
P.T.T. sigle m. pl. Postes, télécommunications et télédiffusion. Naguère : Poste, télégraphe, téléphone.
ptyaline n. f.
ptyalisme [-is-] n. m.
puant, e adj.
puanteur n. f.
pub n. f. (abrév. de *publicité*).
pub [peub'] n. m. (café, bistrot anglais).
pubalgie n. f.
pubère adj. et n.
pubertaire adj.
puberté n. f.
pubescence n. f.
pubescent, e adj.
pubien, enne adj.
pubis [-bis'] n. m.
publiable adj.

pub*lic*, *ique* adj. et n. m. *Se montrer en public.*

*****public address** = sonorisation (aud.).

*****public address amplifier** = amplificateur de sonorisation (aud.).

publicain n. m.

publication n. f.

*****public fax** = publicopieur.

publiciste n. (journaliste). ♦ Ne pas confondre avec *publicitaire* (qui s'occupe de publicité).

publicitaire adj. et n. → publiciste.

publicité n. f. Sachons nous méfier des «trouvailles» publicitaires qui se moquent de la correction. Les firmes qui ont lancé *Azimuth-services*, le *Corector*, le yaourt *Délisse*, les cuisines *Spacial*, l'hôtel *Les Balladins*, l'eau *Cristaline* commettent des infractions orthographiques.

publicopieur n. m.

*****public relations** = relations publiques; chargé de relations publiques.

publier v. t. Conjug. 17.

publiphile adj. et n.

publiphobe adj. et n.

publiphobie n. f.

Publiphone n. m. déposé inv.

publipostage n. m.

publiposter v. t.

publiquement adv.

publirédactionnel n. m.

publireportage n. m.

puccinie n. f. Quelquefois nommée PUCCINIA (n. m.).

puce n. f. (insecte; composant électronique). ♦ Adj. inv. (couleur). ♦ HOM. que je *pusse* (v. pouvoir).

puceau n. m. *Des puceaux.*

pucelage n. m.

pucelle n. f. Spécialt : *la Pucelle* (Jeanne d'Arc).

puceron n. m.

puche n. f.

pucheux n. m.

pucier n. m.

*****pudding** ou **plum-pudding** n. m. = pouding.

puddlage n. m.

puddler v. t.

puddleur n. m.

pudeur n. f.

pudibond, *e* adj.

pudibonderie n. f.

pudicité n. f.

pudique adj.

pudiquement adv.

puer v. int. et t. Conjug. 18. N'est pas employé aux temps composés. ♦ Il y a homophonie entre le singulier du présent de l'indicatif du verbe **puer** *(je pue, tu pues, il pue)* et le singulier du passé simple du verbe **pouvoir** *(je pus, tu pus, il put).*

puéricul*teur*, *trice* n.

puériculture n. f.

puéril, *e* adj.

puérilement adv.

puériliser v. t.

puérilisme [-is-] n. m.

puérilité n. f.

puerpér*al*, *ale*, *aux* adj.

puff n. m.

puffin n. m.

pugilat [-la] n. m.

pugiliste n. m.

pugnace [pug'-] adj.

pugnacité [pug'-] n. f.

puîné, *e* adj. et n.

puis adv. *Et puis, où veux-tu aller?* ♦ HOM. **puits** (excavation), je *puis* (v. pouvoir), *puy* (montagne d'Auvergne), *Le Puy* (ville).

puisage n. m.

puisard n. m.

puisatier n. m. et adj. m.

puisement n. m.

puiser v. t. et int.

puisette n. f.

puisque conj. Ne s'élide que devant *il, ils, elle, elles, on, en, un, une. Puisque aussitôt il partit; puisque après tout il refuse.*

puissamment adv.

puissance n. f. *Les puissances occultes; les puissances du mal; la puissance maritale; être en puissance de mari; la toute-puissance de Dieu; les tout-puissants; le Tout-Puissant* (Dieu); *des relations de puissance à puissance* (d'État à État).

Puissances de 10. Pour plus de commodité dans certains calculs, un nombre peut s'écrire sous la forme du produit d'un nombre décimal compris entre 0 et 10 par une puissance de 10 (c'est le principe de la virgule flottante des ordinateurs). Ainsi :

$$15\,832 = 1{,}583\,2.10^4$$
$$0{,}000\,031 = 3{,}1.10^{-5}$$

→ exposant et tableau NOMBRES IV, p. 911.

puissant, e adj.
puissant n. m. Le plus souvent employé au pluriel.
puits n. m. ♦ HOM. → puis.
pulicaire n. f.
pull n. m.
pullman n. m. *Des pullmans.*
pullorose n. f.
pull-over n. m. *Des pull-overs.*
pullulation n. f.
pullulement n. m.
pulluler v. int.
pulmonaire adj. et n. f.
pulmoné n. m.
pulpaire adj.
pulpe n. f.
pulpectomie n. f.
pulp*eux*, *euse* adj.
pulpite n. f.
pulque [poulké] n. m.
puls*ant*, *e* adj.
pulsar n. m.
pulsat*if*, *ive* adj.
pulsation n. f.
***pulse amplitude modulation** = modulation d'impulsions en amplitude (télécom.).
***pulse code modulation** = modulation par impulsions et codage (télécom.).
***pulse position modulation** = modulation d'impulsions en position (télécom.).
pulser v. t. et int.
***pulse with modulation** = modulation d'impulsions en largeur; modulation d'impulsions en durée (télécom.).
pulsion n. f.
pulsionn*el*, *elle* adj.
pulsomètre n. m.
pulsoréacteur n. m.
pultacé, e adj.
pultrusion n. f.
pulvérin n. m.
pulvérisable adj.
pulvérisateur n. m. → pulvériseur.
pulvérisateur-mélangeur n. m. *Des pulvérisateurs-mélangeurs.*
pulvérisation n. f.
pulvériser v. t.
pulvériseur n. m. (machine agricole). ♦ Ne pas confondre avec *pulvérisateur* (vaporisateur à liquides).
pulvérulence n. f.
pulvérul*ent*, *e* adj.
***pulvimixer** = triturreuse; pulvérisateur-mélangeur (urb.).

puma n. m. (animal).
***pumping test** = pompage d'essai (agr.).
puna n. f. (plaine aride).
punais, e adj. (avarié). *Un œuf punais.*
punaise n. f.
punaiser v. t.
punch [ponch'] n. m. (boisson). *Des punchs.*
punch [peun'ch'] n. m. (décision, vigueur). → *pep.
puncheur [peun'cheur'] n. m. (boxeur puissant, efficace).
***punching-ball** n. m. = ballon à boxer.
punctum [ponktom'] n. m. *Le punctum proximum, le punctum remotum. Des puncta* (optique); *des punctums* (escargots).
puni, e adj. et n.
punique adj. *Les guerres puniques.*
punir v. t. du 2ᵉ gr. Conjug. 24.
punissable adj.
puniss*eur*, *euse* adj. et n.
punit*if*, *ive* adj.
punition n. f.
***punk** = voyou, affreux, infâme.
puntarelle [pon-] n. f.
***puntillero** (esp.) n. m. = toréador au poignard.
puntiste [pon-] n. m.
***pupazzo** (ital.) n. m. = marionnette. *Des pupazzi.*
pupe n. f.
pupillaire adj.
pupillarité n. f.
pupille n. (orphelin). ♦ N. f. (orifice de l'iris de l'œil).
pupinisation n. f.
pupipare adj.
pupitre n. m.
pupitr*eur*, *euse* n.
pur, e adj. *En pure perte* (loc. inv.).
pureau n. m. *Des pureaux.*
purée n. f.
purement adv.
pureté n. f.
purgat*if*, *ive* adj.
purgation n. f.
purgatoire n. m.
purge n. f.
purgeoir n. m.
purger v. t. *Il purgeait.* Conjug. 3.
purg*eur*, *euse* adj. et n. m.
purifiant, e adj.
purifica*teur*, *trice* adj. et n.
purification n. f.

purificatoire adj.
purifier v. t. Conjug. 17.
purin n. m.
purine n. f.
purique adj.
purisme [-is-] n. m.
puriste n. et adj.
puritain, e n. et adj.
puritanisme [-is-] n. m.
Purkinje (cellule de) [peurkin'j] loc. f.
purot n. m.
purotin n. m.
purpura n. m.
purpurin, e adj. et n. f.
pur-sang n. inv. et adj. inv. *Ces pouliches sont des pur-sang. Les trois pur-sang arabes qui ont fourni les chevaux de course actuels sont* : Byerly Turk, Darley Arabian, Godolphin Barl.
purulence n. f.
purulent, e adj.
pus [pu] n. m. (déchet d'une infection). ♦ HOM. il *pue* (v. puer), il *put* (v. pouvoir).
puseyisme [pyousé-] n. m.
*****push back (to)** v. t. = refouler (transp.).
*****push back** = refoulement (transp.).
*****push-pull** = symétrique, en équilibre, à moteurs en tandem.
pusillanime [puzila-] adj. et n.
pusillanimement [-zila-] adv.
pusillanimité [-zila-] n. f.
pustule n. f.
pustuleux, euse adj.
putain n. f.
putassier, ère adj.
putatif, ive adj.
pute n. f.
putiet ou **putier** n. m.
putois n. m.
putonghua n. m.
*****put option** = option de vente (écon.).
putréfaction n. f.
putréfiable adj.
putréfier v. t. Conjug. 17.
putrescence n. f.
putrescent, e adj.
putrescibilité n. f.
putrescible adj.
putrescine n. f.
putride adj.
putridité n. f.
*****putsch** (all.) n. m. = soulèvement, coup de force. *Des putschs* [poutch'].
putschiste [poutchist] adj. et n.

*****putt** ou **putting** = dernier coup roulé (golf).
*****putter** = club pour le putt (golf).
putter [peuté] v. int.
*****putto** (ital.) n. m. = bébé nu, angelot. *Des putti.*
puvathérapie n. f.
puy n. m. *Le puy de Sancy; le puy de Dôme* (sommets); *le Puy-de-Dôme* (département). *La chaîne des Puys; Le Puy* (ville); *la dentelle du Puy.* ♦ HOM. → *puis.*
puzzle [peuzl] n. m.
P.V. sigle f. Petite vitesse.
P.-V. sigle m. Procès-verbal.
*****PVC** (*polyvinylchloride) = polychlorure de vinyle.
*****P.W.M.** → *pulse with modulation.
pycnique adj. et n. (dont le corps est trapu) : contraire de *leptosome* (dont le corps est mince et allongé). ♦ HOM. *pique-nique* (repas de plein air).
pycnodysostose n. f.
pycnogonide n. m.
pycnolepsie n. f.
pycnomètre n. m.
pycnose n. f.
pyélite n. f.
pyélonéphrite n. f.
pygargue [pigarg] n. m.
pygmée n. m.
pygméen, enne adj.
pyjama n. m.
pylône n. m.
pylore n. m.
pylorique adj.
pyocyanique adj. et n. m.
pyodermite n. f.
pyogène adj.
pyorrhée n. f.
pyracantha n. m.
pyrale n. f.
pyralène n. m.
pyramidal, ale, aux adj.
pyramide n. f. *Les pyramides de Malpighi* (dans les reins). *Les pyramides de Guizèh* : Khéops, Khéphren, Mykérinos; *de Saqqarah* (Égypte); *de Chichén Itzá* (Mexique).
pyramidé, e adj.
pyramidion n. m.
pyranne n. m.
pyrène n. m.
pyrénéen, enne adj. *Un sommet pyrénéen.* ♦ N. *Un rude Pyrénéen* (habitant des Pyrénées).

pyrénéite n. f. (pierre).
pyrénomycète n. m.
pyrèthre n. m.
pyréthrine n. f.
pyrétothérapie n. f.
Pyrex n. m. déposé.
pyrexie n. f.
pyridine n. f.
pyridoxal n. m.
pyridoxine n. f.
pyriméthamine n. f.
pyrimidine n. f.
pyrimidique adj.
pyrite n. f.
pyroclastique adj.
pyrocorise n. m.
pyroélectricité n. f.
pyroélectrique adj.
pyrogallique adj.
pyrogallol n. m.
pyrogénation n. f.
pyrogène adj.
pyrographe n. m.
pyrograver v. t.
pyrograveur, euse n.
pyrogravure n. f.
pyroligneux, euse adj. et n. m.
pyrolusite n. f.
pyrolyse n. f.
pyromane n.
pyromanie n. f.
pyromètre n. m.
pyrométreur n. m.
pyrométrie n. f.
pyrométrique adj.
pyrophore n. m.
pyrophorique adj.
pyrophosphorique adj.
pyrophyte adj. et n. f.
pyrosis [-zis'] n. m.
pyrosphère n. f.
pyrosulfurique [-sul-] adj.
***pyrotechnic chain** = chaîne pyrotechnique (spat.).
pyrotechnicien, enne n.
pyrotechnie n. f.
pyrotechnique adj.
pyroxène n. m.
pyroxyle n. m.
pyroxylé, e adj.
pyrrhique adj. et n. f.
pyrrhonien, enne adj. et n.
pyrrhonisme [-is-] n. m.
pyrrhotite n. f.
pyrrole n. m. Quelquefois écrit PYRROL.
pyrrolique adj.
pyruvique adj.
pythagoricien, enne adj. et n.
pythagorique adj.
pythagorisme [-is-] n. m.
pythie [piti] n. f.
pythien, enne adj.
pythique adj. *Les jeux Pythiques.*
python n. m. ♦ HOM. → piton.
pythonisse n. f.
pyurie n. f.
pyxide n. f.
pz Symbole de la *pièze*.

Q

q n. m. inv. ♦ **q** : symbole du *quintal*.

■ En français, cette lettre, à moins qu'elle ne soit finale (*coq, Sévignacq*) ou dans un nom propre (*Ricqlès*), est toujours suivie d'un *u* non prononcé (sauf pour le mot *piqûre*) ; mais on peut la trouver devant une autre lettre dans la transcription de mots étrangers, surtout arabes. *Le sultan Qansuk ; la qisma ; Muhammad Iqbâl ; la ville sainte de Qom* (Iran) ; *la Qatar Petroleum ; la Qantas* (sigle de la compagnie aérienne australienne). *Un Iraqien* (ou *Irakien*).

qaraïte → karaïte.

qasida n. f.

qat ou **khat** n. m.

qatari, e adj. et n. (du Qatar).

Q.C.M. sigle m. Questionnaire à choix multiple.

Q.G. sigle m. Quartier général.

Q.H.S. sigle m. Quartier de haute sécurité.

Q.I. sigle m. Quotient intellectuel.

*****qibla** (arabe) n. f. inv. = direction de La Mecque.

Q-mètre n. m. *Des Q-mètres.*

*****Q.S.** → quantum satis.

Q.S.P. sigle f. Quantité suffisante pour.

Q.S.R. sigle m. Quartier de sécurité renforcée.

qu' Élision de *que* devant une voyelle ou un *h* muet. *Ce qu'il faut ; dès qu'une personne ; aussitôt qu'arrive le courrier. Qu'est-ce que ? Qu'en dites-vous ?* C'est une faute d'élider *qui* (*C'est lui qu'a mangé la pomme*) ; peut cependant se trouver dans une citation de langage populaire.
On observe quelquefois que l'élision du *e* n'est pas faite devant un nom propre par une sorte de retenue respectueuse (*Il n'y a que Auguste,* pour : *Il n'y a qu'Auguste*). Cela ne se justifie pas. → de 1°.

quadra [kwa-] n. (apocope de *quadragénaire*).

quadragénaire [kwa-] adj. et n.

quadragésimal, ale, aux [kwa-] adj.

quadragésime [kwa-] n. f. Spécialt : *la Quadragésime* (premier dimanche de carême).

quadrangle [kwa-] n. m.

quadrangulaire [kwa-] adj.

quadrant [ka- ou kwa-] n. m. ♦ HOM. → cadran.

quadratique [kwa-] adj.

quadrature [kwa-] n. f. → cadrature.

quadrette [ka- ou kwa-] n. f.

quadri- Ce préfixe se soude à l'élément qui suit (*quadrivalent*). Il perd le *i* devant *a, i, u* (*quadrangulaire*).

quadriathlon [kwa-] n. m.

quadriceps [kwadrisèps'] n. m.

quadrichromie [kwadrikro-] n. f.

quadricourant [kwa-] n. m.

quadriennal, ale, aux [kwa-] adj.

quadriennat [kwa-] n. m.

quadrifide [kwa-] adj.

quadrige [ka- ou kwa-] n. m.

quadrijumeau [kwa-] adj. m. *Les tubercules quadrijumeaux.*

quadrilatéral, ale, aux [kwa-] adj.

quadrilatère [kwa-] n. m. et adj.

quadrillage [ka-] n. m.

quadrille [ka-] n. m.

quadrillé, e [ka-] adj.

quadriller [ka-] v. t.
quadrilobe [kwa-] n. m.
quadrimestre [ka- ou kwa-] n. m.
quadrimoteur [ka- ou kwa-] n. m.
quadriparti, e [kwa-] adj.
quadripartite [kwa-] adj.
quadriphonie [kwa-] n. f.
quadriplégie [kwa-] n. f.
quadripolaire [kwa-] adj.
quadripôle [kwa-] n. m.
quadrique [kwa-] adj. et n. f.
quadriréacteur [ka- ou kwa-] n. m. et adj.
quadrirème [kwa-] n. f.
quadrisaïeul, e [kwa-] n. *Des quadrisaïeuls.*
quadrisyllabe [kwa-si-] n. m.
quadrisyllabique [kwa-si-] adj.
quadrivalent, e [ka- ou kwa-] adj.
quadrivium [kwadrivyom'] n. m. sing.
quadrumane [ka- ou kwa-] adj. et n. m.
quadrupède [ka- ou kwa-] adj. et n.
quadrupédie [ka- ou kwa-] n. f.
quadruple [ka- ou kwa-] adj. et n. m.
quadrupler [kwa-] v. int. et t.
quadruplés, ées [ka- ou kwa-] n. pl.
quadruplet [kwa-] n. m.
quadruplex [kwa-] n. m.
-quage → -cage/-quage.
quai [kè] n. m. *Marchandises à quai; le quai Voltaire; le quai d'Orsay est le long de la Seine.* S'agissant du ministère des Affaires étrangères : *le Quai d'Orsay* ou *le Quai. La politique du Quai d'Orsay.*
quaker, eresse [kwékeur, -eurès'] n.
qualifiable adj.
qualifiant, e adj.
qualificatif, ive adj. *Adjectifs qualificatifs :* → tableau ADJECTIFS I, A, p. 859. ♦ N. *Un curieux qualificatif.*
qualification n. f.
qualifié, e adj.
qualifier v. t. Conjug. 17.
qualitatif, ive adj.
qualitativement adv.
qualité n. f. *Des personnes, des spectacles de qualité; avoir qualité pour; en qualité de; agir ès qualités. Nom, prénoms et qualités.* En procédure : *règlement de qualités; opposition à qualités.*
qualiticien, enne n.
quand [kan] adv. *Quand vous déciderez-vous ? Quand est-ce ?* ♦ Élément de loc. adv. *Je ne sais quand; on ne sait quand; Dieu sait quand; quand même.* ♦ Conj. de temps (lorsque) : *Quand la nuit tombe, il sent plus fort sa solitude;* de cause (puisque) : *Ne t'en défends pas, quand nous savons la vérité;* de condition ou d'opposition (alors même que) : *Quand vous le voudriez, vous ne le pourriez pas.* ♦ Élément de la loc. conj. *quand (bien) même. Quand même elle serait coupable, je resterais près d'elle.* ♦ HOM. → camp.

■ *Quand/qu'en* 1° **Quand** peut être remplacé par *lorsque* : *Il faut nous dire quand vous viendrez.* 2° **Qu'en** peut se décomposer, par la pensée, en « que en ». *C'est ce qu'en disent les docteurs.*

quanta → quantum.

quant à, au, aux loc. prép. (pour ce qui est de). *Quant à mon cousin je me charge de le décider.* ♦ On ne saurait confondre « quant à » et « quand, à ». *Quand, à la campagne, les hirondelles volent bas, c'est signe de pluie.*

quant-à-moi n. m. inv.
quant-à-soi n. m. inv. *Ils restaient sur leur quant-à-soi.*
quantes adj. indéf. f. pl. vieilli (autant de). *Toutes et quantes fois.*
quanteur n. m.
quantième adj. et n. m.
quantificateur n. m.
quantification n. f.
quantifié, e adj.
quantifier v. t. Conjug. 17.
quantile n. m.
quantique [kan- ou kwan-] adj. ♦ HOM. → cantique.
quantitatif, ive adj.
quantitativement adv.
quantité n. f. *J'en ai reçu en quantité.* ♦ Adj. indéf. *Quantité de gens le croyaient.*
quanton [kan- ou kwan-] n. m. (notion de la théorie quantique). ♦ HOM. → canton.
quantum [kantom' ou kwan-] n. m. *Des quanta.*
***quantum satis** (lat.) loc. (abrév. : *q. s.*) = en quantité suffisante.
quarantaine n. f.
quarante adj. numér. et n. m. inv. *Comme de l'an quarante. Les quarante académiciens* (abs. : *les Quarante*). Quel que soit son emploi, ce mot est invariable. *Quarante et un garçons.*
quarante-huitard n. m. *Les quarante-huitards* (de la révolution de 1848).
quarantenaire adj.

quarantième adj. numér. ord. et n. → cinquième.
quark [kwark'] n. m.
quarrable adj.
quart, e [kar] adj. numér. ord. ancien (quatrième). *Un quart voleur survient* (La Fontaine). *La fièvre quarte. Le quart monde.* ♦ N. m. *Un quart de brie. Des officiers de quart. Remplissez les quarts* (gobelets). *Les trois quarts de la récolte; un portrait de trois quarts; moins le quart; deux heures et quart* ou *deux heures un quart; aux trois quarts déshabillé. Un trois-quarts* (joueur de rugby, violon, manteau); *un quatre-quarts* (gâteau); *au quart de tour.* ♦ HOM. → car.
quartage n. m.
quartager v. t. Conjug. 3.
quartannier ou **quartanier** [kar-] n. m.
quartation → inquart.
quartaut [kar-] n. m.
quart-de-pouce n. m. (loupe). *Des quarts-de-pouce.*
quart-de-queue n. m. *Des quarts-de-queue.* ♦ Adj. inv. *Des pianos quart-de-queue.*
quart-de-rond n. m. (moulure). *Des quarts-de-rond.*
quarte adj. f. → quart. ♦ N. f. *La quarte D. M.; la quarte étoile* (télécom.). ♦ HOM. → carte.
quarté [karté] n. m.
quartelette [kar-] n. f.
quartenier n. m.
quarter v. t.
quarteron, onne n. (métis). ♦ N. m. (quart de cent; petit nombre).
quartette [kwartèt'] n. m.
quartidi [kwar-] n. m.
quartier n. m. *Les quartiers de la ville; des médecins de quartier; des bois sur quartier; demander quartier; ne pas faire de quartier; prendre ses quartiers d'hiver. Le grand quartier général* (G.Q.G.); *le quartier général* (Q.G.). *Le Quartier latin* (on le voit écrit également *quartier Latin*, par analogie avec *rue Nationale*, *place Blanche*). ♦ HOM. cartier (fabricant de cartes à jouer).
quartier-maître n. m. *Des quartiers-maîtres.*
quartile n. m.
quart-monde n. m. *Des quarts-mondes.*
*****quarto** [kwarto] (lat.) adv. (abrév. : *4°*) = quatrièmement.
quartz [kwarts'] n. m.

quartzeux, euse [kwar-] adj.
quartzifère [kwar-] adj.
quartzite [kwar-] n. m.
quasar [ka- ou kwazar] n. m.
quasi [kazi] n. m. *Des quasis de veau.* ♦ Adv. *On l'a trouvé quasi mort; c'est quasi impossible; il est quasi le seul. Est-il venu? — Quasi jamais.* ♦ Employé comme préfixe devant un nom, ce mot est suivi d'un trait d'union *(la quasi-totalité, des quasi-certitudes, un quasi-black-out).*
quasi-collision n. f. *Des quasi-collisions.*
quasi-contrat n. m. *Des quasi-contrats.*
quasi-cristal n. m. *Des quasi-cristaux.*
quasi-délit n. m. *Des quasi-délits.*
quasiment adv.
Quasimodo n. f. *Le dimanche de la Quasimodo.*
quasi-mosaïque n. f. *Des quasi-mosaïques.*
quassia ou **quassier** [ka- ou kwa-] n. m.
quassine [ka-] n. f.
*****quater** [kwatèr'] (lat.) adv. = quatre fois, pour la quatrième fois.
quaternaire [kwa-] adj. et n. m.
quaterne [kwa-] n. m.
quaternion [kwa-] n. m.
quatorze adj. numér. et n. m. inv. *Louis XIV; Louis quatorze.*
quatorzième adj. numér. ord. et n. → cinquième.
quatorzièmement adv.
quatrain n. m.
quatre adj. numér. et n. m. inv. *Le diable à quatre; monter quatre à quatre; ces quatre sont mal écrits; les quatre couleurs du jeu de cartes; les quatre évangélistes; les quatre saisons; entre quatre yeux ; une mesure à quatre temps. Henri IV; Henri quatre; rue du 4-Septembre, du Quatre-Septembre.*
quatre-cent-vingt-et-un n. m. (jeu). *Jouer au quatre-cent-vingt-et-un. Le numéral s'écrit sans traits d'union. Il y a quatre cent vingt et un soldats.*
quatre-de-chiffre n. m. inv. (piège à gibier).
quatre-deux n. m. inv. (mesure musicale).
quatre-épices n. m. inv. (plante et son fruit).
quatre-feuilles n. m. inv. (ornement).
quatre-heures n. m. inv.
quatre-huit n. m. inv. (mesure musicale).
quatre-mâts n. m. inv. (voilier).
quatre-quarts n. m. inv. (gâteau).

quatre-quatre n. m. inv. (mesure musicale).

quatre-saisons n. inv. (fraisier; marchand). *Une marchande de(s) quatre(-)saisons.*

quatre-temps n. m. inv. (autrefois, jeûne au début de chaque saison).

quatre-vingtième adj. numér. ord. et n. → cinquième.

quatre-vingt(s) adj. numér. On met un *s* à *vingt* quand cet adjectif n'est pas immédiatement suivi d'un autre adjectif numéral. *Quatre-vingts; quatre-vingt-deux; le nombre quatre-vingts; quatre-vingts et quelques; quatre-vingt mille (mille est adj. numéral); quatre-vingts millions (millions est un nom).* → vingt. ♦ N. Variable dans les mêmes conditions. *Les quatre-vingts; les quatre-vingt-neuf.* ♦ Adj. numér. ord. inv. *La page quatre-vingt. L'année mil huit cent quatre-vingt. Il habite au quatre-vingt.*

quatrième adj. numér. ord. et n. Abrév. : *4ᵉ*. *La IVᵉ République.* → cinquième.

quatrièmement adv.

quatrillion n. m. → tableau NOMBRES IV, p. 911.

*****quattrocento** (ital.) n. m. = les années 1400 (ou XVᵉ siècle).

quatuor [kwa-] n. m. *Un quatuor à cordes.*

Quat'zarts n. (élève de l'École nationale supérieure des beaux-arts). → Gadz'arts.

quazza [kwadza] n. m.

que Quelquefois élidé en *qu'* (voir ce mot). *Que* est un mot protée dans la grammaire française. ♦ Pron. rel. *Le billet que tu as ramassé. Advienne que pourra.* ♦ Pron. interrog. (quelle chose). *Que faites-vous ?* ♦ Adv. interrog. (pourquoi). *Que ne le disais-tu ?* ♦ Adv. exclam. (combien). *Que de temps il a fallu !* ♦ Conj. de subordin. *Il désire que tu viennes. Que c'en est une bénédiction.* ♦ Élément de loc. adv. de restriction. *Elle ne boit que du lait.* ♦ Élément de gallicisme. *C'est lui que nous voulons. Cela ne laisse pas que de surprendre.* ♦ Élément de loc. conj. *Il est moins sérieux que son frère. Dès que, avant que, afin que, aussitôt que...* ♦ Mot explétif. *Ce serait une folie que de continuer.* ♦ Participe passé suivi de *que* → tableau PARTICIPE PASSÉ III, F, 6°, p. 923.

québécisme [-is-] n. m.

québécois, e adj. et *québécois.* ♦ N. *Un Québécois* (de Québec ou du Québec).

quebracho [kébratcho] n. m.

quechua [kètchwa] ou **quichua** [kitchwa] n. m.

que dalle loc. adv. (en argot).

quel, quelle adj. interrog. *Quels arbres plantez-vous ?* ♦ Adj. exclam. *Quelle belle soirée !* ♦ Pron. interrog. (lequel). *Quels sont les plus coûteux ? De ces oranges, je vais vous dire quelles sont les meilleures. Quel de vos neveux doit venir ? Prends des vêtements légers, mais prévois aussi de quels tu aurais besoin s'il pleuvait.* ♦ Adj. indéf. *Il est parti pour je ne sais quelle contrée. Quel que soit le dénouement, il faut tenter cette opération.* → quelque/quel que. ♦ *Tel quel* → tel.

■ **qu'elle/quel, quelle** 1° On écrit *qu'elle* (qu'elles) quand on peut remplacer par *qu'il* (qu'ils). *Il faut qu'elle* (qu'il) *parte. Dès qu'elles obtiennent. Il est nécessaire qu'elle réclame. Qu'elles sont grandes.* 2° Autrement, c'est *quel* (quelle, quels, quelles) qui s'impose. *Quelle heure est-il ? Quelle calamité ! Quelle que soit la date. On se demande quelles sont ces actrices.* Pour ces quatre exemples, on écrirait *quel* au masculin singulier : *Quel mois sommes-nous ? Quel malheur ! Quel que soit le jour. On se demande quel est ce chanteur.*

quelconque adj. indéf. *Prenez une fleur quelconque.* ♦ Sous l'influence de l'usage, est devenu adjectif qualificatif. *J'ai trouvé sa fiancée très quelconque. Ils sont quelconques.*

quelea [kéléa] n. m.

quellement adv. *Tellement quellement.*

quelque Ce mot n'est élidé que devant *un* ou *une* pour former le pronom *quelqu'un* ou *quelqu'une*. ♦ Adj. indéf. *Quelques branches ont été cassées.* Se met au singulier quand il signifie « un certain » ou « une certaine ». *Donnez-lui quelque répit. Cette industrie vient de prendre quelque importance. Il y a quelque temps. Il lui sera arrivé quelque aventure* (une aventure quelconque) ou *quelques aventures* (plusieurs aventures). ♦ Adv. (environ). *Quelque dix siècles se sont écoulés. Une personne de quelque quatre-vingts ans.* ♦ Adv. (si). *Quelque rusés qu'ils soient.*

Quelque... que Cette locution obéit à des règles d'accord qui dépendent du mot ou des mots qu'elle enferme : 1° Si un nom est placé après *quelque*, ce dernier s'accorde avec le nom. *Quelques efforts que vous fassiez, vous échouerez. Tous les hommes, quelque âge qu'ils aient, doivent s'y présenter.* 2° Si ce nom est accompagné d'un adjectif, on fait accorder *quelque* avec le nom pour attirer particulièrement l'attention sur ce nom. *Quelques avantages solides que cela vous procure... Quelques grands efforts que vous fassiez...* Mais quand le nom est attribut du sujet ou de l'objet direct, l'attention se trouve attirée sur l'adjectif et *quelque* devient adverbe invariable. *Quelque rusés limiers qu'ils soient...* (si rusés). 3° Si un adjectif seul ou un adverbe est placé après *quelque*, ce dernier est invariable. *Quelque grands que soient vos mérites... Quelque gentiment que nous leur parlions, ils tournent la tête.* Il peut arriver que la locution *quelque...* se mue en *quelque... qui. Quelque parti qu'ait été pris dans cette affaire...*

■ *Quelque/ quel que*

1° *Quelque* (un certain nombre de) est adjectif indéfini près d'un nom et s'accorde avec lui. *Elle s'est absentée quelques jours. Quelque* (environ) est un adverbe invariable. *L'hôtel a reçu quelque cinq cents touristes.*

2° *Quel que*, pronom relatif indéfini, est suivi d'un verbe au subjonctif; il y a toujours accord. *Acceptez-les tous, quels qu'ils soient. Prenez-les, quelles qu'elles soient. Quelles qu'aient été leurs intentions.*

quelque chose pron. indéf. neutre. (une chose). Abrév. : qqch. *C'est vraiment quelque chose d'ennuyeux. Tu oublies quelque chose d'important.* ♦ Ne pas confondre avec le groupe nominal variable, souvent précédé de l'article. *Les quelques choses que vous avez oubliées.* On peut entendre le pronom ou le groupe nominal dans une phrase telle que : *Quelque(s) chose(s) manque(nt) dans l'envoi.* ♦ Quand *quelque chose* signifie « quelle que soit la chose », on fait accorder au féminin. *Quelque chose que vous ayez donnée, il faut la reprendre.*

quelquefois adv. (de temps à autre). *Il est quelquefois en retard.* ♦ Ne pas confondre avec le groupe « quelques fois » (un certain nombre de fois) qui ne se met presque jamais au singulier. *Nous n'y sommes allés que quelques fois. Nous sommes allés quelques fois* (plusieurs fois) *au cinéma. Je vais quelquefois voir ma sœur* (de temps en temps).

quelque part adv.

quelqu'un, e pron. indéf. Abrév. : qqn. S'accorde en genre et en nombre. *Quelqu'un m'a confirmé le fait. Il se croit quelqu'un. Avez-vous vu quelqu'une de mes cousines ?* Le trait d'union se met pour le pluriel : *quelques-uns, quelques-unes.*

quémand, e n.
quémander v. t. et int.
quémandeur, euse n.
qu'en-dira-t-on n. m. inv. *Les qu'en-dira-t-on.* (De la question : *Qu'en dira-t-on ?*).
quenelle n. f.
quenotte n. f.
quenouille n. f. *On craignait que ces royaumes ne tombassent en quenouille.*
quenouillée n. f.
quéquette n. f. Quelquefois écrit QUIQUETTE.
quérable adj.
quercinois, e adj. et n. (du Quercy). Quelquefois écrit QUERCYNOIS.
quercitrin, e n.
quercitron n. m.
querelle n. f.
quereller v. t. et int. *Elle s'est querellée avec eux.*
querelleur, euse adj. et n.
quérir v. t. Ne s'emploie plus qu'à l'infinitif après les verbes *aller, envoyer, faire, venir. Elle l'envoya quérir.*
quérulence n. f.
quérulent, e adj. et n.
questeur n. m.
question n. f. *Cela ne fait pas question; remettre en question; les affaires en question; presser de questions; des questions d'argent, de confiance, de droit, de principe.* ♦ → tableaux PONCTUATIONS FORTES III, p. 940 et VERBES XV, XVI, p. 983 sqq.
questionnaire n. m.
questionnement n. m.
questionner v. t.
questionneur, euse n.
questure [kwès- ou kès-] n. f.
quête n. f.
quêter v. t. et int.
quêteur, euse adj. et n.
quetsche [kwètch'] n. f.
quetschier [kwètchyé] n. m.
quetzal n. m. (oiseau; monnaie du Guatemala).
queue [keû] n. f. *Des queues d'écrevisse(s), de cerise(s),* etc.; *à la queue leu leu; faire la queue; elles font queue; des pianos à queue; pavage en queue de paon.* ♦ HOM. → queux.
queue-d'aronde n. f. (assemblage). *Des queues-d'aronde.*
queue-de-cheval n. f. (coiffure; faisceau de nerfs). *Des queues-de-cheval.*

QUEUE-DE-COCHON

queue-de-cochon n. f. (vrille). *Des queues-de-cochon.*

queue-de-morue n. f. (pinceau; habit). *Des queues-de-morue.*

queue-de-pie n. f. (habit). *Des queues-de-pie.*

queue-de-poisson n. f. (écart de conduite automobile). *Des queues-de-poisson.*

queue-de-rat n. f. (lime; mèche inflammable; tabatière). *Des queues-de-rat.*

queue-de-renard n. f. (plante). *Des queues-de-renard.*

queue leu leu (à la) loc. adv.

queusot n. m.

queussi-queumi loc. adv.

queuter v. int.

queux n. m. *Le maître queux* (cuisinier). ♦ N. f. *Une queux à faux* (pierre à aiguiser). ♦ HOM. *queue*.

qui pron. rel. *La fumée qui s'échappe.* Le verbe qui suit le pronom *qui* s'accorde avec l'antécédent de ce pronom. *Il regarde les camions qui passent* (qui = lesquels camions). *Toi qui voyages beaucoup* (qui = tu). *C'est moi qui chante; c'est toi qui chantes.* ♦ Pron. rel. indéf. (quiconque). *Qui a trop menti n'est plus cru. A beau mentir qui vient de loin.* ♦ Pron. interrog. *Qui cherches-tu? Qui va là? Dis-moi qui est venu.* ♦ Conj. archaïque (si on) dans le proverbe « Tout vient à point qui sait attendre ». S'est transformé en pronom relatif indéfini par déformation (*Tout vient à point à qui sait attendre*). ♦ Pron. indéf. (les uns, les autres). *Ils le cherchèrent partout, qui dans le bois, qui vers la rivière.* ♦ Élément de gallicisme. *C'est lui qui gagnera. Qui est-ce qui parle? Dieu sait qui; on ne sait qui; je ne sais qui; n'importe qui; qui que ce soit; qu'est-ce qui; qui est-ce que; pis est.*

■ *Qui/qu'y Qui a posé cette question? Qu'y a-t-il de plus beau?*

■ *Qui/qu'il Qu'est-ce qui te prend? Qu'est-ce qu'il te prend?* Les deux écritures sont bonnes, mais dans la première le verbe est personnel (quelque chose te prend); tandis que dans la seconde le verbe est impersonnel (il te prend quelque chose). On sent bien la différence dans certains cas : *fais ce qui te plaît; fais ce qu'il te plaît* (sous-entendu : de faire).

Naturellement, avec un verbe purement impersonnel, le choix n'est plus permis. *Il a tout ce qu'il lui faut.* (Impossible de mettre « qui » au lieu de « qu'il ».) D'autre part, il faut veiller à bien écrire les expressions (homonymes mais de sens opposés) de ce genre : *L'homme qu'il a payé/L'homme qui l'a payé.*

quia (à) [akuiya] loc. adv.

quiche n. f.

quichenotte ou **kichenotte** n. f.

quichua → quechua.

Quick (temps de) loc. m.

*****quick-freezing** = congélation ultrarapide.

*****quick look** = épreuve minute (spat.).

*****quick lunch** = repas rapide, repas minute.

quiconque pron. inv. *Quiconque l'a vu doit le déclarer.*

*****quid** [kuid'] (lat.) pron. interrog. = quoi?

quidam [ki- ou kuidam'] n. m. *Des quidams.*

quiddité [kui-] n. f.

*****quid novi?** (lat.) loc. = quoi de nouveau?

Quies [kyès] *Des boules Quies* (nom déposé).

quiescence [kuyèsans'] n. f.

quiescent, e [kuiyèsan] adj.

quiet, quiète [kyè, kyèt'] adj.

quiétisme [kyétis-] n. m.

quiétiste [kyé-] n. et adj.

quiétude [kyé-] n. f.

quignon [kignon] n. m. → guignon.

quillard n. m.

quille n. f. *Un jeu de quilles.*

quill*eur*, *euse* n.

quillier n. m.

quillon [kiyon] n. m.

quimboiseur n. m.

quinaire [ki-] adj. et n. m.

quinaud, e [ki-] adj.

quincaille n. f.

quincaillerie n. f.

quincaill*ier, ère* n.

Quincke (œdème de) [kwin'k'] loc. m.

quinconce n. m. *Des arbres en quinconce.*

quindécemvir [kwindèsèmvir'] n. m.

quine [kin'] n. m.

quiné, e [ki-] adj.

quinine n. f.

quinoa n. m. (plante).

quinola n. m. (valet de cœur).

quinoléine n. f.

quinone n. f.

quinquagénaire [kinka-] adj. et n.

quinquagésime [kinka-] n. f.

quinquenn*al, ale, aux* [kinké-] adj.

quinquennat [kinkéna] n. m.
quinquet [kinkè] n. m.
*****quinquies** (lat.) adv. = cinq fois, pour la cinquième fois.
quinquina n. m.
quintaine n. f.
quintal n. m. (unité de mesure : *3 quintaux* ou *3 q*).
quinte n. f.
quinté n. m.
quintefeuille n. f. (herbe rampante ; en héraldique : fleur à cinq pétales). ♦ N. m. (motif décoratif médiéval).
quintessence n. f. (cinquième essence).
quintessencié, e adj.
quintessencier v. t. Conjug. 17.
*****quintet** n. m. = quintette de jazz.
quintette [kin- ou kuin-] n. m.
quint*eux*, *euse* adj.
quintidi [kuin-] n. m.
quintillion [kuintilyon] n. m. → tableau NOMBRES IV, p. 911.
*****quinto** [ku-in-to] (lat.) adv. (abrév. : 5°) = cinquièmement.
quintolet [kin-] n. m.
quinton [kin-] n. m.
Quintonine n. f. déposé inv.
quintuple adj. et n. m.
quintupler v. t. et int.
quintuplés, ées n. pl.
quinzaine n. f.
quinze adj. numér. et n. m. inv. *Le quinze de France ; Louis XV ; Louis quinze.*
quinzième adj. numér. ord. et n. → cinquième.
quinzièmement adv.
quinziste n.
quipo, quipou ou **quipu** [kipou] n. m. *Des quipos ; des quipous ; des quipus.*
quiproquo [kiproko] n. m. *Des quiproquos.*
quiquette → quéquette.
quirat [kira] n. m.
quirataire [ki-] n.
quirite [kui-] n. m.
quiscale [kuis-] n. m.
quiteron [ki-] n. m.
quittance n. f.
quittancer v. t. *Il quittança.* Conjug. 2.
quitte [kit] adj. *Je vous tiens quitte de toute dette. Ils furent quittes pour la peur. Nous sommes quitte à quitte* (loc. inv.). ♦ La loc. prép. *quitte à*, suivie d'un infinitif, est invariable. *Quitte à nous contredire, nous persistons. Elles voulurent essayer, quitte à s'en mordre les doigts.* ♦ N. m. *Un quitte ou double. Ils jouent à quitte ou double. Des quitte ou double.*
quittement adv.
quitter v. t.
quitus [kitus'] n. m. *Donner quitus à quelqu'un.*
qui-vive n. m. inv. *Être sur le qui-vive.* On écrit sans trait d'union : *Il n'y a âme qui vive. Il cria : Qui vive ?*
*****quiz** n. m. = jeu de questions.
Quizako n. m. déposé inv.
quôc-ngu [kok'-ngou] n. m. (système de transcription du vietnamien en français).
quoi [kwa] pron. rel. *Ce à quoi je pense.* ♦ Pron. interrog. et exclam. *À quoi pensez-vous ? Quoi de plus gracieux que cette enfant !* ♦ Interj. *Quoi ! vous partez déjà ?* ♦ Élément de loc. *Avoir de quoi ; quoi que ce soit ; quoi qu'il en soit ; Dieu sait quoi ; je ne sais quoi ; on ne sait quoi ; n'importe quoi. Quoi que vous déclariez, je ne changerai pas d'avis* → quoique/quoi que. *Un je-ne-sais-quoi.* → pourquoi. ♦ HOM. *coi* (immobile, silencieux).

quoique conj. Ce mot n'est élidé que devant *il, ils, elle, elles, on, un, une. Quoique en péril ; quoique illettré ; quoique cela ne lui fasse pas plaisir.*

■ *Quoique/quoi que* 1° **Quoique** (bien que, encore que). *Ils sont sortis, quoique le temps fût menaçant. Quoique vous fussiez dans votre droit, vous risquiez d'être soupçonnés. Quoique malade, il voyageait beaucoup. Quoiqu'on n'en ait guère, nous en donnerons.*

2° **Quoi que** (quelle que soit la chose que). *Quoi que vous fassiez pour eux, ils ne le reconnaîtront pas. Restez, quoi qu'il advienne. Quoi qu'on en pense. Quoi qu'on en ait pu affirmer.*

Pour éviter toute erreur, essayer toujours « bien que », synonyme de « quoique ».

quolibet [ko-] n. m.
*****quo non ascendam?** (lat.) loc. = jusqu'où ne monterai-je ?
quorum [korom'] n. m. *Les quorums.*
quota [kota] n. m. *Des quotas.* ♦ HOM. il *cota* (v. coter).
quote-part [kotpar'] n. f.
quotidien, enne [ko-] adj. et n. m.
quotidiennement adv.
quotidienneté n. f.
quotient [kosyan] n. m. *Quotient de développement ; quotient intellectuel (Q.I.).*
quotité [ko-] n. f. *Les impôts de quotité.*
qwerty adj. inv.

R

r n. m. inv. ♦ **r** : symbole du *röntgen*.
ra n. m. inv. (coup sur un tambour). ♦ HOM. → rat.
rab ou **rabe** n. m. (abrév. de *rabiot*).
rabab ou **rebab** n. m.
rabâchage ou **rabâchement** n. m.
rabâcher v. t. et int.
rabâcheur, euse adj. et n.
rabais n. m.
rabaissement n. m.
rabaisser v. t.
raban n. m.
rabane n. f.
rabat n. f.
rabat-joie n. m. inv. et adj. inv.
rabattable adj.
rabattage n. m.
rabattant, e adj.
rabattement n. m.
rabattement-radar n. m. *Des rabattements-radar.*
rabatteur, euse n.
rabattoir n. m.
rabattre v. t. et int. Conjug. 32. (rabaisser, aplatir). ♦ V. pr. (changer de direction). *Ils se sont rabattus sur le pâté.* ♦ Ne pas confondre avec *rebattre* (battre de nouveau). *Elle leur a rebattu les oreilles.*
rabbi n. m.
*****rabbia** (ital.) = rage, colère.
rabbin n. m.
rabbinat [-na] n. m.
rabbinique adj.
rabbinisme [-is-] n. m.
rabbiniste n.
*****rabbit** = furet (nucl.).

rabe → rab.
rabelaisien, enne adj.
rabibocher v. t.
rabiot n. m.
rabioter v. t.
rabique adj.
râble n. m.
râblé, e adj.
râbler v. t.
râblure n. f.
rabonnir v. t. et int. du 2ᵉ gr. Conjug. 24.
rabot n. m.
rabotage n. m.
raboter v. t.
raboteur, euse n.
raboteux, euse adj.
rabougri, e adj.
rabougrir v. int. et t. du 2ᵉ gr. Conjug. 24.
rabougrissement n. m.
rabouillère n. f.
rabouilleur, euse n.
raboutage n. m.
rabouter v. t.
rabrouer v. t. Conjug. 19.
rabroueur, euse adj. et n.
raca interj. *Ils lui ont dit raca.*
racage n. m.
racahout [-ka-out'] n. m.
racaille n. f.
raccard n. m.
raccommodable adj.
raccommodage n. m.
raccommodement n. m.
raccommoder v. t.
raccommodeur, euse n.

RACCOMPAGNER

raccompagner v. t.
raccord n. m.
raccordement n. m.
raccorder v. t.
raccorderie n. f.
raccourci, e adj. et n. m. *Voici l'affaire, en raccourci.*
raccourcir v. t. et int. du 2ᵉ gr. Conjug. 24.
raccourcissement n. m.
raccroc [-kro] n. m.
raccrochage n. m.
raccrocher v. t.
raccrocheur, euse n. et adj.
raccuser v. t.
race n. f. *Un conflit de races; des chevaux de race.* → nationalité. ♦ HOM. *ras* (chef éthiopien).
racé, e adj.
racémique adj.
*****racer** n. m. = coureur, cheval, engin de course rapide.
rachat [-cha] n. m.
rachetable adj.
racheter v. t. *Il rachète.* Conjug. 12.
rachialgie n. f.
rachianesthésie ou **rachianalgésie** n. f. Quelquefois abrégé en RACHI.
rachidien, enne adj.
rachis [-is] n. m.
rachitique adj. et n.
rachitisme [-is-] n. m.
racial, ale, aux adj.
racinage n. m.
racinal n. m. *Des racinaux.*
racine n. f.
raciner v. t. et int.
racinien, enne adj.
racisme [-is-] n. m.
raciste adj. et n.
*****rack** = baie (déf.), casier.
*****racket** n. m. = chantage, extorsion de fonds.
racketter v. t.
*****racketter** = trafiquant, maître chanteur, racketteur.
racketteur n. m. ♦ HOM. → raquetteur.
*****racking** = gerbage (pétr.).
raclage ou **raclement** n. m.
racle n. f.
raclée n. f.
raclement → raclage.
racler v. t.

raclette n. f.
racleur, euse n.
racloir n. m.
raclure n. f.
racolage n. m.
racoler v. t.
racoleur, euse adj. et n.
racontable adj.
racontar n. m.
raconter v. t.
raconteur, euse n.
*****racoon** n. m. = raton laveur.
racornir v. t. du 2ᵉ gr. Conjug. 24.
racornissement n. m.
rad Symbole du *radian*.
rad [rad'] n. m. (unité de mesure : 3 rads ou 3 rd). ♦ HOM. *rade* (bassin maritime).
radar n. m. (sigle de *radio detecting and ranging*).
radarastronomie n. f.
*****radar backslope** = revers de pente radar (spat.).
*****radar cross section** = section efficace du diagramme de gain; section efficace en radar (spat.).
*****radar foreshortening** = effet de rapprochement (spat.).
*****radar foreslope** = avers de pente radar (spat.).
radargrammétrie n. f.
*****radargrammetry** = radargrammétrie (spat.).
radargraphie n. f.
*****radar image** = radargraphie, image radar (spat.).
radariste n.
*****radar-lavoyer** = déversement en radar (spat.).
*****radar multiple-look image** ou **radar multi-look image** = image plurielle par radar (spat.).
*****radar shadow** = ombre de radar; ombre-radar (spat.).
*****radar single-look image** = image simple par radar (spat.).
rade n. f. ♦ HOM. → rad.
radeau n. m. *Des radeaux.*
rader v. t.
radeuse n. f.
radiaire adj.
radial, ale, aux adj. et n. f.
radian n. m. (unité de mesure : 3 radians ou 3 rad). *Radian par seconde* (rad/s); *radian par seconde carrée* (rad/s^2). ♦ HOM. *radiant* (adj., partic. prés. du v.

radier), un *radiant* (origine apparente des étoiles filantes).
radiance n. f.
radiant, e adj. (qui se propage par radiations). ♦ HOM. → radian.
radiant n. m. ♦ HOM. → radian.
radiateur n. m.
radiatif, ive adj.
radiation n. f.
radical, ale, aux adj.
radicalaire adj.
radicalement adv.
radicalisation n. f.
radicaliser v. t.
radicalisme [-is-] n. m.
radicalité n. f.
radical-socialisme [-is-] n. m.
radical-socialiste adj. et n.
radicant, e adj.
radicelle n. f.
radicotomie n. f.
radiculaire adj.
radiculalgie n. f.
radicule n. f.
radiculite n. f.
radié, e adj. et n. f.
radier n. m.
radier v. t. Conjug. 17.
radiesthésie [radyès-] n. f.
radiesthésiste [radyès-] n.
radieux, euse adj.
radin, e adj. et n.
radiner v. int.
radinerie n. f.
radio n. f. *Des radios.* ♦ Adj. inv. *Des antennes radio; des installations/installateurs radio; des appareils radio.*
radio- Ce préfixe se soude au mot qui suit *(radiopathologie)*, à moins que ce mot ne commence par *i, o, u (radio-interféromètre)*. Dans une expression comme « fracture radio-cubitale », il ne s'agit pas du préfixe, mais du mot *radius* réduit à *radio*.
radioactif, ive adj.
radioactivation n. f.
*****radioactive half-live** = période d'un nucléide radioactif.
radioactivité n. f.
radioalignement n. m.
radioaltimètre n. m.
radioamateur n. m.
radioastronome n.

radioastronomie n. f.
radiobalisage n. m.
radiobalise n. f.
radiobaliser v. t.
*****radio beacon** = radiophare.
radiobiologie n. f.
radioborne n. f.
*****radio broadcasting** = radiodiffusion.
radiocanal n. m. *Des radiocanaux.*
radiocarbone n. m.
radiocassette n. f.
radiochimie n. f.
radiochirurgie n. f.
radiocobalt n. m.
radiocommande n. f.
radioconducteur n. m.
radiocristallographie n. f.
radiodermite n. f.
radiodiagnostic n. m.
radiodiffuser v. t.
radiodiffusion n. f.
*****radio direction finding** = radiogoniométrie (télécom.).
radiodistribution n. f.
radioélectricien, enne n.
radioélectricité n. f.
radioélectrique adj.
radioélément n. m.
radioétoile n. f.
radiofréquence n. f.
*****radiofrequency** = fréquence radioélectrique (RF), ou radiofréquence.
*****radiofrequency channel** = canal radioélectrique, ou radiocanal, ou canal RF (télécom.).
radiogalaxie n. f.
radiogoniomètre n. m.
radiogoniométrie n. f.
radiogramme n. m.
radiographie n. f.
radiographier v. t. Conjug. 17.
radioguidage n. m.
*****radioguidance** = radioguidage (télécom.).
radioguider v. t.
radiohéliographe n. m.
*****radio homing** = radioralliement (télécom.).
radio-immunologie n. f. *Des radio-immunologies.*
radio-immunothérapie n. f. *Des radio-immunothérapies.*
radio-isotope n. m. *Des radio-isotopes.*
radiojournal n. m. *Des radiojournaux.*

radiolaire n. m.
radiolarite n. f.
radiolésion n. f.
radiolocalisation n. f.
****radiological equivalent man** = rem (déf.).
radiologie n. f.
radiologique adj.
radiologiste n.
radiologue n.
radiolyse n. f.
radiomessagerie n. f.
radiomessageur n. m.
radiométallographie n. f.
radiomètre n. m.
****radiometric balancing** = équilibrage radiométrique (spat.).
****radiometric resolution** = limite de résolution radiométrique (spat.).
****radiometric restitution** = rendu radiométrique (spat.).
radiométrie n. f.
radiométrique adj.
radionavigant n. m.
radionavigation n. f.
radionécrose n. f.
radionucléide n. f.
radiopage n. f.
****radiopager** = radiomessageur.
****radio-paging** = radiorecherche de personne (télécom.).
radiophare n. m.
radiophonie n. f.
radiophonique adj.
radiophotographie n. f.
radioprotection n. f.
radioralliement n. m.
****radio range** = radiophare d'alignement.
radiorécepteur n. m.
radiorecherche n. f.
****radiorecorder** = radiocassette (aud.).
radioreportage n. m.
radioreporter [-tèr'] n. m.
radiorésistance n. f.
radioréveil ou **radio-réveil** n. m. *Des radios-réveils.*
radioscopie n. f.
radiosensibilité [-san-] n. f.
radiosensible [-san-] adj.
radiosondage [-son-] n. m.
radiosonde [-son-] n. f.
radiosource [-sou-] n. f.
radio-taxi n. m. *Des radio-taxis.*

radiotechnique adj. et n. f.
radiotélégramme n. m.
radiotélégraphie n. f.
radiotélégraphiste n.
radiotéléphone n. m.
radiotéléphonie n. f.
radiotéléphoniste n.
radiotélescope n. m.
radiotélévisé, *e* adj.
radiotélévision n. f.
radioterminal n. m.
radiothérapeute n.
radiothérapie n. f.
radiotrottoir n. m. ou f.
radique adj.
radis [-di] n. m.
radium [-dyom'] n. m. *Des radiums.*
radiumthérapie [-dyom'-] n. f.
radius [-us'] n. m.
radjah → rajah.
radôme n. m.
radon n. m.
radotage n. m.
radoter v. int.
radot*eur, euse* n. et adj.
radoub [-dou] n. m.
radouber v. t.
radoucir v. t. du 2ᵉ gr. Conjug. 24.
radoucissement n. m.
radsoc [-ok'] n. et adj. (abrév. de *radical--socialiste*).
radula n. f.
rafale n. f.
raffermir v. t. du 2ᵉ gr. Conjug. 24.
raffermissement n. m.
raffinage n. m.
raffinat [-na] n. m.
raffiné, *e* adj. et n.
raffinement n. m.
raffiner v. t.
raffinerie n. f.
raffin*eur, euse* n. et adj.
raffinose n. f.
rafflésie n. f. (plante nommée aussi RAFFLESIA, n. m.).
raffoler v. t. ind.
raffut n. m.
raffûter v. t.
rafiot n. m. Quelquefois écrit RAFIAU. *Des rafiaux.*
rafistolage n. m.
rafistoler v. t.
rafle n. f.

rafler v. t.
rafraîchir v. t. et int. du 2ᵉ gr. Conjug. 24.
rafraîchissant, e adj.
rafraîchissement n. m.
*****raft** n. m. = radeau pneumatique.
*****rafting** n. m. = descente de rapides en radeau ou bateau.
raga n. m. inv.
ragage ou **raguage** n. m.
ragaillardir v. t. du 2ᵉ gr. Conjug. 24.
*****ragamuffin** = gueux, garnement.
rage n. f. *Les vents font rage.*
rageant, e adj.
rager v. int. *Nous rageons.* Conjug. 3.
rageur, euse adj. et n.
rageusement adv.
raglan n. m.
ragondin n. m.
ragot, e adj. *Un cheval ragot.* ♦ N. m. (commérage; sanglier de deux à trois ans).
ragougnasse n. f.
ragoût n. m.
ragoûtant, e adj.
ragréer v. t. *Je ragrée, nous ragréons, je ragréerai(s).* Conjug. 16.
ragréner v. t. *Je ragrène, nous ragrénons, je ragrénerai(s).* Conjug. 10.
*****ragtime** n. m. = style musical nord-américain.
raguage → ragage.
raguer v. int. Conjug. 4. *Le cordage raguait.*
rahat-lokoum ou **rahat-loukoum** n. m. Quelquefois simplement nommé LOKOUM ou LOUKOUM.
rai n. m. ♦ HOM. → ré.
raï n. m. inv. et adj. inv. ♦ HOM. → rail.
raïa = rayia.
raid [rèd] n. m. *Un raid de bombardiers.* ♦ HOM. → raide.
raide adj. *Les sentiers montent raides; ils sont raides; c'est un peu raide; ils tombèrent raides morts.* ♦ Adv. *Les sentiers montent raide; des lièvres tués raide.* ♦ Le mot ROIDE, avec un peu d'affectation, a les mêmes emplois. ♦ HOM. *raid* (incursion, épreuve).
rai-de-cœur n. m. *Des rais-de-cœur.*
*****raider** n. m. = participant à un raid, concurrent d'une expédition; acquéreur d'entreprises, fonceur, prédateur (écon.).
raideur n. f.
raidillon n. m.

raidir v. t. du 2ᵉ gr. Conjug. 24.
raidissement n. m.
raidisseur n. m.
raie n. f. ♦ HOM. → ré.
raifort n. m.
rail n. m. *Des rails. Des transports par rail; la coordination rail-route.* ♦ HOM. il *raille* (v. railler), *rye* (whisky canadien), *raï* (musique arabe).
railler [ra-yé] v. t. et int. *Elle s'est raillée de lui.*
raillerie n. f.
railleur, euse [ra-yeur', -yeûz'] adj. et n.
*****rail-road transport** = ferroutage (transp.).
rail-route adj. inv. *Des transports rail-route.*
rainer v. t.
rainette n. f. → rénette. ♦ HOM. → reinette.
rainurage n. m.
rainure n. f.
rainurer v. t.
raiponce n. f. ♦ HOM. → réponse.
raire v. int. Se conjugue comme BRAIRE.
raïs [-is] n. m.
raisin n. m. *Des grappes de raisin. Du pain aux raisins. Une cure, du jus, des moûts de raisin.*
raisiné n. m.
raison n. f. *En raison directe; faire entendre raison; plus que de raison; sans raison; à raison de; pour raison de. Il a quitté son emploi (non) sans raison (s). Comme de raison; en raison de; rendre raison; à plus forte raison. La raison d'État; mariage de raison; sans rime ni raison; en moyenne et extrême raison; livre de raison; culte de la (déesse) Raison.*

■ *Raison sociale.* On met la capitale au terme qui commande l'intitulé d'une raison sociale (amicale, comité, compagnie, fédération, ligue, organisation, société, entreprise, etc.). *Le siège de la « Compagnie générale »* (alors qu'on écrira : *Une compagnie de transports assure le déménagement*); *l'Organisation des Nations unies. Le Syndicat des sociétés d'assurances; la Fédération des syndicats de sociétés d'assurances; l'Union des fédérations de syndicats de sociétés d'assurances.* → tableau MAJUSCULES B, 8°, p. 904.
raisonnable adj.
raisonnablement adv.
raisonné, e adj.

RAISONNEMENT

raisonnement n. m. ♦ HOM. → résonnement.

raisonner v.int. et t. ♦ HOM. → résonner.

raisonn*eur, euse* n. et adj.

rajah, raja ou **radjah** n. m.

rajasthani n. m. (langue).

rajeunir v. t. et int. du 2ᵉ gr. Conjug. 24.

rajeunissant, *e* adj.

rajeunissement n. m.

rajout [-jou] n. m.

rajouter v. t.

rajustement ou **réajustement** n. m.

rajuster ou **réajuster** v. t.

raki n. m.

râlant, *e* adj.

râle n. m. (soupir; oiseau). ♦ HOM. il *râle* (v.), il *ralle* (v.).

râlement n. m.

ralenti n. m.

ralentir v. t. et int. du 2ᵉ gr. Conjug. 24.

ralentissement n. m.

ralentisseur n. m.

râler v. int. (émettre de faibles cris; protester; crier, en parlant du tigre, de la panthère). ♦ HOM. *raller* (crier, en parlant du cerf, du faon).

râl*eur, euse* adj. et n.

ralingue n. f.

ralinguer v. t. et int. *Il ralinguait.* Conjug. 4.

*****rallentando** (ital.) = en ralentissant.

raller v. int. ♦ HOM. → râler.

ralliant, *e* adj.

rallidé n. m.

rallié, *e* adj.

ralliement n. m.

rallier v. t. Conjug. 17.

ralliforme n. m.

rallonge n. f.

rallongement n. m.

rallonger v. t. et int. *Il rallongeait.* Conjug. 3.

rallumer v. t.

rallye n. m. *Des rallyes automobiles; un rallye vélo, un rallye moto, des rallyes vélos.*

*****R.A.M.** (*random access memory) = mémoire vive (inf.).

-rama Suffixe masculin désignant une exposition, une démonstration, à l'imitation de « panorama » : *diorama, photorama, télérama, tabarama...*

ramadan n. m.

ramage n. m.

ramager v. t. et int. *Il ramageait.* Conjug. 3.

ramapithèque n. m.

ramas [-ma] n. m.

ramassage n. m.

ramassé, *e* adj.

ramasse-miettes n. m. inv.

ramasser v. t.

ramassette n. f.

ramass*eur, euse* n.

ramasseuse-botteleuse n. f. *Des ramasseuses-botteleuses.*

ramasseuse-presse n. f. *Des ramasseuses-presses.*

ramassis [-si] n. m.

ramassoire n. f.

rambarde n. f.

rambour n. m.

ramboutan n. m.

ramdam [ram'dam'] n. m.

rame n. f. *Faire force de rames.*

ramé, *e* adj. et n. f. *Des fagots de ramée.*

rameau n. m. *Des rameaux. Le dimanche des Rameaux.*

ramenard, *e* adj.

ramender v. t.

ramend*eur, euse* n.

ramener v. t. *Je ramène, nous ramenons, je ramènerai(s).* Conjug. 15. ♦ N. m. *Le ramener d'un cheval.*

ramequin n. m.

ramer v. t. et int.

ramescence n. f.

ramette n. f.

ram*eur, euse* n.

rameuter v. t.

ram*eux, euse* adj.

rami n. m. (jeu de cartes). ♦ HOM. la *ramie* (plante).

ramie n. f. ♦ HOM. → rami.

ramier n. et adj. m.

ramification n. f.

ramifier v. t. Conjug. 17.

ramille n. f. Le plus souvent employé au féminin.

ramingue adj.

ramolli, *e* adj. et n.

ramollir v. t. du 2ᵉ gr. Conjug. 24.

ramollissant, *e* adj.

ramollissement n. m.

ramollo adj. et n. m. inv. en genre.

ramonage n. m.

ramoner v. t.

ramoneur n. m.

rampant, e adj. et n. m.
rampe n. f.
rampeau n. m. *Des rampeaux.*
rampement n. m.
ramper v. int.
*****ramp handling** = service d'escale (déf.).
rampon n. m.
ramponneau n. m. *Des ramponneaux.* Quelquefois écrit RAMPONEAU.
ramure n. f.
ranale n. f.
ranatre n. f.
rancard ou **rencard** n. m. (renseignement; rendez-vous). ♦ HOM. mettre au *rancart* (au rebut).
rancarder ou **rencarder** v. t. (renseigner; donner un rendez-vous).
rancart n. m. ♦ HOM. → rancard.
rance adj. et n. m.
rancescible adj.
ranch [ranch' ou rant'ch'] n. m. *Des ranches.* ♦ HOM. une *ranche* (échelon d'une échelle à un seul montant).
ranche n. f. ♦ HOM. → ranch.
rancher n. m.
*****ranching** = élevage semi-nomade sur grand domaine.
*****rancho** (esp.) = ranch.
ranci n. m.
rancio n. m.
rancir v. int. du 2ᵉ gr. Conjug. 24.
rancissement n. m.
rancissure n. f.
rancœur n. f.
rançon n. f.
rançonnement n. m.
rançonner v. t.
rançonn*eur*, *euse* n.
rancune n. f. *Sans rancune.*
rancuni*er*, *ère* adj.
*****rand** n. m. (monnaie de la République sud-africaine).
*****random** = hasard (méd.).
*****random access** = accès direct (inf.).
*****random access memory** → *R.A.M.
randomisation n. f.
randomiser v. t.
*****random priming** = amorçage aléatoire (génét.).
randonnée n. f.
randonner v. int.
randonn*eur*, *euse* n.
rang [ran] n. m. *Ils ont rang de lieutenant. Il est au rang de ses amis. Un rang de piquets.* ♦ HOM. il *rend* (v. rendre), un *ranz* de bergers (air chanté en Suisse).
*****range** = radiophare d'alignement; base de lancement; distance franchissable (déf.).
rangé, e adj. et n. f. *Une rangée d'arbres.*
*****range ambiguity** = distance ambiguë (spat.).
*****range finding** = télémétrie (spat.).
rangement n. m.
ranger v. t. *Il rangeait.* Conjug. 3.
*****ranger** n. m. = soldat de commando; scout; brodequin à guêtre.
*****range resolution** = limite de résolution en portée (spat.).
rani n. f.
ranidé n. m.
ranimer v. t.
rantanplan → rataplan.
ranz [ran, ranz' ou rantz'] n. m. ♦ HOM. → rang.
raout [-out'] n. m.
rap n. m. et adj. inv.
rapace adj. et n. m.
rapacité n. f.
râpage n. m.
rapapilloter v. t.
rapatriable adj.
rapatrié, e adj. et n.
rapatriement n. m.
rapatrier v. t. Conjug. 17.
râpe n. f.
râpé, e adj. et n. m.
râper v. t. (réduire avec une râpe).
raper ou **rapper** v. t. ou int. (style musical).
rapercher v. t.
râperie n. f.
rapetassage n. m.
rapetasser v. t.
rapetissement n. m.
rapetisser v. t. et int.
rap*eur*, *euse* ou **rapp*eur*, *euse*** n. et adj.
râp*eux*, *euse* adj.
Raphaël [rafa-èl'] n. m.
raphaélesque adj.
raphaélique adj.
raphé n. m.
raphia n. m.
raphide n. m.
rapiat, e adj. et n.
rapide adj. et n. m.
rapidement adv.
rapidité n. f.

rapiéçage n. m.
rapiècement n. m.
rapiécer v. t. Indic. prés. : *je rapièce, n. rapiéçons, v. rapiécez, ils rapiècent.* Imparf. : *je rapiéçais, n. rapiécions, v. rapiéciez, ils rapiéçaient.* Passé simple : *je rapiéçai, n. rapiéçâmes, ils rapiécèrent.* Futur : *je rapiécerai, n. rapiécerons.* Condit. : *je rapiécerais, n. rapiécerions.* Impératif : *rapièce, rapiéçons, rapiécez.* Subj. prés. : *que je rapièce, que n. rapiécions, qu'ils rapiècent.* Imparf. : *que je rapiéçasse, qu'il rapiéçât.* Partic. : *rapiéçant ; rapiécé.*
rapière n. f.
rapin n. m.
rapine n. f.
rapiner v. t. et int.
rapinerie n. f.
raplapla adj. inv.
raplatir v. t. du 2ᵉ gr. Conjug. 24.
rapointir → rappointir.
rapointis → rappointis.
rappareiller v. t.
rappariement n. m.
rapparier v. t. Conjug. 17. (rétablir la paire).
rappel n. m. *Des rappels à l'ordre ; des cordes de rappel.* ♦ HOM. il *rappelle* (v.).
rappelable adj.
rappelé, e adj. et n.
rappeler v. t. *Je rappelle.* Conjug. 13. *Nous nous le rappelons. Elle se rappelle cette chanson. Ils se sont rappelé qu'ils devaient venir. Ils se sont rappelés à votre souvenir.* La tournure « s'en rappeler » n'est correcte que si elle est suivie d'un complément : *Je m'en rappelle la couleur.*
rappliquer v. int.
rappointir ou **rapointir** v. t. Conjug. 24.
rappointis ou **rapointis** n. m.
rapport n. m. *Cela n'a aucun rapport ; avoir rapport à ; avoir rapport avec ; en rapport avec ; par rapport à ; mettre en rapport ; sous tous (les) rapports ; sous le rapport de ; avoir peu de rapports* (relations) *avec quelqu'un. Des arbres de plein rapport ; des maisons de rapport. Bien sous tous rapports* (abrév. : *B.S.T.R.*).
rapportable adj.
rapporté, e adj. *Des pièces rapportées.*
rapporter v. t. *Je m'en rapporte à vous.*
rapporteur, euse n. et adj.
rapprendre → réapprendre.
rapprêter v. t.

rapprochage n. m.
rapprochement n. m.
rapprocher v. t.
rapsode → rhapsode.
rapsodie → rhapsodie.
rapt n. m.
raptus [-us'] n. m.
râpure n. f.
raquer v. int.
raquette n. f.
raquetteur, euse n. (qui utilise des raquettes de neige). ♦ HOM. *racketteur* (qui se livre au chantage).
***rara avis** (lat.) = oiseau rare, chose inattendue.
rare adj.
raréfaction n. f. → réfection.
raréfiable adj.
raréfier v. t. Conjug. 17.
rarement adv.
rarescent, e adj.
rareté n. f.
rarissime adj.
ras, e [ra, raz'] adj. *Faire table rase ; en rase campagne, à ras bord(s) ; au ras de ; à ras de ; en avoir ras le bol* (le *ras-le-bol*). ♦ N. m. *Un ras* (plate-forme flottante). ♦ HOM. → *rat*. ♦ Homographe hétérophone : *ras* [ras'] (n. m.).
ras [ras'] n. m. (chef éthiopien). ♦ HOM. → race.
R.A.S. sigle. Rien à signaler.
rasade n. f.
rasage n. m.
rasance n. f.
rasant, e adj.
rascasse n. f.
rase-mottes n. m. inv.
raser v. t.
rasette n. f.
raseur, euse n.
rash [rach'] n. m.
rasibus adv.
raskol n. m.
ras-le-bol n. m. inv. → ras.
rasoir n. m.
raspoutitsa n. f.
rassasiement n. m.
rassasier v. t. Conjug. 17.
rassemblement n. m.
rassembler v. t.
rassembleur, euse adj. et n.
rasseoir v. t. Conjug. 30.
rasséréner v. t. *Je rassérène, nous rassérénons, je rassérénerai(s).* Conjug. 10.

rassir v. t. du 2ᵉ gr. Conjug. 24. → rassis.

rassis, e adj. *Du pain rassis, de la brioche rassise.* Cet adjectif, bien qu'il soit issu du verbe *rasseoir*, a fait naître le verbe *rassir* dont le participe *(rassi)* ne doit pas être employé comme adjectif. *Le soleil a rassi cette miche; elle est rassise.*

rassissement n. m.

rassortiment → réassortiment.

rassortir → réassortir.

rassurant, e adj.

rassurer v. t.

rastafari n. et adj. inv. Quelquefois abrégé en RASTA.

rastaquouère ou **rasta** n. m. et adj. inv. en genre. *Des allures rastas.*

rastel n. m.

*****raster data** = donnée rastrée (spat.).

*****raster image** = image matricielle (spat.).

rastré, e adj.

rat [ra] n. m. *Rat d'égout, de bibliothèque, d'hôtel. Le rat, la rate et les ratons.* ♦ HOM. *ras* (court), un *ras* de réparation (plate-forme), un *raz* de marée, *ra* (coup de baguette sur un tambour), *Râ* (divinité égyptienne).

rata n. m.

ratafia n. m.

ratage n. m.

rataplan ou **rantanplan** interj.

ratatiné, e adj.

ratatiner v. t. *Ils se sont ratatinés.*

ratatouille n. f.

rat-de-cave n. m. *Des rats-de-cave.*

rate n. f. (organe près de l'estomac; femelle du rat). ♦ HOM. → ratte.

raté, e adj. et n. *Les ratés du moteur.*

râteau n. m. *Des râteaux.* De la famille de *râteau*, les mots en *ratiss-* n'ont pas l'accent circonflexe.

ratel n. m. (animal).

râtelage n. m.

râtelée n. f.

râteler v. t. *Il râtelle.* Conjug. 13.

râteleur, euse adj. et n.

râtelier n. m.

râtelures n. f. pl.

rater v. int. et t.

ratiboiser v. t.

raticide n. m.

ratier n. m.

ratière n. f.

ratification n. f.

ratifier v. t. Conjug. 17.

ratinage n. m.

ratine n. f.

ratiner v. t.

ratineuse n. f.

*****rating** n. m. = qualité des émissions de sociétés emprunteuses (écon.); indice de performance, cote, notation.

*****rating scale** = échelle graduée, échelle d'évaluation.

*****ratio** [rasyo] (lat. et angl.) n. m. = rapport, indice. *Des ratios. Le ratio Cooke.*

ratiocination [rasyo-] n. f.

ratiociner [rasyo-] v. int.

*****ratio image** = image-ratio (spat.).

ration [rasyon] n. f. *Des rations d'entretien, de vivres.* ♦ Homographes hétérophones : des *rations* [-syon]; nous *rations* [-tyon] (v. rater).

rational n. m. *Des rationaux.*

rationalisation n. f.

rationalisé, e adj.

rationaliser v. t.

rationalisme [-is-] n. m.

rationaliste adj. et n.

rationalité n. f.

rationnaire adj. et n.

rationnel, elle adj.

rationnellement adv.

rationnement n. m.

rationner v. t.

ratissage n. m.

ratisser v. t.

ratissure n. f.

ratite n. m.

raton n. m.

ratonnade n. f.

ratonner v. int.

ratonneur n. m.

R.A.T.P. sigle. f. Régie autonome des transports parisiens.

rattachement n. m.

rattacher v. t.

rat-taupe n. m. *Des rats-taupes.*

ratte n. f. (variété de pomme de terre). ♦ HOM. → rate.

rattrapable adj.

rattrapage n. m.

rattraper v. t.

raturage n. m.

rature n. f.

raturer v. t.

raubasine n. f.

rauchage n. m.

raucher v. t.

raucheur n. m.
raucité n. f.
raugmenter v. t. et int.
raugrave n. m.
rauque adj. ♦ HOM. → roc.
rauquer v. int.
rauwolfia n. m.
ravage n. m.
ravager v. t. *Il ravageait.* Conjug. 3.
ravag*eur, euse* n. et adj.
ravalement n. m.
ravaler v. t.
ravaleur n. et adj. m.
ravaudage n. m.
ravauder v. t.
ravaud*eur, euse* n.
rave n. f.
*rave = réunion, soirée de délire.
ravelin n. m.
ravenale [ravé-] n. m.
ravenelle n. f.
ravi, *e* adj.
ravier n. m.
ravière n. f.
ravigotant, *e* adj.
ravigote n. f.
ravigoter v. t.
ravilir v. t. du 2ᵉ gr. Conjug. 24.
ravin n. m.
ravine n. f.
ravinement n. m.
raviner v. t.
raviole n. f. ou m.
ravioli n. m. *Des raviolis.*
ravir v. t. du 2ᵉ gr. Conjug. 24.
raviser (se) v. pr. *Elle s'est ravisée.*
ravissant, *e* adj.
ravissement n. m.
raviss*eur, euse* adj. et n.
ravitaillement n. m.
ravitailler v. t.
ravitaill*eur, euse* n.
ravivage n. m.
raviver v. t.
ravoir v. t. Ne s'emploie qu'à l'infinitif et au futur de l'indicatif. *Je le raurai.*
*raw-data = donnée brute (spat.).
ray n. m. ♦ HOM. → ré.
raya → rayia.
rayage [rè-yaj] n. m.
rayé, *e* adj.
rayer [rè-yé] v. t. Conjug. 8. Certains dictionnaires ou grammaires recommandent de ne pas changer l'y en i devant un e muet dans la conjugaison de ce verbe. Cela ne s'explique que par la confusion homophonique qui peut se produire avec le verbe *raire (le daim rait),* mais ce dernier est d'un emploi si rare qu'on peut conjuguer le verbe rayer comme n'importe quel verbe en -*ayer*. *L'ongle raie le gypse.*
rayère n. f.
ray-grass [règra ou règras'] n. m. inv.
rayia, raya ou raïa n. m.
rayon [rè-yon] n. m. *Des rayons d'action, de braquage, de soleil. Un rayon (de) chaussures; des chefs de rayon. Les rayons X; les rayons alpha* (rayons α), *bêta* (rayons β), *gamma* (rayons γ).
rayonnage n. m.
rayonnant, *e* adj.
rayonne n. f.
rayonné, *e* adj. et n. m.
rayonnement n. m.
rayonner v. int. et t.
rayonneur n. m.
rayure n. f.
raz [ra] n. m. (courant violent). ♦ HOM. → rat.
raz de marée ou raz-de-marée n. m. inv.
razéteur n. m.
razzia [-zya ou -dzya] n. f.
razzier v. t. Conjug. 17.
*rbati, *a* (marocain) n. et adj. = de Rabat.
R.C. sigle m. Registre de commerce.
rd Symbole du *rad.*
R.D.A. sigle f. République démocratique allemande (ancienne Allemagne de l'Est).
R.D.C. sigle m. Rez-de-chaussée.
re-, r-, ré-, res- Le préfixe re- est très employé pour exprimer une nouvelle action. Il est possible de l'appliquer à de nombreux verbes ou noms, si bien que les dictionnaires renoncent à les citer tous (ainsi, on ne trouve pas habituellement *retousser, refrire, redémarrage* bien que ces mots soient en usage, et rien n'empêche une ménagère de faire *rebouillir* son lait). Les verbes de cette sorte sont conjugués comme les verbes dont ils sont issus : *refaire* comme *faire*, *renvoyer* comme *envoyer*.

Devant une voyelle, re- devient r- *(ragrafer, réveiller)* ou ré- *(réintégrer).* L'emploi de l'un ou de l'autre n'est pas fixé : on trouve *ranimer* et *réanimation, rouvrir* et *réouverture, récrire* et *rééditer*..., anarchie qui oblige à consulter le dictionnaire.

Devant un *s*, on emploie le préfixe *re-* ou *res-*, sans unité là non plus : *resaler, resupplier; ressaisir, ressasser, ressemeler...* Le préfixe *re-* ou *ré-*, devant un *s*, ne détruit pas le son [s] du début *(resaluer, resemer)*, sauf dans les anciennes formations *(résonner, résoluble...).*

ré n. m. inv. (note de musique). ♦ HOM. *rets* (filet), *raie* (trait; poisson), *rai* (rayon), il *raie* (v. rayer), *rez*-de-chaussée, il *rait* (v. raire), il *rée* (v. réer), *ray* (filet de pêche; culture sur brûlis), île de *Ré*, *rhé* (unité de mesure).

réa n. m.
réabonnement n. m.
réabonner v. t.
réabsorber v. t.
réabsorption n. f.
réac n. et adj. inv.
réaccoutumer v. t.
réactance n. f.
réactant n. m.
réacteur n. m.
réac*tif, ive* adj. et n. m.
réaction n. f.
réactionnaire adj. et n.
réaction*nel, elle* adj.
réactivation n. f.
réactiver v. t.
réactivité n. f.
réactogène adj. et n. m.
*****reactor control** = commande, conduite d'un réacteur (nucl.).
*****reactor experiment** = préréacteur.
*****reactor operation** = pilotage d'un réacteur (nucl.).
réactualisation n. f.
réactualiser v. t.
réadaptation n. f.
réadapter v. t.
*****reading frame** = cadre de lecture (génét.).
*****reading frameshift** = décalage, déphasage ou mutation du cadre de lecture; mutation déphasante (génét.).
réadmettre v. t. Conjug. 56.
réadmission n. f.
*****read only memory** = mémoire morte (inf.).
*****readthrough transcription** = translecture transcriptionnelle, traduction ininterrompue (génét.).
*****readthrough translation** = translecture traductionnelle, traduction suivie (génét.).

réaffirmer v. t.
réagine n. f.
réagir v. int. du 2ᵉ gr. Conjug. 24.
réajustement → rajustement.
réajuster → rajuster.
ré*al, ale, aux* adj. et n. f. *La réale* (ou *galère réale*). ♦ N. m. *Un réal, des réaux* (monnaie espagnole).
réalésage n. m.
réaléser v. t. *Je réalèse, nous réalésons, je réaléserai(s).* Conjug. 10. (refaire l'alésage). ♦ Ne pas confondre avec *réaliser* (rendre réel).
réalgar n. m.
réalignement n. m.
réaligner v. t.
réalisable adj.
réalisa*teur, trice* adj. et n.
réalisation n. f.
réaliser v. t. *Leurs projets se sont enfin réalisés.* → réaléser.
réalisme [-is-] n. m.
réaliste adj. et n.
réalité n. f. *En réalité* (loc. adv.).
*****reality show** = histoire vraie, télé-réalité, télé-vérité (aud.).
*****real-only memory** = mémoire morte (inf.).
*****Realpolitik** (all.) = politique réaliste.
*****real time** = temps réel.
réaménagement n. m.
réaménager v. t. *Il réaménageait.* Conjug. 3.
réamorcer v. t. *Il réamorça.* Conjug. 2.
réanastomose n. f.
réanimable adj.
réanima*teur, trice* n.
réanimation n. f.
réanimer v. t.
réapparaître v. int. Conjug. 62.
réapparition n. f.
réapprendre ou **rapprendre** v. t. Conjug. 67.
réapprovisionnement n. m.
réapprovisionner v. t.
réargenter v. t.
réarmement n. m.
réarmer v. t. et int.
réarrangement n. m.
réarranger v. t. *Il réarrangeait.* Conjug. 3.
réassignation n. f.
réassigner v. t.
réassort n. m.
réassortiment ou **rassortiment** n. m.

RÉASSORTIR

réassortir ou **rassortir** v. t. du 2ᵉ gr. Conjug. 24.
réassurance n. f.
réassurer v. t.
réassureur n. m.
rebab → rabab.
rebaisser v. t. et int.
rebaptisant [-bati-] n. m.
rebaptiser [-bati-] v. t.
rébarbat*if*, *ive* adj.
rebâtir v. t. du 2ᵉ gr. Conjug. 24.
rebattement n. m.
rebattre v. t. Conjug. 32. *Ils nous rebattent le même sujet.* → rabattre.
rebattu, e adj.
rebec [-bèk'] n. m.
rebelle adj. et n.
rebeller (se) v. pr. *Elle s'est rebellée.*
rébellion [rébèlyon] n. f.
rebelote! n. f. et interj.
rebiffer (se) v. pr. *Ils se sont rebiffés.*
rebiquer v. int.
reblanchir v. t. du 2ᵉ gr. Conjug. 24.
reblochon n. m.
rebobinage n. m.
rebobiner v. t.
reboisement n. m.
reboiser v. t.
rebond [-bon] n. m.
rebondeur, euse n.
rebondi, e adj.
rebondir v. int. du 2ᵉ gr. Conjug. 24.
rebondissement n. m.
rebord n. m.
reborder v. t.
rebot [rebo] n. m.
rebouchage n. m.
reboucher v. t.
rebouilleur n. m.
rebours n. m. *Au rebours; à rebours.*
rebouter v. t.
rebouteur, euse n.
rebouteux, euse n.
reboutonner v. t.
rebraguetter v. t.
rebras n. m.
*****rebreathing** = réinhalation.
rebroder v. t.
rebroussement n. m.
rebrousse-poil (à) loc. adv.
rebrousser v. t.
rebrûler v. t.
rebuffade n. f.

rébus [-us'] n. m.
rebut [-bu] n. m.
rebutage n. m.
rebutant, e adj.
rebuter v. t.
recacheter v. t. *Il recachette.* Conjug. 14.
recalage n. m.
recalcification n. f.
recalcifier v. t. Conjug. 17.
récalcitrant, e adj. et n.
recalculer v. t.
recalé, e adj. et n.
recaler v. t.
récapitulat*if*, *ive* adj.
récapitulation n. f.
récapituler v. t.
recarder v. t.
recarrelage n. m.
recarreler v. t. *Il recarelle.* Conjug. 13.
recaser v. t.
recauser v. int.
recéder v. t. *Je recède, nous recédons, je recéderai(s).* Conjug. 10.
*****receiver** n. m. = ampli-syntoniseur (aud.).
recel n. m. ♦ HOM. il *recèle* (v.).
recéler v. t. Conjug. 10. L'ancienne orthographe *receler* se soumet à la conjug. 11. *Il recèle.*
receleur, euse n.
récemment [-saman] adv.
récence n. f.
recensement n. m.
recenser v. t.
recenseur, euse n. et adj.
recension n. f. → récession.
récent, e adj.
recentrage n. m.
recentrer v. t.
recepage ou **recépage** n. m.
recepée ou **recépée** n. f.
receper ou **recéper** v. t. Pour la 1ʳᵉ forme : conjug. 15; pour la seconde : conjug. 10.
récépissé n. m.
réceptacle n. m.
récept*eur*, *trice* adj. et n.
récept*if*, *ive* adj.
réception n. f.
réceptionnaire adj. et n.
réceptionner v. t.
réceptionniste adj. et n.
réceptivité n. f.

recercler v. t.
recès → recez.
recess*if*, *ive* adj.
récession n. f. (recul, crise économique). ♦ Ne pas confondre avec *recension* (vérification d'un texte d'après l'original) ou *rescision* (annulation d'un acte irrégulier).
*recession = tarissement (agr.).
*recession discharge = débit de tarissement (agr.).
récessivité n. f.
recette n. f.
recevabilité n. f.
recevable adj.
recev*eur*, *euse* n.
recevoir v. t. Conjug. 28.
recez ou **recès** [-sè] n. m.
réchampir ou **rechampir** v. t. du 2ᵉ gr. Conjug. 24.
réchampissage ou **rechampissage** n. m.
rechange n. m. *Des solutions de rechange.*
rechanger v. t. Conjug. 3.
rechanter v. t.
rechapage n. m.
rechaper v. t. *Il a rechapé ses pneus.*
réchapper v. t. *Après avoir réchappé à une maladie, ils ont réchappé d'un accident.*
recharge n. f.
rechargeable adj.
rechargement n. m.
recharger v. t. *Nous rechargeons.* Conjug. 3.
rechasser v. t.
réchaud n. m.
réchauffage n. m.
réchauffe n. f.
réchauffé n. m.
réchauffement n. m.
réchauffer v. t.
réchauffeur n. m.
réchauffoir n. m.
rechaussement n. m.
rechausser v. t.
rêche adj.
recherche n. f. *Centre de recherche(s).*
recherché, *e* adj.
recherche-action n. f. *Des recherches-actions.*
recherche-développement n. f. *Des recherches-développements.*

rechercher v. t.
rechercheiste n.
rechigné, *e* adj.
rechignement n. m.
rechigner v. t. ind. ou int.
rechristianiser v. t.
rechute n. f.
rechuter v. int.
récidivant, *e* adj. et n.
récidive n. f.
récidiver v. int.
récidivisme [-is-] n. m.
récidiviste n. et adj.
récidivité n. f.
récif n. m.
récif*al*, *ale*, *aux* adj.
recingle ou **résingle** n. f.
récipiendaire n. (qui est reçu).
récipient [-pyan] n. m.
réciprocité n. f.
réciproque adj. et n. f.
réciproquement adv.
réciproquer v. int. et t.
récit [-si] n. m.
récital n. m. *Des récitals.*
récitant, *e* adj. et n.
récitatif n. m.
récitation n. f.
réciter v. t.
Recklinghausen (maladie de) loc. f.
réclamant, *e* n. et adj.
réclamation n. f.
réclame n. m. (appel à un faucon). ♦ N. f. (publicité).
réclamer v. t. et int.
reclassement n. m.
reclasser v. t.
reclouer v. t. Conjug. 19.
reclure v. t. Conjug. 36 (sauf au partic. passé : *reclus*). Ne s'emploie plus guère qu'à l'infinitif et aux temps composés.
reclus, *e* adj. et n.
réclusion n. f.
réclusionnaire n.
récognit*if*, *ive* [rékog'ni-] adj.
récognition [rékog'nisyon] n. f.
recoiffer v. t.
recoin n. m.
récolement n. m. (vérification d'objets).
récoler v. t. (vérifier).
recollage ou **recollement** n. m. (action de recoller).
*recoll-checking spade = bêche d'ancrage (déf.).

récollection n. f. (retraite spirituelle).
recoller v. t. (coller à nouveau).
récollet n. m.
récolte n. m.
récoltable adj.
récoltant, e adj. et n.
récolte n. f.
récolter v. t.
récolteur n. m.
recombinaison n. f.
recombinant, e adj. et n. m.
*recombinant = recombiné (génét.).
*recombinant DNA = ADN recombiné (génét.).
*recombinant plasmid = plasmide recombiné, plasmide hybride (génét.).
*recombinant RNA = ARN recombinant (génét.).
recombiné, e adj. et n. m.
*recombined = recombiné (génét.).
recombiner v. t.
recommandable adj.
recommandataire n.
recommandation n. f.
recommandé, e adj. et n. m.
recommander v. t.
recommencement n. m.
recommencer v. t. et int. *Il recommençait.* Conjug. 2.
recomparaître v. t. Conjug. 62.
récompense n. f.
récompenser v. t.
recomposable adj.
recomposer v. t.
recomposition n. f.
recompter v. t.
réconcili*ateur, trice* n.
réconciliation n. f.
réconcilier v. t. Conjug. 17. *Il vous a réconciliés.*
recondamner v. t.
reconditionnement n. m.
reconductible adj.
reconduction n. f.
reconduire v. t. Conjug. 37.
reconduite n. f.
réconfort n. m.
réconfortant, e adj.
réconforter v. t.
recongeler v. t. *Je recongèle.* Conjug. 11.
reconnaissable adj.
reconnaissance n. f.
reconnaissant, e adj. *Je vous serai(s) très reconnaissant de.*

reconnaître v. t. Conjug. 62. *Ils se sont reconnus coupables. Ils se sont reconnu des torts réciproques.*
reconnu, e adj.
reconquérir v. t. Conjug. 27.
reconquête n. f. En espagnol, spécialement : *la Reconquista*.
reconsidérer v. t. *Je reconsidère, nous reconsidérons, je reconsidérerai(s).* Conjug. 10.
reconsolidation n. f.
reconsolider v. t.
reconstituant, e adj. et n. m.
reconstituer v. t. Conjug. 18.
reconstitution n. f.
reconstruction n. f.
reconstruire v. t. Conjug. 37.
reconvention n. f.
reconventionnel, elle adj.
reconventionnellement adv.
reconversion n. f.
reconvertir v. t. du 2ᵉ gr. Conjug. 24.
recopiage n. m.
recopier v. t. Conjug. 17.
recoquillement n. m.
recoquiller v. t.
record [rekor'] n. m. *Un temps record, des temps records ; une année record, des années records.* ♦ HOM. *recors* (adjoint d'un huissier).
recordage n. m.
recorder v. t.
*recording = enregistrement (aud.).
recordman [-man'] n. m. (détenteur d'un record). En anglais : *record-holder. Des recordmen* [-mèn'].
recordwoman [-wouman'] n. f. (détentrice d'un record). En anglais : *woman record-holder. Des recordwomen* [-woumèn'].
recorriger v. t. *Il recorrigeait.* Conjug. 3.
recors [rekor'] n. m. ♦ HOM. → record.
recoucher v. t.
recoudre v. t. Conjug. 39.
recoupage n. m.
recoupe n. f.
recoupement n. m.
recouper v. t. et int.
recourbement n. m.
recourber v. t.
recourbure n. f.
recourir v. int. et t. ind. Conjug. 40.
recours n. m. (ressource, pourvoi). ♦ HOM. *il recourt* (v. recourir).

recouvrable adj.
recouvrage n. m.
recouvrance n. f.
recouvrement n. m.
recouvrer v. t. (rentrer en possession de). *Recouvrer l'impôt. Il a recouvré la vue, la santé.* ♦ Ne pas confondre avec *recouvrir* (couvrir à nouveau, cacher) ou *retrouver*.
recouvrir v. t. Conjug. 61. *Le brouillard a recouvert la vallée.* → recouvrer.
*****recovery** = réveil, convalescence, guérison.
*****recovery room** = salle de réveil (méd.).
recracher v. t. et int.
recréance n. f.
récréat*if, ive* adj.
recréation n. f. (création sous une nouvelle forme).
récréation n. f.
recréer v. t. *Je recrée, nous recréons.* Conjug. 16.
récréer v. t. Conjug. 16. *Il se récréait. Après le travail les enfants se récréent.*
récrément n. m.
récréologie n. f.
recrépir v. t. du 2ᵉ gr. Conjug. 24.
recrépissage n. m.
recreuser v. t.
récrier (se) v. pr. Conjug. 17. *Elle s'est récriée.* → récrire.
récrimina*teur, trice* adj.
récrimination n. f.
récriminatoire adj.
récriminer v. int.
récrire ou **réécrire** v. t. Conjug. 49. ♦ Pour les verbes **récrire** et **se récrier**, il y a une homophonie analogue à celle qui est indiquée à l'article ÉCRIRE.
recristallisation n. f.
recristalliser v. t. et int.
recroître v. int. Conjug. 43.
recroquevillé, e adj.
recroqueviller (se) v. pr. *Ils se sont recroquevillés.*
recru, e adj. (de l'ancien v. *se recroire*). *Il est recru de fatigue.* ♦ HOM. → recrue.
recrû n. m. (du v. *recroître*). *Le recrû d'un arbuste* (ses pousses nouvelles). ♦ HOM. → recrue.
recrudescence n. f.
recrudescent, e adj.
recrue n. f. (personne recrutée). *Les jeunes recrues arrivent à la caserne.* ♦ HOM. ils sont *recrus* de fatigue, *recrû* (partic. passé de recroître ; pousse annuelle d'un végétal).

recrutement n. m.
recruter v. t.
recruteur, euse n. et adj.
recta adj. inv. *Ils sont recta.* ♦ Adv. *Ils paient recta.*
rect*al, ale, aux* adj.
rectangle n. m. et adj. *Des trapèzes rectangles.*
rectangulaire adj.
recteur n. m.
rec*teur, trice* adj.
rectifiable adj.
rectificateur n. m.
rectificat*if, ive* adj. et n. m.
rectification n. f.
rectifier v. t. Conjug. 17.
rectifi*eur, euse* n.
rectiligne adj. et n. m.
rectilinéaire adj.
rection n. f.
rectite n. f.
rectitude n. f.
recto n. m. *Des rectos.*
rectocèle n. m.
recto-colite n. f. *Des recto-colites.*
rector*al, ale, aux* adj.
rectorat [-ra] n. m.
rectoscope n. m.
rectoscopie n. f.
recto verso loc. adj. et adv. *Des pages écrites recto verso.*
rectrice n. f.
rectum [-tom] n. m. *Des rectums.*
reçu n. m. *Ils ont exigé des reçus timbrés.* ♦ Partic. passé. *Cette circulaire, l'avez-vous reçue ?* ♦ Adj. *Les colis reçus n'ont pas été ouverts.* ♦ Invariable lorsqu'il est placé en tête d'expression. *Reçu les colis annoncés. Bien reçu les vingt mille francs.*
recueil [rekeuy'] n. m. *Un recueil de poèmes.* ♦ HOM. je *recueille* (v.).
recueillement n. m.
recueilli, e adj.
recueillir v. t. Conjug. 44.
recuire v. t. et int. Conjug. 37.
recuit n. m.
recul n. m.
reculade n. f.
reculé, e adj. et n. f.
reculement n. m.
reculer v. t. et int.
reculoir n. m.
reculons (à) loc. adv. *Il va à reculons.*

RECULOTTER

reculotter v. t.
récupérable adj.
récupéra*teur, trice* adj. et n.
récupération n. f.
récupérer v. t. et int. *Je récupère, nous récupérons, je récupérerai(s)*. Conjug. 10.
récurage n. m.
récurer v. t.
récurrence n. f.
récurrent, e adj. (qui revient en arrière). *Une série récurrente.* ♦ HOM. récurant (du v. récurer).
récurs*if, ive* adj.
récursivité n. f.
récursoire adj.
récusable adj.
récusation n. f.
récuser v. t.
recyclable adj.
recyclage n. m.
recycler v. t.
rédac*teur, trice* n.
rédaction n. f.
rédactionn*el, elle* adj.
redan ou **redent** n. m.
*****red clause** = clause rouge (écon.).
reddition [ré-] n. f. *Une reddition de comptes.*
redécouvrir v. t. Conjug. 61.
redéfaire v. t. Conjug. 51.
redéfinir v. t. Conjug. 24.
redéfinition n. f.
redemander v. t.
redémarrage n. m.
redémarrer v. int.
rédemp*teur, trice* adj. et n. Spécialt : *le Rédempteur* (Jésus-Christ).
rédemption n. f.
rédemptoriste n. m. → religieux.
redent → redan.
redenté, e adj.
redéploiement n. m.
redéployer v. t. Conjug. 6.
redescendre v. int. et t. Conjug. 67.
redevable adj. et n.
redevance n. f.
redevenir v. int. Conjug. 76. Les temps composés se font avec *être*.
redevoir v. t. Conjug. 46.
rédhibition n. f.
rédhibitoire adj.
rédie n. f.
rediffuser v. t.

rediffusion n. f.
rédiger v. t. *Il rédigeait.* Conjug. 3.
redimensionner v. t.
rédimer v. t.
redingote n. f.
rédintégration n. f. (notion philosophique).
redire v. t. et int. Conjug. 47.
rediscuter v. t.
redistribuer v. t. Conjug. 18.
redistribution n. f.
redite n. f.
redondance n. f.
redondant, e adj.
redonner v. t. et int.
redorer v. t.
redoublant, e adj. et n.
redoublé, e adj. *Il frappe à coups redoublés.*
redoublement n. m.
redoubler v. t. et int.
redoul n. m.
redoutable adj.
redoutablement adv.
redoute n. f.
redouter v. t.
redoux [-dou] n. m.
rédowa [-va] n. f.
redox adj. inv.
redressage n. m.
redresse (à la) loc. adj. et adv.
redressement n. m.
redresser v. t.
redresseur n. m. et adj. m. *Un redresseur de torts.*
*****redshift** = glissement de longueur d'onde vers le rouge (astron.).
réductase n. f.
réduc*teur, trice* adj. et n. m.
réductibilité n. f.
réductible adj.
réduction n. f.
réduire v. t. et int. Conjug. 37.
réduit n. m.
réduplication n. f.
réduve n. m.
rééchelonnement n. m.
rééchelonner v. t.
réécouter v. t.
réécrire → récrire.
réécriture n. f.
réécriveur n. m.
réédification n. f.

réédifier v. t. Conjug. 17.
rééditer v. t.
réédition n. f. ♦ Homographes hétérophones : des *rééditions* [-syon]; nous *rééditions* [-tyon] (v. rééditer).
rééduca*teur*, *trice* n. et adj.
rééducation n. f.
rééduquer v. t.
réel, réelle adj. et n. m.
réélection n. f.
rééligibilité n. f.
rééligible adj.
réélire v. t. Conjug. 54.
réellement adv.
réembaucher ou **rembaucher** v. t.
réémetteur n. m.
réemploi → remploi.
réemployer → remployer.
réemprunter → remprunter.
réengagement → rengagement.
réengager → rengager.
*****reengineering** = reconfiguration.
réensemencement n. m.
réensemencer v. t. Conjug. 2.
réentendre v. t. Conjug. 67.
*****reentry** = rentrée.
*****reentry system** = système de rentrée.
*****reentry vehicle** = corps de rentrée (déf.).
rééquilibrage n. m.
rééquilibre n. m.
rééquilibrer v. t.
réer v. int. *Il rée, il réait.* Conjug. 16.
réescompte n. m.
réescompter v. t.
réessayage ou **ressayage** [-sèyaj'] n. m.
réessayer ou **ressayer** [-séyé] v. t. Conjug. 8.
réétudier v. t. Conjug. 17.
réévaluation n. f.
réévaluer v. t. Conjug. 18.
réexamen n. m.
réexaminer v. t.
réexpédier v. t. Conjug. 17.
réexpédition n. f.
réexportation n. f.
réexporter v. t.
refaçonner v. t.
réfaction n. f. → réfection.
refaire v. t. et int. Se conjugue comme FAIRE.
réfection n. f. (action de refaire). ♦ Ne pas confondre avec *réfaction* (réduction sur un prix) ou *raréfaction* (état de rareté).

réfectionner v. t.
réfectoire n. m.
refend [refan] n. m. *Des murs de refend.*
refendre v. t. Conjug. 67.
référé n. m.
*****referee** = arbitre (sport).
référence n. f. *Cet employé a de bonnes références; un système de référence; des ouvrages de référence.*
*****reference box** = cartouche de référence (déf.).
référencer v. t. *Il référençait.* Conjug. 2.
référendaire n. (magistrat). *Un référendaire de la Cour des comptes.* ♦ Adj. *Un conseiller référendaire. Une loi référendaire.*
référendum [-rindom'] n. m. *Des référendums.*
référent n. m. (objet auquel on se réfère). ♦ HOM. se *référant* à (v. référer).
référentiel, elle adj. et n. m.
référé-provision n. m. *Des référés-provisions.*
référer v. t. ind. *Je me réfère, nous nous référons.* Conjug. 10.
refermer v. t.
refiler v. t.
refinancement n. m.
réfléchi, e adj.
réfléchir v. t. Conjug. 24. *Ce mur réfléchit la lumière.* ♦ V. t. ind. et int. *Réfléchissez à cette question.*
réfléchissant, e adj.
réflecteur n. m.
réflect*if*, *ive* adj.
réflectorisé, e adj.
reflet n. m.
refléter v. t. *Il reflète.* Conjug. 10.
refleurir [re-] v. int. du 2ᵉ gr. Conjug. 24.
reflex [reflèks'] adj. et n. m. (photo).
réflexe [réflèks'] n. m. et adj.
réflexibilité n. f.
réflexible adj.
réflex*if*, *ive* adj.
réflexion n. f. *Agir sans réflexion; (toute) réflexion faite; sujet de réflexion; mériter réflexion. La Chambre de réflexion* (le Conseil de la République dans la Constitution de 1946).
réflexivité n. f.
réflexogène adj.
réflexogramme n. m.
réflexologie n. f.
réflexothérapie n. f.
refluer [re-] v. int. Conjug. 18.

reflux [reflu] n. m.
refondre v. t. Conjug. 67.
refonte n. f.
reforestation n. f.
réformable adj.
reformage n. m.
reformat [-ma] n. m.
réforma*teur, trice* adj. et n.
réformation n. f.
réforme n. f. *Réforme de l'orthographe* → tableau ORTHOGRAPHE C, p. 914. Spécialt : *la Réforme* (mouvement religieux au XVIe s.).
réformé, *e* adj. et n.
reformer v. t.
réformer v. t.
*****reformer** = reformeur (pétr.).
réformette n. f.
reformeur n. m.
*****reforming** = reformage, conversion.
réformisme [-is-] n. m.
réformiste n. et adj.
reformuler v. t.
refouiller v. t.
refoulé, *e* adj. et n.
refoulement n. m.
refouler v. t.
refouloir n. m.
refourguer v. t. Conjug. 4.
refoutre v. t. Se conjugue comme FOUTRE.
réfractaire adj. et n.
réfracter v. t.
réfrac*teur, trice* adj. et n. m.
réfrac*tif, ive* adj.
réfraction n. f. ♦ Homographes hétérophones : des *réfractions* [-syon] ; nous *réfractions* [-tyon] (v. réfracter).
réfractomètre n. m.
refrain [re-] n. m.
réfrangibilité n. f.
réfrangible adj.
refrènement ou **réfrènement** n. m.
refréner ou **réfréner** v. t. *Je refrène.* Conjug. 10.
réfrigérant, *e* adj. et n. m.
réfrigéra*teur, trice* adj. et n. m.
réfrigération n. f.
réfrigéré, *e* adj.
réfrigérer v. t. *Je réfrigère.* Conjug. 10.
réfringence n. f.
réfringent, *e* adj.
refroidir v. t. du 2e gr. Conjug. 24.
refroidissement n. m.
refroidisseur n. m.

*****refuelling** = avitaillement (transp.).
refuge n. m.
réfugié, *e* adj. et n.
réfugier (se) v. pr. Conjug. 17. *Ils se sont réfugiés.*
refus [-fu] n. m.
refusable adj.
refusé, *e* adj. et n.
refuser v. t. et int. *Ils se sont refusés à le croire.*
réfutable adj.
réfutation n. f.
réfuter v. t.
*****refuznik** (russe) n. = citoyen qui était interdit de sortie du territoire.
reg n. m. (désert de pierre). → erg.
regagner v. t.
regain n. m.
régal n. m. *Des régals.*
régalade n. f.
régalage ou **régalement** n. m.
régale n. m. (instrument de musique). ♦ N. f. (droit royal). ♦ Adj. f. *L'eau régale.*
régalement n. m.
régaler v. t.
régali*en, enne* adj.
regard n. m. *En regard de ; au regard de ; un droit de regard ; se dérober, se soustraire aux regards.*
regardant, *e* adj.
regarder v. t. *Les poneys que j'ai regardés* (en train de) *courir. La broderie que j'ai regardé faire* (par quelqu'un).
regard*eur, euse* n.
regarnir v. t. du 2e gr. Conjug. 24.
régate n. f.
régater v. int.
régati*er, ère* n.
rège n. f.
regel n. m.
regeler v. t. Conjug. 11.
régence n. f. *La régence du royaume.* Spécialt : *la Régence* (époque durant laquelle Philippe d'Orléans gouverna la France [1715-1723]). ♦ Adj. inv. *Le style Régence ; une commode Régence.*
Regency adj. inv. *Le style Regency* (du temps de la régence anglaise de George IV).
régendat [-da] n. m.
régénérant n. m.
régénéra*teur, trice* adj. et n. m.
régénération n. f.
régénéré, *e* adj.

régénérer v. t. *Je régénère.* Conjug. 10.

régent, e n. et adj. *La reine mère régente; les régents de la minorité de Charles VI; le régent de la Banque de France.* Spécialt : *le Régent* (Philippe d'Orléans); *le « Régent »* (diamant célèbre).

régenter v. t.

reggae [réghé] n. m. et adj. inv.

régicide n. et adj.

régie n. f.

regimber v. int.

regimb*eur, euse* adj. et n.

régime n. m. *Un régime de bananes; un régime de croisière; l'Ancien Régime.* → tableau MINUSCULES A, 7°, p. 907.

régiment n. m.

régimentaire adj.

réginglard n. m.

région n. f. *Une région boisée. La région lombaire.* S'écrit avec une majuscule s'il s'agit d'une collectivité économique ou militaire. *La Région d'Aquitaine. La IVe Région militaire/aérienne/maritime.*

région*al, ale, aux* adj.

régionalisation n. f.

régionaliser v. t.

régionalisme [-is-] n. m.

régionaliste adj. et n.

régir v. t. du 2e gr. Conjug. 24.

régiss*eur, euse* n.

*****registered** = enregistré officiellement, déposé. → déposé.

registraire n.

registration n. f.

registre n. m. *Les registres de l'état civil.* Les registres, de création anglaise, tenus par les éleveurs et notant la filiation d'une espèce donnée sont : le *stud-book* (chevaux), le *herd-book* (bovins et porcins), le *flock-book* (ovins et caprins), le *rabbit-book* (lapins). Enfin le *L.O.F.* (Livre des origines français) enregistre le pedigree des chiens en France.

registrer v. t.

réglable adj.

réglage n. m.

règle n. f. *Des règles à calcul; c'est de règle; se mettre, être en règle.* ♦ *Règle, règlement, dérèglement* ont un accent grave devant le *g*. Tous les autres noms de la famille ont l'accent aigu.

régl*é, e* adj.

règlement n. m. *Règlement de compte* (comptabilité); *règlement de comptes* (chez les truands).

réglementaire adj.

réglementairement adv.

réglementarisme [-is-] n. m.

réglementation n. f.

réglementer v. t.

régler v. t. *Je règle.* Conjug. 10.

réglet n. m.

réglette n. f.

régl*eur, euse* n.

réglisse n. f. *Bonbons à la réglisse.*

réglo adj. inv.

régloir n. m.

réglure n. f.

régnant, e adj.

règne n. m.

régner v. int. *Il règne.* Conjug. 10.

régnié n. m. (vin).

régolite n. m.

regonflage n. m.

regonflement n. m.

regonfler v. t. et int.

regorgement n. m.

regorger v. int. *Il regorgeait.* Conjug. 3.

regrat [-gra] n. m.

regrattage n. m.

regratter v. t.

regratti*er, ère* n.

regréer v. t. *Je regrée.* Conjug. 16.

regreffer v. t.

régresser v. int.

régress*if, ive* adj.

régression n. f.

regret [regrè] n. m. *Avoir regret de quelque chose; causer de vifs regrets; partir sans regret; être au regret de; se répandre en regrets inutiles; accepter à regret.*

regrettable adj.

regretter v. t.

regrimper v. int. et t.

regros n. m.

regrossir v. int. du 2e gr. Conjug. 24.

regroupement n. m.

regrouper v. t.

régul adj. inv. (en argot : abrév. de *régulier*).

régulage n. m.

régularisation n. f.

régulariser v. t.

régularité n. f.

régula*teur, trice* adj. et n. m.

*****regulating rod** = barre de pilotage (nucl.).

régulation n. f.

***regulation mutation** = mutation de régulation (génét.).
***regulatory gene** = gène de régulation, gène régulateur, gène de contrôle (génét.).
***regulatory urban planning** = urbanisme réglementaire.
régule n. m. (alliage).
régulé, e adj.
réguler v. t.
régulier, ère adj. et n.
régulièrement adv.
regur [régur] n. m.
régurgitation n. f.
régurgiter v. t.
réhabilitable adj.
***rehabilitate (to)** = remettre en état, reconstruire, restaurer.
réhabilitation n. f. (rétablissement d'une personne dans ses droits perdus; retour à la considération).
***rehabilitation** = restauration, rénovation, remise en état, réfection (urb.).
réhabilité, e adj. et n.
réhabiliter v. t.
réhabituer v. t. Conjug. 18.
rehaussage n. m.
rehaussement n. m.
rehausser v. t.
rehaut n. m.
***reheat** = postcombustion, réchauffe.
réhoboam [-am] n. m.
réhydrater v. t.
Reichsmark n. m. (ancienne monnaie allemande). → mark.
réification n. f.
réifier v. t. Conjug. 17.
réimperméabiliser v. t.
réimplantation n. f.
réimplanter v. t.
réimportation n. f.
réimporter v. t.
réimposer v. t.
réimposition n. f.
réimpression n. f.
réimprimer v. t.
rein n. m. *Un tour de reins; un coup de reins; avoir mal aux reins.* ♦ HOM. le *Rhin* (fleuve).
réincarcération n. f.
réincarcérer v. t. Conjug. 10.
réincarnation n. f.
réincarner (se) v. pr. *Ils se sont réincarnés.*

réincorporer v. t.
reine n. f. *La reine Élisabeth; S.M. la reine de Hollande; la reine mère; des bouchées à la reine.* ♦ HOM. *rêne* (courroie), *renne* (animal), *Rennes* (ville).
reine-claude n. f. *Des reines-claudes.*
reine-des-prés n. f. *Des reines-des-prés.*
reine-marguerite n. f. *Des reines-marguerites.*
reinette n. f. (variété de pomme). ♦ HOM. *rainette* (grenouille), *rénette* (outil).
réinhalation [ré-ina-] n. f.
réinjecter v. t.
réinscription n. f.
réinscrire v. t. Conjug. 49.
réinsérer v. t. *Je réinsère.* Conjug. 10.
réinsertion n. f.
réinstallation n. f.
réinstaller v. t.
réintégrable adj.
réintégrande n. f.
réintégration n. f.
réintégrer v. t. *Je réintègre.* Conjug. 10.
réinterpréter v. t. *Je réinterprète.* Conjug. 10.
réintroduction n. f.
réintroduire v. t. Conjug. 37.
réinventer v. t.
réinvestir v. t. du 2ᵉ gr. Conjug. 24.
réinviter v. t.
reis [ré-is'] n. m.
réitératif, ive adj.
réitération n. f.
réitérer v. t. et int. *Je réitère.* Conjug. 10.
reitre [rètr'] n. m.
rejaillir v. int. du 2ᵉ gr. Conjug. 24.
rejaillissement n. m.
réjection n. f.
***rejection** = pouvoir de rejet (spat.).
rejet [rejè] n. m.
rejetable adj.
rejeter v. t. *Je rejette.* Conjug. 14.
rejeton n. m.
rejeu n. m. *Des rejeux.*
rejoindre v. t. Conjug. 53.
rejointoiement n. m.
rejointoyer v. t. Conjug. 6.
rejouer v. t. et int. Conjug. 19.
réjoui, e adj.
réjouir v. t. du 2ᵉ gr. Conjug. 24.
réjouissance n. f.
réjouissant, e adj.
rejuger v. t. Conjug. 3.

relâche n. m. (détente pendant un effort; suspension de spectacle). *Le relâche d'un théâtre. Il travaille sans relâche.* ♦ N. f. (arrêt de navigation; lieu de cet arrêt). *La relâche d'un navire.*

relâché, e adj.

relâchement n. m.

relâcher v. t. et int.

relais n. m. *Des relais de poste; un satellite relais.*

relaisser (se) v. pr.

relance n. f.

relancer v. t. Conjug. 2.

relaps, e [-aps'] adj. et n.

rélargir v. t. du 2ᵉ gr. Conjug. 24.

rélargissement n. m.

relater v. t.

relatif, ive adj. → tableau ADJECTIFS II, E, p. 870.

relation n. f. *Relation de Heisenberg, de Stewart. Obtenir par relation(s); cesser toute relation; être en relation(s) avec; être en relations d'affaires; relations publiques; des fonctions de relation.* ♦ Homographes hétérophones : des *relations* [-syon]; nous *relations* [-tyon] (v. relater).

relationnel, elle adj.

relationniste n.

*****relative calibration** = étalonnage relatif (spat.).

relativement adv.

relativisation n. f.

relativiser v. t.

relativisme [-is-] n. m.

relativiste adj. et n.

relativité n. f.

relaver v. t.

relax adj. et n. Quelquefois écrit RELAXE au féminin. *Une journée relax(e).*

relaxant, e adj.

relaxation n. f. → relaxe.

relaxe n. f. (décision judiciaire en faveur d'un prévenu). ♦ Ne pas confondre avec *relaxation* (relâchement, détente).

relaxer v. t.

relayer [relé-yé] v. t. Conjug. 8.

relayeur, euse [relè-yeur'] n.

*****release** = version, révision (inf.).

*****release factor** = polypeptide provoquant la sécrétion d'une hormone.

*****release print** = copie d'antenne (aud.).

relecture n. f.

relégation n. f.

relégué, e n. et adj.

reléguer v. t. *Je relègue.* Conjug. 10.

relent [-lan] n. m.

relevable adj.

relevage n. m.

relevailles n. f. pl.

relève n. f.

relevé, e adj. et n. *À deux heures de relevée* (de l'après-midi).

relèvement n. m.

relever v. t. et int. *Je relève.* Conjug. 15.

releveur, euse adj. et n.

*****reliable** = sûr, fiable.

reliage n. m.

relief [-lyèf'] n. m.

relier v. t. Conjug. 17. ♦ Le singulier du présent de l'indicatif, du conditionnel et de l'impératif, le futur de l'indicatif, sont homophones pour les verbes **relier** *(relie, relierai...)* et **relire** *(relis, relirai...).*

relieur, euse n. et adj.

religieuse n. f. → religieux.

religieusement adv.

religieux, euse adj. *L'habit religieux.* ♦ N. *Le voile de religieuse.*

■ Pour désigner un religieux, ou quelques-uns, on met la minuscule *(une carmélite, des bénédictins).* La majuscule est d'usage quand on désigne l'ensemble d'un ordre, d'une congrégation ou d'une société cléricale. *L'ordre des Dominicains. Les Franciscains ont la garde des Lieux saints. La simplicité grandiose des Cisterciens.* Il en est ainsi pour les mots :

assomptionniste	jésuite
augustin	lazariste
bénédictin	mariste
capucin	oblat
carme	oratorien
carmélite	père blanc
chartreux	prémontré
cistercien	rédemptoriste
dominicain	salésien
eudiste	sulpicien
feuillant	trappiste
franciscain	trinitaire *etc.*

religion n. f. → ecclésiastique.

■ *Adeptes des principales religions* : animistes, bouddhistes, chrétiens (catholiques, orthodoxes, protestants, anglicans, adventistes, scientistes, quakers, témoins de Jéhovah), confucianistes, hindouistes, juifs, musulmans, shintoïstes, sikhs, taoïstes, zoroastriens.

religionnaire n.

religiosité n. f.

*****religioso** (ital.) = religieux.

reliquaire n. m.

reliquat [-ka] n. m.

relique n. f.
relire v. t. Conjug. 54. → relier.
reliure n. f.
relogement n. m.
reloger v. t. *Nous relogeons.* Conjug. 3.
relouer v. t. Conjug. 19.
réluctance n. f.
reluire v. int. Conjug. 37, mais le participe passé est *relui.*
reluisant, e adj.
reluquer v. t.
rem n. m. Du sigle anglais de **Röntgen equivalent man.*
remâcher v. t.
remaillage ou remmaillage n. m.
remailler [re-] ou remmailler [ran-] v. t.
*remake n. m. = refonte, adaptation nouvelle, nouvelle version, remaniement, reconstruction.
rémanence n. f.
rémanent, e adj.
remanger v. t. et int. Conjug. 3.
remaniable adj.
remaniement n. m.
remanier v. t. Conjug. 17.
remani*eur, euse* n.
remaquiller [-ki-yé] v. t.
remarcher v. int.
remariage n. m.
remarier (se) v. pr. Conjug. 17. *Ils se sont remariés.*
remarquable adj.
remarquablement adv.
remarque n. f.
remarquer v. t.
remasticage n. m.
remastiquer v. t.
remballage n. m.
remballer v. t.
rembarquement n. m.
rembarquer v. t. et int.
rembarrer v. t.
rembaucher → réembaucher.
remblai n. m. ♦ HOM. il *remblaie* (v.).
remblaiement n. m.
remblaver v. t.
remblayage n. m.
remblayer v. t. Conjug. 8.
remblayeuse [blè-yeûz'] n. f.
rembobiner v. t.
remboîtage n. m.
remboîtement n. m.
remboîter v. t.
rembourrage n. m.
rembourrer v. t.
rembourrure n. f.
rembours n. m.
remboursable adj.
remboursement n. m.
rembourser v. t.
rembranesque adj. (qui rappelle Rembrandt).
rembrunir (se) v. pr. du 2ᵉ gr. Conjug. 24. *Elle s'est rembrunie.*
rembuchement ou rembucher n. m.
rembucher v. t.
remède n. m.
remédiable adj.
remédier v. t. ind. Conjug. 17.
*remember = souvenez-vous.
remembrement n. m.
remembrer v. t.
remémoration n. f.
remémorer v. t.
remerciement n. m.
remercier v. t. Conjug. 17.
réméré n. m. *Des ventes à réméré.*
remettant n. m.
remettre v. t. Conjug. 56.
remeubler v. t.
rémige n. f.
remilitarisation n. f.
remilitariser v. t.
réminiscence n. f.
remisage n. m.
remise n. f. *Voitures de grande remise; des remises de peine.*
remiser v. t.
remisier n. m.
rémissible adj.
rémission n. f. *Sans rémission.*
rémittence n. f.
rémittent, e adj.
rémiz [-iz'] n. f.
remmaillage → remaillage.
remmailler → remailler.
remmailloter [ran-] v. t.
remmancher [ran-] v. t.
remmener [ran-] v. t. *Je remmène.* Conjug. 15.
remmoulage [ran-] n. m.
remmouler [ran-] v. t.
remnogramme n. m.
remnographie n. f.
remodelage n. m.
remodeler v. t.

rémois, e adj. *Forain était rémois.* ♦ N. *C'est un Rémois* (de Reims).
remontage n. m.
remontant, e adj. et n. m.
remonte n. f.
remonté, e adj.
remontée n. f.
remonte-pente n. m. *Des remonte-pentes.*
remonter v. t. et int.
remont*eur, euse* n.
remontoir n. m.
remontrance n. f.
remontrer v. t.
rémora n. m.
remordre v. t. Conjug. 67.
remords [-mor] n. m.
remorquage n. m.
remorque n. f. *Les prendre en remorque.*
remorquer v. t.
remorqu*eur, euse* adj. et n. m.
*****remote batch processing** ou **remote batch** = télétraitement par lots (inf.).
*****remote control** = commande à distance, télécommande.
*****remote maintenance** = télémaintenance (inf.).
*****remote sensing** = télédétection.
*****remote sensor** = capteur (spat.).
*****remote sounding** = télésondage (spat.).
remoudre v. t. Conjug. 57.
remouiller v. t.
rémoulade n. f.
remoulage n. m.
remouler v. t.
rémoul*eur, euse* n.
remous [-mou] n. m.
rempaillage n. m.
rempailler v. t.
rempaill*eur, euse* n.
rempaqueter v. t. *Je rempaquette.* Conjug. 14.
rempart [-par'] n. m.
rempiétement n. m.
rempiéter v. t. *Je rempiète.* Conjug. 10.
rempiler v. t. et int.
remplaçable adj.
remplaçant, e n.
remplacement n. m.
remplacer v. t.
remplage n. m.
rempli n. m. (ourlet d'un tissu). ♦ HOM. il *remplie* (v. remplier), il *remplit* (v. remplir).

remplier v. t. Conjug. 17. *La couturière remplie le bas de la jupe.*
remplir v. t. du 2ᵉ gr. Conjug. 24.
remplissage n. m.
remploi ou **réemploi** n. m.
remployer ou **réemployer** v. t. Conjug. 6.
remplumer (se) v. pr. *Elle s'est remplumée.*
rempocher v. t.
rempoissonnement n. m.
rempoissonner v. t.
remporter v. t.
rempotage n. m.
rempoter v. t.
remprunter ou **réemprunter** v. t.
remuable adj.
remuage n. m.
remuant, e adj.
remue n. f.
remue-ménage n. m. inv.
remue-méninges n. m. inv.
remuement n. m.
remuer v. t. et int. Conjug. 18.
remu*eur, euse* n.
remugle n. m.
rémunérat*eur, trice* adj.
rémunération n. f. → revenu.
rémunératoire adj.
rémunérer v. t. *Je rémunère.* Conjug. 10.
renâcler v. int.
renaissance n. f. Spécialt : *la Renaissance* (mouvement culturel européen des XVᵉ et XVIᵉ s.) ; *le style Renaissance.*
renaissant, e adj.
renaître v. int. Conjug. 60, mais ce verbe n'a ni participe passé ni temps composés (le prénom *René* en est vestige).
rén*al, ale, aux* adj.
renard n. m. *Un renard argenté. Une série de Renard* (mathématique). *Le Roman de Renart* (récit des XIIᵉ et XIIIᵉ s.).
renarde n. f.
renardeau n. m. *Des renardeaux.*
renarder v. int.
renardière n. f.
renaturation n. f.
*****renaturation** = renaturation d'acide nucléique (génét.).
renauder v. int.
rencaissage ou **rencaissement** n. m.
rencaisser v. t.
rencard → rancard.
rencarder → rancarder.

RENCHÉRIR

renchérir v. t. et int. du 2ᵉ gr. Conjug. 24.
renchérissement n. m.
renchériss*eur, euse* n.
rencogner v. t.
rencontre n. f. *Des compagnons de rencontre.* ♦ N. m. (tête d'animal en héraldique).
rencontrer v. t.
rendant, *e* n. *Un rendant compte, des rendants compte.*
rendement n. m.
rendez-moi n. m. inv.
rendez-vous n. m. inv.
rendre v. t. → tableaux VERBES X, p. 972. *Rendre la pareille. Rendre gorge, grâce(s), hommage, justice, raison, service, témoignage. Ils ont rendu visite. Des services, personne ne m'en a rendu. Les ordonnances ont été rendues publiques. Elle s'est rendue insupportable. Il les a rendus fous. Ils se sont rendus maîtres de la situation.* Le participe passé de « rendu compte » est invariable. *Ils m'ont rendu compte de. Cette intervention, ils m'en ont rendu compte. Elle s'est rendu compte de l'erreur. Ils s'en sont rendu compte.* → tableau PARTICIPE PASSÉ III, F, 12°, p. 925; IV, F, a, b, p. 929.
rendu, *e* adj. *C'est un prêté rendu* (le châtiment est mérité). ♦ N. m. *C'est un prêté pour un rendu* (l'offense entraînera une vengeance).
rendzine [rind'-] n. f.
rêne n. f. ♦ HOM. → reine.
renégat, *e* [-ga, -gat'] n.
renégociation n. f.
renégocier v. t. Conjug. 17.
reneiger v. impers. *Il reneigeait.* Conjug. 3.
rénette n. f. (outil). Quelquefois écrit RAINETTE. ♦ HOM. → reinette.
rénetter v. t.
renfaîter v. t.
renfermé, *e* adj. et n. m.
renfermement n. m.
renfermer v. t.
renfiler v. t.
renflé, *e* adj.
renflement n. m. (partie plus épaisse).
renfler v. t.
renflouage ou **renflouement** n. m.
renflouer v. t. Conjug. 19.
renfoncement n. m.
renfoncer v. t. *Nous renfonçons.* Conjug. 2.
renforçateur n. m. et adj. m.
renforcement ou **renforçage** n. m.

renforcer v. t. *Nous renforçons.* Conjug. 2.
renformir v. t. du 2ᵉ gr. Conjug. 24.
renformis [-mi] n. m.
renfort [-for] n. m. *Des hommes de renfort; des renforts en hommes; à grand renfort de; appelez-les en renfort.*
renfrognement n. m.
renfrogner (se) v. pr. *Elle s'est renfrognée.*
rengagé, *e* n.
rengagement ou **réengagement** n. m.
rengager ou **réengager** v. t. *Il rengageait.* Conjug. 3.
rengaine n. f.
rengainer v. t.
rengorgement n. m.
rengorger (se) v. pr. *Il se rengorgeait.* Conjug. 3. *Ils se sont rengorgés.*
rengraisser v. int.
rengrènement n. m.
rengréner ou **rengrener** v. t. Pour la première forme : conjug. 10; pour la seconde : conjug. 15.
reniement n. m.
renier v. t. Conjug. 17.
reniflard n. m.
reniflement n. m.
renifler v. int. et t.
reniflette n. f.
renifl*eur, euse* n. et adj.
réniforme adj.
rénine n. f.
rénitence n. f.
rénitent, *e* adj.
*****ren min bi** n. m. (monnaie de change de la république populaire de Chine, de même valeur que le yuan : *3 ren min bi* ou *3 RMB*).
renne n. m. ♦ HOM. → reine.
renom n. m. ♦ HOM. → renon.
renommé, *e* adj. et n. f.
renommer v. t.
renon n. m. (résiliation d'un bail). ♦ HOM. *renom* (opinion favorable).
renonce n. f.
renoncement n. m.
renoncer v. t. ind. *Il renonçait.* Conjug. 2.
renonciataire n.
renoncia*teur, trice* n.
renonciat*if, ive* adj.
renonciation n. f.
renonculacée n. f.
renoncule n. f.
renouée n. f.

renouement n. m.
renouer v. t. Conjug. 19.
renouveau n. m. *Des renouveaux.*
renouvelable adj.
renouvelant, e n.
renouveler v. t. *Il renouvelle.* Conjug. 13.
renouvellement n. m.
rénova*teur*, *trice* adj. et n.
rénovation n. f.
rénover v. t.
renquiller v. int.
renseignement n. m. *Aller aux renseignements; délivré à titre de renseignement; agent, bureau, officier, service de renseignements.*
renseigner v. t.
rentabilisable adj.
rentabilisation n. f.
rentabiliser v. t.
rentabilité n. f. *Les taux de rentabilité.*
rentable adj.
rentamer v. t.
rente n. f. *Avoir cent dix mille francs de rente(s).* → revenu.
renté, e adj.
renter v. t.
rentier, ère n.
***renting cars** = location de voitures.
rentoilage n. m.
rentoiler v. t.
rentoil*eur*, *euse* n.
rentrage n. m.
rentraîner v. t.
rentraire v. t. Conjug. 77. Ce verbe est l'équivalent de *rentrayer*.
rentraiture n. f.
rentrant, e adj.
rentrayer v. t. Conjug. 8. → rentraire.
rentré, e adj. et n.
rentre-dedans n. m. inv.
rentrer v. int. *Rentrer en grâce; rentrer dans ses droits.* Se conjugue avec l'auxiliaire *être.* ♦ V. t. *Il a rentré ses larmes.*
rentrouvrir v. t. Conjug. 61.
renvelopper v. t.
renversable adj.
renversant, e adj.
renverse n. f.
renversé, e adj.
renversement n. m.
renverser v. t.
renvidage n. m.
renvider v. t.
renvideur n. m.

renvoi n. m. *Un arrêt, un levier, une ordonnance de renvoi.* → appel. ♦ HOM. il *renvoie* (v. renvoyer).
renvoyer [-vwayé] v. t. Conjug. 5.
réoccupation n. f.
réoccuper v. t.
réopérer v. t. Conjug. 10.
réorchestration [-kèstra-] n. f.
réorchestrer [-kèstré] v. t.
réordination n. f.
réorganisa*teur*, *trice* adj. et n.
réorganisation n. f.
réorganiser v. t.
réorientation n. f.
réorienter v. t.
réouverture n. f.
réovirus [-us'] n. m.
repaire n. m. (abri de fauves, de brigands). ♦ HOM. un *repère* (marque), il *reperd* (v. reperdre), il *repère* (v. repérer).
repairer v. int. (être en son gîte, pour le gibier). ♦ HOM. *repérer* (localiser; faire un repère).
***repair kit** = lot de réparation.
repaître v. t. Conjug. 62.
répandeuse n. f.
répandre v. t. Conjug. 67. *Se répandre en jérémiades, en lamentations, en regrets, en reproches.*
répandu, e adj.
réparable adj.
reparaître v. int. Conjug. 62.
répara*teur*, *trice* adj. et n.
réparation n. f.
réparer v. t.
reparler v. int.
repartager v. t. Conjug. 3.
répartement n. m. *Le répartement des impôts et des charges.*
repartie [re-] n. f. *De cinglantes reparties* (répliques).
repartir [re-] Ce mot recouvre deux verbes différents : 1° (partir de nouveau). V. int. Conjug. 55. Les temps composés se font avec *être. Elle est repartie.* 2° (répliquer). V. t. Conjug. 55. Les temps composés se font avec *avoir. Elle lui a reparti des injures.*
répartir v. t. du 2ᵉ gr. Conjug. 24. (partager).
répartiteur n. m.
répartition n. f.
reparution n. f.
repas n. m. *Des repas minute.* → titre-restaurant.

repassage n. m.
repasser v. int. et t.
repasseur, euse n.
repavage ou **repavement** n. m.
repaver v. t.
repayer v. t. Conjug. 8.
*****repeater** = répéteur sur câble (télécom.).
*****repeat unit** = unité de répétition (génét.).
repêchage n. m.
repêcher v. t.
repeindre v. t. Conjug. 31.
repeint n. m.
rependre v. t. Conjug. 67.
repenser v. t.
repentance n. f.
repentant, e adj.
repenti, e adj. et n.
repentir (se) v. pr. Conjug. 55. *Ils se sont repentis.* ♦ Il y a homophonie au singulier du présent de l'indicatif et de l'impératif pour les verbes **se repentir** *(je me repens, il se repent; repens-toi)* et **rependre** *(je rependre, il rependre; repends).*
repérable adj.
repérage n. m.
repercer v. t. Conjug. 2.
répercussion n. f.
répercuter v. t.
reperdre v. t. Conjug. 67. ♦ Il y a homophonie au singulier du présent de l'indicatif et de l'impératif pour les verbes **reperdre** *(je reperds, tu reperds, il reperd; reperds)* et **repérer** *(je repère, tu repères, il repère; repère).*
repère n. m. ♦ HOM. → repaire.
repérer v. t. *Je repère.* Conjug. 10. ♦ HOM. → repairer.
répertoire n. m.
répertorier v. t. Conjug. 17.
répéter v. t. *Je répète.* Conjug. 10.
répéteur n. m.
répétiteur, trice n.
répétitif, ive adj.
répétition n. f.
*****repetitive DNA** = ADN répétitif (génét.).
répétitivité n. f.
repeuplement n. m.
repeupler v. t.
repic n. m.
repiquage n. m.
repiquer v. t.
repiqueur, euse n.

répit [-pi] n. m.
replacement n. m.
replacer v. t. Conjug. 2.
replantation n. f.
replanter v. t.
replat [-pla] n. m.
replâtrage n. m.
replâtrer v. t.
*****replay** = rejeu; retour au ralenti.
replet, ète adj.
replétif, ive adj.
replétion n. f.
repleuvoir v. impers. *Il a replu.* → tableau VERBES XIII, p. 980.
repli n. m.
repliable adj.
réplicatif, ive adj.
réplication n. f.
*****replication fork** = fourche de réplication (génét.).
réplicon n. m.
repliement n. m.
replier v. t. Conjug. 17.
réplique n. f.
répliquer v. t. et int.
replisser v. t.
reploiement n. m.
replonger v. t. et int. *Il replongeait.* Conjug. 3.
reployer v. t. Conjug. 6.
repolir v. t. du 2ᵉ gr. Conjug. 24.
repolissage n. m.
répondant, e n.
répondeur, euse adj. et n. m.
répondre v. t. et int. Conjug. 67. *Répond-elle* [-tèl'] *à votre demande ?*
répons [-pon] n. m.
réponse n. f. *Le droit de réponse dans la presse. Avoir réponse à tout. Une réponse de Normand. Courbe, temps de réponse.* ♦ HOM. *raiponce* (plante).
repopulation n. f.
report [-por'] n. m. *Papier à report; impression en report; placement en reports.*
*****report (to)** = rendre compte (et non *reporter*).
reportage n. m.
reporter [-tèr'] n. m. *Des reporters.*
reporter [-té] v. t.
*****reporter-cameraman** n. m. = reporteur d'images.
reporteur, trice n.
*****reporting** = déclaration des ordres (banque), reddition de comptes, mercatique après-vente.

***reporting dealer** = correspondant en valeurs du Trésor ou CVT (écon.).
***reporting system** = système d'information comptable (écon.).
repos n. m.
reposant, e adj.
repose n. f.
reposé, e adj. *Voyez cela à tête reposée.*
♦ N. f. (lieu de repos d'une bête).
repose-jambes n. m. inv.
repose-pied(s) n. m. *Des repose-pieds.*
reposer v. t. et int.
repose-tête n. m. inv.
repositionner v. t.
reposoir n. m.
repourvoir v. t. Conjug. 64.
repoussage n. m.
repoussant, e adj.
repousse n. f.
repoussé, e adj. et n. m.
repousser v. t. et int.
repousseur, euse n.
repoussoir n. m.
répréhensible adj.
répréhension n. f.
reprendre v. t. Conjug. 67. *Elle s'y est reprise à deux fois.*
repreneur n. m.
représailles n. f. pl. Rare au sing.
représentable adj.
représentant, e n. *Des représentants de commerce; la Chambre des représentants* (Belgique, États-Unis, France pendant les Cent-Jours).
représentatif, ive adj.
représentation n. f. *Des crédits, des frais de représentation; des représentations de gala; être en représentation.*
représentativité n. f.
représenter v. t. et int.
répresseur n. m.
répressif, ive adj.
répression n. f.
*repressor = répresseur (génét.).
réprimande n. f.
réprimander v. t. → réprimer.
réprimer v. t. (arrêter l'expansion de quelque chose). ♦ Ne pas confondre avec *réprimander* (faire des reproches).
*reprint n. m. = réimpression, réédition.
repris n. m.
reprisage n. m.
reprise n. f.
repriser v. t.

réprobateur, trice adj.
réprobation n. f.
*reprocessing → fuel reprocessing.
reprochable adj.
reproche n. m.
reprocher v. t.
reproducteur, trice adj. et n.
reproductibilité n. f.
reproductible adj.
reproductif, ive adj.
reproduction n. f. *Des droits de reproduction.*
reproduire v. t. Conjug. 37.
reprogrammer v. t.
reprographe n. m.
reprographie n. f.
reprographier v. t. Conjug. 17.
réprouvé, e adj. et n.
réprouver v. t.
reps [rèps'] n. m.
reptation n. f.
reptile n. m. et adj.
reptilien, enne adj.
repu, e adj.
républicain, e adj. et n.
républicanisme [-is-] n. m.
republication n. f.
république n. f. Désignant le mode de gouvernement, ce mot n'a pas de majuscule. *La république a remplacé la monarchie; nous sommes en république; ils défendent la république.* ♦ Quand il désigne l'État, le mot s'écrit avec une majuscule s'il n'est suivi que d'adjectifs. *La République française; la République malgache; la République dominicaine; la République démocratique allemande; la République sérénissime* (abs. : *la Sérénissime*). *La troisième République; la IIIe République* (sous-entendu : française). ♦ Il ne prend pas la majuscule si après vient le nom du pays. *La république fédérale d'Allemagne; la république populaire de Yougoslavie; la république de Saint-Marin; la république de Venise; la république Argentine.*
répudiation n. f.
répudier v. t. Conjug. 17.
répugnance n. f.
répugnant, e adj.
répugner v. t. ind.
répulsif, ive adj. et n. m.
répulsion n. f.
réputation n. f.
réputé, e adj.

réputer v. t.
requalification n. f.
requalifier v. t. Conjug. 17.
requérable adj.
requérant, e adj. et n.
requérir v. t. Conjug. 27.
*request = question, requête (inf.); place demandée (tour.).
*request fort change ou R.F.C. = requête formulée par le client (transp.).
requête n. f.
*requeté (esp.) = soldat nationaliste.
requêter v. t.
requiem [rékwi-yèm'] n. m. inv. *Chanter des requiem. Le Requiem de Verdi.*
*requiescat in pace (lat.) = qu'il repose en paix.
requin n. m.
requin-marteau n. m. *Des requins-marteaux.*
requinquer v. t.
requis, e adj. et n. m.
réquisit [rékwizit'] n. m.
réquisition n. f.
réquisitionner v. t.
réquisitoire n. m.
réquisitorial, ale, aux adj.
requitter v. t.
R.E.R. [èreuèr'] sigle m. Réseau express régional. *Prendre le R.E.R.*
*rerecording = réenregistrement, enregistrement fractionné, recopie.
res-, rés- (Verbes en) → re-.
R.E.S. sigle m. Rachat d'une entreprise par ses salariés.
resaler [-sa-] v. t.
resalir [-sa-] v. t. du 2ᵉ gr. Conjug. 24.
resarcelé, e [-sa-] adj.
rescapé, e adj. et n.
rescindable [resin-] adj.
rescindant, e [resin-] adj.
rescinder [resin-] v. t.
rescision [résizyon] v. t. → récession.
rescisoire [résizwar'] adj. et n. m.
rescousse n. f.
rescrit [rèskri] n. m.
*rescue strap = sangle de sauvetage (déf.).
réseau n. m. *Des réseaux.*
résection [résèksyon] n. f.
réséda n. m. et adj. inv.
réséquer [-sé-] v. t.
réserpine [-zèr-] n. f.
réservataire n. et adj.

réservation n. f.
réserve n. f. *Mettre en réserve; sous toute(s) réserve(s); sous réserve de; accord sous réserve(s); sous réserve d'inventaire; sans réserve(s); fonds de réserve; réserves monétaires; des officiers de réserve; le devoir de réserve; en réserve de.*
réservé, e adj.
réserver v. t.
réserviste n. m.
réservoir n. m.
*reset (to) = restaurer (inf.).
résidanat [-na] n. m.
résidant, e adj. *Ce groupement a des membres résidants et des membres correspondants. Un évêque* in partibus *n'est pas un évêque résidant.* ♦ HOM. → résident.
résidence n. f. *Une résidence secondaire; ce fonctionnaire est astreint à la résidence.* Spécialt : *la Résidence* (habitation et bureaux d'un résident général en pays de protectorat).
résident, e n. *Les résidents de l'ensemble immobilier. Les résidents portugais en France. Le résident général était placé près du souverain d'un protectorat. Le horsain est un résident secondaire. Une résidente de l'immeuble.* ♦ HOM. résidant (adj.; partic. prés.). ♦ Homographe hétérophone : ils résident [-de], v. résider.
résidentiel, elle adj.
résider v. int.
résidu n. m.
résiduaire adj.
résiduel, elle adj.
résignation n. f.
résigné, e adj.
résigner v. t. *Il a résigné ses fonctions. Elle s'est résignée à cette décision.* ♦ Ne pas confondre avec *résilier* (mettre fin à un contrat, une convention). ♦ HOM. résinier (qui a trait aux produits résineux).
résiliable adj.
résiliation n. f.
résilience n. f.
résilient, e adj.
résilier v. t. Conjug. 17. *Cet acte fut résilié.* → résigner.
résille n. f.
résine n. f.
résiné adj. m. et n. m. (vin).
résiner v. t.
résineux, euse adj. et n. m.
résingle → recingle.

résinier, ère n. et adj. ♦ HOM. → résigner.
résinifère adj.
résipiscence [-si-] n. f.
résistance n. f. *Obéir sans résistance; centre, pièce, plat de résistance.* Spécialt : *la Résistance* (action clandestine menée durant la Seconde Guerre mondiale contre l'occupation allemande). *Le Conseil national de la Résistance (C.N.R.).*
*****resistance plasmid** = facteur R, facteur de résistance, plasmide R, plasmide de résistance (génét.).
résistant, e adj. et n.
résister v. t. ind.
résistible adj.
résist*if*, *ive* adj.
résistivité n. f.
*****resistojet** = propulseur électrothermique.
*****res nullius** (lat.) = chose sans propriétaire.
resocialisation [-so-] n. f.
resocialiser [-so-] v. t.
résolu, e adj.
résoluble adj.
résolument adv.
résolut*if*, *ive* adj. et n. m.
résolution n. f.
résolutoire adj.
résolvance n. f.
résolvante n. f.
résonance ou **résonnance** n. f. *Des caisses de résonance.*
resonance escape probability = facteur antitrappe (nucl.).
résonant, e ou **résonnant, e** adj.
résonat*eur*, *trice* n. m.
résonnement n. m. (retentissement du son). ♦ HOM. *raisonnement* (faculté ou action de raisonner, de démontrer).
résonner v. int. (retentir). ♦ HOM. *raisonner* (juger, démontrer par la raison).
résorber v. t.
résorcine n. f.
résorcinol n. m.
résorption n. f.
résoudre v. t. Conjug. 68. *Elle s'est résolue à partir.* Il existait autrefois un autre participe passé (*résous*) employé pour les résolutions chimiques.
respect [rèspè] n. m.
respectabiliser v. t.
respectabilité n. f.
respectable adj.

respecter v. t.
respect*if*, *ive* adj.
respectivement adv.
respectueusement adv.
respectu*eux*, *euse* adj.
respirable adj.
respirateur adj. m.
respiration n. f.
respiratoire adj.
respirer v. int. et t.
resplendir v. int. du 2ᵉ gr. Conjug. 24.
resplendissant, e adj.
resplendissement n. m.
responsabilisation n. f.
responsabiliser v. t.
responsabilité n. f.
responsable adj. et n.
resquillage n. m.
resquille n. f.
resquiller v. int. et t.
resquill*eur*, *euse* n.
ressac [re-] n. m.
ressaigner [re-] v. int.
ressaisir [re-] v. t. du 2ᵉ gr. Conjug. 24.
ressaisissement [re-] n. m.
ressasser [re-] v. t.
ressass*eur*, *euse* [re-] n.
ressaut [re-] n. m.
ressauter [re-] v. int. et t.
ressayage → réessayage.
ressayer → réessayer.
ressemblance [re-] n. f.
ressemblant, e [re-] adj.
ressembler [re-] v. t. ind. *Ils se ressemblent.* ♦ V. pr. *Elles se sont ressemblé.*
ressemelage [re-] n. m.
ressemeler [re-] v. t. *Il ressemelle.* Conjug. 13.
ressemer [re-] v. t. *Je ressème.* Conjug. 15.
ressentiment [re-] n. m.
ressentir [re-] v. t. du 2ᵉ gr. Conjug. 24. *Ils se sont ressentis du voyage.*
resserrage [re-] n. m.
resserre [re-] n. f.
resserré, e [re-] adj.
resserrement [re-] n. m.
resserrer [re-] v. t.
resservir [re-] v. int. et t. Conjug. 72.
ressort [resor] n. m. *Un ressort à boudin, à chien, à lames; des ressorts de rappel; des fusils à ressort; un ressort-friction, des ressorts-friction; il manque de ressort. En dernier ressort; justice de ressort.*
ressortir [re-] Ce mot recouvre deux verbes différents de sens : 1° (sortir de

nouveau, paraître nettement, se dégager). V. int. Conjug. 55. Se construit avec de. *Il ressort de leur entretien que les travaux vont bientôt reprendre. Le portrait ressortait mieux avec l'ancien cadre.* 2° (être du ressort de, de la compétence de). V. t. ind. du 2ᵉ gr. Conjug. 24. Se construit avec à. *Votre réclamation ressortit à la comptabilité* (prés. de l'indic.). *Cette affaire ressortissait au tribunal de commerce* (imparf.).

ressortissant, e [re-] n.

ressouder [re-] v. t.

ressource [re-] n. f. *Il n'a d'autres ressources* (argent) *que...; il n'a d'autre ressource* (moyen) *que... Il est sans ressources* (sans revenu); *il est sans ressource* (sans énergie). *Il est perdu sans ressource* (sans espoir d'être sauvé). *Une personne de ressource(s)* [selon le sens].

ressourcement [re-] n. m.

ressourcer (se) [re-] v. pr. *Il se ressourçait.* Conjug. 2.

ressouvenir (se) [re-] v. pr. Conjug. 76. *Ils se sont ressouvenus.*

ressuage [re-] n. m.

ressuer [re-] v. int. Conjug. 18.

ressui [ré-] n. m.

ressurgir → resurgir.

ressusciter v. t. et int.

ressuyage n. m.

ressuyer v. t. Conjug. 7.

restant, e adj. et n. m.

*****rest area** = halte routière, aire de repos.

*****restart (to)** = relancer (inf.).

restau-pouce n. m. inv. (proposé pour *fast-food*).

restaurant n. m. *Un café-restaurant, wagon-restaurant; hôtel-restaurant; voiture-restaurant; restaurant-pont; restau U; Restoroute* (n. déposé); *Restauvolant* (n. déposé). → titre-restaurant.

restaurant-pont n. m. *Des restaurants-ponts.*

restaurapide n. m.

restaurateur, trice n.

restauration n. f. *Il travaille dans la restauration; ce musée fait des restaurations.* Spécialt : *la Restauration* (période du rétablissement des Bourbons sur le trône); *la première Restauration* (avant les Cent-Jours); *la seconde Restauration* (1815-1830).

restaurer v. t.

reste n. m. *Ils jouissent de leur reste; elles n'ont pas demandé leur reste. Au reste; de reste; du reste. Les restes de cet homme reposent ici.* → rester.

rester v. int. *Ils en restèrent là; ils restèrent court; elle resta court; elles restent seules. Restez tranquille(s)* [selon le nombre de personnes auxquelles on s'adresse]. *Ce qui reste d'animaux dépérit. Il reste des objets sans valeur. Reste (nt) alors les débris. 25 ôté de 39, (il) reste 14.*

restituable adj.

restituer v. t. Conjug. 18.

restituteur n. m.

restitution n. f.

restitutoire adj.

*****restless legs** = impatiences des jambes (méd.).

*****restore (to)** = restaurer (inf.).

Restoroute n. m. déposé inv.

restreindre v. t. Conjug. 31.

restrictif, ive adj.

restriction n. f.

*****restriction fragment** = fragment de restriction (génét.).

*****restriction map** = carte de restriction, carte physique (génét.).

*****restriction mapping** = cartographie de restriction (génét.).

*****restriction site** = site de restriction (génét.).

restringent, e adj.

restructuration [re-] n. f.

restructurer [re-] v. t.

*****Reststrahlen** (all.) = rayonnement rétroréfringé (spat.).

restylage [re-] n. m.

restyler [re-] v. t.

*****restyling** = remodelage, restylage (transp.).

resucée [resu-] n. f.

résultant, e adj. et n. f.

résultat [-ta] n. m.

résulter v. t. ind. Ne s'emploie qu'à la 3ᵉ personne du singulier et du pluriel.

résumé n. m. *En résumé* (loc. adv.).

résumer v. t.

resurchauffe [resur-] n. f.

resurchauffer [resur-] v. t.

resurchauffeur [resur-] n. m.

résurgence n. f.

résurgent, e adj.

resurgir ou **ressurgir** [re-] v. int. du 2ᵉ gr. Conjug. 24.

résurrection n. f. Spécialt : *la Résurrection* (du Christ); *la fête de la Résurrection.*

retable [re-] n. m.
rétablir v. t. du 2ᵉ gr. Conjug. 24.
rétablissement n. m.
*****retail banking** = banque de détail (écon.).
retaille n. f.
retailler v. t.
rétamage n. m.
rétamé, e adj.
rétamer v. t.
rétameur, euse n.
retapage n. m.
retape n. f.
retaper v. t.
retard n. m. *En retard ; sans retard. L'insuline retard ; des médicaments retard.*
retardataire adj. et n.
retardateur, trice adj.
retardé, e adj. et n.
retardement n. m.
retarder v. t. et int.
retassure n. f.
retâter v. t.
reteindre v. t. Conjug. 31.
retendoir n. m.
retendre v. t. Conjug. 67.
retenir v. t. Conjug. 76.
retenter v. t.
rétenteur n. m.
rétention n. f.
retentir v. int. du 2ᵉ gr. Conjug. 24.
retentissant, e adj.
retentissement n. m.
retenue n. f.
reterçage n. m.
retercer ou **reterser** v. t. Pour la première forme : conjug. 2.
rétiaire [resyèr'] n. m.
réticence n. f.
réticent, e adj.
réticulaire adj.
réticulation n. f.
réticule n. m.
réticulé, e adj.
réticuler v. t.
réticulocyte n. m.
réticulo-endothélial, ale, aux adj. *Des tissus réticulo-endothéliaux.*
réticulo-endothéliose ou **réticulose** n. f. *Des réticulo-endothélioses.*
réticulum [-lom'] n. m. *Des réticulums.*
rétif, ive adj.
rétinal n. m. *Des rétinals.*

rétine n. f.
rétinien, enne adj.
rétinite n. f.
rétinoblastome n. m.
rétinoïque adj.
rétinol n. m.
rétinopathie n. f.
rétique → rhétique.
retirable adj.
retirage n. m.
retiration n. f. *Des presses à retiration.*
retiré, e adj.
retirement n. m.
retirer v. t.
retirons n. m. pl.
retissage n. m.
retisser v. t.
rétivité ou **rétiveté** n. f.
retombant, e adj.
retombé n. m.
retombée n. f.
retomber v. int.
retondre v. t. Conjug. 67.
retordage ou **retordement** n. m.
retordeur, euse n.
retordoir ou **retorsoir** n. m.
retordre v. t. Conjug. 67.
réto-roman → rhéto-roman.
rétorquer v. t.
retors, e [retor', -tors'] adj.
rétorsion n. f.
retorsoir → retordoir.
retouche n. f.
retoucher v. t.
retoucherie n. f.
retoucheur, euse n.
retouper v. t.
retour n. m. *Retour de flamme, de manivelle ; des allers et retours ; en retour ; sans retour.*
retournage n. m.
retourne n. f.
retourné n. m.
retournement n. m.
retourner v. int. et t. *S'en retourner. Elle s'en est retournée.* ♦ → tableau VERBES XII, E, 1°, p. 978.
retracer v. t. *Il retraçait.* Conjug. 2.
rétractabilité n. f.
rétractable adj.
rétractation n. f. (action de revenir sur ce qu'on a dit). ♦ Ne pas confondre avec *rétraction* (raccourcissement).
rétracter v. t.

RÉTRACTIF

rétract*if, ive* adj.
rétractile adj.
rétractilité n. f.
rétraction n. f. → rétractation. ♦ Homographes hétérophones : des *rétractions* [-syon] ; nous nous *rétractions* [-tyon] (v. se rétracter).
retraduire v. t. Conjug. 37.
retrait n. m.
retraitant, e n.
retraite n. f. *Des caisses de retraite*.
retraité, e n. et adj.
retraitement n. m.
retraiter v. t.
retraitologie n. f.
retranchement n. m.
retrancher v. t.
retranscription n. f.
retranscrire v. t. Conjug. 49.
retransmetteur n. m.
retransmettre v. t. Conjug. 56.
retransmission n. f.
retravailler v. t. et int.
retraverser v. t.
retrayant, e [-trè-yan] n. et adj.
retrayé, e [-trè-yé] n. et adj.
rétréci, e adj.
rétrécir v. t. du 2ᵉ gr. Conjug. 24.
rétrécissement n. m.
rétreindre v. t. Conjug. 31.
rétreint n. m.
retreinte n. f.
retrempe n. f.
retremper v. t.
rétribuer v. t. Conjug. 18.
rétribution n. f.
retriever [rétriveur'] n. m.
rétro n. m. (effet de billard). *Exécuter des rétros*. ♦ Adj. inv. en genre. *Mode rétro, chapeaux rétros*.
rétro- Ce préfixe se soude au mot qui suit *(rétropédalage)*, sauf si ce mot commence par *i, o, u (rétro-impulsion)*.
rétroactes n. m. pl.
rétroact*if, ive* adj.
rétroaction n. f.
rétroactivement adv.
rétroactivité n. f.
rétroagir v. t. ind. Conjug. 24.
rétrocéder v. t. *Je rétrocède*. Conjug. 10.
rétrocession n. f.
rétrochargeuse n. f.
rétrocontrôle n. m.
rétrodiffusion n. f.

*retrofit = rattrapage.
*retrofit kit = lot de rattrapage.
rétroflexe adj. et n. f.
rétrofusée n. f.
rétrognathe [-g'nat'] adj.
rétrogradation n. f.
rétrograde adj.
*retrograde orbit = orbite rétrograde.
rétrograder v. int.
rétrogression n. f.
rétropédalage n. m.
rétroprojecteur n. m.
rétropropulsion n. f.
rétroréfringe, e adj.
rétrospect*if, ive* adj. et n. f.
rétrospection n. f.
rétrospectivement adv.
rétrotranscription n. f.
rétrotransposon n. m.
retroussé, e adj.
retroussement n. m.
retrousser v. t.
retroussis [-si] n. m.
rétro-utérin, e adj. *Des douleurs rétro-utérines*.
retrouvailles n. f. pl. Rare au singulier.
retrouver v. t. → recouvrer.
rétroversion n. f.
rétrovir*al, ale, aux* adj.
rétrovirologie n. f.
rétrovirus [-us'] n. m.
rétroviseur n. m.
rets [rè] n. m. (filet, piège). ♦ HOM. → ré.
retsina n. m. (vin.).
retuber v. t.
réuni, e adj.
réunification n. f.
réunifier v. t. Conjug. 17.
réunion n. f. *L'île de la Réunion. L'Opéra Garnier, l'Opéra Bastille et l'Opéra-Comique forment la Réunion des théâtres lyriques nationaux*.
réunionnais, e adj. *Cet homme est réunionnais*. ♦ N. *Une Réunionnaise* (de la Réunion).
réunionnite n. f.
Réunion-Téléphone n. f. déposé inv.
réunir v. t. du 2ᵉ gr. Conjug. 24.
réunissage n. m.
réussi, e adj.
réussir v. int. et t. du 2ᵉ gr. Conjug. 24.
réussite n. f.
réutilisable adj.

réutilisation n. f.
réutiliser v. t.
revaccination n. f.
revacciner v. t.
revaloir v. t. *Je vous le revaudrai.* Conjug. 79.
revalorisation n. f.
revaloriser v. t.
revanchard, e adj. et n.
revanche n. f.
revancher (se) v. pr.
revanchisme [-is-] n. m.
revascularisation n. f.
revasculariser v. t.
rêvasser v. int.
rêvasserie n. f.
rêvass*eur*, *euse* adj. et n.
rêve n. m.
rêvé, e adj.
revêche adj.
réveil n. m. (action de se réveiller; renouveau; sonnerie de clairon; réveille-matin). ♦ HOM. il se *réveille*.
réveille-matin n. m. inv. *Des réveille-matin.* On dit aussi, dans ce sens, *un réveil, des réveils.*
réveiller v. t.
réveillon n. m.
réveillonner v. int.
réveillonneur n. m.
révéla*teur*, *trice* adj. et n. m.
révélation n. f. Spécialement, s'écrit avec une majuscule pour désigner une religion révélée.
révélé, e adj.
révéler v. t. *Je révèle.* Conjug. 10. *Les sentiments qui se sont révélés. Ils se sont révélé leur âge.*
revenant, e n.
revend*eur*, *euse* n.
revendica*teur*, *trice* n.
revendica*tif*, *ive* adj.
revendication n. f.
revendiquer v. t.
revendre v. t. Conjug. 67. → vente.
revenez-y [re-vnézi] n. m. inv. *Un goût de revenez-y.*
revenir v. int. Conjug. 76. Les temps composés se font avec *être*. *Il vous revient tant. S'en revenir. Elle s'en est revenue.* → tableau VERBES XII, E, 1°, p. 978.
revente n. f.
revenu n. m. *Avoir vingt mille francs de revenu(s); politique de revenus; déclaration de revenus. Le revenu du travail; les revenus boursiers; revenus publics; revenus de l'État.* ♦ HOM. ils sont *revenus* (v. revenir); une *revenue* (nouvelle pousse sur la souche d'un arbre coupé).
revenue n. f. ♦ HOM. → revenu.
rêver v. int. *Ne rêver que plaies et bosses; rêver de malheurs, d'accidents; rêver de mariage, de gloire, de fortune. Que d'amours j'ai rêvées! De ces amours j'ai rêvé.*
réverbérant, e adj.
réverbération n. f.
réverbère n. m.
réverbérer v. t. *Il réverbère.* Conjug. 10.
revercher v. t.
reverchon n. m.
reverdir v. t. et int. du 2ᵉ gr. Conjug. 24.
reverdissement n. m.
reverdoir n. m.
révéremment [-raman] adv.
révérence n. f. *Révérence parler.*
révérenci*el*, *elle* adj.
révérencieusement adv.
révérenci*eux*, *euse* adj.
révérend, e adj. et n. *Le révérend père François.* En abrégé : *le R. P. François;* en suscription : *Révérend Père. Oui, mon révérend.* (Remarquer que l'adjectif *irrévérent* s'écrit avec un *t.*) ♦ HOM. *révérant* (partic. prés. du v. révérer).
révérendissime adj.
révérer v. t. *Je révère.* Conjug. 10.
rêverie n. f.
revernir v. t. du 2ᵉ gr. Conjug. 24.
revers [-vèr] n. m.
réversal, ale, aux adj.
réverse adj.
*reverse = inversion de jet, inversion de pas.
réversé n. m.
*reverse engineering = ingénierie inverse.
reversement n. m.
*reverse mutant = révertant (agr.); mutant réverse, réversé (génét.).
reverser v. t.
*reverser = inverseur de jet, inverseur de poussée.
reversis ou **reversis** [-si] n. m.
réversibilité n. f.
réversible adj.
réversion n. f.
reversis → reversi.
reversoir n. m.

révertant n. m.
*revertant = mutant réverse, réversé (génét.).
revêtement n. m.
revêtir v. t. Conjug. 80. *Il revêt, ils revêtent une grande importance.*
rêveur, euse adj. et n.
rêveusement adv.
revient n. m. *Des prix de revient.*
revif n. m.
revigorant, e adj.
revigorer v. t.
revirement n. m.
révisable adj.
réviser v. t.
réviseur, euse n.
révision n. f. L'ancienne orthographe *revision*, pour ce mot et ses dérivés, est abandonnée, bien qu'elle figure encore dans le dictionnaire de l'Académie.
révisionnel, elle adj.
révisionnisme [-is-] n. m.
révisionniste adj. et n.
revisité, e adj.
revisiter v. t.
revisser v. t.
revitalisation n. f.
revitaliser v. t.
revival [revival'] n. m. *Des revivals.*
revivification n. f.
revivifier v. t. Conjug. 17.
reviviscence n. f.
reviviscent, e adj.
revivre v. int. et t. Conjug. 81.
révocabilité n. f.
révocable adj.
révocation n. f.
révocatoire adj.
revoici, revoilà présentatifs.
revoir v. t. Conjug. 82. *Portez-vous bien jusqu'au revoir. Au revoir, monsieur. Des au revoir.*
revoler v. int. *Réparé, l'avion revole.*
révoltant, e adj.
révolte n. f.
révolté, e adj. et n.
révolter v. t.
révolu, e adj.
révolution n. f. *La révolution de 1830, de Juillet, d'Octobre ; la Révolution française* (celle de 1789), abs. : *la Révolution. La première Révolution d'Angleterre ; la seconde Révolution d'Angleterre.*
révolutionnaire adj.

révolutionnairement adv.
révolutionnarisation n. f.
révolutionnarisme [-is-] n. m.
révolutionnariste adj. et n.
révolutionner v. t.
revolver [révolvèr'] n. m.
*revolving = renouvelable et révisable.
*revolving credit = crédit permanent (écon.).
révoquer v. t.
revoter v. t. et int.
revouloir v. t. Conjug. 83.
revoyure [-vwa-yur'] n. f.
revue n. f. *La revue du 14 Juillet ; passer en revue ; être de revue.*
revuiste n.
révulsé, e adj.
révulser v. t.
révulsif, ive adj. et n. m.
révulsion n. f.
*rewrite (to) = récrire.
*rewriter n. m. = rédacteur réviseur, remanieur, réécriveur.
*rewriting n. m. = réécriture, remaniement.
rexisme [-ksis-] n. m.
rexiste [-ksist'] adj. et n.
rez-de-chaussée [réd'chosé] n. m. inv.
rez-de-dalle n. m. inv.
rez-de-jardin n. m. inv
rez-de-voirie n. m. inv.
rezzou [re-] n. m. *Des rezzous.*
R.F.A. sigle f. République fédérale d'Allemagne (ancienne Allemagne de l'Ouest).
*R factor = facteur R, facteur de résistance, plasmide R, plasmide de résistance (génét.).
*RF channel = canal radioélectrique, radiocanal, canal RF.
*RFLP = polymorphisme de taille des fragments de restriction ou PTFR (génét.).
R.G. sigle m. pl. Renseignements généraux.
rhabdomancie n. f.
rhabdomancien, enne n.
rhabdomère n. m.
rhabdomyosarcome [-sar-] n. m.
rhabillage n. m.
rhabiller v. t.
rhabilleur, euse n.
rhaïta n. f.
rhamnacée n. f.

rhapsode ou **rapsode** n. m.
rhapsodie ou **rapsodie** n. f.
rhapsodique adj.
rhé n. m. (unité de mesure). ♦ HOM. → ré.
rhème n. m.
rhénan, e adj. et n. (du Rhin, de la Rhénanie).
rhénium [-nyom'] n. m. *Des rhéniums*.
rhéobase n. f.
rhéologie n. f.
rhéologique adj.
rhéologue n.
rhéomètre n. m.
rhéopexie n. f.
rhéophile adj.
rhéostat [-sta] n. m.
rhéostatique adj.
rhéotaxie n. f.
rhéotropisme [-is-] n. m.
rhésus [rézus'] n. m. *Le facteur Rhésus*.
rhéteur n. m.
rhétien, enne adj. et n. m.
rhétique ou **rétique** adj.
rhétoricien, enne n.
rhétorique n. f. → tropes.
rhétoriqueur n. m.
rhéto-roman, e ou **réto-roman, e** adj. *Des dialectes rhéto-romans*.
rhexistasie [rèksis-] n. f.
rhinanthe n. m.
rhinencéphale n. m.
rhingrave n. m. (ancien titre allemand). ♦ N. f. (sorte de haut-de-chausses).
rhingraviat [-vya] n. m.
rhinite n. f.
rhinocéros [-ros'] n. m.
rhinologie n. f.
rhinolophe n. m.
rhino-pharyngé, e adj. *Des inflammations rhino-pharyngées*.
rhino-pharyngien, enne adj. *Des régions rhino-pharyngiennes*.
rhino-pharyngite n. f. *Des rhino-pharyngites*.
rhino-pharynx n. m. inv.
rhinoplastie n. f.
rhinoscopie n. f.
rhizobium [-byom'] n. m. *Des rhizobiums*.
rhizocarpé, e adj. et n. f.
rhizoctone n. m.
rhizoctonie n. f.
rhizoïde n. m.
rhizome n. m.
rhizophage adj. et n.
rhizophore n. m.
rhizopode n. m.
rhizostome n. m. (méduse).
rhizotome n. m. (outil).
rhô n. m. inv. (lettre grecque). ♦ HOM. → rot.
rhodamine n. f.
rhodanien, enne adj. et n. (du Rhône, fleuve ou département).
Rhodia n. m. déposé inv. (abrév. courante de *Rhodiaceta*).
Rhodiaceta n. m. déposé inv.
rhodiage n. m.
rhodié, e adj. (qui contient du rhodium).
rhodien, enne adj. et n. (de Rhodes).
rhodinol n. m.
rhodite n. m.
rhodium [-dyom'] n. m. *Des rhodiums*.
rhododendron [-dindron] n. m.
Rhodoïd n. m. déposé inv.
rhodophycée n. f.
rhodopsine n. f.
rhombe n. m.
rhombencéphale [-ban-] n. m.
rhombique adj.
rhomboèdre n. m.
rhomboédrique adj.
rhomboïdal, ale, aux adj.
rhomboïde n. m.
rhônalpin, e adj. et n. (de la région Rhône-Alpes).
rhotacisme [-is-] n. m.
Rhovyl n. m. déposé inv.
Rhovylon n. m. déposé inv.
rhubarbe n. f.
rhum [rom'] n. m. (alcool de canne à sucre). *Des rhums*. ♦ HOM. la ville de *Rome*.
rhumatisant, e adj. et n.
rhumatismal, ale, aux adj.
rhumatisme [-is-] n. m.
rhumatoïde adj.
rhumatologie n. f.
rhumatologique adj.
rhumatologue n.
rhumb ou **rumb** [ronb'] n. m. (aire de vent de 11° 15').
rhume n. m.
rhumé, e [romé] adj. (additionné de rhum).
rhumer [romé] v. t. (ajouter du rhum).
rhumerie [ro-] n. f.
rhynchite [-kit'] n. m.
rhynchonelle [-ko-] n. f.
rhynchote [-kot'] n. m.

rhyolite ou **rhyolithe** n. f.
rhytidome n. m.
rhytine n. f.
rhyton n. m.
ria n. f.
*****rial** ou **riyal** n. m. (monnaie d'Arabie Saoudite, d'Iran et du Qatar).
riant, e adj.
R.I.B. sigle m. Relevé d'identité bancaire.
ribambelle n. f.
ribat [-bat'] n. m.
ribaud, e adj. et n.
ribaudequin n. m.
ribésiacée n. f.
riblage n. m.
ribler v. t.
riblon n. m.
riboflavine n. f.
ribonucléase n. f.
ribonucléique adj. L'acide ribonucléique est souvent nommé A.R.N.
ribose n. m.
ribosomal, ale, aux adj.
*****ribosomal DNA** = ADN ribosomique (agr.).
ribosome n. m.
ribosomique adj.
ribote n. f.
ribouis n. m.
riboulant, e adj.
ribouldingue n. f.
ribouler v. t.
ribozyme n. m.
ricain, e n. et adj. (aphérèse de *américain, e*).
ricanant, e adj.
ricanement n. m.
ricaner v. int.
ricaneur, euse adj. et n.
ric-à-rac ou **ric-rac** loc. adv.
Ricard n. m. déposé inv.
riccie [riksi] n. f.
ricercare [ritchèrkaré] n. m. *Des ricercari.*
richard, e n.
riche adj. et n.
richelieu n. m. (soulier). *Des richelieus* ou *des richelieu.* ♦ HOM. le cardinal de *Richelieu.*
richement adv.
richerisme [-is-] n. m.
richesse n. f.
richi → rishi.
richissime adj.

Richter (échelle de) loc. f.
ricin n. m.
riciné, e adj.
ricinoléique adj.
rickettsie [-kètsi] n. f.
rickettsiose [-kèts-] n. f.
*****rickshaw** (pidgin) = cyclo-pousse, scooter-taxi. *Des rickshaws.*
ricocher v. int.
ricochet n. m.
Ricqlès n. m. déposé
ric-rac → ric-à-rac.
rictus [-us'] n. m.
ridage n. m.
ride n. f.
ridé, e adj.
rideau n. m. *Des doubles rideaux; des rideaux bonne femme.*
ridée n. f.
ridelle n. f.
ridement n. m.
rider v. t.
ridicule adj.
ridiculement adv.
ridiculiser v. t.
ridoir n. m.
ridule n. f.
riel n. m. (monnaie du Cambodge).
riemannien, enne [rimanyin] adj.
rien pron. indéf. neutre. *Rien n'a été révélé. Des gens de rien; comme si de rien n'était; rien d'autre. Un bon à rien, des bons à rien.* ♦ N. m. *Pleurer pour des riens.* ♦ Élément de loc. adv. *Il n'a rien mangé. Il ne boit jamais que de l'eau et rien d'autre* (dans cette phrase, *ne* est commun aux loc. adv. *ne... jamais, ne... que* et *ne... rien). Elles étaient un rien ridicules. Ce n'est rien de moins que la richesse* (c'est bel et bien la richesse); *ce n'est rien moins que la richesse* (ce n'est absolument pas la richesse). Cette distinction de sens (positif avec *de*, négatif sans *de*) est bien souvent ignorée.
rien-du-tout n. inv.
rien-qui-vaille n. inv.
riesling n. m.
rieur, rieuse adj.
rieuse n. f. (mouette).
rif, riffe ou **riffle** n. m. (combat). ♦ HOM. *riff* (terme de jazz), le *Rif* marocain.
rifain, e adj. *Les contreforts rifains.* ♦ N. *Un Rifain* (du Rif marocain).
rifampicine n. f.
riff n. m. ♦ HOM. → rif.

riffe ou **riffle** → rif.
rififi n. m.
riflard n. m.
***rifle** n. m. = carabine. → *long rifle.
rifler v. t.
riflette n. f.
rifloir n. m.
rift n. m.
***rig** = appareil de forage (pétr.).
rigaudon ou **rigodon** n. m.
***right man** = l'homme qu'il faut, celui qui convient.
***right of preemption** = droit de priorité (aud.).
rigide adj.
rigidement adv.
rigidifier v. t. Conjug. 17.
rigidité n. f.
rigodon → rigaudon.
rigolade n. f.
rigolage n. m.
rigolard, e adj. et n.
rigole n. f.
rigoler v. int.
rigoleur, euse adj. et n.
Rigollot n. m. déposé inv.
rigolo, ote adj. et n. (amusant). ♦ HOM. *Rigollot* (sinapisme).
rigorisme [-is-] n. m.
rigoriste adj. et n.
rigotte n. f.
rigoureusement adv.
rigoureux, euse adj.
rigueur n. f. *Ne pas tenir rigueur; en toute rigueur; de rigueur; des arrêts de rigueur; des délais de rigueur.*
rikiki → riquiqui.
rillettes [ri-yèt] n. f. pl.
rillons [ri-yon] n. m. pl. (résidus de la graisse fondue). ♦ HOM. *rions* (v. rire), la ville de *Riom*.
Rilsan n. m. déposé inv.
rilsaniser v. t.
rimailler v. int. et t.
rimailleur, euse n.
rimaye [-mè ou -may'] n. f.
rime n. f. (son de la fin du vers). → olorime. ♦ HOM. nous *rîmes* (v. rire).
rimer v. int. et t.
rimeur, euse n.
Rimmel n. m. déposé inv.
rinçage n. m.
rinceau n. m. *Des rinceaux.*
rince-bouche n. m. inv.
rince-bouteille(s) n. m. *Des rince-bouteilles.*
rince-doigts n. m. inv.
rincée n. f.
rincer v. t. *Il rinçait.* Conjug. 2.
rincette n. f.
rinceur, euse adj. et n. f.
rinçure n. f.
***rinforzando** (ital.) = en renforçant.
ring [rin'g] n. m.
ringard, e n. et adj.
ringardage n. m.
ringarder v. t.
ringardise n. f.
ringgit [rin'ghit'] n. m. (monnaie de la Malaysia).
ringuette n. f.
rioja [ryorha] n. m. (vin).
rioter v. int.
rip n. m. inv. *Ils ont joué rip.* Naguère, cette locution s'écrivait « jouer Rip », car elle est née de la confusion argotique de *riper* (s'en aller) et de *Rip*, opéracomique de Meilhac et Planquette. ♦ HOM. une *ripe* (outil).
ripage n. m. (action de faire glisser sur le sol sans soulever). ♦ HOM. *rippage* (action de défoncer le sol par un *ripper, une défonceuse).
ripaille n. f. *Ils ont fait ripaille.*
ripailler v. int.
ripailleur, euse n.
ripaton n. m.
ripe n. f. ♦ HOM. → rip.
ripement n. m.
riper v. t. et int.
***ripieno** (ital.) n. m. = instruments de musique accompagnateurs.
***Ri plasmid** = plasmide Ri (génét.).
Ripolin n. m. déposé inv.
ripoliner v. t.
riposte n. f.
riposter v. int.
ripou n. m. (traduction en verlan de *pourri*). *Des ripous*; quelquefois écrit: *des ripoux.*
ripouillerie n. f.
rippage n. m. ♦ HOM. → ripage.
***ripper** n. m. = défonceuse, rippeur (urb.).
rippeur n. m. (machine à défoncer le sol).
***ripple-mark** n. f. = ride de sable.
ripuaire adj.
riquiqui ou **rikiki** adj. inv.

rire v. int. Conjug. 69. *Ils se sont ri d'elle et de ses menaces.*
rire n. m. *De gros rires.*
ris [ri] n. m. *Du ris de veau. Les Jeux et les Ris* (divinités poétiques). ♦ HOM. → riz.
risban n. m.
risberme n. f.
risée n. f.
*****riser** n. m. = canalisation de forage (pétr.).
risette n. f. *Ils font risette.*
rishi ou **richi** [-chi] n. m.
risible adj.
*****risk management** = gestion de risques (écon.).
*****risk manager** = manageur, gestionnaire de risques (écon.).
*****risoluto** (ital.) adj. = résolu.
*****Risorgimento** (ital.) n. m. = Renaissance.
risorius [-us'] n. m. et adj.
risotto n. m. *Des risottos.*
risque n. m. *Au risque de; à tout risque. L'affaire est sans risque(s).* → rixe.
risqué, e adj.
risquer v. t.
risque-tout n. inv.
riss n. m.
rissole n. f.
rissoler v. t. et int.
ristourne n. f.
ristourner v. t.
ristrette ou **ristretto** n. m.
rital n. m. *Des ritals.*
*****ritardando** (ital.) adv. = en retenant le mouvement.
rite n. m. (cérémonial). ♦ HOM. vous *rites* (v. rire).
*****ritenuto** (ital.) adj. = retenu.
ritournelle n. f.
ritualisation n. f.
ritualiser v. t.
ritualisme [-is-] n. m.
ritualiste adj. et n.
rituel, elle adj. et n. m.
rituellement adv.
rivage n. m.
rival, ale, aux adj. et n.
rivaliser v. int.
rivalité n. f.
rive n. f. (bord, limite). ♦ HOM. *Rives* (ville), il *rive* (v. river).
rivelaine n. f.
river v. t.

riverain, e adj. et n.
riveraineté n. f.
rivesaltes n. m. (vin).
rivet n. m.
rivetage n. m.
riveter v. t. *Il rivette.* Conjug. 14.
rivet*eur*, *euse* n.
riv*eur*, *euse* n.
rivière n. f. *Une rivière de diamants. La Riviera.*
rivoir n. m.
rivulaire n. f.
rivure n. f.
rixdale n. f.
rixe [riks'] n. f. (bagarre, querelle). ♦ Ne pas confondre avec *risque* (danger).
*****riyal** → *rial.
riz [ri] n. m. *De la poudre de riz. Un chapeau de paille de riz.* ♦ HOM. il *rit*, il a *ri* (v. rire), un *ris* (action de rire; morceau de boucherie; partie d'une voile).
rizerie n. f.
rizicole adj.
rizicult*eur*, *trice* n.
riziculture n. f.
rizier n. m.
rizière n. f.
riz-pain-sel n. m. inv.
*****R loop** = boucle R (génét.).
R.M. sigle m. pl. Règlements mensuels (écon.).
R.M.I. sigle m. Revenu minimum d'insertion.
RMiste [èrèmist] n. (bénéficiaire du R.M.I.).
R.M.N. sigle f. Résonance magnétique nucléaire.
*****R.N.A.** (*ribonucleic acid) = A.R.N.
*****R.N.A. polymerase** = A.R.N. polymérase (génét.).
*****R.N.A. virus** = virus à A.R.N. (agr.).
R.N.I.S. sigle m. Réseau numérique à intégration de services.
*****road book** = plan de route.
*****road show** = tournée de promotion (écon.).
*****roadster** n. m. = cabriolet.
*****roaming** = itinérance (télécom.).
*****roaming subscriber** = abonné itinérant (télécom.).
*****roast-beef** = rosbif. *Des roast-beefs.*
rob n. m. ♦ HOM. → robe.
rob ou **robre** n. m. (manche double au bridge). ♦ HOM. → robe.
robage ou **robelage** n. m.

robe n. f. *Des gens de robe; des robes de chambre. Des dames en robe du soir. Des pommes de terre en robe de chambre ou en robe des champs. Robe du cheval.* ♦ HOM. un *rob* (au bridge), le *rob* (jus sucré d'un fruit très cuit).

robe-chasuble ou **robe chasuble** n. f. *Des robes(-)chasubles.*

robelage → robage.

rober v. t.

roberie n. f.

robert n. m.

robeuse n. f.

robin n. m.

robineraie n. f.

robinet n. m.

robinetier n. m. et adj. m.

robinetterie n. f.

robinier n. m.

robinsonnade n. f.

roboratif, ive adj.

robot [-bo] n. m.

roboticien, enne n.

robotique adj. et n. f.

robotisation n. f.

robotiser v. t.

robre → rob.

roburité n. f.

robusta n. m. (café).

robuste adj.

robustesse n. f.

roc n. m. (masse de pierre). ♦ HOM. un *roque* (aux échecs), il *roque* (v. roquer), *rauque* (enroué), *Roch* (prénom), l'oiseau *Rock* (des légendes arabes), *rock* (style musical).

rocade n. f.

rocaillage n. m.

rocaille n. f. et adj. *Le style rocaille.*

rocailleur n. m.

rocailleux, euse adj.

rocamadour n. m. (fromage).

rocambole n. f. (sorte d'ail; échalote d'Espagne). ♦ HOM. *Rocambole* (personnage de Ponson du Terrail).

rocambolesque adj.

roccela [rokséla] ou **rocelle** n. f.

rochage n. m.

rochassier n. m.

roche n. f. *Il y a anguille sous roche. La roche Tarpéienne.*

roche-magasin n. f. *Des roches-magasins.*

rocher [-ché] n. m. *Le rocher de Sisyphe.*

rocher v. int.

roche-réservoir n. f. *Des roches-réservoirs.*

rochet [-chè] n. m. (surplis; bobine de soie). *Une roue à rochet* (à cran d'arrêt).

rocheux, euse adj. *Les Rocheuses* (en parlant des montagnes Rocheuses).

Roch ha-Shana → Rosh ha-Shana.

rochier n. m.

rock n. m. (abrév. de *rock and roll*). Quelquefois écrit *ROCK'N ROLL*. ♦ Adj. inv. *Des opéras rock.* ♦ HOM. → roc.

*__rocker__ n. m. = adepte du rock.

rocket → roquette.

*__rocket__ = roquette (n. f.), fusée.

*__rocket engine__ = moteur-fusée.

rockeur, euse n.

rocking-chair n. m. *Des rocking-chairs.*

rococo n. m. et adj. inv. en genre.

rocou n. m. et adj. inv. *Des rocous.*

rocouer v. t. Conjug. 19.

rocouyer n. m.

rodage n. m.

rôdailler v. int.

rodéo n. m. *Des rodéos.*

roder v. t. ♦ HOM. → rôder.

rôder v. int. (errer, épier en se déplaçant). ♦ HOM. *roder* (polir, mettre au point).

rôdeur, euse n.

rodoir n. m.

rodomont n. m.

rodomontade n. f.

rœntgen → röntgen.

rœsti(s) ou **rösti(s)** [reuchti] n. m. pl.

rogations n. f. pl.

rogatoire adj.

rogatoirement adv.

rogaton n. m.

rognage n. m.

rogne n. f.

rogne-pied n. m. inv.

rogner v. t. et int.

rogneur, euse n.

rognoir n. m.

rognon n. m.

rognonnade n. f.

rognonner v. int.

rognure n. f.

rogomme n. m. *Une voix de rogomme.*

rogue adj. *Un ton rogue.* ♦ N. f. (appât pour la pêche à la sardine).

rogué, e adj.

rohart [ro-ar'] n. m.

roi n. m. *Sa Majesté le roi; le roi de France, de Prusse; le roi a ordonné; les Rois* *mages; la fête, la galette, le jour des Rois; tirer les rois. Le Roi-Soleil* (Louis XIV); *les Rois Catholiques* (Ferdinand d'Aragon et Isabelle de Castille); *le Roi Très-Chrétien* (le roi de France aux XVIIe et XVIIIe s.); *le Grand Roi* (le roi de Perse dans l'Antiquité); *le Roi-Chevalier* (François Ier); *le roi de Rome* (fils de Napoléon Ier); *le Roi-Sergent* (Frédéric-Guillaume Ier). → majesté.

roide adj. et adv. → raide.

roideur n. f.

roidir v. t. du 2e gr. Conjug. 24.

roiller v. impers. (pleuvoir à verse).

roitelet n. m.

rôlage n. m.

Rolando (scissure de) loc. f.

rôle n. m.

rôle-titre n. m. *Des rôles-titres.*

*****roller-blade** = patin à roulettes en ligne.

*****roller-skate** n. m. = patin à roulettes.

*****roller-skating** = patinage à roulettes.

*****roller swap** = échange renouvelable (écon.).

rollier n. m.

*****rolling ball** = boule de commande (inf.).

*****rolling circle** = cercle roulant, cercle tournant (génét.).

*****roll on roll off** (abrév.: *ro-ro*). Cette locution désigne aussi bien le *roulage*, transport sans déchargement que le navire *roulier*.

rollot n. m.

*****roll-out** = première sortie (transp.).

*****rollover credit** = crédit à taux révisable (écon.).

Rom n. inv. en genre. Désigne celui qui appartient à un peuple tsigane. Le pluriel est *Roma* chez les Tsiganes et *Roms* [rom'] en français. ♦ Adj. inv. *Des convois rom.* → gitan.

romain, e adj. *L'art romain. Chiffres romains* → chiffre. ♦ N. *Les Romains* (de Rome); *une romaine* (balance; laitue; tuile); *le romain* (caractère d'imprimerie).

romaïque adj. et n. m.

roman, e adj. *L'architecture romane.* ♦ N. m. *Le roman* (langue; style; œuvre d'imagination). → romand.

romance n. f. (chanson tendre). ♦ N. m. (sorte de poème espagnol).

romancer v. t. *Il romançait.* Conjug. 2.

*****romancero** (esp.) n. m. = recueil des romances espagnols. *Des romanceros.*

romanche n. m.

romancier, ère n.

romand, e adj. (relatif à la Suisse romande). ♦ HOM. un *roman* (œuvre littéraire), le style *roman*, le *roman* (langue qui précéda le français).

romanée n. m.

romanesca n. f.

romanesque adj. et n.

roman-feuilleton n. m. *Des romans-feuilletons.*

roman-fleuve n. m. *Des romans-fleuves.*

romani n. m. (langue des Roms ou Tsiganes). ♦ Adj. inv. en genre. *Un campement romani. Une femme romani est une Rom.* → Rom.

romanichel, elle n. → Rom; gitan.

romanisant, e adj. et n.

romanisation n. f.

romaniser v. t.

romanisme [-is-] n. m.

romaniste n.

romanité n. f.

romano n. et adj. inv. en genre.

roman-photo n. m. *Des romans-photos.*

romanticisme [-is-] n. m.

romantique adj. et n.

romantisme [-is-] n. m.

romarin n. m.

rombière n. f.

rompre v. t. Conjug. 70. *Ils se sont rompu le cou.*

rompu, e adj. *À bâtons rompus.* ♦ N. m. *Le rompu* (en Bourse).

romsteck ou **rumsteck** [romstèk'] n. m. En anglais: **rumpsteak.*

ronce n. f.

ronceraie n. f.

ronceux, euse adj.

ronchon, onne adj. et n.

ronchonnement n. m.

ronchonner v. int.

ronchonneur, euse n. et adj.

roncier, ère n. f.

rond, e adj. *En chiffres ronds; 1 000 francs tout rond(s).* ♦ Adv. *Ces machines tournent rond.* ♦ N. m. *Des ronds de jambe; tourner en rond.* ♦ N. f. *Des chemins de ronde; à la ronde; en musique, la ronde vaut deux blanches.* ♦ HOM. il *rompt* (v. rompre).

rondache n. f.

rondade n. f.

rond-de-cuir n. m. *Des ronds-de-cuir.*

rondeau n. m. (poème; outil) *Des rondeaux.* ♦ HOM. *rondo* (pièce musicale).

ronde-bosse n. f. *Cet artiste sculpte en ronde bosse, il exécute des rondes-bosses.*
rondel n. m. ♦ HOM. → rondelle.
rondel*et, ette* adj. et n. f.
rondelle n. f. *Des rondelles de saucissons; des rondelles Grower.* ♦ HOM. un *rondel* (autre nom du poème nommé *rondeau*).
rondement adv.
rondeur n. f.
rondier → rônier.
rondin n. m.
rondiner v. t.
rondo n. m. *Des rondos.* ♦ HOM. → rondeau.
rondouillard*, e* adj.
rond-point n. m. *Des ronds-points.*
Roneo [-néo] n. f. déposé inv.
ronéoter v. t.
ronéotyper v. t.
rôneraie n. f.
ronflant*, e* adj.
ronflement n. m. (bruit de forte respiration du dormeur).
ronfler v. int.
ronfl*eur, euse* n.
rongement n. m.
ronger v. t. *Il rongeait.* Conjug. 3.
rong*eur, euse* adj. et n. m.
rongeure [-jur'] n. f. → -ure.
rônier ou **rondier** n. m.
rônin n. m.
ronron n. m.
ronronnement n. m.
ronronner v. int.
röntgen ou **rœntgen** [reunt'ghèn'] n. m. (unité de mesure : *3 röntgens* ou *3 R*).
♦ HOM. le physicien W. *Röntgen*.
röntgenthérapie [reunt'ghènté-] n. f.
***roof** n. m. = superstructure sur le pont d'un navire (mer); toiture (urb.). → rouf.
***roofed passageway** = passage couvert (urb.).
***roofing** = couverture, toiture (urb.).
rookerie [rou-] ou **roquerie** n. f.
Roosevelt [rozvèlt' ou rouzvèlt'] n.
***rooter** n. m. = défonceuse tractée.
***root-mean-square value** (RMS value) = valeur efficace (aud.).
***rope** = paillette (déf.).
roque n. m. (manœuvre aux échecs).
♦ HOM. → roc.
roquefort n. m.
roquentin n. m.
roquer v. int.

roquerie → rookerie.
roquette ou **rouquette** n. f. (plante).
roquette ou **rocket** n. f. (projectile).
rorqual [-kwal'] n. m. *Des rorquals.*
Rorschach (test de) loc. m.
R.O.S. → S.W.R., V.S.W.R.
rosace n. f.
rosacé*, e* adj.
rosacée n. f.
rosage n. m.
rosaire n. m.
rosalbin n. m.
rosaniline n. f.
rosat adj. inv. *Une huile rosat; des pommades rosat; des géraniums rosat.*
♦ HOM. *Rosa* (prénom).
rosâtre adj.
rosbif n. m.
rose n. f. *Essence de roses; eau de rose* (Acad.); *bouquet de roses; le pot aux roses; pas de rose(s) sans épines; le bois de rose; rose trémière; rose de Jéricho; des roses thé. La rose des vents* → direction. *La guerre des Deux-Roses* (York la blanche contre Lancastre la rouge). ♦ Adj. *Des rubans roses. Des robes rose bonbon.*
♦ N. m. *Voir la vie en rose. Une devanture d'un rose criard.*
rosé*, e* adj. et n. m.
roseau n. m. *Des roseaux.*
rose-croix n. m. inv. *Des rose-croix* (membres de la confrérie de *Rose-Croix*).
rosé-des-prés n. m. *Des rosés-des-prés.*
rosée n. f.
roselet n. m.
roseli*er, ère* adj. et n. f.
roséole n. f.
roser v. t.
roseraie n. f.
rosette n. f.
roseur n. f.
roseval n. f.
Rosh ha-Shana ou **Roch ha-Shana** [rochachan'a] n. m.
rosicruci*en, enne* adj.
rosier n. m.
rosière n. f.
rosiériste n.
rosir v. int. du 2ᵉ gr. Conjug. 24.
rossard*, e* n.
rosse n. f. et adj.
rossée n. f.
rosser v. t.

rosserie n. f.
rossignol n. m.
rossinante n. f. ♦ HOM. don Quichotte montait *Rossinante*.
rossolis [-li] n. m.
rösti → *rœsti*.
rostie n. f. (mets).
rostral, ale, aux adj.
rostre n. m.
rot [ro] n. m. (éructation; maladie des plantes). ♦ HOM. *rôt* (rôti), *rhô* (lettre grecque).
rôt → *rôti*.
rotacé, e adj.
rotacteur n. m.
rotang [-ang] n. m.
rotangle ou **rotengle** n. m.
rotary n. m. (appareil de sondage ou de téléphonie). ♦ HOM. le *Rotary*-Club.
rota*teur, trice* adj.
rota*tif, ive* adj.
rotation n. f.
rotative n. f.
rotativiste n. m.
rotatoire adj.
rote n. f.
rotengle → *rotangle*.
roténone n. f.
roter v. int.
rot*eur, euse* n. et adj.
rôti ou **rôt** [ro] n. m. ♦ HOM. → *rot*.
rôtie n. f.
rotifère n. m.
rotin n. m.
rôtir v. t. et int. du 2ᵉ gr. Conjug. 24.
rôtissage n. m.
rôtisserie n. f.
rôtiss*eur, euse* n.
rôtissoire n. f.
rotogravure n. f.
rotonde n. f.
rotondité n. f.
rotophare n. m.
rotophaseur n. m.
rotor n. m.
rotrouenge ou **rotruenge** n. f.
rotule n. f.
rotuli*en, enne* adj.
roture n. f.
roturi*er, ère* adj. et n.
rouable n. m.
rouage n. m.
rouan, rouanne adj. (robe de cheval rougeâtre avec crins noirs). ♦ HOM. *Rouen* (ville), *rouant* (du v. rouer).

rouanne n. f.
rouannette n. f.
roublard, e adj. et n.
roublardise n. f.
rouble n. m.
rouchi n. m.
roucoulade n. f.
roucoulant, e adj.
roucoulement n. m.
roucouler v. int. et t.
roudoudou n. m. *Des roudoudous*.
roue n. f. *Une roue à aubes; des roues avant, des roues arrière; des roues de friction; une roue à palettes; la roue de la Fortune; un deux-roues*. ♦ HOM. *roux* (couleur), *il roue* (v. rouer).
roué, e adj. et n. ♦ HOM. → *rouet*.
rouelle n. f.
rouennais, e [rwanè, -nèz'] adj. *Le commerce rouennais*. ♦ N. *Un Rouennais* (de Rouen).
rouennerie [rwa-] n. f.
roue-pelle n. f. *Des roues-pelles*.
rouer v. t. Conjug. 19. ♦ HOM. → *rouet*.
rouergat, e adj. *Un paysan rouergat*. ♦ N. *Un Rouergat* (du Rouergue).
rouerie n. f.
rouet n. m. (machine à filer). ♦ HOM. : *roué* (rusé), *rouer* (frapper).
rouf n. m. Autre écriture du mot ROOF.
rouffigner v. int.
rouflaquette n. f.
rougail [-gay'] n. m. (mets créole). *Des rougails*.
rouge adj. *Du vin rouge; des rubans rouges*. ♦ Adj. inv. *Rouge clair, rouge sang, brun-rouge; des tissus brun rougeâtre*. ♦ N. m. *Des rouges à lèvres. Deux litres de gros rouge. Métal chauffé au rouge. Le Rouge et le Noir de Stendhal. L'infrarouge.* ♦ Adv. *Ils ont vu rouge. Ils se sont fâchés tout rouge.* → tableau COULEURS, p. 884.
LEXIQUE : alizarine, almandin, amarante, balais, bordeaux, brique, campêche, carmin, carotte, cerise, cinabre, congestionné, coq, coquelicot, corail, corallin, cornaline, couperosé, cramoisi, écarlate, érubescent, érythrosine, escarboucle, feu, fraise, fuchsia, fuschsine, garance, géranium, grenat, groseille, gueules (blason), hyacinthe, incarnadin, incarnat, kermès, magenta, minium, mordoré, nacarat, orcanette, orseille, pivoine, ponceau, porphyre, pourpre, pourprin, puce, purpurin, rocou, rosaniline, rose, rougeâtre, rougeaud, rouquin, roux,

rubescent, rubicond, rubis, rutilant, sang, sanguine, santal, spinelle, tomate, vermeil, vermillon, vineux, zinzolin.
rougeâtre adj.
rougeaud, e adj. et n.
rouge-gorge n. m. *Des rouges-gorges.*
rougeoiement n. m.
rougeole n. f.
rougeol*eux*, *euse* adj. et n.
rougeoyant, e [roujwayan] adj.
rougeoyer [roujwayé] v. int. Conjug. 6.
rouge-queue n. m. *Des rouges-queues.*
rouget n. m. *Le rouget-barbet; le rouget-grondin; des rougets-barbets, des rougets-grondins.*
roug*et*, *ette* adj.
rougeur n. f.
*****rough** ou **rough lay-out** = terrain non entretenu (golf); brouillon; crayonné (n. m.), esquisse.
rougi, e adj.
rougir v. int. et t. du 2ᵉ gr. Conjug. 24.
rougissant, e adj.
rougissement n. m.
rougisseur n. m.
rouille n. f. et adj. inv.
rouillé, e adj.
rouiller v. int.
rouillure n. f.
rouir v. t. du 2ᵉ gr. Conjug. 24.
rouissage n. m.
rouissoir n. m.
roulade n. f.
roulage n. m.
roulant, e adj. et n.
roule n. m. (cylindre de bois). ♦ N. f. (golf).
roulé, e adj. et n.
rouleau n. m. *Des rouleaux.*
rouleauté, e adj. et n. m.
roulé-boulé n. m. *Des roulés-boulés.*
roulement n. m.
roule-poubelle n. m. *Des roule-poubelles.*
rouler v. t. et int.
roulette n. f.
roul*eur*, *euse* n.
roulier n. m.
roulis [-li] n. m.
rouloir n. m.
roulotte n. f.
roulotté, e adj. et n. m.
roulotter v. t.
roulott*ier*, *ère* n.
roulure n. f.

roumain, e adj. *Un diplomate roumain.* ♦ N. *Des Roumains* (de Roumanie); *le roumain* (langue).
*****roumi** (arabe) n. m. = chrétien, européen.
*****round** n. m. = reprise.
*****round up** = faire le point, le tour d'une question; exposer l'état d'une question.
roupie n. f.
roupiller v. int.
roupillon n. m.
rouquette → roquette.
rouquin, e adj. et n.
rouscailler v. int.
rouspétance n. f.
rouspéter v. int. *Je rouspète.* Conjug. 12.
rouspét*eur*, *euse* adj. et n.
roussâtre adj.
rousse n. f.
rousseau n. m. (poisson). *Des rousseaux.* ♦ HOM. J.-J. *Rousseau.*
rousselet n. m.
rousserolle n. f.
roussette n. f.
rousseur n. f.
roussi, e adj. et n. m.
roussillonnais, e adj. *Le vin roussillonnais.* ♦ N. *Un Roussillonnais* (du Roussillon).
roussin n. m.
roussir v. t. et int. du 2ᵉ gr. Conjug. 24.
roussissement n. m.
roussissure n. f.
rouste n. f.
roustir v. t. du 2ᵉ gr. Conjug. 24.
routage n. m.
routard, e n.
route n. f.
router v. t.
*****router** = routeur.
rout*eur*, *euse* n.
rout*ier*, *ère* adj. et n.
routine n. f.
*****routing** = routage.
routin*ier*, *ère* adj. et n.
rouverain ou **rouverin** adj. m.
rouvieux n. m. et adj. m.
rouvraie n. f.
rouvre n. m. et adj. m.
rouvrir v. t. Conjug. 61.
roux, rousse adj. et n. → tableau COULEURS, p. 884. ♦ HOM. → roue.
*****rowing** n. m. = sport de l'aviron.
roy*al*, *ale*, *aux* [rwayal'] adj. *Une réception royale.* ♦ N. f. *La Royale* (marine nationale).

royalement adv.
royalisme [-is-] n. m.
royaliste adj. et n.
*****royalty** n. f. = redevance, droit d'auteur. *Des royalties.*
royaume n. m. *Le royaume de Belgique; le Royaume-Uni; le royaume des cieux.*
royauté n. f.
*****R plasmid** = facteur R, facteur de résistance, plasmide R, plasmide de résistance (génét.).
R.S.V.P. sigle. Répondez s'il vous plaît.
ru n. m. ♦ HOM. → rue.
ruade n. f.
ruandais, e adj. et n. (du Ruanda).
ruban *Garnir de rubans; un nœud de ruban(s); le ruban rouge* (de la Légion d'honneur); *des scies à ruban; le Ruban bleu* (de la traversée de l'Atlantique ou du Derby d'Epsom); *des mètres à ruban.*
rubané, e adj. Mais on écrit *enrubanné.*
rubaner v. t.
rubanerie n. f.
rubanier, ère adj. et n.
*****rubato** (ital.) adv. = avec liberté de rythme.
rubéfaction n. f.
rubéfiant, e adj. et n. m.
rubéfier v. t. Conjug. 17.
rubellite n. f.
rubénien, enne adj. (dans la manière de Rubens).
rubéole n. f.
rubéoleux, euse adj.
rubescent, e adj.
rubiacée n. f.
rubican adj. inv. *Des juments rubican.*
rubidium [-dyom'] n. m. *Des rubidiums.*
rubiette n. f.
rubigineux, euse adj.
Rubik's Cube n. m. déposé inv.
rubine n. f.
rubis [-bi] n. m. *Ils paient rubis sur l'ongle.* ♦ Adj. inv. *Des verreries rubis.*
rubrique n. f.
rubriquer v. t.
ruche n. f.
ruché, e n. ♦ HOM. → rucher.
rucher n. m. (ensemble des ruches d'abeilles). ♦ HOM. un *ruché* (garniture de tissu léger), une *ruchée* (population d'une ruche), *rucher* (plisser en ruche; garnir de ruchés).
rucher v. t.
rudbeckie n. f. On dit aussi RUDBECKIA (n. m.).

rude adj.
rudement adv.
rudenté, e adj.
rudenter v. t.
rudenture n. f.
rudéral, ale, aux adj.
rudération n. f.
rudesse n. f.
rudiment n. m.
rudimentaire adj.
rudiste n. m.
rudoiement n. m.
rudologie n. f.
rudoyer v. t. Conjug. 6.
rue n. f. (voie de circulation en agglomération; plante). *Des coins de rue.* → voie.
♦ HOM. un *ru* (ruisseau), ce cheval *rue* (v. ruer), un *ruz* (vallée du Jura).
ruée n. f.
ruelle n. f.
ruer v. int. et pr. Conjug. 18. *Ils se sont rués à l'attaque.*
ruffian ou **rufian** n. m.
Rufflette n. f. déposé inv.
rugby n. m.
rugbyman [-man'] n. m. imité de l'angl. (joueur de rugby). *Des rugbymen* [-mèn']. En angl. : *rugby-player* ou *rugger-player.*
rugine n. f.
ruginer v. t.
rugir v. int. du 2ᵉ gr. Conjug. 24.
rugissant, e adj.
rugissement n. m.
rugosité n. f.
rugueux, euse adj. et n. m.
ruiler v. t.
ruine n. f. *Tomber en ruine; menacer ruine; des bâtiments en ruine(s).*
ruiné, e adj.
ruine-de-rome n. f. *Des ruines-de-Rome* (plante traînante).
ruiner v. t.
ruineusement adv.
ruineux, euse adj.
ruiniforme adj.
ruiniste n.
ruinure n. f.
ruisseau n. m. *Des ruisseaux.*
ruisselant, e adj.
ruisseler v. int. *Il ruisselle.* Conjug. 13.
ruisselet n. m.
ruissellement n. m.
rumb → rhumb.

rumba [roumba] n. f.
*****rumble** = ronronnement (aud.).
rumen [-mèn'] n. m.
rumeur n. f.
rumex n. m.
ruminant, e adj. et n. m. *Les ruminants ont quatre poches d'estomac :* panse, bonnet, feuillet, caillette (pas de feuillet chez les camélidés).
rumination n. f.
ruminer v. t.
rumsteck → romsteck.
*****runabout** = canot à moteur intégré.
*****run away** = fuite, échappement, échappée (méd.).
*****runaway plasmid** = plasmide autoamplifiable (génét.).
rune n. f.
runique adj.
*****runoff** = écoulement de surface, ruissellement (agr.).
*****run off** = liquidation de sinistres (écon.).
ruolz n. m.
rupestre adj.
rupiah [rou-] n. f. (monnaie d'Indonésie).
rupicole n. m.
rupin, e adj. et n.
rupiner v. t. et int.
rupologie n. f.
rupteur n. m.
rupture n. f.
rur*al*, *ale*, *aux* adj. et n.
*****rural development map** = plan d'aménagement rural (urb.).
rurb*ain*, *aine* adj.
ruse n. f.
rusé, e adj. et n.
ruser v. int.
*****rush** n. m. = ruée, assaut, élan.
*****rushes** n. m. pl. = épreuves de tournage (cin.).
russe adj. *Ils sont russes.* ♦ N. *Un Russe* (de Russie); *le russe* (langue) → tableau LANGUES ÉTRANGÈRES ET LANGUES ANCIENNES, p. 901.

Russie n. f. Dans l'ancienne Union soviétique, cette république portait le nom de *Rossiskaïa Sovetskaïa Federativnaïa Sotsialistitcheskaïa Respublika* ou R.S.F.S.R. (En français : République soviétique fédérative socialiste de Russie.) → Union soviétique.
russifier v. t. Conjug. 17.
russiser v. t.
russisme [-is-] n. m.
russophile adj. et n.
russophone adj. et n.
russule n. f.
rustaud, e adj. et n.
rusticage n. m.
rusticité n. f.
Rustine n. f. déposé. *Des Rustines.*
rustique adj. et n. m.
rustiquer v. t.
rustre adj. et n.
rut [rut'] n. m. (excitation). ♦ HOM. *Ruth* (de la Bible).
rutabaga n. m.
rutacée n. f.
ruthène adj. *Paysan ruthène.* ♦ N. *Un Ruthène* (de Ruthénie).
ruthénium [-nyom'] n. m. *Des ruthéniums.*
ruthénois, e adj. et n. (de Rodez).
rutilance n. f.
rutilant, e adj.
rutile n. m.
rutilement n. m.
rutiler v. int.
rutine n. f.
rutoside n. m.
Ruysdael [rwisdal'] n.
ruz [ru] n. m. ♦ HOM. → rue.
rye [ray'] n. m. ♦ HOM. → rail.
rythme n. m. *Une boîte à rythmes.*
rythmé, e adj.
rythmer v. t.
rythmeur n. m. *Un rythmeur cardiaque.*
rythmic*ien*, *enne* n.
rythmicité n. f.
rythmique adj.

S

s n. m. inv. ♦ **s :** symbole de la *seconde*. ♦ **S :** Symbole du *siemens*, du *soufre* et du *sud*.

s' 1° Forme élidée du pronom personnel *se*, devant une voyelle ou un *h* muet. *Il s'en va. Elle s'honore de cela.* 2° Forme élidée de *si*, devant *il* ou *ils* exclusivement. *Dis-moi s'il fait beau. S'ils veulent y aller. Une vraie spécialiste s'il en fut.*

s- euphonique → lettres euphoniques et tableau TRAIT D'UNION A, 9°, p. 954.

sa adj. poss. *Il avait sa guitare.* → son. ♦ HOM. *ça* (pronom), *çà* (adv.), un *sas* (tamis ; bassin d'écluse ; local étanche de transition).

sabal n. m. *Des sabals.*

sabayon [saba-yon] n. m.

sabbat n. m. (repos hebdomadaire des juifs ; assemblée nocturne ; tapage). ♦ HOM. la reine de *Saba* (souveraine légendaire), le *Sabah* (État de Malaisie).

sabbatique adj.

sabéen, enne adj. *Un pasteur sabéen.* ♦ N. *Les Sabéens* habitaient le royaume de Saba, en Arabie.

sabéisme [-is-] n. m.

sabelle n. f.

sabellianisme [-is-] n. m.

sabine n. f. (plante). ♦ HOM. *Sabine* (nom).

sabir n. m.

sablage n. m.

sable n. m. et adj. inv.

sablé, e adj. et n. m.

sabler v. t.

sableux, euse adj.

sablier, ère n.

sablon n. m.

sablonner v. t.

sablonneux, euse adj.

sablonnière n. f.

sabord n. m.

sabordage ou **sabordement** n. m.

saborder v. t.

sabot [-bo] n. m.

sabotage n. m.

sabot-de-Vénus n. m. *Des sabots-de--Vénus.*

saboter v. t.

saboterie n. f.

saboteur, euse n.

sabotier, ère n.

sabouler v. t.

sabra n. et adj. inv. en genre.

sabrage n. m.

sabre n. m. *Des sabres d'abordage.*

sabre-baïonnette n. m. *Des sabres--baïonnettes.*

sabre-briquet n. m. *Des sabres-briquets.*

sabrer v. t.

sabretache n. f.

sabreur n. m.

saburral, ale, aux adj.

saburre n. f.

sac n. m. *Des hommes de sac et de corde. Des sacs de blé, de pommes, d'embrouilles, de nœuds, de voyage, de couchage. Un sac à dos ; un sac à provisions. Des sacs à main, à malice, à ouvrage. Des courses en sac ; des culs-de--sac. De l'allemand :* mettre à sac *(saccager).*

saccade n. f.

saccadé, e adj.

saccader v. t.

SACCAGE

saccage n. m.
saccager v. t. *Il saccageait*. Conjug. 3.
saccag*eur*, *euse* n.
saccharase [saka-] n. f.
saccharate [saka-] n. m.
saccharide [saka-] n. m.
saccharifère [saka-] adj.
saccharification [saka-] n. f.
saccharifier [saka-] v. t. Conjug. 17.
saccharimètre [saka-] n. m.
saccharimétrie [saka-] n. f.
saccharimétrique [saka-] adj.
saccharin, *e* [saka-] adj. et n. f.
sacchariné, *e* [saka-] adj.
saccharoïde [saka-] n. m.
saccharolé [saka-] n. m.
saccharomyces [sakaromi-sès'] n. m.
saccharose [saka-] n. m.
saccharure [saka-] n. m.
saccule n. m.
sacculine n. f.
sacellum [-lom'] n. m. *Des sacella*.
S.A.C.E.M. sigle f. Société des auteurs, compositeurs et éditeurs de musique.
sacerdoce n. m.
sacerdot*al*, *ale*, *aux* adj. *Des ornements sacerdotaux*.
sachée n. f. (contenu d'un sac). ♦ HOM. *sachet* (petit sac), *sachez* (v. savoir).
sachem [-chèm'] n. m.
sacherie n. f.
sachet n. m. ♦ HOM. → sachée.
sacoche n. f.
sacolève n. f. On dit aussi un SACOLÉVA.
sacome n. m.
sac-poubelle n. m. *Des sacs-poubelle*.
sacquer ou **saquer** v. t.
sacr*al*, *ale*, *aux* adj.
sacralisation n. f.
sacraliser v. t.
sacramentaire n. m.
sacramental n. m. *Des sacramentaux*.
sacrament*el*, *elle* adj.
sacre n. m.
sacré, *e* adj. *Le feu sacré. Les vases sacrés* (de la liturgie); *les Livres sacrés* (Ancien et Nouveau Testaments); *le Sacré Collège; la Sacrée Congrégation du Saint-Office. Le mont Sacré. La Voie Sacrée* (Grèce, Rome); *la Voie sacrée* (Verdun). *Les vertèbres sacrées.* ♦ N. m. *Le profane et le sacré.* ♦ HOM. → sacrer.
sacrebleu! interj.
Sacré(-)Cœur n. m. *Le Sacré Cœur de Jésus. La fête du Sacré-Cœur; congrégation, basilique du Sacré-Cœur*.

sacredieu! interj.
sacrement n. m. *La fête du Saint-Sacrement. Les sept sacrements de l'Église catholique sont* : baptême, confirmation, eucharistie, pénitence, extrême-onction, ordre, mariage.
sacrément adv.
sacrer v. t. et int. (bénir; blasphémer).
♦ HOM. *sacré* (béni, du domaine religieux; relatif au sacrum), *sacret* (mâle du faucon sacre).
sacret n. m. ♦ HOM. → sacrer.
sacrificateur n. m. ♦ Ne pas confondre avec *scarificateur*.
sacrificatoire adj.
sacrifice n. m.
sacrifici*el*, *elle* adj.
sacrifié, *e* adj. et n.
sacrifier v. t. Conjug. 17.
sacrilège n. m. et adj.
sacripant n. m.
sacristain n. m.
sacristi! interj. ♦ HOM. → sacristie.
sacristie n. f. (dépendance de l'église).
♦ HOM. *sacristi!* (juron).
sacristine n. f.
sacro-iliaque adj. *Des articulations sacro-iliaques*.
sacro-saint, *e* adj. *Les sacro-saints principes*.
sacrum [-krom'] n. m. *Des sacrums*.
sadducéen → saducéen.
sadique adj.
sadique-an*al*, *ale*, *aux* adj. *Des comportements sadiques-anaux*.
sadiquement adv.
sadisme [-is-] n. m.
sado adj. inv.
sadomaso adj. inv. en genre.
sadomasochisme [-is-] n. m.
sadomasochiste adj. et n.
saducé*en*, *enne* ou **sadducé*en*, *enne*** n. et adj.
*****S.A.E.** (*Society of Automotive Engineers) = indice de viscosité d'un lubrifiant.
safari n. m.
safari-photo n. m. *Des safaris-photos*.
S.A.F.E.R. [safèr'] sigle f. Société d'aménagement foncier et d'établissement rural.
safran n. m. et adj. inv.
safrané, *e* adj.
safraner v. t.
safranière n. f.
safre n. m.
saga n. f.

sagace adj.
sagacité n. f.
sagaie n. f.
sagard n. m.
sage adj. et n. *De sages paroles. Les Sept Sages de la Grèce antique.*
sage-femme n. f. *Des sages-femmes.*
sagement adv.
sagesse n. f. *La sagesse des nations. La Sagesse* (divinité) *sous les traits de Minerve. La congrégation des filles de la Sagesse. Le Livre de Sagesse* (dans l'Ancien Testament).
sagette n. f.
sagine n. f.
sagittaire n. m. (archer romain). *Né sous le signe du Sagittaire* → zodiaque. ♦ N. f. (plante).
sagittal, ale, aux adj.
sagitté, e adj.
sagou n. m. *Des sagous.*
sagouin n. m.
sagoutier n. m.
sagum [-gom'] n. m. *Des sagums.*
sahari|en, enne adj. *Les oasis sahariennes.* ♦ N. *Les Sahariens* (du Sahara); *une saharienne* (veste).
sahélien, enne adj. et n. m. (du Sahel).
*****sahib** indien = monsieur.
sahraoui, e adj. *Une caravane sahraouie.* ♦ N. *Les Sahraouis* (du Sahara occidental).
saï n. m.
saie n. f. (manteau court). ♦ N. f. (petite brosse). ♦ HOM. → ces.
saietter [sé-yeté] v. t.
saïga n. m.
saignant, e adj. *Une plaie saignante.* ♦ Partic. prés. *Saignant du nez.* ♦ HOM. *ceignant* (du v. ceindre).
saignée n. f. *La saignée du bras.* ♦ HOM. *saigner* (tirer du sang, perdre du sang), *vous ceigniez* (v. ceindre).
saignement n. m.
saigne-nez n. m. inv.
saigner v. t. et int. ♦ HOM. → saignée.
saigneur n. et adj. m. ♦ HOM. → seigneur.
saigneux, euse adj.
saignoir n. m.
saillant, e [sa-yan, -yant'] adj. et n. m.
saillie [sa-yi] n. f.
saillir [sa-yir] Deux verbes différents selon le sens : 1° (déborder, dépasser). V. int. Conjug. 29, sauf au futur *(je saillerai)* et au présent du conditionnel *(je saillerais)*. 2° (jaillir, s'accoupler à). V. t. du 2ᵉ gr. Conjug. 24.
saïmiri n. m.
sain, e adj. (normal, en bonne santé).
♦ HOM. *sein* (organe; milieu), *seing* (signature), *saint* (pieux, vertueux), *cinq* (adj. devant une consonne), *ceint* (entouré), l'île de *Sein* (Finistère), *Sin* (désert de la Bible; dieu des Sumériens).
sainbois n. m.
saindoux n. m.
sainement adv.
sainfoin n. m.
saint, e adj. et n. *Un saint homme, une sainte. Toute la sainte journée. Les trois saints de glace* : Mamert, Pancrace et Servais (11, 12 et 13 mai de l'ancien calendrier). ♦ HOM. → sain.

■ **A.** — Pas de majuscule au mot *saint* pour désigner la personne; une majuscule quand le nom désigne une institution (fête, ville, rue, église, ordre...). *Vie de saint Bernard; le jour de la Saint-Bernard; saint Jean-Baptiste; église Saint-Jean-Baptiste; rue Saint-André; la Saint-Jean-Porte-Latine; église Saint-Pierre-aux-Liens; Saint-Pétersbourg; la fête des Saints-Innocents; la Saint-Barthélemy; ordre du Saint-Esprit.*

B. — *L'Esprit-Saint; le jeudi saint; le Livre saint* (la Bible); *le vendredi saint; l'année sainte; l'Écriture sainte; la semaine sainte; la Terre sainte; être enterré en lieu saint, en terre sainte* (terre bénite); *les Lieux saints* (de Palestine); *les Livres saints* (de la Bible).

C. — *Le saint chrême; le saint ciboire; le Saint-Esprit; le saint du jour; le Saint Livre; le Saint-Office; le Saint-Père; Notre saint-père le pape; le Très Saint-Père; le saint sacrement; la fête du Saint-Sacrement; le saint sacrifice; un saint-sépulcre* (dans une église); *le Saint-Sépulcre* (à Jérusalem); *l'ordre du Saint-Sépulcre; le Saint-Siège; le saint suaire de Turin; le saint-synode; le Saint-Graal; le Saint des Saints.*
La sainte ampoule; la sainte Bible; la Sainte-Chapelle (de Paris); *la sainte Église; notre sainte mère l'Église; la Sainte Face; la Sainte Famille; la sainte messe; la sainte table; la sainte Trinité; fête de la Sainte-Trinité; la Sainte Vierge. Les saints anges; les saints apôtres* (abs. : *les Apôtres*); *les saints de glace; les Saints Lieux* (en Palestine); *le saint lieu* (l'église); *les saints mystères; les saints Pères* (de l'Église); *rue des Saints-Pères.*

Les Saintes Écritures; les saintes espèces; les saintes huiles; les saintes reliques.
Dans le saint des saints; ne savoir à quel saint se vouer; la Toussaint; les clés de saint Pierre; Saint-Pierre de Rome; denier de Saint-Pierre; saint Jean l'Évangéliste; église Saint-Honoré-d'Eylau; le quartier de Saint-Germain-des-Prés; Sainte-Mère-Église (Cotentin); *le roi Saint Louis; l'hôpital Saint-Louis.* Abrév.: *St Pierre* (français); *St. James* (anglais).

D. — *Du saint-émilion* (vin); *des coquilles Saint-Jacques; un Saint Jean Bouche-d'Or; la Sainte-Alliance; le Saint Empire romain germanique; herbes de la Saint-Jean; des billets de la sainte-farce; les tribunaux de la Sainte-Vehme. Le duc de Saint-Simon; Sainte-Beuve; Saint-Exupéry, dit « Saint-Ex ».*

E. — Dans les gentilés composés avec trait d'union comportant le mot *Saint* ou *Sainte* et issus d'un nom de lieu, seul le dernier élément peut prendre la marque du féminin et du pluriel: *des Saint-Quentinois, des Sainte-Foyens, des images saint-sulpiciennes.*
Par contre: *des saintes-barbes* (réserves de poudre); *des saintes-nitouches* (hypocrites); *des saints-synodes* (de l'Église russe).

F. — Le mot « saint » sera abrégé le moins souvent possible; il ne le sera jamais dans un nom de personne.

saint-amour n. m. inv. (vin).

saint-bernard n. m. inv. (chien).

saint-crépin n. m. inv. (outillage de cordonnier).

saint-cyrien, enne adj. *Une fête saint-cyrienne* (de l'École militaire ou d'une localité portant le nom de Saint-Cyr). ♦ N. *Un saint-cyrien, des saint-cyriens* (élèves de l'École); *des Saint-Cyriens, des Saint-Cyriennes* (habitants d'une localité nommée Saint-Cyr).

sainte-barbe n. f. (réserve à poudre). *Des saintes-barbes. La fête de la Sainte-Barbe.*

sainte-maure n. m. inv. (fromage).

Sainte-Menehould [-menou] (ville).

saintement adv.

saint-émilion n. m. inv. (vin).

sainte-nitouche n. f. *Des saintes-nitouches.* → nitouche.

Saint-Esprit n. m. sing. (troisième personne de la Trinité).

sainteté n. f. Spécialt: *Sa Sainteté* (le pape). *Sa Sainteté est souriante. Sa Sainteté le pape est souriant.* → majesté.

saint-florentin n. m. inv. (fromage).

saint-frusquin n. m. inv.

saint-germain n. m. ou f. inv. (poire).

saint-glinglin (à la) loc. adv.

Saint-Guy (danse de) loc. f.

saint-honoré n. m. inv. (gâteau).

saint-marcellin [-selin] n. m. inv. (fromage).

saint-nectaire n. m. inv. (fromage).

Saint-Office n. m. sing.

saintongeais, e adj. et n. (de la Saintonge).

saintpaulia [sinpolya] n. m. (plante).

saint-paulin n. m. inv. (fromage).

saint-pierre n. m. inv. (poisson).

saint-sépulcre n. m. (figures sculptées représentant la mise au tombeau du Christ). *Des saint-sépulcres.*

saint-simonien, enne adj. et n. *Des saint-simoniens.*

saint-simonisme [-is-] n. m. *Des saint-simonismes.*

saint-sulpicerie n. f. *Des saint-sulpiceries.*

saint-sulpicien, enne adj. *Des statues saint-sulpiciennes.*

saint-synode n. m. *Des saints-synodes russes.*

saisi, e adj. *Un rôti bien saisi.* ♦ HOM. → saisie.

saisie n. f. *L'huissier opère une saisie.* ♦ HOM. *il saisit* (v.), *il est saisi* (adj.), *la sésie* (papillon).

saisie-appréhension n. f. *Des saisies-appréhensions.*

saisie-arrêt n. f. *Des saisies-arrêts.*

saisie-attribution n. f. *Des saisies-attributions.*

saisie-brandon n. f. *Des saisies-brandons.*

saisie-exécution n. f. *Des saisies-exécutions.*

saisie-gagerie n. f. *Des saisies-gageries.*

saisie-revendication n. f. *Des saisies-revendications.*

saisie-vente n. f. *Des saisies-ventes.*

saisine n. f.

saisir v. t. du 2ᵉ gr. Conjug. 24. *Ils s'en sont saisis. Ils se sont saisis de lui.* → tableau VERBES IX, C, 3°, p. 970.

saisissable adj.

saisissant, e adj. et n.

saisissement n. m.
saison n. f.
saisonnalité n. f.
saisonnier, ère adj. et n.
saïte adj.
sajou ou **sapajou** n. m. *Des sajous; des sapajous.*
saké n. m. (boisson).
saki n. m. (singe).
sakieh [-kyé] n. f.
saktisme [-is-] n. m.
sal n. m. *Des sals.* ♦ HOM. → sale.
salace adj.
salacité n. f.
salade n. f. *Des fruits en salade; des paniers à salade; salade de fruits, d'oranges, de pommes de terre, de tomates. Salade de chicorée, de cresson, d'endive, de homard, de laitue, de langouste, de mâche. Salade de chou(x)--fleur(s), de concombre(s), de pissenlit(s). Salade niçoise; salade russe.*
saladero [-déro] n. m.
saladier n. m.
salage n. m.
salaire n. m. *Le salaire minimum de croissance* (S.M.I.C.).
salaison n. f.
salaisonnerie n. f.
salamalec n. m. Souvent employé au pluriel.
salami n. m. (saucisson).
salangane n. f.
salant n. et adj. m.
salarial, ale, aux adj.
salariat [-rya] n. m.
salarié, e n. et adj.
salarier v. t. Conjug. 17.
salat [-lat'] n. f.
salaud n. m. et adj. m.
salbande n. f.
sale adj. *Une sale affaire. Des toiles blanc sale.* ♦ HOM. une *salle* (grande pièce), il *sale* (v.), un *sal* (arbre de l'Inde).
salé, e adj. et n. m. *Du petit salé.*
salement adv.
salep n. m.
saler v. t.
saleron n. m.
salers [-èrs'] n. m. (fromage). ♦ N. f. (race bovine de Salers).
salésien, enne adj. et n.
saleté n. f.
salicacée n. f.

salicaire n. f.
salicine n. f.
salicole adj.
salicoque n f.
salicor n. m.
salicorne n. f.
salicoside n. m.
saliculture n. f.
salicylate n. m.
salicylé, e adj.
salicylique adj.
salidiurétique adj. et n. m.
salien, enne adj. *Les Francs Saliens.*
salière n. f.
salifère adj.
salifiable adj.
salification n. f.
salifier v. t. Conjug. 17.
saligaud, e n.
salignon n. m.
salin, e adj. et n.
salinage n. m.
salinier n. m.
salinisation n. f.
salinité n. f.
salique adj. *La loi salique.*
salir v. t. du 2ᵉ gr. Conjug. 24.
salissant, e adj.
salisson n. f.
salissure n. f.
salivaire adj.
salivant, e adj.
salivation n. f.
salive n. f.
saliver v. int.
salle n. f. *Salle d'asile, d'audience, de bal, de cinéma, de contrôle, de danse, d'eau, d'honneur, de marché, d'opération, de police, de séjour, de spectacle, de théâtre, de vente. Une salle d'étude(s). Salle d'armes, de bains, de concerts, de conférences, des ventes. La salle des pas perdus; des garçons de salle; la grand-salle. Les salles de jeu* (dans un casino), *la salle de jeux* (pour les enfants). ♦ HOM. → sale.
salmanazar n. m.
salmigondis [-di] n. m.
salmis [-mi] n. m. *Un salmis de bécasse(s), de pintade.*
salmonelle n. f. ou **salmonella** n. f. inv.
salmonellose n. f.
salmoniculture n. f.
salmonidé n. m.
saloir n. m.

salol n. m.

salon n. m. *Un salon de lecture; passer au salon; le salon de Mme Récamier; salon de coiffure, de thé, de verdure; des succès de salon. Le salon Carré* (au Louvre); *le Salon des beaux-arts; le Salon d'automne; le Salon des Tuileries; le Salon des indépendants; le Salon de l'automobile* (ou *de l'auto*); *le Salon des arts ménagers* (abs. : *les Arts ménagers*); *le Salon nautique; le S.I.C.O.B.; Salon--de-Provence.*

salonnard, e ou **salonard, e** n.

salonnier, ère n.

*****saloon** n. m. = salle, salon, café.

salop n. m.

salopard n. m.

salope n. f.

saloper v. t.

saloperie n. f.

salopette n. f.

salopiaud, salopiau ou **salopiot** n. m.

salpe n. f.

salpêtrage n. m.

salpêtre n. m.

salpêtrer v. t.

salpêtreux, euse adj.

salpêtrière n. f. *L'hôpital de la Salpêtrière.*

salpêtrisation n. f.

salpicon n. m.

salpingite n. f.

salpingo-ovarite n. f. *Des salpingo-ovarites.*

salsa n. f.

salse n. f.

salsepareille n. f.

salsifis [-fi] n. m.

salsolacée n. f.

saltarelle n. f.

saltation n. f.

saltatoire adj.

saltimbanque n. m.

salto n. m.

saltus [-us'] n. m.

salubre adj.

salubrité n. f.

saluer v. t. Conjug. 18.

salure n. f.

salut n. m.

salutaire adj.

salutairement adv.

salutation n. f.

salutiste n. et adj.

salvadorien, enne adj. et n. (du Salvador).

*****salvage** = matériel récupéré, récupération, renflouage.

salvagnin n. m. (vin).

salvateur, trice adj.

salve n. f.

samara n. m. (chaussure).

samare n. f. (graine).

samaritain, e adj. *Les vestiges samaritains.* ♦ N. *La parabole du bon Samaritain; le samaritain* (langue); *les magasins « À la Samaritaine ».*

samarium [-ryom'] n. m. *Des samariums.*

samba n. m. (bois africain). ♦ N. f. (danse brésilienne). Ce mot est masculin au Portugal et au Brésil.

sambue n. f. (selle).

sambuque n. f. (pont; harpe).

samedi n. m. → *jour*.

samit [-mi] n. m.

*****samizdat** (russe) n. m. = littérature souterraine, texte de diffusion clandestine.

sammy n. m. *Des sammies.*

samoan, e adj. et n. (des îles Samoa).

samole n. m.

samouraï ou **samurai** n. m.

samovar n. m.

samoyède n. et adj. (langue des Samoyèdes).

sampan ou **sampang** [-pan] n. m.

sampi n. m. inv.

sampler v. t.

*****sampler** = échantillonneur (musique).

*****sampling** = plagiat, copie.

*****sampling grid** = grille d'échantillonnage (spat.).

*****sampling interval** = pas d'échantillonnage (spat.).

sampot [-po] n. m.

S.A.M.U. [samu] sigle m. Service d'aide médicale d'urgence.

samurai → *samouraï*.

sana n. m.

sanatorial, ale, aux adj. → *sénatorial*.

sanatorium [-ryom'] n. m. *Des sanatoriums.*

san-benito [sanbé-] n. m. *Des san-benitos.*

sancerre n. m. (vin).

sanctifiant, e adj.

sanctificateur, trice n. et adj.

sanctification n. f.

sanctifier v. t. Conjug. 17.

sanction [sanksyon] n. f.

sanctionner v. t.
sanctuaire n. m. (lieu saint).
sanctuariser v. t.
*****sanctuary** = asile, refuge.
sanctus [-tus] n. m.
sandale n. f.
sandalette n. f.
sandalier, ère n.
sandaraque n. f.
sanderling [sandèrlin] n. m.
sandinisme [-is-] n. m.
sandiniste adj. et n.
sandix ou **sandyx** n. m.
sandjak n. m.
Sandow n. m. déposé inv.
sandre n. m. ou f. (poisson). ♦ HOM. → cendre.
*****sand trap** = ensable, fosse de sable (golf).
sandwich [sandwitch'] n. m. *Ils ont été pris en sandwich.* Pl. fr. : *sandwichs*; pl. angl. : *sandwiches*.
sandwicherie n. f.
sandyx → sandix.
Sanforisage n. m. déposé inv.
sang [san] n. m. *Être en sang; à feu et à sang; animal à sang froid; se ronger les sangs. Des transfusions de sang.* Mots invariables désignant des chevaux : *des pur-sang, des demi-sang, des trois-quarts-de-sang.* ♦ HOM. *sans* (prép.), *cent* (nombre), il *sent* (v. sentir).
sang-dragon ou **sang-de-dragon** n. m. inv. (résine).
sang-froid n. m. inv. (maîtrise de soi). *Ils l'ont fait de sang-froid.*
sanglant, e adj.
sangle n. f.
sangler v. t.
sanglier n. m.
sanglon n. m.
sanglot n. m.
sanglotement n. m.
sangloter v. int.
sang-mêlé n. inv. → outre-mer.
sangria n. f.
sangsue [sansu] n. f.
sanguin, e [sanghin, -in'] adj.
sanguinaire [-ghi-] adj. et n. f. (plante). *Les îles Sanguinaires.*
sanguinaria [-ghi-] n. m.
sanguine [-ghin'] n. f.
sanguinolent, e [-ghi-] adj.
sanguisorbe [-ghisorb'] n. f.

sanhédrin [sa-nédrin] n. m.
sanicle ou **sanicule** n. f.
sanie n. f.
sanieux, euse adj.
Sanisette n. f. déposé inv.
sanitaire adj. *Établissement sanitaire.*
♦ N. m. pl. *Les sanitaires.*
sans prép. *Il sort sans chapeau.* ♦ HOM. → sang.

■ **A.** — **On écrit au singulier :** sans anicroche, argent, aveu, beauté, cérémonie, cesse, commentaire, conteste, contredit, défense, détour, difficulté, douleur, doute, effort, égard, encombre, exemple, fin, gêne → gêne, grâce, inconvénient, mélange, obstacle, opinion, passion, peur, place, précédent, prétention, preuve, prévention, provision, quoi, raison, regret, reproche, réserve, résultat, retour, scrupule, soin, vergogne.

B. — **On écrit au pluriel :** sans ambages, enfants, limites, manches, prétentions, principes, soins, soucis, témoins; sans aucuns frais.

C. — **On écrit selon le sens :** sans adieu(x), condition(s), entrave(s), façon(s), ménagement(s), réticence(s); agir sans précaution(s) et sans discernement; dictée sans fautes; venez sans faute; tomber sans connaissance; il vit sans amis et sans connaissances; sans façon(s); sans plus de façons; être sans ressource(s); une existence sans charme; une femme sans charme(s); sans coup férir; ministre sans portefeuille; sans à-coup(s); sans égal → égal; sans pareil → pareil; avocat sans cause; pauvre sans chemise; vêtement sans couture; sans feu ni lieu; sans rime ni raison; sans foi ni loi; sans tambour ni trompette; un livre sans défaut; un enfant sans défauts; ménage sans enfants; livre sans gravures; union sans nuages; débat sans passion; un homme sans passions; histoire sans paroles; cela va sans dire.

D. — **sans que :** après cette locution, qui doit être suivie du subjonctif, les mots *aucun, personne, rien* ont un sens positif. Il ne faut donc pas ajouter une négation. *Sans que personne puisse s'y opposer.*

E. — **sans/s'en** 1° *Sans*, préposition, marque une privation. *Ne sortez pas sans manteau.* 2° *S'en* se place devant un verbe; on pourrait le remplacer par « se (v.) de cela ». *J'ai l'impression qu'il s'en moque* (se moque de cela).

Ces homonymes voisinent dans la

phrase : *Il se rend malade sans s'en douter.*
sans-abri n. inv.
sans-cœur n. inv.
sanscrit → sanskrit.
sans-culotte n. m. *Des sans-culottes.*
sans-culottide n. f. (journée républicaine). *Des sans-culottides.*
sans-dieu n. inv.
sans-emploi n. inv. (chômeur).
sansevière n. f. ou **sanseviera** n. m. inv.
sans-façon n. m. inv.
sans-faute n. m. inv. (parcours parfait).
sans-fil n. m. inv. (téléphone).
sans-filiste n. *Des sans-filistes.*
sans-gêne n. m. inv. (manière d'agir). ♦ N. inv. (personne). → gêne. *Madame Sans-Gêne* (la maréchale Lefebvre).
sans-grade n. inv. (subalterne).
sanskrit, e ou **sanscrit, e** n. m. et adj.
sanskritique adj.
sanskritisme [-is-] n. m.
sanskritiste n.
sans-le-sou n. inv.
sans-logis n. inv.
sansonnet n. m.
sans-papiers n. (personne démunie de pièces d'identité).
sans-pareil n. m. inv. (raisin).
sans-parti n. inv.
sans-soin n. inv.
sans-souci adj. et n. inv. *Le château de Sans-Souci.*
santal n. m. *Des santals.*
santaline n. f. (colorant).
santé n. f. *Ils sont en mauvaise santé. Des maisons de santé ; le service de santé. À votre santé !*
santiag n. f. *Une paire de santiags.*
santoline n. f. (arbrisseau).
santon n. m. (figurine provençale). ♦ HOM. nous *sentons* (v.), un *centon* (vêtement fait de morceaux ; œuvre littéraire composite).
santonine n. f. (vermifuge).
sanve n. f.
sanza n. f.
saoudien, enne adj. et n. (de l'Arabie Saoudite). → Arabie.
saoudite adj. (relatif à la dynastie Saoud).
saoul → soûl.
saouler → soûler.
sapajou → sajou.
sape n. f.

sapement n. m.
sapèque n. f.
saper v. t.
saperde n. f.
saperlipopette! interj.
sapeur n. m. *Sapeur colombophile, sapeur télégraphiste.*
sapeur-mineur n. m. *Des sapeurs-mineurs.*
sapeur-pompier n. m. *Des sapeurs-pompiers. La médaille des Sapeurs-Pompiers.*
saphène adj. et n.
saphique adj. (digne de Sapho).
saphir n. m. et adj. inv.
saphisme [-is-] n. m.
sapide adj.
sapidité n. f.
sapience n. f.
sapientiaux [sapyin-syo] adj. m. pl. *Les livres sapientaux* (de l'Ancien Testament).
sapientiel, elle [sapyin-syèl'] adj.
sapin n. m.
sapindacée n. f.
sapine n. f.
sapinette n. f.
sapinière n. f.
sapiteur n. m.
saponacé, e adj.
saponaire n. f.
saponase n. f.
saponé n. m.
saponifiable adj.
saponification n. f.
saponifier v. t. Conjug. 17.
saponine n. f.
saponite n. f.
sapotacée n. f.
sapote ou **sapotille** n. f.
sapotier ou **sapotillier** n. m.
sappan n. m.
sapristi! interj.
sapropèle ou **sapropel** n. m.
saprophage adj. et n. m.
saprophile adj.
saprophyte n. m. et adj.
saprophytisme [-is-] n. m.
saquer → sacquer.
sar n. m. (poisson).
sarabande n. f.
sarbacane n. f.
sarcasme [-as-] n. m.
sarcastique adj.

sarcastiquement adv.
sarcelle n. f. (oiseau). ♦ HOM. *Sarcelles* (ville).
sarcellite n. f.
sarcine n. f.
sarclage n. m.
sarcler v. t.
sarclette n. f.
sarcl*eur, euse* n.
sarcloir n. m.
sarclure n. f.
sarcoïde adj. et n. f.
sarcoïdose n. f.
sarcomat*eux, euse* adj.
sarcome n. m. *Le sarcome de Kaposi, d'Ewing.*
sarcomère n. m.
sarcophage n. m.
sarcoplasma ou **sarcoplasme** n. m.
sarcopte n. m.
sardanapalesque adj.
sardane n. f.
sarde adj. *Un pêcheur sarde.* ♦ N. *Un Sarde* (de Sardaigne).
sardine n. f.
sardinelle n. f.
sardinerie n. f.
sardini*er, ère* n.
sardoine n. f. et adj. inv.
sardonique adj.
sardoniquement adv.
sardonyx n. f.
sargasse n. f. (algue). *La mer des Sargasses.*
sari n. m.
sarigue n. f.
sarisse n. f.
S.A.R.L. sigle f. Société à responsabilité limitée.
sarment n. m.
sarmenter v. t.
sarment*eux, euse* adj.
sarode n. m.
sarong [-rong'] n. m.
saros [-ros'] n. m.
saroual n. m. *Des sarouals.* Quelquefois écrit SAROUEL ou SÉROUAL. *Des sérouals.*
sarracenia [-sénya] n. m.
sarrancolin → sérancolin.
sarrasin, e adj. *L'invasion sarrasine.* ♦ N. *Les Sarrasins furent arrêtés à Poitiers.* ♦ N. m. (céréale). ♦ N. f. (herse de pont-levis).
sarrau n. m. *Des sarraus.*

sarrette n. f. Quelquefois écrit SARRÈTE ou SERRETTE.
sarriette n. f.
sarrois, e adj. *Les mines sarroises.* ♦ N. *Un Sarrois* (de la Sarre).
sarrussophone n. m.
sas [sa ou sas'] n. m. ♦ HOM. → sa.
sashimi n. m. (mets japonais). *Des sashimis.*
sassafras [-fra ou -fras'] n. m.
sassage n. m.
sassanide adj. et n.
sassement n. m.
sassenage n. m.
sasser v. t.
sass*eur, euse* n.
satané, e adj.
satanique adj.
satanisme [-is-] n. m.
satellisable adj.
satellisation n. f.
satelliser v. t.
satellitaire adj.
satellit*al, ale, aux* adj.
satellite n. m. *Des satellites d'alerte, de télévision.* → astronautique.
*****satellite angular elevation** = hauteur angulaire du satellite.
*****satellite (borne) photograph(y)** = photo-satellite (spat.).
*****satellite data** = donnée de satellite.
*****satellite DNA** = ADN satellite (génét.).
satellite-espion n. m. *Des satellites-espions.*
*****satellite image map** = spatiocarte.
satellite-météo n. m. *Des satellites-météo.*
*****satellite picture** = image-satellite (spat.).
satellite-radio n. m. *Des satellites-radio.*
satellite-relais n. m. *Des satellites-relais.*
*****satellite RNA** = ARN satellite (génét.).
satellite-télé n. m. *Des satellites-télé.*
*****satellite track** = trace du satellite (spat.).
sati n. f.
satiation [-sya-syon] n. f.
satiété [-syété] n. f.
satin n. m.
satinage n. m.
satiné, e adj. et n. m.
satiner v. t.
satinette n. f.
satin*eur, euse* adj. et n.

satire n. f. (texte qui se moque des ridicules). *Les satires d'Horace.* ♦ HOM. un *satyre* (divinité accompagnant Bacchus; homme débauché; papillon).

satirique adj. et n. (qui relève de la satire, qui tourne en ridicule). ♦ HOM. *satyrique* (relatif aux satyres).

satiriquement adv.

satiriser v. t.

satiriste n.

satisfaction n. f.

satisfactoire adj.

satisfaire v. t. Conjug. 51.

satisfaisant, e [-fezan, -fezant'] adj.

satisfait, e adj.

satisfecit [-tisfé-sit'] n. m. inv.

satisfiabilité n. f.

satisfiable adj.

satori n. m. inv.

satrape n. m.

satrapie n. f.

satrapique adj.

saturabilité n. f.

saturable adj.

saturant, e adj.

*****saturated boiling** = ébullition nucléée saturée, ébullition franche (nucl.).

*****saturated zone** = zone saturée (agr.).

saturateur n. m.

saturation n. f.

saturé, e adj.

saturer v. t.

saturnales n. f. pl.

saturne n. m. (nom donné au plomb par les alchimistes). ♦ HOM. *Saturne* (divinité; planète).

saturnie n. f.

saturnien, enne adj. (relatif à Saturne).

saturnin, e adj. (relatif au plomb). ♦ HOM. *Saturnin* (prénom).

saturnisme [-is-] n. m.

satyre n. m. ♦ HOM. → satire.

satyriasis [-zis] n. m.

satyrique adj. ♦ HOM. → satirique.

sauce n. f. *Sauce mayonnaise; sauce poulette; sauce Béchamel* (nom d'une personne), *une béchamel* (nom commun), *sauce à la Béchamel* (à la manière de); *sauce Mornay, une mornay; des sauces béarnaises, des tournedos béarnaise* (à la sauce béarnaise).

saucé, e adj. ♦ N. f. (averse; correction). ♦ HOM. *saussaie* (lieu planté de saules).

saucer v. t. *Il sauçait.* Conjug. 2.

saucier, ère n.

saucipain n. m. (*hot dog).

saucisse n. f. *De la chair à saucisse(s).*

saucisson n. m. ♦ LEXIQUE des saucisses et saucissons : d'Arles, de Bologne, de Francfort, de Lyon, de Morteau, de Paris, de Strasbourg, de Toulouse ; cervelas, chipolata, chorizo, figatelli, jésus, merguez, mortadelle, rosette, salami, soubressade.

saucissonnage n. m.

saucissonner v. int.

sauf, sauve adj. *Elles sont saines et sauves.*

sauf prép. *Tout est perdu, sauf les coffres. Sauf erreur ou omission ; sauf erreur ; sauf correction ; sauf avis contraire.*

sauf-conduit n. m.

sauge n. f.

saugrenu, e adj.

saulaie ou **saussaie** n. f. (plantation de saules). ♦ HOM. → saulée ; saucé.

saule n. m. ♦ HOM. → sol.

saulée n. f. (rangée de saules). ♦ HOM. *saulaie* (lieu planté de saules).

saumâtre adj.

saumon n. m. et adj. inv.

saumoné, e adj.

saumoneau n. m. *Des saumoneaux.*

saumurage n. m.

saumure n. f.

saumuré, e adj.

saumurer v. t.

sauna n. m.

saunage n. m.

saunaison n. f.

sauner v. int. ♦ HOM. → sonner.

saunier n. m. *Un faux saunier.*

saunière n. f.

saupiquet n. m.

saupoudrage n. m.

saupoudrer v. t.

saupoudreuse n. f.

saur adj. m. *Des harengs saurs ; des chevaux saurs.* ♦ HOM. → sort.

saurage n. m.

saure n. m. ♦ HOM. → sort.

saurer v. t.

sauret adj. et n. m.

saurien n. m.

saurin n. m.

sauris [-ri] n. m.

saurissage n. m.

saurisserie n. f.

saurisseur, euse n. et adj.

saurophidien n. m.
sauropsidé n. m.
saussaie → saulaie.
saut n. m. *Des sauts en longueur, en hauteur. Des triples sauts. Un saut fosbury. Saut à l'élastique. La nature semble procéder par sauts. Je les ai surpris au saut du lit.* ♦ HOM. → sot.
sautage n. m.
saut-de-lit n. m. (peignoir). *Des sauts-de-lit.*
saut-de-loup n. m. (fossé). *Des sauts-de-loup.*
saut-de-mouton n. m. (passage supérieur). *Des sauts-de-mouton.*
saute n. f. *Des sautes de vent.*
sauté n. m. *Des sautés de veau.*
saute-mouton n. m. inv.
sauter v. int. et t. → tableau PARTICIPE PASSÉ III, F, 10°, p. 924.
sautereau n. m. *Des sautereaux.*
sauterelle n. f.
sauterie n. f.
sauternes n. m. (vin de la région de *Sauternes*).
saute-ruisseau n. m. inv.
sauteur, **euse** n. et adj.
sautier n. m.
sautillant, e adj.
sautillement n. m.
sautiller v. int.
sautoir n. m.
sauvage adj. *Un homme sauvage, une femme sauvage, des enfants sauvages.* ♦ N. *Un sauvage, une sauvage.* Pour ce nom féminin, on disait autrefois *une sauvagesse.*
sauvagement adv.
sauvageon, **onne** n.
sauvagerie n. f.
sauvagesse → sauvage.
sauvagin, e adj. et n.
sauvegarde n. f.
sauvegarder v. t.
sauve-qui-peut n. m. inv. *Quelqu'un cria : Sauve qui peut ! Ce fut le sauve-qui-peut.*
sauver v. t.
sauvetage n. m.
sauveté n. f.
sauveterrien, **enne** n. m. et adj.
sauveteur adj. m. et n. m.
sauvette (à la) loc. adv.
sauveur n. m. et adj. m.
sauvignon n. m.
savamment adv.

savane n. f.
savanisation n. f.
savant, e adj. et n.
savarin n. m.
savart [-var'] n. m.
savate n. f.
savetier, **ère** n.
saveur n. f.
savoir v. t. Conjug. 71. *Il reste à savoir. Savoir gré à ; je vous saurai(s) gré de* (mais : *je vous serai(s) reconnaissant de*). *Ils en ont su gré. Je vous le fais assavoir. Il y a trois parties, (à) savoir : la maison, la cour, le jardin. Je ne sache pas que* (suivi du subj.); *que je sache; un je-ne-sais-quoi* (inv.); *un je ne sais quel charme émanait de son savoir.* ♦ N. m. *Une personne de grand savoir.*
savoir-écrire n. m. inv.
savoir-faire n. m. inv.
savoir-vivre n. m. inv.
savoisien, **enne** adj. *Paysage savoisien.* ♦ N. *Un Savoisien* (de Savoie). Le mot *savoyard* est plus employé.
savon n. m. *Savon en paillettes, en copeaux. Des bulles de savon; eau de savon; des savons de toilette, des savons mi-cuits.* ♦ HOM. nous *savons* (v. savoir).
savonnage n. m.
savonnée n. f.
savonner v. t.
savonnerie n. f.
savonnette n. f.
savonneux, euse adj.
savonnier, ère n. et adj.
savourer v. t.
savoureusement adv.
savoureux, euse adj.
savoyard, e [savwayar'] adj. *L'hiver savoyard.* ♦ N. *Une Savoyarde* (de Savoie); *omelette à la savoyarde; la Savoyarde* (bourdon du Sacré-Cœur de Paris).
***sawtooth roof** = toiture à redans (urb.).
saxatile adj.
saxe n. m. (porcelaine venant de Saxe).
saxhorn n. m.
saxicole adj.
saxifragacée n. f.
saxifrage n. f.
saxo n. (apocope de *saxophone* ou de *saxophoniste*).
saxon, saxonne adj. *Un chef saxon.* ♦ N. *Les Saxons* (ancien peuple germanique); *le saxon* (langue qui se divisa en *bas*

SAXOPHONE 712

saxon, *haut saxon* et *anglo-saxon*); *un saxon* (pièce de feu d'artifice).
saxophone n. m. *Un saxophone ténor, des saxophones ténors ; des saxophones altos.*
saxophoniste n.
sayette n. f.
saynète n. f.
sayon [sè-yon] n. m.
sbire n. m.
sbrinz n. m.
sc- Ce couple est assez fréquent en français : *acquiescer, ascension, ascète, conscience, descente, discerner, disciple, fasciner, osciller, piscine, scène, sceptre, scie, science, scintiller, sculpter, susceptible, transcendant...* et les mots en -*scence* (*adolescence, convalescence, incandescence, résipiscence...*) avec les adjectifs correspondants (*adolescent, convalescent, évanescent, phosphorescent...*).

Ce groupe se prononce [s] devant *e* ou *i* (*ascenseur, discipline*) et [sk] devant *a, o* ou *u* (*scatologique, discobole, disculper*).

Il faut veiller à bien écrire *sc* afin qu'à la lecture ce ne soit pas pris pour un *x*.

Attention : le mot *quintessence* (avec deux *s*) est de la famille de *essence*.
scabieux, euse adj. (qui ressemble à la gale). ♦ N. f. (plante).
scabinal, ale, aux adj.
scabreux, euse adj. (délicat, dangereux).
scaferlati n. m. *Des scaferlatis.*
scalaire adj. *Un produit scalaire.* ♦ N. m. (poisson).
scalde n. m.
scaldien, enne adj. et n. (de l'Escaut).
scalène adj. *Un triangle scalène.* ♦ N. m. (muscle).
*****scalopping** = festonnement (méd.).
scalp n. m.
scalpel [-pèl'] n. m.
scalper v. t.
scampi n. m. pl.
*****scan (to)** = scanner (v.).
scandale n. m.
scandaleusement adv.
scandaleux, euse adj.
scandaliser v. t.
scander v. t.
scandinave adj. *Les forêts scandinaves.* ♦ N. *Un Scandinave* (de Scandinavie).
scandium [-dyom'] n. m. *Des scandiums.*

*****scan line** = ligne de balayage (spat.).
scannage n. m.
scanner v. t.
*****scanner** n. m. = scanneur, radiomètre à balayage (spat.) ; sondeur, scrutateur, déchiffreur, explorateur, cellule exploratrice, scannographe, tomodensitomètre.
scanneur n. m. (mot proposé pour *scanner*).
scanneuriste n. et adj.
*****scanning** = scannage.
*****scanning microwave spectrometer** (SCAMS) = spectromètre à scannage en hyperfréquence (spat.).
*****scannogram** = scannogramme.
scannogramme n. m.
scannographe ou **scanographe** n. m.
scannographie ou **scanographie** n. f.
scannographiste n.
scannoscope n. m.
scansion n. f.
*****scan swath** = couloir exploré (spat.).
scaphandre n. m.
scaphandrier n. m.
scaphite n. m.
scaphoïde adj. et n. m.
scaphopode n. m.
scapulaire n. m. et adj.
scapulo-huméral, ale, aux adj. *Des douleurs scapulo-humérales.*
scarabée n. m.
scarabéidé n. m.
scare n. m.
scarieux, euse adj.
scarifiage n. m.
scarificateur n. m. → sacrificateur.
scarification n. f.
scarifier v. t. Conjug. 17.
scarlatine n. f.
scarlatiniforme adj.
scarole n. f. L'ancienne orthographe *escarole* n'est plus guère en usage.
scat [skat'] n. m. (style de chanson à onomatopées).
scatch n. m. (jeu de balle).
scatole ou **scatol** n. m.
scatologie n. f. (ce qui se rapporte aux excréments). ♦ Ne pas confondre avec *eschatologie* (doctrines de la fin de l'homme et du monde).
scatologique adj.
scatophage n. m.
scatophile adj.
*****scattering** = diffusion (nucl.).

*scatting = dispersion (méd.).

scazon n. m. (vers grec).

sceau n. m. *Des sceaux. Le garde des Sceaux.* ♦ HOM. → sot.

sceau-de-Salomon n. m. (plante). *Des sceaux-de-Salomon.*

scélérat, e [-ra, rat'] adj. et n.

scélératesse n. f.

scellage n. m.

scellé n. m. Rare au singulier. *Poser les scellés.* ♦ HOM. → seller.

scellement n. m.

sceller v. t. ♦ HOM. → seller.

scénarimage n. m.

scénario n. m. Pl. fr. : *scénarios* ; pl. ital. : *scenarii.*

scénariser v. t.

scénariste n.

scène n. f. *Des metteurs, des mises en scène. Des scènes de ménage.* Pour une précision à propos d'une pièce de théâtre, on écrit : *L'Avare, acte II, scène 3* ou *L'Avare, II, 3.* ♦ HOM. *saine* (adj.), *senne* ou *seine* (filet), *Seine* (fleuve), *cène* (du Christ), *sen* (monnaie orientale).

*scene center = centre de scène (spat.)

scénique adj.

scéniquement adv.

scénographe n.

scénographie n. f.

scénographique adj.

scénologie n. f.

scepticisme [-is-] n. m.

sceptique adj. et n. ♦ HOM. → septique.

sceptiquement adv.

sceptre n. m. → spectre.

schabraque → chabraque.

schah → chah.

schako → shako.

schappe [chap'] n. f. ♦ HOM. → chape.

schapska → chapska.

scheidage [ché-] n. m.

scheider [ché-] v. t.

scheik → cheikh.

schelem → chelem.

schelling n. m. (ancien nom du *schilling*).

schéma [ché-] n. m.

*schematic capture = saisie de schéma, saisie graphique (électron.).

schématique adj.

schématiquement adv.

schématisation n. f.

schématiser v. t.

schématisme n. m.

schème [chèm'] n. m.

schéol ou shéol [ché-] n. m.

scherzando [skèrtsan'do] → scherzo.

scherzo [skèrtzo] ou scherzando [skèrtsan'do] n. m. *Des scherzos, des scherzandos.*

*scherzo, scherzando (ital.) adv. = vivement, gaiement.

schibboleth [chibolèt'] n. m.

schiedam [skidam'] n. m.

*schilling (autrichien) n. m. (unité monétaire autrichienne : *3 schillings* ou *3 SCH*). ♦ HOM. *shilling* (ancienne monnaie anglaise).

schismatique [chis-] adj. et n.

schisme [chism'] n. m.

schiste [chist'] n. m.

schisteux, euse [chis-] adj.

schistoïde [chis-] adj.

schistosité [chis-] n. f.

schistosome [skis-] n. m.

schistosomiase [skis-] n. f.

schizogamie [ski-] n. f.

schizogonie [ski-] n. f.

schizoïde [ski-] adj.

schizoïdie [ski-] n. f.

schizomanie [ski-] n. f.

schizonoïa [ski-] n. f.

schizopathie [ski-] n. f.

schizophasie [ski-] n. f.

schizophrène [ski-] n. et adj.

schizophrénie [ski-] n. f.

schizophrénique [ski-] adj.

schizose [ski-] n. f.

schizothyme [ski-] adj. et n.

schizothymie [ski-] n. f.

schizothymique [ski-] adj. et n.

schlague [chlag'] n. f.

schlamm [chlam'] n. m.

schlass [chlas'] adj. inv.

schleu → chleuh.

schlich [chlik'] n. m.

schlinguer → chlinguer.

schlittage [chli-] n. m.

schlitte [chlit'] n. f.

schlitter [chli-] v. t.

schlitteur [chli-] n. m. et adj. m.

schnaps [chnaps'] n. m.

schnauzer [chnawzeur'] n. m.

schnock, schnoque ou chnoque n. m. et adj. inv.

schnorchel ou schnorkel n. m.

schnouff, schnouf ou chnouf n. f.

schofar n. m.

scholiaste → scoliaste.

scholie → scolie.

schooner [chouneur'] n. m.

schorre [chor'] n. f.

schproum [chproum'] n. m.

schubertien, enne [choubèrtyin, yèn'] adj.

schupo [choupo] n. m.

schuss [chous'] adj. inv. De l'allemand *Schussfahrt* (décidé, rapide, soudain). ♦ N. m. (descente directe).

schwa → chva.

Schwartz [chvarts'] n.

Schweitzer [chvaytzeur'] n.

Schweppes [chwèps'] n. m. déposé.

S.C.I. sigle f. Société civile immobilière.

sciable adj.

sciage n. m.

Scialytique n. m. déposé inv.

sciant, e adj.

sciatique adj. et n. f.

scie n. f. *Scie à araser, à chantourner à placage, à refendre; scie à bûches; scie à chaîne, à main, à ruban; scie égoïne; des traits de scie; en dents de scie; scie sauteuse; des scies passe-partout.* ♦ HOM. → si.

sciemment [sya-man] adv.

science n. f. *Un puits de science; des hommes de science; la faculté des sciences; Sciences-Po* (autrefois *École libre des sciences politiques*, maintenant *Institut d'études politiques de Paris*).

science-fiction n. f. *Des sciences-fictions. Des romans de science-fiction.*

sciène n. f. (poisson). ♦ HOM. *Sienne* (ville), *faire des siennes*.

sciénidé n. m.

scientificité n. f.

scientifique adj. et n.

scientifiquement adv.

scientisme [-is-] n. m.

scientiste adj. et n.

scientologie n. f.

scier [syé] v. t. Conjug. 17.

scierie [siri] n. f.

scieur, euse n. *Des scieurs de long.* ♦ HOM. *sieur* (individu, en style juridique).

scille [sil'] n. f. ♦ HOM. → cil.

scincidé ou **scincoide** n. m.

scindable adj.

scinder v. t.

scinque n. m. (reptile). ♦ HOM. *cinq* (chiffre).

scintigramme n. m.

scintigraphie n. f.

scintillant, e adj.

scintillateur n. m.

scintillation n. f.

scintillement n. m.

scintiller [sintiyé] v. int.

scintillogramme n. m.

scion n. m. (jeune pousse; extrémité fine d'une canne à pêche). ♦ HOM. *nous scions* (v.), *Sion* (colline de Jérusalem), *Sion* (v.), *Sion* (ville suisse), *cyon* (chien sauvage d'Asie).

sciotte n. f.

scirpe [sirp'] n. m.

scissile adj.

scission [si-syon] n. f. → session.

scissionniste [si-] adj. et n.

scissipare [si-] adj.

scissiparité [si-] n. f.

scissomètre [si-] n. m.

scissure [si-] n. f. *Une scissure de Rolando, de Sylvius.*

scitaminale [si-] n. f.

sciure [syur'] n. f.

sciuridé [syu-] n. m.

scléral, ale, aux adj.

scléranthe n. m.

sclérectomie n. f.

sclérenchyme n. m.

scléreux, euse adj.

sclérite n. f.

sclérodermie n. f.

sclérogène adj.

sclérokératite n. f.

scléromètre n. m.

sclérophylle adj.

scléroprotéine n. f.

sclérosant, e adj.

sclérose n. f. *La sclérose en plaques.*

sclérosé, e adj.

scléroser v. t. *Elle s'était sclérosée.*

sclérote n. m.

sclérotique adj. et n. f.

scolaire adj. et n. m.

scolarisable adj.

scolarisation n. f.

scolariser v. t.

scolarité n. f.

scolasticat [-ka] n. m.

scolastique adj. et n. *Les scolastiques d'avant Montaigne.* ♦ N. f. *Au Moyen Âge, on enseignait la scolastique.*

scolex n. m.

scoliaste ou **scholiaste** [sko-] n. m.

scolie ou **scholie** [sko-] n. m. (remarque sur un théorème; chanson de table chez

les Anciens). ♦ N. f. (note de commentateur; insecte).
scoliose n. f.
scoliotique adj. et n.
scolopendre n. f.
scolyte n. m.
scombridé n. m.
scone n. m. (gâteau).
sconse, skons, skuns ou **skunks** [skons'] n. m.
*****scoop** n. m. = nouvelle sensationnelle, information prioritaire, primeur, exclusivité.
scooter [skouteur' ou skoutèr'] n. m.
scootériste [skou-] n.
scooter-taxi [skou-] n. m. *Des scooters--taxis.*
scopie n. f. (aphérèse de *radioscopie*).
Scopitone n. m. déposé inv.
scopolamine n. f.
scorage n. m.
scorbut [-ut'] n. m.
scorbutique adj. et n.
*****score** n. m. = marque, résultat (sport).
*****score (to)** = scorer (écon.).
scorer v. t.
scoriacé, e adj.
scorie n. f.
scorifier v. t. Conjug. 17.
*****scoring** = évaluation par score, scorage (écon.).
scorpène n. f.
scorpion n. m. *Né sous le signe du Scorpion* → zodiaque.
scorsonère n. f.
scotch n. m. (alcool écossais). *Des scotches.*
Scotch n. m. déposé inv. (adhésif).
scotcher v. t.
scotchgard n. m.
scotch-terrier → scottish-terrier.
scotie n. f.
scotisme [-is-] n. m.
scotiste adj. et n.
scotome n. m.
scotomisation n. f.
scottish n. f.
scottish-terrier ou **scotch-terrier** n. m. *Des scottish-terriers; des scotch-terriers.*
scoubidou n. m. *Des scoubidous.*
scoumoune n. f.
scoured [skourèd'] n. m.
scout, e n. et adj.
scout-car n. m. *Des scout-cars.*

scoutisme [-is-] n. m.
S.C.P.I. sigle f. Société civile de placement immobilier.
Scrabble n. m. déposé inv.
scrabbler v. int.
scrabbleur, euse n.
*****scram** = arrêt d'urgence (nucl.).
*****scramble** = kiosque, présentoir circulaire (tour.).
*****scramble (to)** = embrouiller (télécom.).
*****scrambler** = embrouillage; embrouilleur (télécom.).
*****scraper** = excavateur, décapeuse, scrapeur.
scrapeur n. m.
*****scratch** = sans handicap.
*****scratch (to)** = déclarer forfait (sport).
scratcher v. t. (éliminer pour absence ou retard). → *crash.
*****scratch test** = épreuve par scarification (méd.).
*****screening** = criblage (génét.); tri, triage, dépistage, examen systématique (méd.).
scriban n. m. Ce meuble est aussi nommé une SCRIBANNE.
scribe n. m.
scribouillard, e n.
scribouilleur, euse n.
scripophile n. et adj.
scripophilie n. f.
*****script** n. m. = texte, manuscrit, synopsis, scénario, plan de travail, découpage technique, conducteur, transcription, relevé.
scripte n.
scripteur n. m.
*****script-girl** n. f. = scripte, secrétaire de plateau.
scriptovisuel, elle adj.
scripturaire adj.
scriptural, ale, aux adj.
scrofulaire n. f.
scrofulariacée n. f.
scrofule n. f.
scrofuleux, euse adj.
*****scrolling** = défilement (inf.).
scrotal, ale, aux adj.
scrotum [-tom'] n. m. *Des scrotums.*
scrub [skreub'] n. m.
*****scrubber** = absorbeur-neutraliseur.
scrupule n. m. *Ils se sont fait scrupule.*
scrupuleusement adv.
scrupuleux, euse adj.
scrutateur, trice adj. et n.

scruter v. t.
scrutin n. m.
scull [skeul'] n. m. *Le double scull.*
*****sculpsit** (lat.) v. = a gravé.
sculpter [skulté] v. t.
sculpteur, trice [skultœr, -tris'] n.
sculptural, ale, aux [skultu-] adj.
sculpture [skultyr'] n. f.
scutellaire n. f.
scutum [-tom'] n. m. Pl. lat. : *scuta*; pl. fr. *scutums.*
scyphozoaire [sifo-] n. m.
scythique [si-] adj. (relatif aux Scythes).
S.D.A.U. sigle m. Schéma directeur d'aménagement et d'urbanisme.
S.D.F. sigle Sans domicile fixe.
S.D.N. sigle f. Société des nations.
se pron. pers. *Ils se sont vus* (*se* est complément d'objet direct); *ils se sont donné rendez-vous* (*se* est complément d'attribution). → ce/se.
sé- → si-.
*****sea clutter** = effet de mer (spat.).
*****sea-line** = canalisation immergée. *Des sea-lines.*
*****sea-mark** = amer (spat.).
séance n. f.
séant, e adj. (convenable, décent). *Croyez-vous que ce soit séant?* L'adjectif *malséant* s'écrit en un mot. ♦ N. m. (le postérieur). *Il resta sur son séant.* → seoir. ♦ HOM. *céans* (ici).
*****sea of gates** = mer de portes, mer de silicium (électron.).
*****seaplane base** = hydrobase.
*****sea ranching** = pacage marin.
*****seasonality** = caractère saisonnier (tour.).
seau n. m. *Des seaux à glace; il pleut à seaux.* ♦ HOM. → sot.
sébacé, e adj.
sébaste n. m.
sébile n. f.
sebkha [sèp-ka] n. f.
séborrhée n. f.
séborrhéique adj.
sébum [-bom'] n. m. *Des sébums.*
sec, sèche adj. *Des climats secs; des pertes sèches; mettre à sec; traverser à pied sec; en cinq sec; aussi sec.* ♦ Adv. *Elle parle sec; ils boivent sec.* ♦ N. m. *Gardez ces fruits au sec.*
sécable adj.
Secam n. m. sing. (acronyme de *Séquentiel à mémoire*). La France utilise le *procédé Secam* de télévision en couleurs.

sécance n. f. ♦ HOM. → séquence.
sécant, e adj. et n. f.
sécateur n. m.
secco n. m.
Seccotine n. f. déposé inv.
sécession n. f. *La guerre de Sécession.*
sécessionniste adj. et n.
séchage n. m.
séchant, e adj.
sèche n. f. (cigarette). ♦ Adj. → sec. ♦ HOM. *seiche* (mollusque; variation de niveau de l'eau).
sèche-cheveux n. m. inv.
sèche-chien n. m. inv.
sèche-linge n. m. inv.
sèche-mains n. m. inv.
sèchement adv.
sécher v. t. et int. *Il sèche, nous séchons.* Conjug. 10.
sécheresse n. f.
sécherie n. f.
sécheur, euse n.
sécheuse-glaceuse n. f. *Des sécheuses-glaceuses.*
séchoir n. m.
second, e [segon, gond'] adj. numér. ord. Abrév. : 2^d, 2de. *Le second Empire; la Seconde Guerre mondiale; un second maître; des seconds violons; trois seconde galerie* (au théâtre); *un état second.* ♦ N. *Habiter au second; être en seconde; arriver le second; des officiers en second.* → deuxième; seconde.
secondaire [segondèr'] adj. *Des raisons secondaires; l'ère secondaire.* ♦ N. m. *Le secondaire.*
secondairement [-gon-] adv.
seconde [-gon-] n. f. (unité de mesure de temps : *3 secondes* ou *3 s*; unité de mesure d'angle ou d'arc : *3 secondes* ou *3"*). ♦ Adj. → second.
secondement [-gon-] adv.
seconder [-gon-] v. t.
*****second go around** = signal second (spat.).
*****second look** = révision (méd.).
secouement n. m.
secouer v. t. Conjug. 19.
secoueur n. m.
secourable adj.
secoureur, euse adj. et n.
secourir v. t. Conjug. 40.
secourisme [-is-] n. m.
secouriste n.
secours n. m. *Une société de secours mutuels; le Secours national, le Secours*

catholique (institutions). *Il criait : Au secours!* ♦ HOM. il *secourt* (v. secourir).

secousse n. f.

secret, ète adj. et n. m. *Un secret d'État. Ils nous l'ont dit en secret.*

secrétage n. m.

secrétaire n. *Une secrétaire dactylo; un/une secrétaire comptable. Un/une secrétaire d'ambassade, de direction, d'État* (en suscription : *à Monsieur/Madame le/la Secrétaire d'État*), *de rédaction, de mairie. Le secrétaire général. Le secrétaire général du gouvernement, de la présidence de la République; un secrétaire-rédacteur d'Assemblée.* → ministre. *Un secrétaire-armoire.*

secrétaire-greffier n. m. *Des secrétaires-greffiers.*

secrétairerie n. f. *La secrétairerie d'État.*

secrétariat n. m. *Le secrétariat d'État à la Défense.* → ministère.

secrétariat-greffe n. m. *Des secrétariats-greffes.*

secrète n. f.

secrètement adv.

sécréter v. t. *Je sécrète, nous sécrétons.* Conjug. 10.

sécréteur, teuse ou **trice** adj.

sécrétine n. f.

sécrétion n. f. ♦ Homographes hétérophones : *des sécrétions* [-syon]; *nous sécrétions* [-tyon] (v. sécréter).

sécrétoire adj.

sectaire adj. et n.

sectarisme [-is-] n. m.

sectateur, trice n.

secte n. f.

secteur n. m.

section n. f.

*section = coupe (urb.).

sectionnement n. m.

sectionner v. t.

sectionneur n. m.

sectoriel, elle adj.

sectorisation n. f.

sectoriser v. t.

séculaire adj. → séculier.

séculairement adv.

sécularisation n. f.

séculariser v. t.

sécularité n. f.

séculier, ère adj. (qui vit dans le siècle, hors des règles monastiques). ♦ Ne pas confondre avec *séculaire* (qui a au moins cent ans). ♦ N. m. *Un séculier* (qui n'est pas un régulier ou religieux).

*secundo [sékondo] (lat.) adv. (abrév. : 2°) = deuxièmement.

sécurisant, e adj.

sécuriser v. t.

Securit [sékurit'] n. m. déposé inv.

sécuritaire adj.

sécurité n. f. *Assurer la sécurité publique et la sécurité sociale.* Une majuscule au premier mot pour désigner les organismes que sont *la Sécurité sociale, la Sécurité routière, la Sécurité militaire.*

*securitisation ou securitization = titrisation (écon.).

sedan n. m. (drap fabriqué à *Sedan*).

sédatif, ive adj.

sédation n. f.

sédentaire adj. et n.

sédentairement adv.

sédentarisation n. f.

sédentariser v. t.

sédentarité n. f.

*sedia gestatoria (ital.) loc. f. = chaise à porteurs, fauteuil porté.

sédiment n. m.

sédimentaire adj.

sédimentation n. f.

sédimenter v. int. et pr. *Les boues se sont sédimentées.*

sédimentologie n. f.

séditieusement adv.

séditieux, euse adj. et n.

sédition n. f.

séducteur, trice n. et adj.

séduction n. f.

séduire v. t. Conjug. 37.

séduisant, e adj.

sédum [-dom'] n. m. *Des sédums.*

*seeker head = autodirecteur.

*seepage = filtration (agr.).

*seepage flow = débit d'une nappe (agr.).

*seersucker = crépon de coton.

séfarade adj. et n. (juif d'Afrique du Nord). En hébreu : *sefardi* (pl. : *sefardim*). → ashkénaze.

ségala n. m.

seghia → seguia.

segment n. m.

segmentaire adj.

segmental, ale, aux adj.

segmentation n. f.

segmenter v. t.

ségrairie n. f.

ségrais n. m.

ségrégabilité n. f.
ségrégatif, ive adj.
ségrégation n. f.
ségrégationnisme [-is-] n. m.
ségrégationniste adj. et n.
ségrégé, e ou **ségrégué, e** adj.
ségréger v. t. Conjug. 3.
séguedille n. f. On emploie aussi le mot espagnol *SEGUIDILLA.
seguia ou **seghia** n. f.
***se habla español** (esp.) loc. = on parle espagnol.
seiche n. f. ♦ HOM. → sèche.
séide n. m.
seigle n. m.
seigneur n. m. (titre du maître, du propriétaire). *Le Seigneur* (Dieu); *le Grand Seigneur* (le sultan). → monseigneur; notre-seigneur. ♦ HOM. *saigneur* (celui qui saigne un animal).
seigneuriage n. m.
seigneurial, ale, aux adj.
seigneurie n. f. Pour les anciens pairs de France, les membres de la Chambre des lords anglaise : *Votre Seigneurie*.
seille n. f.
seillon n. m.
seime [sèm'] n. f. ♦ HOM. → sème.
sein n. m. ♦ HOM. → sain.
seine → senne.
seing [sin] n. m. *Sous seing privé; un blanc-seing*. ♦ HOM. → sain.
séismal, séismicité, séismique, séismographe, séismologie → sismal, sismicité, sismique, sismographe, sismologie (mots qui ont pris leur place).
séisme [-is-] n. m.
seize adj. numér. et n. m. inv. *Les seize bouteilles; Louis XVI* ou *Louis seize. Le 16 de ce mois*.
seizième adj. numér. ord. et n. → cinquième.
seizièmement adv.
séjour n. m.
séjourner v. int.
sel n. m. *Un flacon de sels; une boîte à sel. Du sel de Sedlitz*. ♦ HOM. → selle.
sélacien n. m.
sélaginelle n. f.
***select** = choisi, distingué, chic, élégant, huppé, sélect.
sélect, e adj. *Une société sélecte; des assemblées sélectes; des gens sélects*.
sélecter v. t.
sélecteur n. m.

***selecting** = invitation à recevoir (télécom.).
sélection n. f.
sélectionné, e adj. et n.
sélectionner v. t.
sélectionneur, euse n.
sélectivement adv.
sélectivité n. f.
sélénate → séléniate.
sélène adj.
sélénhydrique adj. m.
séléniate ou **sélénate** n. m.
sélénieux, euse adj.
sélénique adj.
sélénite n.
séléniteux, euse adj.
sélénium [-nyom'] n. m. *Des séléniums*.
séléniure n. m.
sélénographie n. f.
sélénographique adj.
sélénologie n. f.
self n. m. (abrév. de **self-service*). ♦ N. f. (abrév. de **self-inductance*). *Des selfs*.
***self-control** n. m. = maîtrise de soi.
***self-defence** = autodéfense.
***self-government** = gouvernement autonome.
***self-help housing** = autoconstruction (urb.).
***self-inductance** n. f. = auto-inductance.
***self-induction** n. f. = auto-induction.
***self-made man** n. m. = fils de ses œuvres, autodidacte.
***self-service** n. m. = libre-service. *Des self-services*. → self.
***self-service station** = station libre-service.
***self-shielding** = autoprotection (nucl.).
selle n. f. (siège de cuir). *Des chevaux de selle; remettre en selle; être bien en selle. Les selles* (excréments). *Aller à la selle*. ♦ HOM. du *sel* de cuisine, *celle* (pron.), il *selle* le cheval (v.), il *cèle* un objet (v. celer), il *scelle* un pli (v.).
seller v. t. (mettre une selle). ♦ HOM. *sceller* (appliquer un sceau, cacheter), apposer les *scellés*.
sellerie n. f. ♦ HOM. → cèleri.
sellerie-bourrellerie n. f. *Des selleries-bourrelleries*.
sellerie-garnissage n. f. *Des selleries-garnissages*.
sellerie-maroquinerie n. f. *Des selleries-maroquineries*.

sellette n. f.
sellier n. m. ♦ HOM. → cellier.
selon prép. *Selon leurs déclarations. C'est selon.*
Seltz (eau de) loc. f.
selve n. f. (forêt amazonienne). Le portugais *SELVA est également employé.
S.E.M. sigle f. Société d'économie mixte.
semailles n. f. pl.
semaine n. f. *Le repos de fin de semaine. La semaine sainte.*
semainier, ère n.
semaison n. f.
sémantème n. m.
sémanticien, enne n.
sémantique adj. et n. f.
sémantiquement adv.
sémantisme [-is-] n. m.
sémaphone n. m. (téléavertisseur).
sémaphore n. m.
sémaphorique adj.
sémasiologie n. f.
semblable adj. *Pourquoi tenez-vous de semblables propos?* ♦ N. m. *Respecter ses semblables.*
semblablement adv.
semblant n. m. *Ils font semblant; un semblant de politesse; elles ne font semblant de rien. Des semblants; des faux-semblants.* ♦ Partic. prés. *Les préparatifs semblant terminés.*
sembler v.int. *Comme bon vous semblera; si bon lui semble; ce me semble. Que vous en semble?*
semé, e adj.
sème n. m. (élément simple, en linguistique). ♦ HOM. une *seime* (fente dans le sabot du cheval), il *sème* (v.).
séméiologie ou **sémiologie** n. f. (en médecine).
séméiologique ou **sémiologique** adj.
***semel** (lat.) = une fois (précède *bis, ter*...).
semelage n. m.
semelle n. f.
sémème n. m.
semence n. f.
semen-contra [sémèn'-] n. m. inv.
semer v. t. *Je sème, nous semons.* Conjug. 15.
semestre n. m.
semestriel, elle adj.
semestriellement adv.
semeur, euse n. *Semeur de blé, de discorde, de zizanie; semeur de fausses nouvelles, de faux bruits, de troubles; semeur de désordre(s).*

semi- Ce préfixe, invariable, se lie par un trait d'union au nom ou à l'adjectif qui suit. *Une semi-voyelle, une semi-preuve; série semi-convergente, chaussures semi-renforcées.* La fertilité de ce préfixe fait que tous ses composés ne peuvent être dans le dictionnaire *(semi-hebdomadaire, semi-soldé...).*
semi-aride adj.
semi-automatique adj.
semi-auxiliaire n. et adj. *Verbes semi-auxiliaires* → tableau VERBES VII, D, p. 959.
semi-balistique adj.
semi-chenillé adj. et n. m.
semi-circulaire adj.
semi-coke n. m.
semi-conducteur n. m.
semi-conserve n. f.
semi-consonne ou **semi-voyelle** n. f. En français, les semi-consonnes sont représentées dans l'écriture par : **i** et **y** (dans *bien, diable, yeux*), **u** (dans *nuit, huit*), ou et **w** (dans *oui, ouate, wallon*).
***semi-controlled mosaic** = mosaïde (spat.).
semi-convergente adj. f.
***semi-custom circuit** = circuit intégré semi-personnalisé (électron.).
semi-diesel n. m. *Des semi-diesels.*
semi-durable adj.
sémie n. f.
semi-fini adj.
semi-globale adj. f.
semi-grossiste n.
semi-liberté n. f.
sémillant, e [-yan] adj.
sémillon [-yon] n. m.
semi-logarithmique adj.
semi-lunaire adj.
séminaire n. m.
séminal, ale, aux adj.
séminariste n.
semi-nasal, ale, als ou **aux** adj.
séminifère adj.
semi-nomade adj. et n.
semi-nomadisme [-is-] n. m.
séminome n. m.
semi-officiel, elle adj.
sémiologie n. f. (en linguistique). → séméiologie.
sémiologique adj. → séméiologique.
sémiologue n.
sémiométrie n. f.
sémioticien, enne n.
sémiotique n. f. et adj.

semi-ouvert, e adj.
semi-ouvré, e adj.
semi-peigné, e adj. et n. m.
semi-perméable adj.
semi-personnalisé, e adj. et n. m.
semi-polaire adj.
semi-présidentiel, elle adj.
semi-produit n. m.
semi-public, ique adj.
sémique adj.
semi-remorque n. f. (la remorque seule, sans le tracteur). ♦ N. m. (tracteur avec sa remorque).
semi-rigide adj.
semis [-mi] n. m.
*semi-sinker = planche à voile à flottabilité réduite.
semi-submersible adj.
*semi supervised classification = classification semi-dirigée (spat.).
sémite adj. Les peuples sémites. ♦ N. Les Sémites (descendants de Sem).
sémitique adj. Les langues sémitiques.
sémitisant, e n.
sémitisme [-is-] n. m.
semi-voyelle n. f. → semi-consonne.
semnopithèque n. m.
semoir n. m.
semonce n. f. Des coups de semonce.
semoncer v. t. Il semonçait. Conjug. 2.
semoule n. f.
semoulerie n. f.
semoulier n. m.
*semper (lat.) adv. = toujours.
semper virens [sinpèrvirins'] n. m. inv.
sempervirent, e [sinpèrviran, -rant'] adj.
sempervivum [sinpèrvivom'] n. m. Des sempervivums.
sempiternel, elle [sin-] adj.
sempiternellement [sin-] adv.
semple n. m.
*sempre (ital.) = toujours.
semtex [sèm-] n. m.
sen [sèn'] n. m. ♦ HOM. → scène.
s'en (Verbes commençant par) → tableau VERBES XII, E, 1°, p. 978.
sénaire n. m.
sénat n. m. Le sénat romain, le sénat de Venise; le Sénat (sous Napoléon 1er et actuellement); le Sénat des États-Unis.
sénateur, trice n. Ils vont leur train de sénateur(s).
sénatorerie n. f.
sénatorial, ale, aux adj. (relatif aux sénateurs). ♦ Ne pas confondre avec sanatorial (relatif au sanatorium).

sénatus-consulte [-tus'-] n. m. Des sénatus-consultes.
senau n. m. Des senaux.
séné n. m.
sénéchal n. m. Des sénéchaux.
sénéchaussée n. f.
seneçon n. m.
sénégalais, e adj. Les tirailleurs sénégalais. ♦ N. Des Sénégalais (du Sénégal).
sénégalisme [-is-] n. m.
sénescence n. f.
sénescent, e adj.
senestre [se-] ou sénestre adj.
senestré, e adj.
senestrochère [-kèr'] n. m.
*senestrorsum ou sinistrorsum (lat.) = dans le sens inverse des aiguilles d'une montre. Ce sens est aussi nommé direct. Le contraire est *dextrorsum.
sénevé n. m.
sénevol n. m.
sénile adj.
sénilisme [-is-] n. m.
sénilité n. f.
*senior (lat.) = plus âgé. Il joue dans les seniors. En anglais, s'écrit en abrégé après un nom de famille (Mr. Brown Sr.).
séniorité n. f.
senne ou seine n. f. (filet). ♦ HOM. → scène.
senneur n. m.
sénologie n. f.
sénologue n.
sénonais, e adj. et n. (de Sens).
*se non è vero, è ben trovato (ital.) = si ce n'est vrai, c'est bien trouvé.
señorita [sényo-] n. m. (petit cigare). Des señoritas.
sens [sans'] n. m. Sens dessus dessous; sens devant derrière; en tout/ tous sens; à contresens; un contresens. Des mots de même sens, de sens contraire(s), à double sens. Des rues à sens unique.
♦ HOM. cens (dénombrement; redevance; quotité imposée). ♦ Homographe hétérophone : je sens [san] (v. sentir).
sensas [-as'] adj. inv.
sensation n. f.
sensationnalisme n. m.
sensationnel, elle adj. et n. m.
sensé, e adj. (qui a du bon sens). ♦ HOM. censé (considéré comme).
sensément adv. (de manière sensée).
♦ HOM. censément (apparemment).
*sense strand = brin sens (génét.).
senseur n. m. ♦ HOM. → censeur.

sensibilisant, e adj.
sensibilisateur n. m.
sensibilisation n. f.
sensibilisatrice n. f.
sensibiliser v. t.
sensibilité n. f.
sensible adj.
*****sensible** = difficile, controversé, discuté, épineux (sens plus étendu qu'en français).
sensiblement adv.
sensiblerie n. f.
sensille n. f.
sensitif, ive adj. et n.
sensitomètre n. m.
sensitométrie n. f.
*****sensor** = capteur, senseur, palpeur (spat.).
sensoriel, elle adj.
sensorimétrique adj.
sensori-moteur, trice adj. *Des phénomènes sensori-moteurs.*
*****sensor system** = groupe-capteur (spat.).
sensualisme [-is-] n. m.
sensualiste adj. et n.
sensualité n. f.
sensuel, elle adj. et n. (qui se rapporte aux plaisirs des sens). ♦ HOM. censuel (qui se rapporte au cens, chiffre de l'impôt).
sente n. f.
sentence n. f.
sentencieusement adv.
sentencieux, euse adj.
senteur n. f.
senti, e adj.
sentier n. m.
sentiment n. m. → correspondance c, d.
sentimental, ale, aux adj.
sentimentalement adv.
sentimentalisme [-is-] n. m.
sentimentalité n. f.
sentine n. f.
sentinelle n. f.
sentir v. t. et int. Conjug. 55. *Nous nous sommes senti la force de réussir. La colère qu'il a sentie* (en train de) *monter. Elle s'est sentie* (en train de) *défaillir. Elle s'est sentie dépérir* (l'action de dépérir vient du sujet). *Elle s'est senti poussée par lui* (le sujet subit l'action). → tableau PARTICIPE PASSÉ IV, F, a, c, p. 929.
S.E.O. sigle adj. Sauf erreur ou omission.
seoir v. t. ind. Deux verbes différents selon le sens : 1° (convenir). N'est usité qu'aux formes suivantes. Indic. prés. : *il sied, ils siéent.* Imparf. : *il seyait, ils seyaient.* Futur : *il siéra, ils siéront.* Condit. prés. : *il siérait, ils siéraient.* Subj. prés. : *qu'il siée, qu'ils siéent.* Partic. prés. : *séant* ou *seyant*. Il n'y a pas de temps composés. 2° (être assis). N'existe qu'aux participes : *séant, sis*. ♦ HOM. → soir.
sep n. m. ♦ HOM. → cep.
sépale n. m. *De beaux sépales.*
sépaloïde adj.
séparable adj.
séparateur, trice adj. et n. m.
séparation n. f.
séparatisme [-is-] n. m.
séparatiste adj. et n.
*****separative work unit** (S.W.U.) = unité de travail de séparation ou U.T.S. (nucl.).
séparé, e adj.
séparément adv.
séparer v. t.
sépia n. f. et adj. inv. *Des sépias ; des rubans sépia.*
sépiole n. f.
sépiolite n. f.
*****seppuku** → hara-kiri.
seps [sèps'] n. m. (lézard).
sept [sèt'] adj. numér. et n. m. inv. *Le sept mars. Charles VII ; Charles sept. Des sept mal écrits.* ♦ HOM. → cet.
septain [sèptin] n. m.
septal, ale, aux adj.
septantaine n. f.
septante adj. numér. et n. m. inv. *Il avait septante ans.* → tableau ADJECTIFS II, C, 6°, f, p. 869. *La version des Septante* (traduction de la Bible).
septantième adj. numér. ord. et n.
septembre n. m. S'écrit sans majuscule.
septembriseur n. m.
septemvir [sèptèmvir'] n. m.
septénaire n.
septennal, ale, aux adj.
septennalité n. f.
septennat [-na] n. m.
septentrion n. m.
septentrional, ale, aux adj.
septicémie n. f.
septicémique adj.
septicité n. f.
septicopyoémie n. f.
septidi n. m.
septième [sèt-] adj. numér. ord. et n. → cinquième.
septièmement [sèt-] adv.

SEPTIES

*septies (lat.) adv. = septième fois.
septillion n. m. → tableau NOMBRES IV, p. 911.
septime n. f.
*septimo (lat.) adv. (abrév. : 7°) = septièmement.
septique adj. (qui infecte). *Des microbes, des fosses septiques.* ♦ HOM. *sceptique* (incrédule, qui doute).
septmoncel [sèmon-] n. m.
septuagénaire adj. et n.
septuagésime n. f.
septum [-tom'] n. m. *Des septums.*
septuor n. m.
septuple adj. et n. m.
septupler v. t. et int.
sépulcral, ale, aux adj.
sépulcre n. m.
sépulture n. f.
séquelle n. f.
séquençage n. m.
séquence n. f. (série de cartes à jouer; prises de vue formant une suite; chant liturgique). *Séquence chevauchante, codante, de Goldberg-Hogness, de Pribnow, Shine-Dalgarno, TATA* (génét.). ♦ HOM. *sécance* (état de ce qui est sécant).
séquencer v. t. Conjug. 2.
*sequencer = séquenceur (spat.).
séquenceur n. m.
*sequencing = séquençage (génét.).
séquentiel, elle adj.
séquestration n. f.
séquestre n. m.
séquestrer v. t.
sequin n. m.
séquoia [séko-ya] n. m. *Des séquoias.*
sérac n. m.
sérail n. m. *Des sérails.*
sérançage n. m.
sérancer v. t. *Il serançait.* Conjug. 2.
sérancier, euse n. et adj.
sérancolin ou **sarrancolin** n. m.
serapeum [sérapéom'] n. m. *Des serapea.*
séraphin n. m.
séraphique adj.
serbe adj. *Le royaume serbe.* ♦ N. *Les Serbes* (de Serbie).
serbo-croate n. *Des Serbo-croates* (personnes). ♦ N. m. *Le serbo-croate* (langue).
serdab n. m.
serdeau n. m. *Des serdeaux.*
séré n. m.
serein, e adj. ♦ HOM. → *serin.*

sereinement adv.
sérénade n. f.
sérendipité n. f.
*serendipity = découverte heureuse et inattendue, sérendipité.
sérénissime adj. *Pour Votre Altesse sérénissime; la Sérénissime* (république de Venise).
sérénité n. f.
séreux, euse adj. et n. f.
serf, serve [sèrf', sèrv'] adj. et n.
serfouage n. m.
serfouette n. f.
serfouir v. t. du 2ᵉ gr. Conjug. 24.
serfouissage n. m.
serge n. f. (tissu). ♦ HOM. *Serge* (prénom).
sergé n. m.
sergent n. m. *Sergent de ville; sergent fourrier; sergent comptable; les sergents de jour; le Roi-Sergent* (Frédéric-Guillaume Iᵉʳ). *Les quatre sergents de La Rochelle étaient:* Bories, Goubin, Pommier, Raoulx.
sergent-chef n. m. *Des sergents-chefs. Un sergent-chef comptable.*
sergent-major n. m. *Des sergents-majors.*
sergette n. f.
*serial n. m. = film à épisodes; feuilleton télévisé. *Des serials.*
*serial access = accès séquentiel (inf.).
*serialisation = individualisation.
sérialisme [-is-] n. m.
sérialité n. f.
sériation [-syon] n. f.
séricicole adj.
sériciculteur, trice n.
sériciculture n. f.
séricigène adj.
séricine n. f.
série n. f. *Une production en série; des destins hors série. Classer des objets par séries; des voitures de série; des piles électriques montées en série.*
sériel, elle adj.
sérier v. t. Conjug. 17.
sérieusement adv.
sérieux, euse adj. et n. m.
sérigraphie n. f.
serin, e n. (petit oiseau; étourdi). ♦ Adj. inv. *Des rubans jaune serin.* ♦ HOM. *serein* (calme, clair).
sérine n. f. (acide aminé; protéine).
seriner v. t.
serinette n. f.
seringa ou **seringat** [-ga] n. m.

seringage n. m.
seringue n. f.
*****seringueiro** (portugais) = ouvrier de l'hévéa.
seringuer v. t. Conjug. 4.
sérique adj.
serment n. m. (promesse solennelle). ♦ Ne pas confondre avec *sermon* (discours religieux ; remontrance). ♦ HOM. *serrement* (action de serrer ; émotion).
sermon n. m. → serment.
sermonnaire n. m.
sermonner v. t.
sermonn*eur, euse* n. et adj.
Sernam n. m. (acronyme de *Service national des messageries*).
séroconversion n. f.
sérodiagnostic n. m.
sérologie n. f.
sérologique adj.
sérologiste n.
séronégat*if, ive* adj. et n.
séroposit*if, ive* adj. et n.
séropositivité n. f.
sérosité n. f.
sérothérapie n. f.
sérotonine n. f.
séroual → saroual.
sérovaccination n. f.
serpe n. f.
serpent n. m. Au pluriel, le second élément ne varie pas pour : *serpent à cornes, à lunettes* (cobra ou naja), *à perroquets, à sonnette* (crotale), *serpent de verre* (orvet), *serpent corail, serpent minute*. Le second élément prend un s pour le pluriel de : *serpent arlequin, serpent ratier, serpent-devin, serpent-fouet, serpent loup*. Autres serpents : anaconda, boa, couleuvre, élaps, eunecte, hydrophis, mocassin, plature, python, trigonocéphale, vipère.
serpentage n. m.
serpentaire n. m.
serpente n. f.
serpenteau n. m. *Des serpenteaux*.
serpentement n. m.
serpenter v. int.
serpentin n. m.
serpentine n. f.
serpette n. f.
serpigin*eux, euse* adj.
serpillière n. f.
serpolet n. m.
serpule n. f.

*****serra** → *sierra.
serrage n. m.
serran n. m.
serranidé n. m.
serrate adj.
serratule n. f.
serratus [-tus'] adj. inv.
serre n. f. (construction vitrée ; montagne ; griffe de rapace). ♦ HOM. il *serre* (v.), il *sert* (v. servir), un *cerf* (animal).
serré, e adj. *Ils sont serrés*. ♦ Adv. *Ils jouent serré*.
serre-câbles n. m. inv.
serre-file n. m. (homme ou navire). *Des serre-files*.
serre-fils [-fil'] n. m. inv. (outil).
serre-frein n. m. *Des serre-freins*.
serre-joint n. m. *Des serre-joints*.
serre-livres n. m. inv.
serrement n. m. ♦ HOM. → serment.
serrer v. t. ♦ Il y a homophonie au singulier du présent de l'indicatif et de l'impératif pour les verbes *serrer (je serre, tu serres, il serre ; serre)* et *servir (je sers, tu sers, il sert ; sers)*.
serre-tête n. m. inv.
serrette → sarrette.
serriste n.
serrure n. f. *Une serrure à broche, à ressort, à secret ; serrure à combinaisons ; serrure de sûreté ; serrure bec-de-cane ; serrure sans main ; serrure à pênes multiples ; serrure demi-tour*.
serrurerie n. f.
serrurier n. m. *Un serrurier mécanicien*.
sertão n. m. Pl. portugais : *sertoes* ; pl. fr. : *sertãos*.
serti n. m. Quelquefois nommé une SERTE.
sertir v. t. du 2ᵉ gr. Conjug. 24.
sertissage n. m.
sertiss*eur, euse* n. et adj.
sertissure n. f.
sérum [-rom'] n. m. *Des sérums*.
sérumalbumine [séromal-] n. f.
servage n. m.
serval n. m. *Des servals*.
servant, e n. et adj. *Des chevaliers servants. Une servante*.
serventois → sirventès.
serv*eur, euse* n.
serviabilité n. f.
serviable adj.
serviablement adv.
service n. m. *Service à café, à eau, à liqueurs, à porto, à thé ; des états de ser-*

SERVICER

vice; des chefs de service; des services de presse, de table, de verres; des années de service; être en service commandé; louage de services; tableau de service; être de service; offre de service(s). Des stations-service. Le service militaire, le service national. Le Service national de répression des fraudes. ♦ HOM. que je servisse (v. servir).

*servicer = oléoserveur (transp.).

*servicing = entretien courant, service courant.

*servicing tower = tour de montage (spat.).

serviette n. f.

serviette-éponge n. f. Des serviettes-éponges.

servile adj.

servilement adv.

servilité n. f.

servir v. t. et int. Conjug. 72.
Accord du participe passé : 1° v. t. dir. Le commerçant nous a servis. 2° v. t. ind. Ils nous ont servi à boire. Ces outils ne m'ont servi à rien. L'expérience ne lui a servi de rien. Les documents nous ont bien servi (ont bien servi à nous). 3° v. int. Ces vêtements sont comme neufs, n'ayant jamais servi. 4° v. pr. En l'absence de serviteurs, nous nous sommes servis tout seuls (le second nous est complément d'objet direct). Ils se sont servi du vin (le pronom se est complément d'objet indirect : ils ont servi du vin à eux). ♦ Quand se servir signifie « faire usage de, utiliser », il y a accord avec le sujet. Elle s'est servie du presse-fruits. Les serviettes, ils ne s'en sont pas servis. → tableau PARTICIPE PASSÉ III, F, 10°, p. 924 et IV, C, p. 928.

servite n. m. ou f.

serviteur n. m.

servitude n. f.

servocommande n. f.

*servo-control = servocommande.

servofrein n. m.

servomécanisme n. m.

servomoteur n. m.

servovalve n. f.

ses adj. poss. Il met ses souliers. → ces/ses. ♦ HOM. → ces.

sésame n. m.

sésamoïde adj. et n. m.

sesbanie n. f. (arbuste). On dit aussi un SESBANIA.

sésie n. f. ♦ HOM. → saisie.

sesquioxyde [sèskui-] n. m.

sesquiterpène [sèskui-] n. m.

sessile adj. (sans pédoncule). ♦ HOM. Cécile (prénom).

session n. f. (période de fonctionnement). La session d'une assemblée, d'un examen. ♦ Ne pas confondre avec scission (division dans un groupe). ♦ HOM. cession (abandon, action de céder).

sesterce n. m.

*set n. m. = manche (tennis); plateau de prise de vues (cin.); assortiment (écon.); napperon. ♦ HOM. → cet.

*set of clubs = série de cannes, jeu de cannes (golf).

*set (to) = instaurer (inf.).

sétacé, e adj. ♦ HOM. → cétacé.

setier n. m.

séton n. m. Des plaies en séton.

setter [sètèr'] n. m.

seuil n. m. Au seuil de la mort. Le seuil du Lauragais.

seuillage n. m.

seuiller v. t.

seul, e adj. Ils sont tout seuls. Elles se sont vues seule à seule.

seulement adv.

seulet, ette adj.

sève n. f.

sévère adj.

sévèrement adv.

sévérité n. f.

sévices n. m. pl.

sévillan, e [-yan] adj. et n. Une Sévillane (habitante de Séville). La sévillane (danse).

sévir v. int. du 2ᵉ gr. Conjug. 24.

sevrage n. m.

sevrer [se-] v. t. Je sèvre, nous sevrons. Conjug. 15.

sèvres [sèvr'] n. m. Un vieux sèvres (porcelaine de Sèvres).

sévrienne n. f.

sévruga n. m.

sexage [sèksaj'] n. m.

sexagénaire adj. et n.

sexagésimal, ale, aux adj.

sexagésime n. f.

*sex-appeal = charme sensuel.

sexe [sèks'] n. m.

*sexies (lat.) adv. = sixième fois.

sexisme [-is-] n. m.

sexiste n. et adj.

sexologie n. f.

sexologue n.

sexonomie n. f.
sexpartite adj.
sex-ratio [-syo] n. f. *Des sex-ratios.*
*****sex-shop** n. m. = boutique du sexe. *Des sex-shops.*
sex-symbol n. inv. en genre. *Des sex-symbols.*
sextant n. m.
sexte n. f.
sextidi n. m.
sextillion n. m. → tableau NOMBRES IV, p. 911.
sextine n. f.
*****sexto** (lat.) adv. (abrév. : *6°*) = sixièmement.
sextolet n. m.
sextuor n. m.
sextuple adj. et n. m.
sextupler v. t. et int.
sextuplés, ées n. pl.
sexualisation n. f.
sexualiser v. t.
sexualité n. f.
sexué, e adj.
sexu*el, elle* adj.
sexuellement adv.
*****sexy** adj. = sensuel, affriolant.
seyant, e adj. → seoir.
seychellois, e adj. et n. (des îles Seychelles).
sézigue ou **sézig** pron. pers. argotique.
*****sforzando** (ital.) adv. = en renforçant progressivement.
S.F.P. sigle f. Société française de production.
*****sfumato** (ital.) = ambiance vaporeuse.
s.g.d.g. sigle adj. ou adv. Sans garantie du gouvernement.
s.g.n.r. sigle adj. ou adv. Sans garantie ni responsabilité.
sgraffite n. m.
sh- Groupe de lettres qui se prononce [ch].
shâabi n. m. (musique arabo-andalouse).
*****shabbat** (hébreu) n. m. = sabbat.
*****Shabouot** (hébreu) = fête juive de la Pentecôte ou des Semaines.
*****shadow boxing** = combat simulé (sport).
*****shadow cabinet** = conseil des ministres fantôme.
*****shadow prices** = prix virtuels (écon.).
*****shaft** = tige (golf).
shah → chah.
*****shahada** (arabe) = profession de foi islamique.

shake-hand [ckèkand'] n. m. inv. imité de l'anglais. En français : *poignée de main*; en anglais : *handshake*. *Des shake-hands.*
shaker [chèkeur'] n. m.
shakespeari*en, enne* [chèkspi-] adj. (qui rappelle Shakespeare).
shako ou **schako** [cha-] n. m.
*****shale** = schiste, schiste argileux.
*****shale oil** = huile de schiste (pétr.).
shama [cha-] n. m.
shamizen [cha-mizèn'] n. m.
shampooing ou **shampoing** [chanpwin] n. m.
shampouiner [chan-] v. t.
shampouin*eur, euse* [chan-] n.
shantung, shantoung ou **chantoung** n. m. *Des chantoungs.*
*****shanty town** = bidonville (urb.).
*****S.H.A.P.E.** (*Supreme Headquarters Allied Powers Europe*) = quartier général des forces alliées en Europe.
*****share cropper** = métayer.
*****share cropping** = métayage.
*****shareware** = logiciel contributif, logiciel à contribution volontaire.
shar-pei [charpèy'] n. (chien). *Des shar-peis.*
*****shed** n. m. = toiture à redents, en dents de scie.
shekel n. m. (monnaie d'Israël).
shéol → schéol.
*****shelter** = cadre, abri.
shérardisation [ché-] n. f.
shérif n. m. (officier d'administration et de police). En anglais : *sheriff*. ♦ HOM. *chérif* (descendant de Mahomet).
sherpa adj. inv. en genre. *Des porteurs sherpas*. ♦ N. inv. en genre. *Des Sherpas.*
sherry [chéri] n. m. (nom anglais du *xérès*). ♦ HOM. → chéri.
shetland [chètland'] n. m. (tissu de la laine des îles *Shetland*).
shiatsu n. m.
*****shield** ou **shielding** = blindage, bouclier, écran (nucl.).
shigellose n. f.
shilling [chilin'g] n. m. (ancienne monnaie anglaise; monnaie du Kenya, de la Somalie et de la Tanzanie). ♦ HOM. → schilling.
shilom → chilom.
*****shilt** = demi-journée de docker.
shimmy [chimi] n. m. ♦ HOM. → chimie.
*****Shine Dalgarno sequence** = séquence Shine Dalgarno (génét.).

*shingle n. m. = bardeau (bât.).

shinto ou **shintoïsme** [chin'-is-] n. m.

shintoïste adj. et n.

*ship('s) chandler = fournisseur, approvisionneur de bateaux.

shirting [chirting'] n. m. (tissu).

*shit = haschisch.

*shocking = choquant.

shogun ou **shogoun** n. m.

shogunal, ale, aux ou **shogounal, ale, aux** adj.

*shoot n. m. = tir (sport); injection de drogue.

shooter [chou-] v. int. (tirer). ♦ V. pr. (se droguer par piqûre).

*shop = boutique.

*shopping n. m. = achats, acquisitions, commissions, courses, emplettes; chalandage, magasinage. (« Faire du shopping » peut être remplacé par « chalander ».)

*shopping center = centre commercial.

*shopping mall = galerie marchande.

short [chort] n. m.

*shortage = pénurie.

*short form = connaissance abrégé (mer).

shorthorn n. et adj. inv. en genre (variété de bovins).

*short ton = tonne américaine.

*shot = tir (sport).

*shotgun cloning = clonage en aveugle (génét.).

*shot peening = grenaillage.

*show n. m. = spectacle; prestation d'une vedette.

*show-biz n. m. inv. (abrév. de **show business*).

*show business = métier du spectacle, industrie du spectacle.

*showroom n. m. = salle d'exposition des nouveautés, expovente.

shrapnel ou **shrapnell** [chrapnèl'] n. m.

*shrinking ou **Shrinkage** = rétraction (méd.).

*shroud = coiffe (spat.).

*shunt n. m. = collecteur, conduit collecteur (bât.); fondu jusqu'à zéro (son, télé.); dérivation sanguine (méd.); dérivation du courant (techn.).

*shunt (to) = fondre, estomper.

shuntage [chun-] n. m.

shunter [chun-] v. int.

*shunt fade out = fondu, fondu au noir.

*shuttle = navette (transp.); furet (nucl.).

*shuttle service = service de navette (transp.).

*shuttle vector = vecteur navette (génét.).

si1° (du latin *sic*). Adv. *Il est si riche que... Elle était si drôle! Si fait! ma foi.* (En réponse à une question négative, le *si* vaut un *oui*.) *Tu n'as rien dit? — Si. Oh! si. Si tant est que* (suivi du subj.); *si bien que; si peu que.* Avec le subjonctif, *aussi* est remplacé par *si. Si beau qu'il soit. Si curieux que cela paraisse. Si rapidement qu'il nageât, il ne pouvait les suivre.*

2° (du latin *si*). Conj. *Nous irons si nous sommes invités. Si tu voulais! Si vous me dites que... Si tu viens, apporte tes disques. Comment l'aurais-je pu, si je n'avais pas les outils! C'est tout juste si nous l'avons vu.* On n'écrit pas « si il », mais « s'il ». *Voyez s'il accepte.* On n'écrit pas « si non », mais « sinon ». *Si oui, elle ira; sinon, elle restera ici.*

La conjonction *si*, souvent suivie de l'imparfait (*si tu voulais, si tu savais*), n'admet le futur et le conditionnel que dans deux cas :

a) après les verbes *savoir, se demander, ignorer. Je ne sais s'il ira. On se demandait si tu viendrais.*

b) lorsqu'il y a opposition ou concession. *Si l'on ne saurait rien affirmer concernant Pierre-Yves, en revanche, on sait fort bien qu'Ariane viendra à Noël. Si nul ne dépassera Paganini, c'est qu'on ne dépasse pas la perfection.*

À l'exemple de Pascal (« Le nez de Cléopâtre : s'il eût été plus court, toute la face de la terre aurait changé », *Pensées*, II, 162), on admet le plus-que-parfait du subjonctif dans la subordonnée introduite par *si*, avec une principale au conditionnel, mais c'est un archaïsme. → s'. ♦ HOM. *scie* (outil), *je scie* (v.), *si* (note de musique), *six* (devant une consonne), *ci* (ici), *sis* (situé).

■ *Si/s'y.* Quand on peut remplacer par *se* (ou *s'*), on doit écrire *s'y. On peut s'y perdre. Il s'y était égaré.*

Le mot *si*, dans ses nombreux emplois et auquel s'attache souvent une idée de quantité ou de supposition, ne peut pas être remplacé par un équivalent passe--partout.

■ *Si-, sé-.* À la recherche d'une orthographe, ne pas oublier que le son *si-* qui commence des mots français peut se présenter sous diverses formes *(si-, ci-, sci-, sy-, cy-, scy-)*. Exemples : *silurien, cithare, scissiparité, symétrie, cyclope, scythique.*

Il en est de même pour le son *sé-* *(sémantique, cénacle, scénario)*, le son *sin-* *(sincère, cinglant, scintiller, cymbale, syntagme)* et le son *se-* *(setier, celer).*

si n. m. inv. *Les si bémol. Des clarinettes en si bémol.* ♦ HOM. → si.

***Si** (arabe) = Monsieur.

sial n. m. *Des sials.*

sialadénite n. f.

sialagogue adj. et n. m.

sialidé n. m.

sialique adj.

sialis [-lis'] n. m.

sialorrhée n. f.

siamang n. m.

siamois, e adj. *Un chat siamois; des sœurs siamoises.* ♦ N. *Des Siamois* (personnes du Siam); *des siamois* (frères unis corporellement).

sibérien, enne adj. *Un froid sibérien.* ♦ N. *Une Sibérienne* (de Sibérie).

sibilant, e adj.

sibylle [sibil'] n. f. *Les douze sibylles inspirées qui révélaient les oracles des dieux étaient* : la Persique, la Libyque, la Delphique, la Cimmérienne, l'Érythrée, la Cumane, la Samienne, l'Hellespontienne, la Phrygienne, la Tiburtine, l'Européenne et Agrippa.

sibyllin, e [sibil-] adj.

***sic** (lat.) adv. = ainsi. Se place entre parenthèses après un mot ou un passage pour montrer que cela est conforme à l'original. → tableau PONCTUATIONS FORTES III, p. 940.

sicaire n. m.

sicav n. f. inv. (sigle de *société d'investissement à capital variable*). *Des sicav.*

siccatif, ive adj. et n. m.

siccité [siksité] n. f.

sicilien, enne adj. *Un volcan sicilien.* ♦ N. *Un Sicilien* (de Sicile); *la sicilienne* (danse).

***sickle cell** = drépanocyte (méd.).

***sicklemia** = drépanocytose.

sicle n. m. ♦ HOM. → cycle.

S.I.C.O.B. sigle m. Salon international de l'informatique et de l'organisation du bureau.

***sic transit gloria mundi** (lat.) = ainsi passe la gloire du monde.

sida n. m. (sigle de *syndrome immunodéficitaire acquis*). En anglais : **aids.* ♦ Le sida est aussi une plante textile de l'Inde.

sidatique adj.

***side-boom** = pose-tubes (trav. pub.).

side-car n. m. *Des side-cars.*

***side effect** = effet secondaire.

sidéen, enne n. et adj.

***side looking radar** (S.L.R.) = radar à visée latérale (spat.).

sidénologie n. f.

sidénologue n.

sidéral, ale, aux adj.

sidérant, e adj.

sidération n. f.

sidéré, e adj.

sidérer v. t. *Je sidère.* Conjug. 10.

sidérite n. f.

sidérographie n. f.

sidérolite ou **sidérolithe** n. f.

sidérolitique ou **sidérolithique** adj. et n. m.

sidérophiline n. f.

sidérose n. f.

sidérostat [-sta] n. m.

sidéroxylon n. m.

sidérurgie n. f.

sidérurgique adj.

sidérurgiste n.

***side thrust** → *stylus drag.

***Sidi** (arabe) n. m. Titre se plaçant devant le nom d'un saint, d'un noble, d'un seigneur.

sidi n. m. péjoratif.

***siding** = bardage (urb.).

siècle n. m. *Le XXe s.; le vingtième siècle; le XIIe et le XIIIe siècle; les XIIe et XIIIe siècles; au XIe et au XIIe siècle; aux XIe et XIIe siècles* → et. Période suivante : *Xe-XIIIe siècle; trois siècles avant Jésus-Christ; 3 siècles av. J.-C. Le siècle des lumières; le grand siècle; le siècle de Louis XIV; le siècle de Périclès. Aux siècles des siècles.* ♦ Le 1er siècle va de la naissance du Christ (an 1) à l'an 100; le IIe siècle va de 101 à 200; etc. Le XXIe siècle et le IIIe millénaire commencent le 1er janvier 2001. Pour trouver le siècle d'une année, il faut ajouter 1 aux centaines de l'année (à moins que ce ne soit la dernière année du siècle); ainsi, 1643 est dans le XVIIe siècle. Il n'en est pas de même en Italie : le *quattrocento* est le siècle des années 14... (notre XVe siècle), le *trecento* celui des années 13...

sied (il) → seoir.

siège n. m. *Le siège social; des bains de siège; des états de siège; les magistrats du siège.*

siéger v. int. *Je siège, nous siégeons.* Conjug. 20.

siemens [zi- ou si-mèns'] n. m. (unité de mesure : *3 siemens* ou *3 S*). ♦ HOM. *Siemens* (nom de plusieurs ingénieurs et d'une firme allemande).

sien, sienne adj. poss. *De siens cousins.* ♦ Pron. poss. *Il prit vos idées et les fit siennes. Ce couteau est le sien.* ♦ N. *Il a vu les siens. Que chacun y mette du sien. Elle a encore fait des siennes.* → mien.

*****sierra** (esp.) n. f. = chaîne de montagnes. *Des sierras.* On emploie le mot *SERRA dans les pays de langue portugaise.

sieste n. f.

sieur n. m. N'est employé qu'en style juridique. *Les sieurs Un tel et Un tel.* ♦ HOM. → scieur.

sievert [siveurt'] n. m. (unité de mesure : *3 sieverts* ou *3 Sv*).

sifflage n. m.

sifflant, e adj. et n. f.

sifflement n. m.

siffler v. int. et t.

sifflet n. m. *Des sifflets d'alarme; des pièces de bois assemblées en sifflet.*

siffleur, euse adj. et n.

siffleux n. m. (marmotte).

sifflotement n. m.

siffloter v. int. et t.

sifilet n. m.

sigillaire [sijilèr'] adj. et n. f.

sigillé, e [sijilé] adj.

sigillographie [-jilo-] n. f.

sigillographique [-jilo-] adj.

sigisbée n. m.

siglaison n. f.

SIGLE n. m. → tableau en annexe p. 946.

siglé, e adj.

sigma n. m. → grec.

*****sigma factor** ou **sigma subunit** = facteur sigma (génét.).

sigmoïde adj.

sigmoïdite n. f.

sigmoïdoscopie n. f.

signal n. m. *Des signaux d'alarme, d'entrée; des signaux vidéo.*

*****signal digital processing** = traitement numérique du signal (inf.).

signalé, e adj.

signalement n. m.

signaler v. t.

signalétique adj. et n. f.

signaleur n. m.

signalisation n. f.

signaliser v. t.

*****signal peptide** = peptide signal (génét.).

signataire n.

signature n. f.

signe n. m. *Des signes d'impatience; le signe de la croix; ils n'ont pas donné signe de vie; imposé pour signes extérieurs de richesse. Signe de Babinski.* ♦ HOM. *cygne* (oiseau), il *signe* (v.).

Signes orthographiques. Certains signes, ajoutés aux lettres et aux mots, sont importants pour les modifications de prononciation, d'écriture ou de sens qu'ils apportent. Ce sont : les *accents* (point, accent aigu, accent grave, accent circonflexe, tréma) la *cédille*, l'*apostrophe*, le *trait d'union*. Voir à chacun de ces mots.

signer v. t. *En entrant en ce lieu, ils se sont signés.*

signet n. m.

signifiant n. m.

*****significant** = important (et non *significatif*).

significat*if, ive* adj.

signification n. f.

significativement adv.

signifié n. m.

signifier v. t. Conjug. 17.

sikh adj. et n.

sikhara [chi-] n. m. inv.

sikhisme [-is-] n. m.

sil n. m. et adj. inv. (argile colorée). ♦ HOM. → cil.

silane n. m.

silence n. m.

*****silencer** = silenceur (génét.).

silenceur n. m.

silencieusement adv.

silenci*eux, euse* adj. et n. m.

silène n. m.

Silentbloc n. m. déposé inv.

*****silent mutation** = mutation silencieuse (génét.).

silésien, enne adj. et n. (de Silésie).

silex n. m.

silhouette n. f.

silhouetter v. t.

silhouettiste n.

silicate n. m.

silice n. f. (oxyde de silicium). ♦ HOM. *cilice* (chemise de crin).

siliceux, euse adj.
silicicole adj.
silicique adj.
silicium [-syom'] n. m. *Des siliciums.*
siliciure n. m.
*****silicon compiler** = compilateur au silicium (électron.).
silicone n. f. (substance).
siliconer v. t.
*****silicon founder** = fondeur de silicium (électron.).
*****silicon foundry** = fonderie de silicium (électron.).
silicose n. f. (maladie).
silicosé, e adj. et n.
silicoser v. t.
silicotique adj.
silicotungstique adj.
silicule n. f.
Silionne n. f. déposé inv.
silique n. f.
sillage [siyaj'] n. m.
siller [siyé] v. t. et int. (coudre les paupières d'un oiseau de proie; avancer dans l'eau). ♦ HOM. *ciller* (cligner des paupières), *sillet* (barrette sur un instrument de musique).
sillet [siyè] n. m. ♦ HOM. → siller.
sillon [siyon] n. m.
sillonner [siyoné] v. t.
silo n. m.
silotage n. m.
silphe [silf'] n. m. ♦ HOM. → sylphe.
silt n. m.
silure n. m.
siluridé n. m.
silurien, enne adj. et n. m.
silves [silv'] n. f. pl. ♦ HOM. → sylve.
sima n. m.
simagrée n. f.
*****SI mapping** = cartographie SI (agr.).
simarre n. f.
simaruba [-rou-] n. m.
simarubacée n. f.
simbleau n. m. *Des simbleaux.*
simien, enne adj. et n. m.
simiesque adj.
similaire adj.
similarité n. f.
simili n. m. (cliché photogravé). *Des similis. Des parures en simili* (imitation).
simili- Ce préfixe se soude au mot qui suit (*similimarbre*), mais s'écrit avec trait d'union devant une voyelle (*simili-ivoire, simili-or*).

similicrabe n. m.
similicuir n. m.
similigravure n. f.
similisage n. m.
similisé, e adj.
similiser v. t.
similiste n.
similitude n. f.
similor n. m.
simoniaque adj. et n.
simonie n. f.
simoun n. m.
simple adj. *Le maniement est simple.* ♦ N. m. *Des simples d'esprit. Il a joué le simple. Varier du simple au double. Elle cueille des simples* (plantes).
*****simple lay-out** = crayonné (aud.).
simplement adv.
simplet, ette adj.
simplex n. m. (transmission de données).
simplexe n. m. (ensemble mathématique).
simplicité n. f.
simplifiable adj.
simplificateur, trice adj. et n.
simplification n. f.
simplifier v. t. Conjug. 17.
simplisme [-is-] n. m.
simpliste adj. et n.
simulacre n. m.
simulateur, trice n.
simulation n. f.
simulé, e adj.
simuler v. t.
simulie n. f.
simultané, e adj. et n. f.
simultanéisme [-is-] n. m.
simultanéité n. f.
simultanément adv.
simvastatine n. f.
sin- → si-
Sinaï [si-na-i] n. m.
sinanthrope n. m.
sinapisé, e adj.
sinapisme [-is-] n. m.
sincère adj.
sincèrement adv.
sincérité n. f.
sincipital, ale, aux adj.
sinciput [-put'] n. m.
sinécure n. f.
*****sine die** (lat.) loc. adv. = sans date déterminée.
*****sine qua non** (lat.) loc. adj. = sans quoi non. *Des conditions « sine qua non ».*

singalette n. f.
singapourien, enne adj. et n. (de Singapour).
singe n. m.
singer v. t. Conjug. 3. ♦ Homographe hétérophone : *Singer* [sin-jèr'] (n. déposé inv.).
singerie n. f.
*single n. m. = compartiment particulier; chambre individuelle; disque 45 tours; simple (transp.).
*single function industrial building = bâtiment industriel monovalent (urb.).
*single-sideband emission (SSB emission) = émission à bande latérale unique (aud.).
*single-sideband receiver (SSB receiver) = récepteur à bande latérale unique (aud.).
singlet n. m.
singleton n. m.
*singspiel (all.) = opérette.
singulariser v. t. *Elles se sont singularisées*.
singularité n. f.
singulet n. m. et adj. m.
singulier, ère adj. et n. m.
singulièrement adv.
sinisant, e n.
sinisation n. f.
siniser v. t.
sinistralité n. f.
sinistre adj. et n. m.
sinistré, e adj. et n.
sinistrement adv.
*sinistrorsum → *senestrorsum.
sinistrose n. f.
sinité n. f.
sinn-feiner [sin'fèy'neur'] n. (partisan du Sinn-Fein). *Des sinn-feiners*.
sinoc → sinoque.
sinologie n. f.
sinologue n.
sinon conj. S'écrit toujours en un mot.
sinophile adj. et n.
sinople n. m. Ne s'emploie qu'au singulier.
sinoque ou sinoc adj. et n. Quelquefois écrit CINOQUE.
sino-tibétain, e adj. et n. m. (famille de langues).
sinter [-tèr] n. m.
sintérisation n. f.
sintériser v. t.
sinuer v. int.

sinueux, euse adj.
sinuosité n. f.
sinus [-nus'] n. m. Symbole mathématique : *sin*.
sinusal, ale, aux adj.
sinusien, enne adj.
sinusite n. f.
sinusoïdal, ale, aux adj.
sinusoïde n. f.
sionisme [-is-] n. m.
sioniste adj. et n.
sioux adj. inv. *Une femme sioux*. ♦ N. inv. *Un vieux Sioux.*
*si parla italiano (ital.) loc. = on parle italien.
siphoïde adj.
siphomycète n. m.
siphon n. m.
siphonaptère n. m.
siphonné, e adj.
siphonner v. t.
siphonogamie n. f.
siphonophore n. m.
sipo n. m.
*sir [seur] n. m. = monsieur. Ce titre ne se met que devant un prénom (*sir Winston Churchill, sir Winston*), jamais devant un nom seul. → tableau LANGUES ÉTRANGÈRES, p. 892.
sirdar n. m.
sire n. m. *Un triste sire; le sire de Joinville; oui, Sire* (à un souverain). ♦ HOM. → cire.
sirène n. f.
S.I.R.E.N.E. sigle m. Système informatique pour le répertoire des entreprises et établissements.
sirénien n. m.
sirex n. m.
sirli n. m.
sirocco ou siroco n. m.
sirop [-ro] n. m. → gelée.
siroperie n. f.
siroter v. t. et int.
sirtaki n. m.
sirupeux, euse adj.
sirventès, sirventé ou serventois n. m.
sis, e [si, siz'] adj. *Un pré sis en bordure de rivière; une maison sise à Arles.* ♦ HOM. → si.
sisal n. m. *Des sisals*.
sismal, ale, aux adj.
sismicien, enne n.
sismicité n. f.
sismique adj.
sismogramme n. m.

sismographe n. m.
sismologie n. f.
sismologique adj.
sismologue n.
sismométrie n. f.
sismothérapie n. f.
sissonne ou **sissone** n. m. ou f.
*****sister-ship** = navire frère. *Des sister-ships.*
sistre n. m. (ancien instrument de musique égyptien, sans cordes). ♦ HOM. *cistre* (instrument de musique à cordes).
sisymbre [sizin-] n. m.
Sisyphe [sizif'] n. m. *Le mythe, le rocher de Sisyphe.*
sitar n. m. ♦ HOM. → cithare.
sitariste n.
*****sit-com** ou **sitcom** (abrév. de **situation comedy*) = comédie télévisée à épisodes.
site n. m. (paysage). ♦ HOM. je *cite* (v.), les *Scythes* (anciens Iraniens).
*****site plan** = plan de situation (urb.).
*****site planning** = plan de masse (urb.).
*****sit-in** n. m. inv. = manifestation assise dans la rue.
sitiomanie n. f.
sitiophobie n. f.
sitogoniomètre n. m.
sitologue n.
sitostérol n. m.
sitôt adv. Il faut distinguer : 1° **Sitôt** (aussitôt). *Sitôt dit, sitôt fait. Ils ne reviendront pas de sitôt. Sitôt qu'il est parti.* 2° **Si tôt** (contraire de *si tard*). *Pourquoi rentrez-vous si tôt ?*
sittelle ou **sittèle** n. f.
situation n. f.
situationnisme [-is-] n. m.
situationniste adj. et n.
situé, e adj.
situer v. t. Conjug. 18.
sium [syom'] n. m. *Des siums.*
sivaïsme ou **çivaïsme** [chi-is-] n. m.
sivaïte ou **çivaïte** [chi-] adj. et n.
*****si vis pacem, para bellum** (lat.) loc. = si tu veux la paix, prépare la guerre.
six Ce mot se prononce [si] devant une consonne ou un *h* aspiré (*six chaises*), [siz] devant une voyelle ou un *h* muet (*six assiettes*), [sis] devant un signe de ponctuation (*Mettez-en six.*). ♦ Adj. numér. et n. m. inv. *Charles VI; Charles six. Des six mal écrits.* ♦ HOM. → si.
sixain → sizain.

six-cylindres n. f. inv.
six-huit n. m. inv. (mesure musicale).
sixième [siz-] adj. numér. ord. et n. → cinquième.
sixièmement [siziè-] adv.
six-quatre-deux (à la) loc. adv.
sixte n. f.
sixtus [-us'] n. m.
sizain ou **sixain** [-zin] n. m.
sizerin n. m.
ska n. m.
Skaï [skay'] n. m. déposé inv.
*****skate-bike** = vélo-roulettes.
*****skate-board** n. m. = planche à roulettes.
*****skate-boarder** = planchiste.
*****skating** n. m. = patinage.
*****skeet** n. m. = tir au ball-trap, tir sur plateaux d'argile.
*****skeleton** = toboggan articulé.
*****sketch** n. m. = saynète, esquisse. *Des sketches.*
ski n. m. *Aller à skis sur la neige ; aller à ski (s) sur l'eau ; saut à skis ; descente à skis ; faire du ski ; école de ski ; moniteur de ski.*
skiable adj.
skiascopie n. f.
ski-bob n. m. *Des ski-bobs.*
*****skid-car** = dérapeur (transp.).
skier v. int.
skie**ur, euse** n.
skiff ou **skif** n. m.
*****skimming** = écrémage (écon.).
*****skinhead** ou *****skin** n. = tête rasée.
*****skin pack** = enveloppe pelliplaquée.
*****skin planing** = ponçage (méd.).
skip n. m.
*****skipper** n. m. = barreur, patron de bord.
*****skipping** = saut à la corde.
Skivertex n. m. déposé inv.
skons, skunks ou **skuns** → scons.
skua n. m.
skye-terrier [skay'-] n. m. *Des skye-terriers.*
*****slab level** = rez-de-dalle (urb.).
slalom [-lom'] n. m.
slalomer v. int.
slalome**ur, euse** n.
*****slang** n. m. = argot anglais.
*****slant range** = distance-temps (spat.).
*****slant range image** = image médistancée (spat.).
slave adj. *Il est slave.* ♦ N. *Les Ukrainiens sont des Slaves. Le slave (groupe de langues).*

slavisant, e n.
slaviser v. t.
slavisme [-is-] n. m.
slaviste n.
slavistique n. f.
slavon n. m. (langue).
slavophile adj. et n.
*****S.L.B.M.** (submarine launched ballistic missile) = missile balistique stratégique lancé d'un sous-marin.
*****sleeping-car** ou **sleeping** n. m. = voiture-lit(s).
*****sleeping partner** = partenaire passif.
S.L.F. sigle adv. Selon la formule.
*****slice** n. m. = effet latéral sur une balle (sport).
slicer v. t.
slikke n. f.
*****slim hole** = filiforage (pétr.).
*****sling transport** = transport à l'élingue (déf.).
slip n. m.
slogan n. m.
sloop [sloup'] n. m.
*****slot** = lot d'images, lot (spat.); bec à fente (déf.).
sloughi n. m.
slovaque adj. *D'origine slovaque.* ♦ N. *Un Slovaque* (de Slovaquie).
slovène adj. *Un paysan slovène.* ♦ N. *Un Slovène* (de Slovénie).
slow ou **slow-fox** [slofoks'] n. m.
*****slowing-down** = ralentissement des neutrons (nucl.).
*****sludge** = agrégat (méd.).
*****slum area** = bidonville.
*****slurry** = bouillie explosive (déf.).
smala ou **smalah** n. f. *Prise de la smalah d'Abd el-Kader par le duc d'Aumale.*
*****small supermarket** = supérette (écon.).
smalt n. m. et adj. inv.
smaltine ou **smaltite** n. f.
smaragdin, e adj.
smaragdite n. f.
smart adj. inv.
*****smart bomb** = bombe guidée (déf.).
*****smash** n. m. = balle rabattue (tennis). *Des smashes.*
smasher [smatché] v. int.
S.M.E. sigle m. Système monétaire européen.
smectique adj.
smegma n. m.

S.M.I. sigle m. Système monétaire international.
S.M.I.C. sigle m. Salaire minimum interprofessionnel de croissance.
smicard, e n.
S.M.I.G. sigle m. Salaire minimum interprofessionnel garanti.
smilax n. m.
smillage [smiyaj] n. m.
smille [smiy] n. f.
smiller [smiyé] v. t.
smithsonite [smitso-] n. f.
smocks [smok'] n. m. pl.
*****smog** [smog] = brumée.
smoking [smokin'g] n. m. Ce vêtement est nommé **dinner-jacket* en Grande-Bretagne et **tuxedo* aux États-Unis.
smolt n. m.
smorrebrod n. m.
*****smorzando** (ital.) = en affaiblissant.
smurf [smeurf] n. m.
*****snack-bar** ou **Snack** n. m. = café-restaurant standard.
*****snaking** = reptation, serpentage.
S.N.C.F. sigle f. Société nationale des chemins de fer français.
S.N.E.C.M.A. sigle f. Société nationale d'étude et de construction de matériel aéronautique.
S.N.I.A.S. sigle f. Société nationale des industries aéronautiques et spatiales.
sniff! ou **snif!** interj.
sniffer v. t.
*****sniper** = tireur isolé, franc-tireur.
S.N.L.E. sigle m. Sous-marin nucléaire lance-engins.
snob adj. et n. inv. en genre.
snober v. t.
snobinard, e adj. et n.
snobisme [-is-] n. m.
*****snow-board** = surf des neiges.
snow-boot [snobout'] n. m. *Des snow-boots.*
*****soap opera** n. m. = feuilleton télévisé.
sobre adj.
sobrement adv.
sobriété n. f.
sobriquet n. m. → surnom et tableaux MAJUSCULES B, 9°, p. 904; TRAIT D'UNION A, 8°, p. 954.
soc n. m. (partie du fer de charrue qui coupe horizontalement). ♦ HOM. *socque* (chaussure).
*****soccer** = football.
sociabiliser v. t.
sociabilité n. f.

sociable adj.

social, ale, aux adj. *La croix du Mérite social.* ♦ N. m. sing. *Ce patron pense au social.*

social-chrétien adj. et n. *La tendance sociale-chrétienne; les sociaux-chrétiens.*

social-démocrate adj. et n. *La politique sociale-démocrate; les sociaux-démocrates.*

social-démocratie n. f. (parti politique en Allemagne et en Scandinavie). *Les social-démocraties.*

socialement adv.

social-impérialisme [-is-] n. m.

socialisant, e adj. et n.

socialisation n. f.

socialiser v. t.

socialisme [-is-] n. m.

socialiste adj. et n.

socialité n. f.

social-libéral adj. et n. *Une formation sociale-libérale; les sociaux-libéraux.*

social-révolutionnaire adj. et n. *La fraction sociale-révolutionnaire. Les sociaux--révolutionnaires.*

sociatrie n. f.

sociétaire adj. et n.

sociétariat [-rya] n. m.

société n. f. *Vivre en société; la haute société; des jeux de société; des talents de société; société en commandite, en nom collectif, en participation; société anonyme* (S.A.), *mutualiste; société d'acquêt, d'aménagement, d'assistance, de crédit différé, de crédit mutuel, d'investissement, de personnes, de placement, de portefeuille; société d'aménagement foncier, d'assistance aux blessés; société de secours mutuels. Les bâtiments de la Société J. Bertrand et C*ⁱᵉ*; la société « Les Fils de J. Bertrand »; la Société des gens de lettres; une société à responsabilité limitée* (S.A.R.L.); *la Société générale.* → raison sociale.

socinianisme [-is-] n. m.

socinien, enne adj. et n.

socio- Ce préfixe se soude au mot qui suit *(socioculturel);* devant une voyelle, on met le trait d'union *(socio-économique).* Fort à la mode, ce préfixe se voit accolé à de nombreux mots, n'apportant quelquefois aucune modification de sens *(sociocritique, sociophilosophie, sociopédagogie, sociobiologie, etc).*

sociobiologie n. f.

sociocentrisme [-is-] n. m.

sociocritique n. f.

socioculturel, elle adj.

sociodramatique adj.

sociodrame n. m.

socio-économique adj.

socio-éducatif, ive adj.

sociogenèse n. f.

sociogramme n. m.

sociolecte n. m.

sociolinguistique adj. et n. f.

sociologie n. f.

sociologique adj.

sociologiquement adv.

sociologisme [-is-] n. m.

sociologiste adj. et n.

sociologue n.

sociométrie n. f.

sociométrique adj.

sociopathe adj.

sociopolitique n. f.

socioprofessionnel, elle adj.

sociothérapie n. f.

*****socket** = soquette (golf).

socle n. m.

socque n. m. ♦ HOM. → soc.

socquette n. f.

socratique adj.

soda n. m.

sodé, e adj.

sodique adj.

sodium [-dyom'] n. m. *Des sodiums.*

sodoku [-kou] n. m.

sodomie n. f.

sodomiser v. t.

sodomite n. m.

sœur n. f. *Des sœurs de lait; filiale sœur; une demi-sœur; des sœurs de charité; sœur converse; les Petites Sœurs des pauvres; la sœur Joséphine. Les Neuf Sœurs* (les Muses).

sœurette n. f.

sofa n. m.

soffite n. m.

*****soft** = doux, édulcoré, atténué.

*****soft copy** = image d'écran (spat.).

*****softcore** = à acte simulé.

*****soft-drink** n. m. = boisson sans alcool.

soft-laser-thérapie n. f. *Des soft-laser--thérapies.*

*****soft technology** = technique douce.

*****software** n. m. = logiciel. D'autres équivalents ont été proposés, ainsi : *programmerie, mentaille* (pendant de *quincaille* pour *hardware).

***software engineering** = génie logiciel (inf.).

***software house** = société de services et de conseil en informatique.

***Sogo Shaga** (pl. japonais) = sociétés assurant les relations commerciales des groupes industriels.

soi pron. pers. *Prendre sur soi; à part soi; chacun chez soi; le chez-soi* (inv.); *le quant-à-soi; l'en-soi; le pour-soi.* ♦ HOM. la *soie* (fibre textile; poil du porc; partie d'un couteau ou d'une arme blanche), qu'il *soit* (v. être), *soit* (conj.).

soi-disant adj. inv. *Ces soi-disant artistes.* ♦ Loc. adv. *Elle est allée soi-disant à la campagne. Ils sont soi-disant guéris.* ♦ *Soi-disant* ne devrait s'appliquer qu'à des êtres parlants. Pour les choses : *Des paquebots prétendument insubmersibles.*

soie n. f. *Des rubans de soie.* ♦ HOM. → soi.

soierie n. f.

soif n. f.

soiffard, e n.

soignable adj.

soignant, e adj. et n.

soigné, e adj.

soigner v. t.

soigneur, euse n.

soigneusement adv.

soigneux, euse adj.

*__soil brightness index__ (SBI) = indice de luminance du sol (spat.).

soin n. m. *Avoir soin de; prendre soin; être aux petits soins; sans soin. Cette maladie demande beaucoup de soins; il prépare sa voiture avec beaucoup de soin.*

soir n. m. *Tous les soirs; hier (au) soir; tous les jeudis soir; le Grand Soir* (bouleversement social). ♦ HOM. *seoir* (v.).

soirée n. f.

soit [swa] devant une consonne, [swat'] devant une voyelle. ♦ Conj. *Prenez soit des caramels, soit des dragées. Il rendra cette somme, soit sept mille francs. Soit deux cercles tangents.* On n'écrit plus comme autrefois : *Soient deux cercles tangents;* cette tournure est devenue un présentatif impersonnel, analogue à la conjonction et invariable. *Tant soit peu* (loc. adv.). ♦ Adv. Toujours prononcé [swat']. *Vous le voulez? Soit* (que cela soit). ♦ *Soit que* (loc. conj.). *Soit que tu écrives, soit que tu téléphones.* ♦ HOM. → soi.

soit-communiqué n. m. inv. *Des ordonnances de soit-communiqué.*

soixantaine [swa-san-] n. f.

soixante [swa-sant'] adj. numér. et n. m. inv. *Soixante kilomètres. Ils sont là, tous les soixante. Soixante et un soldats.*

soixante-dix adj. numér. et n. m. inv.

soixante-dixième [-zyèm'] adj. numér. ord. et n.

soixante-huitard, e adj. et n. *Des soixante-huitards, des soixante-huitardes.*

soixantième [swa-san-] adj. numér. ord. et n. → cinquième.

soja n. m.

sol n. m. (terre; solution colloïdale). *Des missiles sol-sol, air-sol, sol-air.* ♦ HOM. *sol* (note de musique), *sole* (poisson; terre cultivable soumise à l'assolement; dessous du sabot d'un cheval; fond d'un bateau plat; partie d'un four), *saule* (arbre), *sol* (monnaie).

sol n. m. inv. (note de musique). *La clé de sol. Des sol dièse.* ♦ HOM. → sol.

sol n. m. (ancien nom du *sou* français; ancienne monnaie du Pérou). ♦ HOM. → sol.

solaire adj. *Le système solaire; le plexus solaire.* ♦ N. m. *Développement du solaire comme source d'énergie.*

solanacée n. f.

*__solar and backscattered ultraviolet spectrometer__ (SBUVS) = spectromètre pour l'ultraviolet solaire incident et rétrodiffusé de la Terre par satellite (spat.).

*__solar collector__ = capteur solaire (urb.).

solarigraphe n. m.

solarisation n. f.

solariser v. t.

solarium [-ryom] n. m. *Des solariums.*

*__solar-responsive architecture__ = architecture solaire (urb.).

soldanelle n. f.

soldat, e n. *Des soldats de 1re classe, de 2e classe; des 2e classe. Le Soldat inconnu de l'Arc de triomphe. Une soldate.*

soldatesque n. f. et adj.

solde n. f. (paie des soldats). *Des congés sans solde; être à la solde de quelqu'un.* ♦ N. m. (ce qui reste à payer; article soldé; vente de tels articles). *Ce magasin a de beaux soldes. Pour solde de tout compte.*

solder v. t.

solderie n. f.

soldeur, euse n.

soldophrénie n. f.

sole n. f. *Des soles (à la) meunière.* ♦ HOM. → sol.

soleá n. f. (musique andalouse). *Des soleares.*

soléaire adj. et n. m.

solécisme [-is-] n. m.

soleil n. m. Dans un texte qui traite d'astronomie : *le Soleil* (comme *la Lune, la Terre*). Dans un texte courant : *le soleil se couche; il fait soleil.*

solen [-lèn'] n. m.

solennel, elle [sola-nèl'] adj.

solennellement [sola-] adv.

solenniser [sola-] v. t.

solennité [sola-] n. f.

solénoïdal, ale, aux adj.

solénoïde n. m.

soleret n. m.

Solex n. m. déposé.

solfatare n. f.

solfège n. m.

solfier v. t. Conjug. 17.

solicitor n. m. (homme d'affaires anglais).

solidage n. f.

solidago n. m.

solidaire adj.

solidairement adv.

solidariser (se) v. pr. *Elle s'est solidarisée avec eux.*

solidarité n. f.

solide adj. et n. m.

solidement adv.

solidification n. f.

solidifier v. t. Conjug. 17.

solidité n. f.

soliflore n. m.

solifluxion n. f.

soliloque n. m.

soliloquer v. int.

solin n. m.

solipède adj. et n. m.

solipsisme [-is-] n. m.

soliste adj. et n.

solitaire adj. et n.

solitairement adv.

soliton n. m.

solitude n. f.

solive n. f.

soliveau n. m. *Des soliveaux.*

sollicitation n. f.

solliciter v. t.

solliciteur, euse n.

sollicitude n. f.

solo n. m. Pl. fr. : *solos;* pl. ital. : *soli.* ♦ Adj. inv. *Des violons solo.*

solognot, e adj. *Un étang solognot.* ♦ N. *Un Solognot* (de la Sologne).

solstice n. m.

solsticial, ale, aux adj.

solubilisation n. f.

solubiliser v. t.

solubilité n. f.

soluble adj.

soluté n. m.

solution n. f.

solutionner v. t. (*résoudre* est préférable).

solutréen, enne adj.

Solutricine n. f. déposé inv.

solvabilité n. f.

solvable adj.

solvant n. m.

solvatation n. f.

solvate n. m.

soma n. m.

somali, e adj. (de Somalie). ♦ N. *Des Somalis* (habitants); *le somali* (langue).

somalien, enne adj. et n. (de Somalie).

*****somatic hybridization** = fusion cellulaire, hybridation somatique (agr.).

*****somatic mutation** = mutation somatique (génét.).

somation n. f. ♦ HOM. → sommation.

somatique adj.

somatisation n. f.

somatiser v. t.

somatognosie [-tog'nozi] n. f.

somatostatine n. f.

somatotrope adj.

somatotrophine ou **somatrophine** n. f.

sombre adj.

sombrer v. int.

sombrero [sonbréro] n. m. *Des sombreros.*

somite n. m.

sommable adj.

sommaire n. m. et adj.

sommairement adv.

sommation n. f. (appel, mise en demeure). ♦ HOM. *somation* (variation dans les cellules d'un organisme).

somme n. f. (résultat d'une addition; quantité d'argent; charge; ensemble de connaissances). *Des bêtes de somme. En somme; somme toute.* ♦ N. m. (sommeil court). ♦ HOM. nous *sommes* (v. être), la *Somme* (fleuve; département).

sommé, e adj. *La tête sommée de lunettes.* ♦ HOM. → sommer.

sommeil n. m. *Ces affaires sont en sommeil; la maladie du sommeil.* ♦ HOM. il *sommeille* (v.).

sommeiller v. int.

sommeill*eux, euse* adj. et n.

sommeli*er, ère* n.

sommellerie n. f.

sommer v. t. *Sommer les diverses dépenses. Sommer un débiteur.* ♦ HOM. un *sommet* (partie élevée), *sommé* (surmonté).

sommet n. m. ♦ HOM. → sommer.

sommier n. m.

sommit*al, ale, aux* adj.

sommité n. f.

somnambule adj. et n.

somnambulique adj.

somnambulisme [-is-] n. m.

somnifère adj. et n. m.

somniloquie [-ki] n. f.

somnolence n. f.

somnol*ent, e* [-lan] adj. *Cet enfant est somnolent.* ♦ HOM. *somnolant* (partic. prés.). ♦ Homographe hétérophone : ils *somnolent* [-nol'] (v. somnoler).

somnoler v. int.

somptuaire adj. → somptueux.

somptueusement adv.

somptu*eux, euse* adj. (d'une grande richesse). *Un décor somptueux.* ♦ Ne pas confondre avec *somptuaire* (qui a trait aux dépenses). *Des restrictions somptuaires.*

somptuosité n. f.

son n. m. *Des sons aigus; un spectacle son et lumière. Des bandes son. Les sons du français* → tableau PRONONCIATION, p. 943. *Le son du grain de blé. Des taches de son.* ♦ HOM. → son.

son adj. poss. *Elle et son chien.* Les adjectifs *son* et *sa* prennent la capitale devant un titre pour désigner la personne. *Il a vu Son Éminence et Son Altesse sérénissime près de Sa Majesté* → majesté. ♦ HOM. ils *sont* (v. être), un *son* aigu, du pain au *son*.

sonagramme n. m.

sonagraphe n. m.

sonal n. m. (message publicitaire en musique). *Des sonals.*

sonar n. m.

sonate n. f.

sonatine n. f.

sondage n. m.

sonde n. f. → astronautique.

sondé, e n.

sonder v. t.

sond*eur, euse* n. *Un sondeur à ultrasons.*

sone n. m.

songe n. m.

songe-creux n. m. inv.

songer v. t. ind. et int. Conjug. 3.

songerie n. f.

song*eur, euse* adj.

sonie n. f.

sonique adj.

sonnaille n. f.

sonnailler v. int.

sonnailler n. m.

sonnant adj. *Partir à six heures sonnantes.* ♦ Partic. prés. *Partir à six heures sonnant.* Les deux formes sont usitées, mais seules sont correctes : *à une heure sonnant, à midi sonnant, à minuit sonnant.* *Malsonnant* s'écrit en un mot.

sonné, e adj. *Il est huit heures sonnées; il est midi sonné. Il a quarante ans bien sonnés.*

sonner v. int. *Onze heures sonnent. Midi sonne. Trois heures et demie a sonné* (ce qui a sonné, c'est la demie, seule). *Les futailles sonnent creux.* ♦ Il y a dans la famille de ce verbe des incohérences : certains mots n'ont qu'un *n*, d'autres en ont deux. Hors ceux qui commencent par *son-* et qu'on trouvera ci-avant et ci-après, on remarquera le désaccord entre *assonance, consonance, dissonance, résonance* et *consonne, résonner.* ♦ HOM. *sauner* (extraire le sel), *sonnet* (poème).

sonnerie n. f.

sonnet n. m. ♦ HOM. → sonner.

sonnette n. f.

sonneur n. m.

sono n. f. (apocope de *sonorisation*).

sonochimie n. f.

sonomètre n. m.

sonore adj.

sonorisation n. f.

sonoriser v. t.

sonorité n. f.

sonothèque n. f.

Sopalin n. m. déposé inv.

sophisme [-is-] n. m.

sophiste n.

*****sophisticated** = artificiel, alambiqué, affecté, blasé, aux goûts compliqués (sens général en anglais, comme en français); perfectionné, d'une technique

ultramoderne, de la dernière nouveauté (sens technique, déviation due aux scientifiques américains).
sophistication n. f.
sophistique adj. et n. f.
sophistiqué, e adj.
sophistiquer v. t.
sophora n. m.
sophrologie n. f.
sophrologique ou **sophronique** adj.
sophrologue n.
sophronisation n. f.
soporifique adj. et n. m.
sopraniste n. m.
soprano n. Pl. fr. : *sopranos*; pl. ital. : *soprani*.
sorbe n. f.
sorbet n. m.
sorbetière n. f.
sorbier n. m.
sorbitol n. m.
sorbonnard, e n. et adj.
sorcellerie n. f.
sorcier, ère n. et adj.
sordide adj.
sordidement adv.
sordidité n. f.
sore n. m. ♦ HOM. → sort.
sorgho n. m.
sorguge n. f. (aigrette de turban).
sorite n. m.
sornette n. f.
soror*al*, *ale*, *aux* adj.
sororat [-ra] n. m.
sororité n. f.
sorption [-psyon] n. f.
sort [sor] n. m. *Le sort en est jeté; ils sont tirés au sort; jeter un sort.* ♦ HOM. je *sors* (v. sortir), hareng *saur* (salé et séché), un *saure* (poisson), un *sore* (groupe de sporanges de fougère), des chevaux *saurs* (jaune-brun).
sortable adj.
sortant, e adj. et n.
sorte n. f. *De toute(s) sorte(s); de bonne sorte; classer par sortes; de telle sorte que; de même sorte; en quelque sorte; en sorte que. Toutes sortes de champignons* (devant un nom concret); *toute sorte de bonheur* (devant un nom abstrait). *De quelle sorte?*
sortie n. f. *Une fausse sortie, des droits de sortie.*
sortie-de-bain n. f. *Des sorties-de-bain.*
sortie-de-bal n. f. *Des sorties-de-bal.*
sortilège n. m.
sortir v. int. et t. Conjug. 55. Les temps composés se font avec *être* lorsque le verbe est intransitif *(Il est sorti tard)* et avec *avoir* quand il est transitif *(Elle a sorti le chien).* ♦ N. m. *Au sortir de.* ♦ Un autre verbe *sortir* (obtenir, avoir) est employé en jurisprudence à la 3ᵉ personne sur la conjugaison 24 du 2ᵉ groupe et avec l'auxiliaire *avoir. Cette décision sortit son plein effet aujourd'hui.*
S.O.S. n. m. Signal de détresse (… ___ …). Traduction fantaisiste : **Save our souls* (sauvez nos âmes).
sosie n. m.
***sostenuto** (ital.) adv. = de manière soutenue.
sot, sotte adj. et n. (qui est niais). ♦ HOM. *seau* (récipient), *sceau* (cachet), *saut* (bond), *Sceaux* (ville).
sotch n. m. (dépression dans les Causses). *Des sotchs.*
sot-l'y-laisse n. m. inv.
sottement adv.
sottie ou **sotie** n. f. (drame satirique).
sottise n. f.
sottisier n. m.
***sotto voce** (ital.) loc. adv. = à mi-voix.
sou n. m. *Des sous. Payer sou à sou. Rendre sou pour sou. Être près de ses sous. Ces gens sont des sans-le-sou.* ♦ HOM. → sous.
souage → suage.
souahéli ou **souahili** → swahéli.
soubassement n. m.
soubise n. f.
soubresaut n. m.
soubressade [-bre-] n. f.
soubrette n. f.
soubreveste n. f.
souche n. f.
souchet n. m.
souchetage n. m.
souchette n. f.
souchong ou **sou-chong** [-chon] n. m. (thé).
souci n. m. *Il a vécu sans souci(s). Le château de Sans-Souci.* ♦ HOM. il se *soucie* de (v.).
soucier (se) v. pr. Conjug. 17. *Elle s'est souciée de cela.*
soucieusement adv.
souci*eux, euse* adj.
soucoupe n. f.
soudabilité n. f.

SOUDABLE

soudable adj.
soudage n. m.
soudain, e adj. *Des sentiments soudains.* ♦ Adv. *Soudain, les lumières s'éteignirent.*
soudainement adv.
soudaineté n. f.
soudan n. m. (ancien titre du sultan de Syrie et d'Égypte).
soudanais, e adj. (du Soudan).
soudanien, enne adj. (du Soudan).
soudant, e adj. *Une température soudante.* ♦ HOM. la république du *Soudan*.
soudard n. m.
soude n. f.
souder v. t.
soude-sacs n. m. inv.
soudeur, euse n.
soudier, ère adj. et n. f.
soudoyer [-dwa-yé] v. t. Conjug. 6.
soudure n. f.
soue n. f. ♦ HOM. → sous.
soufflage n. m.
soufflant, e adj. et n.
soufflard n. m.
souffle n. m. *Ils manquent de souffle.*
soufflé, e adj. et n. m. ♦ HOM. → soufflet.
soufflement n. m.
souffler v. int et t t. ♦ HOM. → soufflet.
soufflerie n. f.
soufflet n. m. (gifle; affront; appareil pour souffler ou y ressemblant). ♦ HOM. un *soufflé* (mets), il est *soufflé* (étonné), ne pas *souffler* mot (v.).
souffleter v. t. *Il soufflette.* Conjug. 14.
souffleur, euse n.
soufflure n. f.
souffrance n. f. *Des affaires en souffrance.*
souffrant, e adj. (qui a mal). ♦ HOM. *souffrant* (v. souffrer).
souffre-douleur n. m. inv.
souffreteux, euse adj.
souffrir v. t. et int. Conjug. 61. → tableau PARTICIPE PASSÉ III, F, 10°, p. 924.
soufi ou **sufi** [sou-] n. m.
soufisme [-is-] n. m.
soufrage n. m.
soufre n. m. et adj. inv. (matière jaune citron). ♦ HOM. il *souffre* (v. souffrir), il *soufre* (v. soufrer).
soufrer v. t. (mettre du soufre).
soufreur, euse n.
soufrière n. f.
soufroir n. m.
souhait n. m. *Il les réussit à souhait.*

souhaitable adj.
souhaiter v. t. *Il a enfin une maison comme il l'a souhaité* (il souhaitait avoir une maison, être propriétaire). *Il a enfin une maison comme il l'a souhaitée* (une maison comme il l'imaginait, de même disposition). L'écriture est analogue avec les verbes *imaginer, envisager, désirer, vouloir,* etc.
souillard, e [sou-yar', -yard'] n.
souille n. f.
souiller [sou-yé] v. t.
souillon [sou-yon] n.
souillure [sou-yur'] n. f.
souimanga ou **soui-manga** n. m.
souk n. m.
*****Soukoth** (hébreu) = fête juive des Tabernacles.
soul → soul music.
soûl, e [sou, soul'] adj. (ivre). *Ils sont soûls, ils sont fin soûls.* Il n'y a pas de raison de perpétuer l'ancienne orthographe *saoul* avec ses dérivés. ♦ N. m. *Ils en ont tout leur soûl.* ♦ HOM. → sous.
soulagement n. m.
soulager v. t. *Nous soulageons.* Conjug. 3.
soulane n. f.
soûlant, e adj.
soûlard, e n. et adj.
soûlaud, e ou **soûlot, e** n.
soûler v. t. → soûl.
soûlerie n. f.
soulevé n. m.
soulèvement n. m.
soulever v. t. *Je soulève, nous soulevons.* Conjug. 15.
soulier n. m.
soulignage n. m.
souligné n. m.
■ Pour attirer l'attention, détacher du contexte un mot, une expression, un passage, celui qui écrit peut mettre entre guillemets ou souligner d'un trait, possibilités dont il faut user avec discrétion.

Si ce texte, écrit ou tapé à la machine, doit aller entre les mains d'un imprimeur, la partie soulignée sera traduite en *italique* (c'est une convention), ce qui attirera peut-être moins le regard, mais ressortira suffisamment cependant.
soulignement n. m.
souligner v. t.
soul music ou **soul** n. f.
soûlographe n.

soûlographie n. f.
soûlon n. m.
soûlot → soûlaud.
soulte n. f.
soumaintrain n. m. (fromage).
soumettre v. t. Conjug. 56.
soumis, e adj.
soumission n. f.
soumissionnaire n.
soumissionner v. t.
soundanais n. m. (langue de Java).
*****sound broadcasting** = radiodiffusion sonore (télécom.).
*****sounding balloon** = ballon-sonde.
*****sounding rocket** = fusée-sonde.
soupape n. f.
soupçon n. m.
soupçonnable adj.
soupçonner v. t.
soupçonneusement adv.
soupçonneux, euse adj.
soupe n. f. *Soupe au lait; soupe aux pois.*
soupente n. f.
souper n. m. *Restez au souper.* ♦ V. int. *Ils disent qu'ils en ont soupé.*
soupeser v. t. *Je soupèse, nous soupesons.* Conjug. 15.
soupeur, euse n.
soupière n. f.
soupir n. m.
soupirail n. m. *Des soupiraux.*
soupirant n. m.
soupirer v. int. et t. ind.
souple adj. *Des reins souples.* ♦ Adv. *Ils conduisent souple.*
souplement adv.
souplesse n. f.
Soupline n. f. déposé inv.
souquenille n. f.
souquer v. t. et int.
sourate → surate.
sourçage n. m.
source n. f. *Cela est source de richesses; ils le tiennent de bonne source.*
*****source term** = terme source (nucl.).
sourceur, euse n.
sourcier, ère n.
sourcil [soursi] n. m.
sourcilier, ère [-silyé, -lyèr'] adj. *L'arcade sourcilière.*
sourciller [-siyé] v. int.
sourcilleux, euse [-siyeû, -yeûz'] adj.
*****sourcing** = sourçage (écon.).

*****sourcing expert** = sourceur, sourceuse (écon.).
sourd, e [sour', sourd'] adj. et n.
sourdement adv.
sourdine n. f. *Ils jouent en sourdine.*
sourdingue adj. et n.
sourd-muet n. *Une sourde-muette; des sourds-muets; des sourdes-muettes.*
sourdre v. int. N'existe qu'aux formes suivantes : Indic. prés. : *il sourd, ils sourdent.* Imparf. : *il sourdait, ils sourdaient.* Futur : *il sourdra, ils sourdront.* Condit. : *il sourdrait, ils sourdraient.* Infin.
souriant, e adj.
souriceau n. m. *Des souriceaux.*
souricier, ère n. *Tomber dans la souricière.*
sourire v. int. ou t. ind. Conjug. 69. *Ils se sont souri.* ♦ N. m. *Il est tout sourires.*
souris [-ri] n. f. (animal). ♦ Adj. inv. *Une cape gris souris.* ♦ N. m. dans la littérature classique (*le souris* = le sourire). ♦ HOM. il sourit (v.).
sournois, e adj. et n.
sournoisement adv.
sournoiserie n. f.
sous prép. *Passer sous silence; sous peu; libérés sous caution; sous huitaine; mettre sous enveloppe; sous clef; sous peine de; sous le sceau du secret; sous seing privé.* ♦ HOM. sou (monnaie), soûl (ivre), soue (étable du porc).
sous- Ce préfixe est suivi d'un trait d'union *(sous-secrétaire, sous-développé, sous-traiter)* sauf pour *souscrire, soussigner, soustraire* et leurs dérivés. Dans des mots d'ancienne formation, ce préfixe s'est mué en *sou-* (*soupeser, soutenir, souterrain...*).
sous-acétate n. m. *Des sous-acétates.*
sous-acquéreur n. m. *Des sous-acquéreurs.*
sous-administré, e adj. et n. *Des sous-administrés.*
sous-affrètement n. m. *Des sous-affrètements.*
sous-algèbre n. f. *Des sous-algèbres.*
sous-alimentation n. f. *Des sous-alimentations.*
sous-alimenté, e adj. et n. *Des sous-alimentés.*
sous-alimenter v. t.
sous-amendement n. m. *Des sous-amendements.*
sous-arachnoïdien, enne adj. et n. *Des sous-arachnoïdiens.*

sous-arbrisseau n. m. *Des sous-arbrisseaux.*
sous-armé, e adj. et n. *Des sous-armés.*
sous-arrondissement n. m. *Des sous-arrondissements.*
sous-assurer v. t.
sous-barbe n. f. *Des sous-barbes.*
sous-bas n. m.
sous-bock n. m. *Des sous-bocks.*
sous-bois n. m.
sous-brigadier n. m. *Des sous-brigadiers.*
sous-calibré, e adj. *Des obus sous-calibrés.*
sous-capsulaire adj. *Des fruits sous-capsulaires.*
sous-carbonate n. m. *Des sous-carbonates.*
sous-cavage n. m. *Des sous-cavages.*
sous-chef n. m. *Des sous-chefs.*
sous-chlorure n. m. *Des sous-chlorures.*
sous-classe n. f. *Des sous-classes.*
sous-clavier, ère adj. *Les veines sous-clavières.*
sous-comité n. m. *Des sous-comités.*
sous-commission n. f. *Des sous-commissions.*
sous-comptoir n. m. *Des sous-comptoirs.*
sous-consommation n. f. *Des sous-consommations.*
sous-continent n. m. *Des sous-continents.*
sous-couche n. f. *Des sous-couches.*
souscripteur n. m.
souscription n. f.
souscrire v. t. Conjug. 49.
sous-cutané, e adj. *Des injections sous-cutanées.*
sous-déclarer v. t.
sous-développé, e adj. *Des régions sous-développées.*
sous-développement n. m. *Des sous-développements.*
sous-diaconat [-na] n. m. *Des sous-diaconats.*
sous-diacre n. m. *Des sous-diacres.*
sous-directeur, trice n. *Des sous-directeurs, des sous-directrices.*
sous-dominante n. f. *Des sous-dominantes.*
sous-économe n. *Des sous-économes.*
sous-effectif n. m. *Des sous-effectifs.*
sous-emploi n. m. *Des sous-emplois.*
sous-employer v. t. Conjug. 6.
sous-ensemble n. m. *Des sous-ensembles.*
sous-entendre v. t. Conjug. 67.
sous-entendu n. m. *Des sous-entendus.*
sous-entrepreneur n. m. *Des sous-entrepreneurs.*
sous-équipé, e adj. *Des régions sous-équipées.*
sous-équipement n. m. *Des sous-équipements.*
sous-espace n. m. *Des sous-espaces.*
sous-espèce n. f. *Des sous-espèces.*
sous-estimation n. f. *Des sous-estimations.*
sous-estimer v. t.
sous-étage n. m. *Des sous-étages.*
sous-évaluation n. f. *Des sous-évaluations.*
sous-évaluer v. t. Conjug. 18.
sous-exciter v. t.
sous-exploitation n. f. *Des sous-exploitations.*
sous-exploiter v. t.
sous-exposé, e adj. *Des photos sous-exposées.*
sous-exposer v. t.
sous-exposition n. f. *Des sous-expositions.*
sous-faîte n. m. *Des sous-faîtes.*
sous-famille n. f. *Des sous-familles.*
sous-fifre n. m. *Des sous-fifres.*
sous-filiale n. f. *Des sous-filiales.*
sous-frutescent, e adj. *Des plantes sous-frutescentes.*
sous-garde n. f. *Des sous-gardes.*
sous-genre n. m. *Des sous-genres.*
sous-glaciaire adj. *Les périodes sous-glaciaires.*
sous-gorge n. f. inv.
sous-gouverneur n. m. *Des sous-gouverneurs.*
sous-groupe n. m. *Des sous-groupes.*
sous-homme n. m. *Des sous-hommes.*
sous-information n. f. *Des sous-informations.*
sous-informé, e adj. et n. *Des sous-informés.*
sous-ingénieur n. m. *Des sous-ingénieurs.*
sous-jacent, e adj. *Des pensées sous-jacentes.*
sous-jupe n. f. *Des sous-jupes.*
sous-lavabo n. m. *Des sous-lavabos.*
sous-lieutenant n. m. *Des sous-lieutenants.*
sous-locataire n. *Des sous-locataires.*
sous-location n. f. *Des sous-locations.*

sous-louer v. t. Conjug. 19.
sous-main n. m. inv.
sous-maître, esse n. *Des sous-maîtres, des sous-maîtresses.*
sous-marin, e adj. *La chasse sous-marine ; des volcans sous-marins.* ♦ N. m. *Des sous-marins à propulsion nucléaire.*
sous-marinier n. m. *Des sous-mariniers.*
sous-marque n. f. *Des sous-marques.*
sous-maxillaire adj. *Des éruptions sous-maxillaires.*
sous-médicalisé, e adj. et n. *Des sous-médicalisés.*
sous-ministre n. m. *Des sous-ministres.*
sous-multiple adj. et n. m. *Des sous-multiples.*
sous-nappe n. f. *Des sous-nappes.*
sous-normale n. f. *Des sous-normales.*
sous-nutrition n. f. *Des sous-nutritions.*
sous-œuvre n. m. *Des sous-œuvres. Reprendre des travaux en sous-œuvre.*
sous-off n. m. *Des sous-offs.*
sous-officier n. m. *Des sous-officiers.*
sous-orbitaire adj. *Des artères sous-orbitaires.*
sous-orbital, ale, aux adj. *Des trajets sous-orbitaux.*
sous-ordre n. m. *Des sous-ordres. Des créanciers en sous-ordre.*
sous-palan loc. adj. *Des marchandises sous-palan.* ♦ Loc. adv. *Les prix sont entendus sous-palan. On dit aussi en sous-palan.*
sous-payé, e adj. *Des domestiques sous-payés.*
sous-payer v. t. Conjug. 8.
sous-peuplé, e adj. *Des régions sous-peuplées.*
sous-peuplement n. m. *Des sous-peuplements.*
sous-pied n. m. *Des sous-pieds.*
sous-plat n. m. *Des sous-plats.*
sous-préfectoral, ale, aux adj. *Des arrêtés sous-préfectoraux.*
sous-préfecture n. f. *Des sous-préfectures.*
sous-préfet, ète n. *Des sous-préfets, des sous-préfètes.*
sous-pression n. f. *Des sous-pressions.*
sous-production n. f. *Des sous-productions.*
sous-produit n. m. *Des sous-produits.*
sous-programme n. m. *Des sous-programmes.*
sous-prolétaire n. *Des sous-prolétaires.*

sous-prolétariat n. m. *Des sous-prolétariats.*
sous-pull n. m. *Des sous-pulls.*
sous-qualifié, e adj. *Des ouvrières sous-qualifiées.*
sous-quartier n. m. *Des sous-quartiers.*
sous-refroidi, e adj. *Des solutions sous-refroidies.*
sous-saturé, e adj. *Des roches sous-saturées.*
sous-scapulaire adj. *Des veines sous-scapulaires.*
sous-scène n. f. *Des sous-scènes.*
sous-secrétaire n. *Des sous-secrétaires d'État.*
sous-secrétariat n. m. *Des sous-secrétariats d'État* → ministère.
sous-secteur n. m. *Des sous-secteurs.*
sous-section n. f. *Des sous-sections.*
sous-seing n. m. inv. *Des sous-seing privé.*
soussigné, e adj. *Je soussigné, Jules Lenoir, déclare... Nous soussignées affirmons...* ♦ N. *Les soussignés reconnaissent que...*
sous-sol n. m. *Des sous-sols.*
sous-solage n. m. *Des sous-solages.*
sous-soleuse n. f. *Des sous-soleuses.*
sous-station n. f. *Des sous-stations.*
sous-synchrone adj. *Des réalisations sous-synchrones.*
sous-système n. m. *Des sous-systèmes.*
sous-tangente n. f. *Des sous-tangentes.*
sous-tasse ou **soutasse** n. f. *Des sous-tasses.*
sous-tendre v. t. Conjug. 67.
sous-tension n. f. *Des sous-tensions.* Mais la locution adjectivale ou adverbiale s'écrit sans trait d'union. *Ces conducteurs sont sous tension.*
sous-titrage n. m. *Des sous-titrages.*
sous-titre n. m. *Des sous-titres.*
sous-titré, e adj. *Des films sous-titrés.*
sous-titrer v. t.
sous-toilé, e adj. *Des décors sous-toilés.*
soustracteur n. m.
soustractif, ive adj.
soustraction n. f.
soustraire v. t. Conjug. 77.
sous-traitance n. f. *Des sous-traitances.*
sous-traitant, e adj. et n. m. *Des firmes sous-traitantes. Des sous-traitants.*
sous-traiter v. t.
sous-utiliser v. t.
sous-vau n. m. *Des sous-vaux.*
sous-ventrière n. f. *Des sous-ventrières.*

SOUS-VERGE

sous-verge n. m. inv.
sous-verre n. m. inv. Mais on écrira : *Mettez ces gravures sous verre.*
sous-vêtement n. m. *Des sous-vêtements.*
sous-virer v. int.
sous-vir*eur*, *euse* adj. *Des modèles sous-vireurs.*
soutache n. f.
soutacher v. t.
soutane n. f.
soutanelle n. f.
soutasse → sous-tasse.
soute n. f.
soutenable adj.
soutenance n. f.
soutenant, e n.
soutènement n. m.
souteneur n. m.
soutenir v. t. Conjug. 76.
soutenu, e adj.
souterrain, e adj. et n. m.
souterrainement adv.
*****Southern blotting** = transfert d'ADN, transfert de Southern, technique de Southern, Southern (génét.).
soutien n. m. *Des soutiens de famille.* ♦ HOM. il *soutient* (v.).
soutien-gorge n. m. *Des soutiens-gorge (soutien* est un nom; le verbe serait *soutient).*
soutier n. m.
soutirage n. m.
soutirer v. t.
soutra → sutra.
soutrage n. m.
souvenance n. f.
souvenir n. m. *Rappeler au bon souvenir de quelqu'un.*
souvenir (se) v. pr. Conjug. 76. *Ils se sont souvenus de l'affaire.* ♦ V. imp. *Vous en souvient-il ?*
souvenir-écran n. m. *Des souvenirs-écrans.*
souvent adv.
souventefois ou **souventes fois** adv. ancien. *Je l'ai vu souventefois.*
souverain, e adj. *Un souverain mépris. Le peuple souverain.* ♦ N. *La souveraine vint au balcon.* → majesté; roi. *Un souverain* (monnaie d'or anglaise).
souverainement adv.
souveraineté n. f.
souvlaki n. m.
soviet n. m. *Un soviet élu; le soviet régional; le Soviet suprême* (formé du *Soviet de l'Union* et du *Soviet des nationalités*).

soviétique adj. *La Russie soviétique; l'Union soviétique.* ♦ N. *Un Soviétique* (citoyen d'U.R.S.S.).
soviétisation n. f.
soviétiser v. t.
soviétologue n.
sovkhoz ou **sovkhoze** n. m.
sovnarkhoze n. m.
soyer [swa-yé] n. m. (sorbet au champagne). ♦ HOM. que vous *soyez* (v. être).
soy*eux*, *euse* adj. et n. m.
soyote [so-yot'] n. f.
*****soyouz** (russe) = union.
Spa n. m. inv. (installation de bain bouillonnant). *Les barres de Spa* du jumping.
*****space** = espace.
*****spaceborne remote sensing** = télédétection spatiale.
*****spacecraft** = vaisseau spatial, spationef, astronef.
*****spacecraft data** = donnée de satellite (spat.).
*****space-division switching** = commutation spatiale.
*****space map** = spatiocarte.
*****space meteorology** = météorologie spatiale.
*****space opera** = roman de science-fiction.
*****space photograph(y)** = photographie spatiale.
*****space probe** = sonde spatiale.
*****spacer** (ou **spacer DNA**) = espaceur, ADN espaceur (génét.).
*****spaceship** = vaisseau spatial.
*****space station** = station spatiale.
*****space vacuum** = vide spatial.
*****space vehicle** = véhicule spatial.
spacieusement adv.
spaci*eux*, *euse* adj.
spadassin n. m.
spadice n. m.
spadiciflore n. f.
spaghetti n. m. *Des spaghettis.*
spahi n. m. *Des spahis.*
spalax n. m.
spallation n. f.
spalter [-tèr] n. m.
spanandrie n. f.
spanioménorrhée n. f.
sparadrap [-dra] n. m.
spardeck n. m.
sparganier n. m.
spargoute → espargoute.

sparidé n. m.

*****spark ignition engine** = moteur à étincelles (transp.).

*****sparring partner** = partenaire d'entraînement. *Des sparring-partners.*

spart ou **sparte** n. m. (plante). ♦ HOM. *Sparte* (ville de l'ancienne Grèce).

spartakisme [-is-] n. m.

spartakiste adj. et n.

spartéine n. f.

sparterie n. f.

spartiate [-syat'] adj. et n.

spasme [-as-] n. m.

spasmodique adj.

spasmolytique adj. et n. m.

spasmophile adj. et n.

spasmophilie n. f.

spasmophilique adj.

spatangue n. m.

spath n. m. (minerai). ♦ HOM. *spathe* (bractée d'un épi).

spathe n. f. ♦ HOM. → spath.

spathique adj.

spatial, ale, aux [-syal', -syo] adj.

spatialisation [spa-sya-] n. f.

spatialiser [spa-sya-] v. t.

spatialité [spa-sya-] n. f.

*****spatial resolution** = limite de résolution spatiale.

spatiocarte [spa-syo-] n. f.

spationaute [spa-syo-] n. → astronaute.

spationautique [spa-syo-] adj. et n. f.

spationef [spa-syo-nèf] n. m.

spatio-temporel, elle [spa-syo-] adj. *Les mondes spatio-temporels.*

spatule n. f.

*****speaker** n. m. = animateur, annonceur, commentateur, présentateur. Le féminin SPEAKERINE [spikrin'], qui n'est pas anglais, a les mêmes équivalents : animatrice, annonceuse, commentatrice, présentatrice. (En anglais, nommé **announcer* pour la radio et la télévision.)

*****speaker system** = enceinte acoustique (aud.).

spécial, ale, aux adj. et n. f.

spécialement adv.

spécialisation n. f.

spécialisé, e adj.

spécialiser v. t.

spécialiste adj. et n.

spécialité n. f.

spéciation n. f.

spécieusement adv.

spécieux, euse adj. et n. m.

spécification n. f.

*****specification change notice** (S.C.N.) = spécification de changement notifié (transp.).

*****specific burn up** = épuisement spécifique, combustion massique (nucl.).

*****specific discharge** = débit spécifique (agr.).

spécificité n. f.

spécifier v. t. Conjug. 17.

spécifique adj.

spécifiquement adv.

spécimen [-mèn'] n. m. *Des spécimens.*

spéciosité n. f.

*****speckle** = chatoiement (spat.).

spectacle n. m.

spectaculaire adj.

spectateur, trice n.

spectral, ale, aux adj.

*****spectral affinity** = parenté spectrale (spat.).

*****spectral image** = image spectrale (spat.).

*****spectral map** = carte spectraloïde (spat.).

spectraloïde adj.

*****spectral resolution** = limite de résolution spectrale (spat.).

*****spectral response** = réponse spectrale (spat.).

*****spectral signature** = signature spectrale (urb.).

spectre n. m. (fantôme ; apparition effrayante ; décomposition de la lumière en couleurs). ♦ Ne pas confondre avec *sceptre* (bâton de commandement, insigne de la royauté).

spectrochimique adj.

spectrogramme n. m.

spectrographe n. m.

spectrographie n. f.

spectrographique adj.

spectrohéliographe n. m.

spectromètre n. m.

spectrométrie n. f.

spectrométrique adj.

spectrophotomètre n. m.

spectrophotométrie n. f.

spectroradiométrie n. f.

spectroscope n. m.

spectroscopie n. f.

spectroscopique adj.

spéculaire adj. et n. f.
spéculateur, trice n.
spéculatif, ive adj.
spéculation n. f.
spéculativement adv.
spéculer v. int.
spéculos, spéculoos ou spéculaus [-los'] n. m.
spéculum [-lom'] n. m. *Des spéculums.*
*speech n. m. = petit discours, allocution, adresse, exposé. *Des speeches.*
*speed = vitesse, rapidité.
*speedsail = char à voile (sport).
*speed-up = accélération (d'un travail).
*speedy = rapide, violent.
speiss [spès'] n. m.
spéléologie n. f.
spéléologique adj.
spéléologue n.
spencer [spènsèr'] n. m.
spéos [-os'] n. m.
spergule n. f.
spermaceti [-séti] n. m. *Des spermacetis.*
spermaphyte n. m.
spermatide n. m.
spermatie [-si] n. f.
spermatique adj.
spermatocyte n. m.
spermatogenèse n. f.
spermatogonie n. f.
spermatophore n. m.
spermatophyte n. m.
spermatorrhée n. f.
spermatozoïde n. m.
sperme n. m.
spermicide adj. et n. m.
spermine n. f.
spermogramme n. m.
spermophile n. m.
sphacèle n. m.
sphagnale n. f.
sphaigne n. f.
sphénisque n. m.
sphénodon n. m.
sphénoïdal, ale, aux adj.
sphénoïde adj. et n. m.
sphère n. f. *Des sphères d'influence.*
*sphere of activity = gravisphère (spat.).
sphéricité n. f.
sphérique adj.
sphéroïdal, ale, aux adj.
sphéroïde n. m.

sphéroïdique adj.
sphéromètre n. m.
sphex [sfèks'] n. m.
sphincter [sfinktèr'] n. m.
sphinctérien, enne adj.
sphinge n. f.
sphingidé n. m.
sphinx [sfinks'] n. m. S'écrit avec une majuscule pour désigner le monstre fabuleux de la mythologie *(Œdipe affronta le Sphinx);* avec une minuscule pour en désigner les représentations *(les sphinx égyptiens).*
sphygmique adj.
sphygmomanomètre n. m.
sphygmotensiomètre n. m.
sphyrène n. f.
spi n. m. (apocope de *spinnaker*).
spic n. m.
spica n. m.
spicilège n. m.
spicule n. m.
spider [-dèr'] n. m.
spiegel [spigheul'] n. m.
*spike = pic, pointe, clocher, accident pointu (techn., méd.).
spin [spin'] n. m.
spina-bifida n. m. inv.
spinal, ale, aux adj.
spinalien, enne adj. *Une image spinalienne.* ♦ N. *Un Spinalien* (d'Épinal).
spina-ventosa [-vin-] n. m. inv.
spinelle n. m.
*spinnaker n. m. = voile gonflante, voile ballon.
*spin-off = essaimage.
spinozisme [-is-] n. m.
spinoziste adj. et n.
spiracle n. m.
spiral, ale, aux adj. *Des enroulements spiraux.* ♦ N. m. *Un spiral d'horlogerie. Des spiraux.* ♦ N. f. *Cette courbe est une spirale; une ligne en spirale.*
spiralé, e adj.
spirant, e adj. et n. f.
spire n. f.
spirée n. f.
spirifer [-fèr'] n. m.
spirille n. m.
spirillose [-riloz'] n. f.
spiritain n. m.
spirite n. et adj.
spiritisme [-is-] n. m.
*spiritual n. m. = chant religieux. *Des spirituals.*

spiritualisation n. f.
spiritualiser v. t.
spiritualisme [-is-] n. m.
spiritualiste n. et adj.
spiritualité n. f.
spiritu*el, elle* adj. et n. m.
spirituellement adv.
spiritu*eux, euse* adj. et n. m.
spirochète [-kèt'] n. m.
spirochétose [-kétoz'] n. f.
spirographe n. m.
spirogyre n. f.
spiroïd*al, ale, aux* adj.
spiromètre n. m.
spirorbe n. m.
spiruline n. f.
spitant, *e* adj.
splanchnique [splank'-] adj.
splanchnologie [splank'-] n. f.
spleen [splin'] n. m.
splendeur n. f.
splendide adj.
splendidement adv.
splénectomie n. f.
splénique adj.
splénite n. f.
splénius [-us'] n. m.
splénomégalie n. f.
splénomégalique adj.
*****splicing** = épissage (génét.).
*****split run** = tirage équifractionné (aud.).
*****split run test** = test sur tirage équifractionné (aud.).
*****splitting** = division (écon.).
spode n. f.
spodite n. f.
spodumène n. m.
*****spoiler** n. m. = déporteur, déflecteur (transp.).
*****spoils system** (amér.) = système de dépouilles (changement de responsables administratifs lors d'un changement de majorité).
spolia*teur, trice* adj. et n.
spoliation n. f.
spolier v. t. Conjug. 17.
spondaïque adj.
spondée n. m.
spondias [-as'] n. m.
spondylarthrite n. f.
spondyle n. m.
spondylite n. f.
spongiaire n. m.

spongi*eux, euse* adj.
spongiforme adj.
spongille [-jil'] n. f.
spongiosité n. f.
*****sponsor** n. m. = parrain, commanditaire, supporteur, mécène.
*****sponsor (to)** = parrainer, commanditer, financer, patronner.
sponsorat [-ra] n. m.
*****sponsoring** n. m. = parrainage, mécénat, patronage, financement, commandite, soutien financier.
sponsorisation n. f.
sponsoriser v. t. (*patronner, subventionner* sont préférables).
spontané, *e* adj.
spontanéisme [-is-] n. m.
spontanéiste adj. et n.
spontanéité n. f.
spontanément adv.
Spontex n. f. déposé.
*****spool** = spoule (inf.).
sporadicité n. f.
sporadique adj.
sporadiquement adv.
sporange n. m.
spore n. f. ♦ HOM. → sport.
sporogone n. m.
sporophyte n. m.
sporotriche n. m.
sporotrichose [-koz'] n. f.
sporozoaire n. m.
sport [spor'] n. m. (exercice physique). *Les sports d'hiver.* ♦ Adj. inv. *Des costumes sport; elles ont été sport.* ♦ HOM. *spore* (germes de végétaux inférieurs).
sport*if, ive* adj. et n.
sportivement adv.
sportivité n. f.
*****sportsman** = sportif. *Des sportsmen.*
*****sportswear** = équipement du sportif.
sportule n. f.
*****sport utility vehicle** (S.U.V.) = véhicule loisir travail (V.L.T.).
sporulation n. f.
sporuler v. int.
*****spot** = (adj.) spontané, ponctuel; (n. m.) repère lumineux, trace; projecteur à trace lumineuse; élément d'image; message, petit film publicitaire; point de poser.
S.P.O.T. sigle m. Système probatoire d'observation de la Terre.
*****spot credit** (ou **spot**) = crédit ponctuel, crédit à court terme (écon.).

SPOT DEALER 746

*spot dealer ou spotdealer = opérateur au comptant.
*SPOT look angles = angles de visée SPOT (spat.).
*spot-market = marché au comptant (écon.).
*SPOT twin instruments = instruments jumelés (spat.).
spoule n. m.
*spoutnik (russe) = satellite artificiel.
sprat [spra ou sprat'] n. m.
*spray n. m. = liquide vaporisé, atomisé.
*spread = marge (écon.).
*spreader = épandeuse (urb.); palonnier (mer).
*spreadsheet = grapheur, tableur (inf.).
*spring = mouillère (agr.).
springbok [sprin'gbok'] n. m.
springer n. m. (chien).
*spring tab = compensateur à ressort.
*sprinkler = asperseur.
*sprinkler head = gicleur d'incendie (urb.).
*sprint n. m. = emballage, ruée (sport).
*sprinter = sprinteur.
sprinter [sprin'té] v. int.
sprint*eur*, *euse* [sprin'-] n.
sprue n. f.
spumescent, *e* adj.
spum*eux*, *euse* adj.
spumosité n. f.
sputation n. f.
*squadra (ital.) = équipe (sport).
squale [skwal'] n. m.
squamate [skwa-] n. m.
squame [skwam'] n. f.
squamé, *e* [skwa-] adj. et n.
squam*eux*, *euse* [skwa-] adj.
squamifère [skwa-] adj.
squamule [skwa-] n. f.
square [skwar'] n. m.
*squash n. m. = écrasement; jeu de balle.
*squat = accroupissement (mer).
squat [skwat'] n. m.
squatina [skwa-] n. m. Ce requin est aussi nommé une SQUATINE.
squattage [skwa-] n. m.
squatter [skwa-] v. t.
*squatter = squatteur.
squattériser [skwa-] v. t.
squatt*eur*, *euse* [skwa-] n.
*squatting = accroupissement (méd.).
*squaw (indien) n. f. = femme peau-rouge.
*squeeze n. m. = esquiche, injection forcée (pétr.); étouffement (bridge).

*squeeze (to) = esquicher (pétr.); coincer, prendre en sandwich, court-circuiter.
*squeeze job = esquichage (pétr.).
squeezer [skwizé] v. t. (serrer, coincer).
squelette n. m.
squelettique adj.
squille n. f.
*squire n. m. = propriétaire terrien, châtelain.
squirre ou squirrhe [skir'] n. m.
squirr*eux*, *euse* ou squirrh*eux*, *euse* adj.
sr Symbole du *stéradian*.
sri lankais, *e* adj. et n. (du Sri Lanka).
S.S. sigle f. Sa Sainteté; Sa Seigneurie; Sécurité sociale; *Schutz staffel (police nazie). ♦ Sigle m. Membre de la S.S. nazie.
*S/S ou s/s (steamship) = navire à vapeur.
S.S.B.S. sigle m. Sol-sol balistique stratégique.
st Symbole du *stère*.
St Symbole du *stokes*.
Stabat mater [stabat'matèr'] (lat.) n. m. inv.
stabilimètre n. m.
stabilisant, *e* adj.
stabilisa*teur*, *trice* adj. et n. m.
stabilisation n. f.
stabiliser v. t.
stabilité n. f.
*stabilized platform = plate-forme stabilisée (spat.).
stable adj.
*stableford = partie par points (golf).
stabulation n. f.
*staccato (ital.) adv. = en notes détachées rapides.
staccato n. m. *Des staccatos*.
*stack = pile d'attente (déf.).
stade n. m.
stadhouder → stathouder.
stadia n. m. *Des stadias*.
staff n. m. (plâtre moulé).
*staff n. m. = état-major, équipe de direction.
staffer v. t.
staffeur n. et adj. m.
stafforshire n. m.
stage n. m.
stagflation n. f.
stagiaire adj. et n.
stagnant, *e* [stag'nan, -nant'] adj.

stagnation [stag'na-syon] n. f.
stagner [stag'né] v. int.
*****stainless** = inoxydable.
stakhanovisme [-is-] n. m.
stakhanoviste adj. et n.
stakning n. m.
stalactite n. f. ♦ Ne pas confondre la *stalactite* (*t* : elle *tombe* du haut) et la *stalagmite* (*m* : elle *monte* du bas).
stalag n. m.
stalagmite n. f. → stalactite.
stalagmomètre n. m.
stalagmométrie n. f.
stalinien, *enne* adj.
stalinisme [-is-] n. m.
stalle n. f.
*****stall fence** = cloison de décrochage.
*****stalling speed** = vitesse de décrochage (déf.).
staminal, *ale, aux* adj.
staminé, *e* adj.
staminifère adj.
stammtisch n. f. (table des habitués).
stance n. f.
*****stance** = placement des pieds (golf).
stand n. m.
standard n. m. *Des standards téléphoniques.*
*****standard** adj. = normal, courant, normalisé, uniformisé, type. Comme en anglais, cet adjectif est invariable dans l'emploi français. *Pièce standard, meubles standard.* ♦ N. m. = norme, type, étalon, niveau. *Des standards de vie.*
*****standard deviation** = écart type.
standardisation n. f.
standardiser v. t.
standardiste n.
*****standardized index** = indice normalisé (spat.).
*****stand-by** n. m. inv. = attente.
*****standing** n. m. = niveau de vie, situation, classe, position ; haut de gamme, luxe, confort.
*****standing ovation** = ovation debout.
*****standing wave ratio** = rapport d'onde stationnaire ou R.O.S. (télécom.).
*****stand off** = à distance de sécurité.
stanneux, *euse* adj.
stannifère adj.
stannique adj.
staphisaigre n. f.
staphylier [-filyé] n. m.
staphylin, *e* adj. et n. m.
staphylococcie [-koksi] n. f.
staphylocoque n. m.
staphylome n. m.
*****staple** (angl.) n. m. = cavalier de jonction (spat.).
*****star** n. m. = étoile, vedette.
starets ou **stariets** n. m.
starie n. f. Nommée aussi ESTARIE ou *jours de planche.*
starifier v. t. Conjug. 17.
starisation n. f.
stariser v. t.
starking n. f. (pomme).
starlette n. f.
staroste n. m.
*****stars tracker** = suiveur stellaire (spat.).
*****star system** n. m. = vedettariat.
*****start (to)** = partir.
*****start codon** = codon d'initiation (agr.) ; codon non-sens (génét.).
*****starter** n. m. = départeur, élanceur (sport) ; inducteur (méd.) ; démarreur (transp.). *Des starters.*
*****starting-block** n. m. = cale, bloc de départ. *Des starting-blocks.*
*****starting-box** = stalle de départ. *Des starting-boxes.*
*****starting-gate** n. m. = barrière de départ ; portes de départ (courses de plat) ; départ aux élastiques (courses d'obstacles). *Des starting-gates.*
*****S.T.A.S.** sigle m. Surnageant de l'acide silicotungstique.
stase n. f.
*****statement** = instructions (inf.).
statère n. m.
stathouder ou **stadhouder** n. m.
stathoudérat [-ra] n. m.
statice n. f.
*****static heat insulation** = isolation thermique statique (urb.).
*****static level meter** = statolimnimètre (nucl.).
*****static line** = sangle d'ouverture automatique ou S.O.A.
*****static margin** = marge statique (déf.).
*****static test** = test statique.
*****static thermal insulation** = isolation thermique statique (urb.).
statif n. m.
station n. f.
station-aval n. f. *Des stations-aval.*
*****station keeping** = maintien en position, maintien à poste (spat.).

stationnaire adj. et n. m.
stationnale adj. et n. f.
stationnement n. m.
stationner v. int.
station-service n. f. *Des stations-service.*
statique adj. et n. f.
statiquement adv.
statisme [-is-] n. m.
statistic*ien*, *enne* n.
statistique n. f. et adj.
statistiquement adv.
statocyste n. m.
statolimnimètre n. m.
stator n. m.
statoréacteur n. m.
*****statthalter** (all.) n. m. = gouverneur.
statuaire adj. *L'art statuaire.* ♦ N. *Un/une statuaire* (personne qui fait des statues). ♦ N. f. (art de faire des statues).
statue n. f. *Une statue équestre; la statue du Commandeur* (allusion au *Dom Juan* de Molière); *les statues-blocs de l'Antiquité égyptienne.* ♦ HOM. *statut* (règlement, ensemble de garanties), il *statue* (v.), le *statu* quo (état actuel).
statue-colonne n. f. *Des statues-colonnes.*
statuer v. t. et int. Conjug. 18.
statuette n. f.
statufier v. t. Conjug. 17.
*****statu quo** (lat.) n. m. inv. = état actuel des choses. *Maintenir le « statu quo ».*
*****statu quo ante** (lat.) = état antérieur.
stature n. f.
staturo-pondér*al*, *ale*, *aux* adj. *Des mensurations staturo-pondérales.*
statut n. m. ♦ HOM. → statue.
statutaire adj.
statutairement adv.
stawug n. m.
*****stayer** n. m. = coureur cycliste de demi-fond derrière moto.
*****steady flow** = écoulement permanent (agr.).
*****steak** n. m. = bifteck.
*****stealing syndrome** = syndrome de vol, de détournement (méd.).
*****stealth** = furtivité (aviation).
*****steam cracker** = vapocraqueur (pétr.).
*****steam cracking** = craquage (des molécules) à la vapeur, vapocraquage (pétr.).
*****steamer** n. m. = navire à vapeur.
*****steam quality** = titre en vapeur (nucl.).
*****steamship** (abrév. : *S/S* ou *s/s*) = paquebot, vapeur.

stéarate n. m.
stéarine n. f.
stéarinerie n. f.
stéarinier n. m.
stéarique adj.
stéaryle n. m.
stéatite n. f.
stéatome n. m.
stéatopyge adj.
stéatopygie n. f.
stéatose n. f.
*****steeple-chase** ou **steeple** n. m. = course en terrain varié. *Des steeple-chases; des steeples.*
*****steer (to)** = voler à un cap; gouverner à un cap.
*****steering** = pilotage (spat.).
*****steering committee** = comité de restructuration (écon.).
stéganopode n. m.
stégocéphale n. m.
stégomyie ou **stegomya** n. f.
stégosaure n. m.
steinbock [stèn'-] n. m.
steinkerque n. f. On dit aussi : *une cravate à la Steinkerque.*
steinmannite n. f.
stèle n. f.
stellage n. m.
stellaire adj. et n. f.
stelléride n. m.
stellionat [stèlyon'a] n. m.
stellionataire n. et adj.
Stellite n. m. déposé inv.
stem ou **stemm** n. m.
stemmate n. m.
stencil [stènsil ou stinsil] n. m.
stenciliste [stèn- ou stin-] n.
stendhali*en*, *enne* [stinda-] adj. (qui se rapporte à Stendhal [stindal']).
sténo n. (personne). ♦ N. f. (écrit).
sténodactylo n.
sténodactylographie n. f.
sténogramme n. m.
sténographe n.
sténographie n. f.
sténographier v. t. Conjug. 17.
sténographique adj.
sténographiquement adv.
sténohalin, e adj.
sténopé n. m.
sténosage n. m.
sténosant, e adj.

sténose n. f.
sténotype n. f.
sténotypie n. f.
sténotypiste n.
stentor [stan-] n. m.
steppage n. m.
steppe n. f.
*****stepper** = steppeur.
steppeur n. m.
steppique adj.
*****step test** = épreuve de marchepied (méd.).
stéradian n. m. (unité de mesure : 3 *stéradians* ou 3 *sr*).
stercoraire n. m.
stercor*al, ale, aux* adj.
sterculiacée n. f.
stère n. m. (unité de mesure : 3 *stères* ou 3 *st*).
stéréo n. f. et adj. inv. *Des disques stéréo.*
stéréobate n. m.
stéréochimie n. f.
stéréochimique adj.
stéréochromie [-kro-] n. f.
stéréocomparateur n. m.
stéréoduc n. m.
stéréognosie [-og'nozi] n. f.
stéréogramme n. m.
stéréographie n. f.
stéréographique adj.
stéréo-isomère n. m. et adj. *Des composés stéréo-isomères.*
stéréo-isomérie n. f. *Des stéréo-isoméries.*
stéréométrie n. f.
stéréométrique adj.
*****stereophonic decoder** = décodeur stéréophonique.
stéréophonique adj.
stéréophotographie n. f.
stéréoradargrammétrie n. f.
*****stereoradargrammetry** = stéréoradargrammétrie.
stéréoradargraphie n. f.
stéréoradarscopie n. f.
stéréoradiométrie n. f.
*****stereoradiometry** = stéréoradiométrie (spat.).
stéréoscope n. m.
stéréoscopie n. f.
stéréoscopique adj.
stéréospécifique adj.
stéréotaxie n. f.
stéréotaxique adj.

stéréotomie n. f.
stéréotomique adj.
stéréotype n. m.
stéréotyp*é, e* adj.
stéréotyper v. t.
stéréotypie n. f.
stéréovision n. f.
stérer v. t. *Je stère, nous stérons.* Conjug. 10.
stéride n. f.
stérigmate n. m.
stérile adj. et n. m.
stérilement adv.
stérilet n. m.
stérilis*ant, e* adj.
stérilisateur n. m.
stérilisation n. f.
stérilis*é, e* adj.
stériliser v. t.
stérilité n. f.
stérique adj.
sterlet [-lè] n. m.
sterling n. m. inv. et adj. inv. *Il exigea des règlements en sterling. Dix livres sterling. La zone sterling.*
stern*al, ale, aux* adj.
sterne n. f.
sternite n. m.
sterno-cléido-mastoïdien adj. et n. m. *Des muscles sterno-cléido-mastoïdiens.*
sternum [-nom'] n. m. *Des sternums.*
sternutation n. f.
sternutatoire adj.
stéroïde adj. et n. m.
stéroïd*ien, enne* adj.
stéroïdique adj.
stérol n. m.
stert*eur, euse* adj. et n.
stertor n. m. (ronflement du dormeur).
stertor*eux, euse* adj.
stéthoscope n. m.
Stetson n. m. déposé inv. (chapeau texan).
*****steward** n. m. = maître d'hôtel ; garçon de bord.
sthène n. m. (unité de mesure : 3 *sthènes* ou 3 *sn*).
sthénie n. f.
stibi*é, e* adj.
stibine n. f.
stichomythie [stikomiti] n. f.
*****stick** n. m. = cravache, badine ; crosse de hockey sur glace ; groupe de parachutistes, groupe de saut.
*****sticker** n. m. = autocollant.

*sticky ends = extrémités cohésives, bouts collants, extrémités adhésives (génét.).
*stick shaker = vibreur de manche (déf.).
stigma n. m.
stigmate n. m.
stigmatique adj.
stigmatisation n. f.
stigmatisé, e adj. et n.
stigmatiser v. t.
stigmatisme [-is-] n. m.
stigmomètre n. m.
stilb n. m.
stil-de-grain n. m. sing. et adj. inv.
stillation [stila-syon] n. f.
stillatoire [stila-] adj.
stilligoutte [stili-] n. m.
stilton [-ton'] n. m. (fromage).
stimugène adj. et n.
stimulant, e adj. et n. m.
stimulateur n. m.
stimulation n. f.
stimuler v. t.
stimuline n. f.
stimulothérapie n. f.
*stimulus (lat.) n. m. *Des stimuli.*
stipe n. m.
stipendié, e adj. et n.
stipendier v. t. Conjug. 17.
stipité, e adj.
stipulaire adj.
stipulant, e adj. et n.
stipulation n. f.
stipule n. f.
stipuler v. t.
*S.T.M. (*scanning tunneling microscope) = microscope à effet tunnel.
stochastique [stokas'-] adj. et n. f.
stock n. m.
stockage n. m.
*stock-car n. m. = course carambolage; voiture de carambolage. *Des stock-cars.*
stocker v. t.
*stock-exchange = Bourse des valeurs. *Des stock-exchanges.*
stockfisch [stokfich'] n. m. *Des stockfischs.*
stockiste n. m.
stock-option [-syon] n. f. *Des stock-options.*
*stock option plan = plan d'options sur titres.
stock-outil n. m. *Des stock-outils.*
*stock-shot n. m. = images d'archives (aud.).
*stock watcher = observateur d'actions (écon.).
stœchiométrie [stékyo-] n. f.
stœchiométrique [stékyo-] adj.
stoïcien, enne adj. et n.
stoïcisme [-is-] n. m.
stoïque adj. et n.
stoïquement adv.
*stoker n. m. = pourvoyeur mécanique.
stokes [stoks'] n. m. (unité de mesure : *3 stokes* ou *3 St*).
*stol ou S.T.O.L. = adac ou A.D.A.C. (avion à décollage et atterrissage courts).
stolon n. m.
stolonifère adj.
*stolport = adacport.
stomacal, ale, aux adj.
stomachique adj. et n. m.
stomate n. m.
stomathérapie n. f.
stomatite n. f.
stomatologie n. f.
stomatologiste ou stomatologue n.
stomatoplastie n. f.
stomie n. f.
stomisé, e adj. et n.
stomocordé n. m.
stomoxe n. m.
stop! interj. Ce mot peut être une exclamation impérative ou un terme servant à séparer les phrases dans un télégramme, à l'instar du point. ♦ N. m. *Respectez les stops.*
*stop-and-go n. m. inv. = correction inverse; recrutement intermittent (écon.).
*stop codon = codon non-sens, codon d'arrêt, codon de terminaison, triplet non-sens (génét.).
*stop loss = excédent de pertes (écon.).
*stop-over = escale prolongée.
stoppage n. m.
stopper v. t. et int.
stoppeur, euse n. et adj.
*storage = mémoire de masse (inf.).
*storage capacity = porosité de drainage (agr.).
*storage memory = mémoire de masse (inf.).
storax → styrax.
store n. m.
*store = magasin.
*store and forward switching = commutation de messages (télécom.).

storiste n.
*****story-board** n. m. = scénarimage (aud.); continuité dessinée (cin.).
stot [sto] n. m.
stoupa → stupa.
*****stout** n. m. = bière brune alcoolisée.
*****stowage** = arrimage (spat.).
strabique adj.
strabisme [-is-] n. m.
*****straddle** = ordre lié (écon.).
stradiot ou **estradiot** n. m.
stradivarius [-ryus'] n. m. (violon fait par *Stradivarius*).
*****strafing** = mitraillage au sol.
*****strain gage** ou **Strain gauge** = extensomètre (électrique).
stramoine n. f.
strangulation n. f.
*****strap-on booster** = pousseur latéral.
strapontin n. m.
strasbourgeois, e adj. et n. (de Strasbourg).
strass ou **stras** n. m. (verre coloré).
strasse n. f. (bourre de soie).
stratagème n. m.
strate n. f.
stratège n. m.
stratégie n. f.
stratégique adj.
stratégiquement adv.
stratification n. f.
stratifié, e adj. et n. m.
stratifier v. t. Conjug. 17.
stratigraphie n. f.
stratigraphique adj.
stratiome n. m.
stratocumulus [-lus'] n. m.
stratoforteresse n. f.
stratopause n. f.
stratosphère n. f.
stratosphérique adj.
stratovision n. f.
stratovolcan n. m.
stratum [-tom'] n. m. *Des stratums*.
stratus [-tus'] n. m.
*****streamer** = flûte marine, flûte (pétr.); dévideur (inf.).
*****stream line** = ligne de courant (agr.).
*****street level** = rez-de-voirie (urb.).
*****street sweep** = ratissage du marché boursier (écon.).
strelitzia n. m.
strepsiptère n. m.

streptococcie [-koksi] n. f.
streptococcique [-koksik'] adj.
streptocoque n. m.
streptomycine n. f.
*****stress** n. m. = agression, réaction à l'agression, trouble, tension, choc.
stressant, e adj.
stresser v. t.
Stretch n. m. et adj. inv. déposé. *Du velours Stretch*.
*****stretching** n. m. = étirements musculaires.
*****stretch out operation** = exploitation en allongement de cycle (nucl.).
strette n. f.
striation n. f.
strict, e adj. *Le strict minimum*. ♦ Adv. *Elles sont habillées très strict*.
strictement adv.
striction n. f.
*****stricto sensu** (lat.) loc. adj. = au sens strict.
stridence n. f.
strident, e adj.
stridor n. m.
stridulant, e adj.
stridulation n. f.
striduler v. int.
striduleux, euse adj.
strie n. f.
strié, e adj.
strier v. t. Conjug. 17.
strige ou **stryge** n. f.
strigidé n. m.
strigiforme n. m.
strigile n. m.
*****striking price** = prix d'exercice (écon.).
*****string** n. m. = minislip (vêtement); rame (pétr.).
strioscopie n. f.
strioscopique adj.
*****strip** = bande, bande d'atterrissage, bande photographique (déf.).
stripage n. m.
*****strip-line** n. m. = circuit imprimé en hyperfréquence.
stripper [-peur] n. m. (tire-veine).
*****stripping** n. m. = démembrement (écon.); éveinage (méd.); fractionnement (pétr.); stripage (nucl.).
*****strip-tease** n. m. = effeuillage.
stripteaseuse [-tizeûz'] n. f.
striure n. f.
strix n. m.

strobile n. m.
stroboscope n. m.
stroboscopie n. f.
stroboscopique adj.
*stroke play = partie par coups (golf).
stroma n. m.
stromatolithe ou stromatolite n. m.
strombe n. m.
strombolien, enne adj.
strongle ou strongyle n. m.
strongylose n. f.
strontiane [-syan'] n. f.
strontionane [-syo-] n. m.
strontium [-syom'] n. m. *Des strontiums.*
strophantine n. f.
strophantus [-tus'] n. m.
strophe n. f.
structurable adj.
structural, ale, aux adj.
*structural gene = gène de structure (génét.).
structuralisme [-is-] n. m.
structuraliste adj. et n.
*structural ratio = indice de structure (spat.).
*structural test = test structurel (électron.).
structurant, e adj.
structuration n. f.
structure n. f.
structuré, e adj.
structurel, elle adj.
structurellement adv.
structurer v. t.
strudel [chtroudeul'] n. m. (gâteau).
*struggle for life = lutte pour la vie.
strume n. f.
strychnée [strik-] n. f.
strychnine [strik-] n. f.
strychnos [striknos'] n. m.
stryge → strige.
*stubbing = raboutage (pétr.).
stuc n. m.
stucage n. m.
stucateur n. m.
stud-book [steudbouk'] n. m. *Des stud-books.*
studette n. f.
studieusement adv.
studieux, euse adj.
studio n. m.
*stud-poker = poker ouvert.
stuka [chtou-ka] n. m. (avion).

stupa [stou-] ou stoupa n. m. (monument).
stupéfaction n. f.
stupéfaire v. t. Conjug. 51. N'est employé qu'à la 3ᵉ personne du singulier de l'indicatif présent et aux temps composés.
stupéfait, e adj. L'adjectif *stupéfait* exprime un état. *Je suis stupéfait de vous voir.* Le participe passé *stupéfié* exprime une action ; il peut seul être suivi de la préposition *par*. *Le jongleur m'a stupéfié. J'ai été stupéfié par lui.* C'est l'ignorance de cette règle qui a fait naître le verbe *stupéfaire*.
stupéfiant, e adj. et n. m.
stupéfier v. t. Conjug. 17. → stupéfait.
stupeur n. f.
stupide adj.
stupidement adv.
stupidité n. f.
stuporeux, euse adj.
stupre n. m.
stuquer v. t.
sturnidé n. m.
style n. m. *Style arabe, baroque, byzantin, gothique, grec, japonais, néo-mauresque, plateresque, rococo, romain, roman, rustique ; style classique, moderne. Le modern style ; style Arts déco ; style design.* ♦ Majuscule pour les époques historiques : *style Henri II, Renaissance, Louis XIII, Louis XIV, Louis XV, Régence, Directoire, Empire, Restauration, Louis-Philippe, Regency, Chippendale...*
stylé, e adj.
styler v. t.
stylicien, enne n.
*styling elements = stylisme.
stylique n. f.
stylisation n. f.
styliser v. t.
stylisme [-is-] n. m.
styliste n.
stylisticien, enne n.
stylistique n. f.
stylite n. et adj.
stylo n. m.
stylobate n. m.
stylo-bille n. m. *Des stylos-billes.*
stylo-feutre n. m. *Des stylos-feutres.*
stylographe n. m.
stylographique adj.
styloïde adj.
Stylomine n. m. déposé inv.
stylotier, ère n.

*stylus drag, drag ou side thrust = force centripète (aud.).

styptique adj. et n. m.

styrax ou storax n. m.

styrène ou styrolène n. m.

su n. m. *Au vu et au su de tous.* ♦ HOM. il *sue* (v.), il a *su* (v. savoir), il y a les frais en *sus*.

suage ou souage n. m. (moulure).

suage n. m. (eau suée par une bûche).

suaire n. m. *Le saint suaire de Turin.*

suant, e adj.

suave adj.

suavement adv.

suavité n. f.

sub- Ce préfixe se soude toujours au mot qui suit.

subaérien, enne adj.

subaigu, ë [subégu] adj. *Un mal subaigu, une douleur subaiguë, des malaises subaigus, des maladies subaiguës* [-égu].

subalpin, e adj.

subalterne adj. et n.

subaquatique adj.

subatomique adj.

subcellulaire adj.

*subclutter visibility = visibilité sous fouillis (spat.).

subconscience n. f.

subconscient, e adj. et n. m.

*subcooled boiling = ébullition locale (nucl.).

*sub-critical flow = écoulement fluvial (agr.).

*subcustody = conservation nationale (écon.).

subdélégation n. f.

subdélégué, e adj. et n.

subdéléguer v. t. *Nous subdéléguons.* Conjug. 10.

subdésertique adj.

subdiviser v. t.

subdivision n. f.

subdivisionnaire adj. et n. m.

subduction n. f.

subéquatorial, ale, aux adj.

suber [-bèr'] n. m.

suberaie n. f.

subéreux, euse adj.

subérine n. f.

subimage n. f.

*sub image = subimage (spat.).

subintrant, e adj.

subir v. t. du 2ᵉ gr. Conjug. 24. *Il a subi des avaries. Les malheurs subis; les remontrances subies. Les pertes que son entreprise a subies.*

subit, e [subi, -bit'] adj. (brusque, soudain). *Des orages subits, des pluies subites.*

subitement adv.

*subito (lat.) = subitement, soudain.

subjacent, e adj.

subjectif, ive adj. et n. m. *Complément subjectif du verbe d'état* → tableau VERBES I, p. 956.

subjectification n. f.

subjectile n. m.

subjection n. f.

subjectivement adv.

subjectivisme [-is-] n. m.

subjectiviste adj. et n.

subjectivité n. f.

subjonctif, ive adj. et n. m.

subjuguer v. t. *Il subjuguait.* Conjug. 4.

subkilotonnique adj.

sublimation n. f.

sublime adj.

sublimé n. m.

sublimement adv.

sublimer v. t.

subliminaire adj.

subliminal, ale, aux adj.

sublimité n. f.

sublingual, ale, aux [-ual'] adj.

sublunaire adj.

submerger v. t. *Il submergeait.* Conjug. 3.

submersible adj. et n. m.

submersion n. f.

submillimétrique adj.

submissivité n. f.

*submunition = sous-munition (déf.).

subnarcose n. f.

subodorer v. t.

subordination n. f. → subornation.

subordonnant n. m.

subordonné, e adj. et n.

subordonner v. t. (placer en infériorité).

subornation n. f. (incitation à la malhonnêteté). *La subornation de témoins.* ♦ Ne pas confondre avec *subordination* (dépendance d'une chose par rapport à une autre).

suborner v. t. (détourner du devoir).

suborneur, euse adj. et n.

subrécargue n. m.

subreptice adj.

subrepticement adv.

subreption n. f.

subrogateur adj. et n.
subrogatif, ive adj.
subrogation n. f.
subrogatoire adj.
subrogé, e adj. *Un subrogé tuteur.*
subroger v. t. *Il subrogeait.* Conjug. 3.
*****sub rosa** (lat.) = confidentiellement.
subsaharien, enne adj.
*****sub scene** = sous-scène (spat.).
*****subscriber** = abonné (télécom.).
subséquemment [-ka-man] adv.
subséquent, e adj.
subside [-sid'] n. m.
subsidence [-si-] n. f. → subsistance.
subsidiaire [-si-] adj.
subsidiairement [-si-] adv.
subsidiarité [-si-] n. f.
subsidier [-si-] v. t.
subsistance [-zis-] n. f. (nourriture et entretien). ♦ Ne pas confondre avec *subsidence* (affaissement lent).
*****subsistance crop** = culture vivrière.
subsistant, e [-zis-] adj. et n.
subsister [-zis-] v. int. (exister, vivre). ♦ Ne pas confondre avec *substituer* (mettre une personne ou une chose à la place d'une autre).
subsonique adj.
substance n. f. *Ils ont déclaré en substance que...*
*****substandard ship** = navire inférieur aux normes, navire sous normes (mer).
substantialisme [-is-] n. m.
substantialiste adj. et n.
substantialité n. f.
substantiel, elle adj.
substantiellement adv.
substantif, ive adj. et n. m. (synonyme de *nom*).
substantifique adj. *La substantifique moelle* (Rabelais).
substantivation n. f.
substantivement adv.
substantiver v. t.
substituabilité n. f.
substituable adj.
substituer v. t. Conjug. 18. → subsister.
substitut [-tu] n. m. (magistrat). ♦ HOM. il *substitue* (v.).
substitutif, ive adj.
substitution n. f.
subsomption ou **subsumption** [-sònpsyon] n. f.

substrat [-tra] n. m.
substratum [-tom'] n. m. *Des substratums.*
substruction n. f.
substructure n. f.
subsultant, e adj.
subsumer v. t.
subsumption → subsomption.
subsurface n. f.
*****subsynchronous satellite** = satellite sous-synchrone (spat.).
subterfuge n. m.
subtil, e adj.
subtilement adv.
subtilisation n. f.
subtiliser v. t. et int.
subtilité n. f.
subtropical, ale, aux adj.
subulé, e adj.
suburbain, e adj.
suburbicaire adj.
subvenir v. t. Conjug. 76.
subvention n. f.
subventionnel, elle adj.
subventionner v. t.
subversif, ive adj.
subversion n. f.
subversivement adv.
subvertir v. t. du 2ᵉ gr. Conjug. 24.
subzénithal, ale, aux adj.
suc n. m. (liquide végétal).
succédané, e [suksé-] adj. et n. m.
succéder [suksé-] v. t. ind. *Je succède, nous succédons.* Conjug. 10. *Les évènements se sont succédé.* Le participe passé *succédé* est invariable. *Devant eux, tous les visiteurs qui se sont succédé...*
succenturié, e [suksan-] adj.
succès [suksè] n. m.
successeur [suksè-] n. m.
successibilité [suksé-] n. f.
successible [suksé-] adj.
successif, ive [suksé-] adj.
succession [suksé-] n. f. *La guerre de Succession d'Espagne.*
successivement [suksé-] adv.
successoral, ale, aux [suksé-] adj.
succin [suksin] n. m. ♦ HOM. → succinct.
succinamide n. f.
succinct, e [suksin, -sint'] adj. (bref, concis). ♦ HOM. *succin* (ambre jaune).
succinctement [suksinte-] adv.
succinée n. f.
succinique [suksi-] adj.

succinite n. f.
succion [suksyon] n. f. (action de sucer).
succomber v. int. et t. ind.
succube n. m. et adj.
succulence n. f.
succulent, e adj.
succursale n. f.
succursalisme [-is-] n. m.
succursaliste adj.
succussion [suku-syon] n. f.
sucement n. m.
sucepin n. m.
sucer v. t. *Il suçait.* Conjug. 2.
sucette n. f.
suceur, euse adj. et n.
suçoir n. m.
suçon n. m.
suçoter v. t.
sucrage n. m.
sucralose n. m.
sucrant, e adj.
sucrase n. f.
sucrate n. m.
sucre n. m. (aliment; monnaie de l'Équateur). *Sucre en morceaux; sucre en pain (s); sucre de fruits; sucre d'amidon, de betterave, de canne, d'orge, de pomme, de raisin; des sucres candis; des vins de sucre. Deux sucres et demi; les montagnes en pain de sucre; le Pain-de-Sucre* (à Rio de Janeiro). ♦ HOM. le général *Sucre, Sucre* (ville de Bolivie; État du Venezuela).
sucré, e adj. et n.
sucrer v. t.
sucrerie n. f.
Sucrette n. f. déposé inv.
sucreur n. m.
sucrier, ère adj. et n.
sucrin n. m. et adj. m. (melon).
sucrine n. f. (salade).
sud n. m. *Le Sud-Oranais* (région); *le Sud-Express* (train).
sud-africain, e adj. *La République sud-africaine.* ♦ N. *Les Sud-Africains.*
sud-américain, e adj. *Les républiques sud-américaines.* ♦ N. *Un Sud-Américain; des Sud-Américains.*
sudation n. f.
sudatoire adj.
sud-coréen, enne adj. *L'État sud-coréen.* ♦ N. *Les Sud-Coréens; une Sud-Coréenne* (de la Corée du Sud).
sud-est n. m.
sudiste n. et adj. *Les sudistes de la guerre de Sécession.*

sudoral, ale, aux adj.
sudorifère adj.
sudorifique adj. et n. m.
sudoripare adj.
sud-ouest n. m. → direction.
sud-sud-est n. m. Abrév. : *S.-S.-E.*
sud-sud-ouest n. m. Abrév. : *S.-S.-O.*
sud-vietnamien, enne adj. *Le delta sud-vietnamien.* ♦ N. *Des Sud-Vietnamiennes.*
suède n. m. (peau de gant). ♦ HOM. la *Suède* (État).
suédé, e adj. et n. m.
suédine n. f.
suédois, e adj. *Les lacs suédois.* ♦ N. *Une Suédoise* (de Suède); *une suédoise* (allumette); *le suédois* (langue).
suée n. f.
suer v. int. et t. Conjug. 18. ♦ Il y a homophonie pour le singulier du présent de l'indicatif du verbe **suer** (*je sue, tu sues, il sue*) et le singulier du passé simple de l'indicatif du verbe **savoir** (*je sus, tu sus, il sut*). ♦ Homographes hétérophones : vous *suez* [sué]; le canal de *Suez* [suèz'].
suet n. m. inv. *Des vents de suet* (sud-est).
suette n. f.
sueur n. f.
suffète n. m.
suffibulum [-lom'] n. m. *Des suffibula.*
***sufficit** (lat.) = cela suffit.
suffire v. t. ind. Conjug. 38, mais le participe passé est *suffi.* ♦ V. pr. *Ils se sont suffi à eux-mêmes.*
suffisamment adj.
suffisance n. f.
suffisant, e adj.
suffixal, ale, aux adj.
suffixation n. f.
suffixe n. m.
suffixé, e adj.
suffixer v. t.
suffocant, e adj. *Un gaz suffocant.* ♦ HOM. *suffoquant* (partic. prés. du v. suffoquer).
suffocation n. f.
suffoquer v. t. et int.
suffragant adj. et n. m.
suffrage n. m.
suffragette n. f.
Suffren [sufrin] n.
suffusion n. f.
sufi → soufi.
sufrique adj.
suggérer [sugjéré] v. t. *Je suggère, nous suggérons, je suggérerai(s).* Conjug. 10.

suggestibilité [sugjès-] n. f.
suggestible [sugjès-] adj.
suggestif, ive [sugjès-] adj.
suggestion [sugjèstyon] n. f. (action de faire naître une idée dans l'esprit d'autrui; résultat de cette action). ♦ Ne pas confondre avec *sujétion* (état de celui qui est soumis, dépendance, contrainte).
suggestionner [sugjèstyo-né] v. t.
suggestivité [sugjès-] n. f.
suicidaire adj.
suicidant, e adj.
suicide n. m.
suicidé, e adj. et n.
suicider (se) v. pr. *Elle s'est suicidée.*
suidé n. m.
suie n. f. (résidu de la fumée). ♦ HOM. je *suis* (v. être), je *suis* (v. suivre).
suif n. m.
suiffer v. t.
suiffeux, euse adj.
*****sui generis** (lat.) loc. adj. = de son espèce. *Une odeur « sui generis ».*
suint [suin] n. m.
suintant, e adj.
suintement n. m.
suinter v. int.
suisse, esse n. *Un Suisse, une Suissesse* (habitants de la Confédération helvétique). *Un suisse d'église; boire en suisse; faire suisse. Les cent-suisses; des petits-suisses* (fromages). ♦ Adj. On remplace par *helvético* en association. *Les relations helvético-italiennes.* Le féminin de l'adjectif est *suisse. La garde suisse, des coutumes suisses.*
suite n. f. *Tout de suite; de suite; droit de suite; esprit de suite; propos sans suite; par suite; maladie avec/sans suites.* → et cætera.
De suite loc. adj. ou adv. (sans arrêt). *Il a plu trois jours de suite. Elle a chanté tout son répertoire de suite.*
Tout de suite loc. adv. (immédiatement). *La concierge revient tout de suite.*
Ensuite s'écrit en un mot. *Ensuite de quoi.*
suitée adj. f.
suivant, e adj. *Lisez la page suivante.* ♦ N. *Les suivants du prince.* ♦ Partic. prés. *En suivant le cortège.* ♦ Prép., précédant le nom. *Suivant les journaux, il serait blessé.* ♦ *Suivant que* (loc. conj.).
suiveur, euse adj. et n.
suivez-moi-jeune-homme n. m. inv.
suivi, e adj. et n. m. *Le suivi de l'affaire.*

suivisme [-is-] n. m.
suiviste adj. et n.
suivre v. t. et int. Conjug. 73. *Elle nous a suivis. La fanfare qu'avaient suivie les enfants.*
sujet, sujette n. *Les sujets et les sujettes du roi.* Ce mot n'existe au féminin que lorsqu'il s'agit de personnes; pour les choses et les abstractions, seul le mot *sujet* est employé. *Changer de sujet; des pendules à sujets. Avez-vous quelque sujet de vous plaindre? Au sujet de. Un mauvais sujet; les petits sujets du corps de ballet. Le contre-sujet d'une fugue.* ♦ Adj. *Un pays sujet. L'affaire est sujette à caution.*
sujétion [sujé-syon] n. f. → suggestion.
sulcature n. f.
sulciforme adj.
sulfacide n. m.
sulfadoxine n. f.
sulfamide n. m.
sulfatage n. m.
sulfatation n. f.
sulfate n. m.
sulfaté, e adj.
sulfater v. t.
sulfateur, euse n. et adj.
sulfhydrique adj.
sulfhydryle n. m.
sulfinisation n. f.
sulfitage n. m.
sulfite n. m.
sulfocarbonate n. m.
sufocarbonique adj.
sulfocarbonisme [-is-] n. m.
sulfonation n. f.
sulfone n. f.
sulfoné, e adj.
sulfosel [-sèl'] n. m.
sulfovinique adj.
sulfurage n. m.
sulfuration n. f.
sulfure n. m.
sulfuré, e adj.
sulfurer v. t.
sulfureux, euse adj.
sulfurique adj.
sulfurisé, e adj.
sulky n. m. Pl. fr. : *sulkys;* pl. angl. : *sulkies.*
sulpicien, enne adj. *Une imagerie sulpicienne.* ♦ N. m. *Un sulpicien* → religieux.
sultan, e n.

sultanat [-na] n. m.
sulvinite n. f.
sumac n. m.
sumérien, enne adj. et n.
summum [som'-mom'] n. m. *Des summums.*
sumo n. m.
sumotori n. m.
sung n. et adj. inv. en genre.
*****sunk costs** = fonds perdus (écon.).
sunlight [seun-lay't] n. m. *Des sunlights.*
*****S 1 mapping** = cartographie S 1 (génét.).
*****Sunna** (arabe) n. f. = ensemble des hadiths du Prophète.
sunnisme [-is-] n. m.
sunnite n. et adj.
*****sun synchronous satellite** = satellite héliosynchrone.
suosan n. m.
super- Ce préfixe se soude au mot qui suit *(superambiance, superchic, Super-bagnères)*. Quelques mots résistent à cette alliance intime : *Super-Cagnes, le super-huit* (format de film). Le *e* conserve sa prononciation [è] devant une voyelle *(superalliage)*. → poids et tableau PRÉFIXES A, p. 942.
super n. m. (apocope de *supercarburant*). *Il a essayé plusieurs supers.* ♦ Adj. inv. *Ces bottes sont super.* ♦ HOM. un ovaire *supère* (au-dessus des pétales).
superalliage n. m.
superamas [supèrama] n. m.
super-as [supèras'] n. m.
superaspartame n. m.
superbe adj. et n. f.
superbement adv.
superbénéfice n. m.
superbombe n. f.
supercalculateur n. m.
supercarburant n. m.
supercarré n. et adj. m.
superchampion, onne n.
supercherie n. f.
superciment n. m.
superclasse n. f.
Super-Cocotte n. f. déposé inv.
*****supercoil** = superhélice (agr.).
*****supercoiled DNA** = ADN superenroulé; ADN superhélicoïdal; ADN surenroulé (génét.).
*****super critical flow** = écoulement torrentiel (agr.).

supercritique adj.
superdécrochage n. m.
superdense adj.
supère adj. ♦ HOM. → super.
Superécrémé n. m. déposé inv.
superenroulé, e adj.
supérette n. f.
superfactuel, elle adj.
superfamille n. f.
superfétation n. f.
superfétatoire adj.
superficie n. f.
superficiel, elle adj.
superficiellement adv.
superfin, e adj.
superfinition n. f.
superflu, e adj. et n. m.
superfluide adj.
superfluidité n. f.
superfluité n. f.
superforme n. f.
superforteresse n. f.
superfractionnement n. m.
supergrand n. m.
supergravité n. f.
superhélice n. f.
superhélicoïdal, ale, aux adj.
superhétérodyne adj. et n. m.
*****super high cube** = conteneur spécial hors-cotes ou hors-normes.
super-huit adj. et n. m. inv.
supérieur, e adj. et n.
supérieurement adv.
superintendant n. m.
supériorité n. f.
superlatif, ive adj. et n. m.
superlativement adv.
superléger n. et adj. m. → poids.
Superlevure n. f. déposé inv.
*****superman** n. m. = surhomme. *Des supermen.*
supermarché n. m.
supernova n. f. *Des supernovae.*
superordre n. m.
superovarié, e adj.
superparticule n. f.
superphosphate n. m.
superplasticité n. f.
superplastique adj.
superposable adj.
superposer v. t.
superposition n. f.

superproduction n. f.
superprofit n. m.
superpuissance n. f.
supersonique adj. et n. m.
superstar n. f.
superstitieusement adv.
superstiti*eux*, *euse* adj.
superstition n. f.
superstrat [-stra] n. m.
superstructure n. f.
supersymétrie n. f.
supersymétrique adj.
*****supertanker** n. m. = pétrolier géant.
*****supervised classification** = classification dirigée (spat.).
superviser v. t.
superviseur n. m.
supervision n. f.
superwelter n. et adj. m. → poids.
supin n. m.
supinateur adj. et n. m.
supination n. f.
supplanter v. t.
suppléance n. f.
suppléant, *e* adj. et n.
suppléer v. t. *Je supplée, je suppléerai(s).* Conjug. 16.
supplément n. m.
supplémentaire adj.
supplét*if*, *ive* adj. et n. m.
supplétoire adj.
suppliant, *e* adj. et n.
supplication n. f.
supplice n. m. *Ils sont au supplice. Le supplice de Tantale.*
supplicié, *e* adj. et n.
supplicier v. t. Conjug. 17.
supplier v. t. Conjug. 17.
supplique n. f.
support n. m.
*****support** = assistance (et non *support*); soutien (déf.).
*****support (to)** = soutenir.
supportable adj.
support-chaussette n. m. *Des supports-chaussettes.*
supporter v. t. Ce verbe, dont le sens originel est *soutenir* (*les piliers supportent le portique*) ou *endurer* (*il nous faut supporter leurs récriminations; cette plante ne supporte pas le gel*), a pris sous l'influence de l'anglais et du sport le sens discutable de : défendre, aider, applaudir, appuyer, encourager, soutenir moralement (*supporter une équipe de football*).
*****supporter** n. m. = supporteur, partisan (sport).
support*eur*, *trice* n.
supposable adj.
supposé, *e* partic. passé. *Il a supposé le raisonnement exact.* ♦ Adj. *La date supposée de sa naissance.* ♦ Prép., précédant le nom. *Supposé la véracité de vos déclarations, nous devrions le libérer.* ♦ *Supposé que* (loc. conj. inv.).
supposer v. t. *Les conditions que vous aviez supposées* (le complément d'objet direct est *que*). *Les obstacles que vous aviez supposé que nous rencontrerions* (le complément d'objet direct est *que nous rencontrerions*). *Les renseignements qu'ils ont supposé exacts.*
supposition n. f.
suppositoire n. m.
suppôt n. m.
suppresseur n. m. et adj. m.
suppress*if*, *ive* adj.
suppression n. f.
*****suppressor** = suppresseur (génét.).
*****suppressor gene** = gène suppresseur.
*****suppressor mutation** = mutation suppressive (génét.).
supprimer v. t.
suppurant, *e* adj.
suppuration n. f.
suppurer v. int.
supputation n. f.
supputer v. t.
*****supra** (lat.) adv. = plus haut, ci-dessus.
supraconducteur adj. et n. m.
supraconduction n. f.
supraconductivité n. f.
supramoléculaire adj.
supranation*al*, *ale*, *aux* adj.
supranationalité n. f.
suprasegment*al*, *ale*, *aux* adj.
suprasensible adj.
supraterrestre adj. et n.
suprématie n. f.
suprématisme [-is-] n. m.
suprême adj. *Au suprême degré; le recours suprême; le culte de l'Être suprême.* ♦ N. m. *Un suprême de volaille.*
suprêmement adv.
suprémum [-mom'] n. m. *Des suprémums.*
sur, *e* adj. (de goût aigre, acide). *Des fruits surs; une compote sure.* ♦ HOM. → sur.
sur prép. *Sur parole; sur pied; sur terre, coup sur coup; sur ces entrefaites; sur le*

SURENDETTEMENT

qui-vive; sur toute(s) chose(s); bêtise(s) sur bêtise(s). La préposition *sur* ne prend pas de capitale dans les noms de localités. *Revigny-sur-Ornain; Montreuil-sur--Mer.* ♦ HOM. *sur* (aigre), *sûr* (certain).

sur- Ce préfixe se soude au mot qui suit (*surmoule, suroffre*). Dans la locution *sur-le-champ*, il s'agit d'une préposition.

sûr, e adj. *Elle en est sûre; en lieu sûr; pour sûr; à coup sûr.* ♦ HOM. → *sur*.
surabondamment adv.
surabondance n. f.
surabondant, e adj.
surabonder v. int.
suraccélération n. f.
suraccumulation n. f.
suractivé, e adj.
suractiver v. t.
suractivité n. f.
surah n. m.
suraigu, ë [sürégü] adj. *Un cri suraigu; une voix suraiguë; des sifflets suraigus; des sirènes suraiguës* [-égü].
surajouter v. t.
sural, ale, aux adj.
suralcoolisation n. f.
suralimentation n. f.
suralimenté, e adj. et n.
suralimenter v. t.
suramplificateur n. m.
suranné, e adj.
surarbitre n. m.
surarmé, e adj.
surarmement n. m.
surarmer v. t.
surate ou **sourate** n. f.
surbaissé, e adj.
surbaissement n. m.
surbaisser v. t.
surbau n. m. *Des surbaux.*
*****surbooking** n. m. = surlocation, surréservation (tour.).
surboum n. f. *Des surboums.*
surbrillance n. f.
surcapacité n. f.
surcapitalisation n. f.
surcharge n. f.
surcharger v. t.
surchauffe n. f.
surchauffer v. t.
surchauffeur n. m.
surchoix n. m.
surclasser v. t.
surcoincher v. int.

surcommission n. f.
surcommunication n. f.
surcompensation n. f.
surcomposé, e adj.
surcompression n. f.
surcomprimé, e adj.
surcomprimer v. t.
surconsommation n. f.
surcontre n. m.
surcontrer v. t.
surconvertisseur n. et adj. m.
surcostal, ale, aux adj.
surcot n. m.
surcoupe n. f.
surcouper v. t.
surcoût n. m.
surcreusement n. m.
surcroît n. m. *De surcroît, par surcroît* (loc. adv.).
surcuit n. m.
surdent n. f.
surdéterminant, e adj.
surdétermination n. f.
surdéterminer v. t.
surdéveloppé, e adj.
surdimensionné, e adj.
surdi-mutité n. f. *Des surdi-mutités.*
surdistance n. f.
surdité n. f.
surdon n. m.
surdorer v. t.
surdos [-do] n. m.
surdosage n. m.
surdose n. f.
surdoué, e adj. et n.
sureau n. m. (arbuste). *Des sureaux.* ♦ HOM. *suros* (tumeur du cheval).
sureffectif n. m.
surélévation n. f.
surélever v. t. *Je surélève, nous surélevons.* Conjug. 15.
surelle n. f.
suremballage n. m.
sûrement adv.
suréminent, e adj.
surémission n. f.
suremploi n. m.
surenchère n. f.
surenchérir v. int. du 2ᵉ gr. Conjug. 24.
surenchérissement n. m.
surenchérisseur, euse n.
surendetté, e adj.
surendettement n. m.

SURENROULÉ

surenroulé, e adj.
surentraînement n. m.
surentraîner v. t.
suréquipé, e adj.
suréquipement n. m.
suréquiper v. t.
surérogation n. f.
surestarie n. f.
surestimation n. f.
surestimer v. t.
suret, ette adj.
sûreté n. f. *Ils seront en sûreté ; des chaînes de sûreté ; la Cour de sûreté de l'État ; la Sûreté nationale* (abs. : *la Sûreté*).
surévaluation n. f.
surévaluer v. t. Conjug. 18.
surexcitable adj.
surexcitant, e adj. et n. m.
surexcitation n. f.
surexciter v. t.
surexploitation n. f.
surexploiter v. t.
surexposer v. t.
surexposition n. f.
*****surf** n. m. = vague portante ; planche à vague, planche nautique.
surfaçage n. m.
surface n. f. *Ils font surface.*
*****surface flow** = écoulement de surface (agr.).
surfacer v. t. et int. *Il surfaçait.* Conjug. 2.
surfaceuse n. f.
surfacique adj.
surfactant, e adj. et n. m.
surfactif, ive adj. et n. m.
surfacturer v. t.
surfaire v. t. et int. Conjug. 51.
surfait, e adj. (surestimé). ♦ HOM. *surfaix* (harnais).
surfaix n. m. ♦ HOM. → surfait.
surfer [seurfé] v. int.
surfeur, euse [seurfeur', -feûz'] n.
surfil [-fil'] n. m.
surfilage n. m.
surfiler v. t.
surfin, e adj.
surfondu, e adj.
surfusion n. f.
surgélateur n. m.
surgélation n. f.
surgelé, e adj. et n. m.
surgeler v. t. *Il surgèle.* Conjug. 11.

surgénérateur, trice adj. et n. m.
surgénération n. f.
surgeon n. m.
surgi, e adj. *Un animal surgi du fond des âges.*
surgir v. int. du 2ᵉ gr. Conjug. 24.
surgissement n. m.
surhaussé, e adj.
surhaussement n. m.
surhausser v. t.
surhomme n. m.
surhumain, e adj.
suricate ou **surikate** n. m.
surimi n. m.
surimposer v. t.
surimposition n. f.
surimpression n. f.
surin n. m.
suriner ou **chouriner** v. t.
surinfection n. f.
surinformation n. f.
surinformer v. t.
surintendance n. f.
surintendant, e n.
surintensité n. f.
surinvestissement n. m.
surir v. int. du 2ᵉ gr. Conjug. 24.
surjalée adj. f.
surjaler v. int.
surjectif, ive adj.
surjection n. f.
surjet n. m.
surjeter v. t. *Il surjette.* Conjug. 14.
surjeu n. m. *Des surjeux.*
sur-le-champ loc. adv. *Il le fit sur-le-champ* (sans délai). Mais on écrira : *Le fermier répand de l'engrais sur le champ labouré.*
surlendemain n. m.
surligner v. t.
surligneur n. m.
surliure n. f.
surlonge n. f.
surlouer v. t.
surloyer n. m.
surmédicalisation n. f.
surmédicaliser v. t.
surmenage n. m.
surmener v. t. *Il surmène, nous surmenons.* Conjug. 15.
surmoi n. m. Terme de psychanalyse. *Manifestations du surmoi.* Mais on écrira : *Je prends sur moi de refuser cette offre.*

surmontable adj.
surmonter v. t.
surmontoir n. m.
surmortalité n. f.
surmoulage n. m.
surmoule n. m.
surmouler v. t.
surmulet n. m. (poisson).
surmulot n. m. (rongeur).
surmultiplication n. f.
surmultiplié, e adj. et n. f.
surnageant n. m.
surnager v. int. *Il surnageait.* Conjug. 3.
surnatalité n. f.
surnaturel, elle adj. et n. m.
surnaturellement adv.
surnom n. m.

■ Si un nom commun sert de surnom, il a la majuscule. *Frédéric Barberousse; Philippe Égalité.*

Un mot accolé au nom sans être précédé d'un article s'écrit avec une minuscule. *Dumas fils; Risler aîné.*

Si l'adjectif est précédé de l'article défini, il devient surnom et prend la majuscule. *Clodion le Chevelu; Robert le Fort; Louis le Hutin; Henri le Navigateur; Cochin l'Aîné; Philippe le Hardi; Caton l'Ancien; Irma la Douce.*

C'est d'ailleurs là l'origine de noms de famille *(Louis le Charpentier, Louis Charpentier, Louis Carpentier).*
♦ → tableaux MAJUSCULES B, 9°, p. 904 et TRAIT D'UNION A, 8°, p. 954.

surnombre n. m.
surnommer v. t.
surnuméraire adj. et n.
suroffre n. f.
suroît n. m.
suros [-ro] n. m. ♦ HOM. → sureau.
suroxyder v. t.
suroxygéné, e adj.
surpassement n. m.
surpasser v. t.
surpatte n. f.
surpâturage n. m.
surpaye n. f.
surpayer [-pè-yé] v. t. Conjug. 8.
surpêche n. f.
surpeint n. m.
surpeuplé, e adj.
surpeuplement n. m.
surpiquer v. t.
surpiqûre n. f.

surplace n. m. *Faire du surplace. Rester sur place.*
surplis [-pli] n. m.
surplomb n. m.
surplombant, e adj.
surplombement n. m.
surplomber v. int. et t.
surplus [-plu] n. m.
surpoids n. m.
surpopulation n. f.
surprenant, e adj.
surprendre v. t. Conjug. 66.
surpression n. f.
surprime n. f.
surprise n. f.
surprise-partie n. f. *Des surprises-parties.*
surproducteur, trice adj. et n.
surproduction n. f.
surproduire v. t. Conjug. 37.
surprotecteur, trice adj. et n.
surprotection n. f.
surprotéger v. t. Conjug. 3.
surqualifié, e adj.
surréalisme [-is-] n. m.
surréaliste adj. et n.
surrection n. f.
surréel, elle adj. et n. m.
surrégénérateur, trice adj. et n. m.
surrégénération n. f.
surrégime n. m.
surremise n. f.
surrénal, ale, aux adj.
surréservation n. f.
*****surround** = en ceinture, encadrement (aud.).
sursalaire n. m.
sursaturation n. f.
sursaturé, e adj.
sursaturer v. t.
sursaut n. m. *Ils se réveillent en sursaut.*
sursauter v. int.
sursemer v. t. *Je sursème.* Conjug. 15.
surseoir v. t. ind. Conjug. 74.
sursimulation n. f.
sursis [-si] n. m.
sursitaire n. et adj.
sursoufflage n. m.
surstock n. m.
surtaux n. m.
surtaxe n. f.
surtaxer v. t.
surtension n. f.

surtitre n. m.
surtoilé, e adj.
surtout adv. *Surtout, ne l'oubliez pas. Surtout que* (loc. conj.). ♦ N. m. *Un surtout de table.*
surtravail n. m.
survaleur n. f.
surveillance n. f.
surveillant, e n.
surveiller v. t.
survenance n. f.
survendre v. t. Conjug. 67.
survenir v. int. Conjug. 76. Les temps composés se font avec être. *Voici tous les évènements qui sont survenus en votre absence.*
survente n. f.
survenue n. f.
survêtement n. m.
*survey = campagne d'évaluation.
*surveying = couverture (spat.).
survie n. f.
survirage n. m.
survirer v. int.
survireur, euse adj.
survitesse n. f.
survitrage n. m.
*survival kit = équipement de survie.
survivance n. f.
survivant, e n. et adj.
survivre v. int. et t. ind. Conjug. 81. *Ils ont survécu à cette aventure. Ils se sont survécu dans leur descendance.*
survol n. m.
survoler v. t.
survoltage n. m.
survolté, e adj.
survolter v. t.
survolteur n. m.
survolteur-dévolteur n. m. *Des survolteurs-dévolteurs.*
sus [sus' ou su] adv. *Courez sus.* ♦ Interj. *Sus à l'ennemi! Sus!* ♦ Élément de loc. adj. : *frais en sus* ou prép. : *en sus de.* ♦ HOM. que je susse (v. savoir), il suce (v. sucer); → su.
sus- Il est malaisé de dégager une règle pour l'écriture des mots comportant ce préfixe. En général, on écrit *sus-* quand le mot signifie « situé au-dessus de » (*sus-hépatique, sus-orbitaire, sus-indiqué, sus-décrites*) et on soude le préfixe dans les autres sens (*susceptible, suspecter*). L'usage est cependant d'écrire : *suscription, susmentionné, susnommé, susvisé.*

susceptibilité n. f.
susceptible adj.
susciter [su-si-] v. t.
suscription n. f. *Monsieur le ministre.*
sus-dénommé, e adj. et n.
susdit, susdite, susdits, susdites adj. qualif. *Le susdit testament devant être conservé.* ♦ N. *Les susdits ont tous signé.*
sus-dominante n. f.
sus-hépatique adj.
sushi [souchi] n. m.
sus-jacent, e adj. *Les couches sus-jacentes.*
sus-maxillaire adj. et n. m.
susmentionné, e adj. et n.
susnommé, e adj. et n.
suspect, e [-pè, -pèkt'] adj.
suspecter v.
suspendre v. t. Conjug. 67.
suspendu, e adj.
suspens [-pan] adj. m. *Un clerc suspens.* ♦ Élément de loc. adv. *Ces affaires sont en suspens.* ♦ N. m. *Le suspens de ce film.*
suspense n. f. (terme de droit canonique). *Un ecclésiastique soumis à la suspense.*
*suspense n. m. = angoisse, suspens, intérêt, incertitude, intensité dramatique.
suspenseur adj. et n. m.
suspensif, ive adj.
suspension n. f. *Une suspension d'armes. Des points de suspension* →tableau PONCTUATIONS FORTES V, p. 940.
suspensoir n. m.
suspente n. f.
suspicieux, euse adj.
suspicion n. f.
*sustainable development = développement durable (écon.).
*sustainer = moteur de croisière (déf.).
sustentateur, trice adj.
sustentation n. f.
sustenter v. t.
sus-tonique n. f.
susurrant, e [su-su-] adj.
susurration [su-su-] n. f.
susurrement [su-su-] n. m.
susurrer [su-su-] v. int. et t.
susvisé, e adj.
sutra ou **soutra** n. m.
sutural, ale, aux adj.
suture n. f.
suturer v. t.
Suze n. f. déposé inv.
suzerain, e n. et adj.

suzeraineté n. f.

Sv Symbole du *sievert*.

svastika ou **swastika** [sva-] n. m.

svelte adj.

sveltesse n. f.

swahéli, e, swahili, e, souahéli, e ou **souahili, e** adj. et n. m. (langue).

*****swap** = crédit croisé, troc, échange financier (écon.).

swaper [swa-] v. t. (faux anglicisme) = échanger.

*****swaption** = option d'échange (écon.).

*****swastika** → svastika.

Swatch n. f. déposé inv.

*****swath width** = largeur de couloir (spat.).

*****sweater** n. m. = chandail.

*****sweating-system** = main-d'œuvre marchandée, exploitation au rabais.

*****sweat-shirt** n. m. = pull léger, pull ample. *Des sweat-shirts.*

sweepstake [swipstèk'] n. m.

swing [swin'g] n. m. *Des swings.* ♦ Adj. inv. *À l'époque, elles étaient swing.*

*****swing** = balancé, mouvement (golf).

*****swing by** = gravidéviation, gravicélération. *Des swing by.*

*****swing line** = crédit de sécurité (écon.).

swinguer [swin'ghé] v. int. et t. *Nous swinguons.* Conjug. 4.

*****swing-wing aircraft** = avion à flèche variable.

*****switch** = interrupteur, rupteur, disjoncteur, sectionneur, commutateur.

*****switched virtual circuit** = circuit virtuel commuté (télécom.).

*****swivelling nozzle** = tuyère orientable.

*****S.W.R.** (*standing wave ratio) = rapport d'onde stationnaire, ou R.O.S. (télécom.).

sybarite adj. et n.

sybaritique adj.

sybaritisme [-is-] n. m.

sycomore n. m.

sycophante n. m.

sycosis [-zis'] n. m.

syénite n. f.

syllabaire n. m.

syllabation n. f.

syllabe n. f. La *syllabe* est l'unité phonétique prononcée d'une seule émission de voix. Détacher les syllabes d'un mot aide à l'écrire. Ainsi, des termes qui semblent un peu rébarbatifs comme *obstinément, pléonasme, controverse, septuagénaire* ou *juxtalinéaire* sont au demeurant faciles à écrire en en décomposant les syllabes.

syllabique adj.

syllabisme [-is-] n. m.

syllabus [-bus'] n. m.

syllepse n. f.

■ Le français d'autrefois était indulgent pour la *syllepse*, c'est-à-dire l'accord non selon la stricte grammaire, mais selon un sens logique entendu de l'interlocuteur. En voici des exemples dans lesquels le singulier devient pluriel ou inversement (entre parenthèses, l'explication de la syllepse). *J'eus affaire à une équipe nombreuse et je dus leur tenir tête* (tenir tête à tous les individus qui formaient l'équipe). *Vingt ans est, dit-on, un âge heureux* (le moment, l'époque des vingt ans). *Dix pour cent de la récolte est perdue* (une partie, évaluée à 10 %, est perdue). *Le peuple applaudit ; ils saluent tous le chef de l'État* (ils : les gens du peuple).

Il arrive aussi qu'il y ait substitution de genre. *La sentinelle cria : Halte-là ! Car dans l'ombre il avait cru entendre un froissement.* En disant « il », on pense à l'homme, oubliant que l'antécédent *(sentinelle)* est un féminin.

syllogisme [-is-] n. m.

syllogistique adj. et n. f.

sylphe n. m. (génie de l'air). ♦ HOM. *silphe* (insecte).

sylphide n. f.

sylvain n. m. (divinité des forêts). ♦ HOM. *Sylvain* (prénom).

sylvaner [-nèr'] n. m.

sylve n. f. (forêt). ♦ HOM. les *silves* (recueil de poèmes).

sylvestre adj. (des bois). ♦ HOM. *Sylvestre* (prénom).

sylvestrène n. m.

sylvicole adj.

sylviculteur n. m.

sylviculture n. f.

sylviidé n. m.

sylvinite n. f.

sylvothérapie n. f.

symbiose n. f. (association d'organismes différents).

symbiote n. m. (composant d'une symbiose).

symbiotique adj.

symblépharon n. m.

symbole n. m. *Le symbole des Apôtres* ou *Credo.*

symbolicité n. f.
symbolique adj. et n.
symboliquement adv.
symbolisation n. f.
symboliser v. t.
symbolisme [-is-] n. m.
symboliste adj. et n.
symétrie n. f.
symétrique adj.
symétriquement adv.
sympa adj. inv. en genre.
sympathectomie n. f.
sympathie n. f.
sympathine n. f.
sympathique adj. et n. m.
sympathiquement adv.
sympathisant, e adj. et n.
sympathiser v. int.
sympatholytique adj. et n. m.
sympathomimétique adj. et n. m.
sympatrique adj. (d'espèces du même milieu).
symphonie [sinfo-ni] n. f.
symphonique adj.
symphoniquement adv.
symphoniste n.
symphorine [sinfo-] n. f.
symphyse [sinfiz'] n. f.
symphyséotomie n. f.
*****symposium** (du grec, par le lat. et l'angl.) n. m. = débat, conférence, réunion, rencontre, congrès. *Des symposiums* [-zyom'].
symptomatique adj.
symptomatologie n. f.
symptôme n. m. → syndrome.
synagogue n. f.
synalèphe n. f.
synallagmatique adj.
synanthérée n. f.
synapse n. f.
synaptase n. f.
synaptique adj.
synarchie n. f.
synarthrose n. f.
syncarpe n. m.
synchrocyclotron [sinkro-] n. m.
synchrone [sinkron'] adj.
synchronie [sinkro-] n. f.
synchronique [sinkro-] adj.
synchroniquement [sinkro-] adv.
synchronisation [sinkro-] n. f.
synchroniser [sinkro-] v. t.

synchroniseur [-kro-] n. m.
synchronisme [-kronis-] n. m.
synchrotron [-kro-] n. m.
syncinésie n. f.
synclinal, ale, aux adj.
syncopal, ale, aux adj.
syncope n. f.
syncopé, e adj.
syncoper v. t.
syncrétique adj.
syncrétisme [-is-] n. m.
syncrétiste adj. et n.
syncytium [-tyom'] n. m. *Des syncytiums.*
syndactyle adj.
syndactylie n. f.
synderme n. m.
syndic n. m.
syndical, ale, aux adj. → syndicat.
syndicalisation n. f. (fait de se syndiquer).
syndicaliser v. t.
syndicalisme [-is-] n. m.
syndicaliste adj. et n.
syndicat [-ka] n. m. *Syndicat de communes, de fonctionnaires, de locataires, de propriétaires; syndicat d'émission, de garantie, de placement; des syndicats d'initiative.* ♦ *Une fédération de syndicats; une centrale syndicale; la Fédération syndicale internationale; l'Internationale syndicale rouge; la Confédération générale du travail* (C.G.T.); *Force ouvrière; le Conseil national du patronat français* (C.N.P.F.); *la Confédération générale des cadres.* → raison sociale.
syndicataire n. et adj.
*****syndicated swap** = échange syndiqué (écon.).
syndication n. f. (groupement de banques).
syndiqué, e n. et adj.
syndiquer v. t.
syndrome n. m. *Le syndrome est un ensemble de symptômes. Syndrome de Cotard, de Cushing, de Diecker, de Down, d'Elpenor, de Frohlich, de Klinefelter, de Kwashiorkor, de Leber, de Marfan, de Munchhausen, de Munich, de Prader-Willi, de Rett, de Selye, de Turner, d'Usher, de Williams. Le syndrome immunodéficitaire acquis* (ou *sida*).
synecdoque n. f.
synéchie [-chi] n. f.
synectique n. f.
synérèse n. f.

synergiciel n. m.
synergide n. f.
synergie n. f.
synergique adj.
synergiste adj.
synesthésie n. f.
syngnathe [sing'nat'] n. m. (poisson).
syngnathidé [sing'-] n. m.
synod*al, ale, aux* adj.
synode n. m.
synodique adj.
synœcisme [siné-sis-] n. m.
synonyme adj. et n. m.
synonymie n. f.
synonymique adj.
synopse n. f.
synopsie n. f.
synopsis [-sis'] n. m.
synoptique adj.
synostose n. f.
synovectomie n. f.
synovi*al, ale, aux* adj.
synovialosarcome n. m.
synovie n. f.
synoviorthèse n. f.
synovite n. f.
syntacticien, enne n.
syntactique adj. et n. f.
syntagmatique adj. et n. f.
syntagme n. m. Le *syntagme* est un groupe de mots ayant valeur de nom, de verbe, d'adjectif, d'adverbe, etc. Il est souvent désigné sous le vocable de *locution* ou *groupe*. Cet ouvrage fournit l'orthographe de nombreux syntagmes.
syntaxe n. f.
syntaxique adj.
synthé n. m. (apocope de *synthétiseur*).
synthèse n. f. *Un conseiller de synthèse. Des images de synthèse.*
synthétase n. f.
synthetic aperture radar = radar à antenne synthétique (spat.).
synthetic gene = gène artificiel, gène de synthèse, gène synthétique (génét.).
synthétique adj.
synthétiquement adv.
synthétisable adj.
synthétiser v. t.
synthétiseur n. m.
synthétisme [-is-] n. m.

syntone adj.
syntonie n. f.
syntonisateur n. m.
syntonisation n. f.
syntoniser v. t.
syntoniseur n. m.
synusie n. f. (microassociation d'êtres vivants).
syphilide n. f.
syphiligraphie n. f.
syphilis [-filis'] n. f. *La syphilis est révélée par la réaction de Bordet-Wassermann.*
syphilitique [sifi-] adj. et n.
syphilome n. m.
syrah n. f.
syriaque n. m.
syrien, enne adj. *La frontière syrienne.*
♦ N. *Un Syrien* (de Syrie).
syringe n. f.
syringomyélie n. f.
syrinx n. f.
syrphe [sirf'] n. m.
syrphidé [sirfi-] n. m.
syrrhapte n. m.
syrtes n. f. pl. (sables mouvants). ♦ HOM. les *Syrtes* (dans l'Antiquité, rivages tuniso-libyens).
systématicien, enne n.
systématique adj. et n. f.
systématiquement adv.
systématisation n. f.
systématisé, e adj.
systématiser v. t.
system building = construction industrialisée (urb.).
système n. m. *Système de valeurs, d'équations, de forces, de relations; système de construction, de référence, de régulation, de signalisation; l'esprit de système; par système; contredire par système; système à régulations; système C.G.S.; système international SI.*
systemic circulation = grande circulation (méd.).
systémique n. f. et adj.
systole n. f.
systolique adj.
systyle n. m.
syzygie n. f.

T

t n. m. inv. ♦ **t** : symbole du *tome* et de la *tonne*. ♦ **t** : symbole du préfixe *téra-*, du *torr* et du *tesla*.

■ « -t- » euphonique. La lettre *t* isolée, sans apostrophe, précédée et suivie d'un trait d'union, est une lettre euphonique qui n'est là que pour l'oreille. Ce *-t-* ne peut précéder que *il, elle, on. Aime-t-il; a-t-il; dira-t-elle; où va-t-on; convainc-t-elle; voilà-t-il pas; puisse-t-il ne jamais revenir!* Exception : *Malbrough s'en va-t-en guerre.*
Il n'y a pas besoin de ce *-t-* après un verbe en *-d. Mord-il ?* [mortil].

→ lettres euphoniques ; tableau VERBES XV, C, p. 983.

t' Cette lettre, avec apostrophe, est :
a) l'élision du pronom personnel *te* devant une voyelle ou un *h* muet *(nous t'attendons)*;
b) l'élision du pronom personnel *toi* devant *en* et *y (méfie-t'en; va-t'en; mets-t'y).* → tableau ÉLISION, p. 888.

ta adj. poss. *Reprends ta place.* ♦ HOM. *un tas* de foin.

T.A.A.F. sigle f. pl. Terres australes et antarctiques françaises.

*****tab** = compensateur.

tabac [-ba] n. m. *Un débit de tabac; bureau de tabac; blague à tabac; la Régie des tabacs* (abs. : *les Tabacs). Passage à tabac.* ♦ Adj. inv. *Des costumes tabac.*

tabaculture n. f.

tabagie n. f.

tabagique adj.

tabagisme [-is-] n. m.

tabard ou **tabar** n. m.

tabarinade n. f.

tabassage n. m.

tabassée n. f.

tabasser v. t.

tabatière n. f.

*****tabby** = tigré, moucheté.

tabellaire adj.

tabelle n. f.

tabellion n. m.

tabernacle n. m.

tabernanthe n. m.

tabès [-bès'] n. m.

tabétique adj. et n.

tabi ou **tabis** n. m.

tabla n. m.

tablar ou **tablard** n. m.

tablature n. f.

table n. f. *Tenir table ouverte; propos de table; faire table rase; cartes sur table; une table ronde* (meuble ou réunion); *une table gigogne, des tables gigognes. Table à dessin, à ouvrage, à rallonge(s), à secousses; table d'harmonie, d'hôte, de jeu, de logarithmes, de montage, de mortalité, de nuit, d'opération, de projection. Les chevaliers de la Table ronde; les Tables de la Loi.*

tableau n. m. *Des tableaux. Des tableaux d'avancement, de bord, de contrôle; des tableaux de maîtres.*

tableaumanie n. f.

tableau-papier n. m. *Des tableaux-papier.*

tableautin n. m.

tablée n. f.

tabler v. t. ind.

tabletier, ère n.

tablette n. f.

tabletterie n. f.
tableur n. m.
tablier n. m.
tabloïd ou **tabloïde** n. m. et adj. inv.
tabor n. m.
taborite n. et adj.
tabou, e n. m. *Des tabous.* ♦ Adj. *Une statue taboue; des rites tabous.*
tabouer v. t. Conjug. 19.
tabouiser v. t.
taboulé n. m. (mets).
tabouret n. m.
tabulaire adj.
tabul*ateur, trice* n.
tabulé n. m. (animal fossile).
tabun n. m.
tac n. m. *Répondre du tac au tac.* ♦ HOM. → taque.
tacaud [-ko] n. m. ♦ HOM. → tacot.
tacca n. f.
*****tacet** (lat.) n. m. = silence sur une partition musicale.
tache n. f. *Taches de rousseur, de vin. Vêtement sans taches; passé, réputation sans tache; ils ont fait tache d'huile.* ♦ HOM. *tâche* (travail, ouvrage), il *tache* (v.), il *tâche* (v.).
tâche n. f. ♦ HOM. → tache.
tachèle n. f.
tachéomètre [-kéo-] n. m.
tachéométrie [-kéo-] n. f.
tacher v. t. (souiller, salir). ♦ HOM. *tâcher* (s'efforcer de, chercher à).
tâcher v. t. ind. ♦ HOM. → tacher.
tâcheron n. m.
tacheter v. t. *Il tachette.* Conjug. 14.
tacheture n. f.
tachina [-ki-] n. m. Cette mouche est aussi nommée une TACHINE [-kin'].
tachisme [-is-] n. m.
tachiste adj. et n.
tachistoscope [-kis-] n. m.
tachistoscopique [-kis-] adj.
tachyarythmie [-ki-] n. f.
tachycardie [-ki-] n. f.
tachygraphie [-ki-] n. f.
tachymètre [-ki-] n. m.
tachyon [-kyon] n. m.
tachyphémie [-ki-] n. f.
tachypsychie [-ki-] n. f.
tachysystolie [-ki-] n. f.
tacite adj.
tacitement adv.
taciturne adj.

taciturnité n. f.
*****tackle** = tirefort (déf.).
*****tackling** = tacle (sport).
tacle n. m.
tacler v. int. et t.
tacl*eur, euse* n.
tacon n. m.
*****taconeos** (esp.) n. m. pl. = talonnades.
tacot n. m. (vieille auto). ♦ HOM. *tacaud* (poisson).
tact [takt'] n. m.
tacticien, enne n.
tactile adj.
tactique n. f. et adj.
tactiquement adv.
tactisme [-is-] n. m.
tadjik adj. inv. en genre. *Une coutume tadjik.* ♦ N. inv. en genre. *Les Tadjiks du Tadjikistan.*
tadorne n. m.
taekwondo [taékwon'do] n. m.
tael [-èl'] n. m.
tænia → ténia.
taf n. m.
taffetas [-ta] n. m.
tafia n. m.
tag n. m. (graffiti, barbouillis).
tagal ou **tagalog** n. m. (langue). *Des tagals.*
tagetes [-jétès'], **tagète** ou **tagette** n. m.
taggage n. m.
*****tagger** = tagueur, barbouilleur.
tagguer = taguer.
taggueur → tagueur.
tagine ou **tajine** n. m.
tagliatelle [talyatèl] n. f.
tagmème n. m.
tagmémique n. f.
taguer ou **tagguer** v. t. ou int. Conjug. 4.
tagu*eur, euse* ou **taggu*eur, euse*** n. et adj.
tahitien, enne [ta-i-syin, -syèn'] adj. *Le coprah tahitien.* ♦ N. *Une Tahitienne* (de Tahiti).
taïaut! ou **tayaut!** interj.
tai-chi ou **tai-chi-chuan** [tay'-chi-chwan'] n. m.
taie n. f. *Des taies d'oreillers, de traversins.* ♦ HOM. → tes.
taïga n. f.
taiji ou **t'ai-ki** [tay'-] n. m.
*****tailing** = extension homopolymérique (génét.).
taillable adj.

taillade n. f.
taillader v. t.
taillage n. m.
taillanderie n. f.
taillandier n. m.
taillant n. m.
taille n. f. *Ils sont de taille. Une voix de basse-taille. Front de taille; pierre de taille.*
taillé, e adj.
taille-crayon n. m. *Des taille-crayon(s).*
taille-douce n. f. *Des tailles-douces. Il grave en taille douce.*
taille-doucier, ère n. *Des taille-douciers.*
taille-haie n. m. *Des taille-haies.*
tailler v. t. *Tailler en pièces.*
taillerie n. f.
tailleur, euse n. *Tailleur de pierre; tailleur de pierres précieuses, de diamants; des maîtres tailleurs; des costumes tailleur.*
tailleur-pantalon n. m. *Des tailleurs-pantalons.*
taillis [ta-yi] n. m.
tailloir n. m.
taillole [ta-yol] n. f.
*****tail recession** = tarissement non influencé (agr.).
*****tail recession regime** = régime de tarissement non influencé (agr.).
tain n. m. ♦ HOM. → teint.
taire v. t. et pr. Conjug. 75. *Elle s'est tue; ils se sont tus.* → tableau PARTICIPE PASSÉ IV, C, p. 928. ♦ HOM. → terre.
taiseux, euse adj. et n.
taisson n. m. ♦ HOM. → tesson.
taiwanais, e [tay'-wa-] n. et adj. (de Taiwan).
tajine → tagine.
*****take-off** n. m. inv. = décollage, démarrage, mise en route. *Des take-off.*
tala adj. et n. inv. en genre.
talaire adj. *Une robe talaire* (longue jusqu'aux talons).
talalgie n. f.
talapoin n. m.
talc n. m.
talé, e adj. *Une pomme talée.* ♦ HOM. → taler.
taled → talith.
talent n. m.
*****talent-scout** = découvreur de talents. *Des talent-scouts.*
talentueux, euse adj.
taler v. t. ♦ HOM. → taller.

taleth → talith.
talibé n. m.
talion n. m. *La loi du talion.*
talisman n. m.
talismanique adj.
talith, taleth, talleth, tallith ou **taled** n. m.
talitre n. m.
talkie-walkie [tokiwoki] n. m. *Des talkies-walkies.* En anglais : **walkie-walkie.*
*****talk-show** n. m. = entretien télévisé, causerie spectacle.
tallage n. m.
talle n. f. ♦ HOM. → thalle.
taller v. int. *Cette plante talle* (fait naître des rejets). ♦ HOM. **taler** (meurtrir un fruit), *une poire talée.*
talleth ou **tallith** → talith.
Talleyrand [talran] n.
tallipot n. m.
talmouse n. f.
talmudique adj. (relatif au Talmud).
talmudiste n.
taloche n. f.
talocher v. t.
talon n. m. *Des talons aiguilles; des talons minute; des talons-bottier. C'est son talon d'Achille.*
talonnade n. f.
talonnage n. m.
talonner v. t. et int.
talonnette n. f.
talonneur n. m.
talonnière n. f.
talpack n. m.
talquer v. t.
talqueux, euse adj.
talure n. f.
talus [-lu] n. m. *Chemin bordé par un talus.* ♦ Adj. m. *Un pied talus.*
taluté, e adj.
talweg ou **thalweg** [-vèg'] n. m.
tamacheq, tamashaq ou **tamashek** n. m. (langue des Touaregs).
tamandua n. m.
tamanoir n. m.
tamarin n. m.
tamarinier n. m.
tamaris [-is'] ou **tamarix** [-iks'] n. m.
tamazight [tamazirht'] n. m. (parler berbère d'Algérie).
tambouille n. f.
tambour n. m. *Aller tambour battant. Sans tambour ni trompette. Des tambours de frein.*

tambourin n. m.
tambourinage ou **tambourinement** n. m.
tambourinaire n. m.
tambouriner v. int. et t.
tambourineur, euse n.
tambour-major n. m. *Des tambours-majors.*
tamia n. m. (écureuil).
tamier n. m. (plante).
tamil → tamoul.
tamis n. m.
tamisage n. m.
tamiser v. t. et int.
tamiserie n. f.
tamiseur, euse n.
tamisier, ère n.
tamoul, e n. et adj. Pour désigner la langue, on dit aussi le TAMIL.
tamouré n. m.
tampico n. m.
tampon n. m.
tamponnade n. f.
tamponnage n. m.
tamponnement n. m.
tamponner v. t.
tamponneur, euse adj. et n.
tamponnoir n. m.
tam-tam [tam'tam'] n. m. *Des tam-tams.*
tan n. m. ♦ HOM. → temps.
tanagra n. m. ou f. (gracieux comme les statuettes faites autrefois à *Tanagra*).
tanaisie n. f.
tancer v. t. *Il tançait.* Conjug. 2.
tanche n. f.
tandanguillo [-ghiyo] n. m.
tandem [-dèm'] n. m. *Attelage en tandem. Des tandèm. Ils sont venus à tandem.*
*****tandem repeat** = séquences répétées en tandem (génét.).
tandetron n. m.
tandis que [tãdike] loc. conj.
tandoori [-douri] n. m.
t'ang n. et adj. inv. en genre.
tangage n. m.
tangara n. m. (oiseau).
tangence n. f.
tangent, e adj. et n. f. Symbole : *tg*.
*****tangential arm** = bras tangentiel (aud.).
tangentiel, elle adj.
tangentiellement adv.
tangerine n. f.
tangibilité n. f.

tangible adj.
tangiblement adv.
tango n. m. et adj. inv.
tangon n. m.
tangoter v. int.
tangue n. f.
tanguer v. int. *Nous tanguons.* Conjug. 4.
tanguière n. f.
tanière n. f.
tanin ou **tannin** n. m.
tanisage ou **tannisage** n. m.
taniser ou **tanniser** v. t.
*****tank** n. m. = char, char de combat, char d'assaut (déf.) ; réservoir, citerne.
tanka n. m. inv.
*****tanker** n. m. = navire-citerne, pétrolier.
tankiste n.
tannage n. m.
tannant, e adj.
tanne n. f. ♦ HOM. → thane.
tanné, e adj. et n.
tanner v. t.
tannerie n. f.
tanneur, euse n. et adj.
tannin → tanin.
tannique adj.
tannisage, tanniser → tanisage, taniser.
tanrec ou **tenrec** n. m.
tan-sad [tansad'] n. m. *Des tan-sads.*
tant adv. *Tant bien que mal ; tant mieux ; tant pis ; si tant est que ; tant et si bien que ; tant et plus ; tant s'en faut ; (un) tant soit peu ; à tant faire que de. Elle l'avait tant supplié ; en tant que responsable ; il a eu tant de mal ; entre tant de malheurs ; tant le matin que le soir ; il frappe tant qu'il peut. Tant vaut l'ouvrier, tant vaut l'outil. Il eut de l'asthme tant qu'il fuma.* ♦ Adj. indéf. *Tant de calomnies ont été dites !* ♦ Pron. indéf. *Tant sont venus le voir !* ♦ HOM. → temps.
tantale n. m. (métal ; oiseau). ♦ HOM. le supplice de *Tantale*.
tante n. f. (parente). ♦ HOM. tente (abri de toile), il *tente* (v.).
tantième adj. *La tantième partie.* ♦ N. m. *Il touche ses tantièmes.*
tantine n. f.
tantinet n. m. et loc. adv. *Un tantinet.*
tantôt adv. *La mer fut tantôt bonne, tantôt mauvaise.* ♦ N. m. *Ils arriveront le tantôt.*
tantra n. m.
tantrique adj.
tantrisme [-is-] n. m.
tanzanien, enne adj. et n. (de Tanzanie).

tao ou **dao** n. m. (principe philosophique).
taoïsme [-is-] n. m.
taoïste n. et adj.
taon [tan] n. m. ♦ HOM. → temps.
tapage n. m.
tapager v. int. *Il tapageait.* Conjug. 3.
tapageur, euse adj. et n.
tapageusement adv.
tapant, e adj. *Arriver à sept heures tapantes.* ♦ Partic. prés. *Arriver à sept heures tapant.* Les deux formes sont usitées, mais seules sont correctes : *à une heure tapant; à midi tapant; à minuit tapant.*
*****tapas** (esp.) = amuse-bouches. → zakouski.
tape n. f.
tapé, e adj.
tape-à-l'œil adj. inv. *Des façades tape-à-l'œil.* ♦ N. m. inv. *Du tape-à-l'œil.*
tapecul [-ku] n. m.
tapée n. f.
tapement n. m.
tapenade n. f.
taper v. t. et int.
tapette n. f.
tapeur, euse n.
tapin n. m.
tapiner v. int.
tapineuse n. f.
tapinois (en) loc. adv.
tapioca n. m.
tapir n. m.
tapir (se) v. pr. du 2ᵉ gr. Conjug. 24. *Elle s'est tapie dans l'ombre.*
tapis [-pi] n. m. *Aller au tapis; un tapis roulant. Tapis de prière, de selle. Tapis chenillé, tufté, floqué. Un tapis de la Savonnerie; un aubusson, un chichaoua, un chiraz.* ♦ HOM. *il est tapi* (v. se tapir).
tapis-brosse n. m. *Des tapis-brosses.*
tapisser v. t.
tapisserie n. f. *Ils font tapisserie.*
tapissier, ère n. *Le Tapissier de Notre-Dame* (le maréchal de Luxembourg).
tapon n. m.
tapotement n. m.
tapoter v. t.
tapure n. f.
tapuscrit n. m.
taquage n. m.
taque n. f. (plaque de foyer; cale). ♦ HOM. *du tac au tac.*
taquer v. t.
taquet n. m.
taquin, e adj. et n.
taquiner v. t.
taquinerie n. f.
taquoir n. m.
tara n. m.
tarabiscot [-ko] n. m.
tarabiscoté, e adj.
tarabiscoter v. t.
tarabuster v. t.
tarage n. m. (calcul de la tare).
tarama n. m.
tarantass n. m.
tararage n. m. (emploi du tarare).
tarare n. m.
tarasca n. f.
tarasque n. f.
taratata! interj.
taraud [-ro] n. m. ♦ HOM. → tarot.
taraudage n. m.
tarauder v. t.
taraudeur, euse n.
taravelle n. f.
tarbouch ou **tarbouche** n. m.
tard [tar'] adv. *Tôt ou tard; sur le tard. Ils viennent bien tard.* ♦ HOM. une *tare* (défaut; poids à défalquer), *il tare* (v.).
tardenoisien, enne adj. et n. m.
tarder v. int. et t. ind.
tardif, ive adj.
tardigrade n. m.
tardillon, onne n.
tardivement adv.
tardiveté n. f.
tare n. f. ♦ HOM. → tard.
taré, e adj.
tarente n. f.
tarentelle n. f.
tarentin, e adj. *Des huîtres tarentines.* ♦ N. *Un Tarentin* (de Tarente).
tarentule n. f.
tarentulisme [-is-] n. m.
tarer v. t.
taret n. m.
targe n. f.
*****target analysis** = analyse d'objectif (déf.).
*****target cell** = cellule cible (méd.).
targette n. f.
targuer (se) v. pr. *Nous nous targuons.* Conjug. 4. *Ils s'en sont targués.*
targui → touareg.
targum [-goum'] n. m. *Des targums.*

taricheute n. m.
tarière n. f.
tarif n. m.
tarifaire adj.
tarifer v. t.
tarification n. f.
tarin n. m.
tarir v. t. et int. du 2ᵉ gr. Conjug. 24.
tarissable adj.
tarissement n. m.
tarlatane n. f.
tarmac n. m.
tarmacadam [-dam'] n. m.
taro n. m. ♦ HOM. → tarot.
tarot n. m. (jeu de cartes). *Jouer au tarot, aux tarots.* ♦ HOM. *taraud* (outil à fileter), *taro* (plante tropicale), les *Tharaud* (écrivains).
taroté, e adj.
tarpan n. m. (cheval).
tarpon n. m. (poisson).
tarse n. m.
tarsectomie n. f.
tarsien, enne adj. et n. m.
tarsier n. m.
tartan n. m. (étoffe d'Écosse). ♦ HOM. le *Tartan* (enduit de piste, n. m. déposé inv.)
tartane n. f.
tartare adj. *Sauce tartare; steak tartare; les hordes tartares.* ♦ N. *Les Tartares* ou *Tatars* (peuple turco-mongol).
tartarin n. m. (allusion au *Tartarin* de Daudet).
tartarinade n. f.
tarte n. f. *Des tartes maison.* ♦ Adj. *Elle les trouve tartes.*
tartelette n. f.
tartempion n. m. Peut s'écrire avec une majuscule.
tartignol, e adj.
tartinage n. m.
tartine n. f.
tartiner v. t.
tartir v. int.
tartouiller v. t.
tartrate n. m.
tartre n. m. (dépôt).
tartré, e adj.
tartreux, euse adj.
tartrique adj.
tartufe n. m. Molière a écrit *le Tartuffe* (pièce qui s'intitula d'abord *L'Imposteur*) à une époque où l'on ne chicanait guère sur l'orthographe. On trouve, selon les éditions, *Tartuffe* ou *Tartufe*. C'est cette dernière écriture qui l'emporte aujourd'hui pour le sens figuré. *Votre ami est un tartufe.*
tartuferie ou **tartufferie** n. f.
tarzan n. m. (allusion au héros *Tarzan*).
tas [ta] n. m. *Un tas de paille, d'or; un tas d'erreurs, d'imbéciles.* ♦ HOM. → ta.
tasikinésie n. f.
*__task force__ = groupe de projet (écon.).
*__task-forces__ = forces de poche (déf.).
tassage n. m.
tasse n. f.
tassé, e adj. *Cinquante ans bien tassés.*
tasseau n. m. *Des tasseaux.*
*__tasseled cap model__ = modèle de canopée (spat.).
tassement n. m.
tasser n. t.
tassette n. f.
tassili n. m. *Le tassili des Ajjer.*
taste-vin → tâte-vin.
*__T.A.T.__ (*thematic apperception test) = test projectif par l'image.
tata n. f.
*__TATA box__ = boîte TATA, séquence TATA (génét., agr.).
tatami n. m.
tatane n. f.
tatar, e adj. (relatif aux *Tatars* de la Volga). ♦ N. m. (langue).
tâte-ferraille n. m. inv.
tâter v. t.
tâteur n. et adj. m.
tâte-vin ou **taste-vin** n. m. inv.
tatillon, onne adj. et n.
tatillonner v. int.
tâtonnant, e adj.
tâtonnement n. m.
tâtonner v. int.
tâtons (à) loc. adv.
tatou n. m. *Des tatous.*
tatouage n. m.
tatouer v. t. Conjug. 19.
tatoueur, euse adj. et n.
tau n. m. *Des taux.* → tableau LANGUES ÉTRANGÈRES ET LANGUES ANCIENNES, p. 897. ♦ HOM. → tôt.
taud [to] n. m. (toile de tente sur un navire). Nommée aussi une TAUDE.
taudis [-di] n. m.
taulard → tôlard.
taule → tôle.

taulier → tôlier.
taupe n. f.
taupé, e adj.
taupe-grillon n. m. *Des taupes-grillons.*
taupier, ère n.
taupin n. m.
taupinière ou taupinée n. f.
taure n. f. ♦ HOM. → tort.
taureau n. m. *Des taureaux. Né sous le signe du Taureau* → zodiaque. ♦ *Les taureaux de corrida sont dits : choto* (moins d'un an), *añojo* (un an), *eral* (deux ans), *utrero* (trois ans), *toro* (quatre ans et plus).
taurides n. m. pl. (groupe de météores dans la constellation du Taureau). ♦ HOM. *torride* (brûlant).
taurillon n. m.
taurin, e adj.
taurobole n. m.
tauromachie n. f.
tauromachique adj.
tautisme [-is-] n. m.
tautochrone [-kron'] adj.
tautologie n. f.
tautologique adj.
tautomère adj.
tautomérie n. f.
tautophonie n. f.
taux n. m. *Taux de change, d'invalidité, de compression.* → pourcentage. ♦ HOM. → tôt.
tauzin n. m.
tavaïolle n. f.
tavel n. m. (vin).
taveler v. t. *Il tavelle.* Conjug. 13.
tavelure n. f.
taverne n. f.
tavernier, ère n.
tavillon n. m.
taxable adj.
taxacée n. f.
taxateur, trice n. et adj.
taxation n. f.
taxaudier → taxodium.
taxe n. f.
taxé, e adj.
taxer v. t.
*tax free shop = boutique hors taxes, boutique franche.
taxi n. m. (voiture ; son conducteur).
taxiarque n. m.
taxi-brousse n. m. *Des taxis-brousse.*
taxidermie n. f.
taxidermiste n.
taxie n. f. (mouvement d'orientation).
*taxi-girl n. f. = entraîneuse.
taximan [-man'] n. m. *Des taximans* ou *des taximen.*
taximètre n. m.
taxinomie ou taxonomie n. f.
taxinomique adj.
taxinomiste n.
Taxiphone n. m. déposé inv.
*taxiway = chemin de roulement dans l'aéroport.
taxodium [-dyom'], taxodier ou taxaudier n. m.
taxol n. m.
taxon [-kson] ou taxum [-ksom'] n. m. *Des taxa.*
taxonomie → taxinomie.
taxotère n. m.
tayaut ! → taïaut !
taylorisation [tè-] n. f.
tayloriser [tè-] v. t.
taylorisme [tè-is-] n. m. (organisation du travail selon le système Taylor).
T.B.B. sigle m. Taux de base bancaire (écon.).
T.C.A. sigle f. Taxe sur le chiffre d'affaires.
tchadien, enne adj. et n. (du Tchad).
tchador n. m.
tchao ! → ciao !
tchapalo n. m.
tcharchaf n. m.
tchatche n. f.
tchatcher v. int.
tchécoslovaque adj. et n. (de l'ancienne Tchécoslovaquie).
tchèque adj. et n. (de Bohême, Moravie ou Silésie). ♦ N. m. (langue).
tchérémisse n. m.
tchernozem [-zèm'] ou tchernoziom [-zyom'] n. m.
tchervonets [-nèts'] n. m. *Des tchervontsy.*
tchétchène adj. et n. (peuple et langue du Caucase).
tchetnik n. et adj. inv. en genre.
tchin-tchin ! [tchin'tchin'] interj.
tchitola n. m.
T.D.F. sigle m. Satellite géostationnaire *Télédiffusion de France.*
te pron. pers. *Il te voit.*
té n. m. (règle en équerre ; ferrure). *Fer en té* ou *fer en T.* ♦ HOM. → tes.
té ! interj. ♦ HOM. → tes.
-té/-tée Beaucoup de noms abstraits désignant des qualités ou des défauts sont

féminins et finissent par *-té (la bonté)* ou *-ité (la perversité)*. Il ne faut pas les confondre avec les noms concrets en *-tée* désignant un contenu *(une pelletée)*.
***team** n. m. = équipe.
***tea-room** n. m. = salon de thé. *Des tea-rooms.*
***teaser** = aguiche.
***teasing** = aguichage.
tec Symbole de *tonne-équivalent charbon*. → tep.
technème [tèk-] n. m.
technétium [tèknétyom'] n. m. *Des technétiums.*
technicien, enne [tèk-] n. et adj.
techniciser [tèk-] v. t.
techniciste [tèk-] adj.
technicité [tèk-] n. f.
technico-commercial, ale, aux [tèk-] adj. et n. *Des technico-commerciaux.*
Technicolor [tèk-] n. m. déposé inv.
technique [tèk-] adj. et n. f.
techniquement [tèk-] adv.
techniser [tèk-] v. t.
technobureaucratique [tèk-] adj.
technocrate [tèk-] n.
technocratie [tèknokrasi] n. f.
technocratique [tèk-] adj.
technocratisation [tèk-] n. f.
technocratiser [tèk-] v. t.
technocratisme [tèk-is-] n. m.
technolâtrie [tèk-] n. f.
technolecte [tèk-] n. m.
technologie [tèk-] n. f.
technologique [tèk-] adj.
technologue ou **technologiste** [tèk-] n.
technophile [tèk-] adj.
technophobe [tèk-] adj.
technopole [tèk-] n. f. Ce mot est préférable au suivant.
technopôle [tèk-] n. m.
technopolitain, aine [tèk-] adj. et n.
technoscience [tèk-] n. f.
technostructure [tèk-] n. f.
teck ou **tek** n. m.
teckel [tékèl'] n. m.
tectibranche n. m.
tectite n. f.
tectogène adj. et n. m.
tectonique adj. et n. f.
tectonophysique n. f.
tectrice adj. f. et n. f.
teddy n. m. *Des teddies.*
***teddy-bear** n. m. = ours en peluche. *Des teddy-bears.*

***Te deum** (lat.) n. m. inv. *Chanter des Te deum.*
tee [ti] n. m. (cheville de golf).
***teenager** n. = adolescent, décagénaire.
***tee-shirt** ou **T-shirt** n. m. = tricot de coton à manches courtes.
Tefal [té-] n. m. déposé inv.
tefillin ou **tephillin** n. m. pl.
Téflon n. m. déposé inv.
téflonisé, e adj.
tégénaire n. f.
tégument n. m.
tégumentaire adj.
teigne n. f.
teigneux, euse adj. et n.
teillage ou **tillage** n. m.
teille ou **tille** n. f.
teiller ou **tiller** v. t.
teilleur, euse ou **tilleur, euse** n.
teindre v. t. Conjug. 31. ♦ Il y a homophonie pour le singulier du présent de l'indicatif du verbe **teindre** *(je teins, tu teins, il teint)* et le singulier du passé simple de l'indicatif du verbe **tenir** *(je tins, tu tins, il tint)*.

teint, e adj. *Une étoffe mal teinte.* ♦ N. m. *Un teint de rose. Des socialistes bon teint.* ♦ HOM. le *tain* d'une glace (étamage), il *tint* bon (v. tenir), il *teint* (v. teindre), *thym* (plante aromatique), des *tins* (supports de navire en réparation), du laurier-*tin*.

teintant, e adj.
teinte n. f. (nuance). *Une demi-teinte.* ♦ HOM. une étoffe *teinte*, il *teinte*, la cloche *tinte*, vous *tîntes* bon (v. tenir).
teinté, e adj. *Des verres teintés.*
teinter v. t. ♦ HOM. → tinter.
teinture n. f.
teinturerie n. f.
teinturier, ère n.
tek → teck.
tektite n. f.
tel, telle adj. *De telle sorte que; telles furent ses dernières paroles; tel maître, tel valet; vous viendrez tel jour; elle apparut telle qu'on l'avait décrite; à telle enseigne que; pourquoi de tels cris?* ♦ Pron. *Tel qui rit vendredi; rien de tel que.* → untel. ♦ HOM. *Tell* (région d'Algérie), Guillaume *Tell* (héros suisse), un *tell* (petite colline faite de ruines entassées).
Tel : s'accorde avec le nom qui suit. *Elle partit tel l'éclair. Certains véhicules, telle la Citroën...*
Tel que : s'accorde avec le nom qui pré-

cède. *Les maladies telles que la rougeole... Certaines plantes, telles que le pissenlit...*

Comme tel : tel doit s'accorder avec le nom attribut. *Le lama est une bête utile et, comme telle* (comme une bête utile), *doit être protégé.*

Tel quel : les deux mots s'accordent avec le nom qui précède (il est incorrect de remplacer *tel quel* par *tel que*). *Rendez-le tel quel. Vous retrouverez vos chaussures telles quelles. La machine a été récupérée telle quelle.* Mais : *Cette anecdote, telle qu'elle nous a été rapportée,...* (avec le masculin, on aurait : *Ce récit, tel qu'il nous a été rapporté*).

télamon n. m.

télangiectasie [-jyèktazi] n. f.

télé n. f. *Une bonne télé; des télés couleur.*
♦ Adj. inv. *Des antennes, des émetteurs, des installations télé.*

téléachat n. m.
téléacheteur, euse n.
téléaction n. f.
téléaffichage n. m.
téléalarme n. f.
téléanalyse n. f.
téléarchivage n. m.
téléaste n.
téléautographie n. f.
téléavertisseur n. m.
télébenne n. f.
téléborne n. f.
Téléboutique n. f. déposé inv.
télécabine n. f.
Télécarte n. f. déposé inv.
télécentre n. m.
téléchargement n. m.
télécinéma n. m.
télécobalt n. m.
télécommande n. f.
télécommandé, e adj.
télécommander v. t.
télécommunicant, e n. et adj.
télécommunication n. f.
*telecommunication circuit = circuit de télécommunication.
*telecommunication service = service de télécommunication.
télécoms [-kom'] n. f. pl. (apocope de *télécommunications*).
téléconférence n. f.
*teleconferencing = téléconférence.
téléconsultation n. f.
téléconvivialité n. f.

télécopie n. f.
télécopier v. t.
*telecopier = télécopieur.
télécopieur, euse n.
*telecopy = télécopie.
télécran n. m.
tel écran - tel écrit = n. m. inv., adj. inv.
télécratie [-si] n. f.
télédémarchage n. m.
télédétecteur n. m.
télédétection n. f.
télédiagnostic n. m.
télédiffuser v. t.
télédiffusion n. f.
télédistribution n. f.
télédonnée n. f.
télédynamie n. f.
télédynamique adj.
téléécriture n. f.
téléenseignement ou **télé-enseignement** n. m.
Téléfax n. m. déposé inv.
téléfaxer v. t. (*télécopier* est préférable).
*telefax service = service téléfax.
téléférique → téléphérique.
téléfilm n. m.
téléga ou **télègue** n. f.
télégénie n. f.
télégénique adj.
télégestion [-tyon] n. f.
télégramme n. m.
télégraphe n. m.
télégraphie n. f.
télégraphier v. t. et int. Conjug. 17.
télégraphique adj.
télégraphiquement adv.
télégraphiste n. et adj.
télègue → téléga.
téléguidable adj.
téléguidage n. m.
téléguider v. t.
téléimpression n. f.
téléimprimerie n. f.
téléimprimeur n. m.
téléinformation n. f.
téléinformatique n. f.
téléinterprétation n. f.
télékinésie n. f.
télémaintenance n. f.
télémaniaque n.
télémanipulateur n. m.
télémarché n. m.
télémark n. m.

*telemarket = télémarché (écon.).
*telemarketing = télémercatique (écon.).
*telematics = télématique.
télématique n. f.
télématisation n. f.
télématiser v. t.
*telemeasuring = télémesure.
télémécanicien, enne n.
télémécanique n. f.
télémercatique n. f.
télémessagerie n. f.
télémesure n. f.
*telemetering = télémesure.
télémètre n. m.
télémétrie n. f.
*telemetry = télémesure. → *range finding.
télencéphale n. m.
télénomie → téléonomie.
téléobjectif n. m.
téléologie n. f.
téléologique adj.
téléonomie ou télénomie n. f.
téléostéen [-té-in] n. m.
télépaiement n. m.
télépathe adj. et n.
télépathie n. f.
télépathique adj.
télépéage n. m.
téléphérage n. m.
téléphérique ou téléférique n. m.
téléphone n. m. *Un téléphone mains libres.*
téléphoné, e adj.
téléphoner v. t. et int. *Ils se sont téléphoné. Les horaires qu'elle a téléphonés au client.* → tableau PARTICIPE PASSÉ III, F, 10°, p. 924.
téléphonie n. f.
téléphonique adj.
téléphoniquement adv.
téléphoniste n.
téléphotographie n. f.
télépoint n. m.
télépointage n. m.
*telepoint base station = téléborne.
*telepoint service = service télépoint (télécom.).
téléport n. m.
téléportation n. f.
téléporter v. t.
téléposte n. f.
*teleprinter = téléscripteur, téléimprimeur.

*teleprocessing = télétraitement (inf.).
*teleprompter = télésouffleur, prompteur.
téléprompteur n. m.
téléprospecteur, trice n. et adj.
téléradar n. m.
téléradiographie ou téléradio n. f.
télé-réalité n. f. *Des télé-réalités.*
téléreportage n. m.
téléreporter [-tèr'] n.
téléréunion n. f.
télescopage n. m.
télescope n. m.
télescoper v. t.
télescopique adj.
téléscribe n.
téléscripteur [télé-skrip-] n. m.
télésecrétariat [télé-se-] n. m.
téléservice [télé-sèr-] n. m.
teleshopping = téléachat (écon.).
télésiège [télé-syèj] n. m.
télésignalisation [télé-si-] n. f.
téléski n. m.
télésondage [télé-son-] n. m.
télésouffleur [télé-sou-] n. m.
téléspectateur, trice n.
télesthésie n. f.
télésurveillance [télé-sur-] n. f.
télésurveilleur, euse [télé-sur-] n.
Télétel n. m. déposé inv.
Télétex n. m. déposé inv.
télétexte n. m.
téléthèque n. f.
téléthèse n. f.
télétraduction n. f.
télétraitement n. m.
télétravail n. m.
Télétype n. m. déposé inv.
*teletypewriter = téléimprimeur.
téleutospore n. f.
télévangéliste n. et adj.
télévendeur, euse n.
télévente n. f.
télévisé, e adj.
téléviser v. t.
téléviseur n. m.
télévision n. f. *La télévision en noir et blanc, (en) couleur, par câble.* ♦ *Procédés de codage des couleurs en télévision :* D 2 Mac Paquet (Duo binaire multiplex analogique en composantes), N.T.S.C. (National television standards committee), PAL (Phase alternative line), SECAM (Séquences de couleurs avec mémoire).

*television broadcasting = radiodiffusion visuelle, télévision.
*television film (ou TV film) = téléfilm.
télévisualisation n. f.
télévisuel, elle adj.
*telewriter = téléscripteur.
*telewriting = téléécriture.
Télex n. m. déposé inv.
télexer [telekse] v. t.
télexiste [teleksist] n.
tell n. m. ♦ HOM. → tel.
tellement adv.
tellière n. m. et adj. → papier.
tellurate n. m.
tellure n. m.
tellureux, euse adj.
tellurhydrique adj.
tellurien, enne adj.
tellurique adj.
telluromètre n. m.
tellurure n. m.
télolécithe adj.
télomère n. m.
télophase n. f.
télougou ou télugu n. m. (langue).
telson n. m.
temenos [-os] n. m.
téméraire adj. et n. *Charles le Téméraire.*
témérairement adv.
témérité n. f.
témoignage n. m. *Un faux témoignage.*
témoigner v. t. et int. *La sympathie que vous avez témoignée. L'attitude de l'accusée dont vous avez témoigné.*
témoin n. m. Ce nom ne prend pas d's au début d'une phrase (*Témoin les plaies qu'il montra*) ou dans l'expression « à témoin » (*Il prit les badauds à témoin*). Employé en apposition ou en attribut, il n'a pas de féminin. *Des marques témoins ; elles furent témoins.* ♦ *Un faux témoin ; des témoins à charge, à décharge ; des marchés témoins ; des lampes témoins. Il a opéré sans témoins. Il les prit pour témoins.*
tempe n. f.
*tempera (ital.) n. f. *Peindre a tempera ; peindre à la tempera.*
tempérament n. m.
tempérance n. f.
tempérant, e adj.
*temperate phage = phage tempéré, phage lysogénique (génét.).
température n. f. → degré.
tempéré, e adj.

tempérer v. t. *Je tempère, nous tempérons, je tempérerai(s).* Conjug. 10.
tempête n. f. *Une tempête d'injures, de rires ; des bruits de tempête. Le cap des Tempêtes* (ancien nom du cap de Bonne-Espérance) ; au sens figuré (échapper à un moment difficile) : *doubler le cap des tempêtes.*
tempêter v. int.
tempétueux, euse adj.
*template = matrice (génét.).
temple n. m. *Un temple protestant ; le temple de Vénus, de Kali, de Ramsès ; le temple de Jérusalem* (abs. : *Jésus au Temple*) ; *la prison du Temple, le quartier du Temple* (à Paris).
templier n. m. *Des templiers furent brûlés vifs ; les Templiers* (ensemble des chevaliers de l'Ordre) ; *l'ordre des Templiers.*
*tempo (ital.) n. m. = rythme.
temporaire adj.
temporairement adv.
temporal, ale, aux adj. et n. m. → temporel.
temporalité n. f.
temporel, elle adj. Ce mot se rapporte au temps, aux choses matérielles, alors que *temporal* se rapporte aux tempes. ♦ N. m. (le pouvoir temporel).
temporellement adj.
temporisateur, trice adj. et n.
temporisation n. f.
temporiser v. int.
temps n. m. *Il est temps ; en temps et lieu ; en tout/tous temps ; de tout/tous temps ; il est grand temps ; il y a quelque temps ; en temps voulu, en temps ordinaire ; un laps de temps ; de temps à autre ; en même temps ; ces temps-ci. Temps de pose, de service. Doléances reçues en leur temps ; mélange deux temps, mélange 2 temps ; la mi-temps. Autres temps, autres mœurs. Au temps pour les crosses !* (commandement militaire : recommencez le mouvement dans le temps qui convient) ; *au temps pour vous/moi* (lorsqu'une erreur a été commise) ; *entre-temps* ou *entre temps* (mots séparés) et *contretemps* (tout contre). *Les quatre-temps* (liturgie catholique) ; *les Temps modernes* (époque de l'Histoire). ♦ *Temps du verbe* → tableau VERBES V, p. 958. ♦ HOM. *tan* (écorce de chêne), *tant* (adv.), *taon* (mouche), *il tend* (v.).
tenable adj.
tenace adj.

TENACEMENT

tenacement adv.
ténacité n. f.
tenaille n. f. S'emploie indifféremment au singulier et au pluriel.
tenaillement n. m.
tenailler v. t.
tenancier, ère n.
*****tenancy rent** = fermage (agr.).
tenant, e adj. et n. *Les tenants et les aboutissants.*
*****tenant-farmer** = fermier (agr.).
tendance n. f. *Des procès de tendance.*
tendanciel, elle adj.
tendancieusement adv.
tendancieux, euse adj.
tendant, e adj.
tende n. f. *Une tende de bœuf.* ♦ HOM. le col de *Tende*, qu'il *tende* (v. tendre).
tendelle n. f.
tender [-dèr] n. m.
tenderie n. f.
*****tender panel** = syndicat d'enchères (écon.).
tendeur, euse n.
tendineux, euse adj.
tendinite n. f.
tendoir n. m.
tendon n. m. *Le tendon d'Achille.*
tendre adj.
tendre v. t. Conjug. 67. *Ils tendent à* (ne pas confondre avec : *ils tentent de*).
tendrement adv.
tendresse n. f. (sentiment). ♦ Ne pas confondre avec *tendreté* (qualité d'une viande).
tendreté n. f. → tendresse.
tendron n. m.
tendu, e adj.
ténèbres n. f. pl. *L'empire, le prince des ténèbres.*
ténébreusement adj.
ténébreux, euse adj.
ténébrion n. m.
tènement n. m.
ténesme n. m.
teneur n. f. *La teneur en oxygène.*
teneur, euse n. *Un teneur de livres.*
teneurmètre n. m.
ténia ou **tænia** n. m.
ténicide adj. et n. m.
ténifuge adj. et n. m.
tenir v. t. et int. Conjug. 76. *Ils tiennent bon; ils tiennent tête; ils tiennent lieu de; ils tiennent ferme; tenez-vous-le pour dit;* *tenir en lisières; être tenu aux dépens; séance tenante; se tenir coi/coite. Elle s'est tenue coite. Ils s'en sont tenus à cette version. Un tiens vaut mieux que deux tu l'auras. Nous les avons tenus au courant, informés. La nouvelle les a tenus en alerte* (le complément d'objet direct est *les*). *Nous vous avons tenu compagnie (tête, rigueur, lieu de…)* : ces locutions verbales sont inséparables par le sens ; il ne s'agit pas de tenir quelqu'un.
tennis [té-nis'] n. m. *Le tennis de table* ou *ping-pong.* ♦ N. f. (chaussure). *Mes tennis sont usées.*
tennis-elbow [-èlbo] n. m. *Des tennis-elbows.*
tennisman [-man'], **tenniswoman** [-wouman'] n. Ces anglicismes, forgés par les Français, désignent *joueur* et *joueuse* de tennis. *Des tennismen* [-mèn'], *des tenniswomen* [-mèn']. En Angleterre, ils sont désignés par le terme **tennis-player*.
tennistique adj.
tenon n. m.
tenonner v. t.
tenonneuse n. f.
ténor n. m.
ténorino n. m.
ténorisant, e adj.
ténoriser v. int.
ténorite n. f.
ténotomie n. f.
tenrec → tanrec.
tenseur adj. et n. m. *Un tenseur de fascia lata.*
tensioactif, ive adj.
tensiomètre n. m.
tension n. f.
tensionneur n. m.
tenson n. f.
tensoriel, elle adj.
tentaculaire adj.
tentacule n. m. *De longs tentacules.*
tentant, e adj.
tentateur, trice adj. et n.
tentation [-syon] n. f.
tentative n. f.
tente n. f. ♦ HOM. → tante.
tente-abri n. f. *Des tentes-abris.*
tenter v. t. → tendre.
tenthrède n. f.
tenture n. f.
tenu, e adj. *Maison bien tenue. Je suis tenu à le faire.* ♦ N. m. *Ce joueur de basket a*

fait quelques tenus. ♦ N. f. *Ils sont en grande tenue; de bonnes tenues de route.*
ténu, e adj. (très mince).
ténuirostre adj.
ténuité n. f.
tenure n. f.
*****tenure** = mode de faire-valoir.
*****tenure system** = mode de faire-valoir.
*****tenuto** (ital.) adv. = avec les sons bien tenus.
teocalli ou **teocali** [té-] n. m.
téorbe ou **théorbe** n. m.
tep [tèp'] n. f. inv. (abrév. de *tonne-équivalent pétrole* : équivalent d'une tonne de pétrole). Ce terme symbole est employé pour mesurer la consommation d'énergie, ainsi que *tec* (tonne-équivalent charbon). Relation : *1 tep = 1,5 tec. 30 tec; des millions de tep; la France a consommé 182,3 Mtep en 1978* (M = méga = million).
tépale n. m.
tephillin → tefillin.
téphrite [-frit] n. f.
téphrochronologie [-kro-] n. f.
téphrosie ou **tephrosia** n. f.
tepidarium [-ryom'] n. m. *Des tepidaria.*
tequila [tékila] n. f.
*****ter** (lat.) adv. = trois fois, pour la troisième fois. ♦ HOM. → terre.
téra- Préfixe qui multiplie par 10^{12}. Symbole : *T.* → déca-.
téragone n. m.
téraspic n. m.
tératogène adj.
tératogenèse n. f.
tératogénie n. f.
tératologie n. f.
tératologique adj.
tératologiste ou **tératologue** n.
tératome n. m.
tératozoospermie n. f.
terbium [-byom'] n. m. *Des terbiums.*
tercer → tiercer.
tercet n. m.
térébelle n. f.
térébenthène [-ban-] n. m.
térébenthine [-ban-] n. f.
térébinthacée n. f.
térébinthe n. m.
térébique adj.
térébrant, e adj.
térébration n. f.
térébratule n. f.

téréphtalique [-fta-] adj.
terfès n. f. Quelquefois écrit TERFESSE ou TERFÈZE.
Tergal n. m. déposé inv.
tergite n. m.
tergiversation n. f.
tergiverser v. int.
Térital n. m. déposé inv.
Terlenka [tèrlèn'ka] n. m. déposé inv.
termaillage n. m.
terme n. m. *Des marchés à terme; être en bons termes avec; en propres termes; terme de comparaison, de grâce, de rigueur; en terme(s) de métier; opérations à terme; règlements à terme; ils sont nés à terme; aux termes du contrat. Des prêts à court/moyen/long terme. Aux termes de la loi; à quels termes il en est réduit.* ♦ HOM. des *thermes* (bains).
terminaison n. f.
terminal, ale, aux adj. et n.
*****terminal labelling** = marquage terminal.
*****terminal transferase** = transférase terminale (génét.).
terminateur n. m.
*****terminator** = terminateur (génét.).
terminer v. t.
terminisme [-is-] n. m.
terminographie n. f.
terminologie n. f.
terminologique adj.
terminologue n.
terminus [-nus] n. m.
termite n. m. (insecte). *Des termites dévastateurs.* ♦ HOM. la *thermite* (mélange d'oxydes métalliques).
termitière n. f.
ternaire adj.
terne adj. *Une peau terne* (sans éclat). ♦ N. m. *Un terne* (série de trois; les trois câbles d'un courant triphasé).
ternir v. t. du 2ᵉ gr. Conjug. 24.
ternissement n. m.
ternissure n. f.
terpène n. m.
terpénique adj.
terpine n. f.
terpinéol ou **terpinol** n. m.
terrafungine [-fon-] n. f.
terrage n. m.
terrain n. m.
*****terrain flight** = vol tactique (déf.).
terramare [tèramar] n. f.
terramycine n. f.

TERRAQUÉ

terraqué, e adj.
terrarium [-ryom'] n. m. *Des terrariums.*
*****terra rossa** (ital.) = terre rouge.
terrasse n. f.
terrassement n. m.
terrasser v. t. et int.
terrassier, ère n.
terre n. f. S'agissant du sol : *la terre*; s'agissant de la planète : *la Terre. Tremblement de terre; des terres en friche, en vigne(s); ils sont terre à terre; ils courent ventre à terre; mettre pied à terre; un pied-à-terre* (inv.); *une terre cuite* (objet ou matière); *terre à blé, à briques, à foulon, à porcelaine, à poteries, à vigne(s); terre de bruyère, d'ombre; sous terre; remuer ciel et terre; terre de Sienne, de Sommières; des terre-pleins. Jean sans Terre; la terre Adélie; la Terre sainte; la Terre promise; la Terre de Feu. Un terre-neuve* (inv.); *aller à Terre-Neuve; les Basses-Terres* (Écosse); *Basse-Terre* (Guadeloupe). ♦ Adj. inv. *Des teintes terre.*
♦ HOM. *se taire* (v.), *ter* (trois fois), *il se terre* (v.).
terre à terre loc. adj. inv. *Des esprits terre à terre.*
terreau n. m. *Des terreaux.*
terreautage n. m.
terreauter v. t.
terrefort n. m.
terre-neuvas → terre-neuvier.
terre-neuve n. m. inv. (chien originaire de *Terre-Neuve*).
terre-neuvien, enne n. et adj. *Des terre-neuviens* (de Terre-Neuve).
terre-neuvier, ère n. ou **terre-neuvas** n. m. *Des terre-neuviers* (hommes et bateaux qui vont à la pêche vers Terre-Neuve).
terre-plein n. m. *Des terre-pleins.*
terrer v. t.
terrestre adj.
*****terrestrial station** = station de Terre (spat.).
terreur n. f. *Ces bandits faisaient régner la terreur; une terreur panique; cet homme est une terreur; la Terreur* (1792 et 1793-1794); *la Terreur blanche* (1795-1796 et 1815-1816).
terreux, euse adj.
terri → terril.
terrible adj. *Ils sont terribles.* L'emploi de ce mot comme adverbe relève du domaine populaire *(Ces joueurs dégagent terrible).*

terriblement adv.
terricole adj.
terrien, enne adj. et n.
terrier n. m. (trou; chien). *Parmi les chiens terriers, on distingue les races :* aberdeen, airedale, anglais blanc, australian, bedlington, border, boston, bull, cairn, dandie-dinmont, fox, irish-red, jagdt, kerry, lakaland, manchester, norwich, scottish ou scotch, sealyham, skye, soft-coated-wheaten, staffordshire, thibetan, toy, welsh, west-highland, yorkshire.
terrifiant, e adj.
terrifier v. t. Conjug. 17.
terrigène adj.
terril [tèri] ou **terri** n. m.
terrine n. f.
terrinée n. f.
terrir v. int. du 2ᵉ gr. Conjug. 24.
territoire n. m. *La France compte quatre territoires d'outre-mer* (T.O.M.) : Nouvelle-Calédonie, Wallis-et-Futuna, Polynésie française, Terres australes et antarctiques françaises.
territorial, ale, aux adj. et n.
territorialement adv.
territorialité n. f.
terroir n. m.
terrorisant, e adj.
terroriser v. t.
terrorisme [-is-] n. m.
terroriste adj. et n.
terser → tiercer.
tertiaire [tèrsyèr] adj. et n. m.
tertiairisation ou **tertiarisation** n. f.
*****tertio** [tèrsyo] (lat.) adv. (abrév. : 3ᵒ) = troisièmement.
tertre n. m.
Térylène n. m. déposé inv.
*****terza rima** (ital.) n. f. = poème de tercets. *Des terze rime.*
terzetto n. m. *Des terzetti.*
tes adj. poss. *Ce sont tes enfants?* ♦ HOM. *taie* (maladie de l'œil), *taie* d'oreiller, *il se tait* (v. se taire), un *té* à dessin, elle boit du *thé*, un *têt* à gaz (petit récipient), *té!* (interj.), lettre T.
tesla n. m. (unité de mesure : *3 teslas* ou *3 T*).
tessele n. f.
tessère n. f.
tessiture n. f.
tesson n. m. (débris de verre ou de poterie). ♦ HOM. le *taisson* (blaireau).
test [tèst'] n. m. (coquille; épreuve). *Test de conformité, de comportement, d'intelli-*

gence, de résistance. *Des chiffres tests ; des analyses tests. Un test-match. Le test de Rorschach. Test Abbott, Elisa, HIV, Western-Blot.*
testabilisation n. f.
testabilité n. f.
*****testability** = testabilité.
testable adj.
testacé, e adj.
testacelle n. f.
testage n. m.
testament n. m.
testamentaire adj.
*****test area** = polygone d'essai (spat.).
testa*teur*, *trice* n.
*****test-cross** = croisement génétique.
tester v. int. et t.
*****tester** = essayeur, contrôleur, testeur.
testeur n. m.
testiculaire adj.
testicule n. m.
testimoni*al*, *ale*, *aux* adj.
*****testimonial** = témoignage, message d'un particulier (pub.).
*****test key** = clef de contrôle (écon.).
*****test-match** n. m. = épreuve internationale. *Des test-matches.*
teston n. m.
testostérone n. f.
*****test pattern** = séquence de test (électron.).
*****test pattern generation** (TPG) = génération de vecteurs de test (GVT).
*****test postprocessor** = post-processeur de test, traducteur de test.
*****test site** = zone témoin (spat.).
*****test vector** = vecteur de test.
*****test zone** = polygone d'essai (spat.).
têt [tè] n. m. ♦ HOM. → tes.
tétanie n. f.
tétanique adj.
tétanisation n. f.
tétaniser v. t.
tétanisme [-is-] n. m.
tétanos [-nos'] n. m.
têtard [-tar] n. m.
tête n. f. *Ils se mettent martel en tête ; tête d'ail, d'artichaut, de bielle, d'effacement, de lecture, de ligne, de linotte, de pipe, de pont, de Turc. Des têtes de Turcs ; tête sans cervelle ; homme de tête ; tenir tête ; voix de tête ; des maux de tête ; des coups de tête. Ils ont mauvaise tête ; tête multiple ; chasseur de têtes ; à tête reposée ; en tête de ; un en-tête → en-tête ; ils ont tenu tête à ; ils ont piqué une tête ; ils se sont mis en tête ; ils crient à tue-tête ; déjeuner tête à tête ; être en tête à tête → tête-à--tête ; un casse-tête (inv.).* ♦ HOM. le bébé tète (v.), le Têt (fleuve), fête du Têt (au Viêt-nam), la tette (bout de la mamelle des animaux), thète (prolétaire chez les Grecs).
tête-à-queue n. m. inv.
tête-à-tête n. m. inv. (entretien ; service de table). Pas de trait d'union pour la locution adverbiale. *Ils sont (en) tête à tête.*
têteau n. m. *Des têteaux.*
tête-bêche loc. adv. ou adj. inv. *Des timbres tête-bêche.*
tête-de-clou n. m. (motif ornemental). *Des têtes-de-clou.*
tête-de-loup n. f. (long balai pour les plafonds). *Des têtes-de-loup.*
tête-de-Maure n. f. (fromage de Hollande). *Des têtes-de-Maure.*
tête-de-nègre adj. inv. (couleur). *Des rubans tête-de-nègre.*
tétée n. f.
téter v. t. et int. *Il tète, il tétait, il tétera(it).* Conjug. 10.
téterelle n. f.
têtière n. f.
tétin n. m.
tétine n. f.
téton n. m.
tétra- Ce préfixe se soude au mot qui suit *(tétraptère, tétraédrique)*, sauf si ce mot commence par *a*, *i* ou *u* *(tétra-iodéthylène)*.
tétrachlorure [-klo-] n. m.
tétracorde n. m.
tétracycline n. f.
tétradactyle adj.
tétrade n. f.
tétradyname adj.
tétraèdre n. m.
tétraédrique adj.
tétragone n. m. (polygone à quatre angles). ♦ N. f. (légume).
tétrahydroaminoacridine (ou THA) n. f.
tétraline n. f.
tétralogie n. f.
tétramère adj. et n.
tétramètre n. m.
tétraphonie n. f.
tétraplégie n. f.
tétraplégique adj.
tétraploïde adj. et n. m.

tétraploïdie n. f.
tétrapode adj. et n. m.
tétraptère adj. et n. m.
tétrarchat [-ka] n. m.
tétrarchie n. f.
tétrarque n. m.
tétras [-tra] n. m.
tétras-lyre [-tra-] n. m. *Des tétras-lyres.*
tétrastyle adj. et n. m.
tétrasyllabe [-si-] adj. et n. m.
tétrasyllabique [-si-] adj.
tétratomique adj.
tétratoxine n. f.
tétravalent, e adj. et n.
tétrode n. f.
tétrodon n. m.
tette n. f. ♦ HOM. → tête.
têtu, e adj. et n.
teuf-teuf n. m. inv.
teuton, onne adj. *Une invasion teutonne.* ♦ N. *Les Teutons* (peuple de Germanie).
teutonique adj. *La langue teutonique. L'ordre Teutonique; les chevaliers Teutoniques.*
tex n. m. (unité de mesure : *3 tex*).
texan, e adj. *Un rodéo texan.* ♦ N. *Une Texane* (du Texas).
TEXTE n. m. ♦ *Textes importants concernant la langue française* → tableau en annexe p. 948.
texteur n. m.
textile adj. et n. m. → tissu.
texto adv.
*****text processing** = traitement de texte (inf.).
*****text processor** = texteur (inf.).
textuel, elle adj.
textuellement adv.
texturant n. m.
texturation n. f.
texture n. f.
texturer v. t.
tézigue ou **tézig** pron. pers. (pour *toi*).
T.G.V. sigle m. Train à grande vitesse.
th Symbole de la *thermie*.
thaï, e adj. *Le peuple thaï, l'ethnie thaïe.* ♦ N. *Les Thaïs* (du Laos et de Thaïlande); *le thaï* (langue).
thaïlandais, e adj. *Le riz thaïlandais.* ♦ N. *Les Thaïlandais* (de la Thaïlande, qui s'appela Siam jusqu'en 1939, puis de 1945 à 1949).
thalamique adj.
thalamus [-us'] n. m.

thalassémie n. f.
thalassocratie [-si] n. f.
thalassothérapie n. f.
thalassothérapique adj.
thaler [talèr'] n. m.
thalidomide n. f.
thalle n. m. (appareil végétatif des végétaux inférieurs : bactéries, algues, champignons...). ♦ HOM. **talle** (tige secondaire partant du pied d'une plante), ce choc **tale** les fruits.
thallium [-lyom] n. m. *Des thalliums.*
thallophyte [-fit] n. f.
thalweg → talweg.
thanatologie n. f.
thanatopracteur n. m.
thanatopraxie n. f.
thanatos [-tos'] n. m. (notion psychanalytique, opposée à *éros*).
thane [tan'] n. m. (homme d'armes anglais). ♦ HOM. une **tanne** (point noir de la peau), il **tanne** (v.).
*****that is the question** = voilà la question.
thaumaturge n.
thaumaturgie n. f.
thé n. m. et adj. inv. ♦ HOM. → tes.
théatin n. m. *Un théatin; l'ordre des Théatins.* → religieux.
théâtral, ale, aux adj.
théâtralement adv.
théâtraliser v. t.
théâtralisme [-is-] n. m.
théâtralité n. f.
théâtre n. m. *Théâtre de verdure; le théâtre d'opérations; le théâtre du Boulevard; des coups de théâtre.* Si une salle de spectacle a dans son nom le mot « théâtre », il convient d'écrire ce dernier avec une capitale. *Le Théâtre de Poche; le Théâtre de la Ville; le Théâtre Mogador; le Petit Théâtre; le Théâtre de France; le Théâtre 102; le Théâtre en Rond; le Théâtre national populaire; le Théâtre-Français* (autre nom de la Comédie-Française; abs. : *le Français*); *le Grand-Théâtre de Bordeaux; le Théâtre national de l'Odéon; le Théâtre de l'Est parisien; le Théâtre des Champs-Élysées; le Théâtre-Libre* (d'Antoine); *le Théâtre-Antoine*, etc. Pour les autres, on écrit : *le théâtre de l'Ambigu, de l'Atelier, des Bouffes-Parisiens, des Capucines, du Châtelet, du Gymnase, des Mathurins, du Vieux-Colombier*, etc. → scène.
théâtreux, euse adj. et n.

thébaïde n. f. (grande solitude). ♦ HOM. la *Thébaïde* (région d'Égypte).

thébain, e adj. *Un temple thébain.* ♦ N. *Les Thébains* (de Thèbes).

thébaïne n. f. (alcaloïde).

thébaïque adj. (qui se rapporte à l'opium).

thébaïsme [-is-] n. m.

théier n. m.

théière n. f.

théine n. f.

théisme [-is-] n. m.

théiste adj. et n.

thématique adj. et n. f.

thème n. m. *Un fort en thème.*

thénar n. m.

théobromine n. f.

théocentrisme [-is-] n. m.

théocratie [-si] n. f.

théocratique adj.

théocratiquement adv.

théodicée n. f.

théodolite n. m.

théogonie n. f.

théogonique adj.

théologal, ale, aux adj.

théologie n. f.

théologien, enne n.

théologique adj.

théologiquement adv.

théophilanthrope n.

théophilanthropie n. f.

théophylline n. f.

théorbe → téorbe.

théorématique adj.

théorème n. m. *Le théorème de Pythagore, de Thalès.*

théorétique adj.

théoricien, enne n.

théorie n. f.

théorique adj. et n. f.

théoriquement adv.

théorisation n. f.

théoriser v. t. et int.

théosophe n.

théosophie n. f.

théosophique adj.

thèque n. f.

thérapeute n.

thérapeutique adj. et n. f.

thérapie n. f. Ce mot a fourni une finale féconde : chaque fois qu'on trouve, ou qu'on affirme avoir trouvé, un nouveau traitement de maladie, un néologisme naît ; ainsi :

argilothérapie	mésothérapie
aromathérapie	métallothérapie
auriculothérapie	musicothérapie
cellulothérapie	neurothérapie
chimiothérapie	neutronothérapie
crénothérapie	oléothérapie
cryothérapie	oligothérapie
électrothérapie	onirothérapie
ergothérapie	organothérapie
fangothérapie	ozonothérapie
galactothérapie	photothérapie
gemmothérapie	physiothérapie
graphothérapie	phytothérapie
héliothérapie	psychothérapie
hématothérapie	pyrétothérapie
hormonothérapie	radiothérapie
hydrothérapie	réflexothérapie
immunothérapie	röntgenthérapie
insulinothérapie	sérothérapie
kinésithérapie	stimulothérapie
lithothérapie	stomathérapie
magnétothérapie	thalassothérapie
mécanothérapie	vertébrothérapie...

thériaque n. f.

théridion ou **theridium** [-dyom'] n. m.

*****the right man in the right place** = l'homme qu'il faut à la bonne place.

thermal, ale, aux adj. *Sources thermales ; établissements thermaux.*

*****thermal barrier** = barrière thermique (spat.).

*****thermal bridge** = pont thermique (urb.).

*****thermal control** = régulation thermique (spat.).

*****thermal inertia** = inertie thermique (urb.).

*****thermal insulation** = isolation thermique (urb.).

thermalisme [-is-] n. m.

thermalité n. f.

*****thermal neutron reactor** = réacteur à neutrons thermiques (nucl.).

*****thermal neutrons** = neutrons thermiques (nucl.).

*****thermal reactor** = réacteur à neutrons thermiques (nucl.).

*****thermal screen** = écran thermique (spat.).

*****thermal shield** ou **Thermal shielding** = bouclier thermique (nucl.).

*****thermal storage** = stockage thermique (urb.).

thermes n. m. pl. ♦ HOM. → terme.

thermicien, enne n.
thermicité n. f.
thermidor n. m. sing. *Les journées des 9 et 10 thermidor an II. Mme Tallien fut surnommée* Notre-Dame de Thermidor.
thermidorien, enne adj. et n. m.
thermie n. f. (unité de mesure : *3 thermies* ou *3 th*)
thermique adj. et n. f.
thermisation n. f.
thermistance n. f.
thermite n. f. ♦ HOM. → termite.
thermoacidophile adj. et n. m.
thermocautère n. m.
thermochimie n. f.
thermochimique adj.
thermoclastie n. f.
thermocline n. f.
thermocollant, e adj.
thermoconvection n. f.
thermocouple n. m.
thermodurcissable adj.
thermodynamicien, enne n.
thermodynamique n. f.
thermoélectricité n. f.
thermoélectrique adj.
thermoélectronique adj.
thermoformage n. m.
thermogène adj.
thermogenèse n. f.
thermographe n. m.
thermographie n. f.
thermogravure n. f.
thermoïonique adj.
Thermolactyl n. m. déposé inv.
thermoluminescence n. f.
thermolyse n. f.
thermomécanique adj.
thermomètre n. m.
thermométrie n. f.
thermométrique adj.
thermonucléaire adj. et n. m.
thermophile adj.
thermoplastique adj.
thermopompe n. f.
thermopropulsé, e adj.
thermopropulsif, ive adj.
thermopropulsion n. f.
thermorécepteur n. m.
thermorégulateur, trice adj.
thermorégulation n. f.
thermorésistant, e adj.
Thermos [-os'] n. f. déposé.

thermoscie n. f.
thermoscope n. m.
thermosensible [-san-] adj.
thermosiphon [-sifon] n. m.
thermosphère n. f.
thermostat [-sta] n. m.
thermostaté, e adj.
thermostatique adj.
thermotactisme [-is-] n. m.
thermothérapie n. f.
thermovinification n. f.
Thermovyl n. m. déposé inv.
théromorphe n. m.
thésard, e n.
thésaurisation n. f.
thésauriser v. int.
thésauriseur, euse adj. et n.
*****thesaurus** (lat.) = trésor. Quelquefois écrit THÉSAURUS [-us'].
thèse n. f. (proposition soutenue, théorie). ♦ HOM. qu'il se *taise* (v.).
*****thésis** (grec) = frappé.
thesmophories [tèsmofori] n. f. pl.
thesmothète [tès-] n. m.
thessalien, enne adj. et n.
thêta n. m. → tableau LANGUES ÉTRANGÈRES ET LANGUES ANCIENNES, p. 897.
thète n. m. ♦ HOM. → tête.
thétique adj.
théurgie n. f.
thiamine n. f.
thiazole n. m.
thibaude n. f.
*****thimble** = chaussette, doigt de gant (nucl.).
thioacide n. m.
thioalcool ou **thiol** n. m.
thiocarbonate n. m.
thionate n. m.
thionine n. f.
thionique adj.
thiopental [-pin-] n. m.
thiophène ou **thiofène** n. m.
thiosulfate [-sul-] n. m.
thiosulfurique [-sul-] adj.
thio-urée n. f. *Des thio-urées*.
*****third party** = tiers (n. m.).
thixotrope adj.
thixotropie n. f.
thlaspi [tlaspi] n. m.
tholos [-os'] n. f.
thomas [-ma] n. m.
thomise n. m.

thomisme [-is-] n. m.
thomiste adj. et n.
thon n. m. Quelquefois nommé BONITE, GERMON OU THONINE. ♦ HOM. → ton.
thonaire n. m. ♦ HOM. → tonnerre.
thonier n. m.
thonine n. f.
thoracentèse [-sin-] n. f.
thoracique adj.
thoracoplastie n. f.
thoracotomie n. f.
thorax n. m.
thorianite n. f.
thorine n. f.
thorite n. f.
thorium [-ryom'] n. m. *Des thoriums*.
thoron n. m. ♦ HOM. → toron.
thrace adj. et n. (de la Thrace). ♦ HOM. → trace.
thrène n. m. ♦ HOM. → traîne.
thréonine n. f.
*****threshold (to)** = seuiller (spat.).
*****thresholding** = seuillage (spat.).
thridace n. f.
*****thrill** n. m. = frémissement (méd.).
*****thriller** n. m. = livre ou spectacle à sensations fortes, à frissons.
thrips [trips] n. m.
*****throat** = col de tuyère (spat.).
thrombine n. f. ♦ HOM. → trombine.
thrombocyte n. m.
thromboélastogramme n. m.
thromboembolique adj.
thrombokinase n. f.
thrombolyse n. f.
thrombolytique adj. et n. m.
thrombopénie n. f.
thrombophlébite [-flé-] n. f.
thromboplastine n. f.
thrombose n. f.
thrombotique adj.
thrombus [-bus'] n. m.
*****thrust** = poussée (spat.).
*****thrust cut off** = arrêt de poussée (spat.).
*****thrust decay** = queue de poussée (spat.).
*****thruster** = aileron central (de planche à voile); propulseur (spat.).
*****thrust misalignment** = désalignement de la poussée (spat.).
*****thrust reverser** = inverseur de jet, inverseur de poussée.
*****thrust reversing** = inversion de jet.

thug [tug'] n. m.
thulium [-lyom'] n. m. *Des thuliums*.
thune ou **tune** n. f.
thuriféraire n. m.
thuya [tu-ya] n. m. *Des thuyas*.
thyiade n. f.
thylacine n. m.
thym n. m. ♦ HOM. → teint.
thymie n. f.
thymine n. f.
thymique adj.
thymoanaleptique adj. et n. m.
thymocite n. m.
thymol n. m.
thymosine n. f.
thymus [-mus'] n. m.
thyratron n. m.
thyréostimuline n. f.
thyréotrope adj.
thyristor n. m.
thyroïde adj. *Le cartilage thyroïde forme la pomme d'Adam.* ♦ N. f. (glande située dans le cou). ♦ HOM. *tyroïde* (qui a l'aspect du fromage).
thyroïdectomie n. f.
thyroïdien, enne adj.
thyroïdite n. f.
thyroxine n. f.
thyrse [tirs] n. m.
thysanoptère n. m.
thysanoure n. m.
tiaffe n. f.
tian [ti-yan] n. m.
tiare n. f.
tiaré n. m. (plante).
tibétain, e adj. *Un moine tibétain.* ♦ N. *Une Tibétaine* (du Tibet); *le tibétain* (langue). *Thibet* et *thibétain* sont d'anciennes orthographes.
tibia n. m.
tibial, ale, aux adj.
tic n. m. ♦ HOM. → tique.
tichodrome [tiko-] n. m.
ticket [-kè] n. m. → titre-restaurant.
*****ticketing** = billetterie (transp.).
Ticket-Repas n. m. déposé inv.
Ticket-Restaurant n. m. déposé inv.
ticlopidine n. f.
tic tac onomatopée. *La minuterie fait tic tac.* ♦ N. m. inv. *Le tic-tac de l'horloge.*
tictaquer v. int.
tidal, ale, aux adj. (de la marée).
*****tie-break** n. m. = échange décisif, départage, jeu au point, jeu décisif.

tiédasse adj.
tiède adj. *Ce bain est tiède.* ♦ Adv. *Ils boivent tiède.*
tièdement adv.
tiédeur n. f.
tiédir v. int. et t. du 2ᵉ gr. Conjug. 24.
tiédissement n. m.
tie-down = arrimage (nucl.).
-tiel → -ciel/-tiel.
tien, tienne adj. poss. vieilli. *Un tien parent.* ♦ Pron. poss. *Prends ceci et fais-le tien* (forme ancienne). *Cette veste est la tienne* (forme actuelle). ♦ N. *Toi et les tiens* (tes proches). *Mets-y un peu du tien.* → mien. ♦ HOM. je tiens (v. tenir).
tiento [tièn'to] n. m.
tierce n. f. *Un intervalle de tierce* (musique). *Une tierce.* ♦ Adj. → tiers.
tiercé, e adj. et n. m.
tiercefeuille n. f.
tiercelet n. m.
tiercer, tercer ou **terser** v. t. *Il tierçait.* Conjug. 2.
tierceron n. m.
tiers n. m. *Il a bu le tiers de cette bouteille. Un tiers est arrivé* (une troisième personne); *être en tiers; loi du tiers exclu; le tiers payant; le tiers provisionnel; assurance contre les risques aux tiers; un tiers arbitre; un tiers expert; un tiers porteur; un tiers acquéreur.*
tiers, tierce adj. *Le tiers ordre; le tiers état* (abs. : *le tiers*); *le tiers-monde; le tiers temps pédagogique. Une tierce personne; une tierce opposition.*
tiers-an n. m. *Des tiers-ans.*
tiers-corps n. m. inv.
tiers-monde n. m. *Des tiers-mondes.*
tiers-mondisation n. f. *Des tiers-mondisations.*
tiers-mondisme [-is-] n. m.
tiers-mondiste adj. et n.
tiers-point n. m. (pointe d'une ogive; lime fine triangulaire). *Des tiers-points.*
tif ou **tiffe** n. m.
*****tifoso** (ital.) = admirateur fanatique de vedette. *Des tifosi.*
T.I.G. sigle m. Travail d'intérêt général.
tige n. f.
tigelle n. f.
tigette n. f.
tiglon → tigron.
tignasse n. f.
tigre n. m.
tigré, e adj.

tigresse n. f.
tigridie n. f.
tigron ou **tiglon** n. m.
tilapia n. m.
tilbury n. m. *Des tilburys.*
tilde n. m. → tableau LANGUES ÉTRANGÈRES ET LANGUES ANCIENNES, p. 896. *Les cañons du Colorado.*
*****tildozer** = bouteur inclinable (trav. pub.).
tiliaçaie n. f. (plantation de tilleuls).
tiliacée n. f. (famille d'arbres).
tillac [ti-yak] n. m.
tillage → teillage.
tillandsia [tiland-sya] n. m.
tille, tiller → teille, teiller.
tilleul [ti-yeul] n. m. et adj. inv.
tilleur → teilleur.
*****tilt** n. m. = déclic. ♦ Loc. v. *Faire tilt.*
*****tilt angle** = angle d'inclinaison (spat.).
timbale n. f. (gobelet; préparation culinaire; instrument de musique). → cymbale.
timbalier n. m.
timbrage n. m.
timbre n. m. *Des timbres de dimension.*
timbré, e adj.
timbre-amende n. m. *Des timbres-amendes.*
timbre-adresse n. m. *Des timbres-adresses.*
timbre-poste n. m. *Des timbres-poste.*
timbre-quittance n. m. *Des timbres-quittances.*
timbrer v. t.
*****time!** = reprise! (sport).
*****time division switching** = commutation temporelle (télécom.).
*****time is money** = le temps c'est de l'argent.
*****time multiplex switching** = commutation spatiale multiplexe (télécom.).
*****time out** = arrêt de jeu (sport).
*****time-sharing** = temps partagé, partage du temps; travail à temps partagé (inf.).
*****time slot** = créneau temporel (télécom.).
*****time table** = horaire, programme.
timide adj.
timidement adv.
timidité n. f.
*****timing** n. m. = rythme, cadence; calendrier, plan programme; minutage, horaire, chronométrage, calcul du temps.

timon n. m.
timonerie n. f.
timonier n. m.
timoré, e adj.
tin n. m. ♦ HOM. → teint.
tinamou n. m. *Des tinamous.*
tincal n. m. *Des tincals.*
tinctorial, ale, aux adj.
tinéidé n. m.
tinette n. f.
tintamarre n. m.
tintement n. m.
tinter v. t. (sonner lentement). ♦ HOM. *teinter* (mettre de la teinture).
tintin n. m. inv. *Ils ont fait tintin.*
tintinnabuler v. int.
tintouin n. m.
tiper ou **tipper** v. t.
tipi n. m.
*****Ti plasmid** = plasmide Ti (génét.).
tipule n. f.
tique n. f. (acarien parasite). ♦ HOM. *tic* (contraction convulsive ; habitude fâcheuse), il *tique* (v.).
tiquer v. int.
tiqueté, e adj.
tiqueture n. f.
tiqueur, euse n.
tir n. m. *Tir de barrage, d'enfilade, de groupement, de harcèlement. Des armes de tir ; champ de tir ; tir par rafales ; ligne de tir.* ♦ HOM. il *tire* (v.), *Tyr* (ville).
tirable adj.
tirade n. f.
tirage n. m. *Des tirages au sort.*
tiraillement n. m.
tirailler v. t.
tiraillerie n. f.
tirailleur n. m. *Les tirailleurs marocains ; le régiment du 2ᵉ tirailleurs ; ils se déploient en tirailleurs.*
tirant n. m. *Le tirant d'air, d'eau.* ♦ HOM. en *tirant* sur la ficelle (v. tirer), un *tyran* (maître absolu).
tirasse n. f.
tire n. f. *Des vols à la tire.*
tiré, e adj. *Un visage aux traits tirés.*
♦ N. m. *Les tirés de la forêt de Rambouillet.* ♦ HOM. → tirer.
tiré à part loc. m. *Des tirés à part.*
tire-au-cul n. m. inv.
tire-au-flanc n. m. inv.
tire-bonde n. m. *Des tire-bondes.*
tire-botte n. m. *Des tire-bottes.*

tire-bouchon n. m. *Des tire-bouchons.*
tire-bouchonner v. t.
tire-bouton n. m. *Des tire-boutons.*
tire-braise n. m. inv.
tire-clou n. m. *Des tire-clous.*
tire-d'aile (à) loc. adv. *Ils s'enfuient à tire--d'aile.*
tire-fesses n. m. inv.
tire-feu n. m. inv.
tire-fond n. m. inv.
tirefort n. m.
tire-jus n. m. inv.
tire-laine n. m. inv.
tire-lait n. m. inv.
tire-larigot (à) loc. adv.
tire-ligne n. m. *Des tire-lignes.*
tirelire n. f.
tirelirer v. int.
tire-nerf n. m. *Des tire-nerfs.*
tire-pied n. m. *Des tire-pieds.*
tirer v. t. et int. *Tirer avantage ; tirer parti ; tirer profit ; tirer au clair, à conséquence, à sa fin, au flanc, au jugé, au sort, au visé ; tirer vanité de ; (se) tirer d'affaire, d'embarras. Cela tire en longueur. Les richesses qu'on en a tirées. Elles en ont tiré parti. Tirer les rois.* ♦ HOM. un *tiret* (petit trait horizontal), *tiré* (qui fait l'objet d'un tir ou d'un tirage).
tire-sou n. m. *Des tire-sous.*
tiret n. m. ♦ HOM. → tirer.

■ **A.** — Le tiret (que les imprimeurs nomment *le moins*, et dont l'emploi date du XIXᵉ siècle), plus long que le trait d'union, annonce un nouvel interlocuteur dans un dialogue :
« Qu'emploierez-vous en revêtement ?
— Un simple crépi. »
→ tableau GUILLEMETS 3°, p. 889.

B. — Les tirets peuvent remplacer des parenthèses. Dans cet emploi, il est permis de faire suivre le second tiret d'une virgule. *Elle déballa ses affaires, le linge, les vêtements — ils étaient démodés —, quelques livres et un nécessaire de toilette.*

Si le second tiret doit arriver avant un point ou un point-virgule, on ne le met pas. *Enfin la canonnade cessa — elle avait duré une heure.*

Ne serait-ce que pour l'œil, le retrait d'une réflexion incidente dans la phrase va croissant selon que l'on use de virgules, de parenthèses ou de tirets.

C. — Le tiret se met entre un titre et son numéro :
XII. — *Affections cardio-vasculaires.*

D. — Le tiret est un signe de répétition :
Série de 6 verres .... 7 F
    —   12   — .... 13 F
Les guillemets ne doivent jamais jouer ce rôle.

tiretaine n. f.
tirette n. f.
tir*eur*, *euse* n.
tire-veille n. m. inv.
tire-veine n. m. *Des tire-veines.*
tiroir n. m.
tiroir-caisse n. m. *Des tiroirs-caisses.*
*****TIROS operational vertical sounder** (TOVS) = sondeur de profils verticaux de TIROS opérationnel (spat.).
tisane n. f.
tisanerie n. f.
tisanière n. f.
tison n. m.
tisonné, *e* adj.
tisonner v. int. et t.
tisonnier n. m.
tissage n. m.
tisser v. t.
tisserand, *e* n.
tisserin n. m.
tiss*eur*, *euse* adj. et n.
tissu, *e* n. m. *Un tissu solide; le tissu osseux; le tissu urbain.* ♦ Adj. (du v. tistre). *Une banlieue tissue de pavillons et de jardinets.*
tissu-éponge n. m. *Des tissus-éponges.*
tissulaire adj.
tissu-pagne n. m. *Des tissus-pagnes.*
tissure n. f.
tistre v. t. N'a conservé que son participe passé *(tissu)* et ses temps composés.
titan n. m. *Un travail de titan.* ♦ HOM. les *Titans* (personnages mythologiques).
titane n. m.
titanesque adj. (gigantesque).
titanique adj. (dérivé du titane).
titi n. m.
titillation [titi-ya-syon ou titi-la-syon] n. f.
titiller [titi-yé ou titi-lé] v. t. et int.
titisme [-is-] n. m.
titiste adj. et n.
titrage n. m.
*****titration** = titrage (techn.).
TITRE n. m. *Titre de noblesse, de propriété, de rente, de transport; titre à ordre, au porteur; une avance sur titre(s); un concours sur titres; faux titre; à juste titre; à titre gratuit; à titre de don; professeur en titre; titre courant; au titre de réparation(s); un banc-titre. Titre d'œuvre* → tableau en annexe p. 950. ♦ Après le roi, le dauphin et les princes de la famille royale, les *titres de noblesse* sont, dans l'ordre : duc, marquis, comte, vicomte, baron, vidame, chevalier, écuyer, bachelier. (Pas de titre de marquis ou de vicomte pour la noblesse d'Empire.) ♦ → tableaux ABRÉVIATIONS B, 4°, p. 850; LANGUES ÉTRANGÈRES ET LANGUES ANCIENNES : *anglais* B, C, pp. 893-894, *espagnol* C, p. 896.

titré, *e* adj.
titrer v. t.
titre-restaurant n. m. *Des titres-restaurants.* Les appellations *Chèque-Déjeuner, Chèque-Repas, Chèque-Restaurant, Ticket-Repas, Ticket-Restaurant* sont des noms déposés inv.
titreuse n. f.
titri*er*, *ère* n.
titrimétrie n. f.
titrisable adj.
titrisation n. f.
titriser v. t.
titubant, *e* adj.
titubation n. f.
tituber v. int.
titulaire adj. et n.
titularisation n. f.
titulariser v. t.
titulature n. f.
Titus (à la) loc. adj. ou adv. *Coiffure à la Titus.*
tjäle (suédois) n. m. → pergélisol.
tmèse n. f.
T.N.T. sigle m. Trinitrotoluène.
toarci*en*, *enne* adj. et n. m.
toast [tost'] n. m.
toaster [tosté] v. t.
toasteur [tosteur] n. m.
*****to and fro** = va-et-vient (méd.).
*****to be or not to be** = être ou ne pas être.
toboggan n. m.
toc n. m. (pièce d'un tour à usiner; imitation). *Des bijoux en toc.* ♦ Adj. inv. *Ils sont toc.* ♦ HOM. → toque.
tocade → toquade.
tocante → toquante.
tocard, *e* adj. *Ce décor est tocard.*
tocard ou **toquard** n. m. (mauvais cheval).

toccata n. f. Pl. fr. : *toccatas* ; pl. ital. : *toccate*.

tocophérol n. m.

tocsin n. m.

toc toc onomatopée. *Faire toc toc à la porte.*

*****toffee** = caramel.

*****tofu** (japonais) n. m. = pâté de soja.

toge n. f.

togolais, e adj. *Une plantation togolaise.* ♦ N. *Un Togolais* (du Togo).

tohu-bohu n. m. *Des tohu-bohus.*

toi pron. pers. *C'est pour toi. Méfie-toi.* ♦ HOM. un *toit* de maison.

toilage n. m.

toile n. f. *Des draps de toile ; une toile émeri, des toiles émeri ; toile à bâches, à sacs, à voiles ; une toile d'araignée, des toiles d'araignées ; toile d'architecte, d'emballage, de fond, de tente ; village de toile ; des toiles de maître(s).*

toilé, e adj.

toilerie n. f.

*****toilet** = toilettes (urb.).

toilettage n. m.

toilette n. f. *Cabinet, garniture, nécessaire, trousse de toilette ; toilette de bal ; des femmes en toilette ; faire toilette ; être en toilette ; les toilettes* (cabinets d'aisances).

toiletter v. t.

toilett*eur*, *euse* n.

toil*eur*, *euse* n.

toil*ier*, *ère* n.

toise n. f.

toiser v. t.

toison n. f. *L'ordre de la Toison d'or.*

toit n. m. ♦ HOM. → toi.

toiture n. f.

toiture-terrasse n. f. *Des toitures-terrasses.*

tokai ou **tokay** [tokè] n. m. (cépage d'Alsace ; vin de Hongrie). En hongrois : TOKAJ [tokay'].

tokamak n. m.

tokharien, enne adj. et n. m.

tokyoïte adj. et n. (de Tokyo). Naguère, le nom de la ville s'écrivait *Tokio*.

tôlard, e ou **taulard, e** n.

tolbutamide n. m.

tôle n. f. (métal laminé).

tôle ou **taule** n. f. (prison ; maison mal tenue).

tôlée adj. f. *Une neige tôlée.* ♦ HOM. → tollé.

tôle-gouttière n. f. *Des tôles-gouttières.*

tolérable adj.

tolérance n. f. *Faire preuve de tolérance. Les limites de fabrication sont des tolérances. Des normes de tolérance. Des maisons de tolérance.*

■ *Tolérances grammaticales et orthographiques.* À plusieurs reprises, le ministère de l'Éducation nationale a essayé de modifier l'orthographe en tolérant certaines graphies. Les tentatives les plus frappantes furent les arrêtés du 26 février 1901, du 28 décembre 1976 et le rapport du 6 décembre 1990 qui présentaient une série de tolérances grammaticales et orthographiques. Peu cohérentes, trop laxistes, elles restèrent lettre morte, professeurs et examinateurs les ignorant bien souvent.

On peut considérer que c'est l'usage qui, mieux que l'autorité, tolère, par l'imprimé, des écritures différentes (exemples : *réembaucher* ou *rembaucher, bistro* ou *bistrot...*) ; des deux, l'une finit par triompher.

tolérant, e adj.

tolérer v. t. *Je tolère, nous tolérons, je tolérerai(s).* Conjug. 10.

tôlerie n. f.

tolet n. m. ♦ HOM. → tollé.

toletière n. f.

tôl*ier*, *ère* n. et adj. (relatif au travail de la tôle).

tôl*ier*, *ère* ou **taul*ier*, *ère*** n. (personne dirigeant une maison louche).

tolite n. f.

tollé n. m. (cris de protestation). ♦ HOM. un *tolet* (tourillon servant d'axe), neige *tôlée* (glacée).

*****toll-free calling service** = service libre appel.

*****toll lane** = couloir de péage.

tolu n. m.

toluène n. m.

toluidine n. f.

toluol n. m.

tom ou **tom-tom** [-om'] n. m. (tambour de jazz à une peau). *Des toms ; des tom-tom.*

T.O.M. sigle m. Territoire d'outre-mer.

tomahawk [toma-ok'] n. m.

tomaison n. f.

toman n. m.

tomate n. f.

tomatine n. f.

tombac n. m.

tomb*al*, *ale* adj. *Une pierre tombale.* Cet adjectif n'a pas de masculin pluriel.

tombant, e adj.
tombe n. f.
tombé n. m.
tombeau n. m. *Des tombeaux.*
tombée n. f.
tombelle n. f.
tomber v. int. *Tomber à bras raccourci(s), au niveau de, à pic, à plat ; tomber d'accord, de Charybde* [ka-] *en Scylla, de fatigue, de haut, de mal en pis, de sommeil, de surprise en surprise ; tomber en déshérence, en désuétude, en poussière, en ruine ; tomber en guenilles, en loques.* Ce verbe n'est transitif que dans les sens populaires *(tomber un adversaire ; tomber une fille).* ♦ N. m. *Le lutteur a gagné par tomber.*
tombereau n. m. *Des tombereaux.*
tombeur n. et adj. m.
tombola n. f.
tombolo n. m. *Des tombolos.*
tome n. m. (partie d'un livre). ♦ HOM. *tomme* (fromage).
tomette → tommette.
tomenteux, euse adj.
tomer v. t.
-tomie → -ectomie.
tomme n. f. ♦ HOM. → tome.
tommette ou **tomette** n. f. (élément de carrelage).
*****tommy** n. m. = soldat anglais. *Des tommies.*
tomodensitomètre ou **tomodensimètre** n. m.
tomodensitométrie ou **tomodensimétrie** n. f.
tomographie n. f. → tonographie.
tomoscintigraphie n. f.
tom-pouce [tom'-] n. m. inv. (parapluie court). ♦ HOM. *Tom Pouce* (nain fameux).
tom-tom → tom.
ton adj. poss. *C'est ton tour.* ♦ HOM. *thon* (poisson), *ton* (manière ; écart musical), il *tond* (v. tondre).
ton n. m. *Des manières de bon ton ; changer de ton.* ♦ HOM. → ton.
*****ton** n. f. (unité de mesure).
tonal, ale, als adj.
tonalité n. f.
tondage n. m.
tondaison n. f.
tondeur, euse n.
tondre v. t. Conjug. 67.
tondu, e adj. *Le Petit Tondu* (surnom de Napoléon Ier).

*****toner** = encreur.
tonétique n. f.
tong n. f.
tonicardiaque adj. et n. m.
tonicité n. f.
tonie n. f.
tonifiant, e adj.
tonifier v. t. Conjug. 17.
tonique adj. et n.
tonitruant, e adj.
tonitruer v. int. Conjug. 18.
tonka n. f. *Le coumarou produit des fèves tonkas.*
tonkinois, e adj. et n.
tonlieu n. m. *Des tonlieux.*
tonnage n. m.
tonnant, e adj.
tonne n. f. (unité de mesure : *3 tonnes* ou *3 t*). *Un camion de trois tonnes* (abs. : *un trois tonnes*) ; *une tonne forte ; une tonne fret ; une tonne par kilomètre* (t/km), quelquefois abrégé en *tonne-kilomètre ; une tonne kilométrique.* → tep.
tonneau n. m. *Des tonneaux. Tonneau en perce ; tonneau d'affrètement, d'arrosage, d'encombrement, de jauge, de mer, de vin ; le tonneau des Danaïdes.* → fût.
tonnelage n. m.
tonnelet n. m.
tonnelier n. m.
tonnelle n. f.
tonnellerie n. f.
tonner v. impers. et t.
tonnerre n. m. (bruit de foudre). *Des voix de tonnerre ; un tonnerre d'acclamations ; des coups de tonnerre.* ♦ Interj. *Tonnerre ! C'est du tonnerre !* ♦ HOM. un *thonaire* (filet pour la pêche au thon).
tonographie n. f. (enregistrement de la pression intraoculaire). ♦ Ne pas confondre avec *tomographie* (radiographie sur un plan).
tonométrie n. f.
tonométrique adj.
tonsure n. f.
tonsuré, e adj. et n.
tonsurer v. t.
tonte n. f.
tontine n. f. (sorte de rente viagère ; paillon pour le transport d'une plante).
tontiner v. t.
tontisse adj. et n. f.
tonton n. m.
tonture n. f.
tonus [-us'] n. m.

top n. m. (signal). ♦ HOM. *tope* là! (du v. toper, pour marquer un consentement).

*****top** = sommet, le premier, le meilleur. *Être au top niveau.*

topaze n. f. et adj. inv.

toper v. int. *Tope là!*

topette n. f.

tophacé, e adj.

tophus [-fus'] n. m.

topiaire adj. et n. f.

topinambour n. m.

topique adj. et n.

*****topless** (amér.) adj. = les seins nus.

*****top model** = modèle vedette.

top niveau loc. m. imité de l'anglais (haut niveau, le meilleur, sommet). *Des top niveaux.*

topo n. m.

topographe n.

topographie n. f.

topographique adj.

topographiquement adv.

topo-guide ou **topoguide** n. m. *Des topo-guides.*

topoïsomérase n. f.

topologie n. f.

topologique adj.

toponyme n. m.

toponymie n. f.

toponymique adj.

*****topping** n. m. = distillation atmosphérique (pétr.).

*****top secret** adj. = ultra-secret.

*****topside sounding** = sondage en contre-haut (spat.).

*****top weight** n. m. = cheval le plus chargé (hippisme).

toquade ou **tocade** n. f.

toquante ou **tocante** n. f.

toquard → tocard.

toque n. f. (coiffure). ♦ HOM. on *toque* à la porte (v.), *toc toc* (onomatopée), c'est du *toc* (de l'imitation), le *toc* d'un tour (pièce de machine).

toquer v. int. et pr. *Elle s'est toquée de ce garçon.*

toquet n. m.

torana n. m.

torche n. f.

torcher v. t.

torchère n. f.

torchis [-chi] n. m.

torchon n. m.

torchonner v. t.

torcol ou **torcou** n. m. *Des torcous.*

tordage n. m.

tordant, e adj.

tord-boyaux n. m. inv.

tordeur, euse n.

tordion n. m.

tord-nez n. m. inv.

tordoir n. m.

tordre v. t. Conjug. 67.

tordu, e adj. et n.

tordyle n. m.

tore n. m. ♦ HOM. → tort.

toréador n. m. *Des toréadors.* Le mot espagnol est *torero.

toréer v. int. *Je torée, je toréerai(s).* Conjug. 16.

*****torero, ra** [-ré-] (esp.) n. = toréador.

toreutique n. f.

torgnole n. f. → tourniole.

torii n. m. inv.

toril [-ril'] n. m.

torique adj.

tornade n. f.

toroïdal, ale, aux adj.

toron n. m. (réunion de fils pour une cordelette). ♦ HOM. *thoron* (émanation du thorium).

toronner v. t.

toronneuse n. f.

torpédo n. f.

torpeur n. f.

torpide adj.

torpillage [-pi-yaj] n. m.

torpille n. f.

torpiller v. t.

torpillerie n. f.

torpilleur n. m.

torque n. m. (collier gaulois). ♦ N. f. (rouleau de fil métallique).

torr n. m. (ancienne unité de mesure). ♦ HOM. → tort.

torrée n. f.

torréfacteur n. m.

torréfaction n. f.

torréfier v. t. Conjug. 17.

torrent n. m. *Un torrent de larmes.*

torrentiel, elle adj.

torrentiellement adv.

torrentueux, euse adj.

torride adj. ♦ HOM. → taurides.

tors, e [tor', tors] adj. *Une colonne torse.*
♦ N. m. (action de tordre). ♦ HOM. → tort.

torsade n. f.

torsader v. t.

torse n. m.
torseur n. m.
torsion n. f.
tort [tor] n. m. *Un redresseur de torts; faire tort; donner tort; à tort et à travers; à tort ou à raison. Ils lui ont donné tort.* ♦ HOM. un fil *tors* (tordu), un *tore* (moulure; solide circulaire), il *tord* (v. tordre), une *taure* (génisse), *torr* (unité de pression).
torticolis [-li] n. m.
tortil [-til'] n. m.
***tortilla** (esp.) n. f. = omelette.
tortillage n. m.
tortillard adj. et n. m.
tortille n. f.
tortillement n. m.
tortiller v. t.
tortillère n. f.
tortilleur n. m.
tortillon n. m.
tortionnaire [-syo-nèr] adj. et n.
tortis [-ti] n. m.
tortore n. f.
tortorer v. t.
tortricidé n. m.
tortu, e adj.
tortue n. f.
tortueusement adv.
tortueux, euse adj.
tortuosité n. f.
torturant, e adj.
torture n. f.
torturer v. t.
*****torture-test** = essai exagéré (pub.).
torve adj.
*****tory** n. m. = conservateur. *Des tories.*
torysme [-is-] n. m.
toscan, e adj. *Architecture toscane.* ♦ N. *Un Toscan* (de Toscane); *le toscan* (langue).
*****toss** = tirage au sort (sport).
tosser v. int.
tôt adv. *Se lever tôt; tôt ou tard.* → aussitôt; bientôt; plutôt. ♦ HOM. *taux* (tarif, pourcentage), *taud* (tente d'embarcation), *tau* (figure héraldique, lettre grecque), étang de *Thau*.
total, ale, aux adj. et n.
*****total dose attack** = attaque à dose totale (déf.).
totalement adv.
*****total head** = charge hydraulique (agr.).
totalisant, e adj.

totalisateur n. m.
totalisation n. f.
totaliser v. t.
totaliseur n. m.
totalitaire adj.
totalitarisme [-is-] n. m.
totalité n. f.
*****total ozone** = épaisseur réduite d'ozone total, ozone total (spat.).
*****total ozone mapping spectrometer** (TOMS) = spectromètre pour la cartographie de l'ozone total (spat.).
*****total soil water potential** = potentiel hydrique total (agr.).
totem [-tèm'] n. m.
totémique adj.
totémisme [-is-] n. m.
tôt-fait n. m. *Des tôt-faits.*
totipotence n. f.
totipotent, e adj.
toto n. m.
toton n. m.
touage n. m.
touareg, ègue adj. *Des nomades touaregs.* ♦ N. *Des Touaregs, une Touarègue, des caravanes touarègues.* Il s'agit là de formes francisées. Si l'on veut respecter la langue d'origine, on dit : *un Targui, des Touareg; une caravane targuie, des caravanes touareg.* → tamacheq.
toubab n. m. (Européen, Blanc).
toubib n. m. (médecin). Transcription de l'arabe *t'bib*. L'infirmière est la *toubiba*, en arabe.
toucan n. m.
*****touch and go** = posé-décollé (aviation).
touchant, e adj. *Des mots touchants.* ♦ Partic. prés. *Je les ai vus touchant de l'argent.* ♦ Prép., précédant le nom. *Dites-nous tout ce que vous savez touchant (à propos de) cette affaire.*
touchau, toucheau ou **touchaud** n. m. *Des touchaux; des toucheaux; des touchauds.*
touche n. f. *Des pierres de touche. Ils ont une drôle de touche. Des juges de touche.*
touche-à-tout n. m. inv. (personne qui se mêle de tout).
touche-pipi n. m. inv.
toucher v. t. *Il touche à tout, c'est un touche-à-tout. Toucher au but, au port. Elles n'ont pas l'air d'y toucher. Touchez là!* → touchant. ♦ N. m. *Le sens du toucher. Il décela cette tumeur par le toucher.*
touche-touche (à) loc. adv.

touchette n. f.
toucheur n. m. *Un toucheur de bœufs.*
*****touch screen** = écran tactile (inf.).
toue n. f. ♦ HOM. → tout.
touée n. f.
touer v. t. Conjug. 19.
toueur n. m.
touffe n. f.
touffeur n. f.
touffu, e adj.
touillage n. m.
touille n. f.
touiller v. t.
toujours adv. *Pour toujours et à jamais; toujours est-il que.*
touladi n. m.
toulonnais, e adj. et n. (de Toulon).
touloupe n. f.
toulousain, e adj. et n. (de Toulouse).
toundra n. f.
toungouse ou **toungouze** adj. et n.
toupet n. m.
toupie n. f. et adj. *Elles sont toupies.*
toupiller v. int. et t.
toupill*eur, euse* n.
toupillon [-pi-yon] n. m.
toupiner v. int.
touque n. f.
tour n. m. (machine; mouvement circulaire; ruse; manière de s'exprimer; unité d'angle; etc.). *Tour de bâton, de cartes, de cou, de garde, de faveur, de force, de main, d'opérations* (aviation), *de poitrine, de reins, de roue, de taille; à double tour; à tour de bras; tour mort; tour à tour; demi-tour; à leur tour. Le Tour de France* (abs. : *le Tour*); *le Tour d'Italie* (abs. : *le Giro*); *le Tour d'Espagne* (abs. : *la Vuelta*). ♦ N. f. (construction très élevée). *Tour de Babel, de contrôle, d'extraction, de forage, de fractionnement, d'ivoire, de Nesle, de Pise; la Tour pointue* (préfecture de police); *la Tour Eiffel; la Tour de Londres* (abs. : *la Tour*).
♦ HOM. *tourd* (poisson; oiseau), *Tours* (ville).
touraillage n. m.
touraille n. f.
touraillon n. m.
tourang*eau, elle* adj. *La douceur tourangelle.* ♦ N. *Un Tourangeau, des Tourangeaux* (de la Touraine ou de Tours).
touran*ien, enne* adj. et n. m.
tourbe n. f.
tourber v. int.

tourb*eux, euse* adj.
tourb*ier, ère* n.
tourbillon n. m.
tourbillonnaire adj.
tourbillonnant, e adj.
tourbillonnement n. m.
tourbillonner v. int.
tourd [tour'] n. m. ♦ HOM. → tour.
tourde n. f.
tourdille adj.
tourelle n. f.
touret n. m.
tourie n. f.
tour*ier, ère* adj.
tourillon n. m.
tourillonner v. t. et int.
tourin n. m.
tourisme [-is-] n. m.
touriste n. et adj. *La classe touriste.*
touristique adj.
tourmaline n. f.
tourment n. m.
tourmentant, e adj.
tourmente n. f.
tourmenté, e adj.
tourmenter v. t.
tourment*eur, euse* adj. et n.
tourmentin n. m.
*****tournadozer** = bouteur à pneus (trav. pub.).
tournage n. m.
tournailler v. int.
tournant, e adj. et n. m. *Ils les attendent au tournant.*
tourne n. f.
tourné, e adj. *Des esprits mal tournés.*
tourne-à-gauche n. m. inv.
tournebouler v. t.
tournebroche n. m.
tourne-disque n. m. *Des tourne-disques.*
tournedos n. m.
tournée n. f.
tournemain n. m. *En un tournemain.*
tourne-pierre n. m. *Des tourne-pierres.*
tourner v. t. et int. *Tourner bride, casaque; tourner en ridicule, au tragique, à tout vent; ils tournent rond; ils tournent court.*
tournesol [-sol'] n. m. et adj. inv.
tournette n. f.
tourn*eur, euse* n. et adj.
tourne-vent n. m. inv.
tournevis [-vis'] n. m.

tournicoter v. int.

tourniole n. f. (panaris). ♦ Ne pas confondre avec *torgnole* (gifle).

tourniquer v. int.

tourniquet n. m.

tournis [-ni] n. m. (maladie).

tournisse n. f. (poteau).

tournoi n. m. (assaut; fête). → *master. ♦ HOM. il *tournoie* (v. tournoyer), une livre *tournois* (monnaie frappée à Tours).

tournoiement n. m.

tournois adj. inv. ♦ HOM. → tournoi.

tournoyant, e adj.

tournoyer v. int. Conjug. 6.

tournure n. f.

tournus [-nus'] n. m.

touron n. m.

*tour operator** n. m. = organisateur de voyages, voyagiste.

tourte n. f.

tourteau n. m. *Des tourteaux.*

tourtereau n. m. *Des tourtereaux.*

tourterelle n. f. et adj. inv.

tourtière n. f.

tous → tout.

touselle n. f.

Toussaint n. f.

tousser v. int.

tousserie n. f.

tousseur, euse n.

toussotement n. m.

toussoter v. int.

TOUT, TOUTE, TOUS, TOUTES Tout se prononce [tou] mais fait la liaison [tout'] devant une voyelle ou un *h* muet. *Tous* se prononce [tous'] quand il est pronom, et [tou] dans les autres cas. → tableau en annexe p. 951. ♦ HOM. *toux* (action de tousser), une *toue* (bateau plat), il *toue* (v. touer).

tout à coup loc. adv.

tout à fait loc. adv.

tout de suite loc. adv.

tout-à-l'égout n. m. inv.

toute-bonne n. f. (poire). *Des toutes-bonnes.*

toute-épice n. f. *Des toutes-épices.*

toutefois adv. En cas d'hésitation, peut être remplacé par « cependant ».

tout-en-un n. m. inv. (collant complet).

toute-puissance n. f.

toutim [-tim] ou **toutime** n. m.

toutou n. m. *Des toutous.*

Tout-Paris n. m. sing.

tout-petit n. m. *Les tout-petits* (enfants). La locution adjective n'a pas le trait d'union : *Le village est tout petit.*

tout-puissant adj. *Un homme tout-puissant, des hommes tout-puissants ; une femme toute-puissante, des femmes toutes-puissantes.* ♦ N. m. Spécialt : *le Tout-Puissant* (Dieu).

tout-terrain adj. inv. *Des engins tout-terrain.* ♦ N. m. sing. *Une moto pour faire du tout-terrain.*

tout-va (à) loc. adv.

tout-venant n. m. (charbon ou autre matière). *Des tout-venants.* ♦ Adj. inv. *Des marchandises tout-venant.* ♦ Pas de trait d'union pour la locution invariable *à tout venant.*

toux [tou] n. f. ♦ HOM. → tout.

touyau n. m. (lande). *Des touyaux.*

*towing** = tractage (transp.).

*town planning map** = plan d'urbanisme.

*township** n. f. = commune. Le mot sert, en France, à désigner un ghetto noir d'Afrique du Sud.

toxalbumine n. f.

toxaster [-tèr'] n. m.

toxémie n. f.

toxicité n. f.

toxico n. (apocope de *toxicomane*).

toxicogène adj.

toxicologie n. f.

toxicologique adj.

toxicologue n.

toxicomane adj. et n.

toxicomaniaque adj.

toxicomanie n. f.

toxicomanogène adj.

toxicose n. f.

toxidermie n. f.

toxigène adj.

toxi-infectieux, euse adj. *Des affections toxi-infectieuses.*

toxi-infection n. f. *Des toxi-infections.*

toxine n. f.

toxique n. m. et adj.

toxithérapie n. f.

toxocarose n. f.

toxophobie n. f.

toxoplasme n. m.

toxoplasmose n. f.

toxote n. m.

tr Symbole du *tour*.

trabac [-bak'] n. m.

traban n. m.

trabe n. f.
trabécule n. f.
trabéculectomie n. f.
trabée n. f.
traboule n. f.
trabouler v. int.
trabucaire n. m.
trac n. m. (peur du public). ♦ *Tout à trac* (loc. adv.) ♦ Ne pas confondre avec *tract* (feuille de propagande). ♦ HOM. il *traque* (v.), la *traque* (action de traquer).
traçage n. m.
tracanage n. m.
tracaner v. t.
tracanoir n. m.
traçant, e adj.
tracas [-ka] n. m.
tracasser v. t.
tracasserie n. f.
tracassier, ère adj. et n.
tracassin n. m.
trace n. f. *Ne pas laisser de trace; ne pas trouver trace; pas de trace; pas trace; laisser trace; marcher sur les traces de.* ♦ HOM. il *trace* (v.), la *Thrace* (en Grèce).
tracé n. m.
tracement n. m.
tracer v. t. *Il traçait.* Conjug. 2.
Tracer n. m. déposé inv.
*****tracer** = balle traçante, traceuse (déf.).
traceret n. m.
traceur, euse n.
trachéal, ale, aux [tra-kè-] adj.
trachée [traché] n. f.
trachée-artère n. f. *Des trachées-artères.*
trachéen, enne [traké-in, -èn'] adj.
trachéide [-ké-] n. f. (vaisseau de plante).
trachéite [-ké-] n. f. (affection).
trachéo-bronchite [-kéo-] n. f. *Des trachéo-bronchites.*
trachéophyte [-ké-] n. f.
trachéoscopie [-ké-] n. f.
trachéotomie [-ké-] n. f.
trachomateux, euse [-ko-] adj.
trachome [-ko-] n. m.
trachyte [-kit] n. m. (roche).
*****track** = trace au sol (spat.).
*****trackball** = boule de commande (inf.).
*****tracker** = suiveur (spat.).
*****track error** ou *****tracking error** = erreur de piste (aud.).
*****tracking** n. m. = poursuite, localisation, trajectographie (spat.); alignement des pales (aviation).

*****tracking antenna** = antenne de poursuite (spat.).
*****tracking filter** = filtre de poursuite (spat.).
traçoir n. m.
tract [trakt'] n. m. → trac.
tractable adj.
tractage n. m.
tractation [-ta-syon] n. f.
tracté, e adj.
tracter v. t.
tracteur n. m.
tractif, ive adj.
traction [-syon] n. f. *Des tractions avant. Le personnel de traction* (chemin de fer). ♦ Homographes hétérophones : des *tractions*; nous *tractions* [-tyon] (v. tracter).
tracto-pelle n. f. *Des tracto-pelles.*
tractoriste n.
tractus [-tus'] n. m.
*****trade-exhibition** → *****trade-show.
*****trade gap** = déficit commercial (écon.).
*****trade mark** = marque de fabrique. → déposé.
*****trade marketing** = mercatique associée.
*****trade mart** = expomarché (écon.).
*****trader** = commerçant, négociant; chargé des ordres du marché boursier, spécialiste des transactions bancaires, opérateur en Bourse (écon.).
tradescantia [-dèskansya] n. m. *Des tradescantias.*
*****trade-show, trade-exhibition** = salon professionnel, exposition interprofessionnelle.
*****trade-union** n. m. = syndicat ouvrier. *Des trade-unions.*
*****trading floors** ou **trading room** = salle des marchés (écon.).
traditeur n. et adj. m.
tradition n. f.
traditionalisme [-is-] n. m.
traditionaliste n. et adj.
traditionnaire n.
traditionnel, elle adj.
traditionnellement adv.
traducteur, trice n.
traduction n. f.
traductionnel, elle adj.
traduire v. t. Conjug. 37.
traduisible adj.
trafic n. m. *Trafic par mer, par terre; trafic d'armes, de cigarettes, de devises, de drogue(s), d'influence, de voitures.* ♦ HOM. il *trafique* (v.).

traficoter v. int. et t.

trafiquant, e n.

trafiquer v. int.

tragédie n. f.

tragédie-ballet n. f. *Des tragédies-ballets.*

tragédien, enne n.

tragi-comédie n. f. *Des tragi-comédies.*

tragi-comique adj. *Incidents tragi-comiques.*

tragique adj. et n. m. *Prendre au tragique.*

tragiquement adv.

tragule n. m.

tragus [-gus'] n. m.

trahir v. t. du 2ᵉ gr. Conjug. 24.

trahison n. f.

*****trail-bike** ou **trail** = cycle ou moto tout-terrain. ♦ Ne pas confondre avec *trial* qui désigne une compétition de motos avec obstacles.

traille [tray'] n. f.

train n. m. *Le train pour Paris; à fond de train; mener grand train, bon train; mettre quelque chose en train; être en train de (montrer de l'entrain); au train dont vont; train d'artillerie, d'atterrissage, de bateaux, de combat, de côtes, d'enfer, d'engrenages, des équipages* (abs. : *le train*), *de laminoirs, de maison, de marchandises, d'ondes, de plaisir, de pneus, de sénateur, de vie, de voyageurs; des trains avant (AV), des trains arrière (AR); un boute-en-train* (inv.)*; train express, train rapide, train omnibus; train à grande vitesse ou T.G.V.; le transsibérien; le Mistral, le Capitole* (noms de trains).

trainage n. m.

trainailler v. t. et int.

trainant, e adj.

trainard, e n.

trainasser v. t. et int.

train-balai n. m. *Des trains-balais.*

traine n. f. *Ils sont à la traîne; des ramasseurs de traînes* (branchages)*; des robes à traîne.* ♦ HOM. un *thrène* (complainte funèbre).

traineau n. m. *Des traîneaux.*

trainée n. f.

traine-malheur n. m. inv.

trainement n. m.

traine-misère n. inv.

trainer v. t. et int.

*****trainer** = entraîneur (sport).

trainerie n. f.

traine-savate n. *Des traîne-savates.*

traineur, euse n. *Des traîneurs de sabre.*

*****train-ferry** = navire transbordeur, transbordeur. *Des trains-ferries.*

trainglot ou **tringlot** n. m.

*****training** n. m. = instruction, formation, entraînement; tenue d'entraînement, survêtement.

*****training area** = zone d'apprentissage, zone d'entraînement (spat.).

training autogène n. m. (autorelaxation; méd.).

train-poste n. m. *Des trains-poste.*

*****train spot** = train spontané, train sauvage (transp.).

traintrain ou **train-train** n. m. *Des traintrains; des train-trains.*

traire v. t. Conjug. 77. *Les vaches que nous avons traites.*

trait, e adj. *Le lait trait ce matin; du cuivre trait* (étiré à la filière). ♦ N. m. *Trait de chalut, d'esprit, de force, de plume, de scie, d'union. Dessins au trait; à grands traits; trait pour trait; avoir trait à; gravure au trait. Des bêtes de trait; cheval de trait; armes de trait.* ♦ N. f. *Traite endossée; économie de traite; traite des Noirs, des Nègres, des Blanches.* ♦ HOM. → *très.*

traitable adj.

traitant, e adj.

TRAIT D'UNION n. m. *Des traits d'union.* → tableau en annexe p. 953.

traite → trait.

traité n. m. *Le traité de Cateau-Cambrésis, de Francfort, de Maastricht, de Nimègue, d'Utrecht, de Westphalie.*

traitement n. m. *Traitement de surface; condamné pour mauvais traitements.* → thérapie.

traiter v. t. *L'affaire s'est traitée en son absence.*

traiteur n. m.

traître, esse adj. et n. *Ils les ont pris en traître.*

traîtreusement adv.

traîtrise n. f.

trajectographie n. f.

trajectoire n. f.

trajet n. m.

tralala n. m.

tram [-am'] n. m. ♦ HOM. → *trame.*

tramage n. m.

tramail ou **trémail** n. m. (filet de pêche). *Des tramails; des trémails.* ♦ Ne pas confondre avec *trénail* (accessoire de voie ferrée).

trame n. f. (fils transversaux d'un tissage; écran de similigravure; intrigue). ♦ HOM. il *trame* (v.), un *tram* (abrév. de tramway).

tramer v. t.

tram*eur, euse* n.

traminot n. m.

tramontane n. f.

tramp n. m.

*****tramping** n. m. = transport maritime à la demande.

trampoline n. m.

tramway [tramwè] n. m. *Des tramways.*

tranchage n. m.

tranchant, *e* adj. et n. m. *Un argument à double tranchant.*

tranche n. f. *Tranche de pain, de vie; pain en tranches; couper en tranches; par tranche(s) d'âge; livres dorés sur tranche; tranche de la Loterie nationale.*

tranché, *e* adj. et n. f. *Une artillerie, un mortier de tranchée; une guerre de tranchées.* ♦ HOM. → trancher.

tranchefile n. f.

tranchefiler v. t.

tranche-montagne n. m. *Des tranche-montagnes.*

trancher v. t. et int. (couper). ♦ HOM. une *tranchée* (fossé), un *tranchet* (couteau de cordonnier).

tranchet n. m. ♦ HOM. → trancher.

tranche-tout n. m. inv.

tranch*eur, euse* n.

tranchoir n. m.

tranquille [-kil] adj.

tranquillement [-kil-] adv.

tranquillisant, *e* [-kilizan] adj. et n. m.

tranquilliser [-kilizé] v. t.

tranquillité [-kili-] n. f.

trans- Élément signifiant *au-delà* (alors que *cis-* signifie *en deçà*). Utilisé surtout comme préfixe soudé au mot qui suit *(transouralien, transpéritonéal)*. Beaucoup de mots en *trans-* se prononcent avec [z] devant une voyelle *(transalpin)*; le *s* n'est jamais supprimé devant un mot commençant par cette lettre *(transsibérien)*. La génétique moléculaire emploie les locutions *contrôle en trans* pour une régulation génétique par l'intermédiaire d'un facteur diffusible, et *contrôle en cis* pour une régulation sur un gène du même chromosome. → cis-.

transaction [-zaksyon] n. f.

*****transaction** = opération (et non *transaction*).

transactionn*el, elle* [-zak-] adj.

transafricain, *e* [-za-] adj.

transalpin, *e* [-za-] adj. *La Gaule transalpine* (abs.: *la Transalpine*). → cis-; cisalpin.

transamazonien, *enne* [-za-] adj.

transaminase [-za-] n. f.

transandin, *e* [-san-] adj.

transat [-zat'] n. m. (chaise longue). Spécialt: *la Transat* (pour: la Compagnie générale transatlantique).

transatlantique [-za-] adj. → transat.
♦ N. m. (paquebot reliant l'Europe à l'Amérique).

trans-avant-garde n. f. *Des trans-avant-gardes.*

transbahuter v. t.

transbordement n. m.

transborder v. t.

transbordeur n. m. et adj. m. *Un pont transbordeur.*

transcanadien, *enne* adj.

transcaspien, *enne* adj. et n. m.

transcaucasien, *enne* adj. et n. m.

transcendance n. f.

transcendant, *e* adj.

transcendant*al, ale, aux* adj.

transcendantalisme [-is-] n. m.

*****transcendental** = transcendant.

transcender v. t. et int.

transcodage n. m.

transcoder v. t.

transcodeur n. m.

Transcom n. m. déposé.

transcomplémentant, *e* adj.

*****transcomplementing cell** = cellule transcomplémentante (génét.).

transconteneur n. m.

transcontinent*al, ale, aux* adj.

*****trans control** = contrôle en trans (génét.).

transcriptase n. f.

transcripteur n. m.

transcription n. f.

*****transcriptional fusion** = fusion transcriptionnelle.

*****transcriptional readthrough** = translecture traductionnelle, transcription ininterrompue (génét.).

*****transcription initiation site** = site d'initiation de la transcription (génét.).

transcriptionn*el, elle* adj.

*****transcription unit** = unité de transcription (génét.).

transcrire v. t. Conjug. 49.

transculturel, elle adj.
transcutané, e adj.
transdermique adj.
*****transducing particle** ou **transducing phage** = phage transducteur (génét.).
transduc*teur*, *trice* n. et adj.
transduction n. f.
Transdyn n. m. déposé inv.
transe [-ans] n. f. *Entrer en transe.*
transept [-sèpt'] n. m.
transfection n. f.
transférable adj.
transférase n. f.
transfèrement n. m. S'applique aux personnes. ♦ Ne pas confondre avec *transfert* (qui s'applique aux choses).
transférenti*el*, *elle* adj.
transférer v. t. *Je transfère, nous transférons, je transférerai(s).* Conjug. 10.
*****transfer orbit** = orbite de transfert (spat.).
transferrine n. f.
transfert [-fèr'] n. m. *Un transfert de fonds, de propriété.* → transfèrement.
transfiguration n. f. Spécialt, s'il s'agit du Christ : *la Transfiguration.*
transfigurer v. t.
transfiler v. t.
transfini, e adj.
Transfix n. m. déposé.
transfixion n. f.
transfo n. m. (apocope de *transformateur*).
transfo-redresseur n. m. *Des transfo-redresseurs.*
transformable adj.
transformant n. m.
transformante adj. f.
transformat*eur*, *trice* adj. et n. m.
transformation n. f.
transformationn*el*, *elle* adj.
transformé, e n. *La transformée de Fourier.*
*****transformed** = transformé (génét.).
transformer v. t.
transformisme [-is-] n. m.
transformiste n. et adj.
transfrontali*er*, *ère* adj. et n.
transfuge n.
transfuser v. t.
transfusion n. f.
transfusionn*el*, *elle* adj.
transgène n. m.

transgenèse n. f.
*****transgenesis** = transgenèse (génét.).
*****transgenic** = transgénique (génét.).
transgénique adj.
transgresser v. t.
transgresseur n. m.
transgressi*f*, *ive* adj.
transgression n. f.
transhorizon adj. inv. *Des radars transhorizon.*
transhumance [-zu-] n. f.
transhumant, e [-zu-] adj.
transhumer [-zu-] v. int.
transi, e [-zi] adj.
*****transient expression** = expression transitoire (génét.).
*****transient flow** = écoulement transitoire (agr.).
transiger [-zi-] v. int. *Nous transigeons.* Conjug. 3.
transir [-zir'] v. t. et int. du 2ᵉ gr. Conjug. 24. Ne s'emploie plus qu'à la 3ᵉ personne du singulier du présent et du passé simple de l'indicatif *(il transit)*, au participe passé et aux temps composés.
transistor [-zis-] n. m.
transistorisation [-zis-] n. f.
transistorisé, e [-zis-] adj.
transistoriser [-zis-] v. t.
transit [-zit'] n. m. *Marchandises en transit ; cité de transit.*
transitaire [-zi-] adj. et n.
transiter [-zi-] v. t. et int.
transiti*f*, *ive* [-zi-] adj.
transition [-zi-syon] n. f. *Passer sans transition.* ♦ Homographes hétérophones : des *transitions* ; nous *transitions* [-tyon] (v. transiter).
*****transitional space** = espace de transition (urb.).
transitionn*el*, *elle* [-zi-] adj.
transitivement [-zi-] adv.
transitivisme [-zi-] n. m.
transitivité [-zi-] n. f.
transitoire [-zi-] adj.
translat [-la] n. m.
translati*f*, *ive* adj.
translation n. f.
*****translational fusion** = fusion traductionnelle (génét.).
*****translational readthrough** = translecture traductionnelle, traduction ininterrompue (génét.).
translatique adj.
translecture n. f.

translittération n. f.
translittérer v. t. Conjug. 10.
translocation n. f.
translucide adj.
translucidité n. f.
transluminal, **ale**, **aux** adj.
transmanche adj. inv. *Les parcours transmanche.*
transmetteur n. m.
transmettre v. t. Conjug. 56.
transmigration n. f.
transmigrer v. int.
transmissibilité n. f.
transmissible adj.
transmission n. f. *Transmission par câble, par cardan, par courroie, par engrenages; transmission de pensée; service des transmissions; arbre de transmission; transmission de pouvoir(s).*
*****transmission gain** = gain (télécom.).
*****transmission channel** = voie de transmission (télécom.).
transmittance n. f.
transmodulation n. f.
transmuable ou **transmutable** adj.
transmuer → transmuter.
transmutabilité n. f.
transmutable → transmuable.
transmutation n. f.
transmuter ou **transmuer** v. t.
transnational, **ale**, **aux** adj.
transocéanique [-zo-] adj.
Transpac n. m. déposé inv.
transpalette n. m.
transparaître v. int. Conjug. 62.
transparence n. f.
transparent, **e** adj. et n. m.
transpercer v. t. *Il transperçait.* Conjug. 2.
transphrastique [-fra-] adj.
transpirant, **e** adj.
transpiration n. f.
transpirer v. int.
transplant n. m.
transplantable adj.
transplantation n. f.
transplanté, **e** adj. et n.
transplanter v. t.
transplantoir n. m.
transpolaire adj.
*****transponder** = répondeur (télécom. et déf.); répéteur de satellite (télécom.).
*****transponder beacon** = balise répondeuse (spat.).

transpondeur n. m.
transport n. m. *Entrepreneur de transports; frais de transport; des titres de transport; des transports par rail, par route, par voie ferrée; transport d'énergie, de force, de joie, de justice, de marchandises, de troupes; aviation de transport. Transport de fond* (en rivière, par l'eau), *transport de fonds* (argent et valeurs).
transportable adj.
transportation n. f.
transporter v. t.
transporteur, **euse** adj. et n. m.
transposable adj.
transposase n. f.
transposée adj. f. et n. f.
transposer v. t.
transpositeur adj. et n. m.
transposition n. f.
transposon n. m.
*****transposon** = transposon; élément instable, mobile, transposable; gène sauteur (génét.).
transpyrénéen, **enne** [-né-in, né-èn'] adj.
transsaharien, **enne** adj.
transsexualisme [-is-] n. m.
transsexualité n. f.
transsexuel, **elle** adj. et n.
transsibérien, **enne** adj. et n. m.
transsonique adj.
transstockeur n. m.
transsubstantiation [-sya-syon] n. f.
transsudat [-da] n. m.
transsudation n. f.
transsuder v. int.
transtévérin, **e** adj.
transuranien [-zu-] adj. et n. m.
transvasement n. m.
transvaser v. t.
transversal, **ale**, **aux** adj. et n. f.
transversalement adv.
transverse adj.
transversion n. f.
transvestisme → travestisme.
transvider v. t.
transylvain, **e** ou **transylvanien**, **enne** adj. et n. (de Transylvanie).
trapèze n. m.
trapéziste n.
trapézoïdal, **ale**, **aux** adj.
trapézoïde adj. et n. m.
trapillon → trappillon.
trappage n. m.
trappe n. f.

trapper v. t.
trappeur n. m.
trappillon ou **trapillon** n. m.
*****trapping** = trappage (méd.).
trappiste n. m. → religieux.
trappistine n. f. (religieuse). *La Trappistine* (liqueur).
trapu, e adj.
traque n. f. ♦ HOM. → trac.
traquenard n. m.
traquer v. t.
traquet n. m.
traqueur, euse n.
trattoria n. f. *Des trattorias.*
trauma n. m. *Des traumas.*
traumatique adj.
traumatisant, e adj.
traumatiser v. t.
traumatisme [-is-] n. m.
traumatologie n. f.
traumatologique adj.
traumatologiste n.
travail n. m. *Le ministère du Travail; le Code du travail; la médaille du Travail; la fête du Travail* (1ᵉʳ mai); *l'inspecteur du travail; des contrats de travail; des travaux d'approche.* ♦ Le pluriel est *travaux* s'il s'agit d'ouvrage, de labeur, mais pour des instruments de torture ou des appareils à ferrer, opérer de grands animaux, on dit : *des travails.* ♦ HOM. je travaille (v.).
travaillé, e adj.
travailler v. int. et t. → tableau PARTICIPE PASSÉ III, F, 10°, p. 924.
travailleur, euse n. et adj.
travaillisme [-is-] n. m.
travailliste n. et adj.
travailloter v. int.
travée n. f.
travelage n. m.
*****traveller's cheque** (angl.) ou *****traveller's check** (amér.) loc. m. = chèque de voyage.
*****travelling** n. m. = déplacement, translat.
travelo n. m.
travers n. m. *Par le travers; à travers; au travers; de travers; en travers; à tort et à travers.*
traversable adj.
travers-banc n. m. *Des travers-bancs.*
traverse n. f. *Des chemins de traverse.*
traversée n. f.
traversée-jonction n. f. *Des traversées-jonctions.*

traverser v. t.
traversier, ère adj. et n. m.
traversin n. m.
traversine n. f.
travertin n. m.
travesti n. m.
travestir v. t. du 2ᵉ gr. Conjug. 24.
travestisme ou **transvestisme** [-is-] n. m.
travestissement n. m.
traviole (de) loc. adv.
trax n. m.
trayeur, euse [trè-yeur', -yeûz] n.
trayon [trè-yon] n. m.
*****treasury swap** = troc de créances, échanges cambistes (écon.).
*****treaty shopping** = chalandage fiscal (écon.).
*****treble** = aigu (aud.).
trébuchant, e adj.
trébucher v. int. et t.
trébuchet n. m.
trécheur → trescheur.
tréfilage n. m.
tréfiler v. t.
tréfilerie n. f.
tréfileur, euse n.
trèfle n. m.
tréflé, e adj.
tréflière n. f.
tréfoncier, ère adj.
tréfonds n. m.
trégorois, e ou **trégorrois, e** adj. et n. (de Tréguier).
tréhalose n. m.
treillage n. m.
treillager v. t. *Nous treillageons.* Conjug. 3.
treillageur n. m.
treille n. f.
treillis [tré-yi] n. m.
treillisser v. t.
treize adj. numér. et n. m. inv. *Tous les treize du mois; Louis treize; Louis XIII; treize à la douzaine; il habite au 13.*
treizième adj. numér. ord. et n. → cinquième.
treizièmement adv.
treiziste n. m.
*****trekking** ou **trek** n. m. = randonnée de montagne, raid.
tréma n. m. *Le tréma crée une diérèse.* → tableau ACCENTS F, p. 858.
trémail → tramail.
trématage n. m.

TRI

trémater v. int.
trématode n. m.
tremblaie n. f.
tremblant, e adj. et n. f.
tremble n. m.
tremblé, e adj.
tremblement n. m.
trembler v. int.
trembleur, euse n. et adj.
tremblotant, e adj.
tremblote n. f.
tremblotement n. m.
trembloter v. int.
trémelle n. f.
trémie n. f.
trémière adj. f. *Des roses trémières.*
trémolite n. f.
trémolo n. m. *Des trémolos.*
trémoussement n. m.
trémousser (se) v. pr. *Ils se sont trémoussés.*
trempabilité n. f.
trempage n. m.
trempe n. f.
trempé, e adj.
tremper v. t. et int.
trempette n. f.
trempeur, euse n. et adj.
tremplin n. m.
trémulant, e adj.
trémulation n. f.
trémuler v. int.
trénail n. m. *Des trénails.* → tramail.
*****trench backfill** = tranchée drainante (agr.).
trench-coat [trèn'ch-kot'] n. m. *Des trench-coats.*
*****trend** n. m. = évolution économique.
trentain n. m. (série de trente messes). ♦ HOM. le *Trentin* (région d'Italie).
trentaine n. f.
trente adj. numér. et n. m. inv. *Les trente filles, les trente et un garçons.*
trente-et-quarante n. m. inv. (jeu de cartes).
trente et un n. m. inv. (grande toilette). *Ils se sont mis sur leur trente et un.*
trentenaire adj. et n.
trente-six adj. numér. et n. m. inv. *Tous les trente-six du mois.*
trentième adj. numér. ord. et n. → cinquième.
trépan n. m. (perceuse). ♦ HOM. *trépang* (holothurie).

trépanation n. f.
trépan-benne n. m. *Des trépans-bennes.*
trépaner v. t.
trépang → tripang.
trépas [-pa] n. m.
trépassé, e n. *Le jour des trépassés* (2 novembre).
trépasser v. int.
tréphocyte n. m.
tréphone n. f.
trépidance n. f.
trépidant, e adj.
trépidation n. f.
trépider v. int.
trépied [-pyé] n. m.
trépignement n. m.
trépigner v. int.
trépointe n. f.
tréponématose n. f.
tréponème n. m.
très adv. *Une rue très large.* ♦ HOM. un *trait* (ligne; harnais), je *trais* (v. traire).
trésaille n. f.
trescheur ou **trécheur** n. m.
trésor n. m. *Découvrir un trésor; le trésor de la cathédrale; le Trésor public; un employé du Trésor.*
trésorerie n. f.
trésorier, ère n.
trésorier-payeur n. m. *Le trésorier-payeur général; des trésoriers-payeurs généraux.*
tressage n. m.
tressaillement n. m.
tressaillir v. int. Conjug. 29.
tressauter v. int.
tresse n. f.
tresser v. t.
tresseur, euse n. et adj.
tréteau n. m. *Des tréteaux.*
trétinoïne n. f.
treuil n. m.
treuillage n. m.
treuiller v. t.
trêve n. f. *Trêve de plaisanteries; la trêve de Dieu; n'avoir ni trêve ni repos.* ♦ HOM. *Trèves* (ville).
trévire n. f.
trévirer v. t.
trévise n. f.
tri- Ce préfixe se soude au mot qui suit (*trialcool, triiodure*).
tri n. m. *Faire le tri; une salle de tri.* ♦ HOM. il *trie* (v.).

TRIACÉTATE

triacétate n. m.
triacide n. m.
triade n. f.
triadique adj.
triage n. m.
triaire n. m.
trial n. m. *Des trials.* → *trail-bike. ♦ HOM. → trialle.
trialcool ou **triol** n. m.
trialle n. f. (mollusque). ♦ HOM. *trial* (compétition motocycliste en terrain varié).
triamcinolone n. f.
triandrie n. f.
triangle n. m. Le triangle peut être acutangle, curviligne, équiangle, équilatéral, isocèle, obtusangle, rectangle, scalène.
triangulaire adj.
triangulairement adv.
triangulation n. f.
trianguler v. t.
triantibiotique adj.
triarchie n. f.
trias [-as'] n. m.
triasique adj.
triathlon n. m.
triathlonien, enne n.
triatomique adj.
triaxial, ale, aux adj.
tribade n. f.
tribadisme [-is-] n. m.
tribal, ale, aux adj. *Des conflits tribaux.*
tribalisme [-is-] n. m.
triballe n. f. (baguette de fourreur).
triballer v. t.
tribart n. m.
tribasique adj.
triboélectricité n. f.
triboélectrique adj.
tribologie n. f.
triboluminescence n. f.
tribométrie n. f.
tribopolymérisation n. f.
tribord [-bor'] n. m. *Les feux de tribord.*
tribordais n. m.
triboulet n. m. (outil de bijoutier). ♦ HOM. *Triboulet* (bouffon de Louis XII et François Ier).
tribraque n. m.
tribu n. f. Chez les humains, la *tribu* se subdivise en *familles*; en histoire naturelle, la *famille* se subdivise en *tribus*. *Les douze tribus d'Israël.* Noms de tribus, de peuplades → Israël; nationalité. ♦ HOM. *tribut* (impôt).
tribulation n. f. Rare au singulier.
tribun n. m.
tribunal n. m. *Des tribunaux. Un tribunal de droit commun; tribunal pour enfants; tribunal de police; tribunal d'exception, de commerce; le tribunal correctionnel; le tribunal d'instance, de grande instance; le Tribunal révolutionnaire* (1792 et 1793-1795).
tribunat n. m. (charge de tribun). *Le Tribunat* (assemblée de la Constitution de l'an VIII).
tribune n. f. *Une tribune d'orgues.*
tribut [-bu] n. m. *Payer tribut à l'expérience.* ♦ HOM. → tribu.
tributaire adj.
tribute adj.
tributyrine n. f.
tric → trick.
tricalcique adj.
tricaméral, ale, aux adj.
tricarboxylique adj.
tricard, e n.
tricennal, ale, aux adj.
tricentenaire adj. et n. m.
tricéphale adj.
triceps [-sèps'] n. m.
tricératops [-ops'] n. m.
triche n. f.
tricher v. int.
tricherie n. f.
tricheur, euse n. et adj.
trichiasis [-kyazis'] n. m.
trichine [-ki-] n. f.
trichiné, e [-ki-] adj.
trichineux, euse [-ki-] adj.
trichinose [-ki-] n. f.
trichite [-ki-] n. f.
trichloracétique [-klo-] adj.
trichloréthylène [-klo-] n. m.
trichocéphale [-ko-] n. m.
trichogramme [-ko-] n. m.
tricholeucocyte [-triko-] n. m.
tricholome [-ko-] n. m.
trichoma ou **trichome** [-ko-] n. m.
trichomonas [-ko-mo-nas'] n. m.
trichomonoacide [-ko-] n. m.
trichophyton [-kofi-] n. m.
trichoptère [-ko-] n. m.
trichothécène [-ko-] n. m.
trichrome [-kro-] adj.
trichromie [-kro-] n. f.

trick ou **tric** n. m. (au bridge, pli en plus du sixième). ♦ HOM. → trique.
*****trickster** = filou, farceur.
triclinique adj.
triclinium [-nyom'] n. m. Pl. fr. : *tricliniums*; pl. lat. : *triclinia*.
tricoises n. f. pl.
tricolore adj. et n.
tricône n. m.
tricontinental, ale, aux adj.
tricorne n. m.
tricorps adj. inv. et n. m.
tricot n. m.
tricotage n. m.
tricoter v. t. et int.
tricotets [-tè] n. m. pl. (danse).
tricoteur, euse n.
tricotillomanie n. f.
Tricouni n. m. déposé inv.
tricourant adj. inv.
trictrac n. m.
tricuspide adj.
tricycle n. m.
tricylindre n. m. et adj.
tridacne n. m.
tridactyle adj.
trident n. m.
tridenté, e adj.
tridi n. m.
tridimensionnel, elle adj.
trièdre n. m.
triennal, ale, aux adj.
triennat n. m.
trier v. t. Conjug. 17.
triérarque n. m.
trière ou **trirème** n. f.
triergol n. m.
triester [-èstèr'] n. m.
trieur, euse n.
trifide adj.
trifolié, e adj.
trifonctionnel, elle adj.
triforium [-ryom'] n. m. *Des triforiums*.
trifouiller v. int.
trigémellaire adj.
trigéminé, e adj.
*****trigger** = de déclic, de déclenchement, réflexogène (méd.).
trigle n. m.
triglycéride n. m.
triglycéridémie n. f.
triglyphe n. m.
trigone adj. et n. m.

trigonelle n. f.
trigonocéphale n. m.
trigonométrie n. f.
trigonométrique adj.
trigonométriquement adv.
trigramme n. m.
trihalométhane n. m.
trihori n. m.
trijumeau adj. et n. m. *Des trijumeaux*.
trilatéral, ale, aux adj.
trilingue adj. et n.
trilitère adj.
trille n. m. *Des trilles éblouissants*.
triller v. int.
trillion [-lyon] n. m. Le *trillion* vaut 10^{18} (ou 1 suivi de 18 zéros). Il est représenté par le préfixe *exa-* (E). → tableau NOMBRES IV, p. 911.
trilobé, e adj.
trilobite n. m.
triloculaire adj.
trilogie n. f.
trilogique adj.
*****trim** = assiette, compensation, équilibrage.
trimago n. m.
trimaran n. m.
trimard n. m.
trimarder v. int.
trimardeur n. m.
trimbalage ou **trimballage** n. m.
trimbalement ou **trimballement** n. m.
trimbaler ou **trimballer** v. t.
trimer v. int.
trimère adj.
trimestre n. m.
trimestriel, elle adj.
trimestriellement adv.
trimétal n. m. *Des trimétaux*.
triméthoprime n. f.
trimètre n. m. et adj.
trimeur, euse n. (qui travaille beaucoup). ♦ HOM. *trimmer* (engin de pêche).
trimmer [-meur'] n. m. ♦ HOM. → trimeur.
trimoteur adj. et n. m.
trin, e adj. et n. m.
trinervé, e adj.
tringle n. f.
tringler v. t.
tringlot → trainglot.
trinidadien, enne adj. et n. (de l'île de la Trinité).
trinitaire adj. et n. m. → religieux.

trinité n. f. Spécialt : *la Trinité chrétienne*.
trinitrine n. f.
trinitrotoluène n. m. Abrév. : *T.N.T.*
trinôme n. m. et adj.
trinquart n. m.
trinqueballe → triqueballe.
trinquer v. int.
trinquet n. m.
trinquette n. f.
trinqueur, euse n.
trio n. m. *Des trios*.
triode n. f. et adj.
triol → trialcool.
triolet n. m.
triolisme [-is-] n. m.
triomphal, ale, aux adj.
triomphalement adv.
triomphalisme [-is-] n. m.
triomphaliste adj. et n.
triomphant, e adj.
triomphateur, trice adj. et n.
triomphe n. m.
triompher v. int et t. ind.
trionyx n. m.
trioxyméthylène n. m.
*****trip** n. m. = voyage imaginaire sous l'effet de la drogue ; excursion, croisière, voyage (tour.).
tripaille n. f.
tripale adj. *Une hélice tripale*.
tripang ou **trépang** [-pan] n. m. ♦ HOM. → trépan.
tripant, e adj. (excitant).
triparti, e ou **tripartite** adj. *Des accords tripartites*.
tripartisme [-is] n. m.
tripartition n. f.
tripatouillage n. m.
tripatouiller v. t.
tripatouilleur, euse n.
tripe n. f. *Un plat de tripes*.
triperie n. f.
tripette n. f. *Cela ne vaut pas tripette*.
triphasé, e adj. et n. m.
triphénylméthane [-fé-] n. m.
triphosphate n. et adj.
triphtongue [trif-] n. f.
tripier, ère n.
triplace adj.
triplan n. m.
triple adj. *La Triple Alliance* (ou *Triplice*), *la Triple Entente*.
triplé, e adj. *Un pari triplé*. ♦ N. pl. *Il est né des triplés et des triplées*. ♦ HOM. triplet (jeu de dés ; objectif photographique ; ensemble mathématique), *tripler* (v.).
triplement adv. *Il a triplement tort*. ♦ N. m. *Le triplement des prix*.
tripler v. t. et int. ♦ HOM. → triplé.
triplés, ées n. pl.
triplet n. m. ♦ HOM. → triplé.
triplette n. f.
Triplex n. m. déposé. (verre feuilleté).
triplex n. m. (appartement sur trois niveaux).
triplicata n. m. Pl. fr. : *triplicatas* ; pl. lat. : *triplicata*.
triploblastique adj.
triploïde adj. et n.
triploïdie n. f.
triplure n. f.
tripolaire adj.
tripode adj.
tripodie n. f.
tripoli n. m. (poudre de silice). ♦ HOM. *Tripoli* (ville).
triporteur n. m.
tripot n. m.
tripotage n. m.
tripotée n. f.
tripoter v. t. et int.
tripoteur, euse n. et adj.
tripous ou **tripoux** n. m. pl. (mets).
triprocesseur adj. et n. m.
*****triprocessor** = triprocesseur (inf.).
*****tripropellant** = triergol (spat.).
triptyque n. m.
trique n. f. (bâton). ♦ HOM. *trick* ou *tric* (pli supplémentaire au bridge).
triqueballe ou **trinqueballe** n. m.
trique-madame n. f. inv. Plante nommée autrefois *tripe-madame*.
triquer v. t.
triquet n. m.
triquètre n. f.
triréacteur n. m.
trirectangle adj.
trirème → trière.
trisaïeul, e n. *Des trisaïeuls ; des trisaïeules*.
trisannuel, elle adj.
Triscotte n. f. déposé inv.
trisecteur, trice adj.
trisection n. f.
triskèle n. f.
trismégiste adj. m.
trismus [-mus'] ou **trisme** [-is-] n. m.
trisoc [-sok'] n. m.

trisomie [-zo-] n. f. *La trisomie 21 ou mongolisme.*
trisomique [-zo-] adj. et n.
trisser v. t. et int.
triste adj. *Ils leur ont fait triste mine.*
tristement adv.
tristesse n. f.
tristounet, ette adj.
trisyllabe [-si-] adj. et n. m.
trisyllabique [-si-] adj.
triticale n. m.
tritium [-tyom'] n. m. *Des tritiums.*
triton n. m.
triturateur n. m.
trituration n. f.
triturer v. t.
tritureuse n. f.
triumvir [tri-yom'vir'] n. m.
triumvir*al*, *ale*, *aux* [tri-yom'-] adj.
triumvirat [tri-yom'vira] n. m.
trivalent, e adj.
trivalve adj.
trivi*al*, *ale*, *aux* adj.
*****trivial** = banal (et non *trivial*).
trivialement adv.
trivialité n. f.
trivium [-vyom'] n. m. *Des triviums.*
troc n. m. (échange d'objets). ♦ HOM. il *troque* (v.), une *troque* (mollusque).
trocart n. m.
trochaïque [-ka-] adj. et n. m.
trochanter [-kantèr'] n. m.
troche → troque.
trochée n. m. (élément du vers grec ou latin). ♦ N. f. (touffe de rameaux).
troches n. f. pl. (excréments de cerf).
trochet n. m.
trochilidé [-ki-] n. m.
trochin n. m.
trochisque n. m.
trochiter [-kitèr'] n. m.
trochlée [-klé] n. f.
trochophore [-ko-] n. f.
trochosphère [-ko-] n. f.
trochure n. f.
troène n. m.
troglobie adj.
troglodyte n. m. (oiseau). ♦ N. (personnes).
troglodytique adj.
trogne n. f.
trognon n. m.
trogonidé n. m.
troïka n. f.

trois adj. numér. et n. m. *Les trois Grâces; les trois Parques. Athos était l'un des trois mousquetaires du roman de Dumas* Les Trois Mousquetaires; *du cognac « trois étoiles »; les Trois Glorieuses; les trois quarts de la bouteille* → quart; *un frère trois-points* (F∴). *Henri trois, Henri III; le 3 de ce mois.* ♦ HOM. *Troie* (ville antique), *Troyes* (ville de l'Aube).
trois-deux n. m. inv. (mesure musicale).
trois-étoiles n. m. (hôtel; restaurant; personne anonyme). *Il est descendu dans un trois-étoiles; Monsieur trois-étoiles; M*^{me} ***.
trois-huit n. m. inv. (mesure musicale).
troisième adj. numér. ord. et n. Abrégé en chiffre : *3*^{e}. → cinquième. *La troisième République, la III*^{e} *République.*
troisièmement adv.
trois-mâts n. m. (navire). *Ce sont des trois-mâts goélettes.*
trois-pièces n. m. (vêtement). *Un trois pièces* (sans trait d'union) est un appartement.
trois-ponts n. m. (navire).
trois-quarts n. m. (petit violon; manteau court; joueur de rugby). *Le(s) trois--quarts aile; le(s) trois-quarts centre.* → quart.
trois-quatre n. m. inv. (mesure musicale).
trois-six n. m. (alcool fort).
troll n. m. (gnome des légendes scandinaves). ♦ HOM. la *trolle* (chasse du cerf au hasard).
trolle n. f. ♦ HOM. → troll.
trolley [-lè] n. m.
*****trolley** = chariot (golf).
trolleybus [-lèbus'] n. m.
*****trolling-pilot** = leurre de pêche automatique.
trombe n. f.
trombidion n. m.
trombidiose n. f.
trombine n. f. (visage). ♦ HOM. *thrombine* (enzyme).
trombinoscope n. m.
tromblon n. m.
trombone n. m. *Trombone à coulisse, à pistons.*
tromboniste n.
trommel n. m.
trompe n. f. *Trompe à eau, à mercure. À son de trompe. Les trompes de Fallope, d'Eustache, de brume, de chasse.*
trompe-la-mort n. inv. *Cette vieille dame trompe la mort, c'est une trompe-la--mort.*

TROMPE-L'ŒIL

trompe-l'œil n. m. inv. *C'est un trompe-l'œil. Une peinture en trompe l'œil.*
tromper v. t. *Elle s'est trompée de route.*
tromperie n. f.
trompeter v. int. *Il trompette.* Conjug. 14.
trompette n. f. (instrument de musique). *Ils ont le nez en trompette; les trompettes de Jéricho; la trompette du jugement dernier.* ♦ N. m. (militaire qui sonne de la trompette). *Il est premier trompette.*
trompette-des-morts ou **trompette-de-la-mort** n. f. (champignon). *Des trompettes-des-morts; des trompettes-de-la-mort.*
trompettiste n.
trompeur, euse adj. et n.
trompeusement adv.
trompillon [-pi-yon] n. m.
tronc [tron] n. m. *Des troncs d'arbres.*
troncation n. f.
troncature n. f.
tronche n. f. (bille de bois). *En langage populaire, la tronche est la tête.*
tronchet n. m. (billot de bois).
tronçon n. m.
tronconique adj.
tronçonnage n. m.
tronçonnement n. m.
tronçonner v. t.
tronçonneuse n. f.
tronculaire adj.
trône n. m.
trôner v. int.
tronqué, e adj.
tronquer v. t.
trop [tro] adv. *Il mange trop; elle a trop peu dormi.* ♦ Adj. indéf. *Il prit trop de salade; trop peu de volontaires sont venus.* ♦ Pron. indéf. *Trop se sont précipité(e)s sur ces soldes; trop peu en ont réchappé.* ♦ N. m. *Le trop de lumière était gênant.* ♦ Élément de loc. *En trop; de trop; par trop; le trop peu; trop parler nuit.* ♦ HOM. → trot.
trope n. m. (figure de rhétorique).
tropézien, enne adj. et n. (de Saint-Tropez).
trophallaxie n. f.
trophée n. m.
trophique adj.
trophoblaste n. m.
trophoblastique adj.
tropical, ale, aux adj.
tropicalisation n. f.
tropicalisé, e adj.

tropicaliser v. t.
tropique adj. et n. m. *Le tropique du Cancer; le tropique du Capricorne.*
tropisme [-is-] n. m.
tropologique adj.
tropopause n. f.
troposphère n. f.
trop-perçu n. m. *Des trop-perçus.*
trop-plein n. m. *Des trop-pleins.*
troque ou **troche** n. f. (coquillage). ♦ HOM. → troc.
troquer v. t.
troquet n. m. (aphérèse de *mastroquet*).
troqueur, euse n.
trot [tro] n. m. (allure du cheval). *Au trot.* ♦ HOM. *trop* (adv.).
trotskisme [-is-] n. m.
trotskiste n. et adj. (partisan de Trotski).
trotte n. f.
trotte-menu adj. inv. *La gent trotte-menu.*
trotter v. int.
trotteur, euse n. et adj.
trottin n. m.
trottinement n. m.
trottiner v. int.
trottinette n. f.
***trotting** = séance de trot (sport); élevage de trotteurs.
trottoir n. m.
trou n. m. *Des trous.*
troubade n. m.
troubadour n. m.
troublant, e adj.
trouble n. m. (désordre). *Un fauteur de troubles. Le trouble d'une rivière. Elles montraient leur trouble.* ♦ N. f. *Une trouble pour la pêche* → truble. ♦ Adj. *Pêcher en eau trouble.* ♦ Adv. *Ils voient trouble.*
troubleau → truble.
trouble-fête n. inv.
troubler v. t.
trou-du-cul n. (terme de mépris). *Des trous-du-cul.*
trouée n. f.
trou en un n. m. *Des trous en un.*
trouer v. t. Conjug. 19.
troufion n. m.
trouillard, e adj. et n.
trouille n. f.
trouillomètre n. m.
trou-madame n. m. (jeu de société). *Des trous-madame.*
troupe n. f. *Troupe de moustiques, de voleurs; corps de troupes; tabac de*

troupe; *des enfants de troupe; des hommes de troupe; en troupe; par troupes; troupe(s) d'élite.*
troupeau n. m. *Des troupeaux.*
troupiale n. m.
troupier n. m.
troussage n. m.
trousse n. f. *Ils ont la police à leurs trousses.*
troussé, e adj.
trousseau n. m. *Des trousseaux.*
trousse-pied n. m. inv.
trousse-queue n. m. inv.
troussequin n. m. → trusquin.
trousser v. t.
trousseur n. m. *Un trousseur de jupons.*
trou-trou n. m. (broderie). *Des trou-trous.*
trouvable adj.
trouvaille n. f.
trouvé, e adj.
trouver v. t. *Elle s'est trouvée embarrassée. Elles se sont trouvées court devant nos arguments. Malgré nos précautions, il nous a trouvés. Cette montre, je l'ai trouvée par hasard. Cette dame, je l'ai trouvé charmante* (ici, le participe passé et l'attribut de l'objet sont indissociables). *Ils ont trouvé bon de l'avertir* (locution verbale). *Elle leur a trouvé mauvaise mine. Il trouva alitée la pauvre femme* (le participe passé est attribut de l'objet). → tableau PARTICIPE PASSÉ III, F, 12°, b, p. 925.
trouvère n. m.
trouveur, euse n.
troyen, enne adj. *Un guerrier troyen; un bonnetier troyen.* ♦ N. *Un Troyen, une Troyenne* (de Troie ou de Troyes).
*****troy-weight** ou *****troy** = système anglo-saxon de mesure de masse pour la bijouterie et la pharmacie. *Un pound troy vaut 373,242 g.* → avoirdupois.
truand, e n.
truander v. t.
truanderie n. f.
truble, trouble n. f. ou **troubleau** n. m. (filet de pêche rond). *Des troubleaux.*
trublion n. m.
truc n. m. (tour de main; objet dont on ne sait le nom; wagon plate-forme). Dans le dernier sens, s'écrit aussi TRUCK.
trucage → truquage.
truchement n. m.
trucider v. t.
*****truck** = fardier, camion pour charges lourdes, wagon plate-forme. En France, le mot est quelquefois écrit *truc*.

*****truck service** ou **trucking** = vol camionné (transp.).
trucmuche n.
tructiculture ou **trutticulture** n. f.
truculence n. f.
truculent, e adj.
*****trudgeon** = nage de côté, indienne.
truelle n. f.
truellée n. f.
truffe n. f.
truffer v. t.
trufficulture n. f.
truffier, ère adj. et n. f.
truie n. f.
truisme [-is-] n. m.
truite n. f.
truité, e adj.
trullo [troulo] n. m. *Des trulli.*
trumeau n. m. *Des trumeaux.*
*****trunked system** = réseau radioélectrique à ressources partagées.
truquage ou **trucage** n. m.
truquer v. t.
truqueur, euse n.
truquiste n. m.
trusquin n. m. (outil pour tracer des parallèles). ♦ Ne pas confondre avec *troussequin* (partie arrière d'une selle).
trusquiner v. t.
trust [treust'] n. m.
*****trust** = fiducie (écon.).
truste ou **trustis** [-tis'] n. f. (groupe de guerriers francs).
*****trustee** = gestionnaire d'emprunt; fiduciaire (écon.).
truster [treusté] v. t.
trusteur [treus-] n. m.
trutticulture → tructiculture.
trypanosome n. m.
trypanosomiase n. f.
trypsine n. f.
trypsinogène n. m.
tryptamine n. f.
tryptophane n. m.
tsar n. m. *Le tsar de toutes les Russies.* Quelquefois écrit TZAR ou, à la manière polonaise, CZAR.
tsarévitch n. m. Quelquefois écrit TZARÉVITCH.
tsarine n. f. Quelquefois écrit TZARINE.
tsarisme [-is-] n. m.
tsariste adj. et n.
tsé-tsé n. f. inv.
T.S.F. sigle f. Téléphonie sans fil.

*T-shirt → *tee-shirt.

tsigane ou **tzigane** adj. *Un orchestre tsigane.* ♦ N. *Un tsigane* (ou bohémien); *un tsigane* (musicien de style tsigane); *il parle le tsigane* (ou romani). → gitan; rom.

tsoin-tsoin adj. inv.

*tsuba (japonais) n. f. = garde de sabre.

*tsunami (japonais) n. m. = raz de marée.

T.T.C. sigle de loc. adj. Toutes taxes comprises.

tu pron. pers. *Elle est à tu et à toi avec lui.* → tableau ÉLISION A, p. 888. ♦ HOM. il s'est *tu* (v. se taire), il *tue* (v. tuer).

T.U. sigle m. Temps universel.

tuable adj.

tuage n. m.

tuant, e adj.

tub [tœb'] n. m.

tuba n. m.

tubage n. m.

tubaire adj.

tubard, e n.

tube n. m. *Un tube lance-torpille; un tube de Crookes, de Coolidge; des tubes de Malpighi. Cette chanson est un fameux tube.*

*tubeless adj. = sans chambre à air.

tuber v. t.

tubéracé, e adj. et n. f.

tubérale n. f.

tubercule n. m.

tuberculeux, euse adj. et n.

tuberculination ou **tuberculinisation** n. f.

tuberculine n. f.

tuberculiner ou **tuberculiniser** v. t.

tuberculinique adj.

tuberculisation n. f.

tuberculiser v. t.

tuberculoïde adj.

tuberculose n. f.

tubéreux, euse adj. et n. f.

tubériforme adj.

tubérisation n. f.

tubérisé, e adj.

tubérosité n. f.

tubicole adj.

tubifex n. m.

*tubing = tube de production, colonne de production (pétr.).

tubipore n. m.

tubiste adj. et n. m.

tubulaire adj.

tubule n. m.

tubulé, e adj.

tubuleux, euse adj.

tubulidenté n. m.

tubuliflore adj.

tubuline n. f.

tubulure n. f.

T.U.C. sigle m. Temps universel coordonné. Travail d'utilité collective. Travailleur d'utilité collective.

tuciste n.

tudesque adj.

tudieu! interj.

tué, e n. et adj.

tue-chien n. m. inv. (plante).

tue-diable n. m. inv. (leurre de pêche).

tue-mouches adj. et n. m. inv. *Des papiers tue-mouches.*

tuer v. t. Conjug. 18. *Des lièvres, combien en avez-vous tués? Combien la catastrophe a-t-elle tué de personnes?* ♦ Il y a homophonie pour le singulier du présent de l'indicatif du verbe **tuer** *(je tue, tu tues, il tue)* et le singulier du passé simple de l'indicatif du verbe **taire** *(je tus, tu tus, il tut).*

tuerie n. f.

tue-tête (à) loc. adv. *Ils crient à tue-tête.*

tueur, euse n.

tuf n. m.

tuffeau ou **tufeau** n. m. *Des tuffeaux; des tufeaux.*

tufier, ère adj.

tufté, e adj.

tuile n. f.

tuilé, e adj.

tuileau n. m. *Des tuileaux.*

tuiler v. t.

tuilerie n. f.

tuilette n. f.

tuilier, ère adj. et n. m.

tuiteur n. m.

tularémie n. f.

tulipe n. f.

tuliper v. t.

tulipier n. m.

tulle n. m. (tissu léger qui venait de la ville de *Tulle*).

tullerie n. f.

tullier, ère adj.

tulliste n.

*tumbling = culbutage (spat.); cabrioles.

tuméfaction n. f.

tuméfié, e adj.

tuméfier v. t. Conjug. 17.
tumescence n. f.
tumescent, e adj.
tumeur n. f. *Tumeur de Burkitt, de Willms.*
tumoral, ale, aux adj.
*****tumoral transformation** = transformation tumorale (génét.).
tumorectomie n. f.
tumulaire adj.
tumulte n. m.
tumultueusement adv.
tumultueux, euse adj.
tumulus n. m. Pl. lat. : *tumuli.*
tunage n. m. ou **tune** n. f. (sorte de digue avec fascines). ♦ HOM. une *thune* ou *tune* (pièce de cinq francs).
tune → thune; tunage.
*****tuner** n. m. = récepteur radiophonique; amplificateur de haute fréquence; syntoniseur (aud.).
tungar n. m.
tungstate n. m.
tungstène n. m.
tungstique adj.
tunicelle n. f.
tunicier n. m.
*****tuning** = accord.
tunique n. f.
tuniqué, e adj.
tunisien, enne adj. *Un souk tunisien.* ♦ N. *Une Tunisienne* (de Tunisie); *le tunisien* (dialecte arabe).
tunisois, e adj. *Il est tunisois.* ♦ N. *C'est un Tunisois* (de Tunis).
tunnel n. m.
tunnelier n. m.
tupaïa ou **tupaja** [tupa-ya] n. m.
tupi n. m.
tupi-guarani [-gwa-] n. m. inv.
tupinambis [-bis'] n. m.
Tupperware n. m. déposé inv.
tuque n. f.
turban n. m.
turbe n. f.
türbe ou **turbeh** [turbé] n. m.
turbellarié n. m.
turbide adj.
turbidimètre n. m.
turbidimétrie n. f.
*****turbid index** ou **turbidity index** = indice de turbidité (spat.).
turbidité n. f.
turbin n. m.
turbinage n. m.
turbine n. f.
turbiné, e adj.
*****turbine fuel** = turbocombustible, n. m. (pétr.).
turbiner v. int.
turbith n. m.
turbo n. m. ♦ HOM. → turbot.
turboalternateur n. m.
turbocadre n. m.
turbocombustible n. m.
turbocompressé, e adj.
turbocompresseur n. m.
*****turbofan** = réacteur à double flux.
turboforage n. m.
turbomachine n. f.
turbomoteur n. m.
turbopompe n. f.
turbopropulseur n. m.
turboréacteur n. m.
turbosoufflante [-sou-] n. f.
turbostatoréacteur n. m.
turbot n. m. (poisson). ♦ HOM. *turbo* (apocope de turbocompresseur, turbocombustible, etc.).
turbotière n. f.
turbotin n. m.
turbotrain n. m.
turbulemment [-laman] adv.
turbulence n. f.
turbulent, e adj.
*****turbulent flow** = écoulement turbulent (agr.).
turc, turque adj. *Un ressortissant turc. Une femme turque.* ♦ N. *Un Turc, une Turque* (de Turquie); *il est fort comme un Turc; c'est la tête de Turc; le Grand Turc* (empereur ottoman); *le turc* (groupe de langues); *un siège à la turque.*
turcique adj. (terme de médecine).
turco n. m.
turcophone adj. et n.
turdidé n. m.
turelure n. f.
turf [teurf'] n. m.
turfiste [teur- ou tur-] n.
turgescence n. f.
turgescent, e adj.
turgide adj.
turinois, e adj. et n. (de Turin).
turion n. m.
turista [tou-] n. f.
turkmène adj. *Un cavalier turkmène.* ♦ N. *Les Turkmènes* (du Turkménistan); *le turkmène* (langue).

turlupin n. m.
turlupinade n. f.
turlupiner v. t.
turlurette n. f.
turlutaine n. f.
turluter v. int.
turlutte n. f.
turlututu n. m. ♦ Interj.
turne n. f.
turnep [-nèp'] ou **turneps** [-nèps'] n. m.
Turner (syndrome de) loc. m.
*****turn-over** = rotation, cycle, circuit, circulation, taux de renouvellement (méd.); renversement d'opinion (journalisme).
*****turn-table** = carrousel à bagages.
turonien n. m.
turpitude n. f.
turquerie n. f.
turquette n. f.
turquin n. m. (marbre). ♦ Adj. inv. *Des bleus turquin.*
turquoise [-kwaz] n. f. et adj. inv.
turriculé, e adj.
turritelle n. f.
tussah [-sa] n. m. Tissu quelquefois nommé TUSSAU. *Des tussaux.*
tuss*if*, *ive* adj.
tussilage n. m.
tussor n. m. Ancienne orthographe : *tussore.*
tutélaire adj.
tutelle n. f. *Les autorités de tutelle.*
tu*teur*, *trice* n. *Le tuteur « ad hoc ».*
tuteurage n. m.
tuteurer v. t.
tuthie ou **tutie** n. f.
tutoiement n. m.
tutorat [-ra] n. m.
*****tutorial** = tutoriel (inf.).
tutori*el*, *elle* adj.
tutoyer v. t. Conjug. 6.
tutoy*eur*, *euse* adj. et n.
*****tutti** (ital.) pron. indéf. = tous. En musique, le *tutti* est l'ensemble de l'orchestre ; *tutti frutti* = tous les fruits ; *tutti quanti* = tous ces gens-là, tous autant qu'ils sont.
tutu n. m.
tuyau [tui-yo] n. m. *Des tuyaux.*
tuyautage n. m.
tuyauté, e adj. et n. m.
tuyauter v. t.
tuyauterie n. f.
tuyaut*eur*, *euse* n.

tuyère n. f.
T.V.A. sigle f. Taxe sur la valeur ajoutée.
T.V.H.D. sigle f. Télévision à haute définition.
tweed [twid'] n. m.
*****tweeter** n. m. = haut-parleur d'aigus, tuiteur (aud.).
twill [twil'] n. m.
*****twin** = petit aileron (de planche à voile).
*****twin-set** = n. m. = ensemble coordonné.
*****twirling baton** = bâton tournoyant, bâton de majorette.
twist [twist'] n. m.
twister [twisté] v. int.
*****twister** = tortilleur, véhicule articulé.
two-step [toustèp'] n. m. *Des two-steps.*
*****two-way messaging** = radiomessagerie bilatérale.
*****two-way paging** = radiomessagerie bilatérale.
tylenchus [tilinkus'] n. m.
tympan n. m.
tympanal n. m.
tympanique adj.
tympaniser v. t.
tympanisme [-is-] n. m.
tympanon n. m.
tympanoplastie n. f.
Tyndall (effet) loc. m.
tyndallisation n. f.
typage n. m.
type n. m. Le féminin *typesse*, pour désigner une personne quelconque ou douteuse, est d'un emploi rare et populaire. *Un chic type, des chics types ; un écart type, des écarts types ; des listes types ; des formules types.*
typé, e adj.
typer v. t.
typesse n. f. → type.
typha [-fa] n. m.
typhacée [-fa-] n. f.
typhique [-fi-] adj.
typhlite [-fli-] n. f.
typho-bacillose [tifobasiloz'] n. f. *Des typho-bacilloses.*
typhoïde [-fo-id] adj. et n. f.
typhoïdique [-fo-i-] adj.
typhon [tifon] n. m.
typhose n. f.
typhus [-fus'] n. m. *Le typhus exanthématique ; le typhus murin.*
typicité n. f.
typique adj.

typiquement adv.
typo n. m. (typographe). Le féminin TYPOTE se dit. ♦ N. f. (typographie).
typographe n. et adj.
typographie n. f.
typographique adj.
typologie n. f.
typologique adj.
typomètre n. m.
typon n. m.
typtologie n. f.
tyramine n. f.
tyran n. m. (oiseau; chef absolu). ♦ HOM. → tirant.
tyranneau n. m. *Des tyranneaux.*
tyrannicide n. m. (acte). ♦ N. (personne).
tyrannie n. f.
tyrannique adj.
tyranniquement adv.
tyranniser v. t.
tyrannosaure n. m.
tyri*en*, *enne* adj. et n. (de Tyr).
tyroïde adj. ♦ HOM. → thyroïde.
tyroli*en*, *enne* adj. *Un pâtre, un chapeau tyrolien.* ♦ N. *Un Tyrolien* (du Tyrol); *une tyrolienne* (air; danse).
tyrosinase n. f. (enzyme).
tyrosine n. f. (acide aminé).
tyrosinémie n. f. (maladie).
tyrothricine n. f.
tzar, tzarine, tzarévitch Anciennes orthographes de *tsar, tsarine, tsarévitch.*
tzigane → tsigane.

U

u n. m. inv. ♦ **u :** symbole de l'*unité de masse atomique.* ♦ **u:** symbole de l'*uranium.*
ubac n. m.
ubérale adj. f.
ubiquiste ou **ubiquitaire** [ubikui-] n. et adj.
ubiquité [ubikuité] n. f.
ubuesque adj.
udométrique adj.
U.E.M. sigle f. Union économique et monétaire.
U.E.O. sigle f. Union de l'Europe occidentale.
U.E.P. sigle f. Union européenne des paiements.
U.E.R. sigle f. Unité d'enseignement et de recherche.
*****UFO** → ovni.
ufologie n. f.
ufologue n.
Uginox n. m. déposé.
*****U.H.F.** (*ultra high frequences) = ondes de très hautes fréquences, entre 300 et 3000 MHz.
uhlan n. m. On ne fait pas d'élision devant ce mot. *Le uhlan; les uhlans* (sans liaison).
U.H.T. sigle f. Ultrahaute température.
ukase ou **oukase** n. m.
ukrainien, enne adj. *Un paysan ukrainien.* ♦ N. *Un Ukrainien* (de l'Ukraine); *l'ukrainien* (langue).
ukulélé [youkou-] n. m.
ulcératif, ive adj.
ulcération n. f.
ulcère n. m.
ulcéré, e adj.
ulcérer v. t. *Il ulcère, nous ulcérons, il ulcérera(it).* Conjug. 10.
ulcéreux, euse adj.
ulcéroïde adj.
uléma ou **ouléma** n. m.
uliginaire adj.
uligineux, euse adj.
ulluco [ou-iou-ko] n. m.
ulluque n. m.
U.L.M. sigle m. Ultraléger motorisé.
ulmacée n. f.
ulmaire n. f. (reine-des-prés).
ulmiste n.
ulnaire adj. (de l'os cubital).
ulster [-tèr'] n. m. (manteau). → holster.
ultérieur, e adj.
ultérieurement adv.
ultimatum [-tom'] n. m. *Des ultimatums.*
ultime adj.
*****ultimo** (lat.) adv. = en dernier lieu.
ultra n. et adj. inv. en genre. Souvent employé dans le sens de « ultraroyaliste ». *Un ultra, des ultras; des femmes ultras.*
ultrabasique adj.
ultracentrifugation n. f.
ultracentrifugeuse n. f.
ultracourt, e adj.
ultradien, enne adj.
ultrafiltration n. f.
ultrafiltre n. m.
ultrahaut, e adj.
ultraléger, ère adj.
Ultra-Levure n. f. déposé inv.
*****ultra-light** = très léger.

ultralourd, e adj.
ultramicroscope n. m.
ultramicroscopie n. f.
ultramoderne adj.
ultramontain, e adj. et n.
ultramontanisme [-is-] n. m.
***ultra-petita** (lat.) = au-delà de l'objet de la demande. *Le tribunal a statué « ultra-petita ».*
ultraplat, e adj.
ultrapression n. f.
ultrarapide adj.
ultraroyaliste n. et adj. *Un ultraroyaliste* ou *un ultra.*
ultrasensible [-san-] adj.
ultrason [-son] n. m.
ultrasonique [-so-] adj.
ultrasonographie [-so-] n. f.
ultrasonore [-so-] adj.
ultrasophistiqué, e [-so-] adj.
ultravide n. m.
ultraviolet, ette adj. et n. m.
ultravirus [-us'] n. m.
ululation n. f.
ululement ou **hululement** n. m. Pas d'élision devant ce mot. *Le ululement, les ululements* (sans liaison).
ululer ou **hululer** v. int. Pas d'élision devant ce verbe, quelle que soit son écriture. *En train de ululer. Les hiboux ululent* (sans liaison).
ulve n. f.
***umbilical mast** = mât ombilical (spat.).
-ument/-ûment (Adverbes en) → tableau ADVERBES B, 3°, a, p. 871.
***umpire** = arbitre (sport).
un/in Ces deux sons ne doivent pas être confondus, comme c'est trop souvent le cas dans la moitié nord de la France.

In (son [ɛ̃] nasal) : *plain, vingt, Alain, brin, empreint, consensus.*

Un (son [œ̃] nasal, plus fermé) : *lundi, brun, emprunt.*

un, une art. indéf., variable en genre. *Il arriva à une heure insolite; c'était un beau livre; il était une fois.* ♦ Adj. qualif., variable en genre et en nombre. *La République est une; les buts sont uns.* ♦ Adj. numér., inv. en nombre. *Vingt et une maisons; trente et un mille voitures; cent un mille voix; quarante et un; quatre-vingt-un; la page un.* Devant l'adjectif numéral *un*, on ne devrait pas faire l'élision si ce *un* n'est pas suivi de décimales. *Une durée de un an; au bout de un kilomètre; des pièces de un franc.* Élision s'il y a des décimales. *Une longueur d'un mètre vingt; des flacons d'un litre et demi.* Cette règle n'est pas toujours respectée. ♦ Pron. *Prenez-en une. Un de mes voisins. C'est tout un; de deux choses l'une; plus d'un succombe. C'est un de ceux qui croient aux ovnis; c'est un de ceux-là qui croit aux ovnis.* ♦ N., variable en genre seulement. *Mettez cet article à la une* (la première page). *Ce quotidien a des unes remarquables. En scène pour le un* (le premier acte). *Le un est complet* (le premier étage de l'hôtel). *Trois un de suite font cent onze. L'ordinateur ne connaît que les zéros et les un.* ♦ *L'un, l'autre* → l'un. ♦ HOM. *hein!* (interj.), *Ain* (rivière; département), *les Huns* (peuple mongol); *hune* (plate-forme de navire).

unanime adj.
unanimement adv.
unanimisme [-is-] n. m.
unanimiste adj. et n.
unanimité n. f.
unau n. m. *Des unaus.*
unciforme [on-si-] adj.
unciné, e [on-si-] adj.
***unconfined water** = nappe libre (agr.).
***unconstructible** = inconstructible (urb.).
***uncontrolled mosaic** = photomosaïde (spat.).
***undecimo** [on-dé-] (lat.) adv. (abrév. : *11°*) = onzièmement.
***underground** adj. inv. = en marge, clandestin, parallèle, marginal, d'avant-garde.
***undermanned** = sous-armé (mer).
***underslung load** = charge sous élingue (déf.).
***understatement** = euphémisme, litote, atténuation.
***underwriter** = souscripteur (écon.).
***underwriting fee** = commission de garantie, commission de placement (écon.).
***underwriting group** = syndicat de prise ferme (écon.).
une → un.
UNEDIC sigle f. Union nationale pour l'emploi dans l'industrie et le commerce.
***UNESCO** (*United Nations Educational Scientific and Cultural Organization) = Organisation des Nations unies pour l'éducation, la science et la culture.
Unetelle → Untel.

unguéal, ale, aux [onghé-al'] adj.

***unguibus et rostro** (lat.) = par tous les moyens.

unguifère [onghui-] adj.

unguis [onghuis'] n. m.

uni, e adj. et n. m.

uniate n. m.

uniaxe adj.

unicaméral, ale, aux adj.

unicaule adj.

*****UNICEF** (*United Nations International Children's Emergency Fund) = Fonds international des Nations unies de secours à l'enfance.

unicellulaire adj.

unicité n. f.

unicolore adj.

unicorne adj.

unidimensionnel, elle adj.

unidirectionnel, elle adj.

unième adj. numér. ord. Ne s'emploie jamais seul. *Le vingt et unième; la mille et unième nuit. Il y a deux quarante et unièmes « ex aequo ».*

unièmement adv. Ne s'emploie jamais seul. *Trente et unièmement.*

unificateur, trice adj. et n.

unification n. f.

unifier v. t. Conjug. 17.

unifilaire adj.

uniflore adj.

unifolié, e adj.

uniforme adj. et n. m.

uniformément adv.

*****uniform flow** = écoulement uniforme (agr.).

uniformisation n. f.

uniformiser v. t.

uniformité n. f.

unijambiste n. et adj.

unilatéral, ale, aux adj.

unilatéralement adv.

unilinéaire adj.

unilingue adj.

unilobé, e adj.

uniloculaire adj.

uniment adv. *Tout uniment.*

uninominal, ale, aux adj.

union n. f. *L'union libre; l'Union sacrée* (en 1914); *l'Union américaine, message sur l'état de l'Union* (U.S.A.); *l'Union soviétique; l'Union des républiques socialistes soviétiques* (U.R.S.S.); *l'Union des fédérations* → raison sociale; *l'Union sud-africaine; l'Union française; l'Union Jack* (drapeau du Royaume-Uni).

unionisme [-is-] n. m.

unioniste n. et adj.

Union soviétique n. f. Les habitants étaient les Soviétiques. Abrév.: U.R.S.S. (pour: *Union des républiques socialistes soviétiques*); S.S.S.R. (pour: *Soïouz Sovietskikh Sotsialistitcheskikh Respoublik*); C.C.C.P. en caractères cyrilliques; U.S. (pour: *Union soviétique*). → Russie. L'Union soviétique comprenait 15 républiques fédérées.

uniovulé, e adj.

unipare adj.

unipersonnel, elle adj. *Verbes unipersonnels* → tableau VERBES XIII, p. 979.

unipolaire adj.

unipotent, e adj.

unique adj. *Cet exploit est unique* (il n'a pas son pareil). ♦ HOM. **hunnique** (qui se rapporte aux Huns).

uniquement adv.

*****unique sequence** = séquence unique (génét.).

unir v. t. du 2ᵉ gr. Conjug. 24.

uniramé, e adj.

unisexe [-sèks'] adj. *Des coiffures unisexes.*

unisexué, e [-sè-] adj.

unisexuel, elle [-sè-] adj.

unisson n. m. *Se mettre à l'unisson.*

unitaire adj.

unitarien, enne n. et adj.

unitarisme [-is-] n. m.

*****unit discharge** = débit unitaire (agr.).

unité n. f. *Un manque d'unité. Des unités de valeur. Unité astronomique* (symbole: ua). *Unités de mesure.*

unité-étalon n. f. *Des unités-étalons.*

unité X n. f. (mesure de longueur d'onde des rayons X).

unitif, ive adj.

unitisé, e adj.

univalent, e adj.

univalve adj.

univers n. m. *Le village était tout son univers.* Dans un ouvrage d'astronomie, de cosmographie, s'écrit avec une majuscule. *L'astronome hollandais De Sitter suggéra la théorie de l'expansion de l'Univers.*

*****universal bank** = banque universelle (écon.).

universalisation n. f.

universaliser v. t.

UNIVERSALISME

universalisme [-is-] n. m.
universaliste n. et adj.
universalité n. f.
*****universal life** = vie universelle (écon.).
universaux n. m. pl. → universel.
universel, elle adj. et n. m. Dans le vocabulaire philosophique : *un universel, des universaux*.
universellement adv.
universiade n. f.
universitaire adj. et n.
université n. f. *L'université de Paris, de Toulouse. L'Université* (ensemble des universités de France); *le grand maître de l'Université* (ministre); *l'université Harvard, Yale, Princeton, Columbia; Harvard University*.
univibrateur n. m.
univitellin, e adj.
univoque adj.
*****unpriming** = désamorçage d'une tuyère (spat.).
*****unsaturated zone** = zone non saturée (agr.).
*****unsupervised classification** = classification non dirigée (spat.).
*****unsustainable development** = développement non durable (écon.).
Untel n. *Il était avec Untel; M. Untel; MM. Untel et Untel; madame Untel/ Unetelle; Untel est venu; la famille Untel.* On trouve ce nom quelquefois écrit *Un tel, Une telle*.
*****up and under** = chandelle (sport).
upas [-as-] n. m.
upérisation n. f.
upériser v. t.
*****upgrade** = mise à niveau, évolution d'un système (inf.).
uppercut [-kut'] n. m.
upsilon [-lon'] n. m. → tableau LANGUES ÉTRANGÈRES ET LANGUES ANCIENNES, p. 897.
*****up to date** loc. adj. inv. = à la dernière mode.
*****upwelling** n. m. = remontée d'eau froide (mer).
uracile n. m.
uraète n. m.
uræus [uré-us'] n. m.
uranate n. m.
urane n. m.
uraneux adj.
uranie n. f. (insecte). ♦ HOM. *Uranie* (une des Muses).
uranifère adj.
uraninite n. f.

816

uranique adj.
uranisme [-is-] n. m.
uranite n. f.
uranium [-nyom'] n. m. *Des uraniums*.
uranographe n. m.
uranographie n. f.
uranoplastie n. f.
uranoscope n. m.
uranyle n. m.
urate n. m.
urbain, e adj.
*****urban design** = décoration urbaine.
urbanisation n. f.
urbaniser v. t.
urbanisme [-is-] n. m.
urbaniste n. et adj.
urbanistique adj.
urbanité n. f. (politesse).
urbanologie n. f.
*****urbanologist** = urbanologue.
urbanologue n.
*****urbanology** = urbanologie.
*****urban planner** = urbaniste.
*****urban planning** = urbanisme.
*****urban sprawl** = mitage (urb.).
*****urbi et orbi** (lat.) = à la ville et à l'univers.
urcéolé, e adj.
urdu → ourdou.
-ure Six mots ont une finale qui incite à prononcer [-jeur'] mais que l'on doit prononcer [-jur']. Ce sont : *bringeure, envergeure, gageure, mangeure, rongeure et vergeure*.

Deux mots comportent deux *u* qui se côtoient : *enclouure* et *nouure*, avec la prononciation logique [-ou-ure'].

ure → urus.
urédinale n. f.
urédospore n. f.
urée n. f.
uréide n. m.
urémie n. f.
urémique adj.
uréogenèse n. f.
uréotélique adj.
urétéral, ale, aux adj. (relatif aux uretères).
uretère n. m.
urétérite n. f.
urétérostomie n. f.
uréthanne ou **uréthane** n. m.
urétral, ale, aux adj. (relatif à l'urètre).

urètre n. m.
urétrite n. f.
urf adj. inv.
urgence n. f. *Il faut les prévenir d'urgence.*
urgent, e [-jan, -jant'] adj. *Du courrier urgent.* ♦ HOM. *urgeant* (partic. prés. du v. urger). ♦ Homographe hétérophone : ils *urgent* [urj] (v. urger).
urgentiste n.
urger v. int. Conjug. 3. *Cela urgeait.*
urgonien adj. et n. m.
uricémie n. f.
uricotélique adj.
urinaire adj.
urinal n. m. *Des urinaux.*
urine n. f.
uriner v. int. et t.
urineux, euse adj.
urinifère adj.
urinoir n. m.
urique adj.
urne n. f.
urobiline n. f.
urobilinurie n. f.
urochrome [-krom'] n. m.
urodèle n. m.
urogénital, ale, aux adj.
urographie n. f.
urogynécologie n. f.
urokinase n. f.
urolagnie n. f.
urologie n. f.
urologue n.
uromètre n. m.
uropode n. m.
uropyge n. m.
uropygial, ale, aux adj.
uropygien, enne adj.
urotélique adj.
ursidé n. m.
U.R.S.S. sigle f. Union des républiques socialistes soviétiques, de 1923 à 1990. → Union soviétique.
U.R.S.S.A.F. sigle f. Union pour le recouvrement des cotisations de la Sécurité sociale et des allocations familiales.
ursuline n. f. → religieux.
urticacée n. f.
urticaire n. f.
urticale n. f.
urticant, e adj.
urtication n. f.
urubu n. m.
uruguayen, enne [urugwè-yin, -yèn'] adj. et n. (de l'Uruguay).

urus [-us'] ou **ure** n. m. (autre nom de l'aurochs). ♦ HOM. → hure.
us [us'] n. m. pl. *Les us et coutumes.*
*****U.S.A.** sigle m. pl. (*United States of America) = États-Unis d'Amérique.
usage n. m.
usagé, e adj. (qui a beaucoup servi).
usager n. m. *Cette dame est un usager du téléphone.*
usance n. f.
usant, e adj.
usé, e adj.
use-bout n. m. *Des use-bouts.*
user v. t.
*****user** = usager (télécom.).
*****user friendliness** = convivialité.
*****user specific integrated circuit (USIC), customer specific IC** = circuit intégré client, circuit client. → ASIC.
usinabilité n. f.
usinage n. m.
usine n. f.
*****Usine center** (marque déposée) = magasin d'usine.
usiner v. t.
usineur, euse n.
usinier, ère adj. et n. m.
usité, e adj.
usnée n. f.
-ussion/-ution 1° S'écrivent avec deux *s* : *concussion, discussion, percussion, répercussion.*
2° S'écrivent avec un *t* : tous les autres (*exécution, pollution, rétribution…*).
ustensile n. m.
ustilaginale n. f.
usucapion n. f.
usuel, elle adj. et n. m.
usuellement adv.
usufructuaire adj.
usufruit n. m.
usufruitier, ère n. et adj.
usuraire adj.
usurairement adv.
usure n. f. *Des guerres d'usure.*
usurier, ère n.
usurpateur, trice adj. et n.
usurpation n. f.
usurpatoire adj.
usurper v. t.
usus [-us'] n. m.
ut [ut'] n. m. inv. *Une étude en ut majeur. Le contre-ut.* ♦ HOM. → hutte.
utérin, e adj.

utérorelaxant, e adj. et n. m.
utérus [-rus'] n. m.
utile adj. *En temps utile; à toutes fins utiles. Classez les papiers que vous estimez utiles. Classez les papiers que vous estimez utile de conserver.* ♦ Adv. *Votez utile.*
utilement adv.
utilisable adj.
utilisateur, trice n. et adj.
utilisation n. f.
utiliser v. t.
utilitaire adj. et n.
utilitarisme [-is-] n. m.
utilitariste adj. et n.
utilité n. f.
*****utilities** = commodités (urbanisme).
*****utility** = de servitude, à usage général, utilitaire (déf.).
*****U.T.M.** (*Universal Transverse Mercator) = système de projection cartographique selon les méridiens.

utopie n. f.
utopique adj. et n.
utopisme [-is-] n. m.
utopiste adj. et n.
utraquiste n. m.
utriculaire adj. et n. f.
utricule n. m.
utricu*leux, euse* adj.
*****ut supra** (lat.) = comme ci-dessus.
U.V. sigle m. Ultraviolet. ♦ Sigle f. Unité de valeur.
uv*al, ale, aux* adj.
uva-ursi n. m. inv. (plante).
uvée n. f.
uvéite n. f.
uvulaire adj.
uvule ou **uvula** n. f.
uxorilo*cal, ale, aux* adj.
uzbek → ouzbek.

V

v n. m. inv. ♦ **v:** symbole du *volt* et du *vanadium*. ♦ **V:** *cinq* en chiffre romain.
V 1 sigle m. (*Vergeltungswaffe n° 1) = missile sol-sol.
V 2 sigle m. (*Vergeltungswaffe n° 2) = missile sol-sol.
va! interj. *Eh bien! va pour ce prix! À Dieu va!* ou *À Dieu vat!*
vacance n. f. *Vacance du pouvoir; vacances scolaires.*
vacancier, ère n.
vacant, e adj. *Ce poste est vacant.* ♦ HOM. *vaquant* (partic. prés. du v. vaquer). *En vaquant à ses travaux.*
vacante n. f. (terre inculte).
vacarme n. m.
vacataire n.
vacation [-syon] n. f.
vaccaire n. f. (plante).
vaccin [vaksin] n. m.
vaccinable [vaksi-] adj.
vaccinal, ale, aux [vaksi-] adj.
vaccinateur [vaksi-] n. et adj. m.
vaccination [vaksi-] n. f.
vaccine [vaksin'] n. f.
vaccinelle [vaksi-] n. f.
vacciner [vaksi-né] v. t.
vaccinide [vaksi-] n. f.
vaccinier [vaksi-] n. m. (plante).
vaccinifère [vaksi-] adj.
vaccinogène [vaksi-] adj.
vaccinoïde [vaksi-] adj. et n. f.
vaccinologie [vaksi-] n. f.
vaccinostyle [vaksi-] n. m.
vaccinothérapie [vaksi-] n. f.
vachard, e adj.

vache n. f. et adj.
vachement adv.
vacher, ère n.
vacherie n. f.
vacherin n. m.
vachette n. f.
vacillant, e [va-si-yan, -yant'] adj.
vacillation [va-si-ya-syon] n. f.
vacillement [va-siy'-man] n. m.
vaciller [va-si-yé] v. int.
vacive adj. et n. f. *Des brebis vacives.*
va-comme-je-te-pousse (à la) loc. adv.
vacuité [vakuité] n. f. (état de ce qui est vide).
vacuolaire adj.
vacuole n. f. (cavité dans une cellule ou une roche).
vacuome n. m. (ensemble de vacuoles).
*vacuum (lat.) = vide (n. m.).
va-de-l'avant n. inv.
vade-mecum [vadémékom'] n. m. inv.
*vade retro Satana! (lat.) = retire-toi, Satan!
vadrouille n. f.
vadrouiller v. int.
vadrouilleur, euse n. et adj.
va-et-vient n. m. inv. *Des mouvements de va-et-vient.*
*vae victis (lat.) = malheur aux vaincus.
vagabond, e adj. et n.
vagabondage n. m.
vagabonder v. int.
vagal, ale, aux adj. *Une syncope vagale.*
vagin n. m.
vaginal, ale, aux adj.
vaginisme [-is-] n. m.

VAGINITE

vaginite n. f.
vagir v. int. du 2ᵉ gr. Conjug. 24.
vagissant, e adj.
vagissement n. m.
vagolytique adj.
vagotomie n. f. (section du nerf vague).
vagotonie n. f. (grand tonus vagal).
vagotonine n. f.
vagotonique adj.
vague adj. *Un bruit vague; terrain vague; nerf vague.* ♦ N. m. (ce qui est imprécis). *Le vague à l'âme.* ♦ N. f. (mouvement de l'eau). *Une vague d'assaut, de bombardiers, de chars, de froid, de protestations. La nouvelle vague* (jeune génération). *Le cinéma « nouvelle vague ».*
vaguelette n. f.
vaguement adv.
vaguemestre n. m.
vaguer v. int. Conjug. 4. (errer sans but). *Il vaguait.* ♦ Ne pas confondre avec *vaquer* (cesser son activité; s'occuper de).
vahiné n. f.
vaiçya → vaisya.
vaigrage n. m.
vaigre n. f.
vaillamment [va-ya-] adv.
vaillance [va-yans'] n. f.
vaillant, e [va-yan, -yant] adj.
vain, e adj. *De vains efforts; recherches vaines; ils cherchent en vain.* ♦ HOM. → vin.
vaincre v. t. Conjug. 78. *Telles sont les difficultés que ces ouvriers ont vaincues.*
vaincu, e n. et adj.
vainement adv.
vainqueur n. et adj. m. *Victorieuse* est le succédané de l'adjectif au féminin.
vair n. m. ♦ HOM. → vers.
vairon n. m. (poisson). ♦ Adj. m. *Des yeux vairons.*
vaisseau n. m. *Des vaisseaux. Un vaisseau fantôme; enseigne de vaisseau; vaisseau amiral; vaisseau-école. Le Vaisseau fantôme, de Wagner.*
vaisselier [-selyé] n. m.
vaisselle n. f.
vaissellerie n. f.
vaisya ou **vaiçya** [vè-sya] n. m. inv. (classe hindoue).
val n. m. Ce nom a deux pluriels *(vaux, vals)*. Le premier est plus ancien et tend à être abandonné; on le trouve surtout dans la locution *par monts et par vaux* et pour des lieux-dits *(les Vaux de Cernay).* *Un val perché* (dans le Jura); *le Val de Loire* (région).
V.A.L. sigle m. Véhicule automatique léger.
valable adj.
valablement adv.
valaisan, anne adj. et n. (du Valais).
valaque adj. et n. (de la Valachie).
Valda n. f. déposé inv.
valdéisme ou **valdisme** [-is-] n. m.
Val-de-Reuil [reuy'] Ville nouvelle détachée en 1984 de la commune de Vaudreuil (Eure). Ne pas confondre le nom avec celui de Rueil-Malmaison [ru-èy'].
valdingue n. m.
valdinguer v. int.
valdisme → valdéisme.
valdôtain, e adj. et n. (du Val d'Aoste).
valençay n. m. (fromage).
valence n. f. *La valence d'un élément chimique.*
valence ou **valencia** n. f. (variété d'orange).
valence-gramme n. f. *Des valences-grammes.*
valenciennes n. f. (dentelle de Valenciennes).
valentin, e n. (jeunes gens attirés l'un vers l'autre). *Elle a choisi son valentin.* ♦ HOM. *Valentin, Valentine* (prénoms).
valentinite n. f.
valentinois, e adj. et n. (de Valence, dans la Drôme).
valérianacée n. f.
valériane n. f.
valérianelle n. f.
valérique adj.
valet n. m. *Valet de chambre, de comédie, de ferme, de pied.* → varlet. ♦ HOM. → vallée.
valetaille n. f.
valétudinaire adj. et n.
valeur n. f. *Envois en valeur déclarée; objets de valeur; valeurs au porteur; valeur à lots; mise en valeur; unités de valeur; valeur en compte; jugement de valeur; croix de la Valeur militaire. Une valeur refuge, des valeurs refuges.*
valeureusement adv.
valeureux, euse adj.
valeur-or n. f. *Des valeurs-or.*
valgus, ga [-gus', -ga] adj. inv. *Un pied valgus, des pattes valga, une jambe valga. Un hallux valgus.*
validation n. f.
valide adj.

validement adv.
valider v. t. (rendre valable). ♦ Ne pas confondre avec *avaliser* (garantir, cautionner).
valideuse n. f.
validité n. f.
valine n. f.
valise n. f.
Valisère n. m. déposé inv.
valisette n. f.
valkyrie → walkyrie.
vallée n. f. (terrain en dépression). ♦ HOM. il *valait* (v. valoir), un *valet* (domestique).
valleuse n. f.
vallisnérie n. f.
vallon n. m.
vallonné, e adj.
vallonnement n. m.
valoir v. Conjug. 79. *Il vaut mieux; mieux vaut; rien qui vaille; autant vaut; à valoir sur; vaille que vaille; une moins--value, une plus-value. Les honneurs que son action lui a valus. Les millions que ce cheval a valu.* → tableau PARTICIPE PASSÉ III, F, 10°, p. 924.
***valorem (ad)** → ad valorem.
valorisant, e adj.
valorisation n. f.
valoriser v. t.
valpolicella [-litchéla] n. m. (vin).
valproïque adj.
valsant, e adj. *Un air valsant.*
valse n. f. *Des valses musettes, des valses swing, des valses hésitation(s).* Pour désigner une attitude flottante : *une valse-hésitation, des valses-hésitations.*
valser v. int. et t.
valseur, euse n. et adj.
value n. f. *Des moins-values, des plus--values.*
valvaire adj.
valve n. f.
valvé, e adj.
valvulaire adj.
valvule n. f. *La valvule de Bauhin.*
valvulopathie n. f.
vamp n. f.
vamper v. t.
vampire n. m.
vampirique adj.
vampiriser v. t.
vampirisme [-is-] n. m.
van n. m. *Le van des chevaux de course. Le fermier vanne le grain avec un van en osier.* ♦ *Le peintre Van Dyck.* → particule.
♦ HOM. → vent.

vanadinite n. f.
vanadique adj.
vanadium [-dyom'] n. m. *Des vanadiums.*
vanda n. f. (plante).
vandale n. (destructeur). *Les Vandales* (peuple).
vandaliser v. t.
vandalisme [-is-] n. m.
vandoise n. f.
***vane** = déflecteur de volet (déf.).
vanesse n. f.
vanille n. f.
vanillé, e [-ni-yé] adj.
vanillier [-ni-yé] n. m.
vanilline [-ni-lin'] n. f.
vanillisme [-nili-] n. m.
vanillon [-ni-yon] n. m.
vanisage n. m.
vanisé, e adj.
vanité n. f. *Ils tirent vanité de leur naissance.*
vaniteusement adv.
vaniteux, euse adj. et n.
***vanity case** n. m. = coffret de toilette. *Des vanity cases.*
vannage n. m.
vanne n. f.
vanné, e adj. (passé au van; fatigué).
vanneau n. m. *Des vanneaux.*
vannée n. f.
vannelle ou **vantelle** n. f.
vanner v. t.
vannerie n. f.
vannet n. m.
vanneur, euse n. et adj.
vannier, ère n.
vannure n. f.
vantail n. m. (panneau ouvrant). *Des vantaux. Un vantail de porte, de fenêtre.*
♦ HOM. *ventail* (partie mobile et trouée d'un casque d'armure).
vantard, e adj. et n.
vantardise n. f.
vantelle → vannelle.
vanter v. t. *Elles se sont vantées.* ♦ HOM. → venté.
vanterie n. f.
va-nu-pieds n. inv.
V.A.O. sigle f. Vidéo assistée par ordinateur.
vapes [vap'] n. f. pl. *Il est tombé dans les vapes.*
vapeur n. f. *Machine à vapeur; bain de vapeur; à toute vapeur; les vapeurs du*

vin; des pommes vapeur; un cheval-vapeur. ♦ N. m. (bateau à vapeur). Un grand vapeur entre au port.
vapocraquage n. m.
vapocraqueur n. m.
vaporeusement adv.
vaporeux, *euse* adj.
vaporisage n. m.
vaporisateur n. m.
vaporisation n. f.
vaporiser v. t.
*****vapor lock** = bouchon de vapeur.
*****vapor quality** ou *****vapour quality** = titre en vapeur (nucl.).
vaquer v. int. (cesser son activité). *Les universités vaquent.* ♦ V. t. ind. (s'occuper de). *Elle vaque à ses occupations.* → vaguer.
*****vaquero** (esp.) n. m. = bouvier, conducteur de troupeaux.
var n. m. (unité de mesure : *3 vars* ou *3 var*).
vara → varus.
varaigne n. f.
varan n. m. (reptile). ♦ Ne pas confondre avec *varron* (parasite du bœuf).
varangue n. f.
varappe n. f.
varapper v. int.
varappeur, *euse* n.
varech [-rèk'] n. m.
vareuse n. f.
varheure n. m. (unité de mesure : *3 var-heures* ou *3 varh*).
varia n. m. pl.
variabilité n. f.
variable adj. *Poids variable.* ♦ N. m. *Le baromètre est au variable.* ♦ N. f. *Une variable logarithmique.*
*****variable-geometry aircraft** = avion à flèche variable.
*****variable-geometry inlet** = entrée d'air variable.
*****variable geometry intake** = prise d'air variable.
variablement adv.
*****variable message sign** = panneau à message variable (transp.).
*****variable valve timing** = distribution à programme variable (transp.).
variance n. f.
variant, *e* adj. et n. f.
variateur n. m.
variation n. f.
varice n. f.

varicelle n. f.
varicocèle n. f.
varicosité n. f.
varié, *e* adj.
*****varied flow** = écoulement varié (agr.).
varier v. t. et int. Conjug. 17.
variétal, *ale*, *aux* adj.
variété n. f. *Une variété de formes. Ceci est une variété d'abricot. Il ne cultive que trois variétés de pommes. Un spectacle, une émission de variétés.*
Varilux n. m. déposé.
variole n. f.
variolé, *e* n. et adj.
varioleux, *euse* adj. et n.
variolique adj.
variolisation n. f.
varioloïde n. f.
variomètre n. m.
variorum [-rom'] n. m. inv.
variqueux, *euse* adj.
varistance n. f.
varlet n. m. Ancienne forme du mot *valet* (surtout pour désigner l'écuyer et l'accessoire d'établi).
varlope n. f. Moins long, c'est une *demi--varlope*.
varloper v. t.
varois, *e* adj. et n. (du Var).
varroa n. m. (parasite de l'abeille).
varron n. m. (parasite du bœuf). Quelquefois écrit VARON. → varan.
varsovien, *enne* adj. et n. (de Varsovie).
varus, *ra* [-rus', ra] adj. inv. *Un genou varus, une jambe vara.*
varve n. f. *Un sédiment à varves.*
vasard, *e* adj. et n. m.
vasculaire ou **vascul**eux, *euse* adj.
vascularisation n. f.
vascularisé, *e* adj.
vasculeux → vasculaire.
vasculonerveux, *euse* adj.
vasculoprotecteur n. m.
vasculotrope n. m.
vase n. f. (boue au fond de l'eau). *Des vers de vase.* ♦ N. m. (récipient). *Un vase à fleurs; en vase clos; des vases communicants; un vase d'expansion; les vases sacrés du culte.*
vasectomie ou **vasotomie** n. f.
vasectomiser v. t.
vaseline n. f.
vaseliner v. t.
vaseux, *euse* adj.

vasière n. f.
vasistas [vazistas'] n. m.
vasoconstric*teur, trice* adj. et n. m.
vasoconstriction n. f.
vasodilata*teur, trice* adj. et n. m.
vasodilatation n. f.
vasomo*teur, trice* adj.
vasomotricité n. f.
vasoplégie n. f.
vasopressine n. f.
vasotomie → vasectomie.
vasouillard, e adj. et n.
vasouiller v. int.
vasque n. f.
vass*al, ale, aux* adj. et n.
vassalique adj.
vassaliser v. t.
vassalité n. f.
vasselage n. m.
vassiveau n. m. *Des vassiveaux.*
vaste adj.
vastement adv.
vastitude n. f.
va-t-en-guerre n. inv. et adj. inv.
Vater (ampoule de) loc. f.
vaticane adj. f. *La diplomatie vaticane. La Bibliothèque vaticane* (abs. : *la Vaticane*).
vaticina*teur, trice* n. et adj.
vaticination n. f.
vaticiner v. int.
va-tout n. m. inv.
vau n. m. (cintre supportant la voûte pendant sa construction). Quelquefois écrit VEAU. *Des vaux; des veaux.* Le *vau* repose sur des *sous-vaux.* Ce mot est aussi une variante ancienne de *aval* entrant dans les locutions adverbiales : *à vau-l'eau, à vau-de-route, à vau-vent.* ♦ HOM. → vos.
vauchérie n. f.
vauclusien, enne adj. *Une source vauclusienne.* ♦ N. *Un Vauclusien* (du Vaucluse).
vau-de-route (à) loc. adv.
vaudeville n. m.
vaudevillesque adj.
vaudevilliste n.
vaudevire n. m.
vaudois, e adj. *Ce Suisse est vaudois.* ♦ N. *Une Vaudoise* (du canton de Vaud); *un vaudois* (membre d'une ancienne secte hérétique).
vaudou, e n. m. *Le vaudou est un culte. Les vaudous.* ♦ Adj. *Des cérémonies vaudoues.*

vau-l'eau (à) loc. adv. *Leurs affaires vont à vau-l'eau.*
vaurien, enne n. et adj. (mauvais sujet). ♦ HOM. un *Vaurien* (type de petit voilier, n. déposé inv.).
vautour n. m.
vautrait n. m. ♦ HOM. → vautrer.
vautrer (se) v. pr. (s'étendre, se coucher). *Ils s'étaient vautrés.* ♦ HOM. un *vautrait* (équipage de chiens de chasse).
vau-vent (à) loc. adv.
vaux → val.
vavass*al, ale, aux* ou **vavasseur** n. *Des vavassaux.*
va-vite (à la) loc. adv.
vavona n. m.
***V.C.R.** (*video cassette recording) = magnétoscope simplifié (aud.).
V.D.Q.S. sigle m. Vin délimité de qualité supérieure.
vé n. m. (cale en forme de V).
veau n. m. *Des veaux. Tuer le veau gras; veau de lait; ris de veau; le Veau d'or* (idole des Hébreux); *adorer le veau d'or* (sens figuré). Le mot *veau* est aussi l'autre écriture de *vau.* ♦ HOM. → vos.
vécés n. m. pl. (prononciation courante de W.-C.).
vecteur n. m. et adj.
***vector** = vecteur (génét., spat.).
vectoriel, elle adj.
vécu, e adj. et n. m.
vedettariat [-rya] n. m.
vedette n. f. *Ils sont en vedette; une vedette lance-torpilles; des vedettes de combat; des vedettes du spectacle.*
vedettisation n. f.
vedettiser v. t.
vedika n. f. inv.
védique adj. *Les prières védiques.* ♦ N. m. (langue des Veda).
védisme [-is-] n. m.
végét*al, ale, aux* adj. et n. m.
végétalien, enne adj. et n.
Végétaline n. f. déposé inv.
végétalisme [-is-] n. m.
végétaliste adj. et n.
végétarien, enne adj. et n.
végétarisme [-is-] n. m.
végéta*tif, ive* adj.
végétation n. f. *Les végétations adénoïdes.*
***vegetation index** = indice de végétation (spat.).
végéter v. int. *Il végète, nous végétons, il végétera(it).* Conjug. 10.

végétivore adj. et n.
végétothérapie n. f.
véhémence n. f.
véhément, e adj.
véhémentement adv.
*****vehicle** = vecteur (spat.).
véhiculaire adj.
véhicule n. m.
véhiculer v. t.
véhiculeur n. m.
vehmique [vé-] adj. (de la Sainte-Vehme).
veille n. f. *La veille du départ ; la chambre de veille dans un phare.*
veillée [vé-yé] n. f.
veiller [vé-yé] v. int. et t. *Aujourd'hui, nous veillons ; hier, nous veillions.*
veilleur, euse n. *Mettez ces arguments en veilleuse.*
veinard, e adj. et n.
veine n. f. (vaisseau sanguin ; chance). *Les veines azygos. Ils sont en veine ce soir.* ♦ Interj. *Oh ! veine !* ♦ HOM. *vaine* (inutile, sans valeur).
veiné, e adj.
veiner v. t.
veinette n. f.
veineux, euse adj.
veinosité n. f.
veinule n. f. (petite veine).
veinure n. f. (dessin dans une roche).
vêlage ou **vêlement** n. m.
vélaire adj. et n. f.
vélani n. m.
vélar n. m.
vélarium ou **velarium** [-ryom'] n. m. *Des vélariums.*
velche ou **welche** [vèlch'] n. m. et adj. inv. en genre. En allemand : *Welsch.*
Velcro n. m. déposé inv.
veld n. m.
vêlement → vêlage.
vêler v. int.
velet n. m.
vêleuse n. f.
vélie n. f.
vélin n. et adj. m. *Des papiers vélins.*
véliplanchiste n.
vélique adj.
vélite n. m.
vélivole ou **vélivoliste** n. et adj.
vellave adj. et n. (du Velay).
velléitaire adj. et n.
velléité n. f.
vélo n. m. *Des vélos tout-terrain* (V.T.T.).

véloce adj.
vélocimétrie n. f.
vélocipède n. m.
vélociste n.
vélocité n. f.
vélocross n. m.
vélodrome n. m.
vélomoteur n. m.
véloski n. m.
Vélosolex n. m. déposé.
velot [velo] n. m. (peau de veau).
vélo-taxi n. m. *Des vélos-taxis.*
velours n. m.
velouté, e adj. et n. m.
veloutement n. m.
velouter v. t.
velouteux, euse adj.
veloutier, ère n.
veloutine n. f.
velte n. f.
velu, e adj.
vélum ou **velum** [vélom'] n. m. *Des vélums.*
Velux [vé-] n. m. déposé.
velvet n. m.
velvote n. f.
venaison n. f. (chair de gibier).
vénal, ale, aux adj.
vénalement adv.
vénalité n. f.
venant, e n. et adj. *Des arbres bien venants ; ouvert à tout venant ; les allants et venants ; des graines tout venant ; c'est du tout-venant.*
vendable adj.
vendange n. f.
vendangeoir n. m.
vendangeon n. m.
vendanger v. t. et int. *Nous vendangeons.* Conjug. 3.
vendangerot [-ro] n. m.
vendangette n. f.
vendangeur, euse n.
vendéen, enne [-dé-in, -èn'] adj. *Le Bocage vendéen.* ♦ N. *Un Vendéen* (de Vendée ; de la guerre de Vendée).
vendémiaire n. m. sing.
vendetta [vin-déta] n. f.
vendeur, euse n.
*****vending** = distribution automatique (écon.).
*****vending machine** = distributeur automatique de produits (D.A.P.).
vendre v. t. Conjug. 67. *Vendre la peau de l'ours. Ces objets se sont bien vendus.* → vente.

vendredi n. m. *Le vendredi saint.* → jour.
vendu, e adj. et n.
venelle n. f.
vénéneux, euse adj. (se dit des aliments qui contiennent un poison). ♦ Ne pas confondre avec *venimeux* (capable d'injecter un venin).
vénérable adj. et n.
vénérablement adv.
vénération n. f.
vénéréologie → vénérologie.
vénérer v. t. *Je vénère, nous vénérons, je vénérerai(s).* Conjug. 10.
vénéricarde n. f.
vénéridé n. m.
venerie n. f.
vénérien, enne adj.
vénérologie ou **vénéréologie** n. f.
venet n. m.
venette n. f.
veneur n. m. *Le grand veneur.*
vénézuélien, enne adj. *Le pétrole vénézuélien.* ♦ N. *Un Vénézuélien* (du Venezuela).
vengeance n. f.
venger v. t. *Nous vengeons.* Conjug. 3.
vengeron n. m.
vengeur, eresse adj. et n. *Des paroles vengeresses.*
*veniat** (lat.) = qu'il vienne.
véniel, elle adj.
véniellement adv.
Vénilia n. m. déposé inv.
venimeux, euse [ve-] adj. → vénéneux.
venimosité [ve-] n. f.
venin [ve-] n. m.
venir v. int. Conjug. 76. Les temps composés se font avec *être. S'en venir. Elle s'en est venue.* → tableau VERBES XII, E, 1°, P. 978.
vénitien, enne [-syin, -syèn] adj. *Un palais vénitien.* ♦ N. *Les Vénitiens* (de Venise).
*veni, vidi, vici** (lat.) loc. = je suis venu, j'ai vu, j'ai vaincu.
vent [van] n. m. *En coup de vent; le nez au vent; semer à tout vent; saute de vent; arbres de plein vent; instrument à vent; mise au vent; vent arrière; par vent debout; avoir bon vent; vent contraire; des coups de vent; des sautes de vent; vent de mer, de terre; vent à rafales; boutiques en plein vent; flamberge au vent; malgré vents et marée; contre vents et marée. Un vent coulis. Les îles du Vent; les îles Sous-le-Vent.* ♦ HOM. *je vends* (v. vendre), *un van* (corbeille; véhicule), *Jan Van Eyck* (particule flamande).

ventage n. m.
ventail n. m. *Des ventaux.* On dit aussi *une* VENTAILLE. ♦ HOM. → vantail.
vente n. f. *Mettre en vente. Vente/vendre au comptant, à crédit, à découvert, à l'encan, aux enchères, au plus offrant et dernier enchérisseur, à prix coûtant, à prix imposé, à prix fixe, à réméré, à tempérament, à terme, à vil prix. Des contrats de vente; une vente réclame; une vente « envoi forcé »; des locations-ventes; des expositions ventes; les ventes en librairie. C'est de bonne vente; ce sont de bonnes ventes.* ♦ HOM. *il vente* (v. venter), *il se vante* (v. se vanter).
venté, e adj. (qui reçoit le vent). ♦ HOM. *vanter* (louer, exalter), *venter* (faire du vent).
venteau n. m. (ouverture à soupapes dans une soufflerie). *Des venteaux.* ♦ HOM. des *vantaux* (pl. de vantail), des *ventaux* (pl. de ventail).
venter v. impers. *Il a venté cette nuit.* ♦ HOM. → venté.
vente-saisie n. f. *Des ventes-saisies.*
venteux, euse adj.
*vent hole** = éveil (spat.).
ventilateur n. m.
ventilation n. f.
*ventilation space** = vide sanitaire (urb.).
ventiler v. t.
ventileuse n. f.
ventis [-ti] n. m. pl.
ventôse n. m. sing.
ventosité n. f.
ventouse n. f. *Des voitures ventouses.*
ventral, ale, aux adj.
*ventral fin** = quille (déf.).
ventre n. m. *Avoir du cœur au ventre; ils courent ventre à terre; ils sont à plat ventre; tout fait ventre; le bas-ventre.*
ventrebleu! interj.
ventrèche n. f.
ventre-de-biche adj. inv.
ventrée n. f.
ventre-saint-gris! interj.
ventriculaire adj.
ventricule n. m.
ventriculographie n. f.
ventrière n. f.
ventriloque n. et adj.
ventriloquie n. f.
ventripotent, e adj.
ventru, e adj.

VENTURE CAPITAL

*venture capital = capital-risque (écon.).

venturi n. m.

venu, e adj. *Cette photo est bien venue; cet arbre est mal venu.* Mais : *Soyez les bienvenus; souhaiter la bienvenue; il est malvenu à se plaindre.* ♦ N. *Le premier venu, la première venue, les premiers venus; un nouveau venu, une nouvelle venue, des nouveaux venus, des nouvelles venues. Un arbre d'une belle venue. Les allées et venues.*

vénus [-nus'] n. f. (mollusque du genre praire). ♦ HOM. *Vénus* (divinité romaine; planète).

vénusien, enne adj. et n. (de Vénus).

vénusté n. f. (beauté digne de Vénus).

vépéciste n.

vêprée n. f. (soirée).

vêpres n. f. pl. *Aller aux vêpres; chanter vêpres. Les Vêpres siciliennes* (1282).

ver n. m. *Des vers à soie; un ver blanc; un ver luisant; des vers de terre.* ♦ HOM. → vers.

vérace n. m.

véracité n. f.

véraison n. f.

véranda n. f.

vératre n. m. (plante).

vératrine n. f.

verbal, ale, aux adj. *Adjectifs verbaux* → tableau ADJECTIFS I, B, p. 864.

verbalement adj.

verbalisateur, trice adj. et n.

verbalisation n. f.

verbaliser v. int. *Ils ont verbalisé contre lui.*

verbalisme [-is-] n. m.

verbascacée n. f.

*verbatim = mot pour mot, textuellement.

VERBE n. m. *Ils ont le verbe haut.* Ce mot s'écrit avec une majuscule s'il désigne la parole divine. *Saint Jean fut l'évangéliste du Verbe.* ♦ *Les verbes français* → tableau en annexe p. 956.

verbénacée n. f.

verbeusement adv.

verbeux, euse adj. et n.

verbiage n. m.

verbicruciste n.

verbigération n. f.

verboquet n. m.

verbosité n. f.

verdage n. m.

verdâtre adj.

verdelet, ette adj.

verdet [-dè] n. m.

verdeur n. f. *La verdeur d'un vin, d'une plaisanterie.*

verdict n. m.

verdier n. m.

verdine n. f.

verdir v. t. et int. du 2ᵉ gr. Conjug. 24.

verdissage n. m.

verdissement n. m.

verdoiement n. m.

verdoyant, e adj.

verdoyer v. int. Conjug. 6.

verdunisation n. f.

verduniser v. t.

verdure n. f.

verdurier, ère n.

vérétille n. f.

véreux, euse adj.

verge n. f.

vergé, e adj.

vergence n. f.

verger n. m.

vergeté, e adj.

vergette n. f.

vergeture n. f.

vergeure [-jur'] n. f. → -ure.

*vergiss mein nicht (all.) = ne m'oubliez pas.

verglaçant, e adj.

verglacé, e adj.

verglas [-gla] n. m.

vergne ou **verne** n. m.

vergobret n. m.

vergogne n. f. *Sans vergogne.*

vergue n. f.

véridicité n. f.

véridique adj.

véridiquement adv.

vérifiable adj.

vérificateur, trice n. et adj.

vérificatif, ive adj.

vérification n. f.

vérificationnisme [-is-] n. m.

vérifier v. t. Conjug. 17. En tête d'expression, le participe passé *vérifié* reste invariable *Vérifié la bonne tenue des comptes.*

vérifieur, euse n.

vérin n. m.

vérine ou **verrine** n. f.

vérisme [-is-] n. m.

vériste n. et adj.
véritable adj.
véritablement adv.
vérité n. f. *En vérité; la minute de vérité; sérum de vérité; lui dire ses quatre vérités. Une vérité de La Palice. Le cinéma-vérité; la caméra-vérité, des caméras-vérité; un roman-vérité. La Vérité sortant du puits* (personnification). *Une contrevérité.*
verjus [-ju] n. m.
verjuté, e adj.
verjuter v. t.
verlan n. m. *Le verlan est un argot qui procède par interversion des syllabes : branché devient chébran; l'envers devient verlan; laisse tomber devient laisse béton.*
verlandiser v. t.
vermée n. f.
vermeil, elle adj. *Un teint vermeil.* ♦ N. m. (argent doré). *Des assiettes de vermeil.*
vermet n. m.
vermicelle n. m.
vermiculaire adj.
vermiculé, e adj.
vermiculite n. f.
vermiculure n. f.
vermidien n. m.
vermiforme adj.
vermifuge adj. et n. m.
vermille n. f.
vermiller v. int.
vermillon n. m. *De beaux vermillons.* ♦ Adj. inv. *Des rubans vermillon.*
vermillonner v. int.
vermine n. f.
vermineux, euse adj.
verminose n. f.
vermis [-mis'] n. m.
vermisseau n. m. *Des vermisseaux.*
vermivore adj.
vermouler (se) v. pr. *Cette armoire s'est vermoulée.*
vermoulu, e adj.
vermoulure n. f.
vermouth n. m. Quelquefois écrit VERMOUT.
vernaculaire adj.
*****vernacular architecture** = architecture vernaculaire (urb.).
vernal, ale, aux adj.
vernalisation n. f.
vernation n. f.
verne → vergne.

verni, e adj. *Des ongles vernis. Ma voisine est vernie* (a de la chance). ♦ HOM. un brillant *vernis*, il *vernit* (v. vernir).
vernier n. m.
*****vernier engine** ou **vernier motor** = moteur vernier (spat.).
vernir v. t. du 2ᵉ gr. Conjug. 24.
vernis n. m. ♦ HOM. → verni.
vernissage n. m.
vernissé, e adj.
vernisser v. t.
vernisseur, euse n.
vernix caseosa [-zéoza] loc. m. inv.
vérole n. f.
vérolé, e adj.
Véronal n. m. déposé. Ne devrait pas, en principe, prendre la marque du pluriel; mais on trouve écrit : *des Véronals.*
véronique n. f. (plante; passe de tauromachie). ♦ HOM. *Véronique* (prénom).
verranne n. f.
verrat [véra] n. m.
verre n. m. *Papier de verre; maison de verre; fibre de verre; verre(s) de contact, de couleur, de flaconnage, de lampe; verre à bouteilles, à glace, à liqueur, à pied, à vitres; verre à bordeaux, à eau, à vin.* ♦ HOM. → vers.
verré, e adj. et n. f.
verrerie n. f.
verrier n. et adj. m.
verrière n. f.
verrine → vérine.
verroterie n. f.
verrou n. m. *Des verrous.*
verrouillage n. m.
verrouiller v. t.
verrouilleur n. m.
verrucaire n. f.
verrucosité n. f.
verrue n. f.
verruqueux, euse adj.
vers n. m. *Une tragédie en vers; des vers libres; un vers boiteux.* ♦ HOM. → vers.
vers prép. *Nous allons vers la fin de l'été; il vient vers nous.* ♦ HOM. les *vers* du poète, du *verre* épais (matière), un *verre* de vin, une prairie d'un beau *vert* (couleur), le *vair* (fourrure; motif héraldique), un *ver* de terre (animal).
versaillais, e adj. *Un décor versaillais.* ♦ N. *Une Versaillaise* (de Versailles); *les versaillais* (soldats de Mac-Mahon en 1871).
versant n. m.

VERSATILE

versatile adj.
*****versatile** = adaptable.
versatilité n. f.
*****versatility** = souplesse, polyvalence (et non *versatilité*).
verse n. f. *La verse d'un champ d'avoine. Il pleut à verse.*
versé, e adj.
verseau n. m. *Des verseaux. Sous le signe du Verseau.* → zodiaque.
versement n. m.
verser v. t. et int.
verset n. m.
verseur, euse n. et adj.
versicolore adj.
versiculet n. m.
versificateur n. m.
versification n. f.
versifier v. int et t. Conjug. 17.
version n. f.
vers-librisme [-is-] n. m. *Des vers-librismes.*
vers-libriste n. et adj. *Des vers-libristes.*
verso n. m. *Des versos.*
versoir n. m.
verste n. f. (ancienne mesure russe).
versus [-sus'] prép. Marquant l'opposition et souvent abrégée en *vs* : *étalon* vs *jument.*
vert, e adj. *Une volée de bois vert. Du chêne vert. Des manteaux verts. Une pomme verte.* ♦ Adj. inv. *Des chemisiers vert clair; vert pré, vert pomme, vert Véronèse.* → tableau COULEURS, p. 884. ♦ N. *La nature offre des verts superbes. Se mettre au vert. Des vertes et des pas mûres.* ♦ *Au diable vauvert. Le Vert-Galant* (Henri IV). *Les îles du Cap-Vert.*
♦ HOM. → vers.
LEXIQUE : absinthe, alexandrite, amande, bouteille, céladon, chlorophylle, chrysolite, chrysoprase, émeraude, empire, épinard, glauque, jade, malachite, olivâtre, olive, olivine, péridot, pers, pistache, sinople, smaragdin, turquoise, verdâtre, verdissant, verdoyant, Véronèse, viride.
vert-de-gris n. m. et adj. inv.
vert-de-grisé, e adj. *Statues vert-de-grisées.*
vertébral, ale, aux adj.
vertèbre n. f.
vertébré, e adj. et n. m.
vertébrothérapie n. f.
vertement adv.
vertex n. m.

vertical, ale, aux adj. *Des lignes verticales.* ♦ N. m. *Le vertical céleste* (astron.).
♦ N. f. *Tracez la verticale.*
verticalement adv.
verticalisateur n. m.
verticalité n. f.
*****vertical sounding** = sondage ionosphérique vertical (spat.).
verticille [-sil'] n. m.
verticillé, e [-silé] adj.
verticité n. f.
vertige n. m.
vertigineux, euse adj.
vertigo n. m. (maladie du cheval). *Des vertigos.* ♦ Ne pas confondre avec *virago* (femme rude et autoritaire).
vertu n. f. *En vertu de. Les sept vertus chrétiennes sont* : les vertus théologales (foi, espérance, charité) et les vertus morales cardinales (prudence, force, justice, tempérance).
vertubleu!, vertudieu! ou **vertuchou!** interj.
vertueusement adv.
vertueux, euse adj.
vertugadin n. m.
verve n. f.
verveine n. f.
vervelle n. f.
vervet n. m. (singe).
verveux, euse adj. et n. m.
*****very important person** ou ***V.I.P.** = personnalité.
*****very small aperture terminal** = microstation terrienne (télécom.).
vésanie n. f.
vesce n. f. (plante). ♦ HOM. *vesse* (gaz anal).
vésical, ale, aux adj.
vésicant, e adj.
vésication n. f.
vésicatoire adj. et n. m.
vésiculaire adj.
vésicule n. f. *La vésicule biliaire.*
vésiculeux, euse adj.
vesou n. m. *Des vesous.*
Vespa n. f. déposé inv.
vespasienne n. f.
vespéral, ale, aux adj. et n. m.
vespertilion n. m.
vespétro n. m.
vespidé n. m.
vesse n. f. ♦ HOM. → vesce.
vesse-de-loup n. f. *Des vesses-de-loup.*
vesser v. int.
vessie n. f.

vessigon n. m.
vestale n. f.
vestalies n. f. pl.
veste n. f.
vestiaire n. m.
vestibulaire adj.
vestibule n. m.
vestige n. m.
vestimentaire adj.
veston n. m. *Des complets veston.*
vêtement n. m. *Vêtements sacerdotaux.*
vétéran n. m.
vétérance n. f.
vétérinaire adj. et n.
vétillard, e adj. et n.
vétille n. f.
vétiller v. int.
vétilleur, euse adj. et n.
vétilleux, euse adj.
vêtir v. t. Conjug. 80.
vétiver [-vèr'] n. m.
veto [véto] n. m. inv. *Des veto suspensifs; monsieur Veto, madame Veto* (Louis XVI et Marie-Antoinette).
véto n. (abrév. de *vétérinaire*).
vêtu, e adj. *Elles sont chaudement vêtues.*
vêture n. f.
vétuste adj.
vétusté n. f. (vieillesse).
veuf, veuve adj. et n.
veuglaire n. f.
veule adj.
veulerie n. f.
veuvage n. m. → viduité.
veuve → veuf.
vexant, e adj.
vexateur, trice adj.
vexation n. f.
vexatoire adj.
vexer [vèk-sé] v. t.
vexillaire [-silèr'] n. m.
vexille [-siy'] n. m.
vexillologie [vèksilo-] n. f.
*V.F.R. (*visual flight rule) = règle de vol à vue (déf.).
*V.H.D. (*viral hemorragic disease) = maladie hémorragique du lapin.
*V.H.F. (*very high frequences) = ondes de hautes fréquences, entre 30 et 300 MHz.
*V.H.S. (*video home system) = système de vidéo domestique.
via prép. *De Paris à Bucarest via* (par) *Munich.*

viabiliser v. t.
viabilité n. f.
viable adj.
viaduc n. m.
viager, ère adj. et n. m. *Des ventes en viager.*
viande n. f.
viander v. int.
Viandox n. m. déposé.
viatique n. m.
vibice n. f. (tache violacée de la peau).
vibord ou vibor n. m.
vibrage n. m.
vibrant, e adj. et n. f.
vibraphone n. m.
vibraphoniste n.
vibrateur n. m.
vibratile adj.
vibration n. f.
vibrato n. m. *Des vibratos.*
vibratoire adj.
vibré, e adj.
vibrer v. int et t.
vibreur n. m.
vibrion n. m.
vibrionner v. int.
vibrisse n. f. (poil).
vibromasseur n. m.
vicaire n. m. *Le grand vicaire; le vicaire général; le vicaire de Jésus-Christ* (le pape).
vicarial, ale, aux adj.
vicariance n. f.
vicariant, e adj.
vicariat [-ria] n. m.
vice n. m. *Des vices de construction, de forme, de fabrication. Il a tous les vices!*
♦ HOM. → vis.
*vice- (lat.) = à la place de. Employé comme particule en français pour désigner le suppléant ou l'adjoint.
vice-amiral n. m. *Des vice-amiraux.*
vice-consul n. m. *Des vice-consuls.*
vice-consulat n. m. *Des vice-consulats.*
vicelard, e adj.
vice-légat n. m. *Des vice-légats.*
vice-légation n. f. *Des vice-légations.*
vicennal, ale, aux adj.
vice-présidence n. f. *Des vice-présidences.*
vice-président, e n. *Des vice-présidents; des vice-présidentes.*
vice-recteur n. m. *Des vice-recteurs.*
vice-roi n. m. *Des vice-rois.*
vice-royauté n. f. *Des vice-royautés.*

VICÉSIMAL

vicésim*al*, *ale*, *aux* adj.
vice versa (lat.) loc. adv. = réciproquement, inversement.
vichy n. m. On dit du *vichy* ou de la *toile de Vichy*. *Des vichys.* ♦ N. f. (eau de Vichy). *Un verre de vichy.*
vichyssois, *e* adj. *Une cure vichyssoise.* ♦ N. *Un Vichyssois* (habitant de Vichy). → vichyste.
vichyste adj. et n. (partisan du régime de Vichy en 1940-1945). *Ces gens-là étaient des vichystes.* Le mot *vichyssois* a parfois été employé dans ce sens.
viciable adj.
vicia*teur*, *trice* adj.
viciation n. f.
vicié, *e* adj.
vicier v. t. Conjug. 17.
vicies (lat.) adv. = vingtième fois.
vicieusement adv.
vicieux, *euse* adj. et n.
vicin*al*, *ale*, *aux* adj. et n. m.
vicinalité n. f.
vicissitude n. f.
vicomt*al*, *ale*, *aux* adj.
vicomt*e*, *tesse* n.
vicomté n. f. *Une belle vicomté.*
victimaire n. m.
victime n. f.
victimologie n. f.
victoire n. f. *Crier victoire; une victoire à la Pyrrhus. La fête de la Victoire* (11 novembre, 8 mai). *La « Victoire de Samothrace ».*
victoria n. m. (grand nénuphar). ♦ N. f. (voiture hippomobile). ♦ HOM. la reine *Victoria.*
victori*en*, *enne* adj.
victorieusement adv.
victorieux, *euse* adj.
victuailles n. f. pl.
vidage n. m.
vidame n. m.
vidamé n. m.
vidamie n. f.
vidange n. f.
vidanger v. t. *Il vidangeait.* Conjug. 3.
vidangeur n. m.
vide adj. *Des ensembles vides. Des mots vides de sens.* ♦ N. m. *La nature a horreur du vide. Des passages à vide.*
vidéaste n.
vide-bouteille n. m. *Des vide-bouteilles.*
vide-cave n. m. *Des vide-cave(s).*
videlle n. f.

vidéo n. f. *La vidéo fonctionne mal.* ♦ Adj. inv. *Des écrans vidéo; une bande vidéo; des jeux vidéo.* → *clip.
video = vidéo (télécom.).
vidéoachat n. m.
vidéocâble n. m.
vidéocassette n. f.
vidéoclip n. m.
video-clip = bande vidéo promotionnelle (aud.).
vidéoclub n. m.
vidéocommunication n. f.
vidéoconférence → visioconférence.
videoconference = vidéoconférence (télécom.).
vidéodisque n. m.
vidéofréquence n. f.
videofrequency = fréquence vidéo, vidéofréquence (télécom.).
vidéogramme n. m.
vidéographie n. f.
videography = vidéographie (télécom.).
vidéolecteur n. m.
vidéophone → visiophone.
videophone = visiophone (télécom.).
vidéophonie n. f.
videophony = visiophonie (télécom.).
vide-ordures n. m. inv.
videoshopping = vidéoachat.
video-tape = bande vidéo.
vidéotex n. m.
videotex = vidéotex, vidéographie interactive.
vidéothèque n. f.
vidéotique n. f. et adj.
vidéotransmission n. f.
vidéovente n. f.
vide-poche(s) n. m. *Des vide-poches.*
vide-pomme n. m. *Des vide-pomme(s).*
vider v. t.
vid*eur*, *euse* n.
vide-vite n. m. inv.
vidicon n. m.
vidimer v. t.
vidimus [-mus'] n. m.
vidoir n. m.
viduité n. f. Se dit seulement pour une femme (*le délai de viduité*). L'équivalent *veuvage* est employé pour les deux sexes.
vidure n. f.
vie n. f. *Plein de vie; sa vie durant, leur vie durant; certificat de vie; vie de chien; chienne de vie; vie de bohème; vie de*

patachon; vie de Polichinelle. Des pensions à vie. ♦ HOM. il vit (v. vivre au présent), il vit (v. voir au passé simple), un vit-de-mulet (ferrure de voilier), vit (pénis).

vieil → vieux.

vieillard n. m.

vieille adj. f. → vieux ♦ N. f. (poisson).

vieillerie n. f.

vieillesse n. f. Des assurances vieillesse.

vieilli, e adj.

vieillir v. int. et t. du 2ᵉ gr. Conjug. 24.

vieillissant, e adj.

vieillissement n. m.

vieillot, otte adj.

vièle n. f. ♦ HOM. → vielle.

vielle n. f. (instrument de musique à cordes, touches et manivelle, encore en usage). ♦ HOM. *vièle* (instrument à cordes et archet, ancêtre du violon, et abandonné).

vieller v. int. (jouer de la vielle).

vielleur ou **vielleux, euse** n. (qui joue de la vielle).

viennois, e adj. et n. (de Vienne en Autriche ou dans l'Isère; du département de la Vienne).

viennoiserie n. f.

vierge n. f. et adj. *Une vierge; vigne vierge; forêt vierge;* la Sainte Vierge, la Vierge (Marie); *la Vierge Mère; la Vierge à l'Enfant; constellation de la Vierge; les Vierges sages et les Vierges folles* (parabole évangélique); *les îles Vierges* (archipel antillais); *des fils* [fil'] *de la Vierge. Elles sont vierges* (état); *ils sont « Vierge »* (signe astral) → zodiaque.

viêt n. et adj. inv. en genre. *Les Viêts; une attaque viêt.*

vietnamien, enne adj. *Ils sont vietnamiens.* ♦ N. *Des Vietnamiens* (du Viêtnam).

vieux ou **vieil, vieille** adj. *Un vieux meuble; une vieille demeure; elles se font vieilles; ils ne feront pas de vieux os. Devant une voyelle ou un h muet, l'adjectif masculin vieux devient vieil. Un vieil almanach, un vieil homme. Cependant, on trouve couramment chez V. Hugo « un vieux homme », ce qui reste logique avec la liaison* [vieuzom']. *Vieil n'a pas de pluriel.* ♦ N. *Un vieux tendait la main. La pauvre vieille était encore là. Oui, mon vieux; salut, ma vieille! Un coup de vieux.* ♦ Loc. inv. *Des parents vieux jeu.* ♦ Le mot *vieille* désigne aussi un poisson marin.

vieux-catholique n. et adj. *Une vieille-catholique; l'Église vieille-catholique d'Allemagne; des vieux/vieilles-catholiques.*

vieux-croyant n. m. *Des vieux-croyants.*

vieux-lille n. m. inv. (fromage).

*****viewing angle** = angle de prise de vue (spat., cin.).

vif, vive adj. *Des couleurs vives. Ils furent brûlés vifs; de vive force; de vive voix.* ♦ N. m. *Piquer, toucher au vif; trancher dans le vif; le vif du sujet.* → vive.

vif-argent n. m. sing.

*****vigesimo** (lat.) adv. (abrév. : 20°) = vingtièmement.

vigie n. f.

vigil, e adj. (qui se produit étant éveillé). *Un coma vigil.* ♦ HOM. → vigile.

vigilamment adv.

vigilance n. f.

vigilant, e adj.

vigile n. (veille d'une fête religieuse). ♦ N. m. (surveillant de nuit). ♦ HOM. un coma *vigil*.

vigne n. f.

vigneau ou **vignot** n. m. *Des vigneaux* (bigorneaux).

vigneron, onne n.

vignetage n. m. Quelquefois écrit VIGNETTAGE.

vigneter v. int. Conjug. 14.

vignette n. f.

vignettiste n.

vigneture n. f.

vignoble n. m.

vignot → vigneau.

vigogne n. f.

vigoureusement adv.

vigoureux, euse adj.

viguerie n. f.

vigueur n. f.

viguier n. m.

V.I.H. sigle m. Virus d'immunodéficience humaine. Dénomination française du virus responsable du sida; sa dénomination internationale est *H.I.V.

vihara n. m. inv.

viking adj. inv. en genre. *Des royaumes vikings.* ♦ N. *Les Vikings, une Viking.*

vil, e adj. *Marchandises vendues à vil prix.* ♦ HOM. → ville.

vilain, e adj. *Un vilain temps.* ♦ N. *Le seigneur imposait la corvée aux vilains. Cela fera du vilain.*

vilainement adv.

vilayet [-la-yè] n. m. De l'arabe *wilaya*.
*****vildcat** = forage sauvage, forage d'exploration (pétr.).
vilebrequin n. m.
vilement adv.
vilenie n. f.
vilipender v. t.
villa n. f.
villafranchien, enne n. m. et adj.
village n. m. *Du beaujolais-villages; du côtes-du-Rhône-villages.*
villageois, e n. et adj.
villagisation n. f.
villanelle n. f.
ville [vil'] n. f. *L'hôtel de ville; la Ville éternelle* (Rome); *la Ville lumière* (Paris); *la Ville sainte* (Jérusalem). ♦ Autrefois, beaucoup de noms de villes et de villages étaient féminins; il nous en est resté *Vaison-la-Romaine, La Nouvelle-Orléans, Alger la blanche*, etc. L'usage actuel est de faire masculin tous les noms de localité (*Paris est grand; notre cher Maubeuge*). Mais on peut rendre féminin les noms commençant par l'article féminin (*La Ciotat, La Courneuve*, etc.). ♦ HOM. *vil* (adj.).
ville-champignon n. f. *Des villes-champignons.*
ville-dortoir n. f. *Des villes-dortoirs.*
ville-étape n. f. *Des villes-étapes.*
villégiateur n. m.
villégiature n. f.
villégiaturer v. int.
ville-satellite n. f. *Des villes-satellites.*
villeux, euse adj.
villosité n. f.
vimana n. m. inv.
vin n. m. *Des vins d'honneur, de liqueur, de paille. Un vin du cru. Négociant en vins; marchand de vins* (commerce de gros et demi-gros); *marchand de vin* (détaillant qui vend au comptoir). *Esprit-de-vin; des pots-de-vin* (cadeaux). ♦ HOM. il *vint* (v. venir), des efforts *vains* (inutiles), il *vainc* (v. vaincre), *vingt* (20).
vina n. f. inv. (cithare indienne).
vinage n. m.
vinaigre n. m. *Ils font vinaigre* (ils vont vite).
vinaigrer v. t.
vinaigrerie n. f.
vinaigrette n. f.
vinaigrier n. m.
vinaire adj.

vinasse n. f.
vinblastine n. f.
vincamine n. f.
vincristine n. f.
vindas [-das] n. m.
vindicatif, ive adj.
vindicativement adv.
vindicte n. f.
vinée n. f.
viner v. t.
vinerie n. f.
vineux, euse adj.
vingt Se prononce [vin] quand il termine un nombre, [vint'] s'il y a encore une indication de nombre aussitôt après (vingt-quatre), mais jamais [vinte]. ♦ Adj. numér. card. Variable, il prend un *s* quand il est multiplié par un nombre qui le précède et n'est pas immédiatement suivi d'un autre adjectif numéral. *Quatre-vingts; quatre-vingt-trois; quatre-vingts francs; mille vingt francs; vingt et un; cent vingt* (100 et 20, alors que 80 = 4 fois 20); *quatre-vingts francs dix centimes; quatre-vingt mille francs* (mille est adj.); *quatre-vingts millions de tonnes* (million est un nom); *vingt et une voix; vingt et un mille voix; vingt et un mille et un* (vingt et un mille est inv.). ♦ Adj. numér. ord. Employé pour *vingtième*, il est invariable. *Page quatre-vingt. L'année mil neuf cent quatre-vingt.* ♦ *Les Quinze-Vingts* (c'est-à-dire 15 fois 20 ou 300); *Les vingt sont venus* (les vingt invités); *les vingt premiers*. ♦ *Le jeu de vingt-et-un. Les Vingt-Quatre Heures du Mans.* ♦ → quatre-vingts et tableaux ADJECTIFS II, C, p. 866; NOMBRES p. 909. ♦ HOM. → vin.
vingtaine n. f.
vingt-deux adj. numér. Ne jamais prononcer [vinte-deû]. = *long rifle*.
vingt-et-un n. m. inv. (jeu de hasard). L'adjectif numéral s'écrit sans traits d'union. *L'ancienne majorité civique était à vingt et un ans.*
vingtième adj. numér. ord. et n. → cinquième.
vingtièmement adv.
vinicole adj.
viniculture n. f.
vinifère adj.
vinificateur, trice n.
vinification n. f.
vinifier v. t. *Nous vinifierons.* Conjug. 17.
vinique adj.
vinosité n. f.
*****vintage** = porto de grand cru.

vintage n. m. (récolte, vendange, cuvée).
vinyle n. m.
vinylique adj.
Vinylite n. f. déposé inv.
Vinyon n. m. déposé inv.
vioc ou **vioque** n. et adj.
viol n. m. ♦ HOM. → viole.
violacé, e adj. et n.
violacer v. int. *Le ciel se violaçait.* Conjug. 2.
violat [-la] adj. m. *Du miel violat.*
viola*teur, trice* n.
violation n. f.
violâtre adj.
viole n. f. (instrument de musique ancien). *Une viole de bras; une viole de gambe.* ♦ HOM. un *viol* (crime), il *viole* (v.).
violemment [-laman] adv.
violence n. f.
violent, e [-lan,-ant'] adj. et n. *De mort violente.* ♦ HOM. en *violant* (partic. prés. du v. violer). ♦ Homographe hétérophone : ils *violent* [vyol'] (v. violer).
violenter v. t.
violer v. t.
violet, ette adj. *Des rubans violets; une écharpe violette. Des étendards violet clair.* ♦ N. m. *Tous les violets.* → tableau COULEURS, p. 884.
LEXIQUE : améthyste, aubergine, lie-de-vin, lilas, magenta, mauve, parme, pourpre, prune, vineux, violacé, violâtre, violette, violine, zinzolin.
violeter v. t. *Il violette.* Conjug. 14.
violette n. f. *Un bouquet de violettes.*
viol*eur, euse* n.
violier n. m. (plante).
violine adj.
violiste n.
violon n. m. *C'est son violon d'Ingres. Un Stradivarius (ou Stradiveri), un Guarnerius (ou Guarneri) del Gesù, un Guadagnini, un Amati, un Da Salo, un Stainer, un Lupot.*
violoncelle n. m.
violoncelliste n.
violoné, e adj.
violoner v. int.
violoneux n. m.
violoniste n.
vioque → vioc.
viorne n. f.
***V.I.P.** (*very important person') = personnalité.
vipère n. f. *Ce sont des langues de vipère; une vipère à cornes.*

vipereau, vipéreau ou **vipériau** n. m. *Des vipereaux; des vipéreaux; des vipériaux.*
vipéridé n. m.
vipérin, e adj. et n. f.
virage n. m.
virago n. f. *Des viragos.* → vertigo.
virailler v. int.
virailleux, euse adj. et n.
vir*al, ale, aux* adj.
vire n. f.
virée n. f.
virelai [-lè] n. m. *Des virelais.*
virement n. m.
virémie n. f.
viréo n. m.
virer v. int. et t. *Ils virent leur cuti. Le voilier vire sur tribord.*
virescence n. f.
vireton n. m.
vireur n. m.
vir*eux, euse* adj.
virevolte n. f.
virevolter v. int.
virgin*al, ale, aux* adj. *Une apparence virginale.* ♦ N. (ancien instrument de musique). *Un virginal/une virginale. Des virginals.*
virginie n. m. (tabac provenant de la Virginie).
virginité n. f.
virgule n. f. *Des bacilles virgules.*
virguler v. t.
viride adj.
viril, e adj.
virilement adv.
virilisant, e adj. et n. m.
viriliser v. t.
virilisme [-is-] n. m.
virilité n. f.
viriloc*al, ale, aux* adj.
virion n. m.
virocide → virulicide.
viroïde n. m.
virolage n. m.
virole n. f.
viroler v. t. ♦ HOM. → virollet.
virol*ier, ère* n.
virollet n. m. (moulin de papier). ♦ HOM. *viroler* (mettre une virole; travailler avec une virole à monnaie).
virologie n. f.
virologique adj.
virologiste ou **virologue** n.

VIROSE

virose n. f.
*virtual circuit = circuit virtuel (télécom.).
virtualité n. f.
virtuel, elle adj.
virtuellement adv.
virtuose n.
virtuosité n. f.
virucide → virulicide.
virulence n. f.
virulent, e adj.
*virulent phage = phage virulent (génét.).
virulicide, virocide ou virucide adj. et n. m.
virure n. f.
virus [-us'] n. m. *Virus filtrant; virus mutant; virus d'Epstein-Barr.*
*virus particle = virion (agr.).
vis [vis] n. f. *Vis sans fin; vis de rappel; vis à bille; vis à filet carré; vis mère; vis pointeau; vis Parker; vis d'Archimède.* ♦ HOM. *vice* (défaut), que je *visse* (v. voir), il *visse* (v. viser), *vice*-président. ♦ Homographe hétérophone : je le *vis* [vi] (v. voir).
visa n. m. *Des visas.*
visage n. m. *Faire bon visage; à visage découvert; les Visages pâles* (les Européens).
Visagiste n. m. Ce néologisme a été légalement déposé, ainsi que *Visagisme*, par son créateur.
vis-à-vis adv. et n. m.
*visbreaker = viscoréducteur (pétr.).
*visbreaking = viscoréduction (pétr.).
viscache n. f.
viscéral, ale, aux adj.
viscéralement adv.
viscère n. m.
viscoélasticité n. f.
viscoélastique adj.
*vis comica (lat.) = force comique.
viscope n. f.
viscoplasticité n. f.
viscoplastique adj.
viscoréducteur, trice adj. et n. m.
viscoréduction n. f.
viscose n. f.
viscosimètre n. m.
viscosité n. f.
*viscosity breaking = viscoréduction.
viscumthérapie [viskom'-] n. f.
visé, e adj. *La cible visée.* ♦ N. f. *Des visées politiques.* ♦ Pseudo-prép. inv. en tête d'expression. *Visé la seconde facture.*

viser v. t. et int.
viseur n. m.
vishnouisme [vichnou-] n. m.
visibilité n. f.
visible adj.
visiblement adv.
visière n. f.
visioconférence ou vidéoconférence n. f.
vision n. f. *Des troubles de vision.* ♦ HOM. nous *visions* (v. viser).
visionique n. f.
visionnage n. m.
visionnaire adj. et n.
visionner v. t.
visionneuse n. f.
Visiopass n. m. déposé.
visiophone ou vidéophone n. m.
visiophonie n. f.
visitandine n. f. → religieux.
visitation n. f. *La fête chrétienne de la Visitation* (2 juillet).
visitatrice n. f.
visite n. f. *Nous lui avons rendu visite.*
visiter v. t.
visiteur, euse n. et adj.
visnage [vis-] n. m.
vison n. m. et adj. inv. ♦ HOM. nous *visons* (v. viser).
visonnière n. f.
visqueux, euse adj.
vissage n. m.
visser v. t. ♦ HOM. → voir.
visserie n. f.
visseuse n. f.
Vistavision n. f. déposé inv.
visu → de visu.
visualisation n. f.
visualiser v. t.
visuel, elle adj. et n. m.
visuellement adv.
vit [vi] n. m. (pénis). ♦ HOM. → vie.
vitacée n. f.
vital, ale, aux adj.
vitaliser v. t.
vitalisme [-is-] n. m.
vitaliste adj. et n.
vitalité n. f.
vitamine n. f. *Les vitamines sont liposolubles ou hydrosolubles.*
LEXIQUE : A (axérophtol; provitamine A ou carotène), B 1 antinévritique (aneurine ou chlorydrate de thiamine), B 2 (lactoflavine), B 5 (acide pantothénique), B 6 (pyroxidine), B 12 antianémique

(cyanocobalamine), C antiscorbutique (acide ascorbique), D antirachitique, D 2 (calciférol), D 3, E de fertilité (tocophérol), F, H, K antihémorragique, K 1, K 2, K 3, P, PP antipellagreuse (amide nicotinique).

vitaminé, e adj.

vitaminique adj.

vitaminothérapie n. f.

vit-de-mulet n. m. *Des vits-de-mulet.*

vite adj. *Ces chevaux ne sont pas très vites.* ♦ Adv. *Ils parlent trop vite.* ♦ Interj. *Vite! Vite!* ♦ *Ils les ont emportés vite fait.* ♦ HOM. vous *vîtes* (v. voir).

vitellin, e adj.

vitellogénine n. f.

vitellus [-us'] n. m.

vitelotte n. f.

vitesse n. f. *Perte de vitesse; course de vitesse; grande vitesse, petite vitesse (S.N.C.F.); à toute vitesse; gagner de vitesse; vitesse de croisière; boîte de vitesses; changement de vitesse; à la vitesse grand V; vitesse de libération; une vitesse limite, des vitesses limites.* L'écriture *60 km/h* se dit : *60 kilomètres par heure,* ou *60 kilomètres à l'heure.* → kilomètre.

viticole adj.

viticulteur, trice n.

viticulture n. f.

vitiligo n. m.

vitivinicole adj.

vitiviniculture n. f.

vitoulet n. m.

vitrage n. m.

vitrail n. m. *Des vitraux.*

vitrain n. m.

vitre n. f. *Du verre à vitres; un panneau de vitres.*

vitré, e adj.

vitrer v. t.

vitrerie n. f.

vitreux, euse adj.

vitrier, ère n.

vitrifiable adj.

vitrification n. f.

vitrifier v. t. Conjug. 17.

vitrine n. f.

vitrinite n. f.

vitriol n. m.

vitriolage n. m.

vitriolé, e adj.

vitrioler v. t.

vitrioleur, euse n.

vitrocéramique n. f.

vitrophanie n. f.

vitulaire adj.

vitupérateur, trice adj. et n.

vitupération n. f.

vitupérer v. t. *Je vitupère, nous vitupérons, je vitupérerai(s).* Conjug. 10.

vivable adj.

vivace adj. *Le houx est vivace.*

*vivace (ital.) adj. ou adv. = vif, rapide (degré 126 du métronome).

vivacité n. f.

vivandier, ère n.

vivant, e adj. *Les êtres vivants.* ♦ N. m. *Un bon vivant; du vivant de.*

vivarium [-ryom'] n. m. *Des vivariums.*

vivat n. m. *Un tonnerre de vivats.*

vive n. f. (poisson).

vive interj. *Vive la mariée! Vive les zouaves!* ♦ *Que vive sa mémoire! Vivent les enterrements!* (A. Camus, *la Chute*). → vif.

vive-eau n. f. *Des vives-eaux.*

vivement adv.

viverridé n. m.

viverrin n. m.

viveur, euse n. et adj.

vivide adj.

vividité n. f.

vivier n. m.

vivifiant, e adj.

vivificateur, trice adj.

vivification n. f.

vivifier v. t. Conjug. 17.

vivipare adj. et n.

viviparité n. f.

vivisection n. f.

vivoir n. m.

vivoter v. int.

vivre v. t. et int. Conjug. 81. ♦ V. t. *Les vies qu'il a vécues. Les situations qu'elle a vécues. Cette semaine, ils l'ont vécue dans la joie.* ♦ V. int. *Cette semaine, ils ont vécu dans la joie.* ♦ → tableau PARTICIPE PASSÉ III, F, 10°, p. 924. Il y a similitude entre le verbe **vivre** au singulier du présent de l'indicatif *(je vis, tu vis, il vit)* et le verbe **voir** au singulier du passé simple de l'indicatif *(je vis, tu vis, il vit).*

vivre n. m. *Les vivres vinrent à manquer. Le vivre et le couvert.*

vivré, e adj. (terme d'héraldique).

vivrier, ère adj.

vizir n. m. *Le grand vizir.*

vizirat [-ra] n. m.
vlan! ou **v'lan!** interj. *Et vlan! sur le nez.*
***V.L.P.** (*video long player) = vidéo longue durée (aud.).
vobulateur n. m.
vocable n. m.
vocabulaire n. m.
vocal, ale, aux adj.
vocalement adv.
vocalique adj.
vocalisateur, trice n.
vocalisation n. f.
vocalise n. f.
vocaliser v. int. et t.
vocalisme [-is-] n. m.
vocatif n. m.
vocation n. f.
voceratrice [votchératritché] n. f.
vocero [votchero] n. m. *Des voceri.*
vociférateur, trice n.
vocifération n. f. Ce mot est rarement employé au singulier.
vociférer v. int. et t. *Il vocifère, nous vociférons, il vociférera(it).* Conjug. 10.
vocodeur n. m.
vodka n. f.
vœu [veû] n. m. *Des vœux. Faire vœu de; former des vœux pour.* ♦ HOM. il *veut* (v. vouloir).
vogoule ou **vogoul** n. m. et adj.
vogue n. f. *Des airs en vogue.*
voguer v. int. *Nous voguons.* Conjug. 4.
***voice mail** = messagerie vocale.
***voice messaging** = messagerie vocale.
voici, voilà Présentatifs contractés, qui signifient littéralement : *vois ici, vois là.* Ils valent donc une locution verbale. *Voici les fruits que tu demandes. Il a surpris le drôle que voilà. Nous y voilà. En veux-tu, en voilà. Voilà-t-il pas que.* Forme parlée populaire : *v'là.* → -ci et -là.
***void fraction** = taux de vide (nucl.).
voie n. f. *Des voies de communication; être en bonne voie; il est en voie d'y parvenir; par voies de droit; une voie de fait; la voie d'une scie; les voies de la Providence sont impénétrables; voie ferrée; par voies et par chemins; par voie de conséquence; des pays en voie de développement; la Voie sacrée* → sacré; *la voie Appienne (via Appia); la Voie lactée.*
♦ HOM. → voix.

■ Noms des voies publiques. *La rue de la Gare; l'avenue Maréchal-Joffre.* On écrira ainsi, selon les prescriptions données aux tableaux TRAIT D'UNION A, 7°, p. 953 et MAJUSCULES C, 2°, p. 905, tout ce qui désigne une rue, un boulevard, une place, un quai, un pont, un port, un sentier, un mail, une esplanade, une promenade, un canal, un bois, une station, etc. et, en pays étranger, une perspective, une rambla, une calle, une piazetta... On ne met pas de préposition devant un nom de personne *(rond-point Victor-Hugo)*, sauf si ce nom est précédé d'une qualité *(allée du Colonel--Lapouge)*.
L'usage est venu de supprimer les traits d'union dans le nom des voies *(rue Alphonse Allais).*
Abréviations : avenue (av.), boulevard (bd), chemin (ch.), faubourg (fg), galerie (gal.), impasse (imp.), passage (pass.), place (pl.), rond-point (rd-pt), route (rte), square (sq.), street (St.).

voïévodat ou **voïvodat** [-da] n. m.
voïévode ou **voïvode** n. m.
voïévodie ou **voïvodie** n. f.
voilà → voici.
voilage n. m.
voile n. m. (étoffe qui cache; système de charpente; pellicule). *Le voile du palais. Un voile de deuil. Des mariées en voile. Une prise de voile. Une beauté sans voiles. Le voile du temple isolant le saint des saints.* ♦ *Les voiles traditionnels sont :* le litham et le chèche (des Sahariens), le tchador (en Iran), le hidjab ou hedjab (en Algérie), le tcharcharf (en Turquie), le haïk (grand voile des musulmanes), le talith ou taleth (châle juif), la mantille (Espagne et Italie). ♦ N. f. (toile de navire; sport). *La marine à voiles. Un bâtiment à voiles. Naviguer à pleines voiles. Faire force de voiles. Aller à petites voiles. Toutes voiles dehors. Être à sec de voiles. Mettre sous voiles. Faire voile vers. Des chars à voile; des planches à voile; des vols à voile.*
voilé, e adj.
voilement n. m.
voiler v. t.
voilerie n. f.
voilette n. f.
voilier n. m.
voilure n. f.
voir v. t. et int. Conjug. 82. ♦ *Il ferait beau voir. Pendant que nous voyons; il faut que nous voyions. Le grand nombre de personnes qu'elle a vu. Des soldats? J'en ai vu (en est neutre).* Il y a accord du participe passé quand on peut faire

suivre « vu » de « en train de ». *La troupe que vous avez vue* (en train de) *défiler. La comédie que vous avez vu jouer* (par des acteurs). *Les parents que j'ai vus réprimander leur enfant. Les enfants que j'ai vu réprimander. Les bûcherons que nous avons vus scier. Les bûches que nous avons vu scier* (nous avons vu qu'on sciait les bûches). *Les bûches que nous avons vues sciées* (nous les avons vues, elles étaient sciées). *Ils se sont vus mourir. La femme que j'ai vue peindre* (cette femme était l'artiste qui peignait). *La femme que j'ai vu peindre* (la femme servait de modèle). *Elle s'est vu infliger une punition. Ils se sont vu décerner les meilleurs prix* (ils ont vu décerner à eux). *Ils se sont vu refuser l'entrée par le gardien.* ♦ → tableau PARTICIPE PASSÉ III, F, 1°, p. 921 et IV, F, c, p. 929. *Ils se sont vus abandonnés de tous.* ♦ HOM. *voire* (et même).

voire adv. *Cette remarque est inutile, voire* (et même) *déplacée.* Employé autrefois en exclamation pour exprimer un doute : *Il réussira. — Voire!* Ce tour s'apparente à une autre réponse du même type : *Il réussira. — C'est à voir.* Ou encore à cette locution méditerranéenne : *Il réussira. — À savoir?* ♦ HOM. → voir. L'imparfait du subjonctif est quelquefois homonyme du verbe *visser* (*que je visse, que nous vissions…*).

voirie n. f.
voisé, e adj.
voisement n. m.
voisin, e adj. et n.
voisinage n. m.
voisiner v. int.
voiturage n. m.
voiture n. f. *Tous les voyageurs, en voiture! Une voiture de 1ʳᵉ classe; une voiture Corail.* → wagon.
voiture-balai n. f. *Des voitures-balais.*
voiture-bar n. f. *Des voitures-bars.*
voiture-couchettes n. f. *Des voitures--couchettes.*
voiturée n. f.
voiture-lit(s) n. f. *Des voitures-lits.*
voiture-poste n. f. *Des voitures-poste.*
voiturer v. t.
voiture-restaurant n. f. *Des voitures-restaurants.*
voiture-salon n. f. *Des voitures-salons.*
voiturette n. f.
voiturier n. m.
voiturin n. m.
voïvodat → voïévodat.

voïvode → voïévode.
voïvodie → voïévodie.
voix n. f. *Donner de la voix; il est sans voix; elle a obtenu des voix. La voix de la conscience, du sang. Il aura voix au chapitre. La perte de la voix est l'aphonie.* ♦ *Voix du verbe* → tableau VERBES XI, p. 974. ♦ *Échelle traditionnelle des voix.* Hommes : basse-taille, basse chantante, baryton, second ténor, premier ténor, haute-contre, haute-taille. Femmes : alto, contralto, mezzo-soprano, soprano, soprano suraigu. ♦ Les expressions *°voix in* et *°voix off* sont à remplacer respectivement par *voix dans le champ* et *voix hors champ.* ♦ HOM. une *voie* de circulation (chemin), il *voit* (v. voir).

vol n. m. *Il l'attrapa au vol; vol à voile; un financier de haut vol; à vol d'oiseau; vol de pente; en plein vol.* ♦ HOM. la *vole* (succès complet aux cartes), il *vole* (v.).
volable adj.
volage adj.
volaille n. f.
volailler, ère ou **volailleur, euse** n.
volant, e adj. *Un poisson volant; un camp volant.* ♦ N. m. *Un volant de trésorerie, de sécurité. Les rampants et les volants* (aviation). *Un cerf-volant.*
volapük [-puk] n. m.
volatil, e adj. *Liquide volatil; essence volatile.*
volatile n. m. (oiseau).
volatilisable adj.
volatilisation n. f.
volatiliser v. t.
volatilité n. f.
vol-au-vent n. m. inv. *Des vol-au-vent (à la) financière.*
volcan n. m.
volcanique adj.
volcaniser v. t.
volcanisme [-is-] n. m.
volcanologie n. f. (étude des volcans). ♦ Ne pas confondre avec *vulcanologie* (étude de la vulcanisation du caoutchouc).
volcanologique adj.
volcanologue ou **volcanologiste** n. (spécialiste des volcans). ♦ Ne pas confondre avec *vulcanologue* (spécialiste de la vulcanisation).
vole n. f. ♦ HOM. → vol.
volée n. f. *Une volée de moineaux; les cloches sonnent à toute volée; reprendre à la volée, de volée; reprise de balle en demi-volée.* ♦ HOM. → voler.

volémie n. f.
voler v. int. *Il vole de ses propres ailes.* ♦ V. t. et int. *Il se fit voler sa montre; il ne l'a pas volé. Cette marchande, je ne l'ai pas volée. Ils m'ont volée,* dit la plaignante. En terme de vénerie : *L'épervier vole sa proie* (la poursuit en vol). → tableau PARTICIPE PASSÉ III, F, 10°, p. 924 et VI, p. 931.
♦ HOM. une *volée* (sens divers); un *volet* (panneau mobile), jouer au *volley*.
volerie n. f.
volet n. m. *Des volets d'intrados; triés sur le volet.* ♦ HOM. → voler.
voletant, e adj.
voleter v. int. *Il volette.* Conjug. 14.
volette n. f.
volettement n. m.
voleur, euse adj. et n.
volière n. f.
volige n. f.
voligeage n. m.
voliger v. t. *Il voligeait.* Conjug. 3.
volis [-li] n. m.
volitif, ive adj.
volition [-sion] n. f.
Volkswagen [volksvagheun'] n. f. déposé inv.
volley-ball [volèbol'] ou **volley** n. m. ♦ HOM. → voler.
volleyer [volé-yé] v. t. et int. Conjug. 9.
volleyeur, euse [volè-yeur', -yeûz'] n.
volnay n. m. (vin).
volontaire adj. et n.
volontairement adv.
volontariat [-rya] n. m.
volontarisme [-is-] n. m.
volontariste adj. et n.
volonté n. f. *Les hommes de bonne volonté; dernières volontés; ses quatre volontés; prenez-en à volonté.*
volontiers [-tié] adv.
volorécepteur n. m.
volt n. m. (unité de mesure : *3 volts* ou *3 V*).
♦ HOM. une *volte* (mouvement circulaire du cheval; danse ancienne).
voltage n. m.
***voltage standing wave ratio** = rapport d'onde stationnaire, ou R.O.S. (télécom.).
voltaïque adj. *Un arc voltaïque* (arc électrique); *une danse voltaïque* (de l'ancienne Haute-Volta). ♦ N. *Un Voltaïque* (habitant de la Haute-Volta, aujourd'hui *Burkina*).
voltaire n. m. (fauteuil à grand dossier).
♦ HOM. l'écrivain *Voltaire*.

voltairianisme [-is-] n. m.
voltairien, enne adj. et n.
voltaïsation n. f.
voltamètre n. m. (appareil à électrolyse).
♦ Ne pas confondre avec *voltmètre* (appareil à mesurer la tension en volts).
voltampère n. m. (unité de mesure : *3 voltampères* ou *3 VA*).
volte n. f. ♦ HOM. → volt.
volte-face n. f. inv.
volter v. int.
voltige n. f.
voltigement n. m.
voltiger v. int. *Il voltigeait.* Conjug. 3.
voltigeur, euse n.
voltmètre n. m. → voltamètre.
volubile adj.
volubilis [-lis] n. m.
volubilité n. f.
volucelle n. f.
Volucompteur n. m. déposé inv.
volume n. m.
volumétrie n. f.
volumétrique adj.
volumineux, euse adj.
volumique adj.
volupté n. f.
voluptueusement adv.
voluptueux, euse adj. et n.
volute n. f.
volvaire n. f.
volvation n. f.
volve n. f.
volvocale n. f.
volvox n. m.
volvulus [-lus] n. m.
vomer [-mèr'] n. m.
vomérien, enne adj.
vomi n. m.
vomique adj. *La noix vomique.* ♦ N. f. (évacuation de l'abcès pulmonaire).
vomiquier n. m.
vomir v. t. du 2ᵉ gr. Conjug. 24.
vomissement n. m.
vomissure n. f.
vomitif, ive adj. et n. m.
vomitoire n. m.
***vomito-negro** (esp.) = fièvre jaune.
vorace adj.
voracement adv.
voracité n. f.
vortex n. m.
***vortex generator** = générateur de tourbillons (aviation).

vorticelle n. f.

vos adj. poss. *Ce sont vos affaires.* → votre.
♦ HOM. un *veau* (animal), les *vaux* (pl. de val), il *vaut* (v. valoir), *vau* (support de voûte pendant sa construction), *à vau-l'eau*, *Vaulx* (nom de plusieurs localités).

vosgien, enne [vo-jyin, -jyèn'] adj. *Un grand-père vosgien.* ♦ N. *Une Vosgienne* (des Vosges).

votable adj.

votant, e adj. et n.

votation n. f.

vote n. m. *Vote par procuration, par correspondance, par tête; vote par assis et levé; vote à mains levées.*

voter v. int et t. *Ils votent radical* (ce dernier mot a valeur d'adverbe).

votif, ive adj.

votre adj. poss. *Voici votre salaire.* Les adjectifs *votre* et *vos* prennent, devant le titre de certaines personnes, la majuscule de solennité. *Que Vos Majestés, que Votre Seigneurie daignent...* → majesté; vôtre.

vôtre adj, pron. ou n. → mien. On écrit *votre* (sans accent) devant un nom *(votre neveu, vos nièces)*; *votre* peut être remplacé par *mon/ma*. On écrit *vôtre* (avec accent) dans les autres cas. *Cette vue est vôtre. Entrez, dit Jeanne d'Arc, tout est vôtre. C'est bien la vôtre. Les vôtres sont plus grands que les nôtres. Cordialement vôtre* (on ajoutera un *s* à « vôtre » si le signataire de la lettre parle au nom de plusieurs personnes). ♦ HOM. il se *vautre* (v. se vautrer).

*****voucher** = bon spécial de transport, coupon d'échange.

vouer v. t. Conjug. 19. *Cela est voué à l'échec. Ne savoir à quel saint se vouer. Vouer aux gémonies.*

vouge n. m.

vouloir v. t. Conjug. 83. *Les meubles que nous avons voulus; ceux que nous avons voulu acheter. Elle s'en est voulu; ils s'en sont voulu.* Respectueux : *de bien vouloir;* autoritaire : *de vouloir bien.* → souhaiter.

vouloir n. m. *Selon son bon vouloir.*

voulu, e adj. *Au moment voulu.*

vous pron. pers. pl. ou sing. *Vous recevez. Il vous recevait* (attention au voisinage : *vous* n'est pas le sujet). *Il vous était destiné.* ♦ HOM. il *voue* (v. vouer).

voussoyer → vouvoyer.

vousseau n. m. *Des vousseaux.*

voussoiement → vouvoiement.

voussoir n. m.

voussoyer → vouvoyer.

voussure n. f.

voûtain n. m.

voûte n. f.

voûté, e adj.

voûter v. t.

vouvoiement ou **voussoiement** n. m.

vouvoyer [-wa-yé], **vousoyer** ou **voussoyer** [-swa-yé] v. t. Conjug. 6. Les deux dernières formes sont surannées.

vouvray n. m. (vin).

*****vox populi, vox dei** (lat.) = voix du peuple, voix de Dieu.

voyage n. m. *Une agence de voyages. Un voyage en *kit est un *voyage à la carte*.

voyagement n. m.

voyager v. int. *Il voyageait.* Conjug. 3.

voyageur, euse n. *Des voyageurs de commerce.* ♦ Adj. *Un pigeon voyageur; un commis voyageur.*

voyageur-kilomètre n. m. *Des voyageurs-kilomètres.*

voyagiste n.

voyance n. f.

voyant, e adj. et n. *Une couleur voyante.*
♦ N. m. (appareil).

voyelle n. f. Les voyelles de l'alphabet sont : *a, e, é, è, ê, i, o, u* et quelquefois *y* (dans *Ypres,* c'est une voyelle; dans *yack,* c'est une semi-consonne; dans *rayonne,* c'est une voyelle pour le *a* qui précède, et une semi-consonne pour le *o* qui suit). Des mots comme *apocalyptique* ou *aérodynamique* contiennent toutes les voyelles. → tableau PRONONCIATION, p. 943.

voyer n. m. et adj. m. *Un agent voyer* (ingénieur du service vicinal).

voyeur, euse n.

voyeurisme [-is-] n. m.

voyou n. m. *Des voyous.* Le féminin *voyoute* se dit quelquefois.

voyoucratie n. f.

V.P.C. sigle f. Vente par correspondance.

vrac (en) loc. adj. ou adv. *Marchandises en vrac. Acheter en vrac.*

vrai, e adj. *Ses déclarations sont vraies. Pas vrai?* ♦ Adv. *Ils ont dit vrai; à vrai dire; à dire vrai.* ♦ N. m. *Au vrai; distinguer le vrai du faux.*

vrai-faux, vraie-fausse adj. *Ce sont de vrais-faux passeports, de vraies-fausses cartes d'identité* (qui ne correspondent pas à l'identité du possesseur, mais qui sont délivrés légalement).

vraiment adv.
vraisemblable adj.
vraisemblablement adv.
vraisemblance n. f.
vraquier n. m.
V.R.C. sigle f.; vente par réseau coopté (écon.).
vreneli n. m.
vrillage n. m.
vrille n. f. *Des descentes en vrille.*
vrillé, e adj.
vrillée n. f.
vriller v. t. et int.
vrillette n. f.
vrombir v. int. du 2ᵉ gr. Conjug. 24.
vrombissant, e adj.
vrombissement n. m.
vroum! interj. Quelquefois écrit VROOM!
V.R.P. sigle. Voyageur (de commerce), représentant, placier.
vs → versus.
V.S.A.T. = microstation terrienne (télécom.).
V.S.N. sigle m. Volontaire du service national.
***V.S.O.P.** (*very superior old pale) = vieille eau-de-vie supérieure.
***V.S.W.R.** → *voltage standing wave ratio.
***v.t.o.l.** (*vertical take off and landing) = avion à décollage et atterrissage verticaux, ou ADAV (déf.).
V.T.T. sigle m. Vélo tout-terrain.
vu, e adj. *Choses vues. Ni vu ni connu; c'est tout vu. Un m'as-tu vu.* → voir. ♦ Prép. précédant le nom. *Vu la situation; vu les décrets du. Vu que* (loc. conj.). ♦ N. m. *Au vu et au su de tous. Sur le vu du livret.* ♦ N. f. *Une jolie vue; à première vue; à perte de vue; à vue de nez; à vue d'œil; dessin à vue; personnes en vue; des points de vue; divergence de vues; unité de vues; échange de vues; prise de vue* (photo), *prise de vues* (cin.); *chèques payables à vue; don de double vue; on les connaît de vue; ils sont gardés à vue; la garde à vue; avoir des vues sur; déchiffrer, piloter à vue; servitude de vue (s); vue(s) de souffrance. En vue de* (loc. prép.). *Une longue-vue.*
***vuelta** (esp.) n. f. = tour.
vulcain n. m. (papillon). ♦ HOM. *Vulcain* (dieu du Feu).
vulcanien, enne adj.
vulcanisation n. f.
vulcanisé, e adj.
vulcaniser v. t.
vulcanologie n. f. → volcanologie.
vulcanologique adj.
vulcanologue n. → volcanologue.
vulgaire adj. et n. m.
vulgairement adv.
vulgarisateur, trice adj. et n.
vulgarisation n. f.
vulgariser v. t.
vulgarisme [-is-] n. m.
vulgarité n. f.
***vulgo** (lat.) adv. = vulgairement.
***vulgum pecus** (mauvais lat.) loc. = le commun des mortels, la masse ignorante.
vulnérabiliser v. t.
vulnérabilité n. f.
vulnérable adj.
vulnéraire adj. et n.
vulnérant, e adj.
vulpin n. m.
vultueux, euse adj.
vultuosité n. f.
vulvaire n. f. et adj.
vulve n. f.
vulvite n. f.
vumètre n. m.

W - Z

w [double v] n. m. inv. ♦ **w:** symbole du *watt* et du *tungstène*.

■ Le « w » a trois prononciations :

1° **ou** ou [w], si le mot est d'origine anglaise, hollandaise ou flamande. *Tramway, sandwich, wallon, Wallonie, Waterloo, Wellington, whisky, wigwam...*

2° **v**, si le mot est d'origine germanique ou slave. *Edwige, Guebwiller, Ludwig, Wagner, Wagram, Walter, Willy, Wolf, wolfram, Walewski, Westphalie, Wilno...*

3° **u** consonne, dans certains noms propres du nord de la France : *Wimereux, Wimille, Wissant* [comme *huit cents*].

wacapou [wa-] n. m. *Des wacapous.*

*****wading** = pêche les pieds dans l'eau.

wagage [wa-] n. m.

*****wage drift** = dérive salariale (écon.).

wagnérien, enne [vag'-] adj. et n.

wagnérisme [vag'-] n. m.

wagon [va-] n. m. Ce mot, que la S.N.C.F. voudrait voir réservé au transport des marchandises, est cependant employé trop souvent pour celui des voyageurs. → *voiture. La Compagnie des Wagons-Lits.*

wagon-bar [va-] n. m. *Des wagons-bars.*

wagon-citerne [va-] n. m. *Des wagons-citernes.*

wagon-foudre [va-] n. m. *Des wagons-foudres.*

wagon-lit(s) [va-] n. m. *Des wagons-lits.*

wagonnée [va-] n. f.

wagonnet [va-] n. m.

wagonnier [va-] n. m.

wagon-poste [va-] n. m. *Des wagons-poste.*

wagon-réservoir [va-] n. m. *Des wagons-réservoirs.*

wagon-restaurant [va-] n. m. *Des wagons-restaurants.*

wagon-salon [va-] n. m. *Des wagons-salons.*

wagon-tombereau [va-] n. m. *Des wagons-tombereaux.*

wagon-trémie [va-] n. m. *Des wagons-trémies.*

wahhabisme [wa-a-] n. m.

wahhabite [wa-a-] adj. et n.

*****wait and see** = attendre et voir.

*****waiting list** = liste d'attente.

wakash [wakach] n. et adj. inv. en genre.

walé → awalé.

*****Walhalla** (all.) = paradis des guerriers.

*****Walkman** n. m. déposé inv. = baladeur.

*****walk-over** = course en solitaire ; forfait (sport).

*****walkie-talkie** = talkie-walkie (émetteur-récepteur portatif).

walkyrie [val-] ou **valkyrie** n. f. (femme robuste qui évoque une *Walkyrie*, déesse guerrière). *La Valkyrie, ou La Walkyrie :* œuvre de R. Wagner.

wallaby [wa-] n. m. *Des wallabys* ou *wallabies.*

wallace [wa- ou va-] n. f. (fontaine parisienne). On dit aussi *une fontaine Wallace.*

wallingant, e [wa-] n. et adj.

wallisien, enne [wa-] adj. et n. (des îles Wallis).

wallon, onne [wa-] adj. *Le parler wallon.* ♦ N. *Les Wallons* (en Belgique) ; *le wallon* (dialecte).

WALLONISME

wallonisme [wa-] n. m.
wapiti [wa-] n. m.
*****wargame** = jeu de guerre.
*****warhead** = charge militaire.
*****warm up** = mise en train, échauffement
*****warning** = signal de danger, feux de détresse.
warrant [waran] n. m.
warrantage [wa-] n. m.
warranté, e [wa-] adj.
warranter [wa-] v. t.
*****washboard** = planche à laver (instrument de musique moderne).
*****wash out** = expiration, rinçage (méd.).
wassingue [wa-sing'] n. f.
water-ballast [watèr-] n. m. *Des water-ballasts.*
*****water-bearing layer** = aquifère (agr.).
water-closet [watèrklozèt'] n. m. *Des water-closets* ou des WATERS. Abrév. : W.-C.
*****water filled structure** = structure irriguée (urb.).
watergang [wa-] n. m.
wateringue [wa-] n. f.
*****waterlogging** = engorgement d'un sol (agr.).
water-polo [watèr-] n. m. *Des water-polos.*
*****waterproofing** = imperméabilisation.
*****water resistant** = hydrorésistant (électron.).
*****water-table** = surface d'une nappe (agr.).
waterzoi [watèrzoy] n. m.
watt [wat'] n. m. (unité de mesure : *3 watts* ou *3 W*). ♦ HOM. → ouate.
wattheure [wa-] n. m. (unité de mesure : *3 wattheures* ou *3 Wh*).
wattman [watman'] n. m. *Des wattmen.*
wattmètre [wa-] n. m.
*****wave interference** = interférence (télécom.).
wax [waks'] n. m.
*****way point** = point de cheminement (déf.).
W.-C. [doublevé-sé ou vé-sé] sigle m. pl. Water-closet.
*****weapons system** = système d'armes (déf.).
weber [vébèr'] n. m. (unité de mesure : *3 webers* ou *3 Wb*). ♦ HOM. le physicien allemand *Weber*, le compositeur *Weber*.
*****week-end** n. m. = fin de semaine, dominique (n. f.).
wehnelt [vé-nèlt'] n. m.

*****weight indicator** = peson (pétr.).
*****weight percent abundance** = teneur isotopique pondérale, richesse isotopique pondérale (nucl.).
*****Weinstube** → winstub.
welche → velche.
*****welcome** = bienvenue.
*****welfare State** = État providence (écon.).
*****wellingtonia** [wél-] n. m.
*****Weltanschauung** (all.) n. f. = conception du monde.
welter [vèltèr'] n. m. → poids.
wergeld [vèrghèld'] n. m.
wesleyen, enne [wèslè-yin, -yèn'] n. et adj.
western [wèstèm'] n. m. *Des westerns. Un western-spaghetti, des westerns-spaghettis.* ♦ Adj. inv. *Une chevauchée western.*
Western-Blot (test de, réaction de) loc.
*****wetbike** = scooter marin, moto humide.
*****wet standpipe** = colonne en charge (urb.).
wharf [warf'] n. m. (appontement).
*****wheeling** = moto cabrée.
*****wheezing** = sifflement (méd.).
*****whig** = libéral.
whipcord [wip-] n. m.
whippet [wipèt'] n. m.
*****whisker** = barbe, trichite (techn.).
whiskey [wis-] n. m. (whisky irlandais).
whisky [wis-ki] n. m. Cet alcool prend le nom de *scotch* s'il est fabriqué en Écosse. *Des whiskies* ou *whiskys*.
whist [wist'] n. m.
*****white knight** = chevalier blanc (écon.).
white-spirit [wa-y'tspirit'] n. m. *Des white-spirits.*
*****wide-body aircraft** = gros-porteur (transp.).
widia [vi-] n. m. (aggloméré métallique).
wienerli [vin'-] n. m.
wigwam [wigwam'] n. m.
wilaya ou **willaya** [vila-ya] n. f. (département algérien). *Des vil(l)ayat* [-at'].
*****wild cat** = forage d'exploration (pétr.).
wildgrave [vi-] n. m. (comte allemand).
wilding = sauvagerie, barbarie.
willaya → wilaya.
williams [wilyam's] n. f. (poire).
*****winkack** = reconquête (écon.).
*****winch** n. m. = cabestan. *Des winches.*
winchester [win'chèstèr'] n. m. (fusil).

*window = fenêtre; paillette (déf.).
*window-dressing = habillage de bilan (écon.).
*wind-skate = planche roulante à voile.
*Windsurf (marque déposée) = planche à voile, véliplanche.
*windsurfer = adepte de la planche à voile, véliplanchiste.
*wing dropping = aile lourde.
*wing fence = cloison de décrochage.
*wing fillet = raccordement d'aile.
*winover = conquête (écon.).
winstub [vin'-] n. f. (cabaret alsacien). En allemand : *Weinstube.
wintergreen [win'teurgrin'] n. m.
*wire bonder = ponteuse, microsoudeuse de fils (électron.).
*wired broadcasting = télédistribution (télécom.).
*wireless microphone = microphone émetteur (télécom.).
Wirsung (canal de) loc. m.
*wishbone ou *wish = bôme double, arceau de voile (sport).
wisigoth, e [vi-] n. *Les Wisigoths conquirent une partie de l'Espagne.* ♦ Adj. *Une invasion wisigothe.*
wisigothique [vi-] adj.
witloof [witlof] n. f.
*witz (all.) n. m. = plaisanterie.
wolfram [volfram'] n. m.
wolof → ouolof.
wombat [vonba] n. m.
wombatidé [von-] n. m.
won [won'] n. m. (monnaie de Corée).
*wonderful = merveilleux.
*wood = bois (golf).
*woofer = haut-parleur de graves (aud.).
Woolite [wou-] n. m. déposé inv.
Woolmark [woul-] n. f. déposé inv.
*word processing = traitement de texte (inf.).
*word processor = texteur (inf.).
*workability = maniabilité (urb.).
*workfare = allocation conditionnelle (écon.).
*work over = reconditionnement (pétr.).
*workshop = atelier (tour.); bourse professionnelle, rencontre interprofessionnelle.
*world trade center = centre d'affaires international (écon.).
wormien [vor-] adj. m. (de la voûte du crâne).
*wow = pleurage (aud.).

*wow and flutter = fluctuation de vitesse (aud.).
wrappeur [vra-] n. m.
*wrecker = véhicule lourd de dépannage, dépanneuse lourde.
wu [vu] n. m. (dialecte chinois).
würm [vurm'] n. m. (glaciation du quaternaire).
würmien, enne adj. (relatif au würm).
wurtembergeois [vurtin-] adj. *Un district wurtembergeois.* ♦ N. *Une Wurtembergeoise* (du Wurtemberg).
wyandotte [vyan-] n. et adj.
*wysiwyg Sigle de : *What you see is what you get* = tel écran-tel écrit, tel-tel. (inf.).

X

x n. m. inv. ♦ **x:** symbole d'une grandeur inconnue. ♦ **X:** *dix* en chiffre romain.
■ Consonne double. En début de mot, x se prononce normalement [ks] *(xylophone)*, sauf devant un a : *Xavier* [gzavyé]. *Monsieur X; les rayons X; le chromosome X; pendant un temps x; l'X* (l'École polytechnique); *un X* (élève de cette école).

xanthélasma [gzan-] n. m.
xanthie [gzan-] n. f.
xanthine [gzan-] n. f.
xanthoderme [gzan-] adj. *Les Chinois sont xanthodermes.*
xanthogénique ou xanthique [gzan-] adj.
xanthome [gzan-] n. m.
xanthophycée [gzan-] n. f.
xanthophylle [gzan-] n. f.
xénarthre [ksé-nartr'] n. m.
xénélasie [ksé-] n. f.
xénisme [ksé-] n. m. (mot emprunté à une langue étrangère, sans modification). *Blockhaus, baobab, music-hall* sont des xénismes.
xénobiotique adj. et n. m.
xénogreffe [ksé-] n. f.
xénon [ksé-] n. m.
xénopathie n. f.

XÉNOPE

xénope n. m.
xénophile [gzé-] adj. et n.
xénophilie n. f.
xénophobe [gzé-] adj. et n.
xénophobie n. f.
xéranthème [ksé-] n. m.
Xérès ou **Jerez** [kérès' ou rhérès'] n. m. (vin de la région de *Jerez* de la Frontera, autrefois *Xeres*, près de Cadix). Les principales variétés sont : le *fino*, l'*amontillado*, l'*oloroso*, le *manzanilla*, le *pedro-jimenez*.
Xérocopie n. f. déposé.
xérodermie n. f.
Xérographie n. f. déposé.
xérophile adj.
xérophtalmie [-ftal-] n. f.
xérophyte n. f.
xérophytique adj.
xérosis [ksérozis'] n. f.
xérus [ksérus'] n. m.
xhora adj. inv. en genre. *Une danse xhora.*
♦ N. *Les Xhoras* (d'Afrique du Sud).
xi [ksi] n. m. inv. (lettre grecque).
xiang [ksi-ang'] n. m.
x-ième adj. numér. ord. Quelquefois écrit → ixième.
ximenia [ksi-] n. m. Plante quelquefois nommée la XIMÉNIE.
xipho → xiphophore.
xiphoïde [ksifo-] adj. m.
xiphoïdien, enne adj.
xiphophore ou **xipho** [ksifofor'] n. m.
xylème n. m. (tissu végétal).
xylène n. m. (hydrocarbure).
xylidine n. f.
xylitol n. m.
xylocaïne n. f.
xylocope n. m.
xylographe n.
xylographie n. f.
xylographique adj.
xylol n. m.
xylophage adj. et n.
Xylophène n. m. déposé inv.
xylophone n. m.
xylophoniste n. m.
xylose n. m. (sucre de bois).
xyste n. m.

Y

y n. m. inv. ♦ **y:** symbole de l'*yttrium*.

■ 1° Valeurs de la lettre *y* → voyelle. Devant un mot commençant par y, on fait en général l'élision si le mot est français (*l'yeuse, l'Yonne*) et on considère qu'il faut l'aspiration, sans liaison, si le mot est étranger : *la yole, le Yémen, des yatagans* [déya-].

2° Pronom personnel (à cela). *J'y pense; s'y fier; il y va de; on y regarde à deux fois; il s'y prend mal.* ♦ Adv. (là). *Allez-y; il y avait; on n'y voit goutte; y compris; mets-t'y.* ♦ → tableau TRAIT D'UNION A, 10°, p. 954.

3° L'adverbe y ne se met pas au futur de l'indicatif et au présent du conditionnel pour le verbe *aller*. *J'y vais* (présent). *J'irai* (futur); *vous n'iriez pas* (condit.).

4° Cette lettre est employée pour figurer « il n'y » dans le parler populaire. *Y a qu'à faire ça. Y a pas de quoi pavoiser.*

*/yac (*Yeast Artificial Chromosomes) n. m. = portion d'A.D.N. ♦ HOM. → yack.
/yacht [yot'] n. m.
/yacht-club [yot-kleub'] n. m. *Des yacht-clubs.*
*/yachting [yotin'g] n. m. = navigation de plaisance.
/yachtman ou **yachtsman** [yot-man'] n. m. *Des yachtmen* [-mèn'].
/yachtwoman [yotwouman'] n. f. *Des yachtwomen* [-mèn'].
/yack ou **/yak** n. m. (sorte de zébu tibétain). ♦ HOM. → yac. L'ancienne prononciation de *yacht* [yak'] en faisait un homophone.
/yakitori n. m.
*yakusa (japonais) n. m. = gangster.
/yang n. m.
yankee [yan'ki] n. (colon révolté contre l'Angleterre; nordiste). *Des yankees.* Quand le terme désigne tout Anglo-Saxon des États-Unis (sens récent), on l'écrit avec une majuscule. ♦ N. m. *Un yankee* (voile de yacht). ♦ Adj. *Des manières yankees.*
/yaouled [-lèd'] n. m.
/yaourt, /yogourt ou **/yoghourt** n. m.
/yaourtière n. f.
/y-a-qu'a ou **/yaqua** n. m. inv. *Des yaqua.*

La barre oblique devant un mot signale un y aspiré.

/yard n. m.
/yass ou jass n. m.
/yassa n. m.
/yatagan n. m.
y avoir v. impers. Ne s'emploie qu'à la 3ᵉ personne du singulier de l'indicatif, du conditionnel et du subjonctif *Il y a; il y avait*, etc.
*/yaw damper = amortisseur de lacet (déf.).
/yawl [yol'] n. m. ♦ HOM. → yole.
/yearling [yeurlin'g] n. m.
yèble n. f.
*/yellow-cake = concentré d'uranium (nucl.).
*yellowness vegetation index (YVI) = indice de jaunissement (spat.).
/yéménite adj. et n. (du Yémen).
/yen [yèn'] n. m. (monnaie japonaise). ♦ HOM. → hyène.
/yeoman [yo-man'] n. m. *Des yeomen.*
/yeomanry [yo-man'ri] n. f. *Des yeomanries.*
/Yersin (bacille de) loc. m.
*/yeshiva (hébreu) = collège talmudique. *Des yeshivot.*
*/yeti (yéti) (tibétain) = abominable homme des neiges.
yeuse n. f.
yeuseraie n. f.
yeux → œil.
/yé-yé n. inv. et adj. inv. *Des chansons yé-yé. Une bande de yé-yé.*
/yiddish [-dich'] n. m. inv. et adj. inv.
*yield management = gestion de taux (banque); tarification en temps réel (T.T.R.) (écon.).
/yin [yin'] n. m. (force passive).
ylang-ylang → ilang-ilang.
/yod n. m. ♦ HOM. → iode.
/yodler → jodler.
/yoga n. m.
yoghourt →yaourt.
/yogi [yoghi] n. m. et adj. inv.
yogourt → yaourt.
/yohimbehe [yo-im'bé] n. m.
/yohimbine [yo-im'-] n. f.
/yokoa n. m. (jeu, à la pelote).
/yole n. f. (barque). ♦ HOM. yawl (petit voilier).
*/Yom Kippour ou /Kippour n. m. inv.
/yorkshire-terrier ou /yorkshire n. m. *Des yorkshire-terriers; des yorkshires.*

/yougoslave adj. ♦ N. *Un Yougoslave* (de Yougoslavie).
/Yougoslavie n. f. L'État de Yougoslavie, créé en 1918, comprenait la Bosnie-Herzégovine, la Croatie, la Macédoine, le Monténégro, la Slovénie et la Serbie avec ses deux provinces autonomes (Voïvodine et Kossovo).
youp! interj.
youpi! interj. Quelquefois écrit YOUPPIE ou YOUPEE.
/youpin, e adj. et n.
yourte ou iourte n. f. (tente mongole). ♦ Ne pas confondre avec *youtre* (terme injurieux pour désigner un juif).
/youtre n. → yourte.
/youyou n. m. *Des youyous.*
/Yo-Yo n. m. déposé inv.
ypérite n. f.
yponomeute → hyponomeute.
ypréau n. m. *Des ypréaux.*
ysopet ou isopet n. m.
ytterbine n. f.
ytterbium [-byom'] n. m. *Des ytterbiums.*
yttria n. m.
yttrialite n. f.
yttrifère adj.
yttrique adj.
yttrium [-tri-yom'] n. m. *Des yttriums.*
/yuan [yuan'] n. m. (monnaie chinoise). → ren min bi.
/yucca [youka] n. m.
*/yuppie = jeune cadre dynamique.

Z

z n. m. inv. ♦ Les mots terminés par z sont invariables. *Des gaz.*
zabre n. m.
zain adj. inv. *Des chiennes zain.*
zaire n. m. (monnaie du Zaïre).
zaïrois adj. et n. (du Zaïre).
zakat [-at'] n. m.
*zakouski (russe) n. m. pl. = amuse-bouches. Le singulier est *zakouska*. Le pluriel *zakouskis* est acceptable en français. Ce mot est l'équivalent de *amuse-gueules* (français), *kémia* (arabe) et *tapas* (espagnol).
Zamak n. m. déposé inv. (alliage).
zambien, enne adj. et n. (de Zambie).

La barre oblique devant un mot signale un y aspiré.

zamia ou **zamier** n. m. (plante).
Zan n. m. déposé inv.
zancle n. m.
zanni ou **zani** n. m. *Des zanni.*
zanzibar ou **zanzi** n. m. (jeu). ♦ HOM. l'île de *Zanzibar* (Tanzanie).
***zaouïa** (arabe) = siège d'une confrérie religieuse. Quelquefois écrit *ZAWIYA.
zapateado [sapaté-] n. m.
zapper v. int. (picorer, pitonner).
zappeur, euse n. (pitonneur; pianoteur).
***zapping** n. m. = picorage, jeu de la télécommande, pitonnage, pianotage (aud.).
zarzuela [sar-swéla] n. f.
***zawiya** → zaouïa.
zazou n. inv. en genre. *Des zazous.* ♦ Adj. inv. *Des allures zazou.*
***Z-DNA** ou ***zig-zag DNA** = ADN-Z ou ADN zigzag (génét.).
zéaralénome n. f.
zeb ou **zob** n. m.
zébi n. m. *Peau de zébi.*
zèbre n. m.
zébré, e adj.
zébrer v. t. *Je zèbre, nous zébrons, je zébrerai(s).* Conjug. 10.
zébrure n. f.
zébu n. m. *Des zébus ou bœufs à bosse.*
zée ou **zéus** [-us'] n. m.
zéine n. f.
zélateur, trice n. et adj.
zèle n. m.
zélé, e adj. et n.
zellige n. m.
zélote n. m.
zemstvo [zyèm'stvo] n. m.
zen [zèn'] n. m. et adj. inv.
zénana n. f.
zend, e [zind'] adj. *Des livres zends.*
zénith n. m. *Des popularités au zénith.*
zénithal, ale, aux adj.
zéolite ou **zéolithe** n. f.
zéphyr n. m. (vent; tissu). ♦ HOM. le dieu grec *Zéphyr.*
zéphyrien, enne adj.
zéphyrine n. f.
zeppelin [zèplin] n. m. (ballon dirigeable construit par Ferdinand von *Zeppelin*). Un des plus célèbres portait le nom de « Graf Zeppelin ».
zéro adj. numér. inv. *Zéro franc zéro centime; zéro faute. Le point zéro. Au-dessus, au-dessous de zéro. Avant tirage, voici la feuille zéro.* ♦ N. m. *Repartir de zéro; des zéros mal écrits. Une rangée de zéros. Ces employés sont des zéros. Un appareil de zéro. Un milliard c'est un suivi de neuf zéros. La croissance zéro. Le zéro existe depuis 1512 dans notre numération, mais les Indiens mayas le connaissaient bien avant.*
Zérodur n. m. déposé inv.
***zero reading instrument** = indicateur de zéro.
zérotage n. m.
zérumbet [zéronbèt'] n. m.
zest (entre le zist et le) loc. adv. *Elle était entre le zist et le zest (ne savait à quelle décision s'arrêter).* ♦ HOM. un *zeste* de citron.
zeste n. m. (membrane intérieure de la noix; partie superficielle colorée de l'écorce d'un agrume). *Des zestes d'orange; ajoutez un zeste de citron.* ♦ HOM. → zest.
zester v. t.
zêta n. m. → tableau LANGUES ÉTRANGÈRES ET LANGUES ANCIENNES, p. 897. Quelquefois écrit DZÊTA.
zétète n. f.
zététicien, enne n.
zététique n. f.
zeugite n. m.
zeugma ou **zeugme** n. m.
zeugmatographie n. f.
zéus → zée.
zeuzère n. f.
zézaiement n. m.
zézayer [zézè-yé] v. int. Conjug. 8.
zheng [zèn'g] n. m.
zibeline n. f.
Zicral n. m. déposé inv.
zidovudine n. f.
zieuter ou **zyeuter** v. t.
zig ou **zigue** n. m. *C'étaient des bons zigs.*
ziggourat [-rat'] n. f.
zigoto n. m.
zigouiller v. t.
zigue → zig.
zigzag n. m. *Des zigzags; aller en zigzag; une route en zigzag.*
zigzagant, e adj. *Un sentier zigzagant.* ♦ HOM. il va en *zigzaguant* (partic. présent du v. zigzaguer).
***zig-zag DNA** → *z-DNA.
zigzaguer v. int. *Nous zigzaguons.* Conjug. 4.
zimbabwéen, enne [zim'babwé-in, -èn'] adj. et n. (du Zimbabwe).
zinc [zing'] n. m.
zincage → zingage.
zincate n. m.
zincifère adj.
zincique adj.

zincographie n. m.
zingage ou **zincage** n. m.
*****zingaro** (ital.) = tsigane ou bohémien. *Des zingari.*
zingibéracé, e adj. et n. f.
zinguer v. t. *Nous zinguons.* Conjug. 4.
zingueur n. et adj. m.
zinjanthrope n. m.
zinnia n. m.
zinzin n. m. (musique quelconque). ♦ N. (qui perd la raison). *C'est une zinzin ; des zinzins.* ♦ Adj. inv. *Ils sont zinzin.*
zinzins n. m. pl. (pour désigner les investissements institutionnels, en économie).
zinzolin, e adj.
Zip n. m. déposé inv.
zipper v. t.
zircon n. m.
zircone n. f.
zirconite n. f.
zirconium [-nyom'] n. m. *Des zirconiums.*
zist → zest. ♦ HOM. → ziste.
ziste n. m. (partie blanche de l'écorce de l'orange ou du citron, sous le zeste). ♦ HOM. entre le *zist* et le *zest*.
ziwelküeche [ziveulkuch'] n. f. (tarte alsacienne à l'oignon).
zizanie n. f. (mésentente).
zizanie ou **zizania** n. f. (plante).
zizi n. m.
zizith n. m.
zizyphe [zizif'] n. m. (jujubier).
zloty n. m.
zoanthaire n. m.
zob → zeb.
Zodiac n. m. déposé inv. (bateau).
zodiacal, ale, aux adj.
zodiaque n. m. Les signes du *zodiaque* (fixés il y a deux mille ans et qui vont se déplaçant sans cesse) portent des noms de constellations ; ce sont : le Bélier, le Taureau, les Gémeaux, le Cancer, le Lion, la Vierge, la Balance, le Scorpion, le Sagittaire, le Capricorne, le Verseau, les Poissons. On écrira : *Elle est née sous le signe de la Balance ; il est du signe du Cancer. Il est « Gémeaux » ; elle est « Verseau » ; elle est « Poissons ».*
zoé n. f. (larve de crustacé). ♦ HOM. Zoé (prénom).
zoécie n. f.
zoïde n. m.
zoïle n. m. (critique envieux).
zombie ou **zombi** n. m.
zona n. m.
zonage n. m.
*****zoning** = zonage.

zonal, ale, aux adj.
zonard, e n.
zone n. f. *Zone d'action, de contrôle, de défense, de desserte, de fracture, d'influence, de libre-échange, de ralentissement. La zone des armées. La zone dollar, la zone franc, la zone rouble, la zone sterling. Une zone d'abattement, des zones d'abattements ; une zone de salaire, des zones de salaires ; une zone dortoir, des zones dortoirs ; une zone témoin, des zones témoins.*
zone *non aedificandi*: zone dans laquelle on ne doit pas construire.
zone *non altius tollendi*: zone dans laquelle les constructions ne doivent pas dépasser une certaine hauteur.
zoné, e adj.
zoner v. t. et int.
zonier, ère adj. et n.
*****zoning** = zonage (urb., tour.).
zonulaire adj.
zonure n. m.
zoo- Tous les mots français en zoo- (du grec *zóon*, animal) font entendre les deux o.
zoo [zo-o] n. m. (abrév. de *parc zoologique*). *Des zoos.*
zoocentrisme [-is-] n. m.
zooflagellé n. m.
zoogamète n. m.
zoogéographie n. f.
zooglée n. f.
zooïde adj.
zoolâtre n.
zoolâtrie n. f.
zoolite n. m.
zoologie n. f. → tableau LANGUES ÉTRANGÈRES ET LANGUES ANCIENNES, D, p. 901.
zoologique adj.
zoologiquement adv.
zoologiste ou **zoologue** n.
*****zoom** [zoum'] n. m. = objectif à focale variable ; effet photographique de rapprochement et d'éloignement.
zoomer [zou-mé] v. int.
zoomorphisme [-is-] n. m.
zoonose n. f.
zoopathie n. f.
zoopathique adj.
zoophile adj. et n.
zoophilie n. f.
zoophobe n. et adj.
zoophobie n. f.
zoophore n. m.
zoophorique adj.

zoophyte n. m.
zooplancton n. m.
zoopsie n. f.
zoosporange n. m.
zoospore n. f.
zootaxie n. f.
zootechnicien, enne n.
zootechnie n. f.
zootechnique adj.
zoothèque n. f.
zoothérapeutique adj.
zoothérapie n. f.
zopanthopie n. f.
zoreille n.
zorille n. f.
zoroastrien, enne adj. et n.
zoroastrisme [-is-] n. m.
zostère n. f.
zostérien, enne adj.
zou! interj. *Allez! zou!*
zouave n. m.
zoulou, e adj. *Un village zoulou.* ♦ N. *Les Zoulous d'Afrique australe.*
zozo n. m.
zozotement n. m.
zozoter v. int.
zuchette ou zucchette [zukèt] n. f.
zurichois, e [-kwa, -kwaz'] adj. et n. (de Zurich).

zut! interj.
zutique adj.
zutiste n.
zwanze [zwanz'] n. f. ou m.
zwanzer [zwanzé] v. int.
zwieback [tsvibak'] n. m.
zwinglianisme [zvin-] n. m.
zwinglien, enne [zvin-] adj. et n.
zydeco [zidéko] n. m. ou f.
zyeuter → zieuter.
zygène n. f.
zygnéma [-g'néma] n. m.
zygoma n. m.
zygomatique adj.
zygomorphe adj.
zygomycète n. m.
zygopétale ou zygopetalum [-pétalom'] n. m.
zygospore n. f.
zygote n. m.
zyklon n. m.
zymase n. f.
zymotechnie [-tèk-] n. f.
zymotique adj.
zythum [-tom'] ou zython n. m. *Des zythums.*

Annexes

Sommaire

Abréviations	p. 850
Accents	p. 853
Adjectifs	p. 859
Adverbes	p. 871
Alphabet français	p. 876
Apostrophe	p. 877
Chiffres romains	p. 877
Correction de textes imprimés	p. 878
Couleurs	p. 884
Coupure de mots en fin de ligne	p. 885
Défectifs (verbes défectifs)	p. 886
Dictée dite « de Mérimée »	p. 887
Élision	p. 888
Guillemets	p. 889
Homonymes	p. 890
Langues étrangères et langues anciennes	p. 892
Liaisons	p. 902
Majuscules	p. 903
Minuscules	p. 907
Nombres	p. 909
Orthographe française	p. 914
Parenthèses	p. 916
Participe passé	p. 917
Participe présent	p. 932
Pluriel	p. 934
Ponctuations fortes	p. 939
Préfixes	p. 942
Prononciation	p. 943
Sigles	p. 946
Superlatif	p. 947
Textes importants concernant la langue française	p. 948
Titres d'œuvres	p. 950
Tout, toute, tous, toutes	p. 951
Trait d'union	p. 953
Verbes français	p. 956
Conjugaisons paradigmes	p. 990

ABRÉVIATIONS

Abréger les mots trop longs, les expressions à répéter, est souvent une nécessité, et quelquefois une manie. Cependant, l'utilité ne justifie pas l'obscurité ; il faut toujours être compris.

A. – MANIÈRES D'ABRÉGER

1° En ne donnant que le début d'un mot, avec un point abréviatif : *av.* (pour *avenue*), *chap.* (pour *chapitre*), *M.* (pour *Monsieur*). Dans ce cas, il faut finir l'abréviation sur une consonne, en coupant devant une voyelle (*apr.* pour *après*, *app.* pour *appartement*).

2° En donnant le début et la fin, sans point : *fg* (pour *faubourg*), *Dr* (pour *docteur*).
Dans les deux cas qui précèdent, les abréviations sont seulement écrites, et elles se lisent comme le mot entier : *J'ai aperçu le Dr Leroux dans l'av. Joffre.*

3° En donnant les initiales d'un groupe de mots **(sigle)**, avec ou sans points : *T.C.F.* (pour *Touring Club de France*), *ONU* (pour *Organisation des Nations unies*), *K.-O.* (pour *knock-out*).

4° En ne donnant des mots que les débuts groupés **(acronyme)** : *Soroutran* (pour *Société routière de transports*), *Sernam* (pour *Service national de messageries*), *Orsec* (pour *Organisation des secours*).

Il ne serait pas possible ici de dresser un tableau complet des abréviations en usage. Il en naît tous les jours ; il existe même des dictionnaires d'abréviations, souvent remaniés. Un principe est à respecter : tout sigle ou acronyme qui risque d'être peu familier au lecteur doit être éclairé à son premier emploi. C'est une politesse élémentaire. Ensuite l'abréviation suffit.

B. – ABRÉVIATIONS COURANTES

1° Adjectifs numéraux ordinaux

premier	1er	troisième	3^e
première	1re	quatrième	4^e
deuxième	2^e	cinquième	5^e
second	2^d	(de même pour les	
seconde	2^{de}	suivants : 45e, 1000e...)	

23e brigade, Charles Ier, Elizabeth Ire, les classes de 2de et de 1re.

Les autres manières d'abréger sont fautives (3ème, 3è, 1ère). Que les dactylos prennent la peine de remonter d'un cran pour taper *1er* et non plus *1er*. On ne fait exception que pour l'expression *énième* (voir ce mot).

2° Adverbes ordinaux latins

Primo (1°), *secundo* (2°), *tertio* (3°), *quarto* (4°), etc. → tableau ADVERBES K, p. 874.

3° Livres

article	art.	figure	fig.
broché	br.	folio	f°
chapitre	chap.	in-douze	in-12

in-folio	in-f°	*page*	p.
in-octavo	in-8°	*pages*	pp.
in-quarto	in-4°	*paragraphe*	§
italique	ital.	*planche*	pl.
manuscrit	ms.	*recto*	r°
numéro	n°	*tome*	t.
numéros	n^os	*verso*	v°
opus (ouvrage)	op.	*volume*	vol.

confer *(reportez-vous à)*	cf.	opere citato *(dans l'ouvrage cité)*	op. cit.
loco citato *(à l'endroit déjà cité)*	loc. cit.	post-scriptum *(écrit après)*	P.-S.
nota bene *(prenez bonne note)*	N.B.		

4° Titres de civilité

Monsieur	M.	*Vicomte*	Vte
Messieurs	MM.	*Vicomtesse*	V^tesse
Madame	Mme, Mme	*Son Altesse*	S.A.
Mesdames	Mmes, Mmes	*Son Altesse Impériale*	S.A.I.
Mademoiselle	Mlle, Mlle	*Sa Grâce*	S.Gr.
Mesdemoiselles	Mlles, Mlles	*Sa Grandeur*	S.G.
Monseigneur	Mgr, Mgr	*Son Altesse Royale*	S.A.R.
Maître	Me, M^e	*Son Altesse Sérénissime*	S.A.S.
Maîtres	Mes, M^es	*Son Excellence (ambassadeur)*	S.E.
Docteur	Dr, D^r	*Son Excellence* (évêque)	S.Exc.
Docteurs	Drs, D^rs	*Son Éminence*	S.Em.
Professeur	Pr, P^r	*Sa Majesté*	S.M.
Professeurs	Prs, P^rs	*Sa Sainteté*	S.S.
Veuve	Vve, Vve	*Leurs Altesses*	LL.AA.
Comte	Cte	*Père*	P.
Comtesse	Ctesse	*Frère*	F.
Baron	B^on	*Très Cher Frère*	T.C.F.
Baronne	B^onne	*Révérend Père*	R.P.
Marquis	Mis	*Société de Jésus*	S.J.
Marquise	M^ise		

On n'emploie ces abréviations que si elles sont suivies du nom de la personne ou de son titre :
Mme Dubois, M. le trésorier,
S.M. la reine Juliana,
Sa Majesté a fait un bon voyage.

On ne mêle pas mots entiers et abréviations. Ce serait une faute d'écrire :
M. et madame Dupont.

On n'abrège pas dans les cas suivants :
Monsieur, frère du roi (tradition),
Madame Bovary (premier mot d'un titre d'ouvrage),
Monsieur le Maire de... (suscription de lettre).

5° Dates

On peut abréger les dates, avec traits d'union ou points (éviter la barre oblique qui peut passer pour le chiffre 1).

Le *3 mai 1978* sera :
    3.5.1978 ou 3-5-1978 ou 3-05-78
mais il est toujours plus correct d'écrire en entier *3 mai 1978*.

Pour les derniers mois de l'année, bien prendre le nombre qui correspond au mois :
    17-9-1980 pour le *17 septembre 1980*
    4-10-1981 pour le *4 octobre 1981*
et abandonner le vieil usage qui faisait appel à l'étymologie :
    17.7^bre 1980 pour le *17 septembre 1980*
    4.8^bre 1981 pour le *4 octobre 1981*
ce qui provoquait des erreurs d'interprétation.

6° Divers

avenue	av.	*saint*	St
boulevard	bd	*sainte*	Ste
Compagnie	Cie, Cie	*Président-directeur général*	P.-D.G.
ibidem (au même endroit)	ibid.	*Répondez s'il vous plaît*	R.s.v.p.
potentiel hydrogène	pH	*Société anonyme*	S.A.
Pour copie conforme	P.c.c.	*sans garantie du gouvernement*	s.g.d.g.
dito (dit)	d°	*s'il vous plaît*	S.V.P.
Établissements	Ets	*taxe à la valeur ajoutée*	T.V.A.
et cætera	etc.	*zone à urbaniser en priorité*	Z.U.P.
idem (de même)	id.		
place	pl.		

Passim (en plusieurs endroits) n'est pas une abréviation et s'écrit sans point.

C. – REMARQUES

1° Les traits d'union doivent subsister dans les abréviations :
J.-C.   N.-E.   W.-C.   J.-Cl.   A.-M.   J.-J.   S.-et-L.   Ch.-Mme

2° Pour les abréviations en ANGLAIS et en ESPAGNOL, voir ci-après le tableau LANGUES ÉTRANGÈRES ET LANGUES ANCIENNES pp. 892 et 896.

3° Il ne faut pas oublier qu'on ne doit fournir d'abréviations qu'à ceux qui les comprennent. Une dactylo de la radio ayant passé à un annonceur le bulletin suivant : « Il est tombé hier qq. flocons de neige dans la région de Toulouse », tous les auditeurs apprirent qu'il était « tombé hier 99 flocons de neige dans la région de Toulouse ».

→ exposant ; monsieur ; perluète ; voie et tableau PONCTUATIONS FORTES I, B, 4°, p. 939.

ACCENTS

On distingue : le point, l'accent aigu, l'accent grave, l'accent circonflexe, le tréma. Les accents furent introduits dans l'écriture du français vers 1530 par l'imprimeur Robert Estienne et le médecin Jacobus Sylvius (Jacques Dubois). Il est essentiel de bien placer les accents; ce petit soin n'est pas du temps perdu.

A. – LE POINT

Le point doit toujours être mis sur le *i* et le *j* minuscules.

B. – L'ACCENT AIGU

C'est l'accent le plus employé. Il se place sur le *e* dans beaucoup de mots *(blé, entrée, ménage, éboueur, moitié, pitié, malgré, sérénité, qualité, quantité)*, à la fin des participes passés des verbes du 1ᵉʳ groupe *(chanté, observé, lutté)* et du verbe être *(été)*. Le mot français qui a le plus d'accents aigus est : *hétérogénéité*.

C'est l'accent aigu qu'on emploie dans une inversion verbale *(osé-je ? dussé-je ?)*. L'accent aigu indique un son fermé, comme le *e* suivi de *d, f, r* ou *z* muets *(pied, clef, aller, nez)*. L'accent aigu ne doit pas être oublié à *liséré, régression, répréhensible, sécréter, vélin*. Il arrive qu'un nom propre, sans accent, fournisse un dérivé avec accent aigu :

Abel	*abélien*	Guatemala	*guatémaltèque*
Dillenius	*dilléniacées*	Hegel	*hégélien*
Elizabeth	*élisabéthain*	Venezuela	*vénézuélien*
Guadeloupe	*guadeloupéen*	Wagner	*wagnérien*

Mots de la même famille, les uns sans accent, les autres avec accent aigu :

concret	*concrétiser*	rebelle	
discret	*discrétion*	se rebeller	*rébellion*
frein	*effréné*	remède	
	refréner	remédiable	*irrémédiable*
fret	*affréter*	replet	*réplétion*
	affréteur	reproche	*irréprochable*
pleine	*plénière*	revers	*réversion*
	plénitude	reverser	*réversible*
reclus	*réclusion*		*irréversible*
recouvrable	*irrécouvrable*	serein	*sérénité*
religieux	*irréligieux*		*rasséréner*
religion		tenace	*ténacité*
coreligionnaire	*irréligion*	tutelle	*tutélaire*

C. – L'ACCENT GRAVE

Il se place sur le *e* et se rencontre surtout avant une syllabe muette *(achève, austère, dernière, frère, lisière, Lutèce, mère, nièce, père, sèchement, thème, Trèves)*. Il arrive que des mots sans accent aient pour parent un mot avec accent grave *(gangrener, gangrène ; soutien, soutènement)*. On voit aussi cet accent à la dernière syllabe *(abcès, accès, après, auprès, dès, excès, près, succès, très* dans lesquels l's est muet alors qu'il sonne dans *faciès)*. L'accent grave indique un son ouvert, comme le *e* suivi de deux consonnes *(jette, serre, conserve)*.

Il est employé aussi sur le *a* final des mots *à, çà, deçà, déjà, delà, holà, là, voilà*, et sur le *u* de *où*.

En général, le *è* (accent grave) précède une syllabe finale avec *e* muet, alors que le *é* (accent aigu) précède une syllabe sonore :

aère	*aération*	espère	*espérer*	poussière	*poussiéreux*
chèque	*chéquier*	hygiène	*hygiénique*	sèche	*séchage*
crème	*crémerie*	Liège	*liégeois*	sphère	*sphérique*
emblème	*emblématique*	manière	*maniéré*	Tibère	*tibérien*

L'accent grave est employé dans la conjugaison de certains verbes du 1er groupe (→ tableau VERBES VIII, B, 7°, 8°, 9°, p. 965-967) : régner (*il règne*), acheter (*il achète*), lever (*il lève*).

Certains mots, contre la logique ou la prononciation, ont l'accent aigu ou l'accent grave, par tradition :

Accent aigu		**Accent grave**	
allégeance	réglementation	abrègement	espièglerie
céleri	réglementer	affrètement	orfèvrerie
crémerie	répréhensible	assèchement	pèlerin
dessécher	sécheresse	avènement	piètrement
extrémité	sécréter	brièveté	règlement
féverole	sécrétion	complètement	sèchement
mélange	vénerie	empiècement	secrètement

L'évolution de l'orthographe place donc un *è* avant une syllabe graphique en *e* : *affèterie* pour *afféterie*; *allègement* pour *allégement*; *évènement* pour *événement*; etc.

D. – L'ACCENT CIRCONFLEXE

1° Cet accent, qui peut coiffer *a, e, i, o, u*, indique :

a) le remplacement d'un *s* disparu (*hospital, hôpital; feste, fête*) ce qui permet, à l'évocation d'un mot de la même famille, de bien placer l'accent circonflexe : côte (*accoster*), forêt (*forestier*), arrêt (*arrestation*), hôpital (*hospitalier*), châtaignier (*castagnette*), bâtir (la Bastille)...

b) un allongement du son (*âge, rôle, dôme, voûte; brûler; traître; lâcher; pâle, frêle*), allongement qui va, de nos jours, s'atténuant.

L'accent circonflexe se met sur quelques participes passés, mais au masculin singulier seulement :

v. devoir : **dû**, *due, dus, dues*;
v. mouvoir : **mû**, *mue, mus, mues*;
v. redevoir : **redû**, *redue, redus, redues*;
v. croître : **crû**, *crue, crus, crues*;
v. recroître : **recrû**, *recrue, recrus, recrues*.

On met l'accent aux deux derniers pour les différencier des participes passés des verbes croire et recroire (*cru, recru*). Le verbe *recroire* est très vieux, il signifiait *rendre*. Il faut donc écrire : *recru de fatigue*.

On écrit *accru* (de accroître) et *décru* (de décroître). Le contraire de *dû* est *indu*.

2° On trouvera encore l'accent circonflexe :

a) aux pronoms *nôtre* et *vôtre* :

Prenez la vôtre, laissez les nôtres.
Tout est vôtre. À la bonne vôtre !
Cordialement vôtre. Sincèrement vôtres.

Les adjectifs n'ont pas cet accent :
Notre chien ; votre jardin.

b) sur le *a* du suffixe péjoratif *-âtre (marâtre, noirâtre, douceâtre)*, alors qu'il ne se met pas sur le suffixe savant *-iatre* (du grec « iatros », médecin) qu'on trouve dans *psychiatre, pédiatrie* ;

c) sur le *i* du radical des verbes en *-aître* et *-oître*, quand ce *i* précède la lettre *t (il paraît, il croîtra)* → tableau VERBES X, B, 3°, 4°, p. 971 ;

d) aux deux premières personnes du pluriel du passé simple *(nous voulûmes, nous vîmes, vous osâtes)* ;

e) à la 3ᵉ personne du singulier du 2ᵉ passé du conditionnel *(il eût coupé, il fût sorti)*, de l'imparfait et du plus-que-parfait du subjonctif *(qu'il chantât, qu'il eût sauté)*. Voir les tableaux de conjugaison p. 990.

E. – MOTS À PROPOS DESQUELS LES FAUTES D'ACCENT SONT FRÉQUENTES.

1° Doivent avoir un accent circonflexe :

abîme	enchaîner	gâchette	Plantagenêt
abîmer	déchaîner	gâchis	prévôt
aîné	châlit	genêt	puîné
alcôve	Châlons(-sur-	gîte	pylône
alêne	Marne)	goulûment	rabâcher
allô !	châssis	hâte	ragoût
arôme	chêne	hâve	râpe
assidûment	crâne	huître	râper
bâbord	crânien	icône	râteau
bâcher	crêpe	indûment	râteler
bâcler	crêper	mâche	râtelier
bâfrer	crûment	mâcher	rêche
bâillon	dégât	mâchoire	surcroît
bâillonner	dépêtrer	mâchicoulis	symptôme
bélître	dîme	maître	tâter
benêt	dôme	maîtrise	tête
benoît	Drôme	maraîcher	têtard
Benoît	dûment	mât	théâtre
blême	enjôler	mâture	traîne
blêmir	épître	moût (de raisin)	traîner
la Bohême (pays)	évêque	opiniâtre	traître
boîte	évêché	pâture	traîtrise
déboîter	extrême	pêne	trêve
emboîter	faîte	piqûre	vêler
câble	fraîche	plaît	Viêt-nam
câbler	gâche	complaît	Villers-Cotterêts
chaîne	gâcher	déplaît	voûte

2° Ne doivent pas avoir d'accent circonflexe :

aine	barème	la bohème	brailler
arène	bateau	boiter	brèche
axiome	un bohème	boiteux	cela

chalet	défaite	génois	psychiatre
Chalon	dégainer	gnome	racler
(-sur-Saône)	dévot	goitre	raclette
chapitre	vous dites	guépard	raclure
Chateaubriand	Dole	hacher	raffut
chenet	drainer	havre	rafle
chènevis	égout	Le Havre	rafler
chute	emblème	interprète	ratisser
cime	faine	à jeun	rengainer
cotre	vous faites	mitre	rhodanien
crèche	fibrome	G. Lenotre	surir
crème	flèche	momerie	syndrome
crépi	fret	olécrane	téter
crépine	futaie	paturon	urètre
crépu	futé	pédiatre	zone
cyclone	gaine	pitre	

3° Selon le sens, ont ou n'ont pas l'accent circonflexe :

âcre : irritant ;
acre : surface agraire.
bâiller : ouvrir la bouche ;
bailler : donner.
boîte : coffret ;
boite : du v. boiter.
Brême : ville allemande ;
brème : poisson ; carte.
châsse : coffre reliquaire ;
chasse : poursuite du gibier.
côlon : partie de l'intestin ;
colon : membre d'une colonie ; colonel.
côte : montée ;
cote : mesure, marque.
crête : d'oiseau ; montagneuse ;
Crète : île méditerranéenne.
crû : partic. passé du v. croître ;
cru : terroir, vignoble ; qui n'est pas cuit ; partic. passé du v. croire.
dû : partic. passé du v. devoir ;
du : article.
forêt : étendue boisée ;
foret : mèche perceuse.
fût : tonneau ; v. être au subj. ;
fut : v. être au passé simple.
genêt : arbrisseau ;

genet : cheval.
grâce : agrément, faveur ;
Grace (de Monaco) : prénom anglo-saxon.
hâler : brunir par l'air ;
haler : tirer sur un chemin de halage.
mâter : monter les mâts ;
mater : dompter ; rendre mat.
mâtin : chien de garde ;
matin : première moitié du jour.
mâture : ensemble des mâts ;
mature : prêt à frayer.
mûr : à maturité ;
mur : muraille.
pâle : de couleur faible ;
pale : partie plate d'aviron, d'hélice.
rôder : errer, traîner ;
roder : user les aspérités.
rôt : rôti ;
rot : éructation.
sûr : à qui/quoi on peut se fier ;
sur : prép. (au-dessus de) ; adj. (aigre).
tâche : travail ;
tache : souillure.
tête : partie du corps ;
tète : du v. téter.

4° Mots de la même famille, les uns sans accent, les autres avec accent circonflexe :

acrimonie	âcre	assurer	sûr
aromate	arôme		sûreté
aromatique		encablure	câble

conifère	cône	infamie	infâme
conique		infamant	
coteau	côte	à jeun	jeûne
craniologie	crâne	déjeuner	jeûner
	crâner	olécrane	crâne
diplomate	diplôme	polaire	pôle
	diplômé	polariser	
drolatique	drôle	ratisser	râteau
indu	dû		râteler
fantomatique	fantôme		
futaille	fût	symptomatique	symptôme
gracieux	grâce	introniser	trône
gracier			trôner
imposer	impôt	tatillon	tâter

5° Mots remarquables qui ne comportent pas d'accent :

a fortiori	Detroit	Leningrad	repartie
amerrir	diesel	Maspero	(réplique)
a posteriori	edelweiss	Nigeria	repartir
a priori	Gallieni	Oregon	(répliquer)
assener	gangrener	Pechiney	retable
besicles	genevois	Pereire	revolver
Breguet	Genevoix	peroxyde	Teniers
Casimir-	Guatemala	peseta	trompeter
Perier	Helvetius	prescience	Valery Larbaud
Cedex	Heredia	se rebeller	venimeux
cela	Herold	receler	venin
celer	Kenya	Remi, Remy	Venezuela
Clemenceau	Kepler		vilenie

On remarquera que *Barthélemy*, le prénom, n'a qu'un accent et que la ville de *Gênes* est peuplée de *Génois*.

Mais l'usage modifie peu à peu : *seneçon* est devenu *séneçon* ; *belitre* est devenu *bélître*, *receper* est devenu *recéper* ; *Domremy* est devenu *Domrémy*.

À l'inverse, *Mégève* est devenu *Megève*. On peut s'attendre un jour à voir écrire : une *répartie* (pour *repartie*) ou des *bésicles* (pour *besicles*).

Naturellement, on pourra trouver certains noms de famille qui ont une orthographe différente de celle qui est donnée ci-dessus. Ces noms, dont souvent l'orthographe a varié selon les fantaisies des scribes, sont à respecter dans leur écriture actuelle.

6° Mots remarquables par le voisinage de deux accents, aigu et grave :

belvédère	élève	légèrement	pépère	sévère
célèbre	éphèbe	légèreté	phénomène	sévèrement
décès	épithète	mégère	préfète	ténèbres
dégrèvement	exégète	mélèze	prélèvement	théière
déjà	géomètre	mémère	proxénète	théorème
dérèglement	Hélène	métèque	Sénèque	Thérèse
ébène	légère			

ainsi que les verbes en *-é-e-er* ou *-é-é-er* au singulier du présent de l'indicatif : prélever *(il prélève)*, décréter *(il décrète)* ; et les verbes en *-éer* ou *-é-er* à la 3ᵉ personne du pluriel du passé simple : créer *(ils créèrent)*, céder *(ils cédèrent)*.

F. – LE TRÉMA

1° Le français, pour séparer la prononciation de deux voyelles, place la lettre h *(trahison, cahier)* ou le tréma *(haïr, Saül)*. Ce double point, le tréma, remplace quelquefois un accent sur le *e (Noël)*, mais pas nécessairement. Ainsi, *Staël, Saint-Saëns* se prononcent [stal'], [-sans'].

On le trouve aussi à la fin du féminin des adjectifs en *-gu* (→ tableau ADJECTIFS I, A, 2°, a, p. 859) : *aigu, aigus/aiguë, aiguës* (les quatre formes se prononçant [égu]).

2° Voici d'autres mots remarquables qui portent un tréma :

aïeul	canoë	égoïste	inouï	païen
archaïsme	capharnaüm	Esaü	laïciser	paranoïa
j'arguë	caraïbe	faïence	laïque	Saint-Saëns
Baïf	Celluloïd	glaïeul	maïs	sinusoïdal
baïonnette	ciguë	haïssable	mosaïque	sphéroïde
bisaiguë	Coïmbre	hébraïque	naïade	stoïcisme
caïd	coïncidence	héroïne	naïf	taïga
caïeu	Dostoïevski	héroïque	oïdium	thyroïde
caïman	Dürer	héroïsme	ouï-dire	troïka
Caïn	Eckmühl	ïambe	ouïe	Zaïre
camaïeu	égoïne			

3° Les trois mots finissant par *-guité* ont le tréma :
                     ambiguïté, contiguïté, exiguïté.

Les autres mots en *-uité* n'ont pas ce tréma :
                     acuité, ubiquité, ténuité, incongruité.

4° Mots devant s'écrire sans tréma :

Camoens	îles Feroé	Ivanhoé	Nuremberg
canoéiste	Gaétan	Jordaens	paella
Chang-haï	goéland	La Boétie	poème
(ou Shanghai)	goélette	Laennec	poète
Cimabue	goémon	Lugné-Poe	préraphaélite
coefficient	Groenland	moelle	Crusoé
Daniel Defoe	Hanoï	moellon	Ruysdael
Disraeli	Hawaii	Monroe	Saigon
Edgar Poe	israélien	Munich	séquoia
Eugène Sue	israélite	Noé	troène

Il faut ajouter les mots qui contiennent le couple « éi » : *absentéisme, athéisme, cunéiforme, fidéicommis, homogénéiser, kaléidoscope, pléiade, Pompéi, protéine, simultanéité, velléitaire*, etc.

Les langues étrangères ont leurs accents qui ne sont pas toujours les mêmes que les nôtres ni placés de la même manière.

→ tableau MAJUSCULES E, p. 903.

ADJECTIFS

L'adjectif est adjoint au nom.

I. – LES QUALIFICATIFS

A. – ADJECTIFS QUALIFICATIFS

1° Emploi.

L'adjectif qualificatif indique une qualité, bonne ou mauvaise, du nom. Il est comme un satellite du nom et ne le quitte guère, tantôt placé après *(un lion féroce)*, tantôt placé avant *(un savoureux gâteau)* ou lié à lui par un verbe *(cet appartement semble petit)*. Dans les deux premiers exemples, il y a voisinage du nom et de l'adjectif : on dit que celui-ci est épithète du nom. Dans le troisième exemple, l'adjectif est attribut du sujet *appartement*, étant lié à lui par un verbe copule.

Le désir de compléter le nom, de le rendre plus descriptif, plus coloré, fait qu'on emploie comme adjectifs qualificatifs beaucoup d'autres mots :

a) des participes présents, qui prennent le nom d'adjectifs verbaux dans cet emploi spécial *(des histoires amusantes, la truite méfiante, un vin pétillant)*. → B CI-DESSOUS ;

b) des participes passés, qui prennent alors le nom de participes adjectifs *(des taureaux excités, du papier peint, une viande rôtie)*. → C CI-DESSOUS ;

c) toutes sortes de termes et locutions mués en adjectifs, la plupart invariables : noms *(fauteuil Régence, gants paille, manche raglan, tarte maison)* ; noms étrangers *(une monte western, la civilisation inca)* ; adverbes *(un garçon bien)* ; locutions adjectives *(costume tape-à-l'œil, registre ad hoc, tissu lie-de-vin, cheval pur-sang, femme pot-au-feu, uniforme bleu horizon)* et adjectifs populaires consacrés par l'usage *(ils sont urf, une fille chic)*.

Vivant dans le voisinage du nom, l'adjectif qualificatif s'accorde, sauf exceptions, en genre et en nombre avec lui.

2° Féminin des adjectifs qualificatifs.

a) Règles générales

• D'habitude, le féminin se forme en ajoutant un *e* au masculin : *poli, polie ; étroit, étroite.* Naturellement, on n'ajoute rien si le masculin finit par *e* : *un homme honnête, une femme honnête.*
• Le masculin en *-f* fournit un féminin en *-ve* : *vif, vive ; neuf, neuve.*
• Le masculin en *-x* fournit un féminin en *-se* : *furieux, furieuse ; orgueilleux, orgueilleuse.*
• Le masculin en *-er* fournit un féminin en *-ère* : *léger, légère ; entier, entière.*
• Le masculin en *-gu* fournit un féminin en *-guë* : *aigu, aiguë, des voix aiguës.* Il s'agit des adjectifs *aigu, ambigu, bégu, contigu, exigu, subaigu, suraigu.*
• Les masculins en *-el, -eil, -en, -on* fournissent des féminins en *-elle, -eille, -enne, -onne* : *solennel, solennelle ; vermeil, vermeille ; moyen, moyenne ; mignon, mignonne.*

- Les adjectifs en *-et* ont le féminin :
    en *-ète* pour : *complet, concret, désuet, discret, incomplet, indiscret, inquiet, quiet, replet, secret (une personne discrète)* ;
    en *-ette* pour tous les autres *(coquet, coquette)*.
- Les adjectifs en *-eur* ont le féminin :
    en *-eure* pour : *antérieur, citérieur, extérieur, inférieur, intérieur, majeur, meilleur, mineur, postérieur, supérieur, ultérieur (une enfant mineure)* ;
    en *-euse* (en général lorsque la racine de l'adjectif est analogue à celle du verbe) : *trompeur* (tromp-er), *trompeuse* ; en *-trice* (lorsque le masculin finit par *-teur*) : *conducteur, conductrice*.

b) Adjectifs faisant exception aux règles ci-dessus

ammoniac, ammoniaque
andalou, andalouse
bas, basse
beau (*ou* bel *pour éviter un hiatus*), belle
bellot, bellotte
bénin, bénigne
blanc, blanche
boulot, boulotte
caduc, caduque
chasseur, chasseuse (chasseresse en style poétique)
coi, coite
doux, douce
enchanteur, enchanteresse
épais, épaisse
esquimau, esquimaude
exprès, expresse
faux, fausse
favori, favorite
fou (*ou* fol *pour éviter un hiatus*), folle
frais, fraîche
franc, franche (*qui a de la franchise*)
franc, franque (*qui se rapporte aux Francs*)
gentil, gentille
gras, grasse
grec, grecque
gros, grosse
hébreu, hébraïque
jumeau, jumelle
laïc *ou* laïque, laïque
las, lasse
long, longue
maigriot, maigriotte
malin, maligne
métis, métisse
mou (*ou* mol *pour éviter un hiatus*), molle
nouveau (*ou* nouvel *pour éviter un hiatus*), nouvelle
nul, nulle
oblong, oblongue
pâlot, pâlotte
profès, professe
public, publique
rigolo, rigolote
roux, rousse
salaud, salope
sauveur, salvatrice
sec, sèche
sot, sotte
tiers, tierce
traître, traîtresse
turc, turque
vengeur, vengeresse
vieillot, vieillotte
vieux (*ou* vieil *devant une voyelle ou un h muet*), vieille.

Cependant, *vieux* a été employé par certains auteurs devant une voyelle — *un vieux homme* —, ce qui est défendable.

3° Pluriel des adjectifs qualificatifs.

a) En général, le pluriel se marque par un *s* : *un ami discret, des amis discrets*.

b) Adjectifs en *-al* :
- Ont le pluriel en *-als* : *bancal, fatal, final, fractal, marial, natal, naval, tonal, banal* (au sens actuel de : commun, ordinaire) avec leurs composés (*prénatal, atonal...*). *Des romans banals* (mais il y a une tendance, chez de bons auteurs, à écrire *banaux* dans ce sens) ; *des résultats finals*.

- Ont les deux pluriels (*-als, -aux*) : *austral, boréal, choral, glacial, idéal, jovial, pascal.*
- N'ont qu'un pluriel féminin (*-ales*) : *causal, médial, pluricausal.*
- Ont le pluriel en *-aux* : tous les autres, très nombreux, et, parmi eux, *banal* au sens féodal (*des fours banaux*).

c) Adjectifs en *-eu*. Il y a trois adjectifs terminés par *eu* : *bleu* (pl. : *bleus*) ; *hébreu* (pl. : *hébreux*) ; *feu* qui prend un *e* au féminin et un *s* au pluriel à condition qu'aucun mot ne le sépare du nom. *Les feus rois, la reine feue. Feu la reine, feu mes grands-parents.*

4° Adjectifs désignant des couleurs.

→ tableau COULEURS, p. 884.

5° Accords spéciaux d'adjectifs.

a) Adjectifs qualifiant plusieurs noms. Si un adjectif qualifie plusieurs noms au masculin, il se met au masculin pluriel. *À vendre : réfrigérateur et four neufs.* Cette expression peut correctement s'écrire avec l'adjectif au masculin singulier (*neuf*), mais alors on ne dit pas l'état du réfrigérateur.

Si un adjectif qualifie plusieurs noms au féminin, il se met au féminin pluriel. *Les vagues et la marée sont fortes.*

Si un adjectif qualifie des noms de genre différent, il se met au masculin pluriel. *La tulipe et le muguet printaniers.* On s'efforcera, si l'on rédige, de faire voisiner le nom au masculin et l'adjectif au masculin pluriel, comme dans l'exemple qui précède.

Quand les noms sont coordonnés par *ou* ou par *ni*, c'est une question de bon sens. *Ses parents ne toléraient ni acte ni parole blâmables* (acte blâmable et parole blâmable). *La bague portait une perle ou un brillant sertis* (les deux sont possibles). *Prenez une orangeade ou un citron pressé* (seul le citron peut être pressé).

Dans le cas d'une gradation, l'adjectif ne s'applique qu'au dernier terme. *Il éprouvait une anxiété, une crainte, une terreur tenace.*

b) Adjectifs composés. Dans les adjectifs composés au pluriel, l'élément invariable (adverbe) ne prend pas la marque du pluriel. *Des enfants bien-aimés. Des filles court-vêtues. Des garçons nouveau-nés.* L'adverbe *tout*, dans ce cas, suit sa règle d'accord habituelle. *Un homme tout-puissant, des hommes tout-puissants ; une femme toute-puissante, des femmes toutes-puissantes.*

Si le premier terme se termine par *a, é, i, o*, il reste invariable au pluriel. *Des ondes infra-sonores ; une réaction physico-chimique ; des nerfs vaso-moteurs ; un accord franco-anglais ; des docteurs oto-rhino-laryngologistes ; les populations latino-américaines.*

Dans un adjectif composé au pluriel, il peut arriver que l'élément variable (nom) reste au singulier si le sens le demande. *Des grenades anti-sous-marin.*

c) Adjectifs après un complément de nom. Pour l'accord de l'adjectif se rapportant à un nom complété par un autre nom. *Une espèce de serpent hideux.* Le plus généralement, l'accord se fait selon l'intention de l'auteur, avec l'un ou l'autre nom du groupe. *Une veste d'homme toute guenilleuse. Un panier de fruits magnifiques.*

d) Adjectifs après *de* explétif. Les pronoms *ceci, cela, quoi, plusieurs, quelque chose, quelqu'un, rien*, ou une expression numérale sont quelquefois suivis d'un *de* explétif avant l'adjectif épithète. Cela ne change rien à l'accord. *Il a trouvé deux bêtes de tuées. J'ai vu quelque chose de merveilleux.*

e) Adjectifs éloignés par l'inversion. La versification peut placer, par le jeu de l'inversion, un adjectif épithète près d'un nom autre que celui auquel il s'applique. *Mer de tous les infinis pleine* (V. Hugo).

f) Adjectifs attributs du complément d'objet. Quand l'adjectif est attribut de l'objet, c'est avec cet objet qu'il s'accorde. *Ces déboires la rendent furieuse* (objet : *la*). *C'est qu'on suppose dangereuses sa fabrication et sa conservation* (objet : *fabrication* et *conservation*). *Claire, nous l'avions enviée heureuse, nous l'admirons malheureuse* (objet : *l'*, féminin).

g) Adjectifs exceptionnels

• N'ont pas de féminin les adjectifs : (cresson) *alénois*, (signe) *avant-coureur*, *benêt*, (vent) *coulis*, (œuf) *couvi*, (feu) *grégeois*, (hareng) *pec*, (droit) *régalien*, (marais) *salant*, (hareng) *saur*. Ainsi que des adjectifs étrangers (*snob, ultra, cool...*).

• N'ont pas de masculin les adjectifs : (bouche) *bée*, (porte) *cochère*, (ignorance) *crasse*, *dive* (bouteille), (femme) *enceinte*, (soie) *grège*, (humeurs) *peccantes*, (pierre) *philosophale*, (œuvre) *pie*, (veine) *porte*, (jument) *poulinière*, (eau) *régale*, (fièvre) *scarlatine*, (rose) *trémière*, (noix) *vomique*.

• On trouvera à leur ordre alphabétique certains adjectifs qui présentent des particularités comme : *demi, faux, franc, grand, haut, impromptu, maximum, mi, minimum, nu, optimum, possible, saint, select, semi, témoin*; ainsi que l'accord de l'adjectif après « avoir l'air ».

6° Adjectifs invariables.

Sont invariables :

a) Les noms et adverbes employés adjectivement. *Une réunion omnisports. Des mobiliers Empire. Des manches raglan. Les quartiers nord. Des gens bien. Elles sont rasoir.*

b) Les locutions adjectives, dont voici des exemples :

de bon aloi
d'antan
à l'arraché
bien de chez nous
bon chic bon genre (BCBG)
bon enfant
bon prince
à la bonne franquette
en camaïeu
ci-devant
à claire-voie
en colère
comme il faut
contre nature
d'à côté
en deuil
à l'estime
à l'étroit
fin de siècle
fleur bleue
en friche
grandeur nature
de guingois
d'en face
d'en haut
haut de gamme
d'il y a longtemps
en joie
jour pour jour
au jugé
mal-en-point
sur mesure
à la mode
modern style
à la garçonne
dans la note
d'occasion
en or
à outrance
au pair
de nulle part
à part entière
de plaisance
en porte-à-faux
de premier ordre
à la provençale
de pure forme
de qualité
de rechange
en réduction
de rien du tout
en ronde bosse
16ᵉ arrondissement
en soi
soi-disant
à la Steinkerque
en sus
en taille douce
tape-à-l'œil

du temps jadis	tout d'une pièce	vite fait
terre à terre	trois quarts	à volonté
en toc	dans le vent	en vue
du tonnerre	vieux jeu	*etc.*

Des portraits grandeur nature. Une soi-disant enquêteuse.

Les locutions indiquant une couleur (*bleu ciel, vert foncé*) sont de même nature. → tableau COULEURS, p. 884.

Ces locutions représentent un domaine très fertile de la langue : au XVIIIe siècle, on porta des robes « à la Suzanne » qui sont bien oubliées (on jouait « Le Mariage de Figaro »).

c) **Les locutions étrangères,** souvent latines, employées adjectivement :

in abstracto	in extenso	ad hominem	in-quarto
per capita	de facto	honoris causa	sine qua non
ex cathedra	ejusdem farinae	de jure	sui generis
in concerto	in fiocchi	ad litem	ad valorem
up to date	in-folio	in-octavo	ne varietur
pro Delphino	pro forma	in partibus	in vitro
pro domo	ad hoc	princeps	*etc.*

La tenue « ad hoc ». Une édition « ad usum Delphini ».

La locution adjective de qualité s'apparente à la locution adverbiale. La première s'applique au nom et la seconde au verbe :

Locutions adjectives : *Un mur de guingois. Un repas à la bonne franquette. Un cours ex cathedra.*
Locutions adverbiales : *Il marche de guingois. Recevoir à la bonne franquette. Professer ex cathedra.*

L'art culinaire et l'argot sont grands fabricateurs de ces locutions : *à la Béchamel, à la Mornay, à l'américaine, à la provençale ; à la coule, au culot, à la papa, à l'estomac.*

d) **Les adjectifs du langage populaire** ou argotique (dont la vie est en général assez brève) :

baba	farce	nature	schuss
badour	flagada	olé olé	sensas
bath	folklo	paf	sexy
berk	formid	plouc	smart
capot	gaga	pop	schnock
champion	gnangnan	popote	sport
chou	hyper	raplapla	super
cool	in	recta	swing
copurchic	jojo	réglo	sympa
coton	joli-joli	régul	toc
dada	malabar	rétro	tsoin-tsoin
désop	maso	riquiqui	urf
disco	mastoc	rococo	western
dur-dur	mimi	rosat	yéyé
extra	mode	sado-maso	zinzin *etc.*

Une fille sympa. Des modèles riquiqui. Des louloutes vachement sexy. On se risque parfois à en mettre quelques-uns au masculin pluriel (*baba, malabar, maso, rétro...*).

ADJECTIFS

e) Les adjectifs incorporés dans des locutions verbales :

la bailler belle	rester court	battre froid
couper court	se faire fort de	avoir beau...
demeurer court	se porter fort pour	

Elles sont demeurées court.

7° Adjectifs issus de noms d'ethnies étrangères.

Quand des noms étrangers sont employés adjectivement, ils perdent la capitale. L'accord est encore flottant pour ces adjectifs.

a) Si la prononciation n'est pas affectée par le *e* ou le *s* finals, on fait accorder les adjectifs en genre et nombre.

Les nomades peuls. Une femme tamoule. La civilisation khmère.

b) Dans le cas contraire, on tend à laisser ces mots invariables ou à ne les faire accorder qu'en nombre.

Les traditions xhosa.
Des poteries maya/mayas.

Sont, par exemple, dans ce cas :

aïnou	han	ming	sung
angora	haoussa	moï	t'ang
aymara	inca	mossi	viêt
bouzou	inuit	navajo	wakash
chippeway	jivaro	quechua	yiddish
eskuara	maya	sioux	*etc.*

Alors que d'autres sont bien assimilés par le français : *esquimau, hottentot, kurde, mandchou, maori...*

Note. — Il existe des adverbes ayant l'apparence d'adjectifs qualificatifs : *L'hirondelle vole bas.* Ce sont les adverbes adjectivaux. → tableau ADVERBES B, 6°, p. 872.

B. – ADJECTIFS VERBAUX

L'adjectif verbal s'accorde en genre et en nombre avec le nom auquel il est appliqué, alors que le participe présent, dont il est issu, reste invariable.

Participe présent invariable : *Les garçons grimpant à l'arbre* (grimpant à = qui grimpent à).

Adjectif verbal variable : *Les rosiers grimpants du catalogue* (il est impossible de dire : qui grimpent du).

Voyez les enfants caressant (verbe) *le chien.*
(caressant = en train de caresser).

Elle a des enfants caressants (adjectif).

Le participe présent est généralement suivi d'un complément. En cas de doute, consulter l'oreille en essayant le féminin (*filles* au lieu de *enfants* dans le dernier exemple).

Adjectifs verbaux : *Un terrain glissant ; une pente glissante* (épithètes). *La meute hurlante des chiens. Une vivante peinture des mœurs. Ces objets sont encombrants* (attribut). *Elle a les yeux brillants. La chienne, haletante, vint vers nous* (apposition). *Épuisante, cette vie ne pouvait lui convenir.*

Il est des cas où l'on peut voir indifféremment un participe présent ou un adjectif verbal. *Nous vivant(s), il n'aura rien. À huit heures sonnant(es).*

Certains adjectifs, malgré l'apparence, ne sont pas adjectifs verbaux *(ambulant, arrogant, élégant, flagrant, insuffisant...)*, mais cela n'a aucune incidence orthographique.

Il y a lieu d'être attentif à certains participes dont l'écriture se modifie dans la métamorphose verbe > adjectif. Ainsi, le verbe *adhérer*, dont le participe présent est *adhérant* (avec *a*), fournit l'adjectif *adhérent* (avec *e*). *Le réservoir communiquant* (verbe) *avec la cuve est un exemple de vases communicants* (adjectif). On trouvera la liste complète de ces cas exceptionnels au tableau PARTICIPE PRÉSENT C, p. 932.

C. – PARTICIPES ADJECTIFS

Le participe passé des verbes transitifs directs se mue facilement en adjectif qualificatif. Il s'accorde en genre et en nombre avec le nom.

Participes adjectifs : *Des amandes grillées. Une porte ouverte. Des murailles détruites. Une lettre recommandée.*

Le plus souvent de sens passif *(la montre volée)*, le participe adjectif a quelquefois une valeur active ou réfléchie : *Un homme dissimulé* (qui dissimule); *une femme passionnée* (qui se passionne).

→ tableau PARTICIPE PASSÉ III, A ; VI, p. 918 sqq.

II. – LES DÉTERMINATIFS

L'article placé devant le nom le précise plus ou moins *(le costume, un costume)*. Il est possible d'apporter aussi des précisions par l'emploi d'adjectifs : *mon costume ; ce costume*. Ces adjectifs, possessifs ou démonstratifs, et, à un moindre degré, les autres adjectifs non qualificatifs sont appelés *déterminatifs*. L'article est lui aussi un déterminant, et le plus employé ; mais ce n'est pas l'usage de le ranger dans les adjectifs.

A. – ADJECTIFS POSSESSIFS

mon	ma	mes	notre	nos
ton	ta	tes	votre	vos
son	sa	ses	leur	leurs

1° Les adjectifs possessifs, qui indiquent le possesseur *(ta voiture, notre maison)*, s'accordent avec le nom de l'objet possédé *(son courage, ses qualités)*.

2° Devant un nom féminin commençant par une voyelle ou un *h* muet, on emploie *mon, ton, son* au lieu de *ma, ta, sa* pour éviter l'hiatus : *mon amie ; ton histoire ; son erreur.*

Parallèlement à l'emploi d'autorité, de modestie, de déférence, de familiarité des pronoms personnels il faut employer les adjectifs possessifs

    notre, nos avec *nous*
    votre, vos avec *vous*

(le pluriel étant mis pour un seul possesseur),

    son, sa, ses avec *il* ou *elle*

(la 3e personne étant mise pour la 2e personne).

Nous, roi par la grâce de Dieu, pour le bien de nos sujets, décidons que...
Mon cher, vous oubliez votre chapeau.
Votre Excellence n'a pas lu son courrier.

3° On emploie encore quelquefois d'anciens adjectifs possessifs : *mien, tien, sien, nôtre, vôtre, leur* (et leurs variations en genre et en nombre) : *J'ai revu un mien cousin.*

4° Il s'est construit des *adjectifs possessifs-démonstratifs* par l'adjonction des adverbes *ci* et *là* aux adjectifs possessifs (*mon ...-ci, mon ...-là, ma ...-ci*, etc.). L'emploi en est rare : *Notre voisin-ci est moins bavard que notre voisin-là.*

B. – ADJECTIFS DÉMONSTRATIFS

> ce, cet, cette, ces

1° Devant un nom au masculin singulier, on emploie *ce* (*ce budget, ce héros*), qui devient *cet* devant une voyelle ou un *h* muet (*cet arbre, cet humérus*), sauf exceptions signalées à ÉLISION B. On emploie *cette* devant un nom au féminin singulier (*cette famille, cette araignée*) et *ces* devant un nom au pluriel (*ces récoltes*). → ces/ses.

2° Ces adjectifs sont quelquefois renforcés par les adverbes *ci* ou *là* ajoutés au nom (avec trait d'union) pour en préciser le sens (*ce chemin-ci; cette lettre-là*). *Ci* indique l'objet proche ou qui va être cité ; *là* indique l'objet éloigné ou déjà cité.

3° Il arrive que les anciens adjectifs démonstratifs (*ledit, audit, dudit; ladite; lesdits, auxdits, desdits; lesdites, auxdites, desdites*) soient encore employés, surtout chez les notaires. *Ladite propriété sera vendue.* → dit.

4° Des formes plus anciennes (*icelui, icelle, iceux, icelles*) se rencontrent dans le style marotique, par plaisanterie : *Icelui prince l'ayant pendu pour son déduit.*

C. – ADJECTIFS NUMÉRAUX

Cardinaux		zéro, un, deux, trois, quatre, cinq...
Ordinaux	anciens	prime, second, tiers, quart, quint.
	actuels	premier, deuxième, troisième, quatrième...
Multiplicatifs		simple, double, triple, quadruple, quintuple, sextuple, septuple, octuple, nonuple, décuple, vingtuple, centuple.
Fractionnaire		demi.

1° Emploi.

Six francs. Fièvre quarte. Sixième étage. Triple couvée. Demi-litre.

Les adjectifs numéraux s'écrivent en lettres *(huit)*, en chiffres romains (VIII) ou en chiffres arabes (8). Les chiffres arabes sont employés en France depuis le xe siècle.

Il faut écrire en lettres un nombre venant isolé dans un texte courant. *Il mourut à soixante-dix ans, laissant quatre enfants.* Mais les chiffres arabes, plus « parlants » à l'œil, seront préférés dans un texte technique. Dans les contrats, procès-verbaux, pièces notariées, chèques, factures, toutes les fois qu'on veut éviter une falsification, les nombres seront exprimés ou répétés en toutes lettres.

En arithmétique, on doit être rigoureux sur l'emploi des termes *nombre* et *chiffre* : 439 est un nombre formé de trois chiffres. Quand on dit qu'il y a sept lampadaires dans la rue, on emploie un nombre qui n'a qu'un chiffre.

2° Adjectifs numéraux cardinaux.

Les adjectifs numéraux cardinaux sont les plus employés, surtout en comptabilité et en mathématiques.

Ces mêmes mots peuvent être quelquefois nom *(Ce trois est mal écrit)* ou pronom *(Les trois sont à repeindre* : il s'agit de trois volets dont on vient de parler). Qu'ils soient adjectifs, pronoms ou noms, tous ces mots obéissent aux mêmes règles d'accord quand ils sont écrits en lettres.

Ils sont en principe invariables, sauf :

a) *un*, qui devient *une* au féminin ;

b) *vingt* et *cent* qui prennent un *s* lorsqu'ils sont multipliés par un nombre qui les précède et ne sont pas immédiatement suivis d'un autre adjectif numéral.

En arrosant, il fait des huit. Trois cents. Trois cent dix.
Quatre-vingts. Quatre-vingt-cinq.

On trouvera d'autres exemples aux mots cent ; mille ; millier ; vingt ; zéro.
→ tableau NOMBRES, p. 910.

3° Adjectifs numéraux ordinaux.

L'adjectif ordinal indique le rang, l'ordre.

a) Les adjectifs anciens s'accordent avec le nom. *De prime abord ; la seconde journée ; la fièvre quarte ; le tiers état ; une tierce personne ; Charles Quint.* Les suivants *(sexte, sixte, septime, octave, none, dîme)* n'existent plus que comme noms.

b) Les adjectifs actuels s'accordent avec le nom. *Les premières journées ; le cinquantième passager.* Ils sont souvent écrits en chiffres suivis des lettres finales de l'adjectif. *Premier* = 1er ; *deuxième* = 2^e. *La 5e compagnie du 2e zouaves* (2e se rapporte à *régiment*, sous-entendu) → tableau ABRÉVIATIONS B, 1°, p. 850.

On a pris l'habitude, par raccourci, de se servir d'adjectifs cardinaux pour exprimer cette idée d'ordre. *J'habite au 29* (à la 29e maison). *Louis XV* (15e du nom). *Le 12 mars à 5 heures* (12e jour du mois de mars, à la 5e heure). *Page 36 du tome 3* (36e page du 3e tome). *L'an 800* (800e année après la naissance du Christ).

Écrits en lettres, ces adjectifs cardinaux employés avec le sens ordinal sont invariables : *Page un ; page quatre-vingt ; l'an treize cent.*

Mil peut remplacer *mille* dans une date postérieure à Jésus-Christ et antérieure à 2000. *L'année mil neuf cent quatre-vingt.* On doit écrire *l'an mille, l'an deux mille.*

Les nombres en chiffres romains peuvent être ordinaux. *Du XIIe au XVe siècle. François Ier*.

4° Adjectifs multiplicatifs.

Ces adjectifs s'accordent avec le nom. *Il servit des triples rations.*
Ils sont souvent employés comme noms. *Le double ; le centuple.*

5° Adjectif fractionnaire.

Demi, seul adjectif fractionnaire, est invariable quand il précède le nom. *Des demi-cercles.*

Il se met au féminin singulier après un nom au féminin. *Trois heures et demie. Une fois et demie. Deux mois et demi. Midi et demi. Minuit et demi.*

Il est remplacé quelquefois par les préfixes *mi-, semi-, hémi-*. *Mi-carême ; semi-conducteur ; hémisphère.*

6° Remarques.

a) Les noms de nombre sont invariables, sauf : *zéro* (qui peut se mettre au pluriel), *vingt* et *cent* (dans les conditions indiquées pour les adjectifs cardinaux). *Des zéros. Les huit sont mal écrits. Un cent d'assiettes. Des mille et des cents. Pour écrire onze, mettez deux un. Les Quinze-Vingts* (c'est-à-dire 15 fois 20 ou 300).

b) Le pluriel ne commence qu'à *deux*. *1,92 million. Une heure trois quarts est sonnée.*

c) Les mots suivants sont des noms variables :

• *millier, million, milliard, billion, trillion...*

• *huitaine, neuvaine, dizaine, douzaine...*

• *moitié, tiers, quart, cinquième, sixième...* (en fractions).
  Deux cent mille francs = deux cents milliers de francs.
  Les trois quarts des cinq septièmes du capital.

• Si le nom principal est déterminé par un article défini, un adjectif possessif ou démonstratif, il commande l'accord. *Où est placé le million de pesetas ? Le million d'huîtres qui a été vendu. Ces dizaines de disques furent perdues dans l'incendie.* Mais cette règle est assez souvent négligée, surtout s'il y a un qualificatif qui appuie le complément, augmentant sa résonance. *Ce millier d'hectares, tous boisés, furent vendus. La centaine de manifestants qui avaient tenté d'enfoncer les grilles furent dispersés.* → syllepse.

• Si le nom principal est indéterminé, c'est le complément qui commande l'accord. *Une centaine de lettres furent écrites. Deux millions de bouteilles ont été vendues. Des millions de personnes sont venues là.*

d) Il faut toujours avoir en vue l'unité considérée. *Les trois quarts sont sonnés* (l'unité est le quart). *Avec les 1 500 000 habitants* (l'unité est l'habitant). *Avec le 1 000 000 d'habitants* (lire : le million, l'unité est le million ; *habitants* est le complément de *million*). *Le milliard et demi d'étoiles* (ne pas dire : le un milliard et demi).

e) Il est à noter que l'usage impose, contre la logique, le singulier après *plus d'un* (*Plus d'un se leva*) et le pluriel après *moins de deux* (*Moins de deux ans se sont écoulés*). Ce sont là des accords de voisinage.

f) Chacun remarque que la numération parlée française comporte des exceptions fâcheuses pour les écoliers et les étrangers. La logique aurait voulu que l'on dît : *septante, octante* (ou *huitante*), *nonante*, au lieu de *soixante-dix, quatre-vingts, quatre-vingt-dix* (avec leurs suites). Cela se disait autrefois dans quelques provinces et se dit encore en Suisse romande, en Belgique et au Zaïre, avec les ordinaux *septantième, octantième, nonantième*.

Ce qui fait qu'après les substantifs *cinquantaine, soixantaine*, nous n'avons pas de termes en France, alors que les pays ci-dessus emploient *septantaine, octantaine, nonantaine*. Tout cela parce que l'Académie, en 1796, décréta qu'il était « réactionnaire d'admettre *septante* et les autres » !
→ tableaux ADVERBES K, p. 874 et NOMBRES, p. 909.

D. – ADJECTIFS INDÉFINIS

Simples : aucun, autre, certain, chaque, différent, divers, maint, même, nul, plusieurs, quante, quel, quelconque, quelque, tel, tout.

Locutions indéfinies : d'autre, Dieu sait quel, d'un ou d'autre, je ne sais quel, je ne sais plus quel, je ne sais trop quel, l'un et l'autre, l'un ou l'autre, ni l'un ni l'autre, n'importe quel, on ne sait quel, pas un, quelque autre, tel et tel, tel ou tel, un certain, un dénommé, un nommé, *etc*.

Indéfinis de quantité : assez de, autant de, autrement de, beaucoup de, bien de, bien plus de, davantage de, énormément de, force, infiniment de, le moins possible de, le plus possible de, moins de, moult, nombre de, on ne peut plus de, pas mal de, peu de, peu ou prou de, plus de, quantité de, suffisamment de, tant de, tant soit peu de, tellement de, trop de, un peu de, *etc*.

Particularités.

• En général, ces adjectifs précèdent le nom avec lequel ils s'accordent :
Aucun reproche ; tous les garçons ; divers systèmes ; peu de soldats en réchappèrent ; n'importe quelles armes ; on leur souhaite bien du plaisir.

L'inversion est rare : *sans trouble aucun ; un prétexte quelconque ; vous autres*.

• *Plusieurs* est toujours suivi du pluriel, alors que *chaque* doit toujours être suivi d'un nom au singulier : *Elles sont vendues trois francs chaque carte*.

L'adjectif indéfini de quantité *force* est toujours suivi du pluriel : *Il lui donna force coups de pied*.

Aucun et *nul* peuvent s'employer au pluriel si le nom n'a pas de singulier (*aucunes funérailles*) ou si le sens l'exige (*nuls livres ne me furent plus utiles que ceux-là*).

Quante n'existe plus que dans l'expression « toutes et quantes fois ».
- Certains de ces mots peuvent aussi être adjectifs qualificatifs *(je suis certain; des modèles différents; je la trouve quelconque)* ou pronoms indéfinis *(nul n'est venu; tout est fini)*.

E. – ADJECTIFS RELATIFS

> lequel, auquel, duquel
> laquelle
> lesquels, auxquels, desquels
> lesquelles, auxquelles, desquelles

Ces adjectifs sont peu employés; on ne les trouve que dans des textes notariés ou administratifs. Il est très facile de les faire accorder avec le nom qu'ils accompagnent.

> *Lesquelles gouttières firent quelques dégâts.*
> *Desquels témoignages il ressort que l'inculpé...*

F. – ADJECTIF INTERROGATIF OU EXCLAMATIF

> quel, quelle, quels, quelles

Il n'y a qu'un seul adjectif interrogatif *(quel)* dont l'écriture varie selon l'accord avec le nom. Il sert à construire l'interrogation directe ou indirecte.

> *Quel âge avez-vous?*
> *Quelles conditions faut-il remplir?*
> *Dites-moi quelle est la surface.*

Il en est de même pour l'adjectif exclamatif.

> *Quelle histoire!*
> *Quel bonheur de vous retrouver!*
> *J'ai su quelles souffrances il avait endurées.*

ADVERBES

A. – Emploi

Les adverbes sont des mots invariables (sauf exceptions signalées à la fin). De même que l'adjectif est adjoint au nom *(un colis, un colis lourd)*, l'adverbe est adjoint au verbe *(il saute, il saute loin)*. Un adverbe précise, renforce, modifie, apporte une nuance, une orientation au verbe. *Il parle. Il parle bien. Il parle grossièrement. Il parle peu. Il parle trop. Il ne parle guère. Il parle à nouveau. Il parle à la ronde. Il parle n'importe quand. Il parle « mezza voce ».* Dans les exemples qui précèdent, tout ce qui accompagne « Il parle » est adverbe (en un mot) ou locution adverbiale (en plusieurs mots). La dernière locution est italienne (mezza voce = à mi-voix).

On se sert aussi de l'adverbe pour modifier le sens d'un adjectif. *Une joueuse habile ; une joueuse très habile. Des verres fortement teintés.* Et même pour modifier un autre adverbe. *Tu roules lentement ; tu roules trop lentement.* On peut considérer que l'adverbe est un luxe à la phrase ; il est le mot qu'on peut enlever : la phrase s'en trouve modifiée, sans doute, mais elle reste grammaticalement d'aplomb.

B. – Adverbes de manière

1° Adverbes en *-ement*. Ces adverbes, dérivés d'un adjectif qualificatif au féminin *(ancienne/anciennement)* ou d'un adjectif qualificatif invariable en genre *(aimable/aimablement)*, sont au nombre de 4 000 environ.

certainement	énergiquement	gaiement	lâchement
docilement	fièrement	généreusement	légèrement
durement	franchement	honorablement	nouvellement...

2° Adverbes en *-ment*. Ces adverbes, plus de 200, sont dérivés :

a) d'un adjectif qualificatif au masculin *(absolument, aisément, assidûment, commodément, énormément, éperdument, expressément, gentiment, indéfiniment, instantanément, joliment, prématurément...)* ;

b) d'un adjectif disparu *(brièvement, nuitamment, sciemment...)* ;

c) d'un adjectif verbal *(abondamment, brillamment, couramment, étonnamment, notamment, suffisamment...)* ;

d) d'un participe adjectif *(assurément, conjointement, décidément, étourdiment, passionnément, résolument...)* ;

e) ou d'un autre mot *(tellement, quasiment, bigrement...)*.

3° Parmi tous ces adverbes en *-ment*, deux remarques sont à faire :

a) Les adverbes en *-ument* s'écrivent de deux manières :

avec **u**		avec **û**	
absolument	ingénument	assidûment	dûment
ambigument	irrésolument	congrûment	goulûment
dissolument	prétendument	continûment	fichûment
éperdument	résolument	crûment	incongrûment
		drûment	indûment

On écrit *nûment* ou *nuement*.

b) Des adverbes terminés par *-emment* ont la prononciation en [aman]. Dérivant d'un adjectif en *-ent*, ce sont :

antécédemment	éloquemment	inconsciemment	négligemment
apparemment	éminemment	inconséquemment	opulemment
ardemment	évidemment	indécemment	patiemment
compétemment	excellemment	indifféremment	pertinemment
concurremment	fervemment	indolemment	précédemment
confidemment	fréquemment	indulgemment	prudemment
consciemment	impatiemment	inintelligemment	récemment
conséquemment	impertinemment	innocemment	révéremment
décemment	imprudemment	insolemment	sciemment
différemment	impudemment	intelligemment	subséquemment
diligemment	incidemment	irrévéremment	turbulemment
dolemment	incompétemment	latemment	violemment

Ceux qui sont terminés par *-amment* sont dérivés d'un participe présent (→ 2°, c ci-dessus) ou d'un adjectif en *-ant* :

constamment	incessamment	insuffisamment	savamment
élégamment	indépendamment	méchamment	vaillamment
galamment	instamment	puissamment	vigilamment...

Le recours à l'adjectif qui a fourni l'adverbe permet de bien écrire ce dernier : *savamment* vient de *savant* (il faut un *a*) ; *violemment* vient de *violent* (il faut un *e*).

4° Autres adverbes de manière :

ainsi	à contretemps	à l'envi	de bon gré	tout de suite
à l'amiable	à coup sûr	in extenso	incognito	vice versa
aussi	debout	sans façon	pêle-mêle	vite
cahin-caha	d'emblée	a fortiori	pis	volontiers...
sans cesse	ensemble	gratis	de préférence	

→ tableau ADJECTIFS I, A, 7°, p. 864.

5° Adverbes musicaux
(l'italien étant considéré comme le langage musical international) : adagio, allegro, andante, con fuoco, legato, mezza voce, non troppo, pianissimo, poco a poco...

6° Adverbes adjectivaux.

a) Ce sont des adjectifs figés dans une orthographe invariable parce qu'ils sont employés comme adverbes. Alors que d'habitude, partant d'un adjectif qualificatif, la langue française produit un adverbe en ajoutant *-ment* à l'adjectif (*joyeuse, joyeusement*), il est quelquefois fait l'économie de ce suffixe : l'adjectif est employé tel quel. Dans « Tu chantes fort », *fort* est un adverbe adjectival qui signifie « d'une voix forte » (locution adverbiale de manière). Ces adverbes, courts en général, sont invariables. *Elles chantent fort et juste*.

b) Les plus employés sont :

bas	creux	ferme	gras	léger	nouveau	roide
beau	double	fin	grave	long	penché	rond
blanc	doux	flou	gros	lourd	petit	rouge
bon	droit	fort	haut	mauvais	plein	sec
bref	dru	frais	jaune	menu	pointu	serré
brut	dur	franc	jeune	mince	proche	tiède
chaud	épais	froid	juste	net	profond	trouble
cher	étroit	glacé	large	neuf	raide	vite
clair	faux	grand	largue	noir	ras	vrai
court						

Légère et court vêtue (La Fontaine). *Haut les mains! Ces machines tournent rond. Ils portent beau. Cette cuve sonne creux. Ils ne pèseront pas lourd. Une statue haut placée. Servez chaud. La tarte sent bon. Elle a vu grand. Cette décoction teint violet.*

Certains auteurs ont pris la liberté d'en employer de peu communs : *La multitude voit bête* (G. Flaubert). Et l'on se permet des tournures discutables avec un adjectif de valeur adverbiale : *Acheter français. Voter socialiste. Il conduit souple. Ils ont joué terrible.* Et même un nom peut avoir la valeur adverbiale. *Vous tombez pile. Se lever matin.* Dans une expression comme : *un tissu tout laine*, l'adverbe modifie la locution adjective *(en) laine*.

Quelquefois, deux écritures sont possibles : *Des monuments flambants* (adjectif verbal) *neufs* (adjectif). *Des monuments flambant* (participe présent) *neuf* (adverbe adjectival).

7° **Emploi adverbial abusif.** S'emparer de n'importe quel mot pour en faire un adverbe est une négligence de langage dont la publicité se rend souvent coupable. *Habillez-vous Nylon. Il gagne facile. Rasez-vous Machin. Vivez xxie siècle.* Il faut savoir se servir des prépositions. *Habillez-vous de Nylon. Il gagne avec facilité. Rasez-vous avec Machin. Vivez à la façon du xxie siècle.*

C. – Adverbes de quantité

Assez, autant, beaucoup, davantage, à demi, encore, environ, moins, à tout le moins, à moitié, pas du tout, à peine, peu, peu à peu, peu ou prou, plus, plus ou moins, le moins possible, presque, quasi, si, tant, tellement, tout, tout à fait, très, trop, uniquement...

D. – Adverbes de lieu

Ailleurs, alentour, en amont, ci-après, en arrière, autour, avant, en bas, çà, çà et là, ci-contre, côte à côte, en deçà, dedans, dehors, au-dehors, delà, derrière, au-dessous, dessus, devant, par-devant, à droite, en face, en haut, ici, ici-bas, jusque-là, là-haut, de loin, au milieu, où, autre part, partout, près, Dieu sait où, vis-à-vis, y...

On est quelquefois embarrassé quant à la présence, ou l'absence, d'un trait d'union dans les locutions adverbiales de lieu en *de-*. Le tableau suivant les fournit.

Sans trait d'union	Avec trait d'union	Sans trait d'union	Avec trait d'union
en deçà deçà delà	par-deçà au-delà par-delà	en dessous de dessous du dessous	au-dessous ci-dessous là-dessous par-dessous
en-dedans de dedans du dedans	au-dedans là-dedans par-dedans	sens dessus dessous	
		en dessus de dessus du dessus	au-dessus ci-dessus là-dessus par-dessus
en dehors de dehors du dehors	au-dehors là-dehors par-dehors		
de derrière du derrière	là-derrière par-derrière ci-derrière	de devant	au-devant ci-devant là-devant par-devant
		sens devant derrière	
			par-devers

ADVERBES

Ces locutions n'ont pas de trait d'union quand elles commencent par *en*, *de*, *du*. Les locutions adverbiales formées avec *travers* n'ont pas de trait d'union : *à travers, au travers, de travers, en travers*.

E. – Adverbes de temps

D'abord, actuellement, après, aujourd'hui, aussitôt, autrefois, avant, sur-le-champ, déjà, demain, depuis, désormais, dorénavant, enfin, ensuite, hier, illico, immédiatement, jadis, jamais, longtemps, dès lors, maintenant, naguère, de nouveau, d'ores et déjà, parfois, à présent, quelquefois, sine die, sitôt, soudain, souvent, tard, en même temps, entre-temps, toujours, tôt, tout à coup, tout de suite...

F. – Adverbes d'affirmation

D'accord, bien sûr, certainement, certes, en effet, évidemment, oui, sans doute, sûrement, en vérité, volontiers, vraiment...

G. – Adverbes de doute

Environ, par hasard, peut-être, probablement...

H. – Adverbes de restriction

Ne... plus que, ne... que, ne... rien que, seulement...

I. – Adverbes de négation

Aucunement, jamais, ne, ne... guère, ne... jamais, ne... pas, ne... pas trop, ne... plus, ne... point, ne... rien, non, nullement, pas du tout...

J. – Adverbes d'ordre

D'abord, antérieurement, a posteriori, après, a priori, auparavant, avant, enfin, ensuite, finalement, postérieurement, ultérieurement...

K. – Adverbes numéraux

1° Cardinaux ou multiplicatifs :

semel *(une fois ou 1re fois)*
bis *(deux fois ou 2e fois)*
ter *(trois fois ou 3e fois)*
quater *(4 fois ou 4e fois)*
quinquies *(5 fois ou 5e fois)*
sexies *(6 fois ou 6e fois)*
septies *(7 fois ou 7e fois)*
octies *(8 fois ou 8e fois)*
nonies *(9 fois ou 9^e fois)*
decies *(10 fois ou 10^e fois)*
undecies *(11 fois ou 11^e fois)*
duodecies *(12 fois ou 12^e fois)*
terdecies *(13 fois ou 13e fois)*
quaterdecies *(14 fois ou 14e fois)*
quindecies *(15 fois ou 15e fois)*
sexdecies *(16 fois ou 16e fois)*
sepdecies *(17 fois ou 17e fois)*
octodecies *(18 fois ou 18e fois)*
nonodecies *(19 fois ou 19e fois)*
vicies *(20 fois ou 20e fois)*...

2° **Ordinaux :**

a) français : premièrement, deuxièmement, secondement, troisièmement, quatrièmement...

b) latins, plus connus sous la forme chiffrée *(prononciation entre crochets)* :

- 1° primo
- 2° secundo [sékon-] (« deuxio » est une plaisanterie)
- 3° tertio [tèrsyo]
- 4° quarto [kwar-]
- 5° quinto [kuin'to]
- 6° sexto
- 7° septimo
- 8° octavo
- 9° nono
- 10° decimo [dé-]
- 11° undecimo [ondé-]
- 12° duodecimo [-dé-]
- 13° tredecimo [trédé-]
- 14° quatuordecimo [kwa-]
- 15° quindecimo [kwin'dé-]
- 16° sedecimo [sédé-]
- 17° septemdecimo [sèptèm'dé-]
- 18° duodevicesimo
- 19° undevicesimo
- 20° vigesimo
- 21° vigesimo primo
- 22° vigesimo secundo
- 23° vigesimo tertio
- 24° vigesimo quarto...
- 30° trigesimo
- 40° quadragesimo
- 50° quinquagesimo
- 60° sexagesimo
- 70° septuagesimo
- 80° octogesimo
- 90° nonagesimo
- 100° centesimo
- 1000° millesimo...

L. – Adverbes d'interrogation

Combien? Comment? Est-ce que? N'est-ce pas? Où? Jusqu'où? Pourquoi? Quand? Jusqu'à quand?...

M. – Adverbes d'exclamation

Combien...! Comme...! Que...!...

N. – Adverbes divers

Outre les adverbes cités ci dessus, d'autres peuvent exprimer diverses circonstances : la situation *(coup sur coup, là-dessus...)*, l'addition *(enfin, ensuite)*, l'alternative *(tantôt... tantôt)*, l'opposition ou la restriction *(cependant, pourtant, quelquefois, toutefois...)*, la conséquence *(ainsi, a fortiori, en effet...)*.

Certains, exprimant un rapport, sont dits corrélatifs : *autant... autant; moins... plus; non seulement... mais; plus... plus; sitôt... sitôt; tant... tant;* etc.

O. – Adverbes variables

Imperturbables par nature, certains adverbes se laissent cependant quelquefois troubler par leur voisinage, notamment *tout* (signifiant : *tout à fait, totalement*) qui varie en genre et en nombre devant les adjectifs féminins commençant par une consonne ou un *h* aspiré. *Ouvre la fenêtre toute grande. Elles sont toutes petites et toutes honteuses. Les toutes dernières productions. Des maisons toutes noires.* Alors que *tout* reste invariable dans : *Ils sont tout petits* (masculin). *Des fenêtres tout éclairées* (devant une voyelle).

Quelques autres adverbes s'accordent, par euphonie traditionnelle. *Une fleur fraîche éclose. Une fenêtre grande ouverte. Des portes larges ouvertes. Nous arrivâmes bons premiers. Les nouveaux venus. Elles étaient nouvelles mariées.*

→ pseudo-adverbe.

ALPHABET FRANÇAIS

Écriture	Majuscules	*A B C D E F G H I J K L M N O P Q R S T U V W X Y Z*
	Minuscules	*a b c d e f g h i j k l m n o p q r s t u v w x y z*
Imprimerie	Capitales	**A B C D E F G H I J K L M N O P Q R S T U V W X Y Z**
	Bas de casse	**a b c d e f g h i j k l m n o p q r s t u v w x y z**

Cet alphabet se complète par les accents, la cédille et les lettres doubles (æ, œ).

Les lettres *j* et *u* ne sont employées que depuis le début du XVIIe siècle (*i* et *v* en tenaient lieu respectivement). Jusque vers la fin du XVIIIe siècle, la lettre *s* avait deux formes : ſ au début et à l'intérieur des mots, *s* à la fin.

On ne doit pas mêler, en écrivant, lettres manuscrites d'écriture et caractères d'imprimerie.

Voici une phrase qui a la particularité d'employer toutes les lettres de l'alphabet : *Portez ce vieux whisky au juge blond qui fume.*

L'alphabet français est un alphabet latin, pour l'essentiel. Les autres alphabets latins européens ne sont pas toujours identiques au nôtre : ils peuvent posséder des lettres supplémentaires ou avoir des lettres en moins, avec des signes diacritiques ou accents différents.

→ caractère ; grec p. 897 ; russe p. 901.

Alphabet de l'Association phonétique internationale (A.P.I.) → tableau PRONONCIATION F, p. 945.

APOSTROPHE

Ce signe, qui existait dans les écritures anciennes, fut introduit dans le français par le médecin Jacobus Sylvius en 1531. *L'apostrophe* remplace une voyelle quand on veut éviter l'hiatus. *L'abeille* (pour : la abeille); *l'oreiller* (pour : le oreiller); *s'il faut* (si il faut); *qu'il vienne* (que il vienne); *jette-l'y* (jette-le-y); *ça a été un drame* (ça a été un drame); *donne-m'en* (donne-moi-en); *va-t'en* (va-toi-en); *mets-t'y* (mets-toi-y). Ce serait une faute de corriger l'hiatus en y glissant un z *(donne-moi-z-en; mets-toi-z-y).* L'habitude est bonne de rétablir mentalement l'hiatus quand on a à écrire une expression qui contient l'apostrophe. *On n'entend guère* (on ne entend guère). *Il faut qu'elle vienne* (que elle vienne). *S'il n'y a rien* (si il ne y a rien).

L'apostrophe de l'article élidé cache le genre de certains noms : *l'azalée* (n. f.), *l'astérisque* (n. m.), *l'écritoire* (n. f.).

L'Académie a supprimé quelques apostrophes dans l'édition 1932-35 du dictionnaire :

entrouvrir, entracte, entraide, entraccorder, entraccuser...;

mais elle a conservé :

s'entr'aimer, s'entr'égorger, s'entr'apercevoir, s'entr'appeler, s'entr'avertir.

L'apostrophe est devenue trait d'union dans :

grand-mère, grand-rue, grand-messe, grand-voile...

L'apostrophe ne se met jamais devant un *h* aspiré : *le haricot, la hernie.*

L'apostrophe est employée quand on veut figurer la prononciation du langage parlé populaire *(v'là mon p'tit ; c'que t'as fait; c'qu'elle a dit ; va le r'prendre ; j'te l'demande)* ou dans le texte de chansons, pour remplacer un *e* muet qui ne correspondrait à aucune note parce qu'il ne doit pas être chanté *(n' perds pas l'nord; elle ouvr' les yeux; les ram'ner; j'veux r'dev'nir sa chose; ell's aim'nt à la folie; ils font des dram's).*

En irlandais, *O'* signifie « fils de » : *Patrick O'Connell.*

→ aspiration, hiatus et tableaux LANGUES ÉTRANGÈRES ET LANGUES ANCIENNES C, p. 892 et ÉLISION p. 888.

CHIFFRES ROMAINS

I	V	X	L	C	D	M
1	5	10	50	100	500	1 000

Un trait horizontal au-dessus d'une lettre la multiplie par 1 000 :

$\overline{V}$ = 5 000 $\overline{M}$ = 1 000 000

1° Pour lire ou écrire des nombres en chiffres romains, on opère par *addition* (quand une lettre est supérieure ou égale à la suivante) :

VI = 6   XX = 20   DII = 502

et par *soustraction* (quand une lettre est inférieure à la suivante) :

IV = 4   XC = 90   XM = 990.

L'élément soustractif n'affecte que la lettre qui le suit immédiatement.

2° Pour transcrire un nombre de chiffres arabes en chiffres romains, il suffit de décomposer le nombre :

17 = 10 + 7
X + VII soit XVII

439 = 400 + 30 + 9
CD + XXX + IX soit
CDXXXIX

1984 = 1000 + 900 + 80 + 4
M + CM + LXXX + IV
soit MCMLXXXIV

La concision doit toujours être recherchée. Ainsi, pour 900, CM sera préféré à DCCCC.

3° Les chiffres romains s'emploient en général pour les siècles, les noms des souverains, les olympiades, les années de la Ire République, les pages préliminaires d'un ouvrage, les tomes, chapitres, articles, actes, livres d'un ouvrage important, les armées, les dates sur un monument ou sur un ouvrage ancien, etc. :

Napoléon Ier; Louis XVIII; les soldats de l'an II; la Ve armée; livre IV.

CORRECTION DE TEXTES IMPRIMÉS

A. – Ce qui est imprimé a une apparence définitive. Mieux que l'écriture manuelle, la dactylographie déjà, mais l'impression surtout fixent la pensée.

Le texte à imprimer devra donc être bien préparé auparavant et corrigé avec un soin extrême pendant sa composition ; car, après, il est impossible d'y revenir. Tous ceux qui sont dans la situation de fournir un texte à un imprimeur, ou qui ont des épreuves d'imprimerie à corriger trouveront des indications utiles ci-après.

Corriger un texte, ce n'est pas seulement le lire, c'est supprimer ses erreurs et les fautes qu'il contient, tant grammaticales que typographiques. Le travail du correcteur couvre non seulement le domaine éclairé par cet ouvrage (accords, ponctuation, emploi des capitales, etc.) mais aussi l'aspect technique qui fera une lecture aisée : espacements à rectifier, lignes à transposer, mots manquants, erreurs de corps de caractères... Auxiliaire de l'écrivain et de l'éditeur, le bon correcteur est attentif et omniscient.

Que celui qui corrige ne glisse pas de la posture du correcteur à la position du lecteur ; que l'auteur qui doit revoir les pages arrivant de l'imprimerie ne succombe pas à la fierté de considérer son œuvre ennoblie par la typographie ou la photocomposition. Ce texte recèle des fautes : si on en découvre à la sortie du livre, du journal ou du prospectus, il sera trop tard.

B. – DU MANUSCRIT À L'IMPRIMÉ

Celui qui veut faire imprimer un texte ne devra confier à l'imprimeur qu'une copie établie avec soin, claire, interlignée, soigneusement relue. On n'écrira qu'au recto des feuilles qui seront ensuite foliotées afin que nulle ne soit omise.

Si par exemple ont été ajoutées 1, 2, 3... feuilles entre les pages 23 et 24, ne pas numéroter 23, 23 bis, 23 ter... mais :

$$23 \frac{1}{2} \text{ et } 23 \frac{2}{2} \text{ (pour une feuille ajoutée)}$$

$$23 \frac{1}{3}, 23 \frac{2}{3} \text{ et } 23 \frac{3}{3} \text{ (pour deux feuilles ajoutées)}$$
etc.

Ce qu'on désire voir :
  en *italique* doit être souligné d'un trait,
  en PETITES CAPITALES, de deux traits,
  en GRANDES CAPITALES, de trois traits,
  en *GRANDES CAPITALES ITALIQUES*, de quatre traits,
  en **gras**, d'un trait ondulé.

On peut aussi indiquer au début qu'on souligne d'un trait dont la couleur varie selon la prescription.

C. – TERMES COURANTS EN IMPRIMERIE

Alinéa. — Renfoncement de la première ligne d'un paragraphe.
Bas de casse. — Lettre minuscule.
Belle page. — Recto, page de droite, numérotée d'un nombre impair.
Bon à tirer. — Formule inscrite sur la dernière épreuve pour indiquer à l'imprimeur qu'il peut mettre sous presse. Cette formule, signée, dégage l'imprimeur et ne permet plus de corrections.
Cahier. — Feuille pliée qui donne lieu à une couture lors du brochage.
Calibrer un texte. — Compter le nombre de signes (voir ce mot plus loin) que le texte contient. En pratique, on fait la moyenne sur une dizaine de lignes et on multiplie par le nombre de lignes, quand le texte présente une certaine unité.
Capitale. — Lettre majuscule. Les petites capitales ont la demi-hauteur des grandes capitales.
Caractère. — Lettre.
Centrer. — Placer une ligne, un titre en symétrie par rapport à l'axe de la page.
Cicéro. — Mesure typographique qui vaut 4,51 mm ; plus souvent nommé le « douze » parce que le cicéro vaut 12 points Didot. Cependant les indications peuvent être données à l'imprimeur en centimètres et millimètres sans inconvénient.
Cliché. — Plaque de métal portant une illustration.
Composer. — Assembler les lettres pour reproduire le texte de la copie.
Copie. — Texte, manuscrit ou dactylographié, remis à l'imprimeur.
Coquille. — Faute de composition (« le vieux persiste » pour « le mieux persiste ») qu'il faut soigneusement relever lors de la correction.
Corps. — Dimension d'un caractère.
Correction. — Travail qui consiste à marquer toutes les fautes de composition sur les épreuves. À faire avec attention.
Douze. → Cicéro.
Épreuve. — Feuille d'impression destinée au correcteur. La première est un placard ; la dernière est celle du bon à tirer.
Espace. — Blanc entre les mots. Ce mot est féminin en typographie.
Filet. — Trait. Peut être *maigre* ou plus ou moins *gras*, selon l'épaisseur.
Folio. — Nombre en chiffres arabes ou romains qui indique l'ordre des pages.
Foliotage. — Pagination.
Gras. — Caractère ou filet large, épais.
Interligne. — Blanc glissé entre les lignes d'un texte pour le rendre moins touffu. Ce mot est féminin pour les imprimeurs.
Italique. — Caractère penché. On l'emploie par exemple pour une locution latine dans un texte (« Nous ne devons pas, *a priori*, le condamner »). Les imprimeurs disent « l'ital ».
Justification. — Longueur de la ligne (« une justification de 20 cicéros »). Les imprimeurs disent « la justif ».
Maigre. — Caractère ou filet de peu d'épaisseur, mince.
Maquette. — Représentation schématique ou précise du travail à exécuter (livre, dépliant, catalogue).
Placard. → Épreuve.
Point typographique (ou point Didot). — Unité de mesure utilisée depuis 1775 et qui vaut 0,375 9 mm.
Romain. — Caractère droit.
Signe. — Tout élément entrant dans la composition de la ligne : caractère, chiffre, apostrophe, ponctuation, espace blanc.
Titre courant. — Ligne en haut de la page qui répète le titre du livre ou celui du chapitre.

D. – CORRECTION DES ÉPREUVES

L'imprimeur, quel que soit le procédé d'impression, remet à son client des épreuves afin qu'y soient indiquées les corrections à faire. Le correcteur, pour cela, met en parallèle copie et épreuve. Il importe, afin d'être bien compris, de corriger en se servant des signes conventionnels ci-dessous.

Toute modification du texte en cours de composition représente une dépense : les repentirs doivent donc être minimes après que la copie a été confiée à l'imprimeur. Dans un texte mis en pages, à tout ajouté doit correspondre une suppression équivalente, et inversement.

Les corrections sont, en général, à porter dans la marge de droite pour les textes du recto (pages impaires ou belles pages), et dans la marge de gauche pour les textes du verso (pages paires ou fausses pages), mais la marge opposée peut être employée si le nombre des corrections dans une ligne est important. L'ordre naturel des corrections part du texte.

Opération	Signe	Exemple Texte	Indication en marge
à supprimer	ℐ ou ℐ (deleatur)	la dépenses / etc. / par ce bel moyen	
à supprimer avec blanc	ℐ†	New/Jersey	ℐ† (New Jersey)
à supprimer avec soudure	ℐ⌣	contre/sens	ℐ⌣ (contresens)
lettre ou signe à ajouter	∧	un arrêt un retar imanent un vieux bonze	
mot oublié (bourdon) à ajouter	φ	prendre la farine	de φ
bourdon important	φ	Il gisait de Capri	(voir copie p. 4) φ
à changer		son frère est sinistre un sacristain les honues On l'a vu à fille	s/ m/ a/ rair / Laon /

1. Pour plus de sûreté, le mot à corriger pourra être écrit correct et encadré.

CORRECTION DE TEXTES IMPRIMÉS

Opérations	Signe	Exemple Texte	Indication en marge
mot biffé par erreur à conserver	- - - - -	Elle avait peut-être raison	*bon*
lettres à aligner	~~~	la corolle de cette fleur	~~/
à retourner	∂	tiran / une fleche	∂/
à espacer	# ou ⊥	un minerai maltraité	#/
à rapprocher	⌒	Cent est un carre bien ⌒ rond	⌒/
à réunir	⌒	ils partaient jo yeusement	⌒/
à mettre en minuscule (bas de casse)	*bdc*	L'Académie Française siège à Paris	f/ r/ *bdc*
corrections semblables et successives		Le cerf travers l'allée	a ///
correction hors de sa place normale	†	Afin qu'il vit la garçon	î/ ç/ e†
ligne à rentrer	⌐	Un jour de plus c'est	⌐/
ligne à sortir	⌐	un jours de moins	⌐/
espace à baisser	×	Il etait paillard comme	×/
interligne à baisser	×	Comment les poules savent-elles la grandeur de nos coquetiers?	×/
lignes à rapprocher	→	A quoi les musiciens s'aperçoivent-ils que les danseurs ont fini?	→
lignes à espacer	—#—	Avant l'invention des cendriers pivotants, on était obligé de retourner les wagons de temps en temps.	—#—

881 ANNEXES

CORRECTION DE TEXTES IMPRIMÉS — ANNEXES 882

Opérations	Signe	Texte	Indication en marge
transposition de lettres ou de signes	⌒	Au loin nu nuagen oir	⌒ //
transposition de lettres non voisines	∽	en traversant la Lybe	∽ (Libye)
transposition de mots	⌒	Quand le bâtiment va, va tous. (M. Nadaud)	⌒ /
transposition de lignes	S	En 1790, c'est sur un rap- adopté le système métrique. port de Talleyrand que fut	S /
alinéa à faire	⌐	Destouches a dit : Les absents ont toujours tort.	⌐ /
alinéa à supprimer	⌒	La langue française est une noble gueuse. Elle ne souffre pas qu'on l'enrichisse malgré elle. (M. Prévost)	⌒ /
ligne à regagner [1]	⌐	Ah, mon Dieu! si l'on pouvait toujours écrire cette belle langue de Fran- ce! (Ch. Dickens)	⌐ /
ligne à faire en plus [1]	⌐	Bien parler est nécessaire, aussi nécessaire que d'avoir les ongles nets. (M. Prévost)	⌐ /
lettre d'un caractère différent à remplacer	☐	Tous pour un, un pour tous et dix pour cent. (P. Dac)	n /
changement de caractère	☐	FOURNIER dans son livre Souvenirs de Rome rappelle...	bdc / rom. [2] ital
lettres supérieures, chiffres supérieurs, apostrophes	‾	Comme le dit Me Dubois, à Mlle Dupré...	e / lle
chiffres inférieurs, indices	‗	CO2	2 / (CO₂)

1. L'imprimeur, en jouant sur les dimensions des espaces placées entre les mots (ce que ne peut faire la machine à écrire classique), allonge ou raccourcit le texte enfermé dans la ligne.
2. Pour désigner le romain, caractère droit, opposé à l'italique.

46

Je voudrais travailler dans un magasin de rêve, où l'on ne vendrait que des choses imaginaires et je voudrais surtout occuper l'emploi de chef de rayons de lune...

Ainsi je proposerais aux chalands éventuels des rais lunaires en chromé, en argent, en or pour les plus délicats et en nickel pour les moins argentés.

47

La journée finie, je mettrais soigneusement mon éventaire en ordre et rangerais mes rais de lune par groupes de six ou de dix selon leur grandeur ou leur éclat et, à chaque angle du comptoir, je placerais une étoile en guise de feu de position. Ah! que j'aimerais être chef de rayons de lune dans un magasin de rêve...

COULEURS

A. – Sont **variables** en genre et en nombre :

beige	cramoisi	infrarouge	rouge
bis	écarlate	jaune	roux
blanc	fauve	mauve	ultraviolet
bleu	glauque	noir	vermeil
blond	gris	pers	vert
brun	incarnat	pourpre	violet
châtain	incolore	rose	zinzolin

ainsi que les dérivés en *-asse* (comme *blondasse*), en *-âtre* (comme *blanchâtre*), en *-aud* (comme *noiraud*), en *-é* (comme *orangé*), en *-escent* (comme *flavescent*), en *-in* (comme *purpurin*), en *-oyant* (comme *verdoyant*), etc.
Des fleurs incarnates ; une chevelure châtaine.

Nota. — *Grège* ne désigne pas la couleur ; c'est un simple adjectif qualificatif variable. *Des soies grèges.*

B. – Tous les autres adjectifs de couleur sont **invariables**, notamment les noms employés adjectivement : *des jupes aubergine ; des laines marine ; des rideaux orange ; des tapis turquoise*, etc.

C. – Lorsqu'on se sert de plusieurs mots pour désigner une couleur, l'ensemble, qui forme une locution adjective, est **invariable** : *des gants beurre frais ; des robes bleu marine ; des cheveux blond cendré ; des persiennes vert bouteille.*

D. – Remarques

• Si l'association est faite de deux couleurs, on les relie par un trait d'union. *Des fleurs bleu-mauve.*

• *Des tissus noir et bleu* sont des tissus qui contiennent tous du noir et du bleu, tandis que *des tissus noirs et bleus* sont des tissus dont certains sont noirs et d'autres bleus.

• Si l'adjectif de couleur est employé adverbialement, il reste invariable. *Des étoffes rayées jaune.*

COUPURE DE MOTS EN FIN DE LIGNE

On peut couper un mot en fin de ligne, mais en se soumettant à certaines normes. Il ne faut d'ailleurs pas abuser de ces coupures (ou divisions). On considère que deux coupures consécutives sont un maximum, ou trois si les lignes sont petites. Une ligne un peu courte vaut mieux qu'un mot mal coupé.

A. – Bonnes coupures

va/lise, conjonc/tion (syllabes simples);

aus/sitôt, cons/cience, s'at/tarder (entre deux consonnes);

serbo-/croate, chat-/huant (le trait d'union du mot sert d'indication de coupure) → TRAIT D'UNION A, 4°, p. 953;

anti/aérien, vélé/ité (on ne coupe entre deux voyelles que s'il s'agit d'un affixe);

dex/térité, pay/san (la coupure après *x* ou *y* ne peut se faire que si ces lettres sont suivies d'une consonne);

pense-/t-on (dans les verbes interrogatifs, on coupe avant le *t*);

43 mil/lions (on ne coupe un nombre que s'il est en lettres).

B. – Mauvaises coupures

é/mettre (on ne coupe pas après une seule lettre);

monsi/eur (pas entre deux voyelles formant une syllabe);

Alex/andre, Ale/xandre, moy/ennant (pas avant ou après *x* et *y* suivis d'une voyelle);

presqu'/île, aujourd'/hui (pas après une apostrophe);

vas/-y, prenez/-en (on ne rejette pas une ou deux lettres seulement à la ligne suivante);

M./Mounet, le Dr/Accart (pas après une abréviation de titre de personne);

Les P.T./T., J.-Ph./Rameau (pas dans des initiales, pas après un prénom abrégé);

230/litres, Louis/XV, fig./25, in-/18, 23 mai/1920 (pas entre un nombre exprimé en chiffres et le mot qui l'accompagne);

40 800/000, 48°/17'50" (on ne coupe pas un nombre exprimé en chiffres);

2°/les invalides (pas après une lettre ou un chiffre énumératifs);

chimi/ques, ils vien/nent, un mala/de (pas avant une syllabe muette; cependant, en imprimerie, les contraintes de la photocomposition font qu'on admet la coupure avant une syllabe muette de plus de deux lettres).

On évitera aussi des coupures amenant une plaisanterie désagréable du genre :

Ils étaient trop cons-
ciencieux et perdaient du temps.

Rappelons encore qu'on ne doit pas trouver le mot *etc.* en début de ligne et que les seuls signes de ponctuation admis en début de ligne sont : la parenthèse ouvrante, le crochet ouvrant, les guillemets ouvrants et le tiret.

DÉFECTIFS

(verbes défectifs)

On appelle défectifs les verbes dont la conjugaison est incomplète. Les formes qui leur font défaut ont existé mais sont tombées en désuétude parce que d'autres verbes de conjugaison plus aisée les ont supplantés : *quérir* a été évincé par *chercher*, *choir* par *tomber*, *clore* par *fermer*, *échoir* par *arriver*, *férir* par *frapper*, etc.

À lire certains de ces verbes, on a l'impression d'assister à leurs derniers soupirs.

Les précisions de conjugaison subsistante sont données pour chaque verbe défectif à son ordre alphabétique. Ces verbes sont :

absoudre	chaloir	éclore	importer[1]	promouvoir
abstraire	chauvir	émoudre	inclure	puer
accroire	choir	endêver	issir	quérir
adirer	clore	enquerre	luire	raire
advenir	comparoir	ensuivre (s')	malfaire	ravoir
agonir	conster	enclore	mécroire	reclure
apparoir	courre	ester	messeoir	renaître
assavoir	déchoir	extraire	moufter	résulter
attraire	déclore	faillir	moyenner	seoir
bayer ou béer	dépourvoir	férir	occire	sourdre
bienvenir	dinguer	forclore	ouïr	soustraire
boumer	dissoudre	forfaire	paître	tistre
braire	distraire	frire	parfaire	traire
bruire	échoir	gésir	partir[2]	transir

Les verbes impersonnels (→ tableau VERBES XIII, p. 979) sont également défectifs puisqu'ils n'existent qu'à la 3ᵉ personne, ainsi que la plupart des verbes spéciaux désignant le cri d'un animal.

---

1. Dans le sens de : être d'importance.
2. Dans le sens de : partager.

DICTÉE DITE « DE MÉRIMÉE »

Cette dictée fameuse a été publiée sous divers aspects et il n'est même pas prouvé que Mérimée en fût l'auteur. Quant aux résultats qu'elle amena à la Cour (à Compiègne ou aux Tuileries, on ne sait), ils varient selon le narrateur. En voici la version la plus complète.

Pour parler sans ambiguïté, ce dîner à Sainte-Adresse, près du Havre, malgré les effluves embaumés de la mer, malgré les vins de très bons crus, les cuisseaux de veau et les cuissots de chevreuil prodigués par l'amphitryon, fut un vrai guêpier.

Quelles que soient et quelque exiguës qu'aient pu paraître, à côté de la somme due, les arrhes qu'étaient censés avoir données la douairière et le marguillier à maint et maint fusilier subtil, bien que lui ou elle soit censée les avoir refusées et s'en soit repentie, va-t'en les réclamer pour telle ou telle bru jolie par qui tu les diras redemandées, quoiqu'il ne lui siée pas de dire qu'elle se les est laissé arracher par l'adresse desdits fusiliers et qu'on les leur aurait suppléées pour des motifs de toutes sortes.

Il était infâme d'en vouloir pour cela à ces fusiliers jumeaux et malbâtis et de leur infliger une raclée, alors qu'ils ne songeaient qu'à prendre des rafraîchissements avec leurs coreligionnaires.

Quoi qu'il en soit, c'est bien à tort que la douairière, par un contresens exorbitant, s'est laissé entraîner à prendre un râteau et qu'elle s'est cru obligée de frapper l'exigeant marguillier sur son omoplate vieillie.

Deux alvéoles furent brisés, une dysenterie se déclara, suivie d'une phtisie.

« Par saint Martin, quelle hémorragie ! » s'écria ce bélître. À cet événement, saisissant son goupillon, ridicule excédent de bagage, il la poursuivit dans l'église tout entière.

Les pièges que recèle ce texte élaboré sont tous éclairés dans le présent ouvrage. Ils reposent sur des questions de genre (*effluves* est masculin, *arrhes* est féminin), d'accent (ainsi : *Le Havre, ambiguïté, bélître*), de conjugaison (*qu'elle s'en soit, qu'il ne lui siée*), etc. Ce qui peut surprendre est l'accord de *censée* et *repentie* (milieu du deuxième paragraphe) qui obéissent à la règle énoncée au tableau PARTICIPE PASSÉ III, F, 9°, p. 924. Dans le quatrième paragraphe, il s'agit de la locution verbale *se croire obligée* (*elle s'est cru obligée*) accordée selon ce qui est dit au tableau PARTICIPE PASSÉ IV, F, p. 929.

ÉLISION

A. – L'élision est le remplacement des voyelles *a, e, i, oi* par une apostrophe. Ainsi, il y a élision du *e* dans *l'œuf* (le œuf), du *a* dans *l'ardoise* (la ardoise), du *i* dans *s'il faut* (si il faut), du *oi* dans *donne-m'en* (donne-moi-en).

Il n'y a jamais élision du *u* : dire *T'as raison* pour *Tu as raison* est incorrect.

L'élision est permise dans certains cas et interdite en d'autres cas. Un mot dans lequel on a fait une élision est dit *élidé*. Ce sont les mots *le, la, de, ne* qui sont le plus souvent élidés, devant une voyelle *(n'oublie pas l'anneau)* ou un *h* muet *(peu d'hommes)*, afin d'éviter l'hiatus.

B. – Outre les mots commençant par un *h* aspiré, certains mots, du fait de l'habitude, provoquent une aspiration et interdisent l'élision :

• *un* (quand il s'agit d'un chiffre non suivi de décimales, d'un numéro, du premier acte d'une pièce de théâtre). *Des tiges de un mètre ou d'un mètre vingt. En scène pour le un*;
• *une* (quand il s'agit de la première page d'un journal ou de la première chaîne de télévision). *Regardons la une*;
• *uhlan. Une troupe de uhlans*;
• *énième. La énième fois*;
• *oui. Le nombre de oui*;
• *onze, onzième* (mais il y a élision dans l'expression « bouillon d'onze heures »);
• *ululer, ululement, ululation* (sans doute parce que l'ancienne écriture est *hululer*, avec *h* aspiré).

L'élision ne se fait pas devant un nom de voyelle : *le u, le iota*. Elle est facultative devant les mots *ouate, ouistiti* et devant un nom de consonne : *n'oubliez pas l'h muet; il faut rayer le s*.

Pour les mots commençant par *y* :

1° On fait l'élision lorsque le mot est français *(yèble, yeuse, ypérite, ypréau, ysopet, ytterbium, Yonne, Yser, Yvette...)*. *L'yeuse; l'Yonne*.

2° On ne fait pas l'élision lorsque le mot est d'origine étrangère *(yacht, yack, yard, yatagan, yod, yogourt, yole, youyou, yucca, Yémen, Yucatan...)*. *Le yaourt; le Yémen*.

On trouvera encore des cas d'élision pour les mots *contre, entre, jusque, lorsque, parce que, presque, puisque, que, quelque, quoique, un*, à leur ordre alphabétique.

C. – Les noms propres doivent être traités comme les noms communs. *Le règne d'Édouard VII; des tableaux d'Oudry*. Il y a hésitation lorsque le mot commence par la lettre H. *L'assassinat d'/de Henri IV*.
→ de et tableau APOSTROPHE, p. 877.

GUILLEMETS

Ces signes furent imaginés par l'imprimeur Guillaume, dit Guillemet. Le premier groupe se nomme *guillemet ouvrant*, le second *guillemet fermant*.

1° Ils encadrent une citation. *Le décret du 17 janvier 1977 stipulait : « Art. 2. — Est ouvert un crédit de 189 000 francs destiné à... »*

Pour une longue citation, on place un guillemet non seulement au début et à la fin, mais aussi au début de chaque alinéa et, si l'on veut, au début de chaque ligne, afin que ne soit pas perdu de vue, pour le lecteur, le fait qu'il s'agit d'un texte cité. Ces guillemets supplémentaires, en tête de ligne, sont ouvrants. On voit quelquefois dans ce cas des guillemets fermants, ce qui est moins heureux.

2° Quand on veut isoler un titre d'œuvre, un nom de véhicule, un titre de journal, une expression étrangère ou qu'on ne veut pas entièrement assumer, etc., on se sert de guillemets. *L'édition originale du « Discours de la méthode ». Il s'agissait d'un enregistrement de la « Fantaisie en fa mineur » de Chopin. Le paquebot « Ville d'Alger » venait d'arriver. C'était un « happy end » digne d'un conte de fées. Avez-vous vu ces « gugusses »-là ?*

3° Lorsque des paroles, une conversation, doivent être rapportées directement, les guillemets sont de rigueur. *Il déclara : « On a été injuste avec cette femme. »* En style indirect, les guillemets n'apparaissent que si les mots sont formellement respectés. *Il déclara qu'« on avait été injuste avec cette femme ».* (Le mot *qu'*, n'ayant pas été prononcé, est mis avant les guillemets.) *Le vieillard sortit en murmurant : « Cette petite est charmante. »* On remarquera que dans ce cas on ne met que le point final des paroles dites. Le point qui terminerait l'ensemble de la phrase, et qui serait logiquement après les guillemets, ne se met pas.

Dans le cas du dialogue, en bonne règle, le guillemet ouvrant remplace le premier tiret. Un changement d'interlocuteur est ensuite signalé par l'alinéa précédé d'un tiret et le guillemet fermant clôt le dialogue. Beaucoup de romanciers actuels (ignorent-ils ces usages ?) simplifient en supprimant les guillemets.

Disposition classique	Disposition simplifiée
mais le voisin l'alerta :	mais le voisin l'alerta :
« Prenez garde !	— Prenez garde !
— À quoi ?	— À quoi ?
— L'eau monte. »	— L'eau monte.
En effet, on voyait...	En effet, on voyait...

4° S'il doit y avoir un point près des guillemets, il y a lieu de mettre le point avant le guillemet fermant si le guillemet ouvrant est au début de la phrase :
« *Je vous assure qu'il est journaliste.* »
et après si la phrase ne commence pas par des guillemets :
Il se disait « journaliste ».

5° Si une remarque se glisse dans des paroles rapportées, il est deux cas :
a) La remarque est courte *(dit-il, répliqua-t-elle, dit Léon...).* Elle est alors insérée dans la phrase, entre virgules, sans bousculer les guillemets :
*La mère était à la porte et vit les enfants :
« Où allez-vous encore ?
— Mais à l'entraînement, dit Christelle, tu sais bien que c'est le jour, maman. »*
b) L'explication est plus longue. Il faut alors détacher des paroles, hors les guillemets :
*« Nous ne pouvons pas faire face à cette dépense », fit Clarisse.
Elle se leva très droite, digne, et ajouta :
« D'ailleurs, vous savez bien que nos ressources sont limitées. »*

6° Les guillemets en accent double sont dits guillemets anglais. On s'en sert également chez nous, spécialement si l'on doit enfermer une citation dans une phrase déjà guillemetée avec les guillemets classiques en chevrons :
« Ne voudriez-vous pas nous chanter "Les Feuilles mortes" ? »

L'accent simple s'emploie quelquefois, à l'imitation des Anglais et des Italiens :
Un meuble 'Chippendale'.

HOMONYMES

On appelle homonymes des mots dont la prononciation est identique ou quasi identique, selon les usages locaux, et dont l'écriture, de ce fait, peut prêter à confusion. C'est le sens du mot, souvent éclairé par le contexte, qui renseigne sur la bonne orthographe. Exemple : *un vers de La Fontaine, le ver dans la pomme, il va vers la gare, un verre à boire, une prairie d'un beau vert.*

Approchant des homonymes, il y a les *paronymes* (ou presque homonymes), comme *résigner, résilier* ou *accommodation, accommodement*, qui eux aussi amènent des confusions dans le langage ou l'écriture. Il faut éviter de trébucher sur ces mots en faisant appel, en cas d'hésitation, à un dictionnaire de la langue.

hétéro-	:	du grec *heteros* (autre)
homo-	:	du grec *homos* (semblable)
-graphe	:	du grec *graphein* (écrire)
-nyme	:	du grec *onoma* (nom)
paro-	:	du grec *para* (à côté)
-phone	:	du grec *phôné* (voix)

A. – On peut distinguer parmi les homonymes :

1° Les mots de même prononciation **(homophones)** et d'écritures différentes **(hétérographes)**. Ainsi : *chaud, chaux ; graisse, Grèce*. Ce sont ces mots qu'on désigne communément sous le nom d'homonymes. On trouvera les principaux homophones du français à la place alphabétique du chef de file (le plus courant) de chaque série, signalés par l'abréviation HOM.

L'homophonie apparaît aussi à propos de certains noms et des formes verbales correspondantes :

travail	réveil	conseil
je travaille	tu réveilles	il conseille

ou à propos d'un même verbe : *il hennit, il a henni, qu'il hennit*. Pour trouver la bonne terminaison, les substitutions de verbes sont là d'un bon secours.

Il faut, pour ne pas blesser les vivants et respecter les défunts, veiller à l'orthographe des noms propres homophones. On rencontre *Duperré, Duperrey, Duperray* et *Giraud, Girault, Gireau, Girod* ou *Girot*. Le compositeur *Delalande* n'est pas l'astronome *de Lalande*. Parmi les personnages connus, on trouve le mathématicien *Levi-Civita*, l'historien *Lévis-Mirepoix*, l'ethnologue *Lévi-Strauss*, le sociologue *Lévy-Bruhl*, l'astronome *Maurice Lœwwy* et le styliste *Raymond Loewy*.

→ olorime.

2° Les mots de même écriture **(homographes)** et de même prononciation **(homophones)** :
cousin (insecte), *cousin* (parent) ;
noyer (arbre), *noyer* (verbe) ;
que (pronom relatif), *que* (conjonction).

Ils sont très nombreux, ne prêtent pas à confusion orthographique à moins qu'ils ne s'intègrent à une autre série d'homonymes dont certains sont d'une orthographe différente *(On déposa le noyé sous le noyer)*. Chaque fois qu'un mot prend un sens nouveau, une extension, il se crée un homographe homophone. Ainsi, *marteau* désigne un outil, un organe du piano, une pièce d'horlogerie, un heurtoir, un osselet de l'oreille, un engin de sport, et même un fou dans le langage familier. Ce ne sont pas là des homonymes, c'est le même mot.

B. – Enfin, il se trouve des mots de même écriture (homographes) mais de prononciation différente (hétérophones), comme :

Les poules du couvent (kou-van)
  couvent (kouv') ;
Mon fils a cassé les fils.

Ces mots ne sont pas des homonymes. S'ils sont signalés dans cet ouvrage, ce n'est qu'à titre de curiosité orthographique ou pour les besoins de l'ordinateur.

C. – Le français est la langue d'Europe qui compte le plus d'homonymes. Ce qui est une source supplémentaire de fautes d'orthographe. D'autant plus que, selon les régions, des prononciations diffèrent. Les sons *o* et *au, in* et *un, é* et *è* ne devraient pas être homophones, mais le sont souvent. Nous nous sommes limités dans cet ouvrage aux homophones du français courant. Le reste serait d'une utilité contestable.

Naturellement les calembours *(cardeur, quart d'heure)* ne sont pas cités. Si l'un d'eux se produit dans la rédaction d'un texte, on veillera à l'éliminer pour être mieux compris : *Donnez à chacun d'eux mille francs* risque d'être entendu *Donnez à chacun deux mille francs.* Il est nécessaire de faire appel à un autre tour : *Donnez mille francs à chaque personne* ou *Donnez deux mille francs à chacun.*

LANGUES ÉTRANGÈRES
ET
LANGUES ANCIENNES

L'ALLEMAND

La langue allemande a fourni environ 200 mots à notre vocabulaire (*blocus, sabre, bivouac, choucroute, trinquer, potasse, valse, blockhaus*, etc.). Les mots suivants conservent chez nous le pluriel d'origine :

> un Land, des Länder
> un lied, des lieder
> un leitmotiv, des leitmotive
> un pfennig, des pfennige

En allemand, on met la majuscule à tous les substantifs. À la fin d'une ligne, indiquant une coupure de mot, le trait d'union est quelquefois double (//). Le guillemet ouvrant se place en accent double bas et le guillemet fermant en accent double haut :

> „Kommen Sie hierher".

Il arrive aussi que les guillemets en chevrons soient placés à l'inverse des nôtres :

> » *Was fehlt Ihnen?* «.

L'abrév. « XVIe siècle » s'écrit *16. Jh.*
→ tableau PRONONCIATION E, p. 944.

L'ANGLAIS

Les termes anglo-américains sont de plus en plus envahissants dans le domaine technique après l'avoir été dans le domaine mondain. Si l'on doit, en principe, se garder d'employer trop de tournures ou de mots anglo--saxons — la langue française est riche —, il faut reconnaître que l'anglais est quelquefois irremplaçable par sa concision (*pop-corn, hold-up, surf, zoom...*), son antériorité — le mot nous est venu avec la chose —, l'habitude que nous en avons. On ne peut se montrer intraitable sur ce chapitre : eux aussi ont des vocables de chez nous. Pour ceux qui doivent les écrire, nous citons les termes anglais les plus courants à leur ordre alphabétique, avec les équivalents français. S'ils doivent être mis au pluriel, on se soumettra aux règles suivantes.

A. – PLURIEL DES NOMS ANGLAIS

En principe, on ajoute un **s** pour marquer le pluriel (garden/*gardens*). Cet **s** se prononce. Exceptions :

a) Aux noms terminés par **o, s, x, z, sh,** on ajoute **es** (potato/*potatoes*; box/*boxes*).

b) Aux noms terminés par **ch**, on ajoute **es** (church/*churches*), sauf si ce *ch* se prononce *k* (monarch/*monarchs*).

c) Aux noms terminés par **y** précédé d'une voyelle, on ajoute un **s** (boy/*boys*). Si cet *y* est précédé d'une consonne, on le remplace par **ies** (lady/*ladies*).

d) Aux noms terminés par **f** ou **fe,** on remplace ces terminaisons par **ves** (knife/*knives*; self/*selves*).

e) Pluriels spéciaux : child/*children*; deer/*deer*; foot/*feet*; goose/*geese*; grouse/*grouse*; louse/*lice*; man/*men*; mouse/*mice*; ox/*oxen*; salmon/*salmon*; sheep/*sheep*; swine/*swine*; tooth/*teeth*; trout/*trout*; woman/*women*.

f) Les noms composés anglais ne prennent la marque du pluriel qu'à la fin (des *pipe-lines*, des *week-ends*).

g) Sont francisés, avec notre pluriel le cas échéant, nombre de mots anglais : *ballast, bifteck, bluff, grog, pull-over, rhum, stock, toast, wagon*, etc. Nous avons fait invariables *five o'clock, lock-out, pick-up*. Nous conservons le pluriel anglais pour les mots suivants :

un baby, *des babies*
un barman, *des barmen*
un box, *des boxes*
un clergyman, *des clergymen*
un dandy, *des dandies*
une garden-party, *des garden-parties*
un gentleman, *des gentlemen*
un hobby, *des hobbies*
une lady, *des ladies*
un lunch, *des lunches*
un match, *des matches*
une milady, *des miladies*
une nursery, *des nurseries*
un policeman, *des policemen*
un punch, *des punches*
un recordman, *des recordmen*
une recordwoman, *des recordwomen*
un sandwich, *des sandwiches*
un self-made man, *des self-made men*
un sketch, *des sketches*
un speech, *des speeches*
un sportsman, *des sportsmen*
un tommy, *des tommies*
un tory, *des tories*
un whisky, *des whiskies*
un yachtman, *des yachtmen*

Ces pluriels sont souvent employés en français (ne serait-ce que par ceux qui affectent de savoir l'anglais), mais le pluriel français n'est pas déplacé et l'on admet de plus en plus, sans prononcer le *s* final : *des barmans, des dandys, des matchs, des sandwichs*... Les mots *rugbyman, tennisman* ne sont pas anglais (pas plus que *bock* ou *shake-hand*) mais, parce qu'on le croit, on leur donne un pluriel anglais *(des rugbymen, des tennismen, des tenniswomen)*.

Les adjectifs anglais sont invariables, même employés en français. *Des garçons cool*.

B. – Les mots *lady, lord, miss, sir* ne prennent pas la capitale dans le corps d'une phrase. *Lady Pratt et lady Thomson accompagnaient sir Winston. Le lord-maire de Londres.* Le mot *miss* n'est suivi du nom de famille seul que pour désigner la fille aînée. Le mot *sir* doit toujours être suivi du prénom (seul ou joint au nom de famille).

Mistress (Madame) s'écrit *Mrs.* et se prononce « missiz ». *Mister* (Monsieur) s'écrit *Mr.* et se prononce « misteur ». *Miss* (mademoiselle) n'a pas d'abréviation. Le pluriel anglais est *misses*, mais nous écrivons plutôt *les miss*. Employé absolument (avec une capitale) désigne la préceptrice. *Sortez avec Miss ce matin. Les deux « Miss France »*. L'abréviation anglaise *Ms* peut convenir pour *Miss* ou *Mrs*. Dans la correspondance commerciale, on use encore du mot *Messieurs*, abrégé en *Messrs. : Messrs. Brown & White*. Le mot *Company* s'abrège en *Co. : Smith and Co.*

C. – L'anglais n'a ni accents ni tréma : *Cain, thyroid* (pour : *Caïn, thyroïde*). L'apostrophe est employée en anglais pour indiquer le génitif (dépendance ou possession), suivie d'un *s* à moins que le mot qui précède ne se termine par *s* marquant le pluriel : *King's throne. The pupils' books*. Le point peut se mettre après une abrév. : *Mr. Dr. No. Co.* Les guillemets employés sont, naturellement, les guillemets anglais, en accents doubles hauts. Quelquefois, on emploie l'accent simple pour les paroles ou pour citer un mot. Les noms de mois prennent la majuscule. L'abréviation XVIe siècle s'écrit XVIth century.

D. – Méfions-nous, en orthographe, de certains mots anglais qui, introduits chez nous, peuvent inciter à une écriture défectueuse : *baggage, comfort, connection, control, cotton, dance, glue, honour, literature, marriage, organization, revenge, traffic*, etc.

→ tableau PRONONCIATION E, p. 944.

L'ARABE

A. – L'arabe a enrichi notre vocabulaire d'environ 300 mots ; nous lui devons, par exemple : *chiffre, zénith, sirop, alcali, gazelle, ambre, matelas, gourbi, nouba, zouave*. Nous francisons le plus possible les mots arabes qui entrent dans notre vocabulaire : *un méhari, des méharis* ; le pluriel de *djellaba, émir, burnous* ou *kasba* se fait en ajoutant un *s* (sauf à *burnous*). Les mots *djlaleb, oumara, branès* et *ksabi* appartiennent aux spécialistes. Le seul mot entré avec son pluriel dans notre langue est *ksar* (pluriel *ksour*).

B. – La langue arabe n'utilisant pas notre alphabet latin, les mots et noms arabes transcrits en français ne sont que la figuration graphique des prononciations entendues et varient selon l'époque et le transcripteur. L'arabe a des phonèmes que notre alphabet restitue mal. Qu'on ne s'étonne donc pas, par exemple, de voir écrit *Muhammad* ce qui dans d'autres ouvrages est *Mohammed* et, plus loin, *Mahomet*. → q.

Dans la transcription des noms propres, nous plaçons après l'article un trait d'union (qui n'existe pas dans la langue d'origine) : *Abd el-Kader*. Les mots arabes *al, bel, ben, bey, cheikh, dey, din, el, ibn* s'écrivent sans majuscule s'ils ne sont pas au début du nom propre et ne sont jamais précédés d'un trait d'union : *Abd al-Rahman, Ibn Saud*.

LE CHINOIS

Comme pour toutes les écritures non latines, il nous a fallu transcrire au mieux la prononciation chinoise dans notre écriture.

Ancienne écriture. Jusqu'en 1978, les noms chinois étaient transcrits en Europe occidentale selon les conventions traditionnelles de l'École française d'Extrême-Orient. Le dernier élément d'un nom propre s'écrivait sans majuscule et précédé d'un trait d'union : *Sun Yat-sen, le Houang-ho, Fou--tcheou.*

Nouvelle écriture. Les dirigeants chinois, conscients que leur écriture par idéogrammes est une entrave aux communications internationales, ont décidé de simplifier les caractères chinois (sur quelques dizaines de milliers connus des spécialistes, on en compte environ six mille d'usage courant) et, en même temps, de répandre une nouvelle écriture, le *pinyin zimu*, qui se sert de caractères romains. Cette romanisation de l'écriture a été décidée en 1958 mais n'est appliquée en France que depuis 1979. C'est pourquoi *Mao Zedong* est la nouvelle forme de *Mao Tsé-toung*. Le premier élément d'un nom de personne est toujours le nom de famille. Le *pinyin*, fondé sur la prononciation pékinoise, est une écriture phonétique qui ne correspond pas exactement à notre écriture des sons. En voici des exemples :

a) Noms de personnes

Écriture traditionnelle	Écriture pinyin	Écriture traditionnelle	Écriture pinyin
Chang Ching	Jiang Qing	Tchang Kaï-chek	Jiang Jieshi
Hua Kuo-feng	Hua Guofeng	Tchao Tseu-yang	Zhao Ziyang
K'ang-hi	Kangxi	Tcheou Ngen-lai	Zhou Enlai
Lieou Chao-k'i	Liu Shaoqi	Tchou Teh	Zhu De
Lin Piao	Lin Biao	Teng Hsiao-ping	Deng Xiaoping
Mao Tsé-toung	Mao Zedong	Yuan Che-k'ai	Yuan Shikai

b) Noms géographiques

Écriture traditionnelle	Écriture pinyin	Écriture traditionnelle	Écriture pinyin
Canton (Kouang-tcheou)	Guangzhou	Kouei-yang	Guiyang
Chang-hai	Shanghai	K'ouen-louen	Kunlun
Chan-tong	Shandong	K'ouen-ming	Kunming
Chen-si	Shaanxi	Nankin	Nanjing
Chen-yang	Shenyang	Pékin	Beijing
Fou-kien	Fujian	Si-kiang	Xijiang
Fou-tcheou	Fuzhou	Sin-hiang	Xinxiang
Hang-tcheou	Hangzhou	Sin-k'iang	Xinjiang
Harbin	Ha'erbin	Seu-tch'ouan	Sichuan
Houang-ho	Huanghe	Tcheng-tcheou	Zhengzhou
Hou-nan	Hunan	Tch'eng-tou	Chengdu
Kang-tcheou	Ganzhou	Tchen-kiang	Zhenjiang
Kan-sou	Gansu	Tch'ong-k'ing	Changqing
Kao-hiong	Gaoxiong	T'ien-tsin	Tianjin
Kiao-tcheou	Jiaozhou	Ts'in-ling	Qinling
Kiang-sou	Jiangsu	Wou-han	Wuhan
Kouang-si	Guangxi	Wou-tcheou	Wuzhou
Kouang-tcheou-wan	Guangzhouwan	Yang-tseu-kiang	Yangzijiang

L'ESPAGNOL

A. – On peut estimer à 300 environ le nombre de mots que l'espagnol a fourni à notre langue (*casque, cédille, cigare, moustique, sieste, romance, maïs,* etc.). Nous pouvons aussi considérer comme francisés (avec *s* au pluriel le cas échéant) des mots tels que *brasero, guérilla, guérillero, toréador.* Nous observons quelquefois le pluriel espagnol pour :

un conquistador, des conquistadores;
un libertador, des libertadores.

Pour former le pluriel des noms espagnols, on ajoute un *s* aux noms terminés par une voyelle *(hombre/hombres)*, on ajoute *es* aux noms terminés par une consonne *(arbol/arboles)*. Cette finale *-es* est prononcée.

B. – L'espagnol a un accent spécial, appelé *tilde*, sur le *n* (ñ) qui mouille cette lettre *(español)*. L'accent aigu y indique une syllabe forte et peut se placer sur une autre voyelle que le *e* (*León, Panamá, basílica*). Le tréma est utilisé quelquefois sur le *u* placé entre un *g* et un *e* ou un *i (agüero, argüir)*. Il ne se met pas sur une autre lettre. Avant une expression interrogative ou exclamative, on place un point d'interrogation ou d'exclamation retourné :

¿Qué hora es? ¡Hombre!

C. – En espagnol, on use de ces abréviations :

Sr.	(Señor) :	*Sr. Sanchez*
D.	(Don),	précèdent le prénom
Da.	(Dama ou	ou son initiale :
	Damisela)	*Sr. D. Luis Sanchez*
Sra.	(Señora) :	*Sra. Lopez*
		Sra. Da. Juana Lopez
Srta.	(Señorita) :	*Srta. Hernandez*
		Srta. Da. M. Ruiz

Le point se place après toute abréviation.

→ tableau PRONONCIATION E, p. 944.

LE GREC

A. – ALPHABET GREC

Certaines sciences usent d'une notation en lettres grecques.

Majuscule	Minuscule	Nom
Α	α	alpha
Β	β, ϐ	bêta
Γ	γ	gamma
Δ	δ	delta
Ε	ε	epsilon
Ζ	ζ	zêta
Η	η	êta
Θ	θ	thêta
Ι	ι	iota
Κ	κ	kappa
Λ	λ	lambda
Μ	μ	mu
Ν	ν	nu
Ξ	ξ	xi
Ο	ο	omicron
Π	π	pi
Ρ	ϱ	rhô
Σ	σ, ς	sigma
Τ	τ	tau
Υ	υ	upsilon
Φ	φ	phi
Χ	χ	khi
Ψ	ψ	psi
Ω	ω	oméga

Le β se place au début d'un mot, le ϐ à l'intérieur. Le σ se place au début ou à l'intérieur d'un mot, le ς à la fin.

La langue grecque emploie 3 sortes d'accents et 2 sortes d'esprits.

B. – LANGUE GRECQUE

Le grec ancien nous a fourni beaucoup de mots, quelquefois par l'entremise du latin. On les trouve surtout dans le domaine religieux, scientifique ou médical (*prophète, bibliothèque, épigramme, arithmétique, panégyrique, pancréas, beurre, blâmer*, etc.).

Depuis le XVIe siècle, les mots grecs sont repris directement à cette langue (*hygiène, épisode, paradoxe*...) et enfin, à l'époque moderne, c'est aux racines grecques que nous faisons appel pour créer de nouveaux vocables (*téléphone, anesthésie, spéléologie, magnétoscope*...).

Par ailleurs, les mots savants formés sur le grec viennent souvent, aujourd'hui, de l'anglais et de l'allemand.

Le mot *kyrie* reste toujours invariable en français.

Ces racines entrent dans la composition des mots savants du français : de *artéri* (artère) et *sclér* (dur) on a tiré le mot *artériosclérose*; avec *rhod* (rose) et *dendr* (arbre) on a composé *rhododendron*. Ainsi naissent beaucoup de néologismes.

L'ITALIEN

Il y a environ un millier de mots d'origine italienne dans notre langue (*galère, boussole, remorquer, balcon, arcade, solfège, madrigal, crédit, banque, carnaval, bouffon, brave, poltron*, etc.).

A. – On peut estimer que sont francisés (avec nos accents et surtout l's du pluriel) les mots :

asti	concertino	gnocchi	lasagne	opéra	scénario	ténorino
brocoli	concerto	graffiti	lazzi	oratorio	solo	trémolo
cannelloni	confetti	imbroglio	macaroni	ravioli	soprano	vibrato
chianti	dilettante	imprésario	maestro	salami	spaghetti	
cicérone	fiasco	incognito	mercanti	scaferlati	tagliatelle	

Certains dictionnaires spécifient qu'on doit laisser invariable au pluriel des mots comme *ravioli, macaroni, spaghetti, lazzi*... ou que *graffiti* ne peut s'employer qu'au pluriel mais le large usage qui en est fait chez nous justifie qu'ils soient « digérés » par le français et suivent nos règles, d'autant plus que nous avons déjà modifié l'écriture de certains : (*gnocchi* et *macaroni* viennent de l'italien *gnocco* et *maccheroni*). Considérons donc qu'ils sont adoptés et prennent un *s* au pluriel. L'usage d'un pluriel italien fait d'ailleurs souvent figure de pédanterie (qui écrit encore *des scenarii*?).

Beaucoup de mots italiens font partie du vocabulaire musical international. S'ils désignent des nuances, des mouvements, ils restent italiens (sans accent) et invariables. *Jouez ces passages* allegro, *avec des* crescendo. *Ses* piano *comme ses* forte *furent très goûtés.* Si ce sont des noms de pièces musicales, ils sont francisés. *Deux allégros de Mozart. De délicieux andantes.*

Parmi les mots que nous utilisons, restent italiens :

un carbonaro, des carbonari
des concetti (ne s'emploie qu'au pluriel)
un condottiere, des condottieri
un lazzarone, des lazzaroni

un monsignore, des monsignori
un pizzicato, des pizzicati
une prima donna, des prime donne
lacryma-christi (inv.); tutti (inv.)

B. – L'italien n'a que l'accent grave, à la fin de certains mots ou formes verbales :
Pietà, Costerà. Ripasserò. Che ora è?
Il emploie l'apostrophe : *All'ingrosso. V'ha. Dell'importo.*
On trouve quelquefois, en italien, l'accent simple haut pour citer un mot ou des paroles : *Giovanni Bazzi, dit 'le Sodoma'.*

→ siècle et tableaux MAJUSCULES B, 9°, p. 903 et PRONONCIATION E, p. 944.

LE LATIN

A. – Si le latin littéraire nous a fourni infiniment plus de mots que les autres langues, n'oublions pas que le latin vulgaire est la base du français. Au Moyen Âge, à la Renaissance, les clercs, nourris de latin qu'ils écrivaient et parlaient, y avaient recours chaque fois qu'ils avaient besoin d'un terme nouveau. C'est ainsi que notre langue s'est latinisée. Ces mots prirent une tournure savante ou populaire selon les hasards de l'usage. Quelquefois un même mot latin a chez nous deux aboutissements (*fragilem* a donné *frêle* et *fragile* ; *potionem* a donné *poison* et *potion* ; *dotare* a donné *douer* et *doter* ; etc.). On estime que notre langue possède environ 800 de ces doublets. Maintenant encore, pour la création de néologismes, nous faisons quelquefois appel à des racines latines (*juxtaposer, extra-territorialité, pénéplaine, ultraviolet, rétroactif, quinquennal*, etc.).

EMPLOI FRANÇAIS DE QUELQUES RACINES ET AFFIXES LATINS

Sens	Élément	Sens	Élément
après	post-	marche (qui)	-grade
arrière (en)	rétro-	moitié	mi-
autour	circ-	nombreux	multi-
avant	anté-	nouveau (de)	re-, r-, ré-
avec	co-	opposition	contr-
cessation	dé-	pied	pèd-
cultive (qui)	-cole	plusieurs	pluri-
dans	in-	pour	pro-
delà (au-)	ultra-	porte (qui)	-fère
demi (à)	semi-	près de	juxt-
dessus (au-)	sur-, supra-, super-	presque	quasi-, pén-
deux	bi-, ambi-	privation	in-, im-, il-, ir-
devant, en avant	pré-	produit (qui)	-fique
enfante (qui)	-pare	rayon	radio-
entre	inter-	semblable	simili-
extrême, hors de	extra-	séparation	dis-
fuit (qui)	-fuge	sous	sub-
haut (en)	sus-	tout	omni-
hors	ex-	travers (à)	trans-
langue	lingu-	trois	tri-
mange (qui)	-vore	tue (qui)	-cide

B. – Sont francisés, avec nos accents et surtout l's du pluriel *(des mémentos)*, les mots latins suivants :

accessit	critérium	folio	pensum	référendum
addenda	décorum	forum	péplum	sanatorium
agenda	déficit	intérim	quatuor	solarium
album	duo	médium	quorum	spécimen
atrium	duplicata	mémento	quota	spéculum
bénédicité	fac-similé	mémorandum	recto	ultimatum
consortium	factotum	muséum	rectum	vélum

Restent invariables au pluriel *(des credo)* :

ana	exequatur	in-folio	minus habens	requiem
Ave	extra	in-quarto...	miserere	statu quo
credo	ex-voto	in pace	nota	Te Deum
deleatur	incipit	item	nota bene	tumulus
ecce homo	ineat *(imité*	Magnificat	Pater	vade-mecum
exeat	*du latin)*	mea-culpa	post-scriptum	veto

Conservent le pluriel du latin original :

un desideratum, des desiderata
un emporium, des emporia
un erratum, des errata
un fanum, des fana
un flabellum, des flabella
un flagellum, des flagella
un imperium, des imperia

un labarum, des labara
un latifundium, des latifundia
un martyrium, des martyria
un pagus, des pagi
un quantum, des quanta
un sacellum, des sacella
un stimulus, des stimuli

Le pluriel est hésitant (*-ums* en français ; *-a* en latin) pour : maximum, minimum, optimum, scutum et triclinium.

Terminaisons latines de mots en **-um**

Nature		Singulier		Pluriel
Nom	-um	*le maximum* *un erratum*	-a	*les maxima* *des errata*
Adjectif masculin	-um	*rendement maximum*	-a	*tarifs maxima*
Adjectif féminin	-a	*température minima*	-a	*dépenses minima*

La tendance est cependant de franciser *maximum* et *minimum* : *des maximums, des minimums*.

Le latin étant de moins en moins appris et les règles latines de moins en moins respectées, il devient nécessaire de remplacer les adjectifs *maximum, minimum, optimum* par les formes françaises en *-al, -aux, -ale, -ales*. *Des conditions optimales. Des chiffres minimaux.*

C. – Nous employons dans le français actuel beaucoup de locutions latines (sans accent). Les plus courantes sont :

ex abrupto	in fine	nec plus ultra	sine qua non
in abstracto	a fortiori	nolens volens	in situ
ex æquo	grosso modo	non aedificandi	statu quo
ante mortem	ad hoc	ex nihilo	stricto sensu
in articulo mortis	infra	in partibus	supra
ex cathedra	intra-muros	ad patres	urbi et orbi
a contrario	ipso facto	a posteriori	ad valorem
coram populo	de jure	post mortem	ne varietur
pro domo	ad libitum	a priori	vice versa
et cætera	manu militari	proprio motu	de visu
in extenso	motu proprio	quasi	ad vitam
in extremis	modus vivendi	lato sensu	aeternam
de facto	mutatis	sic	in vitro
	mutandis	sine die	in vivo

Le mot *placebo* [-sébo] nous vient du latin par l'anglais.

Il y a actuellement une tendance à franciser les expressions *a priori, a posteriori, a fortiori* en mettant l'accent grave au *a* et l'accent aigu au *e*.

Les locutions latines employées en français doivent être écrites entre guillemets ou en italique (souligné si le texte doit être imprimé). *Un plaidoyer « pro domo ». Il exposa ses <u>desiderata</u>.*

D. – Le latin n'a ni accents, ni tréma (*laïque*, en latin, s'écrit *laicus*). Les noms latins employés en botanique et en zoologie s'écrivent en général en deux mots (genre et espèce); selon la classification dichotomique de Linné, seul le premier a la capitale. *Stellaria media* est le mouron des oiseaux; *Mustela nivalis* est la belette; *Bacterium aceti* produit le vinaigre. Ces noms sont invariables et s'emploient en général sans article, pour désigner globalement une classe. Si le second terme d'un nom latin appliqué à un végétal ou un animal est celui d'un nom propre, on ne lui met pas la capitale : *Inocybe patouillardi* est un champignon qui ressemble à *Hygrophorus puniceus*.

→ tableaux ADJECTIFS I, A, 6°, c, p. 863 et ADVERBES K, 2°, b, p. 875.

LE PORTUGAIS

Le portugais a enrichi notre vocabulaire de quelques mots exotiques (*banane, acajou, pagode...*). Cette langue emploie l'accent aigu, l'accent grave, l'accent circonflexe, la cédille et le tilde, qu'on retrouvera dans certains noms propres : *Setúbal, São Paulo, Bragança*. Il n'y a pas de tréma : pour les Portugais, *Coïmbre* est *Coimbra*.

LE RUSSE

La langue russe nous a apporté quelques mots (*boyard, steppe, tsar, vodka, bolchevisme, nomenklatura, perestroïka*, etc.). Les langues russe, bulgare et serbe utilisent l'alphabet cyrillique (que la Roumanie a abandonné au siècle dernier pour adopter l'alphabet latin). Du fait des différences de caractères entre les deux alphabets, le sigle français de l'*Union des républiques socialistes soviétiques* (U.R.S.S.), qui devient en russe S.S.S.R. (*Soiuz Sovietskikh Sotsialitcheskikh Respublik*), s'écrit C.C.C.P. en cyrillique.

LIAISONS

Une langue bien écrite est d'abord une langue bien dite, et bien dictée le cas échéant. Le *pataquès* (« Il viendra-t-à Paris ») est le fait de celui qui n'est pas sûr de son orthographe. La personne qui écrit bien évitera mieux qu'une autre les liaisons malencontreuses qui sont un désastre dans un entretien.

Voici le principe des liaisons pour une prononciation soignée : une consonne finale se prononce devant un mot commençant par une voyelle ou un h muet, soit obligatoirement quand le mot forme un groupe étroitement uni par le sens, soit facultativement si le lien du sens est plus lâche.

A. - La liaison est obligatoire :

1° entre le nom et l'article. *Les (z) esprits; des (z) amis; des (z) hommes;*

2° entre l'adjectif et le nom. *Un ancien (n) usage; de bons (z) amis;*

3° entre le pronom, sujet ou objet, et le verbe. *Ils (z) écoutent; je les (z) écoute; ils les (z) entendent;*

4° entre le verbe *est* et le mot qui suit. *Il est (t) aimé; elle est (t) en colère;*

5° entre l'adverbe et le mot qui le suit. *Bien (n) aimable; trop (p) étroit;*

6° entre la préposition et le mot qui suit. *Dans (z) une heure; sans (z) engagement; dès (z) hier;*

7° dans la plupart des mots composés. *Pot- (t) au-feu; vis- (z) à-vis; arts (z) et métiers.*

B. - La liaison est facultative :

1° entre le nom et l'adjectif ou le complément. *Des maisons amies; les nations étrangères; les enfants en vacances;*

2° entre le verbe et son complément. *Ils vivent à Paris; ils travaillent ensemble; songez au rendement.*

C. - La liaison ne se fait jamais :

1° après la conjonction *et*. *Un fils et une fille;*

2° quand un nom se termine par une consonne muette. *Un banc ombragé; un drap élimé; le loup et l'agneau; un temps idéal;*

3° devant les mots *un* (nom de chiffre), *uhlan, oui, onze* et les mots étrangers commençant par *y*. *Faites mieux vos 1. Des oui. Demander des yaourts.*

D. - Quand un mot se termine par un *r* et une consonne muette, la liaison se fait généralement avec *r*. *Bourg animé; rapport exact; vers huit heures; vert et or; corps à corps.* Mais quand le *s* final est la marque du pluriel, la liaison se fait avec ce *s*. *Corps (z) et biens; des vers (z) harmonieux.* Il y a une exception : on doit entendre les deux *c* dans *porc-épic*.

E. - Enfin le *d* final de *grand* et de *quand* se prononce *t* en liaison, le *g* final de *sang* garde parfois la prononciation ancienne *k*. *Quand (t) on voit; un grand (t) amour; rend (t) -il; sang (k) impur.* La lettre *f* devient *v* en liaison. *Neuf (v) heures.* Les lettres *s* et *x* deviennent *z*. *Pas (z) à pas. Deux (z) obstacles.*

Une liaison n'appartient pas au mot qui suit (*un charmant enfant* n'est pas *un charman tenfant*). La liaison nécessaire ne sera jamais appuyée car l'impression doit en être agréable et harmonieuse. → tableau ÉLISION, p. 888.

MAJUSCULES

A. – La majuscule : lettre décorative

La majuscule était à l'origine une lettre décorative, la lettre de majesté, ornant le début d'un chapitre. En imprimerie, on l'appelle *capitale*, lettre de tête. Un certain désordre règne actuellement dans l'emploi des majuscules, trop largement utilisées dans le domaine commercial ou administratif, ou carrément délaissées par un snobisme de mauvais aloi. Victor Hugo a dit : « La majuscule est un coup de chapeau. » Il convient d'être poli, mais avec mesure et discernement. Car la majuscule peut quelquefois être un peu narquoise *(les lenteurs de l'Administration)* ou flagorneuse *(Mais oui, Cher Maître)*.

B. – La majuscule s'emploie normalement

1° au premier mot d'une phrase ;

2° au premier mot de chaque vers dans la poésie classique ;

3° après les points d'interrogation, d'exclamation ou de suspension s'ils terminent la phrase :
En aura-t-il la force ? Je n'en suis pas sûr.
À combien ? dit le commissaire-priseur.

(ce dernier exemple ne formant qu'une phrase, on ne met pas la majuscule au mot *dit*) ;

4° après deux points si l'on cite les paroles de quelqu'un. *Et elle lui déclara : « Ne reviens plus. »*

5° à l'initiale d'un nom propre. Est nom propre : un prénom *(Roger)*, un nom patronymique ou de famille *(Leroux)*, un surnom *(le Gros)*, un nom de peuple *(les Italiens)*, un nom géographique *(Bourgogne, Manche, Danube, Cervin)*, un nom d'astre *(Jupiter)*, de véhicule *(une Alpine, le Redoutable)*, de monument *(le Panthéon, le Lion de Belfort, la colonne Trajane, la bibliothèque Mazarine)*, de voie *(la rue Haute, l'avenue de la Liberté)*, une abstraction personnifiée *(la Justice ; au nom de la Science)*[1] ;

6° aux termes qui désignent un Dieu unique ou une divinité :

Dieu	Brahma
l'Éternel	le Grand Architecte
le Très-Haut	le Messie
le Tout-Puissant	Notre-Seigneur
le Créateur	la Vierge
le Seigneur	le Démon
le Divin Maître	le Malin
le Père éternel	au nom du Père et du Fils
le Sauveur	le Ciel
le Bon Pasteur	la Providence
l'Être suprême	l'Enfant Jésus
Jéhovah	le Prophète (Mahomet)

La majuscule va même, dans ce cas, jusqu'au pronom et à l'adjectif possessif. *Selon Sa divine volonté et pour Lui être agréable.* La majuscule à un nom de cette sorte n'entraîne la majuscule à l'adjectif qui lui est appliqué que si cet adjectif précède le nom. *Les Saintes Écritures ; l'Écriture sainte.* Tout ce qui signale un événement notable, tout ce qui se rapporte, dans une religion, aux manifestations divines, portera la majuscule :

La Résurrection	l'Encyclopédie
L'Ascension	(de Diderot)
l'Hégire	la Restauration
la Passion	le Camp du Drap
la Réforme	d'or
l'Ancien Testament	l'Entente cordiale
le Nouveau Testament	la Triple-Alliance
	la Triple-Entente
	le Grand Prix

---

1. Il arrive que l'emploi de la majuscule dans une langue étrangère nous surprenne. L'anglais nous offre *Cecil B. DeMille, Greg LeMond, le mont McKinley*, l'arabe *M'Dilla*, le gabonais *N'Djolé* et le néerlandais *IJmuiden*.

les Proverbes		la Renaissance
les Psaumes	de la Bible	la Belle Époque
les Épîtres		la Libération
le Cantique		(de 1944-45)
des Cantiques		la Résistance

Dans ces cas, il faut bien distinguer si l'on a affaire à un simple nom commun de sens général ou à un mot employé comme nom propre. On comparera :

un dieu de la mythologie	invoquer Dieu
des églises romanes	l'Église orthodoxe
la majesté d'un lieu	que Votre Majesté
être en mauvais état	la raison d'État
une carte d'électeur	l'Électeur de Bavière
la sécurité des personnes	la Sécurité sociale
le cadre de vie	le Cadre noir de Saumur
acheter une chemise	les Chemises brunes d'Hitler
un magnifique tableau	Laurent le Magnifique

7° Les noms célèbres employés pour désigner un type, ou antonomases (→ tableau PLURIEL VI, C, 3°, p. 938), sont quelquefois écrits sans majuscule : *Cet homme est un vrai tartufe ; un tanagra, cette jeune fille ; quel harpagon !* Cette conversion du nom propre nous a fourni des noms comme *poubelle, macadam, silhouette, calepin, ampère, gibus, lebel...* qui étaient portés par des personnes et perdirent un jour leur majuscule pour rejoindre la troupe des noms communs. Mais lorsqu'il s'agit de personnes, on met le plus souvent la majuscule. *Cet Adonis se croit un Casanova ou un don Juan.* Cela évitant au moins de confondre *un Napoléon* (individu) et *un napoléon* (pièce d'or).

8° On met une capitale au premier nom d'une raison sociale : *le Crédit hôtelier ; la Compagnie des chargeurs réunis ; la Fédération française de ski ; les Établissements Biaudet ; l'Œuvre de l'aide à l'enfance ; le Salon d'automne.*

9° L'article d'un nom patronymique a une capitale s'il fait partie du nom : *Jean de La Fontaine, André Le Nôtre* (ces noms se trouvent à la lettre *L* dans le dictionnaire). Mais on ne met pas de capitale si l'article est appliqué à un surnom *(Charles le Téméraire, Claude Gellée le Lorrain, l'Aigle de Meaux)* ou à un artiste *(la Malibran, la Callas)* ou s'il est péjoratif *(la Brinvilliers, Raymond la Science).*

Pour les surnoms, on devra distinguer la simple apposition (sans capitale) du véritable surnom précédé de l'article (avec capitale) :

Rosny aîné	*Bertin l'Aîné*
Coquelin cadet	*Cochin le Fils*
Rosny jeune	*Cochin le Père*
M. X, douanier	*le Douanier Rousseau*

En italien, l'article défini se met quelquefois devant le nom ou le surnom d'un personnage connu : *le Tasse* (Torquato Tasso), *le Guerchin* (il Guercino : le Loucheur). On évitera de mettre cet article devant le prénom. C'est une faute d'écrire : *le Dante* (Dante Alighieri), *le Titien* (Tiziano Vecellio).

10° Les titres honorifiques s'ornent de majuscules *(Sa Majesté, Votre Grandeur, Son Excellence...)* ainsi que les grandes époques de l'histoire *(Antiquité, Moyen Âge, Temps modernes, Renaissance...).*

11° Pour honorer spécialement, on écrit :

le Soldat inconnu (de l'Arc de triomphe),
la Révolution (celle de 1789),
l'Empereur (pour Napoléon Ier exclusivement),
la République française,
le Cardinal (s'il s'agit de Richelieu),
l'Écriture (la Bible), etc.

Il faut avouer que chacun est tenté, par la majuscule, de mettre en valeur la chose qu'il a à cœur, la personne qu'il admire et veut glorifier : un courtisan écrira *le Prince* ; un partisan, *le Parti* (mais pour le sien uniquement) ; un fidèle catho-

lique, *le Pape;* un fils, *chère Maman.*
Ce sont là des tentations bien naturelles.

C. — Chaque fois qu'on veut montrer l'importance, le caractère unique d'une chose, on se sert de la capitale. Ainsi on écrit *la Grande Guerre, la Première Guerre mondiale,* mais pour les autres on écrit *la guerre de Crimée, la guerre de Trente Ans, les guerres puniques,* etc.

1° Pour les institutions, établissements, on ne met la capitale que s'ils sont uniques. Ainsi, on comparera :

l'école primaire du quartier	l'École centrale
l'école normale de Châlons	l'École normale supérieure
le musée de l'Orangerie	le Musée social
le musée du Louvre	le Muséum d'histoire naturelle
le musée d'Art moderne	le Musée lorrain de Nancy
la cour d'appel de Rouen	la Cour de cassation
la cour d'assises	la Cour des comptes
l'académie de Dijon	l'Académie des sciences
la bibliothèque municipale	la Bibliothèque nationale
l'exposition de meubles	l'Exposition internationale
le conseil général de l'Ain	le Conseil des ministres
le conservatoire de Toulouse	le Conservatoire des arts et métiers

Pris dans un sens absolu, on écrit :
l'Académie (pour *l'Académie française*),
la Faculté (pour *la faculté de médecine*),
les Mines (pour *l'École des mines*),
Polytechnique (pour *l'École polytechnique*),
la Commune (pour *la Commune de Paris en 1871*).

2° Les noms donnés à une ville, un territoire, une voie, un établissement public (école, hôpital, hôtel...), une date historique, un navire, etc., prennent la capitale (sauf les prépositions, conjonctions et articles enclos dans un nom composé) :

*rue Neuve
passage du Moulin-à-Sel
avenue du Dix-Sept-Mai
école des Oliviers
palais de la Découverte
cirque d'Hiver
église Saint-Roch
hospice des Quinze-Vingts
gare des Invalides
monarchie de Juillet
tranchée des Baïonnettes
Montreuil-sur-Mer
Saint-Germain-des-Prés
les Pyrénées-Atlantiques
la Côte-d'Or
cours de l'Intendance
café Au Rendez-Vous des cyclistes
cargo Étoile-du-Sud
chapelle Sixtine
mur des Fédérés
musée de l'Homme
le Petit Trianon*

3° On fait de même pour un évènement historique important : *le 9 Thermidor, le 14 Juillet, le Deux Décembre, la bataille des Dunes, la querelle des Investitures, la journée des Dupes, la ligue du Bien public.*

4° On met la capitale aux noms d'habitants, de peuples, de races et d'ethnies : *les Allemands, un Marseillais, les Sémites, un Sud-Africain, des Anglo-Saxons, un Oriental, les Juifs, les Tziganes.*

Si les mêmes mots ne désignent plus des individus, on met une minuscule. Ainsi pour les langues : *parler le français, le chinois, comprendre l'allemand.* Et pour les adjectifs : *le peuple anglo-saxon; un vin italien; des rythmes sud-américains; cet homme est français.*

5° Titres d'œuvres : la question des capitales dans le titre d'une œuvre (littéraire, musicale, cinématographique, picturale, etc.) est précisée au tableau TITRES D'ŒUVRES, p. 950.

Après application des règles exposées ci-dessus, il reste encore bien des cas dans lesquels l'emploi des majuscules peut faire hésiter (fêtes, points cardinaux, etc.). Nous nous sommes efforcé de les présenter à leur place.

Dans les ouvrages spécialisés de sciences naturelles (géologie, botanique, zoologie), l'usage est de mettre la capitale aux noms des ères, des plantes et des animaux pour mieux les faire ressortir. Mais c'est une exception. → tableau LANGUES ÉTRANGÈRES ET LANGUES ANCIENNES D, p. 899.

D. – Emploi abusif.

La correspondance des affaires use abondamment de majuscules, pompeuses et superfétatoires. Il n'est pas rare que les dactylos issues de cours commerciaux tapent : *À la dernière Assemblée Générale de la Compagnie des Tuileries Réunies, le Chef de Cabinet du Ministre prit contact avec le Baron De RANCOURT, Président-Directeur Général de notre Société...*

Cette manière d'écrire sent la flatterie et n'ajoute rien à la dignité des personnes et des choses. Des vingt-trois majuscules de la phrase citée, il n'en fallait que trois : À, début de phrase ; C(ompagnie), raison sociale d'une firme ; R(ancourt), nom propre.

E. – Les accents sur les capitales.

Il n'est pas d'usage de mettre les accents aux lettres capitales. Cela a peu d'importance dans l'écriture manuscrite, mais peut créer des équivoques en dactylographie, en imprimerie et dans les inscriptions. Il faut dans ces cas accentuer les capitales pour éviter les confusions. Si un titre de journal annonce « UN POLICIER TUE », on risque de prendre la victime pour l'assassin à cause d'un accent (tue ou tué ?). Un article intitulé « AUGMENTATION DES RETRAITES » risque de décevoir l'intéressé qui découvre en le lisant que les statistiques révèlent un plus grand nombre de retraités. Certains établissements publics portent au-dessus de l'entrée « SALLE DES CONGRES ». On pourrait croire que c'est un entrepôt de poissons, alors que la salle est destinée à des congrès.

Dans les dictionnaires de langue, les entrées en capitales comportent des accents.

→ particule ; surnom et tableaux ALPHABET FRANÇAIS, p. 876 et MINUSCULES, p. 907.

MINUSCULES

A. – On doit mettre une initiale minuscule :

1° au nom des mois. *Le 12 janvier 1985; le 20 prairial an IV*. Mais si le nom du mois désigne un évènement, une date fameuse, on écrit : *la fête du 14 Juillet, le coup d'État du 18 Brumaire;*

2° aux six noms : *paradis, purgatoire, enfer; noblesse, clergé, tiers état;*

3° aux noms géographiques devenus noms communs parce qu'ils sont appliqués à un produit du pays. *Un bordeaux, du château-yquem, un sèvres, des munsters, du maryland.* Cette minuscule permet de les distinguer du pays ou des personnes : *un aubusson* (tapis fabriqué à Aubusson), *du champagne* (vin produit en Champagne), *du sauveterre* (marbre noir de la région de Sauveterre), *un havane* (cigare de La Havane), *un saxe* (objet de porcelaine provenant de Saxe), *un japon* (papier), *un chinois* (ustensile de cuisine), *un écossais* (tissu), *du suède* (cuir pour gants), *de la chantilly* (crème), etc.

4° aux noms propres de peuples employés comme adjectifs : *la politique austro-hongroise; les califes abassides; l'art maya;*

5° aux divisions administratives :

la sous-préfecture	la VIe région militaire
le commissariat	le 12e corps d'armée
l'inspection régionale	la 7e division de blindés
le 2e régiment de tirailleurs (*ou* le 2e tirailleurs)	

6° aux noms communs de lieux géographiques :

le fleuve Jaune	le pas de Calais
l'océan Atlantique	le mont Blanc
la mer Baltique	le golfe Persique
l'étoile Polaire	la montagne Pelée
le cirque de Gavarnie	les îles Britanniques
la roche Tarpéienne	la dent du Midi
les montagnes Rocheuses	le cap Bon
la péninsule Ibérique	le ballon d'Alsace
la cordillère des Andes	l'aiguille Verte
le lac Léman	la place Rouge

Font exception, par tradition : *le Bassin parisien, le Massif central, le Massif armoricain, la Montagne Noire, le Quartier latin;*

7° aux rangs, régimes, religions, sectes, titres et dignités :

l'empereur	le christianisme
le roi	des jésuites
le pape	le général
le sultan	l'infant
le prince	les pairs
le président	un orléaniste
le sénateur	les républicains
le calife	les conventionnels
le raïs	des sans-culottes
le comte	un chrétien
le préfet	des mormons
le professeur	un templier
la royauté	les bouddhistes
la monarchie	les socialistes
la république	les libéraux

Un juif (si l'on entend un homme de la religion juive, qui professe le judaïsme); *le père Gaucher; l'abbé de Rancé.*

Cependant, on met la majuscule à *Montagnards, Girondins, Cordeliers, Jacobins* (gens de la Révolution) pour les distinguer des habitants de la montagne ou des religieux. Quand on veut désigner un corps, l'ensemble des membres d'une organisation, l'usage est de mettre la majuscule : *les Templiers, les Jésuites;*

8° aux mots *monsieur, madame, mademoiselle,* dans le corps d'une phrase. *Le président du conseil* général et le sous-préfet furent présentés à madame l'ambassadrice par le préfet de police. Ces mots, comme les titres ou les rangs, n'ont de capitale que dans une suscription (adresse, en-tête de lettre) : à Monsieur le Président du conseil général ; Monsieur le Préfet de police ; Chère Mademoiselle ;

9° à la particule nobiliaire « de » : Monsieur de Chateaubriand ; un portrait de la du Barry ; à ce moment, de Gaulle arrivait ; il reconnut de Mun lisant les Mémoires de de Retz. Certains mettent quelquefois la capitale à la particule de lorsqu'elle s'applique à un nom d'une syllabe — ceux qu'on n'énonce jamais sans la particule : on dit Lamartine, mais on ne dit pas Thou —, mais cette exception ne se justifie pas.

Les écritures de Gaulle et De Gaulle sont employées. La seule correcte est : de Gaulle, comme il est porté sur l'acte de naissance du général et sur le faire-part de M. et Mme Henri de Gaulle, ses parents. Particularité : le président De Brosses (1709-1777).

Les particules « du » et « des » sont capricieuses. On trouve :

Joachim du Bellay monsieur des Lourdines
madame du Deffand Bonaventure Des Périers
Charles Du Fresnoy le chevalier Des Grieux

Dans un dictionnaire, ces noms sont placés à la première capitale du nom (Bellay, Du Fresnoy).

Si la particule ne désigne plus une personne, on lui met la capitale : la Société De Dion-Bouton, le croiseur De Grasse ;

10° aux mots de liaison (articles, prépositions, conjonctions) inclus dans un nom de localité : Flacey-en--Bresse, Clichy-sous-Bois, L'Étang-de-Chalon, Étrelles-et-la-Montbleuse, Fleury-devant-Douaumont.

B. – Emploi abusif.

Parallèlement à l'emploi abusif des capitales → tableau MAJUSCULES D, p. 903, on observe une tendance inverse dans l'écriture des snobs, sur les écrans de télévision, les titres des livres, les cartes de visite, les enseignes... Elle consiste à ne pas mettre de majuscules aux noms propres (le Lot n'est pas le lot). Ce qui conduit à de curieuses rencontres : me boucher et mme (pour : Me Boucher et Mme). Sait-on que cette manière d'écrire était un farce des « dadas » des années 20 (ils mettaient même quelquefois la majuscule à la finale des noms : boucheR) qui a été prise au sérieux ? Ne prenons pas cela pour une élégance, c'est une faute, et la preuve qu'on est un naïf.

→ particule ; religieux ; suscription et tableaux ALPHABET FRANÇAIS, p. 876, LANGUES ÉTRANGÈRES ET LANGUES ANCIENNES D, p. 899, MAJUSCULES, p. 903.

NOMBRES

I. – ÉNONCIATION ET LECTURE DES NOMBRES

En lisant un nombre, en l'énonçant, on doit donner le rang de chaque groupe de trois chiffres. Soit le nombre 64 375,819 23. La virgule marque la fin des entiers, c'est-à-dire qu'elle suit le chiffre des unités.

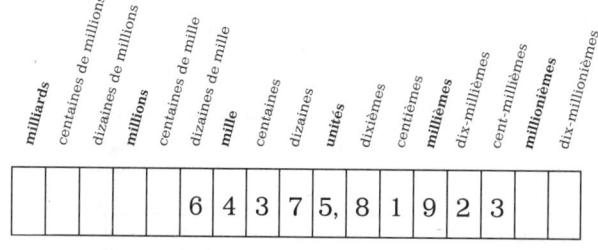

			milliards	centaines de millions	dizaines de millions	**millions**	centaines de mille	dizaines de mille	**mille**	centaines	dizaines	**unités**	dixièmes	centièmes	**millièmes**	dix-millièmes	cent-millièmes	**millionièmes**	dix-millionièmes
						6	4	3	7	5,	8	1	9	2	3				

Ce nombre se lit : 64 mille 375 unités 819 millièmes 23 cent-millièmes.
En principe, à la lecture, les mots *zéro* et *virgule* ne devraient pas se dire, mais la complexité de certaines quantités mesurées est devenue telle que quelquefois il vaut mieux les dire pour s'exprimer avec plus de netteté.

Les quantités suivantes	doivent être dites ou lues
3 465 017,03	3 millions 465 mille 17 unités 3 centièmes
7,425	7 unités 425 millièmes
0,02	2 centièmes
10/7	dix (silence) septièmes
7 000 000 t	7 millions de tonnes
163 004 L	163 mille 4 litres
8 560 000,20 F	8 millions 560 mille francs 20
9,46 g	9 grammes 46
5,000 9 J	5 joules 9 dix-millièmes
3,5 %	trois cinquante pour cent

Cas spécial d'un nombre décimal appliqué à une mesure contenant la préposition *par* :

14,20 kgf/cm^2	14 kilogrammes-force 20 par centimètre carré
183,25 m/s^2	183 mètres 25 par seconde par seconde

NOMBRES

Les quantités suivantes	doivent être dites ou lues
Si l'on dicte, ou si l'on craint d'être mal compris, on épellera dans l'ordre de l'écriture :	
14,20 kg/cm^2	14 virgule 20 kilogrammes par cm^2
183,25 m/s^2	183 virgule 25 mètres par seconde au carré
0,007	zéro virgule zéro zéro sept millièmes
et, pour éviter une ambiguïté :	
4,20 %	4 virgule 20 pour cent

Lecture des grands nombres → § IV.

II. – ÉCRITURE DES NOMBRES EN CHIFFRES

Les grands nombres doivent s'écrire, pour la clarté, par tranches de trois chiffres séparées par un blanc, dans les entiers comme dans les décimales.

3 538 740,492 67
0,000 457 5

Cette séparation n'est pas obligatoire pour un nombre de quatre chiffres ; elle ne doit pas se faire pour une date ou une pagination :
p. 3400   5 mai 1985

On ne doit mettre de point séparatif entre les groupes de trois chiffres que dans les grandes sommes des comptes bancaires et des bilans, pour lesquels on place le symbole du franc avant le nombre :
F 3.250.720,65

III. – ÉCRITURE DES NOMBRES EN LETTRES

Il est d'usage d'écrire en lettres les nombres qui apparaissent dans un texte non technique. *Nous étions vingt-trois invités réunis sous les trois tilleuls du parc.* D'autre part, dans les contrats, procès-verbaux, pièces notariées, factures, chèques et toutes les fois qu'une falsification est à craindre, les nombres doivent être exprimés ou répétés en toutes lettres.

A. – Adjectifs numéraux

un	vingt et un	soixante	cent
deux	vingt-deux	soixante et un	cent un
trois	vingt-trois	soixante-deux	cent deux
quatre	(...)	(...)	...
cinq	vingt-neuf	soixante-neuf	deux cents
six	trente	soixante-dix	deux cent un
sept	trente et un	soixante et onze	...
huit	trente-deux	soixante-douze	deux cent seize
neuf	(...)	(...)	deux cent dix-sept
dix	trente-neuf	soixante-dix-neuf	...
onze	quarante	quatre-vingts	deux cent vingt
douze	quarante et un	quatre-vingt-un	deux cent vingt et un
treize	quarante-deux	quatre-vingt-deux	deux cent vingt-deux
quatorze	(...)	(...)	...
quinze	quarante-neuf	quatre-vingt-neuf	mille
seize	cinquante	quatre-vingt-dix	mille un
dix-sept	cinquante et un	quatre-vingt-onze	mille deux
dix-huit	cinquante-deux	quatre-vingt-douze	...
dix-neuf	(...)	(...)	mille cent
vingt	cinquante-neuf	quatre-vingt-dix-neuf	mille deux cent un

Tous les nombres figurés ci-dessus par (11...) ont des traits d'union. Le trait d'union ne se met pas dans les nombres écrits avec la conjonction *et*. *Trente et un*. *Trois cent soixante et onze*. Il ne se met jamais aussitôt après *cent*, *mille*, *million*, etc. *Cent douze*. *Cent dix-huit*. *Mille six*.

Pour écrire un grand nombre, il suffit de combiner les éléments ci-dessus, en se servant de *mille* (inv.), *million*, *milliard*, *billion*... (variables) et en veillant à l'orthographe de *vingt* et *cent* selon la règle énoncée au tableau ADJECTIFS II, C, 2°, p. 867.

    4 051,20 F   =   *quatre mille cinquante et un francs vingt centimes.*
    3 292 300,18 F   =   *trois millions deux cent quatre-vingt-douze mille trois cents francs dix-huit.*
    7 000 000 F   =   *sept millions de francs.*
Trente et une possibilités. Trente et un mille possibilités.

B. – Adjectifs ordinaux

Les traits d'union se placent comme pour les adjectifs cardinaux ci-dessus. *Le vingt-quatrième wagon. Le trente et unième.*

C. – Fractions

1° Le dénominateur d'une fraction, étant grammaticalement un nom, s'accorde avec le numérateur :

$$\frac{\text{numérateur}}{\text{dénominateur}} \quad \frac{7}{20} = \textit{sept vingtièmes}$$

2° On ne met pas de trait d'union entre l'énoncé du numérateur et celui du dénominateur :

$$3/4 = \textit{trois quarts (les trois quarts de...)}$$

(Mais on écrira : *un trois-quarts*, *un quatre-quarts*, ces noms désignant un violon, un manteau, un joueur de rugby ou un gâteau).

$$25/1\,000 = \textit{vingt-cinq millièmes.}$$

3° On place un trait d'union entre les éléments du dénominateur :

    20/5 000   =   *vingt cinq-millièmes*
    1/10 000 de s   =   *un dix-millième de seconde*
    3/120 de g   =   *trois cent-vingtièmes de gramme.*

Cela représente deux trente-et-unièmes du capital. (Mais on écrira *la cent vingtième personne* parce que ce n'est plus là un dénominateur de fraction.)

IV. – DÉSIGNATION DES GRANDS NOMBRES

Il existe deux façons de désigner les grands nombres :

1° selon la numération traditionnelle (règle N-1 du Bureau des longitudes) encore très employée en France par les personnes âgées, en usage en Italie et aux États-Unis ;

2° selon la nouvelle numération (dite de la règle N), légale en France depuis le décret du 3 mai 1961, confirmé par le décret du 4 décembre 1975, utilisée en Angleterre, en Allemagne, au Danemark et dans la plupart des pays d'Amérique du Sud. La 9ᵉ Conférence des poids et mesures a conseillé la règle N aux pays européens.

Ancienne numération (N-1)	Nouvelle numération (N)
(elles sont identiques jusqu'aux centaines de millions incluses)	
Allait par tranches de 3 chiffres $10^3 =$ mille $10^6 =$ million $10^9 =$ billion (ou milliard) $10^{12} =$ trillion $10^{15} =$ quatrillion $10^{18} =$ quintillion $10^{21} =$ sextillion $10^{24} =$ septillion $10^{27} =$ octillion $10^{30} =$ nonillion $10^{33} =$ décillion etc.	Va par tranches de 6 chiffres $10^3 =$ mille $10^6 =$ million $(10^9 =$ milliard) $10^{12} =$ billion $10^{18} =$ trillion $10^{24} =$ quatrillion $10^{30} =$ quintillion etc.

La puissance de 10 donne le nombre de zéros à ajouter à 1 pour former le nombre ($10^9 = 1\ 000\ 000\ 000$).
Soit à énoncer le nombre 432 517 672 794 805 438,035

On disait selon l'ancienne numération	On doit dire selon la nouvelle numération
432 quatrillions 517 trillions 672 billions (milliards) 794 millions 805 mille 438 unités 35 millièmes	432 mille 517 billions 672 mille 794 millions 805 mille 438 unités 35 millièmes

V. – DURÉE

Pour exprimer la durée en années ou qualifier cette durée, on emploie les termes suivants :

Années	Noms	Adjectifs
2	biennat	biennal
3	triennat	triennal
4	quadriennat	quadriennal
5	quinquennat	quinquennal
6	sexennat	sexennal
7	septennat	septennal
8	octennat	octennal
9	novennat	novennal
10	décennat	décennal
20	vicennat	vicennal

VI. – MULTIPLICATION

Pour multiplier par un nombre, on emploie les verbes suivants :

Multiplicateurs	Verbes multiplicatifs	Multiplicateurs	Verbes multiplicatifs
2	doubler	8	octupler
3	tripler	9	nonupler
4	quadrupler	10	décupler
5	quintupler	12	duodécupler
6	sextupler	20	vingtupler
7	septupler	100	centupler

VII. – PÉRIODICITÉ

Pour exprimer la périodicité d'un événement, on emploie les adjectifs suivants :

quotidien	1 fois par jour	bimestriel	1 fois en 2 mois
biquotidien	2 fois par jour	trimestriel	1 fois en 3 mois
hebdomadaire	1 fois par semaine	semestriel	1 fois en 6 mois
bihebdomadaire	2 fois par semaine	annuel	1 fois par an
trihebdomadaire	3 fois par semaine	bisannuel	1 fois en 2 ans
mensuel	1 fois par mois	trisannuel	1 fois en 3 ans
bimensuel	2 fois par mois	séculaire	1 fois par siècle
trimensuel	3 fois par mois	millénaire	1 fois en 10 siècles

Nombres en chiffres romains → tableau CHIFFRES ROMAINS, p. 877.
→ tableaux ADJECTIFS II, C, pp. 866-869 et ADVERBES K, p. 874.

L'ORTHOGRAPHE FRANÇAISE

A. – L'écriture des langues indo-européennes (dont le français fait partie) devrait être la représentation graphique de la prononciation. Une langue est d'autant plus facile que son écriture en représente la prononciation d'une même façon simple et constante (règles d'équivalence entre son et lettre).

Il est malaisé de savoir comment nos ancêtres prononçaient le français car nous ne connaissons la langue parlée d'autrefois que par le biais de la poésie, alors que l'orthographe, qui se perpétue par les livres, demeure. Nous avons aussi hérité des incohérences passées. À la Renaissance, des « savants » clercs ont réintroduit des consonnes inutiles dans l'écriture, quelquefois pour une raison étymologique *(compter* de *computare, cheptel* de *capitale* — alors qu'il y avait *conter, chetel),* quelquefois par erreur aussi *(dompter* vient de *domitare, legs* vient de *lais,* ce qu'on laisse, et non de *legatum).*

B. – À observer les mots de notre langue, on se demande pourquoi ils présentent tant d'anomalies ; pourquoi partant d'un même mot latin on a *or* et *auréole,* d'un même mot grec on a *rime* et *rythme* ; pourquoi on a *je veux/je meus, j'assoirai/je surseoirai, frisotter/buvoter,* etc. À l'esprit de chacun vient donc un désir d'unité, de simplification.

C. – **Réformes de l'orthographe**. Il ne faut pas compter sur une réforme profonde de l'orthographe française, bien qu'on en parle de temps en temps. Cette réforme n'aura pas lieu. La langue est l'objet de modifications légères, mais la révolution n'est pas possible. Depuis le XVIe siècle, des campagnes ont été menées, des projets de remaniement ont vu le jour, des commissions ont été constituées, des rapports ont été fournis, mais ce n'est que lentement que l'orthographe se modifie. L'application d'une réforme est toujours délicate et longue : alors que l'Académie avait fixé en 1878 le mot *après-midi* au masculin, tant de personnes hésitèrent devant ce mot qu'elle admet aujourd'hui les deux genres. Quand on voit comment l'*ancien franc,* mort le 31 décembre 1959, comment l'orthographe *entr'acte,* supprimée en 1932, sont restés vivaces, on peut se demander après combien de temps des modifications importantes de notre graphie du français seraient digérées. Et, quelle que soit l'orthographe, il faudra toujours l'apprendre. Qui nous garantit qu'un français modifié serait mieux su que le français actuel ? D'ailleurs une réforme radicale retentirait trop fort : tous les ouvrages actuellement en usage deviendraient caducs, les lecteurs seraient déroutés. C'est pourquoi les propositions qui ont le plus de chance de succès parlent d'une réforme raisonnable et modérée.

Des retouches sont d'ailleurs souhaitables. Un coup d'œil sur de vieux ouvrages nous montre que cela s'est toujours fait, graduellement. Des lettres superflues ont été supprimées : *doubter, nepveu, besoing, dict* sont devenus *douter, neveu, besoin, dit.* Au XVIIIe siècle, des mots comme *vray, paroistre, bontez, sçavoir* devinrent *vrai, paraître, bontés, savoir.* Au XIXe siècle, on écrivait encore *rhythme, collége, poëte, enfans...*

Citons, parmi les projets de simplification de l'orthographe, ceux de Firmin Didot et de Sainte-Beuve en 1867, le rapport Gréard en 1893, patronné, puis enterré, par l'Académie. En 1901, l'arrêté G. Leygues admettait dans les examens des tolérances qui ne furent jamais acceptées car elles introduisaient de nouvelles complications. Ce texte resta ignoré des professeurs.

Le projet Brunot de 1905 et le projet Beslais de 1952 reculèrent devant les protestations. En 1976, l'arrêté R. Haby parut, qui reprenait des points de l'arrêté de 1901. Il ne fut jamais appliqué par les enseignants. L'Académie, en 1975, préconisa des modifications orthographiques assez logiques mais les annula en avril 1987.

Enfin, un nouveau mouvement de réforme se dessina en 1990 sous le patronage de linguistes, de pédagogues et de quelques académiciens qui proposèrent de « rectifier », dans un premier temps, l'écriture de quelque 3 000 mots, tout en affirmant que l'ancienne écriture serait toujours admise. Cela fit naître un tel tollé de protestations que les autorités académiques et ministérielles renoncèrent à imposer les « rectifications ». Car si les néographes ne manquent jamais de bonnes raisons, reconnaissons qu'on ne les écoute guère. La langue se modifie lentement; elle n'aime pas les décrets autoritaires. La dernière réforme, victime de son ambition et de ses incohérences, sombra dans l'oubli.

Consolons-nous de nos difficultés en remarquant que la langue anglaise, qui a une orthographe plus compliquée que la nôtre (ce qui ne semble pas nuire à son succès), n'a jamais pu être améliorée : Anglais et Américains ont reconnu que pour la simplifier il faudrait la refondre totalement.

Qu'en est-il du côté de l'Académie ? Cette noble institution a l'intention de modifier l'orthographe de quelques mots dans la 9e édition en cours du Dictionnaire, se proposant, par exemple, de placer un *è* devant une syllabe muette, en écrivant *affèterie, allègrement, empiètement*, mais hésitant devant *céleri* ou *cèleri, crémerie* ou *crèmerie*. Elle avait aussi l'intention de mettre un tréma sur la première voyelle d'un groupe de deux à l'énonciation séparée en proposant *aiguë* ou *aigüe, ambiguë* ou *ambigüe* en 1986, mais elle y renonça en 1992.

L'orthographe rationnelle, phonétique, quelquefois proposée, est toujours repoussée. Pierre Daninos nous dit qu'en adoptant une telle graphie « on priverait les habitants de ce pays d'un de leurs plus sains loisirs ». Car il y a une part de jeu dans ces combats. Les Français et les francophones sont attachés au visage familier de leur langue. Le prouve l'institution d'un championnat d'orthographe, né en 1985 de l'initiative de Micheline Sommant et de Bernard Pivot. Le succès en fut tel qu'il devint championnat du monde de l'orthographe française dès 1988, rassemblant des participants de tous pays.

→ tableau TEXTES IMPORTANTS CONCERNANT LA LANGUE FRANÇAISE, p. 948.

PARENTHÈSES

A. – Littéralement, les parenthèses mettent « à part » une remarque insérée dans le texte principal. *Il est venu chez sa sœur un matin, à peine couvert (alors qu'il faisait très froid) et tout essoufflé.* Ouvrir une parenthèse, c'est placer le premier signe; la fermer, c'est placer le second signe. On ne met pas de parenthèses à l'intérieur d'un passage entre parenthèses; dans ce cas, on use de crochets :
(On pourra consulter avec intérêt l'Histoire des Hérésies [Fayard, éditeur] de Mgr Christiani.)
(Au besoin appeler les pompiers [Tél. : 18].)

On trouvera encore un emploi des parenthèses dans les index alphabétiques pour indiquer ce qui devrait précéder :
Fille du tambour-major (La), opérette d'Offenbach.

En mathématiques, les parenthèses isolent une expression en indiquant que l'opération s'applique à toute cette expression :
$$(2x + 4) - (ab + x)$$

B. – Exemples de ponctuation près de parenthèses :
Didier grimpa (c'était un gaillard!) jusqu'au sommet de l'arbre.
Il viendra (j'en suis sûr), mais ne restera pas.
Il viendra, mais (j'en suis sûr) ne restera pas.
Ce joueur est très vif (comme son frère).
Ce joueur est très vif. (On ne peut en dire autant de son frère.)
Nous devions le retrouver (mais où?), le ramener si possible, puis le soigner.

C. – On a, dans certaines écoles, la mauvaise habitude de se servir des parenthèses pour supprimer un passage. C'est une faute. Pour supprimer, il faut rayer nettement, et aussi ne pas surcharger.

LE PARTICIPE PASSÉ

Le participe passé termine tous les temps composés d'un verbe (j'ai *chanté*, tu aurais *cru*, vous avez *mis*). Il se termine par *é* (verbes du 1ᵉʳ groupe), *i* (verbes du 2ᵉ groupe), *i, s, t, u* (verbes du 3ᵉ groupe) au masculin singulier. Le féminin en révèle la terminaison : *la chose est finie, permise, cuite* (donc : *fini, permis, cuit*).

Certains participes passés sont devenus des noms *(un arrêté, un compromis, la mariée, un réduit...)*. Quelques adjectifs qualificatifs, malgré leur apparence, ne sont pas des participes passés *(absolu, âgé, barbelé, confus, contrit, courbatu, démesuré, effronté, inoccupé, stupéfait, vermoulu, zélé...)*. Ils s'accordent toujours et l'on ne doit pas les associer à l'auxiliaire *avoir*. On doit dire et écrire : *Ce travail m'a courbaturé* (et non : *courbatu*). *Il a stupéfié* (et non : *stupéfait*) *son auditoire. Les vrillettes ont rongé* (et non : *vermoulu*) *ce meuble*.

Le participe passé est un mot variable dont l'accord est assez délicat.

I. – ACCORD DU PARTICIPE PASSÉ

- Participe passé **sans auxiliaire** : *s'accorde avec le nom*. → III, A, B.
- Participe passé avec l'**auxiliaire être** : *s'accorde avec le sujet*. → III, C, D.
- Participe passé avec l'**auxiliaire avoir** : *s'accorde avec le complément d'objet direct si celui-ci le précède*. → III, E, F.
- Participe passé d'un verbe **pronominal** → IV.
- Participe passé d'un verbe **impersonnel** → V.
- Participes passés **invariables** → VI.

En français, les participes passés s'accordent depuis Amyot (XVIᵉ siècle). À la demande de François Iᵉʳ, les règles d'accord avaient été énoncées, en vers, par Clément Marot, avant que Vaugelas les imposât, vers 1647.

Enfants, oyez une leçon :
Notre langue a ceste façon,
Que le terme qui va devant
Voluntiers regist le suyvant.
Les vieulx exemples ie suyvray
Pour le mieulx : car, à dire vray,
La chanson fut bien ordonnée
Qui dit : *M'amour vous ay donnée*,
Et du bateau est étonné
Qui dit : *M'amour vous ay donné*,
Voyla la force que possede
Le femenin, quand il precede.
Or, prouveray par bons tesmoings.
Que tous pluriers n'en font pas moins ;

Il fault dire en termes parfaictz
Dieu en ce monde nous a faictz ;
Fault dire en parolles parfaictes,
Dieu en ce monde les a faictes ;
Et ne fault poinct dire, en effect :
Dieu en ce monde les a faict,
Ne *nous a faict* pareillement,
Mais *nous a faictz*, tout rondement.
L'Italien (dont la faconde
Passe les vulgaires du monde)
Son langage a ainsi basty
En disant : *Dio noi a fatti*.

Clément Marot, ÉPIGRAMMES, CIX

Le français n'est pas la seule langue, quoi qu'on en pense, où il existe des règles d'accord du participe passé, règles qui font pleurer tant d'yeux innocents. Un grammairien éminent (F. Brunot) estimait, avec les écoliers, que ces règles sont conventionnelles et arbitraires, avec des subtilités accumulées.

Ne serait-il pas plus généreux d'accepter que l'accord se fasse ou ne se fasse pas, selon la pensée de l'auteur? Quand Georges Brassens chante : « La première fille qu'on a pris dans ses bras », cela n'a rien de déplaisant. Et il semble que l'accord selon la règle *(qu'on a prise)* modifierait le sens. Remarque-t-on que le poème de Ronsard

Mignonne, allons voir si la rose
Qui ce matin avait déclose
Sa robe de pourpre au soleil...

commence par une jolie faute d'accord du participe passé?
Mais pour bien appliquer ces règles, il nous faut bien les exposer. Chacun est excusable d'hésiter quand on sait qu'il faut écrire : *Ils se sont ri de moi; ils se sont gaussés de moi.* Pour éviter les erreurs, voici donc les règles.

II. – PRINCIPE

Le principe de l'accord est simple : le participe ne s'accorde avec le nom (ou le pronom) auquel il s'applique que si ce dernier est connu. *Une truite prise. Elle est prise. La truite que j'ai prise. Il a pris une truite.* Dans les trois premiers exemples, le nom ou le pronom est connu quand on écrit le participe passé; on peut donc le faire accorder. Dans le dernier exemple, le nom n'est pas découvert quand on écrit le participe; on laisse donc celui-ci au masculin singulier, notre manière d'écrire le neutre. Mais ce principe souffre des exceptions.

*

Nous distinguerons :
 les verbes non pronominaux,
 les verbes pronominaux,
 les verbes impersonnels.

III. – VERBES PERSONNELS NON PRONOMINAUX

A. – 1er cas Participe passé sans auxiliaire

Le **participe passé employé sans auxiliaire s'accorde avec le nom** (ou le pronom) : il a la valeur d'un adjectif qualificatif épithète. *Les gamelles trouées. Des cours d'eau glacés, gelés. Des pots de confiture bien couverts. Elle gisait, blessée. Alourdis par la charge, les chameaux peinaient. Elle nettoyait les glaces assise* (sous-entendu : *étant assise*). *Je voudrais des places assises* (locution discutable, mais courante). *J'agite ses rameaux d'oranges d'or chargés* (V. Hugo, *La Légende des siècles*, XC).

B. – Exceptions au 1er cas

1° Les participes passés ci-contre, employés seuls ou placés devant un nom (lequel peut être précédé d'un article, d'un adjectif), sont **invariables**.

accepté	compris	non compris
admis	considéré	non compté
ajouté	entendu	ôté
approuvé	envoyé	ouï
attendu	étant donné	paraphé
autorisé	étant entendu	passé
certifié	eu égard à	reçu
ci-annexé	examiné	signé
ci-annoncé	excepté	soustrait
ci-épinglé	expédié	supposé
ci-inclus	inclus	vérifié
ci-joint	joint	visé
collationné	lu	vu
communiqué	mis à part	y compris

Les participes passés similaires *(goûté, rattaché...)* jouent le rôle d'adverbes ou de prépositions.

Lu et approuvé. Bien reçu. Ci-annexé la facture. Ci-joint vos trois lettres. Vous trouverez ci-inclus les photocopies. Prenez tout, y compris ces factures. Passé cette date, les colis seront retournés. Ils furent tous sauvés, excepté la fillette. Ils furent tous sauvés, la fillette exceptée (le participe est après le nom).

Les expressions *étant donné, mis à part* peuvent être employées adjectivement. *Étant donné(es) les circonstances. Mis(e) à part la cuisine, tout était à repeindre.*

L'accord doit se faire lorsque le participe est suivi d'une préposition. *Passés par la fenêtre, les enfants avaient disparu. Vue du jardin, la maison paraissait plus haute.*

Quand le verbe *être* est sous-entendu en début de phrase (ce qui est une variante du 2ᵉ cas ci-après), le participe passé s'accorde avec le nom ou le pronom dont il est apposition. *(Qu'elle soit) Autorisée ou non, la sortie se fera. (Qu'ils fussent) Inventés ou réels, ses récits étaient plaisants. (Bien qu'elle soit) Admise régulièrement, on lui fait cependant grise mine. (Lorsqu'elle était) Vue ainsi, la situation devenait claire.*

2º Dans les locutions conjonctives *attendu que, étant donné que, excepté que, supposé que, vu que...*, le participe passé est **invariable**.

C. – 2ᵉ cas **Participe passé avec l'auxiliaire « être »**

ou avec un verbe copule d'adjectif (*apparaître, être considéré, demeurer, devenir, se montrer, mourir, naître, paraître, passer pour, redevenir, rester, sembler, se tenir, être tenu pour, se trouver...*).

Ce participe passé s'accorde avec le sujet, ou l'objet selon le cas, car il est son attribut. *Les feuilles sont tombées. La digue paraissait rompue. Elle naquit comblée. Quand la marquise était avec le roi fâchée* (V. Hugo, *Toute la lyre*, I, 24) : il y a inversion. *Voici le rôle qu'est appelée à remplir cette secrétaire* : sujet postposé. *On les eût dit sortis d'une douche* : attribut de l'objet *les*.

Ce cas s'applique aux verbes transitifs à la voix passive. *Les torchons étaient pliés* (temps simple). *Elles ont été aidées* (temps composé). À la voix passive, les temps composés ayant deux auxiliaires, il faut considérer le plus proche du participe passé pour l'application des règles d'accord, et non *avoir* qui est toujours en tête. *Elle avait été surprise. Elles ont paru choquées.*

Ce cas s'applique aussi aux temps composés des verbes intransitifs qui se conjuguent traditionnellement avec *être* à la voix active, bien qu'il ne s'agisse plus de participes passés attributs. *Elles sont venues. Ils sont repartis le lendemain.* Ces verbes sont :

advenir	échoir	provenir
aller	entrer*	redevenir
arriver	intervenir	repartir**
choir	mourir	revenir
décéder	naître	survenir
devenir	partir	venir
disconvenir	parvenir	

Après le sujet *on*, le participe passé s'accorde en genre et en nombre avec les personnes englobées par ce pronom. *On a trop longtemps été séparés, dit le mari. Oh! fillette, comme on est pomponnée!*

---

* Le verbe *entrer*, lorsqu'il est intransitif, use de l'auxiliaire *être*. *Ils sont entrés dans la maison.* Lorsqu'il est transitif, il use de l'auxiliaire *avoir*. *Vous avez entré ces marchandises hors douane.*

** Le verbe *repartir* signifie là *partir de nouveau* et non *répliquer*.

Quand un participe passé se rapporte à des sujets de genre différent, il se met au masculin pluriel. *L'homme et la femme furent condamnés.* On peut cependant admettre : *Toutes les femmes, toutes les domestiques, avec le petit mitron, furent enfermées dans la cuisine.*

D. – Particularités du 2ᵉ cas

1° Pluriel de majesté, de modestie ou de courtoisie.
Les autorités emploient une sorte de conjugaison d'usage dans laquelle le sujet et le verbe se mettent au pluriel pour exprimer le singulier. *Nous, président de la République, déclarons...*

S'il y a une qualification, si le verbe est à un temps composé, sujet et auxiliaire se mettent au pluriel alors qu'attribut et participe passé restent au singulier. *Nous soussigné, maire de la commune, sommes décidé à sévir et arrêtons la décision suivante...*

Il est de tradition, chez les écrivains, d'employer un tour semblable, dit de modestie. *Nous sommes persuadé que nos lecteurs...* (écrira un homme). Si le sujet est féminin, apposition, attribut, adjectif et participe passé s'accordent avec le vrai sujet. *Nous avons été contrainte de...* (écrira une femme).

Enfin, les mêmes tournures seront adoptées par courtoisie. *Vous êtes, Madame, obligée de reconnaître...*

2° La locution verbale d'état *avoir l'air* amène deux sortes d'accord :
a) Accord avec *air* quand on veut attirer l'attention sur le visage, la physionomie. *Elle avait l'air chagriné.*

b) Accord avec le sujet quand on veut attirer l'attention sur l'ensemble. *Ces travaux ont l'air mal faits* (dans ce cas, on sous-entend : *ont l'air d'être mal faits*).

3° Le tour exclamatif qui consiste à mettre en tête de phrase un participe passé permet deux versions. *Accordée, votre permission!* (Elle est accordée votre permission.) *Finis, les tracas!* (Ils sont finis ces tracas!) L'absence de virgule donne une interprétation différente. *Réglé cette affaire!* (Ayant réglé cette affaire.) *Fini les tracas!* (C'en est fini des tracas.)

4° Il peut arriver que le sujet n'apparaisse qu'après le participe passé employé avec *être*. On le fera cependant accorder pour respecter la règle. *À ce moment vous seront adjointes deux assistantes.*

5° Une vue d'ensemble de la phrase est quelquefois nécessaire pour bien faire accorder un participe passé. *Les rêveries que nous imaginons étant endormis ne doivent aucunement nous faire douter de la vérité des pensées que nous avons étant éveillés* (Descartes) : c'est pendant que nous sommes endormis que nous imaginons.

E. – 3ᵉ cas Participe passé avec l'auxiliaire « avoir »

Le participe passé avec l'auxiliaire « avoir » s'accorde avec le complément d'objet direct si celui-ci est placé avant le participe.

Quelle belle éclipse nous avons vue!
C'est la bonne route que vous avez prise.
Voilà ceux que j'ai préférés.
Combien de chemises a-t-elle repassées?
Les raisons que m'a données ma secrétaire.
Les lettres que vous avez écrites.
La rivière que les soldats ont traversée.
La foule de gens qu'il a consultés. (Il n'a pas consulté la foule.)
La foule d'hommes que j'ai vue. (J'ai vu la foule.)
Voilà où nous a menés cette politique.

Les cadeaux qu'avaient reçus leurs filles.
Il l'a versée, en fin de compte, sa cotisation. (Le complément d'objet direct immédiat est *l'*; *sa cotisation* est une apposition insistante.)
Les toiles qu'il a laissées inachevées. (Mais on écrira: *Les statues qu'il a laissé enlever*; voir plus loin, F, 1°, b.)

Le complément d'objet direct placé avant le participe est souvent un pronom *(me, te, nous, vous, le, la, les, que, quel, lequel). Dans la rue que j'ai traversée (que*, mis pour *rue* est complément d'objet direct). *On l'a vue; elle le leur avait pris* (*le* est le complément d'objet direct).

Corollaire de la règle énoncée plus haut: **Le participe passé avec** avoir **reste invariable si le complément d'objet direct est placé après le participe, ou s'il n'y a pas de complément d'objet direct.**

Nous avons revendu la maison.
Vous avez pris la bonne route.
Elle a enfermé cette pauvre bête.
Qu'il ait vu l'éclipse ou qu'il ne l'ait pas vue.
Ils ont aboyé (pas de complément).
La semaine qu'il a travaillé (*semaine* est complément circonstanciel de temps).

Une femme écrira: *Je ne sais pas ce qui m'a pris* (*m'* = à moi); et: *La fièvre m'a prise* (*m'* = moi).

Le participe passé reste invariable quand son complément d'objet direct devrait être placé après (cas de l'inversion poétique). *Il avait sa vaillance repris.* À ne pas confondre avec le participe passé employé comme adjectif et attribut du complément d'objet: *Il a ses lunettes cassées.* Le point de vue ci-dessus est de notre époque. Au XVIIe siècle, on faisait accorder le participe passé dans le cas de l'inversion. *Chaque goutte épargnée a sa gloire flétrie* (Corneille, *Horace*, III, 6).

Les verbes d'état *être, sembler* n'ont jamais de complément d'objet direct. Ils sont donc invariables dans les temps composés avec l'auxiliaire avoir. *Les délicieux compagnons qu'ils ont été.* De même: *Quels beaux mariés ils ont fait!* (Ici, *fait* est verbe d'état, au sens de *être*.) Alors que dans: *Quels beaux enfants ils ont faits!*, le verbe *faire* est verbe d'action.

Il arrive que l'auxiliaire soit à l'infinitif; cela ne change rien à l'accord. *Après les avoir vues.* Ou que le participe passé soit éloigné de l'auxiliaire:

Et j'avais, pour me mettre à vos genoux dans l'herbe,
Laissé mon rocking-chair se balancer tout seul.
(Edmond Rostand, *Les Musardises*)

→ avoir pour cas spécial d'accord.

F. — Particularités du 3e cas

La recherche du complément d'objet direct est assez subtile dans certaines situations.

1° Participe passé suivi immédiatement d'un infinitif.

a) L'infinitif est exprimé et traduit une action du complément d'objet direct (sens actif: on peut alors dire « en train de » ou « faisant l'action de »). Dans ce cas, le participe passé s'accorde avec le complément d'objet direct.

Les marins que j'ai vus pêcher (que j'ai vus en train de pêcher).
La cantatrice que j'ai entendue chanter.
Les promeneurs qu'on a laissés s'égarer.
Les serviettes que j'ai vues sécher.
Les discussions qu'on a senties s'envenimer.

b) L'infinitif est exprimé; il ne traduit pas une action du complément d'objet direct (sens passif). Dans ce cas, le participe passé est invariable.

Les poissons que j'ai vu pêcher.
La chanson que j'ai entendu chanter.
La maison qu'il a fait construire.
(Le participe passé *fait* suivi d'un infinitif est toujours invariable.)
C'est cette place qu'on m'a dit être la meilleure. (*Être* ne peut traduire une action.)
Les livres que j'ai laissé emporter.
→ laisser.

c) Cet infinitif peut être sous-entendu :
• S'il s'agit des participes passés *cru, dit, dû, pensé, permis, pu, su, voulu*, l'usage fait le participe passé invariable :
Il a pris tous les papiers qu'il a voulu (prendre).
Quand il n'est pas possible d'imaginer un infinitif à la suite, le participe passé s'accorde.
Ces ennuis, je crois qu'il les a voulus.
• S'il s'agit d'autres participes passés (*affirmé, assuré, désiré, escompté, espéré, estimé, nié, prétendu, prévu, promis,* etc.) où le besoin d'infinitif est peu sensible, on peut les considérer sous deux aspects :
Afin d'obtenir les objets que tu as désirés (désirés par toi : il y a accord).
Afin d'obtenir les objets que tu as désiré (que tu as désiré obtenir : il n'y a pas accord).

2° **Participe passé précédé du pronom personnel « le »** (complément d'objet direct).

a) *le* est neutre. Dans ce cas, le participe passé est invariable.
Sa mère était plus faible qu'elle ne l'avait affirmé. Elles furent récompensées comme elles l'avaient mérité.
Elle est plus accomplie que je ne l'avais rêvé.
Vous l'avez manqué belle, Madame (ici, *la*, élidé en *l'*, est figé, neutre, du fait du gallicisme).

b) *le* représente un nom déterminé. Le participe passé s'accorde alors selon la règle générale du 3° cas.
La mer, je l'avais imaginée moins grise.
Cette récompense, elle l'a méritée.
Elle est plus accomplie que je ne l'avais rêvée.

3° **Participe passé précédé du pronom personnel « en ».**

a) *en* est complément d'objet direct. On peut alors considérer que *en* est neutre ; le participe passé est invariable.
Des fruits, j'en ai mangé.
Des voix perdues, ce parti n'en a récupéré que les deux tiers.

Mais si un adverbe de quantité (*autant, beaucoup, combien, moins, plus, que, tant, trop...*) précède *en*, le participe passé s'accorde avec le nom.
Des fruits, combien j'en ai mangés !
De ces cerises, combien en avez-vous prises ?
(Certains auteurs laissent le participe invariable dans ce cas aussi.)

Si *en* est précédé d'une locution prépositive marquant la comparaison (*autant de, plus de, moins de, tant de...*), le participe reste invariable.
J'ai donné plus de coups que je n'en ai reçu.

b) *en* n'est pas complément d'objet direct. Dans ce cas, sa présence n'a aucune importance, puisqu'il ne commande pas l'accord.
Ils sont toujours au Japon, et voici les nouvelles que j'en ai reçues (*en* est complément circonstanciel de lieu ; *nouvelles*, donc *que*, est le complément d'objet direct).
Des cercueils, il y en a de faits (*il y en a* est un gallicisme qui vaut *sont* ; *de* est explétif).

4° Participe passé précédé de « le peu ».

a) Si *le peu* signifie une quantité suffisante, le participe passé s'accorde avec le nom.

Le peu de vivres qu'il a reçus lui a sauvé la vie.

b) Si *le peu* signifie une quantité insuffisante, le participe passé est invariable.

Le peu de vivres qu'il a reçu fut la cause de sa fin.

En somme, il s'agit de savoir si l'on veut attirer l'attention sur la chose (vivres) ou sur la quantité (peu).

5° Participe passé suivi de la préposition « à » ou « de ».

Les difficultés que j'ai eues à le convaincre (le complément d'objet direct est *difficultés*).

Les personnes que j'ai eu à convaincre (*personnes* est complément d'objet direct de *convaincre*, et non de *ai eu*).

Les fossés que nous avons eu à franchir (nous n'avons pas eu les fossés, nous avons eu à les franchir).

Les travaux que j'ai demandé de faire faire (nous n'avons pas demandé les travaux, nous avons demandé qu'ils soient faits).

6° Participe passé suivi de la conjonction « que ».

Combien de lettres avais-tu prévu que j'aurais? Le complément d'objet direct est : *que j'aurais de lettres.*

Si un *que* précède déjà le participe passé, la construction est pesante, mais possible :

C'est la grange que j'avais cru que tu achèterais. Le complément d'objet direct est : *que tu achèterais.*

Il s'agit de vos neveux que j'avais avertis que vous veniez. Le complément d'objet direct est : *neveux*; le complément d'objet indirect est : *que vous veniez.*

On peut dire que, là, le participe passé ne s'accorde que s'il est possible de le faire suivre d'une des expressions : *de ceci, à savoir, du fait* (ce qui est le cas dans le dernier exemple).

7° Le complément d'objet direct est un collectif complété par un nom.

Le collectif peut être une locution nominale *(le troupeau de, la multitude de, une moitié de...)* ou une locution pronominale indéfinie *(plusieurs de, un des...)*, quelquefois d'origine adverbiale *(beaucoup de, trop de...)*. L'accord se fait, dans ce cas, avec le collectif ou avec son complément, selon l'intention de l'auteur.

La colonne d'automobiles qu'on a stoppée (ou *stoppées*).

La plupart des fruits qu'il a ramassés (il faut toujours le pluriel après *la plupart*).

Il a reçu la boîte de chocolats qu'il avait commandée.

J'ai goûté un des vins que j'ai reçus.

Il s'agit de l'un de vos outils, que vous m'aviez prêté.

C'est une des plus jolies femmes que j'aie vues.

C'est un des coureurs que j'ai vu.

La quantité de prisonniers qu'on a relâchés.

Les 70 pour cent de la population qu'il a consultée (s'il a consulté toute la population); *qu'il a consultés* (s'il n'a consulté que les 70 pour cent).

Il faut asseoir son raisonnement sur le sens.

8° Participe passé d'un temps surcomposé.

Les temps surcomposés, qui sont surtout du langage parlé, se construisent avec les temps composés du verbe *avoir*. Le premier participe passé *(eu)* est toujours invariable.

Il a pris les gâteaux dès qu'elle les a eu sortis du four.

9° Plusieurs interprétations sont possibles.

La bouillie qu'il a eue à manger (il a eu la bouillie à manger).
La bouillie qu'il a eu à manger (il a eu à manger la bouillie).

Une règle veut que, lorsque deux sujets joints par *ou* ou par *ni* commandent un verbe, on fasse accorder ce verbe avec le dernier sujet quand un seul est possible → tableau VERBES XVII, C, 3°, p. 986. Par analogie, lorsqu'il y a deux compléments d'objet direct liés par *ou* ou par *ni*, le participe passé s'accorde avec le plus proche quand un seul est possible.

Est-ce le boulanger ou sa femme que tu as vue?

Mais comme le féminin risque de surprendre, on préférera la tournure :

Est-ce la femme du boulanger ou lui que tu as vu?
N'est-ce pas sa femme, et non lui, que tu as vue? (*que* a pour antécédent *femme*, exclusivement).
La mévente ou le chômage, que nous avons évités, nous menacent à nouveau. (Nous les avons évités l'un et l'autre.)

10° Participe passé de verbe transitif ou intransitif.

Il résulte de la règle d'accord du 3ᵉ cas que les participes passés des verbes transitifs indirects, intransitifs et impersonnels conjugués avec *avoir* restent invariables. Il y a lieu à ce propos de se méfier de quelques verbes qui peuvent, selon l'emploi, être transitifs directs ou non :

approcher	cracher	gouverner	pencher	rentrer	souffrir
blanchir	danser	grossir	peser	saigner	téléphoner
boire	descendre	manquer	pleurer	sauter	travailler
chanter	dire	mesurer	pousser	servir	valoir
consentir	écumer	monter	reculer	siffler	vivre
courir	engraisser	parler	réfléchir	sonner	voler
coûter	faire	passer	remuer	sortir	vomir, *etc.*

Accord

Les deux valses qu'elle a dansées
(*qu'* : complément d'objet direct).
La langue qu'il m'a parlée
(*qu'* : complément d'objet direct).
Les pleurs que ce fils m'a coûtés
(*que* : complément d'objet direct).
Les arguments que le juge a pesés
(*que* : complément d'objet direct).
Les domestiques nous ont servis
(*nous* : complément d'objet direct).
Selon les paroles qu'il a dites
(*qu'* : complément d'objet direct).
Les erreurs qu'il a faites
(verbe transitif direct).
Les belles années qu'il a vécues
(il a vécu de belles années).

Non-accord

Les deux heures qu'elle a dansé
(*qu'* : complément circonstanciel de temps).
La femme qui m'a parlé
(*qui* : sujet ; *m'* : complément d'attribution).
Les millions que cette maison a coûté
(*que* : complément circonstanciel de mesure de prix).
Les six tonnes que ce wagon aurait pesé
(*que* : complément circonstanciel de mesure de masse).
Ces notes nous ont servi
(*nous* : complément d'objet indirect).
Faites ceci de la façon qu'il a dit
(*de la façon que*, conjonction = *comme*).
La chaleur qu'il a fait
(verbe impersonnel intransitif).
Les cinq ans qu'il a vécu à Londres
(il y a vécu durant cinq ans).

11° Locutions verbales.

Les locutions verbales n'offrent pas de difficultés particulières.
Battre froid : *Ils lui ont battu froid* (pas de complément d'objet direct).
Donner tort : *Elle leur a donné tort* (le complément d'objet direct est *tort*).
Avoir soin : *Les chocolats qu'elle a eu soin de cacher* (le complément d'objet direct est *soin*). Mais on écrira : *Les chocolats qu'elle a eus* (le complément d'objet direct est *qu'*).

Certaines locutions sont des gallicismes où le participe passé, figé, est invariable :
Elles l'ont échappé belle. Elle l'a manqué belle. Elles l'ont pris de haut. Ils me l'ont baillé belle.
Dans ces expressions, *l'* est un pronom inerte.

12° Participe passé suivi d'un attribut de l'objet.

a) Si l'attribut de l'objet est indissociable du verbe, on ne fait pas l'accord :
Le tintamarre les a rendu fous (il ne les a pas rendus, il les a rendu fous).
Les calculatrices qu'à rendu possibles la technique moderne.
Le bateau les a rendu malades (dans le sens de : faire devenir).
Ils les ont passé sous silence.
Elle s'est fait bien belle ce soir.
Ces opinions, il les a fait siennes.

b) Si l'attribut de l'objet peut être écarté (on a alors le sentiment que le participe passé a assez d'indépendance pour se prêter à l'accord), il y a accord avec l'objet :
La robe, elle l'a faite large.
Vos carottes, il les a mangées crues.
Sa maison, il l'a construite solide.
Je les avais imaginés danseurs.
On les a trouvés errants.
Les vases m'ont été rendus fêlés.
L'hôpital les a rendus malades (dans le sens de : restitués à la famille).
On pourrait, dans ces deux derniers exemples, insérer « alors qu'ils étaient » avant l'attribut final.

c) Si le participe passé est celui d'un verbe d'opinion (*affirmer, annoncer, avouer, clamer, confesser, crier, croire, déclarer, décréter, désirer, deviner, dire, estimer, juger, mentionner, murmurer, penser, préférer, prétendre, proclamer, reconnaître, révéler, sous-entendre, spécifier, stipuler, supposer, vouloir...*), il est préférable de ne pas faire l'accord :
Il les a cru mortes (le sujet n'a pas cru ces personnes). *Une lettre qu'on eût dit copiée sur un modèle administratif* (on ne dit pas la lettre, on dit qu'elle semble copiée).
Cette statue, je l'avais pensé plus grande.
C'est une maison que tu as estimé récente, mais dont la restauration cachait l'ancienneté (on n'a pas estimé la maison, on a estimé qu'elle était récente).
Les témoins que le policier a supposé coupables.
Les arbres qu'on avait pensé inébranlables ont été couchés par la tempête (on a moins pensé les arbres que pensé qu'ils étaient inébranlables).
La tenture qu'il avait prétendu noire, était d'un bleu très foncé (on ne prétend pas une tenture).
Cette bague, elle l'avait voulue, et elle l'avait voulu magnifique.
Naturellement, on peut trouver chez certains auteurs une orthographe contraire (« Une date que nous aurions crue fatidique », écrit A. Siegfried). Il ne faut pas oublier qu'invoquer l'exemple d'un auteur pour certains accords, c'est s'appuyer sur une référence contestable : n'est-ce pas inadvertance de l'auteur ou du correcteur?
Et l'on s'aperçoit vite en ces confins que l'accord du participe passé suivi d'un attribut de l'objet est du domaine du cas de conscience grammairien.

13° Remarque.

Après examen, on peut déduire qu'un participe passé employé avec l'auxiliaire *avoir* s'accorde dans :

a) une phrase interrogative (directe ou indirecte). *Quels tableaux ont-ils enlevés ? Dites-nous quels tableaux ils ont enlevés.*

b) une phrase exclamative (directe ou indirecte). *Quels tourments il aura endurés ! Rappelle-toi quels tourments il a endurés.*

c) une phrase où le participe passé est précédé de l'un des pronoms personnels *me, te, nous, vous, l', le, la, les,* ou relatifs *que, lequel,* ou de l'adjectif relatif *lequel. Elle nous a trompés. La fusée, je l'ai vue. La femme qu'il a épousée. Laquelle ferme ils ont vendue.*

IV. – VERBES PERSONNELS PRONOMINAUX

Les temps composés des verbes pronominaux sont toujours formés avec l'auxiliaire *être*.

A. – Verbes essentiellement pronominaux (les verbes s'arroger et s'entre-nuire exceptés).

Ces verbes, pronominaux par nature, ne peuvent se concevoir sans le pronom personnel. Ce sont :

1° Les verbes non réciproques (le pronom personnel ne peut guère y être considéré comme un complément d'objet direct).

Ils figurent dans ce dictionnaire avec (s') ou (se) à la suite du verbe. Les plus employés sont :

s'absenter	s'ébaubir	s'enticher	se goberger	se prosterner
s'abstenir	s'ébrouer	s'entremettre	s'immiscer	se raviser
s'accouder	s'écrier	s'en venir	s'ingénier	se rebeller
s'accroupir	s'écrouler	s'envoler	s'insurger	se rebiffer
s'acharner	s'efforcer	s'éprendre	s'invétérer	se récrier
s'acoquiner	s'emparer	s'esbigner	se lamenter	se recroqueviller
s'adonner	s'empresser	s'esclaffer	se méfier	se réfugier
s'affairer	s'en aller	s'escrimer	se méprendre	se renfrogner
s'agenouiller	s'encasteler	s'évader	se moquer	se rengorger
s'avachir	s'enfuir	s'évanouir	se morfondre	se repentir
s'avérer	s'enkyster	s'évertuer	se motter	se soucier
se blottir	s'en prendre	s'exclamer	s'obstiner	se souvenir
se chamailler	s'enquérir	s'extasier	s'opiniâtrer	se suicider
se dédire	s'en retourner	se formaliser	se pâmer	se tapir
se démener	s'en revenir	se gargariser	se parjurer	se targuer
se désister	s'ensuivre	se gausser	se pommeler	se vautrer, *etc.*
s'ébattre	s'en tenir	se gendarmer	se prélasser	

et nombre de verbes argotiques comme : *se bidonner, se biturer, se marrer, se poiler,* etc.

2° Les verbes réciproques (le pronom personnel peut y être considéré comme complément d'objet direct) :

s'entraccorder	s'entr'aimer	s'entr'égorger	s'entre-regarder
s'entraccuser	s'entre-déchirer	s'entre-haïr	s'entre-suivre
s'entraider	s'entre-dévorer	s'entre-heurter	s'entre-tuer, *etc.*

Les participes passés des verbes des paragraphes 1 et 2 ci-dessus s'accordent **avec le sujet**.

Elle s'était suicidée. Ils se sont emparés du voleur.
Elle s'est enquise de l'heure du train.
Ils se sont entraidés.

3° Le verbe « s'arroger ».

C'est le seul verbe essentiellement pronominal qui soit transitif direct. Son participe passé s'accorde avec le complément d'objet direct (toujours énoncé, et qui n'est pas le pronom personnel de conjugaison), si celui-ci est placé avant (**selon le 3ᵉ cas** des verbes non pronominaux).

Elle s'était arrogé tous les pouvoirs.
Les droits qu'elle s'est arrogés.

4° Le verbe « s'entre-nuire ».

C'est le seul verbe essentiellement pronominal réciproque qui soit transitif indirect. Son participe passé est donc **invariable**.

Dans cette affaire, ils se sont entre-nui.

B. – Verbes accidentellement pronominaux

Ces verbes peuvent exister sous une forme non pronominale. Il faut les imaginer construits avec « avoir ».

Leur participe passé s'accorde avec le complément d'objet direct si celui-ci précède le participe (**selon le 3ᵉ cas** des verbes non pronominaux). Naturellement, les particularités du 3ᵉ cas sont valables pour les verbes de cette catégorie.

Dans les exemples ci-dessous, le complément d'objet direct est en caractères romains.

- Complément d'objet direct placé avant le participe :
    Ils se sont vus. Ils se sont lavés.
    Les mérites qu'elle s'est attribués.
    Ils se sont craints, détestés.
    Cette femme, je me l'étais imaginée autrement.
    On s'est bien amusés, dirent les garçons (la fin de la phrase nous apprend que *s'* est un pluriel).

- Complément d'objet direct placé après le participe :
    Ils se sont lavé les mains.
    Elle s'est coupé le doigt.
    Cette fille s'est imaginé être laide.
    Elle s'est imaginé qu'on la délaissait.

- Pas de complément d'objet direct :
    Ils se sont parlé. Ils se sont nui.
    Nous nous sommes écrit.

- Divers :
    Elle s'est coupée. Elle s'est coupé les ongles.
    Elle s'est coupée au doigt (ici, *doigt* n'est plus qu'un complément circonstanciel).
    Ils se sont rappelés à votre bon souvenir.
    Ils se sont rappelé nos sorties.

Des objectifs, il s'en sont fixé (*en*, complément d'objet direct proche, est neutre : pas d'accord).

La substitution d'auxiliaire peut être poussée assez loin.

Ils s'en étaient faits les champions. (Ils avaient fait qui ? : *s'*, mis pour *eux*; *champions* est attribut de l'objet *s'*.)
Elle s'est donnée entièrement à cette tâche. (Elle a donné à cette tâche *s'*, mis pour *elle*.)
Elle s'est promis d'accomplir cette tâche. (*s'* est complément d'attribution.)
C'est plus tard que s'est manifestée la maladie. (La maladie a manifesté qui ? : *s'*, elle-même.)
Elle s'y est mal prise. Elle s'est plainte du bruit.

On s'aperçoit ainsi que les verbes qui ne sont jamais transitifs directs à la voix active sont **invariables** à la forme pronominale dans leurs temps composés, notamment :

s'appartenir	se nuire	se rendre compte	se succéder
se complaire	se parler	se ressembler	se suffire
se convenir	se plaire	se rire	se survivre
se déplaire	se permettre	se sourire	s'en vouloir
se mentir			

Ils se sont ri de moi. (Comme on ne peut rire quelqu'un, *se* n'est pas complément d'objet direct.)
Les présidents se sont succédé à la tête de la société.
Elle s'en était rendu compte.
Elle se sont plu à le taquiner.
Ils se sont beaucoup plu à Marrakech.

C. – Verbes pronominaux par gallicisme

Ces verbes non réfléchis dont la liste n'a été décidée que par l'usage, ainsi que le dit la grammaire de l'Académie, sont :

s'apercevoir de	se défier de	se moquer de	se refuser à
s'attaquer à	se départir de	se plaindre de	se résoudre à
s'attendre à	se douter de	se porter vers	se saisir de
s'aviser de	s'échapper de	s'en prendre à	se servir de (utiliser)
se battre comme, en	s'ennuyer de	se prévaloir de	se taire
se connaître à, en	se jouer de	se railler de	

Ces verbes doivent être entendus hors du sens réciproque : *se battre comme un beau diable ; s'attaquer à un travail...*
Le participe passé de ces verbes **s'accorde avec le sujet**.
Elle s'est doutée du traquenard.   *Elle s'est jouée de lui.*
Ils se sont aperçus de leur erreur.   *Ils s'en sont saisis. Ils se sont tus.*

→ servir.

D. – Verbes pronominaux de sens passif

Le participe passé de ces verbes **s'accorde avec le sujet**.
Ces livres se sont bien vendus.
Cette pièce ne s'est jouée que pendant deux mois.

E. – Verbes pronominaux à double construction

Quelques verbes permettent deux constructions (avec un complément d'objet direct ou avec un complément d'objet indirect) et, partant, **deux accords**. Il faut donc déterminer, pour le participe passé, à quel complément d'objet on a affaire.
Ce sont : *s'assurer, se persuader, se proposer*.

Avant l'heure, elle s'est assurée du bon ordre de la table. (Elle a assuré elle que tout était en ordre : *s'* est complément d'objet direct ; *ordre* est complément d'objet indirect.)
Les salariés se sont assuré une pension. (Ils ont assuré une pension à eux : *pension* est complément d'objet direct ; *se* est complément d'objet indirect et d'attribution.)
Ils s'étaient persuadés qu'on les trompait. (Si l'on entend persuader quelqu'un de quelque chose : tournure moderne.)
Ils s'étaient persuadé qu'on les trompait. (Si l'on entend persuader quelque chose à quelqu'un : tournure vieillie.)

F. – Locutions verbales pronominales

a) En général, dans le cas d'une locution verbale pronominale, l'accord du participe passé se fait **selon le 3ᵉ cas** (en substituant *avoir* à *être* dans le raisonnement).

S'inscrire en faux. *Elle s'est inscrite en faux.*
Se mettre bien/mal. *Elles s'étaient mises bien avec...*
Se porter garant. *Elle s'était portée garante de...*
Se porter caution. *Ils se sont portés caution pour...*
Se rendre maître. *Elles se sont rendues maîtresses de...*
Se tenir coi. *Elle se serait tenue coite.*
Se trouver court. *Qu'elle se soit trouvée court devant...*
Se faire l'écho. *Elles se sont faites l'écho de...* (Elles ont fait elles l'écho.)
Se sentir. *Elle s'est senti attirée par la foule.* (Elle ne s'est pas sentie, mais senti attirée.)
Se croire obligé/fondé/autorisé/forcé/tenu.... *Ils se sont cru obligés d'attendre* (ils ont cru qu'ils étaient). *Ils se sont crus obligés d'attendre* (ils ont cru eux obligés). → croire.
Se faire fort de. *Elles se sont fait fort de réussir* (dans le sens de : s'engager à).
Elle s'est fait forte de son innocence (dans le sens de : tirer sa force de).

b) Le participe passé des locutions suivantes reste toujours invariable :

se rendre compte	s'en donner à cœur joie
se faire jour	se mettre quelqu'un à dos
s'en vouloir de	s'en mordre les doigts
ne pas s'en faire	s'en prendre à
s'en mettre plein les poches	

Elle s'en était rendu compte (s' est complément d'objet indirect).
Des dissensions se sont fait jour.
Elle s'est mis à dos le voisin.
Ils s'en étaient mordu les doigts.

c) Locutions verbales pronominales comportant un infinitif.
• Se faire porter/inviter/élire... : Le participe passé *(fait)* est toujours invariable dans cette construction, l'action ne venant pas du sujet.
Elle s'est fait applaudir sur toutes les scènes.
• Se sentir renaître/revivre/dépérir/faiblir... : Le participe passé *(senti)* s'accorde avec le complément d'objet direct, l'action exprimée par l'infinitif venant du sujet.
Ils se sont sentis renaître.
• Se laisser mourir/séduire... : Ce verbe présente deux situations :
— Si l'action exprimée par l'infinitif vient du sujet, le participe passé s'accorde avec le complément d'objet direct.
Elle s'est laissée tomber/aller/périr/mourir...
— Si l'action exprimée par l'infinitif est subie par le sujet, le participe passé est invariable.
Elle s'est laissé séduire/accabler/surprendre/attaquer/enlever...
→ faire ; laisser.
• Se voir vieillir/décerner... : la distinction est la même que pour « se laisser ».
— Si l'action exprimée par l'infinitif vient du sujet, il y a accord du participe passé avec le complément d'objet direct.

Ils se sont vus vieillir/mourir/accéder/décliner...
— Si l'action exprimée par l'infinitif est subie par le sujet, le participe passé reste invariable.
Ils se sont vu décerner/remettre/reconnaître/infliger/interdire/refuser...
→ voir.

V. – VERBES IMPERSONNELS

Le participe passé des verbes impersonnels et des verbes employés impersonnellement est toujours **invariable**.
La longueur de tuyaux qu'il a fallu.
La fête qu'il y a eu fut superbe.
Les trois cents francs qu'il m'en a coûté.
Les bonnes affaires qu'il s'est fait à cette foire.
Les bonnes affaires qui se sont faites à cette foire.
(Dans cet exemple, il s'agit d'un verbe pronominal de sens passif, d'où l'accord avec le sujet, et non d'un verbe impersonnel comme dans l'exemple précédent.)
Les tempêtes qu'il a fait (impersonnel).
Les maisons qu'il a faites (*il* est une personne : accord avec le complément d'objet direct, placé devant).

VI. – PARTICIPES PASSÉS INVARIABLES

Les verbes qui peuvent avoir un participe passé variable sont :

a) les verbes transitifs directs : *servi* peut s'écrire *servie, servis, servies* ;

b) les verbes intransitifs conjugués avec *être* : *elle est venue, ils sont venus*
→ tableau VERBES VII, B, p. 958.

Seuls ces participes passés peuvent être employés comme adjectifs (épithète ou attribut). *La soupe servie, les plats sont servis ; ils sont arrivés.*
Les autres verbes, transitifs indirects (comme *douter*) ou intransitifs (comme *miauler*) ont un participe passé invariable.
Il y a donc des participes passés toujours invariables, quelle que soit la situation. Voici les plus fréquents :

abondé	boité	coïncidé	déambulé	dormi	fonctionné
accédé	bondi	commercé	déblatéré	duré	fourmillé
acquiescé	bourdonné	comparu	découché	enquêté	fraternisé
afflué	bourlingué	compati	dégoutté	entre-nui	frémi
agi	brillé	complu	déguerpi	erré	frétillé
agioté	bronché	concordé	déjeuné	été	frissonné
agonisé	bruiné	concouru	démérité	éternué	fructifié
appartenu	buvoté	condescendu	démordu	étincelé	gambadé
attenté	cabriolé	consisté	déplu	excellé	geint
babillé	capitulé	contrevenu	dérogé	excipé	gémi
badaudé	caracolé	contribué	détoné	faibli	grelotté
badiné	cascadé	conversé	détonné	fallu	grimacé
baguenaudé	chancelé	convolé	devisé	ferraillé	grisonné
bâillé	cheminé	coopéré	dîné	finassé	guerroyé
banqueté	circulé	correspondu	discouru	flâné	henni
batifolé	clignoté	croulé	disserté	foisonné	hésité
bavardé	coassé	culminé	divagué	folâtré	influé
bénéficié	coexisté	daigné	dogmatisé	folichonné	insisté

intercédé	oscillé	pouffé	remédié	siégé	temporisé
jasé	pactisé	pouliné	renâclé	sombré	tergiversé
jeûné	parlementé	préexisté	rendu	sommeillé	tonné
joui	participé	préludé	(compte)	songé	topé
lambiné	pataugé	procédé	renoncé	soupé	tournoyé
langui	pâti	profité	résidé	sourcillé	toussé
larmoyé	patienté	progressé	résisté	souri	transigé
lésiné	péché	prospéré	résonné	subsisté	trébuché
louvoyé	pédalé	pu	resplendi	subvenu	trembloté
lui	péri	pué	ressemblé	succédé	trépigné
lutté	périclité	pullulé	retenti	succombé	tressailli
marché	péroré	radoté	ri	sué	trimé
médit	persévéré	raffolé	ricané	suffi	trinqué
menti	persisté	ragé	rivalisé	suppuré	triomphé
mésusé	pesté	râlé	rôdé	surnagé	trôné
musé	pétillé	rampé	ronflé	survécu	trotté
navigué	philosophé	réagi	roupillé	sympathisé	trottiné
neigé	piaulé	récriminé	ruisselé	tablé	vaqué
nui	pirouetté	regimbé	sautillé	tâché	végété
obtempéré	pivoté	régné	scintillé	tardé	verbalisé
obvié	planché	regorgé	séjourné	tatillonné	vivoté
officié	pleurniché	rejailli	semblé	tâtonné	vogué
opiné	plu	relui	sévi	tempêté	voyagé
opté					

De plus, certains participes passés, variables avec une signification du verbe, sont invariables avec une autre signification :

Variables

rougi (enduit de couleur rouge)
testé (subi un test)
volé (dérobé)

Invariables

rougi (devenu rouge)
testé (fait un testament)
volé (en l'air), etc.

LE PARTICIPE PRÉSENT

Le participe présent finit toujours par -*ant*, quel que soit le groupe du verbe. Les participes tenant du verbe et de l'adjectif, on trouve des participes présents à valeur verbale et des adjectifs qui en découlent, appelés adjectifs verbaux.

A. – Le participe présent à valeur verbale est invariable. Il exprime une action et l'on pourrait le remplacer par une autre forme verbale. *Une foule hurlant de joie* (qui hurle de joie). *Partant* (comme ils étaient partis) *avant le signal, ils furent déclassés. On a surpris un homme prenant* (qui prenait) *des photos.*

On appelle *gérondif* le participe présent précédé de la préposition *en*. Il est très employé : *en riant, en chantant*. → gérondif.

Le participe présent à valeur verbale était autrefois variable. Il nous en est resté : *les ayants droit, les ayants cause, les ayants compte, des oyants droit, des rendants compte, toutes affaires cessantes, séance tenante, à la nuit tombante*. Mais l'Académie décida, le 3 juin 1679, que le participe présent serait invariable. Elle fit bien (nous avons assez de tracas avec le participe passé). La langue judiciaire, volontiers archaïque, fait encore quelquefois l'accord *(tous empêchements cessants)*.

B. – Employé avec une valeur d'adjectif qualificatif, le participe présent est nommé *adjectif verbal* → tableau ADJECTIFS I, B, p. 864. *Une foule hurlante. Une eau dormante. Des exemples frappants. Ils ont de pressants besoins d'argent.* Des participes présents se muent en noms variables : *un aimant, une mendiante, des commerçants.*

C. – Il est des cas où l'orthographe se modifie dans la translation du *verbe* en *adjectif*, puis en *nom*.

Participes présents, adjectifs verbaux et noms correspondants ayant des orthographes différentes[1]

Participe présent	Adjectif verbal	Nom
abstenant	abstinent	abstinent
abstergeant	abstergent	abstergent
adhérant	adhérent	adhérent
afférant	afférent	
affluant	affluent	affluent
agissant	agissant	agent
ardant	ardent	ardent
coïncidant	coïncident	
communiquant	communicant	
compétant	compétent	
confirmant		confirmand[2]
confisquant	confiscant	confiscant
confluant	confluent	confluent
convainquant	convaincant	
convergeant	convergent	
déférant	déférent	déférent
déléguant	délégant	délégant
détergeant	détergent	détergent

Participe présent	Adjectif verbal	Nom
différant	différent	différend
		différent[3]
divaguant	divagant	
divergeant	divergent	
émergeant	émergent	
équivalant	équivalent	équivalent
excédant	excédant	excédent
excellant	excellent	
expédiant	expédient	expédient
extravaguant	extravagant	extravagant
fabriquant		fabricant
fatiguant	fatigant	
fluant	fluent	
friant[4]	friand	friand
fringuant	fringant	fringant
influant	influent	
insurgeant (s')		insurgent[5]
interférant	interférent	
interrogeant	interrogant	
intoxiquant	intoxicant	
intriguant	intrigant	intrigant
messeyant	messéant	
naviguant	navigant	navigant
négligeant	négligent	négligent
ordonnant	ordinant	ordinand[6]
		ordinant[7]
précédant	précédent	précédent
présidant		président
provoquant	provocant	
résidant	résidant[8]	résidant[9]
révérant	révérend[10]	révérend
somnolant	somnolent	
suffoquant	suffocant	
urgeant	urgent	
vaquant	vacant	
violant	violent	violent
zigzaguant	zigzagant	

1. Quelques-uns sont des archaïsmes.
2. Celui qui va recevoir le sacrement de confirmation.
3. Pour désigner la marque d'un graveur.
4. Participe présent disparu du verbe *frire*.
5. On appela *insurgents*, au XVIIIe siècle, les Américains révoltés contre l'Angleterre.
6. Celui qui va recevoir les ordres sacrés.
7. Celui qui confère les ordres sacrés.
8. Cet adjectif est d'un emploi spécial (opposé à *correspondant*) : *Cette académie a des membres résidants et des membres correspondants*.
9. Personne qui réside en un autre lieu que son pays d'origine. Haut fonctionnaire placé près du souverain d'un protectorat.
10. Mais on écrit *irrévérent*.

LE PLURIEL

Pluriel des adjectifs qualificatifs

→ tableau ADJECTIFS I, A, 3°, 4°, 6°, 7° p. 859 sqq.

PLURIEL DES NOMS

I. – PLURIEL DES NOMS COMMUNS

A. – La marque normale du pluriel est la présence d'un **s** à la fin du nom. *Un camion, des camions. Une lampe, trois lampes.* Mais il est des noms qui échappent à cette règle.

B. – Noms terminés par **-s, -x** ou **-z**. Ces noms ne sont pas modifiés par le pluriel. *Un colis, des colis. Une voix, des voix. Un gaz d'échappement, de nombreux gaz.*

C. – **Noms en -ail.**

1° Ont le pluriel en ***-aux*** :

aspirail	corail	frontail	soupirail	ventail
bail	fermail	gemmail	vantail	vitrail

2° Ont le pluriel en ***-ails*** :

aiguail	cession-bail	foirail	plumail	sérail
attirail	chandail	gouvernail	poitrail	tramail
batail	détail	harpail	portail	ou trémail
camail	épouvantail	mail	rail	trénail
caravansérail	éventail	mézail	rougail	

3° Ont deux pluriels :
ail : *aulx* (un peu désuet) et *ails* (toujours employé en botanique) ; travail : *travaux* (pour les ouvrages) et *travails* (pour les appareils).

4° N'ont pas de pluriel : *bercail, bétail*.

D. – **Noms en -al.**

1° Ont le pluriel en ***-als*** :

acétal	chacal	gal	nopal	sal
ammonal	chaparral	galgal	pal	santal
aval (garantie)	chloral	gavial	pascal	serial
bacchanal	choral	gayal	penthiobarbital	saroual
bal	copal	kursaal	phénobarbital	serval
bancal	corral	matorral	pipéronal	sial
barbital	dispersal	mescal	récital	sisal
cal	emment(h)al	méthanal	régal	sonal
cantal	éthanal	metical	rétinal	tagal
captal	festival	minerval	revival	tincal
caracal	final	mistral	rorqual	trial
carnaval	foiral	narval	sabal	virginal
cérémonial	furfural	nasal		

(Les noms déposés comme *Gardénal, Penthotal, Tefal, Tergal, Véronal* ne prennent pas la marque du pluriel.)

2° N'ont pas de pluriel : *archal, aval* (d'un cours d'eau), *joual, floréal, germinal, prairial.*

3° Ont les deux pluriels *(-als, -aux)* : *étal, idéal, val.*

4° Ont le pluriel en *-aux* : tous les autres. *Des centraux téléphoniques. Des mémoriaux.*
Remarque : *On dit des fils d'archal, des fers à cheval.*

E. – Noms en -au.

1° Ont le pluriel en *-aus* : *cheau, landau, sarrau, unau.*

2° Sont invariables : *vau* (dans : *à vau-l'eau, à vau-vent*), *chevau* (dans : *un chevau-léger, des chevau-légers*).

3° Ont le pluriel en *-aux* : tous les autres (et notamment les nombreux noms terminés par *-eau*). *Des tonneaux.*

F. – Noms en -eu.

1° Ont le pluriel en *-eus* : *bleu, émeu, enfeu, lieu* (poisson), *pneu.*

2° A les deux pluriels *(-eus, -eux)* : *camaïeu.*

3° Ont le pluriel en *-eux* : tous les autres. *Des épieux.*

G. – Noms en -ou.

1° Ont le pluriel en *-oux* : *bijou, caillou, chou, genou, hibou, joujou, pou.*

2° Ont les deux pluriels *(-ous, -oux)* : *ripou*[1]*, tripou.*

3° Ont le pluriel en *-ous* : tous les autres. *Des verrous.*

H. – Noms issus d'infinitifs : *avoir, déjeuner, lancer,* etc.

I. – Pluriels exceptionnels.

Les noms des notes de musique sont invariables. *Des si bémol. En sol majeur, tous les fa sont dièse.*

Les adverbes, prépositions, conjonctions, interjections employés comme noms restent invariables. *Les non furent nombreux. Trop de « parce que » dans ce texte.*
Pour l'emploi de chaque pluriel des mots *aïeul (aïeux* et *aïeuls), ciel (cieux* et *ciels), œil (yeux* et *œils)* et les cas d'accord du nom *témoin,* voir ces mots.

---

1. Contre la logique, deux pluriels curieux s'installent dans la langue actuelle : *un chouchou, des chouchous; un ripou, des ripoux.* Le premier, adopté par l'Académie, nous fait écrire : *La maman dit à ses enfants : « Vous êtes mes choux, mes chouchous. »* Le second (par attraction du pluriel de *pou* ?) augmente le nombre des exceptions citées ci-dessus (G, 1°), alors que la norme demande son pluriel en *-s (des ripous).*

J. – Certains noms ne s'emploient qu'au pluriel :

accordailles	brisées	fèces	lombes	prémices
affres	calendes	fiançailles	lupercales	prolégo-
agissements	complies	floralies	mamours	mènes
aguets	condoléances	fonts	mânes	relevailles
ambages	confins	fringues	matines	rillettes
annales	décombres	frusques	miscellanées	rillons
appas	dépens	funérailles	mœurs	rogations
appointements	dommages-	gémonies	morailles	saturnales
archives	intérêts	gravats	obsèques	semailles
armoiries	écrouelles	hardes	ossements	sévices
arrérages	entrailles	honoraires	pandectes	ténèbres
arrhes	environs	ides	pickles	thermes
balayures	épousailles	impedimenta	pluches	universaux
besicles	errements	latrines	pouilles	vêpres, *etc.*
braies	êtres	laudes		

D'autres s'emploient très rarement au singulier :

accointances	déboires	mathématiques	pierreries	représailles
agrès	desiderata	munitions	pleurs	retrouvailles
bestiaux	doléances	nippes	pourparlers	rudiments
bouts-rimés	émoluments	ouailles	préparatifs	victuailles
catacombes	houseaux	pénates	privautés	vivres, *etc.*
chausses	lares	petits-enfants	proches	

Certains ont un sens spécial selon qu'on les emploie au singulier ou au pluriel :

> Un assistant *(aide)*, des assistants *(personnes présentes)*.
> Le frais *(la fraîcheur)*, les frais *(les dépenses)*.
> Un gage *(une garantie)*, des gages *(appointements)*.
> L'honneur *(sentiment)*, les honneurs *(distinctions)*.
> La menotte *(petite main)*, les menottes *(de police)*. Etc.
> Enfin, d'autres ne s'emploient qu'au singulier.

II. – PLURIELS DE MAJESTÉ, DE MODESTIE OU DE COURTOISIE

→ tableau PARTICIPE PASSÉ III, D, 1°, p. 920.

III. – PLURIEL DANS LE NOM COMPLÉTÉ

Pour mettre au pluriel un nom accompagné de son complément, on ne met généralement la marque du pluriel qu'au premier nom. *Des flots de lumière; des fers à cheval; des nerfs de bœuf; des objecteurs de conscience.* Il est quelques exceptions cependant *(des blancs d'œufs, des peaux de bêtes)*. Quelquefois, il est nécessaire de faire une distinction : *des manches d'outil* (destinés à une sorte d'outil); *des manches d'outils* (destinés à des outils variés). Pour les cas douteux, consulter cet ouvrage à l'un des mots concernés.

IV. – PLURIEL DES NOMS COMPOSÉS

A. – **Les noms composés aux éléments soudés** *(portefeuille, gendarme...)* prennent simplement un *s* à la fin pour le pluriel *(des portefeuilles, des gendarmes)*, sauf pour les six noms suivants :

monsieur, messieurs	monseigneur, messeigneurs
madame, mesdames	bonhomme, bonshommes
mademoiselle, mesdemoiselles	gentilhomme, gentilshommes

B. – Les noms composés aux éléments libres *(chemin de fer, magasin pilote...)* ou avec traits d'union *(pont-levis, procès-verbal...)* se soumettent à certaines règles :

1° Seuls peuvent prendre la marque du pluriel le nom et l'adjectif qui entrent dans la composition de ces mots :

un rouge-gorge, des rouges-gorges *un coffre-fort, des coffres-forts*
un haut-fond, des hauts-fonds *une basse-cour, des basses-cours*

2° Les autres éléments (notamment le verbe et l'adverbe) restent invariables :

des chauffe-bains, des tire-bouchons (verbe + nom);
des avant-postes (adverbe + nom);
des nouveau-nés (nouvellement nés : adverbe + nom);
des haut-parleurs (qui parlent haut : adverbe + nom);
des va-et-vient, des non-combattants, des en-têtes (préposition + nom);
des m'as-tu-vu.

3° Quand le nom composé est formé d'un mot et de son complément, seul le premier peut prendre la marque du pluriel : *des timbres-poste, des trompe-l'œil, des chefs-d'œuvre, des pommes de terre, des chemins de fer, des tourne-à-gauche.* Il s'agit là d'une question de bon sens : des timbres pour la poste, des tableaux qui trompent l'œil...

4° Le premier élément d'un nom composé est invariable si cet élément est en *a, é, i* ou *o : des infra-sons, des ciné-clubs, des cuti-réactions, des turbo-réacteurs.*

C. – Pluriels remarquables.

1° Quelques noms composés portent une marque du pluriel quand ils sont au singulier, le sens l'exigeant :

un compte-gouttes, des compte-gouttes
une bête à cornes, des bêtes à cornes
un chasse-mouches, des chasse-mouches
un va-nu-pieds, des va-nu-pieds
une boîte de vitesses, des boîtes de vitesses...

2° Dans quelques noms composés, on ne met pas l's pour que la liaison subsiste :

des pot-au-feu   des Extrême-Orientaux
des coq-à-l'âne   des saint-honoré
des tête-à-tête   (*mais* : des saintes-barbes)...

3° Autrefois, le participe présent prenait la marque du pluriel et nous avons conservé : *des ayants cause, des ayants compte, des ayants droit.*

4° Pour les noms composés commençant par : *demi, faux, franc, garde, grand, haut, mi, nu, saint,* se reporter à chacun de ces mots.

V. – PLURIEL DES NOMS ÉTRANGERS

Pour les noms étrangers employés dans notre langue, il est un temps de noviciat avant qu'ils soient francisés. Pendant ce temps, plus ou moins long, ils conservent l'orthographe étrangère et son pluriel. Puis, s'ils sont assimilés par un long usage, vient le moment de la naturalisation.

Franciser un mot, c'est le débarrasser de l'italique et des guillemets — signes qui désignent l'intrus —, puis le parer au besoin de nos accents et de notre pluriel, sorte d'adoubement qui l'incorpore à notre langue. Ainsi, on disait (en respectant la langue d'origine) *un targui, des touareg,* mais l'usage s'établit de dire et d'écrire : *un touareg, des touaregs*. Ainsi, *mémento* (du latin *memento*) est francisé : *des mémentos*. Alors que d'autres ne le sont pas *(un credo, des credo)*. On trouvera au tableau Langues étrangères et langues anciennes, p. 892, des précisions sur ces mots.

En tout cas, il faut, en orthographe, opter pour l'écriture étrangère ou pour l'écriture française quand elle existe : *impresario/ impresarii* ou *imprésario/ imprésarios*. En général, donner aux mots étrangers leur pluriel d'origine a souvent un air de pédanterie. Qui oserait écrire *des ultimata, des imbroglii,* pour *des ultimatums, des imbroglios* ?

VI. – PLURIEL DES NOMS PROPRES

A. – Noms de populations.

Ces noms propres prennent la marque du pluriel. *Les Autrichiens; les Esquimaux; les Troyens.*

B. – Noms géographiques.

1° Ces noms prennent la marque du pluriel s'il existe une réelle pluralité. *Les Amériques; les Baléares; les deux Sèvres* (Sèvre nantaise et Sèvre niortaise).

2° Pas de marque du pluriel s'il n'y a pas de pluralité réelle ou si le nom est composé. *Il n'y a pas deux Mexique. On compte six Saint-Projet parmi les communes de France.*

C. – Noms de familles.

1° La règle est l'invariabilité. *Nous recevrons les Legrand et les Duval. Les deux Corneille furent de l'Académie. Les Hohenzollern. Les Thibault.*

2° Exceptions : il est de tradition d'ajouter un *s* à certains noms de familles illustres quand on désigne l'ensemble des membres de l'une d'entre elles. En voici la liste :

les Antonins	les Constantins	les Horaces	les Scipions
les Bourbons	les Curiaces	les Montmorencys	les Sévères
les Capets	les Flaviens	les Paléologues	les Stuarts
les Césars	les Gracques	les Plantagenêts	les Tarquins
les Condés	les Guises	les Ptolémées	les Tudors

3° Cas de l'antonomase. Il y a **antonomase** lorsqu'un nom propre devient un terme de comparaison, lorsqu'il désigne un type, une espèce. Beaucoup de grammairiens estiment qu'en cas d'antonomase il doit y avoir accord.

Nous avons toujours besoin des Archimèdes.
Les don Juans sont de tous les temps.

Cependant certains auteurs, en ce cas, respectent l'invariabilité. *Les Racine et les Napoléon sont rares.*

On peut donc considérer qu'il y a là liberté d'accord. Si le nom propre s'est mué en un nom commun, il doit prendre la marque du pluriel. *Des harpagons.* → fromages et tableau majuscules B, 7°, p. 904.

D. – Œuvres d'art désignées par le nom de l'auteur.

Ces noms propres sont invariables. *La salle 4 expose deux Titien, des Greuze et des Watteau.*

E. – Noms de marques commerciales.

Ces noms sont invariables. *Deux Pernod; trois Citroën; quatre Frigidaire. Il conservait des* Illustrations *et quelques* Figaro. *Ce magasin* Continental *offre les mêmes services que tous les* Continental.

PONCTUATIONS FORTES

I. – LE POINT

A. – Signe orthographique.

Le point doit toujours être mis sur le *i* et le *j* minuscules.

B. – Signe de ponctuation.

Ce point fut inventé par Aristophane de Byzance (IIe siècle avant J.-C.). Introduit dans le français au IXe siècle, mais fort irrégulièrement. Utilisé méthodiquement à partir du XVIe siècle, avec l'imprimerie. Le point se place :

1° À la fin des phrases.
Il prit son manteau et partit. Quelques écrivains, pour mettre en valeur une portion de phrase, emploient un point au lieu d'une virgule. Il ne faut pas généraliser cette manière de ponctuer. *Il grognait tout seul. Par dépit, probablement.*

2° Après un numéro de titre de chapitre :
1. Étude des batraciens
A. Évolution des exportations

3° Après le numéro d'une note :
1. Voir à ce sujet le second volume.

4° À la place des lettres terminales supprimées dans une abréviation :
M. etc. id. H.F. S. Exc. av. J.-C. (pour : monsieur, et caetera, idem, haute fidélité, Son Excellence, avant Jésus-Christ).

Lorsque, dans une abréviation, des lettres sont supprimées à l'intérieur du mot, on ne met pas de point abréviatif :
Dr   St   Mgr   bd   d°
(pour : docteur, saint, monsieur, boulevard, dito).

Pour le symbole des unités de mesures, le point ne se met pas.

Si l'abréviation termine la phrase, le point abréviatif et le point final se confondent. *Expédiez ce colis par les P.T.T.*

5° Dans une date abrégée en chiffres.
Le 3.5.1992 ; le 17.XII.1989.

6° En ligne, pour amener à un nombre :
Chaque fauteuil .... *985 F*
Ces points alignés sont appelés « points de conduite ».

Pour la place du point au voisinage de guillemets ou de parenthèses
→ tableaux GUILLEMETS 4°, p. 889 et PARENTHÈSES B, p. 916.

II. – POINT D'EXCLAMATION

Son emploi date du XVIIe siècle. Il se place après une interjection ou une phrase exclamative. *Ah! le beau ciel! Quelle chance! Quel choc ce fut! Je t'en supplie, arrête-toi! Qu'il ne se montre jamais! Chic! j'ai gagné! Ils furent séparés, hélas! pendant trois ans.*

Mis entre parenthèses, il exprime une surprise intime. *Il déclara que ce projet nous ruinerait (!).*

L'interjection *ô* doit toujours être suivie d'un mot, souvent un nom, et n'impose pas de point d'exclamation. *Ne sais-tu pas, ô malheureux, que tu la fais souffrir ?* Dans les locutions interjectives *eh bien! eh quoi! hé bien! hé quoi!* le point d'exclamation ne se met qu'après le second mot.

Il n'y a pas de point d'exclamation dans une exclamation indirecte. *Il nous a dit quelle surprise ça a été.*

En mathématiques, le point d'exclamation désigne la factorielle. Exemple :

$$4! = 4 \times 3 \times 2 \times 1.$$

→ ah/ha; eh/hé; ô; oh/ho.

III. – POINT D'INTERROGATION

Apparaît en français au XVIe siècle, avec l'imprimerie. Le point d'interrogation termine une question. *Où allez-vous ? Que faut-il emporter ?* Il ne doit pas être immédiatement suivi d'une virgule, d'un point-virgule ou d'un point. *Par qui commençons-nous ? demanda le maire.*

Pour exprimer un doute, on le place entre parenthèses. *Clothaire IV régna de 717 à 719 (?).* À l'inverse, l'authenticité se marque par l'adv. *sic* entre parenthèses. *Le journal nous informe que « le vieillard est à bout de farces » (sic).*

Dans une interrogation indirecte, il n'y a pas de point d'interrogation. *Je voudrais savoir si la lettre est arrivée.*

→ tableau VERBES XV, XVI, p. 983 sqq.

IV. – POINT D'IRONIE

Un journaliste proposa un jour de créer un nouveau signe de ponctuation : le *point d'ironie*. Ce signe est superflu : signaler qu'on ironise, c'est ôter le sel de la plaisanterie. D'ailleurs, on n'ironise qu'avec ceux qui ont le même tour d'esprit et qui le sentent d'emblée. Avec les autres, il faut s'abstenir d'ironiser, même avec un point.

V. – POINTS DE SUSPENSION

1° En usage depuis le XVIIIe siècle, on les appelle aussi « petits points ». Ils vont par trois, jamais plus. Ils servent à indiquer une suspension dans l'expression d'une pensée, d'une phrase, qui devrait continuer, remplaçant alors le point final. *Il demanda beaucoup de choses : des draps, des torchons, des couverts...*

2° En général, ils suivent les points d'interrogation et d'exclamation. *Hé !... Et alors ?...* Mais si le sens le demande, on place d'abord les points de suspension. *Est-ce que, par hasard... ?*

3° Ils se confondent avec le point abréviatif. *Il fit état de brevets s.g.d.g...*

4° Ils remplacent la fin d'un nom dont on ne donne que l'initiale *(On a arrêté un nommé R...).* On laisse un blanc avant et après s'ils remplacent un nom qu'on veut taire *(Une dame ... était complice).*

5° Les points de suspension s'emploient, entre crochets, pour remplacer un passage retranché dans une citation. *Il arriva aussitôt [...] L'aventure était finie.* Ce qui marque bien que ces points de suspension ne sont pas de l'auteur cité. Si la suppression est importante, on mettra une ligne entière de points espacés.

6° On se sert encore des points de suspension quand on veut ménager un temps de surprise. *Alors, furieux, il prit un grand couteau et... tailla son crayon.*

7° Les points de suspension ne doivent jamais suivre l'abréviation *etc.*, leur rôle étant le même.

VI. – POINT-VIRGULE

L'emploi de ce signe date du XVIIe siècle. Sa valeur séparative se situe entre la virgule et le point. *Le bois de peuplier, plutôt tendre, est recherché pour la pâte à papier; celui du frêne, dur et élastique, fournit les manches d'outil.*

On emploie aussi les points-virgules à la fin des alinéas d'une énumération. *Ont droit à cette allocation :*

1° Les mères de plus de trois enfants;

2° Les veuves de guerre non remariées;

3° Les femmes classées « économiquement faibles ».

LES PRÉFIXES

A. – On appelle **préfixe** un élément qui se met devant un mot ou un radical pour former un mot nouveau.

Préfixes courants. Ce sont des éléments français qui servent à faire des dérivés *(dé-* ou *re-* dans *déplier, replier),* parfois même des prépositions *(sur* dans *surdoué, à* dans *aplat).* Ces préfixes peuvent perdre une lettre finale *(sous* dans *soupeser)* ou doubler la lettre qui suit *(assécher, affaiblir).* Les préfixes qui sont des prépositions peuvent être séparés par un tiret *(sous-estimer).*

Préfixes savants. Dans la formation des mots nouveaux, le français fait quelquefois appel à des préfixes grecs et latins *(anti-, archi-, hyper-, micro-, mini-, multi-, pluri-,* etc.). Certains préfixes savants *(chromo-, ciné-, crypto-, hétéro-, homo-, photo-, télé-...)* sont parfois aussi en position de radicaux ou de suffixes. Par exemple, *phon-* est préfixe dans *phonothèque,* suffixe dans *magnétophone,* ou en position centrale dans *symphonie.*

Ces éléments introduisent une description en raccourci : ainsi pour le mot *microsillon* (disque comportant un seul sillon en spirale serrée). Le problème orthographique est de réunir le préfixe à la racine du mot. Si, au début, on usa du trait d'union, la tendance actuelle est de faire la jonction des deux éléments. On doit écrire *antédiluvien, Antéchrist, antimatière, hypertendu, intramusculaire, minijupe,* etc. On mettra cependant le trait d'union lorsqu'il faut conserver sa valeur à l'adjectif qui suit : à un *roman noir* on opposera un *anti-roman noir* (parce qu'un *antiroman noir* serait noir alors que l'*anti-roman noir* ne l'est pas).

Les préfixes *hyper-, hypo-, macro-, méga-, micro-, mini-, super-* appliqués à des noms propres sont suivis d'un trait d'union *(mini-État, super--Charlot).*

À chaque préfixe cité dans cet ouvrage, on trouvera des précisions d'écriture. En général, si la soudure est la règle, il faut cependant veiller au contact de la finale du préfixe avec l'initiale de la racine : ainsi, on écrira *paramagnétique* mais *para--infectieux,* pour éviter la formation de la séquence *ain*.

La présence d'un trait d'union crée un nom ou un adjectif composé dont le premier terme est invariable. *Des photo-ionisations.*
→ tableau LANGUES ÉTRANGÈRES ET LANGUES ANCIENNES : GREC, p. 897 et LATIN, p. 899.

B. – **Les préfixes utilisés pour les mesures** se terminent par *a, i, o* (*déca-, centi-, nano-...*). Ils se joignent par la soudure au mot qu'ils accompagnent : *kilolitre, décaampère, gigaélectronvolt, décierg.* Font exception les multiples et sous-multiples de l'*ohm* pour lesquels le préfixe perd sa finale *a* ou *o* : *mégohm, microhm.*

C. – **Préfixes en -o.** Sauf *néo-* et *pseudo-* (pour lesquels il faut se reporter à ces mots), les préfixes finissant par *o (archéo-, auto-, baro-, bio-, broncho-, dermo-...),* qui sont très nombreux, se soudent au mot qui suit si celui-ci commence par une consonne : *aérodynamique, biodégradable, géomagnétique...* Quand un préfixe en *-o* se présente en face d'un *s* suivi d'une voyelle, l'*s* conserve sa prononciation d'origine : *biosynthèse, électrosidérurgie.*

PRONONCIATION

A. – Une lecture claire, articulée, une bonne prononciation familiarisent avec l'écriture du français. On a naturellement tendance à prononcer selon l'écriture, mais des usages, qu'on ne peut ignorer, se sont établis, créant des mots pièges pour le langage et l'orthographe : songe-t-on que des mots aussi courants que *doigt, sourcil, femme, fils, oiseau, automne* ou *temps* ne se prononcent pas comme ils s'écrivent ?

B. – On se doit de bien différencier les sons en se conformant aux règles actuelles. Il faut éviter les phrases hachées qui ne correspondent pas à la ponctuation, les liaisons malvenues, et laisser aux maladroits les fautes du genre : *socializme, dézvant, creçon, les pilotaméricains, lorseque, interpeler, jingle, vinte-deux heures,* etc. On doit aussi se méfier des paronymes (voir ce mot).

C. – À la fin du premier mot de « match nul », on ne doit pas faire entendre un *e* qui n'existe pas *(matche nul)*, mais bien prononcer [match' nul], malgré la petite difficulté qui en résulte. Il en est de même pour :

film comique	*self-service*	*vingt-deux, vingt-trois...*
arc de Triomphe	*Berck-Plage*	*Max Joly* (et ses frères)
ex-colonel	*un test de*	*Alex, Ernest, Félix, Just, Marc...*)
golf Drouot	*en direct de*	Les journaux « *Ouest-France* »,
milk-bar	*parc des Princes*	« *L'Est républicain* », etc.

Il est plus facile d'acheter un « disque compact » qu'un « Compact disk ».
→ un/in, w et tableaux ALPHABET FRANÇAIS, p. 876, LIAISONS, p. 902.

D. – Il est utile de connaître la vraie prononciation de certains noms propres :

de Broglie [broy'l']	de Guise [ghuiz']	de Suffren [sufrin]
Bülow [bulo]	Maugham [mom]	Talleyrand [talran]
de Castries [kastr']	Roosevelt [rozvèlt']	Villon [viyon]
Ghislaine [ghilèn']	Schweitzer [chvay'tseur']	de Vogüé [voghué]
Groenland [greun'land']	Mme de Staël [stal']	Watteau [va-]

Faisons plaisir aux habitants de ces villes en prononçant comme eux :

Anvers [anvèrs']
Asnières [anyèr']
Auxerre [o-sèr']
Bourg-en-Bresse [bourkanbrès']
Bruxelles [bru-sèl']
Caen [kan]
Carpentras, Coutras [-tra]
Condom [kondon]
Corte [korté]
Craon [kran]
Enghien-les-Bains [anghin-]
Gérardmer [jérarmé]
Laon [lan]
Longwy [lonwi]
Lons-le-Saunier [lonle-sonyé]
Maastricht [mâstrik]
Metz [mès']
Millau [miyo]
Montrichard [montrichar]
Oyonnax [o-yona]
Pankow [pan'ko]
Riom [ryon]
Rosny [roni]
Sainte-Menehould [-menou]
Saint-Ouen [-win]
Waterloo [watèrlo]
Wimereux [uimreû]

PRONONCIATION

E. – Pour bien prononcer les mots étrangers, il est naturellement souhaitable de connaître la langue, mais nous devons au minimum savoir que dans la plupart des langues les groupes *an, en, in, on...* n'ont pas la prononciation nasale française, mais sonnent comme si nous écrivions *ane, ène, ine, one...* et que :

en **allemand,** *ä* se prononce [è]

ö	—	[eû]
ü	—	[u]
u	—	[ou]
w	—	[v]

ch est guttural et rauque après *a, o, u (Bach)*
g est dur devant *e* et *i* : *geben* [gué-beun']
h est fortement aspiré *(hasten, Hitler)*
Il n'y a pas de consonnes muettes.

en **italien,** *e* se prononce *é* ou *è,*
        u   —   *ou,*
ge et *gi* se prononcent *djé* et *dji,*
gli se prononce sans le *g* et mouillé *(miglio* = mî-lio),
ll fait sonner les deux *l*, comme dans *millénaire,*
ce et *ci* se prononcent *tché* et *tchi,*
cce et *cci* se prononcent *ttché* et *ttchi,*
che et *chi* se prononcent *ké* et *ki.*

en **espagnol,** le *ñ* (avec *tilde*) se prononce mouillé *(Espanã),*
e se prononce *é* (prononcer : *tildé),*
j et *ge* se prononcent comme une sorte de *r* dur, comme l'expiration faite en lisant *hem!*
z se prononce avec la pointe de la langue entre les dents (comme le *th* anglais dans *thing),*
ll se prononce *lia (llave* = lyavé),
v se prononce presque comme un *b (vino* = bino),
s se prononce toujours *se,*
u se prononce *ou.*

en **anglais,** *w* = *ou* bref *(wall),*
ee se prononce *i (beer),*
oo se prononce *ou (foot),*
u se prononce *eu (cut)* ou *you (cute)*
th se prononce de deux façons (avec la langue entre les dents) : sorte de *s* blésé *(thick,* comme *sic)* ou de *z* blésé *(breathe,* comme *brise),*
la finale *-ing* se prononce *in'g.*
Cette langue présente d'autres difficultés phonétiques qu'on ne maîtrise guère que par la pratique.

F. – Le français emploie 26 lettres (5 voyelles, 20 consonnes et 2 lettres hybrides *w, y* pour transcrire 16 voyelles, 18 consonnes et 3 semi-consonnes. Les digrammes *(ch, on, au)...* transcrivent un seul son avec deux lettres.

Il y a une inadaptation phonético-graphique importante et c'est pourquoi les lexicographes ont recours, pour donner les prononciations, à l'alphabet phonétique international.

Alphabet de l'Association phonétique internationale (A.P.I.)

	Phonèmes	qu'on trouve dans	Écriture A.P.I.
a) Voyelles	a	*Paris, patte, rat*	[a]
	â	*âne, pâte, las*	[ɑ]
	e	*le, repos*	[ə]
	é	*blé, été, jouer, allez*	[e]
	è	*père, aime, jouet*	[ɛ]
	eu	*neuf, cœur*	[œ]
	(eû)	*peu, œufs, deux*	[ø]
	i	*si, habit*	[i]
	o	*potage, robe, or*	[ɔ]
	ô	*eau, gauche, rose, dôme*	[o]
	u	*tu, sûr, duo*	[y]
	ou	*doux, il joue*	[u]
b) Voyelles nasales	an	*vent, dans, emmener*	[ã]
	on	*ombre, bon*	[ɔ̃]
	in	*matin, plein, pentagone*	[ɛ̃]
	un	*brun, lundi*	[œ̃]
c) Semi-consonnes		*yeux, ciel, iota, abeille*	[j]
		tuer, huile	[ɥ]
		nouer, oui, loi, point	[w]

Par la syllabation, on peut distinguer :

la voyelle	de la semi-consonne
bi-o(culaire) : 2 syllabes	*mio(che), bio(logie)* : 1 syllabe
du-o : —	*lui* : —
(é)blou-ir : —	*souhait* : —

d) Consonnes	b	*bon, abbé*	[b]
	k	*cas, qui, bac, chiromancie*	[k]
	s	*sa, assez, ceci, poinçon*	[s]
	ch	*chou, Auch, chirurgie*	[ʃ]
	d	*don, bled*	[d]
	f	*fou, chef, photo*	[f]
	g	*gare, gang, gui, magnum*	[g]
	gn	*agneau, ligne*	[ɲ]
	j	*jus, âgé, geai*	[ʒ]
	l	*lin, mal*	[l]
	m	*main, même*	[m]
	n	*nid, canal, dolmen*	[n]
	p	*pic, appât, cap*	[p]
	r	*rue, mari, are*	[r] ou [ʀ]
	t	*tu, ôté, latte*	[t]
	v	*veau, ouvert, wagon*	[v]
	z	*zone, gaz, poison*	[z]
	x	*ex, taxe, action*	[ks]
		exact, Xavier	[gz]

L'absence de liaison se signale par l'apostrophe : *handicap* ['ãdikap]

SIGLES

A. – Le sigle est un raccourci commode qui consiste à désigner un ensemble de mots par les initiales groupées et qui se prononce en épelant ces initiales. *Pari mutuel urbain* : *P.M.U.* Les légions romaines portaient sur leurs enseignes le sigle *S.P.Q.R.* (*Senatus populusque romanus* : le sénat et le peuple romain). L'époque moderne, par souci de célérité, utilise beaucoup les sigles, et peut-être trop souvent. Ce sont surtout les partis politiques, les firmes, les clubs sportifs et les groupements qui se servent de sigles. Si certains nous sont familiers (*O.N.U.* : *Organisation des Nations unies; U.S.A.* : *United States of America; S.N.C.F.* : *Société nationale des chemins de fer français...*), il faut se souvenir que, dans un texte, tout sigle peu commun doit être expliqué à son premier emploi, par politesse. Si un sigle est expliqué, on ne reprend pas toutes les capitales; ainsi pour la S.D.N. : *Société des nations* (et non : *Société Des Nations*).

B. – Quelquefois, on se permet de ne pas mettre les points abréviatifs (le PC pour le *poste de commandement*, la CEE pour la *Communauté économique européenne*). On peut ne mettre la capitale qu'à la première lettre (la *C.g.t.* pour la *Confédération générale du travail*; l'*U.r.s.s.* pour l'*Union des républiques socialistes soviétiques*).

C. – Quand un sigle peut être prononcé comme un mot ordinaire, sans épellation, et qu'on y est accoutumé, il se mue en un nom commun. Ainsi : le *laser* (light amplification by stimulated emission of radiation), une *Simca* (voiture de la Société industrielle de mécanique et de carrosserie), une *Seb* (cocotte fabriquée par la Société d'emboutissage de Bourgogne), une *Fiat* (voiture de la Fabbrica italiana di automobili Torino).

D. – Certaines raisons sociales ont même été choisies afin de fournir un sigle facile, ainsi le *M.a.r.c.* (Mouvement d'action et de recherche critique). À Lyon, un groupement politique fut intitulé « Pour la réalisation active des espérances lyonnaises » (P.R.A.D.E.L.), montrant clairement qu'il soutenait l'action du maire de la ville, Louis Pradel. L'association « Rassemblement et coordination unitaire des rapatriés et spoliés d'outre-mer » est devenue le RECOURS. Les P.T.T. possèdent un PERICLES (prototype expérimental réalisé industriellement d'un commutateur à logique électronique séquentielle). Les services de santé utilisent le système GAMIN (gestion automatisée de la médecine infantile). Il y a même un État dont le nom est un sigle, le *Pakistan* (nom formé des initiales des régions Pendjab, Afghania, Kashmir, Iran, Sind, Turkmenistan et des dernières lettres de Belouchistan; le sigle obtenu, heureux hasard, signifie « pays des purs ».

E. – Le genre et le nombre d'un sigle sont ceux de ce qu'il résume : U.S.A. est masculin pluriel, U.R.S.S. est féminin singulier. *Il habite dans une grande H.L.M.* (habitation à loyer modéré).

Le mot « sigle » est quelquefois employé abusivement pour désigner d'autres manières d'abréger (acronyme, logo, etc.).

SUPERLATIF

Un adjectif employé au superlatif amène l'emploi des tournures : *le plus, le moins, le mieux, le meilleur, le pire, le moindre, des plus, des moins, des mieux...*

A. – Après ces tournures, le verbe peut être à l'indicatif, au conditionnel ou au subjonctif selon la pensée de l'auteur. *C'est le train le plus rapide que j'ai(e) jamais pris. Voici l'outil le plus perfectionné de tous ceux que nous avons/ayons en usage ici.*

B. – L'article du superlatif relatif *(le)* reste neutre devant l'adjectif au féminin ou au pluriel s'il s'agit d'une comparaison entre les différents états d'un être. *C'est au premier rayon de soleil que ces roses sont le plus belles* (il n'y a pas de complément à la suite). Tandis qu'avec un complément on doit écrire : *Cette rose est la plus belle de toutes.*

C. – Après *des plus, des moins, des mieux,* l'adjectif ou le participe adjectivé se met au pluriel si le sujet est nettement déterminé. *Ce sera une soirée des mieux préparées* (qui se place parmi les soirées les mieux préparées). *Un accueil des plus cordiaux. Cette toile n'est pas des moins réussies.* Si l'on trouve le singulier dans ce cas, c'est contre l'Académie *(une femme des mieux habillée).* → mieux.

L'adjectif se met au singulier quand le sujet est neutre, indéterminé. *Voilà qui n'est pas des mieux construit. Ce n'est pas des plus facile. Plonger est des plus risqué.* Les sujets de ces phrases *(qui, ce, plonger)* sont neutres.

TEXTES IMPORTANTS CONCERNANT LA LANGUE FRANÇAISE

813 — Au concile de Tours, les évêques prescrivent au clergé d'employer dans les prêches les langues populaires romanes au lieu du latin qui échappe aux fidèles.

14 février 842 — Serments de Strasbourg : première manifestation écrite de notre langue.

11 avril 1229 — Traité de Paris qui, établissant la paix entre le roi Saint Louis et Raymond VII, comte de Toulouse, consacre la suprématie de la langue d'oïl sur la langue d'oc.

1477 — Les « Chroniques de France » sont désormais imprimées en français, faisant du francien, langue du roi, la langue officielle du royaume.

15 août 1539 — Ordonnance de Villers-Cotterêts : l'usage du français est obligatoire dans les jugements des tribunaux et les actes notariés.

1539-1540 — Publication du *Dictionnaire français-latin* de Robert Estienne qui fournit le premier tableau du vocabulaire français et fixe l'orthographe de l'époque.

29 janvier 1635 — Fondation de l'Académie française.

1680 — Publication du *Dictionnaire français* de Richelet qui contient 20 500 mots.

1684 — Publication de l'*Essai du dictionnaire universel* de Furetière.

1690 — Publication du *Dictionnaire universel* de Furetière qui contient 26 000 mots.

1694 — Première édition du *Dictionnaire de l'Académie* qui contient 24 000 mots rangés par catégories et familles.

1718 — Deuxième édition du *Dictionnaire de l'Académie* avec les mots en ordre alphabétique. De nouvelles éditions paraîtront successivement en 1740, 1762, 1795, 1835, 1878-1879 et 1932-1935.

10 janvier 1794 (21 nivôse an II) — Décret qui édicte que les inscriptions officielles seront désormais rédigées en français et non plus en latin.

20 juillet 1794 (2 thermidor an II) — Loi n°118 stipulant que tout acte public ne pourra être écrit qu'en langue française sur le territoire de la République.

22 novembre 1799 (1er frimaire an VIII) — Le préfet de police ordonne aux citoyens du canton de Paris de corriger sur les enseignes et écriteaux tout ce qui pourra s'y rencontrer de contraire aux règles de la langue française.

1832 — La connaissance de l'orthographe est obligatoire pour l'accession à tous les emplois publics.

1867 — Au Canada, la nouvelle Constitution reconnaît, à côté de l'anglais, le français comme langue officielle ; ce dernier était interdit depuis 1840.

1863-1873 — Publication du *Dictionnaire de la langue française* de Littré.

26 février 1901 — Arrêté G. Leygues concernant les tolérances orthographiques admises dans les examens de l'enseignement public.

1906 — Première édition du *Petit Larousse illustré*.

20 mars 1908 — Circulaire du ministère de la Justice pour rajeunir la langue judiciaire en écartant nombre d'archaïsmes.

27 décembre 1958 — Plan financier qui institue le nouveau franc (F) à compter du 1er janvier 1960.

3 mai 1961 — Décret, confirmé par les décrets des 4 et 11 décembre 1975, qui règle les unités de mesure et leurs symboles pour la France.

16 février 1964 — Le concile Vatican II autorisant le clergé à célébrer les offices en langue nationale, le français prend la place du latin dans la liturgie catholique.

31 mars 1966 — Décret instituant un Haut Comité de la langue française dont le rôle est d'en assurer la défense et l'expansion. (Ce Comité sera supprimé le 9 février 1984.)

octobre 1970 — Au Québec, le français est décrété langue officielle à tous les niveaux de l'administration.

1967 — Première édition du *Petit Robert*.

31 juillet 1974 — Loi 22 : le français devient langue officielle unique du Québec.

31 décembre 1975 — Loi Bas-Lauriol qui impose l'emploi du français dans la publicité écrite et parlée, les opérations commerciales, les contrats de travail, l'information et la présentation des programmes de radio et de télévision. L'usage du « franglais » est prohibé lorsqu'il existe des termes équivalents dans notre langue.

28 décembre 1976 — Arrêté R. Haby relatif aux tolérances grammaticales et orthographiques.

15 septembre 1977 — Circulaire relative à la modernisation du vocabulaire judiciaire.

26 août 1977 — Loi 101 ou charte de la langue française : le français est la seule langue autorisée pour l'affichage extérieur au Québec.

9 février 1984 — Décret instituant le Commissariat général et un Comité consultatif de la langue française.

12 mars 1984 — Décret instituant le Haut Conseil de la francophonie.

11 mars 1986 — Circulaire ministérielle sur la féminisation des noms de métiers.

octobre 1986 — Publication du premier fascicule de la 9e édition du *Dictionnaire de l'Académie*. Il sera suivi d'un autre chaque année, le douzième et dernier fascicule étant prévu pour 1997, le tout définissant 49 500 mots.

2 juin 1989 — Création du Conseil supérieur de la langue française et de la Délégation générale à la langue française.

du 7 juillet 1970 au 15 octobre 1991 — Deux décrets et quarante-six arrêtés instituent quarante-huit commissions de terminologie auprès des ministères.

24 novembre 1989 — L'Académie française se prononce contre une simplification « par décret » de l'orthographe.

du 12 janvier 1973 au 1er octobre 1994 — Deux circulaires et soixante-trois arrêtés sont publiés, relatifs à l'enrichissement du vocabulaire dans diverses activités.

19 juin 1990 — Le Conseil supérieur de la langue française publie une liste des « Rectifications de l'orthographe ». Ces rectifications sont remaniées le 22 octobre, font l'objet d'une publication semi-officielle le 6 décembre, mais l'autorité académique renonce à les transformer en un texte légal.

23 juin 1992 — Le Congrès décide d'insérer l'alinéa suivant dans la Constitution : « La langue de la République est le français ».

12 avril 1994 — Circulaire ministérielle relative à l'emploi du français dans les administrations.

4 août 1994 — Loi Toubon qui prohibe dans les annonces publiques l'emploi de langues étrangères lorsqu'il existe une expression ou un terme français de même sens.

NOTA. — Tous les termes étrangers visés par les textes précités figurent, avec leurs équivalents français, dans le présent dictionnaire.

TITRES D'ŒUVRES

A. – Une œuvre, de quelque domaine qu'elle soit, porte un titre qu'on emploie pour la désigner : « *Les Plaideurs* » de Racine, « *La Symphonie héroïque* » de Beethoven, « *La Danse* » de Carpeaux, « *Le Déjeuner sur l'herbe* » de Manet, « *Les Enfants du paradis* » de Carné, etc. Si ce titre doit être cité dans un texte, on le distingue par des guillemets, ou en le soulignant (italique en cas d'impression).

B. – Si le titre commence par l'article défini (*le, la, les, l'*), on met la majuscule au premier nom du titre et à l'adjectif qui le précède le cas échéant : *La Ronde de nuit* ; *La Légende des siècles* ; *La Divine Comédie* ; *Le Petit Chose* ; *Les Mille et Une Nuits* (le nom est précédé de deux adjectifs). Pas de majuscule à l'adjectif qui suit le nom : *La Comédie humaine* ; *Le Petit Chaperon rouge*. Cette règle demeure même si l'article défini se perd dans une contraction : *La représentation du « Mariage de Figaro »* ; *préférer « Les Orientales » aux « Fleurs du mal »*. La contraction (*au, aux, du, des*) ne doit pas être comprise dans le titre et n'affecte que le premier nom du titre : *Un extrait des « Précieuses ridicules »* ; *placez ce livre près du « Rouge et le Noir »* ; *il se référait au « Décaméron »*.

C. – Pas de majuscule au nom si l'article n'est pas défini ou si le titre est une phrase : *Une ténébreuse affaire* ; *On ne badine pas avec l'amour* ; *Les affaires sont les affaires* ; *De l'amour* ; *À la recherche du temps perdu*.

D. – Quand un nom composé se trouve en tête d'un titre, chacun des termes de ce nom a la majuscule : « *Sous-Offs* » de L. Descaves ; « *L'Après-Midi d'un faune* » de Mallarmé ; « *Passe-Temps* » de Léautaud ; « *Le Chef-d'œuvre inconnu* » de Balzac.

E. – La mode, passée, du double titre impose les capitales à chacun des titres : « *Émile ou De l'éducation* » ; « *Julie ou la Nouvelle Héloïse* ».

F. – Quand deux noms sont coordonnés par *et* dans un même titre, on ne met généralement la majuscule qu'au premier : *La Vie et l'œuvre de Pasteur*. Si l'on estime que le second nom a autant d'importance que le premier, on met la majuscule aux deux : *Les Rayons et les Ombres* ; *La Cigale et la Fourmi*.

G. – Dans le corps d'une phrase, on peut mettre ou ne pas mettre la majuscule à l'article défini : *Il lisait « les Feuilles d'automne », assis sous une reproduction de « la Vénus au miroir »* ; ou : *Il lisait « Les Feuilles d'automne », assis sous une reproduction de « La Vénus au miroir »*. La même façon sera adoptée tout au long d'un même texte. *On a joué « le Misanthrope » de Molière et le « Topaze » de Pagnol* (seul le premier titre comporte l'article).

H. – Accord avec un titre d'œuvre. Verbe et adjectif s'accordent avec le titre de l'œuvre si celui-ci débute par un nom précédé de l'article : « *Les Fausses Confidences* » *eurent un grand succès* ; « *Les Corbeaux* » *sont une pièce d'Henry Becque* ; « *Les dieux ont soif* » *sont inspirés de la Révolution*. Il en est de même si le titre est un nom propre féminin : « *Cléopâtre* » *a été écrite par Jodelle*. Autrement, le titre étant considéré comme neutre, verbe et adjectif se mettent au masculin singulier : « *Cruelle Énigme* » *a été publié en 1885* (titre sans article).

I. – Pour le cas où « tout » précède un titre → tableau TOUT B, p. 951.

TOUT, TOUTE, TOUS, TOUTES

A. – Adjectif qualificatif

Il eut du pain pour toute nourriture. En toute confiance.

B. – Adjectif indéfini

Voici tous les candidats. On écrit *tous* devant un masculin pluriel *(tous les, tous ceux qui...) Il vient tous les combien ? Une assurance tous risques. Toute la ville est endormie. J'ai lu tout Mme de Staël* (invariable dans ce cas). *À ce spectacle, tout Rome était venu* (masculin, parce que *tout* signifie « *tout le monde de* »). *Prenez tout ce qui vous convient. Elle était toute indulgence. Défense tous azimuts.*

La construction avec l'adjectif *tout* doit être claire. *Elles ont toutes leurs notes* est ambigu. L'adjectif s'applique-t-il à *notes* (la totalité des notes) ou à *elles* (la totalité des élèves) ? Il faut s'adresser au contexte ou solliciter une précision supplémentaire. Au masculin, la prononciation éclaire : *Ils ont tous leurs livres* ; l'adjectif se rapporte à *ils* si le *s* de *tous* est entendu ; il se rapporte à *livres* dans le cas contraire. Enfin dans : *Elles ont toutes toutes leurs fournitures*, le premier *toutes* va à *elles*, le second à *fournitures*.

Tout, devant un titre d'œuvre, ne s'accorde qu'au féminin et que si le titre commence par un article défini. *Il a lu tout « Paul et Virginie », tout « les Misérables », toutes « les Fleurs du mal », tout « Athalie ».*

C. – Pronom

Il a tout vu. Tout est fini. Toutes écoutaient en silence. À la place de cette femme, toute autre aurait été gênée. Elles sont toutes à leur métier (ce qui signifie que pas une ouvrière ne manque). *Je les veux tous.*

D. – Adverbe

(On peut le remplacer par *tout à fait, totalement.*) *Ils sont tout petits et tout entiers à leurs jeux. Elle arriva tout en sueur. Elle est tout à son métier* (cela signifie qu'elle se consacre entièrement à son travail). *Ouvrant tout grands leurs yeux. Tout en écoutant. Elle est tout heureuse. Les tout derniers rangs. Les tout premiers. Tout (si) aimables qu'ils fussent. Des dessins tout de nervosité.*

Cet adverbe s'accorde en genre et en nombre avec l'adjectif féminin qui le suit et commençant par une consonne ou un *h* aspiré. *Une porte toute grande ouverte. Les tout dernières circulaires. Elle est toute honteuse. Des figures toutes pâles. La salle tout entière* (comme c'est une voyelle qui suit, il n'y a plus accord). *Toutes (si) raisonnables qu'elles soient. Des esquisses toutes de délicatesse.* → tableau ADVERBES O, p. 875.

E. – Nom

Le tout est plus grand que la partie. C'est tout ou rien. Il prit le tout. Le tout pour le tout. 32/8 forment plusieurs touts. Triez ces métaux pour faire des touts distincts.

F. – Locutions diverses

1° Avec **tout**. *Tout atout ; à tout bout de champ ; en tout cas ; de tout cœur ; tout compte fait ; tout à coup ; tout d'un coup ; tout court ; les tout débuts ; tout doux ; des essuie-tout ; tout à fait ; tout feu tout flamme ; de tout genre ; en tout genre ; tout de go ; à tout hasard ; tout à l'heure ; des manteaux tout laine ; en tout lieu ; M. Tout-le-Monde ; tout net ; le tout--Paris* (ou *le Tout-Paris*) ; *tout partout ; les tout-petits ; tout d'une pièce ; tout plein ; en tout point ; à tout propos ; tout rond ; tout sec ; tout de suite ;*

tout à trac; tout d'une traite; tout de travers; à tout venant; le tout-venant; tout yeux tout oreilles.

2° Avec **toute**. *À toute allure; contre toute attente; à toute bride; sur toute chose; à toute épreuve; à toute force; en toute franchise; en toute hâte; à toute heure; en toute liberté; de toute nature; en toute occasion; en toute saison; à toute vitesse.*

3° Au pluriel. *À tous crins; à tous égards; tous feux éteints. Toutes affaires cessantes; toutes choses égales; à toutes jambes; en toutes lettres; à toutes mains; de toutes pièces; toutes proportions gardées; toutes réflexions faites; toutes voiles dehors.*

4° Selon le cas. *De tout côté/de tous côtés; à tout coup/à tous coups; à tout moment/à tous moments; à tout point de vue/à tous points de vue; en tout sens/en tous sens; de tout temps/de tous temps; en tout temps/en tous temps.*

En toute chose/en toutes choses; de toute façon/de toutes façons; c'est tout une histoire/c'est toute une histoire; de toute manière/de toutes manières; de toute part/de toutes parts; de toute sorte/de toutes sortes; toute sorte de/toutes sortes de.

J'ai vu toutes sortes de marteaux (ils étaient nombreux et différents). *Toute sorte de marteau lui convenait* (un marteau quel qu'il soit). *Des robes tout en dentelle(s). Je suis tout à vous* (je suis prête à vous servir). *Je suis toute à vous* (totalement, corps et âme). *Il a eu pour tout salaire. Il a eu pour tous gages* (ce mot n'a pas de singulier).

5° Tout autre. Adj. indéf. *Toute autre fille eût été perdue* (n'importe quelle autre fille). ♦ Pron. indéf. *Toute autre aurait fui* (n'importe quelle autre). ♦ Adv. *Il attendait une tout autre réponse* (tout à fait autre). *Mon idée est tout autre.*

LE TRAIT D'UNION

A. – Ce petit trait a été introduit dans l'écriture en 1530 par l'imprimeur Robert Estienne. Il se place à mi-hauteur de l'écriture et a plusieurs emplois :

1° Il unit les éléments des mots composés *(procès-verbal, chasse-neige, arc-en-ciel)*. Certains de ces mots commencent par un terme en fonction de préfixe *(après-midi, sous-préfet, vice-roi, non-lieu)*. La fantaisie en fabrique également. *La mémère-au-toutou. Il s'agit du garçon-qui-veut-vous-montrer-ses-diapos.*

2° Il sert à relier deux mots associés pour une relation, une rencontre ou une opposition. *Le match France-Belgique; le rapport qualité-prix; le conflit syro-libanais.* Si l'un est déjà écrit avec trait d'union, on doit user de la barre oblique. *Le match Belgique/Pays-Bas.*

3° Il est parfois utilisé après le premier élément d'un composé savant, cela sans nécessité *(lacto-densimètre)* ou pour éviter la rencontre de voyelles qui produirait une mauvaise lecture *(micro-onde, extra-utérin)*.

4° Il indique une coupure de mot, ou division, à la fin d'une ligne :

> ... ce terrain maré-
> cageux a besoin de drainage.

Ce signe de coupure étant le même que le trait d'union du paragraphe 1 ci-dessus, la confusion fait qu'on peut avoir en fin de ligne :

| entre- | contre- |
| temps | temps |

Rien ne montre que le premier mot s'écrit normalement avec trait d'union *(entre-temps)* alors que le second n'en a pas *(contretemps)*. C'est pourquoi dans cet ouvrage, qui ne veut rien laisser dans l'ombre, lorsqu'une coupure tombe à l'endroit d'un trait d'union, nous nous servons de deux traits d'union : l'un en fin de ligne, l'autre au début de la ligne suivante. Ci-dessus, il serait indiqué :

| entre- | contre- |
| -temps | temps |

5° Il se met devant *ci* et *là* dans les expressions démonstratives. *Cette montre-ci. Ce sergent-chef-là.*

6° Dans l'énoncé des nombres, il unit certains adjectifs numéraux, inférieurs à *cent* et ne contenant pas la conjonction *et (quatre-vingt-treize)*.

7° Par tradition, on le met dans le nom donné à des voies (rue, place, pont...) ou des établissements publics (école, lycée, hôpital, théâtre, stade...), une fête, un navire, une agglomération, un département, etc. : *boulevard Victor-Hugo; ville de Saint-Étienne; rue du Général-de-Castelnau; lycée Louis-le-Grand; caserne Nungesser-et-Coli; église Saint-Augustin; avenue du 25-Août-1944; le jour de la Saint-Jean; Seine-Maritime; le Château-de-Rambouillet* (avion); *place de l'Hôtel-de-ville* (devant l'hôtel de ville).

Ce trait d'union ne se met pas après une apostrophe *(rue Abbé-de-l'Épée, Montfort-l'Amaury)*, après la particule *Le* ou *La* d'un patronyme *(avenue La Fontaine, rue Charles-Le Goffic)*, après la particule *De, Du* ou *Des* (qui prend là exceptionnellement une capitale) placée en tête de la dénomination *(passage Du Guesclin, le De Grasse)*.

Il faut convenir que cette sorte de trait d'union ne se justifie guère. Aussi voit-on que l'on s'en affranchit quelquefois; à Paris, le préfet de la Seine en a proscrit l'usage. On peut donc considérer comme correctes les écritures suivantes : *square Hélène Boucher, rue Joseph de Maistre, lycée Paul Valéry, hôpital Fernand Widal.*

Pour les établissements privés, il n'est pas d'usage de mettre ce trait d'union. *Café « Le Petit Quinquin »; hôtel du Lion de Belfort.*

8° Il unit les éléments d'un nom de famille composé. *Le duc de Saint-Simon; René Leblond-Garnier.*

On ne doit pas mettre de trait d'union s'il s'agit d'un surnom ajouté. *Pierre le Grand; Richard Cœur de Lion; Philippe Auguste, Charles Quint.*

9° Dans une inversion verbale, on relie le verbe à son sujet par un trait d'union. *Viens-tu ? Sont-ils arrivés ?*

Après un verbe, les pronoms personnels compléments lui sont reliés par un trait d'union (*dis-le-moi*), à moins qu'il n'y ait déjà une apostrophe (*donne-m'en*).

La liste suivante donne des exemples d'emploi du trait d'union dans le cas de l'inversion :

levez-vous	laissez-la venir
laissez-le	vient-il ?
dites-moi	prend-il ?
remets-lui	vendent-ils ?
dit-on	mets-toi là
ferme-t-on	aura-t-on ?
donne-le-moi	saura-t-il ?
dites-le-lui	y a-t-il ?
offrez-leur	allons-nous partir ?
prends-le-leur	voilà-t-il pas

10° *En* et *y* ne se lient par un trait d'union au verbe qui précède que s'ils sont compléments de ce verbe et ne sont pas suivis d'un infinitif :

en ou **y** est complément du verbe (dans ce cas, le verbe, pour la liaison, pourra s'enrichir d'un *s* à la 2ᵉ pers. du singulier)	**en** ou **y** ne se rapporte pas au verbe qui précède
donnes-en donne-lui-en donne-m'en prends-en cueilles-en	donne en échange (*en*, préposition, ne peut être complément) prends en garantie cueille en vitesse
du café, faites-en privez-l'en va-t'en	faites en sorte que va en porter (*en* est compl. de *porter*)
allons-nous-en allez-vous-en tenons-nous-en là vas-y allons-y	allons-nous en voyage ? allez-vous en acheter ? tu vas y boire nous allons y goûter (*y* est complément de *goûter*)
fiez-vous-y mènes-y-moi jette-l'y mets-l'y mets-t'y menez-m'y	

On distinguera aussi :

Il est parti par-là	Par là il veut dire que
Allons-nous-en	Allons nous promener
Il va par-ci par-là	N'allez pas par là
Laissez-la-lui	Laissez-la lui dire que

11° Certaines locutions *(en bas relief, en haut relief, au lieu dit, en ronde bosse, en tête à tête, en trompe l'œil, à côté, à pic...)* ont engendré les noms correspondants avec trait d'union : *un bas-relief, un à-pic...* En cas de doute, le dictionnaire peut aussi secourir : *clair(-)obscur, commis(-)voyageur* ont-ils un trait d'union ? Au dictionnaire figure « clair-obscur » avec trait d'union, mais ne figure que le mot *commis*, seul. La seconde expression n'existe donc pas avec trait d'union.

12° Pour ne pas répéter un mot, il est possible d'écrire : *les régions sus- ou sous-sternales.*

B. – S'écrivent avec trait d'union :

Alain-Fournier	un hors-bord
les beaux-arts	libre-échange
les Cent-Jours	libre-service
Croix-Rouge	mont-de-piété
état-major	procès-verbal
fer-blanc	les tout-petits
Forêt-Noire	à vau-l'eau
grand-duc (prince)	vis-à-vis

C. – S'écrivent sans trait d'union :

Air France	Moyen Âge
arts et métiers	les Nations unies
cas limite	nature morte
château fort	parti pris
Charles Quint	Philippe Auguste
compte courant	Ponce Pilate
Eaux et Forêts	Ponts et Chaussées
état civil	Saint Christopher (île)
extrême gauche	Niki de Saint Phalle
grand duc (oiseau)	Michel de Saint Pierre
guerre éclair	Septime Sévère
huis clos	statu quo
ici même	terre à terre
là même	tiers état
libre arbitre	tout à coup
maître mot	tout à fait
Marc Aurèle	trait d'union
mot clé	vice versa

D. – En général, le trait d'union est moins employé dans les autres langues. Ainsi, les noms suivants n'en comportent pas :

Buenos Aires	New Orleans
Costa Rica	New York
Far West	Rio de Janeiro
Gulf Stream	San Francisco
Hong Kong	San Remo
Los Angeles	São Paulo

→ new et tableaux ABRÉVIATIONS C, 1°, p. 852 ; ADVERBES D, p. 873.

VERBES FRANÇAIS

Indiquant la personne, le moment, la manière et l'acte, le **verbe** est la parole, c'est l'élément vivant de la phrase. Il a donc une grande importance dans la langue. À l'infinitif, le verbe est une bête au repos. La conjugaison l'éveille dans toutes ses attitudes.

À côté des verbes simples *(sauter, revendre)*, on emploie des locutions verbales *(avoir affaire, prendre garde)*.

Sommaire

I. Verbes d'action, verbes d'état
II. Groupes de verbes
III. Personne et nombre
IV. Modes
V. Temps
VI. Verbes transitifs et intransitifs
VII. Verbes auxiliaires *(avoir, être)*
VIII. Verbes du 1er groupe *(chanter)*
IX. Verbes du 2e groupe *(finir)*
X. Verbes du 3e groupe *(rendre, aller)*
XI. Voix du verbe *(être puni)*
XII. Verbes pronominaux *(se laver)*
XIII. Verbes impersonnels *(pleuvoir)*
XIV. Conjugaison négative
XV. Conjugaison interrogative
XVI. Conjugaison négative et interrogative
XVII. Accord du verbe
XVIII. Grande conjugaison
XIX. Particularités orthographiques

I. – VERBES D'ACTION, VERBES D'ÉTAT

Il y a, à côté de la cohorte des nombreux verbes d'action *(marcher, boire, suivre, bâtir...)*, quelques verbes qui n'expriment que l'état : *être, sembler, devenir, avoir l'air, rester, passer pour, s'appeler, consister, demeurer, se trouver...*

Cette chambre semble *confortable.*

Certains verbes peuvent se prêter aux deux situations :

La reine parut *au balcon* (action). *Elle* paraissait *fatiguée* (état).

Le verbe d'état n'a jamais de complément d'objet. Il amène un attribut du sujet :

Le soleil est une étoile (nom attribut).
L'apprenti est attentif (adjectif attribut).

Il a quelquefois un complément spécial, dit **complément subjectif**, qui répond à la question : à qui ? pour qui ?

L'instant nous parut *propice.*   *Cela* me fut *indifférent.*

II. – GROUPES DE VERBES

Pour la commodité de la conjugaison, on a classé les verbes en trois groupes qu'on reconnaît ainsi :

	Infinitif	1re personne du présent de l'indicatif	Participe présent
1er groupe	*(chant)***er**	*(je chant)*e	*(chant)***ant**
2e groupe	*(fin)***ir**	*(je fin)***is**	*(fin)***issant**
3e groupe		tous les autres	

Les occasions sont fréquentes où l'on doit discerner le groupe d'un verbe *Il boit* (3e gr.), *il aboie* (1er gr.). *Je suis* (3e gr.), *j'essuie* (1er gr.). *Tu lies, tu dores* (1er gr.); *tu lis, tu dors* (3e gr.). *Il sondera* (1er gr.), *il fondra* (3e gr.).

III. – PERSONNE ET NOMBRE

	Singulier	Pluriel
1re personne	*je dessine*	*nous dessinons*
2e personne	*tu dessines*	*vous dessinez*
3e personne	*il (elle, on) dessine*	*ils (elles) dessinent*

IV. – MODES

Il y a des modes pour :
1° les actions certaines et positives (**indicatif**);
2° les actions qui dépendent d'une condition (**conditionnel**);
3° le commandement ou la prière (**impératif**);
4° les actions douteuses, possibles, incertaines (**subjonctif**).

En marge, le **participe** exprime une action *(déchirant)* ou une qualité *(déchiré)*.
Selon le degré de certitude, le verbe d'une subordonnée relative peut être :

a) à l'indicatif : *J'ai trouvé une secrétaire qui prend la sténo ;*

b) au conditionnel (pour exprimer la possibilité) : *On m'a promis une secrétaire qui prendrait la sténo ;*

c) au subjonctif (pour exprimer le but, la conséquence souhaitée) : *Je désire une secrétaire qui prenne la sténo. Je n'ai jamais retrouvé de secrétaire qui prît aussi bien la sténo.*

→ tableaux PARTICIPE PASSÉ, p. 917 sqq. ; PARTICIPE PRÉSENT, p. 932.

V. – TEMPS

Il y a des temps pour le présent, le passé et le futur. Dans une conjugaison, on distingue les temps simples et les temps composés.

Les **temps simples** n'ont qu'un mot *(elle court, il prendra, nous achèverions)*.

Les **temps composés** ont deux ou trois mots *(tu as fini, vous êtes venus, ils ont été vus)*. Le dernier mot, c'est le participe passé du verbe. Entre le sujet *(tu, vous...)* et le participe passé se placent un ou deux auxiliaires de conjugaison (souvent les verbes *avoir* et *être*). Dans un temps composé, le verbe ne doit jamais, par la pensée, être dissocié de son auxiliaire : *Elle a,* c'est évident, trop longtemps **tergiversé** dans cette affaire.

La langue (surtout parlée) fait encore appel à des **temps surcomposés** qui se construisent avec les temps composés de l'auxiliaire *avoir* : *j'ai eu sauté, j'avais eu sauté, j'aurais eu sauté, que j'aie eu sauté, ayant eu sauté. Il aurait eu fini son travail aujourd'hui si elle n'était pas venue.*

Toutes les formes verbales peuvent être trouvées dans les tableaux qui suivent.

→ chapitre XVIII.

VI. – VERBES TRANSITIFS ET INTRANSITIFS

Les **verbes transitifs** peuvent se construire avec un complément d'objet, direct ou indirect.

Il franchit la barrière	*Elle parle à la voisine*
(transitivité directe).	(transitivité indirecte).

Les **verbes intransitifs** n'ont pas de complément d'objet. *L'homme boitait.*

VII. – VERBES AUXILIAIRES

Pour former les temps composés, la conjugaison fait appel aux deux verbes auxiliaires **avoir** et **être**.

A. – L'auxiliaire **avoir** est employé pour :

1° *avoir* et *être*, considérés comme verbes de sens plein. *Nous avons eu; qu'ils aient été;*

2° la voix active des verbes transitifs. *Il a bu; tu as ramassé la pièce;*

3° la plupart des verbes intransitifs. *J'ai couru; elles ont brillé;*

4° les verbes essentiellement impersonnels non pronominaux. *Il a neigé; il aurait fallu;*

5° les temps surcomposés. *Dès qu'il a eu fini.*

B. – L'auxiliaire **être** est employé pour :

1° quelques verbes intransitifs :

advenir	décéder	intervenir	parvenir	revenir
aller	devenir	mourir	provenir	survenir
arriver	disconvenir	naître	redevenir	venir
choir	échoir	partir	repartir[1]	

---

1. Dans le sens de « partir de nouveau ». L'autre verbe *repartir* (répliquer) emploie *avoir*.

2° les verbes à la voix passive, dans les temps simples. *Nous sommes volés.* Aux temps composés, les deux auxiliaires sont employés. *Nous avons été volés.* Le participe passé *été* est toujours invariable;

3° les verbes pronominaux. *Je me suis trompé; ils se seront rencontrés.* Cet usage est si fort que le pronom personnel ne supporte pas après lui l'auxiliaire *avoir* appliqué à un autre verbe. *Il a voulu se surpasser* devient avec une inversion *Il s'est voulu surpasser.*

C. – Les auxiliaires **avoir** ou **être** sont employés, selon le sens que l'on prête au verbe ou selon qu'on veut exprimer une action ou un état, avec les verbes intransitifs suivants :

accourir	décamper	divorcer	expirer	ressusciter
apparaître	déchoir	échapper	maigrir	rester
atterrir	décroître	éclater	paraître	résulter
convenir	dégénérer	éclore	pourrir	stationner
croître	demeurer	émigrer	rajeunir	trépasser
croupir	disparaître	empirer		

Ce cadeau lui a convenu; ils sont convenus d'une rencontre.
Il a divorcé; il est divorcé.

De plus, beaucoup de verbes sont transitifs avec *avoir* et intransitifs avec *être*, ainsi :

aborder	changer	descendre	grimper	ressusciter
accoucher	chavirer	diminuer	grossir	retomber
accoutumer	crever	échouer	monter	retourner
accroître	débarquer	embellir	passer	réussir
appauvrir	déborder	emménager	prendre	sonner
augmenter	dégeler	enlaidir	rajeunir	sortir
baisser	déménager	entrer	rentrer	tomber
camper	dénicher	grandir	ressortir	vieillir, *etc.*

Il a entré des alcools en douane; il est entré sur la pointe des pieds.
Avez-vous changé l'eau? Elle est changée depuis sa maladie.

Il faut être, pour l'orthographe, attentif à la prononciation quand il s'agit de la 3ᵉ personne du pluriel, car cette prononciation dévoile l'auxiliaire employé :

[zon] *Ils ont tout descendu à la cave* (v. t.)

[son] *Ils sont descendus très rapidement* (v. int.)

Naturellement, écrire un verbe à un temps composé doit immédiatement faire penser à l'accord du participe passé.

D. – **Les semi-auxiliaires.** Ce sont des verbes ou des tournures verbales qui permettent de nuancer aisément les valeurs de temps, de modes ou d'aspects. Ils sont suivis d'un infinitif. Les plus employés sont :

aller	être en train de	ne faire que de	penser
n'avoir qu'à	être loin de	falloir	penser pouvoir
commencer à	être près de	finir de	pouvoir
compter	être sur le point de	laisser	sembler
croire	faillir	ne pas laisser de	en venir à
devoir	faire	manquer de	venir de
devoir pouvoir	ne faire que	se mettre à	vouloir

Verbe AVOIR

MODE INDICATIF

Présent		Passé composé		
J'	ai	J'	ai	eu
Tu	as	Tu	as	eu
Il	a	Il	a	eu
Nous	avons	Nous	avons	eu
Vous	avez	Vous	avez	eu
Ils	ont	Ils	ont	eu

Imparfait		Plus-que-parfait		
J'	avais	J'	avais	eu
Tu	avais	Tu	avais	eu
Il	avait	Il	avait	eu
Nous	avions	Nous	avions	eu
Vous	aviez	Vous	aviez	eu
Ils	avaient	Ils	avaient	eu

Passé simple		Passé antérieur		
J'	eus	J'	eus	eu
Tu	eus	Tu	eus	eu
Il	eut	Il	eut	eu
Nous	eûmes	Nous	eûmes	eu
Vous	eûtes	Vous	eûtes	eu
Ils	eurent	Ils	eurent	eu

Futur simple		Futur antérieur		
J'	aurai	J'	aurai	eu
Tu	auras	Tu	auras	eu
Il	aura	Il	aura	eu
Nous	aurons	Nous	aurons	eu
Vous	aurez	Vous	aurez	eu
Ils	auront	Ils	auront	eu

MODE CONDITIONNEL

Présent	
J'	aurais
Tu	aurais
Il	aurait
Nous	aurions
Vous	auriez
Ils	auraient

Passé 1re forme		
J'	aurais	eu
Tu	aurais	eu
Il	aurait	eu
Nous	aurions	eu
Vous	auriez	eu
Ils	auraient	eu

Passé 2e forme		
J'	eusse	eu
Tu	eusses	eu
Il	eût	eu
Nous	eussions	eu
Vous	eussiez	eu
Ils	eussent	eu

MODE IMPÉRATIF

Présent	Passé
Aie	Aie eu
Ayons	Ayons eu
Ayez	Ayez eu

MODE SUBJONCTIF

Présent			Passé		
Que	j'	aie	Que	j'	aie	eu
Que	tu	aies	Que	tu	aies	eu
Qu'	il	ait	Qu'	il	ait	eu
Que	nous	ayons	Que	nous	ayons	eu
Que	vous	ayez	Que	vous	ayez	eu
Qu'	ils	aient	Qu'	ils	aient	eu

Imparfait			Plus-que-parfait		
Que	j'	eusse	Que	j'	eusse	eu
Que	tu	eusses	Que	tu	eusses	eu
Qu'	il	eût	Qu'	il	eût	eu
Que	nous	eussions	Que	nous	eussions	eu
Que	vous	eussiez	Que	vous	eussiez	eu
Qu'	ils	eussent	Qu'	ils	eussent	eu

MODE INFINITIF

Présent	Passé
avoir	avoir eu

MODE PARTICIPE

Présent	Passé	Passé composé
ayant	eu	ayant eu

Verbe ÊTRE

MODE INDICATIF

Présent
Je	suis
Tu	es
Il	est
Nous	sommes
Vous	êtes
Ils	sont

Passé composé
J'	ai	été
Tu	as	été
Il	a	été
Nous	avons	été
Vous	avez	été
Ils	ont	été

Imparfait
J'	étais
Tu	étais
Il	était
Nous	étions
Vous	étiez
Ils	étaient

Plus-que-parfait
J'	avais	été
Tu	avais	été
Il	avait	été
Nous	avions	été
Vous	aviez	été
Ils	avaient	été

Passé simple
Je	fus
Tu	fus
Il	fut
Nous	fûmes
Vous	fûtes
Ils	furent

Passé antérieur
J'	eus	été
Tu	eus	été
Il	eut	été
Nous	eûmes	été
Vous	eûtes	été
Ils	eurent	été

Futur simple
Je	serai
Tu	seras
Il	sera
Nous	serons
Vous	serez
Ils	seront

Futur antérieur
J'	aurai	été
Tu	auras	été
Il	aura	été
Nous	aurons	été
Vous	aurez	été
Ils	auront	été

MODE CONDITIONNEL

Présent
Je	serais
Tu	serais
Il	serait
Nous	serions
Vous	seriez
Ils	seraient

Passé 1re forme
J'	aurais	été
Tu	aurais	été
Il	aurait	été
Nous	aurions	été
Vous	auriez	été
Ils	auraient	été

Passé 2e forme
J'	eusse	été
Tu	eusses	été
Il	eût	été
Nous	eussions	été
Vous	eussiez	été
Ils	eussent	été

MODE IMPÉRATIF

Présent	Passé
Sois	Aie été
Soyons	Ayons été
Soyez	Ayez été

MODE SUBJONCTIF

Présent
Que	je	sois
Que	tu	sois
Qu'	il	soit
Que	nous	soyons
Que	vous	soyez
Qu'	ils	soient

Passé
Que	j'	aie	été
Que	tu	aies	été
Qu'	il	ait	été
Que	nous	ayons	été
Que	vous	ayez	été
Qu'	ils	aient	été

Imparfait
Que	je	fusse
Que	tu	fusses
Qu'	il	fût
Que	nous	fussions
Que	vous	fussiez
Qu'	ils	fussent

Plus-que-parfait
Que	j'	eusse	été
Que	tu	eusses	été
Qu'	il	eût	été
Que	nous	eussions	été
Que	vous	eussiez	été
Qu'	ils	eussent	été

MODE INFINITIF

Présent	Passé
être	avoir été

MODE PARTICIPE

Présent	Passé	Passé composé
étant	été	ayant été

Vous allez voir. Il va sauter. Je compte finir ce travail bientôt. Il pense pouvoir battre le record.
→ chapitre XVIII.

VIII. – VERBES DU 1er GROUPE

A. – Pour s'assurer de la terminaison d'un verbe en *-er* à l'infinitif, on le remplace par un verbe du 2e ou du 3e groupe (par exemple : *offrir, faire*). *Je suis prêt à parler* (je suis prêt à partir, à faire cela).

Les verbes du 1er groupe sont au nombre de 4 500 environ. Les verbes nouveaux sont, à cause de la facilité de conjugaison, presque toujours du 1er groupe *(radiographier, télécommander, satelliser, conteneuriser...)*. Le modèle en est le verbe **chanter**. Dans la conjugaison, la racine du verbe (*radot*[er], *rumin*[er], *cherch*[er], *observ*[er], *ski*[er], *jou*[er]...) est immuable. Elle se met à la place de *chant*, la terminaison à ajouter à la racine étant la même que pour le verbe *chanter*. Mais il est, pour ce groupe de verbes, quelques particularités qu'il faut observer.

B. – Particularités des verbes du 1er groupe

Le 1er groupe compte environ 790 verbes irréguliers dont voici les caractéristiques.

-cer 1° Dans les verbes terminés par *-cer* (comme *lancer*), le *c* prend la cédille devant *a* ou *o*. *Je lance, nous lançons, il lançait*. Cette cédille apparaît aux temps suivants :

Présent	Imparfait	Passé simple
Je lance	Je lançais	Je lançai
Tu lances	Tu lançais	Tu lanças
Il lance	Il lançait	Il lança
Nous lançons	Nous lancions	Nous lançâmes
Vous lancez	Vous lanciez	Vous lançâtes
Ils lancent	Ils lançaient	Ils lancèrent

Imparfait du subjonctif	Impératif présent
Que je lançasse	Lance
Que tu lançasses	Lançons
Qu' il lançât	Lancez
Que nous lançassions	
Que vous lançassiez	**Participe présent**
Qu' ils lançassent	Lançant

Les autres temps n'ont pas de cédille. Sont de ce type environ 80 verbes, tels : *agacer, amorcer, annoncer, avancer, balancer*, etc. Conjug. 2.

-ger 2° Dans les verbes terminés par *-ger* (comme *manger*), le *g* est suivi d'un *e* devant *a* ou *o*. *Je mange, nous mangeons, il mangeait*. On trouve ce *e* intercalé aux temps suivants :

Présent	Imparfait	Passé simple
Je mange	Je mangeais	Je mangeai
Tu manges	Tu mangeais	Tu mangeas
Il mange	Il mangeait	Il mangea
Nous mangeons	Nous mangions	Nous mangeâmes
Vous mangez	Vous mangiez	Vous mangeâtes
Ils mangent	Ils mangeaient	Ils mangèrent

Imparfait du subjonctif	Impératif présent
Que je mangeasse	Mange
Que tu mangeasses	Mangeons
Qu' il mangeât	Mangez
Que nous mangeassions	**Participe présent**
Que vous mangeassiez	Mangeant
Qu' ils mangeassent	

Les autres temps n'ont pas ce *e* supplémentaire. Sont de ce type environ 140 verbes, tels : *allonger, dévisager, infliger, juger, voyager*, etc. Conjug. 3.

-guer 3° Les verbes terminés par *-guer* (comme *prodiguer*) conservent le *u* de la fin du radical tout au long de la conjugaison, bien que ce *u* soit phonétiquement inutile devant *a* ou *o*. *Je prodiguais, prodiguant, nous prodiguons*.

Mais il arrive parfois que ce *u* disparaisse quand le participe présent devient adjectif ou nom (*un travail fatigant*) → tableau PARTICIPE PRÉSENT C, p. 932.

Sont de ce type environ 50 verbes, tels : *déléguer, divulguer, irriguer, narguer, naviguer, promulguer*, etc. Conjug. 4. → arguer/argüer.

-oyer
-uyer 4° Dans les verbes en *-oyer* et *-uyer*, l'*y* se change en *i* devant un *e* muet. *Employer, j'emploie, j'emploierai, que nous employions. Essuyer, j'essuie, nous essuyons, vous essuieriez.* Cette particularité se trouve aux temps suivants :

Présent	Futur	Conditionnel présent
Je broie	Je broierai	Je broierais
Tu broies	Tu broieras	Tu broierais
Il broie	Il broiera	Il broierait
Nous broyons	Nous broierons	Nous broierions
Vous broyez	Vous broierez	Vous broieriez
Ils broient	Ils broieront	Ils broieraient

Présent du subjonctif		Impératif présent
Que je broie	Que nous broyions	Broie
Que tu broies	Que vous broyiez	Broyons
Qu' il broie	Qu' ils broient	Broyez

Les autres temps ont un *y*. Sont de ce type environ 50 verbes, tels : *appuyer, ennuyer, nettoyer, ployer, soudoyer*, etc. Conjug. 6 et 7.

Envoyer et *renvoyer* sont des verbes du 3ᵉ groupe. Conjug. 5.

Verbe CHANTER

(1er groupe)

INDICATIF

Présent
Je	chant *e*
Tu	chant *es*
Il	chant *e*
Nous	chant *ons*
Vous	chant *ez*
Ils	chant *ent*

Passé composé
J'	ai	chant *é*
Tu	as	chant *é*
Il	a	chant *é*
Nous	avons	chant *é*
Vous	avez	chant *é*
Ils	ont	chant *é*

Imparfait
Je	chant *ais*
Tu	chant *ais*
Il	chant *ait*
Nous	chant *ions*
Vous	chant *iez*
Ils	chant *aient*

Plus-que-parfait
J'	avais	chant *é*
Tu	avais	chant *é*
Il	avait	chant *é*
Nous	avions	chant *é*
Vous	aviez	chant *é*
Ils	avaient	chant *é*

Passé simple
Je	chant *ai*
Tu	chant *as*
Il	chant *a*
Nous	chant *âmes*
Vous	chant *âtes*
Ils	chant *èrent*

Passé antérieur
J'	eus	chant *é*
Tu	eus	chant *é*
Il	eut	chant *é*
Nous	eûmes	chant *é*
Vous	eûtes	chant *é*
Ils	eurent	chant *é*

Futur simple
Je	chant *erai*
Tu	chant *eras*
Il	chant *era*
Nous	chant *erons*
Vous	chant *erez*
Ils	chant *eront*

Futur antérieur
J'	aurai	chant *é*
Tu	auras	chant *é*
Il	aura	chant *é*
Nous	aurons	chant *é*
Vous	aurez	chant *é*
Ils	auront	chant *é*

CONDITIONNEL

Présent
Je	chant *erais*
Tu	chant *erais*
Il	chant *erait*
Nous	chant *erions*
Vous	chant *eriez*
Ils	chant *eraient*

Passé 1re forme
J'	aurais	chant *é*
Tu	aurais	chant *é*
Il	aurait	chant *é*
Nous	aurions	chant *é*
Vous	auriez	chant *é*
Ils	auraient	chant *é*

Passé 2e forme
J'	eusse	chant *é*
Tu	eusses	chant *é*
Il	eût	chant *é*
Nous	eussions	chant *é*
Vous	eussiez	chant *é*
Ils	eussent	chant *é*

IMPÉRATIF

Présent	Passé
Chant *e*	Aie chant *é*
Chant *ons*	Ayons chant *é*
Chant *ez*	Ayez chant *é*

SUBJONCTIF

Présent
Que	je	chant *e*
Que	tu	chant *es*
Qu'	il	chant *e*
Que	nous	chant *ions*
Que	vous	chant *iez*
Qu'	ils	chant *ent*

Passé
Que	j'	aie	chant *é*
Que	tu	aies	chant *é*
Qu'	il	ait	chant *é*
Que	nous	ayons	chant *é*
Que	vous	ayez	chant *é*
Qu'	ils	aient	chant *é*

Imparfait
Que	je	chant *asse*
Que	tu	chant *asses*
Qu'	il	chant *ât*
Que	nous	chant *assions*
Que	vous	chant *assiez*
Qu'	ils	chant *assent*

Plus-que-parfait
Que	j'	eusse	chant *é*
Que	tu	eusses	chant *é*
Qu'	il	eût	chant *é*
Que	nous	eussions	chant *é*
Que	vous	eussiez	chant *é*
Qu'	ils	eussent	chant *é*

INFINITIF

Présent	Passé
chant *er*	avoir chant *é*

PARTICIPE

Présent	Passé	Passé composé
chant *ant*	chant *é*	ayant chant *é*

-ayer 5° Dans les verbes en *-ayer*, l'*y* peut être changé en *i* devant un *e* muet. Les deux conjugaisons (avec *i* ou *y*) sont admises. *Je balaie* ou *je balaye, nous balayons ; je paierai* ou *je payerai*. Les temps sur lesquels porte ce choix sont les suivants :

	Présent		Futur	Impératif
Je	paie /paye	Je	paierai /payerai	Paie /Paye
Tu	paies /payes	Tu	paieras /payeras	Payons
Il	paie /paye	Il	paiera /payera	Payez
Nous	payons	Nous	paierons /payerons	
Vous	payez	Vous	paierez /payerez	
Ils	paient /payent	Ils	paieront /payeront	

	Conditionnel présent		Subjonctif présent	
Je	paierais /payerais	Que	je	paie /paye
Tu	paierais /payerais	Que	tu	paies /payes
Il	paierait /payerait	Qu'	il	paie /paye
Nous	paierions /payerions	Que	nous	payions
Vous	paieriez /payeriez	Que	vous	payiez
Ils	paieraient /payeraient	Qu'	ils	paient /payent

Les autres temps ont toujours l'*y*. Sont de ce type environ 25 verbes, tels : *délayer, effrayer, enrayer, essayer, relayer*, etc. Conjug. 8.

-eyer 6° Les verbes en *-eyer* conservent toujours l'*y*. *Je grasseye*. Ces verbes sont : *barbeyer, bordeyer, brasseyer, capeyer, éneyer, faseyer, grasseyer, langueyer, susseyer, volleyer*. Conjug. 9.

-é-er 7° Dans les verbes en *-é-er* (comme *céder*) qui ont un *é* (accent aigu) devant une consonne à l'avant-dernière syllabe, on change celui-ci en *è* (accent grave) devant la syllabe muette finale. *Espérer, j'espère, nous espérons, ils espèrent. J'abrège, je lègue, je règne, j'aliène, je dissèque, je sèche*. Les temps affectés par ce changement d'accent sont :

Indicatif présent		Subjonctif présent		Impératif présent
Je cède	Que	je	cède	Cède
Tu cèdes	Que	tu	cèdes	Cédons
Il cède	Qu'	il	cède	Cédez
Nous cédons	Que	nous	cédions	
Vous cédez	Que	vous	cédiez	
Ils cèdent	Qu'	ils	cèdent	

Les autres temps conservent l'accent aigu sur le *é* de la racine. En particulier, ce *é* ne change pas au futur de l'indicatif et au présent du conditionnel, la syllabe muette n'étant pas finale. *Je céderai, je réglerais*.

Sont de ce type environ 200 verbes, tels : *céder, conférer, écrémer, léser, pénétrer*, etc. Conjug. 10.

Cette règle ne concerne pas les verbes en *-ê-er* (comme *rêver*) qui conservent toujours l'accent circonflexe.

-eler
-eter 8° Les verbes en *-eler* et *-eter* se soumettent à deux conjugaisons :

a) Verbes se conjuguant avec l'accent grave devant une syllabe muette (*-èle, -ète*) :

celer	démanteler	harceler	regeler	crocheter
ciseler	désurgeler	marteler	surgeler	fileter
congeler	écarteler	modeler	acheter	fureter
déceler	encasteler (s')	peler	bégueter	haleter
décongeler	fardeler	receler	corseter	racheter
dégeler	geler	recongeler		

Je gèle, nous gelons, ils gèlent. Je gèlerai(s). J'achète, nous achetons, nous achèterons. L'accent grave apparaît dans les temps suivants :

Présent		Futur		Conditionnel présent	
Je	gèle	Je	gèlerai	Je	gèlerais
Tu	gèles	Tu	gèleras	Tu	gèlerais
Il	gèle	Il	gèlera	Il	gèlerait
Nous	gelons	Nous	gèlerons	Nous	gèlerions
Vous	gelez	Vous	gèlerez	Vous	gèleriez
Ils	gèlent	Ils	gèleront	Ils	gèleraient

Présent du subjonctif				Impératif présent
Que je	gèle	Que nous	gelions	Gèle
Que tu	gèles	Que vous	geliez	Gelons
Qu' il	gèle	Qu' ils	gèlent	Gelez

Les autres temps n'ont pas cet accent. Conjug. 11 et 12.

b) Les autres verbes en *-eler* et *-eter* doublent la consonne *l* ou *t* devant une syllabe muette (*-elle, -ette*). *J'appelle, nous appelons, ils appellent. J'appellerai(s). Je jette, nous jetons, nous jetterons.* Le doublement de la consonne se fait dans les temps suivants :

Présent		Futur		Conditionnel présent	
Je	jette	Je	jetterai	Je	jetterais
Tu	jettes	Tu	jetteras	Tu	jetterais
Il	jette	Il	jettera	Il	jetterait
Nous	jetons	Nous	jetterons	Nous	jetterions
Vous	jetez	Vous	jetterez	Vous	jetteriez
Ils	jettent	Ils	jetteront	Ils	jetteraient

Présent du subjonctif				Impératif présent
Que je	jette	Que nous	jetions	Jette
Que tu	jettes	Que vous	jetiez	Jetons
Qu' il	jette	Qu' ils	jettent	Jetez

Les autres temps ont un seul *l* ou un seul *t*. Sont de ce type environ 160 verbes, tels : *atteler, chanceler, nickeler ; breveter, étiqueter, parqueter,* etc. Conjug. 13 et 14.

Cette règle ne concerne pas les verbes en *-eller* (comme *interpeller*) et en *-etter* (comme *regretter*) qui conservent toujours les deux *l* ou les deux *t*.

-e-er 9° Dans les verbes en *-e-er* (comme *semer*), autres que les verbes en *-eler* et *-eter*, qui ont un *e* muet à l'avant-dernière syllabe, on change ce *e* en *è* (accent grave) devant une syllabe en *e*. *Je sème, nous semons, ils sèment. Relever, ils relèvent, ils relèveront, je relèverais.*
Cet accent apparaît aux temps suivants :

Présent	Futur	Conditionnel présent
Je sème	Je sèmerai	Je sèmerais
Tu sèmes	Tu sèmeras	Tu sèmerais
Il sème	Il sèmera	Il sèmerait
Nous semons	Nous sèmerons	Nous sèmerions
Vous semez	Vous sèmerez	Vous sèmeriez
Ils sèment	Ils sèmeront	Ils sèmeraient

Présent du subjonctif	Impératif
Que je sème — Que nous semions	Sème
Que tu sèmes — Que vous semiez	Semons
Qu'il sème — Qu'ils sèment	Semez

Il n'y a pas d'accent sur ce *e* de la racine dans les autres temps. Sont de ce type environ 45 verbes, tels : *achever, se démener, enlever, peser, soulever*, etc. Conjug. 15.

Cette règle ne concerne pas les verbes comme *caresser, percer, vexer* où le premier *e*, bien que non accentué, n'est pas muet.

-éer 10° Les verbes en *-éer* (comme *créer*) gardent toujours l'accent aigu au radical. *Je crée, ils créent, ils créeront, ils créèrent.*

Ces verbes sont : *agréer, béer, capéer, congréer, créer, dégréer, délinéer, désagréer, gréer, guéer, maugréer, procréer, ragréer, récréer, réer, suppléer, toréer*. Conjug. 16.

11° Dans les verbes finissant par *-éer* (comme *créer*), *-ier* (comme *scier*), *-ouer* (comme *jouer*), *-uer* (comme *saluer*), *-yer* (comme *payer*), la voyelle *é, i, ou, u, y* du radical voisine avec le *i* de la terminaison à l'imparfait de l'indicatif et au présent du subjonctif. *Nous créions, nous sciions, nous jouions, nous saluions, nous payions. Que nous étudiions, que vous appuyiez.*

Il ne faut pas oublier le *e*, partie intégrante du verbe, au futur de l'indicatif et au présent du conditionnel. *Il suppléera, nous crierions.* Conjug. 17, 18, 19.

■ Le verbe *aller* est du 3ᵉ groupe (→ chap. X).

■ Les verbes *arguer, dépecer, ficher, rapiécer* ont des particularités de conjugaison qui sont précisées à leur ordre alphabétique.

■ Tous les verbes en *-er* qui ne sont pas signalés ci-dessus se conjuguent comme le verbe *chanter* (conjug. 1).

C. – Verbes défectifs du 1er groupe

Adirer. Ne s'emploie qu'à l'infinitif et au participe passé *(adiré)*.

Béer. Ne s'emploie qu'à l'infinitif, à l'indicatif présent et imparfait. Les participes présent *(béant)* et passé *(bé)* sont devenus des adjectifs.

Conster. Verbe impersonnel, ne se dit qu'à la 3e personne du singulier et n'est connu qu'en jurisprudence, à l'infinitif et à l'indicatif présent et imparfait.

Dinguer. Endêver. Ester. Ne s'emploient qu'à l'infinitif.

Importer. Ne s'emploie qu'à l'infinitif, au participe présent et aux 3es personnes des temps personnels.

Moufter. N'est employé qu'en tournure négative à l'infinitif, au présent et à l'imparfait de l'indicatif, aux temps composés et rarement à la 1re personne.

Puer. Ne s'emploie presque jamais aux temps composés.

Résulter. Ne s'emploie qu'à la 3e personne du singulier et du pluriel.

IX. – VERBES DU 2e GROUPE

A. – Comptant environ 390 verbes, ce groupe ne s'enrichit guère (la science offre *alunir*, l'argot *estourbir*...).

Tous ces verbes se conjuguent sur le modèle du verbe **finir**. Les racines *(about(ir), avert(ir), retent(ir), obé(ir)...)* ne changent pas au long de la conjugaison, la terminaison à ajouter à cette racine étant la même que pour le verbe *finir*.

B. – Répertoire des verbes du 2e groupe les plus usités

abasourdir	amerrir	assortir	bondir	déjaunir	élargir
abâtardir	ameublir	assoupir	bouffir	démolir	embellir
abêtir	amincir	assouplir	brandir	démunir	emboutir
abolir	amoindrir	assourdir	brunir	dépérir	emplir
aboutir	amollir	assouvir	calmir	dépolir	enchérir
accomplir	amortir	assujettir	chérir	désassortir	endurcir
accroupir (s')	amuïr	attendrir	choisir	désemplir	enfouir
adoucir	anéantir	atterrir	compatir	désinvestir	engloutir
affadir	anoblir	attiédir	convertir	désobéir	engourdir
affaiblir	aplanir	avachir (s')	crépir	dessaisir	enhardir
affermir	aplatir	avertir	croupir	dessertir	enlaidir
affranchir	appauvrir	avilir	définir	désunir	ennoblir
agir	appesantir	bannir	défleurir	dévernir	enorgueillir
agonir	applaudir	bâtir	défraîchir	divertir	enrichir
agrandir	approfondir	bénir	dégarnir	doucir	ensevelir
aguerrir	arrondir	blanchir	dégauchir	durcir	entr'avertir (s')
aigrir	assagir	blêmir	déglutir	ébahir	entre-haïr (s')
alanguir	assainir	bleuir	dégourdir	ébaubir (s')	envahir
alourdir	asservir	blondir	dégrossir	éblouir	épaissir
alunir	assombrir	blottir (se)	déguerpir	éclaircir	épanouir

Verbe FINIR
(2ᵉ groupe)

INDICATIF

Présent	Passé composé
Je fin *is*	J' ai fin *i*
Tu fin *is*	Tu as fin *i*
Il fin *it*	Il a fin *i*
Nous fin *issons*	Nous avons fin *i*
Vous fin *issez*	Vous avez fin *i*
Ils fin *issent*	Ils ont fin *i*

Imparfait	Plus-que-parfait
Je fin *issais*	J' avais fin *i*
Tu fin *issais*	Tu avais fin *i*
Il fin *issait*	Il avait fin *i*
Nous fin *issions*	Nous avions fin *i*
Vous fin *issiez*	Vous aviez fin *i*
Ils fin *issaient*	Ils avaient fin *i*

Passé simple	Passé antérieur
Je fin *is*	J' eus fin *i*
Tu fin *is*	Tu eus fin *i*
Il fin *it*	Il eut fin *i*
Nous fin *îmes*	Nous eûmes fin *i*
Vous fin *îtes*	Vous eûtes fin *i*
Ils fin *irent*	Ils eurent fin *i*

Futur simple	Futur antérieur
Je fin *irai*	J' aurai fin *i*
Tu fin *iras*	Tu auras fin *i*
Il fin *ira*	Il aura fin *i*
Nous fin *irons*	Nous aurons fin *i*
Vous fin *irez*	Vous aurez fin *i*
Ils fin *iront*	Ils auront fin *i*

CONDITIONNEL

Présent
Je fin *irais*
Tu fin *irais*
Il fin *irait*
Nous fin *irions*
Vous fin *iriez*
Ils fin *iraient*

Passé 1ʳᵉ forme
J' aurais fin *i*
Tu aurais fin *i*
Il aurait fin *i*
Nous aurions fin *i*
Vous auriez fin *i*
Ils auraient fin *i*

Passé 2ᵉ forme
J' eusse fin *i*
Tu eusses fin *i*
Il eût fin *i*
Nous eussions fin *i*
Vous eussiez fin *i*
Ils eussent fin *i*

IMPÉRATIF

Présent	Passé
Fin *is*	Aie fin *i*
Fin *issons*	Ayons fin *i*
Fin *issez*	Ayez fin *i*

SUBJONCTIF

Présent	Passé
Que je fin *isse*	Que j' aie fin *i*
Que tu fin *isses*	Que tu aies fin *i*
Qu' il fin *isse*	Qu' il ait fin *i*
Que nous fin *issions*	Que nous ayons fin *i*
Que vous fin *issiez*	Que vous ayez fin *i*
Qu' ils fin *issent*	Qu' ils aient fin *i*

Imparfait	Plus-que-parfait
Que je fin *isse*	Que j' eusse fin *i*
Que tu fin *isses*	Que tu eusses fin *i*
Qu' il fin *ît*	Qu' il eût fin *i*
Que nous fin *issions*	Que nous eussions fin *i*
Que vous fin *issiez*	Que vous eussiez fin *i*
Qu' ils fin *issent*	Qu' ils eussent fin *i*

INFINITIF

Présent	Passé
fin *ir*	avoir fin *i*

PARTICIPE

Présent	Passé	Passé composé
fin *issant*	fin *i*	ayant fin *i*

équarrir	gravir	nantir	raidir	rembrunir	rugir
estourbir	grossir	noircir	rajeunir	remplir	saillir[3]
établir	guérir	nourrir	ralentir	renchérir	saisir
étourdir	haïr	obéir	ramollir	rendurcir	salir
évanouir (s')	hennir	obscurcir	rancir	répartir	sertir
faiblir	honnir	ourdir	raplatir	repolir	sévir
faillir[1]	impartir	pâlir	rassir	resplendir	sortir[4]
farcir	infléchir	pâtir	ravir	ressaisir	subir
finir	intervertir	périr	réagir	ressortir[2]	surenchérir
fléchir	invertir	pervertir	réassortir	resurgir	surgir
flétrir	investir	pétrir	réassujettir	rétablir	surir
fleurir	jaillir	polir	rebâtir	retentir	tapir (se)
fouir	jaunir	pourrir	reblanchir	rétrécir	tarir
fourbir	jouir	préétablir	rebondir	rétroagir	ternir
fournir	languir	prémunir	réfléchir	réunir	tiédir
fraîchir	lotir	punir	refleurir	réussir	trahir
franchir	maigrir	rabougrir	refournir	reverdir	travestir
frémir	matir	raccourcir	refroidir	revernir	unir
garantir	mincir	racornir	regarnir	roidir	vagir
garnir	meurtrir	radoucir	régir	rosir	verdir
gauchir	moisir	raffermir	réinvestir	rôtir	vernir
gémir	mollir	rafraîchir	rejaillir	rougir	vieillir
glapir	mugir	ragaillardir	réjouir	rouir	vomir
grandir	munir	ragrandir	rélargir	roussir	vrombir

C. – Remarques

1° Présentent certaines particularités les verbes *bénir, fleurir, rassir* (voir ces mots à leur ordre alphabétique).

2° Les verbes *haïr, s'entre-haïr, rehaïr* ne prennent pas de tréma sur le *i* au singulier du présent de l'indicatif et de l'impératif. *Je hais, tu hais, il hait, nous haïssons... Hais, haïssons, haïssez.*

Ces verbes ne prennent pas d'accent circonflexe au passé simple de l'indicatif et à l'imparfait du subjonctif. *Je haïs, tu haïs, il haït, nous haïmes, vous haïtes, ils haïrent. Qu'il haït.*

Le verbe *s'entre-haïr*, étant un verbe pronominal réciproque, ne se conçoit guère au singulier : cette règle ne le concerne qu'exceptionnellement (*on s'entre-hait*, présent de l'indicatif).

Le quatrième verbe du 2e groupe finissant par *ïr (amuïr)* ne suit pas ces règles, il conserve toujours le tréma (*j'amuïs, il est amuï*).

3° Les verbes *saisir-arrêter, saisir-brandonner, saisir-exécuter, saisir-gager, saisir-revendiquer*, qui se conjuguent à la fois comme un verbe du 2e groupe et un verbe du 1er groupe, ne s'emploient guère qu'à l'infinitif. Il est d'ailleurs préférable de les remplacer par *opérer une saisie-arrêt* (*une saisie-brandon, une saisie-exécution, une saisie-gagerie, une saisie-revendication*).

---

1. Conjugaison actuelle 50 a.
2. Dans le sens de « être du ressort ».
3. Dans le sens de « jaillir, s'accoupler à ».
4. En jurisprudence, dans le sens de « obtenir ». Les temps composés se font avec *avoir*.

X. – VERBES DU 3ᵉ GROUPE

A. – Les verbes du 3ᵉ groupe sont les verbes irréguliers. Ils sont au nombre de 520 environ. Mais, s'ils ne représentent que le dixième du total des verbes, ils fournissent la moitié des fréquences d'emploi, car ce sont les plus anciens et les plus stables. Les plus utilisés *(aller, boire, courir, dire, écrire, faire, lire, mettre, pouvoir, prendre, rire, savoir, tenir, vivre, voir...)* doivent être maîtrisés.

C'est aussi dans ce groupe qu'on trouve les verbes qui, quoique littéraires, sont condamnés par l'usage qui réclame la simplification, la facilité de conjugaison. On ne dit plus « l'eau bouillira », on dit « l'eau va bouillir », à moins qu'on ne dise, hélas, « l'eau bouera ». Les personnes qui ne savaient pas conjuguer les verbes *résoudre* ou *émouvoir* ont inventé ces verbes grisâtres que sont *solutionner, émotionner;* et lentement ceux-ci détrônent ceux-là. La dame de chez Maxim nous amuse en disant (correctement) : « Vêts-moi ! » Diderot, Voltaire, Lamartine et d'autres usèrent quelquefois de ce verbe *vêtir* comme d'un verbe du 2ᵉ groupe. Alors on hésite à *se vêtir*, on préfère *s'habiller*.

Le 3ᵉ groupe de verbes, à l'inverse des deux autres, ne s'enrichit pas de néologismes.

B. – Particularités des verbes du 3ᵉ groupe

1° Les verbes finissant par *-indre* et *-soudre* perdent la consonne *d* au présent de l'indicatif et de l'impératif, et au participe passé. *Je ceins, tu absous, il atteint, il résout. Éteins ! Absous ! Plaint, dissous, résolu.* Il y a trois verbes finissant par *-soudre (absoudre, dissoudre, résoudre)* dont les participes passés sont : *absous, dissous, résolu* (autrefois : *résous*). Les mots *absolu* et *dissolu* sont des adjectifs.

2° Les verbes du 3ᵉ groupe finissant par *-tir* (sauf *vêtir, dévêtir, revêtir*), *-aître, -oître*, perdent la consonne *t* aux deux premières personnes du présent de l'indicatif et à la 2ᵉ personne du présent de l'impératif. *Je sors, Tu accrois. Disparais !*

3° Les verbes en *-aître* et *-oître* ne conservent l'accent circonflexe sur le *i* du radical que lorsque ce dernier est suivi d'un *t*. *Je connais, il connaît, il connaissait.*

4° Le verbe *croître* (ou *recroître*) prend l'accent circonflexe chaque fois qu'il risque d'être confondu avec le verbe *croire* (ou *recroire*).

Croire : *je crois, je crus, que je crusse.*
Croître : *je croîs, je crûs, que je crûsse.*

Exception pour le participe passé :

Croire : *cru, crue, crus, crues.*   Croître : *crû, crue, crus, crues.*

5° Les verbes *plaire, complaire, déplaire* prennent un accent circonflexe à la 3ᵉ personne du singulier du présent de l'indicatif. *S'il vous plaît. Il se complaît. Il déplaît.*

6° Les participes passés des verbes *devoir, redevoir, mouvoir, croître* et *recroître* prennent un accent circonflexe sur le *u*, mais au masculin singulier exclusivement. *Dû, due, dus, dues; redû, mû, crû, recrû.* Dans « recru de fatigue », le mot vient du vieux verbe *se recroire* qui signifiait *se rendre*.

Verbe RENDRE

(3ᵉ groupe ; auxiliaire *avoir*)

INDICATIF		CONDITIONNEL

Présent	Passé composé	Présent
Je rend *s*	J' ai rend *u*	Je rend *rais*
Tu rend *s*	Tu as rend *u*	Tu rend *rais*
Il rend	Il a rend *u*	Il rend *rait*
Nous rend *ons*	Nous avons rend *u*	Nous rend *rions*
Vous rend *ez*	Vous avez rend *u*	Vous rend *riez*
Ils rend *ent*	Ils ont rend *u*	Ils rend *raient*

Imparfait	Plus-que-parfait	Passé 1ʳᵉ forme
Je rend *ais*	J' avais rend *u*	J' aurais rend *u*
Tu rend *ais*	Tu avais rend *u*	Tu aurais rend *u*
Il rend *ait*	Il avait rend *u*	Il aurait rend *u*
Nous rend *ions*	Nous avions rend *u*	Nous aurions rend *u*
Vous rend *iez*	Vous aviez rend *u*	Vous auriez rend *u*
Ils rend *aient*	Ils avaient rend *u*	Ils auraient rend *u*

Passé simple	Passé antérieur	Passé 2ᵉ forme
Je rend *is*	J' eus rend *u*	J' eusse rend *u*
Tu rend *is*	Tu eus rend *u*	Tu eusses rend *u*
Il rend *it*	Il eut rend *u*	Il eût rend *u*
Nous rend *îmes*	Nous eûmes rend *u*	Nous eussions rend *u*
Vous rend *îtes*	Vous eûtes rend *u*	Vous eussiez rend *u*
Ils rend *irent*	Ils eurent rend *u*	Ils eussent rend *u*

Futur simple	Futur antérieur	
Je rend *rai*	J' aurai rend *u*	
Tu rend *ras*	Tu auras rend *u*	IMPÉRATIF
Il rend *ra*	Il aura rend *u*	

Nous rend *rons*	Nous aurons rend *u*	Présent	Passé
Vous rend *rez*	Vous aurez rend *u*	Rend *s*	Aie rend *u*
Ils rend *ront*	Ils auront rend *u*	Rend *ons*	Ayons rend *u*
		Rend *ez*	Ayez rend *u*

SUBJONCTIF	

Présent	Passé
Que je rend *e*	Que j' aie rend *u*
Que tu rend *es*	Que tu aies rend *u*
Qu' il rend *e*	Qu' il ait rend *u*
Que nous rend *ions*	Que nous ayons rend *u*
Que vous rend *iez*	Que vous ayez rend *u*
Qu' ils rend *ent*	Qu' ils aient rend *u*

Imparfait	Plus-que-parfait
Que je rend *isse*	Que j' eusse rend *u*
Que tu rend *isses*	Que tu eusses rend *u*
Qu' il rend *ît*	Qu' il eût rend *u*
Que nous rend *issions*	Que nous eussions rend *u*
Que vous rend *issiez*	Que vous eussiez rend *u*
Qu' ils rend *issent*	Qu' ils eussent rend *u*

INFINITIF		PARTICIPE		
Présent	Passé	Présent	Passé	Passé composé
rend *re*	avoir rend *u*	rend *ant*	rend *u*	ayant rend *u*

Verbe ALLER
(3ᵉ groupe ; auxiliaire *être*)

INDICATIF		CONDITIONNEL
Présent	**Passé composé**	**Présent**
Je vais	Je suis all*é*	J' irais
Tu vas	Tu es all*é*	Tu irais
Il va	Il est all*é*	Il irait
Nous all*ons*	Nous sommes all*és*	Nous irions
Vous all*ez*	Vous êtes all*és*	Vous iriez
Ils vont	Ils sont all*és*	Ils iraient
Imparfait	**Plus-que-parfait**	**Passé 1ʳᵉ forme**
J' all*ais*	J' étais all*é*	Je serais all*é*
Tu all*ais*	Tu étais all*é*	Tu serais all*é*
Il all*ait*	Il était all*é*	Il serait all*é*
Nous all*ions*	Nous étions all*és*	Nous serions all*és*
Vous all*iez*	Vous étiez all*és*	Vous seriez all*és*
Ils all*aient*	Ils étaient all*és*	Ils seraient all*és*
Passé simple	**Passé antérieur**	**Passé 2ᵉ forme**
J' all*ai*	Je fus all*é*	Je fusse all*é*
Tu all*as*	Tu fus all*é*	Tu fusses all*é*
Il all*a*	Il fut all*é*	Il fût all*é*
Nous all*âmes*	Nous fûmes all*és*	Nous fussions all*és*
Vous all*âtes*	Vous fûtes all*és*	Vous fussiez all*és*
Ils all*èrent*	Ils furent all*és*	Ils fussent all*és*
Futur simple	**Futur antérieur**	
J' irai	Je serai all*é*	**IMPÉRATIF**
Tu iras	Tu seras all*é*	
Il ira	Il sera all*é*	**Présent** **Passé**
Nous irons	Nous serons all*és*	Va Sois all*é*
Vous irez	Vous serez all*és*	All*ons* Soyons all*és*
Ils iront	Ils seront all*és*	All*ez* Soyez all*és*

SUBJONCTIF	
Présent	**Passé**
Que j' aille	Que je sois all*é*
Que tu ailles	Que tu sois all*é*
Qu' il aille	Qu' il soit all*é*
Que nous all*ions*	Que nous soyons all*és*
Que vous all*iez*	Que vous soyez all*és*
Qu' ils aillent	Qu' ils soient all*és*
Imparfait	**Plus-que-parfait**
Que j' all*asse*	Que je fusse all*é*
Que tu all*asses*	Que tu fusses all*é*
Qu' il all*ât*	Qu' il fût all*é*
Que nous all*assions*	Que nous fussions all*és*
Que vous all*assiez*	Que vous fussiez all*és*
Qu' ils all*assent*	Qu' ils fussent all*és*

INFINITIF		PARTICIPE		
Présent	**Passé**	**Présent**	**Passé**	**Passé composé**
all*er*	être all*é*	all*ant*	all*é*	étant all*é*

Conjugaison au féminin : dans les temps composés, le participe passé doit s'accorder avec le sujet *(elle est allée, elles sont allées)*.

7° Il faut veiller à ne pas oublier le *i* (qui doit d'ailleurs être entendu à la prononciation) aux deux premières personnes du pluriel à l'imparfait de l'indicatif et au présent du subjonctif pour les verbes *asseoir, croire, envoyer, fuir, pourvoir, rire, surseoir, traire, voir* et les verbes qui se conjuguent sur ces modèles.

Présent	*n. croyons, v. croyez*	*n. rions, v. riez*
Imparfait	*n. croyions, v. croyiez*	*n. riions, v. riiez*
Présent du subjonctif	*que nous croyions*	*que nous riions*

et également dans les verbes suivants (et ceux de même espèce) où le *i* supplémentaire s'entend à peine : *assaillir, atteindre, bouillir, craindre, cueillir, joindre*.

Présent	*n. cueillons, v. cueillez*	*n. feignons*
Imparfait	*n. cueillions, v. cueilliez*	*n. feignions*
Présent du subjonctif	*que nous cueillions, v. cueilliez*	*que n. feignions*

8° Les verbes du 3ᵉ groupe qui ont une conjugaison en *-e* sont : *assaillir, couvrir, cueillir, offrir, ouvrir, souffrir, tressaillir* et leurs composés.

**

Dans ce volume figurent, à leur ordre alphabétique, tous les verbes du 3ᵉ groupe de notre époque avec leur conjugaison. Nous n'avons pas cru utile d'encombrer ce livre de verbes rares ou anciens comme *chauvir, s'intrure, souloir*... qui ne sont plus écrits.

Nota. — Dans les indications de conjugaison du présent ouvrage, le présent du conditionnel n'est pas toujours mentionné : c'est qu'il est analogue au futur de l'indicatif *(j'absoudrai, j'absoudrais)*.

XI. – VOIX DU VERBE

A. – Nous pouvons être informés par la voix de celui qui agit ou par la voix de celui qui supporte l'action.

Voix active : le sujet fait l'action.
Voix passive : le sujet subit l'action.
Voix double : le sujet fait et subit l'action.

(La voix double ne peut s'exprimer que par un verbe pronominal, réfléchi ou réciproque.)

	verbe non pronominal	verbe pronominal
voix active	*Louis coupe du bois.*	*Il s'empara du vase.*
voix passive	*Le bois est coupé par Louis.*	*Cette tisane se boit chaude.*
voix double		*Je me coupe.* *Ils se battent.*

Si un verbe passe de la voix active à la voix passive, le sujet devient complément d'agent, le complément d'objet direct devient sujet.

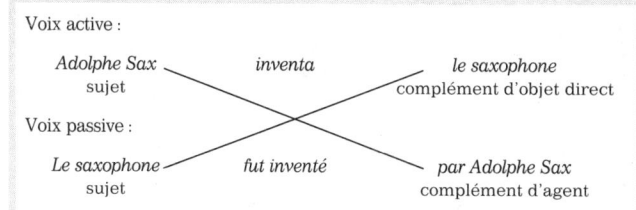

Voix active :

Adolphe Sax *inventa* le saxophone
sujet — complément d'objet direct

Voix passive :

Le saxophone *fut inventé* par Adolphe Sax
sujet — complément d'agent

On remarquera que la voix passive a besoin de l'auxiliaire *être*. → le § B ci-dessous.

Dans la voix double, il y a un sujet et un complément d'objet qui représentent le même être. *Tu te trompes. Ils se taquinent.* Les sujets sont *tu* et *ils*, les objets sont *te* et *se*.

B. – Conjugaison passive (verbe « être puni »)

1° Forme affirmative :

Indicatif

Présent :	*je suis puni*	Passé composé :	*j'ai été puni*
	nous sommes punis		*nous avons été punis*
Imparfait :	*j'étais puni*	Plus-que-parfait :	*j'avais été puni*
Passé simple :	*je fus puni*	Passé antérieur :	*j'eus été puni*
Futur :	*je serai puni*	Futur antérieur :	*j'aurai été puni*

Conditionnel

Présent :	*je serais puni*	1er passé :	*j'aurais été puni*
		2e passé :	*j'eusse été puni*

Impératif

Présent :	*sois puni*	Passé :	*aie été puni*

Subjonctif

Présent :	*que je sois puni*	Passé :	*que j'aie été puni*
	que tu sois puni		*que tu aies été puni*
	qu'il soit puni		*qu'il ait été puni*
	que nous soyons punis		*que nous ayons été punis*
Imparfait :	*que je fusse puni*	Plus-que-parfait :	*que j'eusse été puni*
	qu'il fût puni		*qu'il eût été puni*

Infinitif

Présent :	*être puni*	Passé :	*avoir été puni*

Participe

Présent :	*étant puni*	Passé :	*ayant été puni*

Conjugaison au féminin : à tous les temps, le participe passé doit s'accorder avec le sujet *(elle est punie, elles auraient été punies)*.

2° Forme négative :

Indicatif

Présent :	je ne suis pas puni	Passé composé :	je n'ai pas été puni
	tu n'es pas puni		tu n'as pas été puni
	il n'est pas puni		il n'a pas été puni
	nous ne sommes pas punis		nous n'avons pas été punis
	vous n'êtes pas punis		vous n'avez pas été punis
	ils ne sont pas punis		ils n'ont pas été punis
Imparfait :	je n'étais pas puni	Plus-que-parfait :	je n'avais pas été puni
Passé simple :	je ne fus pas puni	Passé antérieur :	je n'eus pas été puni
Futur :	je ne serai pas puni	Futur antérieur :	je n'aurai pas été puni

Conditionnel

Présent :	je ne serais pas puni	1er passé :	je n'aurais pas été puni
		2e passé :	je n'eusse pas été puni

Impératif

Présent :	ne sois pas puni	Passé :	n'aie pas été puni

Subjonctif

Présent :	que je ne sois pas puni	Passé :	que je n'aie pas été puni
	que tu ne sois pas puni		que tu n'aies pas été puni
	qu'il ne soit pas puni		qu'il n'ait pas été puni
	que nous ne soyons pas punis		que nous n'ayons pas été punis
	que vous ne soyez pas punis		que vous n'ayez pas été punis
	qu'ils ne soient pas punis		qu'ils n'aient pas été punis
Imparfait :	que je ne fusse pas puni	Plus-que-parfait :	que ne n'eusse pas été puni

Infinitif

Présent :	ne pas être puni	Passé :	ne pas avoir été puni
	n'être pas puni		n'avoir pas été puni

Participe

Présent :	n'étant pas puni	Passé :	n'ayant pas été puni

Dans cette conjugaison, le participe passé s'accorde en genre et en nombre avec le sujet *(elle n'est pas punie, ils n'eussent pas été punis)*.

3° Forme interrogative :

Indicatif

Présent :	suis-je puni ?	Passé composé :	ai-je été puni ?
Imparfait :	étais-je puni ?		as-tu été puni ?
Passé simple :	fus-je puni ?		a-t-il été puni ?
Futur :	serai-je puni ?		avons-nous été punis ?
	seras-tu puni ?	Plus-que-parfait :	avais-je été puni ?
	sera-t-il puni ?	Passé antérieur :	eus-je été puni ?
	serons-nous punis ?	Futur antérieur :	aurai-je été puni ?

Conditionnel

Présent :	serais-je puni ?	1er passé :	aurais-je été puni ?
		2e passé :	eussé-je été puni ?

Les autres modes ne sont pas employés. Le participe passé s'accorde avec le sujet *(auraient-elles été punies ?)*.

En résumé, on s'aperçoit que pour conjuguer un verbe à la voix passive, on conjugue le verbe *être* au temps voulu en y ajoutant le participe passé du verbe en question (ici : *puni*). Dans tous les temps composés, *été* reste invariable.

XII. – VERBES PRONOMINAUX

Les verbes pronominaux s'écrivent à l'infinitif avec *se* (ou *s'*). On distingue :

A. – Les verbes essentiellement pronominaux *(s'absenter, se dédire, se repentir...)*, qui n'existent qu'à la forme pronominale (la liste en est fournie dans le tableau PARTICIPE PASSÉ, IV, A, p. 926). Certains sont de sens réciproque *(s'entre-tuer, s'entraider...)*. Il est des locutions verbales essentiellement pronominales *(se faire fort de, se mettre à dos, se porter garant...)*. L'argot est grand fabricant de locutions et verbes pronominaux *(se calter, se marrer)*.

Tous ces verbes sont, sauf *s'arroger*, de sens intransitif.

B. – Les verbes accidentellement pronominaux *(se laver, se plaindre...)*, qui existent aussi sous une forme non pronominale *(laver, plaindre...)* :

verbes réfléchis	direct :	*Je me blesse.*
	indirect :	*Il se nuit.*
verbes réciproques	direct :	*Nous nous croisons.*
	indirect :	*Nous nous parlons.*

Le pronom qui précède le verbe est son complément d'objet.

Ces verbes sont innombrables : *Les arbres se couvrent de givre. L'enfant s'éveille. Le comédien se grime. Se la couler douce. Se faire la paire.*

Les verbes pronominaux réciproques ne se conjuguent habituellement qu'au pluriel ; le singulier ne se rencontre que dans une tournure de ce genre : *Alors, on se taquine ?*

C. – Les verbes pronominaux par gallicisme *(s'attaquer à, se résoudre à...)*, qui ne sont ni réfléchis, ni réciproques, ni de sens passif (la liste en est donnée dans le tableau PARTICIPE PASSÉ, IV, C, p. 928). Le pronom n'y a pas valeur de complément d'objet. D'ailleurs, on emploie certains de ces verbes, sans grande différence de sens, avec ou sans le pronom. *Attendre quelque chose ; s'attendre à quelque chose. Saisir un malfaiteur ; se saisir d'un malfaiteur.*

Sont à ranger dans cette série certains verbes inchoatifs, autrefois nombreux, auxquels la présence ou l'absence du pronom n'apporte qu'une différence de sens insensible, les deux formes exprimant la voix active :

s'approcher	*se grossir*	*se pâmer*
s'avancer	*se guérir*	*se plonger*
se casser	*se moisir*	*se pourrir*
s'épaissir	*se mourir*	*se reculer*
se gonfler	*s'ouvrir*	*se tarir*

La corde casse ; la corde se casse. Il (se) plonge dans la nuit.

D. – Les verbes pronominaux de sens passif. Ces verbes, issus de verbes transitifs, n'ont que l'apparence pronominale. Ils ont la valeur de verbe à la voix passive (le sujet subit l'action mais ne la fait pas). Dans ce cas, le pronom personnel qui précède le verbe est sans valeur.

Les manteaux se portent amples (= les manteaux sont portés amples).

Sauf pour les verbes *s'appeler*, *se nommer*, ces verbes ne se rencontrent guère qu'à la 3ᵉ personne :

> *Cette pièce se joue depuis deux ans.*
> *Une telle expression ne s'emploie plus de nos jours.*
> *Dans ma jeunesse, le fox-trot se dansait encore.*
> *Vous vous appelez Acajou ?*
> *Cela se traduit par...*
> *La vengeance est un plat qui se mange froid.*
> *La langouste se vend cher en cette saison.*
> *Les nouilles se jettent dans l'eau bouillante.*

Cette tournure, qui nous est coutumière, serait tout à fait cocasse si elle était traduite à la lettre dans une autre langue.

Pour l'accord du participe passé des verbes pronominaux → tableau PARTICIPE PASSÉ IV, p. 926 sqq.

E. – Conjugaison pronominale (verbe « se laver »)

1° Forme affirmative :

Indicatif

Présent :	*je me lave*	Passé composé :	*je me suis lavé*
	tu te laves		*tu t'es lavé*
	il se lave		*il s'est lavé*
	nous nous lavons		*nous nous sommes lavés*
	vous vous lavez		*vous vous êtes lavés*
	ils se lavent		*ils se sont lavés*
Imparfait :	*je me lavais*	Plus-que-parfait :	*je m'étais lavé*
Passé simple :	*je me lavai*	Passé antérieur :	*je me fus lavé*
Futur :	*je me laverai*	Futur antérieur :	*je me serai lavé*

Conditionnel

Présent :	*je me laverais*	1ᵉʳ passé :	*je me serais lavé*
		2ᵉ passé :	*je me fusse lavé*

Impératif

Présent : *lave-toi, lavons-nous, lavez-vous*

Subjonctif

Présent :	*que je me lave*	Passé :	*que je me sois lavé*
Imparfait :	*que je me lavasse*	Plus-que-parfait :	*que je me fusse lavé*

Infinitif / Participe

Présent :	*se laver*	Présent :	*se lavant*
Passé :	*s'être lavé*	Passé :	*s'étant lavé*

Conjugaison au féminin : le participe passé s'accorde avec le sujet (*elles se sont lavées*).

Dans la conjugaison des verbes pronominaux avec *en* (*s'en aller, s'en retourner, s'en venir, s'en échapper...*), l'adverbe *en* doit être placé avant l'auxiliaire dans les temps composés et à la fin du verbe à l'impératif :

> *Je m'en suis allé*   *Va-t'en*
> *Elle s'en est allée*   *Allons-nous-en*
> *Ils s'en sont allés*   *Allez-vous-en*

2° Forme négative :

Indicatif

Présent :	je ne me lave pas	Passé composé :	je ne me suis pas lavé
	tu ne te laves pas		tu ne t'es pas lavé
	il ne se lave pas		il ne s'est pas lavé
	nous ne nous lavons pas		nous ne nous sommes pas lavés
	vous ne vous lavez pas		vous ne vous êtes pas lavés
	ils ne se lavent pas		ils ne se sont pas lavés
Imparfait :	je ne me lavais pas	Plus-que-parfait :	je ne m'étais pas lavé
Passé simple :	je ne me lavai pas	Passé antérieur :	je ne me fus pas lavé
Futur :	je ne me laverai pas	Futur antérieur :	je ne me serai pas lavé

Conditionnel

Présent :	je ne me laverais pas	1er passé :	je ne me serais pas lavé
		2e passé :	je ne me fusse pas lavé

Impératif

Présent : ne te lave pas, ne nous lavons pas, ne vous lavez pas

Subjonctif

Présent :	que je ne me lave pas	Passé :	que je ne me sois pas lavé
Imparfait :	que je ne me lavasse pas	Plus-que-parfait :	que je ne me fusse pas lavé

Infinitif   Participe

Présent :	ne pas se laver	Présent :	ne se lavant pas
Passé :	ne pas s'être lavé	Passé :	ne s'étant pas lavé

Conjugaison au féminin : le participe passé s'accorde avec le sujet *(elles ne s'étaient pas lavées)*.

3° Forme interrogative :

Indicatif

Présent :	me lavé-je ?	Passé composé :	me suis-je lavé ?
	te laves-tu ?	Plus-que-parfait :	m'étais-je lavé ?
	se lave-t-il ?	Passé antérieur :	me fus-je lavé ?
Imparfait :	me lavais-je ?	Futur antérieur :	me serai-je lavé ?
Passé simple :	me lavai-je ?		te seras-tu lavé ?
Futur :	me laverai-je ?		se sera-t-il lavé ?

Conditionnel

Présent :	me laverais-je ?	1er passé :	me serais-je lavé ?
		2e passé :	me fussé-je lavé ?

Les autres modes ne sont pas employés.

XIII. – VERBES IMPERSONNELS

Ces verbes (qu'on dit aussi unipersonnels) ne se conjuguent qu'à la 3e personne du singulier. Le pronon *il* qui précède le verbe n'en est plus le sujet réel, ou plutôt ce qu'il représente (Jupiter, le Ciel, Dieu…) est oublié depuis longtemps. On distingue :

A. – Les verbes essentiellement impersonnels.

apparoir (il appert)	crachiner	grésiller (tomber du grésil)	pluviner
brouillasser	dégeler	neiger	reneiger
bruiner	éclairer (produire des éclairs)	ouestir	repleuvoir
brumasser	falloir	pleuvasser	tonner (en parlant du tonnerre)
brumer	s'en falloir	pleuviner	venter
conster	geler	pleuvoir	verglacer
	grêler	pleuvoter	y avoir

Bien que ces verbes soient impersonnels par nature, on se permet quelquefois de substituer un vrai sujet personnel, de la 3ᵉ personne seulement, au pronom impersonnel *il (les obus pleuvaient)* ou de faire suivre quelques-uns de ces verbes d'un sujet réel *(il pleuvait des sornettes)*.

Verbe PLEUVOIR
Conjugaison impersonnelle
(Entre parenthèses, la 3ᵉ personne du pluriel employée avec un sujet réel.)

INDICATIF		CONDITIONNEL
Présent Il pleut (pleuvent)	**Passé composé** Il a plu (ont plu)	**Présent** Il pleuvrait (pleuvraient)
Imparfait Il pleuvait (pleuvaient)	**Plus-que-parfait** Il avait plu (avaient plu)	**Passé 1ʳᵉ forme** Il aurait plu (auraient plu)
Passé simple Il plut (plurent)	**Passé antérieur** Il eut plu (eurent plu)	**Passé 2ᵉ forme** Il eût plu (eussent plu)
Futur simple Il pleuvra (pleuvront)	**Futur antérieur** Il aura plu (auront plu)	**IMPÉRATIF** *Inusité*

SUBJONCTIF	
Présent Qu'il pleuve (qu'ils pleuvent)	**Passé** Qu'il ait plu (qu'ils aient plu)
Imparfait Qu'il plût (qu'ils plussent)	**Plus-que-parfait** Qu'il eût plu (qu'ils eussent plu)

INFINITIF		PARTICIPE		
Présent	**Passé**	**Présent**	**Passé**	**Passé composé**
pleuvoir	avoir plu	pleuvant	plu	ayant plu

B. – Les verbes employés impersonnellement. Ces verbes qui existent comme verbes personnels sont alors de construction impersonnelle. *Il tombe de la grêle. Il fait un froid de chien. Il existe des poissons bleus. Il* est le sujet apparent qui commande l'accord, le sujet réel se plaçant après le verbe.

On trouve surtout les tournures impersonnelles suivantes :

il y a	il n'empêche	il importe	il résulte	il y va de
il s'agit de	il est	il paraît	il semble	il vaut mieux
il s'avère	il existe	il se peut	il suffit	il se vend
il convient de	il fait	il ressort	il se trouve	il vient à l'esprit

et le verbe *être* nous en fournit beaucoup :

il est à remarquer   *il est évident*   *il est juste*
il est bien   *il est impossible*   *il est probable*
il est certain   *il est interdit*   *il est temps...*

La tournure impersonnelle, par une esquive de la responsabilité, évite de nommer l'agent de l'action. *Il a été signalé que... Il nous est venu à l'oreille...* L'ancienne langue ignorait souvent le sujet apparent. Nous en avons conservé nombre d'expressions :

advienne que pourra   *peu me chaut*   *inutile de*
m'est avis   *n'empêche*   *mieux vaut*
si besoin est   *n'importe*   *peu s'en faut*
si bon vous semble   *peu importe*   *reste...*

Cinq moins deux reste trois. On peut écrire indifféremment : *Restait deux escadrons isolés* (verbe impersonnel). *Restaient deux escadrons isolés* (verbe personnel). Dans certains cas, bien distinguer l'emploi de ces verbes : *C'est ce qui convient. C'est ce qu'il convient de faire.*
Participe passé des verbes impersonnels → tableau PARTICIPE PASSÉ V, p. 930.

XIV. – CONJUGAISON NÉGATIVE

A. – En français, pour passer de la forme affirmative à la forme négative, il faut ajouter au verbe une négation faite généralement de deux mots :

ne... aucunement   *ne... nullement*   *ne... point*
ne... guère   *ne... pas*   *ne... que*
ne... jamais   *ne... plus*   *ne... rien*

À l'infinitif, la négation se place devant le verbe. *Ne pas parler. On lui reproche de ne jamais ranger ses affaires.* Dans un temps simple, le verbe est encadré par les éléments de la négation. *Je mange* (affirmation). *Je ne mange rien* (négation). Dans un temps composé, c'est l'auxiliaire qui est encadré par les deux mots. *Il a réussi* (affirmation). *Il n'a pas réussi* (négation).

Les mots *aucun, goutte, mie, mot, nul, personne,* précédés de *ne* forment aussi des négations, mais de construction différente : dans les temps composés, c'est le verbe entier qui est encadré. *Il n'a dit mot.*

B. – Conjugaison négative du verbe chanter

Indicatif

Présent :	je ne chante pas	Passé composé :	je n'ai pas chanté
Imparfait :	je ne chantais pas	Plus-que-parfait :	je n'avais pas chanté
Passé simple :	je ne chantai pas	Passé antérieur :	je n'eus pas chanté
Futur :	je ne chanterai pas	Futur antérieur :	je n'aurai pas chanté

Conditionnel

Présent :	je ne chanterais pas	1er passé :	je n'aurais pas chanté
		2e passé :	je n'eusse pas chanté

Impératif

Présent :	ne chante pas	Passé :	n'aie pas chanté

Subjonctif

Présent :	que je ne chante pas	Passé :	que je n'aie pas chanté
Imparfait :	que je ne chantasse pas	Plus-que-parfait :	que je n'eusse pas chanté

Infinitif

Présent :	ne pas chanter
Passé :	n'avoir pas chanté

Participe

Présent :	ne chantant pas
Passé :	n'ayant pas chanté

Conjugaison au féminin : seul le sujet change. Voir aussi, plus haut, XI, B, 2°; XII, E, 2°, p. 976.

C. – Remarques sur « ne »

1° Il faut veiller à ne pas oublier *ne*, premier élément de la négation, quand le sujet du verbe est le pronom *on*, la liaison avec un mot commençant par une voyelle effaçant sa présence. *On aime* (affirmation). *On n'aime pas* (négation). C'est la présence du second élément *(pas)* qui révèle la présence du premier *(n')* qu'il ne faut pas oublier d'écrire. *On n'en voit nulle part. On n'eût jamais remarqué*. La même observation peut être faite lorsque *en* précède *ne*. *En n'en prenant guère*.

2° *Ne* doit s'employer seul devant :

avoir cure	avoir garde	dire mot
avoir de cesse	avoir que faire de	*importer* (impersonnel)

et peut s'employer seul devant : *cesser, oser, pouvoir, savoir. Je n'ose*. On le trouve aussi employé seul dans une interrogation, une exclamation commençant par *que* ou *qui*. *Que ne suis-je resté chez moi ! Qui n'en aurait fait autant ?* De même quand la phrase a déjà un mot de valeur négative. *Nul n'a applaudi. Il n'échappe à rien. Que personne ne sorte ! Il ne boit ni ne mange. Ne* est également seul dans des expressions consacrées par l'usage. *Si ce n'est toi* (La Fontaine, *Fables*, I, 10). *Qu'à cela ne tienne. À Dieu ne plaise. Si je ne m'abuse.*

3° *Ne* est sous-entendu dans une tournure vieillie. *Vous ai-je pas semblé impertinent ? Donnerez-vous pas à cette quête ?*

4° Dans certains cas, *ne* n'a pas de valeur, il est explétif. → ne explétif.

5° Dans la locution « ne... pas que », à la fois négative et restrictive, *ne* vaut pour *ne... pas* et pour *ne... que*. Bien que discutable, cette locution est admise. *Ce texte ne s'adresse pas qu'aux étudiants.* Mais on lui préférera : *Ce texte ne s'adresse pas seulement aux étudiants.*

XV. – CONJUGAISON INTERROGATIVE

A. – En inversant la forme affirmative, on obtient la forme interrogative :

   Tu manges   *Tu as mangé*
  a) *Manges-tu ?*   *As-tu mangé ?*

C'est là la manière correcte, soignée, d'interroger. Il y a, à côté, des façons plus ordinaires, surtout employées dans la langue parlée et qui consistent à faire précéder la forme affirmative de la locution « Est-ce que » :

  b) *Est-ce que tu manges ? Est-ce que tu as mangé ?*

ou à dire simplement :

  c) *Tu manges ? Tu as mangé ?*

Cette dernière manière est plus aisée ; c'est sans doute pour cela qu'elle se répand un peu trop vite. On s'efforcera le plus possible d'employer la manière a) pour questionner. Le point d'interrogation ne doit jamais être oublié. C'est même dans la manière c) la seule marque écrite de l'interrogation. Voici des questions correctement formulées : *Qui le saura ? Quel véhicule prenez-vous ? Ton oncle a-t-il téléphoné ? Jeanne et Hélène sont-elles arrivées ?* Dans les deux derniers exemples, le sujet est répété sous forme de pronom.

B. – **Conjugaison interrogative du verbe** chanter

Indicatif			
Présent :	*chanté-je ?*	Passé composé :	*ai-je chanté ?*
	chantes-tu ?		*as-tu chanté ?*
	chante-t-il ?		*a-t-il chanté ?*
Imparfait :	*chantais-je ?*	Plus-que-parfait :	*avais-je chanté ?*
Passé simple :	*chantai-je ?*	Passé antérieur :	*eus-je chanté ?*
Futur :	*chanterai-je ?*	Futur antérieur :	*aurai-je chanté ?*
Conditionnel			
Présent :	*chanterais-je ?*	1ᵉʳ passé :	*aurais-je chanté ?*
		2ᵉ passé :	*eussé-je chanté ?*
			eusses-tu chanté ?
			eût-il chanté ?

Les autres modes (impératif, subjonctif, infinitif, participe) n'existent pas. Conjugaison au féminin : seul le sujet change. Voir aussi, plus haut, XI, B, 3°, p. 976 ; XII, E, 3°, p. 979.

C. – Le début de la conjugaison interrogative est curieux : *Chanté-je ? Chantes-tu ? Chante-t-il ?* On remarque l'accent aigu de *chanté-je* et la lettre *t* ajoutée à *chante-t-il*. Voici encore des modifications apportées par la forme interrogative. *Je cède* (accent grave) devient *Cédé-je ?* (accent aigu). *J'appelle* (deux *l*) devient *Appelé-je ?* (un *l*). *J'achète* (accent grave) devient *Acheté-je ?* (sans accent sur le *e* du radical).

Les verbes du 2ᵉ et du 3ᵉ groupe se conjuguent interrogativement de la même façon :

Vais-je ?	Aperçois-je ?
Vas-tu ?	Aperçois-tu ?
Va-t-il ?	Aperçoit-il ?

Cueillé-je ? Puis-je ? Saurais-je ? Eussé-je été vu ? Me fussé-je trompé ? Mais pour éviter, avec le 2ᵉ groupe et certains verbes du 3ᵉ groupe un enclitique inattendu ou ridicule à la 1ʳᵉ personne du singulier *(Finis-je ? Mens-je ? Cours-je ?)*, on a recours à un autre tour. *Est-ce que je finis ? Croyez-vous que je mente ? Vais-je devoir courir ?*

Le *-t-* euphonique ne se place qu'en cas de besoin, c'est-à-dire jamais après un *t* ou un *d. Voit-il ? Verra-t-on ? Convainc-t-elle ? Entend-il ?* [-til].

D. – Il faut toujours s'efforcer de corriger la lourdeur d'une interrogation du type b), indiquée plus haut, ou d'amener à plus de pureté une interrogation du type c) où c'est l'intonation qui fait la question.

Au lieu de	On doit écrire
Comment est-ce qu'elle s'appelle ?	*Comment s'appelle-t-elle ?*
Où est-ce que vous allez ?	*Où allez-vous ?*
L'eau est chaude ?	*L'eau est-elle chaude ?*
Elle a quel âge ?	*Quel âge a-t-elle ?*
Vous irez où ?	*Où irez-vous ?*

On remarquera l'emploi du trait d'union quand il y a inversion du sujet et du verbe. → tableau TRAIT D'UNION A, 9°, 10°, p. 953.

XVI. – CONJUGAISON NÉGATIVE ET INTERROGATIVE

En associant les deux conjugaisons précédentes, on a un verbe à la fois négatif et interrogatif. *N'avez-vous pas pris cet outil ? Ne chanterais-tu pas à cette fête ?*

Conjugaison interro-négative du verbe chanter

Indicatif

Présent :	ne chanté-je pas ?	Passé composé :	n'ai-je pas chanté ?
	ne chantes-tu pas ?		n'as-tu pas chanté ?
	ne chante-t-il pas ?		n'a-t-il pas chanté ?
Imparfait :	ne chantais-je pas ?	Plus-que-parfait :	n'avais-je pas chanté ?
Passé simple :	ne chantai-je pas ?	Passé antérieur :	n'eus-je pas chanté ?
Futur :	ne chanterai-je pas ?	Futur antérieur :	n'aurai-je pas chanté ?

Conditionnel

Présent :	ne chanterais-je pas ?	1ᵉʳ passé :	n'aurais-je pas chanté ?
		2ᵉ passé :	n'eussé-je pas chanté ?
			n'eusses-tu pas chanté ?
			n'eût-il pas chanté ?

Les autres modes ne sont pas employés. Conjugaison au féminin : seul le sujet change.

XVII. – ACCORD DU VERBE

Le verbe à un mode personnel s'accorde avec son sujet et selon le temps employé. C'est l'accord essentiel et obligatoire. Il est donc utile de bien discerner ce SUJET (voir ce mot) et de ne pas se laisser distraire par un autre mot proche du verbe qui inciterait à l'erreur. *Je les aime* (sujet : *je*). *Ils la goûtent* (sujet : *ils*). *Dans le jardin poussent les radis* (sujet : *radis*). *Je vous avais remis* (sujet : *je*).

Accord selon les personnes sujets
A. – Singulier

1re personne (je) : *Moi qui vous parle.*
2e personne (tu) : *Toi qui as voulu. Toi seul es juge.*
Seigneur, qui protèges tes fidèles, donne-nous la paix (sous-entendu : *Toi qui protèges*).
3e personne (il ou elle) : *C'est lui qui a tort.*
L'ouvrière qui emballe.

Il faut se souvenir que la 2e personne du singulier amène un *s* à la fin du verbe *(tu grognes, tu ralentis, tu prends, tu pars, tu vas...)* sauf pour les verbes en *x (tu peux, tu vaux...)*. Cette remarque ne vaut pas pour l'impératif.

B. – Pluriel

Quand un verbe a pour sujet plusieurs personnes, il se met au pluriel, à la personne prioritaire, la 1re l'emportant sur les autres et la 2e sur la 3e. *Toi et cette femme êtes collègues. Mon frère, sa femme et moi sommes nés en juin.*

1re personne (nous) : *C'est nous qui le demandons.*
Lui et moi le désirons.
Toi, Frédérique et moi ferons ce travail.

2e personne (vous) : *C'est vous qui êtes désignés.*
L'ingénieur et toi irez sur le chantier.
Toi et Caroline commencerez à peindre.

3e personne (ils ou elles) : *Ce sont eux qui vendent.*
Ce sont les mêmes qui peinent.
Tous les insectes bourdonnaient.
L'ingénieur et ton oncle vérifieront.

Quand un cas de ce genre crée un doute, il suffit d'imaginer le pronom personnel qui résume les sujets.

C. – Cas spéciaux

1° Le verbe se met au pluriel avec un sujet au pluriel ou plusieurs sujets au singulier. *Le garçon et la fille aident à la récolte.*

2° Il est des cas où plusieurs sujets commandent un verbe au singulier :

a) quand les sujets divers désignent un même être, une même chose. *C'est une pierre, une borne qui arrêta le soc.* Il arrive même que les deux sujets soient coordonnés. *C'est un butor et un malappris qui m'a bousculé ;*

b) quand il y a gradation dans les sujets, sans coordination. *Pas un arbre, pas une branche, pas une feuille ne bouge. Un souffle, un geste, un mot était guetté par la famille ;*

c) quand les sujets sont résumés par un terme comme *tout, rien, nul*. *Sourires, cadeaux, tout le réconfortait. Âge, situation, famille, rien ne l'a retenu;*

d) quand chaque sujet est précédé de *aucun, chaque, nul, tout*, sans coordination. *Tout solliciteur, tout client doit être bien reçu.*

3° Quand les sujets sont liés par **ou** ou par **ni** :

a) Si tous les sujets peuvent concourir à l'action, on met le verbe au pluriel. *La peur ou la misère ont fait commettre bien des fautes* (Acad.). *Ni mon fils ni ma fille n'en ont voulu. Nuls préjudice ou dégradation ne seront tolérés. Ni Philippe ni Jacques ne seront élus députés* (ils se présentent dans des circonscriptions différentes).

b) Si, des sujets, un seul est possible, on fait accorder avec le dernier sujet. *Philippe ou Jacques sera élu président* (ils sont concurrents dans une même élection). *Ni Louis ni Robert n'est le père de cet enfant.*

c) Il est cependant des cas où la règle b) ci-dessus n'est pas appliquée, pour ne pas choquer. Ainsi, l'appliquant, on a : *Toi ou lui partira*. Or, on aimerait, dans ce cas, que le verbe puisse s'appliquer à chacun des sujets. Alors on tourne la difficulté en écrivant : *Toi ou lui partirez.*

Ni Robert ni sa femme ne sera trésorière de l'association. Le féminin *trésorière* nous heurte parce que nous attendons une sorte de neutralité (souhaitable lorsque masculin et féminin sont en concurrence) et que notre neutre est traduit par le masculin singulier. Alors on écrit communément : *Ni Robert ni sa femme ne sera trésorier de l'association* (*seront trésoriers* n'est pas possible : il n'y a qu'une place à pourvoir). Le mieux serait d'écrire en ce cas : *Ni Jacqueline ni son mari ne sera trésorier de l'association*. L'oreille et la règle y trouveraient leur compte.

4° Après la locution pronominale **l'un et l'autre**, on admet en général le singulier ou le pluriel, ce dernier étant plus fréquent. *L'un et l'autre se dit ou se disent. L'un et l'autre est gênant. L'un et l'autre l'ont aidé. L'une et l'autre sont entrées. L'un et l'autre sont tombés dans le piège.*

On met le verbe au pluriel s'il y a réciprocité. *L'un et l'autre étaient liés*. On met le verbe au pluriel s'il précède *l'un et l'autre. Elles se jalousaient l'une et l'autre. Ils sont partis l'un et l'autre.*

S'il s'agit de l'expression *l'un ou l'autre, ni l'un ni l'autre*, on applique la règle 3° ci-dessus. *L'une ou l'autre chambre convient. Ni l'une ni l'autre ne sont venues.*

5° Quand **deux sujets** sont joints par une conjonction (*comme, avec, ainsi que, aussi bien que, autant que, plutôt que, non moins que, non plus que, pas plus que, de même que, et surtout, et non, et non pas...*), on met le verbe au pluriel s'il y a réelle addition. *La mémoire comme l'imagination servent les études littéraires.* On met le verbe au singulier s'il n'y a que comparaison. *La poire aussi bien que la pomme convient pour préparer ce dessert.* Il vaut mieux, dans ce dernier cas, enserrer le terme de comparaison dans des virgules. *C'est sa bravoure, et non ses richesses, qui lui vaut ce renom.*

6° Pour un **sujet collectif** (*une foule de, le peu de...*) :

a) En général, l'accord se fait avec le nom principal, notamment après les expressions : *la majorité de, la totalité de, la quantité de, le peu de, le plus grand nombre de, le plus petit nombre de*, et après un nom collectif (*groupe, multitude, stock, troupeau, foule, armée...*) déterminé par un article défini, un adjectif démonstratif ou possessif : *Le plus grand nombre de délégués se leva.*

b) Exceptions : 1° Après : *beaucoup de, nombre de, peu de, quantité de, la plupart de, une espèce de, une infinité de, une quantité de, une sorte de,* l'accord se fait par syllepse avec le complément du nom ou du pronom : *Quantité de fusils sont inutilisables.*

2° Le sens peut imposer un accord par syllepse : *Le paquet de journaux que j'ai reçu,* mais : *Le paquet de journaux que j'ai lus.* Écrire « *Une centaine de personnes a été tuée ou blessée* » serait insensé.

3° Après *un des, la moitié des, un grand nombre de, un certain nombre de, un petit nombre de, le reste des,* ou après un nom collectif précédé de *un* ou *une,* l'accord dépend de l'intention de l'auteur. *Un grand nombre de soldats fut tué dans ce combat* (Littré). *Un grand nombre de soldats périrent dans ce combat* (Acad.).

4° Le choix est possible également après un pourcentage. *Quarante pour cent des électeurs a/ont voté pour cette liste. Plus de la moitié des spectateurs sortirent.* Pour l'accord après *plus d'un, moins de deux,* → tableau ADJECTIFS II, C, 6°, e, p. 869.

7° Accord du verbe *être* après *ce.* **C'est,** élément très employé dans la langue, avec ses variantes *(c'était, ce fut, ce sera, ç'a été, ce serait, ce sont, c'étaient, ce furent...)* est un présentatif qui met en relief. L'usage, seul maître, hésite entre le singulier et le pluriel. *C'est moi. C'est nous. Ce sont eux. C'est 200 F la paire. C'est le pain et le lait. Ces trois rois, ce sont Louis XVIII, Charles X et Louis-Philippe. Est-ce vos dernières volontés ? — Ce sont mes dernières volontés. Il dit que ce sont des étrangers, mais je ne sais si c'en est. C'était les vacances ; c'étaient aussi de magnifiques randonnées. C'eût été trop beau. Ç'a été le malheur de sa vie. Ç'aurait pu être grave.*
→ syllepse.

XVIII. – LA GRANDE CONJUGAISON

Le verbe français a beaucoup de possibilités de s'exprimer. Voici, pour le montrer, une conjugaison plus complète que celle des tableaux familiers. Elle comprend 42 temps : aux temps habituels s'ajoutent les temps surcomposés et les temps formés à l'aide des semi-auxiliaires les plus utiles *(aller, devoir, falloir, venir).* Le verbe *sauter* nous servira d'exemple.
Les temps surcomposés sont surtout du langage parlé. Ils se construisent avec les temps composés de l'auxiliaire *avoir.*

XIX. – PARTICULARITÉS ORTHOGRAPHIQUES

- Verbes en *-eindre/ -aindre* → -eindre/ -aindre.
- Verbes en *-endre/ -andre* → -endre/ -andre.
- Verbes en *-ire* à l'infinitif. Ce sont tous les verbes terminés par *-aire* et *-uire* (sauf *amuïr, fuir, s'enfuir*) et :
  boire, imboire ; confire, déconfire ; croire, accroire, mécroire ; dire, redire, contredire, dédire, médire, prédire, maudire, interdire ; écrire, décrire, récrire, prescrire, proscrire, souscrire, inscrire, transcrire, circonscrire, retranscrire ; élire, réélire, lire, relire, rire, sourire ; circoncire ; frire ; occire ; suffire.
- Verbes en *-oner/ onner* → -oner/ -onner.
- Verbes en *-oter/ -otter* → -oter/ -otter.
- Verbes défectifs → tableau DÉFECTIFS, p. 886.

MODE INDICATIF

Présent
Je	saute
Tu	sautes
Il	saute
Nous	sautons
Vous	sautez
Ils	sautent

Imparfait
Je	sautais
Tu	sautais
Il	sautait
Nous	sautions
Vous	sautiez
Ils	sautaient

Passé simple
Je	sautai
Tu	sautas
Il	sauta
Nous	sautâmes
Vous	sautâtes
Ils	sautèrent

Passé récent
Je	viens	de sauter
Tu	viens	de sauter
Il	vient	de sauter
Nous	venons	de sauter
Vous	venez	de sauter
Ils	viennent	de sauter

Futur proche
Je	vais	sauter
Tu	vas	sauter
Il	va	sauter
Nous	allons	sauter
Vous	allez	sauter
Ils	vont	sauter

Futur
Je	sauterai
Tu	sauteras
Il	sautera
Nous	sauterons
Vous	sauterez
Ils	sauteront

Futur dans le passé[1]
Je	sauterais
Tu	sauterais
Il	sauterait
Nous	sauterions
Vous	sauteriez
Ils	sauteraient

Passé composé
J'	ai	sauté
Tu	as	sauté
Il	a	sauté
Nous	avons	sauté
Vous	avez	sauté
Ils	ont	sauté

Passé antérieur proche
Je	venais	de sauter
Tu	venais	de sauter
Il	venait	de sauter
Nous	venions	de sauter
Vous	veniez	de sauter
Ils	venaient	de sauter

Passé postérieur
J'	allais	sauter
Tu	allais	sauter
Il	allait	sauter
Nous	allions	sauter
Vous	alliez	sauter
Ils	allaient	sauter

Plus-que-parfait
J'	avais	sauté
Tu	avais	sauté
Il	avait	sauté
Nous	avions	sauté
Vous	aviez	sauté
Ils	avaient	sauté

Passé surcomposé[2]
J'	ai	eu sauté
Tu	as	eu sauté
Il	a	eu sauté
Nous	avons	eu sauté
Vous	avez	eu sauté
Ils	ont	eu sauté

Plus-que-parfait surcomposé
J'	avais	eu sauté
Tu	avais	eu sauté
Il	avait	eu sauté
Nous	avions	eu sauté
Vous	aviez	eu sauté
Ils	avaient	eu sauté

Passé antérieur
J'	eus	sauté
Tu	eus	sauté
Il	eut	sauté
Nous	eûmes	sauté
Vous	eûtes	sauté
Ils	eurent	sauté

Futur antérieur
J'	aurai	sauté
Tu	auras	sauté
Il	aura	sauté
Nous	aurons	sauté
Vous	aurez	sauté
Ils	auront	sauté

Futur antérieur surcomposé
J'	aurai	eu sauté
Tu	auras	eu sauté
Il	aura	eu sauté
Nous	aurons	eu sauté
Vous	aurez	eu sauté
Ils	auront	eu sauté

Futur dans le futur[3]
Je	devrai	sauter
Tu	devras	sauter
Il	devra	sauter
Nous	devrons	sauter
Vous	devrez	sauter
Ils	devront	sauter

Futur antérieur dans le passé[4]
J'	aurais	sauté
Tu	aurais	sauté
Il	aurait	sauté
Nous	aurions	sauté
Vous	auriez	sauté
Ils	auraient	sauté

Futur antérieur surcomposé dans le passé
J'	aurais	eu sauté
Tu	aurais	eu sauté
Il	aurait	eu sauté
Nous	aurions	eu sauté
Vous	auriez	eu sauté
Ils	auraient	eu sauté

1. Ce temps pourrait être nommé « passé ultérieur ». Sa forme est la même que celle du présent du conditionnel, mais son emploi est différent : *Je savais que tu sauterais* est la transposition dans le passé de la phrase au présent : *Je sais que tu sauteras*.
2. Le passé surcomposé prend, dans la langue parlée, la place du passé antérieur (qui se cantonne dans le style littéraire). On ne dit plus : *Dès que j'eus fini, dès qu'il fut parti* ; on dit : *Dès que j'ai eu fini, dès qu'il a été parti*.

MODE CONDITIONNEL

Présent ou Futur
Je	sauterais
Tu	sauterais
Il	sauterait
Nous	sauterions
Vous	sauteriez
Ils	sauteraient

1er Passé
J'	aurais	sauté
Tu	aurais	sauté
Il	aurait	sauté
Nous	aurions	sauté
Vous	auriez	sauté
Ils	auraient	sauté

2e Passé
J'	eusse	sauté
Tu	eusses	sauté
Il	eût	sauté
Nous	eussions	sauté
Vous	eussiez	sauté
Ils	eussent	sauté

Passé surcomposé
J'	aurais	eu sauté
Tu	aurais	eu sauté
Il	aurait	eu sauté
Nous	aurions	eu sauté
Vous	auriez	eu sauté
Ils	auraient	eu sauté

MODE IMPÉRATIF

Présent ou Futur
Saute
Sautons
Sautez

Passé
Aie	sauté
Ayons	sauté
Ayez	sauté

Passé surcomposé
Aie	eu sauté
Ayons	eu sauté
Ayez	eu sauté

MODE SUBJONCTIF

Présent ou Futur
Que	je	saute
Que	tu	sautes
Qu'	il	saute
Que	nous	sautions
Que	vous	sautiez
Qu'	ils	sautent

Passé
Que	j'	aie	sauté
Que	tu	aies	sauté
Qu'	il	ait	sauté
Que	nous	ayons	sauté
Que	vous	ayez	sauté
Qu'	ils	aient	sauté

Passé surcomposé
Que	j'	aie	eu sauté
Que	tu	aies	eu sauté
Qu'	il	ait	eu sauté
Que	nous	ayons	eu sauté
Que	vous	ayez	eu sauté
Qu'	ils	aient	eu sauté

Imparfait
Que	je	sautasse
Que	tu	sautasses
Qu'	il	sautât
Que	nous	sautassions
Que	vous	sautassiez
Qu'	ils	sautassent

Plus-que-parfait
Que	j'	eusse	sauté
Que	tu	eusses	sauté
Qu'	il	eût	sauté
Que	nous	eussions	sauté
Que	vous	eussiez	sauté
Qu'	ils	eussent	sauté

Plus-que-parfait surcomposé
Que	j'	eusse	eu sauté
Que	tu	eusses	eu sauté
Qu'	il	eût	eu sauté
Que	nous	eussions	eu sauté
Que	vous	eussiez	eu sauté
Qu'	ils	eussent	eu sauté

MODE INFINITIF

Présent	Passé	Passé surcomposé	Futur d'obligation
sauter	avoir sauté	avoir eu sauté	devoir sauter

MODE PARTICIPE

Présent	Passé	Passé composé
sautant	sauté	ayant sauté
Passé surcomposé	**Futur**	**Futur d'obligation**
ayant eu sauté	allant sauter	devant sauter

3. Ce temps pourrait être nommé « futur ultérieur ». À l'auxiliaire *devoir* on peut substituer l'auxiliaire *aller* ou *falloir*. Ce temps se situe au-delà du futur : *Demain, tu penseras que tu devras sauter (qu'il faudra sauter)*.

4. La forme de ce temps se confond avec celle du 1er passé du conditionnel, mais son emploi diffère : *Je pensais que tu aurais sauté ce fossé*.

conjugaisons paradigmes

1 — Chanter

- INDIC. présent : je chante, n. chantons.
- Imparfait : je chantais, n. chantions.
- Passé simple : je chantai, n. chantâmes, ils chantèrent.
- Futur : je chanterai, n. chanterons.
- CONDITIONNEL : je chanterais, n. chanterions.
- IMPÉRATIF : chante, chantons, chantez.
- SUBJ. présent : que je chante, que n. chantions.
- Imparfait : que je chantasse, qu'il chantât.
- PARTICIPES : chantant ; chanté.

(Pour plus de détails → VERBE VIII.)

2 — Lancer

- INDIC. présent : je lance, n. lançons, v. lancez.
- Imparfait : je lançais, n. lancions.
- Passé simple : je lançai, n. lançâmes, ils lancèrent.
- Futur : je lancerai, n. lancerons.
- CONDITIONNEL : je lancerais, n. lancerions.
- IMPÉRATIF : lance, lançons, lancez.
- SUBJ. présent : que je lance, que n. lancions.
- Imparfait : que je lançasse, qu'il lançât.
- PARTICIPES : lançant ; lancé.

3 — Manger

- INDIC. présent : je mange, n. mangeons.
- Imparfait : je mangeais, n. mangions.
- Passé simple : je mangeai, n. mangeâmes, ils mangèrent.
- Futur : je mangerai, n. mangerons.
- CONDITIONNEL : je mangerais, n. mangerions.
- IMPÉRATIF : mange, mangeons, mangez.
- SUBJ. présent : que je mange, que n. mangions.
- Imparfait : que je mangeasse, qu'il mangeât.
- PARTICIPES : mangeant ; mangé.

4 — Naviguer

- INDIC. présent : je navigue, n. naviguons.
- Imparfait : je naviguais, n. naviguions.
- Passé simple : je naviguai, n. naviguâmes, ils naviguèrent.
- Futur : je naviguerai, n. naviguerons.
- CONDITIONNEL : je naviguerais, n. naviguerions.
- IMPÉRATIF : navigue, naviguons, naviguez.
- SUBJ. présent : que je navigue, que n. naviguions.
- Imparfait : que je naviguasse, qu'il naviguât.
- PARTICIPES : naviguant ; navigué.

5 — Envoyer

INDIC. présent	: j'envoie, n. envoyons, ils envoient.	CONDITIONNEL	: j'enverrais, n. enverrions.
Imparfait	: j'envoyais, n. envoyions.	IMPÉRATIF	: envoie, envoyons, envoyez.
Passé simple	: j'envoyai, n. envoyâmes, ils envoyèrent.	SUBJ. présent	: que j'envoie, que n. envoyions.
Futur	: j'enverrai, tu enverras, n. enverrons.	Imparfait	: que j'envoyasse, qu'il envoyât.

PARTICIPES : envoyant ; envoyé.

6 — Broyer

INDIC. présent	: je broie, n. broyons, ils broient.	CONDITIONNEL	: je broierais, n. broierions.
Imparfait	: je broyais, n. broyions.	IMPÉRATIF	: broie, broyons, broyez.
Passé simple	: je broyai, n. broyâmes, ils broyèrent.	SUBJ. présent	: que je broie, que n. broyions.
Futur	: je broierai, n. broierons.	Imparfait	: que je broyasse, qu'il broyât.

PARTICIPES : broyant ; broyé.

7 — Essuyer

INDIC. présent	: j'essuie, n. essuyons, ils essuient.	CONDITIONNEL	: j'essuierais, n. essuierions.
Imparfait	: j'essuyais, n. essuyions.	IMPÉRATIF	: essuie, essuyons, essuyez.
Passé simple	: j'essuyai, n. essuyâmes, ils essuyèrent.	SUBJ. présent	: que j'essuie, que n. essuyions.
Futur	: j'essuierai, n. essuierons.	Imparfait	: que j'essuyasse, qu'il essuyât.

PARTICIPES : essuyant ; essuyé.

8 a — Payer (1re forme)

INDIC. présent	: je paie, n. payons, ils paient.	CONDITIONNEL	: je paierais, n. paierions.
Imparfait	: je payais, n. payions.	IMPÉRATIF	: paie, payons, payez.
Passé simple	: je payai, n. payâmes, ils payèrent.	SUBJ. présent	: que je paie, que n. payions, qu'ils paient.
Futur	: je paierai, n. paierons.	Imparfait	: que je payasse, qu'il payât.

PARTICIPES : payant ; payé.

8 b — Payer (2de forme)

INDIC. présent	: je paye, n. payons, ils payent.	CONDITIONNEL	: je payerais, n. payerions.
Imparfait	: je payais, n. payions.	IMPÉRATIF	: paye, payons, payez.
Passé simple	: je payai, n. payâmes, ils payèrent.	SUBJ. présent	: que je paye, que n. payions, qu'ils payent.
Futur	: je payerai, n. payerons.	Imparfait	: que je payasse, qu'il payât.

PARTICIPES : payant ; payé.

9 — Grasseyer

INDIC. présent :	je grasseye, n. grasseyons.	CONDITIONNEL :	je grasseyerais, n. grasseyerions.
Imparfait :	je grasseyais, n. grasseyions.	IMPÉRATIF :	grasseye, grasseyons, grasseyez.
Passé simple :	je grasseyai, n. grasseyâmes.	SUBJ. présent :	que je grasseye, que n. grasseyions.
Futur :	je grasseyerai, n. grasseyerons.	Imparfait :	que je grasseyasse, qu'il grasseyât.

PARTICIPES : grasseyant ; grasseyé.

10 — Céder

INDIC. présent :	je cède, n. cédons, v. cédez, ils cèdent.	CONDITIONNEL :	je céderais, n. céderions.
		IMPÉRATIF :	cède, cédons, cédez.
Imparfait :	je cédais, n. cédions.	SUBJ. présent :	que je cède, que n. cédions.
Passé simple :	je cédai, n. cédâmes, ils cédèrent.	Imparfait :	que je cédasse, qu'il cédât.
Futur :	je céderai, n. céderons.		

PARTICIPES : cédant ; cédé.

11 — Geler

INDIC. présent :	je gèle, n. gelons, ils gèlent.	CONDITIONNEL :	je gèlerais, n. gèlerions.
		IMPÉRATIF :	gèle, gelons, gelez.
Imparfait :	je gelais, n. gelions.	SUBJ. présent :	que je gèle, que n. gelions.
Passé simple :	je gelai, n. gelâmes, ils gelèrent.	Imparfait :	que je gelasse, qu'il gelât.
Futur :	je gèlerai, n. gèlerons.		

PARTICIPES : gelant ; gelé.

12 — Acheter

INDIC. présent :	j'achète, n. achetons, ils achètent.	CONDITIONNEL :	j'achèterais, n. achèterions.
Imparfait :	j'achetais, n. achetions.	IMPÉRATIF :	achète, achetons, achetez.
Passé simple :	j'achetai, n. achetâmes.	SUBJ. présent :	que j'achète, que n. achetions.
Futur :	j'achèterai, n. achèterons.	Imparfait :	que j'achetasse, qu'il achetât.

PARTICIPES : achetant ; acheté.

13 — Appeler

INDIC. présent :	j'appelle, n. appelons, ils appellent.	CONDITIONNEL :	j'appellerais, n. appellerions.
Imparfait :	j'appelais, n. appelions.	IMPÉRATIF :	appelle, appelons, appelez.
Passé simple :	j'appelai, n. appelâmes, ils appelèrent.	SUBJ. présent :	que j'appelle, que n. appelions.
Futur :	j'appellerai, n. appellerons.	Imparfait :	que j'appelasse, qu'il appelât.

PARTICIPES : appelant ; appelé.

14 — Jeter

INDIC. présent :	je jette, n. jetons, ils jettent.
Imparfait :	je jetais, n. jetions.
Passé simple :	je jetai, n. jetâmes, ils jetèrent.
Futur :	je jetterai, n. jetterons.
CONDITIONNEL :	je jetterais, n. jetterions.
IMPÉRATIF :	jette, jetons, jetez.
SUBJ. présent :	que je jette, que n. jetions, qu'ils jettent.
Imparfait :	que je jetasse, qu'il jetât.

PARTICIPES : jetant ; jeté.

15 — Semer

INDIC. présent :	je sème, n. semons, ils sèment.
Imparfait :	je semais, n. semions.
Passé simple :	je semai, il sema, n. semâmes, ils semèrent.
Futur :	je sèmerai, n. sèmerons.
CONDITIONNEL :	je sèmerais, n. sèmerions.
IMPÉRATIF :	sème, semons, semez.
SUBJ. présent :	que je sème, que n. semions.
Imparfait :	que je semasse, qu'il semât.

PARTICIPES : semant ; semé.

16 — Créer

INDIC. présent :	je crée, n. créons, ils créent.
Imparfait :	je créais, n. créions.
Passé simple :	je créai, il créa, ils créèrent.
Futur :	je créerai, n. créerons.
CONDITIONNEL :	je créerais, n. créerions.
IMPÉRATIF :	crée, créons, créez.
SUBJ. présent :	que je crée, que n. créions.
Imparfait :	que je créasse, qu'il créât.

PARTICIPES : créant ; créé.

17 — Copier

INDIC. présent :	je copie, n. copions, ils copient.
Imparfait :	je copiais, n. copiions, ils copiaient.
Passé simple :	je copiai, il copia, ils copièrent.
Futur :	je copierai, n. copierons.
CONDITIONNEL :	je copierais, n. copierions.
IMPÉRATIF :	copie, copions, copiez.
SUBJ. présent :	que je copie, que n. copiions.
Imparfait :	que je copiasse, qu'il copiât.

PARTICIPES : copiant ; copié.

18 — Saluer

INDIC. présent :	je salue, n. saluons.
Imparfait :	je saluais, n. saluions.
Passé simple :	je saluai, n. saluâmes, ils saluèrent.
Futur :	je saluerai, n. saluerons.
CONDITIONNEL :	je saluerais, n. saluerions.
IMPÉRATIF :	salue, saluons, saluez.
SUBJ. présent :	que je salue, que n. saluions.
Imparfait :	que je saluasse, qu'il saluât.

PARTICIPES : saluant ; salué.

19 — Jouer

INDIC. présent :	je joue, n. jouons, ils jouent.	CONDITIONNEL :	je jouerais, n. jouerions.
Imparfait :	je jouais, n. jouions.	IMPÉRATIF :	joue, jouons, jouez.
Passé simple :	je jouai, n. jouâmes, ils jouèrent.	SUBJ. présent :	que je joue, que n. jouions.
Futur :	je jouerai, n. jouerons.	Imparfait :	que je jouasse, qu'il jouât.

PARTICIPES : jouant ; joué.

20 — Siéger

INDIC. présent :	je siège, n. siégeons, ils siègent.	CONDITIONNEL :	je siégerais, n. siégerions.
Imparfait :	je siégeais, n. siégions.	IMPÉRATIF :	siège, siégeons, siégez.
Passé simple :	je siégeai, il siégea, ils siégèrent.	SUBJ. présent :	que je siège, que n. siégions.
Futur :	je siégerai, n. siégerons.	Imparfait :	que je siégeasse, qu'il siégeât.

PARTICIPES : siégeant, siégé.

21 — Interpeller

INDIC. présent :	j'interpelle, n. interpellons.	CONDITIONNEL :	j'interpellerais, n. interpellerions.
Imparfait :	j'interpellais, n. interpellions.	SUBJ. présent :	que j'interpelle, que n. interpellions.
Passé simple :	j'interpellai, il interpella.	Imparfait :	que j'interpellasse, qu'il interpellât.
Futur :	j'interpellerai, n. interpellerons.		

PARTICIPES : interpellant ; interpellé.

22 — Aller

INDIC. présent :	je vais, il va, n. allons, ils vont.	CONDITIONNEL :	j'irais, n. irions.
Imparfait :	j'allais, n. allions, ils allaient.	IMPÉRATIF :	va, allons, allez.
Passé simple :	j'allai, n. allâmes, ils allèrent.	SUBJ. présent :	que j'aille, que n. allions.
Futur :	j'irai, n. irons.	Imparfait :	que j'allasse, qu'il allât.

PARTICIPES : allant ; allé.

(Pour plus de détails → VERBES X.)

23 — S'en aller

INDIC. présent :	je m'en vais, n. n. en allons.	CONDITIONNEL :	je m'en irais, n. n. en irions.
Imparfait :	je m'en allais, ils s'en allaient.	IMPÉRATIF :	va-t'en, allons-nous-en, allez-vous-en.
Passé simple :	je m'en allai, n. n. en allâmes.	SUBJ. présent :	que je m'en aille, que v. v. en alliez.
Futur :	je m'en irai, v. v. en irez.	Imparfait :	que je m'en allasse, qu'il s'en allât.
Passé composé :	je m'en suis allé, ils s'en sont allés.		

PARTICIPES : s'en allant ; s'en étant allé.

24 — Finir

INDIC. présent	: je finis, n. finissons, ils finissent.	CONDITIONNEL	: je finirais, n. finirions.
Imparfait	: je finissais, n. finissions.	IMPÉRATIF	: finis, finissons, finissez.
Passé simple	: je finis, n. finîmes, ils finirent.	SUBJ. présent	: que je finisse, qu'il finisse, que n. finissions.
Futur	: je finirai, n. finirons.	Imparfait	: que je finisse, qu'il finît, que n. finissions.

PARTICIPES : finissant ; fini.

(Pour plus de détails → VERBES IX.)

25 — Absoudre

INDIC. présent	: j'absous, ils absout, n. absolvons, ils absolvent.	CONDITIONNEL	: j'absoudrais, n. absoudrions.
Imparfait	: j'absolvais, n. absolvions.	IMPÉRATIF	: absous, absolvons, absolvez.
Passé simple	: j'absolus *(rare)*.	SUBJ. présent	: que j'absolve, que n. absolvions.
Futur	: j'absoudrai, n. absoudrons.	Imparfait	: que j'absolusse *(rare)*.

PARTICIPES : absolvant ; absous, absoute.

26 — Accroître

INDIC. présent	: j'accrois, il accroît, n. accroissons, ils accroissent.	CONDITIONNEL	: j'accroîtrais, n. accroîtrions.
Imparfait	: j'accroissais, n. accroissions.	IMPÉRATIF	: accrois, accroissons, accroissez.
Passé simple	: j'accrus, n. accrûmes.	SUBJ. présent	: que j'accroisse, que n. accroissions.
Futur	: j'accroîtrai, n. accroîtrons.	Imparfait	: que j'accrusse, qu'il accrût.

PARTICIPES : accroissant ; accru.

27 — Acquérir

INDIC. présent	: j'acquiers, il acquiert, n. acquérons, ils acquièrent.	CONDITIONNEL	: j'acquerrais, n. acquerrions.
Imparfait	: j'acquérais, n. acquérions.	IMPÉRATIF	: acquiers, acquérons, acquérez.
Passé simple	: j'acquis, n. acquîmes, ils acquirent.	SUBJ. présent	: que j'acquière, que n. acquérions, qu'ils acquièrent.
Futur	: j'acquerrai, n. acquerrons.	Imparfait	: que j'acquisse, qu'il acquît.

PARTICIPES : acquérant ; acquis.

28 — Apercevoir

INDIC. présent	: j'aperçois, n. apercevons, ils aperçoivent.	CONDITIONNEL	: j'apercevrais, n. apercevrions.
Imparfait	: j'apercevais, n. apercevions.	IMPÉRATIF	: aperçois, apercevons, apercevez.
Passé simple	: j'aperçus, n. aperçûmes.	SUBJ. présent	: que j'aperçoive, que n. apercevions.
Futur	: j'apercevrai, n. apercevrons.	Imparfait	: que j'aperçusse, qu'il aperçût.

PARTICIPES : apercevant ; aperçu.

CONJUGAISONS PARADIGMES

29 — Assaillir

INDIC. présent	: j'assaille, n. assaillons.	CONDITIONNEL	: j'assaillirais, n. assaillirions.
Imparfait	: j'assaillais, n. assaillions.	IMPÉRATIF	: assaille, assaillons, assailloz.
Passé simple	: j'assaillis, n. assaillîmes.	SUBJ. présent	: que j'assaille, que n. assaillions.
Futur	: j'assaillirai, n. assaillirons.	Imparfait	: que j'assaillisse, qu'il assaillît.

PARTICIPES : assaillant ; assailli.

30 a — S'asseoir (1re forme)

INDIC. présent	: je m'assois, n. n. assoyons, ils s'assoient.	CONDITIONNEL	: je m'assoirais, n. n. assoirions.
Imparfait	: je m'assoyais, n. n. assoyions.	IMPÉRATIF	: assois-toi, assoyons-nous, assoyez-vous.
Passé simple	: je m'assis, n. n. assîmes.	SUBJ. présent	: que je m'assoie, que n. n. assoyions.
Futur	: je m'assoirai, n. n. assoirons.	Imparfait	: que je m'assisse, qu'il s'assît.

PARTICIPES : assoyant ; assis.

30 b — S'asseoir (2de forme)

INDIC. présent	: je m'assieds, il s'assied, n. n. asseyons, ils s'asseyent.	CONDITIONNEL	: je m'assiérais, n. n. assiérions.
Imparfait	: je m'asseyais, n. n. asseyions.	IMPÉRATIF	: assieds-toi, asseyons-nous, asseyez-vous.
Passé simple	: je m'assis, n. n. assîmes.	SUBJ. présent	: que je m'asseye, que n. n. asseyions.
Futur	: je m'assiérai, n. n. assiérons.	Imparfait	: que je m'assisse, qu'il s'assît.

PARTICIPES : asseyant ; assis.

31 — Atteindre

INDIC. présent	: j'atteins, il atteint, n. atteignons, ils atteignent.	CONDITIONNEL	: j'atteindrais, n. atteindrions.
Imparfait	: j'atteignais, n. atteignions.	IMPÉRATIF	: atteins, atteignons, atteignez.
Passé simple	: j'atteignis, n. atteignîmes.	SUBJ. présent	: que j'atteigne, que n. atteignions.
Futur	: j'atteindrai, il atteindra, n. atteindrons.	Imparfait	: que j'atteignisse, qu'il atteignît.

PARTICIPES : atteignant ; atteint.

32 — Battre

INDIC. présent	: je bats, il bat, n. battons, ils battent.	CONDITIONNEL	: je battrais, n. battrions.
Imparfait	: je battais, n. battions.	IMPÉRATIF	: bats, battons, battez.
Passé simple	: je battis, n. battîmes.	SUBJ. présent	: que je batte, que n. battions.
Futur	: je battrai, n. battrons.	Imparfait	: que je battisse, qu'il battît.

PARTICIPES : battant ; battu.

33 — Boire

INDIC. présent :	je bois, n. buvons, ils boivent.	CONDITIONNEL :	je boirais, n. boirions.
Imparfait :	je buvais, n. buvions.	IMPÉRATIF :	bois, buvons, buvez.
Passé simple :	je bus, n. bûmes.	SUBJ. présent :	que je boive, que n. buvions.
Futur :	je boirai, n. boirons.	Imparfait :	que je busse, qu'il bût.

PARTICIPES : buvant ; bu.

34 — Bouillir

INDIC. présent :	je bous, il bout, n. bouillons, ils bouillent.	CONDITIONNEL :	je bouillirais, n. bouillirions.
Imparfait :	je bouillais, n. bouillions.	IMPÉRATIF :	bous, bouillons, bouillez.
Passé simple :	je bouillis, n. bouillîmes.	SUBJ. présent :	que je bouille, que n. bouillions.
Futur :	je bouillirai, n. bouillirons.	Imparfait :	que je bouillisse, qu'il bouillît.

PARTICIPES : bouillant ; bouilli.

35 — Clore

N'est usité qu'aux formes suivantes :

INDIC. présent :	je clos, tu clos, il clôt, ils closent.	CONDITIONNEL :	je clorais *(en entier)*.
		IMPÉRATIF :	clos.
Futur :	je clorai *(en entier)*.	SUBJ. présent :	que je close, que n. closions *(en entier)*.

PARTICIPES : closant ; clos, close.

et aux temps composés.

36 — Conclure

INDIC. présent :	je conclus, n. concluons, ils concluent.	CONDITIONNEL :	je conclurais, n. conclurions.
Imparfait :	je concluais, n. concluions.	IMPÉRATIF :	conclus, concluons, concluez.
Passé simple :	je conclus, n. conclûmes.	SUBJ. présent :	que je conclue, que n. concluions.
Futur :	je conclurai, n. conclurons.	Imparfait :	que je conclusse, qu'il conclût.

PARTICIPES : concluant ; conclu.

37 — Conduire

INDIC. présent :	je conduis, n. conduisons.	CONDITIONNEL :	je conduirais, n. conduirions.
Imparfait :	je conduisais, n. conduisions.	IMPÉRATIF :	conduis, conduisons, conduisez.
Passé simple :	je conduisis, n. conduisîmes.	SUBJ. présent :	que je conduise, que n. conduisions.
Futur :	je conduirai, n. conduirons.	Imparfait :	que je conduisisse, qu'il conduisît.

PARTICIPES : conduisant ; conduit.

CONJUGAISONS PARADIGMES

38 — Confire

INDIC. présent	: je confis, n. confisons.	CONDITIONNEL	: je confirais, n. confirions.
Imparfait	: je confisais, n. confisions.	IMPÉRATIF	: confis, confisons, confisez.
Passé simple	: je confis, n. confîmes.	SUBJ. présent	: que je confise, que n. confisions.
Futur	: je confirai, n. confirons.	Imparfait	: que je confisse, qu'il confît.

PARTICIPES : confisant ; confit.

39 — Coudre

INDIC. présent	: je couds, il coud, n. cousons, ils cousent.	CONDITIONNEL	: je coudrais, n. coudrions.
		IMPÉRATIF	: couds, cousons, cousez.
Imparfait	: je cousais, n. cousions.	SUBJ. présent	: que je couse, que n. cousions.
Passé simple	: je cousis, n. cousîmes.		
Futur	: je coudrai, n. coudrons.	Imparfait	: que je cousisse, qu'il cousît.

PARTICIPES : cousant ; cousu.

40 — Courir

INDIC. présent	: je cours, il court, n. courons.	CONDITIONNEL	: je courrais, n. courrions.
		IMPÉRATIF	: cours, courons, courez.
Imparfait	: je courais, n. courions.	SUBJ. présent	: que je cours, que n. courions.
Passé simple	: je courus, n. courûmes.		
Futur	: je courrai, n. courrons.	Imparfait	: que je courusse, qu'il courût.

PARTICIPES : courant ; couru.

41 — Craindre

INDIC. présent	: je crains, il craint, n. craignons, ils craignent.	CONDITIONNEL	: je craindrais, n. craindrions.
		IMPÉRATIF	: crains, craignons, craignez.
Imparfait	: je craignais, n. craignions.	SUBJ. présent	: que je craigne, que n. craignions.
Passé simple	: je craignis, n. craignîmes.		
Futur	: je craindrai, n. craindrons.	Imparfait	: que je craignisse, qu'il craignît.

PARTICIPES : craignant ; craint.

42 — Croire

INDIC. présent	: je crois, il croit, n. croyons, ils croient.	CONDITIONNEL	: je croirais, n. croirions.
		IMPÉRATIF	: crois, croyons, croyez.
Imparfait	: je croyais, n. croyions.	SUBJ. présent	: que je croie, que n. croyions, qu'ils croient.
Passé simple	: je crus, n. crûmes, ils crurent.		
Futur	: je croirai, n. croirons.	Imparfait	: que je crusse, qu'il crût.

PARTICIPES : croyant ; cru.

43 — Croître

INDIC. présent	: je croîs, il croît, n. croissons, ils croissent.	CONDITIONNEL	: je croîtrais, n. croîtrions.
Imparfait	: je croissais, n. croissions.	IMPÉRATIF	: croîs, croissons, croissez.
Passé simple	: je crûs, n. crûmes, ils crûrent.	SUBJ. présent	: que je croisse, que n. croissions.
Futur	: je croîtrai, n. croîtrons.	Imparfait	: que je crûsse, que n. crûssions.

PARTICIPES : croissant ; crû, crus, crue, crues.

44 — Cueillir

INDIC. présent	: je cueille, n. cueillons.	CONDITIONNEL	: je cueillerais, n. cueillerions.
Imparfait	: je cueillais, n. cueillions.	IMPÉRATIF	: cueille, cueillons, cueillez.
Passé simple	: je cueillis, n. cueillîmes.	SUBJ. présent	: que je cueille, que n. cueillions.
Futur	: je cueillerai, n. cueillerons.	Imparfait	: que je cueillisse, qu'il cueillît.

PARTICIPES : cueillant ; cueilli.

45 — Déchoir

N'est usité qu'aux formes suivantes :

INDIC. présent	: je déchois, tu déchois, il déchoit, n. déchoyons, v. déchoyez, ils déchoient.	CONDITIONNEL	: je déchoirais *ou* je décherrais *(en entier)*.
Passé simple	: je déchus, n. déchûmes *(en entier)*.	SUBJ. présent	: que je déchoie, que n. déchoyions *(en entier)*.
Futur	: je déchoirai *ou (ancien)* je décherrai *(en entier)*.	Imparfait	: que je déchusse, qu'il déchût *(en entier)*.

PARTICIPE passé : déchu.

et aux temps composés.

46 — Devoir

INDIC. présent	: je dois, n. devons, ils doivent.	CONDITIONNEL	: je devrais, n. devrions.
Imparfait	: je devais, n. devions.	IMPÉRATIF	: dois, devons, devez.
Passé simple	: je dus, n. dûmes, ils durent.	SUBJ. présent	: que je doive, que n. devions, qu'ils doivent.
Futur	: je devrai, n. devrons.	Imparfait	: que je dusse, qu'il dût.

PARTICIPES : devant ; dû, dus, due, dues.

47 — Dire

INDIC. présent	: je dis, n. disons, v. dites, ils disent.	CONDITIONNEL	: je dirais, n. dirions.
Imparfait	: je disais, n. disions, v. disiez.	IMPÉRATIF	: dis, disons, dites.
Passé simple	: je dis, n. dîmes, v. dîtes, ils dirent.	SUBJ. présent	: que je dise, que n. disions.
Futur	: je dirai, n. dirons.	Imparfait	: que je disse, qu'il dît, que n. dissions.

PARTICIPES : disant ; dit.

48 — Dormir

INDIC. présent	: je dors, il dort, n. dormons, ils dorment.	CONDITIONNEL	: je dormirais, n. dormirions.
Imparfait	: je dormais, n. dormions.	IMPÉRATIF	: dors, dormons, dormez.
Passé simple	: je dormis, n. dormîmes.	SUBJ. présent	: que je dorme, que n. dormions.
Futur	: je dormirai, n. dormirons.	Imparfait	: que je dormisse, qu'il dormît.

PARTICIPES : dormant ; dormi.

49 — Écrire

INDIC. présent	: j'écris, n. écrivons, ils écrivent.	CONDITIONNEL	: j'écrirais, n. écririons.
		IMPÉRATIF	: écris, écrivons, écrivez.
Imparfait	: j'écrivais, n. écrivions.	SUBJ. présent	: que j'écrive, que n. écrivions.
Passé simple	: j'écrivis, n. écrivîmes.		
Futur	: j'écrirai, n. écrirons.	Imparfait	: que j'écrivisse, qu'il écrivît.

PARTICIPES : écrivant ; écrit.

50 a — Faillir (1re forme)

INDIC. présent	: je faillis, n. faillissons, ils faillissent.	CONDITIONNEL	: je faillirais, n. faillirions.
		IMPÉRATIF	: faillis, faillissons, faillissez.
Imparfait	: je faillissais, n. faillissions.	SUBJ. présent	: que je faillisse, que n. faillissions.
Passé simple	: je faillis, n. faillîmes.		
Futur	: je faillirai, n. faillirons.	Imparfait	: que je faillisse, qu'il faillît, que n. faillissions.

PARTICIPES : faillissant ; failli.

50 b — Faillir (2de forme, vieillie)

INDIC. présent	: je faux, il faut, n. faillons, ils faillent.	CONDITIONNEL	: je faudrais, n. faudrions.
		IMPÉRATIF	: faux, faillons, faillez.
Imparfait	: je faillais, n. faillions.	SUBJ. présent	: que je faille, que n. faillions.
Passé simple	: je faillis, n. faillîmes.		
Futur	: je faudrai, n. faudrons.	Imparfait	: que je faillisse, qu'il faillît.

PARTICIPES : faillant ; failli.

51 — Faire

INDIC. présent	: je fais, n. faisons, v. faites, ils font.	CONDITIONNEL	: je ferais, n. ferions.
		IMPÉRATIF	: fais, faisons, faites.
Imparfait	: je faisais, n. faisions.	SUBJ. présent	: que je fasse, que n. fassions.
Passé simple	: je fis, n. fîmes, ils firent.		
Futur	: je ferai, n. ferons.	Imparfait	: que je fisse, qu'il fît, que n. fissions.

PARTICIPES : faisant ; fait.

52 — Fuir

INDIC. présent	: je fuis, n. fuyons, ils fuient.	CONDITIONNEL	: je fuirais, n. fuirions.
Imparfait	: je fuyais, n. fuyions.	IMPÉRATIF	: fuis, fuyons, fuyez.
Passé simple	: je fuis, n. fuîmes, ils fuirent.	SUBJ. présent	: que je fuie, que n. fuyions, qu'ils fuient.
Futur	: je fuirai, n. fuirons.	Imparfait	: que je fuisse, qu'il fuît.

PARTICIPES : fuyant ; fui.

53 — Joindre

INDIC. présent	: je joins, il joint, n. joignons, ils joignent.	CONDITIONNEL	: je joindrais, n. joindrions.
Imparfait	: je joignais, n. joignions.	IMPÉRATIF	: joins, joignons, joignez.
Passé simple	: je joignis, n. joignîmes.	SUBJ. présent	: que je joigne, que n. joignions.
Futur	: je joindrai, n. joindrons.	Imparfait	: que je joignisse, qu'il joignît.

PARTICIPES : joignant ; joint.

54 — Lire

INDIC. présent	: je lis, n. lisons, ils lisent.	CONDITIONNEL	: je lirais, n. lirions.
Imparfait	: je lisais, n. lisions.	IMPÉRATIF	: lis, lisons, lisez.
Passé simple	: je lus, n. lûmes, ils lurent.	SUBJ. présent	: que je lise, que n. lisions.
Futur	: je lirai, n. lirons.	Imparfait	: que je lusse, qu'il lût.

PARTICIPES : lisant ; lu.

55 — Mentir

INDIC. présent	: je mens, il ment, n. mentons.	CONDITIONNEL	: je mentirais, n. mentirions.
Imparfait	: je mentais, n. mentions.	IMPÉRATIF	: mens, mentons, mentez.
Passé simple	: je mentis, n. mentîmes, ils mentirent.	SUBJ. présent	: que je mente, que n. mentions.
Futur	: je mentirai, n. mentirons.	Imparfait	: que je mentisse, qu'il mentît.

PARTICIPES : mentant ; menti.

56 — Mettre

INDIC. présent	: je mets, il met, n. mettons, ils mettent.	CONDITIONNEL	: je mettrais, n. mettrions.
Imparfait	: je mettais, n. mettions.	IMPÉRATIF	: mets, mettons, mettez.
Passé simple	: je mis, n. mîmes, ils mirent.	SUBJ. présent	: que je mette, que n. mettions.
Futur	: je mettrai, n. mettrons.	Imparfait	: que je misse, qu'il mît.

PARTICIPES : mettant ; mis.

CONJUGAISONS PARADIGMES

57 — Moudre

- **INDIC. présent** : je mouds, il moud, n. moulons, ils moulent.
- **Imparfait** : je moulais, n. moulions.
- **Passé simple** : je moulus, n. moulûmes.
- **Futur** : je moudrai, n. moudrons.
- **CONDITIONNEL** : je moudrais, n. moudrions.
- **IMPÉRATIF** : mouds, moulons, moulez.
- **SUBJ. présent** : que je moule, que n. moulions.
- **Imparfait** : que je moulusse, qu'il moulût.

PARTICIPES : moulant ; moulu.

58 — Mourir

- **INDIC. présent** : je meurs, il meurt, n. mourons, ils meurent.
- **Imparfait** : je mourais, n. mourions.
- **Passé simple** : je mourus, n. mourûmes.
- **Futur** : je mourrai, n. mourrons.
- **CONDITIONNEL** : je mourrais, n. mourrions.
- **IMPÉRATIF** : meurs, mourons, mourez.
- **SUBJ. présent** : que je meure, que n. mourions, qu'ils meurent.
- **Imparfait** : que je mourusse, qu'il mourût.

PARTICIPES : mourant ; mort.

59 — Mouvoir

- **INDIC. présent** : je meus, il meut, n. mouvons, ils meuvent.
- **Imparfait** : je mouvais, n. mouvions.
- **Passé simple** : je mus, n. mûmes.
- **Futur** : je mouvrai, n. mouvrons.
- **CONDITIONNEL** : je mouvrais, n. mouvrions.
- **IMPÉRATIF** : meus, mouvons, mouvez.
- **SUBJ. présent** : que je meuve, que n. mouvions, qu'ils meuvent.
- **Imparfait** : que je musse, qu'il mût.

PARTICIPES : mouvant, mû, mus, mue, mues.

60 — Naître

- **INDIC. présent** : je nais, tu nais, il naît, n. naissons.
- **Imparfait** : je naissais, n. naissions.
- **Passé simple** : je naquis, n. naquîmes.
- **Futur** : je naîtrai, n. naîtrons.
- **CONDITIONNEL** : je naîtrais, n. naîtrions.
- **IMPÉRATIF** : nais, naissons, naissez.
- **SUBJ. présent** : que je naisse, qu'il naisse.
- **Imparfait** : que je naquisse, qu'il naquît.

PARTICIPES : naissant ; né.

61 — Offrir

- **INDIC. présent** : j'offre, tu offres, n. offrons.
- **Imparfait** : j'offrais, n. offrions.
- **Passé simple** : j'offris, n. offrîmes.
- **Futur** : j'offrirai, n. offrirons.
- **CONDITIONNEL** : j'offrirais, n. offririons.
- **IMPÉRATIF** : offre, offrons, offrez.
- **SUBJ. présent** : que j'offre, que n. offrions.
- **Imparfait** : que j'offrisse, qu'il offrît.

PARTICIPES : offrant ; offert.

62 — Paraître

INDIC. présent	: je parais, il paraît, n. paraissons.	CONDITIONNEL	: je paraîtrais, n. paraîtrions.
Imparfait	: je paraissais, il paraissait.	IMPÉRATIF	: parais, paraissons, paraissez.
Passé simple	: je parus, n. parûmes.	SUBJ. présent	: que je paraisse, que n. paraissions.
Futur	: je paraîtrai, n. paraîtrons.	Imparfait	: que je parusse, qu'il parût.

PARTICIPES : paraissant ; paru.

63 — Plaire

INDIC. présent	: je plais, il plaît, n. plaisons.	CONDITIONNEL	: je plairais, n. plairions.
Imparfait	: je plaisais, il plaisait.	IMPÉRATIF	: plais, plaisons, plaisez.
Passé simple	: je plus, n. plûmes, ils plurent.	SUBJ. présent	: que je plaise, que n. plaisions.
Futur	: je plairai, n. plairons.	Imparfait	: que je plusse, qu'il plût.

PARTICIPES : plaisant ; plu.

64 — Pourvoir

INDIC. présent	: je pourvois, n. pourvoyons, ils pourvoient.	CONDITIONNEL	: je pourvoirais, n. pourvoirions.
Imparfait	: je pourvoyais, n. pourvoyions.	IMPÉRATIF	: pourvois, pourvoyons, pourvoyez.
Passé simple	: je pourvus, n. pourvûmes.	SUBJ. présent	: que je pourvoie, que n. pourvoyions.
Futur	: je pourvoirai, n. pourvoirons.	Imparfait	: que je pourvusse, qu'il pourvût.

PARTICIPES : pourvoyant ; pourvu.

65 — Pouvoir

INDIC. présent	: je peux (*ou* je puis), tu peux, il peut, n. pouvons, ils peuvent. *Dans les interrogations, on dit* : puis-je ?	CONDITIONNEL	: je pourrais, n. pourrions.
		IMPÉRATIF	: *(inusité).*
		SUBJ. présent	: que je puisse, que n. puissions.
Imparfait	: je pouvais, n. pouvions.	Imparfait	: que je pusse, qu'il pût.
Passé simple	: je pus, n. pûmes, ils purent.		
Futur	: je pourrai, n. pourrons.		

PARTICIPES : pouvant ; pu.

66 — Prendre

INDIC. présent	: je prends, il prend, n. prenons, ils prennent.	CONDITIONNEL	: je prendrais, n. prendrions.
Imparfait	: je prenais, n. prenions.	IMPÉRATIF	: prends, prenons, prenez.
Passé simple	: je pris, n. prîmes, ils prirent.	SUBJ. présent	: que je prenne, que n. prenions.
Futur	: je prendrai, n. prendrons.	Imparfait	: que je prisse, qu'il prît.

PARTICIPES : prenant ; pris.

67 — Rendre

INDIC. présent :	je rends, il rend, n. rendons.	CONDITIONNEL :	je rendrais, n. rendrions.
Imparfait :	je rendais, n. rendions.	IMPÉRATIF :	rends, rendons, rendez.
Passé simple :	je rendis, n. rendîmes.	SUBJ. présent :	que je rende, que n. rendions.
Futur :	je rendrai, n. rendrons.	Imparfait :	que je rendisse, qu'il rendît.

PARTICIPES : rendant ; rendu.

(Pour plus de détails → VERBES X.)

68 — Résoudre

INDIC. présent :	Je résous, il résout, n. résolvons, ils résolvent.	CONDITIONNEL :	je résoudrais, n. résoudrions.
Imparfait :	je résolvais, n. résolvions.	IMPÉRATIF :	résous, résolvons, résolvez.
Passé simple :	je résolus, n. résolûmes.	SUBJ. présent :	que je résolve, que n. résolvions.
Futur :	je résoudrai, n. résoudrons.	Imparfait :	que je résolusse, qu'il résolût.

PARTICIPES : résolvant ; résolu.

69 — Rire

INDIC. présent :	je ris, il rit, n. rions, ils rient.	CONDITIONNEL :	je rirais, n. ririons.
Imparfait :	je riais, n. riions, v. riiez, ils riaient.	IMPÉRATIF :	ris, rions, riez.
		SUBJ. présent :	que je rie, que n. riions.
Passé simple :	je ris, n. rîmes, ils rirent.	Imparfait :	que je risse, qu'il rît.
Futur :	je rirai, n. rirons.		

PARTICIPES : riant ; ri.

70 — Rompre

INDIC. présent :	je romps, il rompt, n. rompons.	CONDITIONNEL :	je romprais, n. romprions.
		IMPÉRATIF :	romps, rompons, rompez.
Imparfait :	je rompais, n. rompions.	SUBJ. présent :	que je rompe, que n. rompions.
Passé simple :	je rompis, n. rompîmes.	Imparfait :	que je rompisse, qu'il rompît.
Futur :	je romprai, n. romprons.		

PARTICIPES : rompant ; rompu.

71 — Savoir

INDIC. présent :	je sais, n. savons, ils savent.	CONDITIONNEL :	je saurais, n. saurions.
Imparfait :	je savais, n. savions.	IMPÉRATIF :	sache, sachons, sachez.
Passé simple :	je sus, n. sûmes, ils surent.	SUBJ. présent :	que je sache, que n. sachions.
Futur :	je saurai, n. saurons.	Imparfait :	que je susse, qu'il sût.

PARTICIPES : sachant ; su.

72 — Servir

INDIC. présent	: je sers, n. servons, ils servent.	CONDITIONNEL	: je servirais, n. servirions.
Imparfait	: je servais, n. servions.	IMPÉRATIF	: sers, servons, servez.
Passé simple	: je servis, n. servîmes.	SUBJ. présent	: que je serve, que n. servions.
Futur	: je servirai, n. servirons.	Imparfait	: que je servisse, qu'il servît.

PARTICIPES : servant ; servi.

73 — Suivre

INDIC. présent	: je suis, n. suivons, ils suivent.	CONDITIONNEL	: je suivrais, n. suivrions.
Imparfait	: je suivais, n. suivions.	IMPÉRATIF	: suis, suivons, suivez.
Passé simple	: je suivis, n. suivîmes.	SUBJ. présent	: que je suive, que n. suivions.
Futur	: je suivrai, n. suivrons.	Imparfait	: que je suivisse, qu'il suivît.

PARTICIPES : suivant ; suivi.

74 — Surseoir

INDIC. présent	: je sursois, il sursoit, n. sursoyons.	CONDITIONNEL	: je surseoirais, n. surseoirions.
Imparfait	: je sursoyais, n. sursoyions.	IMPÉRATIF	: sursois, sursoyons, sursoyez.
Passé simple	: je sursis, n. sursîmes.	SUBJ. présent	: que je sursoie, que n. sursoyions.
Futur	: je surseoirai, n. surseoirons.	Imparfait	: que je sursisse, qu'il sursît.

PARTICIPES : sursoyant ; sursis.

75 — Taire

INDIC. présent	: je tais, il tait, n. taisons.	CONDITIONNEL	: je tairais, n. tairions.
Imparfait	: je taisais, n. taisions.	IMPÉRATIF	: tais, taisons, taisez.
Passé simple	: je tus, n. tûmes, ils turent.	SUBJ. présent	: que je taise, que n. taisions.
Futur	: je tairai, n. tairons.	Imparfait	: que je tusse, qu'il tût.

PARTICIPES : taisant ; tu.

76 — Tenir

INDIC. présent	: je tiens, il tient, n. tenons, ils tiennent.	CONDITIONNEL	: je tiendrais, n. tiendrions.
Imparfait	: je tenais, n. tenions.	IMPÉRATIF	: tiens, tenons, tenez.
Passé simple	: je tins, n. tînmes.	SUBJ. présent	: que je tienne, que n. tenions.
Futur	: je tiendrai, n. tiendrons.	Imparfait	: que je tinsse, qu'il tînt.

PARTICIPES : tenant ; tenu.

CONJUGAISONS PARADIGMES

77 — Traire

INDIC. présent : je trais, n. trayons, ils traient.	CONDITIONNEL : je trairais, n. trairions.
Imparfait : je trayais, n. trayions.	IMPÉRATIF : trais, trayons, trayez.
Passé simple : *(inusité)*.	SUBJ. présent : que je traie, que n. trayions, qu'ils traient.
Futur : je trairai, n. trairons.	Imparfait : *(inusité)*.

PARTICIPES : trayant ; trait.

78 — Vaincre

INDIC. présent : je vaincs, il vainc, n. vainquons, ils vainquent. *En interrogation :* vainc-t-il ?	CONDITIONNEL : je vaincrais, n. vaincrions.
	IMPÉRATIF : vaincs, vainquons, vainquez.
	SUBJ. présent : que je vainque, que n. vainquions.
Imparfait : je vainquais, n. vainquions.	Imparfait : que je vainquisse, qu'il vainquît.
Passé simple : je vainquis, n. vainquîmes.	
Futur : je vaincrai, n. vaincrons.	

PARTICIPES : vainquant ; vaincu.

79 — Valoir

INDIC. présent : je vaux, il vaut, n. valons, ils valent.	CONDITIONNEL : je vaudrais, n. vaudrions.
Imparfait : je valais, n. valions.	IMPÉRATIF : vaux, valons, valez.
Passé simple : je valus, n. valûmes.	SUBJ. présent : que je vaille, que n. valions, qu'ils vaillent.
Futur : je vaudrai, n. vaudrons.	Imparfait : que je valusse, qu'il valût.

PARTICIPES : valant ; valu.

80 — Vêtir

INDIC. présent : je vêts, il vêt, n. vêtons, ils vêtent.	CONDITIONNEL : je vêtirais, n. vêtirions.
Imparfait : je vêtais, n. vêtions.	IMPÉRATIF : vêts, vêtons, vêtez.
Passé simple : je vêtis, n. vêtîmes.	SUBJ. présent : que je vête, que n. vêtions.
Futur : je vêtirai, n. vêtirons.	Imparfait : que je vêtisse, qu'il vêtît.

PARTICIPES : vêtant ; vêtu.

81 — Vivre

INDIC. présent : je vis, n. vivons, ils vivent.	CONDITIONNEL : je vivrais, n. vivrions.
Imparfait : je vivais, n. vivions.	IMPÉRATIF : vis, vivons, vivez.
Passé simple : je vécus, n. vécûmes.	SUBJ. présent : que je vive, que n. vivions.
Futur : je vivrai, n. vivrons.	Imparfait : que je vécusse, qu'il vécût.

PARTICIPES : vivant ; vécu.

82 — Voir

INDIC. présent	: je vois, n. voyons, ils voient.	CONDITIONNEL	: je verrais, n. verrions.
Imparfait	: je voyais, n. voyions.	IMPÉRATIF	: vois, voyons, voyez.
Passé simple	: je vis, n. vîmes, ils virent.	SUBJ. présent	: que je voie, que n. voyions, qu'ils voient.
Futur	: je verrai, n. verrons.	Imparfait	: que je visse, qu'il vît.

PARTICIPES : voyant ; vu.

83 — Vouloir

INDIC. présent	: je veux, il veut, n. voulons, ils veulent.	SUBJ. présent	: que je veuille, que n. voulions (*ou* veuillions), que vous vouliez (*ou* veuilliez), qu'ils veuillent.
Imparfait	: je voulais, n. voulions.		
Passé simple	: je voulus, n. voulûmes.		
Futur	: je voudrai, n. voudrons.	Imparfait	: que je voulusse, qu'il voulût.
CONDITIONNEL	: je voudrais, n. voudrions.		
IMPÉRATIF de fermeté	: veux, voulons, voulez.		
IMPÉRATIF de politesse	: veuille, veuillons, veuillez.		

PARTICIPES : voulant ; voulu.

TABLE DES MATIÈRES

Introduction	p. V
Indications pratiques	p. VI
Les mots	p. VI
Les locutions	p. VI
Les verbes	p. VII
Mots nouveaux	p. VII
Termes étrangers	p. VII
Le corps de l'ouvrage et les annexes	p. VIII
Prononciation	p. VIII
Prononciation (tableau)	p. IX
Abréviations	p. X
Conventions	p. XI
DICTIONNAIRE D'ORTHOGRAPHE	p. 1
ANNEXES	p. 849
Abréviations	p. 850
Accents	p. 853
Adjectifs	p. 859
Les qualificatifs	p. 859
Les déterminatifs	p. 865
Adverbes	p. 871
Alphabet français	p. 876
Apostrophe	p. 877
Chiffres romains	p. 877
Correction de textes imprimés	p. 878
Couleurs	p. 884
Coupures de mots en fin de ligne	p. 885
Défectifs (verbes défectifs)	p. 886
Dictée dite « de Mérimée »	p. 887
Élision	p. 888
Guillemets	p. 889
Homonymes	p. 890
Langues étrangères et langues anciennes	p. 892
L'allemand	p. 892
L'anglais	p. 892
L'arabe	p. 894
Le chinois	p. 895
L'espagnol	p. 896
Le grec	p. 897
L'italien	p. 898
Le latin	p. 899
Le portugais	p. 901
Le russe	p. 901
Liaisons	p. 902

Majuscules	p. 903
Minuscules	p. 907
Nombres	p. 909
Énonciation et lecture des nombres	p. 909
Écriture des nombres en chiffres	p. 910
Écriture des nombres en lettres	p. 910
Désignation des grands nombres	p. 911
Durée	p. 912
Multiplication	p. 913
Périodicité	p. 913
Orthographe française	p. 914
Parenthèses	p. 916
Participe passé	p. 917
Accord du participe passé	p. 917
Principe	p. 918
Verbes personnels non pronominaux	p. 918
Verbes personnels pronominaux	p. 926
Verbes impersonnels	p. 930
Participes passés invariables	p. 930
Participe présent	p. 932
Pluriel	p. 934
Pluriel des adjectifs qualificatifs	p. 934
Pluriel des noms communs	p. 934
Pluriel de majesté, de modestie ou de courtoisie	p. 936
Pluriel dans le nom complété	p. 936
Pluriel des noms composés	p. 936
Pluriel des noms étrangers	p. 937
Pluriel des noms propres	p. 938
Ponctuations fortes	p. 939
Le point	p. 939
Point d'exclamation	p. 939
Point d'interrogation	p. 940
Point d'ironie	p. 940
Points de suspension	p. 940
Point-virgule	p. 941
Préfixes	p. 942
Prononciation	p. 943
Alphabet de l'Association phonétique internationale	p. 945
Sigles	p. 946
Superlatif	p. 947
Textes importants concernant la langue française	p. 948
Titres d'œuvres	p. 950
Tout, toute, tous, toutes	p. 951
Trait d'union	p. 953
Verbes français	p. 956
Verbes d'action, verbes d'états	p. 956
Groupes de verbes	p. 957
Personne et nombre	p. 957
Modes	p. 957
Temps	p. 958

TABLE DES MATIÈRES

    Verbes transitifs et intransitifs .... p. 958
    Verbes auxiliaires .... p. 958
    Verbes du 1er groupe .... p. 962
    Verbes du 2e groupe .... p. 968
    Verbes du 3e groupe .... p. 971
    Voix du verbe... p. 974
    Verbes pronominaux .... p. 977
    Verbes impersonnels .... p. 979
    Conjugaison négative..................................... p. 981
    Conjugaison interrogative .... p. 983
    Conjugaison négative et interrogative .... p. 984
    Accord du verbe.. p. 985
    La grande conjugaison................................... p. 987
    Particularités orthographiques .... p. 987

Conjugaisons paradigmes .... p. 990

DICTIONNAIRES LE ROBERT

DISPONIBLES EN LIBRAIRIE

DICTIONNAIRES DE LA LANGUE FRANÇAISE
DICTIONNAIRES DE NOMS PROPRES

DICTIONNAIRE HISTORIQUE DE LA LANGUE FRANÇAISE
sous la direction d'Alain Rey
(2 vol., 2 432 pages, 40 000 entrées).

LE PETIT ROBERT
Dictionnaire alphabétique et analogique de la langue française
(1 vol., 2 592 pages, 60 000 entrées).
Le classique pour la langue française : 8 dictionnaires en 1.

LE PETIT ROBERT DES NOMS PROPRES
Dictionnaire universel des noms propres
(1 vol., 2 304 pages, 40 000 entrées, 2 000 illustrations et 230 cartes).
Le complément, pour les noms propres, du *Petit Robert*.

LE ROBERT QUOTIDIEN
Dictionnaire pratique de la langue française
(1 vol., 2 208 pages, 50 000 entrées).

LE ROBERT D'AUJOURD'HUI
Langue française, noms propres, chronologie, cartes
(1 vol., 1 716 pages, 46 000 entrées, 108 pages de chronologie,
70 cartes en couleur).

LE ROBERT QUÉBÉCOIS D'AUJOURD'HUI
Dictionnaire québécois de la langue française et de culture générale
(noms propres, cartes, chronologie, etc.)
(1 vol., 1 900 pages, 52 000 entrées, 108 pages de chronologie,
51 cartes en couleur).

LE ROBERT POUR TOUS
Dictionnaire de la langue française
(1 vol., 1 296 pages, 40 000 entrées).

LE ROBERT MICRO
Dictionnaire d'apprentissage de la langue française
(1 vol., 1 472 pages, 35 000 entrées).

LE ROBERT DE POCHE
L'indispensable de la langue et de la culture en format de poche
(1 vol., 928 pages, 40 000 mots de la langue, 6 000 noms propres).

LE ROBERT DES JEUNES
Dictionnaire de la langue française
(1 vol., 1 290 pages, 16 500 entrées, 80 planches encyclopédiques en couleur).

LE ROBERT JUNIOR
Dictionnaire pour les enfants de 8-12 ans, en petit format
(1 168 pages, 20 000 entrées, 1 000 illustrations, 18 pages d'atlas).

LE ROBERT MÉTHODIQUE
Dictionnaire méthodique du français actuel
(1 vol., 1 648 pages, 34 300 mots et 1 730 éléments).
Le seul dictionnaire alphabétique de la langue française qui analyse
les mots et les regroupe par familles en décrivant leurs éléments.

LE ROBERT ORAL-ÉCRIT
L'orthographe par la phonétique
(1 vol., 1 376 pages, 17 000 mots et formes).
Le premier dictionnaire d'orthographe et d'homonymes, fondé sur l'oral.

DISPONIBLES EN LIBRAIRIE

COLLECTION « LES USUELS »
dirigée par Henri Mitterand et Alain Rey

DICTIONNAIRE DE SYNONYMES ET CONTRAIRES
par Henri Bertaud du Chazaud,
ouvrage couronné par l'Académie française.

DICTIONNAIRE D'ORTHOGRAPHE ET EXPRESSION ÉCRITE
par André Jouette.

DICTIONNAIRE ÉTYMOLOGIQUE DU FRANÇAIS
par Jacqueline Picoche.

DICTIONNAIRE DES DIFFICULTÉS DU FRANÇAIS
par Jean-Paul Colin,
prix Vaugelas.

DICTIONNAIRE DES EXPRESSIONS ET LOCUTIONS
par Alain Rey et Sophie Chantreau.

DICTIONNAIRE DE PROVERBES ET DICTONS
par Florence Montreynaud, Agnès Pierron et François Suzzoni.

DICTIONNAIRE DE CITATIONS FRANÇAISES
par Pierre Oster.

DICTIONNAIRE DE CITATIONS DU MONDE ENTIER
sous la direction de Florence Montreynaud et Jeanne Matignon.

DICTIONNAIRE DE CITATIONS SUR LES PERSONNAGES CÉLÈBRES
par Agnès Pierron.

DICTIONNAIRE DES MOTS ET FORMULES CÉLÈBRES
par François Dournon.

DICTIONNAIRE DE NOMS DE LIEUX
par Louis Deroy et Marianne Mulon.

DICTIONNAIRE DES GRANDES ŒUVRES DE LA LITTÉRATURE FRANÇAISE
sous la direction de Henri Mitterand.

DICTIONNAIRE DES ŒUVRES DU XXe SIÈCLE
LITTÉRATURE FRANÇAISE ET FRANCOPHONE
sous la direction de Henri Mitterand.

N° de Projet 10040414 (2) 15 (OSBO 55)
Mai 1997
Imprimé en France par Maury-Eurolivres S.A.
45300 Manchecourt